U0709701

卷一至卷一二九
禮樂 冠服 輿衛
武備 天文

# 清會典圖

上册

中華書局影印

**圖書在版編目(CIP)數據**

清會典圖/中華書局影印. —北京:中華書局,1991.4
(2013.1 重印)
ISBN 978-7-101-00706-0

Ⅰ.清… Ⅱ.中… Ⅲ.會典-中國-清代-圖集
Ⅳ.D691.5-64

中國版本圖書館 CIP 數據核字(2012)第 175573 號

**清 會 典 圖**

(全二册)

中華書局影印

*

中 華 書 局 出 版 發 行

(北京市豐臺區太平橋西里 38 號 100073)

http://www.zhbc.com.cn

E-mail:zhbc@zhbc.com.cn

北京市白帆印務有限公司印刷

*

787×1092 毫米 1/16·插頁 4·169¼ 印張

1991年 4 月第 1 版 2013 年 1 月北京第 2 次印刷

印數:601—1400 册 定價:1500.00 元

ISBN 978-7-101-00706-0

# 影印説明

《清會典》是記載清朝政府中央機構的職掌和功能的官書。與會典相輔而行的，還有《清會典事例》和《清會典圖》：《清會典事例》具體敍述沿革損益和變動的情況；《清會典圖》是對於壇廟、鑾輿、儀仗、武備、天文、器皿、輿地等等的形象説明。全書涉及清朝三百多年的政治、經濟、軍事、文化等各個方面，爲我們研究有清一代的典章制度提供了系統、詳備的資料。

## 五朝纂修情況

康熙二十三年（公元一六八四），清聖祖玄燁下令仿《唐六典》體例編纂《清會典》。不同之處，《唐六典》是正文敍述唐代職官建置，注文敍其沿革，而《清會典》是將二者合爲一體，編纂體例是：「因事分類，因類分年。每一事例，略述數語，以見大意。」如上林苑監，先總述衙門概況：順治元年，置上林苑監，正七品衙門，設監丞一員。其屬有四署：曰蕃育，曰良牧，曰林衡，曰嘉蔬，各設屬丞一員。二年，裁嘉蔬署；十五年，以林衡署歸併良牧署。所掌畜牧等物俱折銀徵解户部，果品量存解光禄寺。並列於後。接着按蕃育、良牧、林衡、嘉蔬四署敍述，每一署事例按年編排。又如鑾儀衛，先介紹衙門設置，然後分爲官制、職掌、大駕鹵簿、行幸儀仗、太皇太后鹵簿等方面敍述。《清會典》並附有圖。關於歷朝會典附圖的情況，將在下文談嘉慶朝會典時統一介紹。《清會典》於康熙二十九年（公元一六九〇）告成，凡二五〇卷，由伊桑阿、王熙任總裁官，記載年限起自崇德元年（公元一六三六），截止康熙二十五年（公元一六八六）。但康熙二十六年（公元一六八七）孝莊文皇后之喪，破例附載於禮部。所列條目分兩大類：文職衙門、武職衙門。文職衙門列有四十八目：宗人府、内閣、吏部、户部、盛京户部、禮部、盛京禮部、兵部、督捕、刑部、盛京刑部、工部、盛京工部、理藩院、都察院、通政使司、大理寺、内務府、武備院、上駟院、奉宸院、慶豐司、翰林院、詹事府、左春坊、右春坊、司經局、太常寺、順天府、奉天府、光禄寺、太僕寺、鴻臚寺、國子監、吏科、户科、禮科、兵科、刑科、工科、中書科、行人司、欽天監、太醫院、上林苑監、五城兵馬指揮司、僧録司、道録司。武職衙門列有兩目，鑾儀衛、金吾等六衛。

雍正二年（公元一七二四）第二次編纂《清會典》，體例與康熙本相同。雍正十年（公元一七三二）告成。凡二五〇卷，由尹泰、張廷玉等人任總裁官。内容上，雍正本對康熙本大致做了以下幾方面的增删：

一、續補康熙二十六年（公元一六八七）至雍正五年（公元一七二七）各部院衙門新定禮儀條例。編纂方法是，續補内容與康熙本原文並存。也就是，在康熙本每事每類文字後面補進雍正本新續内容。

二、條目有增删。增列盛京兵部（盛京兵部設於康熙三十年）、日講起居注館、四譯館（以上兩個條目，康熙本是附在翰林院）。删去督捕（康熙三十八年裁）、慶豐司（歸内務府）、上林苑監（康熙三十七年裁）。文職衙門仍爲四十八目。武職衙門删去金吾等六衛（康熙二十六年裁），只有鑾儀衛一目。

三、盡可能增補了康熙本没有弄清的年份，並經過考證訂正了康熙本的失誤。如康熙本「舊有太僕寺丞、尚寶司丞，後裁」。雍正本作「舊有尚寶司司丞，順治十五年裁。太僕寺丞，康熙二年裁」。又如翰林院正官，康熙本「滿漢掌院學士各一員」，下面小注「俱兼禮部侍郎銜」。雍正本小注增加「順治元年，止設漢掌院學士一員。十五年，復設翰林院衙門，設滿漢掌院學士各一員」。又如詹事府小注，康熙本爲「順治九年設，十五年裁。康熙十四年復設」。雍正本作「順治元年設，本年裁併内三院。九年復設，十五年裁。康熙十四年復設」。

四、補進康熙本漏載的内容。如四譯館屬官中增補「序班九員」，及小注「内一員管典務廳典務事。初設二十員，順治十五年裁四員……」。

五、有些職官設置，雍正本根據本朝的變化記敘。如吏部屬官，康熙本有「漢軍郎中二員，漢軍員外郎六員」，雍正本於屬官中删去，但在小注中指出「舊有漢軍郎中二員，雍正五年裁，漢軍員外郎六員，康熙三十八年裁四員，雍正五年並裁」。又如上林苑監、金吾等六衛，雍正本在條目中删去，另加小注：「舊有上林苑監，今裁。」「舊有京衛，今裁。」以上衙署正文，仍予保留，並説明原委。如金吾等六衛，在康熙本衙門總敍後面接着寫道：「康熙二十六年，六衙俱裁。其舊有職掌事宜，仍附載，以備稽考。」

乾隆十二年(公元一七四七),第三次編纂《清會典》。雍正本和康熙本相比,基本上保留原貌,所以稱續修。乾隆本與雍正本相比,有很大不同,則是重修。

一、乾隆本改變了雍正本體例,清高宗弘曆在會典序中説,舊典「原議舊儀,連篇並載,是典與例無辨也。夫例可通,典不可變。今將緣典而傳例後,或摭例以殽典,其可乎!於是區會典、則例各爲之部而輔以行」。遂將會典與則例分爲兩部書,「會典以典章會要爲義,所載必經久常行之制。兹編於國家大經大法,官司所守,朝野所遵,皆總括綱領,勒爲完書。其諸司事例,隨時損益。凡頒之綸綍,議自羣寮,舊制新裁,與夫微文末義,縷析條分,並詳則例」。會典編纂方法是「因官分職,因職分事,因事分門,因門分條」。會典事例按年月日編排。乾隆本也有圖,附在會典有關各制之後。乾隆二十九年(公元一七六四)告成,《清會典》凡一〇〇卷。《清會典則例》一八〇卷。由允裪、傅恒、張廷玉等任總裁官。

二、在雍正本的基礎上,續補了雍正六年(公元一七二八)至乾隆二十三年(公元一七五八)新定的典制則例。但乾隆二十三年以後各衙門典則,也有奉特旨增入者,如「理藩院職掌藩服,恭遇西陲平定,規制詳備,展輯條例至乾隆二十七年」。

三、條目上也較雍正本做了很大的改動。文職衙門增置樂部(樂部設於乾隆七年。凡太常寺神樂觀所司祭祀之樂、和聲署掌儀司所司朝會燕饗之樂、鑾儀衛所司鐃歌鼓吹前部大樂均隸樂部)。删去十八目：武備院、上駟院、奉宸院、左春坊、右春坊、司經局、吏科、户科、禮科、兵科、刑科、工科、中書科、行人司、五城兵馬指揮司、僧録司、道録司、四譯館，只列三十一目。删去的原因，或因衙門裁汰，如行人司；或因衙門合併，如四譯館改隸禮部，僧録、道録兩司也見禮典。武職衙門增列十目：領侍衛府、八旗都統、前鋒統領、護軍統領、嚮導、步軍統領、火器營、圓明園八旗護軍營、健鋭營、三旗虎槍營，共列十一目。這是因爲「八旗都統，經理兵馬、錢糧、户口、田土、世爵、佐領等事，多與户、兵兩部關會，實有本職專行。又領侍衛内大臣、護軍統領、前鋒統領，居則周廬環衛，出則折衝禦侮。步軍統領，提督京營，掌管門禁，巡捕郊畿。皆職任重大，今並增輯，以備武職之考」。

四、乾隆本對雍正本内容，也做了很多修改和增删。會典則例序中説：「有不得不重修者，盖緣編纂之初，諸臣或沿襲舊文，未經考證；或略存近制，未溯本源。或限於案牘之不全，或惧自參稽之不審，而又未嘗請旨取裁斟酌至當，故舛訛疏漏均不免焉。」重修是爲了正舊編之紕繆，補記載之闕遺。但我們也發現有些被删去的内容不屬此類。如雍正本禮部學校學規中，有卧碑文、聖祖仁皇帝訓飭士子文、御製朋黨論三篇全文，而乾隆本只概括爲「又覆準各督撫轉飭地方官將欽依刊刻卧碑、御製訓飭士子文，敬謹刊刻，裝潢成帙，奉藏各學」。不載原文，御製朋黨論亦没有提及。

嘉慶六年（公元一八〇一）第四次編纂會典，嘉慶二十三年（公元一八一八）告成。《清會典》凡八〇卷，《清會典事例》凡九二〇卷（乾隆本名《清會典則例》），由托津、曹振鏞任總裁官。嘉慶本在乾隆本基礎上，續補了乾隆二十四年（公元一七五九）至嘉慶十七年（公元一八一二）增定的典禮及修改的各衙門則例。條目較乾隆本增列了辦理軍機處、稽查欽奉上諭事件處、中書科、户部錢法堂、户部三庫、户部倉場衙門、陵寢禮部衙門、工部錢法堂、管理火藥局、直年河道溝渠處、督理街道衙門、陵寢工部衙門、奏事處、總理行營、尚虞備用處、養鷹狗處、善樸營、盛京内務府。起居注館不單立目，附在翰林院。嘉慶本對乾隆本的内容也做了很大的修改、增删，事例的編纂方法也有所變動，這裏就不具體敍述。嘉慶本與乾隆本在體例上還有所不同，這就是嘉慶本把乾隆本會典中的附圖分出來別爲一書，名曰《清會典圖》。

關於圖，康熙本會典凡例中説：「圖式，凡壇廟規制，及器皿、喪服，莫不有圖。其職方所掌，汛防輿地與罪贖之載於律例者，皆具列，以示一代之制。圖内有滿文難以填寫者，止於漢文内繪圖。」雍正本、乾隆本中的圖，從數量到繪製方法，與康熙本大同小異，三本不同之處，略舉幾例説明。禮部郊祀圜丘，康熙本有皇穹宇正位神座圖一幅、皇穹宇配位神座圖三幅、皇穹宇從位神座圖四幅，雍正本，乾隆本均無。禮部郊祀方澤，康熙本有方澤第一成陳設圖正位一幅，配位三幅，配位分別爲太祖、太宗、世祖。雍正本配位增聖祖爲四幅。四幅配位圖繪製完全相同，所以，乾隆本只繪方澤第一成陳設圖正位一幅，配位一幅。禮部的附圖，康熙本、乾隆本均無文字説明，雍正本在某些圖後附有簡單説明。如帝王廟陳設圖一，説明：「右正位十六案同，圖繪其一。尊七，每室一。俎亦七，每室各一，圖繪其一。」又如文廟陳設圖一，説明：「右先師孔子前陳設。酒尊六，内先師孔子一，四位各一，十一哲共一。」欽天監，康熙本無圖，雍正本和乾隆本有圖，但略有不同。雍正本有觀象臺新製六儀總圖，乾隆本無。乾隆本有圭表、漏壺、璣衡撫辰儀圖，雍正本無。兩本圖後均有説明文字，但敍述方法，詳略又不盡同。嘉慶朝會典圖，從門類到數量，均超過乾隆及其以前各本。乾隆本圖主要是禮部、兵部、欽天監三門，爲圖一一四幅。《清會典圖》凡一三二卷，分爲禮制、祭器、彝器、樂律、樂器、度量權衡、冠服、輿衛、武備、天文、儀器、輿地十二門，爲圖一四三〇幅。每幅圖都有詳細圖説。

光緒十二年（公元一八八六），清政府第五次纂修會典，編纂體例與嘉慶本相同。光緒二十五年（公元一八九九）告成，《清會典》凡一〇〇卷，《清會典事例》凡一二二〇卷，《清會典圖》凡二七〇卷。由崑岡、徐桐等任總裁官。在嘉慶本基礎上續補了嘉慶十八年（公元一八一三）至光緒十三年（公元一八八七）增定的典禮及修改的各衙門則例。但因成書之日距截止之年已逾十年，所以，光緒二十二年（公元一八九六）以前有關典禮也一律纂入。條目較嘉慶本增列了神機營、總理各國事務衙門，删去養鷹狗處。對嘉慶本原文也是「定别異同，或因舊存，或補未備」。會典圖，將嘉慶本十二門合併爲禮、樂、冠服、輿衛、武備、天文、輿地七門，圖繪增到二千多幅。對「舊圖説之誤者，正之；略者，補之」，並增有凡例。

## 版本情况

五朝《清會典》及《清會典事例》、《清會典圖》，均由會典館負責編纂，根據嘉慶朝記載，會典告成之後，先繕寫御覽之正本，再繕寫陳設本，發交武英殿刊刻樣本。嘉慶朝以前各會典抄本均已殘缺，但刻本保存完好。光緒朝《清會典》，現有呈覽本一部，書用開化榜紙，畫朱絲欄，黄雲緞封面，開本爲

34.9Cm×22.6Cm，每半葉十行，每行二十字。《清會典事例》、《清會典圖》各成體系。陳設本一部，書用開化榜紙，刻印朱色框欄，開本爲38Cm×22.7Cm，每半葉十行，每行二十字。陳設本只有會典、會典事例，無會典圖，是當初就没有繪製，還是以後散失，有待進一步研究。以上兩部今庋藏在故宫博物院圖書館。光緒二十七年（公元一九〇一），清政府令外務部石印《清會典》全部，「每省發給一部，以資講習」。光緒三十二年（公元一九〇六）告成，共刷印五〇〇部。開本爲29.5Cm×18Cm，黄油光紙封面。除了會典館的幾種本子外，還有以下幾個本子：一，《四庫全書》史部政書類收有乾隆朝會典、會典則例。二，光緒十九年（公元一八九三）上海圖書集成印書局據乾隆朝會典排印，無會典則例。三，光緒三十四年（公元一九〇八）商務印書館據光緒朝會典影印，無會典事例、會典圖。四，《萬有文庫》本，也只收光緒朝會典，無會典事例、會典圖。五，臺灣中文書局影印光緒二十五年刻本《清會典》、《清會典事例》、《清會典圖》。

綜上所述，《清會典》於康熙、雍正、乾隆、嘉慶、光緒五朝相繼編纂。由於光緒朝編纂的内容基本上總括了以前諸朝本，故今據光緒二十五年石印本影印出版。計《清會典》一册，《清會典事例》十二册，《清會典圖》二册。每册編有分册目録。影印本增立邊縫，注明衙門名稱、卷數，以便查檢。

中華書局編輯部

一九九〇年十一月

# 清會典圖上册目録

光緒二十年正月二十八日附片

再臣館繪圖處辦理功課量為變通於光緒十七年七月附片陳明俟每一門圖說首尾完具之後統歸一次奏報在案現纂辦天文各圖一律測繪告成除嘉慶會典舊有一百五十七圖

今遵

欽定曆象考成前後編儀象考成正續編及

欽定皇朝三通協紀辦方書詳加考訂新增一百七十有六圖共為圖三百三十三圖各有說舊圖說之誤者正之略者補之共六十八條說所未詳更立之表舊圖惟八綫一表此次開館之初復奏辦恆星表今又新增十八表共為表十有九都三十二卷謹先繕具目錄清單恭呈

御覽具各圖應修應補之由並一一詳註於下又舊圖天文一類分子目四曰天象曰推步曰算術曰儀器統為之名既未分晰推步所用即算術也似二實一文亦複重且標目有四而圖中仍止天文儀器二目例本不一今改以天文為總目更分八子目曰天體曰恆星曰日躔曰月離曰交食曰五星曰算術曰儀器舊圖恆星交食二者稍略伏查恆星經緯七政所躔交食又驗二曜之行度以定歲實並天文之綱領未容或略今一從新術算繪以期詳備一俟清本繕成再當恭呈

欽定所有繪圖處纂辦天文次第告成並酌改目錄緣由理合先行附片奏報伏乞

聖鑒謹

奏本日奉

旨知道了欽此

光緒二十三年十二月十五日附片

再查嘉慶會典冠服一門爲卷十爲圖一百六十有二今臣館纂辦冠服圖仍其總目而分子目五曰禮服曰吉服曰常服曰行服曰雨服按嘉慶會典原圖未恭載

皇太后

皇子及

皇子福晉冠服謹遵

欽定皇朝禮器圖式及見於

欽定皇朝通典通考者詳細纂入又嘉慶會典原圖惟

皇帝夏朝冠

皇后冬朝冠正面背面繪作兩圖餘皆秖繪正面一圖惟

欽定禮器圖式多兩面全繪亦謹照增補又或同一冠而珠數有多寡鳳翟有殊異同一服而龍蟒形制有差別嘉慶會典多附見一圖今亦分別增繪計增圖一百二十有六併舊圖凡二百八十有八都二十卷其嘉慶會典原圖刻印失真者皆取各書參互考訂舊説有闕略訛誤者亦爲舉正修補期於尊卑秩然等威釐備謹先後繕具目錄清單恭呈

御覽一面繕繪清本續呈

欽定所有纂辦冠服圖告成理合一併附片奏報伏乞

聖鑒謹

奏本日奉

旨知道了欽此

光緒二十三年十二月十五日附片

再查嘉慶會典圖以禮制居首為卷二十有二
為圖一百八十有二次以祭器三卷圖三十有
五又次以彝器一卷圖十臣等竊以祭器彝器
皆
壇
廟中用應歸併禮制內又嘉慶會典圖凡
壇
廟及位次及陳設三者各以類從故位次陳設兩者略
備
壇
廟尚多闕遺今改為每
壇
廟一圖即次以位次一圖陳設一圖其闕遺查據增補
又查乾隆會典有服制圖嘉慶會典圖未具今
謹照補入於服制沿革亦查據增補惟三父八
母一圖則據
欽定儀禮義疏圖案語節去內有為後者為其本族服
一圖為乾隆會典所無係據
欽定儀禮疏圖例增而據
欽定大清通禮禮部則例
欽定大清律例輯補其總目原標禮制今據文獻通考
例只用禮字為總目別分六子目曰祀典曰祭
器曰彝器曰朝會曰燕饗曰服制計新增圖五
十九併舊圖共二百四十有一都三十卷謹先
繕具目錄清單恭呈
御覽其各圖及說誤者正之畧者補之其新增圖及
說或本舊籍或據現制皆一一詳注於下其舊
圖中有今制裁省者如筵燕伯克等席文武鄉
試上馬燕之類以事關掌故未敢徑刪但注今
不舉於其下並於說內申明所有纂輯禮圖告
成並酌改目錄之處合先附片奏報一俟清本
繕成再當恭呈
欽定伏乞
聖鑒謹
奏本日奉
旨知道了欽此

光緒二十四年七月初十日

奏為奏

聞事竊臣館繪圖處自光緒二十三年十二月十五日至今先後進

呈天文圖冠服圖禮圖三門現在輿衛圖樂圖兩門亦已纂辦畫成查嘉慶會典輿衛圖原本十卷為圖一百八十有二先為

皇帝鹵簿次

皇后儀駕及

皇貴妃以下儀仗采仗恭查

欽定皇朝禮器圖式

欽定皇朝通典通考均恭載

皇太后儀駕臣等謹遵此例先恭著

皇太后儀駕於

皇后之前制殊者分兩圖制同者併一圖而詳著於說前纂辦冠服圖體例亦與此同于目即就原次曰鹵簿曰儀駕曰儀仗采仗中如五星旗等形制皆同者則省併數圖為一圖如旌圖等名制各殊者則推廣一圖為數圖至鹵簿儀駕名目敘次間有與禮圖朝賀陳設圖說不同者皆據改一律凡增卷四併舊卷為十有四增圖三十有二併舊圖為二百一十有四說亦隨之又樂圖原本作樂律五卷樂器八卷併度量權衡一卷為十四卷凡圖譜表都一百八十有四竊以律由數起故樂律始於累黍尺而終於度量權衡原圖但著其尺度於譜說而於圖之形制大小以說求圖殊難考驗今謹遵

欽定律呂正義約分作圖加以律分之例增律分各圖雖大小各從本書分度不必一律而由約分以求原數仍自斠若畫一皆擇精於算學之員詳加推測約繪總目但標樂字仍遵

欽定皇朝通典樂典

欽定皇朝文獻通考樂考之例與禮圖一律即以樂律樂器為子目而增樂舞子目一樂舞本有祭祀有朝會祭祀謹遵

欽定律呂正義後編繪入惟樂章不必一字一式致繁卷帙但據繪就班一圖以例其餘節省圖式錄為舞譜其朝會之慶隆舞猶唐之七德舞開國象功至為鉅典舊雖無圖而現行典禮目驗可得

欽定律呂正義後編
欽定皇朝三通禮部則例皆經詳着謹據創圖纂說外
部各樂舞則從闕如計增卷十二併舊卷為二
十有六增圖譜表二百有二併舊圖譜表凡三
百八十有六說亦隨之以上輿衛圖樂圖兩門
謹先繕具目錄清單恭呈
御覽凡有省併增改依據何書皆詳注目下以便稽
考所有纂辦輿衛圖樂圖告成並審酌增改目
錄之處理合恭摺奏報一俟清本繕成再當進
呈

欽定伏乞
皇上聖鑒謹
奏本日奉
旨知道了欽此

光緒二十五年四月二十三日
奏為奏
聞事竊臣館繪圖處自光緒二十三年十二月十五
日至今先後進
呈天文圖冠服圖禮圖輿衛圖樂圖五門現在武
備圖亦已纂辦告成查嘉慶會典武備圖原本
十二卷為圖二百四十有八先列
皇帝大閱甲胄櫜鞬弓箭侯鵠佩刀及旗纛幄營之
屬彙為二卷皆但題甲胄等字而某器作何用
均用小字旁注謹案

欽定皇朝禮器圖式
皇帝御用甲胄等類每器皆用大書敬謹署明現在
臣館纂辦武備圖仍遵嘉慶會典總名而分子
目五曰甲胄曰弓箭曰槍礮曰器械曰幄纛每
類皆謹以
皇帝御用及
先朝
御製器物冠首每器標題謹遵
欽定皇朝禮器圖式大書署明之例期於等威有辨敘
次不紊再嘉慶會典甲胄圖皆祇繪正面臣館

前纂辦冠服圖多兩面全繪今甲冑一類仍循
其例以成一律其嘉慶會典武備各類圖說所
漏畧及繪刻有失真者今皆謹據
欽定皇朝禮器圖式通典通考諸書及舊進
呈本刻本參互考訂務衷一是計增圖六十有八
併舊圖為三百一十有六都十六卷謹先繕具
清單目錄凡增改省併依據何書皆詳註於下
恭呈
御覽一面繕繪清本續呈
欽定所有臣等纂辦會典武備圖告成緣由理合恭
摺奏
聞伏乞
皇太后
皇上聖鑒謹
奏本日奉
旨知道了欽此

光緒二十五年七月十五日
奏為纂辦會典輿地圖說告成恭摺奏
聞仰祈
聖鑒事竊臣館繪圖處自光緒二十三年十二月十
五日至今先後進
呈天文圖冠服圖禮器圖輿衛圖樂圖武備圖六門
現在輿地圖亦已纂辦告成查光緒十五年七
月初十日奏定畫圖事宜即以蒞政行軍莫先
形勢開方計里尤注重輿地一門因咨調省府
志書採備官私冊籍並擬就圖表格式奏
頒各省遴員測繪予限送館嗣以各省紛請展限誠
恐過延時日貽誤限期當於光緒十八年十月
二十六日附片奏明仍照嘉慶會典舊式辦理
不繪州縣分圖亦經奉
旨允准數年以來各省新圖業已陸續咨送到館惟
各省纂繪不免彼此之歧合為全圖諸多窒礙
徵諸舊說尤有異同悉為審覈度里博搜志乘
務剖析夫羣疑俾折衷於一是凡州縣分圖所
載皆擇要增入府圖斟酌繁畧苦費經營但期
多盡一分之力即多得一分之用其蒙古西藏

及邊僻各省或無新圖或有圖而不堪據辦者
謹按乾隆年間
欽定內府輿圖道光年間
欽定大清一統志諸書纂繪底本參以各書圖志心考
覈證事細詳以期薈萃成編歸於一律至邊界
一事中外交涉尤關重大送館新圖貴難必其
毫無舛錯況廣輿浩博縮繪於尺幅之中僅圖
中有分毫出入即關邊界百十里之差殊點畫
一事未敢輕於擅爭是以現在辦法凡卡倫鄂
博嶺隘土司均據新圖斟酌註明稍有疑似竊
聞毋誤邊界不點虛線仍遵嘉慶舊典原界一
一註明以守舊章而昭慎重其沿革裁改亦以
各省送館新圖為斷以示限制惟是經緯度分
南偏北斂非用弧線不能得地勢之真形非用
平方不能計道里之遠近方圖宜求其合分總
各盤其長計繪成弧面總圖一百里開方全圖
二十有七五十里開方分圖三百三十五依圖
纂說都為一百三十二卷謹先繕具清單凡增
改省併依據何書皆詳註於下恭呈
御覽一面繪繕清本續呈

欽定所有臣等纂辦會典輿地圖告成緣由理合恭
摺奏
聞伏乞
皇太后
皇上聖鑒謹
奏本日奉
旨知道了欽此

凡例

一此次奉
敕續修會典圖遵照上屆圖書分編之例纂成七門
曰禮曰樂曰冠服曰輿衛曰武備曰天文曰
輿地斟酌損益依類系屬編次井然庶以昭
皇朝制度文明之盛
一舊圖禮制祭器彝器樂律樂器度量權衡天
文儀器皆各為一門謹案祭器彝器皆關典
禮理應統歸禮制樂由律作律由數起理本
相因其圖亦應類附儀器為推測天文之用
尤未便別立一門今以祭器彝器二門併於
禮圖樂律樂器度量權衡各門併於樂圖儀
器一門併於天文圖
一乾隆會典有服制一門舊圖無之又樂律無
約分則制器難工樂圖無舞譜則節文未備
又冠服一門
欽定皇朝禮器圖式通典通考通禮諸書均有
皇太后
皇子
皇子福晉冠服圖輿衛一門有
皇太后儀駕圖武備一門有
御製槍礮諸圖均應據增並增繪
皇太后萬壽金輦圖以彰
盛典
一地本圓體圖為平面繪圓於平雖有弦綫切
綫及西人墨加島諸法然皆因圖制宜利弊
參半
皇朝幅幀宏廓東西距幾八十度南北距幾五十度
圖幅愈大脗合愈難前湖北巡撫胡林翼所
繪之圖精密詳備為諸圖之所不及惟誤會
乾隆年所修
內府圖五度通紘之義凡經綫皆斜直不合弧理
而又强加方格以致偏度愈大形勢愈差不
知
內府圖係每五度成一册每册經綫一曲實即五
度通弦雖非弧綫而弧綫之理自在且祇繪
度分不繪方格義尤精確今遵
內府圖高偏度分用尖錐容圖法繪成
皇輿全圖不加方格用百里方格繪成各省全圖用
五十里方格繪成各府分圖皆不加經緯綫

其省圖祇繪名山大川駐官處所官商電綫惟舉其要府圖則山川村鎮驛站卡倫海口島嶼務盡其詳庶幾全圖視度分圖視里仰觀俯察乃相得而益彰省圖求要府圖求詳綱舉目張自有條而不紊

一各省外界事關交涉尤不可輕於更動今以舊圖為準雖註有新界概不繪入以昭慎重省府沿革間有不同今以新圖為準雖續有改移亦不繪入以示限制

一縮百里於七分格比例過小則標識貴詳繪[symbol]為京師□為省□為府◈為直隸廳◇為廳▮為直隸州▯為州○為縣■為土府▮為土州●為土縣▮為將軍都統各大臣所駐之城△為驛·為各官駐劄×為卡倫⅄為界[symbol]為山⺂為河〰為沙⌒為長城⌒為邊牆〳為電綫

一圖為若干幅頭緒太繁則次序宜定今以具一圖而繪成多幅者謹以有標識者為中如省圖以省治為中府圖以府治為中即為第一幅次左次右次北次南如標識偏在一隅圖無東北則中幅之後徑接西南均先橫後縱遞以例推惟蒙古諸圖不能以標識定者則皆自西北起以次而左而南以水皆東流地勢南下也

正總裁官

經筵日講起居注官東閣大學士臣宗室崑岡

經筵日講起居注官體仁閣大學士臣徐桐

經筵講官協辦大學士兵部尚書臣剛毅

經筵講官協辦大學士吏部尚書臣孫家鼐

副總裁官

經筵講官吏部尚書臣熙敬

經筵講官禮部尚書臣啟秀

經筵講官禮部尚書臣廖壽恒

經筵講官兵部尚書臣徐郙

理藩院尚書臣裕德

都察院左都御史臣徐用儀

提調官

鴻臚寺卿臣那桐

刑部員外郎臣貴秀

翰林院侍講學士臣劉永亨

幫提調官

工部郎中臣周暻

幫總校官

詹事府左春坊左庶子臣徐琪

總纂官

翰林院編修臣劉啟端

翰林院編修臣夏孫桐

幫總纂官

翰林院編修臣葉昌熾

工部即補員外郎臣立保

理藩院候補主事臣扎拉芬

候補知縣臣汪奎

候補知縣臣高雲程

纂修官

內閣中書臣盧紹基

吏部主事臣關榕祚

戶部候補員外郎臣涂國盛

工部候補郎中臣曹垣

工部員外郎臣王彥威

協修官

宗人府主事臣陳本仁

翰林院編修臣吳筠孫

戶部候補主事臣彭穀孫

兵部候補員外郎臣周儒臣

刑部員外郎臣郭照奎
刑部郎補員外郎臣陳壽田
刑部候補主事臣徐宗溥
工部候補郎中臣李潤均
國子監學正學錄臣劉鉅
內務府候補筆帖式臣恩鳳
欽天監冬官正臣李德俊
欽天監主簿臣陳壽彭
欽天監司書臣陳壽圖
欽天監天文生臣棠源

詳校官
內閣候補侍讀臣汪大燮
吏部郎中臣丁寶銓
禮部候補郎中臣徐承焜
刑部郎補主事臣余艮
刑部候補主事臣蕭文昭
理藩院郎補主事臣吉章
前中書科中書分省補用知府臣馮數高
國子監助教臣曾廉
候補知縣臣王鑒

校對官
禮部候補主事臣廣安
刑部候補主事臣梁秉鑫
欽天監博士臣司秉鈞
候補知縣臣吴養性
候補知縣臣陳嘉楷
候補知縣臣劉明哲
候補府經歷臣朱淑程
鹽大使銜監生臣張壬林

文移處收掌官
內閣候補侍讀臣恒謙
內閣候補侍讀臣裕隆
翰林院筆帖式臣榮興
刑部候補主事臣倭恒額

繪圖處收掌官
內閣侍讀臣潤昌
工部候補郎中臣錫庚

前充正總裁官
原任東閣大學士臣閻敬銘
原任東閣大學士臣恩承
予告武英殿大學士臣額勒和布
原任東閣大學士臣張之萬
原任武英殿大學士臣宗室麟書
前任協辦大學士戶部尚書臣翁同龢
前充副總裁官
原任禮部尚書臣宗室延煦
原任吏部尚書臣錫珍
原任禮部尚書臣宗室奎潤
原任工部尚書臣潘祖蔭
原任刑部尚書臣嵩申
原任刑部尚書臣貴恒
原任兵部尚書臣許庚身
原任兵部尚書臣烏拉喜崇阿
原任兵部尚書臣孫毓汶
原任協辦大學士吏部尚書臣李鴻藻
前禮部尚書今任閩浙總督臣許應騤
前充幫提調官

前翰林院侍講學士臣黃紹箕
前翰林院編修今任安徽鳳陽府知府在任候補道臣馮煦
前山東沂州府知府分省補用道臣丁立鈞
前翰林院編修臣沈曾桐
前禮部員外郎今任雲南永昌府知府臣羅文彬
前充總校官
前禮部左侍郎臣唐景崇
前充總纂官
國子監祭酒臣王懿榮
前翰林院編修江蘇補用道臣蒯光典
前刑部郎中臣沈曾植
前工部即補員外郎臣秦樹聲
前充幫總纂官
翰林院編修臣吳慶坻
前翰林院編修直隸候補道臣楊士驤
前翰林院編修江蘇候補道臣柯逢時
前翰林院編修廣東候補知府臣高覲昌
前刑部候補郎中臣胡玉麟
前充纂修官
前內閣中書分省補用知府臣陸桂星

前內閣中書湖北候補知府臣黃以霖
前內閣中書今任浙江嚴州府同知臣傅潘
戶部候補主事臣劉嶽雲
直隸即用道臣傅雲龍
前充協修官
前兵馬司正指揮湖北候補知府臣趙子燦
前內閣候補中書臣陳壽瑄
前內閣中書江蘇候補知府臣王仁東
前內閣中書今任江西南昌府同知臣鮑恩綬
前翰林院編修今任江蘇江甯府知府臣劉名譽
前翰林院編修浙江候補知府臣楊鍾羲
前刑部郎中今任浙江紹興府知府臣熊起磻
湖北補用道臣毛祖模
前充詳校官
工部候補員外郎臣甘大璋
前充校對官
刑部主事臣顧厚焜
宗人府候補主事臣宗室載武
內閣中書臣顧芳
前吏部筆帖式分省補用知縣臣全煜

前戶部郎中今任四川重慶府知府臣鄂芳
前戶部郎中河南候補知府臣桑寶
前戶部候補主事貴州候補知府臣劉寅浚
前刑部郎中湖北補用道臣江聯葑
刑部候補員外郎臣恩潤
刑部主事臣曾鑑
刑部候補主事臣翁之潤
工部即補郎中臣潘盛年
工部主事臣陳恒慶
理藩院即補主事臣全立
前理藩院候補主事分省補用直隸州知州臣恒謙
內務府候補員外郎臣廣祿
內務府候補員外郎臣棫興
內務府候補主事臣宜良
內務府筆帖式臣端書
欽天監監副臣郭世鍾
安徽補用通判臣王承洛
分省試用通判臣陸長佑
分省補用通判臣馮如京
分省補用知縣臣朱繼經

欽定大清會典圖目錄

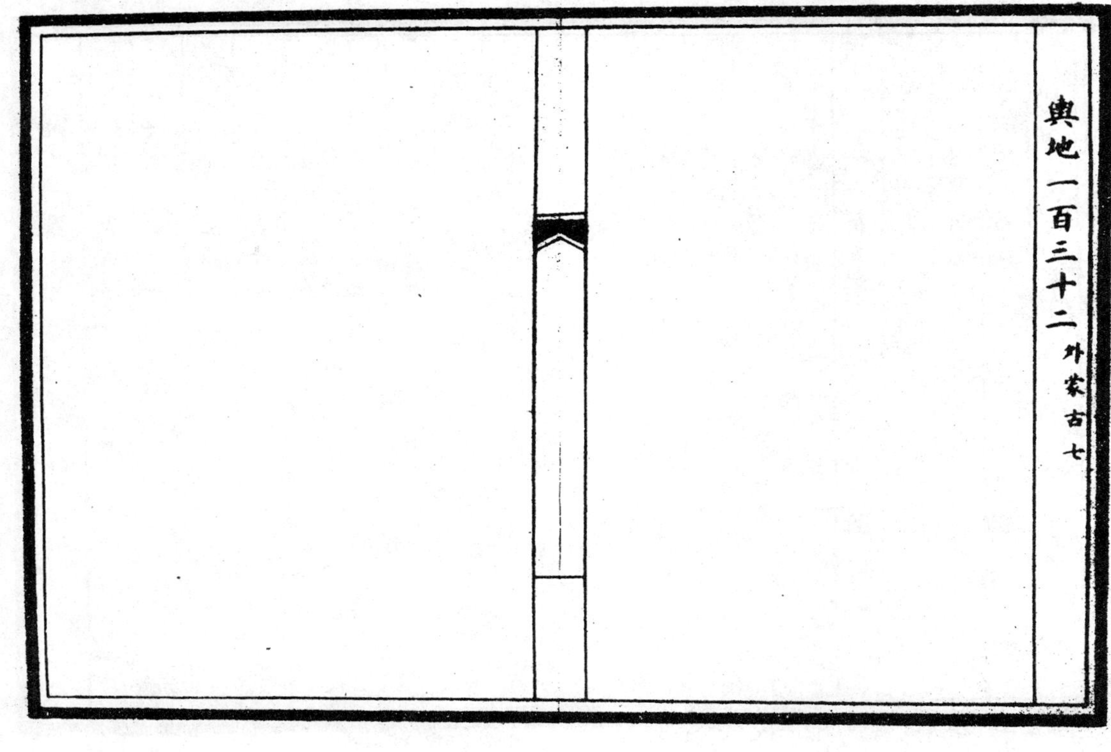

# 欽定大清會典圖卷一

禮一 祀典一



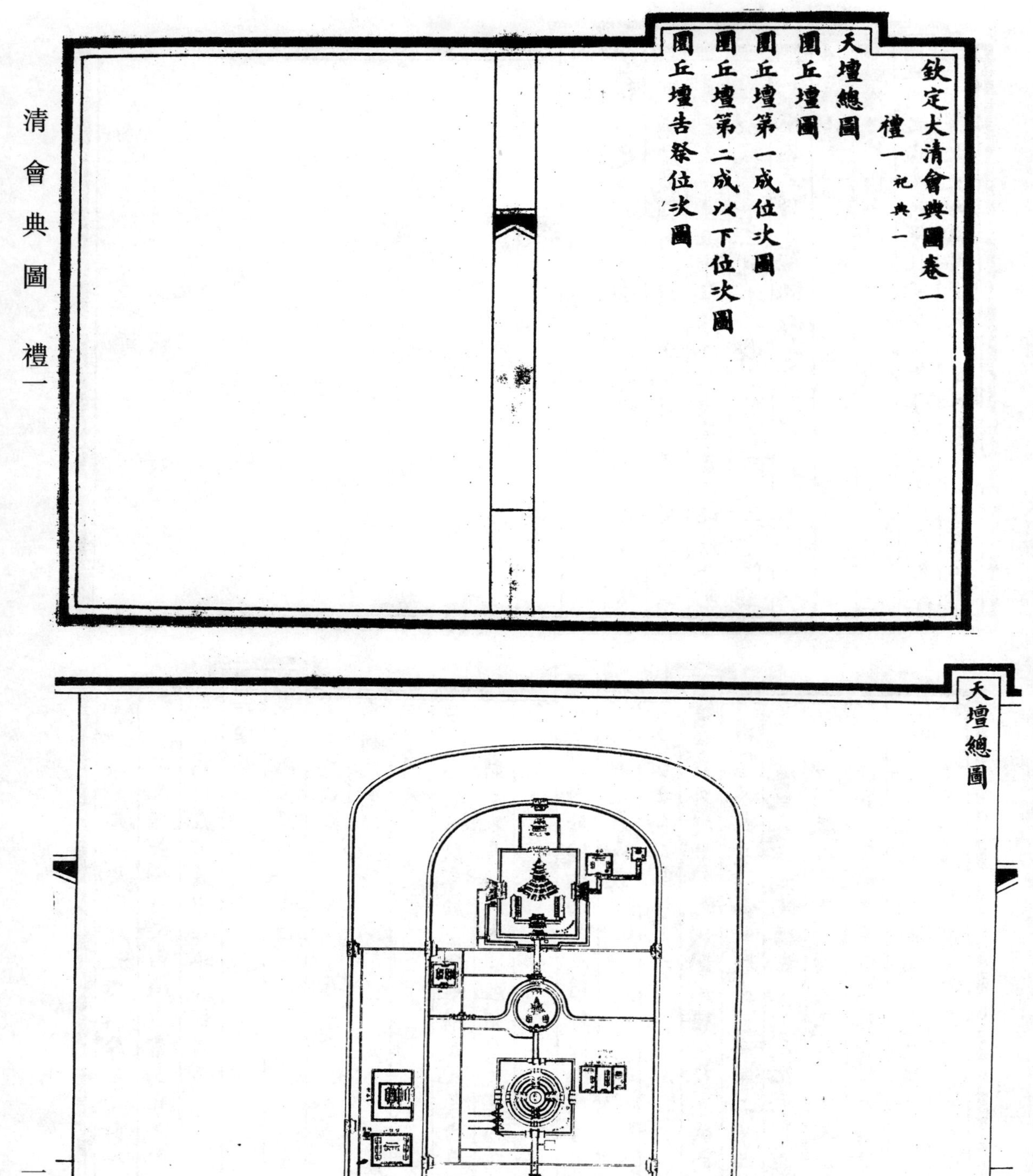

天壇總圖

圜丘壇。
祈穀壇同建在正陽門南之東。當都城巳位。內外垣俱
前方後圜。外垣周一千九百八十七丈五尺。高
一丈一尺五寸。址厚八尺。頂厚六尺。垣內外包
以城甎。下三進。上二進。出檐各三尺二寸。門二
座。各三間。皆西嚮。南為
圜丘門。北為
祈穀壇之外西天門。
圜丘門之內。南為犧牲所。南嚮。鐘樓在其西。北為神樂
署。東嚮。內垣周一千二百八十六丈一尺五寸。

高一丈一尺。址厚九尺。頂厚七尺。內外出檐各
二尺。包甎如外垣。內垣內。當南北之中。亙東西
為垣。左右㝵中作半規形者。為
圜丘壇北垣。
圜丘壇周垣設門四。東曰
泰元門。西曰
廣利門。南曰
昭亨門。北曰
成貞門。皆三門。朱扉金釘。縱橫各九。其內為外壝。垣
制方。又其內為內壝。垣制圜。又其內為
圜丘三成。內外壝四面各三門。外壝南門外
神路之東。為設
大次之所。
皇穹宇在外壝北門外。制圜。南嚮。金頂單檐。內外環轉
各八柱。塗金飾轉枝蓮。門一。窗二。東西北。砌以
城甎。基高九尺。徑五丈九尺九寸。面鋪青石。圜
石欄版四十有九。均高三尺六寸。東西南三出
陛。各十有四級。左右廡各五間。東西嚮。一出陛
各七級。圜垣砌以城甎。圜周五十六丈六尺八
寸。高一丈八寸。前三門。南嚮。崇基石欄。前後三

出陛各五級。外壝東門外北。
神庫五間。南嚮。
神廚五間。井亭一。六角。間以朱欞。皆西嚮。垣一重。
門一。南嚮。其東為祭器庫。樂器庫。椶薦庫。各三
間。西嚮。垣一重。門一。南嚮。又東為宰牲亭三間。
南嚮。井亭一。六角。間以朱欞。西嚮。垣一重。門一。
南嚮。
祈穀壇。在
成貞門北。其垣南接
圜丘壇垣。東西北。天門三。各三間。其內為內壝垣。東西
南甎門三。各三間。內外丹陛。南為大甎門。其外
神路之東。為設
大次之所。其內為
祈年門。門內為
祈年殿。內壝垣之外。東南西南兩隅。繚以曲垣。東嚮角
門一。西嚮角門一。北嚮角門一。內壝垣之北。琉
璃門三座。後為
皇乾殿。制方。南嚮五間。衛以石欄五十有九。正面三出
陛。東西一出。陛各九級。東西北三面周以垣。西
垣之南。西嚮角門一。東甎門外。廊房七十二間。

聯檐通脊。北為
神庫五間。南嚮。左右
神廚各五間。東西嚮。井亭一。六角。間以朱欞。西嚮。
垣一重。門一。南嚮。其東北為宰牲亭。五間。南嚮。
井亭一。六角。間以朱欞。西嚮。垣一重。門一。南嚮。
圜丘壇北垣
成貞門之西。大門一。左右門各一。為
聖駕詣
壇宿
齋宮出入之門。
齋宮在
祈穀壇之西。天門內。少南。東嚮。正殿五間。一出陛。垣一
重。內宮門一座。南北門各一。殿後垣一重。南北
門各一。左右隨事房各五間。東嚮。垣各一重。垣
東門各一。門之東。垣各一重。垣南北左右隨事
房各五間。南北嚮。前大殿五間。崇基石欄。三出
陛。正面十有三級。左右各十有五級。陛前左設
齋戒銅人石亭一。右設時辰牌石亭一。左右界
牆一。門各一。西北隅井一。內宮牆方周一百三
十三丈九尺四寸。中三間。三出陛。皆七級。左右

門各一。皆六級。周圍環池。前跨石梁三。左右石梁各一。東北隅鐘樓一。外宮牆方周一百九十八丈二尺二寸。環以迴廊一百六十三間。復繞以深池。宮門石梁。與內宮牆同。

昭亨門外。東西石牌坊各一。

圜丘壇

皇穹宇

祈穀壇

皇乾殿門樓壝垣。其覆瓦皆用青色琉璃。其餘壇門七座及隨門圜垣用綠瓦。凡高以古尺計。古尺載律呂正義。當工部營造尺八寸一分。餘皆今尺。凡達正門之路為

神路。餘為甬路。甬路由

圜丘門入者。折而南而東達

昭亨門。門以內東達

泰元門。西達

廣利門。

廣利門內。折而北東達

圜丘壇

神路。壇外壝東門。東達

神庫祭器樂器椶薦庫宰牲亭。

廣利門內。折而北。逕大門直達西天門。西天門內折而南東達

皇穹宇圜垣外

神路由外西天門入者。東達西天門。南而東而北亦達

圜丘門。西天門以內。直東達

祈穀壇

神路。折而南達

齋宮北門。少東南達

齋宮正門

齋宮正門。東達

祈穀壇

神路。西天門以內。東折而北達西角門及西甎門。達

皇乾殿。東甎門外由廊房達

神庫宰牲亭。犧牲所。圜牆東西五十二丈。南北五十二丈五尺。大門三間。南嚮。內花門一座。正房十有一間。中三間奉犧牲之神。左右牧夫房各二間。牛房各二間。後屋十有六間。內滿漢所牧房各三間。所軍房一間。貯草房五間。草夫房四

間。東邊兩重四十八間。內貯料房二間。貯草房三間。牛房十有五間。羊房五間。鹿房二十間。兔房三間。西邊一重十有五間。內庫房一間。泡料房磨房各二間。豕房五間。牛房五間。鹿檻牛枋分列屋之左右。西北隅官廳三間。東嚮。井一。北門一間。

圜丘壇圖

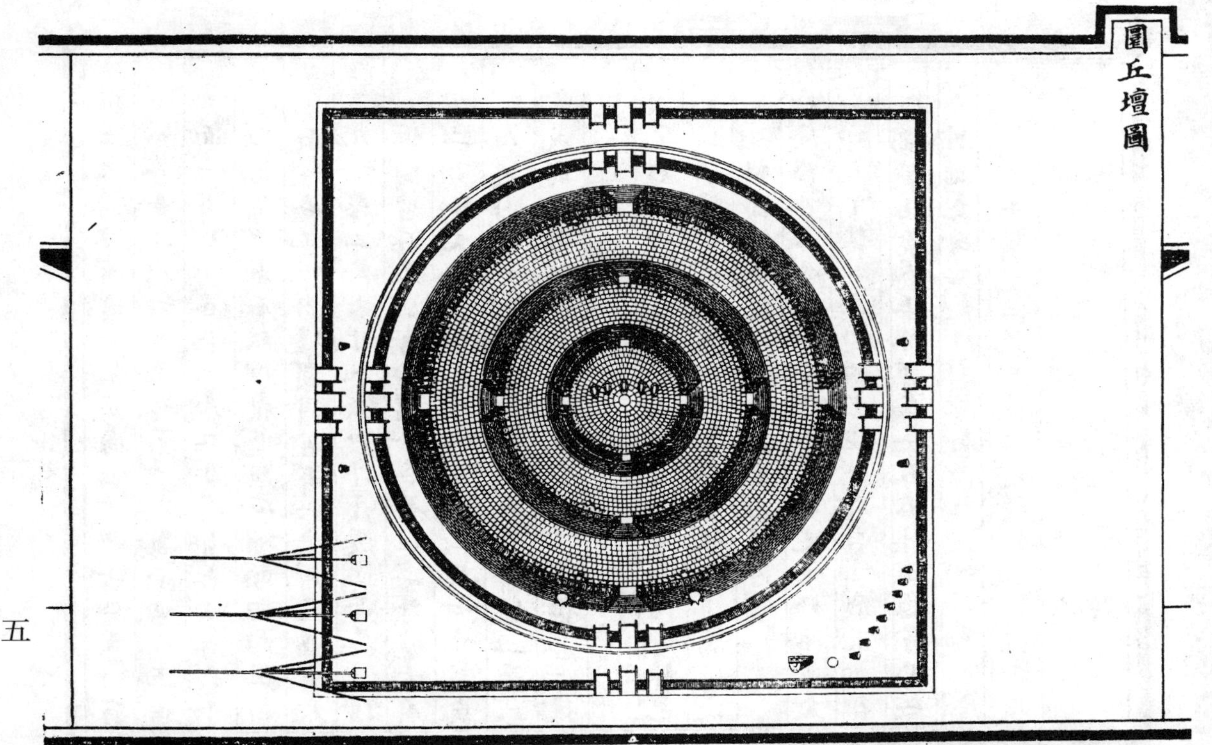

圜丘制圜南嚮三成第一成面徑九丈爲一九高五尺七寸第二成徑十有五丈爲三五高五尺二寸第三成徑二十一丈爲三七高五尺用一三五七九天數三成共四十五丈取合九五之義徑數係古尺當營造尺八寸一分符九九之數三成面用艾葉青石九重環甃石數每重加九第一成中心圓石一外九重自一九遞加至九九第二成自九十遞加至一百六十二第三成自一百七十一遞加至二百四十三皆積九成數四周欄版第一成每面十八四面七十二各長二尺三寸有奇第二成每面二十七四面一百八各長二尺六寸有奇第三成每面四十五四面一百八十各長二尺二寸有奇合三百六十版應周天數石柱仰覆蓮座安螭頭四面出白石陛各九級內壝圜周百有六丈四尺高五尺九寸厚二尺七寸五分內外丹雘四面各三門楔闑皆石朱扉有櫺門外各石柱二外壝方周二百十丈一尺高八尺六寸厚二尺七寸制與內壝同第一成正中白石几五前鼎鑪二第二成前後鼎鑪各二第三成前上下鼎鑪各二後左右鼎鑪各一外壝南門之內東南丙地綠色琉璃燔柴鑪一高九尺徑七尺綠色琉璃瘞坎一制圜鐵燎鑪八迤而北東西門內

從位燎鑪各二西南隅望鐙臺三各建鐙杆高十丈四尺下徑二尺四寸上徑一尺四寸䥕木九各高六丈一尺五寸下徑一尺五寸上徑一尺一寸通髹朱

# 圜丘壇第一成位次圖

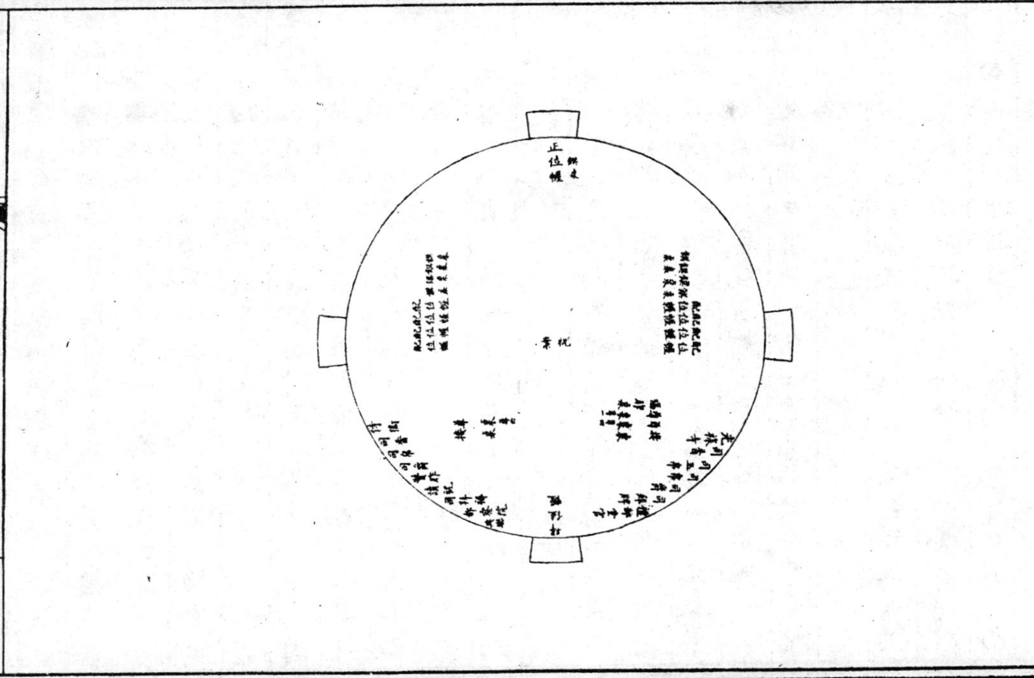

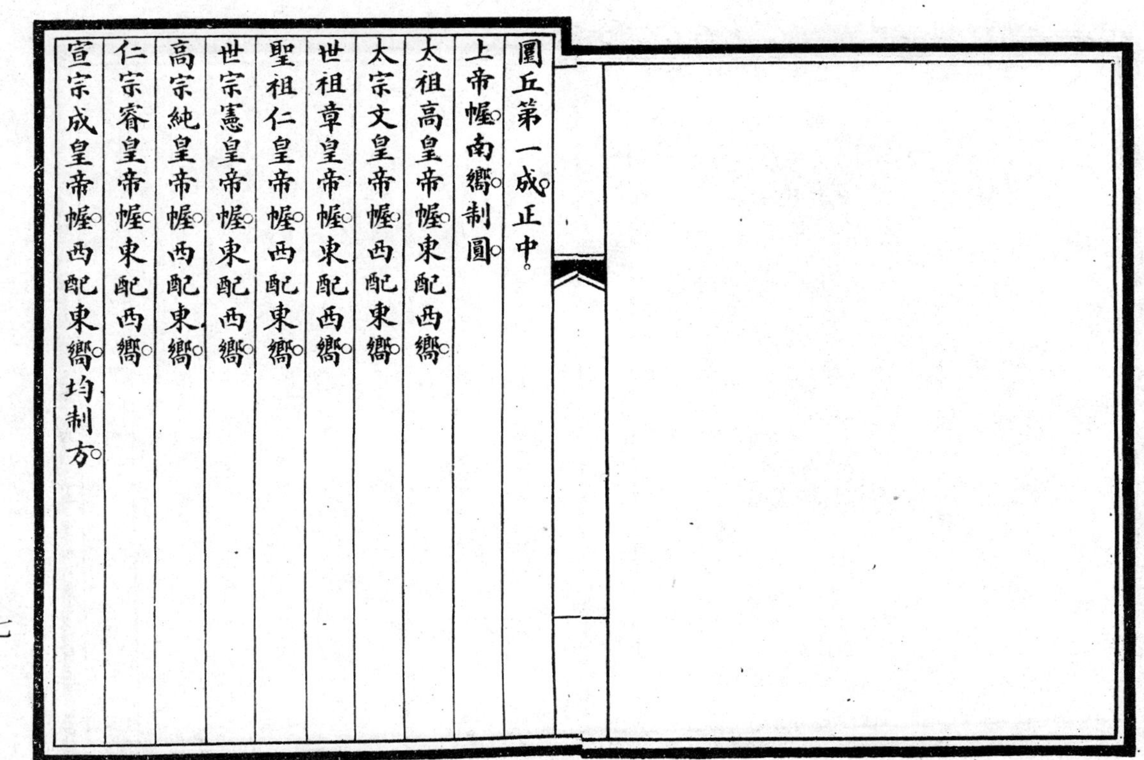

圜丘第一成。正中。
上帝幄。南嚮。制圓。
太祖高皇帝幄。東配。西嚮。
太宗文皇帝幄。西配。東嚮。
世祖章皇帝幄。東配。西嚮。
聖祖仁皇帝幄。西配。東嚮。
世宗憲皇帝幄。東配。西嚮。
高宗純皇帝幄。西配。東嚮。
仁宗睿皇帝幄。東配。西嚮。
宣宗成皇帝幄。西配。東嚮。均制方。

上帝幄內。座一。座前籩豆案一。幄左饌桌一。
列聖配位幄內。座各一。座前籩豆案各一。幄北饌桌東
西各四。正中少西祝案一。南嚮東福胙桌一。尊
桌二。接桌一。均西嚮。西尊桌一。接桌一。均東嚮。
午階上。爲讀祝時及受福胙
皇帝拜位。北嚮。太常寺官司拜牌一人。立拜位東。西
面。司拜褥一人。立拜位西。東面。司香五人。司玉
帛一人。司帛四人。司爵五人。立東案之東。西面。
司香四人。司帛四人。司爵四人。讀祝官一人。立
西案之西。東面。捧福酒福胙光祿寺卿二人。立
東司香之後。西面。接福酒福胙侍衛二人。立西
司香之後。太常寺贊福胙官一人。立西司爵之
次。東面。侍儀禮部尚書一人。侍郎一人。立東案
之南。西面。都察院左都御史一人。副都御史一
人。及樂部典樂一人。立西案之南。東面。冬至祀
天。孟夏
常雩。位次同。若遣官恭代行禮。則不飲福受胙。不設福
胙桌。接福胙桌。不用光祿寺卿侍衛贊胙司拜
牌司拜褥。不用禮部尚書侍郎都察院左都御
史。副都御史。侍儀及樂部大臣典樂。其餘各執

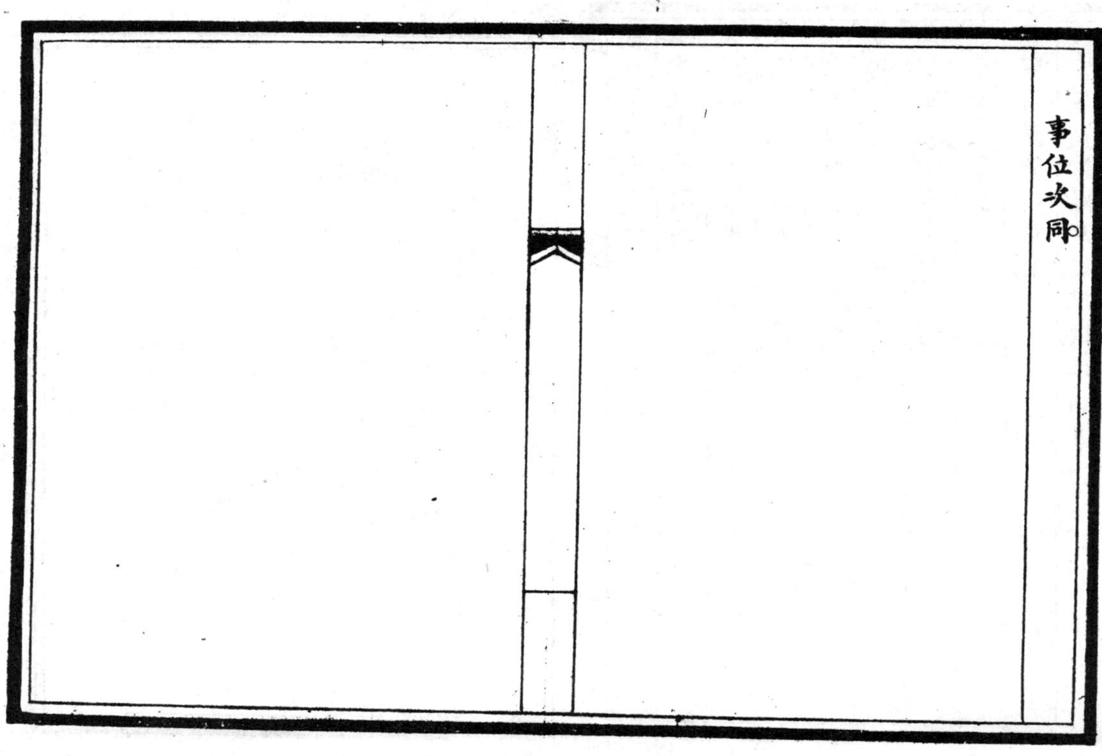

事位次同。

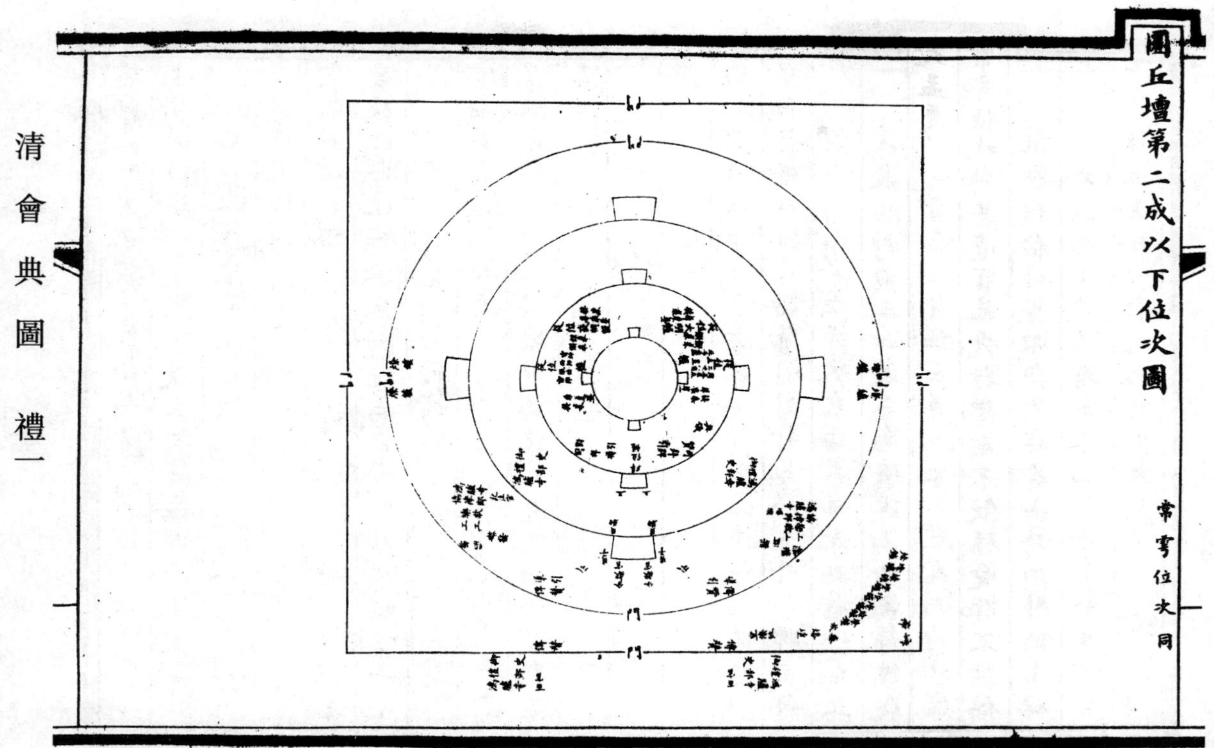
圜丘壇第二成以下位次圖
常雩位次同

圜丘第二成。

大明幄。東設西嚮。

夜明幄。西設東嚮。

北斗七星。

五星。

二十八宿。

周天星辰。共一幄。東設西嚮。

雲師。

雨師。

風伯。

雷師共一幄。西設東嚮。均制方。
大明幄內座一。懷桌一。籩豆案一。幄外南饌桌一。北
尊桌一。接桌一。均西嚮。
夜明幄內外與
大明同。均東嚮。
星辰幄內座一。懷桌一。籩豆案一。幄外北饌桌一。南
尊桌一。接桌一。均西嚮。
雲雨風雷幄內外與
星辰同。均東嚮。西接桌即為接福胙桌。四櫺星門並
泰元

昭亨
廣利門內正中設香案各一。階上正中幄次為
皇帝行禮拜位。北嚮。贊引對引各一人。司拜牌司拜
褥各一人。分立幄次東西。太常寺典儀一人。立
於東西面。第三成階上。為陪祀王貝勒拜位。階
下。為貝子公拜位。左翼在東。右翼在西。均北嚮。
引王貝勒行禮鴻臚寺官二人。糾儀御史四人。
禮部祠祭司官四人。分立於王貝勒拜位左右。
引貝子公行禮鴻臚寺官二人。分立於貝子公
拜位左右。各東西面。庭中央

神道東西。為分獻官拜位。導引東西各二人。記注
官四人。立於第三成西階之下。東面。唱樂一人。
立於東階之下。西面。
神道左右設樂懸。司樂協律郎樂工。序立於東西
樂懸之次。歌工立於樂工之次。樂舞生文武八
佾分行序立。東在歌工之左。西在歌工之
右。東上。外壝門外為陪祀百官拜位。文五品武
四品以上。東西各五班。均北嚮。引禮鴻臚寺序
班二人。糾儀御史四人。禮部祠祭司官四人。分
立於百官拜位左右。各東西面。傳贊四人。二人

循內壝牆立。二人循外壝牆立。內壝左門外為
皇帝望燎位。東嚮。掌燎官一人。率燎人立燎爐之東
南隅。冬至祀
天。孟夏
常雩。位次同。若遣官恭代行禮。則第二成階上。為讀祝
時承祭官拜位。第三成階上。為行禮拜位。王公
不陪祀。不用司拜牌司拜褥及記注官。監禮糾
儀。用禮部司官二人。御史四人。第三成階上下。
不用鴻臚寺御史。禮部官。其餘各位次同。

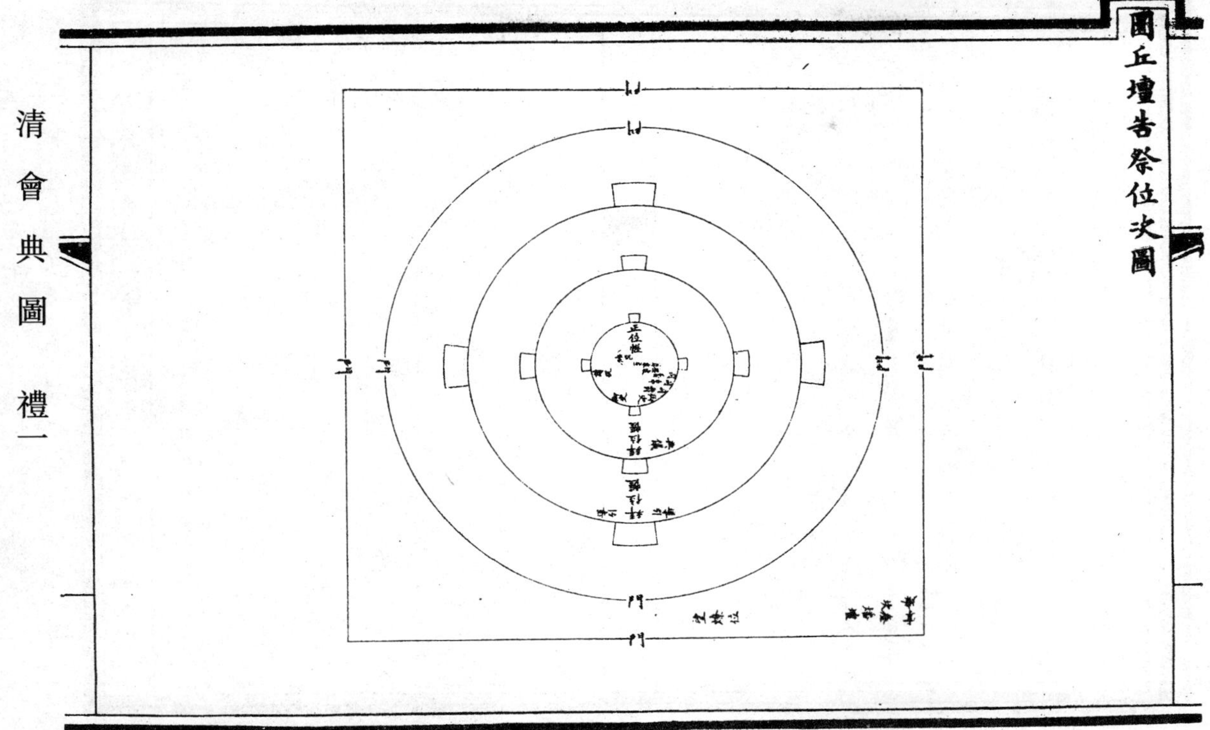


圜丘壇告祭位次圖

圜丘因事祇告遣官行禮不設

配位

從位不作樂不飲福受胙不設饌桌福胙桌接福胙桌惟設尊桌一接桌一祝案一第二成階上為讀祝時承祭官拜位第三成階上為行禮拜位不陪祀不用光祿寺侍衛贊胙司拜牌司拜褥樂部鴻臚寺禮部記注傳贊諸官司香司帛司爵各一人立於第一成尊桌之東西面讀祝官一人立於西東面糾儀御史二人分立讀祝司爵官之次太常寺典儀一人立第二成午階上

之東西面掌燎官率燎人立燎鑪之東南隅

欽定大清會典圖卷二

禮二 祀典二

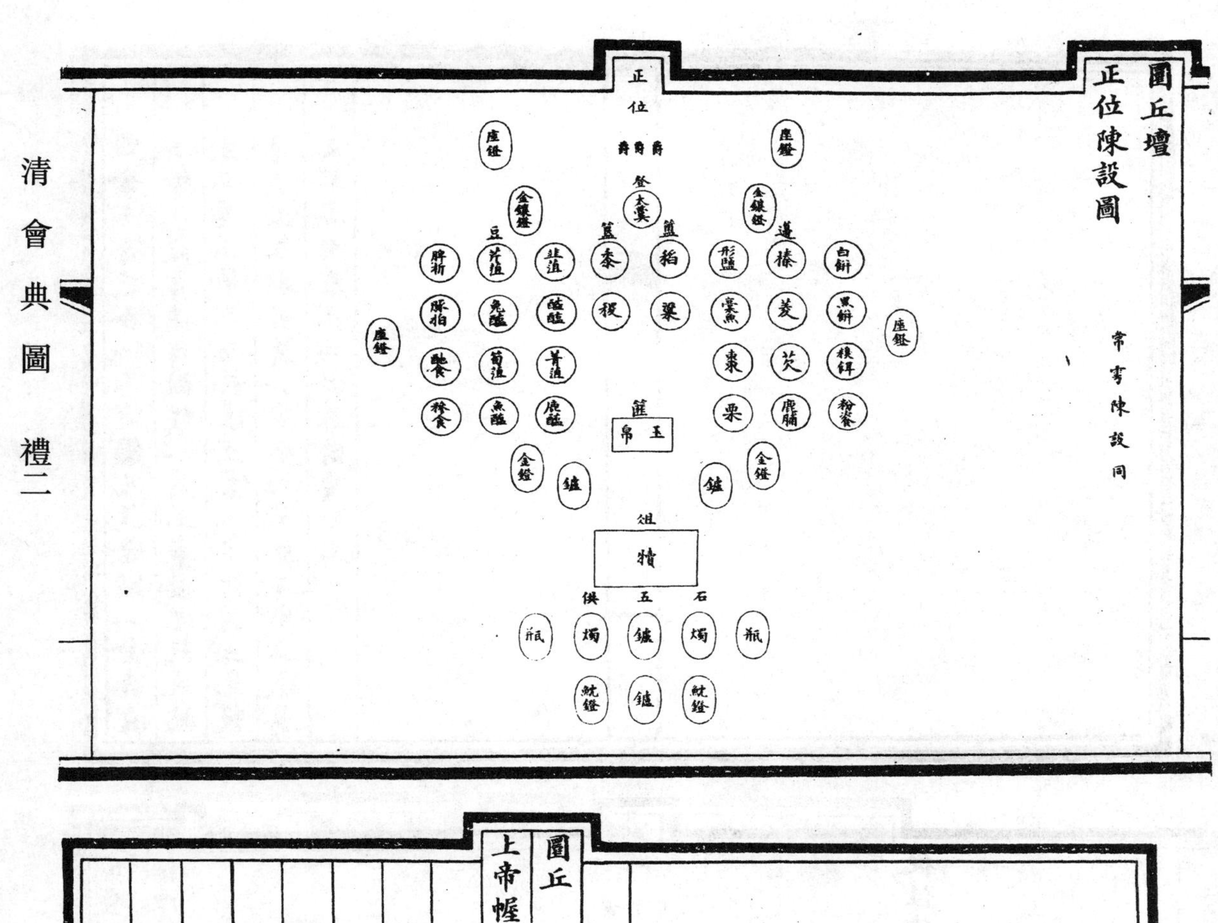


## 圜丘

上帝幄內。青羊角座鐙四。二在座旁。二在籩豆案旁。籩豆案上。爵墊一。前後金鑲青羊角鐙二。輭絲金鐙二。登一。居中。實太羹。簠二。在左。實稻。實粱。簋二。在右。實黍。實稷。籩十有二。在簠之左。實形鹽。槀魚。棗。栗。榛。菱。芡。鹿脯。白餅。黑餅。糗餌。粉餈。豆十有二。在簋之右。實韭菹。醓醢。菁菹。鹿醢。芹菹。兔醢。筍菹。魚醢。脾析。豚拍。酏食。糝食。幄門外左右鑪几。設銅鑪二。幄前俎一。實犢。又前石五供。設銅龍香鑪一。銅龍燭臺二。銅龍花瓶二。中插貼金木靈芝各一。又前鑪几設金鑪一。金香靠具。鐙几。設青羊角沆鐙二。其玉帛篚。先設東接桌上。奠玉帛則奠於籩豆案正中。匏爵三。先設尊桌上。三獻皆奠於爵墊。初獻奠正中。亞獻奠左。終獻奠右。凡三獻奠爵皆如之。

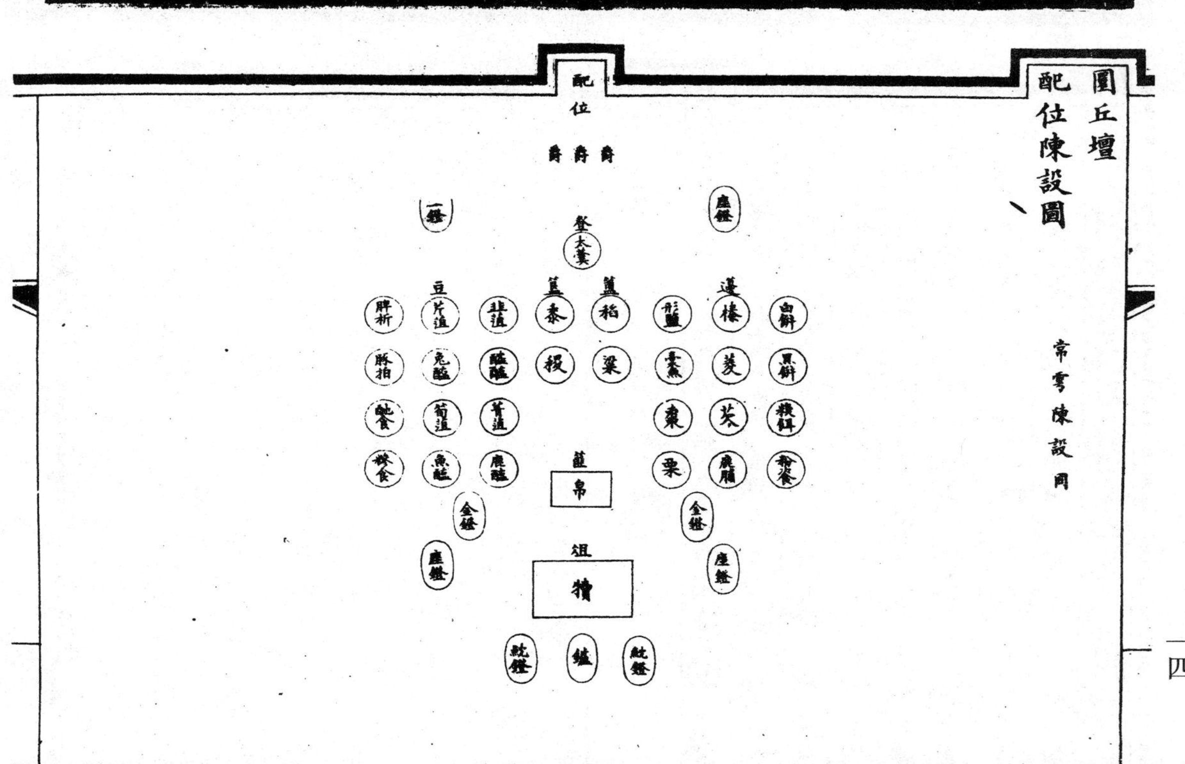

圜丘

列聖配位幄内青羊角座鐙四。二在前。二在後。籩豆案上。爵墊一。登一。簠二。簋二。籩十有二。豆十有二。輭絲金鐙二。幄前俎一。實犢。又前鑪几。設金鑪一。金香靠具。鐙几。設青羊角鱿鐙二。八配位皆同。其帛篚東四篚先設東接桌上。西四篚先設西接桌上。奠帛各奠於籩豆案正中。匏爵先設東西尊桌上。東十二爵。西十二爵。三獻各奠於爵墊。

圜丘壇從位陳設圖一

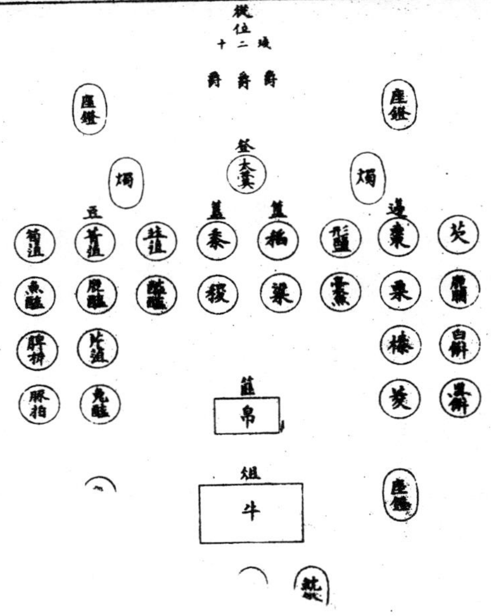

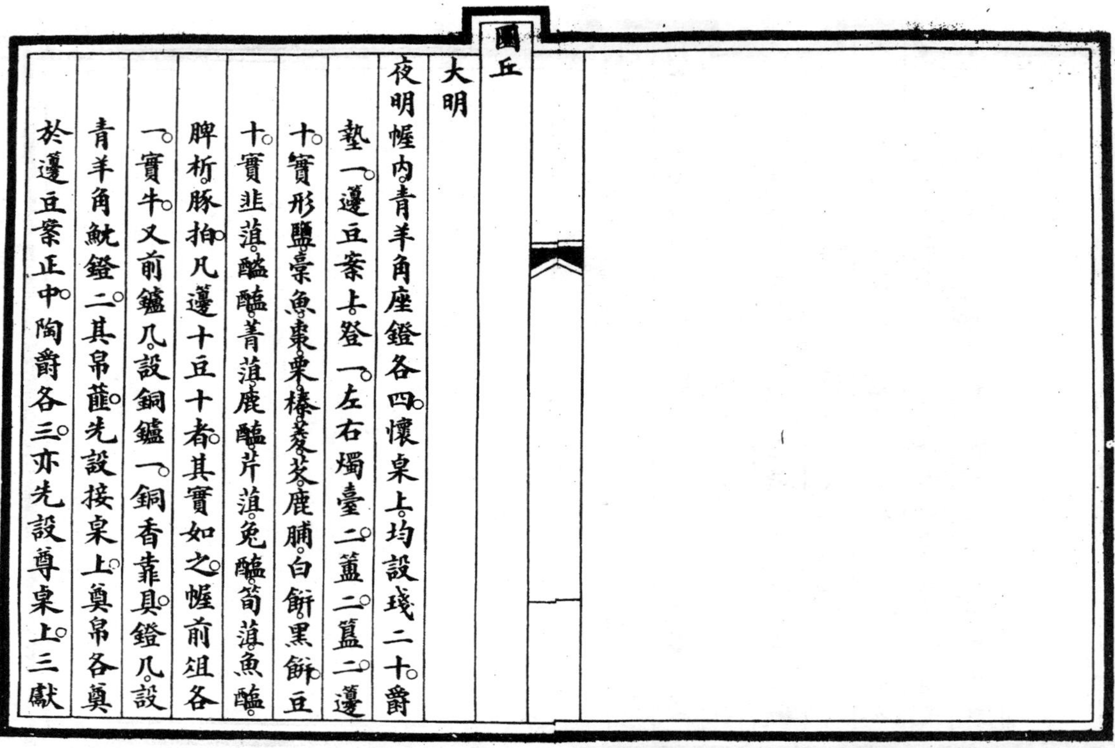

圜丘

大明

夜明幄內。青羊角座鐙各四。懷桌上。均設琖二十。爵墊一。籩豆案上。登一。左右燭臺二。簠二。簋二。籩十。實形鹽槀魚棗栗榛菱芡鹿脯白餅黑餅。豆十。實韭菹醓醢菁菹鹿醢芹菹兔醢筍菹魚醢脾析豚拍。凡籩十豆十者。其實如之。幄前俎各一。實牛。又前鑪。凡設銅鑪一。銅香靠具鐙。凡設青羊角鈚鐙二。其帛篚。先設接桌上。奠帛各奠於籩豆案正中。陶爵各三。亦先設尊桌上。三獻各奠於爵墊。

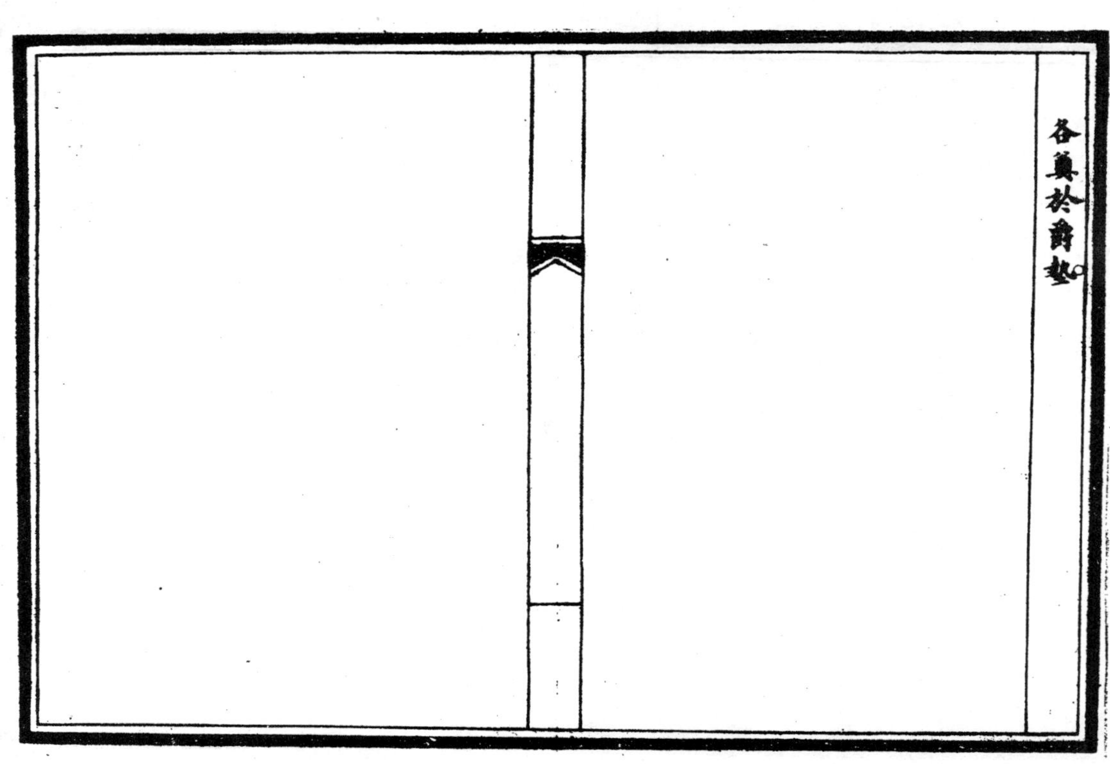

圜丘壇從位陳設圖二

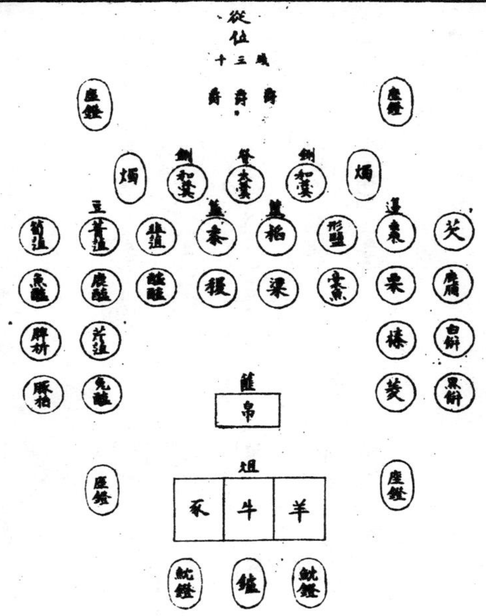

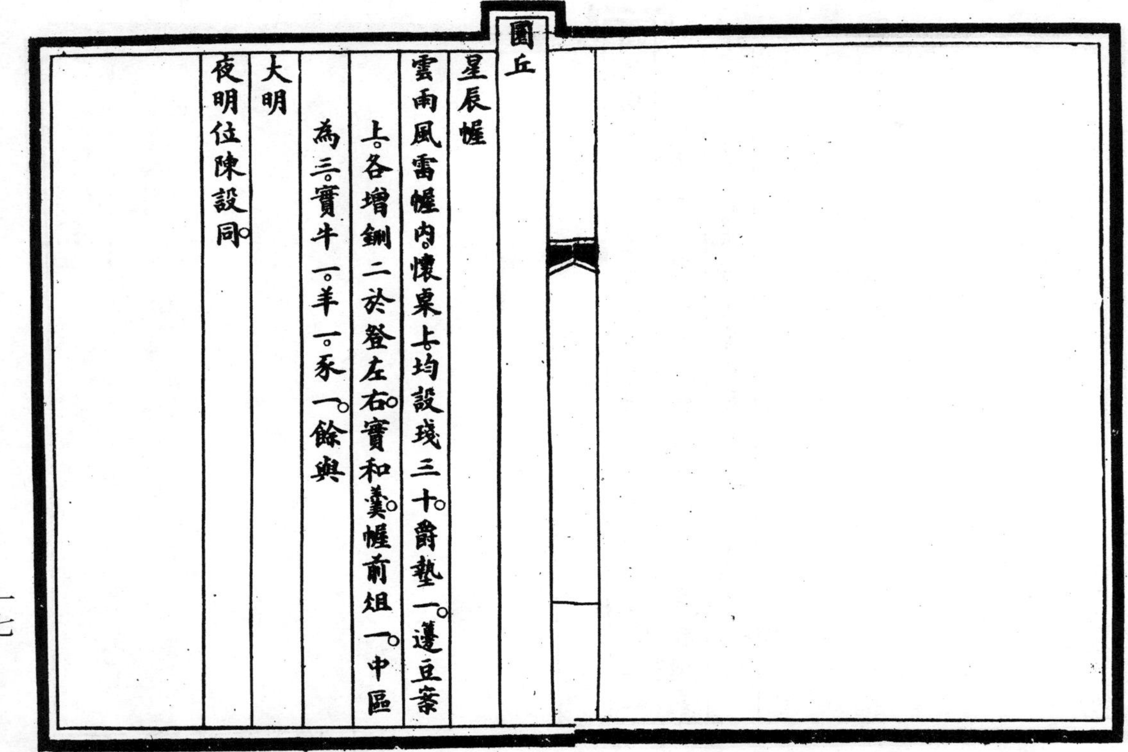

圜丘

星辰幄

雲雨風雷幄內懷東上均設琖三十。爵墊一。籩豆案上。各增鉶二於登左右。實和羹。幄前俎一。中區為三。實牛一。羊一。豕一。餘與

大明

夜明位陳設同。

# 圜丘壇告祭陳設圖

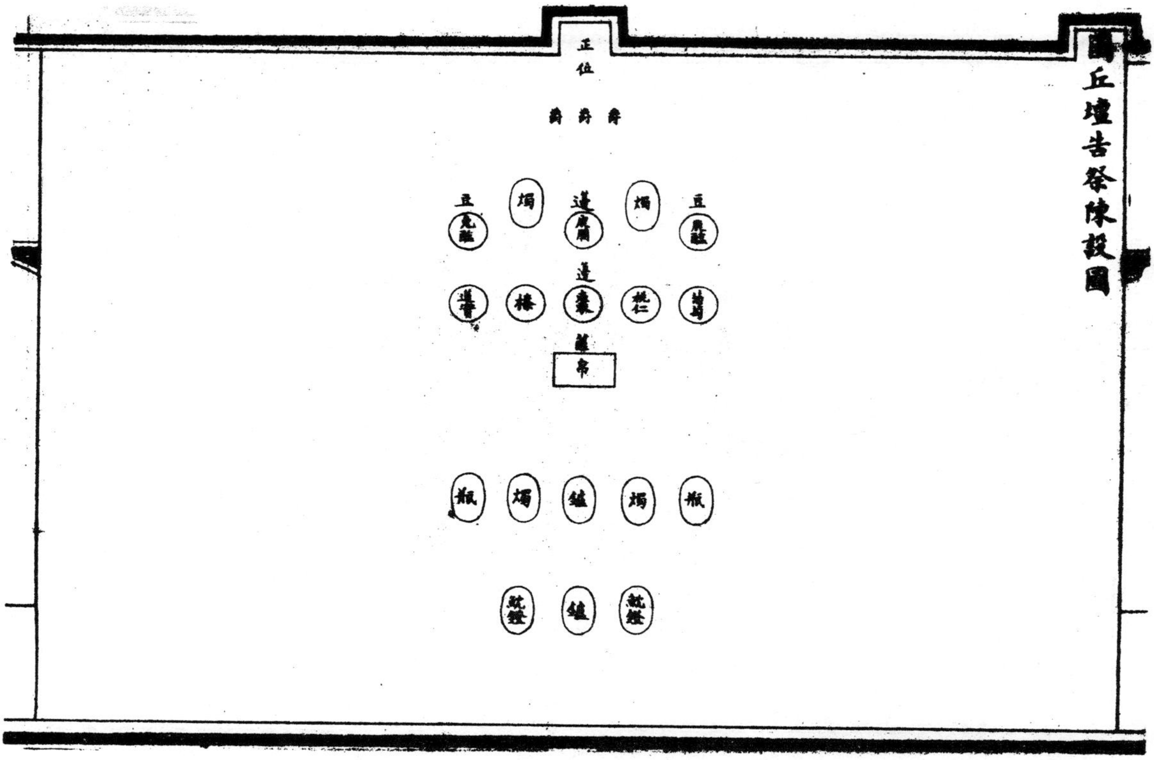

正位

爵　爵　爵

豆 兔醢　燭　籩 鹿脯　燭　豆 鹿醢

蓮實　榛　籩 棗　桃仁　菱芡

篚 帛

瓶　燭　鑪　燭　瓶

鐙　鑪　鐙

圜丘因事祇告。遣官行禮不用玉。不進俎籩豆案上設燭臺二。豆用二。實鹿醢兔醢。籩用六。實鹿脯棗榛菱芡桃仁蓮實。凡豆二籩六者其實如之

# 大雩位次圖

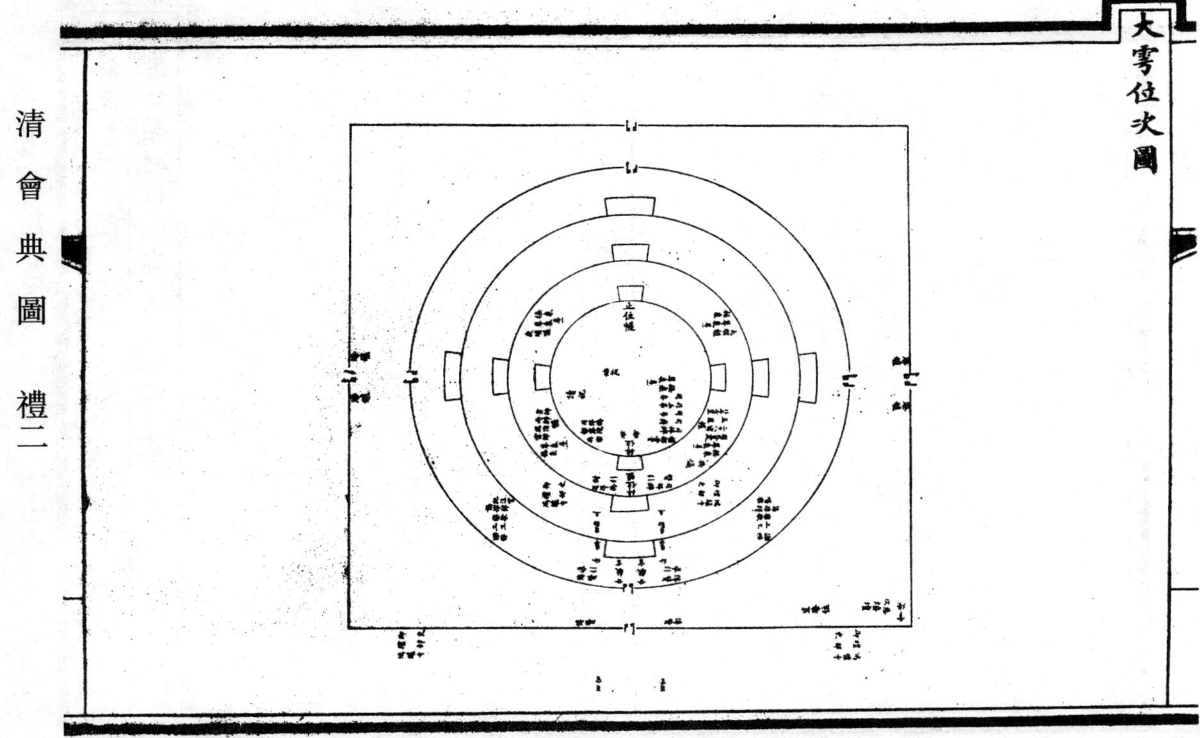

大雩。不設

配位。設

從位。不飲福受胙。不燔柴。

正位

從位幄旁。皆不設饌桌。各設尊桌一。接桌一。不設福胙桌。不用光祿寺。侍衛。贊胙官。司香五人。司玉帛一人。司帛四人。司爵五人。讀祝官一人。增司樂二人。引舞童十六人。衣元衣。執羽翳。立東西樂懸之次。歌舞時進為八列。在第一成

皇帝拜位前兩旁。餘各位次。與冬至祀

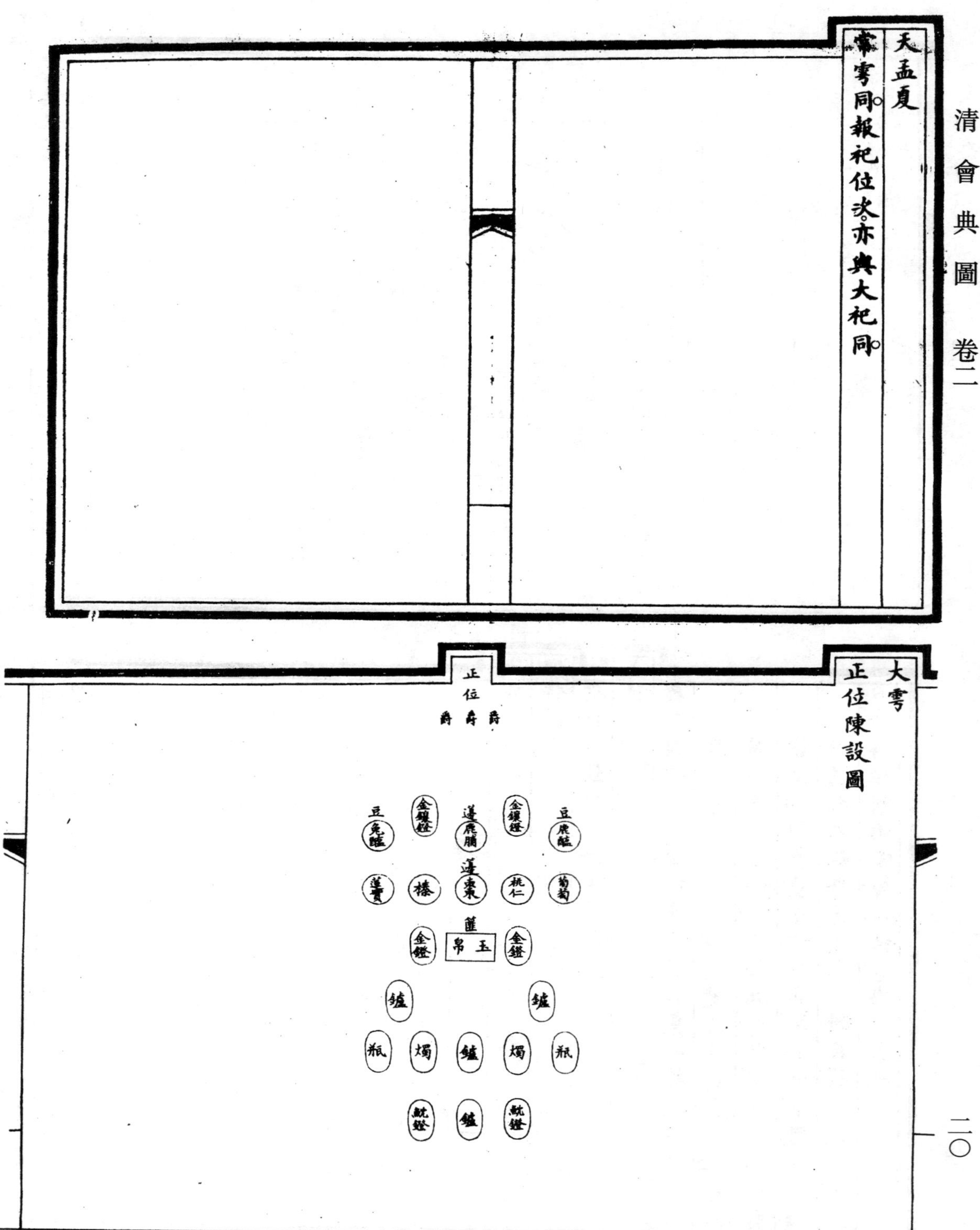

天孟夏
常雩同報祀位次。亦與大祀同。

大雩正位陳設圖

大雩

正位不進俎。不用登鉶簠簋。籩豆案上。設金鑲羊角鐙二。輭絲金鐙二。豆用二。籩用六。其餘幄內外陳設。與冬至祀天。孟夏常雩正位同。報祀亦與大祀同。

大雩從位陳設圖

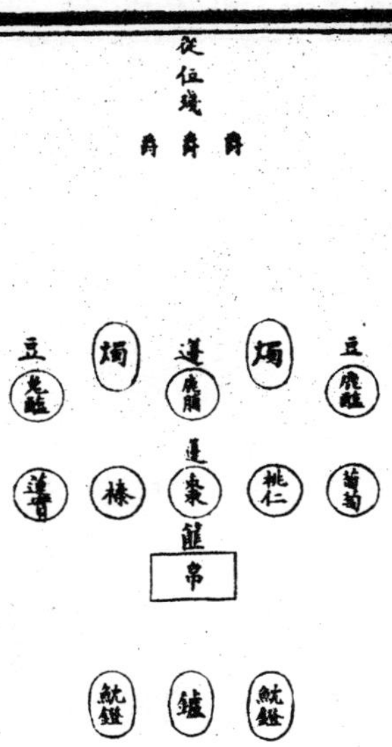

從位殘
爵　爵　爵
豆　兔醢
燭
籩　鹿脯
燭
豆　鹿醢
蓮實
榛
籩　棗
桃仁
葡萄
篚　帛
魷鐙
鑪
魷鐙

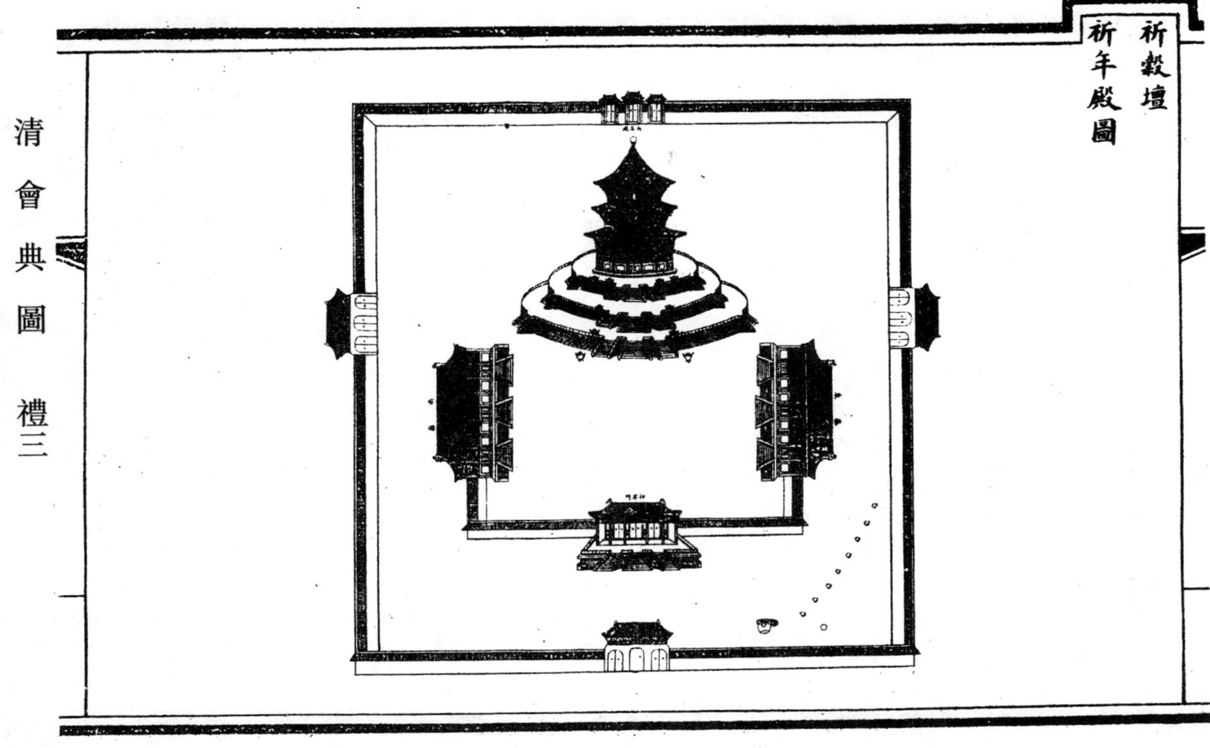
祈穀壇
祈年殿圖

祈穀壇。制圓。南嚮。三成。第一成。徑二十一丈五尺。第二成。徑二十三丈二尺六寸。第三成。徑二十五丈。面甃金磚。圍以白石欄板四百二十。南北三出陛。東西一出陛。第一成。第二成。各九級。第三成。十級。第一成前鼎鑪四。第二成第三成前均鼎鑪二。階下鼎鑪二。

祈年殿亦制圓。南嚮。金頂。檐三重。覆青色琉璃瓦。內外柱各十二。龍井柱四。窗九。門三。兩廡各九間。東西嚮。均三出陛。中十級。南北各九級。前爲祈年門五間。崇基石欄。前後三出陛。各十一級。門外

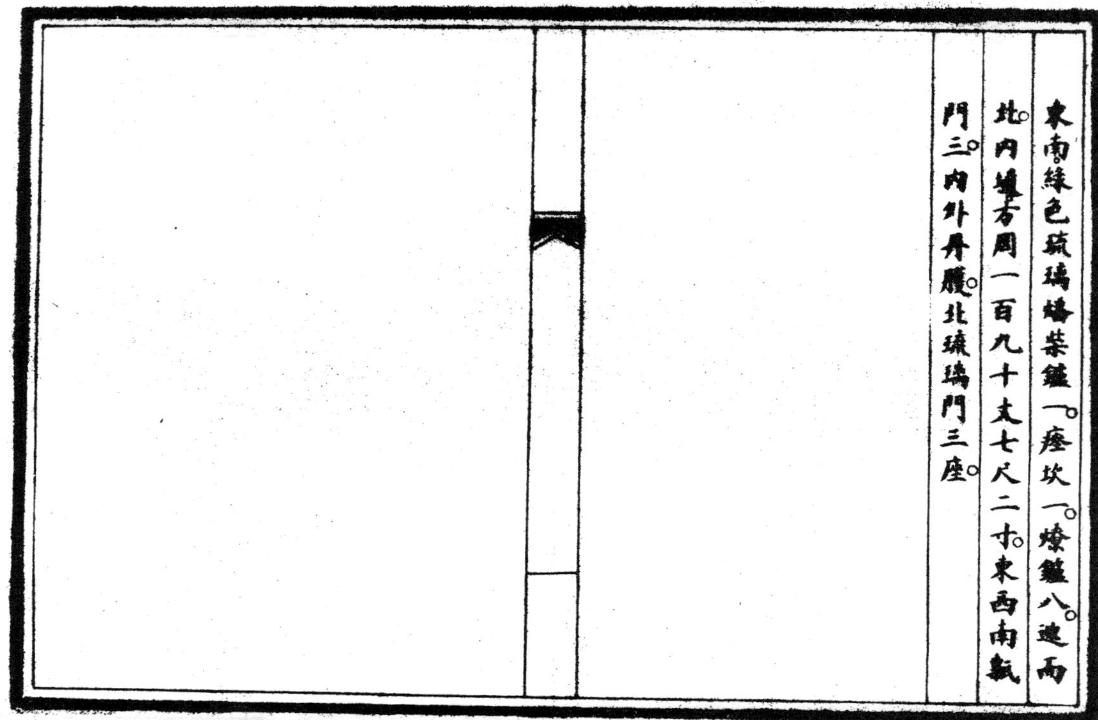

東南綠色琉璃燔柴鑪一。瘞坎一。燎鑪八。遶西北。内壝方周一百九十丈七尺二寸。東西南甎門三。内外丹陛。北琉璃門三座。

祈穀壇

祈年殿内位次圖

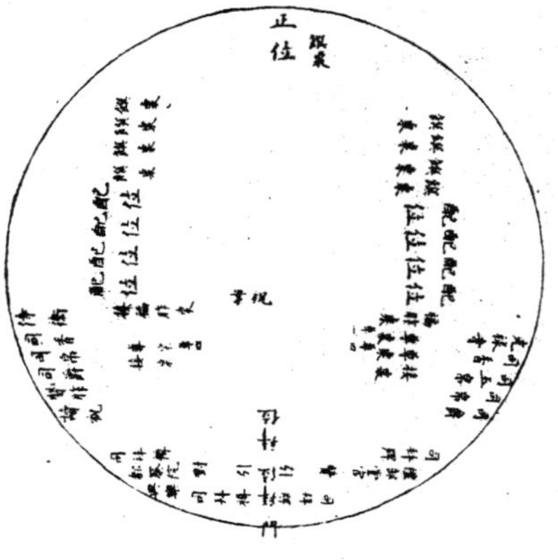

祈年殿內。正位

配位均不設幄殿正中。

上帝神座南嚮

太祖高皇帝神座西嚮

太宗文皇帝神座東嚮

世祖章皇帝神座西嚮

聖祖仁皇帝神座東嚮

世宗憲皇帝神座西嚮

高宗純皇帝神座東嚮

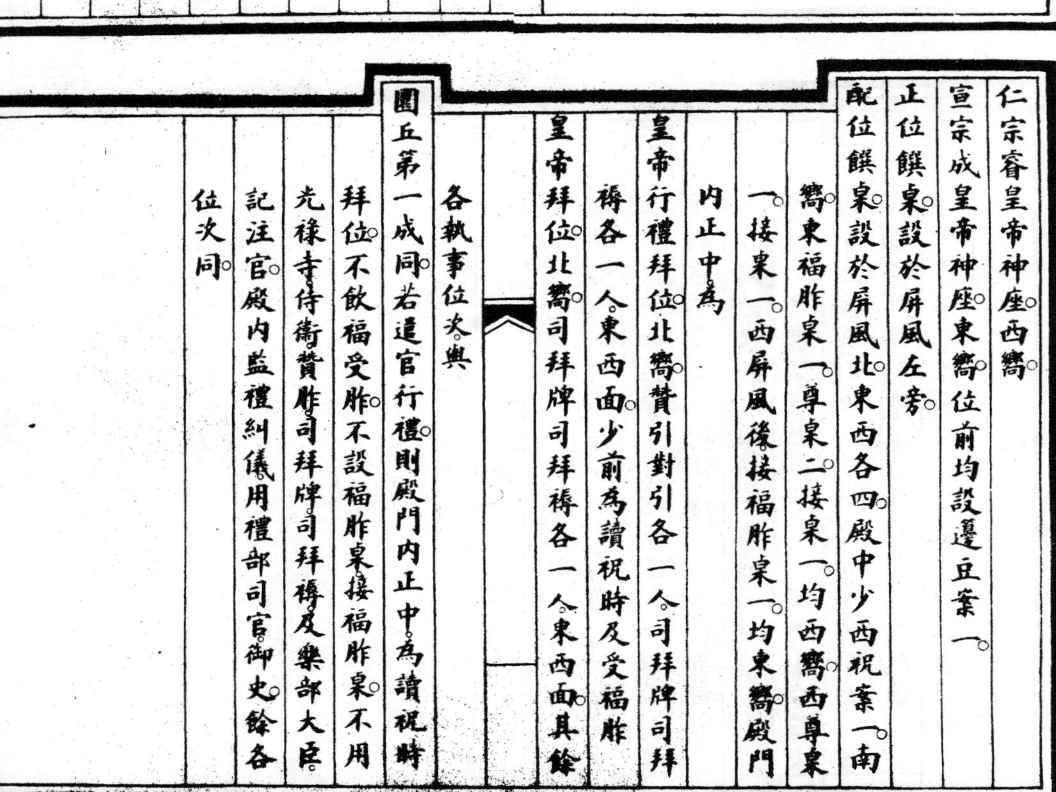

仁宗睿皇帝神座西嚮

宣宗成皇帝神座東嚮位前均設籩豆案一。正位饌桌設於屏風左旁

配位饌桌設於屏風北東西各四殿中少西祝案一南嚮東福胙桌一尊桌二接桌一均西嚮西尊桌一接桌一西屏風後接福胙桌一均東嚮殿門內正中為

皇帝行禮拜位北嚮贊引對引各一人司拜牌司拜褥各一人東西面少前為讀祝時及受福胙

皇帝拜位北嚮司拜牌司拜褥各一人東西面其餘各執事位次與

圜丘第一成同若遣官行禮則殿門內正中為讀祝時拜位不飲福受胙不設福胙桌接福胙桌不用光祿寺侍衛贊胙司拜牌司拜褥及樂部大臣記注官殿內監禮糾儀用禮部司官御史餘各位次同

## 祈穀壇
## 祈年殿外位次圖

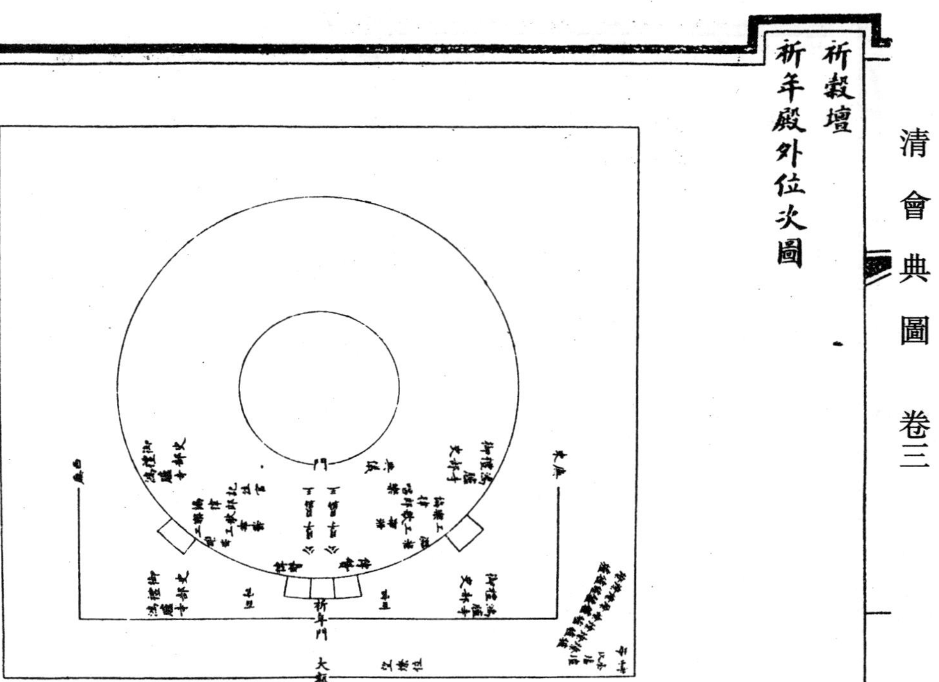

祈年殿外。太常寺典儀一人。立東檐下。西面。記注官四人。立西階下。東面。丹陛東西。為諸王。貝勒。貝子。公。陪祀拜位。左翼東階。右翼西階。均北嚮。引禮鴻臚寺鳴贊二人。糾儀御史二人。禮部司官二人。分立於東西陛石欄前。東西面。唱樂一人。立丹陛上之東。協律郎。樂工。歌工。樂舞生。分行東西序。立丹墀內東西。為陪祀百官拜位。東西各五班。均北嚮。引禮鴻臚寺序班二人。糾儀御史四人。禮部司官四人。分立左右。均東西面。傳贊官二人。循丹陛左右立。

祈年門。及東西甎城門。東西南天門內正中。各設香案一。

祈年左門外為

皇帝望燎位。東嚮。掌燎官一人。率燎人立於燎鑪之東南隅。若遣官行禮。則殿外丹陛正中。為承祭官拜位。北嚮。王公不陪祀。丹陛東西。不用鴻臚寺御史。禮部官。餘各位次同。

## 祈穀壇正位陳設圖

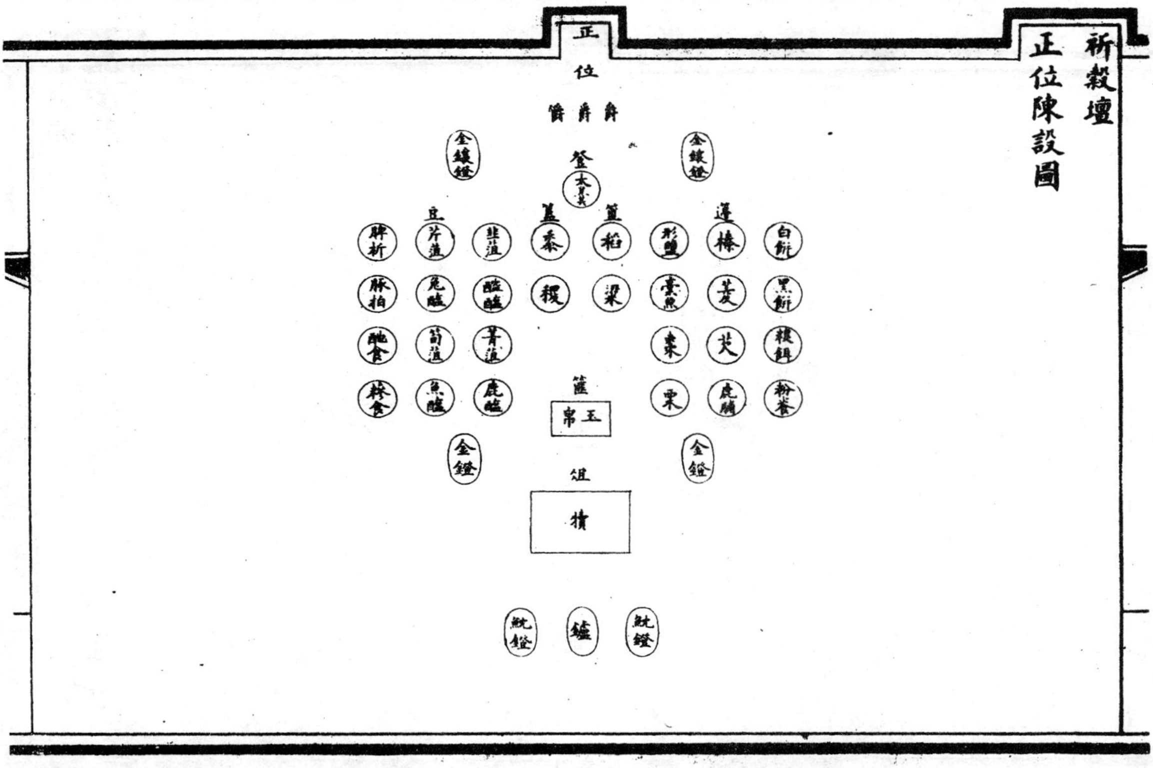

祈穀壇正位。籩豆案上。案前陳設與圜丘正位同。惟不設石五供。

## 祈穀壇配位陳設圖

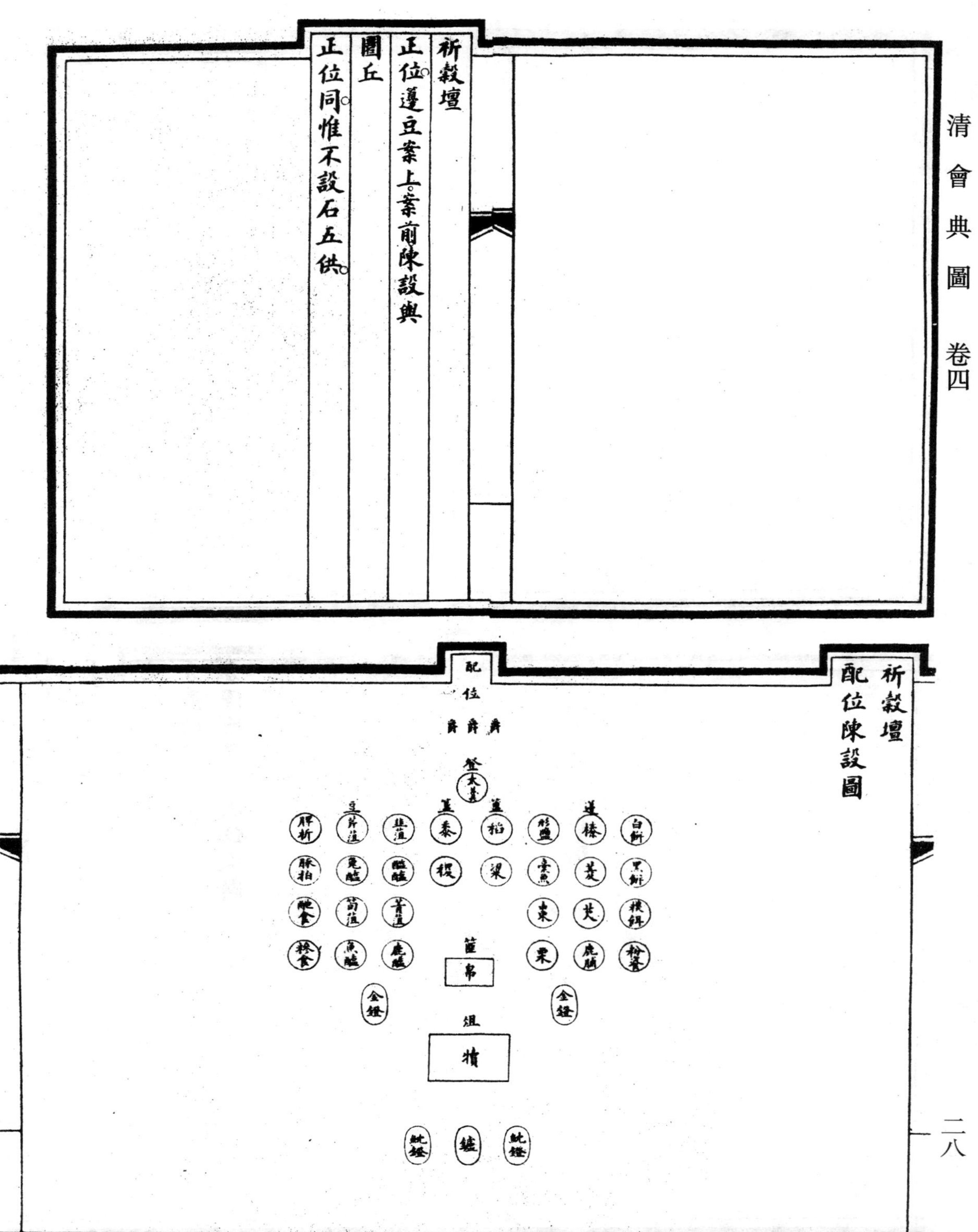

祈穀壇
配位。籩豆案上。案前陳設與
圜丘
配位同。

# 欽定大清會典圖卷四

禮四　祀典四

地壇總圖
方澤壇圖
方澤壇第一成位次圖
方澤壇第二成以下位次圖
方澤壇告祭位次圖

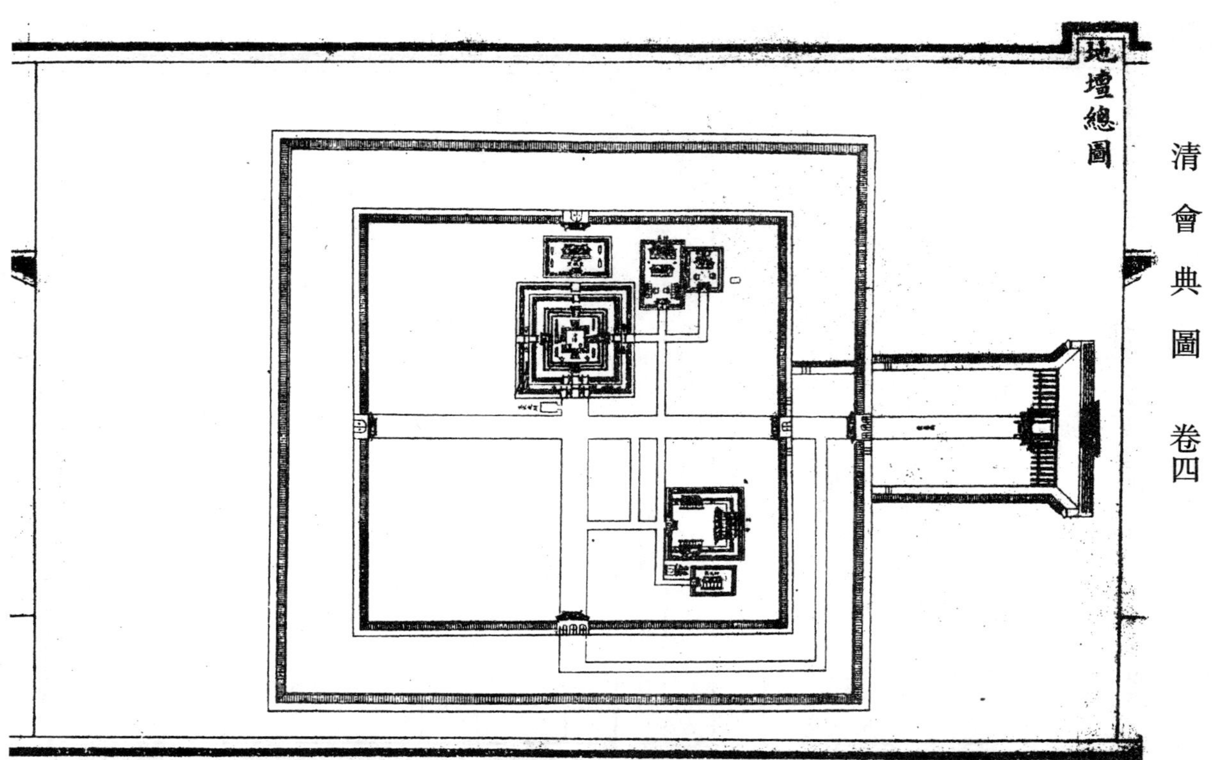

地壇總圖

地壇。在安定門北之東。當都城丑位。北嚮。外垣方周七百六十五丈。門三間。西嚮。角門一。在北門外南北夾牆各七十一丈二尺。南北各小門一。直西為廣厚街牌坊。坊前界以朱柵。長二十六丈。內垣方周五百四十九丈四尺。北門三間。東西南門各一間。西門左右角門二。門南屬內外垣夾牆一。南小門一。內垣之內。南為

方澤壇。西北為

齋宮。

方澤壇外內壝皆北三門。東西南各一門。

皇祇室正殿門樓圍垣覆瓦皆用黃色琉璃餘皆綠色琉璃其甬路由廣厚街達外垣西門內折而北而東達內垣北門外垣西門直東達內垣西門東門內垣西門內折而南達神庫西達宰牲亭東達外壝西門折而南而東達皇祇室內垣西門內折而北達齋宮門齋宮門外北達神馬圈南達東西甬路直東達神路外垣之內四面有溝洩水長七百四十八丈各甬路下有小溝過水總以券門匯諸水入溝內繞於東南外垣下洩出歸護城河

方澤在其中壇二成外壝北門外神路之東為設大次之所皇祇室在方澤後五間北嚮圍垣方周四十四丈八尺高一丈一尺正門一間門內之西瘞坎一室東西瘞坎各二外壝西南為神庫樂器庫前後各五間均北嚮東西井各一神廚祭器庫各五間井亭各一間以朱欞均東西嚮垣一重門一北嚮其西為宰牲亭三間北嚮井亭二間以朱欞東西嚮垣一重門一北嚮齋宮東嚮正殿七間崇基石欄五出陛中九級左右各七級南北一出陛各七級左右配殿各七間殿後守衛房各七間內宮門三間左右門各一南北夾牆角門四夾牆外西北隅井一宮牆方周百有十丈二尺正門一間左右門各一曲尺照壁各一均東嚮鐘樓在齋宮北東嚮神馬圈五間在鐘樓西北嚮垣一重門一東嚮

方澤壇壝垣

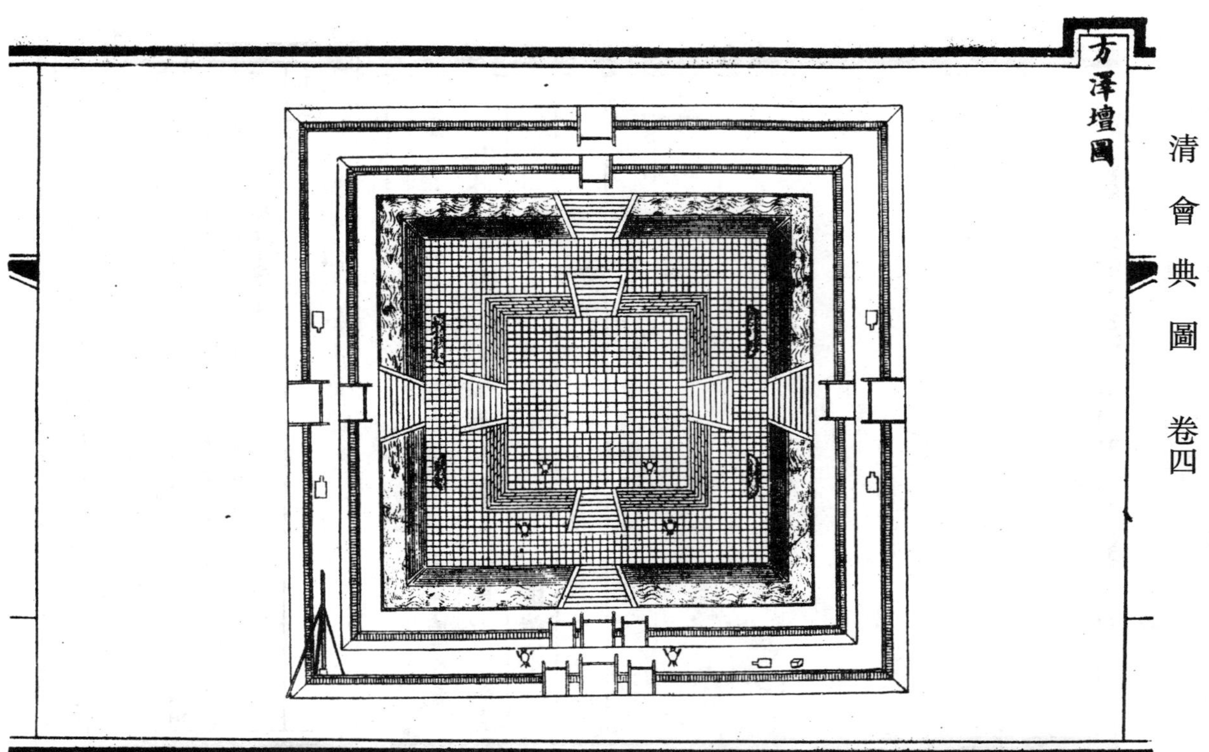


方澤。制方。北嚮。澤周四十九丈四尺四寸。深八尺六寸。闊八尺。澤之西南涯嵌白石龍頭虛其口以注水。祭前。由暗溝引
神庫內井水。注於澤中。水深以至龍口為度。澤中方壇北嚮二成。第一成方六丈。第二成。方十丈六尺。均高六尺每成四出陛各八級。壇面甃方石。第一成中含六六陰數。石縱橫各六。外四正四隅八方均以八八數積成。縱橫各二十四。環計八重。每重加八。第一重周三十六。至第八重周九十二。第二成倍第一成。縱橫各四十八四

正為八八者十六四隅為八八者四亦環疊八重第一重周一百至第八重周一百五十六為六八陰數以符地耦之義澤環其外四陛跨之

第二成南分設

五嶽

五鎮

五陵山各石座刻石形北分設

四海

四瀆各石座刻水形均東西嚮水形座周以方池祭則貯水澤之外為内壝方周二十七丈二尺高六尺厚二尺北三門石柱六東西南各一門石柱二楔闖皆石朱扉有櫺其外為外壝方周四十二丈高八尺厚二尺四寸門制如内壝第一成北左右鼎鑪各一第二成北左右鼎鑪各一内壝北門外左右鼎鑪各一西北隅瘞坎一鐵燎鑪一東西門外南北瘞坎各二東北隅望鐙臺一建鐙杆高十丈七尺五寸下徑三尺上徑一尺五寸戧木三各長五丈四尺下徑一尺五寸上徑一尺通髹朱

方澤壇第一成位次圖

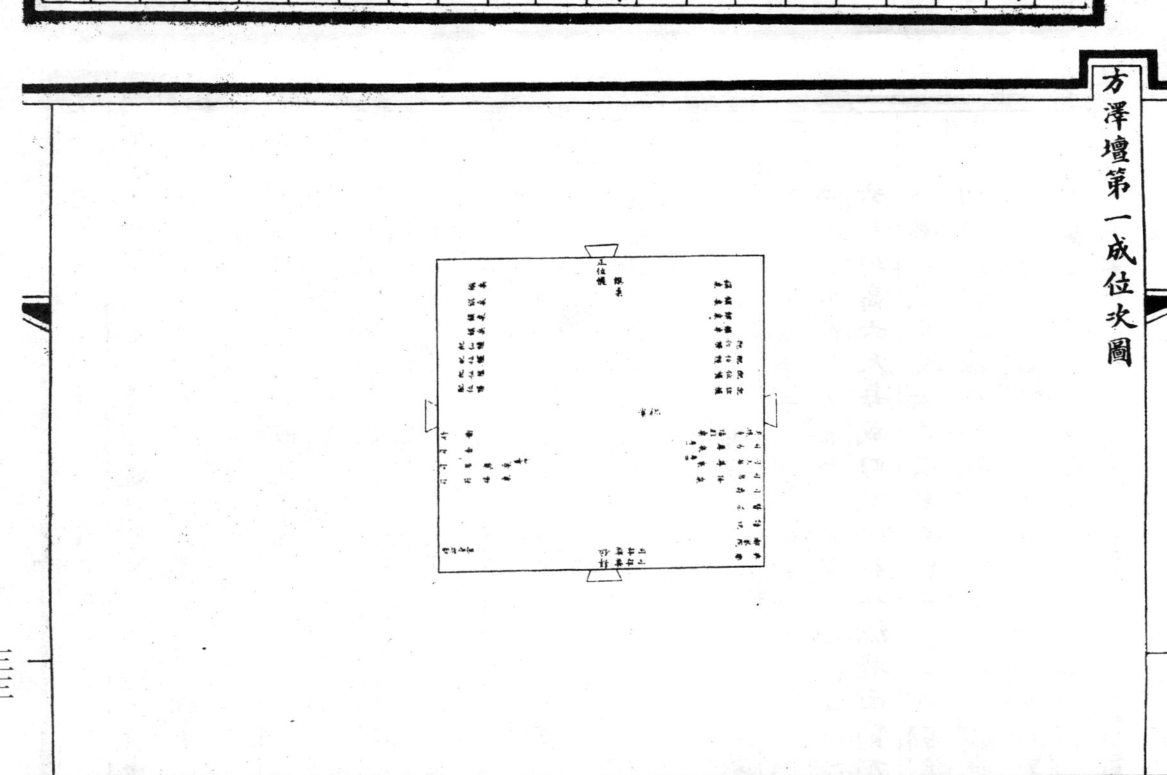

方澤第一成。正中。
皇地祇幄。北嚮制方。
太祖高皇帝幄。東配西嚮。
太宗文皇帝幄。西配東嚮。
世祖章皇帝幄。東配西嚮。
聖祖仁皇帝幄。西配東嚮。
世宗憲皇帝幄。東配西嚮。
高宗純皇帝幄。西配東嚮。
仁宗睿皇帝幄。東配西嚮。
宣宗成皇帝幄。西配東嚮。均制方。

皇地祇幄內座一。座前籩豆案一。幄左饌桌一。
列聖配位幄內座各一。座前籩豆案各一。幄南饌桌東西各四。正中少西祝案一。北嚮。又西福胙桌一。尊桌二。接桌一。均東嚮。東尊桌一。接桌一。均西嚮。子階上。為讀祝時及受福胙
皇帝拜位。南嚮。太常寺司拜牌司拜褥官各一人。立拜位西。東面。司香五人。司玉帛一人。司帛四人。司爵五人。讀祝官一人。立西案之西。東面。司香四人。司帛四人。司爵四人。立東案之東。西面。捧福酒福胙光祿寺卿二人。立西司香之後。東面。接福酒福胙侍衛二人。立東司香之後。西面。太常寺贊福胙官一人。立西司爵之次。東面。侍儀禮部尚書一人。侍郎一人。立東案之北。西面。都察院左都御史一人。副都御史一人。樂部典樂一人。立西案之北。東面。若遣官恭代行禮。則不飲福受胙。不設福胙桌。接福胙桌。不用光祿寺卿。侍衛。贊胙。司拜牌。司拜褥。不用禮部尚書。侍郎。都察院左都御史。副都御史。侍儀。不用樂部大臣。典樂。壇上監禮糾儀。用禮部司官。御史。其餘各執事位次同。其報祀位次。與大祀同。

方澤壇第二成以下位次圖

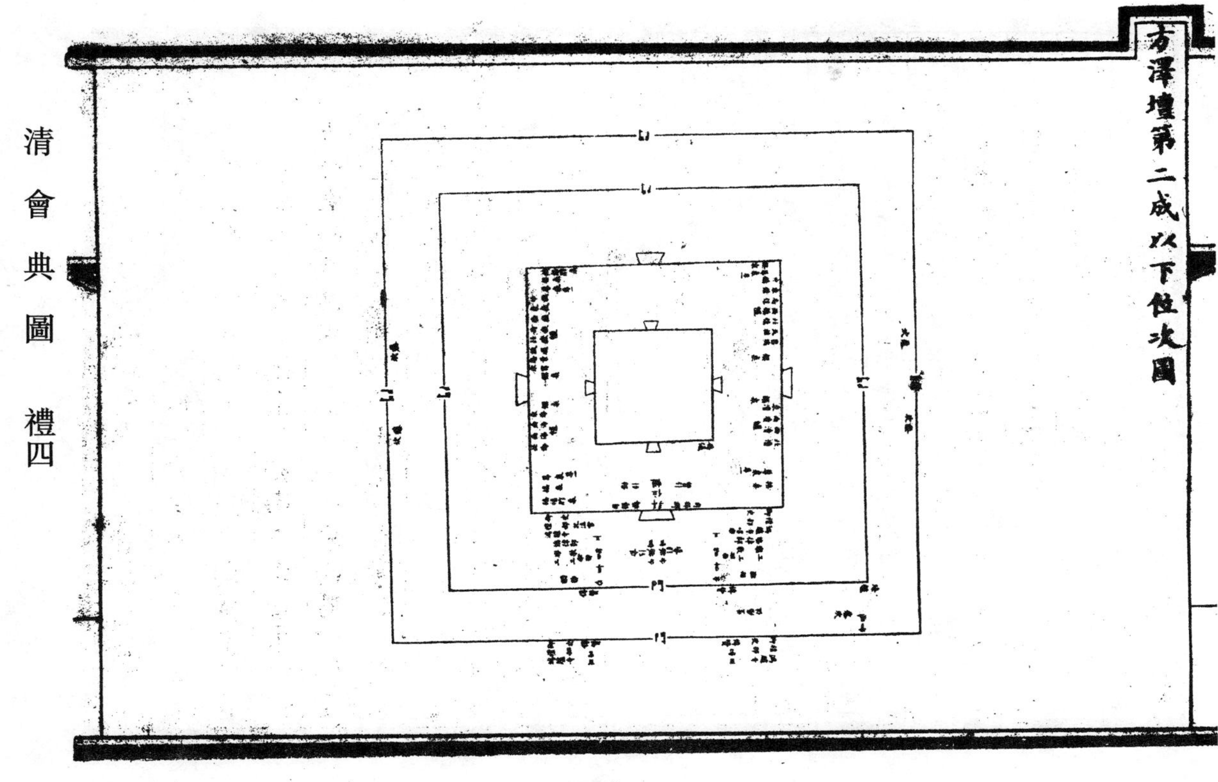

方澤第二成。

從位。

五嶽。

啟運

隆業

永甯三山。共一幄。東上西嚮。

五鎮。

天柱

昌瑞二山。共一幄。西上東嚮。

四海共一幄。東次西嚮。

四瀆共一幄。西次東嚮。均制方。四從位幄內。原設各石座前。設爵桌各一。籩豆案各一。東上西上。幄外饌桌設於北。尊桌接桌設於南。東次西次幄外饌桌設於南。尊桌接桌設於北。均東西嚮。接福胙桌一。設於東西嚮。四櫺星門。並東西北三天門內正中。設香案各一。階上正中幄次為

皇帝行禮拜位。南嚮。贊引對引各一人。司拜牌司拜褥各一人。均東西面。典儀一人。立於西。東面。階下。為陪祀王以下公以上拜位。左翼在東。右翼在西。均南嚮。次

神道東西。為分獻官拜位。南嚮。導引東西各二人。記注官四人。立東階下。西面。唱樂一人。立西階下。東面。引王公行禮鴻臚寺官二人。糾儀御史二人。禮部司官二人。分立左右。東西面。

神道左右設樂懸。司樂協律郎。樂工序立於東西樂懸之次。歌工立於樂工之次。樂舞生文武八佾。分行序立。西在歌工之左。東上。東在歌工之右。西上。外壝門外為陪祀百官拜位。文五品。武四品以上。東西各五班。均南嚮。引禮鴻臚寺序班二人。糾儀御史四人。禮部司官四人。分立左右。各東西面。傳贊四人。二人於內壝門外循牆立。二人於外壝門外循牆立。內壝左門外為

皇帝望瘞位。西嚮。掌瘞官一人。率瘞人立瘞坎之西北隅。若遣官恭代行禮。則階上為讀祝時承祭官拜位。階下為行禮拜位。王公不陪祀。不用記注官。階下不用鴻臚寺御史禮部官。其餘各執事位次同。報祀位次與大祀同。

# 方澤壇告祭位次圖

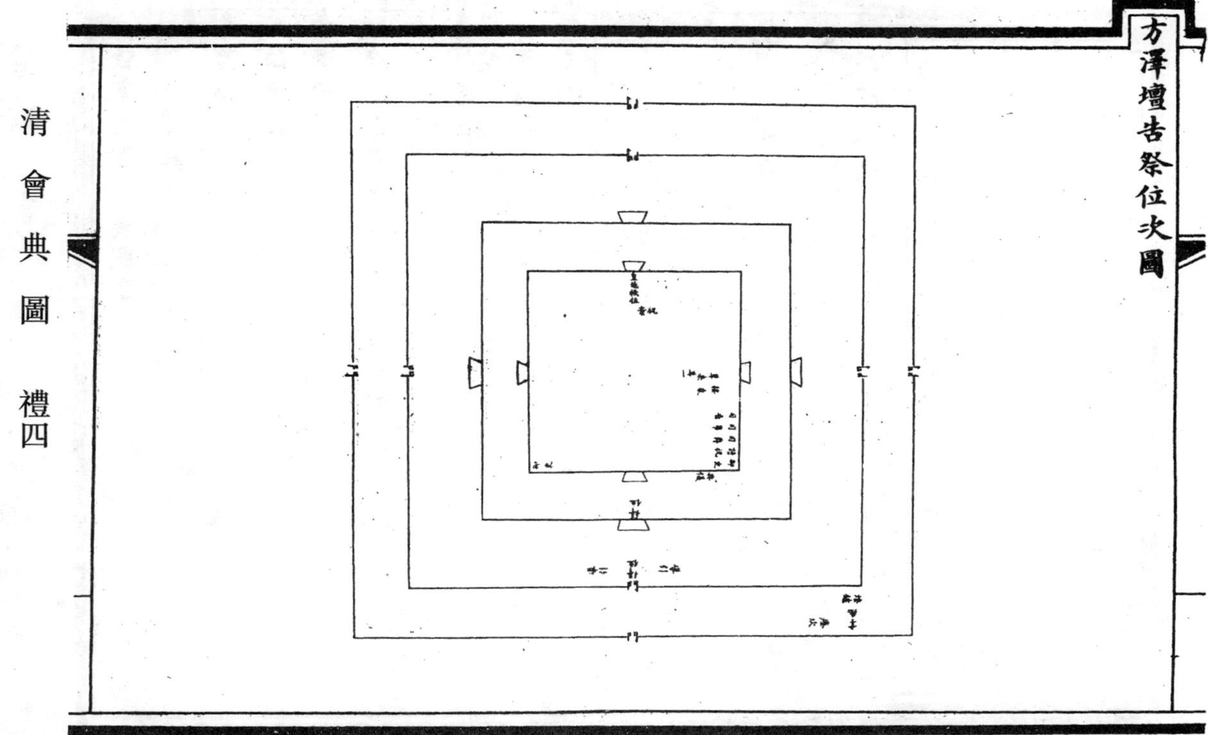

方澤因事祇告及祈祀遣官行禮不設
配位
從位不作樂不飲福受胙不設饌桌福胙桌接福胙桌惟設尊桌一接桌一祝案一第二成階上為讀祝時承祭官拜位階下為行禮拜位不陪祀不用光祿寺侍衞贊胙司拜牌司拜褥樂部鴻臚寺禮部記注傳贊諸官司香司帛司爵各一人讀祝官一人皆立於第一成尊桌之西東面糾儀用御史二人東西面典儀一人立第二成西階上東面掌瘞官率瘞人立於瘞坎西北隅

# 欽定大清會典圖卷五

禮五 祀典五



## 方澤壇正位陳設圖

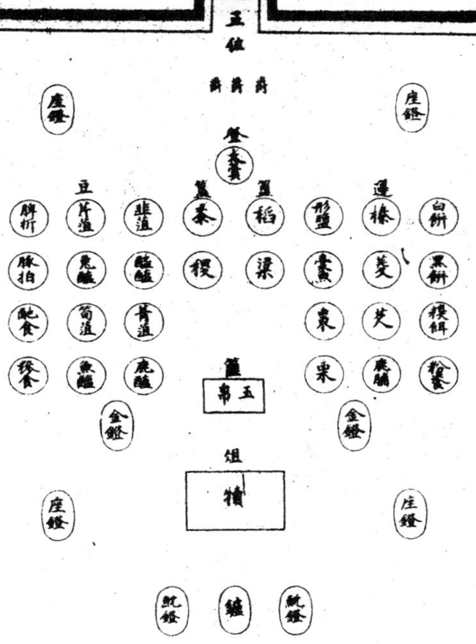

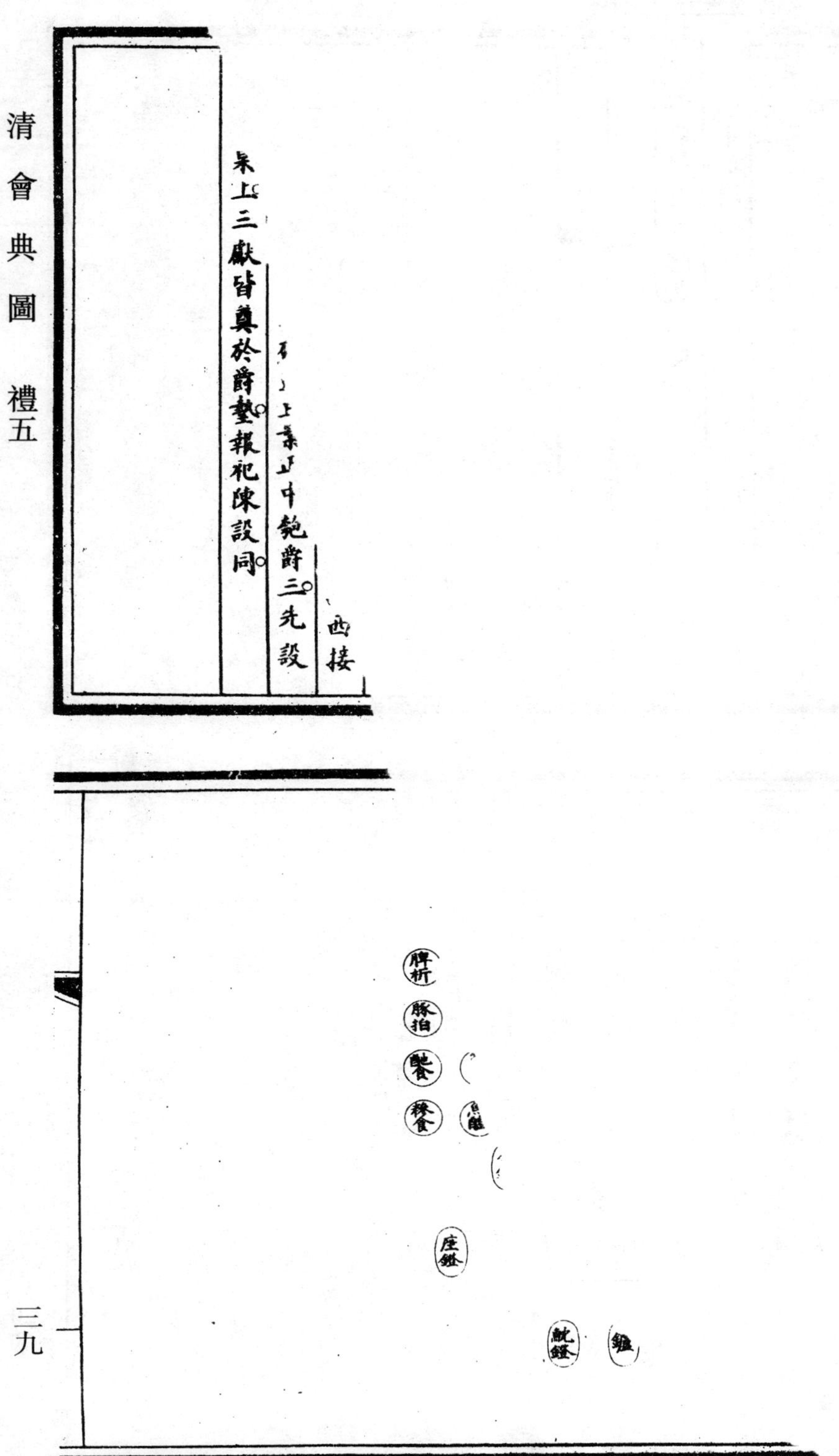
西接
上桌正中鉋爵三先設
案上三獻皆奠於爵墊報祀陳設同
脾析
豚拍
糝食
座鐙

方澤

列聖配位幄內外陳設均與
正位同惟不用玉

# 方澤壇從位陳設圖

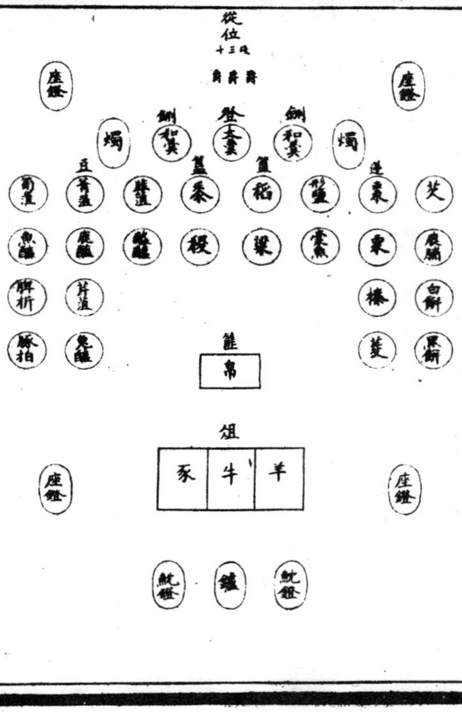

從位
十三段

爵 爵 爵

座鐙 座鐙

鉶 登 鉶

燭 和羹 太羹 和羹 燭

豆 簠 簋 籩

筍菹 菁菹 韭菹 黍 稻 形鹽 棗 芡

魚醢 鹿醢 醓醢 稷 粱 薧魚 栗 鹿脯

脾析 芹菹 榛 白餅

豚拍 兔醢 菱 黑餅

篚

帛

俎

豕 牛 羊

座鐙 座鐙

魫鐙 鑪 魫鐙

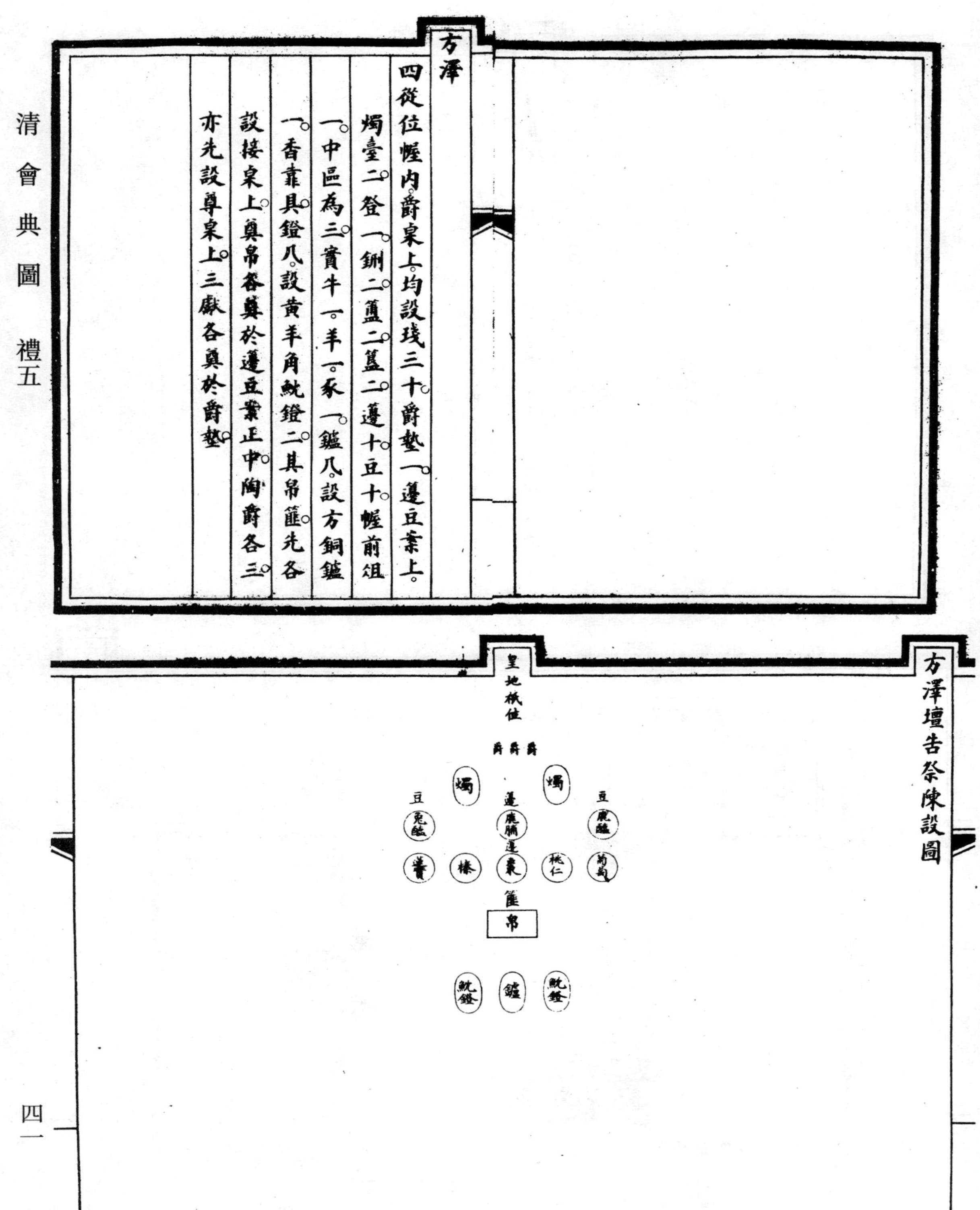

方澤

四從位幄內爵桌上。均設琖三十。爵墊一。籩豆案上。燭臺二。登一。鉶二。簠二。簋二。籩十。豆十。幄前俎一。中區為三。實牛一。羊一。豕一。鑪凡。設方銅鑪一。香靠具鐙凡。設黃羊角魫鐙二。其帛篚先各設接桌上。奠帛奠爵於籩豆案正中。陶爵各三。亦先設尊桌上。三獻各奠於爵墊。

方澤壇告祭陳設圖

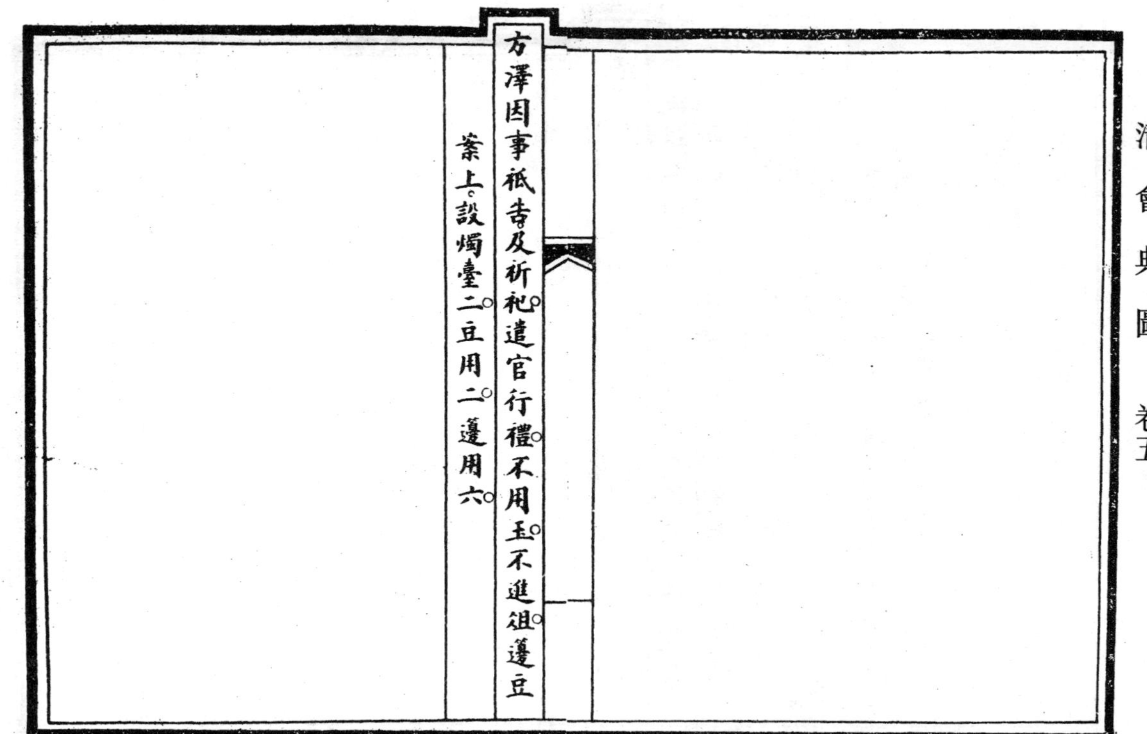

方澤因事祇告及祈祀。遣官行禮。不用玉。不進俎。籩豆案上。設燭臺二。豆用二。籩用六。

堂子圖

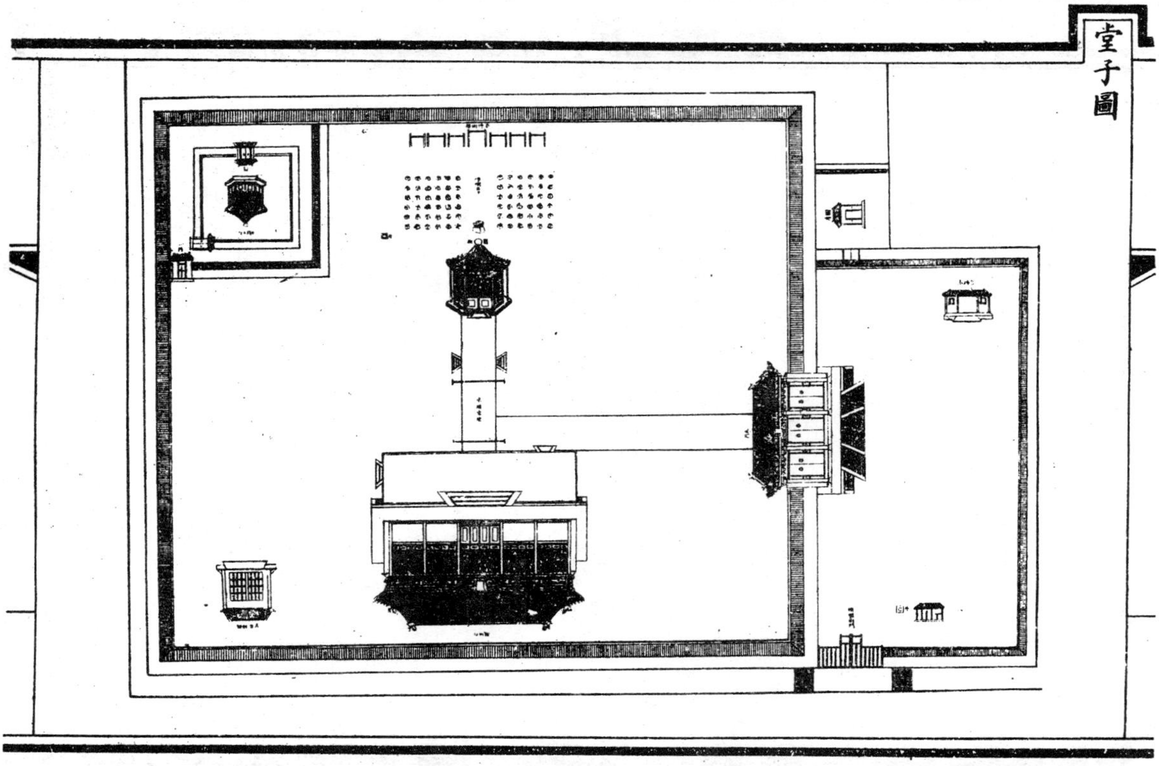

堂子在長安左門外玉河橋東內垣一重門三間西嚮門西直北為街門三間以朱欄外短垣一重街門左右小柵門各一以達內外垣堧正中祭神殿五間南嚮前為丹陛又前為甬道直達拜天圜殿周環八柱八面檐扉北嚮殿南正中設大內致祭立杆石座一次稍後左右分設石座各六行行各六重凡石座七十二第一重為諸皇子致祭立桿石座次親王郡王貝勒貝子公以次敘列均北嚮又南木架七檠以朱中為大內神樹初到未立暫安之用左右為皇子以次神桿暫安之用東南隅周以重垣垣方中為上神殿規製略如圜殿南嚮門一亦南嚮內垣東北隅角門一東嚮外垣東北隅門一間北嚮殿瓦皆用黃琉璃祭神殿東為儲楮帛室一間南嚮自內門中循甬道而東與南北甬道接南達圜殿北達祭神殿南北甬道中木架二檠以朱為承繩索座當皇帝拜天拜位圜殿東南有井一內門外西南有祭神房三間北嚮西南隅有門一門內為圜房一間西嚮街門內西房三間為守人之所房稍東井一

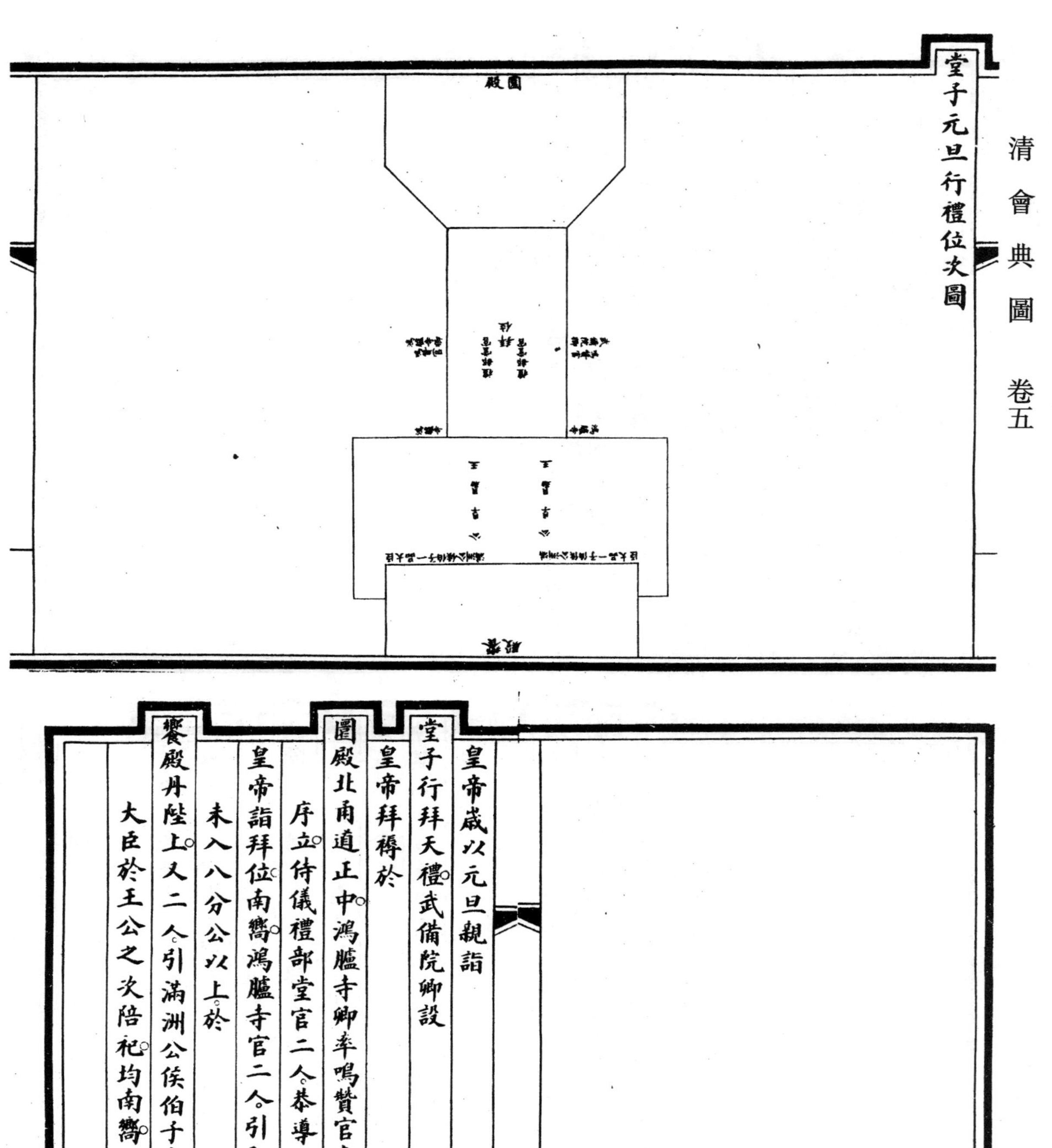


皇帝歲以元旦親詣

堂子行拜天禮武備院卿設

皇帝拜褥於

圜殿北甬道正中。鴻臚寺卿率鳴贊官夾甬道東西面

序立。侍儀禮部堂官二人。恭導

皇帝詣拜位南嚮。鴻臚寺官二人。引和碩親王以下。

未入八分公以上。於

饗殿丹陛上。又二人。引滿洲公侯伯子尚書都統一品

大臣於王公之次陪祀。均南嚮。

堂子
圜殿陳設圖

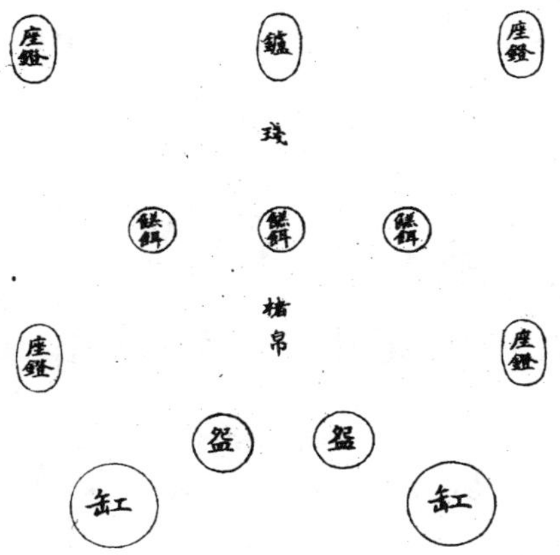

座鐙　鑪　座鐙
琖
餻餌　餻餌　餻餌
楮帛
座鐙　座鐙
盌　盌
缸　缸

堂子春秋立杆致祭。祭前一日。所司於
圜殿南正中石座立松木杆。祭日懸黃幡。繫采繩。綴五
色繒。及楮帛。殿內。左右黃紗座鐙各二。正中高
案一。案上。鑪一。酒琖一。銀盤三。實以餻餌。案下。
杉木杆。亦綴楮帛。案前復設小案一。上陳藍花
瓷碗二。案下。左右設暗龍碧瓷小缸二。具元旦
皇帝親詣行拜
天禮。惟高案上陳香鑪。案下綴楮帛。不設酒琖餻餌盤
及小案。

堂子祭神殿陳設圖

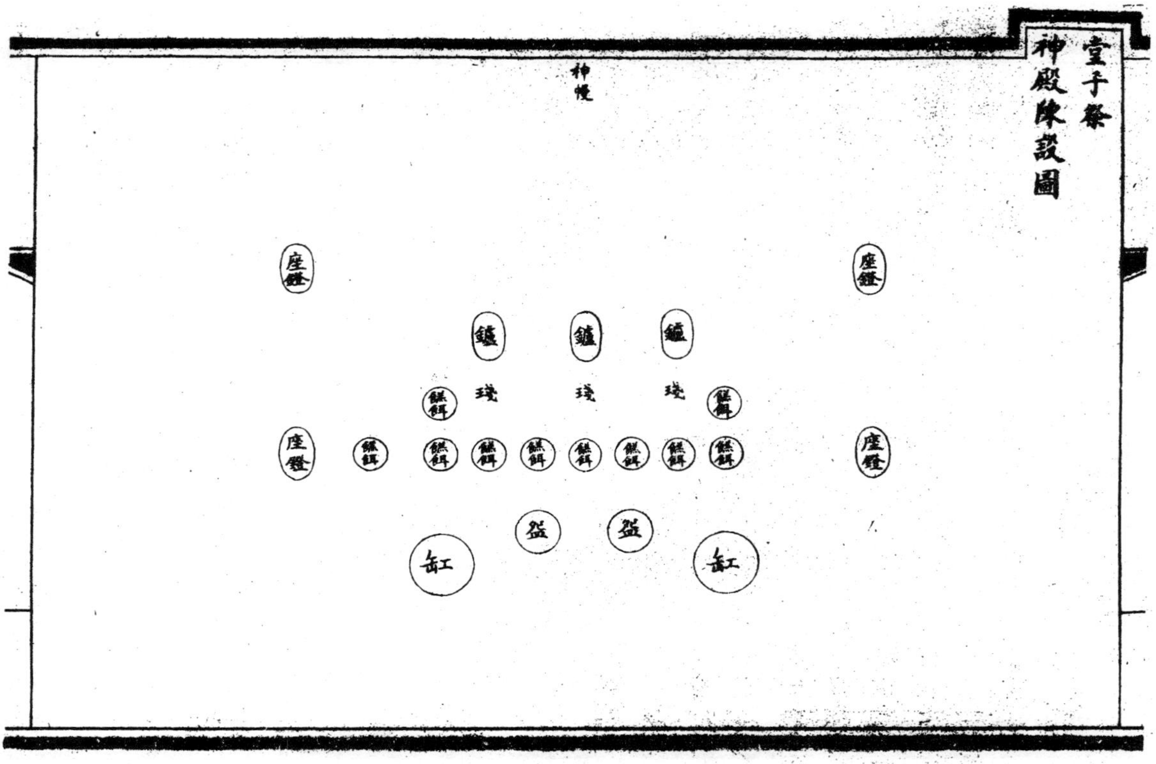

神幔

座鐙　座鐙

鑪　鑪　鑪

琖　琖　琖

餻餌　餻餌

座鐙　餻餌　餻餌　餻餌　餻餌　餻餌　餻餌　餻餌　餻餌　座鐙

盌　盌

缸　缸

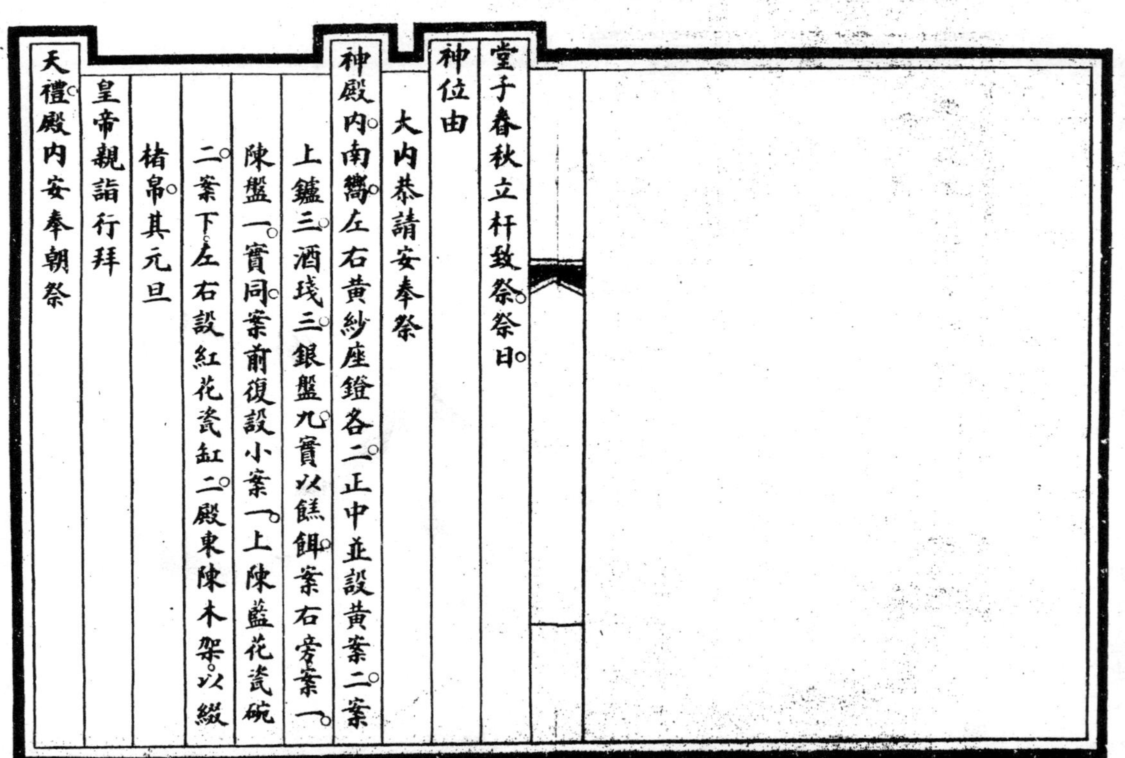

堂子春秋立杆致祭祭日

神位由

大內恭請安奉祭

神殿內南嚮左右黃紗座鐙各二正中並設黃案二案

上鑪三酒琖三銀盤九實以餻餌案右旁案一

陳盤一實同案前復設小案一上陳藍花瓷碗

二案下左右設紅花瓷缸二殿東陳木架以綴

楮帛其元旦

皇帝親詣行拜

天禮殿內安奉朝祭

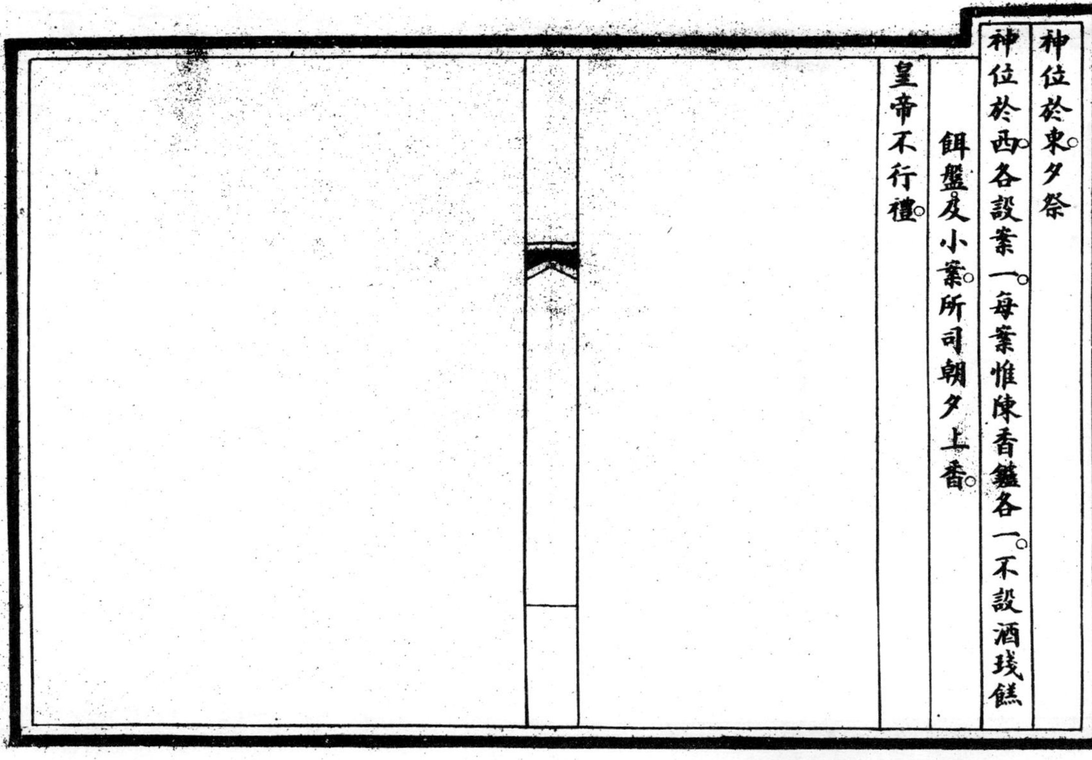

神位於東。夕祭

神位於西。各設案一。每案惟陳香鑪各一。不設酒琖餻餌盤及小案。所司朝夕上香。

皇帝不行禮。

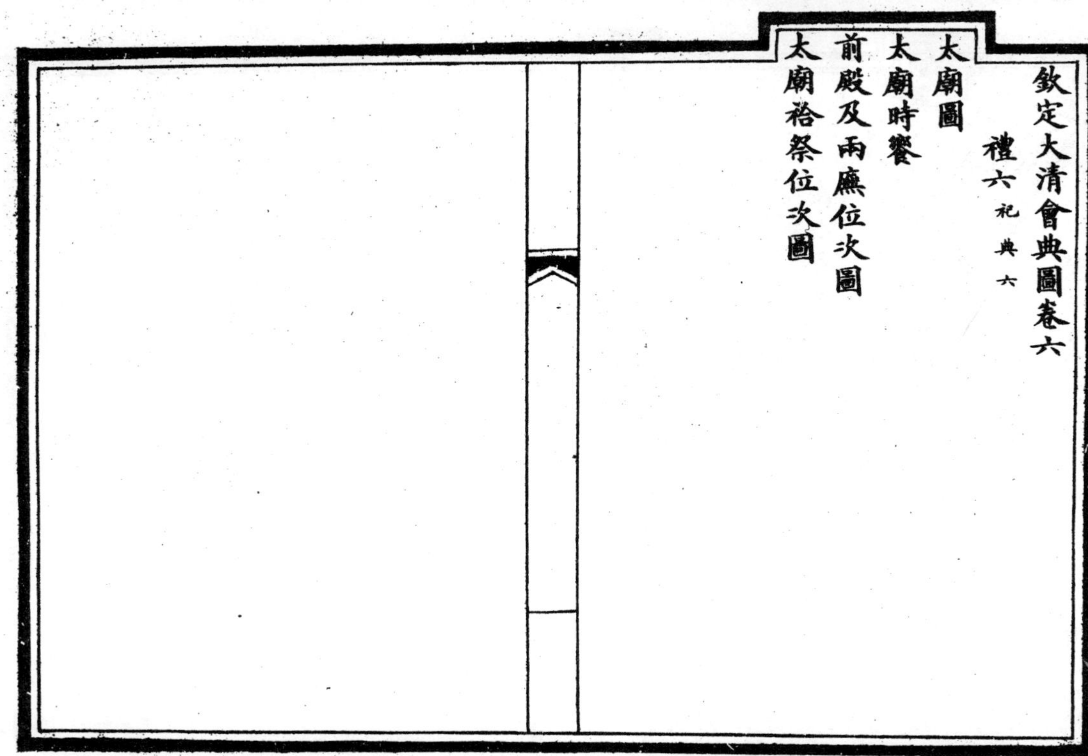

# 欽定大清會典圖卷六

## 禮六 祀典六

太廟圖

太廟時饗

前殿及兩廡位次圖

太廟祫祭位次圖

太廟圖

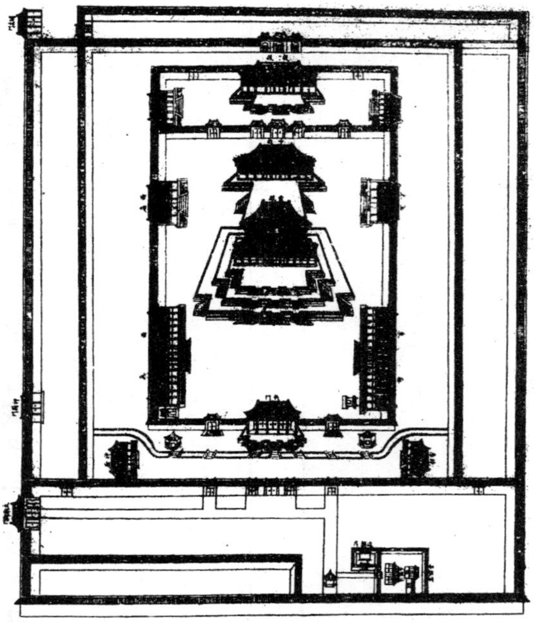

太廟在

闕左。南嚮。朱門丹壁。衛以重垣。周二百九十一丈六尺。琉璃甎門三間。左右門各一間。角門各一。戟門五間。崇基石欄。中三間前後均三出陛。中九級。左右各七級。門内外。東西列戟八架。計百二十。左右門各一間。前後均一出陛。各五級。

前殿十有一間。南嚮。重檐。脊四下。甍以金。甎柱用沈香。正中三間梁棟飾以金。階三成。皆繞以石欄。正南三出陛。左右各一出陛。一成。均四級。二成。均五級。三成。中十有一級。左右各九級。黃色琉璃燎鑪一。在東南隅。東西廡各十有五間。階均八級。瓶燎鑪一。在西廡之南。

中殿九間。南嚮。崇基階一成。繞以石欄。中墀左右階各一。均十有一級。東西廡各五間。階各一。五級。

中殿後垣一重。中三門。左右角門各一。

後殿九間。南嚮。崇基階一成。繞以石欄。中三出陛。十有一級。左右各一出陛。九級。東西廡各五間。階各一。五級。東南隅鐵燎鑪一。自戟門至

後殿。後周以短垣。外東西大牆各一。後短垣東西角門二。其外柵欄門三間。北嚮。後垣門外門三。西嚮。對闕左門。戟門外跨筒子河石橋七座。當東西橋之北。井亭各一。六角。閑以朱欞。橋南東為神庫五間。西嚮。西為神廚五間。東嚮。琉璃門外東南宰牲亭三間。其前治牲房五間。均西嚮。垣一重。門一。西嚮。其西為進鮮房一間。垣一重。門一。南嚮。又西井亭一。六角。閑以朱欞。西南為

太廟街門五間。在端門之南。其北神廚門三間。在端門之北。均西嚮。殿門圍垣覆瓦均用黃琉璃

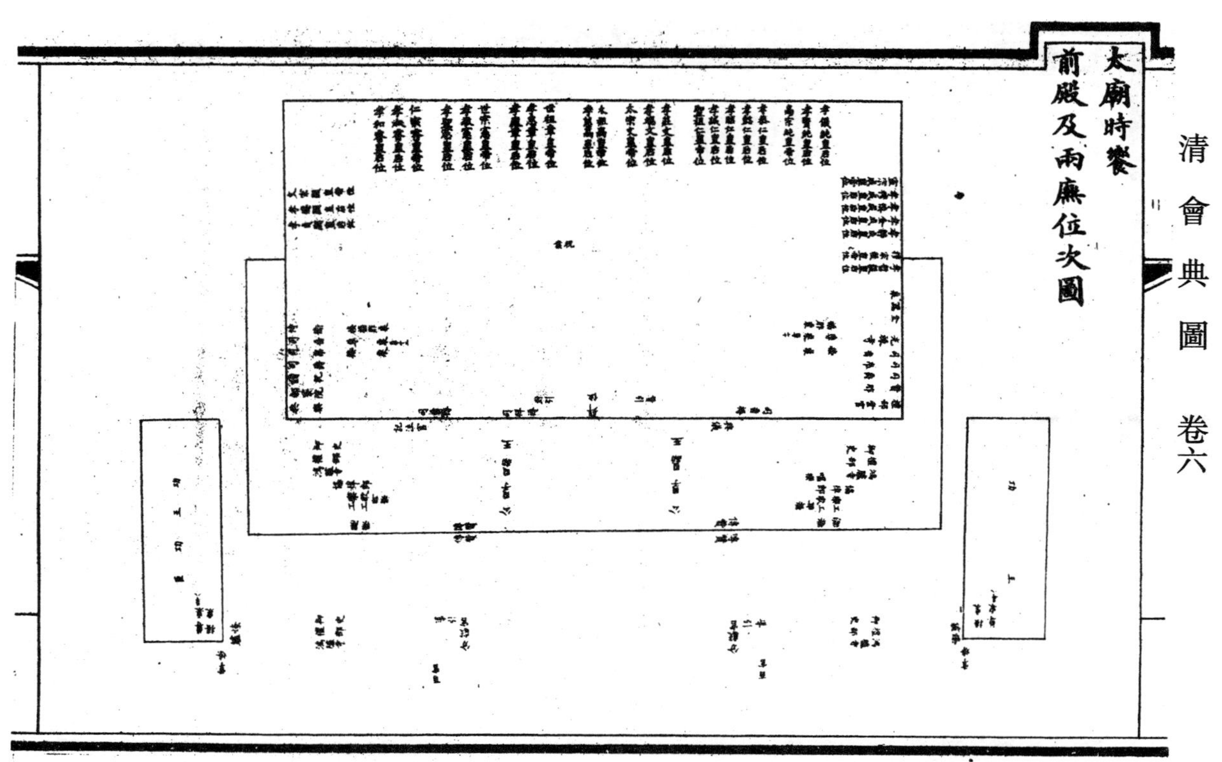

太廟時饗前殿及兩廡位次圖

太廟時饗

前殿

太祖高皇帝

孝慈高皇后二座。正中南嚮。座前籩豆案一。

太宗文皇帝

孝端文皇后

孝莊文皇后三座。中左南嚮。座前籩豆案一。

世祖章皇帝

孝惠章皇后

孝康章皇后三座。中右南嚮。座前籩豆案一。

聖祖仁皇帝
孝誠仁皇后
孝昭仁皇后
孝懿仁皇后
孝恭仁皇后五座又左南嚮座前籩豆案一
世宗憲皇帝
孝敬憲皇后
孝聖憲皇后三座又右南嚮座前籩豆案一
高宗純皇帝
孝賢純皇后
孝儀純皇后三座又左南嚮座前籩豆案一
仁宗睿皇帝
孝淑睿皇后
孝和睿皇后三座又右南嚮座前籩豆案一
宣宗成皇帝
孝穆成皇后
孝慎成皇后
孝全成皇后
孝靜成皇后五座東設西嚮座前籩豆案一
文宗顯皇帝

孝德顯皇后
孝貞顯皇后三座西設東嚮座前籩豆案一
穆宗毅皇帝
孝哲毅皇后二座東設西嚮座前籩豆案一中案前少西祝案一南嚮東福胙桌一尊桌四接桌五金器桌十均西嚮西接福胙桌一尊桌二接桌四均東嚮沈香柱前紅紗座鐙左右各十五高鑪几左右各十五東廡十五位十二案通達郡王一案武功郡王武功郡王妃同一案慧哲郡王慧哲郡王妃同一案宣獻郡王宣獻郡王妃同一案禮烈親王一案睿忠親王一案鄭獻親王一案豫通親王一案武肅親王一案克勤郡王一案忠敬誠直勤慎廉明怡賢親王一案超勇襄親王策淩一案均西嚮南設尊桌三接桌一均北嚮西廡十三位十三案信勇直義公費英東一案宏毅公額亦都一案武誠武勳王揚古利一案果毅公忠義圖爾格一案雄勇昭勳公圖賴一案忠達公少保兼太子太傅大學士文襄圖海一案勤襄伯太傅大學士文端鄂爾泰一案大學士文和張廷玉一案武毅謀勇公太

保協辦大學士尚書文襄兆惠一案郡王銜忠勇公大學士文忠傅恆一案誠謀英勇公太保大學士文成阿桂一案郡王銜忠銳嘉勇貝子太子太保大學士文襄福康安一案科爾沁博多勒噶台忠親王僧格林沁一案均東嚮南設尊桌三接桌一均北嚮戟門街門內各設高香几一殿門內正中為

皇帝拜位北嚮贊引對引各一人東西面司拜褥一人立於西東面東司香拜褥六人西面西司香拜褥四人東面司香六人司帛六人司爵二十人立東案之東西面司香四人司帛四人司爵十二人讀祝官一人立西案之西東面捧福酒福胙光祿寺卿二人立東司香之後西面接福酒福胙侍衛二人立西司香之後東面贊福胙官一人立於東司爵之次西面侍儀禮部尚書一人侍郎一人立東案之南西面都察院左都御史一人副都御史一人樂部典樂一人立西案之南東面均北上殿外階上東西為王以下公以上拜位北嚮太常寺典儀一人立於東檐下西面記注官四人立於西東面唱樂一人立於東西面東西糾儀御史二人禮部司官二人立於王公拜位之前引王公行禮鴻臚寺官二人分立於糾儀官之次均東西面司樂協律郎樂工序立於東西樂懸之次歌工立樂工之次樂舞生文武八佾分行序立陳武功文德二舞東在歌工之左西在歌工之右階下甬道東西為兩廡分獻官拜位北嚮左右導引東西面傳贊官四人分立階上下各東西面庭東西為百官拜位文五品武四品以上東西各五班均北嚮糾儀御史四人禮部司官四人引禮鴻臚寺官二人分立於百官行禮位前均東西面掌燎官率燎人立燎鑪之南如遣官行禮殿門外階上正中為承祭官拜位北嚮不飲福受胙王公不陪祀不設福胙桌接福胙桌不用光祿寺侍衛司拜褥司香拜褥樂部大臣記注官殿內監禮糾儀用禮部司官御史階上不用鴻臚寺御史禮部官其餘各位次同

# 太廟祫祭位次圖

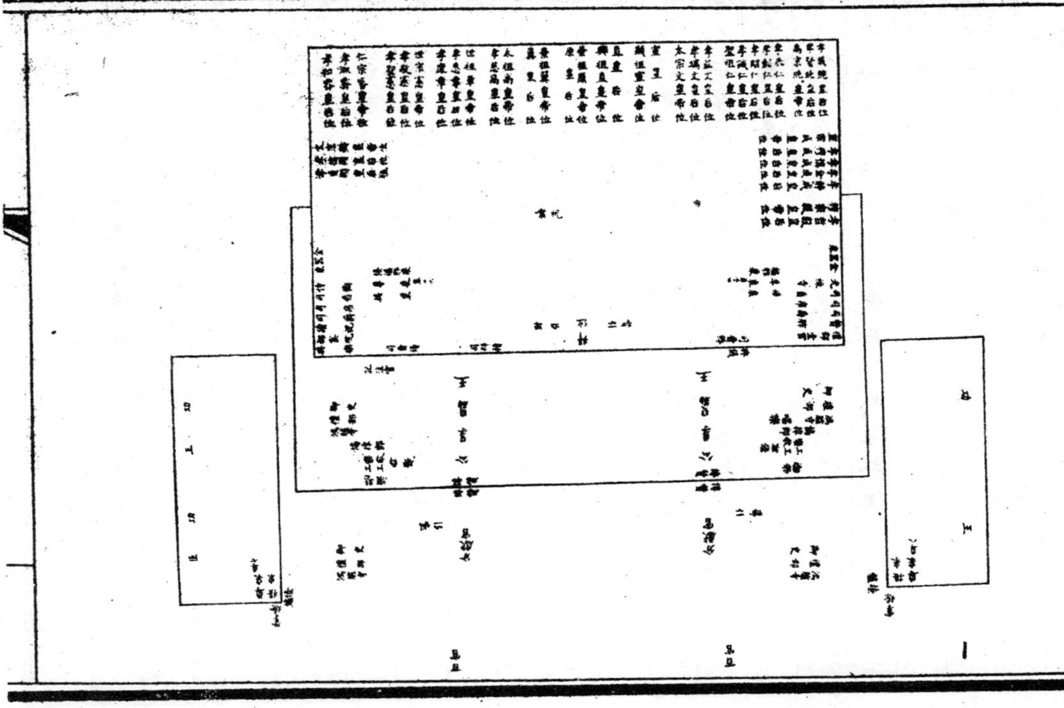

太廟祫祭於

前殿

肇祖原皇帝

原皇后二座。正中南嚮。座前籩豆案一。

興祖直皇帝

直皇后二座。中左南嚮。座前籩豆案一。

景祖翼皇帝

翼皇后二座。中右南嚮。座前籩豆案一。

顯祖宣皇帝

宣皇后二座。又左南嚮。座前籩豆案一。

太祖高皇帝
孝慈高皇后二座。又右南嚮座前籩豆案一。
太宗文皇帝
孝端文皇后
孝莊文皇后三座。又左南嚮座前籩豆案一。
世祖章皇帝
孝惠章皇后
孝康章皇后三座。又右南嚮座前籩豆案一。
聖祖仁皇帝
孝誠仁皇后
孝昭仁皇后
孝懿仁皇后
孝恭仁皇后五座。又左南嚮座前籩豆案一。
世宗憲皇帝
孝敬憲皇后
孝聖憲皇后三座。又右南嚮座前籩豆案一。
高宗純皇帝
孝賢純皇后
孝儀純皇后三座。又左南嚮座前籩豆案一。
仁宗睿皇帝

孝淑睿皇后
孝和睿皇后三座。又右南嚮座前籩豆案一。
宣宗成皇帝
孝穆成皇后
孝慎成皇后
孝全成皇后
孝靜成皇后五座。東設西嚮座前籩豆案一。
文宗顯皇帝
孝德顯皇后
孝貞顯皇后三座。西設東嚮座前籩豆案一。
穆宗毅皇帝
孝哲毅皇后二座。東設西嚮座前籩豆案一。中案前少西祝案一。南嚮東福胙桌一。尊桌六。接桌六。金器桌四。均西嚮。西接福胙桌一。尊桌五。接桌六。金器桌七。均東嚮。沈香柱前後。紅紗座鐙左右各十五。高鑪几左右各十五。東廡十二案。西廡十三案。其尊桌接桌並各門鑪均與時饗同。殿門內正中為

皇帝行禮拜位。北嚮。殿外階上東西為王以下公以上拜位。階下甬道東西為兩廡分獻官拜位。庭

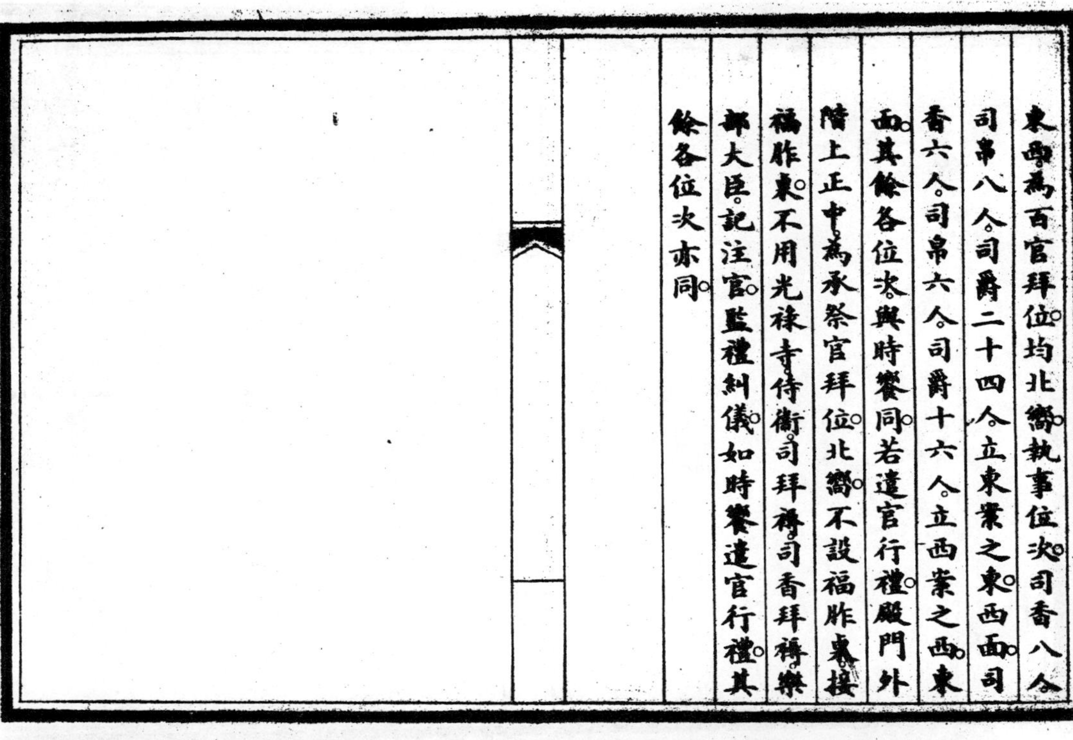

東面。為百官拜位。均北嚮。執事位次。司香八人。司帛八人。司爵二十四人。立東案之東。西面。司香六人。司帛六人。司爵十六人。立西案之西。東面。其餘各位次。與時饗同。若遣官行禮。殿門外階上正中。為承祭官拜位。北嚮。不設福胙案。接福胙案。不用光祿寺。侍衛。司拜褥。司香拜褥。樂部大臣。記注官。監禮糾儀。如時饗遣官行禮。其餘各位次亦同。

# 欽定大清會典圖卷七

## 禮七 祀典七

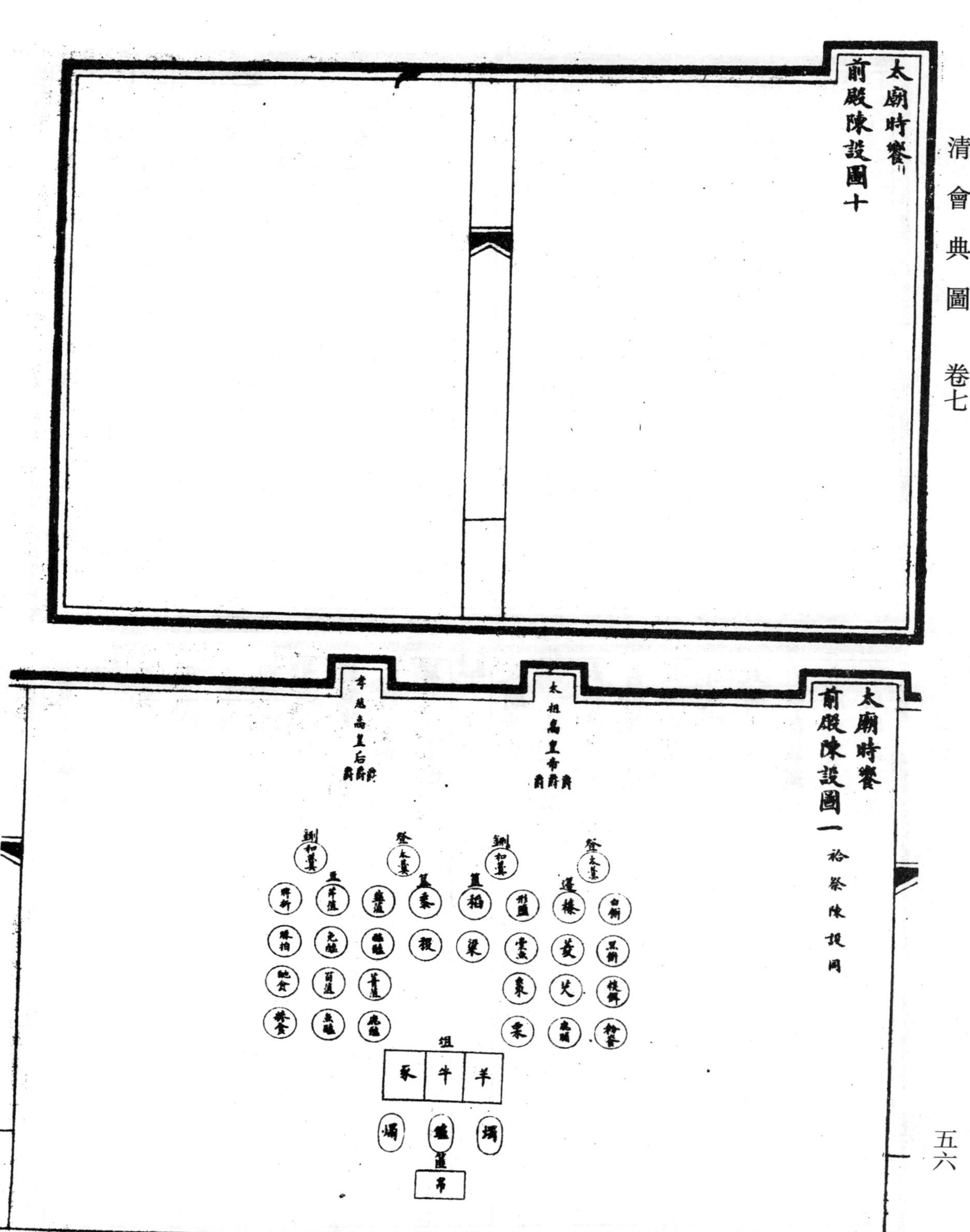
太廟時饗
前殿陳設圖十
太廟時饗
前殿陳設圖一
祫祭陳設圖
孝慈高皇后
太祖高皇帝
俎
豕
牛
羊
帛

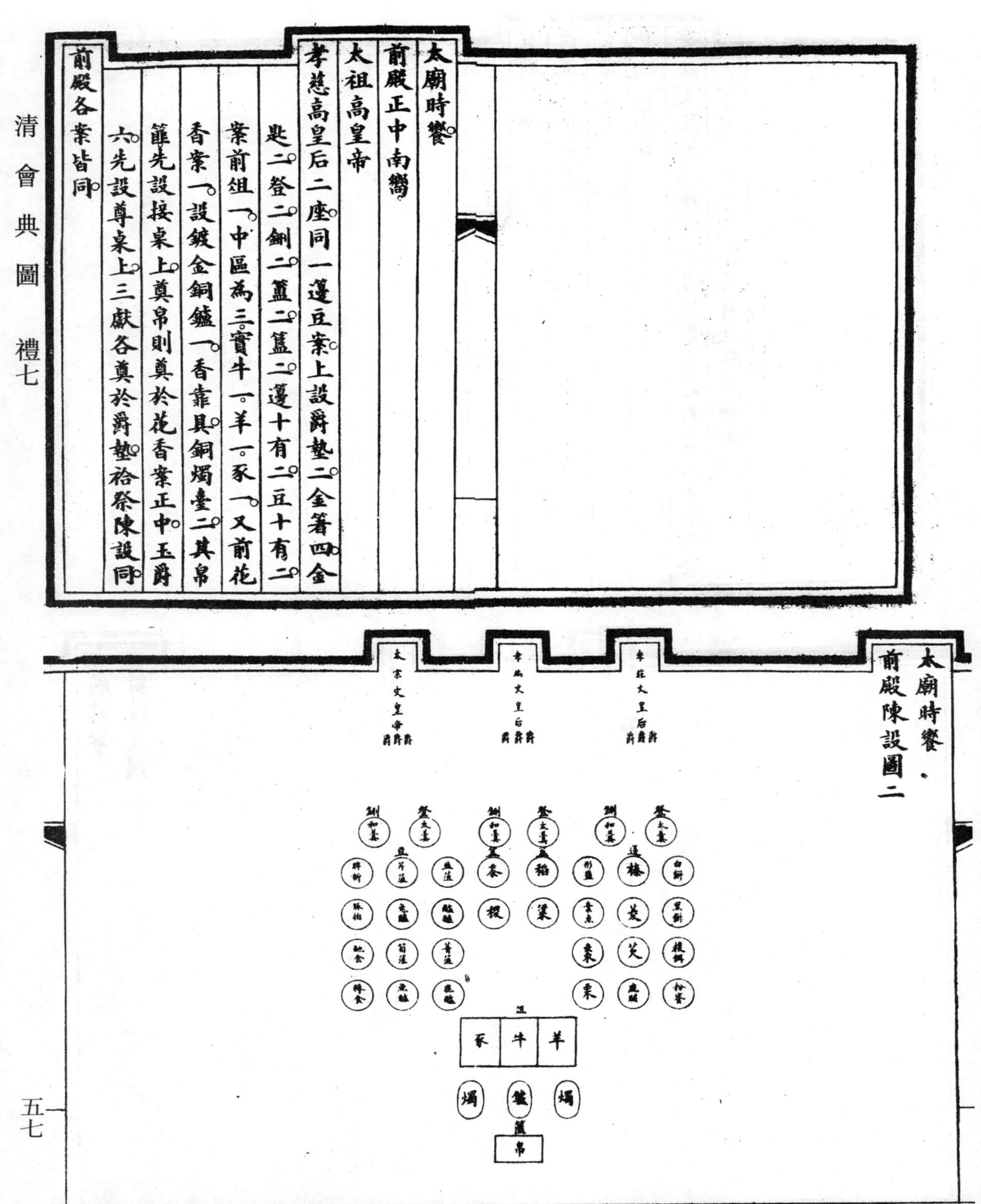

太廟時饗。

前殿正中南嚮。

太祖高皇帝

孝慈高皇后二座同一籩豆案上設爵墊二金箸四金匙二登二鉶二簠二簋二籩十有二豆十有二案前俎一中區為三實牛一羊一豕一又前花香案一設鍍金銅鑪一香靠具銅燭臺二其帛篚先設接桌上奠帛則奠於花香案正中玉爵六先設尊桌上三獻各奠於爵墊祫祭陳設同

前殿各案皆同

太廟時饗前殿陳設圖二。

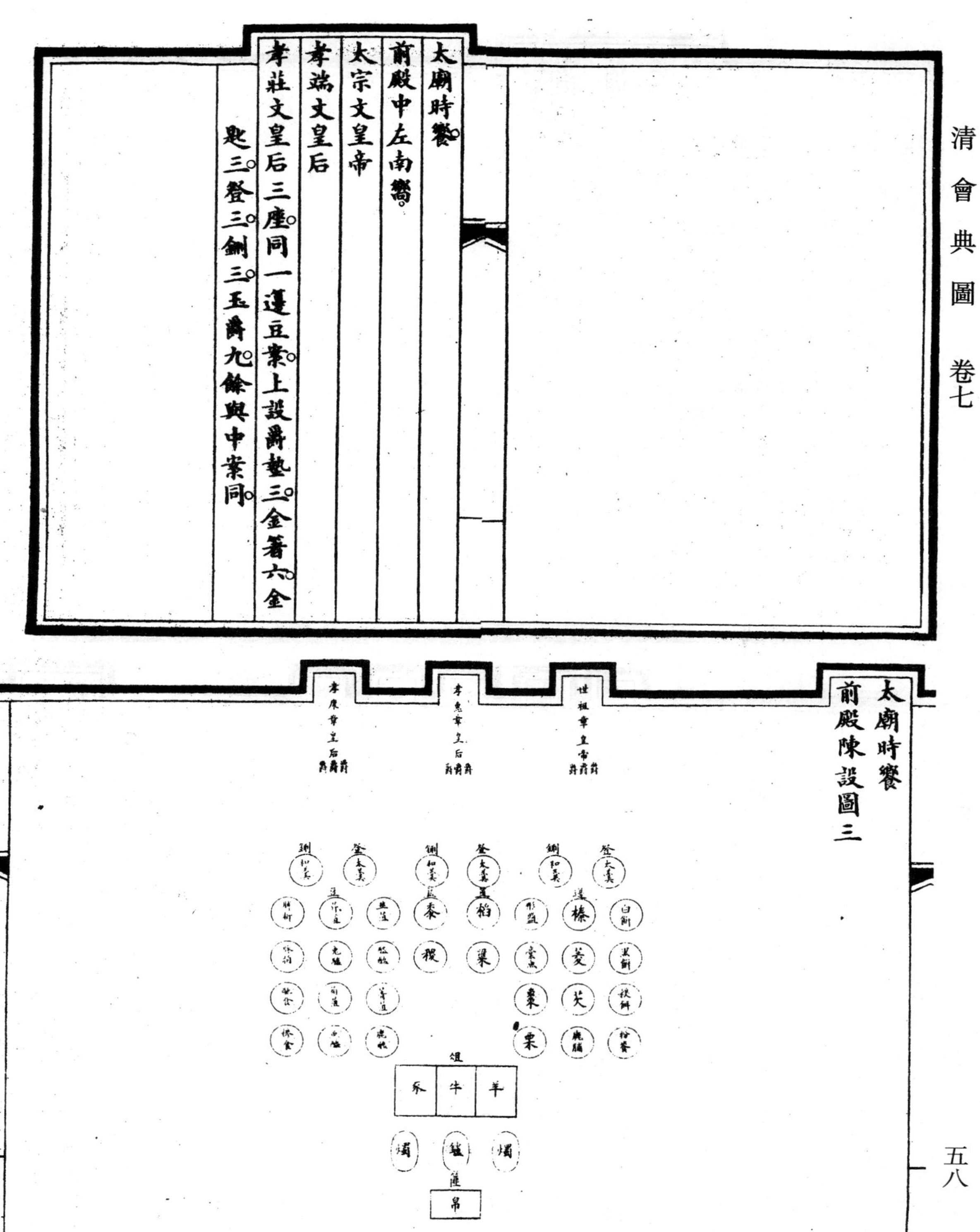

太廟時饗

前殿中左南嚮。

太宗文皇帝

孝端文皇后

孝莊文皇后三座同一案，籩豆案上設爵墊三，金箸六，金

匙三，登三，鉶三，玉爵九，餘與中案同。

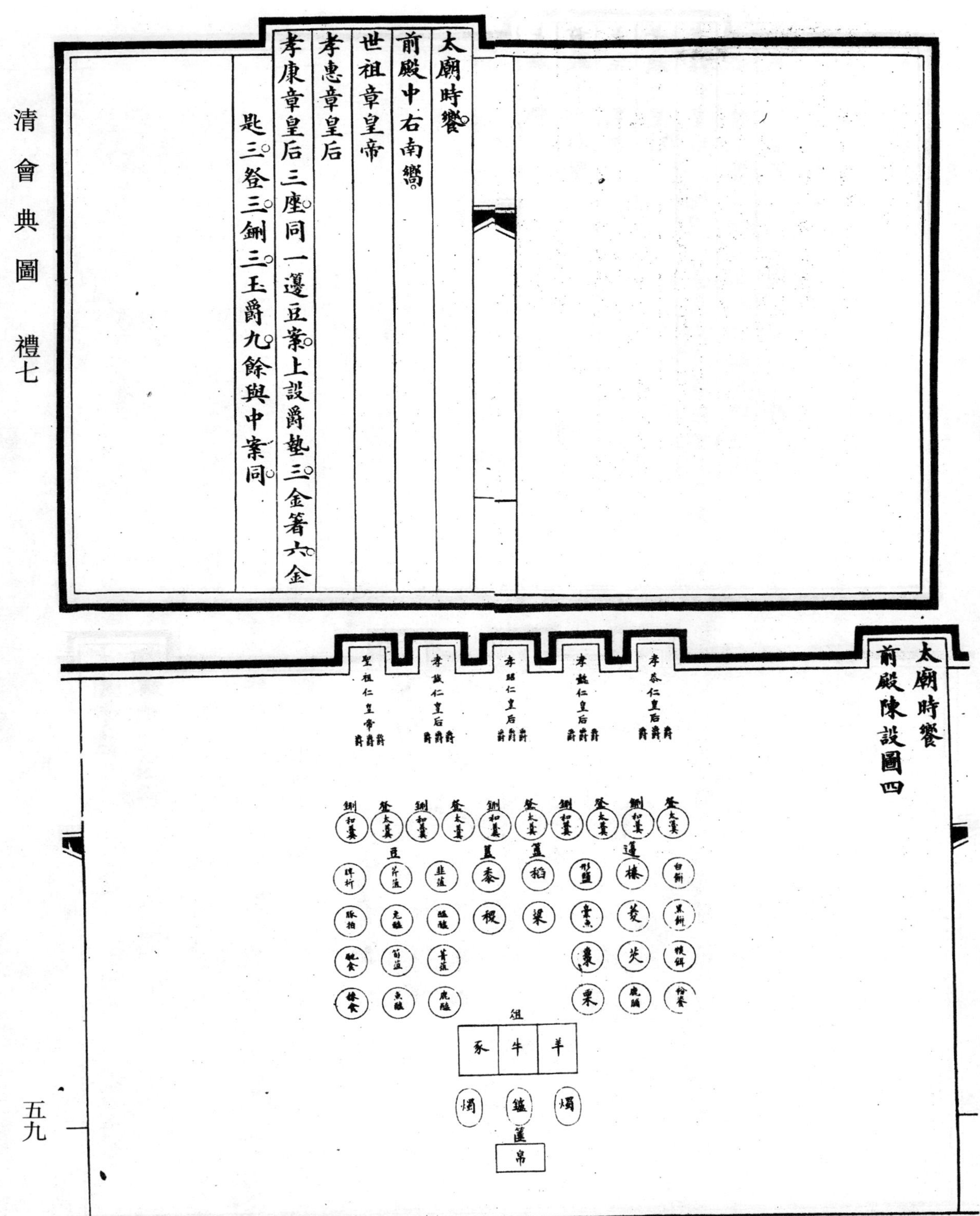

太廟時饗
前殿中右南嚮
世祖章皇帝
孝惠章皇后
孝康章皇后三座同一籩豆案上設爵墊三金箸六金
匙三登三鉶三玉爵九餘與中案同

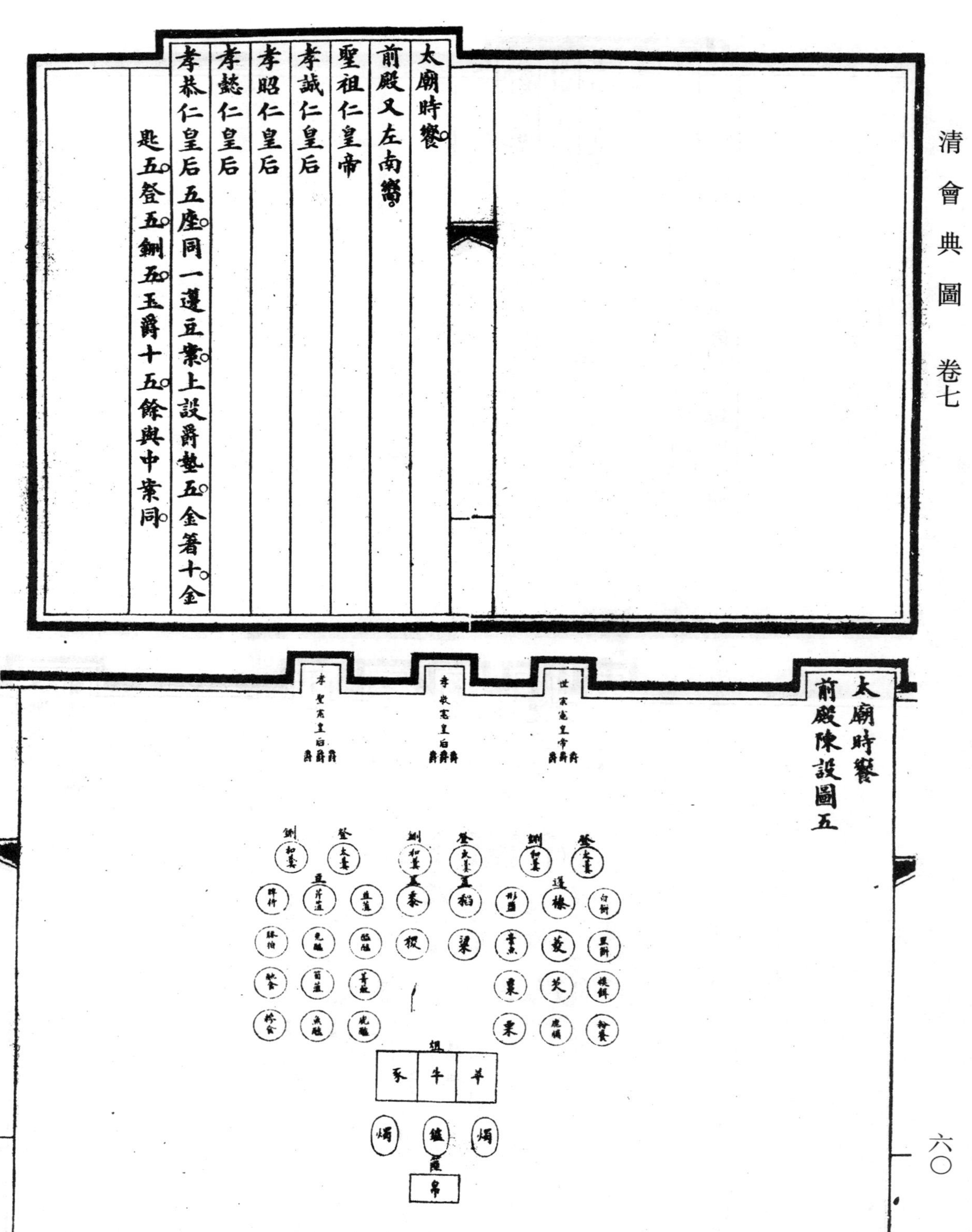

太廟時饗

前殿又左南嚮

聖祖仁皇帝

孝誠仁皇后

孝昭仁皇后

孝懿仁皇后

孝恭仁皇后五座同一籩豆案上設爵墊五金箸十金

匙五登五鉶五玉爵十五餘與中案同

太廟時饗

前殿陳設圖五

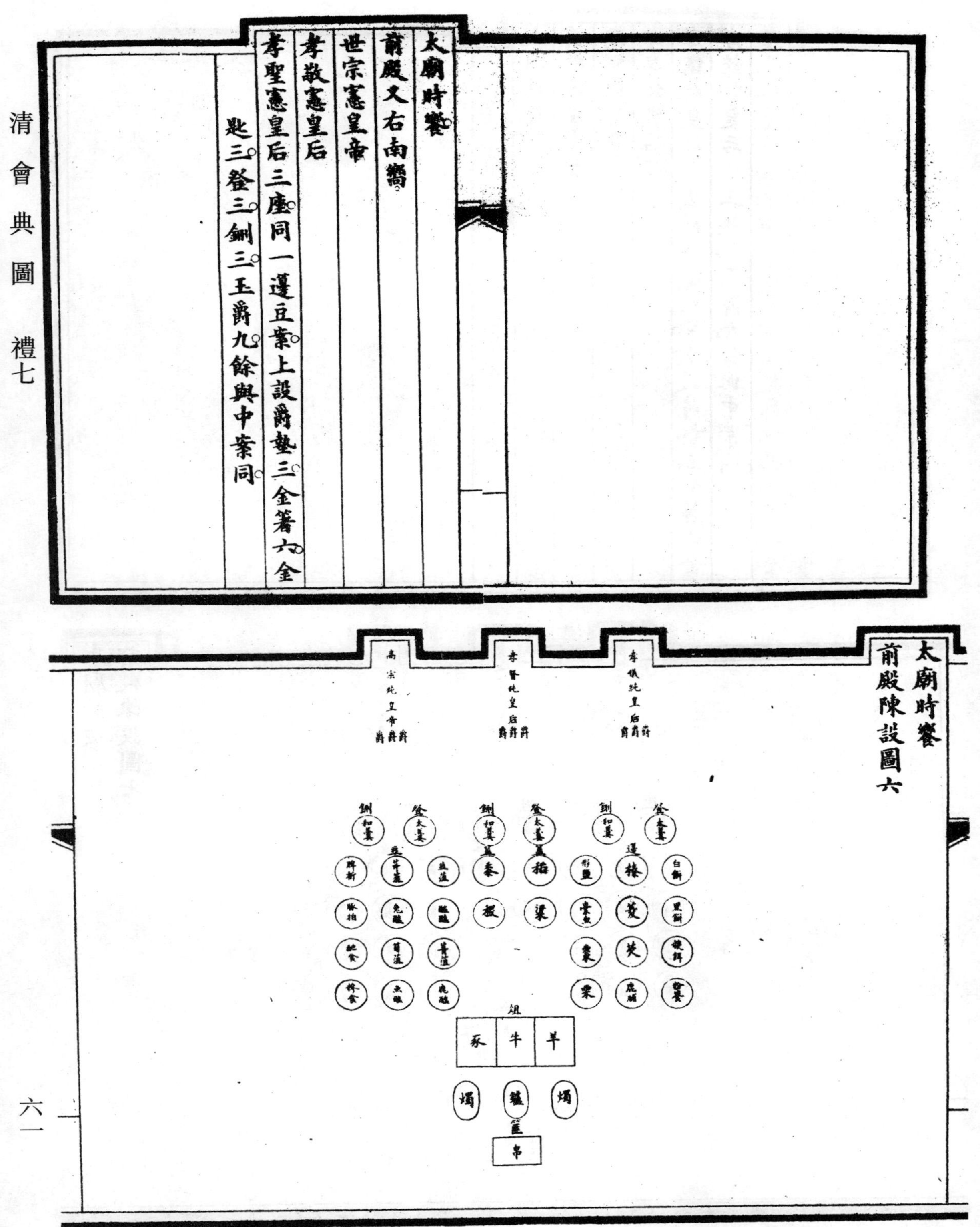
太廟時饗
前殿又右南嚮
世宗憲皇帝
孝敬憲皇后
孝聖憲皇后三座同一籩豆案上設爵墊三金箸六金
匙三登三鉶三玉爵九餘與中案同
太廟時饗
前殿陳設圖六
俎
豕
牛
羊
燭
鑪
燭
篚
帛

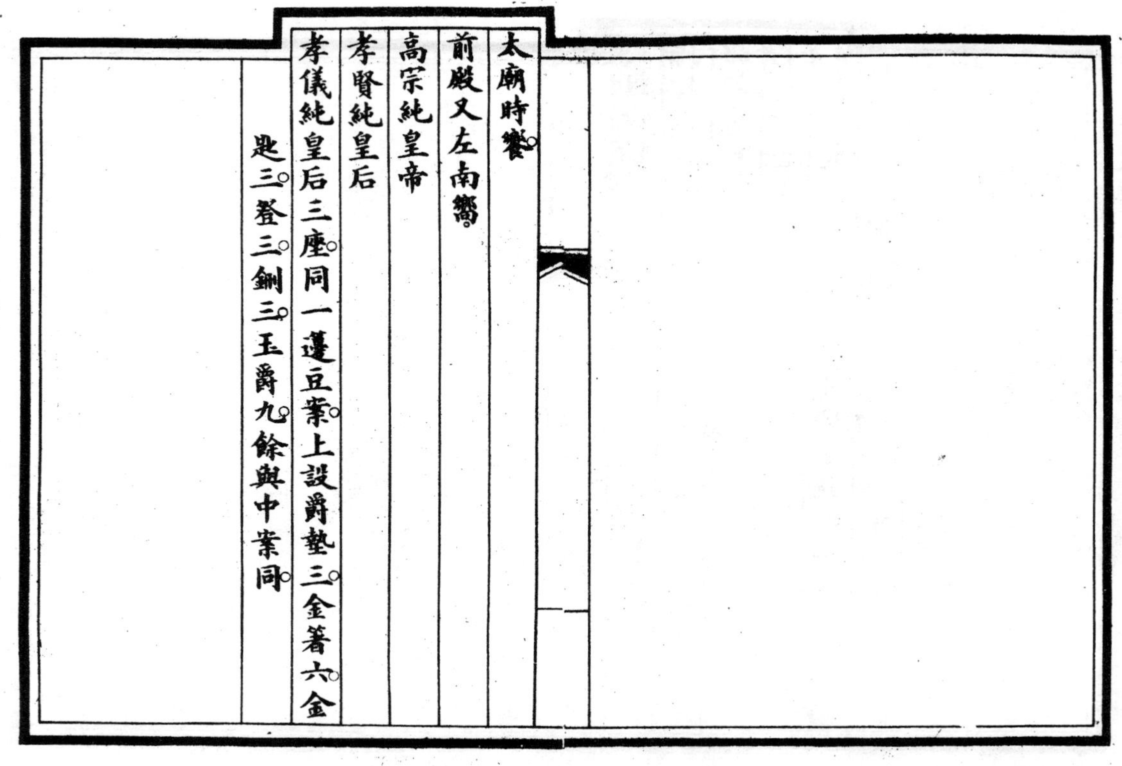

太廟時饗

前殿又左南嚮

高宗純皇帝

孝賢純皇后

孝儀純皇后三座同一籩豆案上設爵墊三金箸六金

匙三登三鉶三玉爵九餘與中案同

# 太廟時饗前殿陳設圖七

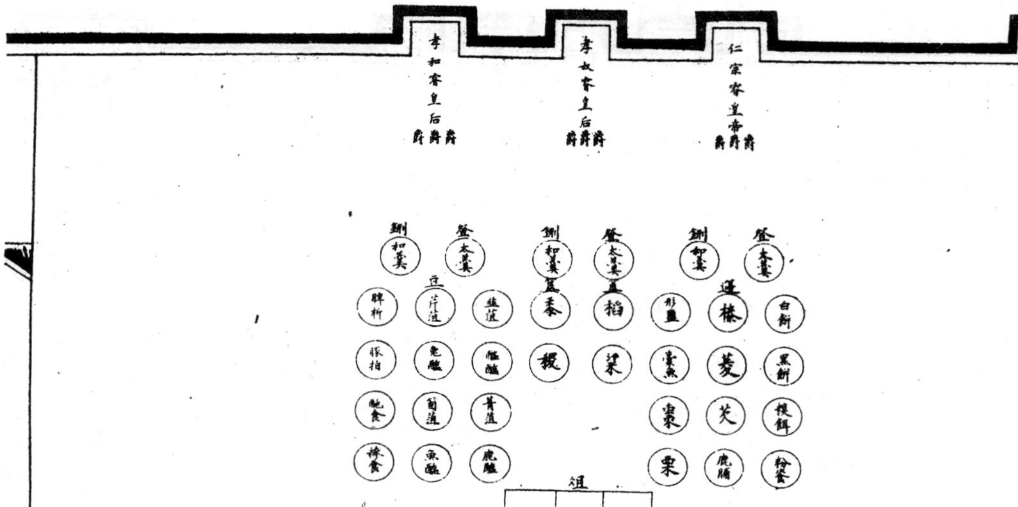

仁宗睿皇帝 爵 爵 爵

孝淑睿皇后 爵 爵 爵

孝和睿皇后 爵 爵 爵

登 太羹　鉶 和羹　登 太羹　鉶 和羹　登 太羹　鉶 和羹

籩 白餅 榛 形鹽 黑餅 菱 槀魚 糗餌 芡 棗 粉餈 鹿脯 栗

簋 稻 粱　簠 黍 稷

豆 韭菹 芹菹 脾析 醓醢 兔醢 豚拍 菁菹 筍菹 酏食 鹿醢 魚醢 糝食

俎 羊 牛 豕

燭 爐 燭

篚 帛

太廟時饗。

前殿又右南嚮。

仁宗睿皇帝

孝淑睿皇后

孝和睿皇后。三座同一。籩豆案上設爵墊三。金箸六。金匙三。登三。鉶三。玉爵九。餘與中案同。

## 太廟時饗前殿陳設圖八

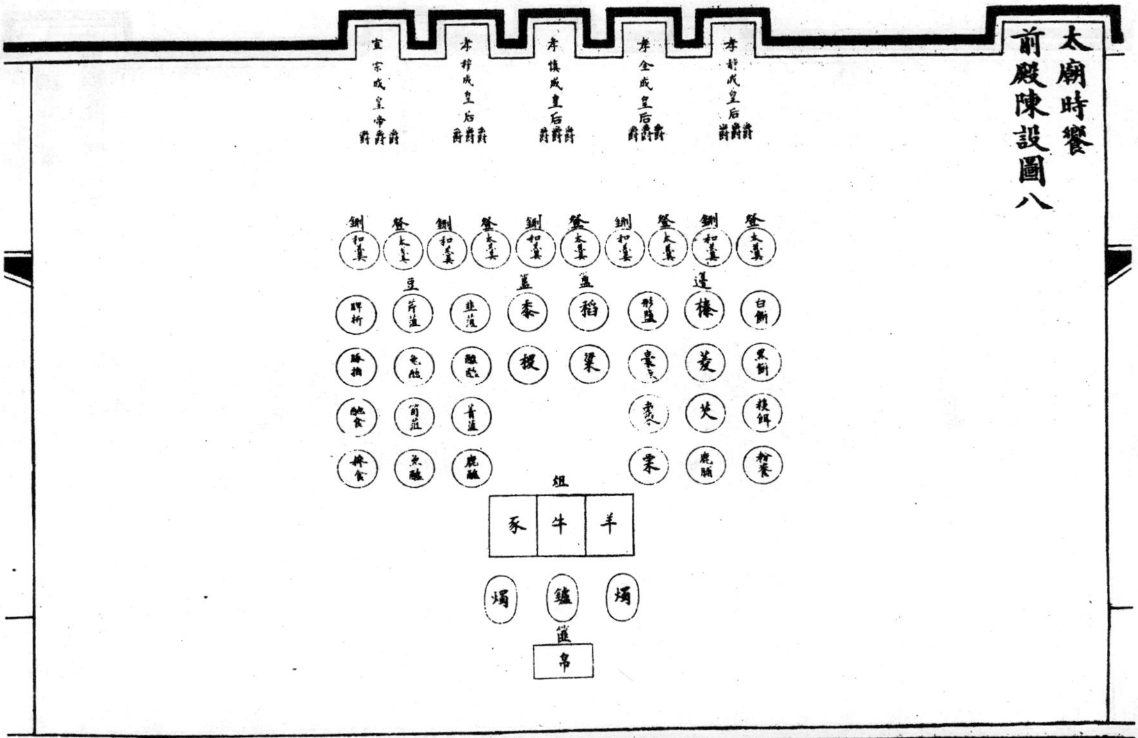

孝靜成皇后 爵爵爵
孝全成皇后 爵爵爵
孝慎成皇后 爵爵爵
孝穆成皇后 爵爵爵
宣宗成皇帝 爵爵爵

登 太羹　鉶 和羹　登 太羹　鉶 和羹　登 太羹　鉶 和羹　登 太羹　鉶 和羹　登 太羹　鉶 和羹

籩 白餅 黑餅 糗餌 粉餈 榛 菱 芡 鹿脯 形鹽 藁魚 棗 栗

簋 稻 粱

簠 黍 稷

豆 韭菹 醓醢 菁菹 鹿醢 芹菹 兔醢 筍菹 魚醢 脾析 豚拍 酏食 糝食

俎 羊 牛 豕

燭 鑪 燭

篚 帛

太廟時饗

前殿東設西嚮。

宣宗成皇帝

孝穆成皇后

孝慎成皇后

孝全成皇后

孝靜成皇后五座同一籩豆案。上設爵墊五。金箸十。金匙五。登五。鉶五。玉爵十五。餘與中案同

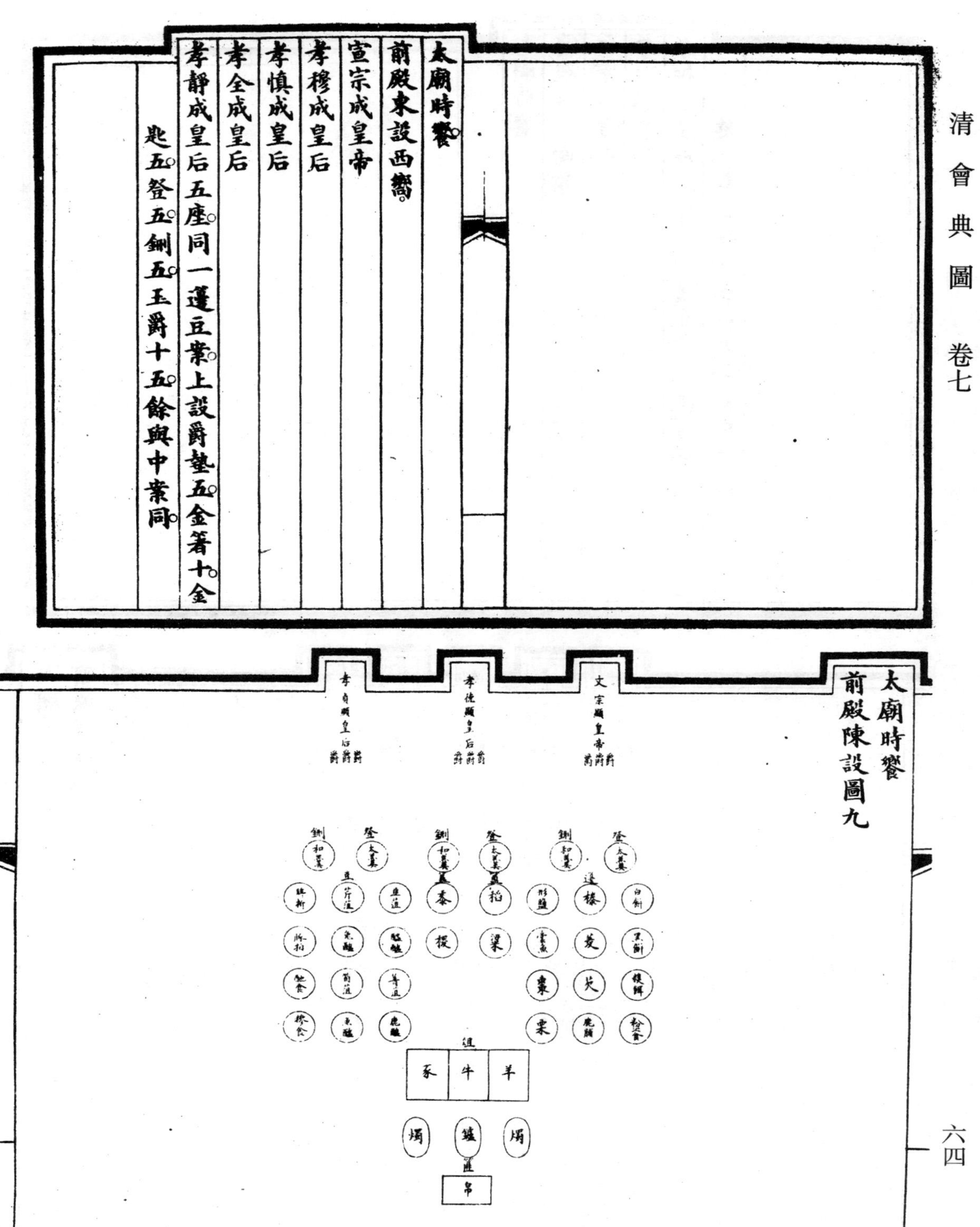


太廟時饗前殿陳設圖九

太廟時饗
前殿西設東嚮
文宗顯皇帝
孝德顯皇后
孝貞顯皇后三座同一籩豆案上設爵墊三金著六金匙三登三鉶三玉爵九餘與中案同

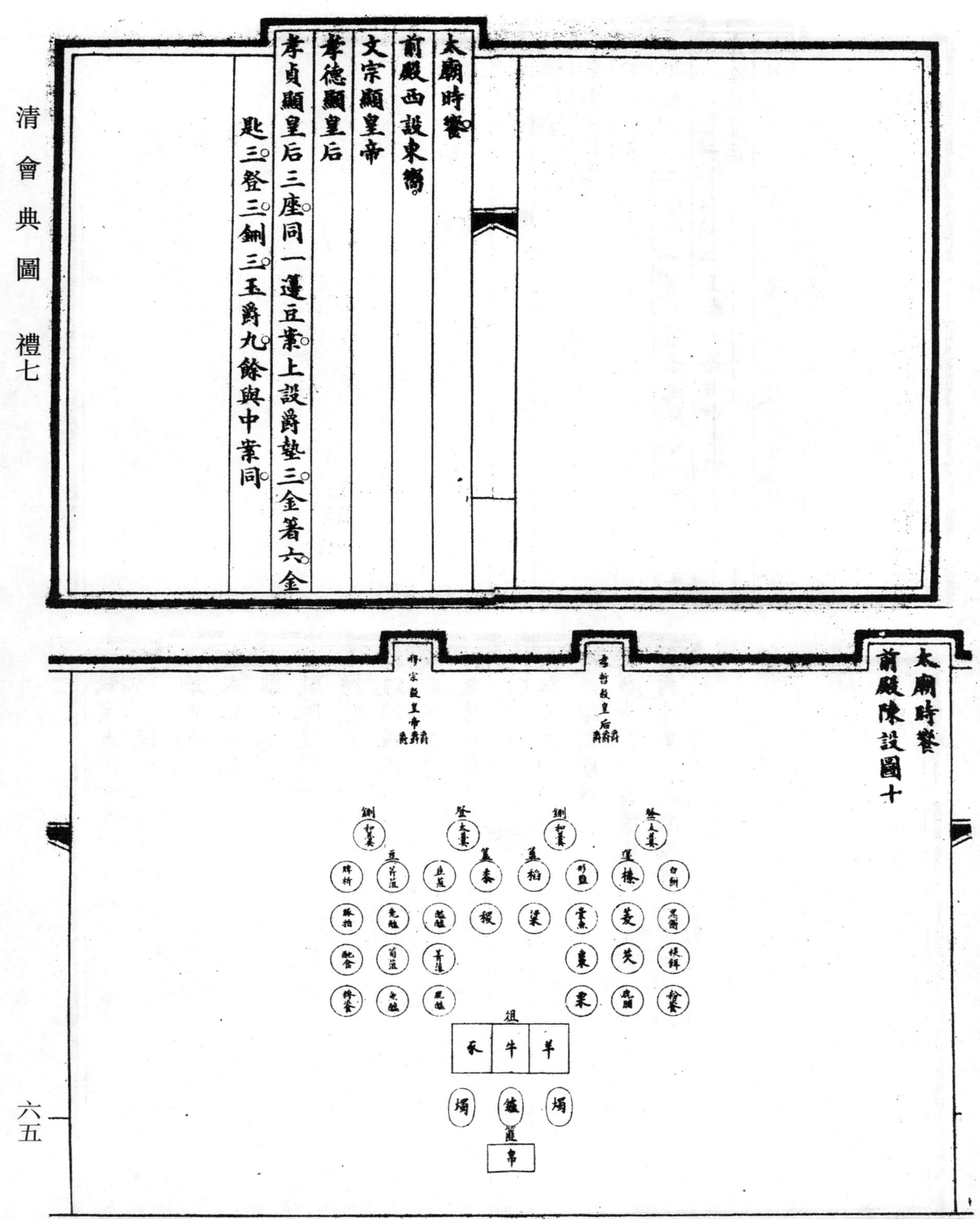

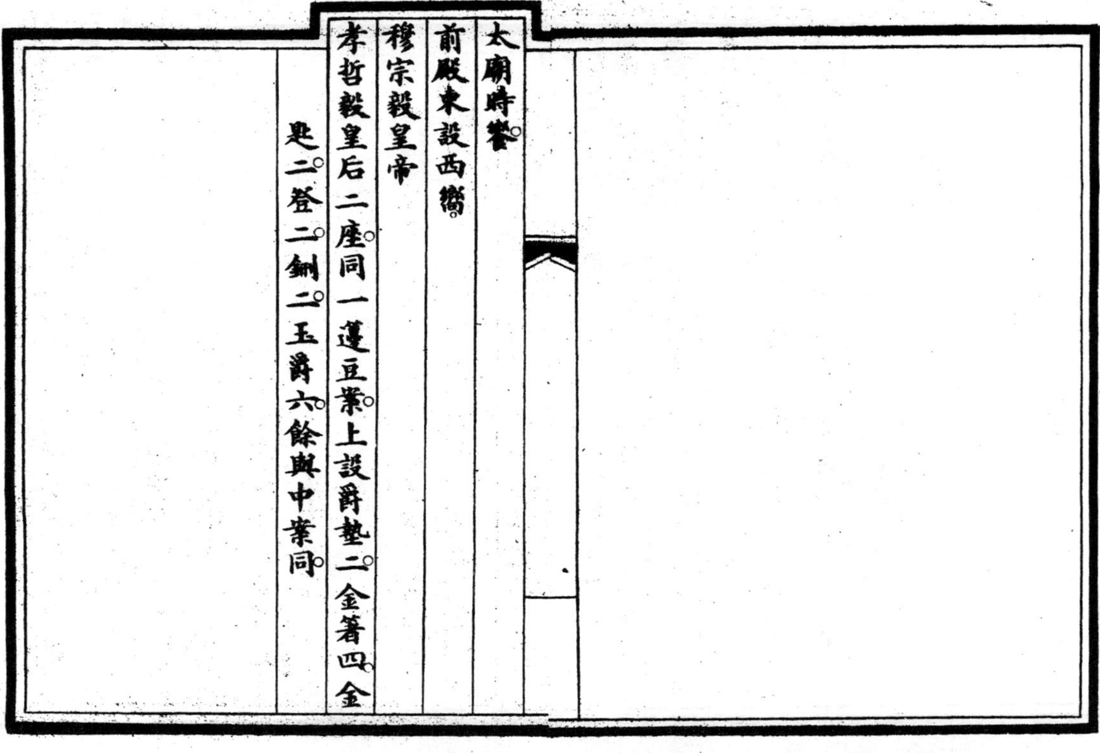
太廟時饗
前殿東設西嚮。
穆宗毅皇帝
孝哲毅皇后二座同一案。籩豆案上設爵墊二。金箸四。金匙二。登二。鉶二。玉爵六。餘與中案同。

# 欽定大清會典圖卷八

## 禮八 祀典八

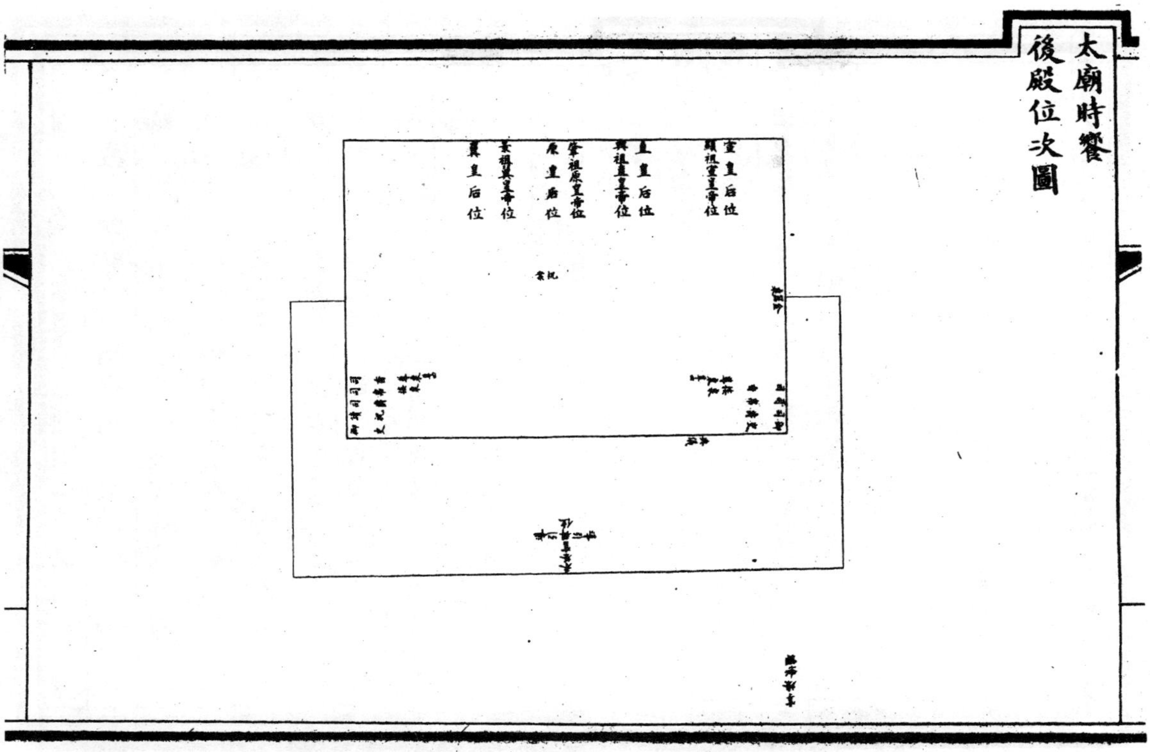

# 太廟時饗後殿位次圖

宣皇后位
顯祖宣皇帝位
直皇后位
興祖直皇帝位
肇祖原皇帝位
原皇后位
景祖翼皇帝位
翼皇后位
祝案

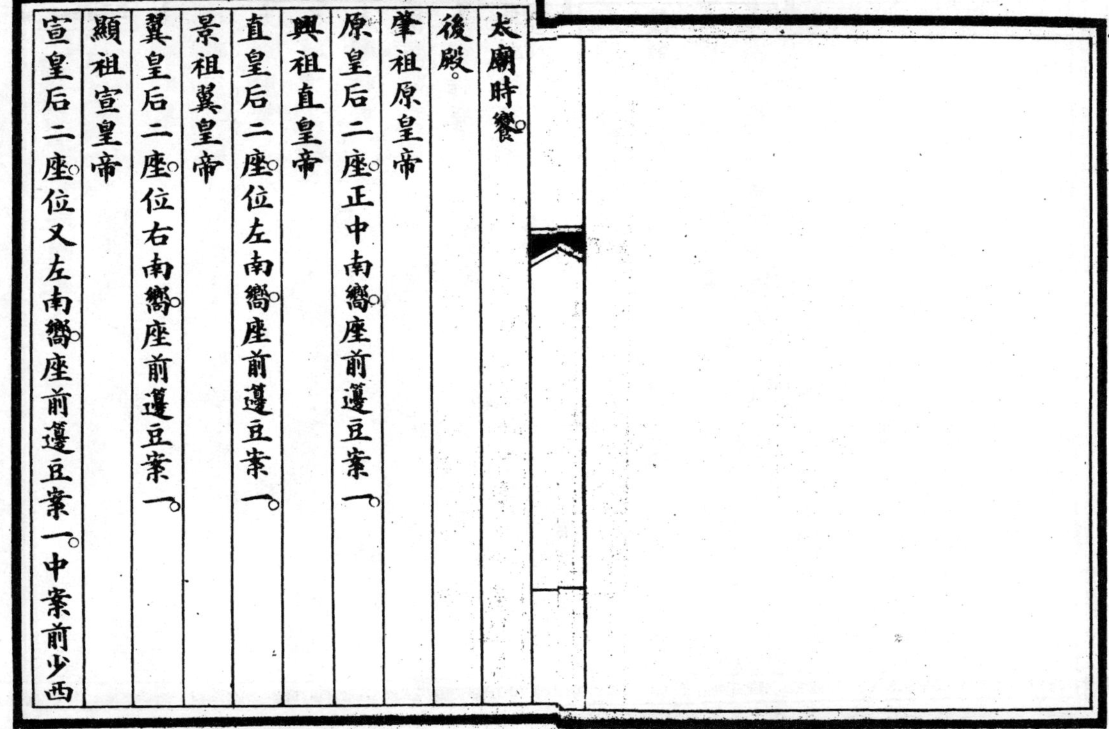

太廟時饗。

後殿。

肇祖原皇帝

原皇后二座。正中南嚮。座前籩豆案一。

興祖直皇帝

直皇后二座。位左南嚮。座前籩豆案一。

景祖翼皇帝

翼皇后二座。位右南嚮。座前籩豆案一。

顯祖宣皇帝

宣皇后二座。位又左南嚮。座前籩豆案一。中案前少西祝案一。南嚮。東尊桌二。接桌二。金器桌四。各陳金盂一。金壺一。均西嚮。西尊桌二。接桌二。均東嚮。殿門外階上正中。爲承祭官拜位。北嚮。導引二人。東西面。殿門內。司香三人。司帛三人。司爵五人。立東案之東。西面。司香一人。司帛一人。司爵三人。讀祝官一人。立西案之西。東面。糾儀御史四人。分立東西案之南。東西面。殿門外。典儀一人。立東檐下。西面。掌燎官率燎人立燎鑪之南。

太廟時饗後殿陳設圖一

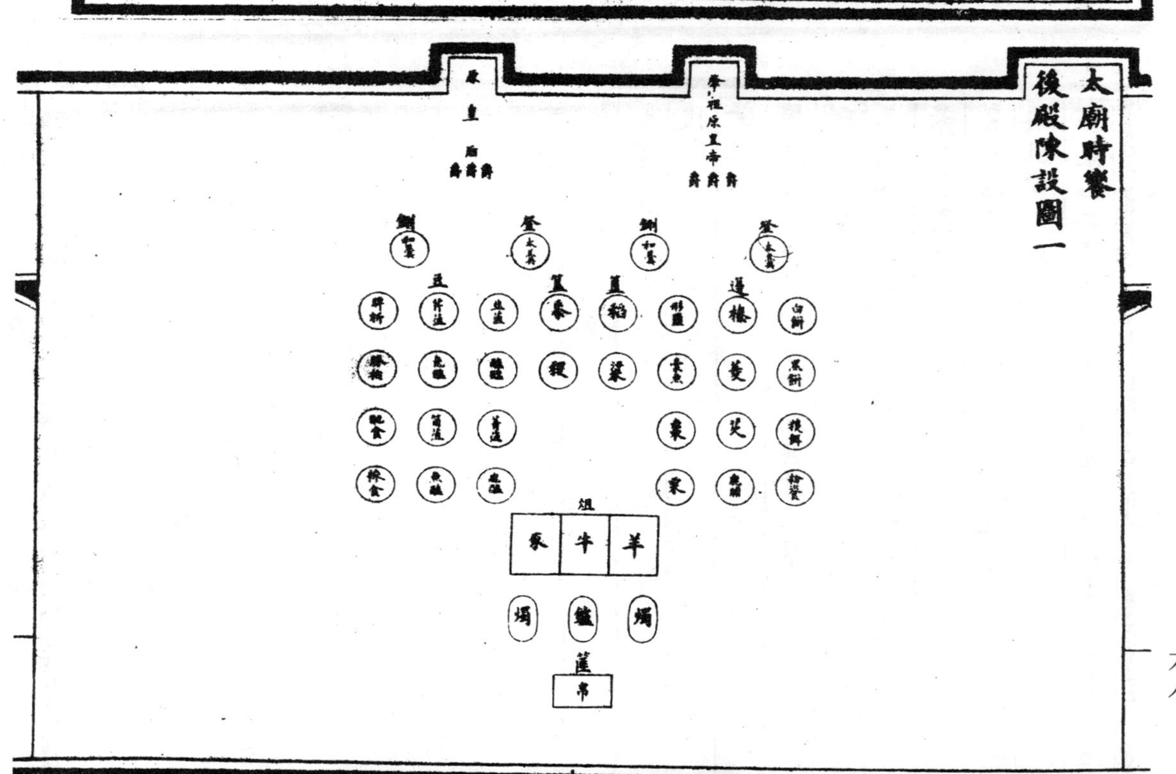

太廟時饗

後殿正中南嚮

肇祖原皇帝

原皇后二座同一籩豆案。上設爵墊二。金箸四。金匙二。登二。鉶二。簠二。簋二。籩十有二。豆十有二。案前俎一。中區爲三。實牛一。羊一。豕一。又前花香案一。設鍍金銅鑪一。香靠具銅燭臺二。其帛篚先設接桌上。奠帛則奠於花香案正中。玉爵六。先設尊桌上。三獻各奠於爵墊。

## 太廟時饗後殿陳設圖二

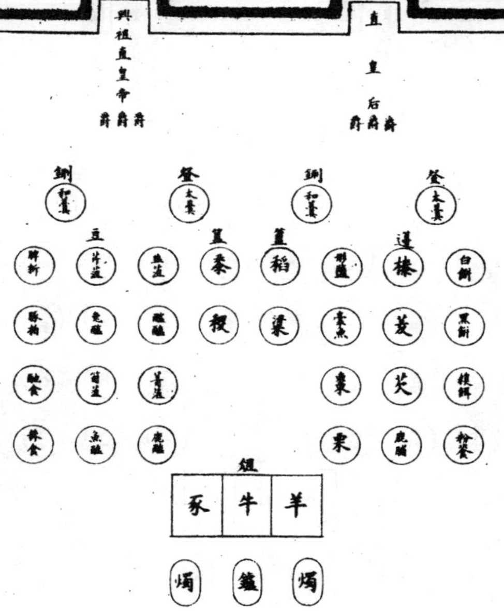

興祖直皇帝　爵爵爵

直皇后　爵爵爵

鉶 和羹　登 大羹　鉶 和羹　登 大羹

豆：脾析　芹菹　韭菹　豚拍　兔醢　醓醢　酏食　筍菹　菁菹　糝食　魚醢　鹿醢

簠：黍　稷

簋：稻　粱

籩：形鹽　榛　白餅　槀魚　菱　黑餅　棗　芡　糗餌　栗　鹿脯　粉餈

俎：豕　牛　羊

燭　鑪　燭

篚：帛

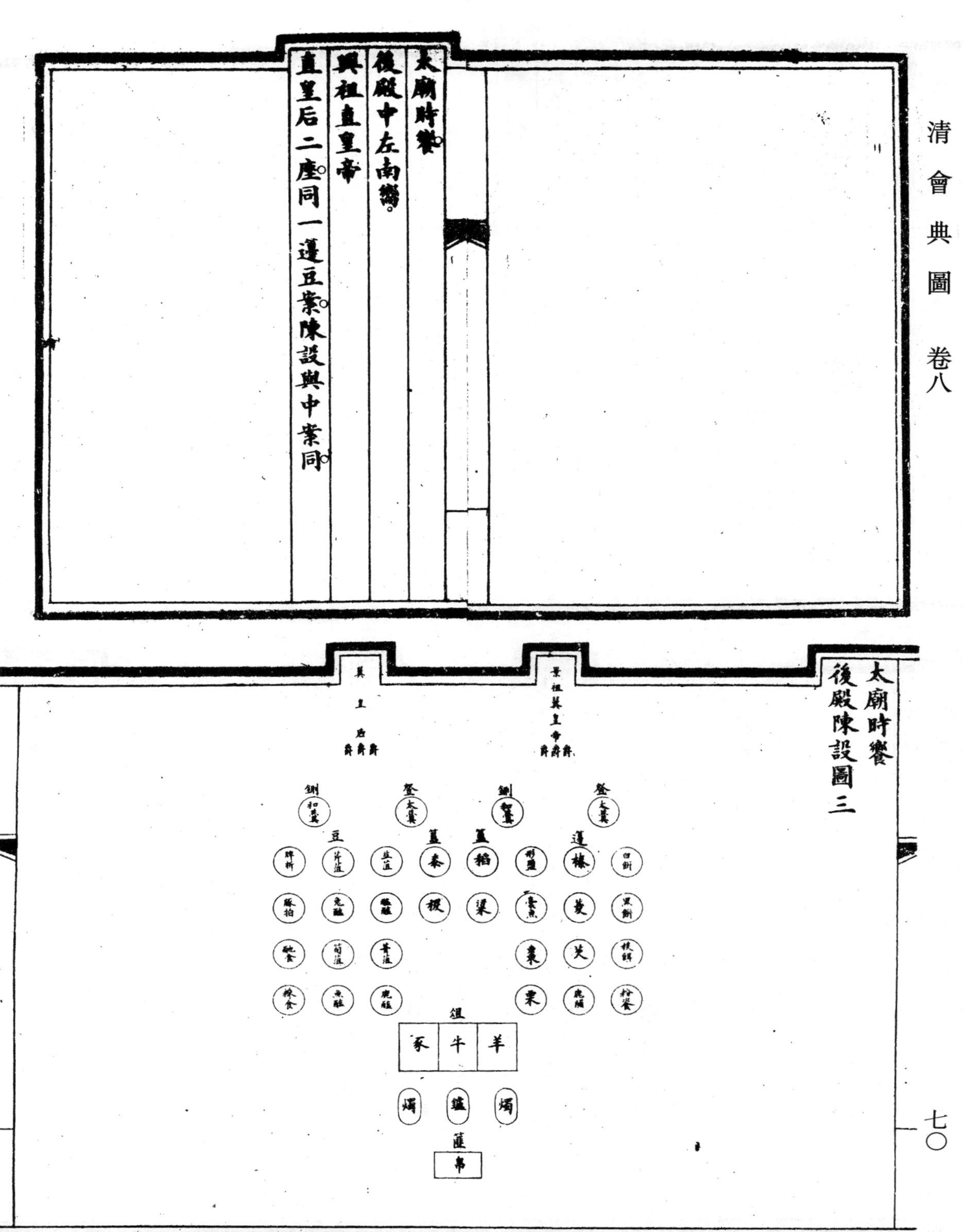
太廟時饗
後殿中左南嚮
興祖直皇帝
直皇后二座同一籩豆案陳設與中案同
太廟時饗
後殿陳設圖三
景祖翼皇帝
翼皇后
俎
豕
牛
羊
燭
鑪
燭
篚
帛

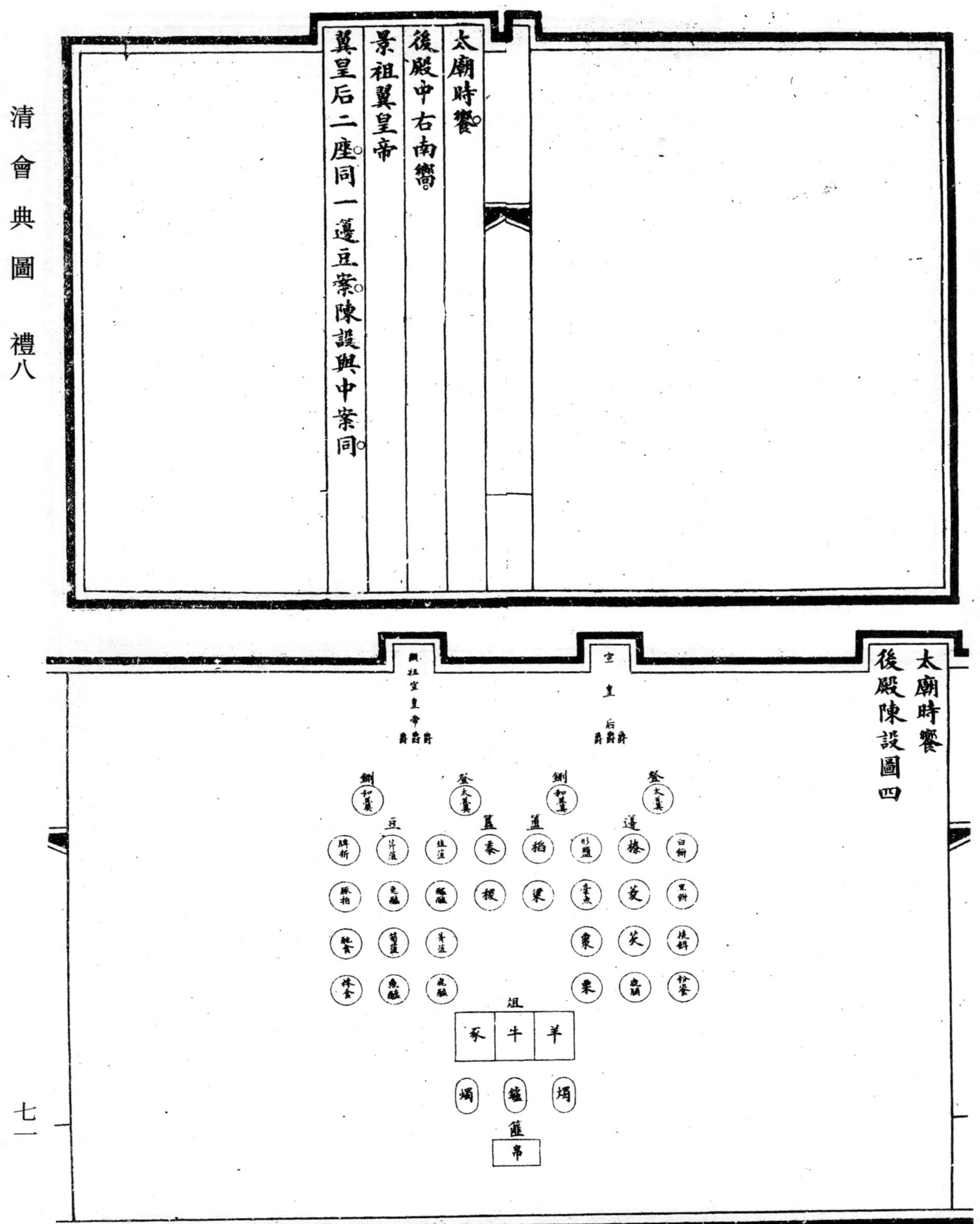

太廟時饗
後殿中右南嚮
景祖翼皇帝
翼皇后二座同一籩豆案。陳設與中案同。

太廟時饗
後殿陳設圖四

太廟時饗。後殿又左南嚮。顯祖宣皇帝 宣皇后二座。同一籩豆案。陳設與中案同。

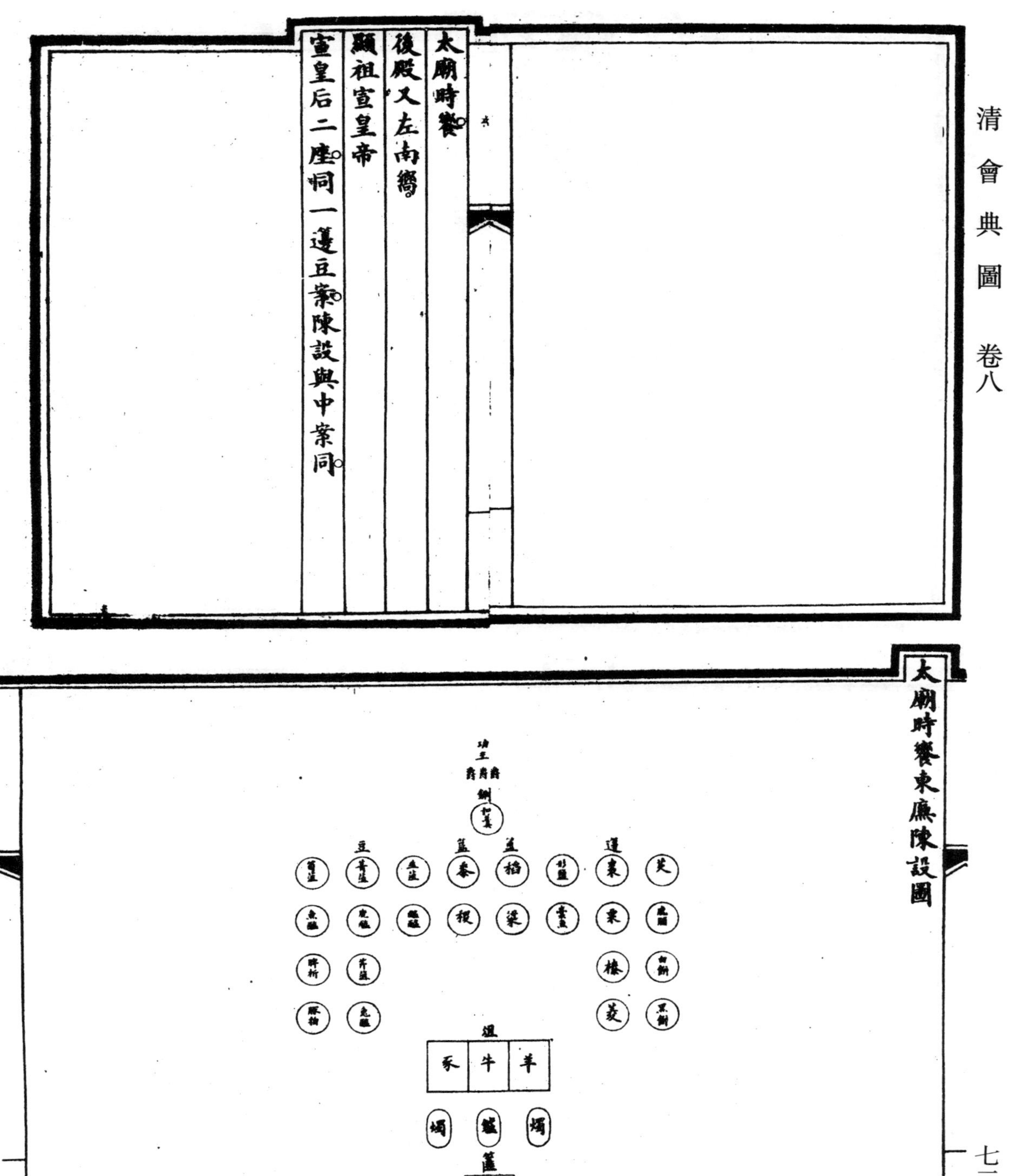

太廟時饗東廡功王十五座十二案每案上簠二簋二籩十豆十鉶一爵三其兩座一案者鉶二爵六案前均設俎一中區為三實牛一羊一豕一又前花香案各一上設銅爐一香靠具銅燭臺二帛篚共十二先各設接桌上奠帛各奠於花香案正中陶爵共四十有五先各設尊桌上三獻各奠於籩豆案上祫祭陳設同

## 太廟時饗西廡陳設圖

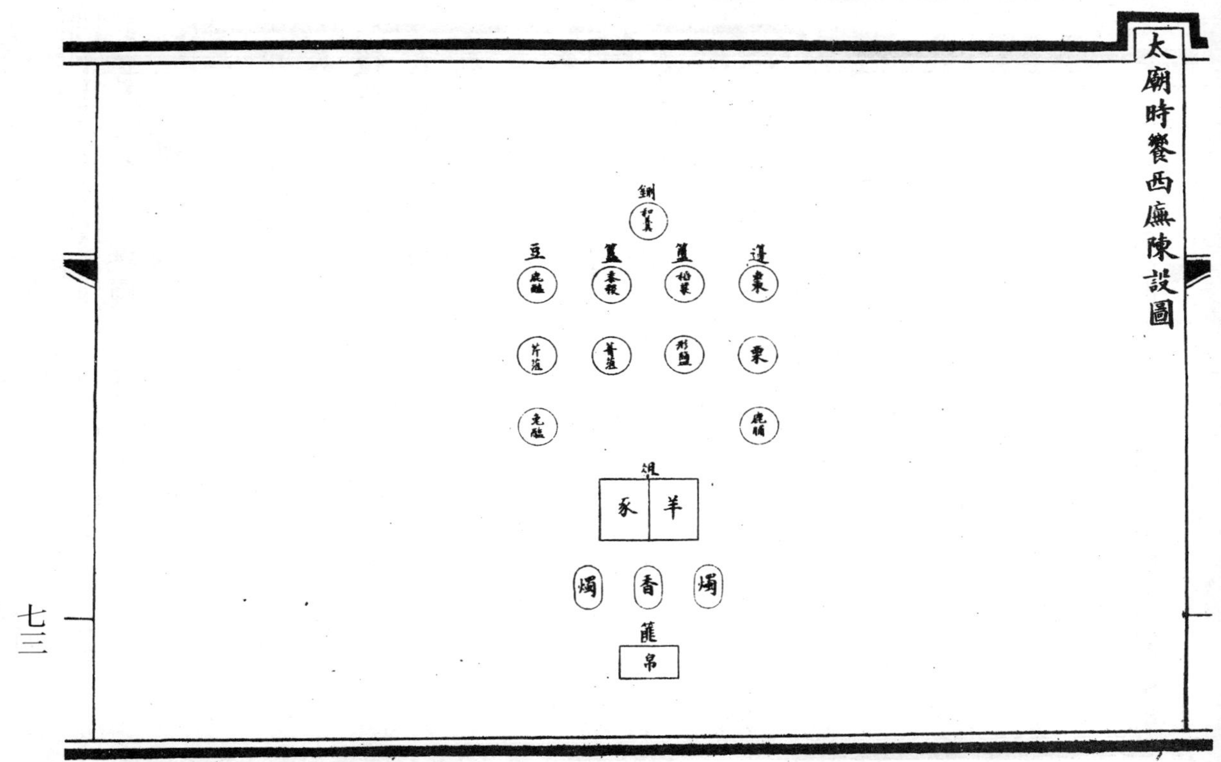

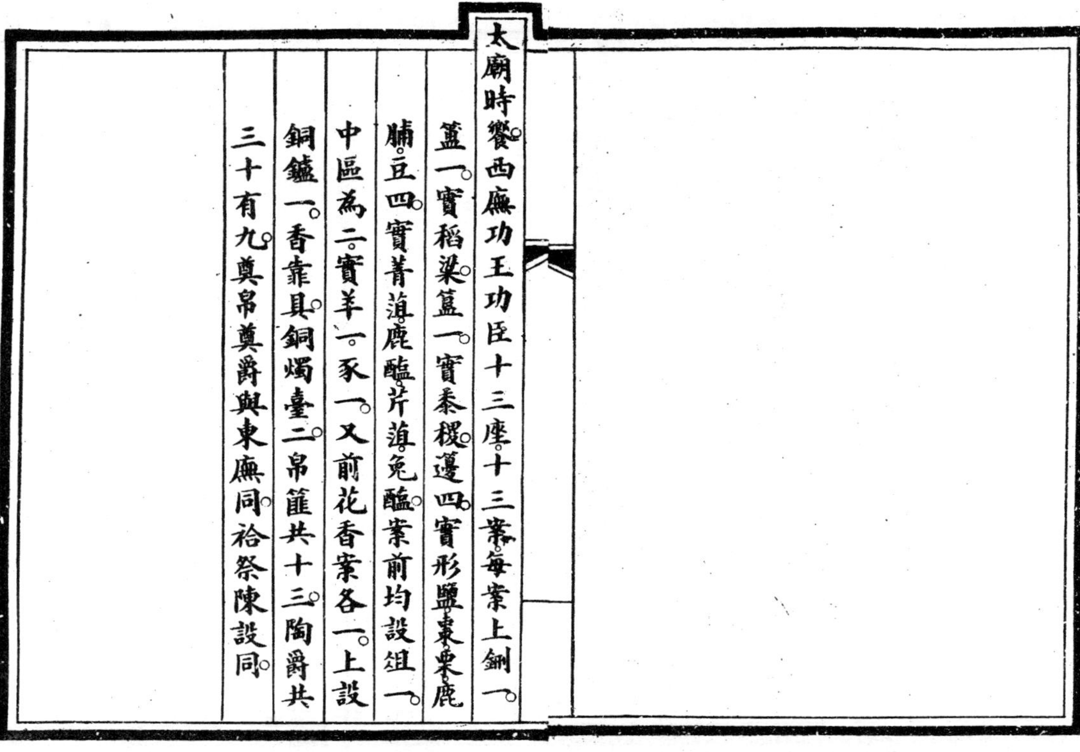
太廟時饗西廡功王功臣十三座十三案每案上鉶一簠一實稻粱簠一實黍稷籩四實形鹽棗栗鹿脯豆四實菁菹鹿醢芹菹兔醢案前均設俎一中區為二實羊一豕一又前花香案各一上設銅罏一香靠具銅燭臺二帛篚共十三陶爵共三十有九奠帛奠爵與東廡同祫祭陳設同

# 欽定大清會典圖卷九

禮九　祀典九

太廟中殿告祭位次圖

太廟後殿告祭位次圖

太廟告祭陳設圖

奉先殿圖

奉先殿位次圖

奉先殿陳設圖

壽皇殿圖

壽皇殿位次圖

壽皇殿陳設圖

# 太廟中殿告祭位次圖

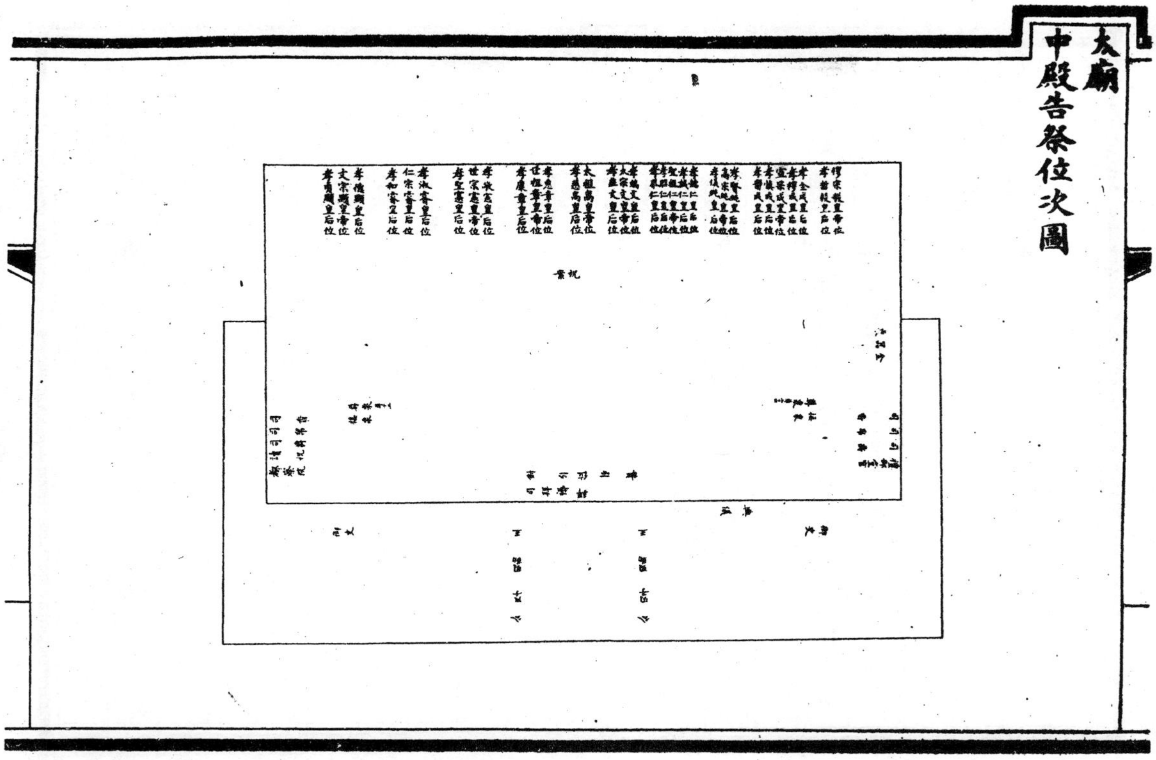

穆宗毅皇帝位　孝哲毅皇后位　孝全成皇后位　孝穆成皇后位　宣宗成皇帝位　孝慎成皇后位　孝靜成皇后位　孝賢純皇后位　高宗純皇帝位　孝儀純皇后位　孝誠仁皇后位　孝昭仁皇后位　聖祖仁皇帝位　孝懿仁皇后位　孝恭仁皇后位　孝端文皇后位　太宗文皇帝位　孝莊文皇后位　太祖高皇帝位　孝慈高皇后位　孝惠章皇后位　世祖章皇帝位　孝康章皇后位　孝敬憲皇后位　世宗憲皇帝位　孝聖憲皇后位　孝淑睿皇后位　仁宗睿皇帝位　孝和睿皇后位　孝德顯皇后位　文宗顯皇帝位　孝貞顯皇后位

祝案

太廟因事祇告。中殿後殿均不請神位。敬啟幃幔。恭設案具於寢室前。中殿列聖列后神座各從寢室之次。中一室。

太祖高皇帝
孝慈高皇后二座。南嚮。座前翹案一。左一案。
太宗文皇帝
孝端文皇后
孝莊文皇后三座。南嚮。座前翹案一。右一案。
世祖章皇帝
孝惠章皇后
孝康章皇后三座。南嚮。座前翹案一。左二案。
聖祖仁皇帝
孝誠仁皇后
孝昭仁皇后
孝懿仁皇后
孝恭仁皇后五座。南嚮。座前翹案一。右二案。
世宗憲皇帝
孝敬憲皇后
孝聖憲皇后三座。南嚮。座前翹案一。左三案。
高宗純皇帝
孝賢純皇后
孝儀純皇后三座。南嚮。座前翹案一。右三案。
仁宗睿皇帝
孝淑睿皇后
孝和睿皇后三座。南嚮。座前翹案一。左四案。
宣宗成皇帝
孝穆成皇后
孝慎成皇后
孝全成皇后
孝靜成皇后五座。南嚮。座前翹案一。右四案。
文宗顯皇帝
孝德顯皇后
孝貞顯皇后三座。南嚮。座前翹案一。左五案。
穆宗毅皇帝
孝哲毅皇后二座。南嚮。座前翹案一。中案前少西祝案
一。南嚮。東尊桌四。接桌二。金器桌六。均西嚮。西
尊桌三。接桌二。均東嚮。戟門街門內設高香几
各一。
皇帝親告
中殿行禮。殿門內正中為
皇帝拜位。北嚮。贊引對引各一人。東西面。司拜褥一
人。東面。殿外階上東西為王以下公以上拜位。
北嚮。百官不陪祀。殿門內東司香司帛各六人。

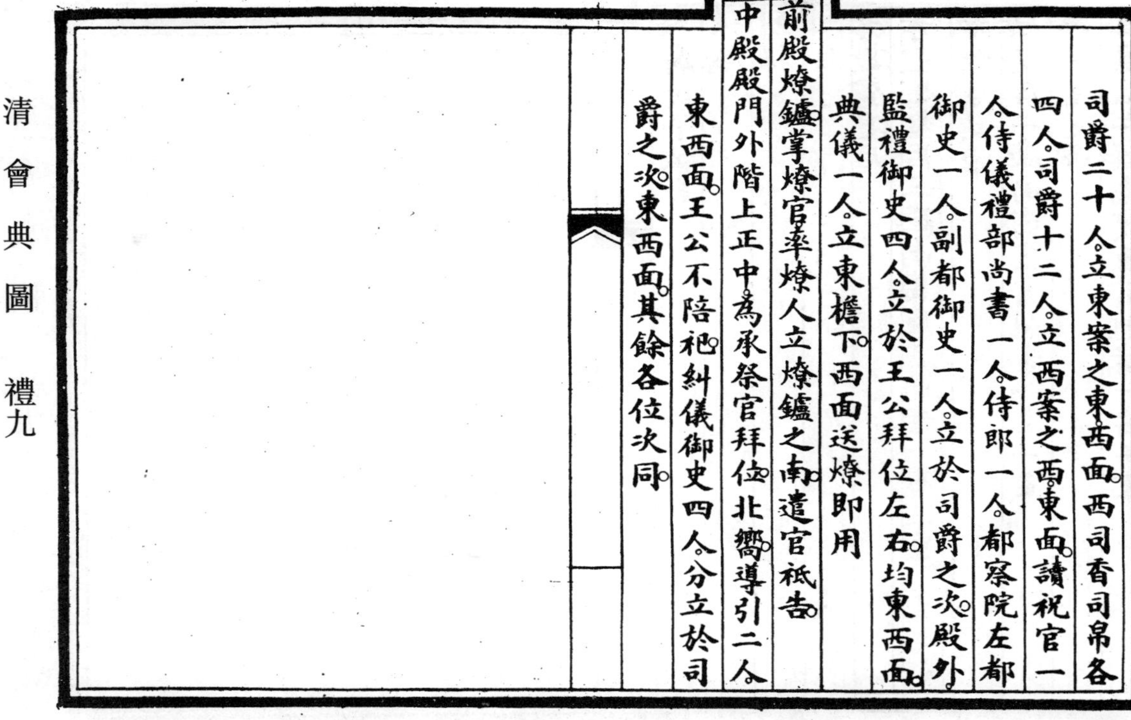

司爵二十人。立東案之東西面。西司香司帛各四人。司爵十二人。立西案之西東面。讀祝官一人。侍儀禮部尚書一人。侍郎一人。都察院左都御史一人。副都御史一人。立於司爵之次。殿外監禮御史四人。立於王公拜位左右。均東西面。典儀一人。立東檐下。西面送燎即用

前殿燎鑪掌燎官率燎人立燎鑪之南。遣官祗告

中殿殿門外階上正中為承祭官拜位北嚮導引二人東西面。王公不陪祀糾儀御史四人。分立於司爵之次。東西面。其餘各位次同。

## 太廟後殿告祭位次圖

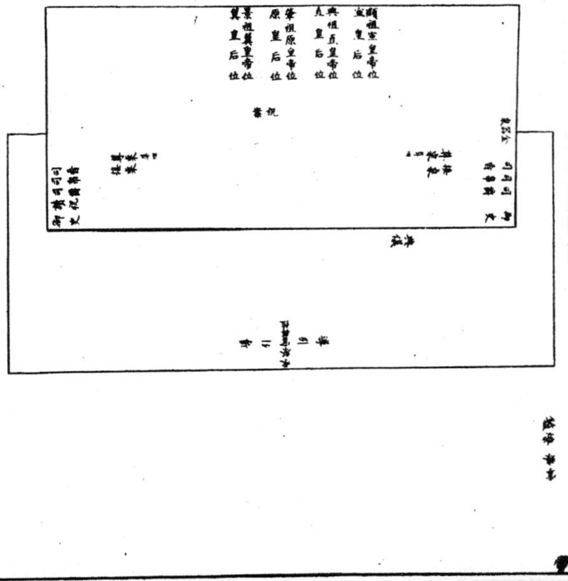

顯祖宣皇帝位　宣皇后位
興祖直皇帝位　直皇后位
肇祖原皇帝位　原皇后位
景祖翼皇帝位　翼皇后位

祝案

太廟因事祇告
後殿
列祖
列后
神座各從
寢室之次。中一室。
肇祖原皇帝
原皇后二座。南嚮。座前翹案一。左一室
興祖直皇帝
直皇后二座。南嚮。座前翹案一。右一室

景祖翼皇帝
翼皇后二座。南嚮。座前翹案一。左二室
顯祖宣皇帝
宣皇后二座。南嚮。座前翹案一。祝案尊桌接桌金器桌
及遣官行禮位。次各執事位。次均與時饗同。

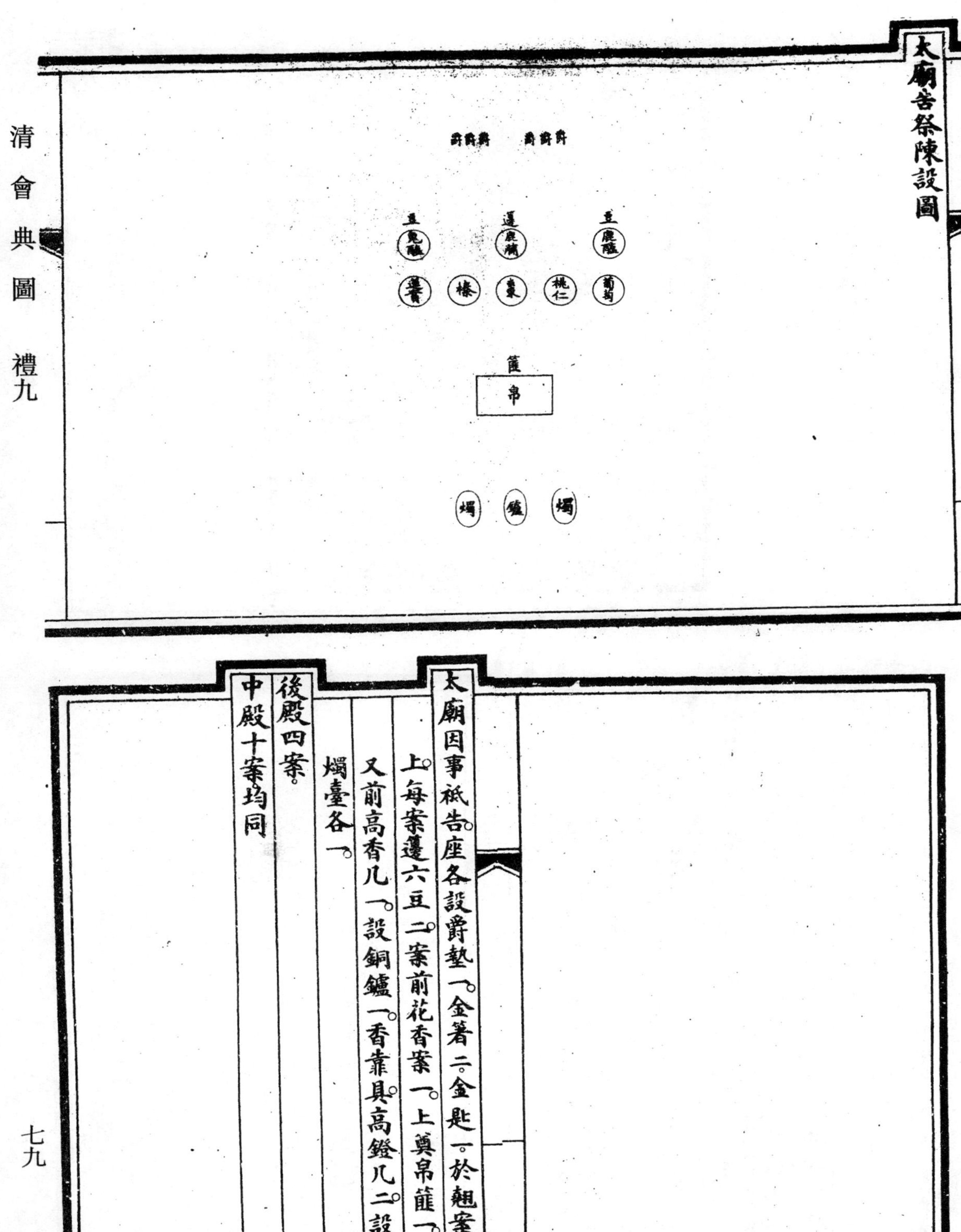


太廟因事祇告座各設爵墊一。金箸二。金匙一。於翹案上。每案籩六豆二。案前花香案一。上奠帛篚一。又前高香几一。設銅鑪一香靠具高鐙几二。設燭臺各一。

後殿四案。

中殿十案均同

奉先殿圖

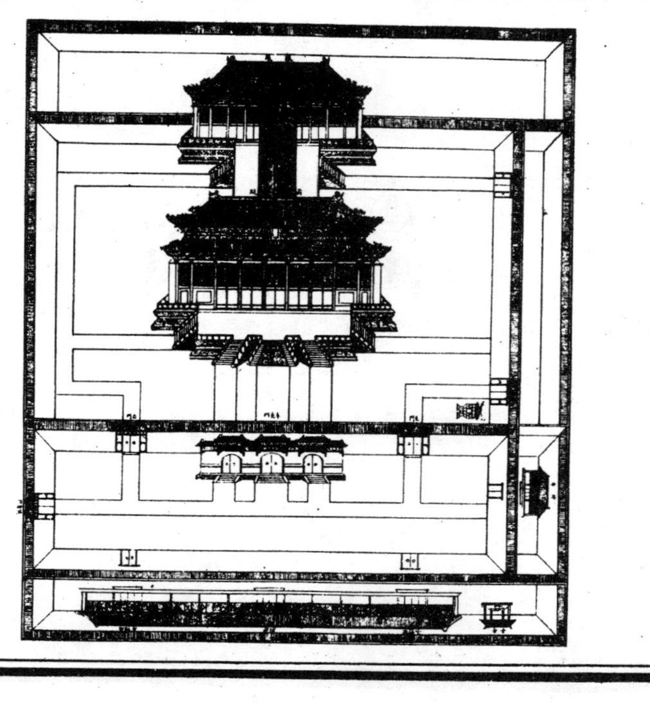

奉先殿在
景運門東北前後繚以周垣制方南嚮外門一間
曰誠肅門西嚮與
景運門對內琉璃甎門三間為
奉先門左右門各一南嚮
前殿九間南嚮重檐東西為夾室外為行廊如
太廟寢制前為丹陛周以石欄正南三出陛中出螭陛
左右各十二級東西各一出陛均十二級黃色
琉璃燎鑪一在東南隅東垣角門一
後殿九間前圍石欄中為堂南接

前殿北接

後殿。以聯前後。堂東西啟門。隔扇各八。東西各二陛。陛各十二級。東垣角門一。

奉先門內甬道北達

前殿右門內有甬道。折而西。循墻北上。又折而東。由堂右陛入堂以達

後殿左門外東垣一重。門一。門內

神庫三間西嚮

奉先門南垣一重。垣東西門各一。皆北嚮。門內連房十三間。中為

神廚。東為宰牲亭。又東井亭一。西為治牲房。均北嚮。殿門圍垣。覆瓦皆用黃琉璃。



## 奉先殿位次圖

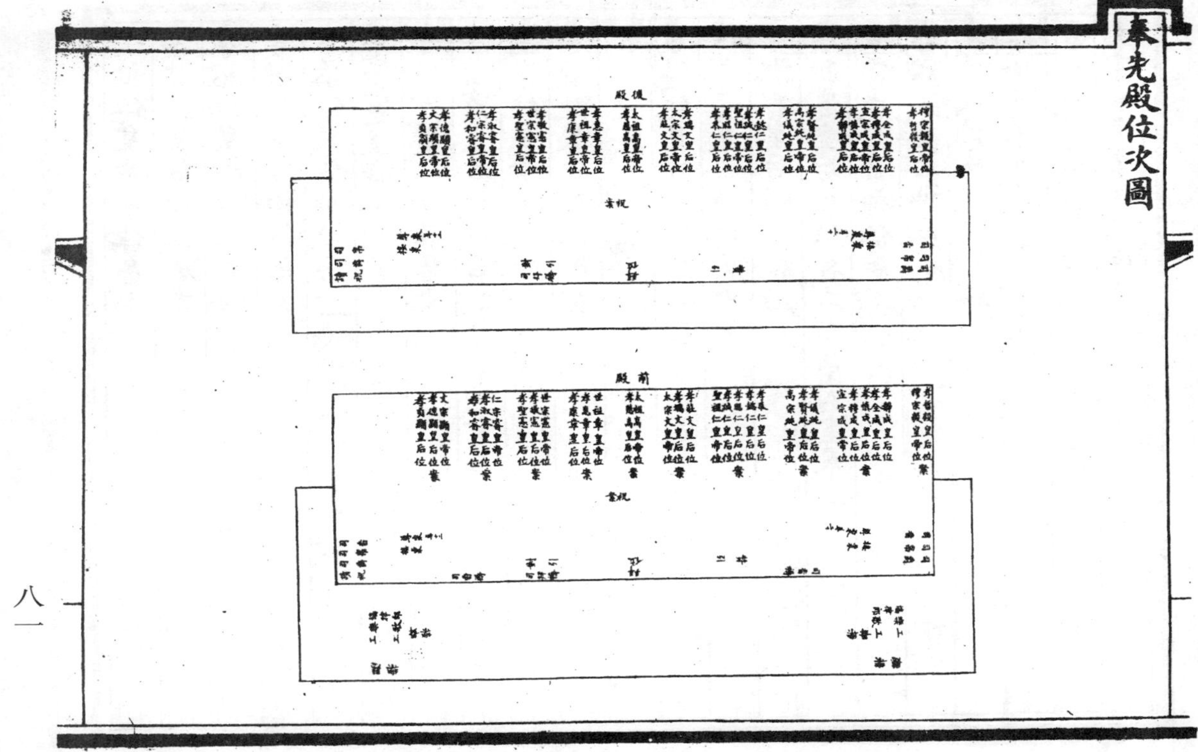

奉先殿

後殿中室奉安

太祖高皇帝神位居左

孝慈高皇后神位居右左室奉安

太宗文皇帝神位居中

孝端文皇后神位居左

孝莊文皇后神位居右右室奉安

世祖章皇帝神位居中

孝惠章皇后神位居左

孝康章皇后神位居右左第二室奉安

聖祖仁皇帝神位居中

孝誠仁皇后神位居左

孝昭仁皇后神位居右

孝懿仁皇后神位居左次

孝恭仁皇后神位居右次右第二室奉安

世宗憲皇帝神位居中

孝敬憲皇后神位居左

孝聖憲皇后神位居右左第三室奉安

高宗純皇帝神位居中

孝賢純皇后神位居左

孝儀純皇后神位居右右第三室奉安

仁宗睿皇帝神位居中

孝淑睿皇后神位居左

孝和睿皇后神位居右左第四室奉安

宣宗成皇帝神位居中

孝穆成皇后神位居左

孝慎成皇后神位居右

孝全成皇后神位居左次

孝靜成皇后神位居右次右第四室奉安

文宗顯皇帝神位居中

孝德顯皇后神位居左。
孝貞顯皇后神位居右左第五室奉安
穆宗毅皇帝神位居左。
孝哲毅皇后神位居右。均南嚮。恭遇
萬壽聖節。元旦。冬至。及
國有大慶。則恭請
神位於
前殿祭饗。
帝
后同案異座。中一案左
太祖高皇帝位右。
孝慈高皇后位左一案右
太宗文皇帝位左
孝端文皇后位左
孝莊文皇后位右一案左
世祖章皇帝位右
孝惠章皇后位右
孝康章皇后位左二案右
聖祖仁皇帝位左
孝誠仁皇后位。左

孝昭仁皇后位。左
孝懿仁皇后位。左
孝恭仁皇后位右二案左
世宗憲皇帝位右
孝敬憲皇后位右
孝聖憲皇后位左三案右
高宗純皇帝位左
孝賢純皇后位左
孝儀純皇后位右三案左
仁宗睿皇帝位右
孝淑睿皇后位右
孝和睿皇后位左四案右
宣宗成皇帝位左
孝穆成皇后位。左
孝慎成皇后位左
孝全成皇后位左
孝靜成皇后位右四案左
文宗顯皇帝位右
孝德顯皇后位右
孝貞顯皇后位。左五案右

穆宗毅皇帝位左
孝哲毅皇后位均南嚮其祝案尊桌接桌
皇帝拜位司拜褥司香拜褥讀祝官及司香十人司
帛十人司爵三十二人位次樂部設中和韶樂
於東西階上均如
太廟前殿時饗之儀惟不設福胙桌接福胙桌王公百
官不陪祀遣官行禮位次亦與
太廟前殿遣官行禮同因事祇告
後殿不請
神位敬啟
神龕行禮
皇帝親告殿門內正中為
皇帝拜位王公百官不陪祀不用樂祝案尊桌接桌
司拜褥司香拜褥司香司帛司爵讀祝官各位
次與
前殿同遣官祇告位次與
太廟中殿遣官祇告同每月朔望
列聖聖誕
列聖
列后忌辰及上元清明霜降歲除等日

皇帝親詣
後殿上香行禮或遣官行禮各位次與祇告同立春端
陽重陽等節惟掌儀司官一人詣
後殿各香案前上香行禮

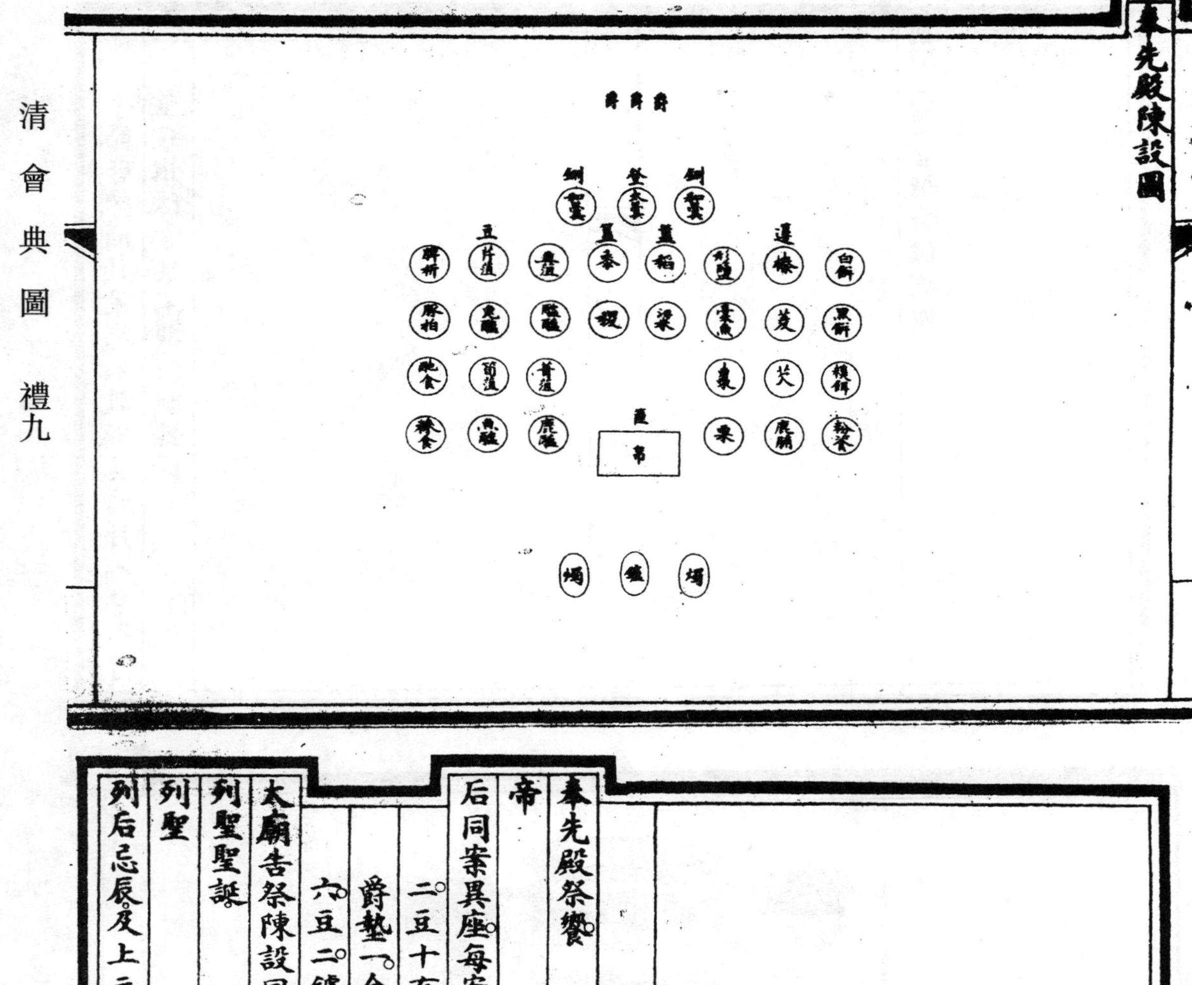


奉先殿祭饗
帝
后同案異座。每案上。皆陳登一。鉶二。簠二。簋二。籩十有
二。豆十有二。篚一。罏一。鐙二。不用牲俎。每座陳
爵墊一。金爵三。金箸二。因事祇告。案陳爵三。籩
六。豆二。罏一。鐙二。與
太廟告祭陳設同。每月朔望。
列聖聖誕。
列聖
列后忌辰。及上元。清明。霜降。歲除等日。立春。端陽。重陽

等節。皆陳酒脯果實。不設醯。其四月八日。七月望日。惟陳素果。不設酒脯。餘同。

壽皇殿圖

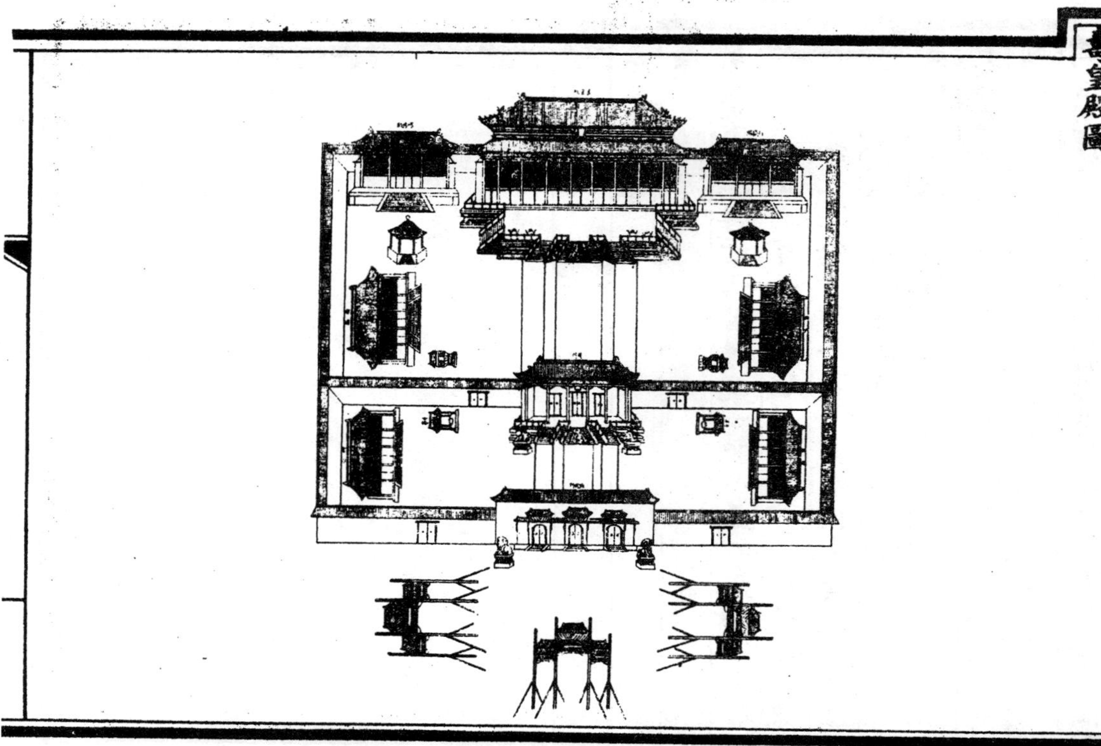

壽皇殿。在神武門內景山正中。南對景山。一仿太廟制而約之。朱門丹雘。繚以重垣。制方。外琉璃甎門三間。左右門各一。內戟門一座。五間。崇基石欄。前後均三出陛。中為螭陛。各九級。左右門各一。均南嚮。大殿九室。南嚮。重檐。外為行廊。前為月臺。臺上銅鑪四。周以石欄。正南三出陛。中為螭陛。各十二級。東西各一出陛。均十二級。東西廡各五間。東西嚮。階各八級。東西耳殿各三間。東為衍慶殿。西為綿禧殿。均南嚮。又左右碑亭二。又焚帛黃色琉璃燎鑪二。戟門外階下。左右銅獅各一。東為神庫五間。西嚮。西為神廚五間。東嚮。左右井亭各一。甎門外左右石獅各一。四柱九樓寶坊三。南一。居中。東西各一。左右列甎門。前為甬道。東達景山東門。西達景山西門。又南東西各達景山正門。

## 壽皇殿位次圖

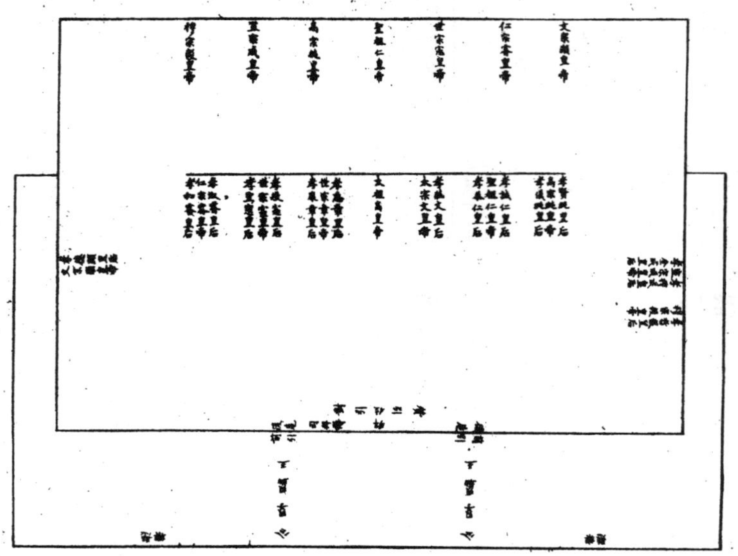


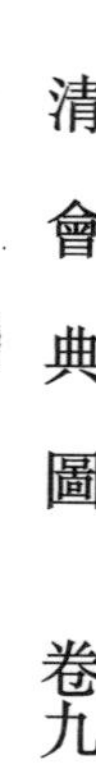

壽皇殿大殿。中間懸供
聖祖仁皇帝聖容。東間懸供
世宗憲皇帝聖容。西間懸供
高宗純皇帝聖容。東次間。懸供
仁宗睿皇帝聖容。西次間懸供
宣宗成皇帝聖容。東又次間懸供
文宗顯皇帝聖容。西又次間懸供
穆宗毅皇帝聖容。凡七龕。南嚮。皆常懸供。奉龕前設通
連窗槅一層。每歲除日。於窗槅外設插屏七座
南嚮。恭請

列聖
列后聖容恭懸於正月初二日恭收尊藏。
太祖高皇帝聖容居中。東一座。恭懸
太宗文皇帝聖容居中。
孝莊文皇后聖容居左。西一座。恭懸
世祖章皇帝聖容居中
孝惠章皇后聖容居左
孝康章皇后聖容居右東次座恭懸
聖祖仁皇帝聖容居中。
孝誠仁皇后聖容居左。
孝恭仁皇后聖容居右。西次座恭懸
世宗憲皇帝聖容居中。
孝敬憲皇后聖容居左。
孝聖憲皇后聖容居右東又次座恭懸
高宗純皇帝聖容居中
孝憲純皇后聖容居左。
孝儀純皇后聖容居右。西又次座恭懸
仁宗睿皇帝聖容居中。
孝淑睿皇后聖容居左。
孝和睿皇后聖容居右。東側一座。西嚮。恭懸

宣宗成皇帝聖容居中
孝穆成皇后聖容居左
孝全成皇后聖容居右西側一座東嚮恭懸
文宗顯皇帝聖容居中。
孝德顯皇后聖容居左。東側二座。西嚮恭懸
穆宗毅皇帝聖容居中。
孝哲毅皇后聖容居左。每歲元旦。
皇帝親詣行大祭禮
殿門內正中。為
皇帝拜位北嚮。贊引對引各一人。東西面。後扈大臣。
僉立於
皇帝拜位後左右。前引大臣。立月臺上左右。典儀一人。立東檐下西面。月臺上東西。為王貝勒貝子公隨行禮拜位司香司帛司爵司拜褥皆用太監。樂章用
奉先殿前殿朔望樂章。以掌儀司太監肄習樂懸陳於月臺上東西。作樂。不樂舞。不讀祝。不用侍儀官。不用陪祀百官。若遣王恭代。拜位在月臺上正中。贊引對引典儀。及司香司帛司爵作樂均如儀。惟不用司拜褥。不用王貝勒貝子公隨行禮

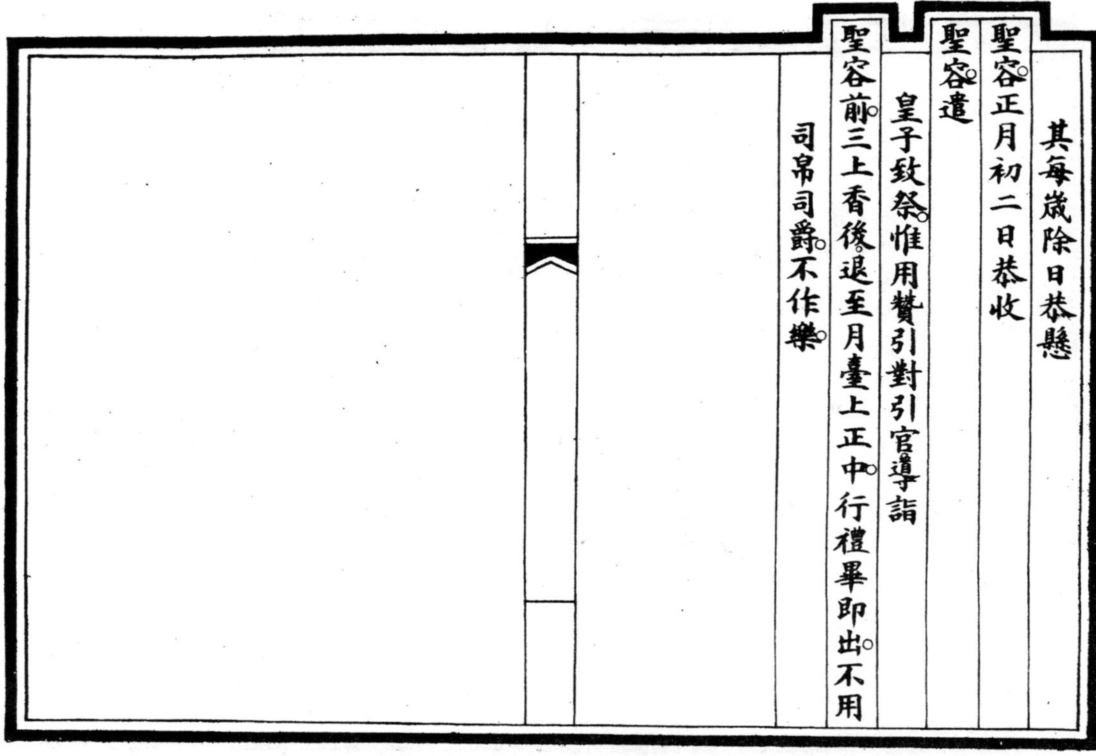

其每歲除日恭懸
聖容。正月初二日恭收
聖容。遣
皇子致祭。惟用贊引對引官導詣
聖容前三上香。後退至月臺上正中行禮畢即出。不用
司帛司爵。不作樂。

壽皇殿陳設圖

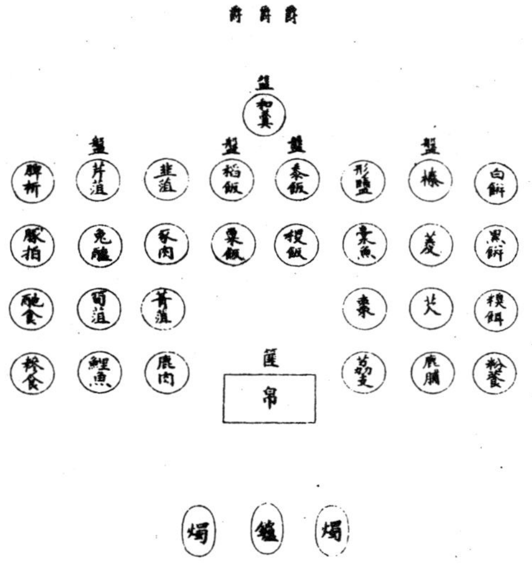

壽皇殿元旦大祭

聖

后同一案每座各供酒三爵匕箸具每案飯四盤一黍一稷一稻一粟羊脯和羹一盌白餅黑餅糗餅粉餈酏食糝食槁魚鹿脯形鹽豕肉鹿肉兔醢鯉魚脾析豚拍菁菹芹菹韭菹筍菹榛菱芡棗荔支各一盤簠一鐙一燭臺二不用牲俎其歳

除日恭懸

聖容正月初二日恭收

聖容一如

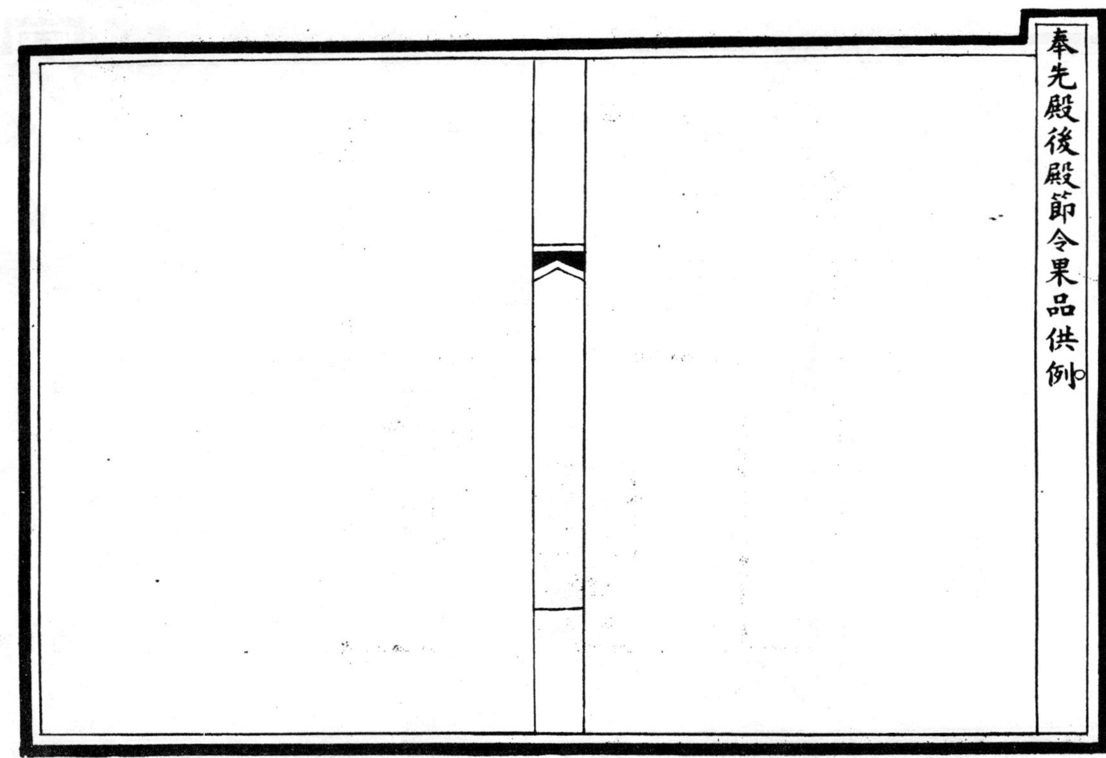

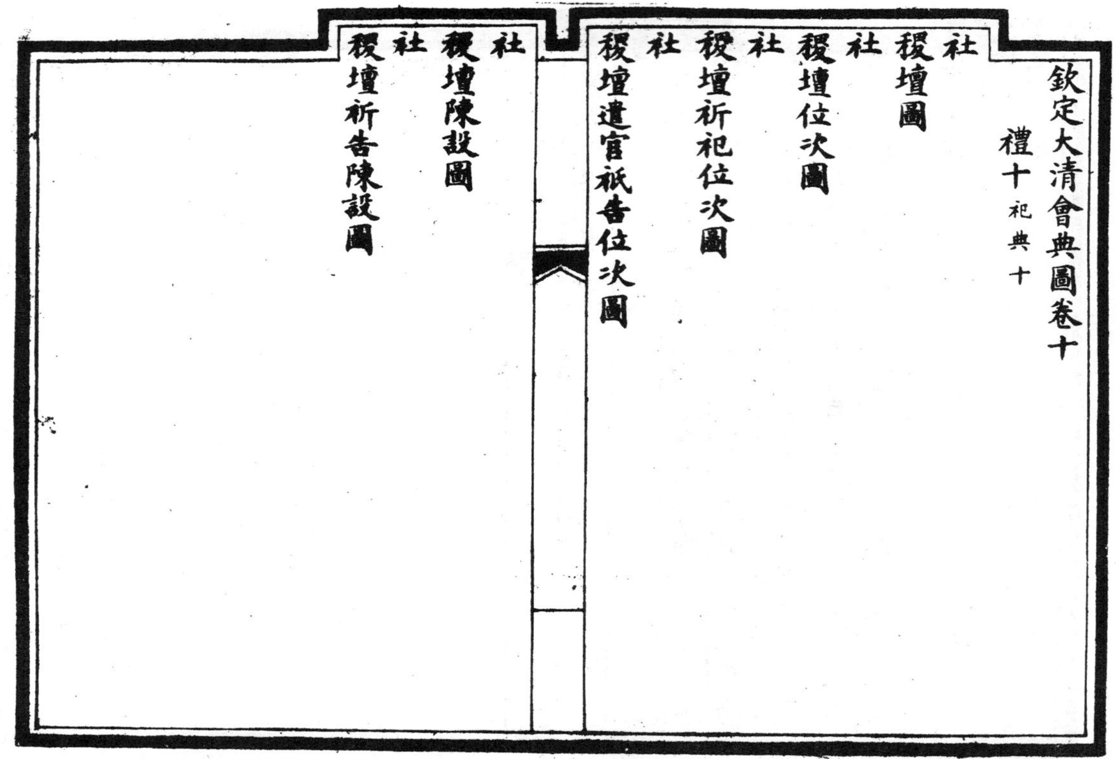

# 欽定大清會典圖卷十

禮十 祀典十



## 社稷壇圖

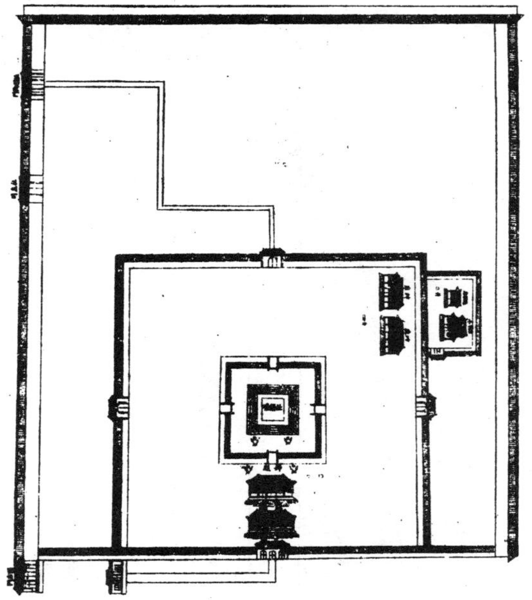

社
稷壇在
闕右。制方。北嚮。二成。高四尺。第一成。方五丈。第二
成方五丈三尺。四出陛。均四級。皆砌以白石。北
面。祭時增設木階一。八級。第一成。祭前一日。以
五色土。如其方色。分築之。中黃。東青。南赤。西白。
北黑。中設石
社主。半在土中。祭畢全埋。覆以木蓋。壝垣周七十六丈
四尺。高四尺。厚二尺。甃以四色琉璃。甎上覆四
色琉璃瓦。皆如其方色。四面各一門。楔闕。皆石

朱扉。有櫺門外。各石柱二。子階下鼎鑪二。壝北
門外鼎鑪二。西北瘞坎二。北為
拜殿五間。崇基。前後門各三。南面三出陛。北面左
右各一出陛。中有甬道。北連
戟殿五間。崇基。前後門各三。北面三出陛。南面左
右各一出陛。殿內東西列戟七十二。
拜殿
戟殿。均覆黃琉璃瓦。壝外西南。
神庫五間
神廚五間。井一。均東嚮。壇垣周二百六十八丈四
尺。內外丹艧。北門三間。東西南門各一間。循垣
東北隅。正門一。左右門各一。均東嚮。對
闕右門。為
乘輿詣祭出入之門。垣及門皆覆黃琉璃瓦。壇西門
外宰牲亭三間。其南為退牲房一間。井一。均東
嚮。垣一重。門一。北嚮。壇東南為
社稷街門五間。在
端門之南。其北
社左門三間。在
端門之北。均東嚮

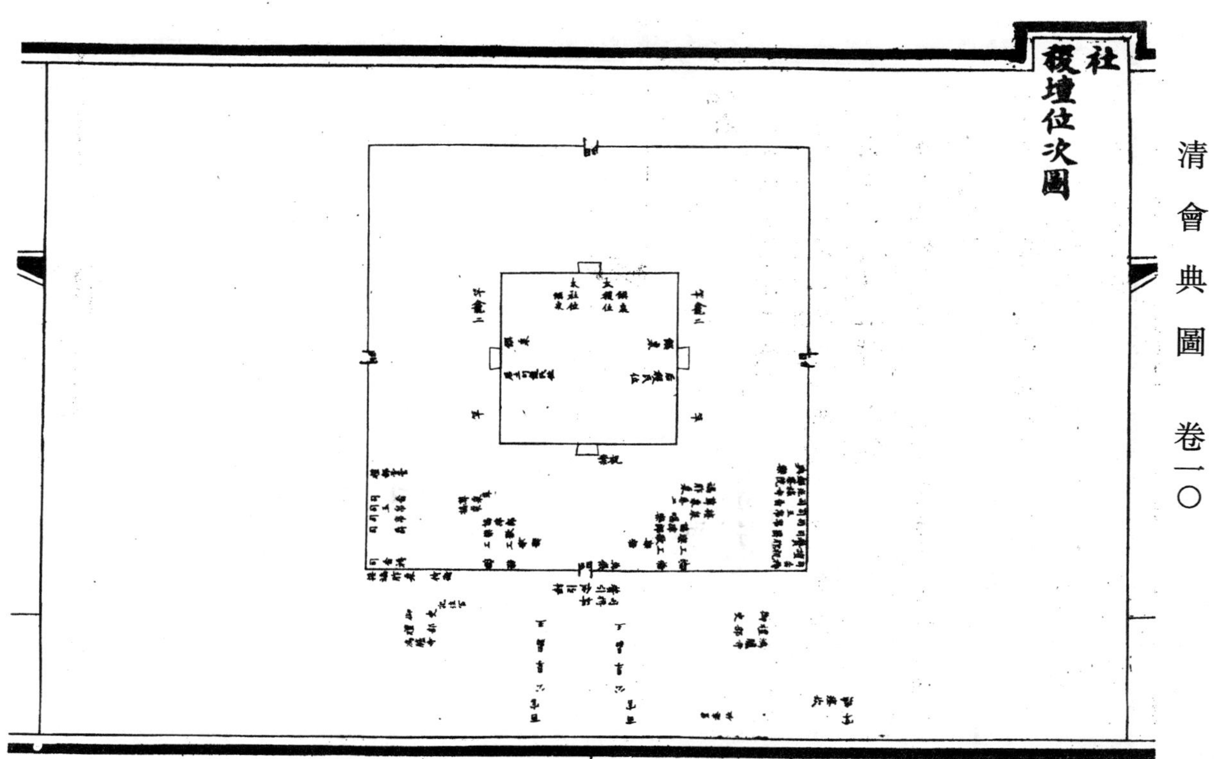

社稷壇位次圖

社

稷壇北嚮壇上

太社神座設於東

太稷神座設於西均北嚮

后土句龍氏神座東設西嚮

后稷氏神座西設東嚮座前均設懷案一籩豆案一

花香案一

配位神座及懷案下各施墊桌一

太社位饌桌設於案後少東

太稷位饌桌設於案後少西

后土位饌桌設於案左
后稷位饌桌設於案右子階下少西祝案一北嚮東
尊桌一接桌一均西嚮西福胙桌一尊桌一接
桌一均東嚮東櫺星門外牆北接福胙桌一東
西南櫺星門內正中香案各一東西階下各設
鑪二座備遇風雨覆護
神牌典守官四人各執長竿相對側立以禦飛禽壇壝
門外正中為
皇帝行禮拜位南嚮贊引對引各一人東西面
拜殿之前甬道左右為陪祀王以下公以上拜位
左翼居東右翼居西均南嚮
拜殿前東西隅為百官拜位文五品武四品以上
東西各五班均南嚮壝門外司拜褥鑾儀衛官
二人立於
皇帝拜位之右東面壝門內司香二人司玉帛一人
司帛一人司爵二人讀祝官一人奉福酒福胙
光祿寺卿二人贊福胙官一人司香拜褥一人
序立於西案之西東面司香二人司玉帛一人
司帛一人司爵二人司香拜褥一人序立於東
案之東西面侍儀禮部尚書一人侍郎一人立
於東案之南西面都察院左都御史一人副都
御史一人樂部典樂一人立於西案之南東面
唱樂官一人立於西樂懸之前東面協律郎引
舞樂工序立於東西樂懸之次歌工立樂工之
次樂舞生文武八佾分行序立西在歌工之左
東上東在歌工之右西上典儀一人在歌工之
北東面接福酒福胙侍衛二人立於壝門外之
東記注官四人立於侍衛之次均西面引禮鴻
臚寺官二人糾儀御史六人禮部司官六人分
立於陪祀王公百官拜位前均東西面壝北門
外之西為
皇帝望瘞位西嚮掌瘞官一人率瘞人立於瘞坎西
北隅如祭時驟遇風雨另設香案於
拜殿南檐
皇帝於
拜殿行禮王公拜位移於
拜殿階下百官拜位移於
戟殿南檐兩旁遣官行禮壝門外甬道正中為承
祭官拜位南嚮不飲福受胙王公不陪祀不設
福胙桌接福胙桌不用光祿寺侍衛贊胙司拜

禱及樂部大臣。記注官。壇前糾儀御史四人。立於東案之南。西面。禮部司官二人。立於西案之南。東面。其餘各位次同報祀位次同惟不設配位。報祀遣官行禮。亦與遣官行禮位次同。

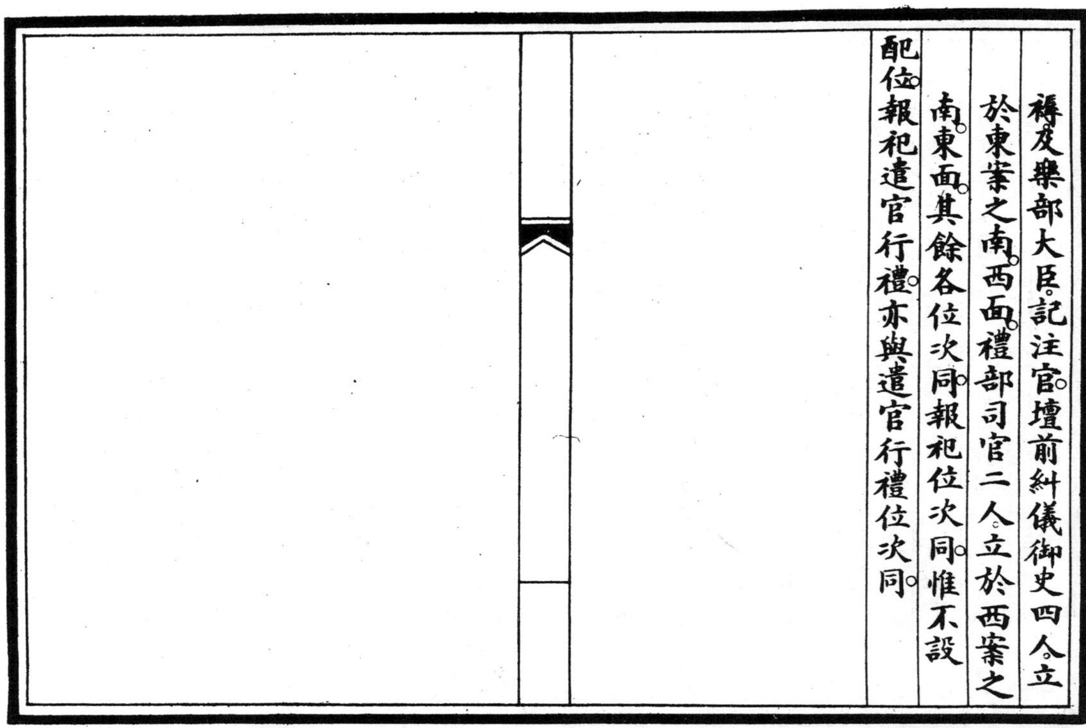

## 社稷壇祈祀位次同 報祀位次同

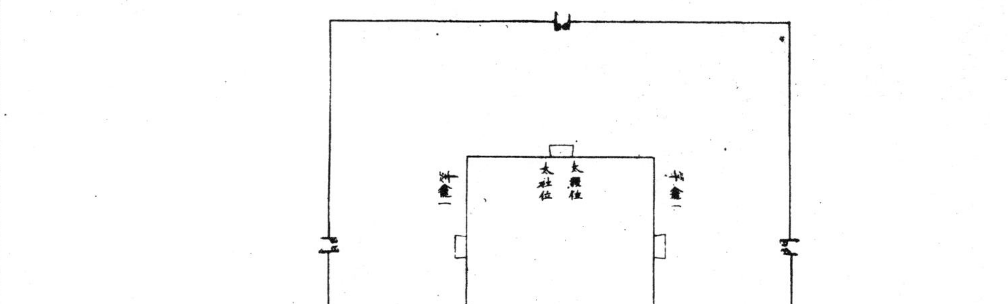

## 社稷壇祈祀不設

配位。不飲福受胙。不設饌桌福胙桌接福胙桌。不用光祿寺侍衛贊福胙官。惟設東西尊桌各一。司香司玉帛司爵各二人。分東西立東西階下。各設龕一座。典守官用二人。各執長竿對立。其餘各位次同。

## 社稷壇遣官祇告位次圖

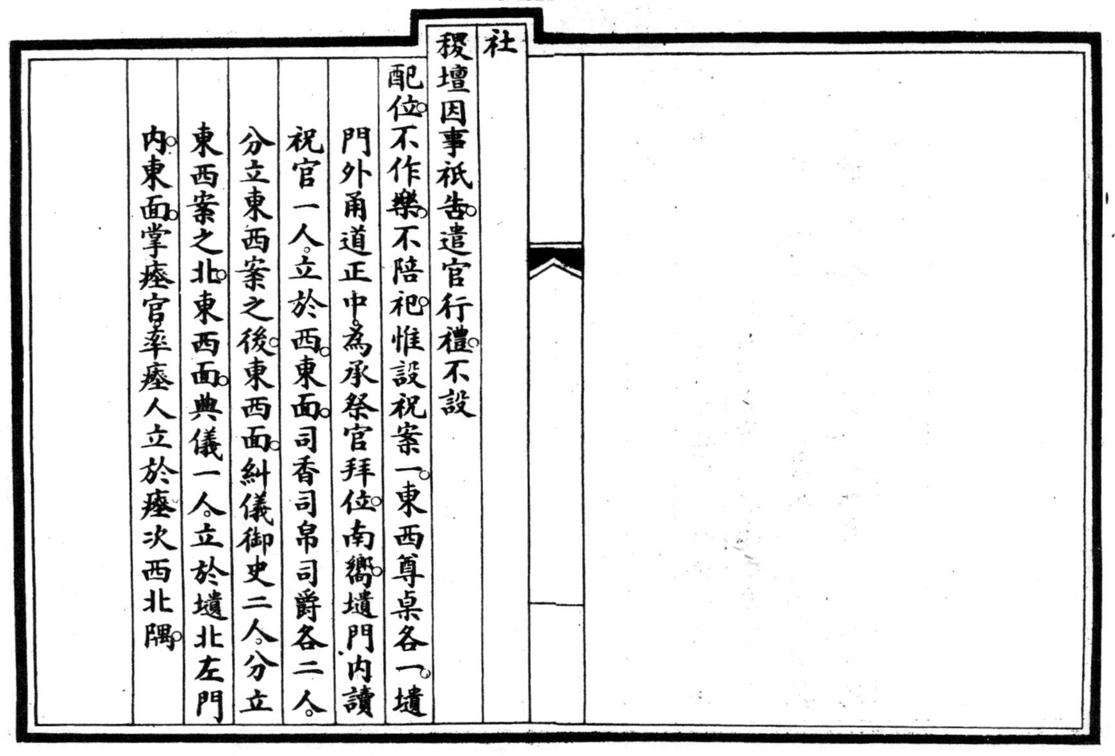

社稷壇因事祇告。遣官行禮。不設配位。不作樂。不陪祀。惟設祝案一。東西尊桌各一。壝門外甬道正中。為承祭官拜位。南嚮。壝門內讀祝官一人。立於西。東面。司香司帛司爵各二人。分立東西案之後。東西面。糾儀御史二人。分立東西案之北。東西面。典儀一人。立於壝北左門內。東面。掌瘞官率瘞人立於瘞次西北隅。

## 社稷壇陳設圖

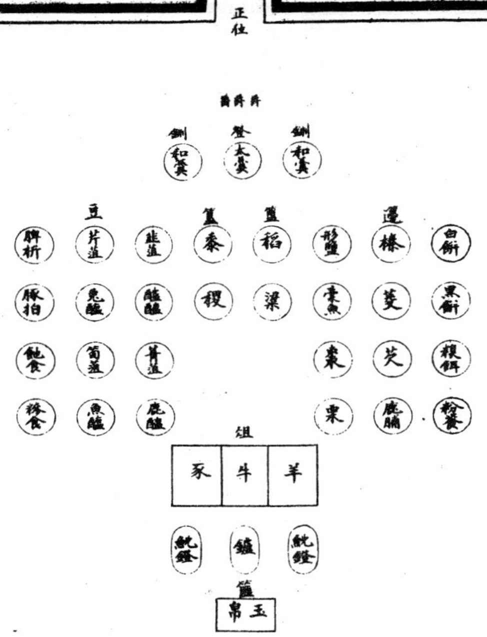

正位

爵爵爵

鉶 登 鉶

和羹 太羹 和羹

豆 簠 簋 籩

脾析 芹菹 韭菹 黍 稻 形鹽 榛 白餅

豚拍 兔醢 醓醢 稷 粱 薨魚 菱 黑餅

飽食 筍菹 菁菹 棗 芡 糗餌

酏食 魚醢 鹿醢 栗 鹿脯 粉餈

俎

豕 牛 羊

鑪

篚

帛 玉

社

稷壇

太社

太稷位。懷桌上。各設爵墊一。登一。硎二。籩豆案上。各設

簠二。簋二。籩十有二。豆十有二。案前設俎一。中

區為三。實牛一。羊一。豕一。又前花香案上。各設

銅鑪一。香靠具。羊角鐙二。其玉帛篚。先各設

東西接桌上。奠玉帛。各奠於花香案正中。玉爵

各一。陶爵各二。先各設尊桌上。三獻各奠於爵

墊。

配位陳設與

正位同。惟爵皆用陶。篚不設玉。報祀陳設亦如之。

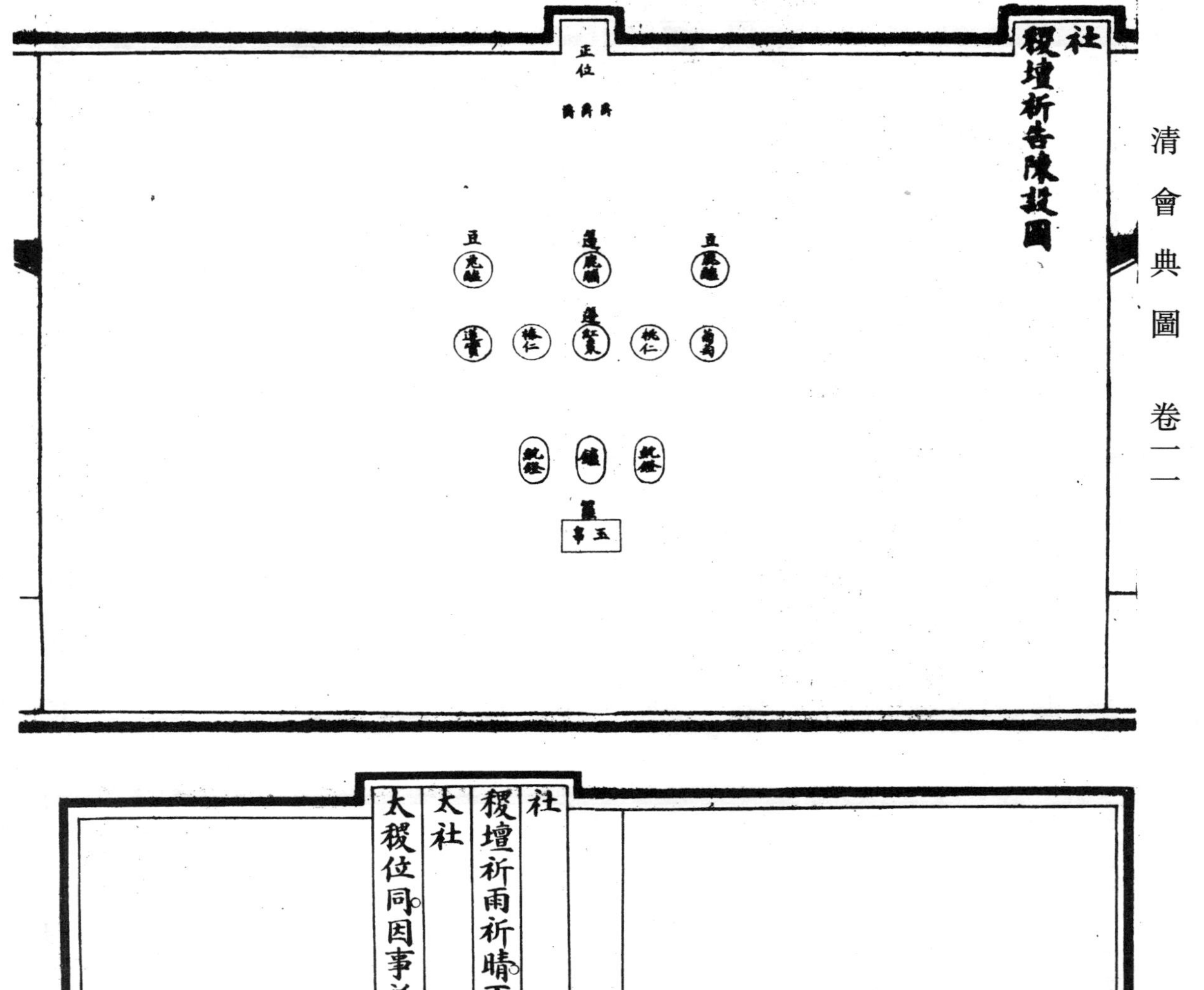


社稷壇祈雨祈晴。不進俎。不用簠簋登鉶。籩用六。豆用二。

太社

太稷位同。因事祇告。陳設亦如之。惟不用玉。

# 欽定大清會典圖卷十一

禮十一 祀典十一



日壇圖

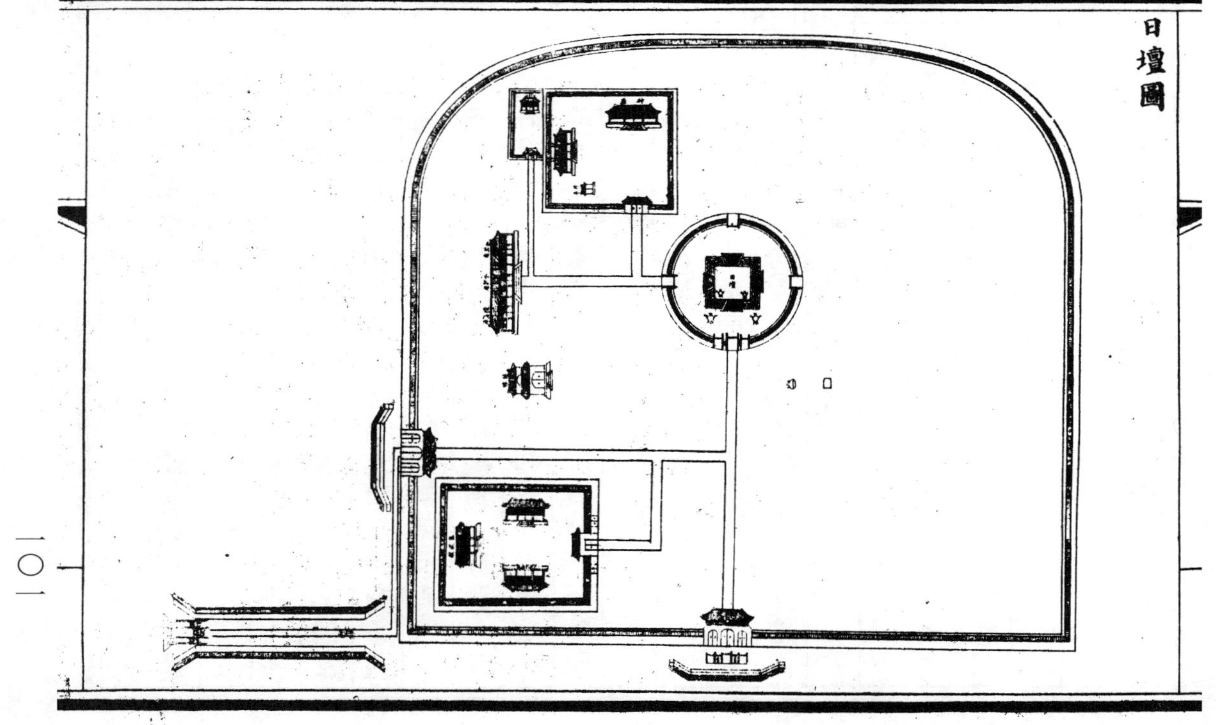

日壇在朝陽門外東郊當都城卯位制方西嚮一成方五丈高五尺九寸壇面甃金甎四面出陛皆白石各九級壝圓周七十六丈五尺高八尺一寸厚二尺三寸內外丹雘正西三門石柱六東南北各一門石柱二楔闑皆石朱扉有櫺壇西階上壝西門內鼎鑪各二西門外南瘞坎一鐵燎鑪一北嚮壝北門外之東

神庫三間西嚮

神廚三間南嚮均一出陛各三級井亭一四面閑以朱櫺南嚮垣一重門一西嚮其北為宰牲亭三間垣一重門一西嚮壝北門外直北為祭器庫樂器庫棕薦庫各三間聯檐通脊均南嚮壝西門外之北為

具服殿三間南嚮一出陛五級左右配殿各三間東西嚮一出陛皆三級周衛宮牆宮門三間左右門各一均南嚮鐘樓一在其東壇垣前方後圓周二百九十丈五尺兩面用瓴甓砌西門北門各三間西門外直西達柵欄門三照壁一北門外照壁一西角門一西北為景升街牌坊坊前界以朱柵長十有五丈街左右牆各一外圍牆西自坊西抵壇垣西南隅長三百八十二丈四尺東自坊東抵壇垣東北隅長三百十二丈四尺其甬路由景升街而南折而東南達壇北門門以南折而西而北達

具服殿直南達

神路壝北門外北達祭器庫折而東達宰牲亭達

神庫其覆瓦均用綠色琉璃外垣覆瓦用青色琉璃綠緣

日壇位次圖

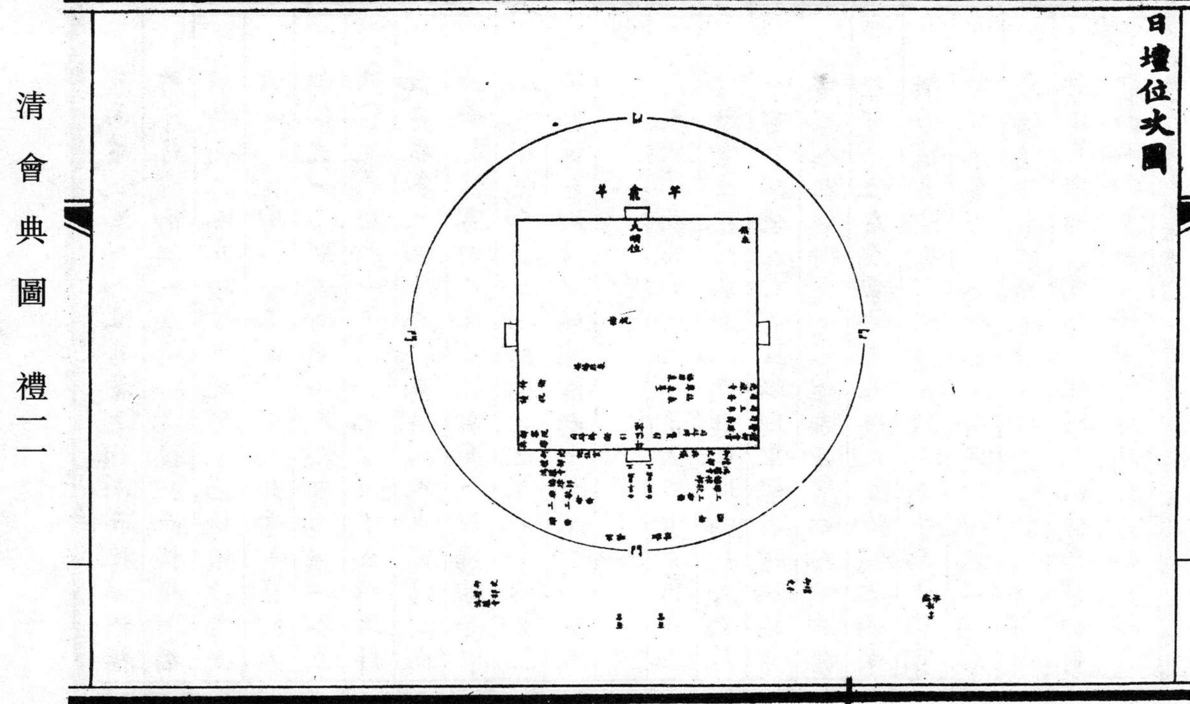

日壇。西嚮壇上正中。
大明神座西嚮。不設幄座前懷桌一。籩豆案一。東南隅饌桌一。中閒少北。祝案一。西嚮南尊桌一。接桌一。福胙桌一。北。接福胙桌一。東階下正中設龕一。以備風雨。左右長竿各一。二人執之。以禦飛禽。四櫺星門西北至天門內正中各設香案一。西階上正中幄次。為
皇帝拜位東嚮。贊引對引各一人。太常寺司拜牌司拜褥各一人。分立左右南北面。司香一人。司玉帛一人。司爵一人。贊福胙官一人。立南案之南。

北面。讀祝官一人。立北案之西。南面。捧福酒福胙光祿寺卿二人。立司香之後。北面接福酒福胙侍衞二人。立讀祝官之後。南面。侍儀禮部尚書一人。侍郎一人。立南案之西。北面都察院左都御史一人。副都御史一人。樂部典樂一人。立北案之西。南面。壇下。爲陪祀王以下公以上拜位。左右各二班。均東嚮。典儀一人。立西階之南。北面。記注官四人。立於北。南面。引禮鴻臚寺官二人。糾儀御史二人。禮部司官二人。分立於王公拜位左右。司樂協律郎。樂工。歌工。分立於樂懸之次。均南北面。樂舞生文武八佾。分行序立。傳贊官二人。循壝牆立。南北面。壝西門外爲陪祀百官拜位。左右各五班。均東嚮。引禮鴻臚寺官二人。糾儀御史四人。禮部司官四人。分立於百官拜位左右。掌燎官率燎人立燎鑪之西南隅。若遣官恭代行禮。壝西門內正中爲承祭官拜位。東嚮。不飲福受胙。王公不陪祀。不設福胙桌。接福胙桌。不用光祿寺侍衞。贊胙司拜牌司拜褥及樂部大臣。記注官。壇上糾儀。用禮部司官四人。御史四人。階下不用鴻臚寺御史。禮部官。其餘各位次同。

## 日壇陳設圖

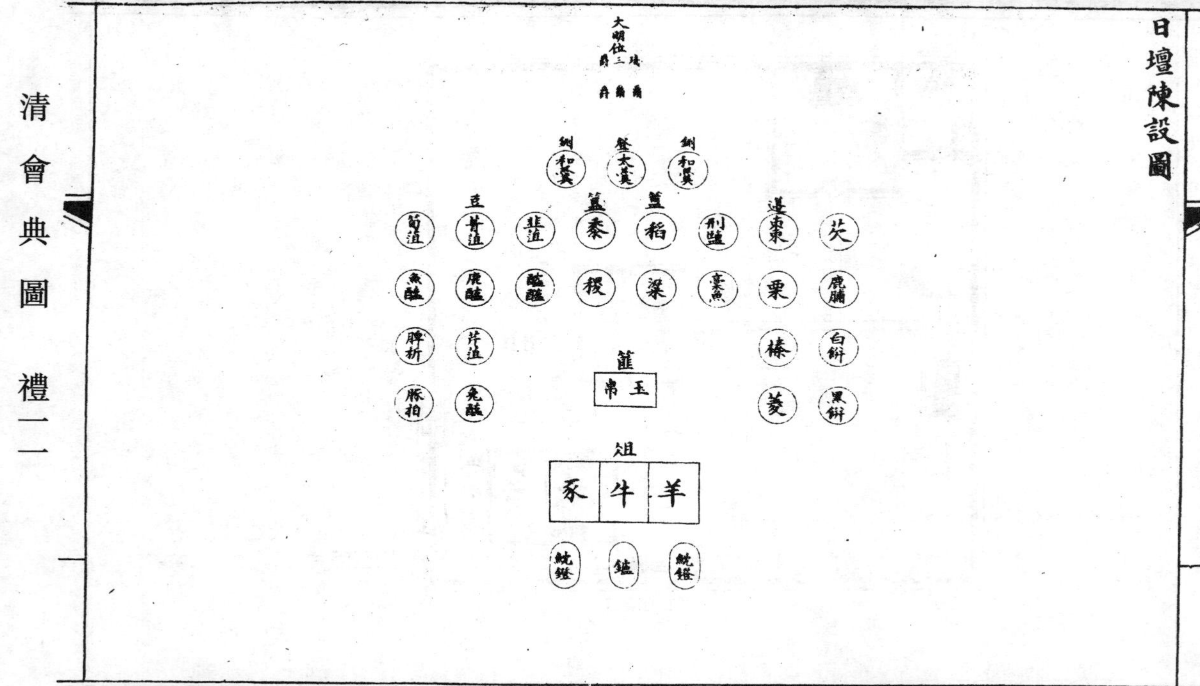


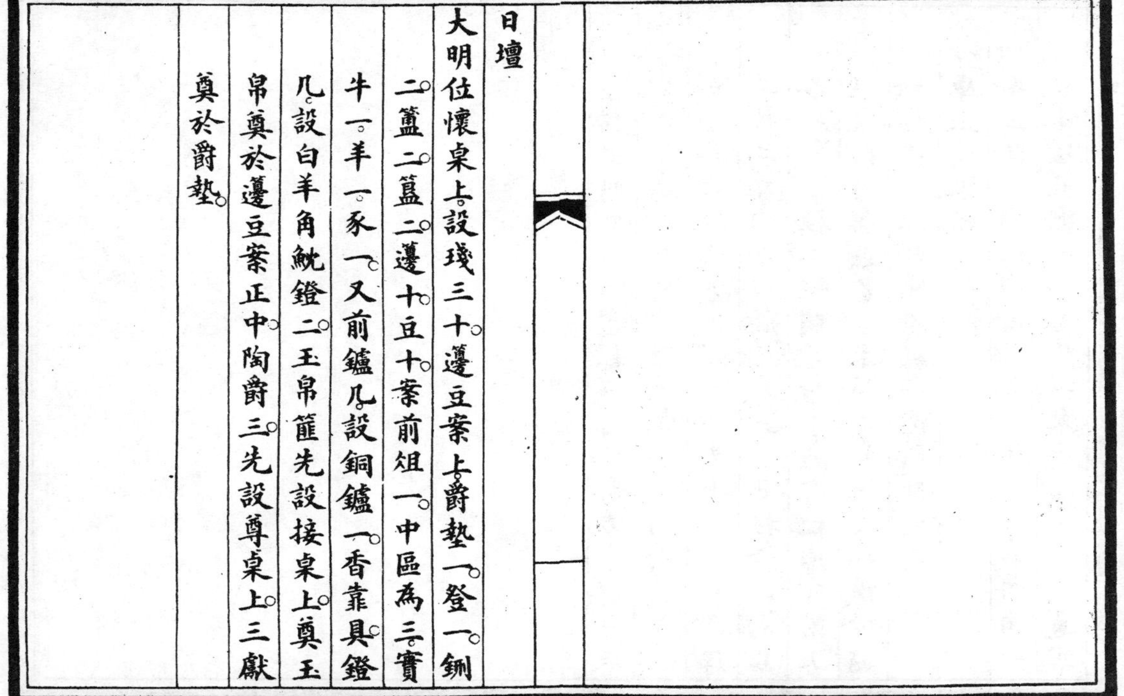

日壇

大明位懷桌上設琖三十。籩豆案上爵墊一。登一。鉶二。簠二。簋二。籩十。豆十。案前俎一。中區爲三。實牛一。羊一。豕一。又前鑪几。設銅鑪一。香靠具。鐙几。設白羊角魫鐙二。玉帛篚先設接桌上。奠玉帛奠於籩豆案正中。陶爵三。先設尊桌上。三獻奠於爵墊。

月壇圖

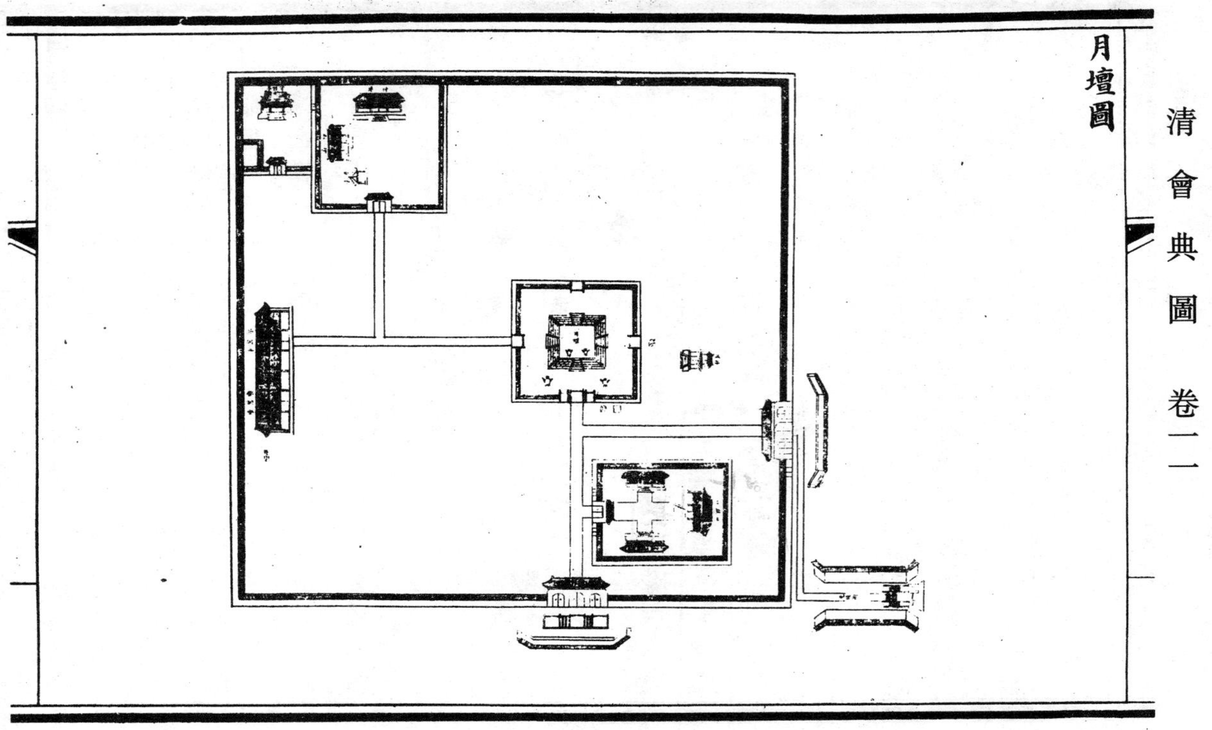

月壇。在阜成門外西郊。當都城酉位。制方。東嚮。一成。方四丈。高四尺六寸。壇面甃金甎。四面出陛。皆白石。各六級。壝方周九十四丈七尺。高八尺。厚二尺二寸。內外白髹。正東三門。石柱六。西南北各一門。石柱二。楔闑皆石。朱扉。有櫺。壇卯階上。壝東門內鼎鑪各二。東門外北瘞坎一。鐵燎鑪一。北門外正北鐵燎鑪一。南門外之西。

神庫三間。東嚮。

神廚三間。北嚮。均一出陛。各三級。井亭一。四面開以朱櫺。北嚮。垣一重。門一。東嚮。南角門一。通宰牲亭。宰牲亭三間。垣一重。門一。東嚮。壝南門外。爲祭器庫樂器庫各三間。聯檐通脊。均北嚮。東南隅井一。壝東門外之北爲具服殿三間。南嚮。一出陛五級。左右配殿各三間。東西嚮。一出陛皆三級。周衛宮牆。宮門三間。左右門各一。均南嚮。西北鐘樓一。壇垣方周二百三十五丈九尺五寸。兩面甎砌。二進。東門北門各三間。東門外直東建柵欄門三。照壁一。北門外照壁一。東角門一。東北爲光恒街牌坊。坊前界以朱柵。長十有二丈八尺。街左右牆各一。外圍牆東自坊東抵壇垣東南隅。長二百六十丈。西自坊西抵壇垣西北隅。長二百四十丈四尺。其甬路由光恒街而南。折而西南。達壇北門。門以南達

神路。折而北達

具服殿。壝南門外達祭器庫。折而西達

神庫。達宰牲亭。其覆瓦均用綠色琉璃。外垣覆瓦用青色琉璃綠緣。

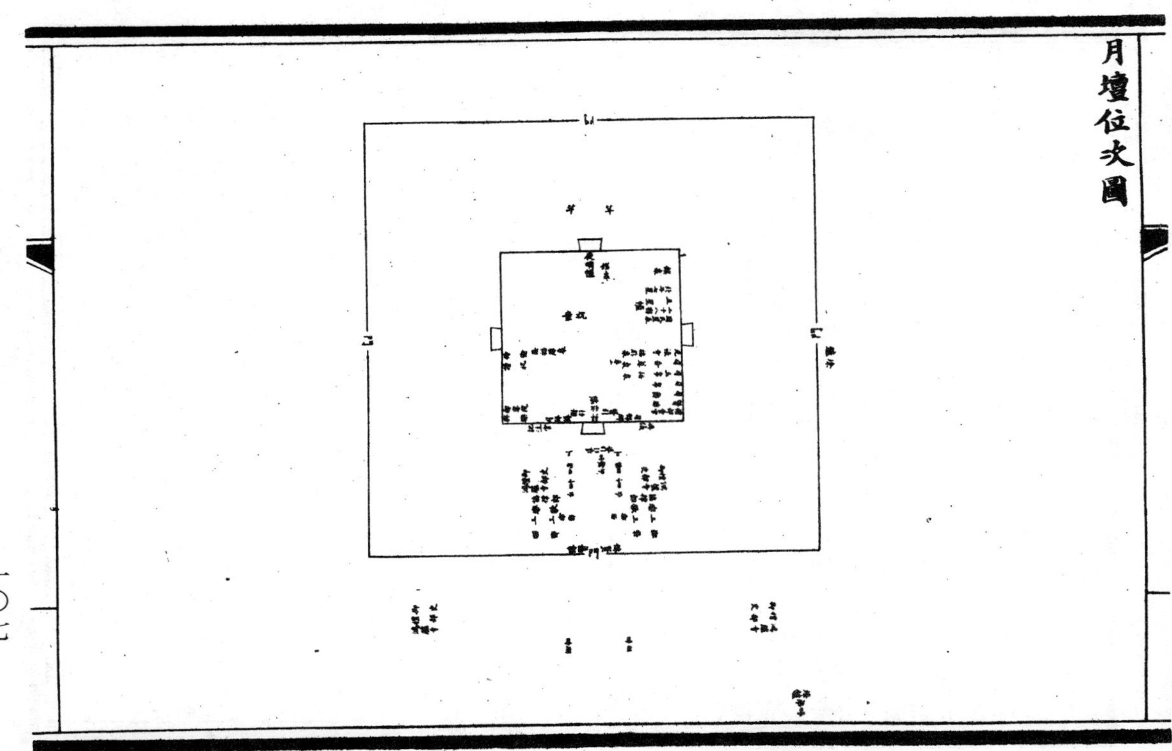

月壇位次圖

月壇。東嚮壇上正中。
夜明幄。幄内座一。東嚮。
北斗七星。
木火土金水五星。
二十八宿。
周天星辰共一幄。幄内座一。南嚮。均制方座前。懷桌
一。籩豆案一。
正位幄左。饌桌一。
配位幄右。饌桌一。壇上少南祝案一。尊桌一。接桌一。
卯階上正中幄次為

皇帝拜位。西嚮。司香二人。司玉帛一人。司帛一人。司
爵二人。立北案之北。南面。壇下之左。當階為分
獻官拜位。西嚮。導引二人。立於左右。南北面。其
餘壇上壇下壝門外各位次。與
日壇同。惟南北互易其方。

# 月壇陳設圖

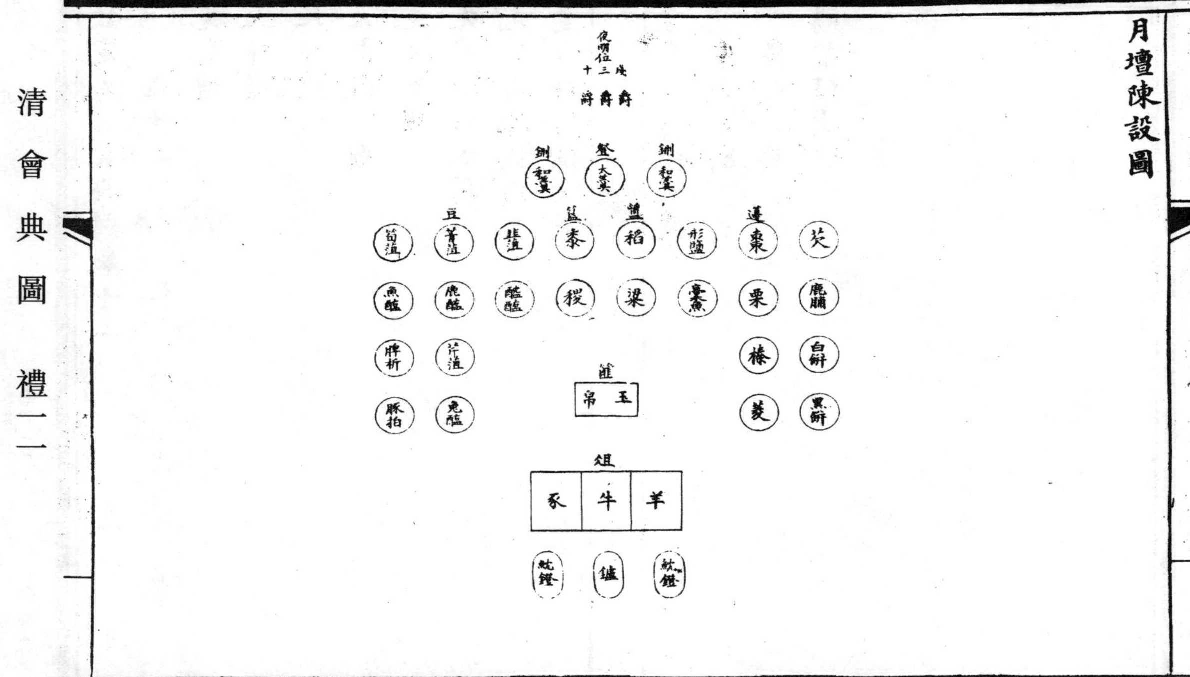


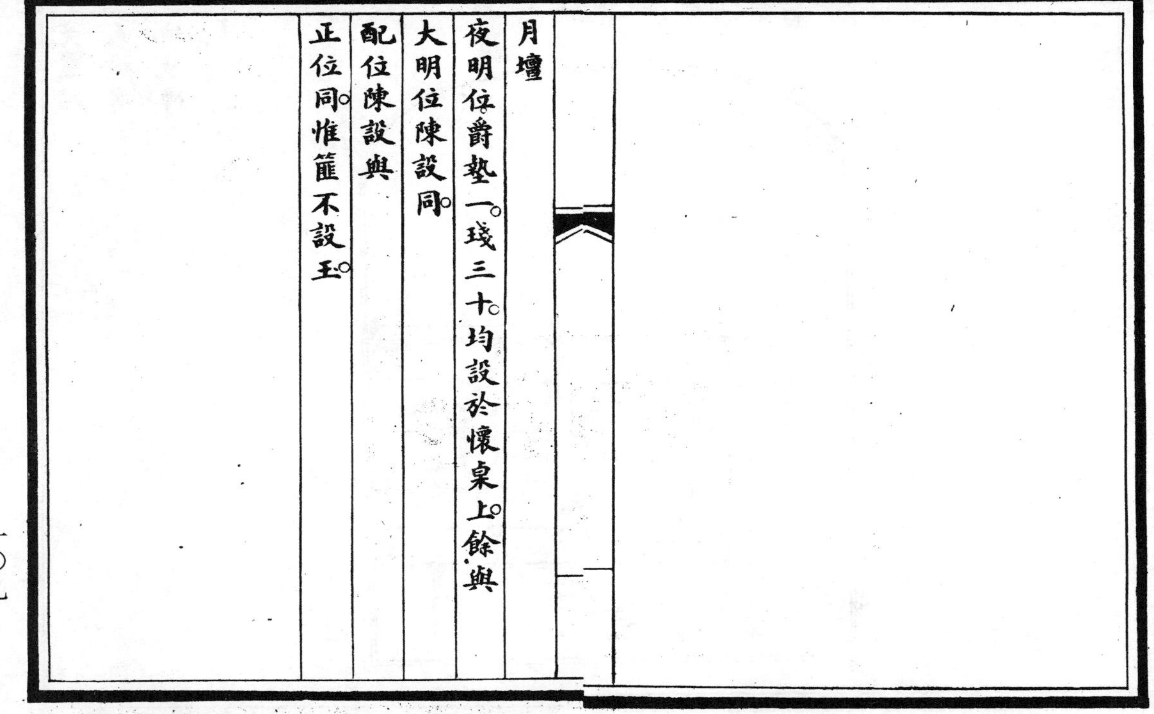

月壇

夜明位爵埶一。琖三十。均設於懷桌上。餘與

大明位陳設同。

配位陳設與

正位同。惟篚不設玉。

欽定大清會典圖卷十二

禮十二 祀典十二



先農壇
天神壇
地祇壇
太歲殿總圖

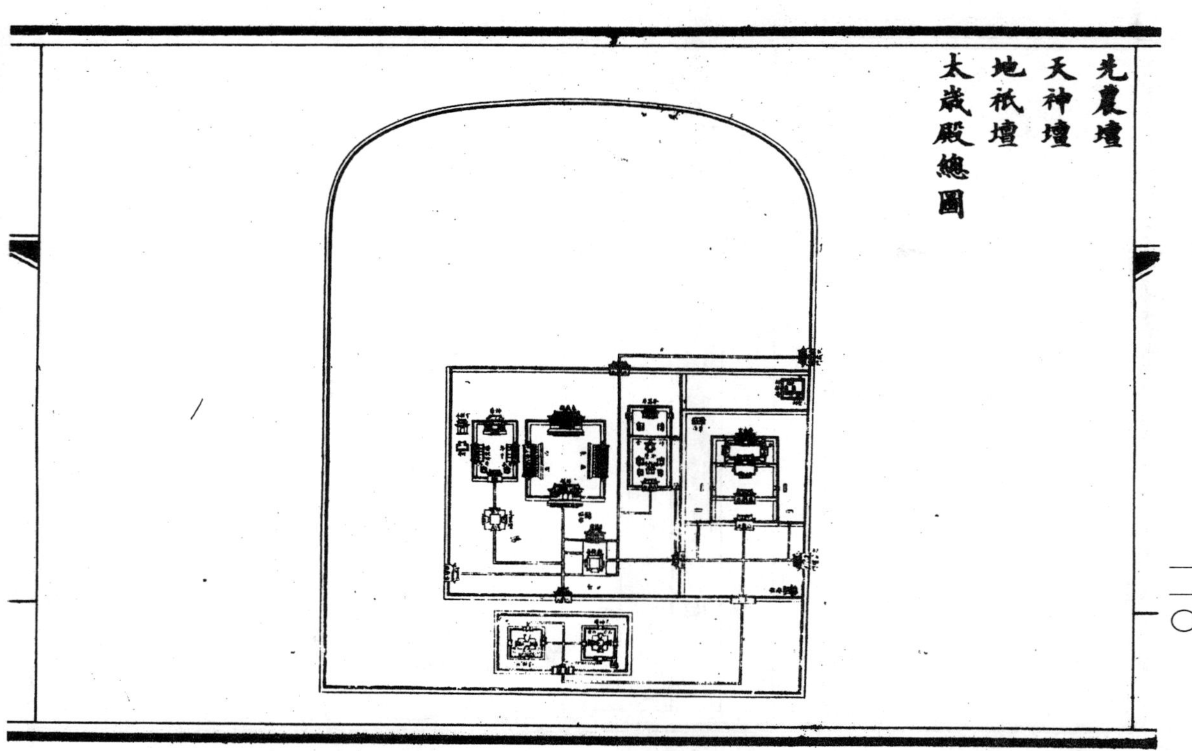

先農
天神
地祇三壇。與
太歲殿合建於正陽門南之西。當都城未位。外垣南
方北圓。砌以城甎。覆甋瓦。周一千三百六十八
丈。門二。南為
先農壇門。北為
太歲門。皆三門。朱扉金釘。覆以黑瓦綠緣。均東嚮。內
垣制方。覆以甋瓦。內外丹雘。四面門各三間。均
黑瓦綠緣。朱扉金釘。

先農壇
太歲殿在其內
先農壇北。
神庫五間。南嚮
神廚五間。西嚮。樂器庫五間。東嚮。左右井亭各一。
六角。閒以朱檽垣一重。門一。南嚮。東西垣角門
各一。西為宰牲亭三間。川井一。南嚮。垣東南為
觀耕臺。方五丈。高五尺。臺座用黃綠琉璃仰覆蓮
式。成造南東西三出陛。各八級。面甃金甎。衛以
青白石欄柱版。用白石。臺前為
耤田一畝三分。臺後
具服殿五間。南嚮。覆綠琉璃瓦。崇基三出陛。南九
級。東西各七級。東北為
神倉。中圓廩一座。南嚮。一出陛五級。前為收穀亭
一座。制方。南嚮。前後二出陛。各三級。左右倉各
三間。皆一出陛三級。覆黑瓦綠緣。左右碾磨房
各三間。垣一重。門三間。南嚮。後為祭器庫五間
左右廡各三間。垣一重。
神倉門東。門一間。南嚮。門內北垣角門一。祭器庫
東西角門各一。

太歲殿在
神庫之東
神倉之西。
天神
地祇壇在内垣南門之外。内垣東門外。北為
慶成宮宮門東南鐘樓一宮牆後為祠祭署其甬
路由
先農壇門入者。北達
慶成宮直西達
先農壇東門。達

觀耕臺東門内折而北。達祭器庫。
觀耕臺東折而北。西達
具服殿又北。東達
神倉直北達壇北門。
觀耕臺西南達
太歲殿神路。直西達壇西門。
觀耕臺西北亦達
神路。少南。折而西而北。達
先農壇北達
神庫。由

太歲門入者。西達壇北門。門内直南折而東。北達
神倉。壇北門内又南。西達
具服殿又西達
太歲殿神路北達
太歲殿南達壇南門。西達壇西門。東達壇東門。達
慶成宮宮門。直南正門一。角門二。門南折而西北
達
神祇壇門。

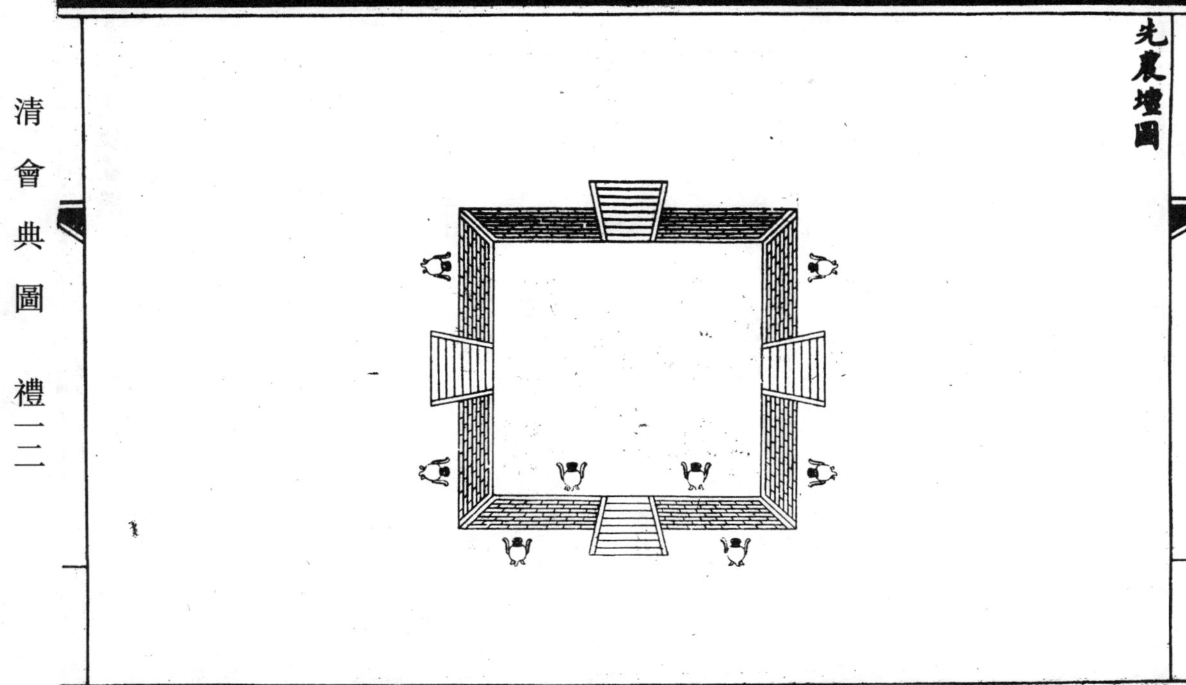
先農壇圖

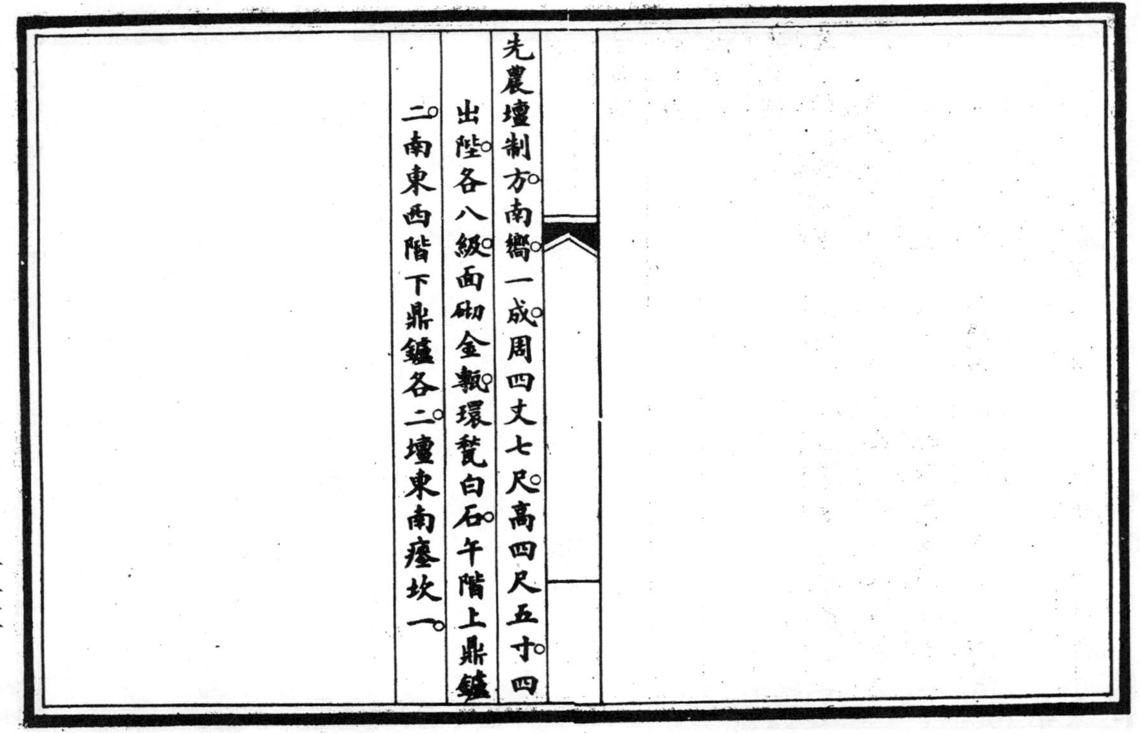
先農壇制方。南嚮。一成。周四丈七尺。高四尺五寸。四出陛。各八級。面砌金甎。環甃白石。午階上鼎鑪二。南東西階下鼎鑪各二。壇東南瘞坎一。

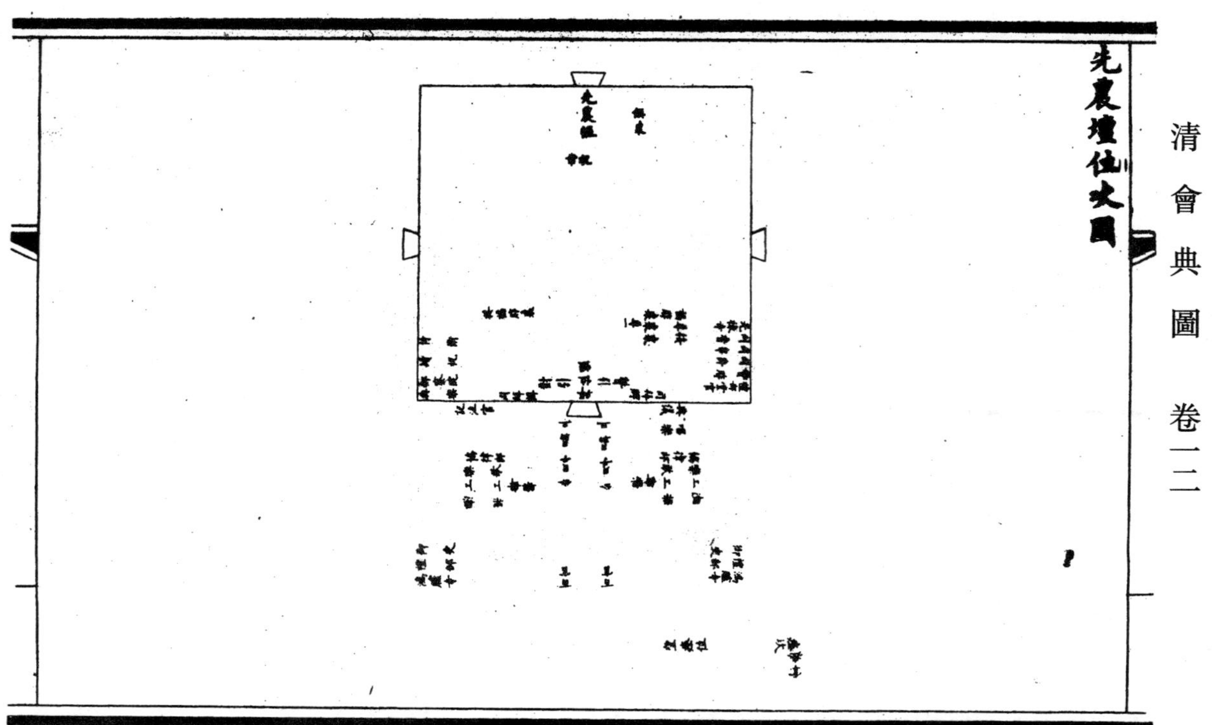


皇帝躬耕
帝耤。乃
親饗
先農壇。正中
先農神位。幄制方。南嚮。幄內座前懷桌一。籩豆案一。幄外東旁饌桌一。幄前少西祝案一。南嚮東福胙桌一。尊桌一。接桌一。均西嚮西接福胙桌一。東嚮。東西南三天門內正中。各設香案一。南階上正中幄次。為
皇帝拜位。北嚮。贊引對引各一人。太常寺司拜牌司

拜褥二人。立於左右。東西面。司香司帛司爵各一人。捧福酒福胙光祿寺卿二人。贊福胙官一人。侍儀禮部尚書一人。侍郎一人。序立於尊桌之東西面。讀祝官一人。接福酒福胙侍衛二人。侍儀都察院左都御史一人。副都御史一人。樂部典樂一人。序立於接福胙桌之南。東面。壇下東西面。為陪祀王公拜位。均北嚮。典儀一人。唱樂一人。立於東。西面。記注官四人立於西。東面。協律郎歌工樂工。分立樂懸之次。東西面。樂舞生文武八佾。分行序立。東在歌工之左。西在歌工之右。樂懸之南。為陪祀百官拜位。東西各五班。均北嚮。引禮鴻臚寺官四人。糾儀御史禮部司官各一人。分立於王公百官拜位之次。東西面。壇下東南為

皇帝望瘞位。東嚮。掌瘞官率瘞人立於瘞坎之南。若遣官行禮。階下正中。為承祭官行禮拜位。北嚮。不飲福受胙。王公不陪祀。不設福胙桌。接福胙桌。不用光祿寺侍衛贊胙。司拜牌。司拜褥。及樂部典樂。記注官。壇上監禮。用禮部司官二人。御史四人。分立。東西面。壇下引禮鴻臚寺官二人。糾儀御史禮部司官各四人。分立百官拜位之次。東西面。其餘各位次同

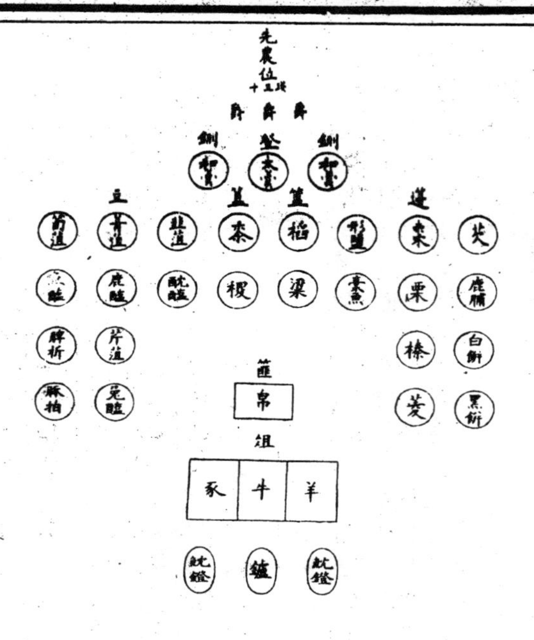


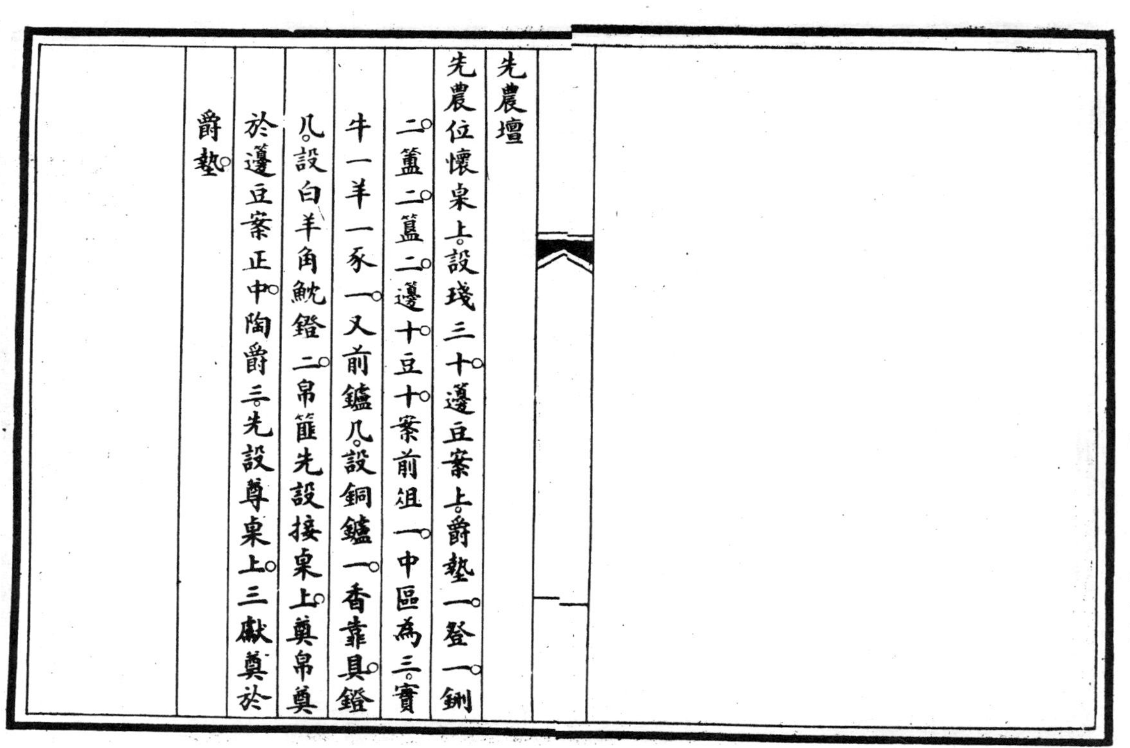

先農壇

先農位幃桌上。設琖三十。籩豆案上。爵墊一。登一。鉶二。簠二。簋二。籩十。豆十。案前俎一。中區為三。實牛一羊一豕一。又前鑪几。設銅鑪一。香靠具。鐙几。設白羊角魫鐙二。帛篚。先設接桌上。奠帛。奠於籩豆案正中。陶爵三。先設尊桌上。三獻奠於爵墊。

皇帝躬耕位次圖

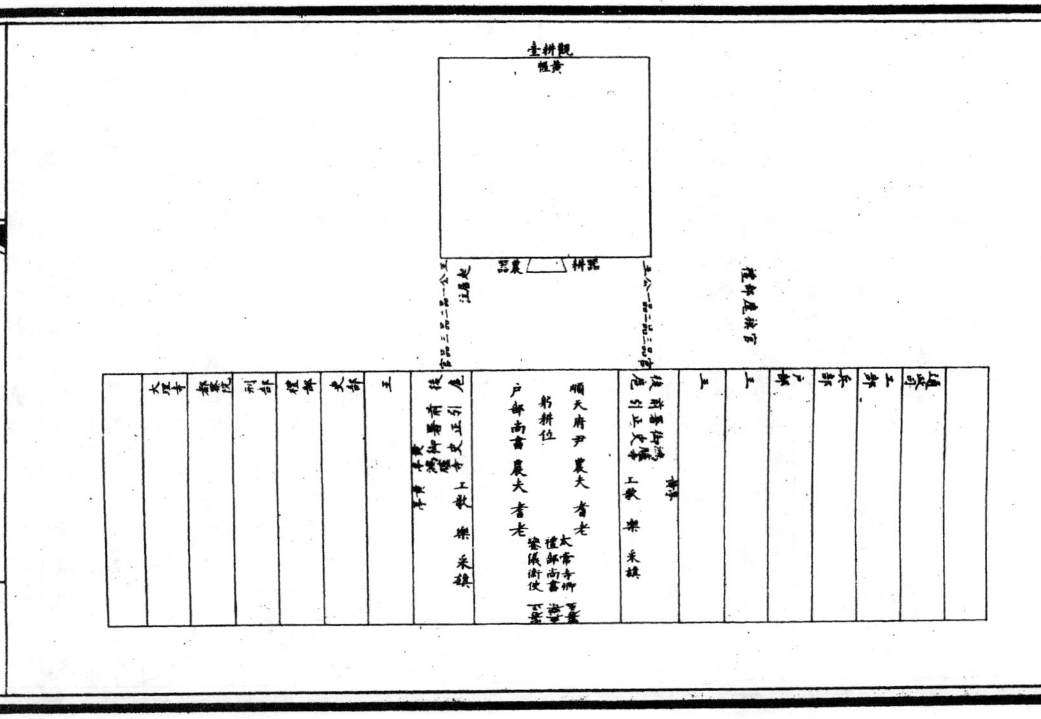

皇帝
親饗
先農禮畢。乃
躬耕
帝耤。順天府官陳
御鞭種箱龍亭二。於耤田之西。陳耒耜龍亭一。於耤
田之東。陳耕器農器於觀耕臺下東西耤田之
北正中為
皇帝躬耕位。戶部尚書一人在右。順天府尹在左。禮
部堂官一人。太常寺卿一人。鑾儀衛使一人。在

前樂部典樂一人和聲署正二人丞二人立於耤田南北面工歌禾詞者十人司金司鼓司版司笛司笙司簫各四人麾五色采旗者二十人俱於耕所排立順天府耆老十有九人上農夫中農夫下農夫披蓑戴笠執錢鎛者六十人東西序立署正一人立於北東面鴻臚寺鳴贊二人分東西面立侍儀御史二人分立鳴贊官之北亦東西面記注官四人立觀耕臺南階下之西東面不從耕王公大學士及三品以上官夾臺東西隅翼立禮部麾旗官立臺下東南隅西面

皇帝詣耕耤位南嚮戶部尚書北面跪進耒耜畢隨播種順天府尹北面跪進鞭畢執青箱從禮部堂官太常寺卿鑾儀衛使恭導耆老二人牽牛上農夫二人扶犂左右鳴金鼓颭采旗工歌三十六禾詞唱和隨行

皇帝三推三返（每歲奏上奉旨加一推一返凡四推四返）若遣官祭先農之年祭畢順天府尹率屬至帝耤所九推九返農夫終畝

皇帝觀耕位次圖

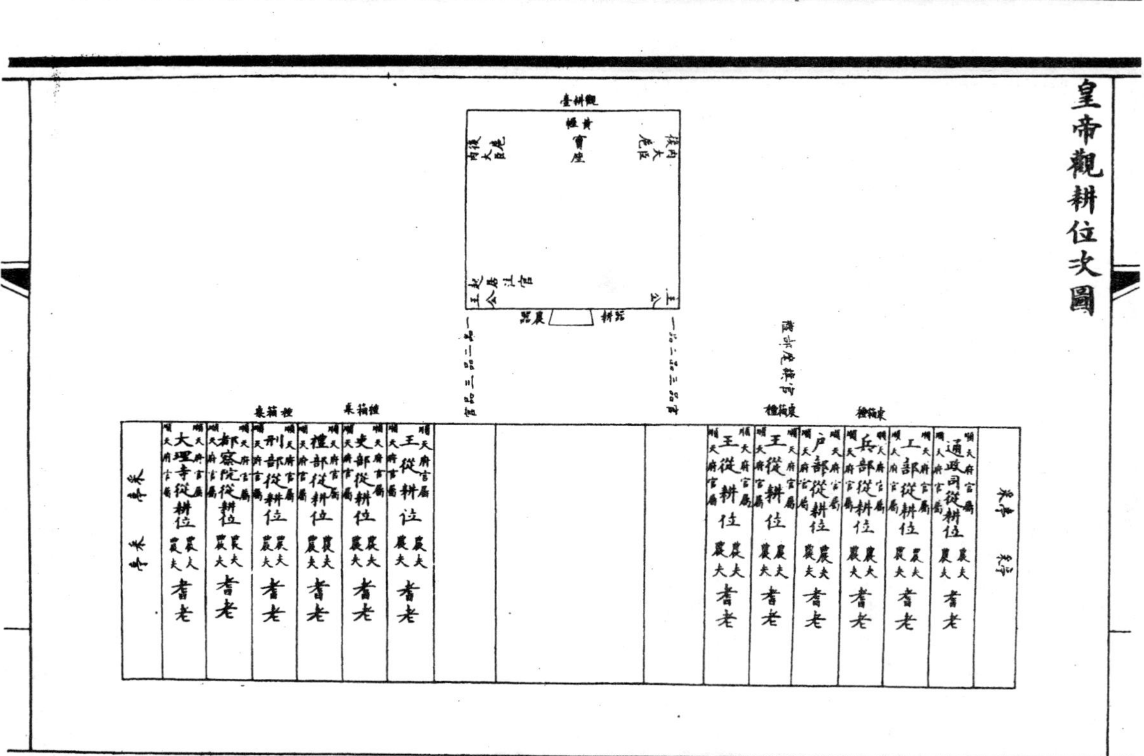

皇帝躬耕

帝耤禮成。觀耕臺上設黃幄。皇帝御臺南嚮。觀三王九卿從耕。後扈內大臣立御座兩旁東西面。記注官立西階上東面。順天府官屬陳麥穀豆黍種箱采亭四於從耕耤田東西。鴻臚寺序班表東西從耕牌於田首。東班王二人。戶部兵部工部通政司各一人。西上。西班王一人。吏部禮部刑部都察院大理寺各一人。東上。各從順天府官屬丞倅二人。先進鞭耒。一執青箱一隨播種。耆老一人牽牛。農夫二人扶犁。三王五推五返。九卿九推九返。畢。各退就本班表。次東西面立。餘位次與躬耕時同。

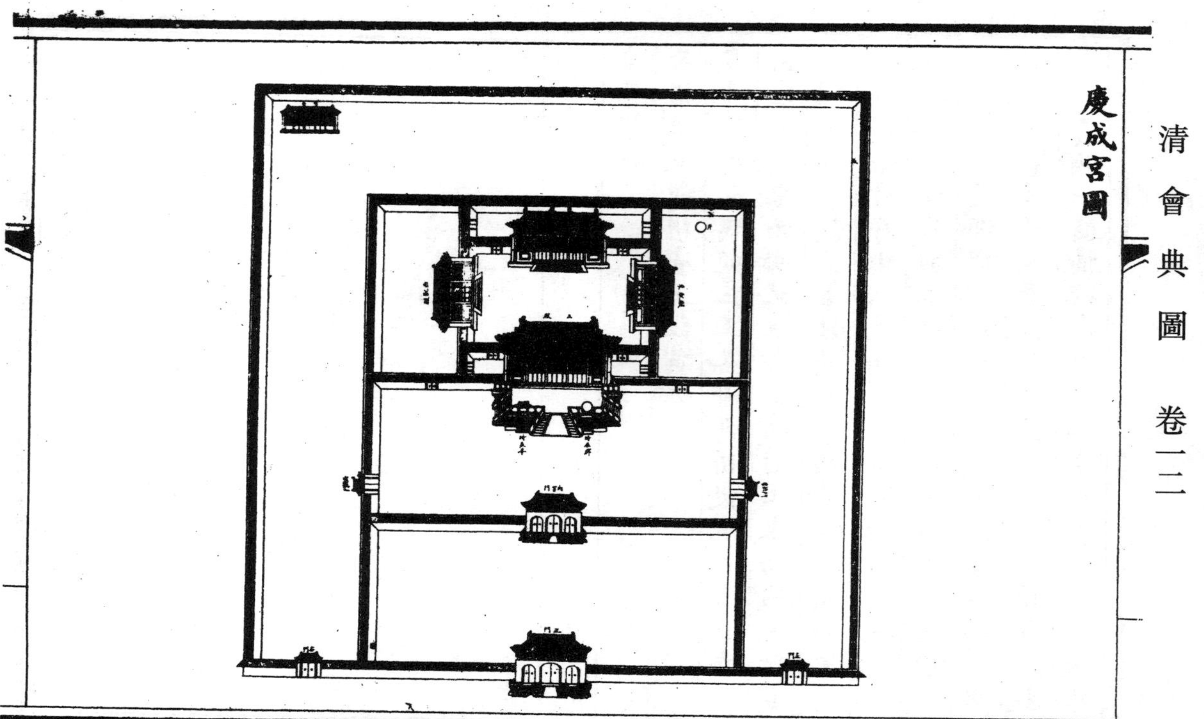


慶成宮。在

先農壇門內北正殿五間。南嚮崇基白石欄。三出陛。各九級。階下左右時辰牌亭各一。後殿五間。南嚮。東西配殿各三間。均覆綠琉璃瓦。繚以垣。制方。南北左右角門四。東西上下角門四。東北隅垣外井一。殿西垣外葦房五間。內宮門三間。南嚮。東西掖門各一。東西嚮。外繚以宮牆。正門三間。東西門各一。南嚮。正門南為甬路。西達

先農壇內垣東門。

# 慶成宮受賀賜茶位次圖

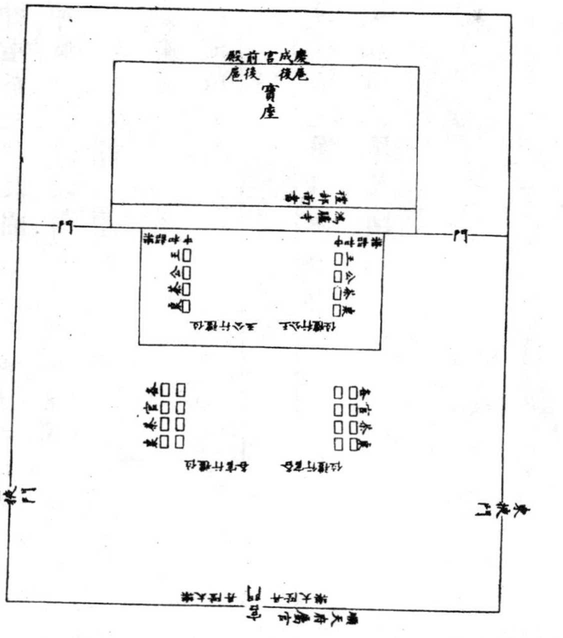

耕耤初舉之年。禮成。

皇帝御慶成宮受賀。南嚮。設丹陛大樂於宮門內。東西廡下。北嚮。設中和韶樂於丹陛東西。從耕及不從耕之王公於丹陛上。文武各官於丹陛下。各以品級按翼序立。皆北面行禮如儀。序坐尚茶進

皇帝茶。及

賜王以下各官茶。

欽定大清會典圖卷十三

禮十三　祀典十三



天神壇
地祇壇圖

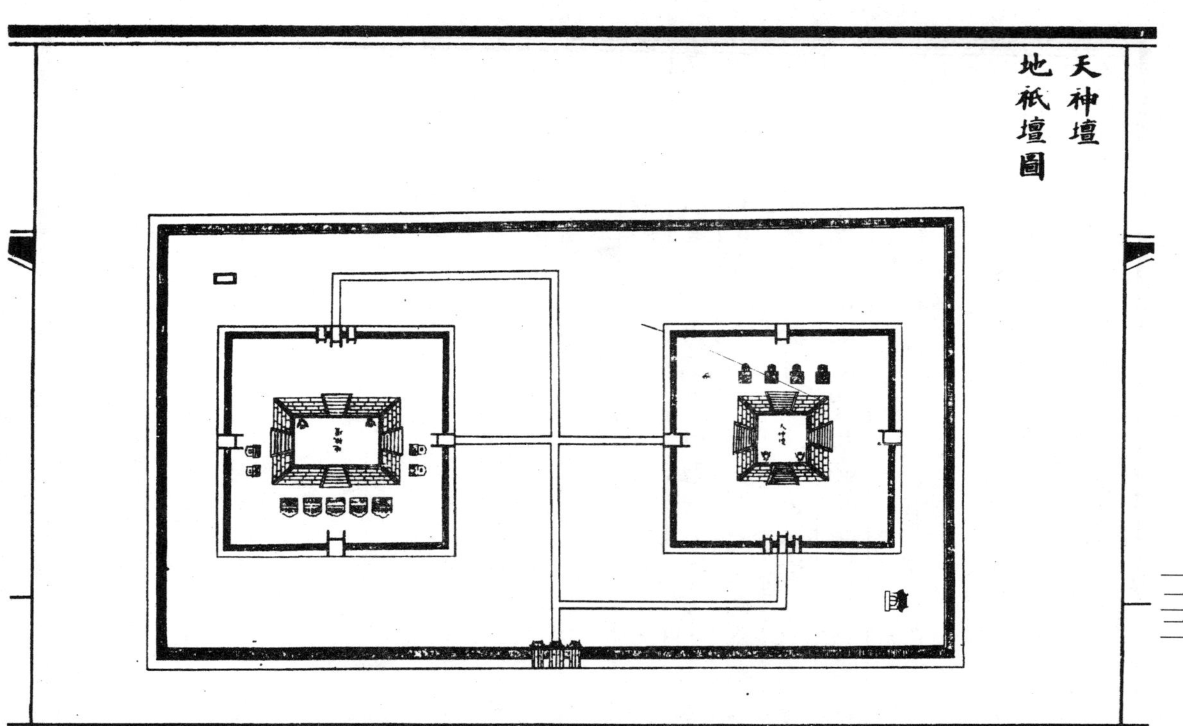

天神壇。
地祇壇合建於
先農壇南門外。正門三間南嚮。繚以周垣。東為
天神壇。南嚮。一成方五丈高四尺五寸五分。四出陛。
各九級。壇北青白石龕四座。奉
雲師
雨師
風伯
雷師之神。均南嚮。高九尺二寸五分。皆鏤以雲文。南
階上左右鼎鑪各一。壝方二十四丈高五尺五

寸。壝正南三門石柱六。東西北各一門。石柱二。
楔闑皆石。朱扉有櫺。東南燎鑪一。西為
地祇壇。北嚮一成廣十丈縱六丈高四尺四出陛。各
六級。壇南設青白石龕五座。奉
五嶽
五鎮
五陵山
四海
四瀆之祇。均北嚮高八尺二寸鏤山文者三。水文者
二。東設青白石龕二座。奉
京畿名山
京畿大川之祇。西嚮。西設青白石龕二座。奉
天下名山
天下大川之祇。東嚮。均高七尺六寸。各鏤山文者
一。水文者一。鏤水文龕均周以池。貯水以祭。北
階上左右鼎鑪各一。壝方二十四丈高五尺五
寸。壝正北三門石柱六。東西南各一門。石柱二。
楔闑皆石。朱扉有櫺。西北瘞坎一。具甬路由壇
門北。折而東北達
天神壇。壝南門。壇門直北。折而西。南達

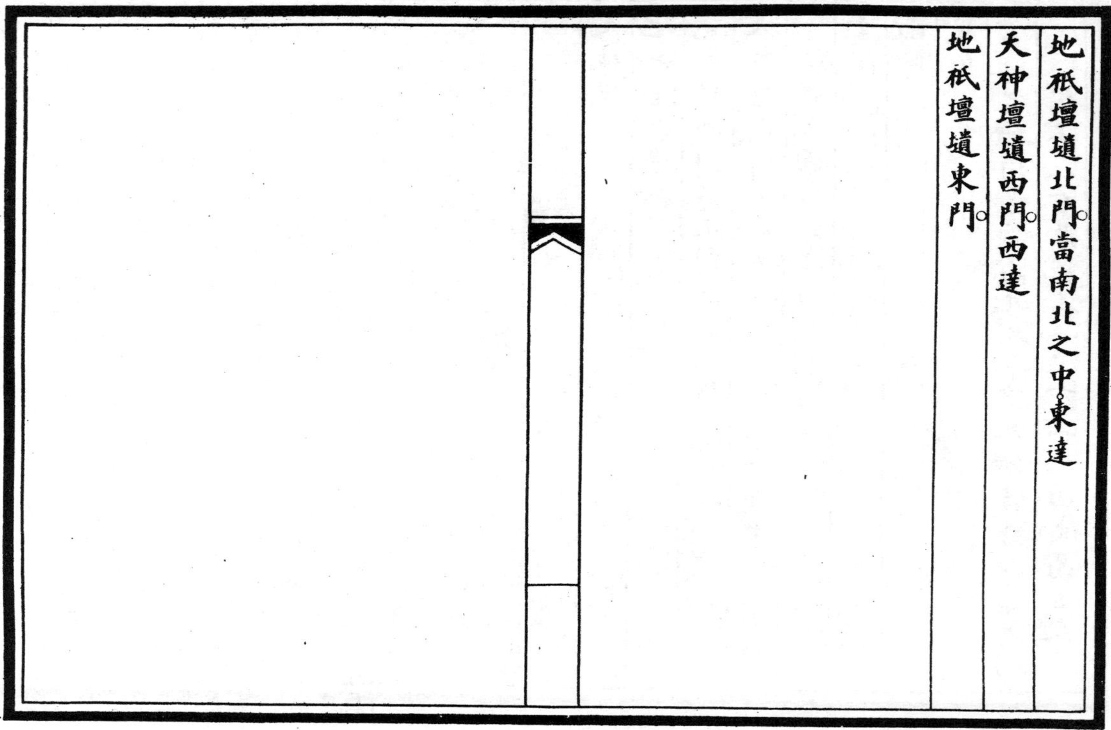

地祇壇壝北門。當南北之中。東達

天神壇壝西門。西達

地祇壇壝東門。

## 天神壇位次圖

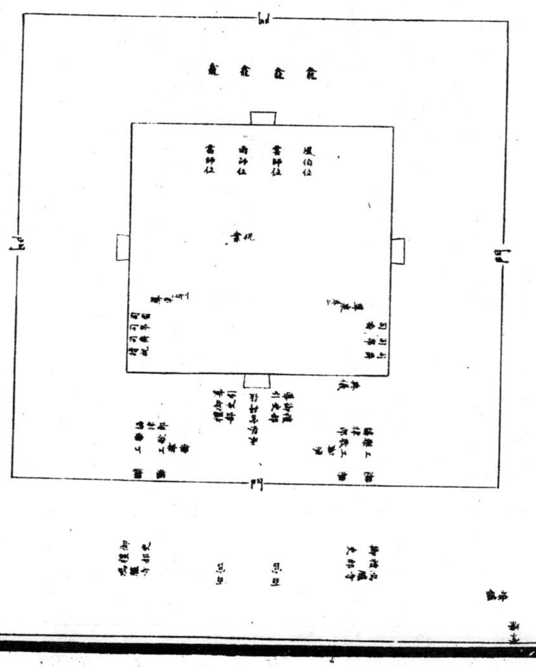

門

風伯位　雲師位　雨師位　雷師位

祝案

門

門

門

天神壇。南嚮。壇正中。
雲師位左。
雨師位右。
風伯位次左。
雷師位次右。均南嚮。每位前籩豆案一。壇前少西祝
案一。南嚮。東尊桌一。西嚮。西尊桌一。東嚮。四櫺
星門內正中。各設香案一。壇南階下正中。為承
祭官拜位。北嚮。導引二人。東西面。司香司帛司
爵各二人。立東尊桌之東。西面。司香司帛司爵
各二人。讀祝官一人立西尊桌之西。東面。典儀
一人。立東階下。西面。司樂協律郎。樂工。歌工。舞
佾。依懸序立。糾儀御史禮部司官各二人。分立
階上左右。東西面。壝南門外。為陪祀百官拜位。
東西各五班。均北面。御史禮部司官鴻臚寺官
各二人。分立左右。東西面。掌燎官率燎人立燎
鑪之東南隅。祈祀報祀均同。報祀於左案東旁
設饌桌一。如
皇帝親詣行禮。南階上正中。為
皇帝拜位。用司拜牌司拜褥禮部堂官都察院左都
御史。副都御史。樂部典樂。記注官。如

先農壇
親詣行禮位次。惟不用光祿寺侍衛及贊胙官。

# 天神壇祈祀陳設圖

地祇壇祈祀陳設同

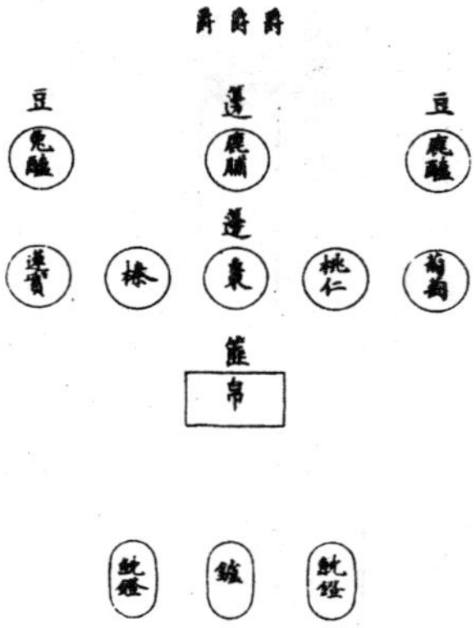

天神壇祈祀每位籩豆案上。均設爵墊一。籩六。豆二。案前鑪几。均設銅鑪一。香靠具。鐙几。均設白羊角鈃鐙二。其帛篚四。陶爵十二。皆先設尊桌上。奠帛各奠於籩豆案正中。三獻各奠於爵墊。

地祇壇祈祀每案陳設同。惟爵墊

五嶽

五鎮

五陵山案上各用五。

四海

四瀆案上各用四。

京畿名山大川

天下名山大川案上各用二。帛篚七。先設東西接桌上。爵二十有七。先設東西尊桌上。奠帛各奠於籩豆案正中。三獻各奠於爵墊。

# 天神壇報祀陳設圖

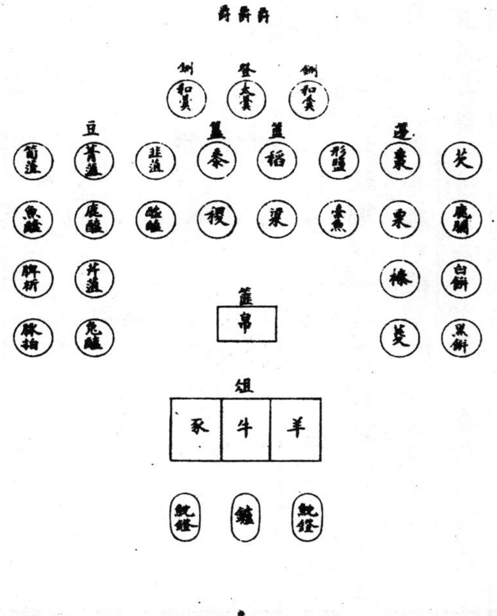

爵爵爵

鉶　登　鉶

和羹　太羹　和羹

豆　簠　簋　籩

筍菹　菁菹　韭菹　黍　稻　形鹽　棗　芡

魚醢　鹿醢　醓醢　稷　粱　稾魚　栗　鹿脯

脾析　芹菹　榛　白餅

豚拍　兔醢　菱　黑餅

篚

帛

俎

豕　牛　羊

鈚鐙　鑪　鈚鐙

地祇壇報祀陳設圖

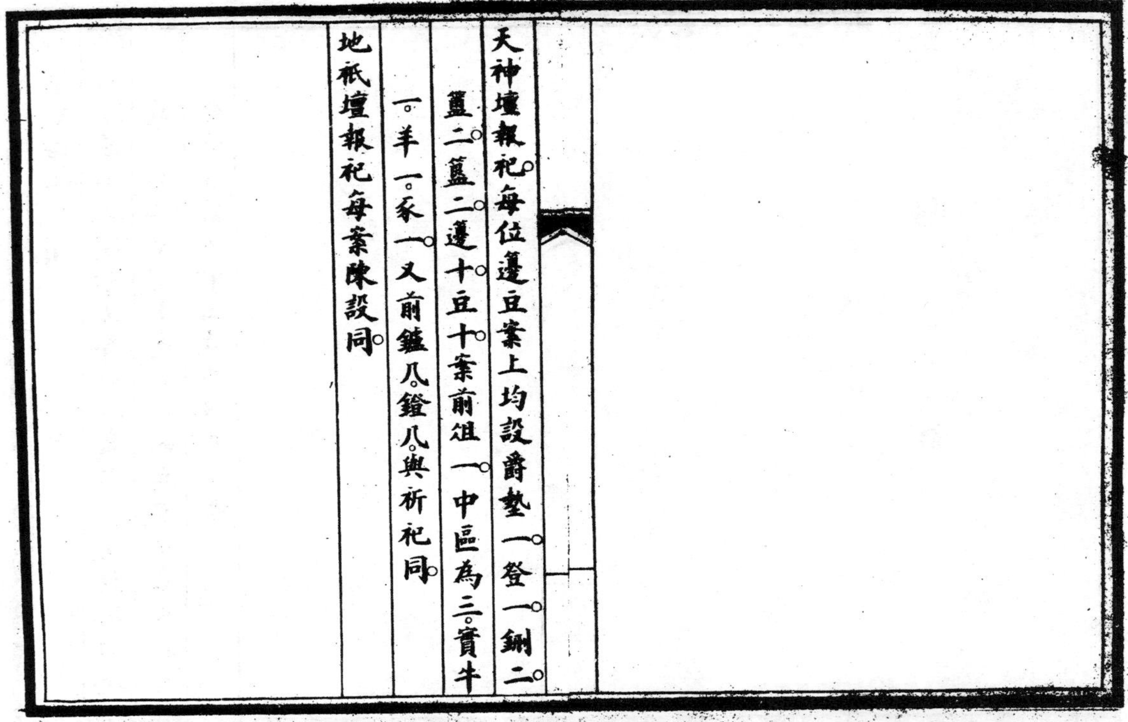

天神壇報祀每位籩豆案上均設爵墊一。登一。鉶二。簠二。簋二。籩十。豆十。案前俎一。中區為三。實牛一。羊一。豕一。又前鑪八。鐙八。與祈祀同。

地祇壇報祀每案陳設同。

## 地祇壇位次圖

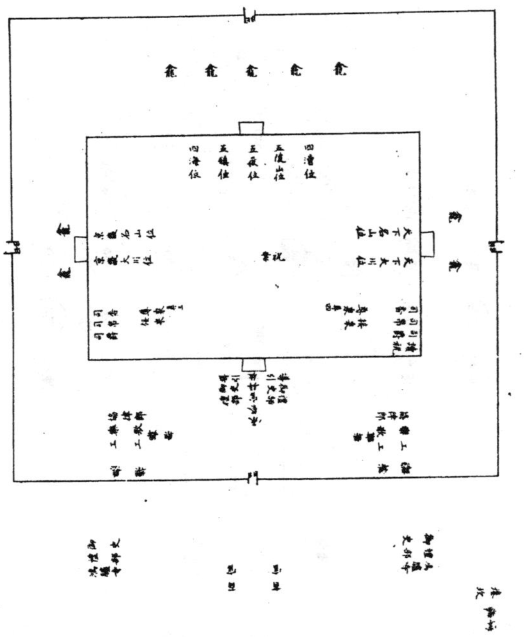

地祇壇。北嚮壇正中。
五嶽位居中。
五鎮位右。
五陵山位左。
四海位次右。
四瀆位次左。均北嚮。每位前籩豆案一。右旁
京畿名山位。
京畿大川位。均西嚮。共籩豆案一。左旁
天下名山位。
天下大川位。均東嚮。共籩豆案一。壇前少西祝案一。北嚮。東尊桌一。接桌一。均西嚮。西尊桌一。接桌一。均東嚮。四櫺星門內正中。設香案各一。壇北階下正中。為承祭官拜位。南嚮。司香司帛司爵各四人。讀祝官一人。立於西尊桌之西。東面。司香司帛司爵各三人。立於東尊桌之東。西面。典儀一人。立西階下。東面。壝北門外。為陪祀百官拜位。其餘各執事位次。均如
天神壇。惟東西互易其方。掌壇官率壇人立壇坎之西北隅。祈祀報祀。均同。報祀於中案西旁設饌桌一。

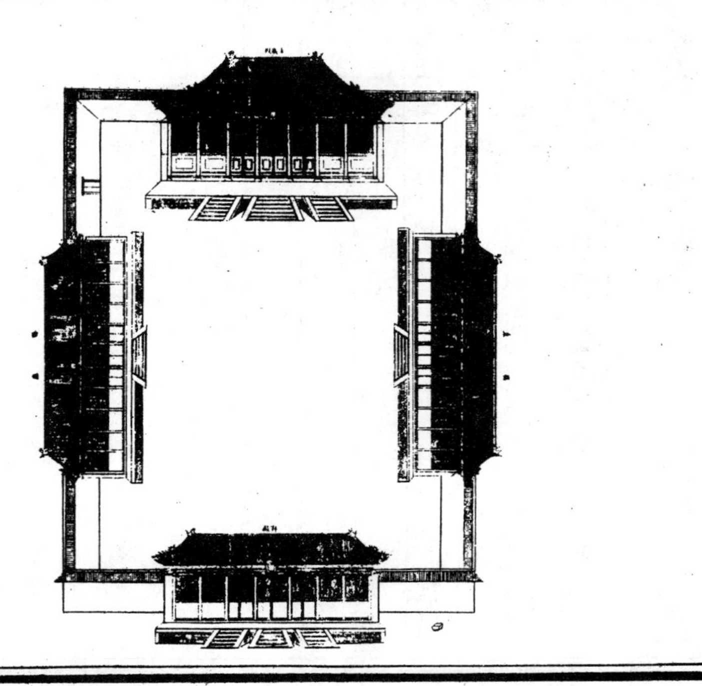


太歲殿。南嚮七間。三出陛。均六級。東西廡各十一間。皆一出陛。四級。前爲
拜殿七間。三出陛。均五級。覆瓦均用綠琉璃。東西北繚以垣。西廡北西垣角門一。西嚮。
拜殿東南燎鑪一。

太歲殿位次圖

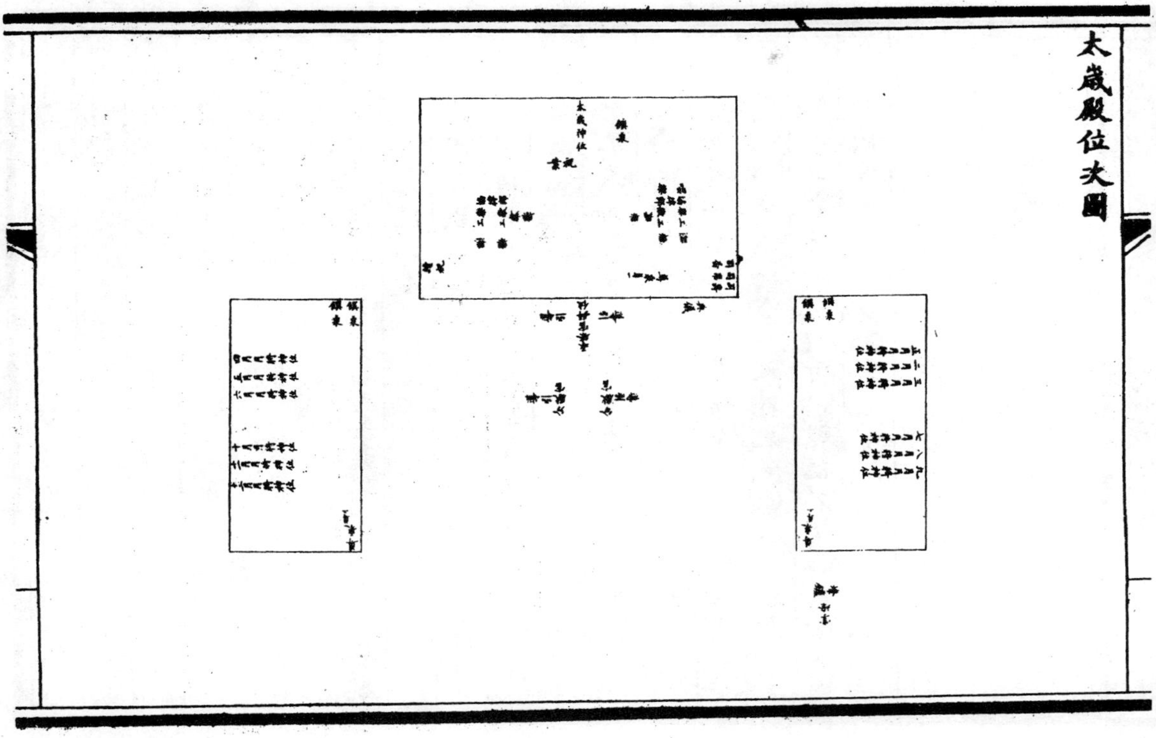

太歲殿。正中。

太歲神位。南嚮。座前籩豆案一。案後東旁饌桌一。案前少西祝案一。均南嚮。東尊桌一。西嚮。東廡二案。

正月月將。

二月月將。

三月月將。同一案。

七月月將。

八月月將。

九月月將。同一案。均西嚮。北設饌桌二。南設尊桌一。

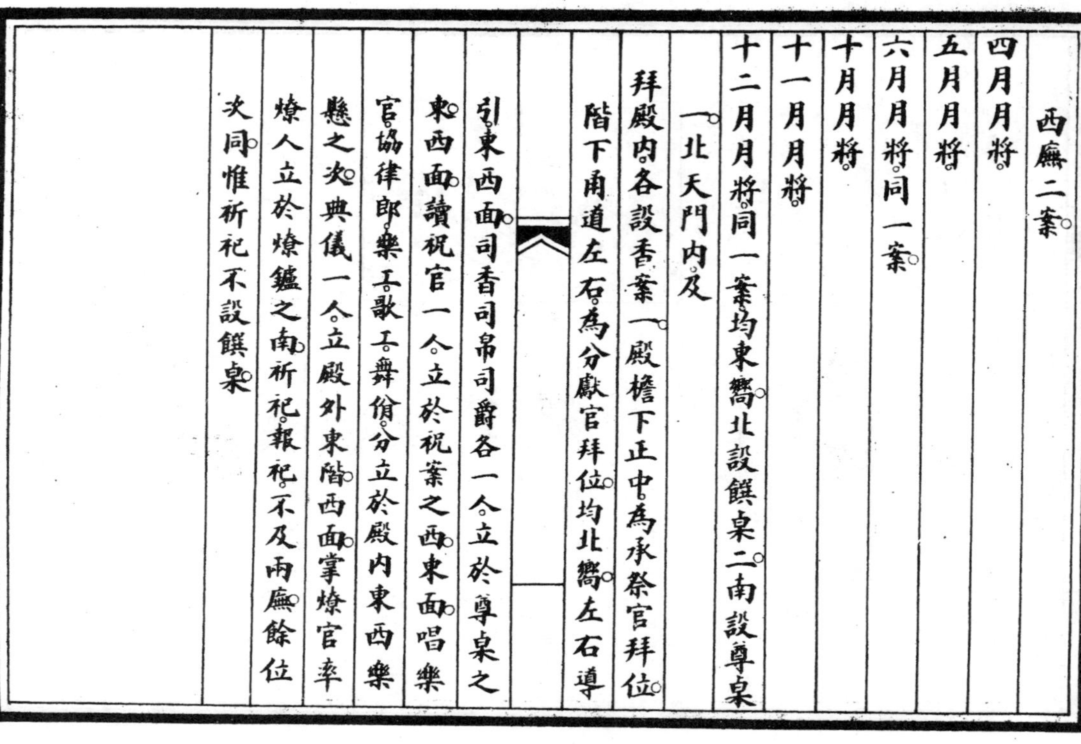

西廡二案。
四月月將
五月月將
六月月將。同一案。
十月月將
十一月月將
十二月月將。同一案。均東嚮。北設饌桌二。南設尊桌
一。北天門內。及
拜殿內各設香案一。殿檐下正中為承祭官拜位。
階下甬道左右。為分獻官拜位。均北嚮。左右導
引。東西面。司香司帛司爵各一人。立於尊桌之
東。西面。讀祝官一人。立於祝案之西。東面。唱樂
官協律郎。樂工歌工舞佾。分立於殿內東西樂
懸之次。典儀一人。立殿外東階西面。掌燎官率
燎人立於燎鑪之南。祈祀。報祀。不及兩廡。餘位
次同。惟祈祀不設饌桌。

## 太歲殿陳設圖 報祀陳設同

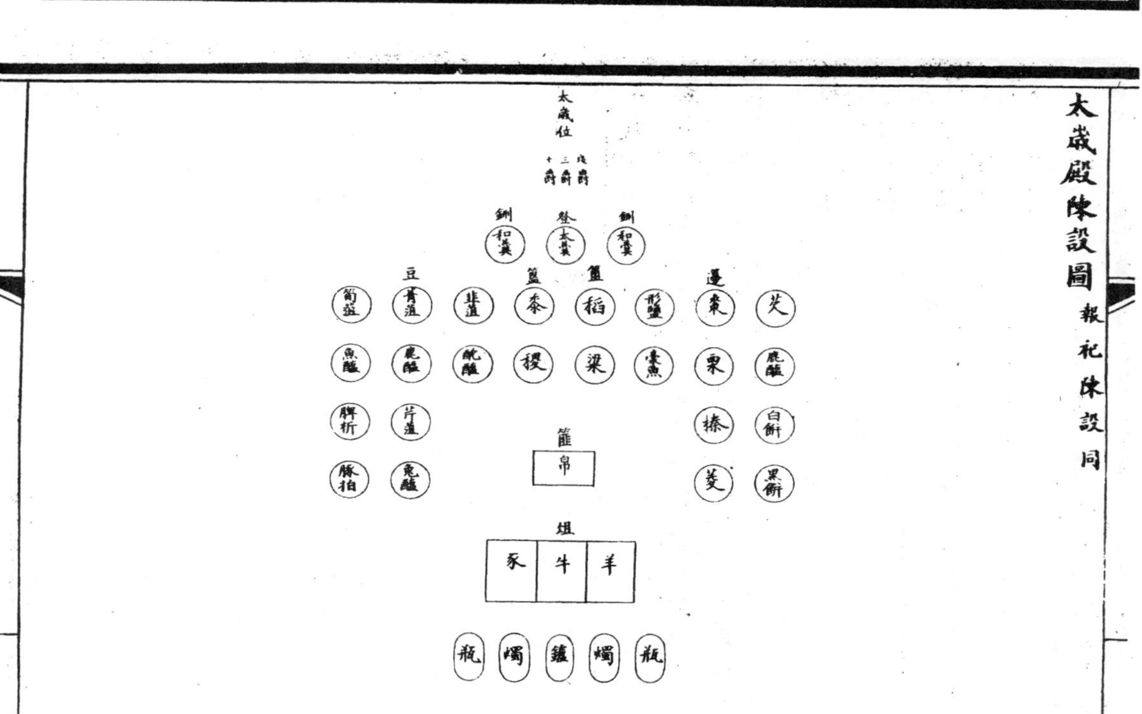

太歲殿。

太歲位籩豆案上設爵墊一。琖三十。登一。鉶二。簠二。簋二。籩十。豆十。案前俎一。中區為三。實牛一。羊一。豕一。又前鑪几。設鑪一。香靠具。鐙几。設燭臺二。瓶几。設花瓶二。均插貼金木靈芝。一東廡二案。西廡二案。每案案上案前陳設均同。其帛篚每位各一。先各設尊桌上。奠帛各奠於籩豆案正中。陶爵每案各三。先各設尊桌上。三獻各奠於爵墊。報祀陳設同。

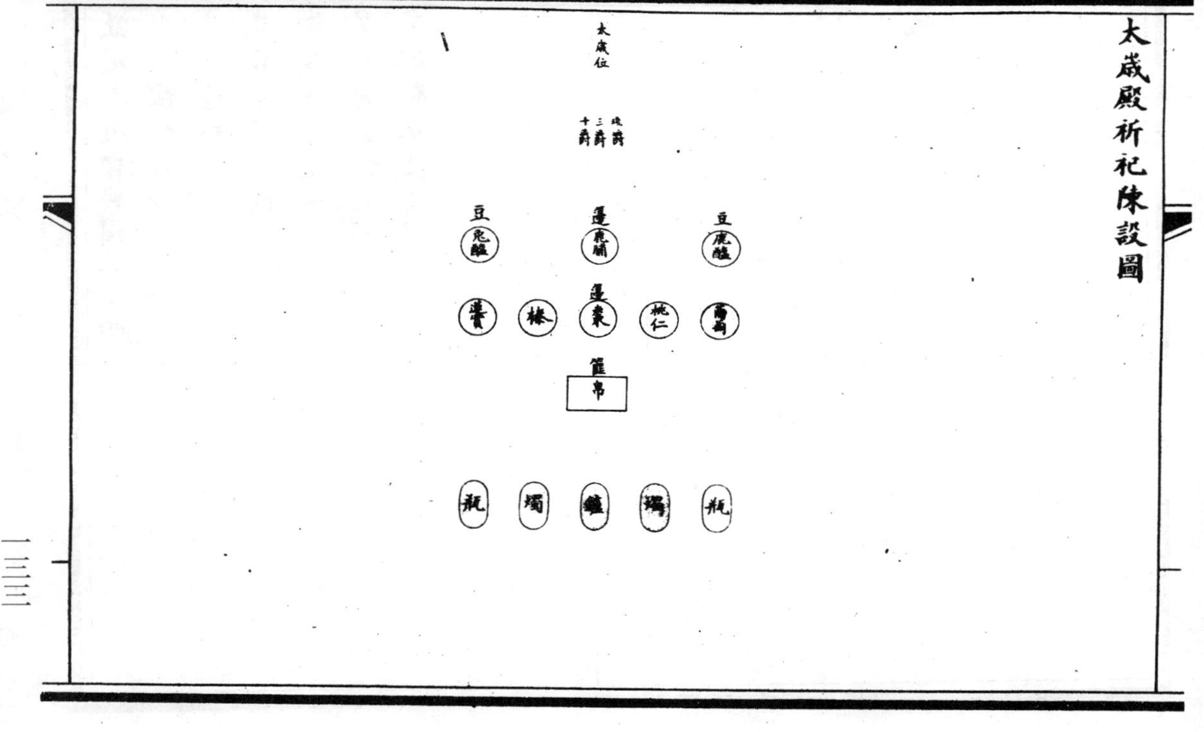

太歲殿祈祀籩豆案上。設爵墊一。珓三十。籩六。豆二。

不進俎。案前鑪燭瓶几。與常祀報祀皆同。

欽定大清會典圖卷十四

禮十四 祀典十四

先蠶壇圖

先蠶壇位次圖

先蠶壇陳設圖

皇后躬桑位次圖

皇后觀桑位次圖

先蠶壇圖

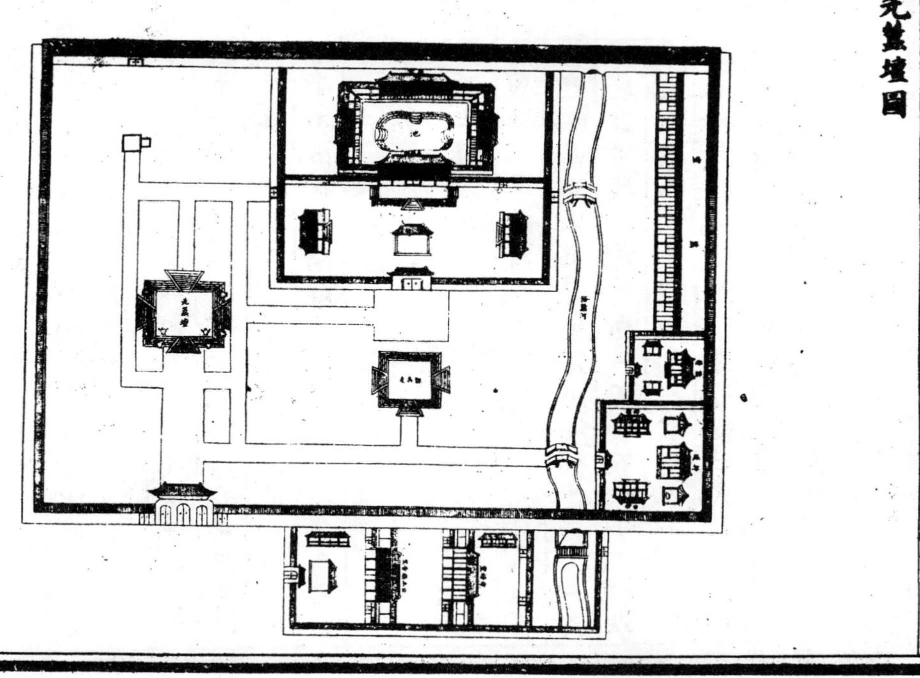

先蠶壇。在

西苑東北。制方。南嚮。一成。方四丈。高四尺。面甃金磚。環以白石。四出陛。均十級。南階上下鼎鑪各二。東西階下鼎鑪各二。西北瘞坎一。壇東南為觀桑臺。方三丈二尺。高四尺。面甃金磚。環以白石。闌以朱欄。東西南三出陛。均十級。臺前為桑圃。又東南為

先蠶神殿。三間。西嚮。崇基三出陛。左右宰牲亭一。井亭一。北為

神庫三間。南為

神廚三間南北嚮垣一重內外丹雘門一西嚮朱
扉均覆綠琉璃瓦
觀桑臺北正門一間南嚮門內影壁一東西掖門
各一東西嚮北上
具服殿五間又爲繭館南嚮崇基三出陛均五級
東西配殿各三間後殿五間爲
織室東西配殿各三間迴廊二十間中爲池前後
殿中垣左右門各一衛以宮牆內外丹雘均覆
綠琉璃瓦浴蠶河在宮牆東自外圍北垣流入
由南垣出各設牐啟閉木橋二一在北當宮牆

東掖門一在南當
先蠶神殿正門
神殿北蠶署三間西嚮左右室各二間南北嚮垣一
重門一西嚮又北蠶室二十七間連檐通脊西
嚮均覆綠琉璃瓦外圍垣周一百六十丈內外
丹雘當壇之南正門三間左右門各一南嚮北
垣之西角門一北嚮均覆綠琉璃瓦南垣南陪
祀公主福晉室五間命婦室五間均西嚮覆以
瓪瓦公主福晉室前命婦室後右側室各三間
南嚮間以三垣垣左右角門各二周以外垣一

重門一西嚮門內影壁一垣後門一東嚮門內
跨浴蠶河橋一其甬路由南門內北達壇南
神路壇東階東達
具服殿正門壇北折而東達宮牆西掖門壇西階
下直北達瘞坎直南折而東亦達壇南
神路由南門內折而東北達
觀桑臺直東渡木橋達
先蠶神殿

先蠶壇位次圖

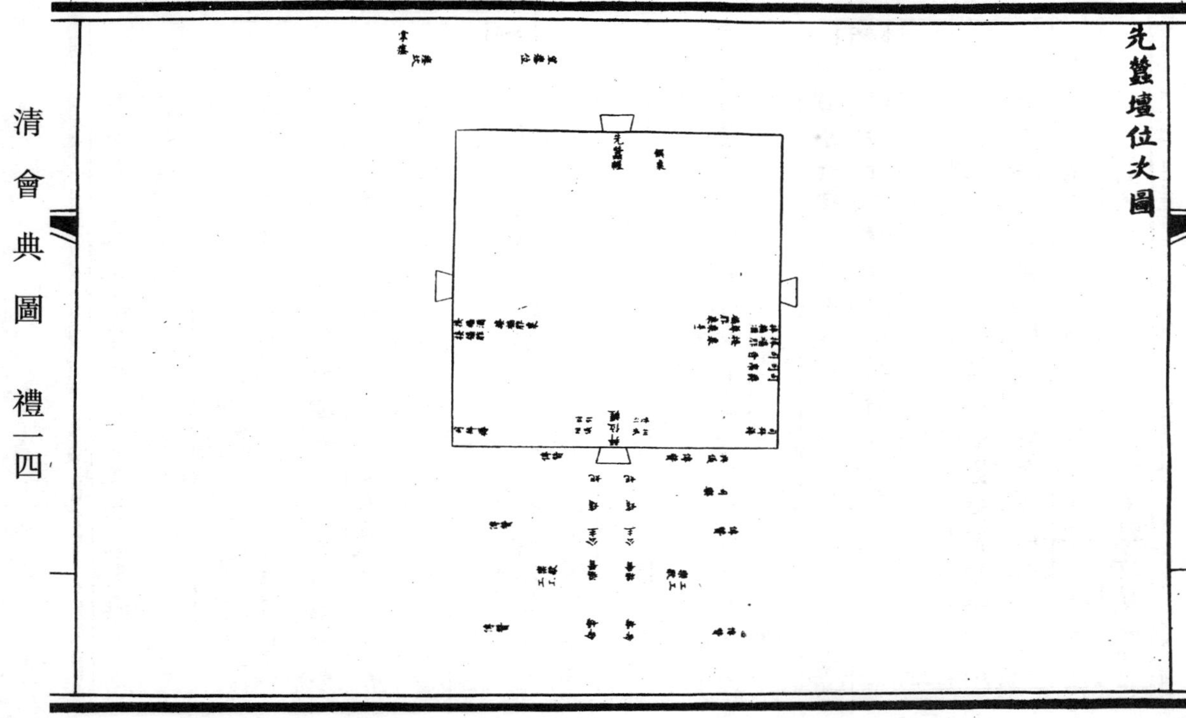

皇后親饗

先蠶。壇上正中

先蠶神位幄。制方。南嚮。幄內座前懷桌一。籩豆案一。

幄外東旁饌桌一。東設福胙桌一。尊桌一。接桌

一。均西嚮。西設接福胙桌一。東嚮。南門內正中

香案一。南階上正中幄次爲

皇后拜位。北嚮。贊引對引女官二人。司拜褥女官二

人。立於左右。相儀女官二人。立於拜位後左右。

均東西面。司香司帛司爵女官各一人。捧福酒

福胙女官二人。立於東案之東。西面。接福酒福

胙女官二人。立於接福胙案之西。東面。壇下當
階左右。為陪祀
妃
嬪公主福晉拜位。少南。為陪祀命婦拜位。按翼東
西分列。均北嚮。典儀司樂女官各一人。當階左
立。西面。傳贊女官六人。二人立於壇南。二人立
於
妃
嬪公主福晉拜位左右。二人立於命婦拜位左右。
均東西面。樂工。歌工童監東西序。立壇下西北
為
皇后望瘞位。西嚮。掌瘞女官立於瘞坎之西北隅。若
遣
妃致祭。行禮階下。中為
妃拜位。北嚮。升降均由東階。
妃
嬪不陪祀。少南左右。為陪祀公主福晉命婦拜位。
不設福胙案。接福胙案。傳贊女官四人。二人立
於壇南。二人立於公主福晉命婦拜位左右。均
東西面。不用捧福酒福胙接福酒福胙諸女官。

香帛送瘞。避立西旁。其餘位次同。若遣內務府
大臣恭代行禮。贊引太常寺贊儀二人。引承祭
官由壇左側門入。中階之南。為承祭官拜位。不
陪祀。司香司帛司爵典儀各一人。導引二人。監
禮二人。掌瘞二人。具讀祝行禮儀與遣官祭
先農同。

# 先蠶壇陳設圖

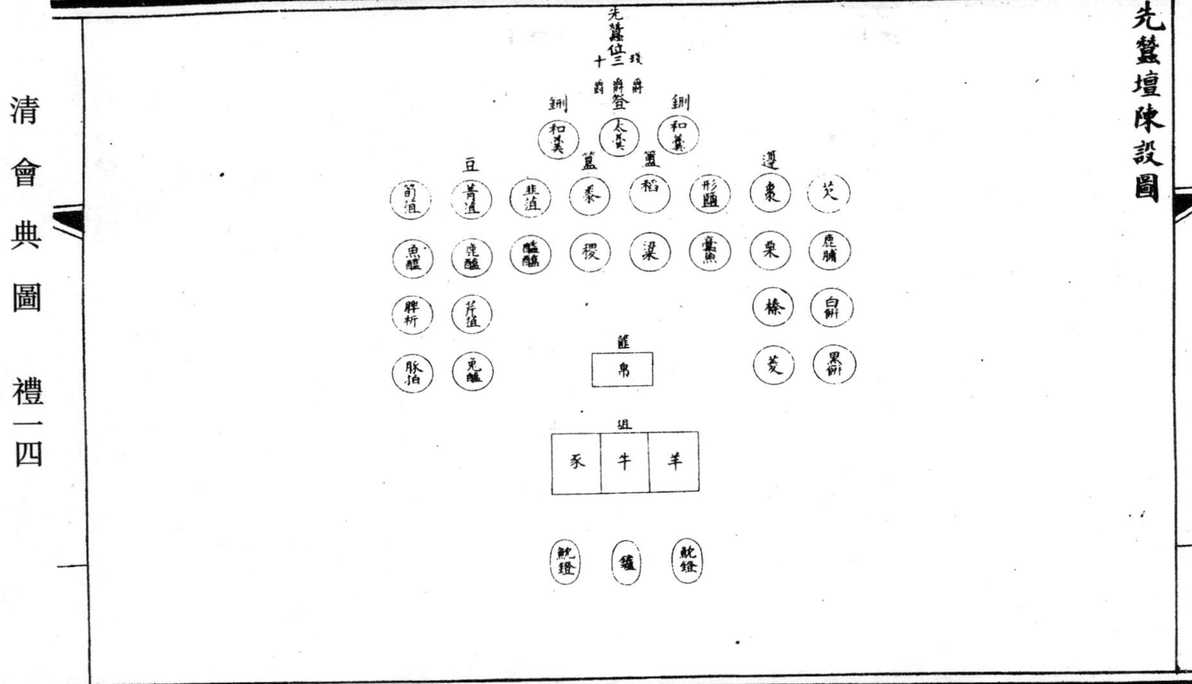


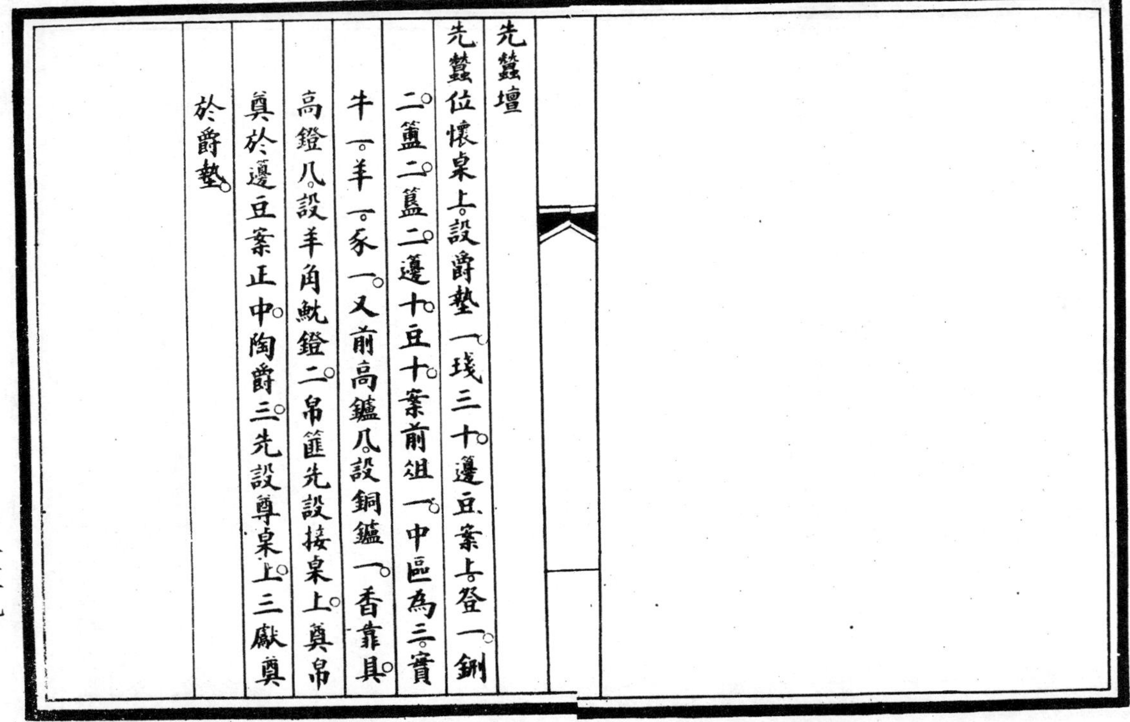

先蠶壇

先蠶位懷桌上。設爵墊一。琖三十。籩豆案上。登一。鉶二。簠二。簋二。籩十。豆十。案前俎一。中區為三。實牛一。羊一。豕一。又前高鑪几。設銅鑪一。香靠具。高鐙几。設羊角戧鐙二。帛篚先設接桌上。奠帛奠於籩豆案正中。陶爵三。先設尊桌上。三獻奠於爵墊。

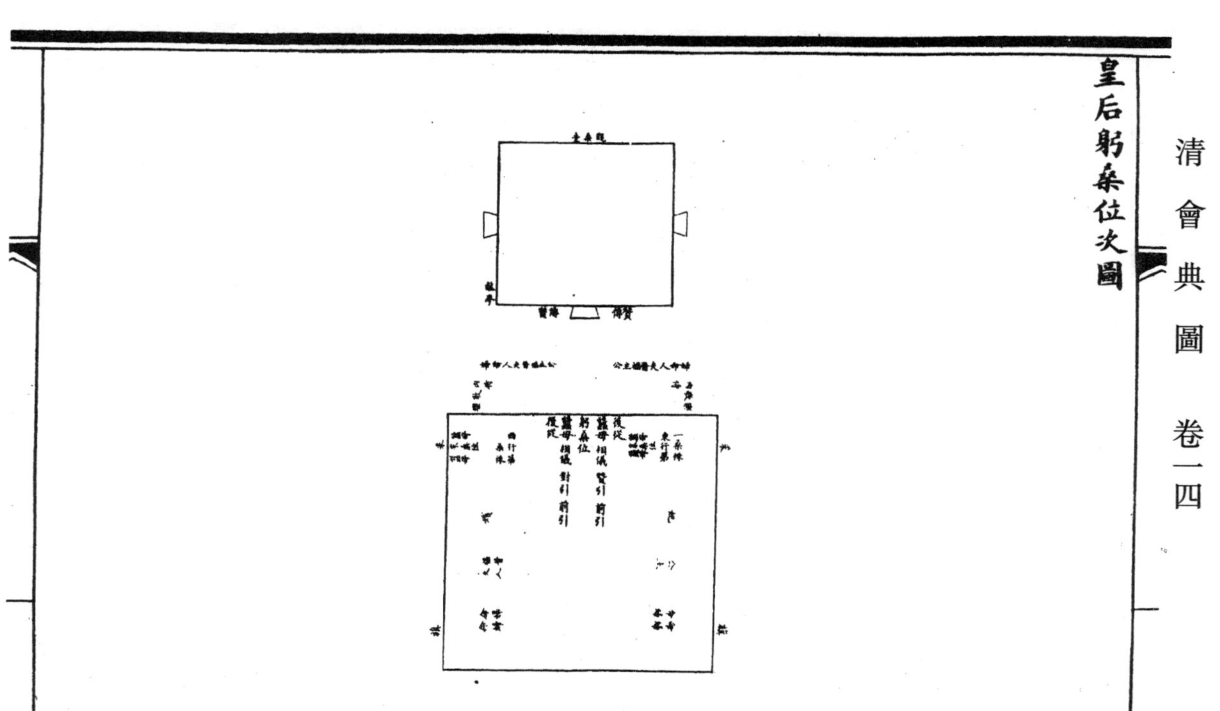

皇后躬桑位次圖

皇后

親祀先蠶禮成。乃以蠶生日躬桑。內務府官陳

皇后鉤筐龍亭於觀桑臺右。相儀女官二人。先奉鉤筐立於臺前左右。東西面。內監率歌采桑詞童監十人。司金鼓板笛笙簫者二十有四人。立臺前東西。麾五色釆旗內監四十人。於桑畦外東西次列。傳贊女官二人。立臺前左右。不從桑公主福晉命婦序立臺南左右隅。南面。從桑公主

福晉夫人命婦就從桑位東西面立。贊引對引二人前引女官十人導

皇后詣桑畦北正中躬桑位南嚮立。相儀女官二人一自右奉鉤。一自左奉筐。

皇后左執鉤。右執筐。蠶母二人從助采。內監麾采旗。鳴金鼓作樂。歌采桑詞。

皇后先詣東行第一桑株前。東嚮採桑條一。復詣西行第一桑株前。仍東嚮採桑條二。凡三採畢。還

詣

躬桑位。若

皇后不親蠶。

遣祭

先蠶之翼日。蠶宮令監視蠶母及蠶婦行採桑禮。

## 皇后觀桑位次圖

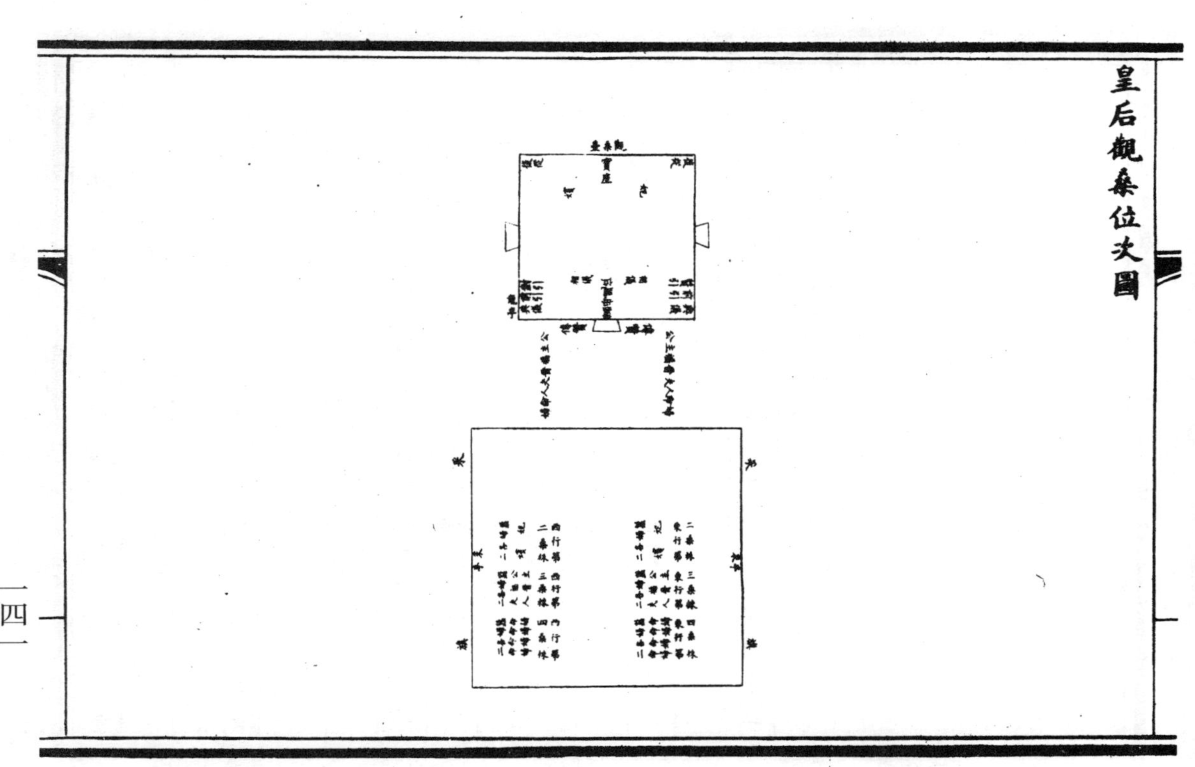

皇后
躬桑禮前內務府官豫設從采桑位於桑畦東西立
表以識陳從桑鉤筐采亭二於從桑位東西東
西第二行各桑一株為
妃
嬪從桑位第三行各桑一株為公主福晉或縣君
夫人從桑位第四行各桑一株為命婦文三品
武二品以上從桑位贊引對引女官導
皇后御寶座不從桑
妃
嬪侍立臺上左右公主福晉公夫人命婦序立臺
下東西面從桑
妃
嬪公主福晉公夫人命婦各以蠶婦二人奉鉤筐
從助采
妃
嬪各於第二行桑株公主福晉公夫人三人各於
第三行桑株東西凡五采命婦四人各於第四
行桑株東西凡九采畢典儀導
妃
嬪升臺公主福晉夫人命婦至臺下各入侍班位
傳贊引蠶母升階至
皇后前北面跪相儀舉筐授蠶母蠶母祇受退至蠶
室切以授蠶婦灑於箔還告禮成

欽定大清會典圖卷十五

禮十五 祀典十五

傳心殿圖

傳心殿位次圖

傳心殿

正位陳設圖

配位陳設圖

歷代帝王廟圖

歷代帝王廟位次圖

歷代帝王廟

正位陳設圖

歷代帝王廟配位陳設圖

傳心殿圖

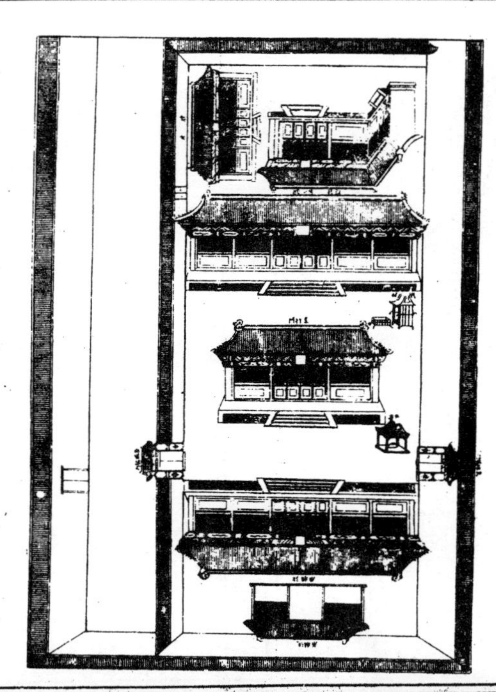

傳心殿在東華門内

文華殿之東圜垣一重制方

正殿五間南嚮一出陛四級前爲景行門三間南

嚮前後一出陛各四級又前爲治牲所五間北

嚮殿後

神庫三間東嚮

神廚二間北嚮又一間西嚮與

神廚連檐覆瓦皆用黄琉璃東西琉璃花門各一

自東琉璃門入北達景行門南達治牲所門右

井亭一西琉璃門外垣壖夾道北角門一西嚮

由此達

神庫南角門一内爲退牲所三間北嚮殿左焚帛

鐵鑪一具祭前移至東琉璃門外焚帛後仍移

入

# 傳心殿位次圖

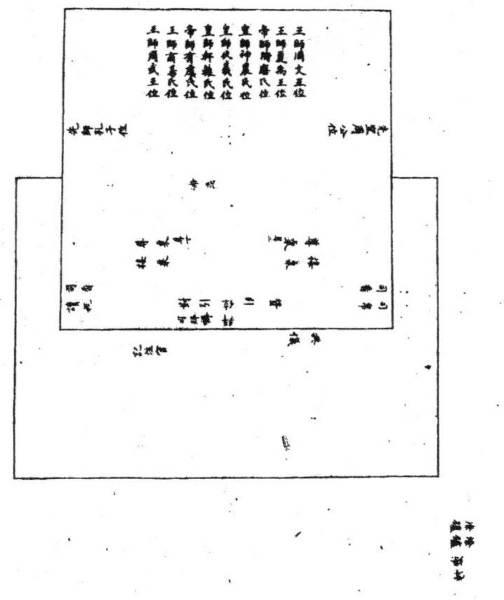

王師周文王位
王師夏禹王位
帝師陶唐氏位
皇師神農氏位
皇師伏羲氏位
皇師軒轅氏位
帝師有虞氏位
王師商湯王位
王師周武王位
先聖周公位
先師孔子位

傳心殿

正位九龕。中一龕。
皇師伏羲氏位。左一龕。
皇師神農氏位。右一龕。
皇師軒轅氏位。左二龕。
帝師陶唐氏位右二龕
帝師有虞氏位。左三龕。
王師夏禹王位。右三龕。
王師商湯王位。左四龕。
王師周文王位。右四龕。

王師周武王位均南嚮龕前籩豆案各一
配位東西各一龕
先聖周公位東配西嚮
先師孔子位西配東嚮龕前籩豆案各一中案前少西祝案一南嚮東尊桌一接桌一西嚮西尊桌一接桌一東嚮殿門内正中為
皇帝親詣行禮拜位北嚮贊引對引各一人東西面司拜褥一人立於左司香六人立東案之東西面司香五人讀祝官一人立西案之西東面典儀一人立殿門外之東西面記注官四人立於西東面掌燎官率燎人立東門外燎鑪之西南隅遣官行禮階下正中為承祭官拜位不用司拜褥記注官餘位次同

## 傳心殿正位陳設圖

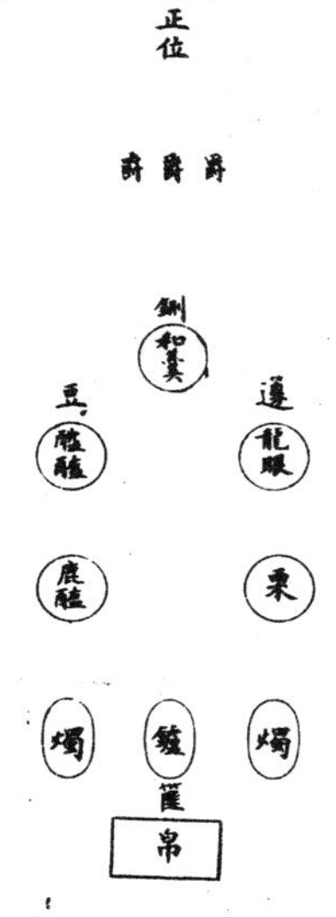

正位

爵 爵 爵

鉶 和羹

豆 醓醢 鹿醢

籩 龍眼 栗

燭 鐙 燭

篚 帛

## 傳心殿

正位籩豆案九。每案上豫設爵三。實以酒。鉶一。實和羹。籩二。實龍眼栗。豆二。實醓醢鹿醢。案前高香案各一。均設鑪一。香靠具。燭臺二。帛篚共一。先設接桌上。奠帛奠於中香案。

## 傳心殿配位陳設圖

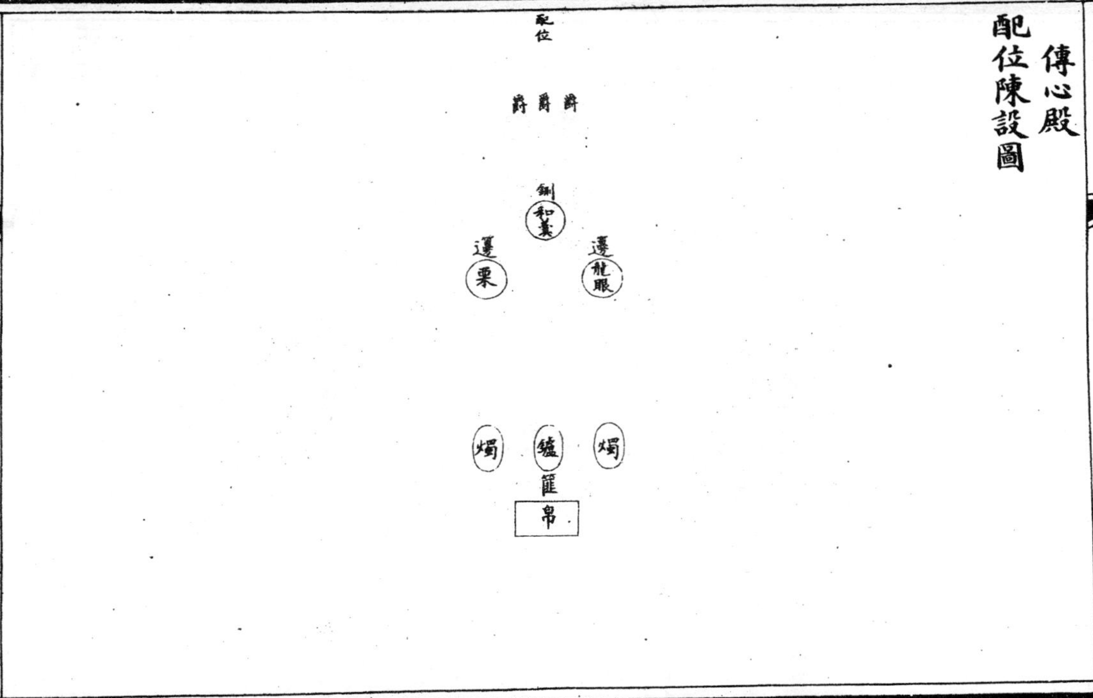

配位

爵　爵　爵

鉶 和羹

籩 栗　　籩 龍眼

燭　鑪　燭

篚 帛

傳心殿

配位東西籩豆案各一。案上均豫設爵三。實以酒鉶一。籩二實龍眼栗案前高香案各一。均設鑪一。香靠具燭臺二。帛篚各一先各設接桌上奠帛各奠於香案

歷代帝王廟圖

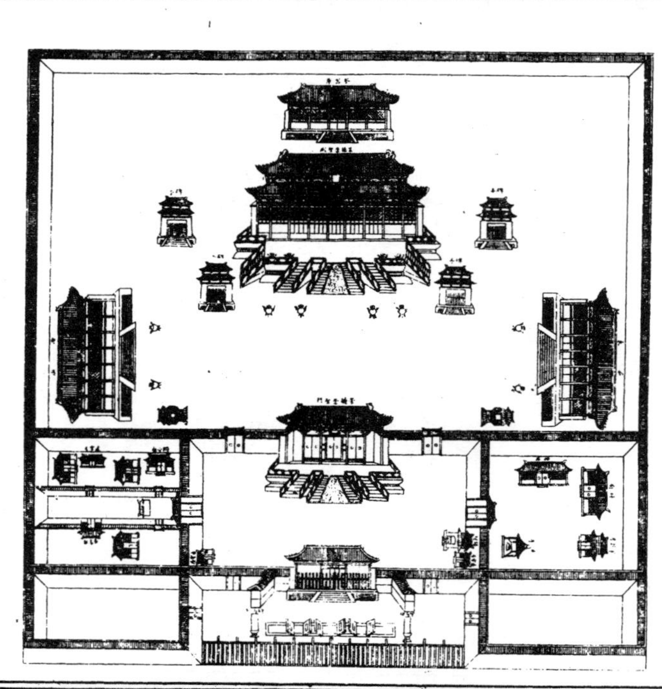

歷代帝王廟在阜城門內南嚮圍垣周一百八十六
丈三尺八寸廟門三間左右門各一內
景德崇聖門五間崇基石欄前後三出陛中十有
一級左右各九級左右門各一界以朱垣
景德崇聖殿九間重檐棟梁五采崇基石欄南三
出陛中十有三級左右各十有一級東西一出
陛均十有二級階上下鼎鑪各四左右
御碑亭各二東西廡各七間一出陛均八級階下鼎鑪
各二東廡南綠色琉璃燎鑪一西廡南甎燎鑪
一殿後祭器庫五間南嚮

景德崇聖門外東垣一重門一西嚮門內
神庫三間南嚮
神廚三間宰牲亭三間均西嚮井亭一四面閒以
朱欞
景德崇聖門外西垣一重門一東嚮門內照壁一
入門而北界垣一東西二門皆南嚮東一門內遣官
關帝廟一南嚮右祭器庫五間東嚮西一門內
房三間南嚮右齋宿房五間東嚮入門而南界
垣一重門一北嚮門內樂舞執事房五間東嚮
門之西為典守房三間北嚮廟門內東西看守
房各三間東鐘樓一西嚮廟門左右角門各一
門前正中石梁三梁南護以朱欄東西夾牆各
一門各一東西嚮左右下馬石碑各一其覆瓦
正殿及
御碑亭均用黃琉璃餘皆黑琉璃綠緣

## 歷代帝王廟位次圖

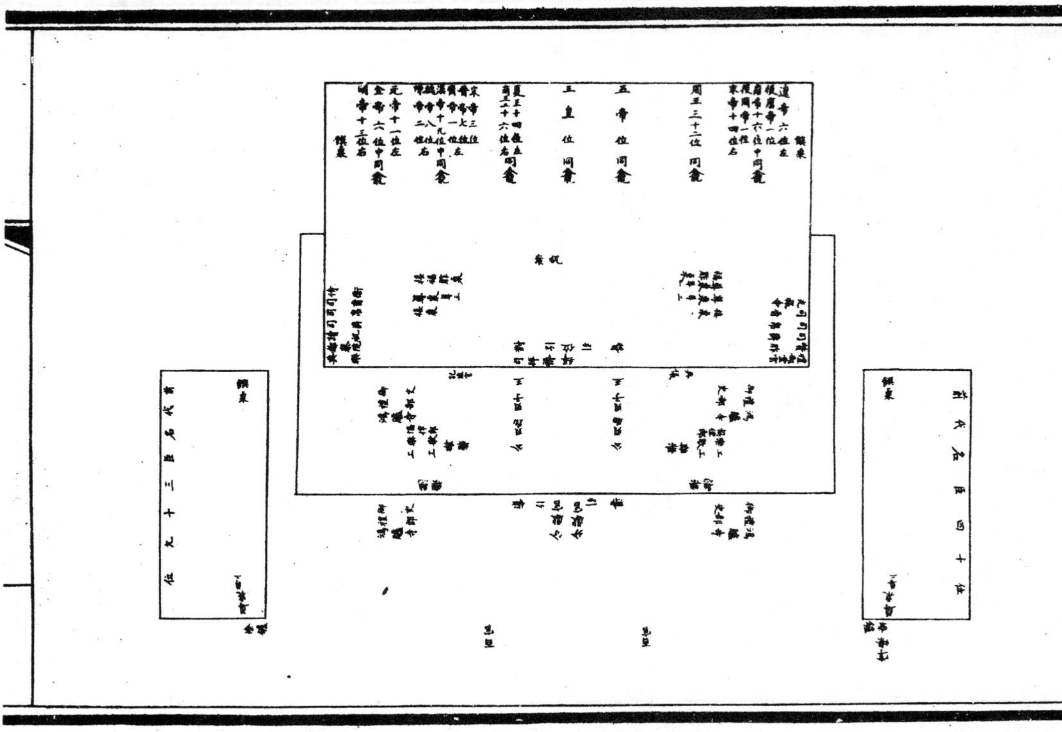

歷代帝王廟。

景德崇聖殿。正中一龕。

太昊伏羲氏。

炎帝神農氏。

黃帝軒轅氏。三皇位。龕前籩豆案三。東一龕。

少昊金天氏。

顓頊高陽氏。

帝嚳高辛氏。

帝堯陶唐氏。

帝舜有虞氏。五帝位。龕前籩豆案三。西一龕。分二室。

左室。夏王禹。啟。仲康。少康。杼。槐。芒。泄。不降。扃。廑。孔甲。皋。發。十四位。右室。

商王湯。太甲。沃丁。太庚。小甲。雍己。太戊。仲丁。外壬。河亶甲。祖乙。祖辛。沃甲。祖丁。南庚。陽甲。盤庚。小辛。小乙。武丁。祖庚。祖甲。廩辛。庚丁。太丁。帝乙。二十六位。龕前籩豆案二。東二龕。

周武王。成王。康王。昭王。穆王。共王。懿王。孝王。夷王。宣王。平王。桓王。莊王。僖王。惠王。襄王。頃王。匡王。定王。簡王。靈王。景王。悼王。敬王。元王。貞定王。考王。威烈王。安王。烈王。顯王。慎靚王。三十二位。龕前籩豆案一。西二龕分三室。中室。

漢高祖。惠帝。文帝。景帝。武帝。昭帝。宣帝。元帝。成帝。哀帝。光武帝。明帝。章帝。和帝。殤帝。安帝。順帝。沖帝。昭烈帝。十九位。左室。

晉元帝。明帝。成帝。康帝。穆帝。哀帝。簡文帝。七位。

宋文帝。孝武帝。明帝。三位。

齊武帝。一位。右室。

北魏道武帝。明元帝。太武帝。文成帝。獻文帝。孝文帝。宣武帝。孝明帝。八位。

陳文帝。宣帝。二位。龕前籩豆案三。東三龕分三室。中室。

唐高祖。太宗。高宗。睿宗。元宗。肅宗。代宗。德宗。順宗。憲宗。穆宗。文宗。武宗。宣宗。懿宗。僖宗。十六位。

後唐明宗。一位。

後周世宗。一位。左室。

遼太祖。太宗。景宗。聖宗。興宗。道宗。六位。右室。

宋太祖。太宗。真宗。仁宗。英宗。神宗。哲宗。高宗。孝宗。光宗。甯宗。理宗。度宗。端宗。十四位。龕前籩豆案三。西三龕分三室。中室。

金太祖。太宗。世宗。章宗。宣宗。哀宗。六位。左室。

元太祖。太宗。定宗。憲宗。世祖。成宗。武宗。仁宗。泰定帝。文宗。甯宗。十一位。右室。

明太祖。惠帝。成祖。仁宗。宣宗。英宗。景帝。憲宗。孝宗。武宗。世宗。穆宗。愍帝。十三位。龕前籩豆案三。均南嚮。中案前少西祝案一。南嚮。東福胙桌一。尊桌二。接桌一。均西嚮。西接福胙桌一。尊桌一。接桌一。均東嚮。龕東旁饌桌四。西旁饌桌三。均南嚮。東廡一龕。前代名臣。風后。倉頡。夔。伯夷。伊尹。傅說。召公奭。畢公高。召穆公虎。仲山甫。張良。曹參。周勃魏相鄧禹耿弇諸葛亮房元齡李靖宋璟郭子儀許遠李晟裴度曹彬李沆王曾富弼文彥博李綱韓世忠文天祥宗翰穆呼哩布呼密徐達常遇春楊士奇于謙劉大夏四十位西嚮西廡一龕前代名臣力牧皋陶龍伯益仲虺周公旦太公望呂侯方叔尹吉甫蕭何陳平劉章丙吉馮異馬援趙雲杜如晦狄仁傑姚崇張巡李泌陸贄耶律赫嚕呂蒙正寇準范仲淹韓琦司馬光趙鼎岳飛斡魯宗望巴延托克托劉基李文忠楊榮李賢三十九位東嚮東西龕前籩豆案各十北饌桌各一南嚮南尊桌各一北嚮景德崇聖門正中設香案一殿門內正中為

皇帝親詣行禮拜位北嚮贊引對引各一人東西面司拜褥一人立於左司香司帛司爵各十人贊福胙官一人捧福酒福胙光祿寺卿二人立於東尊桌之東西面司香司帛司爵各八人讀祝官一人接福酒福胙侍衛二人立於西尊桌之西東面侍儀禮部尚書一人侍郎一人都察院左都御史一人副都御史一人樂部典樂一人分立於東西尊桌之次東西面殿外階上左右為陪祀王以下公以上拜位東西各二班均北嚮典儀一人立於楹前東西面記注官四人立於楹前西東面司樂協律郎樂工歌工舞佾分立樂懸之次引禮鴻臚寺官二人糾儀御史二人禮部司官二人立於王公拜位左右東西面階下甬道左右為分獻官拜位北嚮左右導引東西面其南為陪祀百官拜位東西各五班均北嚮引禮鴻臚寺官二人糾儀御史四人禮部司官四人分立左右東西面掌燎官率燎人立於燎鑪之東南隅遣官行禮階上正中為承祭官拜位北嚮不飲福受胙王公不陪祀不設福胙桌接福胙桌不用光祿寺侍衛司拜褥贊胙及樂部大臣記注官監禮糾儀殿內用御史四人禮部司官二人分立東西階上不用御史禮部鴻臚寺官其餘各位次同

# 歷代帝王廟正位陳設圖

正位

爵　爵　爵

鉶　登　鉶

和羹　太羹　和羹

豆　簠　簋　籩

菁菹　韭菹　黍　稻　形鹽　棗　芡

鹿醢　醓醢　稷　粱　槀魚　栗　鹿脯

芹菹　榛　白餅

兔醢　菱　黑餅

筍菹　魚醢　脾析　豚拍

俎

豕　牛　羊

燭　鑪　燭

篚

帛

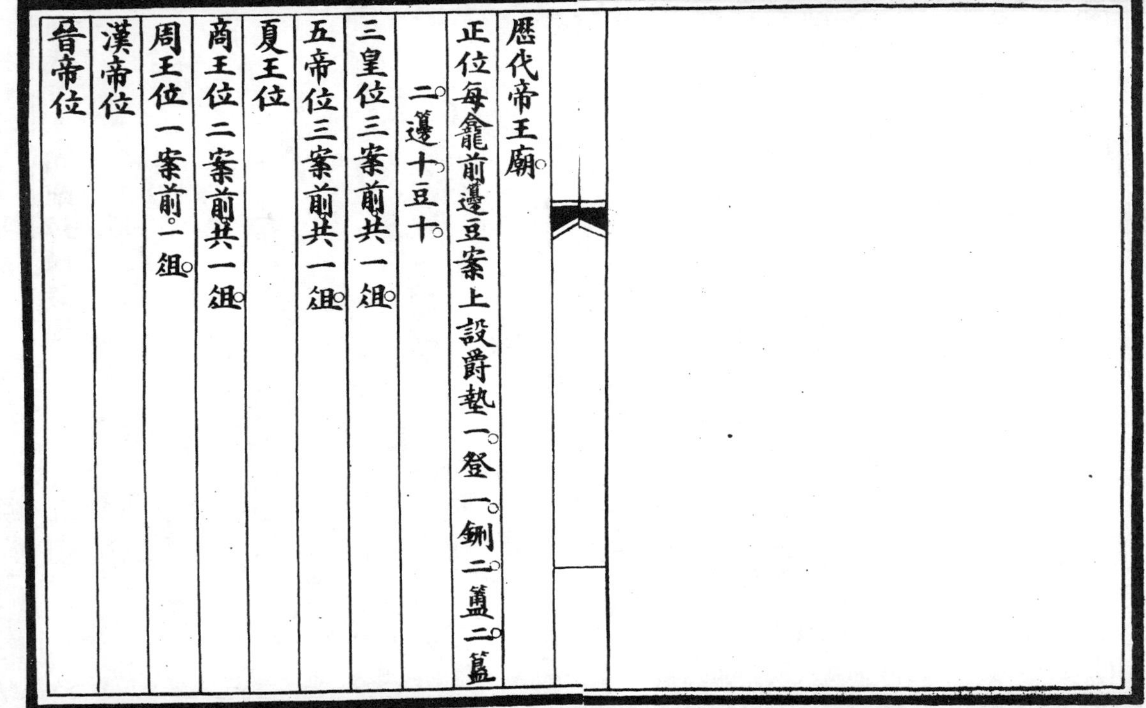

歷代帝王廟。

正位每龕前籩豆案上設爵墊一。登一。鉶二。簠二。簋二。籩十。豆十。

三皇位三案前共一俎。

五帝位三案前共一俎。

夏王位

商王位二案前共一俎。

周王位一案前。一俎。

漢帝位

晉帝位

宋帝位
齊帝位
魏帝位
陳帝位三案前共一俎。
唐帝位
後唐帝位
後周帝位
遼帝位
宋帝位三案前共一俎。
金帝位

元帝位
明帝位三案前共一俎。俎皆中區爲三。實牛一。羊一。
豕一。俎前香案。如籩豆案之數。每案上設銅鑪
一。香靠具。銅燭臺二。其銅爵每案各三。皆先設
尊桌上。三獻各奠於爵墊。帛篚十八。先設接桌
上。奠帛各奠於香案正中。
皇帝親詣行禮。用高香案。遣官行禮。用花香案。

# 歷代帝王廟配位陳設圖

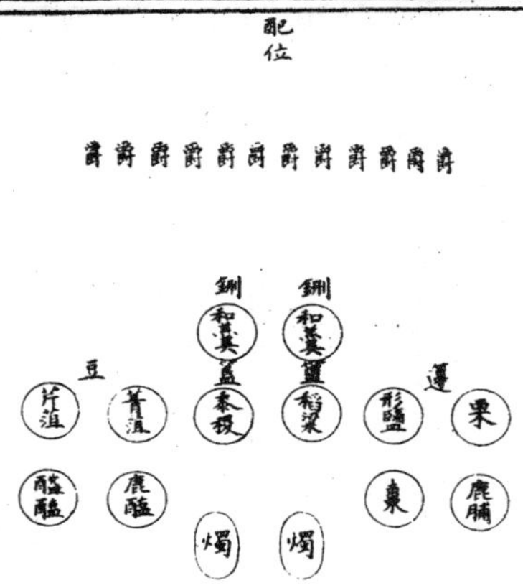

配位

爵爵爵爵爵爵爵爵爵爵爵爵

鉶　鉶
和羹　和羹

籩　豆
栗　形鹽　稻粱　黍稷　菁菹　芹菹
鹿脯　棗　燭　燭　鹿醢　醓醢

歷代帝王廟東廡西廡配位各十案一案四位案設銅爵十有二惟西廡第十案三位案設銅爵九每案硎二簠二實稻粱簋一實黍稷籩四實形鹽棗栗鹿脯豆四實菁菹鹿醢芹菹醓醢銅燭臺二兩廡各設俎二每俎中區為二實羊一豕一兩俎前統設花香案四每香案設銅鑪一香靠具其帛篚東西各四先各設尊桌上奠帛各奠於花香案上



# 欽定大清會典圖卷十六

禮十六　祀典十六

先師廟總圖

先師廟圖

辟雍殿圖

先師廟

大成殿及兩廡位次圖

先師廟

崇聖祠位次圖

# 先師廟總圖

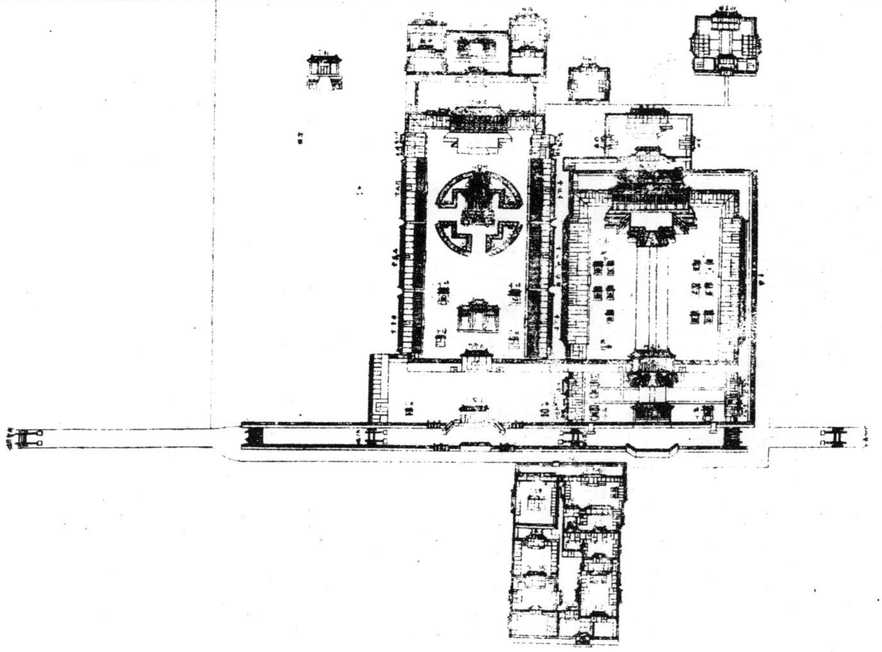

先師廟在安定門內南嚮與太學合建於成賢街之北廟在東太學在西街南為

欽賜學舍廟垣制方大門三間門左右垣廣袤各十五丈門以內

神廚省牲亭在其東

神庫致齋所在其西

神庫致齋所之中門一曰持敬門西嚮以達太學北為

大成門門內左右為東西列舍北嚮北上為

大成殿九間殿左右為東西列舍南嚮東西兩廡

東西對嚮殿後東北複垣一重垣西有門西達
廟與太學垣堧複道又後園垣一重為
崇聖祠正門三閒左右門各一正殿五閒東西廡
各三閒廟之西為太學周垣前後與廟垣毘連
大門三閒為集賢門左右柵欄門各一南嚮與
廟門平列門内東西井亭各一東西垣門各一
東一門即廟西持敬門西一門東嚮西達射圃
北為太學門三閒左右掖門各一左掖門又東
門一南嚮用達廟與太學中閒垣堧複道太學
門内琉璃牌坊一中為
殿雍殿殿東西廡為東西六堂殿北為彝倫堂七
閒堂左為典簿廳右為典籍廳南嚮東為繩愆
廳西為博士廳東西嚮堂後垣一重中為敬一
亭五閒前為敬一之門左右門各一左門東又
一門門内廳事五閒後軒五閒左右房各二閒
右門西又一門門内廳事後軒與東制略同敬
一之門外東西房各五閒房東西門各一東一
門外折而北達土地祠又東折而北達
御書樓西一門外折而北達看箭亭土地祠繚以垣大
門一左右門各一正室三閒東西房各三閒

御書樓繚以垣正樓五閒東西樓各五閒門二門東西
為典守房射圃内看箭亭三閒南嚮外有月臺
前有井一
欽賜學舍在廟與太學之南中隔成賢街周垣南北四
十二丈東西二十丈有五尺大門在方家胡同
南嚮門内左右房各六閒北嚮其北東西穿堂
各三閒南嚮東西六堂為學舍六堂之中有廳
事三閒曰長廳廳後正軒三閒廳前垂花門一
南嚮門外有隙地東達率性修道堂之西偏門
西達正義堂之東偏門東西六堂之閒有南北
複道南折而東達學舍大門北有門達成賢街
街之中當太學集賢門東西有國子監牌坊二
東西相嚮東一坊之東柵欄一又東成賢街牌
坊一西一坊之西柵欄一又西成賢街牌坊一
先師廟大門南太學集賢門南各有屏垣一重照牆
各一左右垣各一太學屏垣左右柵欄二與集
賢門左右柵欄相嚮

先師廟圖

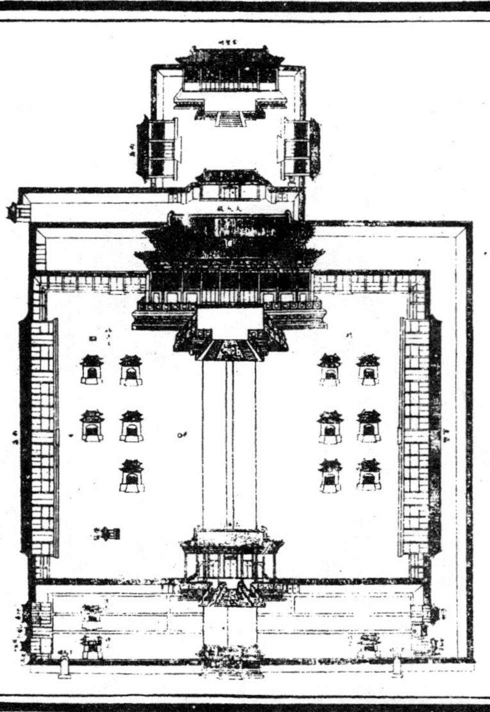

先師廟在太學左南嚮圍垣一重覆以甋瓦街門三間覆黃琉璃瓦楹柱門扉均丹雘梁棟施五采門左右垣覆綠琉璃瓦飾以丹西爲持敬門一間西嚮覆綠琉璃瓦

大成門五間覆黃琉璃瓦崇基石欄中三門前後三出陛中出螭陛左右均十三級門内左右列戟二十有四石鼓十石鼓音訓碣一門外左右列

高宗純皇帝御製重排石鼓十石鼓序石鼓歌碑二左右門各一門内東西列舍各十有一間北嚮

大成殿九間。重檐。南嚮。覆黃琉璃瓦。崇基石欄。階廣八丈四尺一寸。深四丈三尺九寸。高六尺五寸。三出陛。正面中出螭陛。左右均十六級。東西廡各十有九間。覆以瓴瓦緣緣。東西列舍各十有一間。南嚮西南綠色琉璃燎鑪一座。廣七尺五寸。縱五尺三寸。檐高六尺二寸。址砌青沙石。西北瘞坎一。甬道東碑亭六。西碑亭五。東一。勒康熙二十五年聖祖仁皇帝御製至聖先師孔子贊。西一。勒康熙二十八年御製四子贊。西二。勒康熙四十三年平定朔漠告成太學御製文。東二。勒雍正三年平定青海告成太學世宗憲皇帝御製文。西三。勒雍正六年二月仲丁躬祭文廟御製詩。東三。為乾隆四年高宗純皇帝臨雍祀事碑。又乾隆庚申仲秋釋奠御製詩。乾隆甲子仲秋釋奠御製詩。俱勒於碑陰。西四。勒乾隆十四年平定金川告成太學御製文。又乾隆癸酉仲秋釋奠御製詩。乾隆丙子仲春釋奠御製詩俱勒於碑陰。東四。勒乾隆二十年平定準噶爾告成太學御製文。又乾隆二十三年勒銘伊犂御製文。勒於碑陰。西五。勒乾隆二十四年平定回部告成太學御製文。又乾隆己丑仲春釋奠御製詩。勒於碑陰。東五。勒乾隆四十一年平定兩金川告成太學御製文。清字勒於碑陰。東六。勒乾隆三十四年重修文廟御製文。又乾隆癸卯仲春釋奠御製詩。乾隆乙巳仲春釋奠御製詩。俱勒於碑陰。均重檐。崇基。覆黃琉璃瓦。井一。在甬道西。殿後圍垣一重。門一。西嚮。

崇聖祠正門三間。南嚮。覆綠琉璃瓦。左右門各一。垣一重。門一。西嚮。正殿五間。覆綠琉璃瓦。基。基南嚮。東西廡各三間。覆瓴瓦。門楹丹雘。東南燎鑪一。

大成門外東

神廚五間。省牲亭三間。井亭一。西嚮。西

神庫五間。致齋所三間。更衣亭一間。東嚮。甬道東碑亭一。覆綠琉璃瓦。勒前明英宗建太學碑文。甬道西碑亭二。覆黃琉璃瓦。南勒乾隆三十四年高宗純皇帝重修先師廟並頒周彝器諭旨清漢文。北勒道光九年宣宗成皇帝平定回疆告成太學御製文。

街門外左右下馬石碑各一。

辟雍殿南嚮圓頂方宇重檐覆黃琉璃瓦殿方五丈三尺每面三間中央一間方二丈一尺四正四間闊如之深一丈六尺四隅四間方如之九間合為一間四面啟門門四扉左右窗各四外周以廊深六尺八寸柱高一丈六尺徑一尺八寸廊外出檐四尺三寸柱高一丈八尺八寸方一尺四出陛各六級殿基方十一丈二尺環以圓池徑十九丈二尺四達以橋橋各長四丈闊二丈二尺周池護以石欄池中噀水龍口四池北為彝倫堂七間崇基南嚮階一左右為典簿

廳典籍廳各三間均南嚮東西廡凡七十二間北爲繩愆廳博士廳各三間東西嚮各一階其南爲六堂列舍東三堂曰率性曰誠心曰崇志西三堂曰修道曰正義曰廣業每堂十一間堂各一階池南東西碑亭二座東勒乾隆四十九年高宗純皇帝御製新建辟雍圜水記用漢文碑陰勒御製三老五更說用清文西勒記用清文碑陰說用漢文又南琉璃牌坊一座又南鐘鼓亭各一座又南爲太學門三間門一又左右門各一皆南嚮典簿廳之左典籍廳之右各一門北嚮

先師廟大成殿及兩廡位次圖

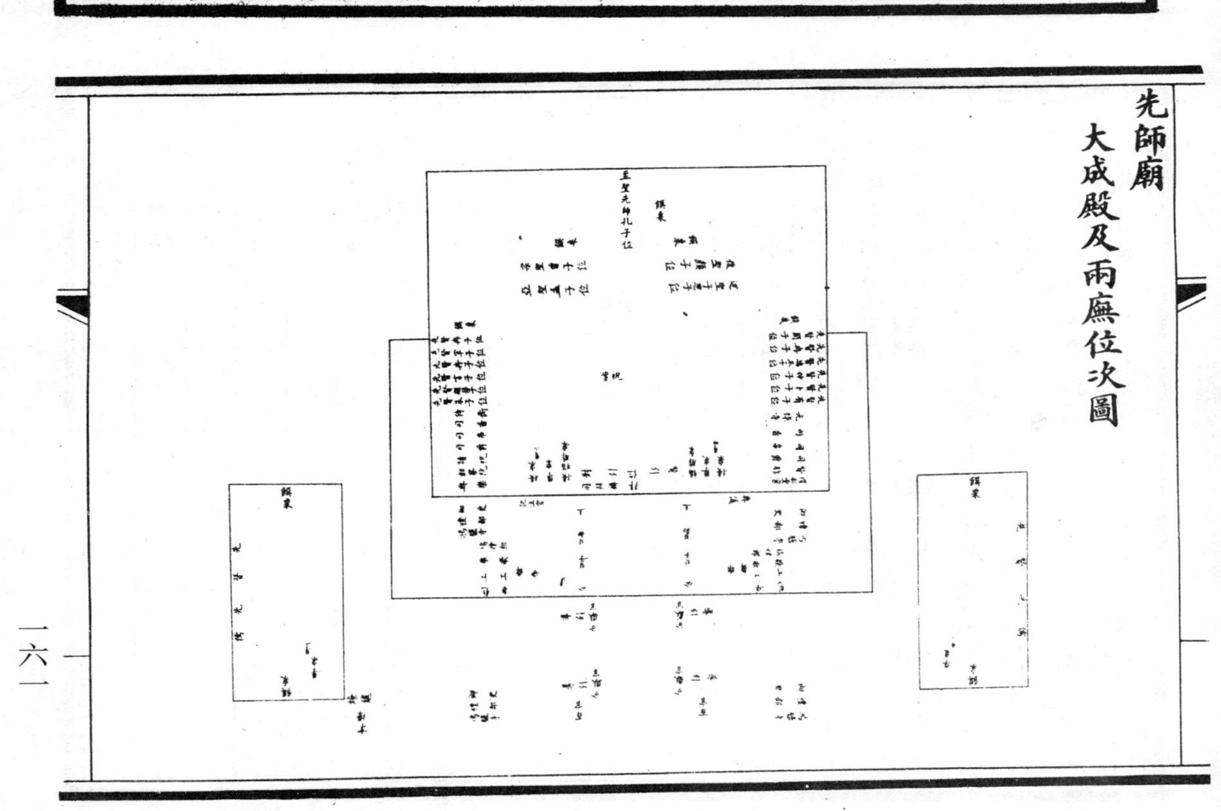

先師廟

大成殿正中一龕

至聖先師孔子位南嚮籩豆案一東配二龕

復聖顏子位

述聖子思子位西嚮西配二龕

宗聖曾子位

亞聖孟子位東嚮籩豆案各一東序一龕

先賢

閔子損位

冉子雍位

端木子賜位

仲子由位

卜子商位

有子若位西嚮籩豆案六西序一龕

先賢

冉子耕位

宰子予位

冉子求位

言子偃位

顓孫子師位

朱子熹位東嚮籩豆案六殿中少西祝案一南嚮

東尊桌一接桌一福胙桌一西尊桌一接桌一

接福胙桌一均北嚮

正位神龕東旁饌桌一南嚮

四配位神龕北旁饌桌各一東西嚮

十二哲位神龕北旁饌桌各一均東西嚮東廡先

賢公孫僑林放原憲南宮适商瞿漆雕開司馬

耕梁鱣冉孺伯虔冉季漆雕徒父漆雕哆公西

赤任不齊公良孺公肩定鄡單罕父黑榮旂左

人郢鄭國原亢廉潔叔仲會公西輿如邽巽陳

亢琴張步叔乘秦非顏噲顏何縣亶牧皮樂正
克萬章周敦頤程顥邵雍四十位先儒公羊高
伏勝毛亨孔安國后倉許慎鄭康成范甯陸贄
范仲淹歐陽修司馬光謝良佐呂大臨羅從彥
李綱張栻陸九淵陳湻眞德秀何基文天祥趙
復金履祥陳澔方孝孺薛瑄胡居仁羅欽順呂
柟劉金周孫奇逢張履祥陸隴其張伯行三十
五位共十九龕籩豆案三十八均西嚮西廡先
賢蘧瑗澹臺滅明宓不齊公冶長公晳哀高柴
樊須商澤巫馬施顏辛曹卹公孫龍秦商顏高

壤駟赤石作蜀公夏首后處奚容蒧顏祖句井
疆秦祖縣成公祖句茲燕伋樂欬狄黑孔忠公
西蒧顏之僕施之常申棖左邱明秦冉公明儀
公都子公孫丑張載程頤三十九位先儒穀梁
赤高堂生董仲舒劉德毛萇杜子春諸葛亮王
通韓愈胡瑗韓琦楊時游酢尹焞胡安國李侗
呂祖謙袁燮黃榦輔廣蔡沈魏了翁王柏陸秀
夫許衡吳澄許謙曹端陳獻章蔡清王守仁呂
坤黃道周陸世儀湯斌三十五位共十九龕籩
豆案三十七均東嚮廡內兩旁各設饌桌一南

北嚮門內之南各設尊桌一北嚮殿門內正中
為上丁釋奠
皇帝親詣行禮拜位北嚮贊引對引各一人東西面
司拜褥一人立於左司香司帛各四人司爵九
人贊福胙官一人捧福酒福胙光祿寺卿二人
立東案之東西面司香司帛各三人司爵八人
讀祝官一人接福酒福胙侍衛二人立西案之
西東面侍儀禮部尚書一人侍郎一人立東案
之南西面都察院左都御史一人副都御史一
人樂部典樂一人立西案之南東面殿外階上

左右為陪祀王以下公以上拜位東西各二班
均北嚮典儀一人立於殿左門外西面記注官
四人立於西東面司樂協律郎樂工歌工文舞
六佾分立樂懸之次階下甬道左右為分獻官
拜位其南為陪祀百官拜位東西各五班均北
嚮引禮鴻臚寺官四人糾儀御史禮部司官各
六人分立王公百官拜位之次東西面
正殿導引官六人兩廡導引官四人分立東西分
獻官拜位之次掌燎官一人立於燎鑪之次兩
廡均用司香司帛司爵各二人遣官釋奠殿外

階上正中為王承祭拜位階下甬道中為大學士承祭拜位甬道左右為分獻官拜位殿中門楹內為讀祝時及受福胙拜位王公不陪祀不用司拜褥典樂記注官司香司帛司爵

正位

配位用國子監監丞助教學正學錄等官兩序兩廡用國子生充捧福酒福胙接福酒福胙均用國子生監禮糾儀殿內用禮部司官二人立東案之南西面御史四人立西案之南東面庭中用禮部司官御史鴻臚寺官各四人其餘各位次同

視學釋奠位次與上丁

親詣行禮同陪祀百官東西各七班翰林詹事官在東國子監官在西衍聖公在東班之首五經博士孔氏族五人顏曾等氏族官各二人現官京師者在東班之末均北面因事祇告

先師位不及

配位

哲位尊桌接桌惟一階下正中為承祭官拜位北嚮不陪祀司香司帛司爵各一人立東案之東西面讀祝官一人典儀一人掌燎一人立位與丁祭同

先師廟崇聖祠位次圖

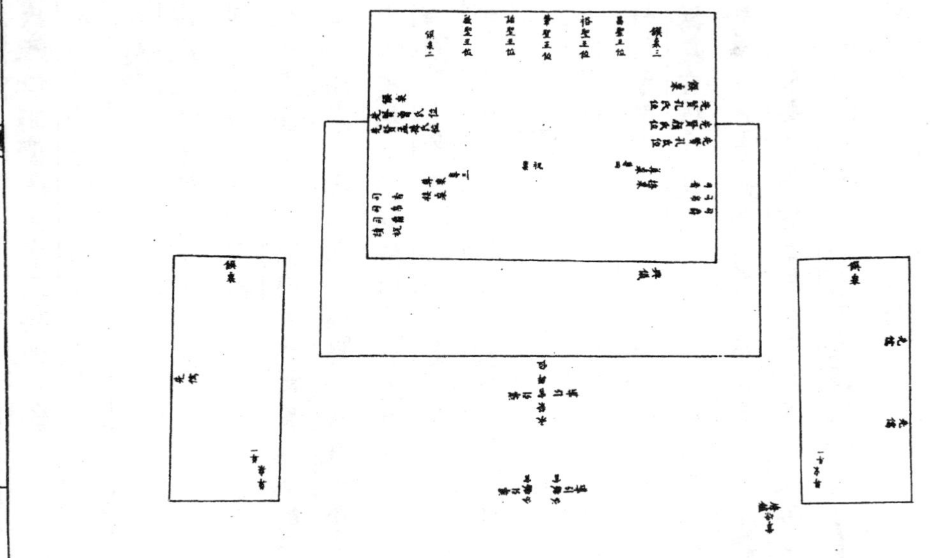

先師廟

崇聖祠正中一龕

肇聖王位左一龕

裕聖王位右一龕

詒聖王位左二龕

昌聖王位右二龕

啟聖王位均南嚮籩豆案五東配二龕

先賢

孔氏孟皮位

顏氏無繇位

孔氏鯉位。西嚮籩豆案三。西配一龕。
先賢
曾氏點位
孟孫氏激位。東嚮籩豆案二。
正位案旁東饌桌三。西饌桌二。
配位饌桌東西各一。殿內少西祝案一。南嚮東尊桌一。接桌一。西尊桌一。接桌一。東廡二龕首龕
先儒周輔成位。程珦位。次龕先儒蔡元定位。均西嚮籩豆案二。西廡一龕先儒張迪位。朱松位。東嚮籩豆案一。饌桌尊桌東西廡各一。階下正中為承祭官行禮拜位。殿中門楹內。為讀祝時拜位。承祭官行禮拜位後。為分獻官拜位。皆北嚮。左右導引。東西面。司香司帛司爵各五人。立於東案之東西面。司香司帛司爵各五人。讀祝官一人。立於西案之西東面。典儀一人。立殿門外之東西面。掌燎一人。立燎鑪旁。兩廡司香司帛司爵各三人。上丁釋奠
視學釋奠位次同。

# 欽定大清會典圖卷十七

禮十七　祀典十七

先師廟正位陳設圖

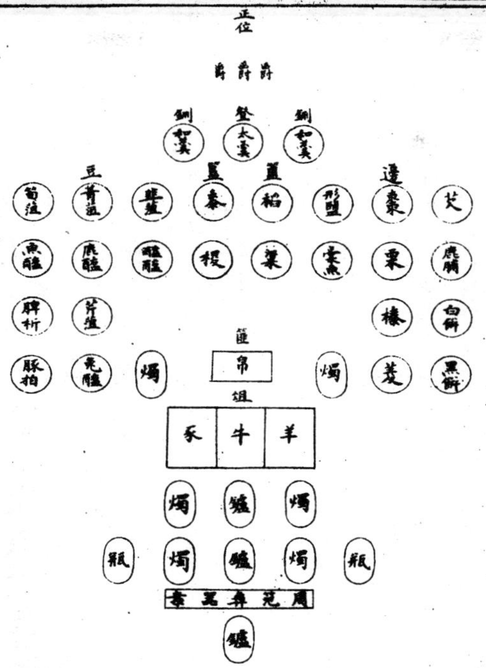

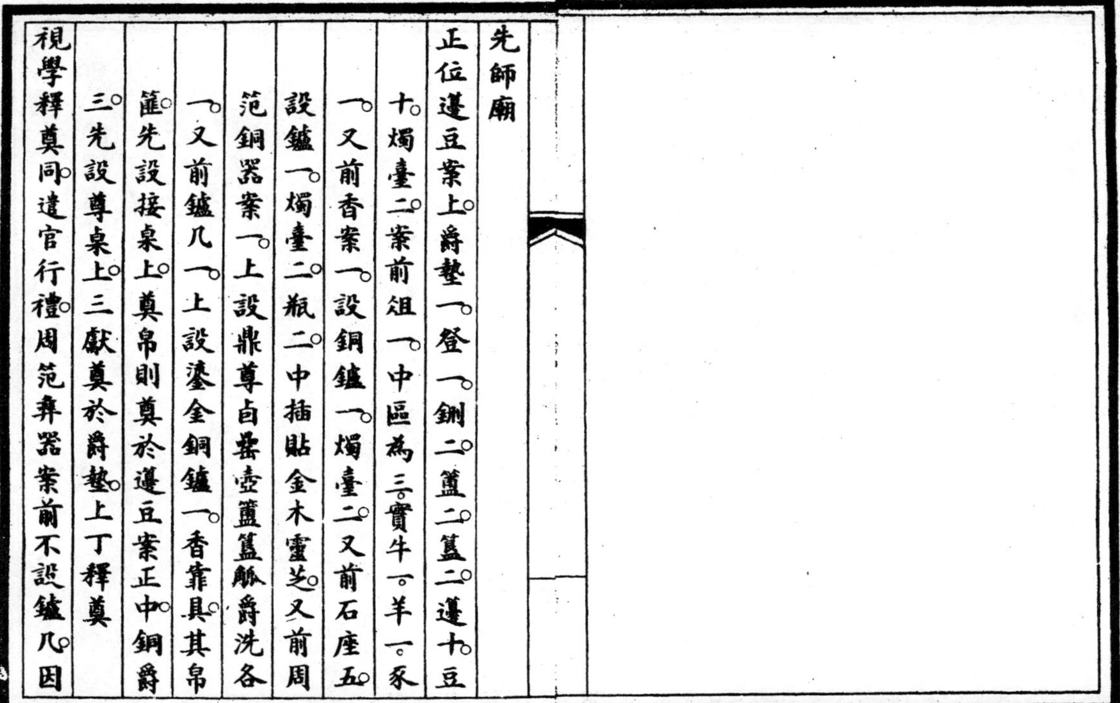

先師廟

正位籩豆案上爵墊一。登一。鉶二。簠二。簋二。籩十。豆十。燭臺二。案前俎一。中區爲三。實牛一。羊一。豕一。又前香案一。設銅鑪一。燭臺二。又前石座五。設鑪一。燭臺二。瓶二。中插貼金木靈芝。又前周范銅器案一。上設鼎尊卣罍壺簠簋觚爵洗各一。又前鑪几一。上設鎏金銅鑪一。香靠具其帛篚。先設接桌上奠帛則奠於籩豆案正中銅爵三。先設尊桌上三獻奠於爵墊上丁釋奠

視學釋奠同遣官行禮周范彝器案前不設鑪几。因

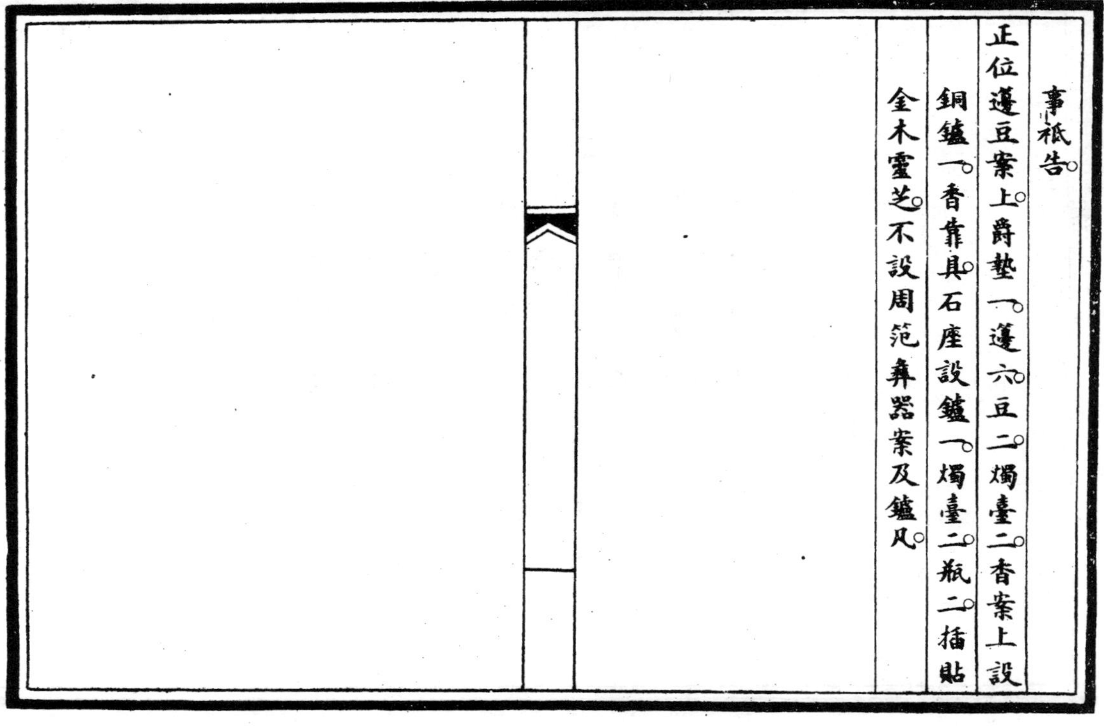

事祗告。正位籩豆案上爵墊一。籩六豆二。燭臺二。香案上設銅鑪一。香靠具石座設鑪一。燭臺二。瓶二。插貼金木靈芝。不設周笵彝器案及鑪凡。

先師廟

配位陳設圖

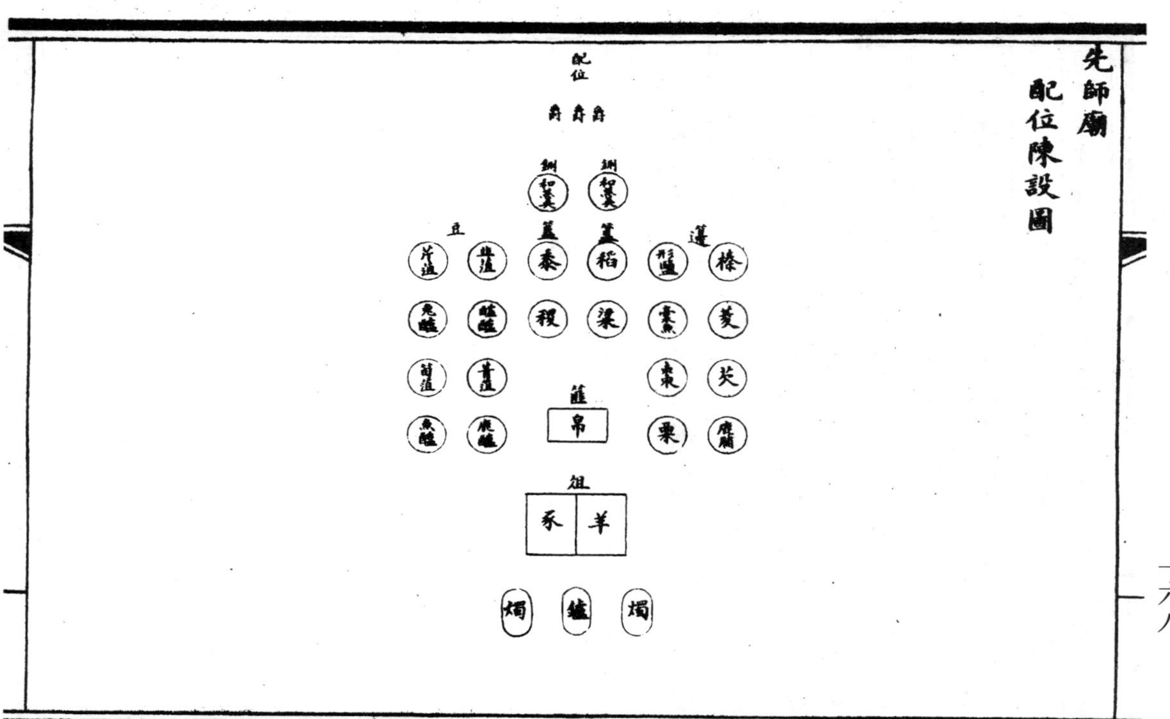

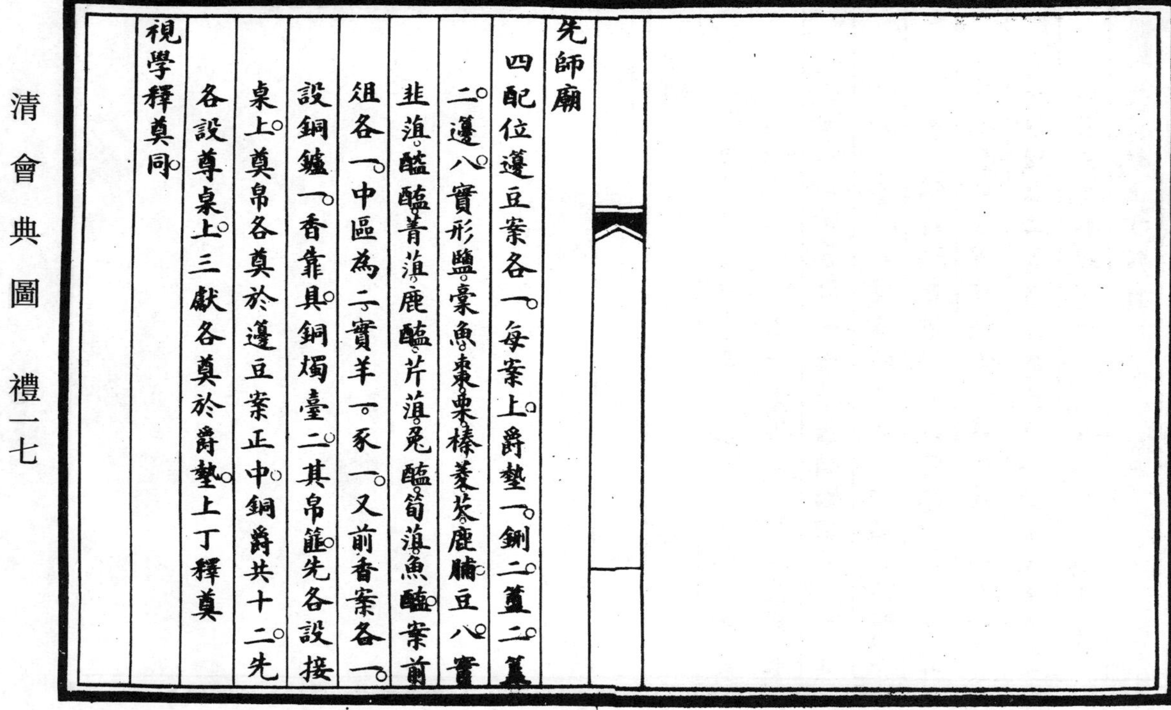
先師廟

四配位籩豆案各一。每案上爵墊一。鉶二。簠二。簋二。籩八。實形鹽、槀魚、棗、栗、榛、菱、芡、鹿脯。豆八。實韭菹、醓醢、菁菹、鹿醢、芹菹、兔醢、筍菹、魚醢。案前俎各一。中區為三。實羊一、豕一。又前香案各一。設銅鑪一。香靠具、銅燭臺二。其帛篚先各設接桌上。奠帛各奠於籩豆案正中。銅爵共十二。先各設尊桌上。三獻各奠於爵墊上。丁釋奠視學釋奠同。

先師廟

哲位陳設圖

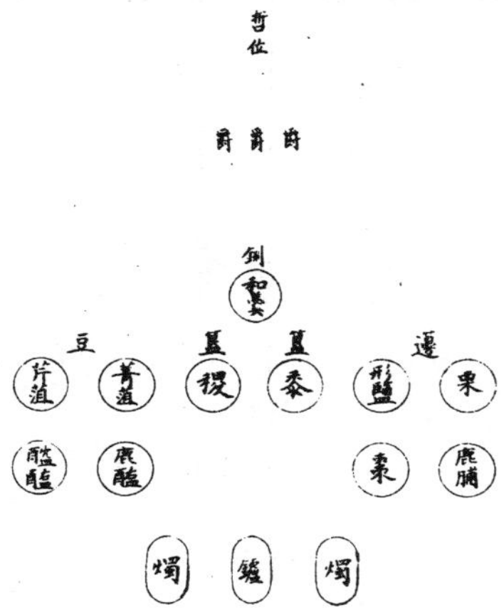

哲位

爵　爵　爵

鉶 和羹

籩　簋　簠　豆

栗　形鹽　黍　稷　菁菹　芹菹

鹿脯　棗　鹿醢　醓醢

燭　鑪　燭

先師廟

十二哲位。東西籩豆案各六。每案上。爵墊一。銅爵三。鉶一。簠二。一實黍。一實稷。籩四。實形鹽。棗。栗。鹿脯。豆四。實菁菹。鹿醢。芹菹。醓醢。銅鑪一。香靠具。銅燭臺二。六案前統設俎一。中區為三。實羊一。豕一。俎前總香案一。上設爵墊一。鑪一。香靠具。燭臺二。香案前銅鑪一。其帛篚東西各一。先各設接桌上。奠帛各奠於總香案上。又銅爵東西各三。先各設尊桌上。三獻各奠於總香案上之爵墊。上丁釋奠

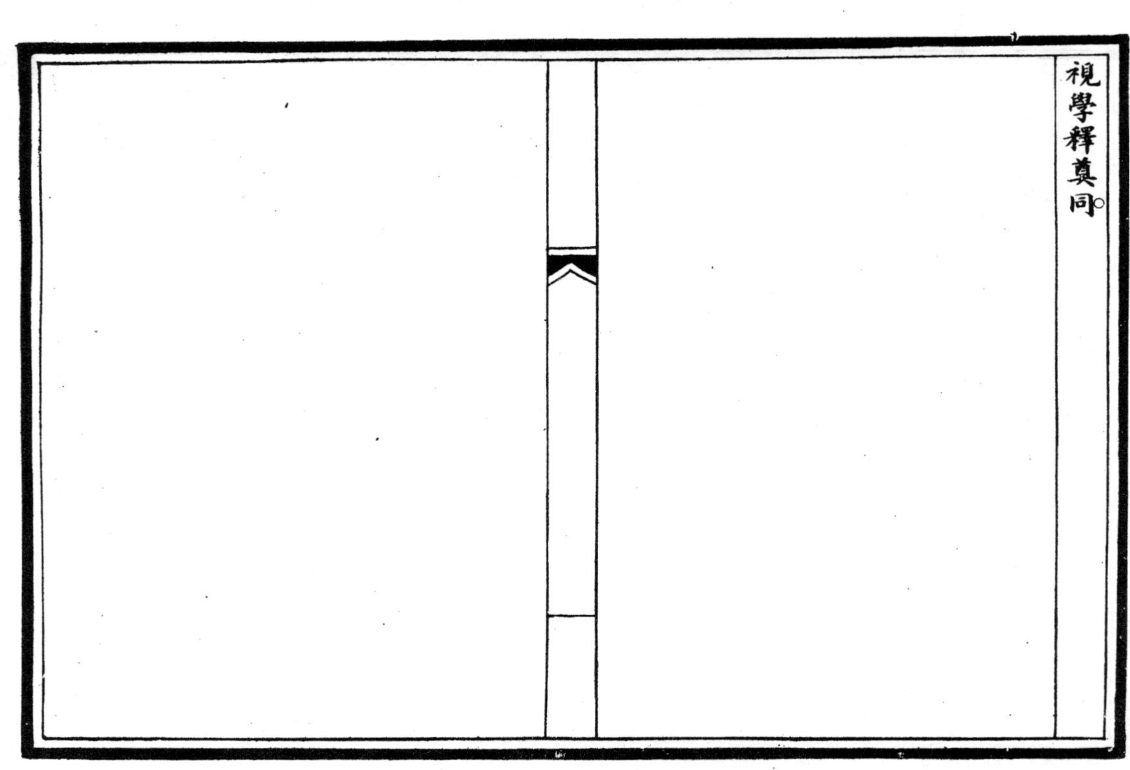

視學釋奠同。

# 先師廟兩廡陳設圖

先師廟東廡籩豆案三十八。案上每位前設銅爵一。每案簠二。籩四。豆四。鑪一。燭臺二。案前俎三。每俎中區為二。實羊一。豕一。俎前總香案二。各設銅鑪一。燭臺二。西廡籩豆案三十七。俎三。總香案二。陳設如東廡。其帛篚東西各二。先各設尊桌上。奠帛各奠於總香案上。又銅爵東西各六。先各設尊桌上。三獻各奠三爵於總香案上。上

丁釋奠

視學釋奠同。

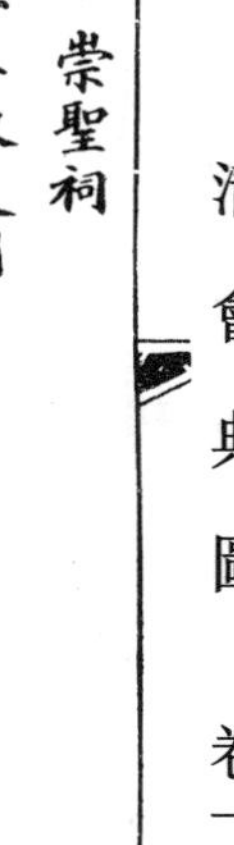

崇聖祠

正位陳設圖

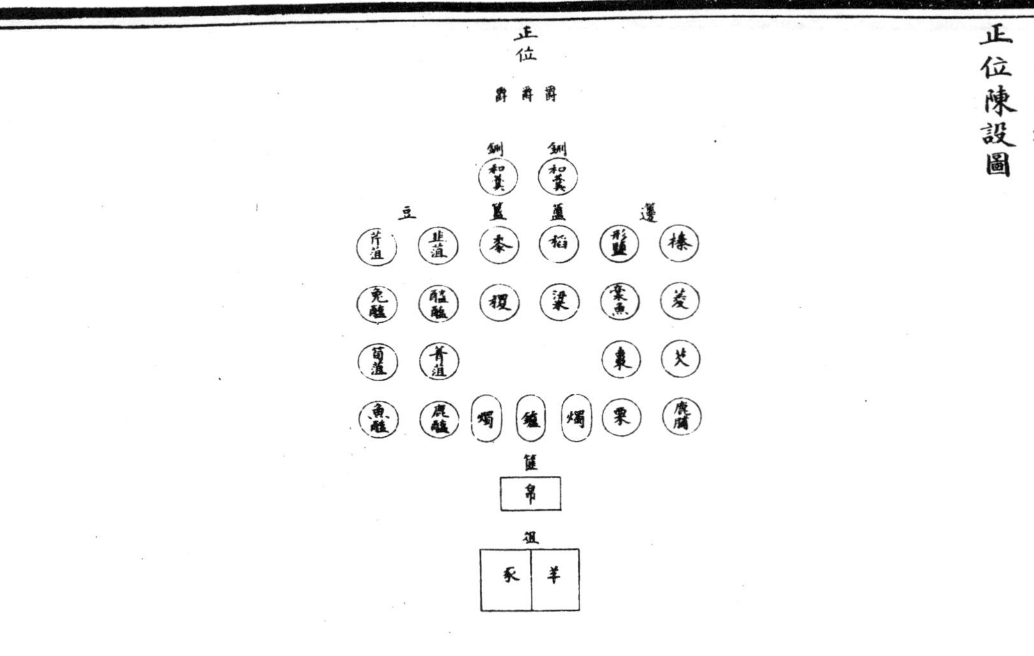


崇聖祠

正位。籩豆案五。每案上爵墊一。鉶二。簠二。簋二。籩八。豆八。鐙一。燭臺二。案前俎各一。中區為二。實羊一。豕一。其帛篚每案一。先各設接桌上。奠帛各奠於籩豆案正中。銅爵每案三。先各設尊桌上。三獻各奠於爵墊。

崇聖祠
配位陳設圖

配位

爵　爵　爵

鉶
和羹

豆　簠　簠　籩

芹菹　菁菹　稷　黍　形鹽　栗

醓醢　鹿醢　棗　鹿脯

燭　鑪　燭

篚
帛

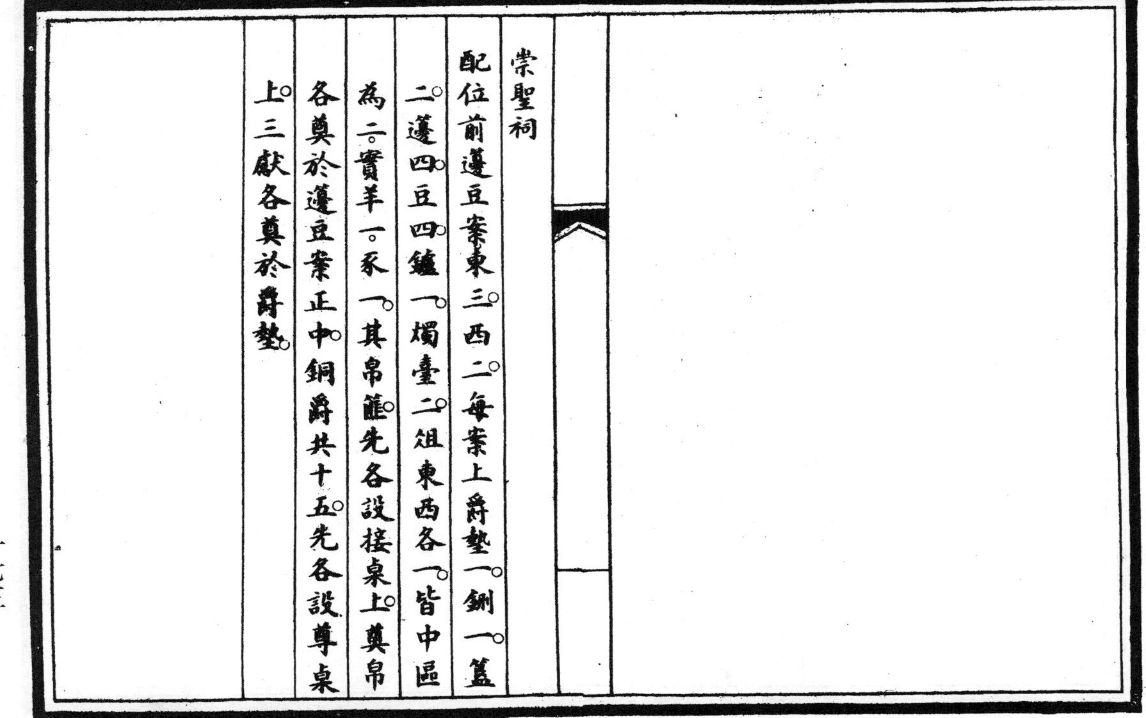

崇聖祠

配位前籩豆案東三。西二。每案上爵墊一。鉶一。簠二。籩四。豆四。鐙一。燭臺二。俎東西各一。皆中區為二。實羊一。豕一。其帛篚先各設接桌上。奠帛各奠於籩豆案正中。銅爵共十五。先各設尊桌上。三獻各奠於爵墊。

## 崇聖祠兩廡陳設圖

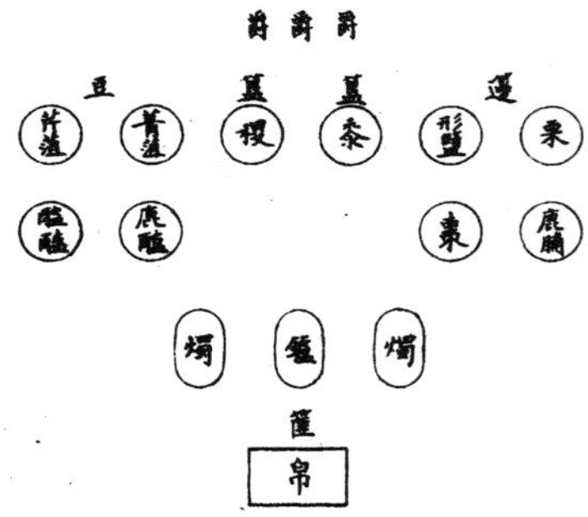

崇聖祠東廡籩豆案二。西廡籩豆案一。每案上簠二。籩四。豆四。鑪一。燭臺二。東西廡俎各一。皆中區為二。實羊一。豕一。其帛篚東西各一。銅爵東廡六。西廡三。

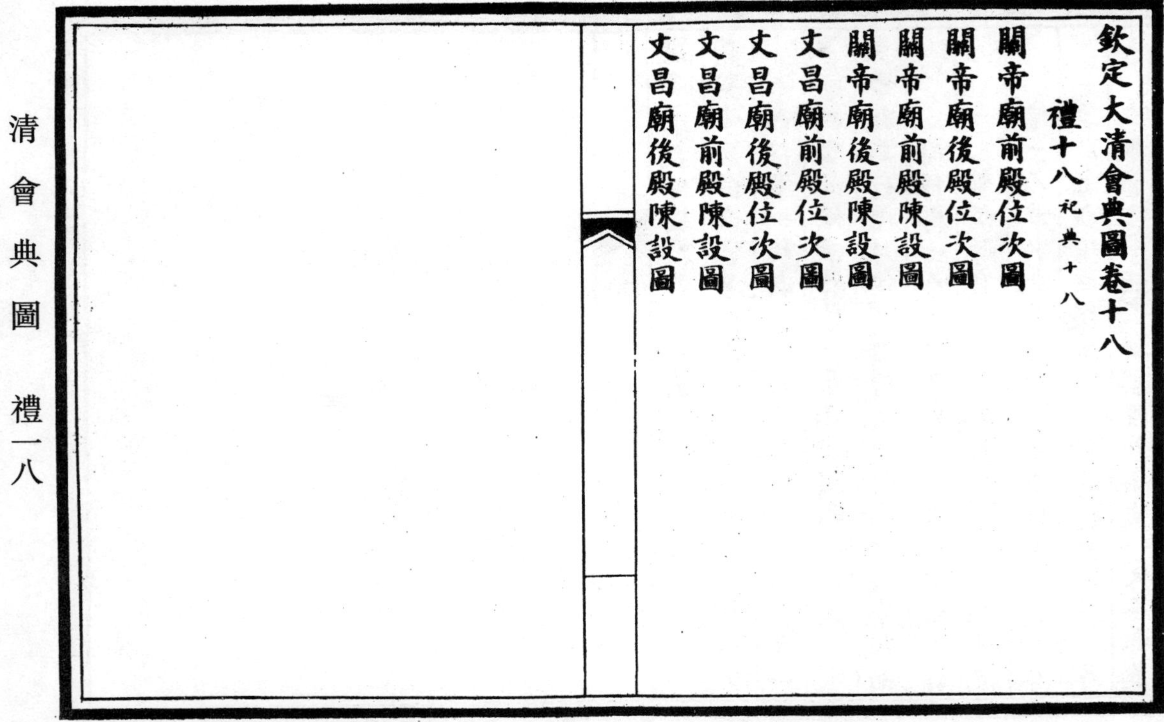

欽定大清會典圖卷十八

禮十八 祀典十八



關帝廟前殿位次圖

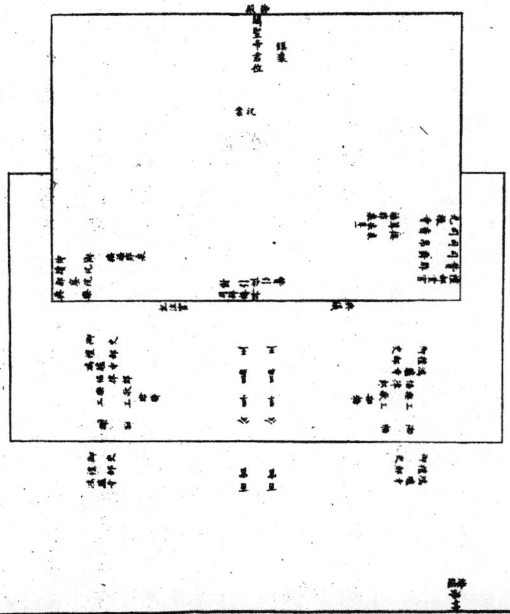

關帝廟在地安門外之西前殿正中一龕關聖帝君位南嚮籩豆案一案東旁饌桌一案前少西祝案一均南嚮東尊桌一接桌一福胙桌一西嚮西接福胙桌一東嚮殿門內正中為皇帝親詣行禮拜位北嚮贊引對引各一人東西面立司拜褥一人立於西東面司香司帛司爵各一人贊福胙官一人立於尊桌之東西面讀祝官一人立於祝案之西接福酒福胙侍衛二人立於讀祝官之後皆東面侍儀禮部堂官一人立東案之南西面都察院都御史一人樂部典樂一人立西案之南東面典儀一人立於殿外東階西面記注官四人立於西階東面階下甬道左右為陪祀王以下公以上拜位廟門外為陪祀百官拜位御史禮部司官鴻臚寺官各四人分立王公百官拜位左右殿外東西分設樂懸北嚮司樂協律郎樂工歌工分立樂懸之次均東西面樂舞生文武八佾分行序立東廡南燎鑪一掌燎官率燎人立於燎鑪之隅遣官行禮殿門外正中為承祭官拜位北嚮導引二人東西面不飲福受胙不設福胙桌接福胙桌不用光祿寺卿侍衛贊胙司拜褥典樂記注官承祭及百官陪祀拜位糾儀用御史四人禮部司官四人不用鴻臚寺其餘各位次同

關帝廟後殿位次圖

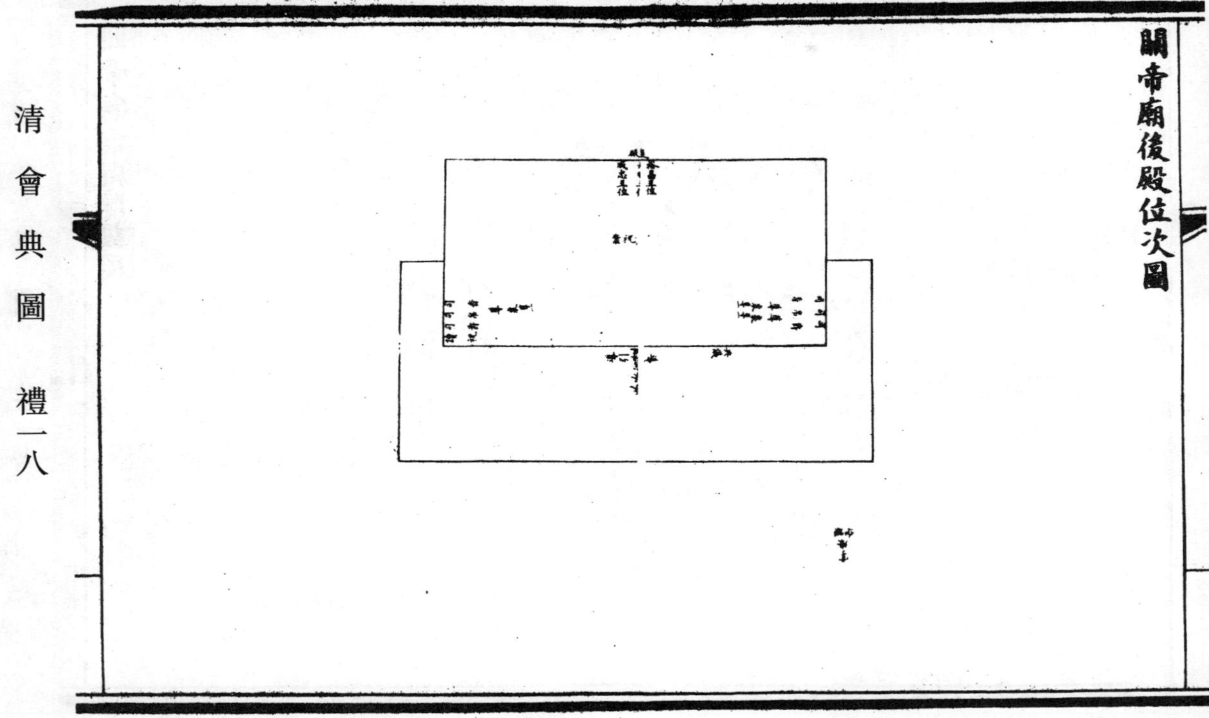

關帝廟後殿三龕。
光昭王位中。
裕昌王位左。
成忠王位右。均南嚮。籩豆案三。案前少西祝案一。南嚮。東尊桌二。西尊桌一。東西嚮。檐下正中為承祭官拜位。北嚮。導引二人。左右立。東西面。讀祝官一人。立於祝案之西。東面。司香司帛司爵東各二人。西各一人。立於東西尊桌之次。東西面。典儀一人。立於殿外檐下東階。西面。東廡南燎鑪一。掌燎官率燎人立於燎鑪之南。

爵爵爵

鉶 和羹　登 太羹　鉶 和羹

豆　簠　簋　籩

菁菹　韭菹　黍　稻　形鹽　棗　芡
筍菹　鹿醢　醓醢　稷　粱　稾魚　栗　鹿脯
魚醢　兔醢　榛　白餅
脾析　芹菹　菱　黑餅
豚拍

篚 帛

俎 豕　牛　羊

燭　鑪　燭

關帝廟前殿春秋致祭籩豆案上登一鉶二簠二簋二籩十豆十案前俎一中區為三實牛一羊一豕一又前香几設銅鑪一香靠具鐙几設燭臺二其帛篚一銅爵三先設尊桌上奠獻皆奠於籩豆案五月十三日告祭供鹿兔果酒豆二籩六不設鉶桌其祝案及俎鑪燭臺與春秋致祭同後殿是日告祭同

## 關帝廟後殿陳設圖

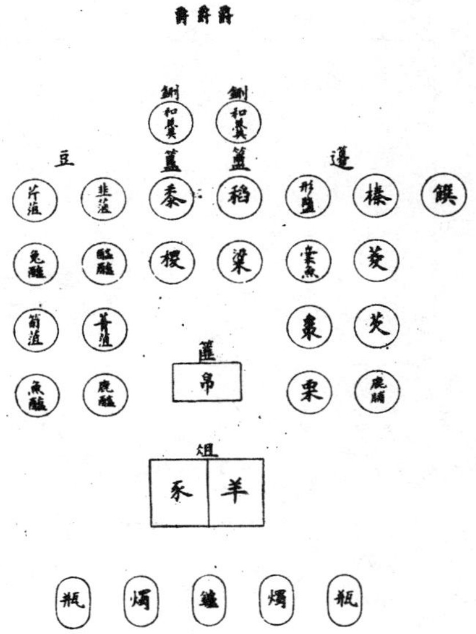

爵爵爵

鉶　鉶
和羹　和羹

豆　簠　簋　籩

芹菹　韭菹　黍　稻　形鹽　榛　饌
兔醢　醓醢　稷　粱　槁魚　菱
筍菹　菁菹　棗　芡
篚
帛
魚醢　鹿醢　栗　鹿脯

俎
豕　羊

瓶　燭　鑪　燭　瓶

關帝廟後殿春秋致祭籩豆案三。每案上均設鉶二、簠二、簋二、籩八、豆八。案旁各設饌盤一。案前俎各一，皆中區為二。實羊一、豕一。又前香案各一，均設銅鑪一、香靠具、燭臺二、花瓶二，中插貼金木靈芝。每案帛篚一、銅爵三。先各設尊桌上，奠獻各奠於籩豆案。

# 文昌廟前殿位次圖

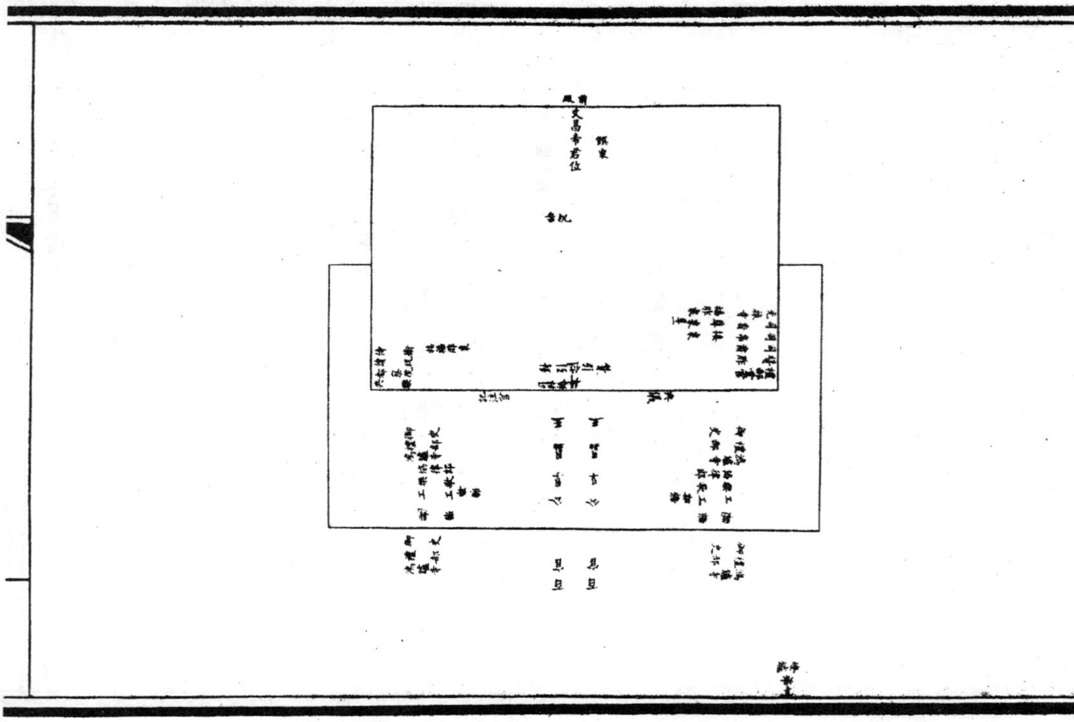

前殿
文昌帝君位
饌桌
祝案

文昌廟在地安門外之東前殿正中一龕

文昌帝君位南嚮籩豆案一案東旁饌桌一案前少西祝案一均南嚮東尊桌一接桌一福胙桌一西嚮西接福胙桌一東嚮殿門內正中爲

皇帝親詣行禮拜位北嚮贊引對引各一人東西面立司拜褥一人立於西東面司香司帛司爵各一人贊福胙官一人立於尊桌之東西面讀祝官一人立於祝案之西接福酒福胙侍衞二人立於讀祝官之後皆東面侍儀禮部堂官一人立東案之南西面都察院都御史一人樂部典

樂一人。立西案之南。東面。典儀一人。立於殿外東階。西面。記注官四人。立於西階。東面。階下甬道左右。為陪祀王以下公以上拜位。魁光殿前。為陪祀百官拜位。御史禮部司官鴻臚寺官各四人。分立王公百官拜位左右。殿外東西分設樂懸。北嚮。司樂協律郎樂工。歌工。分立樂懸之次。均東西面。樂舞生文六佾。分行序立。東南隅燎爐一。掌燎官率燎人立於燎爐之南。遣官行禮。殿門外正中。為承祭官拜位。北嚮。導引二人。東西面。不飲福受胙。不設福胙桌。接福胙桌不用光祿寺卿侍衛贊胙司拜褥典樂。記注官。承祭及百官陪祀拜位。糾儀用御史四人。禮部司官四人。不用鴻臚寺。其餘各位次同

## 文昌廟後殿位次圖

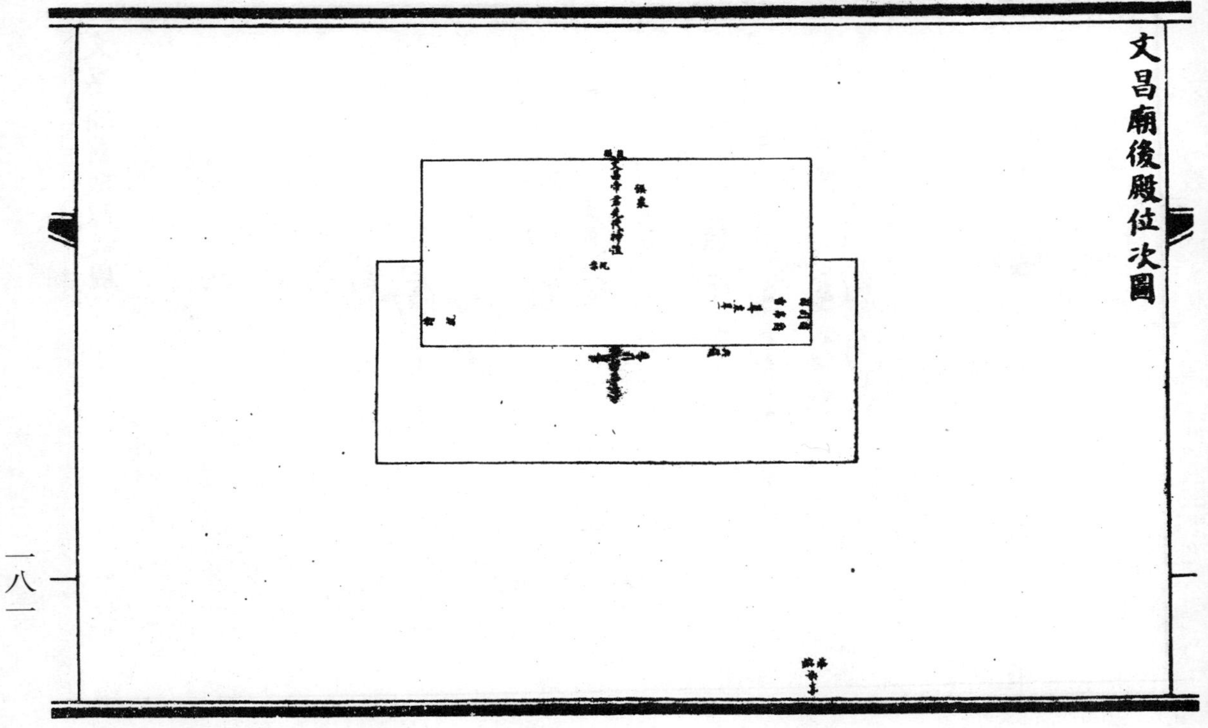

文昌廟後殿一龕。

文昌帝君先代神位南嚮。籩豆案一。案東旁饌桌一。案前少西祝案一。南嚮。東尊桌一。西嚮。檐下正中為承祭官拜位。北嚮。導引二人。左右立。東西面。讀祝官一人。立於祝案之西。東面。司香司帛司爵各一人。立於尊桌之東。皆西面。典儀一人。立於殿外檐下之東。西面。殿前東燎鑪一。掌燎官率燎人立於燎鑪之南。

文昌廟前殿陳設圖

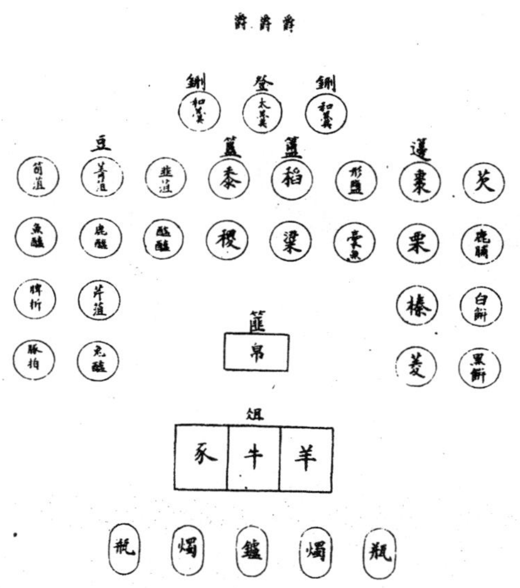

爵　爵　爵

鉶 和羹　登 太羹　鉶 和羹

豆　簠　簋　籩

筍菹　菁菹　韭菹　黍　稻　形鹽　棗　芡

魚醢　鹿醢　醓醢　稷　粱　槀魚　栗　鹿脯

脾析　芹菹　榛　白餅

豚拍　兔醢　篚 帛　菱　黑餅

俎

豕　牛　羊

瓶　燭　鑪　燭　瓶

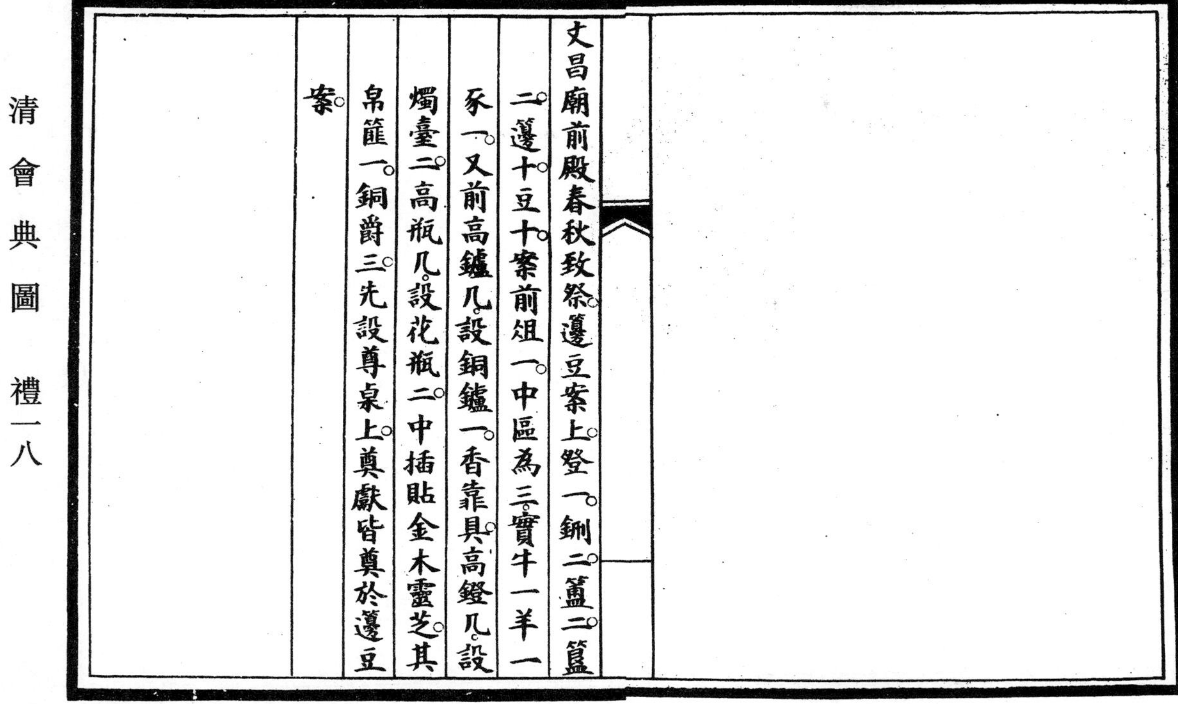
文昌廟前殿春秋致祭籩豆案上登一。鉶二。簠二。簋二。籩十。豆十。案前俎一。中區為三。實牛一羊一豕一。又前高鑪几。設銅鑪一。香靠具。高鐙几。設燭臺二。高瓶几。設花瓶二。中插貼金木靈芝。其帛篚一。銅爵三。先設尊桌上。奠獻皆奠於籩豆案。

## 文昌廟後殿陳設圖

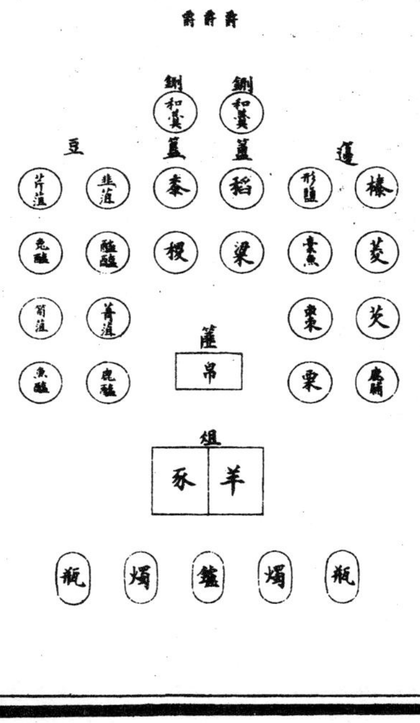

爵　爵　爵

鉶 和羹　鉶 和羹

豆　簋　簠　籩

芹菹　韭菹　黍　稻　形鹽　榛

兔醢　醓醢　稷　粱　藁魚　菱

筍菹　菁菹　棗　芡

篚 帛

魚醢　鹿醢　栗　鹿脯

俎 豕　羊

瓶　燭　鑪　燭　瓶

文昌廟後殿春秋致祭。籩豆案上。鉶二。簠二。簋二。籩八。豆八。案前俎一。中區為三。實羊一豕一。鑪几。鐙几。瓶几。帛篚。銅爵與前殿同。

# 欽定大清會典圖卷十九

禮十九 祀典十九

先醫廟位次圖

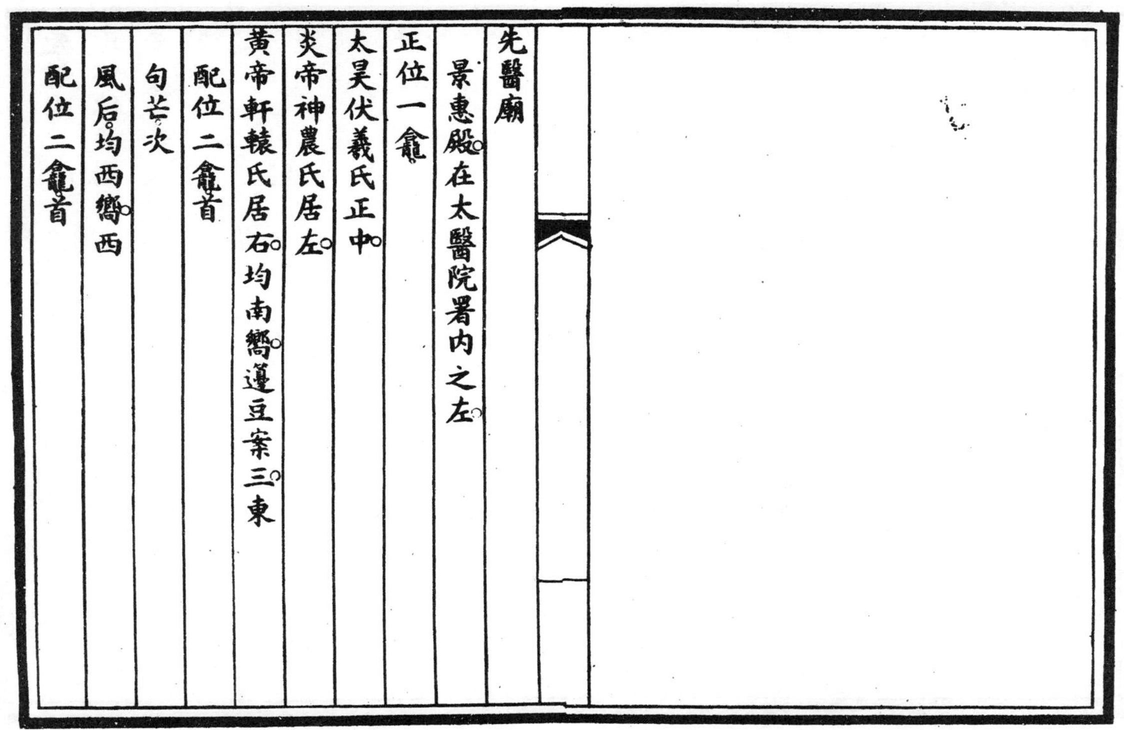

先醫廟

景惠殿。在太醫院署內之左。

正位一龕

太昊伏羲氏正中。

炎帝神農氏居左。

黃帝軒轅氏居右。均南嚮。籩豆案三。東

配位二龕首

句芒次

風后。均西嚮。西

配位二龕首

祝融次。力牧。均東嚮。籩豆案東西各一。東廡三龕首僦貸季。夭師岐伯。伯高。少師。太乙雷公。次伊尹。倉公。湻于意。華陀。皇甫謐。巢元方。次藥王韋慈藏。錢乙。劉元素。李杲。均西嚮。籩豆案三。西廡三龕首鬼臾區。俞跗。少俞。桐君。馬師皇。次神應王扁鵲。張機。王叔和。抱朴子葛洪。真人孫思邈。次啟元子王冰。朱肱。張元素。朱彥修。均東嚮。籩豆案三。殿内中案東旁饌桌一。東案西案北饌桌各一。中案前少西祝案一。南嚮。東尊桌一。接桌二。均西嚮。西尊桌一。接桌二。均東嚮。兩廡均北設饌桌一。南設尊桌一。階上正中為承祭官拜位。甬道左右為分獻官拜位。均北嚮。左右導引東西面。次為陪祀醫官拜位。北嚮。司香司帛司爵各三人。立東尊桌之東。西面。司香司帛司爵各二人。讀祝官一人。立西尊桌之西。東面。典儀一人。立於殿外東檐下。西面。樂部和聲署設慶神歡樂於西階下。正南燎鑪一。掌燎官率燎人立於燎鑪之東。西面。

## 先醫廟正位陳設圖

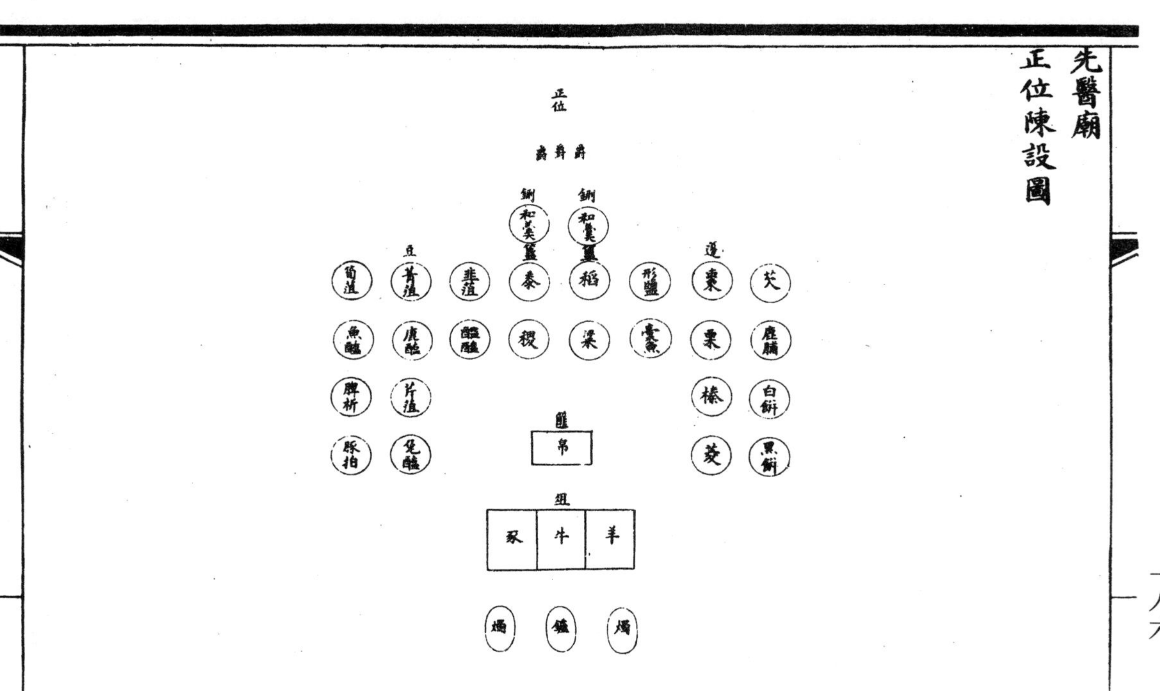

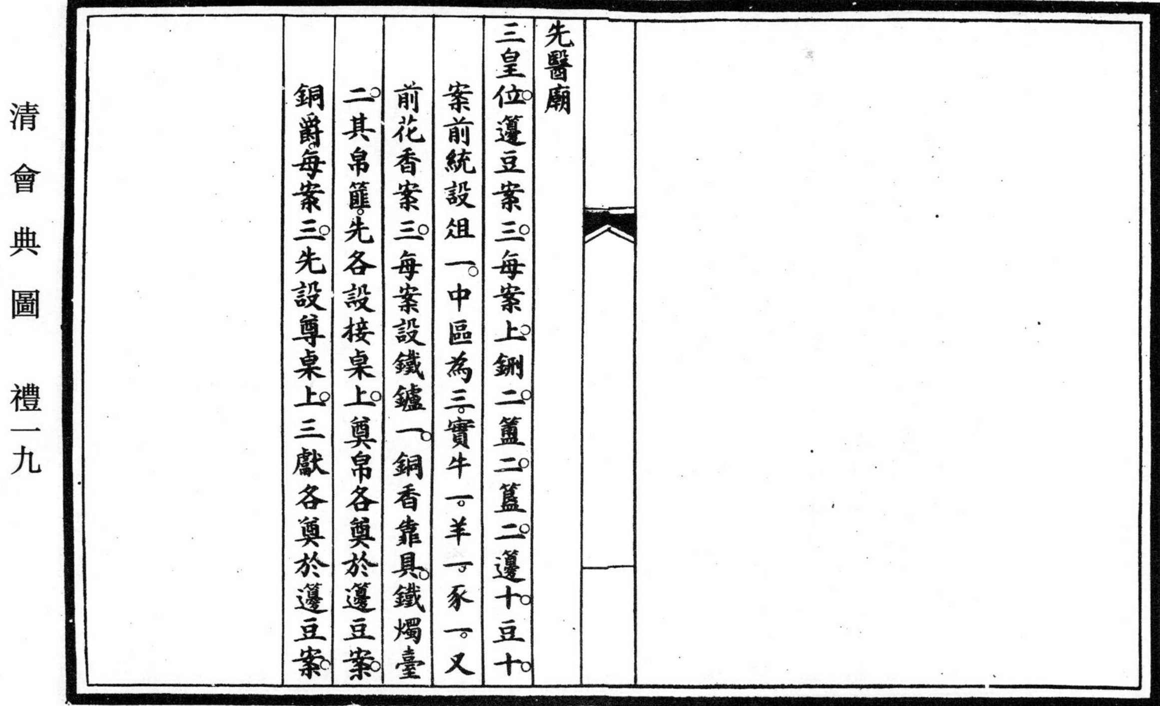

先醫廟

三皇位籩豆案三。每案上鉶二。簠二。簋二。籩十。豆十。案前統設俎一。中區為三。實牛一。羊一。豕一。又前花香案三。每案設鐵鑪一。銅香靠具鐵燭臺二。其帛篚。先各設接桌上。奠帛各奠於籩豆案。銅爵每案三。先設尊桌上。三獻各奠於籩豆案。

先醫廟配位陳設圖

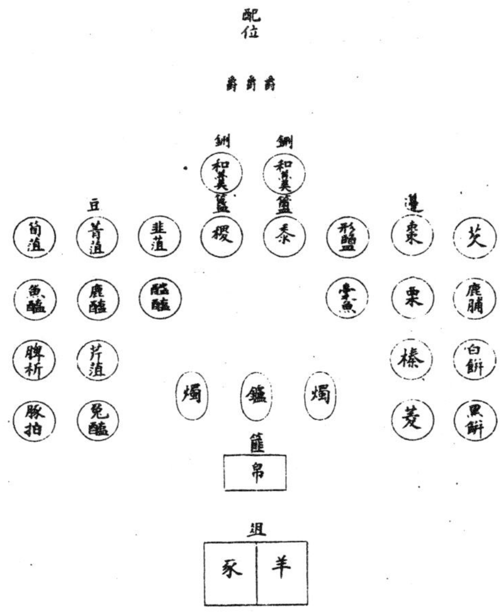

配位

爵 爵 爵

鉶 鉶
和羹 和羹
簠 簋
稷 黍

豆
筍菹 菁菹 韭菹
魚醢 鹿醢 醓醢
脾析 芹菹
豚拍 兔醢

籩
形鹽 棗 芡
藁魚 栗 鹿脯
榛 白餅
菱 黑餅

燭 鑪 燭

篚
帛

俎
豕 羊

先醫廟

配位東西籩豆案各一。每案上鉶二。簠二。簋二。籩十。豆十。鐵香鑪一。銅香靠具鐵燭臺二。案前俎一。皆中區為二。實羊一。豕一。帛篚東西各一。先各設接桌上奠帛各奠於籩豆案。銅爵東西各三。先各設尊桌上。三獻各奠於籩豆案。

先醫廟兩廡陳設圖

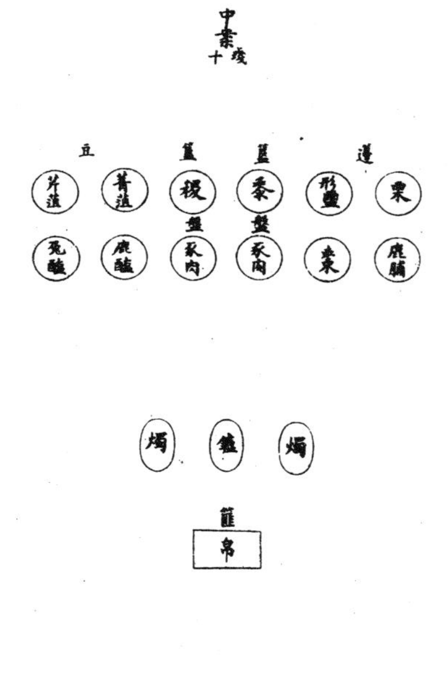

中案
十殘

籩　簠　簋　豆

栗　形鹽　黍　稷　菁菹　芹菹

盤　盤

鹿脯　棗　豕肉　豕肉　鹿醢　兔醢

燭　鑪　燭

篚

帛

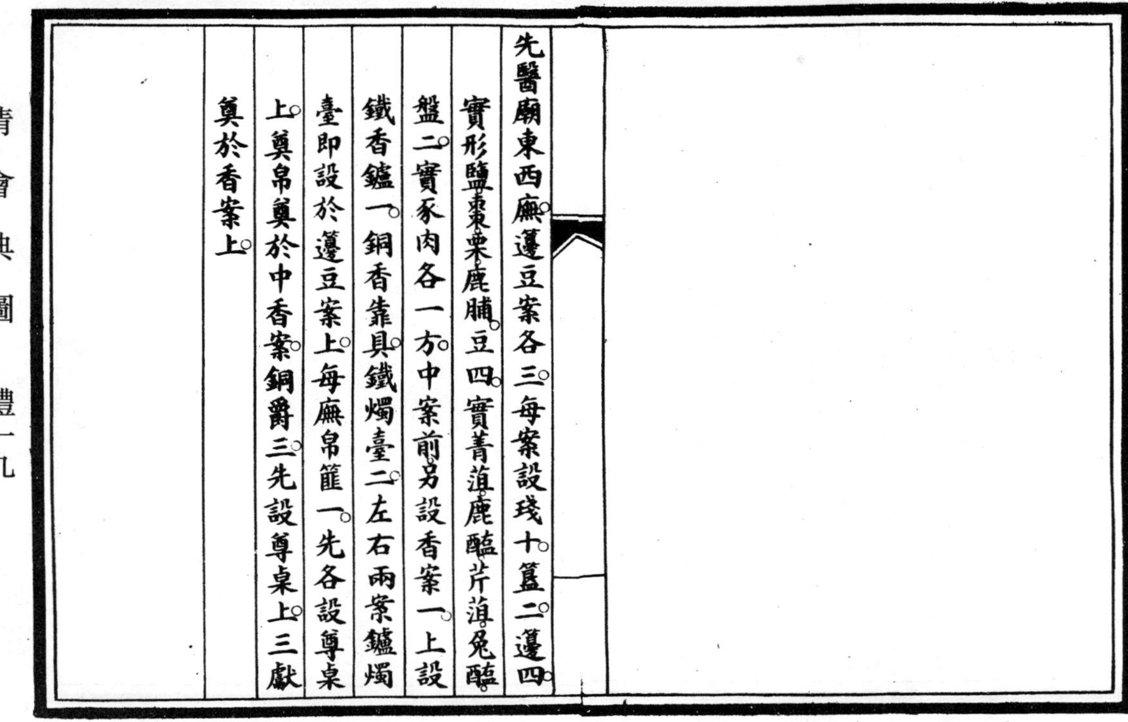

先醫廟東西廡籩豆案各三。每案設琖十。簠二。籩四。實形鹽．棗．栗．鹿脯。豆四。實菁菹．鹿醢．芹菹．兎醢。盤二。實豕肉各一。方中案前另設香案一。上設鐵香鑪一。銅香靠具．鐵燭臺二。左右兩案鑪燭臺即設於籩豆案上。每廡帛篚一。先各設尊桌上。奠帛奠於中香案。銅爵三。先設尊桌上。三獻奠於香案上。

火神廟位次圖

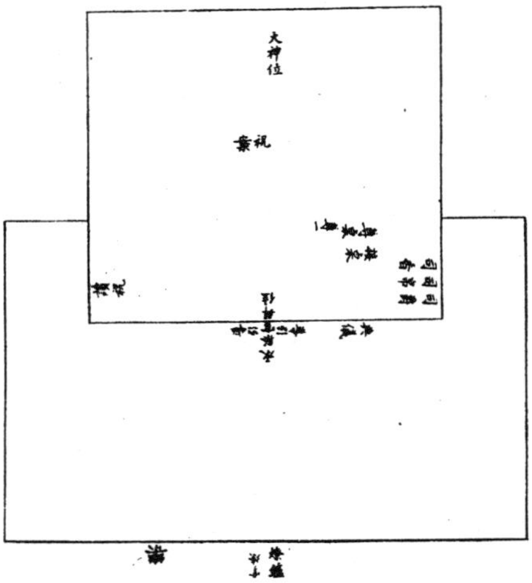

火神位

祝案

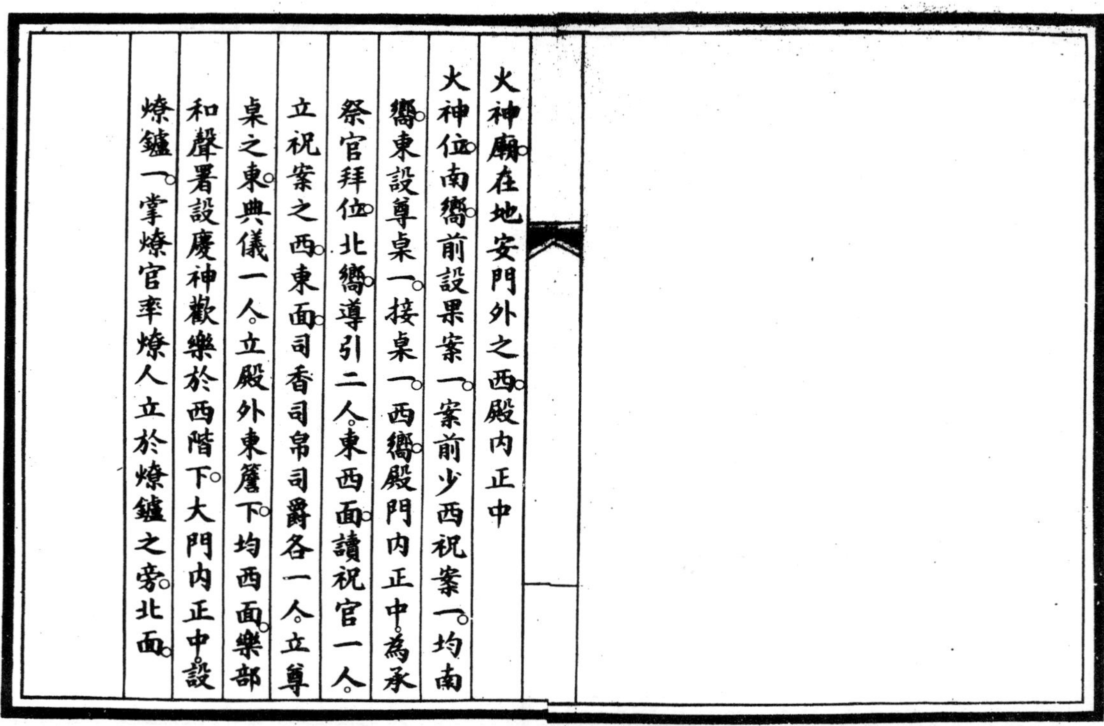

火神廟。在地安門外之西。殿內正中火神位。南嚮。前設果案一。案前少西祝案一。均南嚮。東設尊桌一。接桌一。西嚮。殿門內正中。爲承祭官拜位。北嚮。導引二人。東西面。讀祝官一人。立祝案之西。東面。司香司帛司爵各一人。立尊桌之東。典儀一人。立殿外東簷下。均西面。樂部和聲署設慶神歡樂於西階下。大門內正中。設燎鑪一。掌燎官率燎人立於燎鑪之旁。北面。

# 火神廟陳設圖

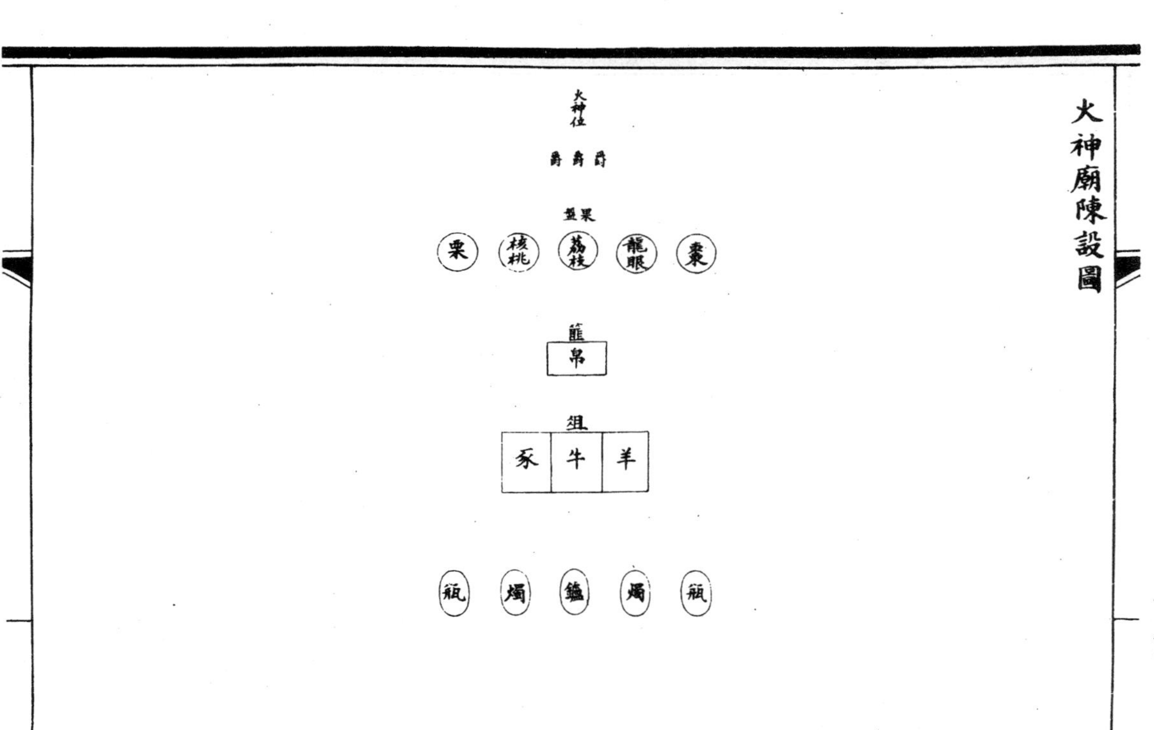

火神廟果案上果實五盤。盤實荔枝。龍眼。核桃。棗。栗。案前俎一。中區爲三。實牛一。羊一。豕一。又前高鑪几。設鑪一。香靠具。高鐙几。設燭臺二。高瓶几。設高瓶二。中插貼金木靈芝。其帛篚一。白瓷爵三。先設接桌上。奠獻皆奠於果案。

東嶽廟位次圖

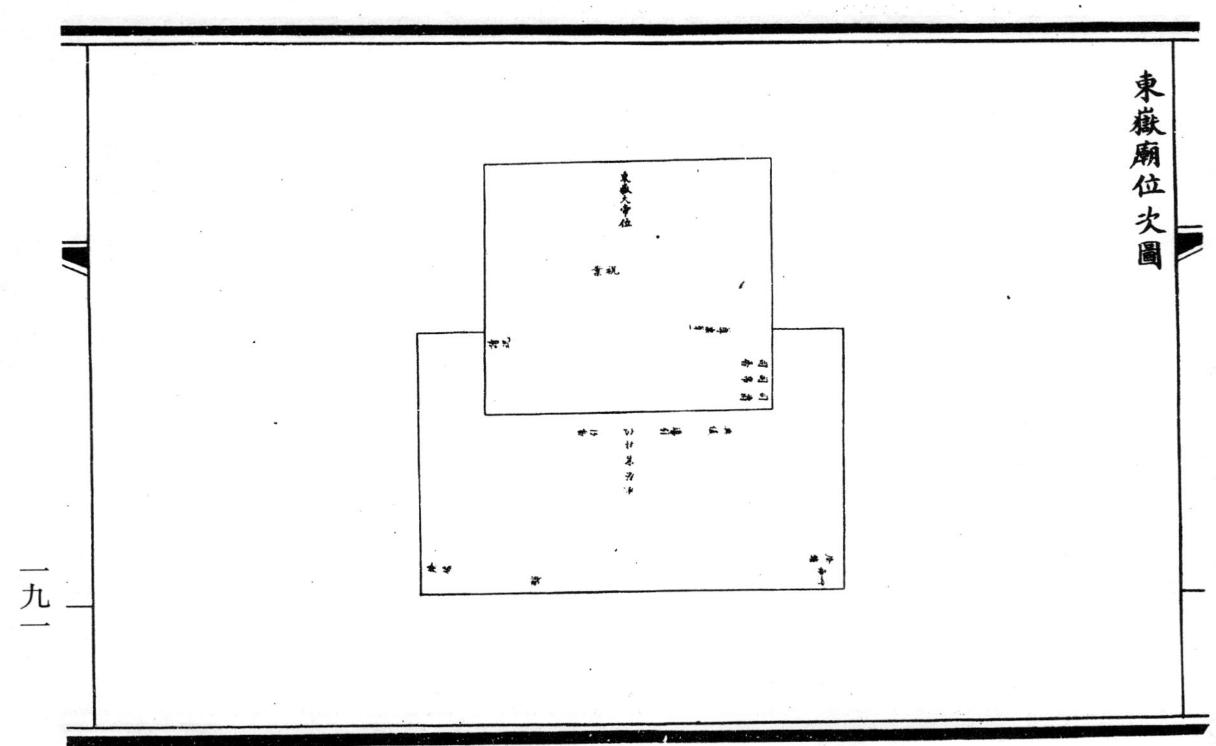

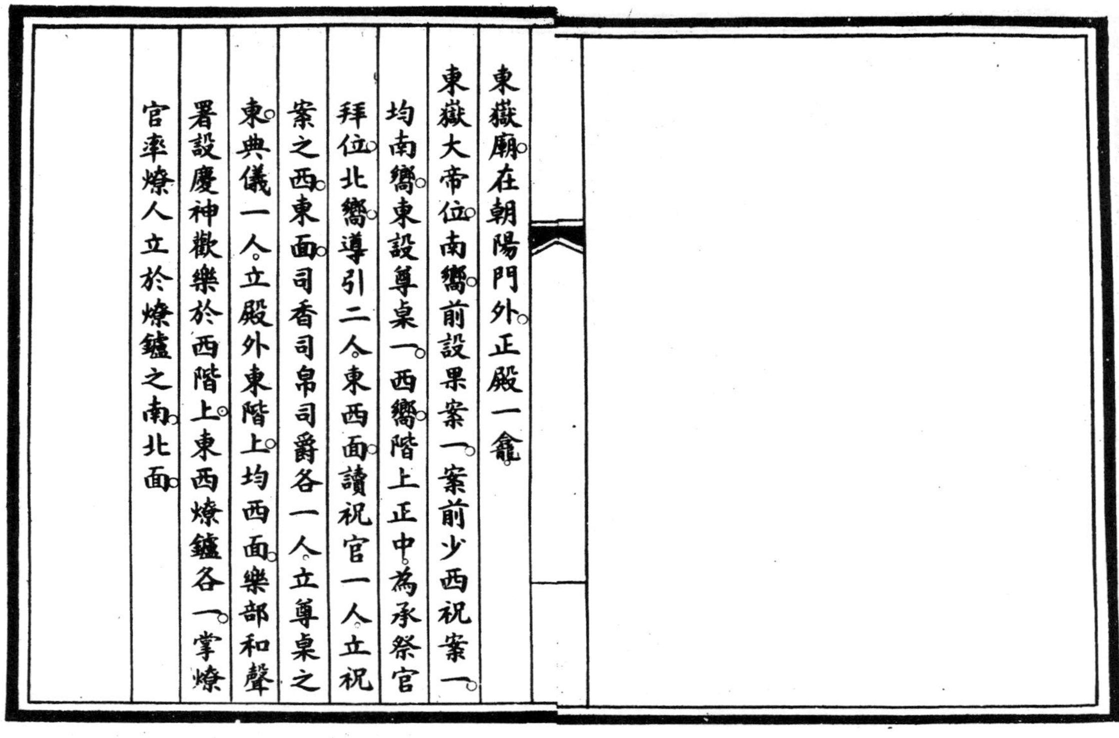

東嶽廟。在朝陽門外。正殿一龕。東嶽大帝位。南嚮。前設果案一。案前少西祝案一。均南嚮。東設尊桌一。西嚮。階上正中。為承祭官拜位。北嚮。導引二人。東西面。讀祝官一人。立祝案之西。東面。司香司帛司爵各一人。立尊桌之東。典儀一人。立殿外東階上。均西面。樂部和聲署設慶神歡樂於西階上。東西燎鑪各一。掌燎官率燎人立於燎鑪之南。北面。

東嶽廟陳設圖

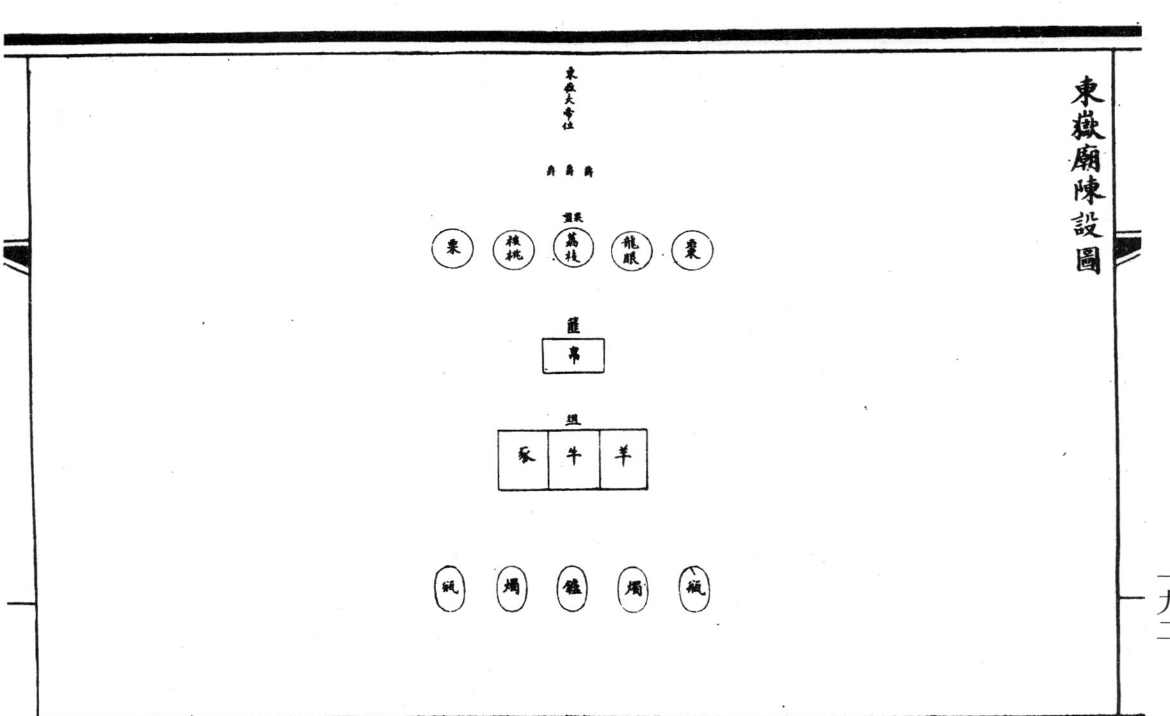

東嶽廟果案上。果實五盤。案前俎一。中區為三。實牛一。羊一。豕一。又前香案設鑪一。香靠具。燭臺二。瓶二。中插貼金木靈芝。其帛篚一。白瓷爵三。先設爵桌上。奠獻各奠於果案。

## 都城隍廟位次圖

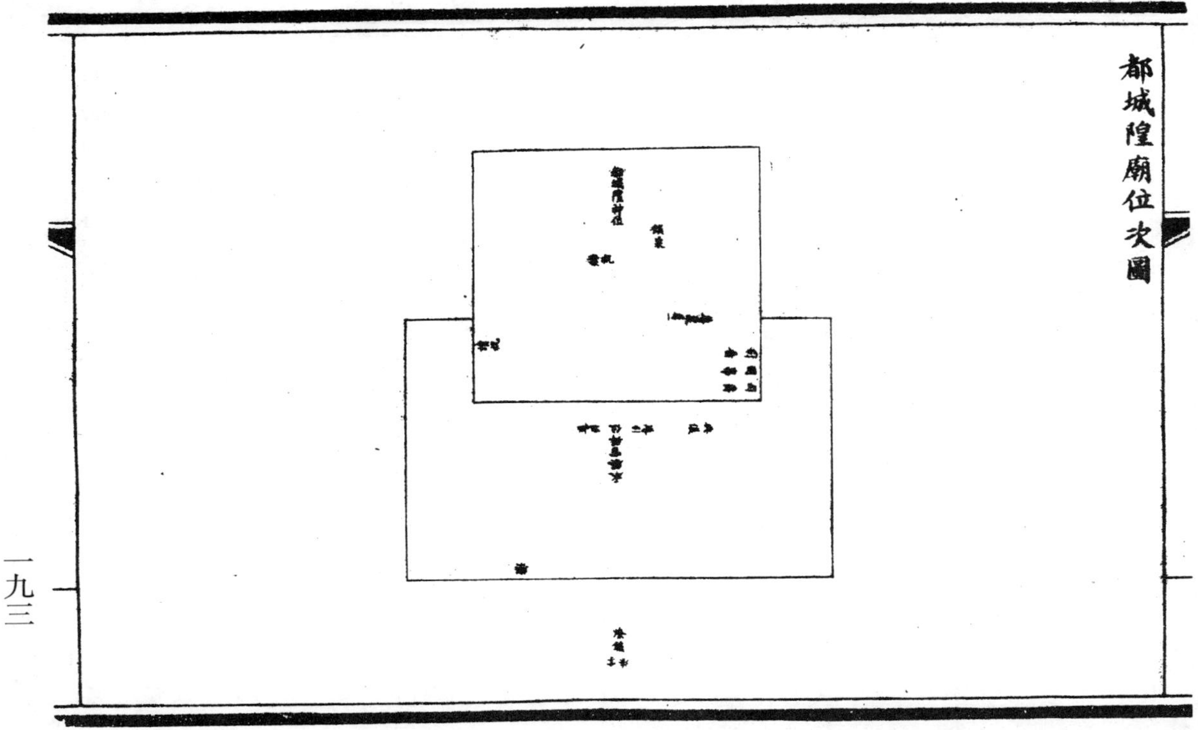

都城隍廟在宣武門内之西正殿一龕

都城隍神位南嚮秋季致祭設籩豆案一案東旁饌桌一案前少西祝案一均南嚮東設尊桌一西嚮殿外抱廈正中為承祭官拜位北嚮導引二人東西面讀祝官一人立祝案之西東面司香司帛司爵各一人立尊桌之東典儀一人立殿外東檐下均西面樂部和聲署設慶神歡樂於西階上當中燎鑪一掌燎官率燎人立於燎鑪之前北面其

萬壽聖節致祭係設果案一不設饌桌餘位次同

都城隍廟陳設圖

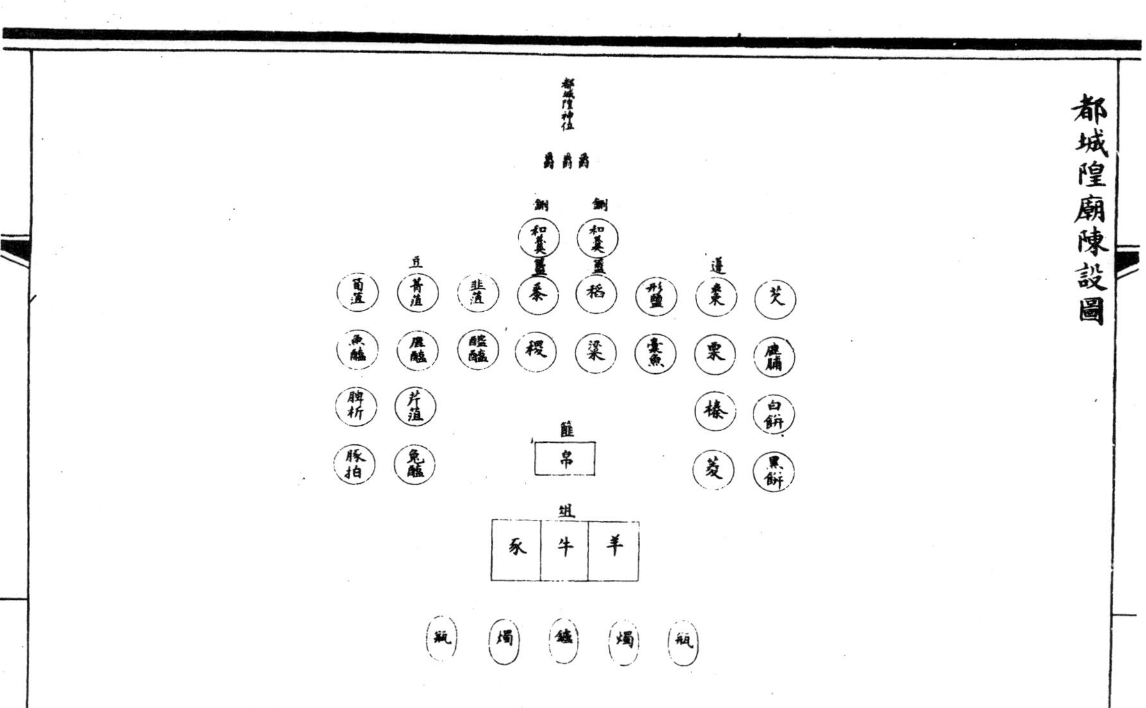

都城隍廟籩豆案上鉶二簠二簋二籩十豆十案前俎一中區爲三實牛一羊一豕一又前香案設鑪一香靠具燭臺二瓶二中插貼金木靈芝其帛篚一銅爵三先設尊桌上奠獻皆奠於籩豆案如設果案案上果實五盤餘與籩豆案前陳設同

顯佑宮位次圖

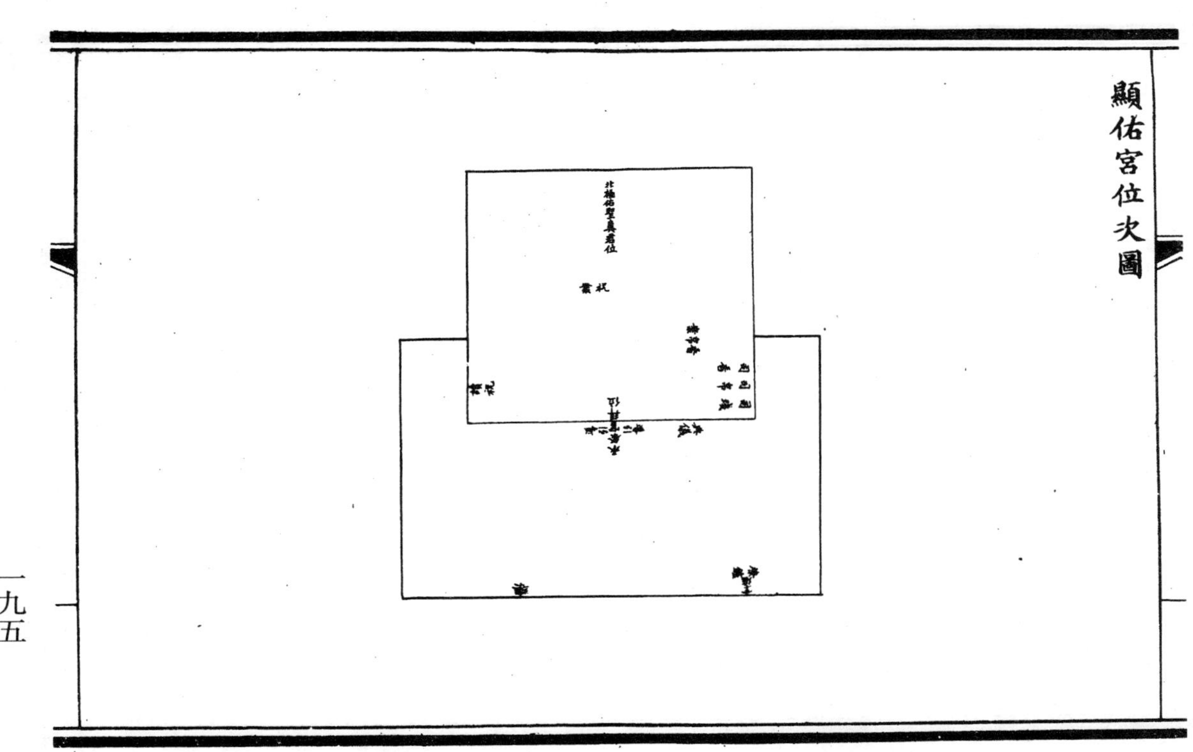

顯佑宮在地安門外之東。正殿一龕。北極佑聖真君位。南嚮。前設茶案一。果案一。案前少西祝案一。均南嚮。東設香帛案一。西嚮。殿門內正中。為承祭官拜位。北嚮。導引二人。東西面。讀祝官一人。立祝案之西。東面。司香司帛司琖各一人。立於香帛案之東。典儀一人。立殿外東檐下。均西面。樂部和聲署設慶神歡樂於西階上。東南燎鑪一。掌燎官率燎人立於燎鑪之南。北面。

## 顯佑宮陳設圖

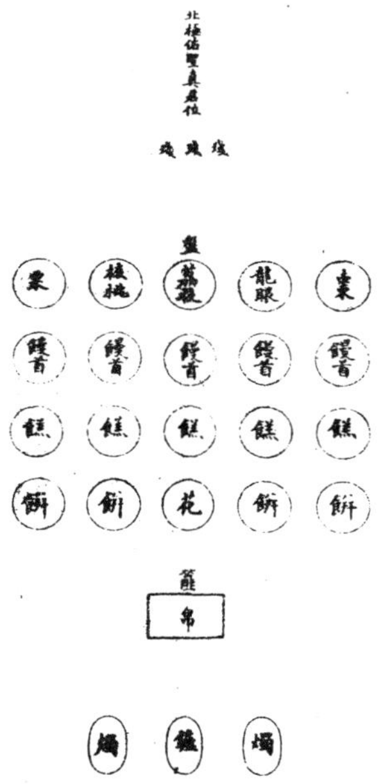

顯佑宮果案上。果實五盤。饅首五盤。餻五盤。餅四盤。餅盤中間大寶糕花一盤。前香案上。鑪一。香靠具。燭臺二。其帛篚一。白瓷茶琖三。先設香帛案上。奠獻皆奠於果案。

# 欽定大清會典圖卷二十

禮二十 祀典二十

惠濟祠位次及陳設圖 昆明湖龍神祠位次陳設同

河神廟位次及陳設圖

黑龍潭

龍神祠位次及陳設圖 玉泉山龍神祠白龍潭龍神祠位次陳設同竈神門神倉神無礮神后土司工祠廟者附位次陳設說

賢良祠位次及陳設圖

昭忠祠位次及陳設圖

祭祀中和韶樂樂懸位次圖 慶神歡樂附說

惠濟祠位次及陳設圖

昆明湖龍神祠位次陳設同

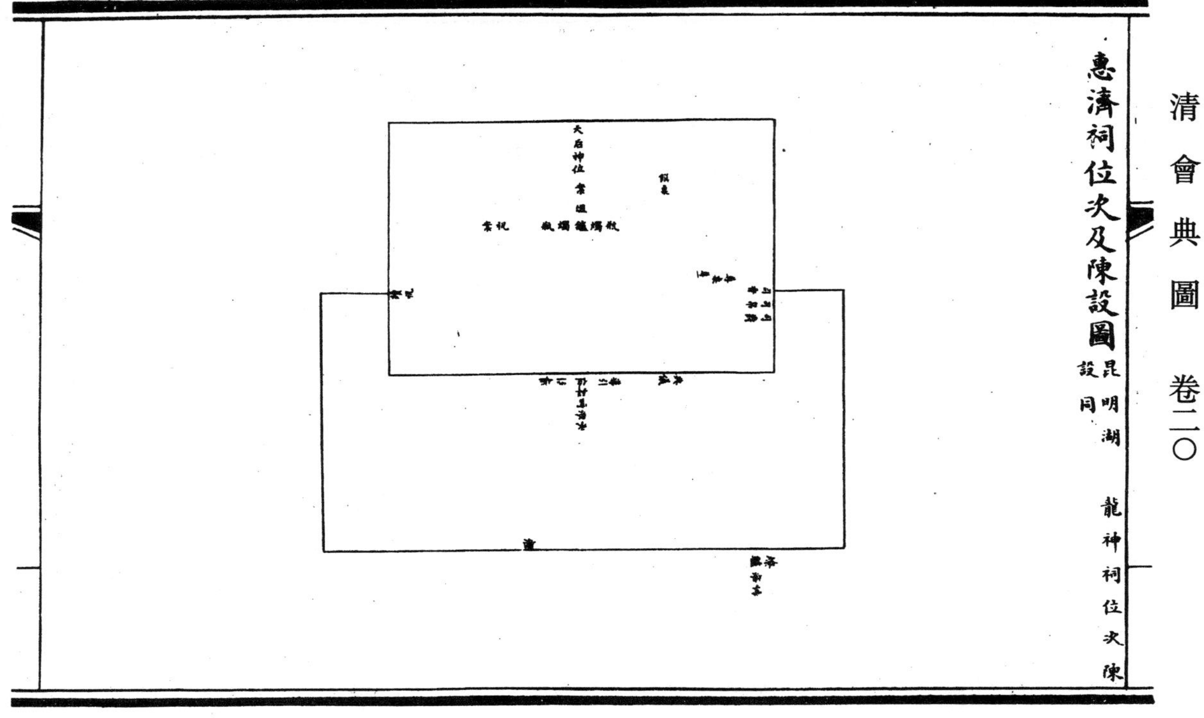


惠濟祠在

綺春園內。殿中一龕。

護國庇民妙靈昭應宏仁普濟福佑羣生誠感咸孚顯神贊順天后神位南嚮。位前設籩豆案一。案上設簠二。簋二。籩十。豆十。案前俎一。中區為二。實羊一。豕一。又前香几一。上陳香鑪一。香靠具。鐙几二。上陳燭臺二。瓶几二。上陳花瓶二。中插貼金木靈芝。籩豆案東旁饌桌一。案前少西祝案一。皆南嚮。東設尊桌一。西嚮。殿外檐下正中為承祭官拜位。北嚮。導引二人。東西面。讀祝官一人。立祝案之西。東面。司香司帛司爵各一人。立尊桌之東。典儀一人。立殿外東階。均西面。帛篚一。銅爵三。先設尊桌上。奠獻各奠於籩豆案。樂部和聲署設慶神歡樂於甬路旁。殿門外東燎鑪一。掌燎官率燎人立於燎鑪之南。北面。

其昆明湖

御園

龍神祠。位次及陳設同。



河神廟位次及陳設圖

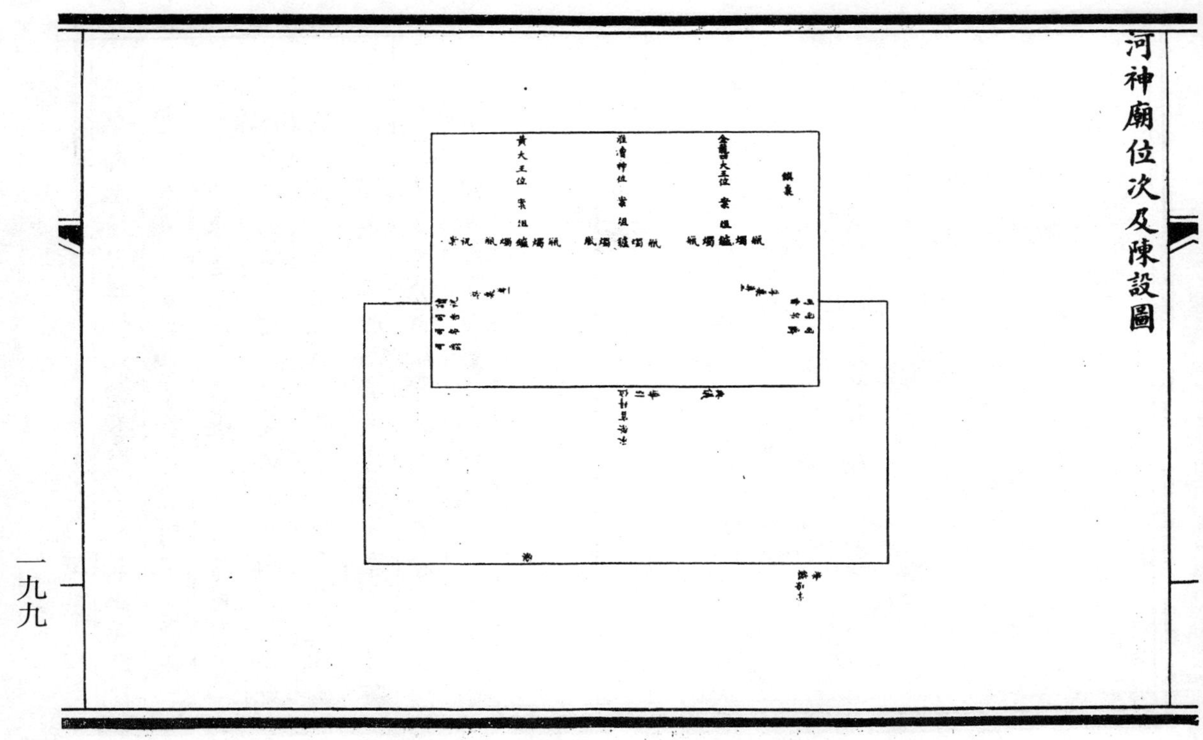

河神廟在

綺春園內殿中三龕中一龕。

長源佑順淮瀆神位左一龕。

顯佑通濟昭靈效順金龍四大王位右一龕

靈佑襄濟黃大王位位前籩豆案三。案上各設簠二。簋二。籩十。豆十。案前俎三。皆中區為二。各實羊一。豕一。又前香几三。上陳香鑪三。鐙几六。上陳燭臺六。瓶几六。上陳花瓶六。均插貼金木靈芝。籩豆案東旁饌桌一。案前少西祝案一。均南嚮。東尊桌一。西嚮。西尊桌一。東嚮。殿外檐下正中為承祭官拜位。北嚮。導引二人。東西面。讀祝官一人。立祝案之西。東面。司香司帛司爵各二人。立於東尊桌之東。西面。司香司帛司爵各一人。立於西尊桌之西。東面。典儀一人。立殿外東階。西面。東尊桌上。設銅爵六。西尊桌上。設銅爵三。又帛篚一。奠獻皆奠於籩豆案。樂部和聲署設慶神歡樂於甬路旁廟門外。東燎鑪一。掌燎官率燎人立於燎鑪之南。北面。

# 黑龍潭龍神祠位次及陳設圖

玉泉山龍神祠白龍潭龍神祠位次陳設同竈神門神倉神無礮神后土司工祠廟者附位次陳設說

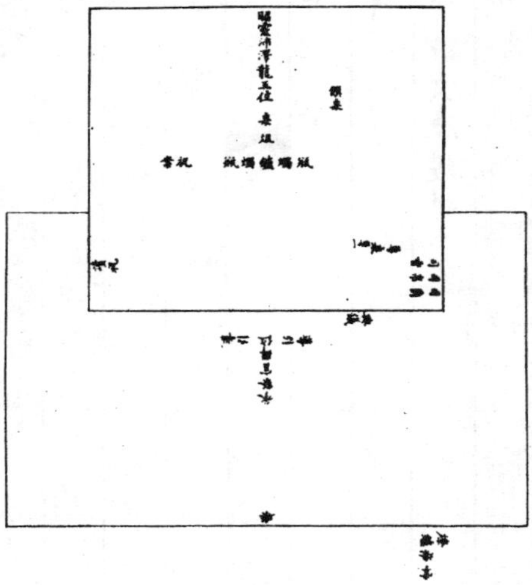

黑龍潭

龍神祠在都城西北三十里金山之西。殿中一龕昭靈沛澤龍王位東嚮前設籩豆案一。案上設簠二。簋二。籩十。豆十。案前俎一。中區為三。實羊一。豕一。又前石五供鑪一。香靠具燭臺二。瓶二。中插貼金木靈芝籩豆案北旁饌桌一。案前少南祝案一。皆東嚮北尊桌一。南嚮殿外抱廈内正中為承祭官拜位西嚮導引二人。南北面讀祝官一人。立祝案之南北面司香司帛司爵各一人。立尊桌之北典儀一人。立殿外北階均南面帛篚一。銅爵三。先設尊桌上。奠獻各奠於籩豆案。樂部和聲署設慶神歡樂於南階上。殿左燎鑪一。掌燎官率燎人立於燎鑪之東。西面。其玉泉山

龍神祠。白龍潭

龍神祠。位次及陳設均同。

附祭

礮神

后土

司工

窯神

門神

倉神位次陳設說

凡祭

礮神每歲季秋。盧溝橋演放礮位日。橋西席地為壇。陳八旗礮位於壇內。按翼左右序列。均西嚮礮位前。設

神座桌各一。供設

關帝五火城隍六纛火速馬王土地軍牙之神位。爵案各一。設紅油錫琖三十。琖實以酒。果實五盤

俎各二。實羊一。豕一。香案各一。設鑪一。香甆具燭臺二。護以紅紙鐵絲鐙罩。拜毯各一。鑲黃旗壇位前少北。祝案一。西嚮。南設尊桌一。左三壇右四壇。各設尊桌一。每尊桌各陳錫尊一。壇前各設燎鑪一。各香案前正中為八旗承祭官拜位。東嚮。導引二人。南北面。拜毯後左右為陪祀官拜位。均東嚮。讀祝官一人。立祝案之次。南面。司香司爵各一人。立尊桌之次。典儀一人。立於壇左。均北面。掌燎官率燎人立於燎鑪之左。每壇紅油錫爵三。先各設尊桌上。三獻各奠於爵案。其祭火器營

子母礮神。惟一壇

神座桌。爵案。俎。香案。尊桌。燎鑪各一。餘位次陳設俱同。

凡有大興作。祭

后土

司工於營造所左右二壇。迎吻祭

窯神於琉璃窯。祭

門神於迎吻所經之門。均以織葦為殿。圖繪結綵

神位前各設懷桌一。果案一。各案上果實五盤。餖

首五盤餻五盤餅四盤餅盤中間。大寶糚花一盤案前俎一。中區為二。實羊一。豕一。又前香案一。設鑪一。香靠具燭臺二。正中少右祝案一。左設尊桌一。其爵三。先設尊桌上。三獻奠於懷桌帛匣一。並設尊桌上。奠帛奠於案正中。壇內香案前正中為承祭官拜位。左右導引二人。讀祝官一人。立於祝案之右。司香司帛司爵各一人。立於尊桌之左。典儀一人。立於壇外之左。掌燎官率燎人立於燎鑪之次。和聲署設樂於各壇前。工竣致祭亦如之。

凡祭

司倉之神。春秋通州祭於大西倉。倉場侍郎主祭。各倉監督陪祀。京倉左翼於海運。右翼於興平朝陽門外於儲濟。各以本倉監督主之。各監督分行陪祀。案上設果實十盤。俎實羊一。豕一。壺爵鑪鐙具。三獻爵。燎楮帛如儀。不設祝案。不用樂。

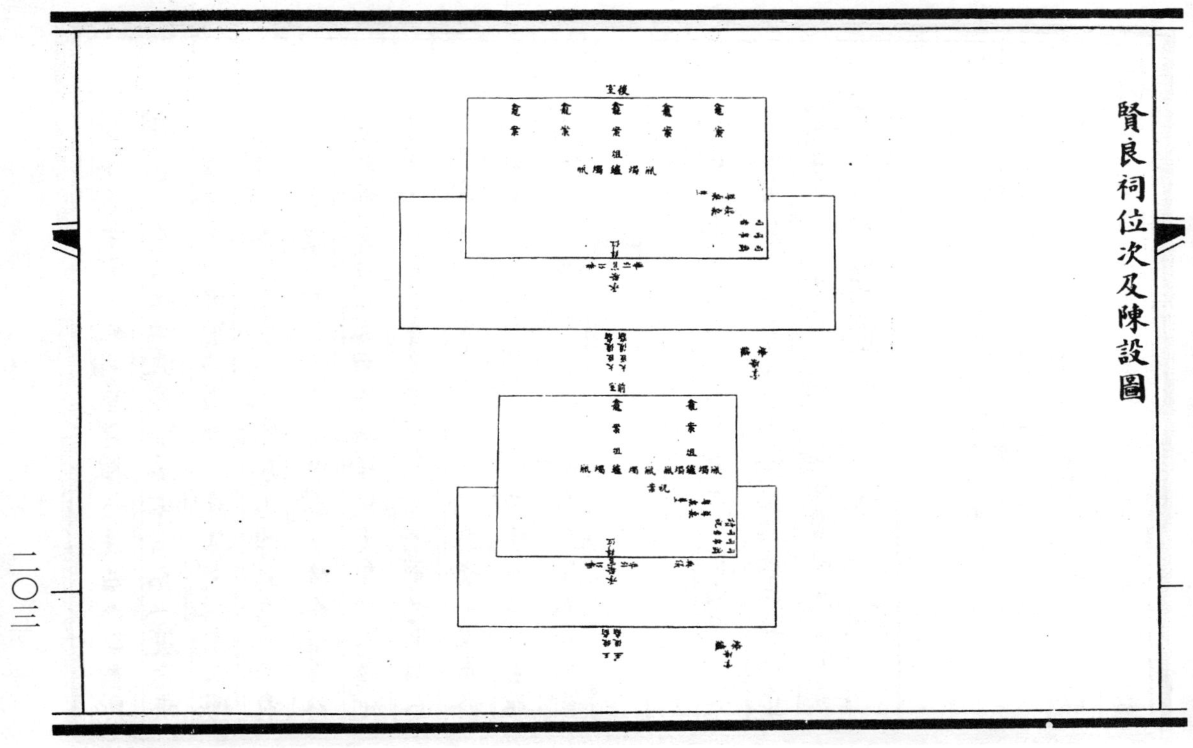

賢良祠位次及陳設圖

賢良祠。在地安門外之西。前室三間。中一龕。和碩怡賢親王允祥位。左一龕。和碩超勇襄親王策淩位。均南嚮。位前各設果案一。案上各設果實五盤。案前各俎一。中區為二。實羊一。豕一。又前各高鑪几。設銅鑪一。香靠具。高鐙几。設銅燭臺二。高瓶几。設銅花瓶二。中插貼金木靈芝。少東祝案一。東尊桌二。抱廈內正中。為承祭官拜位。北嚮。導引二人。東西面。甬道左右。為王以下後裔陪祀拜位。北嚮。讀祝官一人。立祝案之東。司香司帛司爵各二人。立尊案之東。典儀一人。

立檻外東檐下。均西面。掌燎官率燎人立於燎鑪前。北面。後室五間。賢良名臣合為五龕。大學士。居前。領侍衛內大臣。次之。尚書。都統。將軍。總督。前鋒統領。護軍統領。提督。侍郎。巡撫。副都統。各依次安設牌位。世爵五等授官者。以官為次。均南嚮。龕前統設果案五。各設果實五盤。案前共俎一。中區為二。實羊一。豕一。又前共高鑪几。設銅鑪一。香靠具。高鐙几。設銅燭臺二。高瓶几。設銅花瓶二。中插貼金木靈芝。不設祝案。東設尊桌一。接桌一。階上正中。為承祭官拜位。北嚮。導引二人。東西面。庭中左右。為大臣後裔陪祀拜位。北面。司香司帛司爵各一人。立尊桌之東。西面。掌燎官率燎人立於燎鑪之西南隅。北面。前室每案三爵。後室共三爵。與尊皆用錫。前室帛二。用篚。後室帛一。用紅油匣。

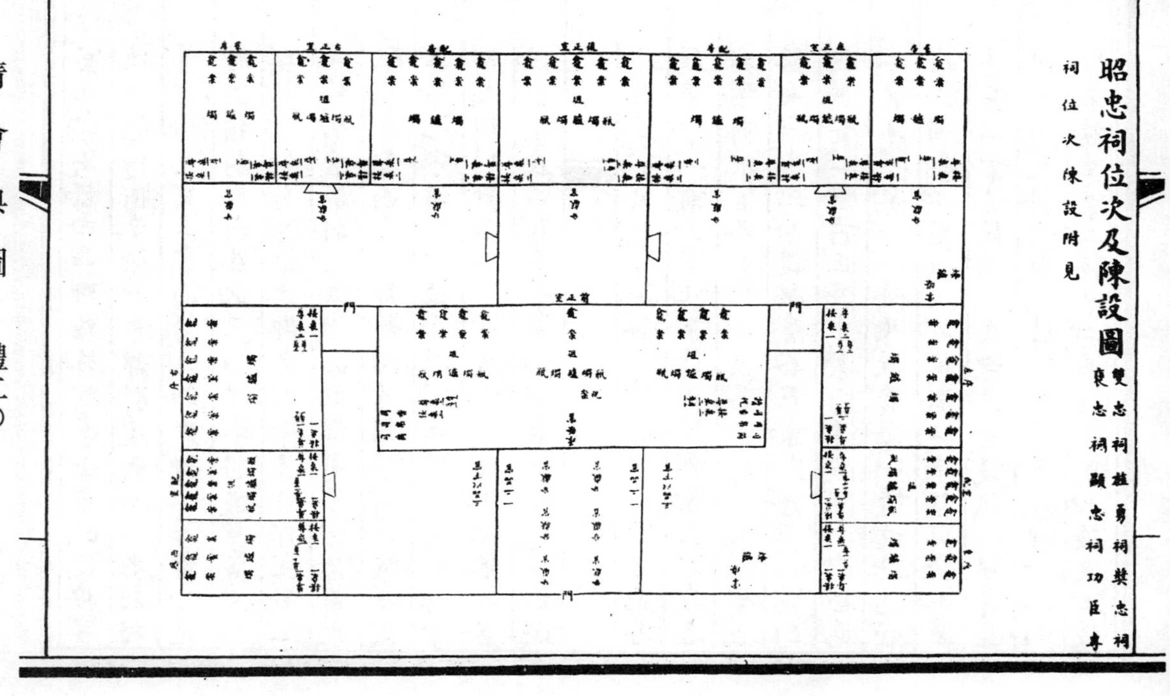


昭忠祠在崇文門內。前室九龕。均南嚮。中一龕和碩敬謹莊親王尼堪位。武誠武勳王揚古利位。武壯王孔有德位。忠勇王黃芳度位。和碩簡親王巴爾堪位。和碩簡親王巴賽位。扎薩克王喇嗎金州位。忠銳嘉勇貝子晉贈郡王銜福康安位。科爾沁博多勒噶台忠親王僧格林沁位。左右各四龕。忠節諸臣。公。侯。伯。大學士。內大臣。尚書。都統。將軍。總督。一品子爵。前鋒統領。護軍統領。侍郎。巡撫。副都統。二品男爵。三品京卿。提督。總兵。及武職加贈至正從一品等官位。後正室五龕。南嚮。四品卿。翰林院學士。布政使。按察使。一等侍衛。參領。輕車都尉。及武二品之副將等官位。左室三龕。南嚮。五品少卿。二等侍衛。道府。佐領。騎都尉。及武三品之參將遊擊等官位。右室三龕。南嚮。講讀。御史。郎中。員外郎。主事。三等侍衛。雲騎尉。及武四品之都司等官位。前東配室五龕。西嚮。同知。知州。通判。驍騎校。及武五品之守備等官位。西配室五龕。東嚮。知縣。筆帖式。州同。縣佐以下。及武六品之千把總等官位。前室。左右序各七龕。兩廡各三龕。後。左右配房各五龕。東西羣房各三龕。兵丁位。每龕前各設果案一。前正室九案。後正室五案。左右室各三案。前配室各五案。序室各七案。均設果實五盤。兩廡各三案。後配房各五案。羣房各三案。均設果實二盤。前正室中案前專設俎一。中區為二。實羊一。豕一。高鑪几。設香鑪一。香靠具高鐙几。設燭臺二。高瓶几。設花瓶二。中插貼金木靈芝。左四案統設俎一。右四案統設俎一。俎實及俎前鑪几鐙几瓶几。皆如中案。少東祝案一。南嚮。東設尊桌二。接卓二。西設尊桌二。接桌二。後

正室。左右室。前配室。中皆統設俎一。俎實及俎前鑪几鐙几瓶几。皆如正室中案。兩廡。兩序。配房。羣房。皆不設俎。各設豕肉一盤於果案。案前皆統設高鑪几一。高鐙几二。不設瓶几。後正室。東設尊桌二。接桌一。西設尊桌一。接桌二。左室。東設尊桌一。接桌二。西設尊桌一。接桌一。右室亦如之。前東配室。南設尊桌二。接桌二。北設尊桌一。接桌一。西配室。南設尊桌一。接桌一。北設尊桌一。接桌一。左右序室。皆北設尊桌二。接桌一。南設尊桌二。接桌一。東西廡。皆南設尊桌一。接桌一。北設尊桌一。接桌一。後配房。皆東設尊桌一。接桌二。西設尊桌一。接桌二。羣房。皆東設尊桌一。接桌一。西設尊桌一。接桌一。尊爵皆用錫。其爵每案三。惟後東西羣房。每案一。前正室中案三爵。先設於尊桌。三獻奠於案。餘皆實酒豫設。前正室帛篚三。後正室帛匣三。左右室各三。前配室各三。餘不用帛。門內正中。為承祭官拜位。後室各中檻外。為各分獻官拜位。前室甬道左右。為配室及兩序兩廡各分獻官拜位。階上東西。為陪祀現任一二品官拜位。階下東西

為陪祀現任三品至有頂戴人員拜位均北嚮讀祝官一人立祝案之東西面司香司帛司爵東西各三人分立尊桌之次東西面典儀官一人立殿外東檐下西面掌燎官率燎人立於燎鑪之西南隅北面後室掌燎位次同

附各功臣

特旨賜名專祠位次陳設說

雙忠祠在崇文門內正室一龕贈一等伯都統謚襄烈傅清位贈一等伯左都御史謚壯果拉布敦位南嚮龕前果案一設果實五盤案前俎一中區為二實羊一豕一又前高香几設鑪一香靠具高鐙几設燭臺二高瓶几設花瓶二中插貼金木靈芝少東祝案一南嚮東設尊桌一接桌一帛盛紅油匣一檐下正中為承祭官拜位階下左右為陪祀官拜位均北嚮讀祝官一人立祝案之西東面司香司帛各一人司爵二人立尊桌之東典儀一人立檐外東階均西面鴻臚寺官二人立階下左右東西面掌燎官率燎人立於燎鑪之西南隅北面

旌勇祠在地安門外之西正室三龕中一龕一等誠嘉毅勇公將軍謚果烈明瑞位左一龕都統謚昭節扎拉豐阿位總兵李全位總兵德福位右一龕護軍統領觀音保位總兵王玉廷位均南嚮龕前果案各一均設果實五盤案前統設俎一又前鑪鐙瓶几祝案與雙忠祠同東西尊桌各一接桌各一帛盛紅油匣三司香司帛司爵各三人分立東西承祭官拜位陪祀及各執事位次均與雙忠祠同

獎忠祠在地安門內之東正室一龕太子太保大學士忠銳嘉勇貝子晉贈郡王銜謚文襄福康安位南嚮龕前果案一設果實五盤案前俎一鑪鐙瓶几祝案與雙忠祠同東設尊桌一接桌一帛盛紅油匣一司香司帛司爵各一人立尊桌之東承祭官拜位陪祀及各執事位次均與雙忠祠同

襃忠祠在地安門外之西正室一龕太子太保領侍衛內大臣都統三等威勇公謚忠毅額勒登保位果案俎鑪鐙瓶几祝案尊桌接桌陳設承祭官拜位陪祀及各執事位次均與獎忠祠同

顯忠祠在東安門外之北正室一龕科爾沁博多勒噶台忠親王僧格林沁位果案俎鑪鐙瓶几祝案尊桌接桌陳設承祭官拜位陪祀及各執事位次均與獎忠祠同

附各功臣專祠位次陳設說

睿忠親王多爾袞祠在朝陽門外中一龕南嚮龕前設果案一案上果實五盤案前設俎一中區為二實羊一豕一高鑪几設鑪一香靠具高鐙几設燭臺二高瓶几設花瓶二中插貼金木靈芝少東祝案一皆南嚮東設尊桌一接桌一陳帛匣一錫尊一錫爵三三獻奠之司香司帛司爵各一人承祭官拜位陪祀及各執事位次均與雙忠祠同

定南武壯王孔有德祠在廣安門外中一龕南嚮位次陳設均與睿忠親王祠同

宏毅公額亦都祠在東安門內中一龕南嚮位次陳設均與睿忠親王祠同

恪僖公遏必隆領侍衛內大臣果毅公尹德果毅繼勇襄壯公阿里袞祠在安定門外三龕南嚮位次陳設均與睿忠親王祠同惟果案三東設尊桌二西設尊桌一東西接桌各一司香司帛司爵各三人

文襄公圖海祠在德勝門外中一龕南嚮位次陳設均與睿忠親王祠同

勤襄公佟圖賴忠勇公佟國綱端純公佟國維祠在朝陽門外三龕南嚮位次陳設均與睿忠親王祠同惟果案三東設尊桌二西設尊桌一東西接桌各一司香司帛司爵各三人

恪僖公哈世屯敏果公米思翰莊慤公李榮保忠勇公贈郡王銜傅恒祠在東安門內四龕南嚮位次陳設均與睿忠親王祠同惟果案四東設尊桌三西設尊桌一東西接桌各一司香司帛司爵各四人

## 祭祀中和韶樂樂懸位次圖 慶神歡樂附說

祭祀中和韶樂樂懸。鎛鐘一。設於左。特磬一。設於右。編鐘十六同一虡。設於鎛鐘之右。編磬十六同一虡。設於特磬之左。建鼓一。設於鎛鐘之左。其内。左右壎各一。篪各三。排簫各一。並列為一行。又内。笛各五。並列為一行。又内。簫各五。並列為一行。又内。瑟各二。並列為一行。又内。琴各五。並列為一行。司器樂生器各一人。皆内嚮立。左右笙各五。豎列為一行。左柷一。搏拊一。右敔一。搏拊一。樂生器各一人。左右相嚮立。笏各五司章者執之。立於笙前。左右嚮。左麾一。掌麾一人嚮右立。樂舞生左右文舞各三十二人。武舞各三十二人。分列於樂懸之前。左右節各二。執節者四人。分立於舞前。以引舞。大祀中祀用中和韶樂者位次皆同。惟

先師廟

文昌廟麾左右各二。笛各三。簫各三。琴各三。笙各三。司章各三人。舞生祇文舞三十六人。餘同

皇后饗

先蠶不用中和韶樂。視羣祀所用慶神歡樂加隆。用雲璈二。方響一。琴四。瑟二。簫笛笙各六。建鼓一。杖鼓拍版各二。羣祀慶神歡樂用管笛笙各二。雲璈鼓拍版各一。皆列於右階下。

# 欽定大清會典圖卷二十一

## 禮二十一　祭器一

玉圖一

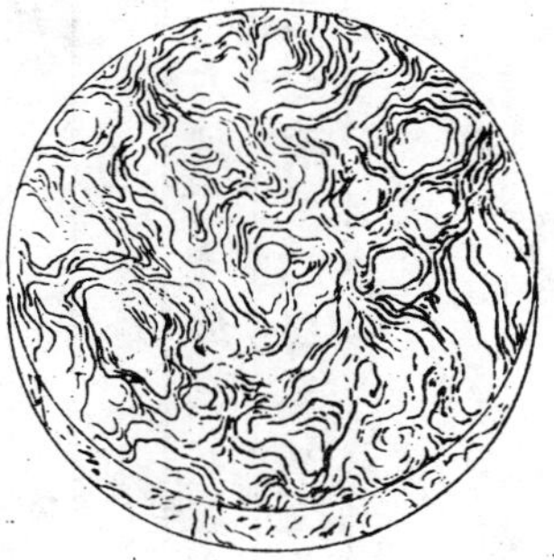

玉。蒼璧。

天壇正位。祈穀壇正位。用之。制圜。徑六寸一分。好徑四分。通厚七分有奇。

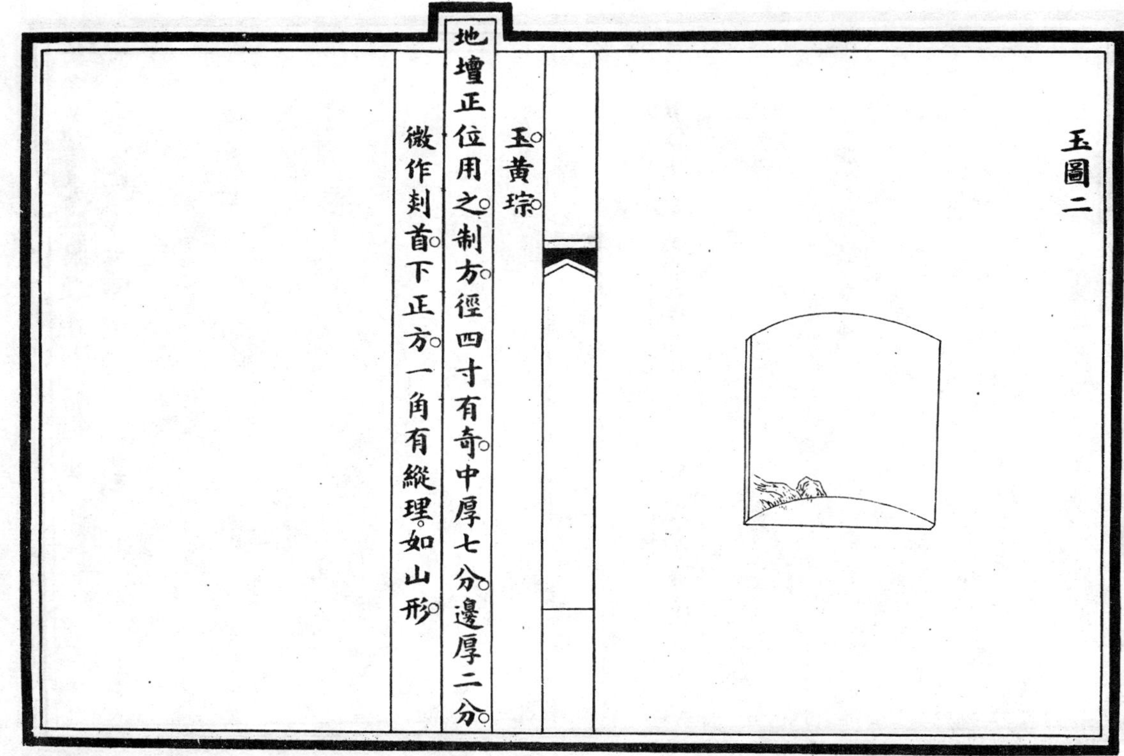

玉圖二

玉。黃琮。

地壇正位用之。制方。徑四寸有奇。中厚七分。邊厚二分。微作刻首。下正方。一角有縱理。如山形。

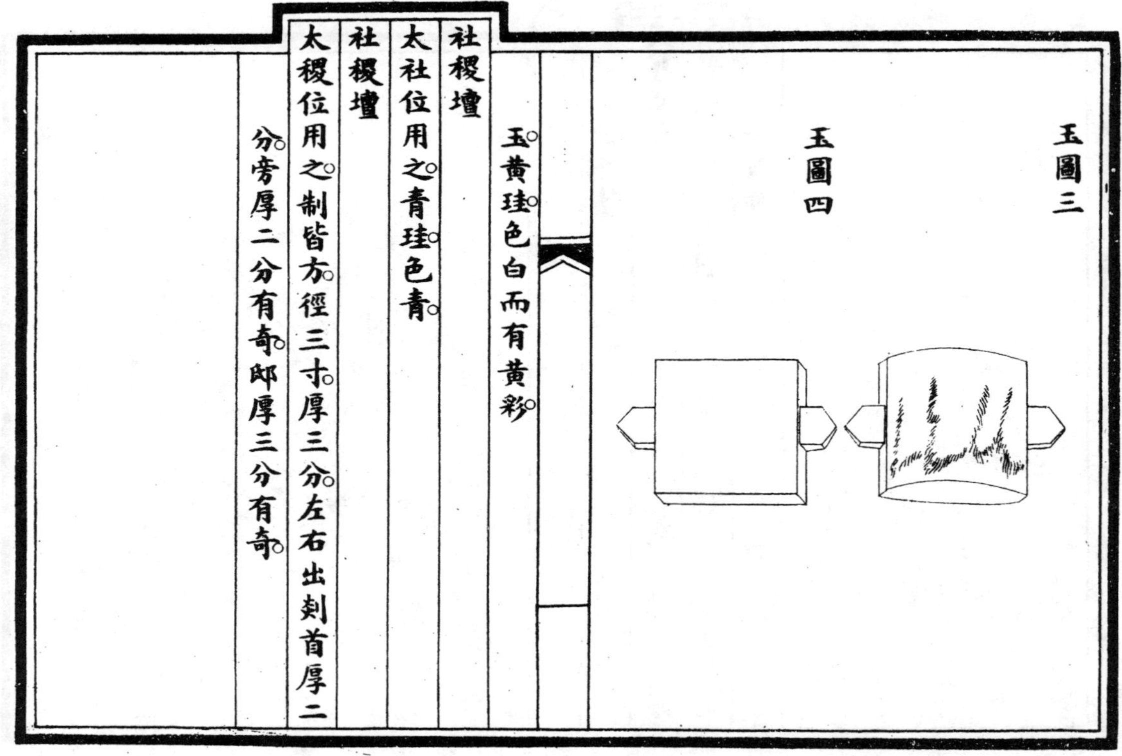

玉圖三

玉圖四

玉。黃珪。色白而有黃彩。

社稷壇

太社位用之。青珪。色青。

社稷壇

太稷位用之。制皆方。徑三寸。厚三分。左右出剡首厚二分。旁厚二分有奇。即厚三分有奇。

玉圖五

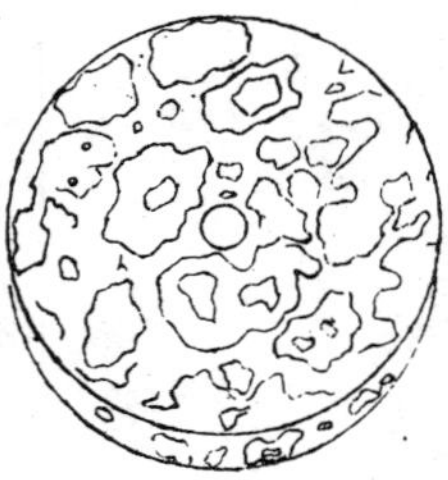

玉。赤璧。

日壇位用之。制圜。徑四寸六分。好徑四分。通厚五分。

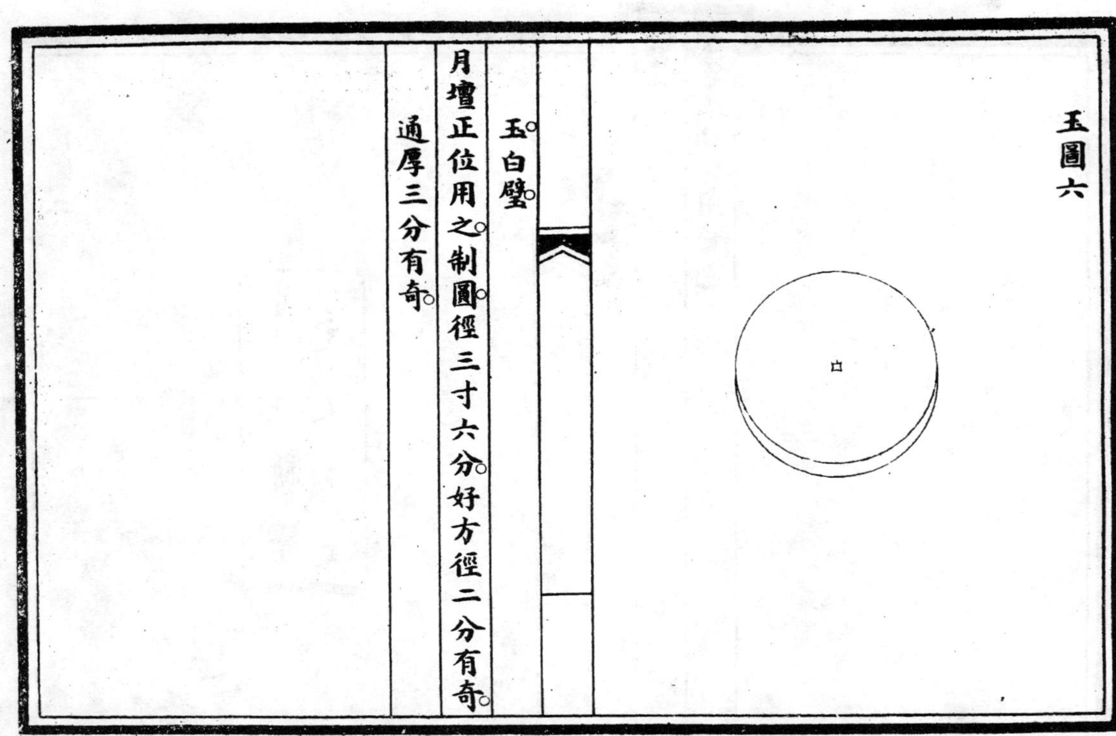

玉圖六

玉白璧。

月壇正位用之。制圜。徑三寸六分。好方徑二分有奇。通厚三分有奇。

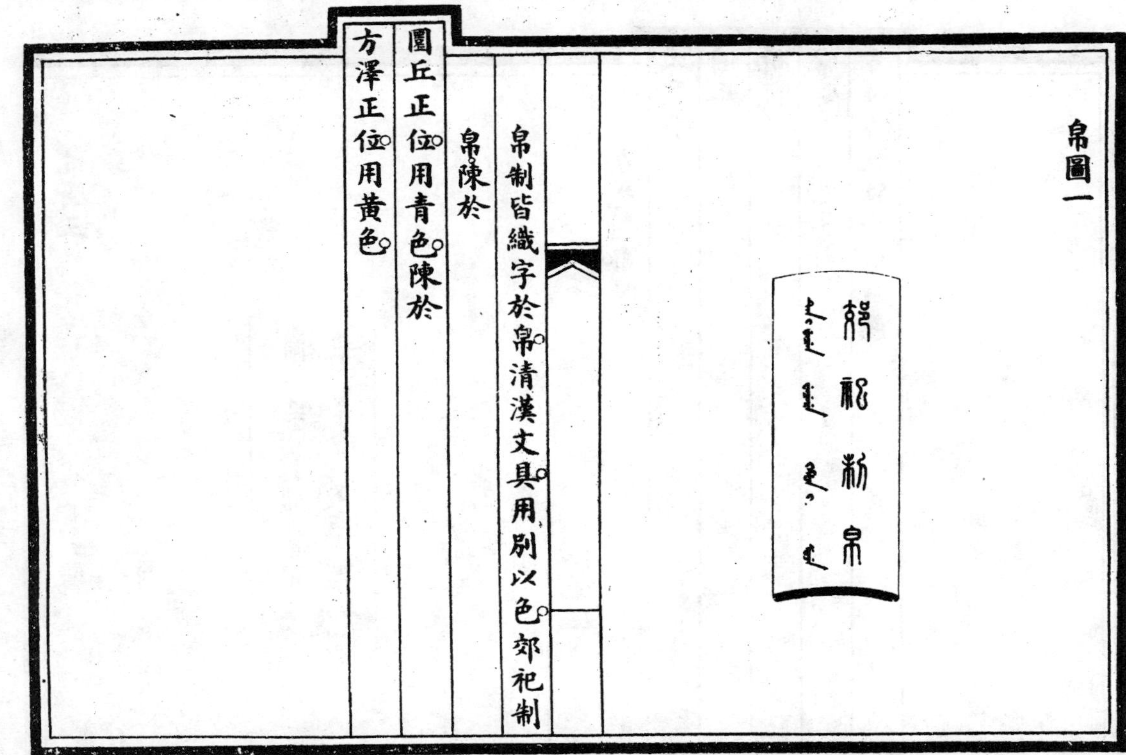

帛圖一

帛制皆織字於帛。清漢文具。用別以色。郊祀制帛陳於圜丘正位。用青色。陳於方澤正位。用黃色。

帛圖二

告祀制帛

告祀制帛。陳於

祈穀。

常雩正位。皆用青色。

帛圖三

奉先制帛

奉先制帛。陳於

太廟。並

圜丘

祈穀

常雩

方澤各配位。均用白色。

帛圖四

禮神制帛



禮神制帛。陳於
社稷壇正位用黑色。陳於
圜丘
常雩
方澤各從位。兼用青赤黃白黑色。陳於
日壇用赤色。陳於
月壇正位。用白色。
星辰位。兼用青赤黃白黑色。陳於
先農壇
先蠶壇。均用青色。設於

歷代帝王廟正位。
先師廟並
崇聖祠及
配位。
哲位。兩廡。
先醫廟
三皇位。
關帝廟
文昌廟。及各
後殿
顯佑宮。
都城隍廟。均用白色。設於
火神廟用紅色。設於
東嶽廟用青色。設於
各龍神廟用黑色。

帛圖五

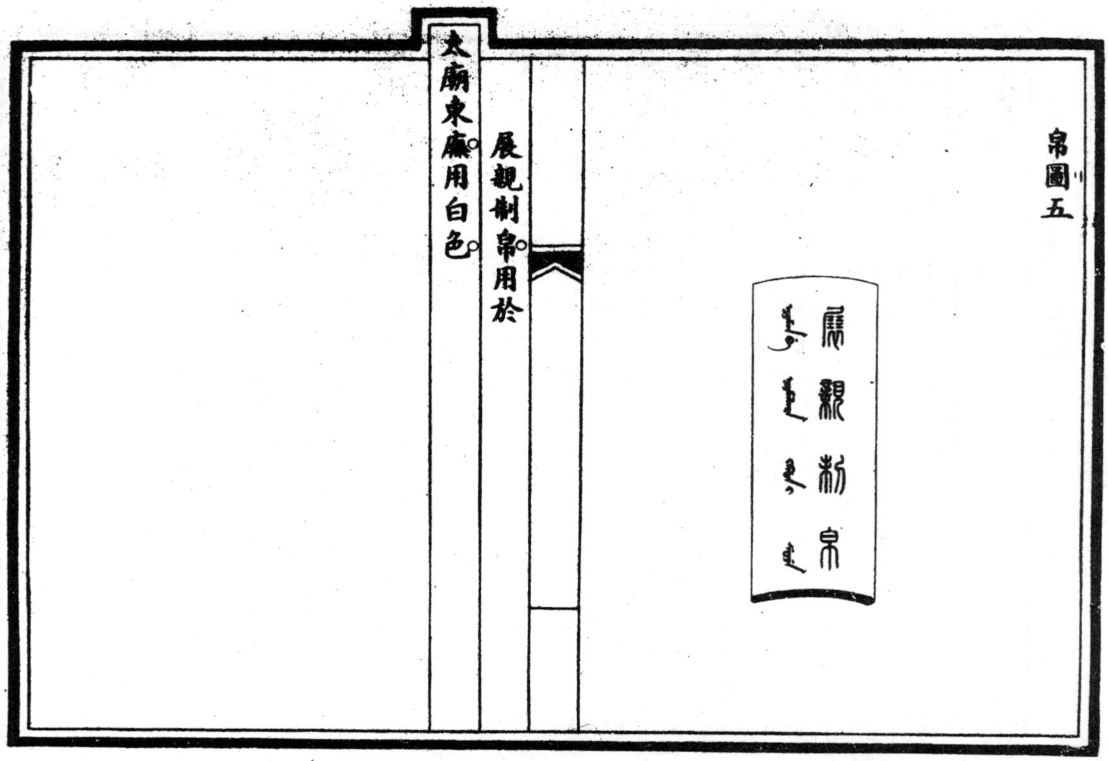

展親制帛

展親制帛用於

太廟東廡用白色

帛圖六

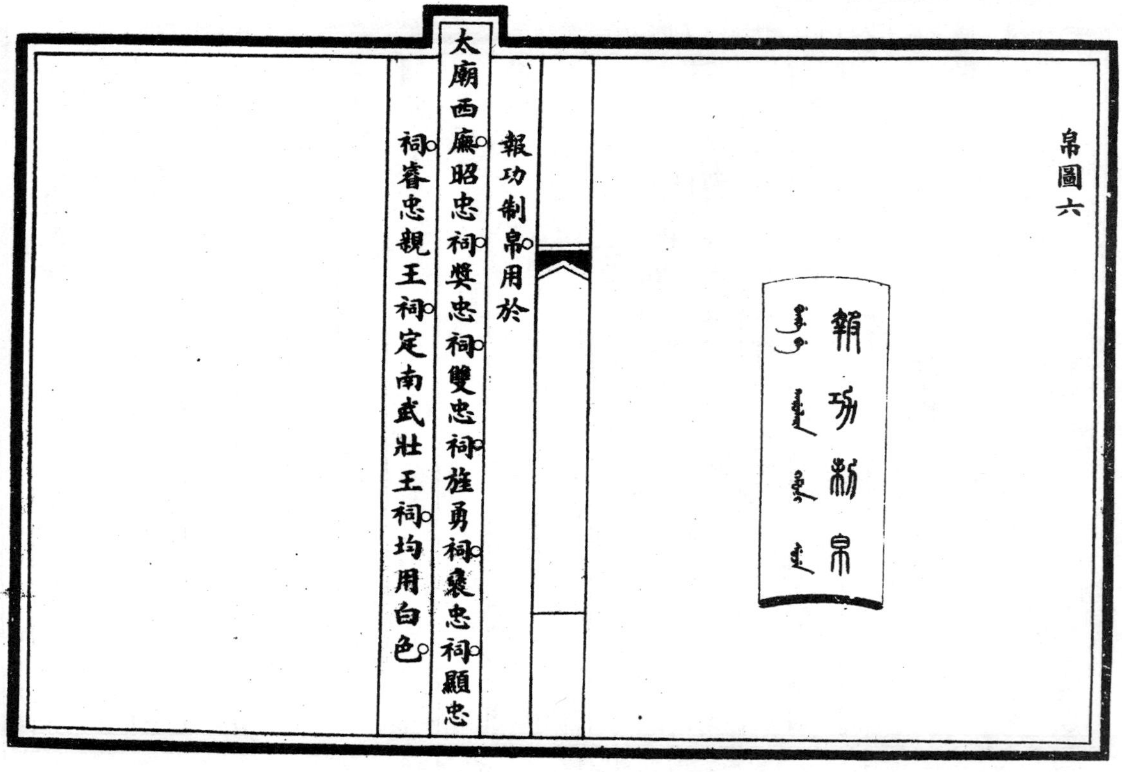

報功制帛

報功制帛用於

太廟西廡昭忠祠奬忠祠雙忠祠旌勇祠褒忠祠顯忠祠睿忠親王祠定南武壯王祠均用白色

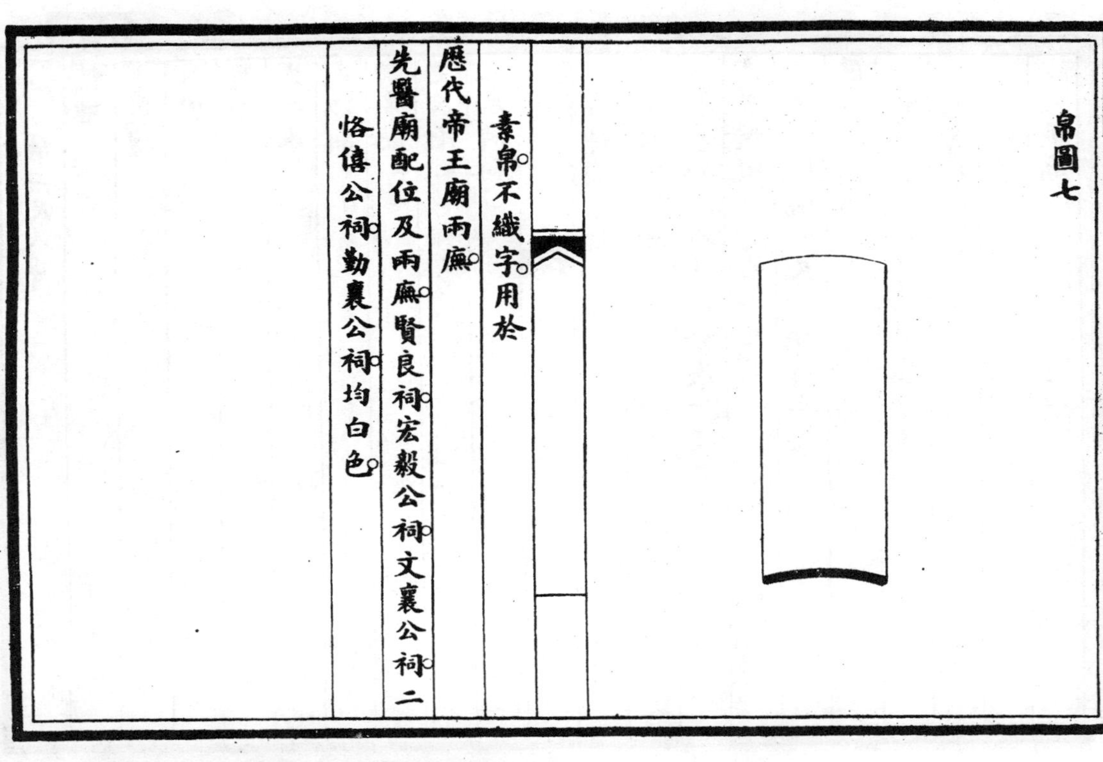

帛圖七

素帛不織字用於歷代帝王廟兩廡先醫廟配位及兩廡賢良祠宏毅公祠文襄公祠二恪僖公祠勤襄公祠均白色

祝版圖

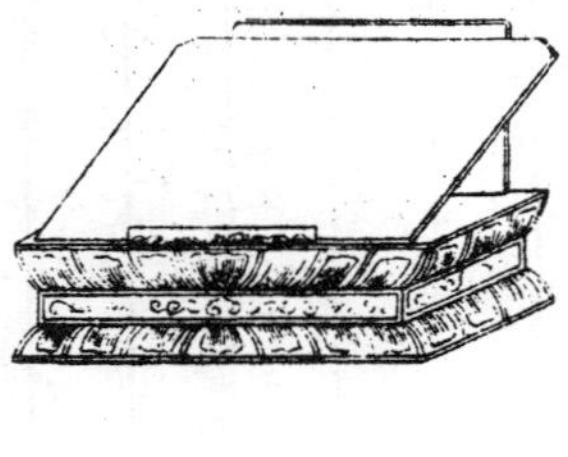

祝版木質制方尺寸有度

圜丘方澤大祀縱一尺一寸廣一尺八寸告祭縱八寸四分廣一尺五寸

祈穀壇縱一尺一寸廣二尺

大雩告祭縱八寸四分廣一尺二寸

太廟時饗前殿縱一尺三寸廣二尺六寸後殿縱八寸四分廣一尺二寸祫祭前期告祭祝版與時饗同皇太后聖壽萬壽告祭祝版與後殿同祫祭縱一尺三寸五分

廣二尺八寸。

社稷壇。

先農壇。

日壇。

月壇。

先醫廟

先師廟。崇聖祠同。

關帝廟。後殿同。

文昌廟。後殿同。

惠濟祠

河神廟

礮神。子母礮神同。

雙忠祠縱八寸四分。廣一尺二寸。

太歲壇縱七寸。廣一尺。

傳心殿縱一尺一寸。廣二尺。

歷代帝王廟。

旌勇祠縱八寸四分。廣一尺五寸。

火神廟。

顯佑宮。

東嶽廟。

都城隍廟。縱七寸四分。廣一尺。賢良祠縱一尺廣一尺七寸。昭忠祠縱一尺一寸。廣二尺。獎忠祠褒忠祠。縱九寸四分。廣一尺七寸。皆承以座。座。有雕有素。文表於版有純有緣。紙與書各殊色。

圜丘。

祈穀。

常雩用純青紙。朱書。

方澤用黃紙。黃緣。墨書。

太廟。

社稷壇用白紙。黃緣。墨書。

日壇用純紅紙。朱書。

月壇。

先農壇。

歷代帝王廟。

先師廟。

太歲殿。

天神壇。

地祇壇。

先醫廟。

關帝廟。

文昌廟。火神廟。顯佑宮。東嶽廟。都城隍廟。均白紙。黃緣。墨書。各龍神廟。礮神。賢良祠。昭忠祠。獎忠祠。雙忠祠。旌勇祠。褒忠祠。顯忠祠。均白紙。墨書。惟睿忠親王等專祠。亦白紙。墨書。不設版。

# 欽定大清會典圖卷二十二

禮二十二 祭五二

爵圖一

爵圖二

爵圖三

爵圖四

琖圖

爵圖一

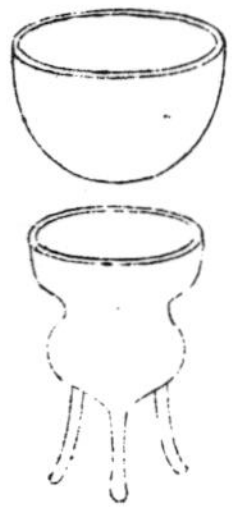

匏爵。剖椰實之半。不雕刻。金裏。承以坫。檀香為之。其下歧出三足。象爵形。

天壇正位

配位

祈穀壇正位

配位

地壇正位

配位。用之。制高一寸八分。深一寸三分。口徑三寸七分。足高二寸九分。

爵圖二

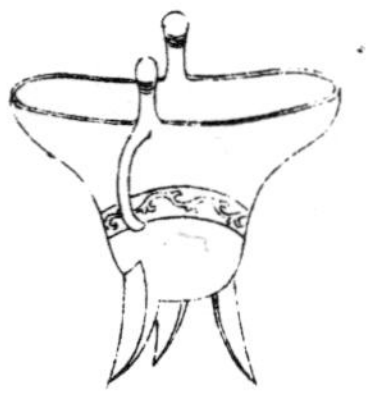

玉爵。刓玉象爵形。腹為藻紋。

太廟前殿

太廟後殿。用者。制高五寸三分。深二寸四分。兩柱高九分。足高二寸一分。三足相距各一寸六分。

社稷壇正位用者。制高三寸四分。深八分。兩柱高一寸。足高一寸四分。三足相距各一寸六分。

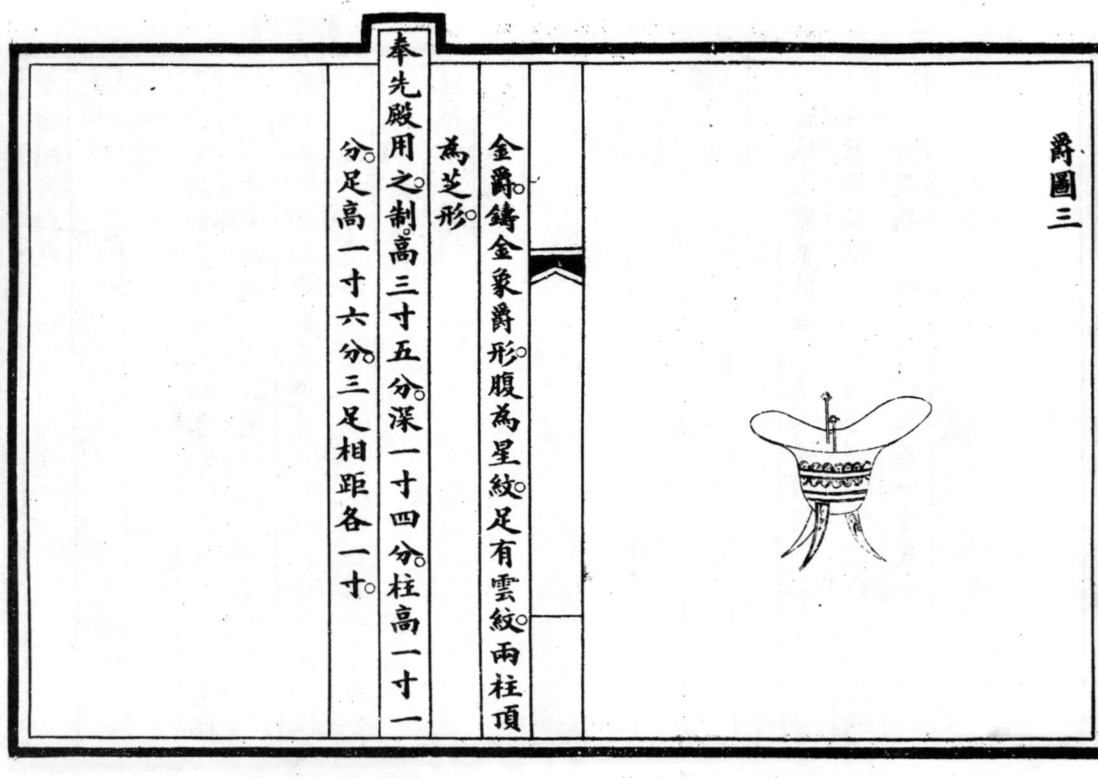

爵圖三

金爵。鑄金象爵形。腹為星紋。足有雲紋。兩柱頂為芝形。

奉先殿用之。制。高三寸五分。深一寸四分。柱高一寸一分。足高一寸六分。三足相距各一寸。

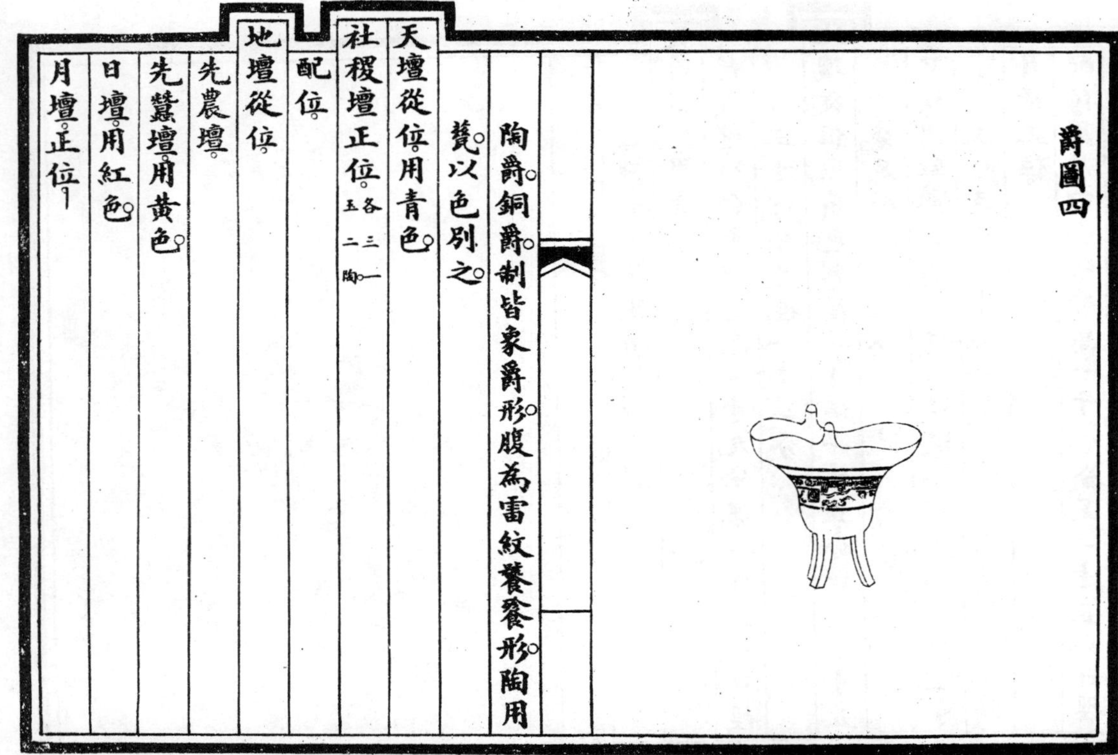

爵圖四

陶爵。銅爵。制皆象爵形。腹為雷紋饕餮形。陶用甆。以色別之。

天壇從位。用青色。

社稷壇正位。各三一五二陶

配位。

地壇從位。

先農壇。

先蠶壇用黃色。

日壇。用紅色。

月壇。正位。一

配位用月白色
天神壇
地祇壇
太歲壇用白色制皆高四寸六分深二寸四分兩柱
高七分足高二寸三足相距各一寸八分
太廟兩廡亦用白色制高四寸二分深二寸二分兩柱
高六分足高一寸八分三足相距各一寸六分
銅爵用於
歷代帝王廟
傳心殿
先師廟
先醫廟
關帝廟
文昌廟
都城隍廟黑龍潭玉泉山昆明湖
三龍神祠制高四寸六分深二寸三分兩柱高七
分足高二寸三足相距各一寸五分

琖圖

琖純素用陶陶用甆以色別之
天壇從位用青色
太歲壇用白色制皆高一寸九分深一寸五分口徑
三寸四分足徑一寸二分
地壇從位用黃色制高二寸深一寸五分口徑三寸五
分足徑一寸八分
日壇用紅色制高一寸八分深一寸五分口徑三寸
五分足徑一寸四分
月壇正位
配位用月白色制皆高一寸八分深一寸五分口徑

三寸五分。足徑一寸二分。高二分。

先農壇。

先蠶壇用白色。制皆高一寸八分。深一寸五分。口徑

三寸五分。足徑一寸二分。

# 欽定大清會典圖卷二十三

## 禮二十三祭器三

從位。

社稷壇正位。

配位。

先農壇。

先蠶壇。

地祇壇用黃色。

日壇用紅色。

太歲壇用白色。制。高六寸一分。深二寸一分。口徑五寸。校圍六寸六分。足徑四寸五分。蓋高一寸八分。徑四寸五分。頂高四分。

祈穀壇

配位。亦用青色。

月壇正位

配位。用月白色。制。高五寸三分。深一寸九分。口徑四寸五分。校圍六寸。足徑四寸二分。蓋高一寸七分。徑四寸。頂高三分。銅登用於

歷代帝王廟正位。

先師廟正位。

關帝廟前殿。

文昌廟前殿。制。高六寸。深二寸。口徑四寸九分。校圍

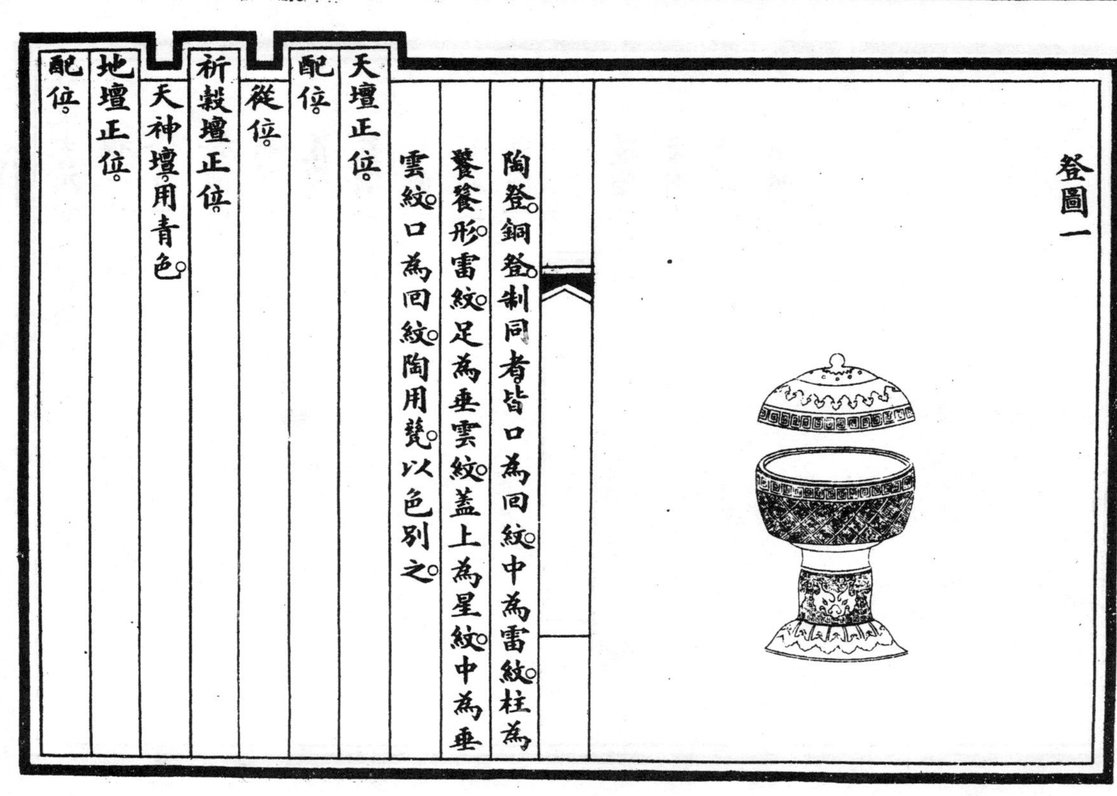

登圖一

陶登。銅登。制同者皆口為回紋。中為雷紋。柱為饕餮形雷紋。足為垂雲紋。蓋上為星紋。中為垂雲紋。口為回紋。陶用甆。以色別之。

天壇正位。

配位。

從位。

祈穀壇正位。

天神壇。用青色。

地壇正位。

配位。

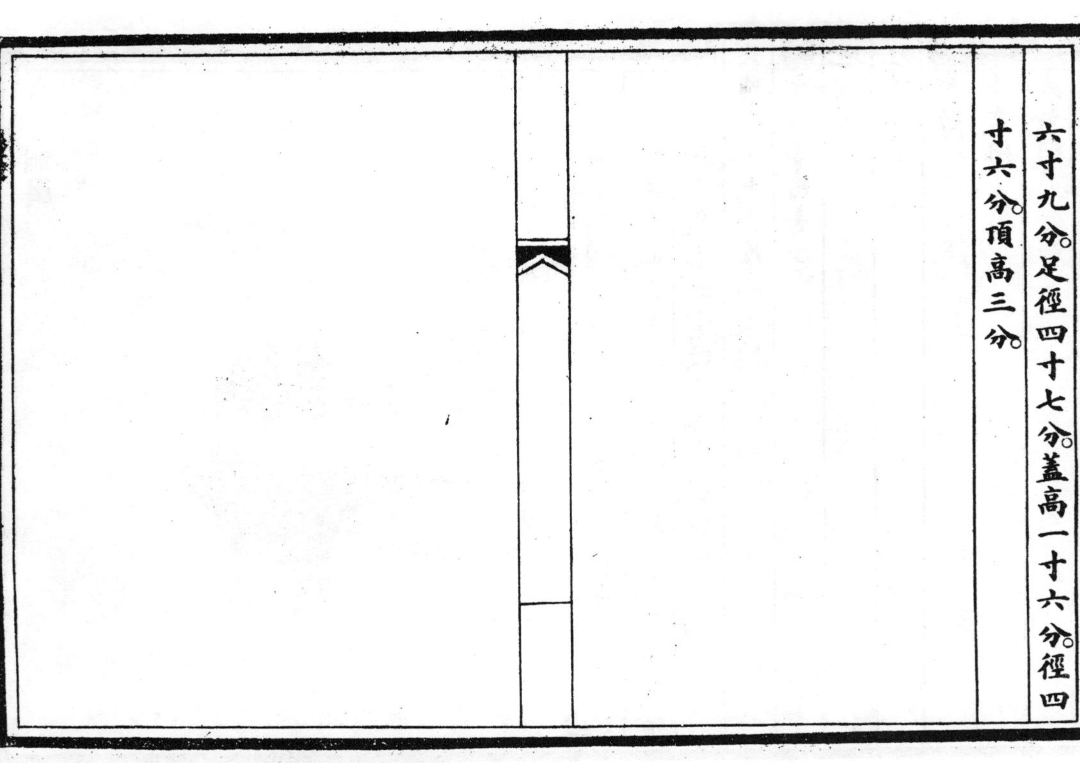

六寸九分。足徑四寸七分。蓋高一寸六分。徑四寸六分。頂高三分。

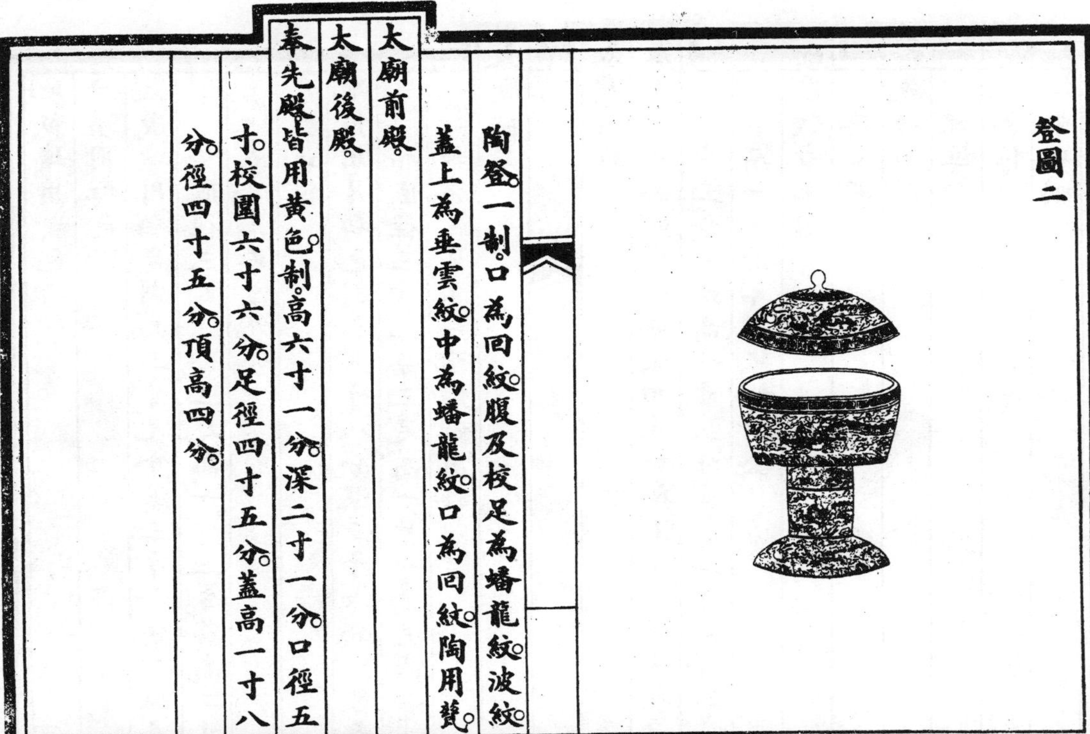

登圖二

陶登一制。口為回紋。腹及校足為蟠龍紋。波紋蓋上為垂雲紋。中為蟠龍紋。口為回紋。陶用甆。

太廟前殿

太廟後殿

奉先殿皆用黃色。制。高六寸一分。深二寸一分。口徑五寸。校圍六寸六分。足徑四寸五分。蓋高一寸八分。徑四寸五分。頂高四分。

鉶圖

陶鉶。銅鉶。制。皆兩耳為犧形。口為藻紋。次回紋。
腹為貝紋。蓋為藻紋回紋雷紋。上有三峯。為雲
紋。三足。亦為雲紋。陶鉶用甆。以色別之。
天壇從位東次壇。西次壇。
天神壇。用青色。
地壇從位。
社稷壇正位。
配位。
先農壇。
先蠶壇。

地祇壇。用黃色。
日壇。用紅色。
太歲壇。用白色。制。高三寸九分。深三寸六分。口徑五
寸。底徑三寸三分。三足高一寸三分。蓋高二寸
五分。三峯高九分。
月壇正位。
配位。用月白色。制。高三寸八分。深三寸六分。口徑五
寸。底徑三寸三分。三足高一寸一分。蓋高二寸
六分。三峯高一寸。銅鉶用於
太廟前殿。
太廟後殿。
奉先殿。制。高四寸一分。深四寸。口徑五寸一分。底徑三
寸三分。三足高一寸三分。蓋高二寸二分。三峯
高一寸。兩耳及緣飾以金。
歷代帝王廟。
傳心殿。
先師廟正位。
配位。
哲位。
崇聖祠

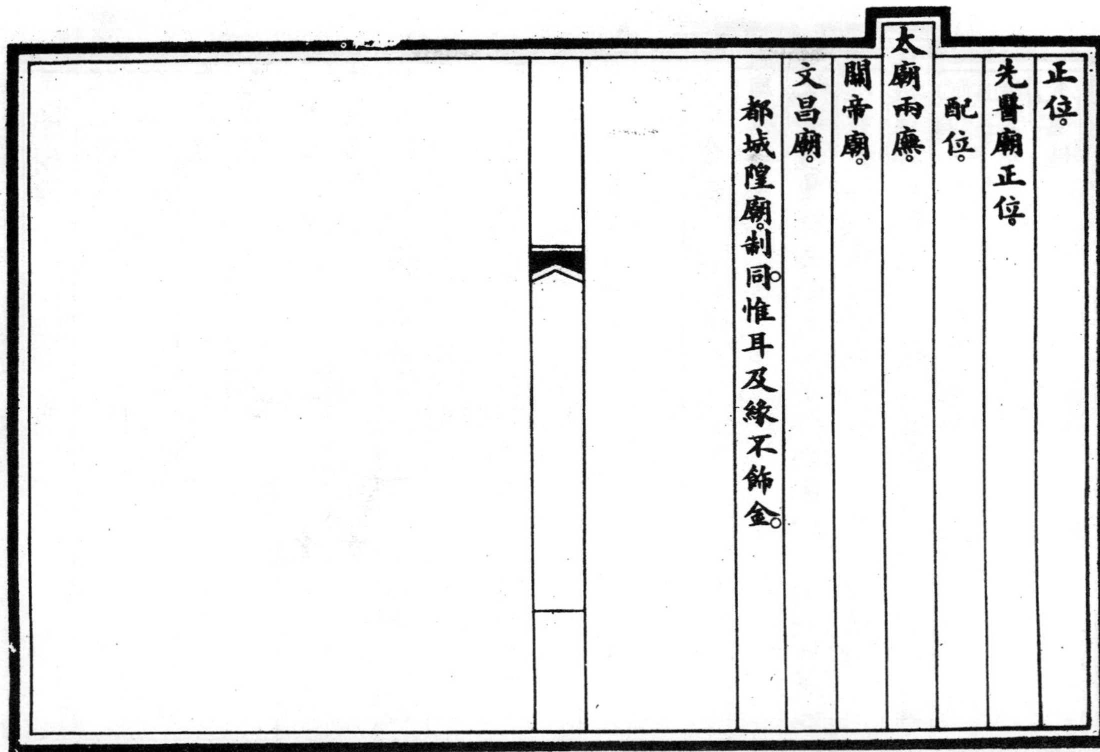

正位

先醫廟正位

配位

太廟兩廡

關帝廟

文昌廟

都城隍廟。制同。惟耳及緣不飾金。

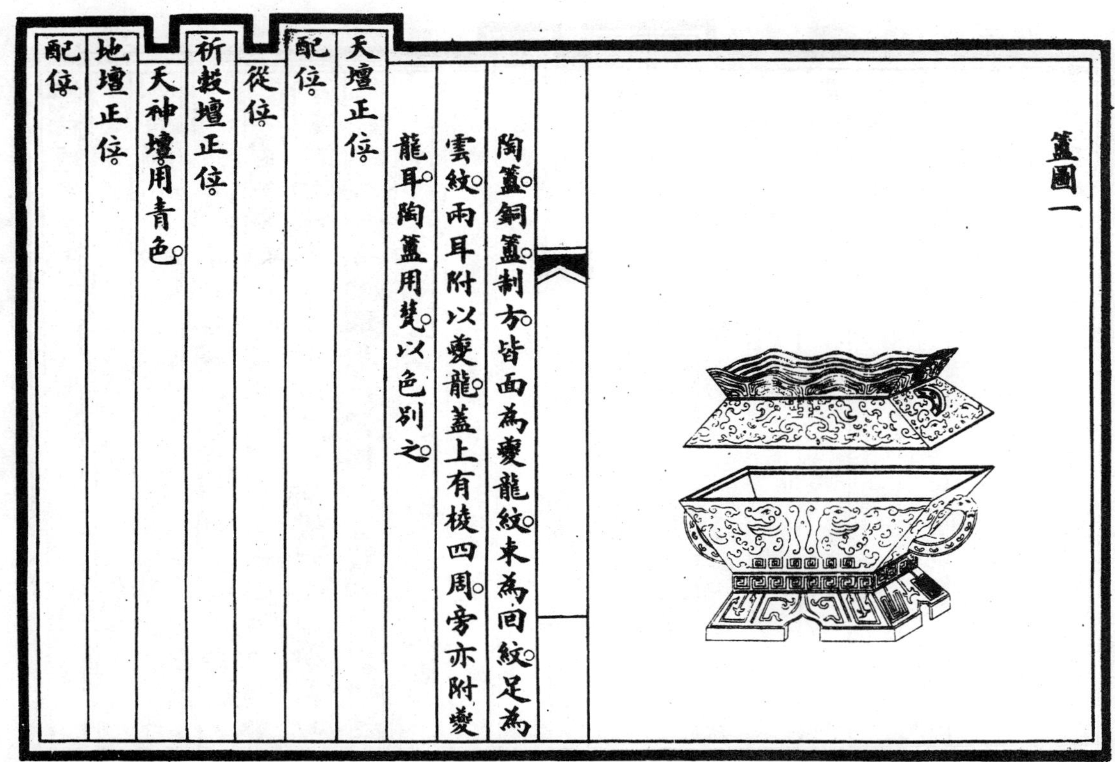

簠圖一

陶簠。銅簠。制方。皆面為夔龍紋。束為回紋。足為雲紋。兩耳附以夔龍。蓋上有棱。四周旁亦附夔龍耳。陶簠用甆。以色別之。

天壇正位

配位

從位

祈穀壇正位

天神壇用青色。

地壇正位

配位

從位
社稷壇正位
配位
先農壇
先蠶壇
地祇壇用黃色
日壇用紅色
太歲壇用白色。制高四寸四分。深二寸三分。口縱六寸五分。橫八寸。底縱四寸四分。橫六寸。蓋高一寸六分。口縱橫與罍同。上有棱。四周縱四寸八分。橫六寸四分。

祈穀壇
配位用青色
月壇正位
配位用月白色。制高三寸八分。深一寸七分。口縱四寸八分。橫六寸二分。底縱三寸三分。橫四寸三分。蓋高一寸五分。上有棱。四周縱三寸五分。橫四寸三分。銅蓋用於
歷代帝王廟
先師廟

先醫廟
關帝廟
文昌廟
都城隍廟。黑龍潭玉泉山昆明湖
三龍神祠。制高四寸六分。深二寸一分。口縱六寸四分。橫八寸。底縱五寸一分。橫六寸四分。蓋高一寸四分。口縱橫與罍同。上有棱。四周縱四寸一分。橫六寸四分。

簠圖二

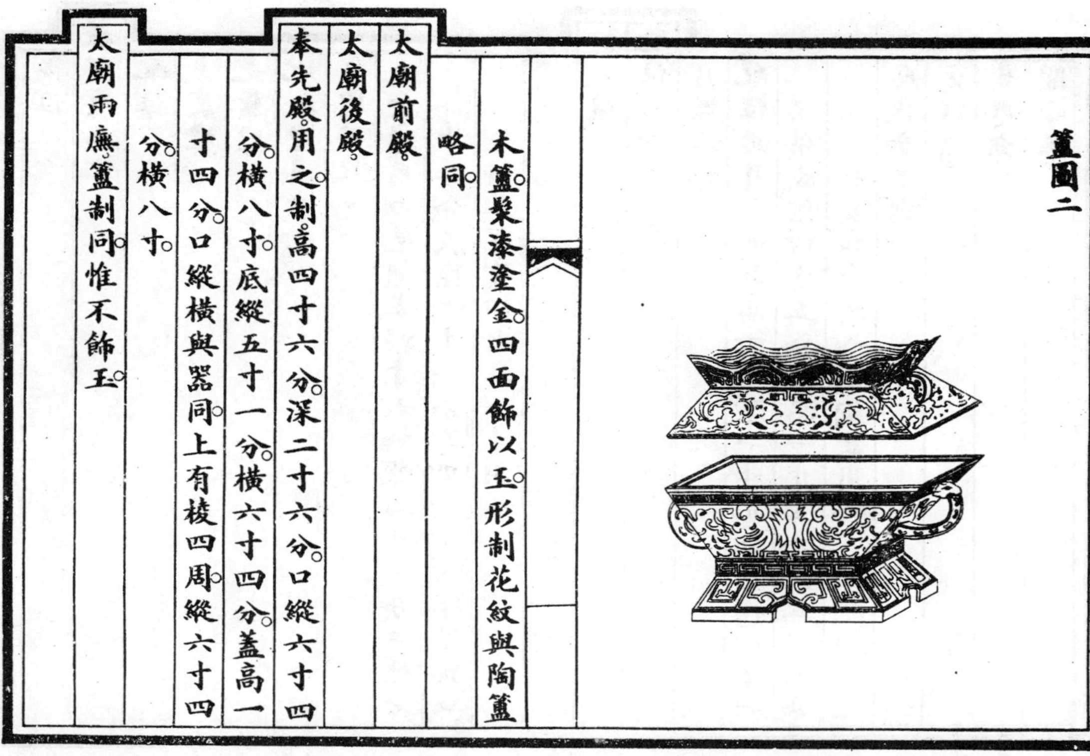

木簠。髹漆塗金。四面飾以玉。形制花紋與陶簠略同。

太廟前殿。

太廟後殿。

奉先殿用之。制高四寸六分。深二寸六分。口縱六寸四分。橫八寸。底縱五寸一分。橫六寸四分。蓋高一寸四分。口縱橫與器同。上有棱四周。縱六寸四分。橫八寸。

太廟兩廡簠制同。惟不飾玉。

簠圖一

陶簠。銅簠。制圓而橢。皆口為回紋。腹為雲紋。束為黻紋。足為星雲紋。兩耳附以夔龍。蓋面為雲紋。口為回紋。上有棱四出。陶用甆。以色別之。

天壇正位。

配位。

從位。

祈穀壇正位。

天神壇用青色。

地壇正位。

配位。

從位
社稷壇正位
配位
先農壇
先蠶壇
地祇壇用黃色。
日壇用紅色。
太歲壇用白色。制。高四寸六分。深二寸三分。口徑七
寸二分。底徑六寸一分。蓋高一寸八分。徑與口
徑同。上有棱四出。高一寸三分。
祈穀壇
配位用青色。
月壇正位
配位用月白色。制。高四寸。深一寸九分。口徑六寸一
分。底徑四寸五分。蓋高一寸三分。徑五寸五分。
上有棱四出。高八分。銅簠用於
歷代帝王廟。
先師廟。
先醫廟。
關帝廟。

文昌廟。
都城隍廟。黑龍潭玉泉山昆明湖
三龍神祠。制。高四寸二分。深二寸一分。口徑七寸
二分。底徑六寸。蓋高一寸八分。徑與口徑同。上
有棱四出。高一寸一分。

簠圖二

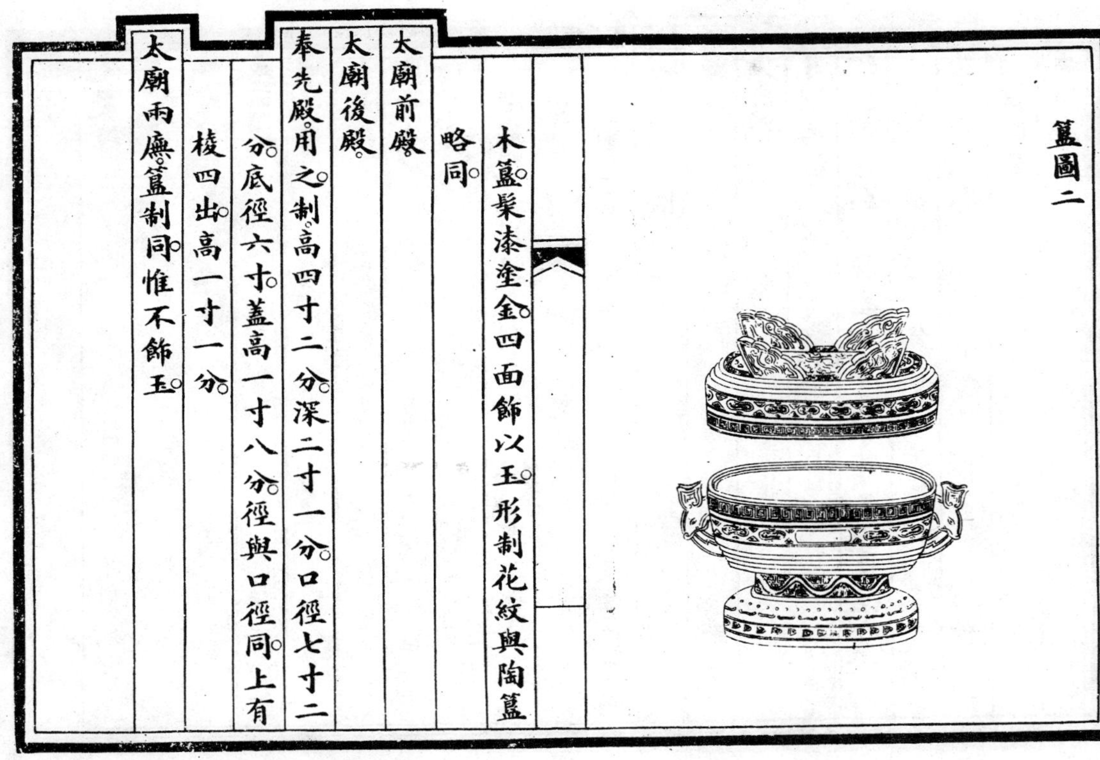

木簠髹漆塗金。四面飾以玉。形制花紋與陶簠略同。

太廟前殿

太廟後殿

奉先殿。用之。制高四寸二分。深二寸一分。口徑七寸二分。底徑六寸。蓋高一寸八分。徑與口徑同。上有稜四出。高一寸一分。

太廟兩廡。簠制同。惟不飾玉。

籩圖一

竹籩。編竹為之。以絹飾裏。頂及緣皆髹以漆。用別以色。

天壇正位

配位

從位

祈穀壇正位。用青色。

地壇正位

配位

從位

社稷壇正位

配位

先農壇

先蠶壇用黃色

日壇用紅色

天神壇

地祇壇

太歲壇

關帝廟

文昌廟

都城隍廟用黑色制高五寸八分深九分口徑五寸足徑四寸五分蓋高二寸一分徑與口徑同頂正圓高五分

祈穀壇

配位用青色

月壇正位

配位用月白色制高五寸二分深九分口徑四寸四分足徑四寸一分蓋高一寸八分頂高五分

歷代帝王廟

傳心殿

先師廟

先醫廟用紅色制高五寸四分深八分口徑四寸六分足徑四寸蓋高一寸九分頂高四分

太廟兩廡亦用紅色制高五寸五分深八分口徑四寸八分足徑四寸二分蓋高二寸頂高四分

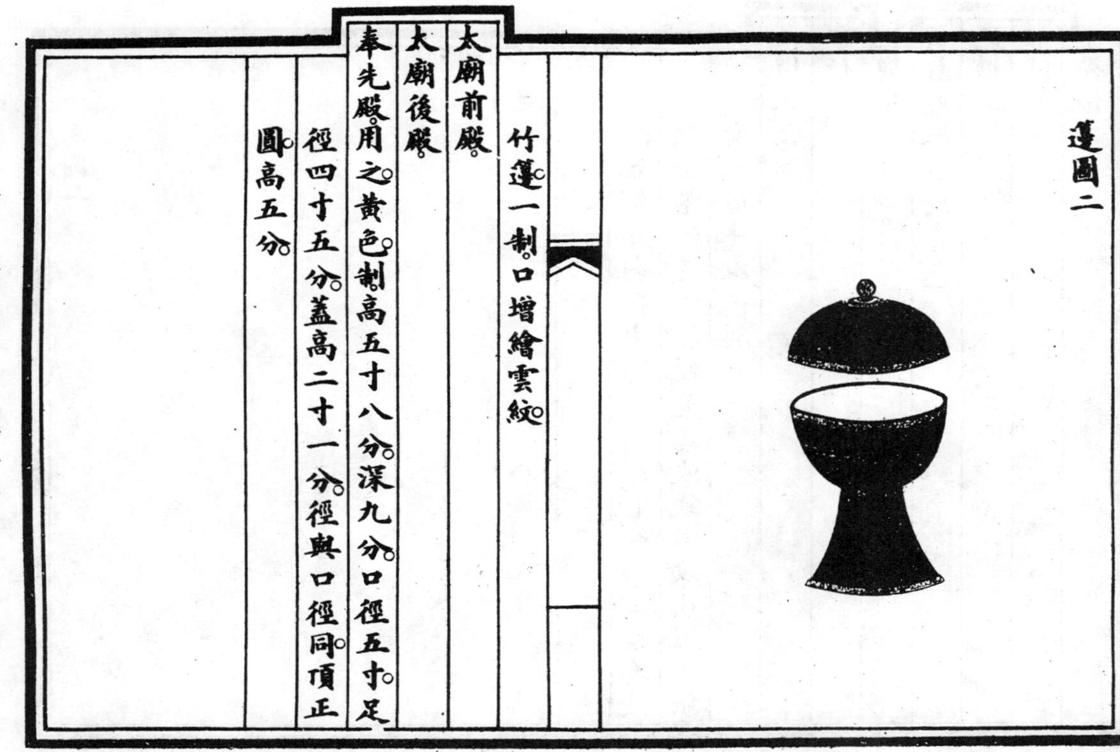

籩圖二

竹籩。一制。口增繪雲紋。

太廟前殿。

太廟後殿。

奉先殿。用之。黃色。制高五寸八分。深九分。口徑五寸。足徑四寸五分。蓋高二寸一分。徑與口徑同。頂正圓。高五分。

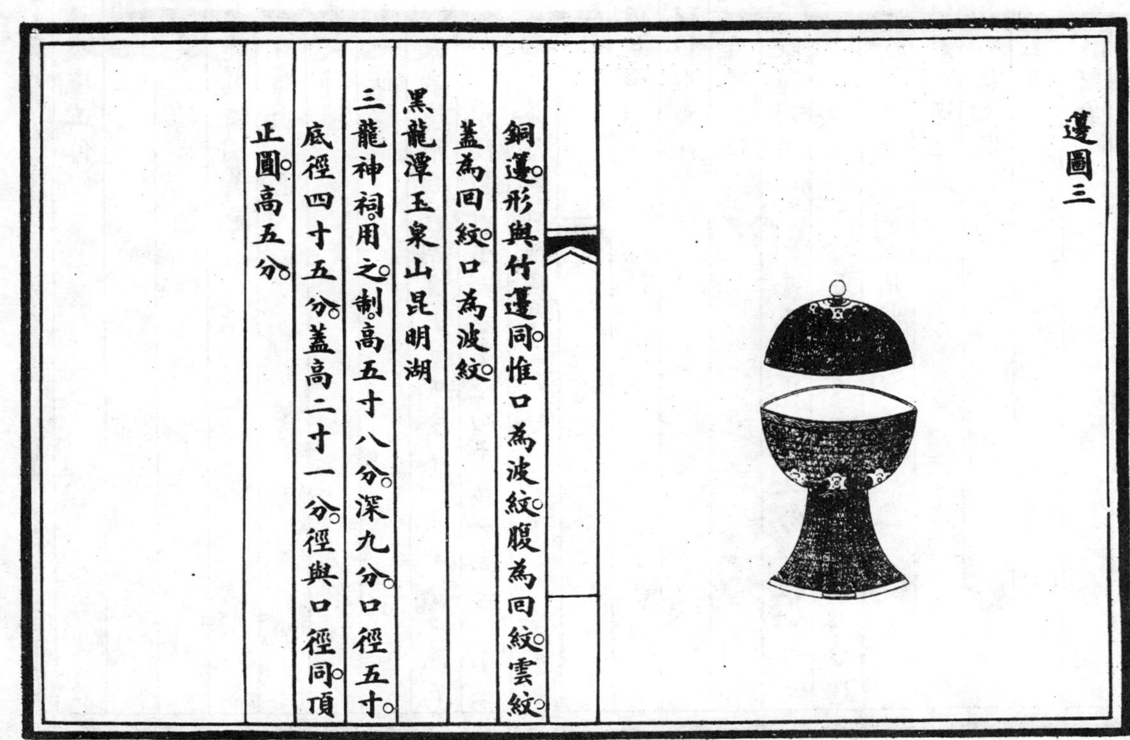

籩圖三

銅籩。形與竹籩同。惟口為波紋。腹為回紋。雲紋蓋為回紋。口為波紋。

黑龍潭玉泉山昆明湖

三龍神祠。用之。制高五寸八分。深九分。口徑五寸。底徑四寸五分。蓋高二寸一分。徑與口徑同。頂正圓。高五分。

豆圖一

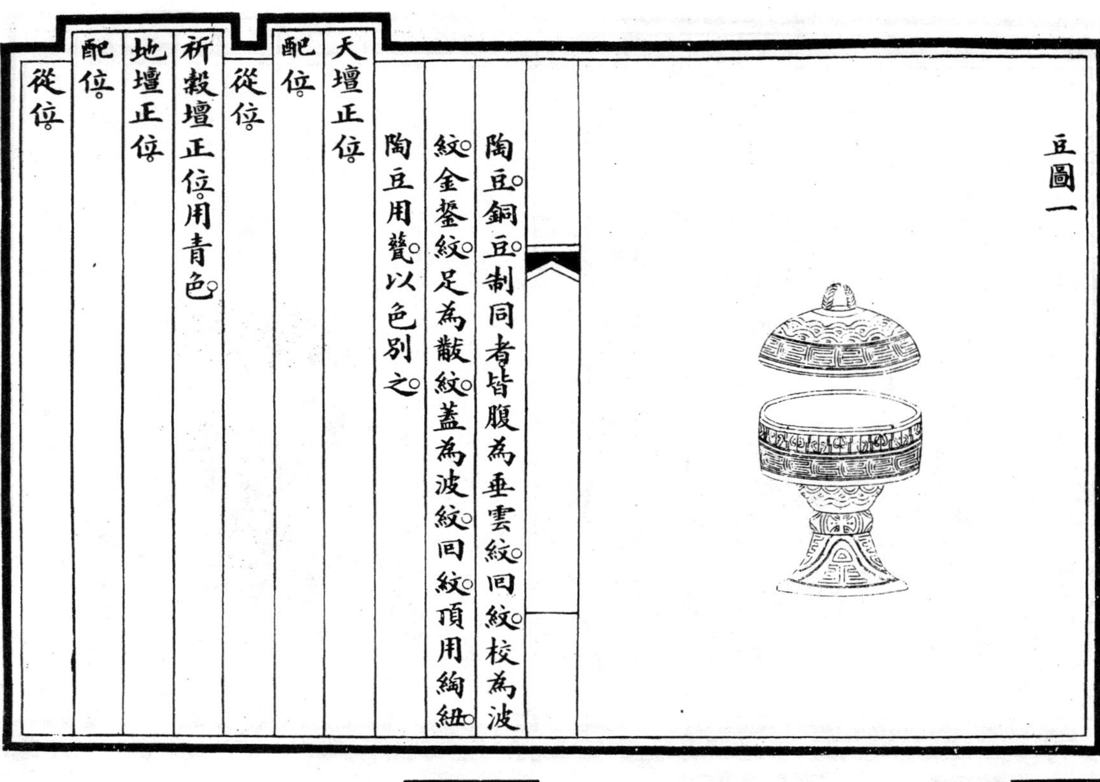

陶豆。銅豆。制同者皆腹為垂雲紋。回紋。校為波紋。金鑿紋足為黻紋蓋為波紋。回紋。頂用綯紐。

陶豆用甆。以色別之。

天壇正位

配位

從位

祈穀壇正位。用青色。

地壇正位

配位

從位

社稷壇正位

配位

先農壇

先蠶壇。用黃色。

日壇。用紅色。

天神壇

地祇壇

太歲壇。用白色。制。高五寸五分。深一寸七分。口徑五寸。校圍六寸六分。足徑四寸五分。蓋高二寸三分。徑與口徑同。頂高六分。

祈穀壇

配位。用青色。

月壇正位

配位。用月白色。制。高五寸。深一寸七分。口徑四寸五分。校圍二寸。足徑四寸一分。蓋高一寸八分。頂高六分。銅豆用於

歷代帝王廟

傳心殿

正位

先師廟。

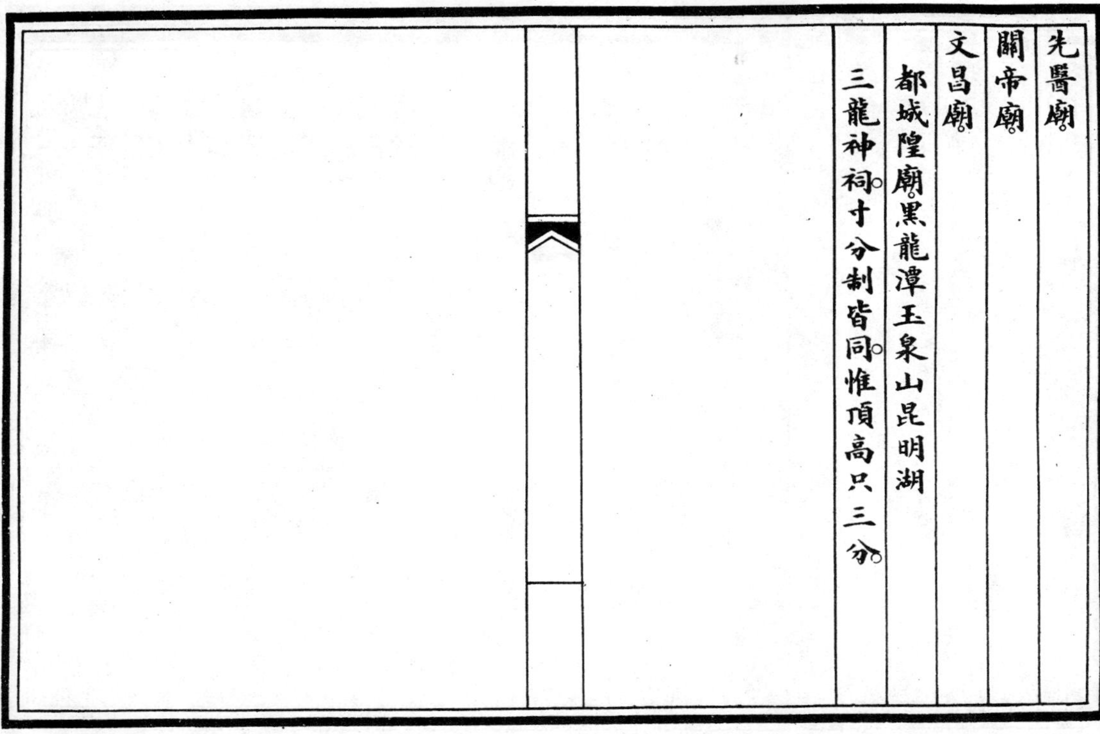

先醫廟。

關帝廟。

文昌廟。

都城隍廟。黑龍潭玉泉山昆明湖

三龍神祠。寸分制皆同。惟頂高只三分。

豆圖二

木豆。髹漆塗金。三方飾以玉。形及花紋與陶豆同。

太廟前殿。

太廟後殿。

奉先殿用之。制高五寸五分。深二寸。口徑四寸九分。校圍二寸。足徑四寸七分。蓋高二寸二分。徑與口徑同。頂高五分。

太廟兩廡豆制同。惟不飾玉。

# 欽定大清會典圖卷二十四

禮二十四 祭器四



## 篚圖

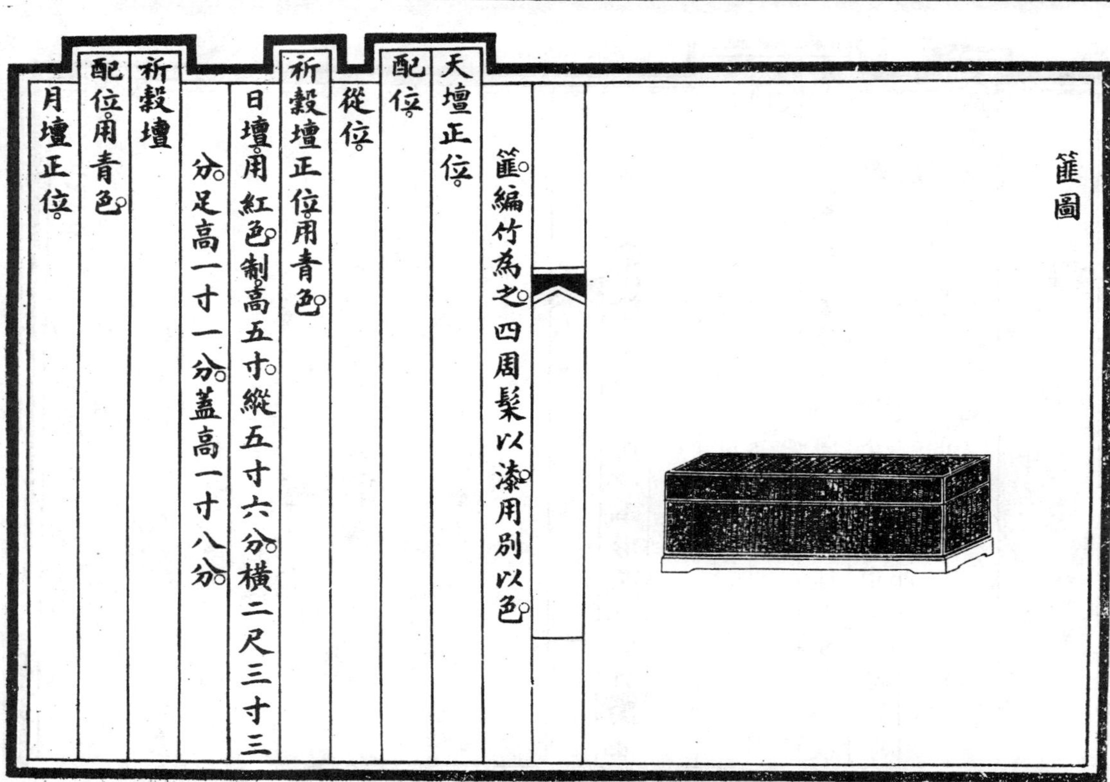

篚。編竹為之。四周髹以漆。用別以色。天壇正位。配位。從位。祈穀壇正位用青色。日壇用紅色。制高五寸。縱五寸六分。橫二尺三寸三分。足高一寸一分。蓋高一寸八分。祈穀壇配位用青色。月壇正位。

配位用月白色制高三寸五分縱四寸五分橫二尺二寸一分足高七分蓋高一寸三分

地壇正位

配位

從位用黃色制高三寸六分縱四寸一分橫二尺二寸五分足高七分蓋高一寸一分

太廟前殿

太廟後殿

奉先殿用黃色制高五寸縱四寸九分橫二尺二寸五分足高七分蓋高一寸一分

社稷壇正位

配位用黃色制高三寸五分縱四寸九分橫二尺六分足高七分蓋高一寸二分

先農壇

先蠶壇用黃色制高三寸二分縱四寸五分橫二尺二寸一分足高七分蓋高一寸一分

歷代帝王廟

傳心殿

先師廟

先醫廟用紅色制高五寸縱五寸橫二尺二寸五分

足高一寸蓋高一寸七分

太廟兩廡用紅色制高五寸縱五寸六分橫二尺二寸五分足高一寸蓋高一寸七分

天神壇

地祇壇

太歲壇

關帝廟

文昌廟

都城隍廟黑龍潭玉泉山昆明湖

三龍神祠用黑色制高三寸一分縱四寸三分橫二尺二寸三分足高八分蓋高一寸三分

## 俎圖一

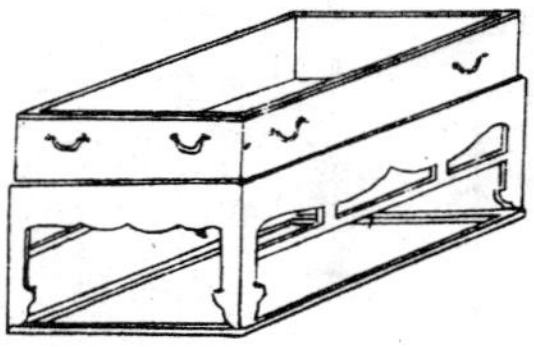

俎。用木。錫裏外髹以漆。用別以色。實特牲之俎。

天壇正位。

配位。

從位東一壇西一壇。

祈穀壇正位。

配位用青色。

地壇正位。

配位用黃色。制中虛。縱二尺三寸。橫三尺二寸。四周各

銅鐶二。四足有跗。通高二尺三寸。

## 俎圖二

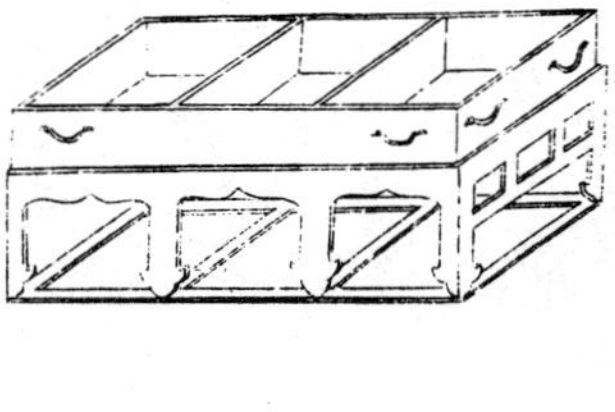

實太牢之俎。

太廟前殿。

太廟後殿東廡。

社稷壇正位。

配位。

日壇。

月壇正位。

配位。

先農壇。

先蠶壇。

天神壇。地祇壇。太歲壇。歷代帝王廟正位。先師廟正位。先醫廟正位。關帝廟前殿。文昌廟前殿。都城隍廟。俱用紅色。天壇從位東次壇西次壇。用青色。地壇從位用黃色。制。皆中區為三。縱六尺有奇。橫三尺二寸。四周各銅鐶二。八足有跗。通高二尺六寸有奇。

俎圖三

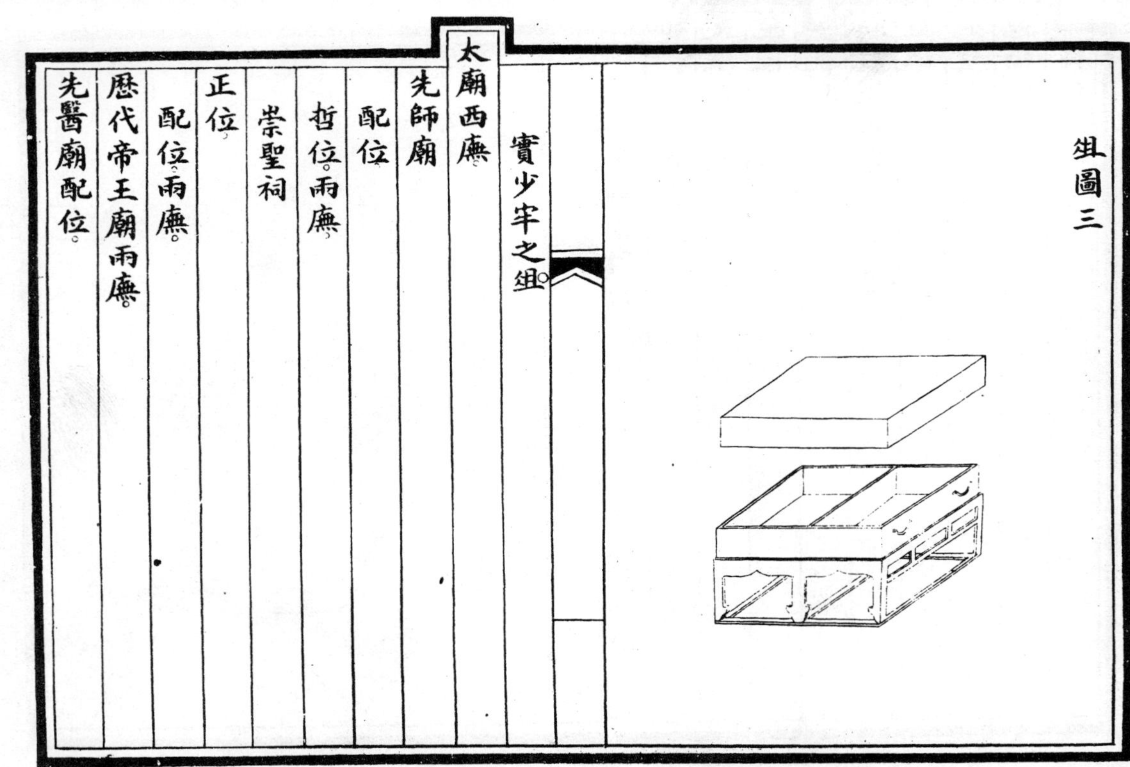

實少牢之俎

太廟西廡

先師廟

配位

哲位。兩廡

崇聖祠

正位。

配位。兩廡。

歷代帝王廟兩廡。

先醫廟配位。

關帝廟後殿
文昌廟後殿黑龍潭玉泉山昆明湖
三龍神祠。俱用紅色。制。皆中區為二。加蓋。縱三尺九寸。橫二尺八寸。左右各銅鐶二。六足有跗通高二尺七寸有奇。

尊圖一

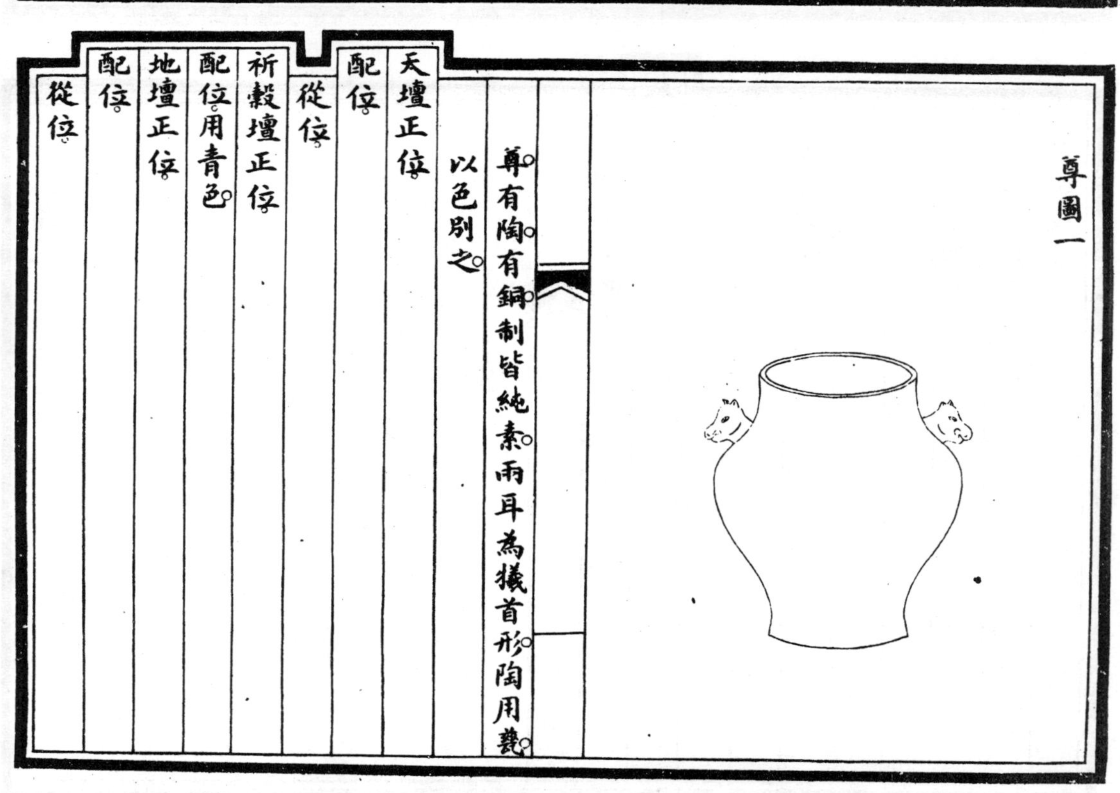

尊。有陶。有銅。制皆純素。兩耳為犧首形。陶用甆。以色別之。

天壇正位
配位
從位
祈穀壇正位
配位用青色。
地壇正位
配位
從位

先農壇
先蠶壇用黃色
日壇用紅色
月壇正位
配位用月白色
天神壇
地祇壇
太歲壇用白色制高八寸四分口徑五寸一分腹圍
二尺三寸七分底徑四寸三分足高二分
社稷壇正位
配位用黃色制高九寸四分口徑五寸六分腹圍三
尺底徑五寸五分足高三分
太廟兩廡用白色制高八寸二分口徑四寸七分腹圍
二尺三寸三分底徑四寸足高二分銅尊用於
歷代帝王廟
傳心殿
先師廟
先醫廟
關帝廟
文昌廟

都城隍廟黑龍潭玉泉山昆明湖
三龍神祠制高八寸六分口徑五寸一分腹圍二
尺四寸底徑四寸六分

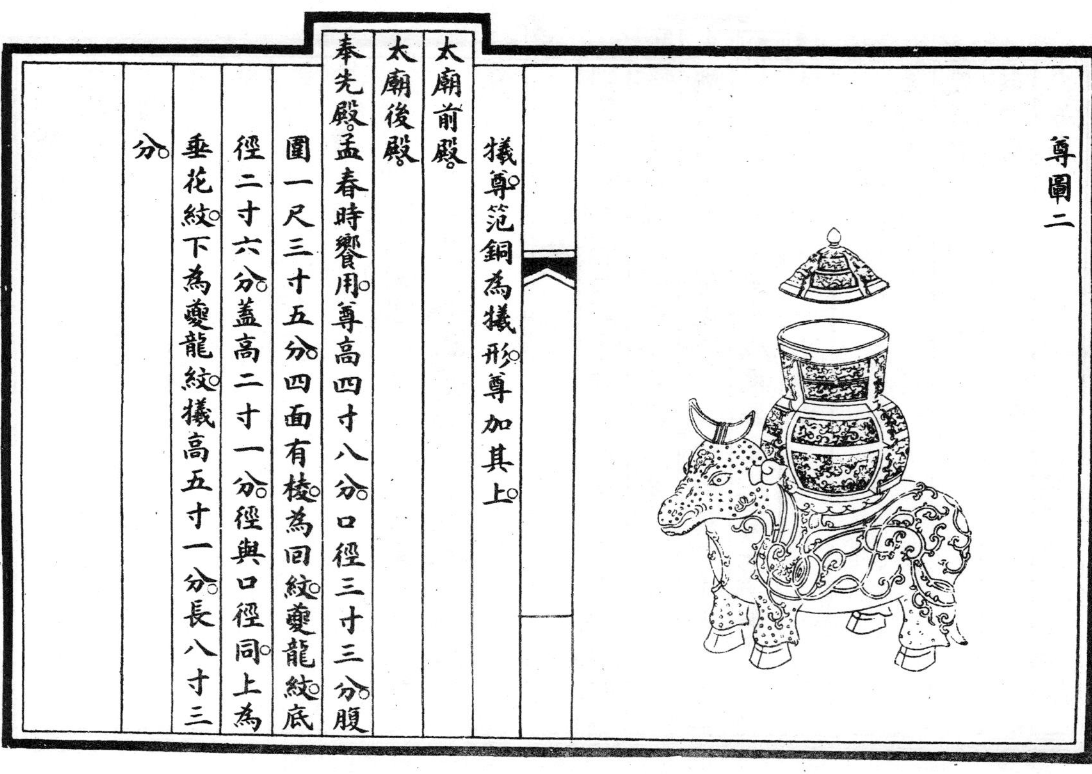

尊圖二

犧尊。範銅為犧形。尊加其上。

太廟前殿。

太廟後殿。

奉先殿。孟春時饗用。尊高四寸八分。口徑三寸三分。腹圍一尺三寸五分。四面有棱為回紋夔龍紋。底徑二寸六分。蓋高二寸一分。徑與口徑同。上為垂花紋。下為夔龍紋。犧高五寸一分。長八寸三分。

尊圖三

象尊。範銅為象形。尊加其上。

太廟前殿。

太廟後殿。

奉先殿。孟夏時饗用。尊高四寸二分。口徑三寸三分。為垂雲紋。腹圍一尺四寸四分。全素。底徑三寸。蓋高一寸九分。徑四寸。象高五寸二分。長七寸一分。

尊圖四

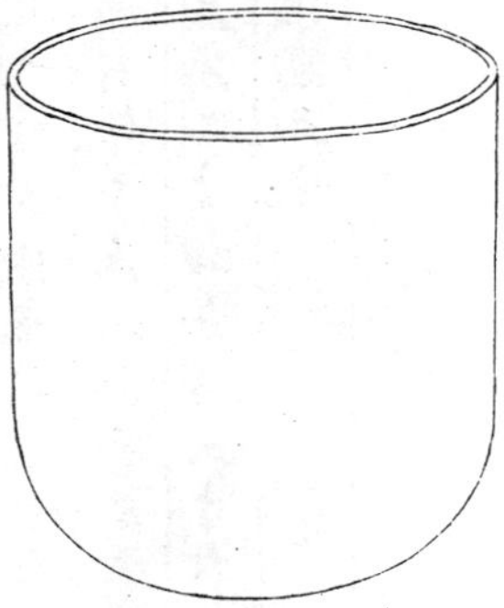

著尊。范銅為之。純素。

太廟前殿

太廟後殿

奉先殿。孟秋時饗用。高八寸五分。深八寸二分。口徑八寸三分。底徑六寸八分。

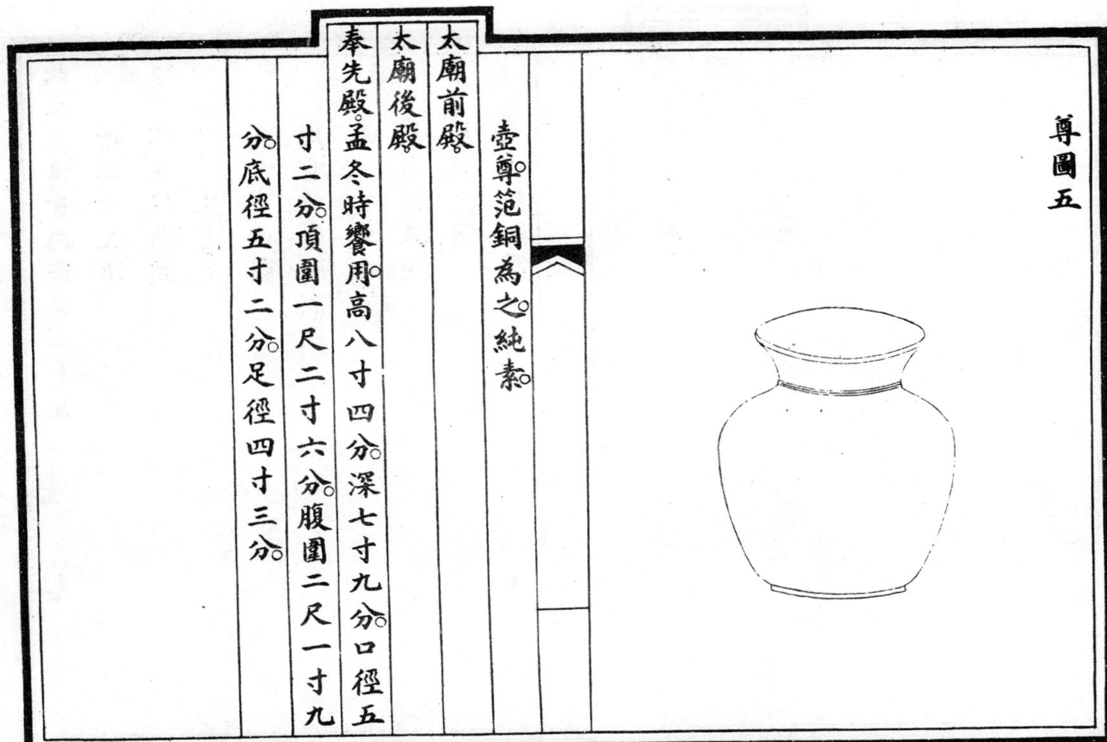

尊圖五

壺尊。范銅為之。純素。

太廟前殿

太廟後殿

奉先殿。孟冬時饗用。高八寸四分。深七寸九分。口徑五寸二分。項圍一尺二寸六分。腹圍二尺一寸九分。底徑五寸二分。足徑四寸三分。

尊圖六

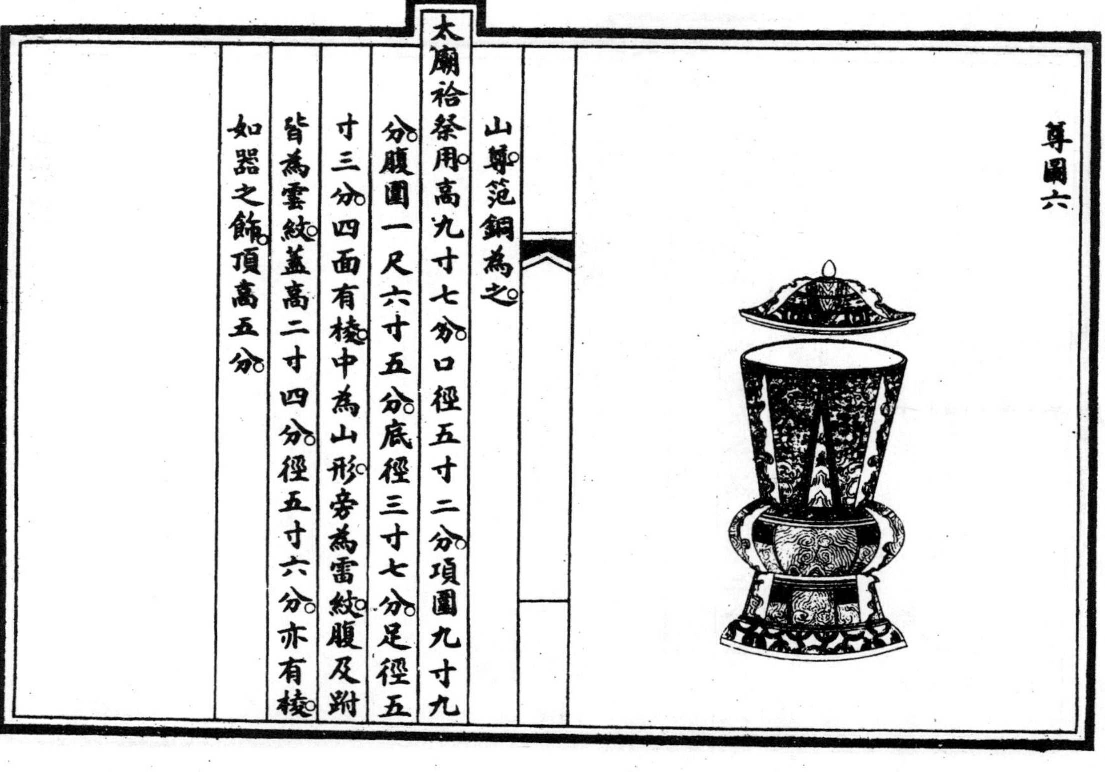

山尊。範銅爲之。

太廟祫祭用。高九寸七分。口徑五寸二分。項圍九寸九分。腹圍一尺六寸五分。底徑三寸七分。足徑五寸三分。四面有棱。中爲山形。旁爲雷紋。腹及跗皆爲雲紋。蓋高二寸四分。徑五寸六分。亦有棱。如器之飾。頂高五分。

# 欽定大清會典圖卷二十五

禮二十五 彝器

周康侯鼎圖

周犧尊圖

周内言卣圖

周雷紋壺圖

周犧首罍圖

周召仲簠圖

周盟簋圖

周雷紋觚圖

周子爵圖

周素洗圖

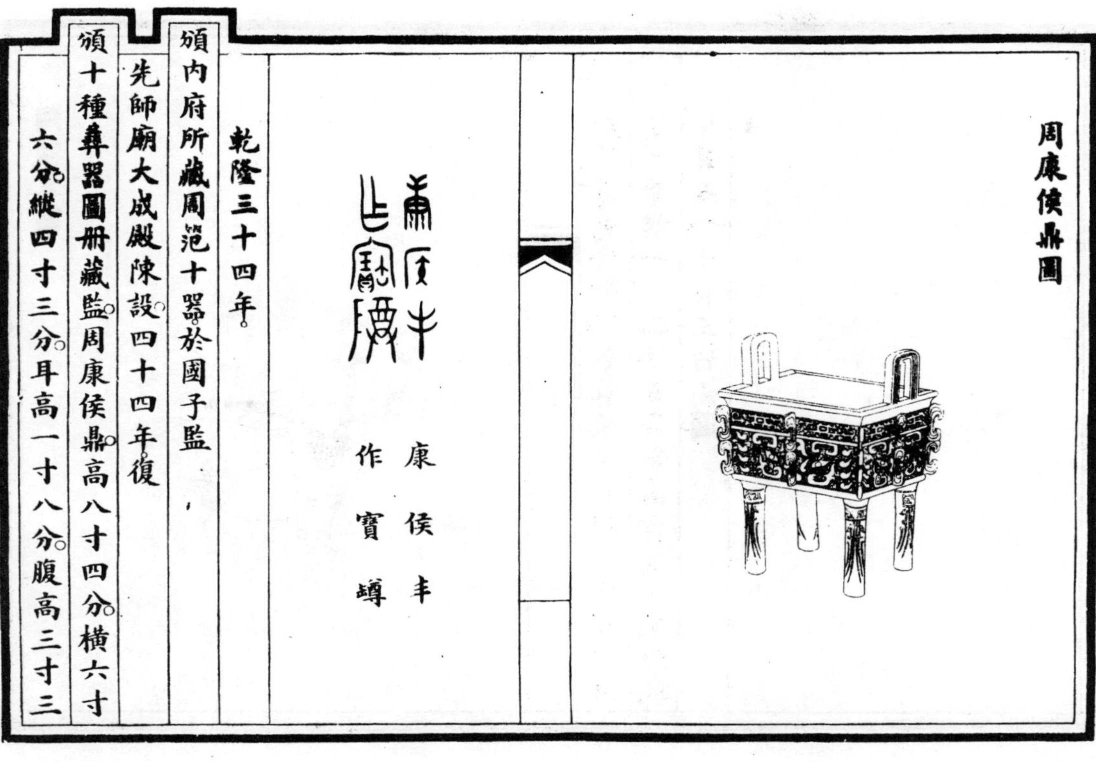


周康侯鼎圖

乾隆三十四年。頒內府所藏周笵十器於國子監，先師廟大成殿陳設。四十四年。復頒十種彝器圖冊藏監。周康侯鼎高八寸四分。横六寸六分。縱四寸三分。耳高一寸八分。腹高三寸三分。足高三寸五分。上爲饕餮雷紋。有銘。

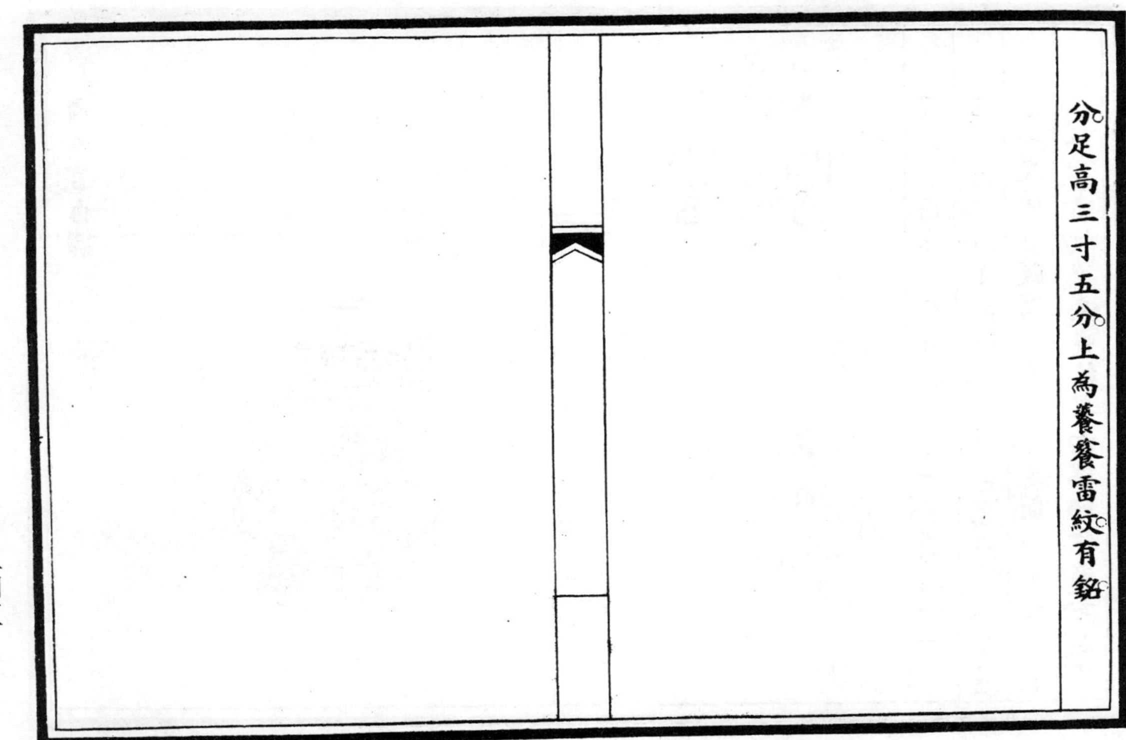

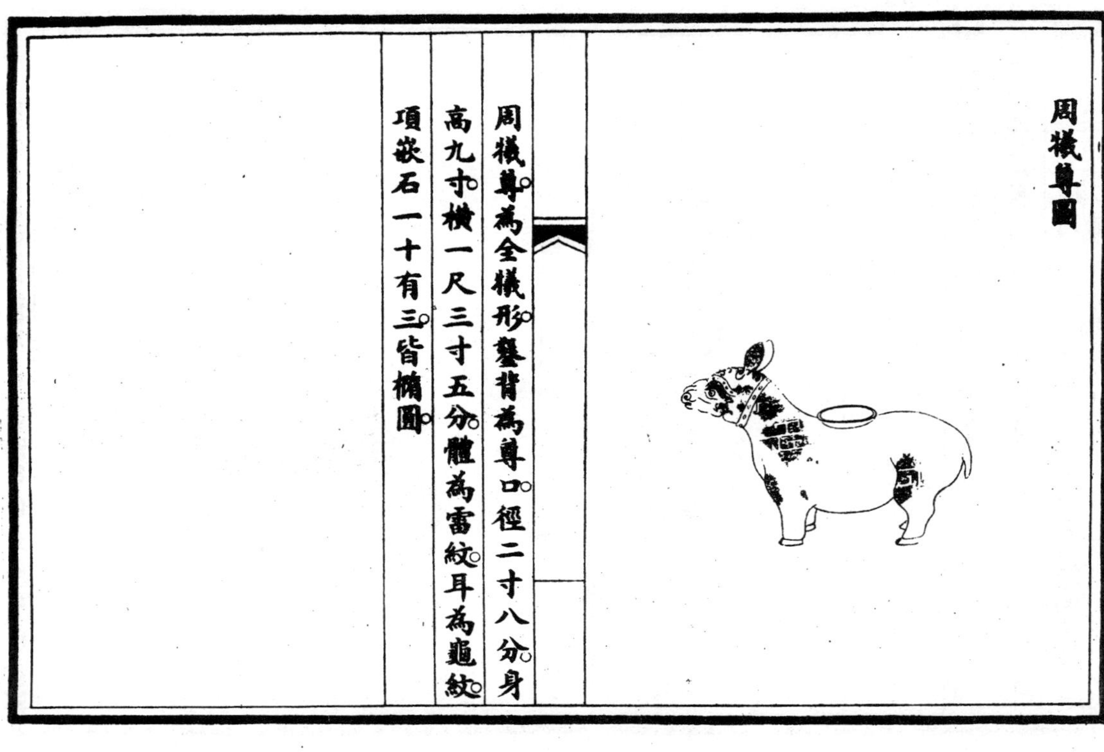

周犧尊圖

周犧尊。為全犧形。鑿背為尊。口徑二寸八分。身高九寸。橫一尺三寸五分。體為雷紋。耳為龜紋。項嵌石一十有三。皆橢圓。

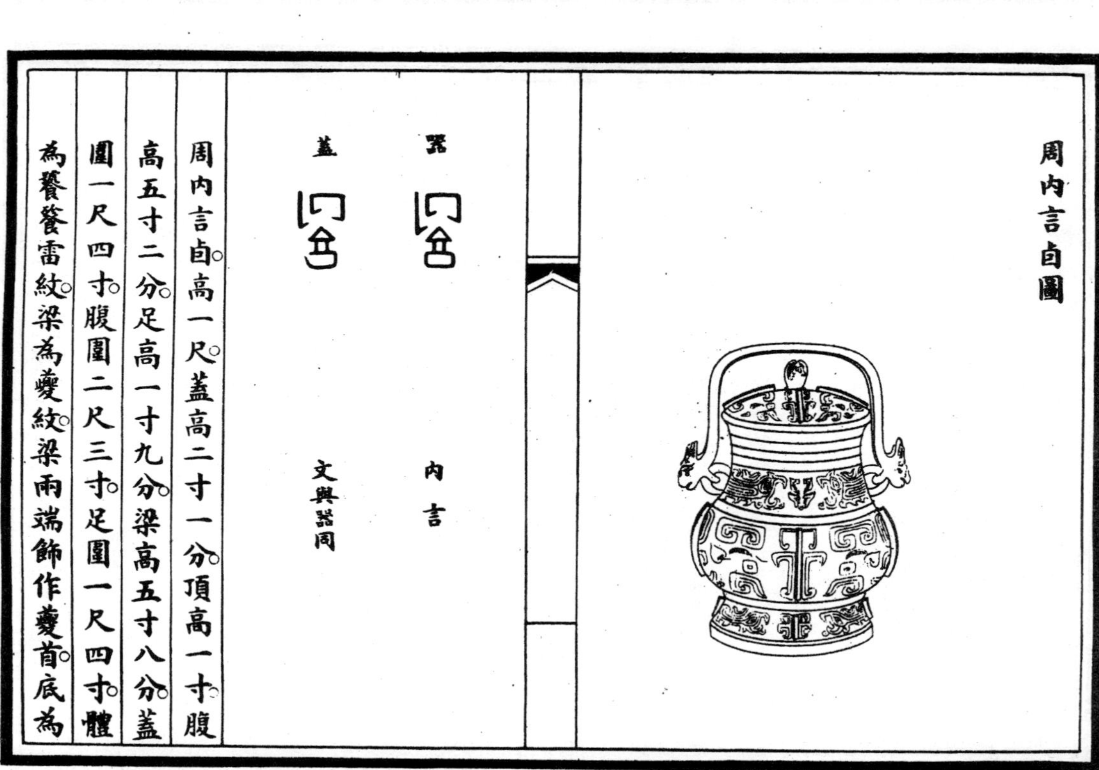

周内言卣圖

器　内言

蓋　文與器同

周内言卣。高一尺。蓋高二寸一分。項高一寸。腹高五寸二分。足高一寸九分。梁高五寸八分。蓋圍一尺四寸。腹圍二尺三寸。足圍一尺四寸。體為饕餮雷紋。梁為夔紋。梁兩端飾作夔首。底為

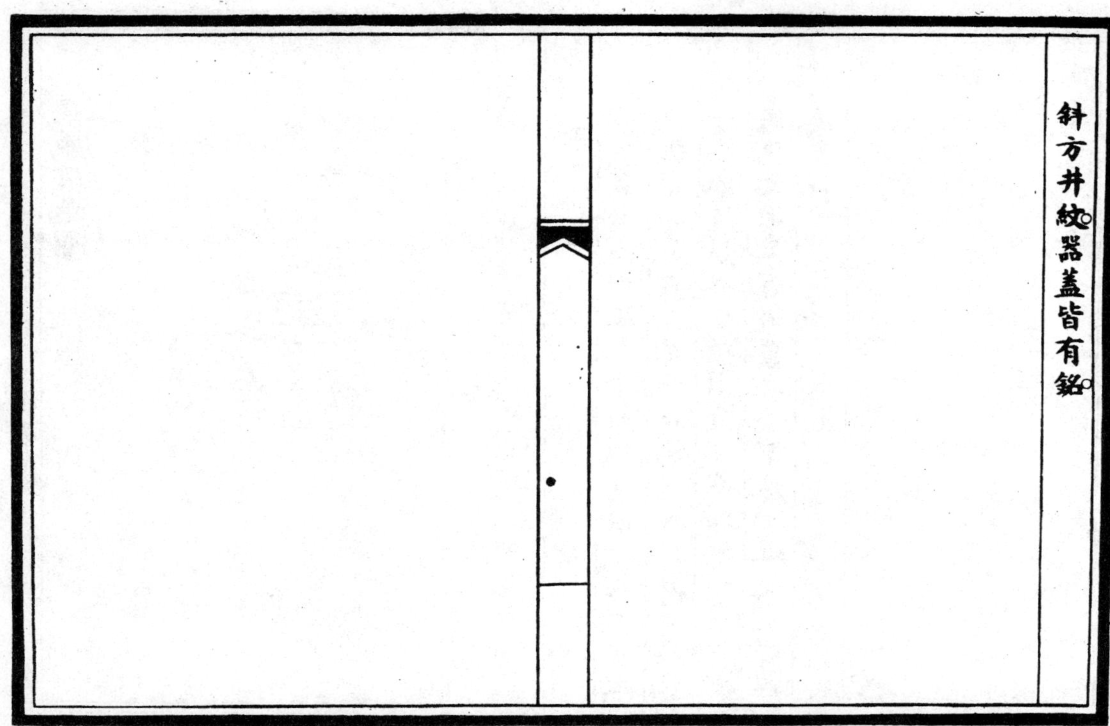

斜方井紋器蓋皆有銘

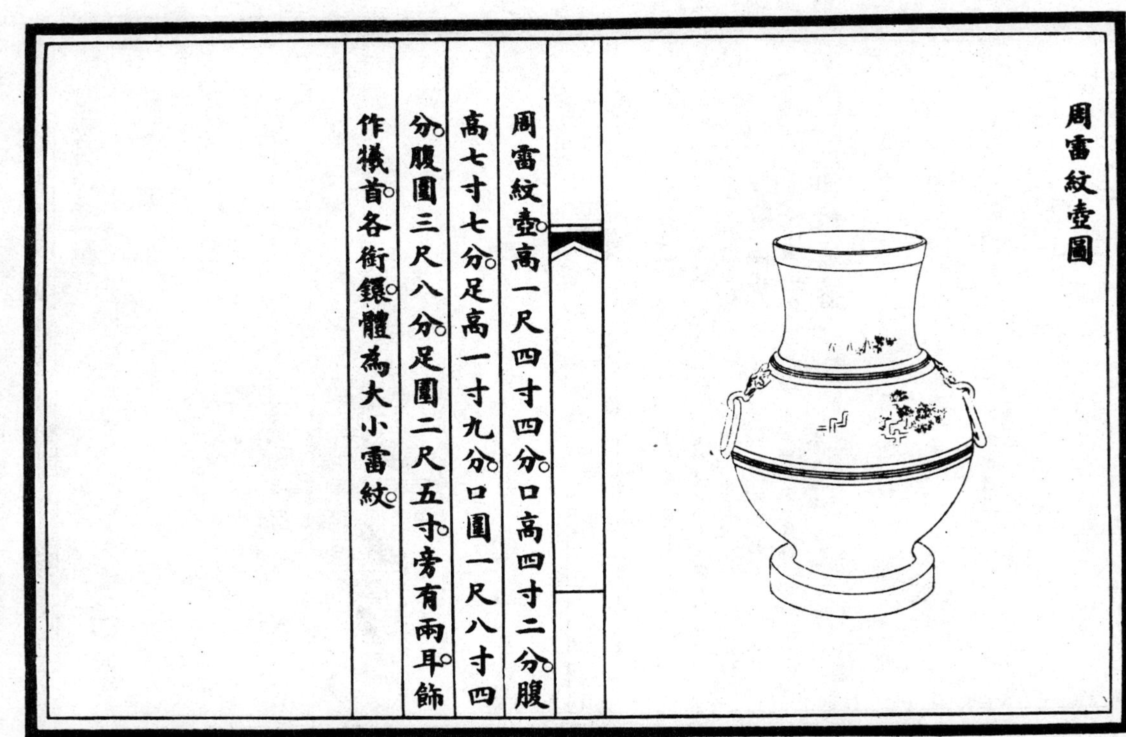

周雷紋壺圖

周雷紋壺高一尺四寸四分口高四寸二分腹高七寸七分足高一寸九分口圍一尺八寸四分腹圍三尺八分足圍二尺五寸旁有兩耳飾作犧首各銜鐶體為大小雷紋

周犧首罍圖

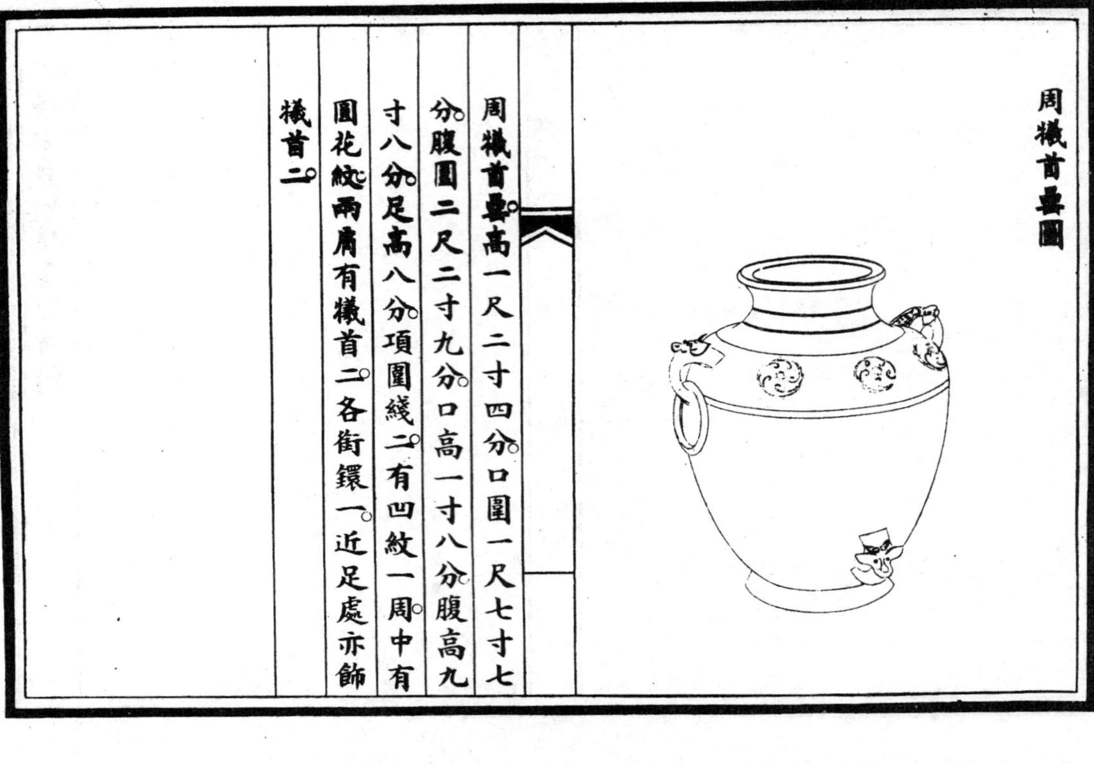

周犧首罍高一尺二寸四分。口圍一尺七寸七分。腹圍二尺二寸九分。口高一寸八分。腹高九寸八分。足高八分。項圍綫二。有四紋一周。中有圓花紋。兩肩有犧首二。各銜鐶一。近足處亦飾犧首二。

周召仲簠圖

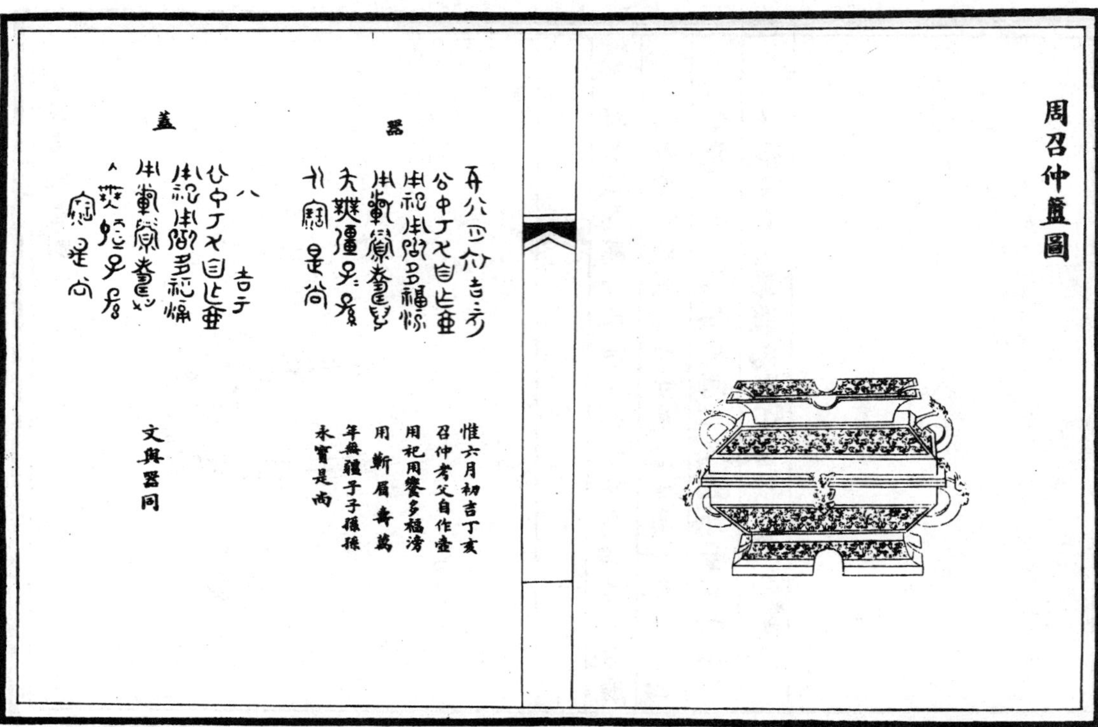

器

惟六月初吉丁亥
召仲考父自作壺
用祀用饗多福滂
用蘄眉壽萬
年無疆子子孫孫
永寶是尚

蓋

文與器同

周召仲簠高七寸七分。蓋高三寸五分。腹高二寸四分。足高一寸八分。口縱七寸四分。橫九寸八分。體爲蟠螭紋。蓋腹相承處。四面各飾夔首一。兩旁各出夔耳一。器蓋皆有銘。

周盟簋圖

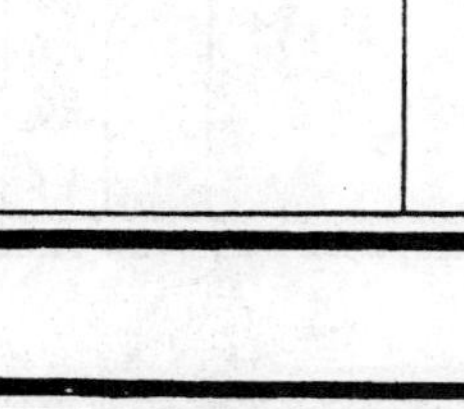

器

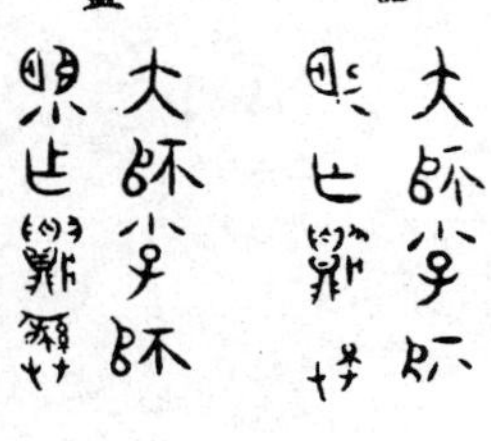

太師小子師盟作䵼彝

蓋

文與器同

周盟簋高七寸三分。蓋高二寸四分。足高一寸七分。周圍二尺三寸五分。體爲夔紋。旁出夔耳二。有雷紋。器蓋皆有銘。

周雷紋觚圖

周雷紋觚高七寸八分口圍一尺六寸腹圍藻棱三寸六分足圍九寸口高三寸二分腹高一寸八分足高三寸腹足以下為饕餮雷紋腹以上作鍔形四

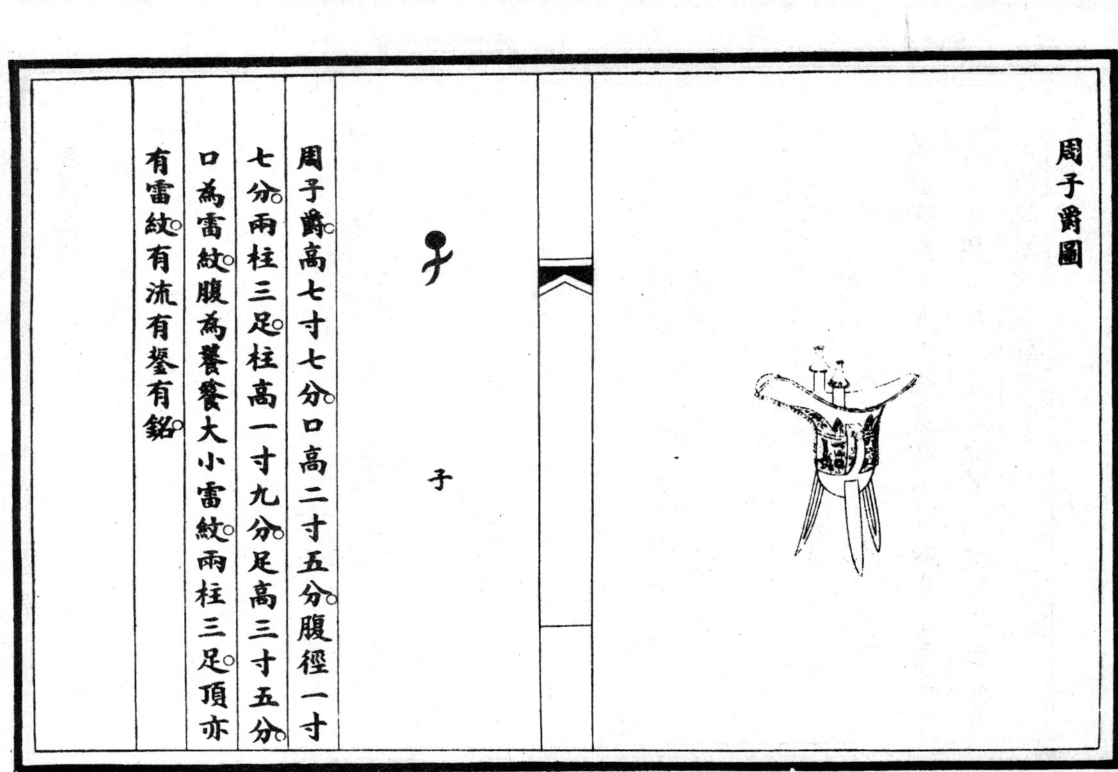

周子爵圖

子

子

周子爵高七寸七分口高二寸五分腹徑一寸七分兩柱三足柱高一寸九分足高三寸五分口為雷紋腹為饕餮大小雷紋兩柱三足頂亦有雷紋有流有鋬有銘

周素洗圖

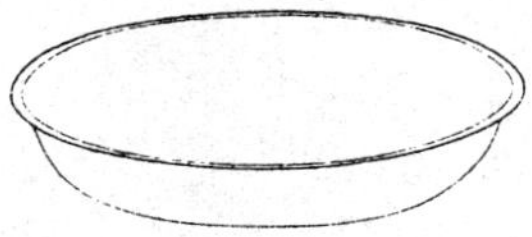

周素洗。高一寸五分。圍三尺。

欽定大清會典圖卷二十六

禮二十六　朝會一

# 太和殿朝賀位次圖

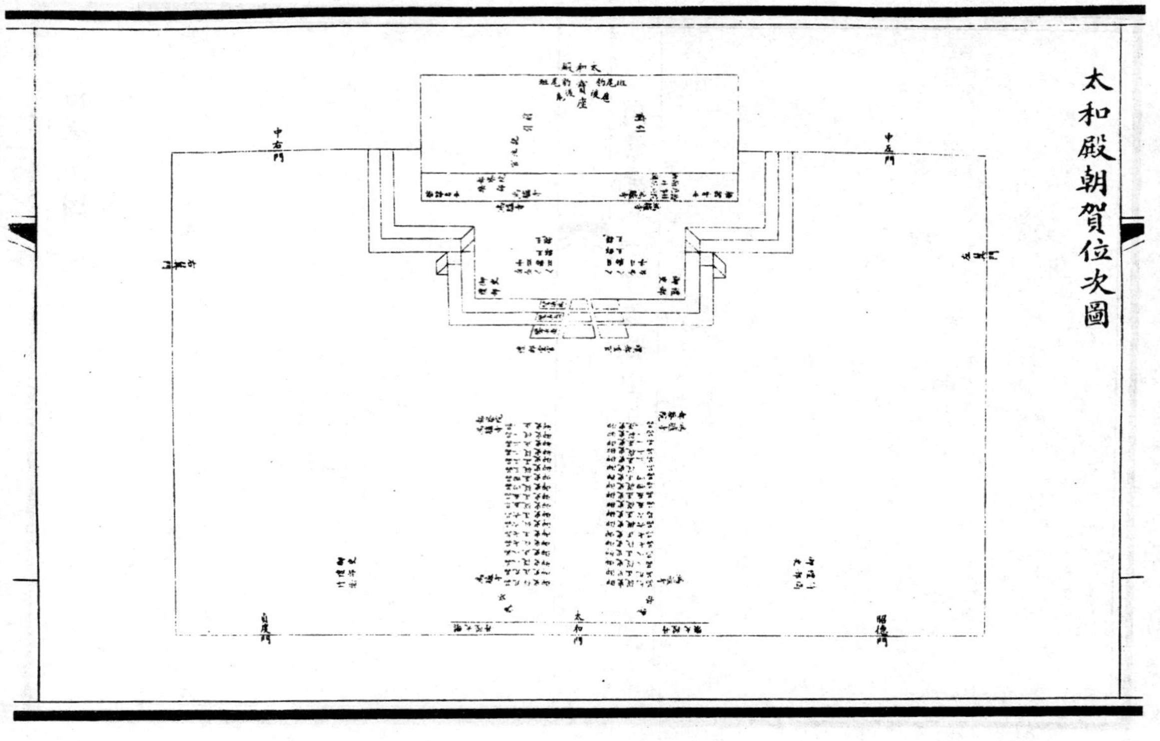


太和殿朝賀位次陳中和韶樂於
太和殿檐前設丹陛大樂於
太和門檐下侍班官内閣大學士學士翰林院掌
院學士詹事府詹事少詹事翰林院侍讀學士
侍講學士各滿洲一人漢一人立於殿東檐第
三柱西面都察院左都御史左副都御史各滿
洲一人漢一人樂部大臣一人立於西檐第三
柱東面記注官四人立於殿内西第三柱東面
皆北上扈衛班前引大臣十人立
寶座前東西面後扈大臣二人於

寶座旁少後左右僉立豹尾班侍衛二十人於
寶座後左右翼立導
駕禮部尚書侍郎二人立丹陛下螭頭前東西面執事官鴻臚寺鳴贊四人立於東西檐第二柱引
王公鴻臚寺官二人立於丹陛引百官引外國使臣鴻臚寺官各四人立於丹墀皆北上東西面鑾儀衛鳴贊六人立丹陛西階每成二人皆東面若進表則宣表官一人立於內閣學士之後西面糾儀官滿洲御史二人立於西檐第三柱東面北上滿洲御史四人禮部滿洲司官二人立丹陛上少南都察院堂官二人立於頭層品級山兩旁滿洲漢科道官共三十六人立於品級山每品正從各一人東西分立北嚮禮部司官四人立丹墀之南東西僉立御史四人禮部司官四人侍衛二人分立
昭德門階下之左
貞度門階下之右東西面以上各官
皇帝御中和殿時先於
中和殿前行禮畢侍班執事糾儀官先趨出就位立前引後扈豎導
駕官俟
皇帝御太和殿升座各就位立王公百官朝班丹陛上以左右翼分東西班立位親王郡王貝勒為一班貝子入八分公為一班左翼西面右翼東面皆北上拜位親王一班郡王一班貝勒貝子一班入八分公一班左翼西上右翼東上皆北面丹墀內八旗官以左翼鑲黃正白鑲白正藍為東班右翼正黃正紅鑲紅鑲藍為西班各以品級為序部院官以宗人府內閣吏部戶部禮部通政使司翰林院詹事府太常寺光祿寺鴻臚寺國子監吏科戶科禮科欽天監太醫院為東班兵部刑部工部都察院大理寺鑾儀衛太僕寺中書科兵科刑科工科順天府京縣五城兵馬司京五營為西班仍各以品級為序立位在鹵簿外正從同班東西各九班東西面皆北上拜位在鹵簿內正從異班依品級山東西各十八班東班西上西班東上皆北面第一班內雖有公侯等爵仍以大學士領班文職惟詹事府少詹事翰林院侍讀學士侍講學士列三品班庶子洗馬侍讀侍講列四品班中允贊善修

撰編修檢討庶吉士列五品班武職京五營之副將參將列四品班遊擊列五品班守備列六品班千總等官列七品班附於右翼各班之末衍聖公來京班次在大學士之下吏部尚書之上外省文武官來京總督加尚書銜者列六部尚書之末加右都御史銜者列左都御史之末兼侍郎銜者列侍郎之末巡撫加侍郎銜者如之加右副都御史銜者列左副都御史之末布政使按察使列四品京堂之末道列郎中之末府列員外郎之末提督列副都統之末加將軍銜者列都統之末總兵官列參領之末副將參將以下照京營之例列右翼各班之末外藩蒙古王公位次在宗室王公之下各依品級為序哈薩克回子等封王公品級者入蒙古王公班王在王之次公在公之次外國貢使在西班百官之末常朝惟謝
恩官出班行禮餘俱按立位立恭遇
覃恩後百官皆謝
恩行禮位次與大朝同

## 太和殿朝賀陳設鹵簿圖一

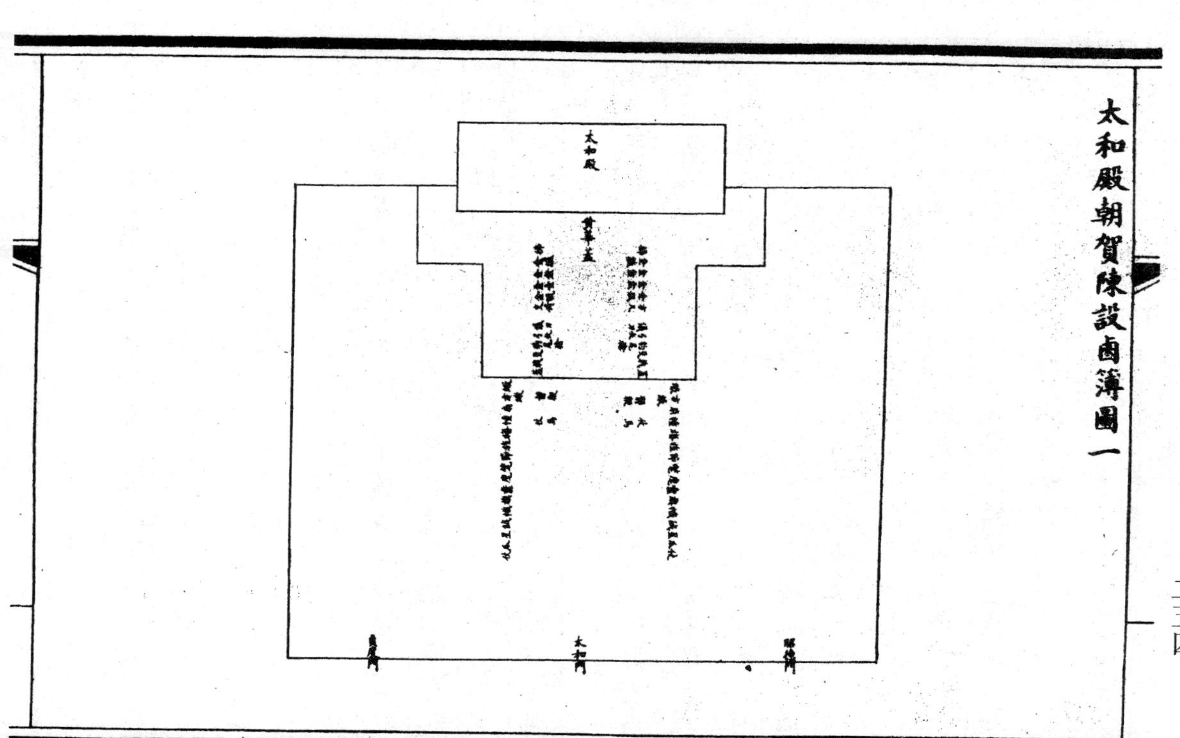

# 太和殿朝賀陳設鹵簿圖二

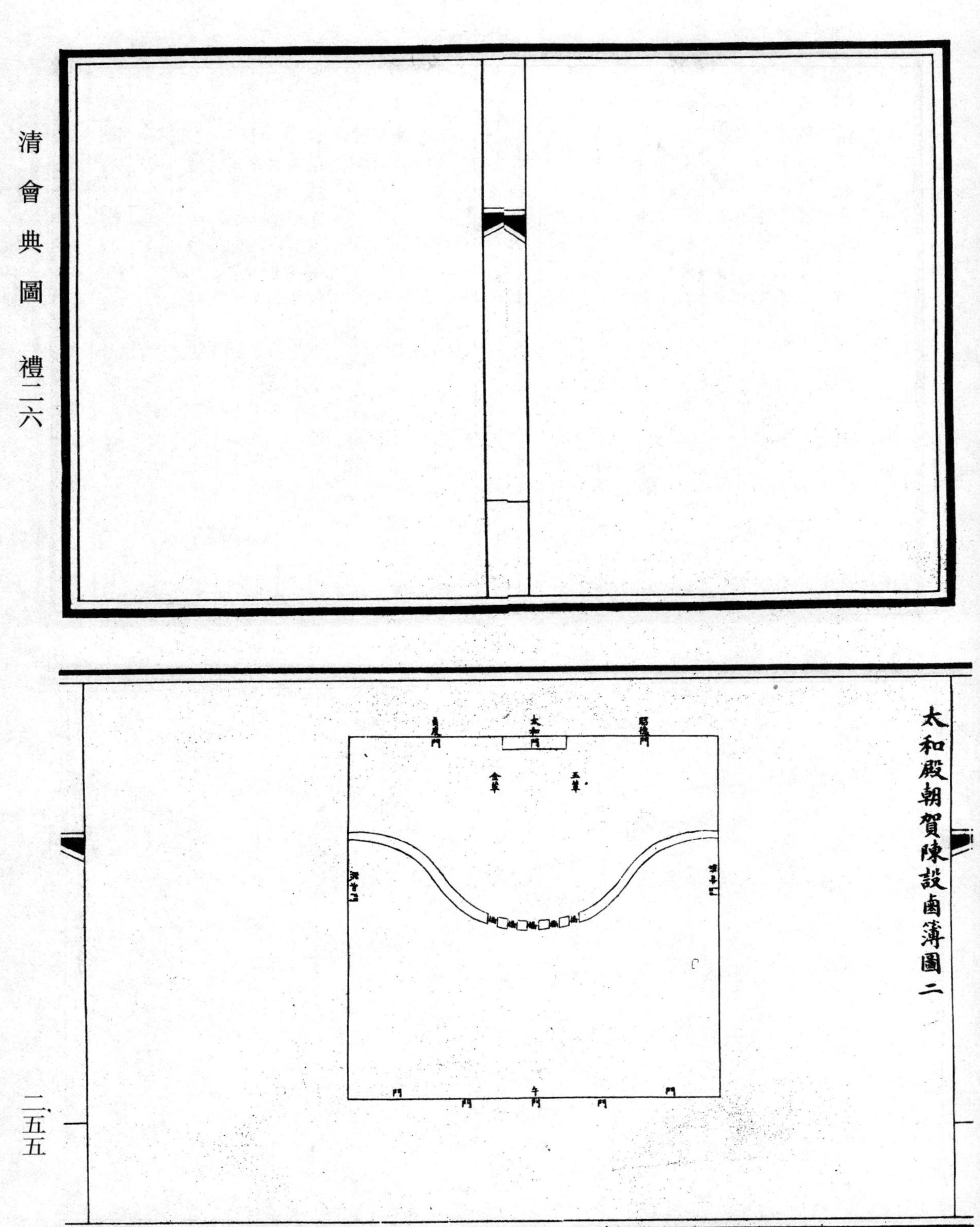

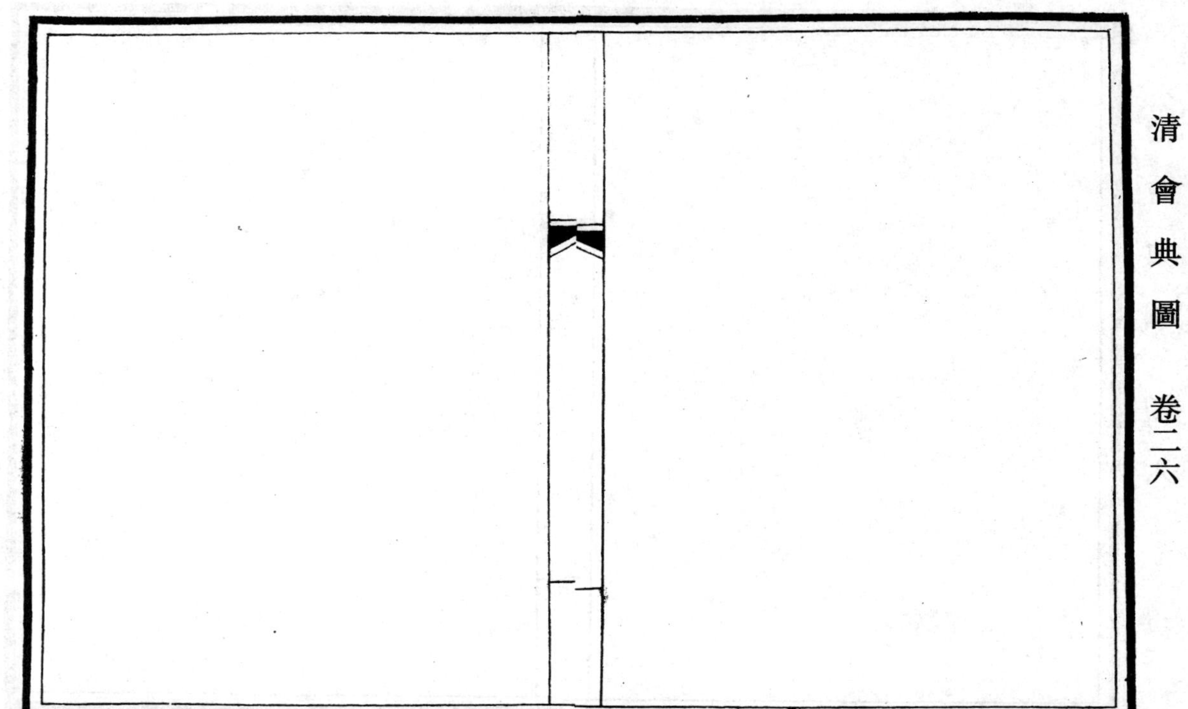

太和殿朝賀陳設鹵簿圖三

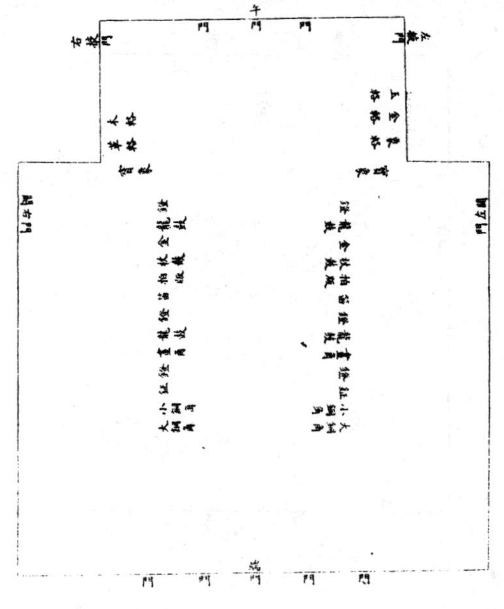

太和殿朝賀陳設鹵簿圖四

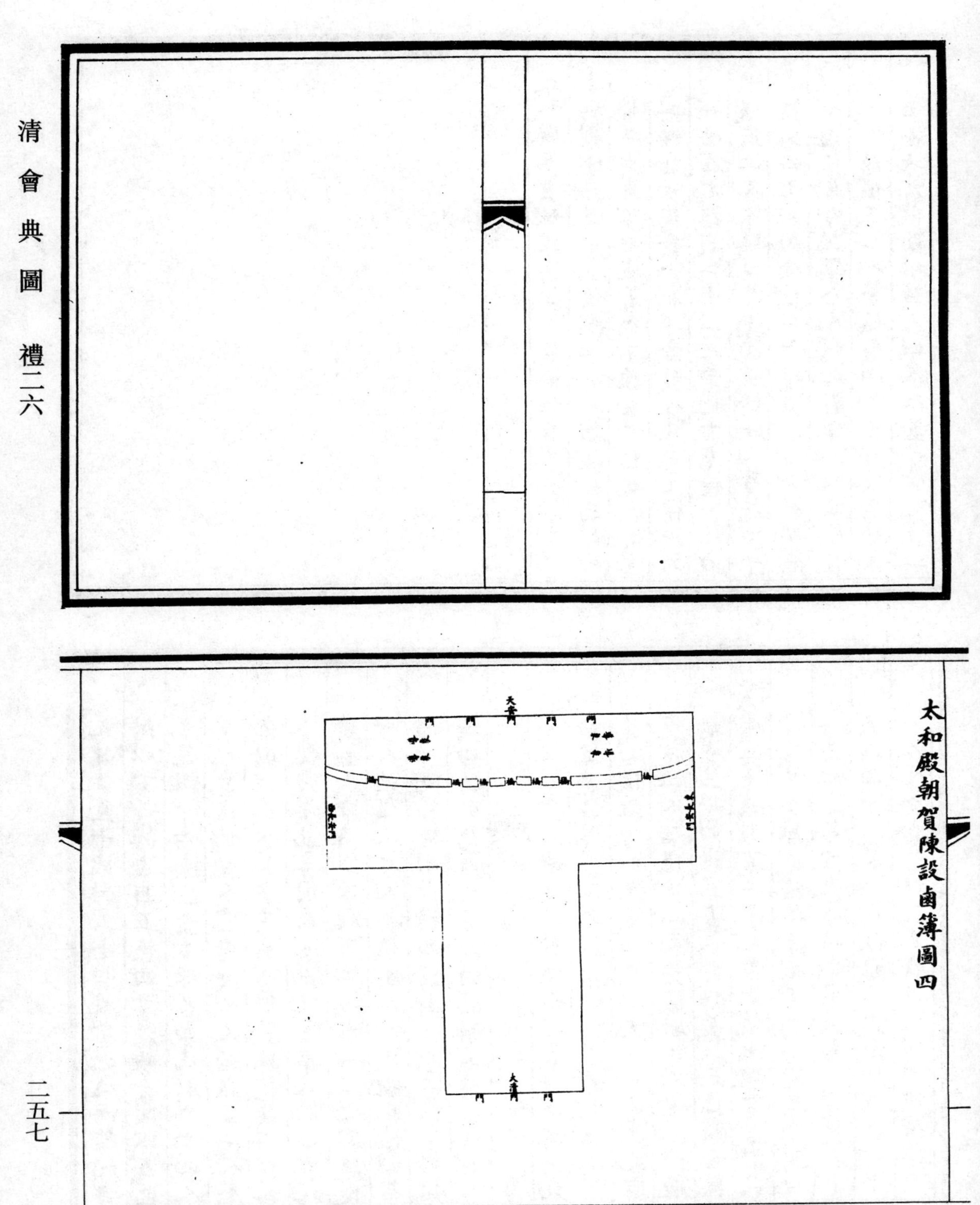

太和殿朝賀陳設鹵簿九龍曲柄黃華蓋一。在太和殿檻外正中。武備院卿一人。朝服北面執之拂二。立夏陳之。處暑後不陳。金質提鑪二。香盒二。盥盆一。唾壺一。瓶二。金髹方几一。交倚一。夾丹陛左右。旗尉二十二人掌之。雲麾使一人。治儀正二人。次儀刀二十。親軍四十人。弓矢二十。親軍四十人。豹尾槍二十。護軍四十人。相間為十班。次殳四。親軍八人。戟四。親軍八人。雲麾使一人。治儀正二人。整儀尉四人。立丹陛上。皆東西面。次九龍曲柄黃蓋四。翠華蓋二。紫芝蓋二。

九龍黃蓋十。民尉五十四人掌之。夾兩階陛自階以下。丹墀東西。五色四季花繖十。間以五色九龍繖十。赤素紫素方繖各四。民尉八十四人掌之。鑾儀使一人。雲麾使一人。治儀正二人。整儀尉二人。次壽字黃扇八。雙龍單龍黃團扇各八。雙龍單龍赤團扇各八。孔雀扇八。雉尾扇八。鸞鳳赤方扇八。民尉百二十八人掌之。雲麾使一人。治儀正二人。整儀尉二人。次長壽幢四。紫幢四。霓幢四。羽葆幢四。民尉三十二人掌之。信旛四。絳引旛四。豹尾旛四。龍頭竿旛四。民尉三十二人掌之。教孝表節明刑弼教行慶施惠褒功懷遠旌各二。振武敷文納言進善旌各二。金節四。儀鍠氅四。黃麾四。民尉五十六人掌之。雲麾使二人。治儀正二人。整儀尉二人。次八旗驍騎纛二十四。護軍纛八。前鋒纛八。五色銷金龍纛二十。民尉百二十人掌之。儀鳳翔鸞雲鶴孔雀黃鵠白雉赤烏華蟲振鷺鳴鳶遊麟騶獅白澤角端赤熊黃羆辟邪犀牛天馬天鹿旗二十。民尉四十人掌之。五嶽旗五。四瀆旗四。民尉十八人掌之。青龍白虎朱雀神武旗四。列宿旗二十八。五星旗五。民尉七十四人掌之。甘雨旗四。八風旗八。雲旗五。雷旗五。日旗一。月旗一。民尉四十八人掌之。門旗八。金鼓旗二。翠華旗二。民尉二十四人掌之。雲麾使一人。治儀正二人。整儀尉二人。次五色銷金龍纛二十。民尉四十人掌之。出警旗一。入蹕旗一。鉞六。星六。卧瓜六。立瓜六。吾仗六。

御仗六。引仗六。民尉六十七人掌之。雲麾使一人。整儀尉二人。靜鞭四。在兩階下。民尉四人掌之。治儀正一人。仗馬十。在靜鞭之南。護軍二十人。冠軍使雲麾使二人。皆東西面。

太和門外。玉輦一。在東。旗尉三十二人。金輦一。在西。旗尉三十二人。奉輦雲麾使一人。治儀正一人。

午門外。玉輅一。金輅一。皆駕象一。民尉各四十四人。象輅一。駕馬八。民尉三十四人。在東。木輅一。駕馬六。革輅一。駕馬四。民尉各三十二人。在西。雲麾使一人。治儀正二人。其南。寶象五。三在東。二在西。民尉八十人。雲麾使一人。治儀正二人。又南。鐃歌鼓吹樂。龍鼓二十四。金四。杖鼓四。拍版四。笛十二。龍鼓二十四。畫角二十四。鉦四。小銅角八。大銅角八。署史四十八人。民尉百六十四人。畫角前。龍鼓後。間以紅鐙六。民尉六人。冠軍使一人。整儀尉二人。

天安門外。東西導象四。民尉二十八人。雲麾使一人。治儀正二人。大朝常朝及

太和殿筵燕陳設鹵簿皆同。

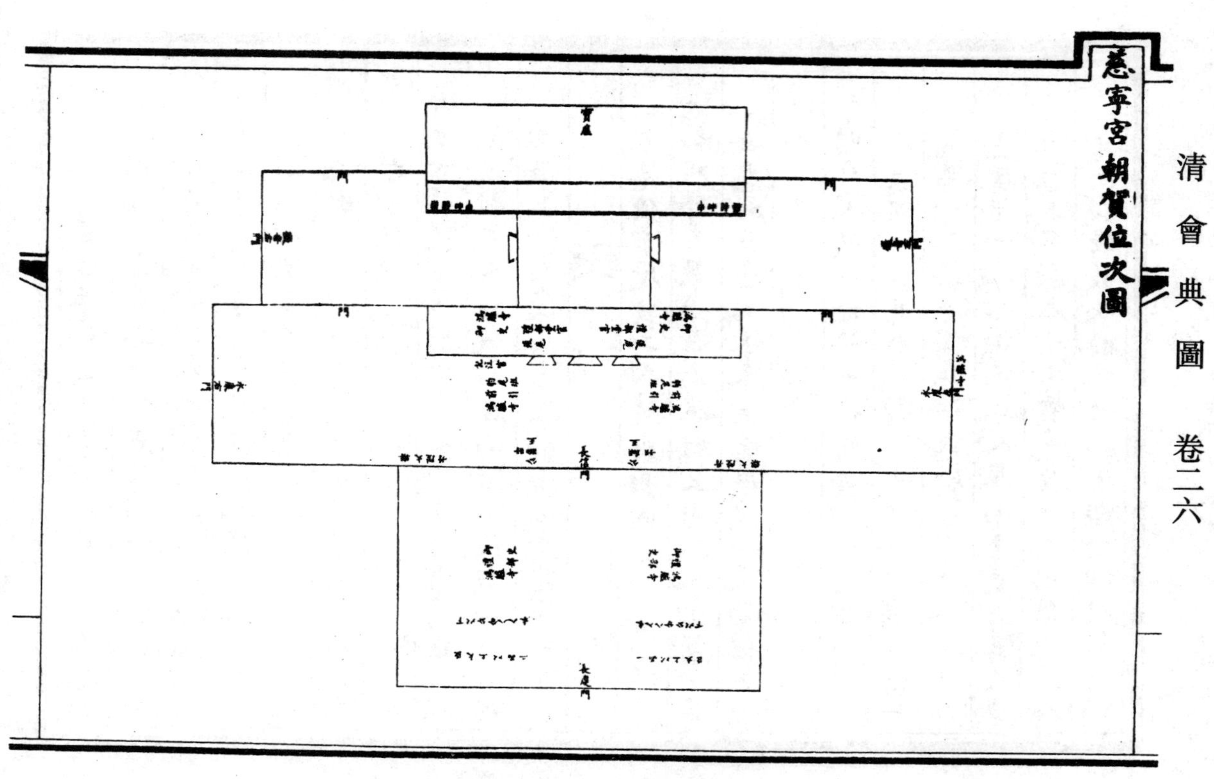

慈寧宮朝賀位次圖

慈寧宮朝賀位次。陳中和韶樂於
慈寧宮檐前。設丹陛大樂於
長慶門檐下。
皇帝拜位在
慈寧門外正中。北嚮。鴻臚寺卿二人。鳴贊二人立
慈寧門檐下。御史二人。立
慈寧門外。均東西面。記注官四人。立西階下。東面。御史二人。禮部司官二人。立長信門外。引進王公鴻臚寺鳴贊官二人。引進二品以上大臣鴻臚寺鳴贊官二人。立所引拜位前。皆東西面。

慈寧門外中階下左右。為親王以下。入八分公以上
拜位。長信門外儀駕之末。為未入八分宗室公。
鎮國將軍輔國將軍。公侯伯子男大學士。內大
臣。都統尚書副都統侍郎內閣學士。前鋒統領
護軍統領步軍統領侍衛。拜位。禮部堂官二人。
恭導
皇帝升
慈寧門東階。於門左西向立。後扈大臣從升。侍立於
後。前引十大臣。於長信門內左右序立。領侍衛
內大臣率豹尾班侍衛夾東西階僉立。鴻臚寺
官引王公以下咸就位序立。
皇太后御慈寧宮寶座。禮部堂官恭導
皇帝就拜位。王公百官均就拜位北面行禮。若進表
則先設表案於
慈寧左門之東。南嚮。大學士一人立於東檐。一人立
於西檐。宣表官一人立於東檐大學士後。其三
品以下百官拜位在午門外。外國貢使在西班
百官之末。御史二人。禮部官二人。鴻臚寺官二
人。在班前。又鴻臚寺官二人。在班末。皆東西面
又鴻臚寺鳴贊官一人。立永康左門外。一人立

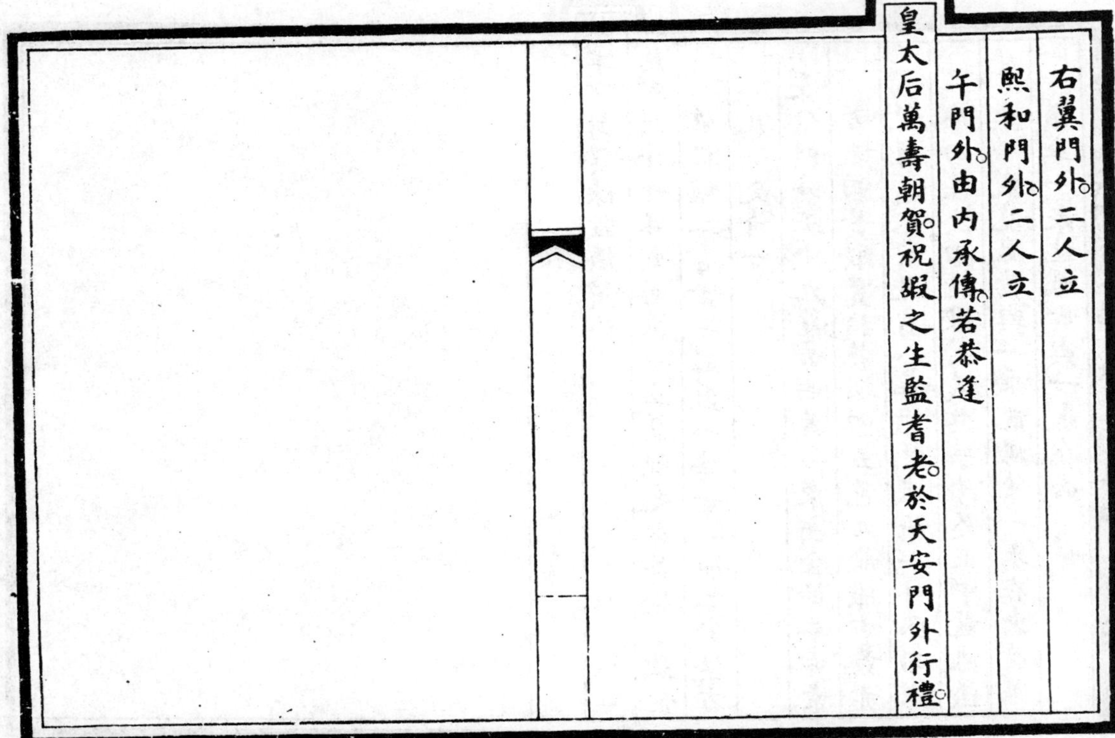
右翼門外。二人立
熙和門外。二人立
午門外。由內承傳。若恭遇
皇太后萬壽朝賀。祝嘏之生監耆老。於天安門外行禮

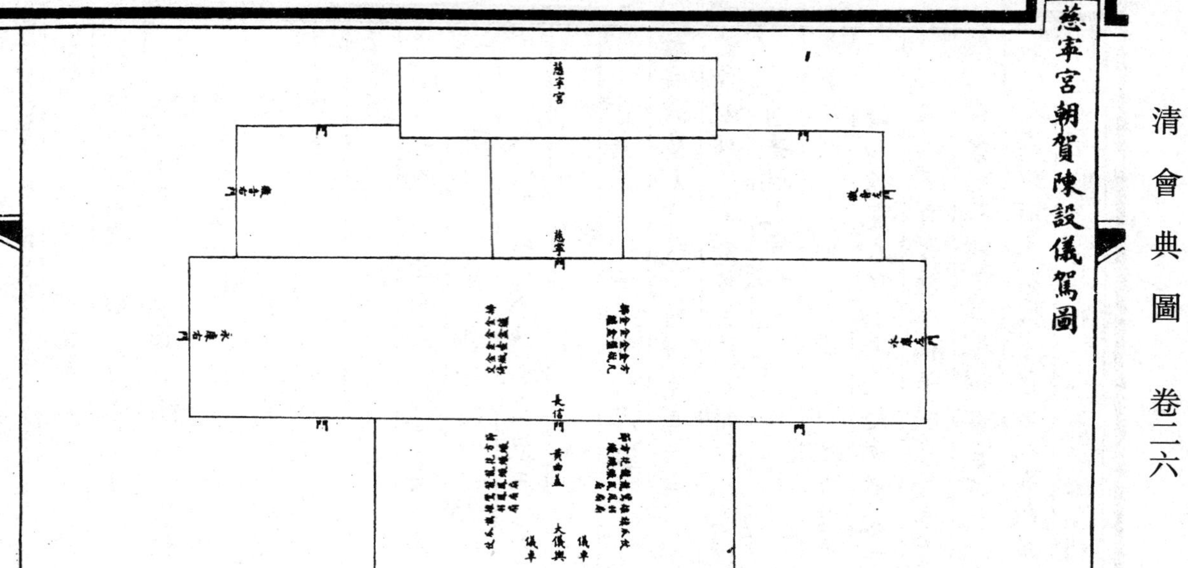


# 慈寧宮朝賀陳設儀駕於

慈寧門外丹墀東西。拂二。立夏陳之。處暑後不陳。金質提鑪二。香盒二。盥盤一。唾壺一。瓶二。金髹方几一。交倚一。

長信門外正中。九龍黃曲蓋一。東西金節二。赤素方繖四。黃緞寶相花繖四。五色九龍繖十。黃赤龍鳳扇八。鸞鳳扇八。五色龍鳳旗十。卧瓜四。立瓜四。吾仗四。龍鳳大儀輿一。陳於正中。龍鳳儀車一乘。龍鳳黃輿一乘。龍鳳輦一乘。在東。龍鳳儀車一乘。龍鳳黃輿一乘。在西。

## 朝會中和韶樂樂懸位次圖 丹陛大樂附說

朝會中和韶樂樂懸鎛鐘一。設於東。特磬一。設於西。編鐘十六同一虡。設於鎛鐘之西。編磬十六同一虡。設於特磬之東。建鼓一。設於編鐘之西。東西簫各二。笛各二。排簫各一。篪各一。塤各一。在鐘磬之北。又北。瑟各一。又北。琴各二。署史器各一人。皆北嚮。東西笙各四。搏拊各一。東柷一。麾一。西敔一。署史器各一人。署史歌者執笏東西各二人。立於笙前。署正署丞東西各一人。在樂懸之前。供用官東西各三人。在樂懸之後。皆東西嚮。麾前供用官一人。西嚮。朝賀燕饗位次並同。丹陛大樂則陳於丹墀之南。門内兩旁。其戲竹二。署史二人執之。立於丹陛上。東西嚮。如用中和清樂。則陳於中和韶樂之東。丹陛清樂則陳於丹陛大樂之東。署史。器各一人。皆北嚮。

# 欽定大清會典圖卷二十七

## 禮二十七 朝會二

經筵位次圖

臨雍位次圖

御門聽政位次圖

大閱位次圖

郊勞位次圖

御門受俘位次圖

# 經筵位次圖

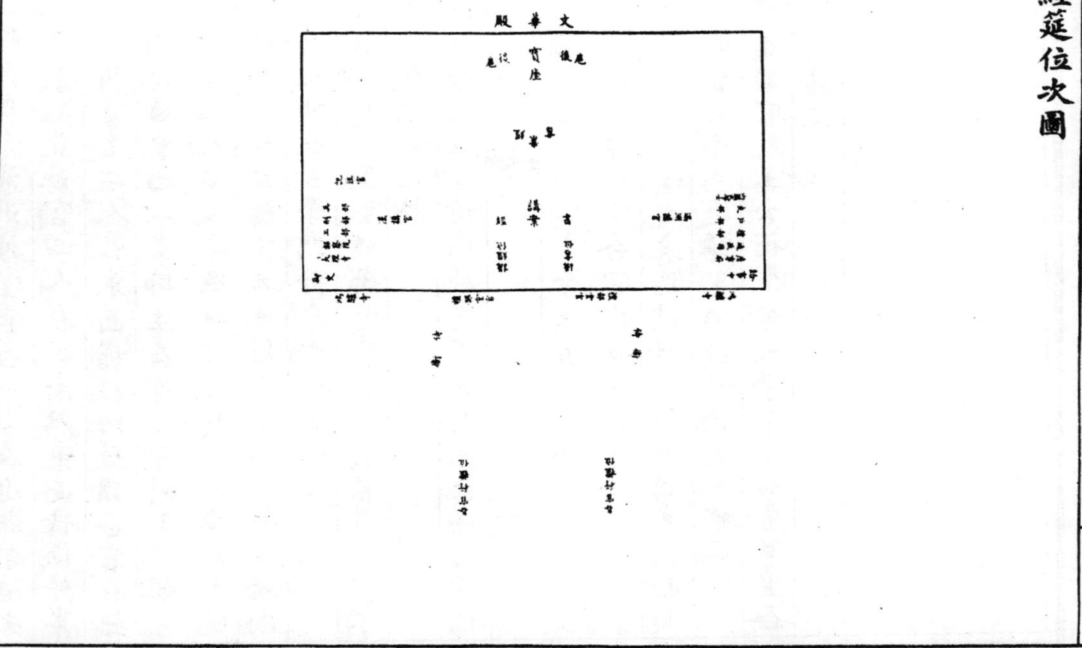

文華殿

寶座

講案

書案

皇帝御經筵文華殿中寶座前設皇帝書案一南嚮南設講案一北嚮皆四書講章陳於左經講章陳於右講官滿洲二人漢二人侍班官內閣大學士六部尚書侍郎都察院通政使司大理寺詹事府滿洲漢堂官各一人侍儀給事中御史滿洲漢各一人先序立於丹墀兩旁詹事府滿洲漢堂官各一人在進講大學士之後西面右翼王公四人兵部刑部工部都察

院。大理寺。滿洲漢堂官各一人。在進講祭酒之後。東面。記注官四人。在西南隅東面。侍儀給事中。御史各二人。在東西檐柱內。聽講各官在橋南甬道東西。六堂師生。各序立堂階下。鴻臚寺堂官二人。分立東西檐下。鳴贊二人。立東西檐柱外。二人立階下。又鴻臚寺官四人。分立橋南。四人分立太學門外左右。皆東西面。

皇帝升座。贊引對引禮部堂官前引大臣於前檐下立。後扈大臣於

御座兩旁左右立。侍衛於階下東西翼立。橋南行禮位。衍聖公。進講大學士。五經博士。各氏後裔在東班。祭酒以下各官在西班。肄業諸生各隨東西班末。左案之東。為進講大學士講書位。西面。右案之西。為進講祭酒講經位。東面。禮成

賜茶。進講官及王。公。衍聖公。大學士。九卿。詹事。坐各從其位。

臨雍位次圖

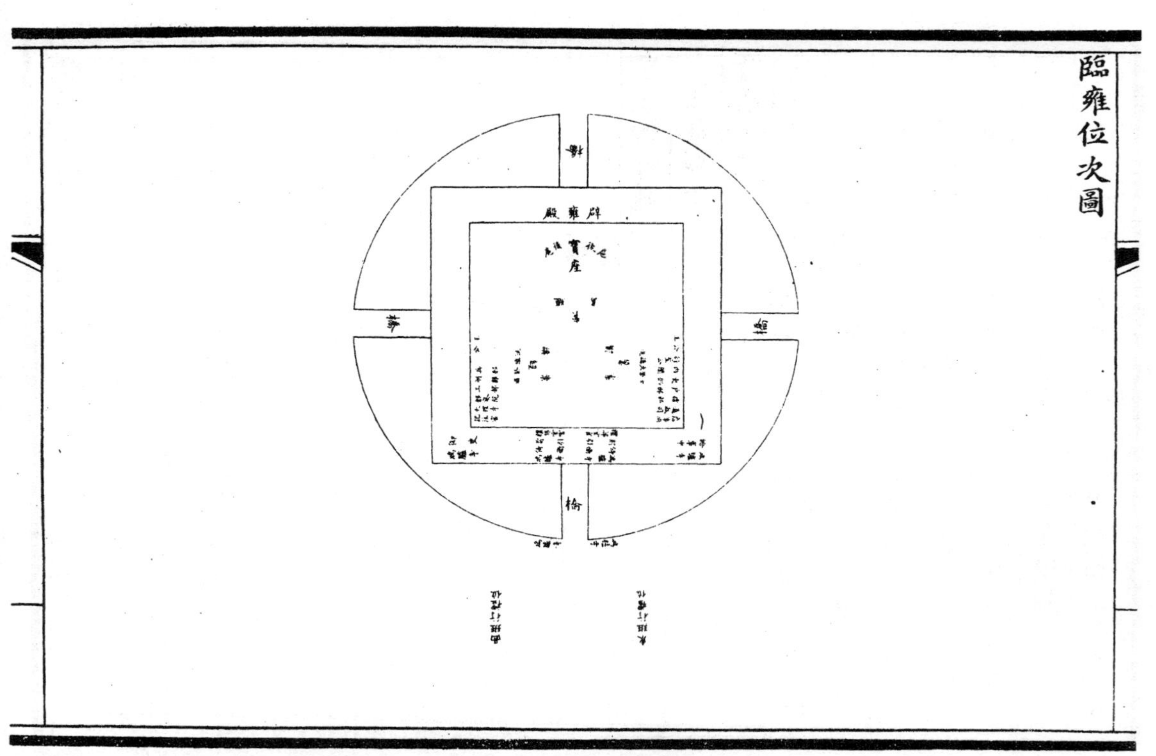

皇帝臨雍。
辟雍殿中
御座前。設經書案一。南嚮。書陳於左。經陳於右。少南
設講案二。東西嚮。書陳左案。經陳右案。殿階下
設中和韶樂。太學門內設丹陛大樂。東設丹陛
清樂。殿內。進講大學士。滿洲漢各一人。在左。西
面。祭酒滿洲漢各一人。在右東面。左翼王公四
人。衍聖公。內閣大學士。吏部。戶部。禮部。通政使
司。記注官四人。立於西階下。
皇帝升座。導

駕禮部堂官。於門外左右立。後扈大臣於
御座兩旁左右立。侍衞。於階下左右立。丹陛左右。為
講官暨侍班官行禮位。鴻臚寺官立東西檐下。
殿內。滿洲講官。於東柱前立。漢講官於西柱前
立。侍班官。分立講官後。內閣大學士。吏部。戶部
禮部。通政使。司詹事府。在東。兵部。刑部。工部。都
察院。大理寺。在西。侍儀給事中。御史。於東西隅
相嚮立。記注官立於西柱之西。東面。講案前。左
為滿洲漢講官講四書位。右為滿洲漢講官講
經位。
皇帝宣御論。各官於所立之位。北面跪聽。若衍聖公
入
覲。恭遇
經筵。位在東班大學士之次。吏部尚書之上。

# 御門聽政位次圖

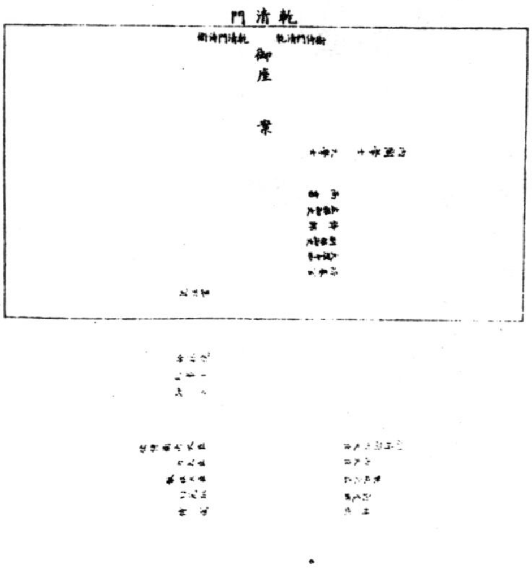

乾清門

乾清門侍衛　乾清門侍衛

御座

案

皇帝御門聽政。設
御座於
乾清門正中。座前章奏案一。
乾清門侍衛在
御座左右翼立。領侍衛內大臣。內大臣。散秩大臣及
豹尾班。執槍侍衛佩刀侍衛在丹陛下左右立。
東西面。記注官在西柱下立。侍班翰林科道官
在西陛下立。皆東面。大學士啟奏折本在
御座之左。內閣學士在其後。少南為部院官奏事位。
尚書左都御史在前。侍郎副都御史大理寺卿

少卿。次之。陪奏官又次之。皆西面。

大閱位次圖

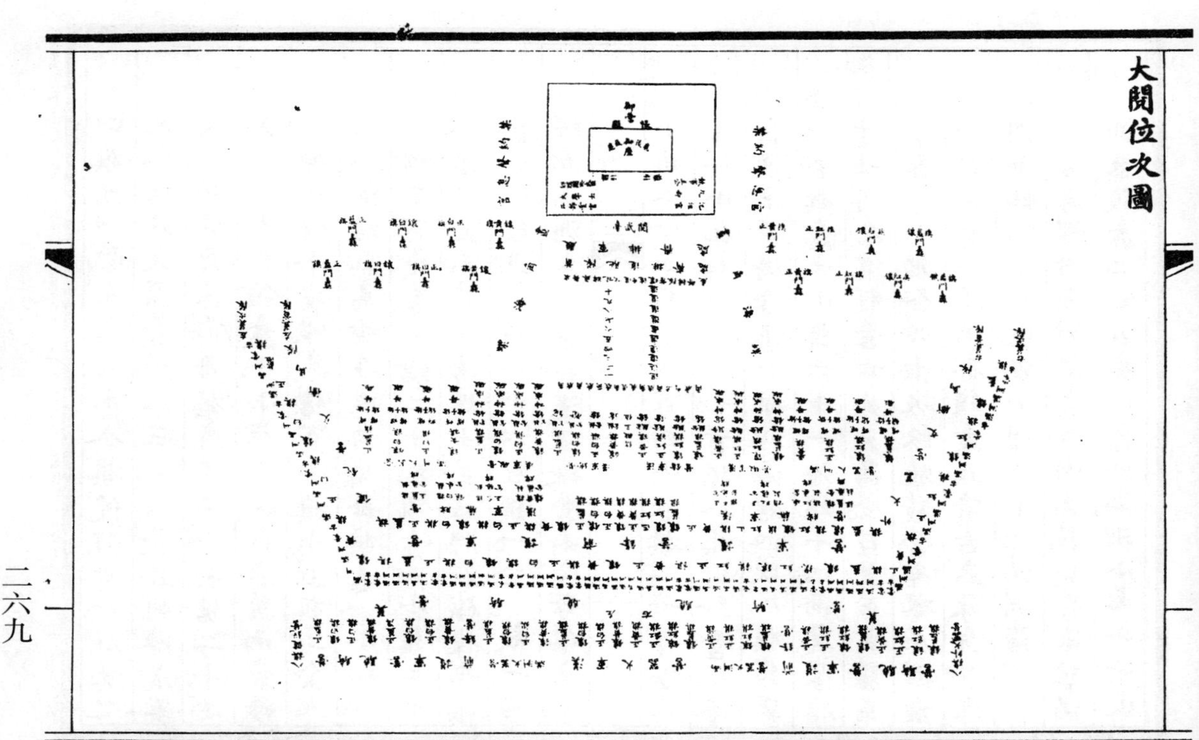

皇帝大閱設

帳殿於

閱武臺中設

御座。北嚮後列

御營甲冑櫜鞬具。臺北為列陣之所。又北。立軍營。分左右翼。左翼鑲黃正白鑲白正藍旗在東。西上。右翼正黃正紅鑲紅鑲藍旗在西。東上。漢軍火器營左右各四旗為四營。次滿洲火器營左右各四旗為四營。次前鋒營左右各四旗為一營。次護軍營左右各四旗為四營。驍騎營左右各四旗為四營。左翼之末。八旗健銳營一。右翼之末。八旗外火器營一。凡三十六營。其列陣。漢軍火器營鹿角在前。每旗鹿角二十。長槍二十。連枷棍二十。叅領纛十。小旗十。礮在鹿角兩旁。每旗神威礮十。護礮鳥槍百。小旗十。紅旗二。金五。鼓二。海螺五。鳥槍在鹿角後。每旗纛一。小旗二。鳥鎗二百。護纛鳥鎗二十。叅領纛五。小旗二十。紅旗二。金五。鼓二。海螺十三。藤牌在礮後。每旗纛一。小旗五。藤牌八十六。紅旗一。金一。鼓一。海螺五。滿洲火器營在漢軍礮營兩旁。每旗纛四。小旗二十四。鳥鎗二百四十。紅旗二。子母礮五。纛一。小旗五。海螺二十。首隊八旗前鋒營八隊在漢軍營後。每旗小旗八。海螺四。次八旗護軍營每旗纛一。小旗六十一。海螺十四。兩翼隊雁行斜列。左健銳營。右外火器營。每翼正黃鑲黃纛各一。小旗各四十。次隊驍騎營。每旗滿洲纛一。蒙古纛一。滿洲叅領纛五。蒙古叅領纛二。滿洲小旗六十三。蒙古小旗二十一。滿洲海螺十。蒙古海螺四。滿洲門纛二。兩翼驍騎營每旗滿洲叅領纛二。蒙古叅領纛一。滿洲小旗二十。蒙

古小旗六滿洲海螺五蒙古海螺二信礮三在漢軍營之中首隊前進排齊處殿軍排齊處各按旗立號纛

皇帝閱隊入左翼出右翼經前鋒護軍諸隊前火器營後

皇帝御帳殿前引大臣立

帳殿前東西面後扈大臣翼立

御座左右豹尾班列

帳殿外左右兩翼各建黃龍大纛一侍衛親軍按隊環衛總理閱兵王大臣大學士兵部尚書侍郎立階上之東西面執事王公侍班九卿記注官立階上之西東面禁約聲息官分列臺左右八旗給使官及各侍衛按翼乘騎排列兩旁東西列八旗門纛臺前左右三旗蒙古角五旗蒙古角親軍海螺護軍海螺以次分翼斜列達於鹿角之末角螺既鳴陣中舉礮三擊鼓昇鹿角進鳴金止麾紅旗鎗礮齊發鳴金止每進五丈如是者九至第十次鎗礮連環施放滿洲礮位放至第七次停放隨行鳴金三連環停止開鹿角為八門諸軍以次出藤牌兵演舞藤牌畢退鳥鎗兵進步連環施放畢退首隊兩翼隊聲喊馳進至第二層號纛下排齊左右翼交衝首隊內出殿軍赴第一層號纛下排齊乃鳴螺振旅而還進鹿角鹿角門闔諸軍各歸原列三十六營闊九百丈每營縱四十丈横二十四丈各營相距一丈列陣火器排列闊六百三十四丈漢軍鹿角每旗闊二十丈二尺五寸八旗凡一百六十二丈礮營每旗闊二十二丈八旗凡一百七十六丈滿漢火器營闊二百九十六丈首隊前鋒排列每旗闊六丈護軍每旗闊七十五丈七尺五寸次隊驍騎排列每旗闊八十一丈七尺五寸首隊次隊均闊六百五十四丈左右翼隊各斜長一百丈左翼隊末至右翼隊末七百一十四丈自營至次隊七十五丈次隊至首隊十五丈首隊至鹿角二十五丈鹿角至第十次進步處五十丈又前至演舞藤牌施放進步連環處十丈又前至首隊馳進排齊處十丈又前至殿軍排齊處十丈殿軍排齊處至閱武臺八十丈營至鹿角一百十五丈鹿角至臺一百六十丈臺距營二百七十五丈

郊勞位次圖

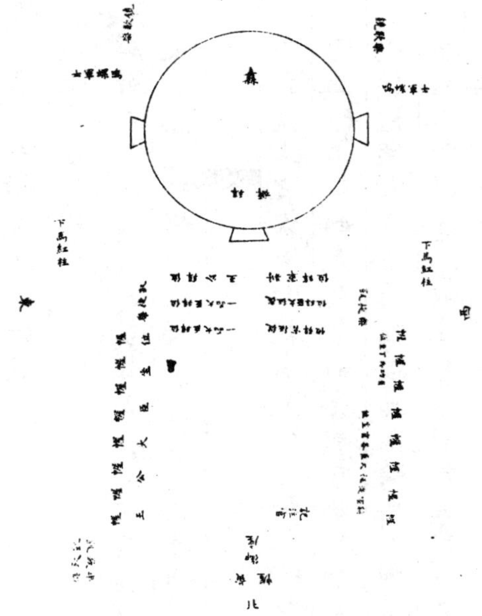

皇帝郊勞。築臺於郊。設黃幄
御座於臺北正中南嚮。兩翼設青幄各八。東西嚮。立
下馬紅柱東西各一。建凱旋纛於臺上之南。設
鐃歌樂於臺左右。凱旋樂於
御道左右。列鳴螺軍士於臺左右。記注官立階下
之西。東面。
皇帝拜
天位在臺上正中。經畧大將軍從征各官於西班。王公
大臣於東班。隨行禮。
皇帝升座。經畧大將軍。從征官兵。排班行禮。在甬道

東西。

賜坐。經畧大將軍從征各官。及投誠人等於西班。青幄下坐。有功兵丁。坐於其後。王公大臣。於東班青幄下坐。禮成。

駕興。馬上凱歌樂在鹵簿前。內班凱歌樂隨

駕左右行。

御門受俘位次圖

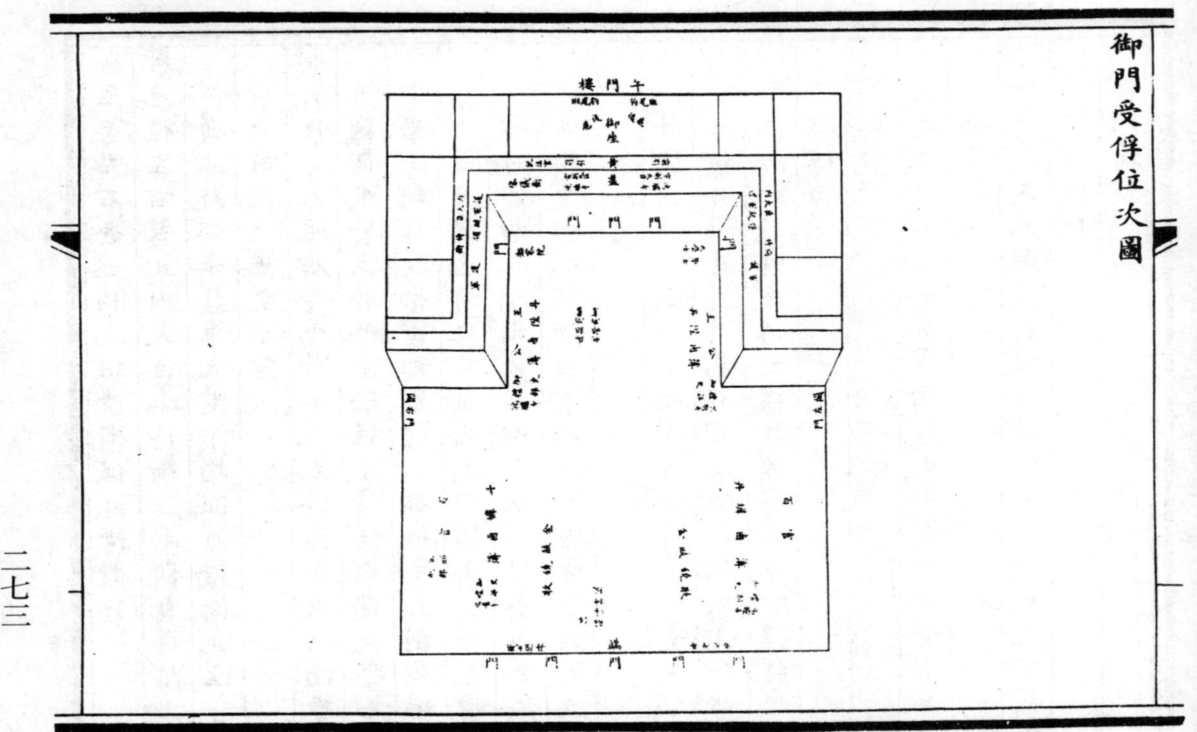

皇帝御樓受俘。午門樓正中設御座。南嚮。樓檐外張黃蓋。樓下陳設丹陛鹵簿。左當闕左門之北。右當闕右門之北。靜鞭仗馬在其次。丹墀鹵簿陳闕左右門之前。金鼓鐃歌。在鹵簿之前。丹陛大樂在鹵簿之末。輦輅在天安門外金水橋南。馴象在輦輅之南。均夾甬道東西分列。樓上位次。前引大臣十人。立樓檐外階上。東西面。後扈大臣二人。於

御座旁左右僉立。豹尾班侍衛。佩刀侍衛。於御座後左右翼立。內大臣率侍衛立兩觀翼樓階上。護軍統領率護軍立階下。均佩刀環衛。記注官立前楹之西。東面。宣制大臣二人。鴻臚寺鳴贊二人。立於階下。東西面。鑾儀衛鳴贊立於西。東面。樓下侍儀內閣大學士學士。翰林院學士。都察院左都御史。左副都御史。立丹陛鹵簿之北。東西面。糾儀御史四人。禮部司官四人。鴻臚寺官四人。立丹陛鹵簿之南。又御史四人。禮部司官四人。鴻臚寺官四人。立丹墀鹵簿之南。均東西面。丹陛鹵簿外為王公立位。丹墀鹵簿外為百官立位。兵部尚書侍郎立於西丹墀鹵簿之後。兵部司官率解俘將校以俘由長安右門天安右門入。立於右翼金鼓之後。刑部司官。立兵部官之次。御道之西。為解俘將校行禮位。右翼金鼓之下。為俘囚伏位。午門前

御道西。為兵部尚書跪奏獻俘位。其右為刑部尚書跪領
諭旨位。丹陛鹵簿內甬道東西為王公行禮位。丹墀鹵簿內甬道東西為百官行禮位。

# 欽定大清會典圖卷二十八

## 禮二十八 燕饗一

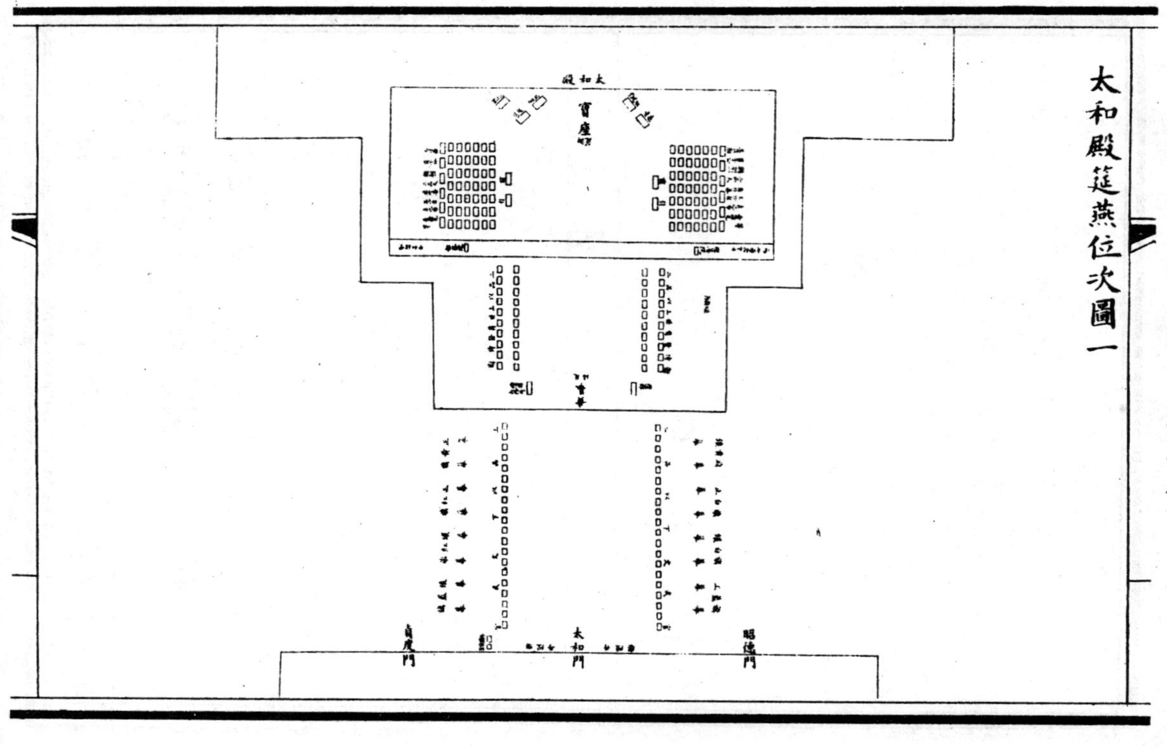


太和殿筵燕位次圖一

太和殿筵燕張黃幕於丹陛南
御道正中設反坫於其內丹墀左右鹵簿外設藍
布幕兩翼各八設中和韶樂於殿東西檐下中
和清樂設於東設丹陛大樂清樂於
太和門下鹵簿陳設如儀殿內
寶座前設
御筵殿內布席一百有五前引大臣席於
寶座前左右東西嚮後扈大臣席少後領豹尾班侍
衛內大臣席於
寶座後左右記注官席於西均僉嚮內外王公額駙

及一二品文武大臣。台吉。塔布囊。伯克等。伯克席今不設。席於殿東西。各七行列坐。均東西嚮。殿門外布席二。理藩院尚書侍郎。席於東檐下。西嚮。都察院左都御史。副都御史。席於西檐下。東嚮。丹陛上布席四十有三。二品以上諸世爵暨侍衛席於左右各一行序坐。東西嚮。喜起舞大臣。席於左翼之東。西嚮。禮部帶慶隆舞大臣。一人。席於黃幕之左。又一人。及內務府總管。席於黃幕之右。東西嚮。丹墀左右布席四十。三品以下文武官按朝班位。席於藍布幕下。均東西嚮。外國使臣席於西班之末。東嚮。進爵大臣跪位在

御座前。



## 太和殿筵燕位次圖二

大婚禮

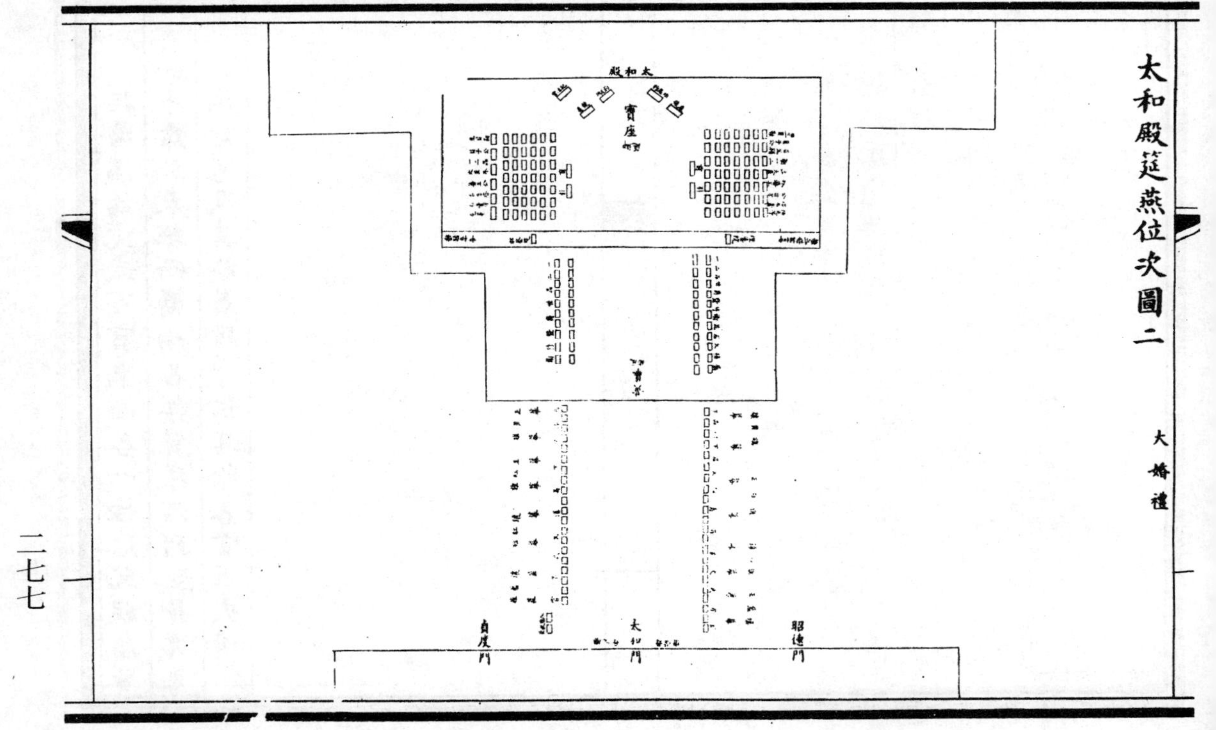

皇帝大婚禮成越三日

御太和殿

賜后父暨后父族屬及王公百官燕中和韶樂清樂

丹陛大樂清樂黃幕反坫陳設如儀殿内

寶座前設

御筵前引後扈豹尾班記注官席均如儀王公額駙

及一二品文武大臣台吉塔布囊伯克等（伯克席今不設）席東西各七行后父布席於東班王公之次

西嚮殿外丹陛上二品以上世爵后父族屬暨

侍衛等席東西各二行丹墀下三品以下后父

族屬滿漢文武百官東西各一行后父族屬皆

布席於東班西嚮均各按翼序品列坐丹墀東

為后父及其族屬跪叩位其餘各官位次同

## 保和殿筵燕位次圖一 除夕

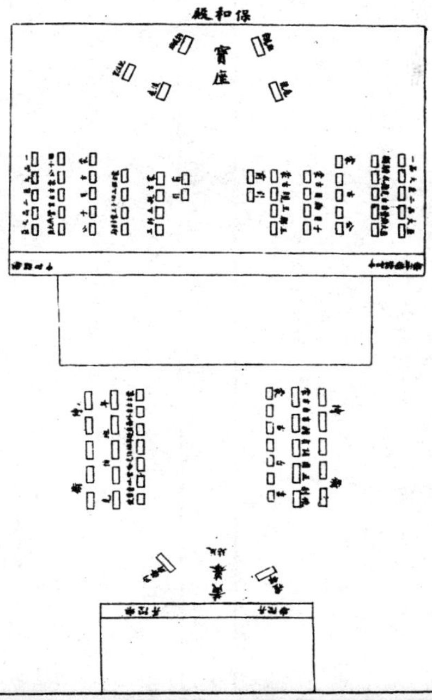

保和殿

寶座

保和殿燕外藩王公台吉張黃幕於
中和殿後階下正中設反坫於幕內設中和韶樂
於
保和殿東西檐下中和清樂設於東設丹陛大樂
清樂於
中和殿北檐下左右殿內
寶座前設
御筵蒙古親王郡王貝勒貝子公額駙扎薩克台吉
等分席於東西各五行回子王公席於西一二
品大臣席於東西第五行管燕大臣席於東西

第四行之南丹墀左右各三行蒙古台吉分席左右外國貢使席於東班外裔貢使年班伯克（伯克席今不設）席於西班哈密使臣吐魯番使臣（哈密使臣吐魯番使臣席今不設）席於其末侍衛席於東西班之後均東西嚮禮部大臣內務府總管席於黃幕左右僉嚮其餘各位次與太和殿同

保和殿筵燕位次圖二　公主婚禮

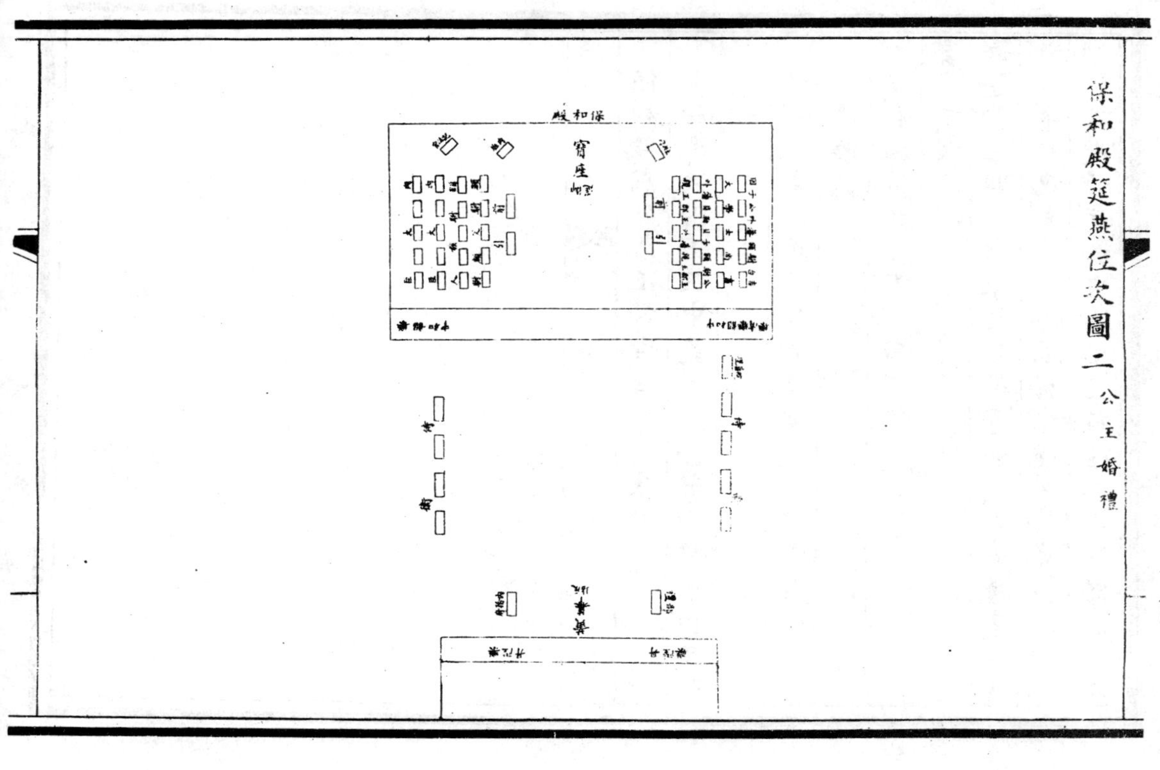

公主釐降固倫公主。初定成婚燕兩次。和碩公主。初定燕一次。皆於
保和殿。中和韶樂清樂丹陛大樂清樂黃幕反坫陳設如儀。
寶座前設
御筵。前引內班記注官位次均如儀。殿內東西各四行。親王。郡王。外藩王。貝勒。貝子。額駙。公。大學士。尚書。同子公。外藩額駙。台吉席於東。額駙之父。額駙暨額駙族人。領侍衛內大臣席於西。均東西嚮。殿外。理藩院尚書。侍郎席於東階下。西嚮。

侍衛席於丹陛左右。禮部。內務府大臣席於黃幕左右。均東西嚮。進爵時。階下甬道兩旁。為額駙及其族人跪叩位。若於
正大光明殿筵燕。則設丹陛樂於
出入賢良門左右。殿內。親王。郡王。大學士。尚書。內大臣席於東。額駙父。額駙及其族人席於西。其餘各位次同。

正大光明殿筵燕位次圖

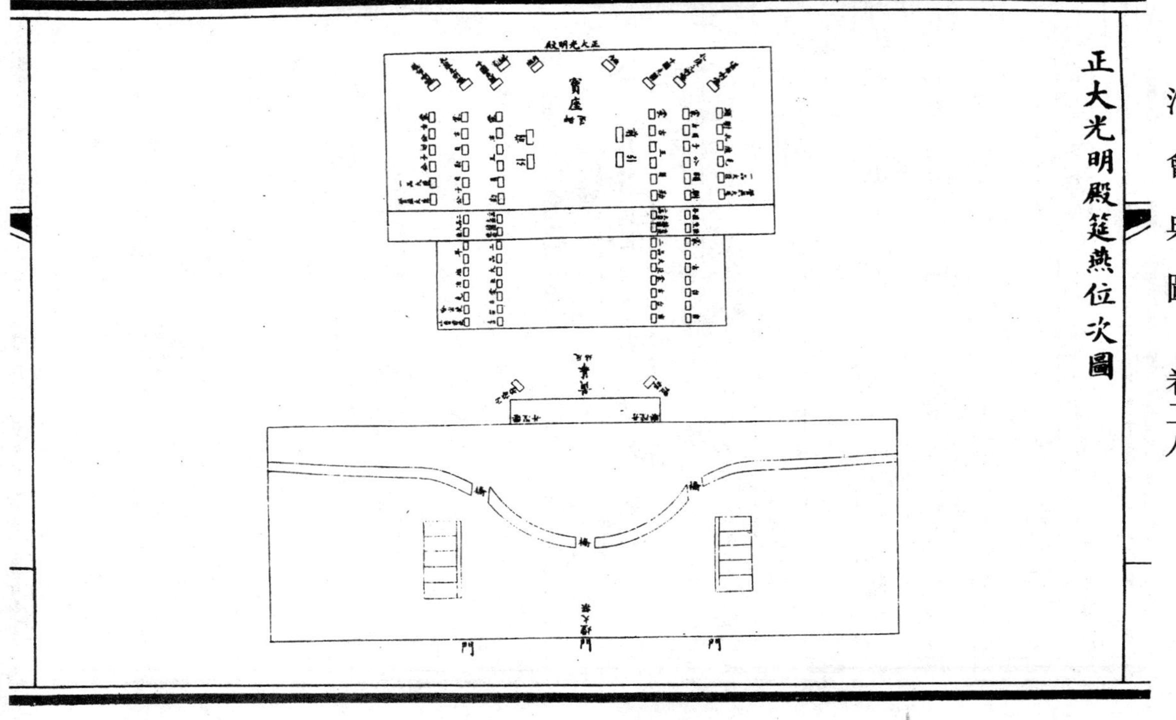

元夕

正大光明殿燕外藩王公台吉喇嘛設中和韶樂清樂於殿檐下丹陛大樂清樂於出入賢良門左右門内之中張黃幕設反坫設煙火架於宮門内殿上

寶座前設

御筵前引大臣席於

寶座前左右東西嚮内班席於

寶座後左右記注官席於西北隅均僉嚮蒙古左右翼親王郡王貝勒貝子公台吉同

子公暨一品大臣管燕大臣分席於左右東西嚮呼圖克圖扎薩克喇嘛堪布喇嘛等分左右翼席於東西僉嚮若章嘉呼圖克圖敏珠爾呼圖克圖與燕則席於左翼各喇嘛之前噶勒丹錫哷圖呼圖克圖濟隆呼圖克圖與燕則席於右翼各喇嘛之前均僉嚮二品大臣分席於殿檐下及丹陛東西諸國使价席於殿檐下東西蒙古台吉席於丹陛東西年班伯克哈密使臣吐魯番使臣伯克等席今不設席於西均東西嚮禮部堂官內務府總管席於反坫幕左右僉嚮



## 山高水長筵燕位次圖

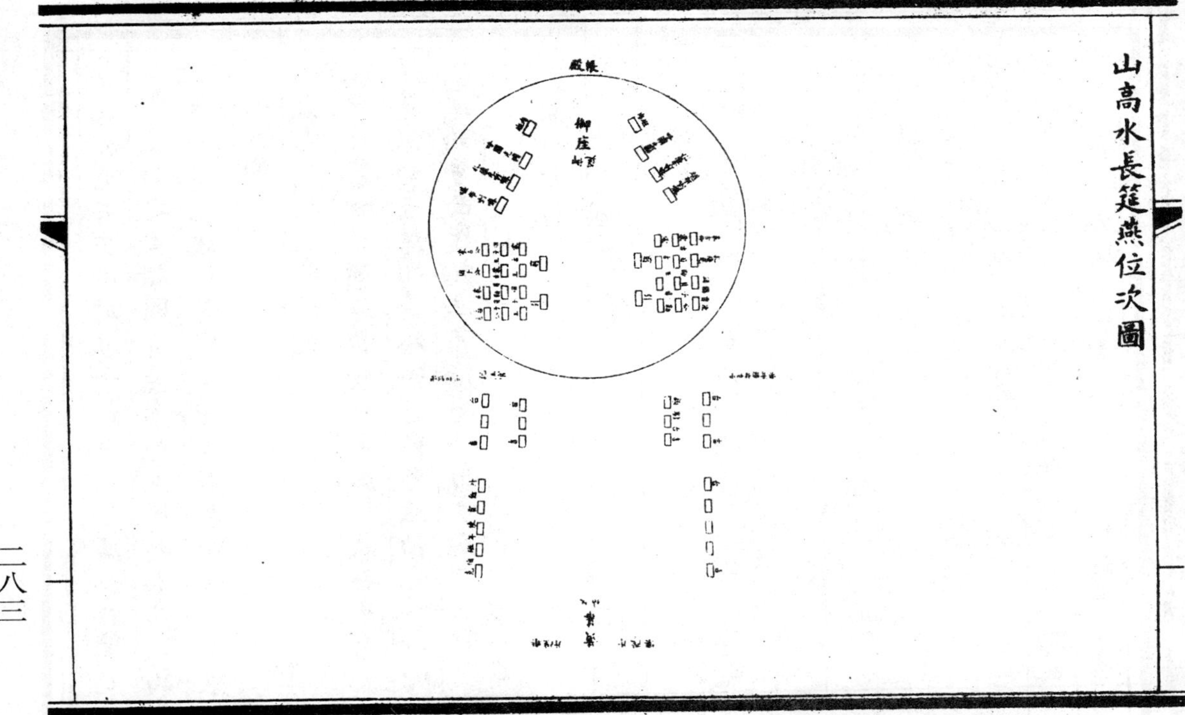

圓明園
山高水長燕外藩王公台吉喇嘛設中和韶樂清
樂於
帳殿左右丹陛大樂清樂於
帳殿南正中張黃幕設反坫
帳殿内
御座前設
御筵前引大臣席於
御座前左右東西嚮内班席於
御座後左右僉嚮蒙古親王郡王貝勒貝子公額駙

扎薩克台吉席於左右回子王公席於右翼蒙
古王公之次諸國貢使席於左翼之末均東西
嚮呼圖克圖扎薩克喇嘛堪布喇嘛等分席東
西僉嚮均如
正大光明殿筵燕位次
帳殿外蒙古額駙席於東台吉席於東西其南東
為衆台吉席西為外裔貢使年班伯克（伯克席今不設）
席均東西嚮記注官侍立於西東面

# 萬樹園筵燕位次圖

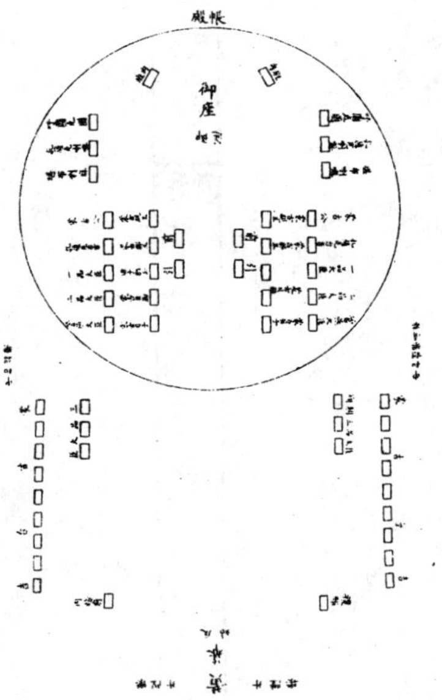

帳殿

御座

山莊
萬樹園筵燕。中和韶樂。清樂。丹陛大樂。清樂。黃幕
反坫陳設如儀。
帳殿內
御座前設
御筵。前引內班位次均如儀。蒙古王。貝勒。貝子。公。扎
薩克台吉。暨一二品大臣。席於東西。如有哈薩
克。則哈薩克台吉。暨正使。席於西班一二品大
臣之次。管燕大臣。分席於其次。均東西嚮。呼圖
克圖。扎薩克喇嘛。堪布喇嘛。席於東西。亦東西

嚮。若哲布尊丹巴呼圖克圖噶勒丹錫呼圖呼圖克圖。與燕則席於左右各喇嘛之前。帳殿南額駙席於東。三品大臣分席於東西。蒙古台吉。又席於東西。如有哈薩克。則哈薩克副使席於西班台吉之上。禮部堂官內務府總管席於南。均東西嚮。

## 大政殿筵燕位次圖

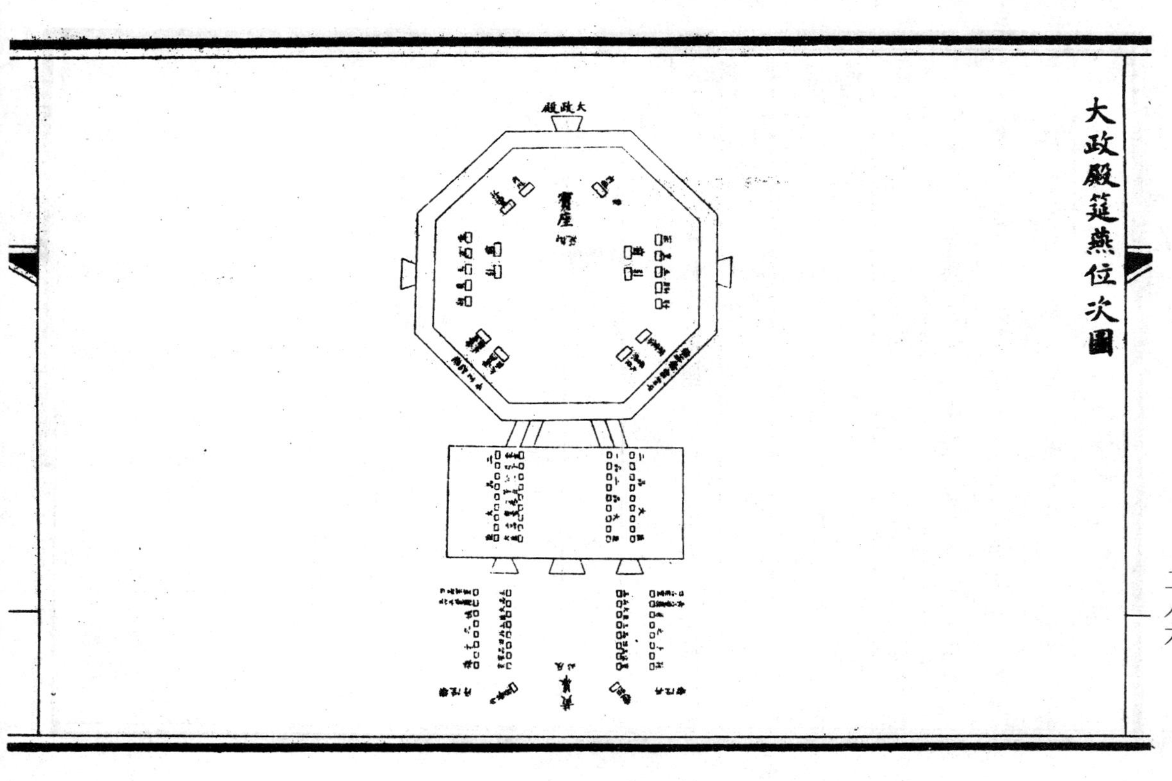

大政殿。燕內外王公。設中和韶樂清樂於左右檐
下。丹陛大樂清樂。於前。北嚮設黃幕反坫。於丹
墀南正中。殿內
寶座前。設
御筵。前引。內班。記注官席於前後兩旁。如儀。宗室親
王。郡王。貝勒貝子。席於東。蒙古親王。郡王。貝勒
席於西。左右嚮。宗室公。席於東南。蒙古貝勒。席
於西南。管燕大臣。分席於其次。均僉嚮。丹陛上。
一二品大臣。席於東。蒙古貝子。公。一等台吉。二
等塔布囊。席於西。二品大臣。席於其次。丹墀左

右。三品大臣。三品四品宗室。五六品覺羅。分席
於東西。外戚子孫。席於其次。均東西嚮。禮部堂
官。內務府總管。席於反坫黃幕左右。僉嚮。

## 澹泊敬誠殿筵燕位次圖

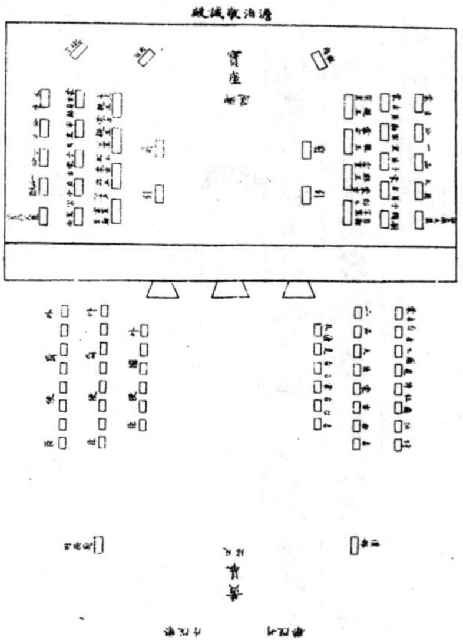

澹泊敬誠殿燕內外王公中和韶樂清樂丹陛大樂清樂黃幕反坫陳設如儀殿內

寶座前設

御筵前引內班記注官位次均如儀宗室王貝勒貝子公席於殿東西蒙古王貝勒貝子公各以本爵席於宗室各爵之次額駙席於貝子之次回子王席於蒙古王之次回子公席於蒙古公之次一品大臣暨管燕大臣又席於其次均東西嚮殿外扎薩克台吉蒙古台吉二品大臣席於東外國使臣外裔使臣年班伯克伯克席今不設席於

西。土爾扈特。杜爾伯特。席於東班之末。禮部大臣。內務府大臣。席於反坫黃幕左右。均東西嚮。

惇敍殿筵燕位次圖

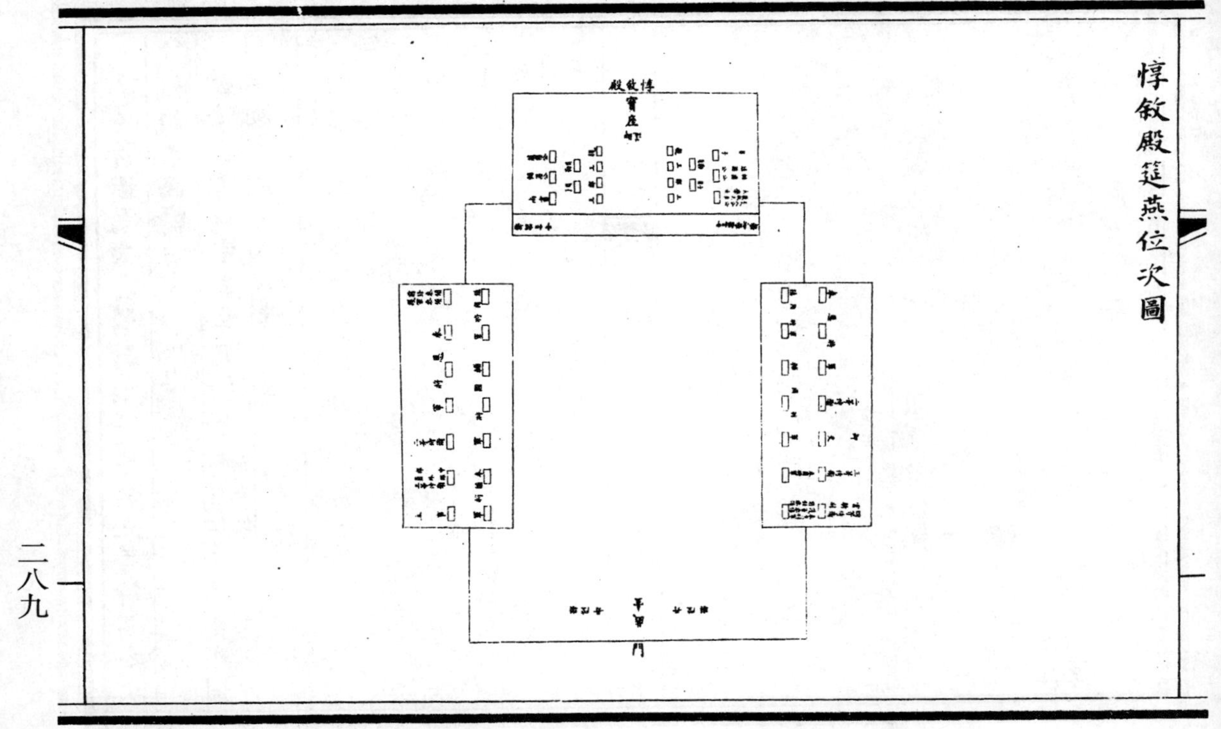

惇叙殿、普燕宗室。設中和韶樂、清樂於殿檐下丹陛、大樂、清樂於垂花門内左右。設戲臺於門内正中。殿上寶座前設御筵。親王、郡王、貝勒、貝子、公、序列左右、大學士、散秩大臣、不入八分公、尚書、分席於其次。東西嚮。皇子以次序於親王郡王之列、東西配殿内、鎮國將軍、輔國將軍、奉國將軍、奉恩將軍以次序列前鋒參領、護軍參領席於奉國將軍之次、侍衛席於奉恩將軍之次、御史、郎中、員外郎席於二等侍衛之次、雲騎尉、主事、席於三等侍衛之次、均東西嚮。

乾清宮普燕宗室、位次如之。殿内位次同。配殿諸席分設於丹陛上下及甬道左右、均東西嚮。

# 皇極殿千叟燕位次圖

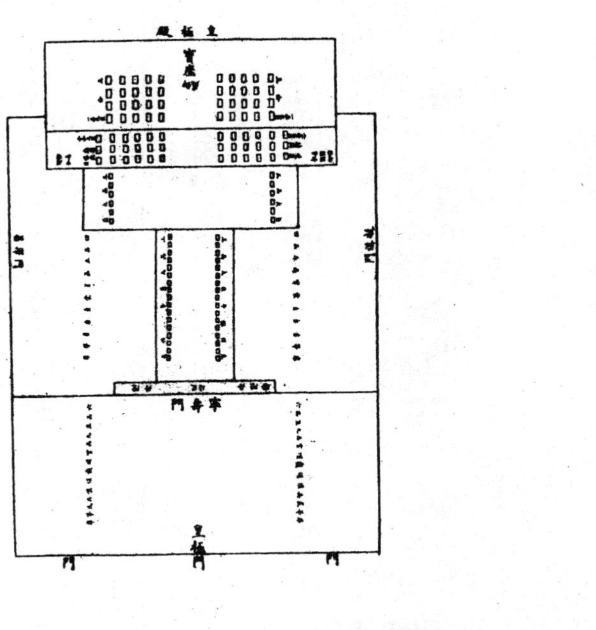


皇極殿千叟燕。設中和韶樂清樂於殿檐下。丹陛
大樂清樂於
寧壽門內左右。設反坫於門中。殿內
寶座前。設
御筵。王。公。席於東西。一品大臣席於其次。均東西嚮
殿檐下。二品大臣諸國使臣席於東西。均東西
嚮丹陛上下。三品大臣序列東西。年班伯克席
於其次。丹墀外。四五品官。及蒙古台吉等席於
左右。
寧壽門外。六品至九品官。及有頂戴人員席於左

右領催兵民席於其末均東西嚮

乾清門千叟燕位次如之

## 翰林院筵燕位次圖

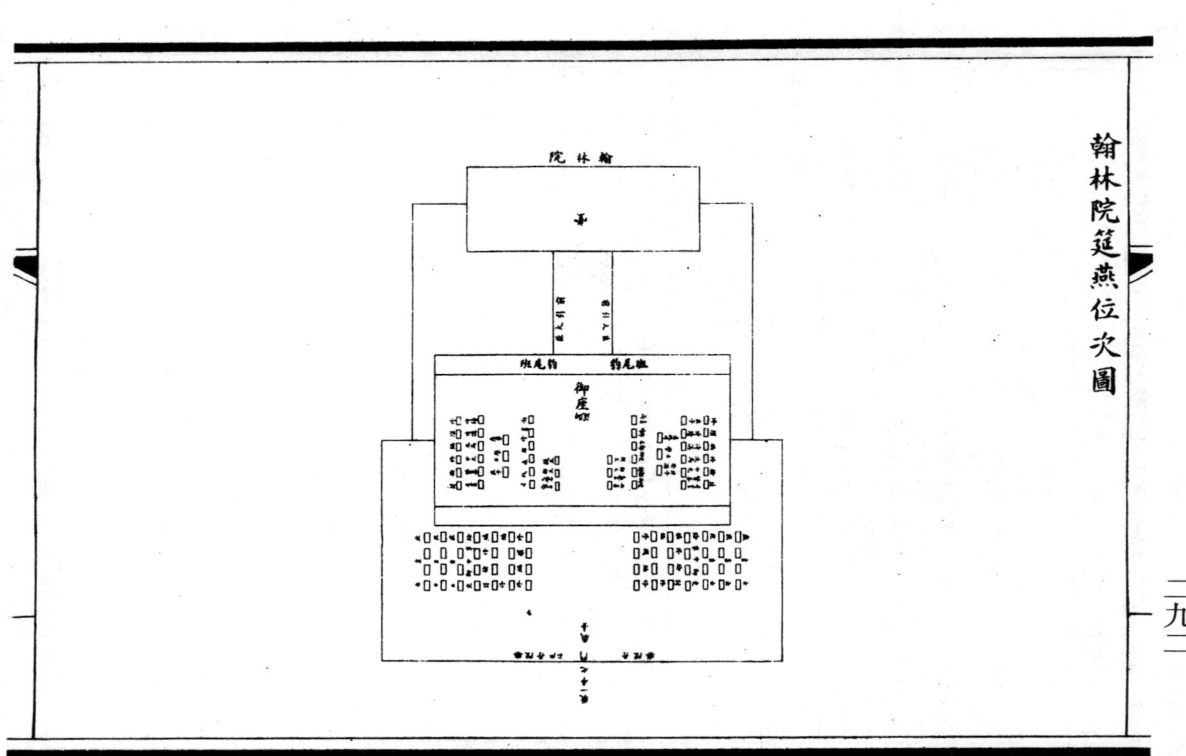

駕幸翰林院筵燕設
御座於後堂前設
御筵南嚮設中和韶樂清樂於後堂檐下丹陛大樂
清樂於敬一門左右設反坫於門西設戲臺於
門內正中堂上親王郡王大學士尚書侍郎左
都御史副都御史通政使司詹事少詹事侍讀
侍講學士祭酒庶子侍讀侍講洗馬中允贊善
司業分席於左右修撰編修檢討席於其後及
階下左右給事中御史席於編修之後庶吉士
又席於其後均東西嚮前引大臣序列於川堂

左右豹尾班序列於
御座後兩旁

# 欽定大清會典圖卷二十九

禮二十九 燕饗二



## 文鄉試燕位次圖一 今不舉

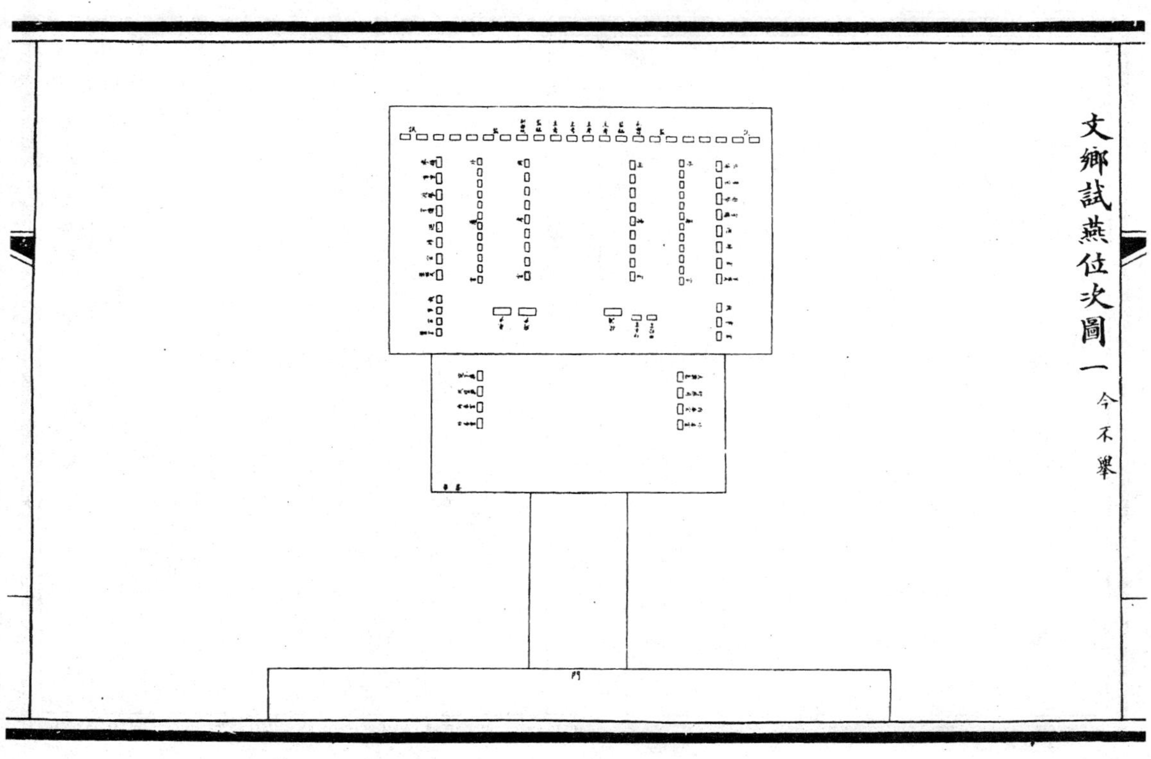

順天文鄉試入闈日。燕於順天府堂。為上馬燕
月臺上西南。望
闕設香案。堂上當後楣。正副主考席於中。監臨彈壓副都統。監試御史席於左右。同行南嚮。同考官席於堂中。左右各一行。外簾官席於其後。又各一行。監場參領章京遊擊守備。巡綽官筆帖式。又席於其後。各一行。負序。均東西嚮。堂前楣兼尹府尹席於西。提調官席於東。印卷官供給官席於提調官之東。少後。均北嚮。執事官醫官席於東西序之南。左右各一行。月臺上。大興縣宛平縣經歷。照磨。內外委官席於左右。各一行。均東西嚮。香案前。為謝
恩行禮位。各省文鄉試上馬燕如之。順天文鄉試上馬燕今不舉。各省鄉試燕仍舊

文鄉試燕位次圖二

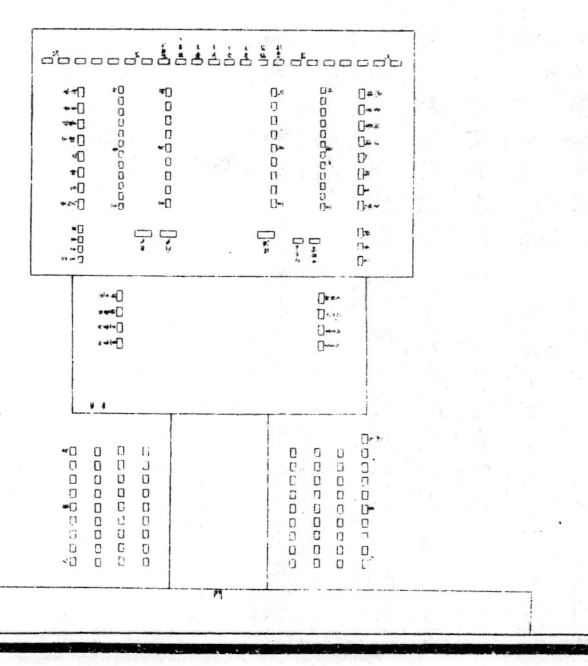

順天府文鄉試出闈日。燕於順天府堂。為下馬
燕。即鹿鳴燕。順天府堂上月臺上各位次。與上
馬燕同。惟增設舉人席於丹墀左右。東西嚮。香
案前。為謝
恩行禮位。堂檐前。為各舉人行庭叅禮位。各省鹿鳴
燕如之。

## 武鄉試燕位次圖一

今不舉

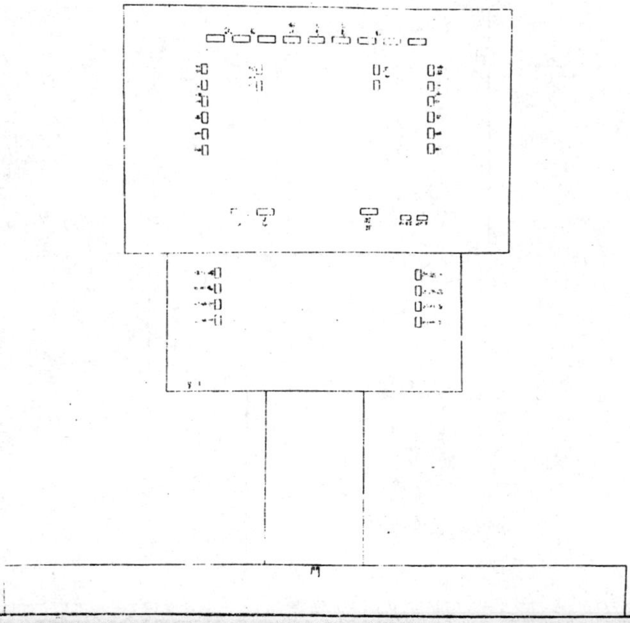

順天武鄉試入闈日上馬燕設於順天府堂堂上當後楣正副主考都統席於中監試官席於左右同行南嚮參領章京外簾官執事官俱席於堂左右次行其餘位次與文鄉試同各省武鄉試上馬燕如之

順天武鄉試下馬燕今不舉各省鄉試燕仍舊

武鄉試燕位次圖二

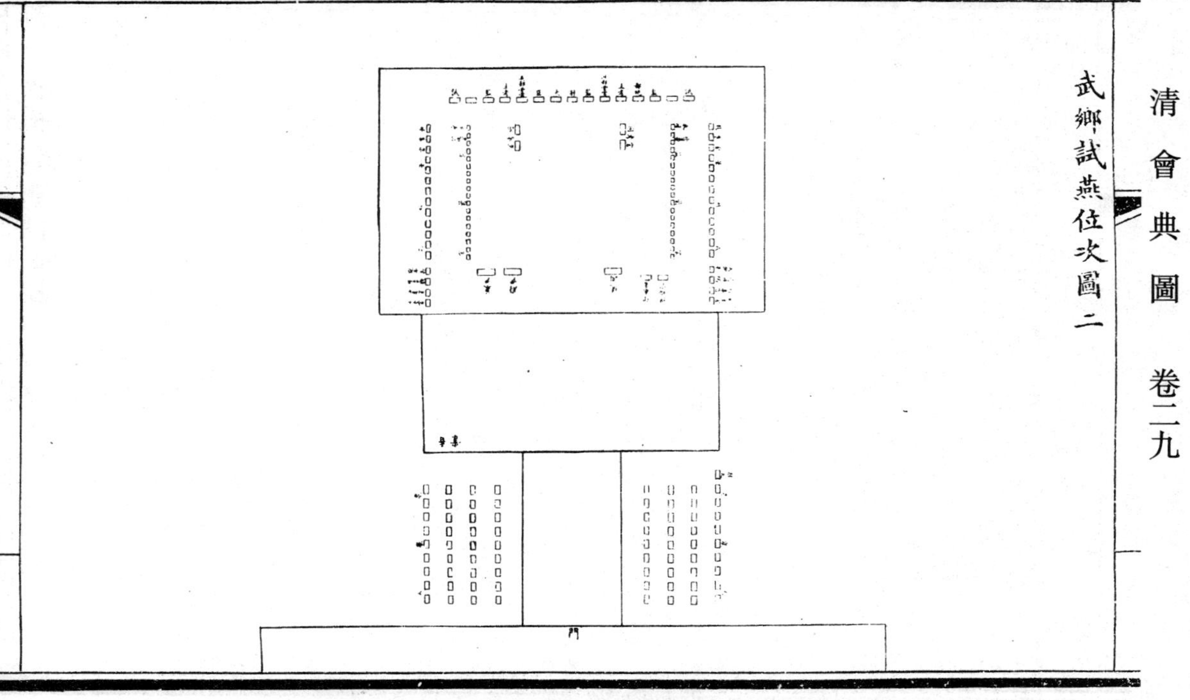

順天府武鄉試出闈日。燕於順天府堂。爲下馬燕。即鷹揚燕。順天府堂上當後楣監射大臣席於中。兵部堂官主考都統監試官席於左右。同行。南鄉。同考官席於堂中左右各一行。參領章京外簾官監箭官執事官席於後各二行。大興縣宛平縣經歷照磨內外委官席於東西序之南左右各一行。均東西鄉。其餘位次。與鹿鳴燕同。各省鷹揚燕如之。

## 文會試燕位次圖

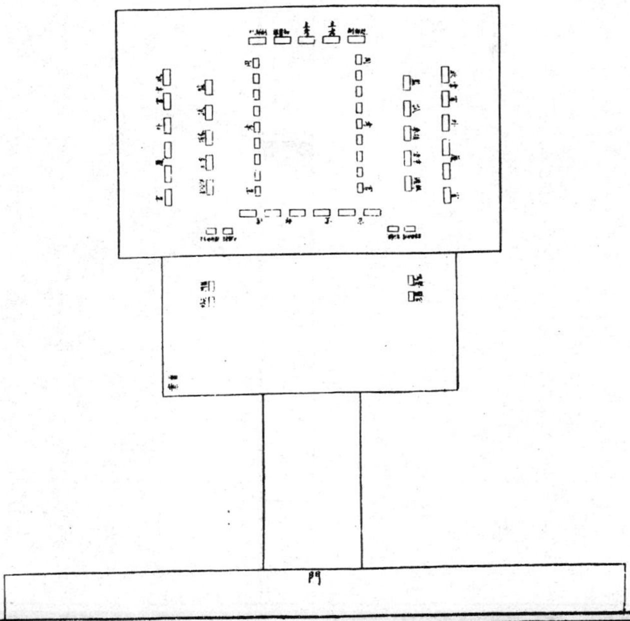

門

文會試入闈日上馬燕出闈日下馬燕俱設於禮部月臺上望闕設香案南嚮堂上主考官知貢舉彈壓副都統席當後楣同行外嚮禮部尚書侍郎席當前楣同行内嚮同考官分席於左右監試官監場參領章京席於同考官之後遊擊供給所官席於其次收掌官外簾各所官又席於其後均左右嚮提調官席於左光祿寺官席於右禮部各執事官又席於其左右均内嚮月臺上鳴贊醫官監門巡綽各官席於左右東西相嚮香案前為

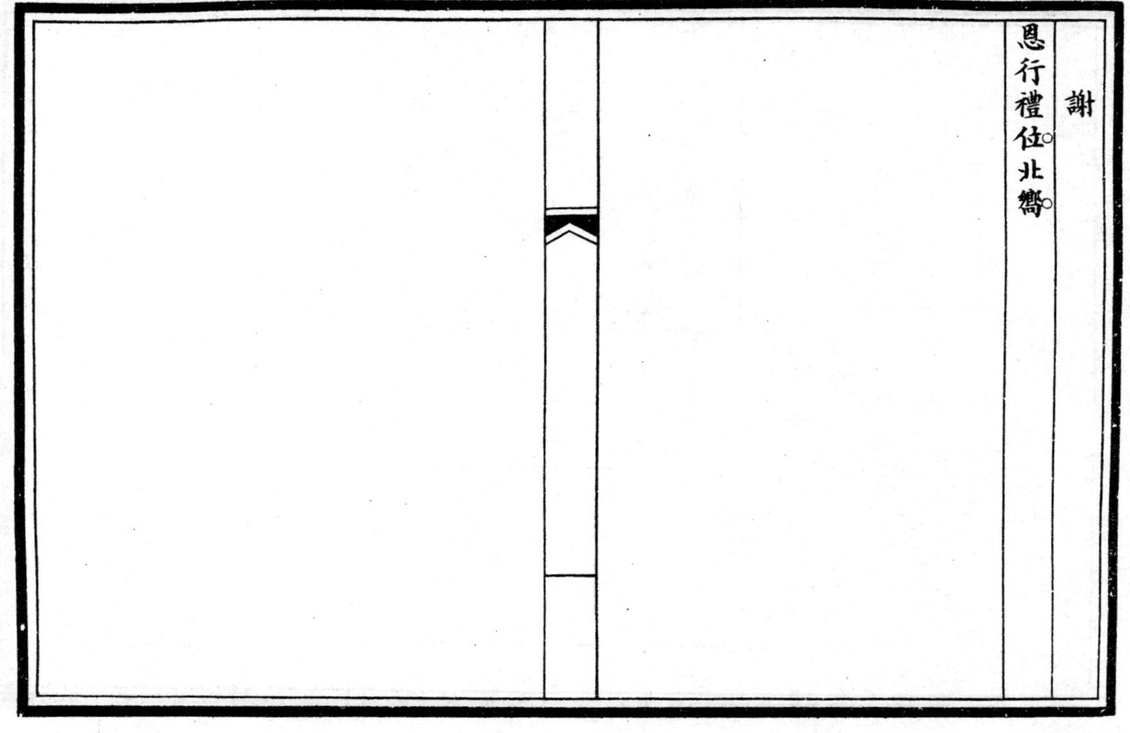


武會試燕位次圖一

武會試外場上馬燕。設於兵部。月臺上望闕設香案。監射大臣。席當堂後楣。同行外嚮。較射大臣。兵部尚書侍郎。席當前楣。同行內嚮。監試御史。提調官。協辦提調官。監箭官。管轄官。放馬官。分席於堂左右。司務廳官席於末。均同行左右嚮。監鼓官。暨管轄筆帖式。放馬筆帖式。分席於其後。同行左右嚮。鴻臚寺官。鳴贊官。光祿寺官。供給官。分席於其次少後。左右嚮。香案前。爲謝恩行禮位。



武會試燕位次圖二

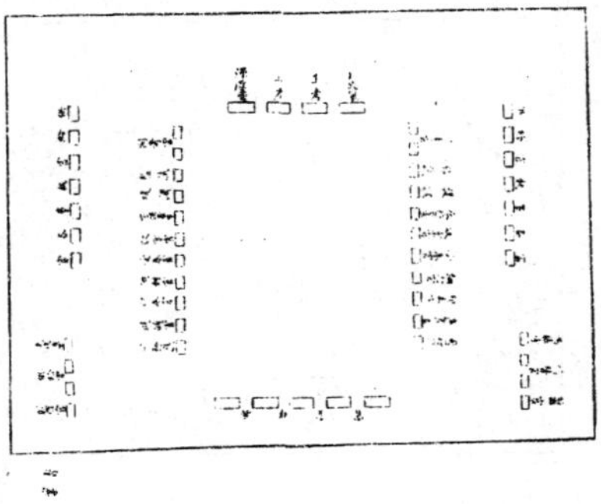

武會試內場上馬燕。設於兵部。主考。知武舉及彈壓官席當堂後楣。同行外簾兵部尚書侍郎。席當前楣。同行內簾同考官。監試。提調。參領章京收掌受卷彌封印卷各官。分席於堂左右進題名錄官進題官。分席於其次。司務廳官。又席於其次。均同行左右簾。供給官。監門。搜檢巡綽瞭望各執事官。分席於其後。均左右簾鴻臚寺官。鳴贊官。光祿寺官。供給官。醫官。分席於序端。左右簾月臺上香案前為謝

恩行禮位。

## 武會試燕位次圖三

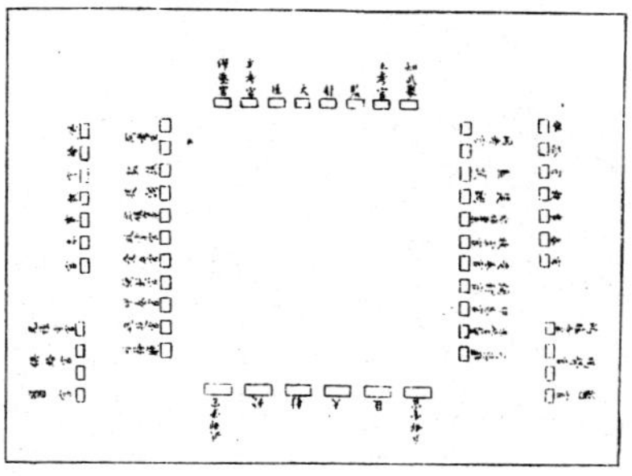

武會試外場內場下馬燕同設於兵部監射大臣。主考。知武舉。及彈壓官。席當堂後楣同行外嚮。較射大臣。兵部尚書。侍郎。席當前楣。同行內嚮。堂左右各官。亦如上馬燕之次。月臺上香案前。為謝恩行禮位。

燕一甲進士位次圖

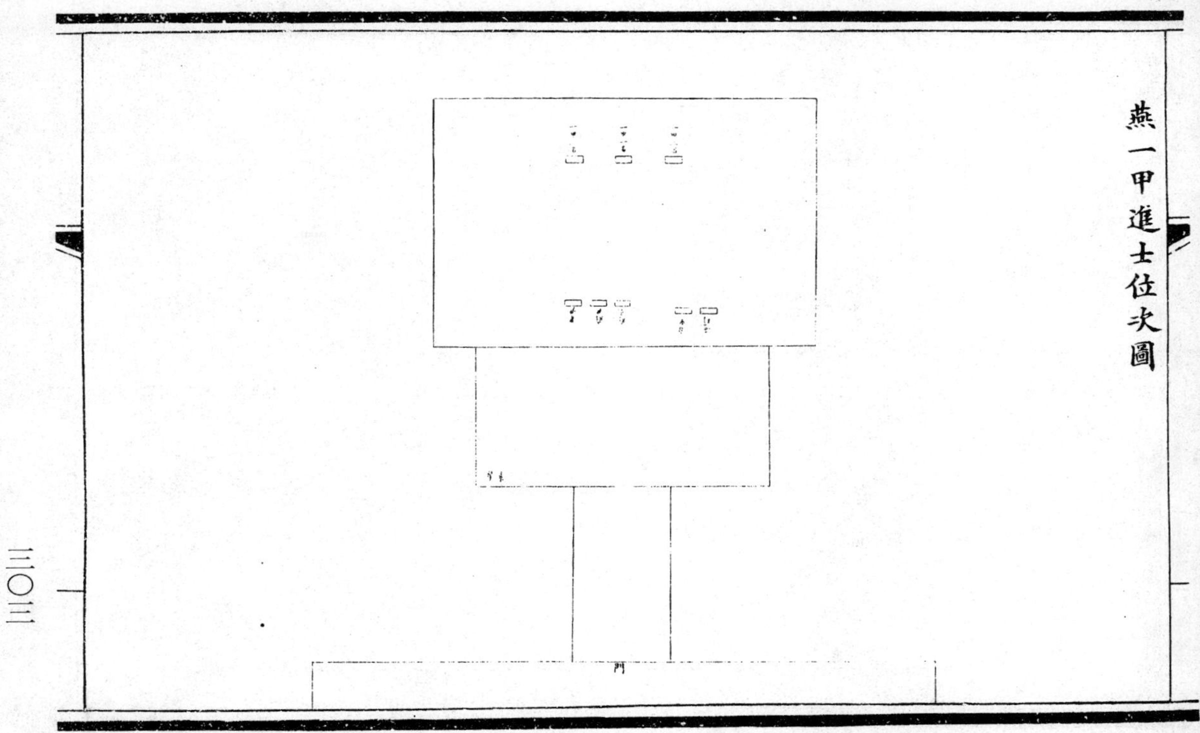

新進士傳臚日。燕一甲三人於順天府堂。席當後楣。同行南嚮。兼尹。府尹。府丞。席當前楣。治中。通判。席於府丞之東少後。均北嚮。月臺上西南香案前。爲謝
恩行禮位。

恩榮燕位次圖

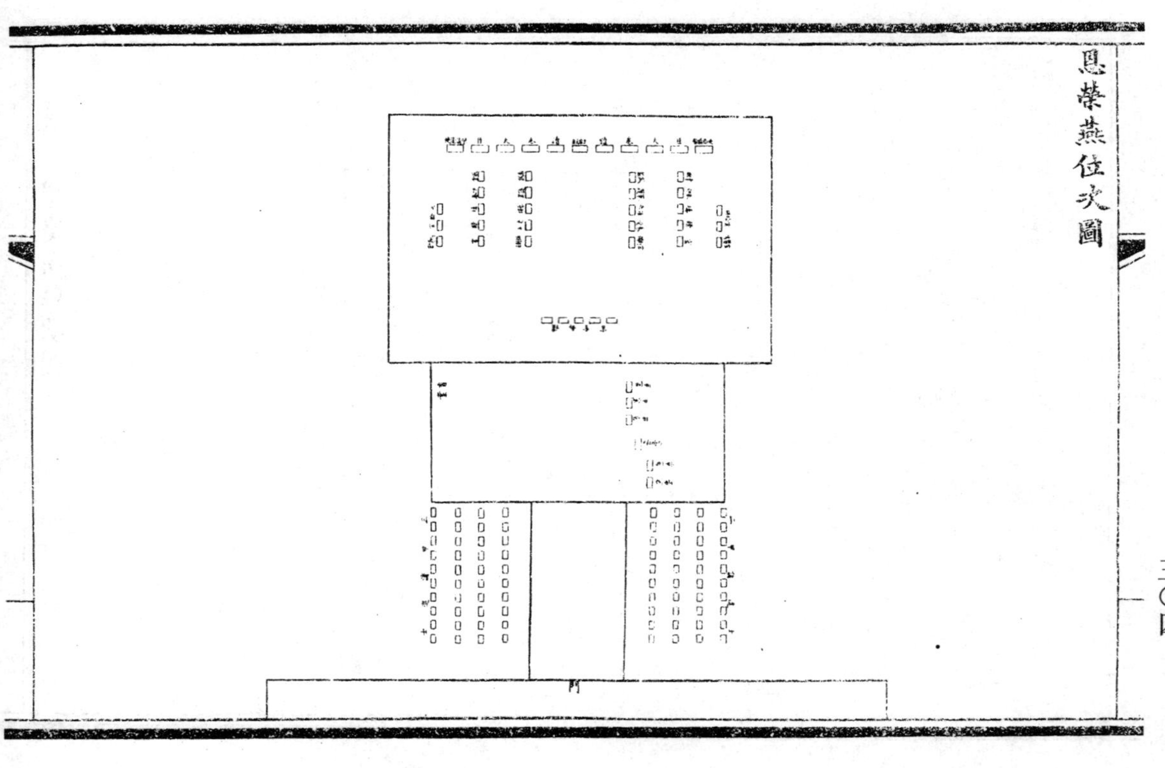

文進士

殿試傳臚次日。燕於禮部。爲恩榮燕。望闕設香案如儀。堂上當後楣。主席大臣席於正中。讀卷大臣。鑾儀衛使。席於左右。同行外嚮。當前楣禮部尚書侍郎席。同行內嚮。監試。護軍參領。受卷彌封官。分席於堂左右各一行。收掌印卷填榜各官。分席於其後。又各一行。供給官鳴贊官。又分席於其後。又各一行。均左右嚮。月臺上設一甲進士席於左。宗室進士席於一甲進士之左少南。二甲第一名三甲第一名進士席於宗室進士之左少南。均右嚮。月臺下。二甲進士席於左。三甲進士席於右。均左右嚮。香案前。爲謝恩行禮位。堂檐下。爲諸進士拜主席大臣讀卷提調官暨執事各官位。

會武燕位次圖

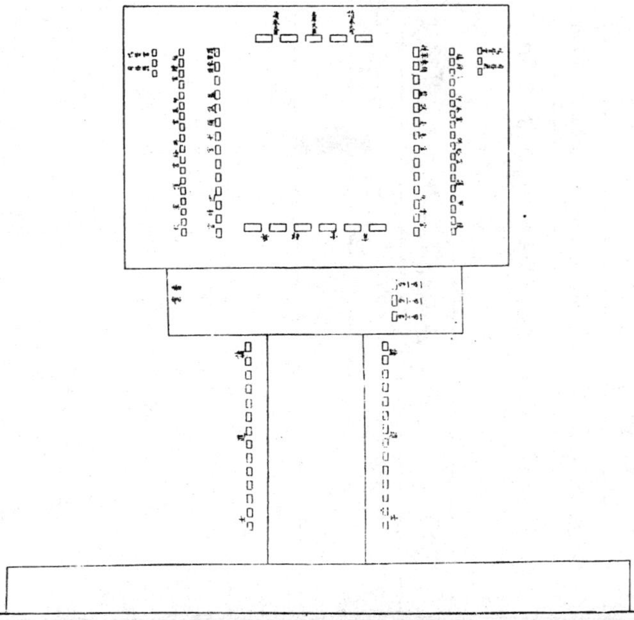

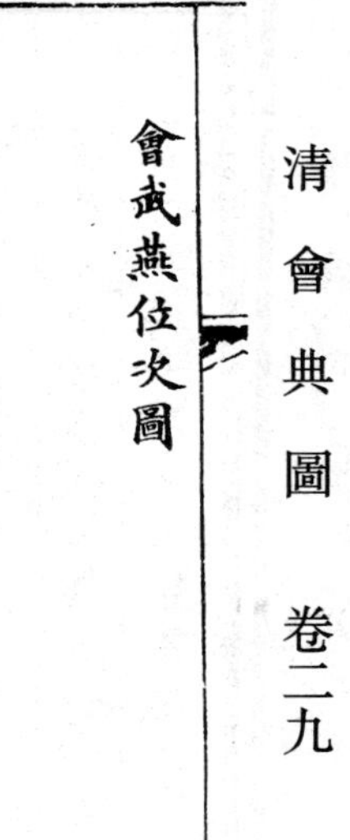

武進士

殿試傳臚次日。燕於兵部。為會武燕。堂上當後楣

主席大臣。席於中。讀卷大臣。席於左右。同行外

嚮。當前楣提調官兵部尚書侍郎席同行內嚮

護軍參領監試官受卷彌封收掌官。巡綽官。分

席於堂。左右各一行。填牓官。印卷官。供給官護

軍校。分席於其後。又各一行。鳴贊官。司務廳官。

分席於其後。又各一行。均左右嚮。月臺之左設

一甲三名進士席。均右嚮。月臺下。左右設二甲

三甲諸進士席。左右嚮。香案前為謝

恩行禮位。堂檐下。為諸進士拜主席大臣讀卷大臣提調官暨執事各官位。

燕衍聖公位次圖

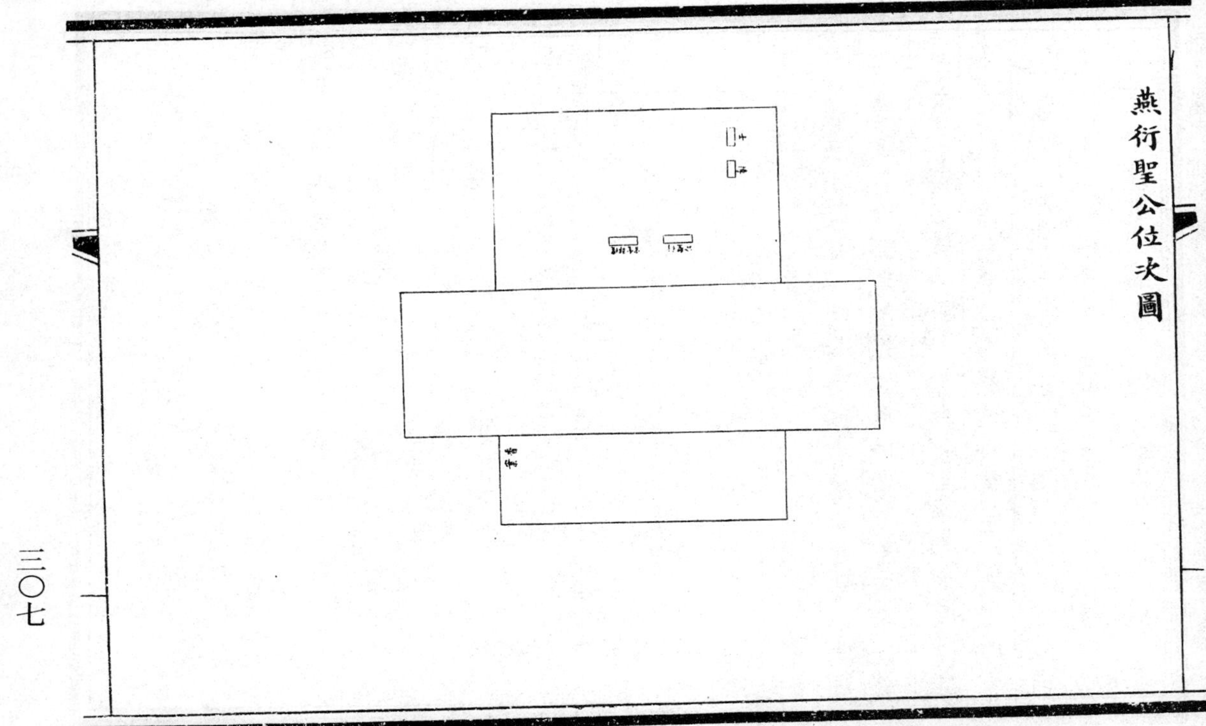

行聖公入

覲

賜燕於禮部後堂。行聖公席於南。禮部堂官主席。席於北。同行。均東嚮。五經博士席於南。北嚮。堂前月臺上。望

闕設香案。案前為謝

恩行禮位。

燕貢使位次圖

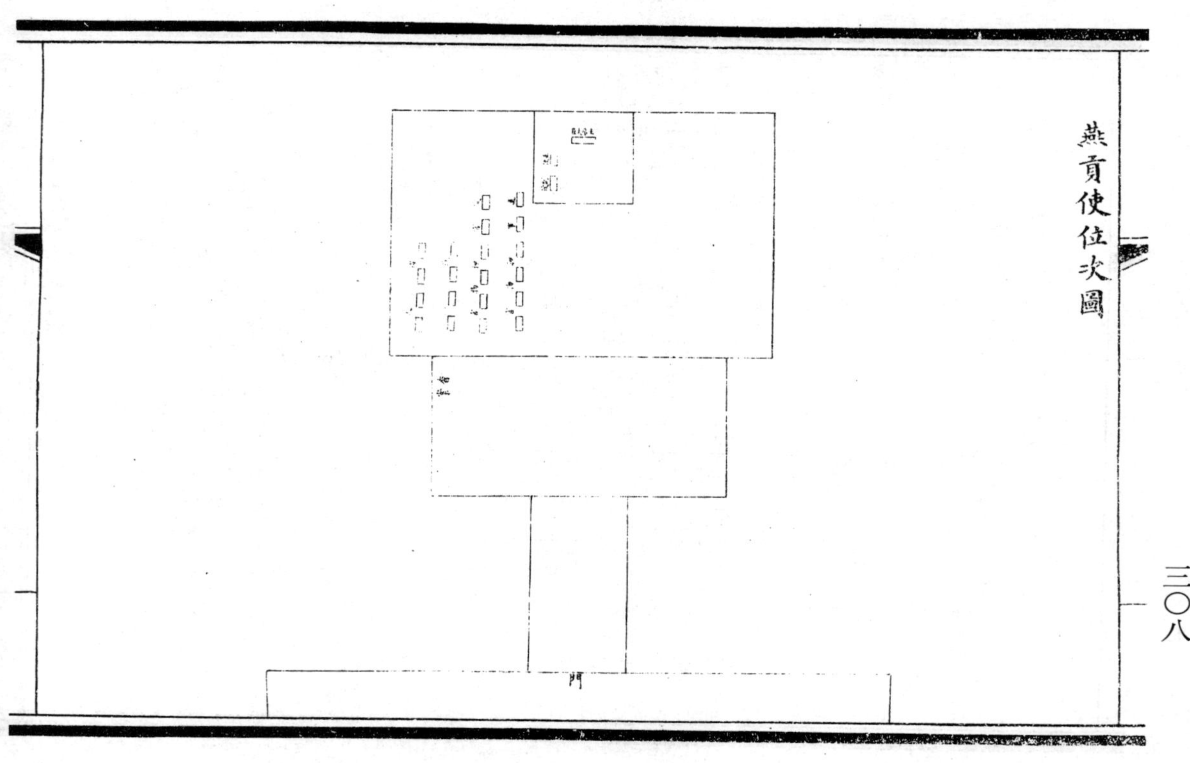

朝貢各國來使。燕於禮部。禮部侍郎一人主席。席當堂上後楣。正中西嚮。正副使等席於堂右。人專席。通事從官席於副使後。從人席於西楹外。二人共席。俱南嚮。以東為上。月臺上。望

闕設香案。案前為謝

恩行禮位。

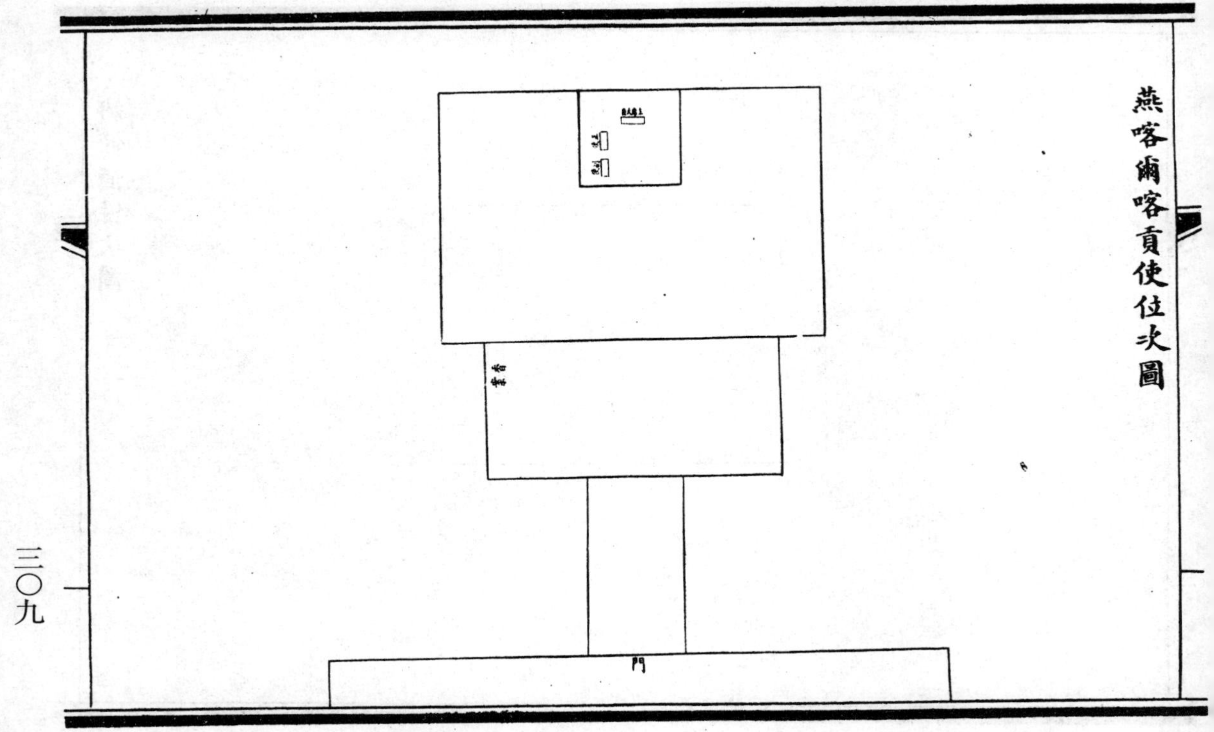

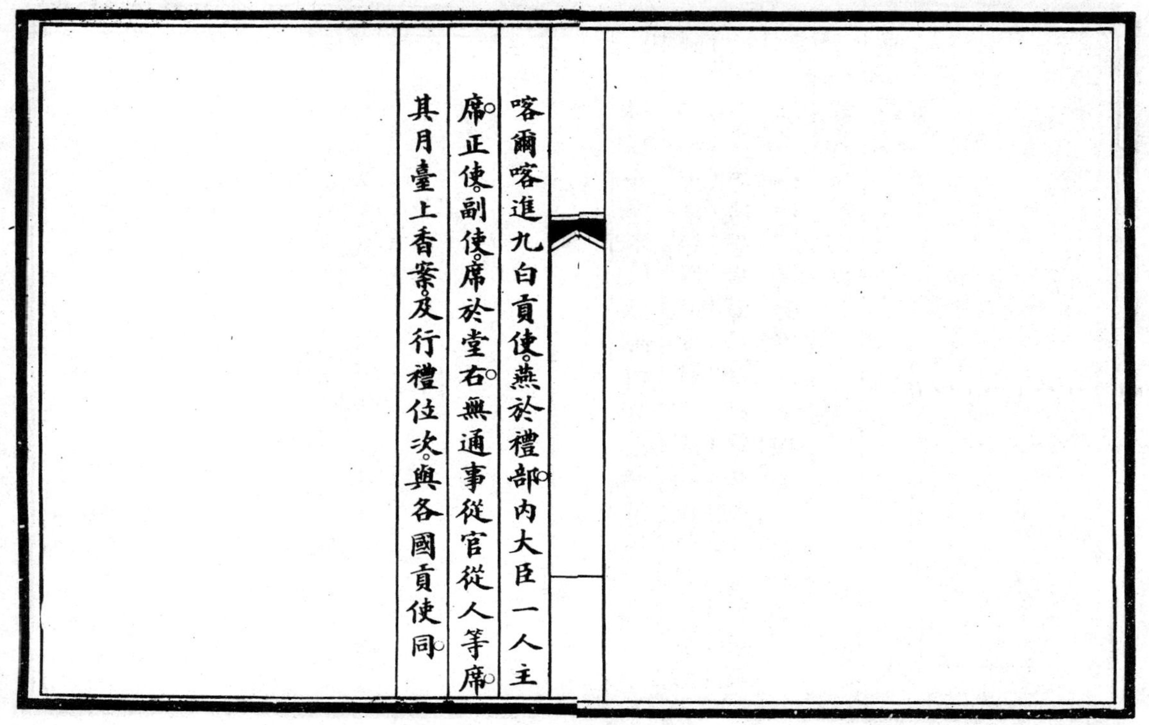

喀爾喀進九白貢使。燕於禮部。內大臣一人主席。正使。副使。席於堂右。無通事從官從人等席。其月臺上香案。及行禮位次。與各國貢使同。

鄉飲酒位次圖

順天府舉行鄉飲酒禮於府學講堂。尊案設於東序端。樂設於西階下。賓席於堂西北。南嚮。主人席於堂東南。西嚮。衆賓之長三人席於賓西。南嚮。以東為上。介席於西南。東嚮。皆專席不屬。衆賓席於西序。東嚮。僚佐。席於東序。西嚮。皆北上。司正。席於主人之東。北嚮。監禮席於庭東。北嚮。司正。於堂中北面揚觶後。執事者舉律令案。設於主介間正中。案前為讀律令位。北面。若有鄉大夫來觀禮者。坐於東北。一品席南嚮。二三品席西嚮。各直省會城同。各府州縣。三品以上

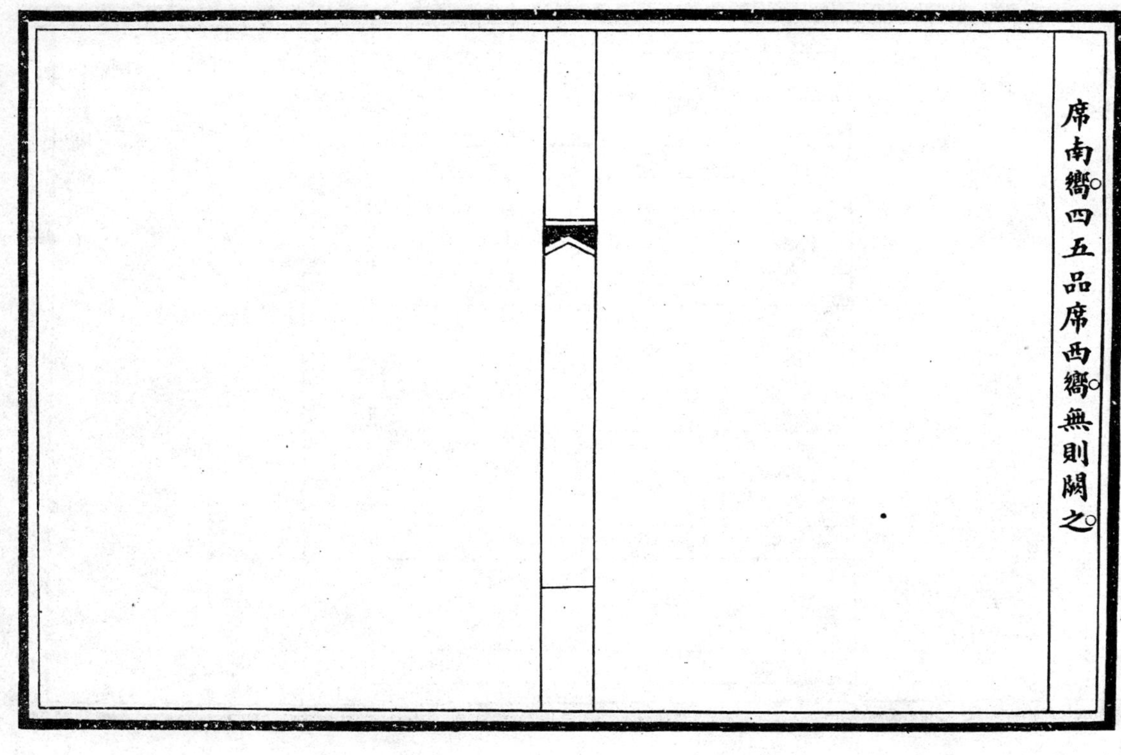

席南嚮。四五品席西嚮。無則闕之。

# 欽定大清會典圖卷三十

禮三十 服制



## 五服總圖

| 斬衰三年 | | | |
|---|---|---|---|
| 用至麤麻布為之不縫下邊 | | | |
| 齊衰五月 | 齊衰杖期 | 齊衰不杖期 | 齊衰三月 |
| 用稍麤麻布為之縫下邊 | | | |
| 大功九月 | | | |
| 用麤布為之 | | | |
| 小功五月 | | | |
| 用稍麤熟布為之 | | | |
| 緦麻三月 | | | |
| 用稍細熟布為之 | | | |

# 九族五服正服圖

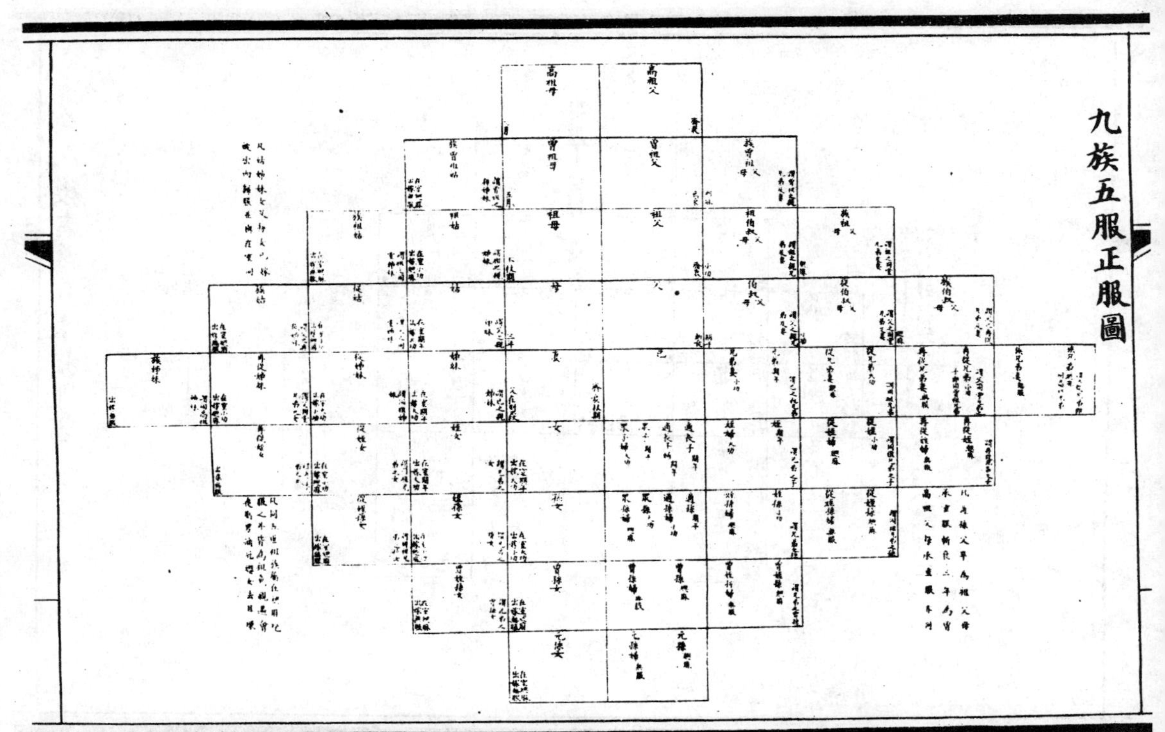

## 為人後者為其本族服圖

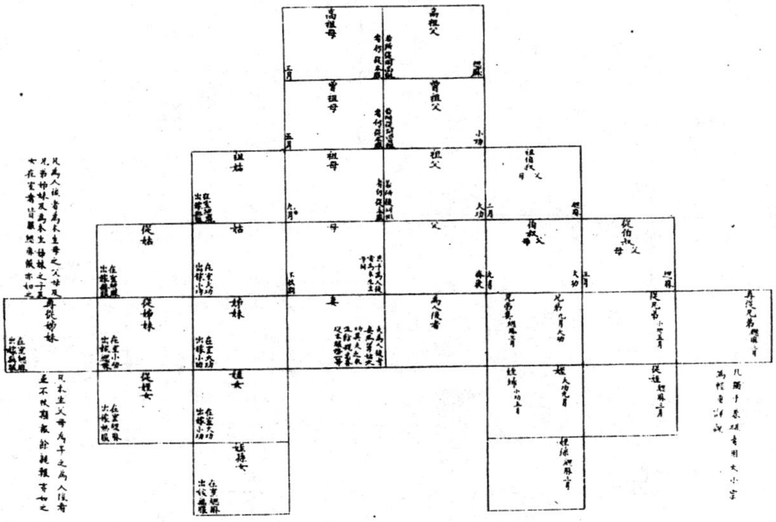

高祖父　高祖母
曾祖父　曾祖母
祖父　祖母　祖姑　族伯叔父母
父　母　姑　從姑　伯叔父母　從伯叔父母
為人後者　妻　姊妹　從姊妹　再從姊妹　兄弟　兄弟妻　從兄弟　再從兄弟
姪　姪婦　姪女　從姪女　從姪
姪孫　姪孫女

# 妻為夫族服圖

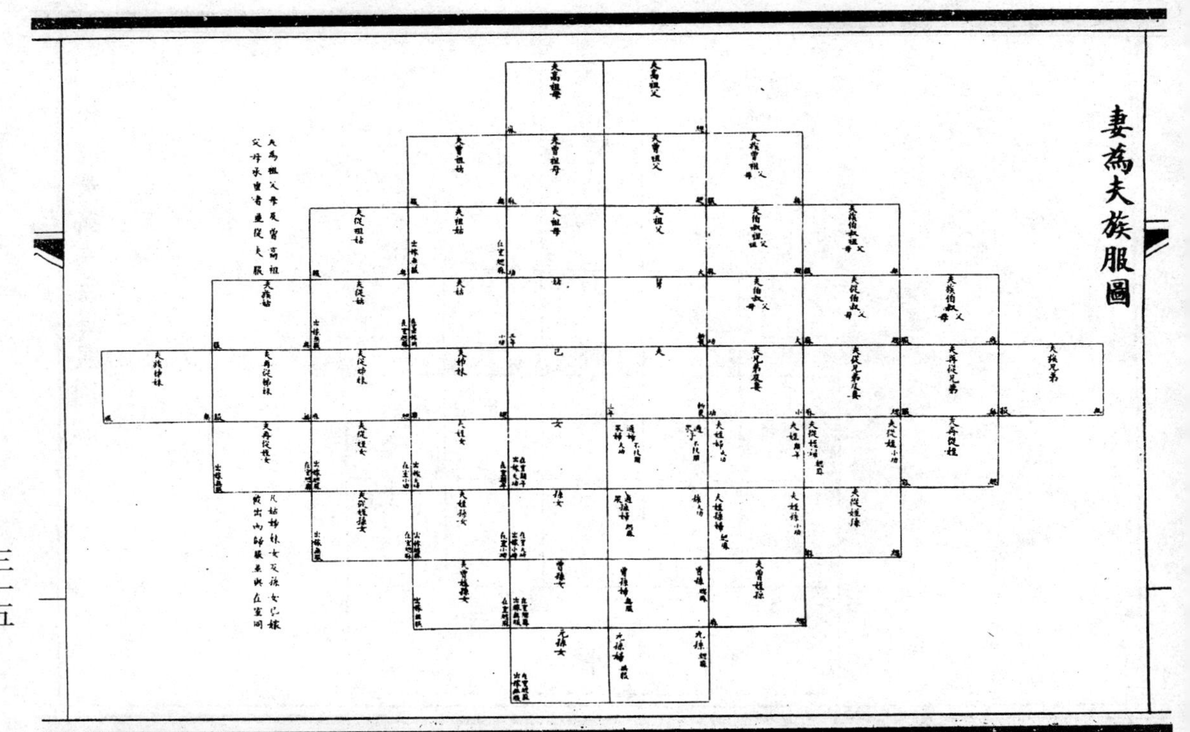

# 出嫁女為本宗降服圖

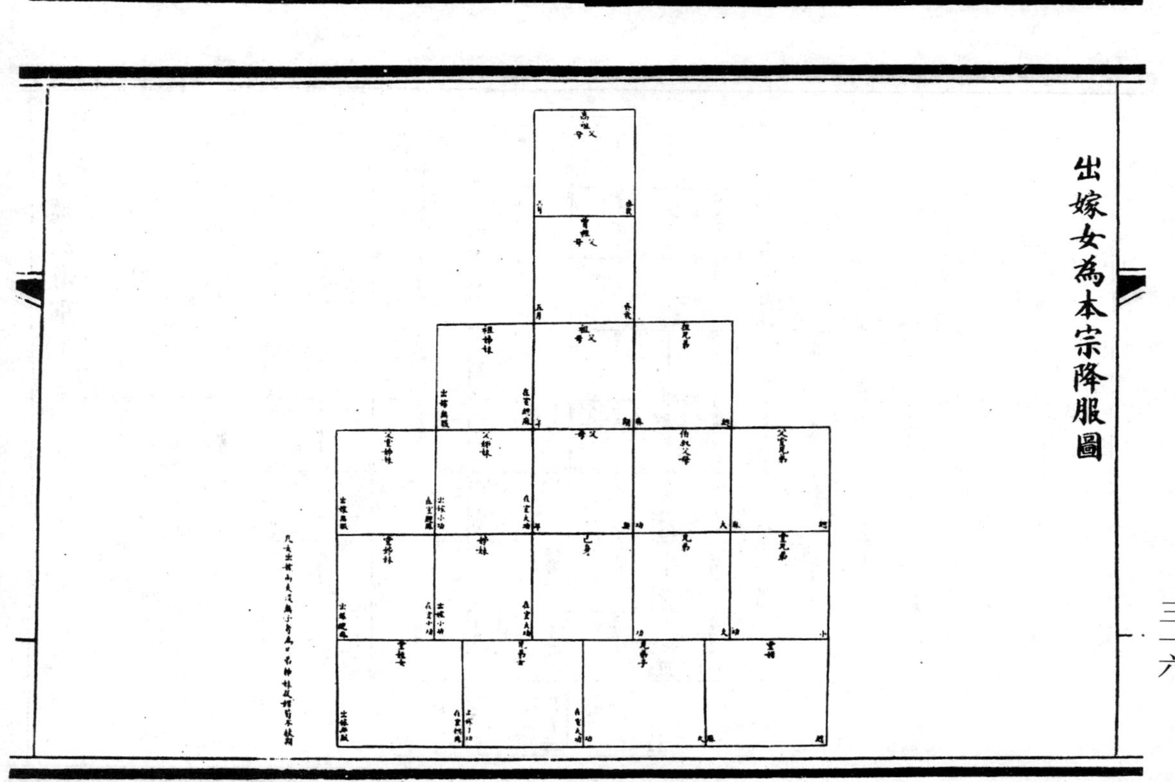

# 外親服圖

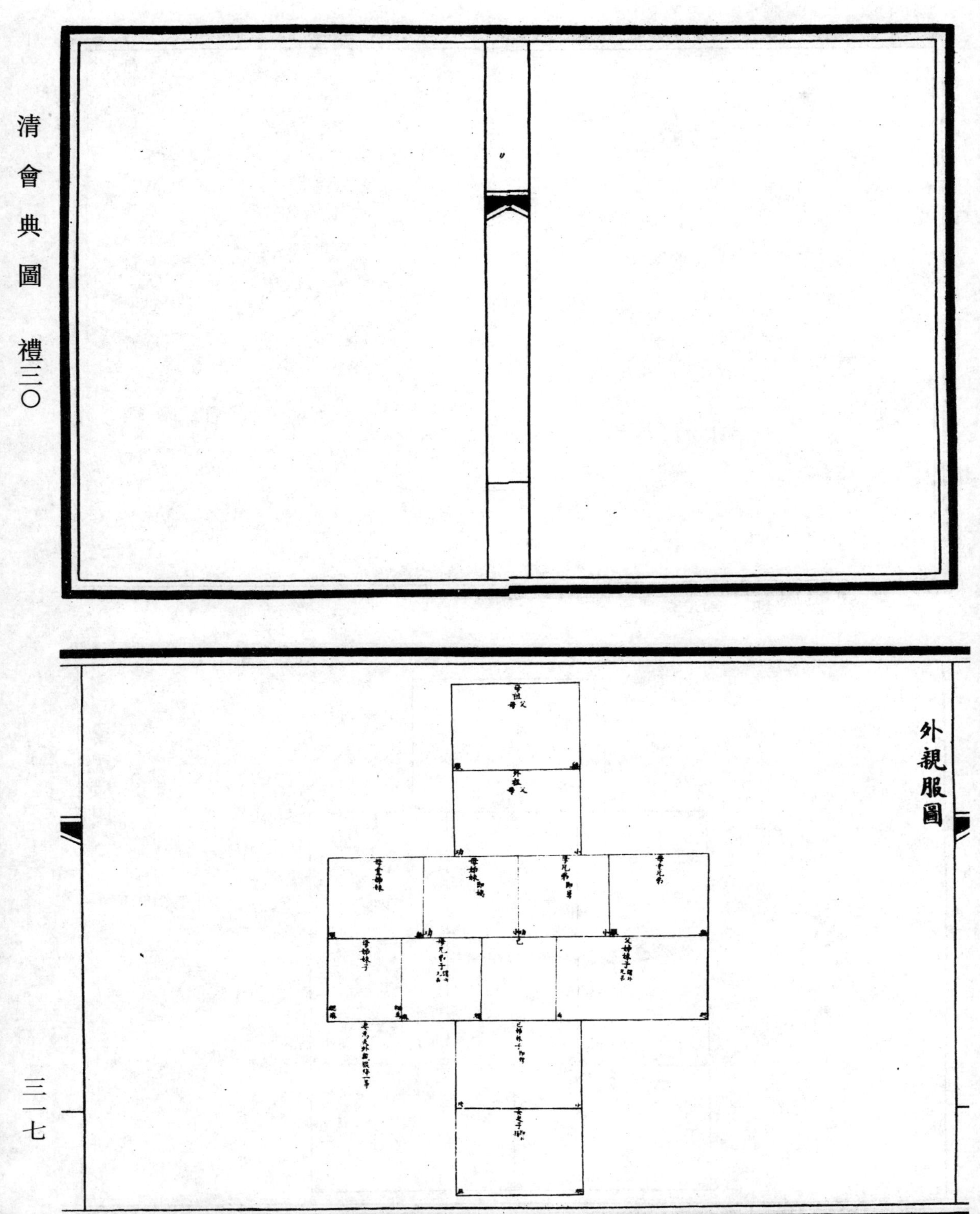

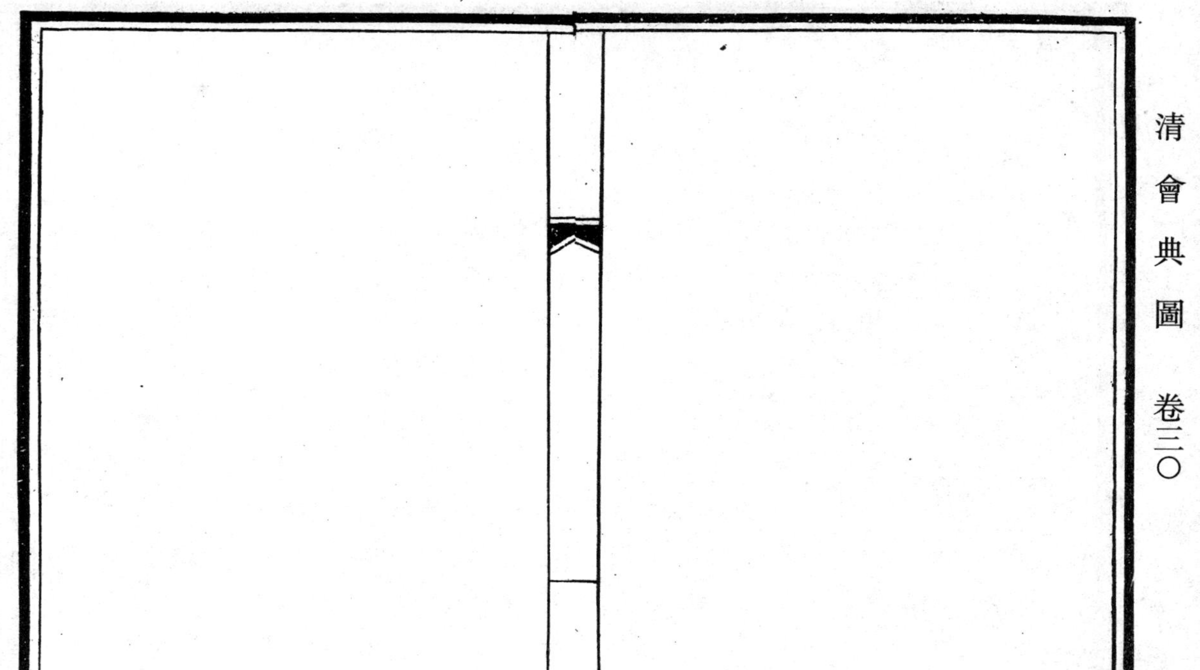

## 妻親服圖

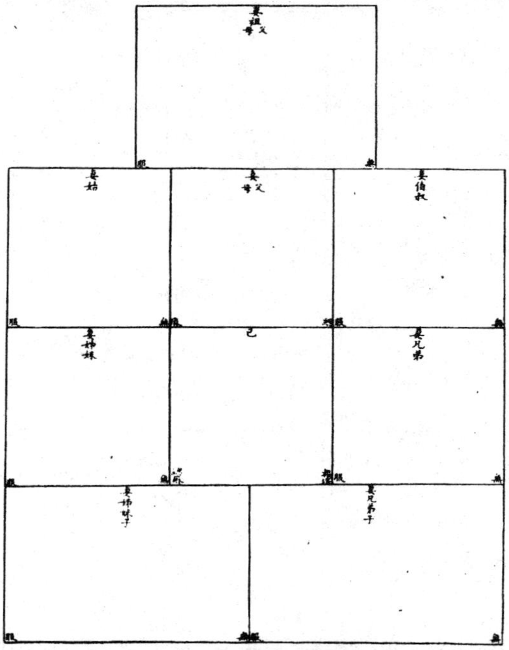

妻祖父母

妻姑　妻父母　妻伯叔

妻姊妹　己　妻兄弟

妻姊妹子　妻兄弟子

# 妾為家長族服圖

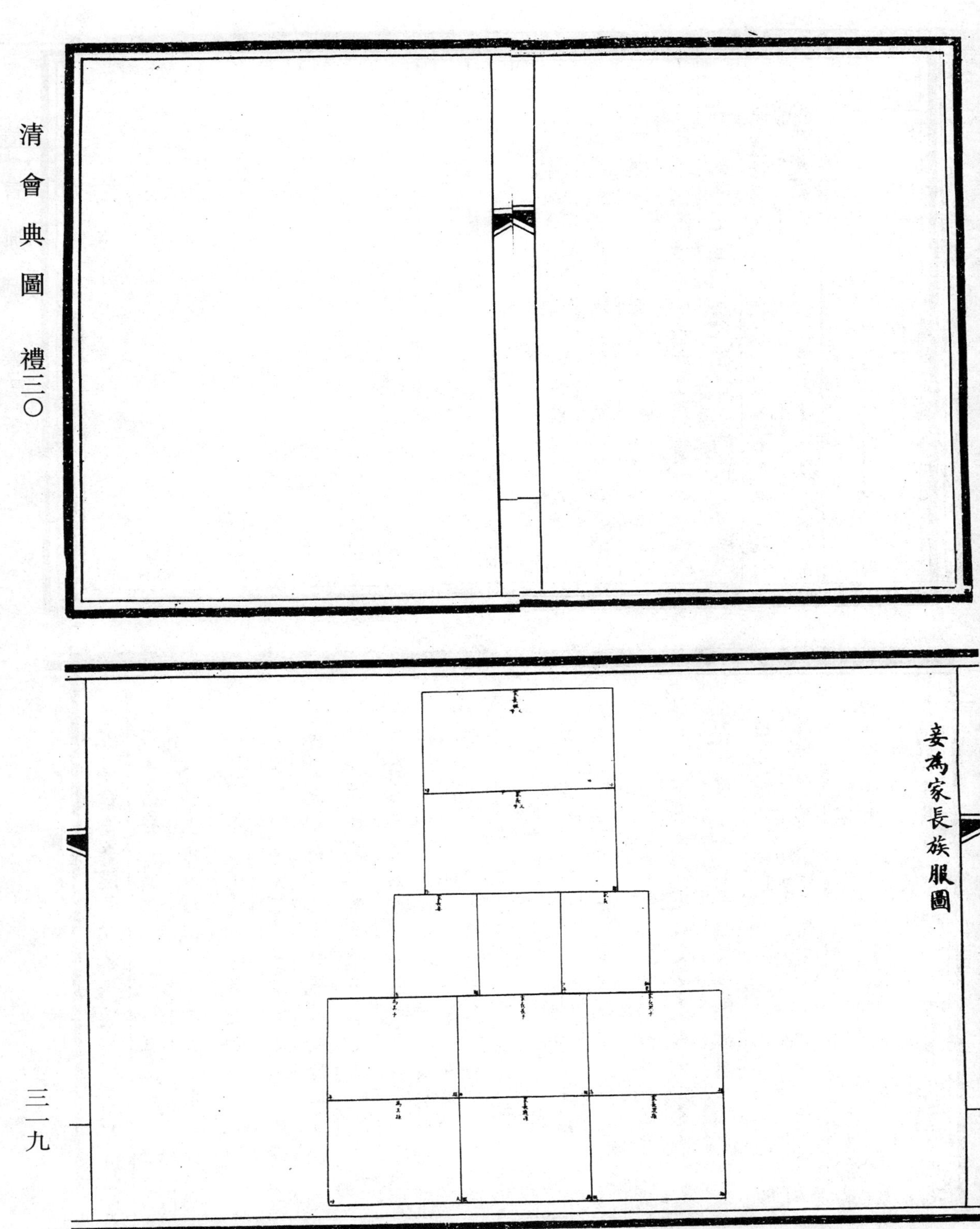

服制有五。曰斬衰三年。曰齊衰杖期齊衰不杖期齊衰五月。齊衰三月。曰大功九月。曰小功五月。曰緦麻三月。斬衰三年者。子為父母。為繼母。子之妻同。庶子為適母所生母。慈母。妾子無母。父命他妾撫育者。庶子之妻同。為人後者。為所後父母。為人後者之妻同。大宗兼祧小宗。小宗兼祧大宗之獨子為大宗父母。小宗兼祧。小宗獨子為本生父母。其均係小宗先經出嗣至本生無嗣後始兼祧者。如已經為出嗣父母丁憂持服。則於本生父母只服期年。如尚未為出嗣父母丁憂持服。兼祧之本生父母先沒。仍服三年。至兼祧獨子之子。則不分大宗小宗。皆服三年。女在室為父母。已嫁被出

而反在室者同。適孫為祖父母及高曾祖父母承重。適孫之妻同。為人後者承重同。妻為夫。妾生有子女者。後同。為家長。齊衰杖期者。適子。眾子為庶母。父妾有子女者。適子眾子之妻同。子為出母。親生母為父出者。嫁母。親生母父沒改嫁者。父母沒。夫為妻。齊衰不杖期者。祖為適孫。父母為子。適長子眾子同。為適長子之妻。繼母適母生母庶母同。為子為人後者。為女在室及已嫁夫沒無子者。子為從居改嫁繼母。父沒繼母改嫁從去者。為同居繼父。父沒從母嫁而無大功以上親。嫁母夫人為之立廟祀先者。為養母。撫同宗及三歲下遺棄子。而不為人後者。專為養母。為養父母。若三歲下遺棄子。不知本宗。即從所養家姓氏應考出仕者。兼為養父母。並令輟考解任。小宗兼祧大宗與小宗之獨子為本生父母。並令輟考解任。此小宗獨子。係已為出嗣小宗父母丁憂持服者。從子為伯叔父母及姑在室者。為親兄弟及姊妹在室者。為從子及從女在室者。孫為祖父母。孫女同。雖嫁不降。庶孫為生祖母。若父沒無與父同母伯叔者。並令輟考解任。慈母養母孫同。兼祧獨子父沒。為大宗生祖母。大宗兼祧小宗。小宗兼祧大宗同。並令輟考解任。為大宗庶母。大宗兼祧小宗。小宗兼祧大宗者。為本生庶母。小宗兼祧小宗者。為人後者為本生父母。庶子為人後者為本生生母。並令輟考解任。為所後庶母。女已嫁為

父母父沒為兄弟之為父後者（父在仍服大功）女在室及已嫁而夫沒無子者為兄弟姊妹及姪與姪女之在室者婦為夫親兄弟之子及女在室者妾為家長之父母家長之妻家長之長子衆子與其所生子父母存者夫為妻齊衰五月者為曾祖父母女孫同（雖嫁不降）齊衰三月者為高祖父母女孫同（雖嫁不降）為繼父先同居今不同居者（未嘗同居者無服）為同居繼父兩有大功以上親者大功九月者祖父母為衆孫及孫女在室者祖母為適孫生祖母（慈養祖母同）為庶孫父母（慈母養母同）為衆

子婦及女已嫁者伯叔父母為從子婦及兄弟之女已嫁者為從兄弟及從姊妹在室者為姑姊妹已嫁者為伯叔及兄弟與兄弟之子之凡為人後者為人後者為本生祖父母（若所後同祖者仍從本服餘倣此）為本生伯叔父母為本生兄弟及本生兄弟之子為本生姑姊妹及本生兄弟之女在室者為人後者之妻為夫本生父母（於夫之本生餘親悉各從本服降一等報亦如之）女出嫁為本宗伯叔父母及兄弟與其姪為姑姊妹及姪女之在室者婦為夫之祖父母夫之伯叔父母小功五月者為伯叔

祖父母（祖之親兄弟）適孫衆孫為祖庶母兼祧獨子為小宗生祖母（大宗兼祧小宗小宗兼祧大宗兼祧父是否先故均同並令敝考解伍）為小宗庶母（小宗兼祧小宗之庶母非本生者同）為從伯叔父母（父之堂兄弟）為從姊妹之已嫁者為再從兄弟及再從姊妹之在室者為從兄弟之子及女之在室者為祖姑（祖之親姊妹）及從姑（父之堂姊妹）之在室者祖為適孫婦為兄弟之妻及兄弟之孫與兄弟之孫女在室者為外祖父母（親母之父母與在堂繼母之父母庶子不為父後者為己母之父母為人後者為所後母之父母均同外祖父母報服亦同其母庶兄弟姊妹服及報服皆同為人後者為本生母之親屬降服一等其庶子不為人後者為

己母之父母若己母係由奴婢家生女收買為妾及其父係屬賤族者不在此例）為母之兄弟姊妹為姊妹之子及女在室者為人後者為本生曾祖父母（若所後同曾祖者仍從本服餘倣此）為本生庶母為本生姑姊妹之已嫁者為本生從兄弟及從姊妹之在室者為本生兄弟之子婦及本生兄弟之女已嫁者曾祖父母為曾孫為人後者婦為夫之伯叔為人後者為夫之姑姊妹（在室出嫁同）兄弟及夫兄弟之妻為夫從兄弟之子及女在室者為夫兄弟之孫及孫女在室者女出嫁為本宗姊妹之已嫁者為本宗從兄弟及從

姊妹之在室者。為本宗伯叔。及兄弟與兄弟之
子之凡為人後者妾為家長之祖父母緦麻三
月者。祖為衆孫婦祖母為適孫衆孫婦曾祖父
母為曾孫曾孫女及曾孫之為人後者高祖父
母為元孫元孫女及元孫之為人後者為曾伯
叔祖父母。為從伯叔祖父母。為再從伯叔父母
為三從兄弟及姊妹在室者。為曾祖姑從祖姑
再從姑之在室者。為兄弟之曾孫曾孫女在室
者。為兄弟之孫女已嫁者。為從兄弟之孫及孫
女在室者。為再從兄弟之子。及女在室者。為祖

姑（祖之親姊妹）從姑（父之堂姊妹）及再從姊妹已嫁者。為
從兄弟之女已嫁者。為伯叔祖從伯叔再從兄
弟之凡為人後者。為兄弟之孫從兄弟之子為
人後者。為母之兄弟為人後者。為姊妹之子為
人後者。為父姊妹之子。為母兄弟姊妹之子。（繼母
所後母兄弟姊妹之子同。）為妻之父母。為婿。為外孫外孫女。
及外孫為人後者。為兄弟孫之妻。為從兄弟之
妻。及從兄弟之之妻。為人後者為本生高祖父
母。（若所後同高祖者。仍從本服。餘放此。）為本生伯叔祖父母。祖姑
之在室者。為本生從伯叔父母。從姑之在室者。

從姊妹之已嫁者。為本生再從兄弟再從姊妹
之在室者。為本生兄弟之妻。本生從兄弟之子。
及女在室者。為本生兄弟之孫。及孫女在室者。
為本生母之父母。及兄弟姊妹。為本生姊妹之
子。及女在室者。婦為夫高曾祖父母。為夫伯叔
祖父母。及祖姑在室者。為夫從伯叔父母。及從
姑在室者。為夫從兄弟姊妹。（在室出嫁同。）及從兄弟
之妻。為夫從兄弟之女已嫁者。為夫從兄弟子
之妻。從兄弟之孫。及孫女在室者。為夫再從兄
弟之子。及女在室者。為夫兄弟孫之妻兄弟之

孫女已嫁者。為夫兄弟之曾孫。及曾孫女在室
者。為夫之兄弟為人後者。女出嫁為本宗伯叔
祖父母。及祖姑在室者。為本宗從伯叔父母。及
從姑在室者。為本宗從兄弟之為人後者。為本
宗從姊妹之已嫁者。為本宗從兄弟之子。及女
在室者。為乳母。為父母改葬。（既葬除之。妻為夫。孫為祖後同。期功
親。弔服加麻。）

# 欽定大清會典圖卷三十一

樂一　樂律一



## 累黍尺圖

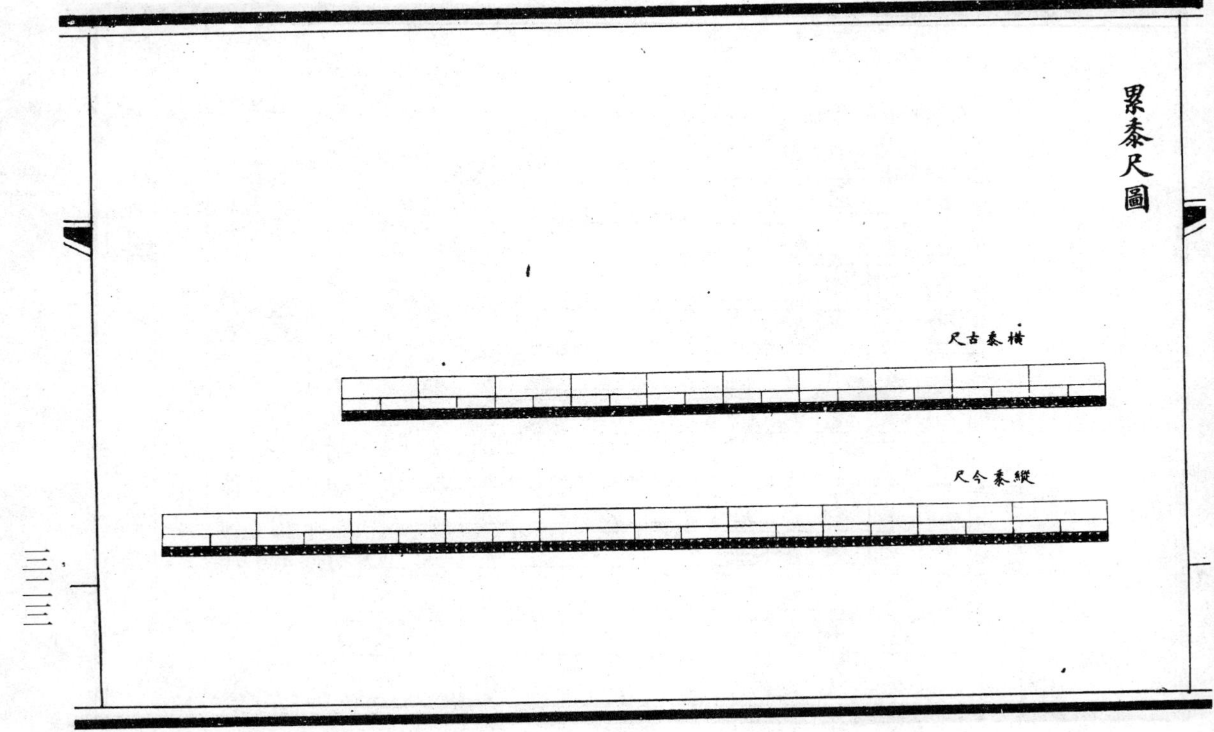

橫黍所累者爲古尺。縱黍所累者爲今尺。古尺當今尺八寸一分。黃鐘之律爲古尺九寸。求今尺度。以古尺十寸爲一率。今尺八寸一分爲二率。黃鐘古尺九寸爲三率。得四率七寸二分九釐。爲黃鐘當今尺之度。其餘諸律呂皆以古尺十寸。比今尺八寸一分。同於各律呂古尺若干度。比得今尺若干度。

## 十二律呂圖

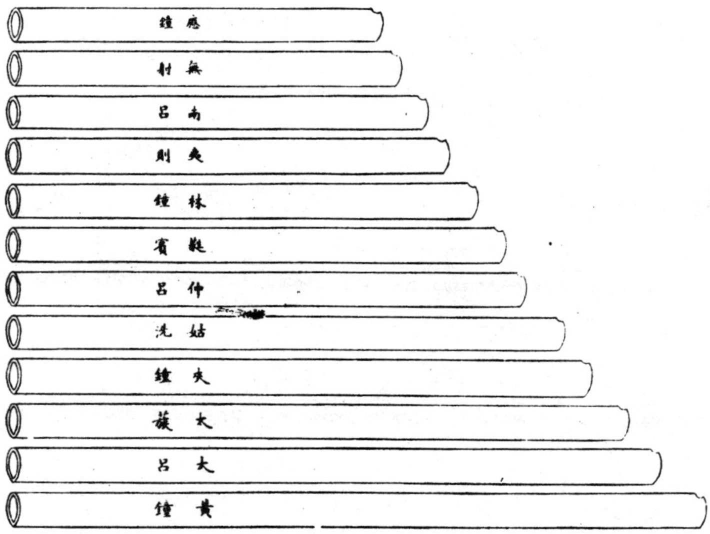

應鐘
無射
南呂
夷則
林鐘
蕤賓
仲呂
姑洗
夾鐘
太簇
大呂
黃鐘

黃鐘長九寸。空圍九分。積八百一十分。是為律本。空圍九分者。圓面積九方分也。置黃鐘古尺體積八百一十分。以九十分歸之。得面冪九方分。用面綫相等面積不同之定率比例。圓面積一十萬為一率。方面積一十一萬七千三百二十四為二率。今圓面冪九方分為三率。得四率一十一分四十五釐九十毫。為與圓面冪徑綫相等之正方面積。以開平方。得三分三釐八毫五絲一忽。乃黃鐘古尺之徑數也。求周。則用周徑定率比例。徑一百一十三為一率。周三百五十五為二率。今徑三分三釐八毫五絲一忽為三率。得四率十分零六釐三毫四絲六忽。為黃鐘古尺之內周數也。通諸今尺。而求體積。則以古尺一百分自乘再乘。得一百萬分為一率。今尺八十一分自乘再乘。得五十三萬一千四百四十一分為二率。黃鐘古尺積八百一十分為三率。得四率四百三十分四百六十七釐二百一十毫。為黃鐘今尺之積也。如求面冪。則以今尺長七寸二分九釐歸之。得面冪五分九十釐四十九毫。如法求徑。得二分七釐四毫一絲九忽。是為黃鐘今尺之徑數。十二律呂徑數皆同。而長各不同。以古尺言之。黃鐘九寸。三分損一。得林鐘六寸。林鐘三分益一。得太蔟八寸。太蔟三分損一。得南呂五寸三分三釐三毫三絲三忽三微三纖有奇。南呂三分益一。得姑洗七寸一分一釐一毫一絲一忽一微一纖有奇。姑洗三分損一。得應鐘四寸七分四釐零七絲四忽零七纖有奇。應鐘三分益一。得蕤賓六寸三分二釐零九絲八忽七微六纖有奇。蕤賓三分益一。得大呂八寸四分二釐七毫九絲八忽三微五纖有奇。大呂三分損一。得夷則五寸六分一釐八毫六絲五忽五微六纖有奇。夷則三分益一。得夾鐘七寸四分九釐一毫五絲四忽零九纖有奇。夾鐘三分損一。得無射四寸九分九釐四毫三絲六忽零六纖有奇。無射三分益一。得仲呂六寸六分五釐九毫一絲四忽七微四纖有奇。以今尺言之。由黃鐘七寸二分九釐。損益相生。則林鐘四寸八分六釐。太蔟六寸四分八釐。南呂四寸三分二釐。姑洗五寸七分六釐。應鐘三寸八分四釐。蕤賓五寸一分二釐大呂六寸八分二釐六毫六絲六忽六微六纖有奇。夷則四寸五分五釐一毫一絲一忽一微一纖有奇。夾鐘六寸零六釐八毫一絲四忽八微一纖有奇。無射四寸零四釐五毫四絲三忽二微有奇。仲呂五寸三分九釐三毫九絲零九微四纖有奇。若仲呂又三分益一。則在古尺得八寸八分七釐八毫八絲六忽三微三纖有奇。比之黃鐘九寸。不足一分二釐一毫一絲三忽六微六纖有奇。在今尺得七寸一分九釐一毫八絲七忽九微三纖有奇。比之黃鐘七寸二分九釐。不足九釐八毫一絲二忽零六纖有奇。其數仍與黃鐘相近。不能自成一律。其聲亦與黃鐘相近。不能自成一音也。十二律呂之體積亦各不同。古尺黃鐘積八百一十分。由是損益相生。則林鐘五百四十分。太蔟七百二十分。南呂四百八十分。姑洗六百四十分。應鐘四百二十六分六百六十六釐六百六十六毫有奇。蕤賓五百六十八分八百八十八釐八百八十八毫有奇。大呂七百五十八分五百一十八釐五百一十八毫有奇。夷則五百零五分六百七十九釐零一十二毫有奇。夾鐘六百七十四分二百三十八釐六百八十三毫有奇。無射四百四十九分四百九十二釐四百五十五毫有奇。仲呂五百九十九分三百二十三釐二百七十三毫有奇。今尺黃鐘四百三十分四百六十七釐二百一十毫。林鐘二百八十六分九百七十八釐一百四十毫。太蔟三百八十二分六百三十七釐五百二十毫。南呂二百五十五分零九十一釐六百八十毫。姑洗三百四十分一百二十二釐二百四十毫。應鐘二百二十六分七百四十八釐一百六十毫蕤賓三百零二分三百三十釐八百八十毫大呂四百零三分一百零七釐八百四十毫夷則二百六十八分七百三十八釐五百六十毫夾鐘三百五十八分三百一十八釐零八十毫無射二百三十八分八百七十八釐七百二十毫仲呂三百一十八分五百零四釐九百六十毫至於黃鐘之龠積八百一十分容千二百黍者所積之分方分也所容之黍圓粒也以方分度圓粒則必空隙故合八百一十分之方適容一千二百黍之圓乃為虛實相應之準

則馬積分猶虛數之難憑而容粒有實黍之可證亦用三分損益以數之則黃鐘容一千二百黍林鐘容八百黍太蔟容一千零六十七黍南呂容七百一十一黍姑洗容九百四十八黍應鐘容六百三十二黍蕤賓容八百四十三黍大呂容一千一百二十四黍夷則容七百四十九黍夾鐘容九百九十九黍無射容六百六十六黍仲呂容八百八十八黍（凡餘分過大半者進一黍不及半者不計）制律呂之法以積實容黍為要蓋管之長短廣狹依此以正聲之洪纖高下賴此以生也

十二律呂五聲二變高低字譜圖

三分損益隔八相生二者義各有在三分損益制律之則也算術所以別十二律呂相生之度凡金石之厚薄絲竹之長短皆依以定焉隔八相生審音之法也必取首音與第八音協和同聲以為之準即首音八音之間區而別之以為五聲二變則清濁之相應高下之相宜皆賴以生焉五聲二變共七音各有清濁凡十四音十二律呂陰陽各六陽為律陰為呂以陰陽之各分者言之定黃鐘為首音宮聲太蔟為二音以商聲應姑洗為三音以角聲應蕤賓為四音以

變徵聲應。夷則為五音。以徵聲應。無射為六音。以羽聲應。半黃鐘為七音。以變宮聲應。此陽律之五聲二變也。至半太蔟為清宮。而與黃鐘應。則陽律旋宮之義見焉。如定大呂為首音宮聲。則夾鐘為二音。以商聲應。仲呂為三音。以角聲應。林鐘為四音。以變徵聲應。南呂為五音。以徵聲應。應鐘為六音。以羽聲應。半大呂為七音。以變宮聲應。此陰呂之五聲二變也。至半夾鐘為清宮。而與大呂應。則陰呂旋宮之義見焉。是陰陽以類相從而不雜者也。若陰陽唱和而合用之。則一律一呂。折中取聲。使陰陽之氣得以相兼。故黃鐘之宮為濁宮。大呂之宮為清宮。濁者不得揚之使高。清者不得抑之使下。惟定宮聲在黃鐘大呂之閒。而可濁可清。始能兼律呂之用。黃鐘大呂合而為宮。太蔟夾鐘合而為商。姑洗仲呂合而為角。蕤賓林鐘合而為變徵。夷則南呂合而為徵。無射應鐘合而為羽。至半黃鐘半大呂合而為變宮。是陰陽唱和律呂合用者也。驗之樂器。排簫鐘磬各一十有六。正陰陽之分用者也。今簫與笛。一孔而兼律呂。一音而能高下。正陰陽之合用者也。至簫笛之最上一孔。適當出音孔上第一孔之半。而聲低一字。即宮聲之半。不應宮聲而為變宮者也。舊說以黃鐘為宮。太蔟為商。姑洗為角。蕤賓為變徵。則林鐘為徵。南呂為羽。應鐘為變宮。至半黃鐘復為清宮。若大呂為宮。夾鐘為商。仲呂為角。林鐘為變徵。則夷則為徵。無射為羽。黃鐘為變宮。而半大呂復為清宮。是正律為宮。至半律而仍為宮。正律為商。至半律而仍為商。宮商一定。旋宮之義已失。且陽律雜以陰呂。陰呂雜以陽律。陰陽相雜。取聲之原亦未為得。此蓋誤以三分損益之術。為管音五聲二變之次。又未辨管律絃度各有不同。以絃音五聲度分。牽合於十二律呂之中。管絃相混。未嘗備制律呂之管。詳審其音。而知黃鐘半律不與黃鐘合。合黃鐘者為太蔟之半律。黃鐘為宮。其徵聲不應於林鐘。而應於夷則也。至律呂之配字譜。則黃鐘為低工字。大呂為高工字。太蔟為低凡字。夾鐘為高凡字。姑洗為低六字。仲呂為高六字。蕤賓為低五字。林鐘為高五字。夷則為低乙字。南呂為高乙字。無射為低上字。應鐘為高上字。半黃鐘為低尺字。半大呂為高尺字。至半太蔟仍為低工字。與黃鐘應。半夾鐘仍為高工字。與大呂應。凡字譜低六字即合字。低五字即四字。至於黃鐘而下。聲之更低者。有律呂之倍體。應鐘而上。聲之更高者。有律呂之半體。倍無射倍應鐘共為尺字。倍夷則倍南呂共為上字。倍蕤賓倍林鐘共為乙字。半黃鐘半大呂共為尺字。半太蔟半夾鐘共為工字。半姑洗半仲呂共為凡字。倍仲呂而上。聲抑而啞。半蕤賓而下。聲噍而促。惟自倍蕤賓倍林鐘以至半姑洗半仲呂可以相應和聲。故倍體半體亦止於六。古樂所以有起下徵終清商者此也。

## 黃鐘加分減分比例同形圖

繪圖用半度

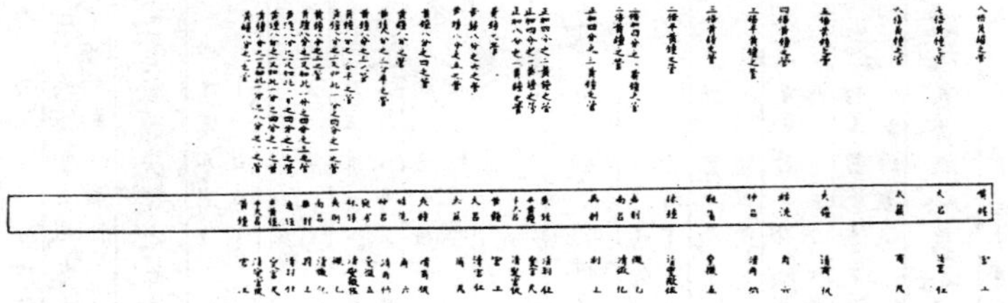

八倍黃鐘之管聲應黃鐘之律宮聲工字

積 古尺六千四百八十分 今尺三千四百四十三分七百三十七釐六百八十毫

徑 古尺六分七釐七毫 今尺五分四釐八毫

長 古尺一尺八寸 今尺一尺四寸五分八釐

黃鐘之分 為本管之通長大呂而下各按本積八倍之分 由黃鐘遞推

七倍黃鐘之管聲應大呂之呂清宮高工字

積 古尺五千六百七十分 今尺三千零一十三分二百七十釐四百七十毫

徑 古尺六分四釐七毫 今尺五分二釐四毫

長 古尺一尺七寸二分一釐六毫 今尺一尺三寸九分四釐五毫

黃鐘之分 為本管之通長大呂而下各按本積七倍之分 由黃鐘遞推

六倍黃鐘之管聲應太蔟之律商聲凡字

積 古尺四千八百六十分 今尺二千五百八十一分零三釐二百六十毫

徑 古尺六分一釐五毫 今尺四分九釐八毫

長 古尺一尺六寸三分五釐四毫 今尺一尺三寸二分四釐六毫

黃鐘之分 為本管之通長大呂而下各按本積六倍之分 由黃鐘遞推

五倍黃鐘之管聲應夾鐘之呂清商高凡字

積 古尺四千零五十分 今尺二千一百五十二分三百三十六釐零五十毫

徑 古尺五分七釐八毫 今尺四分六釐八毫

長 古尺一尺五寸三分八釐九毫 今尺一尺二寸四分六釐五毫

黃鐘之分 為本管之通長大呂而下各按本積五倍之分 由黃鐘遞推

四倍黃鐘之管聲應姑洗之律角聲六字

積 古尺三千二百四十分 今尺一千七百二十一分八百六十八釐八百四十毫

徑 古尺五分三釐七毫 今尺四分三釐五毫

長 古尺一尺四寸二分八釐六毫 今尺一尺一寸五分七釐二毫

黃鐘之分 為本管之通長大呂而下各按本積四倍之分 由黃鐘遞推

三倍半黃鐘之管聲應仲呂之呂清角高六字

積 古尺二千八百三十五分 今尺一千五百零六分六百三十五釐二百三十五毫

徑 古尺五分一釐三毫 今尺四分一釐六毫

長 古尺一尺三寸六分六釐四毫 今尺一尺一寸零六釐八毫

黃鐘之分 為本管之通長大呂而下各按本積三倍半之 分由黃鐘遞推

三倍黃鐘之管聲應蕤賓之律變徵五字

積 古尺二千四百三十分
今尺一千二百九十一分四百零一釐六百三十毫

徑 古尺四分八釐八毫
今尺三分九釐五毫

長 古尺一尺二寸九分八釐
今尺一尺零五分一釐三毫

黃鐘之分 為本管之通長大呂而下各按本積三倍之分
由黃鐘遞推

二倍半黃鐘之管聲應林鐘之呂清變徵高五字

積 古尺二千零二十五分
今尺一千零七十六分一百六十八釐零一十五毫

徑 古尺四分五釐九毫
今尺三分七釐二毫

長 古尺一尺二寸二分一釐四毫
今尺九寸八分九釐四毫

黃鐘之分 為本管之通長大呂而下各按本積三倍半之
分由黃鐘遞推

二倍加四分之一黃鐘之管聲應夷則之律徵聲乙字

積 古尺一千八百二十二分五百釐
今尺九百六十八分五百五十一釐二百二十二毫

徑 古尺四分四釐三毫
今尺三分五釐九毫

長 古尺一尺一寸七分九釐三毫
今尺九寸五分五釐二毫

黃鐘之分 為本管之通長大呂而下各按本積二倍加四
分之一之分由黃鐘遞推

二倍黃鐘之管聲應南呂之呂清徵高乙字

積 古尺一千六百二十分
今尺八百六十分九百三十四釐四百二十毫

徑 古尺四分二釐六毫
今尺三分四釐五毫

長 古尺一尺一寸三分三釐九毫
今尺九寸一分八釐四毫

黃鐘之分 為本管之通長大呂而下各按本積二倍之分
由黃鐘遞推

正加四分之三黃鐘之管聲應無射之律羽聲上字

積 古尺一千四百一十七分五百釐
今尺七百五十三分三百一十七釐六百一十七毫

徑 古尺四分零七毫
今尺三分三釐

長 古尺一尺零八分四釐五毫
今尺八十七分八釐四毫

黃鐘之分 為本管之通長大呂而下各按本積正加四分
之三之分由黃鐘遞推

正加四分之二黃鐘之管聲應應鐘之呂清羽高上字

積 古尺一千二百一十五分
今尺六百四十五分七百釐八百一十五毫

徑 古尺三分八釐七毫
今尺三分一釐三毫

長 古尺一尺零三分零二毫
今尺八寸三分四釐四毫

黃鐘之分 為本管之通長大呂而下各按本積正加四分
之二之分由黃鐘遞推

正加四分之一黃鐘之管聲應半黃鐘之律變宮尺字

積 古尺一千零一十二分五百釐
今尺五百三十八分零八十四釐零一十二毫

徑 古尺三分六釐四毫
今尺二分九釐五毫

長 古尺九寸六分九釐四毫
今尺七寸八分五釐二毫

黃鐘之分 為本管之通長大呂而下各按本積正加四分
之一之分由黃鐘遞推

正加八分之一黃鐘之管聲應半大呂之呂清變宮高尺字

積 古尺九百一十一分二百五十釐
今尺四百八十四分二百七十五釐六百一十一毫

徑 古尺三分五釐二毫
今尺二分八釐五毫

長 古尺九寸三分一釐
今尺七寸五分八釐一毫

黃鐘之分 為本管之通長大呂而下各按本積正加八分
之一之分由黃鐘遞推

黃鐘之管宮聲工字 上應八倍黃鐘之管 下應黃鐘八分之一之管

積 古尺八百一十分 今尺四百三十分四百六十七釐二百一十毫

徑 古尺三分三釐八毫 今尺二分七釐四毫

長 古尺九寸 今尺七寸二分九釐

黃鐘之分 為元聲之全分大呂而下各依本積全分由黃鐘遞推

黃鐘八分之七之管聲應大呂之呂清宮高工字

積 古尺七百零八分七百五十釐 今尺三百七十六分六百五十八釐八百零八毫

徑 古尺三分一釐三毫 今尺二分六釐二毫

長 古尺八寸六分 今尺六寸九分七釐二毫

黃鐘之分 為本管之通長大呂而下各按本積八分之七之分由黃鐘遞推

黃鐘八分之六之管聲應太蔟之律商聲凡字

積 古尺六百零七分五百釐 今尺三百二十二分八百五十釐四百零七毫

徑 古尺三分零七毫 今尺二分四釐九毫

長 古尺八寸一分七釐七毫 今尺六寸六分二釐三毫

黃鐘之分 為本管之通長大呂而下各按本積八分之六之分由黃鐘遞推

黃鐘八分之五之管聲應夾鐘之呂清商高凡字

積 古尺五百零六分二百五十釐 今尺二百六十九分零四十二釐零六毫

徑 古尺二分八釐九毫 今尺二分三釐四毫

長 古尺七寸六分九釐四毫 今尺六寸二分三釐二毫

黃鐘之分 為本管之通長大呂而下各按本積八分之五之分由黃鐘遞推

黃鐘八分之四之管 即半黃鐘 聲應姑洗之律角聲六字

積 古尺四百零五分 今尺二百一十五分二百三十三釐六百零五毫

徑 古尺二分六釐八毫 今尺二分一釐七毫

長 古尺七寸一分四釐三毫 今尺五寸七分八釐六毫

黃鐘之分 為本管之通長大呂而下各按本積八分之四之分由黃鐘遞推

黃鐘八分之三分半之管聲應仲呂之呂清角高六字

積 古尺三百五十四分三百七十五釐 今尺一百八十八分三百二十九釐四百零四毫

徑 古尺二分五釐六毫 今尺二分零八毫

長 古尺六寸八分三釐二毫 今尺五寸五分三釐四毫

黃鐘之分 為本管之通長大呂而下各按本積八分之三分半之分由黃鐘遞推

黃鐘八分之三之管聲應蕤賓之律變徵五字

積 古尺三百零三分七百五十釐 今尺一百六十一分四百二十五釐二百零三毫

徑 古尺二分四釐四毫 今尺一分九釐七毫

長 古尺六寸四分九釐 今尺五寸二分五釐六毫

黃鐘之分 為本管之通長大呂而下各按本積八分之三之分由黃鐘遞推

黃鐘八分之二分半之管聲應林鐘之呂清變徵高五字

積 古尺二百五十三分一百二十五釐 今尺一百三十四分五百二十一釐零三毫

徑 古尺二分二釐九毫 今尺一分八釐六毫

長 古尺六寸一分零七毫 今尺四尺九分四釐七毫

黃鐘之分 為本管之通長大呂而下各按本積八分之二分半之分由黃鐘遞推

黃鐘八分之二又加此一分之四分之一之管聲應夷則之律

徵聲乙字

積 古尺二百二十七分八百一十二釐五百毫 今尺一百二十一分零六十八釐九百零二毫

徑 古尺二分二釐一毫 今尺一分七釐九毫

長 古尺五寸八分九釐六毫 今尺四寸七分七釐六毫

黃鐘之分 為本管之通長大呂而下各按本積八分之二又加此一分之四分之一之分由黃鐘遞推

黃鐘八分之二之管即四分之一聲應南呂之呂清徵高乙字

積 古尺二百零二分五百釐 今尺一百零七分六百一十六釐八百零二毫

徑 古尺二分一釐三毫 今尺一分七釐二毫

長 古尺五十六分六釐九毫 今尺四十五分九釐二毫

黃鐘之分 為本管之通長大呂而下各按本積八分之二之分由黃鐘遞推

黃鐘八分之一又加此一分之四分之三之管聲應無射之律

羽聲上字

積 古尺一百七十九分一百八十七釐五百毫 今尺九十四分一百六十四釐七百零二毫

徑 古尺二分零三毫 今尺一分六釐五毫

長 古尺五寸四分二釐二毫 今尺四寸三分九釐二毫

黃鐘之分 為本管之通長大呂而下各按本積八分之一又加此一分之四分之三之分由黃鐘遞推

黃鐘八分之一又加此一分之四分之二之管聲應應鐘之呂

清羽高上字

積 古尺一百五十一分八百七十五釐 今尺八十分七百一十二釐六百零一毫

徑 古尺一分九釐三毫 今尺一分五釐六毫

長 古尺五寸一分五釐一毫 今尺四寸一分七釐二毫

黃鐘之分 為本管之通長大呂而下各按本積八分之一又加此一分之四分之二之分由黃鐘遞推

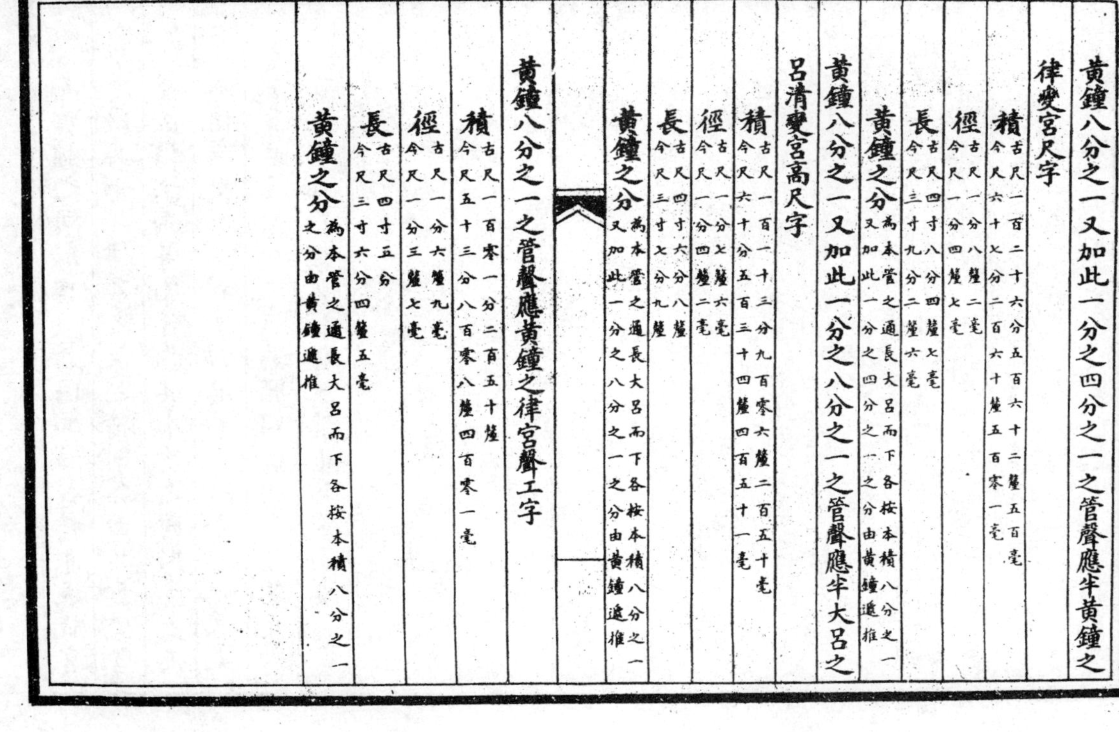

黃鐘八分之一又加此一分之四分之一之管聲應半黃鐘之律變宮尺字

積 古尺一百二十六分五百六十二釐五百毫 今尺六十七分二百六十釐五百零一毫

徑 古尺一分八釐二毫 今尺一分四釐七毫

長 古尺四寸八分四釐七毫 今尺三寸九分二釐六毫

黃鐘之分 為本管之通長大呂而下各按本積八分之一又加此一分之四分之一之分由黃鐘遞推

黃鐘八分之一又加此一分之八分之一之管聲應半大呂之呂清變宮高尺字

積 古尺一百一十三分九百零六釐二百五十毫 今尺六十分五百三十四釐四百五十一毫

徑 古尺一分七釐六毫 今尺一分四釐二毫

長 古尺四寸六分八釐 今尺三寸七分九釐

黃鐘之分 為本管之通長大呂而下各按本積八分之一又加此一分之八分之一之分由黃鐘遞推

黃鐘八分之一之管聲應黃鐘之律宮聲工字

積 古尺一百零一分二百五十釐 今尺五十三分八百零八釐四百零一毫

徑 古尺一分六釐九毫 今尺一分三釐七毫

長 古尺四寸五分 今尺三寸六分四釐五毫

黃鐘之分 為本管之通長大呂而下各按本積八分之一之分由黃鐘遞推

黃鍾本積加分減分比例成同形管。而得各等黃鍾之長與徑每一黃鍾本形內又各具十二律呂之分。五聲二變之音。今以黃鍾之積為本其大者加至八倍。則長與徑各加一倍。圖體與徑與長相較積加八倍則徑與長各加一倍小者減至八分之一。而長與徑各減一半。其餘諸管。因黃鍾本積之加分減分。其長與徑亦隨之而各異。至於求徑之法。黃鍾本積與黃鍾加分減分積數之比。即如黃鍾之徑與黃鍾加分減分徑數之比也。以正黃鍾之積為一率。正黃鍾之徑自乘再乘為二率。以今或加分減分之積為三率。推得四率立方開之。為所求之徑。求長之法。黃鍾本積與黃鍾加分減分積數之比。即如黃鍾之長與黃鍾加分減分長數之比也。以正黃鍾之積為一率。正黃鍾之長自乘再乘為二率。以今加分減分之積為三率。推得四率立方開之。為所求之長。或以所得之徑求面冪。得面冪以除加分減分之積。亦得所求之長。自八倍黃鍾至黃鍾八分之一。管之長短圍徑不同。而皆得名為黃鍾十二律呂之同徑異形者。合長短倍半以成旋宮之用。

而黃鍾之同形異徑者。因加減實積亦成旋宮之用。其十二律呂之長之積。則各由其黃鍾管損益相生而得之。皆為其本管之同形管。大而八倍。或更加至六十四倍。小而八分之一。或更減至六十四分之一。其閒同徑同形之管。凡六百九十六。而製器取聲。莫能出其範圍矣。

欽定大清會典圖卷三十二

樂二 樂律二





管絃應聲不同圖

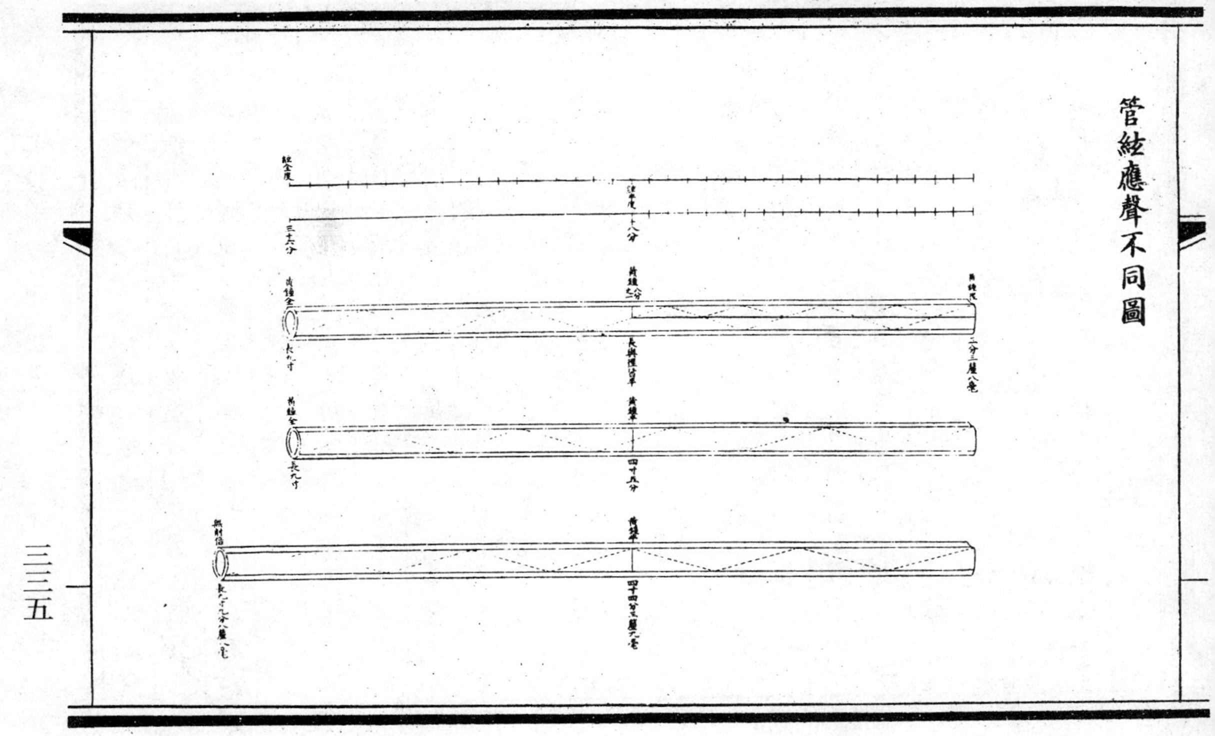

八音之器。立體生聲。各有不同。而絲竹為其要領。管律絃音生聲取分有不可比而同者。全絃與半絃之音相應。而半律較全律則下一音。此聲之出於自然而不容强者也。蓋絃之體實。賴人力鼓動而生聲。絃之長者其音緩。絃之短者其音急。全絃長故得音緩。半絃短故得音急。長短緩急之間。全半相應之理生焉。今以全絃為三十六分。則半絃為一十八分。其全絃鼓動一次之分。則半絃必鼓動二次。全絃鼓動一次半。則半絃必鼓動三次。兩絃鼓動之分。恰相值於一候。是以相應而同聲也。管之體虛。其內周空圍。假人氣之入以生聲。與絃體實者不同。故管之徑同者。其全半不相應。求其相應。則徑亦必減半。此所以正黃鐘與黃鐘八分之一之管相應同聲也。凡人氣自吹口入於管內。往來沖觸至管底口邊。氣出乃成音。故無論管之大小。其氣旋折而出於管底者。度若相符。其聲必應。試依正黃鐘之長九寸。徑三分三釐八毫。畫一管式。復截其長與徑之半。畫一小管式。則此小管體為大管體八分之一。而小管式為大管式四分之一。乃以二管式之長皆平分為九分。則大管式每分為一寸。小管式每分為五分。各依其分之長短。以斜綫界二管內周。則大管式之一寸為度者。自吹口至管底凡九折而界綫抵一邊。凡聲之自一邊出者視此矣。小管式以五分為度者。自吹口至管底亦九折而界綫抵一邊。平分之分既同。而界綫所抵又同。此所以相應同聲也。若正黃鐘與半黃鐘不相應者。取正黃鐘管式平分之為半黃鐘之度。其正黃鐘九寸之度。自吹口至管底九分九折而抵一邊者。值半黄鍾之四寸五分。而界於九分之四分五分之閒。與界綫所觸内周整分之度不合。是以其音不應。而半太蔟之四寸。正值黄鍾之九分之四與界綫所觸内周之第四分度恰合。故其聲轉與正黄鍾相應也。至於半黄鍾之應倍無射者。以倍無射之九寸九分八釐八毫之式平分為九分。每分為一寸一分零九毫八絲。亦以斜綫界之。其第四分乃四寸四分三釐九毫二絲。比半黄鍾之四寸五分。止差六釐相去無幾。其聲之應實由於此。大凡絃度無論長短其全半聲必相應。管律同徑者亦無論長短但取其九分之四則聲相應。是故管律絃度。欲求其聲之同。則取分必至於各異。欲取其分之同。則各體之生聲又殊也。

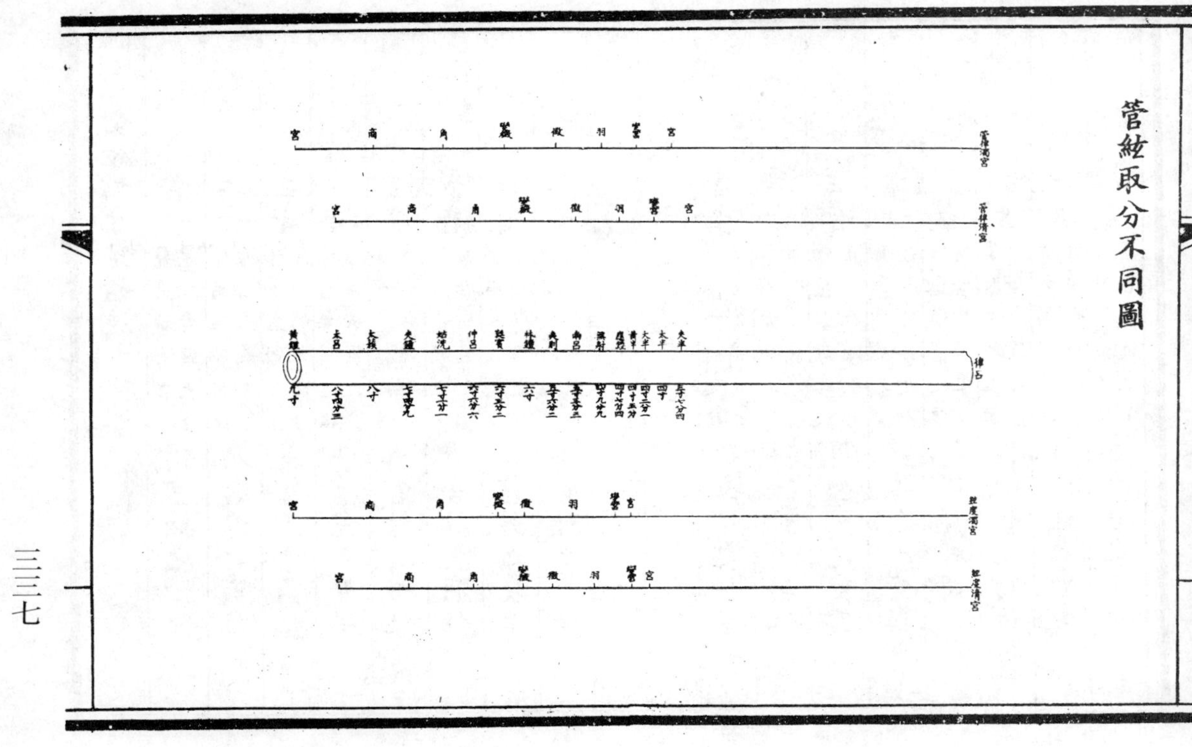
管絃取分不同圖

全絃九寸定黃鐘之律

首音聲應黃鐘之律度合黃鐘之分得羽絃之全分

二音聲應太簇之律度合太簇之分得羽絃之變宮

三音聲應姑洗之律度合夾鐘之分得羽絃之宮位

四音聲應甤賓之律度合仲呂之分得羽絃之商位

五音聲應夷則之律度合林鐘之分得羽絃之角位

六音聲應無射之律度合南呂之分得羽絃之變徵

七音聲應半黃鐘之律度合無射之分得羽絃之徵位

八音仍應黃鐘之律度合黃鐘之半得羽絃之半分

全絃九寸定姑洗之律

首音聲應姑洗之律度合黃鐘之分得宮絃之全分

二音聲應甤賓之律度合太簇之分得宮絃之商位

三音聲應夷則之律度合姑洗之分得宮絃之角位

四音聲應無射之律度合甤賓之分得宮絃之變徵

五音聲應半黃鐘之律度合林鐘之分得宮絃之徵位

六音聲應黃鐘之律度合南呂之分得宮絃之羽位

七音聲應太簇之律度合應鐘之分得宮絃之變宮

八音仍得姑洗之律度合黃鐘之半得宮絃之半分

全絃九寸定笛之合字

首音聲應倍無射之律度合黃鐘之分得徵絃之全分

二音聲應黃鐘之律度合太簇之分得徵絃之羽位

三音聲應太簇之律度合姑洗之分得徵絃之變宮

四音聲應姑洗之律度合仲呂之分得徵絃之宮位

五音聲應甤賓之律度合林鐘之分得徵絃之商位

六音聲應夷則之律度合南呂之分得徵絃之角位

七音聲應無射之律度合應鐘之分得徵絃之變徵

八音聲應倍無射之律度合黃鐘之半得徵絃之半分

管律絃度首音與八音應聲取分不同其閒所生五聲二變之度分亦隨之各異如管律黃鐘之全為宮聲首音則太蔟之半為少宮八音其閒太蔟之全為商聲二音姑洗為角聲三音㽔賓為變徵四音夷則為徵聲五音無射為羽聲六音黃鐘之半為變宮七音若絃度假借黃鐘全分為宮聲首音則黃鐘之半為少宮八音其閒太蔟之分為商聲二音姑洗之分為角聲三音㽔賓之分為變徵四音而林鐘之分乃為徵聲五音南呂之分為羽聲六音應鐘之分為變宮七音此以絃度宮聲之分為七音之度而定絃全分首音至商聲二音商聲二音至角聲三音角聲三音至變徵四音俱得全分變徵四音至徵聲五音止得半分徵聲五音至羽聲六音羽聲六音至變宮七音仍得全分而變宮七音至少宮八音亦止得半分若在下徵絃則下徵首音至下羽二音下羽二音至變宮三音皆得全分變宮三音至宮聲四音祇得半分宮聲四音至商聲五音商聲五音至角聲六音角聲六音至變徵七音仍皆全分而變徵七音至正徵八音亦祇得半分其餘商角羽諸絃可例推凡絃音之變宮變徵至正宮正徵各為半分故七音之度各隨其全絃首音之分而移管律則諸分皆同黃鐘宮至太蔟商太蔟商至姑洗角姑洗角至㽔賓變徵㽔賓變徵至夷則徵夷則徵至無射羽無射羽至半黃鐘變宮半黃鐘變宮至半太蔟宮俱為全分即倍㽔賓下徵至倍夷則下羽倍夷則下羽至倍無射變宮倍無射變宮至黃鐘宮亦俱為全分蓋管律之第八音以半律之下一音應首音其閒七音各得全分為七全分絃度之第八音以半絃之音應首音其閒七音祇六全分（五全分合二半分共計之為六全分）是管律絃度七音之得分各不同也若絃度而以管律定其聲音則各律各呂所定之絃其每絃所定之分亦各不同如以倍無射變宮尺字定絃則得下徵之分（倍無射變宮尺字即今笛與頭管之合字也凡絲樂居首一絃必得下徵之分而五音之位始正故近世以頭管合字定琴之一絃為黃鐘之宮者蓋一絃不得不定以合字正為取下徵之分也）黃鐘宮聲工字定絃則得下羽之分太蔟商聲凡字定絃則得變宮之分姑洗角聲六字定絃則得宮絃之分㽔賓變徵五字定

絃則得商絃之分夷則徵聲乙字定絃則得角絃之分無射羽聲上字定絃則得變徵之分而半黃鐘變宮尺字定絃仍得徵絃之分焉今借黃鐘之分爲宮絃全分其首音仍定以黃鐘之律則二音限於太蔟之分而聲亦應太蔟之律三音則變爲夾鐘之分而聲始應姑洗之律如仍取姑洗之分則聲必變而應於仲呂之呂四音復變爲仲呂之分而聲始應蕤賓之律如仍取蕤賓之分則聲必變而應於林鐘之呂五音則爲林鐘之分而聲應夷則之律六音則爲南呂之分而聲應無射之律七音則又變爲無射之分而聲始應半黃鐘之律如仍取應鐘之分則聲必變而應於半大呂之呂此宮絃之分因全絃首音定黃鐘之律而變爲羽絃之分者也如以黃鐘之分爲宮絃全分而本絃七音各限必宮絃全分內七音之分則首音必定以姑洗之律而後可故其第二音限於太蔟之分者聲應蕤賓之律第三音限於姑洗之分者聲應夷則之律第四音限於蕤賓之分者聲應無射之律第五音限於林鐘之分者聲應半黃鐘之律第六音限於南呂之分者聲應黃鐘之律第七音限於應鐘之分者聲應太蔟之律此宮絃之分因全絃首音定姑洗之律而得宮絃之分者也又或以笛與頭管之合字爲今所定倍無射之律定爲宮絃全分首音則第二音得太蔟之分者聲應笛之四字爲今黃鐘之律矣其第三音得姑洗之分者聲應笛之乙字爲今太蔟之律矣其第四音則不得蕤賓之分必得仲呂之分而聲始應笛之上字爲今姑洗之律如取蕤賓之分則聲必變而爲高上字而應笛之上字尺字之閒爲今仲呂之呂矣其第五音得林鐘之分者聲應笛之尺字爲今蕤賓之律矣其第六音得南呂之分者聲應笛之工字爲今夷則之律矣其第七音得應鐘之分者聲應笛之凡字爲今無射之律矣此宮絃之分因全絃首音定以笛之合字而變爲徵絃之分者也依律呂而定絃音則絃度之分隨之暗移依絃度之分命爲七音之次則聲音宮調不得與律呂相協絃度得陰呂之分者有與管音陽律相應絃度得陽律之分者或又雜入管音陰呂其理蓋由

管律絃度全半生聲之不同而致也。故絲樂絃音。祇可名以五聲二變。不可以十二律呂之度取分。

## 絃音清濁二均度分圖

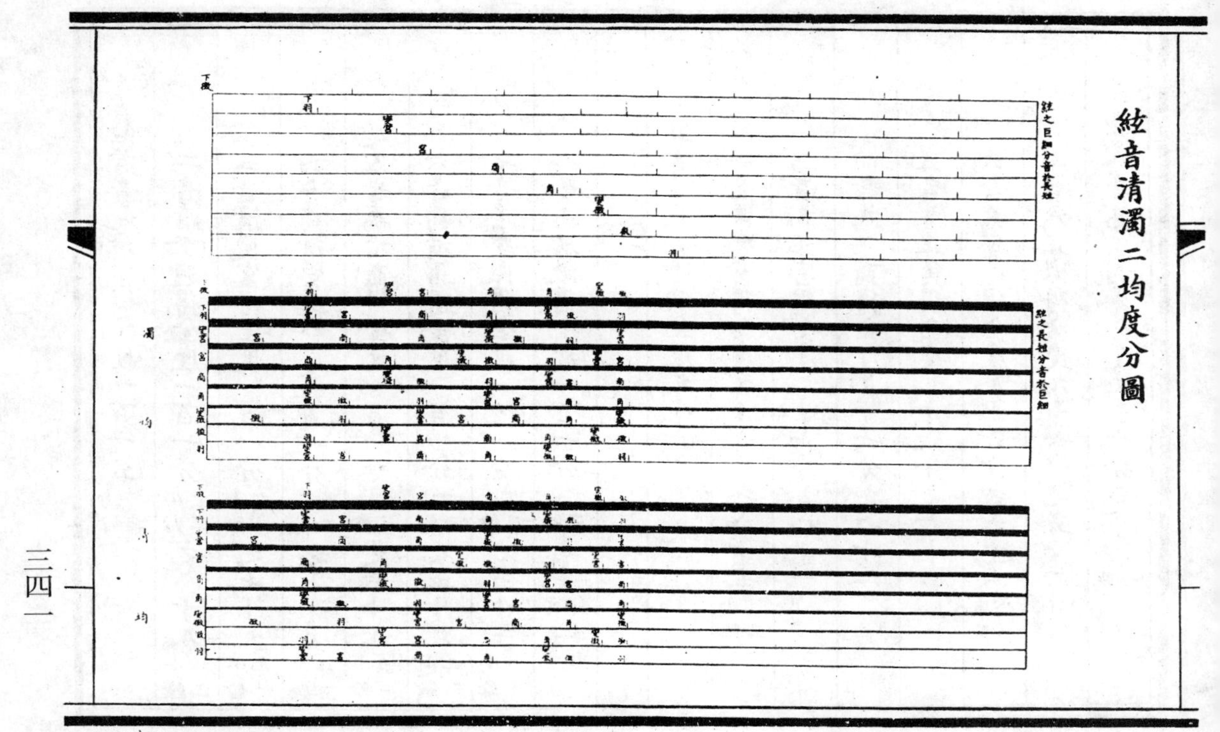

首絃首音起於下徵全度一百八分

二音為下羽得全度一百八分之九十六

三音為變宮得全度一百八分之八十五小餘三三

四音為正宮得全度一百八分之八十一

五音為正商得全度一百八分之七十二

六音為正角得全度一百八分之六十四

七音為變徵得全度一百八分之五十六小餘八八

八音為正徵得全度一百八分之半為五十四

首絃首音起清下徵全度一百一分小餘一三

二音清下羽得全度一百一分小餘一三之八十九小餘八九

三音清變宮得全度一百一分小餘一三之七十九小餘九一

四音為清宮得全度一百一分小餘一三之七十五小餘八五

五音為清商得全度一百一分小餘一三之六十七小餘四二

六音為清角得全度一百一分小餘一三之五十九小餘九三

七音清變徵得全度一百一分小餘一三之五十三小餘二七

八音為清徵得全度一百一分小餘一三之半為五十小餘五六

二絃首音起於下羽全度九十六分

二音為變宮得全度九十六分之八十五小餘三三

三音為正宮得全度九十六分之八十一

四音為正商得全度九十六分之七十二

五音為正角得全度九十六分之六十四

六音為變徵得全度九十六分之五十六小餘八八

七音為正徵得全度九十六分之五十四

八音為正羽得全度九十六分之半為四十八

二絃首音起清下羽全度八十九分小餘八九
二音清變宮得全度八十九分小餘八九之七十九小餘九一
三音為清宮得全度八十九分小餘八九之七十五小餘八五
四音為清商得全度八十九分小餘八九之六十七小餘四二
五音為清角得全度八十九分小餘八九之五十九小餘九三
六音清變徵得全度八十九分小餘八九之五十三小餘二七
七音為清徵得全度八十九分小餘八九之五十小餘五六
八音為清羽得全度八十九分小餘八九之半為四十四小餘九四

三絃首音起於變宮全度八十五分小餘三三
二音為正宮得全度八十五分小餘三三之八十一
三音為正商得全度八十五分小餘三三之七十二
四音為正角得全度八十五分小餘三三之六十四
五音為變徵得全度八十五分小餘三三之五十六小餘八八
六音為正徵得全度八十五分小餘三三之五十四
七音為正羽得全度八十五分小餘三三之四十八
八音少變宮得全度八十五分小餘三三之半為四十二小餘六六

三絃首音起清變宮全度七十九分小餘九一
二音為清宮得全度七十九分小餘九一之七十五小餘八五
三音為清商得全度七十九分小餘九一之六十七小餘四二
四音為清角得全度七十九分小餘九一之五十九小餘九三
五音清變徵得全度七十九分小餘九一之五十三小餘二七
六音為清徵得全度七十九分小餘九一之五十小餘五六
七音為清羽得全度七十九分小餘九一之四十四小餘九四
八音清少變宮得全度七十九分小餘九一之半為三十九小餘九五

四絃首音起於正宮全度八十一分
二音為正商得全度八十一分之七十二
三音為正角得全度八十一分之六十四
四音為變徵得全度八十一分之五十六小餘八八
五音為正徵得全度八十一分之五十四
六音為正羽得全度八十一分之四十八
七音少變宮得全度八十一分之四十二小餘六六
八音為少宮得全度八十一分之半為四十小餘六

四絃首音起於清宮全度七十五分小餘八五

二音為清商得全度七十五分小餘八五之六十七小餘四二

三音為清角得全度七十五分小餘八五之五十九小餘九三

四音為變徵得全度七十五分小餘八五之五十三小餘二七

五音為清徵得全度七十五分小餘八五之五十小餘五六

六音為清羽得全度七十五分小餘八五之四十四小餘九四

七音清少變宮得全度七十五分小餘八五之三十九小餘九五

八音清少宮得全度七十五分小餘八五之半為三十九小餘九二

五絃首音起於正商全度七十二分

二音為正角得全度七十二分之六十四

三音為變徵得全度七十二分之五十六小餘八八

四音為正徵得全度七十二分之五十四

五音為正羽得全度七十二分之四十八

六音少變宮得全度七十二分之四十二小餘六六

七音為少宮得全度七十二分之四十小餘五

八音為少商得全度七十二分之半為三十六

五絃首音起於清商全度六十七分小餘四二

二音為清角得全度六十七分小餘四二之五十九小餘九三

三音清變徵得全度六十七分小餘四二之五十三小餘二七

四音為清徵得全度六十七分小餘四二之五十小餘五六

五音為清羽得全度六十七分小餘四二之四十四小餘九四

六音清少變宮得全度六十七分小餘四二之三十九小餘九五

七音清少宮得全度六十七分小餘四二之三十七小餘九二

八音清少商得全度六十七分小餘四二之半為三十三小餘七一

六絃首音起於正角全度六十四分

二音為變徵得全度六十四分之五十六小餘八八

三音為正徵得全度六十四分之五十四

四音為正羽得全度六十四分之四十八

五音少變宮得全度六十四分之四十二小餘六六

六音為少宮得全度六十四分之四十小餘五

七音為少商得全度六十四分之三十六

八音為少角得全度六十四分之半為三十二

六絃首音起於清角全度五十九分小餘九三
二音清變徵得全度五十九分小餘九三之五十三小餘二七
三音為清徵得全度五十九分小餘九三之五十三小餘三六
四音為清羽得全度五十九分小餘九三之四十四小餘九四
五音清少變宮得全度五十九分小餘九三之三十九小餘九五
六音清少宮得全度五十九分小餘九三之三十七小餘九三
七音清少商得全度五十九分小餘九三之三十三小餘七一
八音清少角得全度五十九分小餘九三之半為二十九小餘九六

七絃首音起於變徵全度五十六分小餘八八
二音為正徵得全度五十六分小餘八八之五十四
三音為正羽得全度五十六分小餘八八之四十八
四音少變宮得全度五十六分小餘八八之四十二小餘六六
五音為少宮得全度五十六分小餘八八之四十小餘五
六音為少商得全度五十六分小餘八八之三十六
七音為少角得全度五十六分小餘八八之三十二
八音少變徵得全度五十六分小餘八八之半為二十八小餘四四

七絃首音起清變徵全度五十三分小餘二七
二音為清徵得全度五十三分小餘二七之五十小餘五六
三音為清羽得全度五十三分小餘二七之四十四小餘九四
四音清少變宮得全度五十三分小餘二七之三十九小餘九五
五音清少宮得全度五十三分小餘二七之三十七小餘九二
六音清少商得全度五十三分小餘二七之三十三小餘七一
七音清少角得全度五十三分小餘二七之二十九小餘九六
八音清少變徵得全度五十三分小餘二七之半為二十六小餘六三

絃之巨細同者。分音於長短。如瑟設柱以別其長短是也。絃之長短同者。分音於巨細。如琴有七絃是也。總之以各絃全分之音與各絃內所分之音互相應合為準。不外乎十二律呂所生之七音也。絲之屬於卦為離。其德象火。故其音尚徵。今列清濁二均之絃各九。皆始下徵而終正羽。以九九八十一之度為第四絃正宮之分。正宮三分益一。上生下徵百有八。為首絃之分。正宮三分損一。上生正徵得下徵之半五十四。為第八絃之分。下徵三分損一。正徵三分益一。

皆七十二。為第五絃正商之分。正商三分益一。得九十六。為第二絃下羽之分。正商三分損一。得下羽之半四十八。為第九絃正羽之分。下羽三分損一。正羽三分益一。皆六十四。為第六絃正角之分。正角三分益一。得八十五。小餘三三為第三絃變宮之分。變宮三分損一。得五十六。小餘八八為第七絃變徵之分。此濁均之分也。若變徵三分益一。得七十五。小餘八五則為清均第四絃正宮之分。正宮又三分益一。則上生清下徵百有一。小餘一三為清均首絃之分。損益以生諸絃亦如濁均。其每絃各音之分。亦以損益相生而得。

# 欽定大清會典圖卷三十三

## 樂三 樂律三

旋宮起調圖一

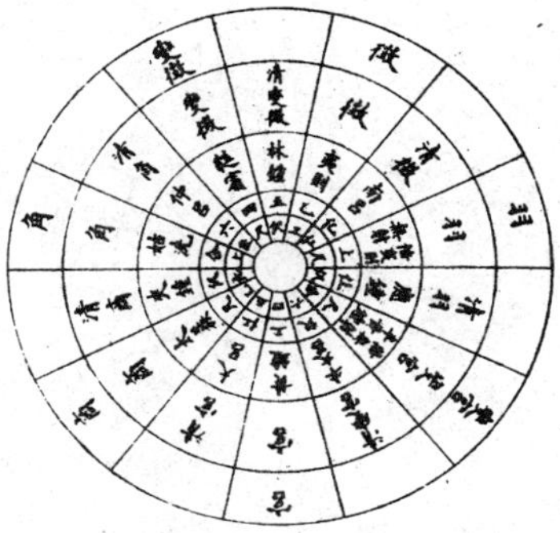

第一層七聲定位
第二層旋宮主調
第三層律呂管音
第四層洞簫聲字
第五層橫笛聲字

旋宮起調圖二

旋宮起調圖三

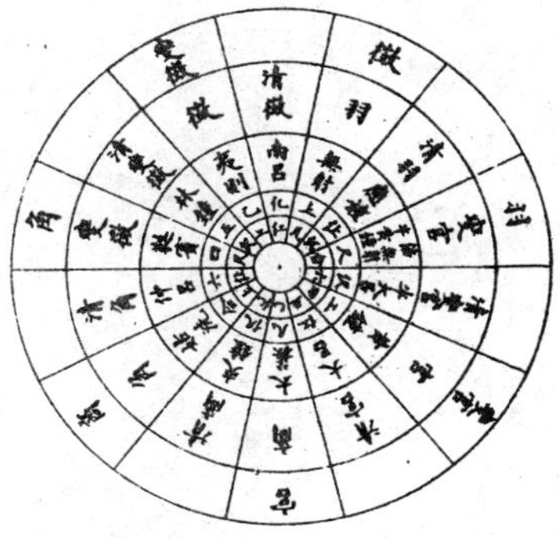

旋宮起調圖四

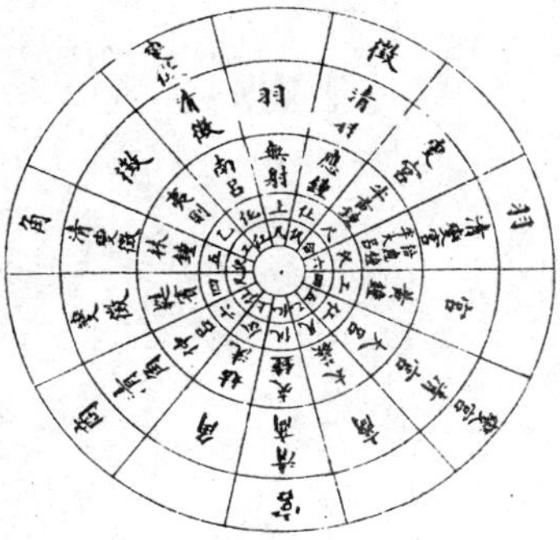

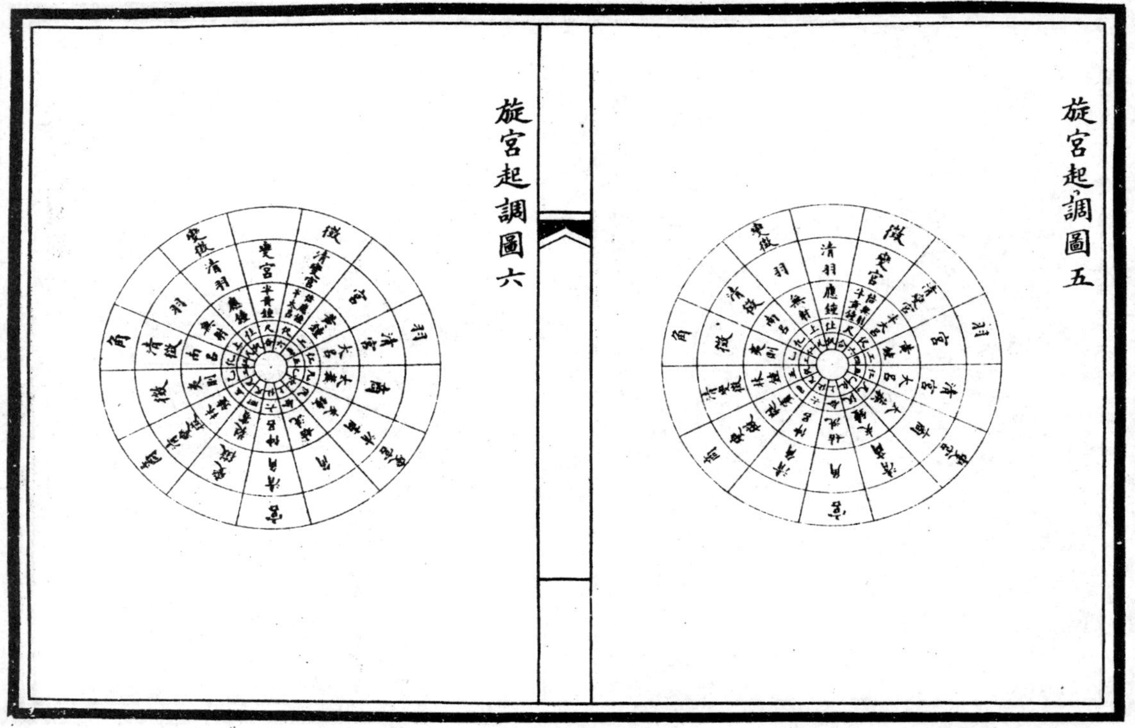

旋宮起調圖五

旋宮起調圖六

旋宮起調圖七

旋宮起調圖八

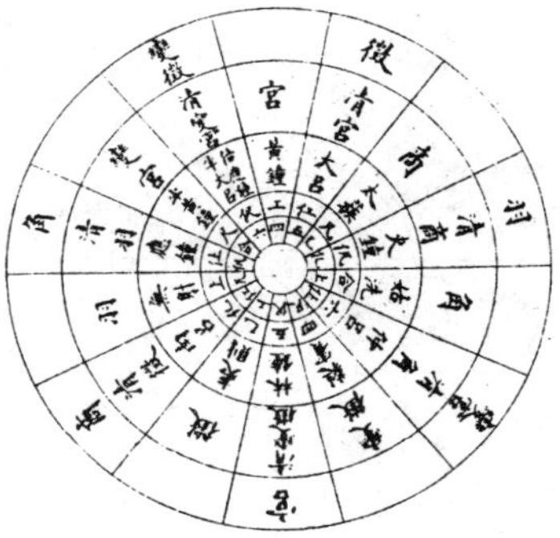

旋宮起調圖九

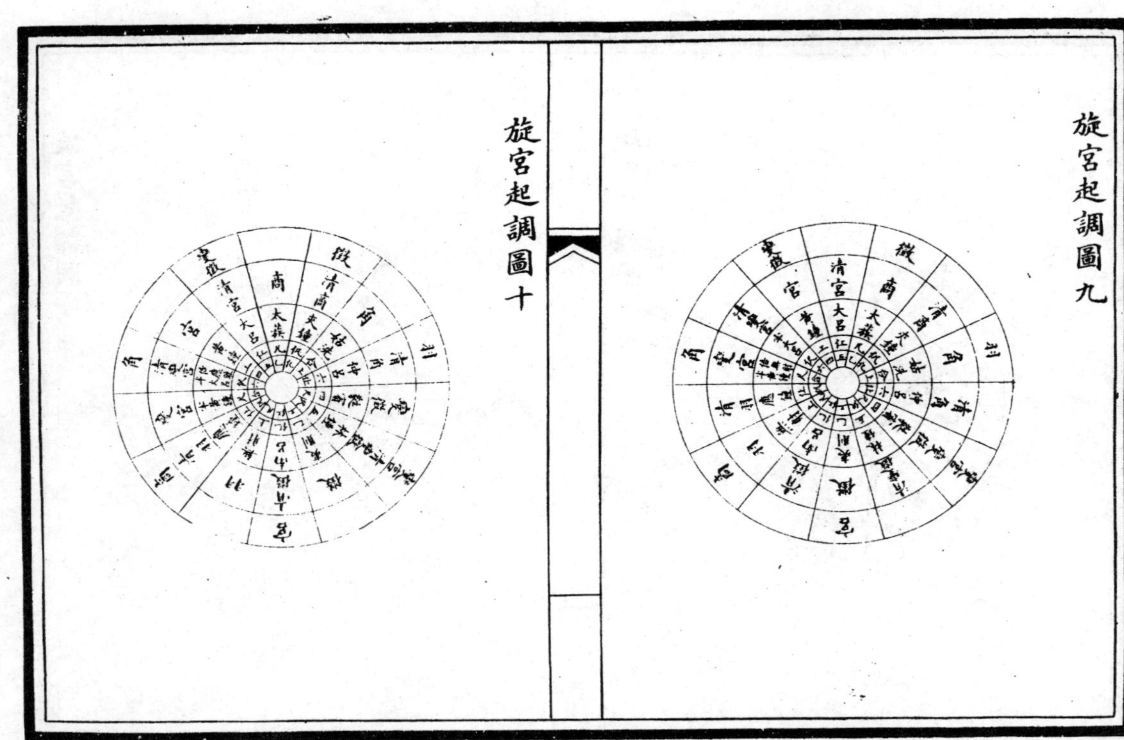

旋宮起調圖十

旋宮起調圖十一

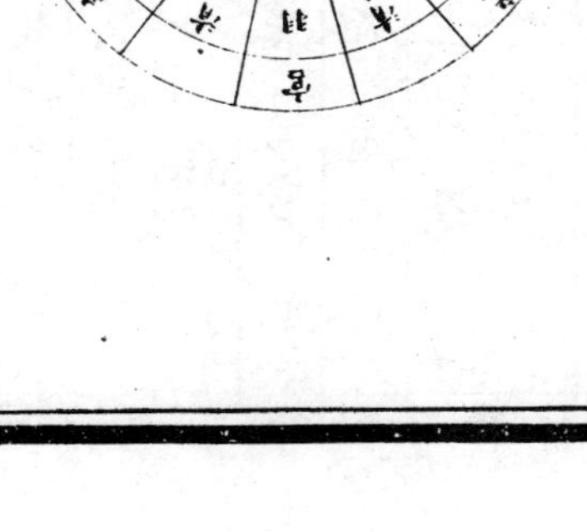

旋宮起調圖十二

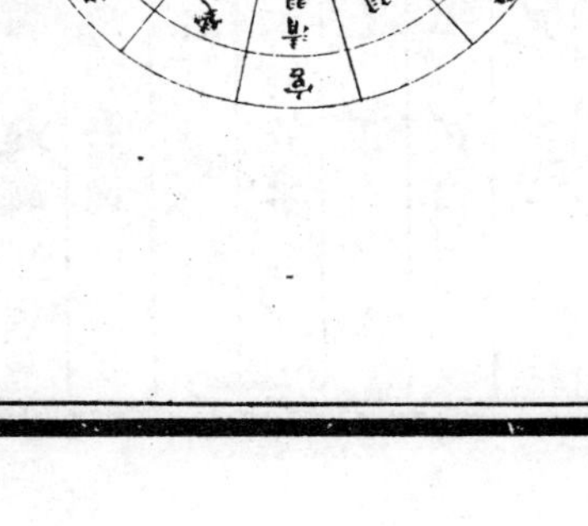

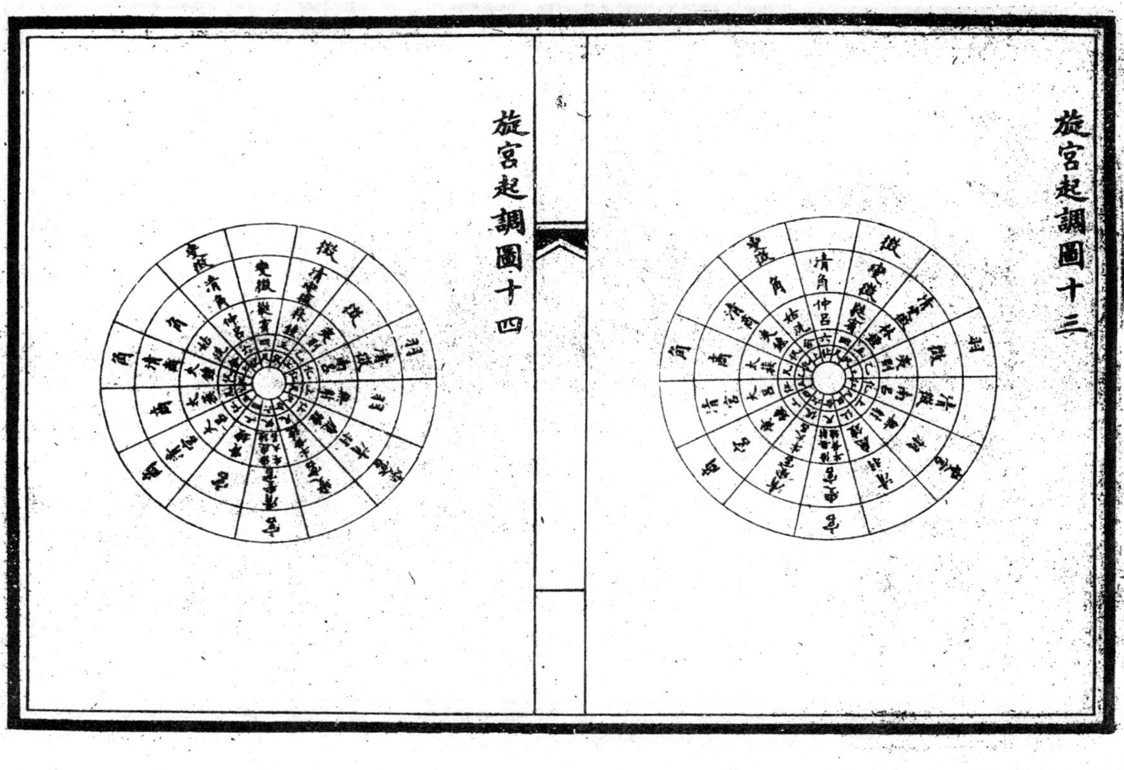

旋宮起調圖十三

旋宮起調圖十四

黃鐘宮聲立宮倍夷則下羽主調為上字調

| 七聲定位 | 旋宮主調 | 律管 | 簫 | 笛 | 起調 |
|---|---|---|---|---|---|
| 下羽 | 下羽 | 倍夷則 | 上 | 凡 | 正羽調 |
| 變宮 | 變宮 | 倍無射 | 尺 | 合 | 不起調 |
| 宮 | 宮 | 黃鐘 | 工 | 四 | 正宮 |
| 商 | 商 | 太蔟 | 凡 | 乙 | 正商 |
| 角 | 角 | 姑洗 | 合 | 上 | 正角 |
| 變徵 | 變徵 | 蕤賓 | 四 | 尺 | 不起調 |
| 徵 | 徵 | 夷則 | 乙 | 工 | 不起調 |
| 羽 | 羽 | 無射 | 上 | 凡 | 同調首 |

大呂清宮立宮倍南呂清下羽主調為高上調

| 七聲定位 | 旋宮主調 | 呂管 | 簫 | 笛 | 起調 |
|---|---|---|---|---|---|
| 下羽 | 清下羽 | 倍南呂 | 上 | 凡 | 清羽調 |
| 變宮 | 清變宮 | 倍應鐘 | 尺 | 六 | 不起調 |
| 宮 | 清宮 | 大呂 | 工 | 五 | 清宮 |
| 商 | 清商 | 夾鐘 | 凡 | 乙 | 清商 |
| 角 | 清角 | 仲呂 | 六 | 上 | 清角 |
| 變徵 | 清變徵 | 林鐘 | 五 | 尺 | 不起調 |
| 徵 | 清徵 | 南呂 | 乙 | 工 | 不起調 |
| 羽 | 清羽 | 應鐘 | 上 | 凡 | 同調首 |

太蔟商聲立宮倍無射變宮主調為尺字調

| 七聲定位 | 旋宮主調 | 律管 | 簫 | 笛 | 起調 |
|---|---|---|---|---|---|
| 下羽 | 變宮 | 倍無射 | 尺 | 合 | 變宮調 |
| 變宮 | 宮 | 黃鐘 | 工 | 四 | 不起調 |
| 宮 | 商 | 太蔟 | 凡 | 乙 | 商宮 |
| 商 | 角 | 姑洗 | 合 | 上 | 姑洗商 |
| 角 | 變徵 | 蕤賓 | 四 | 尺 | 商角 |
| 變徵 | 徵 | 夷則 | 乙 | 工 | 不起調 |
| 徵 | 羽 | 無射 | 上 | 凡 | 不起調 |
| 羽 | 變宮 | 倍無射半黃鐘 | 尺 | 六 | 同調首 |

夾鐘清商立宮倍應鐘清變宮主調為高尺調

| 七聲定位 | 旋宮主調 | 呂管 | 簫 | 笛 | 起調 |
|---|---|---|---|---|---|
| 下羽 | 清變宮 | 倍應鐘 | 尺 | 六 | 清變宮調 |
| 變宮 | 清宮 | 大呂 | 工 | 五 | 不起調 |
| 宮 | 清商 | 夾鐘 | 凡 | 乙 | 清商宮 |
| 商 | 清呂 | 仲呂 | 六 | 上 | 仲呂商 |
| 角 | 清變徵 | 林鐘 | 五 | 尺 | 清商角 |
| 變徵 | 清徵 | 南呂 | 乙 | 工 | 不起調 |
| 徵 | 清羽 | 應鐘 | 上 | 凡 | 不起調 |
| 羽 | 清變宮 | 倍應鐘半大呂 | 尺 | 六 | 同調首 |

姑洗角聲立宮黃鐘宮聲主調為工字調

| 七聲定位 | 旋宮主調 | 律管 | 簫 | 笛 | 起調 |
|---|---|---|---|---|---|
| 下羽 | 宮 | 黃鐘 | 工 | 四 | 宮調 |
| 變宮 | 商 | 太蔟 | 凡 | 乙 | 不起調 |
| 宮 | 角 | 姑洗 | 合 | 上 | 角宮 |
| 商 | 變徵 | 蕤賓 | 四 | 尺 | 角商 |
| 角 | 徵 | 夷則 | 乙 | 工 | 夷則角 |
| 變徵 | 羽 | 無射 | 上 | 凡 | 不起調 |
| 徵 | 變宮 | 倍無射半黃鐘 | 尺 | 六 | 不起調 |
| 羽 | 宮 | 黃鐘 | 工 | 五 | 同調首 |

仲呂清角立宮大呂清宮主調為高工調

| 七聲定位 | 旋宮主調 | 呂管 | 簫 | 笛 | 起調 |
|---|---|---|---|---|---|
| 下羽 | 清宮 | 大呂 | 工 | 五 | 清宮調 |
| 變宮 | 清商 | 夾鐘 | 凡 | 乙 | 不起調 |
| 宮 | 清角 | 仲呂 | 六 | 上 | 清角宮 |
| 商 | 清變徵 | 林鐘 | 五 | 尺 | 清角商 |
| 角 | 清徵 | 南呂 | 乙 | 工 | 南呂角 |
| 變徵 | 清羽 | 應鐘 | 上 | 凡 | 不起調 |
| 徵 | 清變宮 | 倍應鐘半大呂 | 尺 | 六 | 不起調 |
| 羽 | 清宮 | 大呂 | 工 | 五 | 同調首 |

## 蕤賓變徵立宮太蔟商聲主調為凡字調

| 七聲定位 | 旋宮主調 | 律管 | 簫笛 | 起調 |
| --- | --- | --- | --- | --- |
| 下羽 | 商 | 太蔟 | 凡 | 乙 | 商調 |
| 變宮 | 角 | 姑洗 | 合 | 上 | 不起調 |
| 宮 | 變徵 | 蕤賓 | 四 | 尺 | 變徵宮 |
| 商 | 徵 | 夷則 | 乙 | 工 | 變徵商 |
| 角 | 羽 | 無射 | 上 | 凡 | 變徵角 |
| 變徵 | 變宮 | 倍無射半黃鐘 | 尺 | 六 | 不起調 |
| 徵 | 宮 | 黃鐘 | 工 | 五 | 不起調 |
| 羽 | 商 | 太蔟 | 凡 | 乙 | 同調首 |

## 林鐘清變徵立宮夾鐘清商主調為高凡調

| 七聲定位 | 旋宮主調 | 呂管 | 簫笛 | 起調 |
| --- | --- | --- | --- | --- |
| 下羽 | 清商 | 夾鐘 | 凡 | 乙 | 清商調 |
| 變宮 | 清角 | 仲呂 | 六 | 上 | 不起調 |
| 宮 | 清變徵 | 林鐘 | 五 | 尺 | 清變徵宮 |
| 商 | 清徵 | 南呂 | 乙 | 工 | 清變徵商 |
| 角 | 清羽 | 應鐘 | 上 | 凡 | 清變徵角 |
| 變徵 | 清變宮 | 倍應鐘半大呂 | 尺 | 六 | 不起調 |
| 徵 | 清宮 | 大呂 | 工 | 五 | 不起調 |
| 羽 | 清商 | 夾鐘 | 凡 | 乙 | 同調首 |

## 夷則徵聲立宮姑洗角聲主調為合字調

| 七聲定位 | 旋宮主調 | 律管 | 簫笛 | 起調 |
| --- | --- | --- | --- | --- |
| 下羽 | 角 | 姑洗 | 合 | 上 | 角調 |
| 變宮 | 變徵 | 蕤賓 | 四 | 尺 | 不起調 |
| 宮 | 徵 | 夷則 | 乙 | 工 | 徵宮 |
| 商 | 羽 | 無射 | 上 | 凡 | 徵商 |
| 角 | 變宮 | 倍無射半黃鐘 | 尺 | 六 | 徵角 |
| 變徵 | 宮 | 黃鐘 | 工 | 五 | 不起調 |
| 徵 | 商 | 太蔟 | 凡 | 乙 | 不起調 |
| 羽 | 角 | 姑洗 | 六 | 上 | 同調首 |

## 南呂清徵立宮仲呂清角主調為高六調

| 七聲定位 | 旋宮主調 | 呂管 | 簫笛 | 起調 |
| --- | --- | --- | --- | --- |
| 下羽 | 清角 | 仲呂 | 六 | 上 | 清角調 |
| 變宮 | 清變徵 | 林鐘 | 五 | 尺 | 不起調 |
| 宮 | 清徵 | 南呂 | 乙 | 工 | 清徵宮 |
| 商 | 清羽 | 應鐘 | 上 | 凡 | 清徵商 |
| 角 | 清變宮 | 倍應鐘半大呂 | 尺 | 六 | 清徵角 |
| 變徵 | 清宮 | 大呂 | 工 | 五 | 不起調 |
| 徵 | 清商 | 夾鐘 | 凡 | 乙 | 不起調 |
| 羽 | 清角 | 仲呂 | 六 | 上 | 同調首 |

無射羽聲立宮蕤賓變徵主調為四字調

| 七聲定位 | 旋宮主調 | 律管 | 簫 | 笛 | 起調 |
|---|---|---|---|---|---|
| 下羽 | 變徵 | 蕤賓 | 四 | 尺 | 變徵調 |
| 變宮 | 徵 | 夷則 | 乙 | 工 | 不起調 |
| 宮 | 羽 | 無射 | 上 | 凡 | 羽宮 |
| 商 | 變宮 | 倍無射半黃鐘 | 尺 | 六 | 羽商 |
| 角 | 宮 | 黃鐘 | 工 | 五 | 羽角 |
| 變徵 | 商 | 太蔟 | 凡 | 乙 | 不起調 |
| 徵 | 角 | 姑洗 | 六 | 上 | 不起調 |
| 羽 | 變徵 | 蕤賓 | 五 | 尺 | 同調首 |

應鐘清羽立宮林鐘清變徵主調為高五調

| 七聲定位 | 旋宮主調 | 呂管 | 簫 | 笛 | 起調 |
|---|---|---|---|---|---|
| 下羽 | 清變徵 | 林鐘 | 五 | 尺 | 清變徵調 |
| 變宮 | 清徵 | 南呂 | 乙 | 工 | 不起調 |
| 宮 | 清羽 | 應鐘 | 上 | 凡 | 清羽宮 |
| 商 | 清變宮 | 倍應鐘半大呂 | 尺 | 六 | 清羽商 |
| 角 | 清宮 | 大呂 | 工 | 五 | 清羽角 |
| 變徵 | 清商 | 夾鐘 | 凡 | 乙 | 不起調 |
| 徵 | 清角 | 仲呂 | 六 | 上 | 不起調 |
| 羽 | 清變徵 | 林鐘 | 五 | 尺 | 同調首 |

倍無射變宮立宮夷則徵聲主調為乙字調

| 七聲定位 | 旋宮主調 | 律管 | 簫 | 笛 | 起調 |
|---|---|---|---|---|---|
| 下羽 | 徵 | 夷則 | 乙 | 工 | 徵調 |
| 變宮 | 羽 | 無射 | 上 | 凡 | 不起調 |
| 宮 | 變宮 | 倍無射半黃鐘 | 尺 | 六 | 變宮宮 |
| 商 | 宮 | 黃鐘 | 工 | 五 | 變宮商 |
| 角 | 商 | 太蔟 | 凡 | 乙 | 變宮角 |
| 變徵 | 角 | 姑洗 | 六 | 上 | 不起調 |
| 徵 | 變徵 | 蕤賓 | 五 | 尺 | 不起調 |
| 羽 | 徵 | 夷則 | 乙 | 工 | 同調首 |

倍應鐘清變宮立宮南呂清徵主調為高乙調

| 七聲定位 | 旋宮主調 | 呂管 | 簫 | 笛 | 起調 |
|---|---|---|---|---|---|
| 下羽 | 清徵 | 南呂 | 乙 | 工 | 清徵調 |
| 變宮 | 清羽 | 應鐘 | 上 | 凡 | 不起調 |
| 宮 | 清變宮 | 倍應鐘半大呂 | 尺 | 六 | 清變宮宮 |
| 商 | 清宮 | 大呂 | 工 | 五 | 清變宮商 |
| 角 | 清商 | 夾鐘 | 凡 | 乙 | 清變宮角 |
| 變徵 | 清角 | 仲呂 | 六 | 上 | 不起調 |
| 徵 | 清變徵 | 林鐘 | 五 | 尺 | 不起調 |
| 羽 | 清徵 | 南呂 | 乙 | 工 | 同調首 |

樂之節奏成於聲調聲調之原本自旋宮聲也者五聲二變之七音而調也者所以調七音互相為用者也旋宮乃秦漢以前諧音之法聲調為隋唐而後度曲之名古旋宮之法合竹與絲並著之自隋以來獨以絃音發明五聲之分律呂旋宮遂失其傳旋宮者十二律呂皆可為宮立一均之主各統七聲而十二律呂皆可為五聲二變也聲調者聲自為聲調自為調而調又有主調起調轉調之異故以轉調合旋宮言之名為宮調五聲二變旋於清濁二均之一十四聲則成九十八聲此全音也主調起調皆以宮位為主故曰宮調然調雖以宮為主而宮又自為宮調又自為調宮立一均之主而下羽之聲又大於宮為一調之首即國語所謂宮逐羽音也羽主調宮立音一均七聲之位已定則當二變者不起調而與調首音不合者亦不得起調蓋以羽起調徵在其前變宮居其後二音與羽相近得聲清雜故不相合而變徵為第六音亦與羽首音清雜不合此所以當二變之位與五正聲中當徵位者俱不得起調也至於止調亦取本調相合可以起調之聲終之當二變與徵位者亦不用焉其立羽位調首之音自本聲起者即為本調首音與五音為羽與角次相合首音與三音為羽與宮又次相合且均調相應首音與四音為羽與商轉相合可出入故本調為一調自宮位起者為一調自角位起者為一調自商位起者復為一調自羽位宮位角位起者為正自商位起者為假借故曰可出入如曲中所謂與某宮某調相出入者是也轉相合者下羽調首至角為第五位商第三音至正羽第八音亦五位也一均四調七均二十八調合清濁之一十四均則為五十六調宮調聲字實為一體析而言之則有四科一曰七聲定位以五聲二變立一定之位自下羽以至正羽共列為八顯明隔八相生之理欲知某宮之某調於下羽位視其聲之律呂則知其為某宮之某調矣欲知某調之某宮於宮位下視其聲之律呂則知其為某調之某宮矣欲知聲字律呂之當避者於二變位下視之即知某聲某律呂之當避矣二曰旋宮主調以五聲二變旋於七聲定位之下亦分八位如羽聲立下羽之下宮聲立宮位之下則為宮聲立宮而羽聲主調也如宮

聲立下羽之下。則角聲立宮位之下。為角聲立宮而宮聲主調也。商聲立下羽之下。則變徵立宮位之下。為變徵立宮而商聲主調也。三曰和聲起調。以十二律呂兼倍半以備用。按所生之音。各隨其均序於旋宮之下。仍以調主相和之聲所起各調。注本律本呂之下。以正各調之名。如黃鐘立宮。則倍夷則立下羽之位。以主調倍無射蕤賓當二變之位不起調。正夷則立徵位亦不起調。故用倍夷則起調者為正羽調。起黃鐘宮聲為正宮。起太蔟商聲為正商。起姑洗角聲為正角。此正宮之四調也。如大呂立宮。則倍南呂立下羽之位。以主調倍應鐘林鐘當二變之位不起調。正南呂立徵位亦不起調。故用倍南呂起調者為清羽調。起大呂宮聲為清宮。起夾鐘商聲為清商。起仲呂角聲為清角。此清宮之四調也。如太蔟立宮。則倍無射立下羽之位以主調。黃鐘夷則當二變之位不起調。正無射當徵位亦不起調。故用倍無射起調者為變宮調。起太蔟商聲為商宮。起姑洗角聲為姑洗商。起蕤賓變徵聲為商角。此商宮之四調也。若姑

洗立宮。則黃鐘立下羽位以主調。太蔟無射當二變之位不起調。半黃鐘當徵位亦不起調。故用黃鐘起調者為宮調。起姑洗角聲為角宮。起蕤賓變徵聲為角商。起夷則徵聲為夷則角。此角宮之四調也。其餘立宮主調皆依此例。四曰樂音字色。以律呂簫笛所命字色隨聲調而序其次。列於律呂之下。如黃鐘為工字。而簫應黃鐘者為五字。笛應黃鐘者為五字。皆注於黃鐘本律之下。大呂為高工字。而簫之高工字。笛之高五字。亦皆注於大呂本呂之下。其立羽位之字。即為主調。其立宮位之字。即為立宮。其當二變之位。則不用。當徵位者亦不起調也。至簫笛之字譜不同。則由於孔分之不同。如姑洗簫姑洗笛同為四倍黃鐘之管第一孔同為工字。而簫之工字孔為本管倍夷則倍南呂相和之分。笛之工字孔。則為姑洗仲呂相和之分。故笛孔之分比簫孔恆高八律。（倍夷則至姑洗高八律。）笛字比簫字高四音。（律呂相和取音故高四音。）此以笛高於簫而論。則笛字為高四音。如以笛之高應簫之低。則笛字轉為下三音也。其所以不同者。則由筀管而來。

如黃鐘之律在簫為工字設簧施哨則高四音乃應夷則之律而為簫之乙字然以其為黃鐘之分也故仍以工字名之笛之聲字皆與笙管同名而不設簧施哨則又不與笙管同分也簫笛字譜之異名相應有同音者有音同而高低不同者笛之六字孔與簫之尺字孔同分笛之出音尺字孔與簫之五字孔同分笛之出音孔外兩上字孔之間與簫之六字孔同分笛之工字孔與簫之乙字孔同分簫之乙字孔因製音之故其分微高然亦為同分此其同音者也若笛之五字孔乙字孔尺字孔皆短於簫則以笛之高音應簫之低音簫之凡字孔工字孔出音之尺字孔與通長上字皆長於笛則以簫之低音應笛之高音此其音同而高低不同者也

欽定大清會典圖卷三十四

樂四　樂律四

絃音旋宮轉調譜十四

宮調

徵　一絃　定倍無射之律　變宮合字　得下徵之分

羽　二絃　定黃鐘之律　宮聲四字　得下羽之分

應太簇之律　商聲乙字　為變宮之分

宮　三絃　定姑洗之律　角聲上字　得宮絃之分

商　四絃　定甤賓之律　變徵尺字　得商絃之分

角　五絃　定夷則之律　徵聲工字　得角絃之分

應無射之律　羽聲凡字　為變徵之分

徵　六絃　定半黃鐘之律　變宮六字　得徵絃之分

羽　七絃　定半太簇之律　宮聲五字　得羽絃之分

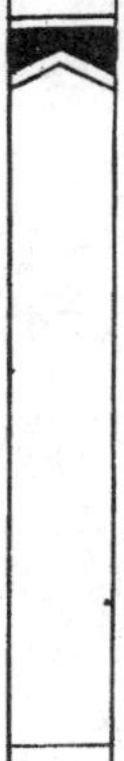

清宮調

徵　一絃　定倍應鐘之呂　清變宮高六字　得下徵之分

羽　二絃　定大呂之呂　清宮高五字　得下羽之分

應夾鐘之呂　清商高乙字　為變宮之分

宮　三絃　定仲呂之呂　清角高上字　得宮絃之分

商　四絃　定林鐘之呂　清變徵高尺字　得商絃之分

角　五絃　定南呂之呂　清徵高工字　得角絃之分

應應鐘之呂　清羽高凡字　為變徵之分

徵　六絃　定半大呂之呂　清變宮高六字　得徵絃之分

羽　七絃　定半夾鐘之呂　清宮高五字　得羽絃之分

商調

角慢　一絃　定倍夷則之律　下羽凡字　得變徵之分　轉角絃之分

應倍無射之律　得倍應鐘之呂　變宮合字　清變宮高六字　為下徵之分　轉變徵之分

徵　二絃　定黃鐘之律　宮聲四字　得下羽之分　轉徵絃之分

羽慢　三絃　定太簇之律　商聲乙字　得變宮之分　轉羽絃之分

應姑洗之律　得仲呂之呂　角聲上字　清角高上字　為宮絃之分　轉變宮之分

宮　四絃　定甤賓之律　變徵尺字　得商絃之分　轉宮絃之分

商　五絃　定夷則之律　徵聲工字　得角絃之分　轉商絃之分

角慢　六絃　定無射之律　羽聲凡字　得變徵之分　轉角絃之分

應半黃鐘之律　得半大呂之呂　變宮六字　清變宮高六字　為徵絃之分　轉變徵之分

徵　七絃　定半太簇之律　宮聲五字　得羽絃之分　轉徵絃之分

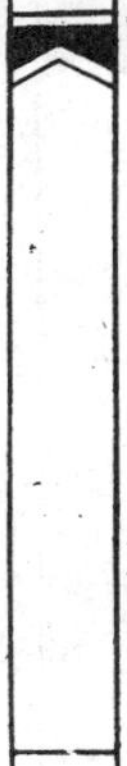

清商調

角慢　一絃　定倍南呂之呂　清下羽高凡字　得變徵之分　轉角絃之分

應倍應鐘之呂　得黃鐘之律　清變宮高六字　宮聲四字　為下徵之分　轉變徵之分

徵　二絃　定大呂之呂　清宮高五字　得下羽之分　轉徵絃之分

羽慢　三絃　定夾鐘之呂　清商高乙字　得變宮之分　轉羽絃之分

應仲呂之呂　得甤賓之律　清角高上字　變徵尺字　為宮絃之分　轉變宮之分

宮　四絃　定林鐘之呂　清變徵高尺字　得商絃之分　轉宮絃之分

商　五絃　定南呂之呂　清徵高工字　得角絃之分　轉商絃之分

角慢　六絃　定應鐘之呂　清羽高凡字　得變徵之分　轉角絃之分

應半大呂之呂　得半太簇之律　清變宮高六字　宮聲五字　為下徵之分　轉變徵之分

徵　七絃　定半夾鐘之呂　清宮高五字　得羽絃之分　轉徵絃之分

## 角調

角　一絃　定倍無射之律　變宮合字　得下徵之分　轉角絃之分
應黃鐘之律　宮聲四字　為下羽之分　轉變徵之分
徵緊二絃　應太蔟之律　得夾鐘之呂　商聲乙字　清宮高五字　得變宮之分　轉徵絃之分
羽　三絃　定姑洗之律　角聲上字　得宮絃之分　轉羽絃之分
應蕤賓之律　變徵尺字　為商絃之分　轉變宮之分
宮緊四絃　應夷則之律　得林鐘之呂　徵聲工字　清變徵高尺字　得角絃之分　轉宮絃之分
商緊五絃　應無射之律　得南呂之呂　羽聲凡字　清徵高工字　得變徵之分　轉商絃之分
角　六絃　定半黃鐘之律　變宮六字　得徵絃之分　轉角絃之分
應半太蔟之律　宮聲五字　為羽絃之分　轉變徵之分
徵緊七絃　應半姑洗之律　得半夾鐘之呂　商聲乙字　清宮高五字　得變宮之分　轉徵絃之分

## 清角調

角　一絃　定倍應鐘之呂　清變宮高六字　得下徵之分　轉角絃之分
應大呂之呂　清宮高五字　為下羽之分　轉變徵之分
徵緊二絃　應夾鐘之呂　得太蔟之律　清商高乙字　商聲乙字　得變宮之分　轉徵絃之分
羽　三絃　定仲呂之呂　清角高上字　得宮絃之分　轉羽絃之分
應林鐘之呂　清變徵高尺字　為商絃之分　轉變宮之分
宮緊四絃　應南呂之呂　得夷則之律　清徵高工字　徵聲工字　得角絃之分　轉宮絃之分
商緊五絃　應應鐘之呂　得無射之律　清羽高凡字　羽聲凡字　得變徵之分　轉商絃之分
角　六絃　定半大呂之呂　清變宮高六字　得徵絃之分　轉角絃之分
應半夾鐘之呂　清宮高五字　為羽絃之分　轉變徵之分
徵緊七絃　應半仲呂之呂　得半姑洗之律　清商高乙字　商聲乙字　得變宮之分　轉徵絃之分

## 變徵調

商　一絃　定倍無射之律　變宮合字　得下徵之分　轉商絃之分
角　二絃　定黃鐘之律　宮聲四字　得下羽之分　轉角絃之分
應太蔟之律　商聲乙字　為變宮之分　轉變徵之分
徵　三絃　定姑洗之律　角聲上字　得宮絃之分　轉徵絃之分
羽　四絃　定蕤賓之律　變徵尺字　得商絃之分　轉羽絃之分
應夷則之律　徵聲工字　為角絃之分　轉變宮之分
宮緊五絃　應無射之律　得南呂之呂　羽聲凡字　清徵高工字　得變徵之分　轉宮絃之分
商　六絃　定半黃鐘之律　變宮六字　得徵絃之分　轉商絃之分
角　七絃　定半太蔟之律　宮聲五字　得羽絃之分　轉角絃之分

## 清變徵調

商　一絃　定倍應鐘之呂　清變宮高六字　得下徵之分　轉商絃之分
角　二絃　定大呂之呂　清宮高五字　得下羽之分　轉角絃之分
應夾鐘之呂　清商高乙字　為變宮之分　轉變徵之分
徵　三絃　定仲呂之呂　清角高上字　得宮絃之分　轉徵絃之分
羽　四絃　定林鐘之呂　清變徵高尺字　得商絃之分　轉羽絃之分
應南呂之呂　清徵高工字　為角絃之分　轉變宮之分
宮緊五絃　應應鐘之呂　得無射之律　清羽高凡字　羽聲凡字　得變徵之分　轉宮絃之分
商　六絃　定半大呂之呂　清變宮高六字　得徵絃之分　轉商絃之分
角　七絃　定半夾鐘之呂　清宮高五字　得羽絃之分　轉角絃之分

## 徵調

| 絃 | | | |
|---|---|---|---|
| 宮　一絃 | 定倍無射之律 | 變宮合字 | 得下徵之分<br>轉宮絃之分 |
| 商　二絃 | 定黃鍾之律 | 宮聲四字 | 得下羽之分<br>轉商絃之分 |
| 角慢　三絃 | 定太蔟之律 | 商聲乙字 | 得變宮之分<br>轉角絃之分 |
| | 應姑洗之律<br>得仲呂之呂 | 角聲上字<br>清商高上字 | 為宮絃之分<br>轉變徵之分 |
| 徵　四絃 | 定蕤賓之律 | 變徵尺字 | 得商絃之分<br>轉徵絃之分 |
| 羽　五絃 | 定夷則之律 | 徵聲工字 | 得角絃之分<br>轉羽絃之分 |
| | 應無射之律 | 羽聲凡字 | 為變徵之分<br>轉變宮之分 |
| 宮　六絃 | 定半黃鍾之律 | 變宮六字 | 得徵絃之分<br>轉宮絃之分 |
| 商　七絃 | 定半太蔟之律 | 宮聲五字 | 得下羽之分<br>轉商絃之分 |

## 清徵調

| 絃 | | | |
|---|---|---|---|
| 宮　一絃 | 定倍應鍾之呂 | 清變宮高六字 | 得下徵之分<br>轉宮絃之分 |
| 商　二絃 | 定大呂之呂 | 清宮高五字 | 得下羽之分<br>轉商絃之分 |
| 角慢　三絃 | 定夾鍾之呂 | 清商高乙字 | 得變宮之分<br>轉角絃之分 |
| | 應仲呂之呂<br>得蕤賓之律 | 清角高上字<br>變徵尺字 | 為宮絃之分<br>轉變徵之分 |
| 徵　四絃 | 定林鍾之呂 | 清變徵高尺字 | 得商絃之分<br>轉徵絃之分 |
| 羽　五絃 | 定南呂之呂 | 清徵高工字 | 得角絃之分<br>轉羽絃之分 |
| | 應應鍾之呂 | 清羽高凡字 | 為變徵之分<br>轉變宮之分 |
| 宮　六絃 | 定半大呂之呂 | 清變宮高六字 | 得徵絃之分<br>轉宮絃之分 |
| 商　七絃 | 定半夾鍾之呂 | 清宮高五字 | 得下羽之分<br>轉商絃之分 |

## 羽調

| 絃 | | | |
|---|---|---|---|
| 羽慢　一絃 | 定倍夷則之律 | 下羽凡字 | 得變徵之分<br>轉下羽之分 |
| | 應倍無射之律<br>得倍應鍾之呂 | 變宮合字<br>清變宮高六字 | 為下徵之分<br>轉變宮之分 |
| 宮　二絃 | 定黃鍾之律 | 宮聲四字 | 得下羽之分<br>轉宮絃之分 |
| 商慢　三絃 | 定太蔟之律 | 商聲乙字 | 得變宮之分<br>轉商絃之分 |
| 角慢　四絃 | 應姑洗之律<br>得仲呂之呂 | 角聲上字<br>清角高上字 | 得宮絃之分<br>轉角絃之分 |
| | 應蕤賓之律<br>得林鍾之呂 | 變徵尺字<br>清變徵高尺字 | 為商絃之分<br>轉變徵之分 |
| 徵　五絃 | 定夷則之律 | 徵聲工字 | 得角絃之分<br>轉徵絃之分 |
| 羽慢　六絃 | 定無射之律 | 羽聲凡字 | 得變徵之分<br>轉羽絃之分 |
| | 應半黃鍾之律<br>得半大呂之呂 | 變宮六字<br>清變宮高六字 | 為徵絃之分<br>轉變宮之分 |
| 宮　七絃 | 定半太蔟之律 | 宮聲五字 | 得下羽之分<br>轉宮絃之分 |

## 清羽調

| 絃 | | | |
|---|---|---|---|
| 羽慢　一絃 | 定倍南呂之呂 | 清下羽高凡字 | 得變徵之分<br>轉下羽之分 |
| | 應倍應鍾之呂<br>得黃鍾之律 | 清變宮高六字<br>宮聲四字 | 為下徵之分<br>轉變宮之分 |
| 宮　二絃 | 定大呂之呂 | 清宮高五字 | 得下羽之分<br>轉宮絃之分 |
| 商慢　三絃 | 定夾鍾之呂 | 清商高乙字 | 得變宮之分<br>轉商絃之分 |
| 角慢　四絃 | 應仲呂之呂<br>得蕤賓之律 | 清角高上字<br>變徵尺字 | 得宮絃之分<br>轉角絃之分 |
| | 應林鍾之呂<br>得夷則之律 | 清變徵高尺字<br>徵聲工字 | 為商絃之分<br>轉變徵之分 |
| 徵　五絃 | 定南呂之呂 | 清徵高工字 | 得角絃之分<br>轉徵絃之分 |
| 羽慢　六絃 | 定應鍾之呂 | 清羽高凡字 | 得變徵之分<br>轉羽絃之分 |
| | 應半大呂之呂<br>得半太蔟之律 | 清變宮高六字<br>宮聲四字 | 為下徵之分<br>轉變宮之分 |
| 宮　七絃 | 定半夾鍾之呂 | 清宮高五字 | 得下羽之分<br>轉宮絃之分 |

變宮調

| 絃 | 定應 | 聲字 | 分 |
|---|---|---|---|
| 羽一絃 | 定倍無射之律 | 變宮合字 | 得下徵之分　轉下羽之分 |
| | 應黃鐘之律 | 宮聲四字 | 為下羽之分　轉變宮之分 |
| 宮緊二絃 | 應太簇之律　得大呂之呂 | 商聲乙字　清宮高五字 | 得變宮之分　轉宮絃之分 |
| 商三絃 | 定姑洗之律 | 角聲上字 | 得宮絃之分　轉商絃之分 |
| 角四絃 | 定甤賓之律 | 變徵尺字 | 得商絃之分　轉角絃之分 |
| | 應夷則之律 | 徵聲工字 | 為角絃之分　轉變徵之分 |
| 徵緊五絃 | 應無射之律　得南呂之呂 | 羽聲凡字　清徵高工字 | 得變徵之分　轉徵絃之分 |
| 羽六絃 | 定半黃鐘之律 | 變宮六字 | 得徵絃之分　轉羽絃之分 |
| | 應半太簇之律 | 宮聲五字 | 為羽絃之分　轉變宮之分 |
| 宮緊七絃 | 應半姑洗之律　得半夾鐘之呂 | 商聲乙字　清宮高五字 | 得變宮之分　轉宮絃之分 |

清變宮調

| 絃 | 定應 | 聲字 | 分 |
|---|---|---|---|
| 羽一絃 | 定倍應鐘之呂 | 清變宮高六字 | 得下徵之分　轉下羽之分 |
| | 應大呂之呂 | 清宮高五字 | 為下羽之分　轉變宮之分 |
| 宮緊二絃 | 應夾鐘之呂　得太簇之律 | 清商高乙字　商聲乙字 | 得變宮之分　轉宮絃之分 |
| 商三絃 | 定仲呂之呂 | 清角高上字 | 得宮絃之分　轉商絃之分 |
| 角四絃 | 定林鐘之呂 | 清變徵高尺字 | 得商絃之分　轉角絃之分 |
| | 應南呂之呂 | 清徵高工字 | 為角絃之分　轉變徵之分 |
| 徵緊五絃 | 應應鐘之呂　得無射之律 | 清羽高凡字　羽聲凡字 | 得變徵之分　轉徵絃之分 |
| 羽六絃 | 定半大呂之呂 | 清變宮高六字 | 得徵絃之分　轉羽絃之分 |
| | 應半夾鐘之呂 | 清宮高五字 | 為羽絃之分　轉變宮之分 |
| 宮緊七絃 | 應半仲呂之呂　得半姑洗之律 | 清商高乙字　商聲乙字 | 得變宮之分　轉宮絃之分 |

絲樂絃音之旋宮轉調。與竹樂管音不同。亦由二者生聲取分之各異也。然清濁二均各七調中。有同者。有可同者。有不可同者。其同者惟宮調一調。五聲二變皆正應。其可同者商調。徵調。五聲正應。二變借用。其不可同者角調。變徵調。羽調。變宮調。五聲之內清濁相淆。其間變徵調與羽調。五正聲內止有一聲乖應。然羽調猶能自立一調。而變徵調又轉入宮調聲字。不能自立一調。至於角調。變宮調。五聲之內。二三乖應。且與宮調聲字雷同。斷不能自成一調也。如但以絃音奏之而不和。以管音亦止有四調。其餘三調皆轉入絃音宮調。周禮大司樂三宮。漢制三統。皆以三調為準。所謂三統。天統黃鐘為宮。乃黃鐘宮聲位羽起調。姑洗角聲立宮主調。是為宮調。人統太蔟為宮。乃太蔟商聲位羽起調。甤賓變徵立宮主調。是為商調。地統林鐘為宮。乃絃音徵分位羽。實管音夷則徵聲位羽起調。半黃鐘變宮立宮主調。是為徵調。三統實取管音絃音之相和而用之者也。絃音諸樂其要有四。一。定絃音應某律呂之聲字。即得某絃之度。

分。如以倍無射之律變宮合字定絃。則得徵絃之分。此分乃全絃散聲。其二音為下羽分。應黃鐘之律宮聲四字。三音變宮分。應太蔟之律商聲乙字。四音宮分。應姑洗之律角聲上字。五音商分。應蕤賓之律變徵尺字。六音角分。應夷則之律徵聲工字。七音變徵分。應無射之律羽聲凡字。以黃鐘之律宮聲四字定絃。則得羽絃之分。其二音為變宮分。應太蔟之律商聲乙字。三音宮分。應姑洗之律角聲上字。四音商分。應蕤賓之律變徵尺字。五音角分。應夷則之律徵聲工字。六音變徵分。應無射之律羽聲凡字。七音徵分。應倍無射之律變宮合字。以太蔟之律商聲乙字定絃。則得變宮絃之分。其二音為宮分。應姑洗之律角聲上字。三音商分。應蕤賓之律變徵尺字。四音角分。應夷則之律徵聲工字。五音變徵分。應無射之律羽聲凡字。六音徵分。應倍無射之律變宮合字。七音羽分。應黃鐘之律宮聲四字。以姑洗之律角聲上字定絃。則得宮絃之分。其二音為商分。應蕤賓之律變徵尺字。三音角分。應夷則之律徵聲工字。四音變徵分。應無射之律羽聲凡字。五音徵分。應倍無射之律變宮合字。六音羽分。應黃鐘之律宮聲四字。七音變宮分。應太蔟之律商聲乙字。以蕤賓之律變徵尺字定絃。則得商絃之分。其二音為角分。應夷則之律徵聲工字。三音變徵分。應無射之律羽聲凡字。四音徵分。應倍無射之律變宮合字。五音羽分。應黃鐘之律宮聲四字。六音變宮分。應太蔟之律商聲乙字。七音宮分。應姑洗之律角聲上字。以夷則之律徵聲工字定絃。則得角絃之分。其二音為變徵分。應無射之律羽聲凡字。三音徵分。應倍無射之律變宮合字。四音羽分。應黃鐘之律宮聲四字。五音變宮分。應太蔟之律商聲乙字。六音宮分。應姑洗之律角聲上字。七音商分。應蕤賓之律變徵尺字。

以無射之律羽聲凡字定絃。則得變徵絃之分。其二音為徵分。應倍無射之律變宮合字。三音羽分。應黃鐘之律宮聲四字。四音變宮分。應太蔟之律商聲乙字。五音宮分。應姑洗之律角聲上字。六音商分。應蕤賓之律變徵尺字。七音角分。應夷則之律徵聲工字。此陽律一均七聲定絃之正分也。陰呂一均七聲定絃。亦隨陰呂聲字各得其分。其各絃七聲之分亦如之。一絃音轉調不能依次遞遷。故以宮調為準。有幾絃不移而他絃或緊一音。或慢半音。遂成一調。而各絃七聲之分因之而變。如琴之正調為宮調。其商調以七絃遞高一音亦可。但六絃七絃太急易折。或變宮調以七絃遞下一音。則一絃二絃太慢不成聲。又如角徵羽調絃必不能及。故宮調七絃立準。轉調則七絃内有更者。有不更者。有宜緊者。有宜慢者。絃一轉移之間。而宮調旋焉。宮調七絃之内。太蔟之律商聲乙字。無射之律羽聲凡字。當二變不用。故六絃與一絃同聲。七絃與二絃同聲。徵羽各二以相應和。如商調則二絃四絃五絃七絃不移。而一絃三絃六絃俱慢下管律一音。在絃度為半分。蓋以正宮調之一絃六絃定倍無射之律變宮合字得徵絃分者。下為倍夷則之律。（即無射之律）羽聲凡字轉角絃之分。（其二音即轉為變徵分應倍應鐘之呂清變宮高六字。三音轉為徵分應黃鐘之律宮聲四字。四音轉為羽分應太簇之律商聲乙字。五音轉為變宮分應仲呂之呂清角高上字。六音轉為宮分應蕤賓之律變徵尺字。七音轉為商分應夷則之律徵聲工字。）三絃定姑洗之律角聲上字得宮絃分者。下為太簇之律商聲乙字轉羽絃之分。（其二音即轉為變宮分應仲呂之呂清角高上字。三音轉為宮分應蕤賓之律變徵尺字。四音轉為商分應夷則之律徵聲工字。五音轉為角分應無射之律羽聲凡字。六音轉為變徵分應倍應鐘之呂清變宮高六字。七音轉為徵分應黃鐘之律宮聲四字。）其二絃四絃五絃七絃之不移者。仍應本律聲字。但二絃七絃原得羽絃分者轉為徵絃之分。四絃原得商絃分者轉為宮絃之分。五絃原得角絃分者轉為商絃之分。其應倍無射之律變宮合字為徵絃分者。轉變徵之分。應於倍應鐘之呂清變宮高六字。應姑洗之律角聲上字。為宮絃分者。轉變宮之分。應於仲呂之呂清角高上字。此二分當二變之位不用。因三絃定太族之律商聲乙字得羽絃之分以起調。四絃原得商絃之分者轉為宮絃之分以立宮。故名之曰商調也。角調則一絃三絃六絃不移。二絃四絃五絃七絃俱緊上管律半音。在絃度亦為半分。蓋以正宮調之二絃七絃定黃鐘之律宮聲四字。得羽絃分者。上為大呂之呂清宮高五字。轉徵絃之分。其四絃定蕤賓之律變徵尺字得商絃分者。上為林鐘之呂清變徵高尺字轉宮絃之分。而五絃定夷則之律徵聲工字得角絃分者。上為南呂之呂清徵高工字轉商絃之分。其一絃三絃六絃之不移者。仍應本律聲字。但一絃六絃原得徵絃分者轉為角絃之分。而三絃原得宮絃分者轉為羽絃之分。其應黃鐘之律宮聲四字。為羽絃分者。轉變徵之分。應蕤賓之律變徵尺字為商絃分者。轉變宮之分。皆仍為本律聲字。此二分當二變之位不用。因三絃應姑洗之律角聲上字得羽絃之分以起調。五絃原得角絃之分者轉為宮絃之分以立宮。故名之曰角調也。變徵調則獨緊五絃管律半音。在絃度亦為半分。蓋以正宮調之五絃定夷則之律徵聲工字得角絃分者。上為南呂之呂清徵高工字轉宮絃之分。其餘六絃俱不移者。仍應本律聲字。但一絃六絃原得徵絃分者轉為商絃之分。二絃七絃原得羽絃分者轉為角絃之分三絃原得宮絃分者轉為徵絃之分四絃原得商絃分者轉為羽絃之分其應太蔟之律商聲乙字為變宮分者轉變徵之分應夷則之律徵聲工字為角絃分者轉變宮之分皆仍為本律聲字此二分當二變之位不用因四絃應蕤賓之律變徵尺字得羽絃之分以起調五絃原得角絃之分者上為變徵之絃轉為宮絃之分以立宮故名之曰變徵調也徵調則獨慢三絃管律一音在絃度為半分蓋以正宮調之三絃定姑洗之律角聲上字得宮絃分者下為太蔟之律商聲乙字轉角絃之分其餘六絃俱不移者仍應本律聲字但一絃六絃原得徵絃分者轉為宮絃之分二絃七絃原得羽絃分者轉為商絃之分四絃原得商絃分者轉為徵絃之分五絃原得角絃分者轉為羽絃之分其應無射之律羽聲凡字為變徵分者轉為變宮之分仍為本律聲字應姑洗之律角聲上字為宮絃分者轉為變徵之分而應於仲呂之呂清角高上字此二分當二變之位不用因五絃應夷則之律徵聲工字得羽絃之分以起調一絃六絃

原得徵絃之分者轉為宮絃之分以立宮故名之曰徵調也羽調則二絃五絃七絃不移而一絃三絃六絃慢下管律一音在絃度為半分四絃慢下管律半音在絃度亦為半分蓋以正宮調之一絃六絃定倍無射之律變宮合字得徵絃分者下為倍夷則之律羽聲凡字轉羽絃之分三絃定姑洗之律角聲上字得宮絃分者下為太蔟之律商聲乙字轉商絃之分而四絃定蕤賓之律變徵尺字得商絃分者下為仲呂之呂清角高上字轉角絃之分其二絃五絃七絃不移者仍應本律聲字但二絃七絃原得羽絃分者轉為宮絃之分五絃原得角絃分者轉為徵絃之分其應倍無射之律變宮合字為徵絃分者轉為變宮之分應於倍應鐘之呂清變宮高六字應蕤賓之律變徵尺字為商絃分者轉為變徵之分應於林鐘之呂清變徵高尺字此二分當二變之位不用因一絃六絃應倍夷則之律羽聲凡字得羽絃之分以起調二絃七絃應黃鐘之律宮聲四字原得羽絃分者轉為宮絃之分以立宮故名之曰羽調也變宮調則一

絃三絃四絃六絃不移。而二絃五絃七絃俱緊上管律半音。在絃度亦俱為半分。蓋以二絃七絃定黃鐘之律宮聲四字得羽絃分者。上為大呂之呂清宮高五字轉宮絃之分。而五絃定夷則之律徵聲工字得角絃分者。上為南呂之呂清徵高工字轉徵絃之分。其一絃三絃四絃六絃不移者。仍應本律聲字。但一絃六絃原得徵絃分者轉為羽絃之分。三絃原得宮絃分者轉為商絃之分。四絃原得商絃分者轉為角絃之分。其應黃鐘之律宮聲四字為羽絃分者。轉變宮之分。應夷則之律徵聲工字為角絃分者。轉變徵之分。皆仍為本律聲字。此二分當二變之位不用。因一絃六絃應倍無射之律變宮合字得羽絃之分以起調。二絃七絃應黃鐘之律宮聲四字原得羽絃分者。上為變徵之絃轉為宮絃之分以立宮。故名之曰變宮調也。一絃音諸調雖無二變。而定絃取音必審二變之聲。必計二變之分。始能得其條貫。管音諸樂自下而上。雖依次漸短而各分俱均。絃度則不然。據五聲二變七絃之散聲。猶可以管律通之。至於各絃

互相應和以取音。則各絃七聲之分不均。即旋宮轉調其各絃七聲之分不變。而聲律暗移於其間。此所以與管律異也。如於宮調備五聲二變之七絃定陽律一均七音以明之。其得倍無射之律變宮合字者為徵絃。得黃鐘之律宮聲四字者為羽絃。得太蔟之律商聲乙字者為變宮絃。得姑洗之律角聲上字者為宮絃。得蕤賓之律變徵尺字者為商絃。得夷則之律徵聲工字者為角絃。得無射之律羽聲凡字者為變徵絃矣。即徵絃七聲之分與各絃互相應和者言之。徵絃散聲為全分。首音。其二音與羽絃相應者即為羽分。三音與變宮絃相應者即為變宮分。四音與宮絃相應者即為宮分。五音與商絃相應者即為商分。六音與角絃相應者即為角分。七音與變徵絃相應者即為變徵分。八音仍與全絃相應。故為旋於首音。其各分與各絃相應者亦自與各律聲字相應。計其分。則首音徵至二音羽得全分。二音羽至三音變宮得全分。三音變宮至四音宮止得半分。四音宮至五音商得全分。五音商至六音角得全分。六音角至

七音變徵得全分。七音變徵至八音徵亦得半分。以宮絃七聲之分與各絃互相應和者言之。宮絃散聲為全分首音。其二音與商絃相應者即為商分。三音與角絃相應者即為角分。四音與變徵絃相應者即為變徵分。五音與徵絃相應者即為徵分。六音與羽絃相應者即為羽分。七音與變宮絃相應者即為變宮分。八音仍與全絃相應。計其分。則首音宮至二音商得全分。二音商至三音角得全分。三音角至四音變徵得全分。四音變徵至五音徵得半分。五音徵至六音羽得全分。六音羽至七音變宮得全分。七音變宮至八音宮亦得半分。要之太蔟商聲乙字所應之絃分至姑洗角聲上字所應之絃分。與無射羽聲凡字所應之絃分至半黃鐘變宮合字所應之絃分。其間必為半分。故各絃七聲之分不移而所應聲律有間雜之别。其各分全半之間。而宮調旋焉。欲明其理。必以宮調七絃為準。據每調徵絃之七聲位分言之。則絃音大旨自明。商調之徵。乃宮調之羽轉而為徵分者也。其宮調之羽全絃首音為羽。故二音為變宮。

三音為宮。四音為商。五音為角。六音為變徵。七音為徵。是二音至三音六音至七音為半分也。今全絃之羽轉而為徵。則二音為羽。三音為變宮。四音為宮。五音為商。六音為角。七音為變徵。是三音至四音七音至八音為半分矣。故全絃之定黃鐘之律宮聲四字者不移。二音即應太蔟之律商聲乙字。其間得全分。其三音若取姑洗之律角聲上字。則二音至三音為半分。仍與宮調之羽同。是以必取仲呂之呂清角高上字。其間絃度始得全分。其四音仍應蕤賓之律變徵尺字。是則太蔟乙字至姑洗上字為半分。加以仲呂高上字之半分得一全分。而仲呂高上字至蕤賓尺字為半分。此所以二音至三音得全分。為羽至變宮。而三音至四音為半分。乃變宮至宮分也。五音仍應夷則之律徵聲工字。六音仍應無射之律羽聲凡字。此四音至五音五音至六音亦皆得全分。至於七音若取半黃鐘之律變宮合字。則六音至七音為半分。亦與宮調之羽同矣。故必取半大呂之呂清變宮高六字。其間絃度始得全分。其八音仍與首音同應黃鐘之律宮聲四字。是則無射凡字至半黃鐘合字為半分。加以半大呂高六字之半分得一全分。而半大呂高六字至黃鐘四字為半分。此所以六音至七音得全分。為角至變徵。而七音至八音為半分。乃變徵至徵分也。角調之徵。乃宮調之變宮與清宮調之羽。相雜而為徵分者也。其宮調之變宮全絃首音為變宮。故二音為宮。三音為商。四音為角。五音為變徵。六音為徵。七音為羽。是首音至二音五音至六音為半分也。清宮調之羽全絃首音即為清羽。故二音為清變宮。三音為清宮。四音為清商。五音為清角。六音為清變徵。七音為清徵。是又二音至三音六音至七音為半分也。今全絃既轉而為徵。則三音至四音七音至八音為半分矣。彼正宮調之變宮。首音至二音即為半分。其首音應太蔟之律商聲乙字。二音應姑洗之律角聲上字。今角調徵絃散聲首音。若仍定太蔟之律商聲乙字。則首音徵至二音羽所得全分。必當取於仲呂之呂清角高上字。其本調羽絃則亦應仲呂之呂清角高上字。是為清角調。非正角調矣。因

取姑洗之律角聲上字為正角調。故起調於羽絃者必取姑洗正角聲。而徵絃羽分亦當應姑洗之律。是以角調徵絃散聲首音。反比正宮調變宮絃之散聲首音下半音。取清宮調之羽絃散聲大呂之呂清宮高五字。其分始合。蓋因本調羽聲得正角之律故也。是以角調之徵絃散聲首音。定大呂之呂清宮高五字。其二音應姑洗之律角聲上字為羽分。三音應蕤賓之律變徵尺字為變宮分。四音應林鐘之呂清變徵高尺字為宮分。五音應南呂之呂清徵高工字為商分。六音應半黃鐘之律正變宮六字為角分。七音應黃鐘之律正宮四字為變徵分。八音仍應大呂之呂清宮高五字。是則三音蕤賓尺字至四音林鐘高尺字為半分。七音黃鐘四字至八音大呂高五字為半分。正為本調徵絃之變宮至宮變徵至徵之二分半也。變徵調之徵乃宮調之宮轉而為徵分者也。其宮調之宮全絃首音為宮。故二音為商。三音為角。四音為變徵。五音為徵。六音為羽。七音為變宮。八音仍為宮。是四音至五音七音至八音為半分也。今全絃

轉而為徵。則三音至四音七音至八音為半分矣。宮調之宮。七音至八音原為半分。但四音至五音為半分者。與變徵調徵絃之三音至四音為半分者不同。如以四音至五音為半分者。移為三音至四音為半分。則轉為變徵調之徵分。是以全絃之定姑洗之律角聲上字者不移。二音仍應蕤賓之律變徵尺字。三音仍應夷則之律徵聲工字。四音則取南呂之呂清徵高工字。五音仍應半黃鐘之律變宮六字。六音仍應黃鐘之律宮聲四字。七音仍應太蔟之律商聲乙字。八音仍應姑洗之律角聲上字。是則三音夷則工字至四音南呂高工字為半分。七音太蔟乙字至八音姑洗上字為半分。正為本調徵絃之變宮至宮變徵至徵之二半分也。徵調之徵乃宮調之商轉而為徵分者也。其宮調之商全絃首音為商。故二音為角。三音為變徵。四音為徵。五音為羽。六音為變宮。七音為宮。八音仍為商。是三音至四音六音至七音為半分也。今全絃轉而為徵。則三音至四音七音至八音為半分矣。宮調之商三音至四音原為半分。但六音至七音為半分者。與徵調徵絃之七音至八音為半分者不同。如以六音至七音為半分者。移為七音至八音為半分。則轉為徵調之徵分。是以全絃之定蕤賓之律變徵尺字者不移。二音仍應夷則之律徵聲工字。三音仍應無射之律羽聲凡字。四音仍應半黃鐘之律變宮合字。五音仍應黃鐘之律宮聲四字。六音仍應太蔟之律商聲乙字。七音乃取仲呂之呂清角高上字。是則三音無射凡字至四音半黃鐘合字為半分。七音仲呂高上字至八音蕤賓尺字為半分。正為本調徵絃之變宮至宮變徵至徵之二半分也。羽調之徵。乃宮調之角轉而為徵分者也。其宮調之角全絃首音為角。故二音為變徵。三音為徵。四音為羽。五音為變宮。六音為宮。七音為商。八音仍為角。是二音至三音五音至六音為半分也。今全絃轉而為徵。則三音至四音七音至八音為半分矣。是故全絃首音定夷則之律徵聲工字不移。二音仍應無射之律羽聲凡字。三音乃取半大呂之呂清變宮高五字。四音仍應黃鐘之律宮聲四字。五音仍應太蔟之律商聲乙字。六音乃取仲呂之呂清角高上字。七音則取林鐘之呂清變徵高尺字。八音仍應夷則之律徵聲工字。是則三音半大呂高五字至四音黃鐘四字為半分。七音林鐘高尺字至八音夷則工字為半分。正為本調徵絃之變宮至宮變徵至徵之二半分也。變宮調之徵乃宮調之變徵與清宮調之角相雜而為徵分者也。其宮調之變徵全絃首音為變徵。故二音為徵三音為羽四音為變宮五音為宮六音為商七音為角。八音仍為變徵。是首音至二音四音至五音為半分也。清宮調之角全絃首音為角。故二音為變徵三音為徵四音為羽五音為變宮六音為宮七音為商八音為角。是又二音至三音五音至六音為半分也。今全絃轉而為徵則三音至四音七音至八音為半分矣。彼正宮調之變宮首音至二音即為半分。其首音應無射之律羽聲凡字。二音應半黃鐘之律變宮合字。今變宮調徵絃散聲首音若仍定無射之律羽聲凡字。則首音徵至二音羽所得全分。必當取於半大呂之呂清變宮高六字。其本調羽絃則亦應半大呂之呂清變宮高六字。是為清變宮調非濁變宮調矣。因取半黃鐘之律變宮合字為濁變宮調。故起調於羽絃者必取半黃鐘濁變宮聲。而徵絃羽分亦當應半黃鐘之律。是以變宮調徵絃散聲首音反比正宮調變徵絃之散聲首音下半音。取清宮調之角絃散聲南呂之呂清徵高工字。其分始合。蓋因本調羽聲得濁變宮之律故也。是以變宮調之徵絃散聲首音定南呂之呂清徵高工字。其二音應半黃鐘之律變宮合字為羽分。三音應黃鐘之律宮聲四字為變宮分。四音應大呂之呂清宮高五字為宮分。五音應姑洗之律角聲上字為商分。六音應蕤賓之律變徵尺字為角分。七音應夷則之律徵聲工字為變徵分。八音仍應南呂之呂清徵高工字。是則三音黃鐘四字至四音大呂高五字為半分。七音夷則工字至八音南呂高工字為半分。正為本調徵絃之變宮至宮變徵至徵之二半分也。此絃音之定陽律七調旋相為用之法也。定陰呂之七調其立調之羽分亦必以陰呂為主。其各絃各分陰陽相間。用之亦如陽律之七調。故辨絃音諸調。其二變之半分為要也。一絃音宮調。惟宮與商徵得與律呂相和為用。其餘四調。陰陽乖應。或清入宮調聲字。不得自成一調。宮調徵絃定倍無射之律。變宮合字。所得徵分之七聲。皆應陽律一均。羽絃定黃鐘之律。宮聲四字。應徵絃之二音。所得羽絃之七聲。亦皆應陽律一均。宮絃定姑洗之律。角聲上字。應徵絃之四音。所得宮分之七聲。亦皆應陽律一均。商絃定蕤賓之律。變徵尺字。應徵絃之五音。所得商分之七聲。亦皆應陽律一均。角絃定夷則之律。徵聲工字。應徵絃之六音。所得角分之七聲。亦皆應陽律一均。其變宮絃分值太蔟之律。商聲乙字。應徵絃之三音。變徵絃分值無射之律。羽聲凡字。應徵絃之七音。各絃散聲。雖無二變。其本宮七聲之分。依然俱在。即二變七聲之分。亦皆應陽律一均。如清宮調定絃皆以陰呂。而各絃七聲之分。亦皆應陰呂一均。此所以絃音宮調得與律呂相和為用。故曰天正而為天統也。商調徵絃定黃鐘之律。宮聲四字。其所得徵分七聲之內。二音羽。四音宮。五音

商。六音角。仍應陽律。三音變宮。七音變徵。轉應陰呂。羽絃定太蔟之律。商聲乙字。應徵絃之二音。其所得羽分七聲之內。三音宮。四音商。五音角。七音徵。仍應陽律。二音變宮。六音變徵。轉應陰呂。宮絃定蕤賓之律。變徵尺字。應徵絃之四音。其所得宮分七聲之內。二音商。三音角。五音徵。六音羽。仍應陽律。四音變徵。七音變宮。轉應陰呂。商絃定夷則之律。徵聲工字。應徵絃之五音。其所得商分七聲之內。二音角。四音徵。五音羽。七音宮。仍應陽律。三音變徵。六音變宮。轉應陰呂。角絃定無射之律。羽聲凡字。應徵絃之六音。其所得角分七聲之內。三音徵。四音羽。六音宮。七音商。仍應陽律。二音變徵。五音變宮。轉應陰呂。其變宮絃分應徵絃之三音。變徵絃分應徵絃之七音。皆為陰呂。變宮得仲呂之呂清角高上字。變徵得半大呂之呂清變宮高六字。此商調七絃。五正聲得陽律。二變聲轉陰呂。較其聲字。雖二變得清聲高字。然而七聲俱備。且五正聲與陽律相和。得以相應為準。清商調五正聲亦得與陰呂相和。故商調得人正而為人統

也角調徵絃不可定太蔟之律商聲乙字而取大呂之呂清宮高五字全絃散聲首音即雜入陰呂其所得徵分七聲之内二音羽三音變宮六音角七音變徵得應陽律四音宮五音商亦雜入陰呂故本調五正聲絃内羽絃角絃得陽律徵絃宮絃商絃皆應陰呂而變宮變徵分反得陽律至於聲字則商聲乙字羽聲凡字各絃各分皆不得用是則仍遺此二聲字與宮調相雷同清角調五聲二變陰呂陽律相雜亦然故曰不可與律呂相和為用也變徵調徵絃定姑洗之律角聲上字其所得徵分七聲之内二音羽三音變宮五音商六音角七音變徵皆應陽律獨四音宮取陰呂故本調五正聲絃内徵羽商角四絃得陽律惟宮絃應陰呂二變絃分亦得陽律至於聲字商聲乙字雖立變徵然猶得備仩而羽聲凡字各絃各分皆不得用清變徵調亦獨宮絃雜入陽律是雖不可與律呂相和為用然止借一音即與宮調聲字為同較之角調則為正也徵調徵絃定蕤賓之律變徵尺字其所得徵分七聲之内二音羽三音變宮四音

宮五音商六音角俱應陽律獨七音變徵取陰呂故本調五正聲内羽絃定夷則之律徵聲工字宮絃定倍無射之律變宮合字商絃定黃鍾之律宮聲四字角絃定太蔟之律商聲乙字皆為陽律而變宮分得無射之律羽聲凡字仍為陽律惟變徵分得仲呂之呂清角高上字為陰呂較其聲字雖變徵得清角高上字而七聲俱備不但五正聲與陽律相和且二變之中止有一聲應陰呂竟與宮調之各絃各分得應陽律者相侔其清徵調亦止有變徵一聲雜入陽律其餘五正聲變宮聲皆得與陰呂相和故徵調得地正而為地統也羽調徵絃定夷則之律徵聲工字其所得徵分七聲之内二音羽四音宮五音商應陽律三音變宮六音角七音變徵應陰呂故羽絃定無射之律羽聲凡字宮絃定黃鍾之律宮聲四字商絃定太蔟之律商聲乙字而角絃則取仲呂之呂清角高上字變宮之分則應倍應鍾之呂清變宮高六字變徵之分則應林鍾之呂清變徵高尺字論其聲字五正聲内一聲雜入陰呂而二變之分又皆為陰呂清

羽調五正聲內。一聲雜入陽律。而二變之分。亦雜入陽律。此絃音羽調。雖陰陽乖應。不可與律呂相和為用。然據絃音則為七聲俱備之一調也。變宮調徵絃不可定無射之律。羽聲凡字。而取南呂之呂清徵高工字。全絃散聲首音即雜入陰呂。其所得徵分七聲之內。二音羽。三音變宮五音商六音角七音變徵。得應陽律。四音宮。亦雜入陰呂。故本調五正聲絃內羽絃商絃角絃得陽律。徵絃宮絃皆應陰呂。而變宮變徵分反得陽律。至於聲字。則商聲乙字。羽聲凡字。各絃各分。皆不得用。遺此二聲字與角調雷同。清變宮調五聲二變陰呂陽律相雜亦然故亦不可與律呂相和為用也。各調旋轉之法。以調為主。則定羽絃起調。以宮為主。則定宮絃立宮。其理一也。

# 欽定大清會典圖卷三十五

## 樂五 樂律五

琵絃清濁二均圖

管律聲音分圖一

管律聲音分圖二

管律聲音分圖三

瑟絃清濁二均圖 繪圖用百分之二十一

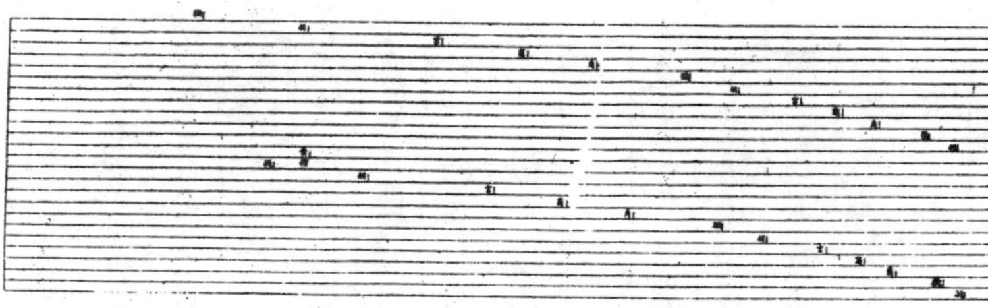

瑟之絃度得徵聲之分為絲音之正與律呂得以相和取聲絃無巨細總以宮聲之數為準蓋瑟有柱而琴無柱琴絃因巨細以別聲而瑟絃一制緣設柱以別聲柱遠則絃慢而聲以濁柱近則絃緊而聲以清絃凡二十有五以正中黃絃為界中分二十四絃取黃鐘正宮之下徵定中絃之散聲復以中絃全度四分之三設柱以和之黃鐘正宮之聲為一瑟之主而他絃皆取法乎此焉上十二絃為濁音一均之分散聲皆和以黃鐘宮之徵音下十二絃為清音一均之

分散聲皆和以大呂宮之徵音取徵音者絲音尚徵之義也濁音之絃應黃鐘宮之五正聲清音之絃應大呂宮之五正聲二均之分定乃隨各宮調設柱以別度分之遠近宮調絃則以濁音十二絃之第一絃定以倍無射之律變宮合字為下徵之分二絃定以黃鐘之律宮聲四字為下羽之分三絃定以姑洗之律角聲上字為宮絃之分四絃定以蕤賓之律變徵尺字為商絃之分五絃定以夷則之律徵聲工字為角絃之分六絃仍定以倍無射之律變宮合字應於一絃之半音為徵絃之分七絃仍定以黃鐘之律宮聲四字應於二絃之半音為羽絃之分八絃取三絃之半音仍和之姑洗之律為半宮之分九絃取四絃之半音仍和之蕤賓之律為半商之分十絃取五絃之半音仍和之夷則之律為半角之分十一絃取六絃之半音乃和之半黃鐘之律為半徵之分十二絃取七絃之半音乃和之半太蔟之律為半羽之分此宮調濁音一均之十二絃也其十三絃乃黃色之中絃十四絃則又為應清音一均十二絃內之第一絃矣清音十二絃之第一絃定以倍應鐘之呂清變宮高六字為下徵之分二絃定以大呂之呂清宮高五字為下羽之分三絃定以仲呂之呂清角高上字為宮絃之分四絃定以林鐘之呂清變徵高尺字為商絃之分五絃定以南呂之呂清徵高工字為角絃之分六絃仍定以倍應鐘之呂清變宮高六字應於一絃之半音為徵絃之分七絃仍定以大呂之呂清宮高五字應於二絃之半音為羽絃之分八絃取三絃之半音仍和之仲呂之呂為半宮之分九絃取四絃之半音仍和之林鐘之呂為半商之分十絃取五絃之半音仍和之南呂之呂為半角之分十一絃取六絃之半音乃和之半大呂之呂為半徵之分十二絃取七絃之半音乃和之半夾鐘之呂為半羽之分此宮調清音一均之十二絃也若定商調則以濁音均十二絃內第二絃下羽之分定以太蔟之律清音均十二絃內第二絃下羽之分定以夾鐘之呂其二均之各絃皆以次遞遷而旋相為用焉要之一調之中十二絃所取某律呂某聲某字六絃十一絃同於一

絃七絃十二絃同於二絃八絃同於三絃九絃同於四絃十絃同於五絃而一均內應二變之律呂皆無其位焉蓋瑟之用絃多既取聲於兩均以分應乎律呂復於各均內合兩絃以取聲以分應乎律呂之高低也如黃鐘之律低吹之則濁均內之二絃應高吹之則濁均內之七絃應如大呂之呂低吹之則清均內之二絃應高吹之則清均內之七絃應又如姑洗之律低吹之則濁均內之三絃應高吹之則濁均內之八絃應是則兩絃之應於一聲者分高低於一均之內而一律一呂各聲之分清濁者又合二均於一器也旋宮轉調改絃移柱之法總以二絃主調三絃立宮其二變聲字按其清濁定於各均之內避而不用焉

## 管律擘音分圖一

繪圖用十分之八

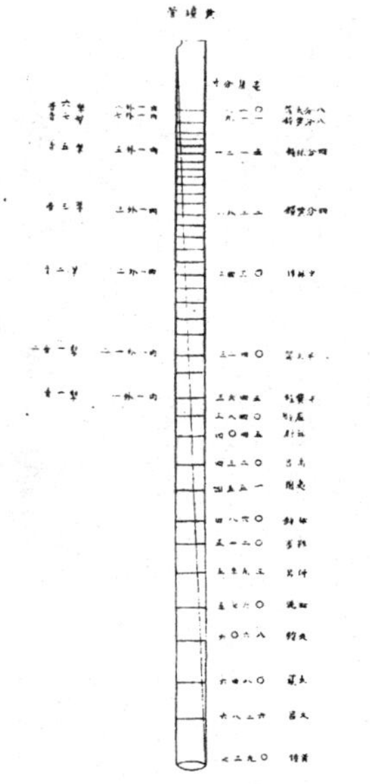

## 管律擘音分圖二

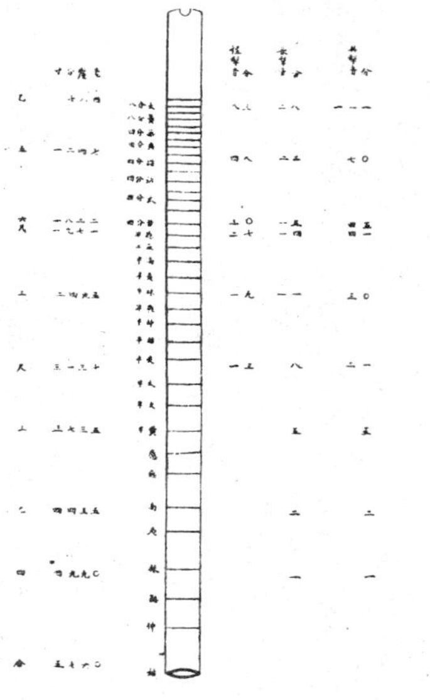

管律掣音分圖三

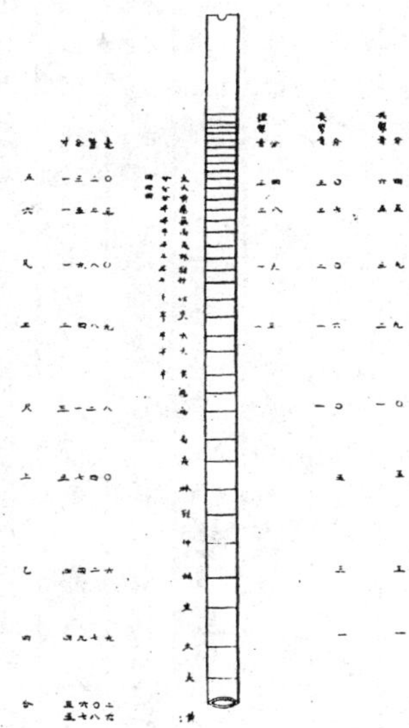

吹管之法諸孔依次遮開氣從本孔出以成音而下孔與底竅能掣氣使下故孔愈高而所掣愈多此掣之因乎長者也吹律之法氣從吹口入至管底出而成音十二律為正聲故不掣半律則為變聲長半而徑不半故氣散而音下管愈短則所掣愈多此掣之因乎徑者也如黃鐘之管自吹口至底斜界一氣綫成句股形其半黃鐘之度氣綫亦當橫徑之半内半為一音之分故八分黃鐘之管長半而徑亦半者聲與黃鐘應外半亦為一音之分故半黃鐘之管長半而徑不半者比黃鐘下一音是徑掣一音也半太簇之度氣綫内為一分外為一分二故半太簇之管比太簇下一音二即十分音之二每音作十分也而應黃鐘之律低二分是徑掣一音二也至半林鐘之度則氣綫内為一分外為二分故半林鐘之管比林鐘下二音是徑掣二音也用句股比例法遞分推之四分黃鐘之管比黃鐘下三音四分林鐘之管比林鐘下五音八分黃鐘之管比黃鐘下七音八分太簇之管比太簇下八音皆徑之所掣使然也外此則所掣不得整音然亦各得所掣之分數截管吹之其音悉合徑之掣音既由律定則長之掣音可即管推大管工字孔為蕤賓林鐘相和之半正律本為五字徑掣一音九當為凡字高一分而此孔實得工字比之凡字高一分者又下一音一則其為長之所掣可知矣大管五字孔為蕤賓林鐘相和四分之一正律本為五字徑掣四音八當為上字高二分而此孔實得五字比之上字高二分者又下二音二則其為長之所掣可知矣按孔遮推而小管所掣又多於大管乃知管本角律大管

之徑為黃鐘之徑而長為姑洗之長孔長為管長之半當摯一音孔長為管長四分之一當摯二音孔長為管長八分之一當摯三音小管之徑為半積黃鐘管之徑而長為本管黃鐘大呂相和之長以徑長相比例孔長為管長之半當摯一音四五孔長為管長四分之一當摯二音九孔長為管長八分之一當摯四音三五用差分法按孔推之其分悉合大管求徑摯音法以黃鐘長七寸二分九釐為大股為一率全徑作十分為大句為二率孔長分為三率得四率為小句與全徑十分相減餘為餘句以小句除餘句得徑摯音分數求長摯音法孔長為正音分孔長與通長或半長或四分之一或八分之一相減餘為摯音分摯音分與正音分相等為摯一音四分之一為摯二音八分之一為摯三音摯音分不及正音分者以摯音分為實正音分為法除之得摯音小餘累加之得摯音共數小管求徑摯音法以本管黃鐘之度五寸七分八釐六毫為大股為一率全徑作十分為大句為二率孔長分為三率得四率為小句與全徑十

分相減餘為餘句以小句除餘句得徑摯音分數求長摯音法以大管徑二分七釐四毫一絲九忽為一率大管半長二寸八分八釐為二率小管徑二分一釐七毫六絲二忽為三率得四率二寸二分八釐五毫為一音分與小管半長二寸八分零一毫相減餘五一六為實以一音分二二八五為法除之得十分音之二小餘二六為半管自摯之分數與下半管一音二二六相加得一音四五二為半管被全管摯音之率乃以孔長為正音分孔長與通長或半長或四分之一或八分之一相減餘為摯音分摯音分與正音分相等為摯一音四五四分之一為摯二音九八分之一為摯四音三五摯音分不及正音分者以摯音分為實正音分為法除之得數與摯音率相乘得摯音小餘累加之得長摯音共數大管音分則通長合字第一孔四字本管蕤賓林鐘相和之分正律本為四字長摯十分音之一仍為四字第二孔乙字本管夷則南呂相和之分正律本為乙字長摯十分音之二仍為乙字第三孔上字本管無射應鐘相和之

分與半黃鐘半大呂相併折中正律本為高上字長聲半音故為上字第四孔尺字本管太蔟夾鐘相和之半正律本為凡字徑聲一音三長聲十分音之八共聲二音故為尺字第五孔工字本管蕤賓林鐘相和之半正律本為五字徑聲一音九長聲一音一共聲三音故為工字第六孔凡字無射應鐘相和之半正律本為上字徑聲二音七長聲一音四共聲四音故為凡字第七孔六字黃鐘四分之一正律本為低工字徑聲三音長聲一音半共聲四音半故為六字第八孔五字蕤賓林鐘相和四分之一正律本為五字徑聲四音八長聲二音二共聲七音故仍為五字第九孔乙字太蔟夾鐘相和八分之一正律本為凡字徑聲八音三長聲二音八共聲十一音故為乙字小管通長合字第一孔四字本管太蔟夾鐘相和之分正律本為四字長聲十分音之一仍為四字第二孔乙字本管姑洗仲呂相和之分正律本為乙字長聲十分音之三仍為乙字第三孔上字本管蕤賓林鐘相和之分與夷則南呂相和之分相併折中正律

為高上字長聲半音故為上字第四孔尺字本管無射應鐘相和之分正律本為工字長聲一音故為尺字第五孔工字本管太蔟夾鐘相和之半正律本為四字徑聲一音三長聲一音六共聲三音故為工字第六孔凡字本管蕤賓林鐘相和之半正律本為上字徑聲一音九長聲二音共聲四音故為凡字第七孔六字本管半應鐘之分正律為高工字徑聲二音長聲二音七共聲五音半故為六字第八孔五字本管大呂太蔟相和四分之一正律本為高六字徑聲三音四長聲三音共聲六音半故為五字至於篪之制異於管設底開孔則氣緩音下而以底收氣猶之徑小而管長也管無底氣從管末通出故以管長與全徑為比例其氣綫為內之幾倍即聲幾音篪有底氣從底孔中出則以管長與半徑為比例半徑為氣綫內之幾倍即聲幾音而底之半徑原聲一音三則又當以一音三為聲音之率此篪之徑聲音所以異也又大管姑洗半律為一音小管徑小比例同形其半管之長已過一音之分故以半長自聲之分與下

半所擊之分相加為半長被通長擊音之率篪管徑大比例同形其一音之分已過半篪之長則以一音之分除半長為半長被通長擊音之率蓋徑小則長之所擊者多徑大則長之所擊者少也此篪之長擊音所以異也篪求徑擊音法以本管黃鐘之分二尺三寸一分四釐四毫為大股為一率全徑作十分為大句為二率篪之通長九寸九分五釐九毫為小股為三率得四率四分三為小句與全徑十分相減餘五分七為餘句以小句除餘句得一音三為徑擊音率乃以篪長九寸九分五釐九毫為大股為一率半徑作十分為大句為二率孔長分為三率得四率為小句以小句除大句得數與擊音相乘得徑擊音分數求長擊音法以黃鐘管徑二分七釐四毫為一率姑洗半律二寸八分八釐為二率篪徑八分七釐為三率得四率九寸一分四釐四毫為一音之分以除篪半長四寸九分七釐九毫得十分音之五為半管被全管擊音之率乃以孔長為正音分孔長與通長或半長相減餘為擊音分擊音分與正音分相等為擊半音四分之一為擊一音擊音分不及正音分者以擊音分為實正音分為法除之得數與擊音率相乘得擊音小餘累加之得長擊音共數此以姑洗篪之長徑言也仲呂篪長徑雖異比例則同

欽定大清會典圖卷三十六

樂六 樂器一



麾圖中和韶樂用　繪圖用百分之四

麾。用黃緞長五尺四寸六分七釐五毫。闊一尺零七分八釐六毫。繡九曲雲龍。上端飾藍緞長八寸一分。繡紅日。日中繡中和金篆字。上繡三台星。左北斗。右南斗。兼雲文。上下綴橫木。上鏤雙龍高五寸七分六釐。下鏤山水形。高三寸六分四釐五毫。皆髹金。懸以朱杠。杠長八尺一寸。徑一寸一分五釐二毫。杠上端飾塗金銅龍長一尺零九分三釐五毫。龍首曲嚮前四寸六分零八毫。結黃絨於龍口以銜麾。架高二尺五寸六分。闊一尺五寸三分六釐。亦髹金。麾舉樂作。

麾偃樂止。

鎛鐘圖一

中和韶樂用

繪圖用百分之四

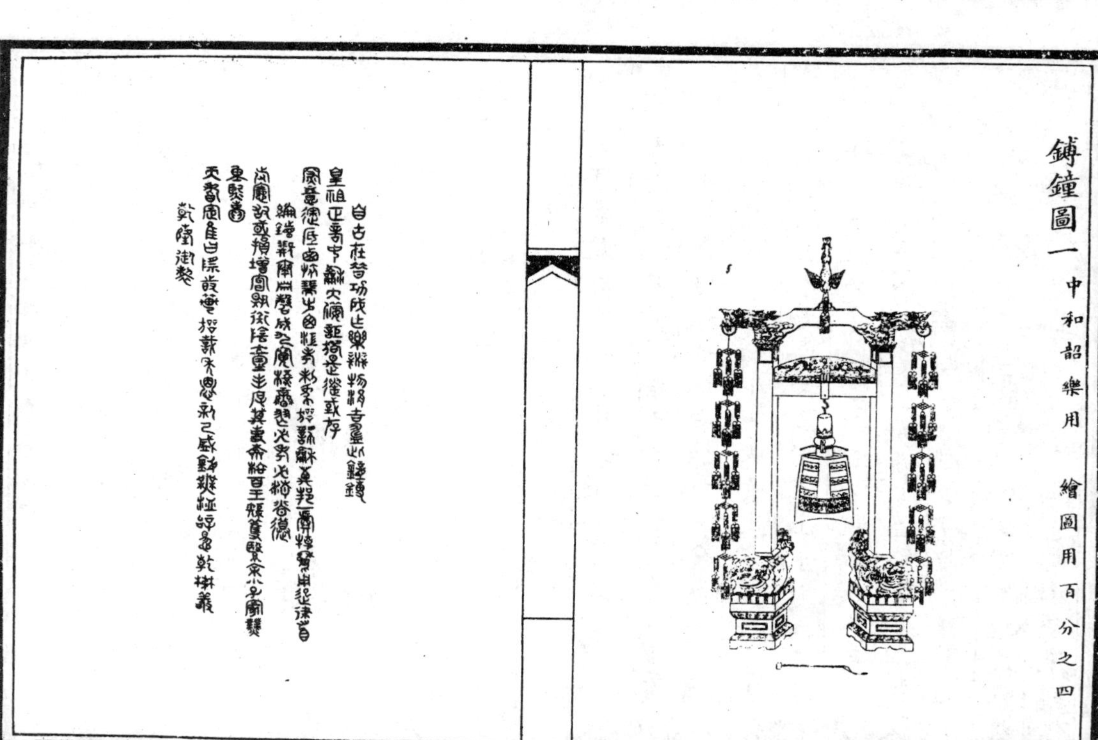

自古在昔功成作樂辨物涓吉鑄此鐘鎛
皇祖正音中和大備詎獨是遺或存
深意績底西旅瑞出西江考制象器協和萬邦一歲特懸用起律首
編鐘繼奏簫韶成九寬横樂舞必考必精慎遵
前憲敢或損增宣陽導陰立均出度萬事本根百王矩矱繄余小子蒙業
重熙續
天眷定惟日隮時乾器識年悉新已盛銘無溢辭惕乾懋敬
乾隆御製

鏄鐘
弟一
黃鐘

大清乾隆二十又
六年歲在辛巳冬
十一月乙未朔越
六日庚子鑄成

鑄鐘
第一
黃鐘

大清乾隆二十有
六年歲在辛巳冬
十一月乙未朔越
六日庚子鑄成

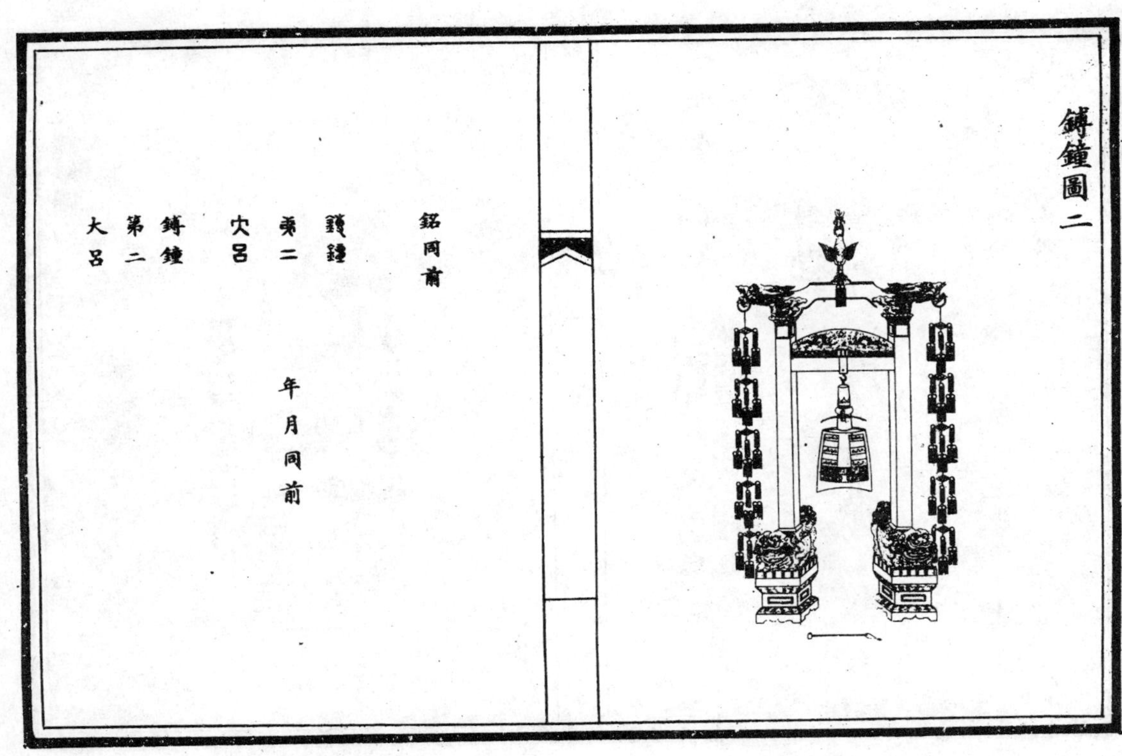
鑄鐘圖二

銘同前

鏄鐘
弟二
大呂

年月同前

鑄鐘
第二
大呂

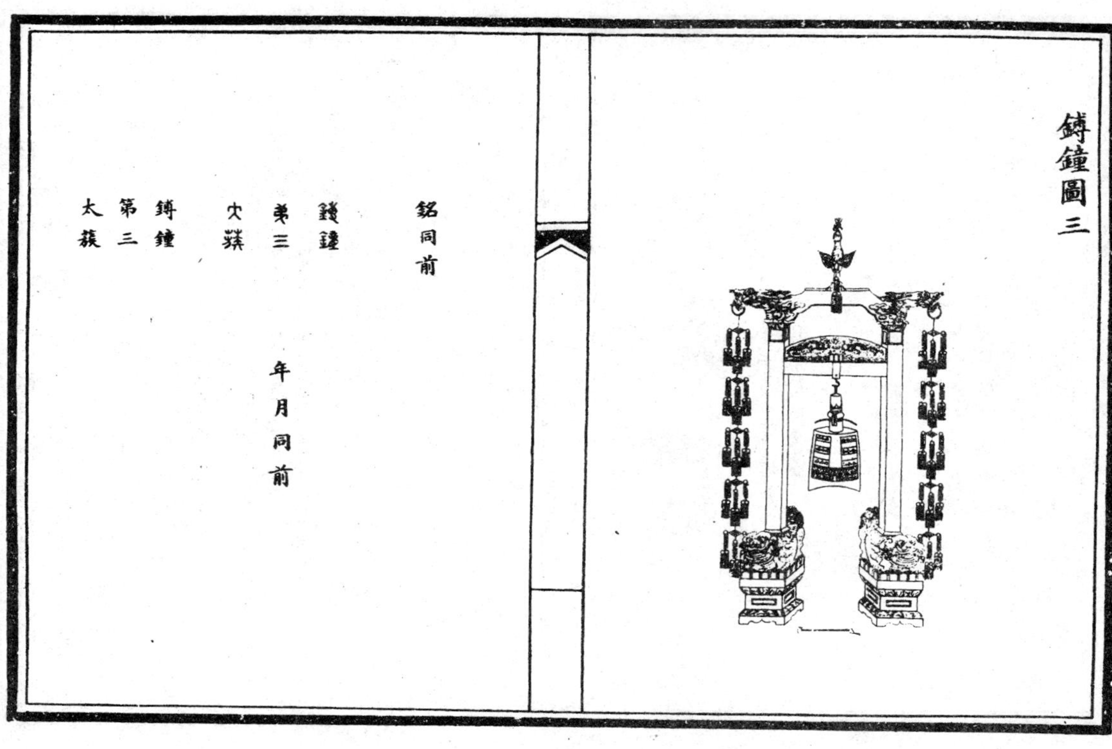


鎛鐘圖四

銘同前

鎛鐘

第四

夾鐘

年月同前

鎛鐘

第四

夾鐘

鎛鐘圖五

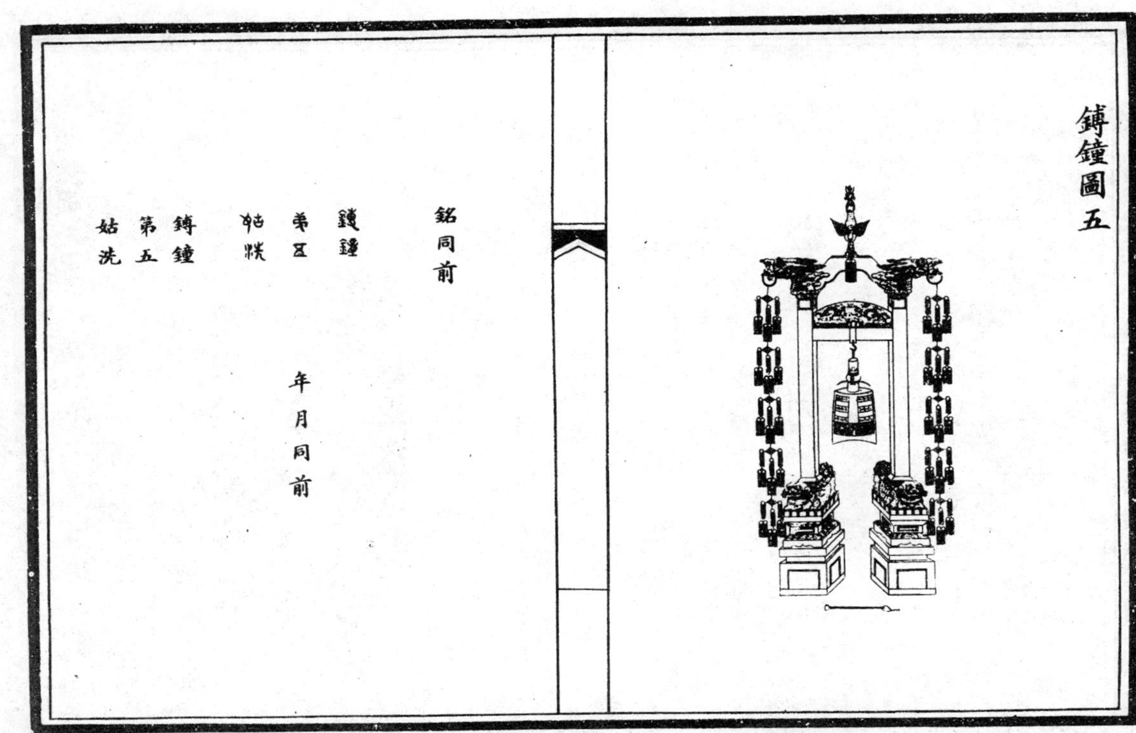

銘同前

鎛鐘
第五
年月同前
姑洗

鎛鐘
第五
姑洗

鎛鐘圖六

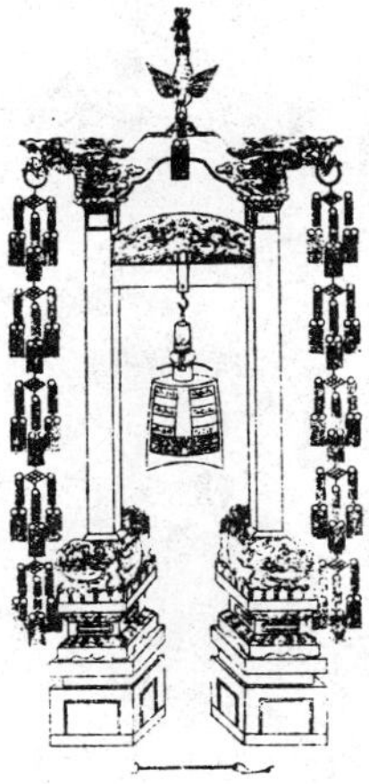

銘同前

鎛鐘
第六
年月同前
仲呂

鎛鐘
第六
仲呂

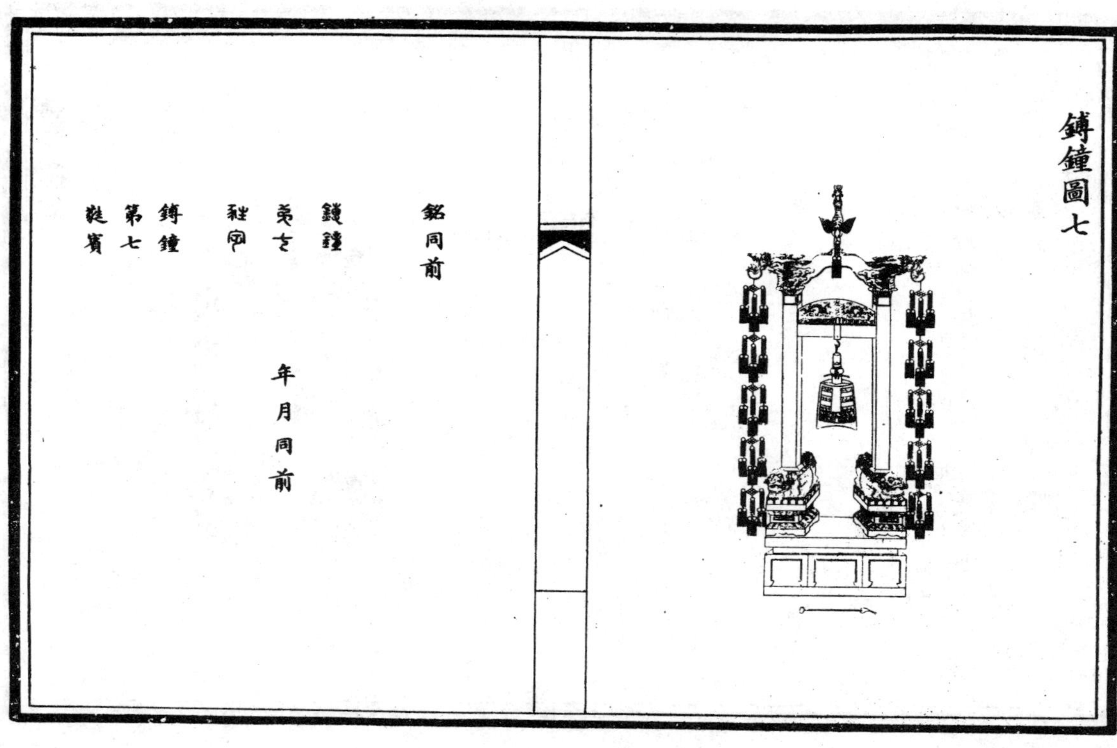


鎛鐘圖八

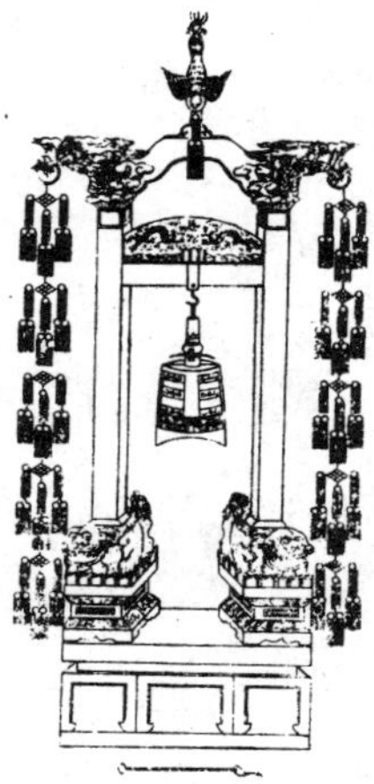

銘同前

鎛鐘

第八

林鐘

年月同前

鎛鐘

第八

林鐘

鎛鐘圖九

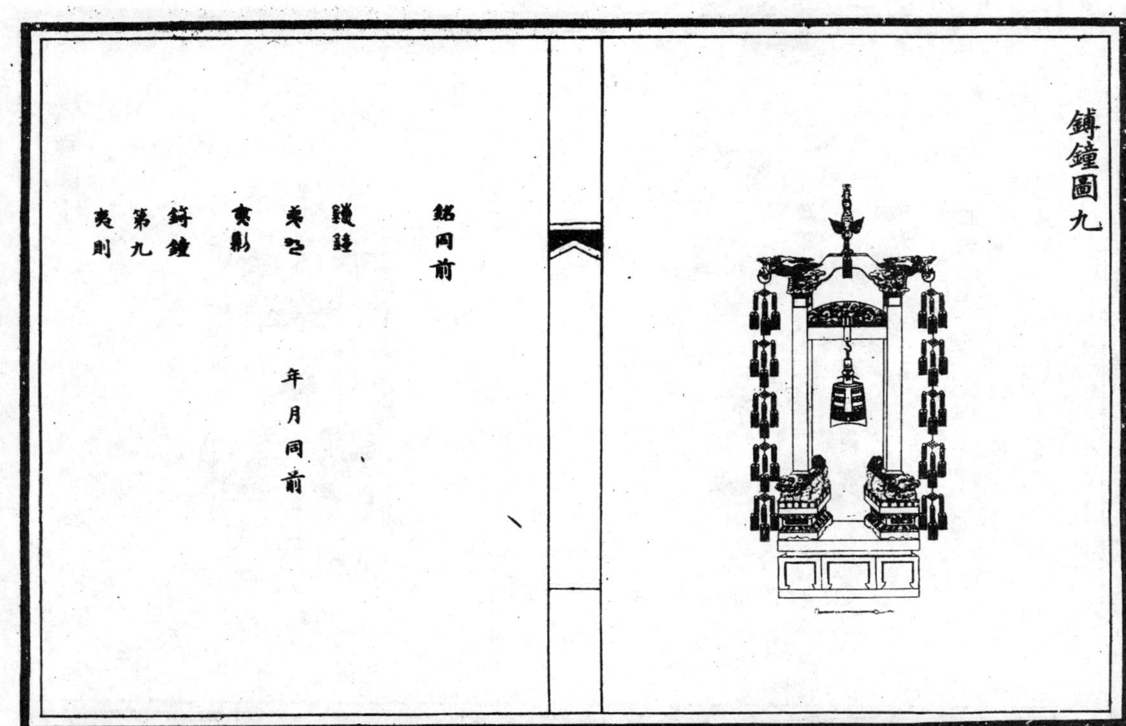

銘同前

鎛鐘
第九
夷則

年月同前

鎛鐘
第九
夷則

鎛鐘圖十

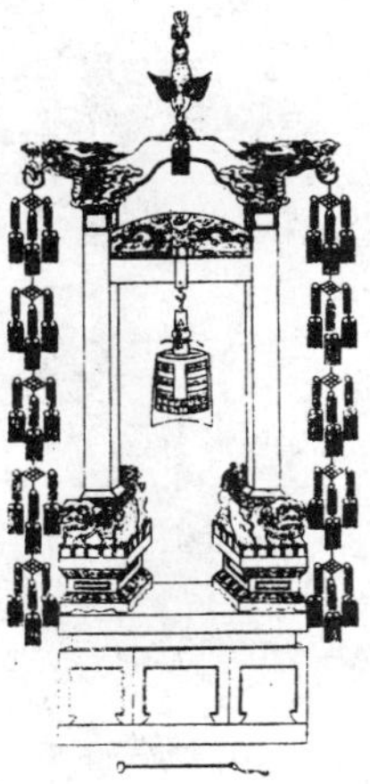

銘同前

鎛鐘
第十
南呂

年月同前

鎛鐘
第十
南呂

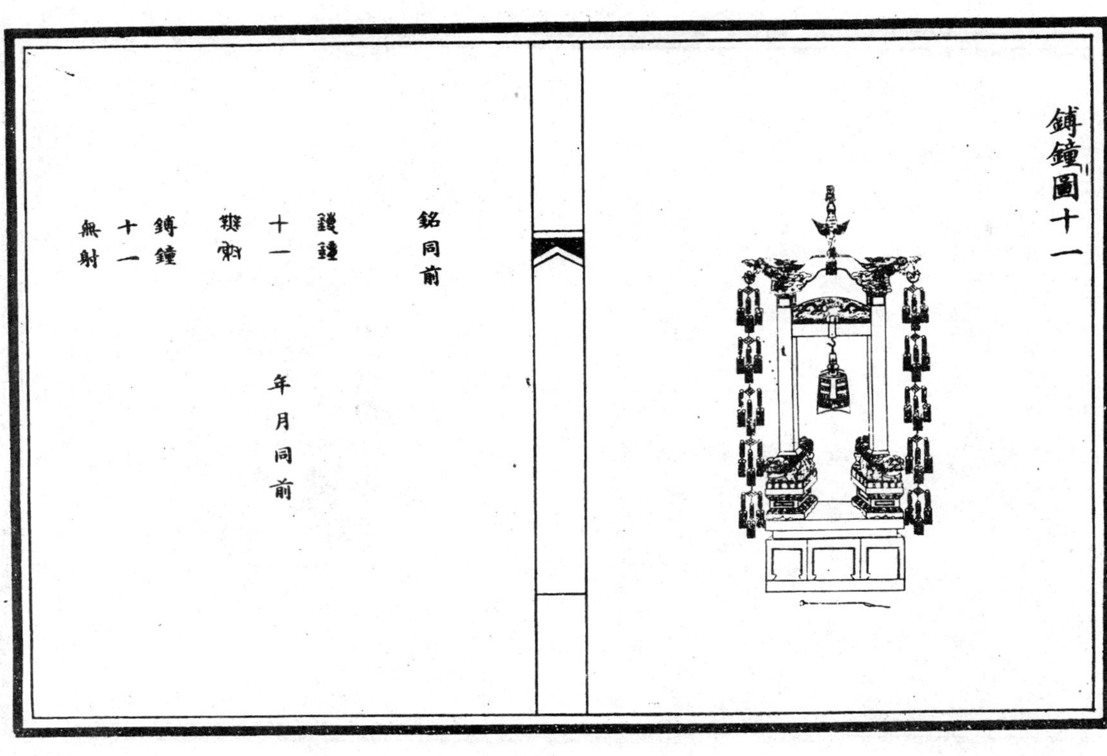
鎛鐘圖十一

銘同前

鎛鐘

十一　　年月同前

無射

鎛鐘

十一

無射

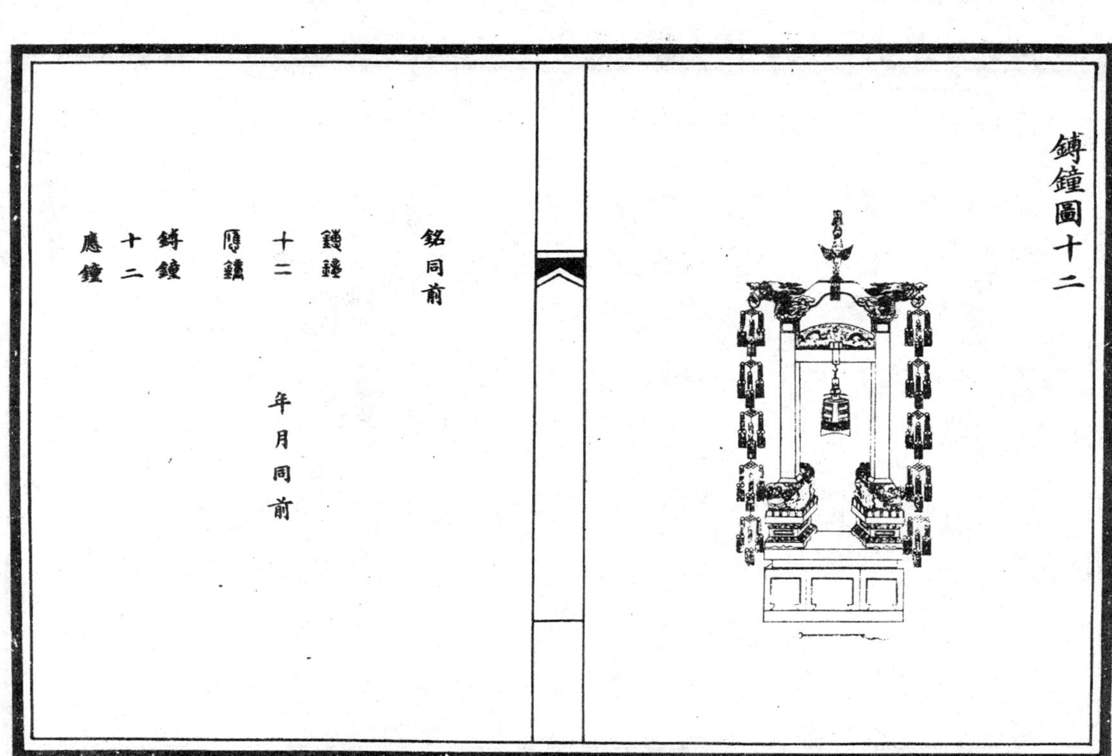
鎛鐘圖十二

銘同前

鎛鐘

十二　　年月同前

應鐘

鎛鐘

十二

應鐘

鑄鐘律分圖 繪圖用第一鐘十一分之一

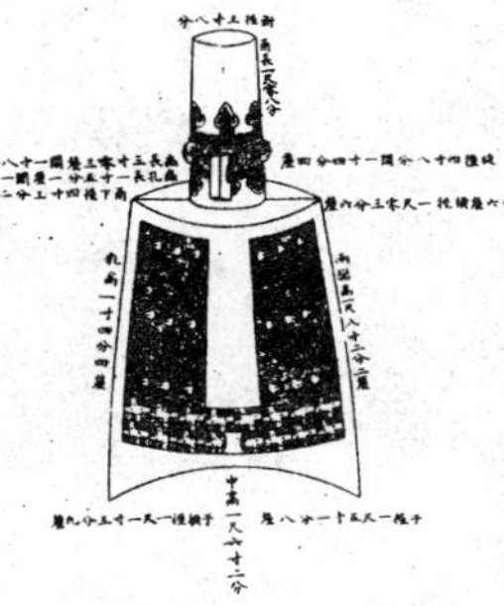

鑄鐘。笵金十二鐘各虡大小異制。皆上徑小下徑大。縱徑大橫徑小。乳三十六。兩角下垂。前鐫高宗純皇帝御製銘。後鐫各鐘十二律名。并鑄鐘年月俱篆文。第一黄鐘之鐘。十一月用之。兩欒高一尺八寸二分二釐。中高一尺六寸二分。于徑一尺五寸一分八釐。橫一尺一寸三分九釐。兩舞相距一尺二寸九分六釐。橫一尺零三分六釐。甬長一尺零八分。甬上衡徑三寸八分。甬下徑四寸三分二釐。旋徑四寸八分。闊一寸四分四釐。蟲長三寸零三釐。闊一寸八分二釐。厚一寸二分一釐。蟲孔長一寸五分一釐。闊一寸零一釐。乳高一寸四分四釐。鐫識處高九寸一分一釐。上闊三寸零三釐。下闊四寸零五釐。第二大呂之鐘。十二月用之。兩欒高一尺七寸零六釐中高一尺五寸一分七釐。于徑一尺四寸二分二釐。橫一尺零六分六釐。兩舞相距一尺二寸一分三釐。橫九寸七分。甬長一尺零一分一釐甬上衡徑二寸六分六釐。甬下徑四寸零四釐旋徑四寸四分九釐。闊一寸三分四釐。蟲長二寸八分四釐。闊一寸七分。厚一寸一分四釐。蟲孔長一寸四分二釐。闊九分四釐。乳高一寸三分四釐。鐫識處高八寸五分三釐。上闊二寸八分四釐。下闊三寸七分九釐。第三太蔟之鐘。正月用之。兩欒高一尺六寸二分。中高一尺四寸四分。于徑一尺三寸五分。橫一尺零一分二釐兩舞相距一尺一寸五分二釐。橫九寸一分二釐。甬長九寸六分。甬上衡徑二寸五分三釐。甬下徑三寸八分四釐。旋徑四寸二分六釐。闊一寸二分八釐。蟲長二寸七分。闊一寸六分二釐。厚一寸零八釐。蟲孔長一寸三分五釐。闊九分。

乳高一寸二分八釐。鎛識處高八寸一分。上闊二寸七分。下闊三寸六分。第四夾鐘之鐘。二月用之。兩欒高一尺五寸一分七釐。中高一尺三寸四分八釐。于徑一尺二寸六分四釐。橫九寸四分八釐。兩舞相距一尺零七分八釐。橫八寸六分三釐。甬長八寸九分八釐。甬上衡徑二寸三分七釐。甬下徑三寸五分九釐。旋徑三寸九分九釐。闊一寸一分九釐。蟲長二寸五分二釐。闊一寸五分一釐。厚一寸零一釐。蟲孔長一寸二分六釐。闊八分四釐。乳高一寸一分九釐。鎛識處高七寸五分八釐。上闊二寸五分二釐。下闊三寸三分七釐。第五姑洗之鐘。三月用之。兩欒高一尺四寸四分。中高一尺二寸八分。于徑一尺二寸。橫九寸。兩舞相距一尺零二分四釐。橫八寸一分九釐。甬長八寸五分三釐。甬上衡徑二寸二分五釐。甬下徑三寸四分一釐。旋徑三寸七分九釐。闊一寸一分三釐。蟲長二寸四分。闊一寸四分四釐。厚九分六釐。蟲孔長一寸二分。闊八分。乳高一寸一分三釐。鎛識處高七寸二分。上闊二寸四分。下闊三寸二分。第六仲呂之鐘。四月用之。兩欒高一尺三寸四分八釐。中高一尺一寸九分八釐。于徑一尺一寸二分三釐。橫八寸四分一釐。兩舞相距九寸五分八釐。橫七寸六分七釐。甬長七寸九分九釐。甬上衡徑二寸一分。甬下徑三寸一分九釐。旋徑三寸五分五釐。闊一寸零六釐。蟲長二寸二分四釐。闊一寸三分四釐。厚八分九釐。蟲孔長一寸一分二釐。闊七分四釐。乳高一寸零六釐。鎛識處高六寸七分四釐。上闊二寸二分四釐。下闊二寸九分九釐。第七蕤賓之鐘。五月用之。兩欒高一尺二寸八分。中高一尺一寸三分七釐。于徑一尺零六分六釐。橫七寸九分九釐。兩舞相距九寸一分二釐。橫七寸二分八釐。甬長七寸五分八釐。甬上衡徑一寸九分九釐。甬下徑三寸零三釐。旋徑三寸三分七釐。闊一寸零一釐。蟲長二寸一分三釐。闊一寸二分七釐。厚八分五釐。蟲孔長一寸零六釐。闊七分一釐。乳高一寸零一釐。鎛識處高六寸四分。上闊二寸一分三釐。下闊二寸八分四釐。第八林鐘之鐘。六月用之。兩欒高一尺二寸一分五釐。中高一尺零八分。于徑一尺零一分二釐。横七寸五分九釐。兩舞相距八寸六分四釐。横六寸九分一釐。甬長七寸二分。甬上衡徑一寸八分九釐。甬下徑二寸八分八釐。旋徑三寸二分。闊九分六釐。蟲長二寸零二釐。闊一寸二分一釐。厚八分一釐。蟲孔長一寸零一釐。闊六分七釐。乳高九分六釐。鐫識處高六寸零七釐。上闊二寸零二釐。下闊二寸七分。第九夷則之鐘七月用之。兩欒高一尺一寸三分七釐。中高一尺零一分一釐。于徑九寸四分八釐。横七寸一分一釐。兩舞相距八寸零九釐。横六寸四分七釐。甬長六寸七分四釐。甬上衡徑一寸七分七釐。甬下徑二寸六分九釐。旋徑二寸九分九釐。闊八分九釐。蟲長一寸八分九釐。闊一寸一分三釐。厚七分五釐。蟲孔長九分四釐。闊六分三釐。乳高八分九釐。鐫識處高五寸六分八釐。上闊一寸八分九釐。下闊二寸五分二釐。第十南吕之鐘八月用之。兩欒高一尺零八分。中高九寸六分。于徑九寸。横六寸七分五釐。兩舞相距七寸六分八釐。横六寸一分四釐。甬長六寸四分。甬上衡徑一寸

六分八釐。甬下徑二寸五分六釐。旋徑二寸八分四釐。闊八寸五釐。蟲長一寸八分。闊一寸零八釐。厚七分二釐。蟲孔長九分。闊六分。乳高八分五釐。鐫識處高五寸四分。上闊一寸八分。下闊二寸四分。第十一無射之鐘九月用之。兩欒高一尺零一分一釐。中高八寸九分八釐。于徑八寸四分二釐。横六寸二分二釐。兩舞相距七寸一分九釐。横五寸七分五釐。甬長五寸九分九釐。甬上衡徑一寸五分八釐。甬下徑二寸三分九釐。旋徑二寸六分六釐。闊七分九釐。蟲長一寸六分八釐。闊一寸零一釐。厚六分七釐。蟲孔長八分四釐。闊五分六釐。乳高七分九釐。鐫識處高五寸零五釐。上闊一寸六分八釐。下闊二寸二分四釐。第十二應鐘之鐘十月用之。兩欒高九寸六分。中高八寸五分三釐。于徑七寸九分九釐。横五寸九分九釐。兩舞相距六寸八分二釐。横五寸四分六釐。甬長五寸六分八釐。甬上衡徑一寸四分九釐。甬下徑二寸二分七釐。旋徑二寸五分一釐。闊七分五釐。蟲長一寸五分九釐。闊九分五釐。厚六分六釐。蟲孔長七

分九釐闊五分三釐。乳高七分五釐。鐫識處高四寸八分。上闊一寸六分。下闊二寸一分三釐甬近下三分之一設旋結黃絨紃穿蟲孔懸之簨虡。簨虡皆塗金。通高九尺二寸五分。左右兩虡承以五采伏獅。下為趺。趺上有垣。鏤山水形。上簨左右刻龍首高皆一尺一寸。脊樹金鸞咮銜五采流蘇。龍口亦如之。下垂至趺。中簨上有業。高皆七寸。鏤雲龍。附簨垂鉤以懸鐘。簨虡制凡四黃鐘大呂太蔟三鐘。簨虡同一制。皆厚三寸八分。上簨闊五尺四寸。中簨闊二尺七寸。高四寸。左右兩虡高五尺六寸五分。闊四寸。獅高一尺二寸五分。趺高如之。縱二尺四寸。橫一尺二寸。垣高三寸。夾鐘姑洗仲呂三鐘。簨虡同一制。皆厚二寸八分。上簨闊四尺七寸。中簨闊二尺二寸。高三寸六分。左右兩簨高五尺零五分闊三寸六分。獅高九寸。趺高如之。縱二尺一寸。橫一尺。垣高二寸五分。下墊几二。縱二尺三寸。橫一尺二寸。高一尺三寸。以符第一虡高下之制。蕤賓林鐘夷則三鐘。簨虡同一制。皆厚二寸八寸。左右兩虡高四尺七寸五分。闊三寸六分。上簨中簨獅趺尺寸俱同第二簨虡。下墊几三。縱三尺六寸六分。橫二尺三寸。高一尺六寸。南呂無射應鐘三鐘。簨虡同一制。皆厚二寸八分。左右兩虡高四尺三寸五分。闊三寸六分。上簨中簨獅趺尺寸俱同第二簨虡。下墊几三。縱三尺六寸六分。橫二尺三寸。高二尺。擊具卧鼓形有柄。髹朱。凡鐘磬皆如之。

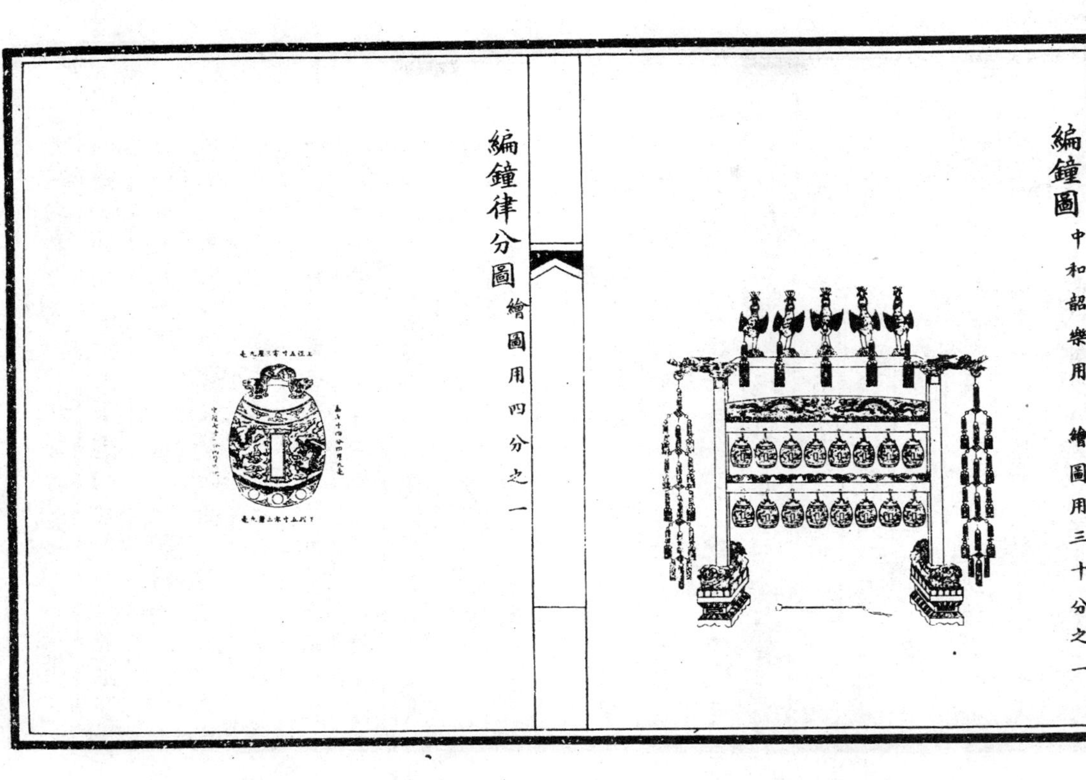

編鐘圖 中和韶樂用　繪圖用三十分之一

編鐘律分圖　繪圖用四分之一

編鐘範金十六鐘同虡應十二正律四倍律陰陽各八以厚薄為次外形皆橢圓下口平上下徑皆五寸零三釐九毫中徑七寸一分四釐六毫高七寸四分四釐九毫紐為雙龍中為雲龍文前鐫康熙五十四年製後各鐫律名近脣如滿月者六以受擊其内高中徑上下徑中空容積之數各不同倍夷則之鐘内高七寸三分一釐六毫七絲中徑六寸八分八釐零一絲上下徑四寸七分七釐三毫一絲中容積二百二十五寸一十六分七百五十五釐八百四十毫體厚一分三釐三毫重一百七十九兩七錢倍南呂之鐘内高七寸三分零七毫七絲中徑六寸八分六釐二毫一絲上下徑四寸七分五釐五毫一絲中容積二百二十三寸四百六十分三百一十一釐六百八十毫體厚一分四釐二毫重一百九十二兩倍無射之鐘内高七寸三分零一絲中徑六寸八分四釐六毫九絲上下徑四寸七分三釐九毫九絲中容積二百二十二寸一百五十分二百一十二釐二百毫體厚一分四釐九毫六絲重二百零二兩二錢倍應鐘

之鐘。內高七寸二分九釐二毫一絲。中徑六寸八分三釐零九絲。上下徑四寸七分二釐三毫九絲。中容積二百二十寸七百七十分二十三釐四十毫。體厚一分五釐七毫六絲。重二百一十三兩。黃鐘之鐘。內高七寸二分九釐。中徑六寸八分二釐六毫六絲。上下徑四寸七分一釐九毫六絲。中容積二百二十寸三百九十九分二百一十一釐五百二十毫。體厚一分五釐九毫八絲。重二百一十六兩。大呂之鐘。內高七寸二分八釐一毫四絲。中徑六寸八分零九毫五絲。上下徑四寸七分零二毫五絲。中容積二百一十八寸九百二十五分三百四十八釐四百八十毫。體厚一分六釐八毫三絲。重二百二十七兩五錢。太簇之鐘。內高七寸二分七釐二毫四絲。中徑六寸七分九釐一毫四絲。上下徑四寸六分八釐四毫四絲。中容積二百一十七寸三百七十二分六百三十六釐八百毫。體厚一分七釐七毫三絲。重二百三十九兩七錢。夾鐘之鐘。內高七寸二分六釐零四絲。中徑六寸七分六釐七毫四絲。上下徑四寸六分六釐零四

絲。中容積二百一十五寸二百九十七分三百七十七釐九百二十毫。體厚一分八釐九毫三絲。重二百五十六兩。姑洗之鐘。內高七寸二分五釐零二絲。中徑六寸七分四釐七毫一絲。上下徑四寸六分四釐零一絲。中容積二百一十三寸五百五十分五百七十七釐二百八十毫。體厚一分九釐九毫五絲。重二百六十九兩六錢。仲呂之鐘。內高七寸二分三釐六毫七絲。中徑六寸七分二釐。上下徑四寸六分一釐三毫。中容積二百一十一寸二百一十五分九百一十一釐四十毫。體厚二分一釐三毫。重二百八十八兩。蕤賓之鐘。內高七寸二分二釐五毫三絲。中徑六寸六分九釐七毫二絲。上下徑四寸五分九釐零二絲。中容積二百零九寸二百五十分七百六十釐三百二十毫。體厚二分二釐四毫四絲。重三百零三兩四錢。林鐘之鐘。內高七寸二分一釐六毫五絲。中徑六寸六分七釐九毫六絲。上下徑四寸五分七釐二毫六絲。中容積二百零七寸七百二十九分二百零八釐八百八十毫。體厚二分三釐三毫二絲。重三

百一十五兩三錢。夷則之鐘。內高七寸二分一釐三毫三絲。中徑六寸六分七釐三毫二絲。上下徑四寸五分六釐六毫二絲。中容積二百零七寸一百八十分四百七十八釐八十毫。體厚二分三釐六毫四絲。重三百一十九兩六錢。南呂之鐘。內高七寸一分九釐七毫二絲。中徑六寸六分四釐一毫一絲。上下徑四寸五分三釐四毫一絲。中容積二百零四寸四百一十三分四百六十六釐二百四十毫。體厚二分五釐二毫五絲。重三百四十一兩三錢。無射之鐘。內高七寸一分八釐三毫七絲。中徑六寸六分一釐四毫一絲。上下徑四寸五分零七毫一絲。中容積二百零二寸八十四分三百九十八釐七百二十毫。體厚二分六釐六毫。重三百五十九兩五錢。應鐘之鐘。內高七寸一分六釐五毫七絲。中徑六寸五分七釐八毫。上下徑四寸四分七釐一毫。中容積一百九十八寸九百七十一分五百一十釐四百毫。體厚二分八釐四毫。重三百八十四兩。簨虡塗金。通高九尺。橫為三簨。上簨長一丈。左右刻龍首。中下二簨俱長六尺四寸。三虡俱高三寸六分。厚二寸七分。刻朵雲各八。下垂金鉤以懸鐘。中簨設業鏤雲龍文。中高八寸。兩旁高六寸。下簨設業有牙作水波形。高三寸。左右兩虡高六尺四寸。闊三寸六分。厚二寸七分。承以五采伏獅。高一尺零二分。下為趺。縱二尺四寸。橫一尺。高如之。趺上垣高三寸。鏤山水形。上簨脊樹金鸑五。咮銜五采流蘇。龍口亦如之。垂至趺。

欽定大清會典圖卷三十七

樂七樂器二



瑟律分圖

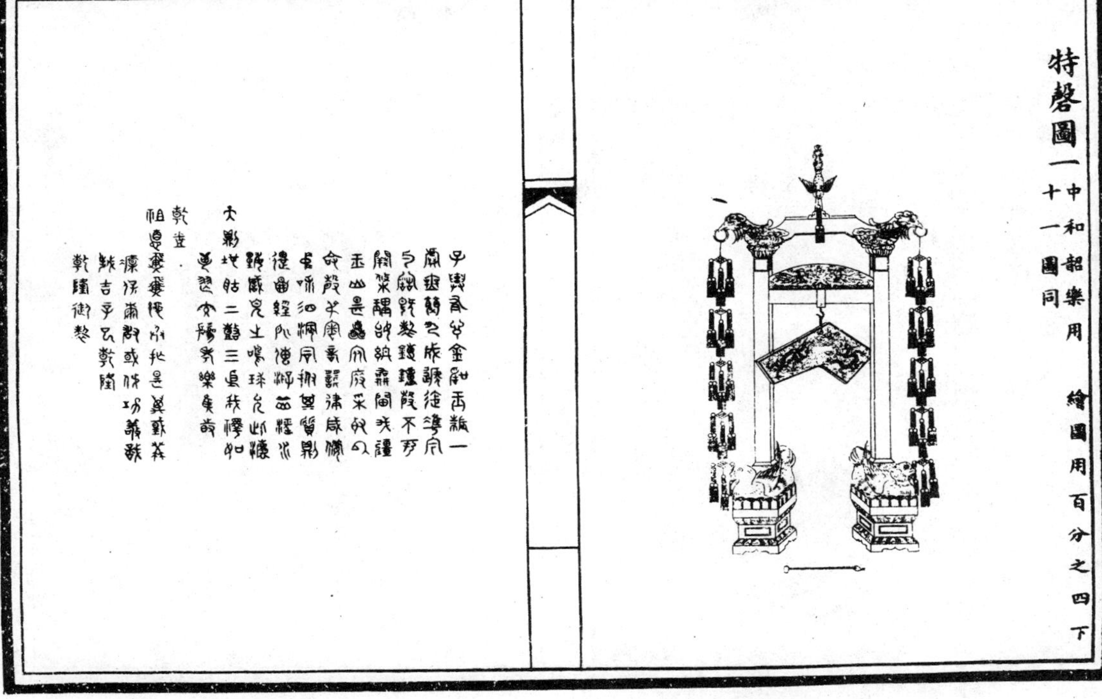

特磬圖一 中和韶樂用 十一圖同 繪圖用百分之四下

子輿有言金聲玉振一虡無雙九成遞進準今酌古既製鎛鐘磬不可闕條理始終和聞我饍玉山是矗依度采取以命磬叔審音協律咸備中和泗濱同拊其質則過圖繆所傳浮磬涅水誰識見之鳴球允此法天則地股二鼓三依我繹如獸舞鸞鬈考樂雖時乾禧祖德翼翼繩承撫是萬國益凜保泰敢忒伐功敬識歲吉辛巳乾隆

乾隆御製

特磬第一黃鐘

大清乾隆二十有六年歲在辛巳冬十一月乙未朔越九日癸卯琢成

特磬第一黃鐘

大清乾隆二十有六年歲在辛巳冬十一月乙未朔越九日癸卯琢成

特磬圖二

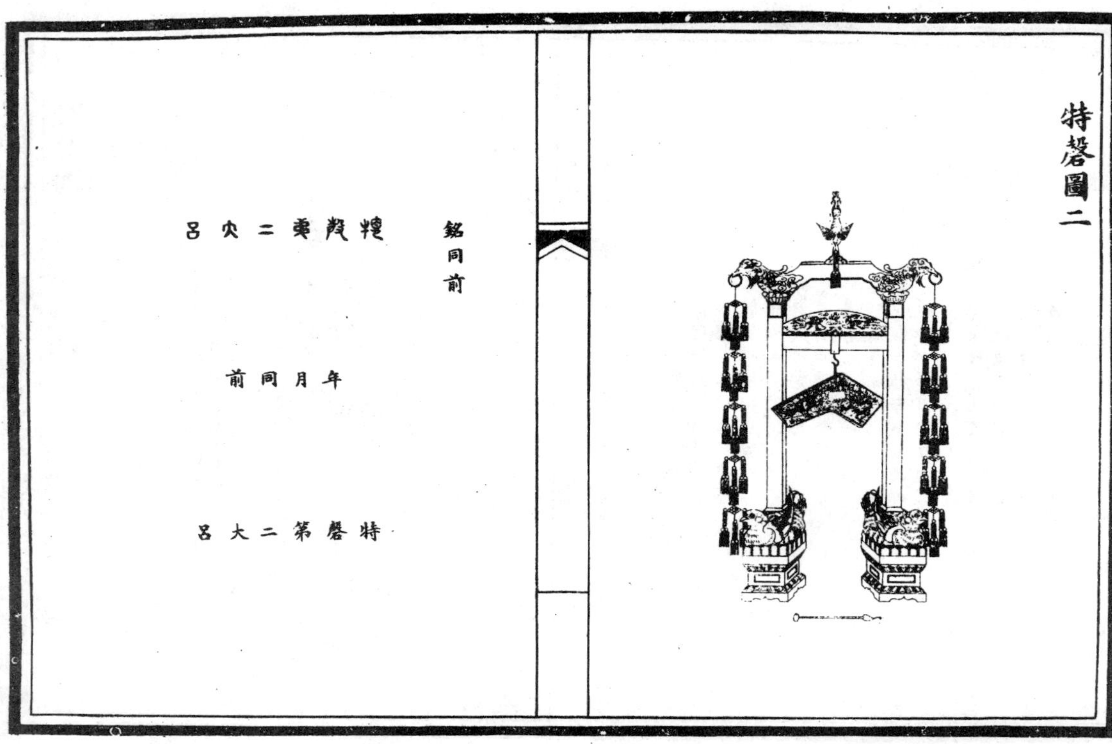


特磬圖三

銘同前

犆殸弟三大蔟

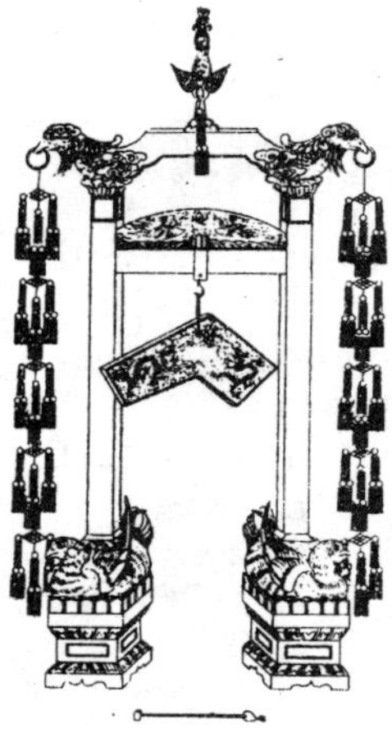

年月同前

特磬第三太蔟

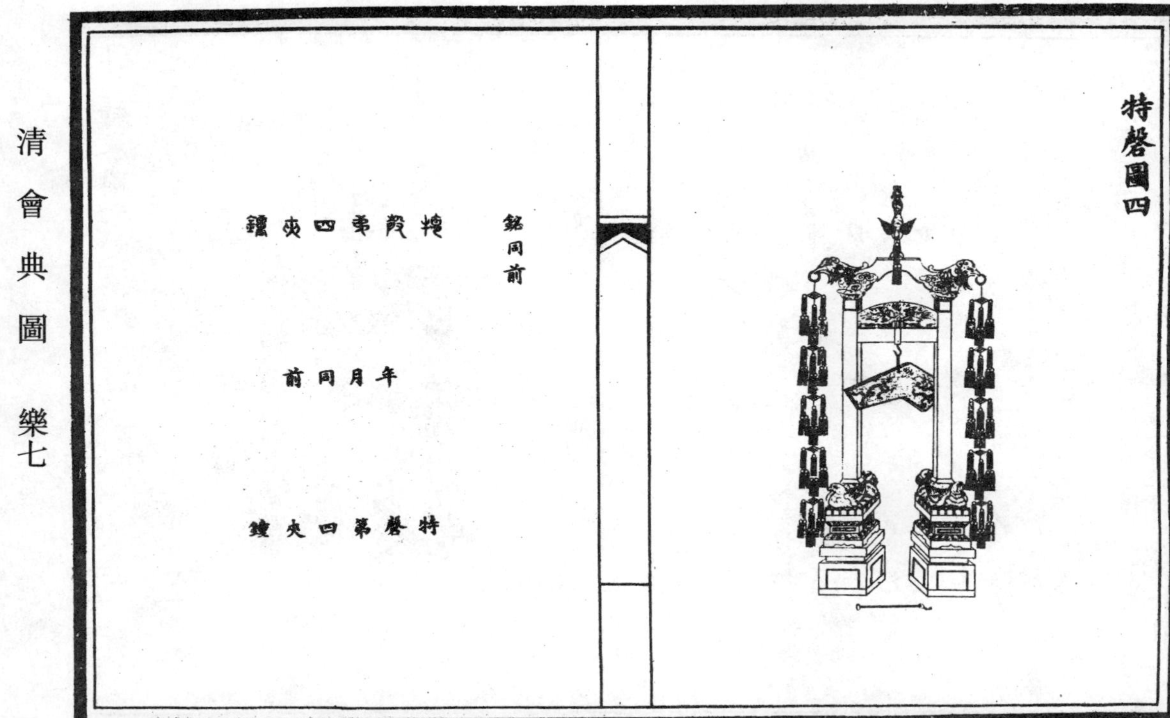


特磬圖五

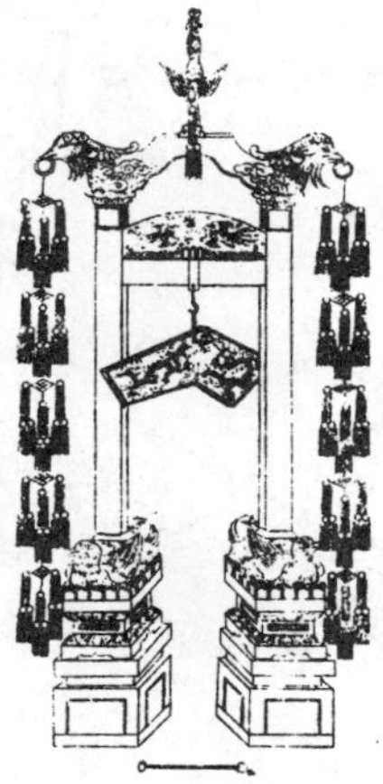

銘同前

特磬第五姑洗

年月同前

特磬第五姑洗

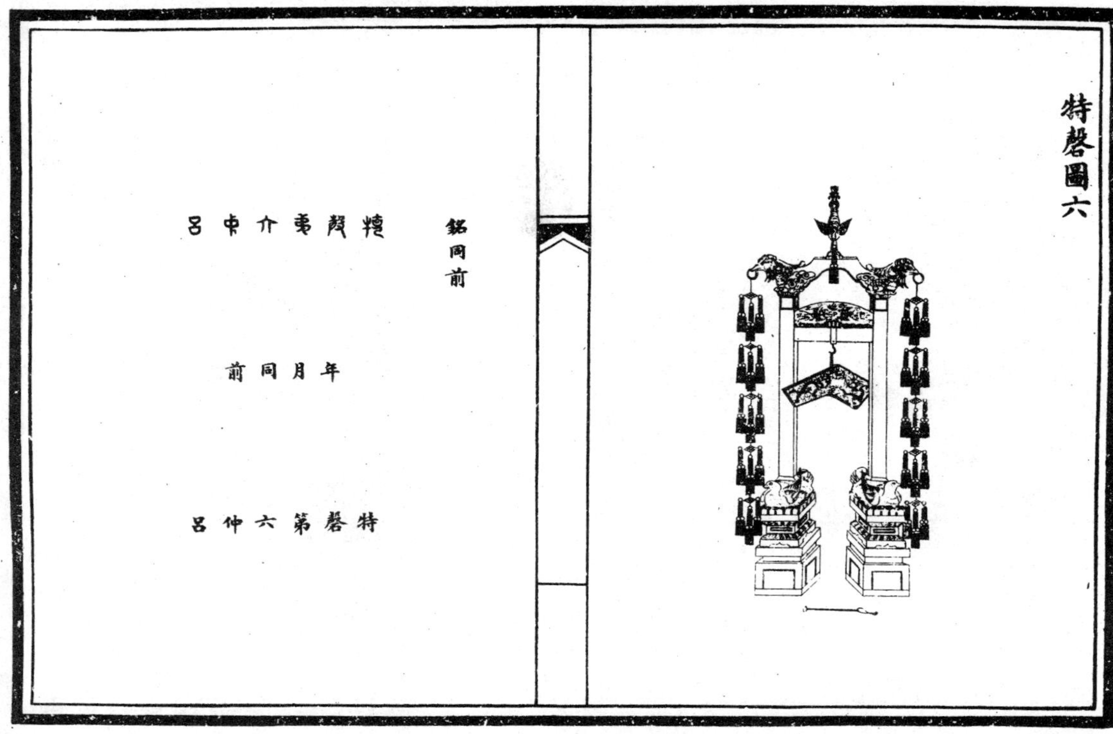


特磬圖七

銘同前

年月同前

特磬第七蕤賓

特磬圖八

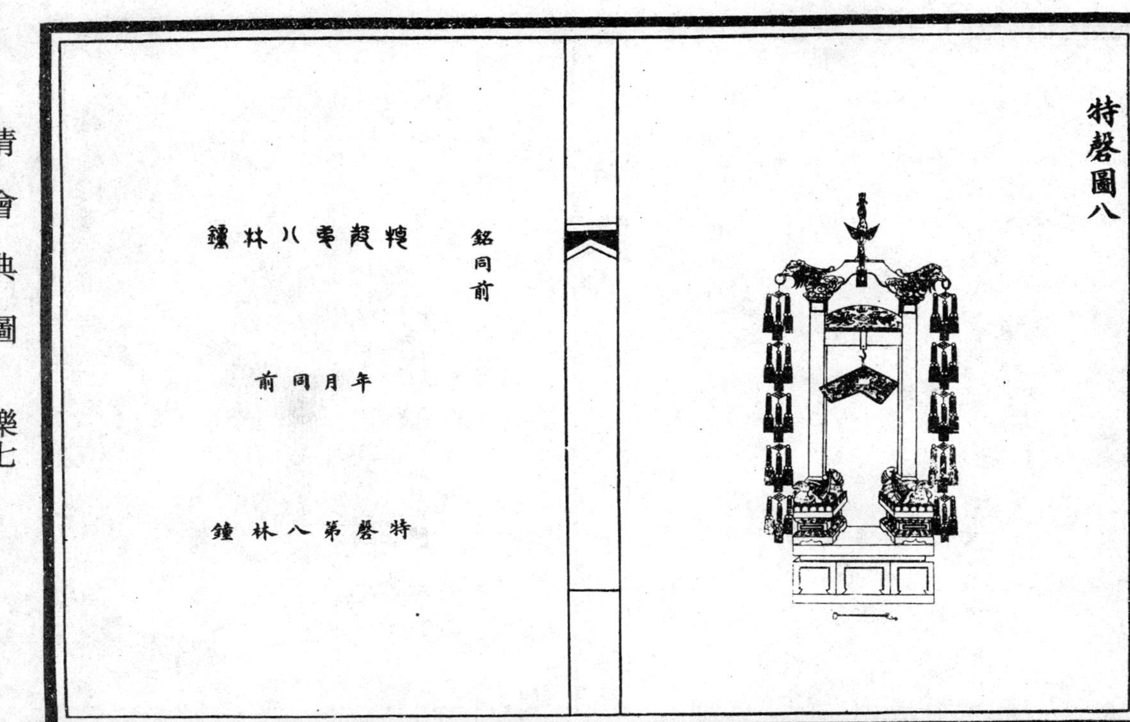

銘同前

年月同前

特磬第八林鐘

特磬圖九

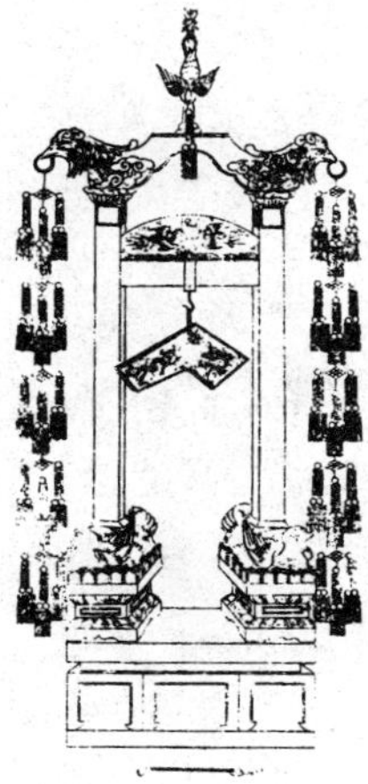

銘同前

年月同前

特磬第九夷則

特磬圖十

銘同前

特磬第十南呂

年月同前

特磬第十南呂

特磬圖十一

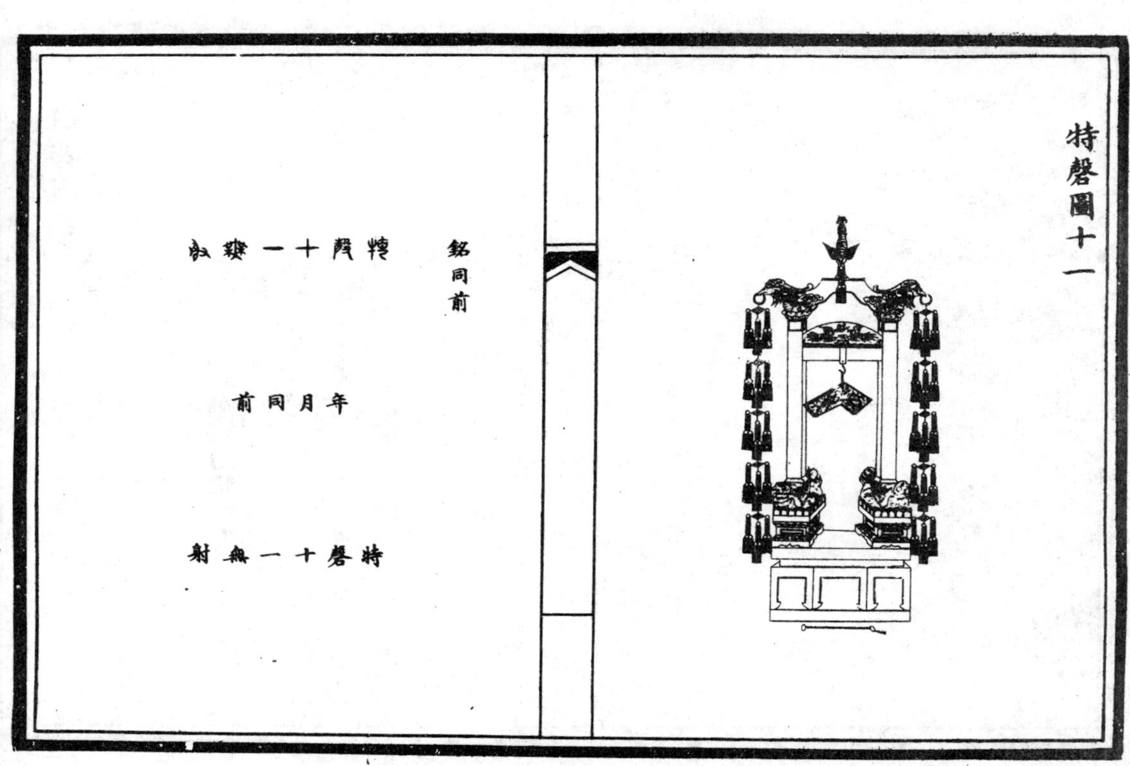

銘同前

特磬十一無射

年月同前

特磬十一無射

特磬圖十二

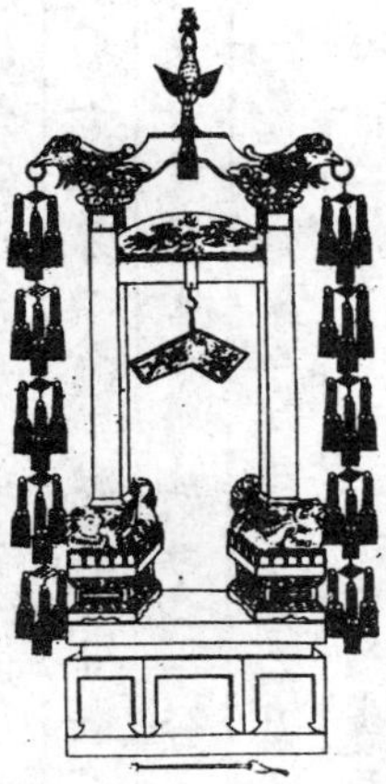

銘同前

特磬十二應鐘

年月同前

特磬十二應鐘

特磬律分圖 繪圖用第一磬十一分之一

特磬。用和闐玉。十二磬各虡。其制為鈍角矩形。長股謂之鼓。短股謂之股。大小異制。皆兩面左右繪金雲龍。前中鐫

高宗純皇帝御製銘。後中鐫各磬律名。并琢磬年月。俱篆文。第一黃鐘之磬。十一月用之。股長一尺四寸五分八釐。廣一尺零九分三釐五毫。鼓長二尺一寸八分七釐。廣七寸二分九釐。厚七分二釐九毫。第二大呂之磬。十二月用之。股長一尺三寸六分五釐二毫。廣一尺零二分三釐九毫。鼓長二尺零四分七釐八毫。廣六寸八分二釐

六毫厚七分六釐八毫第三太簇之磬正月用之股長一尺二寸九分六釐廣九寸七分二釐鼓長一尺九寸四分四釐廣六寸四分八釐厚八分零九毫第四夾鐘之磬二月用之股長一尺二寸一分三釐六毫廣九寸一分零二毫鼓長一尺八寸二分零四毫廣六寸零六釐八毫厚八分六釐四毫第五姑洗之磬三月用之股長一尺一寸五分二釐廣八寸六分四釐鼓長一尺七寸二分八釐廣五寸七分六釐厚九分一釐零二絲第六仲呂之磬四月用之股長一尺零七分八釐六毫廣八寸零八釐九毫五絲鼓長一尺六寸一分七釐九毫廣五寸三分九釐三毫厚九分七釐二毫第七蕤賓之磬五月用之股長一尺零二分四釐廣七寸六分八釐鼓長一尺五寸三分六釐廣五寸一分二釐厚一寸零二釐四毫第八林鐘之磬六月用之股長九寸七分二釐廣七寸二分九釐鼓長一尺四寸五分八釐廣四寸八分六釐厚一寸零六釐四毫第九夷則之磬七月用之股長九寸一分零二毫廣六寸八分二釐六毫五絲鼓長一尺三寸六分五釐三毫廣四寸五分五釐一毫厚一寸零七釐八毫七絲第十南呂之磬八月用之股長八寸六分四釐廣六寸四分八釐鼓長一尺二寸九分六釐廣四寸三分二釐厚一寸一分五釐二毫第十一無射之磬九月用之股長八寸零九釐廣六寸零六釐七毫五絲鼓長一尺二寸一分三釐五毫廣四寸零四釐五毫厚一寸二分一釐三毫六絲第十二應鐘之磬十月用之股長七寸六分八釐廣五寸七分六釐鼓長一尺一寸五分二釐廣三寸八分四釐厚一寸二分九釐六毫磬孔結黃絨紃懸之簨虡簨虡制凡四三磬簨虡同一制尺寸皆與鎛鐘簨虡同惟上簨左右刻鳳首趺飾臥鳧白羽朱喙

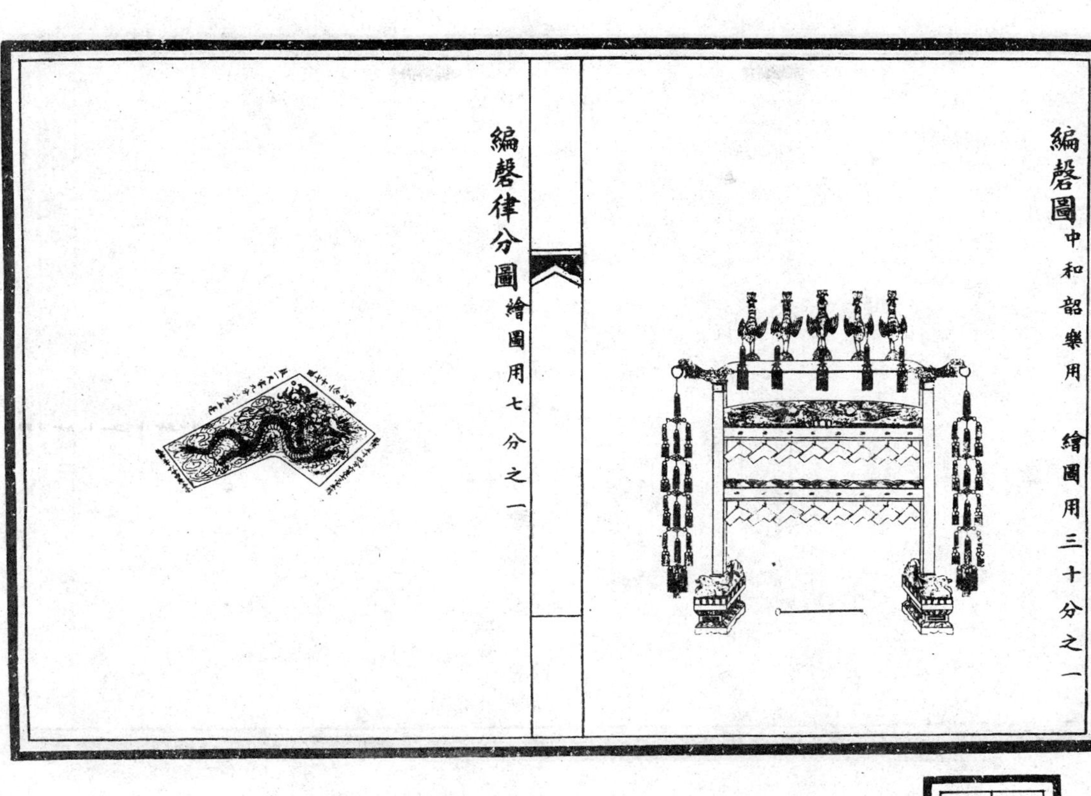


編磬用靈璧石。惟
圜丘祈穀壇用碧玉。十六磬同虡。應十二正律四倍律陰陽各八。以厚薄為次。大小同。制皆股長七寸二分九釐。廣五寸四分六釐七毫五絲。鼓長一尺零九分三釐五毫。廣三寸六分四釐五毫。兩面繪雲龍。股側鐫康熙五十四年製。鼓側各鐫律名。其厚各不同。倍夷則之磬六分零六毫八絲。倍南呂之磬六分四釐八毫。倍無射之磬六分八釐二毫六絲。倍應鐘之磬七分一釐九毫一絲。黃鐘之磬七分二釐九毫。大呂之磬七分六釐八毫。太蔟之磬八分零九毫。夾鐘之磬八分六釐四毫。姑洗之磬九分一釐零二絲。仲呂之磬九分七釐二毫。蕤賓之磬一寸零二釐四毫。林鐘之磬一寸零六釐四毫。夷則之磬一寸零七釐八毫七絲。南呂之磬一寸一分五釐二毫。無射之磬一寸二分一釐三毫六絲。應鐘之磬一寸二分九釐六毫。磬面近上穿小孔。結黃絨紃。懸之簨虡。上下各八。簨虡形制尺寸同編鐘。惟上簨左右刻鳳首。舂樹金鳳五。上業鏤鳳文。趺

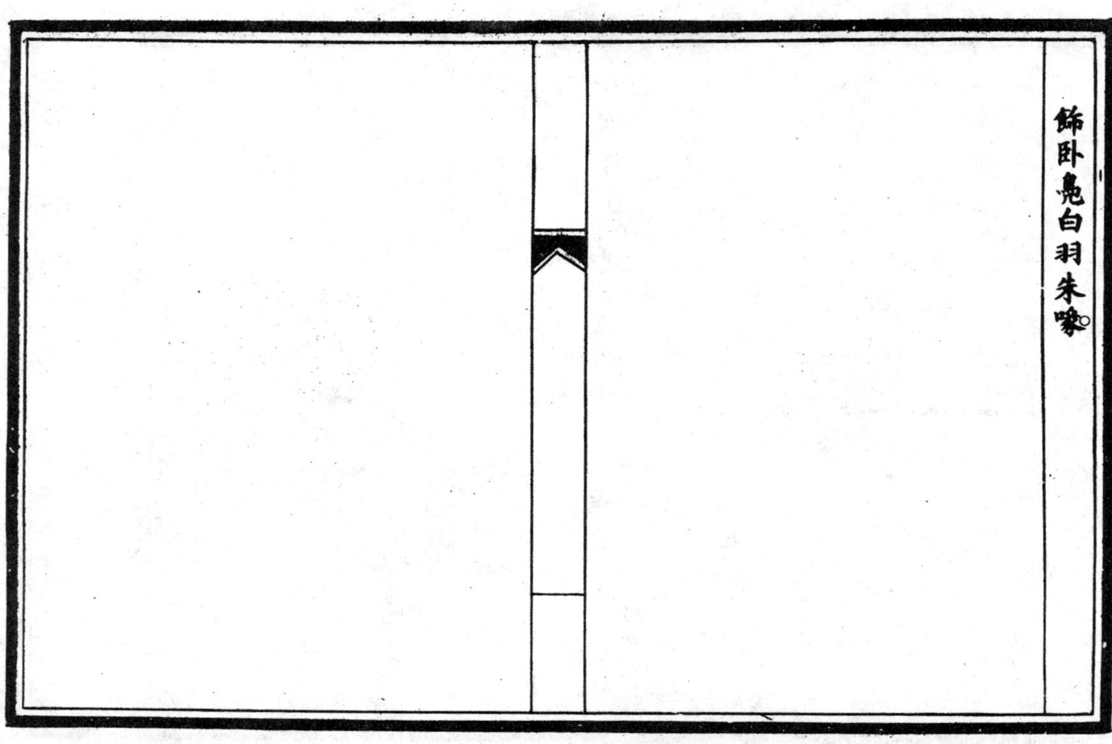
飾卧鳧白羽朱喙。

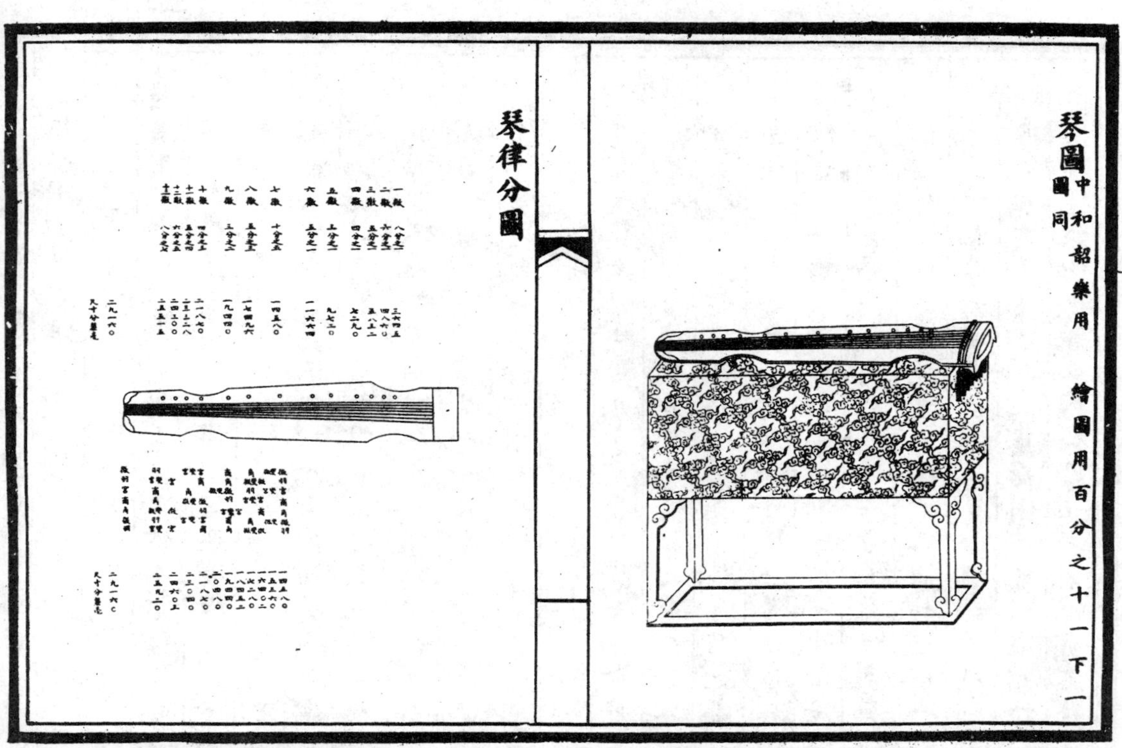
琴圖 中和韶樂用 圖同
繪圖用百分之十一下一
琴律分圖
一徽 八分之一
二徽 六分之一
三徽 五分之一
四徽 四分之一
五徽 三分之一
六徽 五分之二
七徽 二分之一
八徽 五分之三
九徽 三分之二
十徽 四分之三
十一徽 五分之四
十二徽 六分之五
十三徽 八分之七

琴面用桐。底用梓。髹以漆。七絃皆朱。前廣後狹上圓下方。中虛。通長三尺一寸五分九釐。額闊五寸一分零三毫。肩闊五寸八分三釐二毫。腰尾皆闊四寸三分七釐四毫。岳山高四分八釐六毫。厚二分四釐三毫。龍齦與岳山厚等。絃自岳山內際至龍齦內際長二尺九寸一分六釐前額中高二寸四分三釐。中厚一寸二分九釐。鳧掌二。高一寸一分三釐四毫。邊高一寸七分八釐二毫。邊厚六分四釐八毫。額端鳳嗉長二寸七分五釐四毫。闊五分六釐七毫。額下肩上中彎長五寸八分三釐二毫。與肩闊等。闊四寸二分九釐三毫。上距額二寸九分九釐七毫。腰長五寸四分二釐七毫。下距尾五寸二分六釐五毫。龍口闊厚皆一寸二分一釐五毫。脣厚一寸三分七釐七毫。眉長二寸五分一釐一毫。厚八分九釐一毫。底有孔二。上曰龍池。長六寸二分三釐七毫。去額一尺零九分三釐五毫。下曰鳳池。長二寸五分一釐一毫。去尾三寸六分四釐五毫。皆闊六分四釐八毫。雁足二。各高八分九釐一毫。上距岳山四分之三。下距焦尾四分之一。腹內有天地二柱。天柱圓。當肩下。地柱方。當腰上。皆徑四分八釐六毫。軫七。長一寸五分三釐九毫。軫池當岳山外際。長三寸七分二釐六毫。闊五分六釐七毫。並開七孔。軫末結黃絨紃。穿孔上出。以綰絃端。絃至龍口。繞下纏於雁足。左四右三。第一絃為倍徵。一百零八綸。三繭一絲十二絲為一綸第二絃為倍羽。九十六綸。三絃為宮。八十一綸。四絃為商。七十二綸。五絃為角。六十四綸。六絃應一絃為正徵。五十四綸。七絃應二絃為正羽。四十八綸。徽凡十三。第七徽為全絃之半。得一尺四寸五分八釐。絃自岳山內際起度四徽為全絃四分之一。得七寸二分九釐。七徽之半十徽為全絃四分之三。得二尺一寸八分七釐。七徽至焦尾之半一徽為全絃八分之一。得三寸六分四釐五毫。四徽之半十三絃為全絃八分之七。得二尺五寸五分一釐五毫。十徽至焦尾之半五徽為全絃三分之一得九寸七分二釐。九徽為全絃三分之二。得一尺九寸四分四釐。二徽為全絃六分之一。得四寸八分六釐。五徽之半十二徽為全絃六分之五。得二尺四寸三分。九徽至焦尾之半三徽為全絃五分之一得五寸八分三釐二毫。六徽爲全絃五分之二得一尺一寸六分六釐四毫。八徽爲全絃五分之三得一尺七寸四分九釐六毫。十一徽爲全絃五分之四得二尺三寸三分二釐八毫。徽飾螺蚌岳山焦尾皆用檀。承以髹金几。几高二尺五寸一分一釐長二尺八寸九分一釐七毫。闊九寸二分三釐四毫黃緞爲冪。

瑟圖中和韶樂用同　繪圖用百分之五下一圖

瑟律分圖

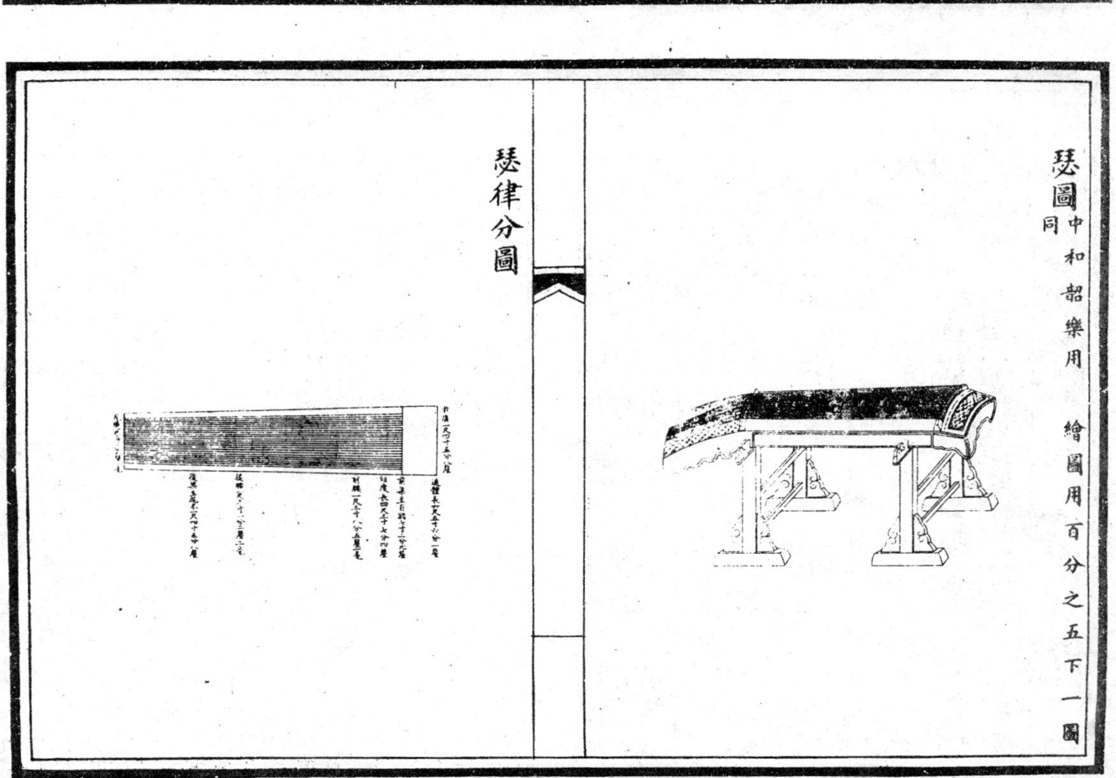

瑟斲桐髹以漆二十五絃前廣後狹上圜下方中高兩端俯通長六尺五寸六分一釐額廣一尺四寸五分八釐自額至尾分為四節以額廣之數分為二十分一節遞減一分前腰廣一尺三寸八分五釐一毫後腰廣一尺三寸一分二釐二毫尾廣一尺二寸三分九釐三毫前梁內際至額七寸二分九釐至尾五尺八寸三分二釐後梁內際至尾一尺四寸五分八釐梁內絃長四尺三寸七分四釐前後梁高闊皆七分二釐九毫前額中高七寸二分九釐中厚四寸三分七釐四毫前足高二寸九分一釐六毫邊高四寸八分六釐邊厚一寸九分四釐四毫尾中高五寸八分三釐二毫中厚及邊高皆三寸六分四釐五毫後足高二寸一分八釐七毫邊厚及尾牙中高皆一寸四分五釐八毫前梁內際邊高五寸一分零三毫後梁內際邊高五寸四分六釐七毫五絲邊厚俱一寸八分二釐二毫五絲尾邊雲牙一尺七寸四分九釐六毫底有越二前方當前梁之內徑四寸三分七釐四毫後上圜下平當後梁之外徑如前下闊五寸一分零三毫前越中心距前梁內際後越下周距尾牙內際皆三寸六分四釐五毫前後梁之外各穿二十五孔以受絃絃首結於瑟體之中出前梁外孔入後梁外孔從越迴至後梁上各於本絃綰之每絃二百四十三綸為宮數八十一之三倍中央一絃用黃兩旁各朱絃一十有二外十二絃為陽均內十二絃為陰均各設柱以和之柱無定位各隨宮調瑟面繪雲龍首尾錦文側為流雲後端承絃以黃緞繪龍梁用檀絃孔飾螺蚌髹金座二承之高二尺五寸九分二釐闊一尺四寸四分一釐八毫雲頭高三寸三分二釐一毫闊一寸六分二釐

# 欽定大清會典圖卷三十八

樂八 樂器三

排簫圖 中和韶樂用

排簫律分圖

簫圖一 中和韶樂用各部樂簫同

簫圖二

簫律分圖一

簫律分圖二

笛圖一 中和韶樂用各部樂笛同鐃歌清樂平笛附

笛圖二

笛律分圖一

笛律分圖二

篪圖一 中和韶樂用凱旋鐃歌樂篪同

篪圖二

篪律分圖一

篪律分圖二

笙圖一 中和韶樂用各部樂笙同

笙圖二

笙律分圖一 大笙孔分

笙律分圖二 小笙孔分

笙律分圖三 大笙管次

笙律分圖四 小笙管次

笙律分圖五 大笙管音

笙律分圖六 小笙管音

排簫圖 中和韶樂用

繪圖用百分之二十五

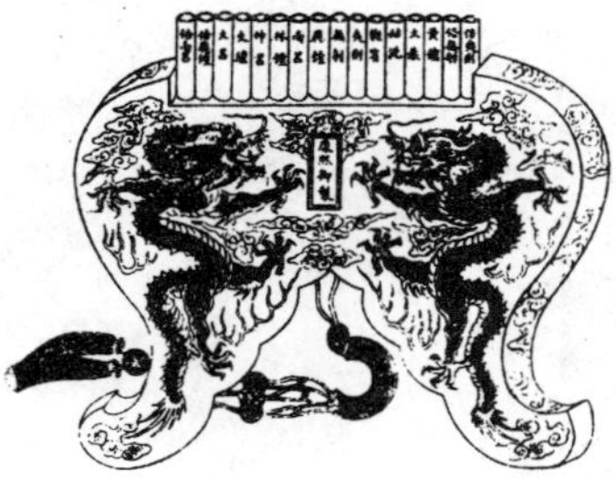

排簫律分圖

繪圖用十分之四

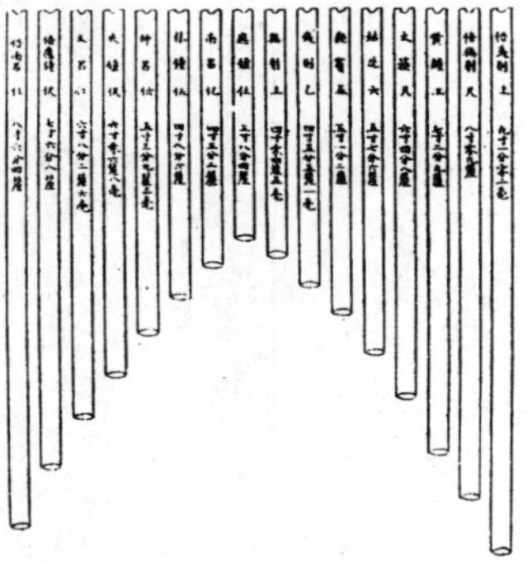

排簫比竹為之十六管上開山口單吹無旁出孔陰陽各八自左而右列二倍律六正律以協陽均自右而左列二倍呂六正呂以協陰均十六管徑皆二分七釐四毫二絲長短各不同左第一倍夷則之管長九寸一分零二毫第二倍無射之管長八寸零九釐第三黃鐘之管長七寸二分九釐第四太蔟之管長六寸四分八釐第五姑洗之管長五寸七分六釐第六蕤賓之管長五寸一分二釐第七夷則之管長四寸五分五釐一毫第八無射之管長四寸零四釐五毫右第一倍南呂之管長八寸六分四釐第二倍應鐘之管長七寸六分八釐第三大呂之管長六寸八分二釐六毫第四夾鐘之管長六寸零六釐八毫第五仲呂之管長五寸三分九釐三毫第六林鐘之管長四寸八分六釐第七南呂之管長四寸三分二釐第八應鐘之管長三寸八分四釐管面各鐫律名以木為櫝中四面虛以受管管外出皆一寸九分六釐八毫上齊下參差櫝形如几高九寸四分七釐七毫厚一寸零九釐三毫肩闊一尺一寸六分一釐足相

距一尺一寸三分三釐五毫。納管口闊六寸九分九釐八毫。口至兩足七寸二分九釐至兩足中間三寸八分四釐。通髹朱。繪金雲龍。金書康熙

御製字於中。下施小鐶。垂五采流蘇。

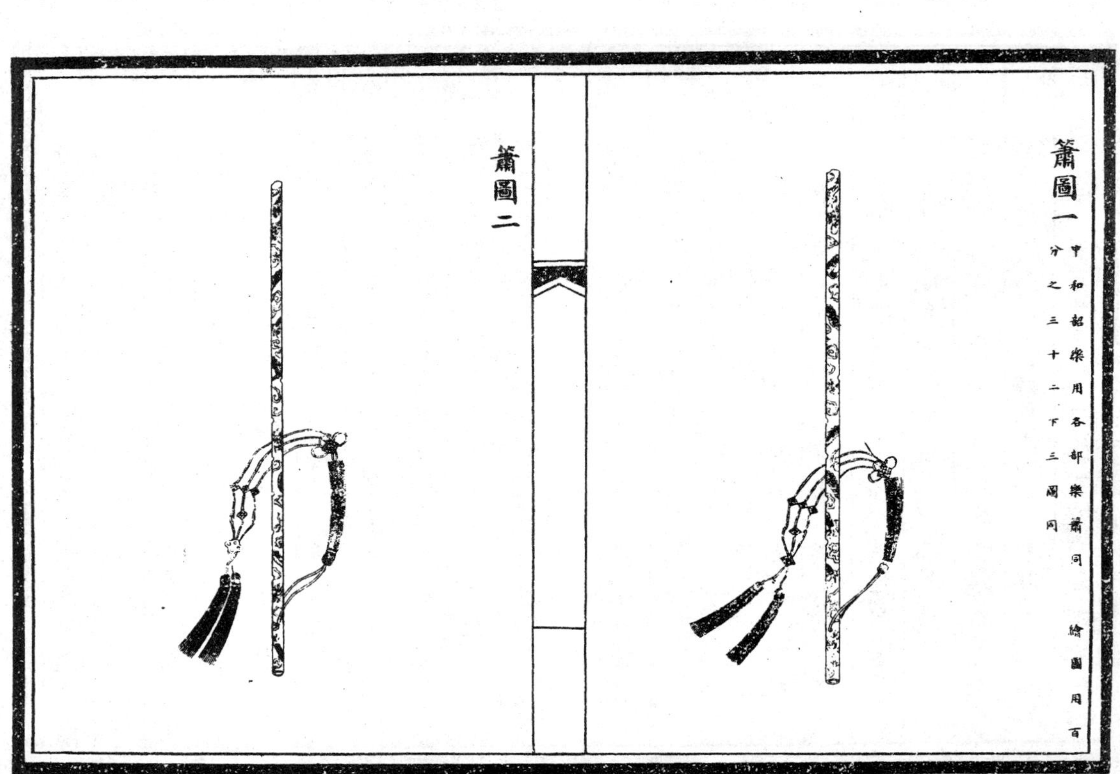

簫圖一　中和韶樂用。各部樂簫同。繪圖用百分之三十二。下三圖同。

簫圖二

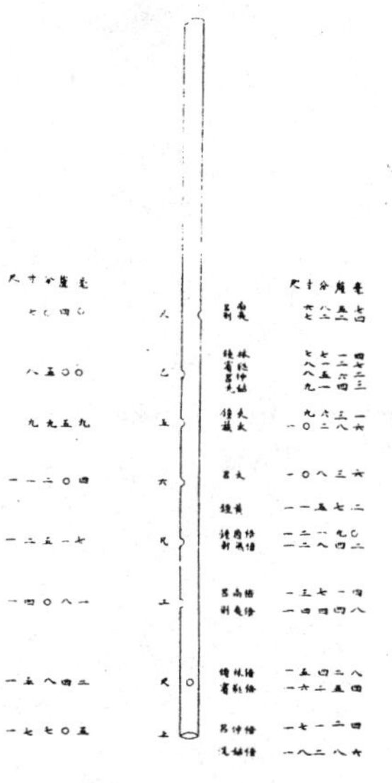

簫律分圖一

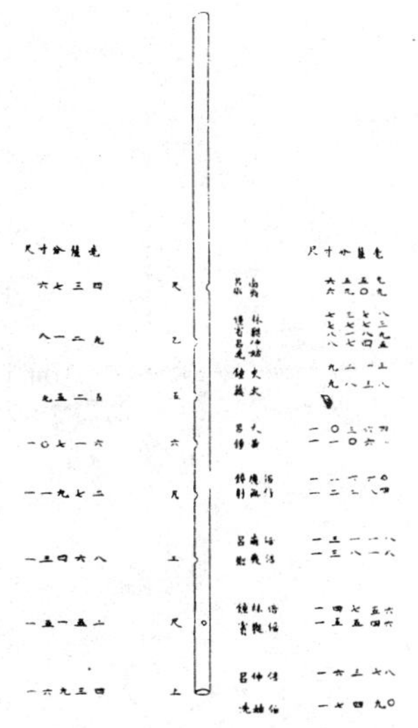

簫律分圖二

簫。用竹。上開山口。徑二分。五孔前出。一孔後出。出音孔二。相對旁出。一姑洗簫陽月用之。以四倍黃鐘管為體。其本管黃鐘大呂相和之分。當第三孔之位。聲應姑洗之律。管徑四分三釐五毫。即四倍黃鐘之徑。通長一尺七寸七分零五毫。自山口至出音孔。一尺五寸八分四釐二毫。出音孔上之第一孔。一尺四寸零八釐一毫。第二孔。一尺二寸五分一釐七毫。第三孔。一尺一寸二分零四毫。第四孔。九寸九分五釐九毫。第五孔。八寸五分。最上後一孔。七寸零四釐。一仲呂簫陰月用之。以三倍半黃鐘管為體。其本管黃鐘大呂相和之分。當第三孔之位。聲應仲呂之呂。管徑四分一釐六毫。即三倍半黃鐘之徑。通長一尺六寸九分三釐四毫。自山口至出音孔。一尺五寸一分五釐二毫。出音孔上之第一孔。一尺三寸四分六釐八毫。第二孔。一尺一寸九分七釐二毫。第三孔。一尺零七分一釐六毫。第四孔。九寸五分二釐五毫。第五孔。八寸一分二釐九毫。最上後一孔。六寸七分三釐四毫。通髹朱。繪金雲龍。出音孔垂五采流蘇。

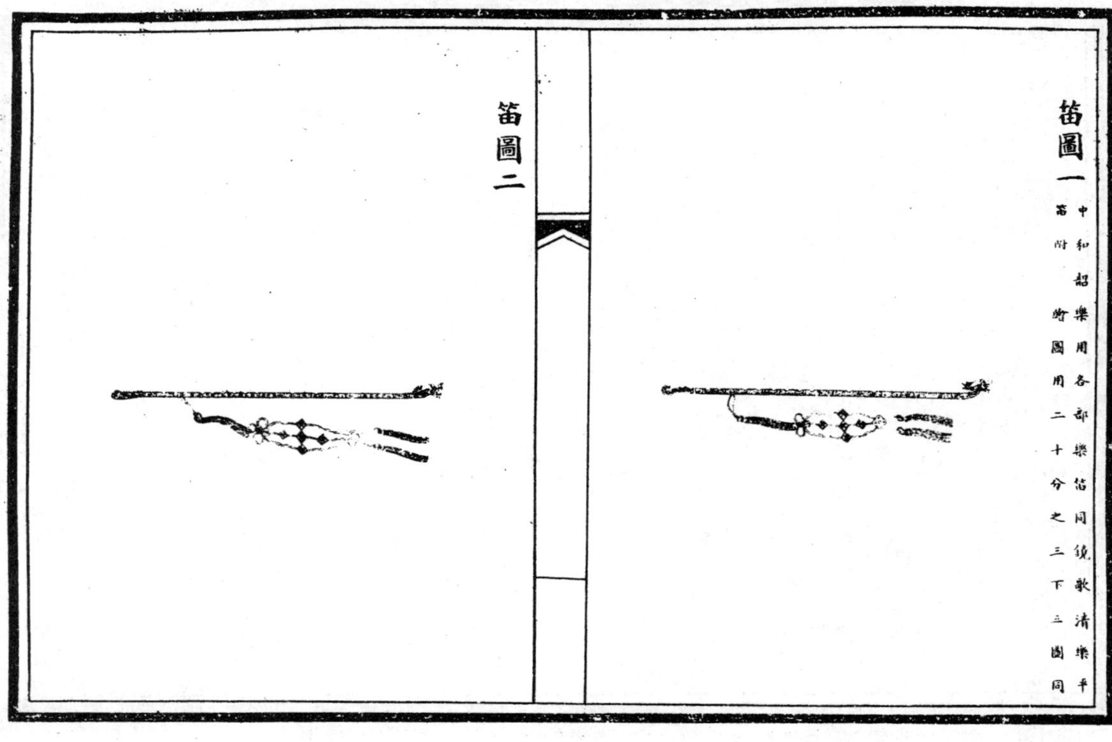


笛律分圖一

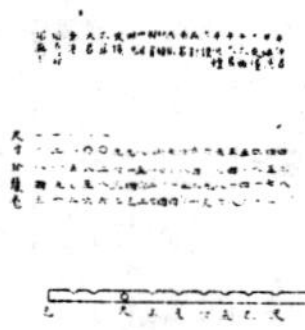

笛律分圖二

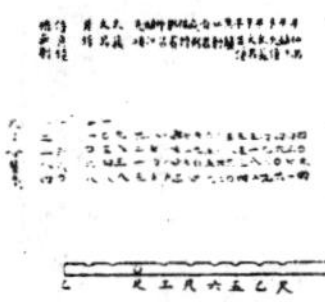

笛。用竹通長一尺八寸二分八釐六毫。左一孔為吹口。次孔加竹膜。右六孔皆上出。出音孔二。相對旁出。末二孔亦上出。一姑洗笛陽月用之。與姑洗簫同。以四倍黃鐘管為體聲。協排簫陽律一均。徑四分三釐五毫。自吹孔起度。右盡通長一尺二寸五分一釐七毫。至出音孔外之右一孔。一尺一寸五分七釐二毫。左一孔。一尺零八分三釐六毫。出音孔。九寸九分五釐九毫。出音孔上之第一孔。八寸八分五釐二毫。第二孔。七寸九分二釐一毫。第三孔。七寸零四釐。第四孔。六寸二分五釐八毫。第五孔。五寸三分四釐二毫。第六孔。四寸四分二釐六毫。一仲呂笛陰月用之。與仲呂簫同。以三倍半黃鐘管為體聲。協排簫陰呂一均。徑四分一釐六毫。自吹孔起度。右盡通長一尺一寸九分七釐二毫。至出音孔外之右一孔。一尺一寸零六釐八毫。左一孔。一尺零三分六釐四毫。出音孔。九寸五分二釐五毫。出音孔上之第一孔。八寸四分六釐七毫。第二孔。七寸五分七釐六毫。第三孔。六寸七分三釐四毫。第四孔。五寸九分八釐六毫。第五孔。五寸一分零九毫。第六孔。四寸二分三釐三毫。吹孔上塞實。不關度數。管外皆間束以絲。兩端加木質龍首尾。首長二寸四分。尾長二寸二分九釐。通髹朱。繪金蓮花文。出音孔垂五采流蘇。

平笛制同。惟首尾不加龍飾。

篪圖一

中和韶樂用凱旋鐃歌樂篪圖

用百分之二十三

繪圖

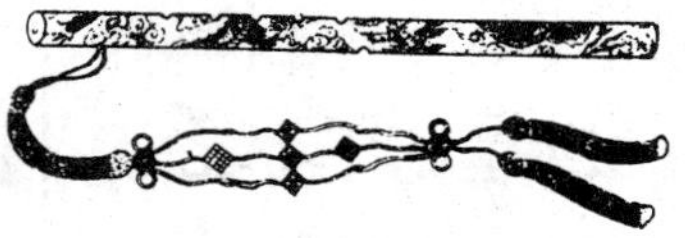

篪圖二

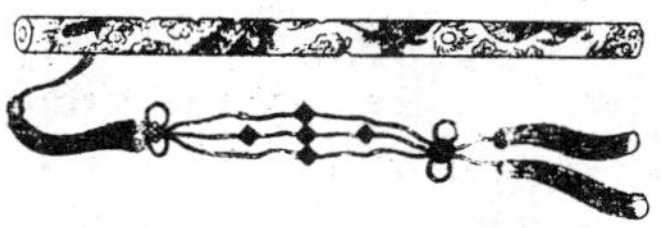

篪律分圖一

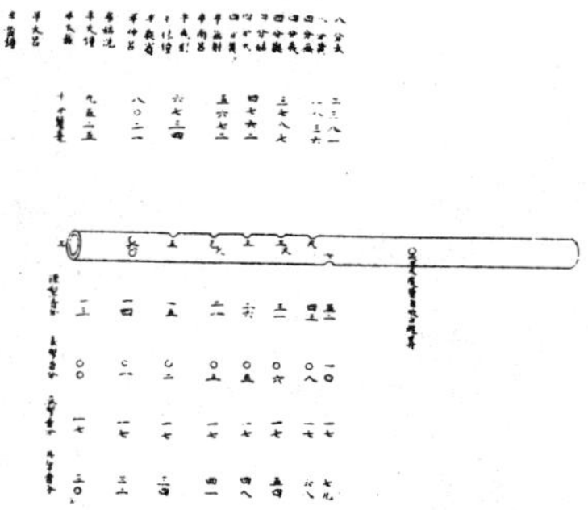

篪律分圖二

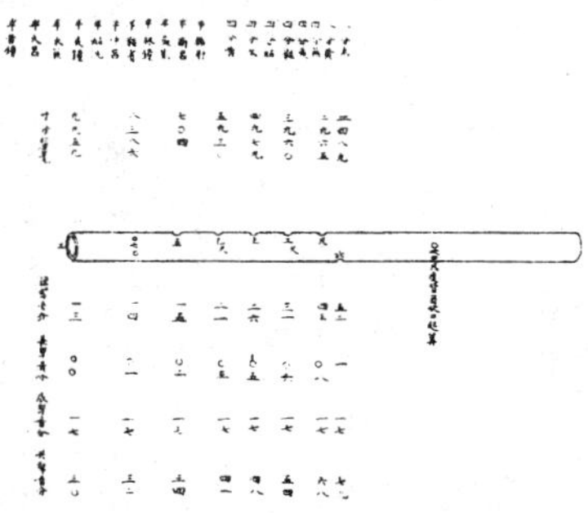

篪用竹通長一尺四寸一孔上出為吹口五孔外出一孔内出又二孔下出相並為一以出音管末有底中開一孔吹孔上管内留竹節以閉音一姑洗篪陽月用之以三十二倍黃鐘管為體徑八分七釐協陽律一均自吹孔起度至管末九寸九分五釐九毫至出音孔八寸三分八釐六毫嚮外第一孔七寸零四釐第二孔五寸九分三釐第三孔四寸九分七釐九毫第四孔三寸九分六釐第五孔二寸九分六釐五毫嚮内孔二寸四分八釐九毫一仲呂篪陰月用之以二十八倍黃鐘管為體徑八分三釐二毫協陰呂一均自吹孔起度至管末九寸五分二釐五毫至出音孔八寸零二釐一毫嚮外第一孔六寸七分三釐四毫第二孔五寸六分七釐二毫第三孔四寸七分六釐二毫第四孔三寸七分八釐七毫第五孔二寸八分三釐六毫嚮内孔二寸三分八釐一毫吹孔徑三分橫吹之通髤朱繪金雲龍出音孔垂五采流蘇

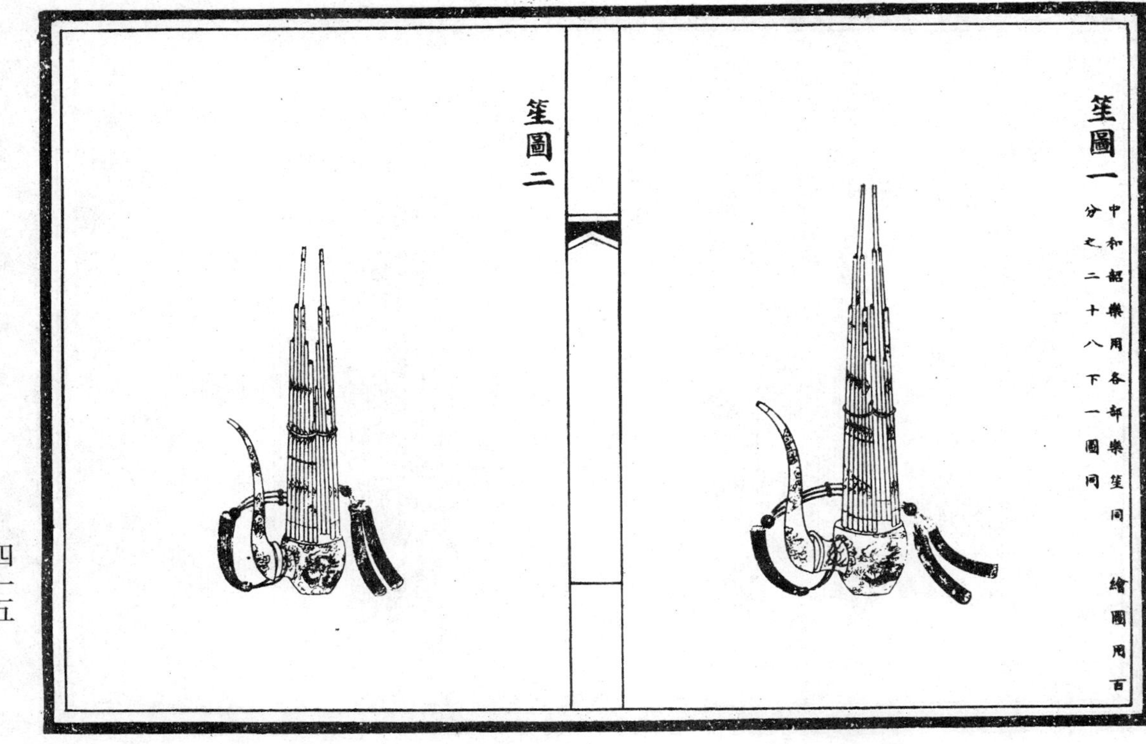

笙圖一

中和韶樂用各部樂笙同繪圖用百分之二十八下一圖同

笙圖二

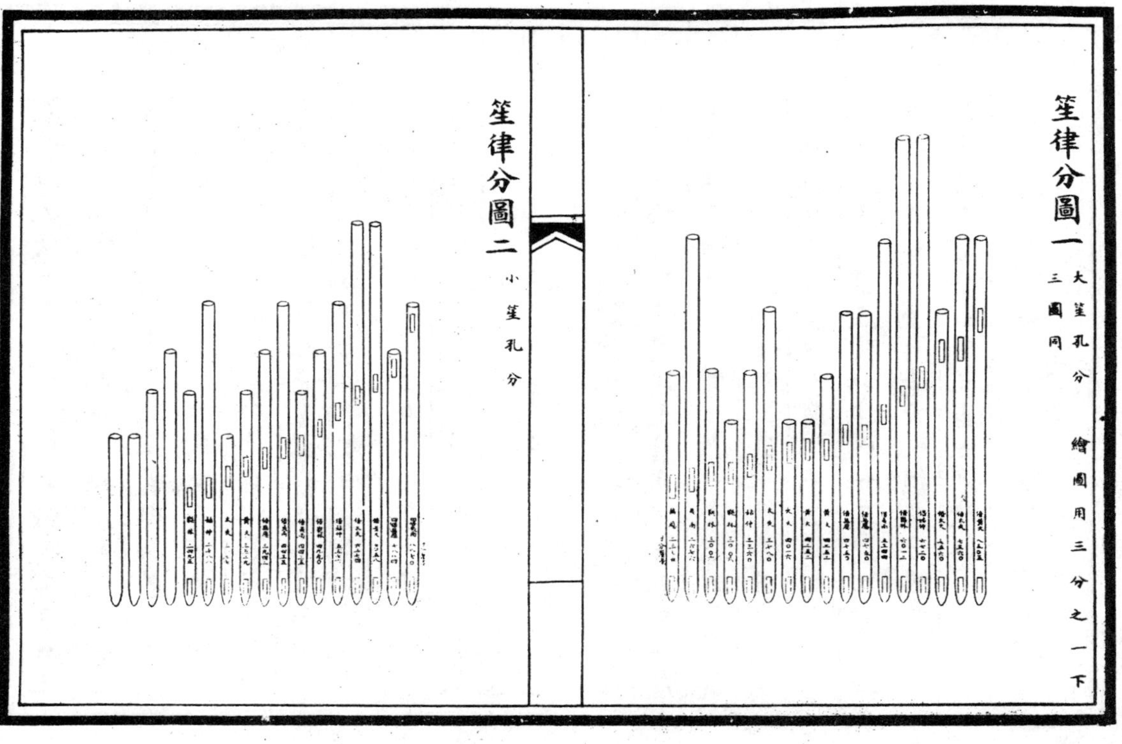

笙律分圖一

大笙孔分　三圖同

繪圖用三分之一下

笙律分圖二

小笙孔分

笙律分圖三

大笙管次

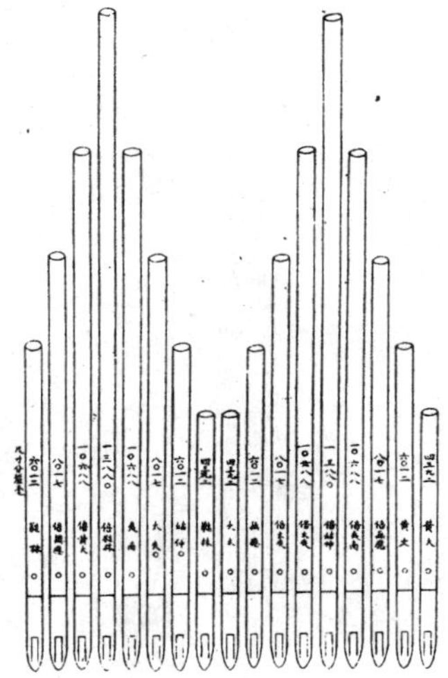

笙律分圖四

小笙管次

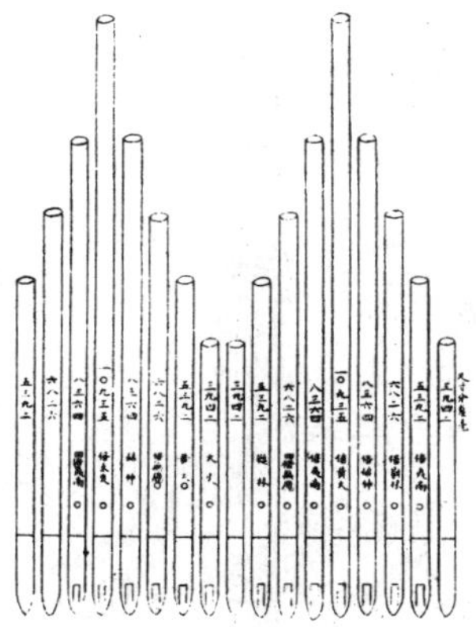

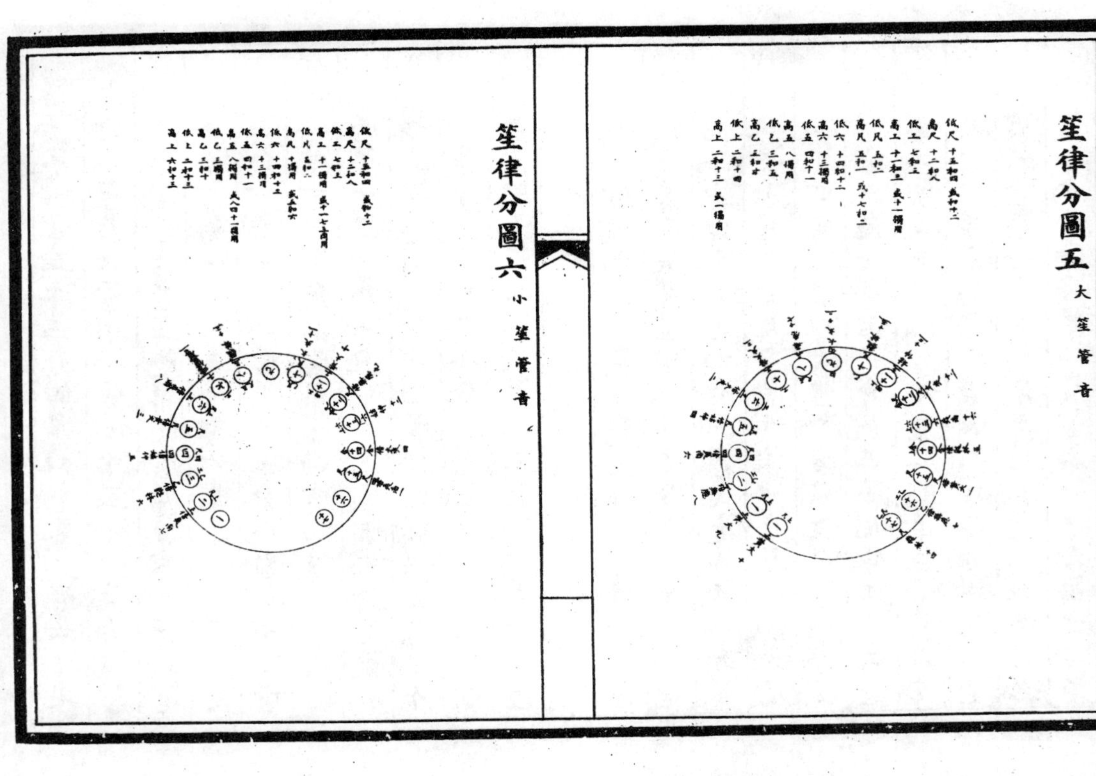


笙。以木代匏。攢管十七。匏面穿孔環植之。左右分列右稍闕東以竹箍本豐末斂中管最長兩邊漸短以象鳳翼。有大小二制大笙匏面徑二寸三分七釐五毫。底徑一寸一分八釐七毫。高二寸一分九釐六毫。十七管皆有簧。管以黃鐘三十二分積之七為體徑皆一分六釐五毫自右左旋第一管長四寸三分九釐二毫。第二管。長六寸零一釐二毫。第三管長八寸零一釐七毫。第四管長一尺零六分八釐八毫。第五管長一尺三寸八分八釐。第六管長與第四管等第七管長與第三管等。第八管長與第二管等。第九管長與第一管等。第十管以後復如第一管。自左右旋依次參差至第十七管長與第二管等。管本皆接以檀竅其中而有底長一寸六分二釐五毫。上出匏面六分九釐四毫。下入匏中九分三釐一毫。近底八分削半露竅以薄銅葉障之。開簧口如舌點以蠟珠其上各按律呂之分嚮內開出音孔長七分二釐九毫闊得十之一。自簧口起度至出音孔第一管第二管。四寸二分五釐二毫。第三管第十六管。四寸七分五釐。第四管。五寸三分四釐四毫。第五管。六寸七分二釐。第六管。第七管。七寸五分六釐。第八管。二寸三分七釐五毫。第九管。四寸零一釐六毫。第十管。第十七管。三寸零六毫。第十一管。三寸三分六釐。第十二管。三寸七分八釐。第十三管。二寸六分七釐六毫。第十四管。六寸零一釐二毫。第十五管。八寸五分零五毫。管端皆穿氣孔。第三管。第四管。第十七管。竅內餘俱竅外。第十一。第十二。距管本八分五釐。餘俱四分五釐。匏之中腰安短觜。橢圓。昂其末。長一寸二分一釐

八毫。橫徑九分一釐四毫。直徑一寸二分一釐八毫。觜面尖圓。直徑一寸五分零三毫。上與匏面平。中開方孔。徑四分三釐九毫。安吹管。如鳳頸。長七寸二分九釐。端為吹口。小笙制如大笙而小。亦十七管。以黃鐘八分積之一為體徑。皆一分三釐七毫。第一管。長三寸九分四釐二毫。第二管。長五寸三分九釐二毫。第三管。長六寸八分二釐六毫。第四管。長八寸三分六釐四毫。第五管。長一尺零九分三釐五毫。依次參差。至第十七管。復與第二管等。第一。第九。第十六。第十七管。不設簧。有簧者凡十三管。自簧口起度至出音孔。第二管。第六管。四寸四分三釐五毫。第三管。四寸九分九釐。第四管。五寸五分七釐六毫。第五管。七寸零五釐八毫。第七管七寸八分八釐四毫。第八管。二寸四分九釐五毫。第十管。三寸一分三釐七毫。第十一管。三寸五分二釐九毫。第十二管。三寸九分四釐二毫。第十三管。二寸七分八釐八毫。第十四管。六寸二分七釐四毫。第十五管。八寸八分七釐。氣孔如大笙。其無簧之管。不開氣孔。匏之大小稱式。短觜吹

管皆同大小笙。匏身及吹管皆髤漆。戧金雲龍。吹管外垂五采流蘇。

欽定大清會典圖卷三十九

樂九樂器四

壎圖一中和韶樂用繪圖用十分之七下三圖同

壎圖二

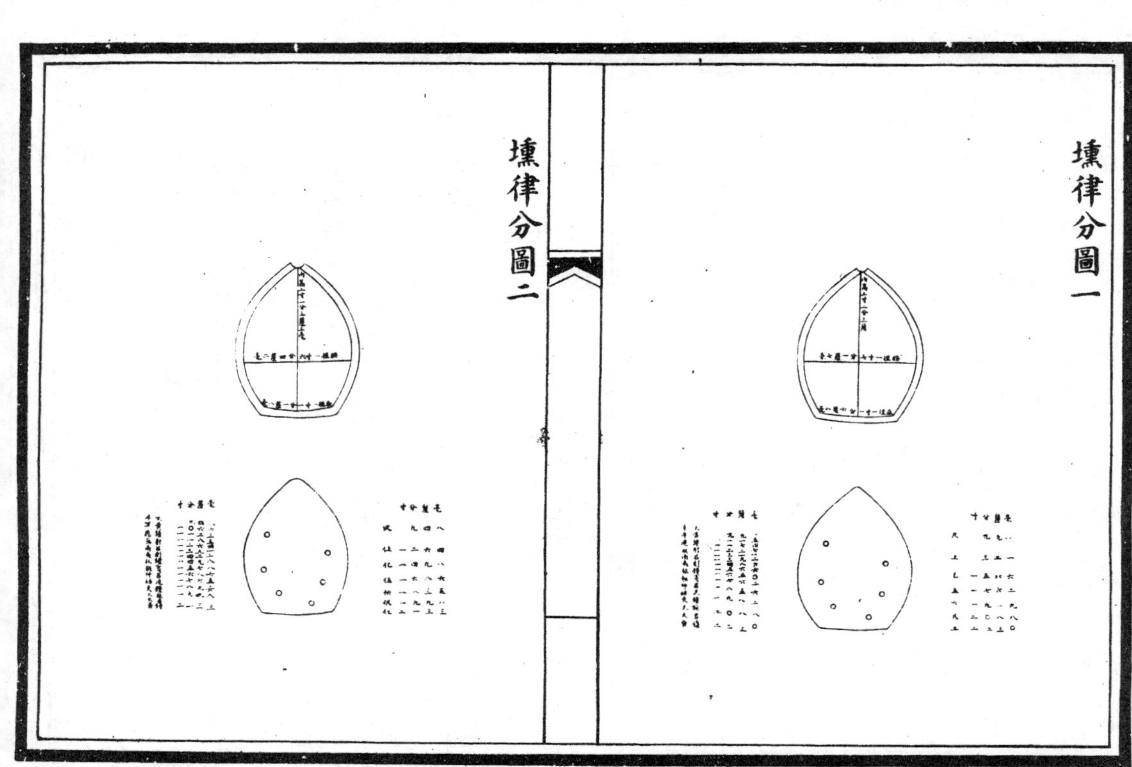

壎。埏土為之。大如鵝子。形如稱錘。上銳下平。中虛。頂上一孔為吹口。前面四孔。後面二孔。〇黃鐘壎。陽月用之。以八倍黃鐘積為體。內高二寸二分三釐。腰徑一寸七分一釐七毫。居內高自頂向下三分之二。底徑一寸一分六釐八毫。頂孔至底為本體黃鐘之分。聲應黃鐘之律。自頂孔至前左最下孔二寸零八釐八毫。前右下孔一寸九分一釐九毫。前左上孔一寸七分六釐二毫。前右上孔一寸五分六釐六毫。至後右孔一寸三分二釐一毫。後左孔九分九釐一毫。〇大呂壎。陰月用之。以七倍黃鐘積為體。內高二寸一分三釐三毫。腰徑一寸六分四釐二毫。居內高自頂向下三分之二。底徑一寸一分一釐七毫。頂孔至底為本體黃鐘之分。聲應大呂之呂。自頂孔至前左最下孔一寸九分九釐八毫。前右下孔一寸八分三釐六毫。前左上孔一寸六分八釐六毫。前右上孔一寸四分九釐八毫。至後右孔一寸二分六釐四毫。後左孔九分四釐八毫。通髹朱。繪金雲龍。吹時以手捧壎底。垂五采流蘇於指閒。

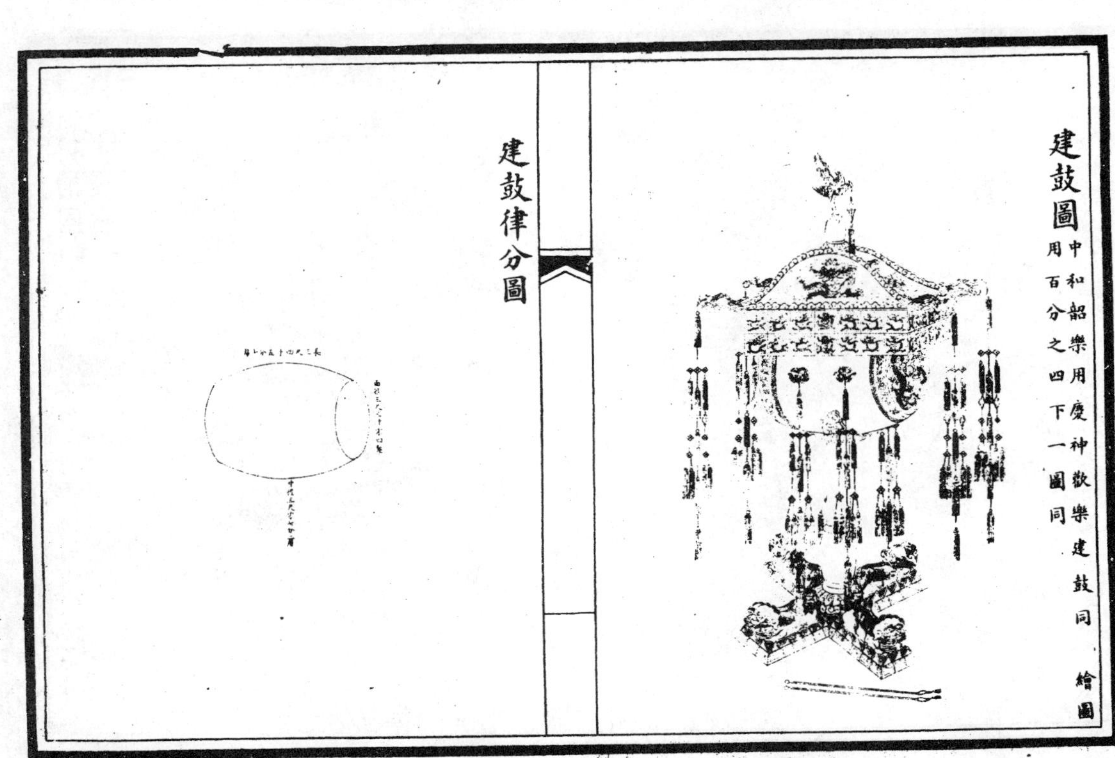

建鼓木匡冒革面徑二尺三寸零四釐匡長三尺四寸五分七釐腰徑三尺零七分二釐面繪雲龍緣繪花文俱五采兩端塗金釘二層匡兩旁飾六角鏤金盤龍各二銜金鐶綴五采流蘇匡腰開方孔貫之以柱柱下植至趺上出擎蓋蓋上穹下方高一尺五寸三分六釐闊四尺二寸三分四釐八毫冪以黃緞繡雲龍重幨四周深一尺三寸一分中繡正龍旁行龍曲梁四垂加龍首出幨一尺二寸九分六釐蓋頂塗金高八寸零九釐上植金鸞高一尺零七分八釐六毫長一尺九寸四分四釐承鼓以曲木鏤金雲文四歧抱匡縱長二尺五寸六分闊四寸三分二釐橫長一尺五寸三分六釐闊九寸七分二釐中心厚四寸三分二釐其下植柱高二尺四寸三分末為圓座高一尺九寸二分趺長四尺八寸六分闊九寸七分二釐厚一寸九分二釐四出有垣各飾伏獅身長一尺七寸二分八釐鸞咮龍口並垂五采流蘇擊以雙桴髤朱直柄圓首凡鼓之屬皆如之

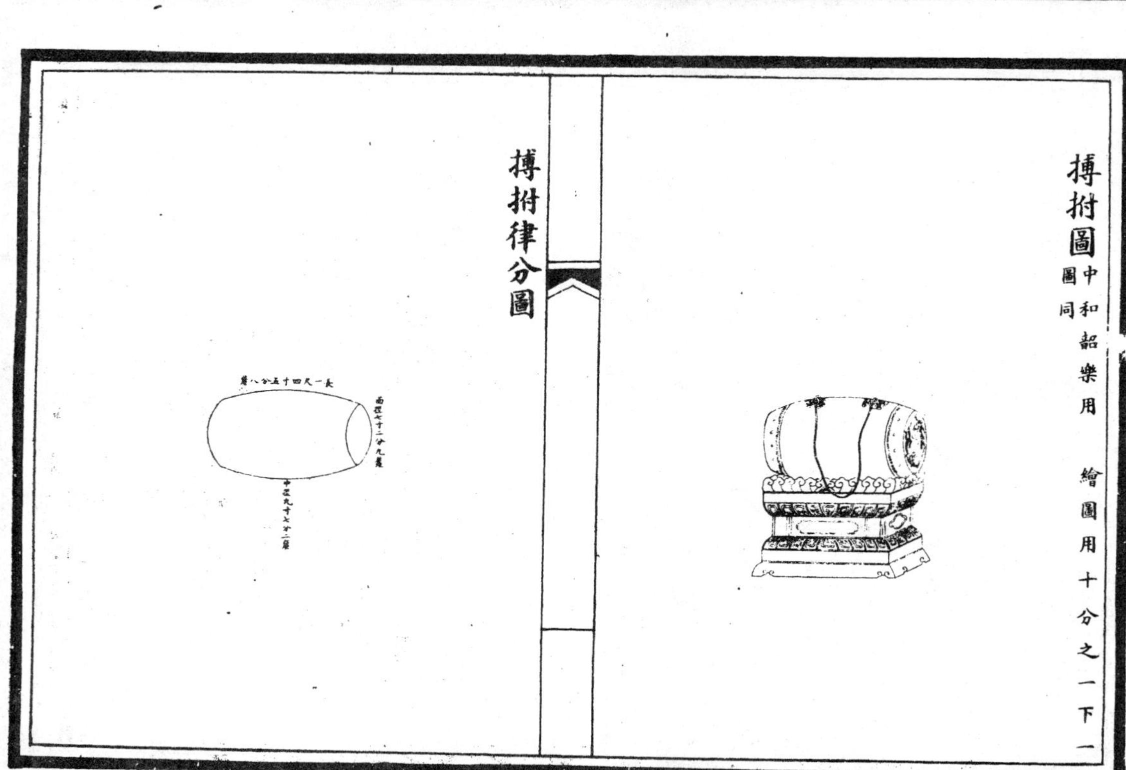

搏拊如鼓而小面徑七寸二分九釐匡長一尺四寸五分八釐腰徑九寸七分二釐繪飾與建鼓同匡旁飾六角鏤金盤龍二銜金鐶繫黃絨紃臥置趺上趺凡三層通髹以金高一尺一寸五分二釐縱一尺三寸六分五釐二毫橫九寸一分零二毫上有垣為雲文作樂時紃懸於項擊以左右手每建鼓一擊則搏拊兩擊以為應合之節

## 柷圖

中和韶樂用繪圖用十分之一下一圖同

## 柷律分圖

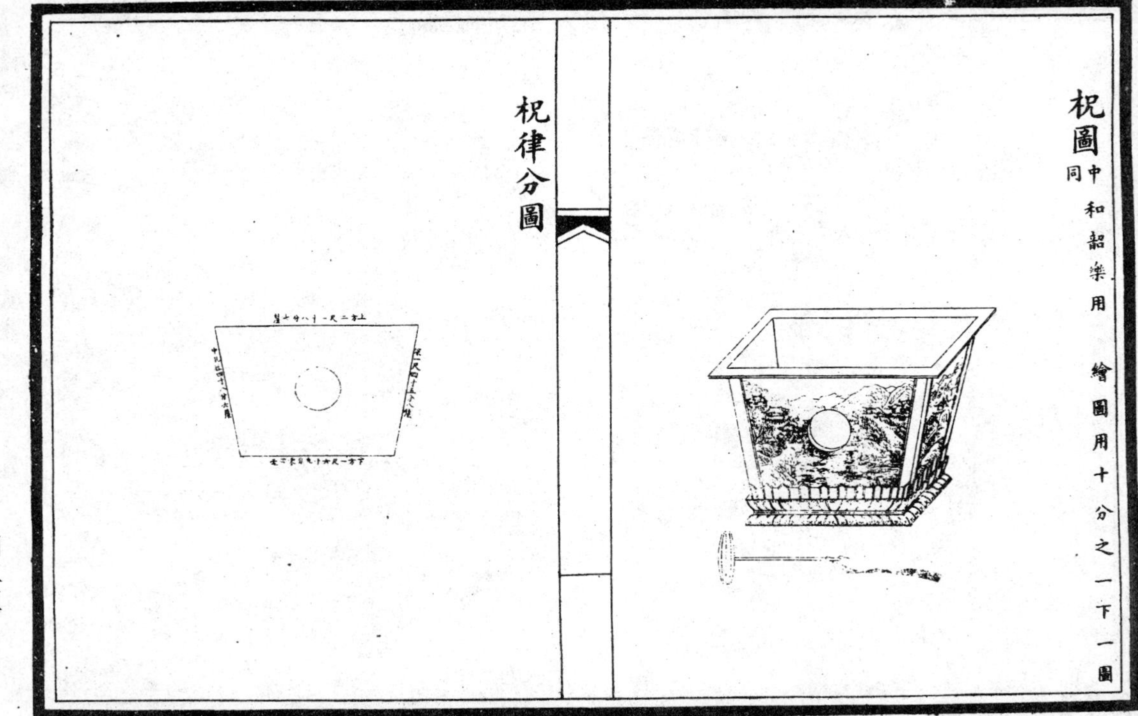

柷用木形如方斗上廣下狹容積一萬二千八百龠深一尺四寸五分八釐上方二尺一寸八分七釐下方一尺六寸九分零四毫體厚七分二釐九毫上口邊闊二寸零二釐二毫厚一寸二分一釐五毫裏髤黑漆三面正中各隆起為鼓形以受擊一面正中開圓孔徑皆四寸八分六釐外繪山水樓閣口及柱皆塗金趺高三寸零三釐四毫方二尺零四分八釐亦塗金擊具曰止首為八棱長四寸八分六釐中徑一寸四分五釐八毫兩端徑八分七釐四毫髤綠柄長一尺二寸一分三釐六毫髤朱柄端如意金雲頭繫黃絨紃

敔圖　中和韶樂用同

繪圖用十分之一下一圖

敔律分圖

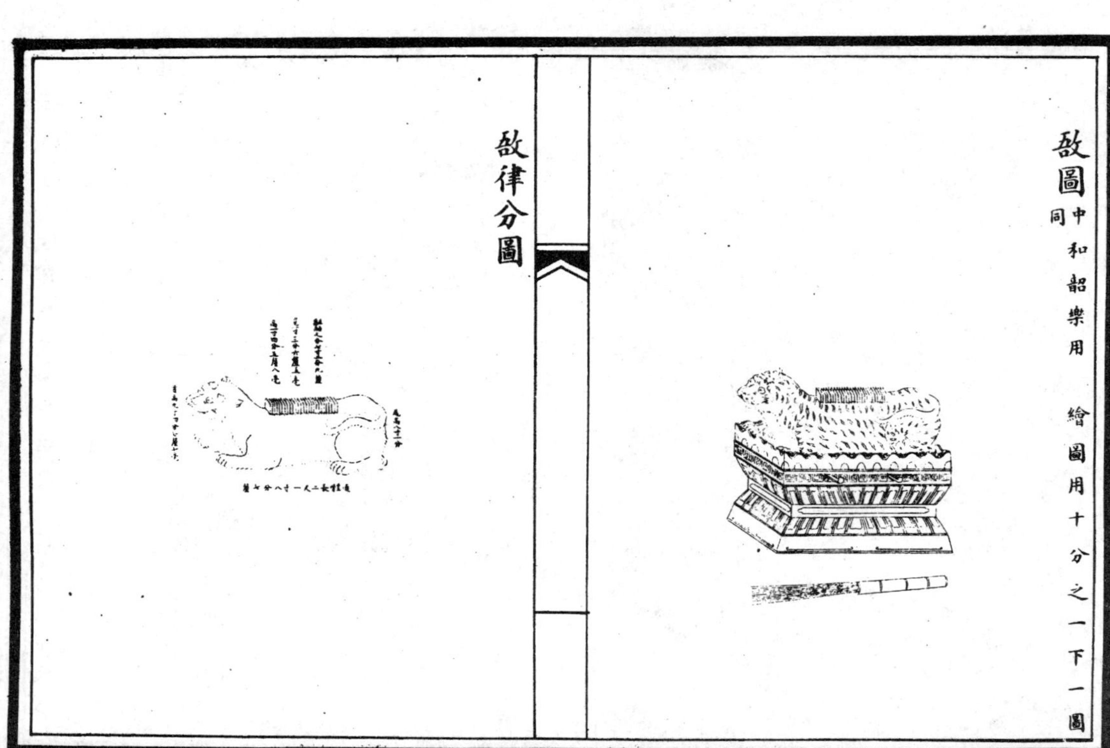

敔雕木為伏虎形紅黑斑文通長二尺一寸八分七釐首高九寸四分七釐七毫尾高八寸一分闊六寸四分八釐背上取三九之數列二十七齟齬具五色以三相間共長七寸二分九釐高一寸四分五釐八毫闊一寸三分六釐五毫承以趺列崇牙趺凡三層高一尺零二分四釐縱二尺一寸八分七釐橫一尺二寸一分三釐六毫旁飾兩耳長三寸六分四釐五毫以置籈通塗以金籈所以鼓截竹髹朱長二尺四寸二分徑一寸四分五釐八毫析其半為二十四莖於齟齬上橫櫟之

節圖　中和韶樂用　繪圖用百分之五

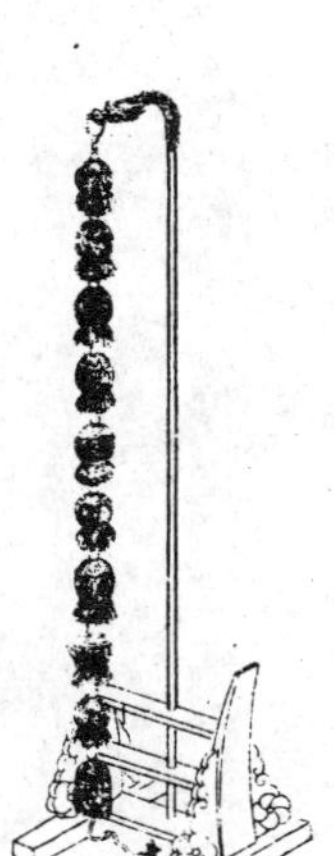

節結旄九重各六寸四分八釐蓋以金葉束以綠皮繫長五寸七分六釐綅長七寸二分九釐朱杠長七尺二寸九分徑一寸零九釐六毫上曲為塗金龍首長九寸七分二釐以銜旄架高闊與麾同東西各一植節於架執之以節舞

干圖一　中和韶樂用七圖同　繪圖用百分之十二下

干圖二

干圖三

干圖四

干圖五

干圖六

干圖七

干圖八

干木質圭首中高三尺六寸四分五釐兩邊高三尺二寸四分上闊七寸二分九釐下闊六寸四分八釐上半繪五采雲氣龍頭下半兩旁繪交龍緣以五色羽文中心粉地朱書四字曰雨暘時若四海永清倉箱大有八方敉甯奉三永奠得一為正百神受職萬國來庭凡八語佾各一語背髹朱横帶二中有曲木武舞生左手執之

## 戚圖

中和韶樂用　繪圖用百分之十二

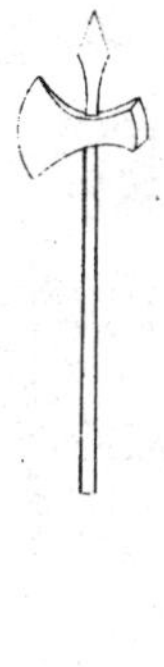

戚木質斧形背黑刃白背至刃五寸一分二釐刃闊四寸五分五釐一毫背闊一寸八分二釐二毫厚一寸二分一釐三毫柄髹朱長一尺五寸七分七釐大徑一寸一分三釐七毫小徑八分一釐上圭首如刃色尖長二寸八分八釐尖闊八分六釐四毫本闊六分零七毫武舞生右手執之

羽圖 中和韶樂用　繪圖用百分之十二

羽。木柄植雉羽。羽長二尺九寸一分六釐。銜以龍首。刻木塗金。長四寸八分六釐。柄髹朱。長一尺九寸四分四釐。徑三分一釐三毫。文舞生右手執之。

籥圖 中和韶樂用　繪圖用百分之十二

籥。竹管六孔。髹朱。徑四分六釐八毫。通長一尺七寸五分一釐。上端至最下第一孔。一尺三寸一分三釐二毫。第二孔。一尺一寸六分七釐三毫。第三孔。一尺零一分一釐二毫。第四孔。八寸七分五釐五毫。第五孔。七寸三分八釐七毫。最上第六孔。五寸零五釐六毫。文舞生左手執之。

欽定大清會典圖卷四十

樂十 樂器五

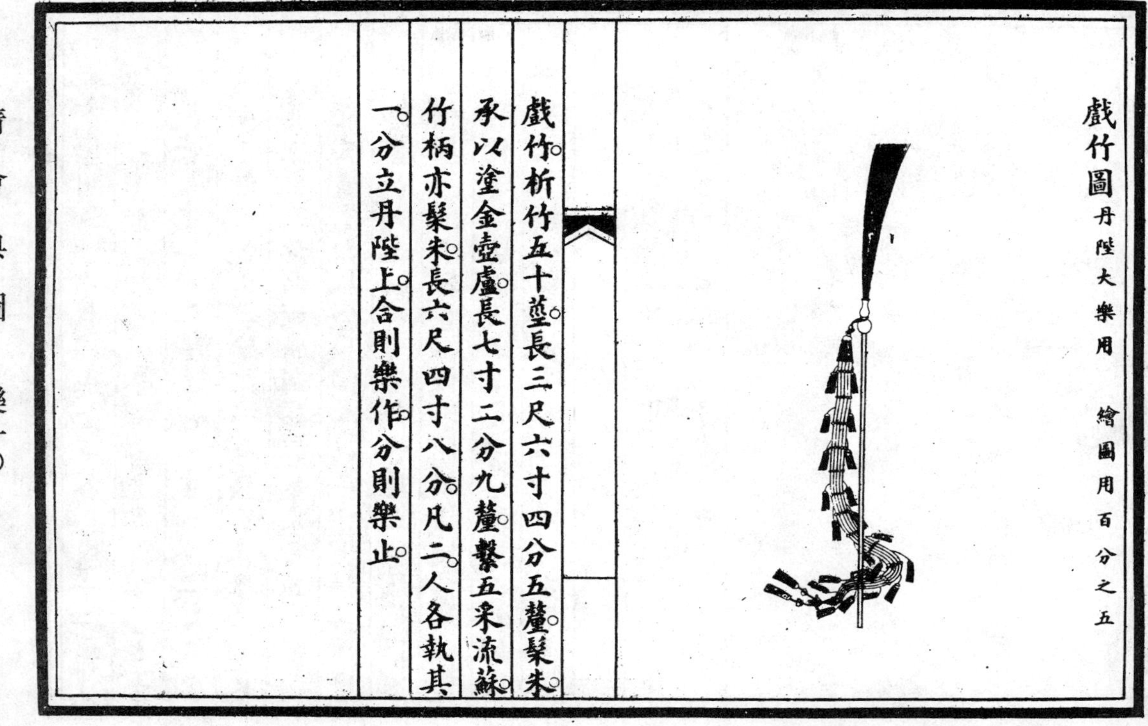

戲竹圖丹陛大樂用　繪圖用百分之五

戲竹析竹五十莖長三尺六寸四分五釐髹朱承以塗金壺盧長七寸二分九釐繫五采流蘇竹柄亦髹朱長六尺四寸八分凡二人各執其一分立丹陛上合則樂作分則樂止

方響圖一丹陛大樂用各部樂方響同　繪圖用十二分之一

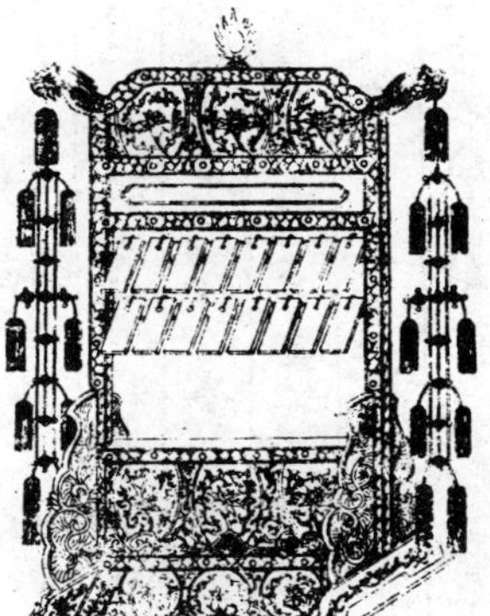

方響圖二凱歌樂用　繪圖用三分之一

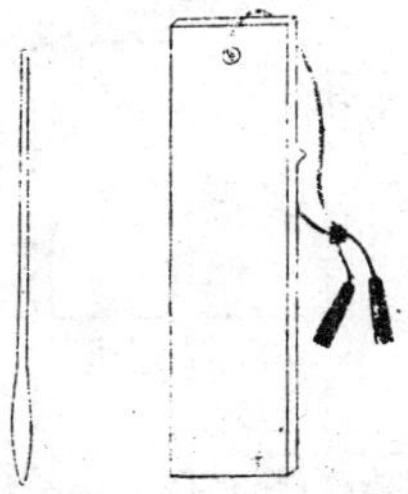

方響用鋼十六枚同虡上下各八應十二正律四倍律形制相同以厚薄為次各得編磬之半長皆七寸二分九釐闊皆一寸八分二釐二毫面平背後近上三分之一有橫脊其厚倍之竅其上繫以黃絨紃虡制如屏髹朱繪五采寶相花文通高四尺八寸闊二尺二寸上橫梁頂中飾塗金火珠兩端塗金龍首垂五采流蘇下又橫梁二上下各實以板梁閒橫鐵鋌四裹以黃氊鉤著兩虡前後上下各二懸方響而斜倚之擊以小鐵槌黃綫挽手各部樂所用方響同惟馬上奏凱歌樂方響分用其八人執一枚厚薄形制皆同繫黃絨紃以手擎而擊之

## 雲鑼圖

丹陛大樂用各部樂雲鑼同番子樂蒼清附繪圖用百分之十六

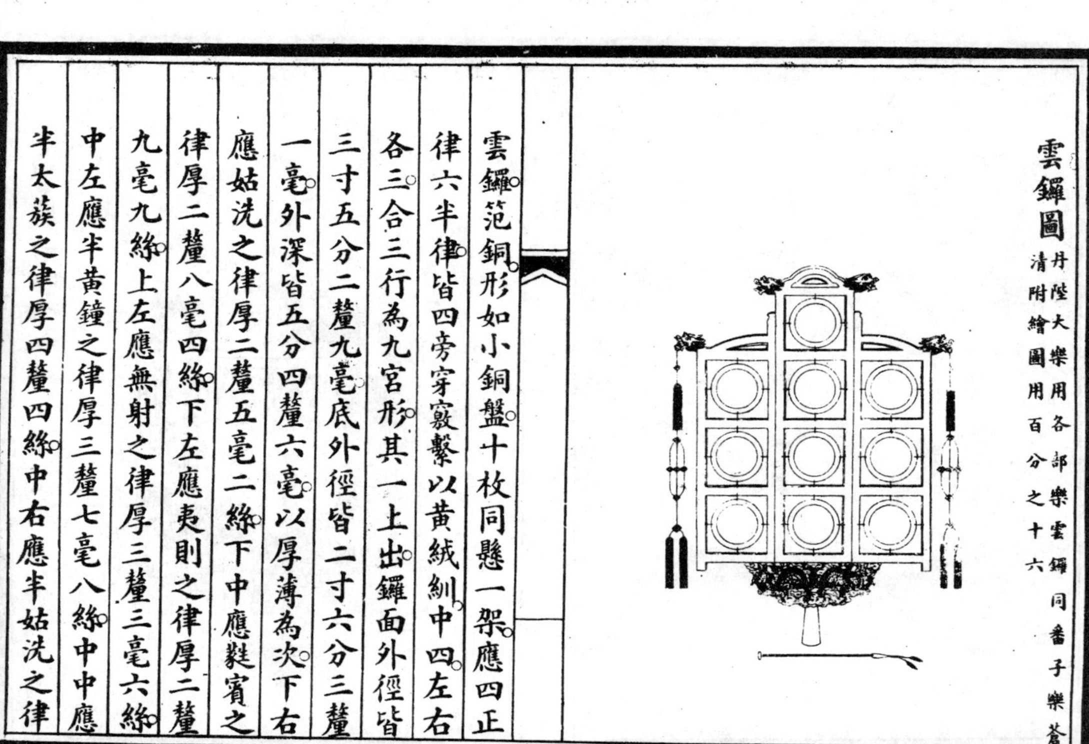

雲鑼范銅形如小銅盤十枚同懸一架應四正律六半律皆四旁穿竅繫以黃絨紃中四左右各三合三行為九宮形其一上出鑼面外徑皆三寸五分二釐九毫底外徑皆二寸六分三釐一毫外深皆五分四釐六毫以厚薄為次下右應姑洗之律厚二釐五毫二絲下中應蕤賓之律厚二釐八毫四絲下左應夷則之律厚二釐九毫九絲上左應無射之律厚三釐三毫六絲中左應半黃鐘之律厚三釐七毫八絲中中應半太蔟之律厚四釐四絲中右應半姑洗之律

厚四釐四毫九絲。上右應半蕤賓之律厚五釐五絲。上中應半夷則之律厚五釐六毫八絲。最上應半無射之律厚五釐九毫八絲。架高二尺。闊一尺五寸。髹朱。上兩端加塗金龍首。左右兩端亦如之。垂五采流蘇。承以塗金雲龍。柄長五寸五分。擊以小綠槌。朱柄。蒼清制同雲鑼。架高二尺三寸。闊一尺四寸五分。

稭灣斜枯圖 粗緬甸樂用 繪圖用百分之十五

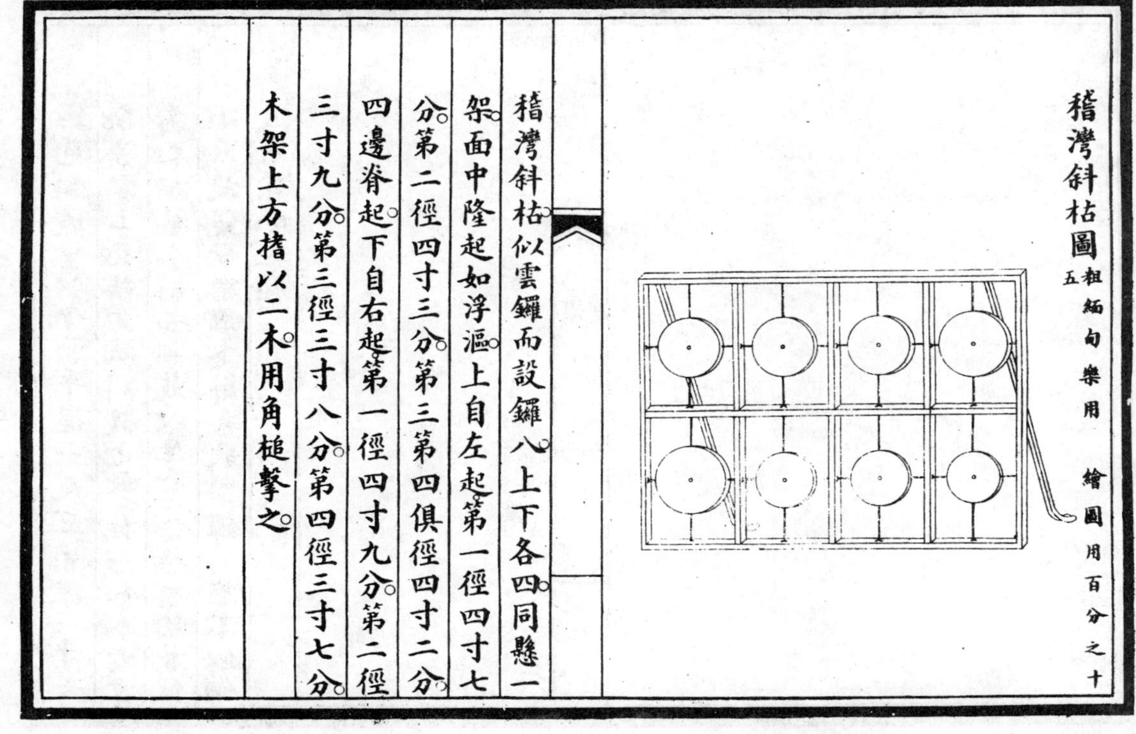

稭灣斜枯。似雲鑼而設鑼八。上下各四。同懸一架。面中隆起如浮漚。上自左起。第一徑四寸七分。第二徑四寸三分。第三第四俱徑四寸二分。四邊脊起。下自右起。第一徑四寸九分。第二徑三寸九分。第三徑三寸八分。第四徑三寸七分。木架上方揹以二木。用角槌擊之。

鑼圖一 凱旋鐃歌樂用 下一圖同

繪圖用百分之十五

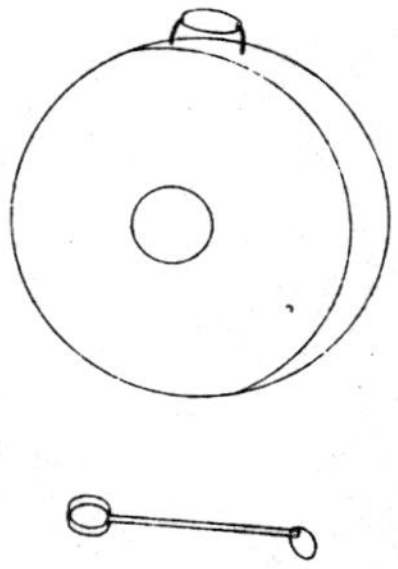

鑼圖二 禾辭桑歌樂用

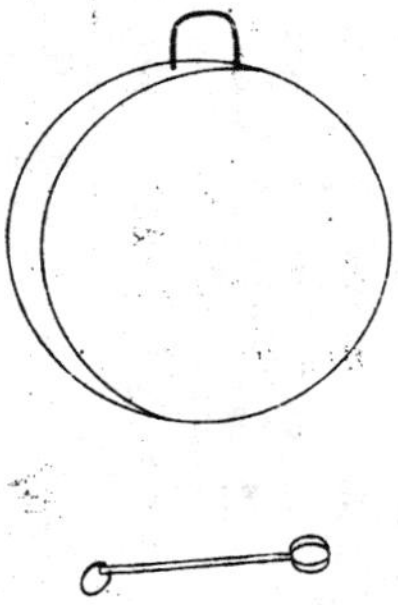

鑼。范銅。通塗以金。面平。徑一尺三寸。深一寸六分。旁穿二孔。結黃絨紃提之。擊椎形如瓜。黃韋爲之。柄髹朱。制如銅鼓。以厚薄分。聲較銅鼓低。小。凱旋鐃歌樂用。禾辭桑歌樂鑼同。惟不似銅鼓中有隆起處。

## 金圖

鐃歌鼓吹樂用鐃歌大樂鐃歌清樂凱旋鐃歌樂同 繪圖用百分之十五

金范銅面平徑一尺四寸五分八釐深二寸二分七釐五毫旁穿二孔結黃絨絛貫於木柄提之柄髹朱擊椎形如瓜黃韋為之柄髹朱

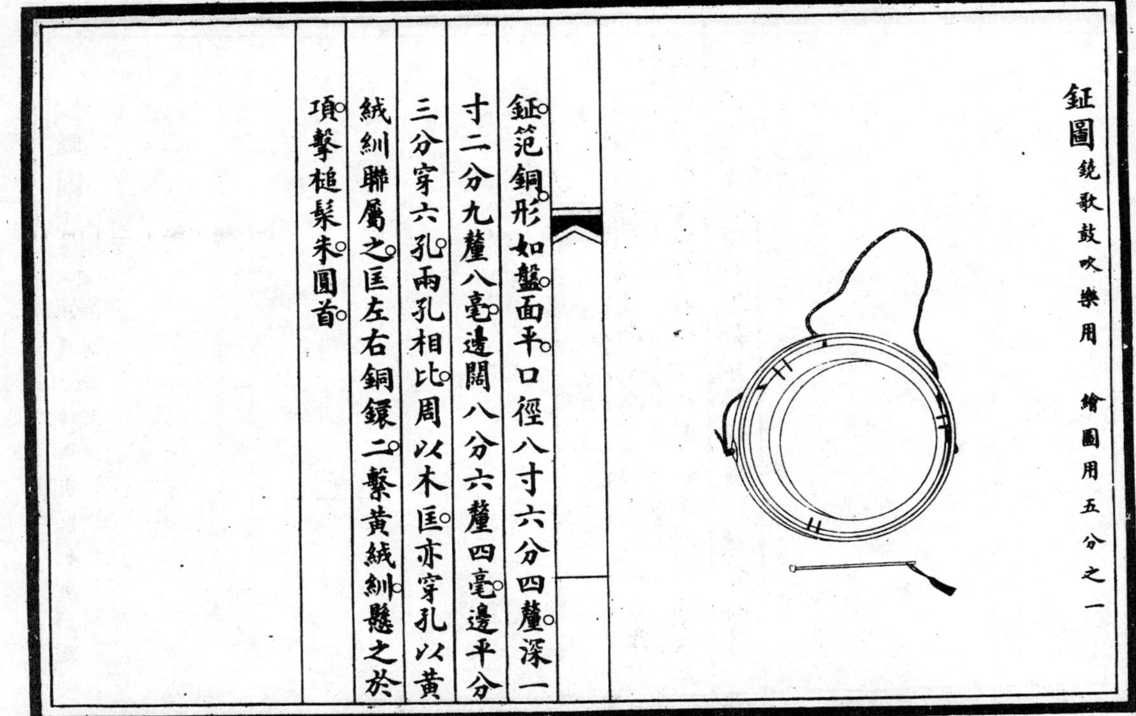

## 鉦圖

鐃歌鼓吹樂用 繪圖用五分之一

鉦范銅形如盤面平口徑八寸六分四釐深一寸二分九釐八毫邊闊八分六釐四毫邊平分三分穿六孔兩孔相比周以木匡亦穿孔以黃絨紃聯屬之匡左右銅鐶二繫黃絨紃懸之於項擊椎髹朱圓首

## 銅鼓圖

鐃歌大樂用凱旋鐃歌樂銅鼓同繪圖用五分之一

銅鼓范銅形如金面徑九寸七分二釐深一寸六分二釐中隆起八分一釐徑二寸六分七釐三毫邊穿圓孔二以黃絨紃懸之擊槌木質通結黃綫凱旋鐃歌樂鑼制如銅鼓而厚

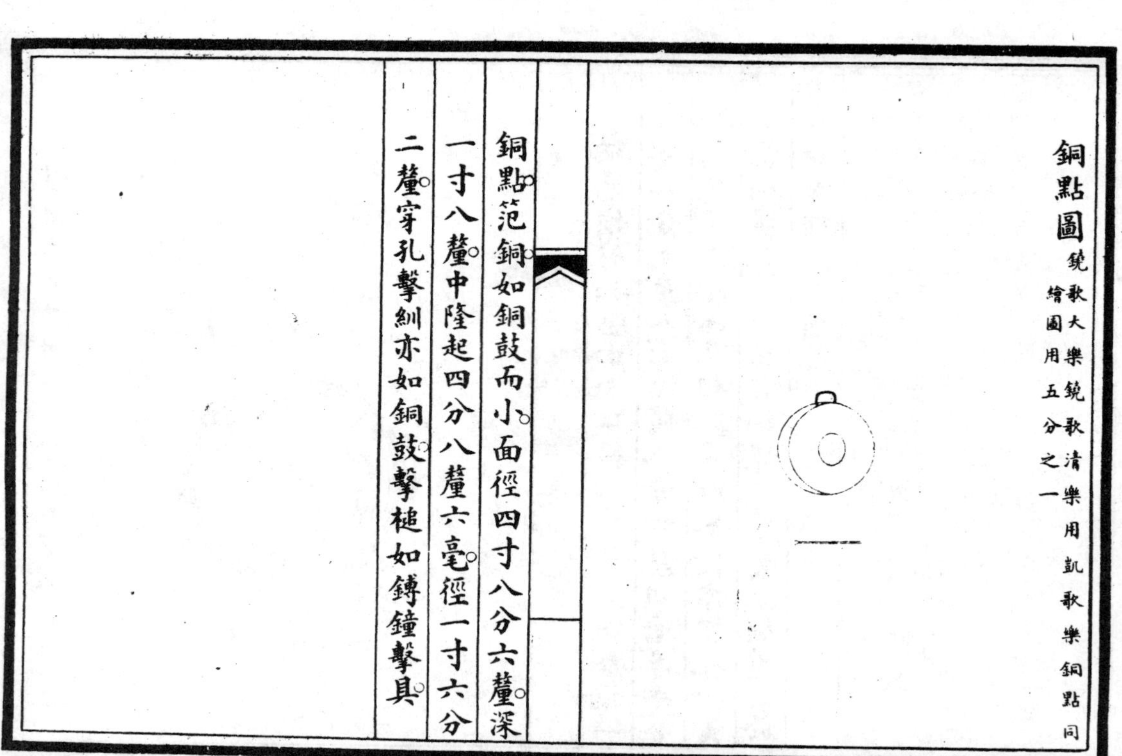

## 銅點圖

鐃歌大樂鐃歌清樂用凱歌樂銅點同繪圖用五分之一

銅點范銅如銅鼓而小面徑四寸八分六釐深一寸八釐中隆起四分八釐六毫徑一寸六分二釐穿孔擊紃亦如銅鼓擊槌如鎛鐘擊具

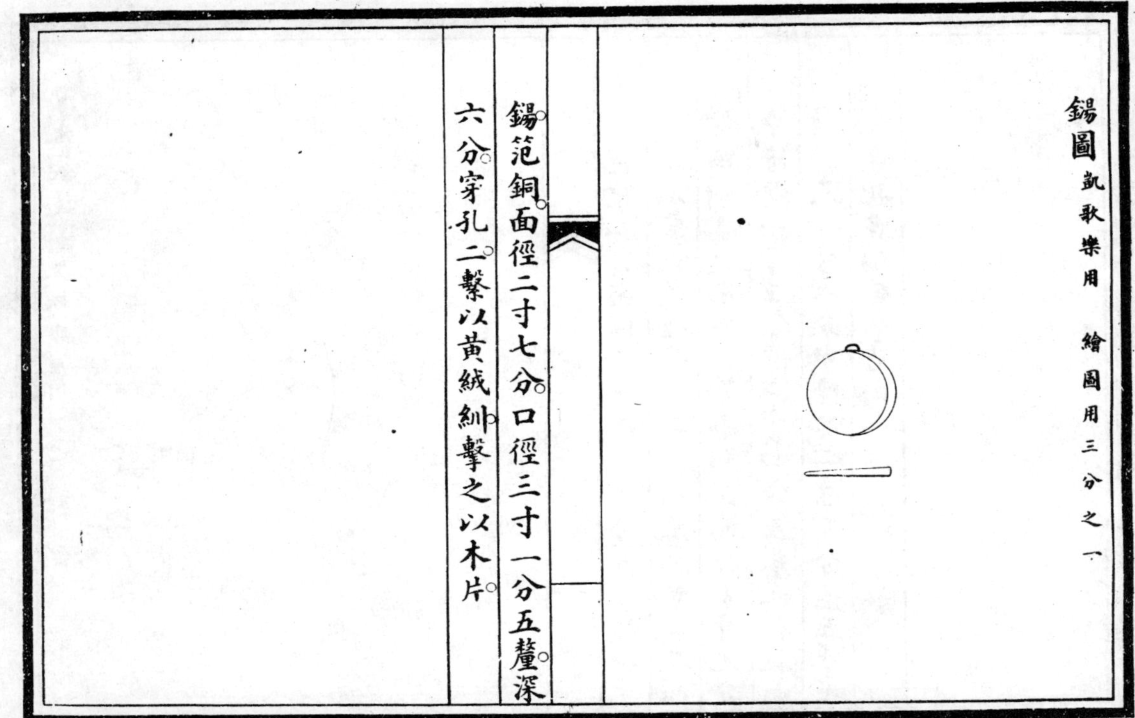

鍚圖　凱歌樂用　繪圖用三分之一

鍚範銅面徑二寸七分口徑三寸一分五釐深六分穿孔二繫以黃絨紃擊之以木片

鈸圖　鐃歌大樂鐃歌清樂用凱旋鐃歌樂鈸同　繪圖用十分之二下二圖同

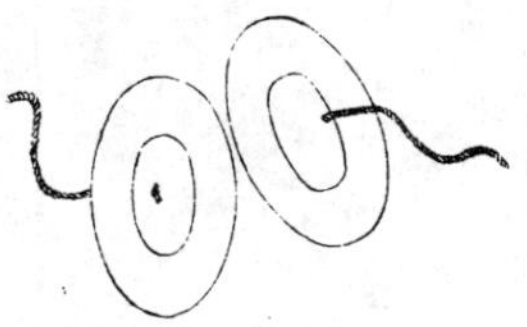

小和鈸圖　凱旋鐃歌樂用

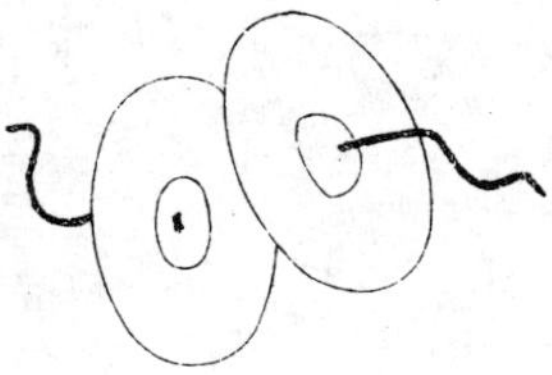

## 大和鈸圖 凱歌樂用

鈸。範銅二片面徑六寸四分八釐。中隆起一寸二分九釐六毫徑三寸二分四釐。各穿圓孔以黃絨紃貫之。左右合擊。小和鈸面徑七寸九分。中隆起一寸三分。徑二寸四分五釐。大和鈸面徑一尺一寸八分。中隆起二寸五分。徑五寸七分。穿孔貫紃合擊皆同。

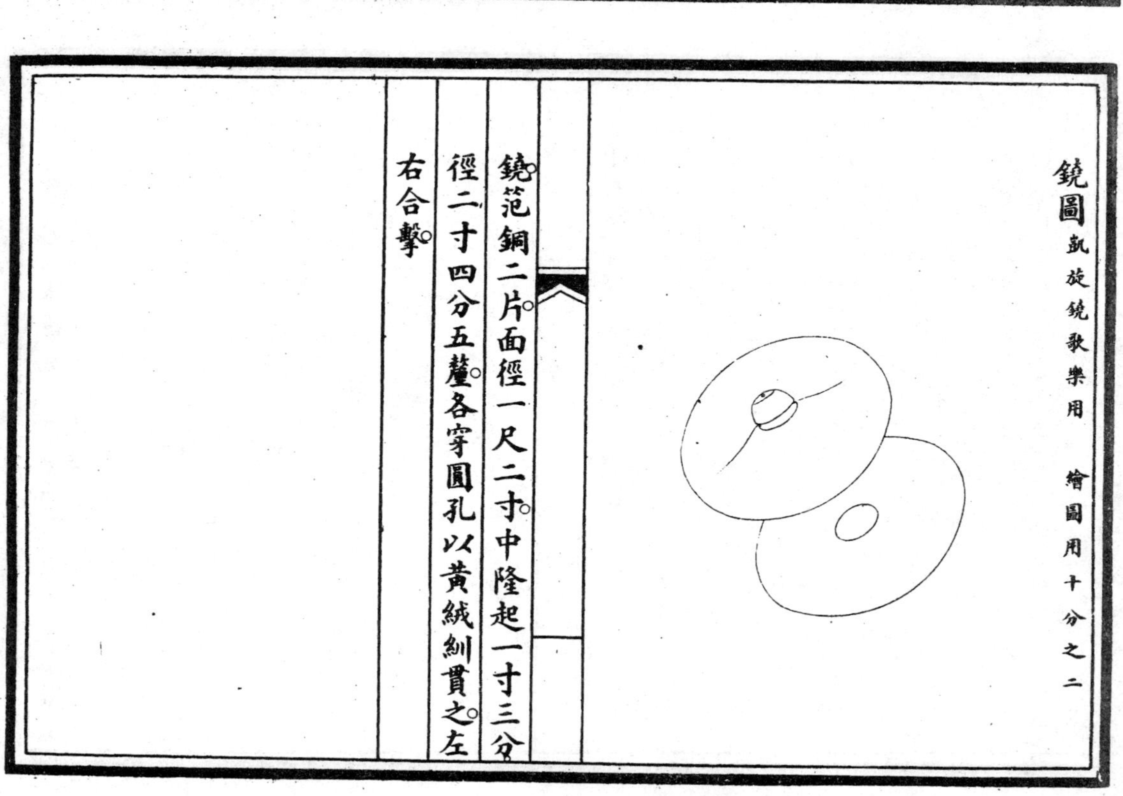

## 鐃圖 凱旋鐃歌樂用　繪圖用十分之二

鐃。範銅二片面徑一尺二寸。中隆起一寸三分。徑二寸四分五釐。各穿圓孔以黃絨紃貫之。左右合擊。

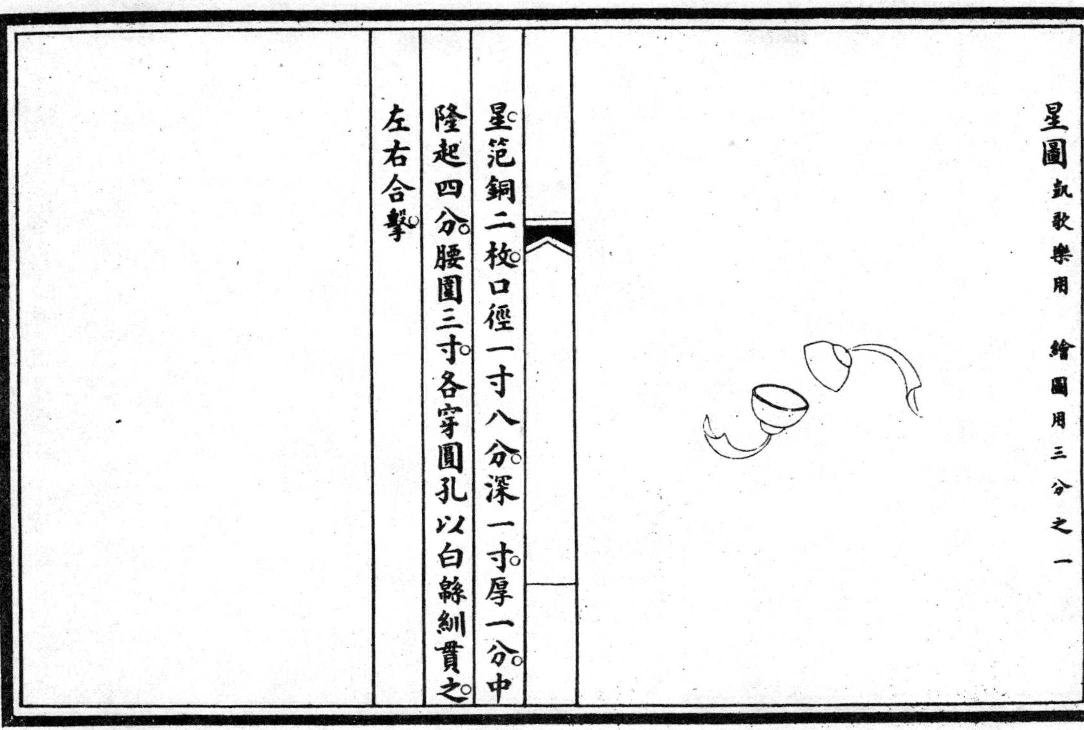

星圖 凱歌樂用 繪圖用三分之一

星范銅二枚。口徑一寸八分。深一寸。厚一分。中隆起四分。腰圍三寸。各穿圓孔以白絲紃貫之。左右合擊。

柏且爾圖 番子樂用廓爾喀樂達拉附 繪圖用七分之二

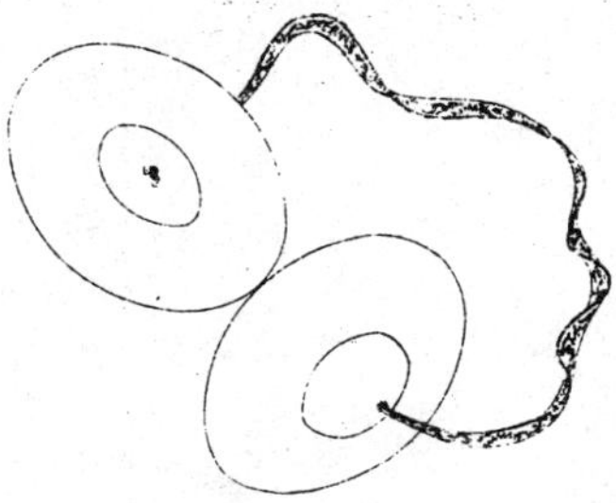

柏且爾范銅二片。圓徑六寸。中隆起一寸三分四釐。繫以絨紃左右合擊。達拉似柏且爾而小。圓徑二寸一分。

結莽轟兜布圖 一 粗細旬樂用　繪圖用三分之

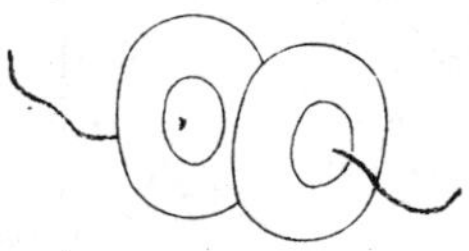

結莽轟兜布。范銅二片。似達拉而大。徑三寸五分。中隆起一寸三分。以韋貫之。左右合擊。

接足圖 細細旬樂用　繪圖用三分之一

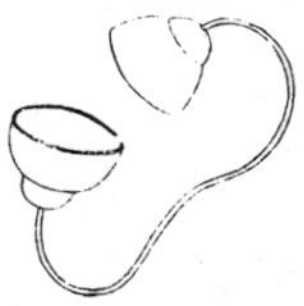

接足。范銅二枚。口徑一寸八分。高一寸。厚一分。中隆起五分。腰圍三寸。各穿圓孔。以黄絨紃貫之。左右合擊。

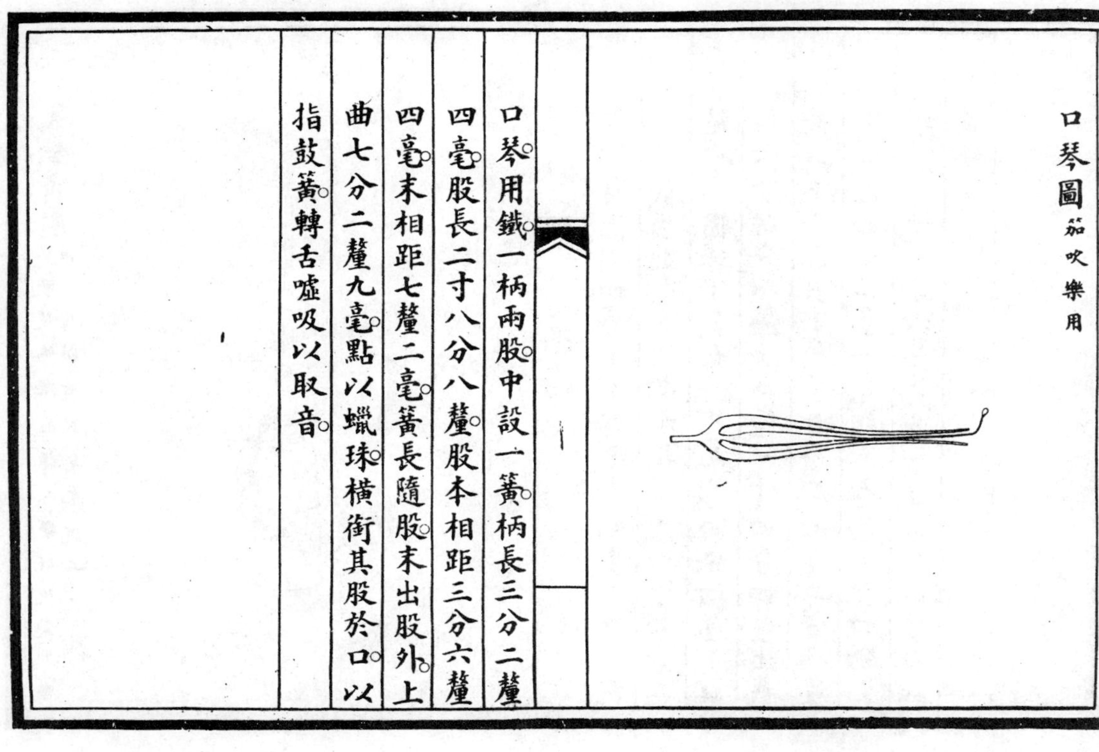

口琴圖笳吹樂用

口琴用鐵一柄兩股中設一簧柄長三分二釐四毫股長二寸八分八釐股本相距三分六釐四毫末相距七釐二毫簧長隨股末出股外上曲七分二釐九毫點以蠟珠橫銜其股於口以指鼓簧轉舌噓吸以取音

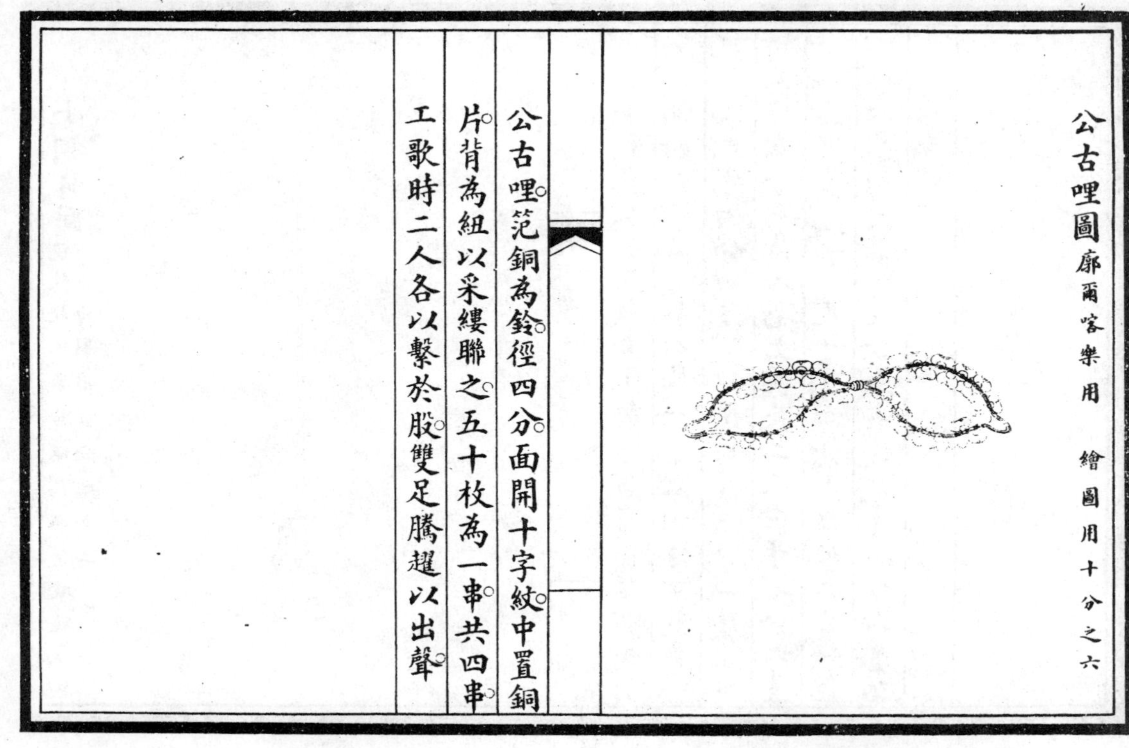

公古哩圖廓爾喀樂用　繪圖用十分之六

公古哩範銅為鈴徑四分面開十字紋中置銅片背為紐以采縷聯之五十枚為一串共四串工歌時二人各以繫於股雙足騰趯以出聲

大銅角圖 鐃歌鼓吹樂前部大樂凱旋鐃歌樂用 繪圖用百分之十二

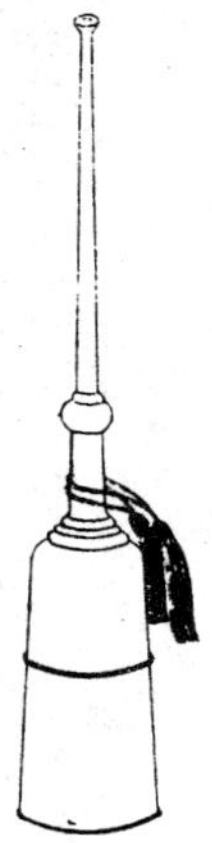

大銅角。范銅如筩。上下二截。本細末大。納上截於下截。用則引而伸之。通長三尺六寸七分二釐。中為圓球。下截長一尺九寸四分四釐。下口徑六寸四分八釐。上口徑一寸四分四釐。上截長與下截等。出下截上者一尺七寸二分八釐。上口徑四分三釐二毫。相銜處徑一寸四分。上半藏二寸一分六釐。背長一寸四分四釐。懸紅黃綬。

小銅角圖 鐃歌鼓吹樂前部大樂凱旋鐃歌樂用 繪圖用百分之十二

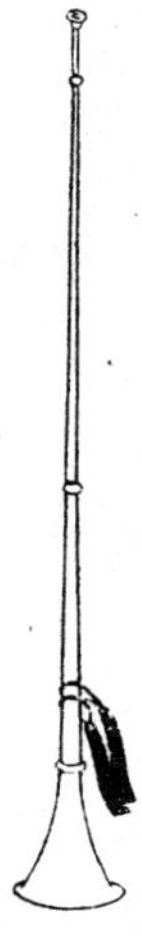

小銅角。范銅。上截直。下截哆。各有圓球相銜。引納如大銅角。通長四尺一寸零四釐。下截長一尺九寸四分四釐。下口徑四寸三分二釐。上口徑五分一釐八毫。上截長二尺三寸七分六釐。出下截上者二尺一寸六分。上口徑二分一釐六毫。相銜處徑五分。上半藏二寸一分六釐。繫紅黃綬。

## 畫角圖

鐃歌鼓吹樂前部大樂用　繪圖用十五分之一

畫角木質中虛腹廣兩端銳長五尺四寸六分一釐二毫腹徑四寸三分二釐上口外徑一寸二分一釐五毫內徑七分六釐八毫下口外徑一寸四分四釐內徑八分六釐四毫上下束以銅中束以塗金籐五重通髹漆上為寶相花文中為雲龍下為海馬兩端雲文並繪以金木哨入角端吹之長七寸二分九釐亦髹漆

## 金口角圖

鐃歌大樂前部大樂凱旋鐃歌樂用　繪圖用五分之一

金口角木管兩端銅口上弇下哆管長九寸八分九釐上口內徑三分一釐三毫金口長二寸一分六釐為壺盧形加小銅盤二管下口內徑九分三釐九毫金口長四寸八分六釐外徑四寸三分二釐前七孔後一孔刻管如竹節相間以蘆哨入管端吹之哨入管六分三釐至最下前出第一孔七寸四分一釐七毫第二孔六寸一分七釐四毫第三孔五寸三分八釐六毫第四孔四寸二分八釐三毫第五孔三寸三分八釐五毫第六孔二寸四分七釐二毫第七後出

孔二寸九分五釐。第八前出最上孔一寸四分六釐五毫。下端銅口小鐶各一。繫黃絨紃末垂五采流蘇。

## 蒙古角圖 鐃歌大樂用 繪圖用二十二分之一

蒙古角木質。中虛。末哆。有雌雄二制。皆上下二截。上長四尺七寸三分一釐。下長三尺五寸二分九釐。末加銅口。長一尺六寸七分二釐九毫。徑七寸二分九釐。雄角上口內徑三分四釐五毫。雌角上口內徑二分八釐五毫。以角哨入管端吹之。通髹黃。繪五采雲龍。以銅束之。凡銅飾皆塗金。上口銅鼻。結黃絨紃纏之。貫於銅口鐶中。垂紅黃紺緞小幡各一。

海笛圖凱旋鐃歌樂用　繪圖用四分之一

海笛。如金口角而小。管長六寸二分。上口徑三分。金口長一寸六分。下口内徑八分。金口長一寸七分。外徑二寸二分。

欽定大清會典圖卷四十一

樂十一樂器六

箏圖一慶隆舞樂用番部合奏樂箏附

箏圖二笳吹樂用

軋箏圖番部合奏樂用

琵琶圖慶隆舞樂用番部合奏樂琵琶附

三絃圖慶隆舞樂用番部合奏樂三絃同

二絃圖番部合奏樂用

月琴圖番部合奏樂用

火不思圖番部合奏樂用

喀爾奈圖回部樂用

塞他爾圖回部樂用

箏圖一 慶隆舞樂用番部合奏樂箏附 用四十分之三

繪圖

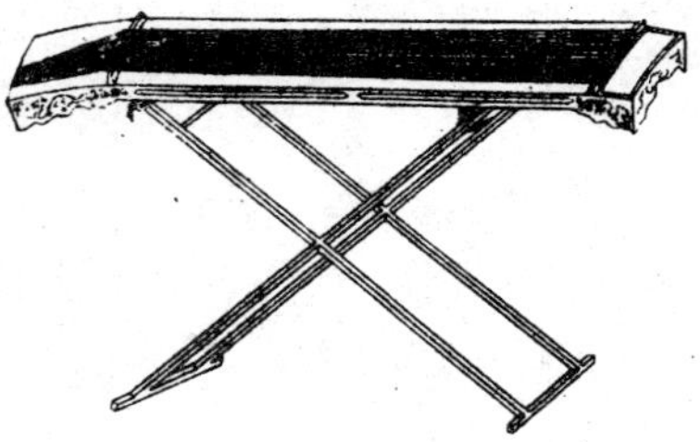

箏圖二 笳吹樂用

箏。十四絃。似瑟而小。刳桐為體。髹以黃。緣。緣通長四尺七寸三分八釐五毫。額闊七寸二分九釐。中高三寸七分八釐九毫。中厚二寸九分八釐八毫。前足高八分零一毫。邊高二寸六分二釐四毫。邊厚一寸八分二釐二毫。尾闊六寸四分八釐。中高三寸五分七釐二毫。中厚二寸五分五釐一毫。後足高一寸零二釐六毫。邊高二寸六分九釐七毫。邊厚一寸六分七釐六毫。前後梁高闊俱四分三釐七毫。前梁內際至額。三寸六分四釐五毫。後梁內際至尾。七寸二分九釐。梁內絃長三尺六寸四分五釐。絃皆五十四綸。各隨宮調設柱。前梁內際邊高二寸八分四釐三毫。後梁內際邊高四寸五分一釐九毫。邊厚俱一寸六分七釐六毫。與尾邊同。額邊雲牙長四寸三分七釐四毫。尾邊雲牙長倍之。首尾兩端雲牙與闊等。底穿孔二。前方。徑二寸九分一釐六毫。後上圓下平。長三寸六分四釐五毫。徑二寸一分八釐七毫。下闊與前孔徑等。前孔上周距首牙內際五寸一分零三毫。後孔下周距尾牙內際。一寸四分五釐八毫。慶隆舞箏梁髹綠旁周皆髹赭繪藍夔龍絃孔飾象牙梁及尾邊用檀番部合奏箏前後梁髹黑笳吹樂箏制微小六絃前後梁髹黑邊繪夔龍及冋文座皆四足斜交以樞揩之髹朱下有趺

## 軋箏圖

番部合奏樂用　繪繪用二十分之三

軋箏似箏而小十絃刳桐為體通長二尺二寸二分四釐七毫五絲額闊四寸四分二釐二毫中高二寸六分九釐六毫中厚一寸九分九釐五毫前足高七分零一毫邊高一寸八分八釐七毫邊厚一寸一分八釐六毫尾闊三寸四分五釐一毫中高二寸五分八釐八毫中厚一寸五分六釐四毫後足高一寸零二釐四毫邊高二寸零四釐八毫邊厚與足高等前後梁高闊俱三分二釐三毫前梁內際至額二寸零二釐二毫後梁內際至尾四寸零四釐五毫梁內絃

長一尺六寸一分八釐各設柱以和之前梁內際邊高與尾邊高等邊厚一寸二分四釐後梁內際邊高二寸九分一釐二毫邊厚一寸一分三釐二毫額邊雲牙長二寸九分六釐六毫尾邊雲牙長五寸三分九釐三毫兩端雲牙與闊等底穿孔二前方徑一寸八分八釐七毫後上圓下平長二寸四分二釐六毫上闊一寸一分八釐六毫下闊一寸七分二釐五毫前孔上周距首牙內際二寸五分八釐八毫後孔下周距尾牙內際五分三釐九毫通髹檀色旁周繪金夔龍梁及尾邊用紫檀絃孔飾象牙以木桿軋之

## 琵琶圖

慶隆舞樂用番部合奏樂琵琶附繪
圖用百分之十三

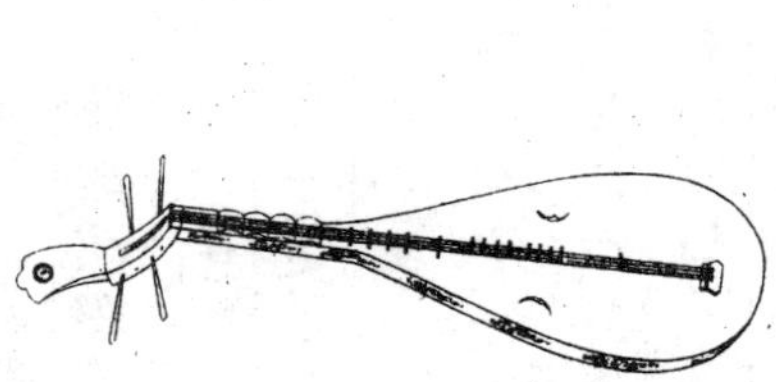

琵琶四絃刳桐為體曲首長頸平面圓背腹廣而橢頸長三寸二分四釐闊一寸零九釐二毫頸端至腹末長二尺四寸二分七釐二毫頸端山口厚四分八釐五毫高三分零三毫曲首長三寸二分四釐闊一寸零九釐二毫匙頭長三寸六分四釐五毫闊一寸九分四釐四毫腹闊八寸零八釐邊厚四分八釐五毫背厚一寸二分一釐三毫頸闊為腹闊十分之一鳳枕長九分一釐闊七分二釐九毫高與背厚等槽面施覆手長一寸二分一釐三毫其闊外邊三寸六

分四釐五毫內邊二寸五分九釐二毫曲首中
鑿空闊三分二釐四毫納絃以四軸綰之左右
各二軸長三寸八分八釐八毫絃自山口至覆
手長二尺一寸六分設四象十三品自覆手起
度第一象一尺九寸二分第二象一尺八寸二
分二釐五毫第三象一尺七寸零六釐六毫第
四象一尺六寸二分第一品一尺四寸四分第
二品一尺三寸六分六釐八毫第三品一尺二
寸八分第四品一尺二寸一分五釐第五品一
尺零八分為全絃之半第六品九分六釐為第
一象之半第七品九寸一分一釐二毫為第二
象之半第八品八寸五分三釐三毫為第三象
之半第九品八寸一分為第四象之半第十品
七寸二分為第一品之半第十一品六寸八分
三釐四毫為第二品之半第十二品六寸四分
為第三品之半第十三品六寸零七釐五毫為
第四品之半覆手曲首匙頭用樟木四象用黃
楊品用竹山口絃軸及四象上下二段用紫檀
四象下段為琵琶心旁為兩新月形內繫細鋼
條為膽四絃第一絃朱面本色餘金漆邊繪金
夔龍背繪花文覆手內邊及絃孔俱飾象牙番
部合奏琵琶通金漆匙頭繪金圓夔龍邊亦繪
金夔龍

## 三絃圖 慶隆舞樂用番部合奏樂三絃同繪 圖用百分之十一

三絃斲檀修柎方槽圓角冒以虵皮柄下曲貫槽中上直與槽面平通長三尺三寸四分八釐柄自山口至槽端長二尺九寸一分六釐上闊九分一釐厚如之下闊一寸零七釐八毫厚九分六釐槽邊長六寸四分八釐闊六寸零六釐八毫槽面長與邊闊等闊五寸三分九釐三毫厚二寸六分九釐六毫柄末槽端覆以木穿直孔貫絃扣匙頭長四寸三分二釐上闊二寸零二釐二毫下闊一寸五分三釐下半鑿空長二寸零二釐二毫闊三分八釐四毫納絃以三軸綰之左二右一軸長四寸零四釐五毫槽面設柱絃自山口至柱長二尺五寸九分二釐柱用竹軸用檀或象牙背繫黃絨紃

## 二絃圖

番部合奏樂用　繪圖用百分之十二

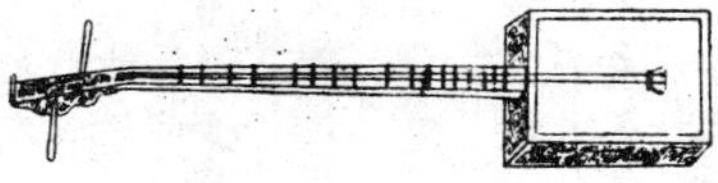

二絃。斵棹為體。曲首。槽面以桐。長方。底有孔通長三尺零五分五釐八毫。槽外柄長一尺七寸二分八釐。上闊九分一釐。下闊一寸零七釐八毫。厚俱九分五釐。槽邊長七寸八分八釐五毫。闊六寸四分八釐。槽面長六寸八分二釐六毫。闊五寸三分九釐三毫。厚一寸九分。曲首長五寸三分九釐三毫。後鑿穿長二寸零四釐。闊三分。納絃以兩軸。綰之左右各一。軸長四寸零四釐。槽面施覆手如琵琶。絃自山口至覆手長二尺三寸零四釐。設十七品。自覆手起度。第一品二尺零四分八釐。第二品一尺九寸四分四釐。第三品一尺八寸二分。第四品一尺七寸二分八釐。第五品一尺五寸三分六釐。第六品一尺四寸五分八釐。第七品一尺三寸六分五釐。第八品一尺二寸九分六釐。第九品一尺一寸五分二釐。為全絃之半。第十品一尺零二分四釐為第一品之半。第十一品九寸七分二釐。為第二品之半。第十二品九寸一分。為第三品之半第十三品八寸六分四釐。為第四品之半。第十四品七寸六分八釐。為第五品之半。第十五品七寸二分九釐。為第六品之半。第十六品六寸八分二釐。為第七品之半。第十七品六寸四分八釐。為第八品之半。通髹金漆。曲首槽邊俱繪金夔龍。品軸覆手俱以檀。山口軸端絃孔覆手內邊俱飾象牙。

月琴圖　番部合奏樂用　繪圖用百分之十二

月琴。四絃。斲檀為體。槽面以桐。八角。曲首。柄貫槽中。通長三尺零九分八釐八毫。槽外柄長一尺八寸二分。上闊七分六釐八毫。下闊九分一釐。槽面徑七寸零五釐八毫。厚一寸二分九釐六毫。曲首長二寸六分九釐六毫。闊與柄上闊等。匙頭長三寸零三釐四毫。上闊一寸六分一釐七毫。下闊一寸二分一釐三毫。曲首中鑿空納絃。以四軸綰之。左右各二。軸長三寸六分四釐五毫。槽面施覆手。如琵琶。絃自山口至覆手長二尺三寸零四釐。設十七品。與二絃同。山口

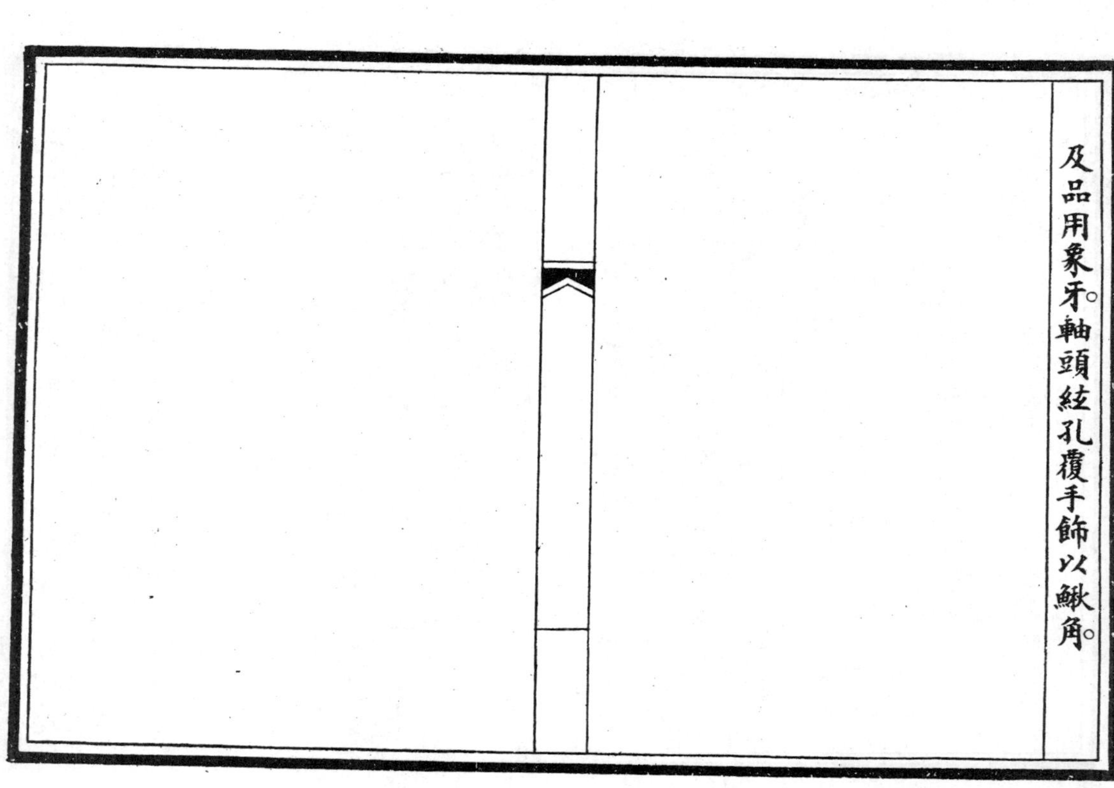

及品用象牙。軸頭絃孔覆手飾以鰍角。

## 火不思圖

番部合奏樂用　繪圖用八分之一

火不思四絃似琵琶而瘦桐柄梨槽半冒蟒皮柄下腹上背有稜如蘆節通長二尺七寸三分一釐一毫柄長二尺二寸一分三釐六毫上闊九分一釐厚如之下闊一寸五分三釐六毫厚亦如之腹長七寸八分八釐五毫闊二寸五分六釐厚二寸零四釐八毫刳其下半為槽長四寸五分五釐一毫槽端開孔貫木施皮扣以結絃曲首長七寸二分九釐上闊一寸零三釐八毫厚一寸四分五釐八毫下闊九分一釐厚如之鑿空長六寸零六釐八毫闊三分納絃以四

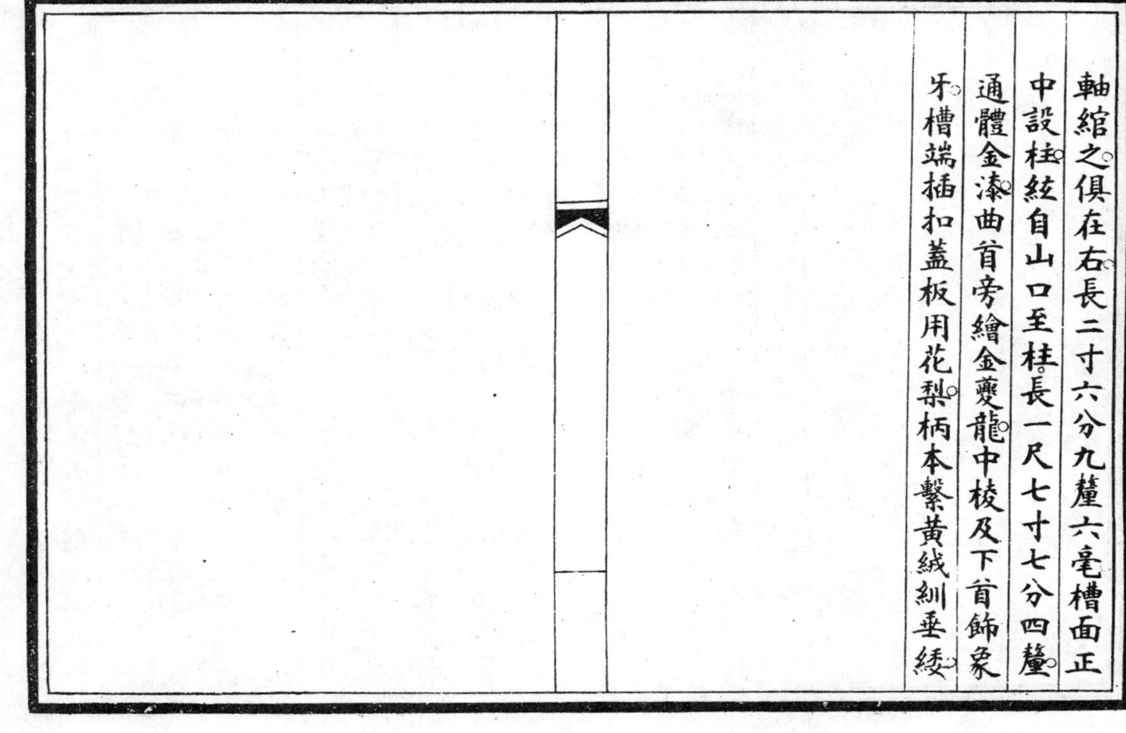

軸綰之俱在右長二寸六分九釐六毫槽面正中設柱絃自山口至柱長一尺七寸七分四釐通體金漆曲首旁繪金夔龍中稜及下首飾象牙槽端插扣蓋板用花梨柄本繫黃絨紃垂緌

喀爾奈圖 回部樂用　繪圖用七分之一

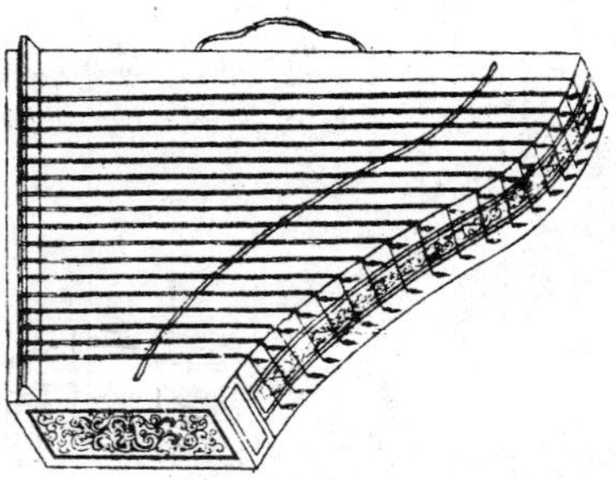

喀爾奈鋼絲絃十八狀如世俗洋琴刳木中虛左直右曲前廣後削前闊二尺五寸一分五釐後闊九寸一分零二毫縱一尺六寸三分九釐四毫四絲厚三寸七分一釐七毫九絲左設梁如琴之岳山高六分九釐九毫八絲闊一寸二分九釐六毫九絲繫絃於右端立面用木軸綰之承以木柱高七分二釐九毫柱脊距右端三寸九分八釐二毫第一獨絃長二尺四寸三分有奇第二雙絃長二尺四寸零一釐九毫二絲第三雙絃長二尺三寸七分有奇第四雙絃長二尺三寸二分七釐有奇第五雙絃長二尺二寸五分九釐九毫第六雙絃長二尺一寸八分四釐五毫第七雙絃長二尺零八分有奇第八雙絃長一尺九寸七分二釐有奇第九雙絃長一尺八寸四分八釐九毫第十雙絃長一尺七寸三分七釐有奇第十一雙絃長一尺六寸五分八釐八毫第十二雙絃長一尺五寸四分五釐有奇第十三雙絃長一尺四寸三分三釐有奇第十四雙絃長一尺三寸有奇第十五雙絃長一尺二寸二分一釐有奇第十六雙絃長一尺一寸二分八釐有奇第十七雙絃長一尺零四分九釐有奇第十八雙絃長九寸八分二釐九毫有奇旁飾螺鈿以手冒撥指或以木撥彈之

## 塞他爾圖 回部樂用 繪圖用十分之一

塞他爾木柄通槽下冒以革面平背圓形如匕通長三尺四寸二分五釐有奇柄長二尺六寸零四釐九毫有奇上闊一寸二分八釐下闊八分六釐四毫厚九分五釐有奇槽長八寸二分零八毫上闊九分二釐一毫六絲厚一寸一分三釐七毫有奇腹闊三寸三分三釐七毫有奇厚三寸一分五釐五毫有奇以九軸綰絃柄端二軸綰絲絃二面三軸左側四軸綰鋼絲雙絃一獨絃六長短各有差槽面設柱絃自山口至柱長二尺八寸四分三釐一毫柄纏綫箍二十三道似琵琶品每道距柱有遠近第一道二尺六寸八分有奇第二道二尺五寸三分四釐有奇第三道二尺四寸八分三釐有奇第四道二尺四寸一分五釐有奇第五道二尺二寸二分二釐有奇第六道二尺一寸九分四釐有奇第七道二尺零二分八釐有奇第八道一尺九寸六分三釐有奇第九道一尺九寸一分有奇第十道一尺六寸六分七釐有奇第十一道一尺六寸零九釐有奇第十二道一尺五寸零五釐有奇第十三道一尺四寸六分七釐有奇第十四道一尺三寸九分四釐有奇第十五道一尺二寸七分三釐有奇第十六道一尺二寸一分四釐有奇第十七道一尺一寸三分三釐有奇第十八道一尺零一分一釐有奇第十九道九寸六分第二十道八寸四分六釐有奇第二十一道七寸五分二釐有奇第二十二道七寸零三釐有奇第二十三道六寸四分一釐有奇柄端髤朱繪絲花文以手冒撥指或以木撥彈絲絃應鐵絃取聲

# 欽定大清會典圖卷四十二



## 喇巴卜圖 回部樂用番部樂巴汪附 繪圖用六分之一

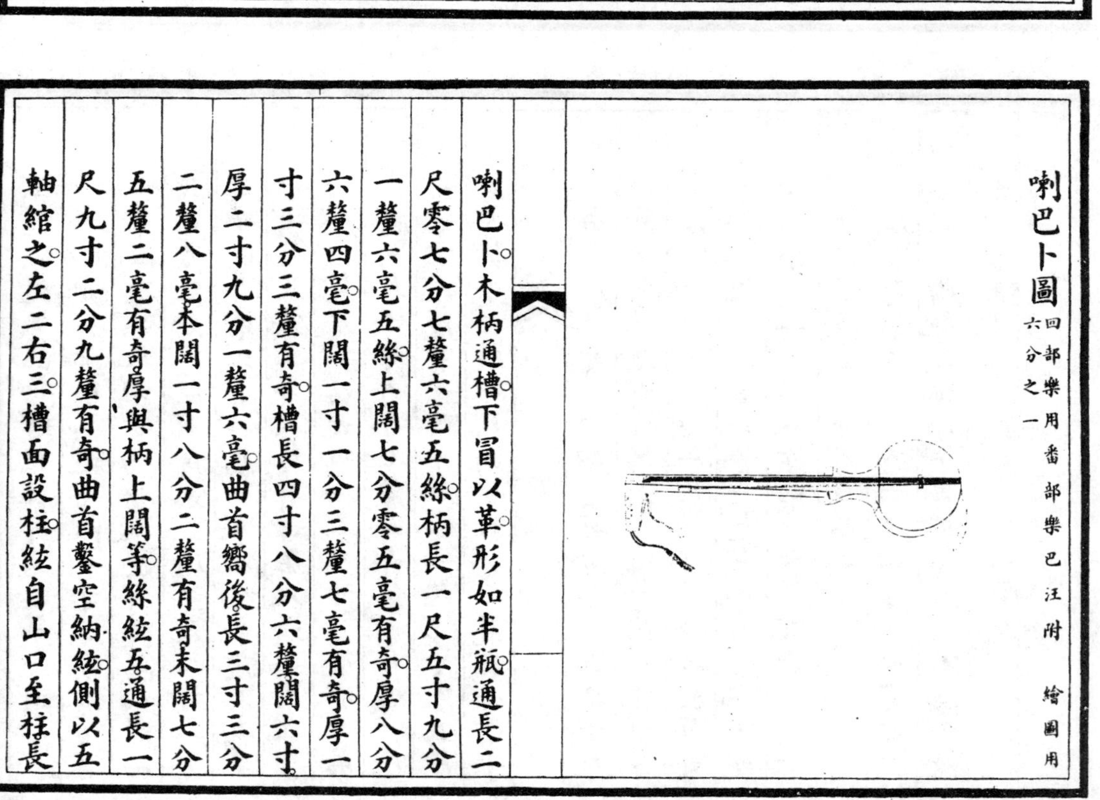

喇巴卜木柄通槽下冐以革形如半瓶通長二尺零七分七釐六毫五絲柄長一尺五寸九分一釐六毫五絲上闊七分零五毫有奇厚八分六釐四毫下闊一寸一分三釐七毫有奇厚一寸三分三釐有奇槽長四寸八分六釐闊六寸厚二寸九分一釐六毫曲首嚮後長三寸三分二釐八毫本闊一寸八分二釐有奇末闊七分五釐二毫有奇厚與柄上闊等絲絃五通長一尺九寸二分九釐有奇曲首鑿空納絃側以五軸綰之左二右三槽面設柱絃自山口至柱長

一尺六寸八分。鐵絃二。一長一尺四寸九分有奇。一長一尺四寸零八釐有奇。柄右側兩軸綰之。以手冒撥指。或以木撥彈絲絃。應鐵絃取聲。柄端垂朱綫巴汪。似喇巴卜。通長三尺七寸五分。曲首作弧形。七絃軸左四右三。絃自山口至柱。長三尺零七分二釐。

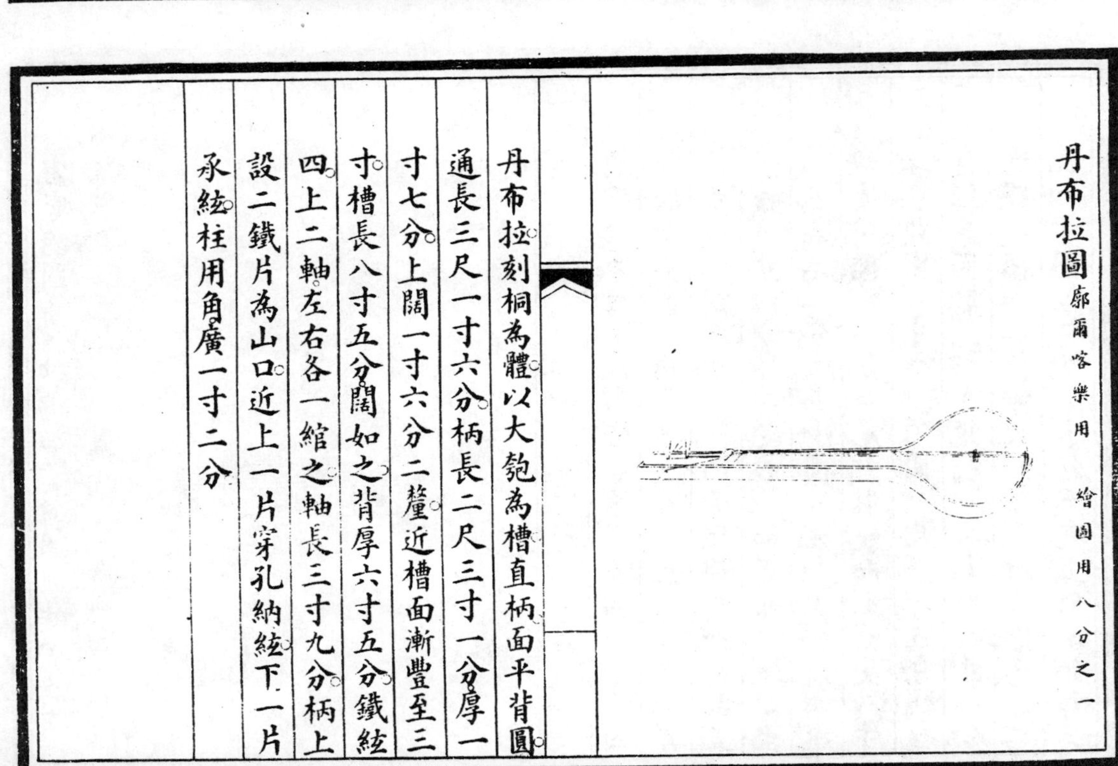

丹布拉圖　廓爾喀樂用　繪圖用八分之一

丹布拉。刻桐為體。以大匏為槽。直柄。面平背圓。通長三尺一寸六分。柄長二尺三寸一分。厚一寸七分。上闊一寸六分二釐。近槽面漸豐。至三寸。槽長八寸五分。闊如之。背厚六寸五分。鐵絃四。上二軸左右各一。綰之。軸長三寸九分。柄上設二鐵片為山口。近上一片穿孔納絃。下一片承絃。柱用角。廣一寸二分。

## 總豪機圖

細緬甸樂用　繪圖用九分之一

總豪機曲木為柄通槽面平背圜槽長二尺二寸五分闊五寸三分高五寸五分背圜徑三寸面冒以革為四圜孔以出音徑各五分槽外曲柄如蝎尾長二尺四寸圜徑四寸順槽腹設覆手長一尺二寸高八分厚四分穿孔十三繫十三絃各斜引至柄續以紅絲繩各長三尺以次束於柄為十三道柄髹朱繪金蓮花文槽面亦髹朱背髹黑以手彈之

## 密穹總圖

細緬甸樂用　繪圖用十分之一

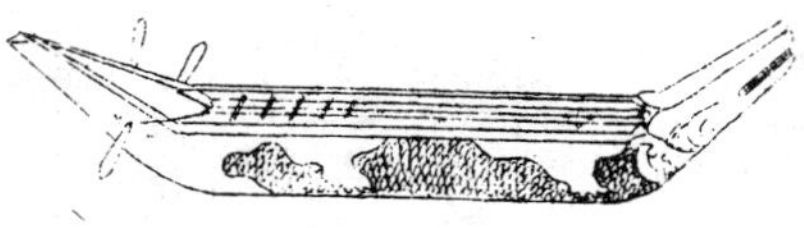

密穹總木質為魚形體長方通長四尺一寸四分腹下通長刳槽無底身長二尺二寸九分高三寸八分闊三寸三分兩旁鐫鱗甲面設品五皆長一寸四分厚二分第一品高四分遞減至第五品高二分面為小圜孔九以出音前四中四後一徑各一分五釐首形鋭而上出長八寸五分口圍六寸八分項圍一尺一寸五分鐫鬚角鉅齒圜睛尾形亦鋭長一尺末圍二寸八分近腹處圍一尺鏤細長紋項上以銅條為山口長一寸圜徑二分繫朱絃三尾上釘小銅鐶三

納絃尾旁鑿孔以軸綰之左二右一長六寸身首尾髹紅黑金漆以手彈之

## 奚琴圖

慶隆舞樂用瓦爾喀部樂奚琴同繪圖用八分之一

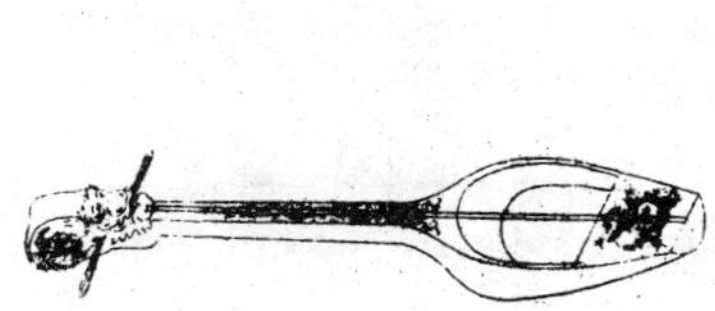

奚琴二絃刳桐為體龍首方柄長槽背圓通長二尺八寸八分柄長一尺一寸五分二釐上闊一寸零一釐厚一寸二分一釐下闊二寸八分八釐厚與上闊等槽長與柄長等上闊四寸九分九釐厚二寸二分七釐端闊三寸八分四釐槽面中凹覆以版長五寸一分二釐槽端設圓柱施皮扣以結絃龍首長五寸七分六釐闊一寸九分六釐厚三寸二分四釐龍首下唇為山口後鑿空長三寸零三釐闊三分六釐納絃以兩軸綰之左右各一長四寸零四釐槽面正中

設柱。絃自山口至柱。長二尺零四分八釐。以直木長二尺三寸零四釐繫馬尾八十一莖。軋之。龍首塗金。柄面髹赭綠二色。繪夔龍。槽面髹赭繪正龍。槽柄裏背髹朱。柱及軸皆以檀。繫黃絨紃

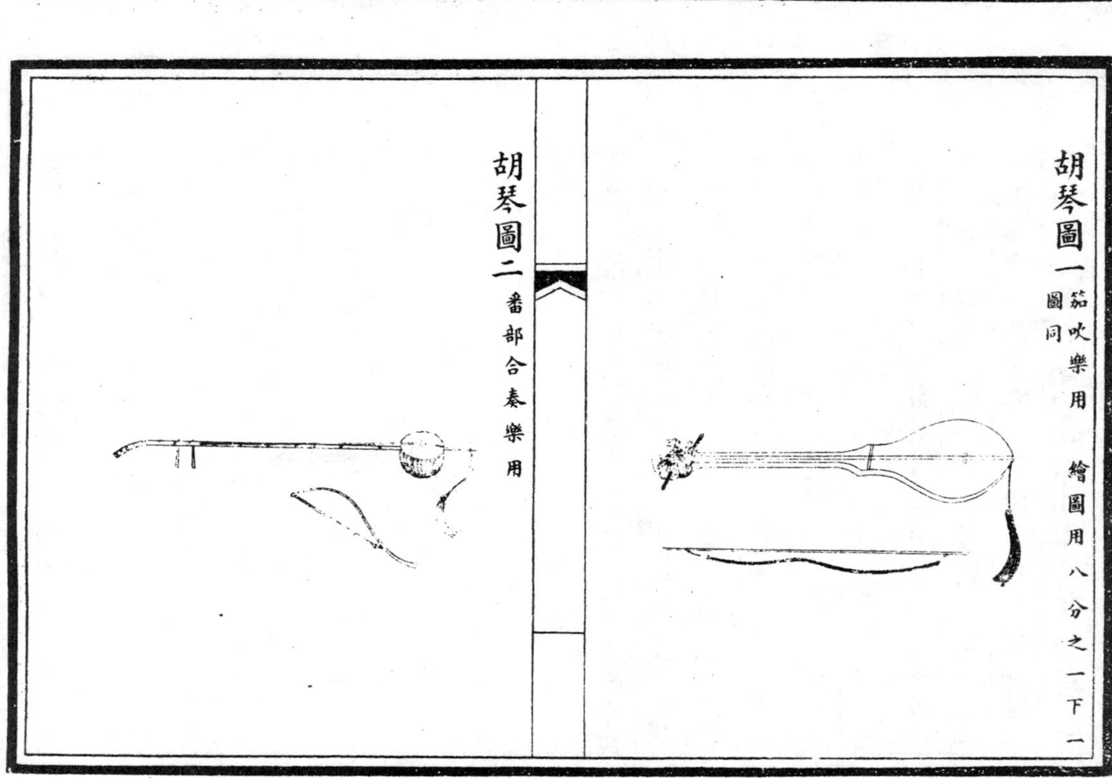

胡琴圖一 笳吹樂用圖同　繪圖用八分之一下一

胡琴圖二 番部合奏樂用

胡琴二絃筎吹樂用者剡木為體龍首方柄槽楕而下鋭冒以革背有脊棱通長三尺零二分三釐柄長一尺三寸六分五釐上闊八分一釐下闊二寸三分厚九分七釐槽長一尺二寸五分四釐闊七寸二分九釐脊厚三寸五分二釐邊厚五分三釐腹闊背厚處距腹末三寸八分九釐腹末槽外安木如簪頭以扣絃龍首長四寸零四釐闊一寸六分一釐厚三寸二分四釐後鑿空長二寸零二釐闊三分納絃以兩軸綰之左右各一長三寸八分四釐槽面闊處設柱絃自山口至柱長二尺二寸三分以直木長二尺六寸一分九釐繫馬尾軋之如奚琴之制通體金漆龍首塗金軸以檀柄上半及接槽處皆以棃柄後為流雲槽後雙鳳皆塗金下垂黃綫番部合奏用者竹柄椰槽面以桐通長三尺零七分二釐柄長二尺七寸八分四釐槽徑三寸八分四釐高二寸一分六釐柄端木本二寸八分八釐穿孔扣絃曲首長五寸五分六釐八毫下際安山口鑿孔通後長二寸零二釐闊二分零二毫納絃以兩軸綰之俱在右軸長三寸零三釐槽面正中設柱絃自山口至柱長二尺零三分五釐二毫以竹弓繫馬尾八十一莖長八寸六分四釐軋之軸與柄本用紫檀柱用竹曲首山口槽周用駝骨柄垂黃綫

提琴圖　番部合奏樂用　繪圖用八分之一

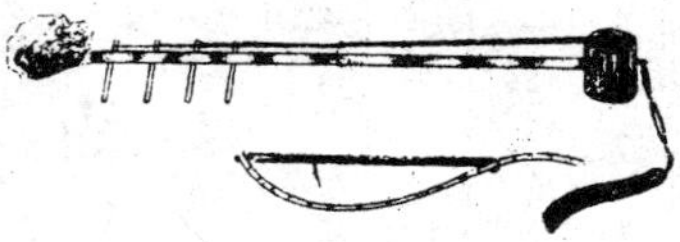

提琴四絃竹柄圓木為槽冒以蟒皮柄貫槽中柄端刻木為龍首通長二尺六寸七分一釐柄長二尺一寸一分七釐槽面徑二寸三分長三寸二分四釐龍頭長與槽長等闊與槽徑等柄末出槽外覆木如簪頭穿直孔扣絃柄上穿孔設四軸以綰絃俱在右長四寸五分五釐四絃共貫小金鐶中束之於柄槽面正中設柱鐶距柱一尺一寸一分五釐第一軸距鐶四寸五分五釐第二第三以次遞長第四軸距第一軸五寸三分九釐第四軸距柄端一寸二分三釐竹弓繫馬尾二束長八寸六分四釐夾於四絃間軏之槽與龍首以棃軸以檀柄端軸端俱飾象牙柄本繫黃綫

## 哈爾扎克圖 回部樂用

繪圖用八分之一

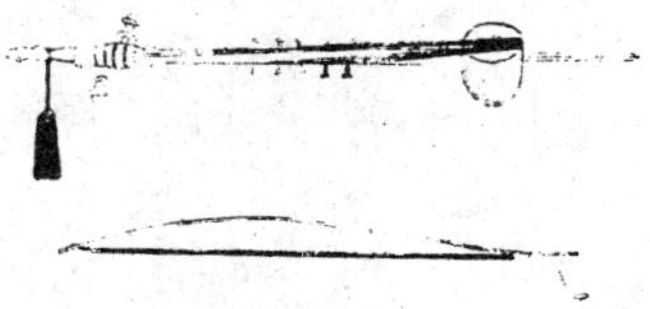

哈爾扎克梛槽冒以馬首之革碧色上木柄下鐵柄形如胡琴通長二尺六寸七分三釐有奇槽面徑二寸五分六釐高三寸九分槽底中開一孔徑六分八釐二毫有奇側開三小孔徑二分五釐六毫槽下承以方鐵柄長五寸一分二釐方二分四釐三毫末為圓頂槽上木柄長一尺八寸二分有奇圓徑七分二釐九毫柄上一段微巨如旋螺長三寸四分一釐有奇圓徑一寸一分三釐有奇前面為山口下開圓孔徑四分有奇後鑿空長一寸八分二釐有奇闊二分六釐九毫有奇以馬尾二縷為絃每縷八十餘莖上自山口穿於後以兩軸綰之左右各一下繫於鐵柄之雙鐶槽面設柱絃自山口至柱長一尺四寸五分八釐馬尾絃下有鋼絲絃十其下亦繫於鐵柄自柱間小孔穿入上繫木柄左右各五軸自柱距軸左第一絃五寸七分六釐第二絃六寸八分二釐六毫第三絃七寸八分七釐有奇第四絃八寸八分五釐九毫有奇第五絃九寸七分六釐有奇右第一絃六寸零二釐六毫有奇第二絃六寸九分九釐八毫有奇第三絃七寸九分八釐七毫有奇第四絃九寸零一釐有奇第五絃一尺零一釐有奇另以木桿為弓長二尺一寸零六釐有奇桿本以皮條繫銅鐶長二寸八分八釐用馬尾八十餘莖長一尺七寸七分有奇上繫銅鐶下繫桿末軋中二絃應鋼絃以取聲柄端垂流蘇朱綫

## 薩朗濟圖

廓爾喀樂用　繪圖用四分之一

薩朗濟刻木為體韋絃四鐵絃九項為壺盧形項長三寸闊二寸五分厚如之刳其中面以魚牙刻佛為飾柄長五寸二分上闊一寸八分下闊二寸二分厚二寸一分槽面闊三寸自上刳之冒以革中腰削如缺月東以黃韋底楕鑿空於項以納韋絃左右各二軸柄面穿孔九自右至左鱗次斜列各納鐵絃軸九俱在右上五下四槽面設柱高八分中為九孔納鐵絃上承韋絃自山口至柱長八寸二分以柔木繫馬尾軋韋絃應鐵絃取聲

## 得約總圖

細緬甸樂用　繪圖用六分之一

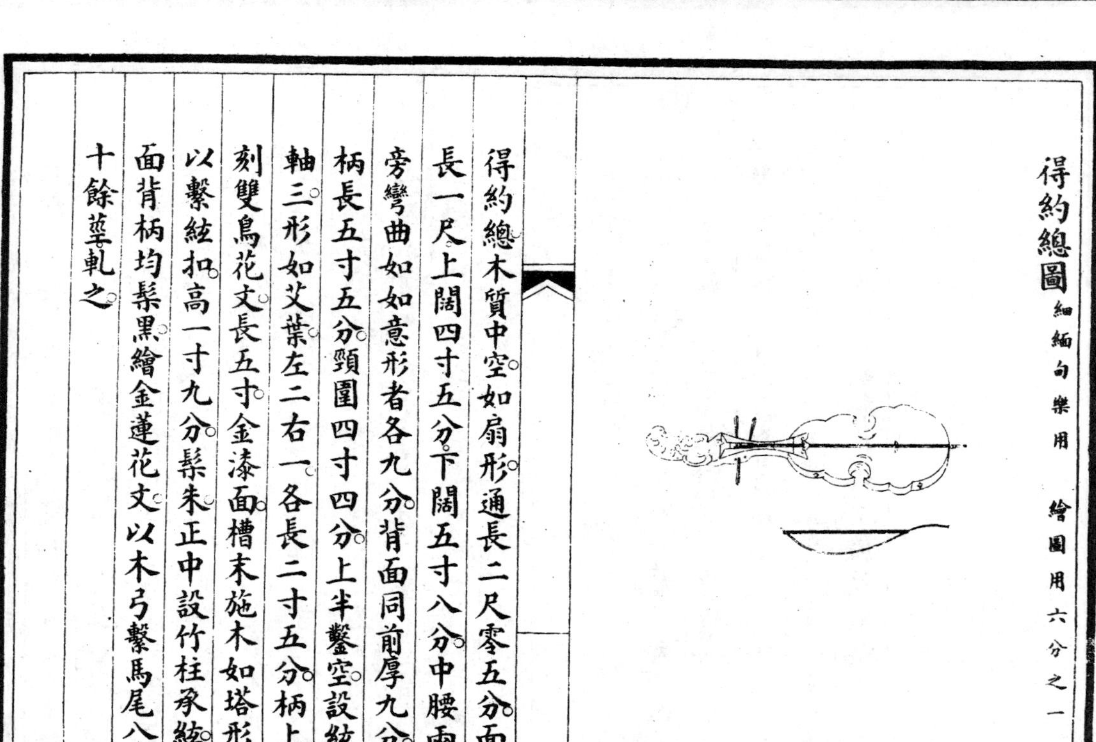

得約總木質中空如扇形通長二尺零五分面長一尺上闊四寸五分下闊五寸八分中腰兩旁彎曲如如意形者各九分背面同前厚九分柄長五寸五分頸圍四寸四分上半鑿空設絃軸三形如艾葉左二右一各長二寸五分柄上刻雙鳥花文長五寸金漆面槽末施木如塔形以繫絃扣高一寸九分髹朱正中設竹柱承絃面背柄均髹黑繪金蓮花文以木弓繫馬尾八十餘莖軋之

# 欽定大清會典圖卷四十三



管圖一丹陛大樂用各部樂管同　分之七下一圖同

繪圖用十

管圖二

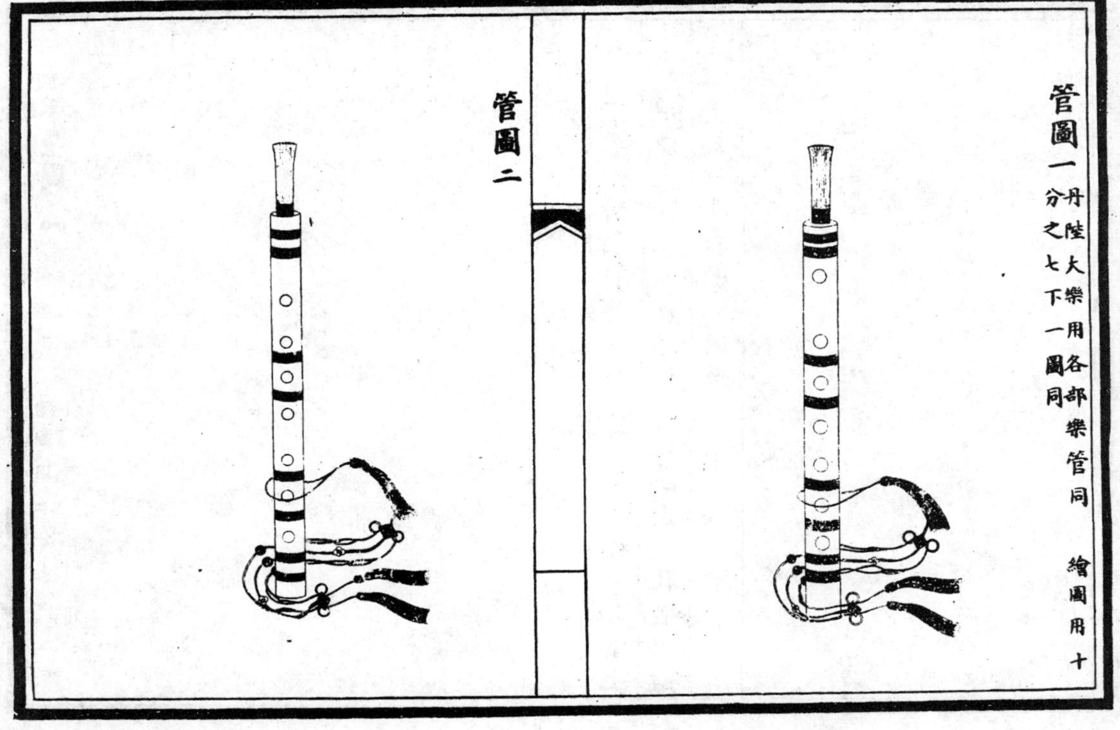

管用堅木或骨角大小各一皆前七孔後一孔管端設蘆哨哨下口入管三分大管以姑洗律管為體徑二分七釐四毫通長六寸零六釐哨下口至管末五寸七分六釐自管末起度前出第一孔四寸九分九釐第二孔四寸四分三釐五毫第三孔三寸七分三釐五毫第四孔三寸一分三釐七毫第五孔二寸四分九釐五毫第六孔一寸八分二釐二毫第七後出孔一寸二分四釐七毫前出第八孔七分八釐四毫小管以黃鐘半積同形管為體徑二分一釐七毫通長五寸九分零二毫哨下口至第末五寸六分零二毫自管末起度前出第一孔四寸九分七釐九毫第二孔四寸四分二釐六毫第三孔三寸七分四釐第四孔三寸一分二釐八毫第五孔二寸四分八釐九毫第六孔一寸九分八釐第七後出孔一寸五分二釐三毫前出第八孔一寸三分二釐皆間束以絲兩端飾象牙下垂五采流蘇

## 不壘圖 細緬甸樂用　繪圖用五分之一

不壘以竹為管長一尺二寸六分徑七分管上端以木塞其半為吹口七孔前出一孔後出最上又一孔前出加竹膜

胡笳圖 笳吹樂用　繪圖用九分之一

胡笳木管三孔兩端施角末翹而哆管內徑五分七釐長二尺三寸九分六釐兩端入角口各八分八釐上端角哨長三寸八分四釐吹口徑三分六釐四毫下端角背長八寸零九釐大徑一寸七分二釐小徑一寸六分一釐上端至最下一孔二尺一寸三分次上一孔一尺八寸九分三釐最上一孔一尺四寸二分管以樺皮飾之

觱篥圖 瓦爾喀部樂用　繪圖用十分之四

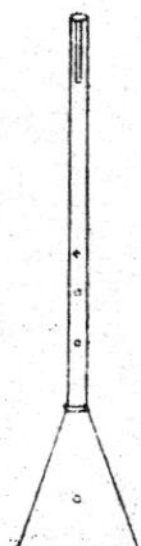

觱篥蘆管三孔金口下哆管長五寸三分七釐徑二分四釐九毫金口長二寸三分二釐上口內徑稱蘆管外徑下口內徑一寸七分四釐中有小孔徑九釐管端開簧簧口距管末四寸五分三釐距第一孔三寸五分八釐第二孔二寸八分五釐第三孔二寸二分六釐

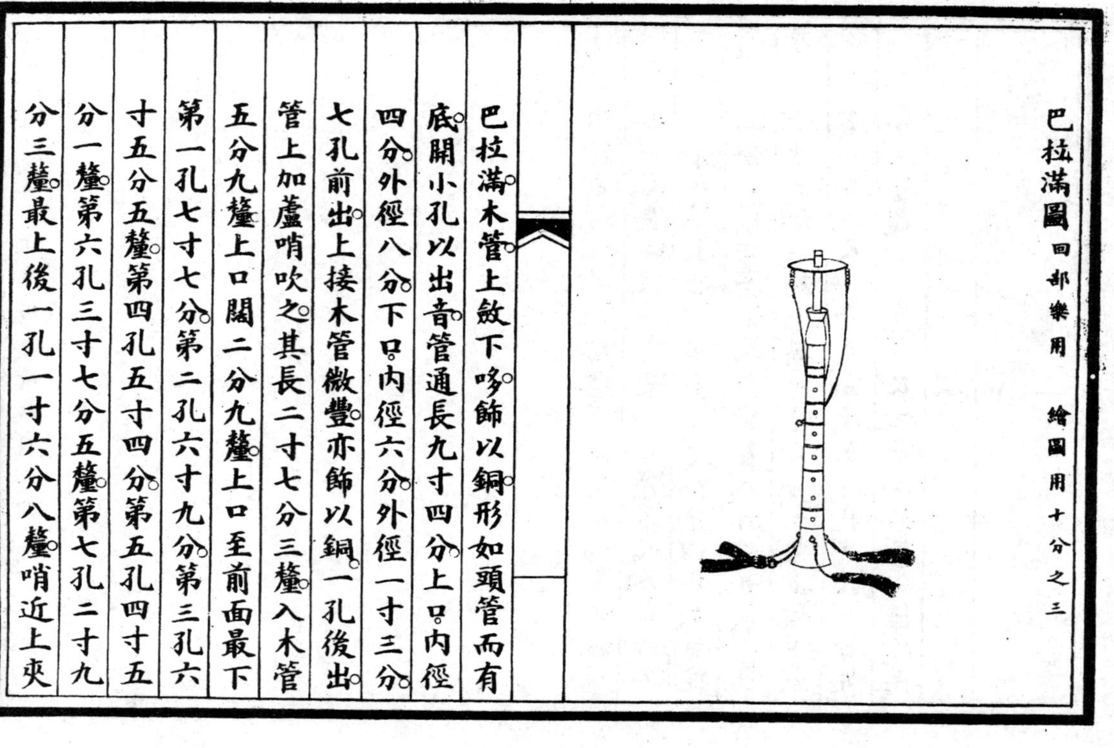

巴拉滿圖 回部樂用　繪圖用十分之三

巴拉滿木管上斂下哆飾以銅形如頭管而有
底開小孔以出音管通長九寸四分上口內徑
四分外徑八分下口內徑六分外徑一寸三分
七孔前出上接木管微豐亦飾以銅一孔後出
管上加蘆哨吹之其長二寸七分三釐入木管
五分九釐上口闊二分九釐上口至前面最下
第一孔七寸七分第二孔六寸九分第三孔六
寸五分五釐第四孔五寸四分第五孔四寸五
分一釐第六孔三寸七分五釐第七孔二寸九
分三釐最上後一孔一寸六分八釐哨近上夾

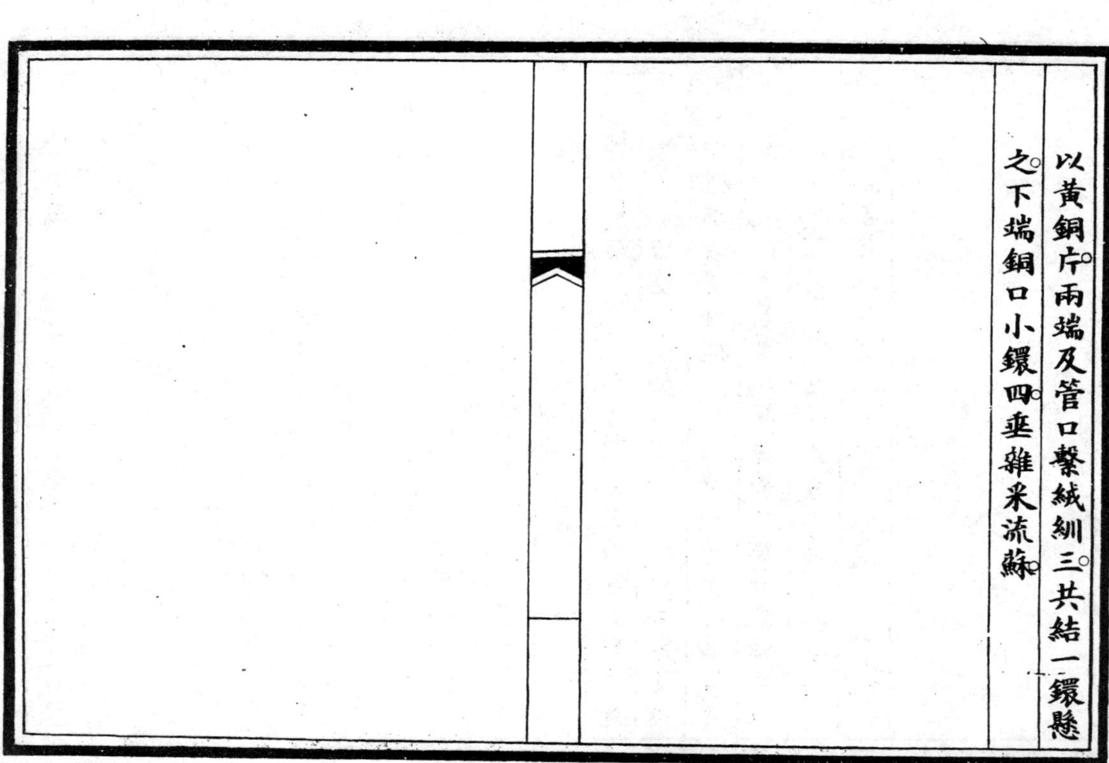

以黃銅庁兩端及管口繫絨紃三共結一鐶懸
之下端銅口小鐶四垂雜采流蘇

## 蘇爾奈圖

回部樂用番子樂得棃附 繪圖用五分之一

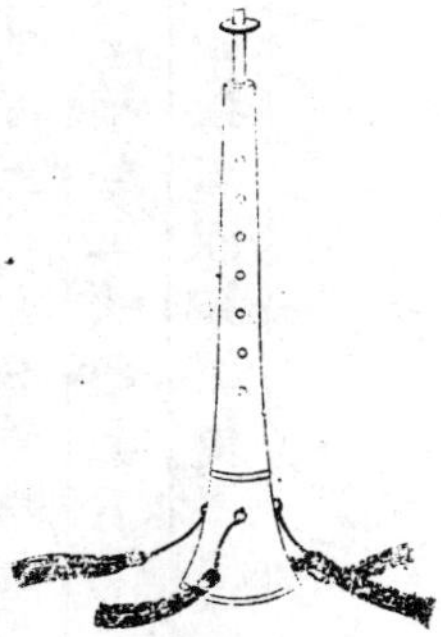

蘇爾奈。一名瑣哷。木管。兩端飾銅。上斂下哆。形如金口角而小。管長一尺四寸一分四釐。上口內徑三分零一毫有奇。外徑八分零一毫九絲。下口內徑二寸五分五釐一毫五絲。外徑三寸零一釐。九孔。前出七。後出一。左出一。上接小銅管。長三寸一分零五毫。入木管內一寸三分三釐。上加蘆哨吹之。其長三分五釐。冒於銅管二分。哨上口闊二分四釐。木管上口至左側孔九寸一分二釐。正面最下第一孔八寸三分。第二孔七寸三分三釐。第三孔六寸三分。第四孔五寸三分。第五孔四寸二分。第六孔三寸一分九釐。後出孔二寸七分。最上正面第七孔二寸一分。銅管近上有銅盤。下端小鐶垂流蘇。得棃。似蘇爾奈而小。班禪樂所用通長一尺六寸五分。中木管長一尺零二分四釐。金川樂所用通長一尺五寸。中木管長九寸七分二釐。

## 聶兜姜圖

粗緬甸樂用　繪圖用五分之一

聶兜姜木管。銅口。如竹節形。近下漸哆。管長一尺三寸二分。徑九分五釐。前七孔。後一孔。銅口長六寸八分。圓徑五寸九分。管端如盤。安銅哨。象牙為飾。加蘆哨於上吹之。上下俱用采絲環繫。管與銅口相接處以銅箞掩之。

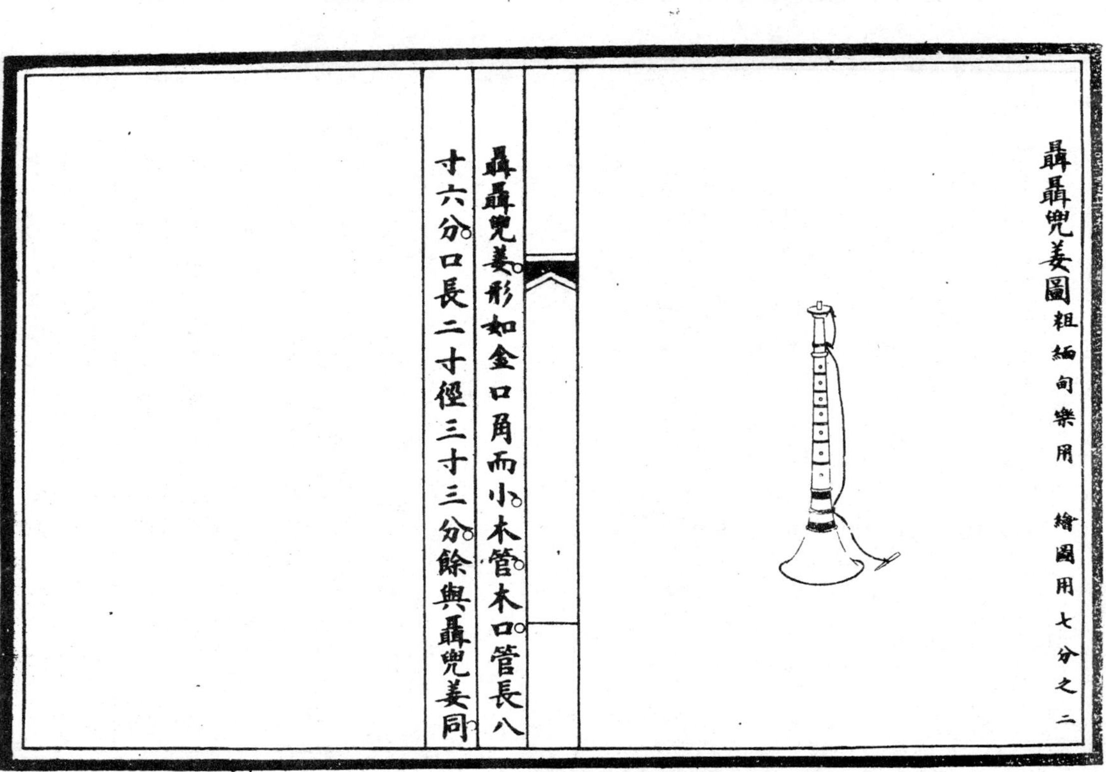

## 聶聶兜姜圖

粗緬甸樂用　繪圖用七分之二

聶聶兜姜。形如金口角而小。木管。木口。管長八寸六分。口長二寸。徑三寸三分。餘與聶兜姜同。

# 欽定大清會典圖卷四十四

樂十四 樂器九

大鼓圖 丹陛大樂用　繪圖用十九分之一下一圖同

鼓蹈圖

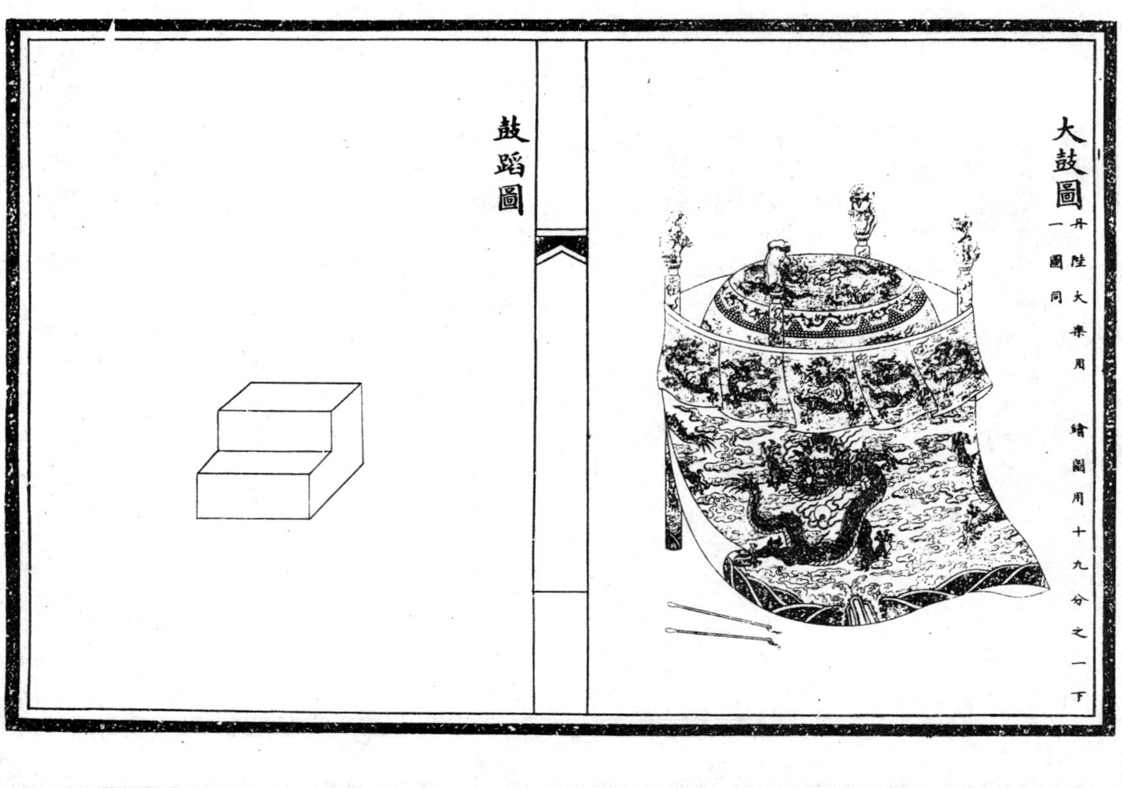

大鼓。木匡冒革面徑三尺六寸四分五釐。匡高三尺二寸四分。腰徑四尺八寸六分。腹施銅膽。面髹黃。繪五采雲龍。匡髹朱。繪交龍。上下塗金釘二層。旁塗金鐶四。平懸架上。架髹朱。高六尺。四柱相距五尺五寸。繪蟠龍。柱耑各有塗金鉤以挂鼓鐶。柱端蹲金獅高一尺一寸。下橫木交十字以樞合之。桴髹朱。鼓衣用紅緞緣垂幨。並銷金雲龍。鼓蹈髹朱。長二尺二寸五分。上層高闊各八寸五分。下層高九寸五分。底闊一尺七寸。

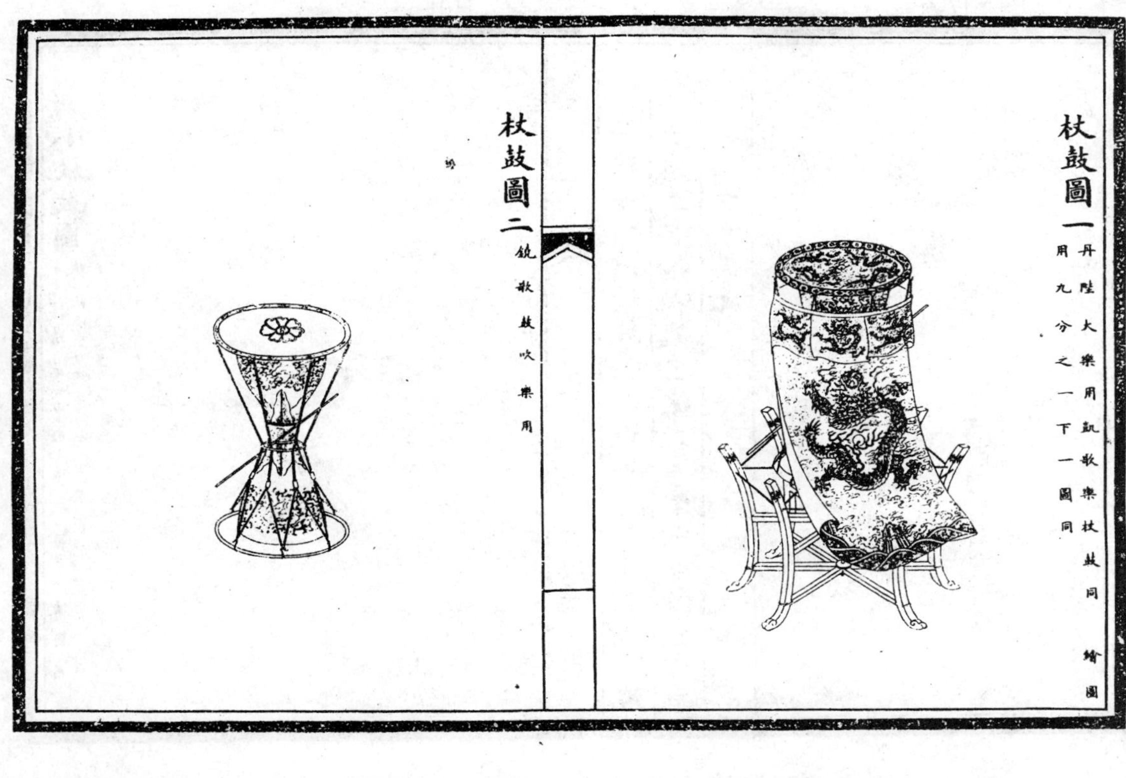


杖鼓。上下二面冒革於鐵圈。復楦以木匡。細腰。丹陛大樂。凱歌樂。杖鼓。面徑一尺二寸九分六釐木匡高一尺九寸四分四釐兩端徑各八寸一分。腰徑二寸八分八釐面匡俱髹黃繪五采雲龍。緣以綠皮掩錢。上下邊綴塗金如意鐵鉤各六。交錯相對。黃絨紃絡之於腰加束馬腰飾綠皮蕉葉文。擊以片竹。髹朱衣與大鼓同架為六柱。相距以橫木交貫凡二層。鐃歌鼓吹樂。杖鼓。面繪流雲中為太極。上下綴金鉤各六。匡髹漆。繪金花文。腰繪金蕉葉文。餘如丹陛大樂杖鼓之制。

## 小杖鼓圖

中和清樂丹陛清樂用　繪圖用半杖鼓六分之一

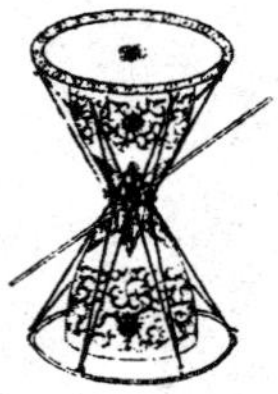

小杖鼓。制同杖鼓而小。或半之。或爲三之二。綴金鉤上下各六。面繪花文。匡髹朱。繪以金。左手持而右手擊之。

## 手鼓圖

中和清樂丹陛清樂用　繪圖用六分之一

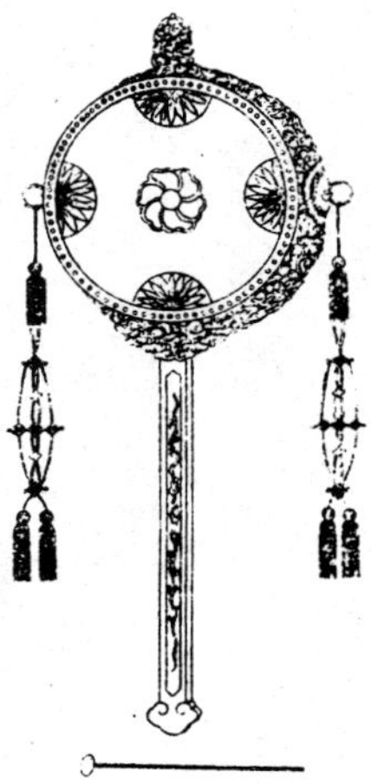

手鼓。木匡冒革。面徑九寸一分零二毫。匡厚二寸一分六釐。腰徑一尺零二分四釐。以柄貫匡持而擊之。面素。匡髹朱。並繪花文。緣緣塗金。釘上下銜金雲。兩旁金鐶垂五采流蘇。頂高二寸。柄並托雲共長一尺五寸。髹朱。末飾金雲頭。桴髹檀色。

導迎鼓圖 導迎樂用 繪圖用十分之一

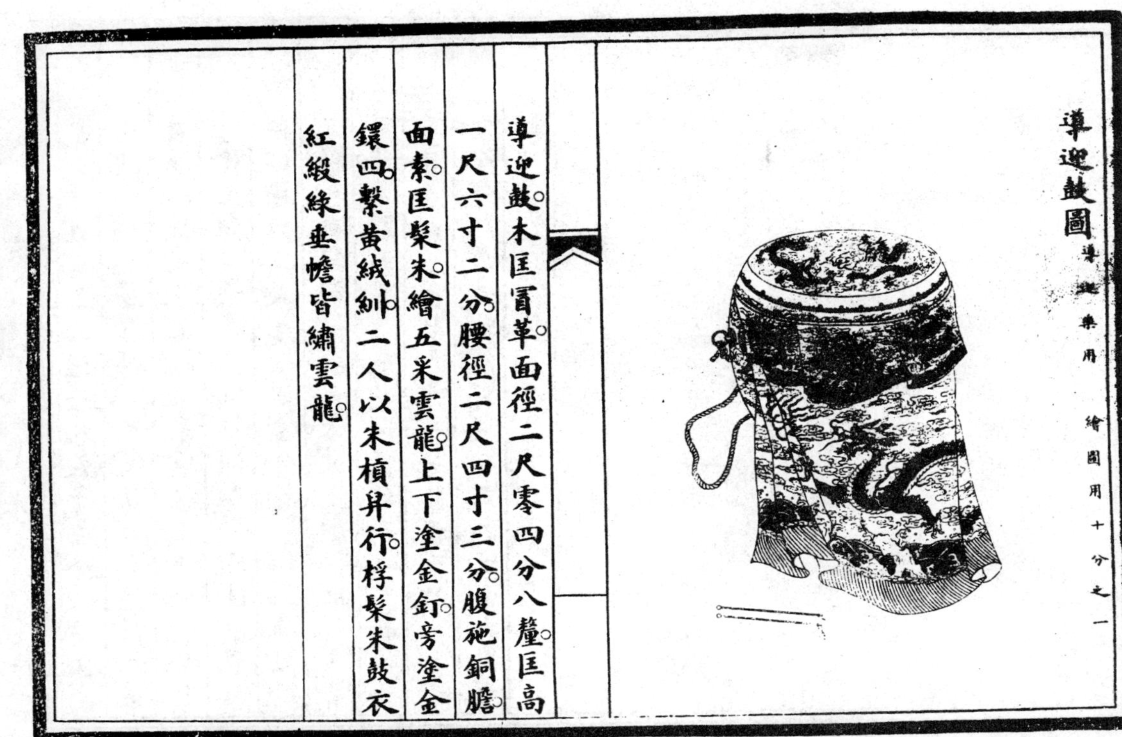

導迎鼓。木匡冒革面徑二尺零四分八釐。匡高一尺六寸二分。腰徑二尺四寸三分。腹施銅膽。面素匡髹朱。繪五采雲龍上下塗金釘旁塗金鐶四。繫黃絨紃二人以朱楨舁行桴髹朱鼓衣紅緞緣垂幨皆繡雲龍。

龍鼓圖一 鐃歌鼓吹樂用 下一圖同 繪圖用八分之一

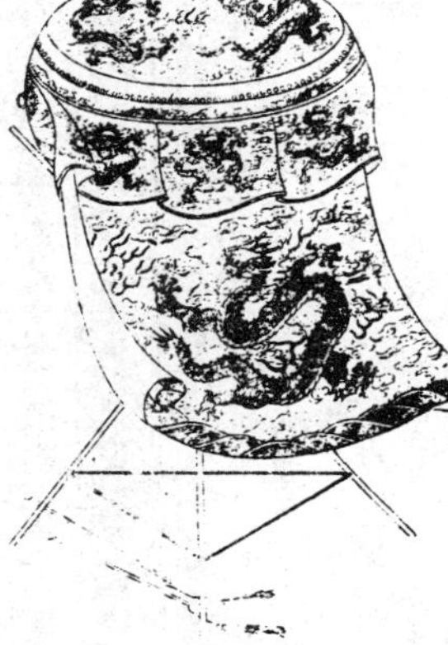

龍鼓圖二 禾辭桑歌樂用

龍鼓。木匡冒革。面徑一尺五寸三分六釐。匡高六寸四分八釐。腰徑一尺七寸二分八釐。面髹黃緣。緣匡髹朱。並繪五采雲龍。上下皆塗金釘。旁塗金鐶四。繫黃絨紃。行則懸於項。陳則置於架。架攢竹三。髹朱。兩端塗金。貫以樞而揹之。近下約以黃絨紃。鼓衣如大鼓之制。桴柄髹朱。首髹綠。禾辭桑歌樂鼓。制同龍鼓而略小。面徑一尺三寸九分。匡高六寸一分。腰徑一尺六寸。旁塗金鐶二。繫黃絨紃。懸於項。鼓衣亦如大鼓之制。

行鼓圖之一

鐃歌大樂鐃歌清樂用　繪圖用八分

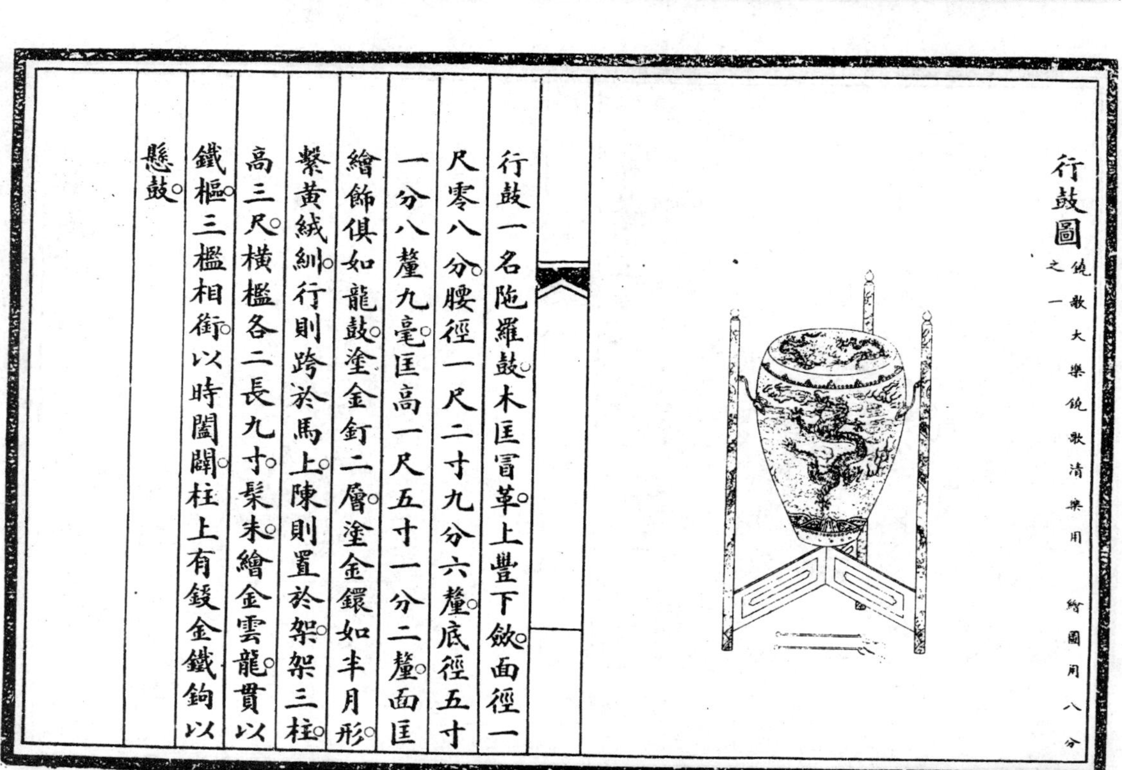

行鼓一名陁羅鼓。木匡冒革。上豐下斂。面徑一尺零八分。腰徑一尺二寸九分六釐。底徑五寸一分八釐九毫。匡高一尺五寸一分二釐。面匡繪飾俱如龍鼓。塗金釘二層。塗金鐶如半月形。繫黃絨紃。行則跨於馬上。陳則置於架。架三柱。高三尺。橫檻各二。長九寸。髹朱。繪金雲龍。貫以鐵樞。三檻相銜。以時闔闢。柱上有鍍金鐵鉤以懸鼓。

## 腰鼓圖

凱旋鐃歌樂用　繪圖用八分之一

腰鼓即花腔鼓。木匡冒革。面徑一尺五寸二分。匡高一尺六寸。腰徑一尺九寸六分。匡髹以漆繪花文。座以檀。四柱交趺。銅鐶懸之。柱高二尺三寸一分。

## 得勝鼓圖

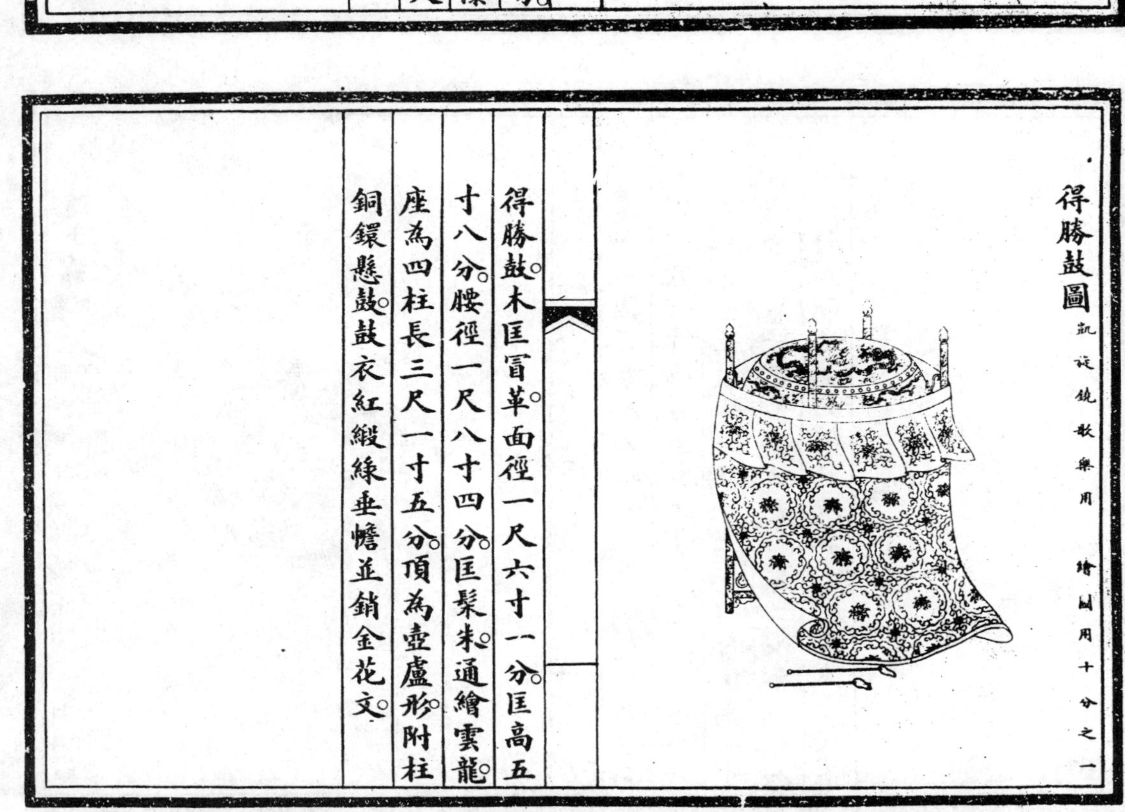

凱旋鐃歌樂用　繪圖用十分之一

得勝鼓。木匡冒革。面徑一尺六寸一分。匡高五寸八分。腰徑一尺八寸四分。匡髹朱。通繪雲龍。座為四柱。長三尺一寸五分。頂為壺盧形。附柱銅鐶懸鼓。鼓衣紅緞緣。垂幨並銷金花文。

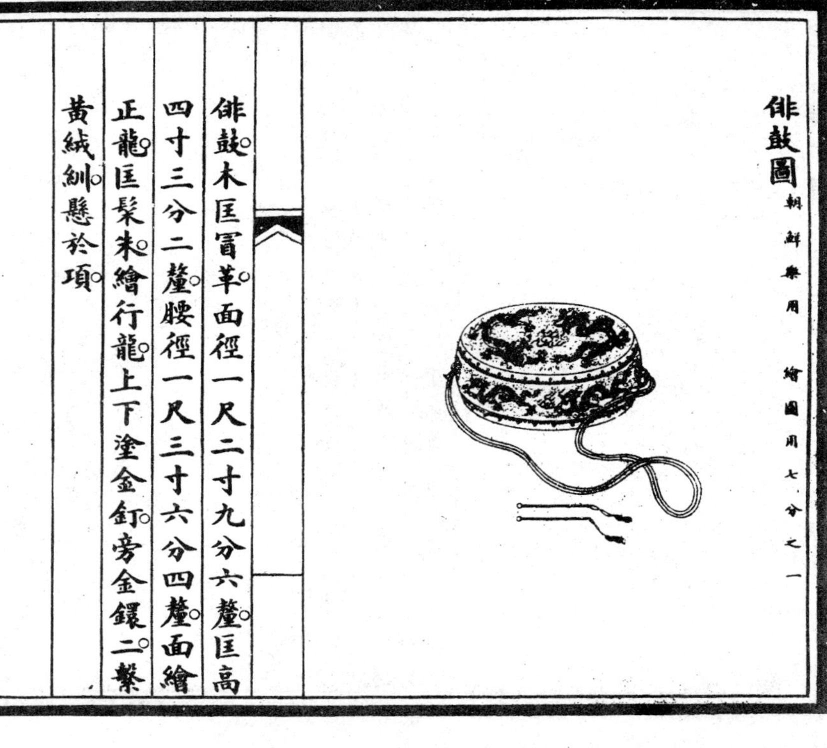

## 俳鼓圖

朝鮮樂用　繪圖用七分之一

俳鼓。木匡冒革面徑一尺二寸九分六釐。匡高四寸三分二釐。腰徑一尺三寸六分四釐。面繪正龍。匡髹朱繪行龍。上下塗金釘。旁金鐶二。繫黃絨紃。懸於項。

## 達卜圖

回部樂用　番子樂得勒窩附　繪圖用五分之一

達卜。木匡冒革。形如手鼓而無柄。有二制。一面徑一尺三寸六分五釐二毫。匡高二寸二分七釐五毫。一。面徑一尺二寸二分四釐。匡高一寸六分二釐。皆髹黃。面繪采獅各二。以手指擊之。

得勒窩。似達卜。面徑一尺二寸。匡高五寸。

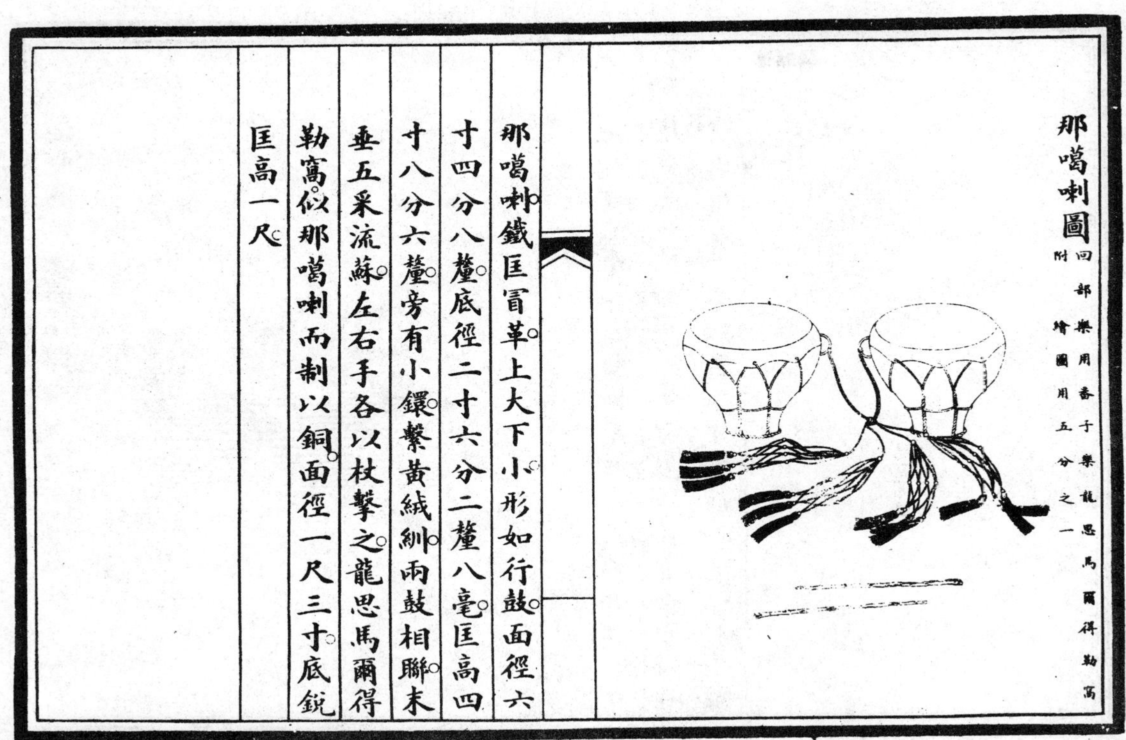

## 那噶喇圖

回部樂用番子樂龍思馬爾得勒窩附　繪圖用五分之一

那噶喇鐵匡冒革上大下小形如行鼓面徑六寸四分八釐底徑二寸六分二釐八毫匡高四寸八分六釐旁有小鐶繫黃絨紃兩鼓相聯末垂五采流蘇左右手各以杖擊之龍思馬爾得勒窩似那噶喇而制以銅面徑一尺三寸底銳匡高一尺

## 達布拉圖

廓爾喀樂用　繪圖用九分之二

達布拉似那噶喇而一面冒革有二制其一面豐底銳徑六寸七分八釐高四寸五分其一底微豐而漸削徑四寸八分高六寸六分四圜繫韋縧聯以采縷懸之腰間以左右手合擊之

接內塔兜呼圖一 祖緬向樂用　繪圖用五分之一

接內塔兜呼。木匡兩面冒革。面徑五寸一分六釐。匡高一尺四寸六分。四圍俱繫韋條如瓔珞狀。上有左右二紐。繫以帛橫懸於項。以手擊之。

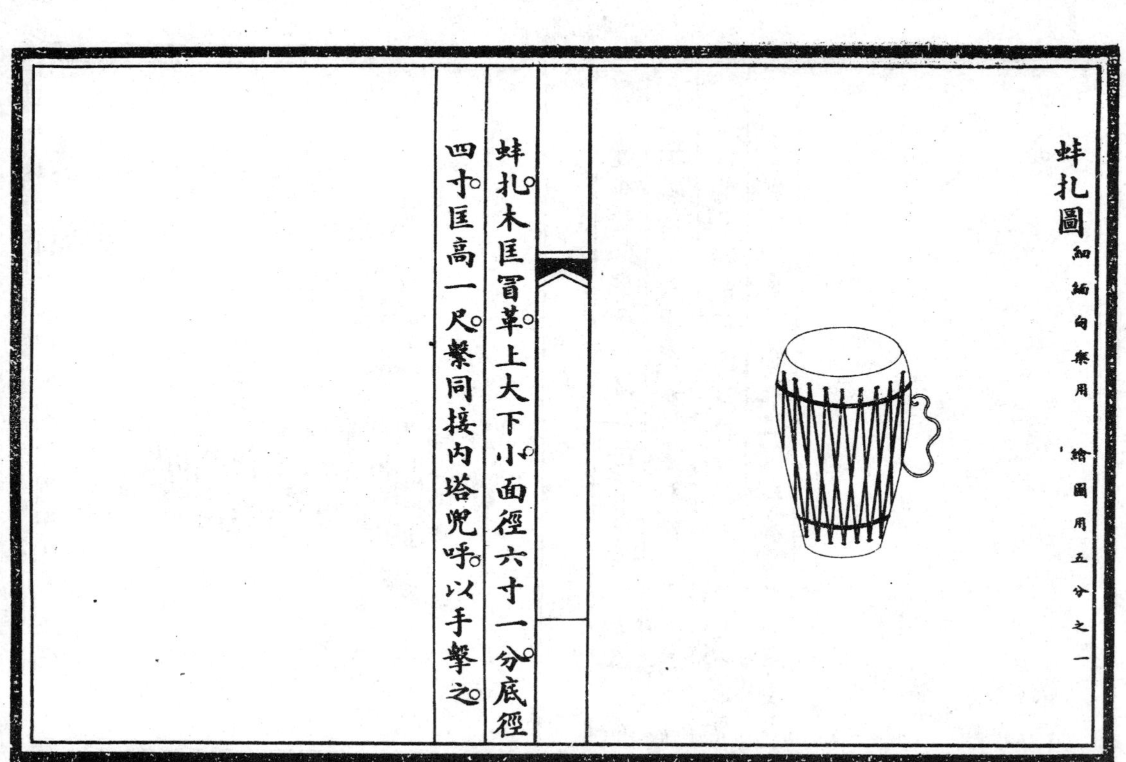
蚌扎圖 細緬向樂用　繪圖用五分之一

蚌扎。木匡冒革。上大下小。面徑六寸一分。底徑四寸。匡高一尺。繫同接內塔兜呼。以手擊之。

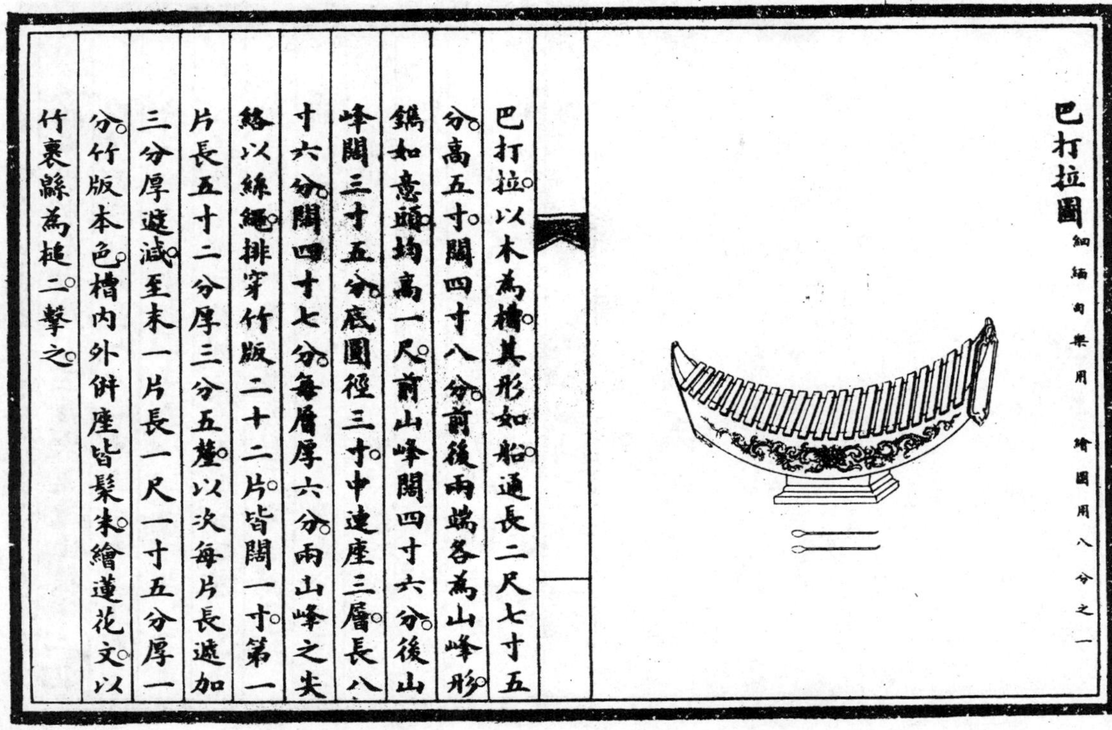

巴打拉圖 細緬甸樂用　繪圖用八分之一

巴打拉。以木爲槽。其形如船。通長二尺七寸五分。高五寸。闊四寸八分。前後兩端各爲山峰形鋦如意頭。均高一尺。前山峰闊四寸六分。後山峰闊三寸五分。底圓徑三寸。中連座三層。長八寸六分。闊四寸七分。每層厚六分。兩山峰之尖絡以絲繩。排穿竹版二十二片。皆闊一寸。第一片長五寸二分。厚三分五釐。以次每片長遞加三分。厚遞減至末一片長一尺一寸五分。厚一分。竹版本色。槽內外併座皆髹朱。繪蓮花文。以竹裹絲爲槌二。擊之。

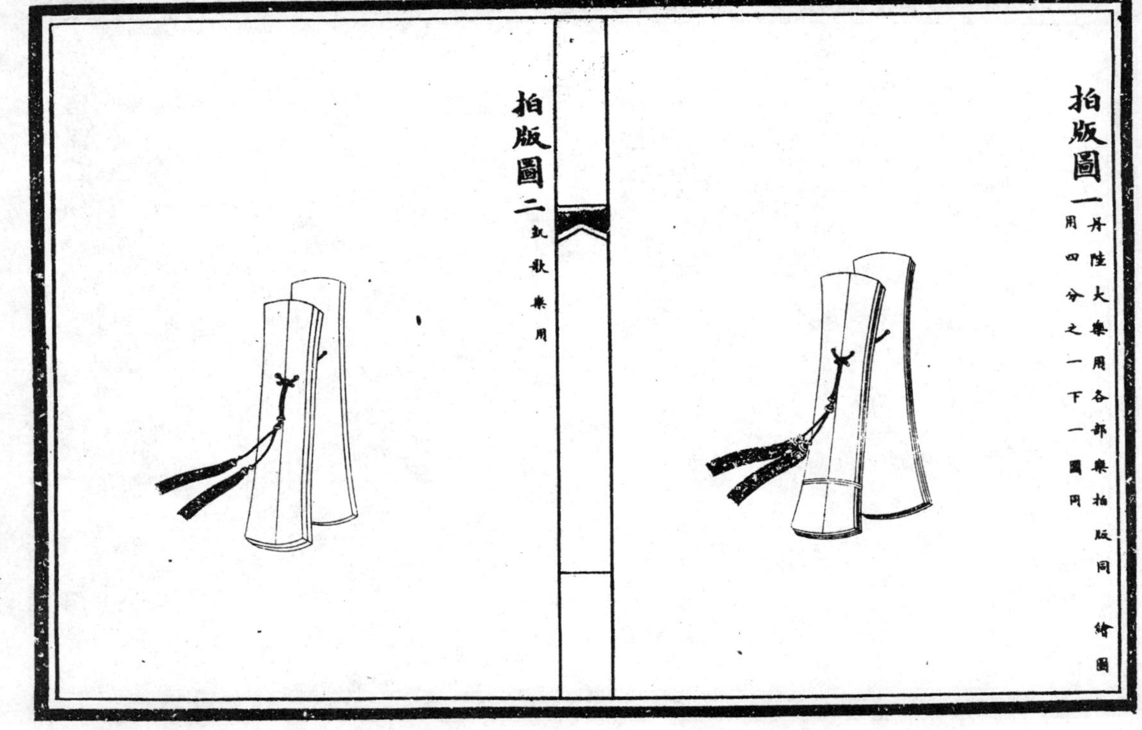

拍版圖一 丹陛大樂用各部樂拍版同　繪圖用四分之一下一圖同

拍版圖二 凱歌樂用

拍版。用堅木六片。各三片束之。近上橫穿二孔。聯以黃絨紃。版長一尺一寸五分二釐。上闊二寸一分六釐。中闊一寸九分二釐。下闊二寸五分六釐。上下二片刻為脊。厚四分五釐五毫。中四片厚三分八釐四毫。丹陛大樂各部樂拍版同。惟凱歌樂拍版略小。長一尺零七分。上闊二寸。中闊一寸九分五釐。下闊二寸三分五釐。厚二分五釐。版三。束其二以一拍之。

拍圖一 同慶隆舞樂用 繪圖用四分之一下一圖

拍圖二 番部合奏樂用

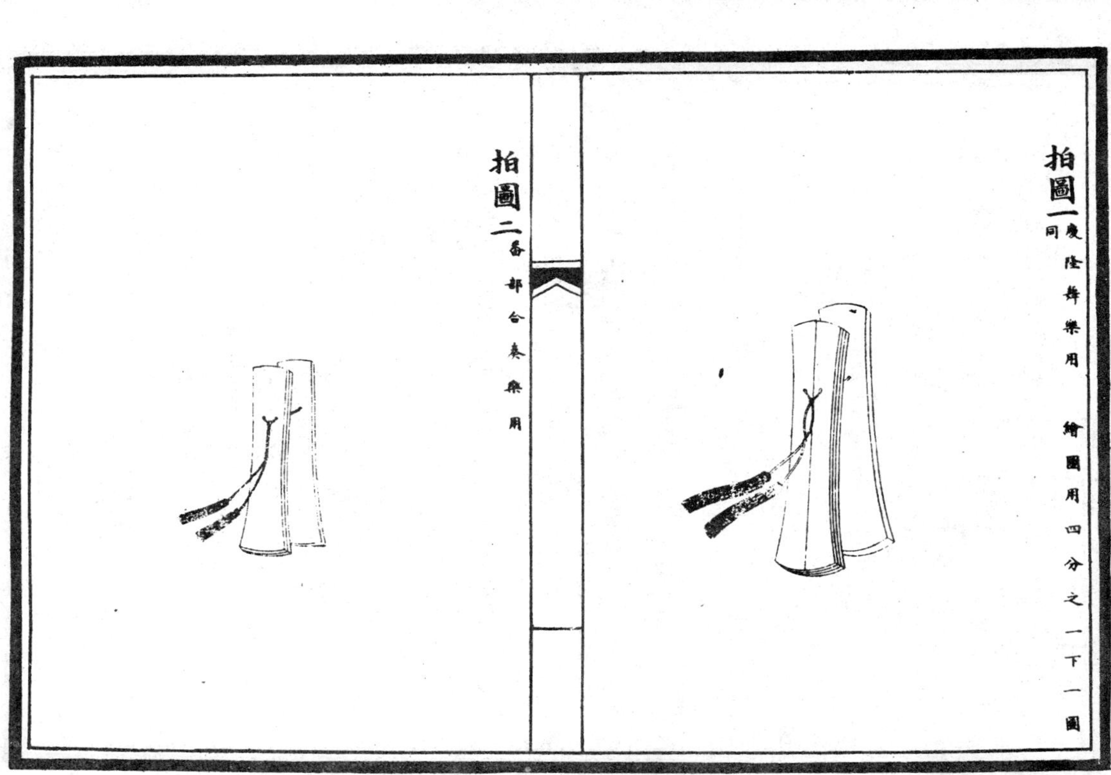

拍。慶隆舞樂用者紫檀版四。束其三。以一拍之。中長一尺一寸一分五釐。邊長一尺零五分一釐。上闊二寸零二釐。中闊一寸六分七釐。下闊二寸四分三釐。厚三分五釐。面上一片刻爲脊厚四分。近上横穿二孔。距上端三寸五分二釐。孔周相距三分五釐。聯以黄絨紃。番部合奏用者版三。束其二。以一拍之。中長八寸零九釐。邊長七寸八分八釐五毫。上闊一寸四分五釐八毫。中闊一寸二分一釐三毫。下闊一寸九分四釐四毫。中一片厚二分九釐一毫。前後二片中脊厚與中片等。邊一分九釐四毫。

節圖 慶隆舞樂用

繪圖用八分之一

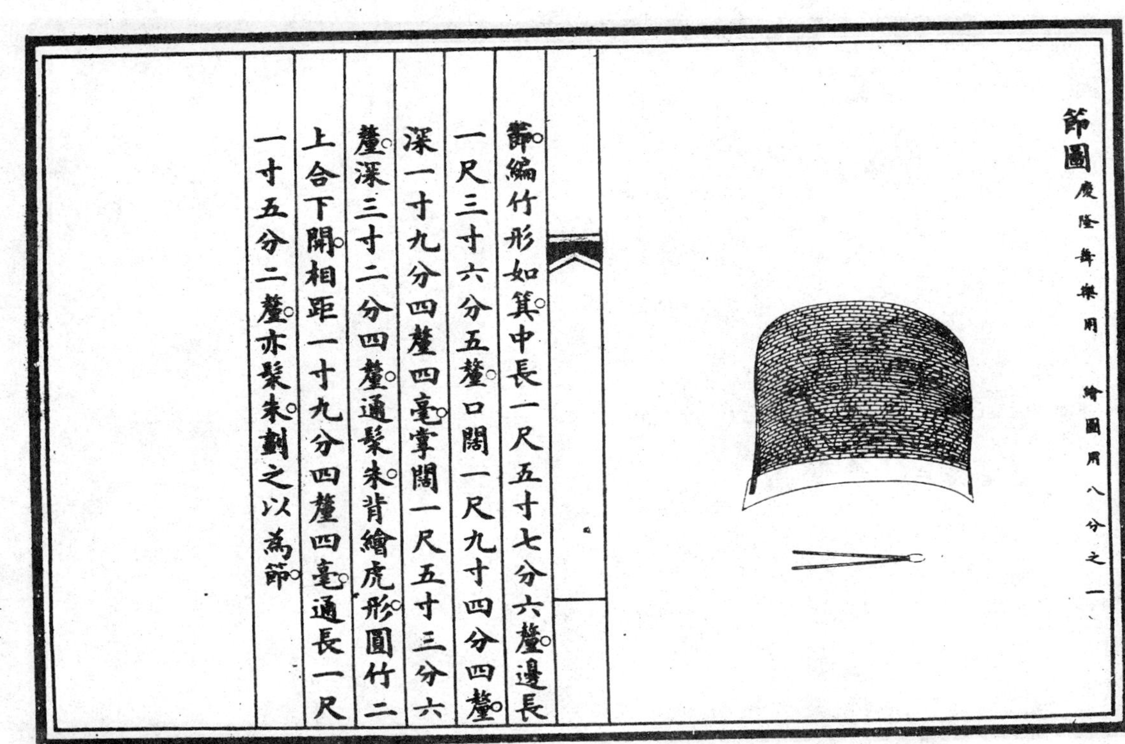

節。編竹形如箕。中長一尺五寸七分六釐。邊長一尺三寸六分五釐。口闊一尺九寸四分四釐。深一寸九分四釐四毫。掌闊一尺五寸三分六釐。深三寸二分四釐。通髹朱。背繪虎形。圓竹二上合下開。相距一寸九分四釐四毫。通長一尺一寸五分二釐。亦髹朱。劄之以爲節。

欽定大清會典圖卷四十五

樂十五 度量權衡



度圖

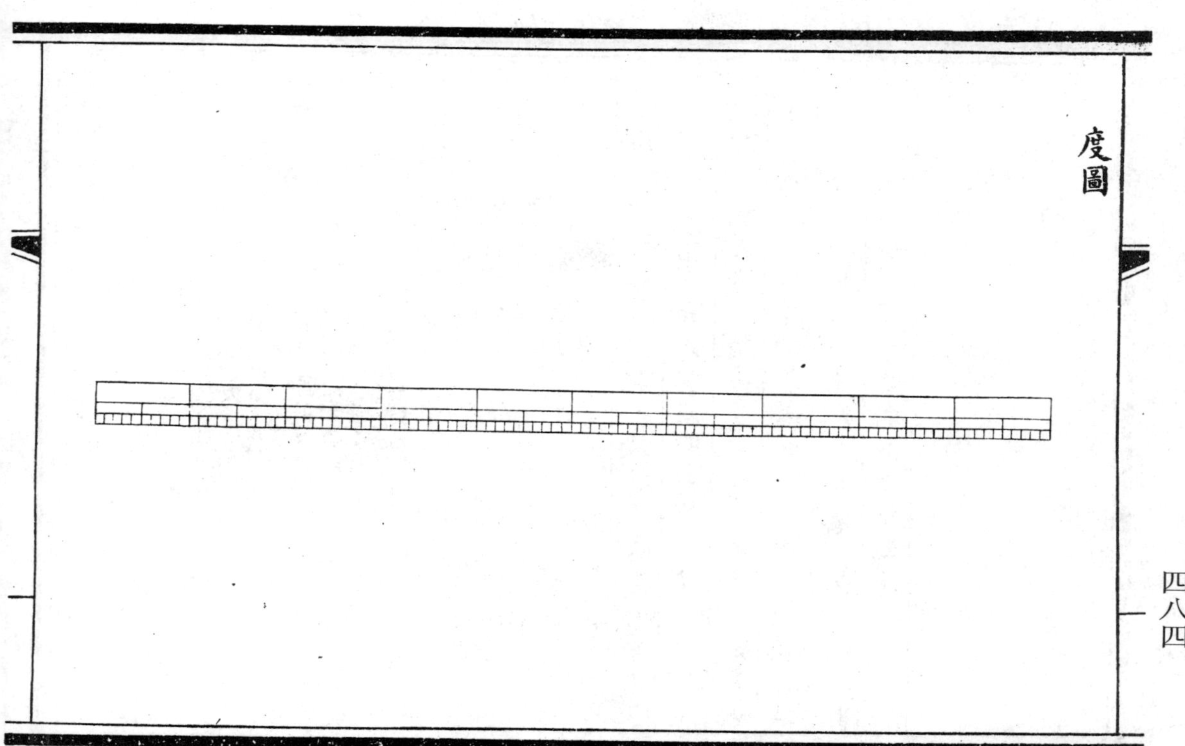

工部營造尺即縱黍尺營造尺八寸一分為律尺即橫黍尺一尺營造尺一尺為律尺一尺二寸三分四釐五毫置律尺之數以八十一乘之百除之得營造尺之數置營造尺之數以百乘之八十一除之得律尺之數其長皆相等也營造尺十寸自乘得一百寸律尺當營造尺八寸一分自乘得六十五寸六十一分以為面冪比例率置律尺冪數以六十五寸六十一分乘之百寸除之得營造尺冪數置營造尺冪數以百寸乘之六十五寸六十一分除之得律尺冪數其面冪皆相等也營造尺十寸自乘再乘得一千寸律尺當營造尺八寸一分自乘再乘得五百三十一寸四百四十一分以為體積比例率置律尺積數以五百三十一寸四百四十一分乘之千寸除之得營造尺積數置營造尺積數以千寸乘之五百三十一寸四百四十一分除之得律尺積數其體積皆相等也以與民用裁衣尺比例則營造尺一尺為裁衣尺九寸營造尺一尺一寸一分一釐一毫為裁衣尺一尺律尺一尺為裁衣尺七寸二分九釐律尺一尺三寸七分一釐七毫為裁衣尺一尺

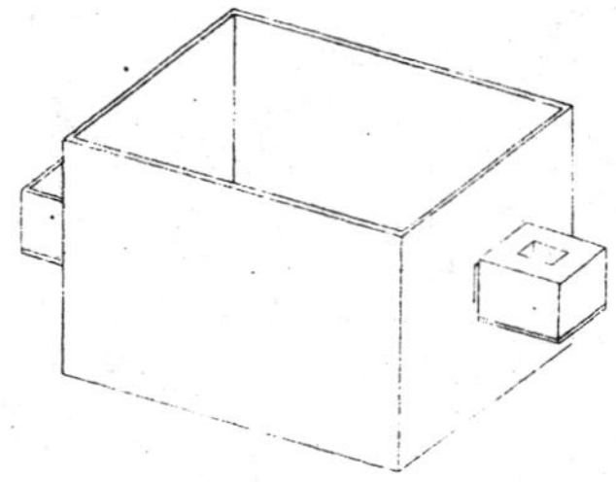

嘉量圖一　繪圖用六分之一下一圖同

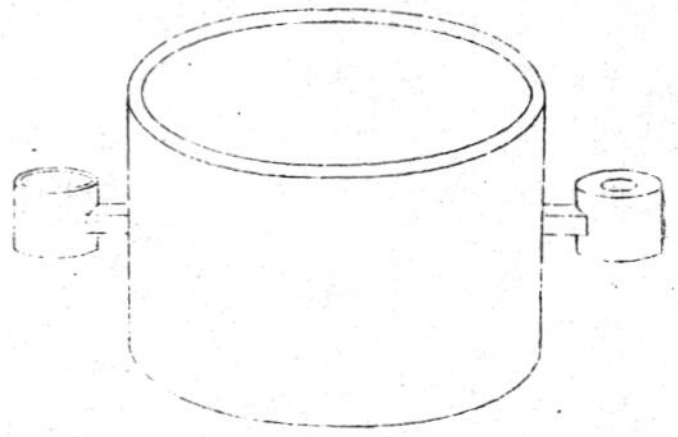

嘉量圖二

皇考
聖祖[illegible]稽[illegible]而度律
均鐘[illegible]
[illegible]
[illegible]小子[illegible]
[illegible]協音

積八百[illegible]
百三十[illegible]
百二十[illegible]

皇帝曰同律度
量衡[illegible]
[illegible]
[illegible]
[illegible]度
[illegible]度量[illegible]量[illegible]
權[illegible]律[illegible]
[illegible]
聖合
而
而[illegible]
聖[illegible]
[illegible]
[illegible]權[illegible]
[illegible]量[illegible]

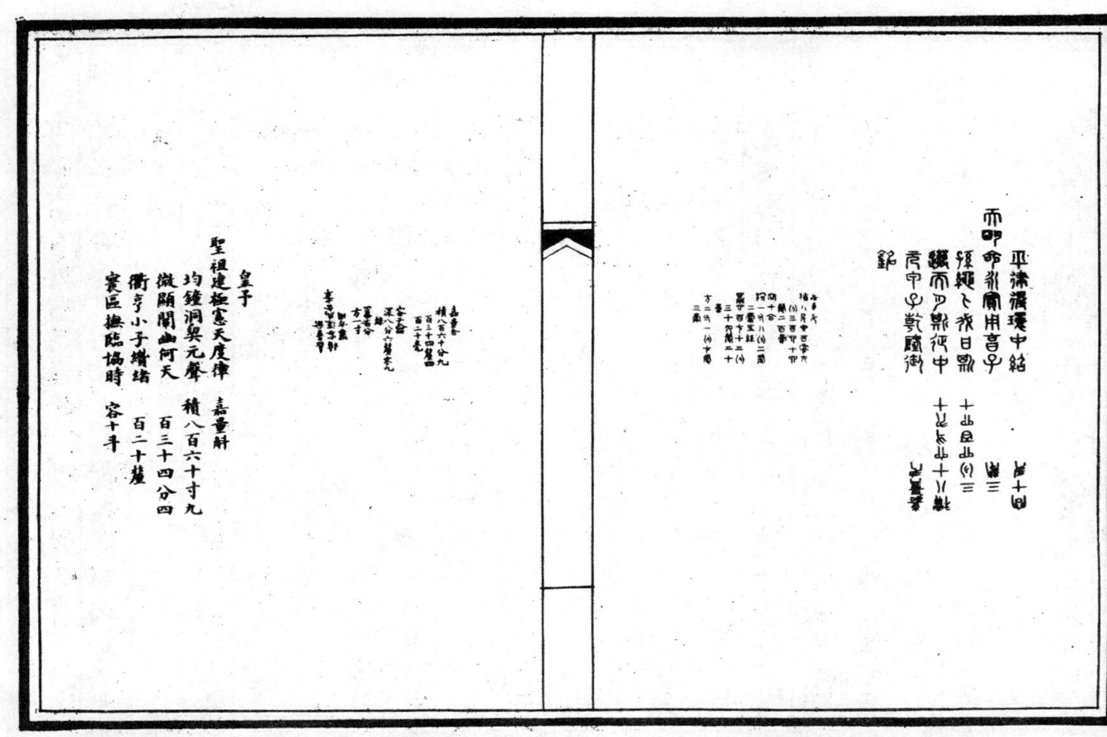


月正日同律度　深七寸二分九釐
量衡製茲嘉器　冪一百一十八寸
列于大廷匪作　九分八十釐
伊述　方一尺零八分六
大猷敬承遵鐘得度　釐七毫
率度量成量為　依工部營造尺為
權與律諧六英　縱絫百黍之度營
猗　造尺九之九即律
聖合　尺為橫絫百黍之
天　度
天心
聖明七政是齊為萬
世法程如衡無
私如權不疑如
度制節如量祇

平律得環中紹
天明命永寶用享子
孫繩乚我日斯
邁而月斯征中
元甲子乾隆御
銘

嘉量斛
積八千六百零九分三百四十四
釐三百毫
容十合
深一寸八分二釐
二毫五絲
冪四百七十二分
三十九釐二十
毫
方二寸一分七釐
二毫

嘉量范銅塗金方圓各一皆上為斛下為斗左耳為升右耳上為合下為龠其重二鈞聲中黃鐘之宮

高宗純皇帝御製銘并方圓度數鐫於其上清漢文斛積八百六十寸九百三十四分四百二十釐為十斗斗積八十六寸九十三分四百四十二釐為十升升積八寸六百零九分三百四十四釐二百毫為十合合積八百六十分九百三十四釐四百二十毫為二龠龠積四百三十分四百六十七釐二百一十毫為合之半方圓皆同其面冪斛與斗皆一百一十八寸九分八十釐升四百七十二分三十九釐二十毫方圓同合圓制七十八分五十三釐九十八毫方制百分龠冪與合同其深斛七寸二分九釐斗七分二釐九毫升一寸八分二釐二毫五絲方圓同合圓制一寸零九釐六毫方制八分六釐零九絲龠深為合之半其徑圓制斛斗皆一尺二寸二分六釐二毫升二寸四分五釐二毫方制斛斗皆一尺零八分六釐七毫升二寸一分七釐三毫合龠徑方圓俱一寸此皆以營造尺命度以律尺起量者也以律尺一百分自乘再乘得一百萬分為一率黃鐘積八百一十分為二率營造尺八十一分自乘再乘得五十三萬一千四百四十一分為三率得四率四百三十分四百六十七釐二百一十毫為一龠之積是即律尺八百一十分也倍之為一合之積八百六十分九百三十四釐四百二十毫即律尺一千六百二十分也什之為升積又什之為斗積又什之為斛積八百六十寸九百三十四分四百二十釐即律尺一千六百二十寸也斛深七寸二分九釐為黃鐘之度即律尺九寸也斗深七分二釐九毫為黃鐘十分之一即律尺九分也升深一寸八分二釐二毫五絲為黃鐘四分之一即律尺二十二分五釐也以深除積得冪而圓徑方邊數各不同以冪開平方得方邊以圓積圓徑定率比例得圓徑至於合龠則圓徑方邊俱為營造尺一寸在律尺為一寸二分三釐四毫五絲六忽七微九纖即古尺今尺之異也以方徑自乘得方面冪以圓徑求得圓周周徑相乘四除之得圓面冪斛深七寸二分九釐斗深七分

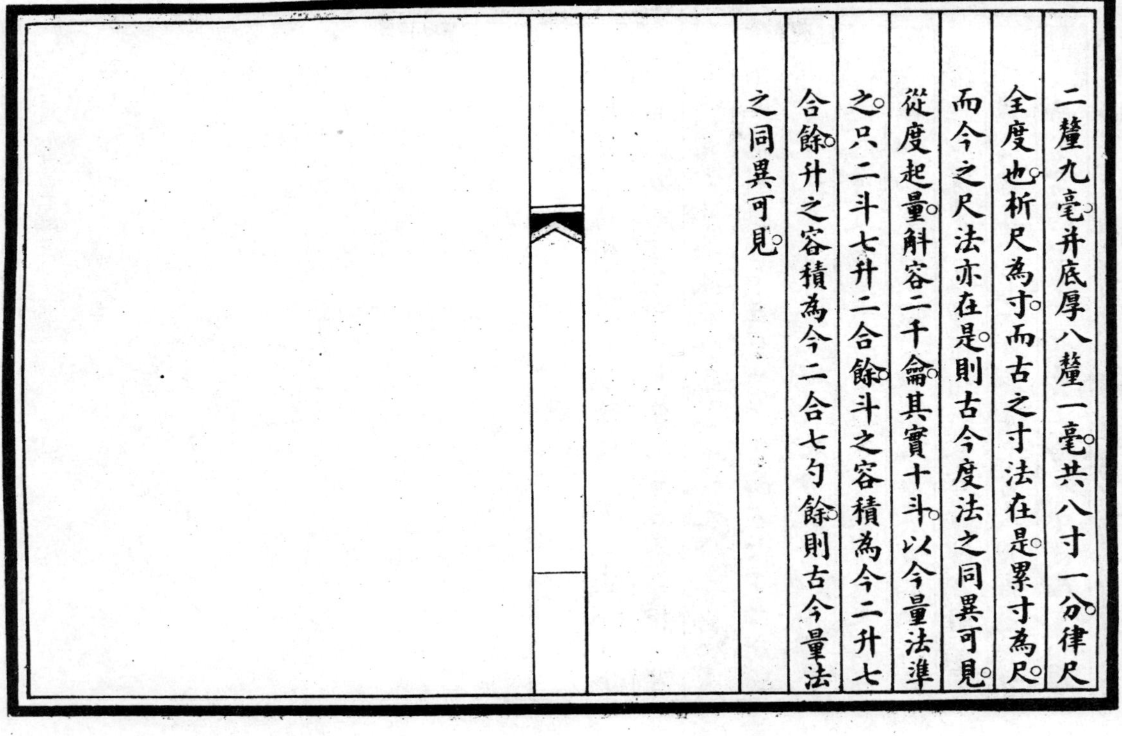

二釐九毫。并底厚八釐一毫。共八寸一分。律尺全度也。析尺為寸。而古之寸法在是。累寸為尺。而今之尺法亦在是。則古今度法之同異可見。從度起量。斛容二千龠。其實十斗。以今量法準之。只二斗七升二合。餘斗之容積為今二升七合。餘升之容積為今二合七勺。餘則古今量法之同異可見。

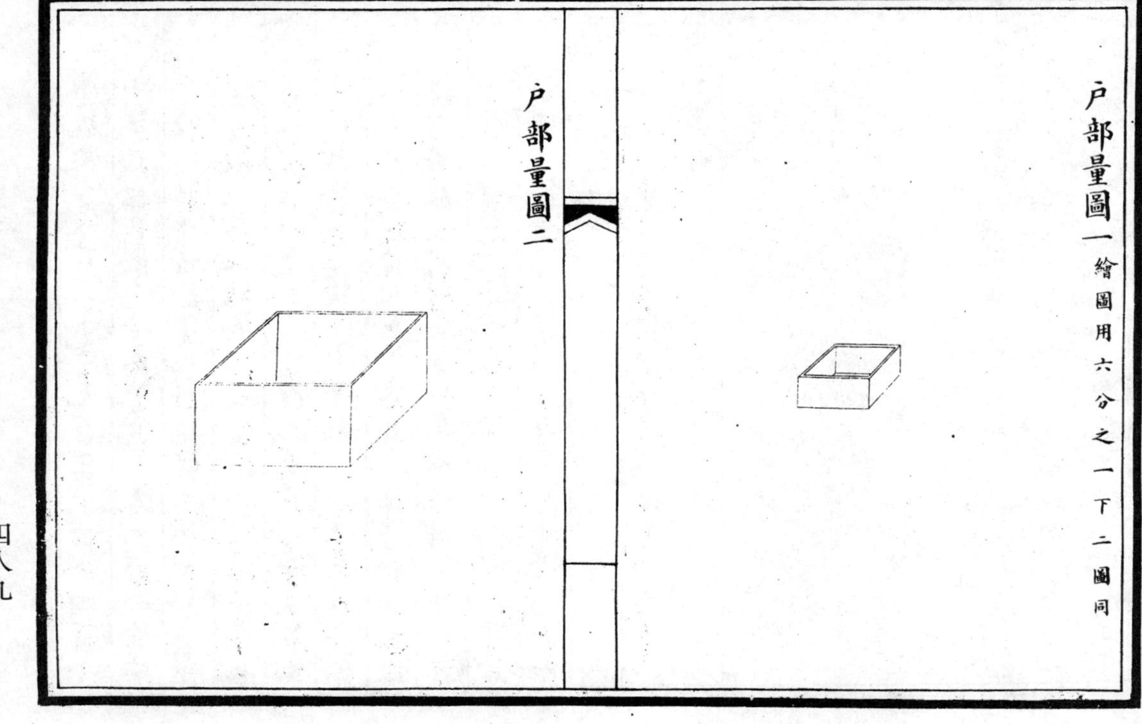

戶部量圖一 繪圖用六分之一下二圖同

戶部量圖二

戶部量圖三

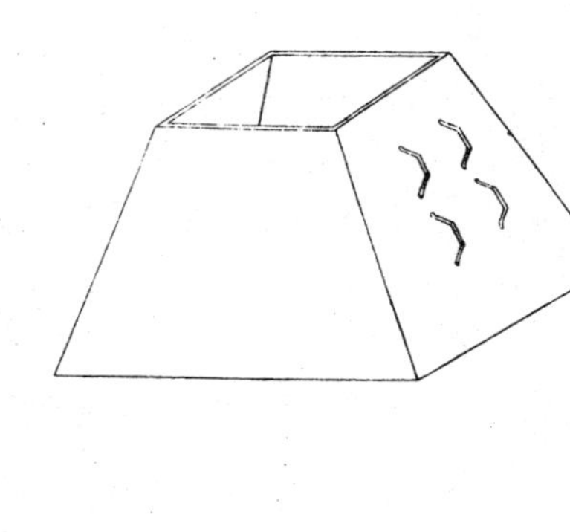

戶部量鑄鐵為式形方升積三十一寸六百分面底方四寸深一寸九分七釐五毫斗積三百一十六寸面底方八寸深四寸九分三釐七毫五絲斛積一千五百八十寸面方六寸六分底方一尺六寸深一尺一寸七分此皆以工部營造尺命度者也升斗皆以方自乘深再乘得積斛以面方自乘底方自乘面方底方相乘併三數以深乘之三歸得積斛容五斗即倉斛也黃鐘之龠容一千二百黍律尺量法即嘉量一斛二千龠為十斗戶部量法為五斗律尺十斗為營造尺方八百六十寸九百三十四分四百二十釐戶部量法一斗為營造尺方三百一十六寸以戶部斗積除律尺斛積得二斗七升二合四勺以此為比例置律尺量法容數以二斗七升二合四勺乘之十斗除之為戶部量法容數置戶部量法容數以十斗乘之二斗七升二合四勺除之得律尺量法容數其積皆相等也通諸洪斛關東斛則嘉量十斗為洪斛二斗一升七合七勺關東斗一斗三升六合二勺戶部倉斛十二斗五升為洪斛十斗倉斛十斗為洪斛八斗關東斗五斗洪斛十斗為關東斗六斗二升五合

權衡圖

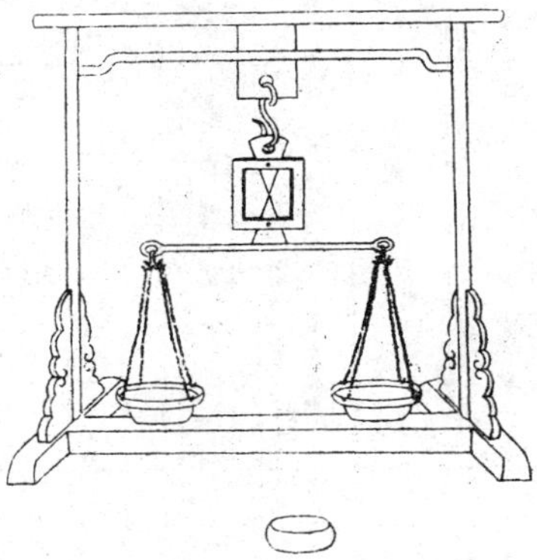

平者為衡。重者為權。衡以鐵為之。其上設準。為兩尖齒形。衡以鐵方鐶正立。上齒貫方鐶上周。尖嚮下。適當鐶中不動。下齒屬於衡。尖嚮上。插入方鐶下周之空縫。管之以樞。使衡可左右低昂。而齒亦與之左右。衡之兩端。各以鐵鉤二。綰鐵索四。懸二銅盤。左右適均。上齒本有孔。貫以鐵鉤。懸於架。用時一盤納物。一盤納權。視方鐶中上下兩齒尖適相值。則衡平而權與物之輕重均。權用黃銅。形扁圓。上下面平。以寸法定輕重之率。黃銅方一寸重六兩八錢列表於左。

| | 體積 | 中徑 | 面徑 | 高 |
|---|---|---|---|---|
| 五百兩 | 七十三寸五百二十九分四百一十一釐七百六十五毫 | 五寸九分八釐八毫八絲六忽五微六纖 | 五寸二分八釐四毫二絲九忽三微二纖 | 二寸八分一釐八毫二絲八忽九微七纖 |
| 四百兩 | 五十八寸八百二十三分五百二十九釐四百一十二毫 | 五寸五分五釐九毫五絲七忽零三纖 | 四寸九分零五毫五絲零三微二纖 | 二寸六分一釐六毫二絲六忽八微四纖 |
| 三百兩 | 四十四寸一百一十七分六百四十七釐零五十九毫 | 五寸零五釐一毫二絲零四微九纖 | 四寸四分五釐六毫九絲四忽五微五纖 | 二寸三分七釐七毫零二忽七微六纖 |
| 二百兩 | 二十九寸四百一十一分七百六十四釐七百零六毫 | 四寸四分一釐二毫六絲三忽三微九纖 | 三寸八分九釐三毫五絲零五纖 | 二寸零七釐六毫五絲三忽三微六纖 |
| 一百兩 | 一十四寸七百零五分八百八十二釐三百五十三毫 | 三寸五分零二毫三絲零九微八纖 | 三寸零九釐零二絲七忽三微四纖 | 一寸六分四釐八毫一絲四忽五微八纖 |
| 五十兩 | 七寸三百五十二分九百四十一釐一百七十七毫 | 二寸七分七釐九毫七絲八忽五微二纖 | 二寸四分五釐二毫七絲五忽一微六纖 | 一寸三分零八毫一絲三忽四微二纖 |
| 三十兩 | 四寸四百一十一分七百六十四釐七百零六毫 | 二寸三分四釐四毫五絲六忽一微六纖 | 二寸零六釐八毫七絲三忽零八纖 | 一寸一分零三毫三絲二忽三微一纖 |
| 二十兩 | 二寸九百四十一分一百七十六釐四百七十一毫 | 二寸零四釐八毫一絲六忽三微二纖 | 一寸八分零七毫二絲零二微八纖 | 九分六釐三毫八絲五忽一微五纖 |
| 一十兩 | 一寸四百七十分五百八十八釐二百三十五毫 | 一寸六分二釐五毫六絲二忽八微二纖 | 一寸四分三釐四毫三絲七忽七微八纖 | 七分六釐五毫零一微五纖 |
| 五兩 | 七百三十五分二百九十四釐一百一十八毫 | 一寸二分九釐零二絲六忽二微 | 一寸一分三釐八毫四絲六忽六微四纖 | 六分零七毫一絲八忽二微一纖 |
| 四兩 | 五百八十八分二百三十五釐二百九十四毫 | 一寸一分九釐七毫七絲三忽三微一纖 | 一寸零五釐六毫八絲五忽八微六纖 | 五分六釐三毫六絲五忽七微九纖 |
| 三兩 | 四百四十一分一百七十六釐四百七十一毫 | 一寸零八釐八毫二絲四忽九微一纖 | 九分六釐零二絲一忽九微八纖 | 五分一釐二毫一絲一忽七微二纖 |
| 二兩 | 二百九十四分一百一十七釐六百四十七毫 | 九分五釐零六絲七忽三微二纖 | 八分三釐八毫八絲二忽九微三纖 | 四分四釐七毫三絲七忽五微六纖 |
| 一兩 | 一百四十七分五十八釐八百二十四毫 | 七分五釐四毫五絲四忽九微八纖 | 六分六釐五毫七絲七忽九微二纖 | 三分五釐五毫零八忽一微二纖 |
| 九錢 | 一百三十二分三百五十二釐九百四十一毫 | 七分二釐八毫五絲零九微八纖 | 六分四釐二毫八絲零二微八纖 | 三分四釐二毫八絲二忽八微一纖 |

| 八錢 | 七錢 | 六錢 | 五錢 | 四錢 | 三錢 | 二錢 | 一錢 |
| --- | --- | --- | --- | --- | --- | --- | --- |
| 一百一十七分六百四十七釐零五十九毫 | 一百零二分九百四十一釐一百七十六毫 | 八十八分二百三十五釐二百九十四毫 | 七十三分五百二十九釐四百一十二毫 | 五十八分八百二十三釐五百二十九毫 | 四十四分一百一十七釐六百四十七毫 | 二十九分四百一十一釐七百六十五毫 | 一十四分七百零五釐八百八十二毫 |
| 七分零四絲六忽二微 | 六分六釐九毫九絲六忽七微八纖 | 六分三釐六毫四絲一忽一微九纖 | 五分九釐八毫八絲八忽六微六纖 | 五分五釐五毫九絲五忽七微 | 五分零五毫一絲二忽零五纖 | 四分四釐一毫二絲六忽三微四纖 | 三分五釐零二絲三忽一微 |
| 六分一釐八毫零五忽四微七纖 | 五分九釐一毫一絲四忽八微 | 五分六釐一毫五絲三忽九微九纖 | 五分二釐八毫四絲二忽九微三纖 | 四分九釐零五絲五忽零三纖 | 四分四釐五毫六絲九忽四微五纖 | 三分八釐九毫三絲五忽 | 三分零九毫零二忽七微三纖 |
| 三分二釐九毫六絲二忽九微二纖 | 三分一釐五毫二絲七忽九微 | 二分九釐九毫四絲八忽八微 | 二分八釐一毫八絲二忽九微 | 二分六釐一毫六絲二忽六微八纖 | 二分三釐七毫七絲零三微八纖 | 二分零七毫六絲五忽三微四纖 | 一分六釐四毫八絲一忽四微六纖 |

| 九分 | 八分 | 七分 | 六分 | 五分 | 四分 | 三分 | 二分 | 一分 |
| --- | --- | --- | --- | --- | --- | --- | --- | --- |
| 一十三分二百三十五釐二百九十四毫 | 一十一分七百六十四釐七百零六毫 | 一十分二百九十四釐一百一十八毫 | 八分八百二十三釐五百二十九毫 | 七分三百五十二釐九百四十一毫 | 五分八百八十二釐三百五十三毫 | 四分四百一十一釐七百六十五毫 | 二分九百四十一釐一百七十六毫 | 一分四百七十釐五百八十八毫 |
| 三分三釐八毫一絲四忽四微三纖 | 三分二釐五毫一絲二忽五微六纖 | 三分一釐零九絲七忽一微五纖 | 二分九釐五毫三絲九忽六微三纖 | 二分七釐七毫九絲七忽八微五纖 | 二分五釐八毫零五忽二微四纖 | 二分二釐四毫四絲五忽六微二纖 | 二分零四毫八絲一忽六微三纖 | 一分六釐二毫五絲六忽二微八纖 |
| 二分九釐八毫三絲六忽二微六纖 | 二分八釐六毫八絲七忽五微六纖 | 二分七釐四毫三絲八忽六微六纖 | 二分六釐零六絲四忽三微八纖 | 二分四釐五毫二絲七忽五微二纖 | 二分二釐七毫六絲九忽三微三纖 | 二分零六毫八絲七忽三微一纖 | 一分八釐零七絲二忽零三纖 | 一分四釐二毫四絲三忽七微八纖 |
| 一分五釐九毫一絲二忽六微七纖 | 一分五釐三毫零三纖 | 一分四釐六毫三絲三忽九微五纖 | 一分三釐九毫零一忽 | 一分三釐零八絲一忽三微四纖 | 一分二釐一毫四絲三忽六微四纖 | 一分一釐零三絲三忽二微三纖 | 九釐六毫三絲八忽四微一纖 | 七釐六毫五絲零二纖 |

黃鐘之龠容一千二百黍。律尺權法重五錢。今權法重二錢五分強。斛容二百四十萬黍。律尺權法重一千兩。今權法重五百三十一兩餘。嘉量之體重二鈞。計九百六十兩。今權法重五百十兩餘。是即部法也。律尺權法十兩。為部法五兩三錢一分四釐四毫。通諸京市錢法。律尺權法十兩。為京市五兩四錢七分三釐八毫。錢法五兩五錢八分零一毫。部法十兩。為京市十兩三錢。錢法十兩五錢。

欽定大清會典圖卷四十六

樂十六 樂・舞一



圜丘壇初獻武舞就班圖

圜丘壇初獻武舞譜

玉 左右正立干居左戚居右

罼 左右正面左右足虛立干戚偏左右

肅 左右正立干居左戚居右下垂

陳 左右側身微向東西左右足進前干平舉戚衡左手上

兮 左右向東西干戚分舉

明 左右正立干正舉戚衡左手上

光 左右俯首偏右左右左足進前左右足虛立干戚偏左右

桂 左右正立干居中戚居右

漿 左右向西東身俯兩足並干戚偏左右

初　左右向西東右左足進前趾向上干戚偏左右
醞　左右側身偏左右干平舉戚衡左手上
兮　左右正立干居中戚下垂
信　左右俯首左右足少前兩手推出干戚少偏左右
芳　左右向西東兩足立如丁字干戚分舉
臣　左右正面右足交於左干正舉戚衡左手上
心　左右向西東兩足並干平舉戚衡左手上
迪　左右向西東身俯右左足進前干戚偏左右作肩負勢
惠　左右俯首左足虛立干居左戚居右少垂
兮　左右正面干居左戚居右下垂
捧　左右向西東身俯肩微聳干倚右左肩戚衡左手上
觴　左右正面兩手微拱干正舉戚衡左手上
醴　左右向西東仰面干平舉戚衡左手上
齊　左右正面右足交於左干居左戚居右平衡
載　左右身微向東西右左足少前兩手微拱干平舉戚衡左手上
德　左右身微向西東左右足少前面轉正干戚偏左右
兮　左右向東西面微仰左右足少前干戚偏右左
馨　左右向西東兩足並兩手推出干平舉戚衡左手上
香　左右身俯右足少前干居左戚居右下垂及地
靈　左右向東西身俯右左足少前干戚偏右左

慈　左右正立干戚偏左右
徽　左右向東西身微蹲干平舉戚斜衡左手上
春　左右向西東身俯左右足進前干戚偏右左
兮　左右俯首偏左右左右足少前右左足虛立干戚偏右左
齋　左右向東西首微俯起右左足干平舉戚斜衡左手上
皇　左右身微向西東干戚偏左右
勤　左右向東西身微俯右左足交於左右干戚偏左右
仰　左右正立兩手高拱干正舉戚平衡
止　左右向東西身俯左右足進前虛立干植地戚平衡
兮　左右身微向東西右左足少前面轉正手微拱干平舉戚衡左手上
斯　左右正立干居左戚居右
徜　左右正面屈雙足干正舉戚衡左手上
徉　左右屈雙足俯首干正舉戚衡左手上

圜丘壇祀以冬至。初獻武舞。左右兩班各三十有二人。以下凡武舞生人數同。正面立。左右各圖一人。以例其餘。下同。冬冠上用裹金三叉銅頂。以下凡武舞生頂同。銜三稜如古戟形。鏤花銅座。中飾方銅鏤葵花文。服天青銷金花服。緑紬帶。以下凡文武舞生帶皆同。皆左手執干居中當胸。右手執戚平衡。戚左柄右。工歌壽平之章。舞凡四十二式。

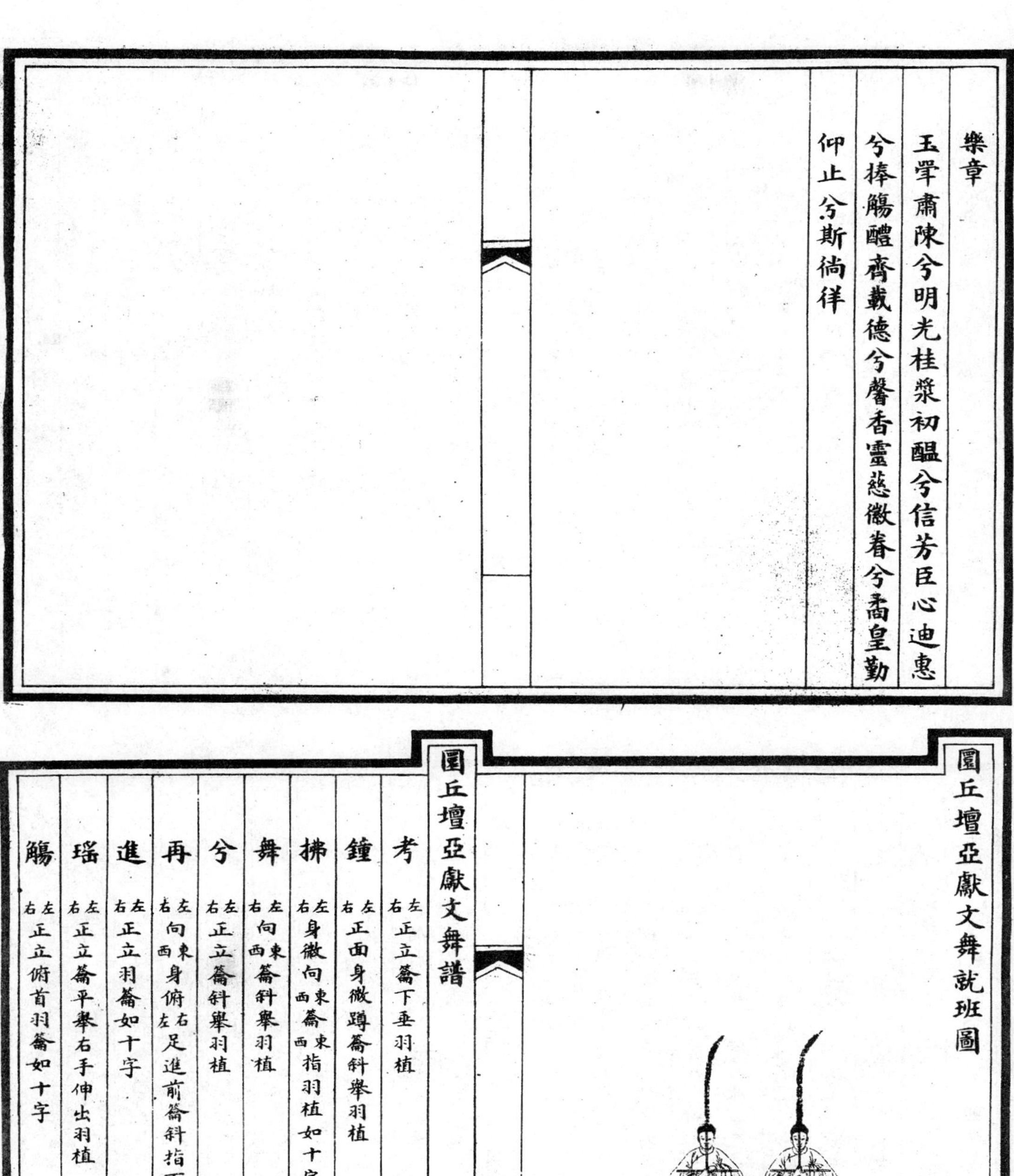

樂章

玉斝肅陳兮明光桂漿初醞兮信芳臣心迪惠兮捧觴醴齊載德兮馨香靈慈徽眷兮矞皇勤仰止兮斯倘徉

圜丘壇亞獻文舞就班圖

圜丘壇亞獻文舞譜

考　左右正立籥下垂羽植

鐘　左右正面身微蹲籥斜舉羽植

拂　左右身微向東西籥東西指羽植如十字

舞　左右向東西籥斜舉羽植

兮　左右正立籥斜舉羽植

再　左右向東西身俯右左足進前籥斜指下羽植

進　左右正立羽籥如十字

瑤　左右正立籥平舉右手伸出羽植

觴　左右正立俯首羽籥如十字

巽　左右正立羽籥偏右左如十字

翼　左右向西東左右足進前籥斜衡羽植籥上

昭　左右正立羽籥向下斜交

事　左右正面身向西東羽籥分植

兮　左右正立兩手相交羽籥並植

次　左右正面身向東西羽籥分植

第　左右正面右足虛立籥斜倚肩羽植

肅　左右面向東西身俯微蹲抱右左膝羽籥如十字

將　左右面向西東身俯微蹲抱左右膝羽籥如十字

晬　左右正面身微蹲籥衡膝上羽植

顏　左右身微向西東羽籥偏左右如十字

容　左右向西東身俯兩足並羽籥斜交

與　左右向西東籥平指西東羽植

兮　左右正立面向東西兩手相並舉向西東羽籥植

蒼　左右正面身向西東起左右足羽籥分植

几　左右正立籥平衡羽植籥上

輝　左右身微向東西籥植羽向下斜指

煌　左右正立身俯籥衡地羽植

穆　左右身微向東西右左足少前兩手微拱羽籥如十字

穆　左右正面身微向東西羽籥如十字

居　左右正立羽籥分植

歆　左右向東西兩足並籥平指東西羽植如十字

兮　左右正立首微俯羽籥分植

和　左右身微向東西籥植近肩羽平衡

氣　左右正立籥植居中羽衡籥下

洋　左右正立籥平衡羽植籥上

洋　左右向西東籥平指西東羽植如十字

生　左右正立羽籥斜交

民　左右向東西身俯起右左足籥斜衡羽植

望　左右正立籥植居中羽衡籥上

澤　左右身微向東西籥植羽斜倚肩

兮　左右向東西身俯羽籥植地

仰　左右向東西面仰兩足並羽籥如十字

睨　左右正立籥植過肩羽平額交如十字

玉　左右俯首偏右起右足羽籥如十字

房　左右正面身微蹲兩手並羽籥分植

榮　左右正面身微向西東少蹲兩手推向西東羽籥分植

泉　左右向東西首微俯兩足並羽籥如十字

瑞　左右正立籥平衡羽植

露　左右向東西籥下垂右手伸出羽植

兮　左向東右向西籥平衡羽植

慶　左右正立兩手上拱羽籥如十字

無　左右正面屈雙足羽籥如十字

疆　左右屈雙足俯首至地羽籥如十字

## 圜丘壇亞獻文舞

左右兩班各三十有二人。（以下凡文舞生人數同）正面立。冬冠上用裹金銅頂銜三角如火珠形。座同武舞生。（以下凡文舞生頂同）服天青銷金花服皆左手執籥當胸平衡。右手執羽當中植立。高出於頂。羽籥相交如十字。工歌嘉平之章。舞凡五十三式。

### 樂章

考鐘拂舞兮再進瑤觴翼翼昭事兮次第肅將
睟顏容與兮蒼几輝煌穆穆居歆兮和氣洋洋
生民望澤兮仰睨玉房榮泉瑞露兮慶無疆

## 圜丘壇終獻文舞就班圖

## 圜丘壇終獻文舞譜

終　左右正立籥平舉過肩羽植

獻　左向東右向西籥斜指東西羽植籥上

兮　左右正面身微向西東兩手高舉羽籥並植

玉　左右正立籥下垂斜衡羽植籥上

斝　左右正立籥斜倚肩羽平指西

清　左右正立身俯羽籥如十字

肅　左右正面右足交於左羽籥如十字

秬　左向東右向西兩足並籥平指東西羽植

鬯　左右正立面向西東兩手相並推向東西羽籥分植

兮　左右正面身微蹲籥植過肩羽平額交如十字

薦　左右向東西起右左足羽籥分植

和　左右正立身俯羽籥植地

羮　左右正立籥植羽倒指東

磬　左右身微向東右足進前羽倚肩籥平指東

管　左右向東西籥平衡左肩羽植

鏘　左右向西東身俯左右足進前趾向上羽籥斜交

鏘　左右向西東面仰兩足並羽籥如十字

兮　左右正立籥植近肩羽平衡如十字

祀　左右向西東起左右足兩手相並舉向東西羽籥分植

孔　左右向西東籥斜衡羽植

明　左右正立身俯抱右左膝羽籥如十字

旨　左右正面首微俯羽籥斜交右足交於左

酒　左右正立羽籥偏左右斜倚肩

盈　左右向東西籥植居中羽斜指下

盈　左右正面右足交於左籥植過肩羽平額交如十字

兮　左右向東西右左足進前籥下垂右手推出羽植

勿　左右正面籥斜舉羽植

替　左右正立身俯籥平衡羽居中植籥上

思　左右向東西起右左足兩手推出羽籥斜舉

成　左右正立兩手高拱過額羽籥如十字

明　左右正面身微向東籥下垂羽倚肩

命　左右正立身俯籥斜植地羽植

顧　左右正面身微向西籥下垂平衡羽斜植籥上

諟　左右正面身微蹲兩手推向東西羽籥分植

兮　左右向西東首微俯兩足並籥平指西東羽植如十字

福　左右正立身俯面微仰羽籥如十字

羣　左右正面羽籥如十字

生　左右向東西身俯右左足進前籥下垂羽植地

八　左右向東西兩手相並羽籥斜指東西

龍　左右正立籥植近肩羽平衡

蜿　左右向西東面仰兩手推出羽籥斜舉

蜒　左右正立籥平衡下垂羽高舉

兮　左右向西東身俯左右足進前籥下垂羽植地

芭　左右正立羽籥如十字

羽　左右正立身俯羽籥如十字

和　左右正面屈雙足羽籥如十字

嗚　左右屈雙足俯首至地羽籥如十字

圜丘壇終獻文舞左右兩班立如亞獻皆左手執籥居左右手執羽居右羽籥分植下齊當腰際工歌

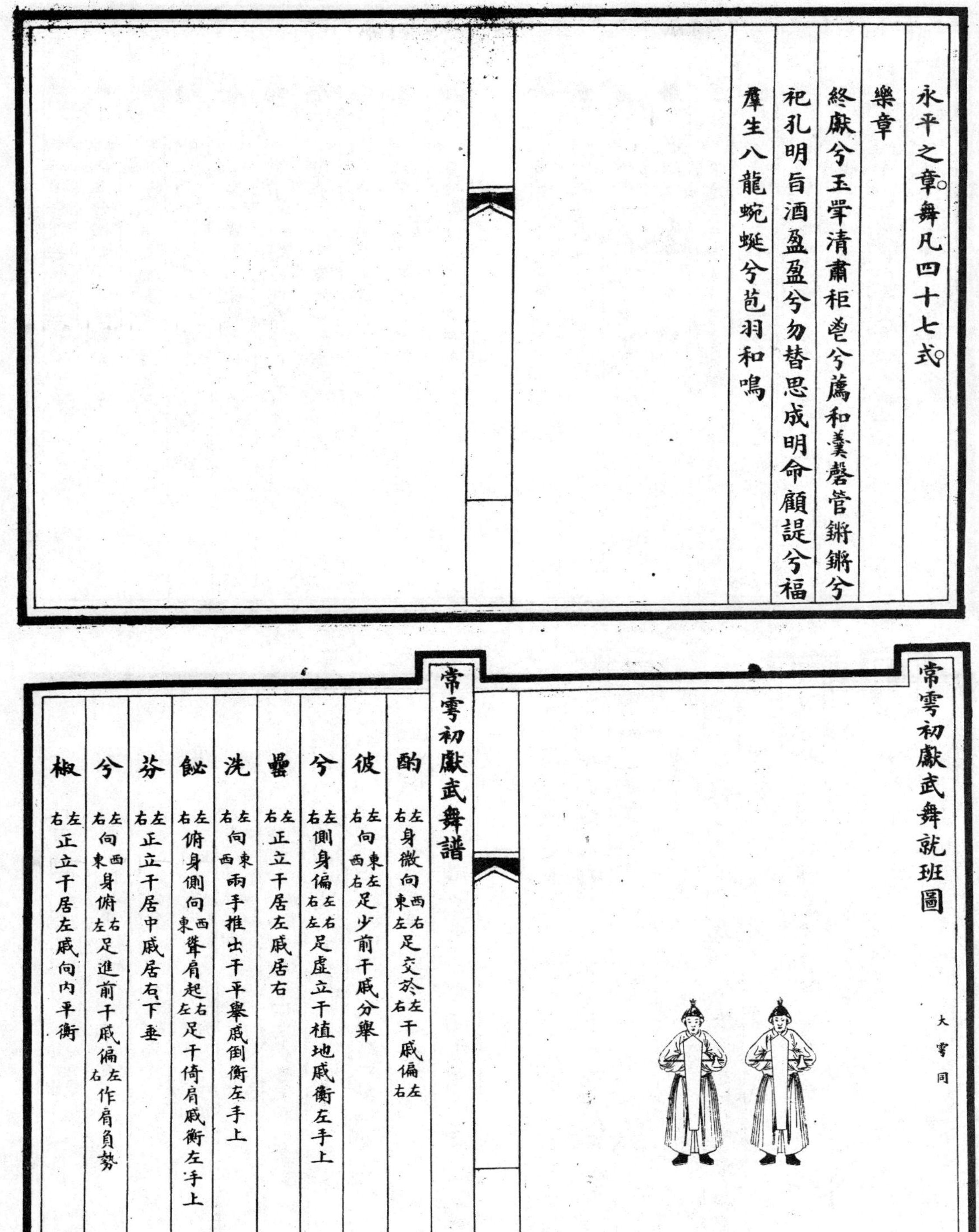

永平之章。舞凡四十七式。

樂章

終獻兮玉斝清肅秬鬯兮薦和羹磬管鏘鏘兮祀孔明旨酒盈盈兮勿替思成明命顧諟兮福羣生八龍蜿蜒兮苞羽和鳴

常雩初獻武舞就班圖



常雩初獻武舞譜

酌 左身微向西右足交於左干戚偏左　右身微向東左足交於右干戚偏右

彼 左向東左足少前干戚分舉　右向西右足少前干戚分舉

兮 左側身偏左右足虛立干植地戚衡左手上　右側身偏右左足虛立干植地戚衡左手上

罍 左右正立干居左戚居右

洗 左向東兩手推出干平舉戚倒衡左手上　右向西兩手推出干平舉戚倒衡左手上

餕 左俯身側向西聳肩起右足干倚肩戚衡左手上　右俯身側向東聳肩起左足干倚肩戚衡左手上

芬 左右正立干居中戚居右下垂

兮 左向西身俯右足進前干戚偏左作肩負勢　右向東身俯左足進前干戚偏右作肩負勢

椒 左右正立干居左戚向內平衡

香　左右正立干正舉戚衡左手上

愧　左右正立首微俯干正舉戚衡左手上

明　左右向東西左右足進前趾向上干戚偏右左

德　左右正面右足交於左干居左戚居右平衡

兮　左右正立干居左右手伸出戚下垂

維　左右俯首偏右左右左足進前左右足虛立干戚偏左右

馨　左右身微向西東干側舉戚斜衡

假　左右正立干居中戚居右

黍　左右側首偏右左蹲身干植地戚衡左手上

稷　左右正立干居左戚向內斜衡

兮　左右身俯右足少前干居左戚居右下垂及地

誠　左右正立干戚偏左右

將　左右向東西身俯右左足少前干戚偏右左

顧　左右正立身微蹲干戚偏左右

大　左右正面右足交於左干正舉戚衡左手上

父　左右正立面向東西干戚偏左右

兮　左右正立面向西東干戚偏右左

念　左右正立兩手上拱干正舉戚衡左手上

茲　左右向東西身微俯右左足交於左右干戚偏左右

衆　左右正立干居中戚居右斜垂

子　左右向東西首微俯起右左足干平舉戚斜衡左手上

穆　左右側首偏左右蹲身干植地戚衡左手上

將　左右正面左右足虛立干戚偏左右

愉　左右向東西兩足並干平舉戚衡左手上

兮　左右正立兩手微拱干正舉戚衡左手上

綏　左右側身向西東右左足少前作進步勢干戚分舉

以　左右正面兩足並干正舉戚衡左手上

豐　左右正面屈雙足干正舉戚衡左手上

穰　左右屈雙足俯首干正舉戚衡左手上

常雩祀以孟夏。初獻武舞。左右兩班正面立。夏冠。服天青銷金花服。皆左手執干居中當胸。右手執戚平衡。戚左柄右。工歌霖平之章。舞凡三十八式。

大雩初獻武舞同。

樂章　大雩同

酌彼兮罍洗餕芬兮椒香愧明德兮　維馨假黍稷兮誠將顧

大父兮念茲衆子穆將愉兮綏以豐穰

## 常雩亞獻文舞就班圖

大雩同

## 常雩亞獻文舞譜

再　左右正面右足虛立籥斜舉羽植

酌　左右向西東身微俯兩足並籥下垂羽植

兮　左右身微向東西羽籥偏右左如十字

醑　左右正面身轉向東西羽籥分植

清　左右正立身俯羽籥如十字

仰　左右正面籥植過肩羽平額如十字

在　左右向東西籥斜指下羽植

上　左右正立兩手高拱過額羽籥如十字

兮　左右俯首偏右左羽籥如十字

明　左右向東西左足虛立籥斜倚膝羽植

明　左右正立籥植居左羽平衡過額如十字

庶　左右向東西首微俯兩手並籥平指東西羽植如十字

來　左右正立籥斜舉羽植

格　左右身微向東西籥植近肩羽平衡

兮　左右身微向東西籥平衡羽斜倚肩

鑒　左右身微向西東籥斜倚肩羽平衡

誠　左右正立身微蹲兩手並羽籥分植

昌　左右身微向西東籥斜衡羽植籥上

敢　左右向西東身俯左右足進前趾向上羽籥斜交

必　左右正立籥平衡羽植

兮　左右向西東羽籥分植

屏　左右向西東籥平指西東羽籥如十字

營　左右正立身俯抱右左膝羽籥如十字

合　左右正立面向西東兩手相並舉向東西羽籥分植

萬　左右正立羽籥斜交

國　左右正立籥植近肩羽平衡如十字

兮　左右正面左足虛立籥衡膝上羽植

形　左右向東西面微仰籥平指東西羽植

神　左右正面兩足並兩手上拱羽籥如十字

精 左右正立身俯羽籥植地

承 左右向西東面仰兩手推出羽籥斜舉

神 左右正立羽籥如十字

至 左右正立兩手推向西東羽籥分植

尊 左右向東西身俯右左足進前籥斜指下羽植

兮 左右正面兩足並兩手微拱羽籥如十字

思 左右正面屈雙足羽籥如十字

成 左右屈雙足俯首至地羽籥如十字

常雩亞獻文舞左右兩班正面立皆左手執籥居左右手執羽居右羽籥分植下齊當腰際工歌露平之章舞凡三十七式

大雩亞獻文舞同

樂章 大雩同

再酌兮醑清仰在上兮明明庶來格兮鑒誠曷敢必兮屏營合萬國兮形神精承神至尊兮思成

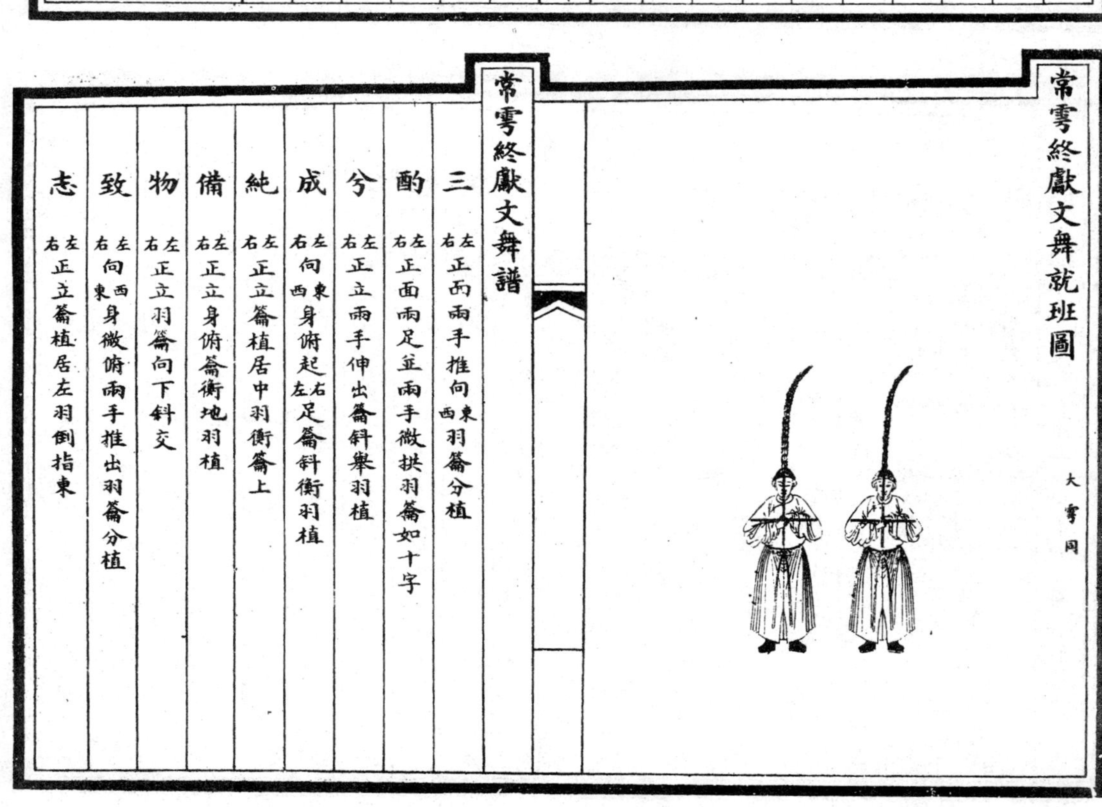

常雩終獻文舞就班圖

大雩同

常雩終獻文舞譜

三 左右正面兩手推向東西羽籥分植

酌 左右正面兩足並兩手微拱羽籥如十字

兮 左右正立兩手伸出籥斜舉羽植

成 左右向東西身俯起右左足籥斜衡羽植

純 左右正立籥植居中羽衡籥上

備 左右正立身俯籥衡地羽植

物 左右正立羽籥向下斜交

致 左右向西東身微俯兩手推出羽籥分植

志 左右正立籥植居左羽倒指東

兮　左右正立籥斜舉羽植

敬　左右向西東首微俯羽籥如十字

陳　左右正立俯首籥羽如十字

多　左右正立面向東西兩手相並舉向西東羽籥分植

士　左右正立籥平舉過肩羽植

兮　左右向東西面仰兩手推出羽籥斜舉

駿　左右正立籥植近肩羽平衡如十字

奔　左右側身向東西右左足進前籥斜舉右手伸出羽植

靈　左右正立兩手相交羽籥植

承　左右正立兩手高舉過額羽籥如十字

無　左右側身向東西籥植羽平指東西

斁　左右正立身俯籥衡地羽植籥上

兮　左右向西東兩手相並舉向東西羽籥分植

明　左右正立羽籥偏左右斜倚肩

禋　左右正立籥平衡羽植

維　左右向東西籥斜指東西羽植籥上

蕃　左右正面身微蹲羽籥如十字

釐　左右向西東面仰籥斜舉羽植

兮　左右正立籥植居中羽衡籥下

媪　左右正立羽籥分植

神　左右正立身俯面微仰抱左右膝羽籥斜交

雨　左右身微向東西籥斜倚肩羽植

留　左右正立首微俯羽籥分植

甘　左右向西東左右足少前籥斜舉羽植

兮　左右正立籥斜舉羽植

良　左右向東西身俯籥平指東西羽植如十字

苗　左右正面兩足並兩手微拱羽籥如十字

懷　左右正面屈雙足羽籥如十字

新　左右屈雙足俯首至地羽籥如十字

常雩終獻文舞。左右兩班立如亞獻。皆左手執籥當胸平衡。右手執羽當中植立。高出於頂。羽籥相交如十字。工歌霑平之章。舞凡三十八式。

大雩終獻文舞同。

樂章　大雩同

三酌兮成純　備物致志兮敬陳　多士兮駿奔　靈承無斁兮明禋　維蕃釐兮媪神　雨留甘兮良苗　懷新

# 欽定大清會典圖卷四十七

樂十七 樂舞二

大雩舞童持節導班圖

大雩舞童祇班圖

大雩童子舞譜

## 大雩舞童持節導班圖

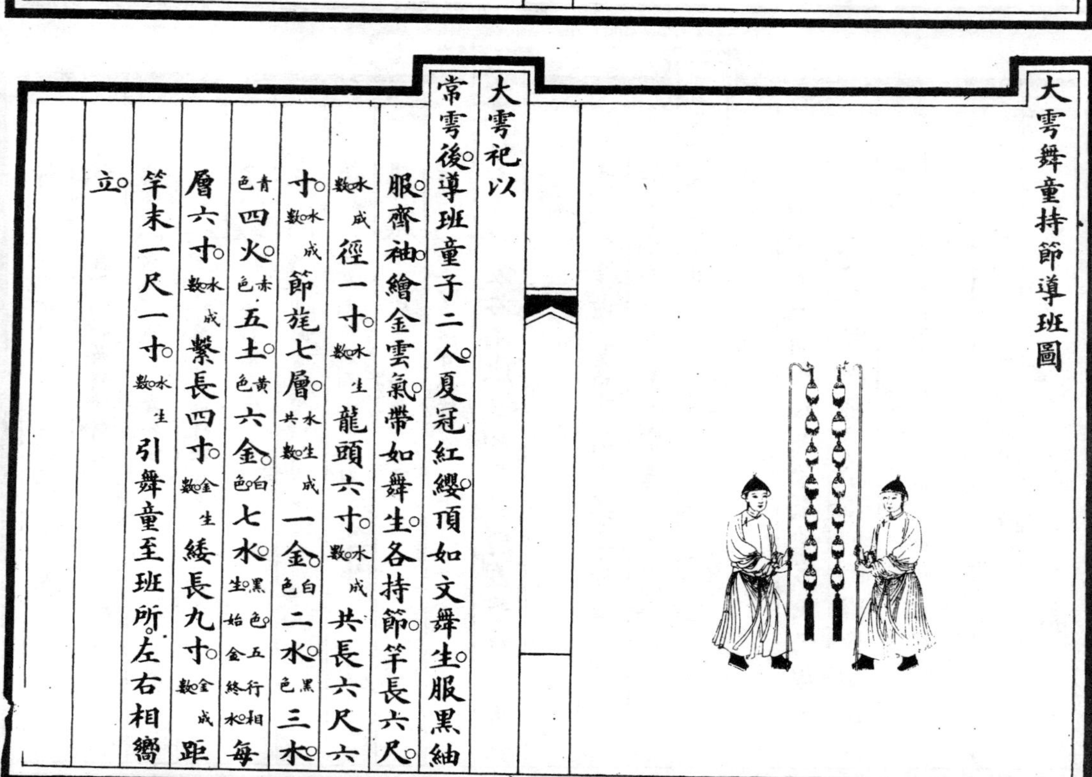

大雩祀以

常雩後導班童子二人。夏冠紅纓頂。如文舞生服黑紬服。齊袖。繪金雲氣帶。如舞生。各持節。竿長六尺。水成數徑一寸。水生數龍頭六寸。水成數共長六尺六寸。水成數節旄七層。水生成共數一金。色白二水。色黑三木色青四火。色赤五土。色黄六金。色白七水。黑色五行相生始金終水每層六寸。水成數繫長四寸。金生數綫長九寸。金成數距竿末一尺一寸。水生數引舞童至班所。左右相嚮立。

## 大雩舞童就班圖

## 大雩童子舞譜

瞻　左右正立首微俯左右羽衡眉右左羽植

彼　左右正立左右羽平衡倒指西東右左羽植

朱　左右正立面兩兩相向左右羽倚肩右左羽植

鳥　左右正立左右羽垂右左羽植

爰　左右正立面向東西右左羽直倚左右肩左右羽垂

居　左右正立雙羽分植

實　左右向西東右左羽植左右羽指南柄倚右左羽如曲尺

沈　左右正立雙羽分植

協　左右正立左右羽倚肩右左手伸出羽植

紀　左右正面身微向西東左右羽植右左羽平指西東

辨　左右正面身蹲右左羽植左右羽平指東西

律　左右正立雙羽分植

羽　左右兩兩相對立雙羽分植

蟲　左右兩兩相對立面微向北身微俯兩手伸出雙羽分植

徵　左右正立雙羽分植

音　左右兩兩相背立在左舉左足左手少高在右舉右足右手少高雙羽分植

萬　左右正面左足前右足虛立左羽倒指西右手伸出羽植

物　左右身微向西右足進前左足虛立右手伸出羽植左羽倚右羽斜指東

芸　左右正立左羽平指東右羽植

生　左右向東西兩手推向右左雙羽分植

有　左右正立右左羽平指西東左右羽植

壬　左右身微向西左羽植右手垂羽平

有　左右正立雙羽分植

林　左右身微向東右羽植左手垂羽平

有　左右正立左右羽倚肩右左羽植

事　左右向東西左右羽倚肩右左羽平衡

南　左右正立雙羽分植

郊　左右正立首微俯兩手上拱雙羽並植

陟　左右正立雙羽分植進前一步

降　左右正立雙羽分植退後一步

維　左右正立兩手微拱雙羽並植

欽　左右正立首微俯目下視兩手微拱雙羽並植

瞻　左右正立雙羽分植

仰　左右面微仰向西左足進前雙羽斜倚肩

昊　左右正面左足進前雙羽高舉斜交

天　左右正面左手進前兩手高舉雙羽並植

生　左右正立雙羽分植退後一步

物　左右正面屈右足雙羽分植

為　左右正面屈雙足雙羽分植

心　左右屈雙足俯首至地雙羽分植

右第一章

維　左右正面屈雙足雙羽分植

國　左右正面屈右足雙羽分植

有　左右正立雙羽分植

本　左右正立右左羽居中植左右羽高舉平衡交如十字

匪　左右正立雙羽分植

民　左右兩兩相對立雙羽分植

伊　左右兩兩相對立在左右羽植左羽平指南在右左羽植右羽平指南

何　左右正立雙羽分植

維　左右向東西雙羽分植

民　左右向東西左右羽植右左羽斜指下

有　左右正立左右羽植右左羽平衡

天　左右正面起左右足兩手高舉左右羽植右左羽平額

匪　左右正立左右羽植右左羽平衡

食　左右正立雙羽分植

則　左右兩兩相對立在左左羽倚肩右羽植在右右羽倚肩左羽植

那　左右兩兩相對側立在左左羽高倚肩右羽平在右右羽高倚肩左羽平

螻　左右兩兩相對立在左右手微高在右左手微高雙羽並植

蟈　左右兩兩相對側立在左右足少前右羽高倚肩左羽平指東在右左足少前左羽高倚肩右羽平指西

嗚　左右正立右左手收向內左右手推向外雙羽分植

矣　左右正立右左羽植左右羽平衡

平　左右正立雙羽平交如十字

秩　左右正立雙羽分植

南　左右正立右左羽平衡近肩倒指西東右左羽植

訛　左右向東西左右羽植左右羽平衡

我　左右正立首微俯目下視雙羽分植

祀　左右正立目平視雙羽分植

敢　左右兩兩相對立在左先衝右羽左羽植在右先衝左羽右羽植

後　左右兩兩相對立在左復衝左羽在右羽上在右復衝右羽在左羽上每對雙羽相交接

我　左右兩兩相對立在左左羽植右羽平衡在右右羽植左羽平衡

樂　左右兩兩相對立兩手相近雙羽並植

維　左右正立雙羽分植

和　左右正立兩手相近雙羽並植

鼉　左右向東西雙羽並植

鼓　左右向東西起右左足雙羽並植

淵　左右正立兩手相近雙羽並植

淵　左右向西東起左右足雙羽分植

童　左右正立雙羽分植

舞　左右正面屈右足雙羽分植

娑　左右正面屈雙足雙羽分植

娑　左右屈雙足俯首至地雙羽分植

右第二章

自　左右正面屈雙足雙羽分植

古　左右正面屈右足雙羽分植

在　左右正立雙羽分植

昔　左右正立左右羽高舉衡額側指西東右左羽植

春　左右正立兩兩面相向左右羽倚肩右左羽植

郊　左右並首微俯目下視左右羽高舉過額中植右左羽倚肩

夏　左右正立面轉向東西右左羽植近左右肩左右羽垂

雩　左右正立雙羽分植

曰　左右向西東右左羽植左右羽指南柄倚右左羽如曲尺

惟　左右正立雙羽分植

龍　左右正立左右羽植右左羽平衡左右羽下

見　左右正立左右羽倚肩右左手推出羽植

田　左右正立左右羽平額右左羽植居中如十字

燭　左右正面身躡左右羽平衡右左羽植

朝　左右正立雙羽分植

趨　左右兩兩相對立雙羽分植

盛　左右兩兩相背面相顧在左左足進前右足虛立兩手推向左在右右足進前左足虛立兩手推向右雙羽分植

禮　左右兩兩相對立雙羽分植

既　左右正立雙羽分植

陳　左右正立兩手相近雙羽分植

神　左右正面雙羽高舉至頂並植進前一步

留　左右正面雙羽分植退後一步

以　左右正立右羽植左羽平指東

愉　左右向東西兩手推向右左雙羽分植

雷　左右正立兩手高舉右左羽平衡過額左右羽居中植右左羽上

師　左右向西左手推出羽植右手垂羽平指西

闐　左右正立雙羽分植

闓 左右向東右手推出羽植左手垂羽平指東

飛 左右正立右左羽倚肩右左手推出羽植

廉 左右微向東西右左羽倚肩右左羽平衡

衙 左右正立雙羽分植

衙 左右兩兩相對立雙羽分植

曰 左右向東西雙羽分植

時 左右正立雙羽分植進前一步

雨 左右正立右左羽平額右左羽植退後一步

賜 左右向西東右左羽植右左羽斜衡交如曲尺

利 左右正立雙羽分植

我 左右正面屈右足雙羽分植

新 左右正面屈雙足雙羽分植

畬 左右屈雙足俯首至地雙羽分植

右第三章

於 左右正面屈雙足雙羽分植

穆 左右正面屈右足雙羽分植

穹 左右正立雙羽分植

宇 左右正立雙羽高舉斜衡額上

在 左右正立雙羽分植

郊 左右正立右左羽植右左手高舉羽平額交如十字

之 左右兩兩相對立在左右羽植左羽平衡在右左羽植右羽平衡

南 左右正立雙羽分植

對 左右向東西雙羽分植

越 左右向東西右左羽植右左羽斜衡下垂

嚴 左右正立右左羽植右左羽平衡

恭 左右正立雙羽分植

上 左右正面左足進前兩手高舉雙羽並植

帝 左右正立首微俯手高拱雙羽並植

是 左右正面雙羽分植退後一步

臨 左右正立首微俯雙羽分植

繭 左右兩兩相對立在左左羽倚肩右羽植在右右羽倚肩左羽植

栗 左右兩兩身微背面相向在左左足進前右羽斜倚肩左羽斜垂指東在右右足進前左羽斜倚肩右羽斜垂指西

量 左右正立右左手收向內左右手推向外雙羽分植

幣 左右正立右左羽植左右羽平衡

用 左右正立雙羽平衡交如十字

將 左右正立雙羽分植

悃 左右正立右左羽植右左羽高舉平肩倒指東西

忱 左右正立首微俯右左羽植右左羽平衡倒指東西

惴 左右正立首微俯目下視雙羽分植

惴 左右正立雙羽分植

我　左右正立左右羽植右左羽平衡

躬　左右正立首微俯目下視雙羽平交

肅　左右正立左右羽植右左羽平衡

肅　左右正立雙羽分植

我　左右正立首微俯目下視雙羽分植

心　左右正立雙羽分植

六　左右向西東雙羽分植

事　左右向西東左右羽植左右羽斜衡下垂

自　左右正立右左羽植左右羽平衡

責　左右向東西雙羽分植

仰　左右正立雙羽分植

彼　左右正面屈右足雙羽分植

桑　左右正面屈雙足雙羽分植

林　左右屈雙足俯首至地雙羽分植

右第四章

權　左右正面屈雙足雙羽分植

與　左右正面屈右足雙羽分植

粒　左右正立雙羽分植

食　左右正立左右羽高舉平肩倒指西東右左羽植

實　左右向東西左右羽倚肩右左羽植

維　左右正立面向西東右左羽植左右羽垂

后　左右正立面向東西右左羽植左右羽垂

稷　左右正立雙羽分植

百　左右向西東右左羽植左右羽指南柄倚右左羽如曲尺

王　左右正立雙羽分植

承　左右正立左右羽倚肩右左羽植

之　左右正立左右羽植右左羽平衡左右羽下

永　左右正面身蹲右左羽植左右羽平衡膝上

奠　左右正立右左羽植左右羽高舉平顱

邦　左右兩兩相對立雙羽分植

極　左右兩兩身微背面相顧在左左足進前兩手推向左在右右足進前兩手推向右雙羽分植

惟　左右正立雙羽分植

子　左右向東西雙羽分植

小　左右向東西右左羽植左右羽平指南

子　左右正面身微向東西右左足少前兩手伸向南雙羽分植

臨　左右向東西雙羽分植

民　左右向東西左右羽植右左羽倚左右羽少垂

無　左右向東西左右足少前左右羽平指東西右左羽垂

德　左右向東西左右羽植右左羽倚左右羽少垂

敢　左右向東西雙羽分植

䲜　左右正立雙羽分植
祈　左右正立首微俯兩手微拱雙羽分植
年、　左右正立雙羽分植
潔　左右正立左羽植右羽平指西
衷　左右正立雙羽平交如一字
翼　左右正立首微俯雙羽平交如一字
翼　左右正立雙羽平交如一字
命　左右正立面向西左羽植右羽平衡
彼　左右正立面向東雙羽分植
秩　左右向東西雙羽分植

宗　左右向東西雙羽斜倚肩
古　左右正立雙羽分植
禮　左右正面屈右足雙羽分植
是　左右正面屈雙足雙羽分植
式　左右屈雙足俯首至地雙羽分植

右第五章

古　左右正面屈雙足雙羽分植
禮　左右正面屈右足雙羽分植
是　左右正立雙羽分植
式　左右正立面兩兩相向雙羽向下斜交

值　左右正立雙羽分植
玆　左右向西東兩手偏左右雙羽並植
吉　左右正立雙羽分植
辰　左右向東西兩手偏右左雙羽並植
玉　左右正立雙羽分植
磬　左右向西面仰左足高舉兩手向東雙羽分植
金　左右正立雙羽分植
鐘　左右向東面仰右足高舉兩手向西雙羽分植
大　左右正立雙羽分植
羹　左右正立左右羽植右左羽平衡指西東

維　左右向東西左右羽植右左羽斜垂指下
醇　左右正立雙羽分植
元　左右正立面兩兩相向在左左足少前左羽斜倚肩右羽斜衝在右右足少前右羽斜倚肩左羽斜衝
衣　左右兩兩相對立雙羽分植
八　左右正立面兩兩相向在左右足少前右羽倚肩左羽斜衝在右左足少前左羽倚肩右羽斜衝
列　左右正立右左手推出左右手收進雙羽分植
舞　左右向東西起右左足作進前勢雙羽分植
羽　左右正立雙羽向下斜交
繽　左右向西東起左右足作進前勢雙羽分植
紛　左右正立雙羽分植

既　左右正立左羽植右羽平衡指西
侑　左右正立雙羽平交如一字
上　左右正面左足進前兩手高舉雙羽平交如一字
帝　左右正面首微俯左足進前兩手高舉雙羽平交如一字
亦　左右正立雙羽分植
右　左右兩兩相對立雙羽分植
從　左右正立雙羽分植
神　左右向西東兩手微拱雙羽並植
尚　左右正立雙羽分植
鑒　左右正立首微俯雙羽分植
我　左右正立左右羽植近右左肩左右羽平衡指西東
衷　左右正立左右羽植居中右左羽平衡
錫　左右正立雙羽分植
我　左右正面屈右足雙羽分植
康　左右正面屈雙足雙羽分植
年　左右屈雙足俯首至地雙羽分植

右第六章

惟　左右正面屈雙足雙羽分植
天　左右正面屈右足雙羽分植
可　左右正立雙羽分植

感　左右正立首微俯雙羽分植
曰　左右兩兩相對立在左左羽植近右肩右羽垂在右右羽植近左肩左羽垂
惟　左右正立雙羽分植
誠　左右正立首微俯左羽平衡倒指西右羽植
恪　左右正立左羽平衡倒指西右羽植少高
惟　左右正立雙羽分植
農　左右向東西雙羽分植
可　左右向東西左右羽植近右左肩右左羽垂
稔　左右正立雙羽分植
曰　左右兩兩相對立雙羽分植
惟　左右兩兩微相向在左右足少前在右左足少前兩手伸向南雙羽分植
力　左右兩兩相對立雙羽分植
作　左右兩兩相對立在左左羽植右羽垂在右右羽植左羽垂
恃　左右正立雙羽分植
天　左右正立首微俯雙羽並舉分植
慢　左右正立雙羽分植
人　左右向東西左右羽植右左羽垂
弗　左右向東西雙羽分植
刈　左右向東西左右足進前左右羽植右左羽斜衡
弗　左右向東西雙羽分植

獲　左右向東西左右足進前左右羽植右左羽柄倚左右羽下垂

尚　左右正立雙羽分植

勤　左右兩兩相對立在左右羽植左羽平指東在右左羽植右羽平指西

農　左右兩兩相對立在左左羽植右羽平指東在右右羽植左羽平指西

哉　左右兩兩相對立雙羽分植

服　左右正立雙羽分植

田　左右正面身微偏左右雙羽平指少垂

孔　左右正立雙羽高舉斜交

樂　左右兩兩相對面微仰在左右羽倚肩左羽垂在右左羽倚肩右羽垂

咨　左右正立雙羽分植

爾　左右向東西雙羽分植

保　左右身微向東西雙羽斜倚肩

介　左右向東西左右羽植右左羽柄倚左右羽少垂

庤　左右正立雙羽分植

乃　左右正面屈右足雙羽分植

錢　左右正面屈雙足雙羽分植

鎛　左右屈雙足俯首至地雙羽分植

右第七章

我　左右正面屈雙足雙羽分植

禮　左右正面屈右足雙羽分植

既　左右正立雙羽分植

畢　左右正立首微俯雙羽分植

我　左右正立左羽植右羽平衡指西

誠　左右正立雙羽平交如一字

已　左右正立左羽植右羽平衡指西

将　左右正立雙羽分植

風　左右身向西面向東左足少前兩手伸向西雙羽分植

馬　左右正立雙羽分植

電　左右身向東面向西右足少前兩手伸向東雙羽分植

車　左右正立雙羽分植

旋　左右兩兩相對立雙羽分植

駕　左右兩兩相對立在左左足進前在右右足進前兩手推出雙羽分植

九　左右正立雙羽分植

閶　左右正立雙羽高舉斜交

山　左右向西東面微仰左右手伸出羽高舉右左羽倚肩

川　左右向西東雙羽衡肩斜交

出　左右向東西面微仰左右羽倚肩右左手伸出羽高舉

雲　左右向東西雙羽衡肩斜交

為　左右正立各分在左二人面向東在右二人面向西左右羽斜衡肩上右左羽平指西東

霖　左右正立雙羽分植

澤　左右正立左右手高舉羽平顛指東西左右羽植交如十字
滂　左右正立右左手高舉羽平顛指西東右左羽植交如十字
雨　左右正立雙羽分植
公　左右正立面兩兩相向在左兩手相並偏向左在右兩手相並偏向右雙羽分植
及　左右正立雙羽分植
私　左右向東西兩足相交雙羽分植
興　左右向東西左右羽植右左羽衡肩
鋤　左右正面身偏向東西右左足進前右左羽衡肩左右羽平指東西
利　左右向東西左右羽衡肩右左羽平指東西
甿　左右向東西雙羽分植
億　左右正立雙羽分植
萬　左右正面屈右足雙羽分植
斯　左右正面屈雙足雙羽分植
年　左右正面屈雙足兩手高拱過顛雙羽並植
農　左右屈雙足叩首一雙羽分植
夫　左右屈雙足叩首一雙羽分植
之　左右屈雙足叩首一雙羽分植
慶　左右正立雙羽分植

右第八章

大雩舞童左右兩班各十六人。各分四行。行四人。冠服如導班童子。於終獻文舞生退後。進為八列。正面立。左右手執羽分植。羽長一尺六寸。（水生成數）柄長與羽等。龍頭三寸六分。（金生金成相乘之數）龍尾二寸四分。（金生水成相乘之數）頭尾共長六寸。（水成數）身長一尺。（水生數）徑六分。（水成數）左羽三莖。右羽二莖。（參天兩地數）

工歌

御製雲漢詩八章。每章四十式。共三百有二十式。

樂章

瞻彼朱鳥爰居實沈協紀辨律羽蟲徵音萬物芸生有壬有林有事南郊陟降維欽瞻仰昊天生物為心（第一章）維國有本匪民伊何維民有天匪食則那螻蟈鳴矣平秩南訛我祀敢後我樂維和鼉鼓淵淵童舞娑娑（第二章）自古在昔春郊夏雩日惟龍見田燭朝趨盛禮既陳神留以愉雷師閬閬飛廉衙衙曰時雨暘利我新畬（第三章）雩宇在郊之南對越嚴恭（章）於穆上帝是臨犧粢量幣用將惆恍惴惴我躬肅肅我心六事自責仰彼桑林（第四章）權輿粒食實維后稷百王承之永奠邦極惟予小子臨民無德敢懈祈年潔衷翼

翼命彼秩宗古禮是式第五章古禮是式值玆吉辰玉
磬金鐘太蔟維醇元衣八列舞羽繽紛既侑
上帝亦右從神尚鑒我衷錫我康年第六章惟
天可感曰惟誠恪惟農可稔曰惟力作恃天慢人弗刈
弗穫尚勤農哉服田孔樂咨爾保介庤乃錢鎛第七章
我禮既畢我誠已將風馬電車旋駕九閶山川出雲
為霖澤滂雨公及私興鋤利畊億萬斯年農夫之慶
第八章

# 欽定大清會典圖卷四十八

## 樂十八　樂舞三

祈穀壇初獻武舞就班圖
祈穀壇初獻武舞譜
祈穀壇亞獻文舞就班圖
祈穀壇亞獻文舞譜
祈穀壇終獻文舞就班圖
祈穀壇終獻文舞譜
方澤壇初獻武舞就班圖
方澤壇初獻武舞譜
方澤壇亞獻文舞就班圖
方澤壇亞獻文舞譜
方澤壇終獻文舞就班圖
方澤壇終獻文舞譜

## 祈穀壇初獻武舞就班圖

## 祈穀壇初獻武舞譜

初　左右正立干正舉戚衡左手上

獻　左右正立干居左戚居右

兮　左右正立干居中戚居右下垂

元　左右正立干戚偏右

酒　左右向東西右左足進前趾向上干戚偏右左

盈　左右正立干正舉戚衡左手上

致　左右向東西右左足交於左右干平舉戚衡左手上

純　左右向東西干戚分舉

潔　左右向東西身俯左右足進前虛立干戚偏右左

兮　左右正立干居中戚居右

儲　左右正面左足交於右干正舉戚衡左手上

精　左右正立干居中戚居右

誠　左右向西東面微仰右左足少前干戚偏左右

瑟　左右正立干居左戚居右

黃　左右側身微向東西左右足進前干平舉戚衡左手上

流　左右向東西身微蹲干平舉戚斜衡左手上

兮　左右向東西身微俯兩足並干戚偏左右

罍　左右正立干居左戚居右下垂

承　左右身俯右足少前干居左戚下垂及地

酌　左右正立兩手微拱干正舉戚平衡

其　左右向東西身俯左右足進前干戚偏右左作肩負勢

中　左右向東西身俯起右左足干戚偏左右

兮　左右俯首偏右左右左足少前左右足虛立干戚偏左右

外　左右身蹲偏左右側首干植地戚衡左手上

清　左右俯首偏左右左右足少前右左足虛立干戚偏右左

明　左右正面兩足並兩手微拱干正舉戚衡左手上

儼　左右正立干正舉戚衡左手上

對　左右向東西兩手微拱干平舉戚衡左手上

越　左右向東西干高舉戚下垂

兮　左右正立干居中戚居右

維　左右向東西首微俯起右左足干平舉戚斜衡左手上

清　左右向東西兩足並兩手推出干平舉戚衡左手上

帝　左右俯首兩足並干正舉戚衡左手上

心　左右正面兩足並干平舉戚衡左手上

歆　左右正立干居左戚居右斜衡

假　左右向西東身俯兩足並干戚偏右左

兮　左右俯首左足虛立干居左戚居右少垂

綏　左右兩手高拱正立干正舉戚平衡

我　左右正面屈左足干正舉戚衡左手上

思　左右正面屈雙足干正舉戚衡左手上

成　左右屈雙足俯首干正舉戚衡左手上

祈穀壇祭以孟春。初獻武舞。左右兩班。正面立。冬冠。服天青銷金花服。皆左手執干居中當胸。右手執戚平衡。戚左柄右。工歌寶平之章。舞凡四十一式。

樂章

初獻兮元酒盈致純潔兮儲精誠瑟黄流兮罍承酌其中兮外清明儼對越兮維清

帝心歆假兮綏我思成

## 祈穀壇亞獻文舞就班圖

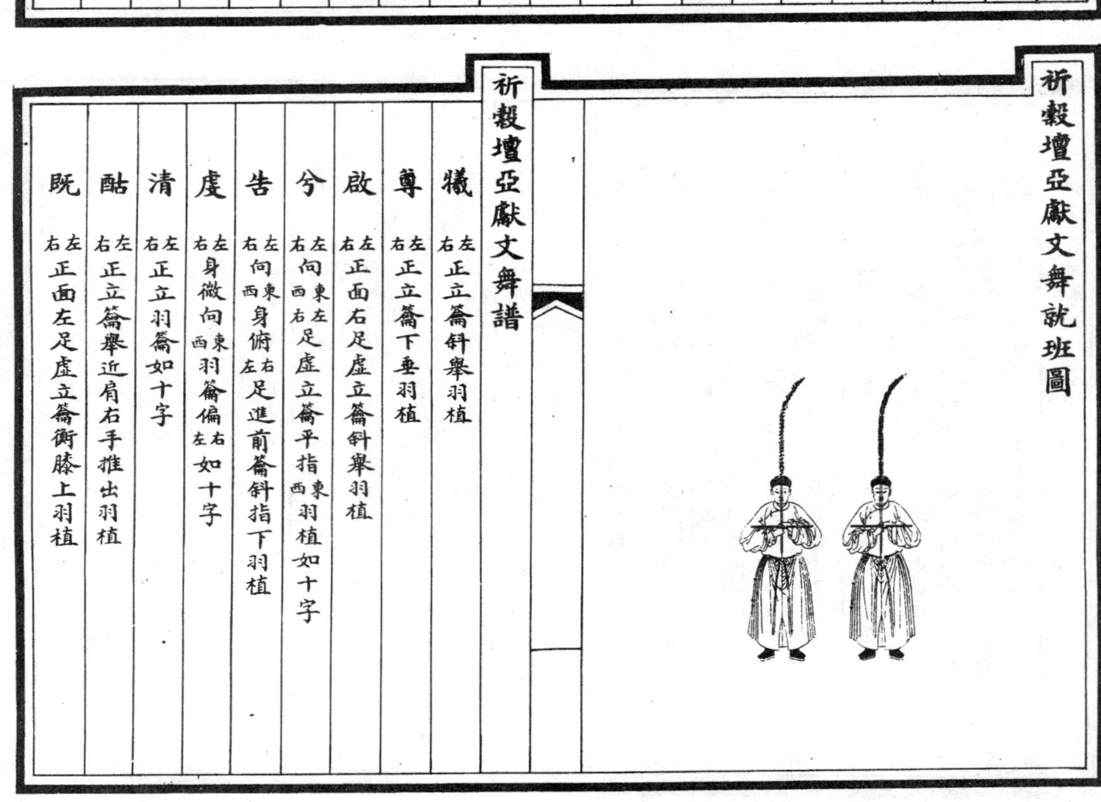

## 祈穀壇亞獻文舞譜

犧　左右正立籥斜舉羽植

尊　左右正立籥下垂羽植

啟　左右正面右足虛立籥斜舉羽植

兮　左右向東西左右足虛立籥平指東西羽植如十字

告　左右向東西身俯右左足進前籥斜指下羽植

虔　左右身微向東西羽籥偏右左如十字

清　左右正立羽籥如十字

酤　左右正立籥舉近肩右手推出羽植

既　左右正面左足虛立籥衡膝上羽植

馨 左向西/右向東 左足虛立籥斜倚膝羽植
兮 左/右 正面左足少前籥平衡羽植
陳 左/右 正立俯首羽籥如十字
前 左/右 正面兩足並羽籥如十字
禮 左/右 正立羽籥斜交
再 左向東/右向西 兩手推出羽籥並植
獻 左向東/右向西 身俯兩足並羽籥斜交
兮 左向東/右向西 籥平指東/西 羽植
祠 左/右 正立籥下垂斜衡羽植籥上
筵 左/右 正立兩手微拱羽籥如十字
光 左/右 蹲身偏左右/右左 足微伸出兩手拱向左/右 羽籥如十字
煋 左/右 蹲身偏右左/左右 足微伸出兩手拱向右/左 羽籥如十字
爚 左/右 正立籥斜舉過肩羽植
兮 左向西/右向東 面仰兩手推出羽籥斜舉
非 左向西/右向東 身微俯籥下垂斜近膝右手推出羽植
煙 左向西/右向東 身微俯籥下垂左手推出羽植
神 左/右 正面兩手微拱兩足並羽籥如十字
悅 左向東/右向西 籥平指東/西 羽植
懌 左/右 正立籥平衡羽植
兮 左向西/右向東 籥平指西/東 羽植

僾 左/右 正立籥平舉過肩羽植
然 左/右 正立籥平衡羽植籥上
惠 左向東/右向西 身俯起右/左 足籥斜衡羽植
我 左/右 正面身微蹲兩手推向東/西 羽籥分植
嘉 左/右 正面身微蹲兩手推向西/東 羽籥分植
生 左/右 正立身俯抱左/右 膝羽籥如十字
兮 左/右 正立身俯抱右/左 膝羽籥如十字
大 左/右 正面左足交於右籥平衡羽植
有 左/右 正面屈雙足羽籥如十字
年 左/右 屈雙足俯首至地羽籥如十字

祈穀壇亞獻文舞左右兩班正面立皆左手執籥平衡
近肩。右手執羽當中植立。兩手微拱。羽籥相交
如十字。工歌穰平之章。舞凡三十九式

樂章、

犧尊啟兮告虔清酤既馨兮陳前禮再獻兮祠
筵光煋爚兮非煙
神悅懌兮僾然惠我嘉生兮大有年

## 祈穀壇終獻文舞就班圖

## 祈穀壇終獻文舞譜

終　左右身微向西東羽籥偏左右如十字

獻　左右正立羽籥如十字

兮　左右正面身微蹲籥植居左羽平衡指西

奉　左右正面手微拱羽籥如十字

明　左右向東西身俯籥斜指下羽植

粢　左右正面右足交於左羽籥如十字

苾　左右正立籥植過肩羽平額交如十字

芬　左右向東西右足少前肩微側籥平指東西羽植

嘉　左右身微倚西東面轉向東西作俯視勢羽籥偏左右如十字

旨　左右正立籥植近肩羽平衡如十字

兮　左右正立羽籥偏右左斜倚肩

清　左右向東西身微俯兩手推出籥平指東西羽植如十字

醴　左右向東西身微俯兩手推出籥平指東西羽植如十字

既　左右正立羽籥如十字

釃　左右正立俯首羽籥如十字

神　左右正立微俯兩手微拱羽籥如十字

其　左右向西東籥下垂右手伸出羽植

衎　左右正立身俯抱右左膝羽籥如十字

兮　左右向東西右左足進前左右足虛立籥下垂右手推出羽植

錫　左右正面身微向西籥平衡羽斜植籥上

祉　左右正面身微向東西籥下垂羽倚肩

禮　左右正面兩足並籥植過肩羽平衡過額交如十字

成　左右向西東兩足並籥平指西東羽植如十字

於　左右正立兩手相交羽籥並植

三　左右正面左足交於右籥植過肩羽平額交如十字

兮　左右向東西首微俯兩足並羽籥如十字

陳　左右正立籥植居中羽衡籥上

詞　左右正立籥植居中羽衡籥下

顧　左右向西東兩手伸出羽籥分植

灑　左右正立籥植居左羽下垂

餘　左右向東西籥斜舉過肩羽植居中

瀝　左右正立羽籥向下斜交

兮　左右正立面向東西兩手相並推向西東羽籥分植

沐　左右正面身向西東起右左足羽籥分植

羣　左右向東西起右左足羽籥分植

黎　左右向東西籥斜指東西羽植籥上

臣　左右正立兩手微拱羽籥如十字

拜　左右正立身微俯面微仰羽籥如十字

手　左右向東西身俯兩足並羽籥如十字

兮　左右正面右足交於左羽籥如十字

青　左右正面屈雙足羽籥如十字

墀　左右屈雙足俯首至地羽籥如十字

祈穀壇終獻文舞。左右兩班立如亞獻。左手執籥居左。右手執羽居右。羽籥分植。下齊當腰際。工歌瑞平之章。舞凡四十二式。

樂章

終獻兮奉明粢苾芬嘉旨兮清醴既釃

神其衎兮錫祉禮成於三兮陳詞願灑餘瀝兮沐羣黎

臣拜手兮青墀

## 方澤壇初獻武舞就班圖

## 方澤壇初獻武舞譜

醴　左右正立兩手微拱干正舉戚平衡左手上

齊　左右正立干正舉戚衡左手上

融　左右向東西面微仰右左足少前干戚偏右左

治　左右側身微向東西左右足進前干平舉戚衡左手上

兮　左右正立首微俯干正舉戚衡左手上

信　左右蹲身偏左右側首干植地戚衡左手上

芳　左右向西東身俯左右趾微起干倚右左肩戚衡左手上

博　左右正立身微向東西干戚偏右左

碩　左右正立干居左戚居右

升 左右向東西兩手推出干平舉戚倒衡左手上
庖 左右向東西干戚分舉
兮 左右正立干居左戚居右下垂
鼎 左右向西東身俯左右趾微起干倚右左肩戚衡左手上
方 左右向西東面仰干平舉戚衡左手上
清 左右向東西左右足虛立干平舉戚衡左手上
風 左右正立俯首干居左戚下垂
穆 左右側身向西東左右足少前作進步勢干戚分舉
穆 左右俯身側向西東聳肩起左右足干倚肩戚衡左手上
兮 左右側身偏右左左右足虛立干植地戚衡左手上

休 左右正立干居中戚居右
氣 左右向東西身俯右左足少前干戚偏右左
翔 左右向東西兩足並兩手推出干平舉戚衡左手上
神 左右正立兩手微拱干正舉戚衡左手上
明 左右正面左右足虛立干戚偏左右
和 左右正立干居中戚下垂
樂 左右向東西身微俯兩足並干平舉戚衡左手上
兮 左右向東西左右足少前兩手推出干戚分舉
舉 左右正立干居左戚向內平衡
初 左右正面右足交於左干正舉戚衡左手上

觴 左右正立兩手上拱干平舉戚衡左手上
洽 左右向東西兩足並干平舉戚衡左手上
百 左右向東西左右足進前趾向上干戚偏右左
禮 左右身微向東西左右足虛立干平舉戚衡左手上
兮 左右正面右左足虛立干居左戚居右下垂
禋 左右身俯少蹲左右足虛立干戚偏右左
祀 左右身俯少蹲右左足虛立兩手推出干戚偏左右
鬯 左右向東西左右足少前虛立干戚分舉
九 左右身微向西東右左足交於左右干戚偏左右
土 左右向西東左右足交於右左干戚分舉

兮 左右身微向西東兩足並干戚偏左右
豐 左右正面屈雙足干正舉戚衡左手上
穰 左右屈雙足俯首干正舉戚衡左手上

方澤壇祀以夏至。初獻武舞。左右兩班。正面立。夏冠服。黑色銷金花服。皆左手執干居中當胸。右手執戚平衡。戚左柄右。工歌太平之章。舞凡四十二式。

樂章

醴齊融治兮信芳博碩升庖兮鼎方清風穆穆兮休氣翔

神明和樂兮舉初觴洽百禮兮禋祀罄九土兮豐穰

方澤壇亞獻文舞就班圖

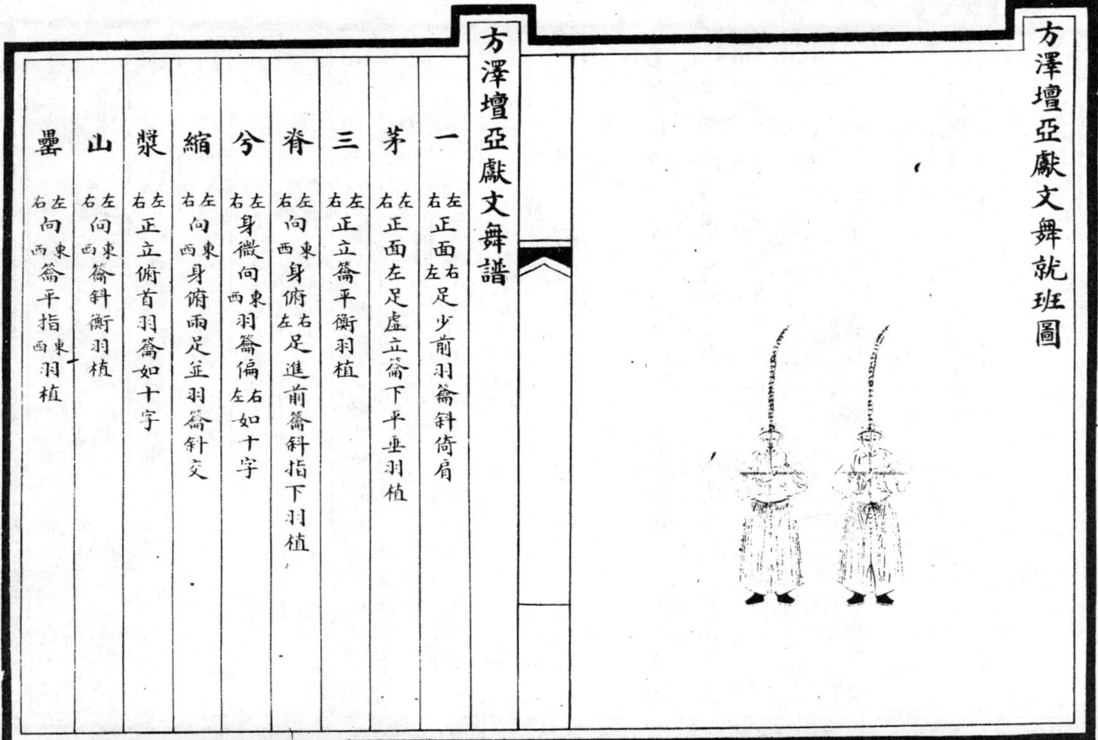

方澤壇亞獻文舞譜

一　左右正面右左足少前羽籥斜倚肩

茅　左右正面左足虛立籥下平垂羽植

三　左右正立籥平衡羽植

脊　左右向東西身俯右左足進前籥斜指下羽植

兮　左右身微向東西羽籥偏右左如十字

縮　左右向東西身俯兩足並羽籥斜交

漿　左右正立俯首羽籥如十字

山　左右向東西籥斜衡羽植

罍　左右向東西籥平指東西羽植

雲　左右正立羽籥如十字

幕　左右正面左足虛立籥下垂羽植

兮　左右向西東兩足並籥平指西東羽植如十字

馨　左右正面右足交於左羽籥如十字

香　左右正立兩手伸出籥斜舉羽植

介　左右身微向東西羽籥偏左右如十字

黍　左右向東西籥斜衡羽植

稷　左右俯首右足交於左羽籥如十字

兮　左右正立籥斜舉羽植

芳　左右正立身俯籥衡地羽植籥上

旨　左右正面左足虛立籥衡及肩羽植

再　左右向東西身俯右左足進前趾向上籥斜指下羽植

滌　左右正立羽籥向下斜交

犧　左右向東西俯首籥平指東西羽植

尊　左右向東西籥下平垂右手伸出羽植

兮　左右向東西身俯右左足進前羽籥斜交

敬　左右正立籥植居中羽衡籥下

將　左右正立籥平衡羽植籥上

樂　左右正立籥斜舉羽植

成　左右正立籥植居中羽衡籥上

八　左右向西東兩足並籥平指西東羽植如十字

變　左右正立兩手相交羽籥並植

兮　左右正立身微向東西籥斜衡羽植

綴　左右向東西左足虛立籥斜倚膝羽植

兆　左右正立俯首羽籥植地

儼　左右正立籥斜舉羽植

皇　左右正立兩手微拱羽籥如十字

祇　左右向西東身俯兩足並羽籥斜交

兮　左右正面兩足並羽籥如十字

悅　左右正面屈雙足羽籥如十字

康　左右屈雙足俯首至地羽籥如十字

方澤壇亞獻文舞。左右兩班。正面立。皆左手執籥當胸平衡。右手執羽當中植立高出於項。羽籥相交如十字。工歌安平之章。舞凡四十式。

樂章

一茅三脊兮縮漿山罍雲冪兮馨香介黍稷兮芳旨再滌犧尊兮敬將樂成八變兮綴兆儼皇祇兮悅康

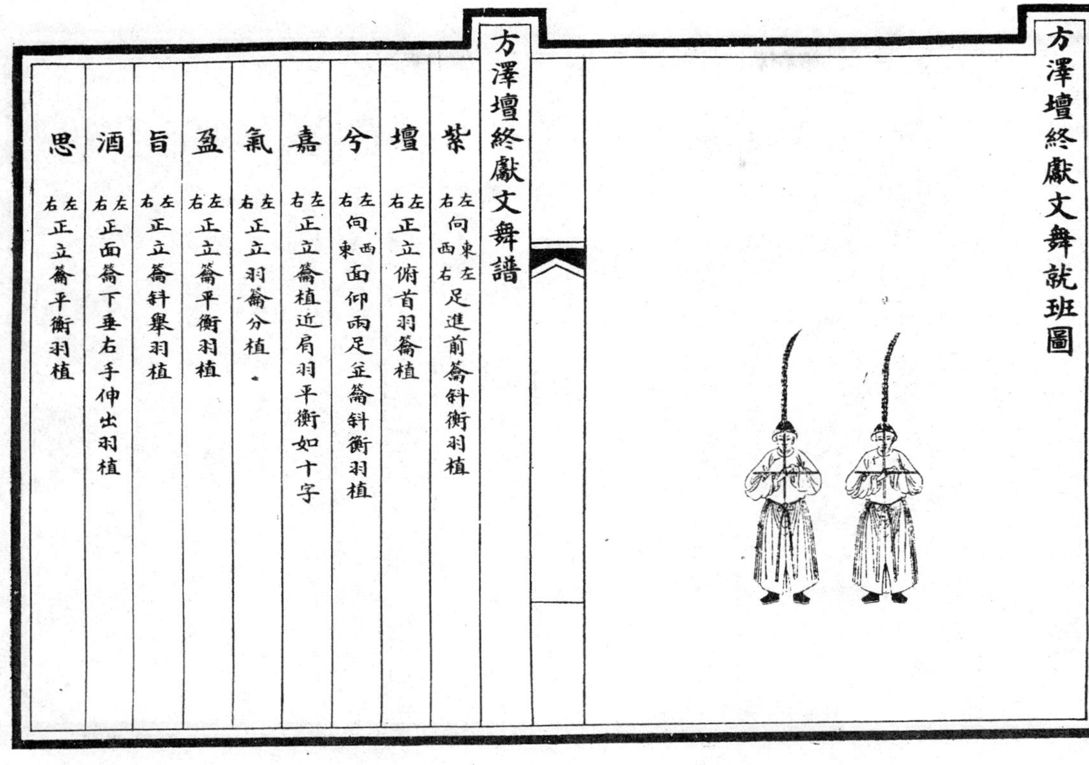

方澤壇終獻文舞就班圖

方澤壇終獻文舞譜

紫 左右向東西左右足進前籥斜衡羽植

壇 左右正立俯首羽籥植

兮 左右向西東面仰兩足並籥斜衡羽植

嘉 左右正立籥植近肩羽平衡如十字

氣 左右正立羽籥分植

盈 左右正立籥平衡羽植

旨 左右正立籥斜舉羽植

酒 左右正面籥下垂右手伸出羽植

思 左右正立籥平衡羽植

柔 左右向東西身俯右左足進前籥斜指下羽植

兮 左右身微向東西兩足立如丁字羽籥偏右左如十字

和 左右向東西身俯兩足並籥平指東西羽植

且 左右正立身微蹲籥植過肩羽平頞如十字

平 左右正立籥斜植地羽植

懔 左右向西東兩足並羽籥如十字

兹 左右正立籥下垂羽植

陟 左右正立羽籥斜交

降 左右正立羽籥如十字

兮 左右正立籥斜舉羽植

心 左右正立身微蹲籥平衡羽植

屏 左右正立俯首羽籥如十字

營 左右正立向東西身俯面微仰抱右左膝羽籥如十字

禮 左右身微向東西羽籥偏右左如十字

成 左右向西東左右足少前羽籥如十字

三 左右正立面向東西兩手相並舉向西東羽籥分植

獻 左右正立兩足並兩手微拱羽籥如十字

兮 左右正立羽籥分植

薦 左右向東西身微俯籥平指東西羽植

玉 左右向西東身微俯兩足並籥下垂羽植

毓　左右正立籥平舉過肩羽植

含　左向西右向東面微仰羽籥斜舉

宏　左右正面身蹲羽籥植

光　左向東右向西籥平指東西羽植如十字

大　左右正面身微蹲籥植居左羽平指西

兮　左向西右向東身微俯籥下垂羽植

德　左右正立俯首抱左右膝羽籥如十字

厚　左向東右向西兩手高舉羽籥分植

靈　左右正立籥植過肩羽平穎交如十字

佑　左右正立籥植近肩羽平衡如十字

丕　左向東右向西羽籥如十字

基　左向東右向西兩手伸出羽籥植

兮　左右正立兩手上拱羽籥如十字

永　左右正面屈雙足羽籥如十字

清　左右屈雙足俯首至地羽籥如十字

方澤壇終獻文舞。左右兩班立如亞獻。左右手執籥羽亦如亞獻儀。工歌時平之章。舞凡四十四式。

樂章

紫壇兮嘉氣盈　旨酒思柔兮和且平　懍茲陟降兮心屏營　禮成三獻兮薦玉毓　含宏光大兮德厚靈佑　丕基兮永清

# 欽定大清會典圖卷四十九

樂十九 樂舞四



## 太廟時饗初獻武舞就班圖

## 太廟時饗初獻武舞譜

於 左右正立干居左戚居右

皇 左右正面右足交於左干居左戚居右平衡

祖 左右正立干戚偏左右

考 左右正立干居左戚居右

克 左右正立干居左戚居右下垂

配 左右俯首偏左右足少前右左足虛立干戚偏右左

上 左右向西東面仰干平舉戚衡左手上

天 左右正立兩手微拱干正舉戚衡左手上

越 左右正面左右足虛立干戚偏左右

文　左右向東西面仰干戚偏右左
武　左右向東西首微俯右左足少前干平舉戚衡左手上
功　左右正面右足交於左干正舉戚衡左手上
萬　左右蹲身偏左右側首干植地戚衡左手上
邦　左右蹲身偏右左側首干植地戚衡左手上
是　左右正面右足交於左干居中戚衡左手上
宣　左右向東西身微蹲干平舉戚斜衡左手上
孝　左右身俯右足少前干居左戚居右下垂及地
孫　左右向東西干戚分舉
受　左右正面手微拱右足交於左干居中戚衡左手上
命　左右向西東身俯左右足少前干戚偏左右
不　左右向西東身俯右左足進前干戚偏左右作肩負勢
忘　左右正立干居中戚居右下垂
不　左右向東西身微俯右左足交於左右干戚偏左右
愆　左右正立干居左戚居右平衡
羹　左右向西東干戚分舉
牆　左右正立干高舉戚向內斜衡
永　左右正立干正舉戚衡左手上
慕　左右向東西左右足進前趾向上干戚偏右左
時　左右身俯少蹲右左足虛立兩手推出干戚偏左右

薦　左右身微向西東右足交於左干戚偏左右
斯　左右正面屈雙足干正舉戚衡左手上
虔　左右屈雙足俯首干正舉戚衡左手上

太廟時饗。歲以春夏秋冬孟月。初獻武舞。左右兩班。正面立。冬冠夏冠視祭時。服紅色銷金花服。皆左手執干居中當胸。右手執戚平衡戚左柄右。工歌敉平之章。舞凡三十二式。

樂章

於皇
祖考克配
上天越文武功萬邦是宣孝孫受命不忘不愆羹牆永
慕時薦斯虔

太廟時饗亞獻文舞就班圖

太廟時饗亞獻文舞譜

茲　左右向東西兩手伸出羽籥分植

祀　左右向東西首微俯兩足並羽籥如十字

精　左右正立面向東西兩手相並舉向西東羽籥分植

忱　左右正面身蹲籥衡膝上羽植

洋　左右向西東身俯兩足並羽籥斜交

洋　左右正面身向西東起左右足羽籥分植

如　左右正立羽籥向下斜交

生　左右向東西右左足少前羽籥偏右左如十字

鐏　左右正立俯首抱右左膝羽籥如十字

斝　左右向西東籥平指西東羽植如十字

再　左右正立身俯籥衡地羽植

舉　左右正立籥平舉過肩羽植

於　左右正面身微向西東少蹲兩手推向西東羽籥分植

赫　左右正面身微向東西少蹲兩手推向東西羽籥分植

昭　左右正立兩手高拱過顒羽籥如十字

明　左右向東西籥下垂右手伸出羽植

譪　左右正面右足交於左羽籥分植

然　左右向東西起右左足羽籥斜舉

有　左右向東西籥斜指東西羽植籥上

容　左右正立羽籥如十字

愾　左右向西東身俯左右足進前趾向上羽籥斜交

然　左右向西東兩足並兩手伸出羽籥分植

有　左右正面身微蹲籥植過肩羽平顒交如十字

聲　左右向西東籥斜衡羽植

我　左右正立籥平舉右手伸出羽植

懷　左右向東西身俯羽籥植地

靡　左右正立籥平衡羽植居左

及　左右正面身微向東西羽籥偏右左斜倚肩

顒　左右正立身俯羽籥植地

若　左右正立兩手相交羽籥並植

中　左右正面屈雙足羽籥如十字

情　左右屈雙足俯首至地羽籥如十字



左右兩班正面立。皆左手執籥當胸平衡。右手執羽當中植立高出於頂。羽籥相交如十字。工歌敷平之章。舞凡三十二式。

樂章

苾祀精忱洋洋如生罇罍再舉於赫昭明藹然有容愾然有聲我懷靡及顒若中情

# 太廟時饗終獻文舞就班圖

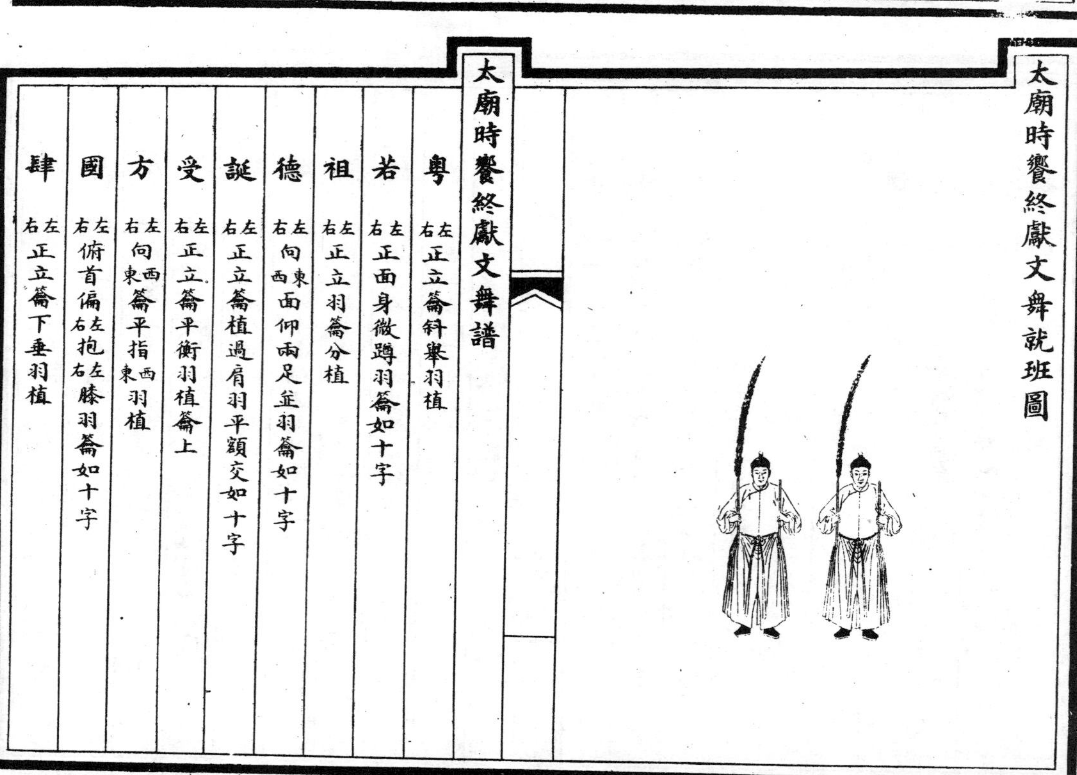



粵　左右正立籥斜舉羽植

若　左右正面身微蹲羽籥如十字

祖　左右正立羽籥分植

德　左右向東西面仰兩足並羽籥如十字

誕　左右正立籥植過肩羽平顏交如十字

受　左右正立籥平衡羽植籥上

方　左右向西東籥平指西東羽植

國　左右俯首偏左右抱左右膝羽籥如十字

肆　左右正立籥下垂羽植

予 左右正面身微蹲兩手相交羽籥並植

小 左向西右向東起左右足兩手相並舉向東西羽籥分植

子 左右正立羽籥偏左右如十字

大 左右正立籥斜舉過肩羽植

猷 左向東右向西籥平指東西羽植如十字

是 左向東右向西籥斜指東西羽植籥上

式 左右正立籥植羽倒指東

欲 左向東右向西籥平衡居中右手伸出羽植

報 左右正立左手伸出籥斜舉羽植

之 左右正立籥植近肩羽平衡如十字

德 左右正立身俯抱左右膝羽籥斜交

昊 左向西右向東面仰兩手推出羽籥斜舉

天 左右正立兩手上拱羽籥如十字

罔 左右正立籥植居中羽衡籥下

極 左右正立羽籥斜交

慇 左右正立籥植居中羽衡籥上

懃 左右正立身俯羽籥如十字

三 左向東右向西兩足並籥平指東西羽植

獻 左右正面右足交於左籥植過肩羽平額交如十字

中 左右身微向西東羽籥偏左右如十字

心 左右正面兩足並手微拱羽籥如十字

翼 左右正面屈雙足羽籥如十字

翼 左右屈雙足俯首至地羽籥如十字

太廟時饗終獻文舞左右兩班立如亞獻皆左手執籥居左右手執羽居右羽籥分植下齊當腰際工歌紹平之章舞凡三十二式

樂章

粵若

祖德誕受方國肆予小子大猷是式欲報之德昊天罔極慇懃三獻中心翼翼

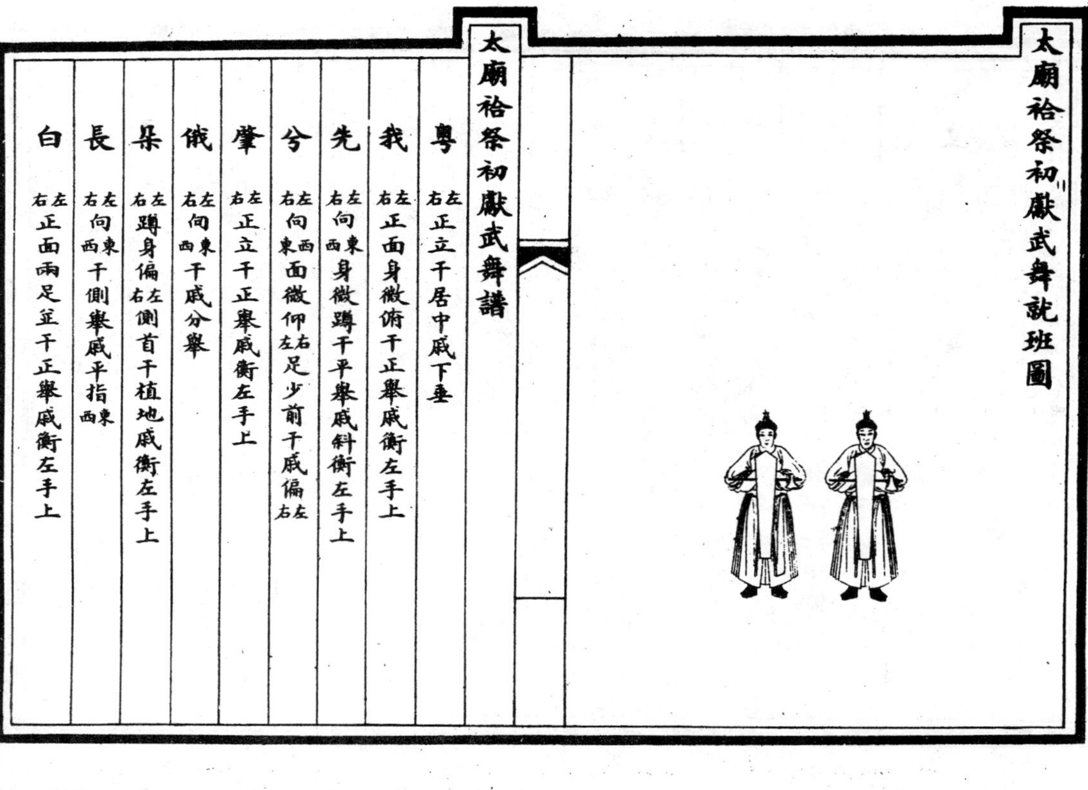

## 太廟祫祭初獻武舞訖班圖

## 太廟祫祭初獻武舞譜

粤　左右正立干居中戚下垂

我　左右正面身微俯干正舉戚衡左手上

先　左右向東西身微蹲干平舉戚斜衡左手上

兮　左右向西東面微仰右左足少前干戚偏左右

肇　左右正立干正舉戚衡左手上

俄　左右向東西干戚分舉

朵　左右蹲身偏左右側首干植地戚衡左手上

長　左右向東西干側舉戚平指東西

白　左右正面兩足並干正舉戚衡左手上

山　左右正面起左足干高舉戚斜衡

兮　左右正面身微俯兩足並干正舉戚衡左手上

鶻　左右向東西兩足並干平舉戚衡左手上

銜　左右正面兩足並手微拱干平舉戚衡左手上

果　左右俯首左足虛立干居左戚居右少垂

縣　左右正面右左足少前兩手微拱向左右作俯視勢干平舉戚衡左手上

瓜　左右正面左右足少前兩手微拱向右左作俯視勢干平舉戚衡左手上

蹝　左右向西東身俯左右足進前干戚偏左右作肩負勢

兮　左右正立干居左戚居右

天　左右正立身微俯右足交於左干平舉戚衡左手上

所　左右正面右左足虛立干戚偏右左

佐　左右正面微仰身俯兩足並干正舉戚衡左手上

明　左右向西東兩足並兩手推出干平舉戚衡左手上

之　左右俯首身蹲左足少前干戚偏右

侵　左右正立干居中戚居右

兮　左右向東西身微俯左右足少前干側舉戚衡左手上

殲　左右向東西身微俯作下視勢右左足少前干平舉戚衡左手上

其　左右正面兩足並干正舉戚衡左手上

左　左右俯首偏左右足少前右左足虛立干戚偏右左

混　左右向東西首微俯起右左足干平舉戚斜衡左手上

中　左右正立干居左戚居右下垂

外　左右向西東身微俯左右足交於右左干戚偏右左

兮　左右身俯右足少前干居左戚居右下垂及地

逮　左右正面左右足少前身微倚東西干戚偏右左

乎　左右正面右左足少前身微倚東西干戚偏左右

我　左右正立兩手高拱干正舉戚平衡

奉　左右俯首兩足並干正舉戚衡左手上

太　左右俯首偏右左左右足進前左右足虛立干戚偏左右

室　左右向西東仰面干平舉戚衡左手上

兮　左右正面右足交於左干正舉戚衡左手上

安　左右正面首微俯手微拱兩足並干正舉戚衡左手上

以　左右正面屈雙足干正舉戚衡左手上

妥　左右屈雙足俯首干正舉戚衡左手上

太廟祫祭。歲以歲暮初獻武舞。左右兩班正面立。冬冠。服紅色銷金花服。皆左手執干居中當胸。右手執戚平衡。戚左柄右。工歌肅平之章。舞凡四十二式。

樂章

粵我

先兮肇俄朵長白山兮鵲銜果緜瓜瓞兮

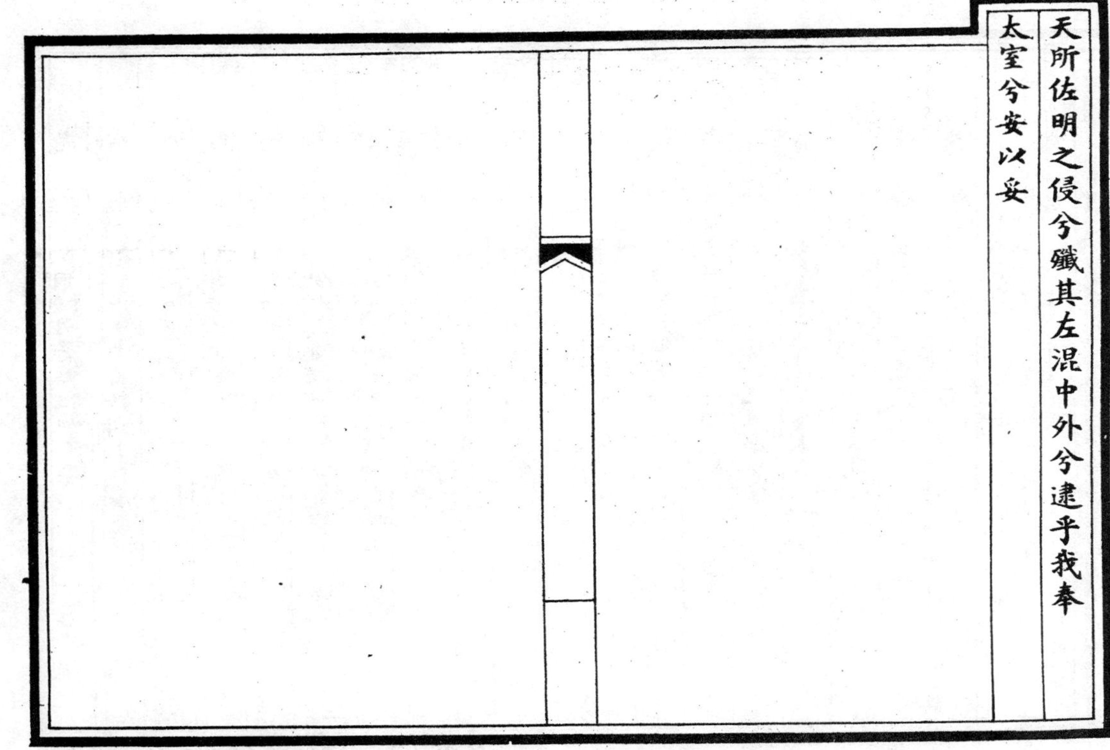

天所佐明之侵兮殲其左混中外兮逮乎我奉

太室兮安以妥

## 太廟祫祭亞獻文舞說班圖

## 太廟祫祭亞獻文舞譜

紛　左右正立羽籥分植

葳　左右向東西右左足進前趾向上羽籥如十字

蕤　左右向東西右左足進前兩手微拱羽籥如十字

兮　左右向東西兩足並籥平指東西羽植如十字

列　左右正立籥斜舉羽植

聖　左右正立羽籥如十字

臨　左右正立俯首羽籥如十字

儼　左右向東西身俯右左足進前籥斜指下羽植

對　左右正面兩足並羽籥分植

越　左右身微向西東羽籥偏左右如十字

兮　左右向西東左右足進前籥斜衡羽植籥上

心　左右正立籥平衡羽植

欽　左右正立兩手上拱羽籥如十字

欽　左右正立俯首作拱揖勢羽籥如十字

陳　左右正面身微蹲籥植過肩羽平額交如十字

纖　左右向西東起左右足兩手相並舉向東西羽籥分植

縞　左右身微向東西兩手微拱羽籥如十字

兮　左右身微向西東兩手微拱羽籥如十字

有　左右向東西身微俯籥平指東西羽植

壬　左右向東西身俯起右左足籥斜衡羽植

林　左右正立首微俯羽籥分植

擊　左右正面身微向東西兩手推向東西羽籥分植

浮　左右正面身向西東起左右足羽籥分植

磬　左右正面身蹲籥衡膝上羽植

兮　左右俯首身蹲右左足少前羽籥偏左右如十字

彈　左右正立羽籥向下斜交

朱　左右俯首身蹲左右足少前羽籥偏右左如十字

琴　左右正面右足交於左羽籥如十字

恪　左右正立俯首羽籥如十字

溥　左右正面身向西東左右足進前右左趾虛立羽籥並植

將　左右正立籥植羽下垂

兮　左右向東西身俯右左足進前趾向上羽籥斜交

俶　左右向西東面仰兩手推出羽籥斜舉

來　左右正面兩手推向東西羽籥分植

歆　左右正面身微蹲籥衡膝上羽植

錫　左右首微俯兩手上拱羽籥如十字

嘉　左右正面右足交於左籥植過肩羽平額交如十字

祉　左右向東西籥斜指東西羽植籥上

兮　左右身微向東西籥平指東西羽植如十字

天　左右正立兩手高拱過額羽籥如十字

地　左右正面屈雙足羽籥如十字

心　左右屈雙足俯首至地羽籥如十字

太廟祫祭亞獻文舞。左右兩班。正面立。皆左手執籥近肩平衡。右手執羽當中植立高出於頂。兩手微拱羽籥相交如十字。工歌協平之章。舞凡四十二式。

樂章

紛葳蕤兮

列聖臨儼對越兮心欽欽陳纖縞兮有壬林擊浮磬兮

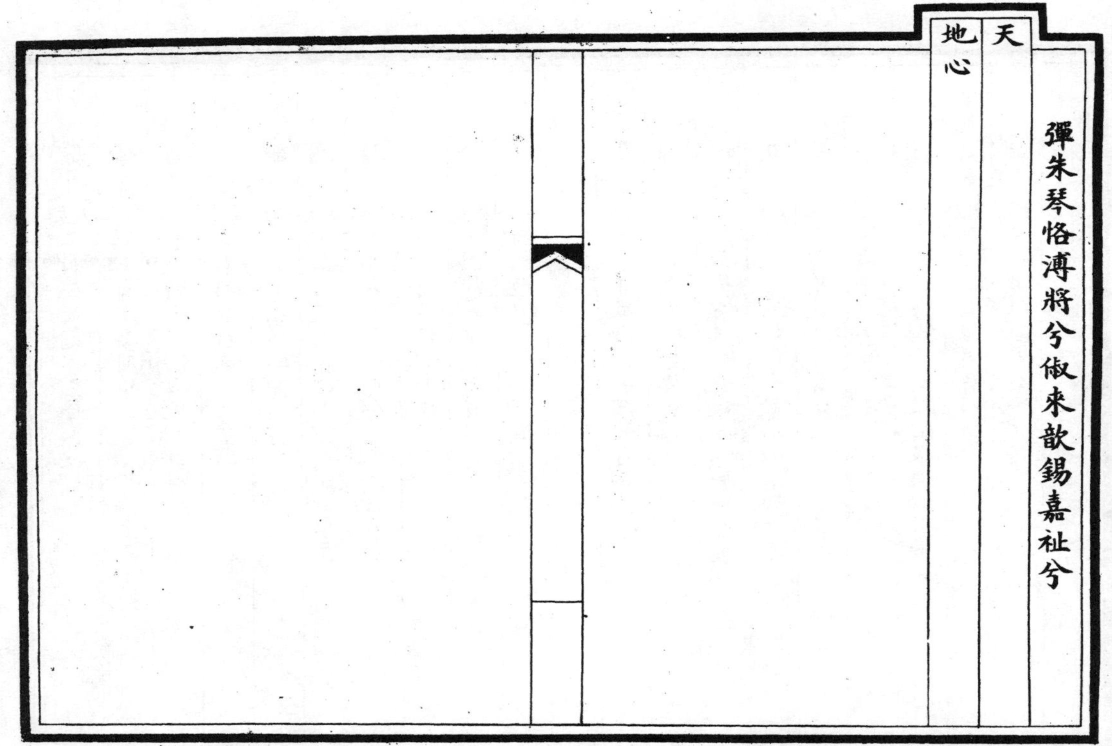

## 太廟祫祭終獻文舞就班圖

## 太廟祫祭終獻文舞譜

椒　左右正立籥下垂右手推出羽植

飶　左右正面身微向西東少蹲兩手推向西東羽籥分植

芬　左右向東西籥下垂右手伸出羽植

兮　左右向東西右左足進前身微俯籥斜指羽植

神　左右向東西右左足少前面微仰手微拱羽籥如十字

留　左右向西東左右足少前面微仰手微拱羽籥如十字

俞　左右正立身俯羽籥如十字

爵　左右正立籥植過肩羽平衡如十字

三　左右正面身向東西右左足進前左右趾虛立羽籥分植

獻　左右正面右足交於左羽籥如十字

兮　左右正立籥下垂羽植

旨　左右首微俯手微拱兩足竝羽籥如十字

清　左右正立羽籥斜交

醑　左右正立羽籥偏右左斜倚肩

萬　左右正立籥植過肩羽平額交如十字

羽　左右正面右足交於左籥植居左羽平指西

干　左右向東西籥平指東西羽植

兮　左右正立籥平舉過肩羽植

樂　左右向東西起右左足羽籥分植

孔　左右向東西身微俯兩手推出羽籥分植

都　左右正立兩手相交羽籥分植

禮　左右正立身偏左右兩手微拱羽籥如十字

明　左右正立身偏右左兩手微拱羽籥如十字

備　左右正面身微蹲羽籥分植

兮　左右向東西身俯右左足進前籥下垂羽植地

罔　左右正立面向西東兩手相竝舉向東西羽籥分植

敢　左右向東西籥斜舉過肩羽植

渝　左右正面身微蹲羽籥如十字

神　左右俯首兩手上拱兩足竝羽籥如十字

醉　左右正立身俯籥平衡羽居中植籥上

止　左右正立面向東西兩手相並舉向西東羽籥分植

兮　左右正立籥植居中羽衡籥上

咸　左右向東西面仰兩足並羽籥如十字

樂　左右向東西起右左足羽籥斜舉

胥　左右身俯抱右左膝羽籥如十字

永　左右正立籥平舉右手伸出羽植

啟　左右身微向東西右左足進前籥倚肩羽平指西

佑　左右正立首微俯羽籥如十字

兮　左右身微向西東左右足進前羽倚肩籥平指西東

披　左右正面右足虛立籥斜舉羽植

皇　左右正面屈雙足羽籥如十字

圖　左右屈雙足俯首至地羽籥如十字

太廟祫祭終獻文舞左右兩班立如亞獻皆左手執籥當胸平衡右手執羽當中植立高出於頂平舉羽籥相交如十字工歌裕平之章舞凡四十二式

樂章

椒䬨芬兮

神留俞爵三獻兮旨清酳萬羽干兮樂孔都禮明備兮

神醉止兮咸樂胥永啟佑兮披皇圖

罔敢渝

欽定大清會典圖卷五十

樂二十 樂舞五

## 社稷壇初獻武舞就班圖

## 社稷壇初獻武舞譜

恪　左右正立干正舉戚衡左手上

恭　左右正立手微拱干正舉戚衡左手上

禋　左右向西東身微俯兩足並干戚偏右左

祀　左右面微向西東身微倚東左西右足少前干戚偏右左

兮　左右向西東起左右足干戚偏左右

肅　左右正立干居中戚下垂

且　左右向東西身微俯右左足少前干平舉戚衡左手上

雍　左右正立兩足並干正舉戚衡左手上

清　左右向東西兩手推出干戚分舉

酳　左右正面左右足虛立干戚偏左右

既　左右向西東兩足並干平舉戚衡左手上

載　左右正立干居左戚下垂

兮　左右向東西身微俯右左足少前兩手微拱干平舉戚衡左手上

臨　左右向東西右左足少前兩手推出干平舉戚衡左手上

齋　左右俯首左足虛立干居左戚居右下垂

宮　左右向西東身俯起右左足干戚偏右左

朝　左右正面右足交於左干居左戚平衡

踐　左右側首身微向東西左右足進前干戚偏右左

初　左右向東西身俯干戚偏右左

舉　左右身微向東西少蹲干戚偏右左

兮　左右正立干居中戚居右

玉　左右向西東兩足並兩手推出干戚分舉

帛　左右正立干居左戚居右

共　左右向東西兩足並手微拱干平舉戚衡左手上

洋　左右向東西身微俯兩足並干戚偏左右

洋　左右俯首偏左右右左足虛立干戚偏右左

在　左右正立身微向西東干戚偏左右

上　左右向西東面仰干平舉戚衡左手上

兮 左右向西東身俯左右足少前干植地戚衡左手上

鑒 左右正面左足交於右干正舉戚衡左手上

予 左右正面屈雙足干正舉戚衡左手上

衷 左右屈雙足俯首干正舉戚衡左手上

社稷壇祭以春秋仲月。初獻武舞左右兩班。正面立。冬冠夏冠視祭時服。紅色銷金花服。皆左手執干。居左右手執戚。居右。干戚分植。工歌茂平之章。舞凡三十二式。

樂章

恪恭禋祀兮肅且雍。清酤既載兮臨齋宮。朝踐初舉兮玉帛共。洋洋在上兮鑒予衷。

社稷壇亞獻文舞就班圖

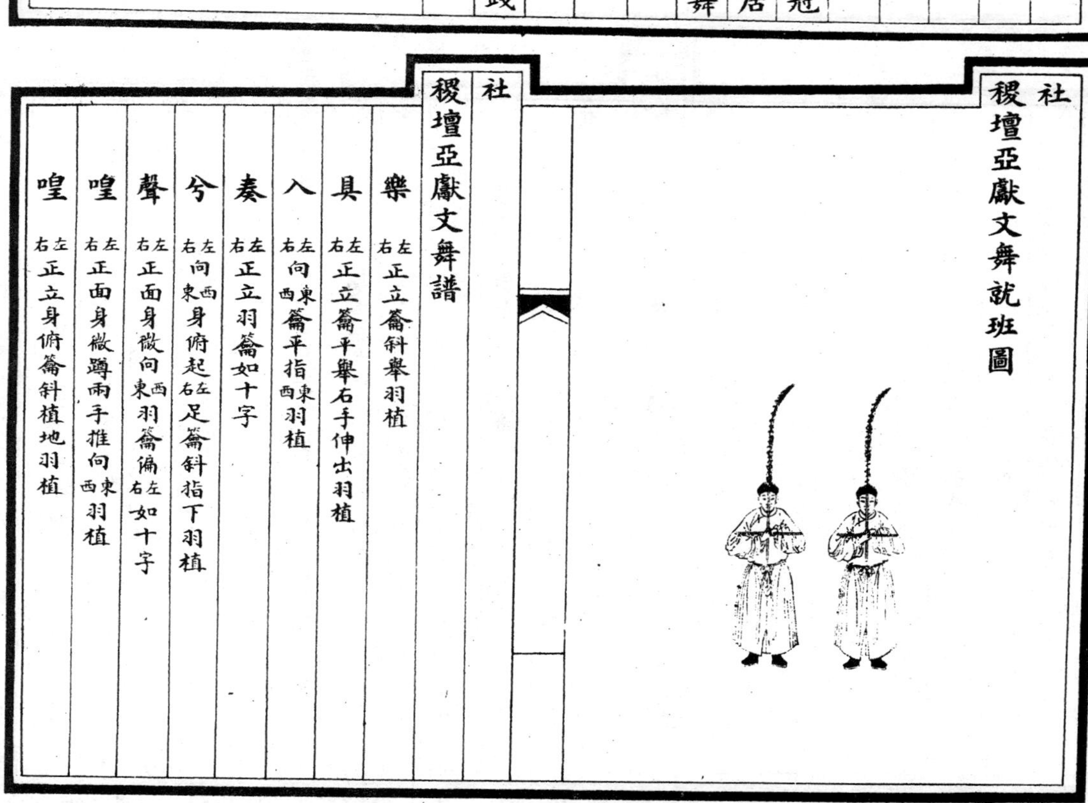

社稷壇亞獻文舞譜

樂 左右正立籥斜舉羽植

具 左右正立籥平舉右手伸出羽植

入 左右向東西籥平指東西羽植

奏 左右正立羽籥如十字

兮 左右向西東身俯起左右足籥斜指下羽植

聲 左右正面身微向西東羽籥偏左右如十字

嘒 左右正面身微蹲兩手推向東西羽植

嘒 左右正立身俯籥斜植地羽植

鬱　左右身微倚西東右左足少前羽籥偏左右如十字

皇　左右身微倚東西左右足少前羽籥偏右左如十字

再　左右正立身俯羽籥植地

升　左右正立籥高舉羽平過額交如十字

兮　左右正立俯首羽籥分植

賓　左右向東西起右左足兩手推出羽籥分植

八　左右向東西身微俯右左足少前羽籥如十字

鄉　左右正立籥斜倚肩羽植

厚　左右向西東身俯左右足交於右左羽植籥衡右手上

德　左右側身向西東兩手相並舉向東西羽籥分植

配

地　左右正立俯首羽籥如十字

兮　左右正立籥植居左羽平指西交如十字

佑　左右正立身微向西東羽籥斜倚肩

家　左右向東西兩足並羽籥斜指東西

邦　左右正立羽籥向下斜交

綏　左右向東西身俯右左足少前籥斜指下羽植

我　左右正面左足虛立籥衡膝上羽植

豐　左右正面身向西東兩手推出羽籥分植

年　左右正面身向東西兩手推出羽籥分植

兮　左右正立籥平衡羽植籥上

兆　左右正面右足交於左兩手微拱羽籥如十字

庶　左右正面屈雙足羽籥如十字

康　左右屈雙足俯首至地羽籥如十字

社

稷壇亞獻文舞左右兩班。正面立。皆左手執籥當胸平衡。右手執羽當中植立高出於頂羽籥相交如十字。工歌育平之章。舞凡三十二式。

樂章

樂具入奏兮聲喤喤鬱皇再升兮賓八鄉厚德

配

地兮佑家邦綏我豐年兮兆庶康

社稷壇終獻文舞就班圖

社稷壇終獻文舞譜

方 左右正立羽籥植

壇 左右向東西籥斜指東西羽植籥上

北 左右向東西面仰羽籥交如十字

宇 左右正立兩手相交羽籥並植

兮 左右正面身轉向西東起左右足羽籥分植

神 左右向西東籥平指西東羽植

中 左右正立羽籥斜交

央 左右向西東右左足進前籥下垂羽植近肩

盈 左右正立身微蹲羽籥如十字

庭 左右正面左足虛立籥斜倚膝羽植

萬 左右正立籥平舉過肩羽植

舞 左右向東西身俯籥斜指下羽植

兮 左右正立籥植居中羽衡籥上

帗 左右正立羽籥偏右左如十字

低 左右正立身俯籥衡及地羽植籥上

昂 左右向西東兩足並兩手推出羽籥斜舉

酌 左右正立面向東西兩手相並舉向西東羽籥植

酒 左右正立籥植居中羽衡籥下

三 左右正立兩手推向西東羽籥分植

爵 左右向東西籥下垂羽植

兮 左右正立籥平衡羽植

桂 左右向東西起右左足羽籥斜舉

醑 左右正立蹲身俯首抱右左膝羽籥如十字

香 左右正面右足交於左籥植過肩羽平頦交如十字

清 左右正立籥下垂右手伸出羽植

雖 左右向西東籥平指西東羽植如十字

舊 左右向西東身微俯羽籥斜交如十字

邦 左右正立籥植過肩羽平頦交如十字

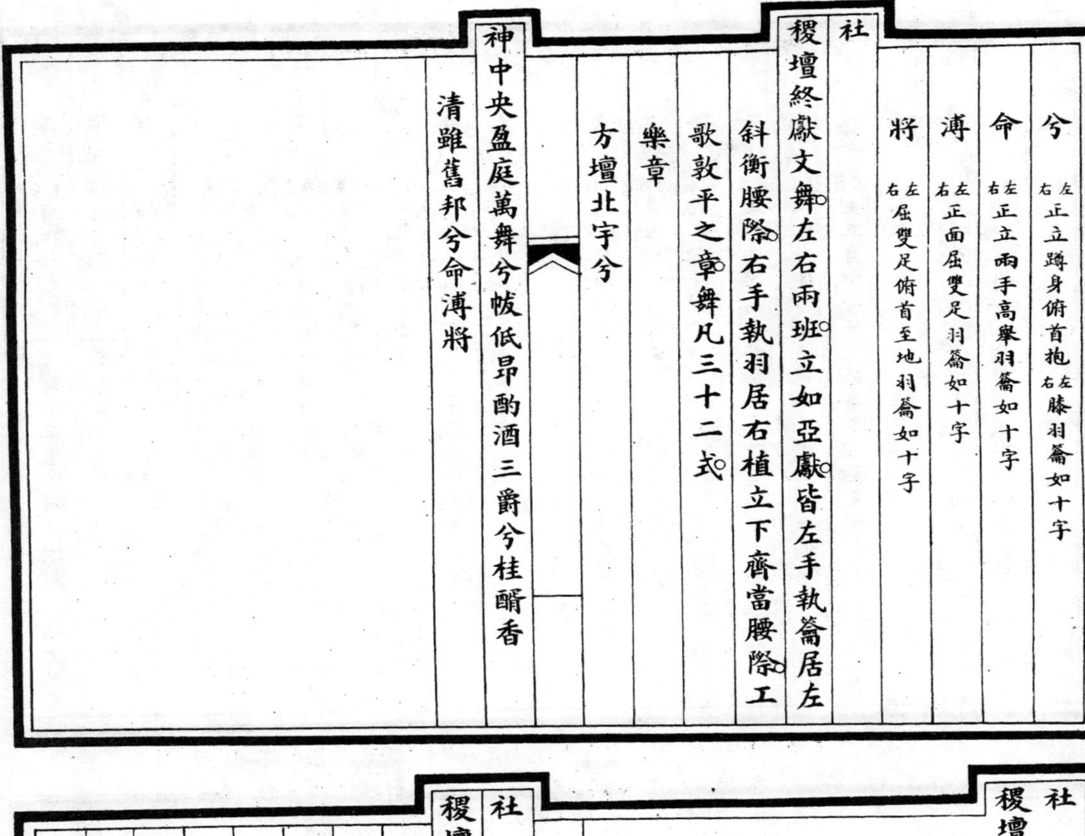

兮　左右正立蹲身俯首抱左右膝羽籥如十字

命　左右正立兩手高舉羽籥如十字

溥　左右正面屈雙足羽籥如十字

将　左右屈雙足俯首至地羽籥如十字

社稷壇終獻文舞左右兩班立如亞獻皆左手執籥居左斜衡腰際右手執羽居右植立下齊當腰際工歌敦平之章舞凡三十二式

樂章

方壇北宇兮

神中央盈庭萬舞兮帔低昂酌酒三爵兮桂醑香

清雖舊邦兮命溥将

社稷壇祈報初獻武舞就班圖

社稷壇祈報初獻武舞譜

神　左右正立兩手微拱干正舉戚衡左手上

來　左右向東西身俯左右足少前干戚偏左

格　左右正立身微蹲干戚偏左右

兮　左右向西東身微俯起左右足干正舉戚斜衡左手上

宜　左右身微向西東干側舉戚斜衡

我　左右正立身微俯兩手微拱干正舉戚衡左手上

黍　左右側身向東西左右足少前作進步勢干戚分舉

稷　左右向東西身俯右左足少前干戚偏右左

雨　左右身微向東西左右足少前干正舉戚斜衡左手上

圭　左右身微向西東干正舉戚衡左手上

有　左右向東西身俯右左足少前干戚偏右左

邸　左右正面右足交於左干居左戚居右平衡

兮　左右身微向西東左右足進前干正舉右手伸出戚下垂

馨　左右正立兩手微拱干正舉戚衡左手上

明　左右向東西身俯右左足進前干戚偏右左

德　左右正立聳肩干正舉戚衡左手上

罍　左右蹲身偏左右側首干正舉戚斜衡左手上

尊　左右正立聳肩干正舉戚衡左手上

湛　左右向東西身俯右左足進前左右足虛立干戚偏左右

湛　左右身微向東西右左足進前干正舉戚衡左手上

兮　左右正立干居左右手伸出戚下垂

干　左右正立聳肩兩手微拱干正舉戚衡左手上

羽　左右向東西身俯右左足進前左右足虛立干戚偏右左

飭　左右正立身俯干居左戚居右下垂及地

油　左右正立身微蹲干戚偏左右

雲　左右向東西右左足進前干正舉戚衡左手上

澍　左右向西東身俯右左足進前干戚偏左右作肩負勢

雨　左右正立干居左戚居右下垂

兮　左右向東西身俯左右足進前干正舉戚衡左手上

溥　左右正立手微拱干正舉戚衡左手上

下　左右正面屈雙足干正舉戚衡左手上

國　左右屈雙足俯首干正舉戚衡左手上

社稷壇祈報以常雩後。初獻武舞左右兩班。正面立。夏冠服紅色銷金花服。皆左手執干居中當胸。右手執戚平衡戚左柄右。工歌介豐之章。舞凡三十二式。

樂章

神來格兮宜我黍稷雨圭有邸兮馨明德罍尊湛湛兮干羽飭油雲澍雨兮溥下國

社稷壇祈報亞獻文舞就班圖

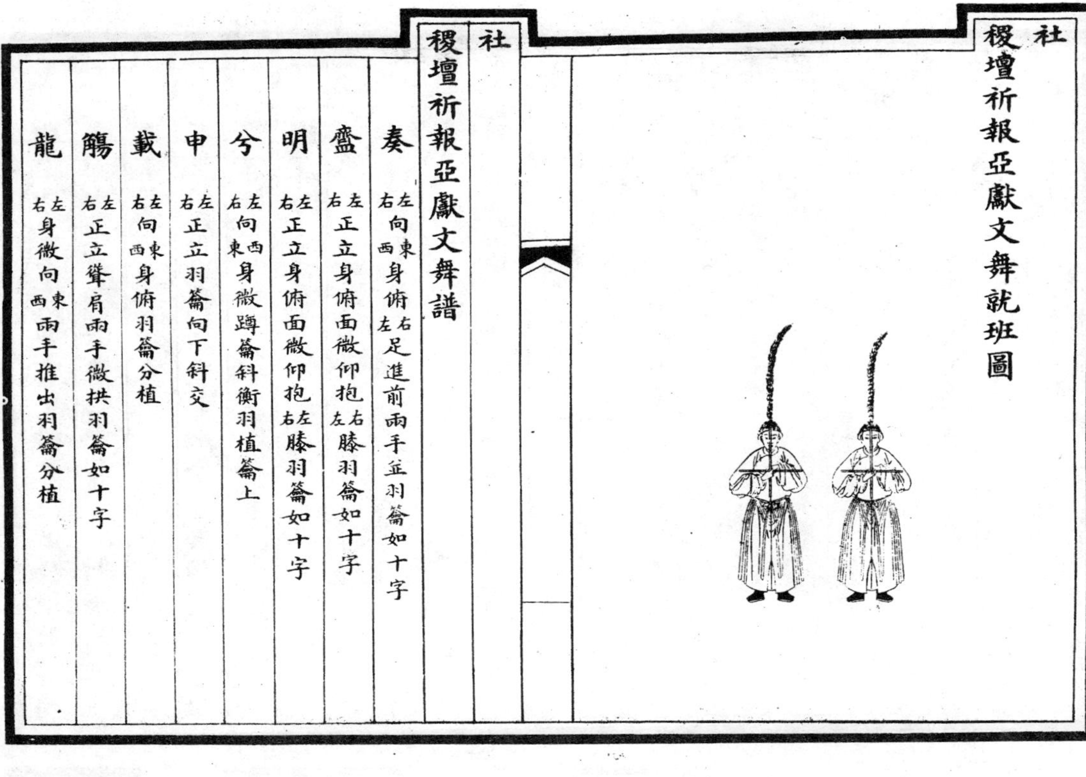

社稷壇祈報亞獻文舞譜

奏　左右向東西身俯右左足進前兩手並羽籥如十字

盞　左右正立身俯面微仰抱右左膝羽籥如十字

明　左右正立身俯面微仰抱左右膝羽籥如十字

兮　左右向西東身微蹲籥斜衡羽植籥上

申　左右正立羽籥向下斜交

載　左右向東西身俯羽籥分植

鶬　左右正立聳肩兩手微拱羽籥如十字

龍　左右身微向東西兩手推出羽籥分植

社稷壇祈報亞獻文舞。左右兩班。正面立。皆左手執籥當

出　左右向東西身微俯兩手推出羽籥分植

泉　左右正立籥植居左羽平衡過額如十字

兮　左右身微向西東籥斜倚肩羽植

靈　左右正立籥平衡羽植

安　左右向東西身微俯兩足並籥下垂羽植

翔　左右正立籥斜衡羽植

周　左右正立籥斜衡羽斜倚肩

寰　左右正立籥斜舉羽平衡

宇　左右向東西身俯羽籥如十字

兮　左右正立籥斜舉近肩羽植

滂　左右向西東身微蹲籥斜衡羽植籥上

洋　左右正立身俯羽籥如十字

載　左右向東西身俯羽籥分植

神　左右正立聳肩兩手上拱羽籥如十字

麻　左右向西東身俯籥平指西東羽植如十字

兮　左右正立兩手微拱羽籥如十字

悅　左右正面屈雙足羽籥如十字

康　左右屈雙足俯首至地羽籥如十字

胸平衡。右手執羽當中植立高出於頂。羽籥相交如十字。工歌滋豐之章。舞凡二十六式

樂章

奏盛明兮中載鶬龍出泉兮靈安翔周寰宇兮滂洋載神庥兮悅康

社稷壇祈報終獻文舞就班圖

社稷壇祈報終獻文舞譜

悵　左向東右向西籥斜衡羽斜倚肩

容　左向東右向西籥斜倚肩羽斜指下

與　左右正立微蹲籥植居左羽衡籥下

兮　左右正立微蹲籥斜舉羽植

奮　左向西右向東左右足進前趾向上羽籥如十字

皇　左右正立羽籥向下斜交

舞　左向東右向西左足虛立籥斜倚膝羽植

聲　左向東右向西右足進前趾向上羽籥如十字

遠　左右正立羽籥分植

姚　左右向西東面微仰籥平指西東羽植

兮　左右正面兩手微拱羽籥如十字

震　左右向東西兩手推出羽籥分植

靈　左右向東西身微俯羽籥分植

鼓　左右正立兩手相交羽籥並植

爵　左右向東西右左足進前左右足虛立羽籥如十字

三　左右向西東左右足進前右左足虛立羽籥如十字

奏　左右向東西身俯羽籥如十字

兮　左右正立羽籥向下斜交

縮　左右向西東仰面兩手推出羽籥斜舉

桂　左右正立俯首羽籥如十字

酳　左右正立兩手上拱羽籥如十字

號　左右正立羽籥偏右左如十字

屏　左右正立面微向東西羽籥偏左右如十字

來　左右向西東身俯籥平指西東羽植如十字

御　左右正立手微拱羽籥如十字

兮　左右向東西身俯籥平指東西羽植如十字

德　左右正立兩手微拱羽籥如十字

施　左右正面屈雙足羽籥如十字

普　左右屈雙足俯首至地羽籥如十字

社稷壇祈報終獻文舞。左右兩班。立如亞獻。左右手執羽籥亦如亞獻儀。工歌霈豐之章。舞凡二十九式。

樂章

帨容與兮奮皇舞聲遠姚兮震靈鼓爵三奏兮縮桂酳號屏来御兮德施普

# 欽定大清會典圖卷五十一

樂二十一　樂舞六



## 朝日壇初獻武舞就班圖

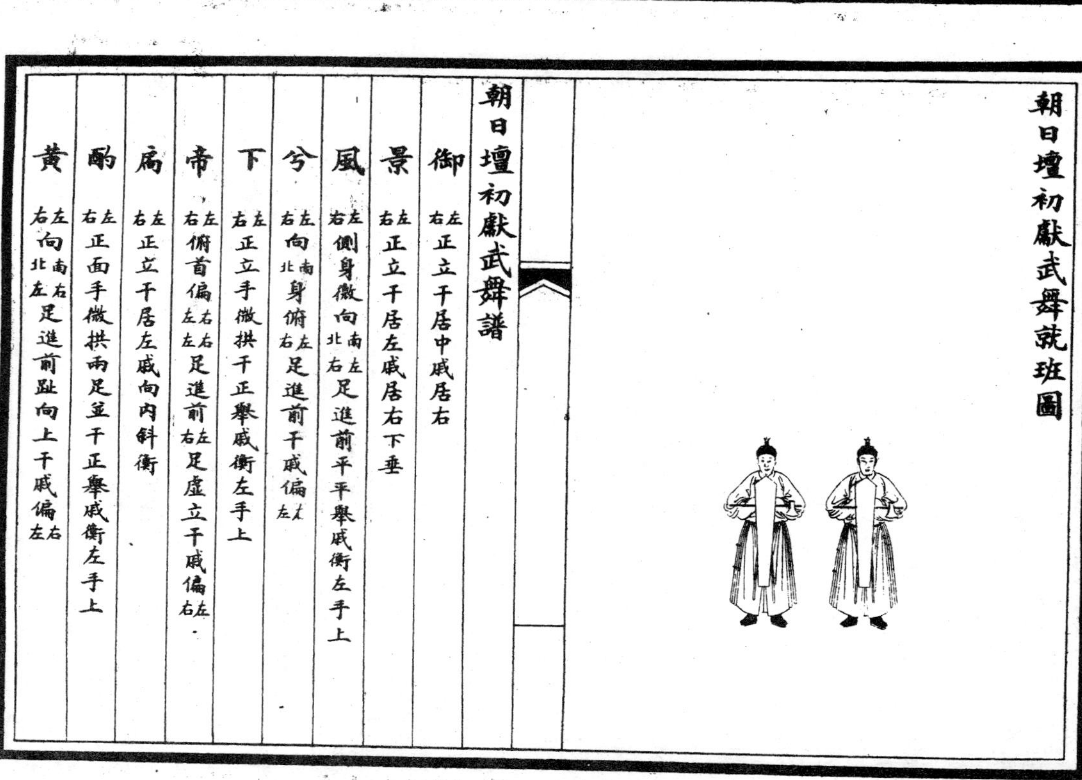

## 朝日壇初獻武舞譜

御　左右正立干居中戚居右

景　左右正立干居左戚居右下垂

風　左右側身微向南左北右足進前平平舉戚衡左手上

兮　左右向南北身俯左右足進前干戚偏左右

下　左右正立手微拱干正舉戚衡左手上

帝　左右俯首偏右左左右足進前左右足虛立干戚偏左右

扃　左右正立干居左戚向內斜衡

酌　左右正面手微拱兩足並干正舉戚衡左手上

黃　左右向南北右左足進前趾向上干戚偏右左

目　左右向南北身俯右左足少前干戚偏左右

兮　左右向南北干戚分舉

椒　左右正立干正舉戚衡左手上

其　左右正立干居左戚居右

馨　左右正面右足交於左干平舉戚衡左手上

爵　左右向北南兩足並兩手推出干平舉戚衡左手上

方　左右正立干居中戚居右下垂

舉　左右正立干居左戚居右

兮　左右向南北身俯右左足少前干戚偏右左

歌　左右俯首左足虛立干居左戚居右下垂

且　左右向南北身微俯右左足進前趾向上干平舉戚倒衡左手上

舞　左右正面右足交於左干居左戚向內平衡

漾　左右向南北首微俯起右左足干平舉戚斜衡左手上

和　左右正立干居中戚居右

盎　左右正面兩足並干平舉戚衡左手上

兮　左右向北南兩足並干戚分舉

龍　左右正立兩手高拱干正舉戚衡左手上

斿　左右正面屈雙足干正舉戚衡左手上

青　左右屈雙足俯首干正舉戚衡左手上

朝日壇祭以春分。初獻武舞。左右兩班。正面立。冬冠。服紅色銷金花服。皆左手執干居中當胸。右手執戚平衡戚左柄右。工歌清曦之章。舞凡二十八式。

樂章

御景風兮下帝扃酌黃目兮椒其馨爵方舉兮歌且舞漾和盎兮龍斿青

# 朝日壇亞獻文舞就班圖

## 朝日壇亞獻文舞譜

再　左右正立羽籥如十字

舉　左右正立籥平衡羽植居右如十字

勺　左右向南北籥平指東西羽植

兮　左右向南北身俯右左足進前籥斜指下羽植

鬱　左右正立籥舉近肩右手伸出羽植

金　左右向北南兩手伸出羽籥植

香　左右正面身向北南起左右足羽籥植

嘉　左右正立籥植過肩羽平額交如十字

樂　左右正立身俯面微仰向南北抱右左膝羽籥斜交如十字

合　左右正立籥斜舉過肩羽植

兮　左右正立兩手微拱羽籥如十字

舞　左右正立羽籥偏右左斜倚肩

洋　左右向南北兩足並籥東西指羽植如十字

洋　左右向南北籥下垂右手伸出羽植

德　左右正立籥植近肩羽平衡如十字

恢　左右正面左足虛立籥衡膝上羽植

大　左右正立兩手相交羽籥植

兮　左右正立身俯抱右左膝羽籥如十字

神　左右正立籥平衡羽植

哉　左右正立身俯抱左右膝羽籥如十字

沛　左右正立籥斜舉羽植

瀉　左右向南北籥斜衡羽植

容　左右正面左足虛立籥斜倚膝羽植

與　左右向北南籥斜衡羽植

兮　左右正立籥平衡羽植籥上

進　左右正立兩手上拱羽籥如十字

霞　左右正面屈雙足羽籥如十字

觴　左右屈雙足俯首至地羽籥如十字

朝日壇亞獻文舞。左右兩班。正面立。皆左手執籥居

左。右手執羽居右羽籥分植。下齊當腰際。工歌

咸曦之章。舞凡二十八式。

樂章

再舉勺兮鬱金香嘉樂合兮舞洋洋德恢大兮

神哉沛澹容與兮進霞觴

朝日壇終獻文舞就班圖

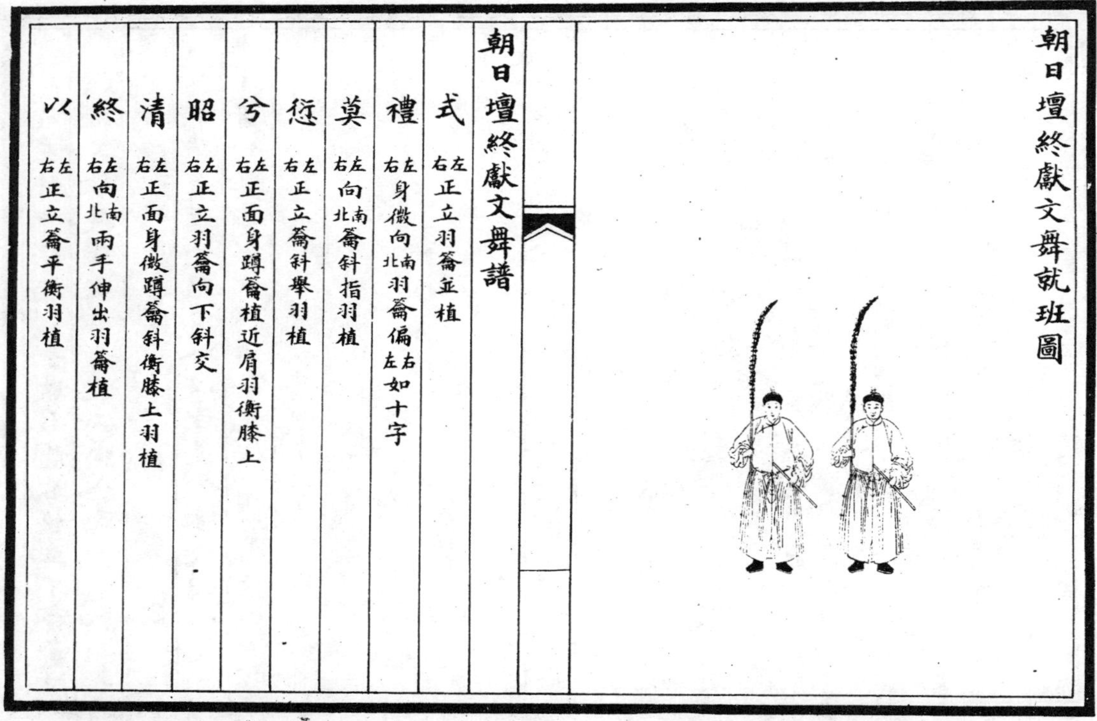

朝日壇終獻文舞譜

式 左右正立羽籥並植

禮 左右身微向南北羽籥偏左右如十字

奠 左右向南北籥斜指羽植

幣 左右正立籥斜舉羽植

兮 左右正面身蹲籥植近肩羽衡膝上

昭 左右正立羽籥向下斜交

清 左右正面身微蹲籥斜衡膝上羽植

終 左右向南北兩手伸出羽籥植

以 左右正立籥平衡羽植

告　左右向北南身微俯手微拱羽籥如十字

虔　左右正立面向南北兩手相並舉向北南羽籥植

兮　左右正立面向北南兩手相並舉向南北羽籥植

休　左右向南北左足虛立籥斜倚膝羽植

成　左右正立羽籥斜交

願　左右正立兩手高拱羽籥如十字

神　左右向南北羽籥斜舉

且　左右向南北身微俯面微仰籥高舉斜指南北羽植

留　左右向南北身俯兩足並羽籥斜交

兮　左右正面右足交於左羽籥如十字

鑒　左右身微向南北籥植近肩羽向下斜指

茹　左右正立身俯籥衡地羽植籥上

以　左右正立羽籥植

妥　左右向北南身微俯左右足少前羽籥如十字

以　左右正立籥植居中羽衡籥下

侑　左右身微向南北籥下垂羽植

兮　左右正面兩足並羽籥如十字

忱　左右正面屈雙足羽籥如十字

諴　左右屈雙足俯首至地羽籥如十字

朝日壇終獻文舞。左右兩班。立如亞獻。皆左手執籥居左斜衡腰際。右手執羽居右植立。下齊當腰際。工歌純曦之章。舞凡二十八式。

樂章

式禮莫愆兮昭清終以告虔兮休成願

神且留兮鑒茹以妥以侑兮忱諴

夕月壇初獻武舞就班圖

夕月壇初獻武舞譜

少　左右正立干居左戚居右

采　左右正立俯首干正舉戚衡左手上

兮　左右向北南身俯左右足進前干戚偏右左作肩負勢

將　左右正立干居中戚居右下垂

事　左右俯首偏左右左右足進前右左足虛立干戚偏右左

玉　左右正立干戚偏右左

帛　左右向北南身微俯右左足交於左右干戚偏左右

兮　左右正立干正舉戚衡左手上

載　左右向南北身微俯左右足進前趾向上干戚偏右左

陳　左右身俯右足少前干居左戚下垂及地

式　左右向北南兩足並兩手推出干平舉戚衡左手上

舉　左右俯首右足交於左干正舉戚衡左手上

黃　左右側身微向南北右左足進前干平舉戚衡左手上

流　左右向北南身微蹲干平舉戚衡左手上

兮　左右向北南干戚分舉

挹　左右正立干居左戚居右下垂

犧　左右向南北左右足進前干側舉戚衡左手上

尊　左右正立兩手高拱干正舉戚平衡

籩　左右向北南兩足並兩手推出干平舉戚衡左手上

豆　左右正面右足交於左干居左戚居右平衡

靜　左右向南北兩足並兩手推出干平舉戚衡左手上

嘉　左右正立干居中戚居右

兮　左右向北南左右足進前趾向上干戚偏右左

肴　左右正面右足交於左干平舉戚衡左手上

核　左右正面屈雙足干正舉戚衡左手上

芬　左右屈雙足俯首干正舉戚衡左手上

夕月壇祭以秋分。初獻武舞。左右兩班。正面立。夏冠。服月白銷金花服。皆左手執干居中當胸。右手執戚平衡。戚左柄右。工歌升光之章。舞凡二十

六成

樂章

少采兮將事玉帛兮載陳式舉流黄兮挹犧尊

籩豆靜嘉兮肴核芬

夕月壇亞獻文舞就班圖

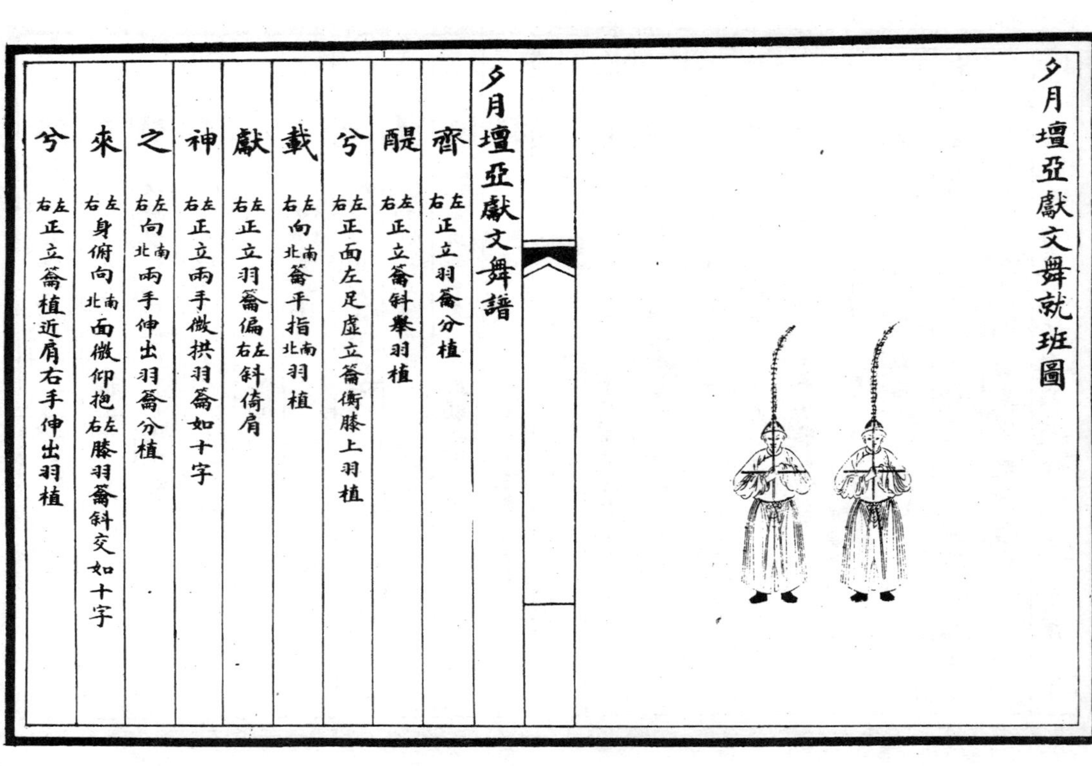

夕月壇亞獻文舞譜

齊　左右正立羽籥分植

醍　左右正立籥斜舉羽植

兮　左右正面左足虛立籥衡膝上羽植

載　左右向南北籥平指南北羽植

獻　左右正立羽籥偏左右斜倚肩

神　左右正立兩手微拱羽籥如十字

之　左右向南北兩手伸出羽籥分植

來　左右身俯向南北面微仰抱左右膝羽籥斜交如十字

兮　左右正立籥植近肩右手伸出羽植

肅 左右身俯向北南面微仰抱左右膝羽籥斜交如十字

然 左右正立籥植近肩羽平額交如十字

仰 左右向北南籥斜指下羽植

肹 左右正面左足虛立籥斜倚膝羽植倚肩

鑾 左右向南北身俯兩足並羽籥斜交

兮 左右正立籥平衡羽植

鑒 左右向北南籥斜衡羽斜倚肩

顧 左右向北南羽斜指下籥斜倚肩

挹 左右正立俯首羽籥如十字

清 左右正面右足交於左羽籥如十字

光 左右向南北面仰籥平指羽植如十字

兮 左右正立兩手上拱羽籥如十字

几 左右正面屈雙足羽籥如十字

筵 左右屈雙足俯首至地羽籥如十字

夕月壇亞獻文舞。左右兩班。正面立。皆左手執籥當胸平衡。右手執羽當中植立高出於頂。羽籥相交如十字。工歌瑶光之章。舞凡二十三式。

樂章

齊醍兮載獻

神之來兮肅然仰肹鑾兮鑒顧挹清光兮几筵

# 夕月壇終獻文舞就班圖

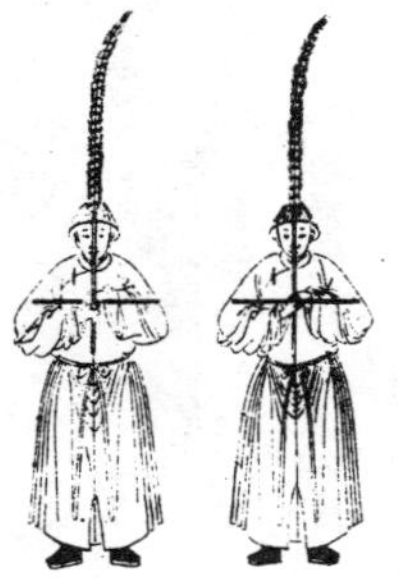

## 夕月壇終獻文舞譜

戞 左右正立籥平衡羽植居右

瑟 左右身微向北南羽籥偏右左如十字

鳴 左右正立籥平衡羽植籥上

琴 左右正立身俯抱右左膝羽籥如十字

兮 左右正立羽籥向下斜交

鋗 左右正立身俯抱左右膝羽籥如十字

玉 左右正面右足交於左籥植過肩羽平額交如十字

鏘 左右向北南籥平指北南羽植籥上

神 左右正面左足虛立籥平衡羽植

嘉 左右向北南面仰籥平指北南羽植如十字

虞 左右向北南籥下垂右手伸出羽植

兮 左右正面身向北南羽籥分植

申 左右正立羽籥斜交

三 左右正面身微蹲羽衡膝上籥植

觴 左右正面身微蹲籥衡膝上羽植

金 左右正立籥植過肩羽平額如十字

波 左右向北南身俯右左足進前籥斜指下羽植

穆 左右正立兩手相交羽籥並植

穆 左右向南北身俯左右足進前籥斜指下羽植

兮 左右向北南右左足進前羽籥並植

珠 左右正立籥植居中羽衡籥上

熉 左右正立籥植居中羽衡籥下

黄 左右正立身俯籥衡地羽籥

休 左右向北南兩足並籥平指北南羽植如十字

嘉 左右正立籥植近肩羽平衡如十字

砰 左右向南北籥斜衡羽植

隱 左右正立身俯羽籥植地

兮 左右正立面向北南兩手相並舉向南北羽籥分植

溢 左右正立左手高舉籥平衡羽植

四 左右正面屈雙足羽籥如十字

方 左右屈雙足俯首至地羽籥如十字

夕月壇終獻文舞。左右兩班立。如亞獻。左右手執籥羽亦如亞獻儀。工歌瑞光之章。舞凡三十一式。

樂章

戛瑟鳴琴兮鋗玉鏘

神嘉虞兮申三觴金波穆穆兮珠熉黄休嘉砰隱兮溢四方

# 欽定大清會典圖卷五十二

樂二十二　樂舞七



## 先農壇初獻武舞就班圖

## 先農壇初獻武舞譜

厥　左右正立干戚分舉

初　左右身微向東西左右足虛立干平舉戚衡左手上

生　左右向西東兩手推出干平舉戚衡左手上

民　左右向西東干戚分舉

萬　左右正立干居左戚居右下垂

纛　左右身微倚西東右左足少前作下視勢干戚偏左右

莫　左右向東西身微俯右左足進前干平舉戚衡左手上

辨　左右向東西身微俯兩足並干植地戚衡左手上

神　左右正面右足交於左干居左戚居右平衡

錫　左右向西東身俯左右足少前干戚偏右左

之　左右正立干居中戚居右下垂

麻　左右向東西首微俯手微拱干正舉戚衡左手上

嘉　左右向東西面仰干戚偏右左

種　左右俯首左足虛立干居左戚居右下垂

乃　左右向東西右左足進前趾向上干戚偏右左

誕　左右向東西兩足並干平舉戚斜倚左手上

斯　左右向西東身俯右左足進前干戚偏左右作肩負勢

德　左右正立手微拱干正舉戚衡左手上

曷　左右俯首偏右左右左足少前左右足虛立干戚偏左右

酬　左右正立干平舉戚衡左手上

何　左右正立身微向東西干戚偏右左

名　左右正立身微向西東干戚偏左右

可　左右俯首偏左右左右足少前右左足虛立干戚偏右左

贊　左右向西東面微仰干平舉戚衡左手上

我　左右正立干居中戚居右

酒　左右正立干正舉戚衡左手上

惟　左右正面兩足並干正舉戚衡左手上

旨　左右向東西身俯右左足少前干戚偏右左

是　左右向東西身微蹲干平舉戚斜衡

用　左右正面右足交於左干正舉戚衡左手上

初　左右正面屈雙足干正舉戚衡左手上

獻　左右屈雙足俯首干正舉戚衡左手上

先農壇祭以仲春。或季春。初獻武舞。左右兩班。正面立。冬冠服紅色銷金花服。皆左手執干居中當胸右手執戚平衡戚左柄右。工歌時豐之章。舞凡三十二式。

樂章

厥初生民萬彙莫辨

神錫之麻嘉種乃誕斯德曷酬何名可贊我酒惟旨

是用初獻

## 先農壇亞獻文舞就班圖

## 先農壇亞獻文舞譜

無　左右正立籥植居中羽衡籥下

物　左右向東西身俯右左足進前籥斜指下羽植

稱　左右正立兩手伸出羽籥並植

德　左右向西東兩足並羽籥如十字

惟　左右向西東身微俯兩足並籥下垂羽植

誠　左右正立羽籥如十字

有　左右正立羽籥分植

孚　左右向西東左足虛立籥斜倚膝羽植

載　左右正面身向西東兩手推向西東羽籥植

升　左右正立身俯抱右左膝羽籥如十字

玉　左右向西東羽籥斜交如十字

瓚　左右正立籥植過肩羽平額交如十字

神　左右正立兩手相交羽籥並植

肯　左右正立羽籥偏右左如十字

留　左右正立籥斜舉近肩羽植

虞　左右向西東身俯兩足並羽籥斜交

惟　左右正面身蹲籥衡膝上羽植

茲　左右正面身蹲羽衡膝上籥植

兆　左右正面身向東西右左足進前羽籥分植

庶　左右向東西兩足並羽籥斜指東西

豈　左右正立身微向東西籥斜衡羽斜倚肩

異　左右正立身微向西東羽斜指西籥斜倚肩

古　左右向東西兩足並籥斜指下羽植

初　左右向東西首微俯兩足並籥平指東西羽植如十字

神　左右正立籥植過肩羽平衡如十字

曾　左右正立身俯籥斜植地羽植

子　左右正立籥平衡羽植

之　左右正立羽籥如十字

今　左右向東西兩足並籥平指東西羽植

其　左右正立籥平衡羽植籥上

食　左右正面屈雙足羽籥如十字

諸　左右屈雙足俯首至地羽籥如十字

先農壇亞獻文舞。左右兩班。正面立。皆左手執籥居左。右手執羽居右。羽籥分植。下齊當腰際。工歌咸豐之章。舞凡三十二式。

樂章

無物稱德惟誠有孚載升玉瓚

神肯留虞惟茲兆庶豈異古初

神曾子之今其食諸

先農壇終獻文舞說班圖

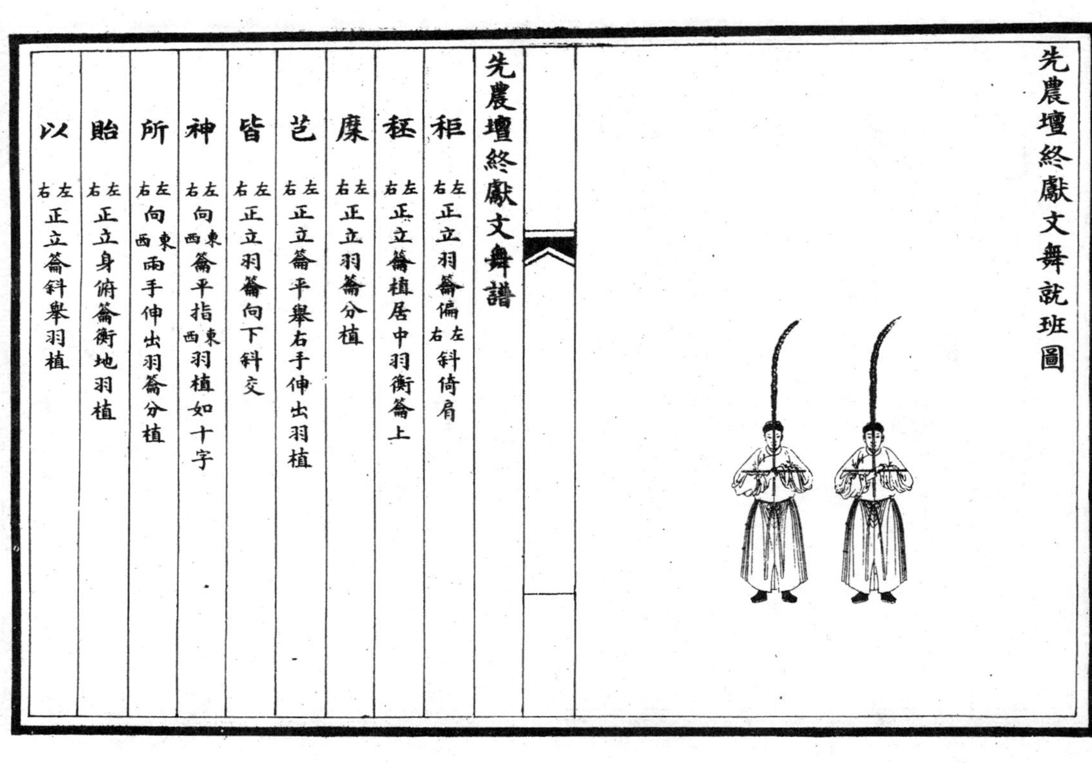

先農壇終獻文舞譜

秬　左右正立羽籥偏左右斜倚肩

秠　左右正立籥植居中羽衡籥上

穈　左右正立羽籥分植

芑　左右正立籥平舉右手伸出羽植

皆　左右正立羽籥向下斜交

神　左右向東西籥平指東西羽植如十字

所　左右向東西兩手伸出羽籥分植

貽　左右正立身俯籥衡地羽植

以　左右正立籥斜舉羽植

之　左右向東西身俯起右左足籥斜衡羽植

饗　左右正立兩手上拱羽籥如十字

神　左右正面身微向西東少蹲兩手推向西東羽籥分植

式　左右正立羽籥斜交

食　左右向東西身微俯籥下垂右手伸出羽植

庶　左右正立面向西東兩手相並舉向東西羽籥植

幾　左右正立身俯籥衡地羽植籥上

神　左右正立羽籥植

其　左右向西東兩足並首微俯籥平指西東羽植如十字

丕　左右正立籥植居左羽平衡如十字

佑　左右向西東兩手伸出羽籥分植

佑　左右身微向東西籥植近肩羽斜指下

我　左右正立身俯抱左右膝羽籥斜交

黔　左右正立籥平舉過肩羽植

黎　左右向西東籥斜指西東羽植如十字

萬　左右正立籥植近肩羽平指東

方　左右向東西羽籥斜交

大　左右正立羽籥分植

有　左右正立兩手高拱過額羽籥如十字

肇　左右身微向東西籥下垂羽斜倚肩

此　左右正面兩足並羽籥如十字

三　左右正面屈雙足羽籥如十字

推　左右屈雙足俯首至地羽籥如十字

先農壇終獻文舞。左右兩班。立如亞獻。皆左手執籥當胸平衡。右手執羽當中植立高出於頂。羽籥相交如十字。工歌大豐之章。舞凡三十二式。

樂章

秬秠穈芑皆

神所貽以之饗

神式食庶幾

神其丕佑佑我黔黎萬方大有肇此三推

## 天神地祇壇初獻武舞就班圖

## 天神地祇壇初獻武舞譜

束　左右正立干戚偏左右

帛　左右向東西身微蹲干平舉戚斜衡左手上

戔　左右向西東面微仰干側舉戚衡左手上

戔　左右正立干居左戚居右

兮　左右向西東右左足進前趾向上干戚偏左右

筐　左右向西東身俯兩足並干戚偏右左

篚　左右正立干居左戚居右下垂

將　左右俯首偏右左右左足進前左右足虛立干戚偏左右

昭　左右向東西干戚分舉

誠　左右正立兩手微拱兩足並干正舉戚衡左手上

素　左右向東西首微俯起右左足干平舉戚斜衡左手上

兮　左右正立兩手高拱干正舉戚衡左手上

邑　左右正立干正舉戚衡左手上

馨　左右蹲身偏左右側首干植地戚衡左手上

香　左右向西東兩足並兩手推出干平舉戚斜衡

瘞　左右向西東身微俯干側舉戚衡左手上

此　左右正立干居中戚居右

下　左右向東西身微俯干側舉戚衡左手上

民　左右正面右足交於左干正舉戚衡左手上

兮　左右蹲身微向西東面轉向東西干植地戚衡左手上

俟　左右側身微向東西左右足進前干平舉戚衡左手上

有　左右正面左右足虛立干戚偏左右

望　左右俯首偏左右左右足少前右左足虛立干戚偏右左

神　左右正面右足交於左干居左戚居右平衡

垂　左右向西東身俯右左足進前干戚偏左右作肩負勢

鴻　左右正立干平舉戚衡左手上

祜　左右向東西面微仰左右足少前干戚偏右左

兮　左右正立干居中戚居右下垂

末 左右正立手微拱干正舉戚衡左手上

渠 左右正面屈雙足干正舉戚衡左手上

央 左右屈雙足俯首干正舉戚衡左手上

天神
地祇壇祈報以夏初獻武舞左右兩班正面立夏冠服紅色銷金花服皆左手執干居中當胸右手執戚平衡戚左柄右工歌華豐之章舞凡三十一式

樂章

東帛戔戔兮筐篚將昭誠素兮芭馨香瘼此下民兮俟有望
神垂鴻祜兮未渠央

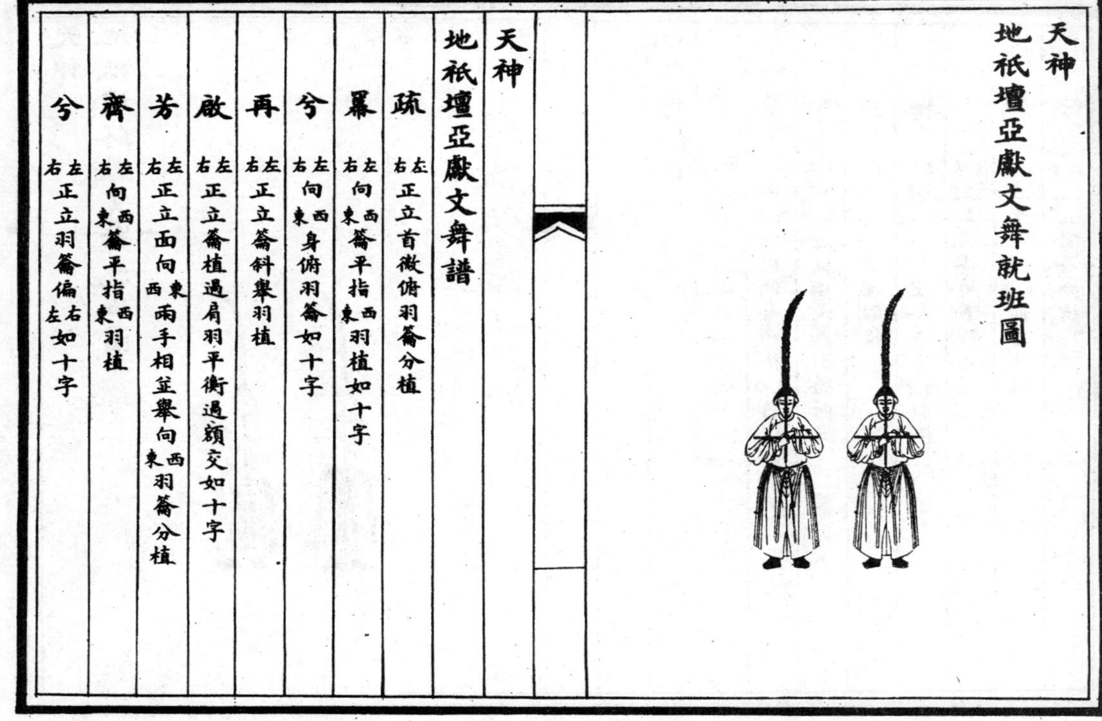

天神
地祇壇亞獻文舞就班圖

天神
地祇壇亞獻文舞譜

疏 左右正立首微俯羽籥分植

幂 左右向西東籥平指西東羽植如十字

兮 左右向西東身俯羽籥如十字

再 左右正立籥斜舉羽植

啟 左右正立籥植過肩羽平衡過顙交如十字

芳 左右正立面向東西兩手相並舉向西東羽籥分植

齊 左右向西東籥平指西東羽植

兮 左右正立羽籥偏右左如十字

載 左右正立羽籥如十字

陳 左右正面左足虛立籥衡膝上羽植

惠 左右向東西兩足並籥斜指下羽植

邀 左右向東西身微俯右左足少前兩手推出羽籥分植

兮 左右正立羽籥斜交

神 左右向西東面仰兩手推出羽籥斜舉

貺 左右正立籥下垂羽植

福 左右身微向東西籥植羽平衡

我 左右正立手微拱羽籥如十字

兮 左右正立手微拱兩足並羽籥如十字

民 左右正面屈雙足羽籥如十字

人 左右屈雙足俯首至地羽籥如十字

天神地祇壇祈報亞獻文舞。左右兩班。正面立。皆左手執籥當胸平衡。右手執羽當中植立高出於頂。羽籥相交如十字。工歌興豐之章。舞凡二十式。

樂章

疏羃兮再啟芳齊兮載陳惠邀兮神貺福我兮民人

天神地祇壇終獻文舞就班圖

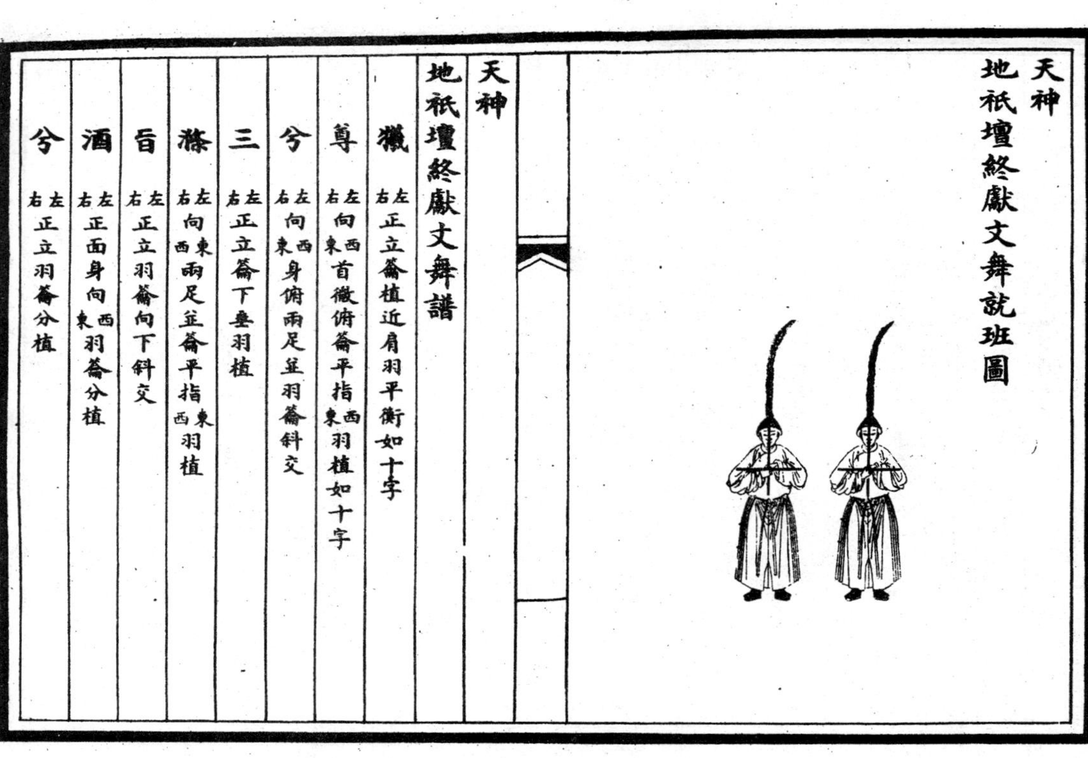

天神地祇壇終獻文舞譜

獻 左右正立籥植近肩羽平衡如十字

尊 左右向西東首微俯籥平指西東羽植如十字

兮 左右向西東身俯兩足並羽籥斜交

三 左右正立籥下垂羽植

滌 左右向東西兩足並籥平指東西羽植

旨 左右正立羽籥向下斜交

酒 左右正面身向西東羽籥分植

兮 左右正立羽籥分植

思　左右身微向西東籥下垂羽斜倚肩

柔　左右正面身向東西羽籥分植

誠　左右正立兩手上拱羽籥如十字

無　左右身微向東西籥下垂羽斜倚肩

斁　左右正立身俯抱左右膝面微仰羽籥如十字

兮　左右向東西左足虛立籥斜倚膝羽植

嘉　左右正立兩手相交羽籥並植

薦　左右向西東兩足並兩手推出羽籥分植

神　左右正立身俯羽籥如十字

宴　左右向東西籥下垂右手伸出羽植

娭　左右正立籥平衡過肩羽植

兮　左右正立手微拱羽籥如十字

降　左右正面屈雙足羽籥如十字

休　左右屈雙足俯首至地羽籥如十字

天神

地祇壇祈報終獻文舞。左右兩班。立如亞獻。左右手執籥羽亦如亞獻儀。工歌儀豐之章。舞凡二十二式。

樂章

犧尊兮三滌旨酒兮思柔誠無斁兮嘉薦

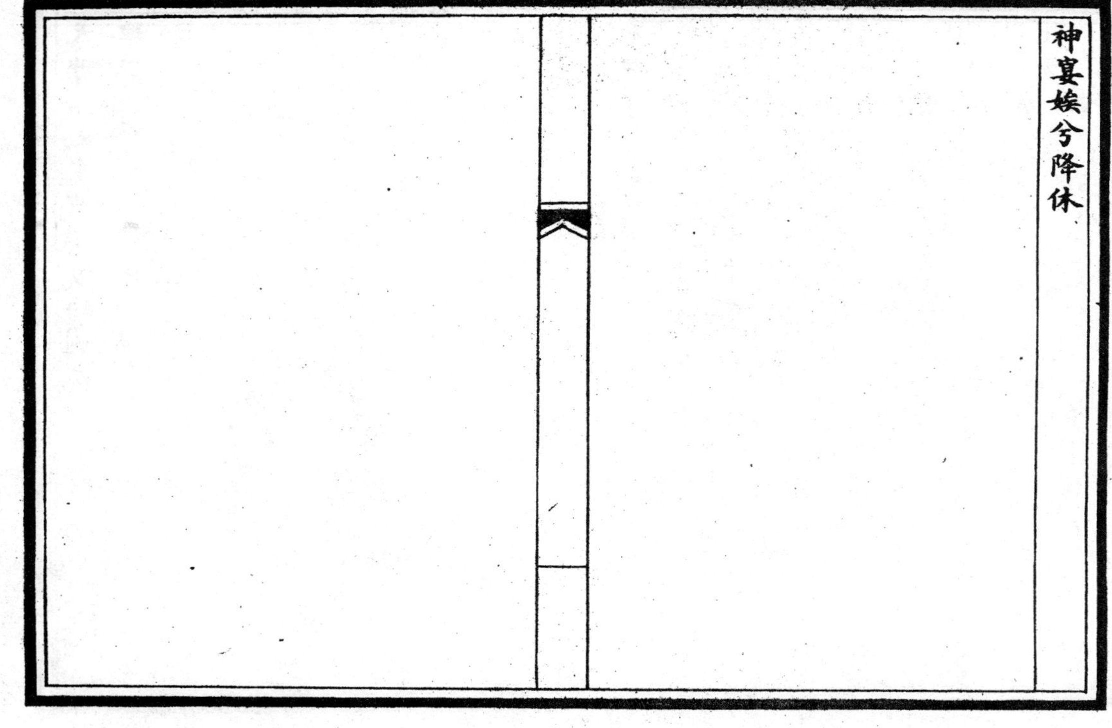

神宴娭兮降休

# 欽定大清會典圖卷五十三

樂二十三　樂舞八



## 太歲壇初獻武舞就班圖

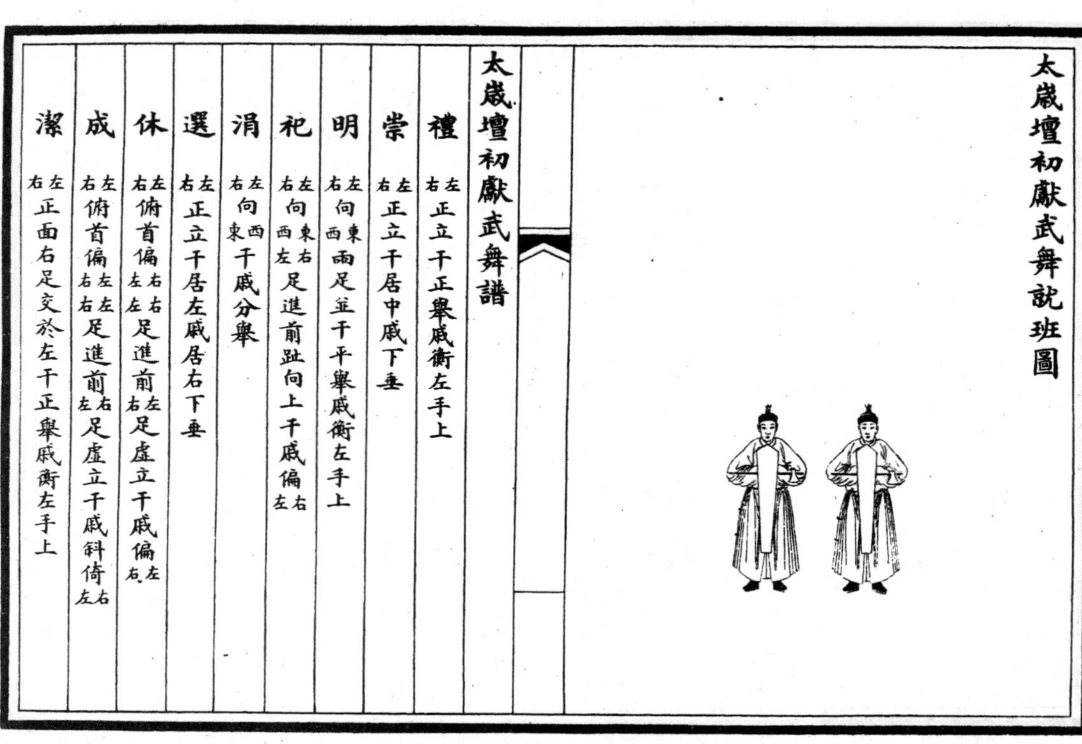

## 太歲壇初獻武舞譜

禮　左右正立干正舉戚衡左手上

崇　左右正立干居中戚下垂

明　左右向東西兩足並干平舉戚衡左手上

祀　左右向東西右左足進前趾向上干戚偏右左

涓　左右向西東干戚分舉

選　左右正立干居左戚居右下垂

休　左右俯首偏右左右左足進前左右足虛立干戚偏左右

成　左右俯首偏左右左右足進前右左足虛立干戚斜倚右左

潔　左右正面右足交於左干正舉戚衡左手上

齋 左右向西東身俯左右足進前干戚偏左右作肩負勢

滌 左右正立左手伸出干平舉戚向內斜衡

志 左右向東西身俯右左足少前干戚偏右左

量 左右側身微向東西左右足進前干平舉戚衡左手上

幣 左右正立兩手微拱干正舉戚平衡

告 左右向西東身俯左右足少前干戚偏左右

誠 左右正面右足交於左干居左戚居右平衡

祈 左右身微倚西東右左足少前首微俯作下視勢干戚偏左右

福 左右身微倚東西左右足少前首微俯作下視勢干戚偏右左

維 左右向東西身俯右左足進前干戚偏右左作肩負勢

何 左右正立干居左戚居右下垂

福 左右向西東面微仰干平舉戚衡左手上

我 左右正立干居左戚居右

蒼 左右身微向東西手微拱右左足進前干平舉戚衡左手上

生 左右俯首左足虛立干居左戚居右少垂

陳 左右身微向西東手微拱左右足進前干平舉戚衡左手上

饋 左右正面左足交於右干正舉戚衡左手上

捧 左右向東西干戚分舉

酎 左右向東西身微蹲干平舉戚斜衡左手上

瞻 左右正立兩手高拱干平舉戚衡左手上

仰 左右正立兩足並干平舉戚衡左手上

雲 左右正面屈雙足干正舉戚平衡

旌 左右屈雙足俯首干正舉戚衡左手上

太歲壇祭以孟春歲暮。初獻武舞左右兩班。正面立。冬冠。服紅色銷金花服。皆左手執干居中當胸。右手執戚平衡。戚左柄右。工歌定平之章。舞凡三十二式。

樂章

禮崇明祀涓選休成潔齋滌志量幣告誠祈福維何福我蒼生陳饋捧酎瞻仰雲旌

## 太歲壇亞獻文舞就班圖

## 太歲壇亞獻文舞譜

百　左右正立兩手微拱羽籥如十字

末　左右正立籥植近肩右手伸出羽植

蘭　左右正面身微蹲籥衡膝上羽植

生　左右向東西籥平指東西羽植如十字

有　左右向東西右左足虛立籥斜倚膝羽植

飶　左右向東西身俯右左足進前籥斜指下羽植

其　左右正立籥斜舉羽植

香　左右向西東羽籥分舉

升　左右正立籥植過肩羽平頦交如十字

歌　左右向東西籥斜指羽植

清　左右正立籥平衡羽植

越　左右身微向東西羽斜倚肩籥下垂

磬　左右正立籥植過肩羽平衡如十字

管　左右正立身俯抱右左膝羽籥交如十字

鏘　左右向東西籥下垂右手伸出羽植

鏘　左右正立身俯籥衡地羽植

牲　左右向西東面仰兩手推出羽籥斜舉

牷　左右向西東身俯兩足並羽籥斜交

肥　左右正立籥平衡羽植居右如十字

腯　左右向東西兩足並兩手推出羽籥分植

嘉　左右正面籥下垂羽植

薦　左右向西東籥下垂右手伸出羽植

今　左右正立籥植居中羽衡籥上

芳　左右正立籥植居中羽衡籥下

神　左右正立身俯抱左右膝羽籥如十字

其　左右身俯抱右左膝羽籥如十字

歆　左右身微向東西籥斜倚肩羽平指東西

止　左右正面籥斜倚膝羽植

在　左右向東西右左足進前羽斜倚肩籥平指東西

上 左右正立兩手上拱羽籥如十字

洋 左右正面屈雙足羽籥如十字

洋 左右屈雙足俯首至地羽籥如十字

太歲壇亞獻文舞左右兩班正面立。皆左手執籥當胸平衡。右手執羽當中植立高出於頂。羽籥相交如十字。工歌嘏平之章。舞凡三十二式。

樂章

百末蘭生有飶其香升歌清越磬管鏘鏘牲牷肥腯嘉薦令芳

神其歆止在上洋洋

太歲壇終獻文舞就班圖

太歲壇終獻文舞譜

執 左右正立羽籥如十字

事 左右身微向東西羽籥偏右左如十字

有 左右向東西身微俯面微仰籥高舉斜指東西羽植

嚴 左右向東西籥下垂右手伸出羽植

再 左右正立羽籥向右左斜倚肩

拜 左右正立身俯羽籥如十字

稽 左右正立兩手相交羽籥並植

首 左右正立身微俯羽籥如十字

三 左右正立面向東西兩手相並推向西東羽籥植

爵　左右正立面向東西身微蹲籥衡膝上羽植

既　左右正立面向西東兩手相並推向東西羽籥植

升　左右正立身微蹲面向西東羽衡膝上籥植

以　左右正立羽籥如十字

妥　左右身俯面微仰向西東抱左右膝羽籥斜交如十字

以　左右向西東面仰籥平指東西羽植

侑　左右正立羽籥斜交

顯　左右向東西籥斜指東西羽植籥上

若　左右身微向東西兩手推向東西羽籥分植

有　左右正立籥斜舉羽植

孚　左右正立羽籥偏右左斜交如十字

肅　左右正立羽籥向下斜交

茲　左右俯首偏右左起右左足羽籥如十字

籩　左右正立身俯羽籥植地

豆　左右正立籥植羽平衡如十字

神　左右正面右足交於左籥平衡羽植居右如十字

其　左右身微向東西羽平指東西籥植

歆　左右正立羽籥分植

止　左右向西東籥斜舉羽植

人　左右正立籥平舉過肩羽植

民　左右正立身俯面微仰羽籥如十字

曼　左右正面屈雙足羽籥如十字

壽　左右屈雙足俯首至地羽籥如十字

太歲壇終獻文舞。左右兩班立如亞獻。左右手執籥羽亦如亞獻儀。工歌富平之章。舞凡三十二式。

樂章

執事有嚴再拜稽首三爵既升以妥以侑顯若有孚肅茲籩豆神其歆止人民曼壽

## 太歲壇祈報初獻武舞就班圖

## 太歲壇祈報初獻武舞譜

薦　左右正立干居左戚居右

嘉　左右向東西干居左戚居右斜衡

幣　左右正立干居左戚居右平衡

兮　左右向西東身俯左右足進前干戚偏右左作肩負勢

芳　左右向東西右左足進前干正舉戚衡左手上

醴　左右正立俯首偏左右干正舉戚衡左手上

清　左右正立兩手上拱干正舉戚衡左手上

練　左右向東西身俯右左足進前左右足虛立干正舉戚衡左手上

子　左右側身微向東西干正舉戚衡左手上

素　左右正立干戚分舉

兮　左右向西東干正舉右手伸出戚下垂

升　左右正立身俯面微仰干戚偏左右

飫　左右蹲身偏左右側首干正舉戚衡左手上

馨　左右向東西左右足進前干戚偏右左

紛　左右正立干居左戚居右平衡

肸　左右向西東干正舉右手伸出戚垂下

蠁　左右正立俯首偏左右干正舉戚衡左手上

兮　左右向東西身俯右左足進前左右足虛立干戚偏右左

格　左右正立俯首偏左右干正舉戚衡左手上

歆　左右正立微蹲兩手上拱干正舉戚衡左手上

甘　左右正立身俯首偏左右面微仰干正舉戚衡左手上

膏　左右正立身俯首偏右左面微仰干正舉戚衡左手上

沃　左右向東西身俯干戚偏右左

兮　左右正立身微蹲干正舉戚衡左手上

神　左右正立兩足並干正舉戚衡左手上

所　左右正面屈雙足干正舉戚衡左手上

令　左右屈雙足俯首干正舉戚衡左手上

太歲壇祈報以夏。初獻武舞。左右兩班。正面立。夏冠。服紅色銷金花服。左右手執籥羽亦如前太歲壇初獻儀。工歌宜豐之章。舞凡二十七式。

樂章

薦嘉幣兮芳醴清練予素兮升飶馨紛肸蠁兮

格歆甘膏沃兮

神所令

太歲壇祈報亞獻文舞就班圖

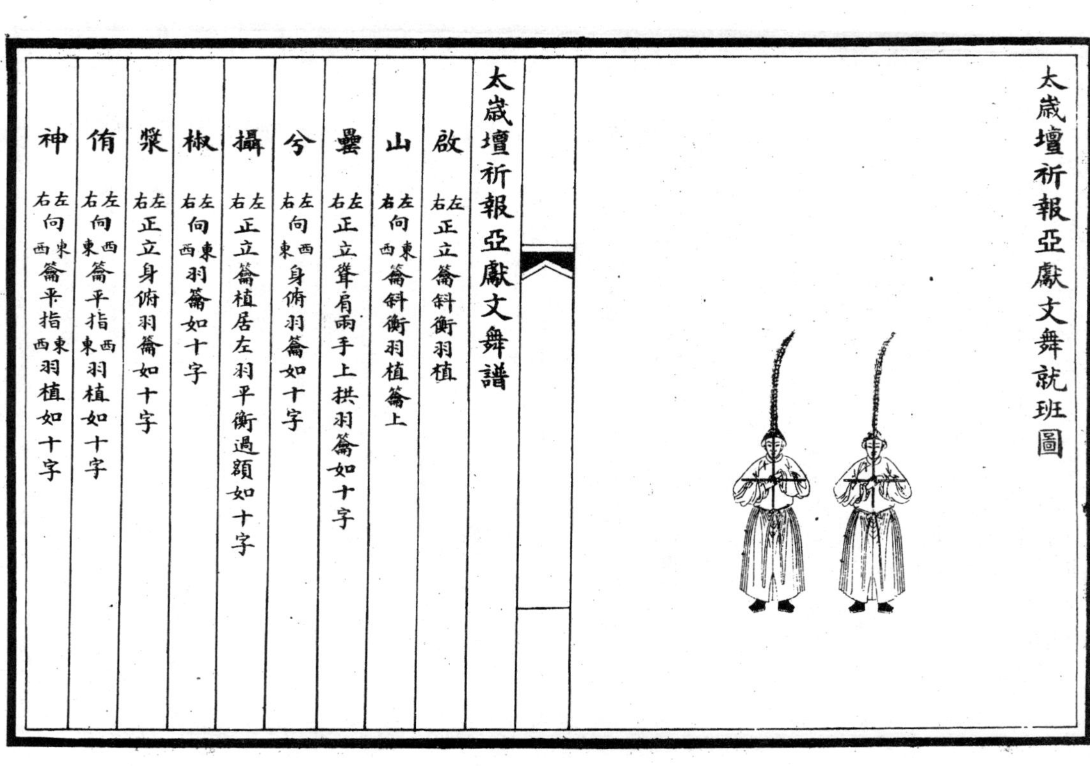

太歲壇祈報亞獻文舞譜

啟　左右正立籥斜衡羽植

山　左右向東西籥斜衡羽植籥上

豐　左右正立聳肩兩手上拱羽籥如十字

兮　左右向西東身俯羽籥如十字

攝　左右正立籥植居左羽平衡過頷如十字

椒　左右向東西羽籥如十字

粢　左右正立身俯羽籥如十字

侑　左右向西東籥平指西東羽植如十字

神　左右向東西籥平指東西羽植如十字

宮　左右身微向東西籥植羽平衡

兮　左右正立兩手相交羽籥並植

靈　左右正立籥斜舉羽植

洋　左右向東西羽籥分植

洋　左右向東西身微俯右左足進前兩手推出羽籥分植

族　左右正立身俯羽籥如十字

雲　左右正立籥植居左羽平衡過額如十字

興　左右向西東左足虛立籥斜倚膝羽植

兮　左右正立身俯羽籥如十字

使　左右正立籥平舉過肩羽植

我　左右向東西身俯羽籥如十字

心　左右正立羽籥向下斜交

若　左右正立身俯抱左右膝羽籥如十字

惠　左右身微向東西籥斜衡羽斜倚肩

嘉　左右向東西籥斜倚肩右手伸出羽下垂

生　左右正立身微俯羽籥如十字

兮　左右正立兩手微拱羽籥如十字

降　左右正面屈雙足羽籥如十字

康　左右屈雙足俯首至地羽籥如十字

太歲壇祈報亞獻文舞左右兩班正面立左右手執籥羽亦如前

太歲壇亞獻儀惟兩手微拱工歌晉豐之章舞凡二十八式

樂章

啟山罍兮攝椒漿侑

神宮兮靈洋洋族雲興兮使我心若惠嘉生兮降康

太歲壇祈報終獻文舞就班圖

太歲壇祈報終獻文舞譜

清　左右身微向東西籥植居左羽平衡

斝　左右正立聳肩羽籥如十字

兮　左右向西東身俯左右足進前羽籥如十字

三　左右向東西右左足進前羽籥如十字

斟　左右正立俯首抱左右膝羽籥如十字

揚　左右正立兩足並籥植居左羽平衡過額如十字

翟　左右向東西右左足進前左右足虛立羽籥分植

籥　左右正立籥斜舉羽植

兮　左右向西東左足虛立籥斜倚膝羽植

載　左右正立兩足並兩手上拱羽籥如十字

愉　左右正立俯首羽籥如十字

靈　左右向東西籥斜衡羽斜倚肩

回　左右向東西籥斜倚肩右手伸出羽下垂

翔　左右正立俯首羽籥如十字

兮　左右向西東右左足交於左右羽籥如十字

六　左右正立兩手相交羽籥並植

幕　左右身微向東西籥植居左羽平衡

澤　左右向西東身俯羽籥如十字

滂　左右正立兩手推向東西羽籥分植

霈　左右正立兩手推向西東羽籥分植

兮　左右向東西身俯右左足進前羽籥如十字

徧　左右正立兩手微拱羽籥如十字

八　左右正面屈雙足羽籥如十字

區　左右屈雙足俯首至地羽籥如十字

太歲壇祈報終獻文舞。兩班立如亞獻。左右手執籥羽亦如前

太歲壇終獻儀。而兩手微拱。工歌協豐之章。舞凡二十四式。

樂章

清罕兮三軿揚翟籥兮載愉靈回翔兮六幕澤
滂霈兮徧八區

欽定大清會典圖卷五十四

樂二十四 樂舞九

## 歷代帝王廟初獻武舞就班圖

## 歷代帝王廟初獻武舞譜

莽　左右正立干居中戚居右
若　左右側身微向東西左右足進前干平舉戚衡左手上
雲　左右正立干居左戚平衡
兮　左右向西東身俯右左足進前干戚偏左右作肩負勢
神　左右正立干正舉戚衡左手上
之　左右向西東右左足進前趾向上干戚偏左右
行　左右向西東干戚分舉
予　左右正立干居中戚下垂
仰　左右向東西面微仰左右足少前干戚偏右左

止　左右正立干戚偏左右
兮　左右向東西兩足並干平舉戚衡左手上
在　左右向東西身微蹲干平舉戚斜衡左手上
廷　左右俯首偏左右左右足少前右左足虛立干戚偏右左
承　左右向西東首微俯起左右足干平舉戚斜衡左手上
筐　左右正面右足交於左干正舉戚衡左手上
篚　左右面微向東西右左足少前作俯視勢干戚偏左右
兮　左右身俯右足少前干居左戚居右下垂
既　左右向東西身俯右左足少前干戚偏右左
登　左右正立兩手高拱干正舉戚平衡
偃　左右俯首右左足虛立干戚偏右左
靈　左右正立干居左戚向內下垂
蓋　左右側身偏左右右左足虛立干植地戚衡左手上
兮　左右向東西左右足進前趾向上干戚偏右左
翠　左右向東西身微俯干側舉戚平指東西
旌　左右正面兩足並干正舉戚衡左手上
鑒　左右向東西干戚分舉
予　左右正立干居左戚平衡
情　左右向西東身俯兩足並干戚偏右左
兮　左右向西東面仰干平舉戚衡左手上

歆 左右正立干居左戚居右

享 左右正面右左足虛立干戚偏右左

薦 左右正面右足交於左干居左戚居右平衡

芳 左右正立干居左戚居右下垂

馨 左右向東西兩足並兩手推出干平舉戚衡左手上

兮 左右正面左足少前干正舉戚衡左手上

肅 左右正面屈雙足干正舉戚衡左手上

成 左右屈雙足俯首干正舉戚衡左手上

歷代帝王廟祭以春秋仲月初獻武舞左右兩班正面立冬冠夏冠視祭時服紅色銷金花服皆左手執干居中當胸右手執戚平衡戚左柄右工歌興平之章舞凡三十七式

樂章

莽若雲兮神之行予仰止兮在廷承筐篚兮既登偃靈蓋兮翠旌鑾予情兮歆享薦芳馨兮肅成

歷代帝王廟亞獻文舞就班圖

## 歷代帝王廟亞獻文舞譜

貳 左右正立兩手上拱羽籥如十字

觴 左右正面兩足並羽籥分植

兮 左右向東西身俯右左足進前籥斜指下羽植

酒 左右正面兩足並籥植過肩羽平頦交如十字

行 左右正立身俯羽籥如十字

念 左右正面身蹲籥衡膝上羽植

昔 左右向西東面仰兩手推出羽籥斜舉

致 左右正面身微蹲兩手推向東西羽籥分植

治 左右向西東首微俯兩足並籥平指西東羽植如十字

兮 左右向西東身俯左右足進前趾向上羽籥斜交

永 左右正立籥斜舉羽植

清 左右正立籥植過肩羽平額交如十字

瞻 左右向東西面仰兩足並羽籥如十字

龍 左右正面身俯抱右左膝羽籥如十字

袞 左右正立籥下垂右手推出羽植

兮 左右身微向東西籥植近肩羽平衡指西

若 左右正立身俯籥平衡羽居中植籥上

英 左右正立羽籥如十字

顧 左右正立羽籥向下斜交

紹 左右向東西籥斜指羽植

錫 左右正立羽籥偏左右如十字

兮 左右正立面向西東兩手相並舉向東西羽籥分植

嘉 左右正面屈雙足羽籥如十字

平 左右屈雙足俯首至地羽籥如十字

歷代帝王廟亞獻文舞左右兩班正面立皆左手執籥居左右手執羽居右羽籥分植下齊當腰際

工歌崇平之章舞凡二十四式

樂章

貳觴兮酒行念昔致治兮永清瞻龍袞兮若英

顧紹錫兮嘉平

歷代帝王廟終獻文舞就班圖

歷代帝王廟終獻文舞譜

鬱 左右身微向東西羽籥偏右左如十字

鬯 左右正立兩手相交羽籥並植

兮 左右正立籥植近肩羽平衡如十字

獻 左右正面兩足並兩手微拱羽籥如十字

終 左右正立羽籥分植

萬 左右正面右足交於左羽籥如十字

舞 左右正立籥平舉過肩羽植

洋 左右向西東籥平指東西羽植

洋 左右向西東身微俯籥下垂右手推出羽植

兮 左右正立籥下垂羽植

沐 左右正立籥植羽倒指東

清 左右正立籥平衡羽植

風 左右正立身俯羽籥植地

龍 左右正立羽籥向左右斜倚肩

鸞 左右向東西兩手伸出羽籥分植

徐 左右向東西起右左足兩手相並舉向西東羽籥植

整 左右向東西身俯起右左足籥斜衡羽植

兮 左右正立籥植居中羽衡籥下

企 左右正立羽籥斜交

予 左右正立籥平衡羽植籥上

示 左右向東西身俯右左足進前籥下垂羽植地

周 左右正面身微蹲兩手並羽籥分植

行 左右向西東身俯左右足進前籥下垂羽植地

兮 左右正立身俯籥衡地羽植

迪 左右正立兩手微拱羽籥如十字

予 左右正面屈雙足羽籥如十字

衷 左右屈雙足俯首至地羽籥如十字

歷代帝王廟終獻文舞。左右兩班立如亞獻。皆左手執籥居左斜衡腰際。右手執羽居右植立下齊當腰際。工歌恬平之章。舞凡二十七式。

樂章

鬱邑兮獻終萬舞洋洋兮沐清風龍鸞徐整兮企予示周行兮迪予衷

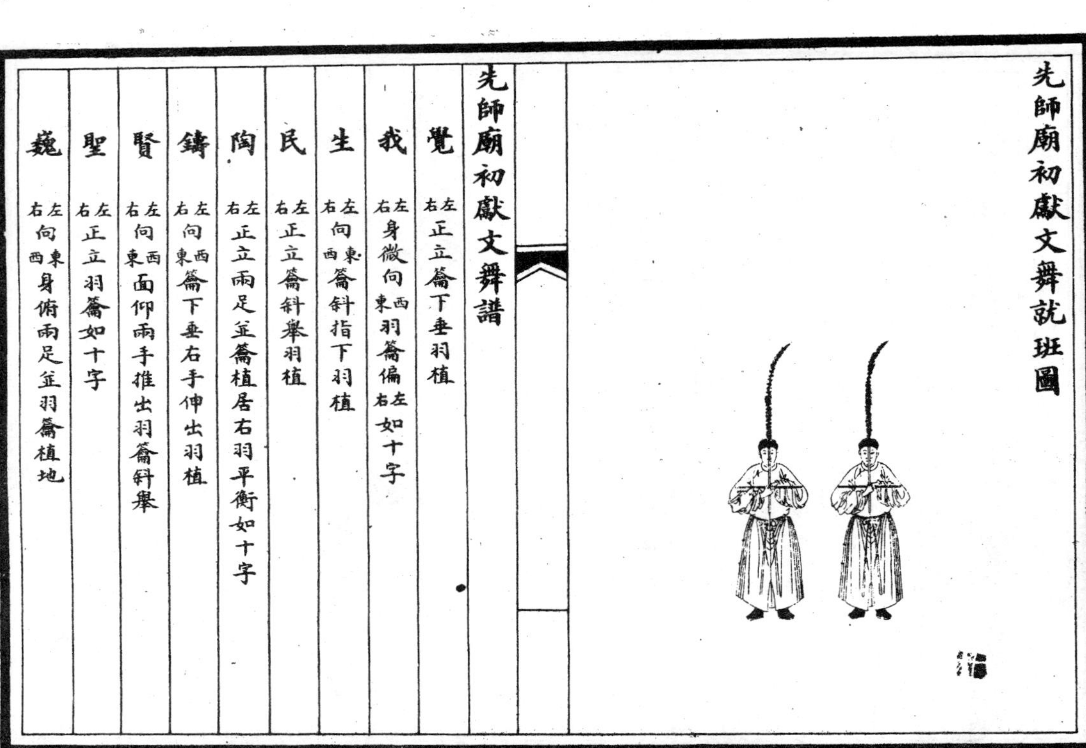

先師廟初獻文舞就班圖

先師廟初獻文舞譜

覺　左右正立籥下垂羽植

我　左右身微向西東羽籥偏左右如十字

生　左右向東西籥斜指下羽植

民　左右正立籥斜舉羽植

陶　左右正立兩足並籥植居右羽平衡如十字

鑄　左右向西東籥下垂右手伸出羽植

賢　左右向西東面仰兩手推出羽籥斜舉

聖　左右正立羽籥如十字

巍　左右向東西身俯兩足並羽籥植地

巍左右向東西面仰羽籥如十字
泰左右正立籥植過肩羽平額交如十字
山左右向東西身俯兩手伸出羽籥斜交
實左右正立左右手伸出羽籥分植
予左右向西東身俯兩手推出羽籥斜交
景左右正立羽籥分植
行左右向東西首微俯兩足並羽籥如十字
禮左右正面兩足並羽籥如十字
備左右正面身微向東羽衡膝上籥植
樂左右正立兩手伸出羽籥分植

和左右正面左足虛立籥衡膝上羽植
豆左右正立籥植居中羽衡籥上
籩左右向西東籥平指西東羽植如十字
嘉左右正立兩手推向東西羽籥分植
靜左右正立身俯籥衡地羽植
既左右正立羽籥斜交
述左右向東西兩足並籥斜指東西羽植如十字
六左右向東西兩手伸出羽籥分植
經左右向東西籥下垂羽植
爰左右正立羽籥如十字

斟左右正立籥植居中羽衡籥下
三左右正面屈雙足羽籥如十字
正左右屈雙足俯首至地羽籥如十字

先師廟祭以春秋仲月。初獻文舞左右兩班。各十有八人。正面立。冬冠夏冠視祭時。服紅色補服。皆左手執籥居左當胸平衡。右手執羽居右當中植立高出於頂。兩手微拱。羽籥相交如十字。工歌宣平之章。舞凡三十二式。直省初獻文舞就班同。惟樂章樂舞各殊。

樂章

覺我生民陶鑄賢聖巍巍泰山實予景行禮備樂和豆籩嘉靜既述六經爰斟三正

先師廟直省初獻文舞譜

予左右正立羽籥分植
懷左右身作向東西勢右左足向後面轉向西東籥平指東西羽植如十字
明左右正立兩手微拱羽籥如十字
德左右正立籥植近肩羽平衡如十字
玉左右向西首微側右足進前籥平指西羽斜舉
振左右身俯向東面轉向西兩手伸出羽籥斜交
金左右正面身微蹲籥斜舉羽植

聲 左右 向東西 身俯兩足並羽籥植地

生 左右 向西東 兩足並籥植羽倒指東西 少垂

民 左右 向東西 籥斜指羽植

未 左右 正立面向西東 兩手相並舉向東西 羽籥分植

有 左右 正立籥平舉過肩羽植

展 左右 向東西 兩足並籥東西 指羽植

也 左右 向西東 面仰兩手推出羽籥斜舉

大 左右 身微向西東 兩手推向西東 羽籥分植

成 左右 正面身微蹲羽籥如十字

俎 左右 向東西 身俯右左 足進前籥斜指下羽植

豆 左右 向西東 籥下垂右手伸出羽植

千 左右 正立籥斜舉羽植

古 左右 身微向西東 羽籥偏左右 如十字

春 左右 正面身微蹲籥植過肩羽平額交如十字

秋 左右 向東西 兩手伸出羽籥分植

上 左右 正立籥平衡羽植籥上

丁 左右 正立籥植居中羽衡籥上

清 左右 向東西 兩足並籥平指東西 羽植如十字

酒 左右 向西東 身俯左右 足進前趾向上羽籥斜交

既 左右 正立籥平衡羽斜指東

載 左右 正立身俯籥平衡羽居中植籥上

其 左右 正立左手伸出籥斜舉羽植近左肩

香 左右 正面右足虛立籥衡膝上羽植

始 左右 正立俯首羽籥如十字

升 左右 正立兩手高拱過額羽籥如十字

直省樂章

予懷

明德玉振金聲生民未有展也大成俎豆千古春秋

上丁清酒既載其香始升

## 先師廟亞獻文舞就班圖

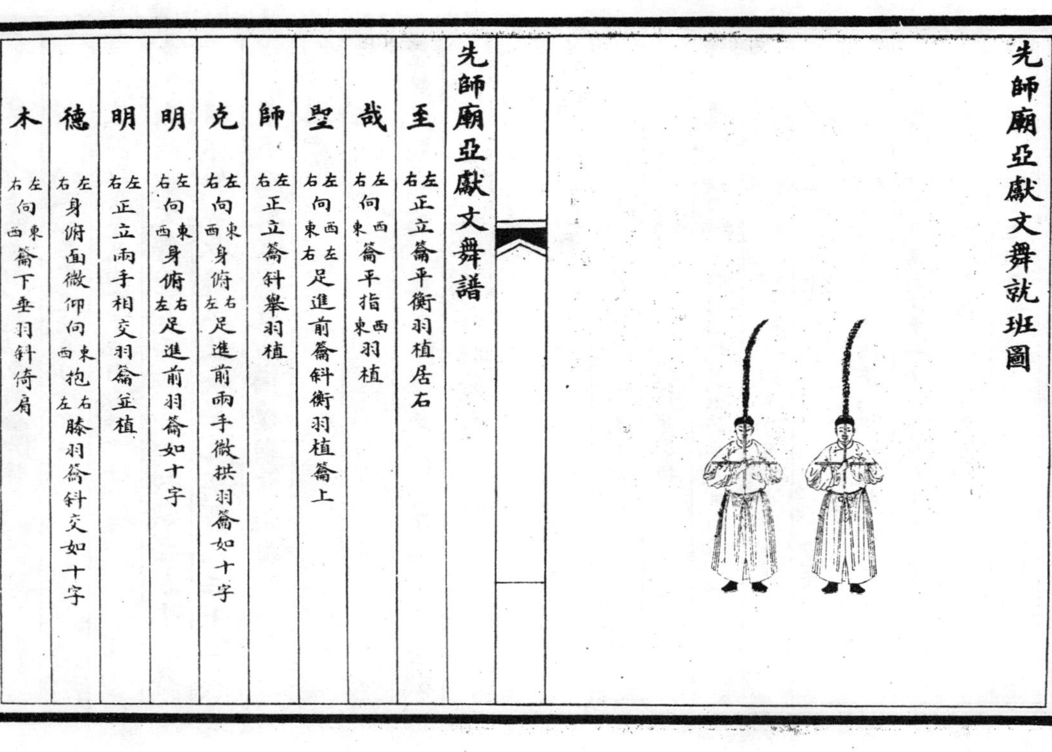

## 先師廟亞獻文舞譜

至　左右正立籥平衡羽植居右

哉　左右向西東籥平指西東羽植

聖　左右向西東左右足進前籥斜衡羽植籥上

師　左右正立籥斜舉羽植

克　左右向東西身俯右左足進前兩手微拱羽籥如十字

明　左右向東西身俯右左足進前羽籥如十字

明　左右正立兩手相交羽籥並植

德　左右身俯面微仰向東西抱右左膝羽籥斜交如十字

木　左右向東西籥下垂羽斜倚肩

鐸　左右向東西籥斜倚肩羽斜衡指下

萬　左右正立籥植居左羽平衡如十字

年　左右向東西身俯右左足進前籥斜指下羽植

惟　左右正立面向東西兩手相並舉向西東羽籥植

民　左右向西東身俯左右足進前趾向上羽籥斜交

之　左右正立籥下垂右手推出羽植

則　左右正立羽籥分植

清　左右正立羽籥向下斜交

酒　左右正面兩足並兩手微拱羽籥如十字

既　左右向西東身俯兩足並羽籥斜交

醑　左右正面右足交於左羽籥如十字

言　左右正立籥下垂羽斜倚肩

觀　左右正立籥平衡羽斜植籥上

秉　左右正立籥平舉過肩羽植

翟　左右正立兩手微拱羽籥如十字

太　左右向東西身微俯面微仰籥高舉斜指東西羽植

和　左右正立兩手指向西東羽籥分植

常　左右向東西籥斜指東西羽植籥上

流　左右向東西兩手相並羽籥斜指東西

英　左右正面左足虛立籥下垂羽斜倚肩

材 左右正面身向西東起左右履羽籥分植

斯 左右正面屈雙足羽籥如十字

植 左右屈雙足俯首至地羽籥如十字

先師廟亞獻文舞左右兩班立如初獻。左右手執籥羽亦如初獻儀。工歌秩平之章。舞凡三十二式。

直省亞獻文舞就班同。惟樂章樂舞各殊。

樂章

至哉

聖師克明明德木鐸萬年惟民之則清酒既醑言觀

秉翟太和常流英材斯植

先師廟直省亞獻文舞譜

式 左右正面身微蹲兩手並羽籥分植

禮 左右向東西右左足虛立籥斜倚膝羽植

莫 左右向西東身微俯面微仰籥斜舉過肩羽植

愆 左右向東西起右左足兩手相並舉向西東羽籥分植

升 左右正立羽籥如十字

堂 左右正面右足向後兩手高舉羽籥斜交

再 左右身微蹲面向東籥植近肩羽銜膝上

獻 左右身微蹲面向西羽植近肩籥銜膝上

響 左右正立羽籥向下斜交

協 左右正面身向東西左右足進前右左趾虛立羽籥分植

鼓 左右正面身向西東右左足進前左右趾虛立羽籥分植

鏞 左右正立籥植羽倒指東

誠 左右身俯向西面側向東籥平舉羽植如十字

孚 左右正立首微俯羽籥分植

罍 左右正面起左足籥高舉羽植

甗 左右正立籥植過肩羽平額交如十字

肅 左右向東西首微俯兩足並羽籥如十字

肅 左右俯首偏左右起左右足羽籥如十字

雍 左右正立兩手伸出羽籥分植

雍 左右向東西籥斜指東西羽植籥上

譽 左右正立籥平舉右手微伸出羽植

髦 左右正立左手伸出籥平舉羽植近左肩

斯 左右正面起右足羽高舉籥植

彥 左右正立籥植居中羽銜籥下

禮 左右身微向東右足進前羽倚肩籥平指東

陶 左右正面身作向東勢兩手高舉羽籥推向東分植

樂 左右身微向西左足進前籥倚肩羽平指西

淑 左右正面身作向西勢兩手高舉羽籥推向西分植

相 左右正立羽籥斜交

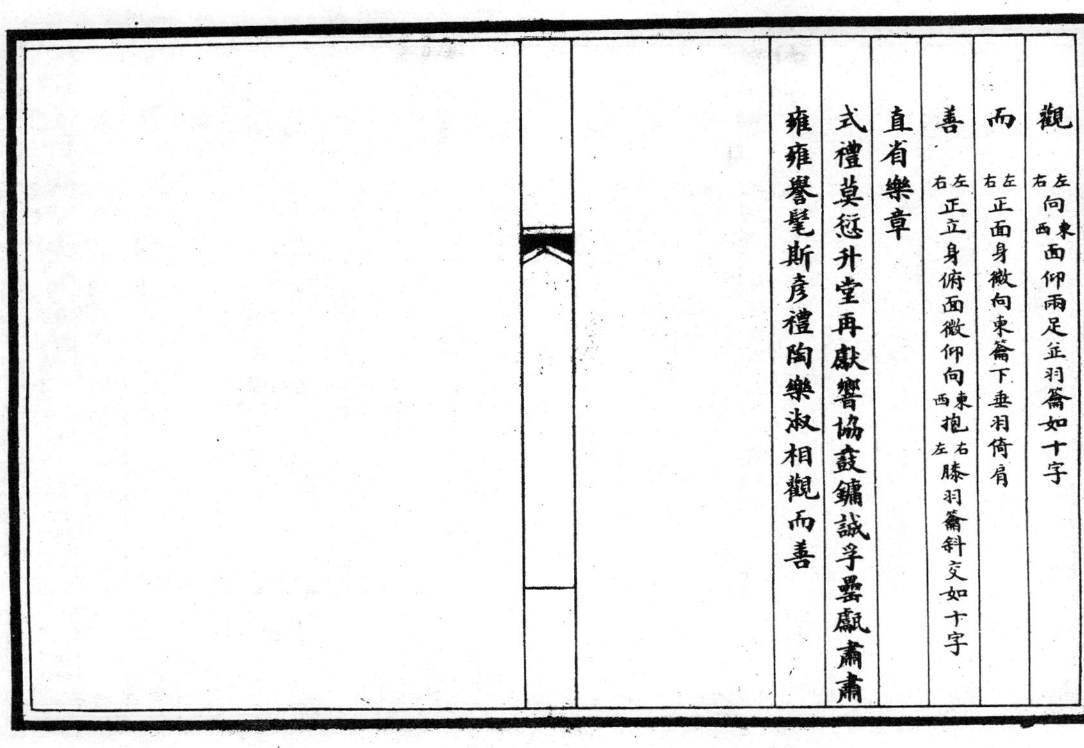

觀 左右向東西面仰兩足並羽籥如十字

而 左右正面身微向東籥下垂羽倚肩

善 左右正立身俯面微仰向東西抱右左膝羽籥斜交如十字

直省樂章

式禮莫愆升堂再獻響協鼓鏞誠孚罍甗肅肅

雝雝譽髦斯彥禮陶樂淑相觀而善

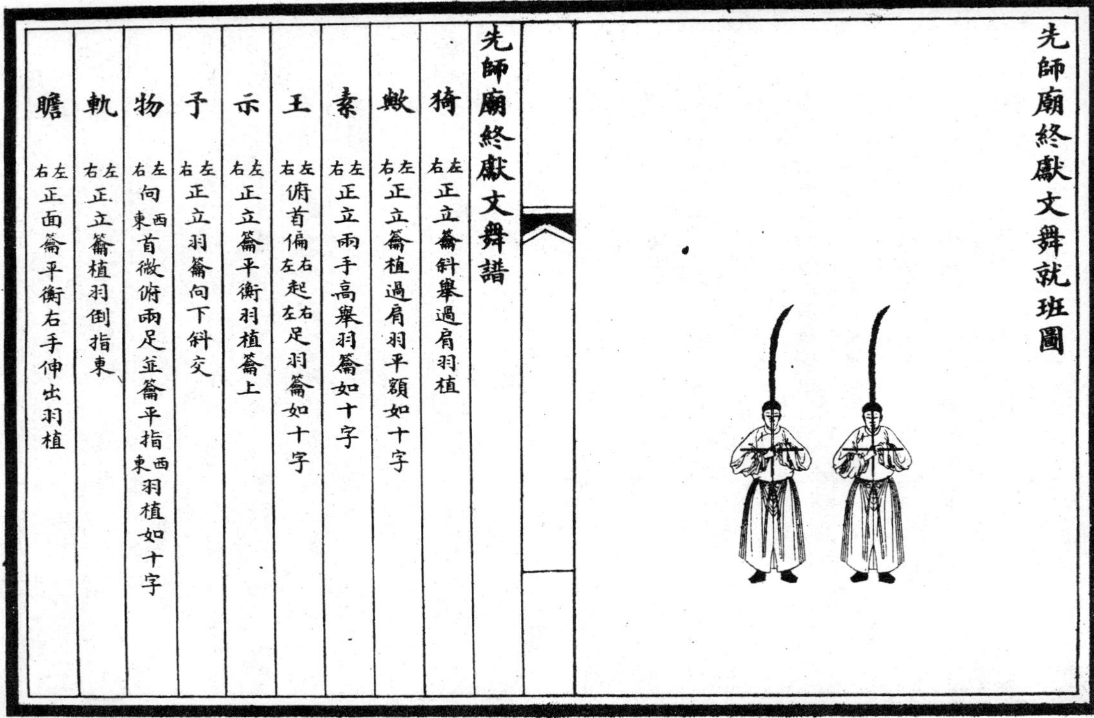

先師廟終獻文舞就班圖

先師廟終獻文舞譜

猗 左右正立籥斜舉過肩羽植

歟 左右正立籥植過肩羽平額如十字

素 左右正立兩手高舉羽籥如十字

王 左右俯首偏右左起左右足羽籥如十字

示 左右正立籥平衡羽植籥上

予 左右正立羽籥向下斜交

物 左右向西東首微俯兩足並籥平指西東羽植如十字

軌 左右正立籥植羽倒指東

瞻 左右正面籥平衡右手伸出羽植

之 左右向西東身俯右左足進前籥平指西東羽斜舉

在 左右正立身俯籥衡地羽植籥上

前 左右正面身微向東西羽籥分植

師 左右正面右足交於左羽籥分植

表 左右正立羽籥偏右左如十字

萬 左右身微倚西東右左足少前作俯視勢羽籥偏左右如十字

祀 左右正立身俯抱右左膝羽籥如十字

酌 左右正立羽籥偏左斜倚肩

彼 左右正面身微向西東羽籥分植

金 左右正立籥植居左羽平衡如十字

罍 左右正立籥平衡羽植

我 左右正立羽籥偏右斜倚肩

酒 左右正立身俯羽籥如十字

維 左右身微向東西籥斜倚肩羽下垂指西

旨 左右身微向西東籥下垂羽斜倚肩

登 左右正立面向東西兩手相並舉向西東羽籥植

獻 左右正立面向西東兩手相並舉向東西羽籥植

雖 左右正立籥斜衡羽植籥上

終 左右正立兩手高舉羽籥植

弗 左右正面身微向東羽籥分植

遐 左右正面身微向西羽籥分植

有 左右正面屈雙足羽籥如十字

喜 左右屈雙足俯首至地羽籥如十字

先師廟終獻文舞。左右兩班立如亞獻。左右手執籥羽亦如亞獻儀。工歌敘平之章。舞凡三十二式。

直省終獻文舞就班同。惟樂章樂舞各殊。

樂章

猗歟

素王示予物軌瞻之在前師表萬祀酌彼金罍我酒維旨登獻雖終弗遐有喜

先師廟直省終獻文舞譜

自 左右正立籥下垂羽植

古 左右向西東身俯兩足並羽籥斜交

在 左右正面身微蹲兩手推向東西羽籥分植

昔 左右向西東起左右足羽籥分植

先 左右正面右足交於左羽籥如十字

民 左右向西身俯左足進前籥下垂羽植地

有 左右向東身俯右足進前籥下垂羽植地

作 左右正立籥平衡羽植居右如十字

皮 左右正面左足句後籥斜舉過肩羽植

弁　左右正面屈右足左足伸出趾向上籥平舉羽植居中

祭　左右正面屈右足羽籥偏左如十字

菜　左右正立身俯羽籥植地

於　左右向東西兩手相並羽籥斜指東西

論　左右正面身作向西東勢兩手高舉羽籥斜交偏左右

思　左右向東西身俯起右左足籥斜衡羽植

樂　左右正立籥下垂斜衡羽植籥上

惟　左右正面屈左足羽籥偏右如十字

天　左右正面屈左足右足伸出趾向上籥下垂斜衡羽斜舉過肩

牖　左右正立羽籥偏左斜倚肩

民　左右正立羽籥偏右斜倚肩

惟　左右正立籥平衡羽高舉

聖　左右向東西面仰籥平指東西羽植如十字

時　左右向西東籥平指西東羽植如十字

若　左右正立身俯羽籥如十字

彝　左右向西東籥平指西東羽植

倫　左右正立羽籥偏右左如十字

攸　左右正立身俯籥斜植地羽植

敘　左右正立兩手相交羽籥並植

至　左右正面屈左足羽籥如十字

今　左右正面屈雙足籥平衡羽植居右

木　左右正面屈雙足羽籥分植

鐸　左右屈雙足俯首至地羽籥如十字

直省樂章

自古在昔先民有作皮弁祭菜於論思樂惟

天牖民惟

聖時若彝倫攸敘至今木鐸

欽定大清會典圖卷五十五

樂二十五 樂舞十



關帝廟初獻武舞就班圖

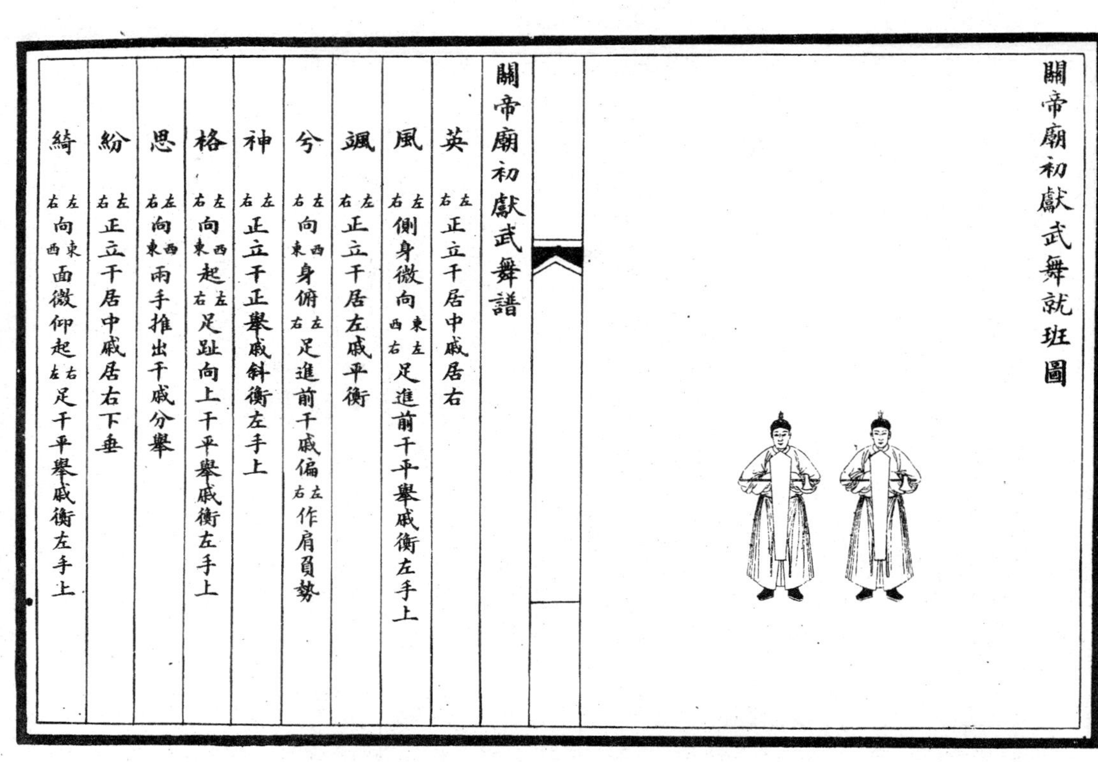

關帝廟初獻武舞譜

英 左右正立干居中戚居右

風 左右側身微向東西左右足進前干平舉戚衡左手上

颯 左右正立干居左戚平衡

兮 左右向西東身俯左右足進前干戚偏左右作肩負勢

神 左右正立干正舉戚斜衡左手上

格 左右向西東起左右足趾向上干平舉戚衡左手上

思 左右向西東兩手推出干戚分舉

紛 左右正立干居中戚居右下垂

綺 左右向東西面微仰起右左足干平舉戚衡左手上

蓋 左右身微倚西東右左足少前作下視勢干戚偏左右

兮 左右向東西兩足並干平舉戚衡左手上

龍 左右向東西身微蹲右左足少前干平舉戚衡左手上

旂 左右俯首偏左右左右足少前右左足虛立干戚偏右左

斛 左右向西東身微俯起左右足兩手推出干平舉戚斜衡左手上

桂 左右正立右足交於左身微蹲干正舉戚衡左手上

醑 左右正立面微向東西右左足少前作俯視勢干戚偏左右

兮 左右俯首右足少前干居左戚居右下垂

盈 左右向東西身微俯右左足少前趾向上干戚偏右左

卮 左右正立兩手高拱干正舉戚平衡

香 左右俯首右左足虛立干戚偏右左

始 左右正立干居左戚向內下垂

升 左右側身偏左右右左足虛立干植地戚衡左手上

兮 左右向東西起右左足趾向上干戚偏右左

明 左右向東西身微俯起左右足干側舉戚平衡指東西

粢 左右正面兩足並干正舉戚衡左手上

惟 左右向東西身俯右左足少前干戚偏右左作肩負勢

降 左右正立兩手高拱干正舉戚衡左手上

鑒 左右正立俯首干植地戚平衡偏右左

兮 左右正立左手伸出干平舉戚向內斜衡

在 左右正立干居左戚居右

茲 左右正面身微蹲干戚偏左

流 左右正面右足交於左干居左戚居右平衡

景 左右正立干居左戚居右下垂

祚 左右向東西首微俯手微拱干正舉戚衡左手上

兮 左右正立干平舉戚衡左手上

翊 左右正立干戚分舉

昌 左右正面屈雙足干正舉戚衡左手上

時 左右屈雙足俯首干正舉戚衡左手上

關帝廟祭以春秋仲月。初獻武舞。左右兩班。正面立。冬冠夏冠視祭時。服紅色銷金花服。皆左手執干居中當胸。右手執戚平衡。戚左柄右。工歌翊平之章。舞凡三十八式。

樂章

英風颯兮

神格思紛綺蓋兮龍旂斛桂醑兮盈卮香始升兮明

粢惟

降鑒兮在茲流景祚兮翊昌時

關帝廟亞獻文舞就班圖

# 關帝廟亞獻文舞譜

觴　左右正立兩手高拱羽籥如十字

再　左右正立羽籥並植

酌　左右向東西身俯右左足進前籥斜指下羽植

兮　左右正立籥植過肩羽平額交如十字

告　左右正立身俯羽籥如十字

虔　左右正面左足虛立籥衡膝上羽植

舞　左右向西東羽籥斜舉

干　左右正立手推向東西羽籥分植

戚　左右向西東籥平指西東羽植如十字

兮　左右向西東身俯左右足進前籥斜指下羽植

合　左右正立籥斜舉倚肩羽植

宮　左右正立籥植過肩羽平額交如十字

懸　左右向東西籥斜舉羽植

歆　左右面微仰身俯向東西抱右左膝羽籥斜交如十字

苾　左右正面左足虛立籥斜倚膝羽植

芬　左右正立籥植近肩羽平衡如十字

兮　左右正立身俯籥衡地羽植籥上

潔　左右正立羽籥如十字

蠲　左右正立羽籥向下斜交

扇　左右向東西籥斜衡羽植

巍　左右向西東籥斜衡羽植

顯　左右正立面向西東羽籥分植

翼　左右向東西身俯右左足進前籥下垂羽植

兮　左右向東西籥平指東西羽植

神　左右正立兩手高舉羽籥如十字

功　左右正面屈雙足羽籥如十字

宣　左右屈雙足俯首至地羽籥如十字

關帝廟亞獻文舞。左右兩班。正面立。皆左手執籥居左。右手執羽居右。羽籥分植。下齊當腰際。工歌之章。舞凡二十七式。

樂章

觴再酌兮告虔舞干戚兮合宮懸歆苾芬兮潔

蠲扇巍顯翼兮

神功宣

關帝廟終獻文舞就班圖

關帝廟終獻文舞譜

鬱　左右身微向東西羽籥偏右交如十字

鬯　左右正立兩手相交羽籥並植

兮　左右正立籥植居左羽平衡如十字

三　左右正立兩足並兩手微拱羽籥如十字

申　左右正立羽籥分植

羅　左右正面右足交於左羽籥如十字

籩　左右正立籥平舉過肩羽植

簋　左右向西東籥平指西東羽植

兮　左右向西東身微俯籥下垂右手推出羽植

畢　左右正立籥下垂羽植

陳　左右正立籥植居左羽倒指東

儀　左右正立籥平衡羽植

卒　左右正立身俯面仰羽籥分植

度　左右正立羽籥偏左右斜倚肩

兮　左右向東西兩手伸出羽籥並植

肅　左右向東西起右左足兩手相並舉向西東羽籥並植

明　左右向東西身俯起右左足籥斜指下羽植

禋　左右正立籥植居中羽衡籥下

神　左右正立羽籥斜交

降　左右正立籥平衡羽植籥上

福　左右向東西身俯右左足進前籥下垂羽植地

兮　左右正面身微蹲兩手並羽籥分植

宜　左右向西東身俯左右足進前籥下垂羽植

民　左右正立身俯籥衡地羽植

宜　左右正面屈雙足羽籥交如十字

人　左右屈雙足俯首至地羽籥如十字

關帝廟終獻文舞。左右兩班立如亞獻。皆左手執籥居左斜衡腰際。右手執羽居右下齊當腰際。工歌靖平之章。舞凡二十六式。

樂章

鬱岊兮三申。羅籩簋兮畢陳。儀卒度兮肅明禋。神降福兮宜民宜人。

# 文昌廟初獻文舞就班圖

## 文昌廟初獻文舞譜

神　左右正立籥下垂羽植

之　左右身微向西東羽籥偏左右如十字

來　左右向東西籥斜指下羽植

兮　左右正立籥斜舉羽植

遵　左右正立兩足並籥植居左羽平衡如十字

盖　左右向西東籥下垂右手伸出羽植

式　左右向西東面仰兩手推出羽籥斜舉

陳　左右正立羽籥如十字

神　左右向東西身俯兩足並羽籥植地

之　左右向西東面仰羽籥如十字

格　左右正立籥植過肩羽平頫交如十字

兮　左右向西東身俯兩手伸出羽籥斜交

几　左右正立左右手伸出羽籥分植

筵　左右向西東身俯兩手推出羽籥斜交

式　左右正立羽籥植

親　左右向東西首微俯兩足並羽籥如十字

極　左右正面兩足並羽籥如十字

昭　左右正立身微蹲羽衡膝上籥植

彰　左右正立兩手伸出羽籥分植

兮　左右正面左足虛立籥衡膝上羽植

靈　左右正立籥植居中羽平頫

貺　左右向西東籥平指西東羽植如十字

致　左右正立兩手推向東西羽籥並植

蠲　左右正立身俯籥衡地羽植居右

潔　左右正立羽籥斜交

兮　左右向東西兩足並籥平指東西羽植如十字

明　左右向東西兩手伸出羽籥植

禋　左右向東西籥下垂羽植

升　左右正立羽籥如十字

香 左右正立籥植居中羽衡籥下

兮 左右俯首偏右左起右左足羽籥如十字

伊 左右正立右足交於左羽籥植

始 左右正面身微向西東兩手推向西東羽籥分植

居 左右向東西首微俯兩足並羽籥如十字

歆 左右正立籥平衡羽植居右

兮 左右向東西身微俯籥斜衡腰際羽植

佑 左右向東西籥平衡羽植

我 左右正立兩手高舉羽籥如十字

人 左右正面屈雙足羽籥如十字

民 左右屈雙足俯首羽籥如十字

文昌廟祭以春秋仲月。初獻文舞。左右兩班。各十有八人。正面立。冬冠夏冠視祭時服。紅色銷金花服。皆左手執籥當胸平衡。右手執羽當中植立高出於頂。羽籥相交如十字。工歌俶平之章。舞凡四十式。

樂章

神之來兮籩簋式陳

神之格兮几筵式親極昭彰兮靈貺致蠲潔兮明禋

升香兮伊始

居歆兮佑我人民

## 文昌廟亞獻文舞就班圖

## 文昌廟亞獻文舞譜

再　左右正立籥平衡羽植

酌　左右向西東籥平舉羽植

兮　左右身微向西東籥斜衡腰際羽植籥上

瑤　左右正立籥斜舉羽植

觴　左右向東西身微俯起右左足籥平舉羽植如十字

爍　左右向東西身微俯起右左足羽籥相交如十字

爛　左右正立兩手相交羽籥並植

兮　左右身俯面微仰向東西抱右左膝羽籥斜交如十字

庭　左右向東西籥下垂羽斜倚肩

燎　左右向東西籥斜倚肩羽衡斜指西

之　左右正立籥植居左羽平衡如十字

光　左右向東西身俯右左足進前籥斜指下羽植

申　左右正立面向東西兩手相並舉向西東羽籥植

虔　左右向西東身俯左右足進前趾向上羽籥斜交

禱　左右正立籥下垂右手推出羽植

兮　左右正立羽籥分植

神　左右正立羽籥向下斜交

座　左右正面兩足並兩手微拱羽籥如十字

儼　左右向西東身俯兩足並羽籥斜交

陟　左右正面右足交於左羽籥如十字

降　左右正立籥下垂羽斜倚肩

兮　左右正立籥平衡羽斜植籥上

帝　左右正立籥平舉過肩羽植

旁　左右正立兩手微拱羽籥如十字

粢　左右向東西身微俯面微仰籥高舉斜指東西羽植

醴　左右正立兩手推向西東羽籥分植

潔　左右向東西籥斜指東西羽植籥上

兮　左右向東西兩手相並羽籥斜指東西

齋　左右正面左足虛立籥下垂羽斜倚肩

邀 左右正面身向西東起左右足羽籥植

將 左右向西東兩手相並羽籥斜舉

綏 左右正立籥衡腰際羽斜舉

景 左右向東西身俯右左足進前籥斜衡羽植地

運 左右正立兩手微拱羽籥交如十字

兮 左右身俯羽籥如十字

靈 左右正面屈雙足羽籥如十字

長 左右屈雙足俯首至地羽籥如十字

文昌廟亞獻文舞。左右兩班立如初獻。左右手執籥羽亦如初獻儀。工歌煥平之章。舞凡三十七式。

樂章

再酌兮瑤觴爍爛兮庭燎之光申虔禱兮

神座儼陟降兮帝旁粢醴潔兮齋邀將綏景運兮靈

長

文昌廟終獻文舞就班圖

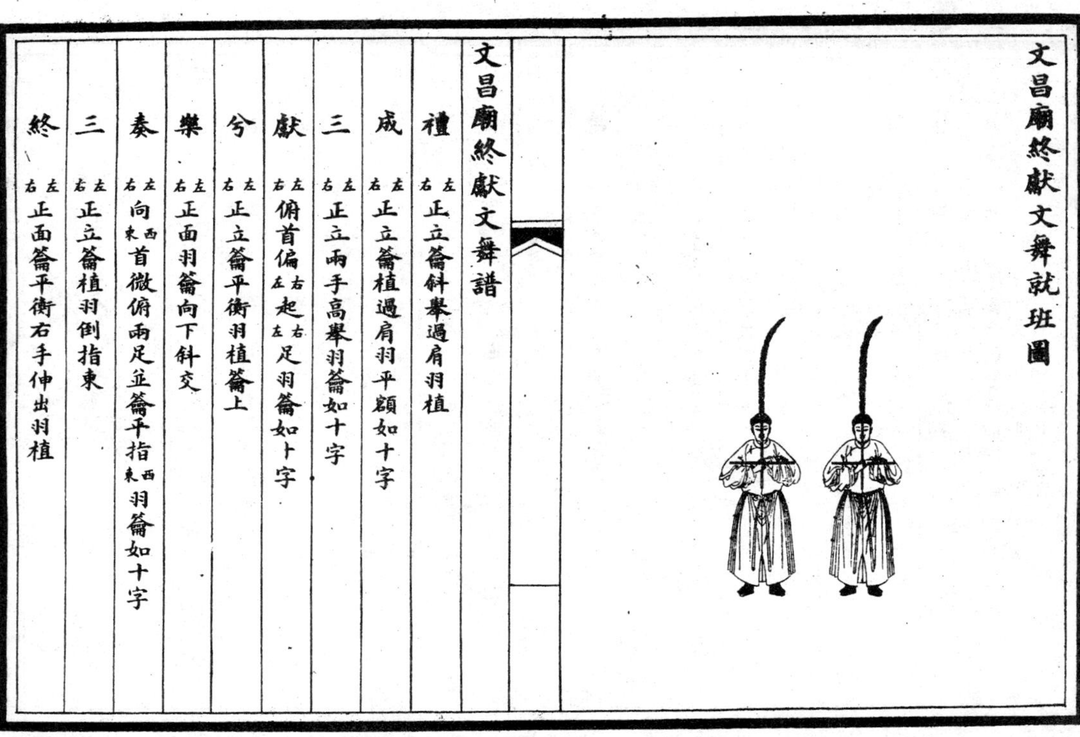

文昌廟終獻文舞譜

禮 左右正立籥斜舉過肩羽植

成 左右正立籥植過肩羽平顴如十字

三 左右正立兩手高舉羽籥如十字

獻 左右俯首偏左右起左右足羽籥如卜字

兮 左右正立籥平衡羽植籥上

樂 左右正面羽籥向下斜交

奏 左右向西東首微俯兩足並籥平指西東羽籥如十字

三 左右正立籥植羽倒指東

終 左右正面籥平衡右手伸出羽植

覃 左右向西東身俯右左足進前籥平指西東羽斜舉

敷 左右正立身俯籥衡地羽植籥上

元 左右正面身微向東西右左足少前羽籥分植

化 左右正面右足交於左羽籥分植

兮 左右正立羽籥偏右左如十字

緊 左右身微向西東右左足少前作俯視勢羽籥偏左右如十字

神 左右正立身俯抱右左膝羽籥如十字

功 左右正立羽籥偏左斜倚肩

馨 左右正面身微向西東左右手推出羽籥並植

香 左右正立籥植居左羽平衡如十字

達 左右正立籥平衡羽植

兮 左右正立羽籥偏右斜倚肩

肸 左右正立身俯羽籥如十字

蠁 左右身微向東西籥斜倚肩羽下垂指西

通 左右身微向西東籥下垂羽斜倚肩

歆 左右正立面向東西兩手相並舉向西東羽籥並植

明 左右正立面向西東兩手相並舉向東西羽籥並植

德 左右正立籥斜衡腰際羽植籥上

兮 左右正立兩手高舉羽籥分植

昭 左右正面身微向東羽籥分植

察 左右正面身微向西羽籥分植

寅 左右正面屈雙足羽籥如十字

衷 左右屈雙足俯首至地羽籥如十字

文昌廟終獻文舞。左右兩班。立如亞獻。左右手執籥羽。亦如亞獻儀。工歌煜平之章。舞凡三十二式。

樂章

禮成三獻兮樂奏三終覃敷元化兮緊神功馨香達兮肸蠁通歆明德兮昭察寅衷

欽定大清會典圖卷五十六

樂二十六 樂舞十一

慶隆舞樂舞圖

揚烈舞樂舞圖

喜起舞隊舞圖

慶隆舞樂舞圖

慶隆舞司章十三人。圖二人以例其餘以八旗護軍校等選充。冠冬冠，服蟒袍豹皮端罩。夏冠緯帽，去端罩。從右翼上，先立

殿外東嚮歌慶隆之章。人四句一易，進退迭奏。揚烈舞先上。歌至四章，揚烈舞退。禮部官領由右階趨至

殿右門，迭更入

殿立右旁，續歌樂章如前。喜起舞大臣同時入

殿中對舞。舞畢，樂章亦畢。禮部官仍領出由右階下。司節十六人，分左右兩翼并上。左右各圖一人以例其餘

翼各八人，北嚮立司章之下。冠冬冠，服石青金壽字袍豹皮端罩。夏冠緯帽，去端罩。左手持節若箕，右手持圖竹若箸，劃箕作聲，與樂章及各舞相為節奏。司章趨上時，禮部官亦領司節分左右趨上階，至

殿門外兩翼北嚮立。司章下，司節隨下。

皇帝三大節筵宴併

殿庭各筵宴皆用之。

盛京筵宴進世德舞、大功告成筵宴進德勝舞，用同。

樂章

於鑠

皇清受命於

天光延鴻祚，億萬斯年。天開令節，瑞啟階蓂。共球萬國

聖壽千齡。粵自我

先肇基，俄朵長白之山。鵲銜朱果，緜緜瓜瓞，長發其祥。

篤生

列祖積慶重光，式廓舊疆，東訖海表。

聖

聖相承，永世克紹。第一章　赫赫

神功，龍飛崛起。戎甲十三，奮迹伊始。復雠靖難，首克圖

倫。

天戈一指，震慴强鄰。九姓潛侵，滅跡如掃。蒙古五部來

奔

大號。明師四路，五日而殲。

定鼎遼瀋，都城巖巖。陣雲五色，江冰夜凝。

天助有德，應運而興。第二章

天亶聰明，覆幬下國。遠服邇歸，誕敷

文德。四方來附，雲集景從。建長命官，庶職是綜。爰創

國書，頡文羲畫。聲協元音，萬古不易。爰定軍制，綵

旄央央或純或閒永奠八方締造鴻模創成大
業錫福無疆慶鐘千葉第三章佑啟
哲嗣光闡
前猷昭崇駿德誕延
天庥攜貳綏懷朝鮮歸欵世奉東藩薩爾圭瓚三十五
部厥角稱臣西被佛土重譯來賓濯征有明耀
師齊魯電掃郊圻有而弗取略地松杏屢殪敵
軍百戰百克用集大勳第四章
帝德廣運昭受
鴻名建國紀元永定
大清敦睦九族彝倫式敘尚德親賢股肱心膂三
館是闢鑑古崇儒
郊
社
禘嘗式賁
皇圖爵秩以班六曹承政百工允釐萬邦表正威鑠
函夏德配
蒼穹敬承無斁駿烈豐功第五章
帝授神器統一寰瀛翦滅巨寇乾坤載清一著戎衣若
雨甘雨大告武成作神人

主
躬親大政飭紀整綱制禮作樂昭示典常納諫任賢慎
徽慮遠定律省刑萬世垂憲克勤克儉忠厚開
基
景命維新兢業自持第六章
聖神建極道冠百王六十一年福祚久長
天縱聰明冲齡御宇孝奉
兩宮德隆千古三孽蠢動一舉蕩平海氛永靖浪息長
鯨
親御六師三征沙漠威肅惠懷鋤頑撫弱禹功底績慶
典時巡敷天率土莫不尊親第七章惟
天行健
神聖則之典學勤政作君作師無逸為箴宵衣旰食
一人憂勞綏此萬國文經武緯地平天成中和立極玉
振金聲億萬斯年覲
光揚
烈敬
天勤民體元作哲
天鑒孔彰翼翼後王儀型
皇祖

帝祚遐昌章第八　瑤圖炳煥六合雍熙星輝雲爛風雨以時翕受嘉祥調和玉燭治藹皇風道光帝籙東漸西被北燮南諧梯航琛賮畢致堯階日升月恒萬邦蒙福擊壤歌衢嵩呼華祝秩秩威儀洋洋頌聲紹休列祖永慶昇平章第九

揚烈舞樂舞圖

揚烈舞。司舞八人。以八旗護軍領催馬步軍等選充。介胄騎禺馬。弓矢櫜鞬具。象八旗各一人。按旗色分左右兩翼上。（左右各圖一人以例其餘。）至殿外丹陛北嚮一叩頭。周旋馳逐。服黃畫布套者十六人。服黑羊皮套者十六人。各戴面具。跳躍擲倒。象異獸。騎禺馬首一人張弓扣矢向一巨獸。巨獸舞刀枝梧。巨獸受矢。羣獸懾服。咸退。象武成。

皇帝三大節筵宴。併

殿庭各筵宴皆用之。

喜起舞隊舞圖

喜起舞。隊舞大臣二十二人。（圖二人以例其餘。）以侍衛充。朝冠朝服。釋補服。懸朝珠。朝帶。佩帉。佩刀。入殿。北嚮三叩頭。少退。東邊西嚮立。以兩為隊。進前對舞。每隊舞畢。三叩頭。退。次隊復進。更舞如儀。

皇帝三大節筵宴。併

殿庭各筵宴皆用之。

# 欽定大清會典圖卷五十七

冠服一 禮服一



皇帝冬朝冠圖

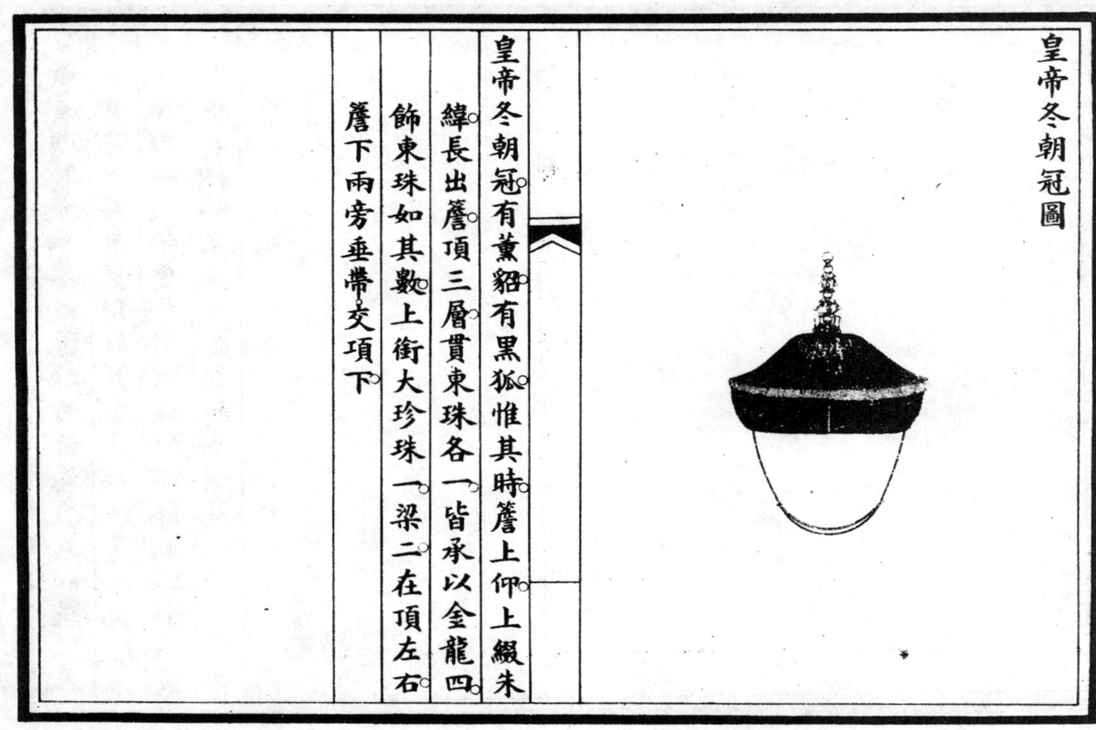

皇帝冬朝冠。有薰貂。有黑狐。惟其時。簷上仰。上綴朱緯。長出簷。頂三層。貫東珠各一。皆承以金龍四。飾東珠如其數。上銜大珍珠一。梁二。在頂左右。簷下兩旁垂帶。交項下。

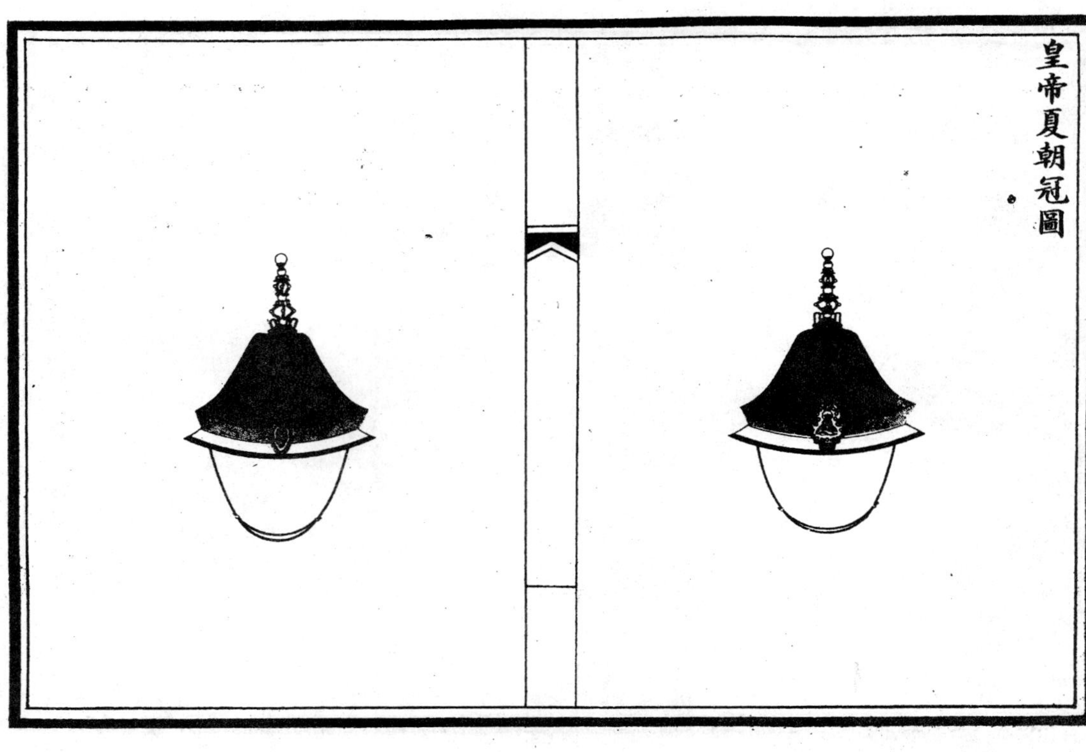


皇帝夏朝冠。織玉草或藤絲竹絲為質。表以羅。緣石青片金二層。裏用紅片金或紅紗。簷敞。上綴朱緯。內加圈。帶屬於圈。前綴金佛。飾東珠十五。後綴舍林。飾東珠七。餘制如冬朝冠。

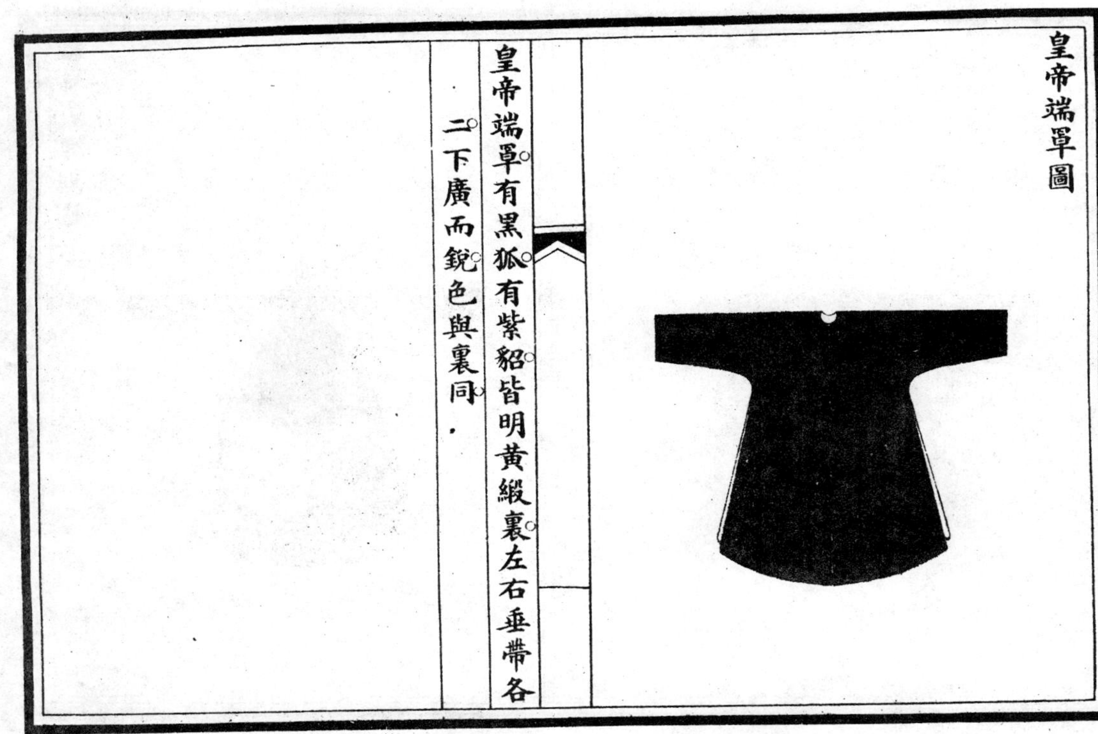
皇帝端罩圖

皇帝端罩。有黑狐。有紫貂。皆明黃緞裏。左右垂帶各二。下廣而銳。色與裏同。

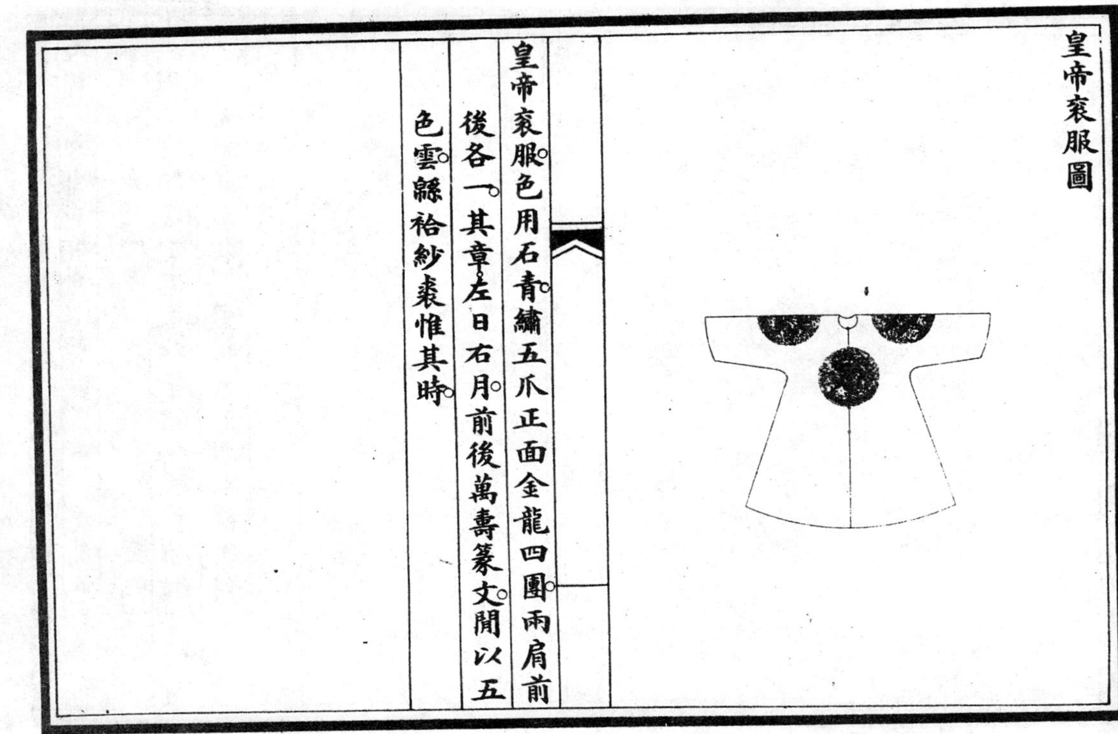
皇帝袞服圖

皇帝袞服。色用石青。繡五爪正面金龍四團。兩肩前後各一。其章左日右月。前後萬壽篆文。間以五色雲。緜袷紗裘。惟其時。

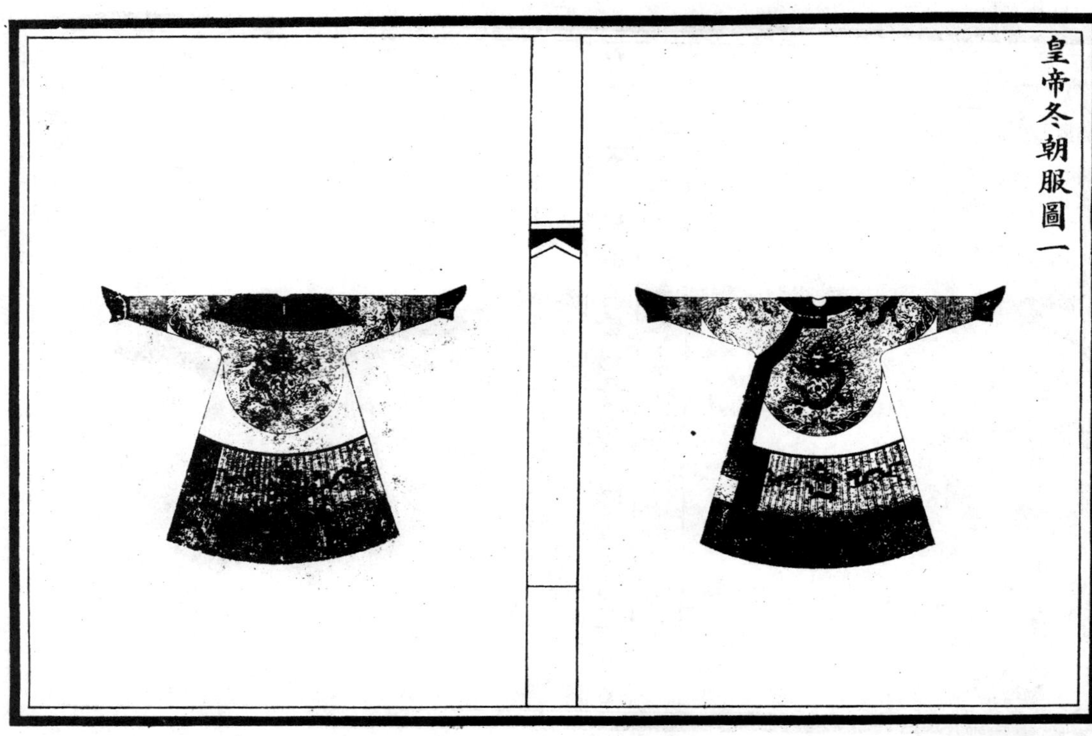

皇帝冬朝服圖一

皇帝冬朝服。色用明黃。惟
圜丘
祈穀用藍。披領及裳俱表以紫貂。袖端薰貂。繡文。兩肩
前後正龍各一。襞積行龍六。衣前後列十二章。
閒以五色雲。

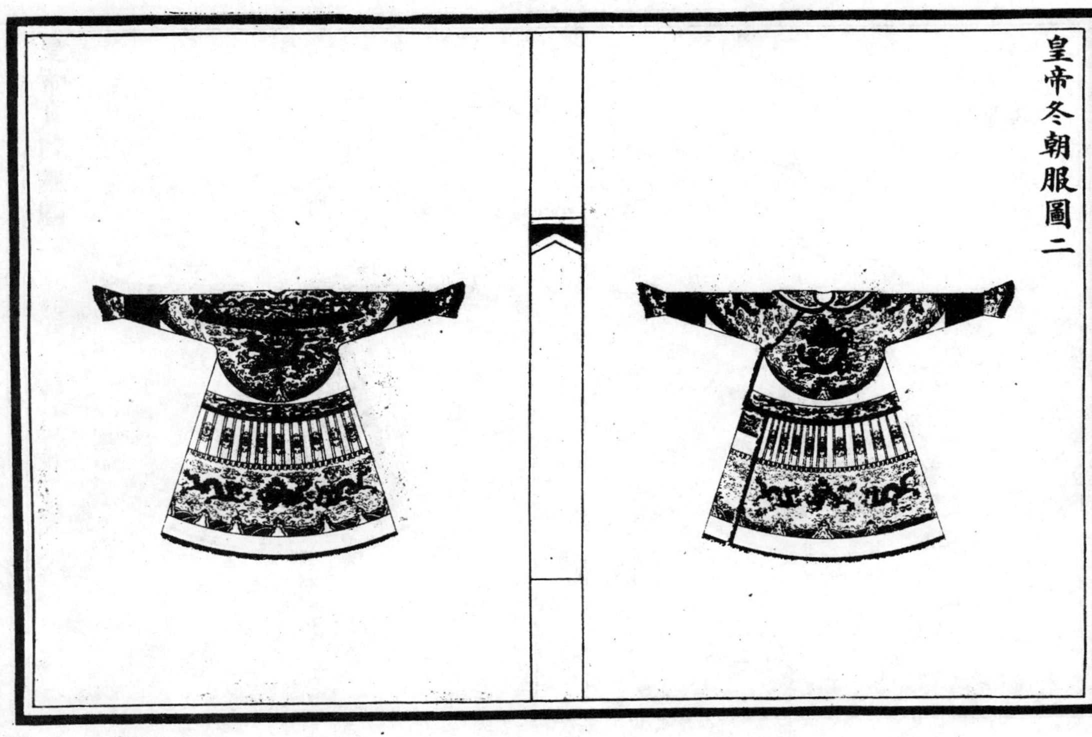

皇帝冬朝服圖二

皇帝冬朝服。色用明黃。惟

朝日用紅。披領及袖俱石青。片金加海龍緣。繡文。兩肩前後正龍各一。腰帷行龍五。衽正龍一。襞積前後團龍各九。裳正龍二。行龍四。披領行龍二。袖端正龍各一。前後列十二章。日月星辰山龍華蟲黼黻在衣。宗彝藻火粉米在裳。間以五色雲。下幅八寶平水。

皇帝夏朝服圖

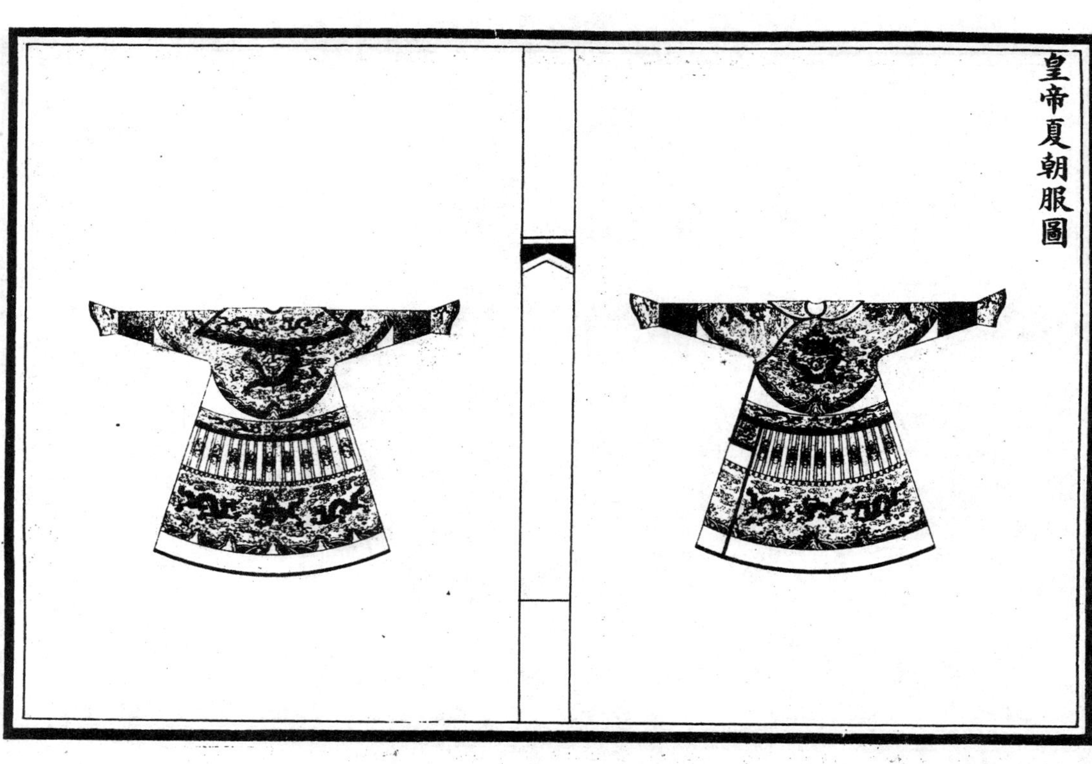

皇帝夏朝服。色用明黄。惟
常雩用藍。
夕月用月白。披領及袖俱石青。片金緣。緞紗單袷惟
其時。餘制如冬朝服二。

皇帝朝珠圖吉服朝珠附見

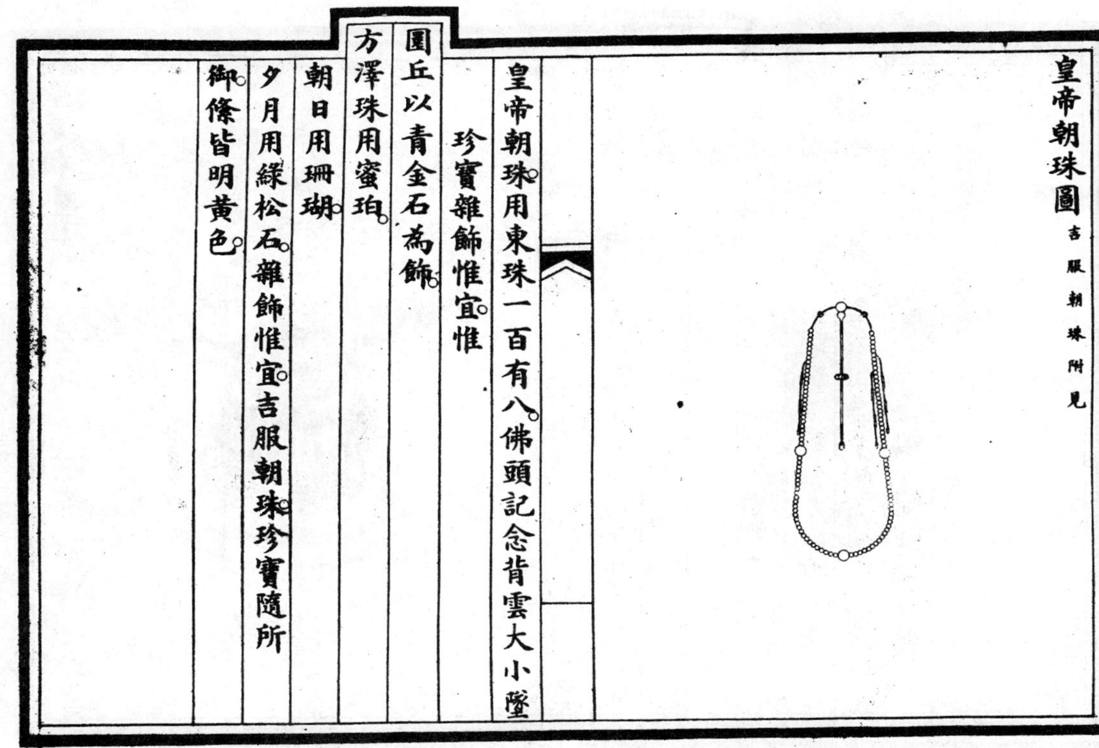

皇帝朝珠用東珠一百有八。佛頭記念背雲大小墜珍寶雜飾惟宜。惟圜丘以青金石爲飾。方澤珠用蜜珀。朝日用珊瑚。夕月用綠松石。雜飾惟宜。吉服朝珠。珍寶隨所御。絛皆明黃色。

皇帝朝帶圖一

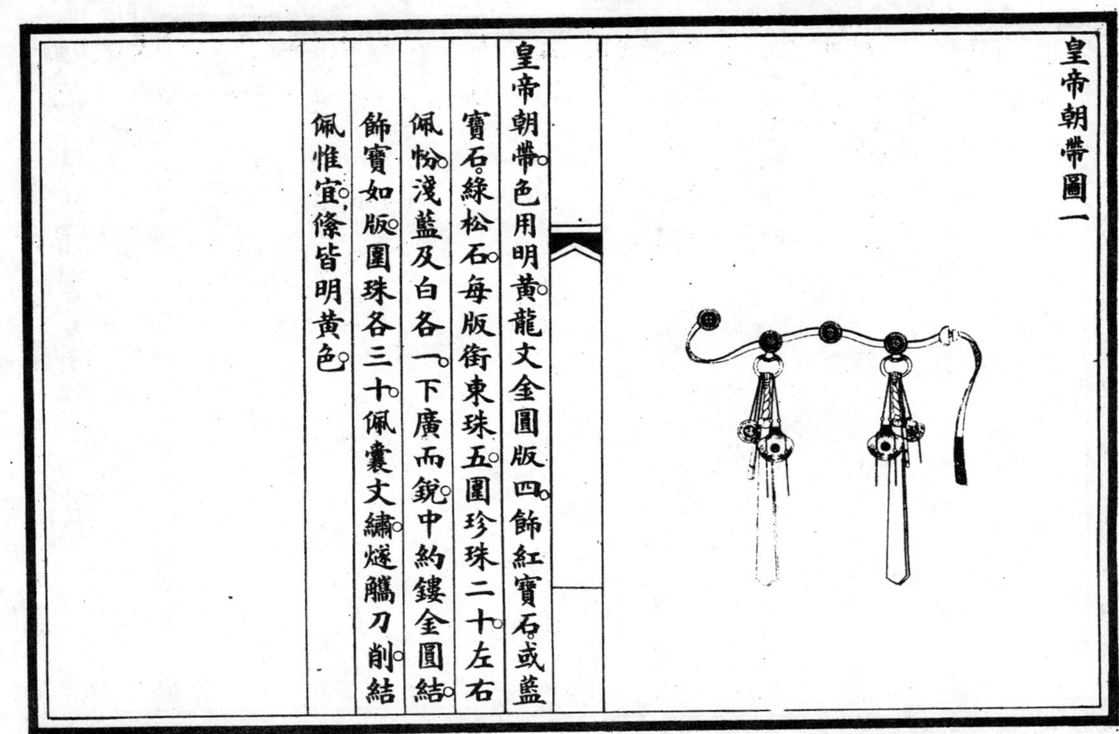

皇帝朝帶。色用明黃。龍文金圓版四。飾紅寶石。或藍寶石。綠松石。每版銜東珠五。圍珍珠二十。左右佩帉淺藍及白各一。下廣而銳。中約鏤金圓結飾。寶如版。圍珠各三十。佩囊文繡。燧觿刀削結佩惟宜。絛皆明黃色。

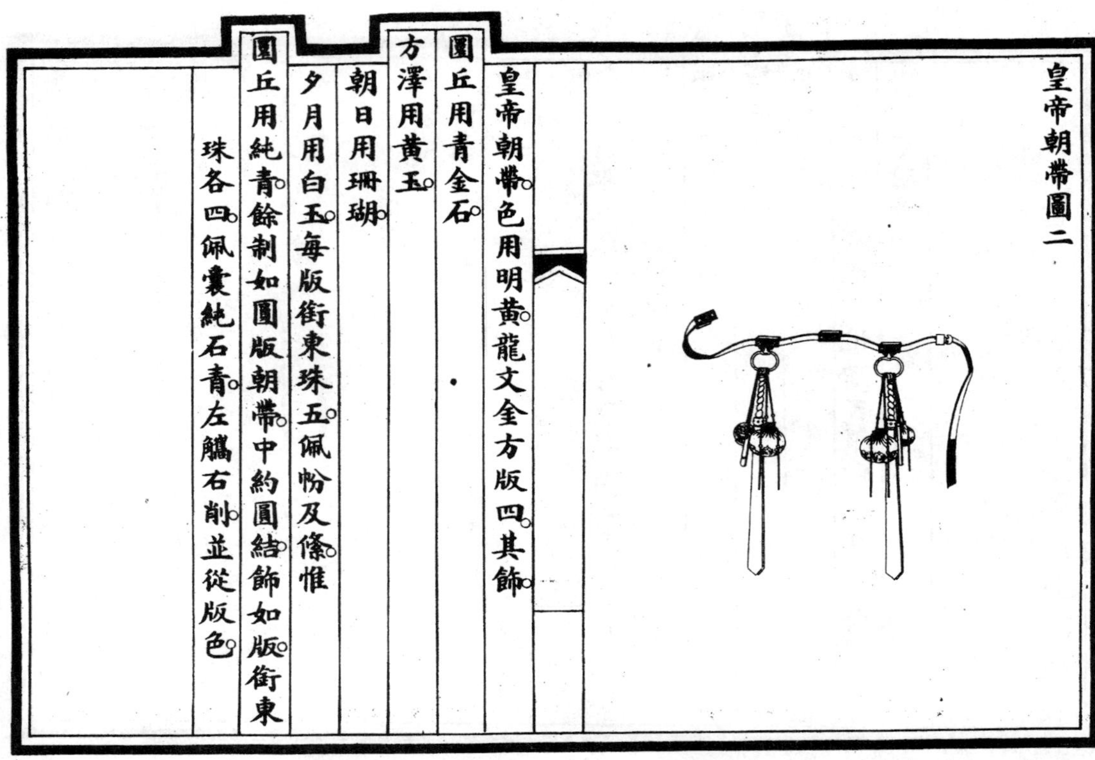

皇帝朝帶圖二

皇帝朝帶色用明黃。龍文金方版四。其飾

圜丘用青金石。

方澤用黃玉。

朝日用珊瑚。

夕月用白玉。每版銜東珠五。佩帉及絛惟

圜丘用純青。餘制如圜版朝帶。中約圓結飾如版。銜東

珠各四。佩囊純石青。左觿右削。並從版色。

# 欽定大清會典圖卷五十八

## 冠服二 禮服二

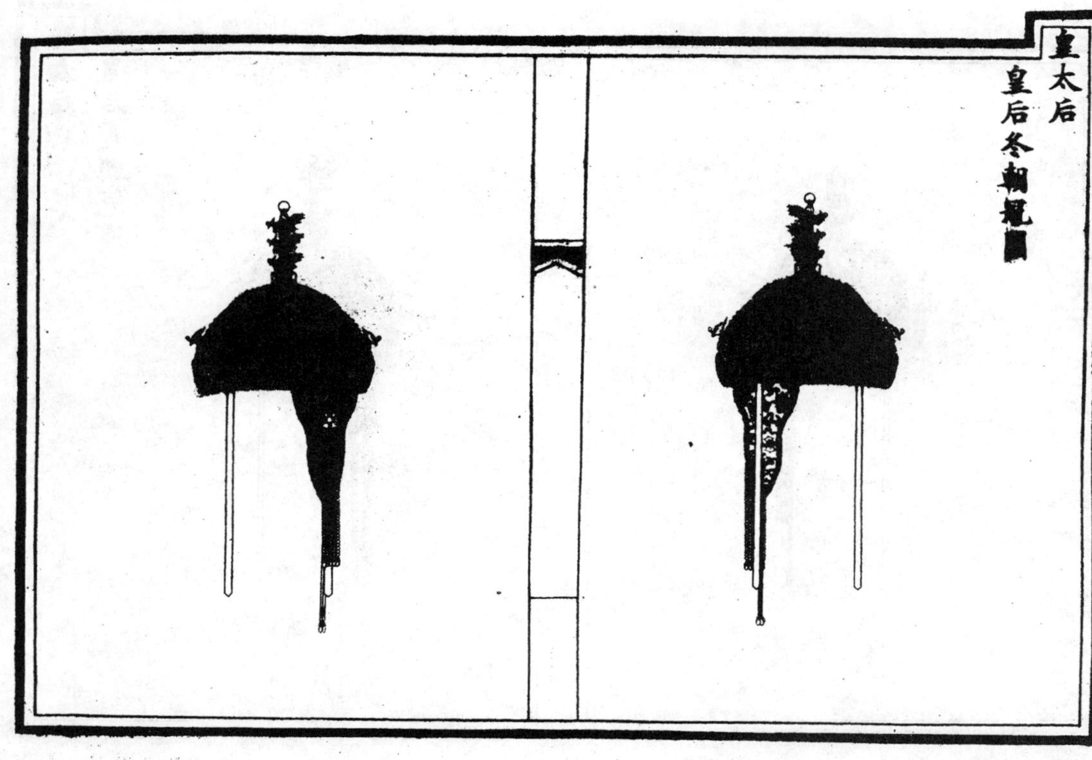
皇太后
皇后冬朝冠圖

皇太后
皇后冬朝冠。薰貂為之。上綴朱緯。頂三層。貫東珠各一。皆承以金鳳。飾東珠各三。珍珠各十七。上銜大東珠一。朱緯上周綴金鳳七。飾東珠各九。貓睛石各一。珍珠各二十一。後金翟一。飾貓睛石一。小珍珠十六。翟尾垂珠五行二就。共珍珠三百有二。每行大珍珠一。中間金銜青金石結一。飾東珠珍珠各六。末綴珊瑚。冠後護領垂明黃絛二。末綴寶石。青緞為帶。

皇太后
皇后夏朝冠圖

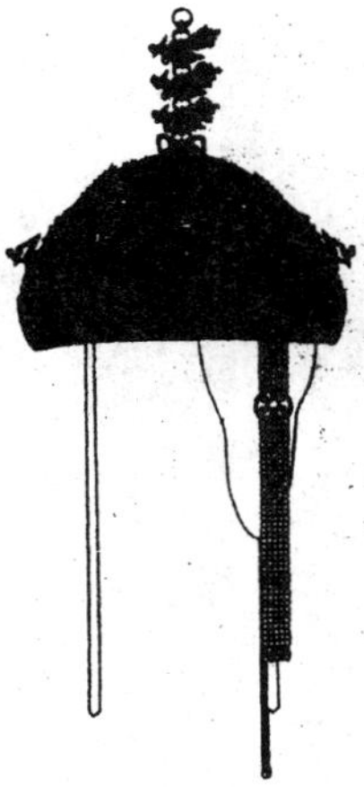

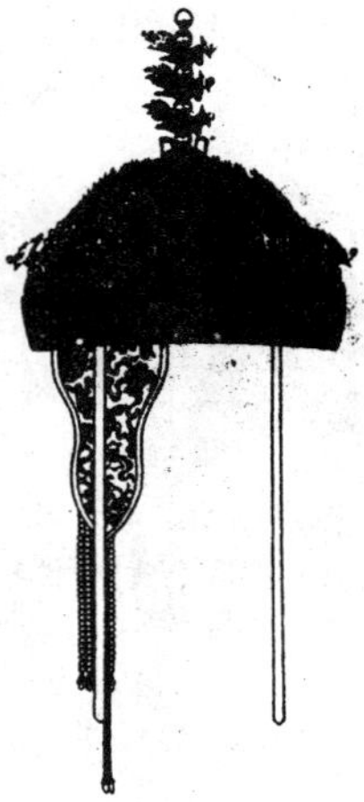

皇太后
皇后夏朝冠。青絨爲之。餘制如冬朝冠。

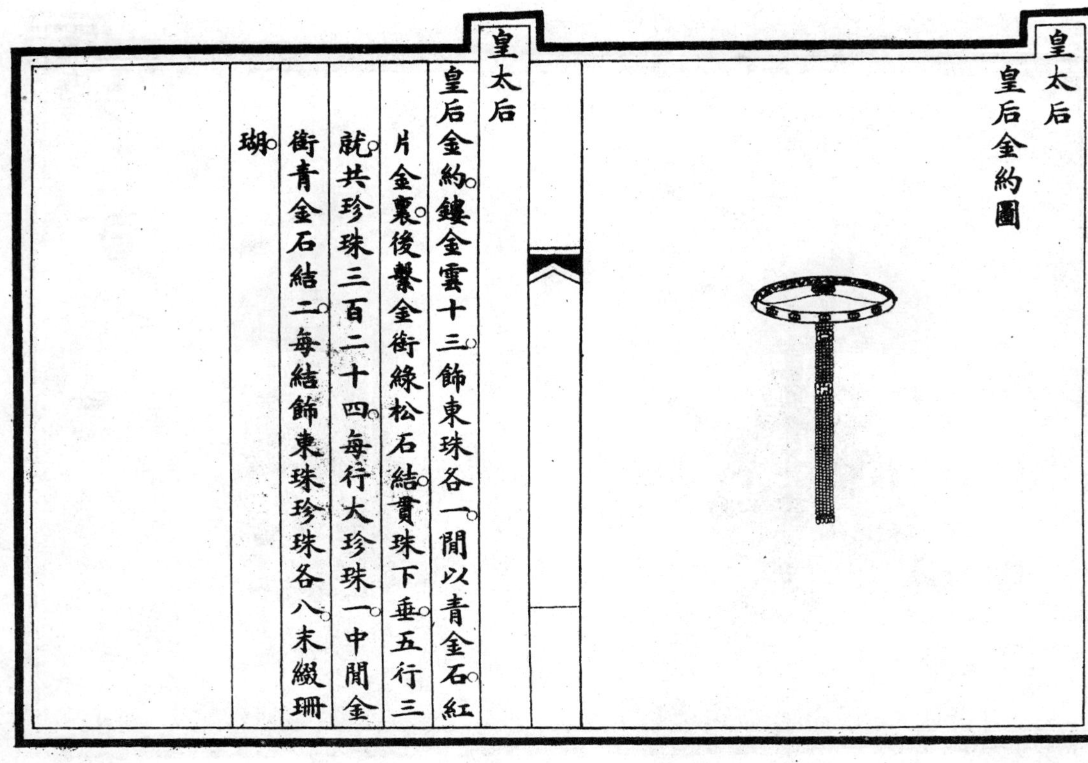


皇太后
皇后金約鏤金雲十三飾東珠各一間以青金石紅片金裏後繫金銜綠松石結貫珠下垂五行三就共珍珠三百二十四每行大珍珠一中間金銜青金石結二每結飾東珠珍珠各八末綴珊瑚

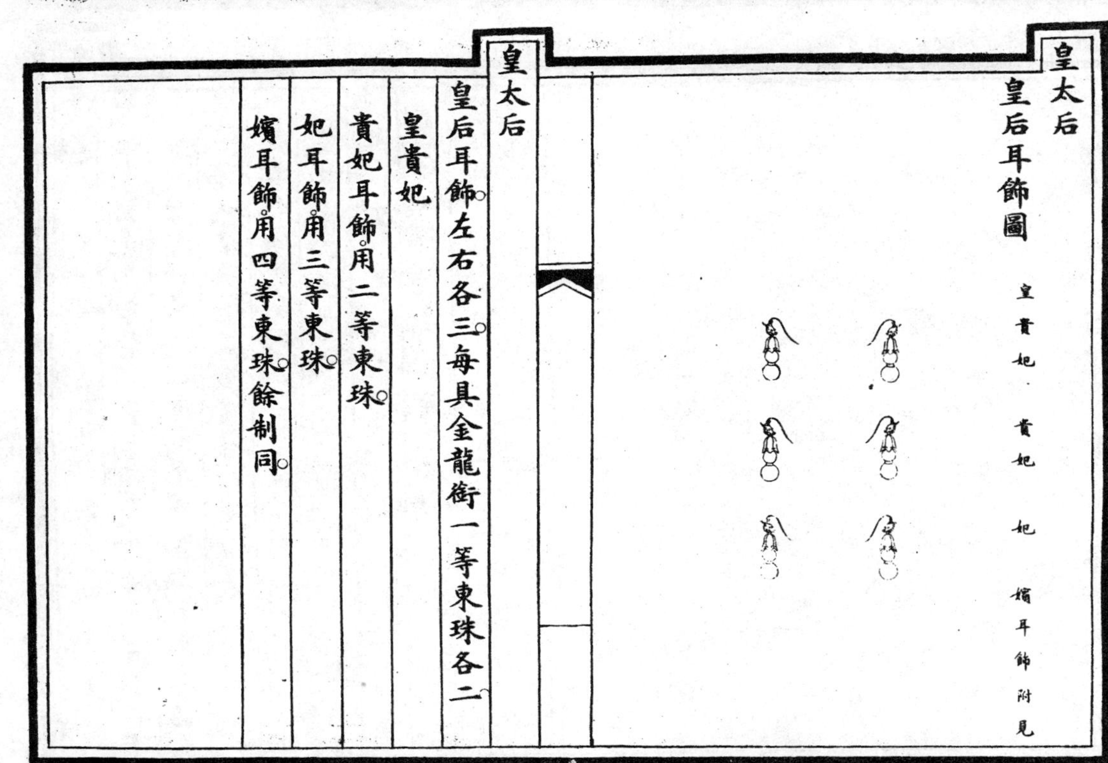


皇太后
皇后耳飾左右各三每具金龍銜一等東珠各二
皇貴妃
貴妃耳飾用二等東珠
妃耳飾用三等東珠
嬪耳飾用四等東珠餘制同

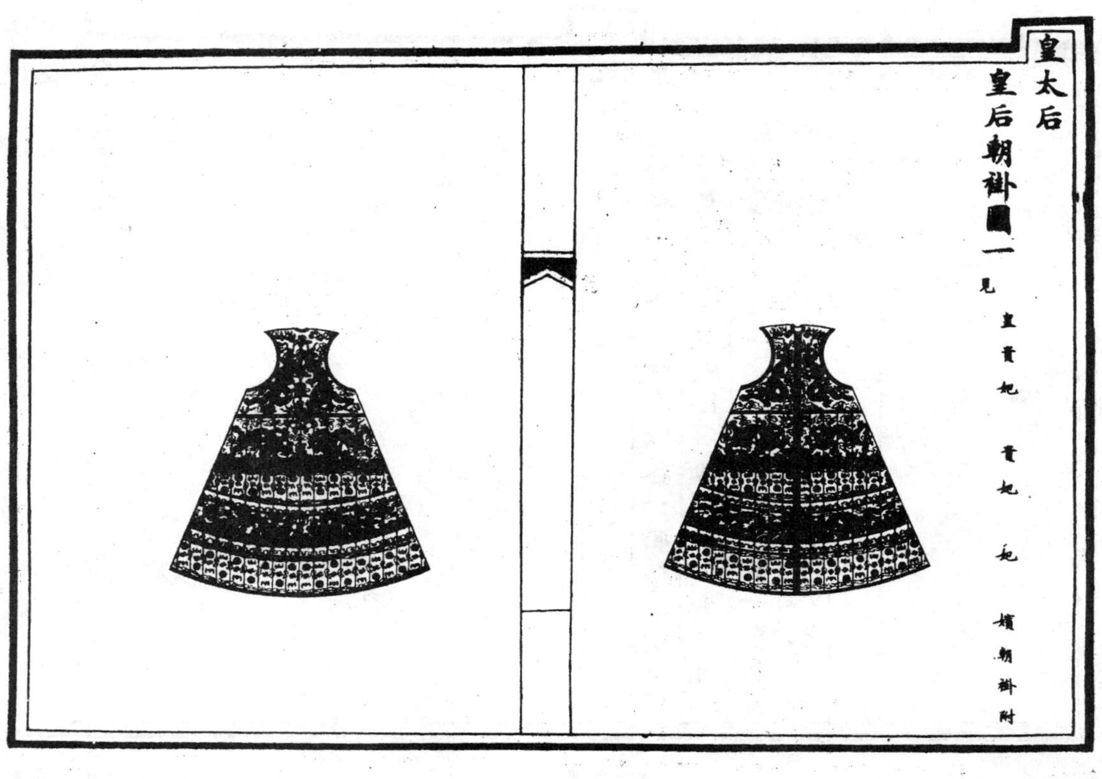


皇太后
皇后朝褂。色用石青。片金緣。繡文。前後立龍各二。下通襞積。四層相間。上為正龍各四。下為萬福萬壽。領後垂明黃絛。其飾珠寶惟宜。
皇貴妃朝褂。制同。
貴妃
妃
嬪朝褂。領後絛用金黃色。餘同。

皇太后
皇后朝褂。色用石青。片金緣。繡文前後正龍各一。腰帷行龍四。中有襞積。下幅行龍八。領後垂明黃縧。其飾珠寶惟宜。緞紗單袷惟其時。

皇貴妃朝褂。制同。
貴妃
妃

嬪朝褂。領後縧用金黃色。餘同。

皇太后皇后朝褂圖三見皇貴妃貴妃妃嬪朝褂附

皇太后皇后朝褂。色用石青。片金緣。繡文。前後立龍各二。中無襞積。下幅八寶平水。領後垂明黃條。其飾珠寶惟宜。緞紗單袷惟其時。

皇貴妃貴妃妃朝褂。制同。

嬪朝褂。領後條用金黃色。餘同。

# 欽定大清會典圖卷五十九

## 冠服三 禮服三



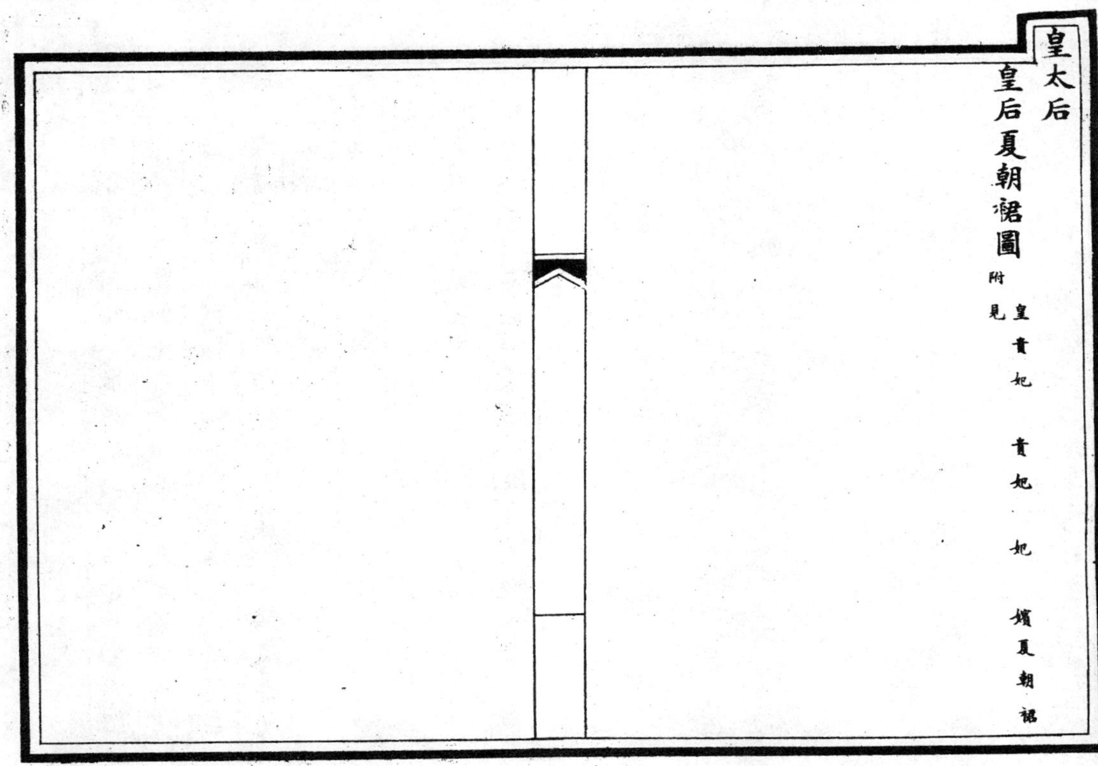

皇太后皇后冬朝袍圖一

皇貴妃　貴妃　妃　嬪冬朝袍附見

皇太后皇后冬朝袍。色用明黃。披領及袖俱石青。片金加貂緣。肩上下襲朝褂處亦加緣。繡文。金龍九。間以五色雲。中無襞積。下幅八寶平水。披領行龍二。袖端正龍各一。袖相接處行龍各二。領後垂明黃絛。其飾珠寶惟宜。

皇貴妃冬朝袍。制同。

貴妃

妃冬朝袍。用金黃色。

嬪冬朝袍。用香色。領後絛皆用金黃色。餘同。

皇太后皇后冬朝袍圖二

皇貴妃　貴妃　妃　嬪冬朝袍附見

皇太后皇后冬朝袍。色用明黃。片金加海龍緣。繡文。前後正龍各一。兩肩行龍各一。腰帷行龍四。中有襞積。下幅行龍八。餘制如冬朝袍一。

皇貴妃冬朝袍。制同。

貴妃

妃冬朝袍。用金黃色。

嬪冬朝袍。用香色。領後條皆用金黃色。餘同。

皇太后皇后冬朝袍圖三

皇貴妃　貴妃　妃　嬪冬朝袍附見

皇太后皇后冬朝袍。色用明黃。片金加海龍緣。裾後開。餘制如冬朝袍一。

皇貴妃冬朝袍。制同。

貴妃

妃冬朝袍。用金黃色。

嬪冬朝袍。用香色。領後條皆用金黃色。餘同。

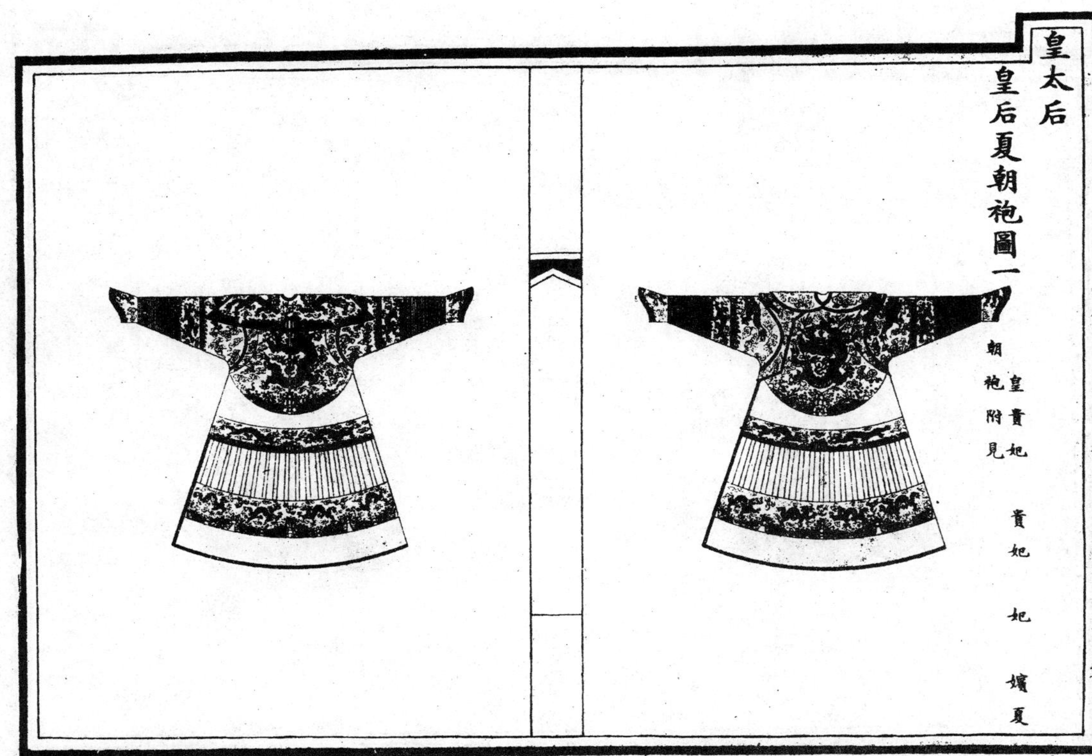


皇太后

皇后夏朝袍。色用明黃。片金緣。緞紗單袷惟其時。餘制如冬朝袍二。

皇貴妃夏朝袍。制同。

貴妃

妃夏朝袍。用金黃色。

嬪夏朝袍。用香色。領後條皆用金黃色。餘同。

皇太后
皇后夏朝袍圖二

皇貴妃　貴妃　妃　嬪夏朝袍附見

皇太后
皇后夏朝袍。色用明黃。片金緣。緞紗單袷惟其時。餘制如冬朝袍二。

皇貴妃夏朝袍。制同

貴妃

妃夏朝袍。用金黃色。

嬪夏朝袍。用香色。領後條皆用金黃色。餘同。

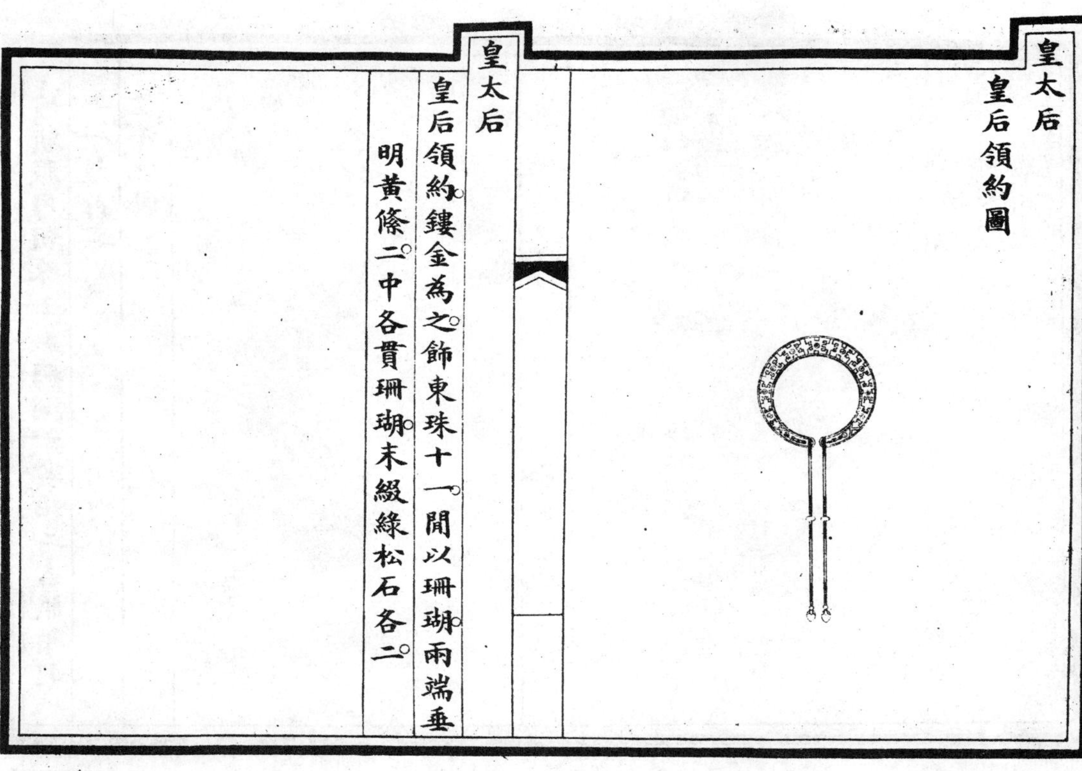


皇太后皇后領約。鏤金為之。飾東珠十一。間以珊瑚。兩端垂明黃絛二。中各貫珊瑚。末綴綠松石各二。

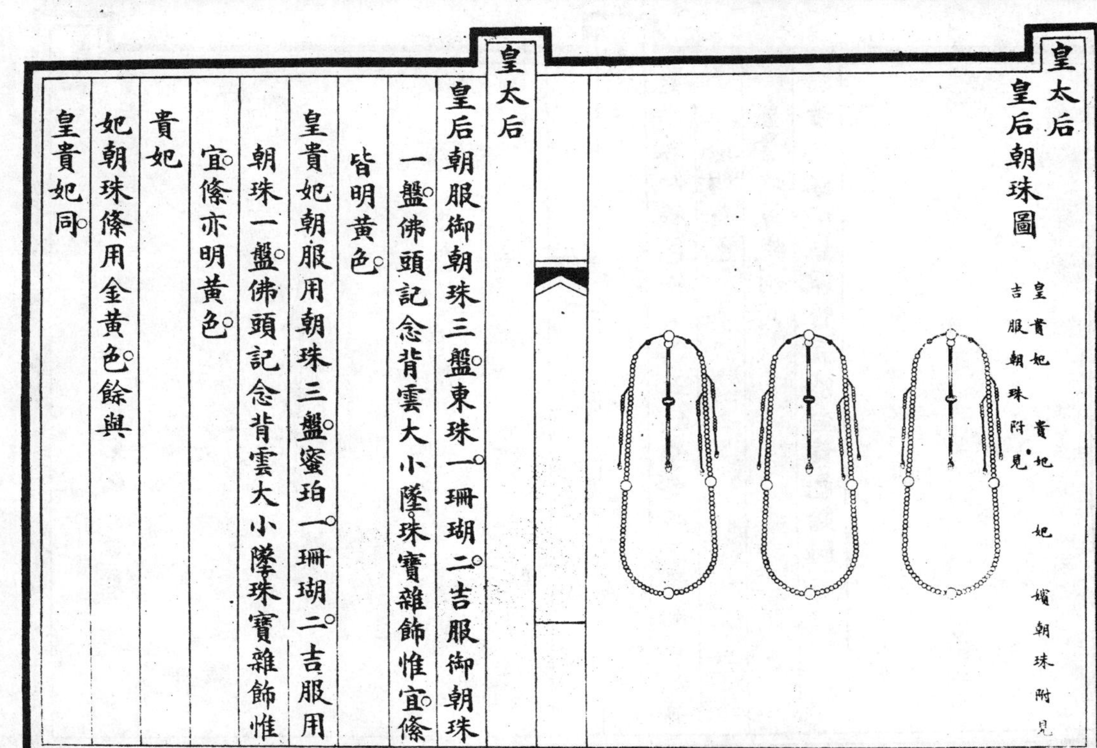


皇太后皇后朝服御朝珠三盤。東珠一。珊瑚二。吉服御朝珠一盤。佛頭記念背雲大小墜珠寶雜飾惟宜。絛皆明黃色。

皇貴妃朝服用朝珠三盤。蜜珀一。珊瑚二。吉服用朝珠一盤。佛頭記念背雲大小墜珠寶雜飾惟宜。絛亦明黃色。

貴妃妃朝珠絛用金黃色。餘與皇貴妃同。

嬪朝服用朝珠三盤。珊瑚一。蜜珀二。吉服用朝珠一盤。餘與

皇貴妃同。

皇太后

皇后綵帨圖

皇貴妃

貴妃綵帨附見

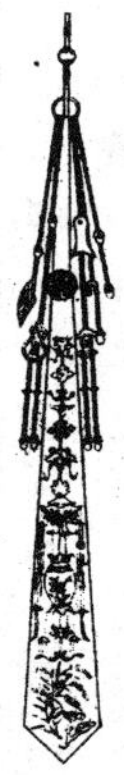

皇太后

皇后綵帨。綠色。繡文爲五穀豐登。佩箴管、鞶袠之屬。絛明黃色。

皇貴妃綵帨。制同。

貴妃綵帨。結佩惟宜。絛金黃色。餘同。

## 皇太后皇后冬朝裙圖

附見皇貴妃貴妃妃嬪冬朝裙

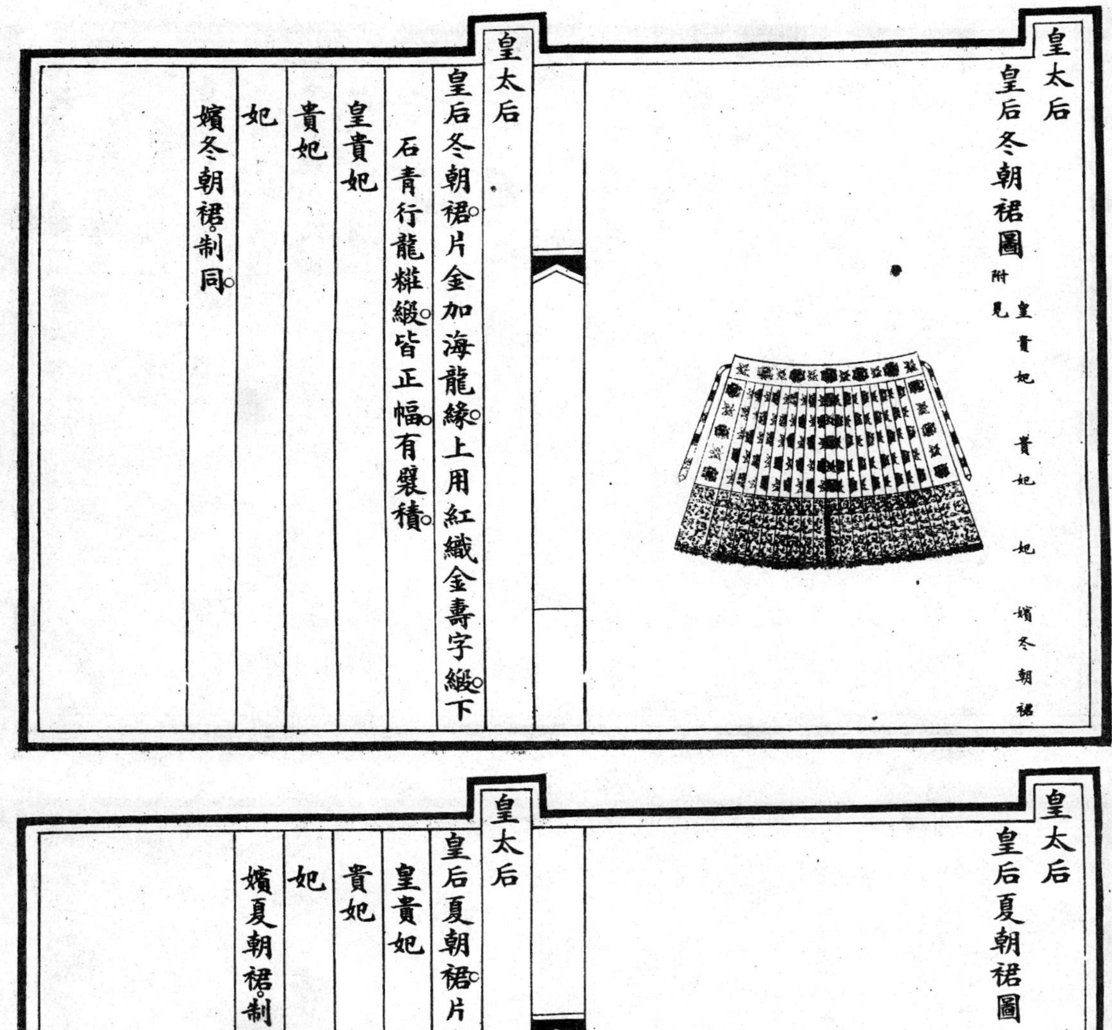

皇太后皇后冬朝裙。片金加海龍緣。上用紅織金壽字緞。下石青行龍粧緞。皆正幅。有襞積。皇貴妃貴妃妃嬪冬朝裙。制同。

## 皇太后皇后夏朝裙圖

附見皇貴妃貴妃妃嬪夏朝裙

皇太后皇后夏朝裙。片金緣。緞紗惟其時。餘制如冬朝裙。皇貴妃貴妃妃嬪夏朝裙。制同。

欽定大清會典圖卷六十

冠服四 禮服四

皇貴妃冬朝冠圖 貴妃冬朝冠附見

皇貴妃夏朝冠圖 貴妃夏朝冠附見

皇貴妃金約圖 貴妃金約附見

皇貴妃領約圖 貴妃、妃、嬪領約附見

妃冬朝冠圖

妃夏朝冠圖

妃金約圖

妃綵帨圖

嬪冬朝冠圖

嬪夏朝冠圖

嬪金約圖

嬪綵帨圖

皇貴妃冬朝冠圖 貴妃冬朝冠附見

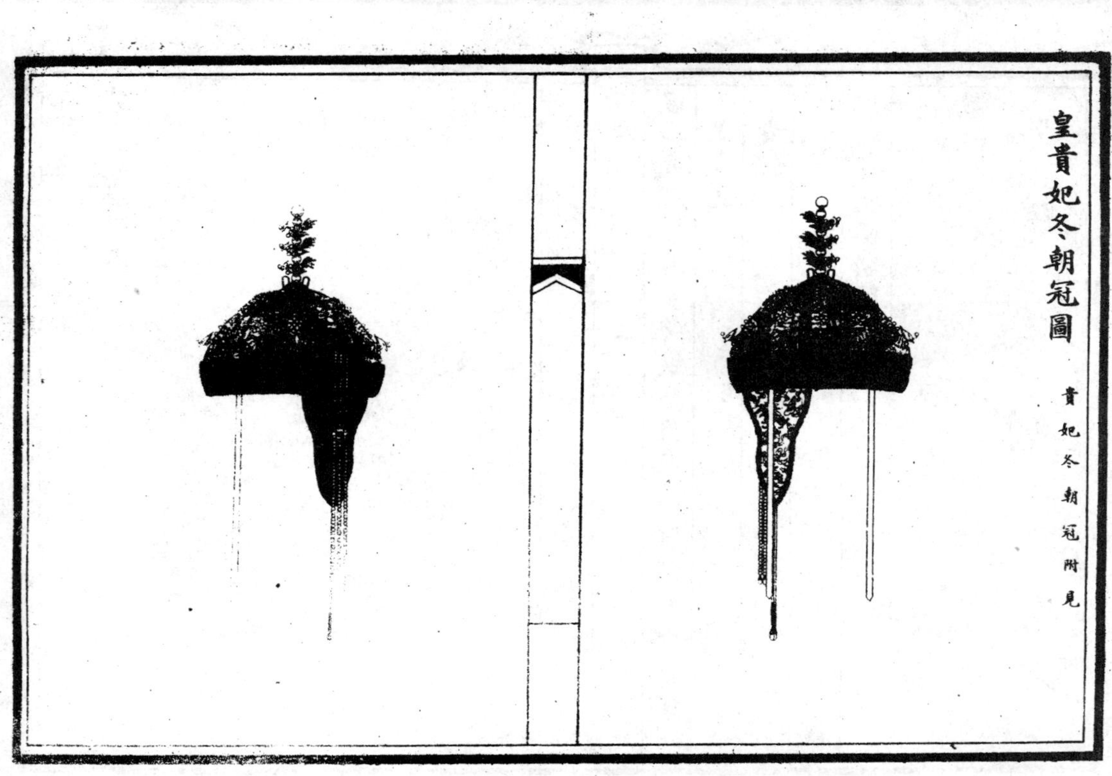

皇貴妃冬朝冠。薰貂為之。上綴朱緯。頂三層。貫東珠各一。皆承以金鳳。飾東珠各三。珍珠各十七。上銜大珍珠一。朱緯上周綴金鳳七。飾東珠各九。珍珠各二十一。後金翟一。飾貓睛石一。小珍珠十六。翟尾垂珠。三行二就。共珍珠一百九十二。中閒金銜青金石結一。飾東珠珍珠各四。末綴珊瑚。冠後護領。垂明黃絛二。末綴寶石。青緞為帶。

貴妃冬朝冠。護領絛用金黃色。餘同。

皇貴妃夏朝冠圖

貴妃夏朝冠附見

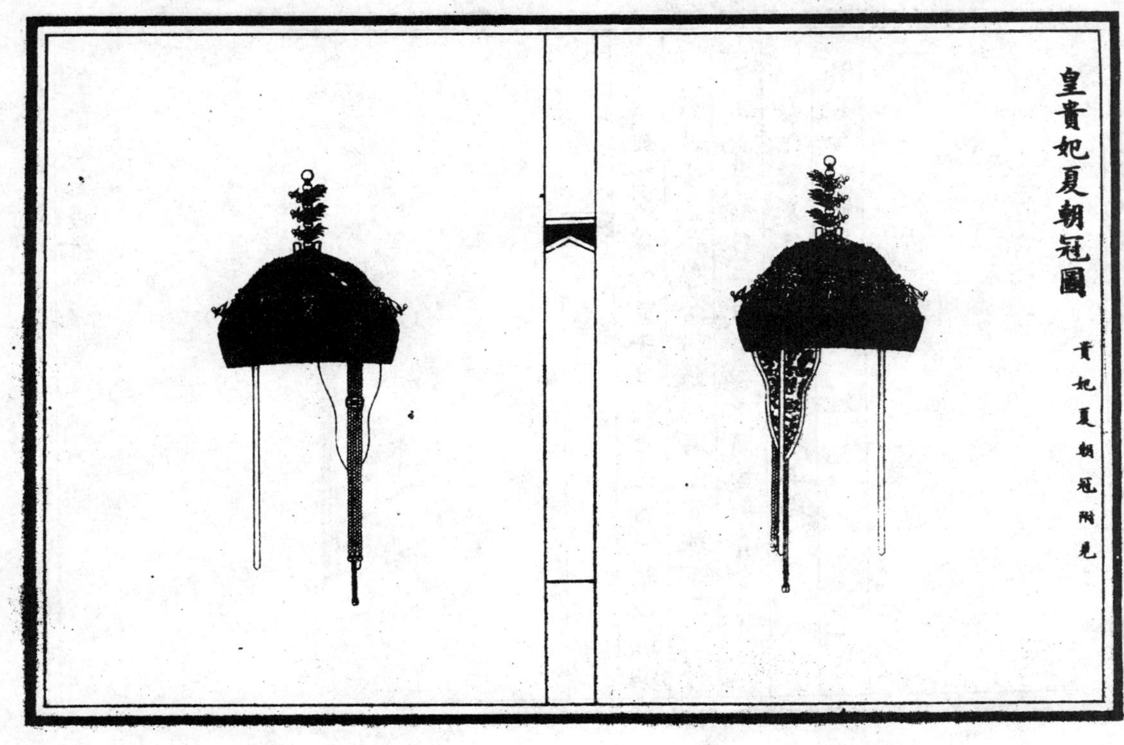

皇貴妃夏朝冠。青絨爲之。餘制如冬朝冠。

貴妃夏朝冠。護領絛用金黃色。餘同。

皇貴妃金約圖

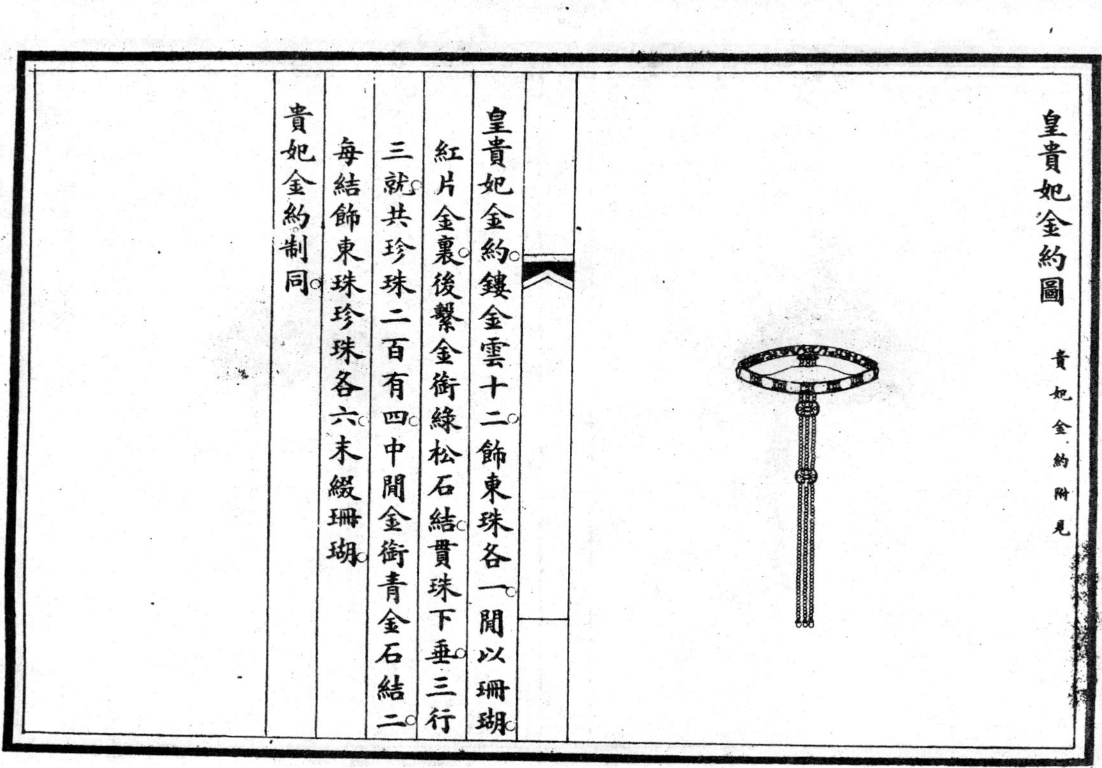

貴妃金約附見

皇貴妃金約。鏤金雲十二。飾東珠各一。間以珊瑚。紅片金裏。後繫金銜綠松石結。貫珠下垂三行三就。共珍珠二百有四。中間金銜青金石結二。每結飾東珠珍珠各六。末綴珊瑚。

貴妃金約制同。

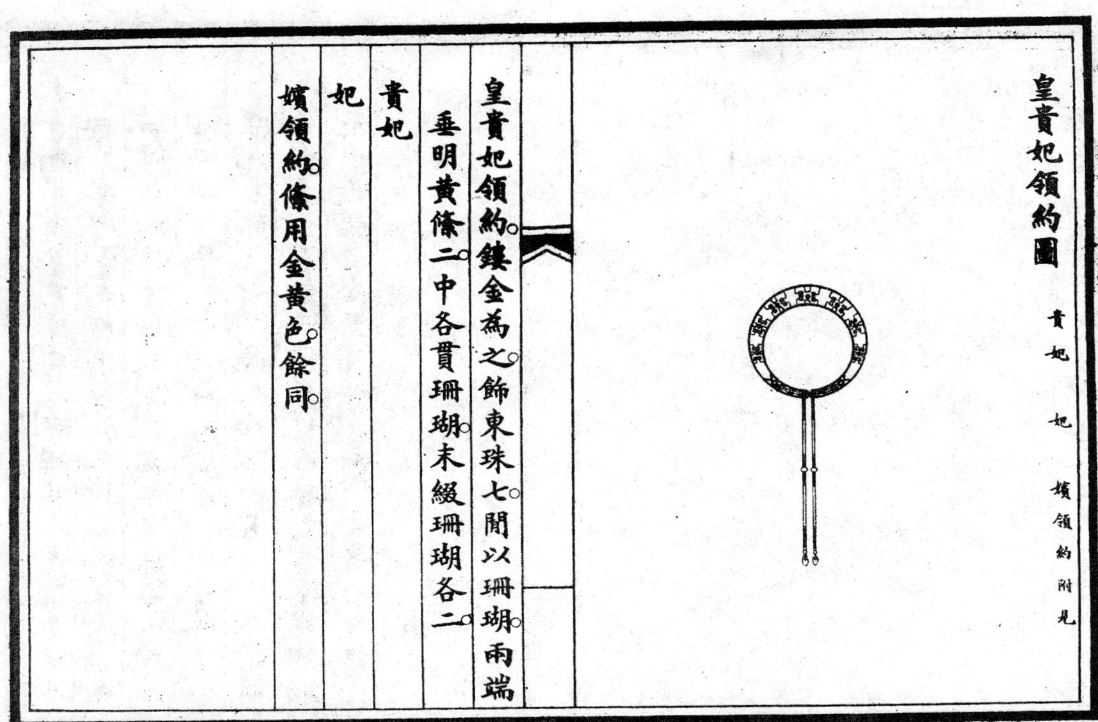

皇貴妃領約圖

貴妃　妃　嬪領約附見

皇貴妃領約。鏤金爲之。飾東珠七。間以珊瑚。兩端垂明黃條二。中各貫珊瑚。末綴珊瑚各二。

貴妃

妃

嬪領約。條用金黃色。餘同。

妃冬朝冠圖

妃冬朝冠。薰貂為之。上綴朱緯。頂二層。貫東珠各一。皆承以金鳳。飾東珠共九。珍珠各十七。上銜貓睛石。朱緯上周綴金鳳五。飾東珠各七。珍珠各二十一。後金翟一。飾貓睛石一。小珍珠十六。翟尾垂珠。三行二就。共珍珠一百八十八。中間金銜青金石結一。飾東珠珍珠各四。末綴珊瑚。冠後護領。垂金黃條二。末綴寶石。青緞為帶。

妃夏朝冠圖

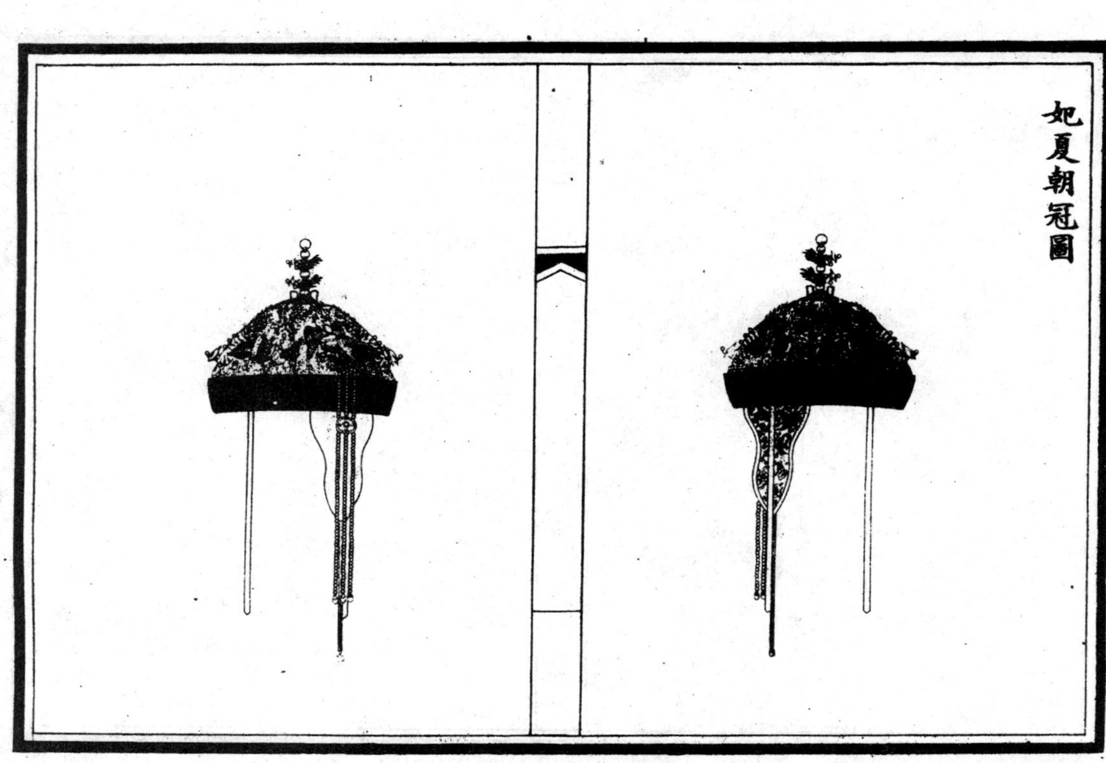

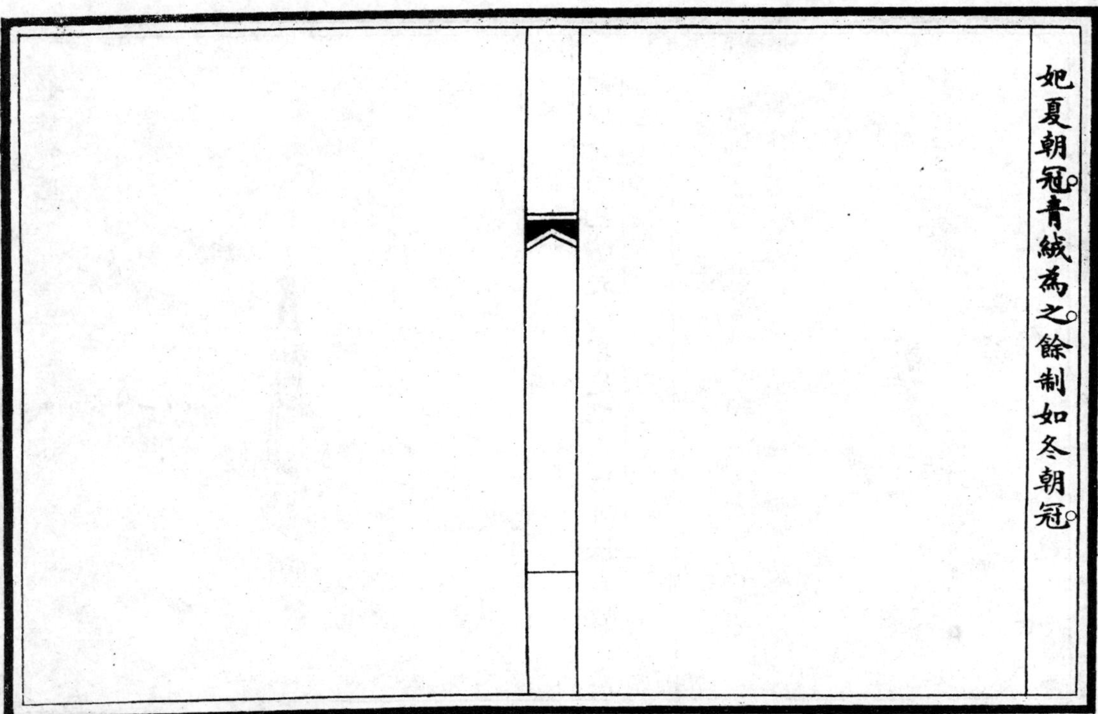

妃夏朝冠。青絨爲之。餘制如冬朝冠。

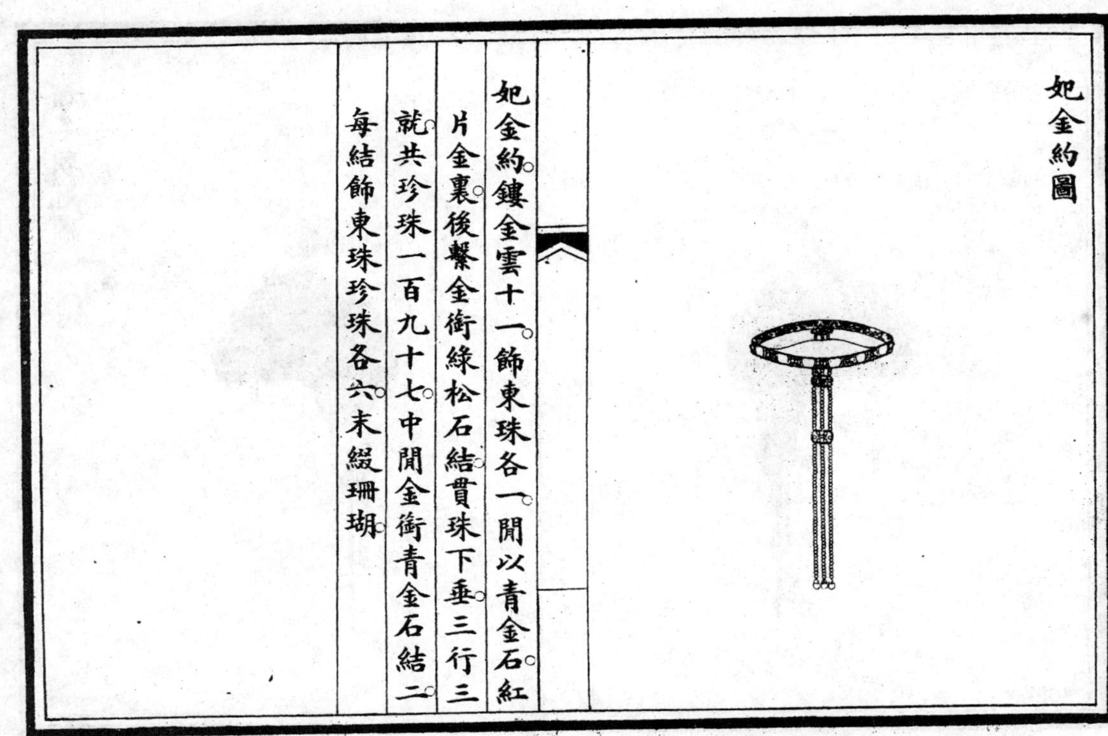

妃金約圖

妃金約。鏤金雲十一。飾東珠各一。間以青金石。紅片金裏。後繫金銜綠松石結。貫珠下垂。三行三就。共珍珠一百九十七。中間金銜青金石結二。每結飾東珠珍珠各六。末綴珊瑚。

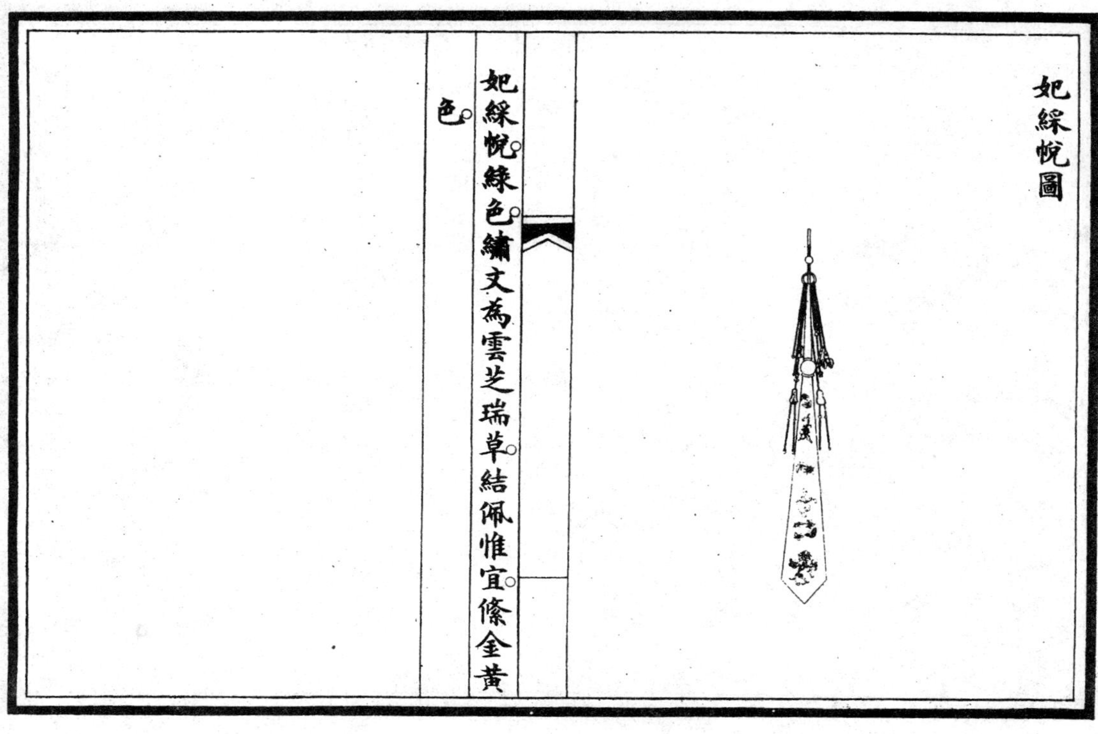


妃綵帨。綠色。繡文爲雲芝瑞草。結佩惟宜。條金黄色。

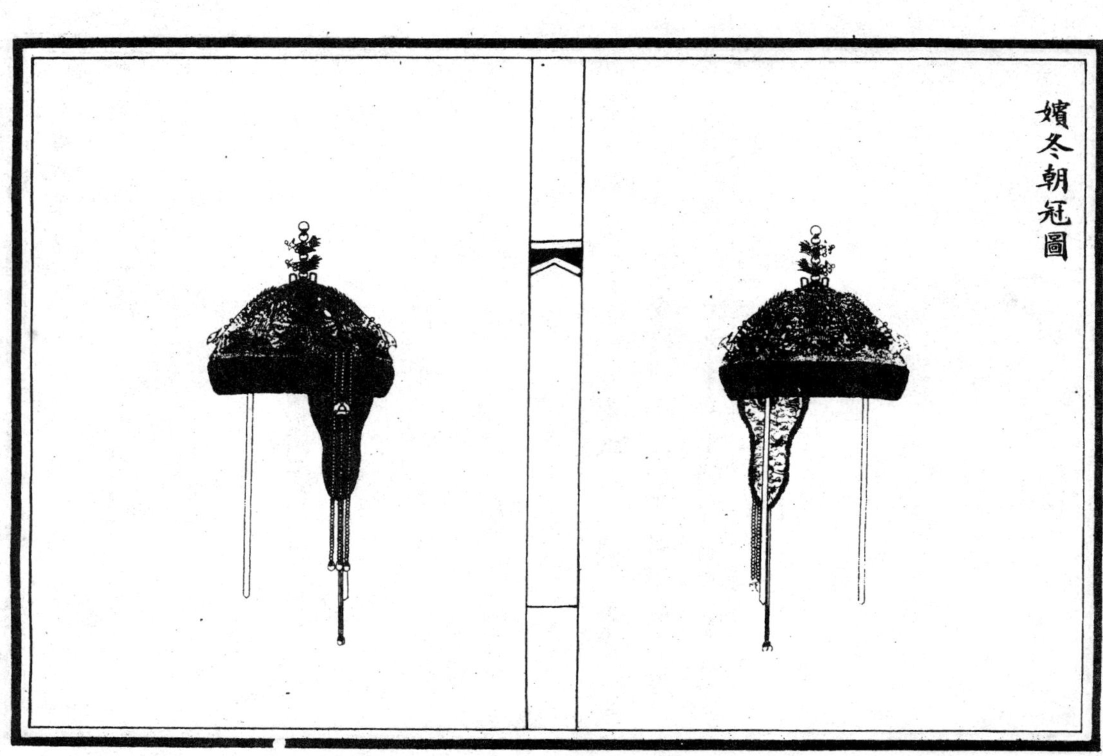

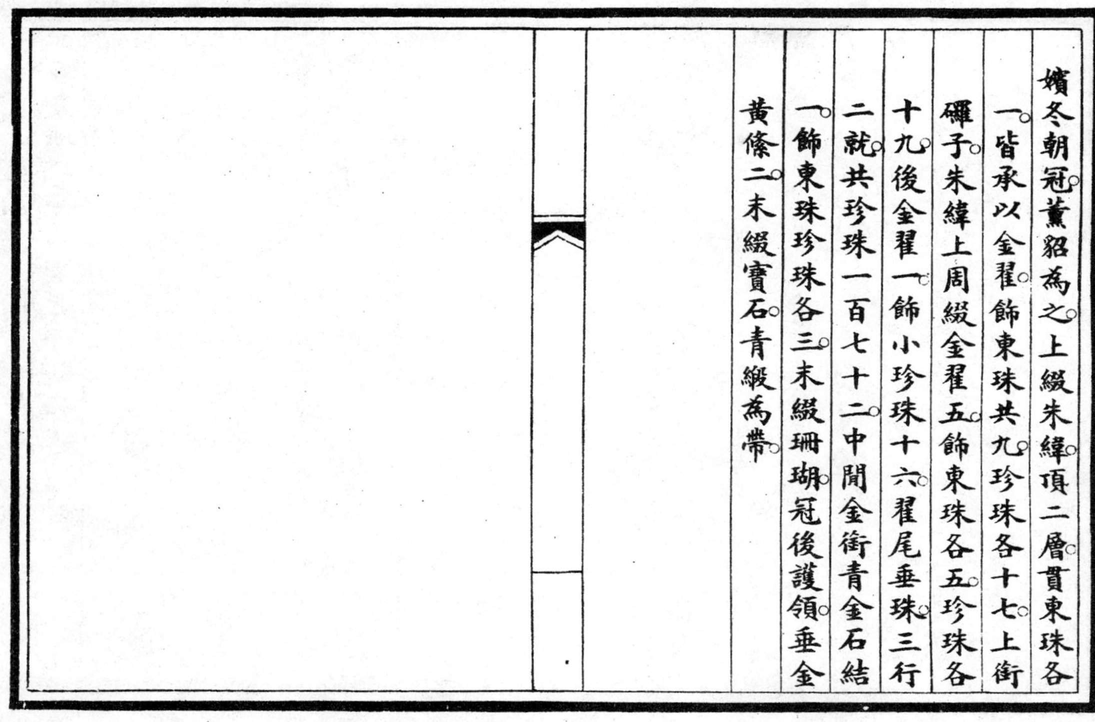

嬪冬朝冠。薰貂為之。上綴朱緯。頂二層。貫東珠各一。皆承以金翟。飾東珠共九。珍珠各十七。上銜礶子。朱緯上周綴金翟五。飾東珠各五。珍珠各十九。後金翟一。飾小珍珠十六。翟尾垂珠三行二就。共珍珠一百七十二。中間金銜青金石結一。飾東珠珍珠各三。末綴珊瑚。冠後護領垂金黃條二。末綴寶石。青緞為帶。

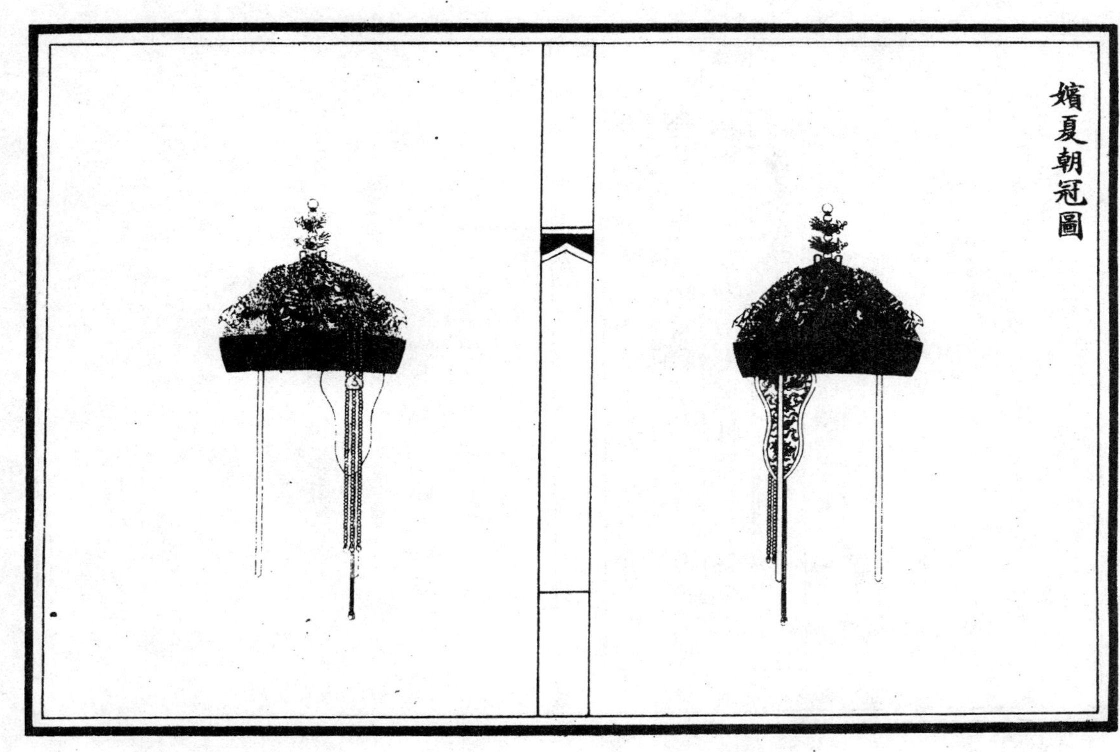

嬪夏朝冠圖

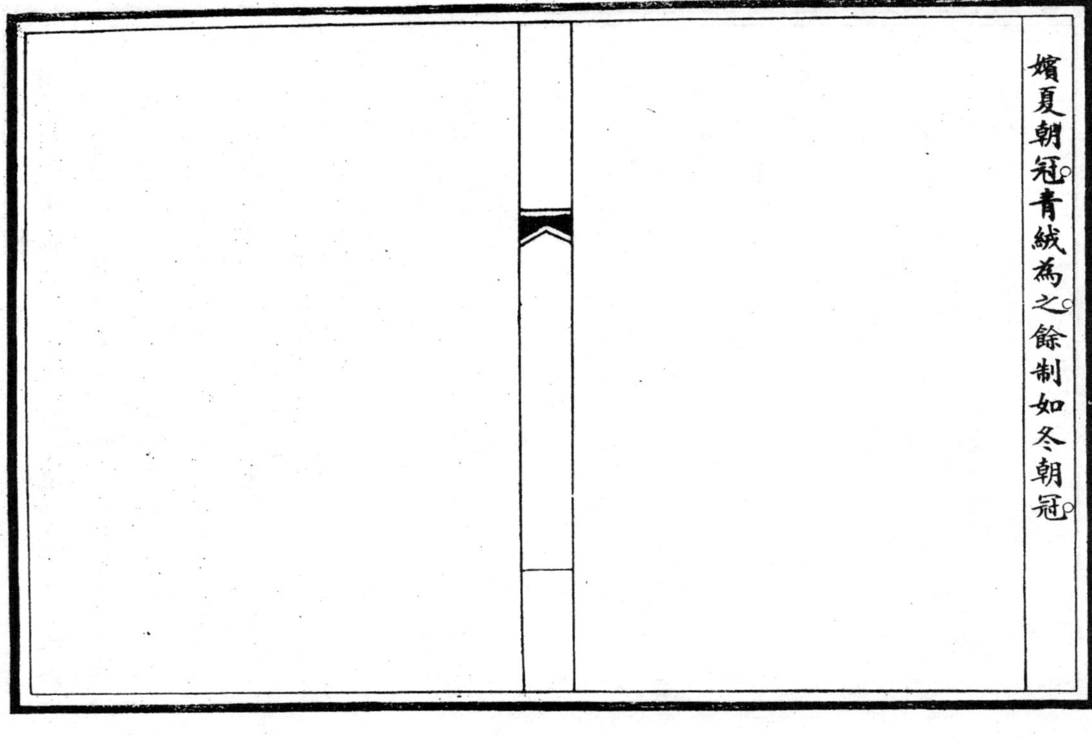

嬪夏朝冠青絨為之。餘制如冬朝冠。

嬪金約圖

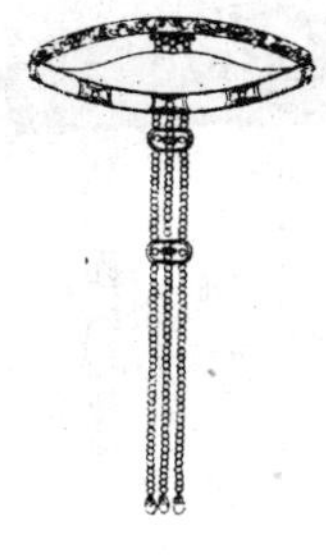

嬪金約。鏤金雲八。飾東珠各一。間以青金石。紅片金裏。後繫金銜綠松石結。貫珠下垂三行三就。共珍珠一百七十七。中間金銜青金石結二。每結飾東珠珍珠各四。末綴珊瑚。

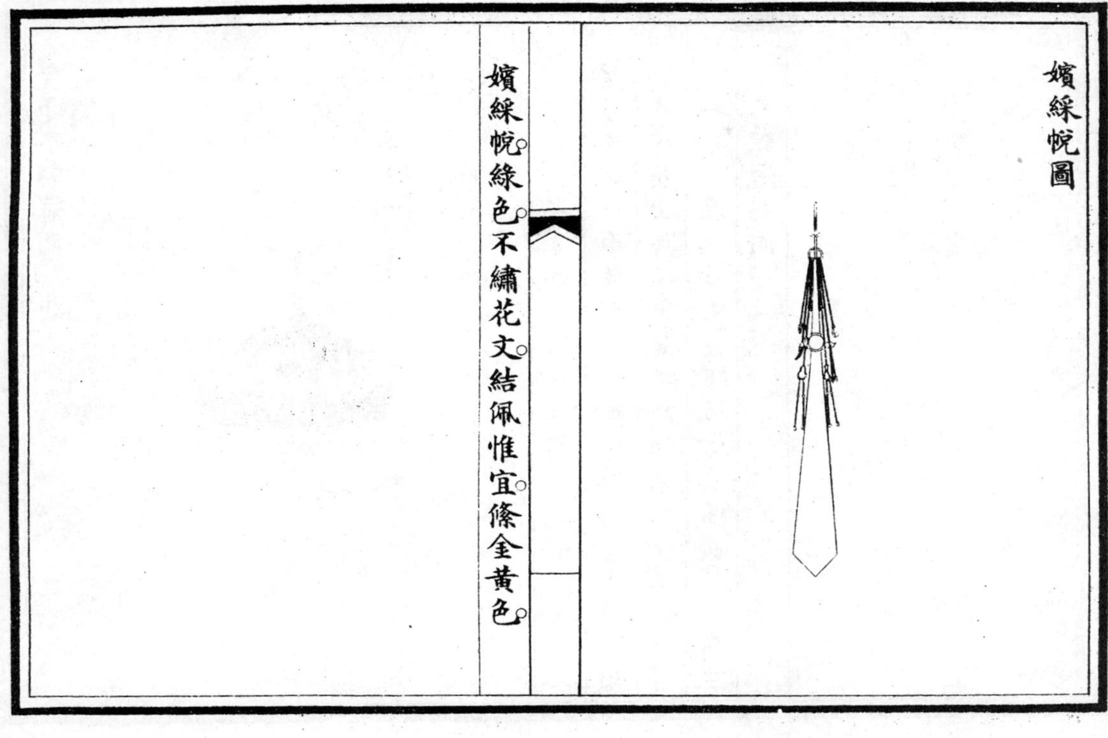

嬪綵帨圖

嬪綵帨。綠色不繡花文。結佩惟宜。條金黃色。

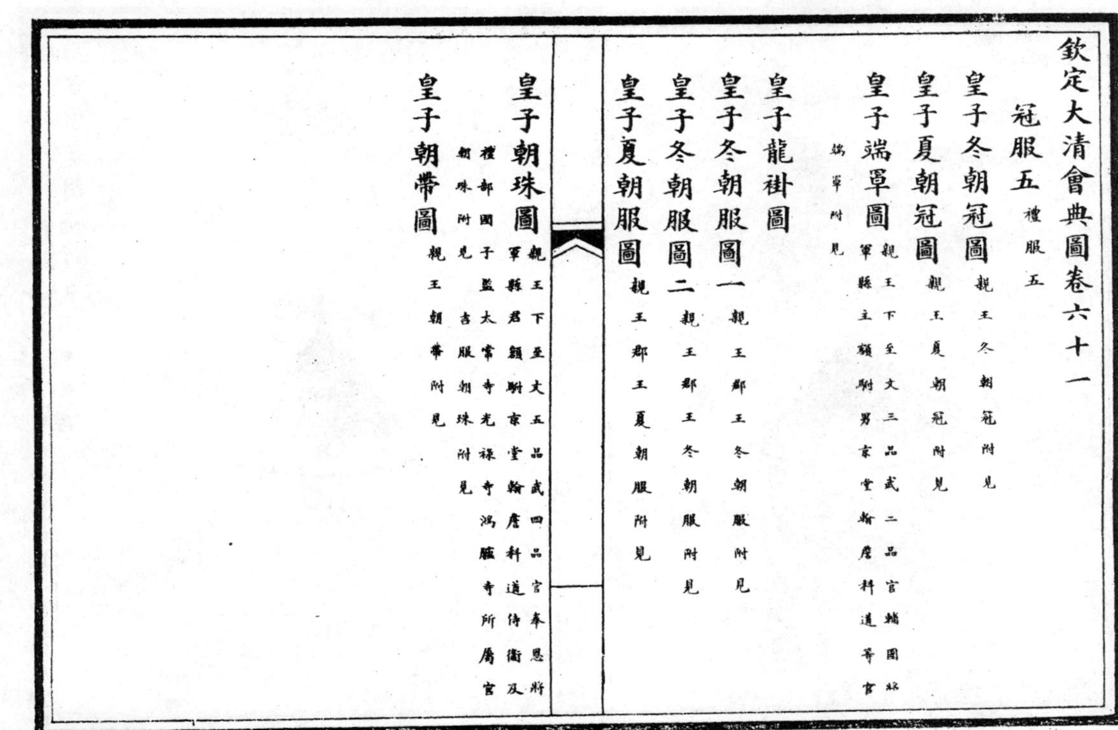

# 欽定大清會典圖卷六十一

## 冠服五 禮服五

皇子冬朝冠圖 親王冬朝冠附見

皇子夏朝冠圖 親王夏朝冠附見

皇子端罩圖 親王下至文三品武二品官輔國將軍縣主額駙男京堂翰詹科道等官端罩附見

皇子龍褂圖

皇子冬朝服圖一 親王郡王冬朝服附見

皇子冬朝服圖二 親王郡王冬朝服附見

皇子夏朝服圖 親王郡王夏朝服附見

皇子朝珠圖 親王下至文五品武四品官奉恩將軍縣君額駙京堂翰詹科道侍衛及禮部國子監太常寺光祿寺鴻臚寺所屬官朝珠附見 吉服朝珠附見

皇子朝帶圖 親王朝帶附見

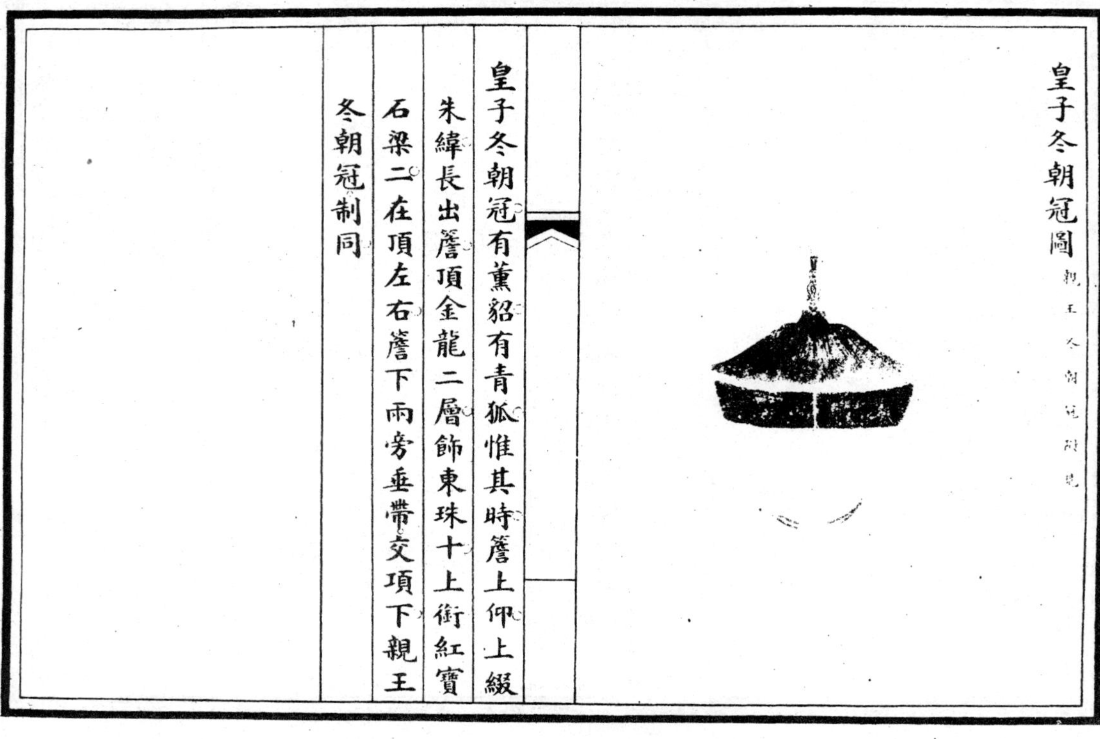

皇子冬朝冠圖 親王冬朝冠附見

皇子冬朝冠有薰貂有青狐惟其時簷上仰上綴朱緯長出簷頂金龍二層飾東珠十上銜紅寶石梁二在頂左右簷下兩旁垂帶交項下親王冬朝冠制同

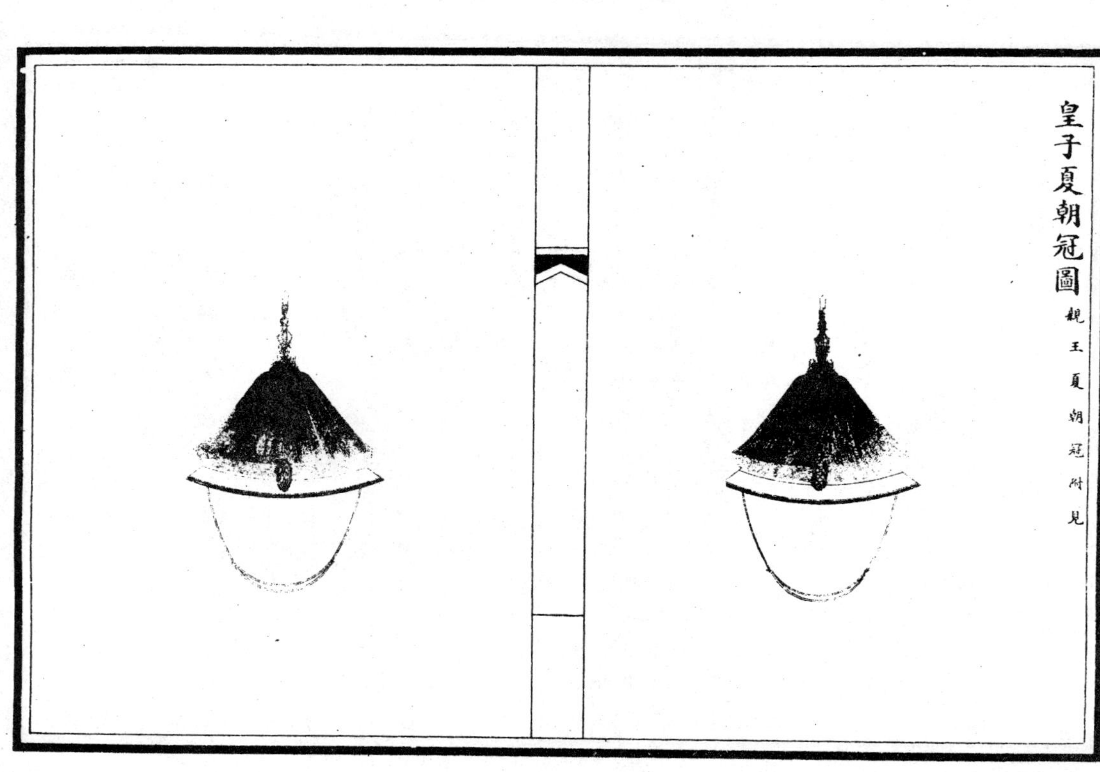

皇子夏朝冠圖 親王夏朝冠附見

皇子夏朝冠。織玉草或藤絲竹絲為質。表以羅。緣石青片金二層。裏用紅片金或紅紗。簷敞上綴朱緯。内加圈。帶屬於圈。前綴舍林飾東珠五。後綴金花飾東珠四。餘制如冬朝冠。親王夏朝冠制同。

# 皇子端罩圖

親王下至文三品武二品官輔國將軍縣主額駙男京堂翰詹科道等官端罩附見

皇子端罩。紫貂為之。金黄緞裏。親王郡王貝勒貝子固倫額駙用青狐。月白緞裏。親王曾賜用金黄色者。緞裏亦得用金黄。鎮國公輔國公和碩額駙用紫貂。月白緞裏。民公侯伯下至文三品武二品官輔國將軍縣主額駙男京堂翰詹科道等官。應服端罩者。均用貂皮。藍緞裏。凡端罩皆左右垂帶各二。下廣而鋭。色與裏同。

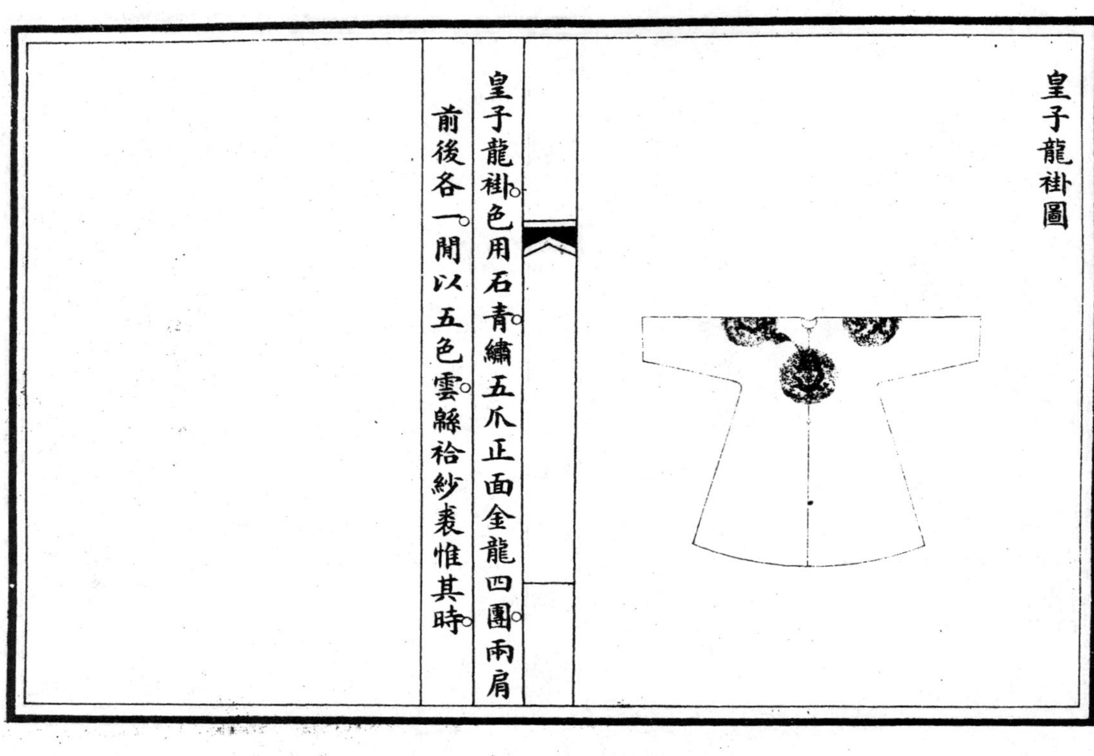

皇子龍褂圖

皇子龍褂色用石青繡五爪正面金龍四團兩肩前後各一間以五色雲緜袷紗裘惟其時

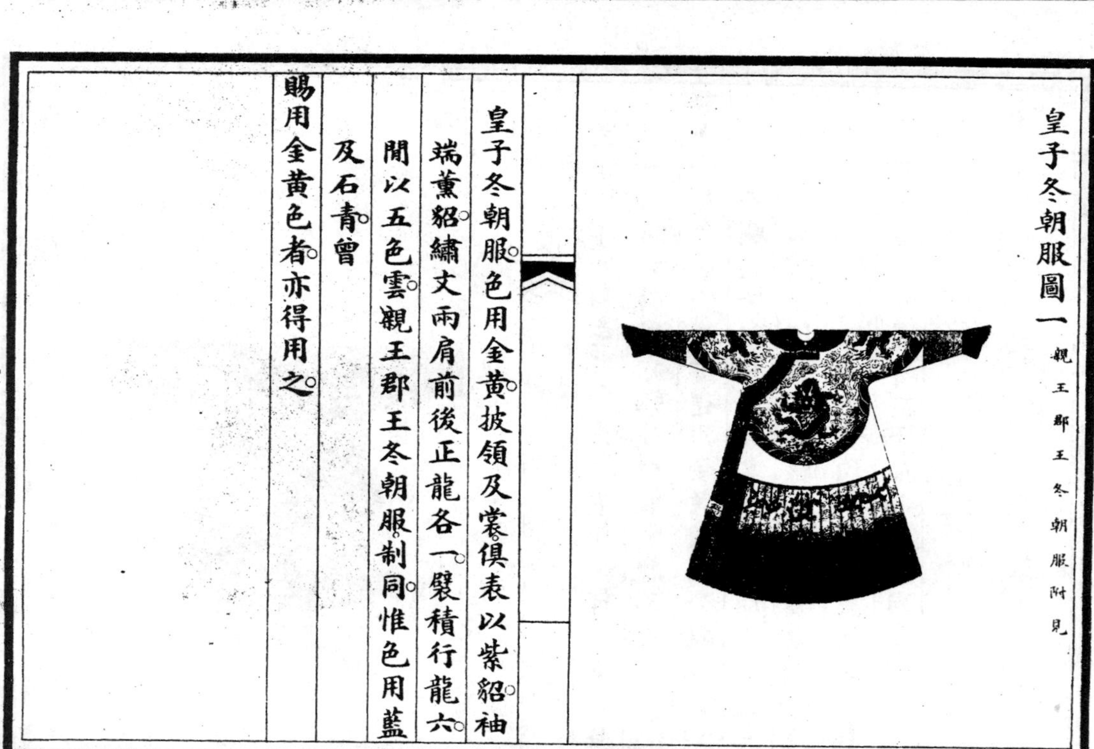

皇子冬朝服圖一 親王郡王冬朝服附見

皇子冬朝服色用金黃披領及裳俱表以紫貂袖端薰貂繡文兩肩前後正龍各一襞積行龍六間以五色雲親王郡王冬朝服制同惟色用藍及石青曾賜用金黃色者亦得用之

## 皇子冬朝服圖二

親王郡王冬朝服附見

皇子冬朝服。色用金黃。披領及袖俱石青。片金加海龍緣。繡文。兩肩前後正龍各一。腰帷行龍四。中有襞積。裳行龍八。披領行龍二。袖端正龍各一。下幅八寶平水。親王郡王冬朝服。制同。惟色用藍及石青。曾
賜用金黃色者。亦得用之。

## 皇子夏朝服圖

親王郡王夏朝服附見

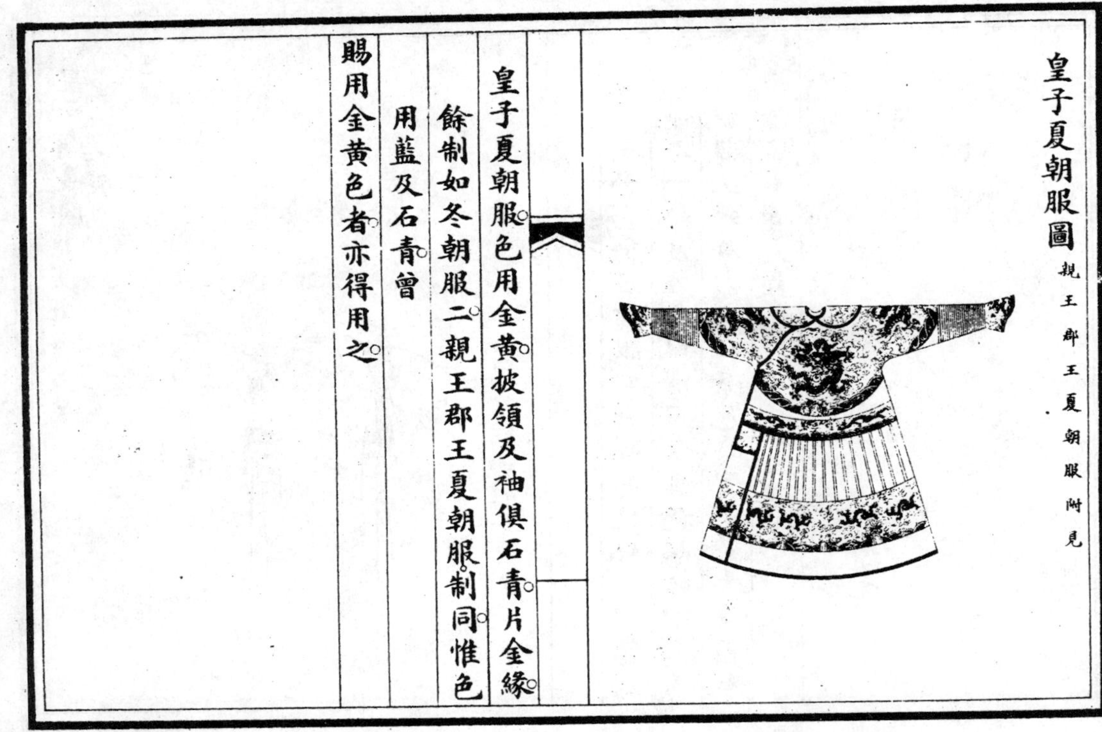

皇子夏朝服。色用金黃。披領及袖俱石青。片金緣。餘制如冬朝服二。親王郡王夏朝服。制同。惟色用藍及石青。曾
賜用金黃色者。亦得用之。

皇子朝珠圖親王下至文五品武四品官奉恩將軍縣君額駙京堂翰詹科道侍衛及禮部國子監太常寺光祿寺鴻臚寺所屬官朝珠附見　吉服朝珠附見

皇子朝珠不得用東珠餘隨所用雜飾惟宜條金黄色親王郡王朝珠制同貝勒下至文五品武四品官奉恩將軍縣君額駙京堂翰詹科道侍衛及禮部國子監太常寺光祿寺鴻臚寺所屬官應用朝珠者條皆石青色吉服朝珠制同

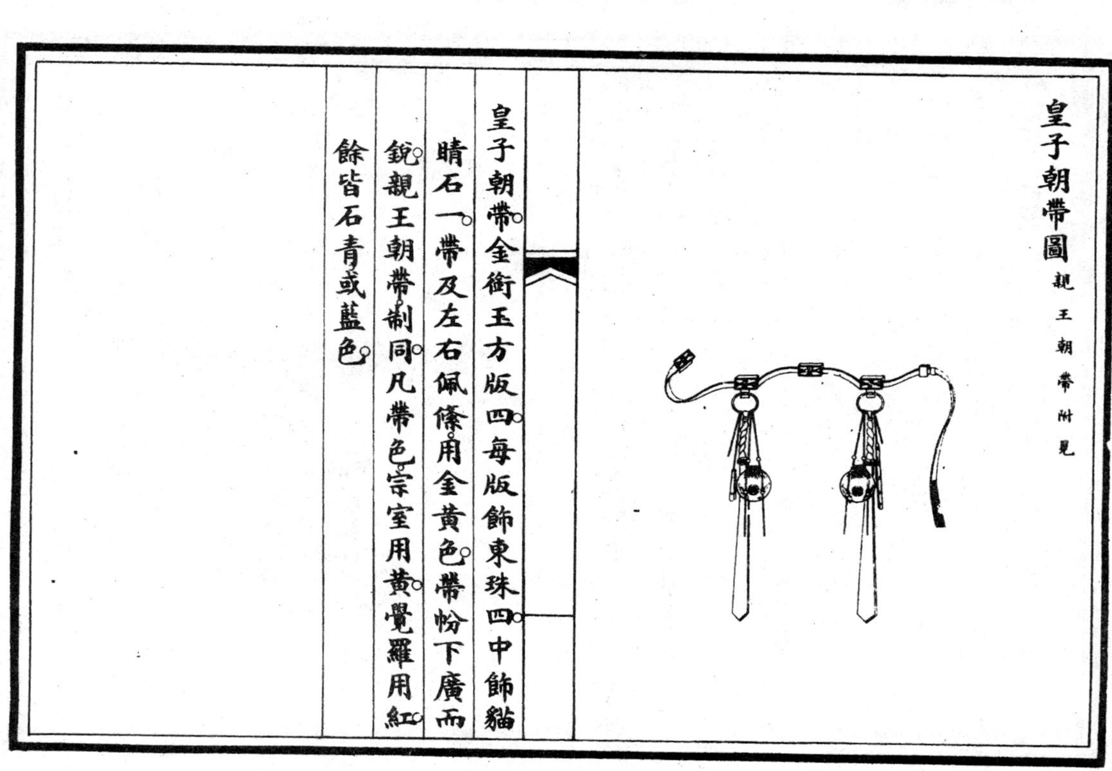

皇子朝帶圖親王朝帶附見

皇子朝帶金銜玉方版四每版飾東珠四中飾貓睛石一帶及左右佩條用金黄色帶帉下廣而銳親王朝帶制同凡帶色宗室用黄覺羅用紅餘皆石青或藍色

# 欽定大清會典圖卷六十二

冠服六 禮服六



## 親王補服圖

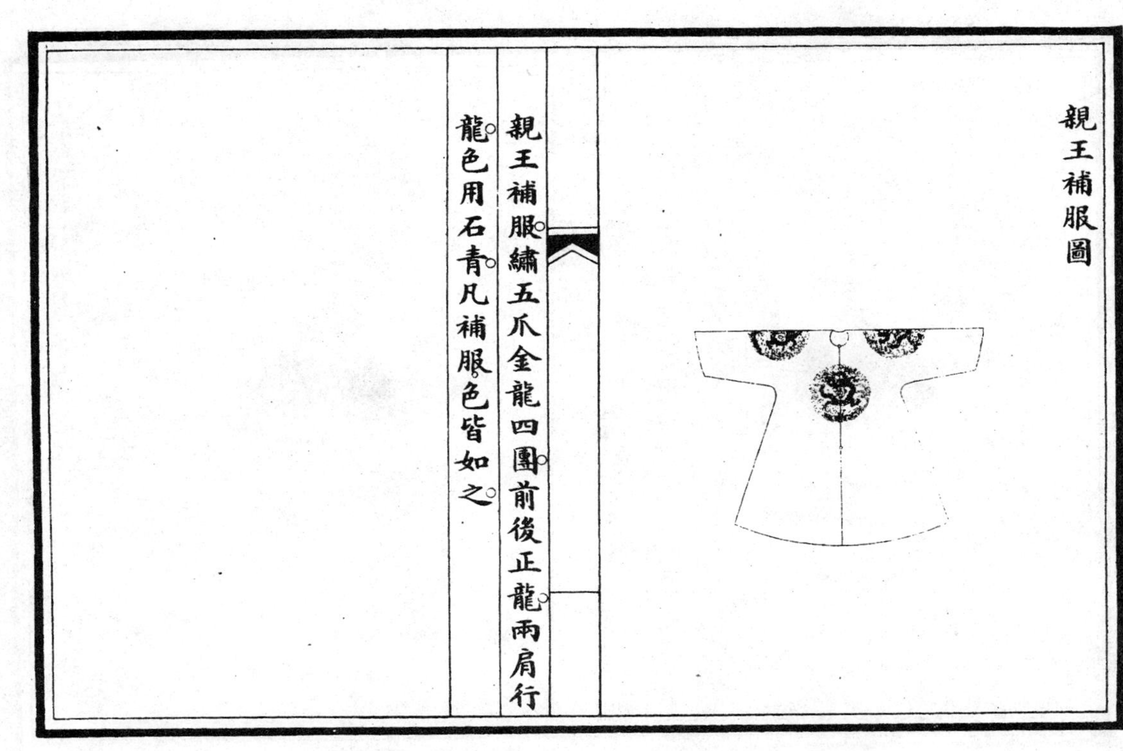

親王補服。繡五爪金龍四團。前後正龍。兩肩行龍。色用石青。凡補服。色皆如之。

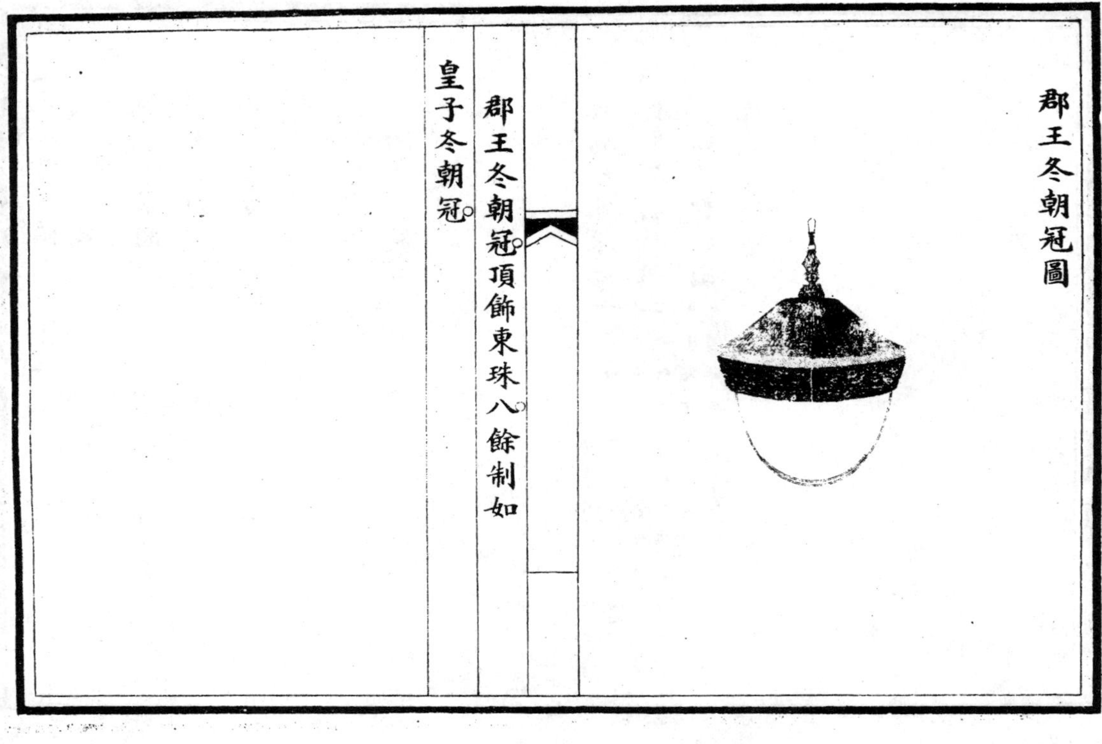

郡王冬朝冠圖

郡王冬朝冠。頂飾東珠八。餘制如皇子冬朝冠。

郡王夏朝冠圖

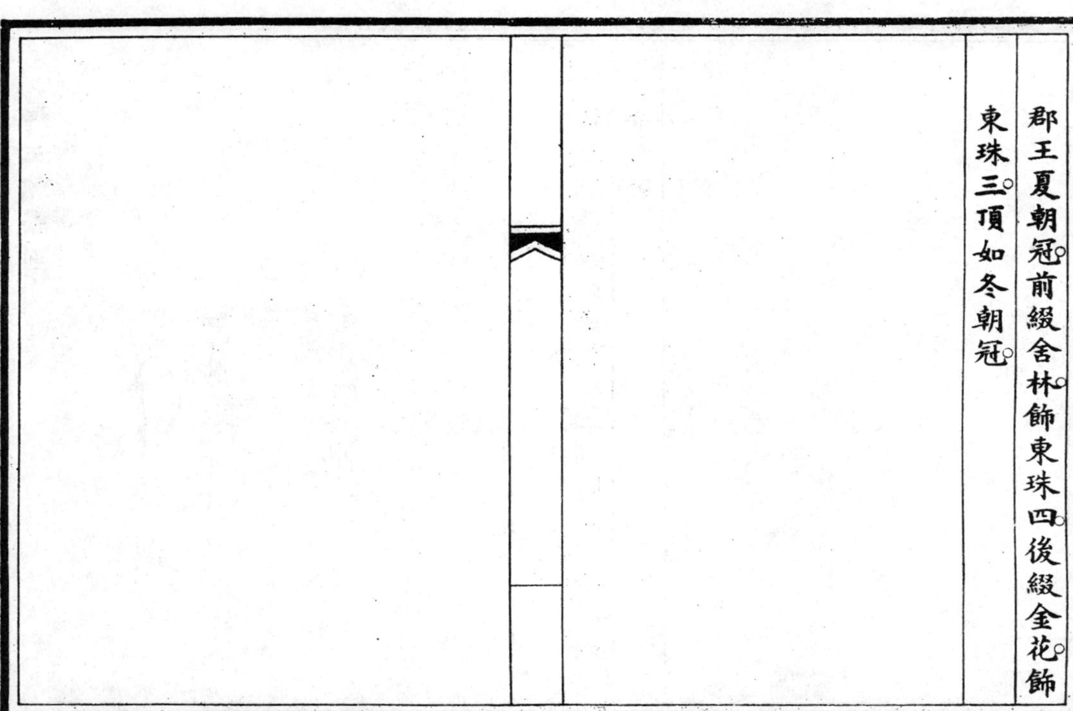

郡王夏朝冠。前綴舍林。飾東珠四。後綴金花。飾東珠三。頂如冬朝冠。

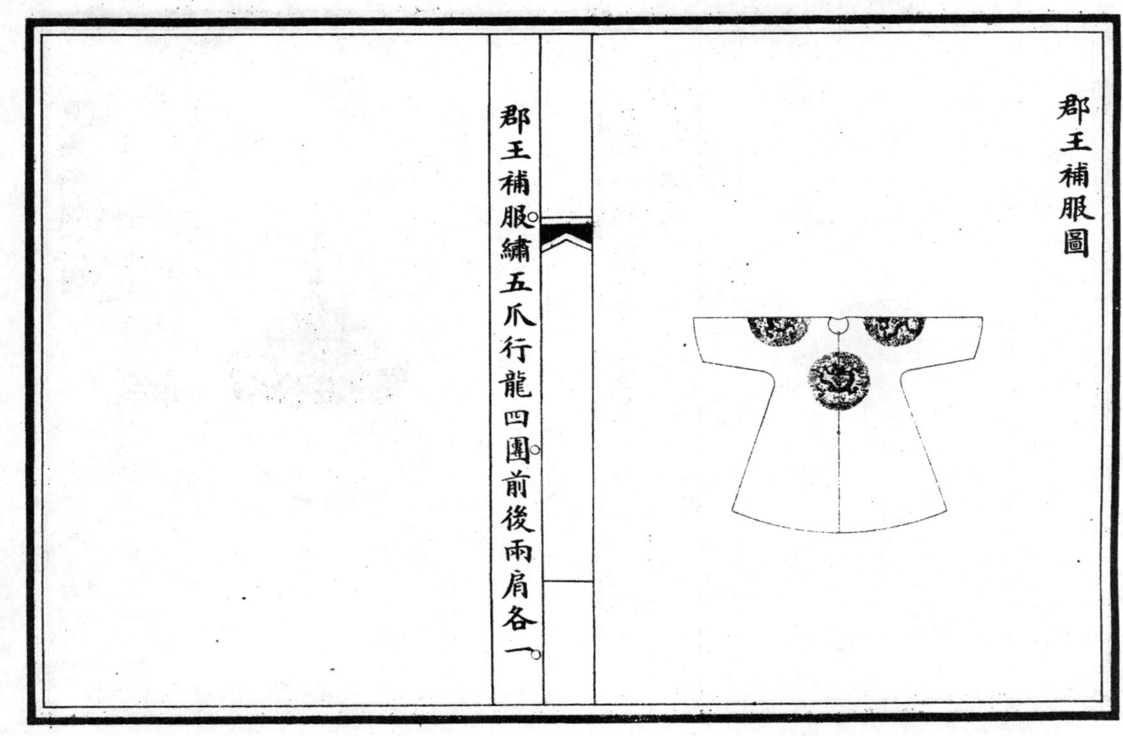

郡王補服圖

郡王補服。繡五爪行龍四團。前後兩肩各一。

郡王朝帶圖

郡王朝帶。每版飾東珠二。貓睛石一。餘制如
皇子朝帶。

貝勒冬朝冠圖

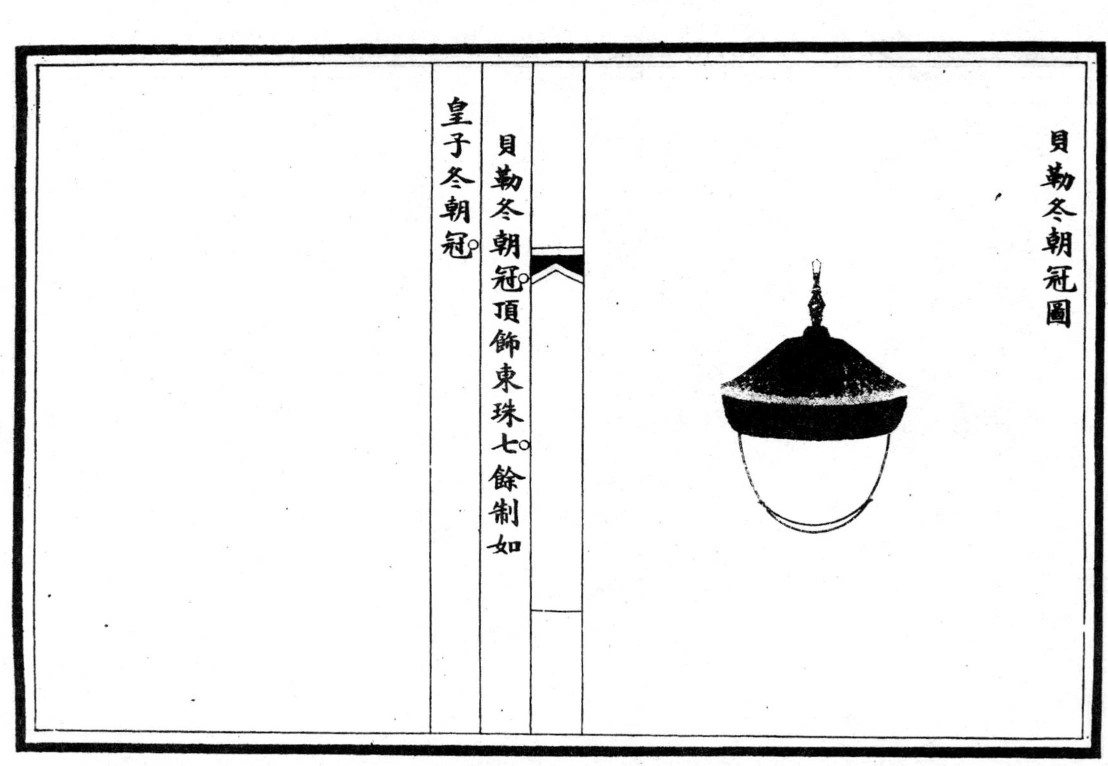

貝勒冬朝冠。頂飾東珠七。餘制如
皇子冬朝冠。

貝勒夏朝冠圖

貝勒夏朝冠。前綴舍林。飾東珠三。後綴金花。飾東珠二。頂如冬朝冠。

貝勒補服圖

貝勒補服。繡四爪正蟒二團。前後各一。

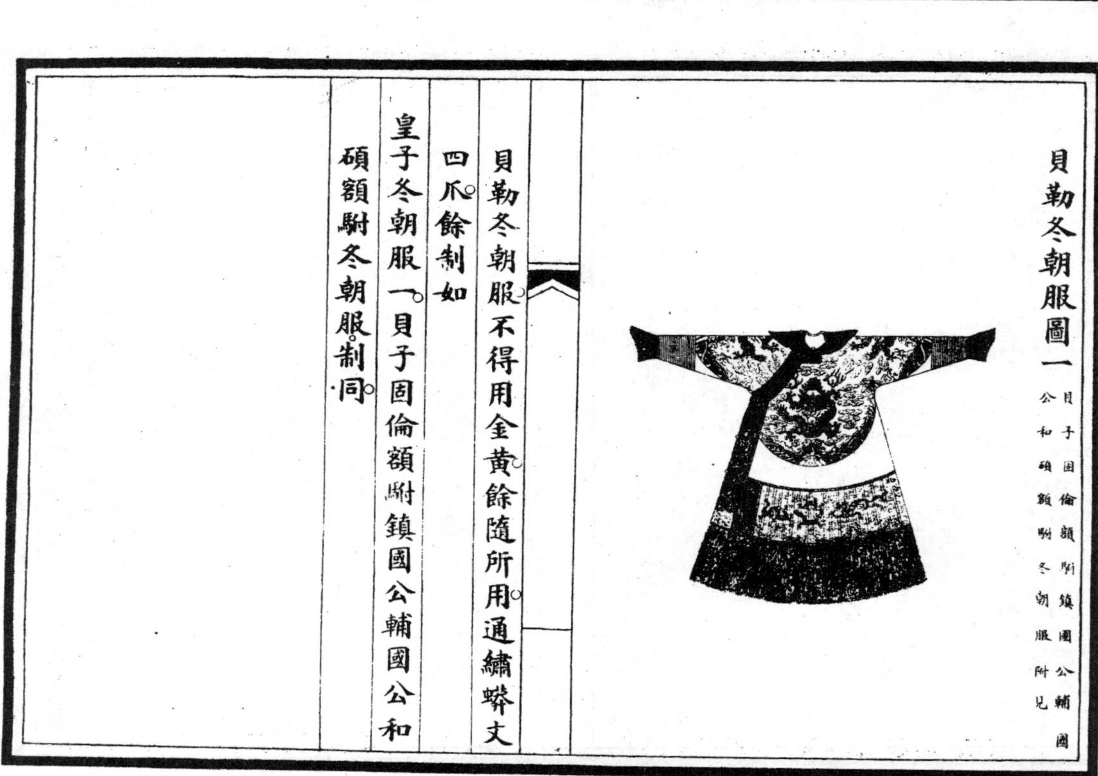

貝勒冬朝服圖一

貝子固倫額駙鎮國公輔國公和碩額駙冬朝服附見

貝勒冬朝服。不得用金黃。餘隨所用。通繡蟒文四爪。餘制如皇子冬朝服一。貝子固倫額駙鎮國公輔國公和碩額駙冬朝服制同。

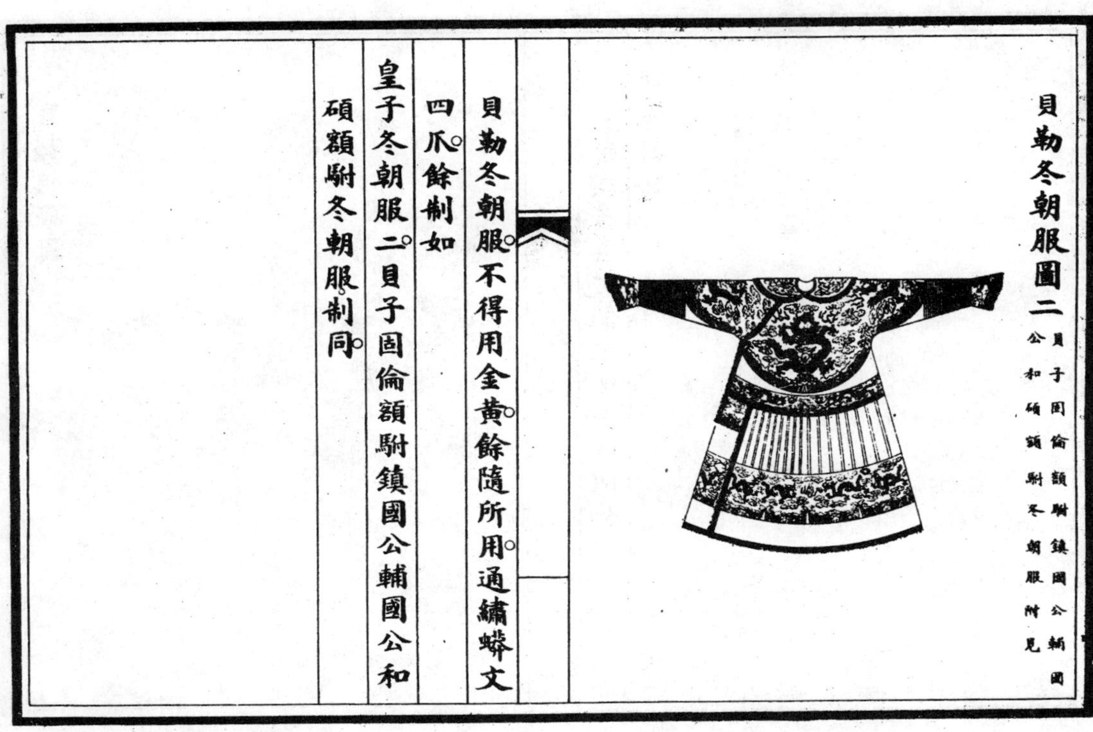

貝勒冬朝服圖二

貝子固倫額駙鎮國公輔國公和碩額駙冬朝服附見

貝勒冬朝服。不得用金黃。餘隨所用。通繡蟒文四爪。餘制如皇子冬朝服二。貝子固倫額駙鎮國公輔國公和碩額駙冬朝服制同。

貝勒夏朝服圖

貝子固倫額駙鎮國公輔國公和碩額駙夏朝服附見

貝勒夏朝服。不得用金黃。餘隨所用。通繡蟒文四爪。餘制如皇子夏朝服。貝子固倫額駙鎮國公輔國公和碩額駙夏朝服制同。

貝勒朝帶圖

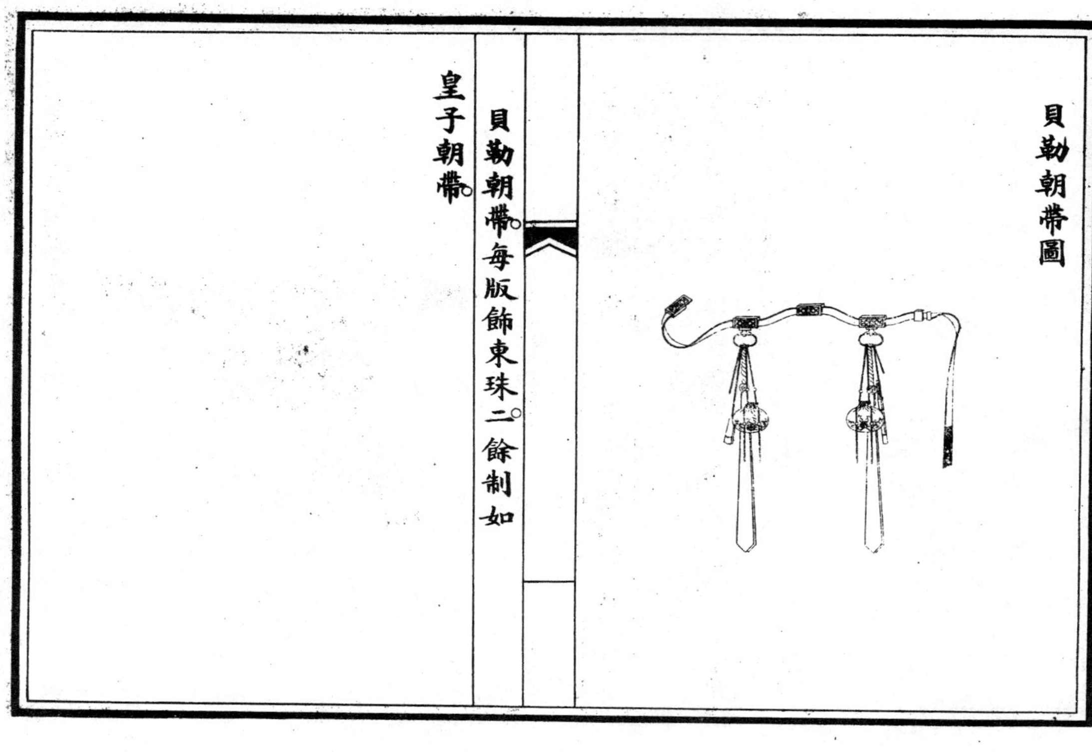

貝勒朝帶。每版飾東珠二。餘制如皇子朝帶。

# 欽定大清會典圖卷六十三

冠服七 禮服七

貝子冬朝冠圖 固倫額駙冬朝冠附見

貝子夏朝冠圖 固倫額駙夏朝冠附見

貝子補服圖 固倫額駙補服附見

貝子朝帶圖 鎮國公輔國公朝帶附見

固倫額駙朝帶圖 和碩額駙朝帶附見

鎮國公冬朝冠圖 和碩額駙冬朝冠附見

鎮國公夏朝冠圖 和碩額駙夏朝冠附見

鎮國公補服圖 輔國公和碩額駙民公侯伯補服附見

輔國公冬朝冠圖

輔國公夏朝冠圖

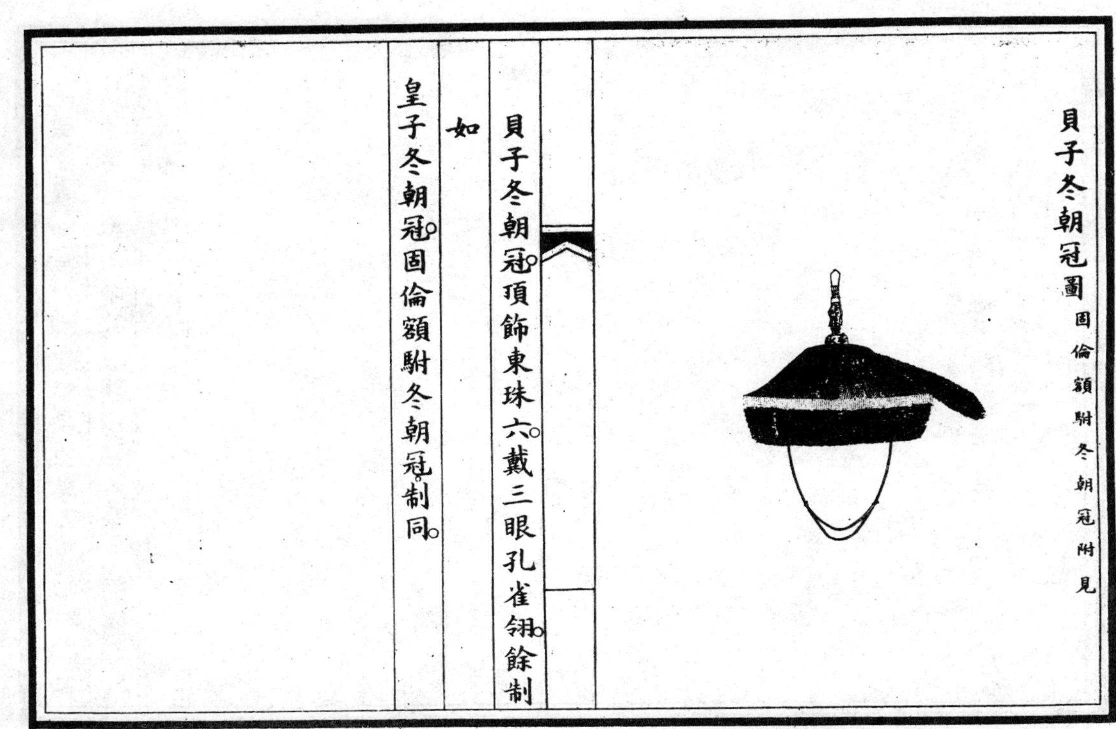

貝子冬朝冠圖 固倫額駙冬朝冠附見

貝子冬朝冠。頂飾東珠六。戴三眼孔雀翎。餘制如皇子冬朝冠。固倫額駙冬朝冠。制同。

貝子夏朝冠圖 固倫額駙夏朝冠附見

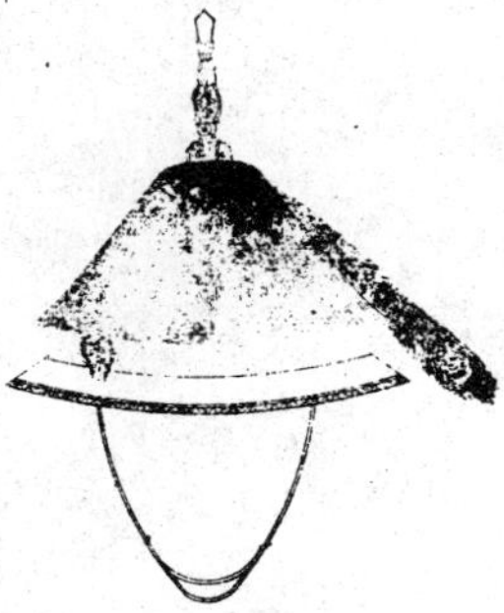

貝子夏朝冠。前綴舍林。飾東珠二。後綴金花。飾東珠一。戴三眼孔雀翎。頂如冬朝冠。固倫額駙夏朝冠。制同。

貝子補服圖 固倫額駙補服附見

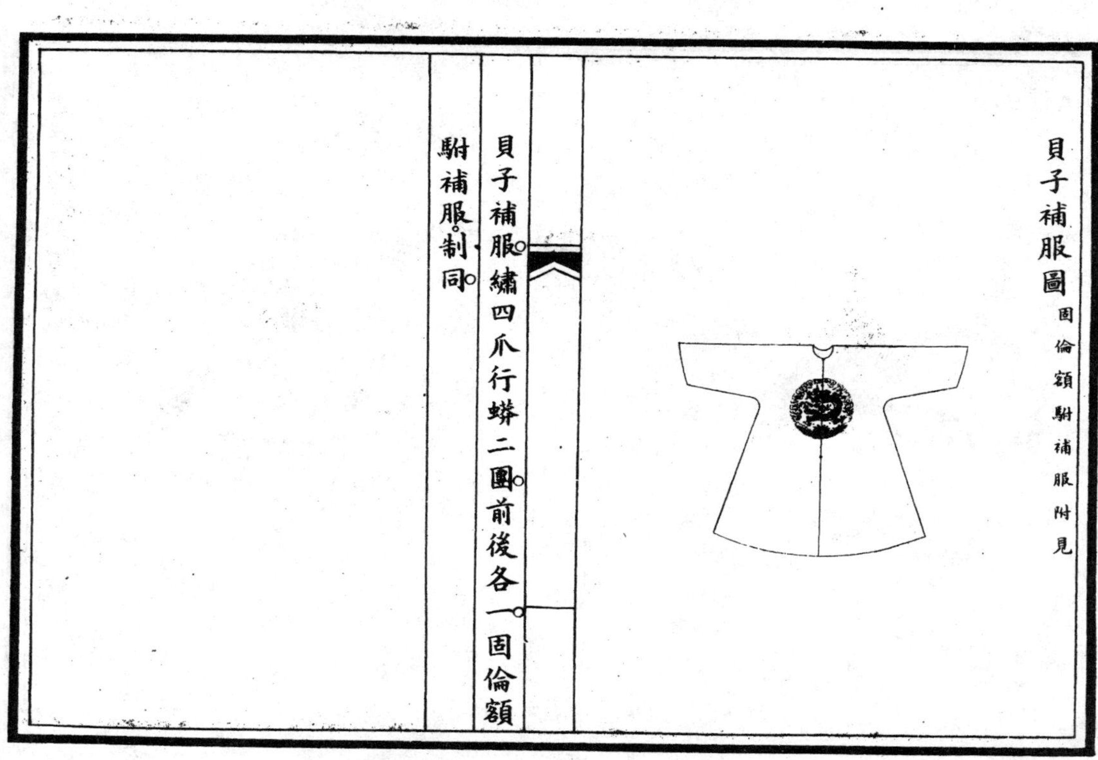

貝子補服。繡四爪行蟒二團。前後各一。固倫額駙補服。制同。

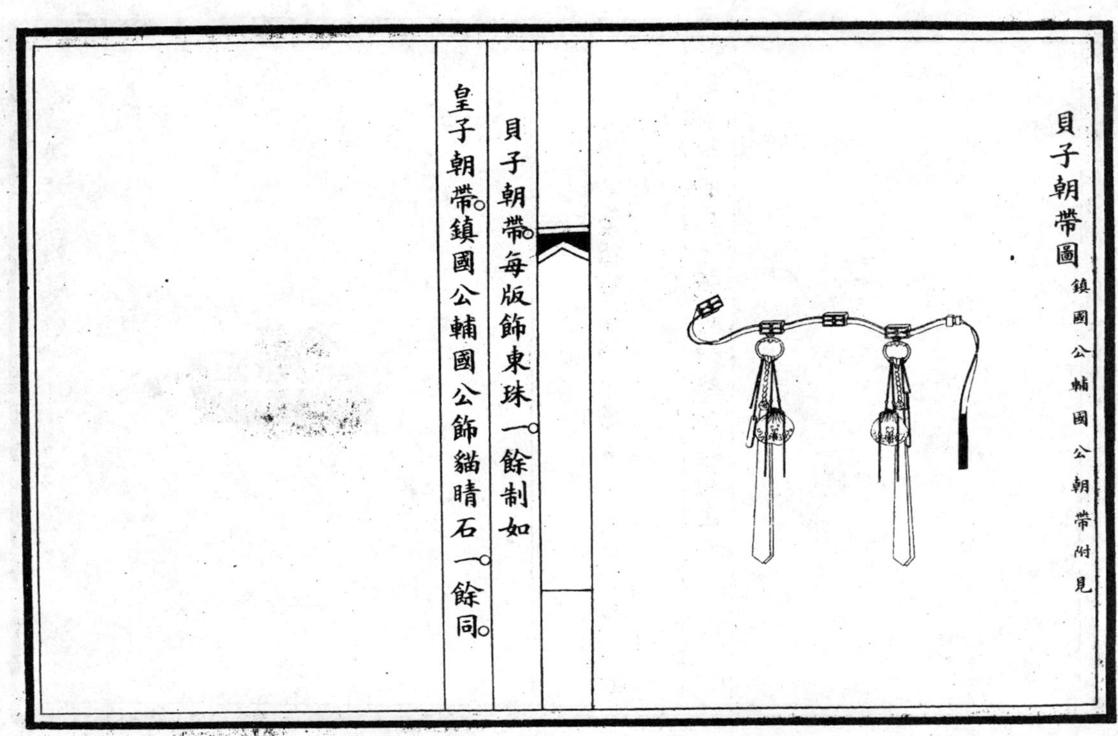

貝子朝帶圖鎮國公輔國公朝帶附見

貝子朝帶。每版飾東珠一。餘制如

皇子朝帶。鎮國公輔國公飾貓睛石一。餘同。

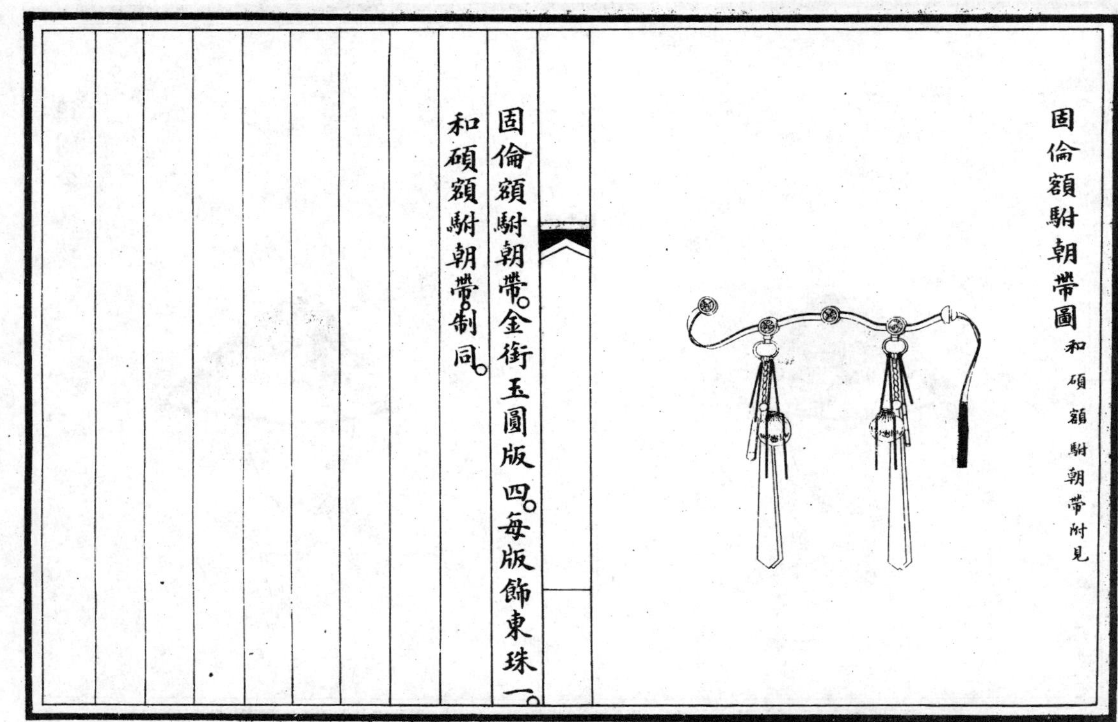

固倫額駙朝帶圖和碩額駙朝帶附見

固倫額駙朝帶。金銜玉圓版四。每版飾東珠一。

和碩額駙朝帶制同。

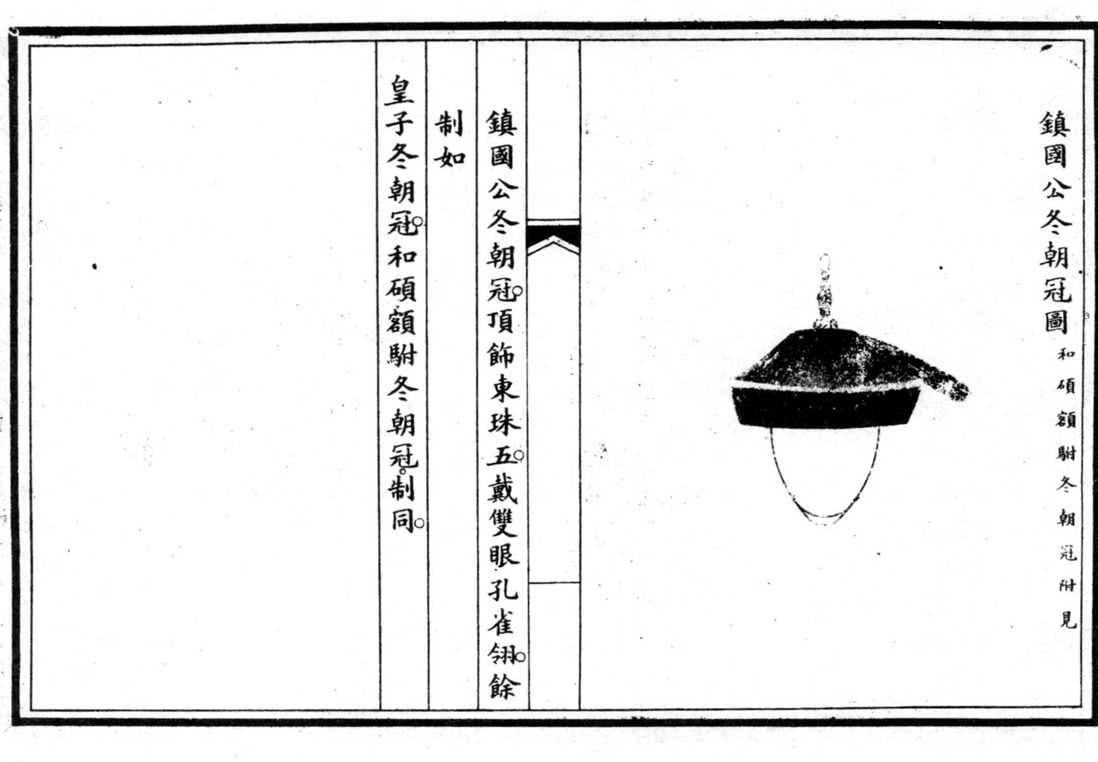

鎮國公冬朝冠圖和碩額駙冬朝冠附見

鎮國公冬朝冠。頂飾東珠五。戴雙眼孔雀翎。餘制如

皇子冬朝冠。和碩額駙冬朝冠。制同。

鎮國公夏朝冠圖和碩額駙夏朝冠附見

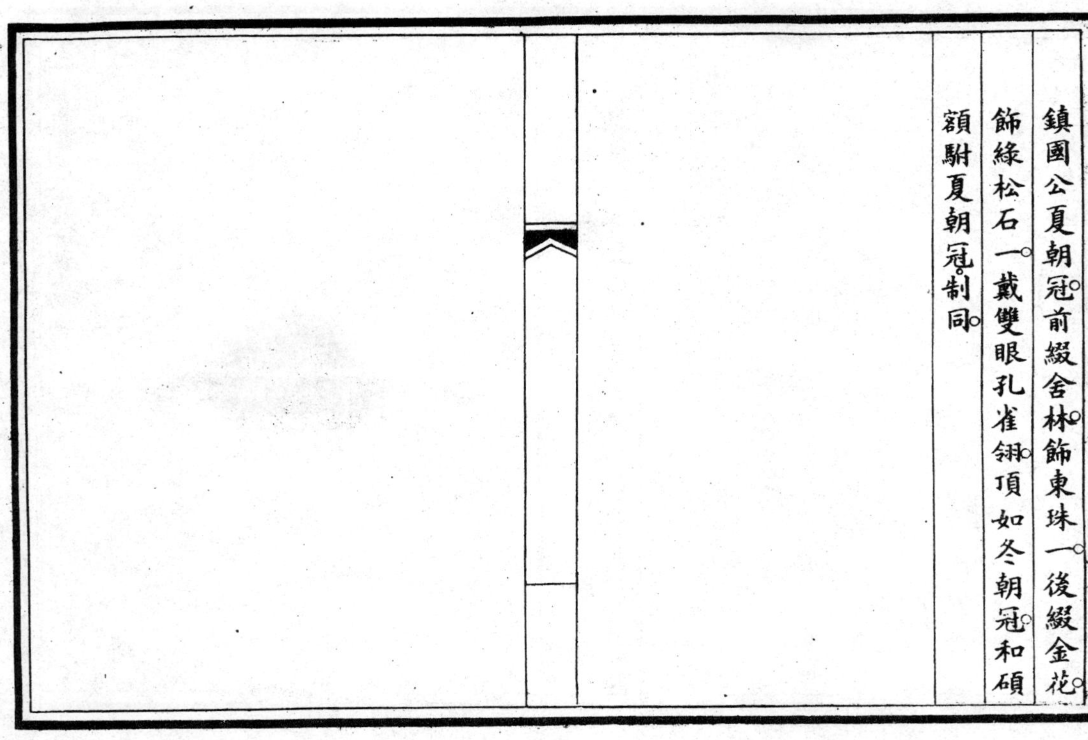

鎮國公夏朝冠。前綴舍林。飾東珠一。後綴金花飾綠松石一。戴雙眼孔雀翎。頂如冬朝冠。和碩額駙夏朝冠。制同。

鎮國公補服圖 輔國公和碩額駙民公侯伯補服附見

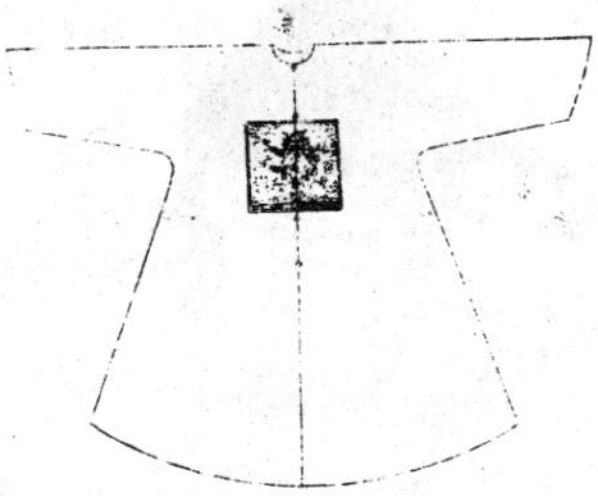

鎮國公補服。繡四爪正蟒二方。前後各一。輔國公和碩額駙民公侯伯補服制同。前後方補之制。下達庶官皆如之。

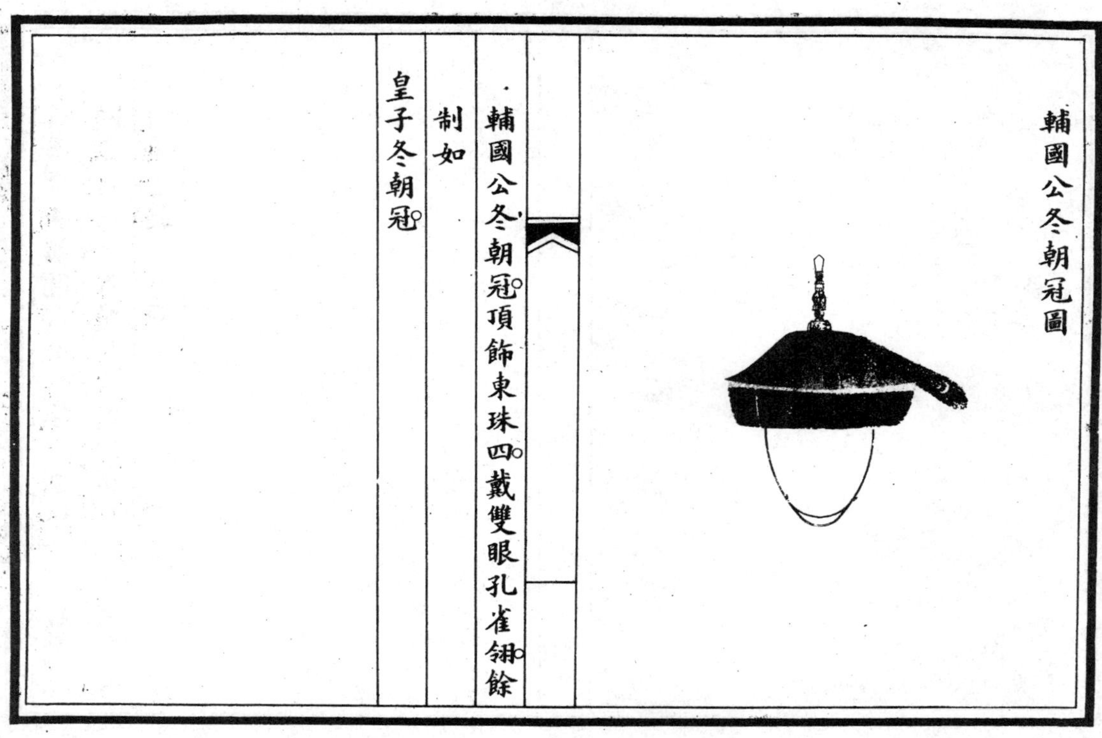

輔國公冬朝冠圖

輔國公冬朝冠。頂飾東珠四。戴雙眼孔雀翎。餘制如皇子冬朝冠。

輔國公夏朝冠圖

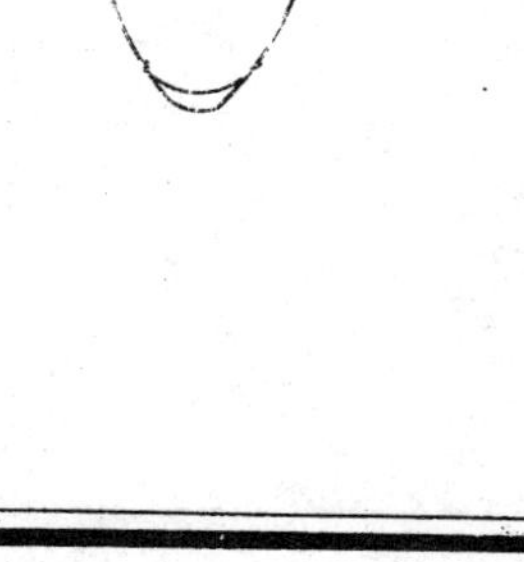

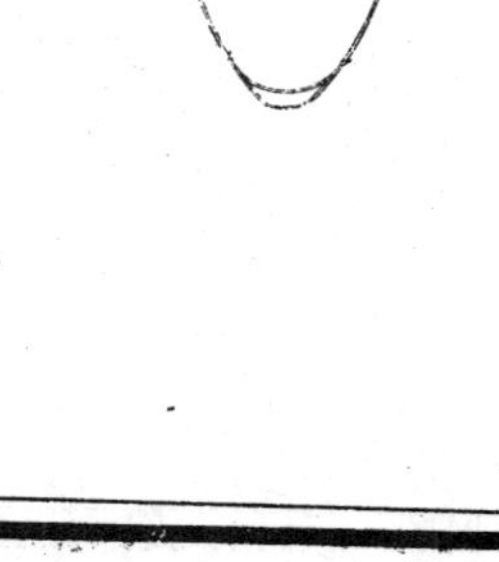

輔國公夏朝冠。前綴舍林。飾東珠一。後綴金花。飾綠松石一。戴雙眼孔雀翎。頂如冬朝冠。

# 欽定大清會典圖卷六十四

## 冠服八 禮服八

民公冬朝冠圖

民公夏朝冠圖

民公冬朝服圖一 侯伯下至文三品武二品官有職掌大臣輔國將軍縣主額駙男一等侍衛冬朝服附見

民公冬朝服圖二 侯伯下至文武四品官奉恩將軍縣君額駙冬朝服附見

民公夏朝服圖 侯伯下至文武四品官奉恩將軍縣君額駙夏朝服附見

民公朝帶圖 侯伯郡主額駙朝帶附見

侯冬朝冠圖

侯夏朝冠圖

伯冬朝冠圖

伯夏朝冠圖

文一品官冬朝冠圖 武一品官鎮國將軍郡主額駙子冬朝冠附見

文一品官夏朝冠圖 武一品官鎮國將軍郡主額駙子夏朝冠附見

文一品官補服圖

文一品官朝帶圖 武一品官鎮國將軍子朝帶附見

都御史補服圖 副都御史給事中監察御史按察使各道補服附見

武一品官補服圖 鎮國將軍郡主額駙子補服附見

文二品官冬朝冠圖 武二品官輔國將軍縣主額駙男文三品官冬朝冠附見

民公冬朝冠圖

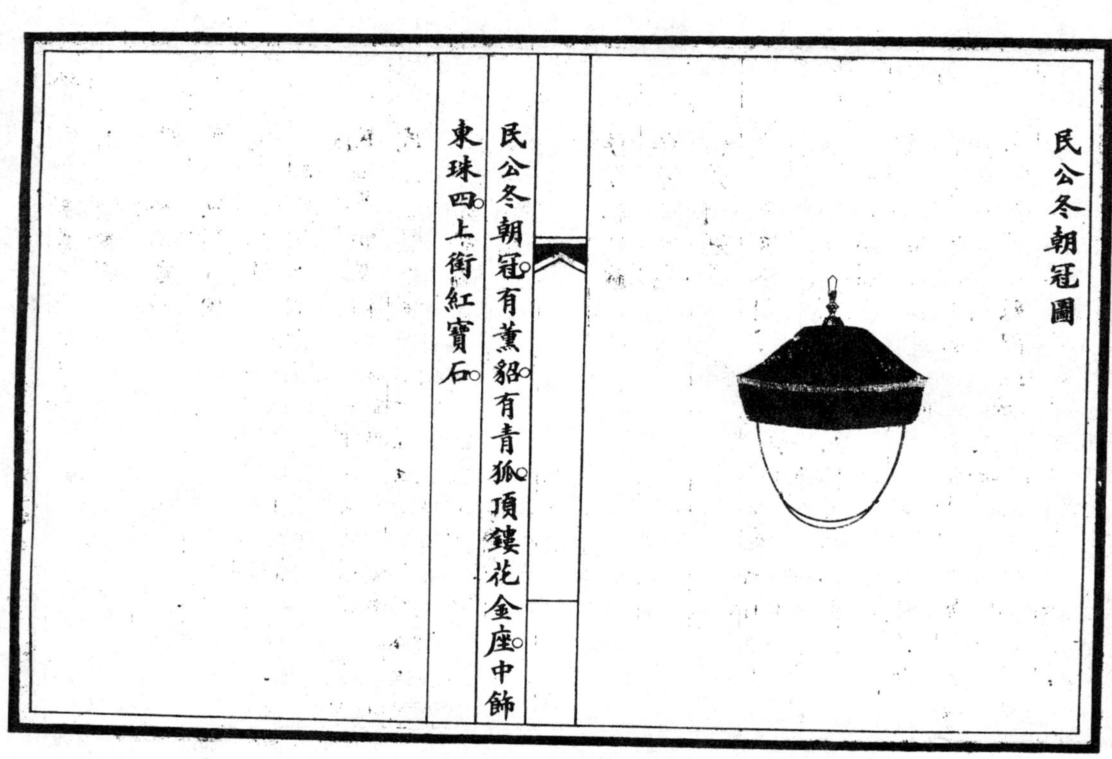

民公冬朝冠。有薰貂。有青狐。頂鏤花金座。中飾東珠四。上銜紅寶石。

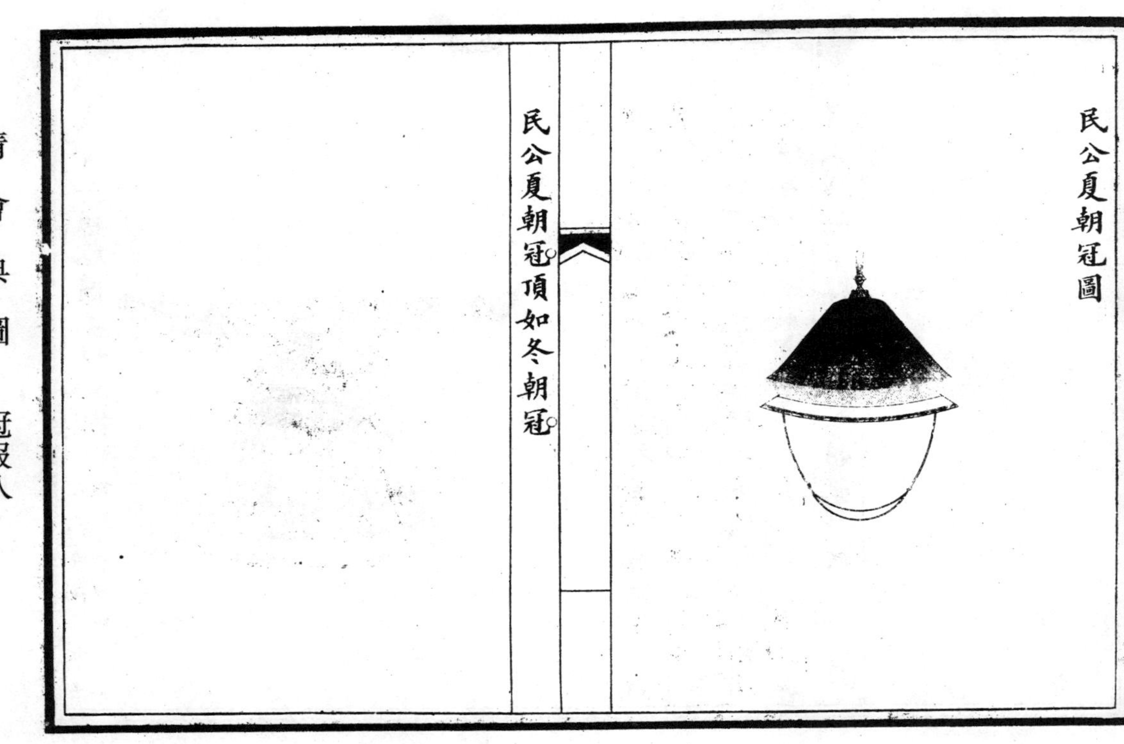

民公夏朝冠圖

民公夏朝冠。頂如冬朝冠。

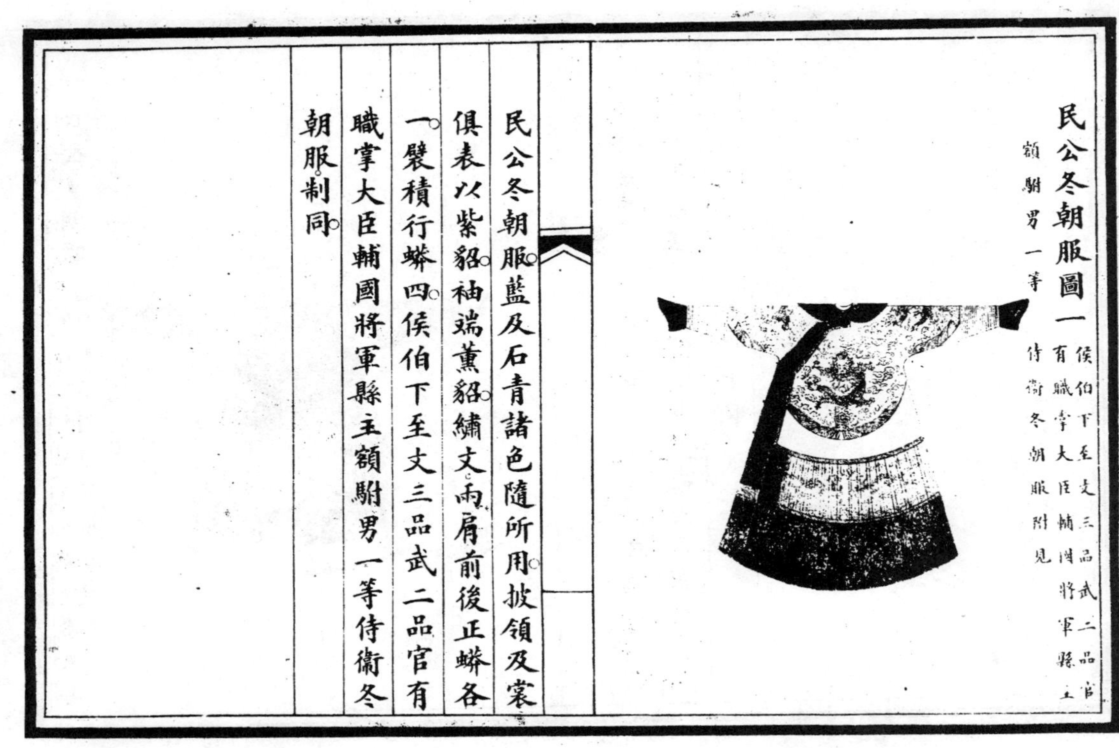

民公冬朝服圖一

侯伯下至文三品武二品官有職掌大臣輔國將軍縣主額駙男一等侍衛冬朝服附見

民公冬朝服。藍及石青諸色隨所用。披領及裳俱表以紫貂。袖端薰貂。繡文兩肩前後正蟒各一。襞積行蟒四。侯伯下至文三品武二品官有職掌大臣輔國將軍縣主額駙男一等侍衛冬朝服制同。

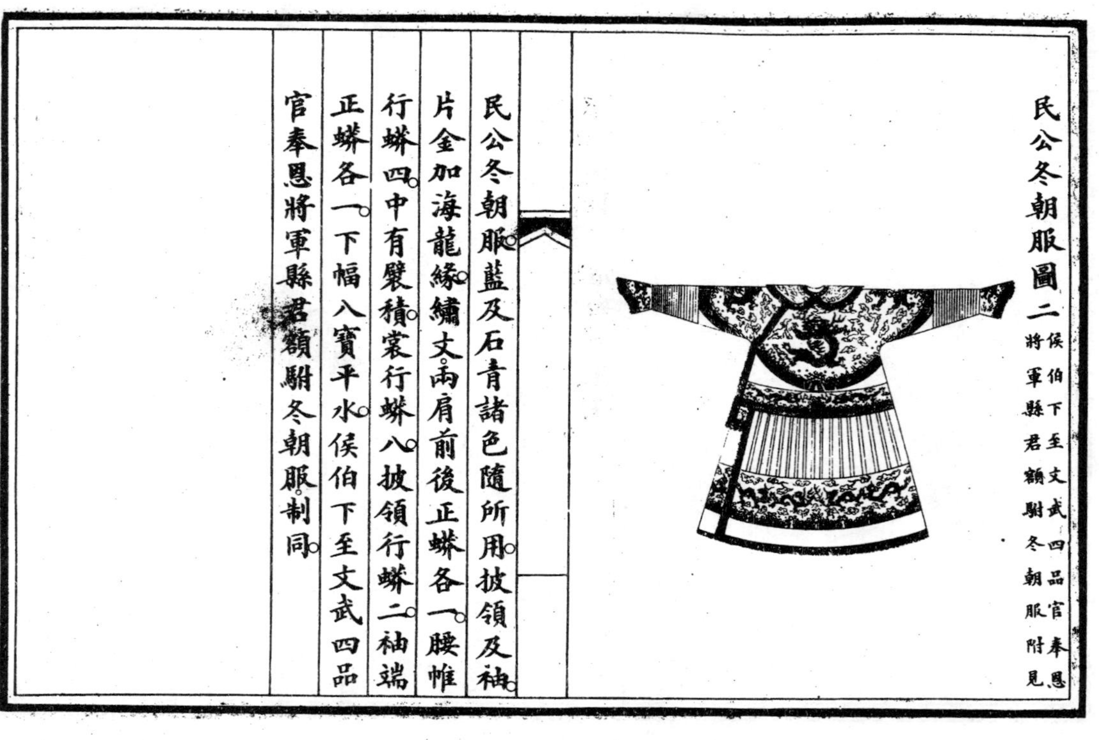

民公冬朝服圖二 侯伯下至文武四品官奉恩將軍縣君額駙冬朝服附見

民公冬朝服。藍及石青諸色隨所用。披領及袖片金加海龍緣。繡文。兩肩前後正蟒各一。腰帷行蟒四。中有襞積。裳行蟒八。披領行蟒二。袖端正蟒各一。下幅八寶平水。侯伯下至文武四品官奉恩將軍縣君額駙冬朝服。制同。

民公夏朝服圖 侯伯下至文武四品官奉恩將軍縣君額駙夏朝服附見

民公夏朝服。藍及石青諸色隨所用。片金緣。餘制如冬朝服二。侯伯下至文武四品官奉恩將軍縣君額駙夏朝服。制同。

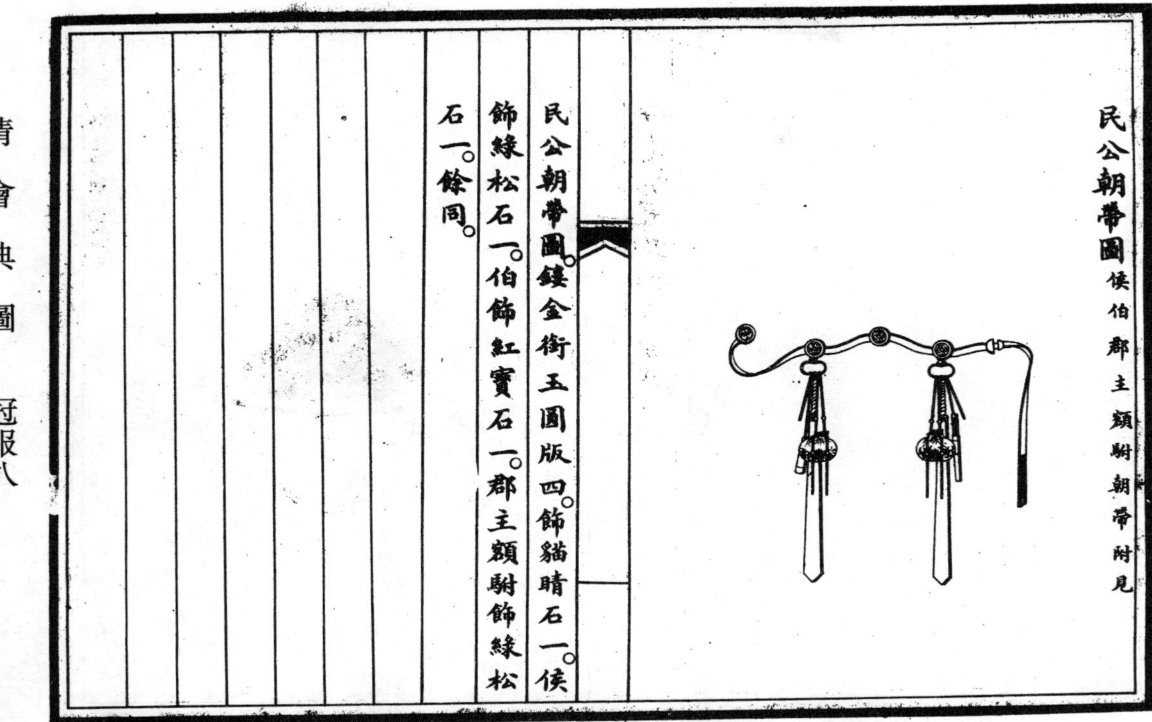

民公朝帶圖 侯伯郡主額駙朝帶附見

民公朝帶圖。鏤金銜玉圓版四。飾貓睛石一。侯飾綠松石一。伯飾紅寶石一。郡主額駙飾綠松石一。餘同。

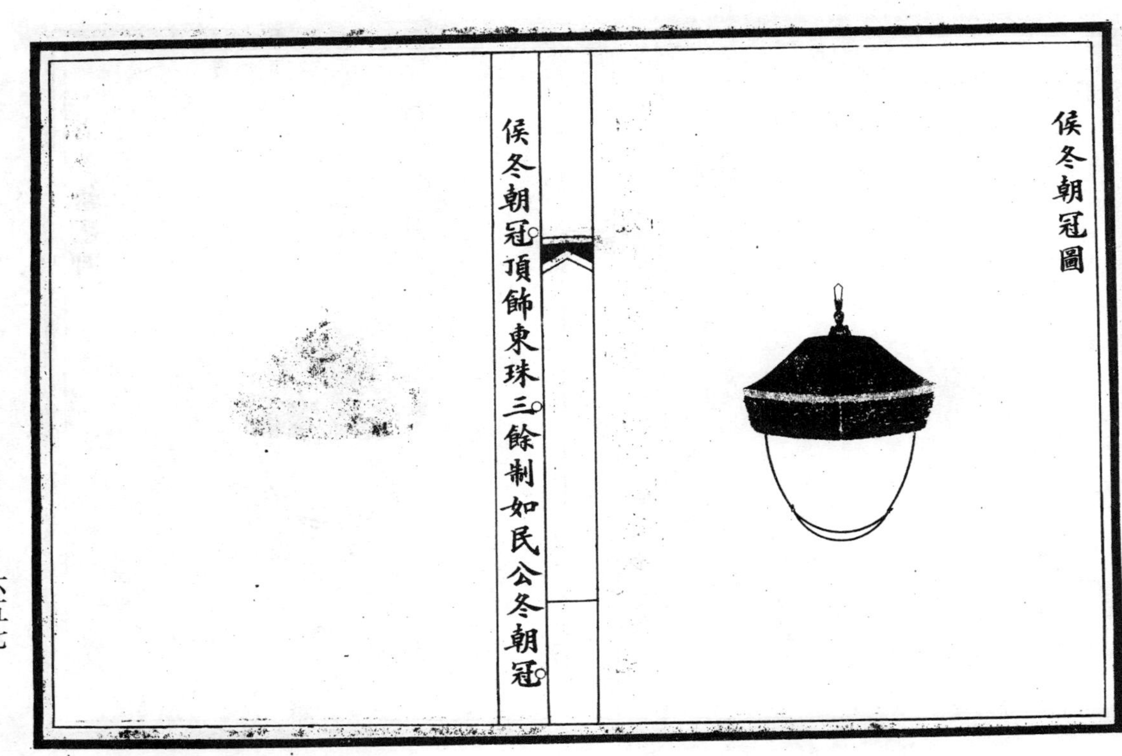

侯冬朝冠圖

侯冬朝冠。頂飾東珠三。餘制如民公冬朝冠。

侯夏朝冠圖

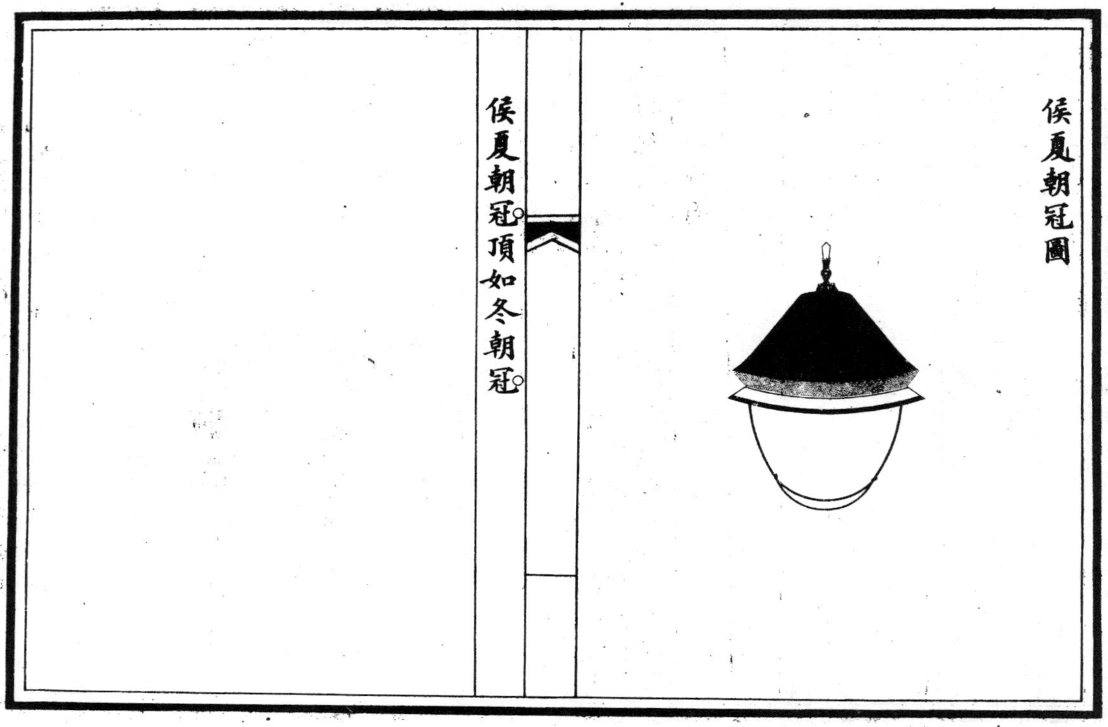

侯夏朝冠。頂如冬朝冠。

伯冬朝冠圖

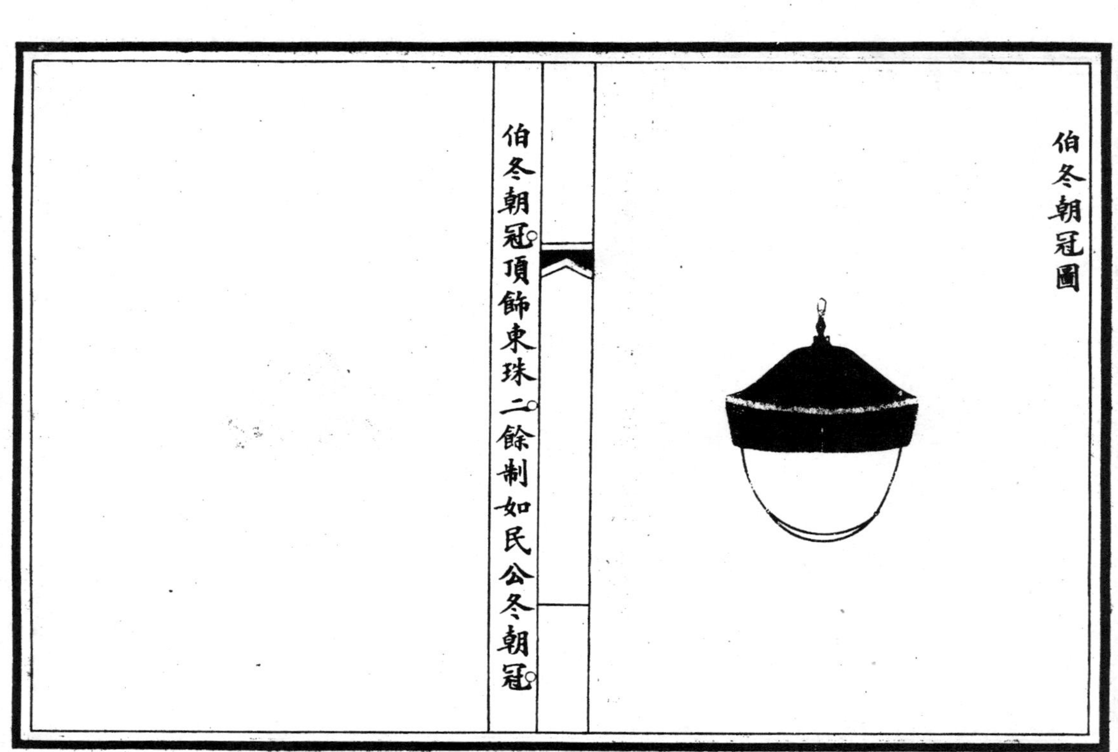

伯冬朝冠。頂飾東珠二。餘制如民公冬朝冠。

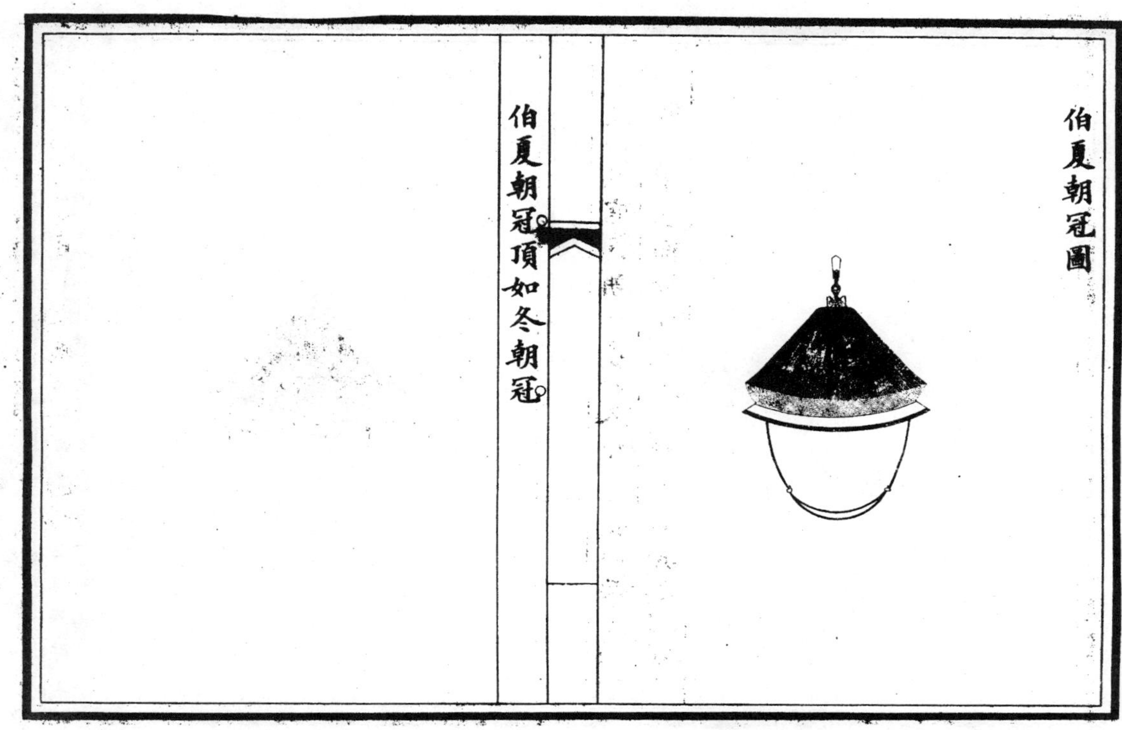

伯夏朝冠圖

伯夏朝冠。頂如冬朝冠。

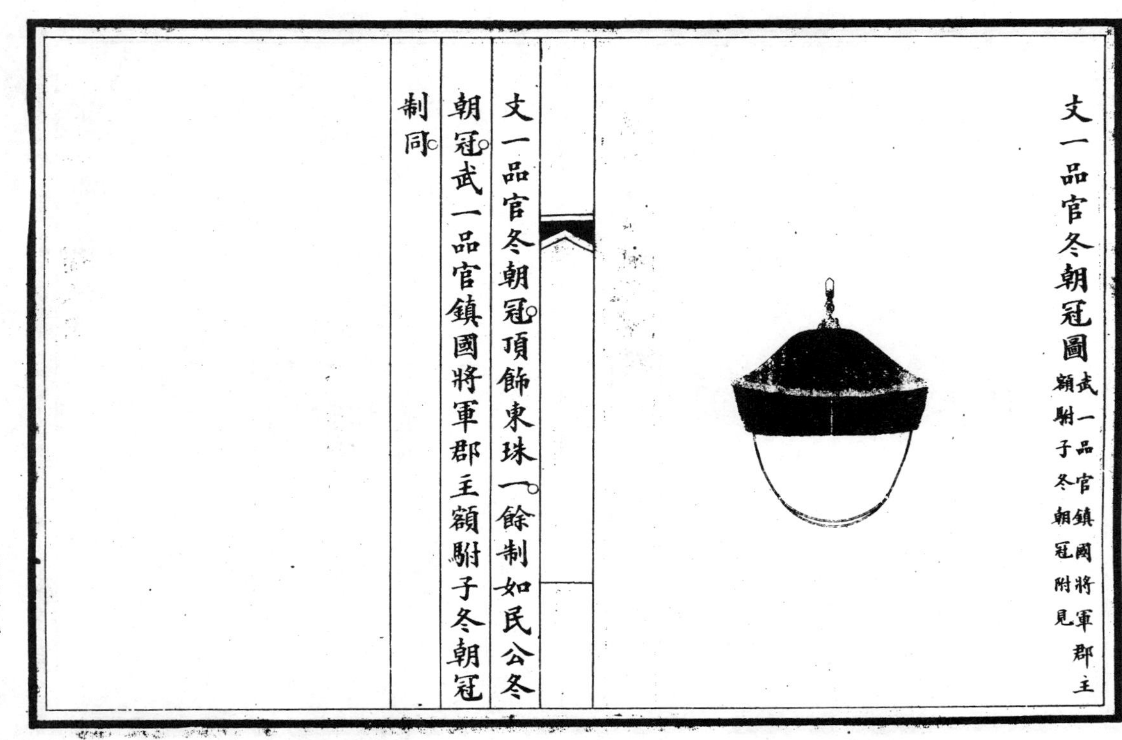

文一品官冬朝冠圖武一品官鎮國將軍郡主額駙子冬朝冠附見

文一品官冬朝冠。頂飾東珠一。餘制如民公冬朝冠。武一品官鎮國將軍郡主額駙子冬朝冠制同。

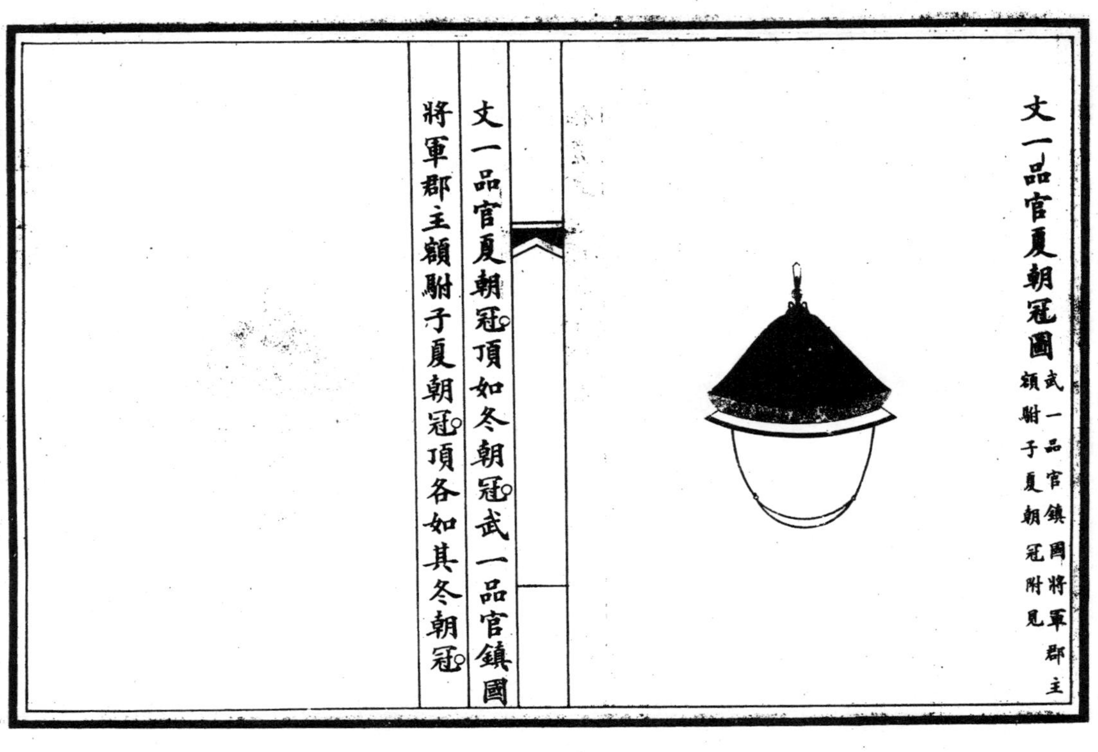

文一品官夏朝冠圖　武一品官鎮國將軍郡主額駙子夏朝冠附見

文一品官夏朝冠。頂如冬朝冠。武一品官鎮國將軍郡主額駙子夏朝冠。頂各如其冬朝冠。

文一品官補服圖

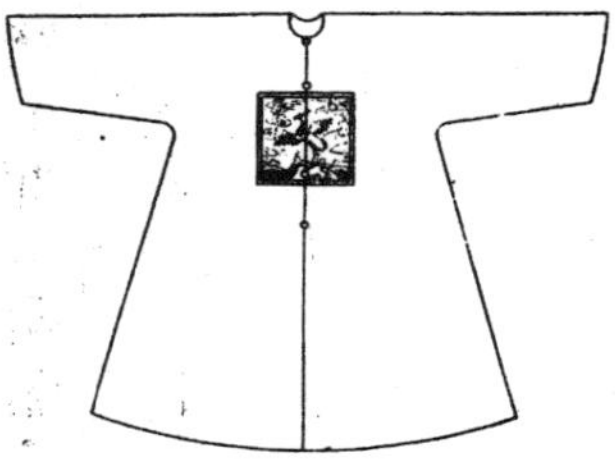

文一品官補服。繡鶴。

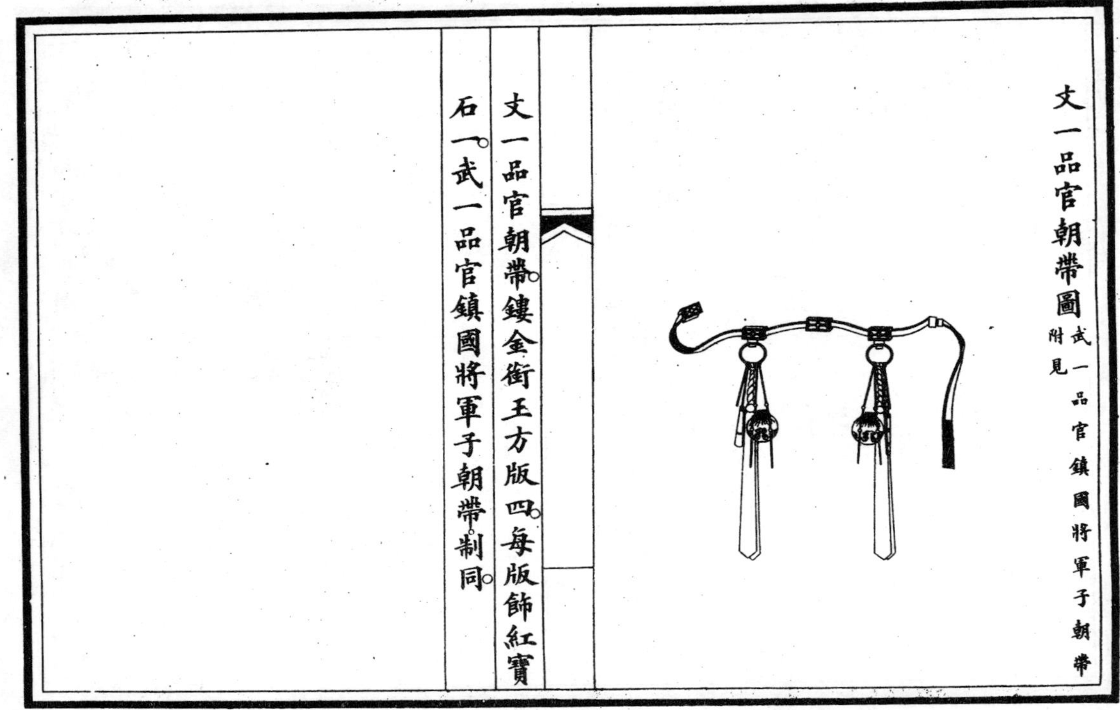

文一品官朝帶圖

武一品官鎮國將軍子朝帶附見

文一品官朝帶。鏤金銜玉方版四。每版飾紅寶石。武一品官鎮國將軍子朝帶。制同。

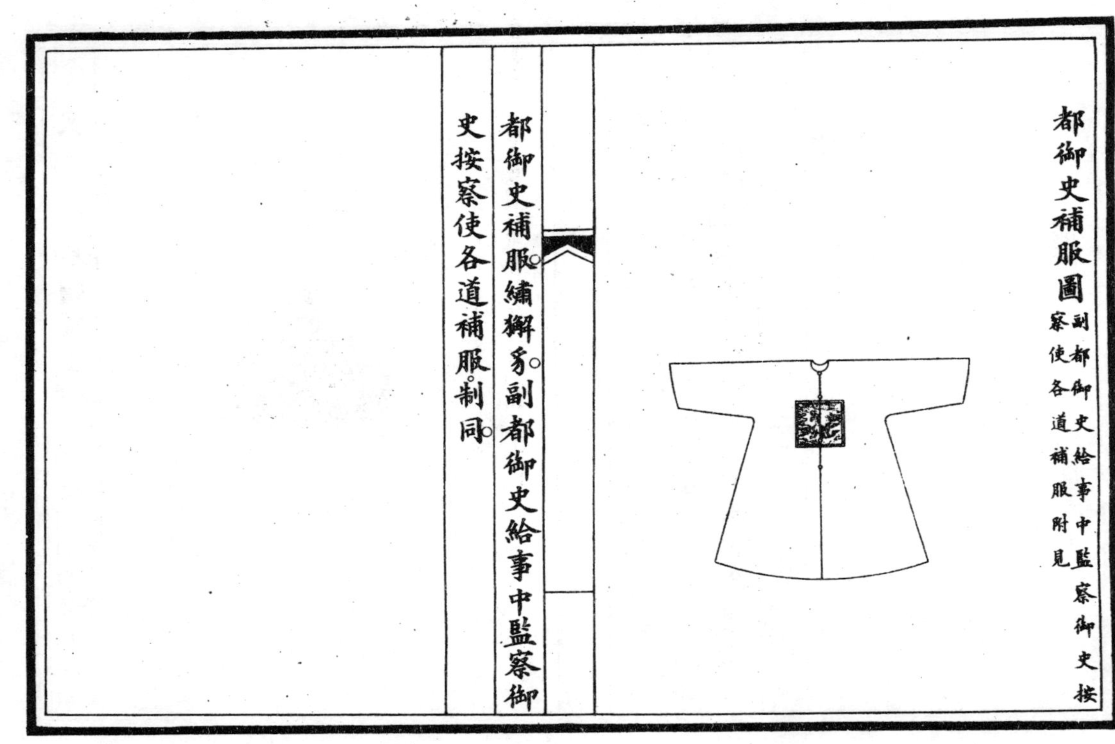

都御史補服圖

副都御史給事中監察御史按察使各道補服附見

都御史補服。繡獬豸。副都御史給事中監察御史按察使各道補服。制同。

## 武一品官補服圖

鎮國將軍郡主額駙子補服附見

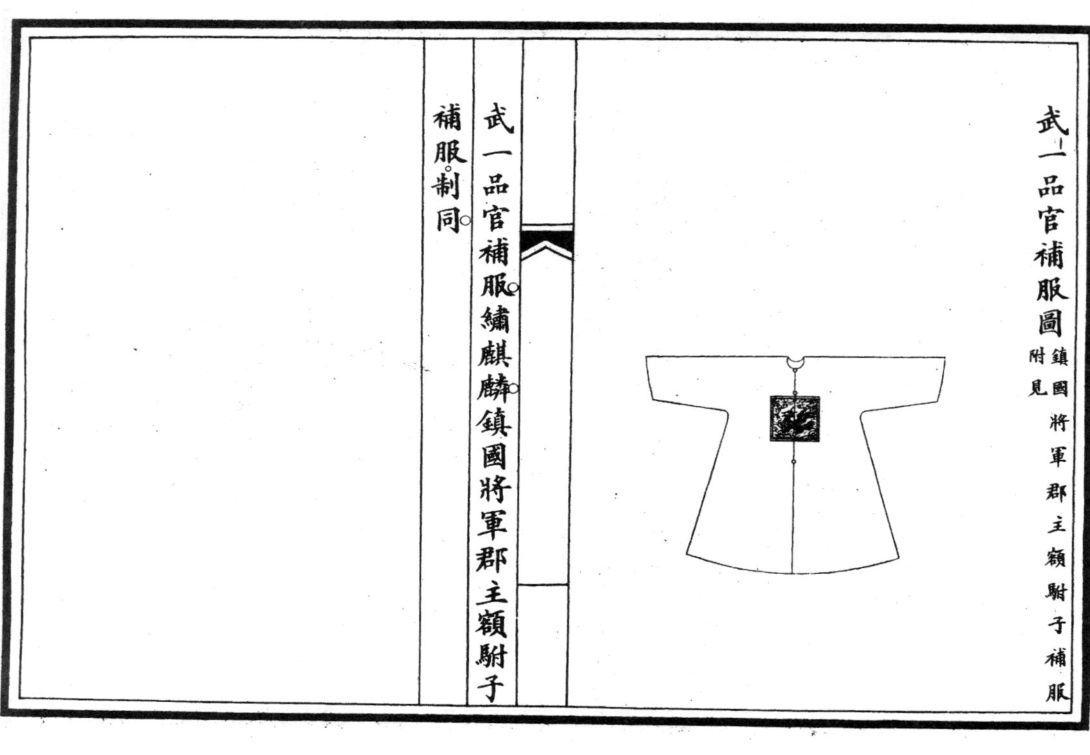

武一品官補服。繡麒麟。鎮國將軍郡主額駙子補服。制同。

## 文二品官冬朝冠圖

武二品官輔國將軍縣主額駙男文三品官冬朝冠附見

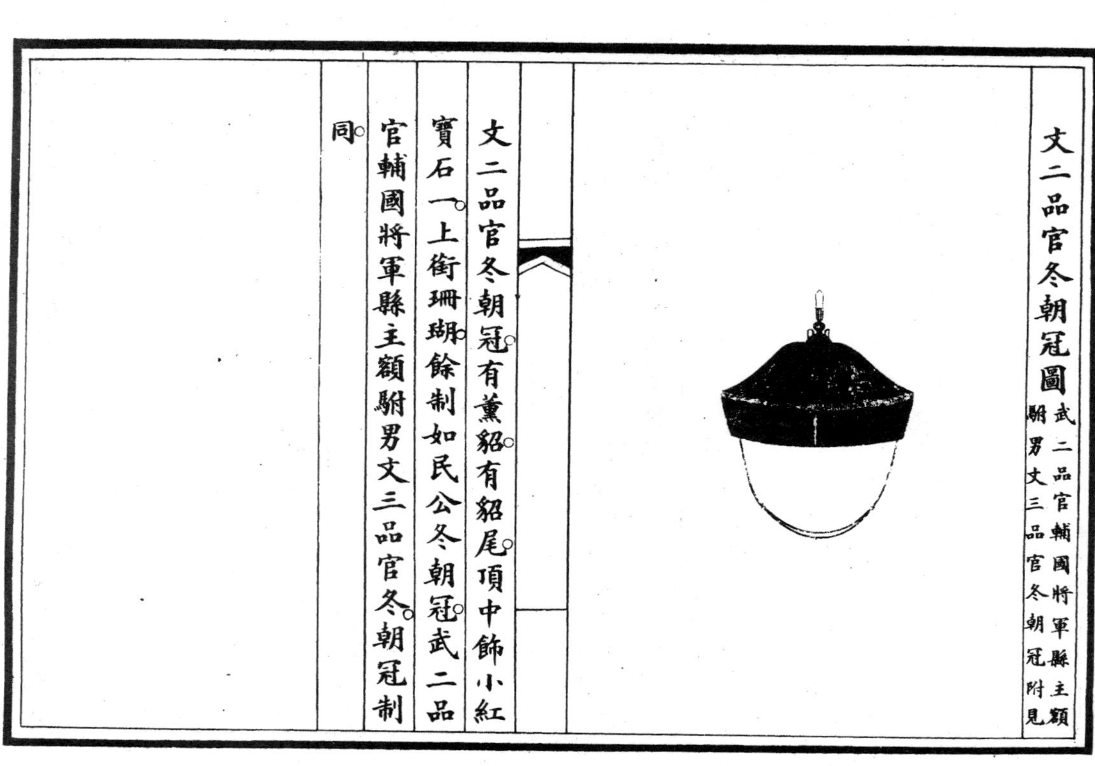

文二品官冬朝冠。有薰貂。有貂尾。頂中飾小紅寶石一。上銜珊瑚。餘制如民公冬朝冠。武二品官輔國將軍縣主額駙男文三品官冬朝冠。制同。

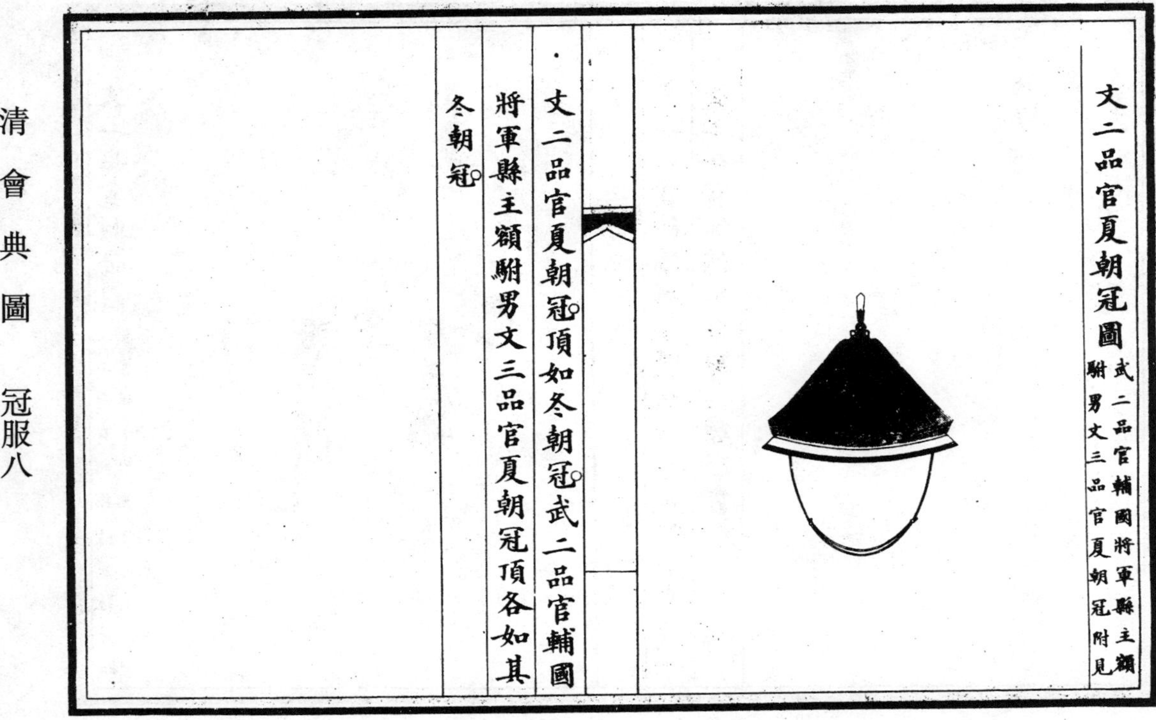

文二品官夏朝冠圖武二品官輔國將軍縣主額駙男文三品官夏朝冠附見

文二品官夏朝冠。頂如冬朝冠。武二品官輔國將軍縣主額駙男文三品官夏朝冠頂各如其冬朝冠。

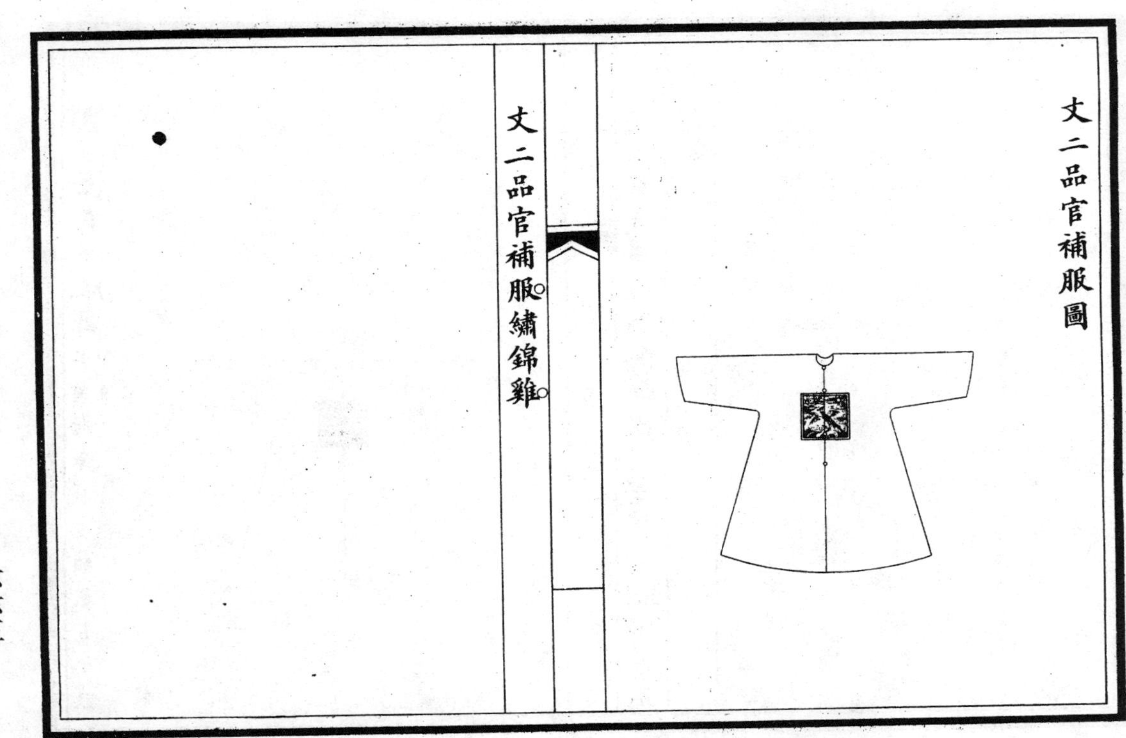

文二品官補服圖

文二品官補服。繡錦雞。

## 文二品官朝帶圖

武二品官輔國將軍縣主額駙男朝帶附見

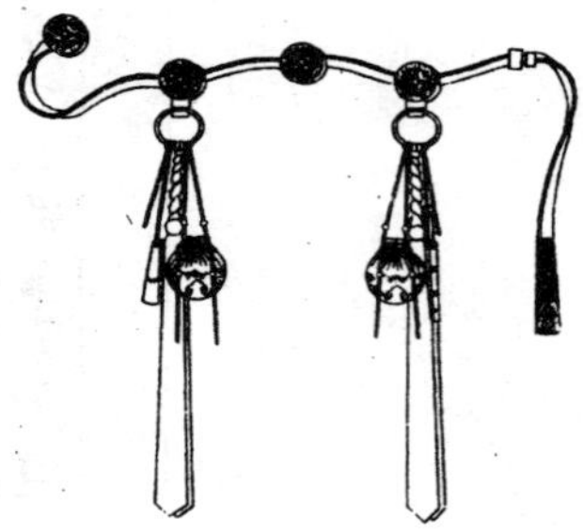

文二品官朝帶。鏤金圓版四。每版飾紅寶石一。

武二品官輔國將軍縣主額駙男朝帶制同。

## 武二品官補服圖

輔國將軍縣主額駙男補服附見

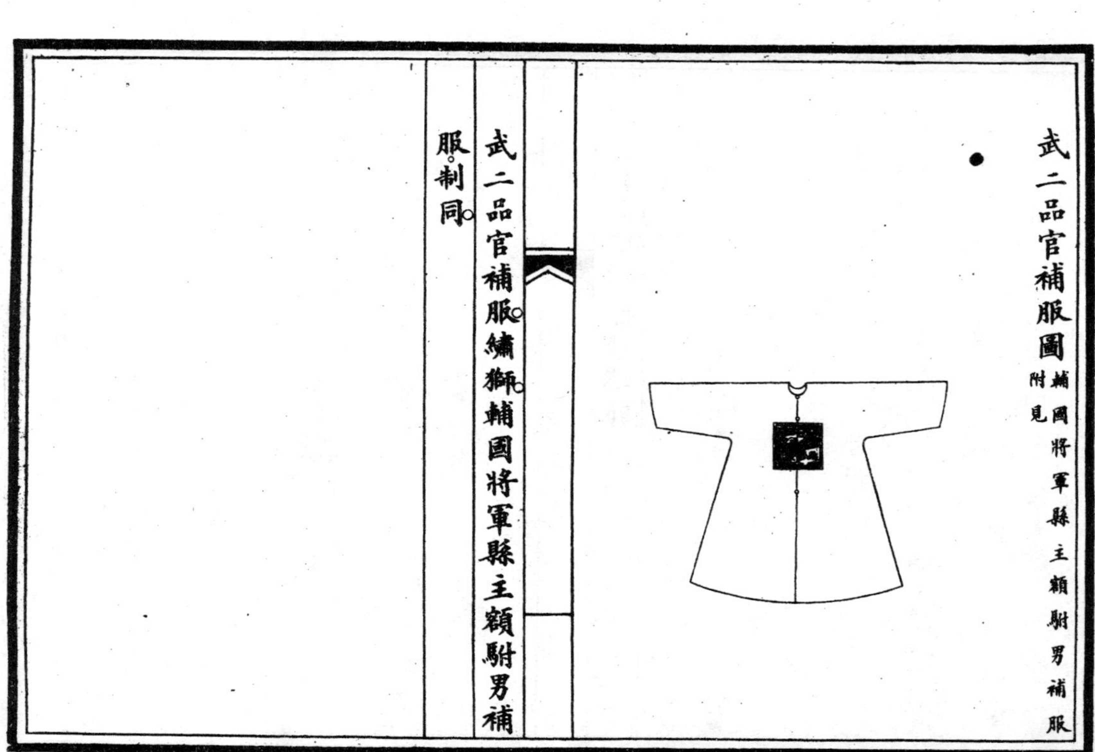

武二品官補服。繡獅。輔國將軍縣主額駙男補服。制同。

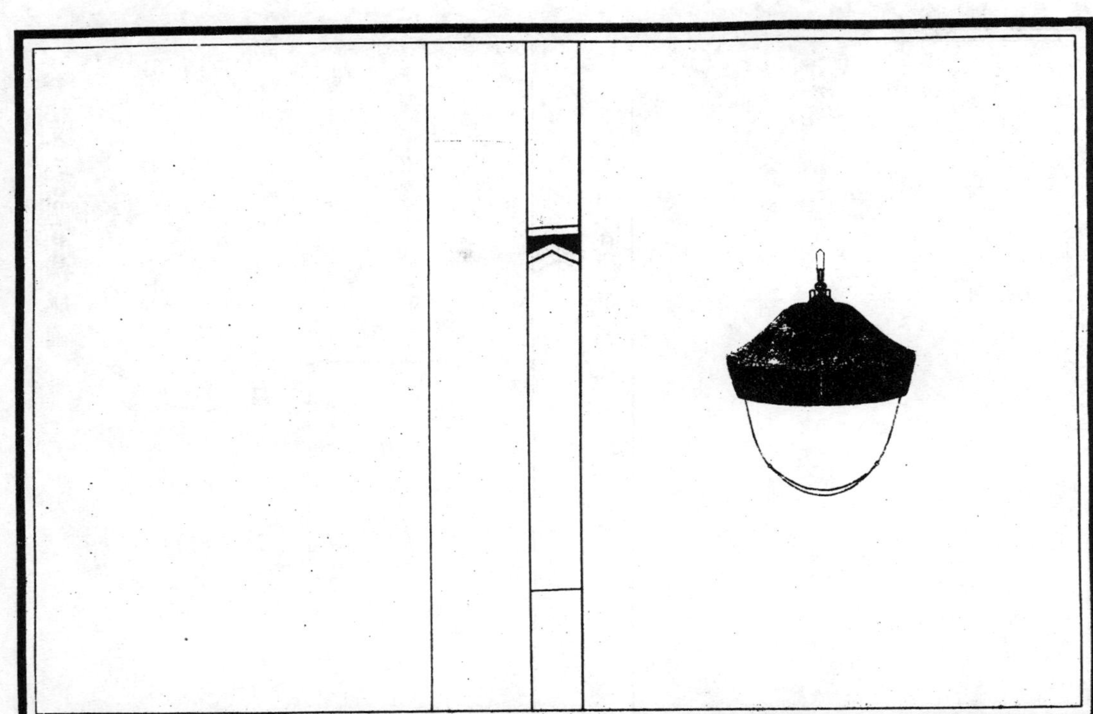

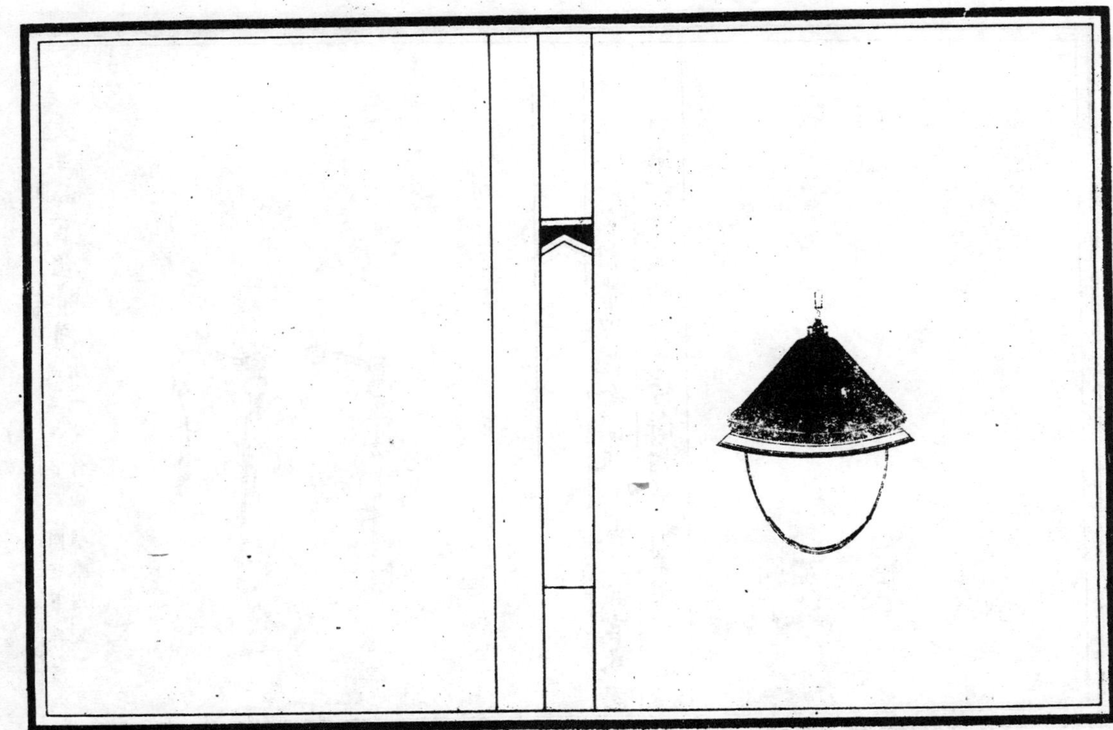

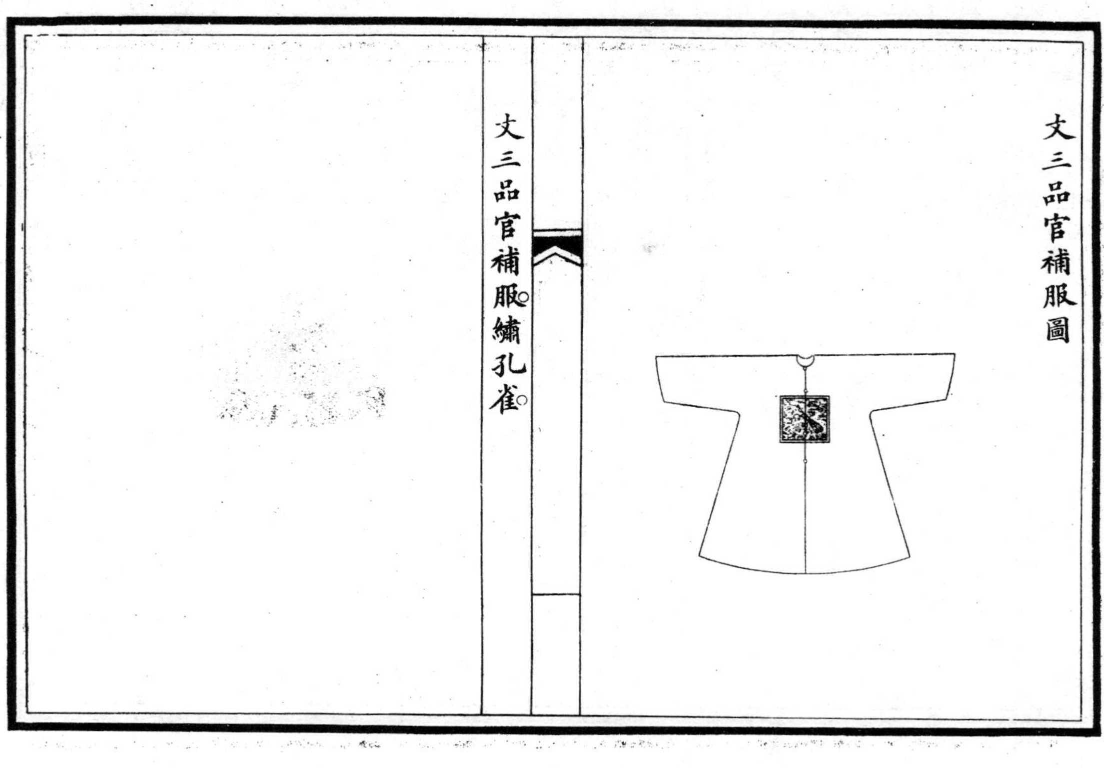


文三品官補服。繡孔雀。

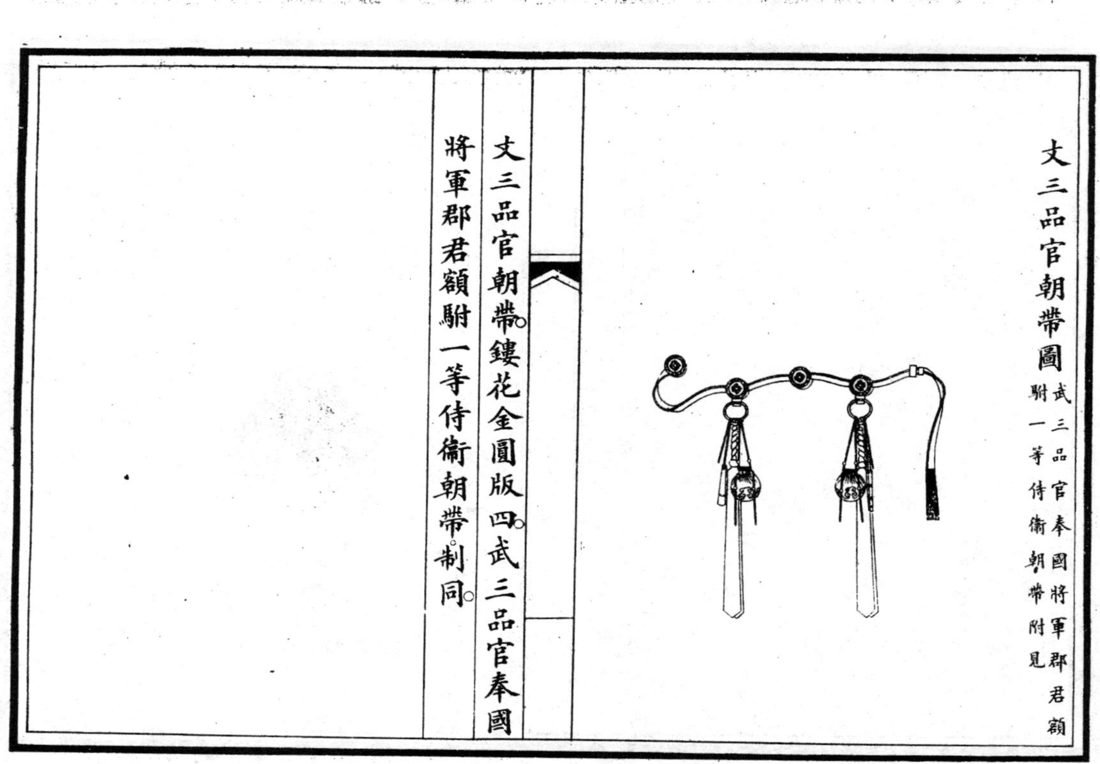


文三品官朝帶。鏤花金圓版四。武三品官奉國將軍郡君額駙一等侍衛朝帶。制同。

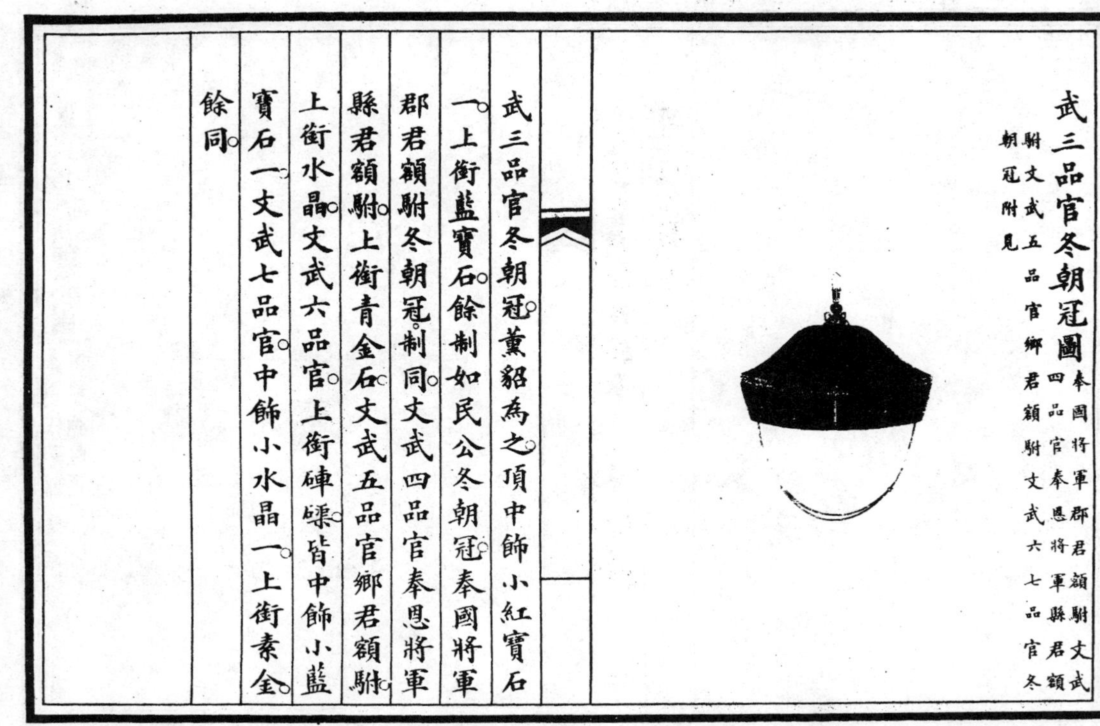

## 武三品官冬朝冠圖

奉國將軍郡君額駙文武四品官奉恩將軍縣君額駙文武五品官鄉君額駙文武六七品官冬朝冠附見

武三品官冬朝冠。薰貂為之。頂中飾小紅寶石一。上銜藍寶石。餘制如民公冬朝冠。奉國將軍郡君額駙冬朝冠。制同。文武四品官奉恩將軍縣君額駙。上銜青金石。文武五品官鄉君額駙。上銜水晶。文武六品官。上銜硨磲。皆中飾小藍寶石一。文武七品官。中飾小水晶一。上銜素金。餘同。

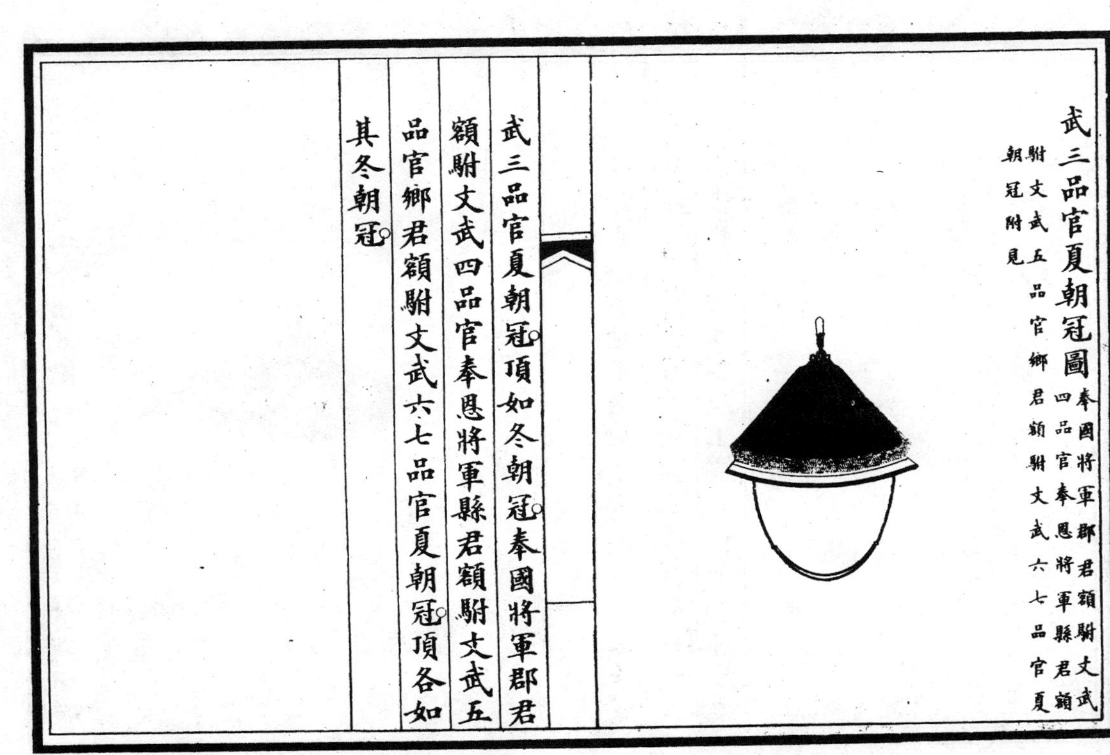

## 武三品官夏朝冠圖

奉國將軍郡君額駙文武四品官奉恩將軍縣君額駙文武五品官鄉君額駙文武六七品官夏朝冠附見

武三品官夏朝冠。頂如冬朝冠。奉國將軍郡君額駙文武四品官奉恩將軍縣君額駙文武五品官鄉君額駙文武六七品官夏朝冠。頂各如其冬朝冠。

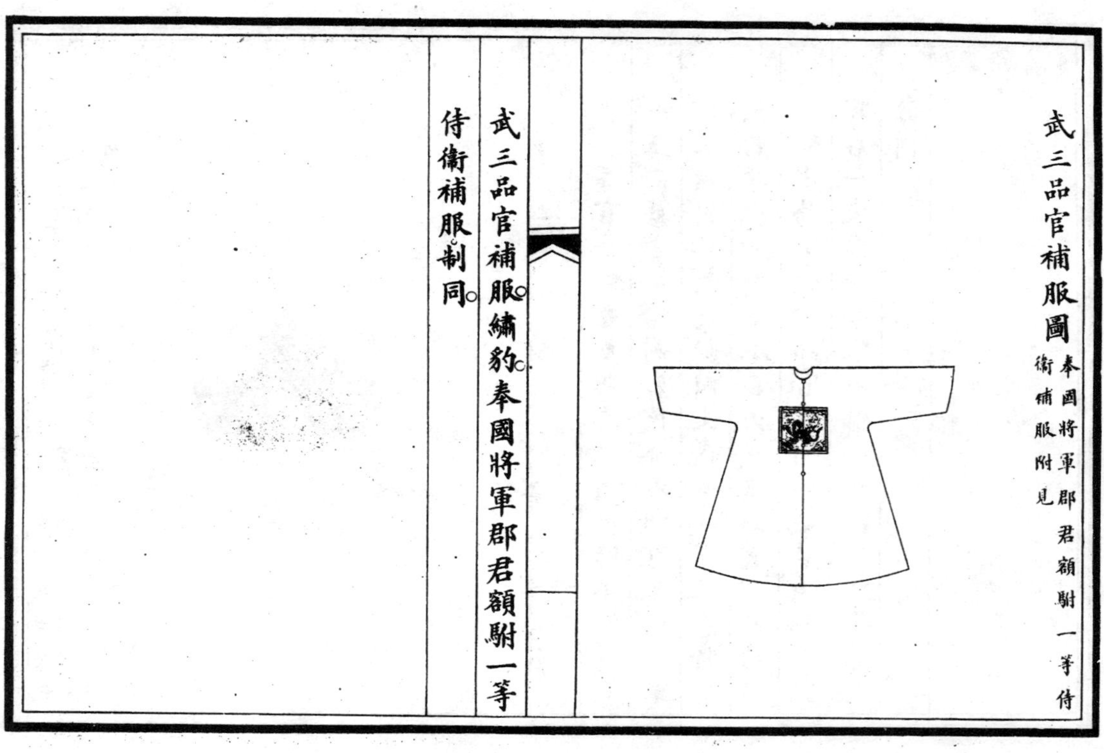

# 武三品官補服圖

奉國將軍郡君額駙一等侍衛補服附見

武三品官補服。繡豹。奉國將軍郡君額駙一等侍衛補服。制同。

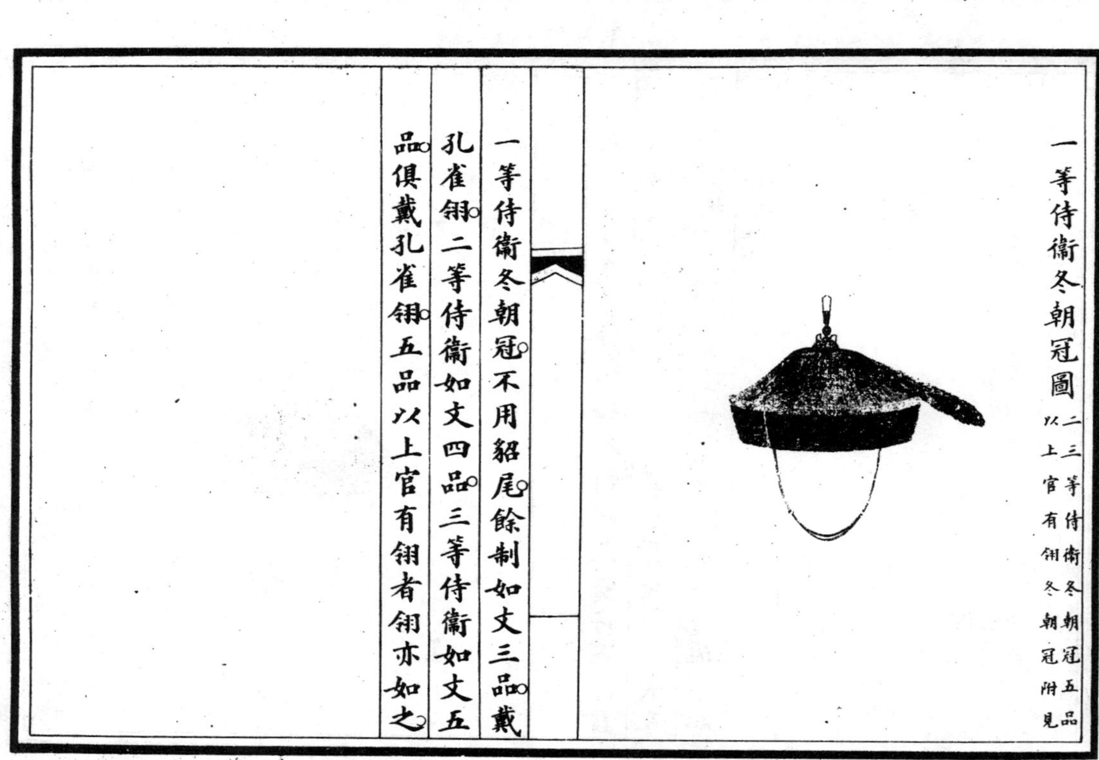

# 一等侍衛冬朝冠圖

二三等侍衛冬朝冠五品以上官有翎冬朝冠附見

一等侍衛冬朝冠。不用貂尾。餘制如文三品。戴孔雀翎。二等侍衛如文四品。三等侍衛如文五品。俱戴孔雀翎。五品以上官有翎者。翎亦如之。

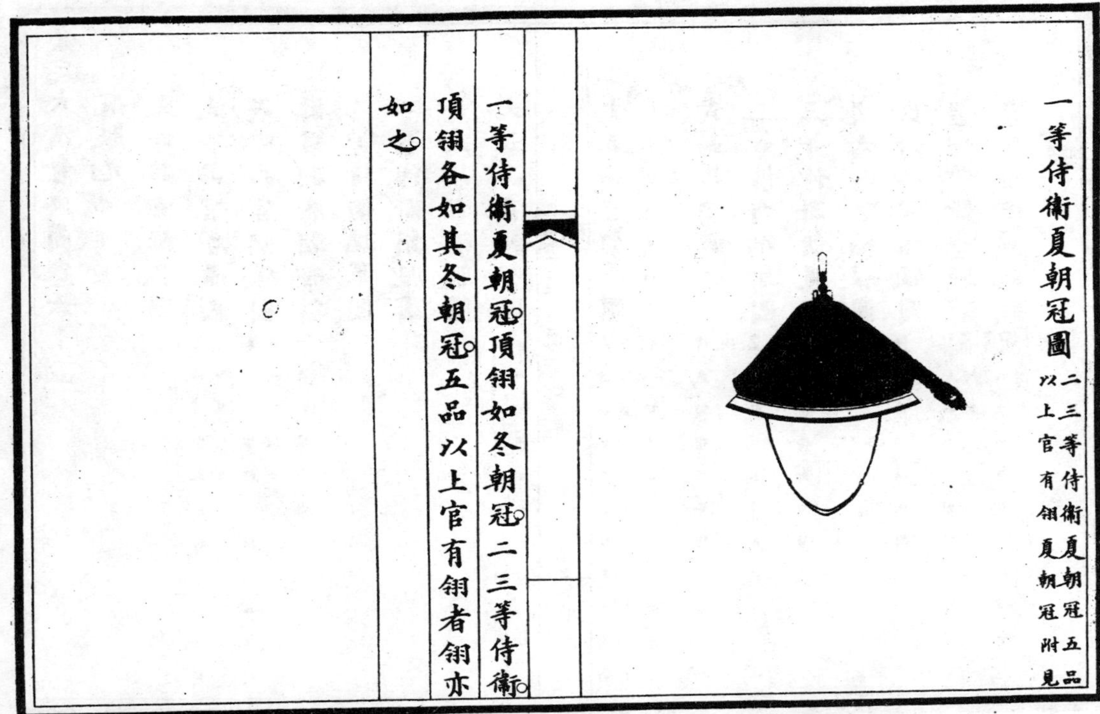

一等侍衛夏朝冠圖 二三等侍衛夏朝冠五品以上官有翎夏朝冠附見

一等侍衛夏朝冠。頂翎如冬朝冠。二三等侍衛。頂翎各如其冬朝冠。五品以上官有翎者翎亦如之。

一等侍衛端罩圖

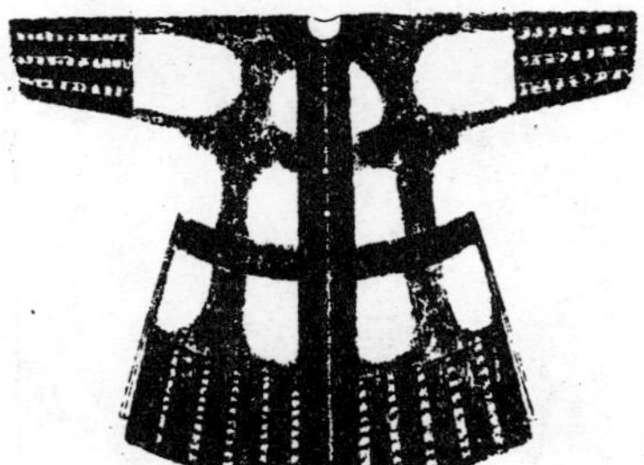

一等侍衛端罩。用猞猁猻。間以豹皮。月白緞裏。

# 欽定大清會典圖卷六十五

## 冠服九 禮服九



文四品官補服圖

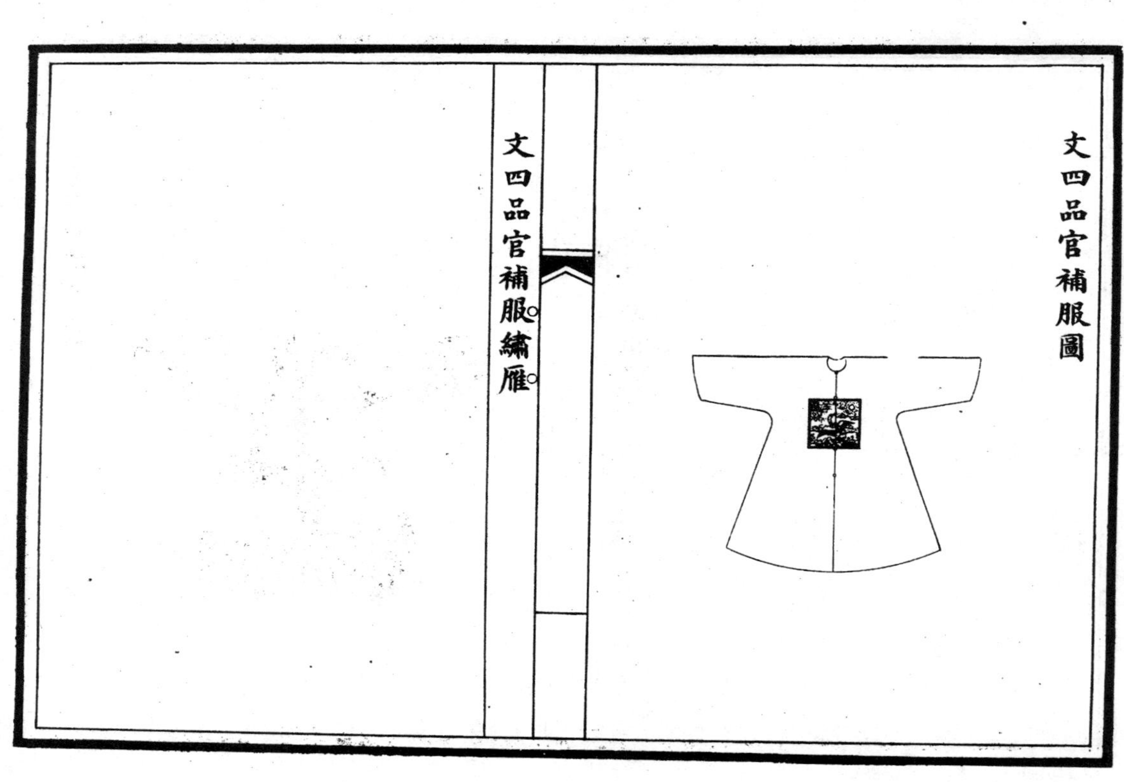

文四品官補服。繡雁。

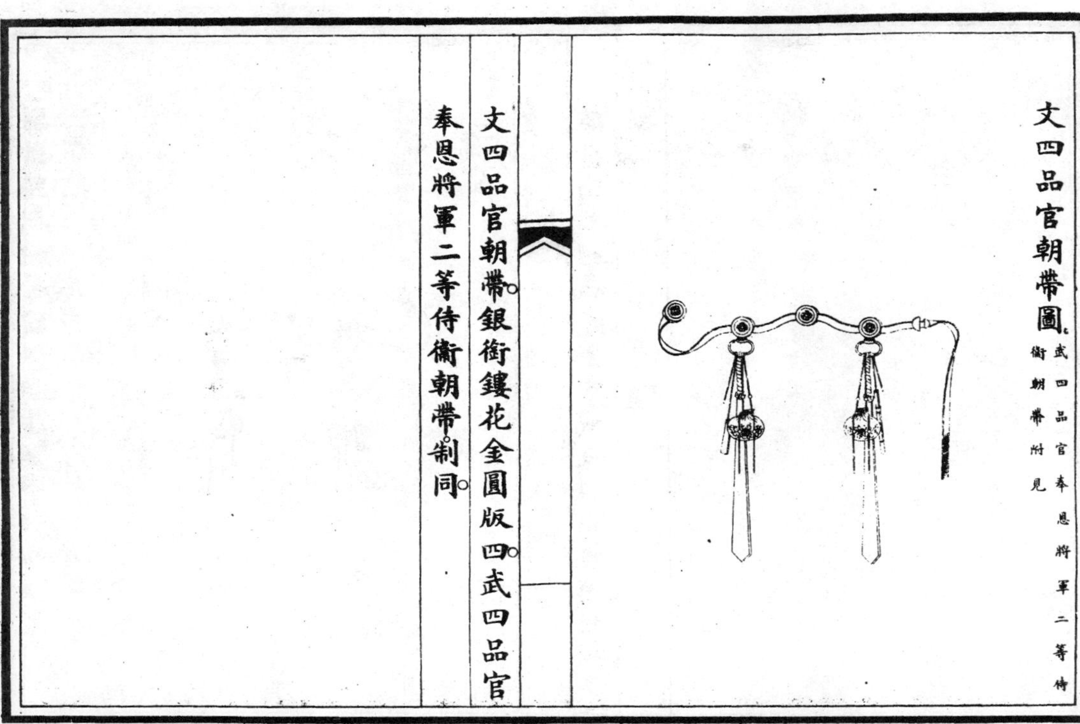

文四品官朝帶圖　武四品官奉恩將軍二等侍衛朝帶附見

文四品官朝帶。銀銜鏤花金圓版四。武四品官奉恩將軍二等侍衛朝帶。制同。

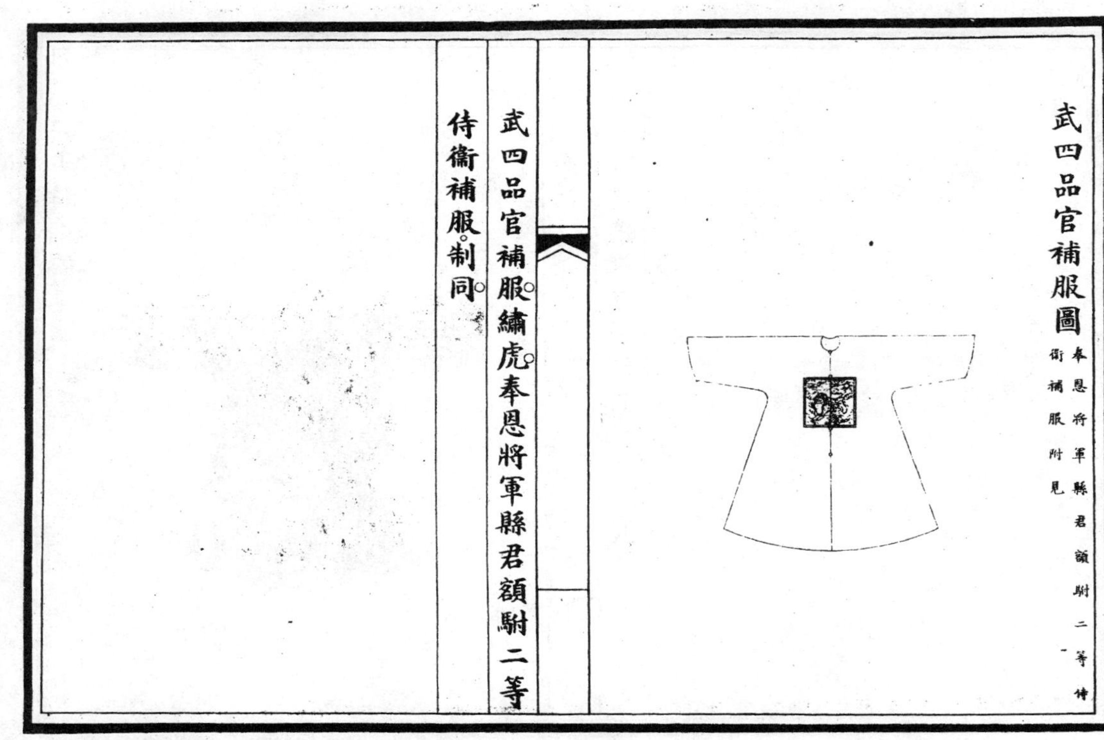

武四品官補服圖　奉恩將軍縣君額駙二等侍衛補服附見

武四品官補服。繡虎。奉恩將軍縣君額駙二等侍衛補服。制同。

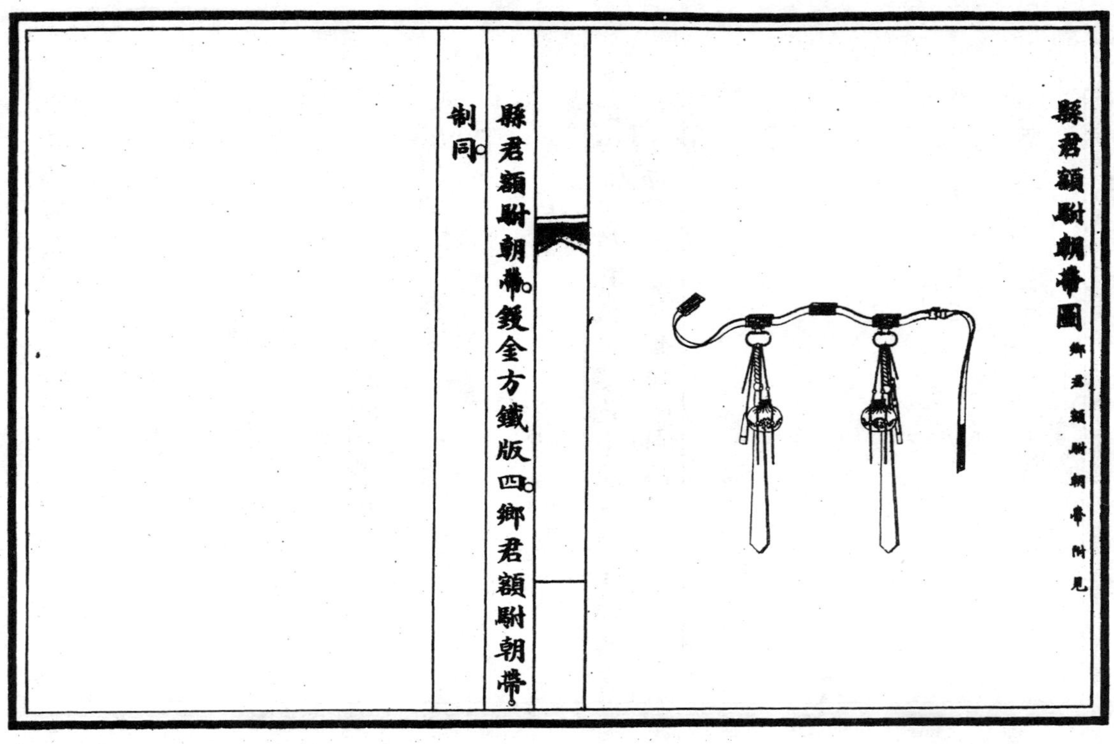

縣君額駙朝帶圖

鄉君額駙朝帶附見

縣君額駙朝帶。鏤金方鐵版四。鄉君額駙朝帶。制同。

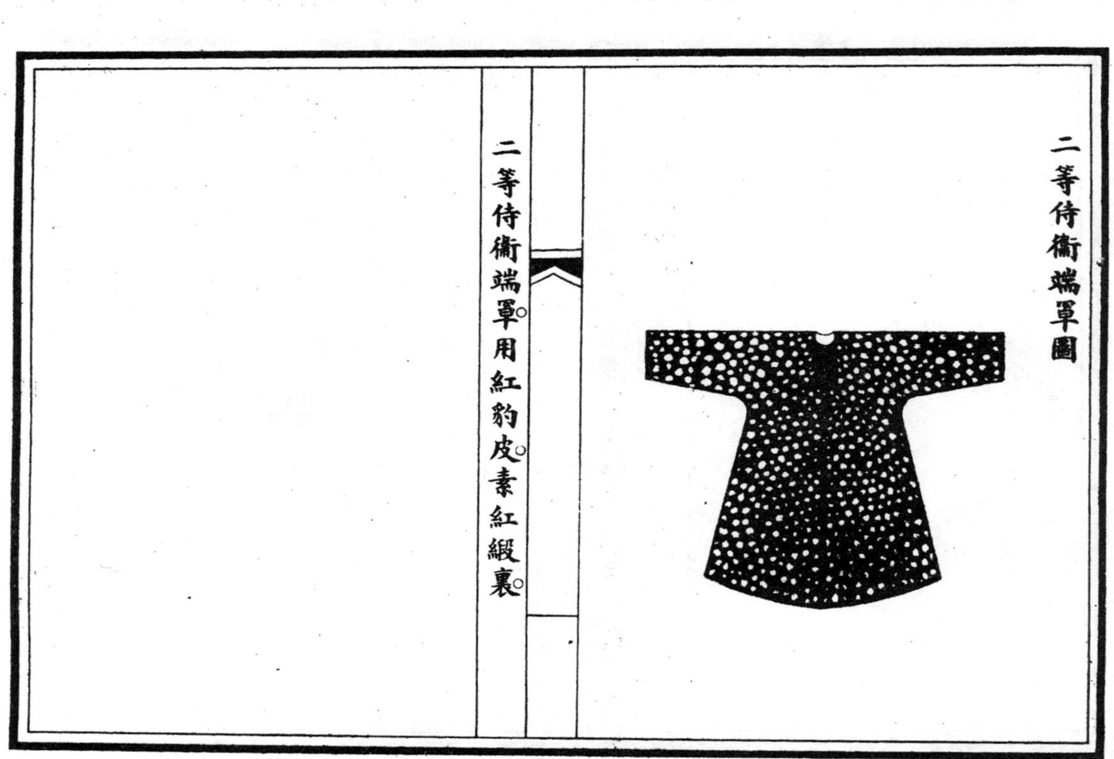

二等侍衛端罩圖

二等侍衛端罩。用紅豹皮。素紅緞裏。

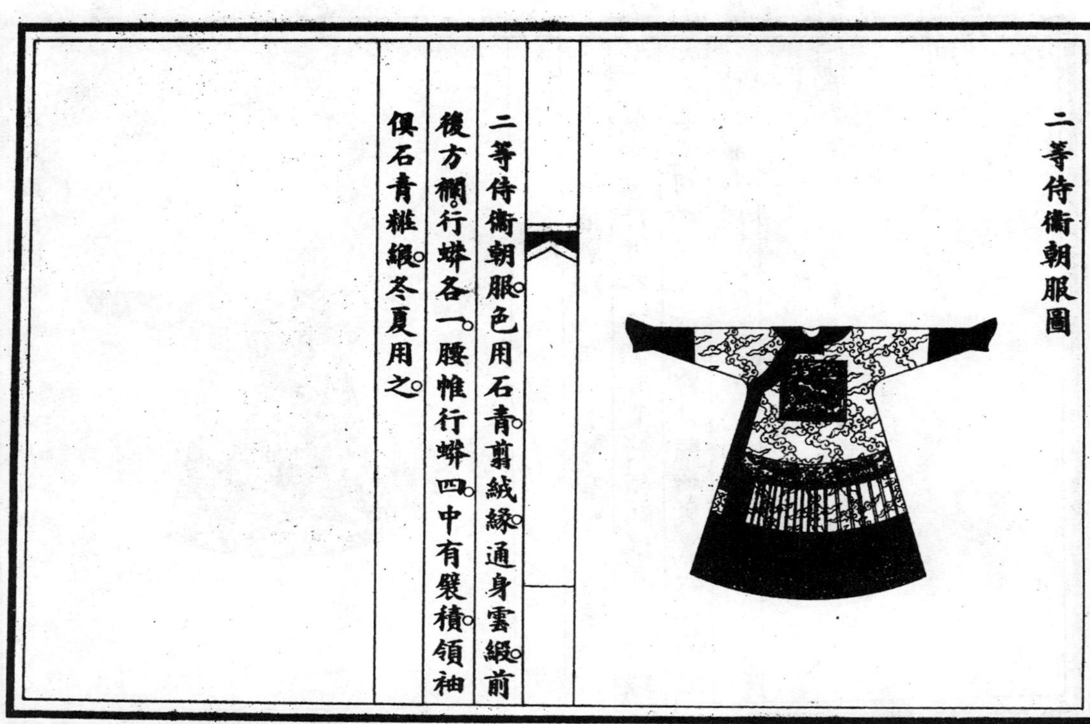

二等侍衛朝服圖

二等侍衛朝服。色用石青。片金緣。通身雲緞。前後方襴。行蟒各一。腰帷行蟒四。中有襞積。領袖俱石青粧緞。冬夏用之。

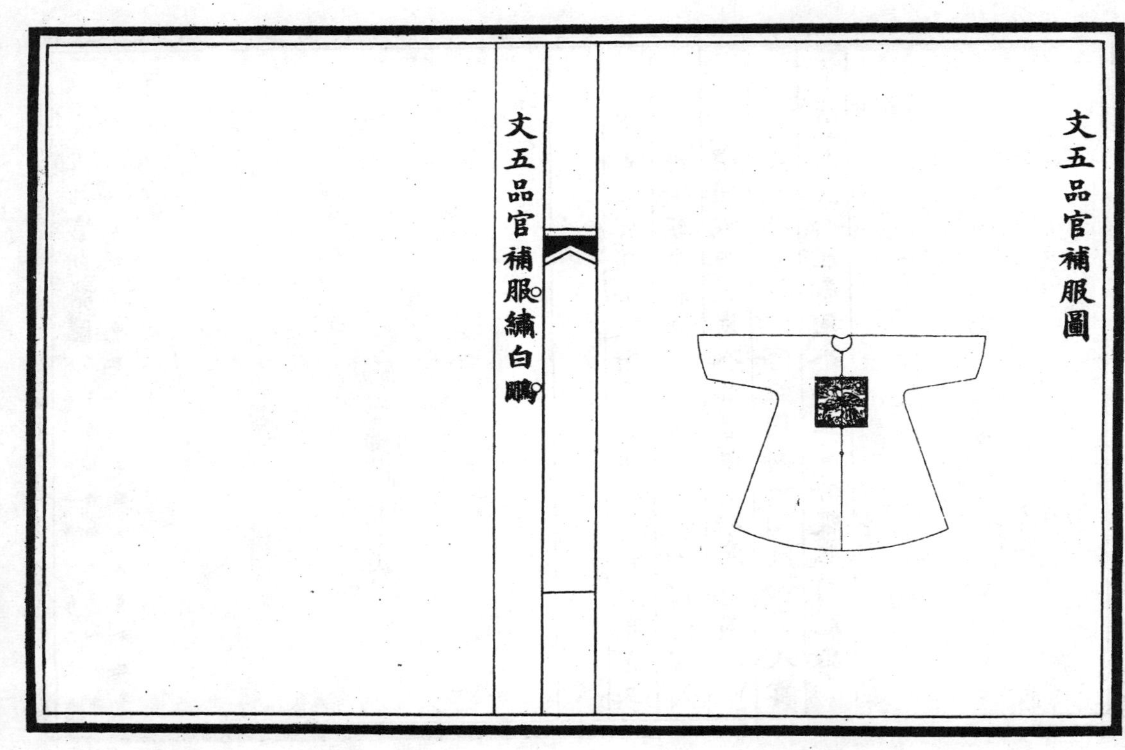

文五品官補服圖

文五品官補服。繡白鷳。

## 文五品官朝服圖

武五品官鄉君額駙文武六七品官朝服附見

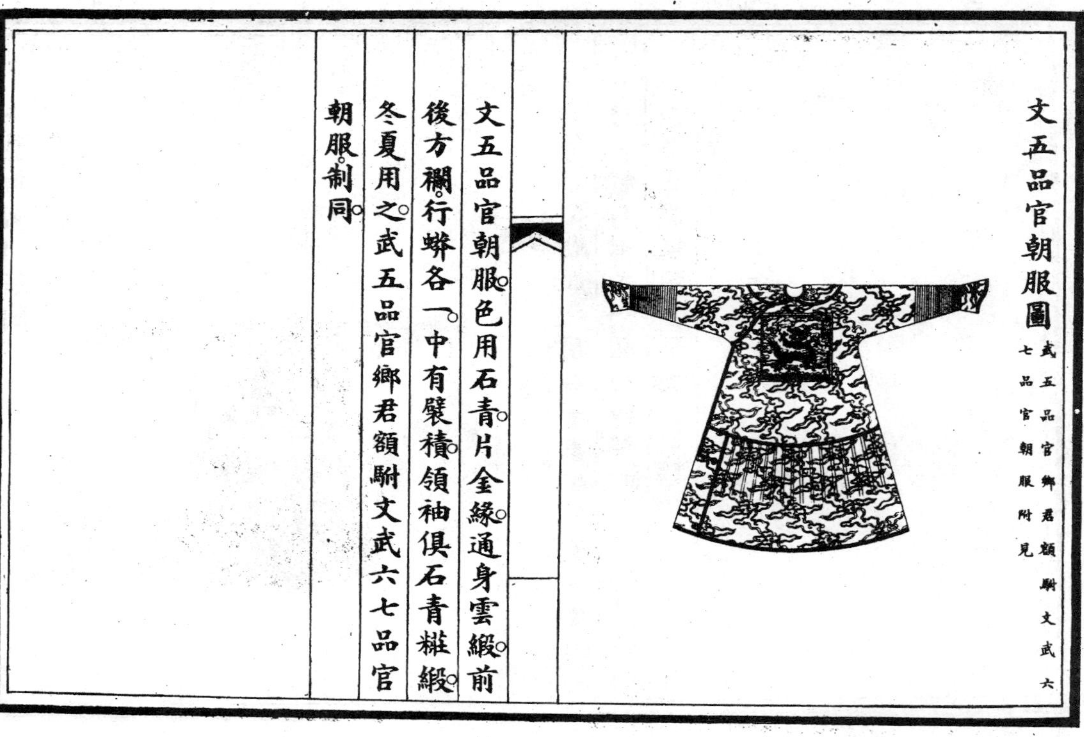

文五品官朝服。色用石青片金緣。通身雲緞。前後方襴。行蟒各一。中有襞積。領袖俱石青粧緞。冬夏用之。武五品官鄉君額駙文武六七品官朝服。制同。

## 文五品官朝帶圖

武五品官三等侍衛文武六品官藍翎侍衛文武八九品未入流官朝帶舉人貢生監生生員公服帶附見

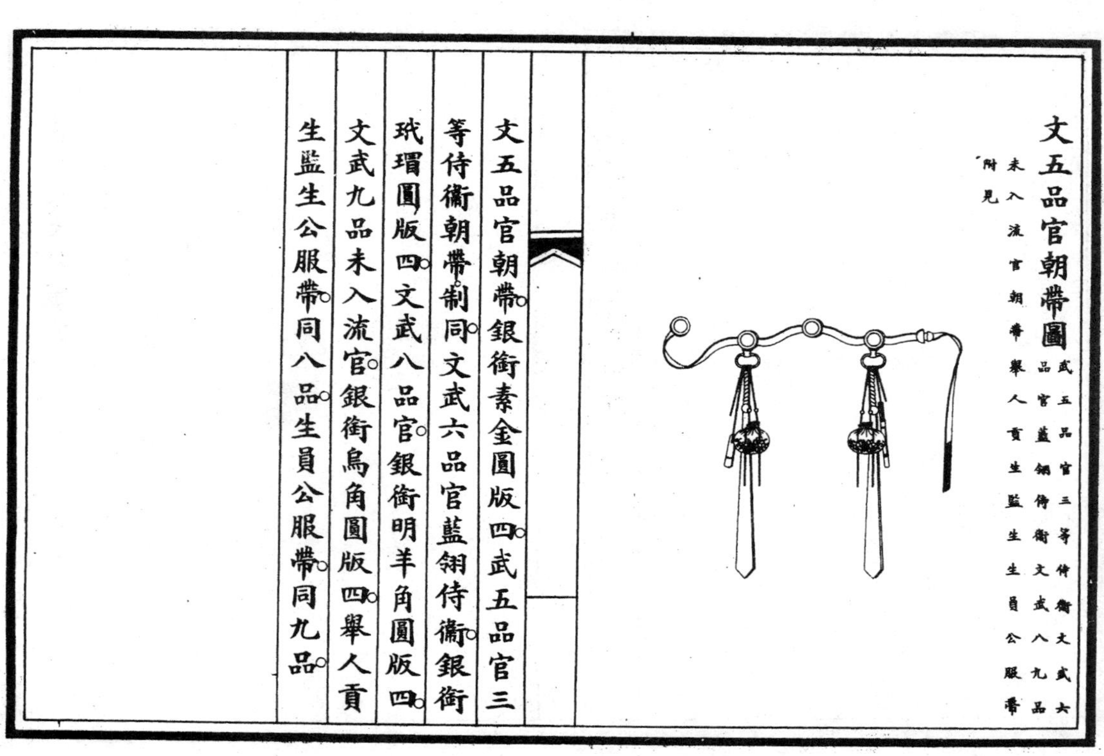

文五品官朝帶。銀銜素金圓版四。武五品官三等侍衛朝帶。制同。文武六品官藍翎侍衛銀銜玳瑁圓版四。文武八品官。銀銜明羊角圓版四。文武九品未入流官。銀銜烏角圓版四。舉人貢生監生公服帶。同八品。生員公服帶。同九品。

## 武五品官補服圖

鄉君額駙三等侍衛補服附見

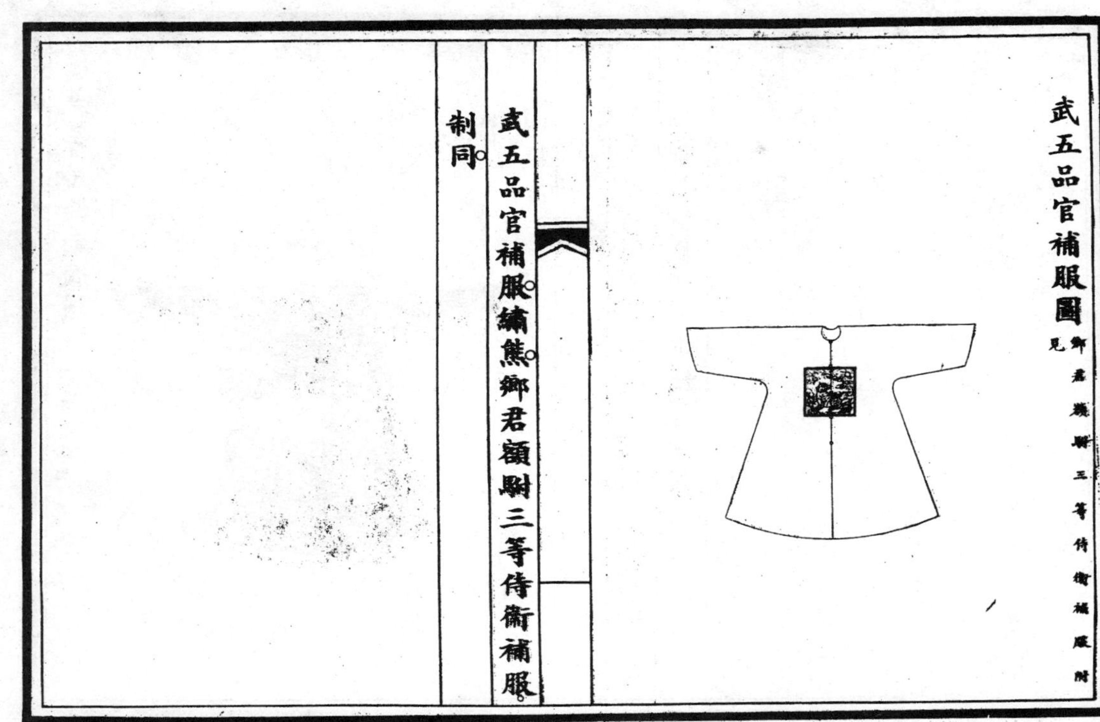

武五品官補服。繡熊。鄉君額駙三等侍衛補服。制同。

## 三等侍衛端罩圖

藍翎侍衛端罩附見

三等侍衛端罩。用黃狐皮。月白緞裏。藍翎侍衛端罩。制同。

三等侍衛朝服圖　藍翎侍衛朝服附見

三等侍衛朝服。色用石青。翦絨緣。餘制如文五品官朝服。藍翎侍衛朝服。制同。

文六品官補服圖

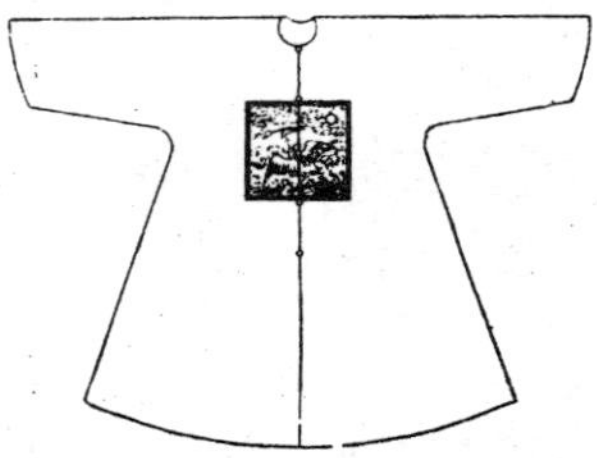

文六品官補服。繡鷺鷥。

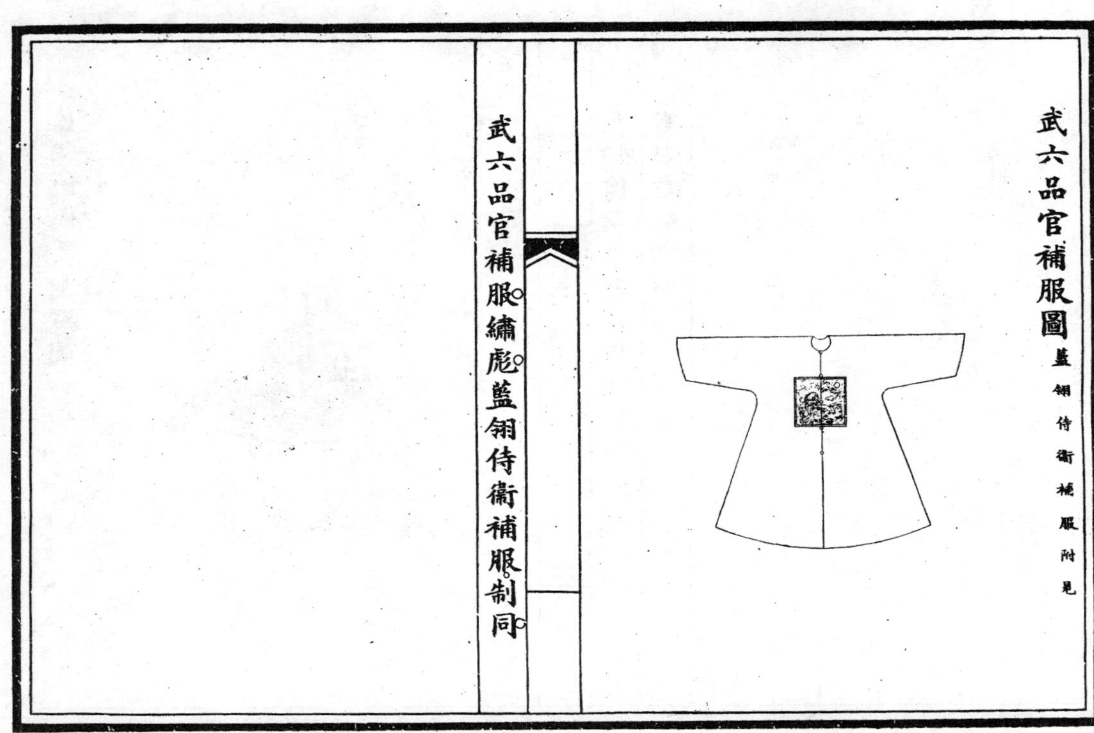
武六品官補服圖　藍翎侍衛補服附見

武六品官補服。繡彪。藍翎侍衛補服制同。

藍翎侍衛冬朝冠圖　六品以下官有翎冬朝冠附見

藍翎侍衛冬朝冠。制如文六品。戴藍翎。六品以下官有翎者翎亦如之。

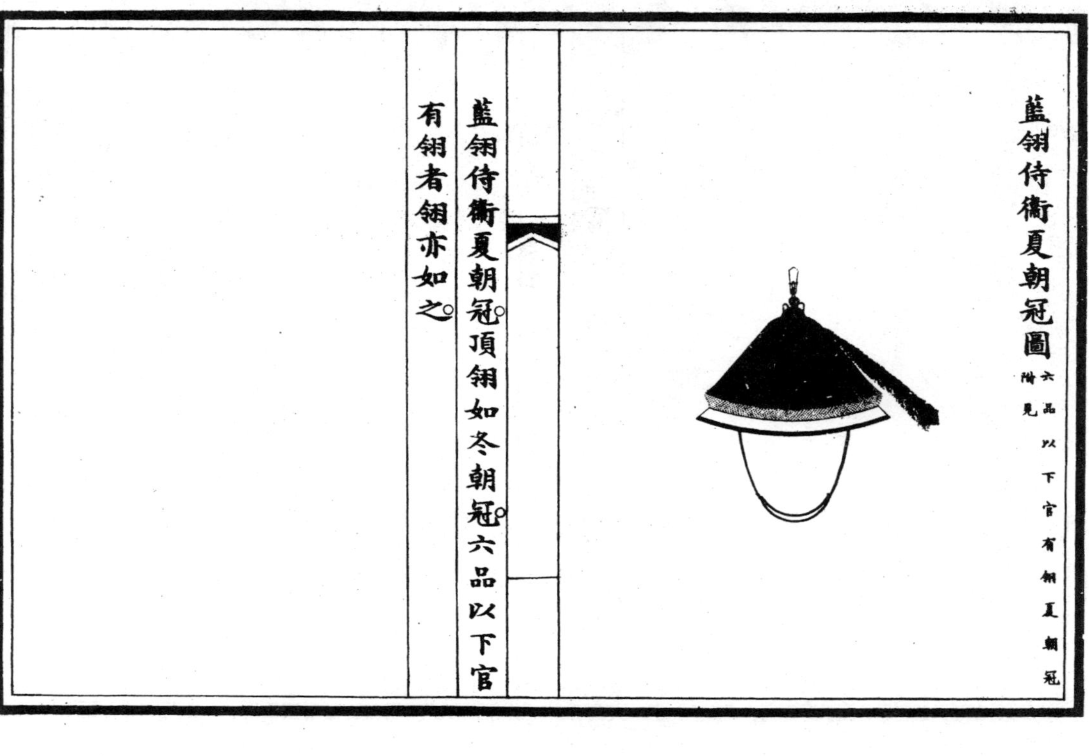

藍翎侍衛夏朝冠圖 六品以下官有翎夏朝冠附見

藍翎侍衛夏朝冠。頂翎如冬朝冠。六品以下官有翎者翎亦如之。

# 欽定大清會典圖卷六十六

冠服十 禮服十

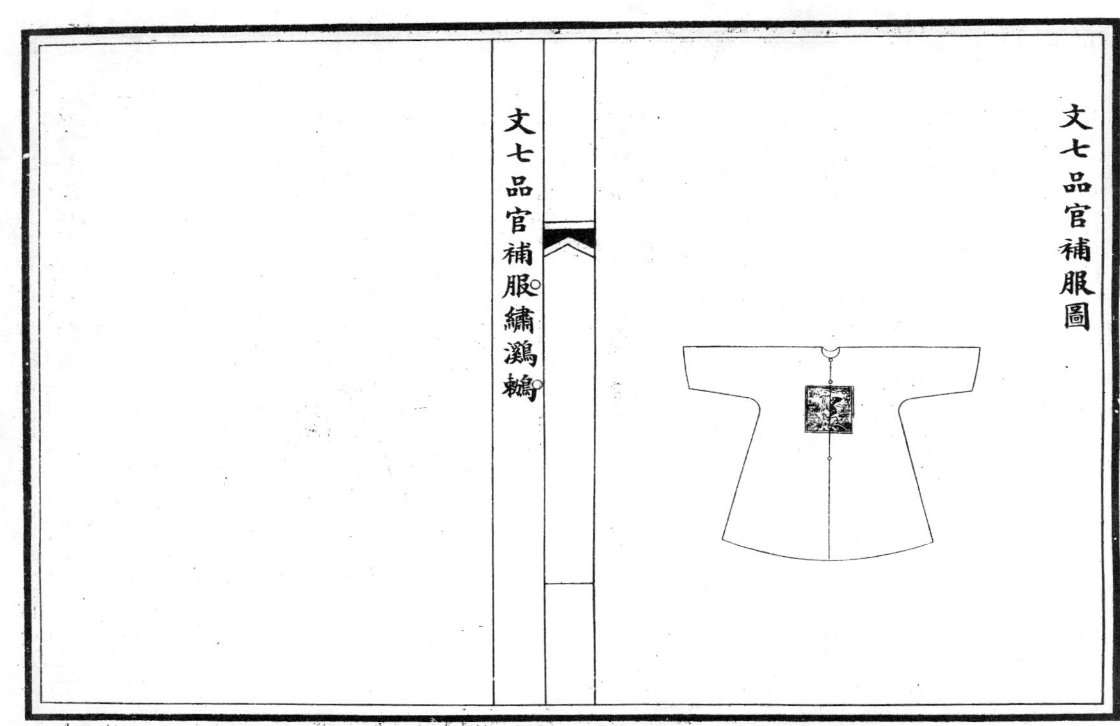
文七品官補服圖

文七品官補服。繡鸂鶒。

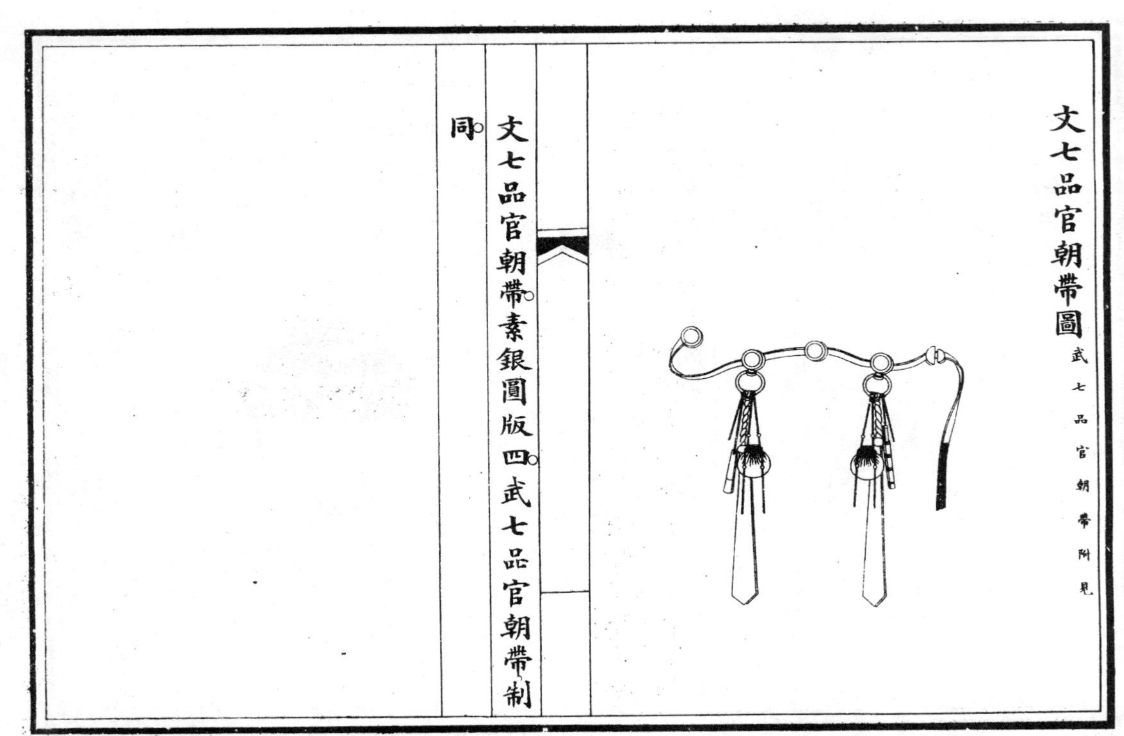
文七品官朝帶圖

武七品官朝帶附見

文七品官朝帶。素銀圓版四。武七品官朝帶制同。

# 武七品官補服圖

武八品官補服附見

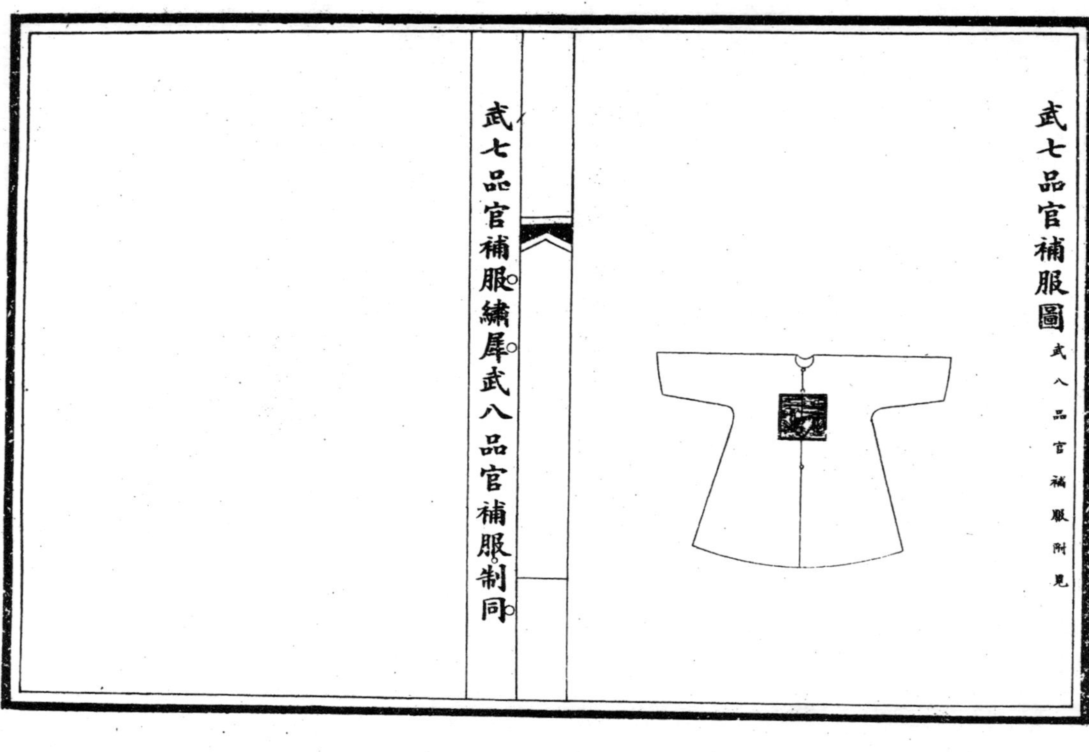

武七品官補服。繡犀。武八品官補服。制同。

# 文八品官冬朝冠圖

武八品官冬朝冠附見

文八品官冬朝冠。薰貂爲之。上銜陰文鏤花金頂。餘制如民公冬朝冠。武八品官冬朝冠。制同。

文八品官夏朝冠圖

武八品官夏朝冠附見

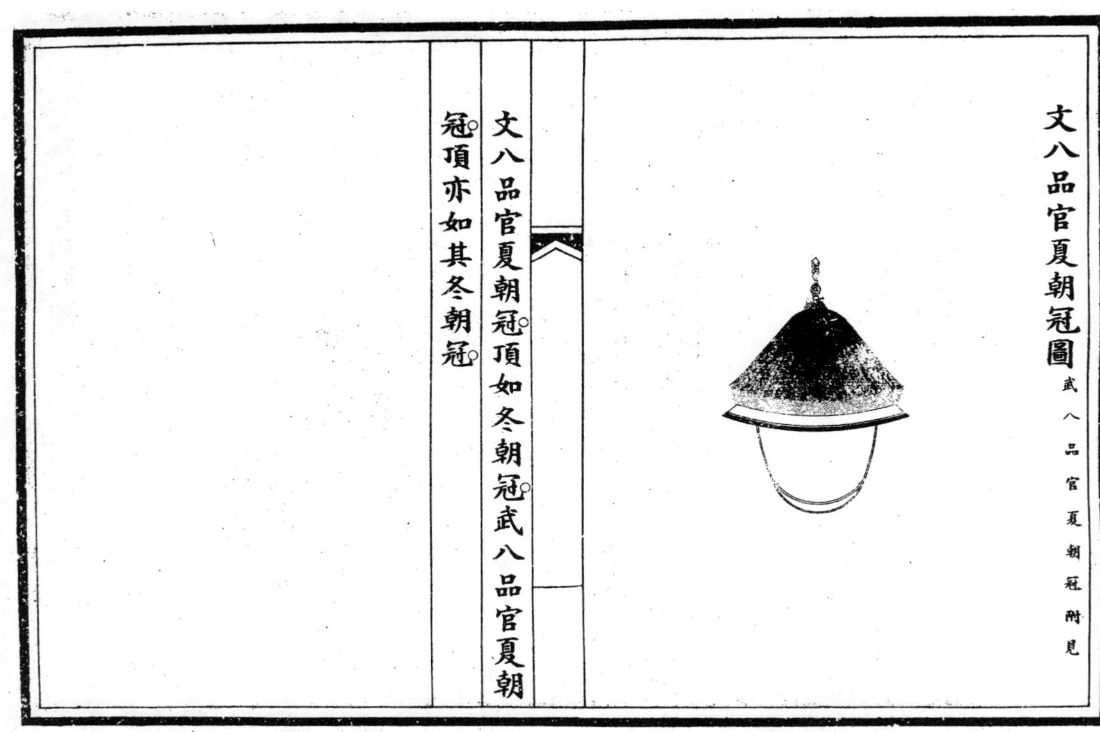

文八品官夏朝冠。頂如冬朝冠。武八品官夏朝冠。頂亦如其冬朝冠。

文八品官補服圖

文八品官補服。繡鵪鶉。

文八品官朝服圖（武八品文武九品未入流官朝服附見）

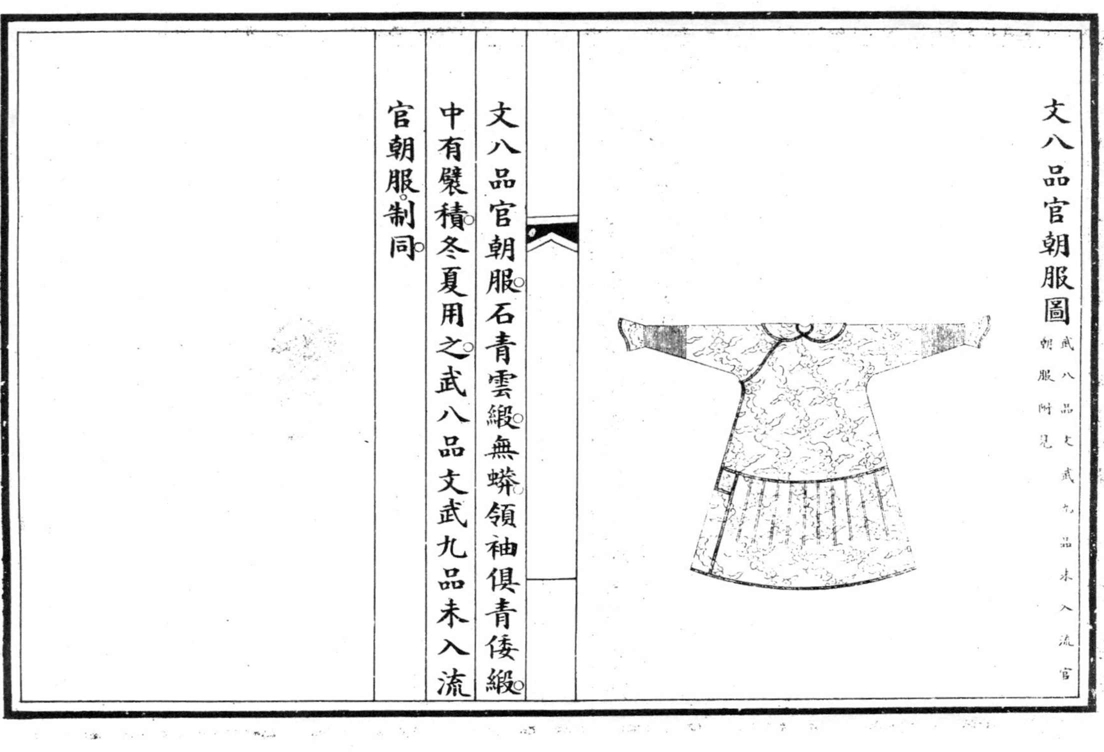

文八品官朝服。石青雲緞。無蟒。領袖俱青倭緞。中有襞積。冬夏用之。武八品文武九品未入流官朝服。制同。

文九品官冬朝冠圖（武九品未入流官冬朝冠附見）

文九品官冬朝冠。薰貂為之。上銜陽文鏤花金頂。餘制如民公冬朝冠。武九品未入流官冬朝冠。制同。

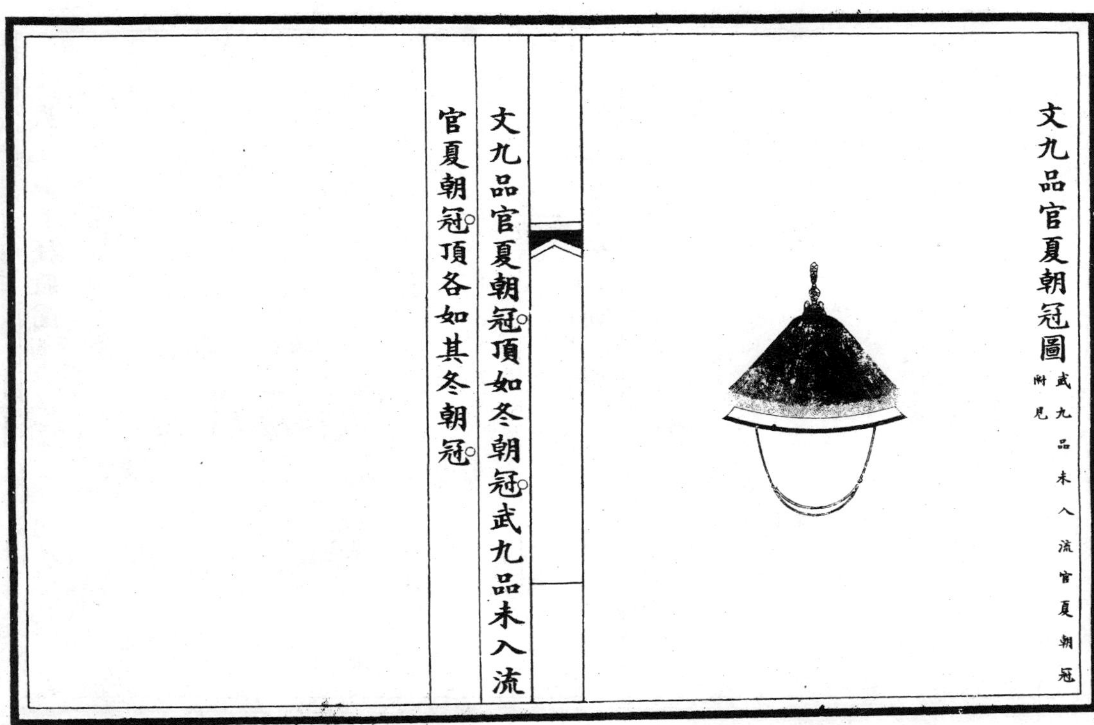

文九品官夏朝冠圖 武九品未入流官夏朝冠附見

文九品官夏朝冠。頂如冬朝冠。武九品未入流官夏朝冠。頂各如其冬朝冠。

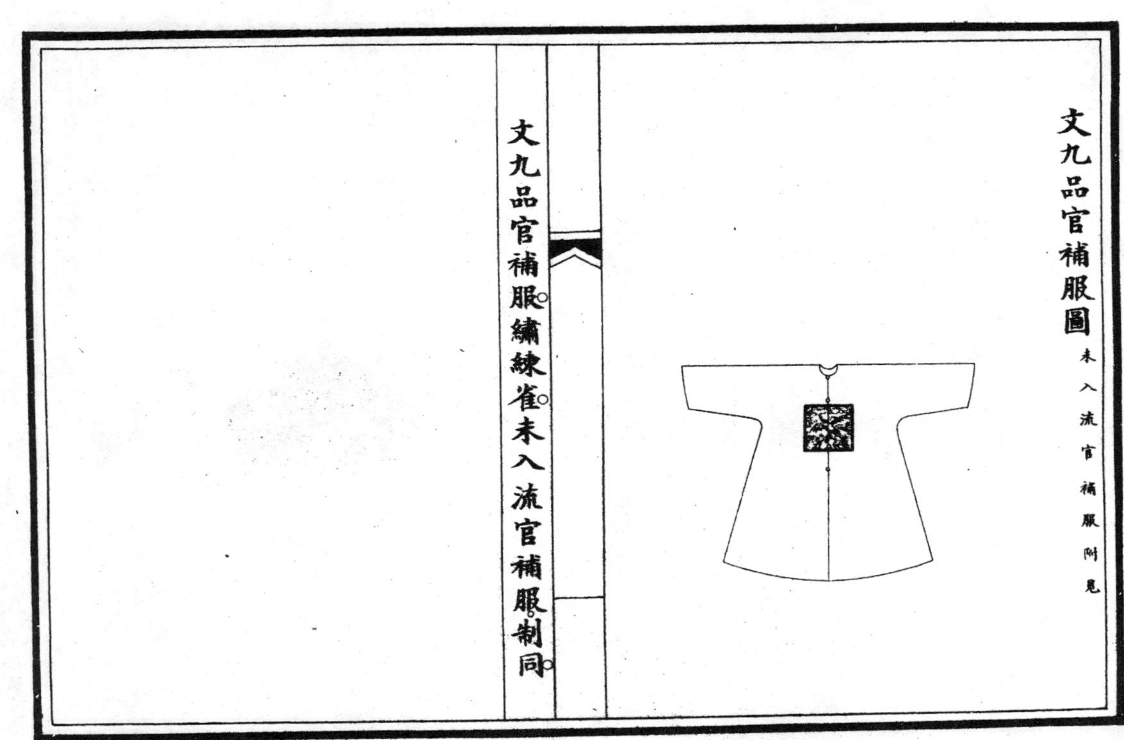

文九品官補服圖 未入流官補服附見

文九品官補服。繡練雀。未入流官補服制同。

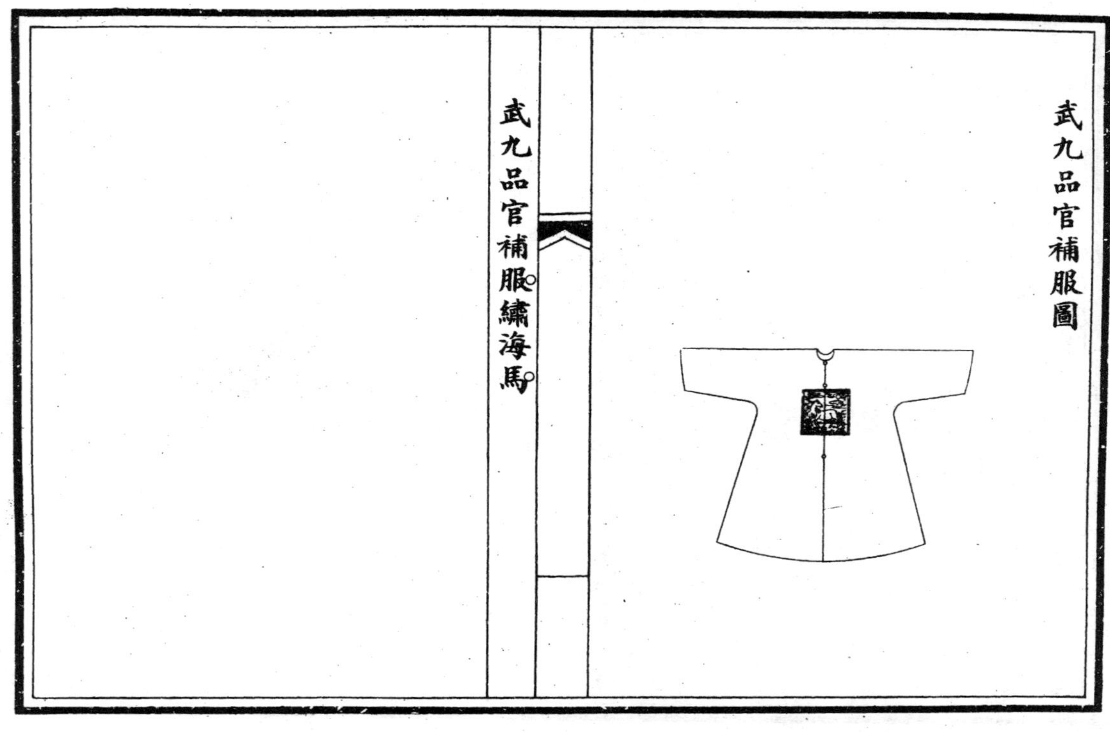


進士冬朝冠圖

進士冬朝冠。頂鏤花金座。上銜金三枝九葉。

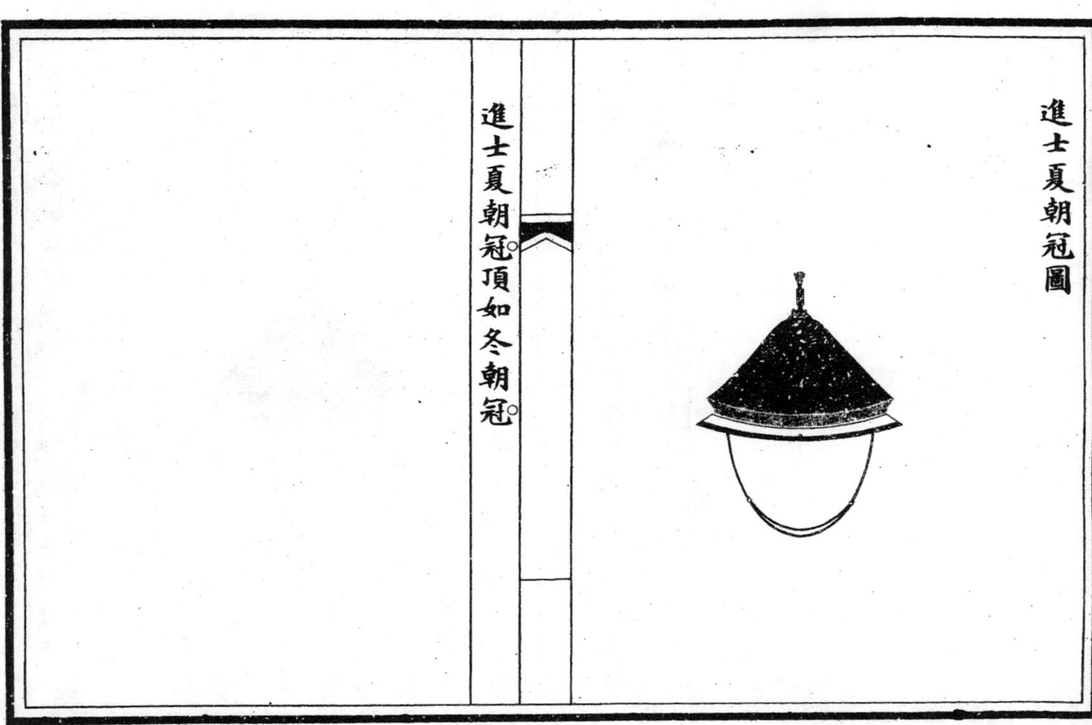

進士夏朝冠圖

進士夏朝冠。頂如冬朝冠。

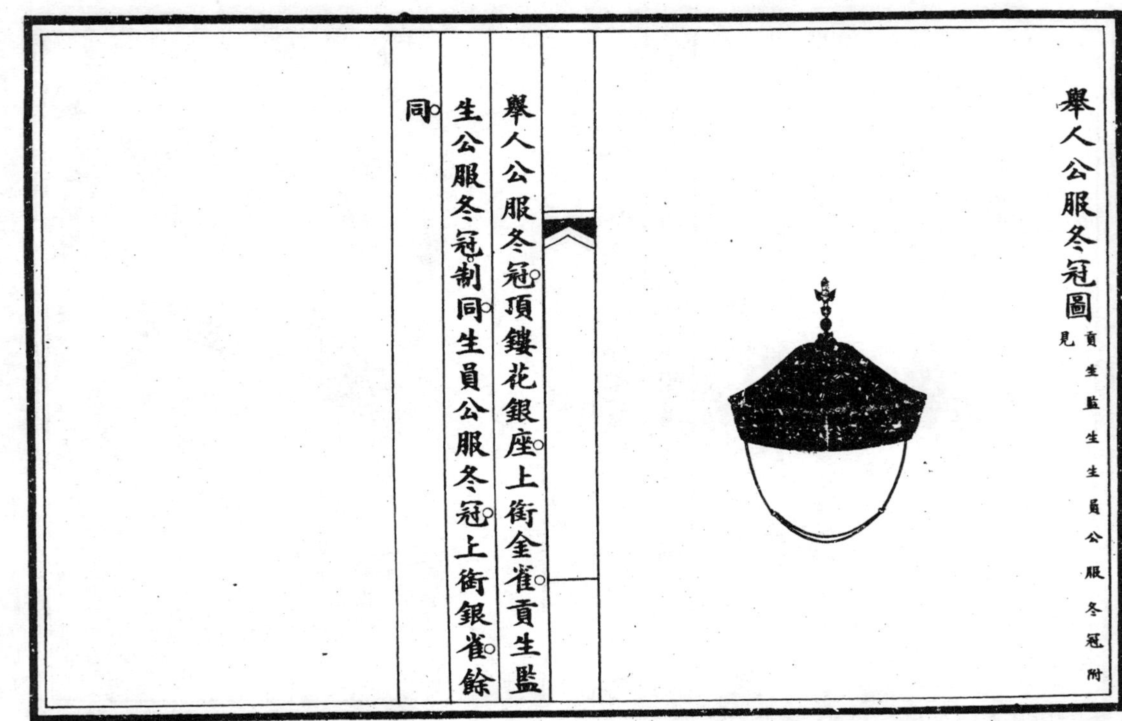

舉人公服冬冠圖 貢生監生生員公服冬冠附見

舉人公服冬冠。頂鏤花銀座上銜金雀。貢生監生公服冬冠。制同生員公服冬冠上銜銀雀。餘同。

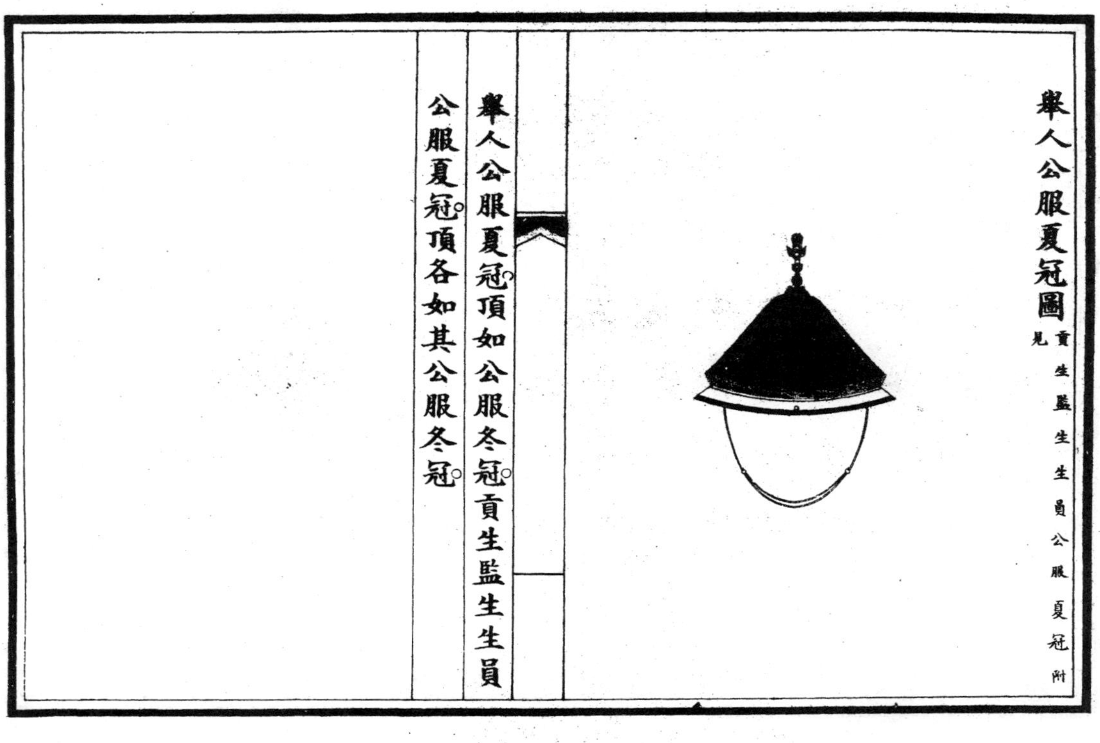

舉人公服夏冠圖 貢生監生生員公服夏冠附見

舉人公服夏冠。頂如公服冬冠。貢生監生生員公服夏冠。頂各如其公服冬冠。

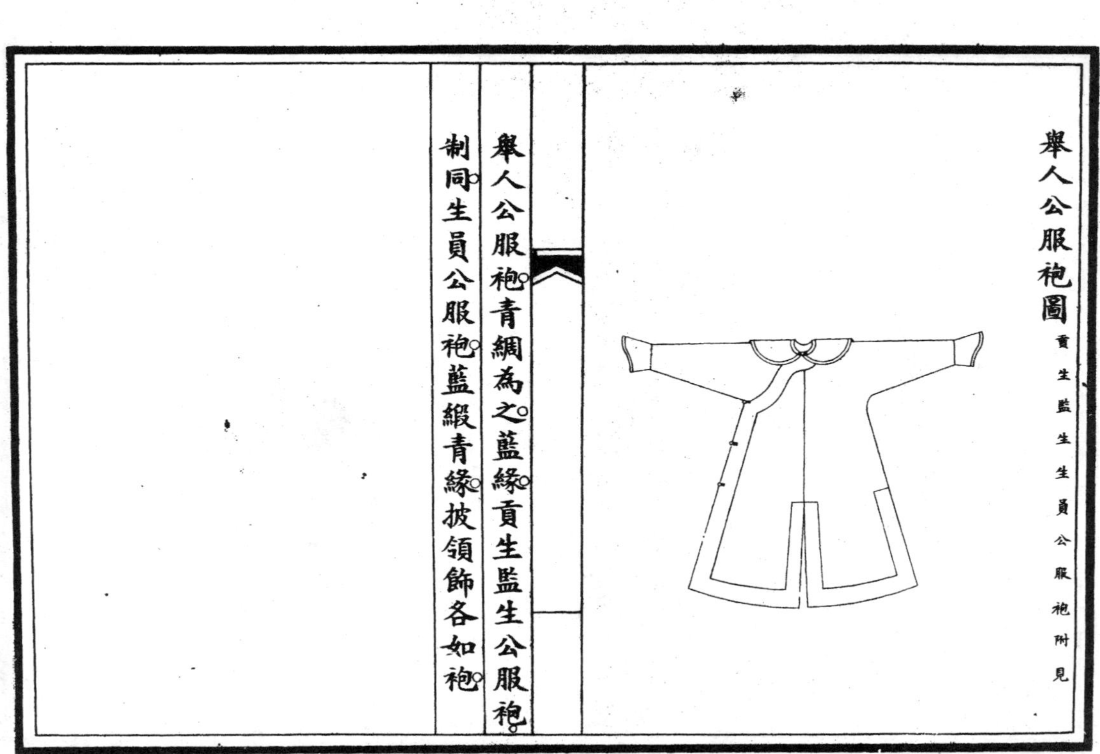

舉人公服袍圖 貢生監生生員公服袍附見

舉人公服袍。青綢為之。藍緣。貢生監生公服袍。制同生員公服袍。藍緞青緣。披領飾各如袍。

# 欽定大清會典圖卷六十七

冠服十一 禮服十一

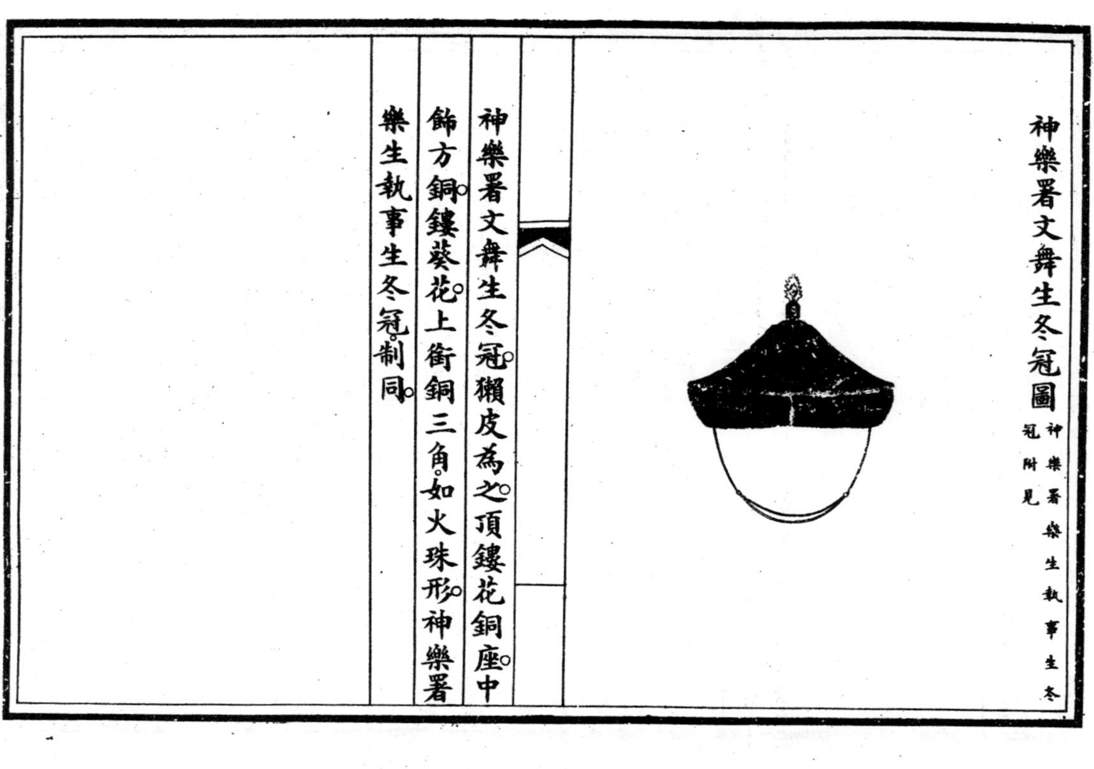

## 神樂署文舞生冬冠圖

神樂署樂生執事生冬冠附見

神樂署文舞生冬冠。獺皮為之。頂鏤花銅座。中飾方銅鏤葵花。上銜銅三角。如火珠形。神樂署樂生執事生冬冠制同。

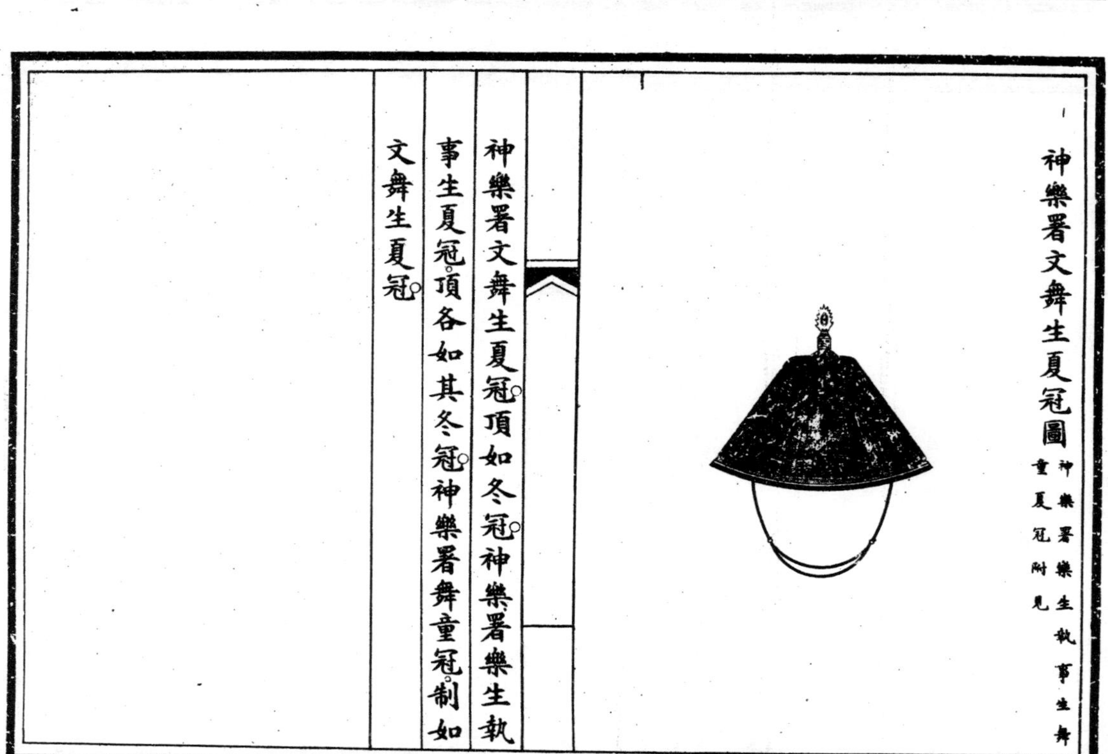

## 神樂署文舞生夏冠圖

神樂署樂生執事生舞童夏冠附見

神樂署文舞生夏冠。頂如冬冠。神樂署樂生執事生夏冠。頂各如其冬冠。神樂署舞童冠。制如文舞生夏冠。

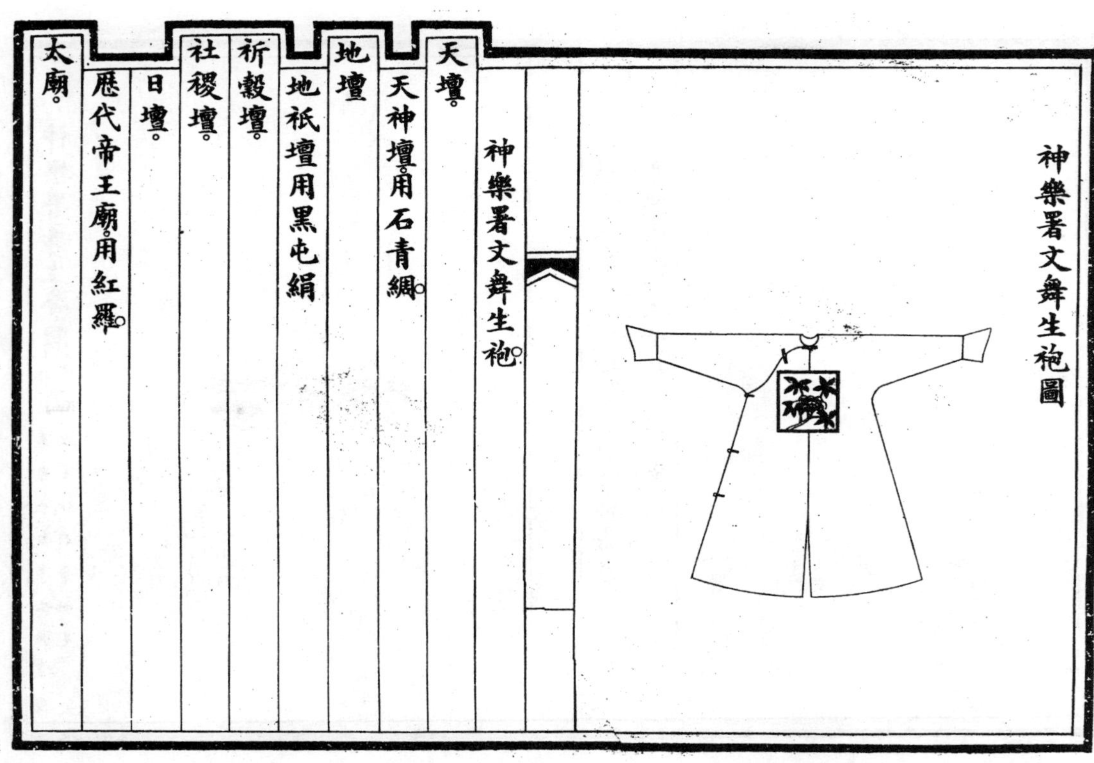

神樂署文舞生袍圖

神樂署文舞生袍。
天壇。
天神壇。用石青綢。
地壇。
地祇壇用黑屯絹
祈穀壇。
社稷壇。
日壇。
歷代帝王廟。用紅羅。
太廟。

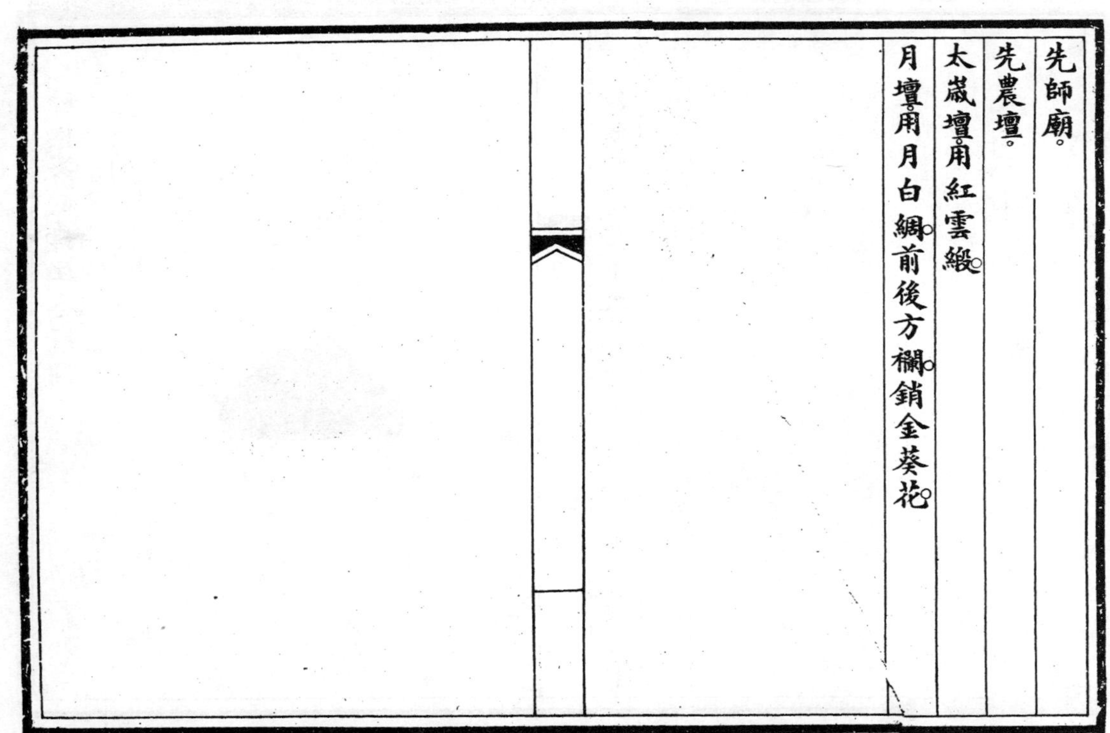

先師廟。
先農壇。
太歲壇。用紅雲緞。
月壇。用月白綢前後方襴。銷金葵花。

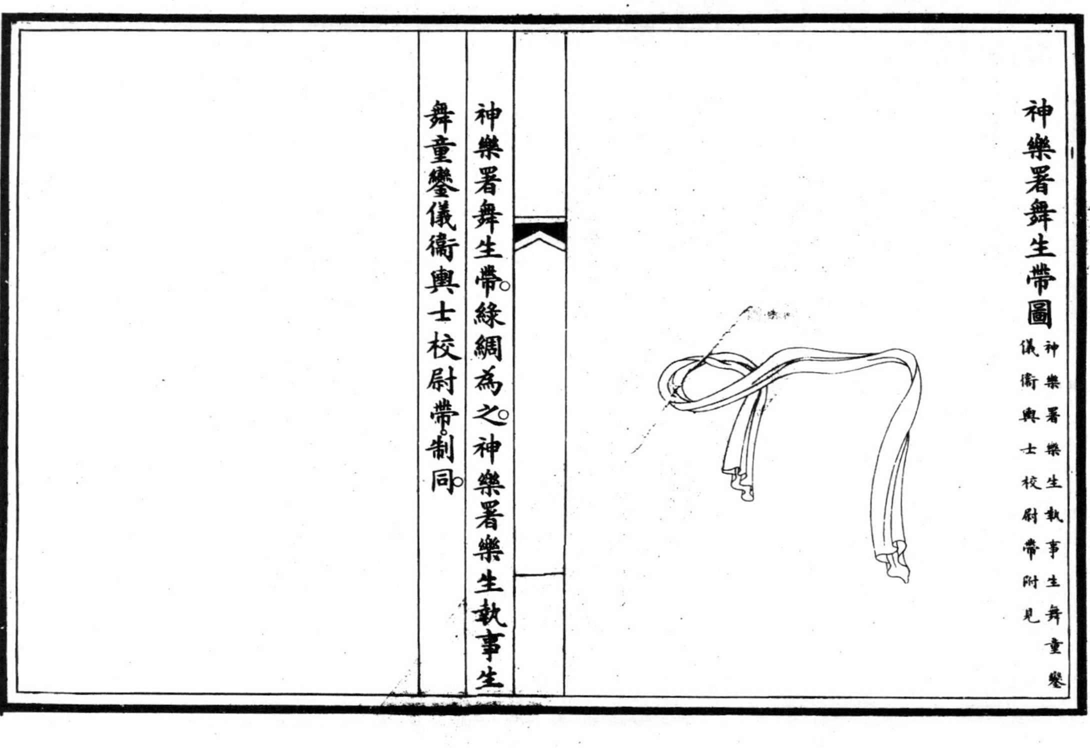

神樂署舞生帶圖

神樂署樂生執事生舞童鑾儀衛輿士校尉帶附見

神樂署舞生帶。綠綢爲之。神樂署樂生執事生舞童鑾儀衛輿士校尉帶制同。

神樂署武舞生冬冠圖

神樂署武舞生冬冠。頂上銜銅三棱。如古戟形。餘制如文舞生冬冠。

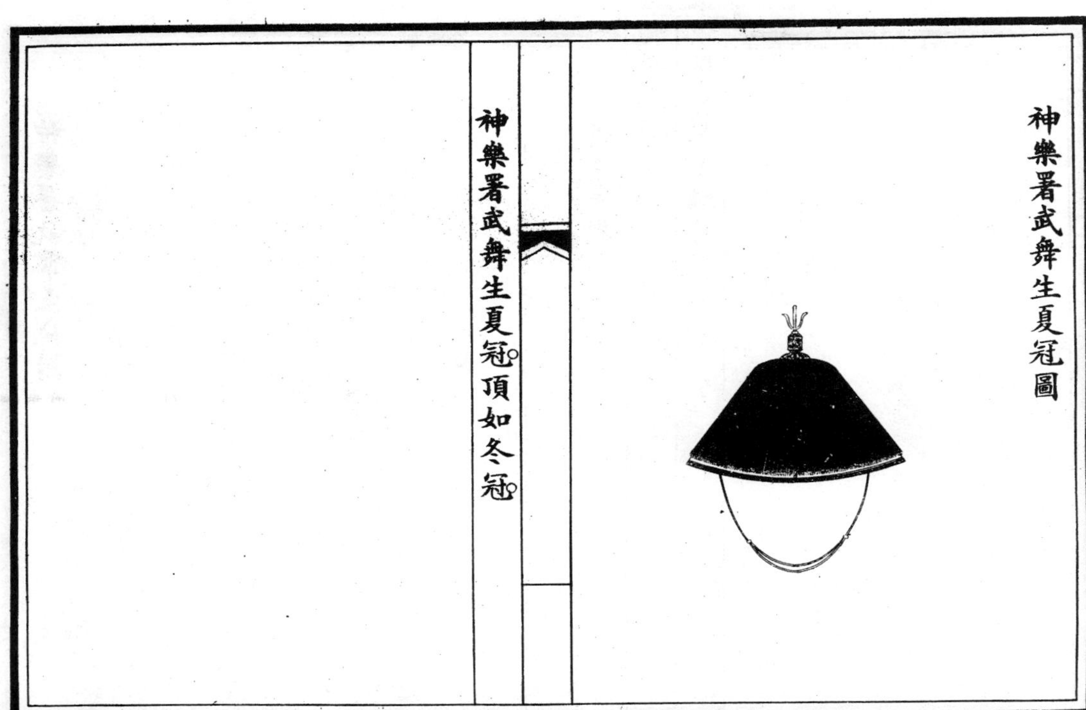
神樂署武舞生夏冠圖
神樂署武舞生夏冠。頂如冬冠。

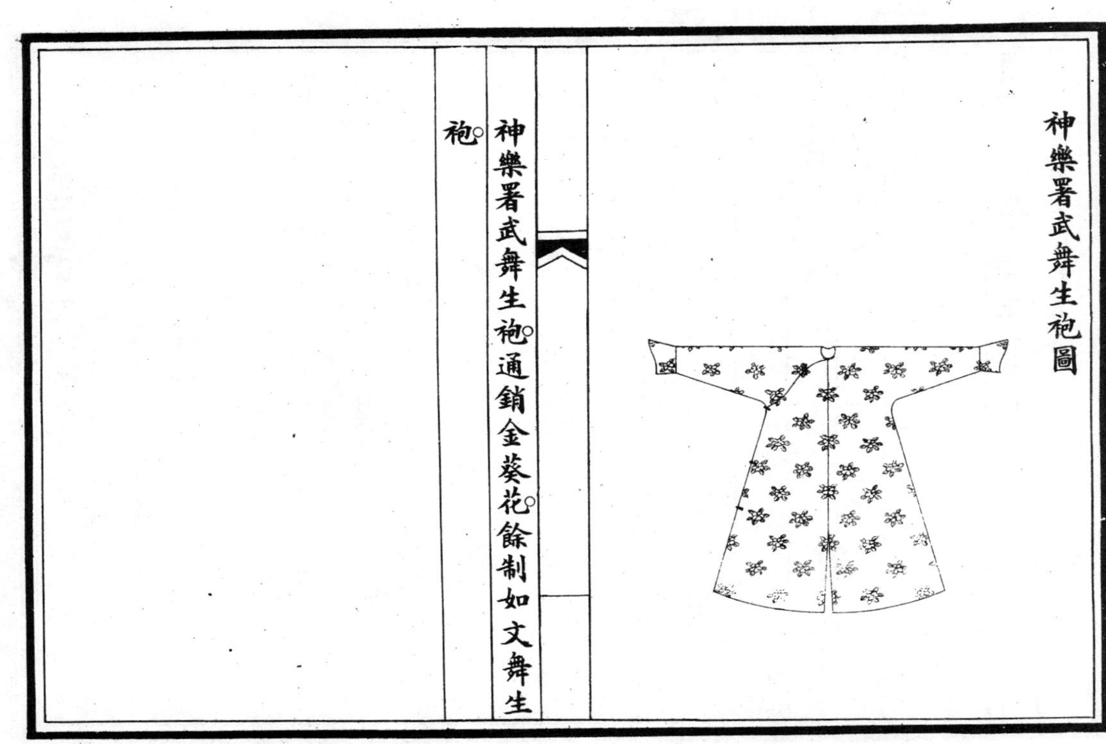
神樂署武舞生袍圖
神樂署武舞生袍。通銷金葵花。餘制如文舞生袍。

神樂署執事生袍圖一

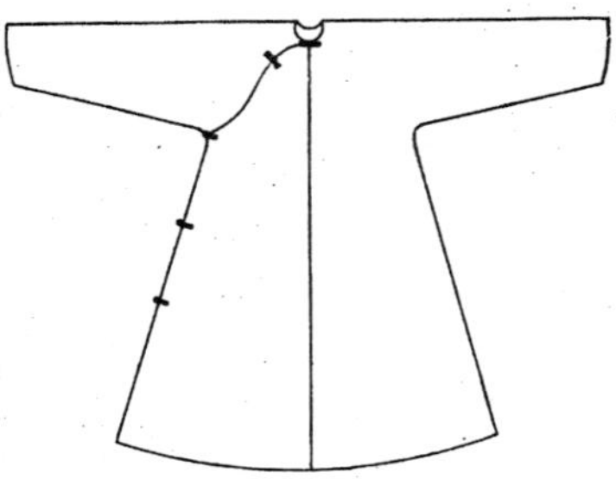

神樂署執事生袍。天壇。用石青綢。地壇。用黑乇絹。皆不加緣。

神樂署執事生袍圖二

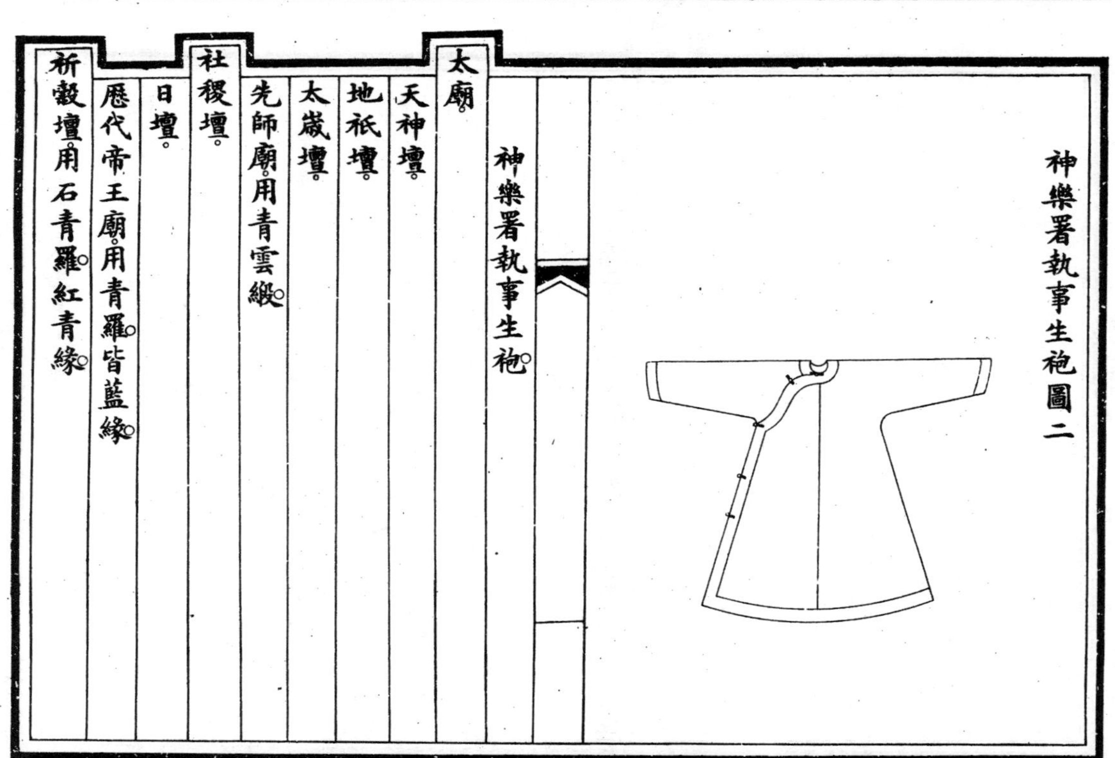

神樂署執事生袍。太廟。天神壇。地祇壇。太歲壇。先師廟。用青雲緞。社稷壇。日壇。歷代帝王廟。用青羅。皆藍緣。祈穀壇。用石青羅。紅青緣。

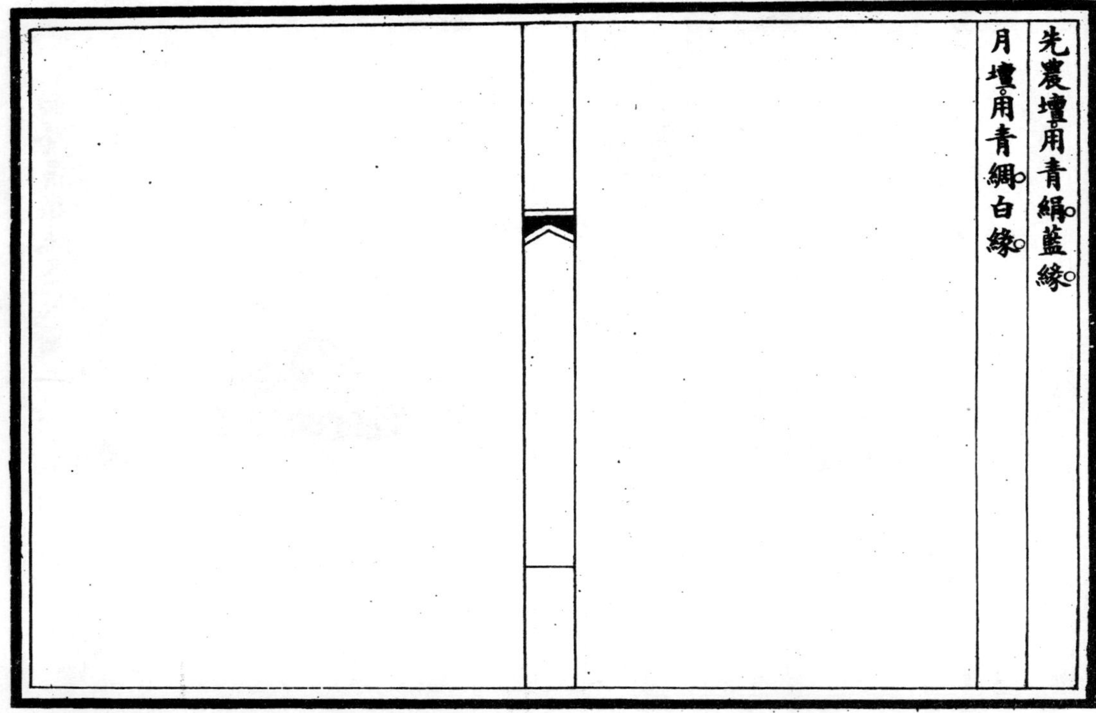

先農壇用青緞。藍緣。

月壇用青綢。白緣。

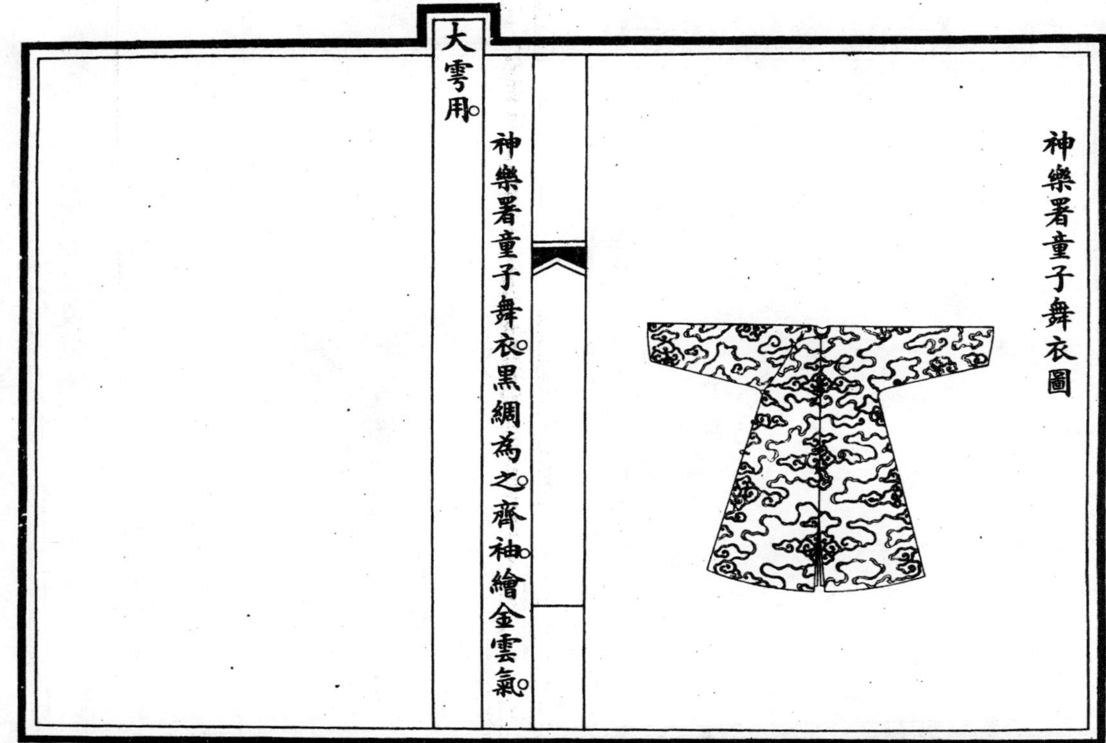

神樂署童子舞衣圖

神樂署童子舞衣。黑綢為之。齊袖。繪金雲氣。

大雩用。

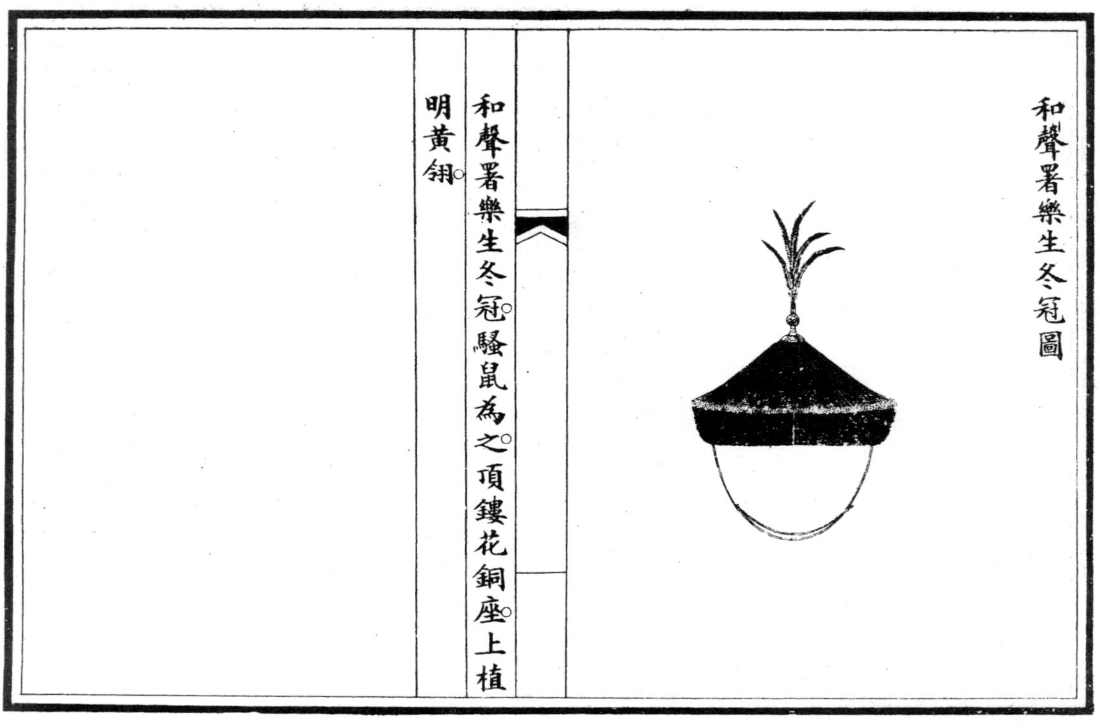

和聲署樂生冬冠圖

和聲署樂生冬冠。騷鼠為之。頂鏤花銅座。上植明黃翎。

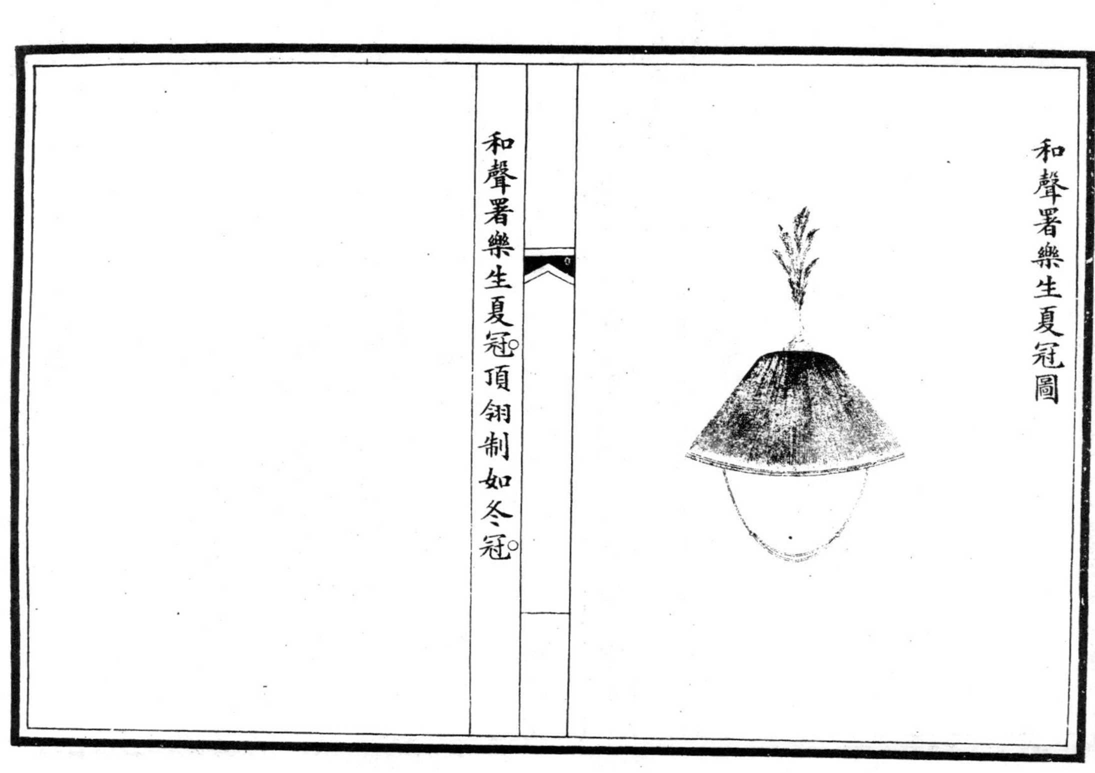

和聲署樂生夏冠圖

和聲署樂生夏冠。頂翎制如冬冠。

和聲署樂生袍圖一

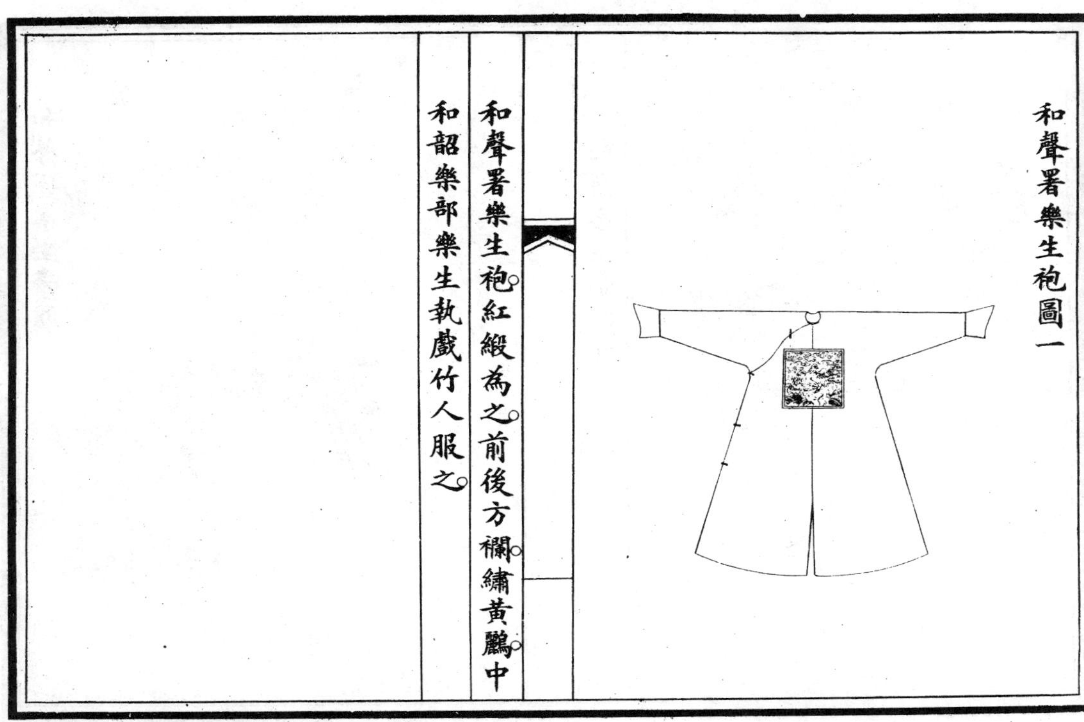

和聲署樂生袍。紅緞為之。前後方襴繡黃鸝。中和韶樂部樂生執戲竹人服之。

和聲署樂生袍圖二 鑾儀衛輿士校尉袍附見

和聲署樂生袍。紅緞為之。通織小團葵花。丹陛大樂諸部樂生服之。鑾儀衛輿士校尉袍。制同。

和聲署樂生帶圖

和聲署樂生帶。緑雲緞為之。

鑾儀衛輿士冬冠圖一

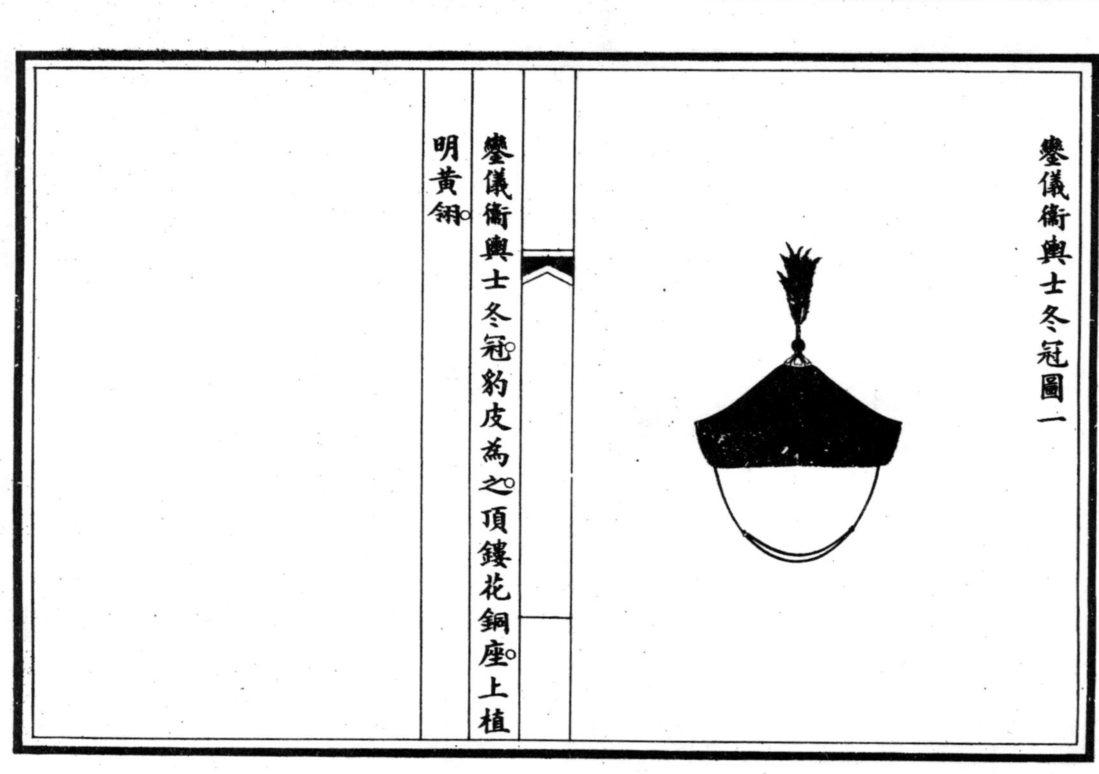

鑾儀衛輿士冬冠。豹皮為之。頂鏤花銅座。上植明黃翎。

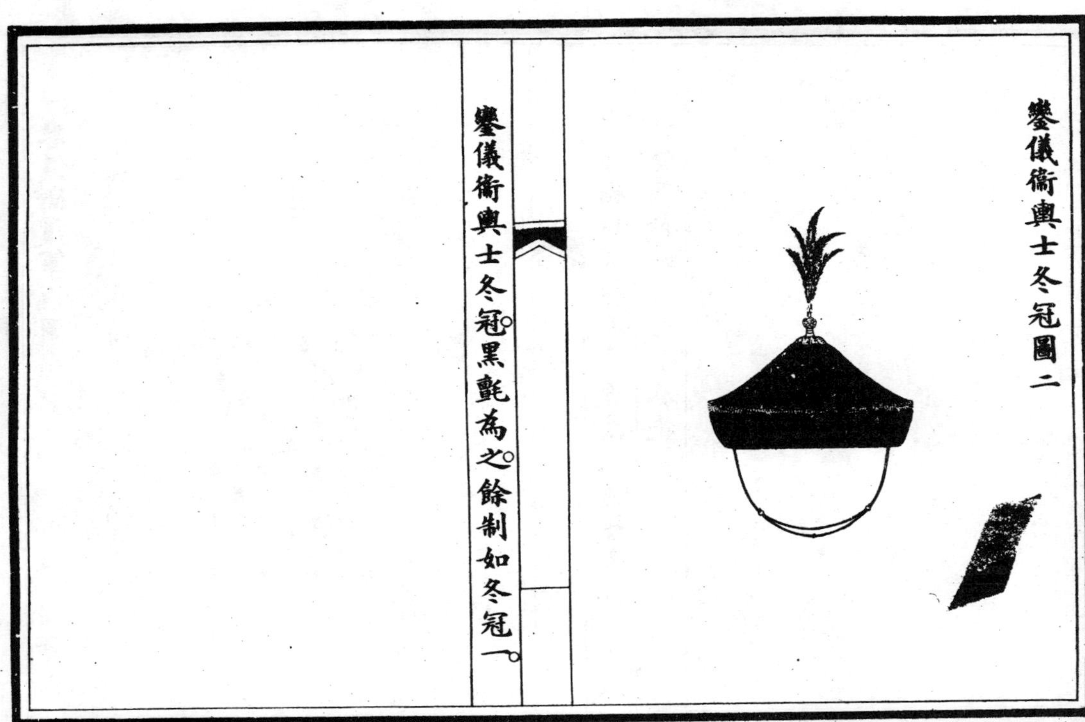

鑾儀衛輿士冬冠圖二

鑾儀衛輿士冬冠。黑氈為之。餘制如冬冠一。

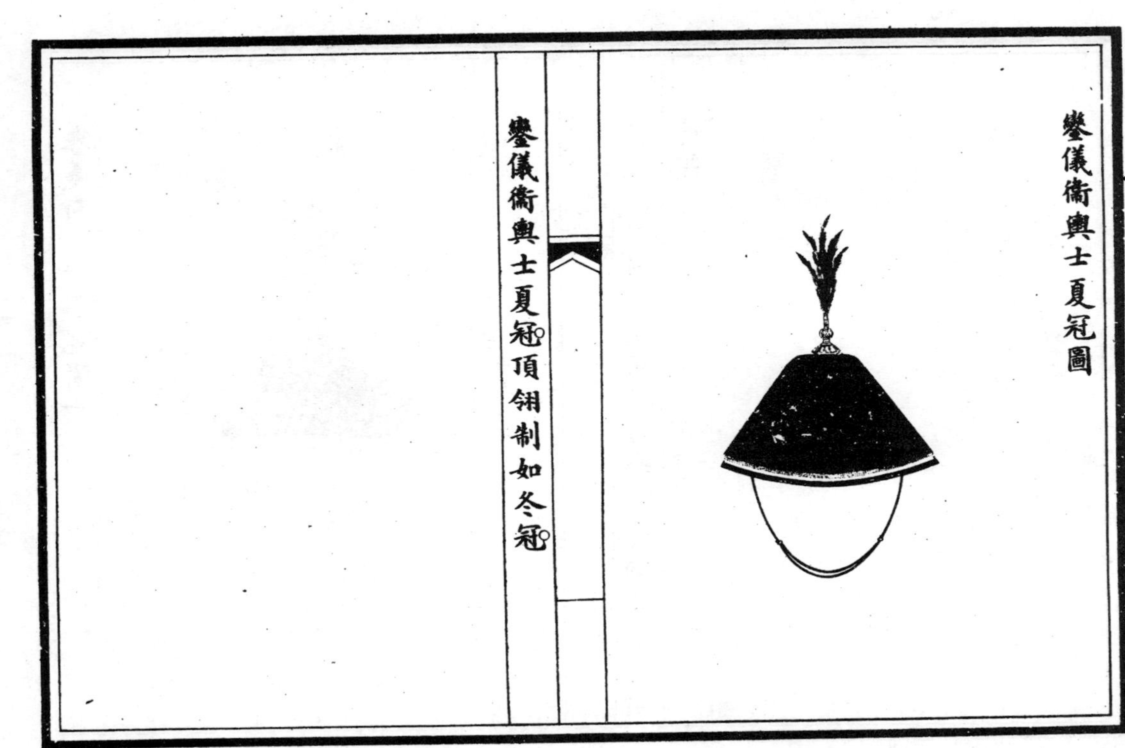

鑾儀衛輿士夏冠圖

鑾儀衛輿士夏冠。頂翎制如冬冠。

鑾儀衛護軍袍圖

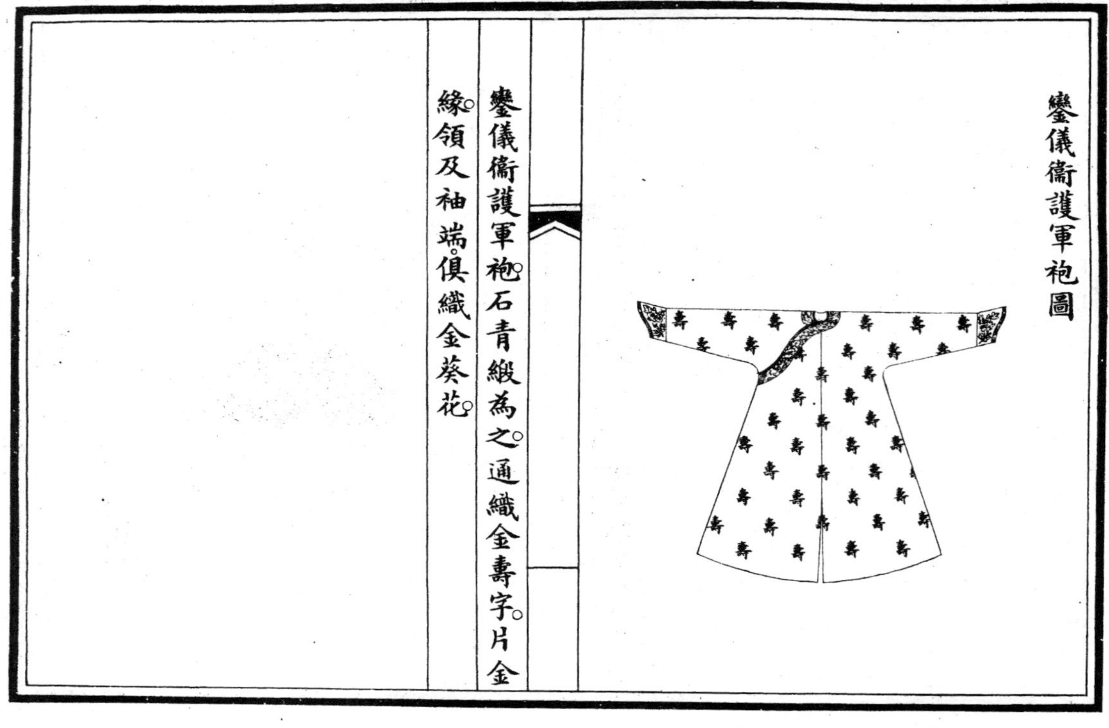

鑾儀衛護軍袍。石青緞為之。通織金壽字。片金緣。領及袖端。俱織金葵花。

鑾儀衛校尉冬冠圖一

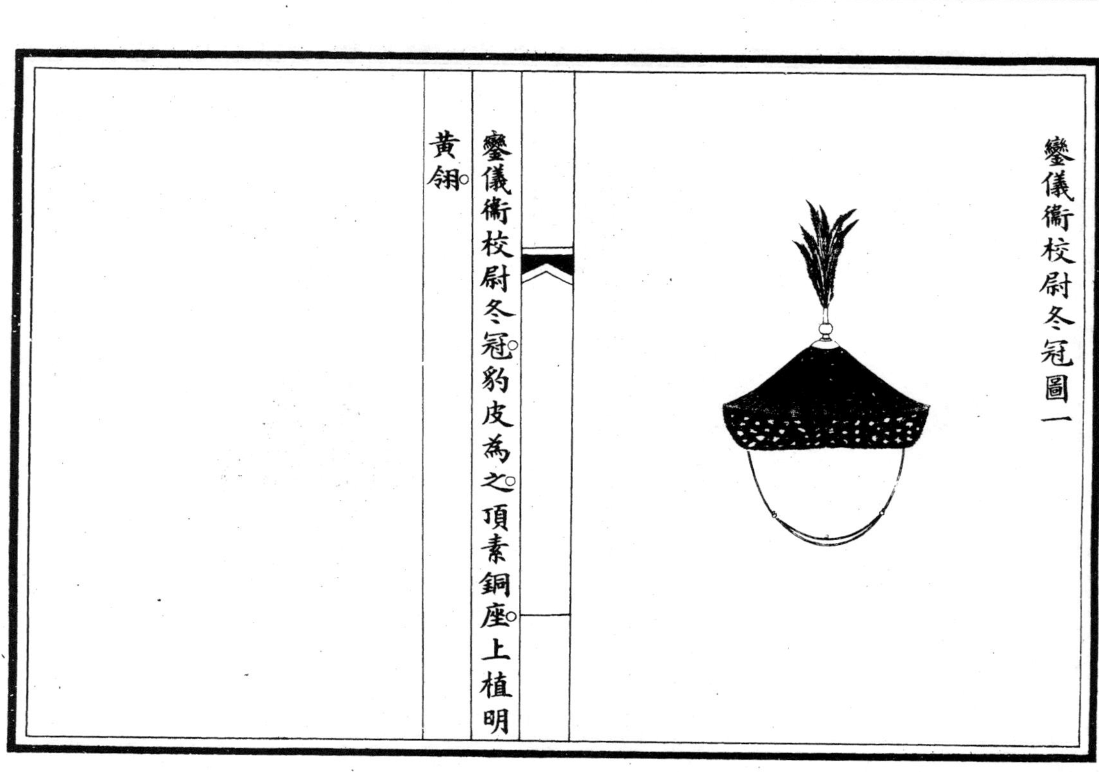

鑾儀衛校尉冬冠。豹皮為之。頂素銅座。上植明黃翎。

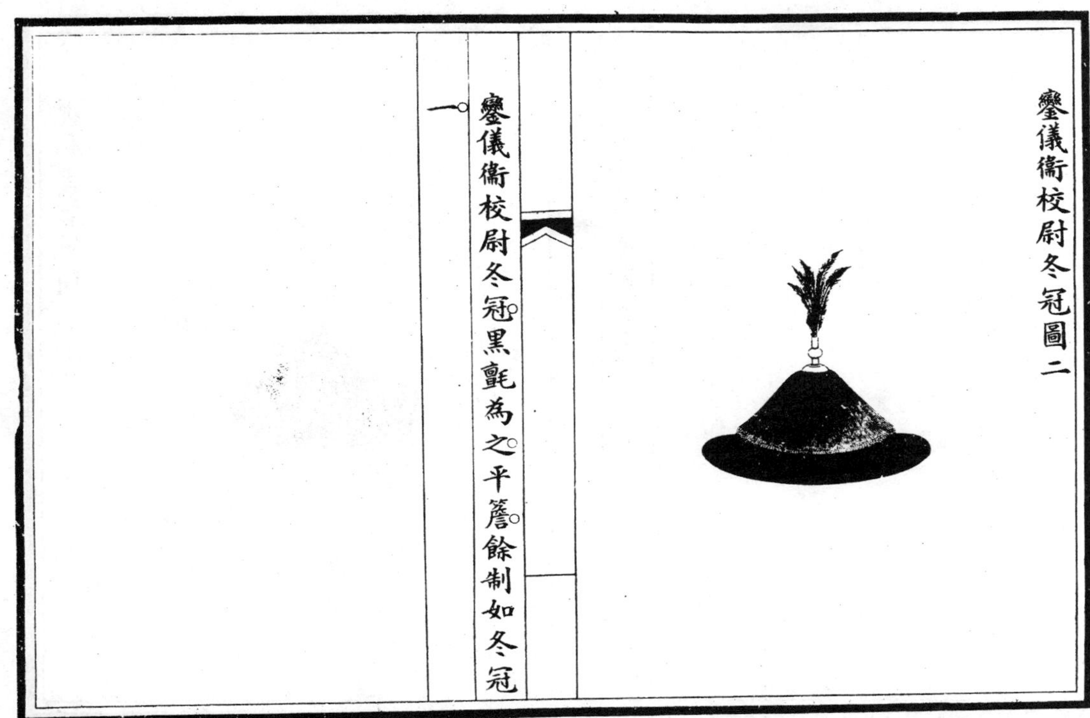
鑾儀衛校尉冬冠圖二
鑾儀衛校尉冬冠。黑氈爲之。平簷。餘制如冬冠

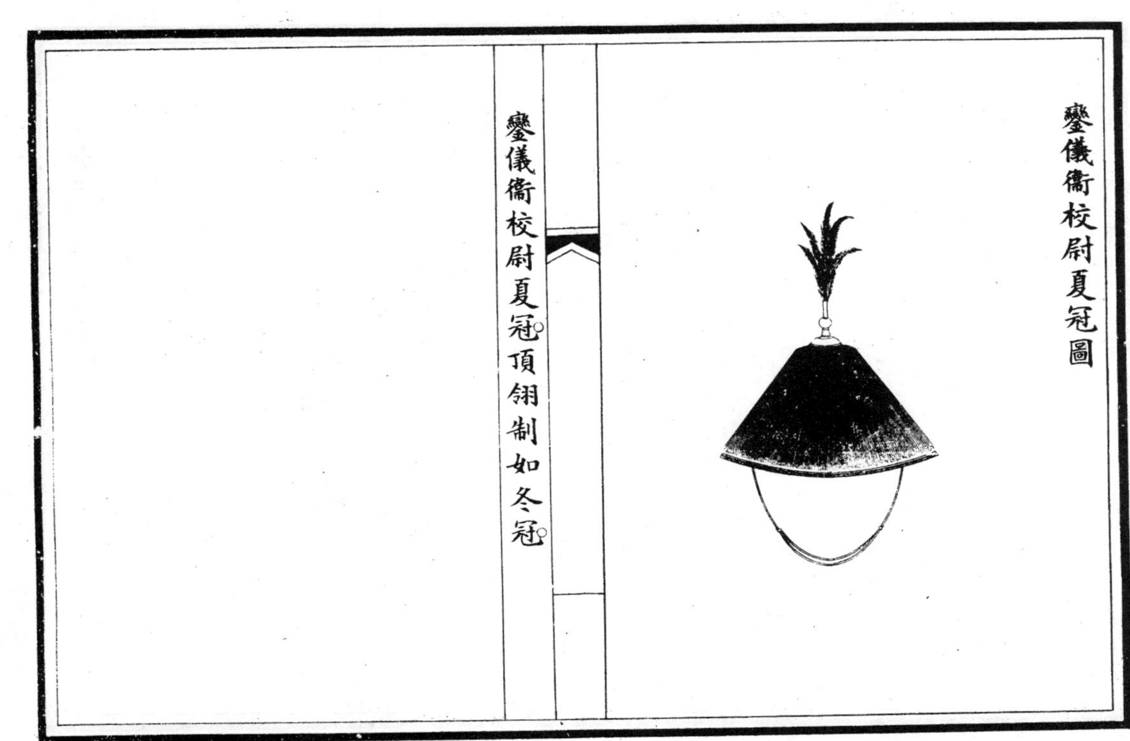
鑾儀衛校尉夏冠圖
鑾儀衛校尉夏冠。頂翎制如冬冠。

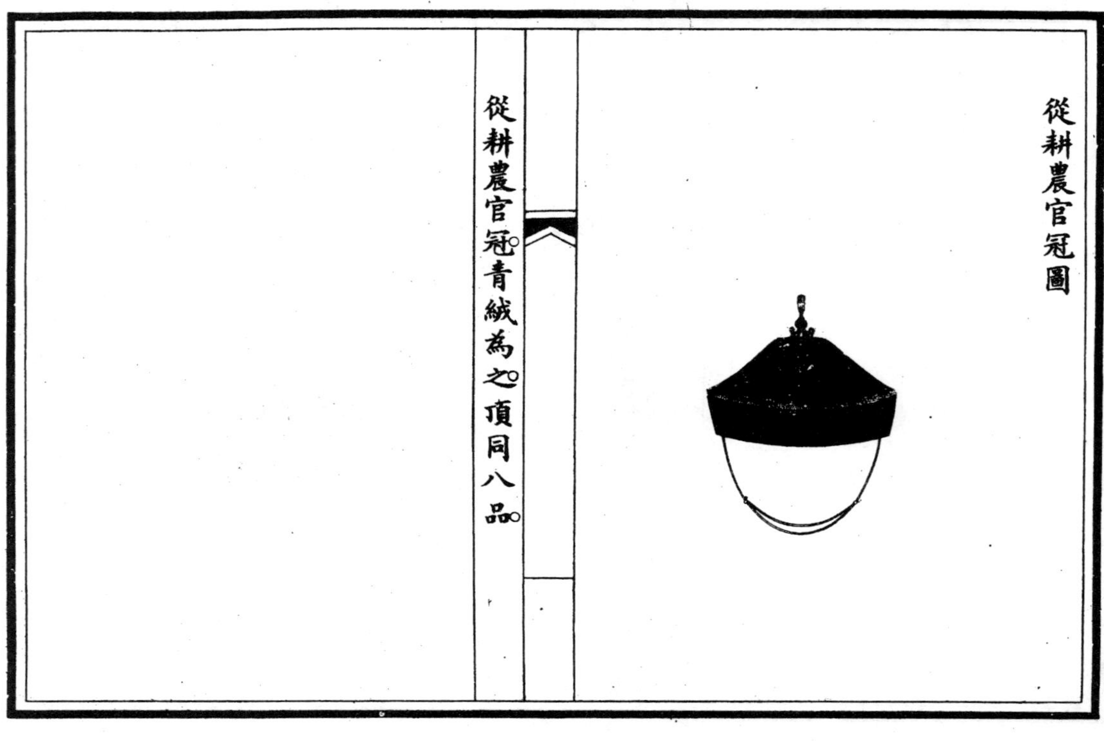


從耕農官冠。青絨為之。頂同八品。

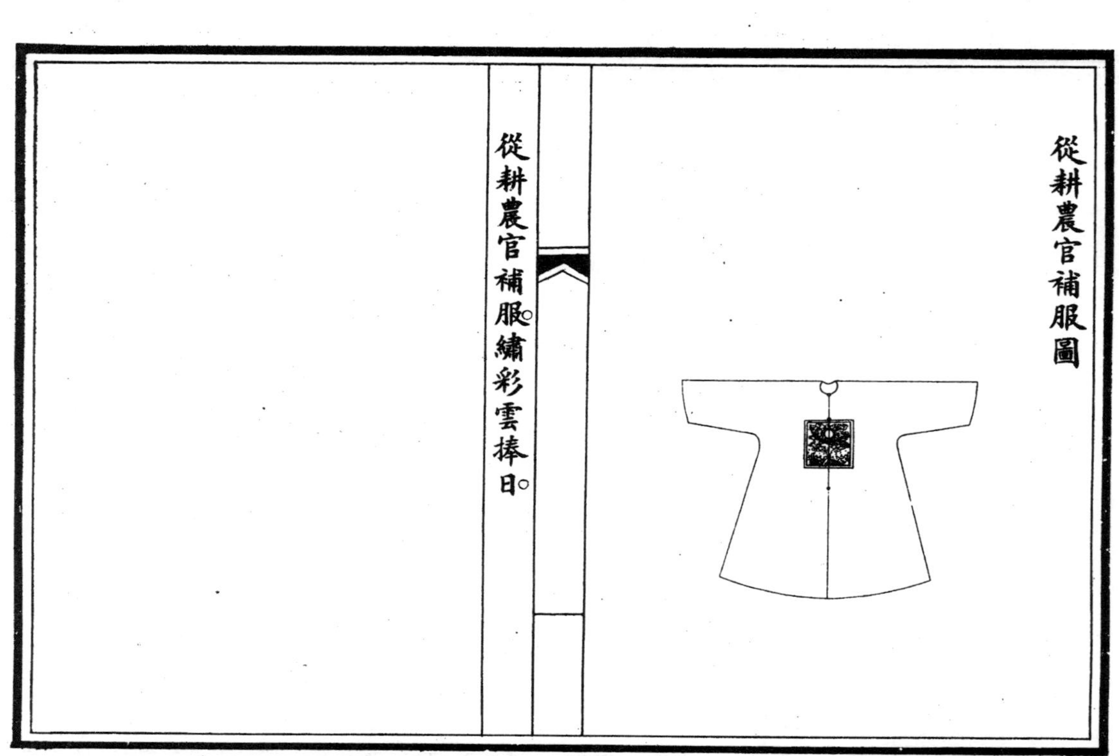


從耕農官補服。繡彩雲捧日。

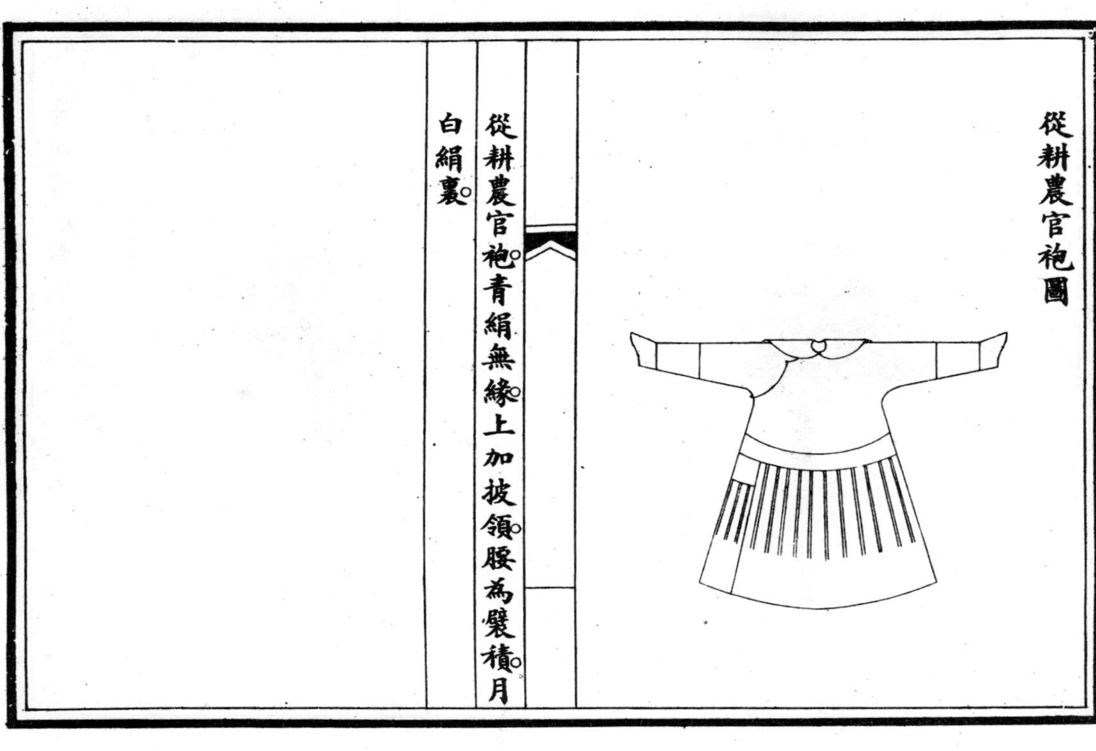

從耕農官袍圖

從耕農官袍。青絹無緣。上加披領。腰為襞積。月白絹裏。

欽定大清會典圖卷六十八

冠服十二　禮服十二

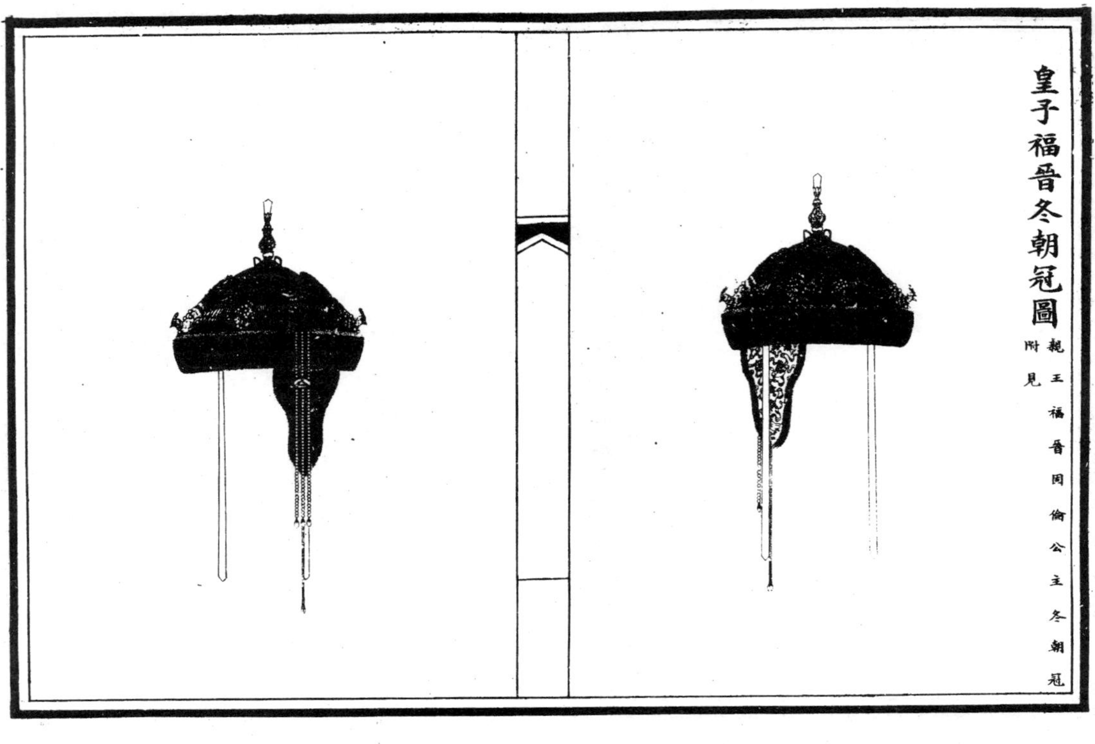

# 皇子福晉冬朝冠圖

親王福晉固倫公主冬朝冠附見

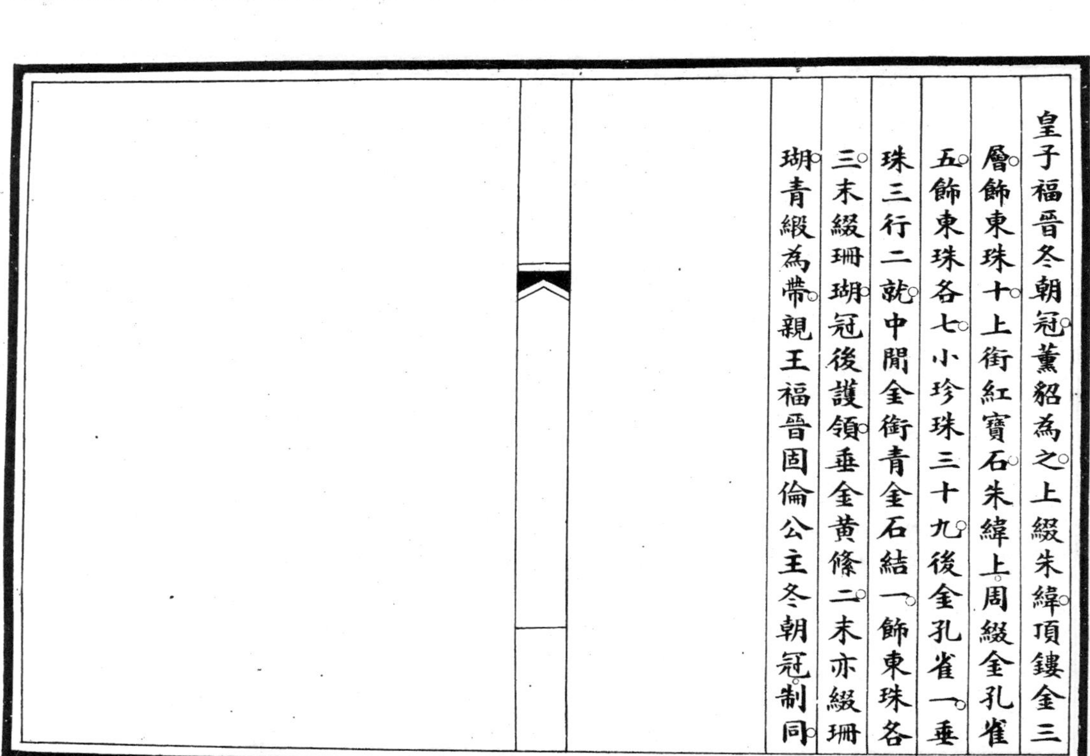

皇子福晉冬朝冠薰貂為之上綴朱緯頂鏤金三層飾東珠十上銜紅寶石朱緯上周綴金孔雀五飾東珠各七小珍珠三十九後金孔雀一垂珠三行二就中間金銜青金石結一飾東珠各三末綴珊瑚冠後護領垂金黃條二末亦綴珊瑚青緞為帶親王福晉固倫公主冬朝冠制同

皇子福晉夏朝冠圖

親王福晉固倫公主夏朝冠附見

皇子福晉夏朝冠。青絨爲之。餘制如冬朝冠。親王福晉固倫公主夏朝冠制同。

## 皇子福晉金約圖 親王福晉固倫公主金約附見

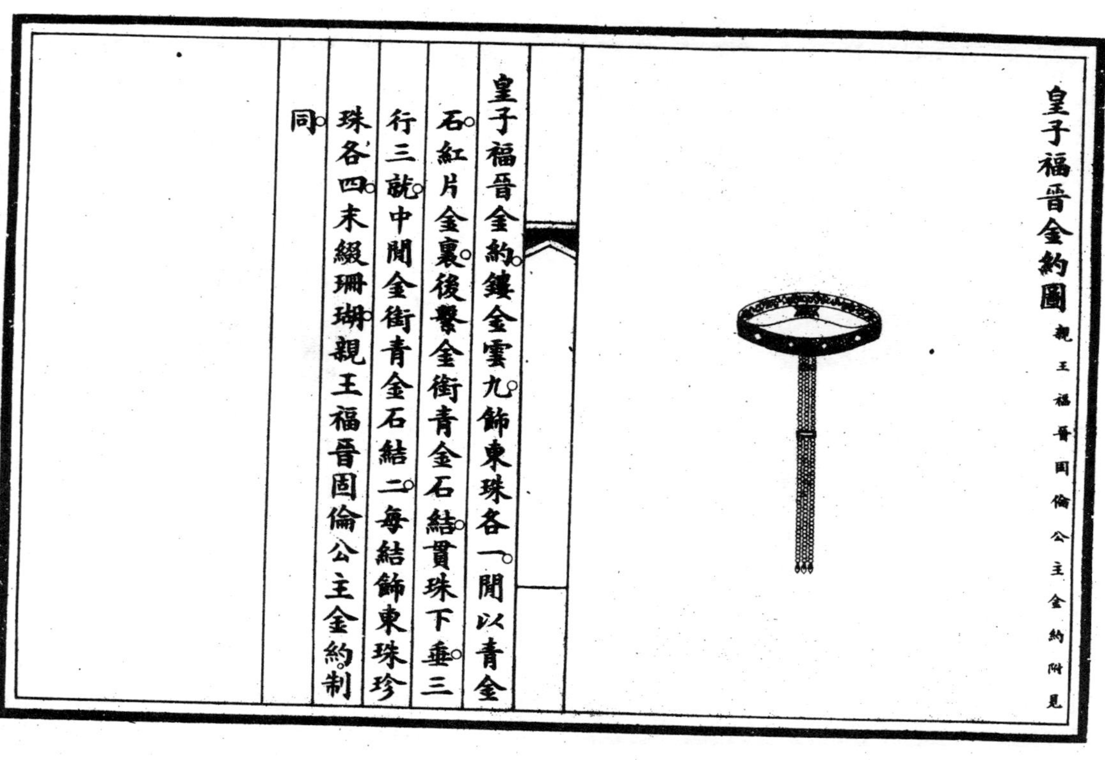

皇子福晉金約。鏤金雲九。飾東珠各一。間以青金石。紅片金裏。後繫金銜青金石結。貫珠。下垂三行三就。中間金銜青金石結二。每結飾東珠、珍珠各四。末綴珊瑚。親王福晉、固倫公主金約制同。

## 皇子福晉耳飾圖 親王福晉固倫公主下至七品命婦耳飾附見

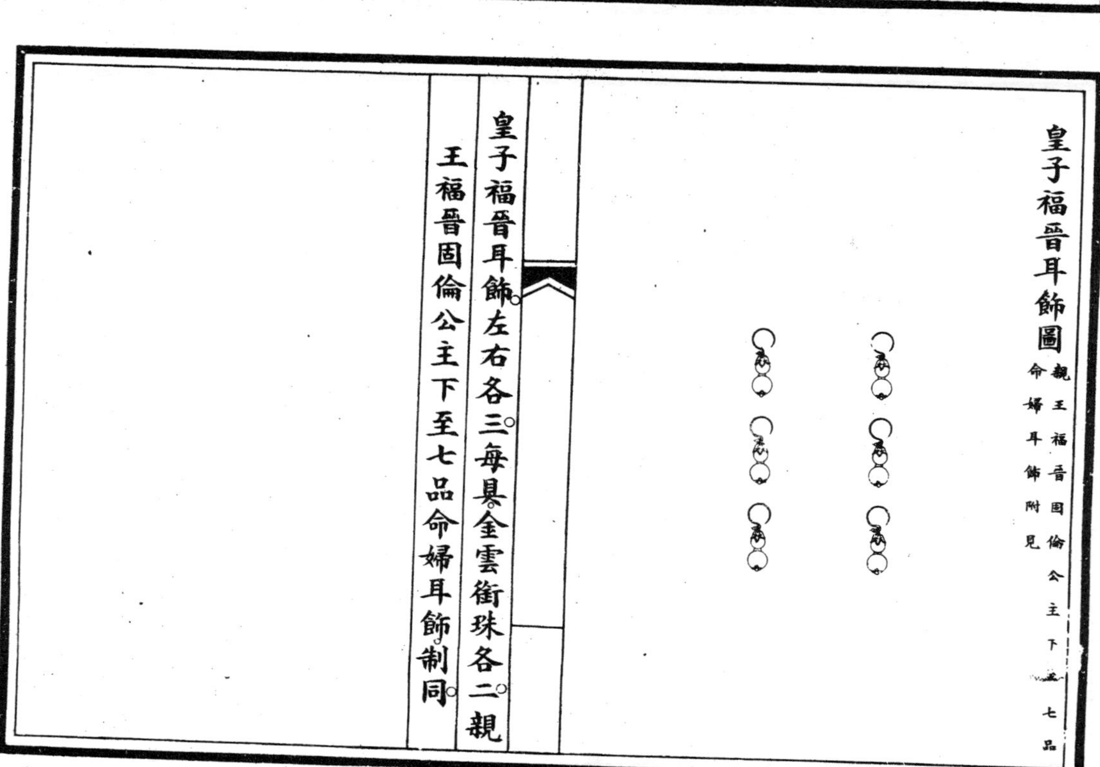

皇子福晉耳飾。左右各三。每具金雲銜珠各二。親王福晉、固倫公主下至七品命婦耳飾制同。

# 皇子福晉朝褂圖

（親王福晉固倫公主和碩公主郡王福晉郡主縣主朝褂附見）

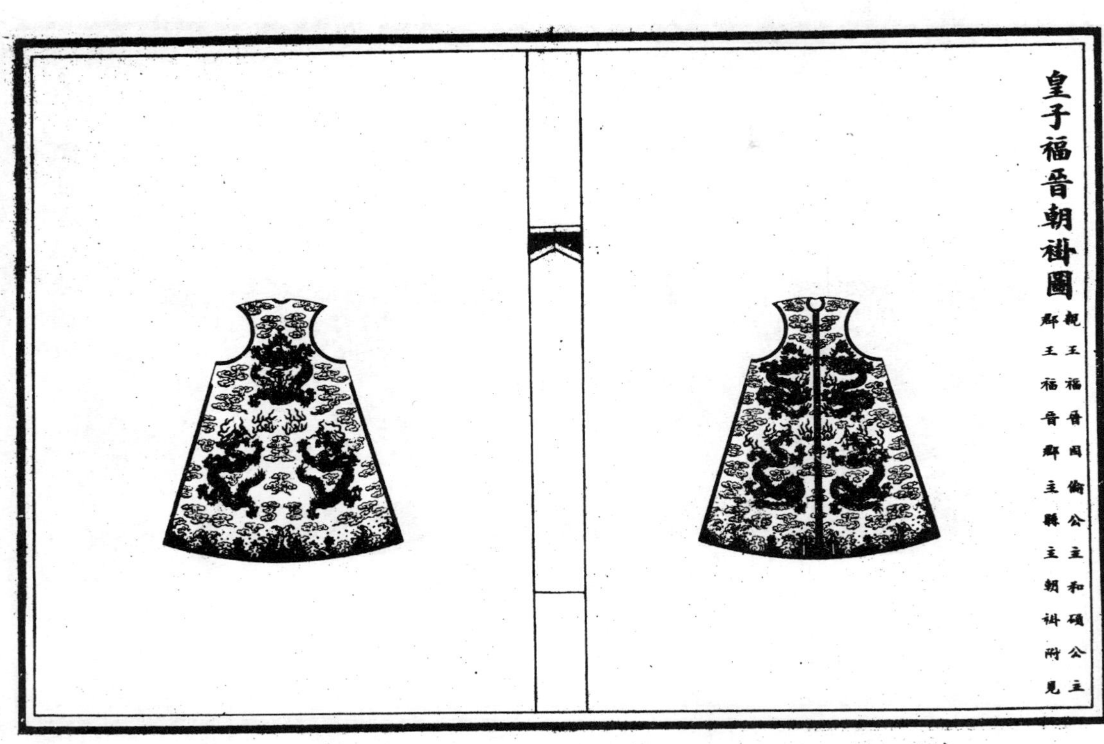

皇子福晉朝褂。色用石青。片金緣。繡文。前行龍四。後行龍三。領後垂金黃絛。雜飾惟宜。親王福晉固倫公主和碩公主郡王福晉郡主縣主朝褂制同。

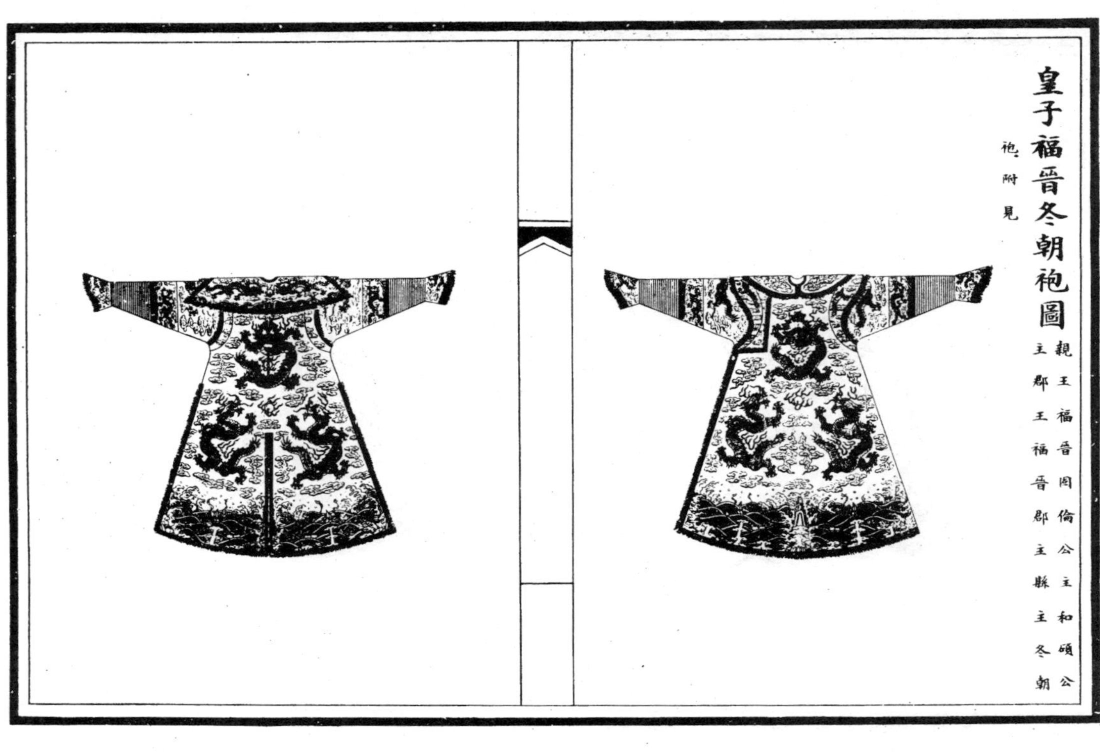

皇子福晉冬朝袍圖親王福晉固倫公主和碩公主郡王福晉郡主縣主冬朝袍附見

皇子福晉冬朝袍用香色披領及袖俱石青片金加海龍緣繡文前後正龍各一兩肩行龍各一襟行龍四披領行龍二袖端正龍各一袖相接處行龍各二裾後開領後垂金黃縧雜飾惟宜

親王福晉固倫公主和碩公主郡王福晉郡主縣主冬朝袍制同

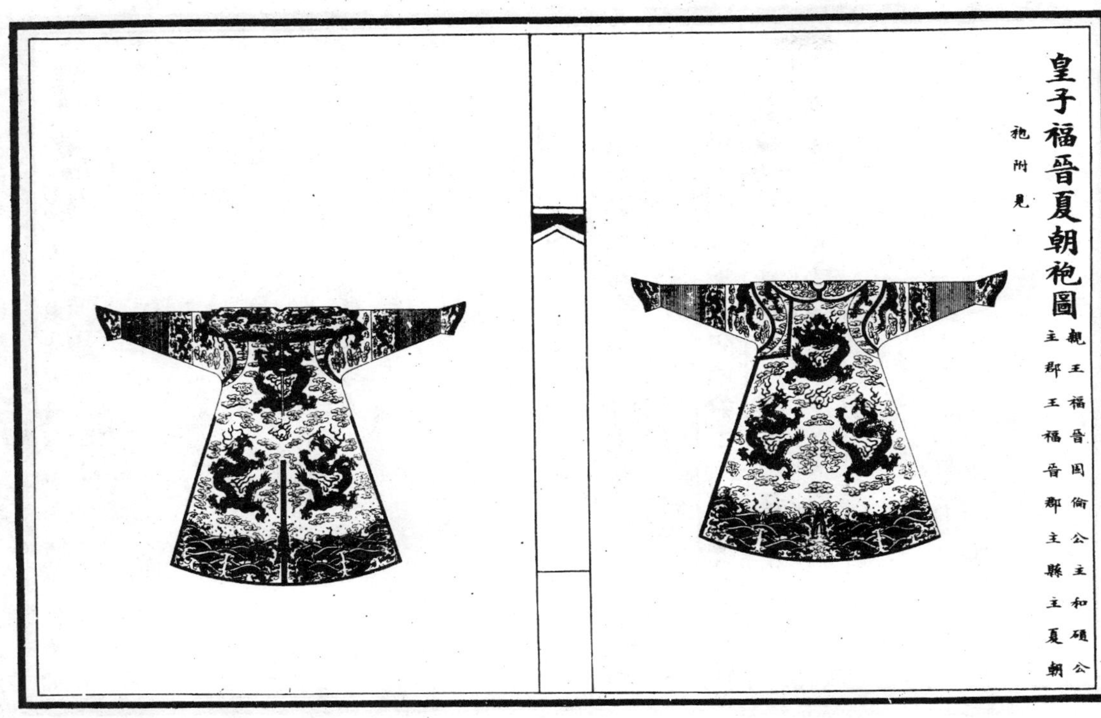
皇子福晉夏朝袍圖
親王福晉固倫公主和碩公主郡王福晉郡主縣主夏朝袍附見

皇子福晉夏朝袍。用香色。片金緣。餘制如冬朝袍。
親王福晉固倫公主和碩公主郡王福晉郡主
縣主夏朝袍。制同。

## 皇子福晉領約圖

親王福晉固倫公主下至鄉君領約附見

皇子福晉領約鏤金爲之飾東珠七間以珊瑚兩端垂金黄絛二中各貫珊瑚末綴珊瑚各二親王福晉固倫公主和碩公主郡王福晉郡主縣主領約制同貝勒夫人下至鄉君領約制亦同惟絛用石青色

## 皇子福晉朝珠圖

親王福晉固倫公主下至五品命婦朝珠附見　吉服朝珠附見

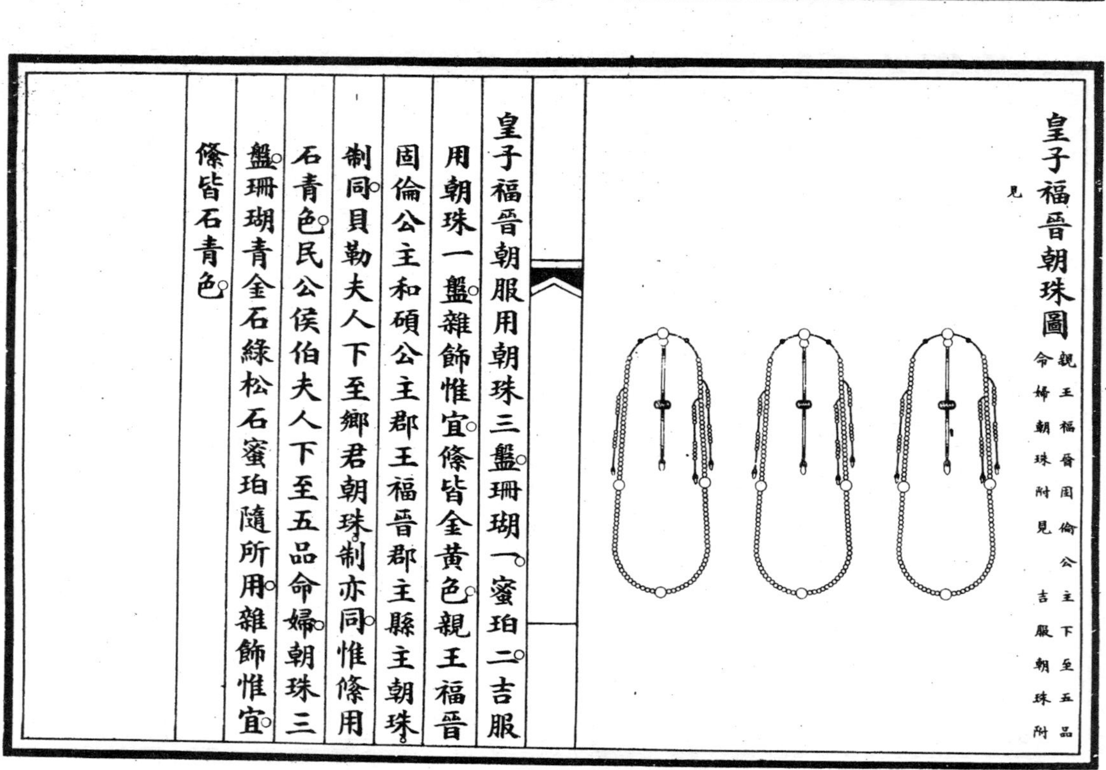

皇子福晉朝服用朝珠三盤珊瑚一蜜珀二吉服用朝珠一盤雜飾惟宜絛皆金黄色親王福晉固倫公主和碩公主郡王福晉郡主縣主朝珠制同貝勒夫人下至鄉君朝珠制亦同惟絛用石青色民公侯伯夫人下至五品命婦朝珠三盤珊瑚青金石綠松石蜜珀隨所用雜飾惟宜絛皆石青色

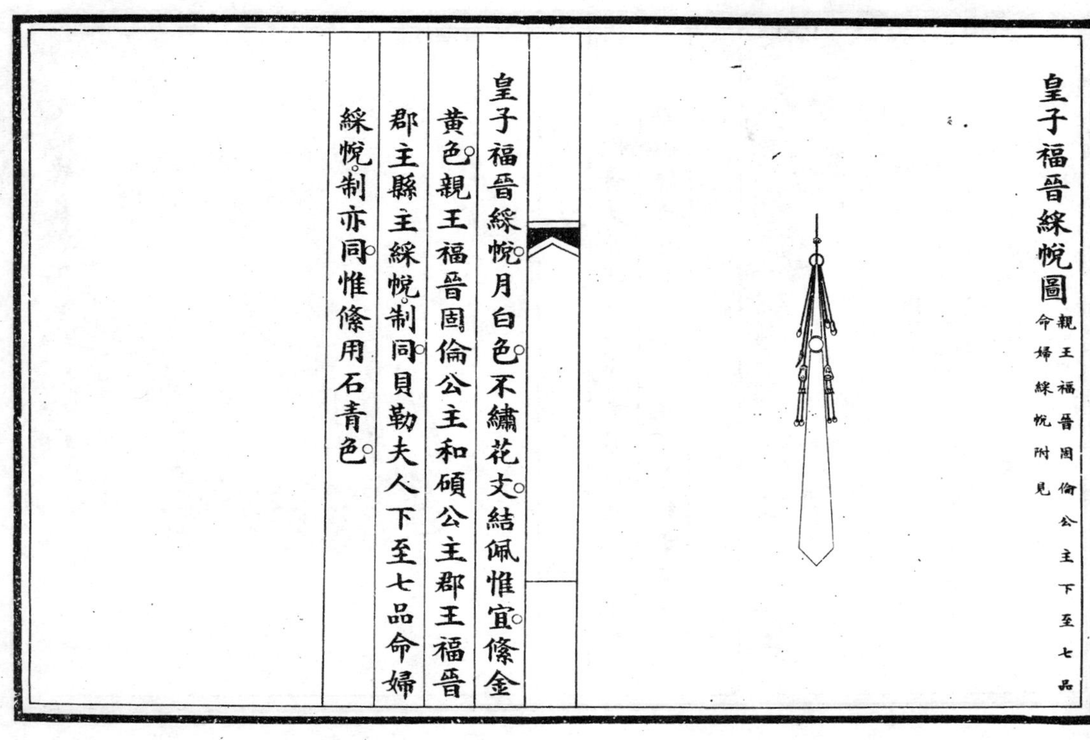

## 皇子福晉綵帨圖

親王福晉固倫公主下至七品命婦綵帨附見

皇子福晉綵帨。月白色。不繡花文。結佩惟宜。條金黃色。親王福晉固倫公主和碩公主郡王福晉郡主縣主綵帨。制同。貝勒夫人下至七品命婦綵帨。制亦同。惟條用石青色。

## 皇子福晉冬朝裙圖

親王福晉固倫公主下至鄉君冬朝裙附見

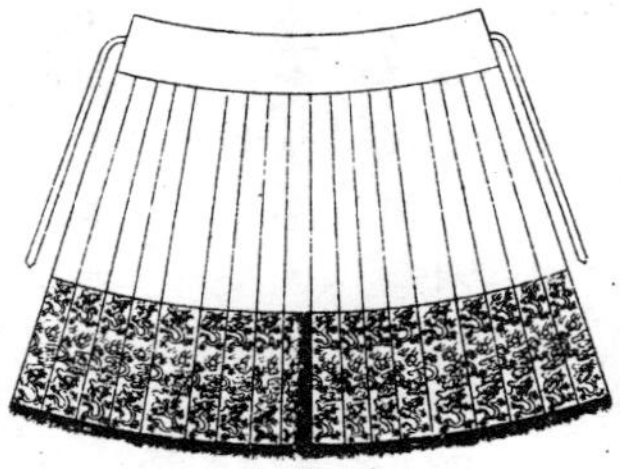

皇子福晉冬朝裙。片金加海龍緣。上用紅緞。下石青行龍粧緞。皆正幅。有襞積。親王福晉固倫公主下至鄉君冬朝裙。制同。

皇子福晉夏朝裙圖 親王福晉固倫公主下至鄉君夏朝裙附見

皇子福晉夏朝裙。片金緣。緞紗惟其時。餘制如冬朝裙。親王福晉固倫公主下至鄉君夏朝裙。制同。

# 欽定大清會典圖卷六十九

## 冠服十三 禮服十三

鎮國公夫人夏朝冠圖 縣君夏朝冠附見

鎮國公夫人金約圖 縣君金約附見

輔國公夫人冬朝冠圖 鎮國公女鄉君冬朝冠附見

輔國公夫人夏朝冠圖 鎮國公女鄉君夏朝冠附見

輔國公夫人金約圖 鎮國公女鄉君金約附見

輔國公女鄉君冬朝冠圖

輔國公女鄉君夏朝冠圖

輔國公女鄉君金約圖

和碩公主冬朝冠圖

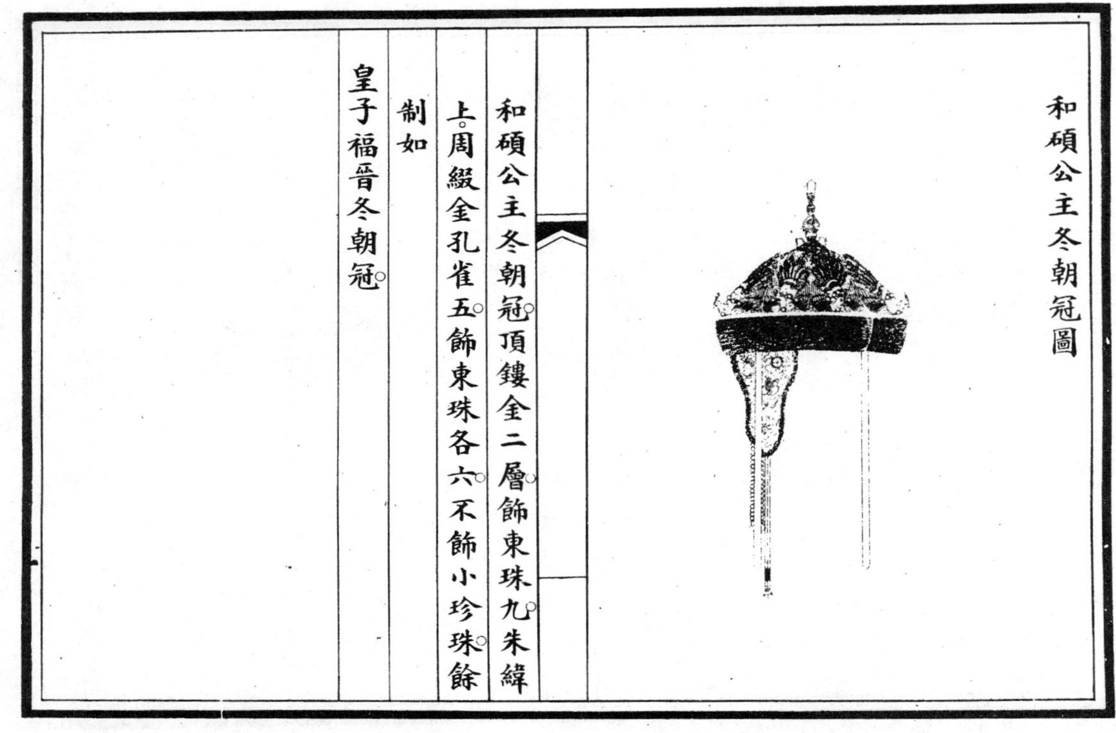

和碩公主冬朝冠。頂鏤金二層。飾東珠九。朱緯上。周綴金孔雀五。飾東珠各六。不飾小珍珠。餘制如皇子福晉冬朝冠。

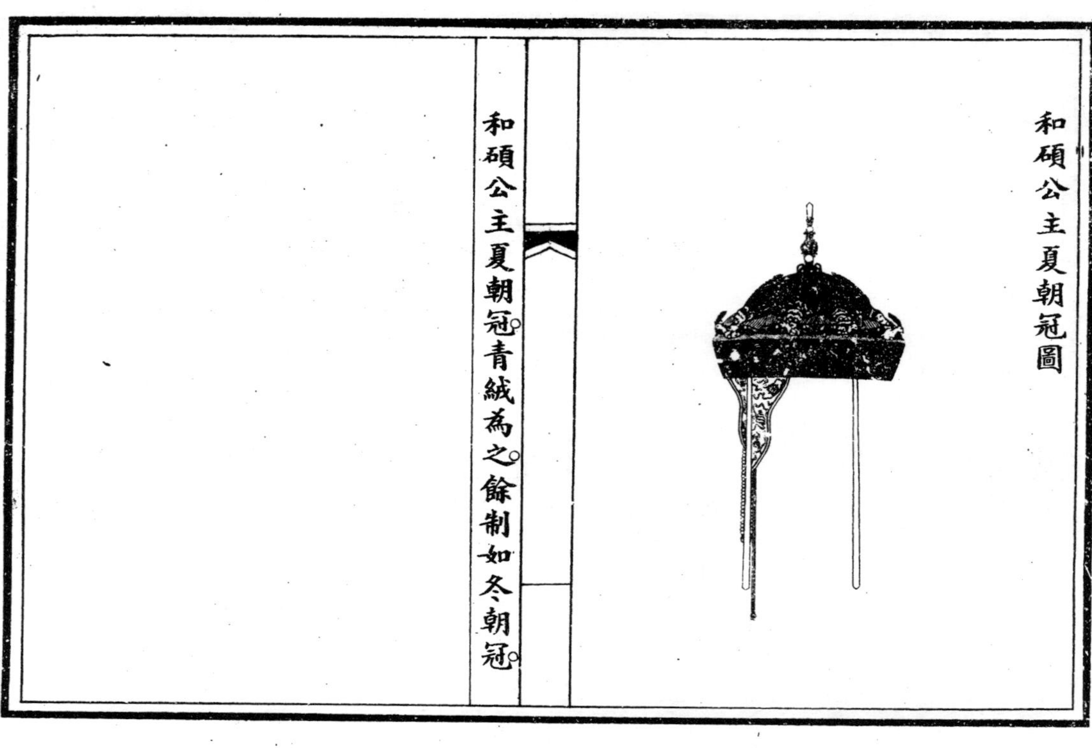


和碩公主夏朝冠。青絨爲之。餘制如冬朝冠。

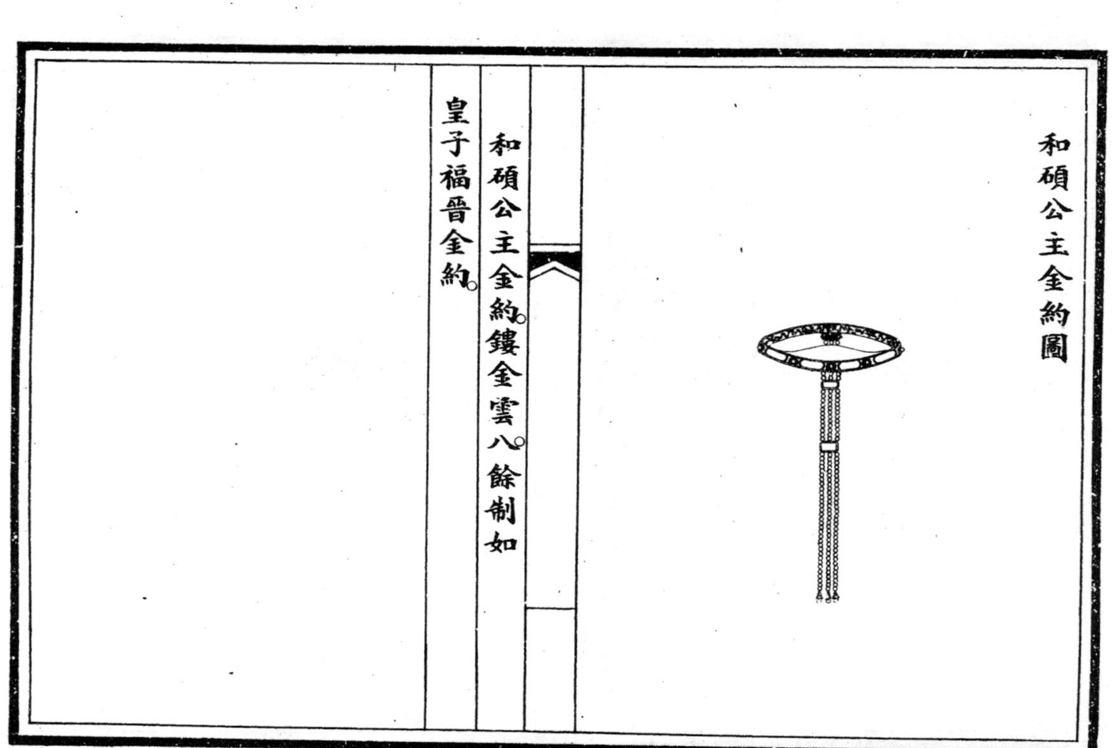


和碩公主金約。鏤金雲八。餘制如皇子福晉金約。

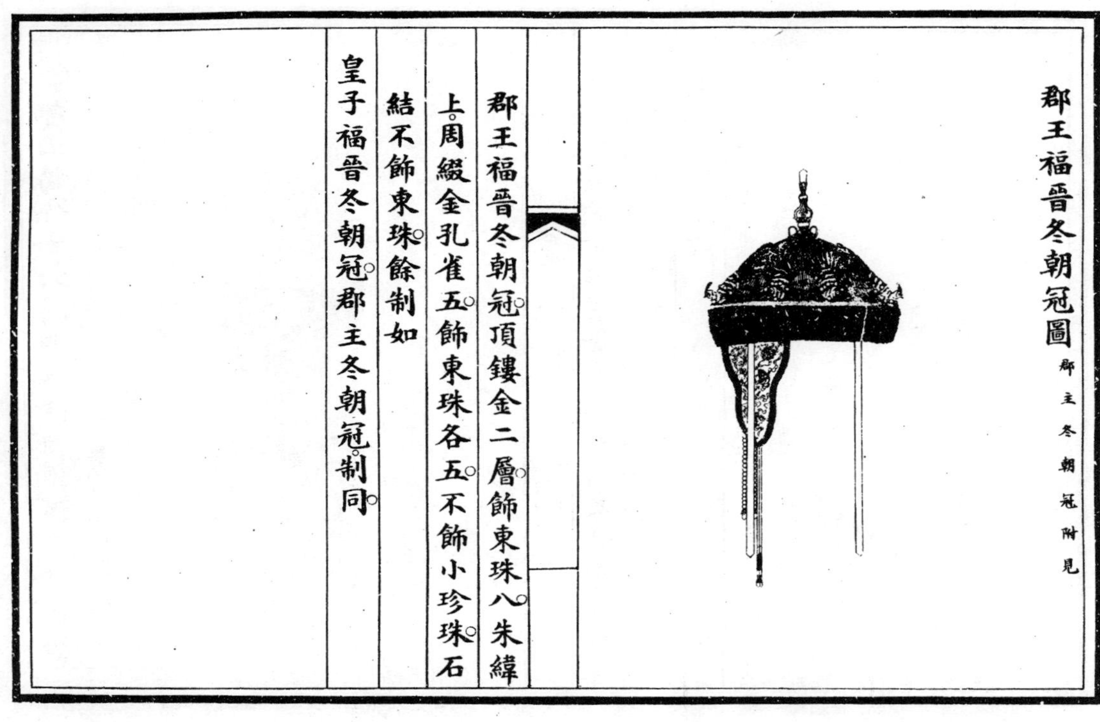

## 郡王福晉冬朝冠圖

郡主冬朝冠附見

郡王福晉冬朝冠。頂鏤金二層。飾東珠八。朱緯上。周綴金孔雀五。飾東珠各五。不飾小珍珠石結。不飾東珠。餘制如皇子福晉冬朝冠。郡主冬朝冠制同。

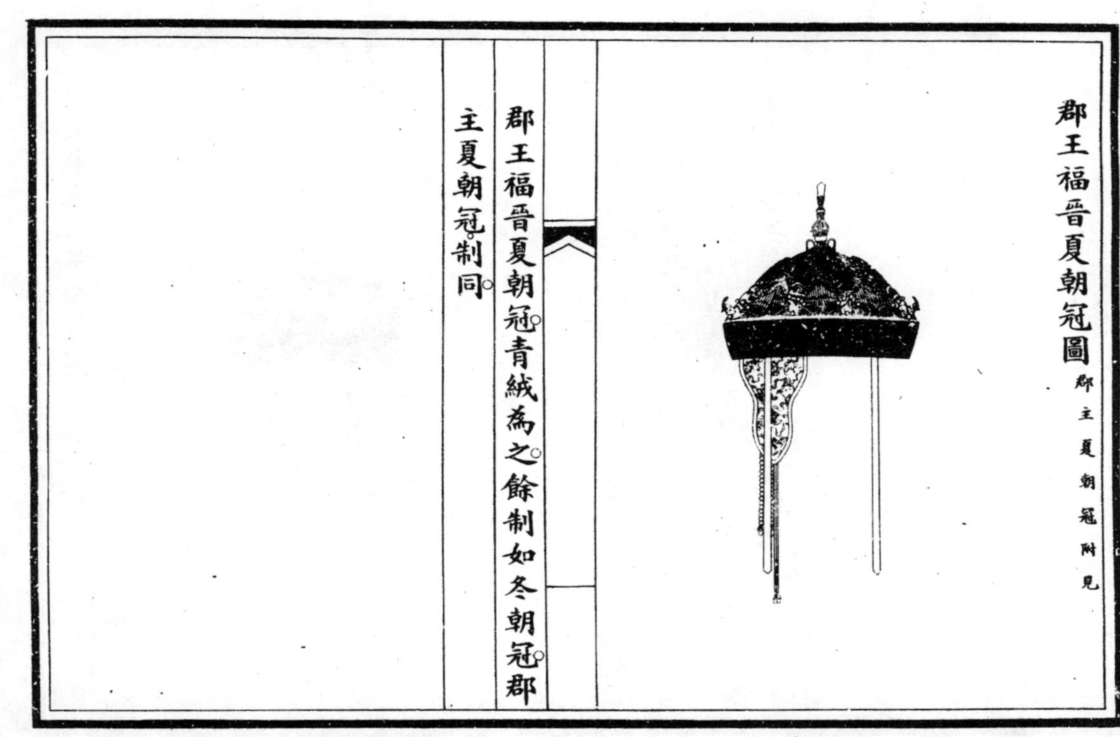

## 郡王福晉夏朝冠圖

郡主夏朝冠附見

郡王福晉夏朝冠。青絨爲之。餘制如冬朝冠。郡主夏朝冠制同。

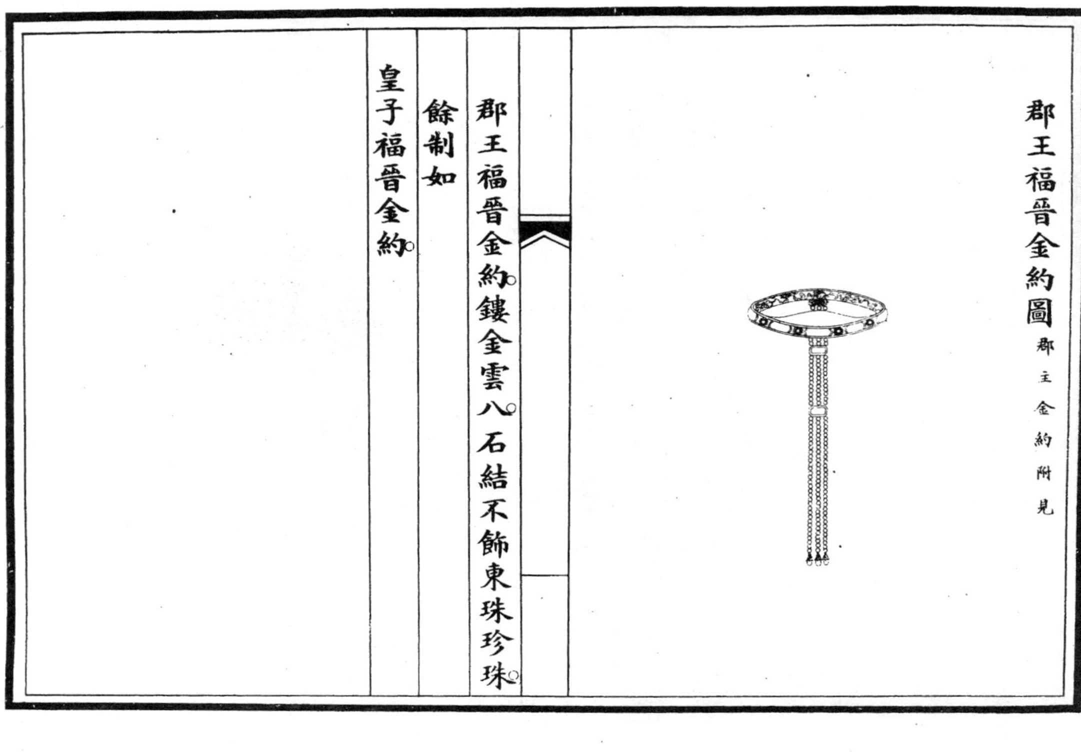

郡王福晉金約圖 郡主金約附見

郡王福晉金約。鏤金雲八。石結不飾東珠珍珠。餘制如

皇子福晉金約。

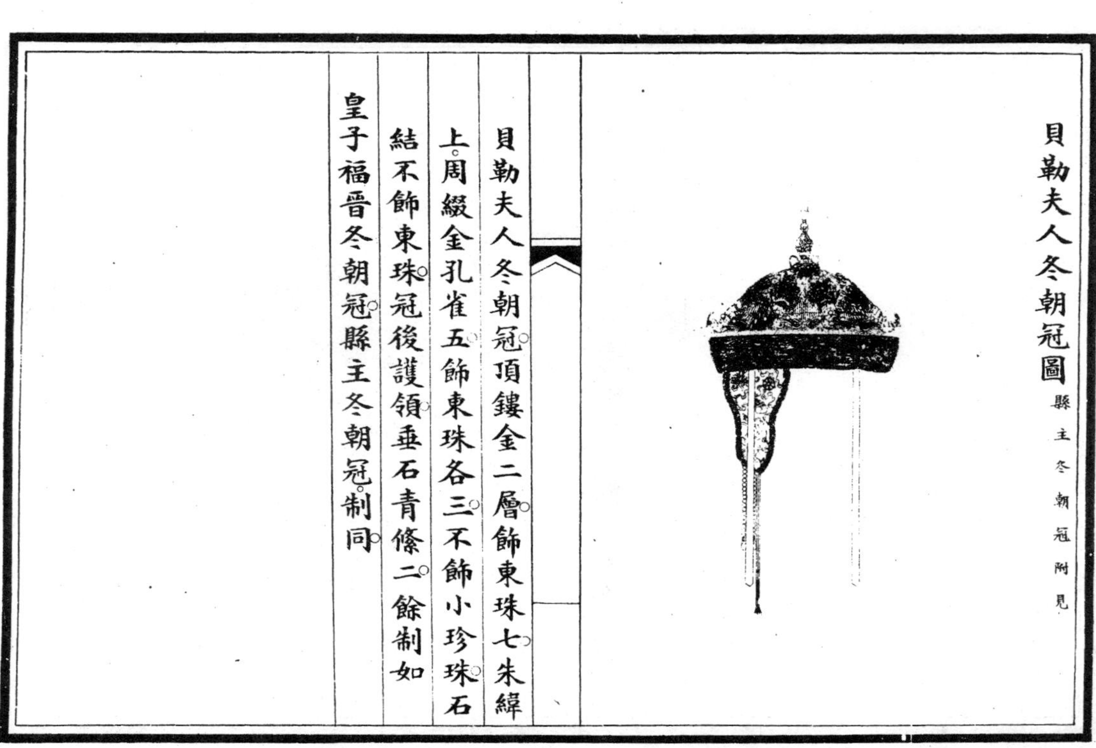

貝勒夫人冬朝冠圖 縣主冬朝冠附見

貝勒夫人冬朝冠。頂鏤金二層。飾東珠七。朱緯上。周綴金孔雀五。飾東珠各三。不飾小珍珠。石結不飾東珠。冠後護領垂石青條二。餘制如

皇子福晉冬朝冠。縣主冬朝冠。制同。

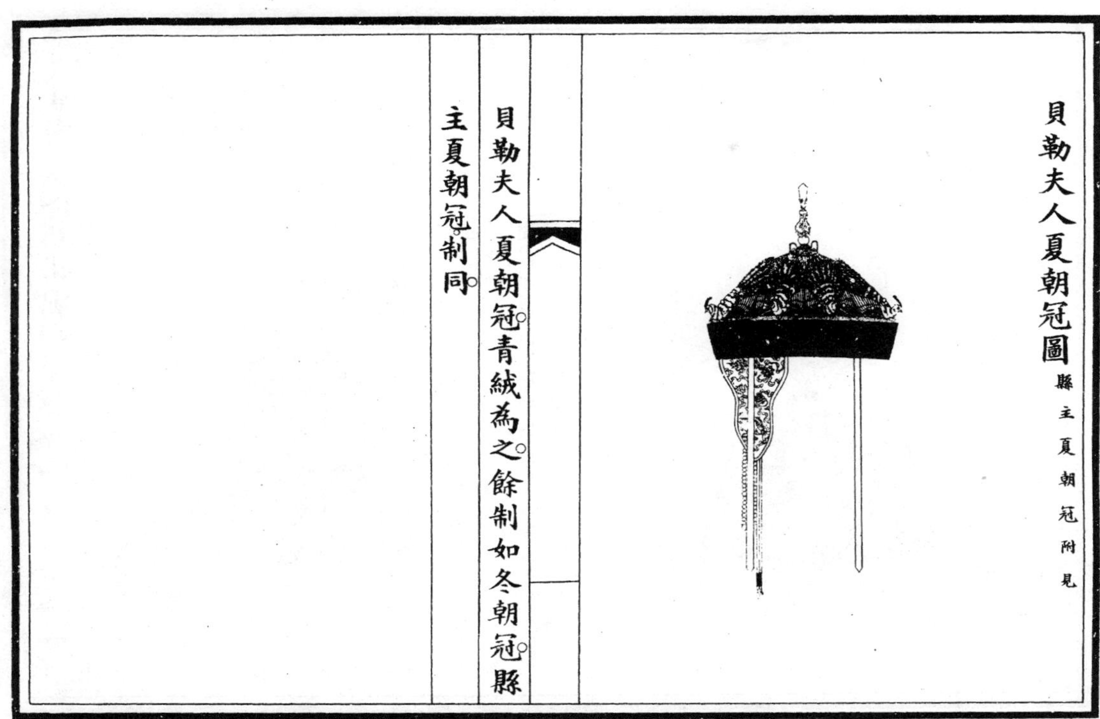

貝勒夫人夏朝冠圖縣主夏朝冠附見

貝勒夫人夏朝冠。青絨爲之。餘制如冬朝冠。縣主夏朝冠制同。

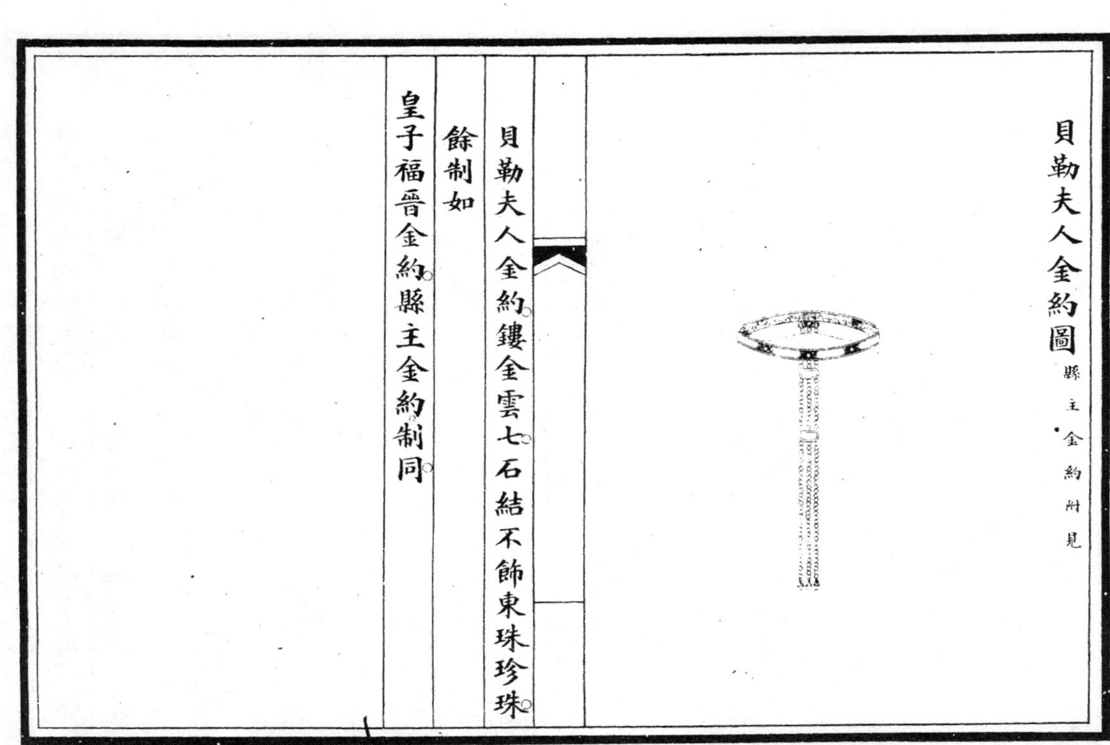

貝勒夫人金約圖縣主金約附見

貝勒夫人金約。鏤金雲七石結不飾東珠珍珠。餘制如皇子福晉金約。縣主金約制同。

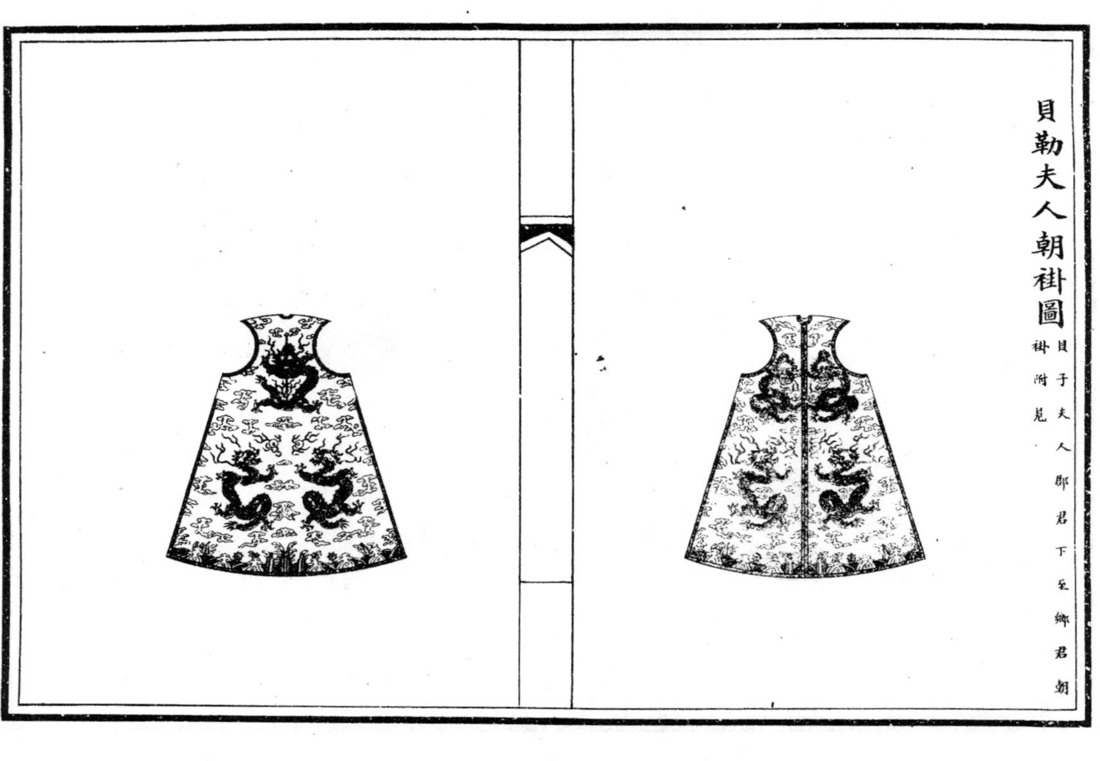


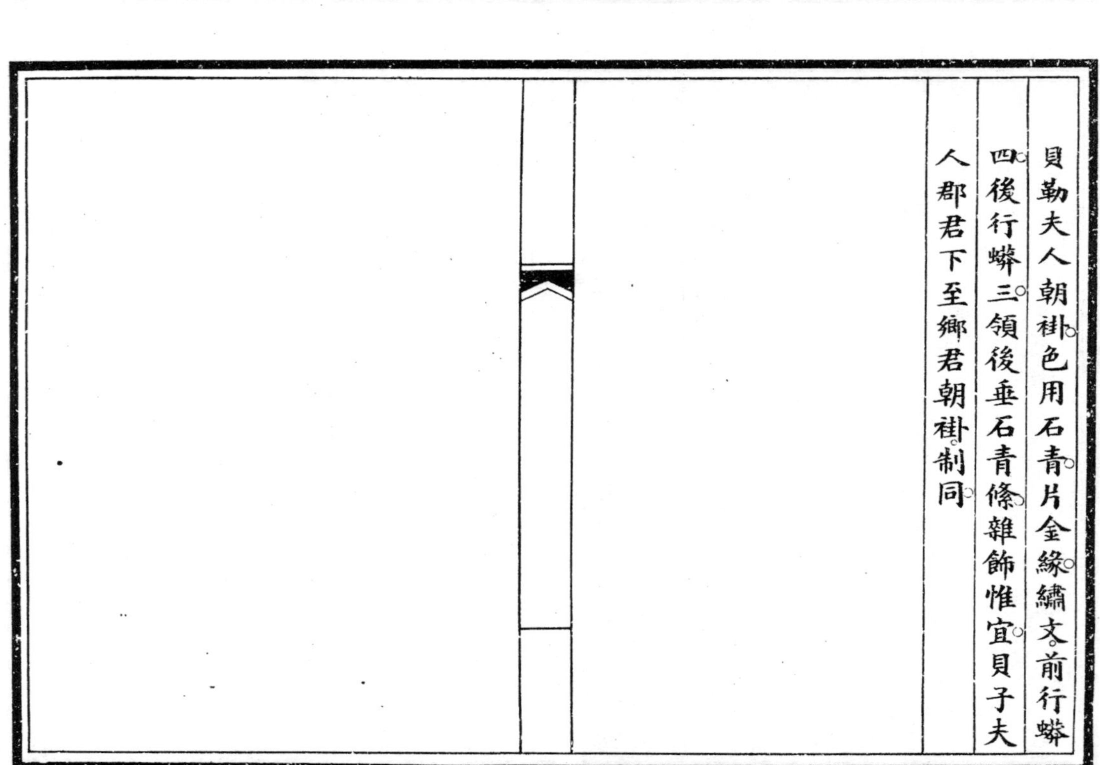

貝勒夫人朝褂。色用石青。片金緣。繡文。前行蟒四。後行蟒三。領後垂石青條。雜飾惟宜。貝子夫人郡君下至鄉君朝褂。制同。

貝勒夫人冬朝袍圖

貝子夫人郡君下至三品命婦奉國將軍淑人冬朝袍附見

貝勒夫人冬朝袍。藍及石青諸色隨所用。通繡蟒文四爪。領後垂石青條。餘制如皇子福晉冬朝袍。貝子夫人郡君下至三品命婦奉國將軍淑人冬朝袍。制同。

貝勒夫人夏朝袍圖貝子夫人郡君下至三品命婦奉國將軍淑人夏朝袍附見

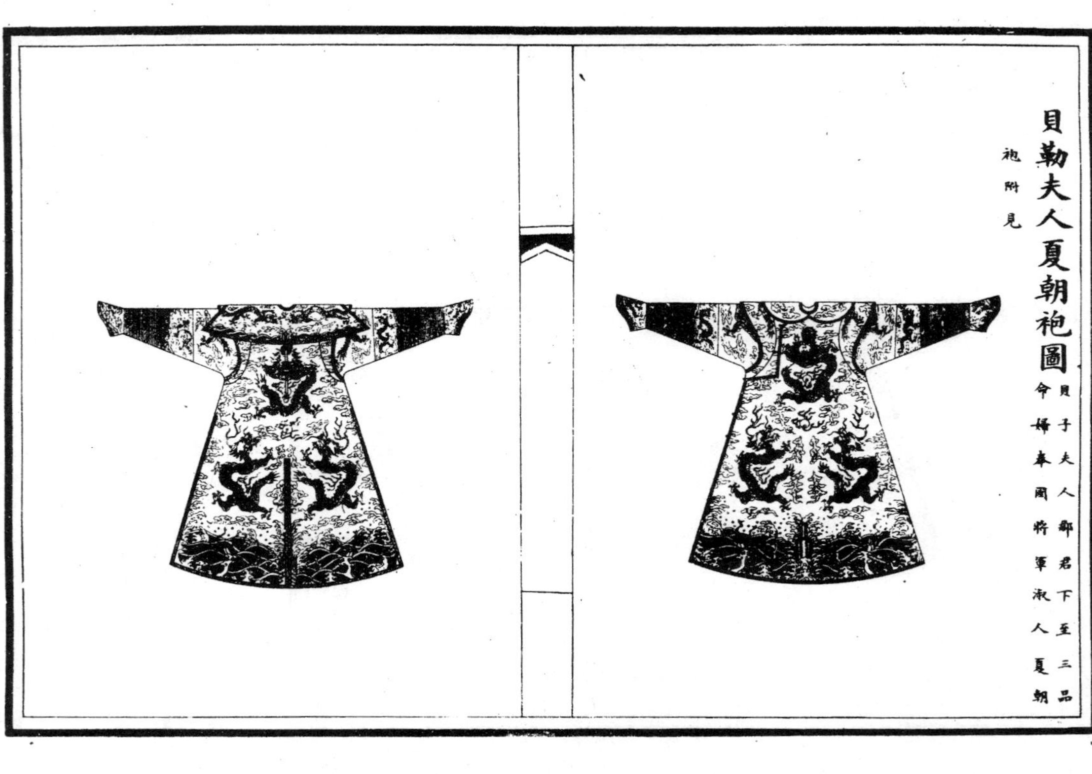

貝勒夫人夏朝袍。藍及石青諸色隨所用。片金緣。餘制如冬朝袍。貝子夫人郡君下至三品命婦奉國將軍淑人夏朝袍。制同。

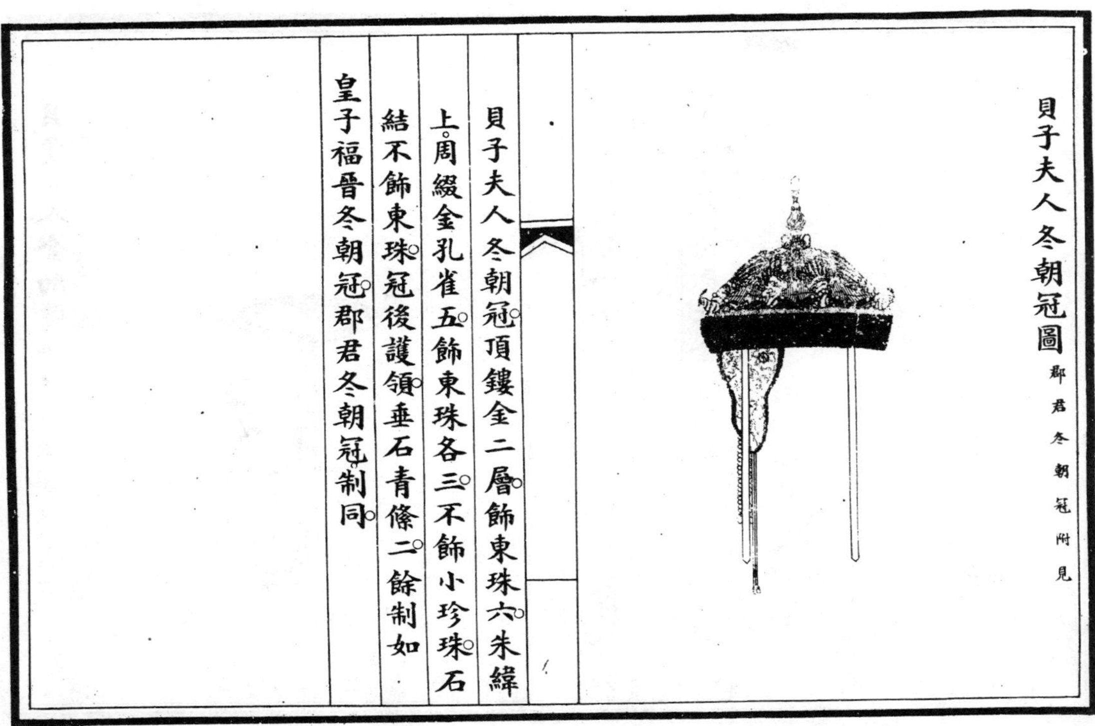

貝子夫人冬朝冠圖郡君冬朝冠附見

貝子夫人冬朝冠。頂鏤金二層。飾東珠六。朱緯上。周綴金孔雀五。飾東珠各三。不飾小珍珠。石結不飾東珠。冠後護領垂石青條二。餘制如皇子福晉冬朝冠。郡君冬朝冠制同。

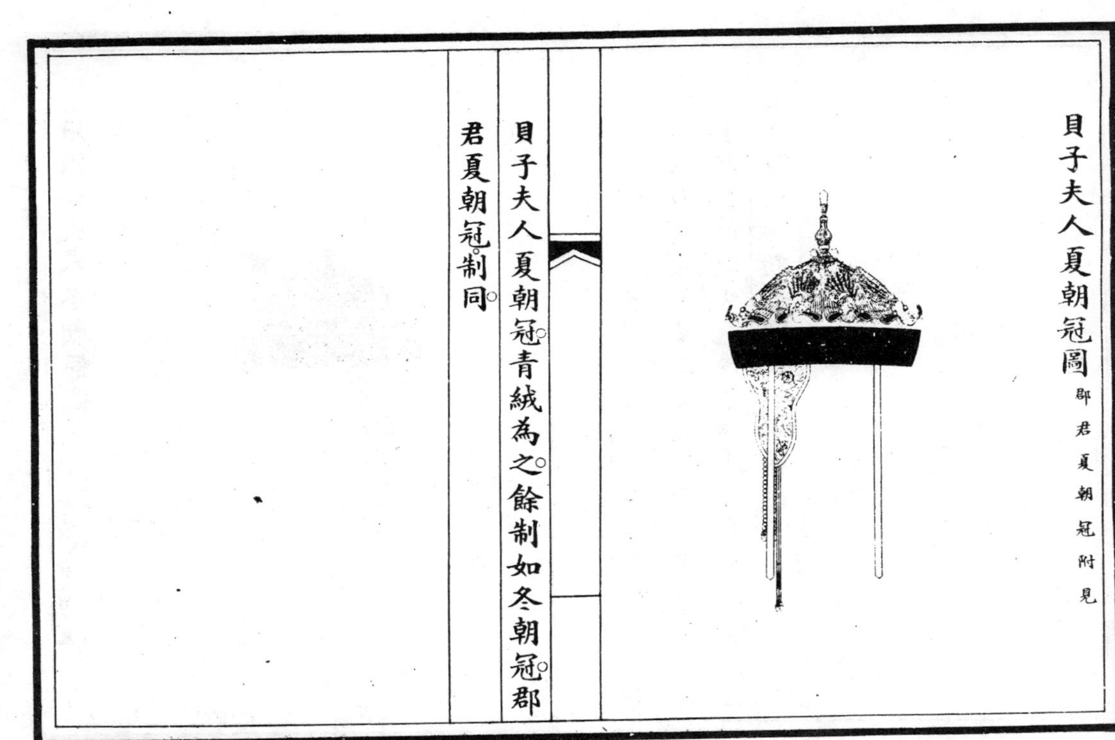

貝子夫人夏朝冠圖郡君夏朝冠附見

貝子夫人夏朝冠。青絨為之。餘制如冬朝冠。郡君夏朝冠制同。

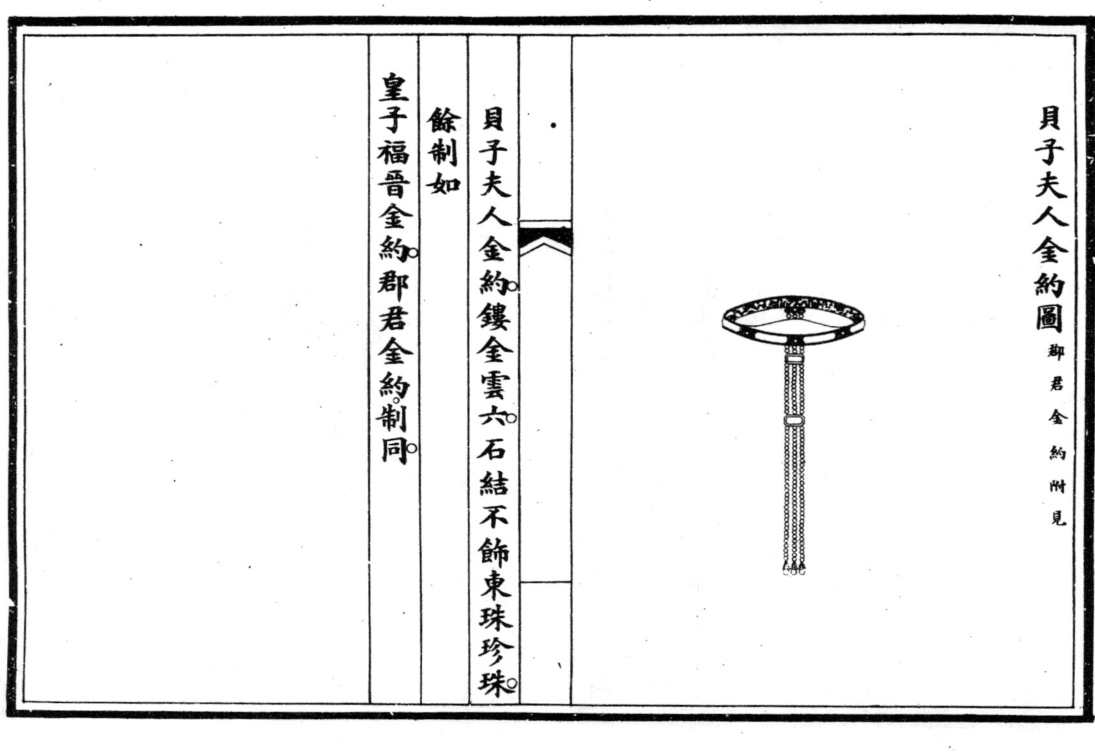

貝子夫人金約圖郡君金約附見

貝子夫人金約。鏤金雲六。石結不飾東珠珍珠。餘制如

皇子福晉金約。郡君金約。制同。

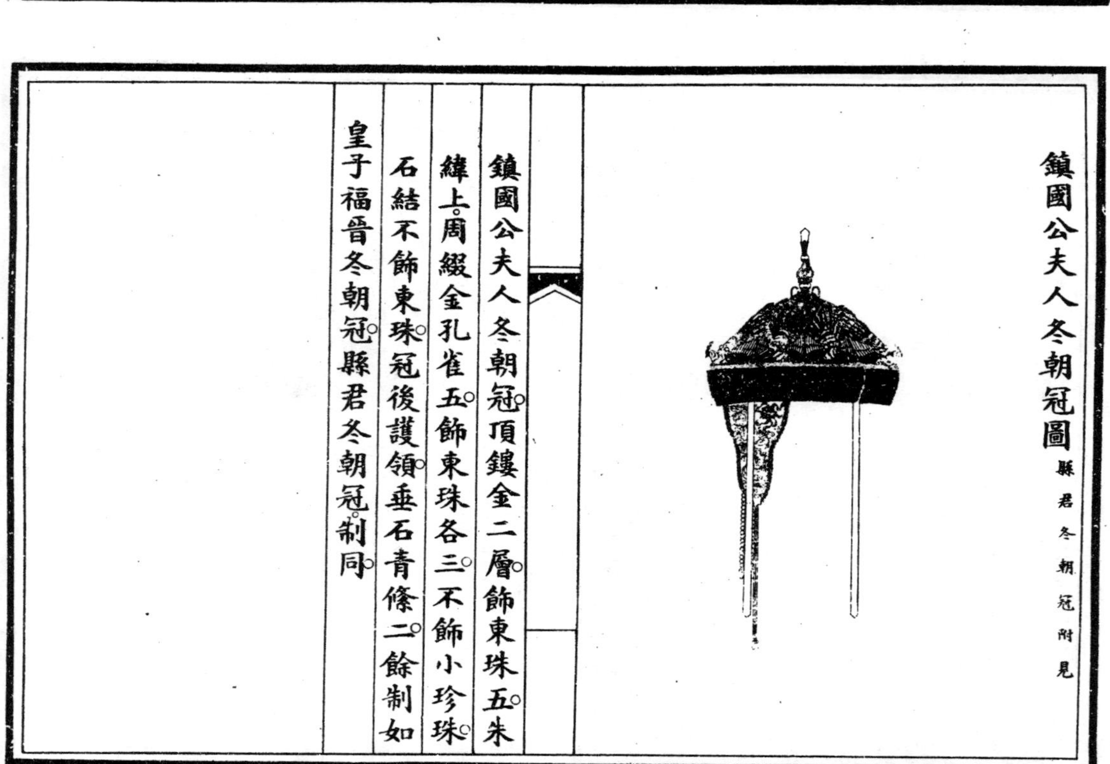

鎮國公夫人冬朝冠圖縣君冬朝冠附見

鎮國公夫人冬朝冠。頂鏤金二層飾東珠五。朱緯上。周綴金孔雀五。飾東珠各三。不飾小珍珠。石結不飾東珠。冠後護領垂石青絛二。餘制如

皇子福晉冬朝冠。縣君冬朝冠。制同。

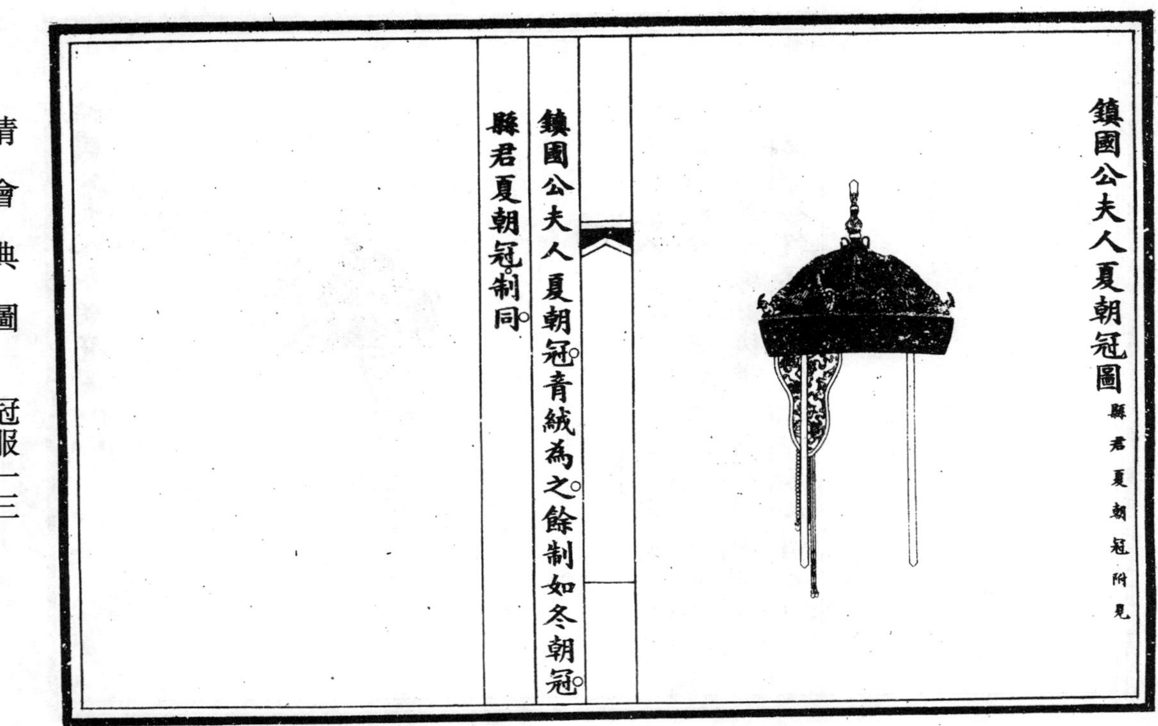

鎮國公夫人夏朝冠圖 縣君夏朝冠附見

鎮國公夫人夏朝冠。青絨爲之。餘制如冬朝冠。

縣君夏朝冠制同。

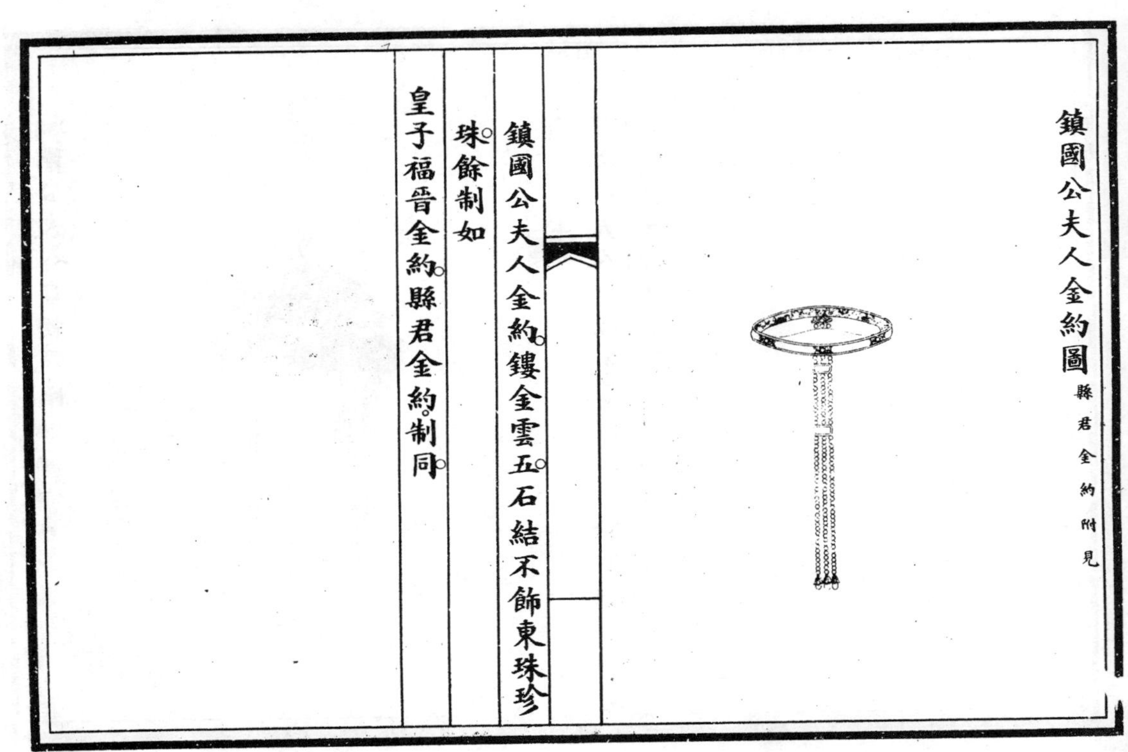

鎮國公夫人金約圖 縣君金約附見

鎮國公夫人金約。鏤金雲五。石結不飾東珠珍珠。餘制如

皇子福晉金約。縣君金約制同。

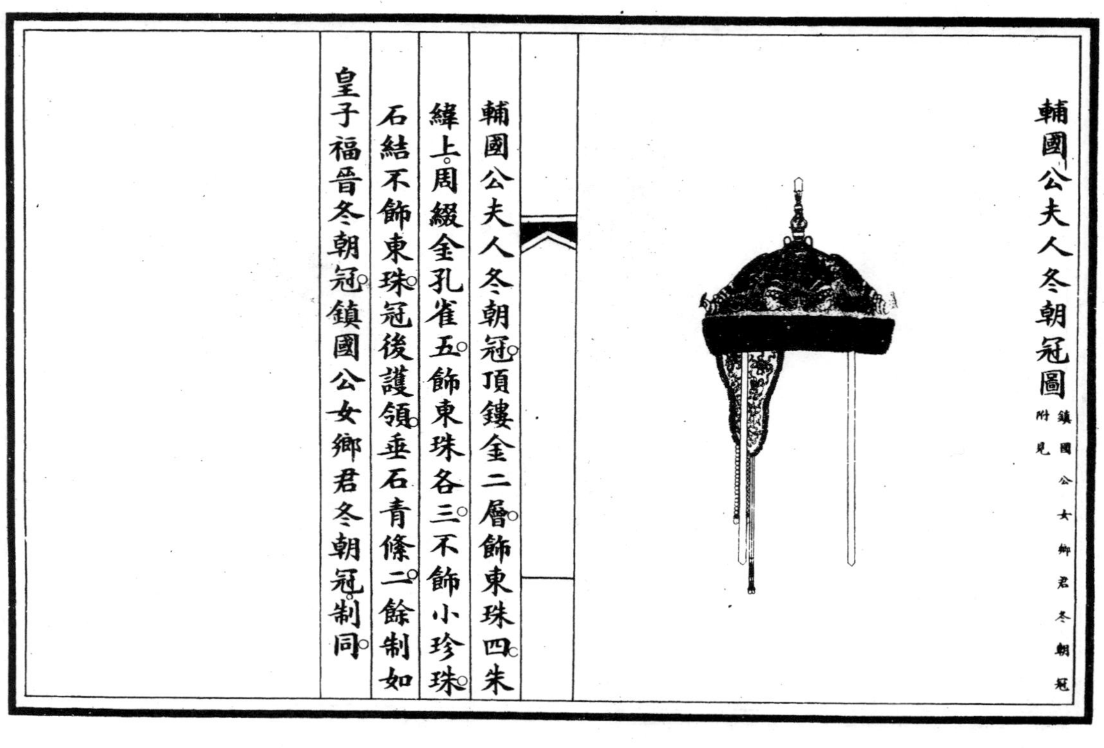

## 輔國公夫人冬朝冠圖

附見鎮國公女鄉君冬朝冠

輔國公夫人冬朝冠。頂鏤金二層。飾東珠四。朱緯上。周綴金孔雀五。飾東珠各三。不飾小珍珠。石結不飾東珠。冠後護領。垂石青條二。餘制如皇子福晉冬朝冠。鎮國公女鄉君冬朝冠制同。

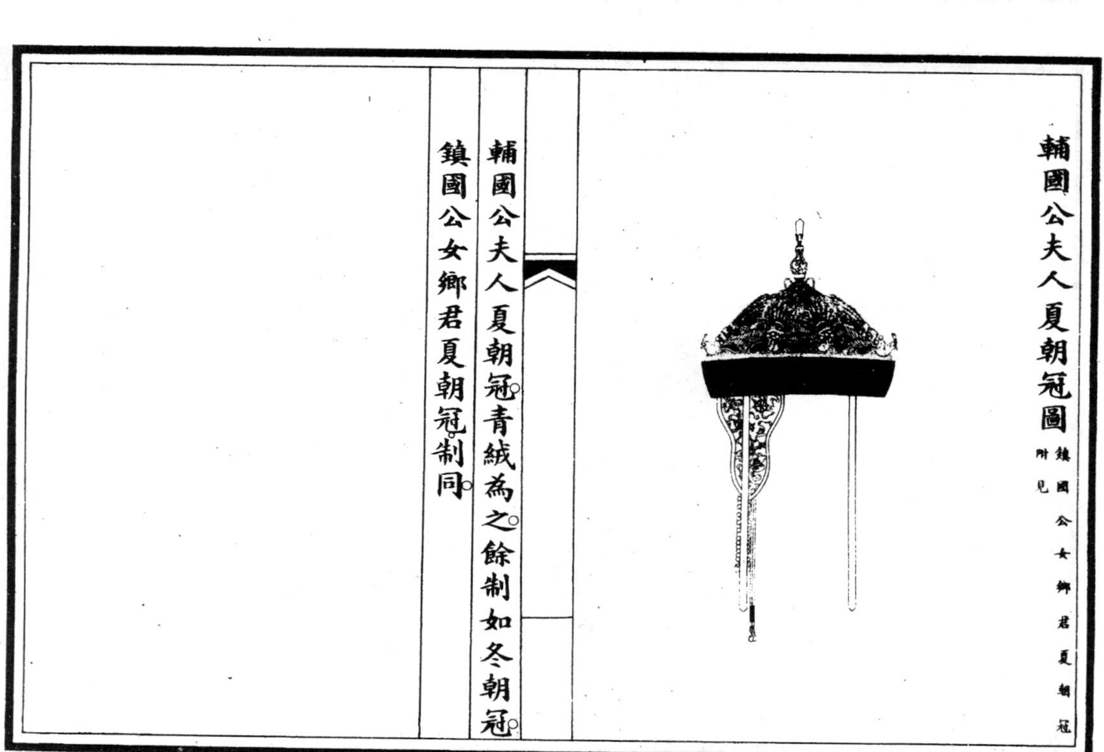

## 輔國公夫人夏朝冠圖

附見鎮國公女鄉君夏朝冠

輔國公夫人夏朝冠。青絨為之。餘制如冬朝冠。鎮國公女鄉君夏朝冠制同。

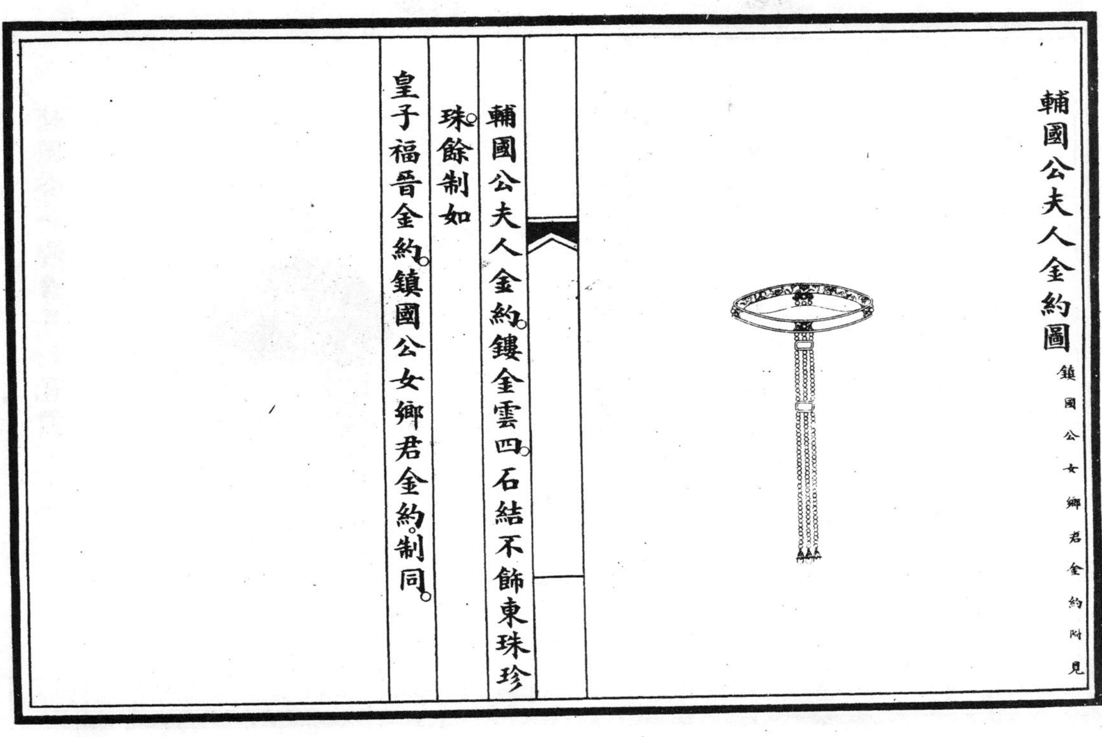

輔國公夫人金約圖

鎮國公女鄉君金約附見

輔國公夫人金約。鏤金雲四。石結不飾東珠珍珠。餘制如

皇子福晉金約。鎮國公女鄉君金約。制同。

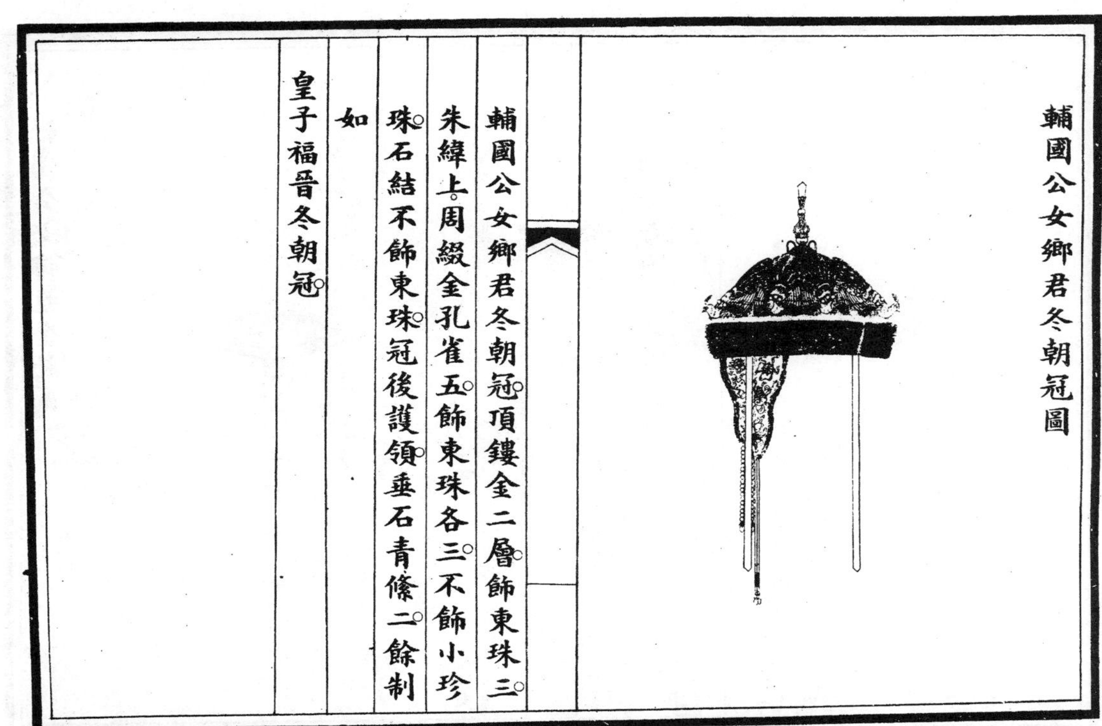

輔國公女鄉君冬朝冠圖

輔國公女鄉君冬朝冠。頂鏤金二層。飾東珠三。朱緯。上周綴金孔雀五。飾東珠各三。不飾小珍珠。石結不飾東珠。冠後護領垂石青條二。餘制如

皇子福晉冬朝冠。

輔國公女鄉君夏朝冠圖

輔國公女鄉君夏朝冠。青絨為之。餘制如冬朝冠。

輔國公女鄉君金約圖

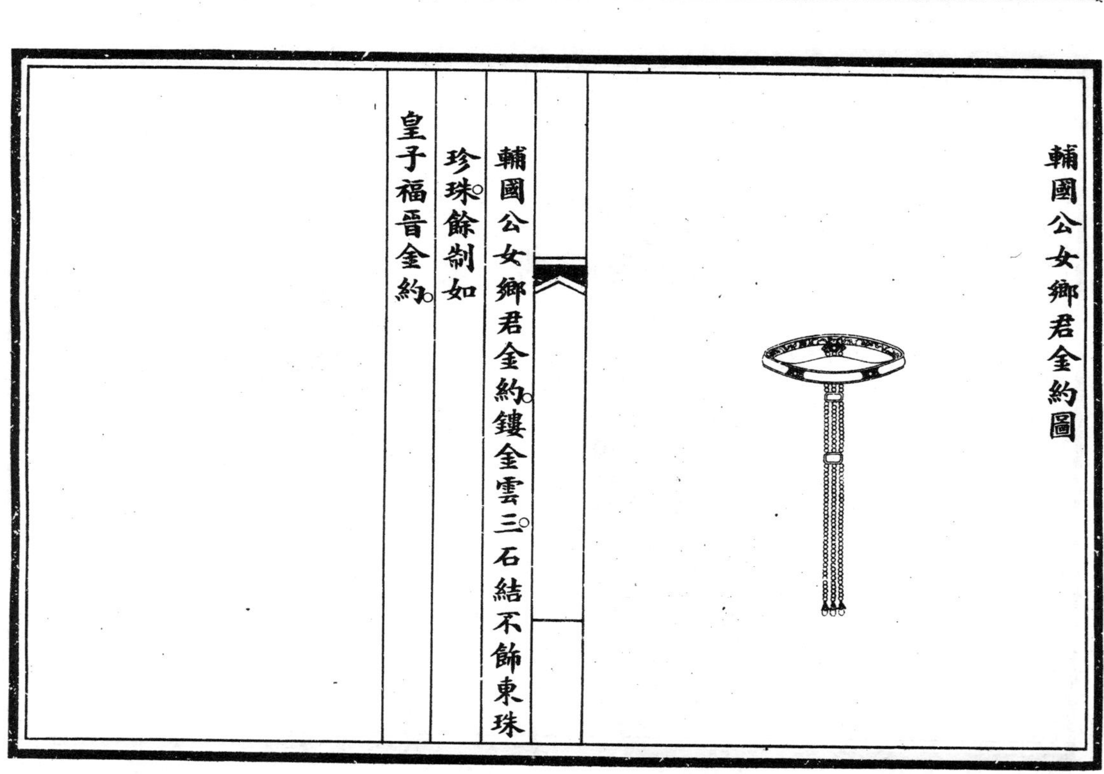

輔國公女鄉君金約。鏤金雲三。石結不飾東珠珍珠。餘制如皇子福晉金約。

欽定大清會典圖卷七十

冠服十四 禮服十四



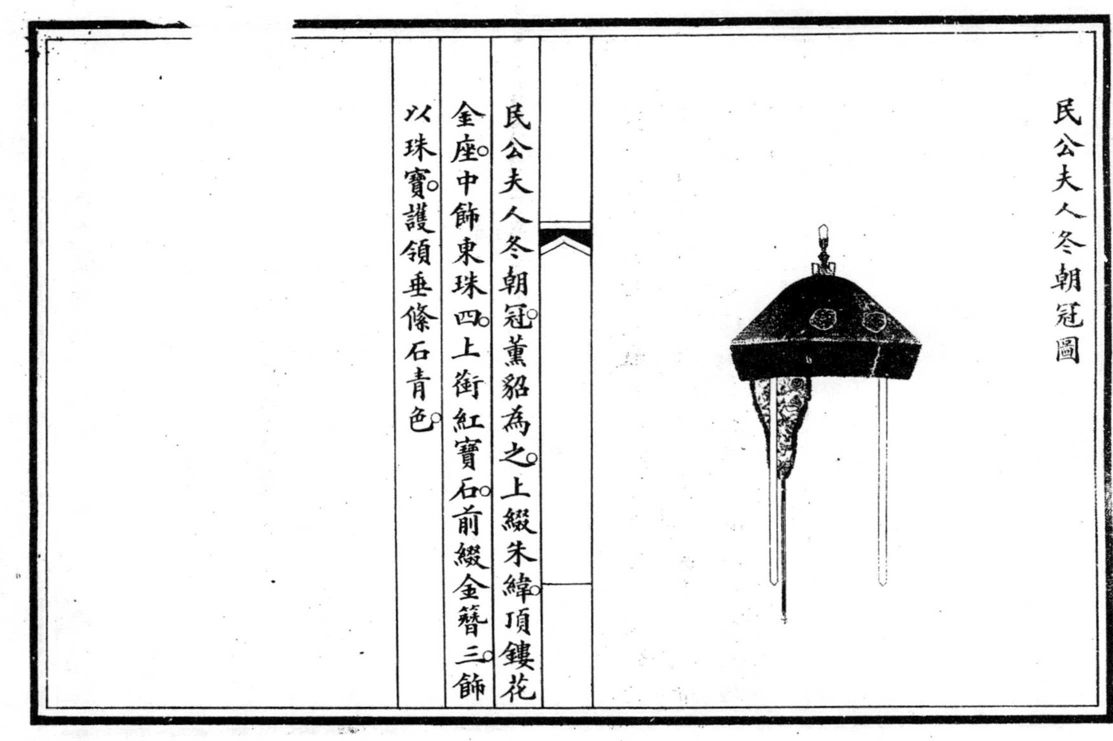

民公夫人冬朝冠圖

民公夫人冬朝冠。薰貂為之。上綴朱緯。頂鏤花金座。中飾東珠四。上銜紅寶石。前綴金簪三。飾以珠寶。護領垂條石青色。

民公夫人夏朝冠圖

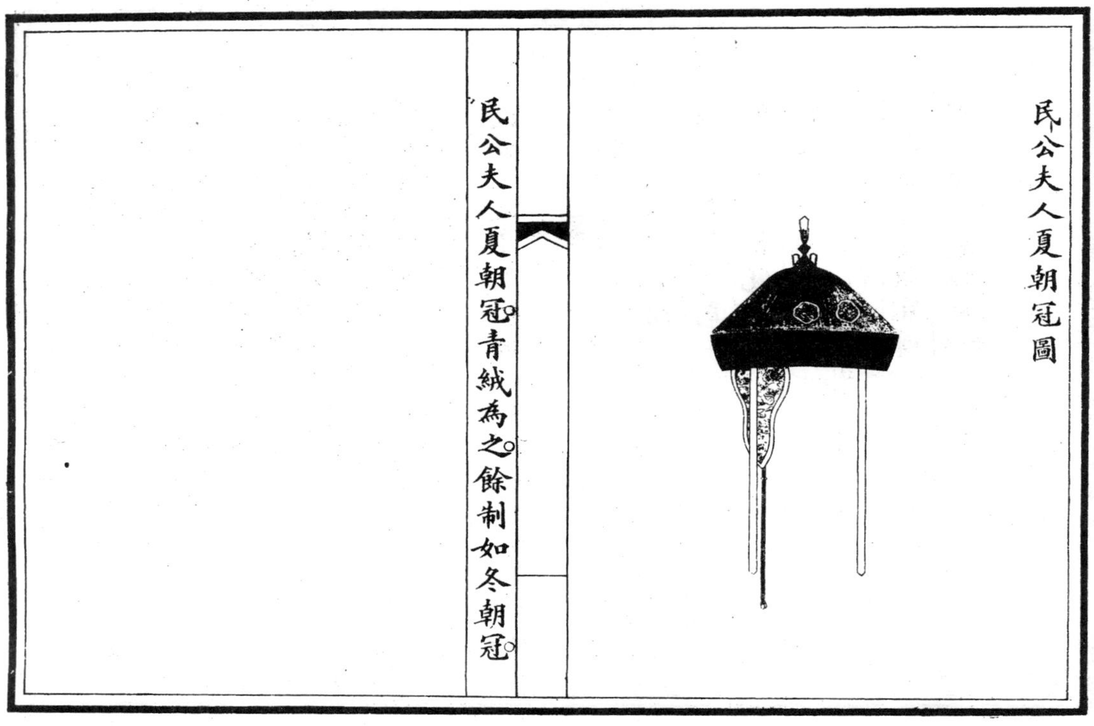

民公夫人夏朝冠。青絨為之。餘制如冬朝冠。

民公夫人金約圖　侯伯夫人下至七品命婦金約附見

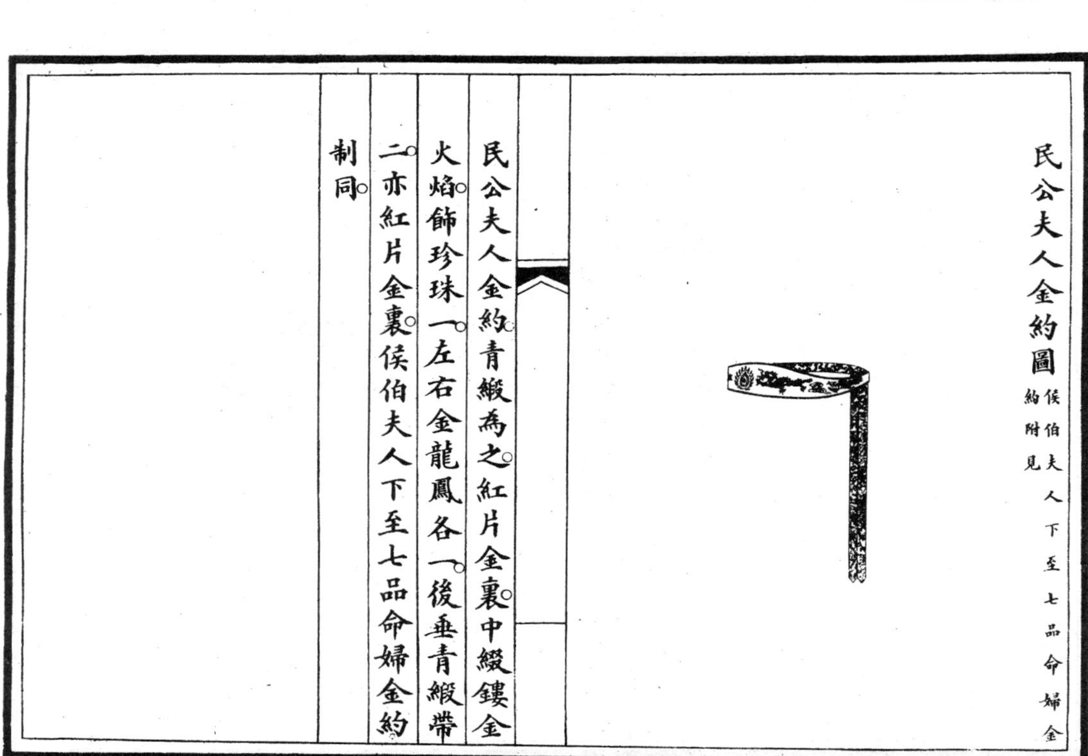

民公夫人金約。青緞為之。紅片金裏。中綴鏤金火焰。飾珍珠一。左右金龍鳳各一。後垂青緞帶二。亦紅片金裏。侯伯夫人下至七品命婦金約制同。

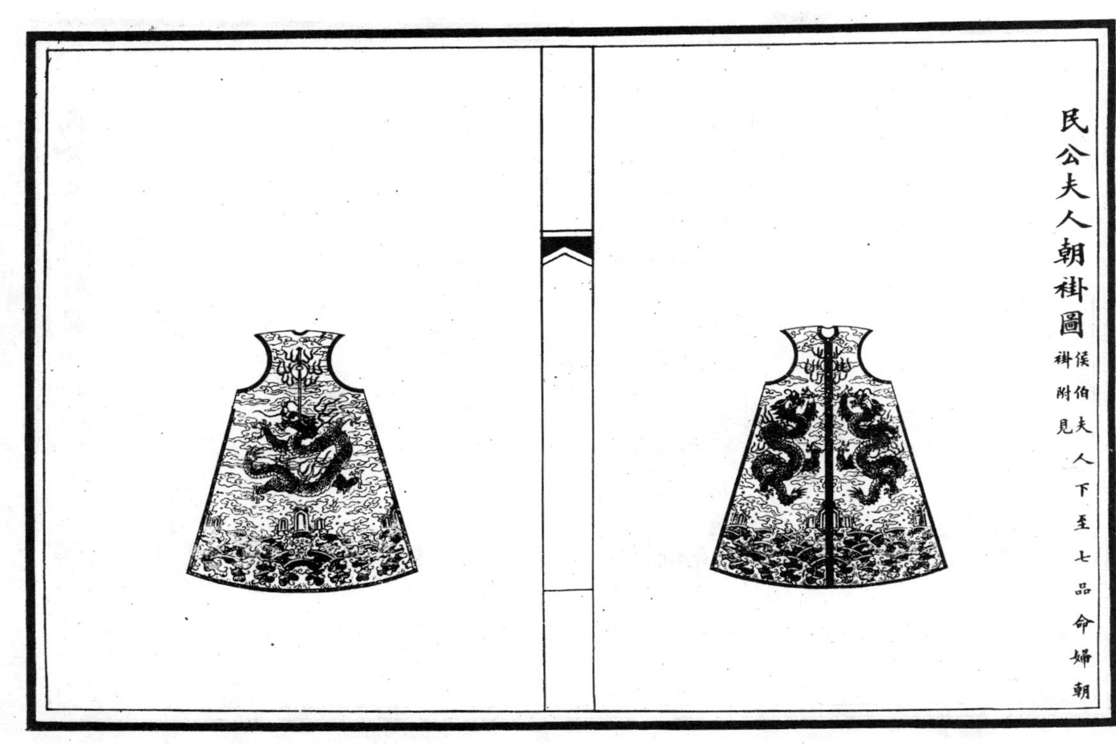

民公夫人朝褂圖 侯伯夫人下至七品命婦朝褂附見

民公夫人朝褂。色用石青。片金緣。繡文。前行蟒二。後行蟒一。領後垂石青條。雜飾惟宜。侯伯夫人下至七品命婦朝褂。制同。

## 民公夫人領約圖

侯伯夫人下至七品命婦領約附見

民公夫人領約。鏤金為之。飾紅藍小寶石五。兩端垂石青條二。中各貫珊瑚。末綴珊瑚各二。侯伯夫人下至七品命婦領約。制同。

## 民公夫人冬朝裙圖

侯伯夫人下至三品命婦奉國將軍淑人冬朝裙附見

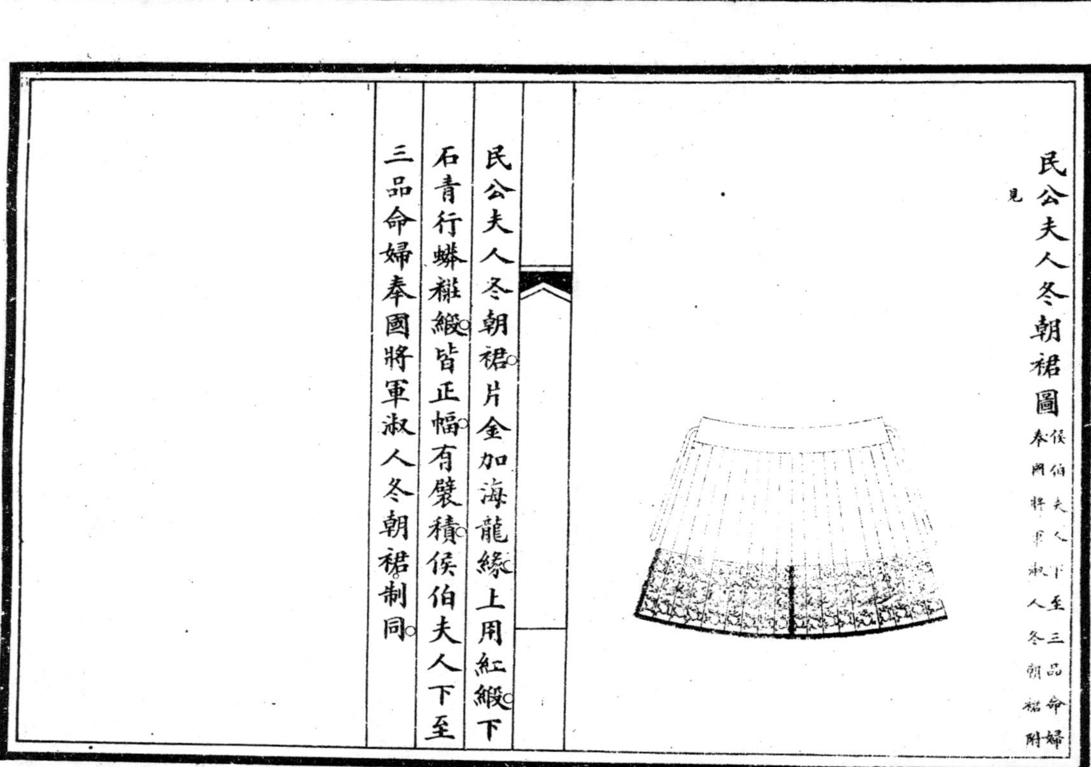

民公夫人冬朝裙。片金加海龍緣。上用紅緞。下石青行蟒妝緞。皆正幅有襞積。侯伯夫人下至三品命婦奉國將軍淑人冬朝裙。制同。

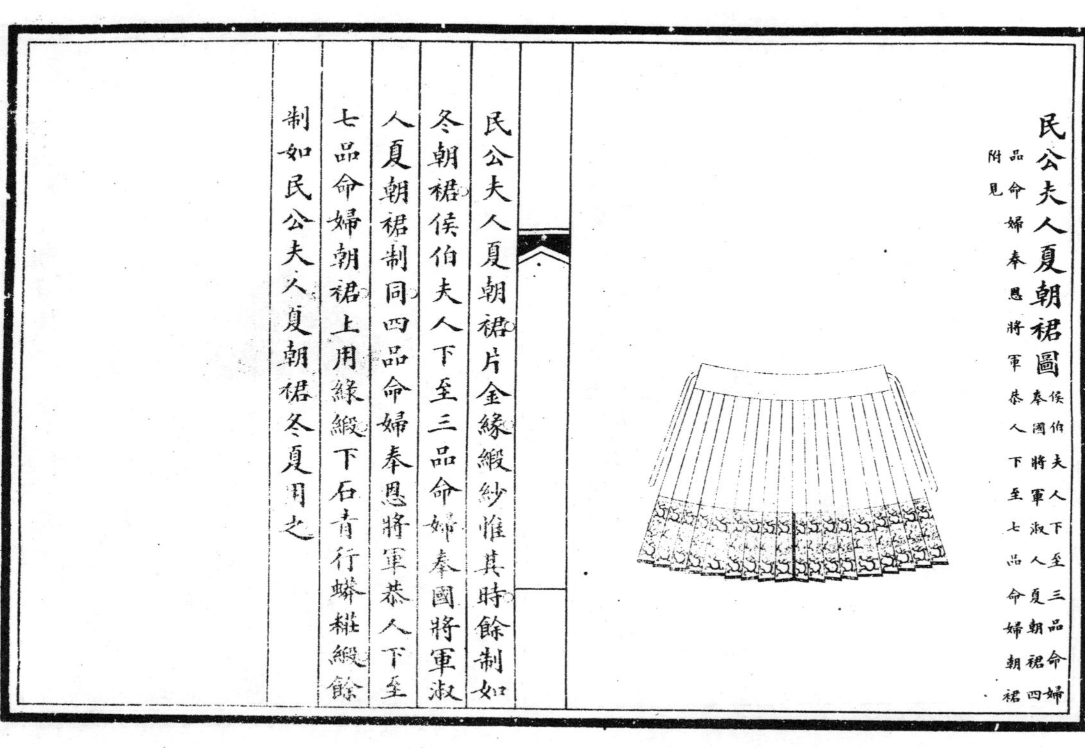

民公夫人夏朝裙圖

侯伯夫人下至三品命婦奉國將軍淑人夏朝裙四品命婦奉恩將軍恭人下至七品命婦朝裙附見

民公夫人夏朝裙片金緣緞紗惟其時餘制如冬朝裙侯伯夫人下至三品命婦奉國將軍淑人夏朝裙制同四品命婦奉恩將軍恭人下至七品命婦朝裙上用緣緞下石青行蟒粧緞餘制如民公夫人夏朝裙冬夏用之

侯夫人冬朝冠圖

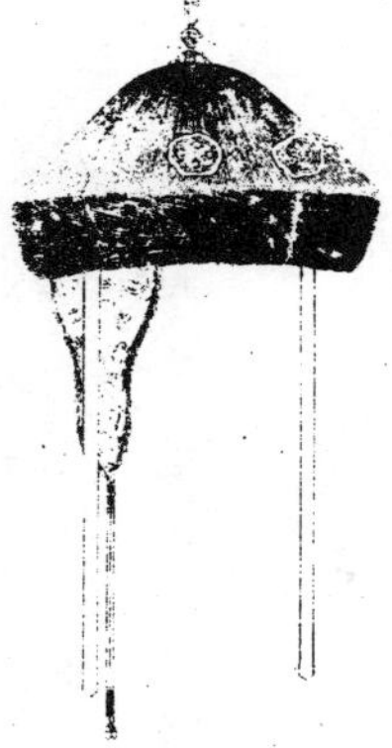

侯夫人冬朝冠頂飾東珠三餘制如民公夫人冬朝冠

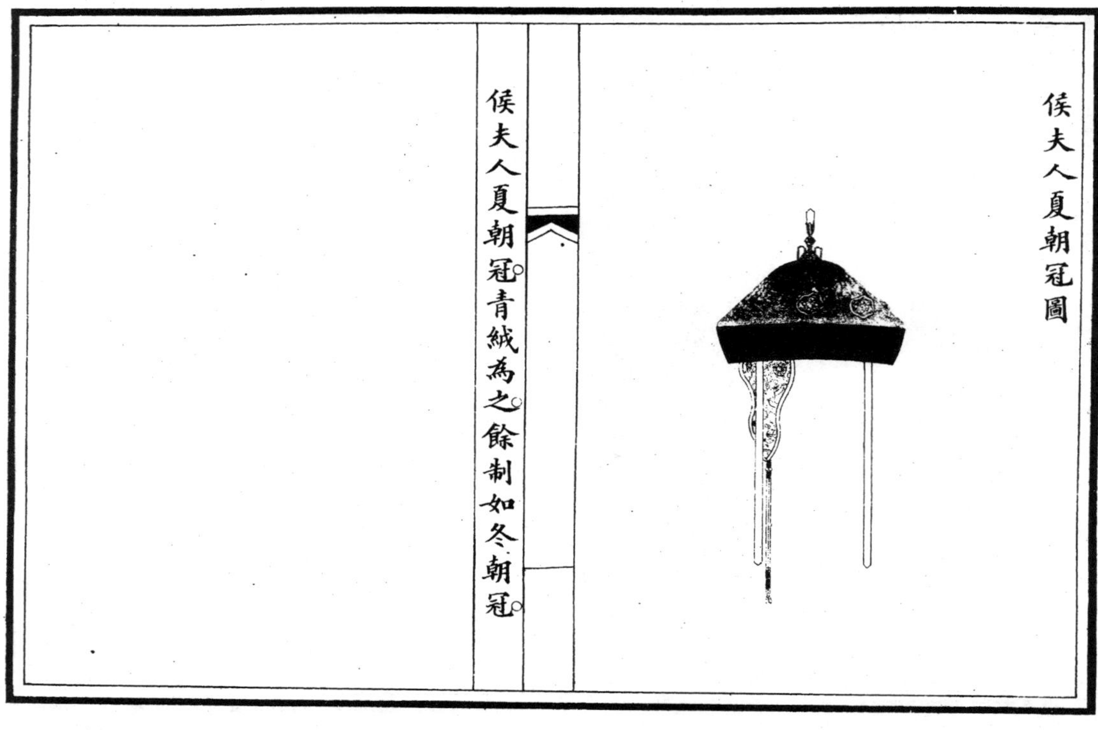

侯夫人夏朝冠圖

侯夫人夏朝冠。青絨為之。餘制如冬朝冠。

伯夫人冬朝冠圖

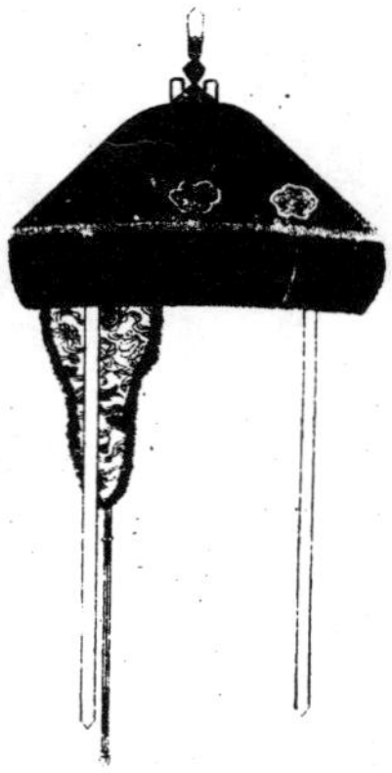

伯夫人冬朝冠。頂飾東珠二。餘制如民公夫人冬朝冠。

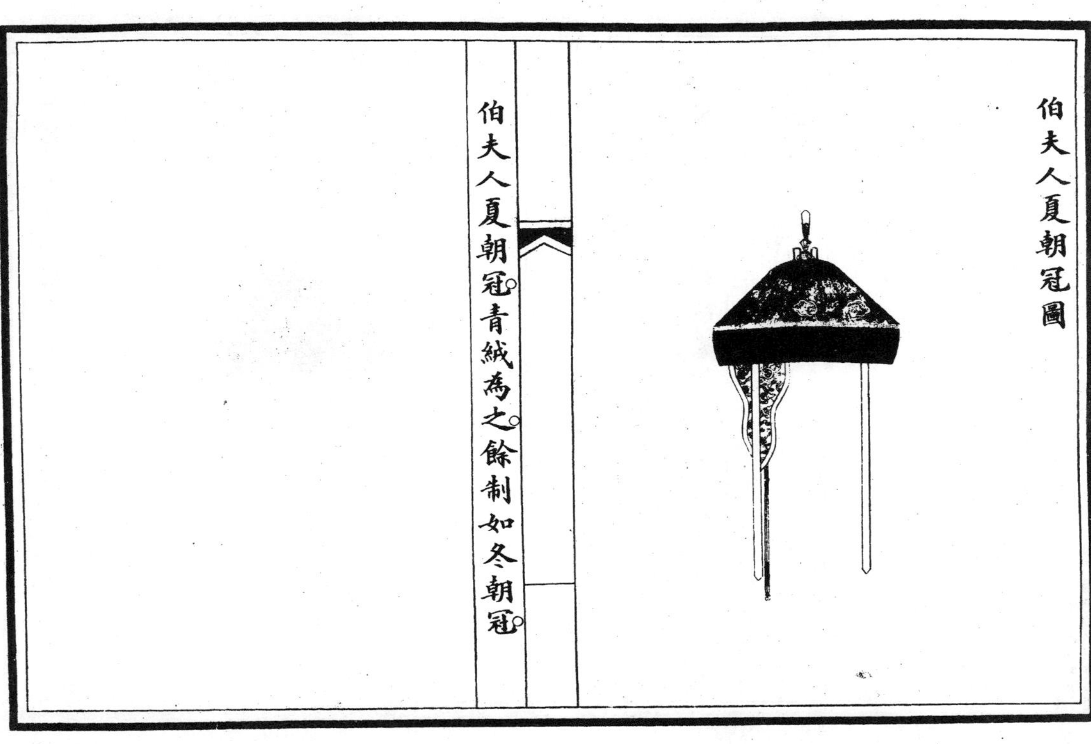

伯夫人夏朝冠圖

伯夫人夏朝冠。青絨為之。餘制如冬朝冠。

一品命婦冬朝冠圖
鎮國將軍夫人子夫人下至七品命婦冬朝冠附見

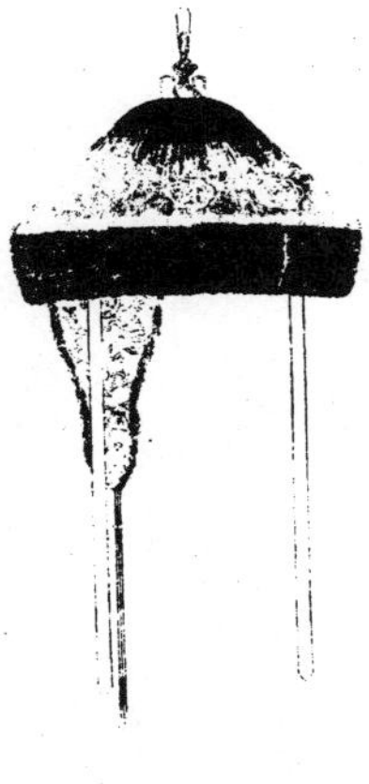

一品命婦冬朝冠。頂飾冬珠一。餘制如民公夫人冬朝冠。鎮國將軍夫人子夫人冬朝冠制同。二品命婦輔國將軍夫人。男夫人。上銜珊瑚。三品命婦奉國將軍淑人。上銜藍寶石。皆中飾小紅寶石一。四品命婦奉恩將軍恭人。上銜青金石。五品命婦上銜水晶。六品命婦上銜硨磲。皆中飾小藍寶石一。七品命婦中飾小水晶一。上銜素金。餘同。

一品命婦夏朝冠圖鎮國將軍夫人子夫人下至七品命婦夏朝冠附見

一品命婦夏朝冠。青絨為之。餘制如冬朝冠。鎮國將軍夫人子夫人二品命婦輔國將軍夫人男夫人三品命婦奉國將軍淑人四品命婦奉恩將軍恭人五六七品命婦夏朝冠。青絨為之。餘各如其冬朝冠。

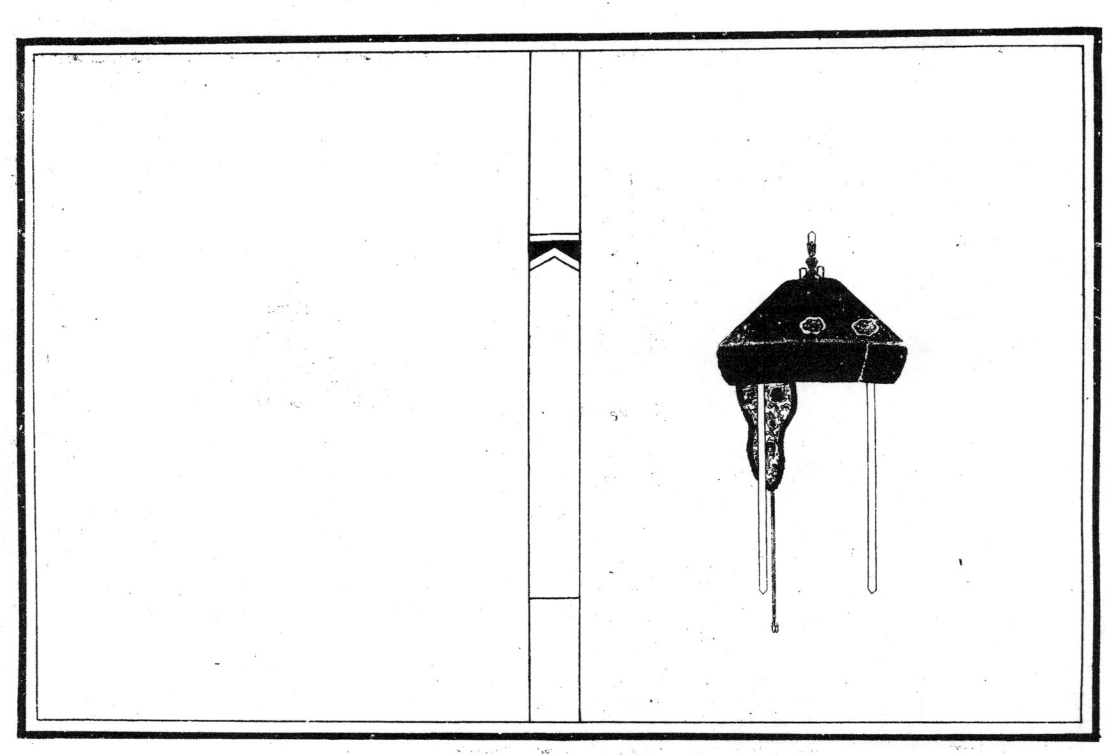

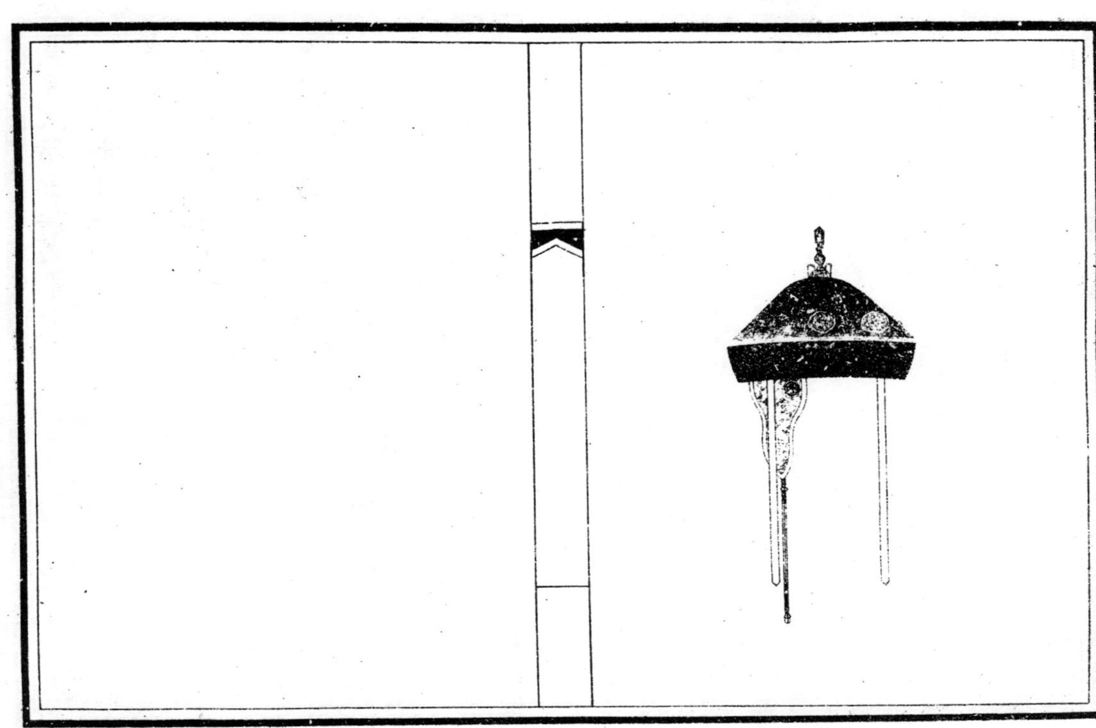

## 四品命婦朝袍圖

奉恩將軍恭人五六七品命婦朝袍附見

四品命婦朝袍。藍及石青諸色隨所用披領及袖俱石青片金緣。繡文前後行蟒各二領後垂石青縧。雜飾惟宜冬夏用之。奉恩將軍恭人五六七品命婦朝袍制同。

欽定大清會典圖卷七十一

冠服十五 吉服一

皇帝冬吉服冠圖

皇帝夏吉服冠圖

皇帝龍袍圖

皇帝吉服帶圖 常服帶附見

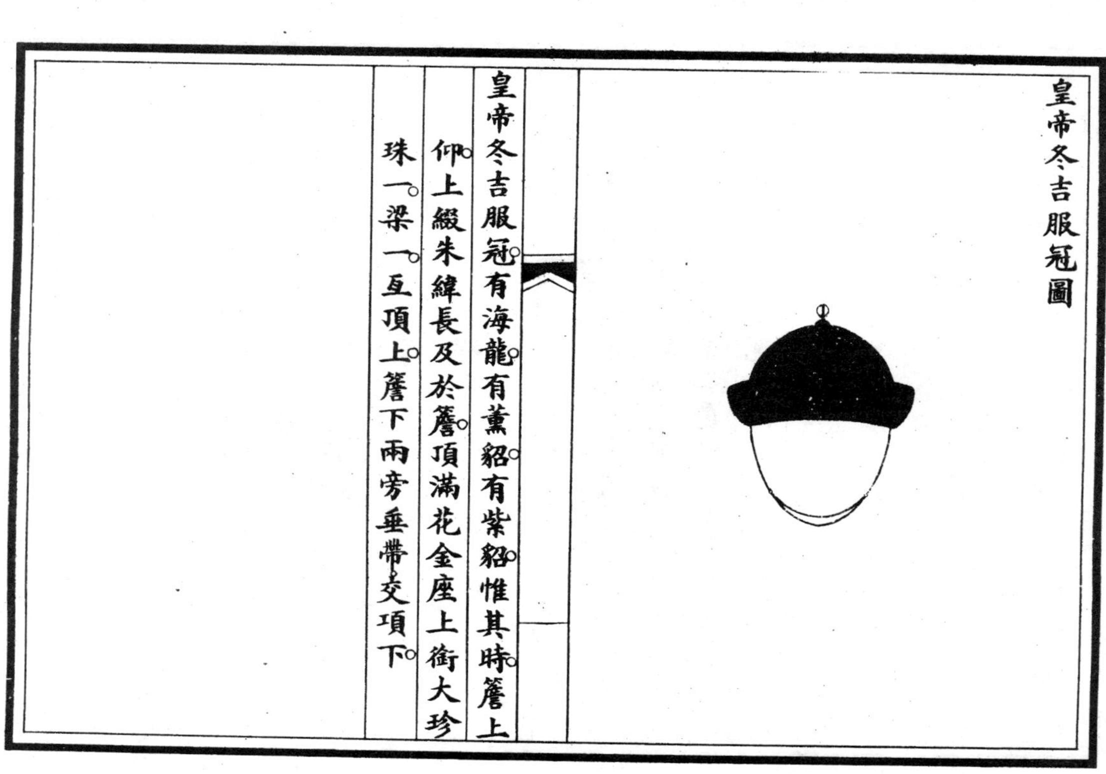

皇帝冬吉服冠圖

皇帝冬吉服冠。有海龍。有薰貂。有紫貂。惟其時。簷上仰。上綴朱緯長及於簷頂滿花金座上銜大珍珠一。梁一。亙頂上簷下兩旁垂帶。交項下。

皇帝夏吉服冠圖

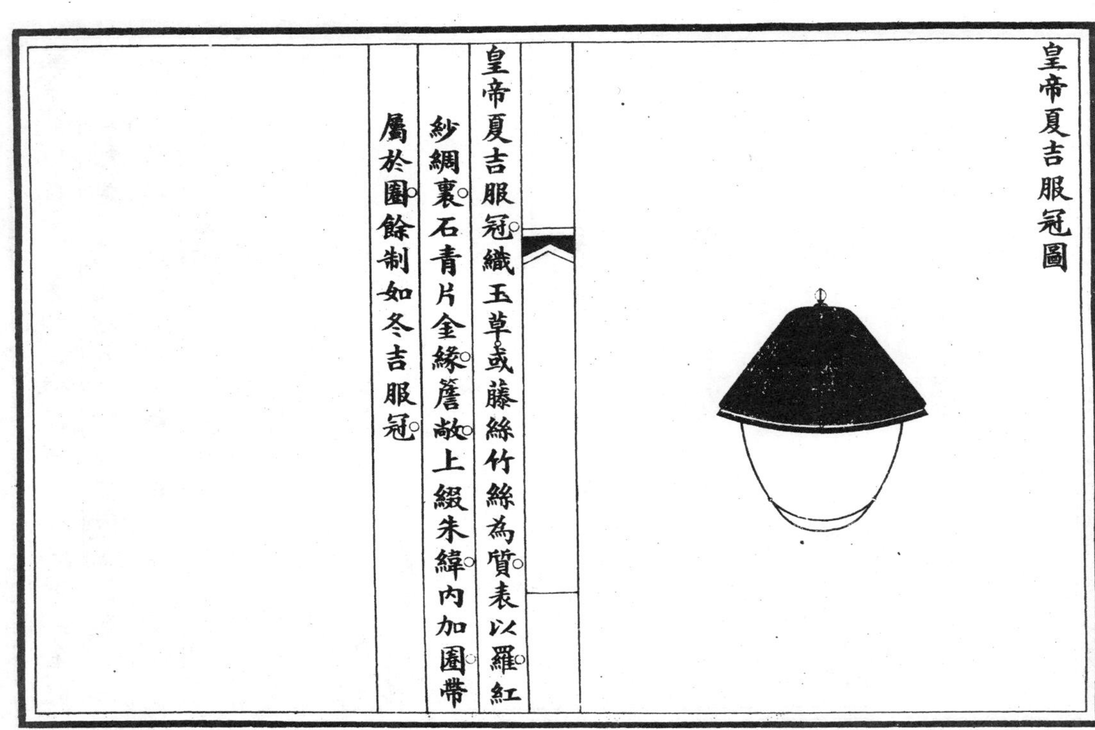

皇帝夏吉服冠。織玉草或藤絲竹絲為質。表以羅。紅紗綢裏。石青片金緣。檐敞上綴朱緯。內加圈帶屬於圖。餘制如冬吉服冠。

皇帝龍袍圖

皇帝龍袍色用明黃領袖俱石青片金緣繡文金龍
九列十二章閒以五色雲領前後正龍各一左
右及交襟處行龍各一袖端正龍各一下幅八
寶立水裾四開綿袷紗裘惟其時

皇帝吉服帶圖 常服帶附見

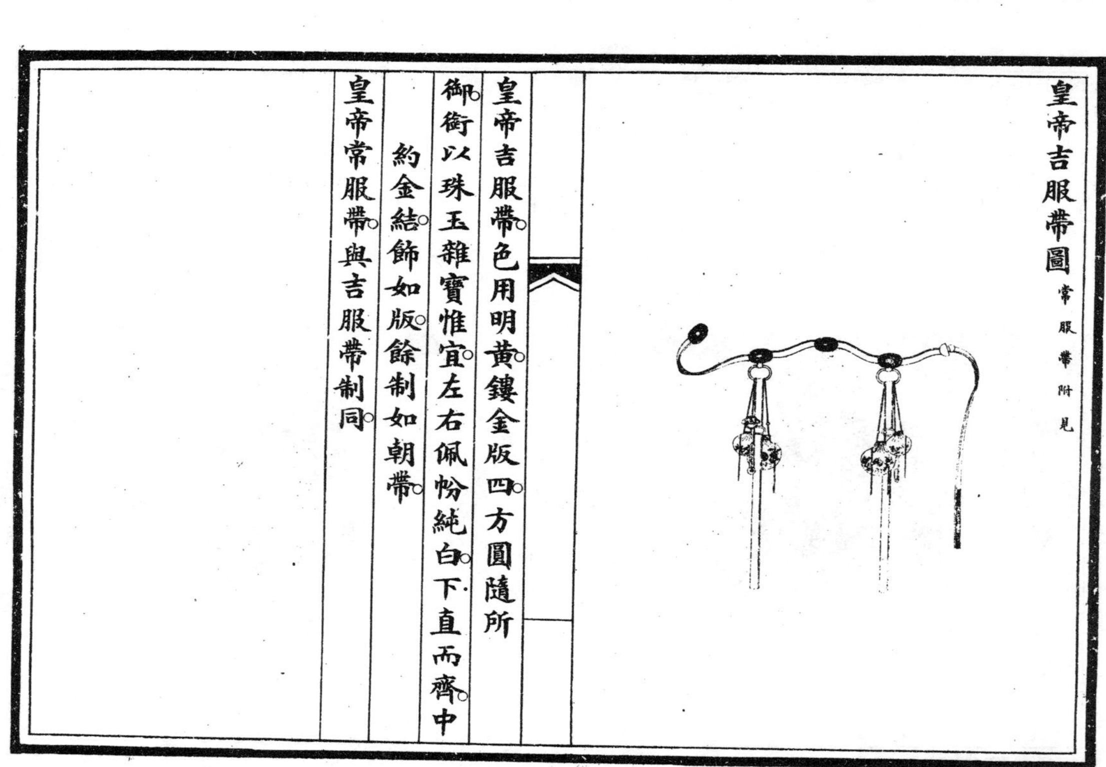

皇帝吉服帶色用明黃鏤金版四方圓隨所
御銜以珠玉雜寶惟宜左右佩帉純白下直而齊中
約金結飾如版餘制如朝帶
皇帝常服帶與吉服帶制同

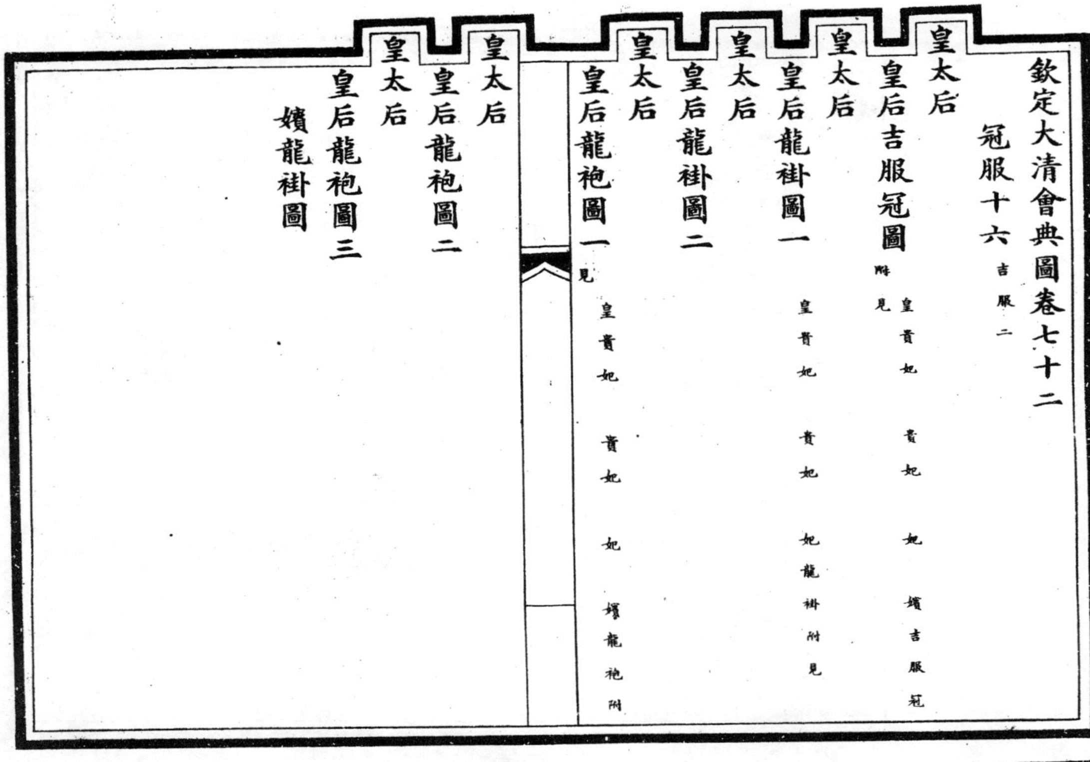

# 欽定大清會典圖卷七十二

冠服十六 吉服二



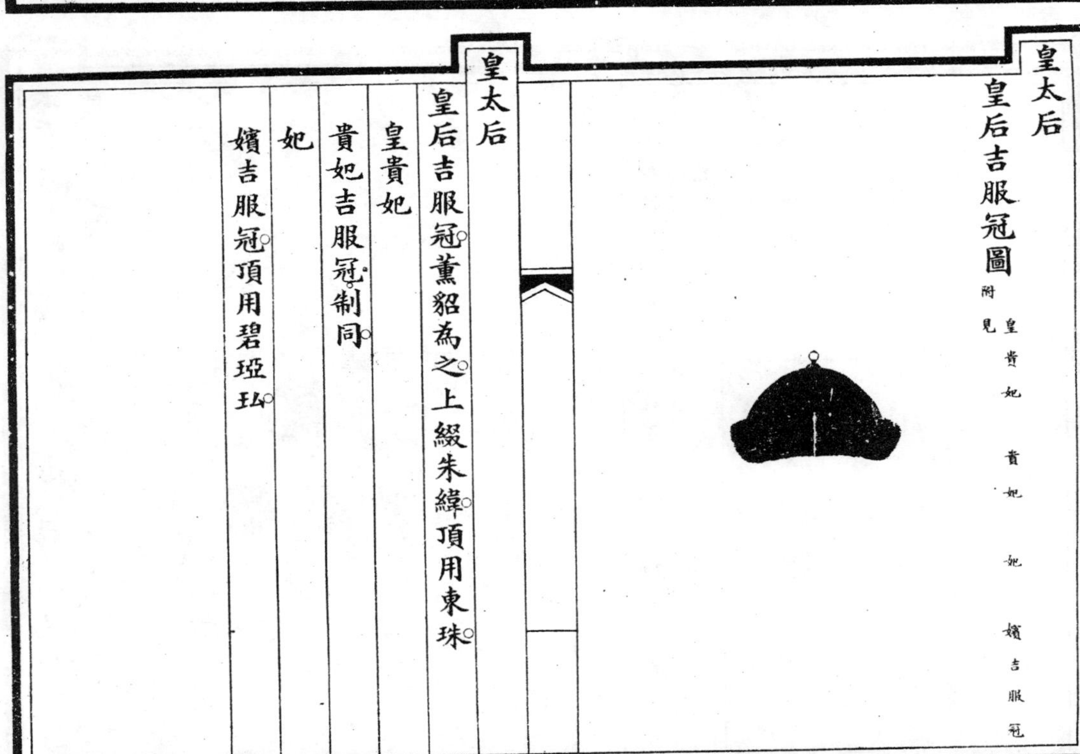

皇太后皇后吉服冠圖 附見皇貴妃 貴妃 妃 嬪吉服冠

皇太后皇后吉服冠。薰貂為之。上綴朱緯。頂用東珠。

皇貴妃

貴妃吉服冠。制同。

妃

嬪吉服冠。頂用碧玡玭。

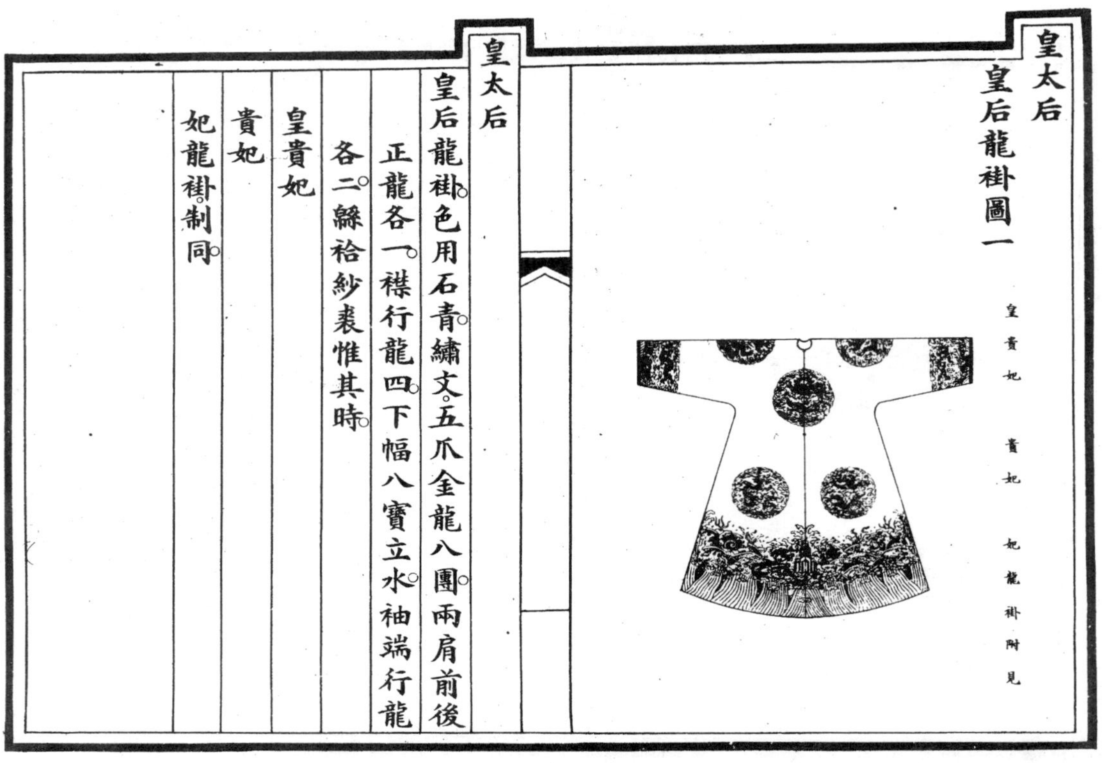

皇太后
皇后龍褂圖一

皇貴妃
貴妃
妃龍褂附見

皇太后
皇后龍褂。色用石青。繡文。五爪金龍八團。兩肩前後正龍各一。襟行龍四。下幅八寶立水。袖端行龍各二。緜袷紗裘惟其時。
皇貴妃
貴妃
妃龍褂。制同。

皇太后
皇后龍褂圖二

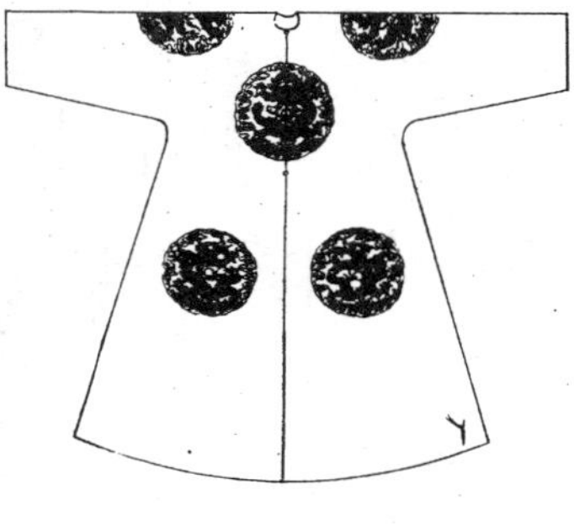

皇太后
皇后龍褂。色用石青。袖端及下幅。不施采章。餘制如
龍褂一。

皇太后
皇后龍袍圖一 見皇貴妃貴妃妃嬪龍袍附

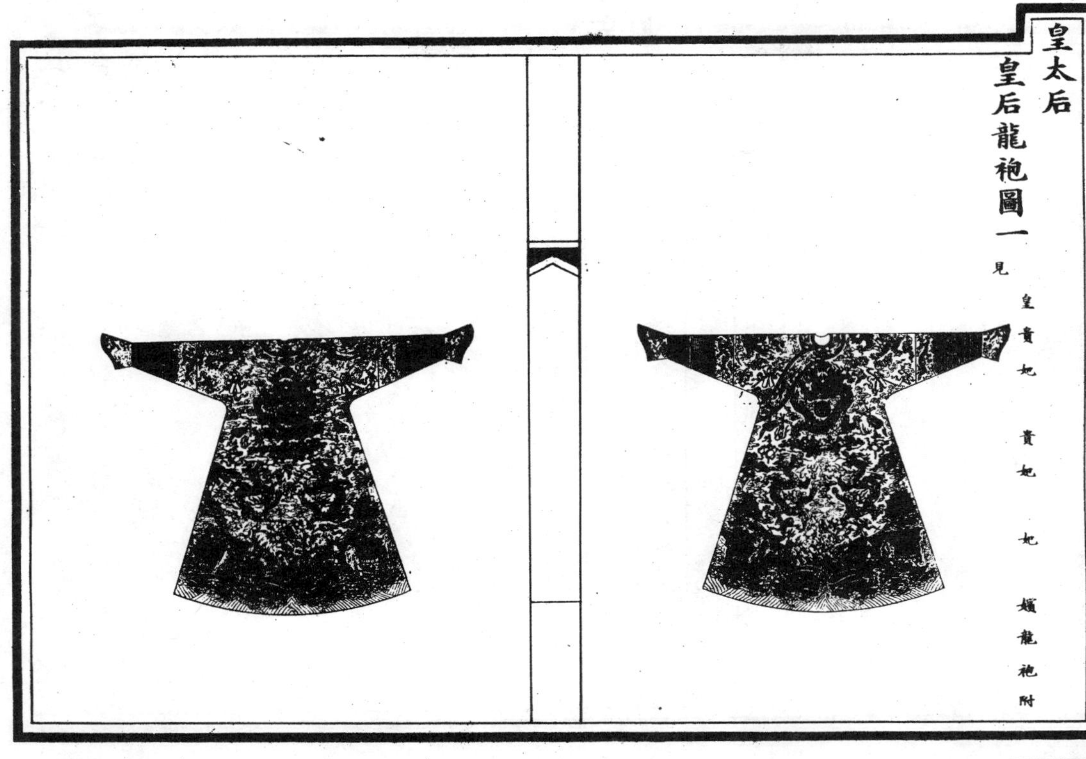

皇太后
皇后龍袍。色用明黃。領袖俱石青。繡文。金龍九。間以五色雲。福壽文采惟宜。下幅八寶立水。領前後正龍各一。左右及交襟處行龍各一。袖如朝袍。裾左右開。綿袷紗裘惟其時。

皇貴妃龍袍。制同。

貴妃

妃龍袍。用金黃色。

嬪龍袍。用香色。

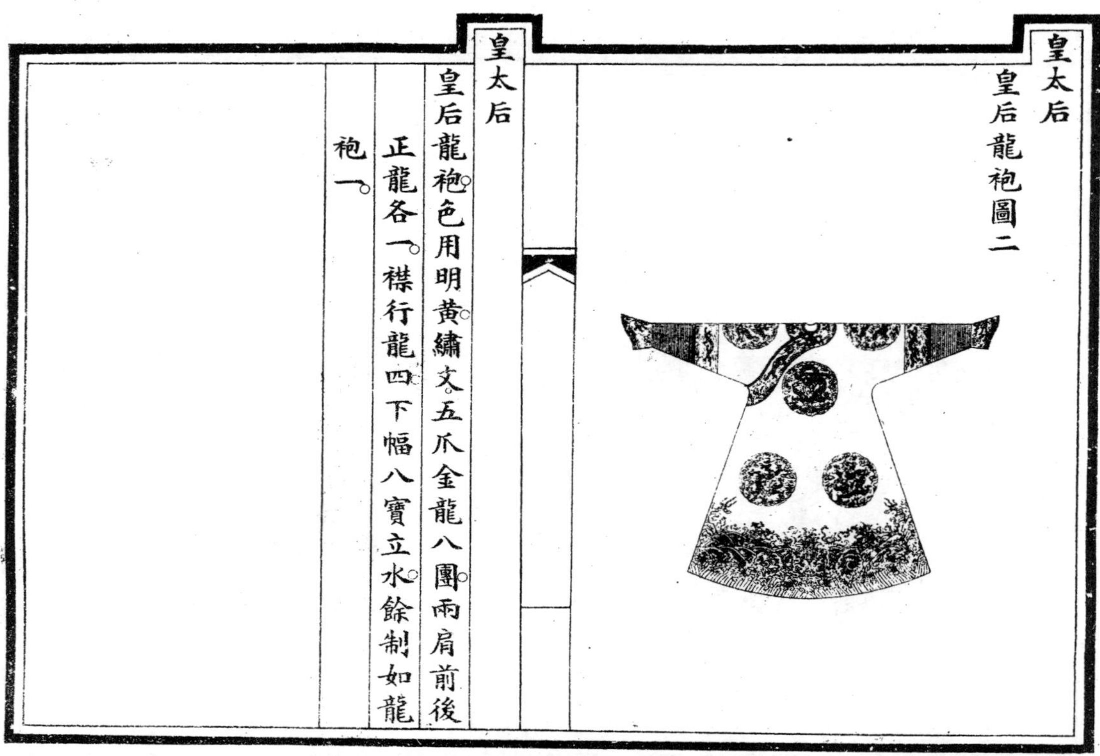

皇太后皇后龍袍圖二

皇太后皇后龍袍。色用明黃。繡文。五爪金龍八團。兩肩前後正龍各一。襟行龍四。下幅八寶立水。餘制如龍袍一。

皇太后皇后龍袍圖三

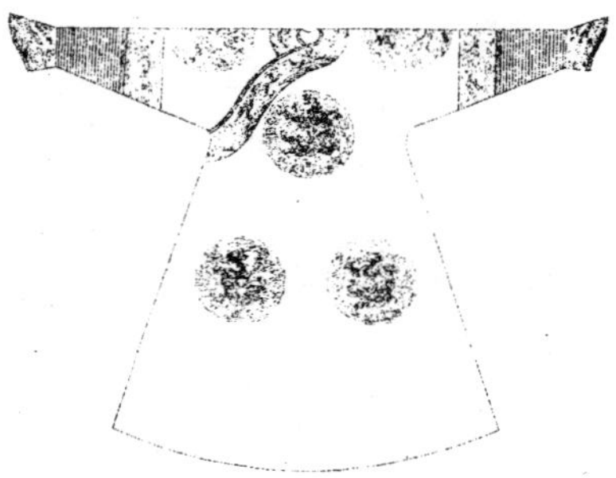

皇太后皇后龍袍。色用明黃。下幅不施采章。餘制如龍袍二。

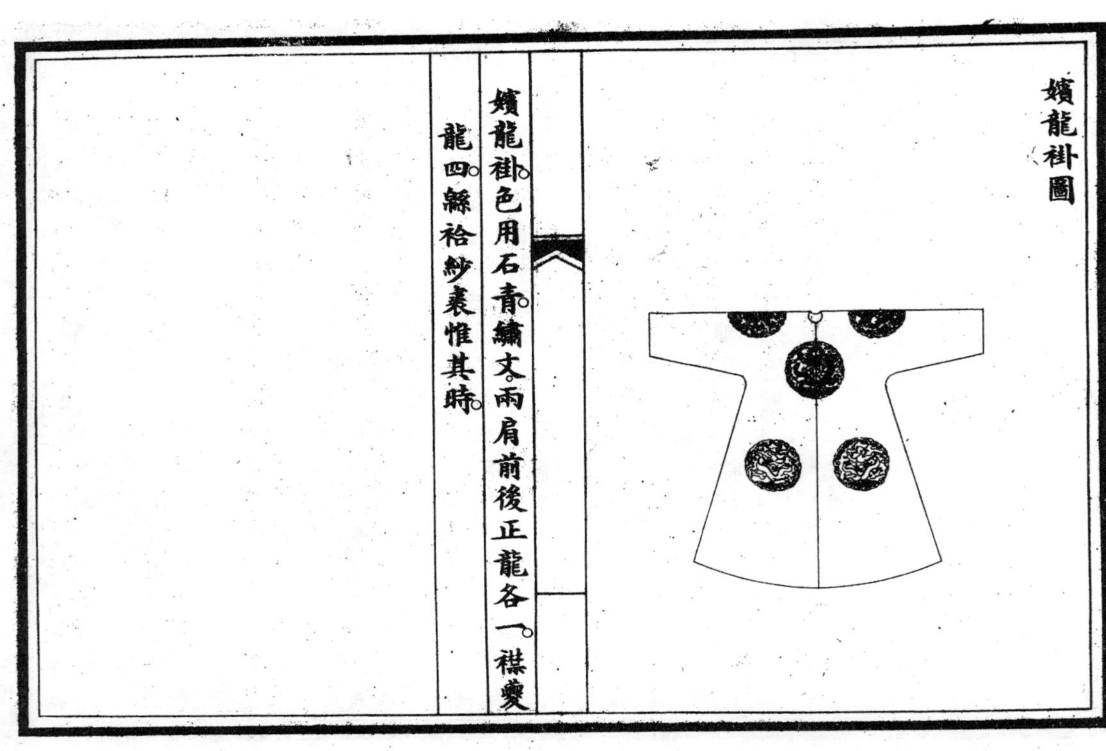

蟒龍褂圖

蟒龍褂。色用石青。繡文。兩肩前後正龍各一。襟夔龍四。綿袷紗裘惟其時。

欽定大清會典圖卷七十三

冠服十七 吉服三

皇子冬吉服冠圖

皇子夏吉服冠圖

皇子蟒袍圖 親王郡王蟒袍附見

皇子吉服帶圖 親王以下文武品官吉服帶附見

親王冬吉服冠圖 郡王貝勒民公侯伯文武一品官鎮國將軍郡主額駙子文武三品官奉國將軍郡君額駙文武四品官奉恩將軍縣君額駙文武五品官鄉君額駙文武六七品官進士舉人監生生員外郎耆老冬吉服冠附見

親王夏吉服冠圖 郡王貝勒民公侯伯文武一品官鎮國將軍郡主額駙子文武三品官奉國將軍郡君額駙文武四品官奉恩將軍縣君額駙文武五品官鄉君額駙文武六七品官進士舉人監生生員外郎耆老夏吉服冠附見

貝勒蟒袍圖 貝子固倫額駙下至文武三品官奉國將軍郡君額駙一等侍衛蟒袍附見

貝子冬吉服冠圖 固倫額駙冬吉服冠附見

貝子夏吉服冠圖 固倫額駙夏吉服冠附見

鎮國公冬吉服冠圖 輔國公和碩額駙冬吉服冠附見

鎮國公夏吉服冠圖 輔國公和碩額駙夏吉服冠附見

文二品官冬吉服冠圖 武二品官輔國將軍縣主額駙男冬吉服冠附見

文二品官夏吉服冠圖（武二品官輔國將軍縣主額駙男夏吉服冠附見）

一等侍衛冬吉服冠圖（二三等侍衛冬吉服冠五品以上官有翎冬吉服冠附見）

一等侍衛夏吉服冠圖（二三等侍衛夏吉服冠五品以上官有翎夏吉服冠附見）

文四品官蟒袍圖（武四品官奉恩將軍縣君額駙二等侍衛下至文武六品官藍翎侍衛蟒袍附見）

藍翎侍衛冬吉服冠圖（六品以下官有翎冬吉服冠附見）

藍翎侍衛夏吉服冠圖（六品以下官有翎夏吉服冠附見）

文七品官蟒袍圖（武七品文武八九品未入流官蟒袍附見）

文八品官冬吉服冠圖（武八品官貢生冬吉服冠附見）

文八品官夏吉服冠圖（武八品官貢生夏吉服冠附見）

文九品官冬吉服冠圖（武九品未入流官冬吉服冠附見）

文九品官夏吉服冠圖（武九品未入流官夏吉服冠附見）

皇子冬吉服冠圖

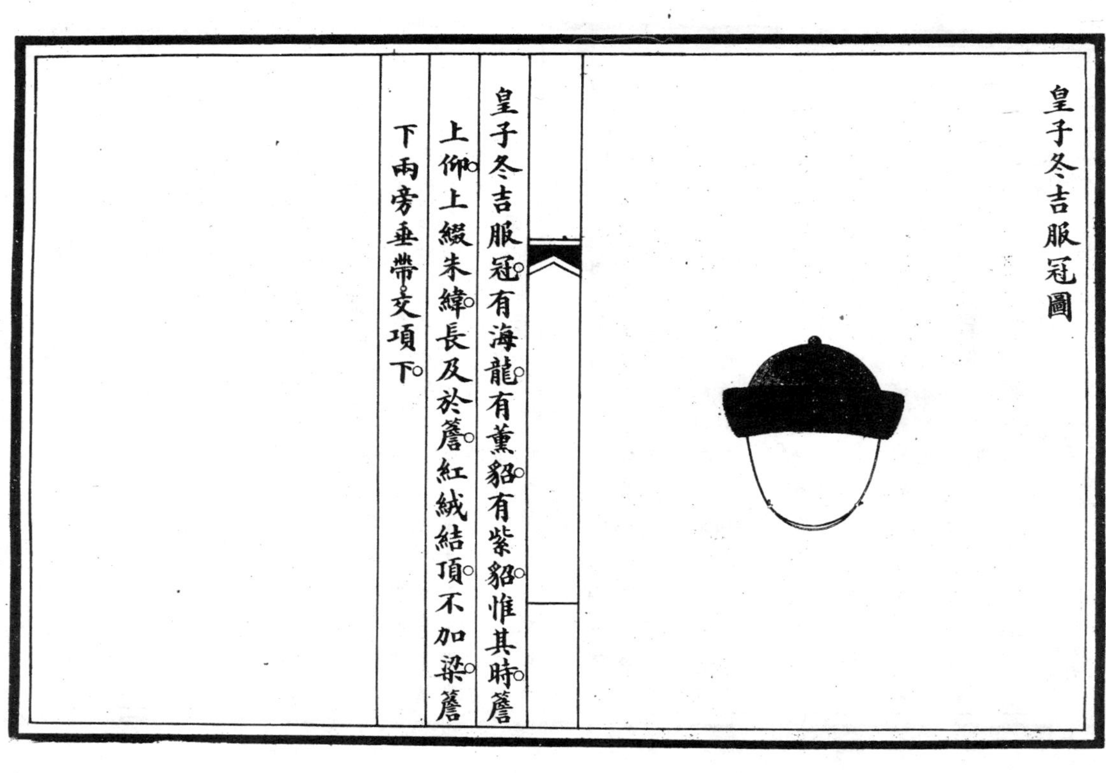

皇子冬吉服冠。有海龍。有薰貂。有紫貂。惟其時。簷上仰。上綴朱緯。長及於簷。紅絨結頂。不加梁。簷下兩旁垂帶。交項下。

皇子夏吉服冠圖

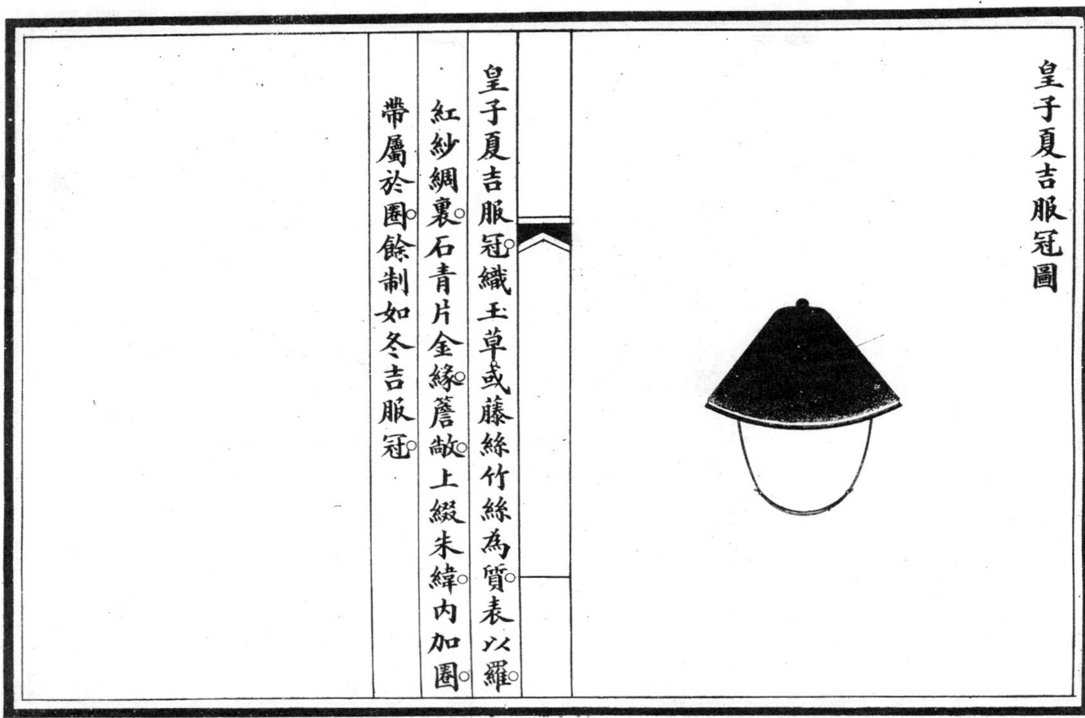

皇子夏吉服冠。織玉草或藤絲竹絲爲質。表以羅。紅紗綢裏。石青片金緣。簷敞上綴朱緯。内加圈。帶屬於圈。餘制如冬吉服冠。

皇子蟒袍圖　親王郡王蟒袍附見

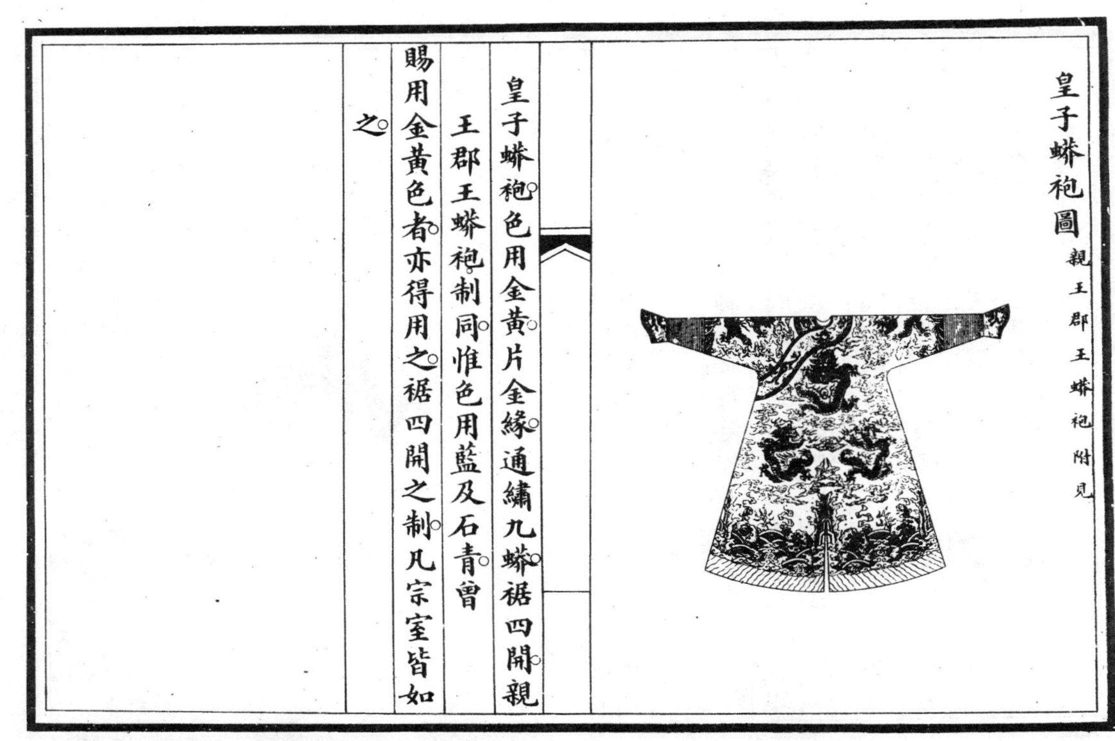

皇子蟒袍。色用金黄。片金緣。通繡九蟒。裾四開。親王郡王蟒袍。制同。惟色用藍及石青。曾賜用金黄色者。亦得用之。裾四開之制。凡宗室皆如之。

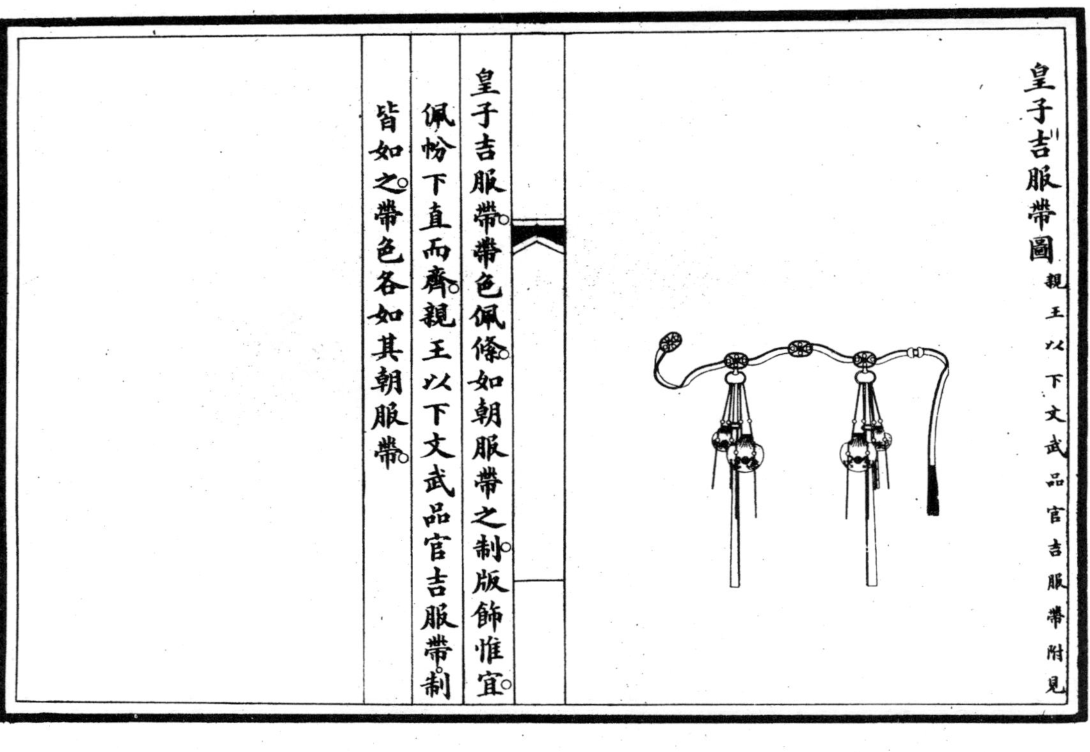

## 皇子吉服帶圖

親王以下文武品官吉服帶附見

皇子吉服帶。帶色佩絛。如朝服帶之制。版飾惟宜。佩帉下直而齊。親王以下文武品官吉服帶。制皆如之。帶色各如其朝服帶。

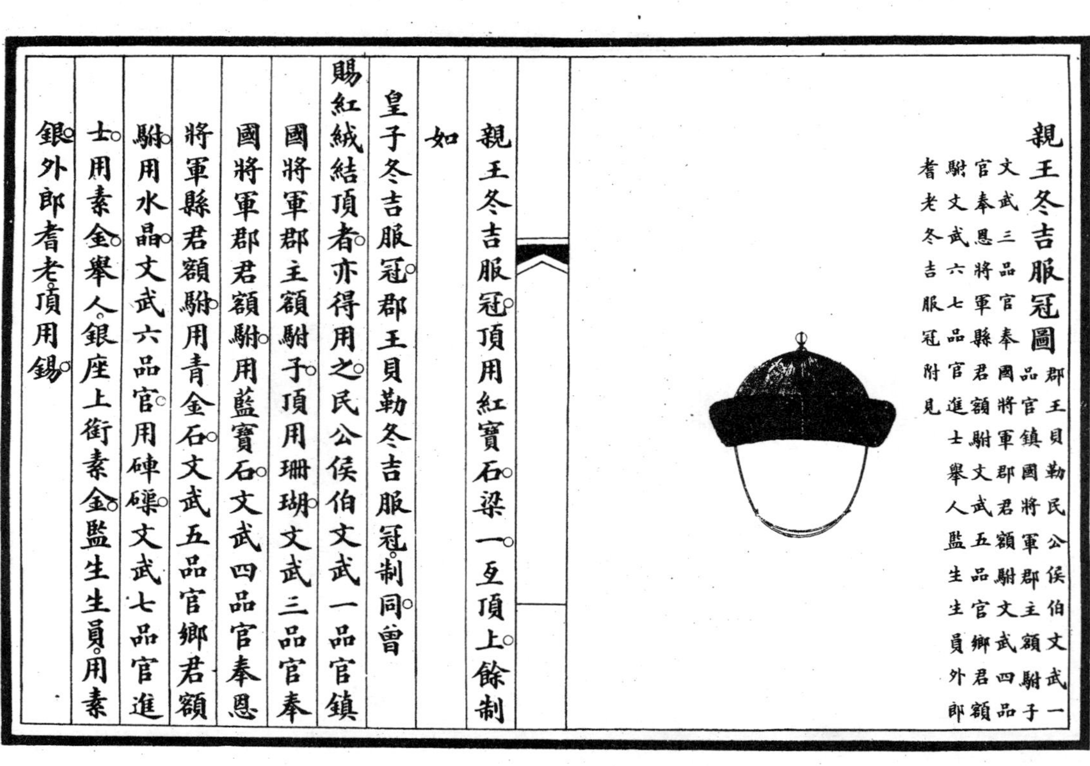

## 親王冬吉服冠圖

郡王貝勒民公侯伯文武一品官鎮國將軍郡主額駙子文武三品官奉國將軍郡君額駙文武四品官奉恩將軍縣君額駙文武五品官鄉君額駙文武六七品官進士舉人監生生員外郎耆老冬吉服冠附見

親王冬吉服冠。頂用紅寶石。梁一。至頂上。餘制如

皇子冬吉服冠。郡王貝勒冬吉服冠。制同。曾

賜紅絨結頂者。亦得用之。民公侯伯文武一品官鎮國將軍郡主額駙子。頂用珊瑚。文武三品官奉國將軍郡君額駙。用藍寶石。文武四品官奉恩將軍縣君額駙。用青金石。文武五品官鄉君額駙。用水晶。文武六品官。用硨磲。文武七品官進士。用素金。舉人。銀座上銜素金。監生生員。用素銀。外郎耆老。頂用錫。

## 親王夏吉服冠圖

郡王貝勒民公侯伯文武一品官鎮國將軍郡主額駙子文武三品官奉國將軍郡君額駙文武四品官奉恩將軍縣君額駙文武五品官鄉君額駙文武六七品官進士舉人監生生員外郎者老夏吉服冠附見

親王夏吉服冠。頂如冬吉服冠。郡王貝勒民公侯伯文武一品官鎮國將軍郡主額駙子文武三品官奉國將軍郡君額駙文武四品官奉恩將軍縣君額駙文武五品官鄉君額駙文武六七品官進士舉人監生生員外郎者老夏吉服冠。頂各如其冬吉服冠。

## 貝勒蟒袍圖

貝子固倫額駙下至文武三品官奉國將軍郡君額駙一等侍衛蟒袍附見

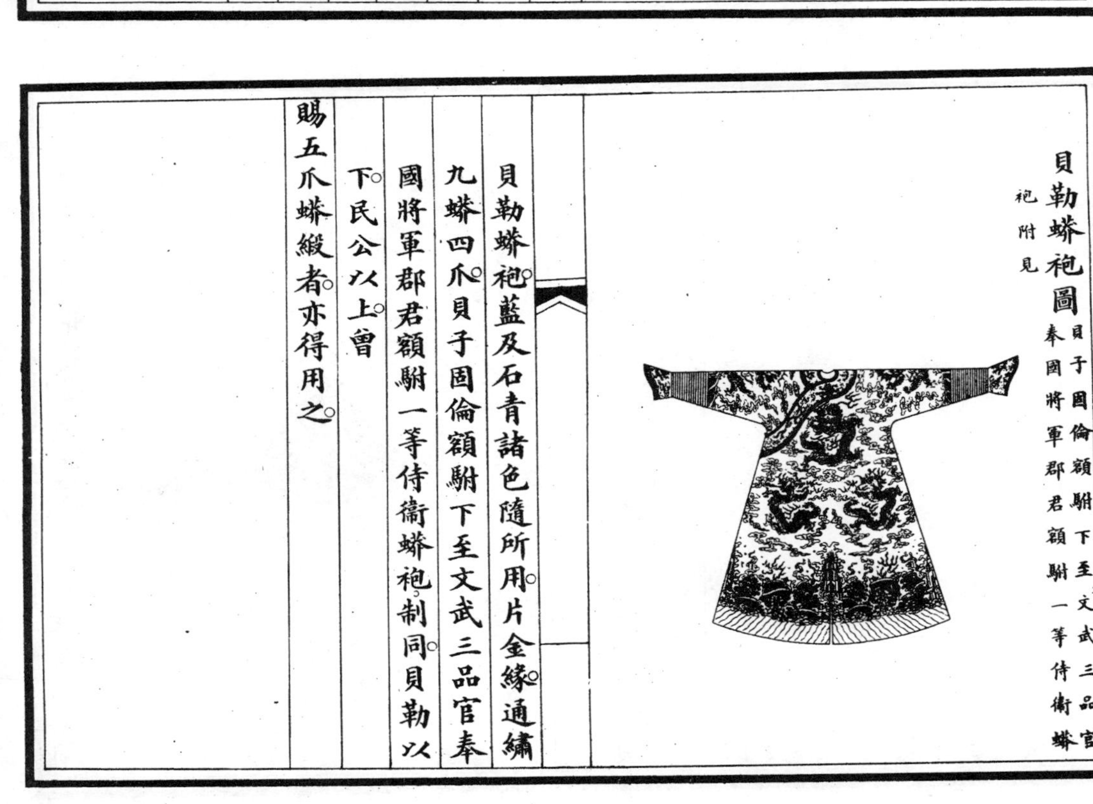

貝勒蟒袍。藍及石青諸色隨所用。片金緣。通繡九蟒四爪。貝子固倫額駙下至文武三品官奉國將軍郡君額駙一等侍衛蟒袍。制同貝勒。以下民公以上曾

賜五爪蟒緞者。亦得用之。

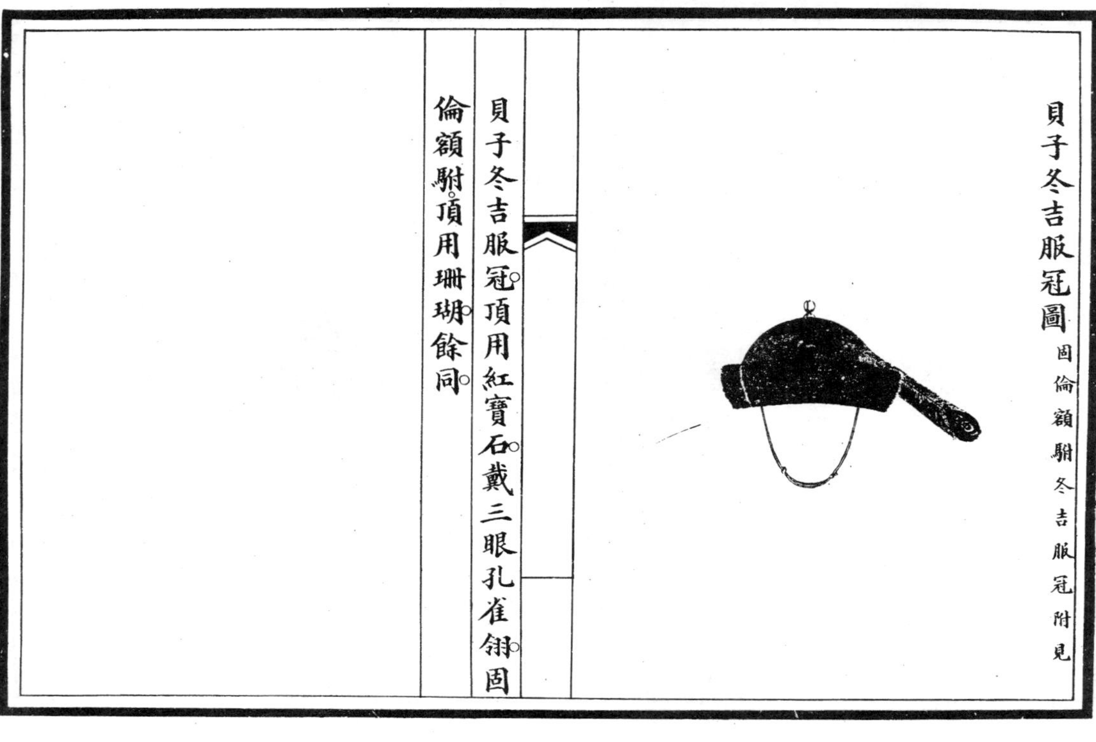

貝子冬吉服冠圖　固倫額駙冬吉服冠附見

貝子冬吉服冠。頂用紅寶石。戴三眼孔雀翎。固倫額駙頂用珊瑚。餘同。

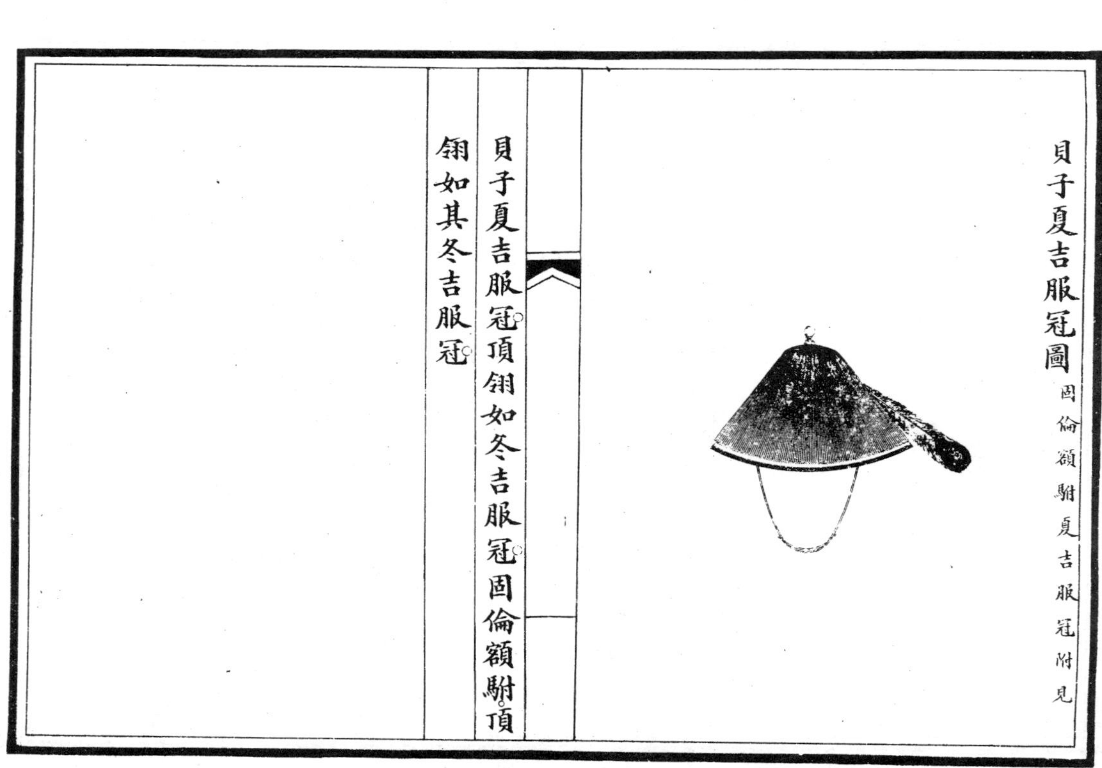

貝子夏吉服冠圖　固倫額駙夏吉服冠附見

貝子夏吉服冠。頂翎如冬吉服冠。固倫額駙頂翎如其冬吉服冠。

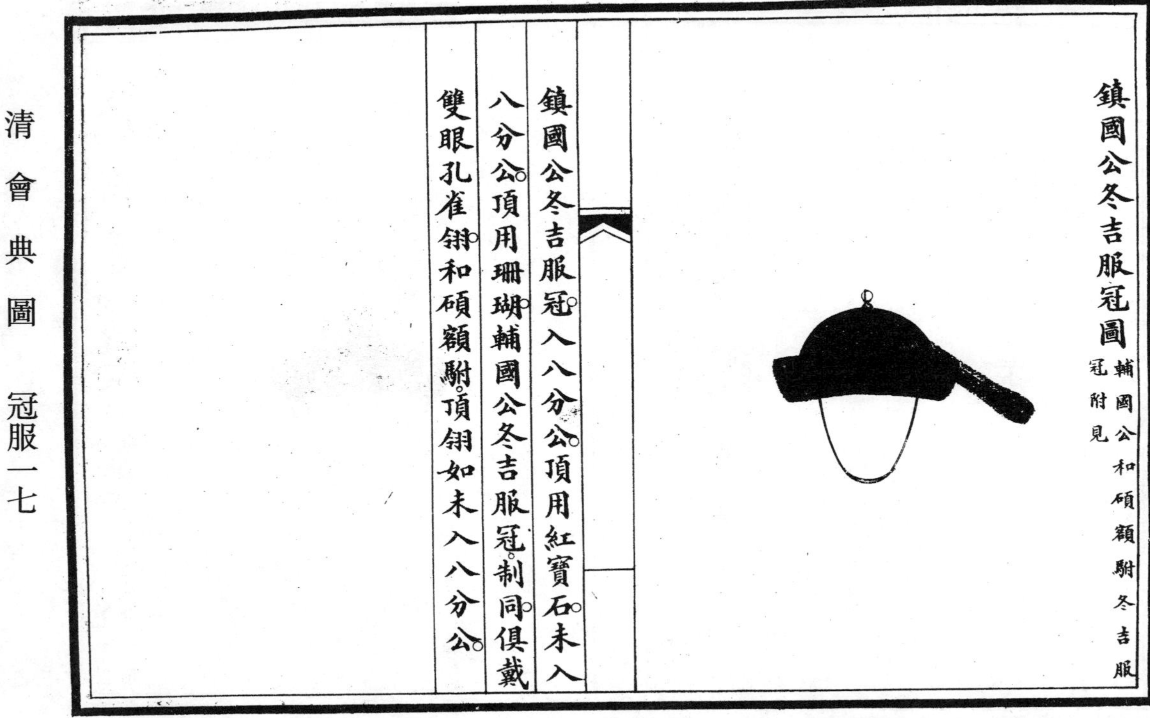

## 鎮國公冬吉服冠圖

輔國公和碩額駙冬吉服冠附見

鎮國公冬吉服冠。入八分公。頂用紅寶石。未入八分公。頂用珊瑚。輔國公冬吉服冠。制同。俱戴雙眼孔雀翎。和碩額駙。頂翎如未入八分公。

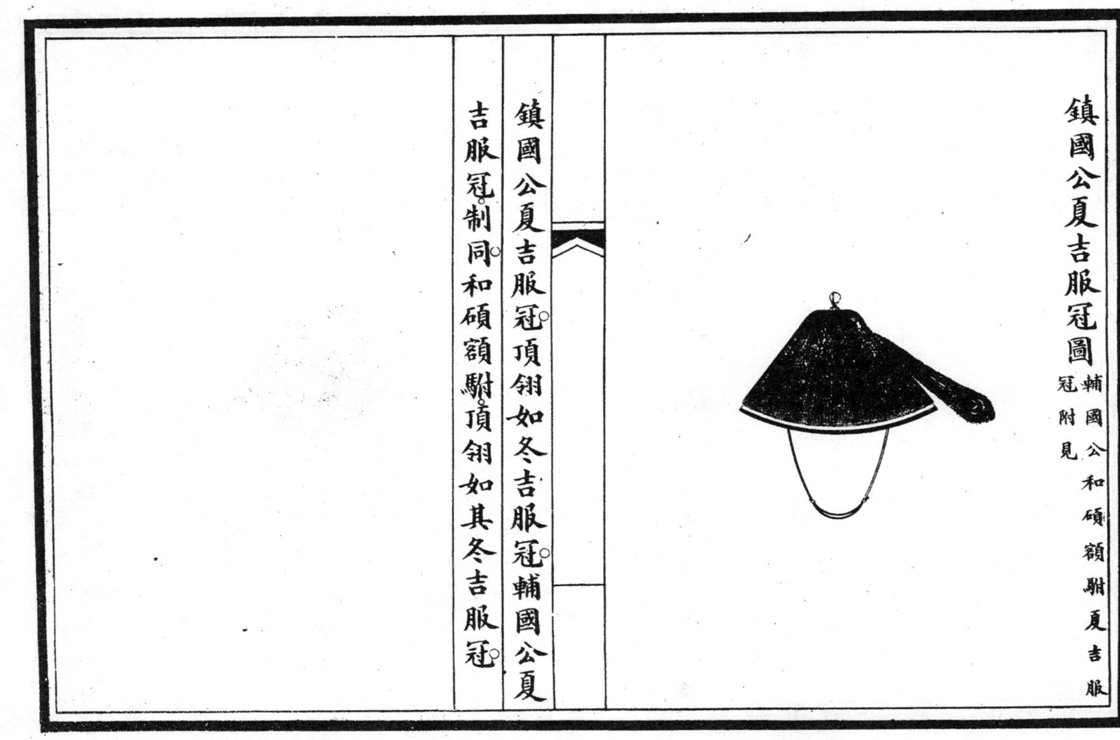

## 鎮國公夏吉服冠圖

輔國公和碩額駙夏吉服冠附見

鎮國公夏吉服冠。頂翎如冬吉服冠。輔國公夏吉服冠。制同。和碩額駙。頂翎如其冬吉服冠。

## 文二品官冬吉服冠圖

武二品官輔國將軍縣主額駙男冬吉服冠附見

文二品官冬吉服冠。頂用鏤花珊瑚。武二品官輔國將軍縣主額駙男冬吉服冠。制同。

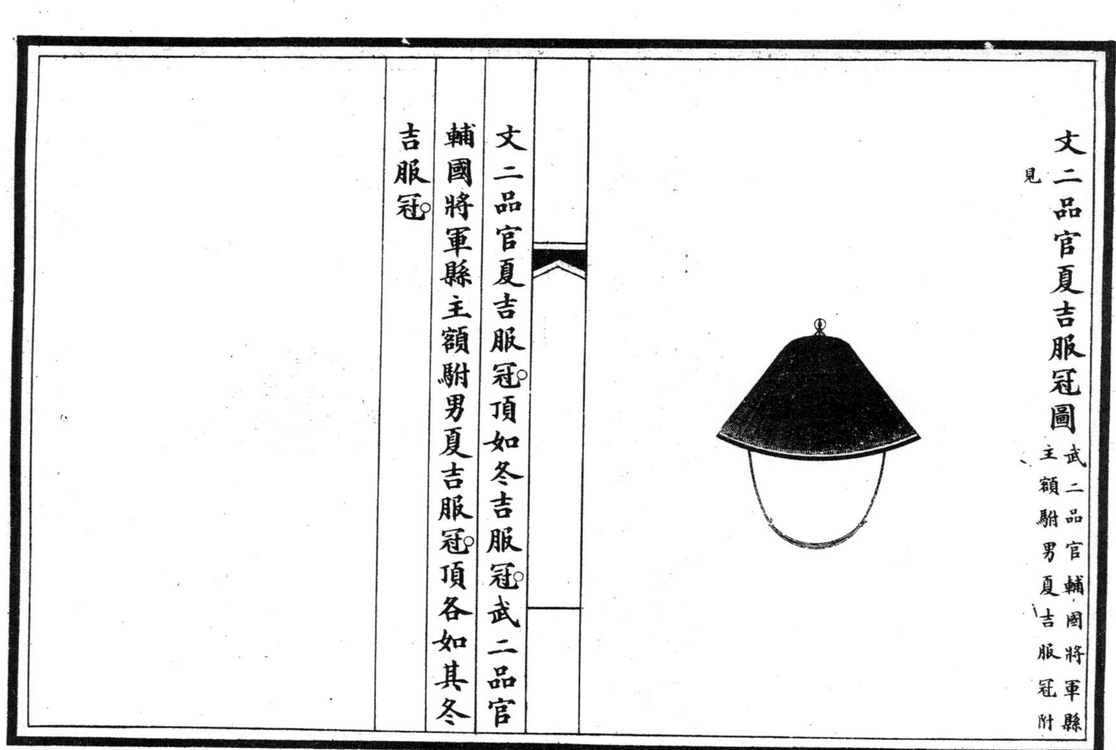

## 文二品官夏吉服冠圖

武二品官輔國將軍縣主額駙男夏吉服冠附見

文二品官夏吉服冠。頂如冬吉服冠。武二品官輔國將軍縣主額駙男夏吉服冠。頂各如其冬吉服冠。

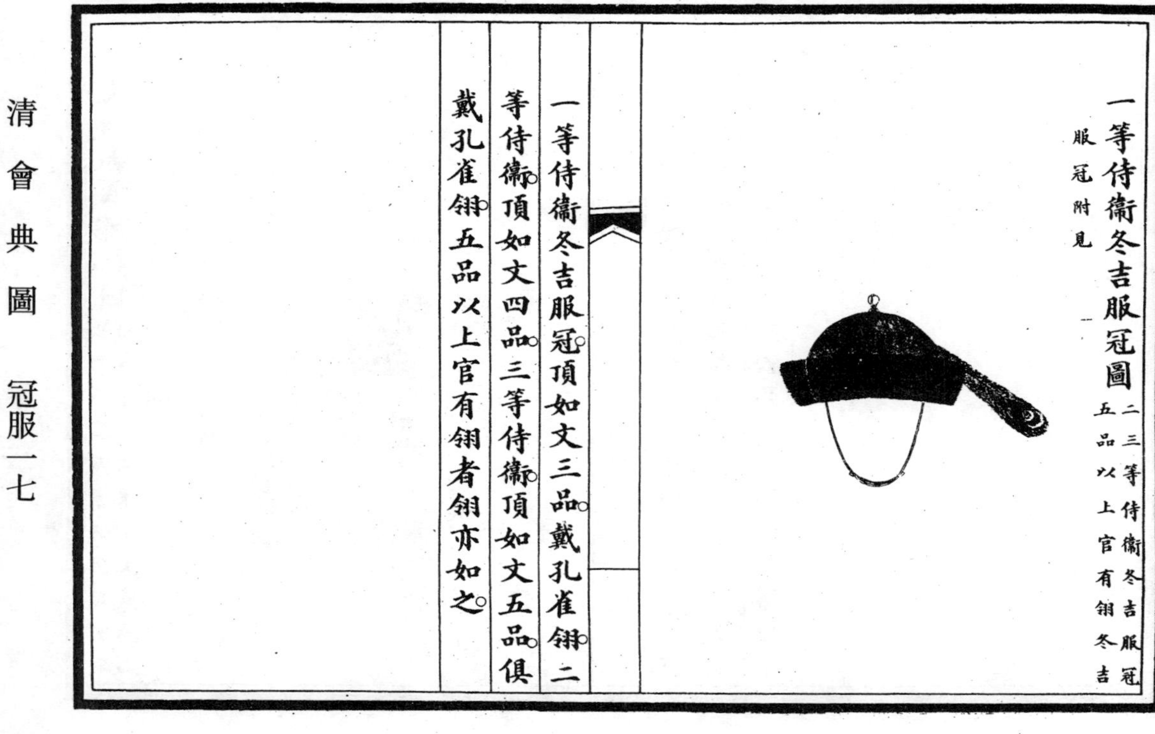

一等侍衛冬吉服冠圖二三等侍衛冬吉服冠五品以上官有翎冬吉服冠附見

一等侍衛冬吉服冠。頂如文三品。戴孔雀翎。二等侍衛。頂如文四品。三等侍衛。頂如文五品。俱戴孔雀翎。五品以上官有翎者翎亦如之。

一等侍衛夏吉服冠圖二三等侍衛夏吉服冠五品以上官有翎夏吉服冠附見

一等侍衛夏吉服冠。頂翎如冬吉服冠。二三等侍衛。頂翎各如其冬吉服冠。五品以上官有翎者翎亦如之。

## 文四品官蟒袍圖

武四品官奉恩將軍縣君額駙二等侍衛下至文武六品官藍翎侍衛蟒袍附見

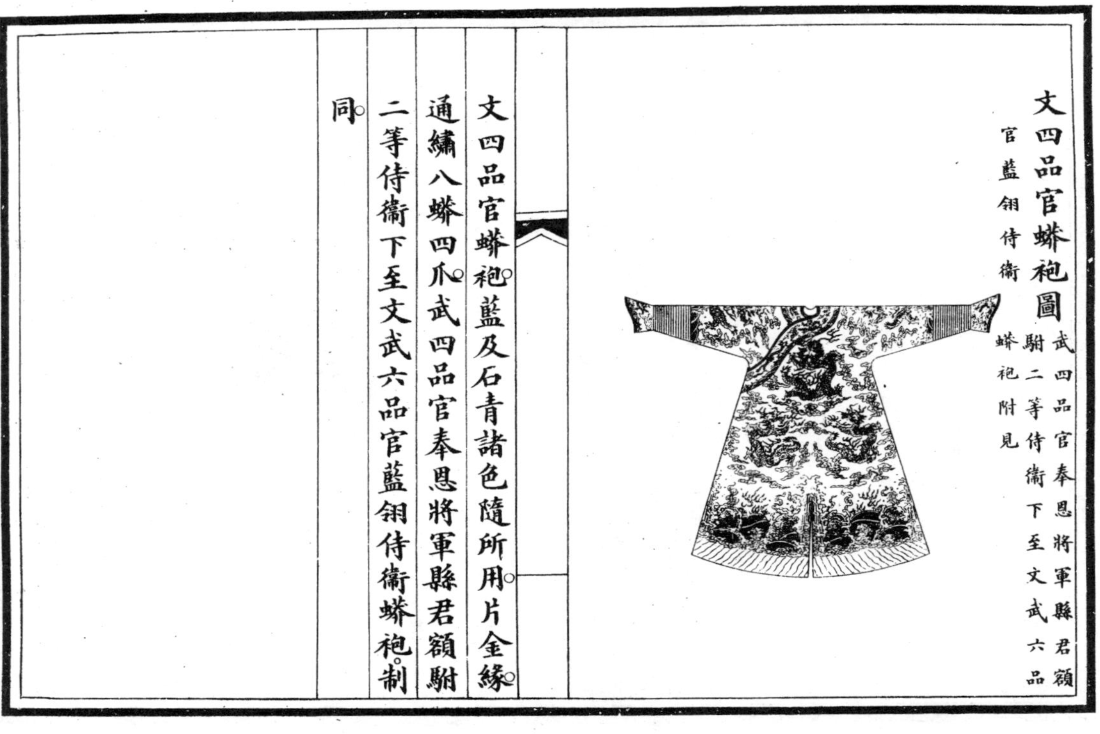

文四品官蟒袍。藍及石青諸色隨所用。片金緣。通繡八蟒四爪。武四品官奉恩將軍縣君額駙二等侍衛下至文武六品官藍翎侍衛蟒袍。制同。

## 藍翎侍衛冬吉服冠圖

六品以下官有翎冬吉服冠附見

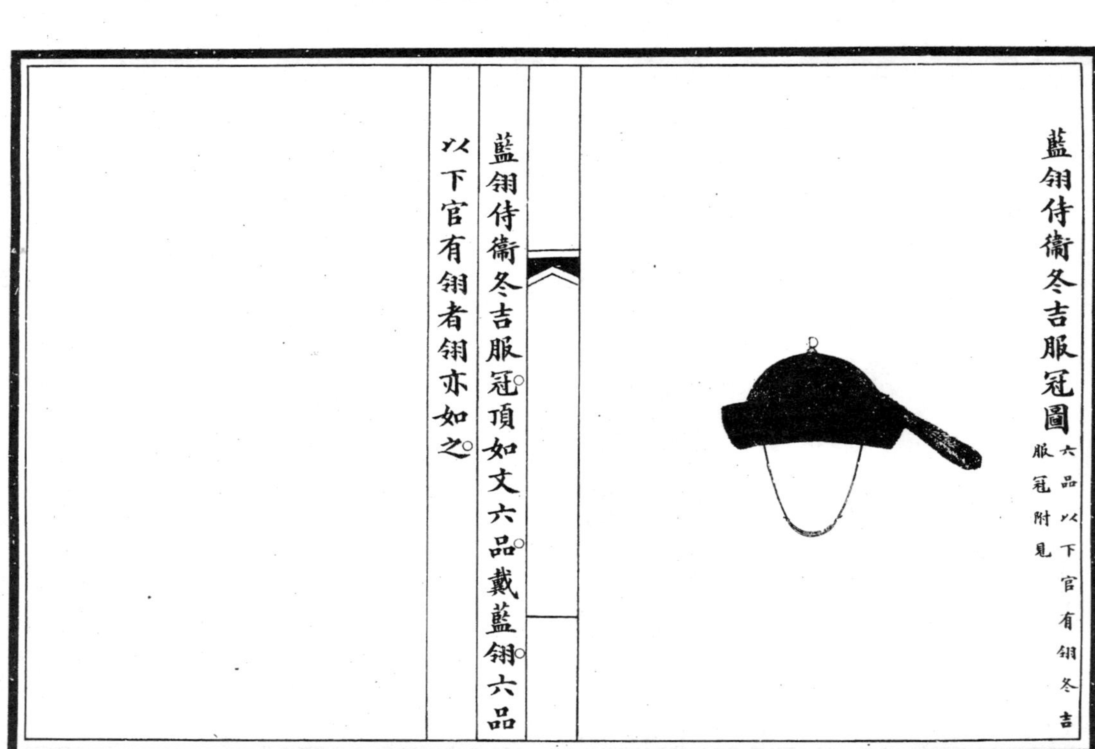

藍翎侍衛冬吉服冠。頂如文六品。戴藍翎。六品以下官有翎者翎亦如之。

## 藍翎侍衛夏吉服冠圖

六品以下官有翎夏吉服冠附見

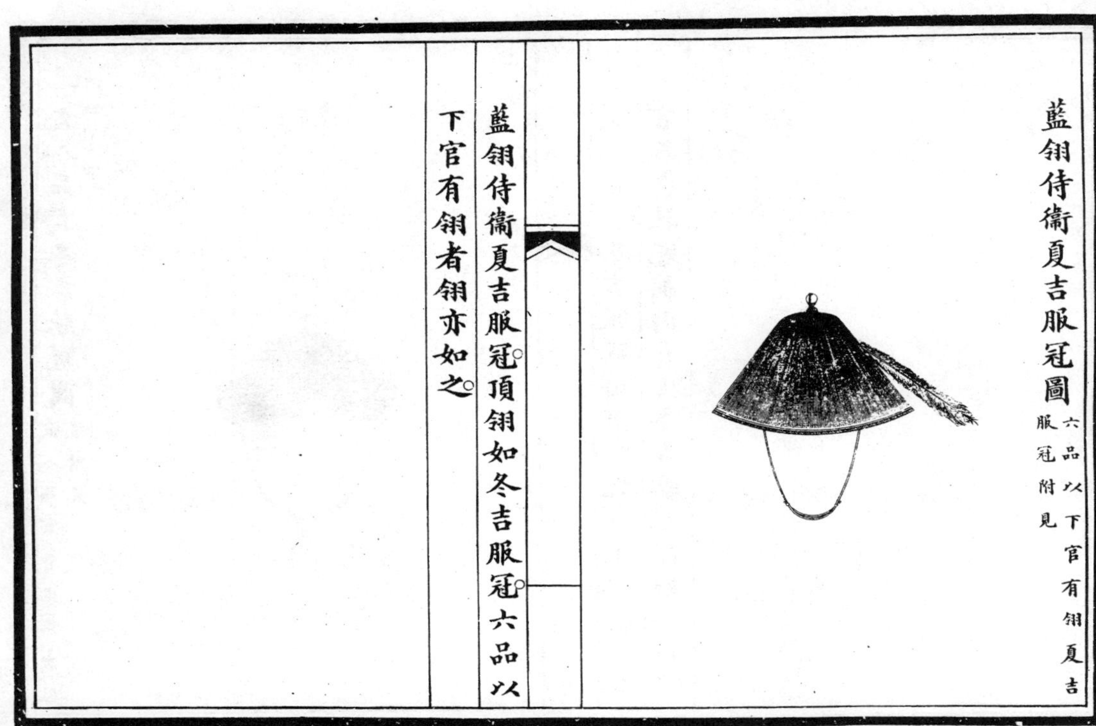

藍翎侍衛夏吉服冠。頂翎如冬吉服冠。六品以下官有翎者翎亦如之。

## 文七品官蟒袍圖

武七品文武八九品未入流官蟒袍附見

文七品官蟒袍。藍及石青諸色隨所用。片金緣。通繡五蟒四爪。武七品文武八九品未入流官蟒袍。制同。

## 文八品官冬吉服冠圖

武八品官貢生冬吉服冠附見

文八品官冬吉服冠。頂用陰文鏤花金。武八品官冬吉服冠。制同。貢生冬吉服冠。頂如八品官。

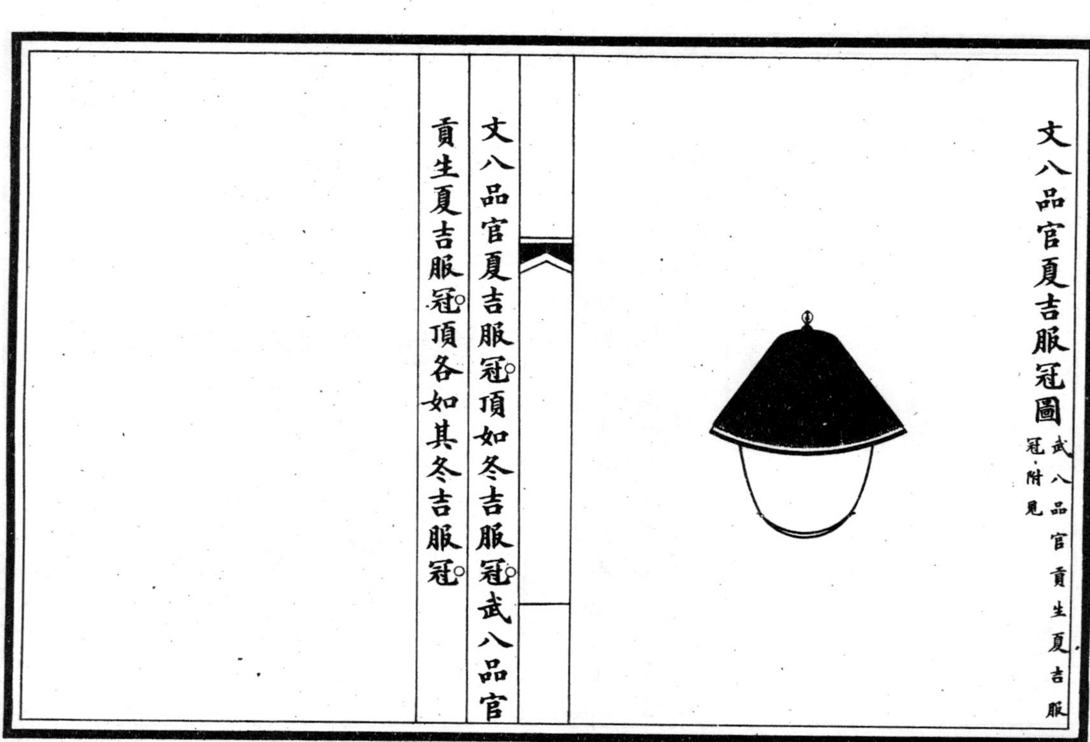

## 文八品官夏吉服冠圖

武八品官貢生夏吉服冠附見

文八品官夏吉服冠。頂如冬吉服冠。武八品官貢生夏吉服冠。頂各如其冬吉服冠。

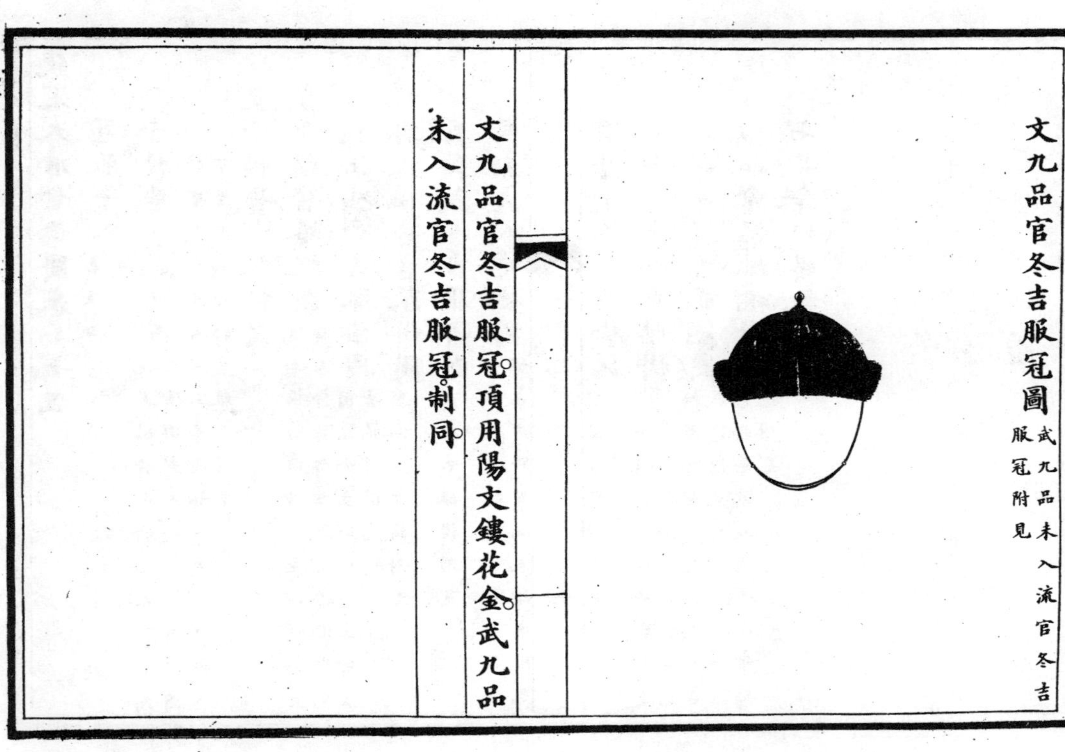


文九品官冬吉服冠。頂用陽文鏤花金。武九品未入流官冬吉服冠。制同。

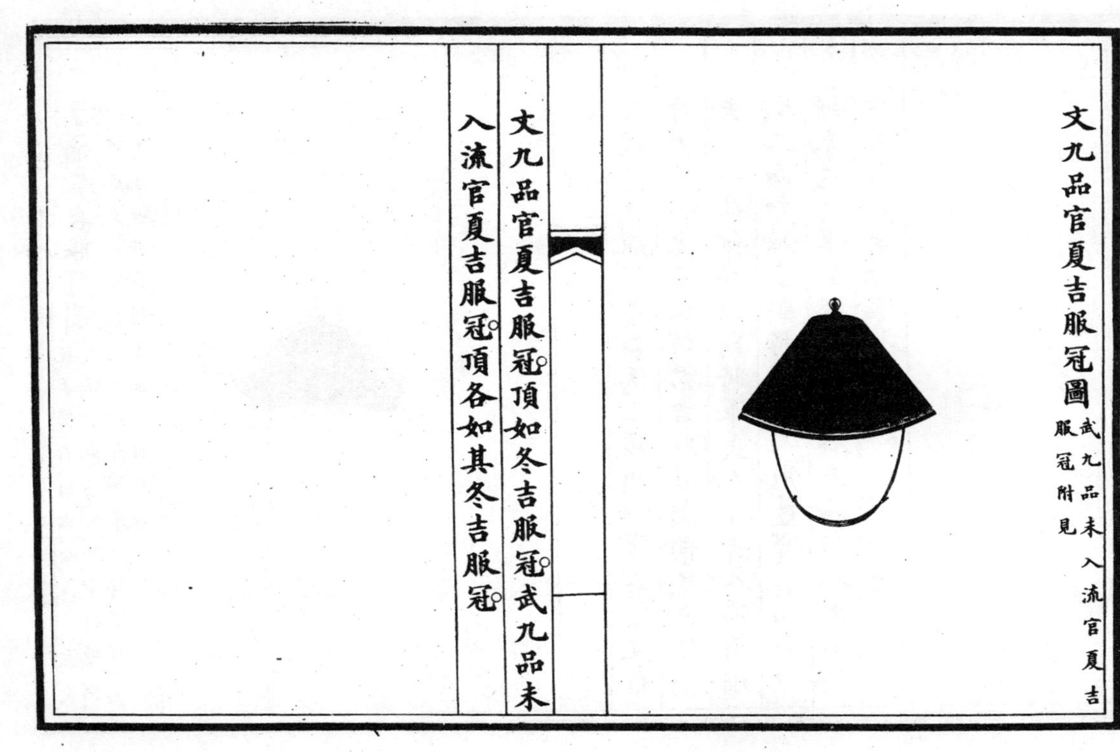


文九品官夏吉服冠。頂如冬吉服冠。武九品未入流官夏吉服冠。頂各如其冬吉服冠。

# 欽定大清會典圖卷七十四

## 冠服十八　吉服四

皇子福晉吉服冠圖　親王福晉固倫公主下至民公侯伯夫人一品命婦鎮國將軍夫人子夫人三品命婦奉國將軍淑人下至七品命婦吉服冠附見

皇子福晉吉服褂圖

皇子福晉蟒袍圖　親王福晉固倫公主和碩公主郡王福晉郡主縣主蟒袍附見

親王福晉吉服褂圖　固倫公主和碩公主郡主吉服褂附見

郡王福晉吉服褂圖　縣主吉服褂附見

貝勒夫人吉服褂圖　郡君吉服褂附見

貝勒夫人蟒袍圖　貝子夫人郡君下至三品命婦奉國將軍淑人蟒袍附見

貝子夫人吉服褂圖　縣君吉服褂附見

鎮國公夫人吉服褂圖　輔國公夫人鄉君下至七品命婦吉服褂附見

二品命婦吉服冠圖　輔國將軍夫人男夫人吉服冠附見

四品命婦蟒袍圖　奉恩將軍恭人五六品命婦蟒袍附見

七品命婦蟒袍圖

皇子福晉吉服冠圖　親王福晉固倫公主下至民公侯伯夫人一品命婦鎮國將軍夫人子夫人三品命婦奉國將軍淑人下至七品命婦吉服冠附見

皇子福晉吉服冠。薰貂為之。頂用紅寶石。親王福晉固倫公主下至鄉君吉服冠。制同。民公侯伯夫人一品命婦鎮國將軍夫人子夫人頂用珊瑚。三品命婦奉國將軍淑人用藍寶石。四品命婦奉恩將軍恭人用青金石。五品命婦用水晶。六品命婦用硨磲。七品命婦用素金。餘同。

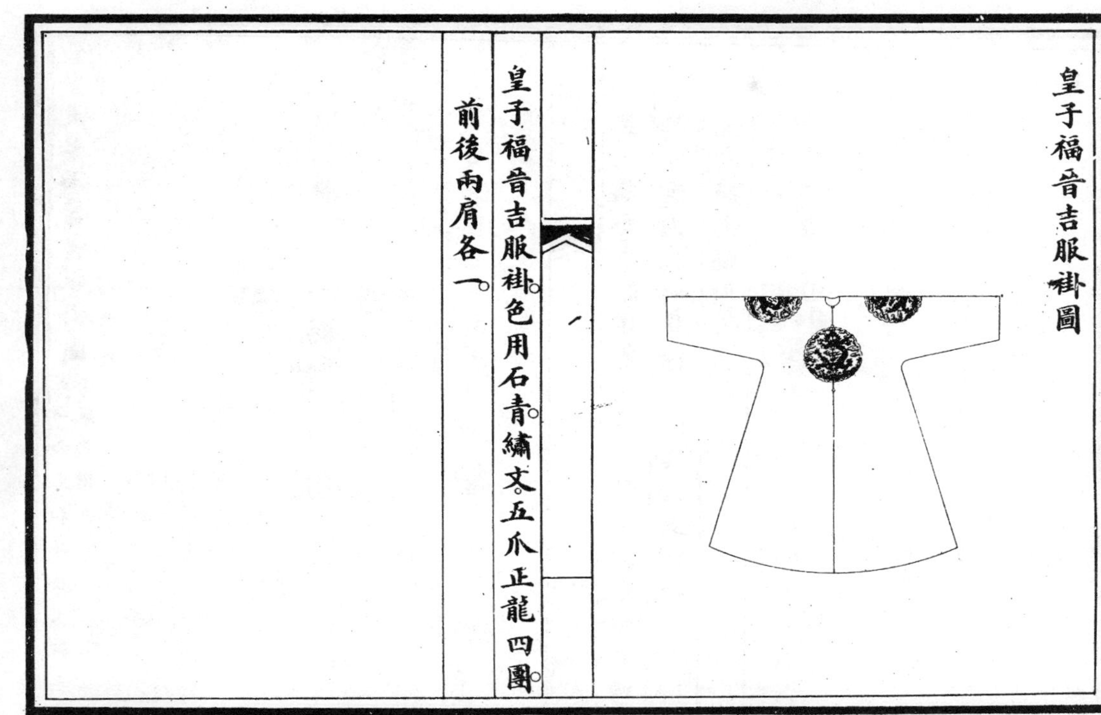

皇子福晉吉服褂圖

皇子福晉吉服褂。色用石青。繡文。五爪正龍四團。前後兩肩各一。

皇子福晉蟒袍圖　親王福晉固倫公主和碩公主郡王福晉郡主縣主蟒袍附見

皇子福晉蟒袍。用香色。通繡九蟒。親王福晉固倫公主和碩公主郡王福晉郡主縣主蟒袍。制同

## 親王福晉吉服褂圖

固倫公主和碩公主郡主吉服褂附見

親王福晉吉服褂。色用石青。繡文五爪金龍四團。前後正龍。兩肩行龍。固倫公主和碩公主郡主吉服褂。制同。

## 郡王福晉吉服褂圖

縣主吉服褂附見

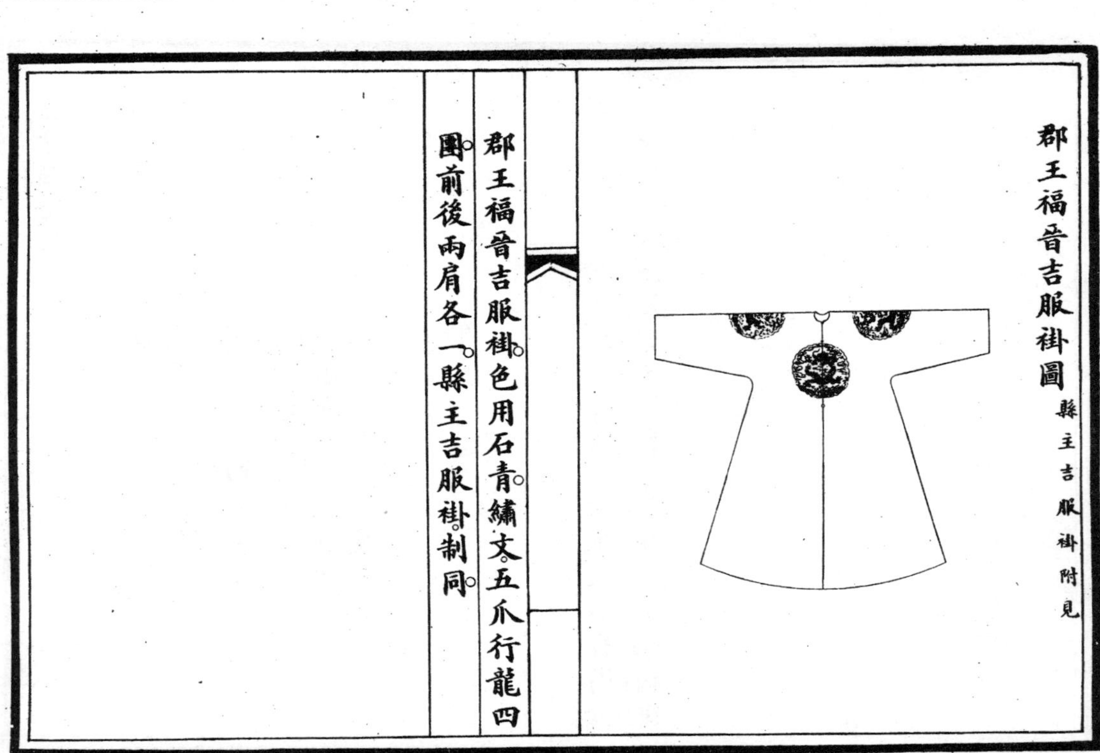

郡王福晉吉服褂。色用石青。繡文五爪行龍四團。前後兩肩各一。縣主吉服褂。制同。

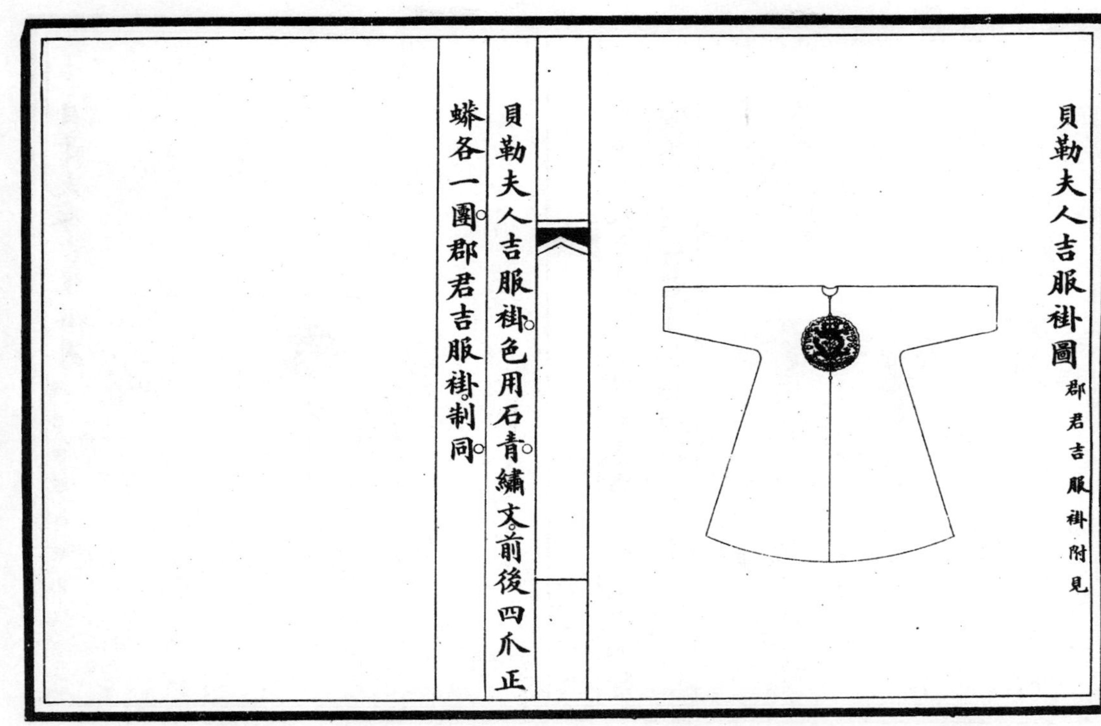

貝勒夫人吉服褂圖郡君吉服褂附見

貝勒夫人吉服褂。色用石青。繡文。前後四爪正蟒各一團。郡君吉服褂。制同。

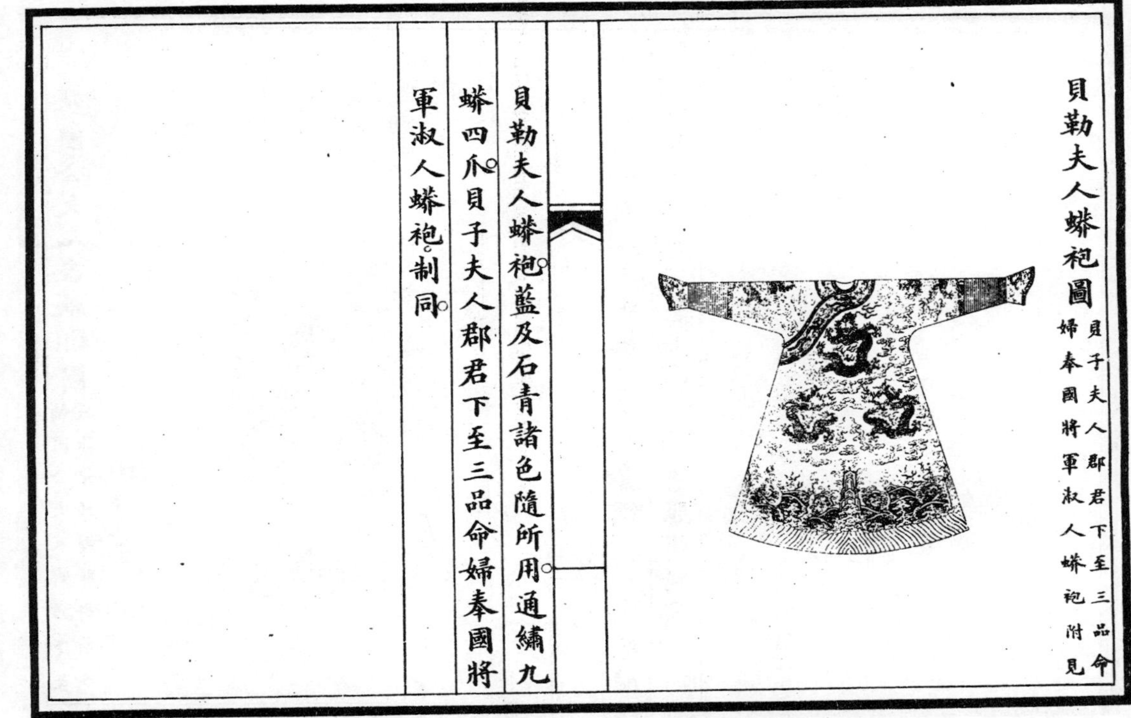

貝勒夫人蟒袍圖貝子夫人郡君下至三品命婦奉國將軍淑人蟒袍附見

貝勒夫人蟒袍。藍及石青諸色隨所用。通繡九蟒四爪。貝子夫人郡君下至三品命婦奉國將軍淑人蟒袍。制同。

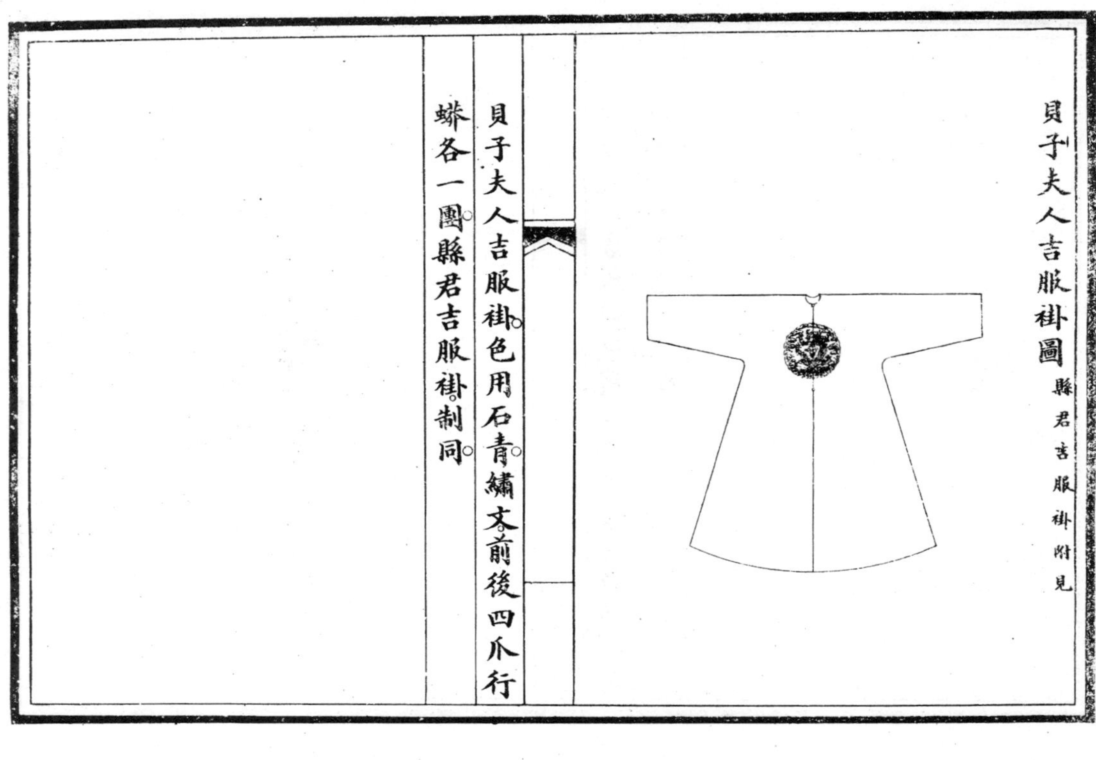

貝子夫人吉服褂圖 縣君吉服褂附見

貝子夫人吉服褂。色用石青。繡文。前後四爪行蟒各一團。縣君吉服褂制同。

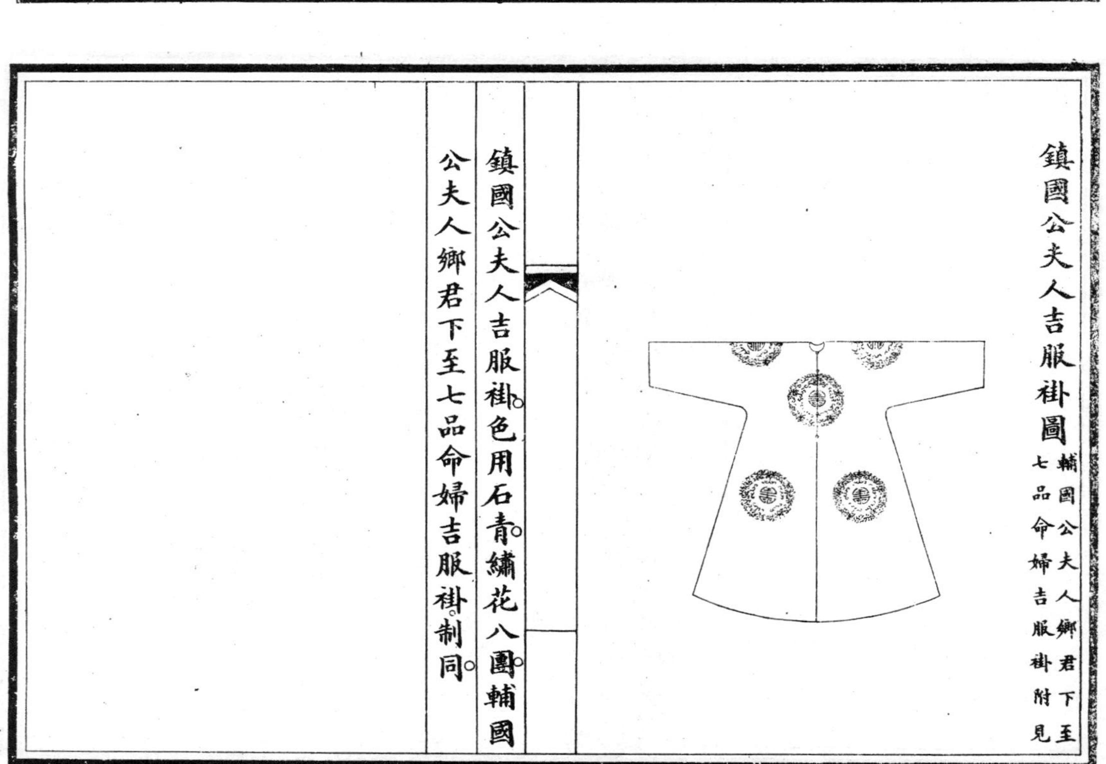

鎮國公夫人吉服褂圖 輔國公夫人鄉君下至七品命婦吉服褂附見

鎮國公夫人吉服褂。色用石青。繡花八團。輔國公夫人鄉君下至七品命婦吉服褂。制同。

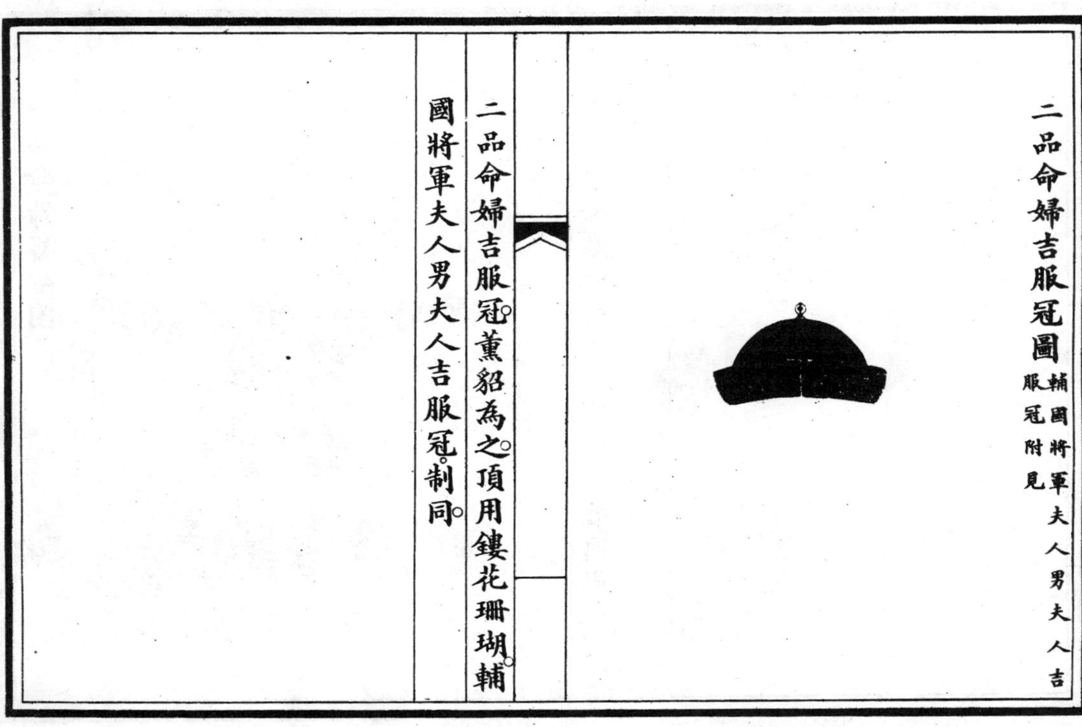

二品命婦吉服冠圖 輔國將軍夫人男夫人吉服冠附見

二品命婦吉服冠。薰貂為之。頂用鏤花珊瑚。輔國將軍夫人男夫人吉服冠。制同。

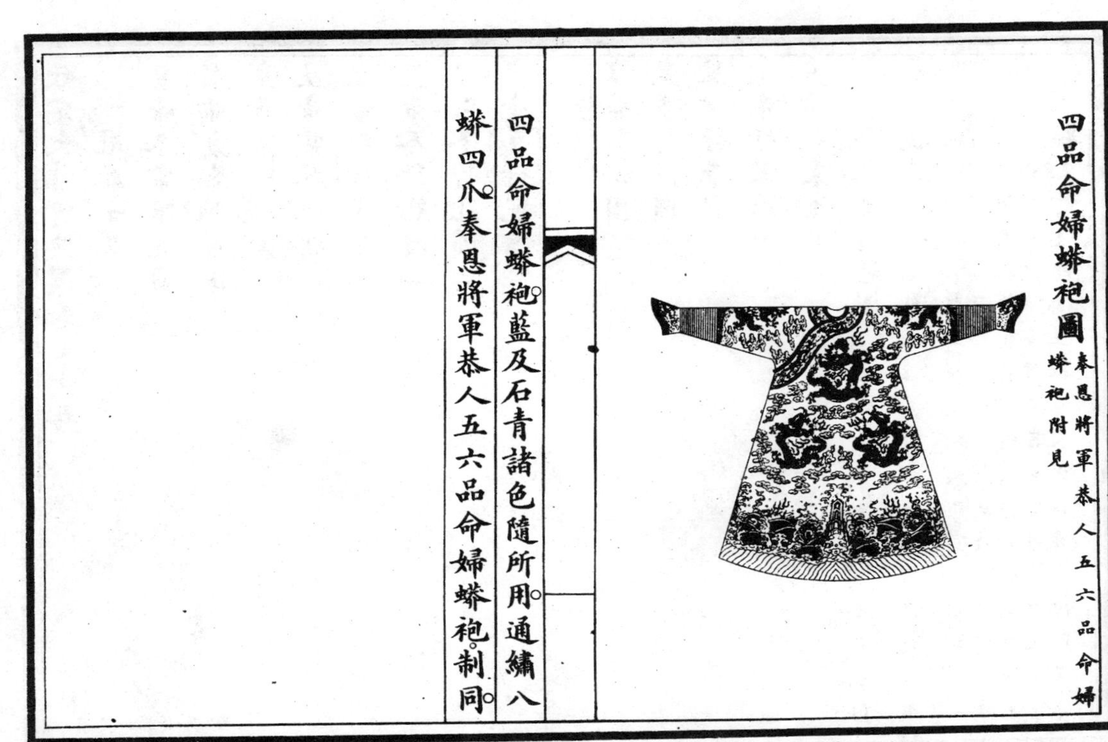

四品命婦蟒袍圖 奉恩將軍恭人五六品命婦蟒袍附見

四品命婦蟒袍。藍及石青諸色隨所用。通繡八蟒四爪。奉恩將軍恭人五六品命婦蟒袍。制同。

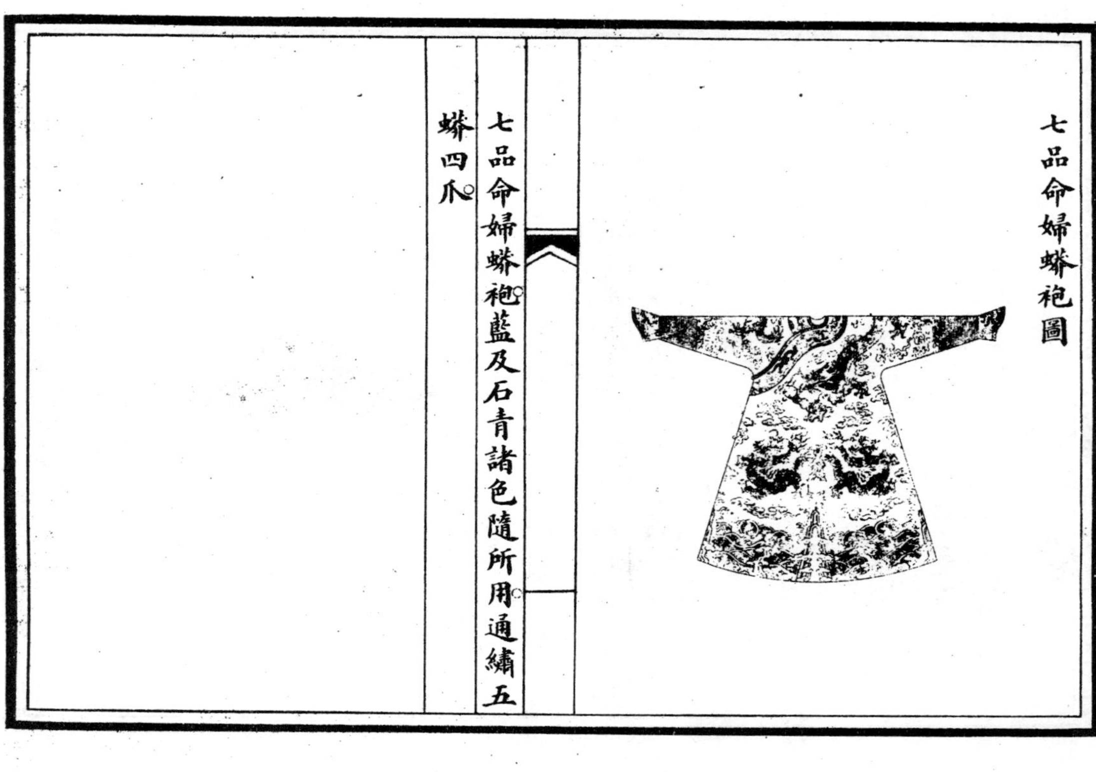

七品命婦蟒袍圖

七品命婦蟒袍。藍及石青諸色隨所用。通繡五蟒四爪。

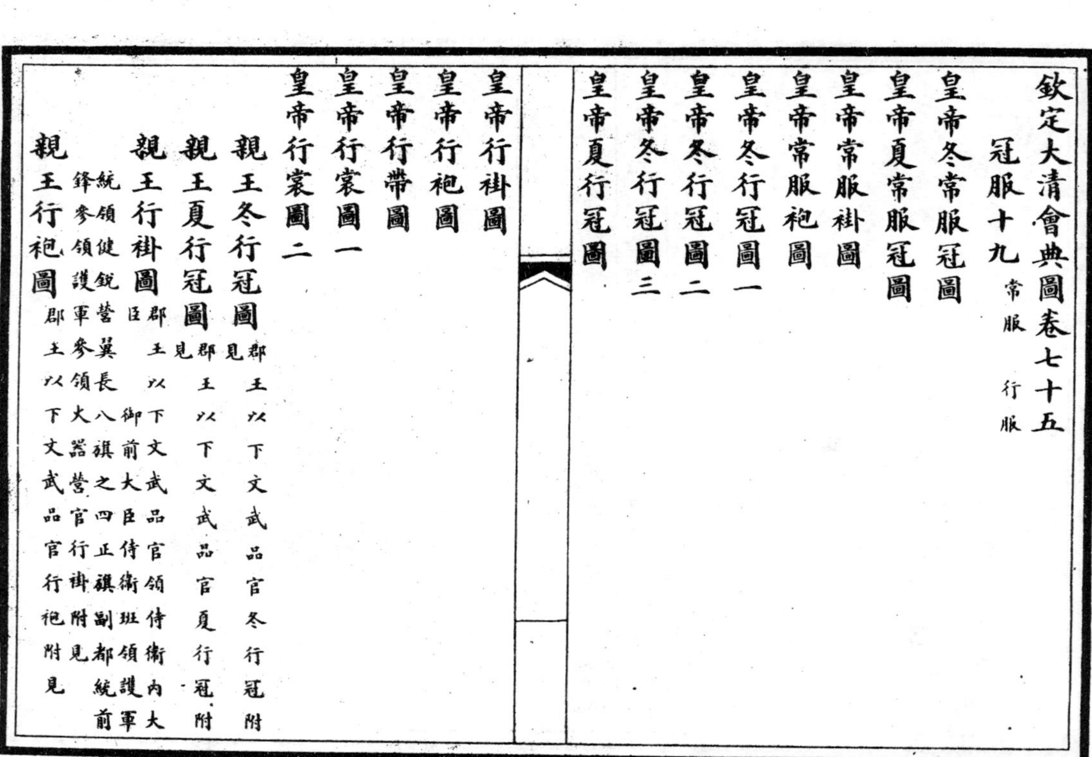

欽定大清會典圖卷七十五

冠服十九 常服 行服

皇帝冬常服冠圖

皇帝夏常服冠圖

皇帝常服褂圖

皇帝常服袍圖

皇帝冬行冠圖一

皇帝冬行冠圖二

皇帝冬行冠圖三

皇帝夏行冠圖

皇帝行褂圖

皇帝行袍圖

皇帝行帶圖

皇帝行裳圖一

皇帝行裳圖二

親王冬行冠圖 郡王以下文武品官冬行冠附見

親王夏行冠圖 郡王以下文武品官夏行冠附見

親王行褂圖 郡王以下文武品官領侍衛內大臣御前大臣侍衛班領護軍統領健銳營翼長八旗之四正旗副都統前鋒參領護軍參領火器營官行褂附見

親王行袍圖 郡王以下文武品官行袍附見

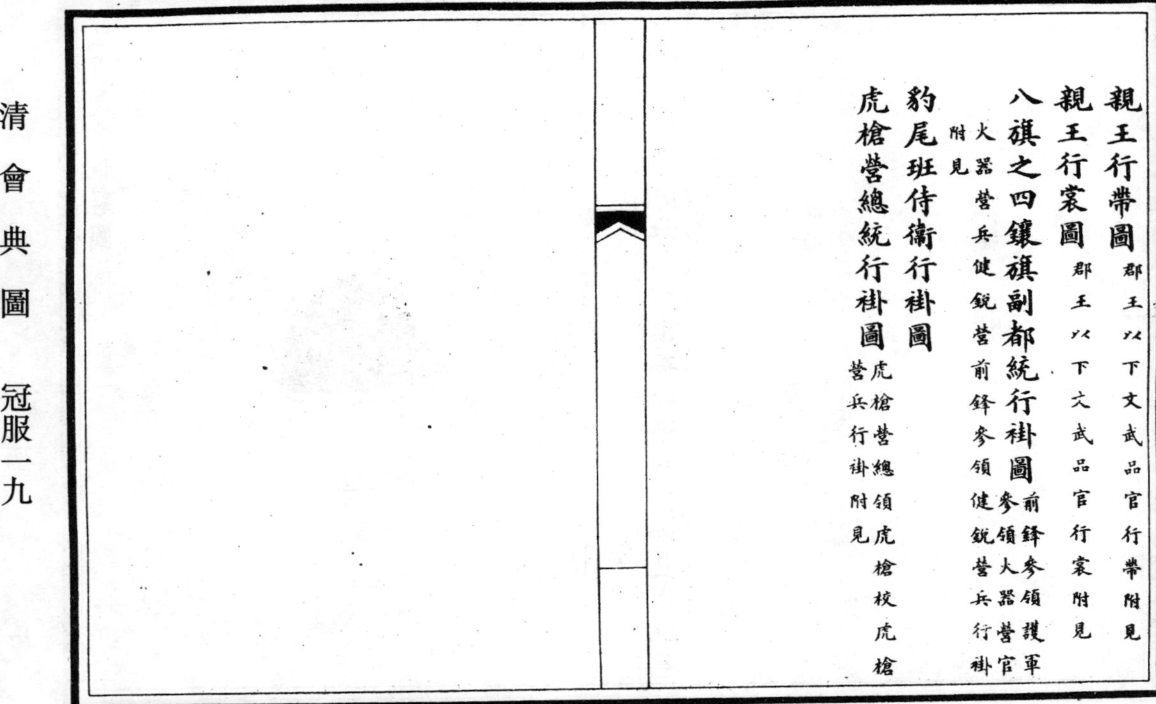

親王行帶圖郡王以下文武品官行帶附見

親王行裳圖郡王以下文武品官行裳附見

八旗之四鑲旗副都統行褂圖前鋒參領護軍參領火器營官火器營兵健銳營前鋒參領健銳營兵行褂附見

豹尾班侍衛行褂圖

虎槍營總統行褂圖虎槍營總領虎槍校虎槍營兵行褂附見

皇帝冬常服冠圖

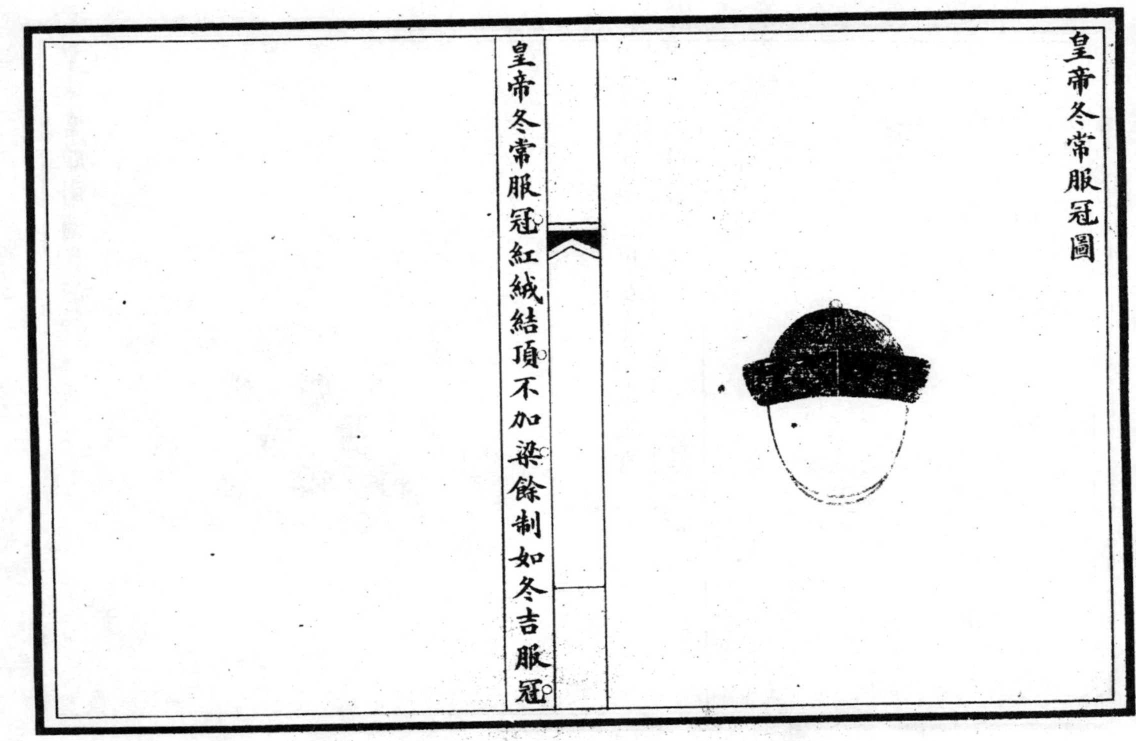

皇帝冬常服冠紅絨結頂不加梁餘制如冬吉服冠

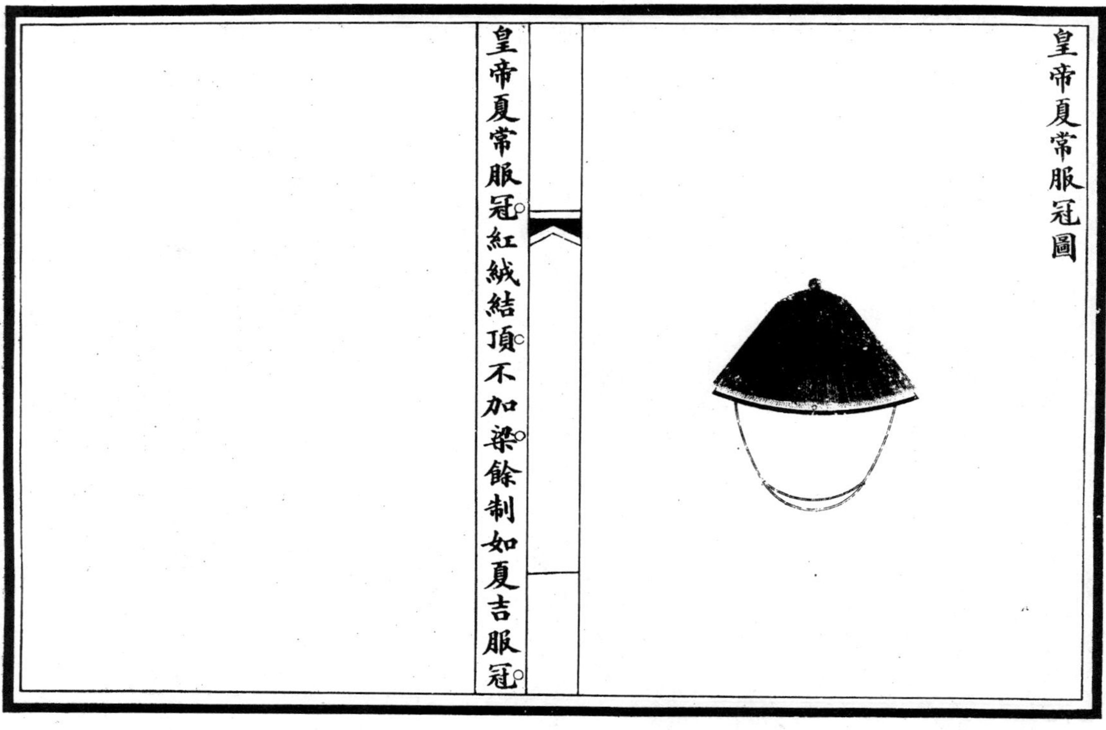
皇帝夏常服冠圖
皇帝夏常服冠。紅絨結頂。不加梁。餘制如夏吉服冠。

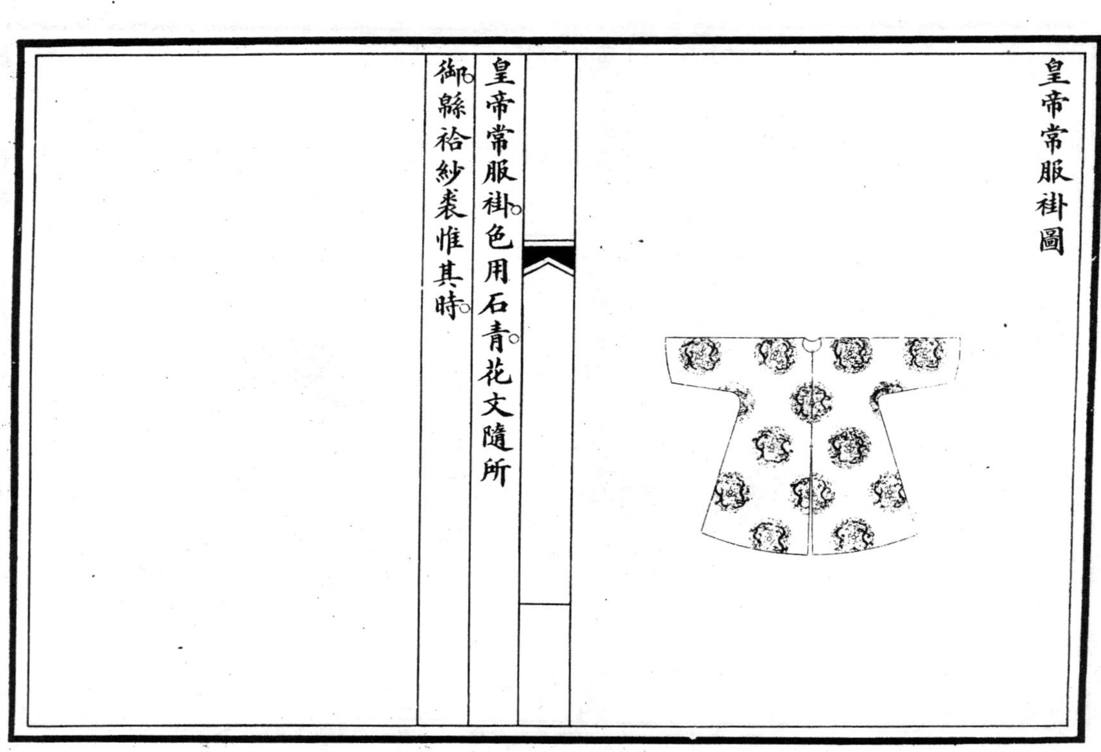
皇帝常服褂圖
皇帝常服褂。色用石青。花文隨所
御。緜袷紗裘惟其時。

皇帝常服袍圖

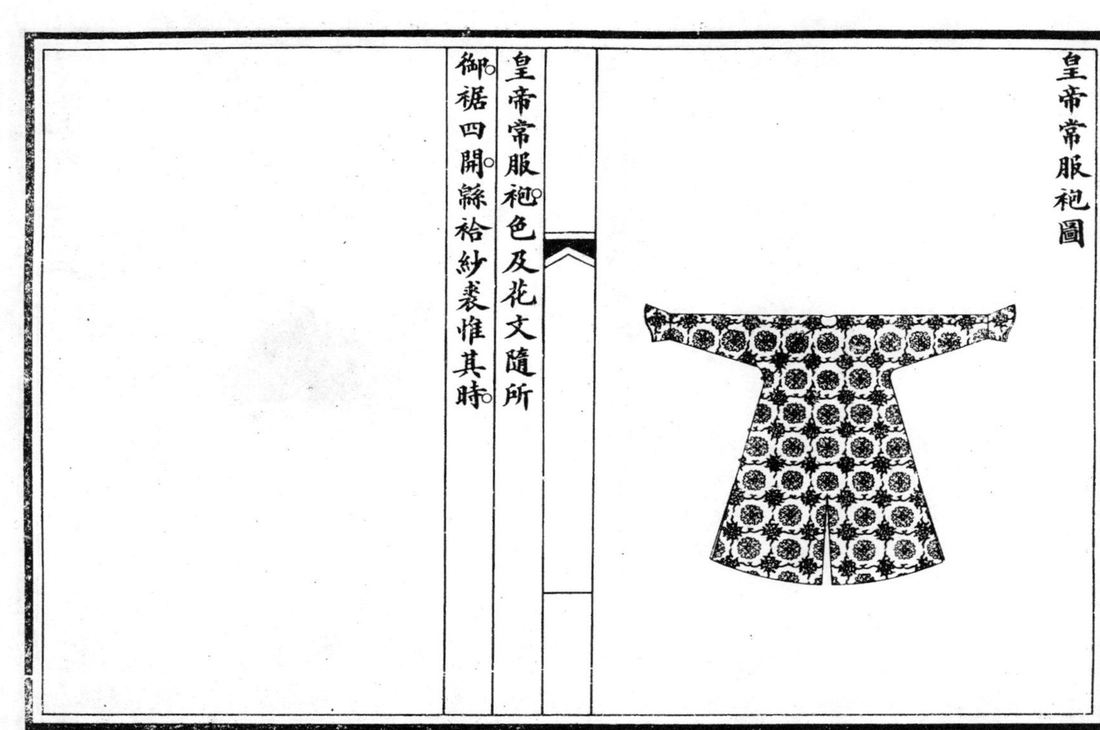

皇帝常服袍。色及花文隨所御。裾四開。緜袷紗裘惟其時。

皇帝冬行冠圖一

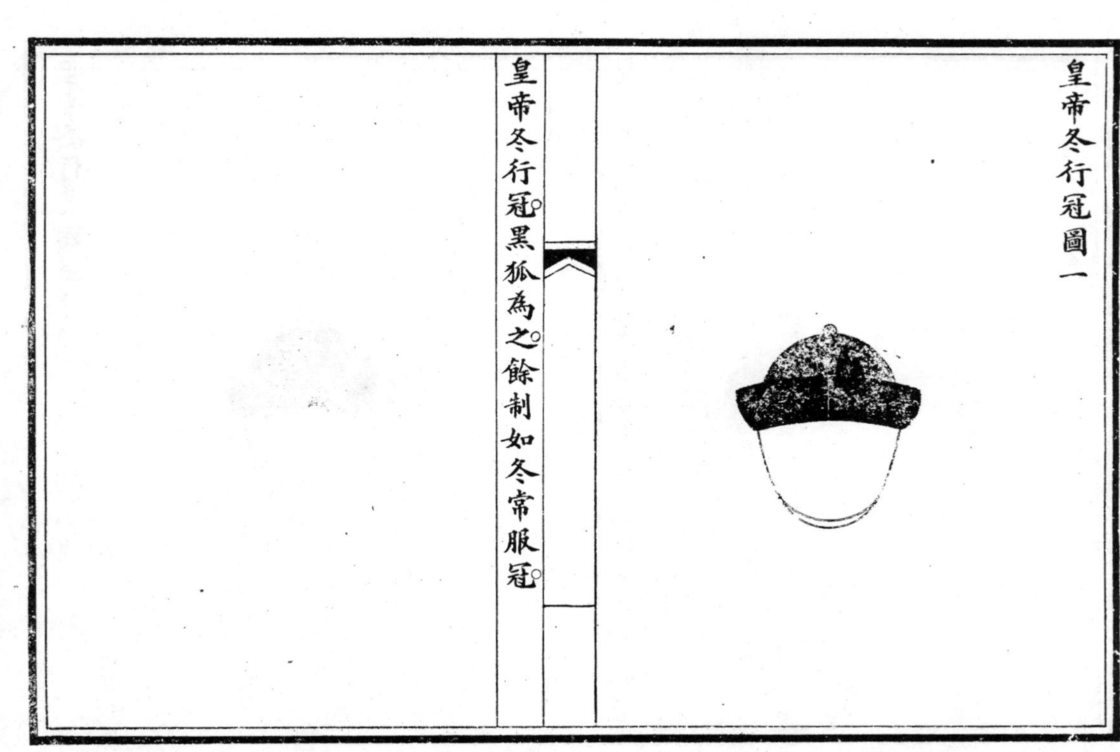

皇帝冬行冠。黑狐為之。餘制如冬常服冠。

皇帝冬行冠圖二

皇帝冬行冠。黑羊皮為之。餘制如冬常服冠。

皇帝冬行冠圖三

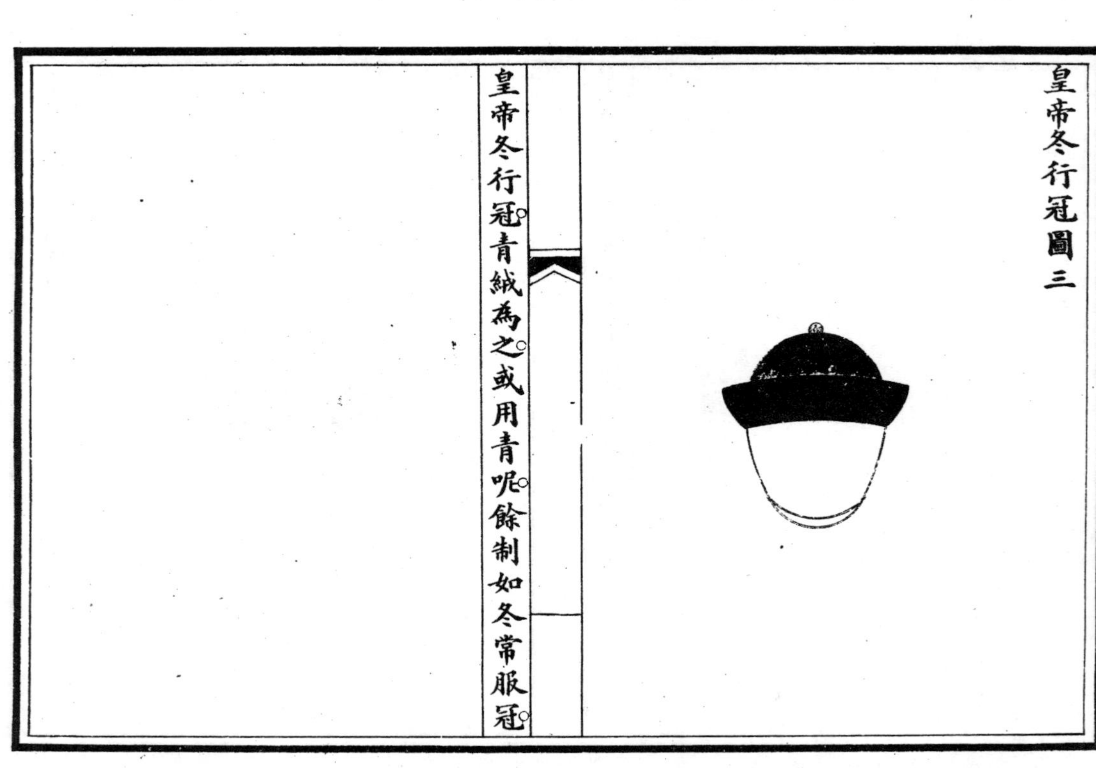

皇帝冬行冠。青絨為之。或用青呢。餘制如冬常服冠。

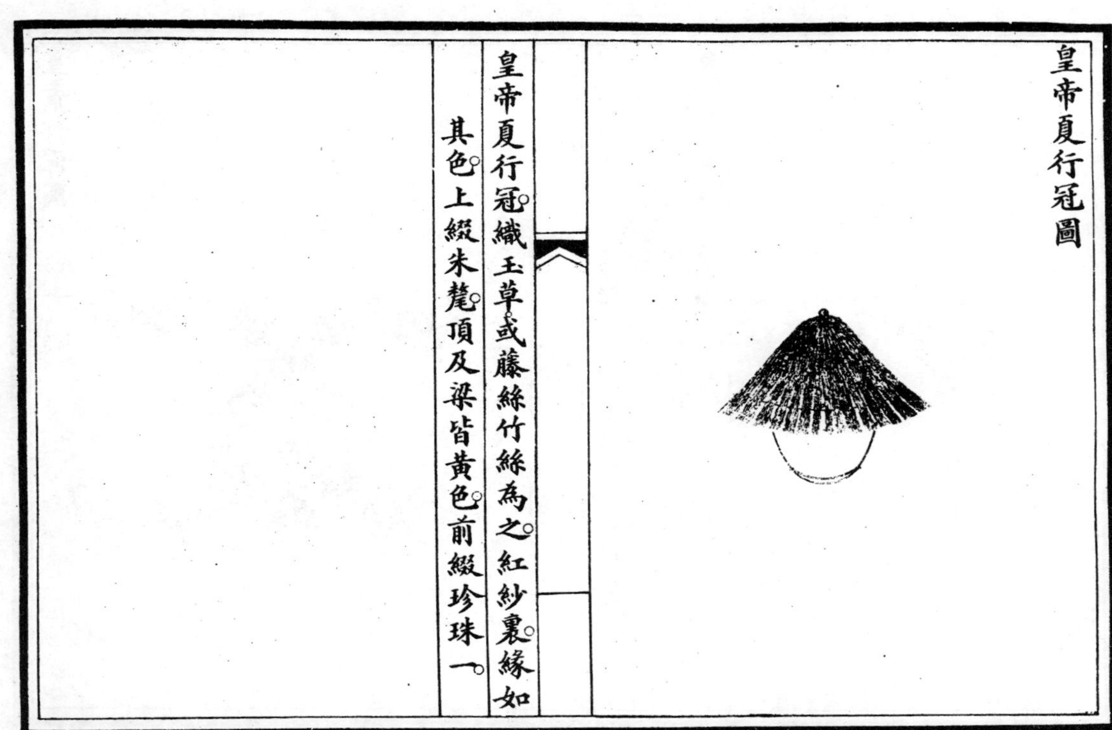

皇帝夏行冠圖

皇帝夏行冠。織玉草或藤絲竹絲為之。紅紗裏。緣如其色。上綴朱氂頂及梁。皆黃色。前綴珍珠一。

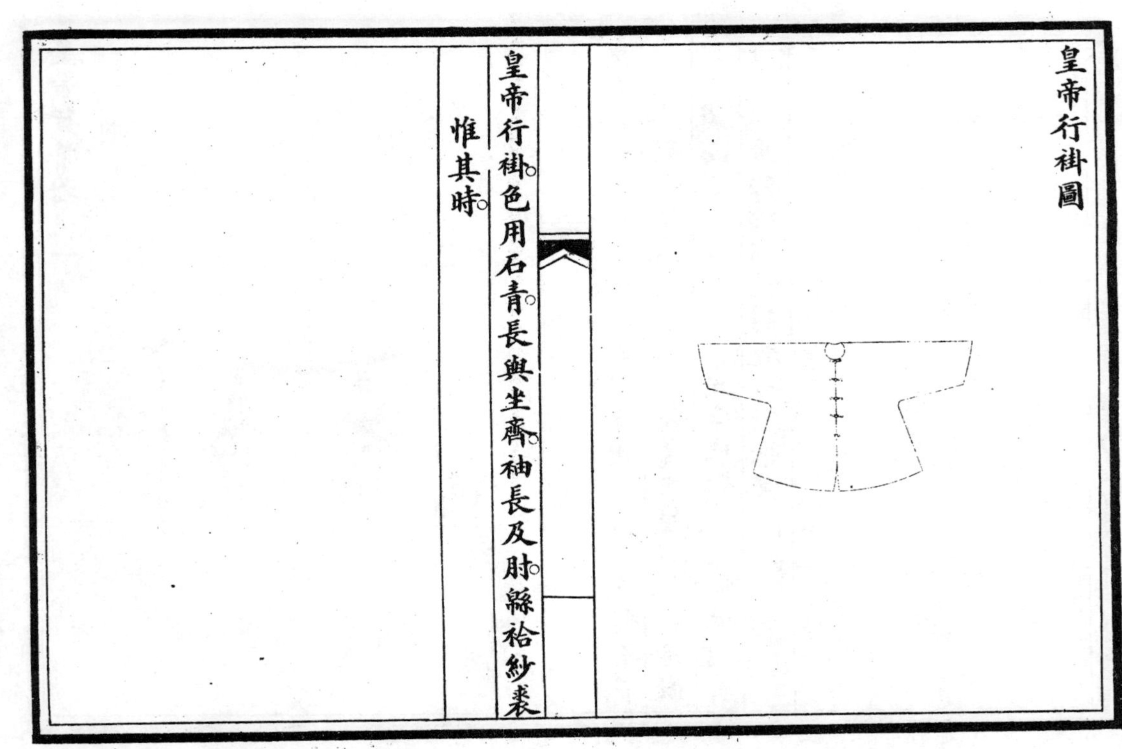

皇帝行褂圖

皇帝行褂。色用石青。長與坐齊。袖長及肘。綿袷紗裘惟其時。

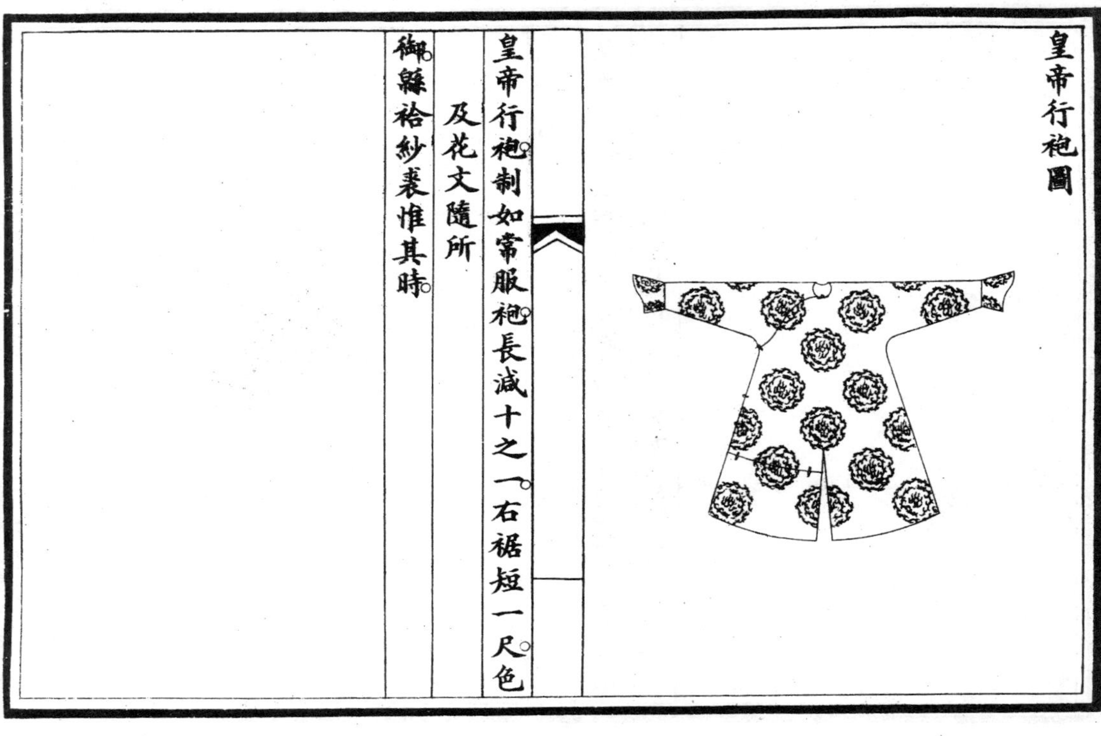

皇帝行袍圖

皇帝行袍。制如常服袍。長減十之一。右裾短一尺。色及花文隨所

御。緜袷紗裘惟其時。

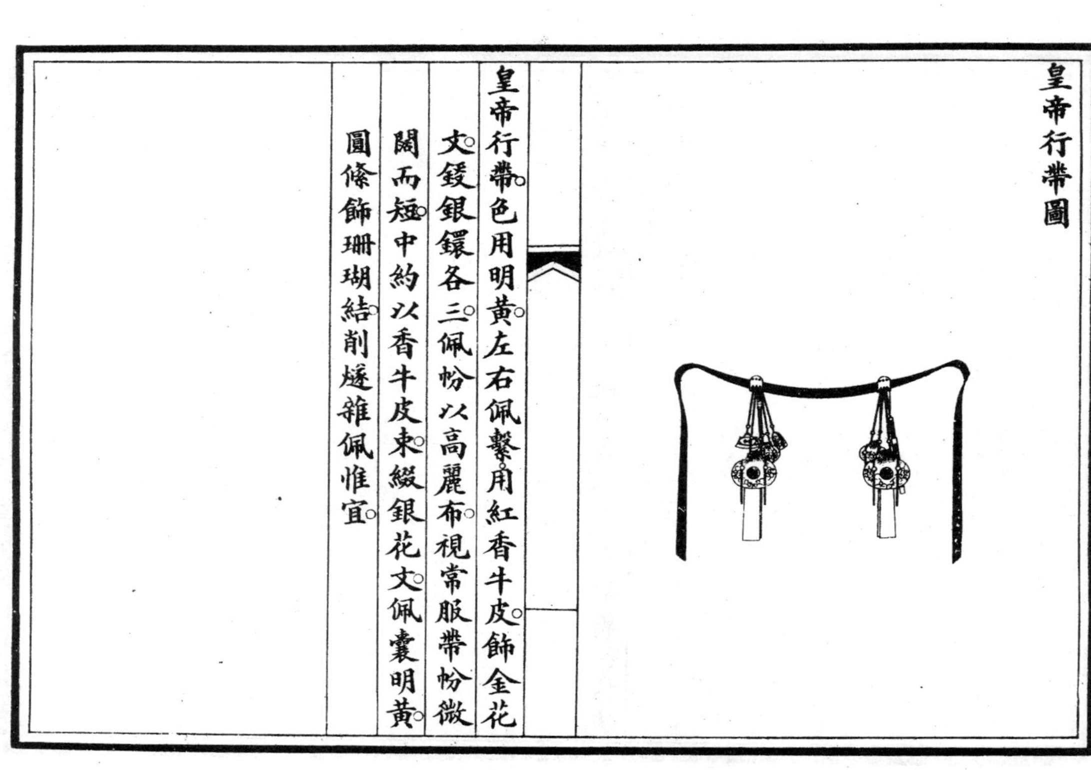

皇帝行帶圖

皇帝行帶。色用明黃。左右佩繫用紅香牛皮。飾金花文。鋄銀鐶各三。佩帉以高麗布。視常服帶帉微闊而短。中約以香牛皮束。綴銀花文佩囊。明黃圓條。飾珊瑚結。削燧。雜佩惟宜。

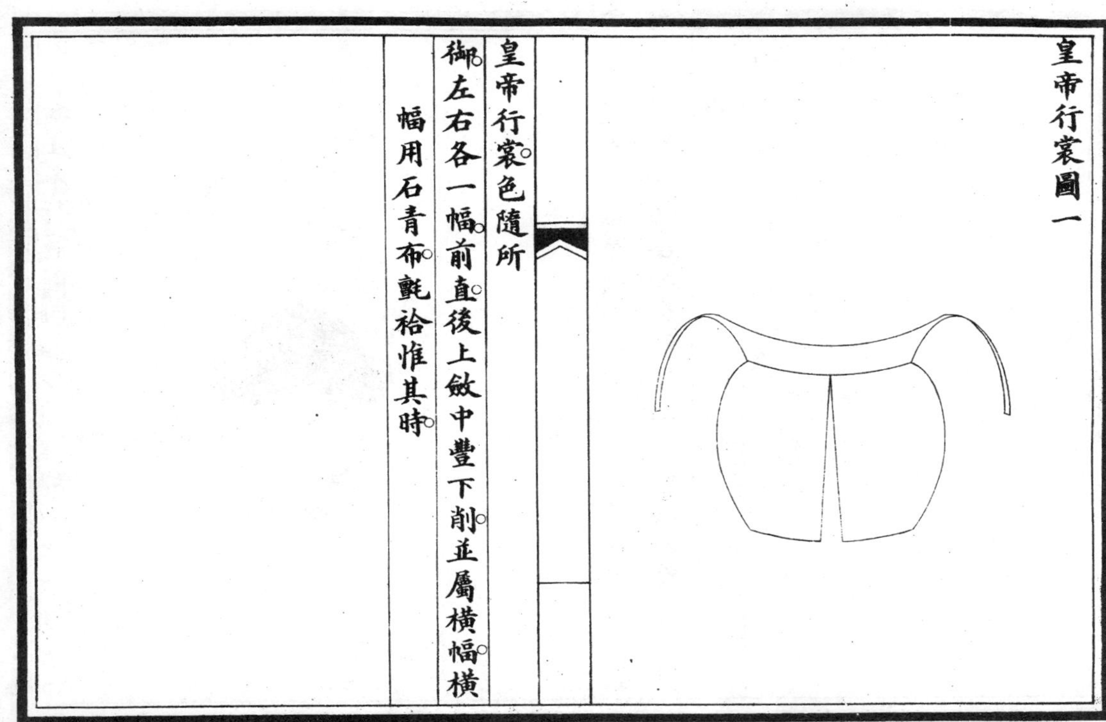

皇帝行裳圖一

皇帝行裳。色隨所
御。左右各一幅。前直。後上斂中豐下削。並屬橫幅。橫
幅用石青布。氊袷惟其時。

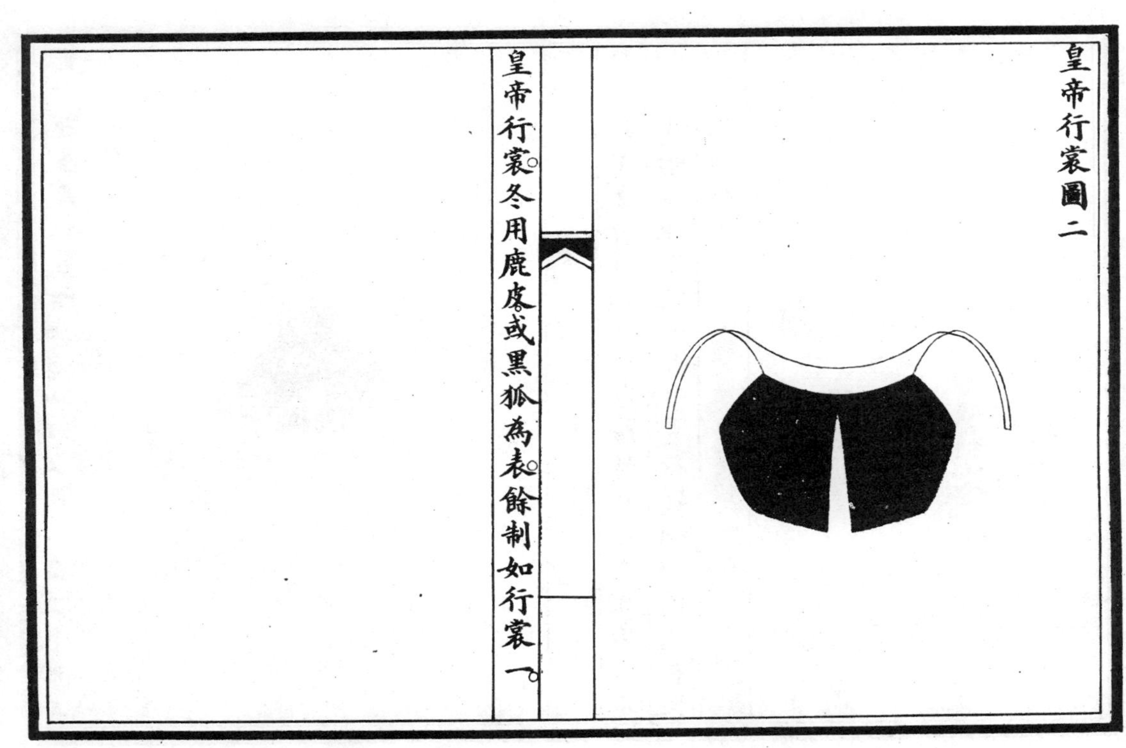

皇帝行裳圖二

皇帝行裳。冬用鹿皮。或黑狐為表。餘制如行裳一。

## 親王冬行冠圖

郡王以下文武品官冬行冠附見

親王冬行冠。制如冬吉服冠。郡王以下文武品官冬行冠各如其冬吉服冠。頂翎各從其所得用。

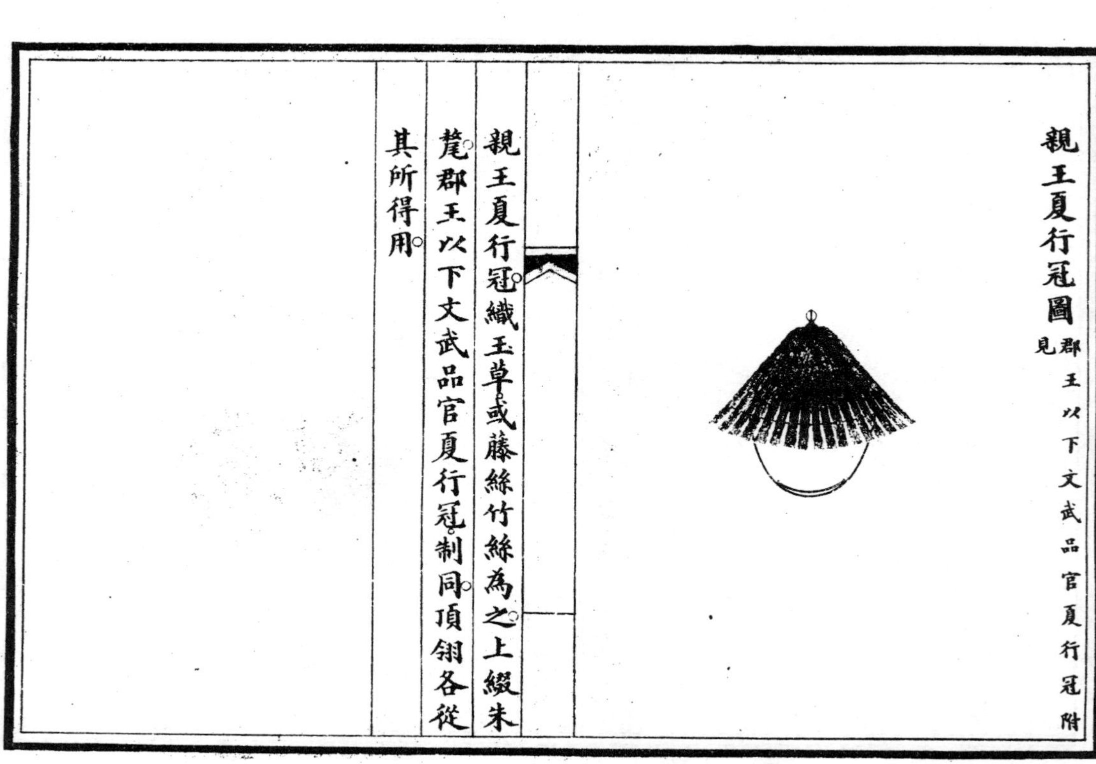

## 親王夏行冠圖

郡王以下文武品官夏行冠附見

親王夏行冠。織玉草或藤絲竹絲為之。上綴朱氂。郡王以下文武品官夏行冠制同。頂翎各從其所得用。

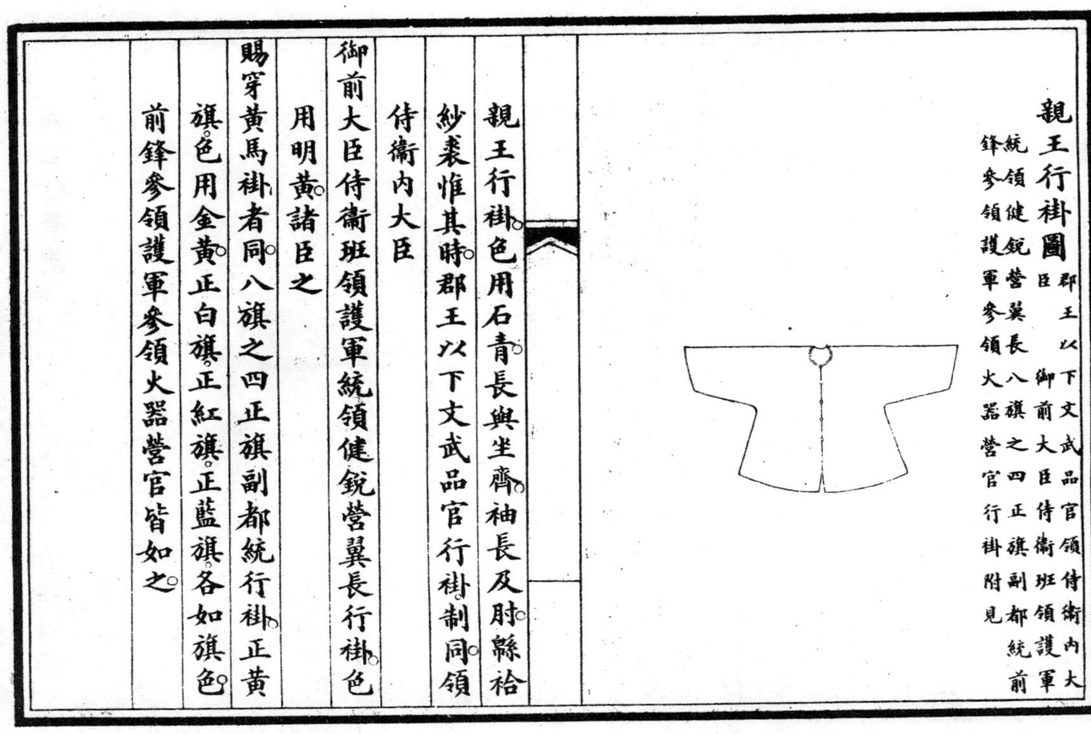

## 親王行褂圖

郡王以下文武品官領侍衛內大臣御前大臣侍衛班領護軍統領健銳營翼長八旗之四正旗副都統前鋒參領護軍參領火器營官行褂附見

親王行褂。色用石青。長與坐齊。袖長及肘。緜袷紗裘惟其時。郡王以下文武品官行褂制同。領侍衛內大臣

御前大臣侍衛班領護軍統領健銳營翼長行褂色用明黃。諸臣之

賜穿黃馬褂者同。八旗之四正旗副都統行褂。正黃旗色用金黃。正白旗。正紅旗。正藍旗。各如旗色。前鋒參領護軍參領火器營官皆如之。

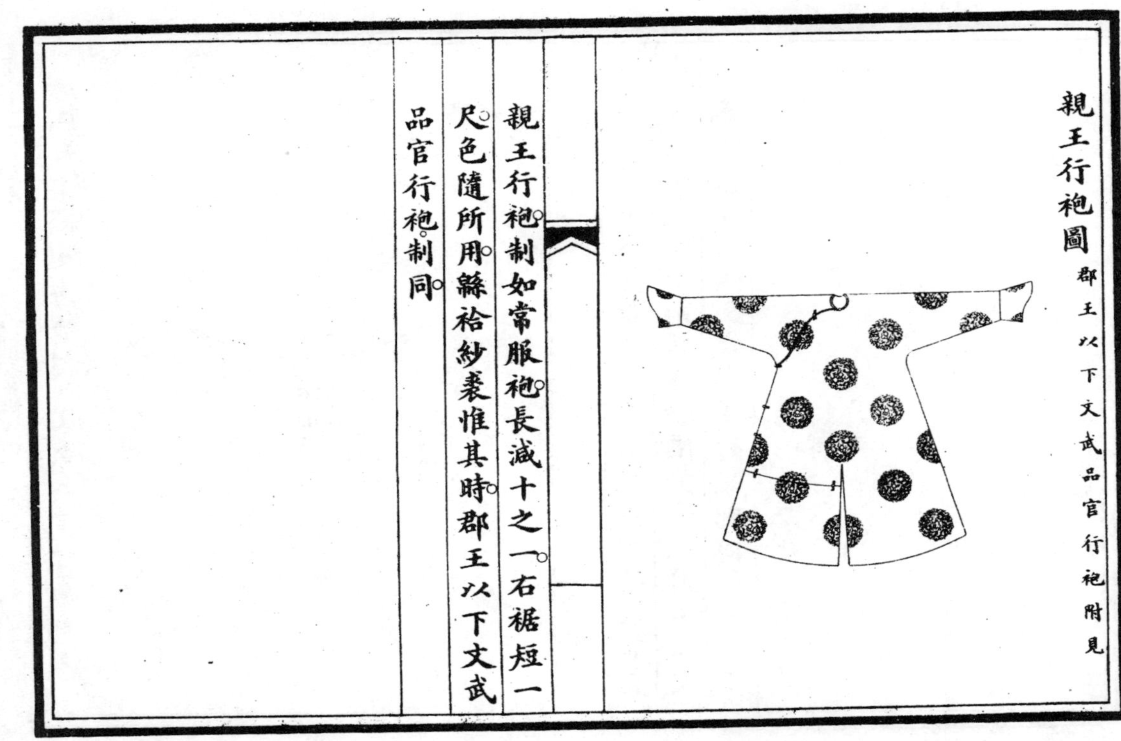

## 親王行袍圖

郡王以下文武品官行袍附見

親王行袍。制如常服袍。長減十之一。右裾短一尺。色隨所用。緜袷紗裘惟其時。郡王以下文武品官行袍制同。

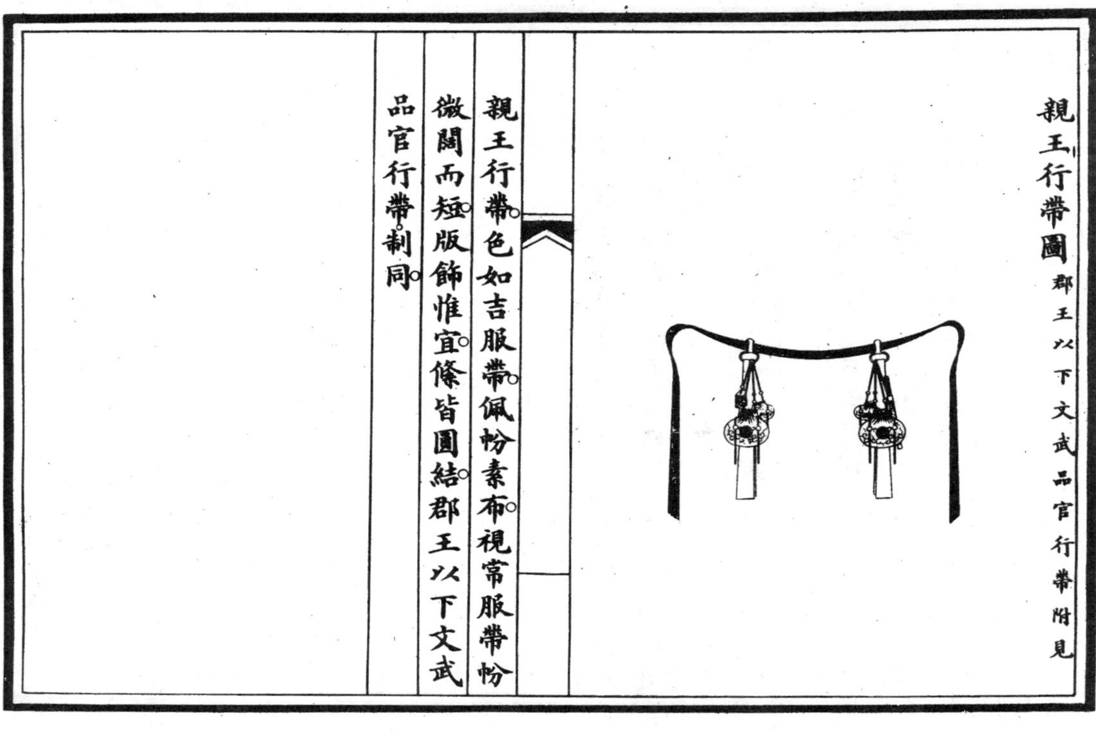

## 親王行帶圖 郡王以下文武品官行帶附見

親王行帶。色如吉服帶。佩帉素布。視常服帶帉微闊而短。版飾惟宜。條皆圓結。郡王以下文武品官行帶。制同。

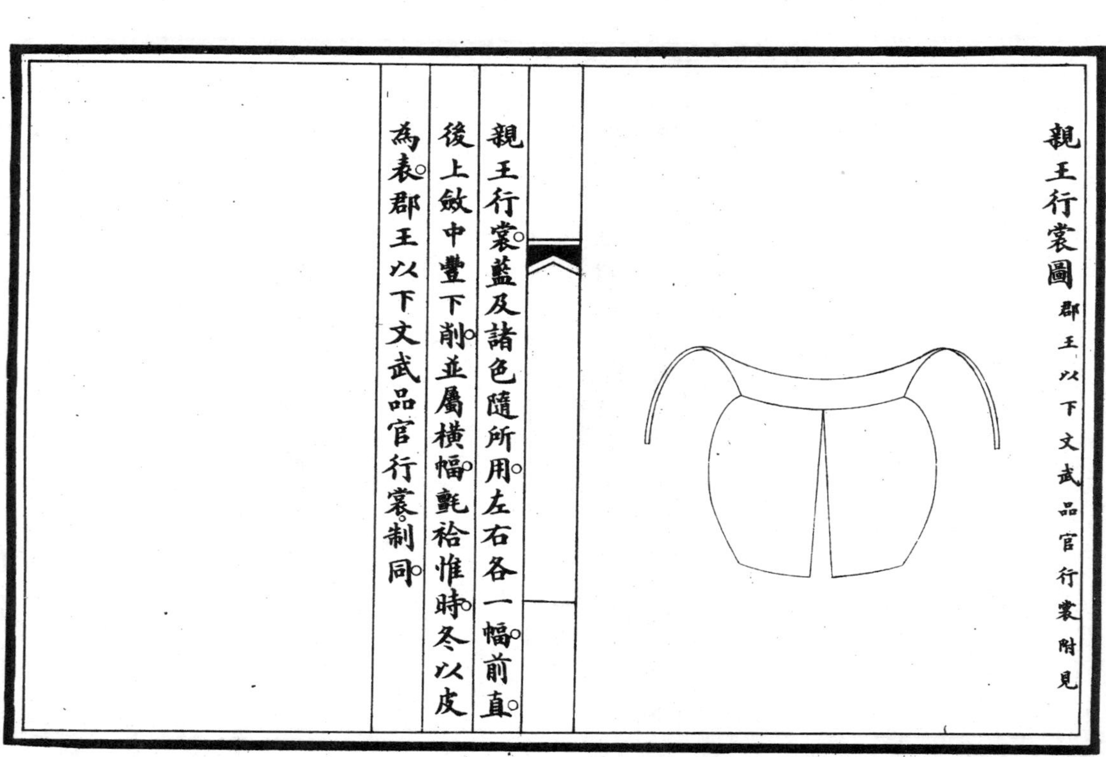

## 親王行裳圖 郡王以下文武品官行裳附見

親王行裳。藍及諸色隨所用。左右各一幅。前直。後上斂中豐下削。並屬橫幅。氈袷惟時。冬以皮為表。郡王以下文武品官行裳。制同。

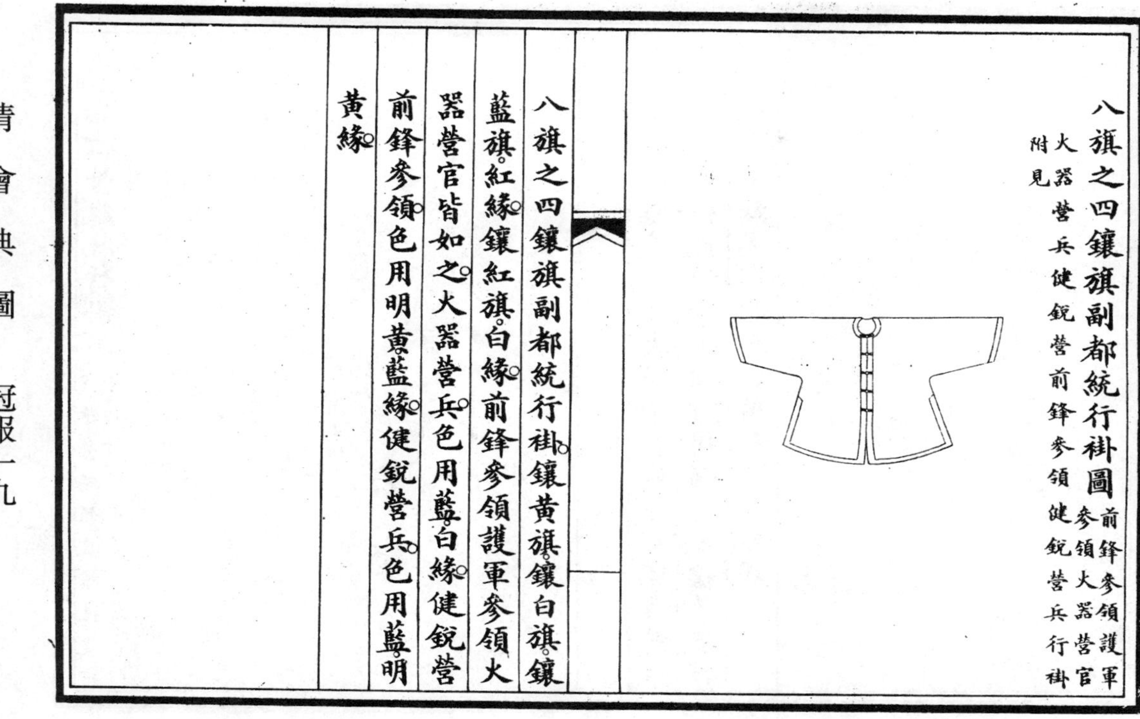

八旗之四鑲旗副都統行褂圖前鋒參領護軍參領火器營官火器營兵健鋭營前鋒參領健鋭營兵行褂附見

八旗之四鑲旗副都統行褂。鑲黃旗。鑲白旗。鑲藍旗。紅緣。鑲紅旗。白緣。前鋒參領護軍參領火器營官皆如之。火器營兵色用藍。白緣。健鋭營前鋒參領色用明黃。藍緣。健鋭營兵色用藍。明黃緣。

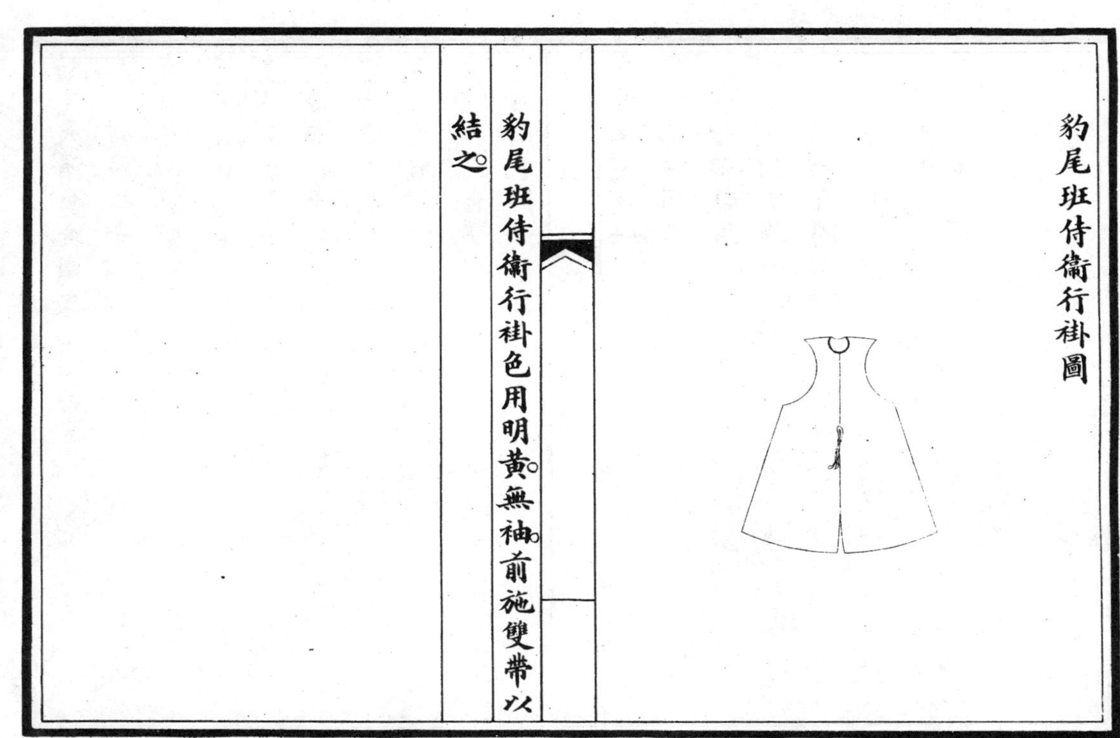

豹尾班侍衛行褂圖

豹尾班侍衛行褂色用明黃。無袖。前施雙帶以結之。

## 虎槍營總統行褂圖

虎槍營總領虎槍校虎槍營兵行褂附見

虎槍營總統行褂。色用金黃。領左右端青緣。直下至前裾。虎槍營總領行褂制同。虎槍營虎槍校色用紅。虎槍營兵色用白。領左右端緣同。

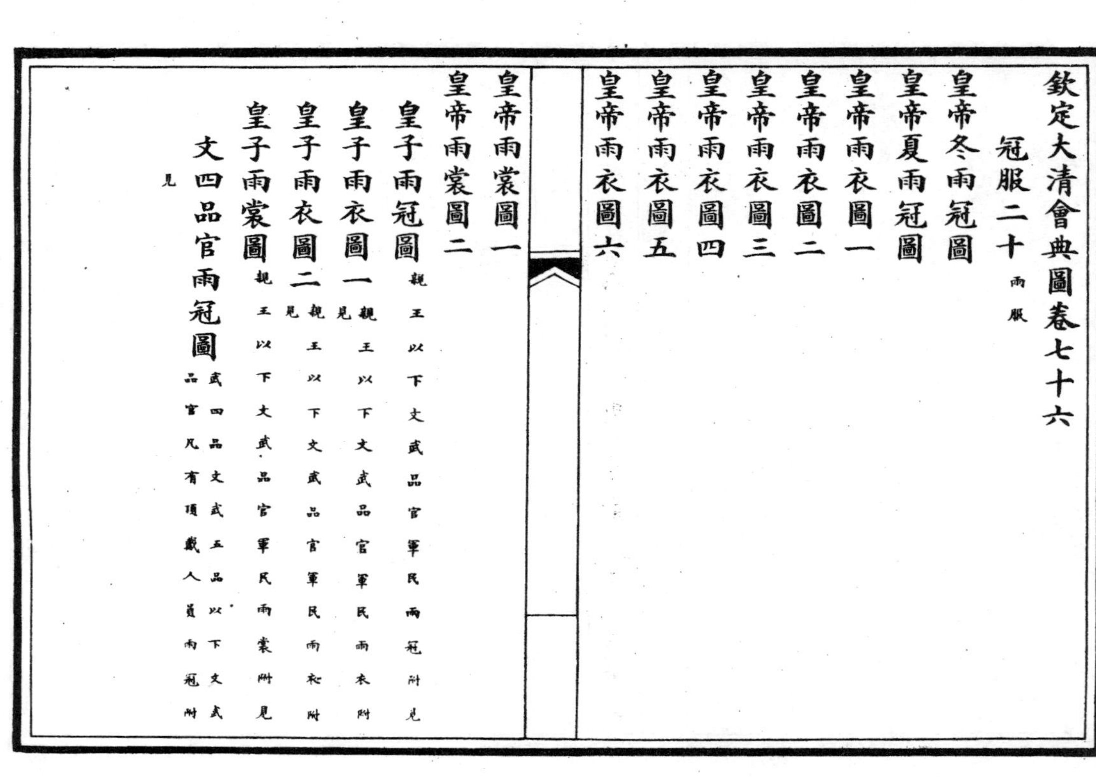

# 欽定大清會典圖卷七十六

## 冠服二十 雨服

皇帝冬雨冠圖

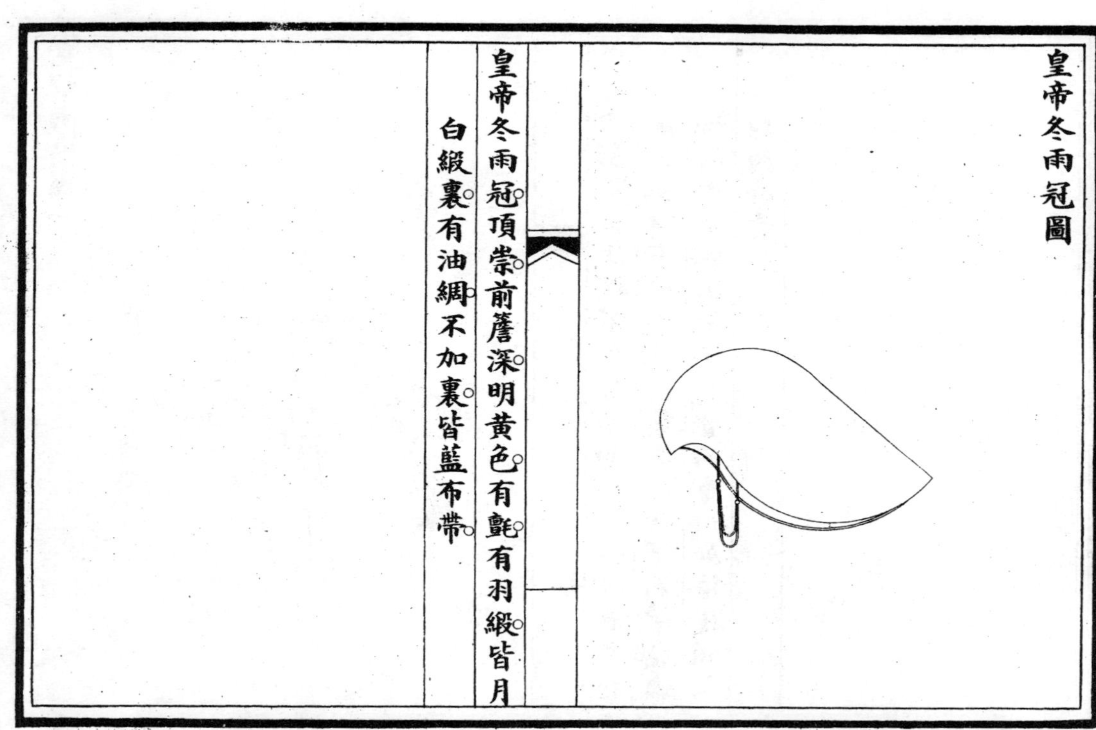

皇帝冬雨冠。頂崇。前簷深。明黃色。有氈。有羽緞。皆月白緞裏。有油綢。不加裏。皆藍布帶。

皇帝夏雨冠圖

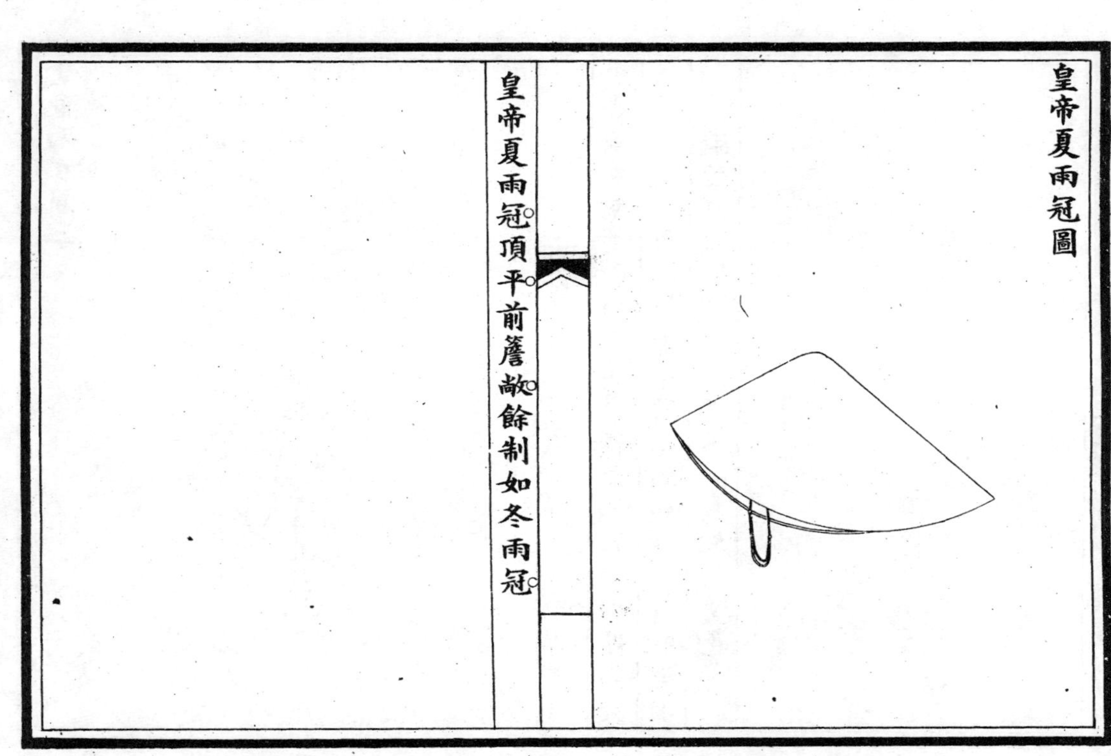

皇帝夏雨冠。頂平。前簷敞。餘制如冬雨冠。

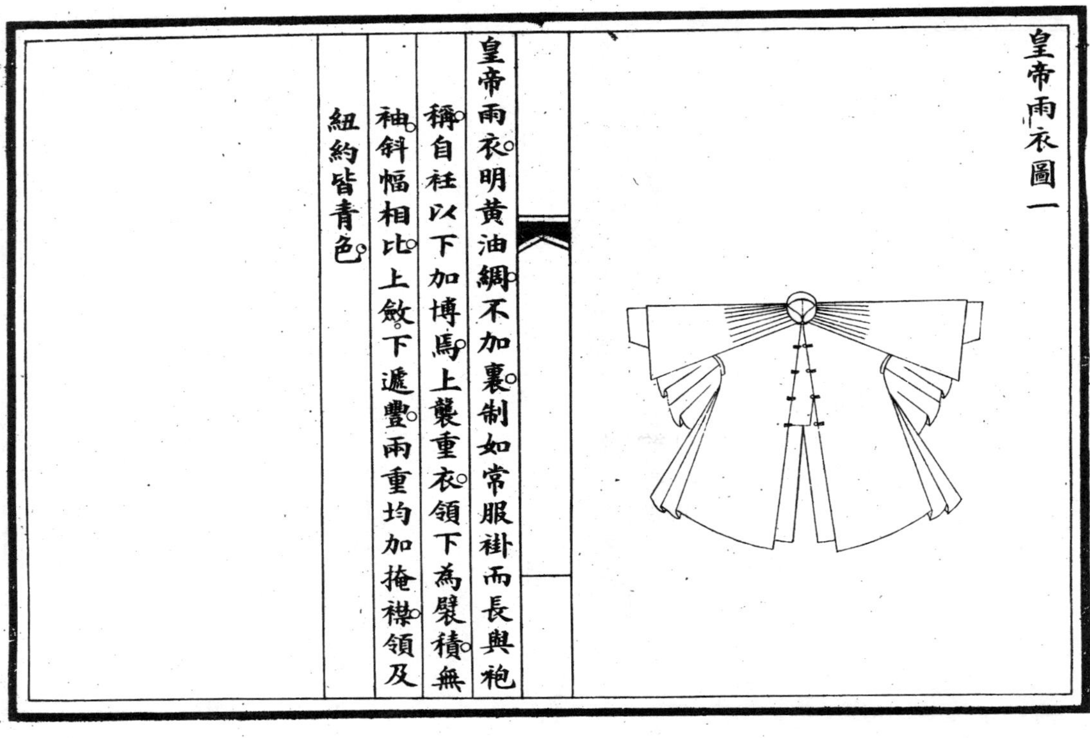

皇帝雨衣圖一

皇帝雨衣。明黄油綢。不加裏。制如常服褂而長與袍稱。自衽以下加博馬。上襞重衣。領下為襞積。無袖。斜幅相比。上斂。下邃。豐雨重均加掩襟。領及紐約皆青色。

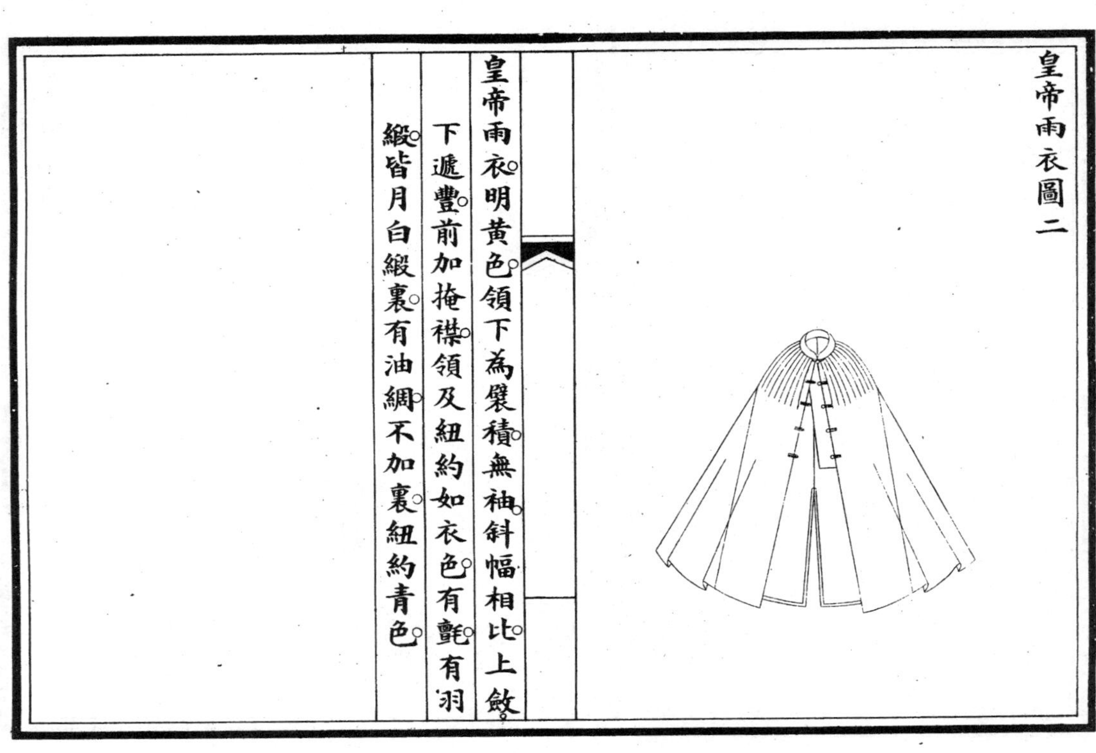

皇帝雨衣圖二

皇帝雨衣。明黄色。領下為襞積。無袖。斜幅相比。上斂。下邃。豐前加掩襟。領及紐約如衣色。有氈有羽緞。皆月白緞裏。有油綢不加裏。紐約青色。

皇帝雨衣圖三

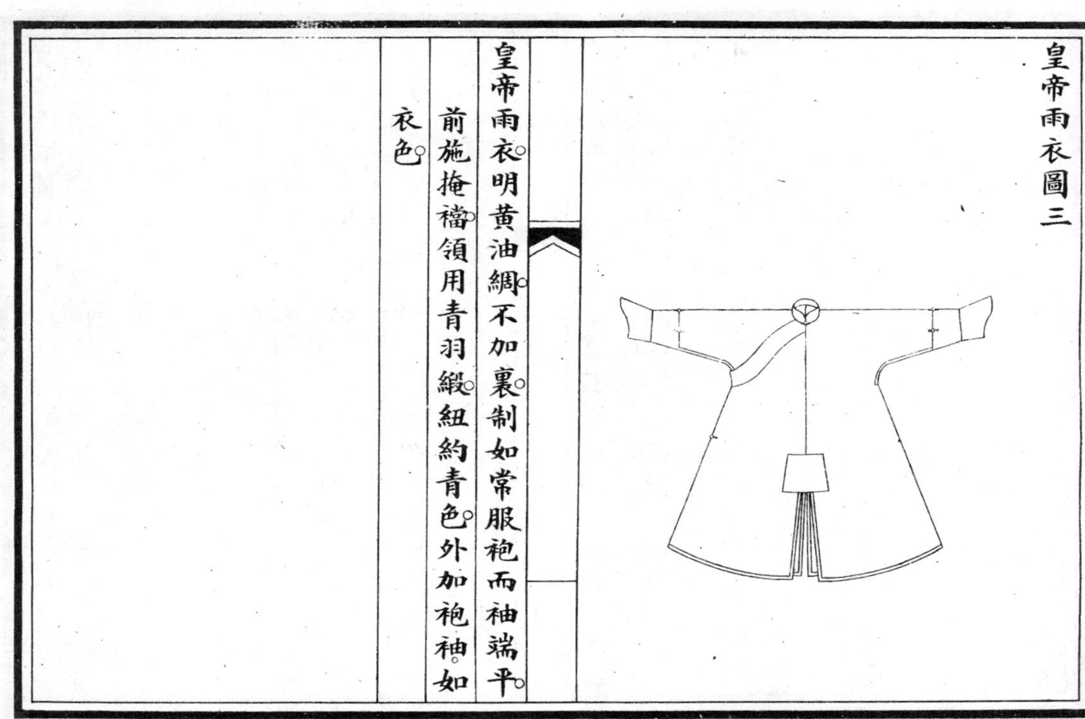

皇帝雨衣。明黃油綢。不加裏。制如常服袍而袖端平。前施掩襜。領用青羽緞。紐約青色。外加袍袖。如衣色。

皇帝雨衣圖四

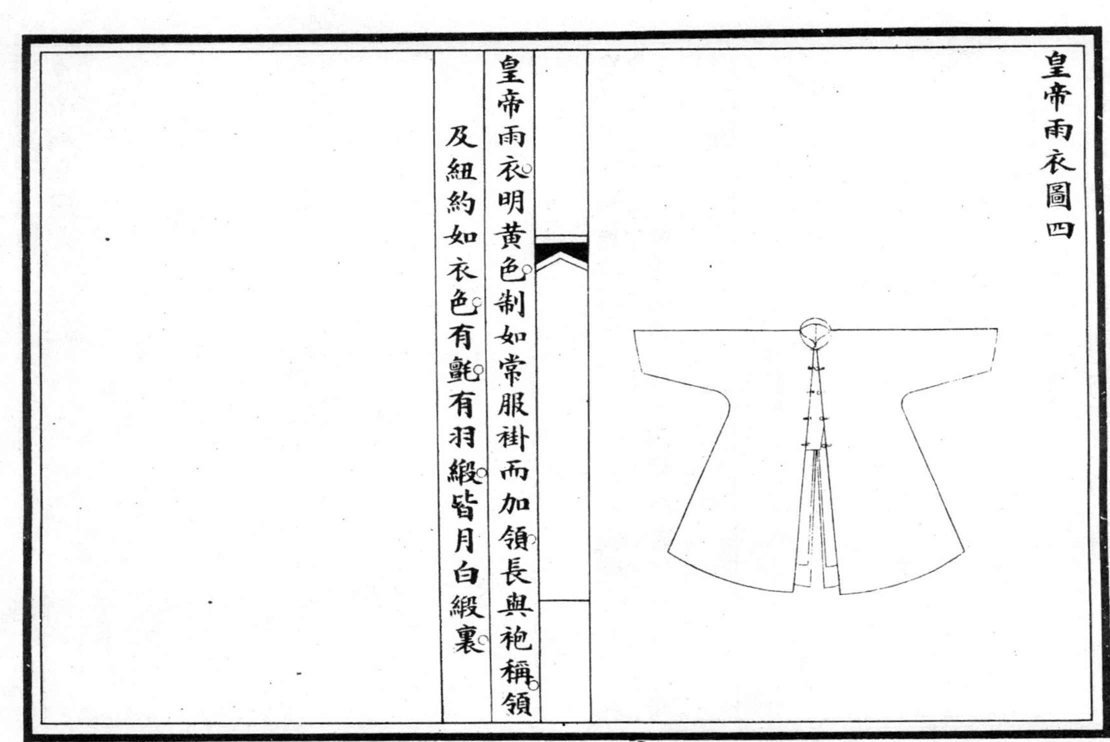

皇帝雨衣。明黃色。制如常服褂而加領。長與袍稱。領及紐約如衣色。有氈。有羽緞。皆月白緞裏。

皇帝雨衣圖五

皇帝雨衣。明黃色。制如常服褂而加領。長與坐齊。領及紐約如衣色。有氈有羽緞。皆月白緞裏。

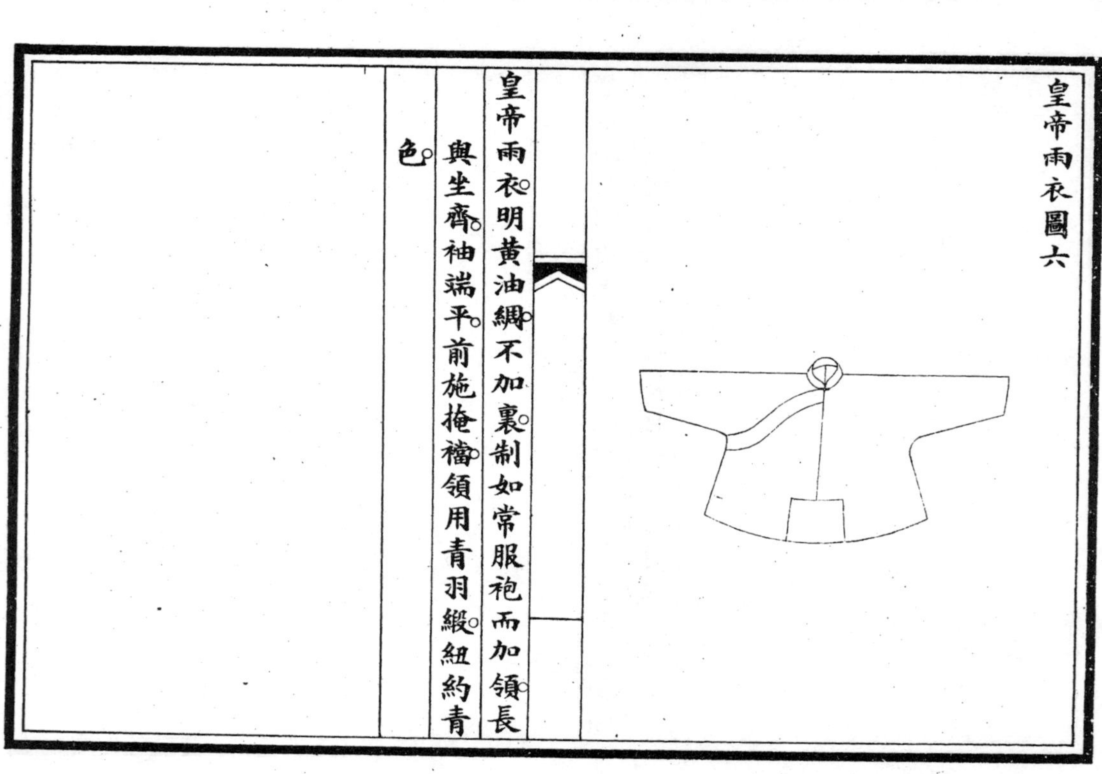

皇帝雨衣圖六

皇帝雨衣。明黃油綢。不加裏。制如常服袍而加領。長與坐齊。袖端平。前施掩襠。領用青羽緞。紐約青色。

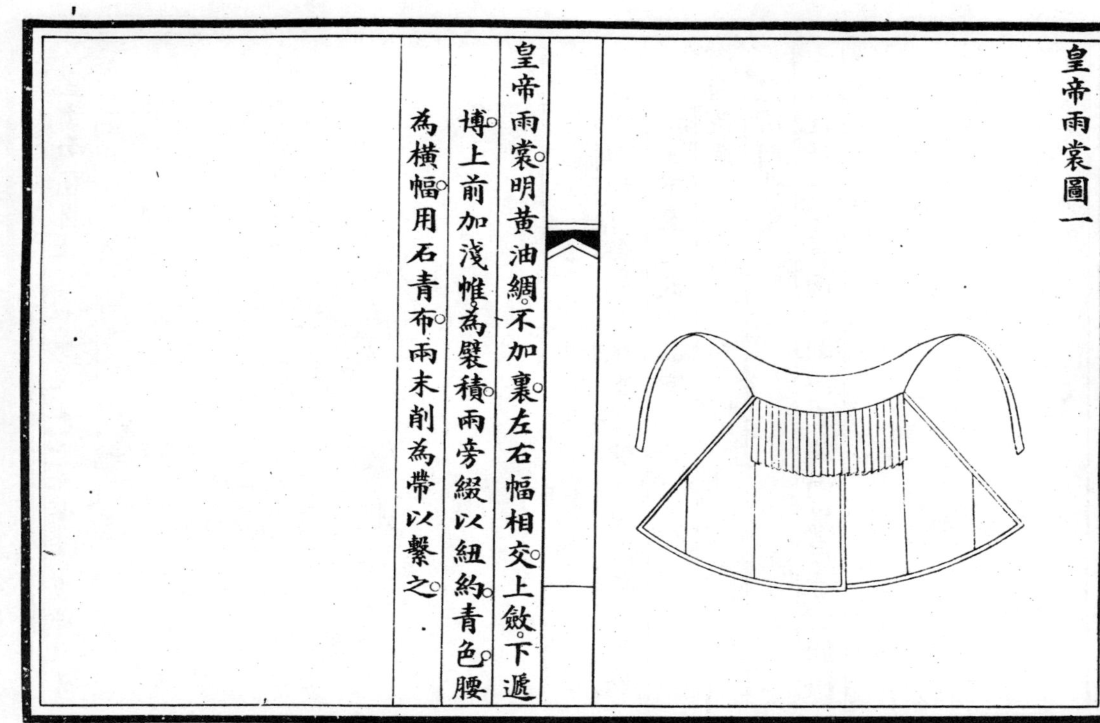

皇帝雨裳圖一

皇帝雨裳。明黃油綢。不加裏。左右幅相交。上斂。下遞博。上前加淺帷。為襞積。兩旁綴以紐約。青色腰為橫幅。用石青布。兩末削為帶以繫之。

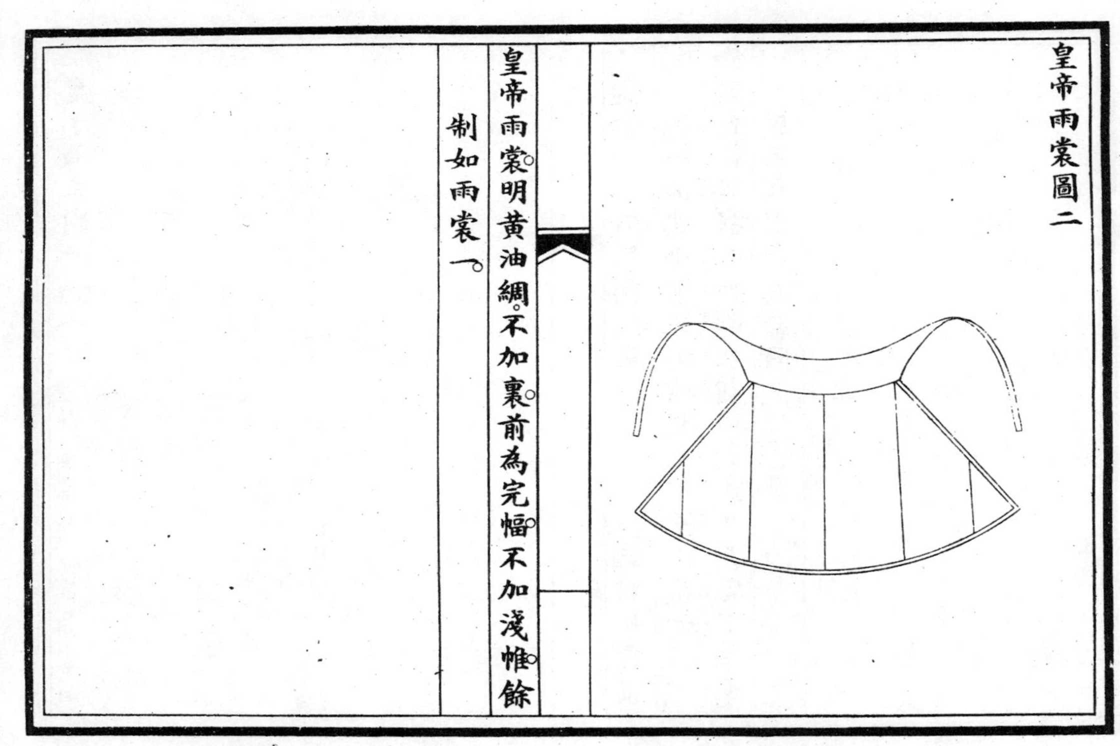

皇帝雨裳圖二

皇帝雨裳。明黃油綢。不加裏。前為完幅。不加淺帷。餘制如雨裳一。

## 皇子雨冠圖

親王以下文武品官軍民雨冠附見

皇子雨冠。用全紅色。氈及羽紗油綢。惟時。藍布帶。
親王下至文武三品官
御前侍衛
乾清門侍衛
內廷行走官員雨冠。制同。軍民雨冠。用青色。餘同。

## 皇子雨衣圖一

親王以下文武品官軍民雨衣附見

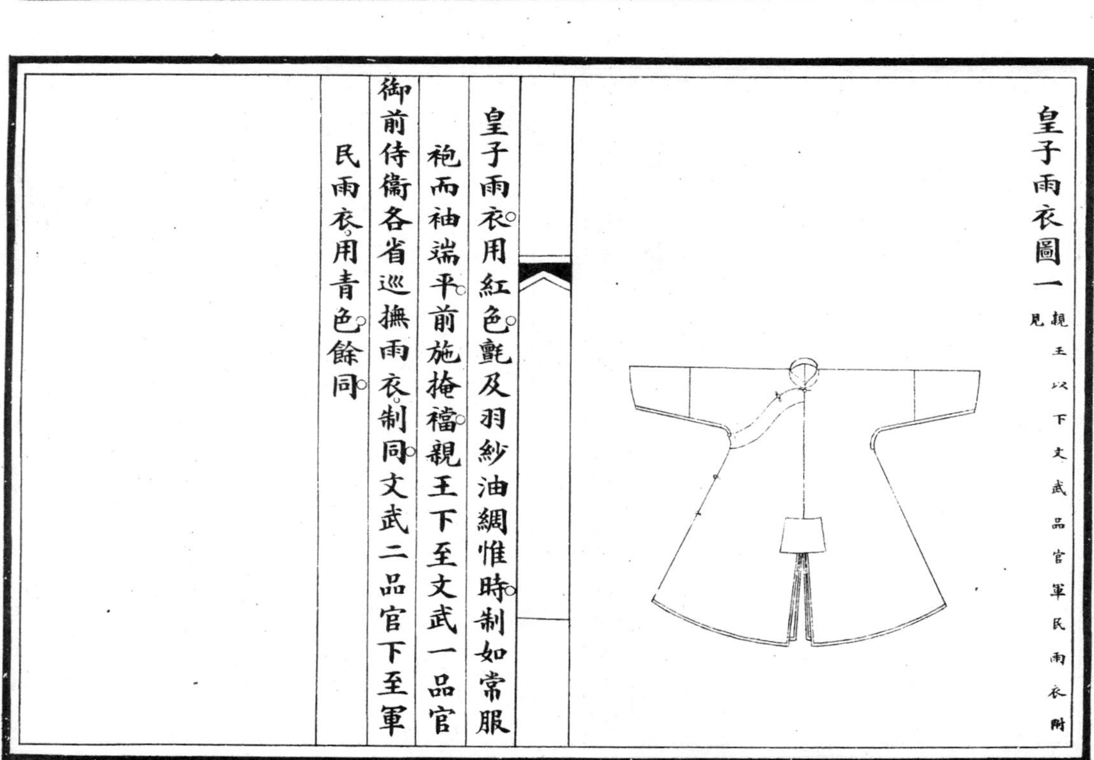

皇子雨衣。用紅色。氈及羽紗油綢。惟時。制如常服
袍而袖端平。前施掩襠。親王下至文武一品官
御前侍衛各省巡撫雨衣。制同。文武二品官下至軍
民雨衣。用青色。餘同。

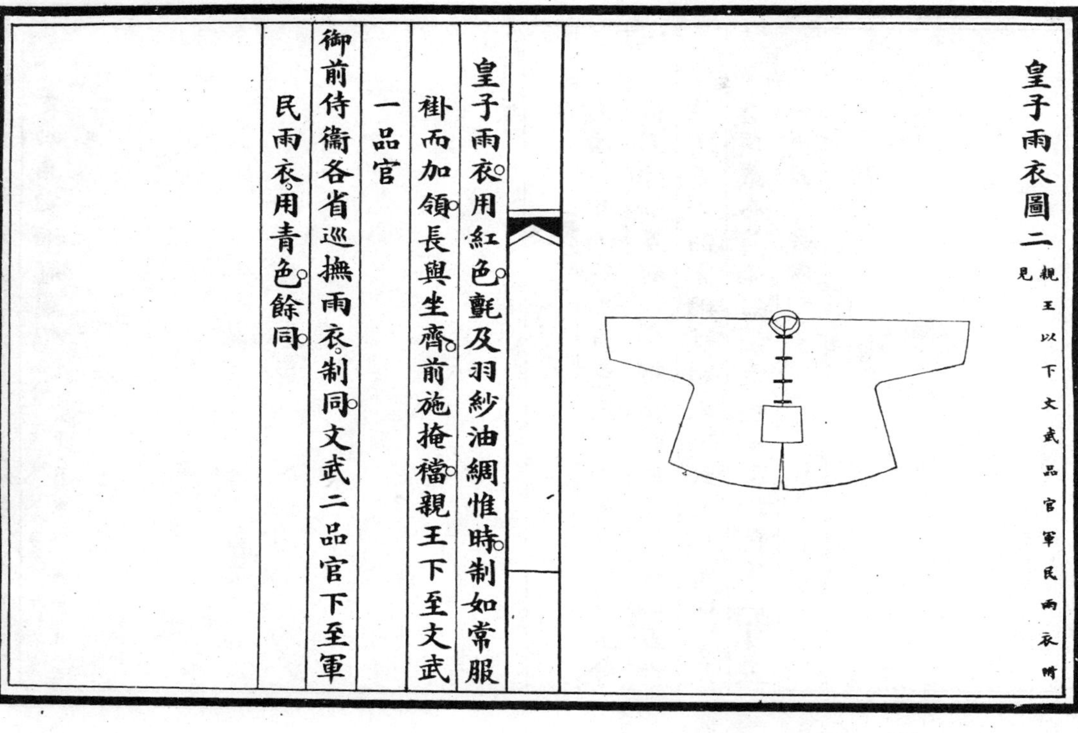

## 皇子雨衣圖二

親王以下文武品官軍民雨衣附見

皇子雨衣用紅色氈及羽紗油綢惟時制如常服褂而加領長與坐齊前施掩襠親王下至文武一品官

御前侍衛各省巡撫雨衣制同文武二品官下至軍民雨衣用青色餘同

## 皇子雨裳圖

親王以下文武品官軍民雨裳附見

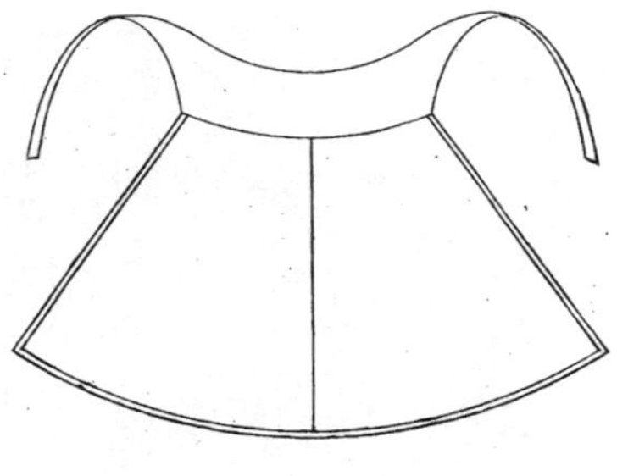

皇子雨裳用紅色氈及羽紗油綢惟時前為完幅腰為橫幅用石青布親王下至文武一品官

御前侍衛各省巡撫雨裳制同文武二品官下至軍民雨裳用青色餘同

文四品官雨冠圖武四品文武五品以下文武品官凡有頂戴人員雨冠附見

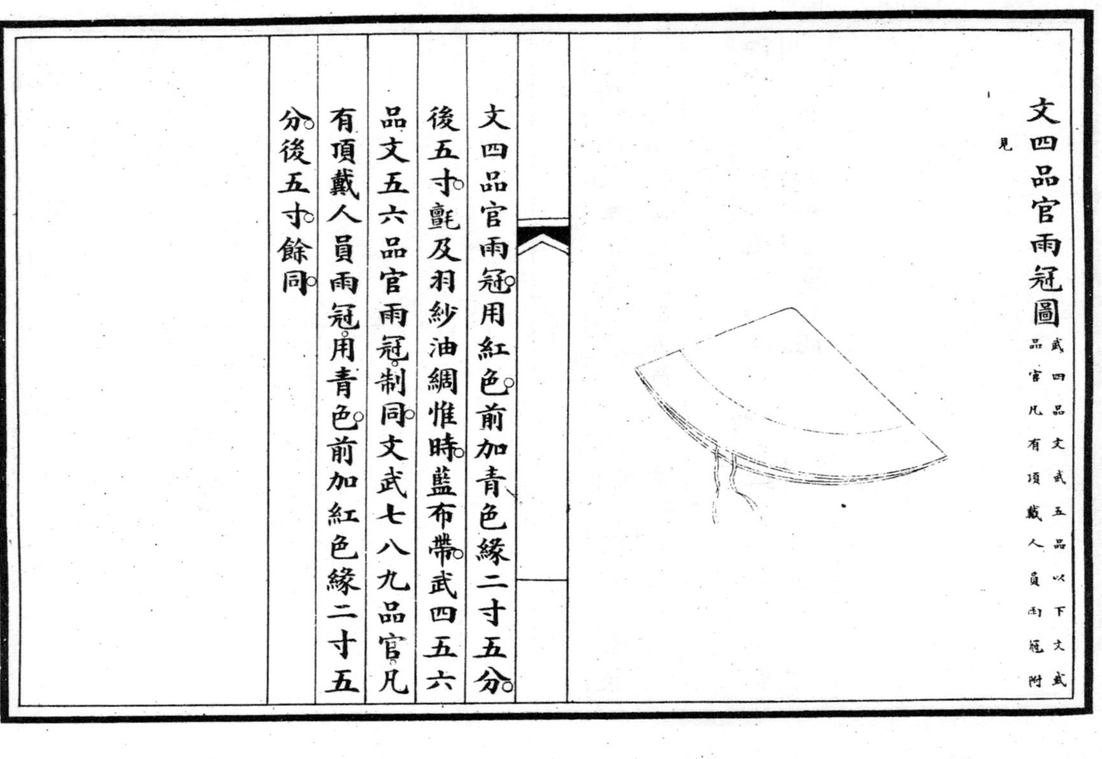

文四品官雨冠。用紅色。前加青色緣二寸五分。後五寸。氈及羽紗油綢惟時。藍布帶。武四五六品文五六品官雨冠。制同。文武七八九品官。凡有頂戴人員雨冠。用青色。前加紅色緣二寸五分。後五寸。餘同。

欽定大清會典圖卷七十七

輿衛一　鹵簿一

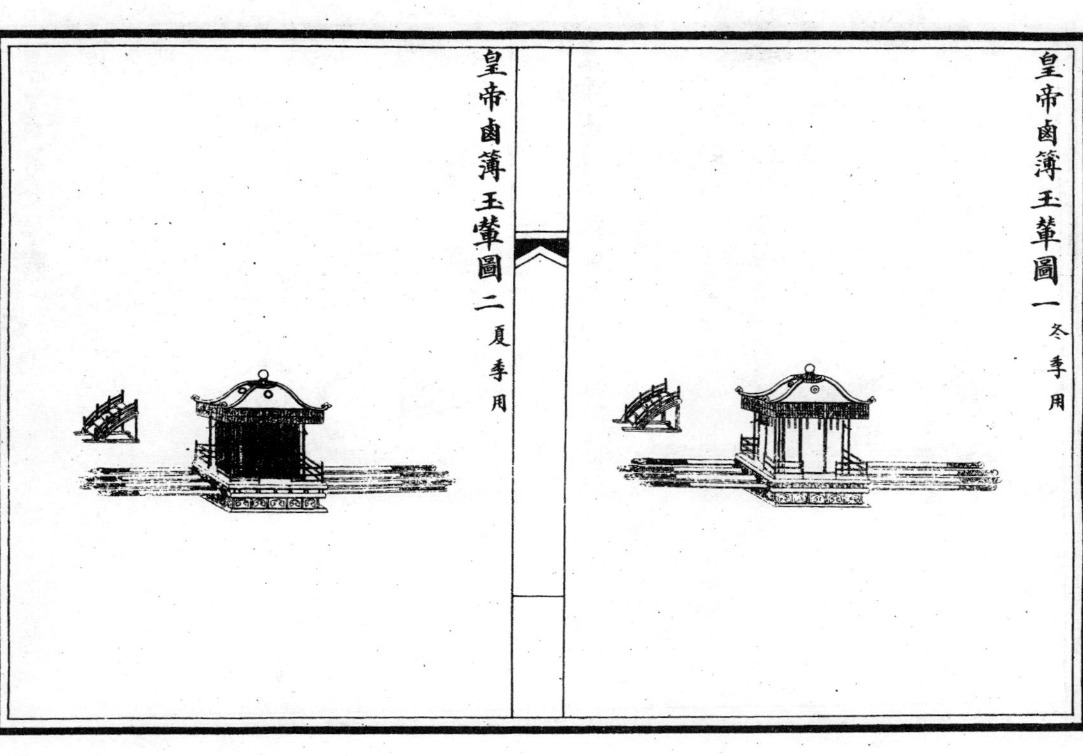
皇帝鹵簿玉輦圖一冬季用

皇帝鹵簿玉輦圖二夏季用

皇帝鹵簿玉輦。木質髹朱。圓蓋。方軫。通高一丈一尺一寸。蓋高二尺。飾以青。銜玉圓版。四冠金圓頂七寸。鏤金垂雲承之。曲梁四垂。端為金雲葉。檐方徑六尺一寸。青緞重檐。各深五寸五分。周為襞積。繡金雲龍。繫黃絨紃。四屬於座隅。四柱高五尺三寸。相距各五尺。繪雲龍。門高四尺八寸。闊二尺三寸五分。冬垂青氊幃。夏易朱簾。黑緞緣。四面各三。座高二尺四寸。下方七尺七寸。上方七尺六寸。綴版二層。上繪采雲。下繪金雲。環以朱闌。飾閒金采。其高一尺六寸八分。各闢其中二尺一寸。闌內周布花毯。中設金雲龍寶座高一尺三寸。闊二尺七寸。左列銅鼎。右植服劍轅四。內二轅長三丈八寸五分。外二轅長二丈九尺。兩端銜金龍首尾。升用納陛五級。左右闌皆髹朱飾金采。舁以三十六人。

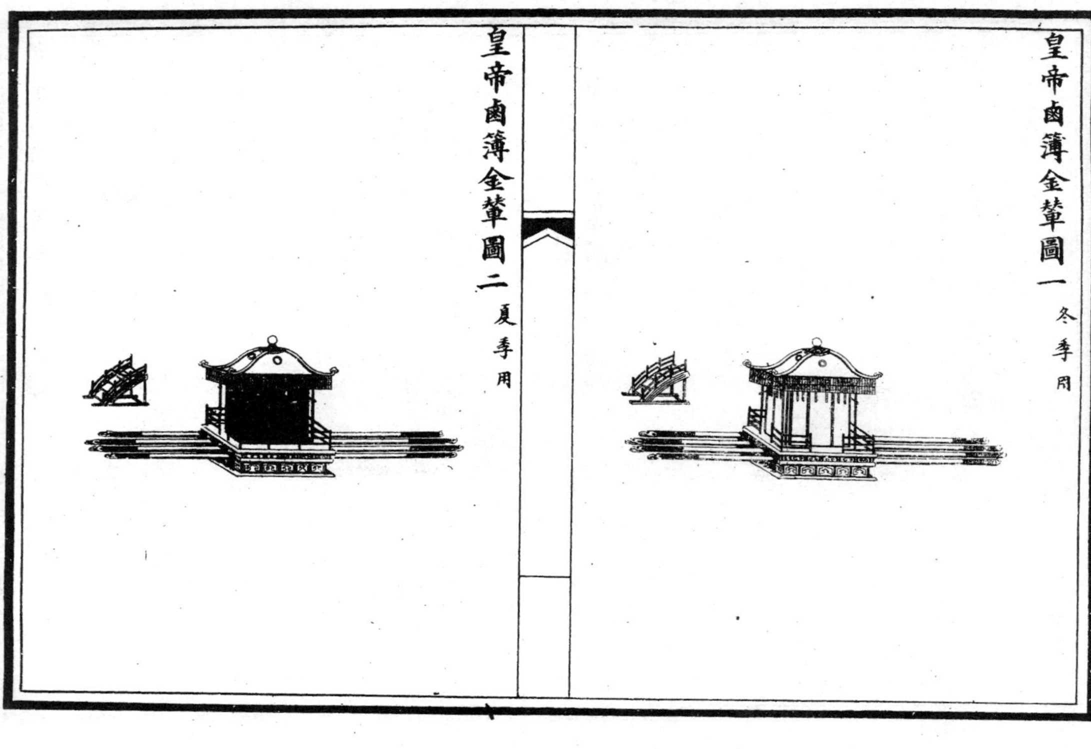

皇帝鹵簿金輦圖一　冬季用

皇帝鹵簿金輦圖二　夏季用

皇帝鹵簿金輦。圖蓋方軫。通高一丈五寸。蓋高一尺九寸。飾以泥金。銜金圓版四。冠金圓頂一。檐徑七尺一寸。黃緞重檐。各深五寸。柱高五尺。相距各四尺九寸。門高四尺七寸五分。闊二尺二寸五分。冬垂黃氊幃。夏易朱簾。黑緞緣。四面各三牖。下方七尺五寸。上方七尺三寸。環以朱闌其高一尺三寸。各闕其中二尺三寸。轅四。內二轅長二丈八尺一寸。外二轅長二丈六尺一寸。舁以二十八人。餘如玉輦之制。

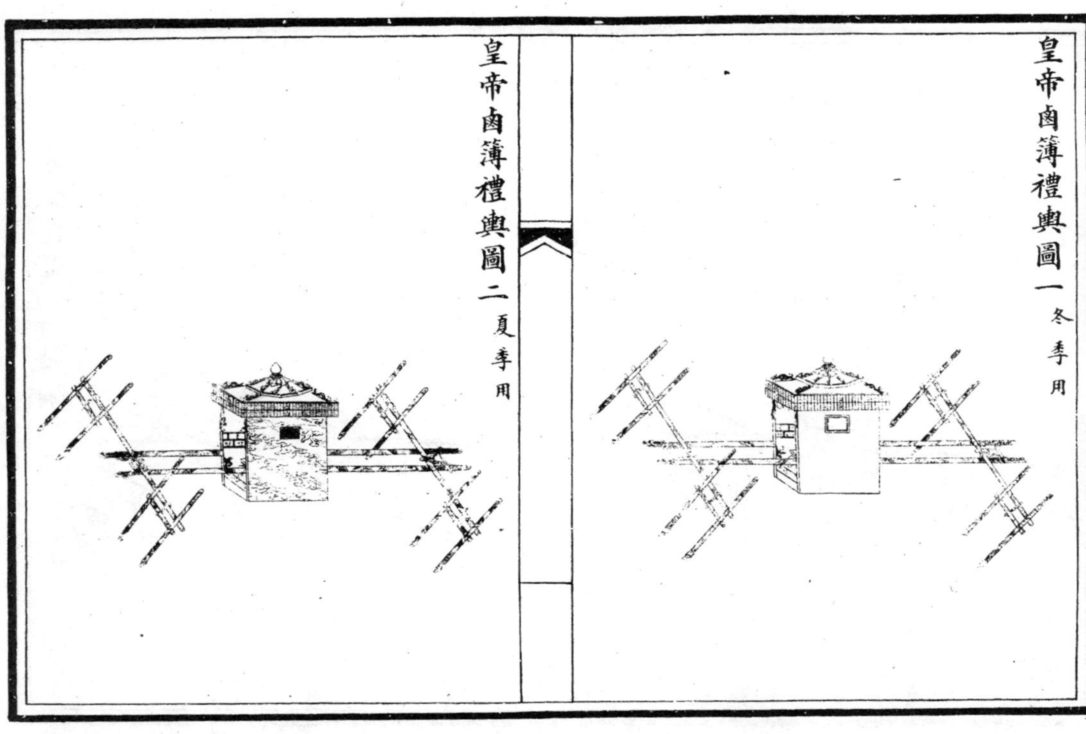
皇帝鹵簿禮輿圖一　冬季用

皇帝鹵簿禮輿圖二　夏季用

皇帝鹵簿禮輿。桐質。通高六尺三寸。上為穹蓋二層。高一尺三寸。上層八角。飾金行龍。下四角。飾亦如之。冠金圓頂八寸九分。鏤金垂雲承之。銜以雜寶。檐縱四尺七寸。橫三尺五寸。明黃緞重檐。各深八寸五分。繡金雲龍。四柱各高五尺。縱距三尺九寸。橫三尺。飾蟠龍。門端及左右闌飾雲龍。皆鏤金。內為金龍寶座。高一尺七寸。縱二尺一寸。橫二尺七寸。倚高二尺二寸。幃用明黃雲緞紗氊。各惟其時。左右啟牖。冬以玻璃。夏以藍紗。直轅二。各長一丈七尺六寸五分。大橫杆二。各長九尺。小橫杆四。各長二尺二寸五分。肩杆八。各長五尺八寸。皆髹朱繪金雲龍。橫鈷以銅。縱加金龍首尾。舁以十六人。

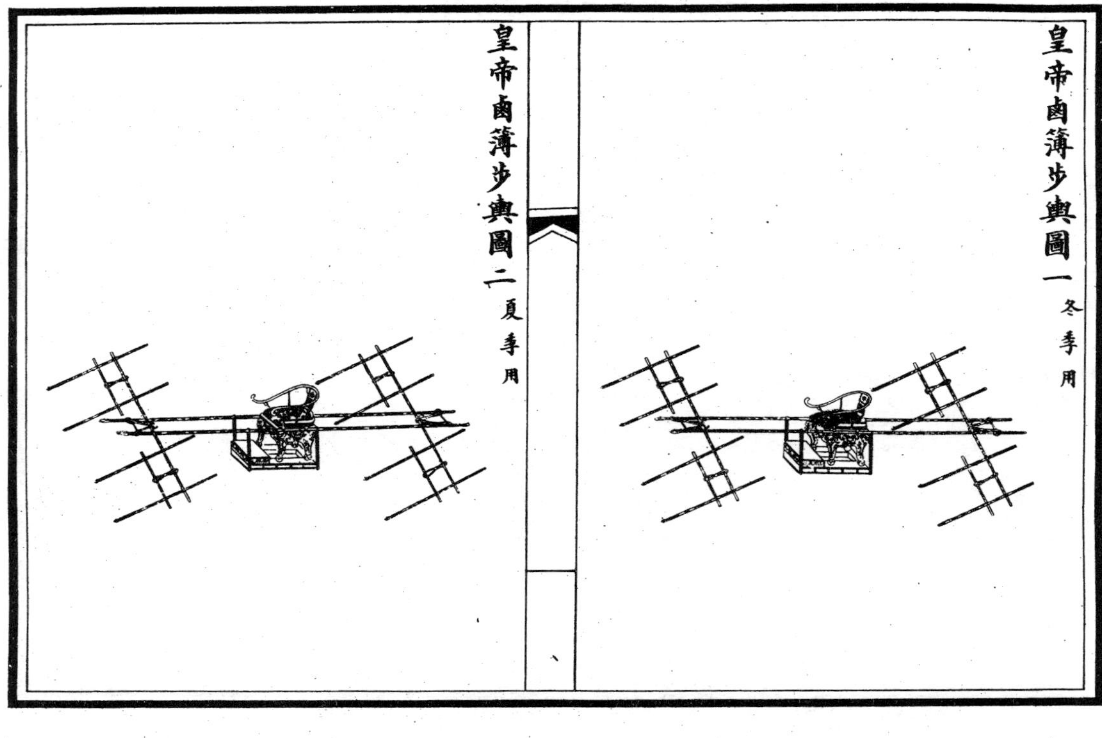


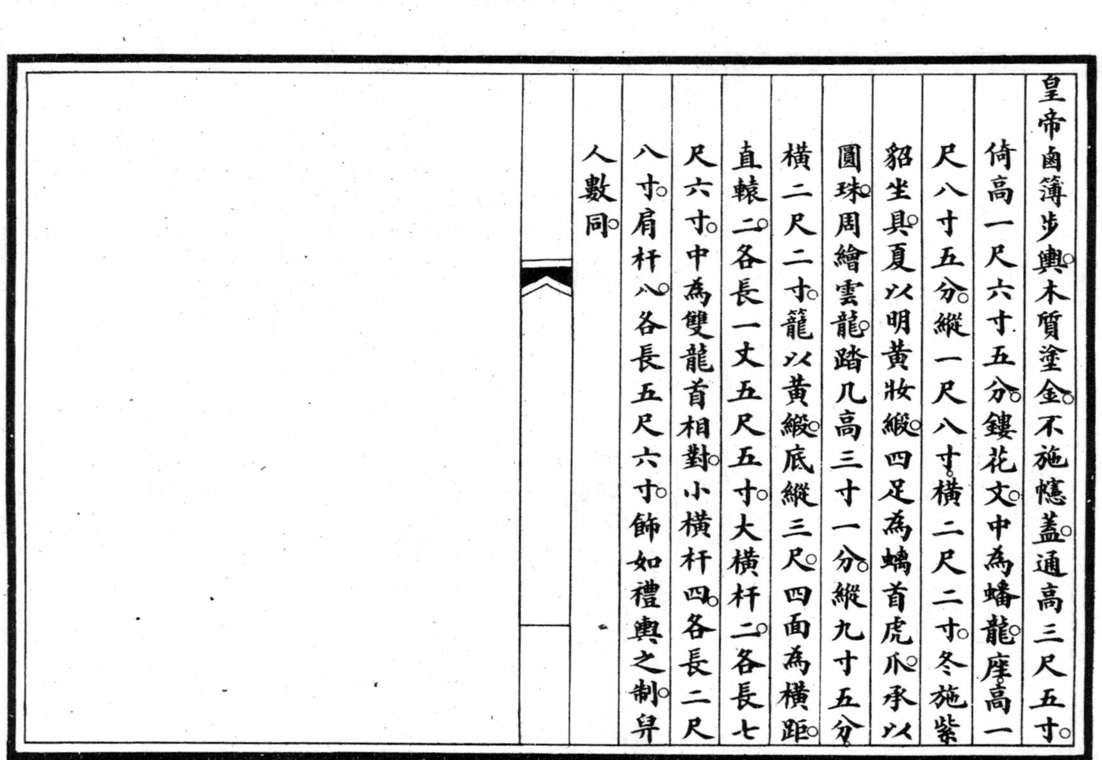
皇帝鹵簿步輿。木質塗金。不施幰蓋。通高三尺五寸。倚高一尺六寸五分。鏤花文。中為蟠龍。座高一尺八寸五分。縱一尺八寸。橫二尺二寸。冬施紫貂坐具。夏以明黃妝緞。四足為螭首虎爪。承以圓珠。周繪雲龍。踏几高三寸一分。縱九寸五分。橫二尺二寸。籠以黃緞。底縱三尺。四面為橫距。直轅二。各長一丈五尺五寸。大橫杆二。各長七尺六寸。中為雙龍首相對。小橫杆四。各長二尺八寸。肩杆八。各長五尺六寸。飾如禮輿之制。舁人數同。

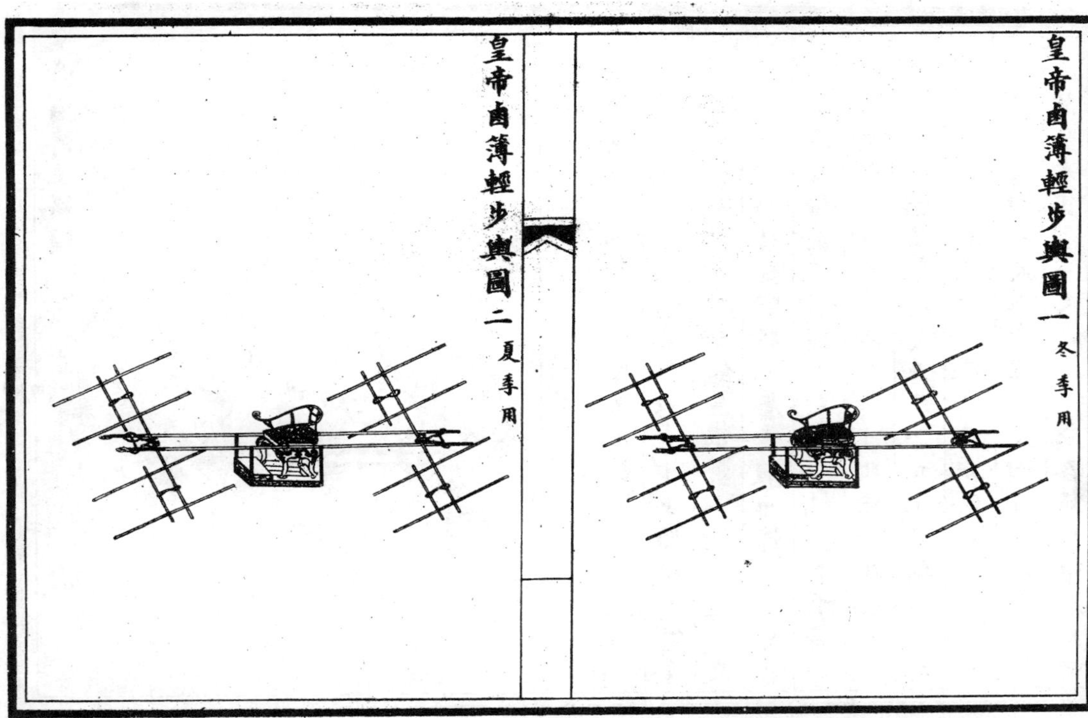


皇帝鹵簿輕步輿。木質髹朱。不施幰蓋。通高三尺四寸。倚高一尺五寸八分。象牙為之。座高一尺八寸二分。縱一尺八寸三分。橫二尺二寸。踏几高三寸。縱九寸。橫二尺一寸五分。髹以金。直轅二。各長一丈五尺四寸五分。加銅龍首尾。大橫杆二。各長九尺一寸。小橫杆四。各長二尺八寸四分。肩杆八。各長五尺八寸五分。皆鈷以銅。餘如步輿之制。舁人數同。

皇帝鹵簿玉輅圖

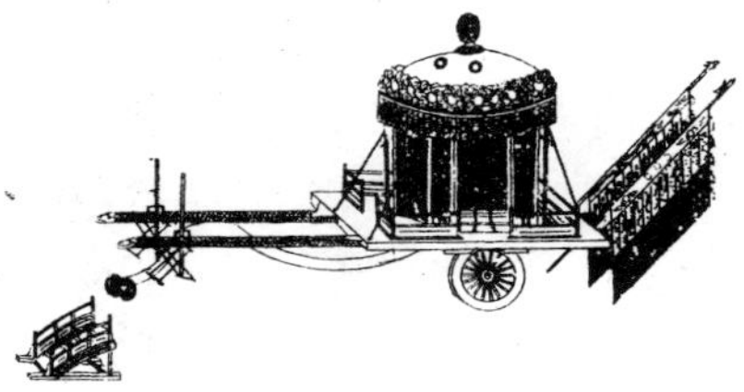

皇帝鹵簿玉輅木質髤朱圓蓋方軫通高一丈二尺一寸蓋高三尺一分飾以青銜玉圓版四冠金圓頂一尺二寸九分鏤金垂雲承之檐徑八尺一寸周貼鏤金雲版三層青緞垂幨亦三層各深五寸繡金雲龍間以羽文繫繡金青緞帶四屬於軫四柱各高六尺七寸九分相距各五尺六寸繪以金龍門高五尺一寸九分闊二尺四寸九分左右門闊二尺二寸五分垂朱簾四面各三座縱八尺五寸横八尺四寸環以朱闌飾間金采其高一尺六寸五分各闕其中二尺四寸闌内周布花毯中設金雲龍寶座高一尺三寸闊二尺九寸兩輪徑各三尺三寸各十有八輻鏤花飾金貫以軸轅二長二丈二尺九寸五分兩端飾金龍首尾軫長一丈一尺一寸五分徑八尺四寸後建太常十有二斿用青緞縿徑六尺六寸繡日月五星斿徑四尺七寸五分繡二十八宿裏俱繡金龍下垂五采流蘇杆攢竹髤朱左加闌戟右飾龍首並綴朱旄五垂青綏升用納陛五級左右闌皆髤朱亦飾金采駕象一靷以朱絨紃陳設時以行馬二承轅亦髤朱直杆兩端鉆以銅

## 皇帝鹵簿金輅圖

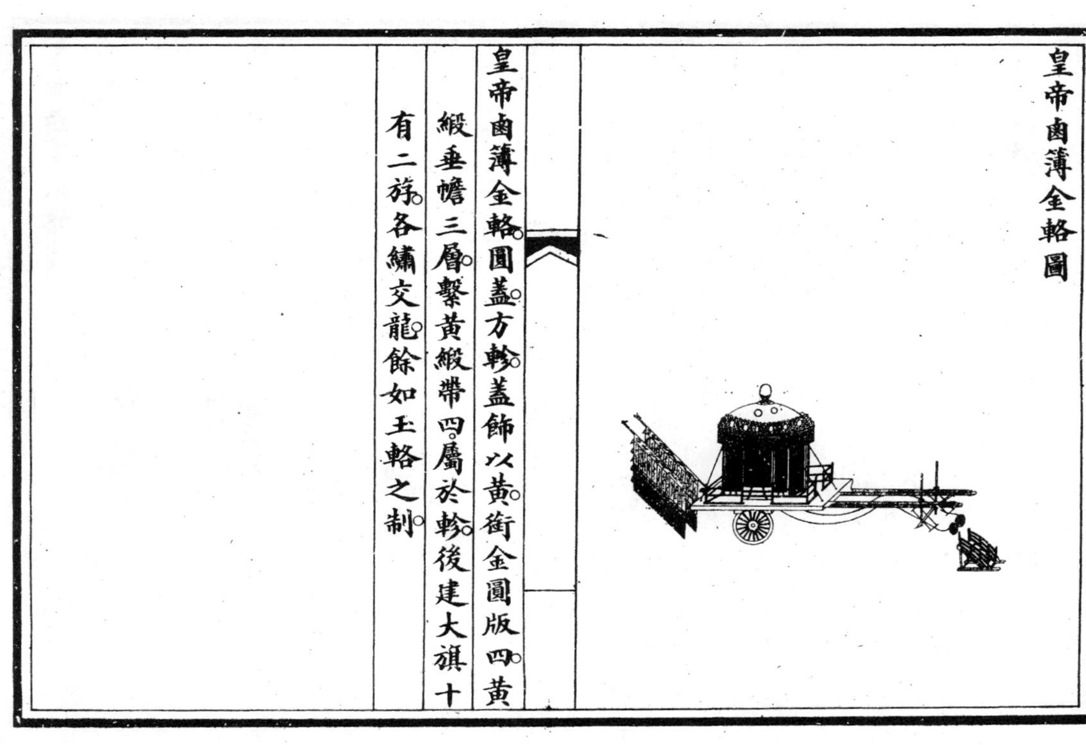

皇帝鹵簿金輅。圓蓋。方軫。蓋飾以黃。銜金圓版四。黃緞垂幨三層。繫黃緞帶四。屬於軫。後建大旂十有二斿。各繡交龍。餘如玉輅之制。

## 皇帝鹵簿象輅圖

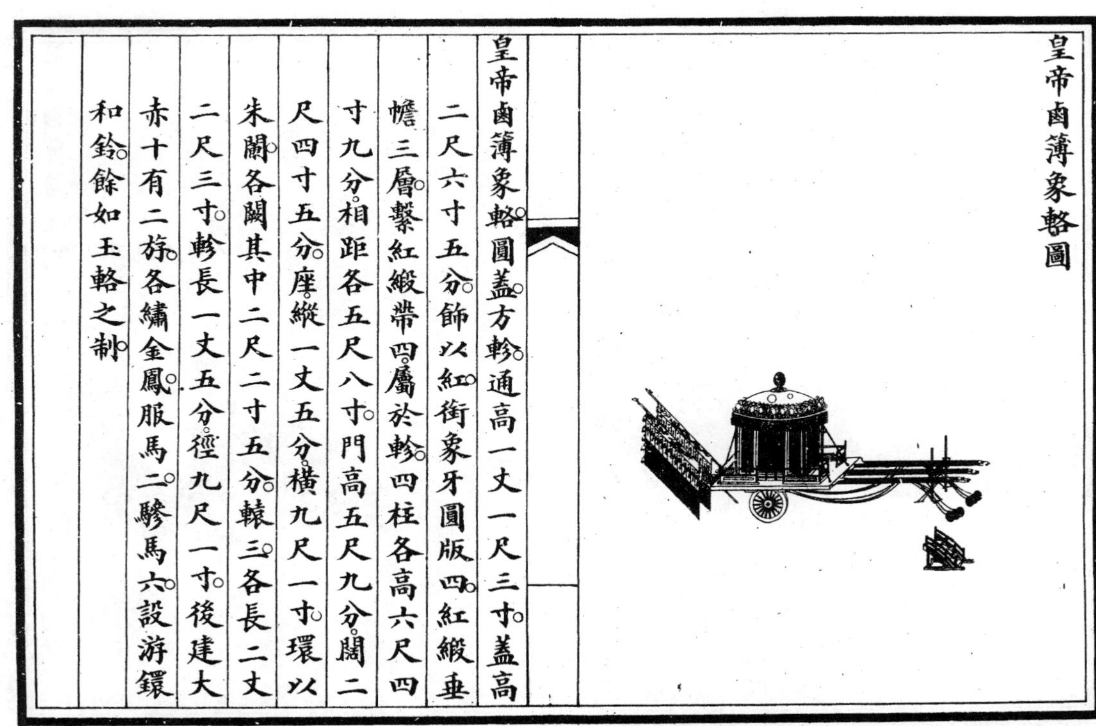

皇帝鹵簿象輅。圓蓋。方軫。通高一丈一尺三寸。蓋高二尺六寸五分。飾以紅。銜象牙圓版四。紅緞垂幨三層。繫紅緞帶四。屬於軫。四柱各高六尺四寸九分。相距各五尺八寸。門高五尺九分。闊二尺四寸五分。座縱一丈五分。横九尺一寸。環以朱闌。各闊其中二尺二寸五分。轅三。各長二丈二尺三寸。軫長一丈五分。徑九尺一寸。後建大赤十有二斿。各繡金鳳。服馬二。驂馬六。設游環和鈴。餘如玉輅之制。

## 皇帝鹵簿木輅圖

皇帝鹵簿木輅圓蓋方軫通高一丈一尺六寸五分蓋高二尺六寸一分飾以黑銜花梨圓版四黑緞垂幨三層繫黑緞帶四屬於軫四柱各高六尺五分相距各五尺一寸門高五尺二寸闊二尺二寸五分左右門闊二尺二寸座縱九尺橫八尺八寸環以朱闌各闕其中二尺二寸轅三各長二丈一尺軫長九尺徑八尺八寸後建大麾十有二斿各繡神武服馬二驂馬四設游鐶和鈴餘如玉輅之制

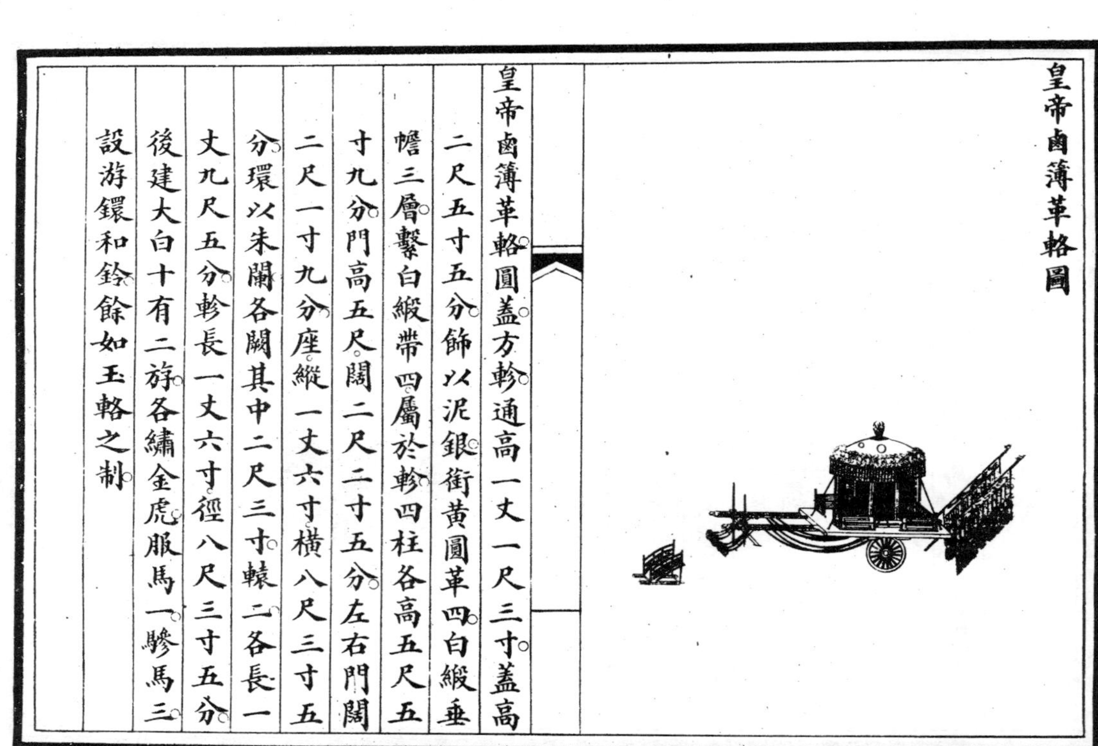

## 皇帝鹵簿革輅圖

皇帝鹵簿革輅圓蓋方軫通高一丈一尺三寸蓋高二尺五寸五分飾以泥銀銜黃圓革四白緞垂幨三層繫白緞帶四屬於軫四柱各高五尺五寸九分門高五尺闊二尺二寸五分左右門闊二尺一寸九分座縱一丈六寸橫八尺三寸五分環以朱闌各闕其中二尺三寸轅二各長一丈九尺五分軫長一丈六寸徑八尺三寸五分後建大白十有二斿各繡金虎服馬一驂馬三設游鐶和鈴餘如玉輅之制

# 欽定大清會典圖卷七十八

## 輿衛二 鹵簿二



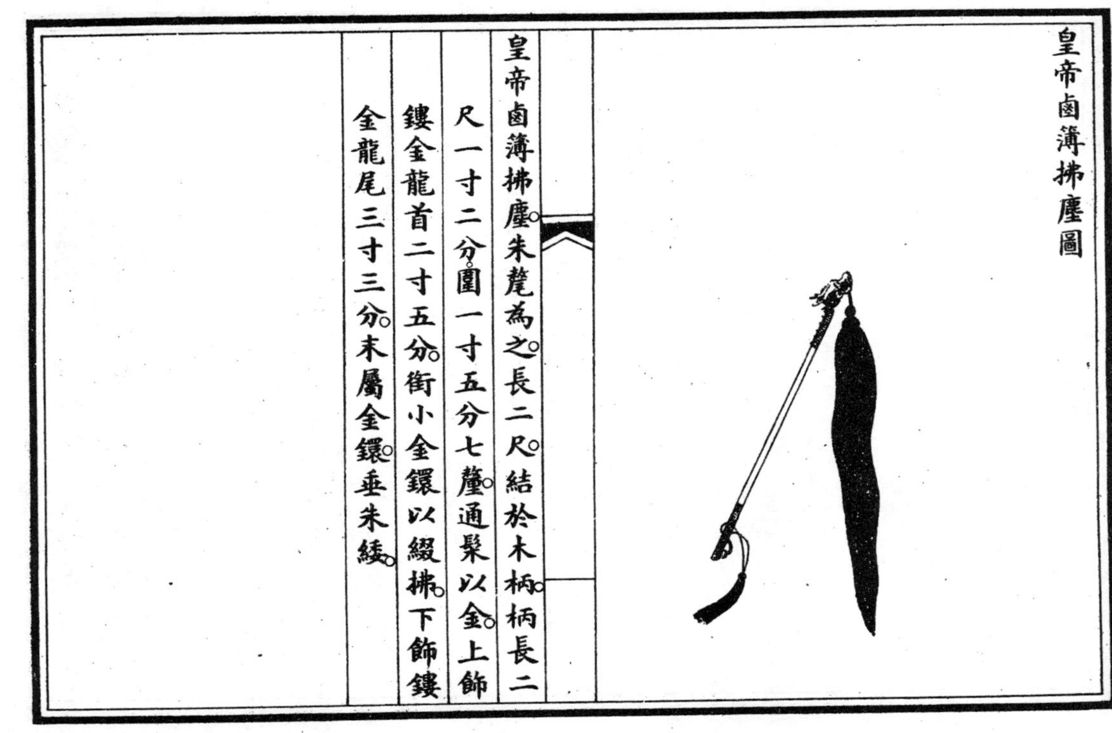

皇帝鹵簿拂塵圖

皇帝鹵簿拂塵。朱氂為之。長二尺。結於木柄。柄長二尺一寸二分。圍一寸五分七釐。通髹以金。上飾鏤金龍首二寸五分。銜小金鐶以綴拂。下飾鏤金龍尾三寸三分。末屬金鐶。垂朱綫。

皇帝卤簿提鑪圖

皇帝卤簿提鑪。范金爲之。形圜。有蓋。通高七寸八分。深四寸六分。口徑三寸二分。腹圍一尺七寸六分。頂鈒花文。銜珊瑚耳。爲雙龍。三足各高一寸二分。蓋高二寸。徑與口徑同。環鏤芙蕖。下垂雲葉。頂鏤蟠龍。提以金索四。三屬於鑪。一屬於蓋。並繫雲葉。上提杆。攢竹髹朱。長四尺五寸。圍三寸一分。四稜。兩端飾金龍首尾。上綴金鉤以懸鑪。行則提之。陳設時。承以八角盤。口徑一尺三寸五分。底徑一尺一寸一分。通髹朱繪金花文。置方几上。几高一尺四寸五分。上徑一尺四寸四分。下徑一尺四寸八分。四足鏤螭首虎爪。承以圓珠。下周横距。通髹以朱。繪金流雲火珠。

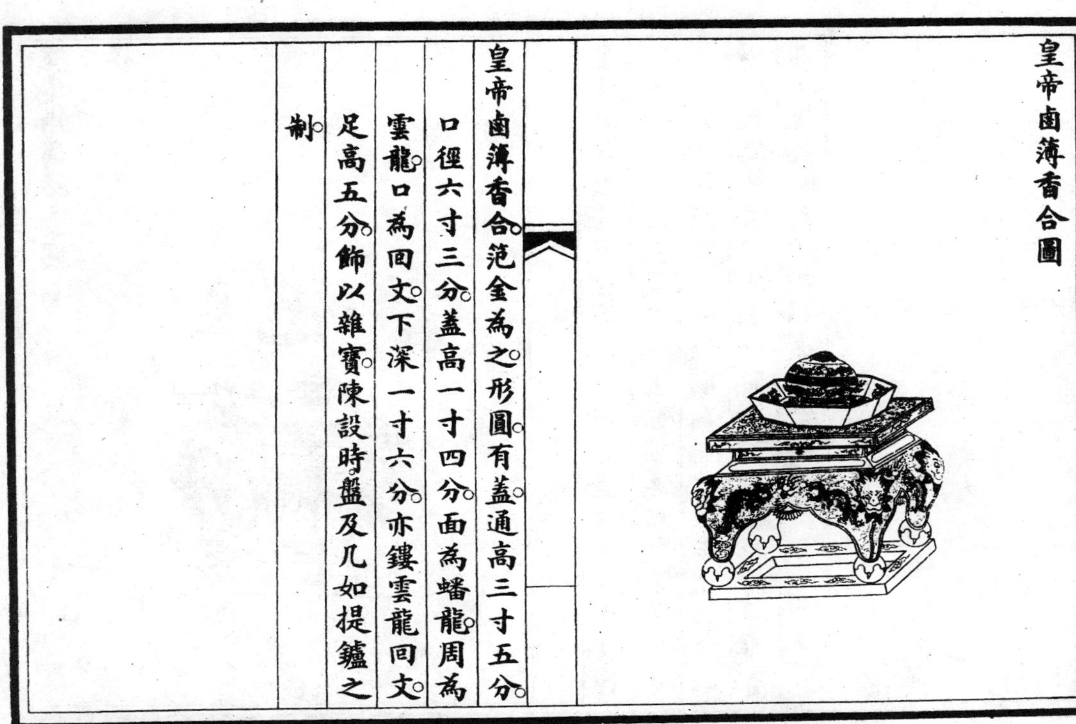


皇帝鹵簿香合。范金爲之。形圓。有蓋。通高三寸五分。口徑六寸三分。蓋高一寸四分。面爲蟠龍。周爲雲龍。口爲回文。下深一寸六分。亦鏤雲龍回文。足高五分。飾以雜寶。陳設時。盤及几如提鑪之制。

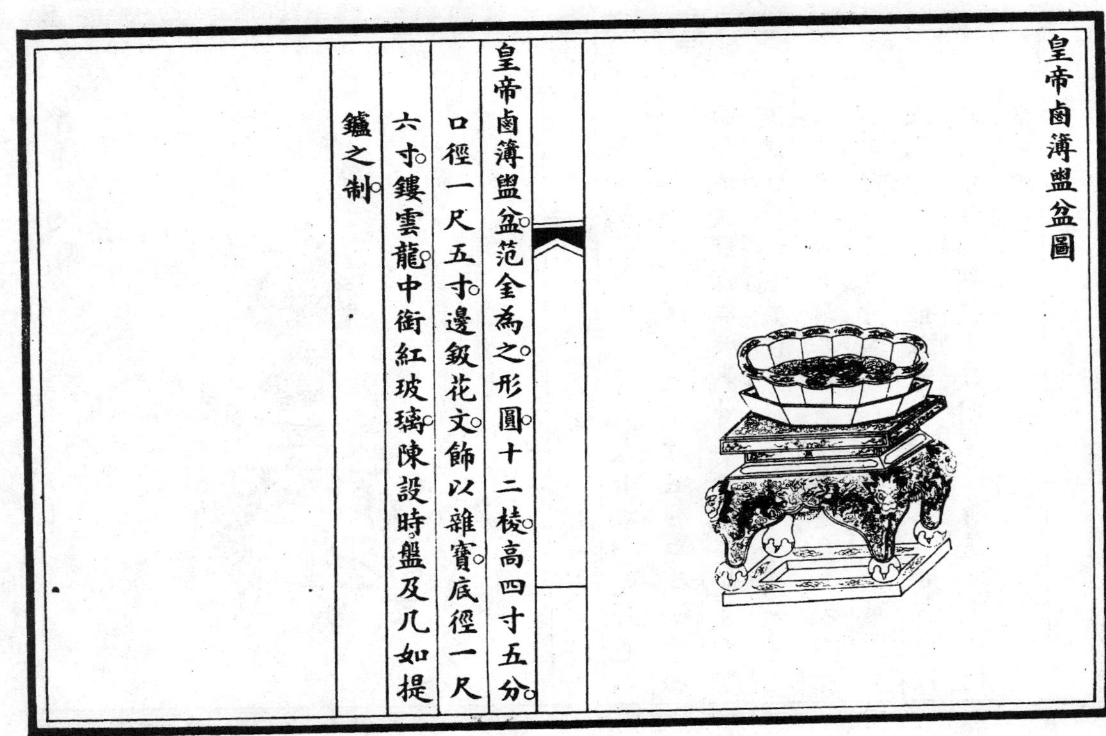


皇帝鹵簿盥盆。范金爲之。形圓。十二棱。高四寸五分。口徑一尺五寸。邊鈒花文。飾以雜寶。底徑一尺六寸。鏤雲龍。中銜紅玻璃。陳設時。盤及几如提鑪之制。

皇帝鹵簿唾壺圖

皇帝鹵簿唾壺。范金爲之。形圓有蓋。通高五寸。口徑一寸五分。蓋高二寸五分。頂爲蟠龍。下深二寸五分。底徑二寸一分。座高四寸。徑三寸三分。四足鏤螭首虎爪。承以圓珠。下周橫距。飾以雜寶。陳設時。盤及几如提鑪之制。

皇帝鹵簿水瓶圖

皇帝鹵簿水瓶。范金爲之。有蓋。大小各一。大者通高一尺五寸七分。深一尺三寸五分。口徑四寸四分。鈒花文。腹圍二尺八寸八分。鈒雲龍火珠。下爲波文。耳爲螭首銜鐶。底徑七寸。蓋高一寸五分。徑九寸四分。飾以雜寶。小者通高一尺四寸五分。深一尺二寸五分。口徑四寸一分。腹圍二尺六寸六分。底徑五寸四分。蓋高一寸五分。徑八寸六分。形制花文皆同。陳設時。盤及几如提鑪之制。

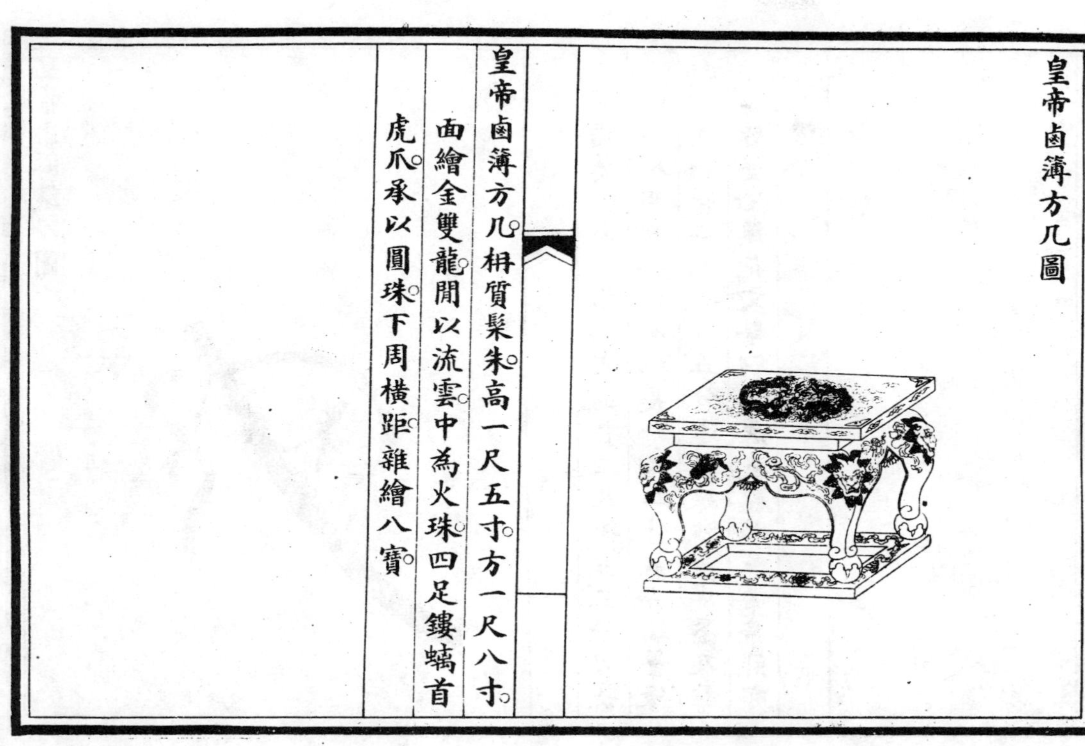

皇帝鹵簿方几圖

皇帝鹵簿方几。桐質髹朱。高一尺五寸。方一尺八寸。面繪金雙龍。間以流雲。中爲火珠。四足鏤螭首虎爪。承以圓珠。下周橫距。雜繪八寶。

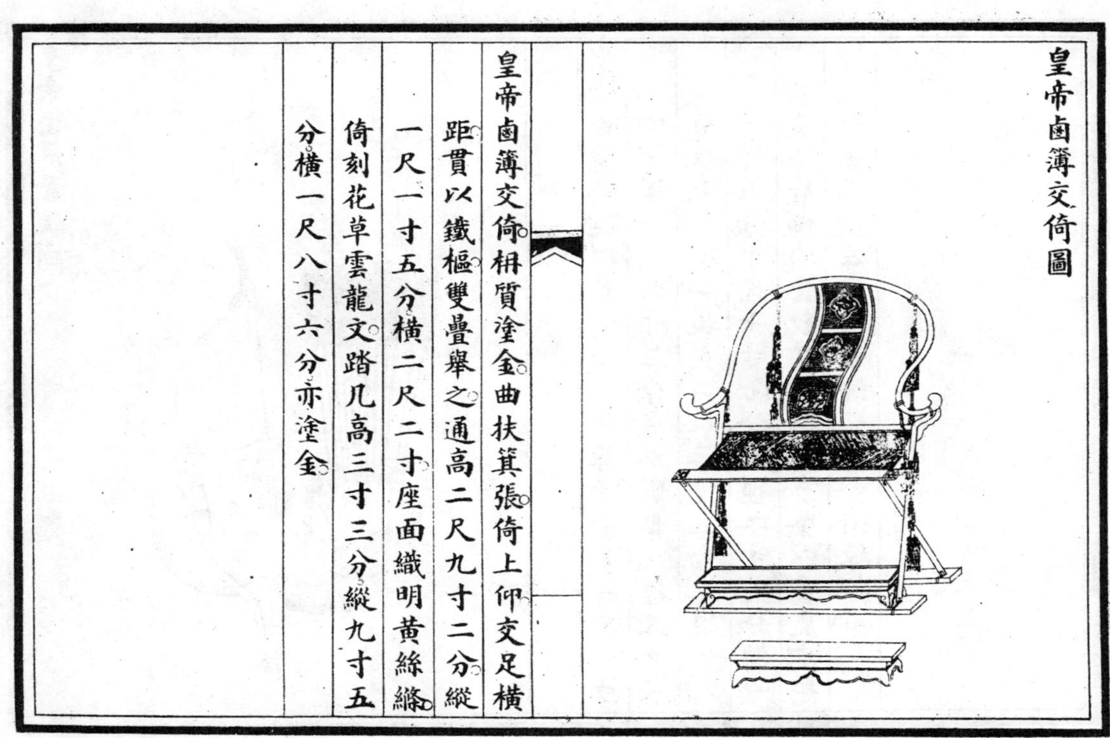

皇帝鹵簿交倚圖

皇帝鹵簿交倚。桐質塗金。曲扶箕張。倚上仰。交足橫距。貫以鐵樞。雙疊舉之。通高二尺九寸二分。縱一尺一寸五分。橫二尺二寸。座面織明黃絲縧。倚刻花草雲龍文。踏几高三寸三分。縱九寸五分。橫一尺八寸六分。亦塗金。

皇帝鹵簿儀刀圖

皇帝鹵簿儀刀。鍊鐵為之。通長三尺七寸三分。刃長二尺四寸八分。木柄長一尺二寸五分。端繫綠綫。鞘長二尺七寸五分。通鞔綠沙魚皮。鋄及鉆皆塗金。鏤花文。繫以黃鹿皮。懸於革帶。帶飾亦塗金。

皇帝鹵簿櫜鞬圖

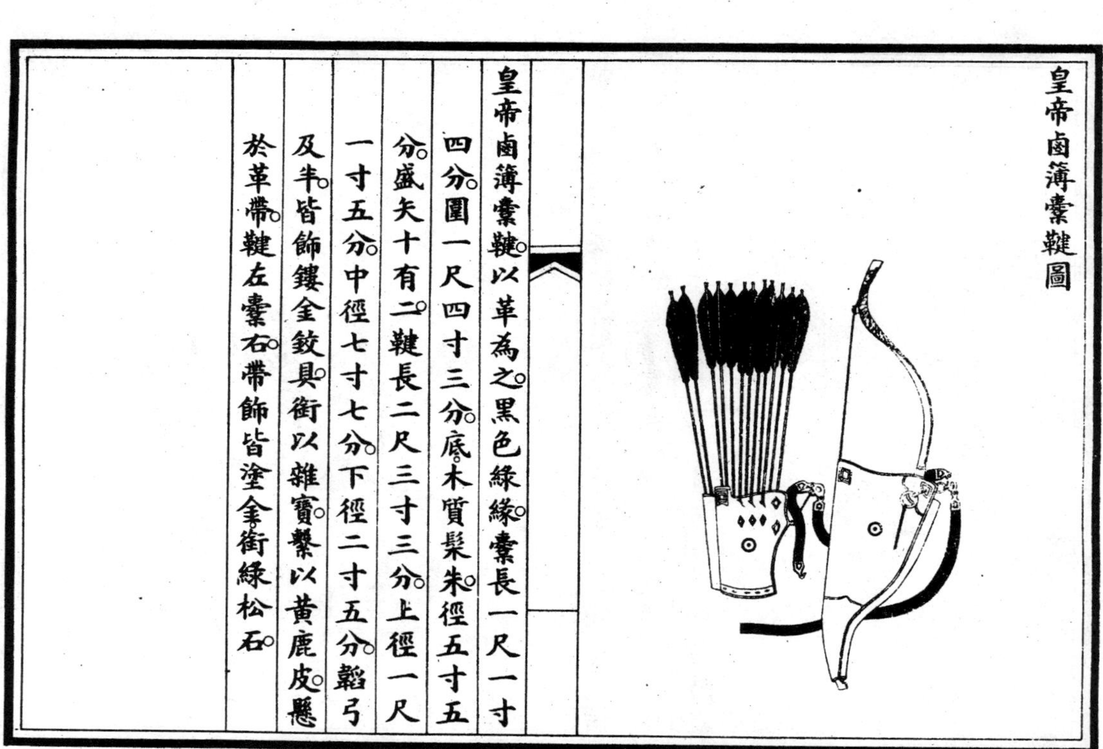

皇帝鹵簿櫜鞬。以革為之。黑色綠緣。櫜長一尺一寸四分。圜一尺四寸三分。底木質髹朱。徑五寸五分。盛矢十有二。鞬長二尺三寸三分。上徑一尺一寸五分。中徑七寸七分。下徑二寸五分。韜弓及半。皆飾鏤金鈒。具銜以雜寶。繫以黃鹿皮。懸於革帶。鞬左櫜右。帶飾皆塗金。銜綠松石。

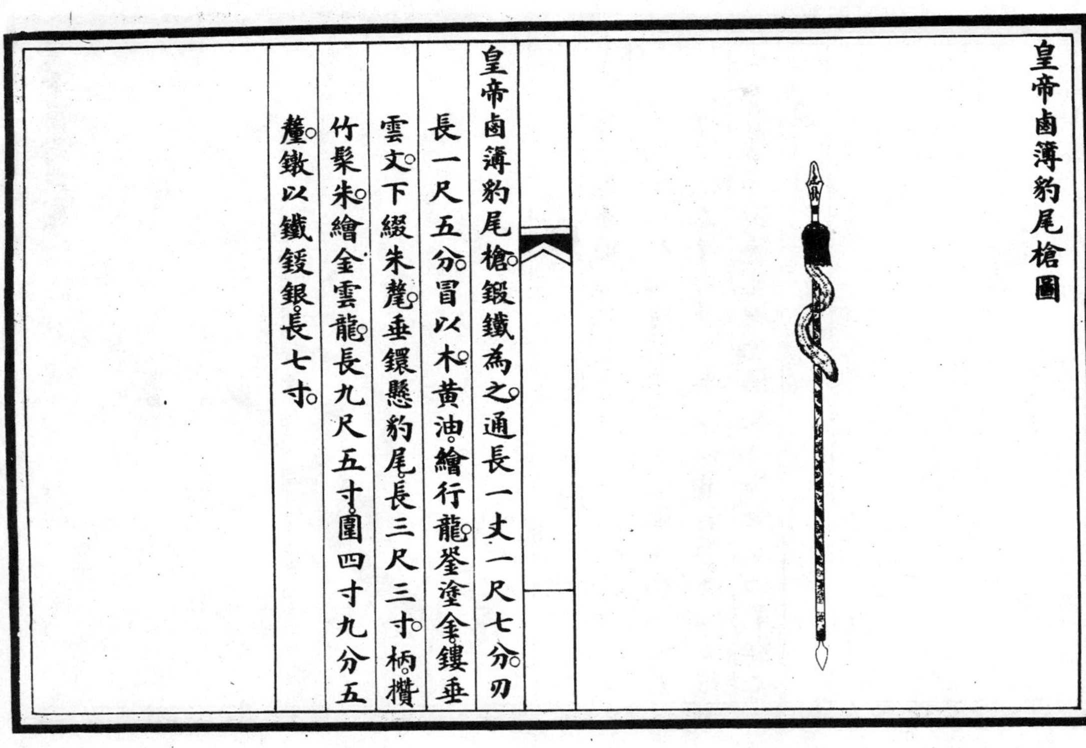

皇帝鹵簿豹尾槍圖

皇帝鹵簿豹尾槍。鍛鐵爲之。通長一丈一尺七分。刃長一尺五分。冒以木。黃油。繪行龍。銎塗金。鏤垂雲文。下綴朱氂。垂鐶懸豹尾。長三尺三寸。柄攢竹髹朱。繪金雲龍。長九尺五寸。圍四寸九分五氂。鐓以鐵鋄銀。長七寸。

皇帝鹵簿殳圖

皇帝鹵簿殳。鍛鐵爲之。通長一丈一尺。首長一尺四寸。八棱。上徑一寸一分。下徑六分。鋄金龍文。銎長九寸。鏤龍首。上下鈷以鐵。塗金。鏤花。柄長八尺。餘如豹尾槍之制。

皇帝鹵簿戟圖

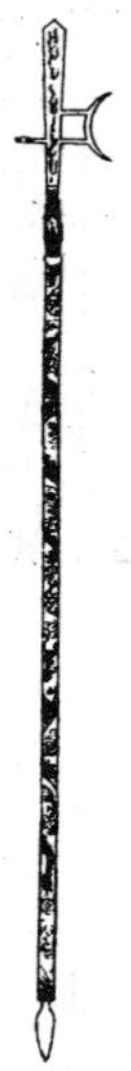

皇帝鹵簿戟。鍛鐵為之。通長一丈一尺。援長一尺三寸。胡外曲。徑七寸三分。中有鮔。鮔上橫二寸五分。下橫五寸。內外各半。外鏤龍首。鋈長九寸。鏤龍首上銜。通塗以金。柄長八尺。餘如豹尾槍之制。

# 欽定大清會典圖卷七十九

## 輿衛三 鹵簿三

皇帝鹵簿導蓋圖

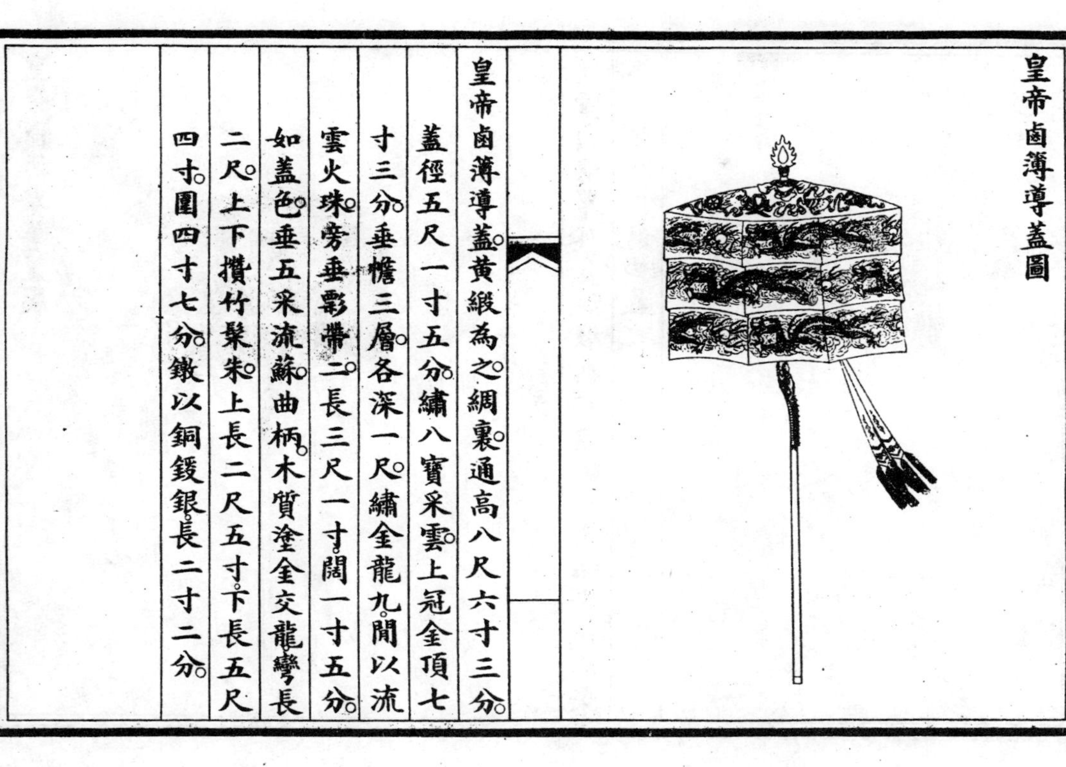

皇帝鹵簿導蓋。黃緞為之。綢裏。通高八尺六寸三分。蓋徑五尺一寸五分。繡八寶采雲。上冠金頂七寸三分。垂幨三層。各深一尺。繡金龍九。間以流雲火珠。旁垂彩帶二。長三尺一寸。闊一寸五分。如蓋色。垂五采流蘇。曲柄。木質塗金。交龍彎長二尺。上下攢竹髹朱。上長二尺五寸。下長五尺四寸。圍四寸七分。鐓以銅鍍銀。長二寸二分。

皇帝鹵簿九龍曲蓋圖

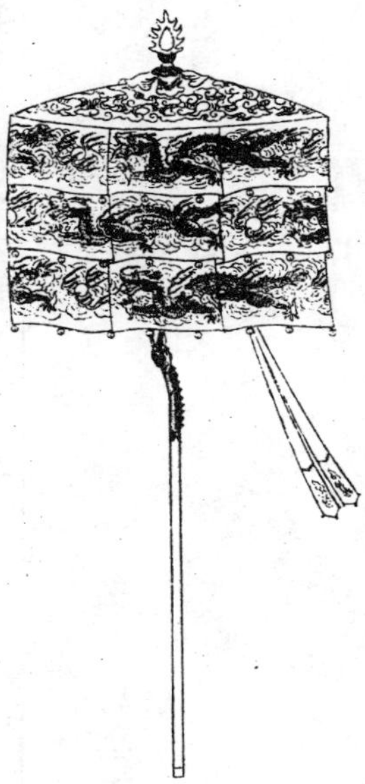

皇帝鹵簿九龍曲蓋。黃緞為之。通高一丈二尺二寸。蓋徑五尺。繡采雲。上冠金頂一尺一寸。垂幨三層。各深一尺一寸。繡金龍九。間以流雲火珠。下綴金鈴各十五。旁垂彩帶二。長三尺五寸。闊二寸五分。如蓋色。亦繡采雲。綴金鈴各三。曲柄。木質塗金。龍首彎長二尺三寸。上下攢竹髹朱。上長三尺七寸。下長五尺二寸。圍四寸七分。鐓以銅鍍銀。長八分。

皇帝鹵簿翠華蓋圖

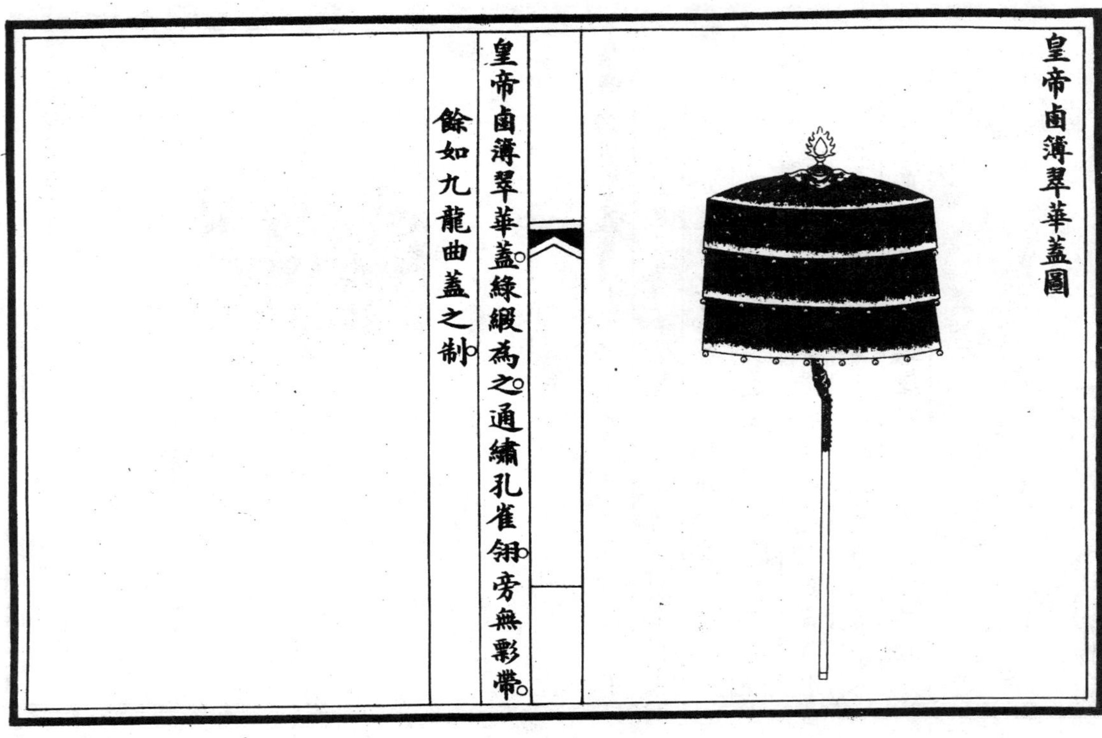

皇帝鹵簿翠華蓋。綠緞爲之。通繡孔雀翎。旁無綵帶。餘如九龍曲蓋之制。

皇帝鹵簿紫芝蓋圖

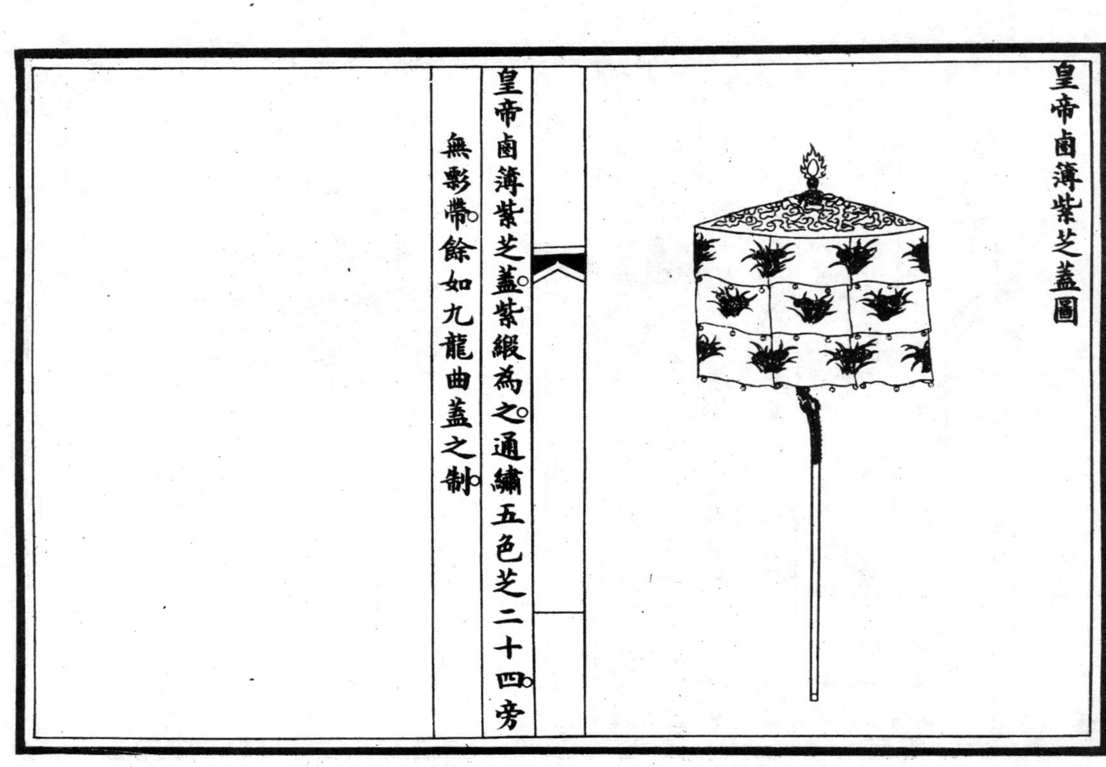

皇帝鹵簿紫芝蓋。紫緞爲之。通繡五色芝二十四。旁無綵帶。餘如九龍曲蓋之制。

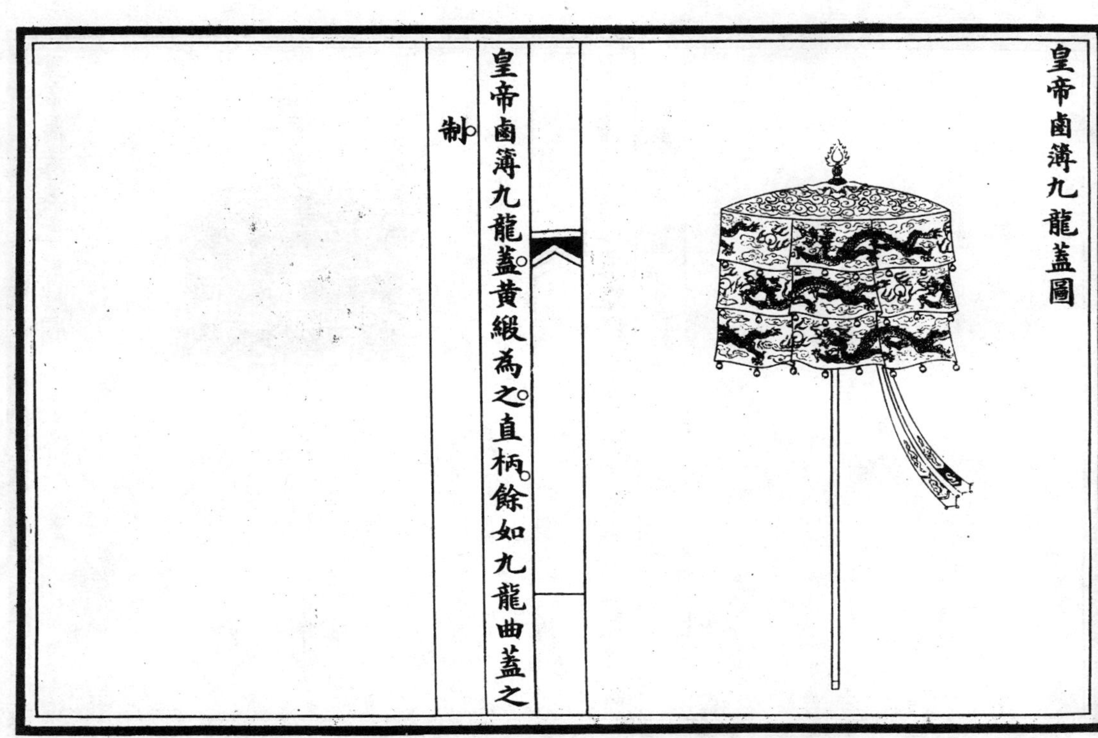

皇帝鹵簿九龍蓋圖

皇帝鹵簿九龍蓋。黃緞爲之。直柄。餘如九龍曲蓋之制。

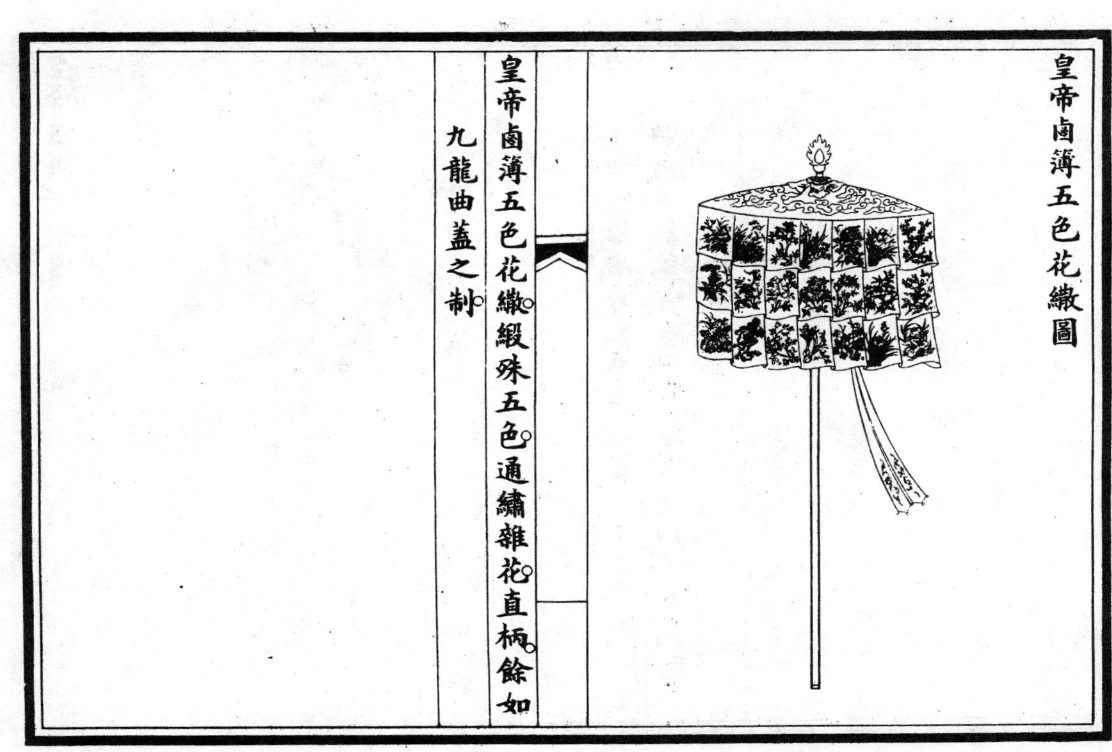

皇帝鹵簿五色花繖圖

皇帝鹵簿五色花繖。緞殊五色。通繡雜花。直柄。餘如九龍曲蓋之制。

皇帝鹵簿五色龍繖圖

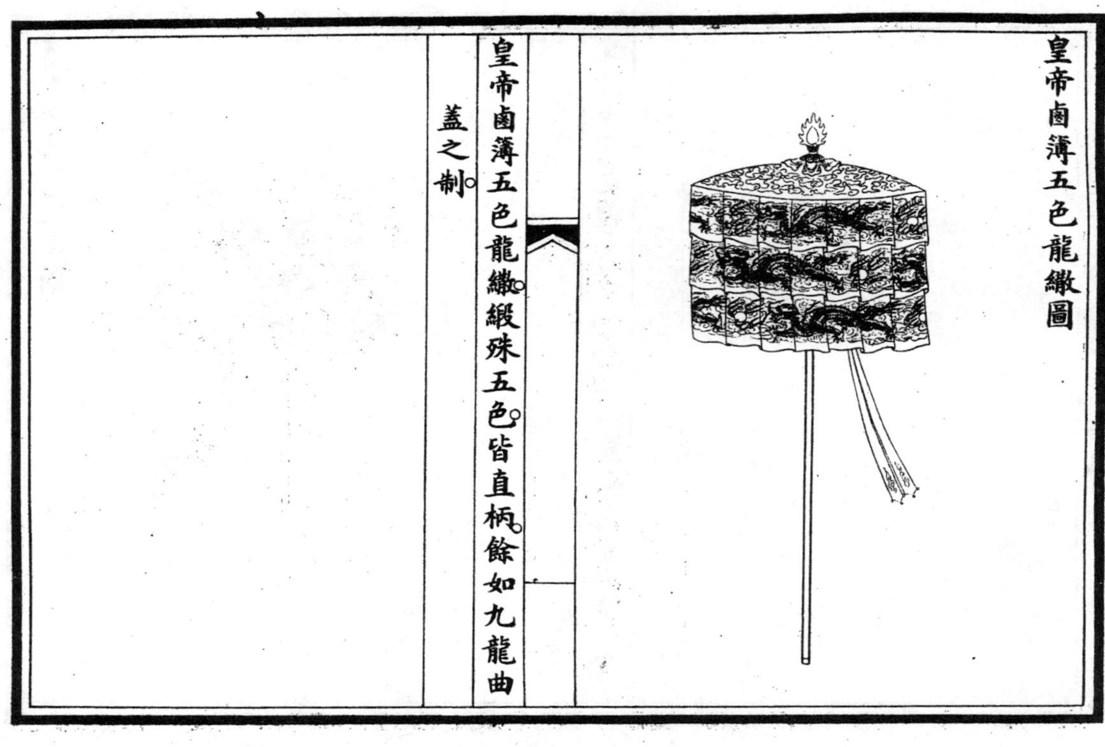

皇帝鹵簿五色龍繖。緞殊五色。皆直柄。餘如九龍曲蓋之制。

皇帝鹵簿方繖圖

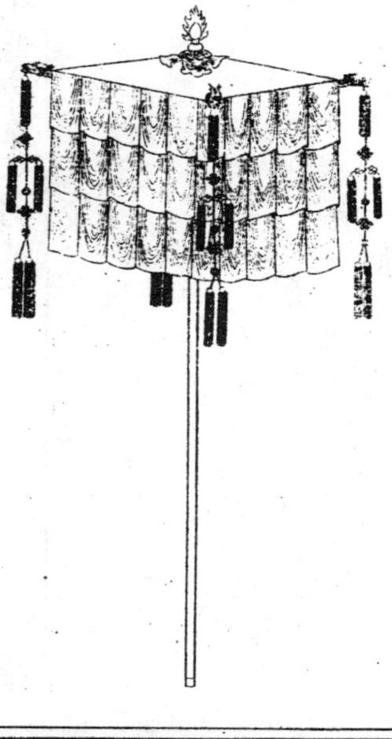

皇帝鹵簿方繖。緞殊紅紫二色。皆方五尺。不施繡文。四角出銅龍首。垂五采流蘇。直柄頂及柄尺寸。俱如九龍曲蓋之制。

## 皇帝鹵簿壽扇圖

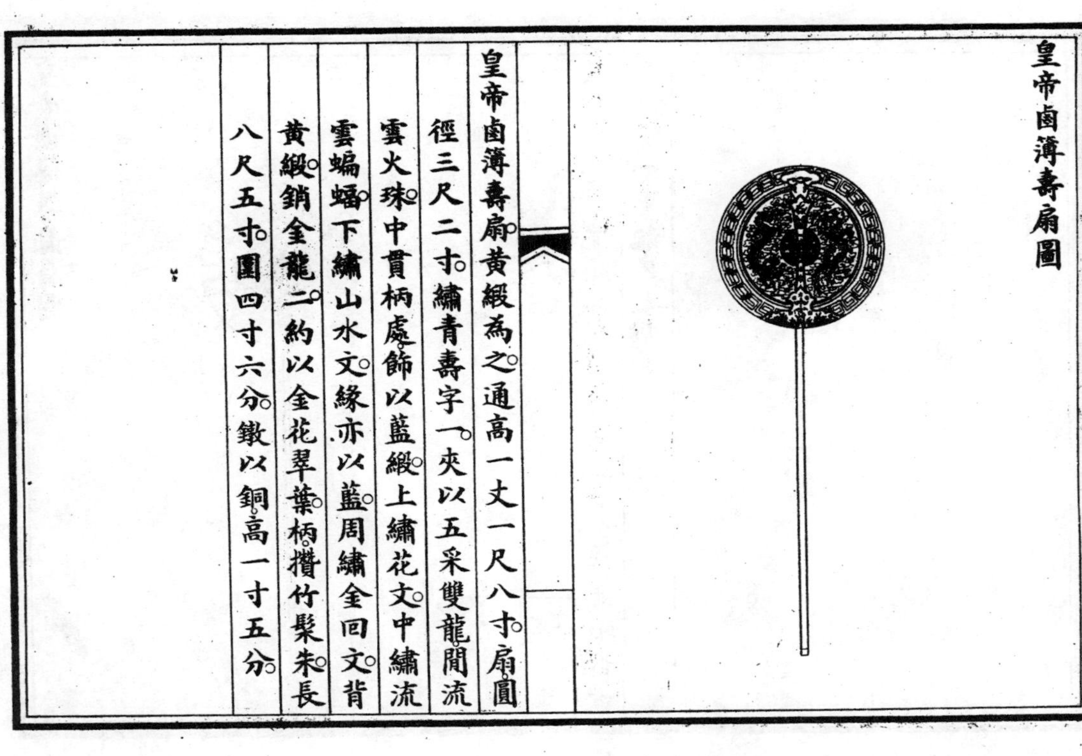

皇帝鹵簿壽扇黃緞為之。通高一丈一尺八寸。扇圓徑三尺二寸。繡青壽字一。夾以五采雙龍。間流雲火珠。中貫柄處。飾以藍緞。上繡花文。中繡流雲蝙蝠。下繡山水文。緣亦以藍。周繡金回文。背黃緞。銷金龍二。約以金花翠葉。柄攢竹髹朱。長八尺五寸。圍四寸六分。鐓以銅。高一寸五分。

## 皇帝鹵簿雙龍扇圖

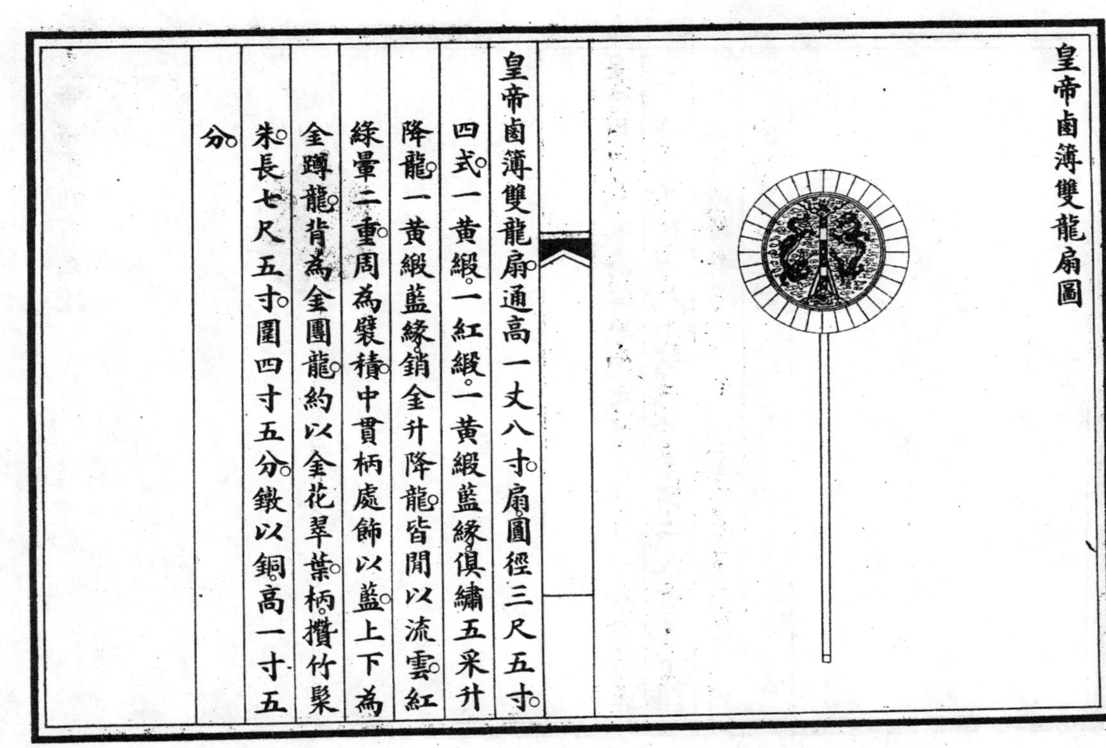

皇帝鹵簿雙龍扇通高一丈八寸。扇圓徑三尺五寸。四式。一黃緞。一紅緞。一黃緞藍緣。俱繡五采升降龍。一黃緞藍緣。銷金升降龍。皆間以流雲。紅緣暈二重。周為襞積。中貫柄處。飾以藍。上下為金蹲龍。背為金團龍。約以金花翠葉。柄攢竹髹朱。長七尺五寸。圍四寸五分。鐓以銅。高一寸五分。

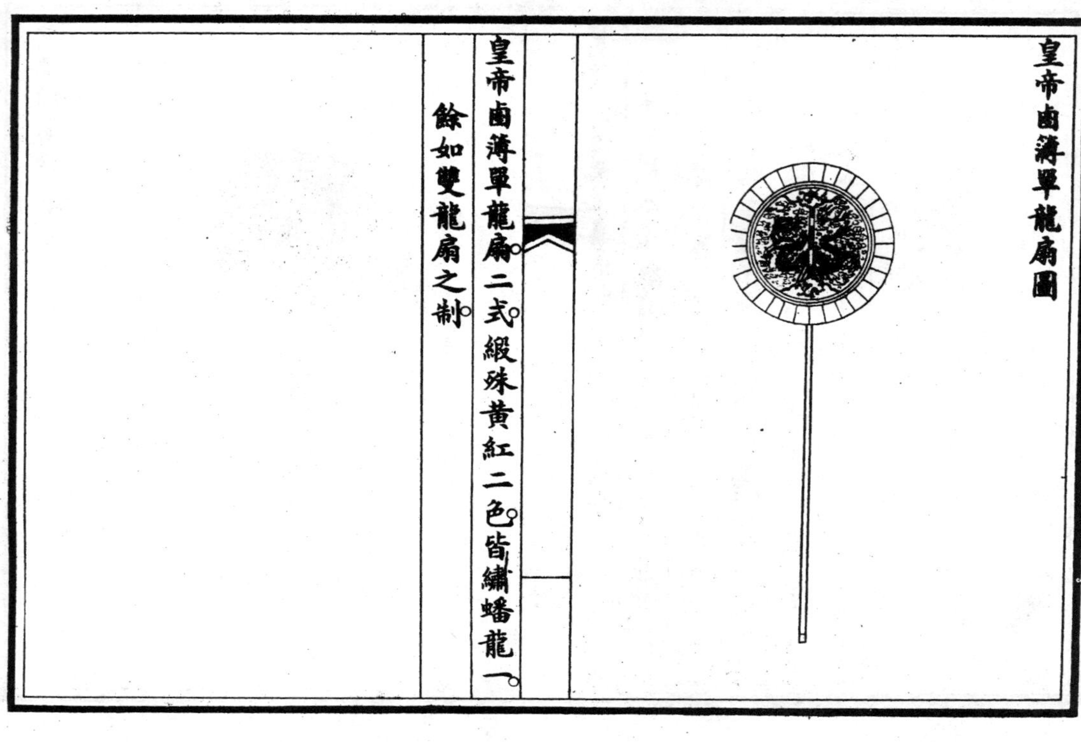

皇帝鹵簿單龍扇圖

皇帝鹵簿單龍扇二式。緞殊黃紅二色。皆繡蟠龍一。餘如雙龍扇之制。

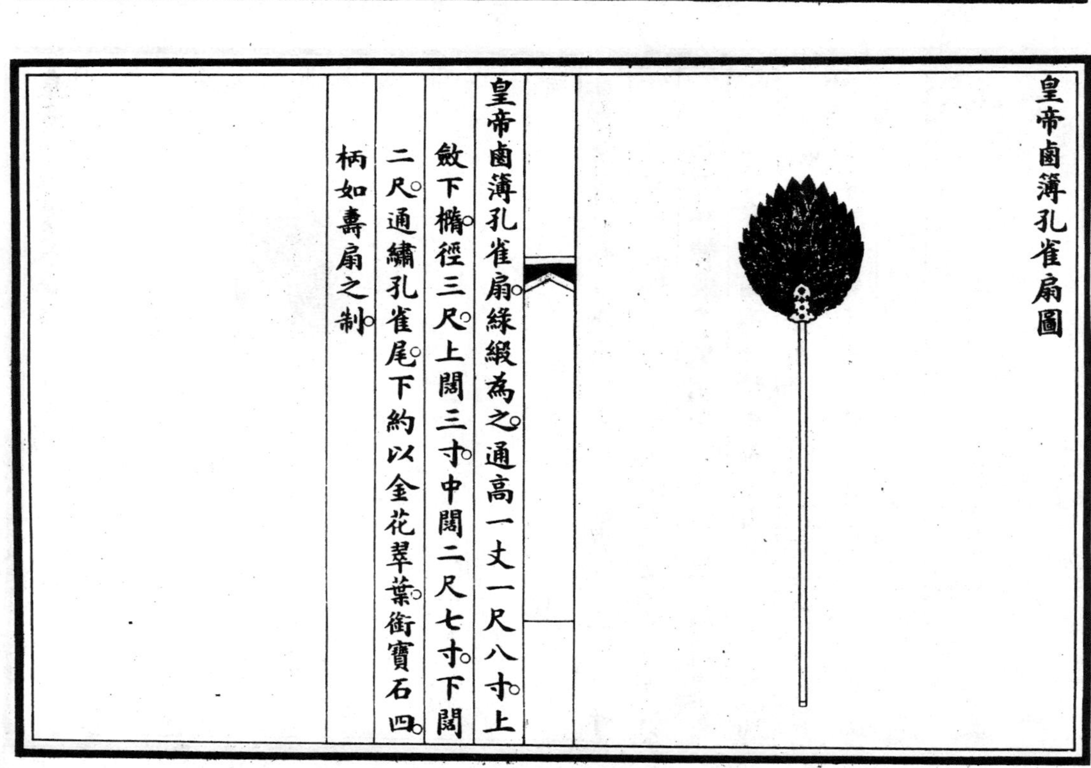

皇帝鹵簿孔雀扇圖

皇帝鹵簿孔雀扇。綠緞為之。通高一丈一尺八寸。上斂下橢。徑三尺。上闊三寸。中闊二尺七寸。下闊二尺。通繡孔雀尾。下約以金花翠葉。銜寶石四。柄如壽扇之制。

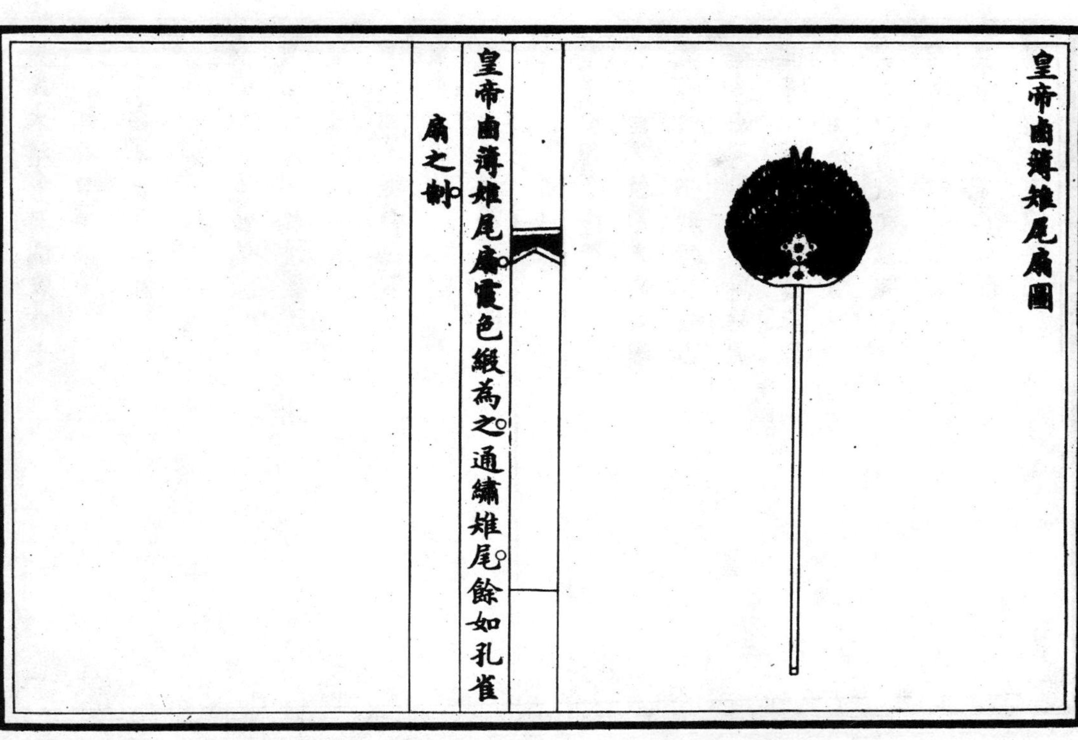

皇帝鹵簿雉尾扇圖

皇帝鹵簿雉尾扇。霞色緞爲之。通繡雉尾。餘如孔雀扇之制。

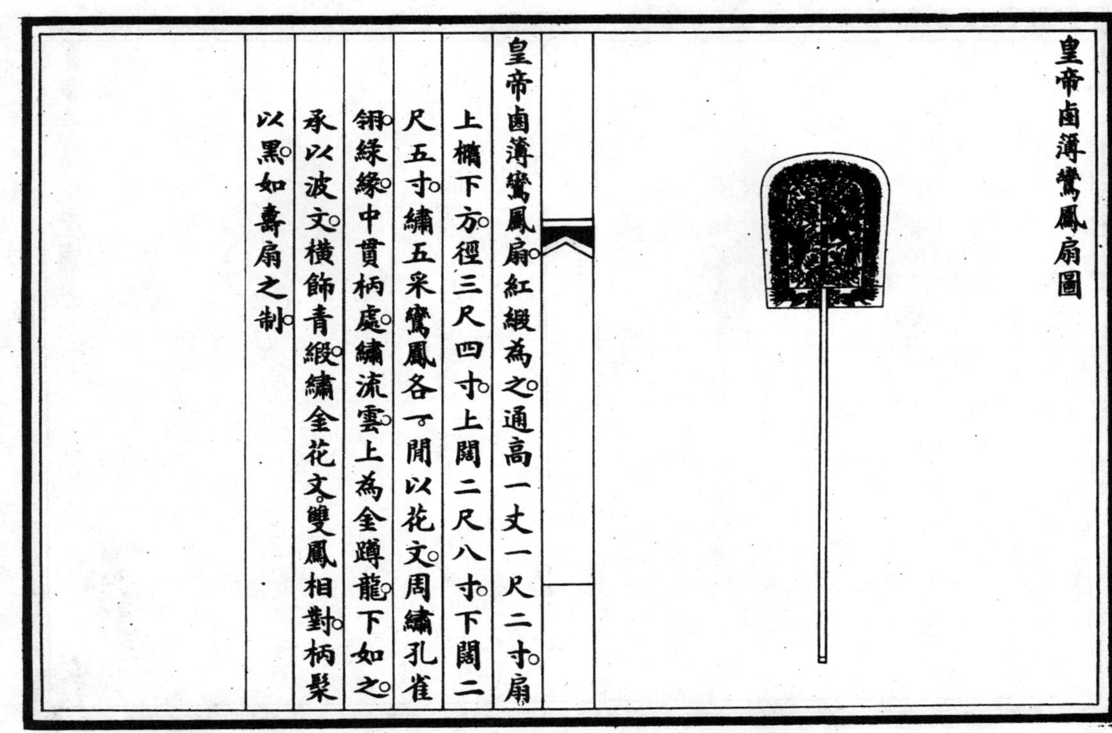

皇帝鹵簿鸞鳳扇圖

皇帝鹵簿鸞鳳扇。紅緞爲之。通高一丈一尺二寸。扇上橢下方。徑三尺四寸。上闊二尺八寸。下闊二尺五寸。繡五采鸞鳳各一。間以花文。周繡孔雀翎緑緣。中貫柄處繡流雲。上爲金蹲龍。下如之。承以波文。横飾青緞。繡金花文。雙鳳相對。柄髹以黑。如壽扇之制。

欽定大清會典圖卷八十

輿衛四　鹵簿四

皇帝鹵簿長壽幢圖
皇帝鹵簿紫幢圖
皇帝鹵簿霓幢圖
皇帝鹵簿羽葆幢圖
皇帝鹵簿信旛圖
皇帝鹵簿絳引旛圖
皇帝鹵簿豹尾旛圖
皇帝鹵簿龍頭竿旛圖
皇帝鹵簿金節圖
皇帝鹵簿教孝表節旌圖
皇帝鹵簿明刑弼教旌圖
皇帝鹵簿行慶施惠旌圖
皇帝鹵簿褒功懷遠旌圖
皇帝鹵簿振武旌圖
皇帝鹵簿敷文旌圖
皇帝鹵簿納言旌圖
皇帝鹵簿進善旌圖
皇帝鹵簿儀鍠氅圖

皇帝鹵簿黃麾圖

## 皇帝鹵簿長壽幢圖

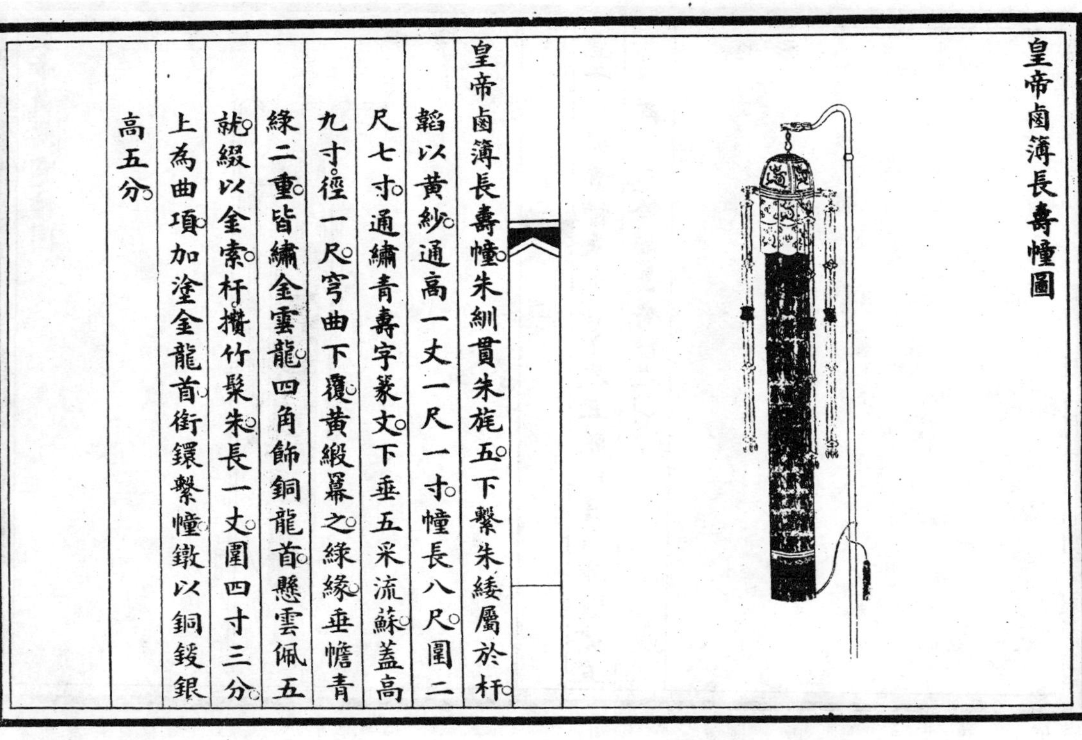

皇帝鹵簿長壽幢。朱綱貫朱旄五。下繫朱綾屬於杆。韜以黃紗。通高一丈一尺一寸。幢長八尺。圍二尺七寸。通繡青壽字篆文。下垂五采流蘇。蓋高九寸。徑一尺。穹曲下覆黃緞幂之。綠緣垂幨青緣二重。皆繡金雲龍。四角飾銅龍首。懸雲佩五就。綴以金索。杆攢竹髹朱。長一丈。圍四寸三分。上為曲項。加塗金龍首。銜鐶繫幢。鐓以銅鍍銀。高五分。

## 皇帝鹵簿紫幢圖

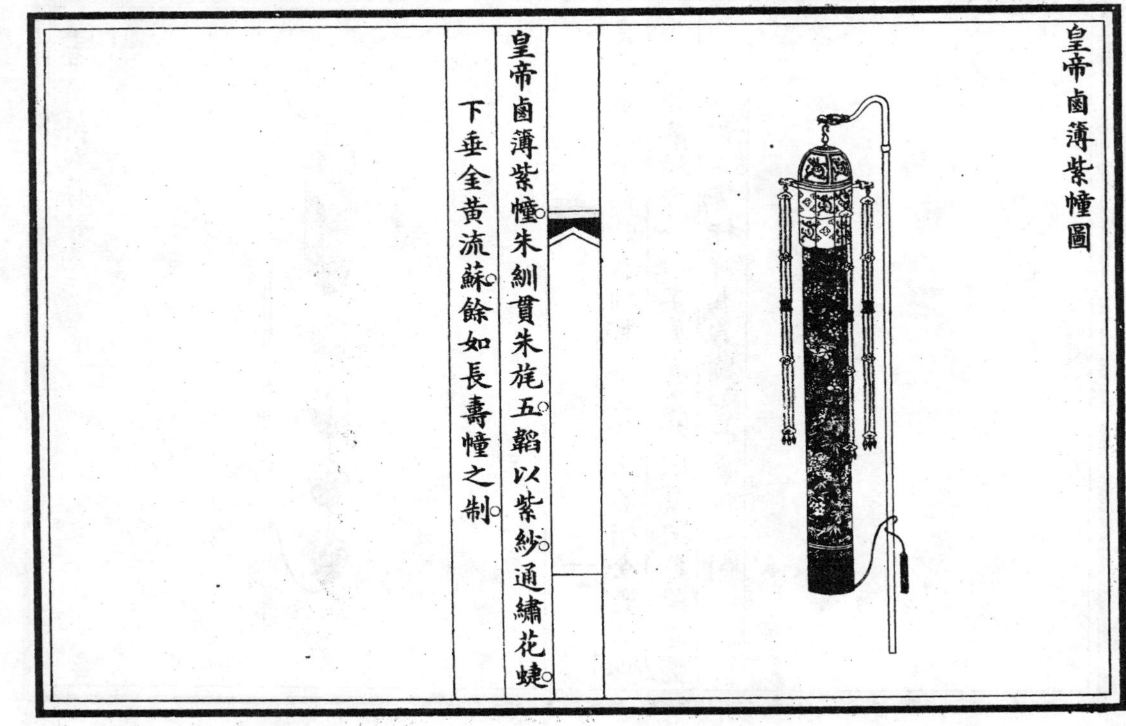

皇帝鹵簿紫幢。朱綱貫朱旄五。韜以紫紗。通繡花蝶。下垂金黃流蘇。餘如長壽幢之制。

皇帝鹵簿霓幢圖

皇帝鹵簿霓幢。朱綱貫朱旄五。韜以月白紗通繡五色虹霓。餘如長壽幢之制。

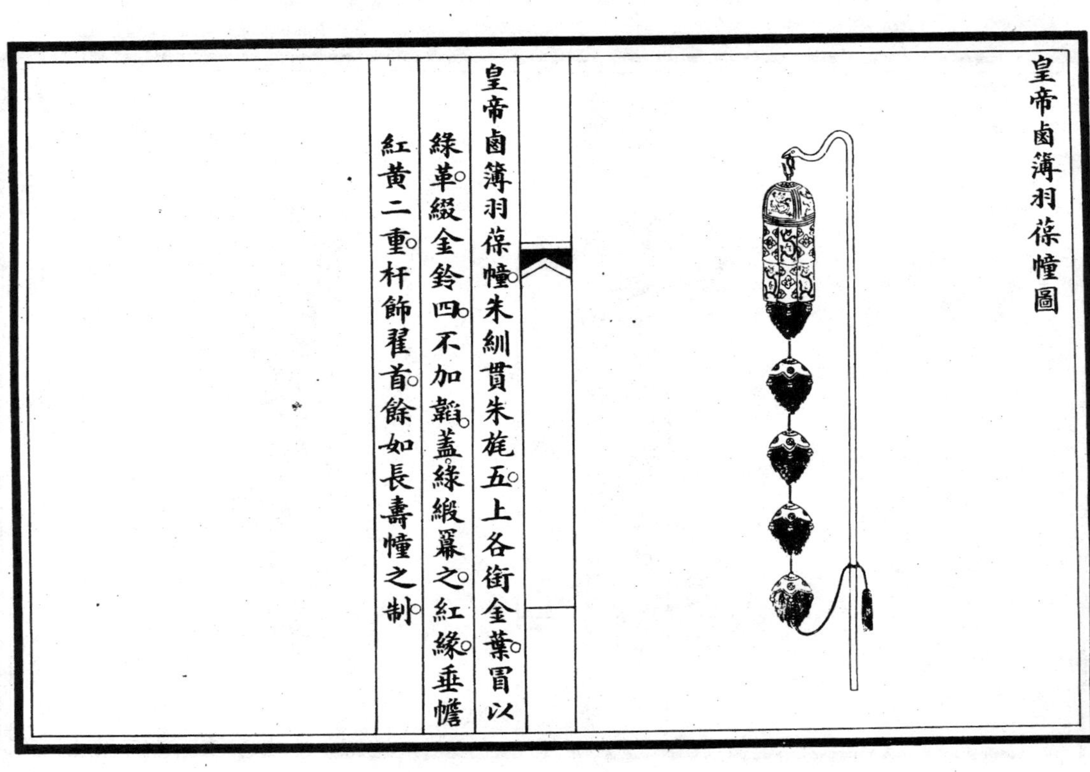

皇帝鹵簿羽葆幢圖

皇帝鹵簿羽葆幢。朱綱貫朱旄五。上各銜金葉。冒以綠革。綴金鈴四。不加韜。蓋。綠緞羃之。紅緣垂襜紅黃二重。杆飾翟首。餘如長壽幢之制。

皇帝鹵簿信旛圖

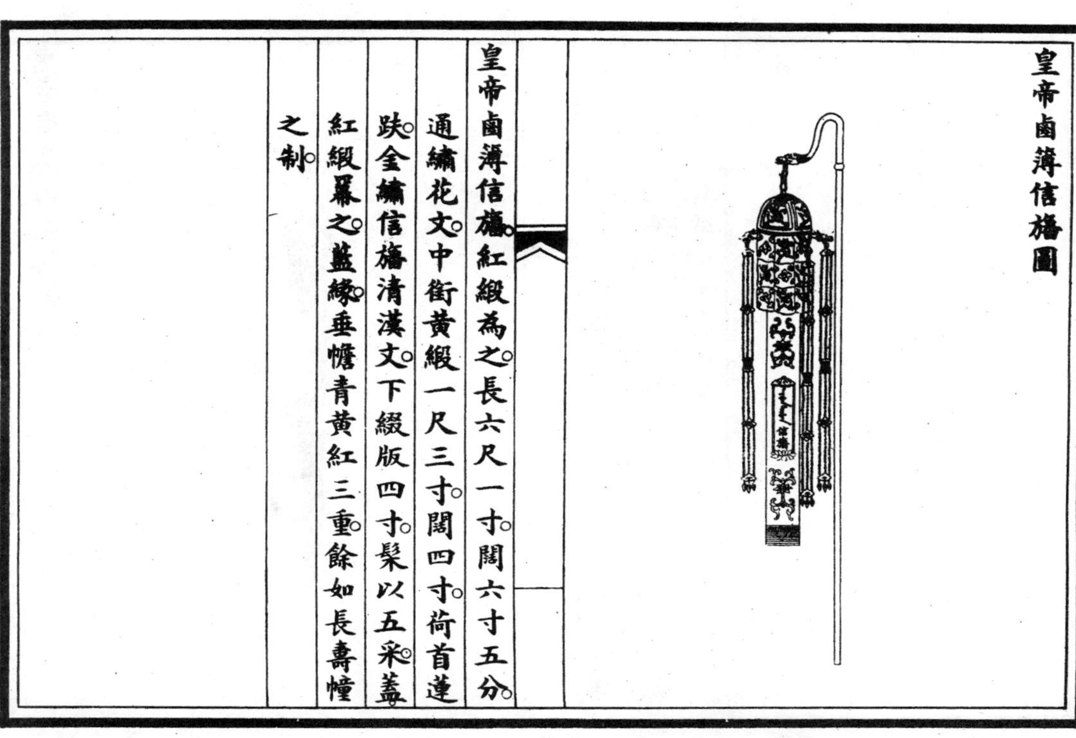

皇帝鹵簿信旛。紅緞為之。長六尺一寸。闊六寸五分。通繡花文。中銜黃緞一尺三寸。闊四寸。荷首蓮趺。金繡信旛清漢文。下綴版四寸。綮以五采蓋。紅緞羃之。藍緣。垂幨青黃紅三重。餘如長壽幢之制。

皇帝鹵簿絳引旛圖

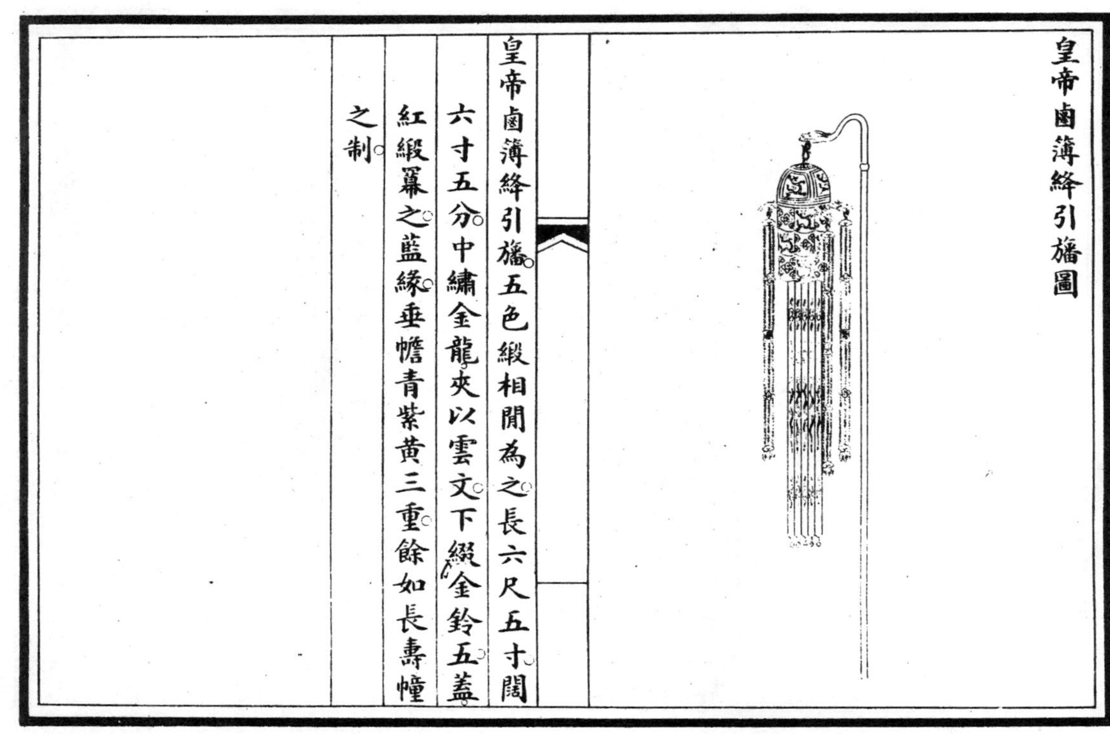

皇帝鹵簿絳引旛。五色緞相間為之。長六尺五寸。闊六寸五分。中繡金龍。夾以雲文。下綴金鈴五。蓋紅緞羃之。藍緣。垂幨青紫黃三重。餘如長壽幢之制。

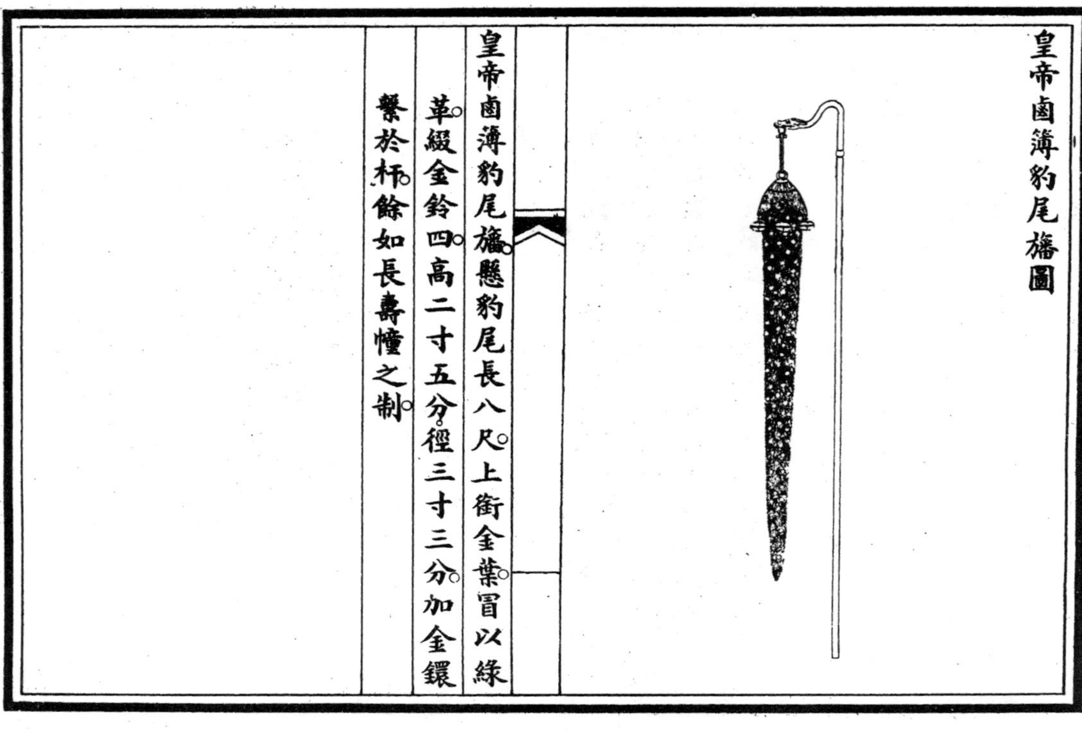


皇帝鹵簿豹尾旛。懸豹尾長八尺。上銜金葉冒以綠革。綴金鈴四高二寸五分。徑三寸三分。加金鐶繫於杆。餘如長壽幢之制

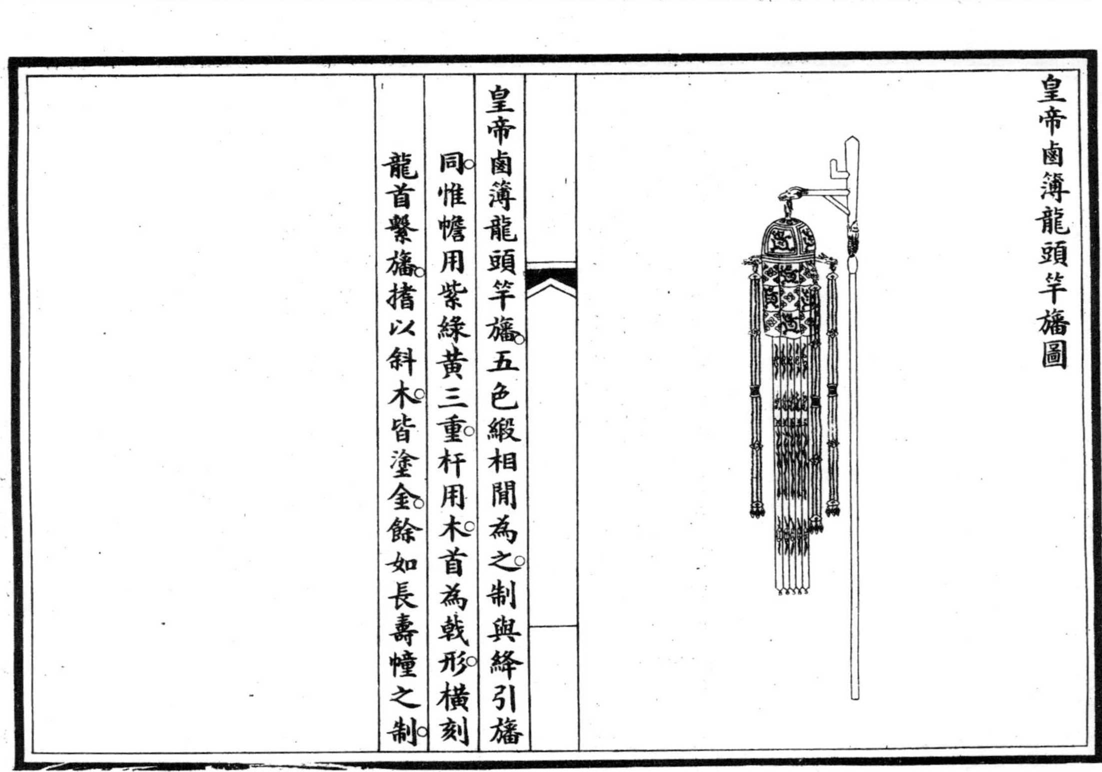


皇帝鹵簿龍頭竿旛。五色緞相間為之。制與絳引旛同。惟幨用紫綠黃三重。杆用木。首為戟形。横刻龍首。繫旛。搘以斜木。皆塗金。餘如長壽幢之制。

皇帝鹵簿金節圖

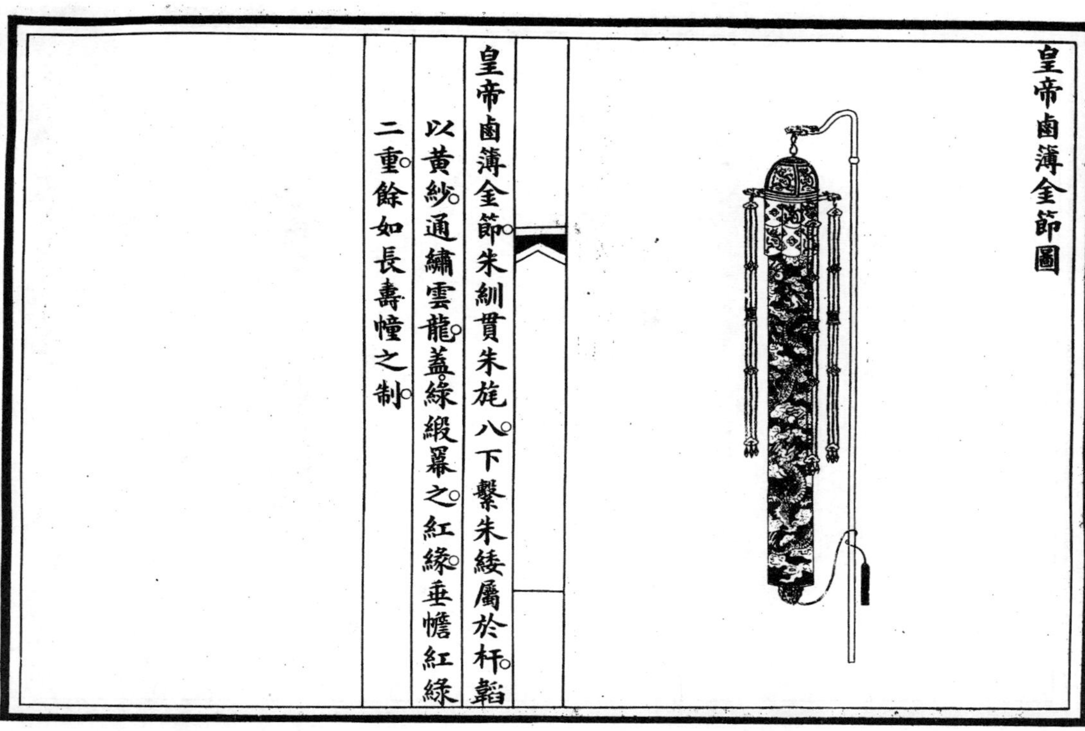

皇帝鹵簿金節。朱紲貫朱旄八。下繫朱綏。屬於杆。韜以黃紗。通繡雲龍。蓋緣緞冪之。紅緣垂幨紅緣二重。餘如長壽幢之制。

皇帝鹵簿教孝表節旌圖

皇帝鹵簿明刑弼教旌圖

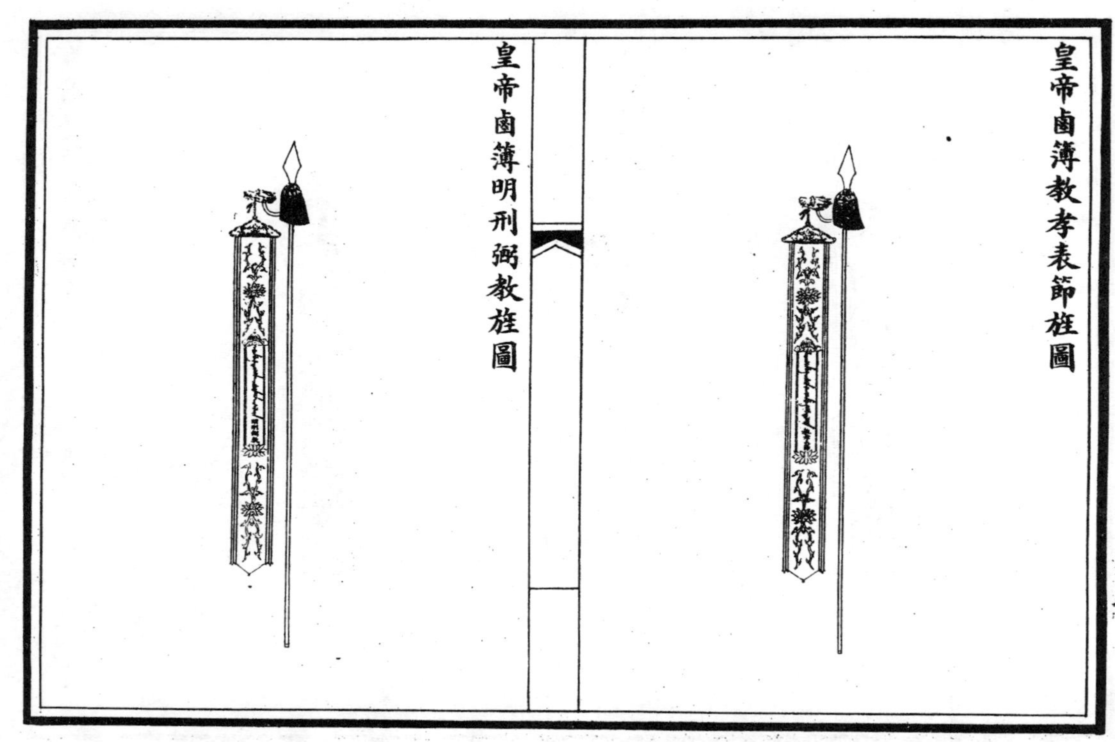

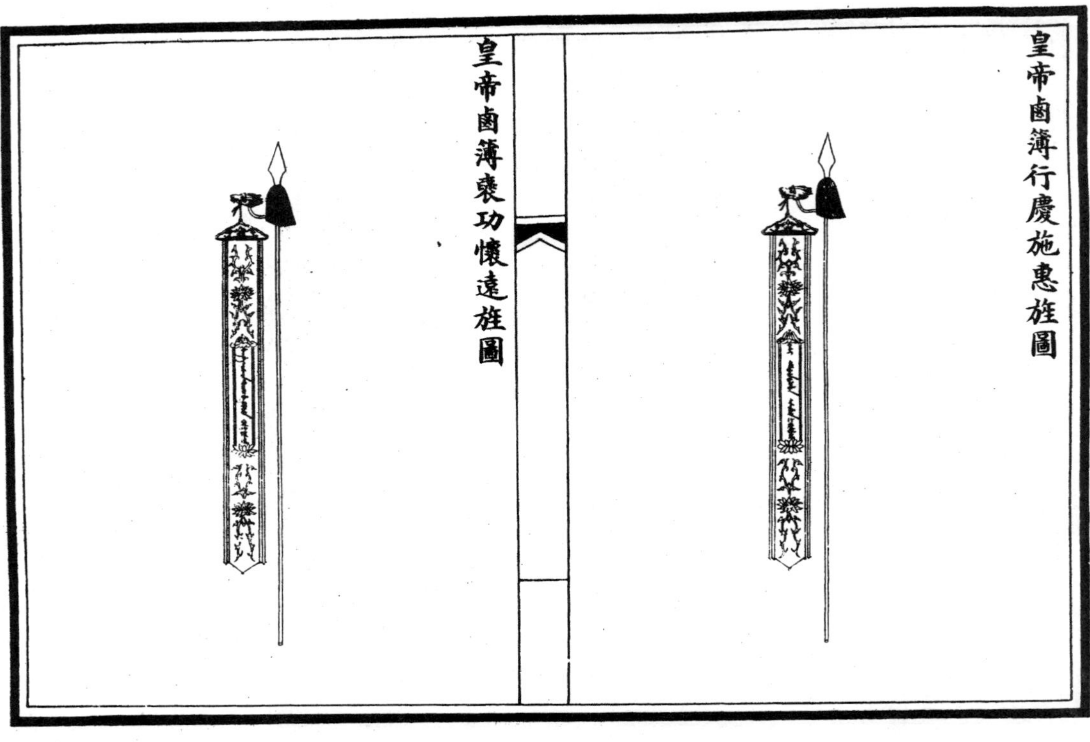

皇帝鹵簿行慶施惠旗圖

皇帝鹵簿褒功懷遠旗圖

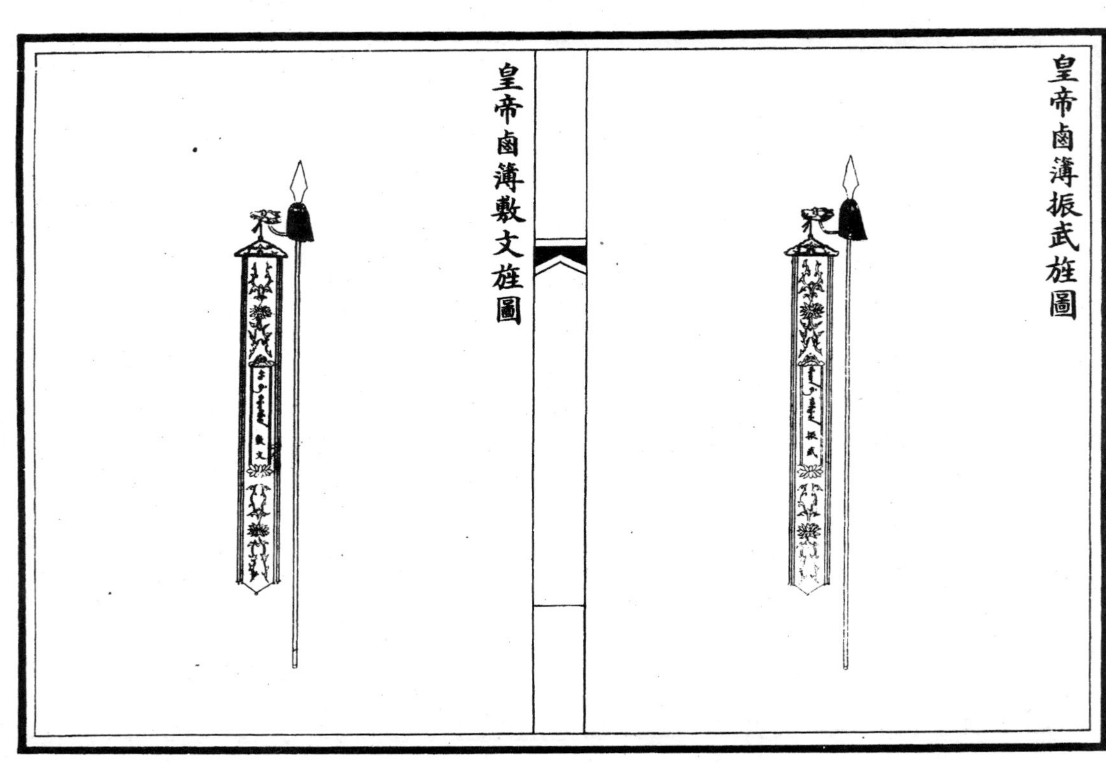


皇帝鹵簿振武旗圖

皇帝鹵簿敷文旗圖

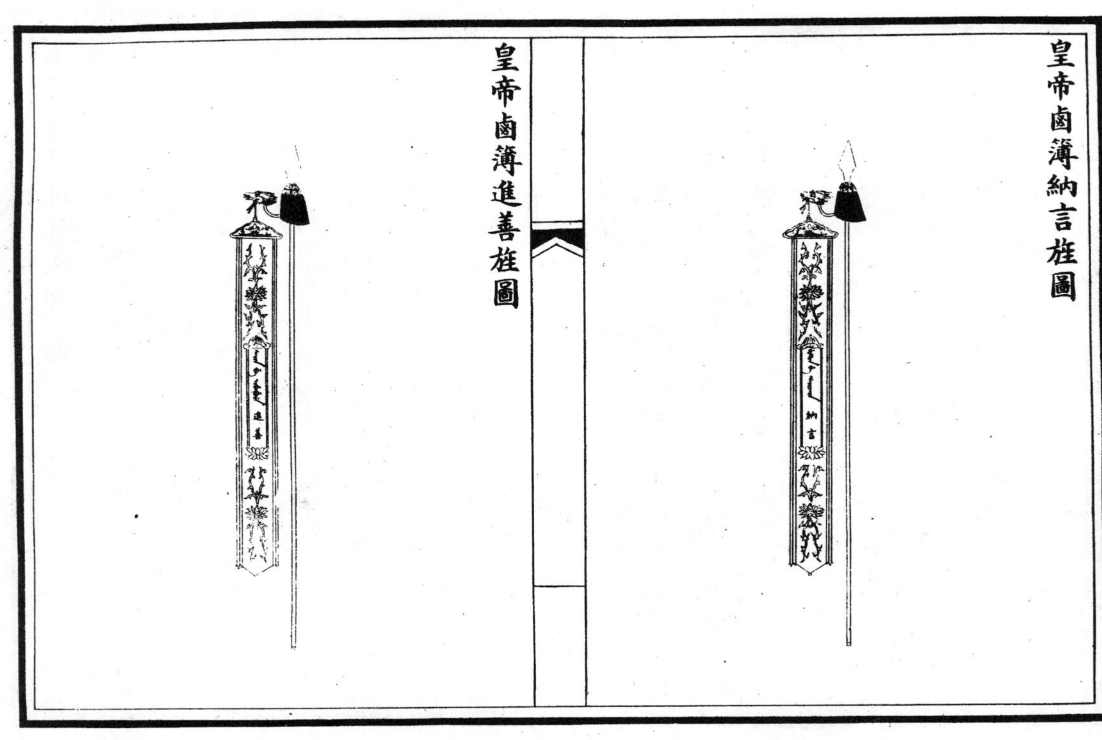


皇帝鹵簿納言旌圖

皇帝鹵簿進善旌圖

皇帝鹵簿教孝表節旌。明刑弼教旌。行慶施惠旌。褒功懷遠旌。振武旌。敷文旌。納言旌。進善旌。皆紅緞為之。通高一丈一尺一寸。旌長七尺三寸。闊六寸五分。金繡花草文。下刻。綴金鈴三。中銜黃緞一尺三寸。闊四寸。綠緣。荷首蓮趺。金繡清漢文。曰教孝表節。曰明刑弼教。曰行慶施惠。曰褒功懷遠。曰振武。曰敷文。曰納言。曰進善。蓋鈒銅朵雲三。高五寸五分。闊九寸。中豐下斂。旁垂青緞彩帶二。各綴鈴三。杆攢竹髹朱。長一丈。圍四寸五分。上為矛形。木質塗金。下注朱旄。飾金龍首。銜鐶。繫旌。鐓以銅鋄銀。高五分。

## 皇帝鹵簿儀鍠氅圖

皇帝鹵簿儀鍠氅。五色緞相間為之。如絳引旛之制。蓋如旌而無彯帶。儀鍠高二尺五寸。竹節刃。銜以龍首。貫金鈑。形如雙鉞相背。龍首繫氅。杆如長壽幢之制。

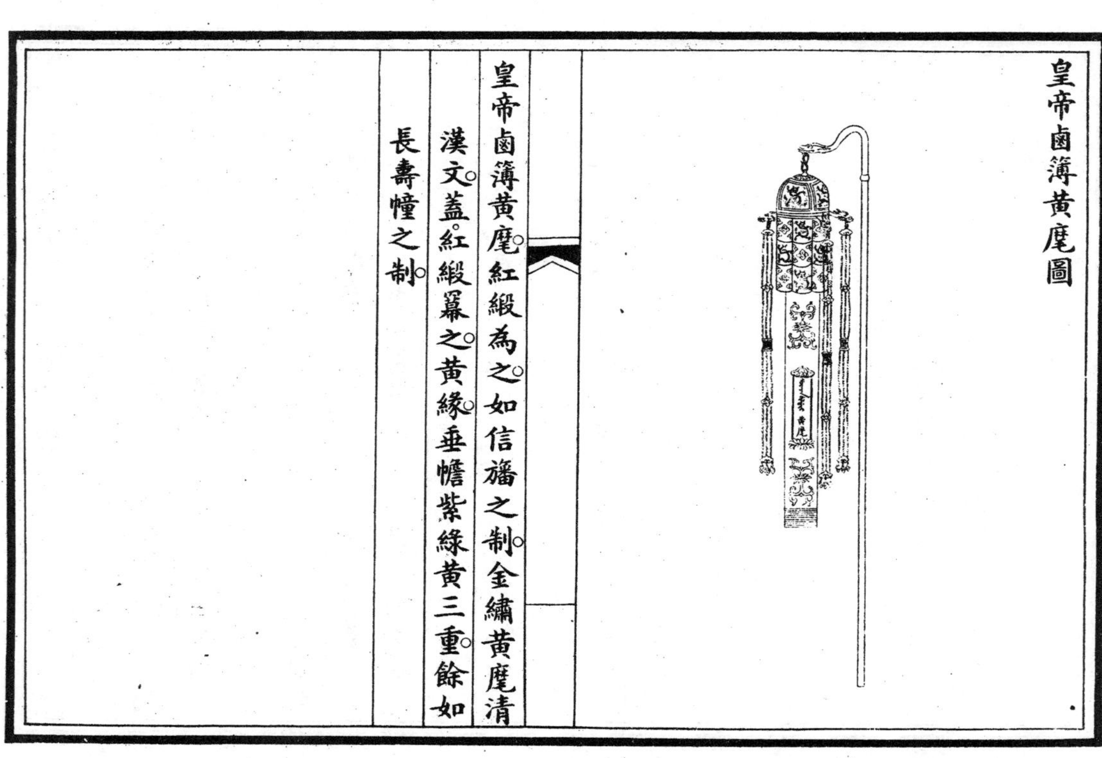

## 皇帝鹵簿黃麾圖

皇帝鹵簿黃麾。紅緞為之。如信旛之制。金繡黃麾清漢文。蓋紅緞冪之。黃緣垂幨。紫綠黃三重。餘如長壽幢之制。

# 欽定大清會典圖卷八十一

## 輿衛五 鹵簿五

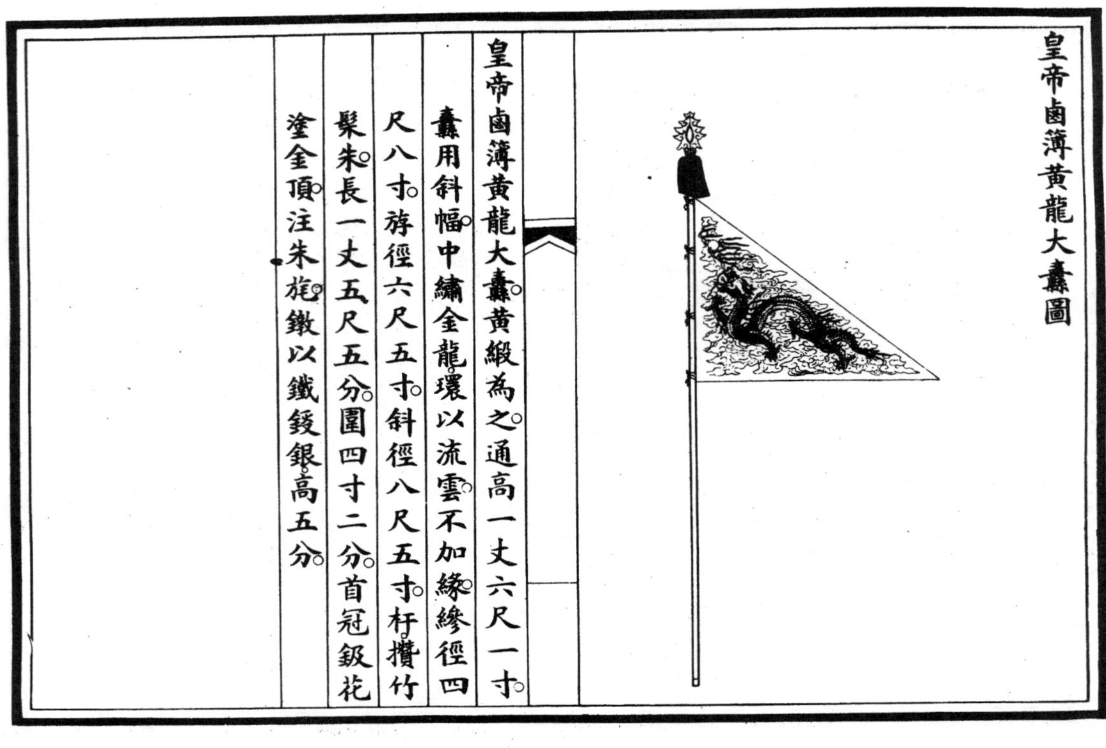

皇帝鹵簿黃龍大纛圖

皇帝鹵簿黃龍大纛。黃緞為之。通高一丈六尺一寸。纛用斜幅中繡金龍。環以流雲。不加緣。縿徑四尺八寸。斿徑六尺五寸。斜徑八尺五寸。杆攢竹髹朱。長一丈五尺五分。圍四寸二分。首冠鈒花塗金頂。注朱旄。鐓以鐵鋄銀。高五分。

皇帝鹵簿八旗驍騎纛圖一　四鑲

皇帝鹵簿八旗驍騎纛圖二　四正

皇帝鹵簿八旗驍騎纛以緞為之通高一丈六尺一寸五分纛各從旗色鑲黃旗鑲白旗鑲藍旗皆紅緣鑲紅旗白緣左平右剡繡金雲龍縿徑四尺二寸斿中徑四尺上下各徑三尺斜徑各二尺二寸五分緣繡火燄周闊八寸正黃旗正白旗正紅旗正藍旗俱正幅亦繡金雲龍不加緣縿徑六尺斿徑四尺杆攢竹髹朱長一丈五尺五分圍四寸三分首冠鏤金火燄頂注朱旄鐓以鐵鋄銀高五分

皇帝鹵簿八旗護軍纛圖

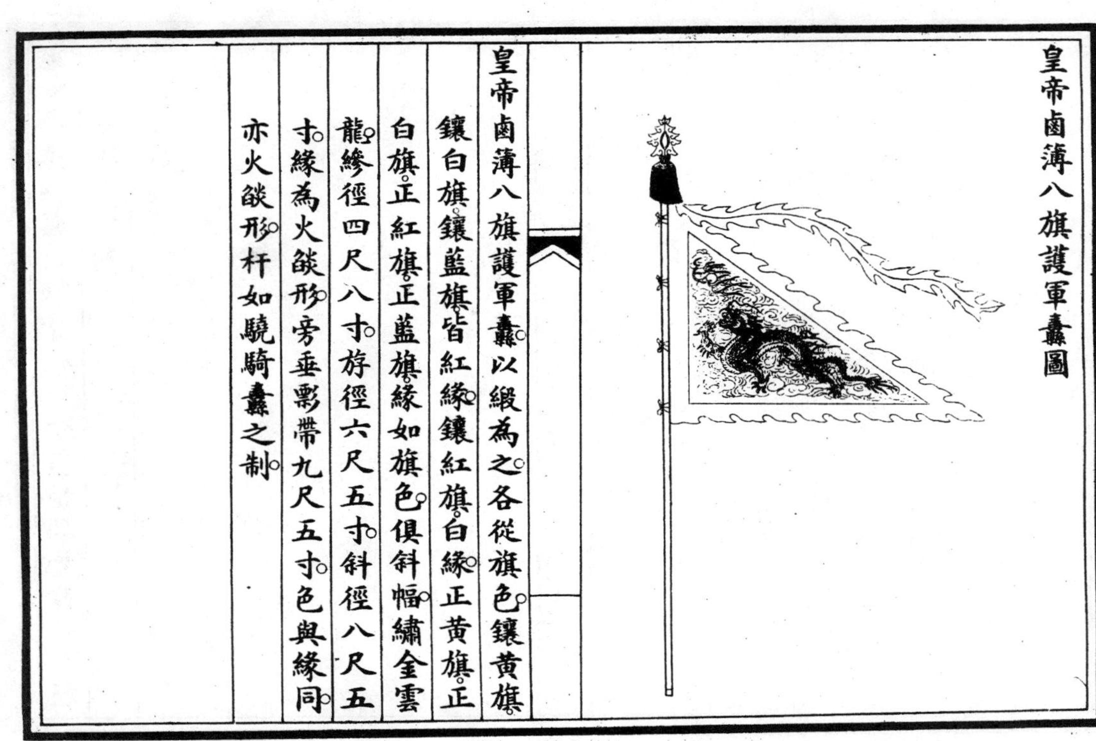

皇帝鹵簿八旗護軍纛以緞為之各從旗色鑲黃旗鑲白旗鑲藍旗皆紅緣鑲紅旗白緣正黃旗正白旗正紅旗正藍旗緣如旗色俱斜幅繡金雲龍縿徑四尺八寸斿徑六尺五寸斜徑八尺五寸緣為火燄形旁垂彯帶九尺五寸色與緣同亦火燄形杆如驍騎纛之制

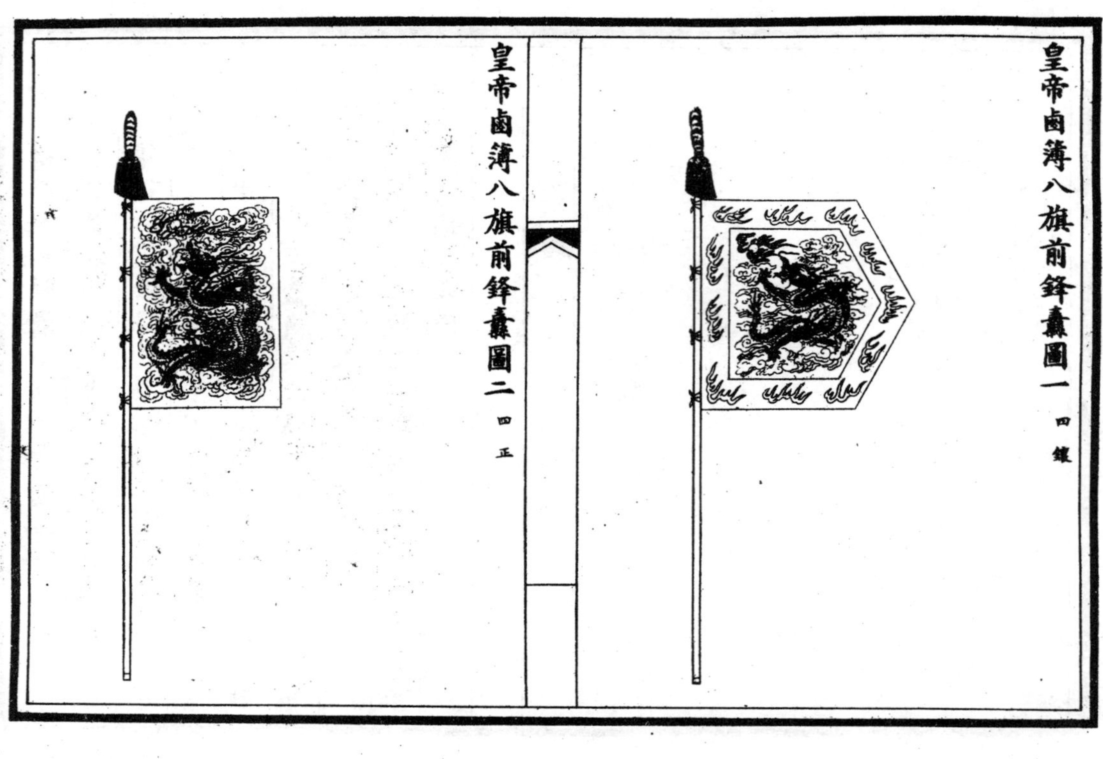


皇帝鹵簿八旗前鋒纛。杆頂金盤植豹尾。餘如八旗驍騎纛之制。

皇帝鹵簿五色金龍纛圖

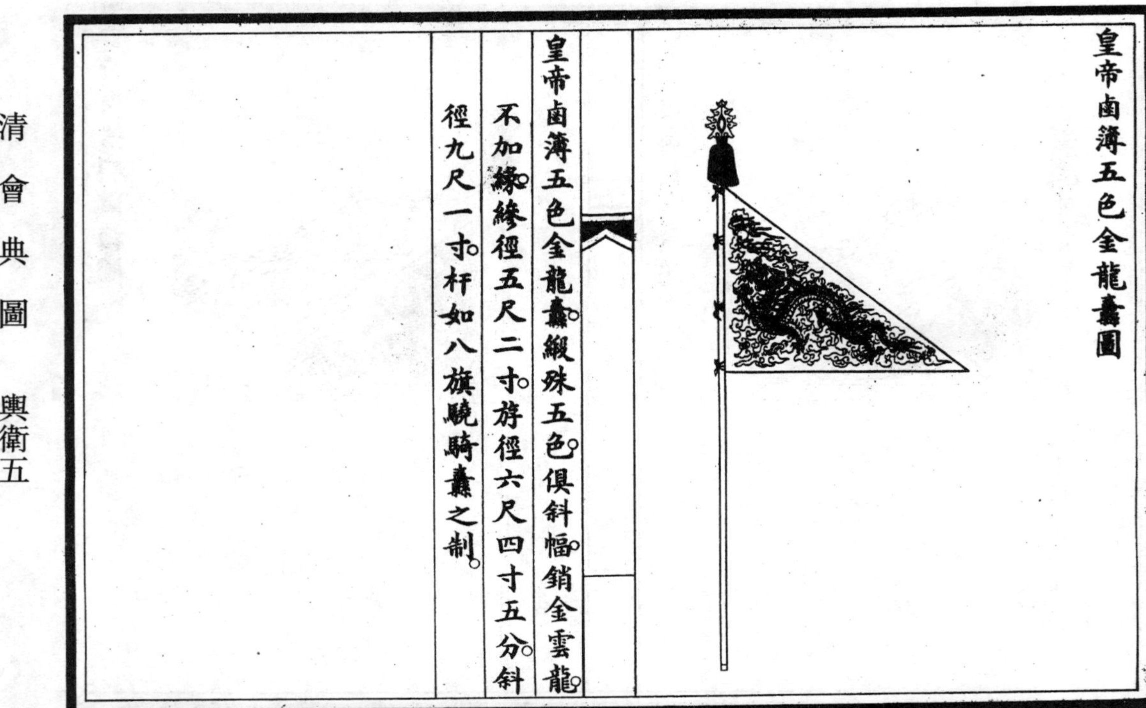

皇帝鹵簿五色金龍纛。綴殊五色。俱斜幅。銷金雲龍。不加緣。縿徑五尺二寸。斿徑六尺四寸五分。斜徑九尺一寸。杆如八旗驍騎纛之制。

皇帝鹵簿儀鳳旗圖

皇帝鹵簿翔鸞旗圖

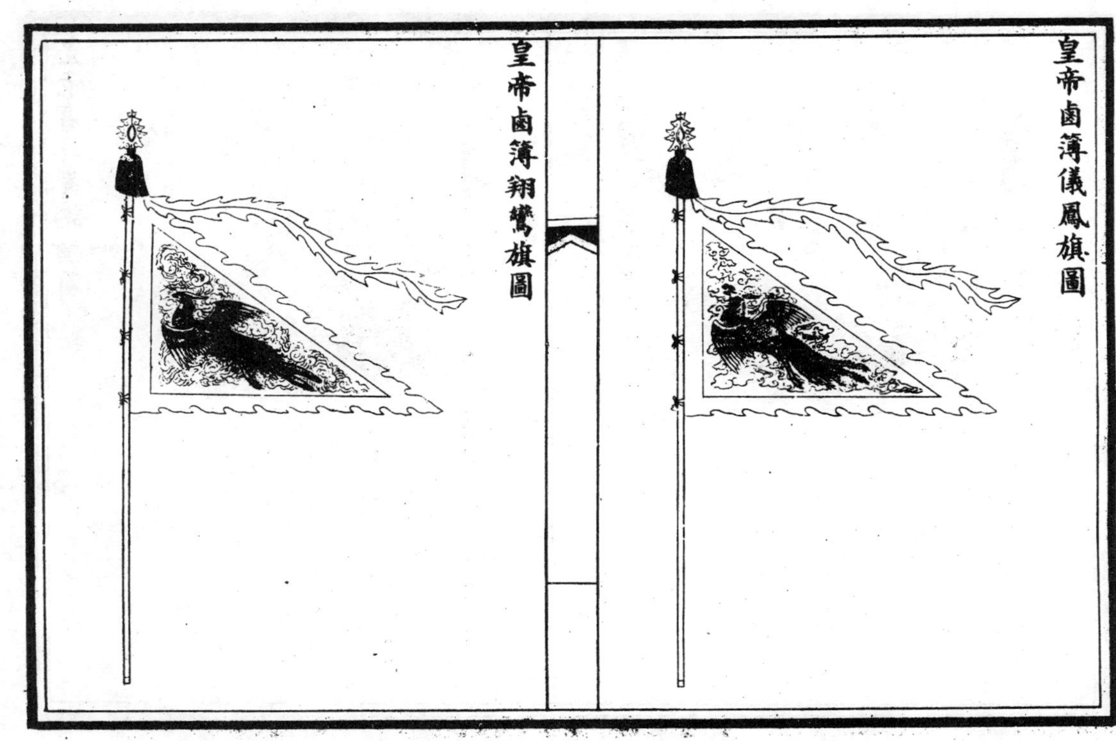

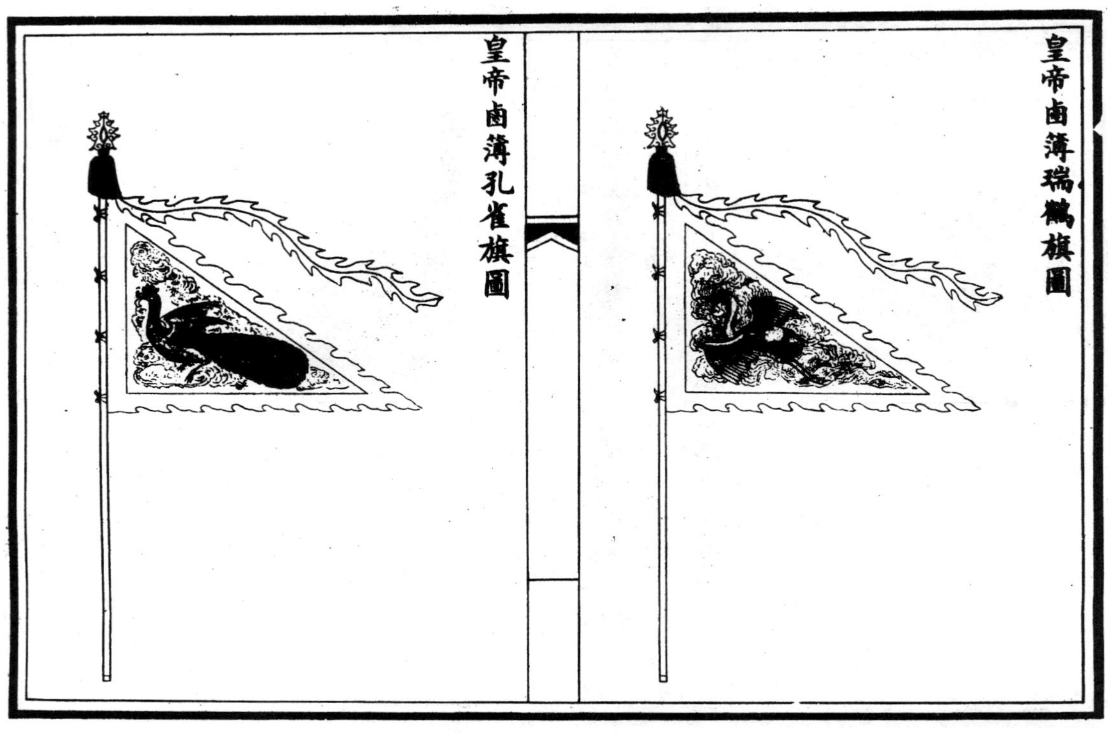

皇帝鹵簿瑞鶴旗圖

皇帝鹵簿孔雀旗圖

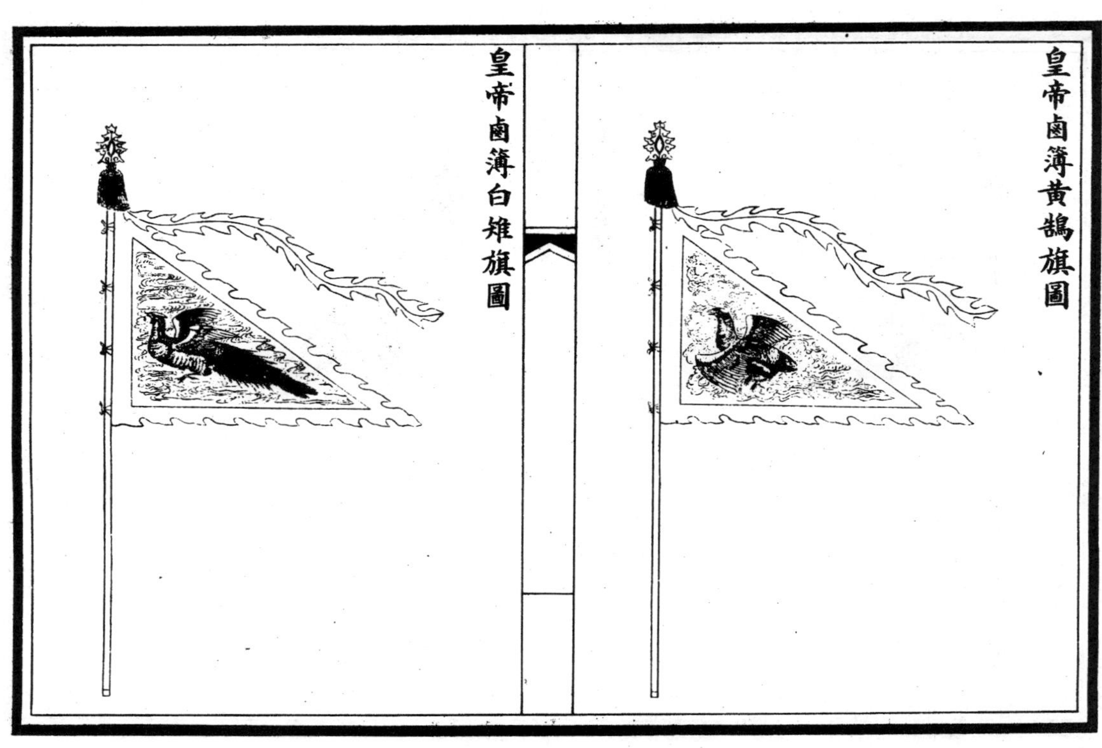

皇帝鹵簿黃鵠旗圖

皇帝鹵簿白雉旗圖

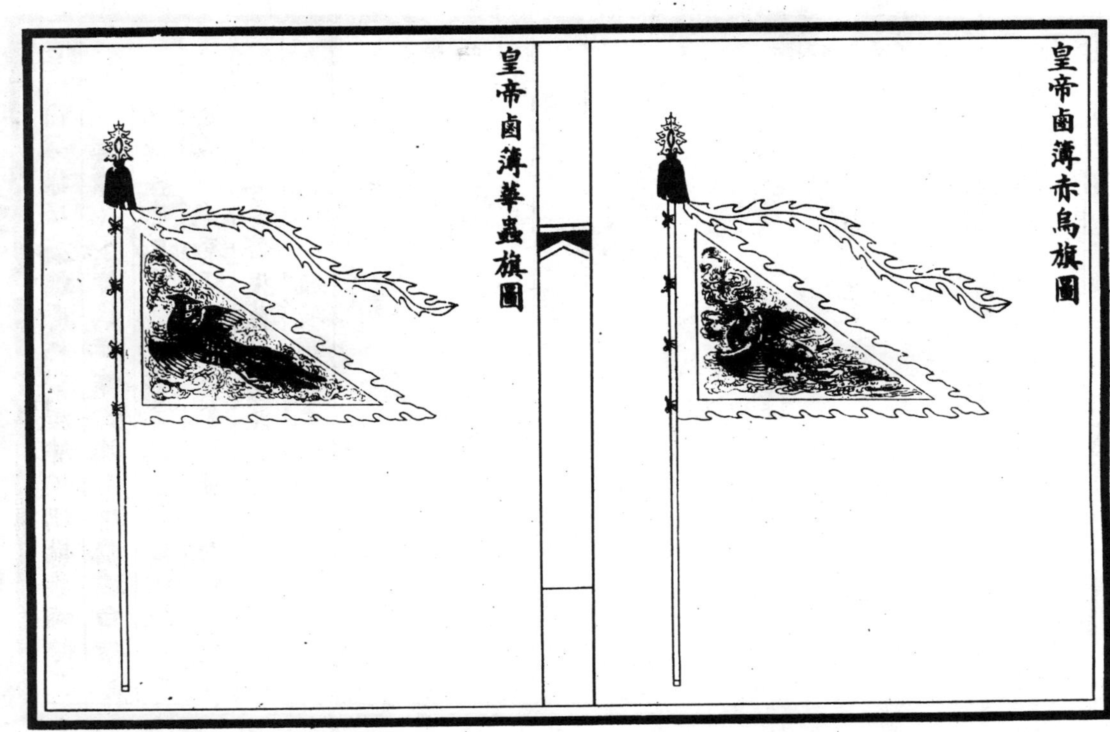

皇帝鹵簿赤烏旗圖

皇帝鹵簿華蟲旗圖

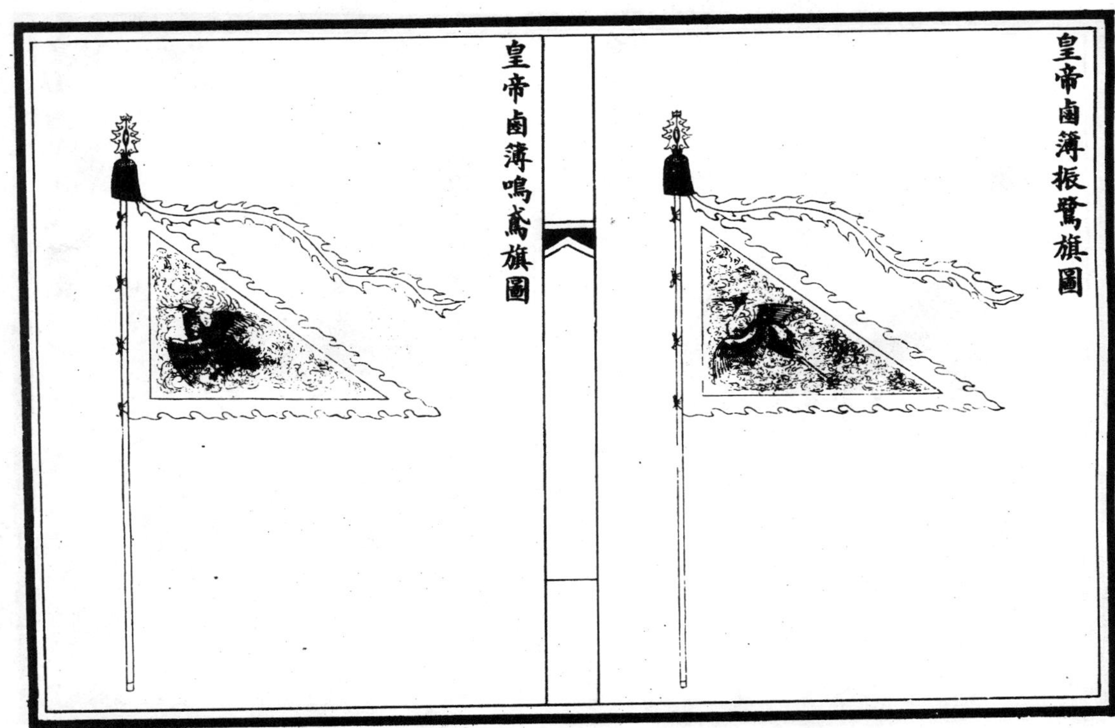

皇帝鹵簿振鷺旗圖

皇帝鹵簿鳴鳶旗圖

皇帝鹵簿儀鳳旗。繡鳳。翔鸞旗。繡鸞。瑞鶴旗。繡鶴。孔雀旗。繡孔雀。黄鵠旗。繡黄鵠。白雉旗。繡白雉。赤烏旗。繡赤烏。華蟲旗。繡華蟲。振鷺旗。繡振鷺。鳴鳶旗。繡鳴鳶。俱間以采雲。旗皆月白緞為之。斜幅緣及彩帶俱藍色。為火燄形。尺寸如八旗護軍纛。杆如八旗驍騎纛之制。

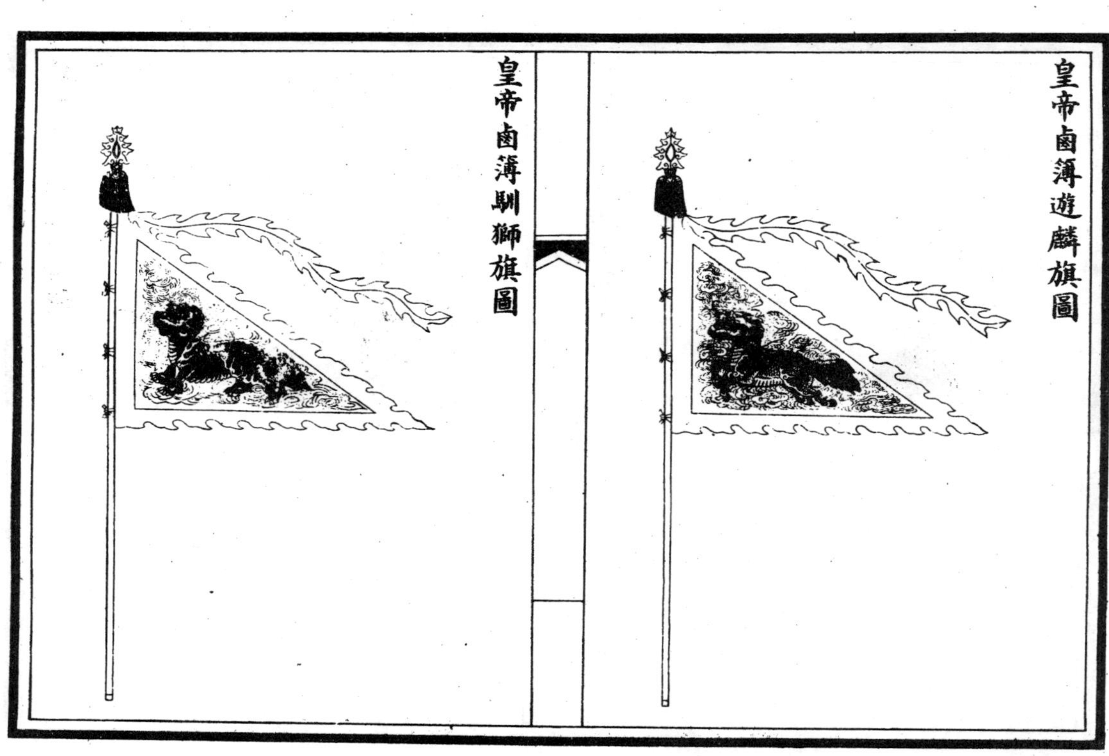

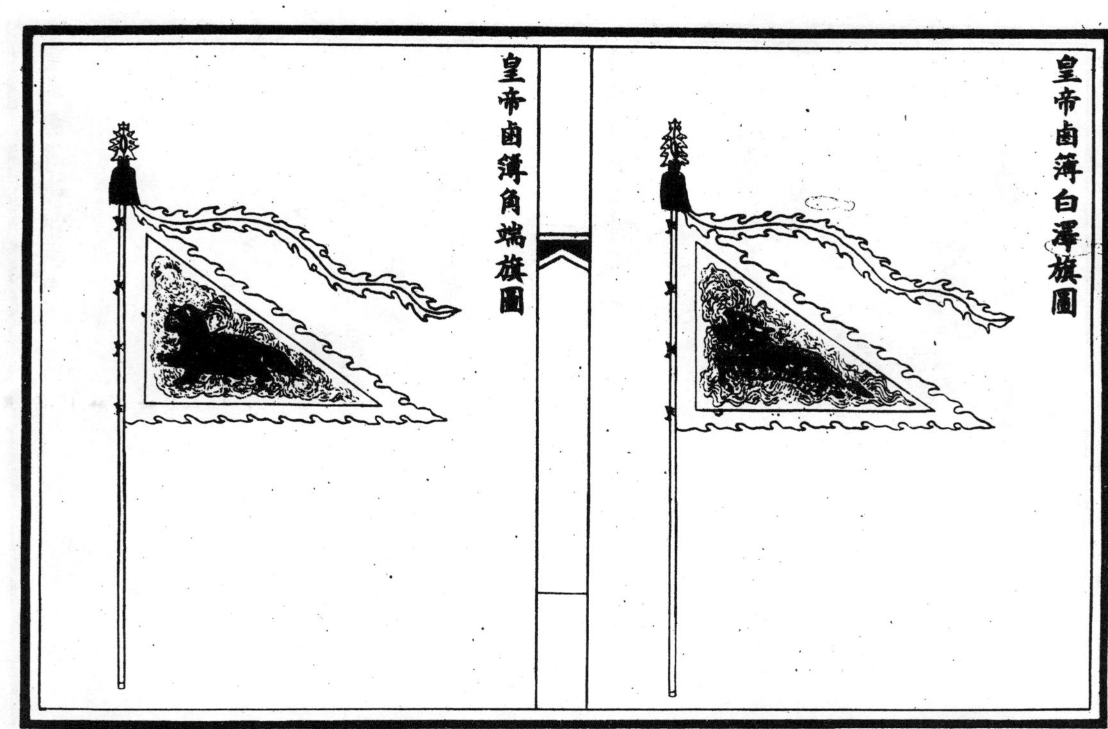
皇帝鹵簿白澤旗圖

皇帝鹵簿角端旗圖

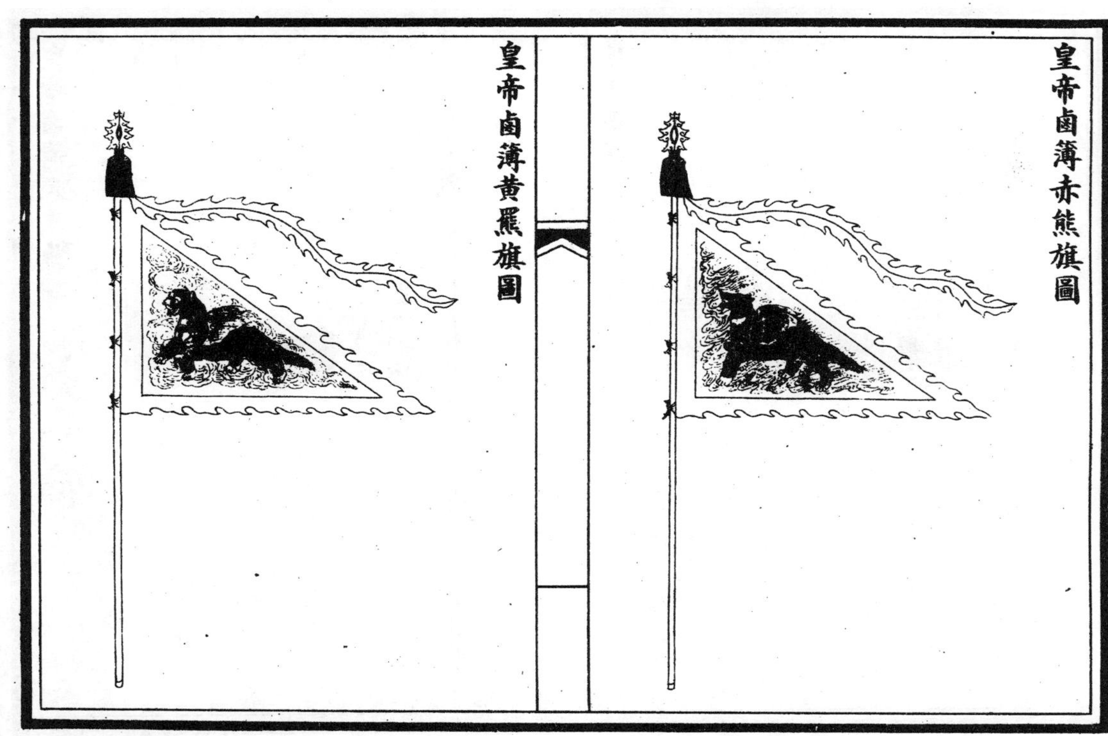
皇帝鹵簿赤熊旗圖

皇帝鹵簿黃羆旗圖

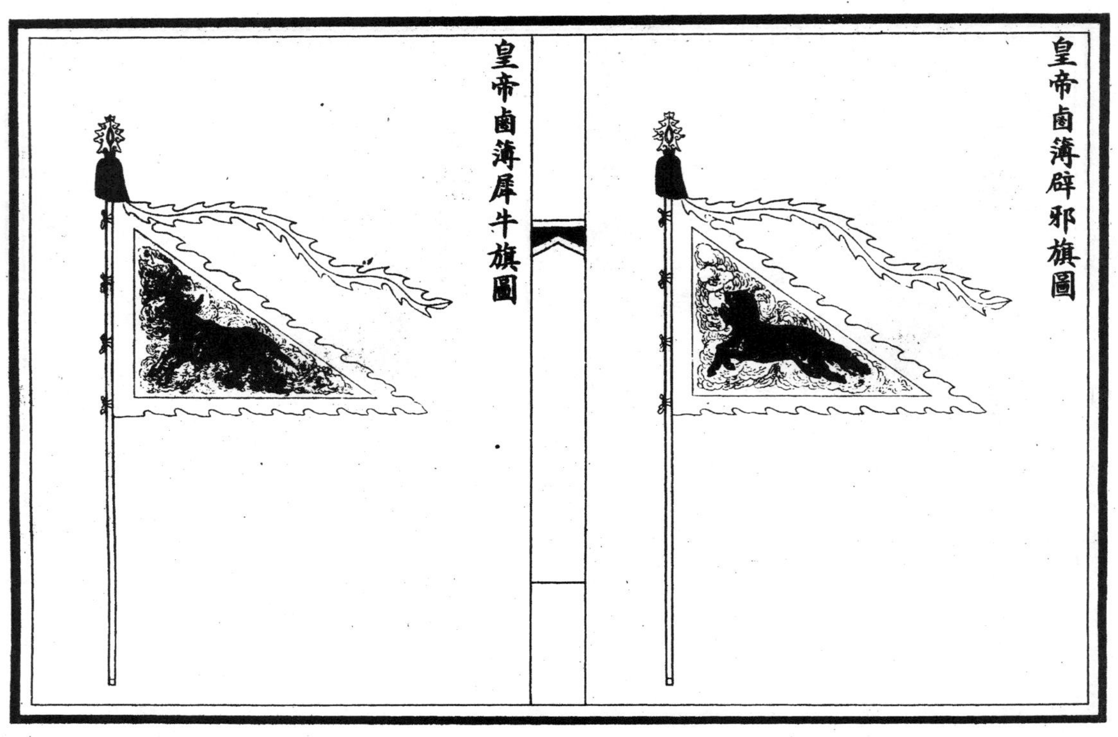
皇帝鹵簿辟邪旗圖

皇帝鹵簿犀牛旗圖

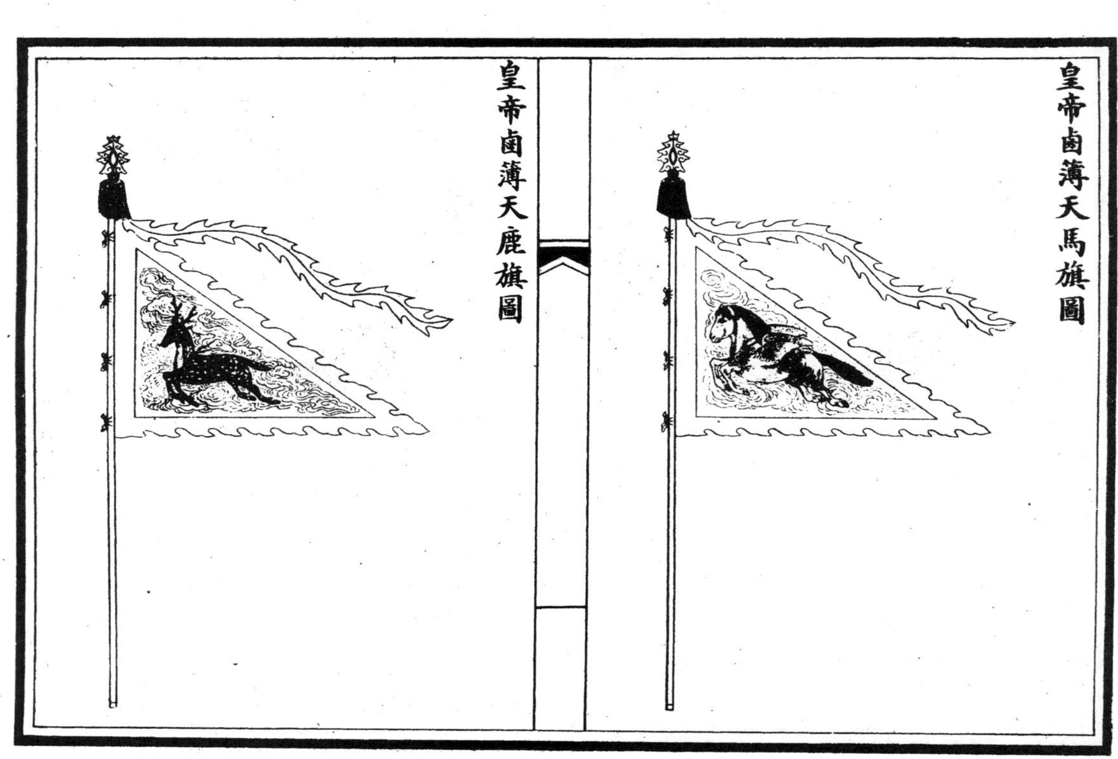
皇帝鹵簿天馬旗圖

皇帝鹵簿天鹿旗圖

皇帝鹵簿遊麟旗。繡麒麟。馴獅旗。繡馴獅。白澤旗。繡白澤。角端旗。繡角端。赤熊旗。繡赤熊。傅兩翼。黃羆旗。繡黃羆。傅兩翼。辟邪旗。繡辟邪。犀牛旗。繡犀牛。天馬旗。繡天馬。傅兩翼。天鹿旗。繡天鹿。皆髃起火燄。閒以采雲。旗皆黃緞為之。斜幅。緣及影帶俱紅色。為火燄形。尺寸如八旗護軍纛。杆如八旗驍騎纛之制。

# 欽定大清會典圖卷八十二

## 輿衛六 鹵簿六

皇帝鹵簿青龍旗圖

皇帝鹵簿白虎旗圖

皇帝鹵簿朱雀旗圖

皇帝鹵簿神武旗圖

皇帝鹵簿東嶽旗圖

皇帝鹵簿西嶽旗圖

皇帝鹵簿南嶽旗圖

皇帝鹵簿北嶽旗圖

皇帝鹵簿中嶽旗圖

皇帝鹵簿江瀆旗圖

皇帝鹵簿河瀆旗圖

皇帝鹵簿淮瀆旗圖

皇帝鹵簿濟瀆旗圖

皇帝鹵簿土星旗圖 木星金星火星水星旗同

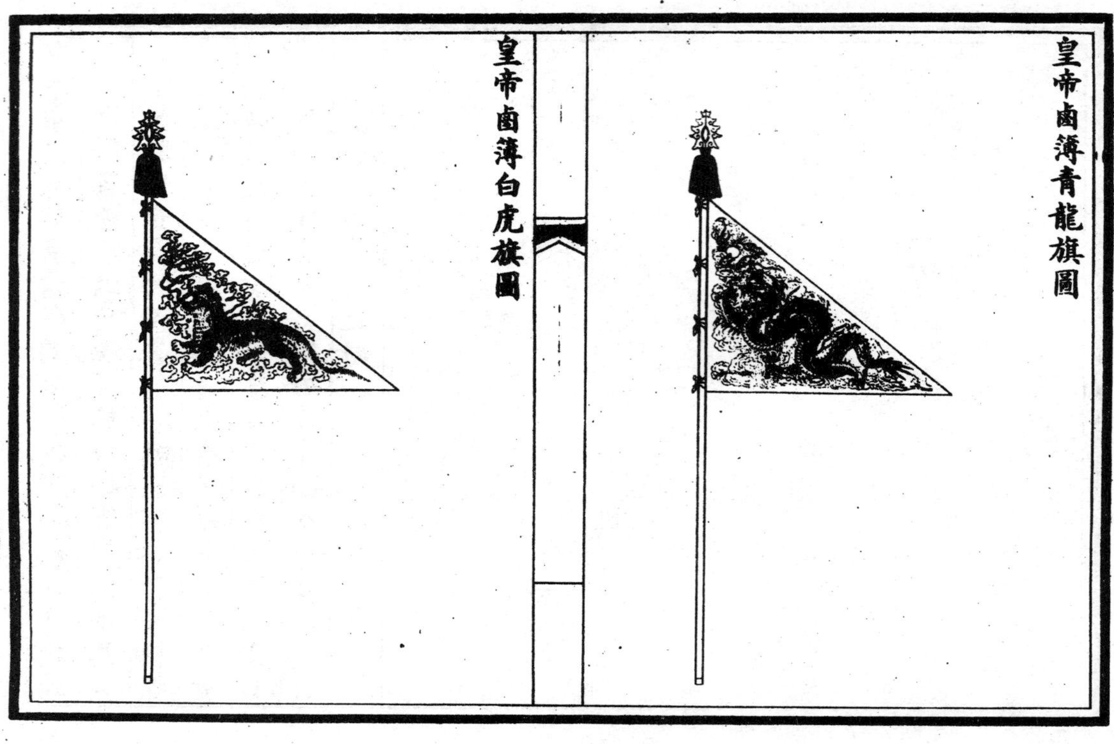

皇帝鹵簿青龍旗圖

皇帝鹵簿白虎旗圖

皇帝鹵簿朱雀旗圖

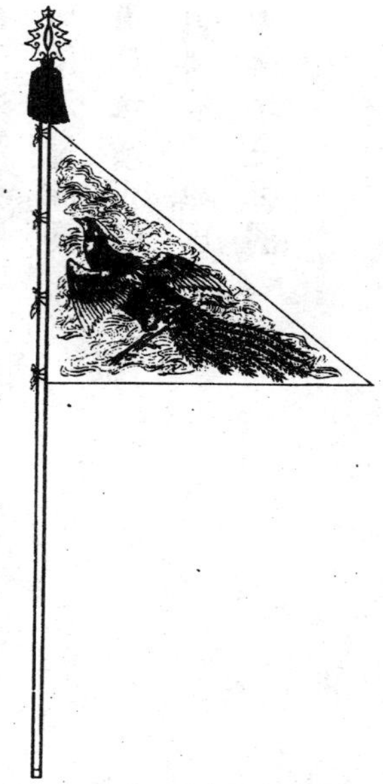

皇帝鹵簿神武旗圖

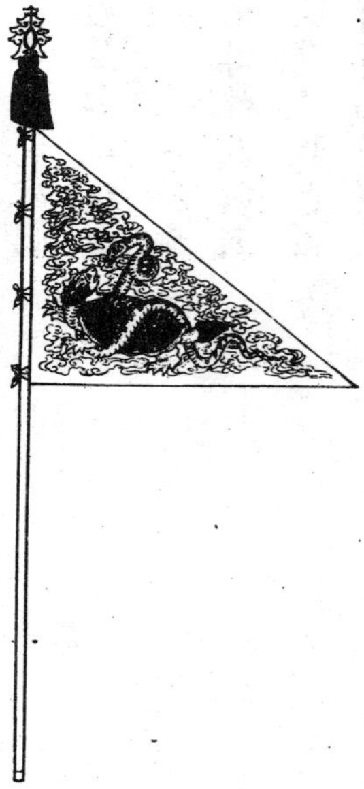

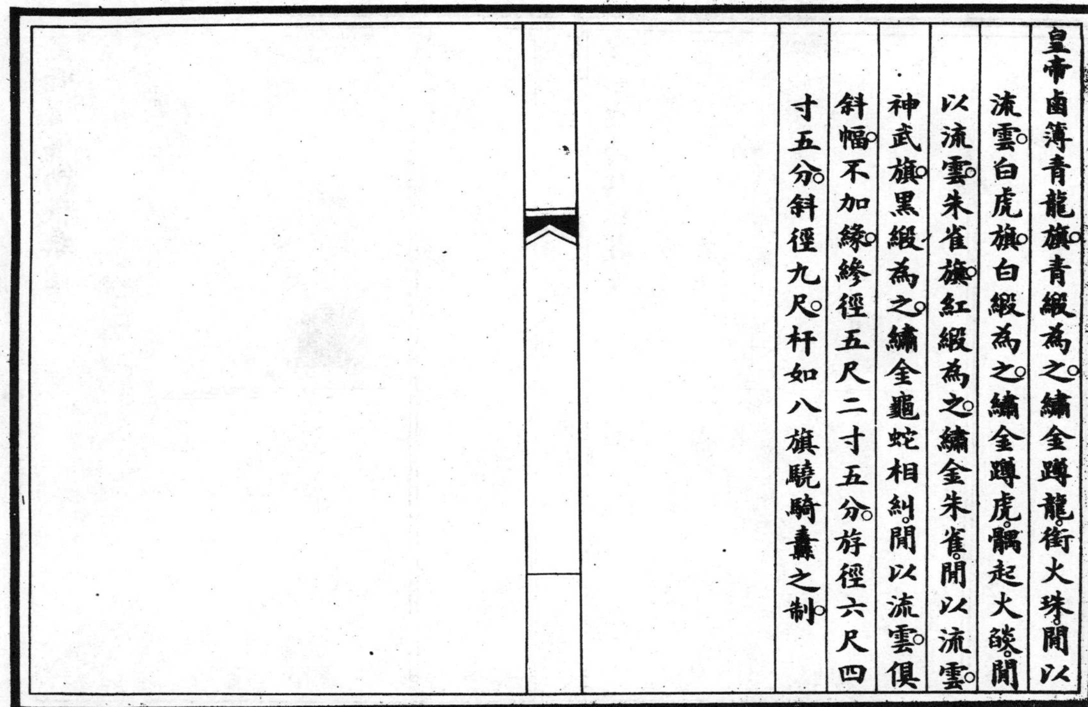

皇帝鹵簿青龍旗。青緞為之。繡金躍龍。銜火珠。間以流雲。白虎旗。白緞為之。繡金躍虎。飆起火燄。間以流雲。朱雀旗。紅緞為之。繡金朱雀。間以流雲。神武旗。黑緞為之。繡金龜蛇相糾。間以流雲。俱斜幅不加緣。縿徑五尺二寸五分。斿徑六尺四寸五分。斜徑九尺。杆如八旗驍騎纛之制。

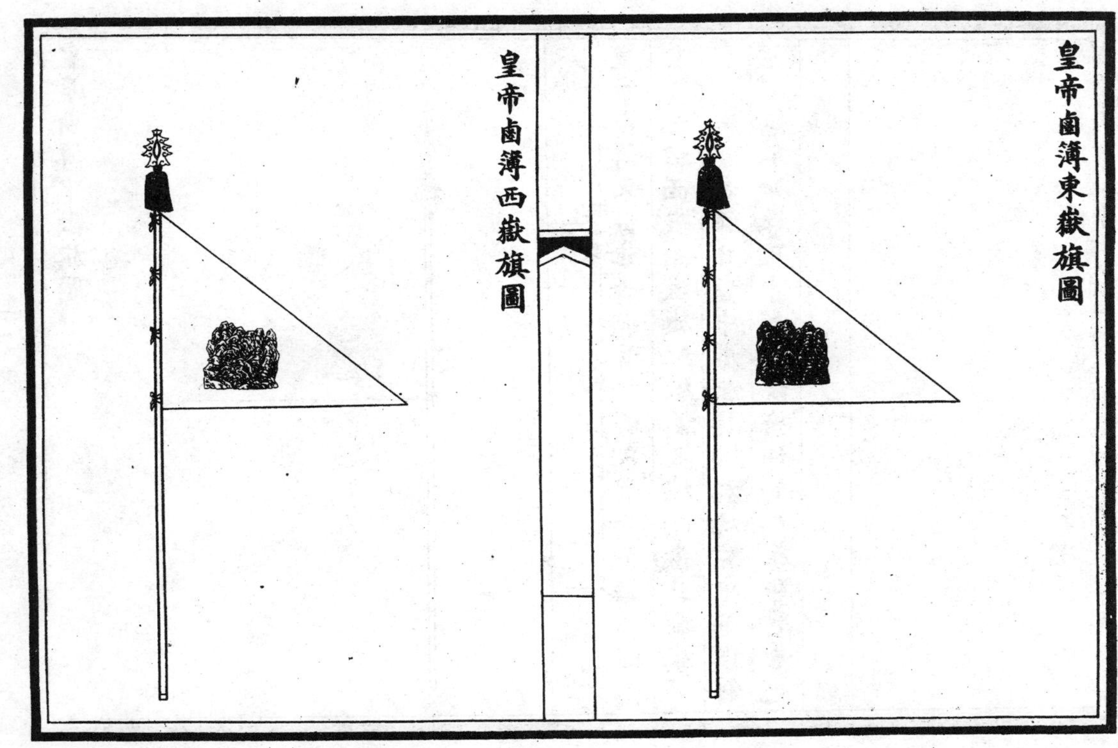

皇帝鹵簿東嶽旗圖

皇帝鹵簿西嶽旗圖

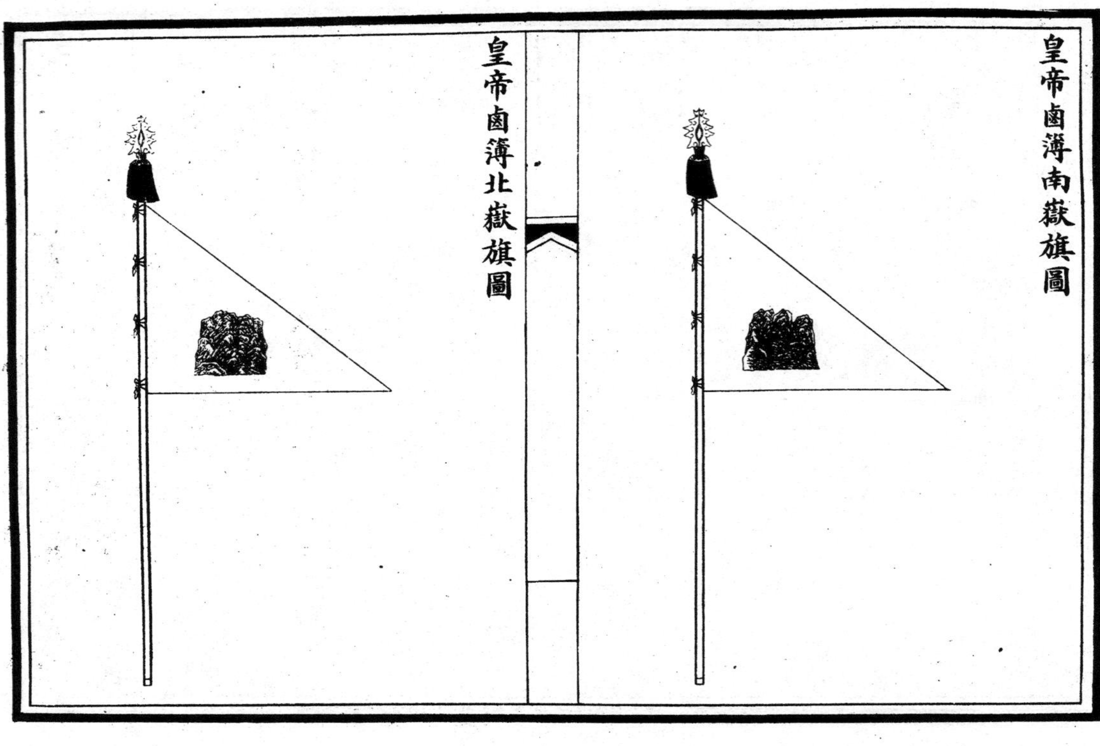


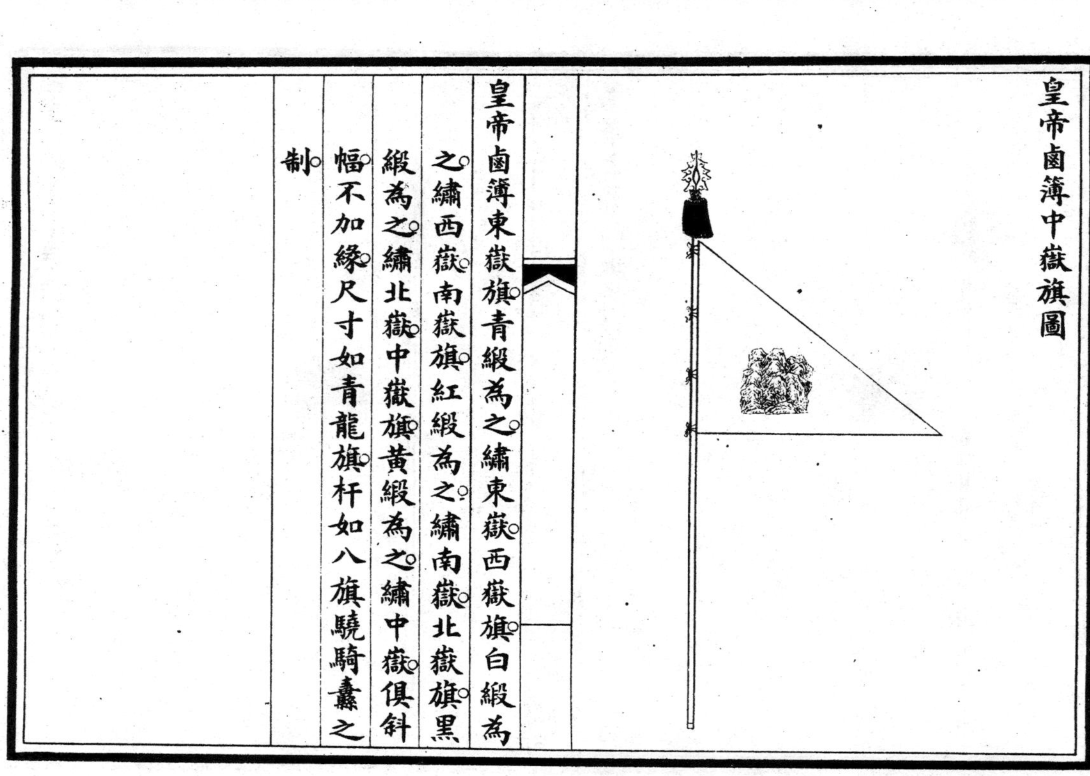


皇帝鹵簿東嶽旗。青緞為之。繡東嶽。西嶽旗。白緞為之。繡西嶽。南嶽旗。紅緞為之。繡南嶽。北嶽旗。黑緞為之。繡北嶽。中嶽旗。黃緞為之。繡中嶽。俱斜幅。不加緣。尺寸如青龍旗。杆如八旗驍騎纛之制。

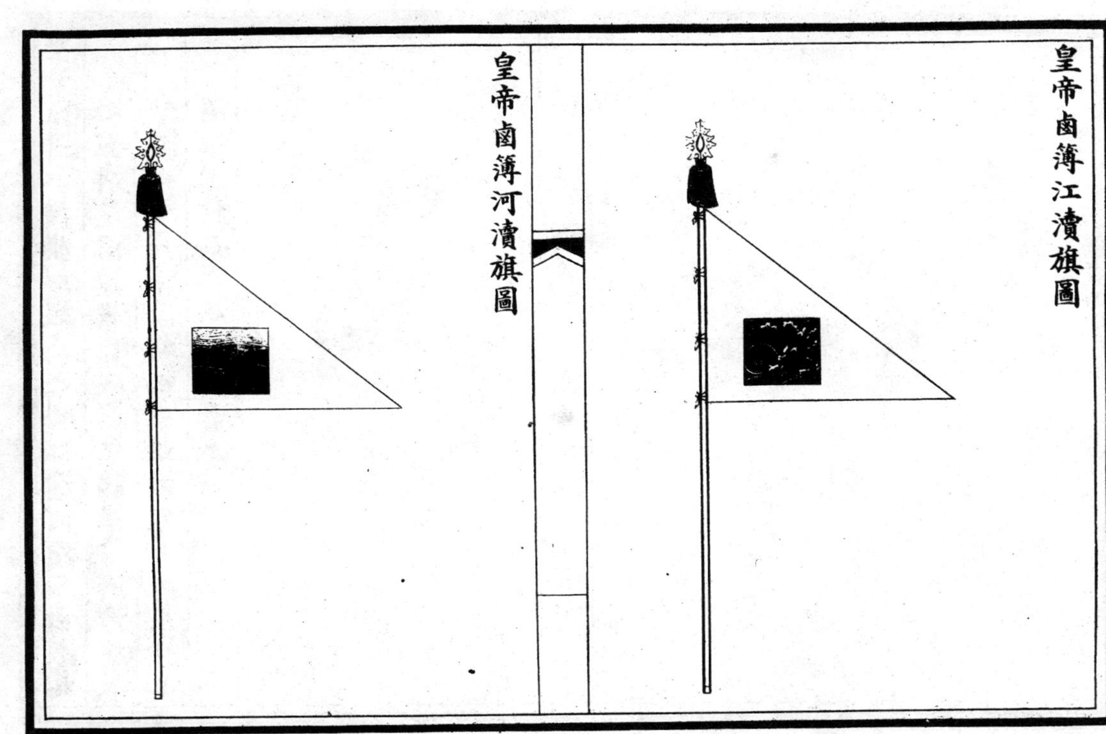

皇帝鹵簿江瀆旗圖

皇帝鹵簿河瀆旗圖

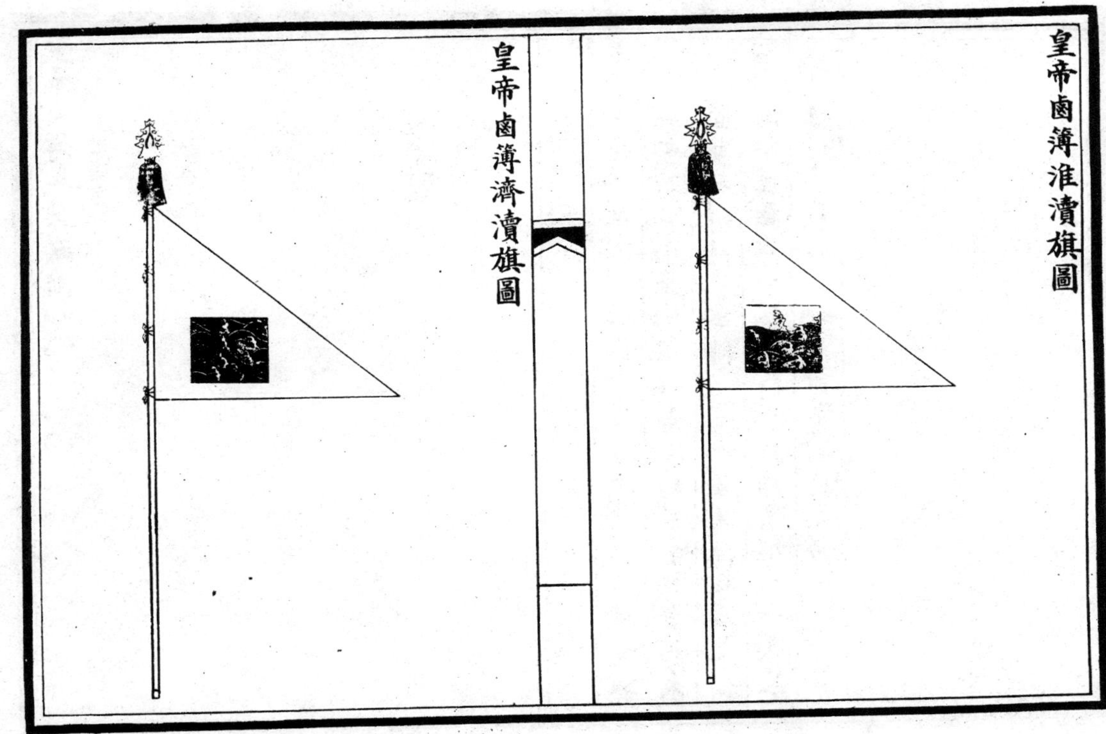

皇帝鹵簿淮瀆旗圖

皇帝鹵簿濟瀆旗圖

皇帝鹵簿江瀆旗。紅緞為之。繡江瀆。河瀆旗。白緞為之。繡河瀆。淮瀆旗。藍緞為之。繡淮瀆。濟瀆旗。黑緞為之。繡濟瀆。俱斜幅。中正方。不加緣。尺寸如青龍旗。杆如八旗驍騎纛之制。

## 皇帝鹵簿土星旗圖

木星　金星　火星　水星旗同

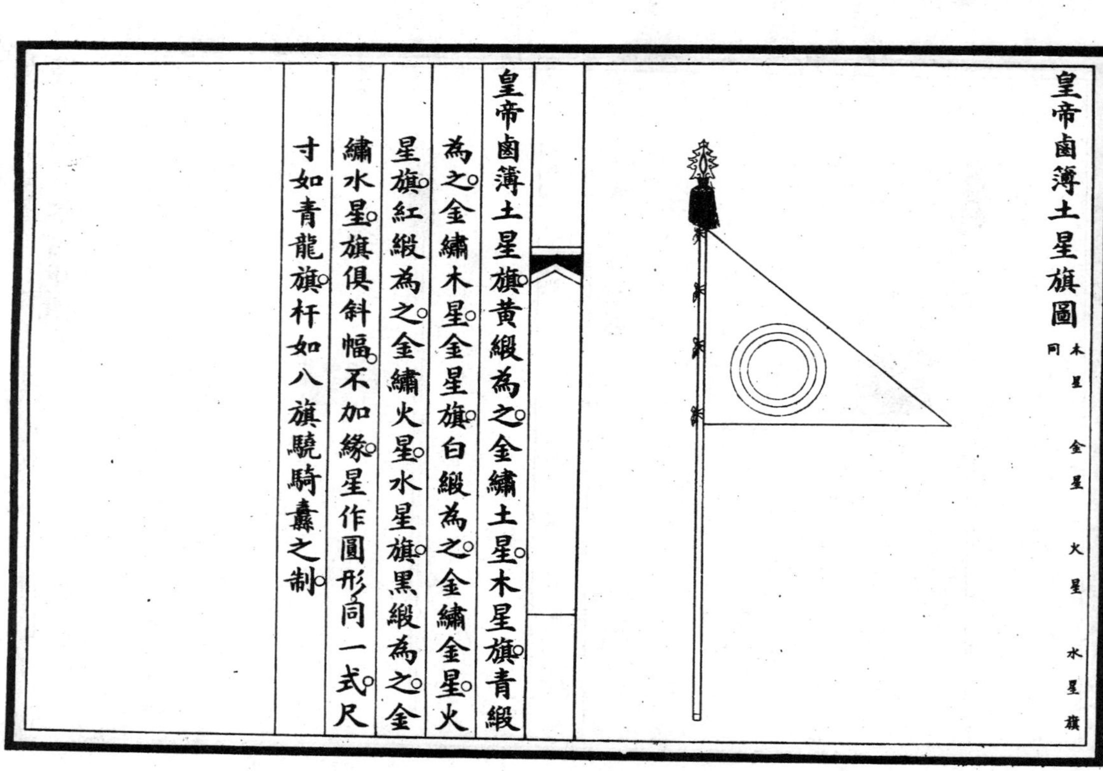

皇帝鹵簿土星旗。黃緞為之。金繡土星。木星旗。青緞為之。金繡木星。金星旗。白緞為之。金繡金星。火星旗。紅緞為之。金繡火星。水星旗。黑緞為之。金繡水星。俱斜幅。不加緣。星作圜形。同一式。尺寸如青龍旗。杆如八旗驍騎纛之制。

# 欽定大清會典圖卷八十三

## 輿衛七　鹵簿七

皇帝鹵簿角宿旗圖
皇帝鹵簿亢宿旗圖
皇帝鹵簿氐宿旗圖
皇帝鹵簿房宿旗圖
皇帝鹵簿心宿旗圖
皇帝鹵簿尾宿旗圖
皇帝鹵簿箕宿旗圖
皇帝鹵簿斗宿旗圖

皇帝鹵簿牛宿旗圖
皇帝鹵簿女宿旗圖
皇帝鹵簿虛宿旗圖
皇帝鹵簿危宿旗圖
皇帝鹵簿室宿旗圖
皇帝鹵簿壁宿旗圖
皇帝鹵簿奎宿旗圖
皇帝鹵簿婁宿旗圖
皇帝鹵簿胃宿旗圖
皇帝鹵簿昴宿旗圖

皇帝鹵簿畢宿旗圖
皇帝鹵簿觜宿旗圖
皇帝鹵簿參宿旗圖
皇帝鹵簿井宿旗圖
皇帝鹵簿鬼宿旗圖
皇帝鹵簿柳宿旗圖
皇帝鹵簿星宿旗圖
皇帝鹵簿張宿旗圖
皇帝鹵簿翼宿旗圖
皇帝鹵簿軫宿旗圖

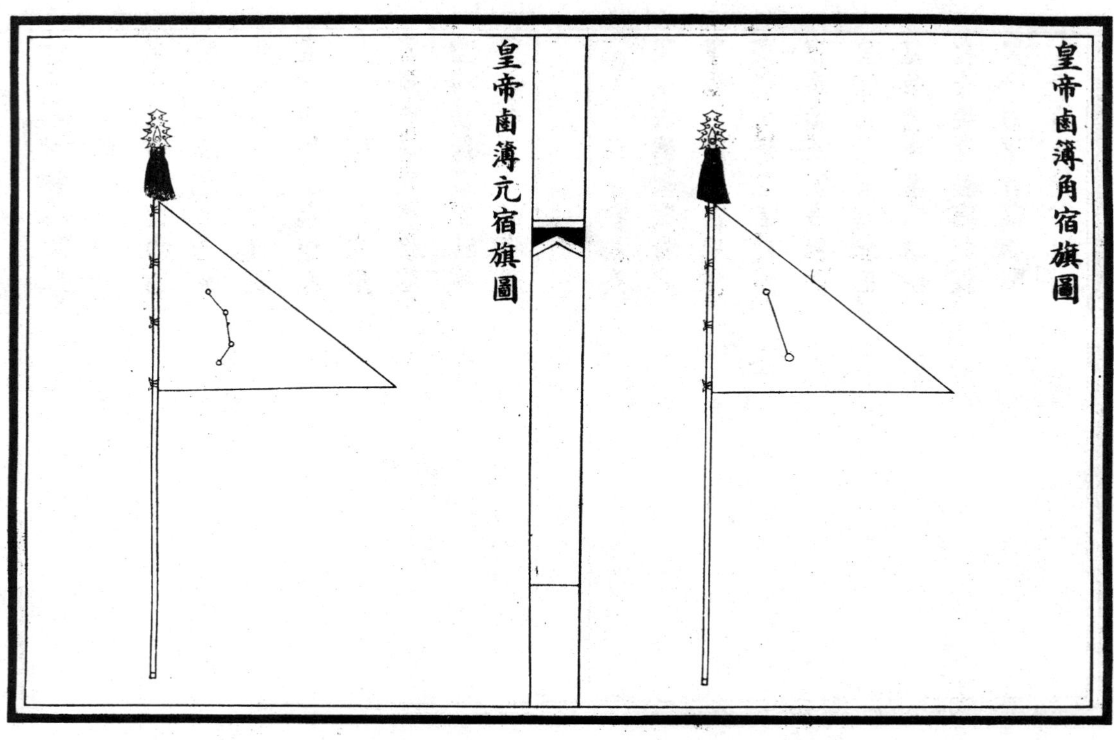
皇帝鹵簿角宿旗圖

皇帝鹵簿亢宿旗圖

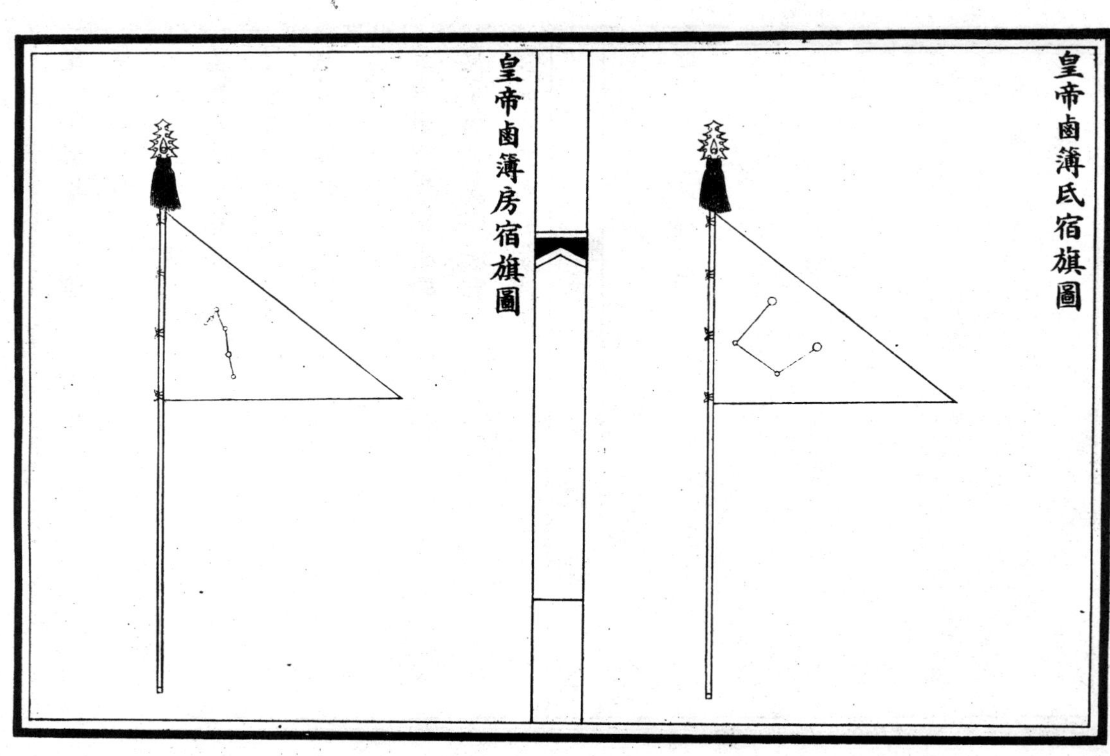
皇帝鹵簿氐宿旗圖

皇帝鹵簿房宿旗圖

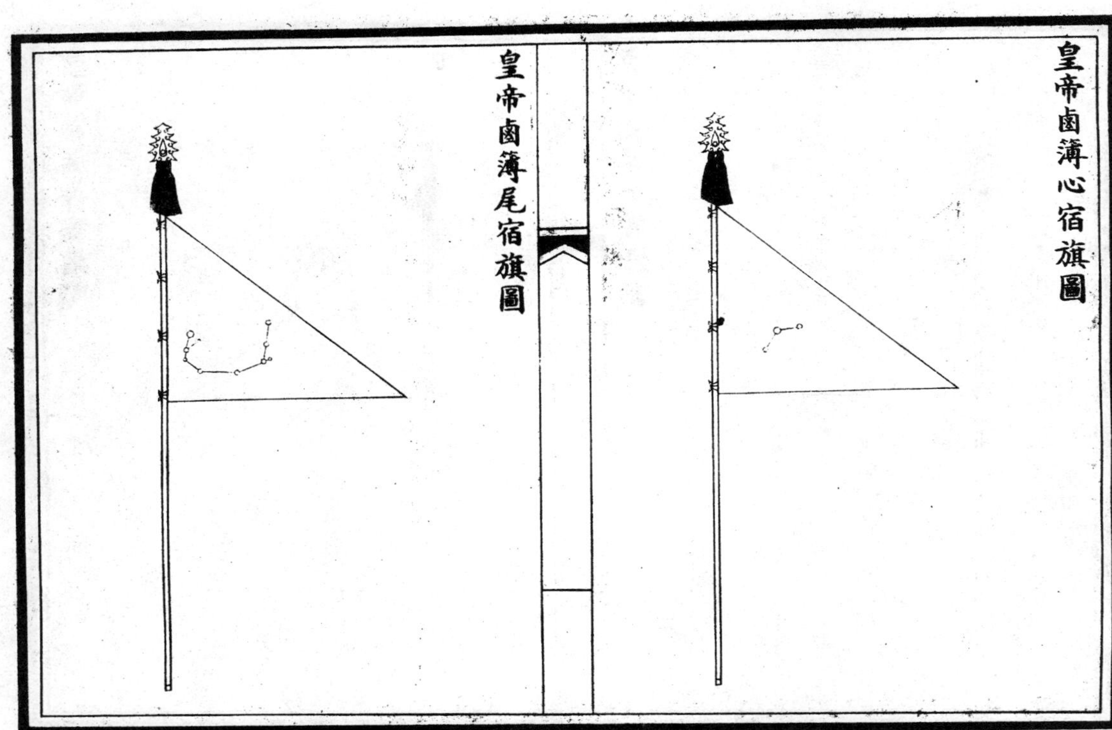

皇帝鹵簿心宿旗圖

皇帝鹵簿尾宿旗圖

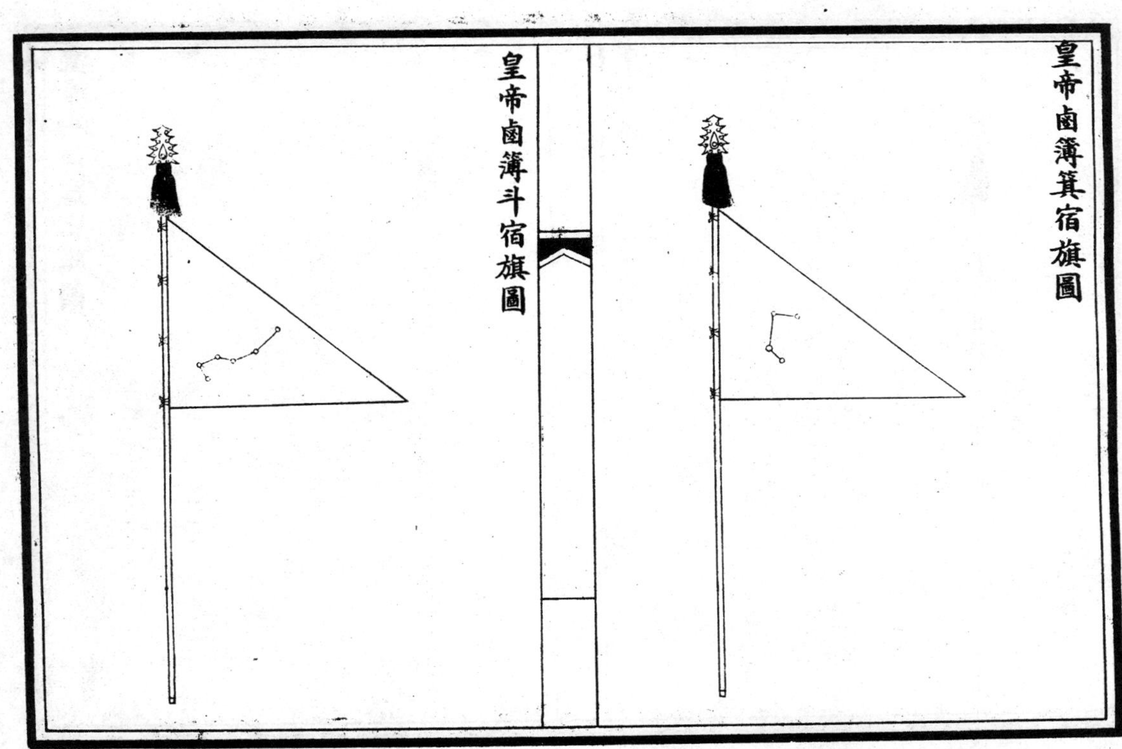

皇帝鹵簿箕宿旗圖

皇帝鹵簿斗宿旗圖

皇帝鹵簿牛宿旗圖

皇帝鹵簿女宿旗圖

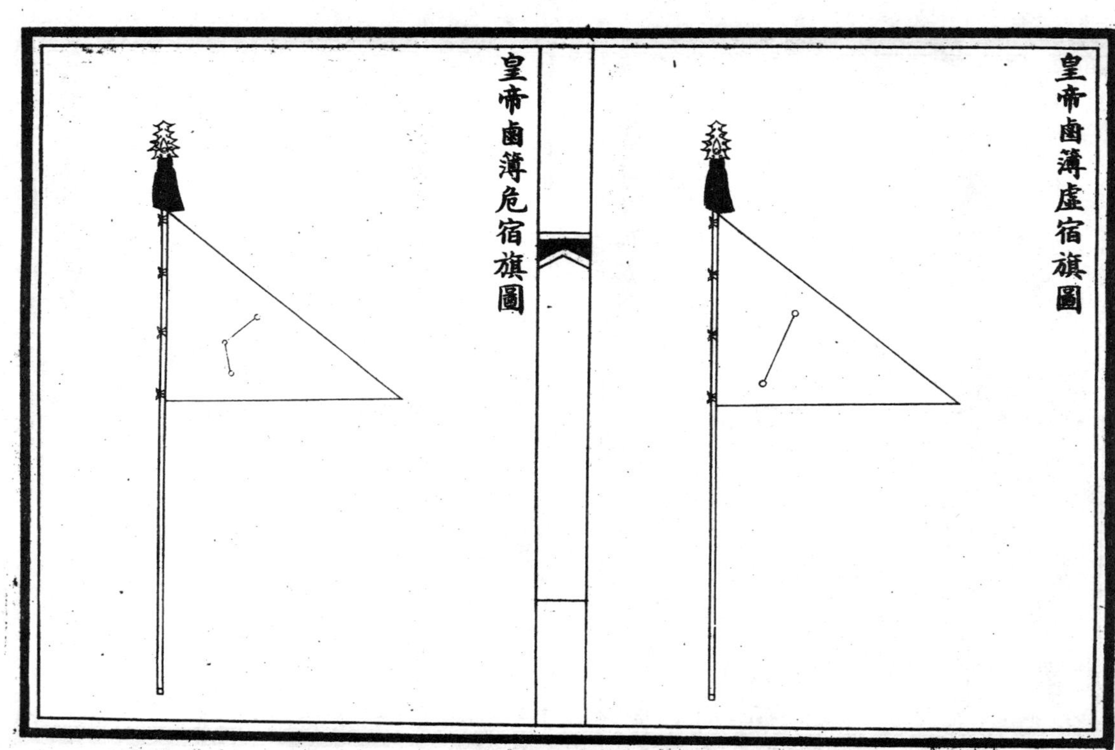

皇帝鹵簿虚宿旗圖

皇帝鹵簿危宿旗圖

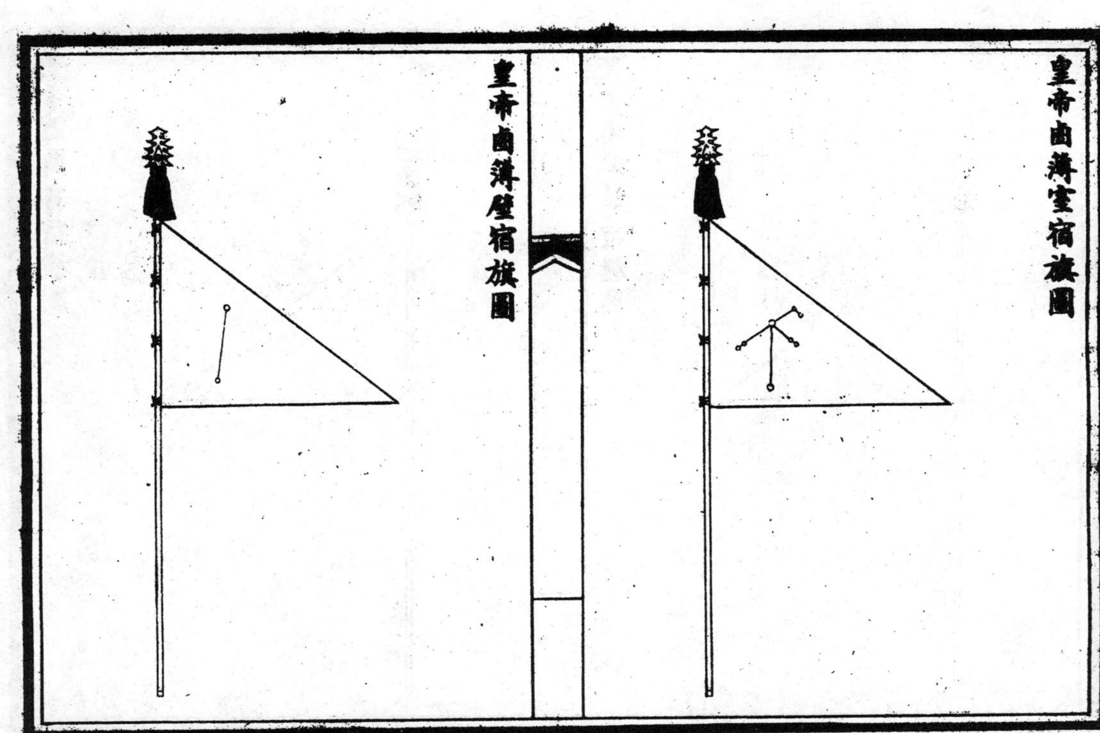
皇帝鹵簿室宿旗圖
皇帝鹵簿壁宿旗圖

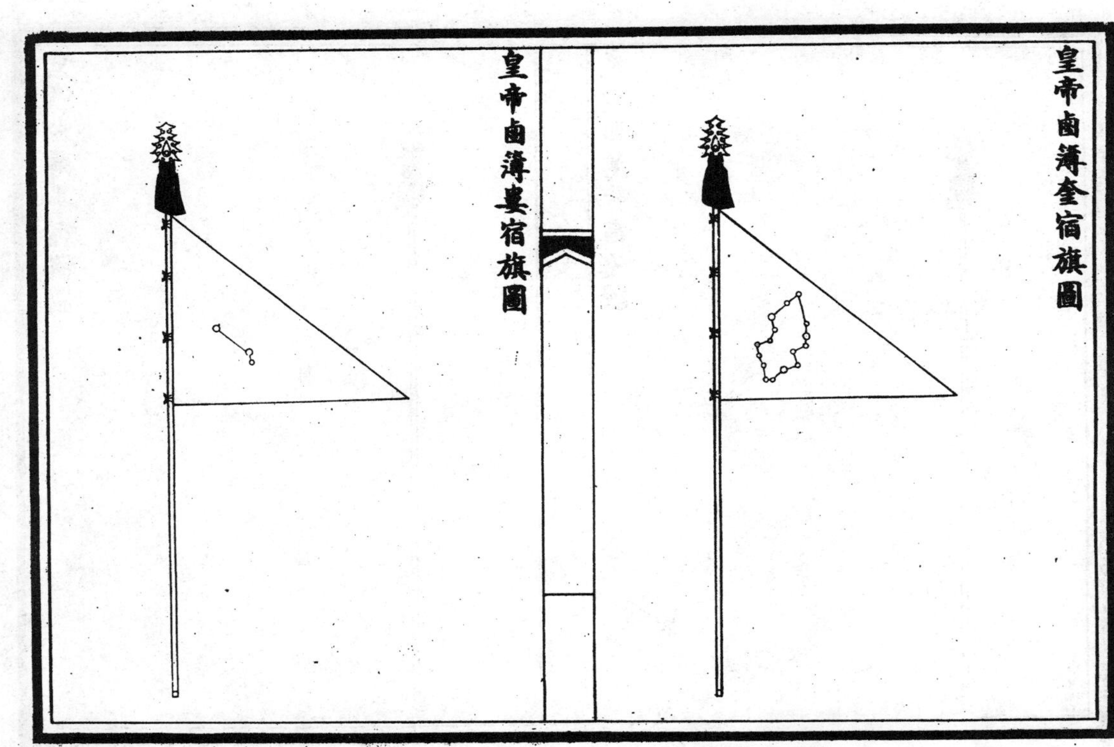
皇帝鹵簿奎宿旗圖
皇帝鹵簿婁宿旗圖

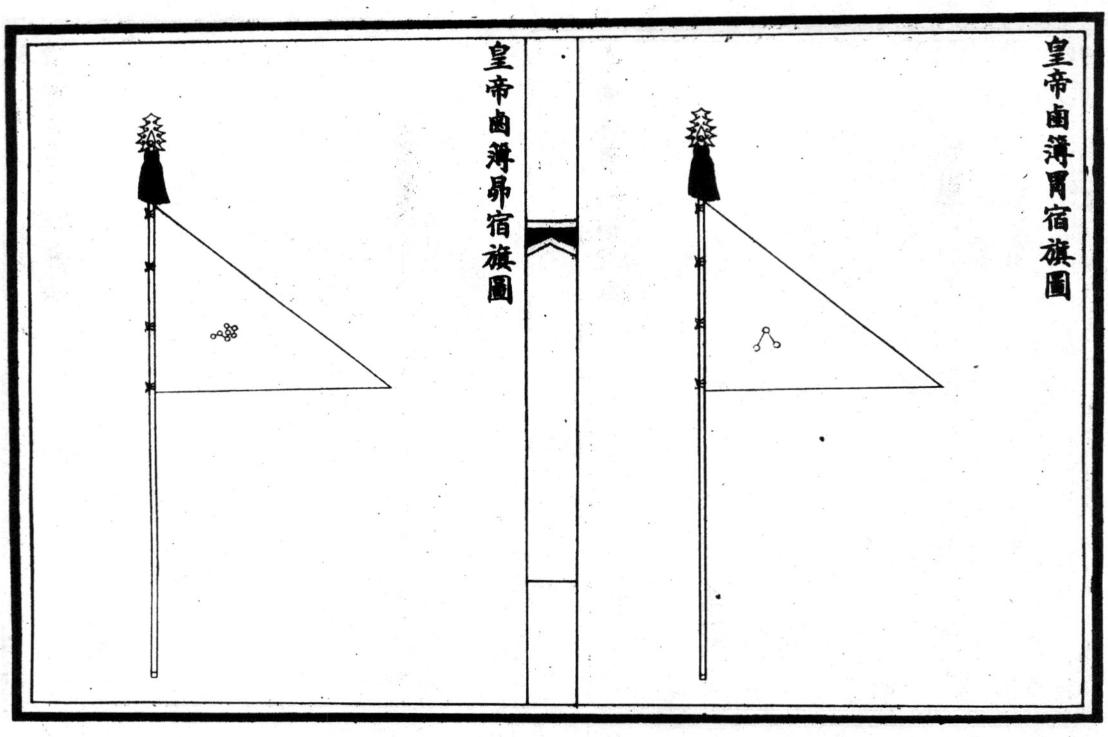
皇帝鹵簿胃宿旗圖

皇帝鹵簿昴宿旗圖

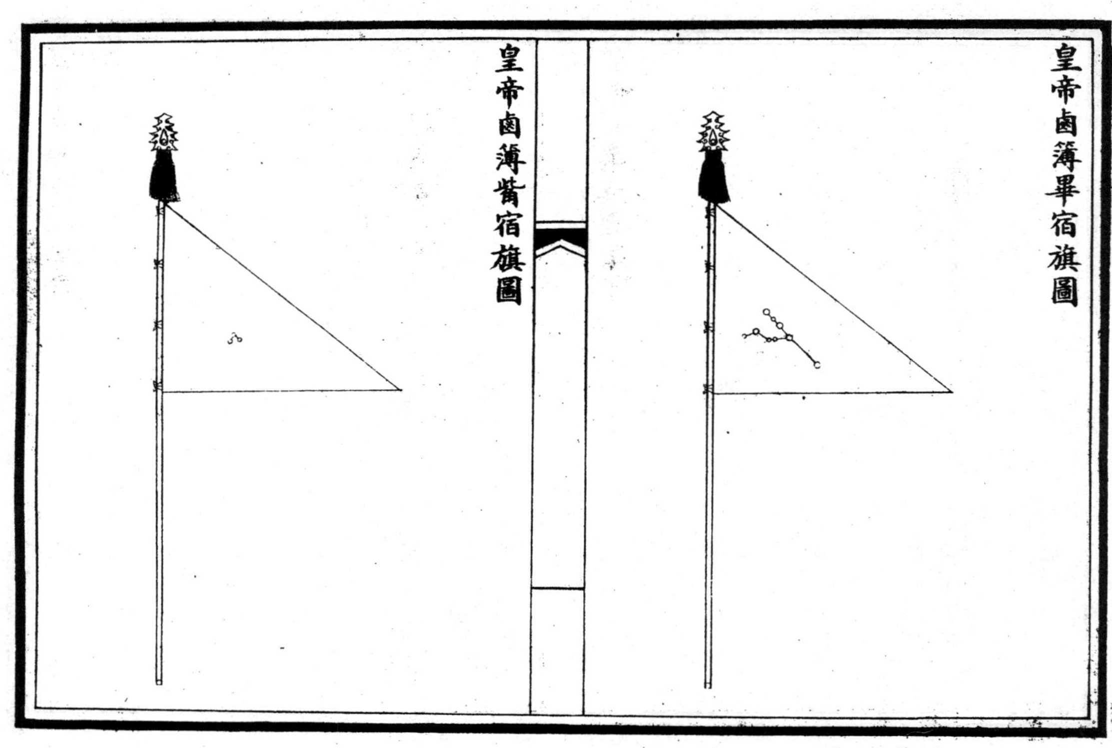
皇帝鹵簿畢宿旗圖

皇帝鹵簿觜宿旗圖

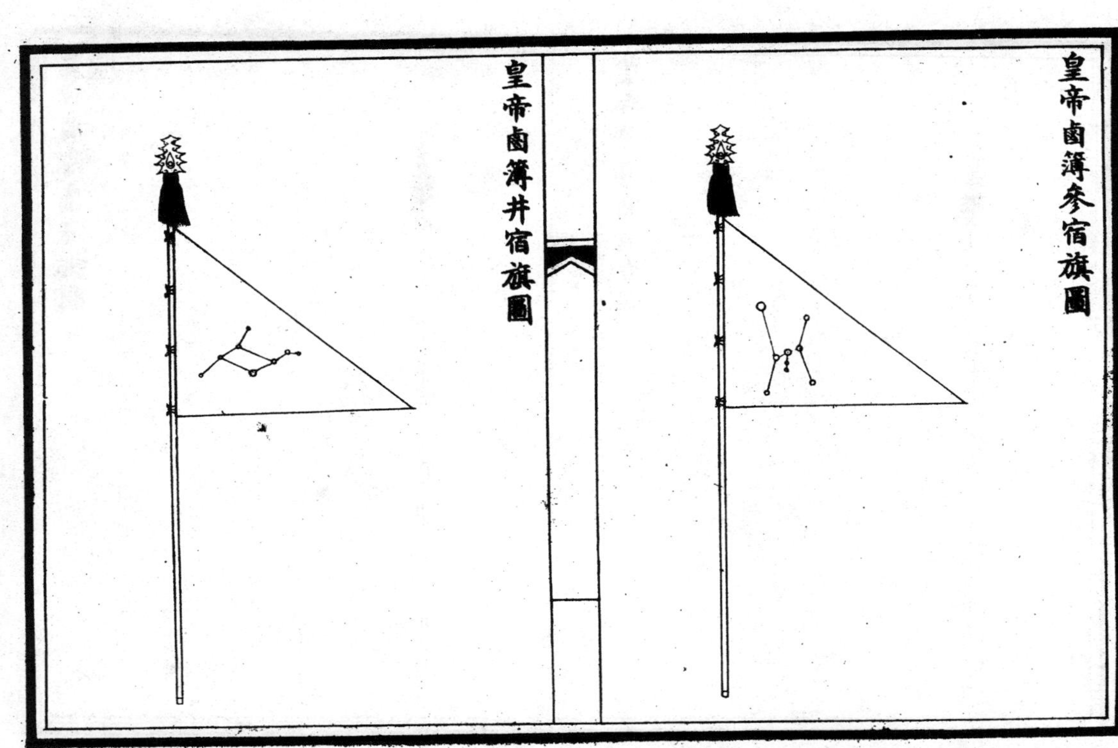
皇帝鹵簿参宿旗圖
皇帝鹵簿井宿旗圖

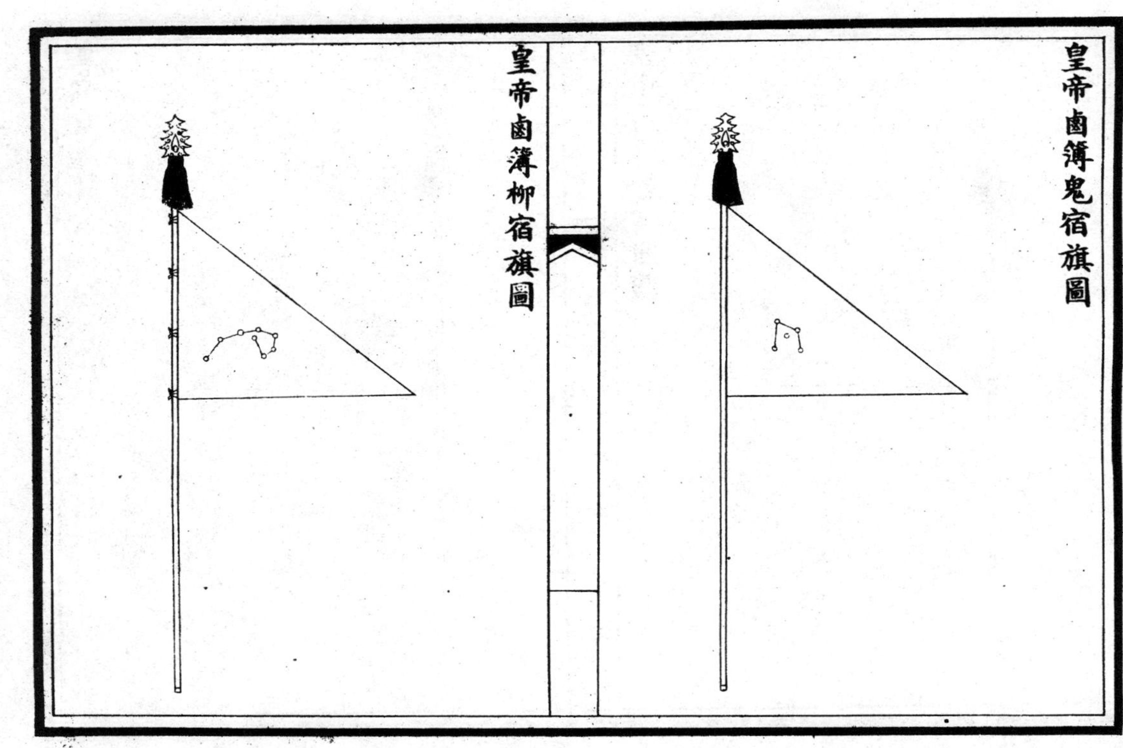
皇帝鹵簿鬼宿旗圖
皇帝鹵簿柳宿旗圖

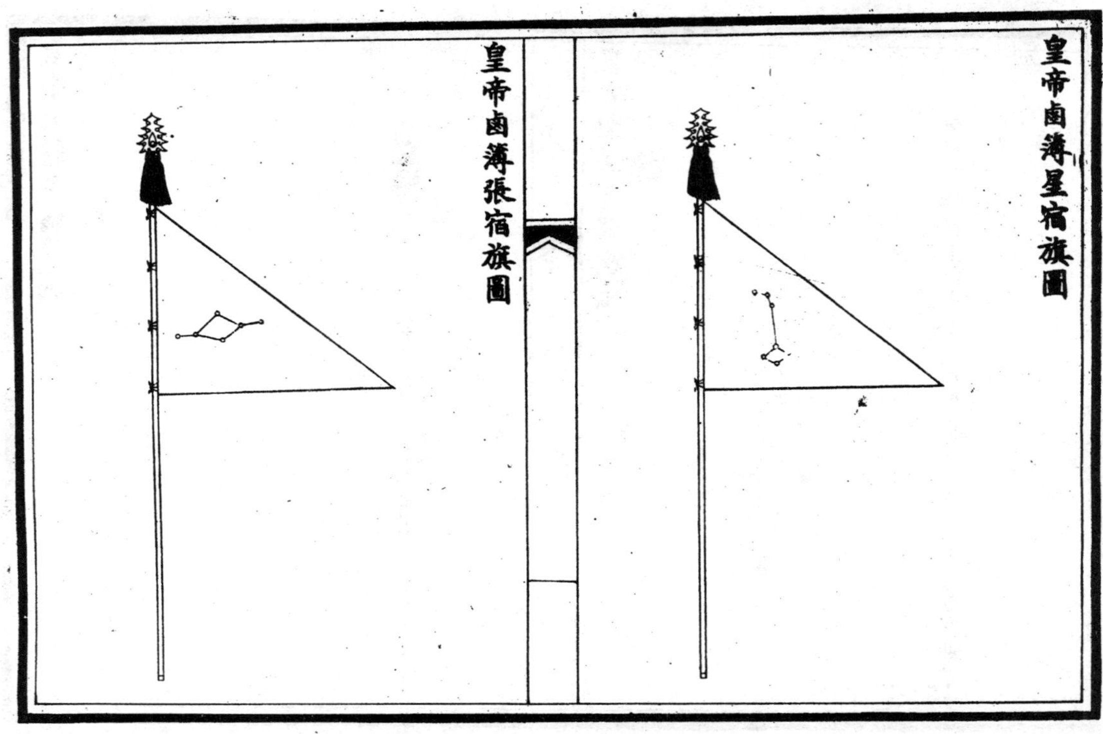

皇帝鹵簿星宿旗圖

皇帝鹵簿張宿旗圖

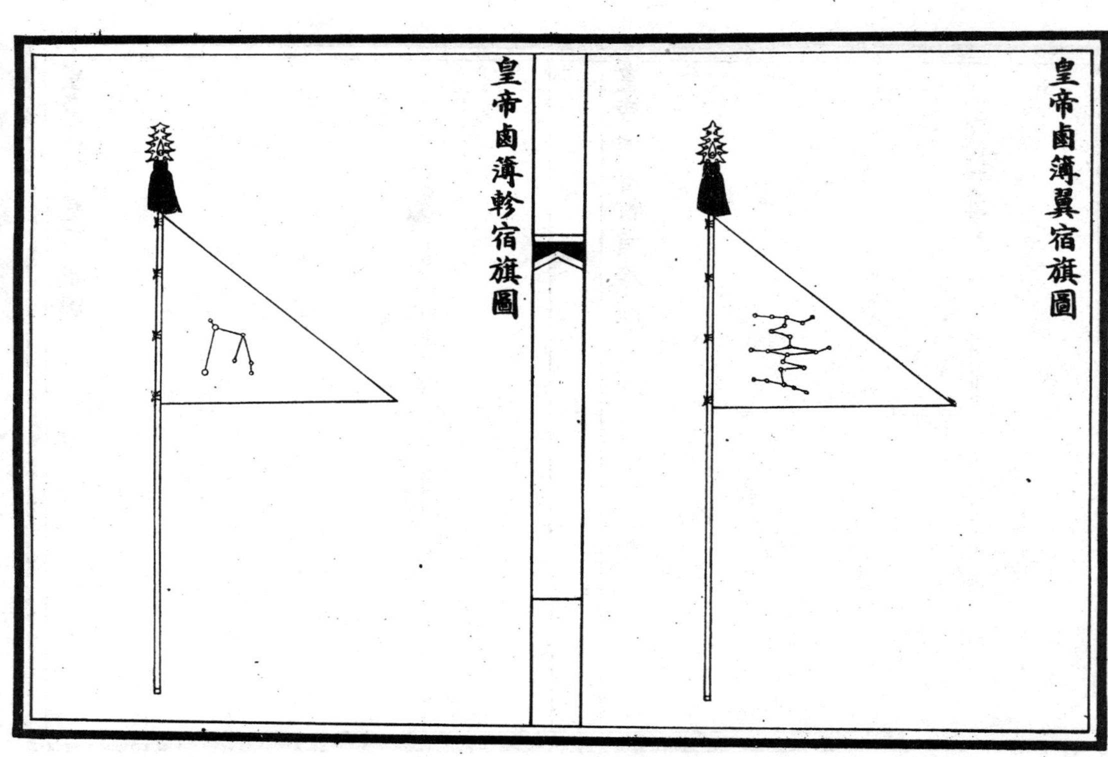

皇帝鹵簿翼宿旗圖

皇帝鹵簿軫宿旗圖

皇帝鹵簿角宿旗。金繡角宿二星。亢宿旗。金繡亢宿四星。氐宿旗。金繡氐宿四星。房宿旗。金繡房宿四星。附以鉤鈐二星。心宿旗。金繡心宿三星。尾宿旗。金繡尾宿九星。附以神宮一星。箕宿旗。金繡箕宿四星。斗宿旗。金繡斗宿六星。牛宿旗。金繡牛宿六星。女宿旗。金繡女宿四星。虛宿旗。金繡虛宿二星。危宿旗。金繡危宿三星。室宿旗。金繡室宿二星。附以離宮六星。壁宿旗。金繡壁宿二星。奎宿旗。金繡奎宿十六星。婁宿旗。金繡婁宿三星。胃宿旗。金繡胃宿三星。昴宿旗。金繡昴宿七星。畢宿旗。金繡畢宿八星。附以附耳一星。觜宿旗。金繡觜宿三星。參宿旗。金繡參宿七星。附以伐三星。井宿旗。金繡井宿八星。附以鉞一星。鬼宿旗。金繡鬼宿五星。柳宿旗。金繡柳宿八星。星宿旗。金繡星宿七星。張宿旗。金繡張宿六星。翼宿旗。金繡翼宿二十二星。軫宿旗。金繡軫宿四星。附以左右轄二星。長沙一星。皆藍緞為之。斜幅。不加緣。尺寸如青龍旗。杆如八旗驍騎纛之制。

# 欽定大清會典圖卷八十四

## 輿衛八 鹵簿八

皇帝鹵簿甘雨旗圖
皇帝鹵簿乾風旗圖
皇帝鹵簿坎風旗圖
皇帝鹵簿艮風旗圖
皇帝鹵簿震風旗圖
皇帝鹵簿巽風旗圖
皇帝鹵簿離風旗圖
皇帝鹵簿坤風旗圖
皇帝鹵簿兌風旗圖
皇帝鹵簿五色雷旗圖
皇帝鹵簿五色雲旗圖
皇帝鹵簿日旗圖
皇帝鹵簿月旗圖
皇帝鹵簿門旗圖
皇帝鹵簿金鼓旗圖
皇帝鹵簿翠華旗圖
皇帝鹵簿五色金龍小旗圖
皇帝鹵簿出警旗圖

皇帝鹵簿入蹕旗圖

皇帝鹵簿甘雨旗圖

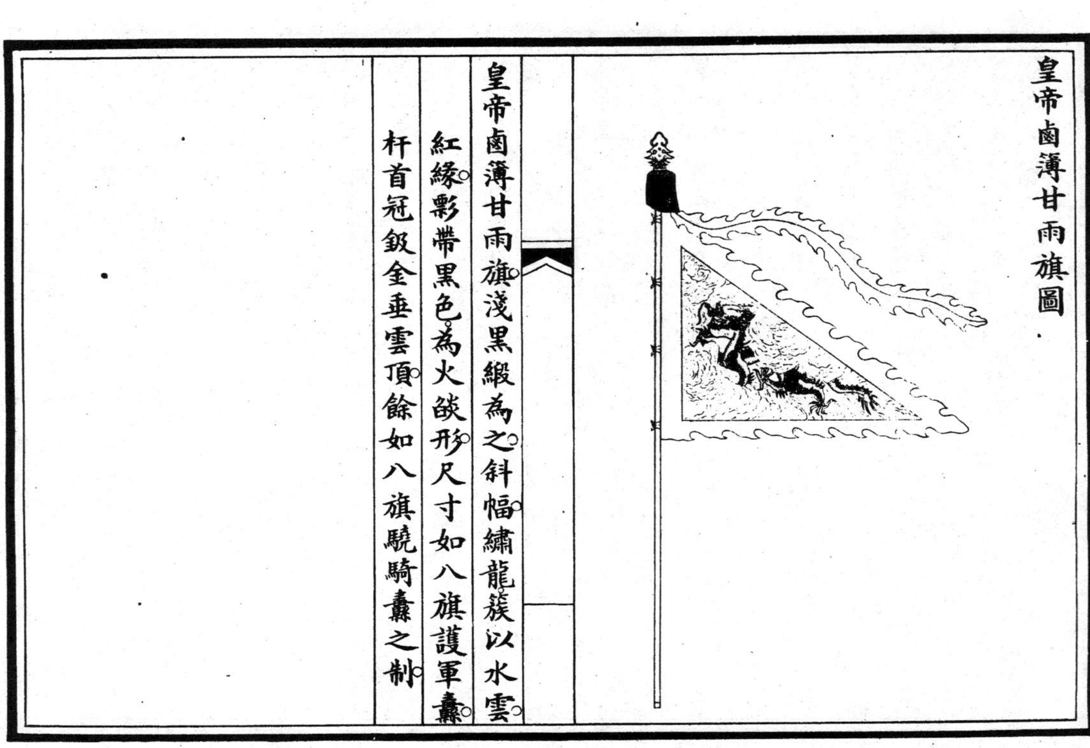

皇帝鹵簿甘雨旗。淺黑緞為之。斜幅。繡龍。簇以水雲紅緣。彯帶黑色。為火燄形。尺寸如八旗護軍纛杆首冠鈒金垂雲頂。餘如八旗驍騎纛之制

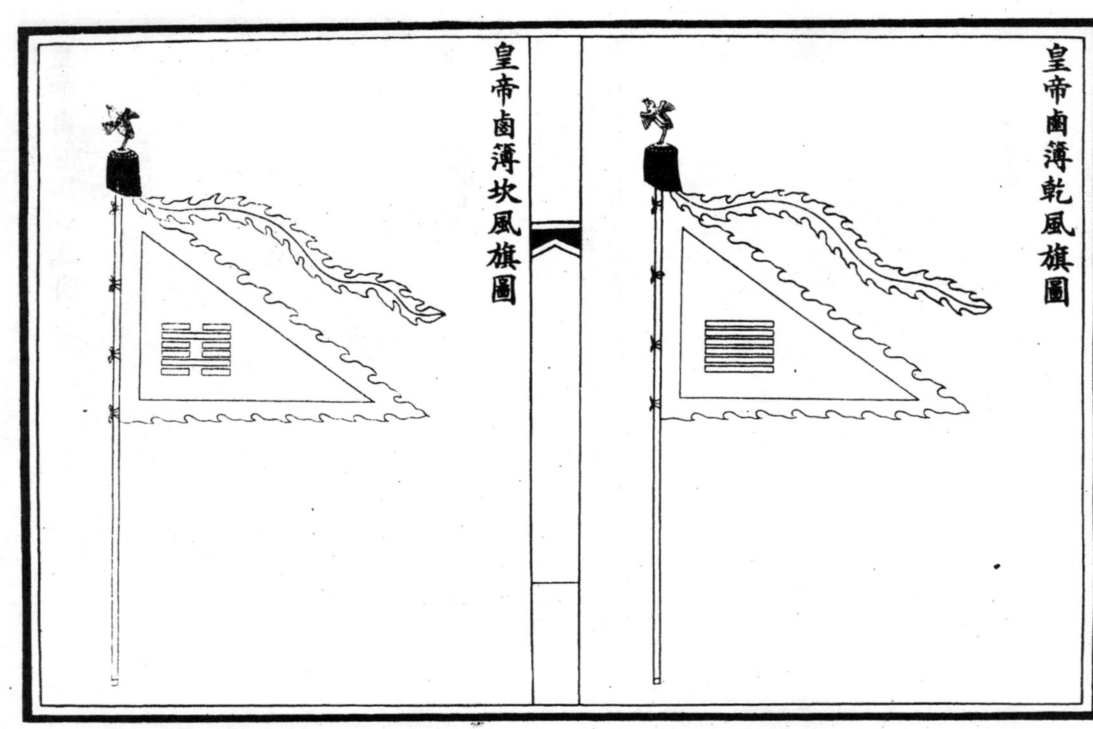

皇帝鹵簿乾風旗圖

皇帝鹵簿坎風旗圖

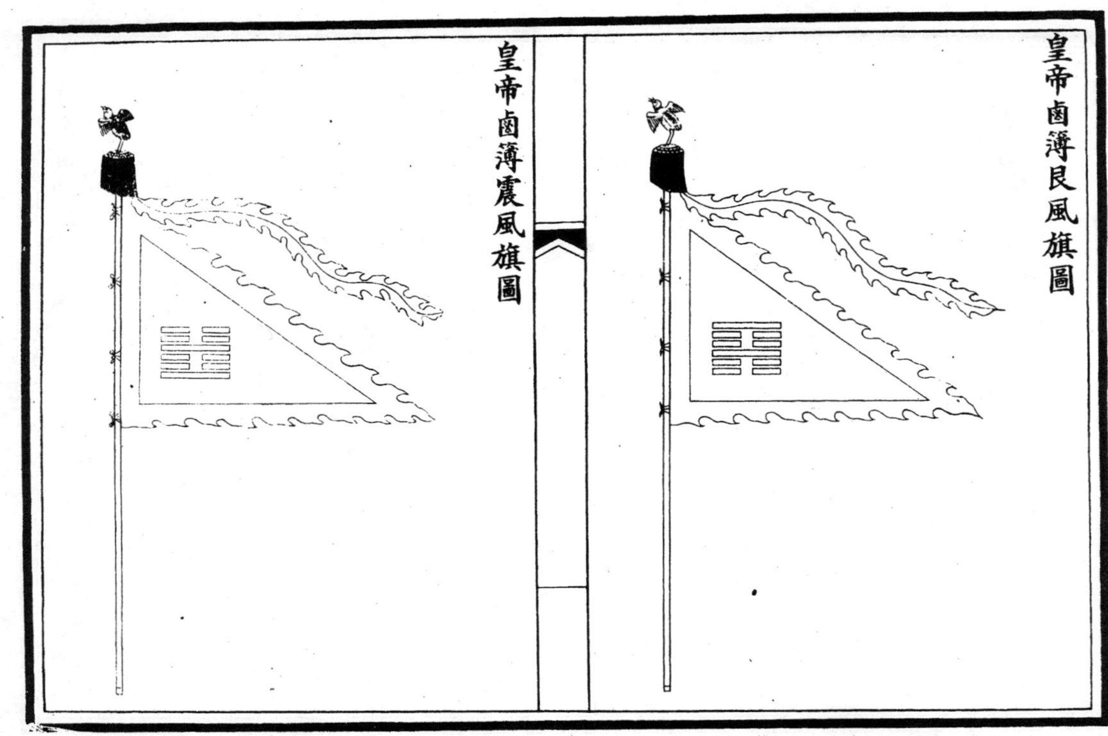

皇帝鹵簿艮風旗圖

皇帝鹵簿震風旗圖

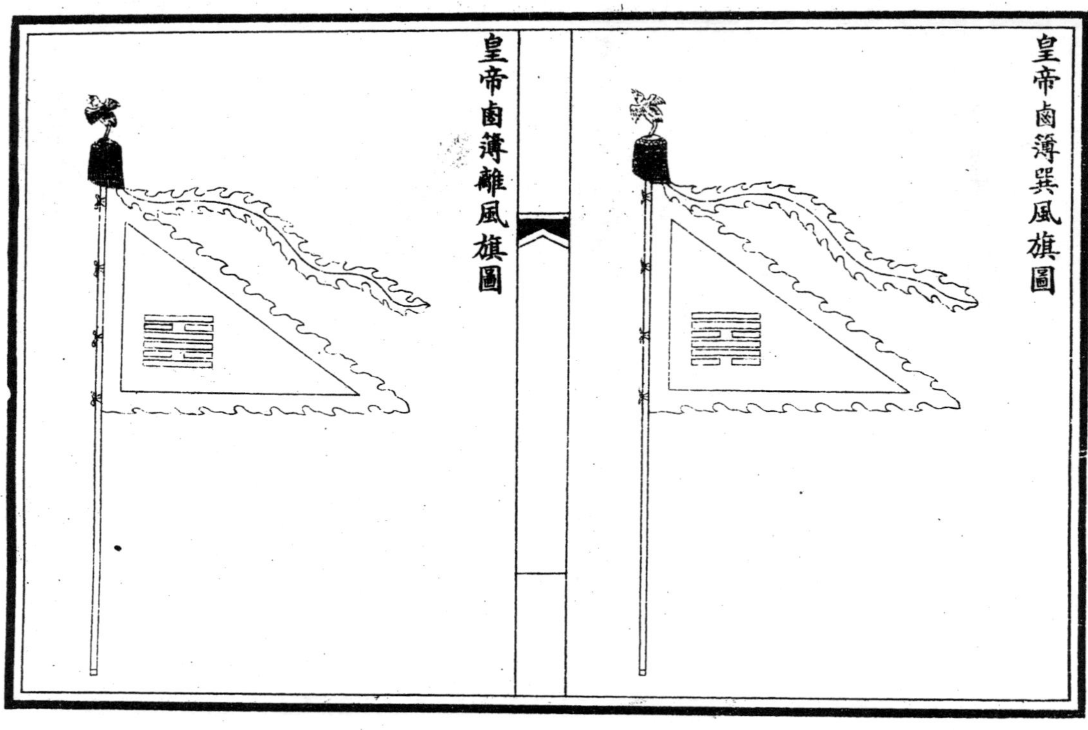

皇帝鹵簿巽風旗圖

皇帝鹵簿離風旗圖

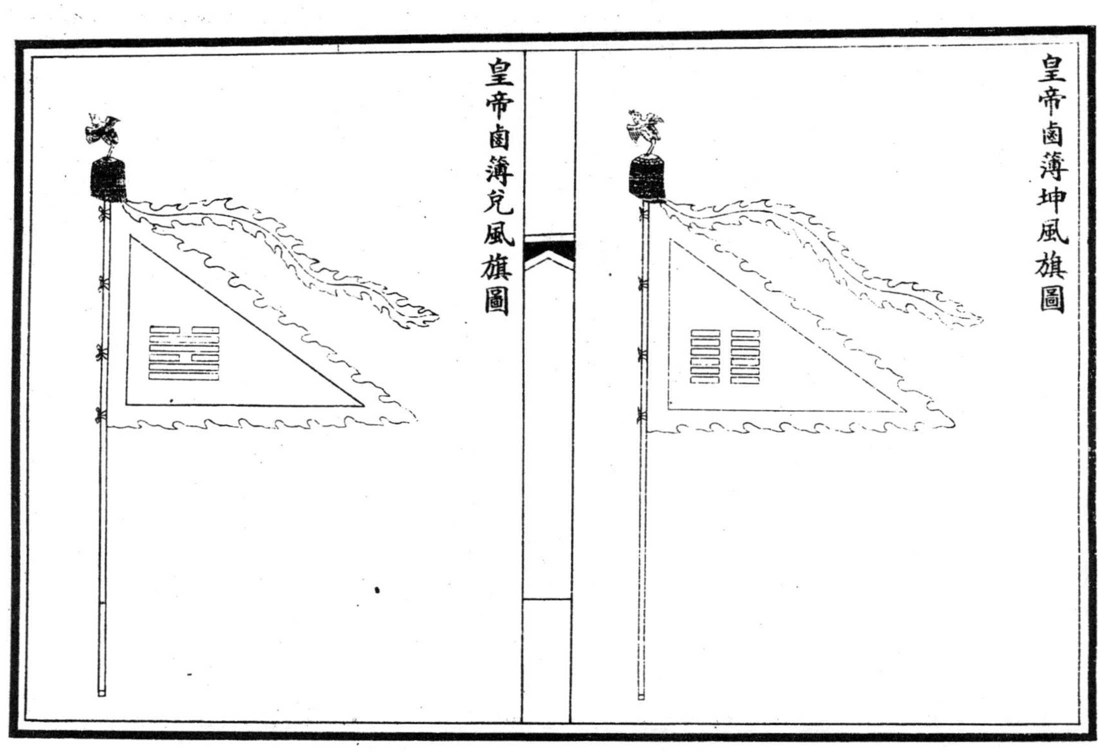

皇帝鹵簿坤風旗圖

皇帝鹵簿兌風旗圖

皇帝鹵簿乾風旗。黑緞為之。金繡乾卦。緣及影帶白色。坎風旗。黑緞為之。金繡坎卦。緣及影帶如旗色。艮風旗。黑緞為之。金繡艮卦。緣及影帶藍色。震風旗。藍緞為之。金繡震卦。緣及影帶如旗色。巽風旗。紅緞為之。金繡巽卦。緣及影帶藍色。離風旗。紅緞為之。金繡離卦。緣及影帶如旗色。坤風旗。紅緞為之。金繡坤卦。緣及影帶白色。兌風旗。白緞為之。金繡兌卦。緣及影帶如旗色。旗皆斜幅。緣及影帶俱為火燄形。尺寸如八旗護軍纛。杆首冠相風烏。餘如八旗驍騎纛之制。

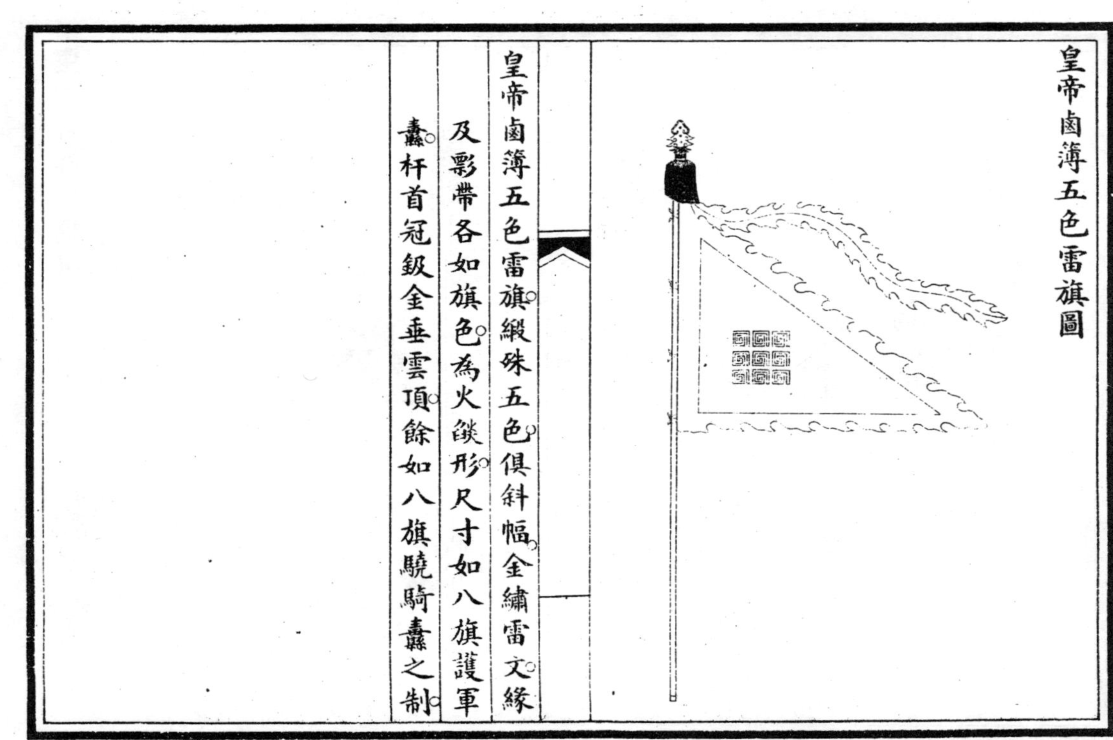

皇帝鹵簿五色雷旗圖

皇帝鹵簿五色雷旗。緞殊五色。俱斜幅。金繡雷文。緣及影帶各如旗色。為火燄形。尺寸如八旗護軍纛。杆首冠鈒金垂雲頂。餘如八旗驍騎纛之制。

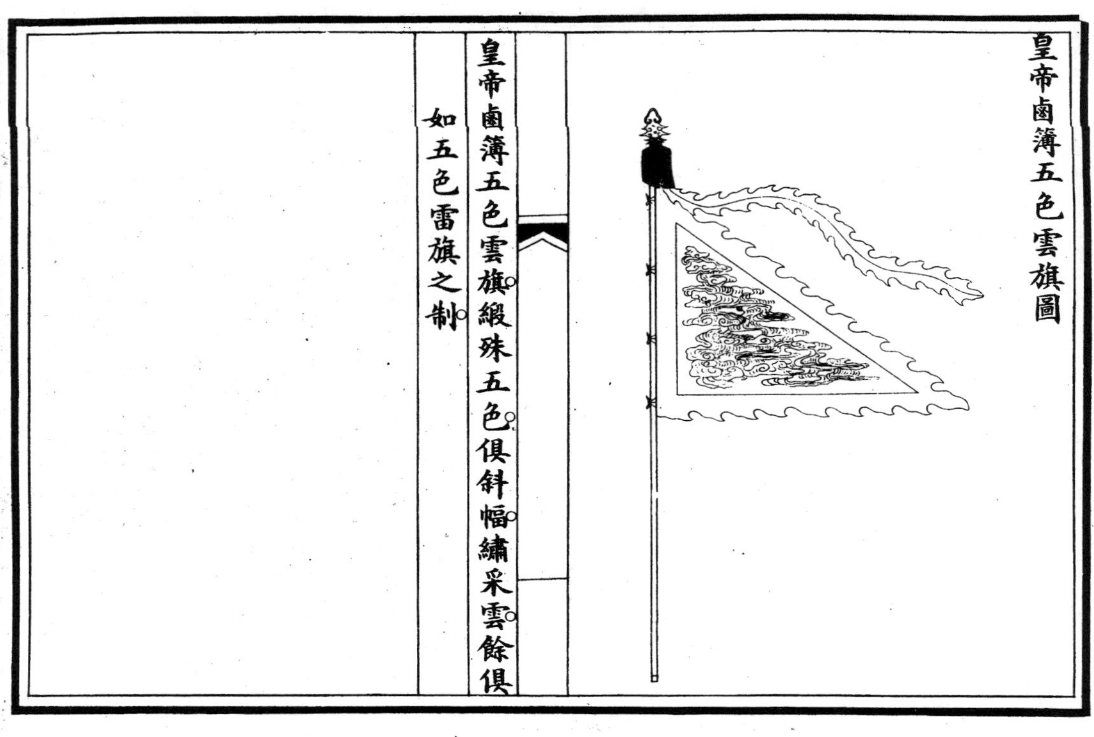

皇帝鹵簿五色雲旗圖

皇帝鹵簿五色雲旗。緞殊五色。俱斜幅。繡采雲。餘俱如五色雷旗之制。

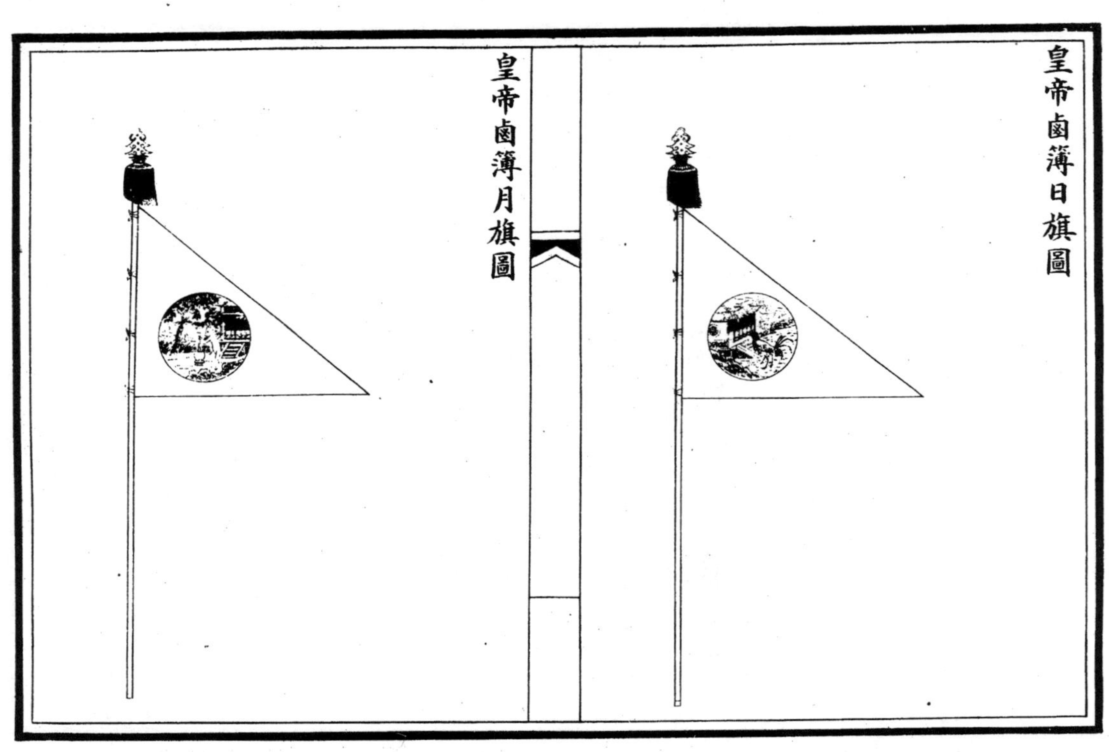

皇帝鹵簿日旗圖

皇帝鹵簿月旗圖

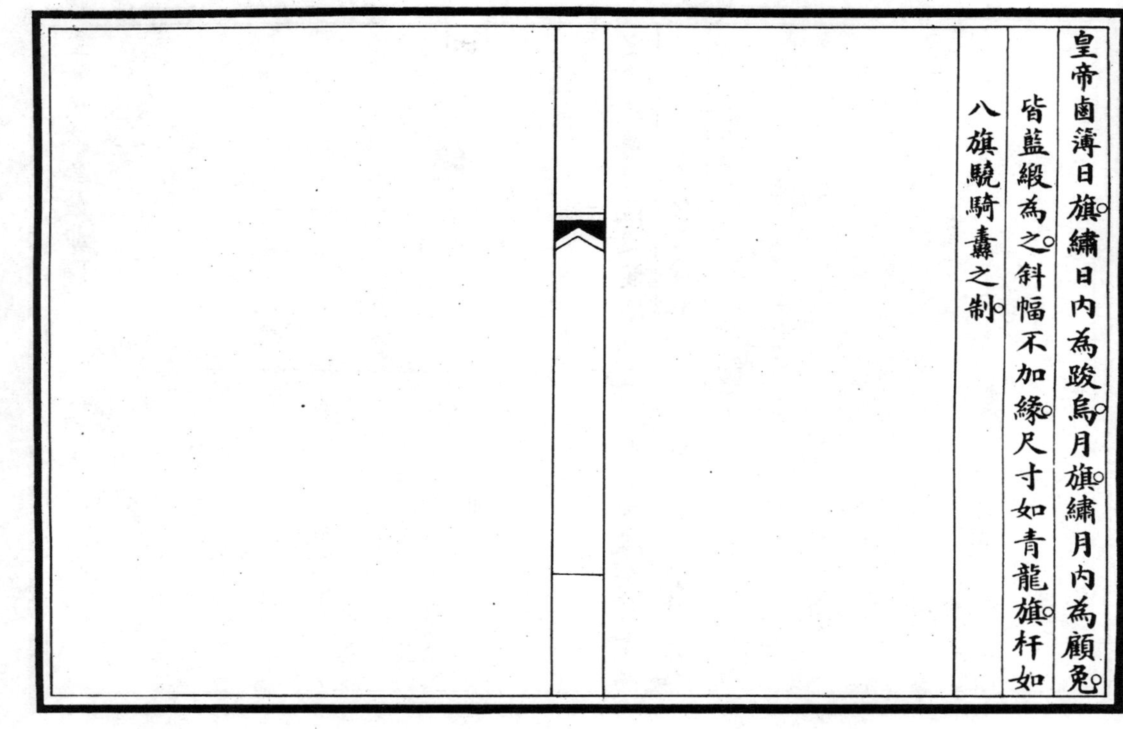

皇帝鹵簿日旗。繡日內為踆烏。月旗。繡月內為顧兔。皆藍緞為之。斜幅不加緣。尺寸如青龍旗。杆如八旗驍騎纛之制。

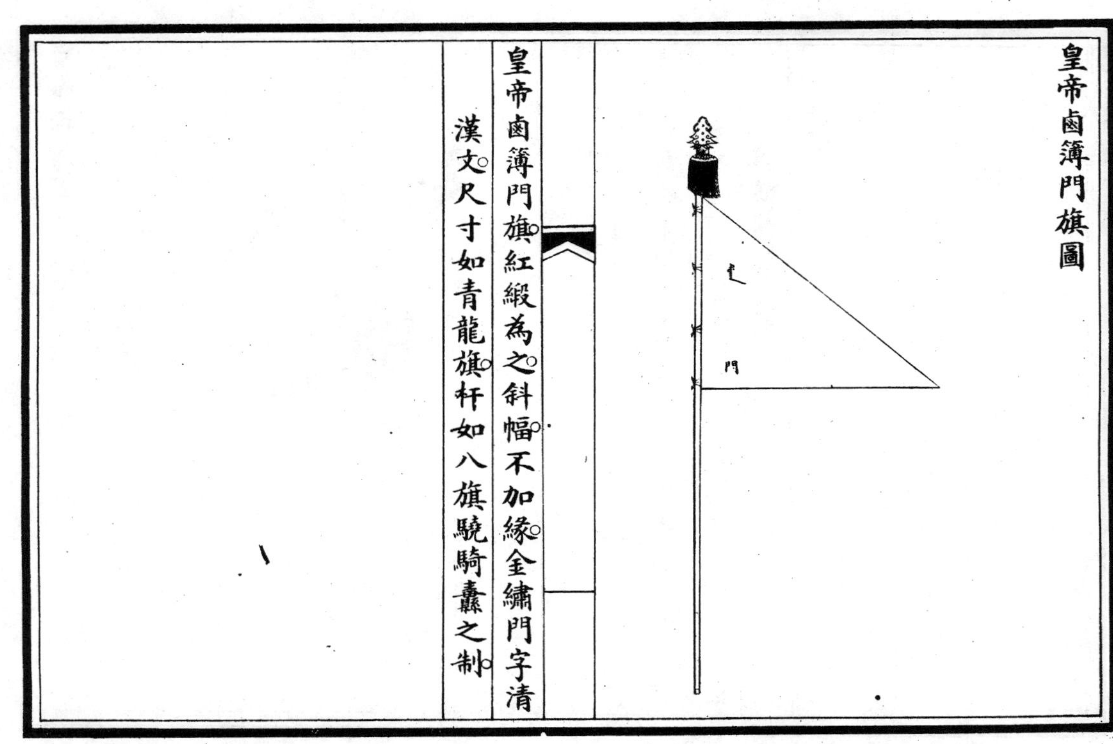

皇帝鹵簿門旗圖

皇帝鹵簿門旗。紅緞為之。斜幅不加緣。金繡門字清漢文。尺寸如青龍旗。杆如八旗驍騎纛之制。

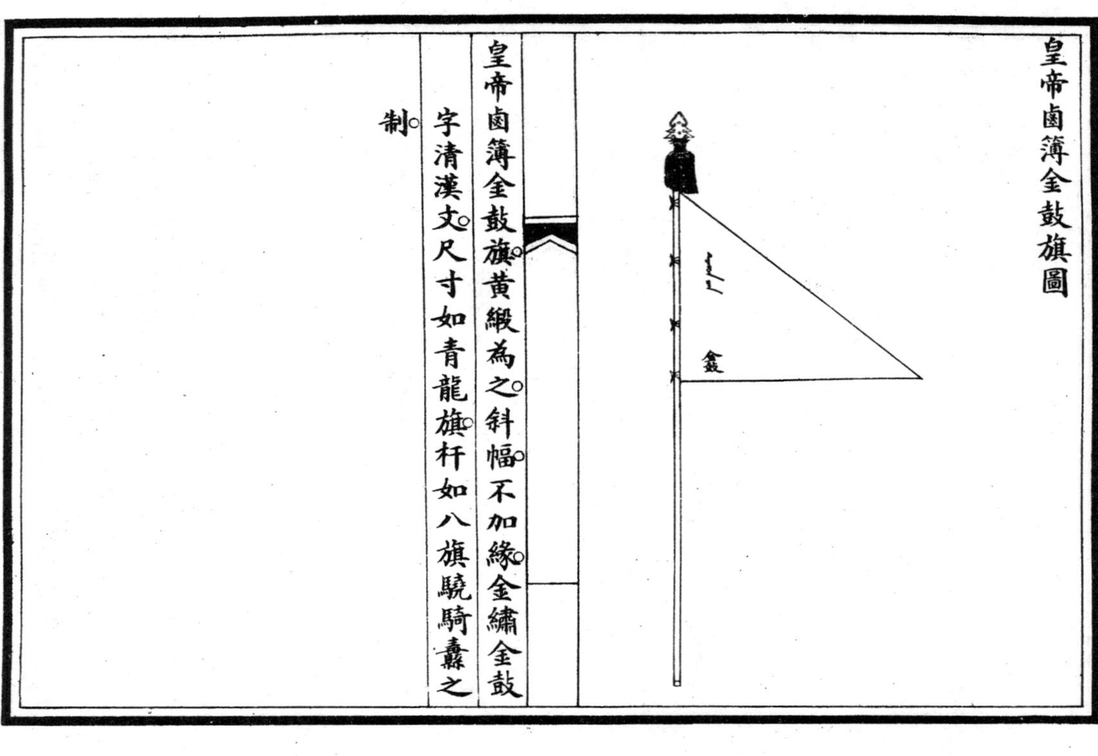

皇帝鹵簿金鼓旗圖

皇帝鹵簿金鼓旗。黃緞為之。斜幅。不加緣。金繡金鼓字。清漢文。尺寸如青龍旗。杆如八旗驍騎纛之制。

皇帝鹵簿翠華旗圖

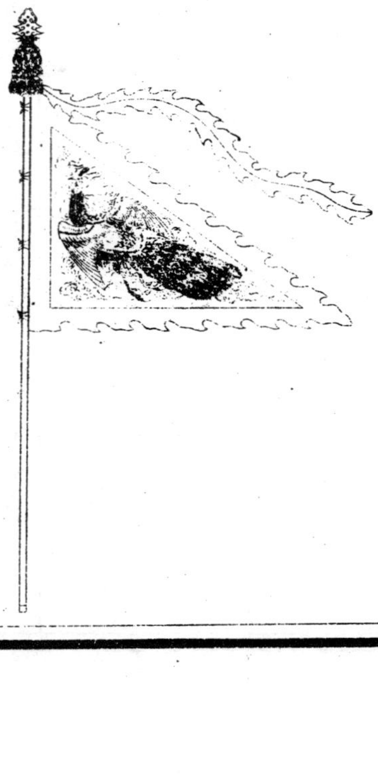

皇帝鹵簿翠華旗。藍緞為之。斜幅。繡孔雀。間以采雲。緣及彯帶俱紅色。為火燄形。尺寸如八旗護軍纛。杆首冠鈒金垂雲。頂注綠緞。繡孔雀翎。餘如八旗驍騎纛之制。

皇帝鹵簿五色金龍小旗圖

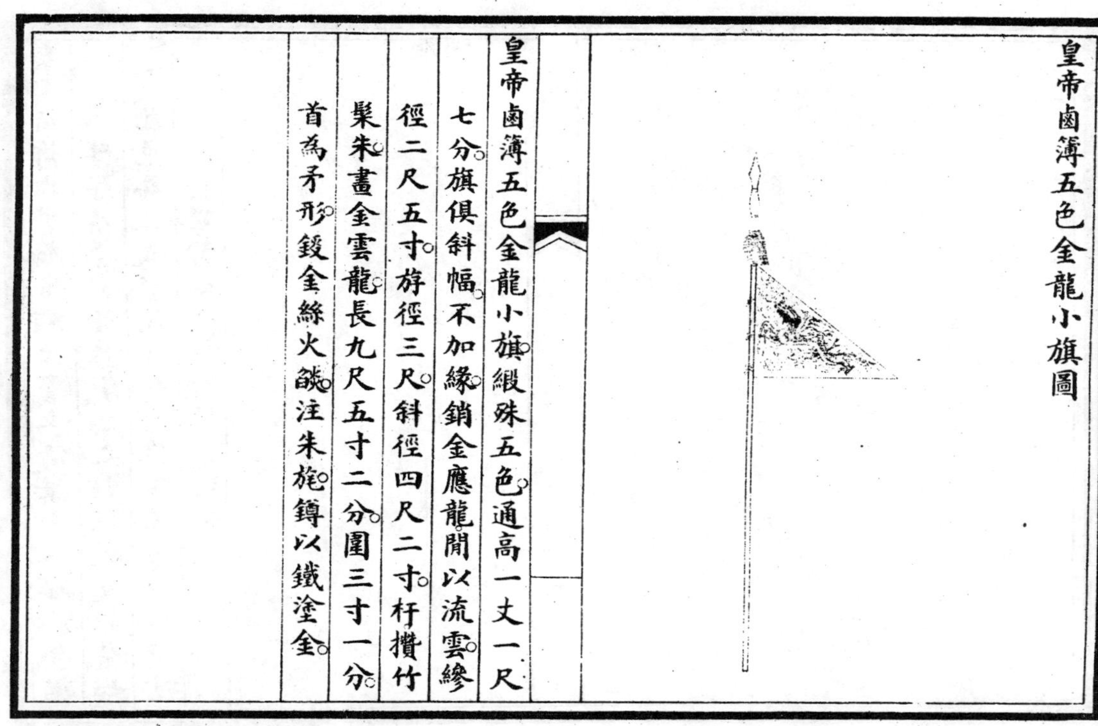

皇帝鹵簿五色金龍小旗。緞殊五色。通高一丈一尺七分。旗俱斜幅。不加緣。銷金應龍。間以流雲。縿徑二尺五寸。斿徑三尺。斜徑四尺二寸。杆攢竹髹朱。畫金雲龍。長九尺五寸二分。圍三寸一分。首為矛形。鋄金絲火燄。注朱旄。鐏以鐵塗金。

皇帝鹵簿出警旗圖

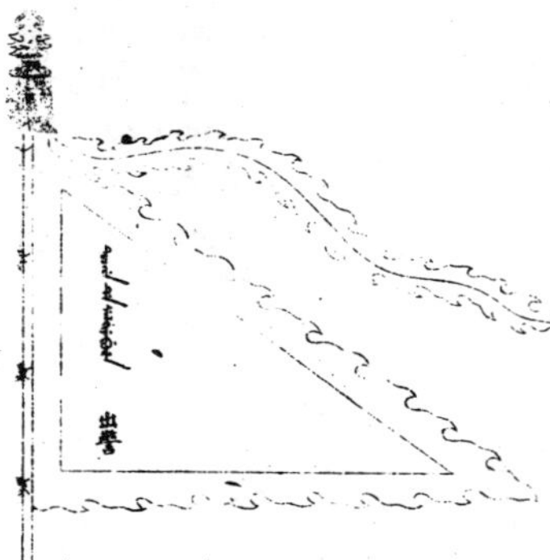

出警

皇帝鹵簿入蹕旗圖

入蹕

皇帝鹵簿出警旗。金繡出警字清漢文。入蹕旗。金繡入蹕字清漢文。皆黄緞爲之。斜幅緣及彩帶如旗色。爲火燄形。尺寸如八旗護軍纛。杆首冠塗金鏤花頂。餘如八旗驍騎纛之制。

欽定大清會典圖卷八十五

輿衛九　鹵簿九

皇帝鹵簿鉞圖

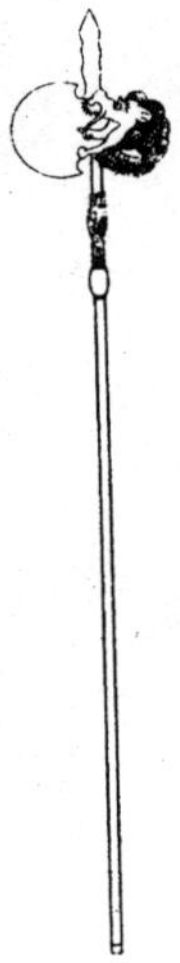

皇帝鹵簿鉞。雕木為之。通高八尺九寸。刃長八寸五分。闊九寸。背刻龍首。貫直刃長八寸。為劍脊形。鋄上銜以龍首。皆塗金。柄。攢竹髹朱。長六尺二寸二分。圍四寸。鐓以銅鋄銀。高一寸五分。

皇帝鹵簿星圖

皇帝鹵簿星。雕木為之。通高八尺七寸。首長六寸三分。圍五寸四分。六瓣交攢。鏤雲蝙蝠。上為圓頂如星。高一寸四分。旁亦如之。差小。鋄上銜以龍首。皆塗金。柄如鉞之制。

皇帝鹵簿臥瓜圖

皇帝鹵簿臥瓜。雕木為之。通高七尺八寸五分。瓜長四寸五分。圍一尺四寸二分。六棱有篩。刻夔龍。臥置柄首。鋈上銜以龍首。柄如鉞之制。

皇帝鹵簿立瓜圖

皇帝鹵簿立瓜。雕木為之。通高八尺二寸五分。瓜立置柄首。柄如鉞之制。

皇帝鹵簿吾仗圖

皇帝鹵簿吾仗。攢竹為之。長七尺一寸。圍四寸三分。
髹朱。兩端繪金雲龍。鈷以銅。塗金。

皇帝鹵簿御仗圖

皇帝鹵簿御仗。攢竹為之。長六尺九寸。圍四寸三分。
髹朱。兩端鈷以銅。

皇帝鹵簿引仗圖

皇帝鹵簿引仗。削竹爲之。通高五尺三寸。竹長四尺三寸八分。闊一寸七分。厚二分。髹朱。首加圓木長九寸二分。厚五分。髹黃。繪金雲龍。

皇帝鹵簿紅鐙圖

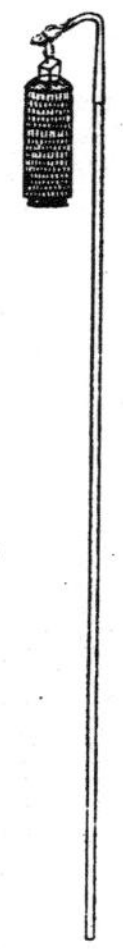

皇帝鹵簿紅鐙。銅盤承燭。鐵絲籠之。韜以紅紗。通高七尺二寸。鐙高九寸。圍一尺七寸。杆攢竹髹朱長六尺二寸。圍三寸一分。上加龍首曲項嚮前銜鐶懸鐙。

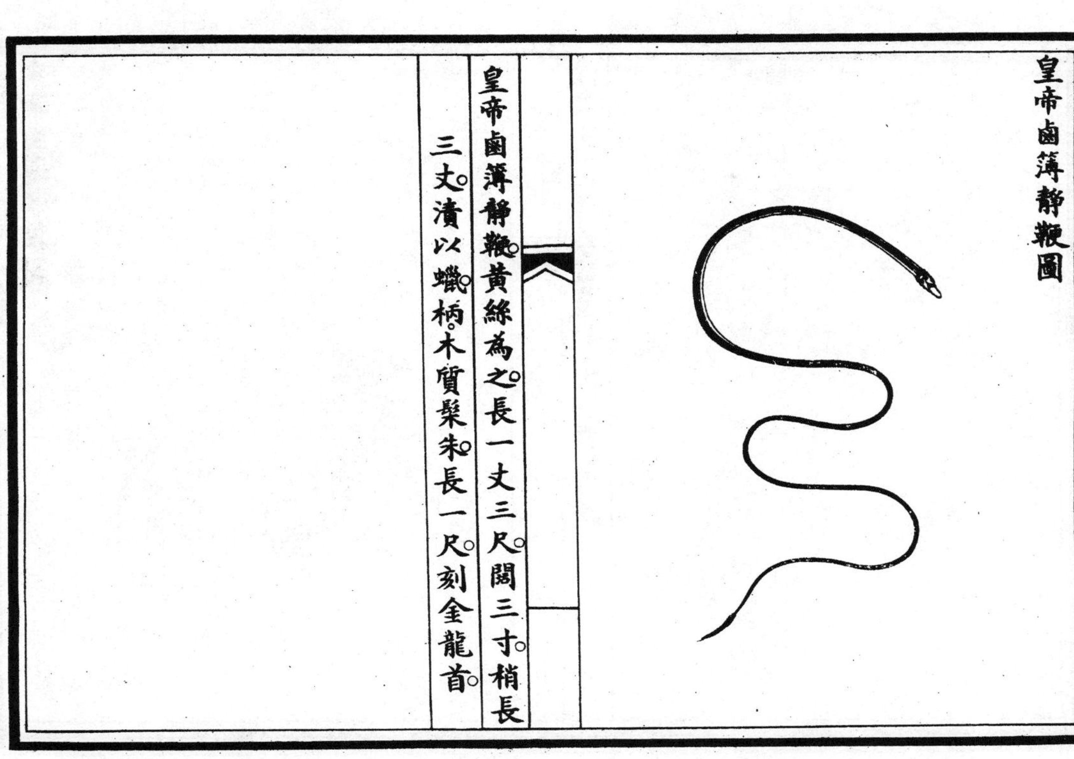

皇帝鹵簿靜鞭圖

皇帝鹵簿靜鞭。黃絲為之。長一丈三尺。闊三寸。梢長三丈。漬以蠟。柄。木質髹朱。長一尺。刻金龍首。

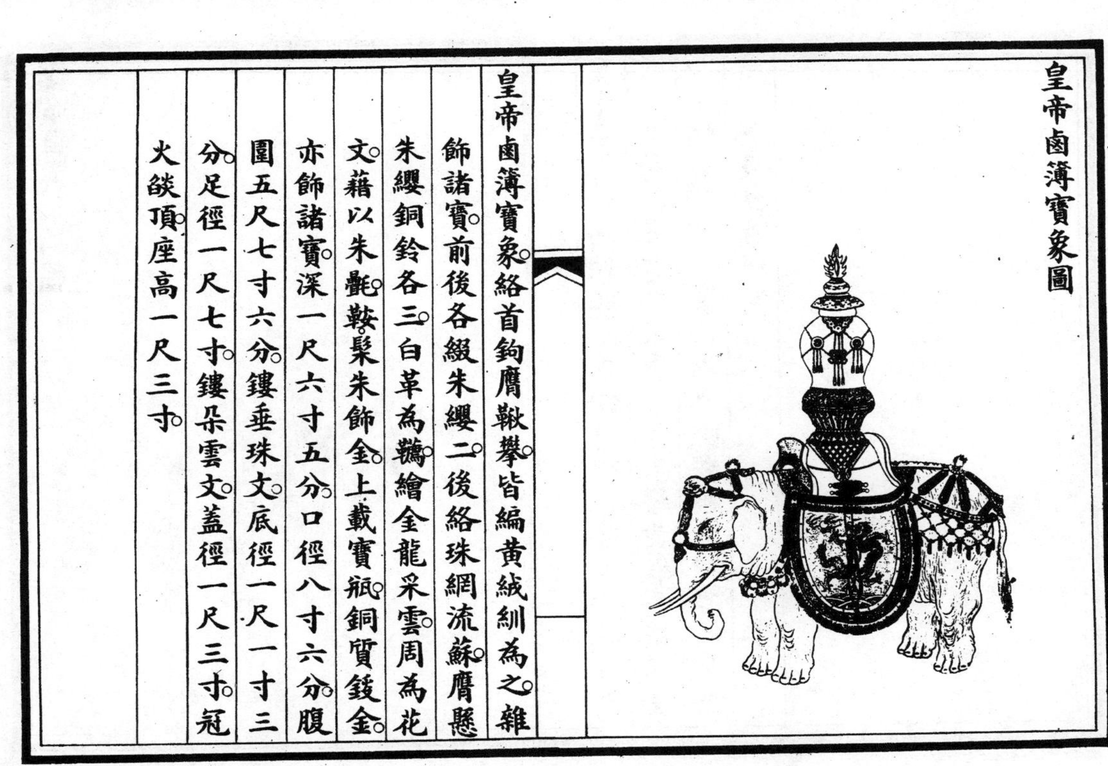

皇帝鹵簿寶象圖

皇帝鹵簿寶象。絡首鉤膺鞦轡皆編黃絨紃為之。雜飾諸寶。前後各綴朱纓二。後絡珠網流蘇。膺懸朱纓銅鈴各三。白革為韉。繪金龍采雲。周為花文。藉以朱氈。鞍。髹朱飾金。上載寶瓶。銅質鋄金。亦飾諸寶。深一尺六寸五分。口徑八寸六分。腹圍五尺七寸六分。鏤垂珠文。底徑一尺一寸三分。足徑一尺七寸。鏤朵雲文。蓋徑一尺三寸。冠火燄頂。座高一尺三寸。

皇帝鹵簿導象圖

皇帝鹵簿導象。披藍屜。不加羈飾。

皇帝鹵簿仗馬圖

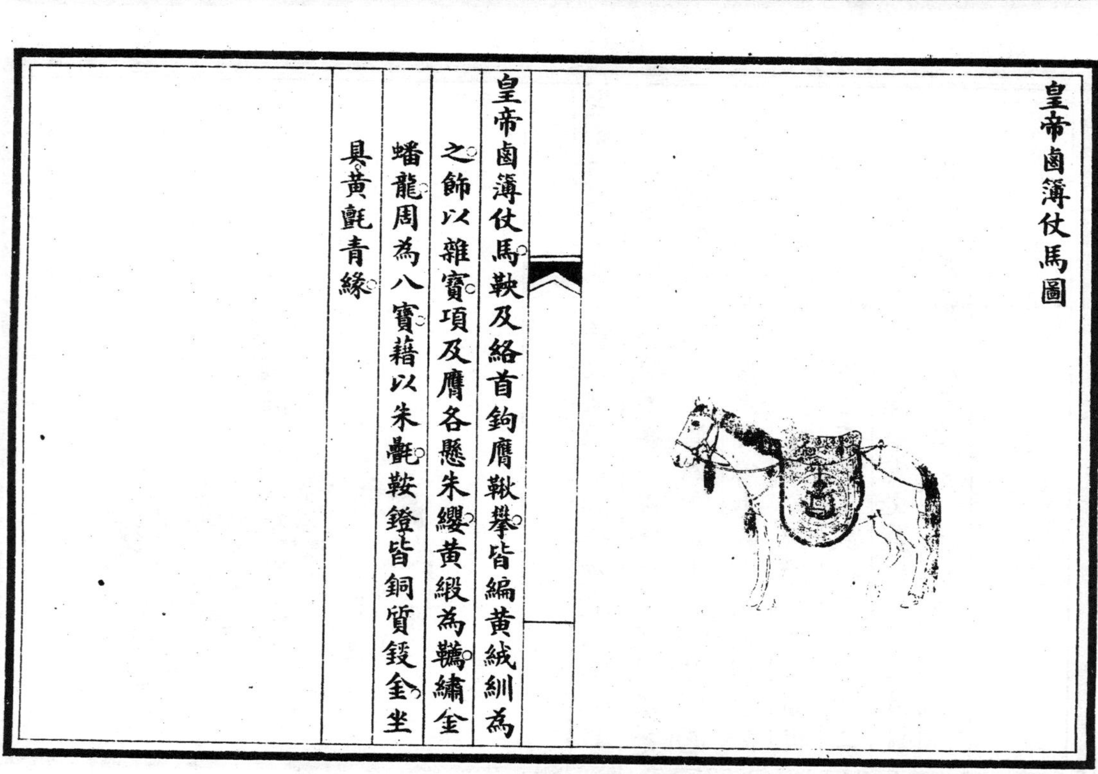

皇帝鹵簿仗馬。鞍及絡首鉤膺鞦轡皆編黃絨紃為之。飾以雜寶。項及膺各懸朱纓。黃緞為韉。繡金蟠龍周為八寶。藉以朱氈。鞍鐙皆銅質鋄金。坐具黃氈青緣。

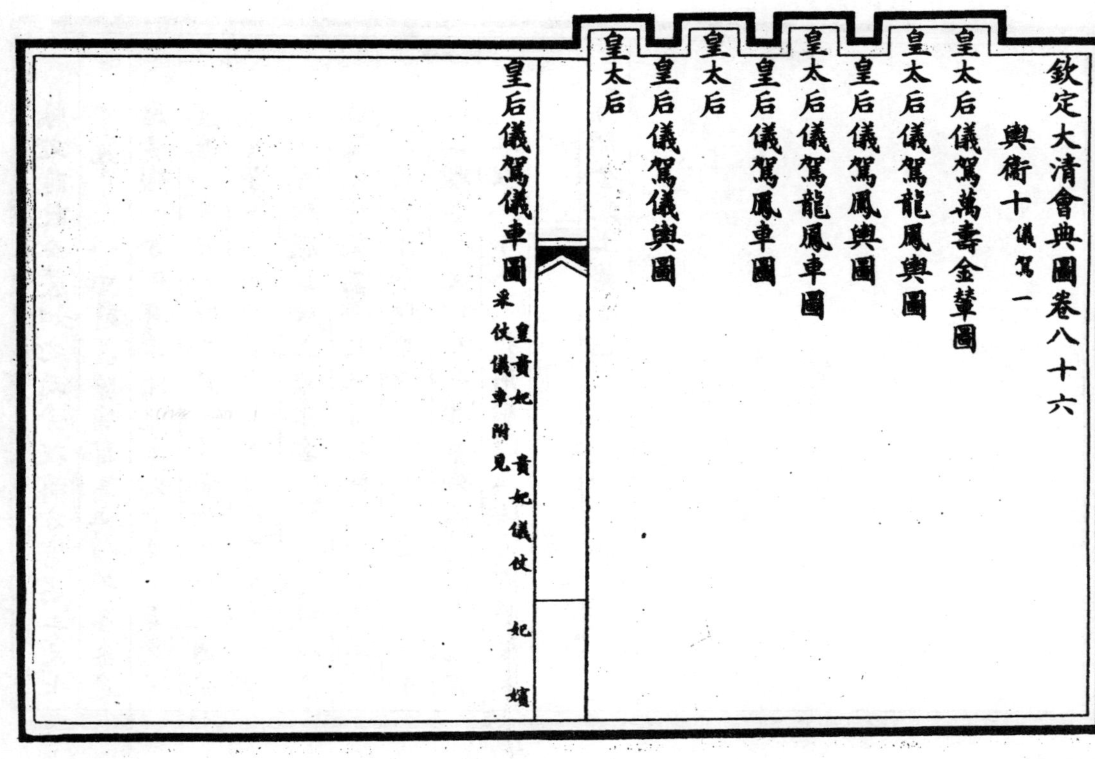

欽定大清會典圖卷八十六

輿衛十 儀駕一



皇太后儀駕萬壽金輦圖

皇太后儀駕萬壽金輦木質。飾以泥金。圓蓋方軫。通高一丈五寸。蓋高一尺九寸。銜金圓版四。冠金圓頂一尺。鏤金垂雲承之。蓋上共金鳳九。一鳳上承圓頂垂雲。下復鏤金垂雲曲梁四。垂梁中鏤金鳳各一。亦承以雲端為金雲葉上立金鳳各一。鳳口銜明黃絲絛結萬文壽文。下垂流蘇檐方徑七尺一寸。黃緞垂幨三層。各深三寸五分。繡壽字間龍鳳文。幨四角繫明黃絨紃。屬於座隅。四柱高五尺一寸。相距各四尺九寸。門高五尺。闊二尺二寸五分。明黃緞幃。皆繡壽字間龍鳳文。前設垂簾如之。兩旁玻璃方窗。高二尺七寸。寬二尺八寸。前簾玻璃窗。高與相等。各垂遮簾黄緞一方。繡壽字。閒龍鳳文。中設金雲龍寶座。高一尺三寸。闊三尺七寸。黄緞坐褥。采繡龍鳳文。輦座高二尺五寸。上方七尺三寸。下方七尺五寸。緞版二層。上繪采雲。下繪金雲。環以朱闌。飾閒金采。高一尺三寸。各闌其中二尺二寸。闌内周布花毯。轅四。內二轅長二丈八尺一寸。外二轅長二丈六尺一寸。髹朱。兩端銜金龍首尾。舁以二十八人。升用納陛五級。左右闌髹朱。飾閒金采。上鞜棕毯。

皇太后儀駕龍鳳輿圖

皇后儀駕鳳輿圖

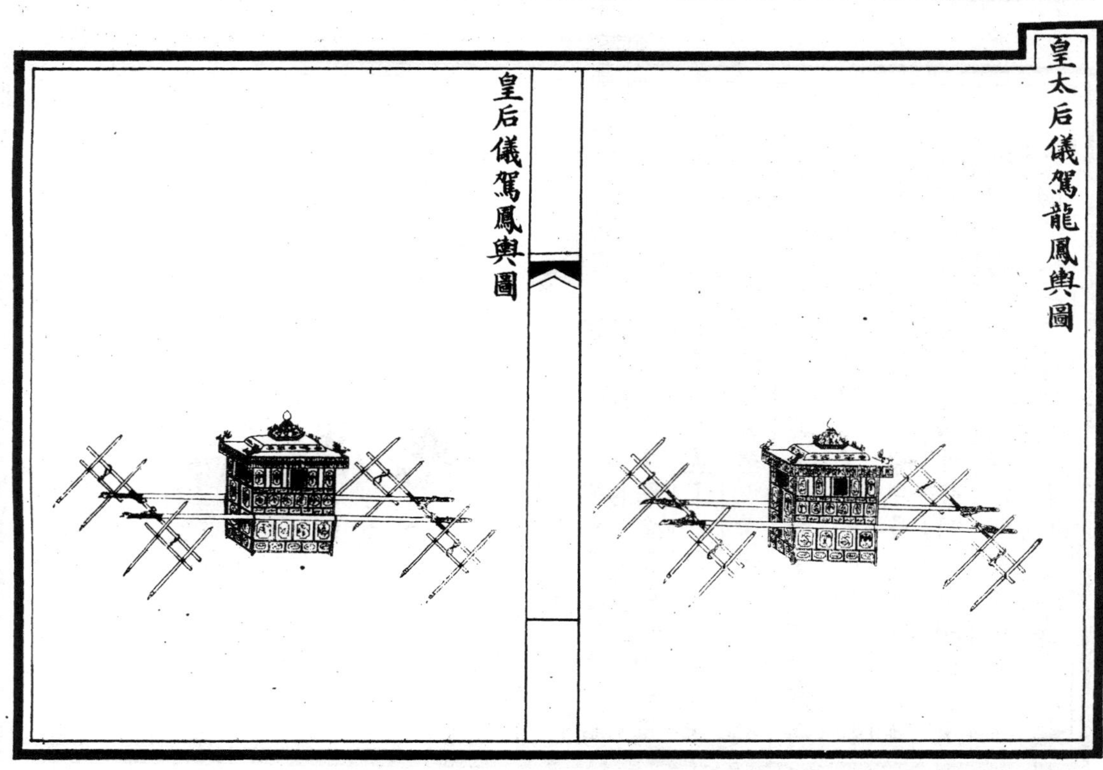

皇太后儀駕龍鳳輿。木質。髹以明黄。通高七尺。穹蓋二重。高一尺五寸五分。上為八角。各飾金鳳。下正方。四隅飾亦如之。冠金圓頂七寸二分。鏤雲文銜以雜寶。簷縱五尺。横三尺七寸六分。明黄緞垂幨。上深三寸。下深一尺一寸。皆銷金龍鳳。四柱各高四尺七寸。縱四尺。上横二尺九寸。下二尺三寸五分。皆繪金龍鳳。櫺四啟。青紃網之。前為雙扉。高二尺六寸。闊二尺一寸。啟扉則舉櫺懸之。内髹淺紅。中置朱座。高一尺七寸。倚髹明黄。高一尺八寸。坐具明黄緞。采繡龍鳳。前加撫式。亦髹明黄。繪金龍鳳。直轅二。各長一丈七尺二寸五分。大横杆二。各長八尺。中為鐵鋄金雙鳳相嚮。小横杆四。各長三尺。肩杆八。各長五尺一寸。皆髹明黄。横鉆以銅。縱加銅鋄金鳳首尾。舁以十六人。

皇后儀駕鳳輿。幨銷金鳳。四柱四周繪金鳳。坐具繡采鳳。倚同。撫式皆繪金鳳。餘與
皇太后儀駕龍鳳輿制同。

皇太后儀駕龍鳳車圖

皇后儀駕鳳車圖

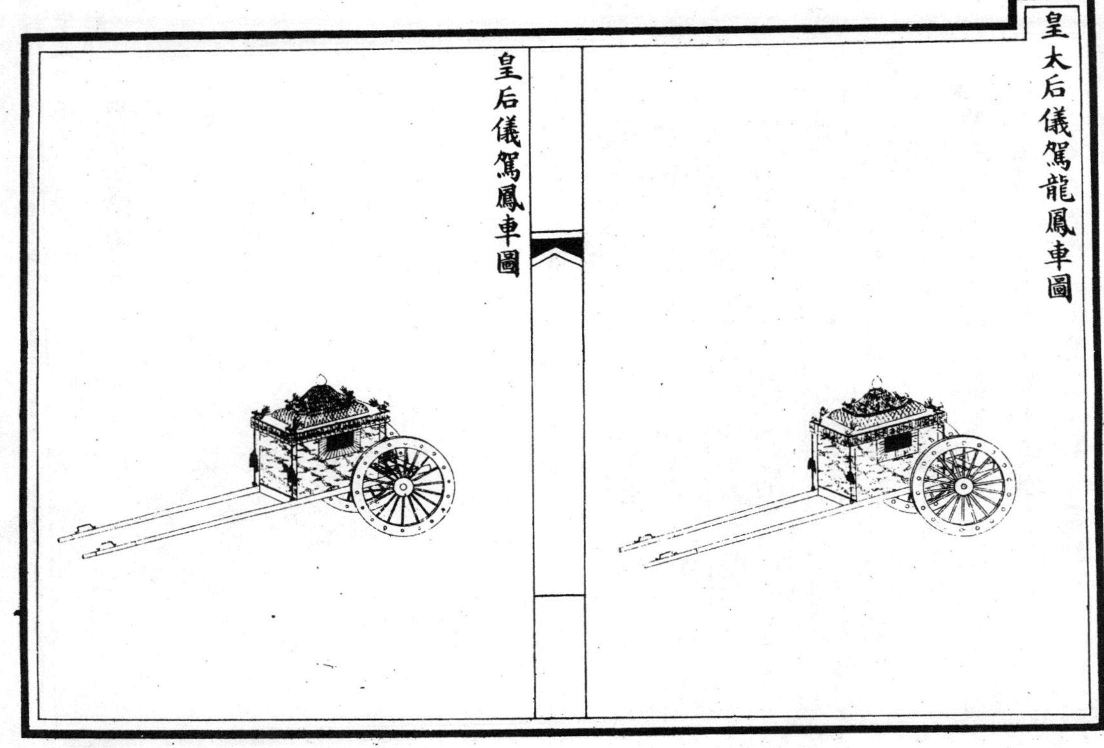

皇太后儀駕龍鳳車木質髹以明黃通高九尺五寸穹蓋二重高一尺七寸上繪八寶八角各飾金鳳下繪雲文四隅飾亦如之冠金圓頂八寸五分鏤雲文銜以雜寶簷縱四尺九寸橫四尺明黃緞垂幨上深三寸下深一尺一寸蓋明黃絡四隅繫明黃絨紃屬於軫四柱各高三尺三寸縱四尺八寸橫三尺一寸左右及後皆繪金龍鳳中各啟櫺青緗綢之門高三尺闊一尺八寸五分上鏤金龍鳳相嚮明黃緞幃黃裏坐具明黃緞采繡龍鳳輪徑各四尺九寸各十有八輻轅二各長一丈七尺五寸鈷以鐵鋄金軫長六尺二寸闊三尺三寸駕馬一

皇后儀駕鳳車左右及後皆繪金鳳門上鏤金鳳相嚮坐具繡采鳳餘與

皇太后儀駕龍鳳車制同

皇太后

皇后儀駕儀輿圖

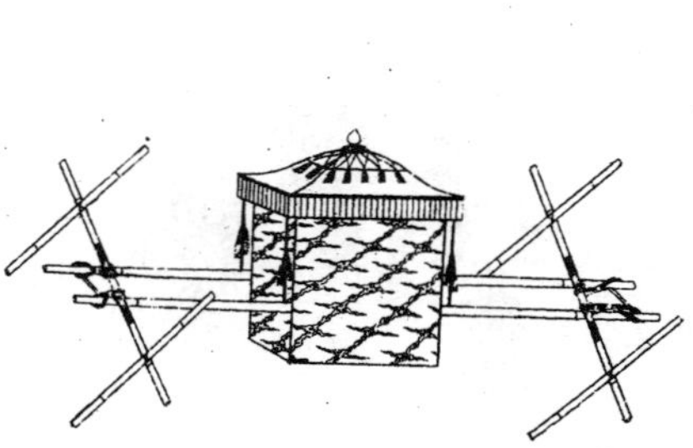

皇太后儀駕儀輿木質髹以明黃通高六尺一寸上為穹蓋高七寸冠銀圓頂塗金高六寸五分簷縱四尺九寸橫三尺八寸四隅繫黃絨紃屬於直轅明黃緞垂幨深一尺二寸四柱各高四尺八寸縱四尺二寸橫三尺一寸門高三尺九寸闊二尺七寸明黃緞幨黃裏中置朱座高一尺七寸倚髹明黃高一尺八寸繪金龍鳳坐具明黃緞采繡龍鳳直轅二各長一丈五尺六寸橫杆二各長七尺八寸中為鐵鋄金雙鳳相嚮肩杆四各長五尺三寸俱髹明黃兩端鈷以銅鋄金

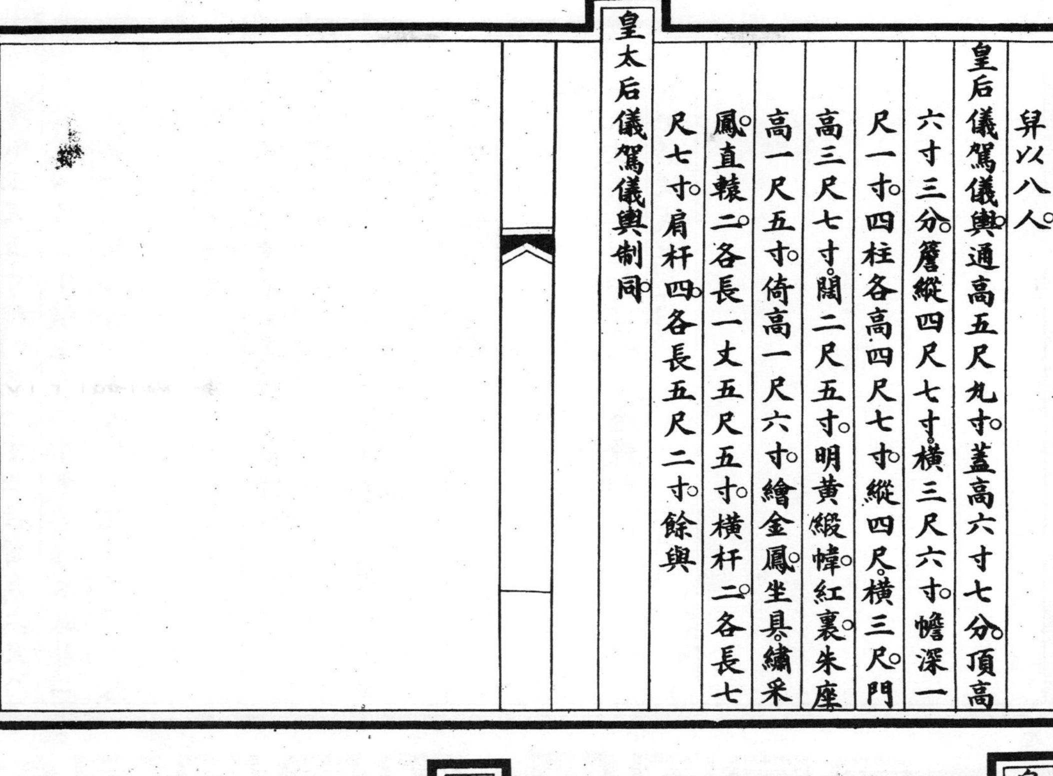

舁以八人。

皇后儀駕儀輿。通高五尺九寸。蓋高六寸七分。頂高六寸三分。簷縱四尺七寸。橫三尺六寸。幨深一尺一寸。四柱各高四尺七寸。縱四尺。橫三尺。門高三尺七寸。闊二尺五寸。明黃緞幃紅裏朱座高一尺五寸。倚高一尺六寸。繪金鳳。坐具繡采鳳。直轅二。各長一丈五尺五寸。橫杆二。各長七尺七寸。肩杆四。各長五尺二寸。餘與

皇太后儀駕儀輿制同。

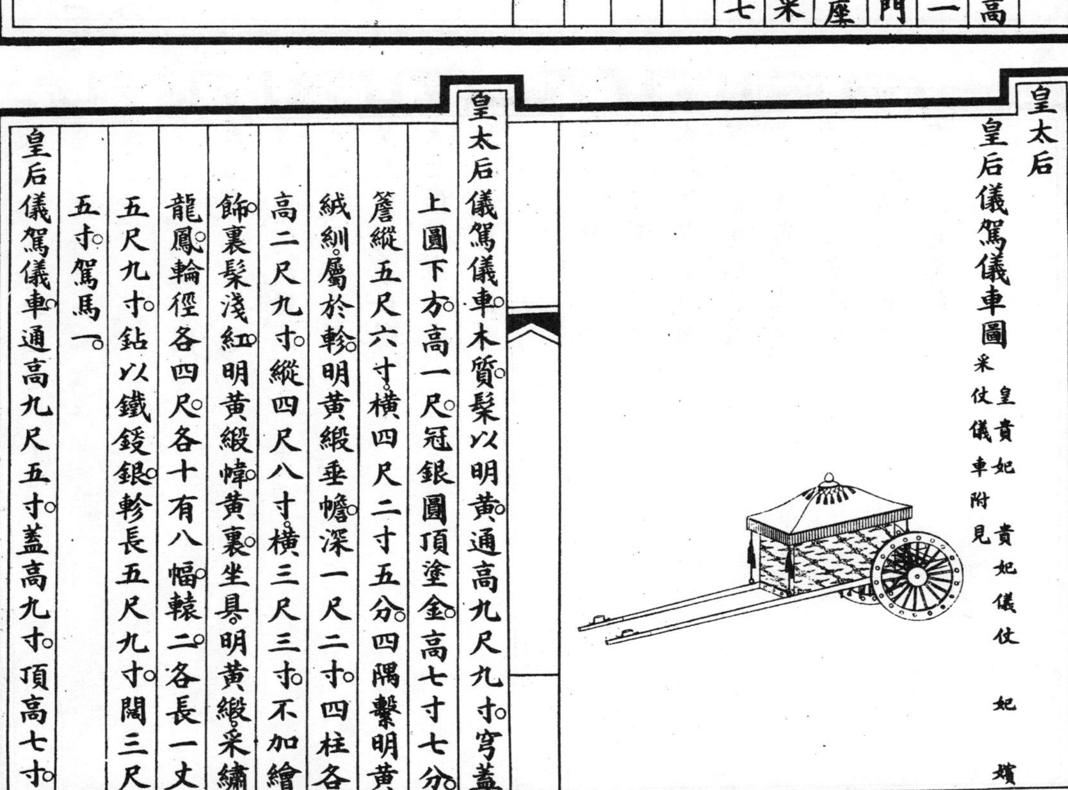

皇太后

皇后儀駕儀車圖　皇貴妃貴妃儀仗妃嬪采仗儀車附見

皇太后儀駕儀車。木質。髹以明黃。通高九尺九寸。穹蓋上圓下方。高一尺。冠銀圓頂塗金。高七寸七分。簷縱五尺六寸。橫四尺二寸五分。四隅繫明黃絨紃。屬於軨。明黃緞垂幨。深一尺二寸。四柱各高二尺九寸。縱四尺八寸。橫三尺三寸。不加繪飾。裏髹淺紅。明黃緞幃黃裏。坐具明黃緞采繡龍鳳。輪徑各四尺。各十有八輻。轅二。各長一丈五尺九寸。鈷以鐵鋄銀。軨長五尺九寸。闊三尺五寸。駕馬一。

皇后儀駕儀車。通高九尺五寸。蓋高九寸。頂高七寸。

簷縱五尺五寸。橫四尺一寸。四柱皆高二尺八寸。縱四尺七寸。橫三尺二寸。坐具繡采鳳。轅二各長一丈五尺。軫長五尺八寸。闊三尺四寸。餘

輿

皇太后儀駕儀車制同。

皇貴妃儀仗儀車。坐具繡采翟。餘如

皇后儀駕儀車之制。

貴妃儀仗儀車。木質。髹以金黃。幨幃坐具皆用金黃緞。餘如

皇貴妃儀仗儀車之制。

妃

嬪采仗儀車。冠銅圓頂塗金。餘如

貴妃儀仗儀車之制。

欽定大清會典圖卷八十七

輿衛十一　儀駕二

皇太后

皇后儀駕拂塵圖

皇太后

皇后儀駕提鑪圖

皇太后

皇后儀駕香合圖

皇太后

皇后儀駕盥盆圖

皇太后

皇后儀駕唾壺圖

皇太后

皇后儀駕水瓶圖

皇太后

皇后儀駕方八圖

皇太后

皇后儀駕交倚圖

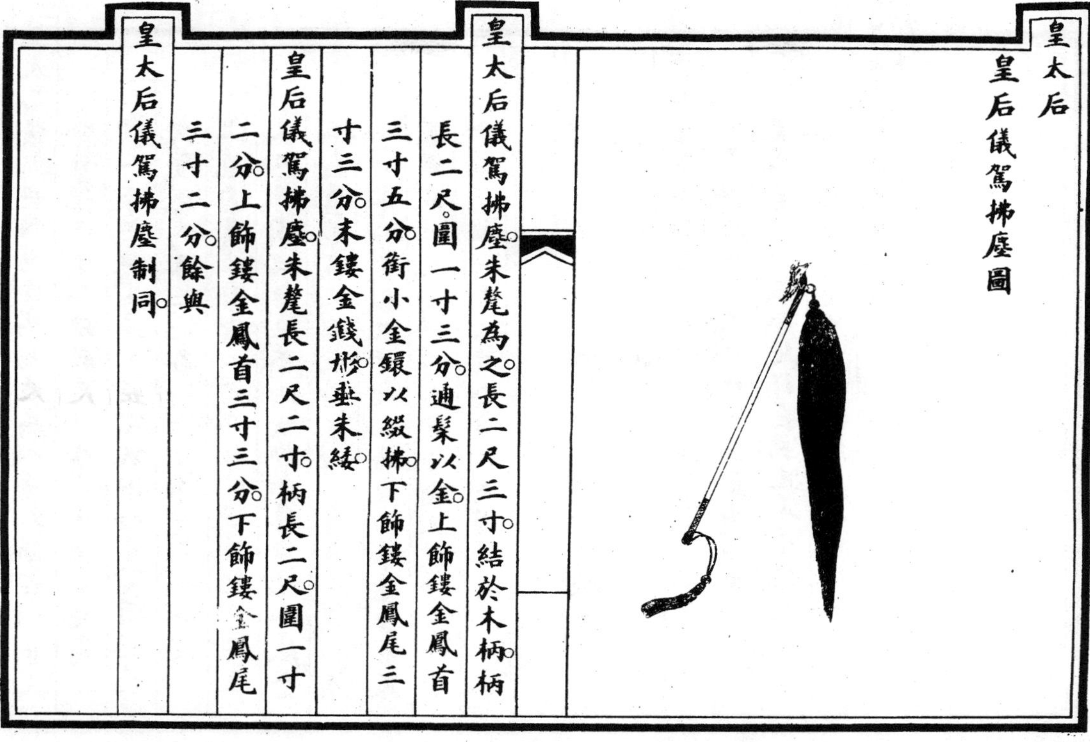

皇太后
皇后儀駕拂塵圖

皇太后儀駕拂塵。朱氂為之。長二尺三寸。結於木柄。柄長二尺。圍一寸三分。通髹以金。上飾鏤金鳳首三寸五分。銜小金鐶以綴拂。下飾鏤金鳳尾三寸三分。末鏤金錢形。垂朱綫。

皇后儀駕拂塵。朱氂長二尺二寸。柄長二尺。圍一寸二分。上飾鏤金鳳首三寸三分。下飾鏤金鳳尾三寸二分。餘與

皇太后儀駕拂塵制同。

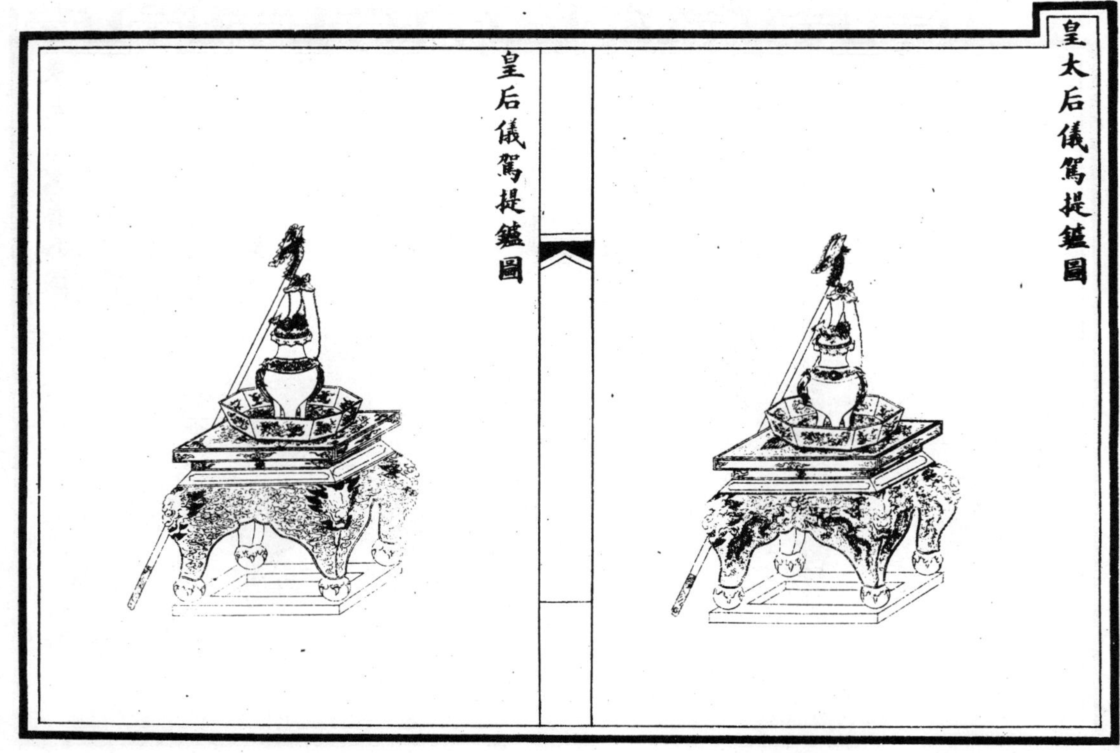

皇太后儀駕提鑪圖

皇后儀駕提鑪圖

皇太后儀駕提鑪。范金為之。通高八寸六分。深四寸五分。口徑三寸二分。腹圍一尺六寸七分。蓋高二寸一分。環鏤芙蕖。下垂雲葉。頂為立鳳。項鏤花文。雙鳳為耳。三足各高一寸五分。提以金索三。上冠雲葉。旁繫索以屬蓋。提杆攢竹。髹朱。長三尺九寸。圍三寸三分。兩端飾金鳳首尾。上綴金鉤於雲葉提之。陳設時承以八角盤。口徑一尺一寸二分。底徑九寸七分。通髹以朱。繪金龍鳳。置方几上。几高一尺五寸七分。上徑一尺四寸六分。下徑一尺四寸八分。四足鏤蝠首虎爪。承以圓珠。下周横距。通髹以朱。面繪龍鳳。周繪行龍。

皇后儀駕提鑪。通高八寸二分。深四寸三分。口徑三寸二分。腹圍一尺六寸七分。蓋高二寸一分。三足各高一寸三分。提杆長三尺八寸。圍三寸二分。八角盤。繪金鳳。方几。面繪鳳。周繪流雲。餘與皇太后儀駕提鑪制同。

皇太后儀駕香合圖

皇后儀駕香合圖

皇太后儀駕香合。范金為之。橢圓有蓋。通高五寸二分。口縱七寸二分。橫四寸二分。蓋高一寸三分。面為立鳳。周為翔鳳四。口為回文。下深一寸二分。亦鏤雲鳳回文。間以火珠。足高四分。陳設時盤及几俱如

皇太后儀駕提鑪之制。

皇后儀駕香合。與

皇太后儀駕香合制同。惟陳設時。盤及几仍如

皇后儀駕提鑪之制。

皇太后儀駕盥盆圖

皇后儀駕盥盆圖

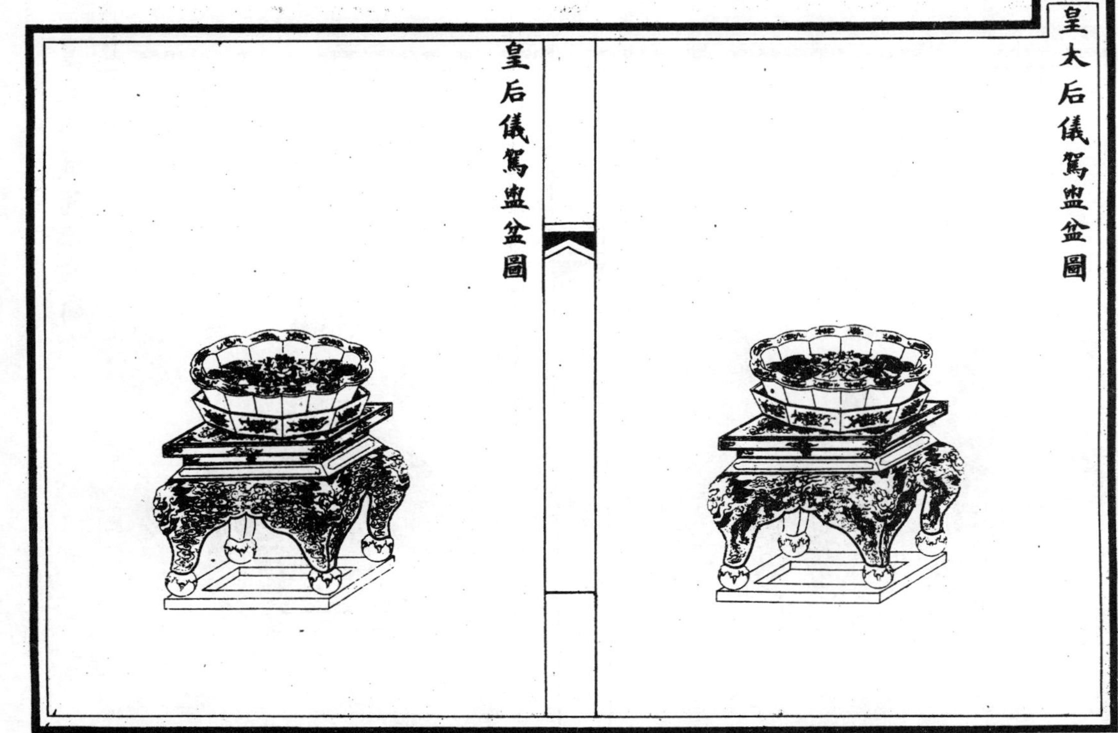

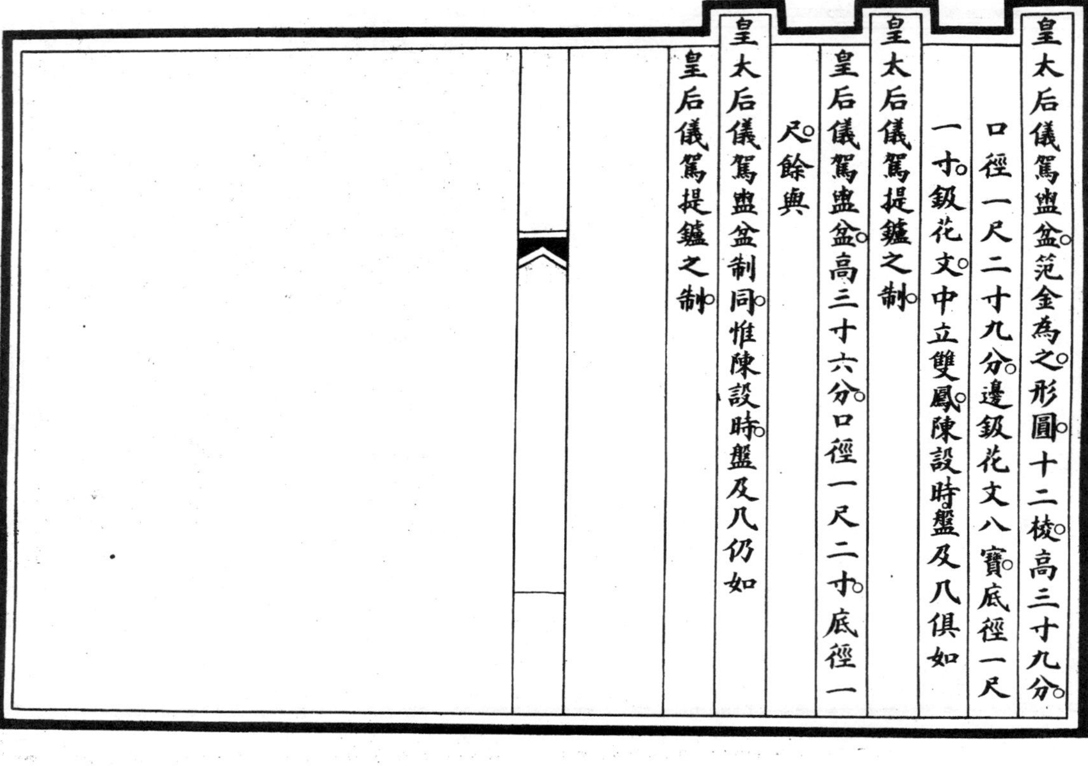

皇太后儀駕盥盆。范金為之。形圜。十二棱。高三寸九分。口徑一尺二寸九分。邊鈒花文八寶。底徑一尺一寸。鈒花文中立雙鳳。陳設時盤及几俱如

皇太后儀駕提鑪之制。

皇后儀駕盥盆。高三寸六分。口徑一尺二寸。底徑一尺。餘與

皇太后儀駕盥盆制同。惟陳設時。盤及几仍如

皇后儀駕提鑪之制。

皇太后儀駕唾壺圖

皇后儀駕唾壺圖

皇太后儀駕唾壺。范金為之。通高六寸七分。口徑四寸六分。鏤雲文回文。蓋高二寸。頂為立鳳。高二寸五分。旁為流雲。下深一寸八分。底徑二寸二分。座高四寸五分。徑三寸三分。四足鏤螭首虎爪。承以圓珠。下周圓距。陳設時盤及几俱如
皇太后儀駕提鑪之制。
皇后儀駕唾壺。通高六寸六分。口徑四寸五分。頂高二寸三分。座高四寸三分。餘與
皇太后儀駕唾壺制同。惟陳設時盤及几仍如
皇后儀駕提鑪之制。

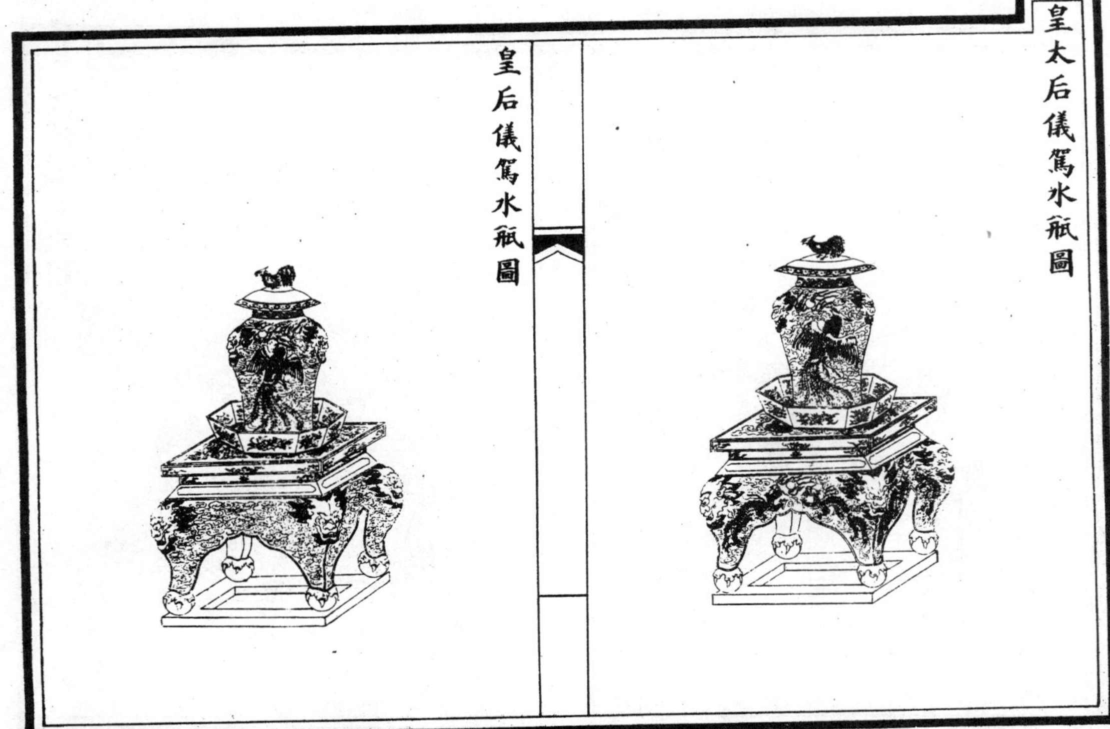

皇太后儀駕水瓶圖

皇后儀駕水瓶圖

皇太后儀駕水瓶。范金爲之。大小各一。大者通高一尺五寸五分。深一尺三寸。口徑四寸。鈒花文。腹圍二尺七寸七分。鈒雲鳳火珠。下爲如意雲文。耳爲螭首銜鐶。底徑六寸。蓋高一寸。徑六寸。頂爲立鳳。高二寸七分。小者通高一尺四寸五分。深一尺一寸。口徑三寸四分。腹圍二尺五寸七分。底徑五寸四分。蓋高一寸。徑五寸七分。形制花文皆同。陳設時盤及几俱如

皇太后儀駕提鑪之制。

皇后儀駕水瓶。大者通高一尺五寸三分。深一尺一寸六分。頂高二寸五分。小者通高一尺四寸三分。深一尺三分。餘與

皇太后儀駕水瓶制同。惟陳設時盤及几仍如

皇后儀駕提鑪之制。

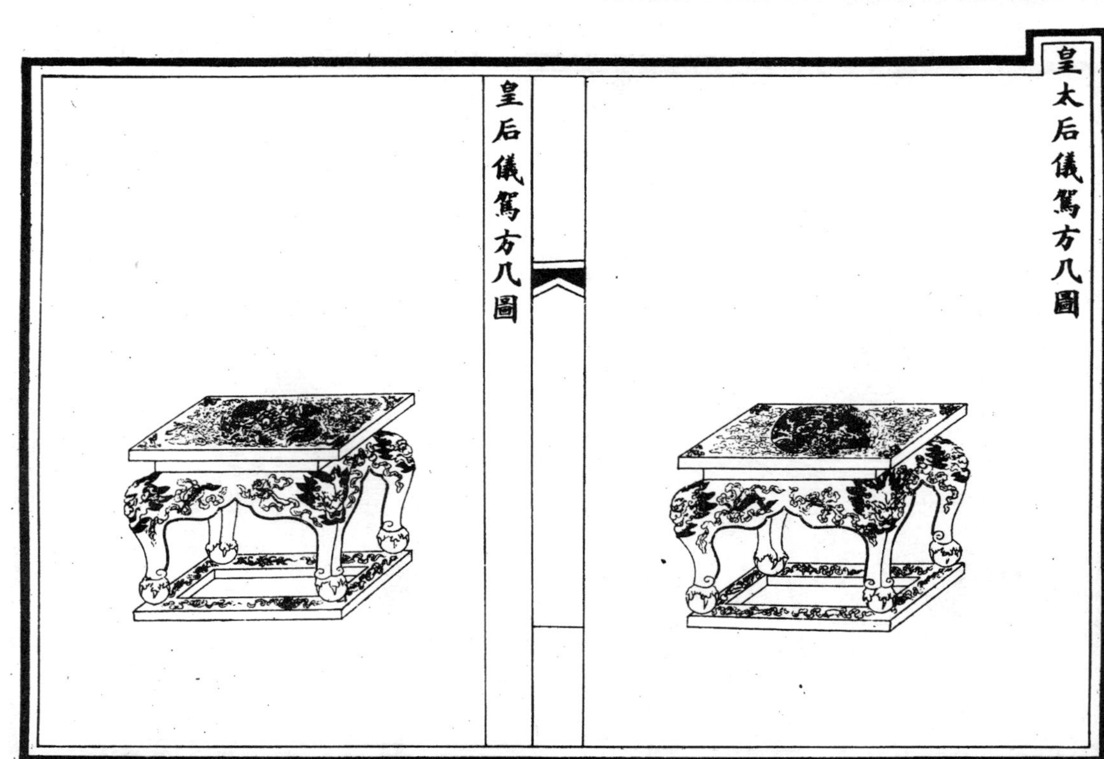

皇太后儀駕方几圖

皇后儀駕方几圖

皇太后儀駕方几。木質。塗金。高一尺六寸。方一尺九寸。面繪金龍鳳。間以流雲。中爲火珠。四角飾鏤金花文。四足爲螭首虎爪。承以圓珠。下周横距。雜繪八寶。

皇后儀駕方几。面繪金鳳。餘與

皇太后儀駕方几制同。

皇太后儀駕交倚圖

皇后儀駕交椅圖

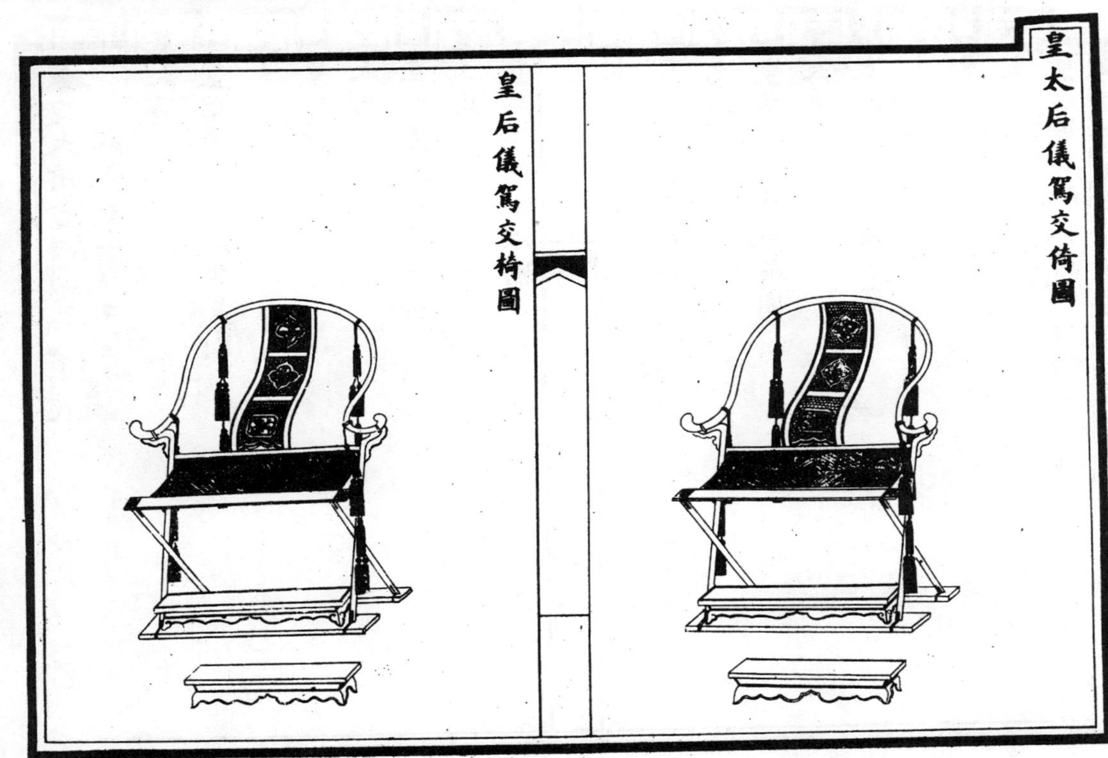

皇太后儀駕交倚。木質。塗金。曲扶箕張。倚上仰。交足橫距貫以鐵樞。雙疊舉之。通高二尺九寸五分。縱一尺一寸五分。橫二尺二寸。四角飾鏤金花文。座面織明黃絲緞。倚刻龍鳳踏几。高三寸三分。縱九寸五分。橫一尺八寸六分。皆塗金。

皇后儀駕交倚。倚刻鳳文。餘與

皇太后儀駕交倚制同。

# 欽定大清會典圖卷八十八

## 輿衛十二　儀駕三

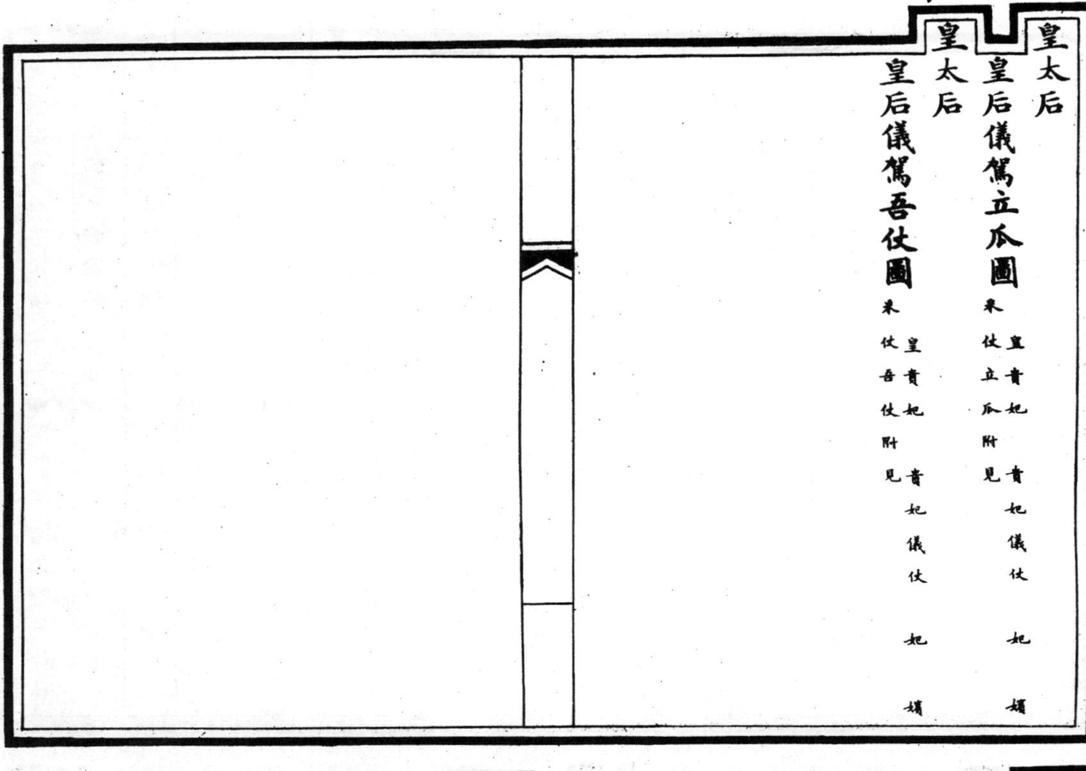

皇太后
皇后儀駕立瓜圖 皇貴妃貴妃儀仗妃嬪采仗立瓜附見

皇太后
皇后儀駕吾仗圖 皇貴妃貴妃儀仗妃嬪采仗吾仗附見

皇太后
皇后儀駕九鳳曲蓋圖

皇太后儀駕九鳳曲蓋。明黃緞為之。黃裏。通高一丈二尺二寸。蓋徑五尺三寸。繡流雲。上冠金頂七寸五分。垂幨三層。各深一尺三寸。繡采鳳九。間以花文。旁垂綵帶二。長三尺五寸。闊二寸九分。如蓋色。繡采雲。曲柄。木質。塗金龍首。二彎長二尺三寸。上下攢竹髹朱。上長三尺七寸。下長五尺三寸。圍七寸四分。

皇后儀駕九鳳曲蓋。通高一丈二尺。蓋徑五尺二寸。上冠金頂七寸四分。垂幨三層。各深一尺二寸。旁垂綵帶二。長三尺五寸。闊二寸五分。曲柄彎

長二尺二寸。上長三尺六寸。下長五尺二寸。圍七寸三分。餘與
皇太后九鳳曲蓋制同。

皇太后
皇后儀駕金節圖

皇太后儀駕金節。通高一丈一尺二寸。朱紃貫朱旄八下。繫朱綏屬於杯。韜以黃紗長八尺。圍二尺九寸。通繡五色龍鳳。蓋高九寸。徑一尺二寸。綠緞冪之。紅緣。垂幨黃紅二重。杆攢竹髹朱。長一丈圍四寸三分。上爲曲項。加塗金鳳首。銜鐶屬銅蓋繫節。

皇后儀駕金節。通高一丈一尺。黃紗長七尺九寸。圍二尺七寸。蓋徑一尺一寸。餘與
皇太后儀駕金節制同。

皇太后
皇后儀駕九鳳繖圖

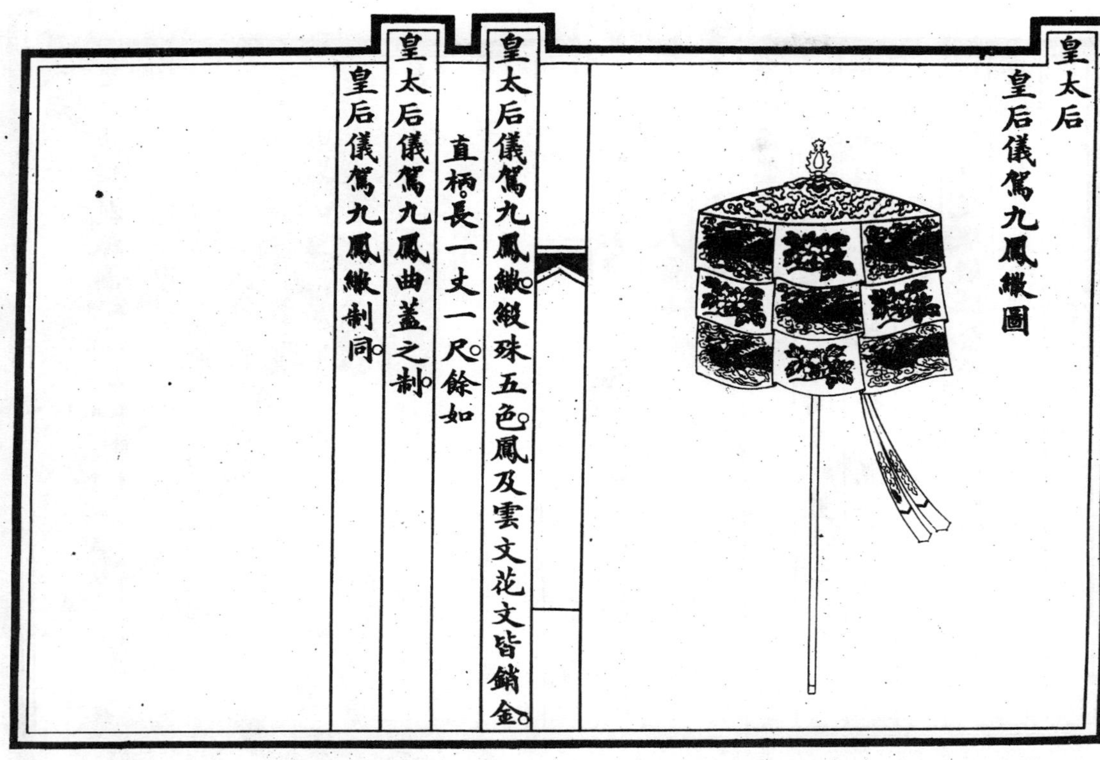

皇太后儀駕九鳳繖。緞珠五色鳳及雲文花文皆銷金。直柄長一丈一尺。餘如
皇太后儀駕九鳳曲蓋之制。
皇后儀駕九鳳繖制同。

皇太后
皇后儀駕方繖圖

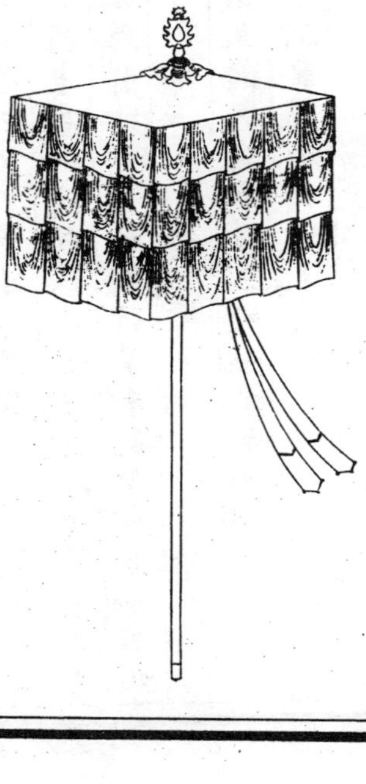

皇太后儀駕方繖。紅緞為之。方五尺。垂幨三層不施繡文。旁垂影帶。直柄。長一丈一尺。餘如
皇太后儀駕九鳳曲蓋之制。
皇后儀駕方繖。柄長一丈五寸。餘與
皇太后儀駕方繖制同。

皇太后
皇后儀駕花繖圖

皇貴妃貴妃儀仗妃嬪采仗花繖附見

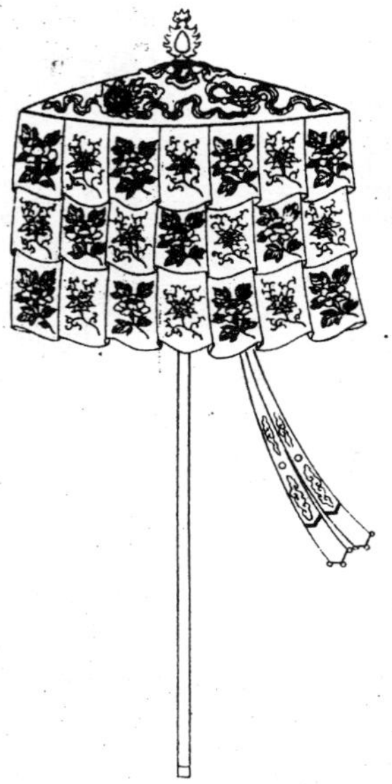

皇太后儀駕花繖明黃緞為之。采繡八寶雜花。直柄。長一丈一尺。餘如
皇太后儀駕九鳳曲蓋之制。
皇后儀駕花繖制同。
皇貴妃儀仗花繖緞殊明黃紅藍三色。
貴妃儀仗花繖緞殊金黃紅黑三色。
妃采仗花繖緞殊紅黑二色。
嬪采仗花繖緞殊金黃紅二色。餘皆如
皇后儀駕花繖之制。

皇太后
皇后儀駕龍鳳扇圖

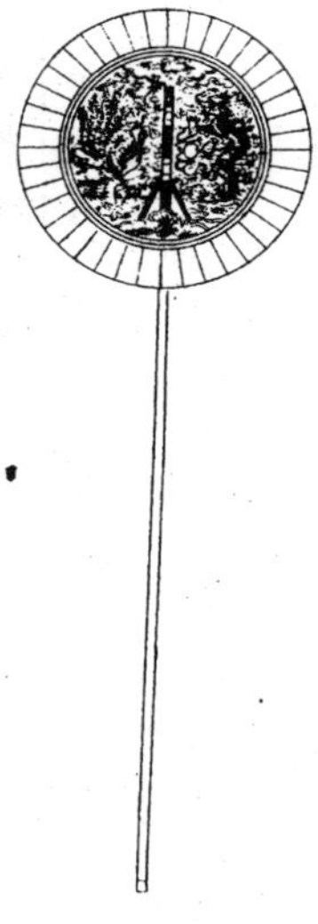

皇太后儀駕龍鳳扇。緞殊明黃紅二色。通高一丈九寸。扇圓徑三尺三寸。繡龍鳳各一。間以流雲。周為襞積。中貫柄處。飾以藍。上下約以金花翠葉。中鏤鳳。背亦如之。柄攢竹髹朱。長七尺五寸。圍四寸六分。
皇后儀駕龍鳳扇。圓徑三尺二寸五分。餘與
皇太后儀駕龍鳳扇制同。

皇太后
皇后儀駕鸞鳳扇圖

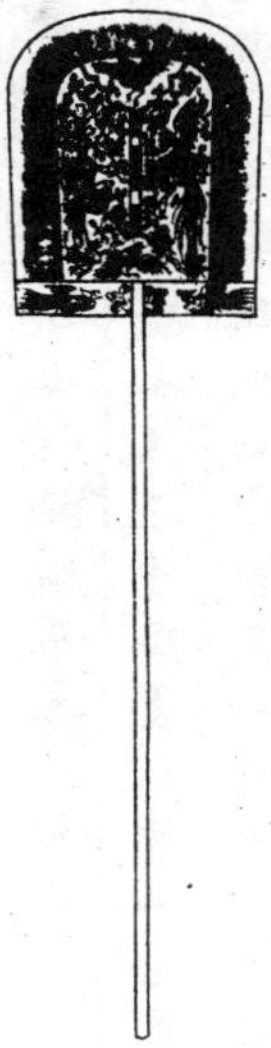

皇太后儀駕鸞鳳扇。緞殊明黃紅二色。通高一丈一尺九寸。扇上橢下方徑三尺四寸五分。上闊二尺九寸五分。下闊二尺五寸五分。繡五采鸞鳳各一。間以花文。緣緣闊四寸七分。周繡孔雀翎。上下約以金花翠葉。下綴橫木高四寸一分。髹黑繪金鸞鳳。柄攢竹髹黑。長七尺八寸五分。圍四寸四分。

皇后儀駕鸞鳳扇。通高一丈一尺八寸。餘與皇太后儀駕鸞鳳扇制同。

皇太后
皇后儀駕龍鳳旗圖

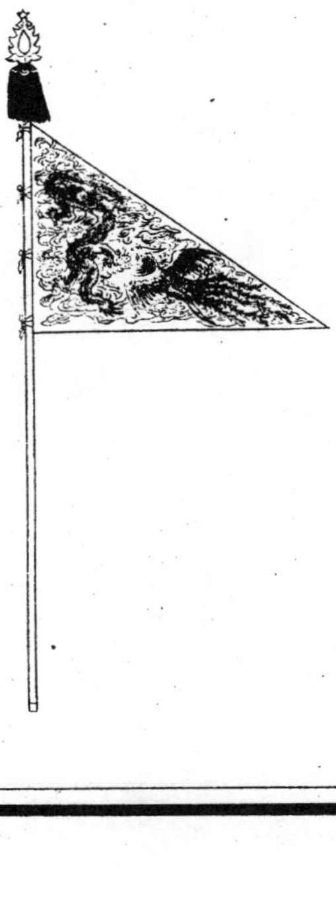

皇太后儀駕龍鳳旗。緞殊五色。通高一丈四尺九寸。旗俱斜幅。銷金龍鳳各一。間以流雲。縿徑四尺七寸。斿徑六尺。斜徑八尺二寸。杆攢竹髹朱。長一丈三尺三寸。圍四寸七分。首冠鏤金火燄頂。注朱旄。鐏以鐵塗金。

皇后儀駕龍鳳旗。通高一丈四尺七寸。杆長一丈三尺一寸。圍四寸五分。餘與皇太后儀駕龍鳳旗制同。

皇太后
皇后儀駕卧瓜圖 皇貴妃貴妃儀仗妃嬪采仗卧瓜附見

皇太后儀駕卧瓜。雕木為之。通高七尺五寸。瓜長六寸九分。圍一尺五寸。六棱有蒂。刻雲文。卧置柄首。柄首銎上銜以龍首。皆塗金。柄攢竹髹朱。長五尺九寸。圍三寸八分。鐓以銅鍍銀。高一寸六分。

皇后儀駕卧瓜。通高七尺三寸。瓜長六寸八分。圍一尺四寸。柄長五尺七寸。鐓高一寸四分。餘與

皇太后儀駕卧瓜制同。

皇貴妃

貴妃儀仗卧瓜。

妃

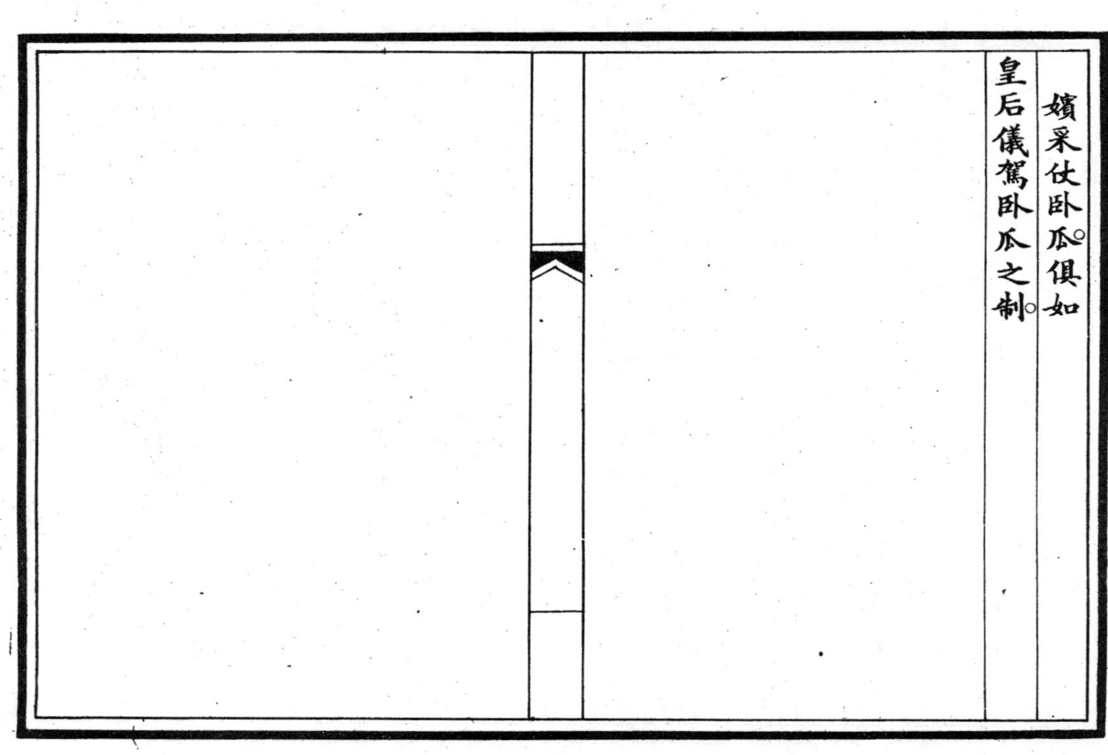

嬪采仗卧瓜。俱如

皇后儀駕卧瓜之制。

皇太后
皇后儀駕立瓜圖 皇貴妃 貴妃儀仗 妃 嬪采仗立瓜附見

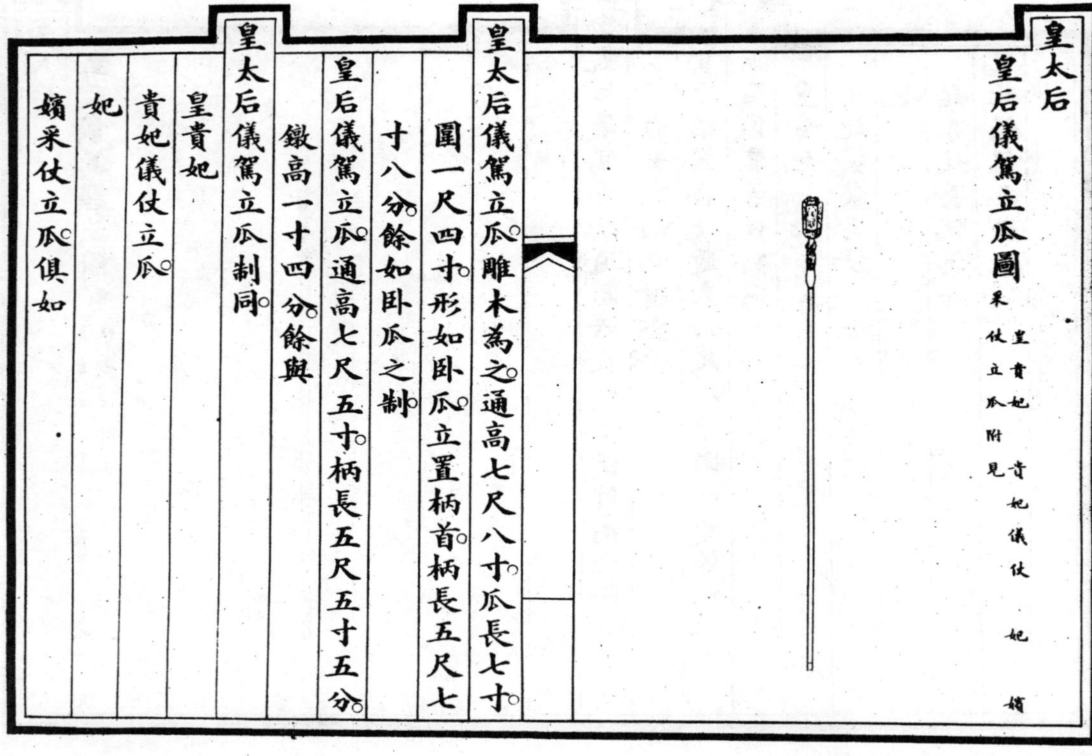

皇太后儀駕立瓜。雕木為之。通高七尺八寸。瓜長七寸。圍一尺四寸。形如卧瓜。立置柄首。柄長五尺七寸八分。餘如卧瓜之制。

皇后儀駕立瓜。通高七尺五寸。柄長五尺五寸五分。鐓高一寸四分。餘與

皇太后儀駕立瓜制同。

皇貴妃

貴妃儀仗立瓜。

妃

嬪采仗立瓜。俱如

皇后儀駕立瓜之制。

皇太后皇后儀駕吾仗圖　皇貴妃貴妃儀仗妃嬪采仗吾仗附見

皇太后儀駕吾仗。通高六尺九寸。攢竹為之。圍四寸三分。髹朱。兩端繪金雲。

皇后儀駕吾仗。通高六尺八寸。圍四寸。餘與

皇太后儀駕吾仗制同。

皇貴妃

貴妃儀仗吾仗。

妃

嬪采仗吾仗。俱如

皇后儀駕吾仗之制。

# 欽定大清會典圖卷八十九

## 輿衛十三　儀仗

皇貴妃儀仗翟輿圖　貴妃儀仗妃嬪采仗翟輿附見

皇貴妃儀仗翟車圖

皇貴妃儀仗儀輿圖　貴妃儀仗儀輿附見

皇貴妃儀仗拂塵圖　貴妃儀仗妃采仗拂塵附見

皇貴妃儀仗提鑪圖　貴妃儀仗妃嬪采仗提鑪附見

皇貴妃儀仗香合圖　貴妃儀仗妃嬪采仗香合附見

皇貴妃儀仗盥盆圖　貴妃儀仗妃嬪采仗盥盆附見

皇貴妃儀仗唾壺圖　貴妃儀仗妃嬪采仗唾壺附見

皇貴妃儀仗水瓶圖　貴妃儀仗妃嬪采仗水瓶附見

皇貴妃儀仗方几圖　貴妃儀仗妃嬪采仗方几附見

皇貴妃儀仗交倚圖　貴妃儀仗妃嬪采仗交倚附見

## 皇貴妃儀仗翟輿圖

貴妃儀仗 妃 嬪采仗翟輿附見

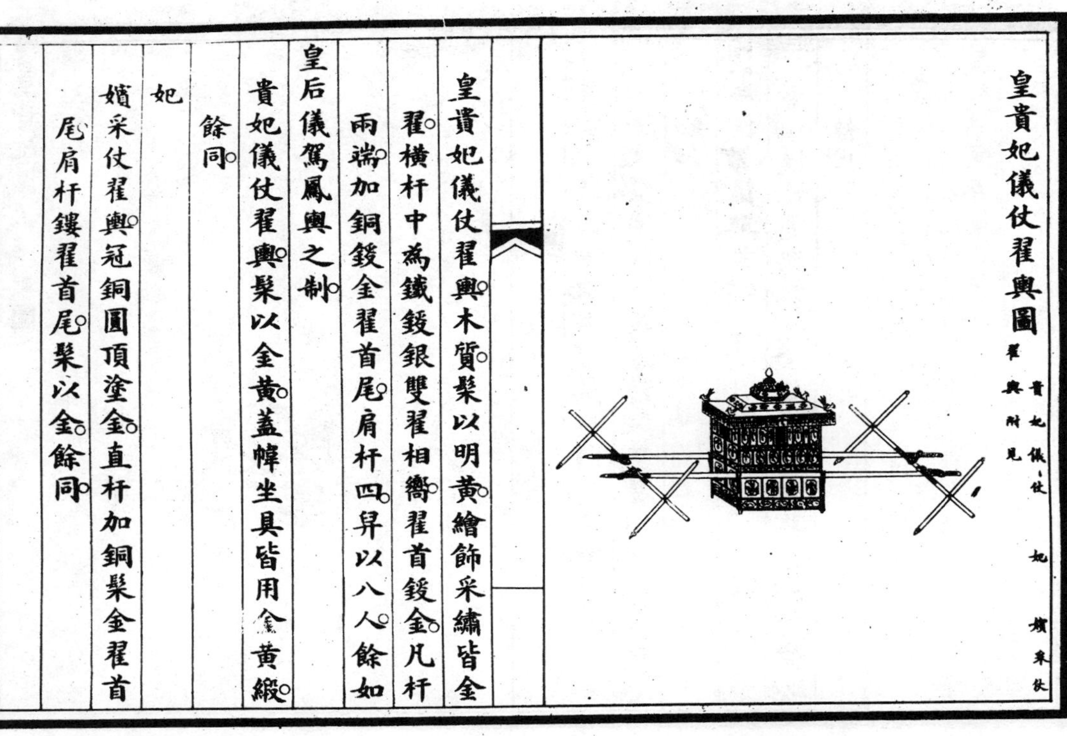

皇貴妃儀仗翟輿。木質。髹以明黃。繪飾采繡。皆金翟。橫杆中為鐵鋄銀雙翟相嚮。翟首鋄金。凡杆兩端加銅鋄金翟首尾。肩杆四。舁以八人。餘如皇后儀駕鳳輿之制。

貴妃儀仗翟輿。髹以金黃。蓋幃坐具皆用金黃緞。餘同。

妃

嬪采仗翟輿。冠銅圓頂塗金。直杆加銅髹金翟首尾。肩杆鏤翟首尾。髹以金。餘同。

## 皇貴妃儀仗翟車圖

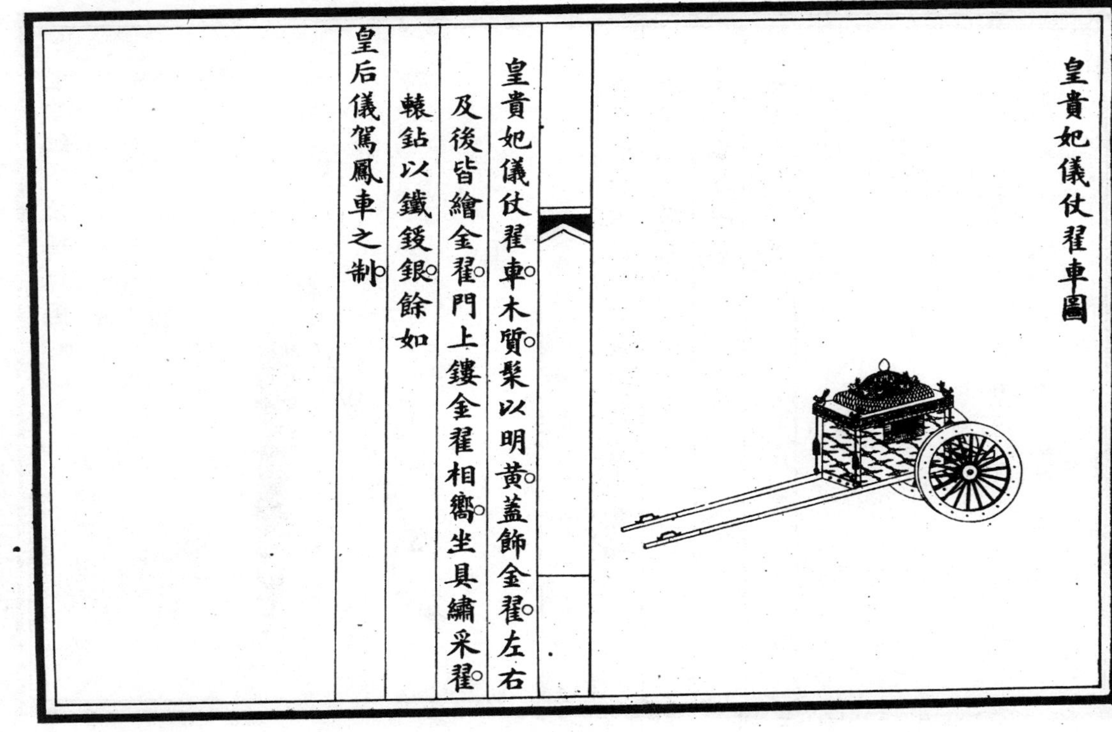

皇貴妃儀仗翟車。木質。髹以明黃。蓋飾金翟。左右及後皆繪金翟。門上鏤金翟相嚮。坐具繡采翟。轅鉆以鐵鋄銀。餘如皇后儀駕鳳車之制。

## 皇貴妃儀仗儀輿圖

貴妃儀仗儀輿附見

皇貴妃儀仗儀輿。木質。襞以明黃倚繪金翟。坐具繡采翟。横杆中為鐵鍰銀雙翟相嚮翟首鍰金。餘如

皇后儀駕儀輿之制。

貴妃儀仗儀輿。襞以金黃。幨幃坐具皆用金黃緞。餘同。

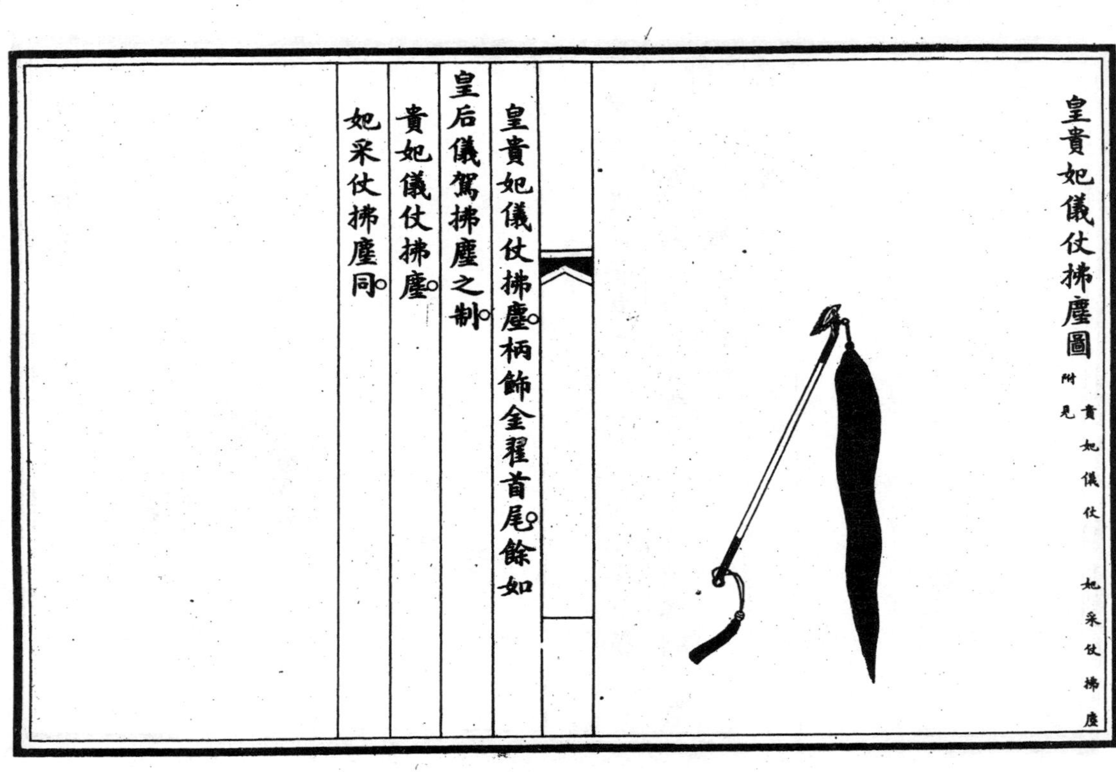

## 皇貴妃儀仗拂塵圖

貴妃儀仗　妃采仗拂塵附見

皇貴妃儀仗拂塵。柄飾金翟首尾。餘如

皇后儀駕拂塵之制。

貴妃儀仗拂塵

妃采仗拂塵同。

## 皇貴妃儀仗提爐圖

貴妃儀仗　妃　嬪采仗　提爐附見

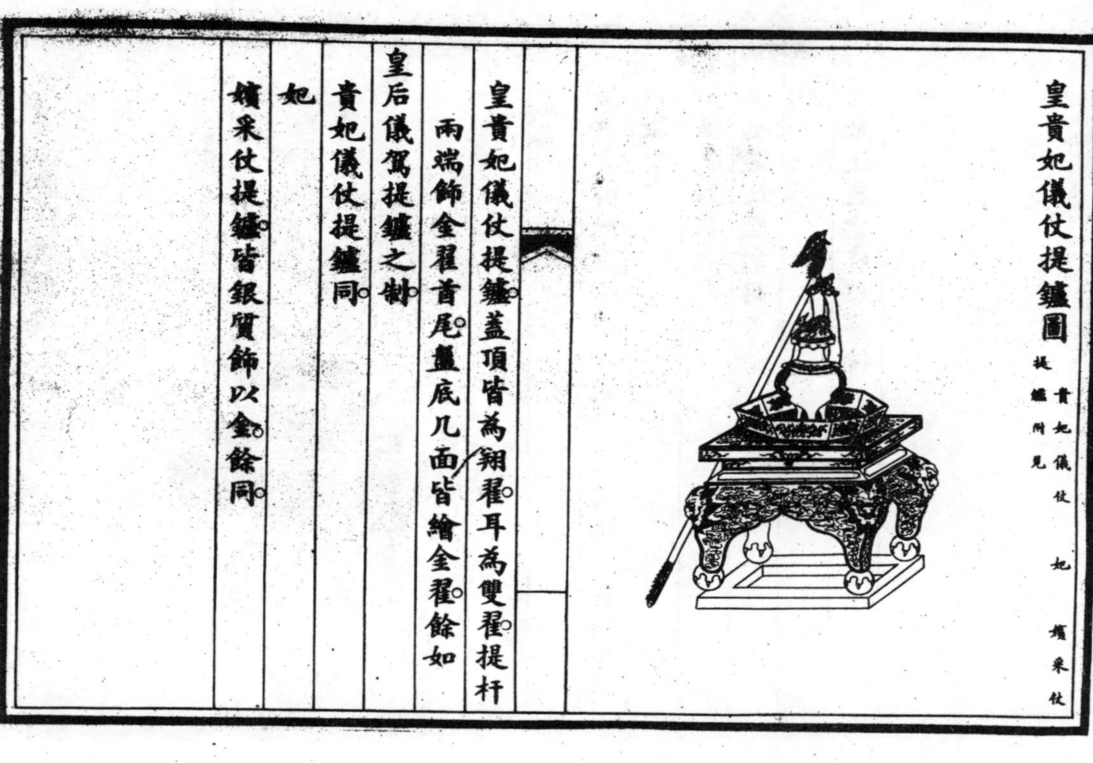

皇貴妃儀仗提爐。蓋頂皆為翔翟。耳為雙翟。提杆兩端飾金翟首尾。盤底几面皆繪金翟。餘如
皇后儀駕提爐之制。
貴妃儀仗提爐同。
妃
嬪采仗提爐。皆銀質飾以金。餘同。

## 皇貴妃儀仗香合圖

貴妃儀仗　妃　嬪采仗　香合附見

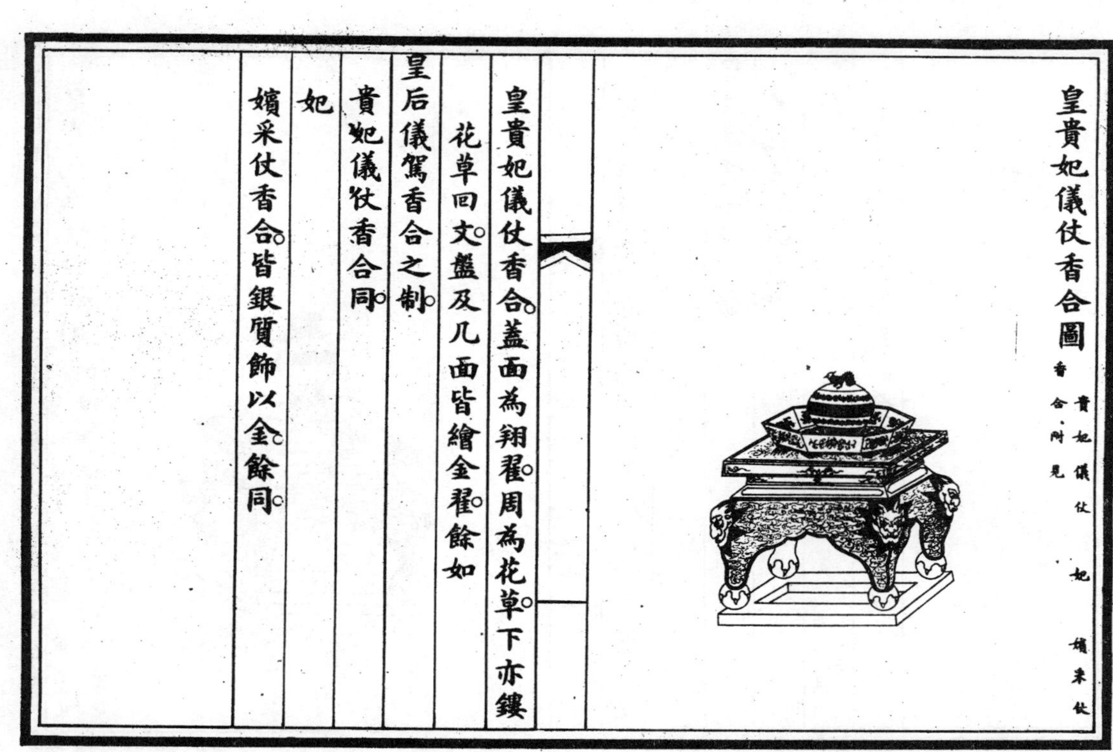

皇貴妃儀仗香合。蓋面為翔翟。周為花草。下亦鏤花草回文。盤及几面皆繪金翟。餘如
皇后儀駕香合之制。
貴妃儀仗香合同。
妃
嬪采仗香合。皆銀質飾以金。餘同。

## 皇貴妃儀仗盥盆圖

貴妃儀仗　妃　嬪采仗盥盆附見

皇貴妃儀仗盥盆。中立雙翟。盤及几面皆繪金翟。餘如皇后儀駕盥盆之制。貴妃儀仗盥盆同。妃嬪采仗盥盆。皆銀質飾以金。餘同。

## 皇貴妃儀仗唾壺圖

貴妃儀仗　妃　嬪采仗唾壺附見

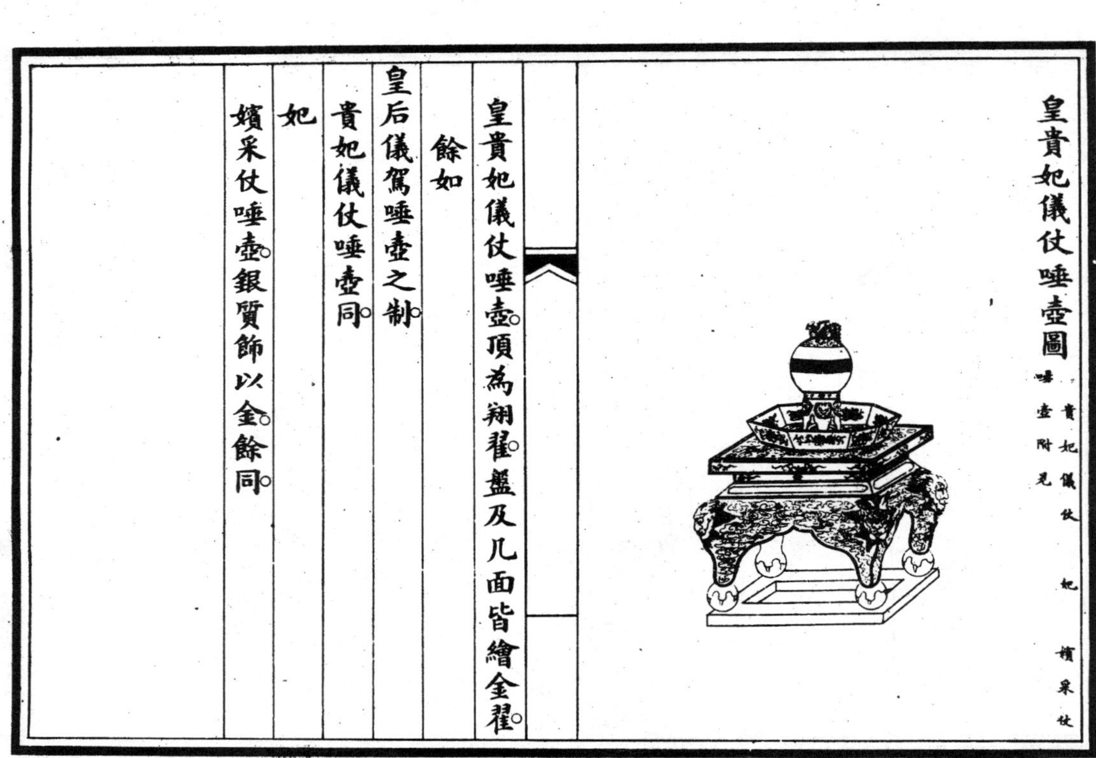

皇貴妃儀仗唾壺。頂為翔翟。盤及几面皆繪金翟。餘如皇后儀駕唾壺之制。貴妃儀仗唾壺同。妃嬪采仗唾壺。銀質飾以金。餘同。

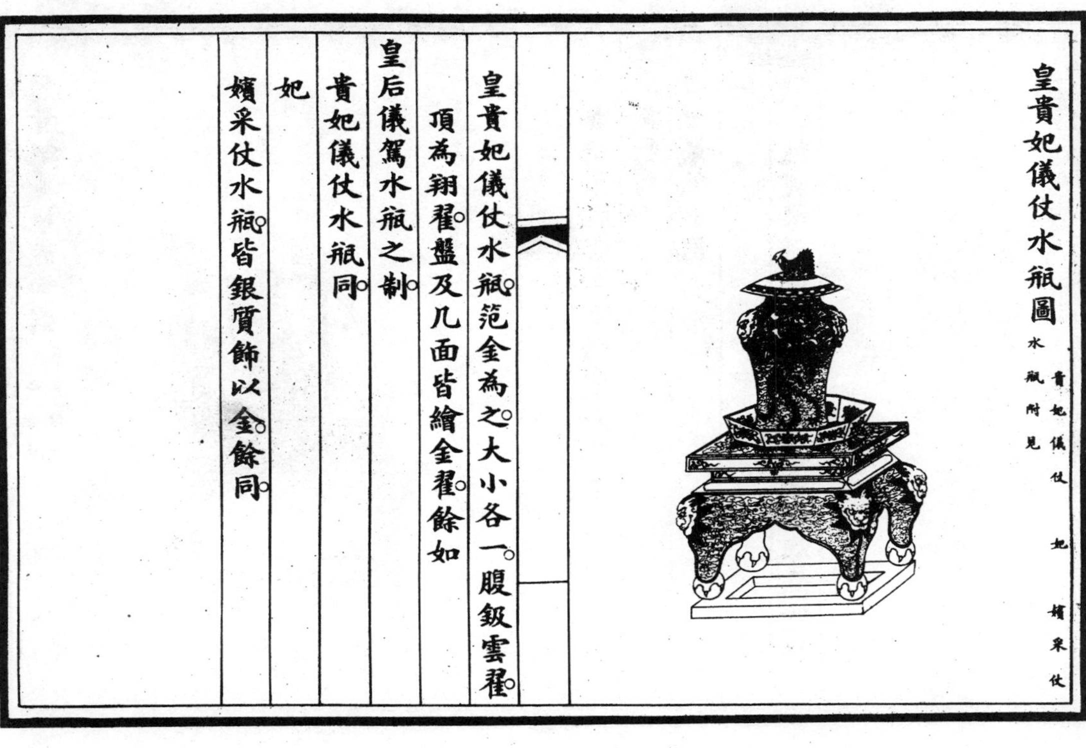

## 皇貴妃儀仗水瓶圖

貴妃儀仗妃嬪采仗水瓶附見

皇貴妃儀仗水瓶。范金爲之。大小各一。腹鈒雲翟。頂爲翔翟。盤及几面皆繪金翟。餘如

皇后儀駕水瓶之制。

貴妃儀仗水瓶同。

妃

嬪采仗水瓶皆銀質飾以金。餘同。

## 皇貴妃儀仗方几圖

貴妃儀仗妃嬪采仗方几附見

皇貴妃儀仗方几。面繪金翟。四角飾銅鏤雲文。塗金。餘如

皇后儀駕方几之制。

貴妃儀仗方几

妃

嬪采仗方几皆髹金黃飾以銅。餘同。

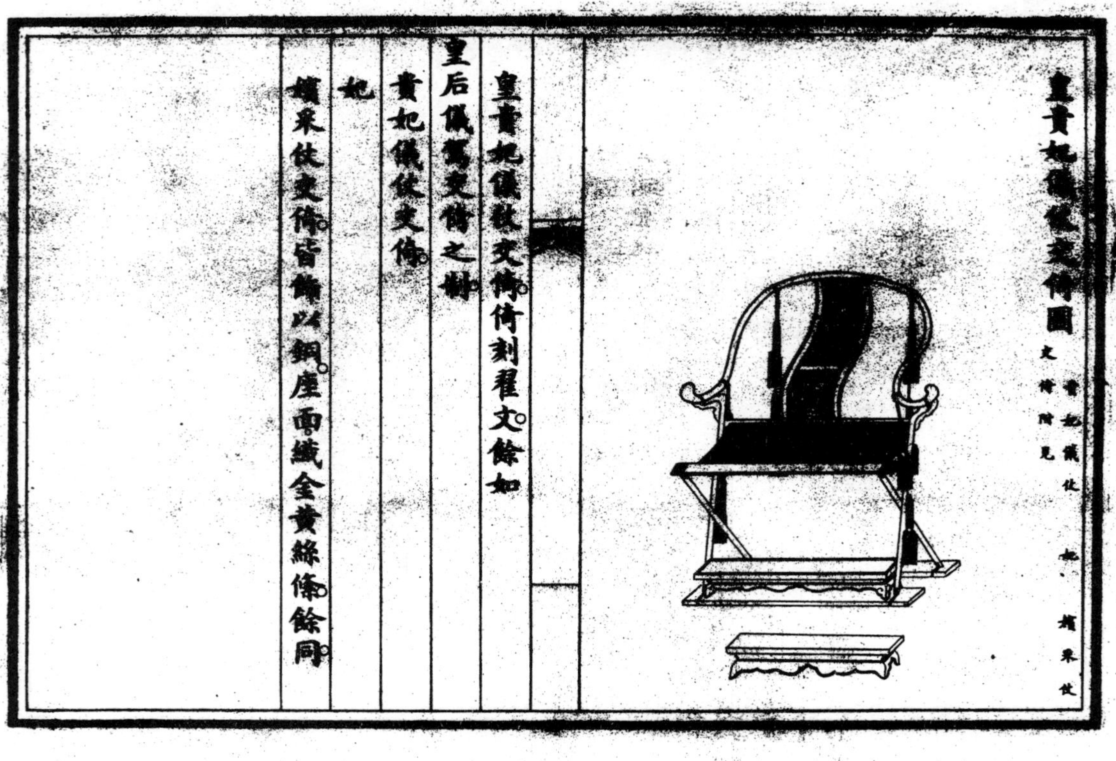

皇貴妃儀仗交倚圖 貴妃儀仗 妃 嬪采仗交倚附見

皇貴妃儀仗交倚。倚刻翟文。餘如
皇后儀駕交倚之制
貴妃儀仗交倚
妃
嬪采仗交倚。皆飾以銅。座面織金黃絲條。餘同。

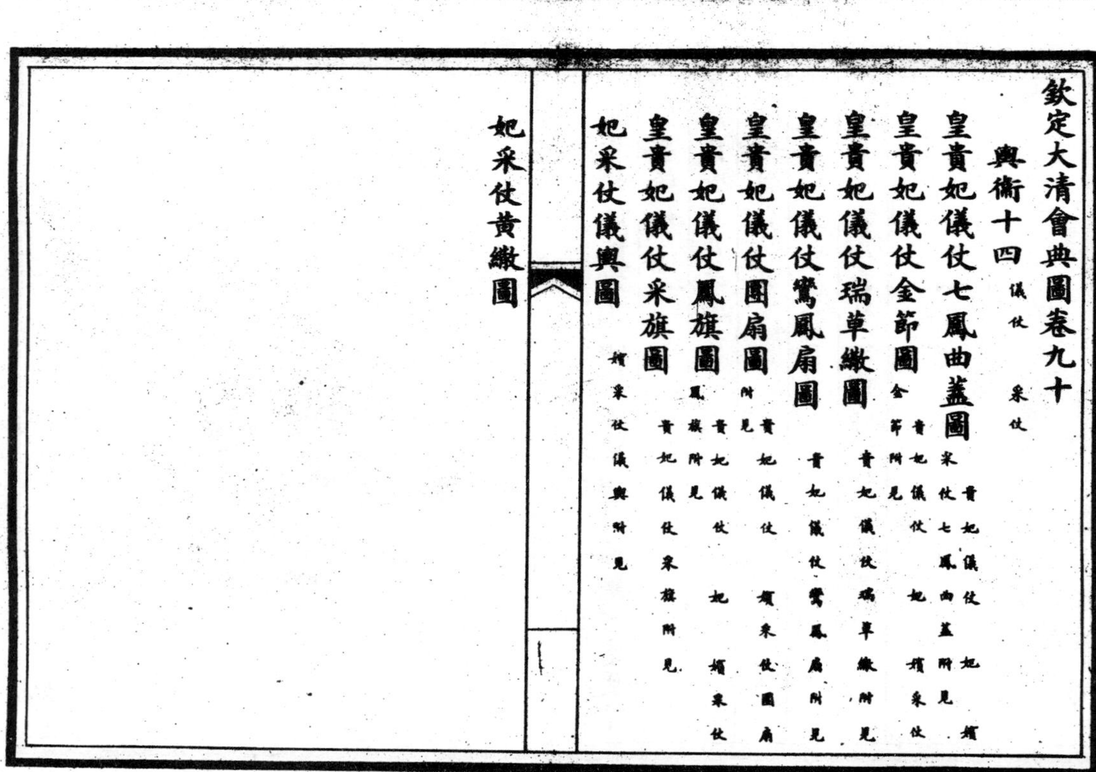

欽定大清會典圖卷九十

輿衛十四 儀仗 采仗

皇貴妃儀仗七鳳曲蓋圖 貴妃儀仗 妃 嬪采仗七鳳曲蓋附見
皇貴妃儀仗金節圖 貴妃儀仗 妃 嬪采仗金節附見
皇貴妃儀仗瑞草繖圖 貴妃儀仗瑞草繖附見
皇貴妃儀仗鸞鳳扇圖 貴妃儀仗鸞鳳扇附見
皇貴妃儀仗圖扇圖 貴妃儀仗 嬪采仗圖扇附見
皇貴妃儀仗鳳旗圖 貴妃儀仗 妃 嬪采仗鳳旗附見
皇貴妃儀仗采旗圖 貴妃儀仗采旗附見
妃采仗儀輿圖 嬪采仗儀輿附見

妃采仗黃繖圖

## 皇貴妃儀仗七鳳曲蓋圖

貴妃儀仗　妃　嬪采仗七鳳曲蓋附見

皇貴妃儀仗七鳳曲蓋。繡采鳳七。間以花文。曲柄木質塗金龍首一。彎長一尺八寸。餘如

皇后儀駕九曲鳳蓋之制。

貴妃儀仗七鳳曲蓋。

妃

嬪采仗七鳳曲蓋。皆用金黃緞。餘同。

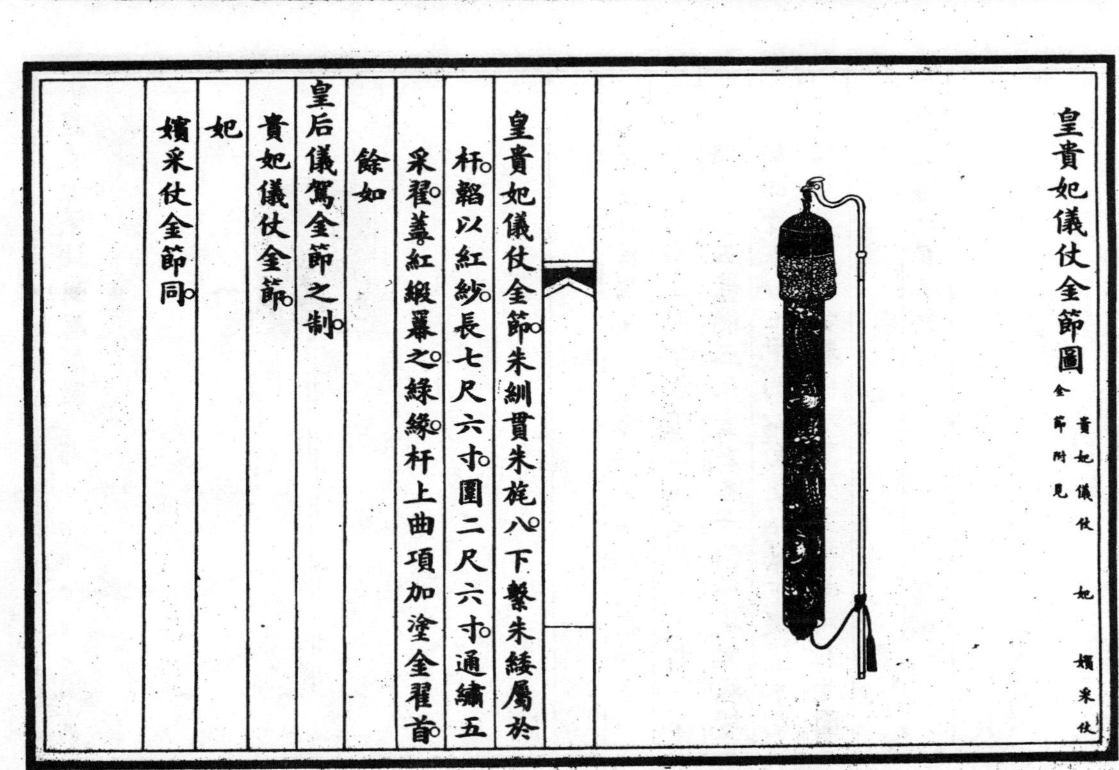

## 皇貴妃儀仗金節圖

貴妃儀仗　妃　嬪采仗金節附見

皇貴妃儀仗金節。朱綱貫朱旄八。下繫朱綫屬於杆。韜以紅紗。長七尺六寸。圍二尺六寸。通繡五采翟。蕤紅緞羃之。緣綠。杆上曲項加塗金翟首。餘如

皇后儀駕金節之制。

貴妃儀仗金節。

妃

嬪采仗金節同。

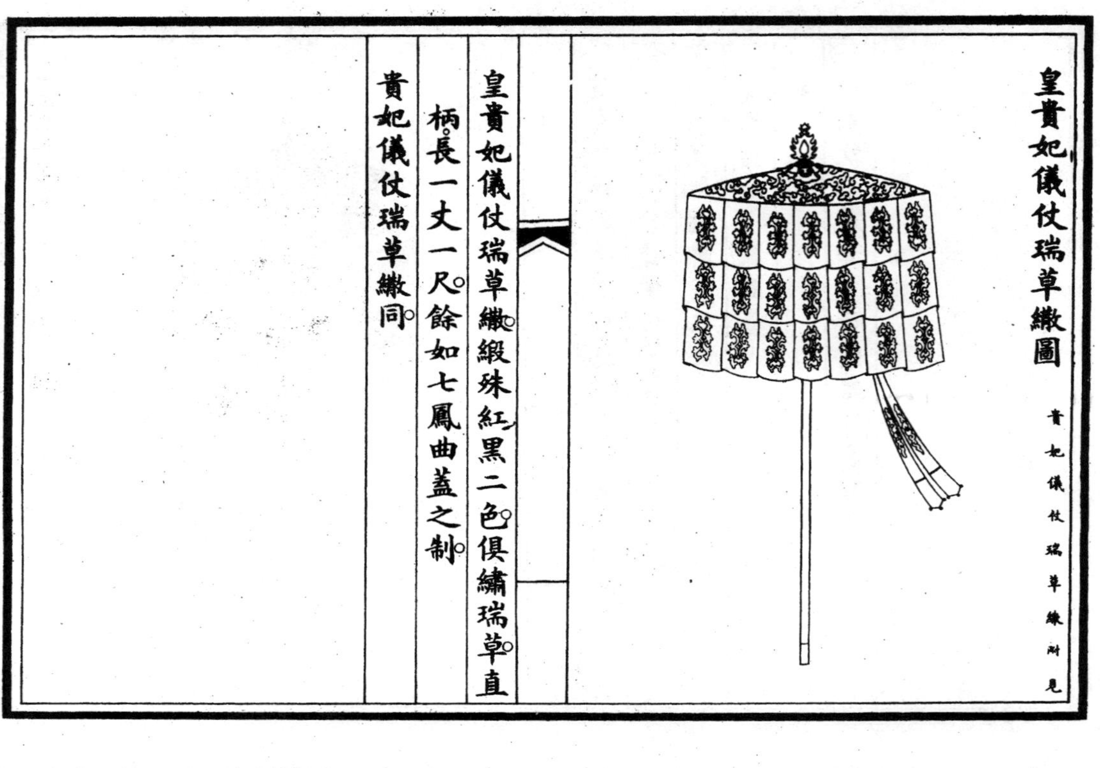

## 皇貴妃儀仗瑞草繖圖

貴妃儀仗瑞草繖附見

皇貴妃儀仗瑞草繖。緞殊紅黑二色。俱繡瑞草。直柄長一丈一尺。餘如七鳳曲蓋之制。

貴妃儀仗瑞草繖同。

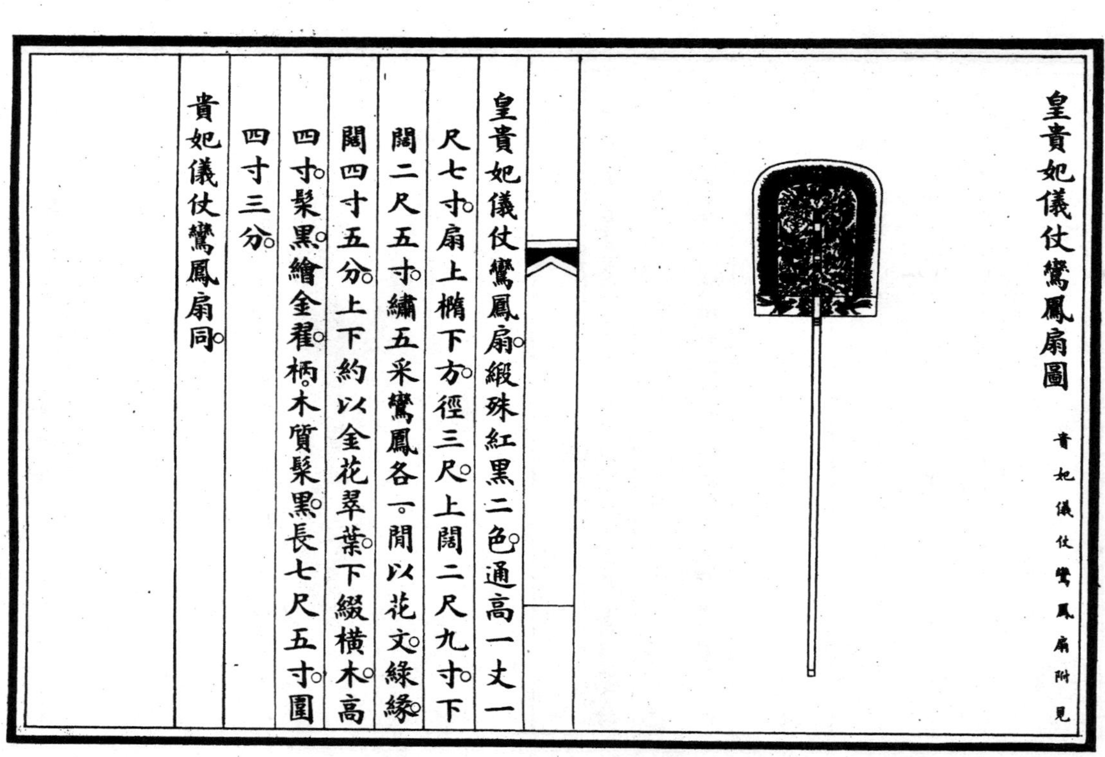

## 皇貴妃儀仗鸞鳳扇圖

貴妃儀仗鸞鳳扇附見

皇貴妃儀仗鸞鳳扇。緞殊紅黑二色。通高一丈一尺七寸。扇上橢下方。徑三尺。上闊二尺九寸。下闊二尺五寸。繡五采鸞鳳各一。閒以花文。緣緣闊四寸五分。上下約以金花翠葉。下綴橫木高四寸。髹黑繪金翟。柄木質髹黑。長七尺五寸。圍四寸三分。

貴妃儀仗鸞鳳扇同。

# 皇貴妃儀仗圓扇圖

貴妃儀仗　妃　嬪采仗圓扇附見

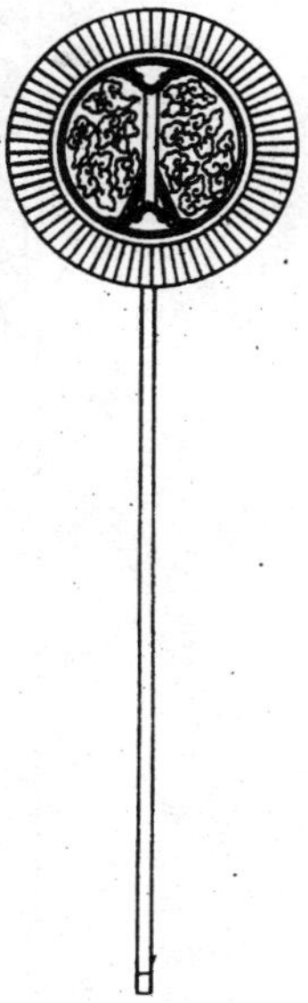

皇貴妃儀仗圓扇。雲緞殊黄紅黑三色。通高一丈一尺七寸。扇圓徑三尺五寸。不施繡。周爲襞積。中貫柄處飾以藍。上下約以金花翠葉。背亦如之。柄木質髹朱。長七尺五寸。圍四寸三分。

貴妃儀仗圓扇同。

妃采仗圓扇。雲緞殊紅黑二色。餘同。

嬪采仗圓扇。雲緞紅色。餘同。

# 皇貴妃儀仗鳳旗圖

貴妃儀仗　妃　嬪采仗鳳旗附見

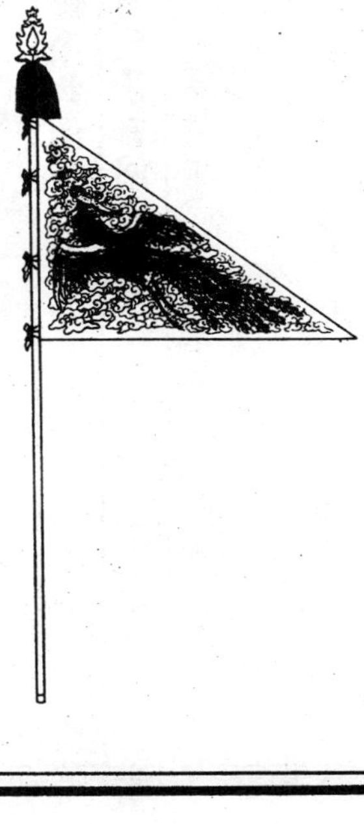

皇貴妃儀仗鳳旗。通高一丈四尺五寸。緞殊黄紅黑三色。俱斜幅中銷金鳳一。縿徑四尺。斿徑六尺。斜徑八尺。杆攢竹髹朱。長一丈三尺。圍四寸三分。首冠塗金銅頂。注朱旄。

貴妃儀仗鳳旗。

妃采仗鳳旗。皆緞殊紅黑二色。餘同。

嬪采仗鳳旗。緞紅色。餘同。

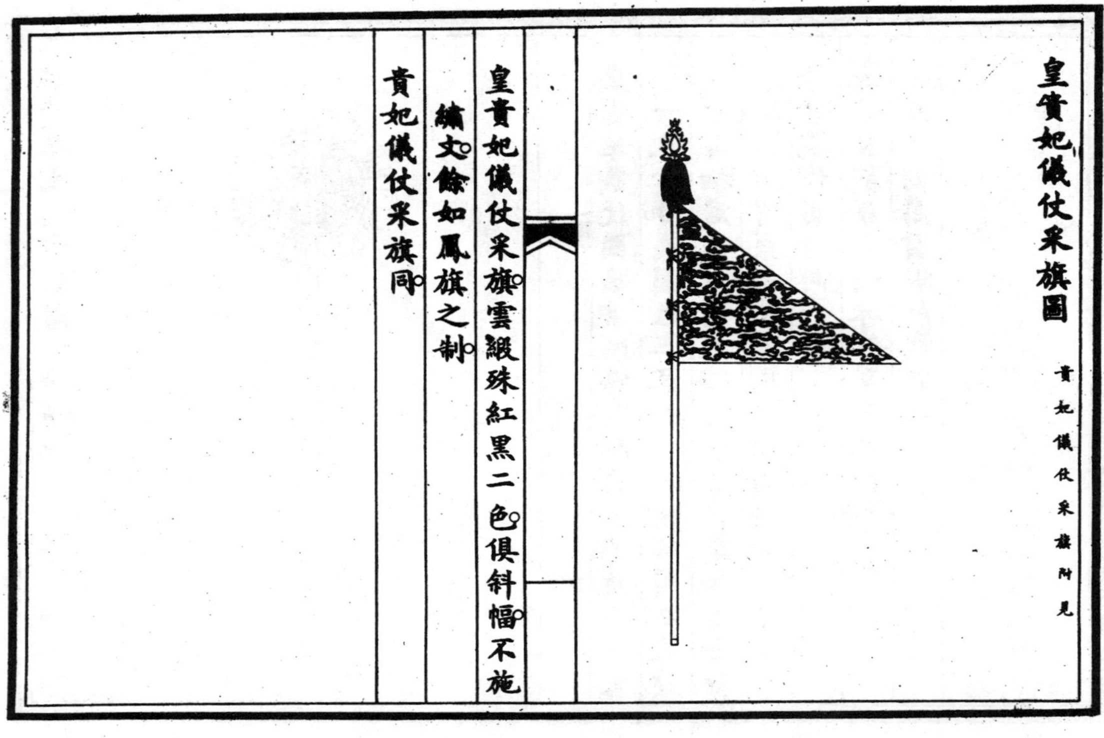

## 皇貴妃儀仗采旗圖

貴妃儀仗采旗附見

皇貴妃儀仗采旗。雲緞殊紅黑二色。俱斜幅。不施繡文。餘如鳳旗之制。

貴妃儀仗采旗同。

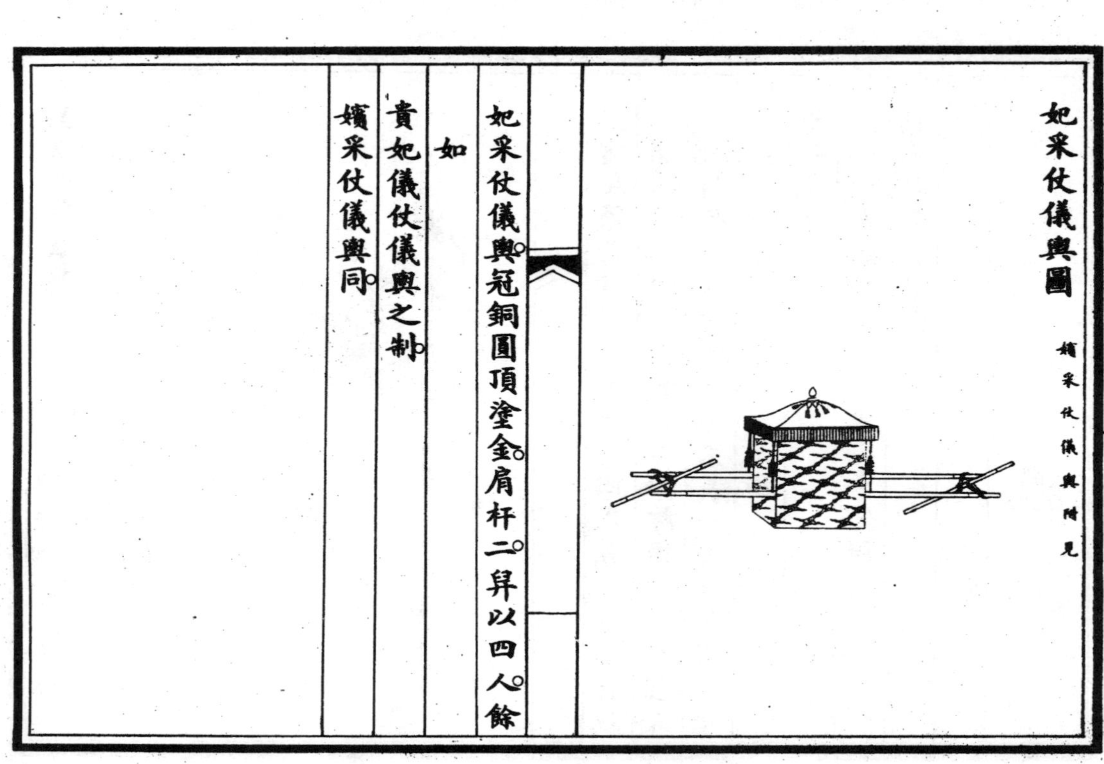

## 妃采仗儀輿圖

嬪采仗儀輿附見

妃采仗儀輿。冠銅圓頂塗金。肩杆二。舁以四人。餘如

貴妃儀仗儀輿之制。

嬪采仗儀輿同。

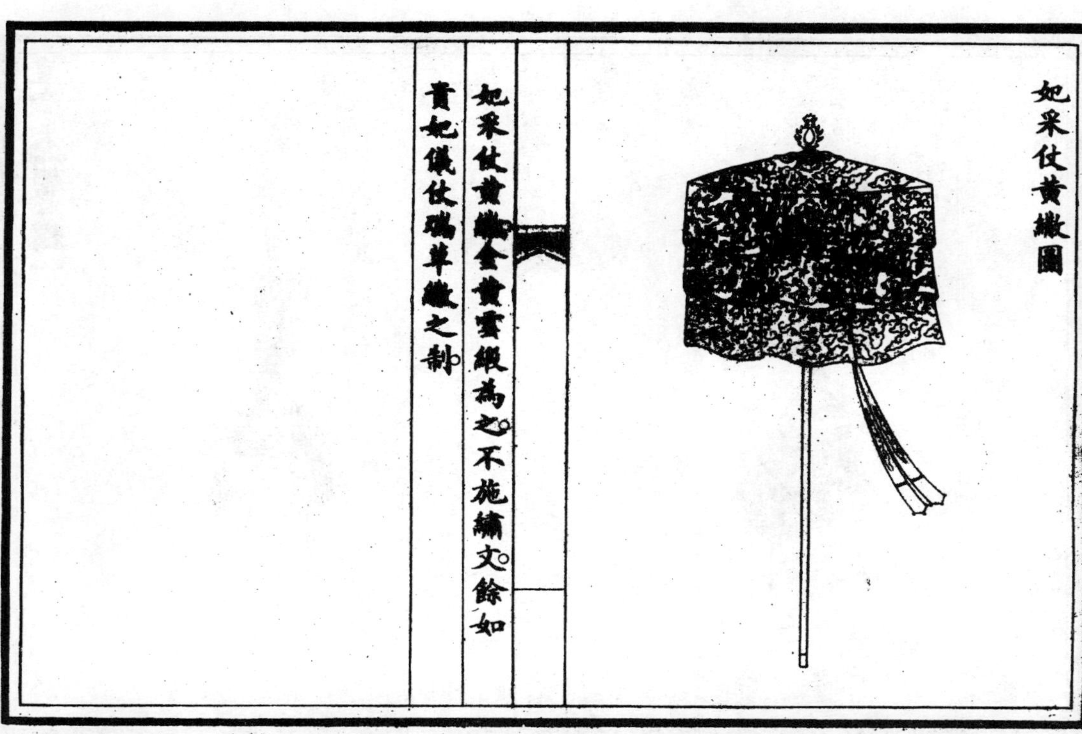
妃采仗黃繖圖

妃采仗黃繖。金黃雲緞為之。不施繡文。餘如貴妃儀仗瑞草繖之制。

# 欽定大清會典圖卷九十一

## 武備一 甲冑一

皇帝大閱冑圖一

皇帝大閱冑圖二

皇帝大閱甲圖一

皇帝大閱甲圖二

皇帝隨侍冑圖

皇帝隨侍甲圖

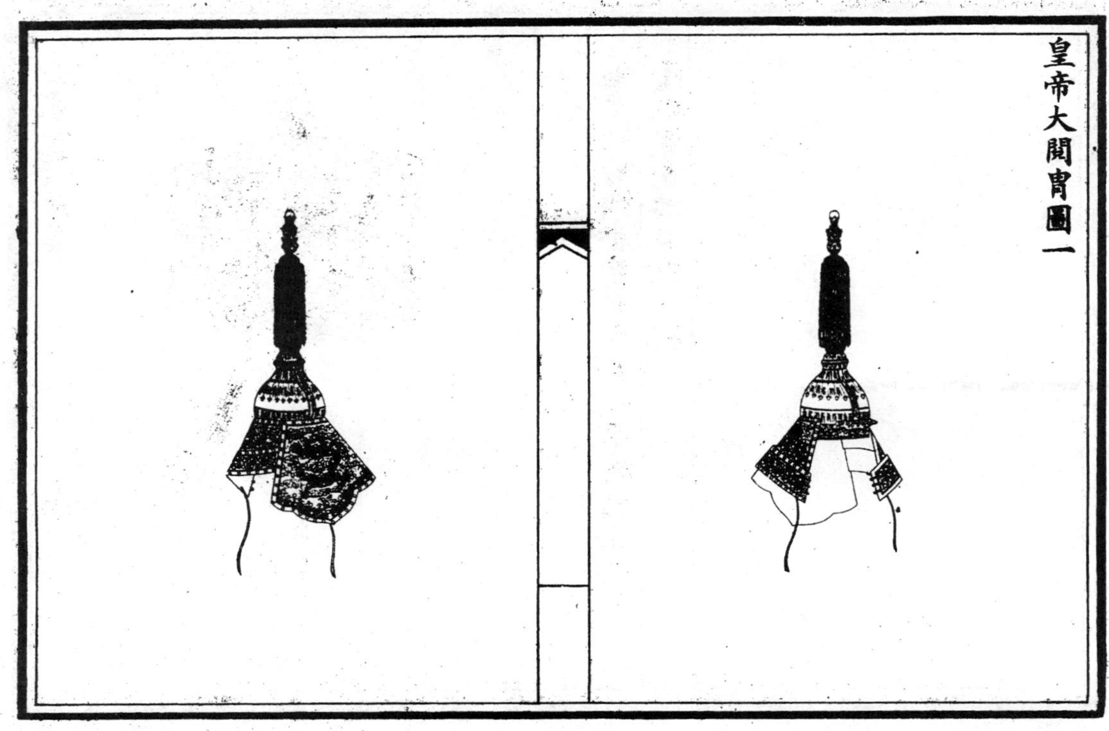
皇帝大閱冑圖一

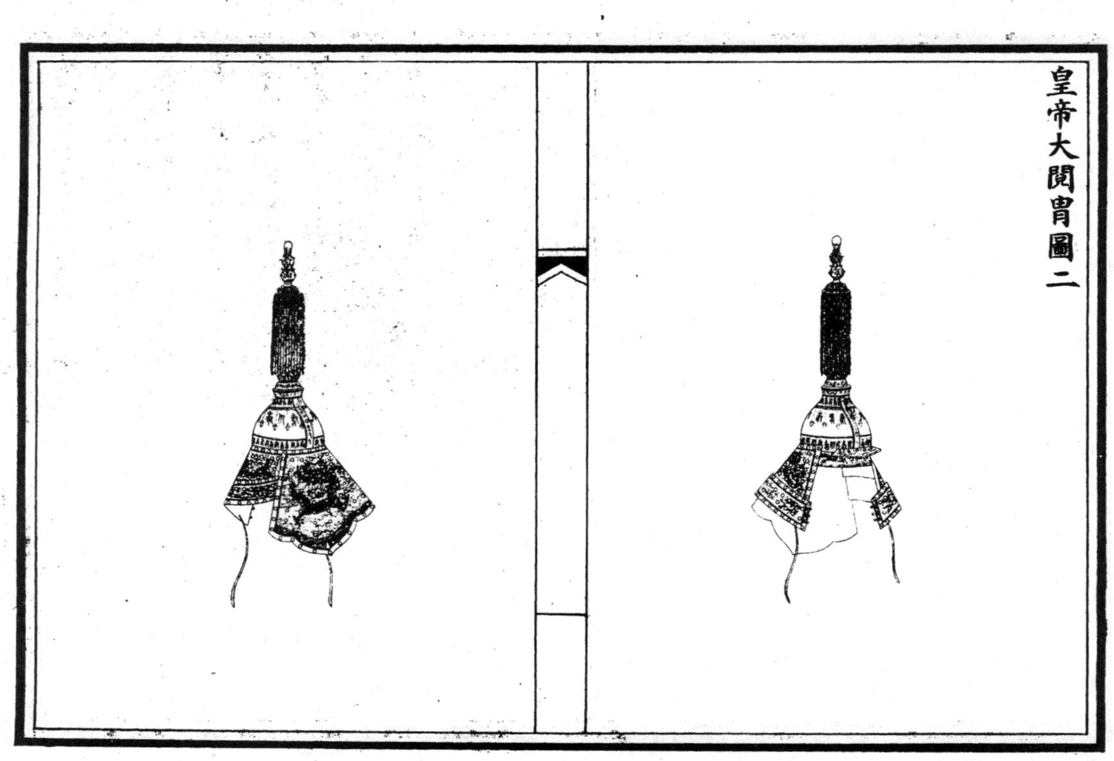
皇帝大閱冑圖二

皇帝大閲冑。制革髤以漆。頂東珠一。承以金雲。下爲金升龍三。各飾紅寶石三。又下爲金圓珠。鏤龍三。飾碧砑玜三。珍珠四。又下爲金垂雲寶蓋。飾青紅寶石六。貫槍植管。鏤蟠龍。周垂薰貂纓二十有四。長六寸五分。紅片金裹管。末承雲葉五。亦鏤龍。下爲圓座。鏤正龍四。飾珠八。紅寶石四。座下金盤。鏤行龍四。飾珠四。紅寶石八。自頂至盤高一尺一寸。冑前後梁亦鏤龍。各飾珠三。貓睛石二。紅藍寶石各二。正龍銜黃寶石一。梁左右鏤金梵文三重。上重八。次十有八。間以金瓔珞。次二十有四。前爲舞擎。鏤龍四。飾珠五。紅寶石四。護額髤金龍二。中間大珠。自冑梁至護額高八寸五分。後垂護項。明黃緞表。月白裹。青倭緞緣。繡五采金龍。左右護耳護頸亦如之。以明黃縧四相屬。當耳處爲鏤空金圓花。以達聰。上繡金行龍各一。下繡金正龍各三。俱中敷綿。外布金釘。繫青緞帶六。冑襯石青緞表。紅緞裏。亦敷綿。上綴紅絨頂。乾隆二十一年

欽定大閲冑。頂珍珠一。圓珠鏤龍三。飾東珠各一。冑前後梁中飾金剛石。騰蛇。梁左右梵文。上重十有二。次八。次二十有四。凡飾皆用東珠。餘制俱同。

皇帝大閲甲圖一

皇帝大閲甲圖二

皇帝大閱甲。明黄緞表。月白裏。青倭緞緣。中敷緜。外布金釘。上衣下裳。左右護肩。左右袖。左右護腋。裳閒前襠。左襠。裳分左右。凡十有一屬。皆以明黄緞金鉸聯綴。服之。衣前繡五采金升龍二。後正龍一。護肩護腋前襠左襠各正龍一。裳幅金綫相比為金鏁五重。閒以青倭緞。繡行龍各二。四周亦如之。袖以金絲緞。下緣黄緞。繡五采金龍各二。運肘處為方空。縱一寸七分。横二寸一分。袖端月白緞。繡金行龍各一。向外各綴明黄縧約於中指。護肩接衣處。月白緞金綫緣。各繡金升龍二。行龍六。飾珠二。紅寶石一。後横浴鐵雲葉。鏤金行龍一。周鏤花文。前懸護心鏡。徑五寸五分。周鍐金花。以金鉸四屬之。乾隆二十一年

欽定大閱甲。左右袖接衣處。屬以藍緞。飾用東珠。餘制同。

皇帝隨侍冑圖

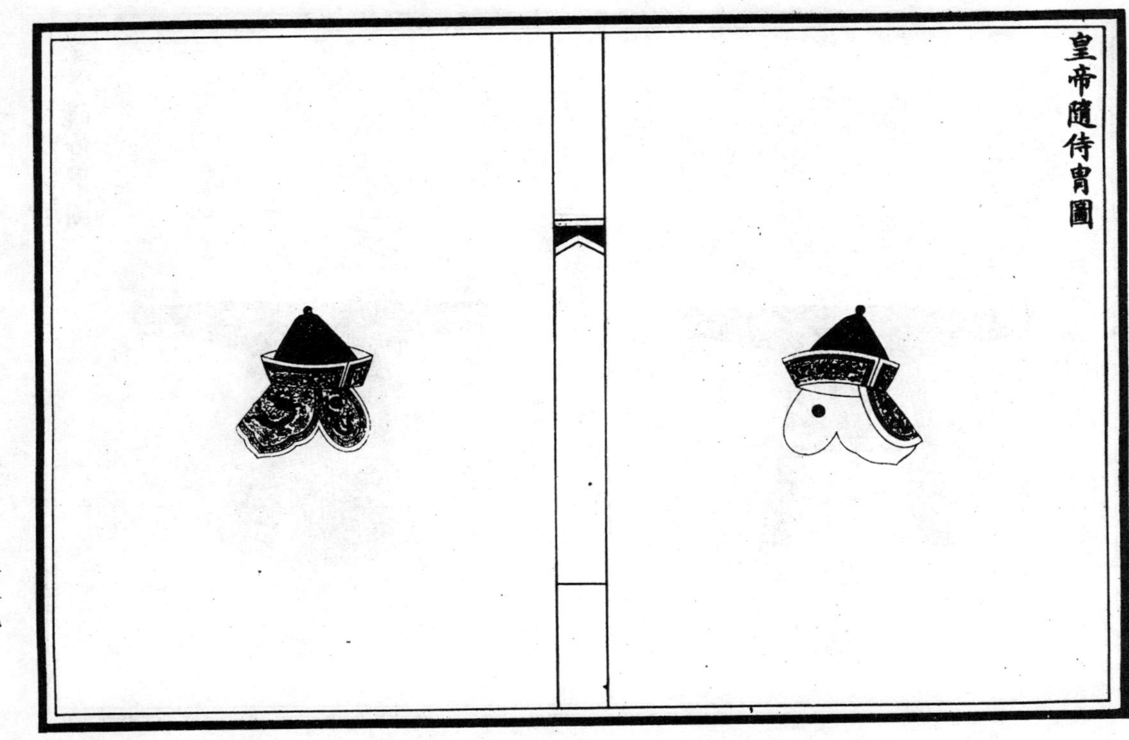

皇帝隨侍冑。石青緞表。加緣。紅裏。如常服冠之制。中
數以鐵。上綴朱緯。紅絨結頂。簷繡金行龍四。中
為金壽字篆文。環以金花文。後垂護項。繡金正
龍。左右護耳繡行龍。亦環以金花文。當耳鏤空
金圓花。以達聰。俱石青緞表。加緣。月白緞裏。

皇帝隨侍甲圖

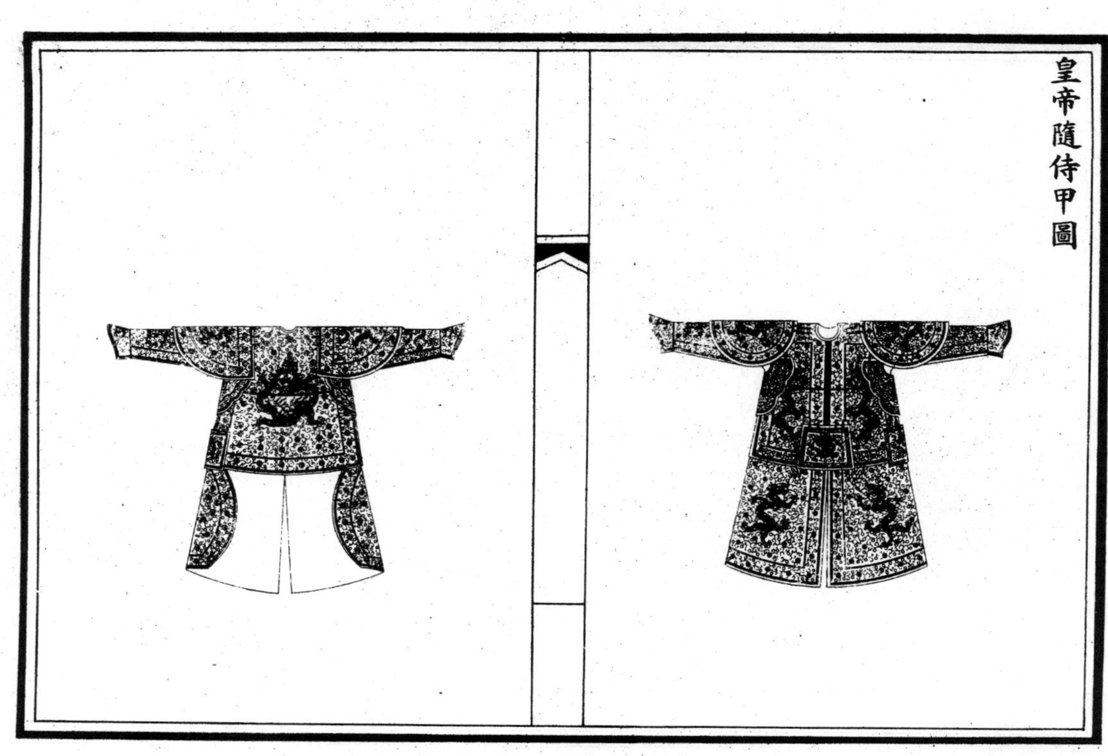

皇帝隨侍甲。石青緞表。加緣月白綢裏。通繡金龍。環以花文。護肩後橫石青緞雲葉。亦繡金龍。裳幅各繡金升龍一。並屬橫幅繫之裳後中豐上下斂不懸護心鏡。餘如大閱制。

欽定大清會典圖卷九十二

武備二 甲冑二

王公冑圖一 親王郡王用

王公冑圖二 貝勒貝子固倫額駙用

王公冑圖三 入八分公用

王公甲圖 親王郡王用貝勒貝子固倫額駙入八分公甲附見

職官冑圖一 領侍衛內大臣八旗都統前鋒統領護軍統領直省總督提督巡撫用

職官冑圖二 內大臣散秩大臣和碩額駙郡主額駙內大臣裏行走之公侯伯用隨旗行走之公侯伯子男宗室將軍縣主額駙至鄉君額駙文武一品至文五品官八旗副都統驍騎參領直省總兵副將附見

職官冑圖三 前鋒參領侍衛護軍參領侍衛用侍衛鑾儀衛所屬官王府長史護衛典儀冑附見

職官冑圖四 文六品至九品官直省參將以下用

職官甲圖一 領侍衛內大臣內大臣散秩大臣公侯伯子男宗室將軍和碩額駙至縣主額駙文一二品武一品官八旗都統副都統前鋒統領護領直省總督提督巡撫總兵用

職官甲圖二 文三品以下官驍騎參領郡君額駙至鄉君額駙直省副將以下用

職官甲圖三 前鋒參領侍衛護軍參領侍衛用侍衛鑾儀衛所屬官王府長史護衛典儀甲附見

武狀元冑圖
武狀元甲圖

王公冑圖一
親王郡王用

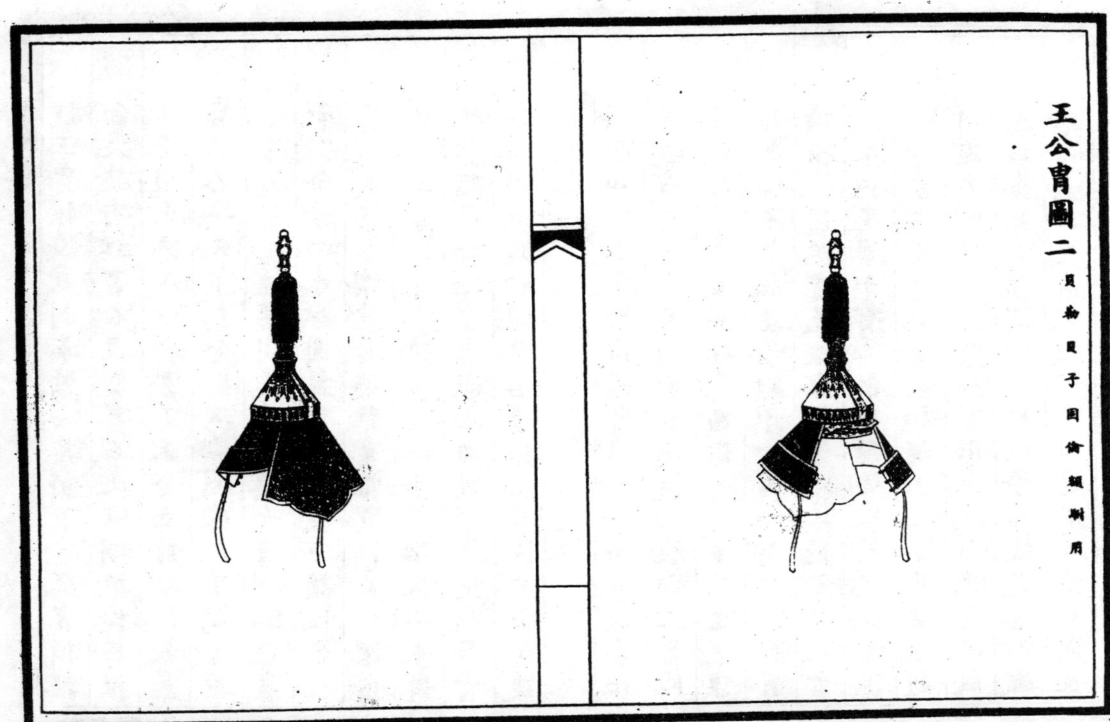
王公冑圖二
貝勒貝子固倫額駙用

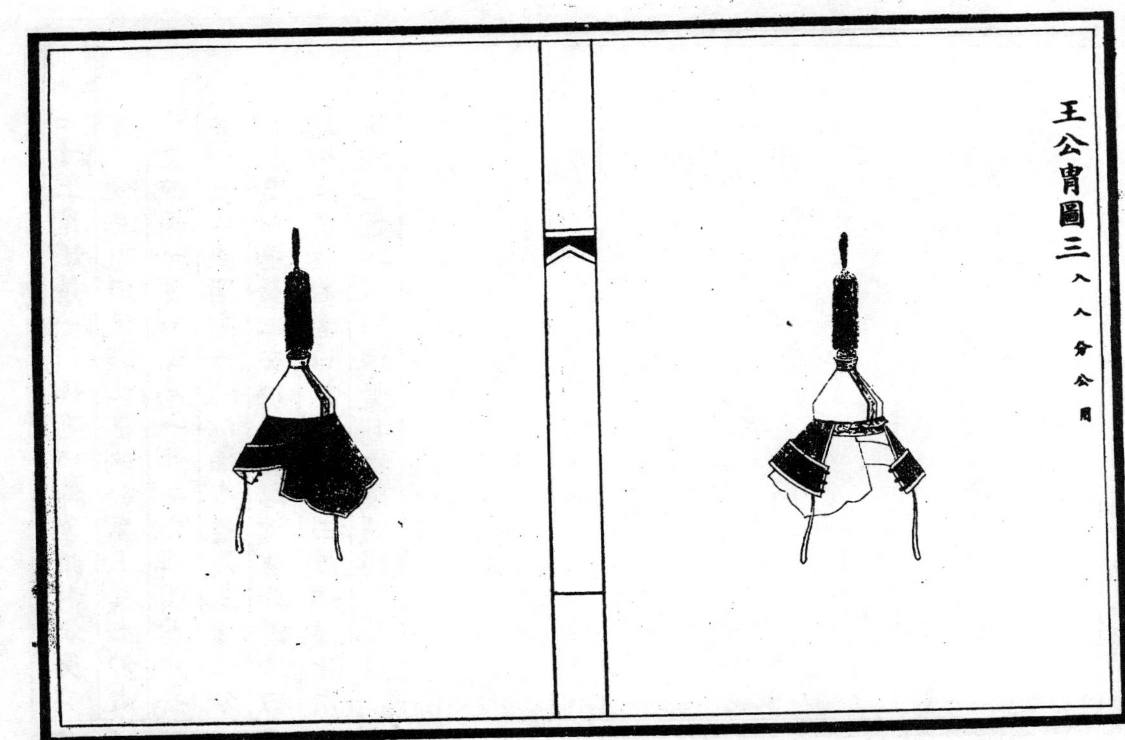
王公冑圖三
入八分公用

親王冑。鍊鐵。或制革。髹漆。其制下達庶官。頂鏤金火燄。銜紅寶石。或藍寶石。及珊瑚綠松石。惟不得用東珠。承以金雲。下為金立龍二。飾紅藍寶石各一。又下為金銜珊瑚圓珠。又下為金垂雲。寶蓋貫槍植管。周垂薰貂纓十有八。紅緞裏。管銜金葉四。承以圓盤。皆鏤龍。盤下鏤龍金座。冑前後梁亦鏤龍。其飾雜寶惟宜。梁左右鏤金梵文三重。上重八。次七。間以金瓔珞。次二十。舞擎亦鏤龍飾雜寶。護額浴鐵鋄金龍。護項石青鏁子錦表。月白緞裏。石青倭緞緣。左右護耳護頸亦如之。俱中數鐵鍱。外布金釘。繫青緞帶六。冑襯石青緞表。月白紬裏。頂綴紅絨。郡王冑同貝勒貝子固倫額駙冑。頂銜素金寶蓋盤座。俱鏤花。金不加飾。垂薰貂纓十有四。入八分公冑。頂植蜜鼠尾。寶蓋盤座俱髹以漆。鋄金花及雲龍。垂貂尾纓十有二。梁及舞擎亦髹漆鋄金雲龍。梁左右無梵文。餘俱如親王之制。凡冑之制用鐵者。以鐵二片。製如帽形。上銳下平。合而成之。曰盔。高五寸。圍圓一尺九寸。合縫處壓以鐵梁。曰盔梁。盔前安鐵一片。曰遮眉。闊寸餘。圍長七寸。上覆鐵簷一。形如蓋。曰舞擎。闊六分。長四寸三分。其下曰護額。為覆椀於盔上。其上仰者為盔椀。徑一寸六分。高一寸二分。圍圓五寸。安管一。長二寸。圍圓一寸。以插盔槍。長三寸六分。上為盤。以垂髦。上安頂。頂各以辨。垂於後者曰護項。垂於左右者曰護耳。其下曰護頸。護項用鐵葉九。護耳二用鐵葉各六。護頸同。

王公甲圖 親王郡王用貝勒貝子固倫額駙入八分公甲附見

親王甲。石青鑲子錦表。月白綢裏。中敷鐵鍱。外布金釘。青倭緞緣。裳幅鐵鍱四重。護肩接衣處鐵鍱十有四。周以鋄金雲龍飾。珊瑚綠松青金石各一。前懸護心鏡。甲縧金黃色。郡王甲同貝勒貝子固倫額駙入八分公甲。縧用石青色。餘俱如親王之制。凡甲之制。上衣下裳。左右護肩。左右袖。左右護腋。裳閒有遮襠左襠。裳亦分左右。甲衣長二尺二寸。幅四。下廣一尺一寸。護肩二。各長一尺一寸。廣一尺三寸。袖二。各長一尺二寸。上圍一尺二寸。下圍九寸。護腋二。各長一尺。上廣九寸。凹其中以承腋。其末銳。遮襠一。方八寸。左襠一。方六寸。甲裳長二尺六寸。幅二。每幅上廣一尺二寸。下廣一尺五寸。甲衣用鐵鍱一百三十六。每鍱長二寸五分。廣二寸。甲裳用鐵鍱一百十六。護肩甲袖護腋遮襠左襠均用小鐵鍱長一寸六分。廣一寸四分。施鐵鍱於外者曰明甲。

## 職官冑圖一

領侍衛內大臣八旗都統前鋒統領護軍統領直省總督提督巡撫用

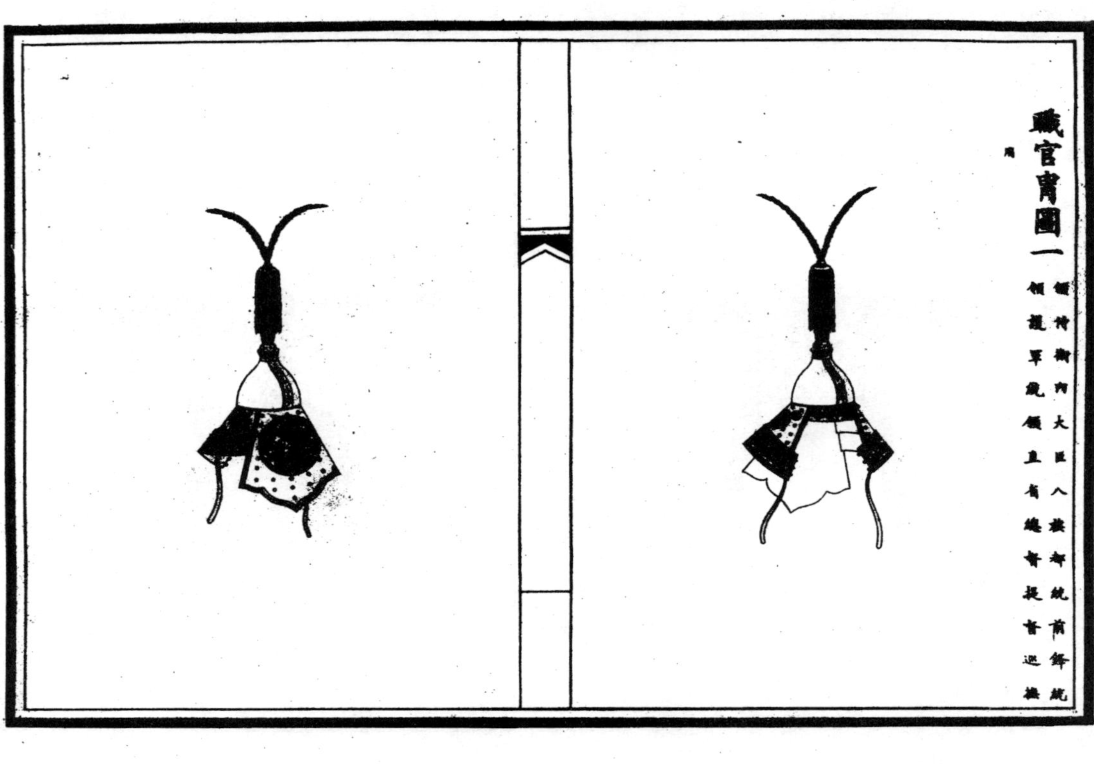

領侍衛内大臣冑。頂植鵰翎二。衛鏤花金葉。實蓋盤座俱髹以漆鋟金花及雲龍。周垂貂尾纓十有二。梁及舞擎亦髹漆鋟金雲龍。梁左右無梵文。護項護耳護頸皆石青緞表藍布裏通繡蟒五。中敷鐵鍱外布銀釘。繫石青緞帶二。冑襯石青緞表。藍綢裏。頂綴紅絨。八旗都統前鋒統領護軍統領直省總督提督巡撫冑同。

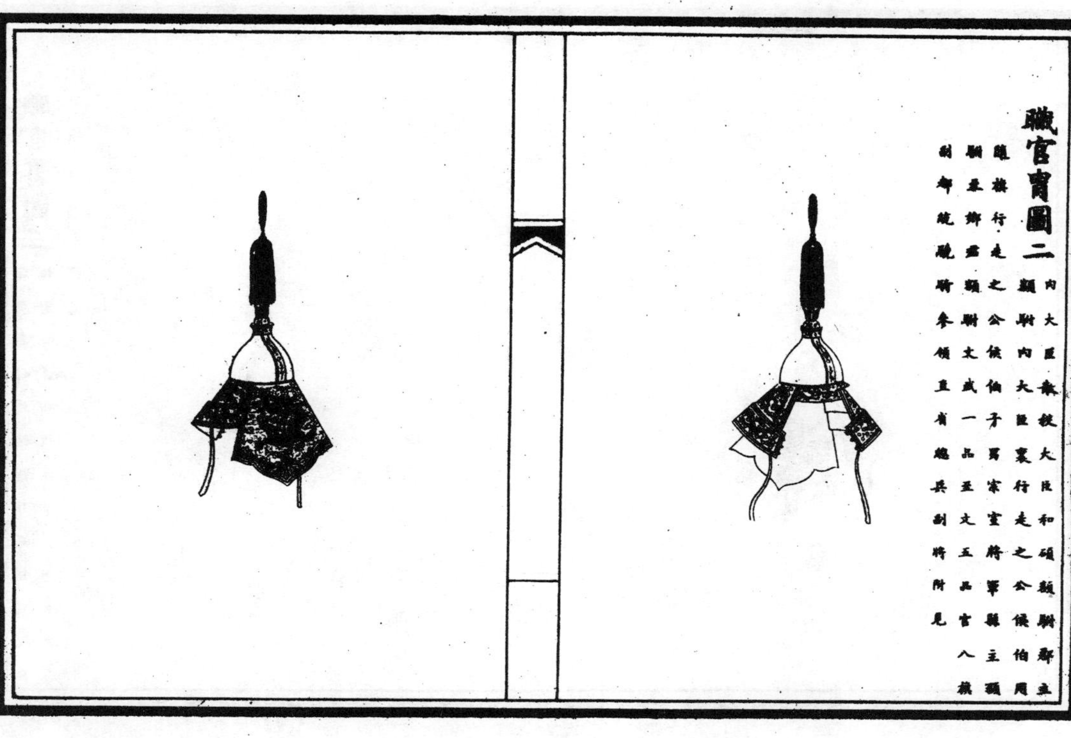


內大臣冑。頂植蜜鼠尾。周垂朱氂。餘俱如領侍衛內大臣。散秩大臣之制。和碩額駙。郡主額駙。內大臣裏行走之公侯伯。散秩大臣冑同。隨旗行走之公侯伯子男文武一品文二品官。八旗副都統。鎮國將軍。輔國將軍。奉國將軍。奉恩將軍。縣主額駙。直省總兵。頂植薰獺尾以別之。文三品至五品官。驍騎參領。郡君額駙。縣君額駙。鄉君額駙。直省副將。頂植獺尾。寶蓋盤座前後梁及舞擎。俱鋄銀雲龍以別之。

# 職官冑圖三

前鋒參領侍衛護軍參領侍衛用侍衛鑾儀衛所屬官王府長史護衛典儀冑附見

前鋒參領前鋒侍衛冑。頂植獺尾。周垂黑髦。寶蓋盤座前後梁及舞擎俱鋄銀雲龍。餘俱如領侍衛內大臣之制。護軍參領侍衛同。侍衛鑾儀衛所屬官頂植豹尾。周垂朱氂以別之。王府長史頂植貉猻。周垂黑氂。王府護衛典儀周垂朱氂以別之。

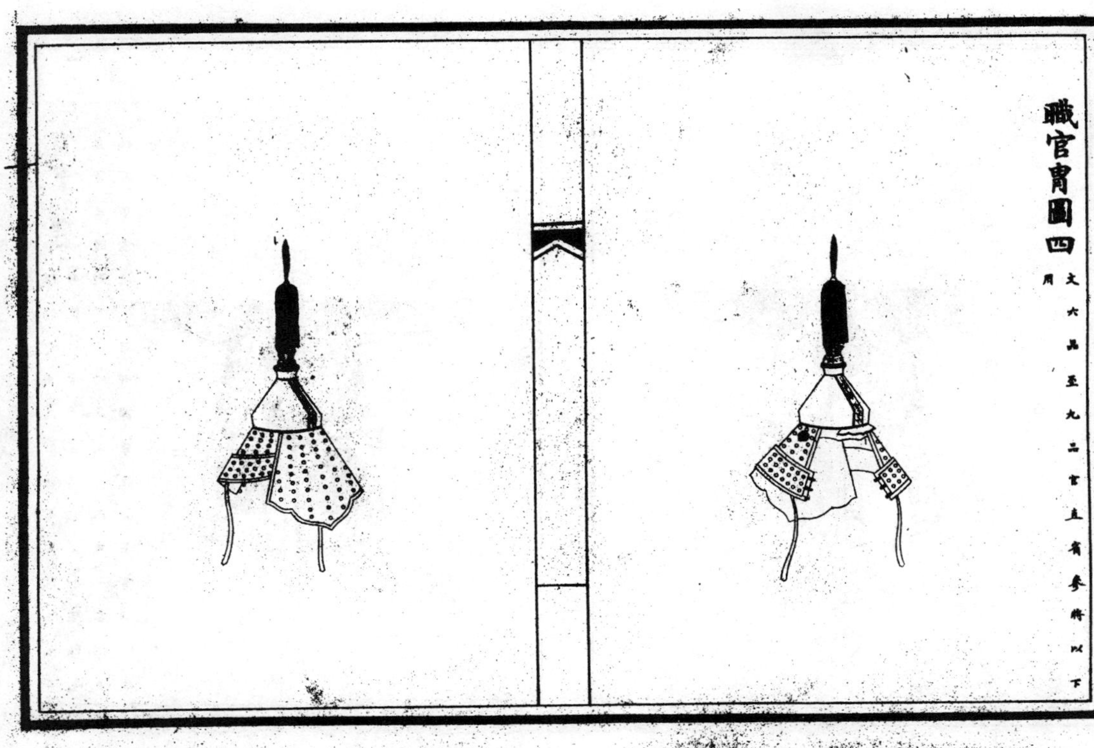


文六品至九品官胄。頂植獺尾。周垂朱氂。不加鏤飾。護項護耳護頸均不施繡文。餘俱如領侍衛内大臣之制。直省參將以下官胄同。

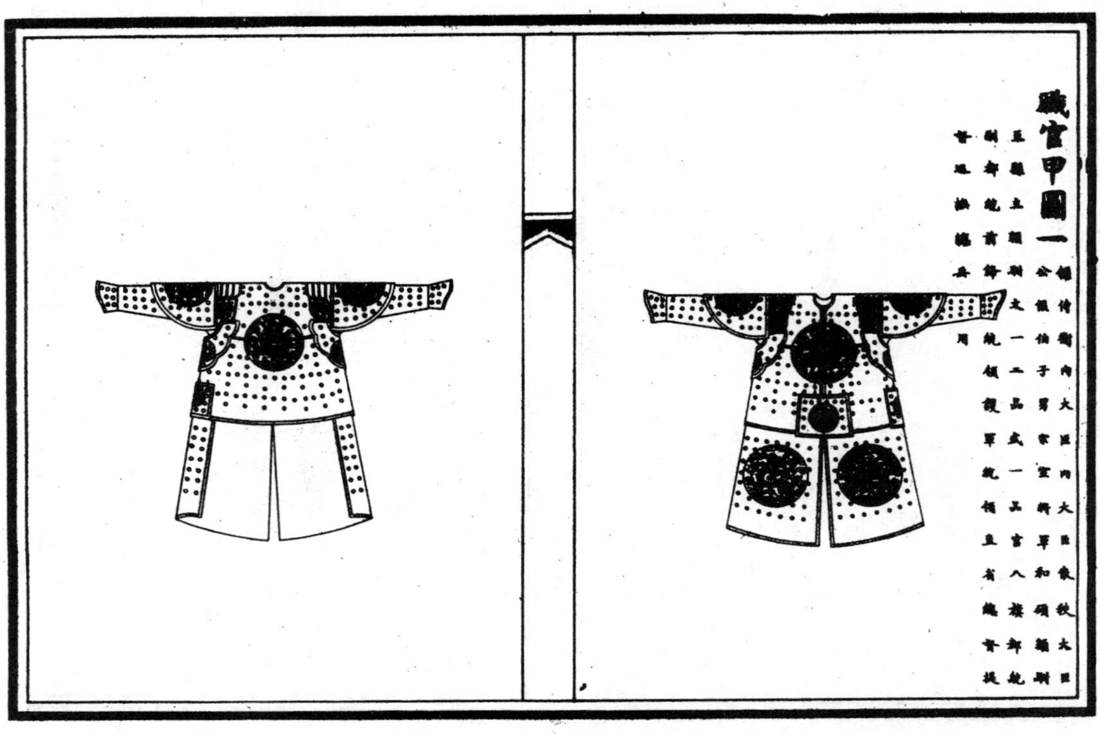


領侍衛內大臣甲。石青緞表。藍布裏。中敷鐵鍱。外布銀釘。石青倭緞緣。前後及護肩護腋前襠左襠各繡團蟒一。裳幅團蟒二。護肩接衣處鐵鍱二十。髹漆鋄金龍甲縧石青色。內大臣散秩大臣。公侯伯子男。鎮國將軍。輔國將軍。奉國將軍。奉恩將軍。和碩額駙。郡主額駙。縣主額駙。文一二品。武一品官。八旗都統。副都統。前鋒統領。護軍統領。直省總督提督。巡撫。總兵。甲同。

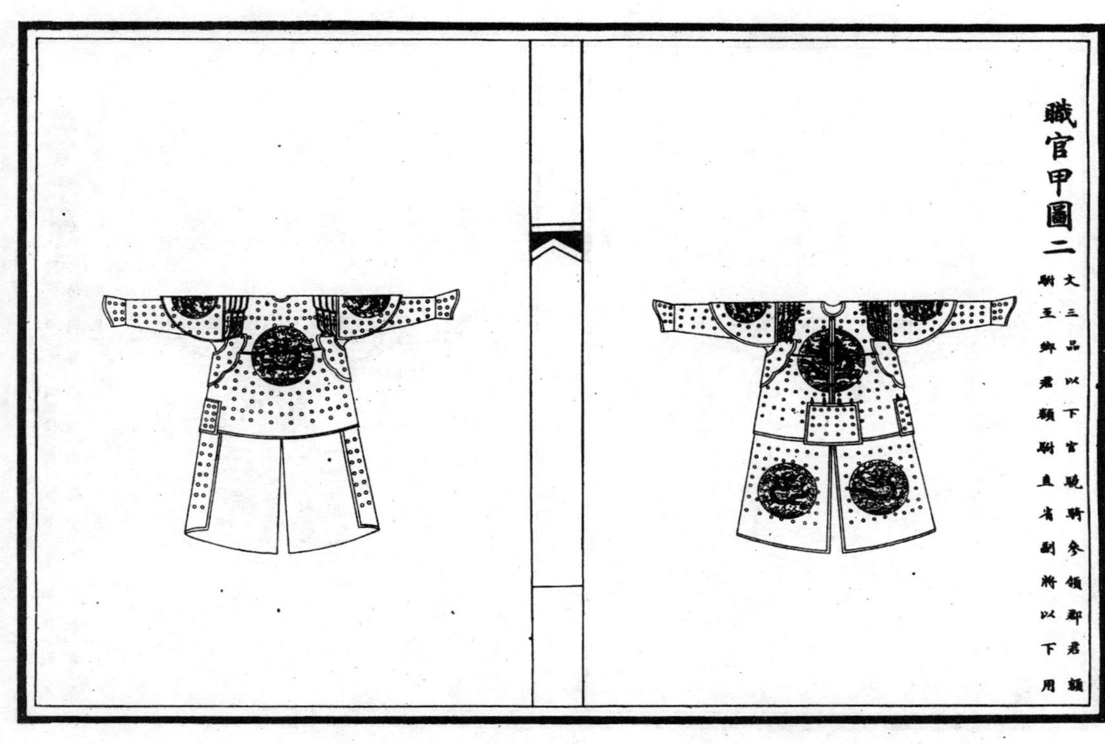

職官甲圖二

文三品以下官驍騎參領郡君額駙至鄉君額駙直省副將以下用

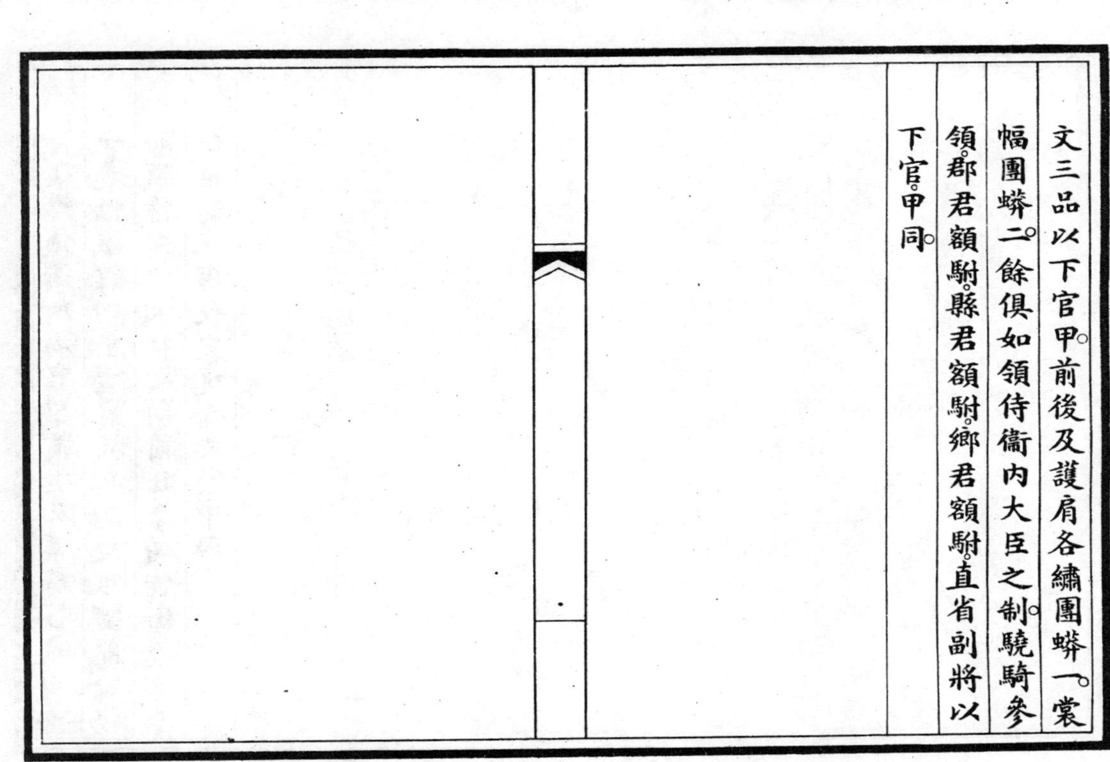

文三品以下官甲。前後及護肩各繡團蟒一。裳幅團蟒二。餘俱如領侍衛內大臣之制。驍騎參領。郡君額駙。縣君額駙。鄉君額駙。直省副將以下官。甲同。

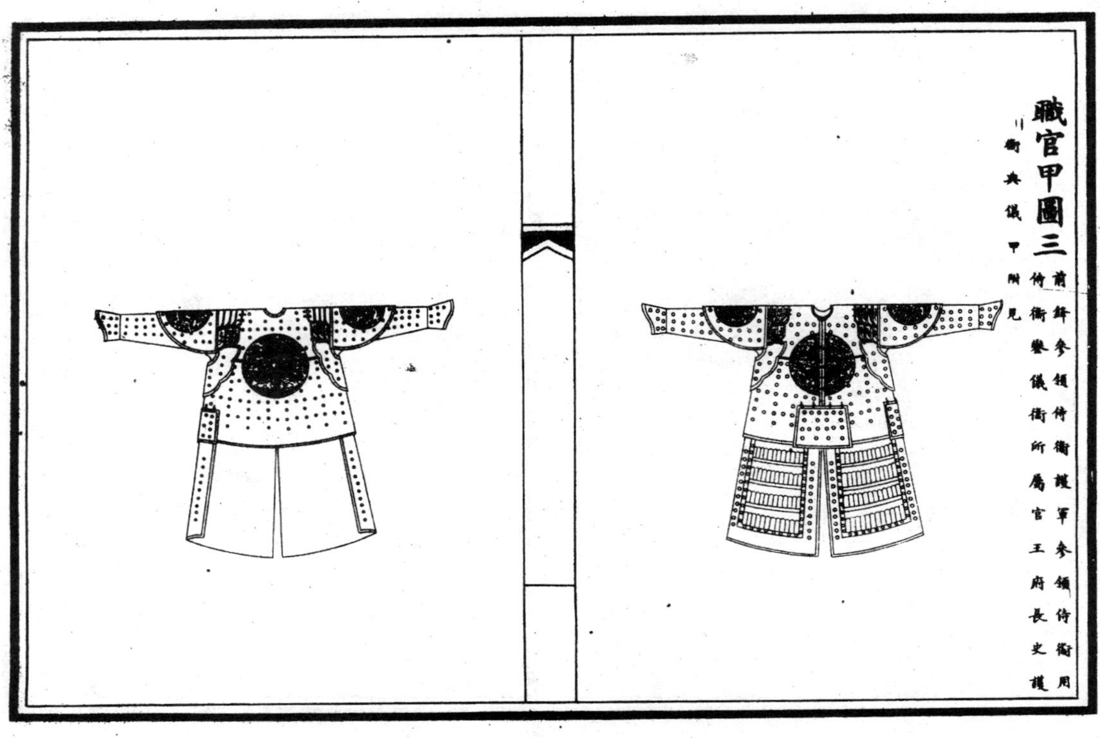

職官甲圖三 前鋒參領侍衛護軍參領侍衛用侍衛鑾儀衛所屬官王府長史護衛典儀甲附見

侍衛鑾儀衛所屬官甲。前後及護肩各繡團蟒一。裳幅鐵鍱四重。護肩接衣處。鍐銀雲龍。餘俱如領侍衛内大臣之制。前鋒參領侍衛。護軍參領侍衛。王府長史。護衛典儀甲同。

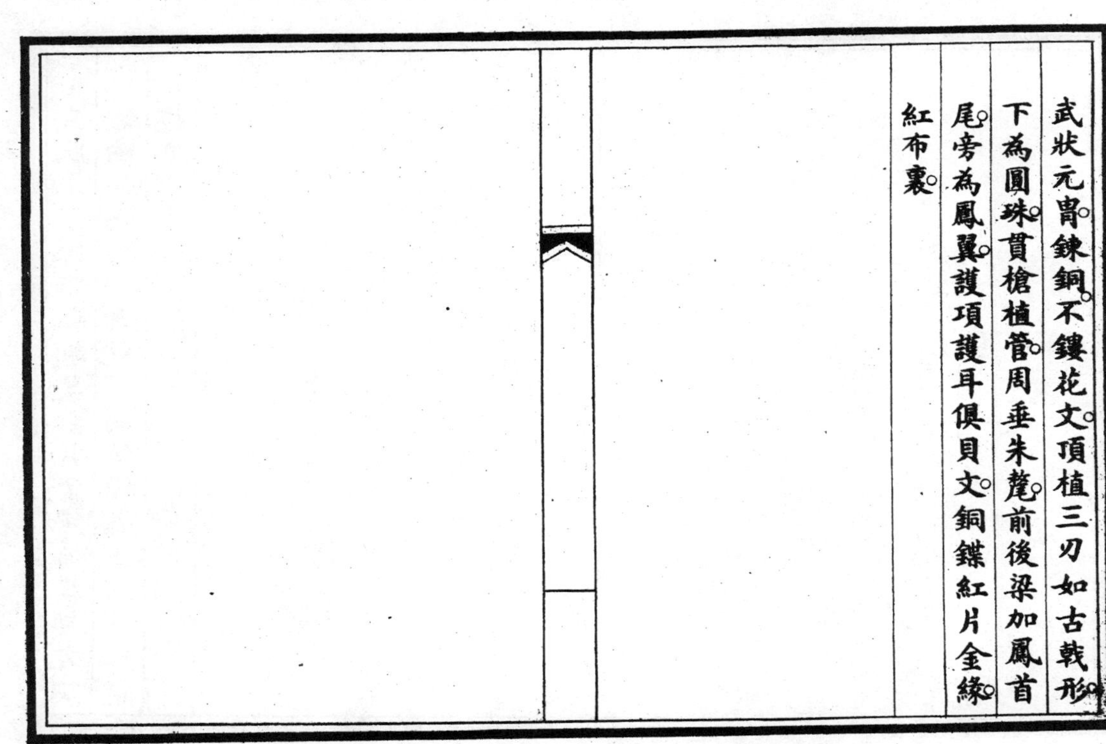
武狀元冑。錬銅。不鏤花文。頂植三刃如古戟形。下爲圓珠。貫槍植管。周垂朱氂。前後梁加鳳首尾。旁爲鳳翼護項護耳俱貝文銅鍱紅片金緣。紅布裏。

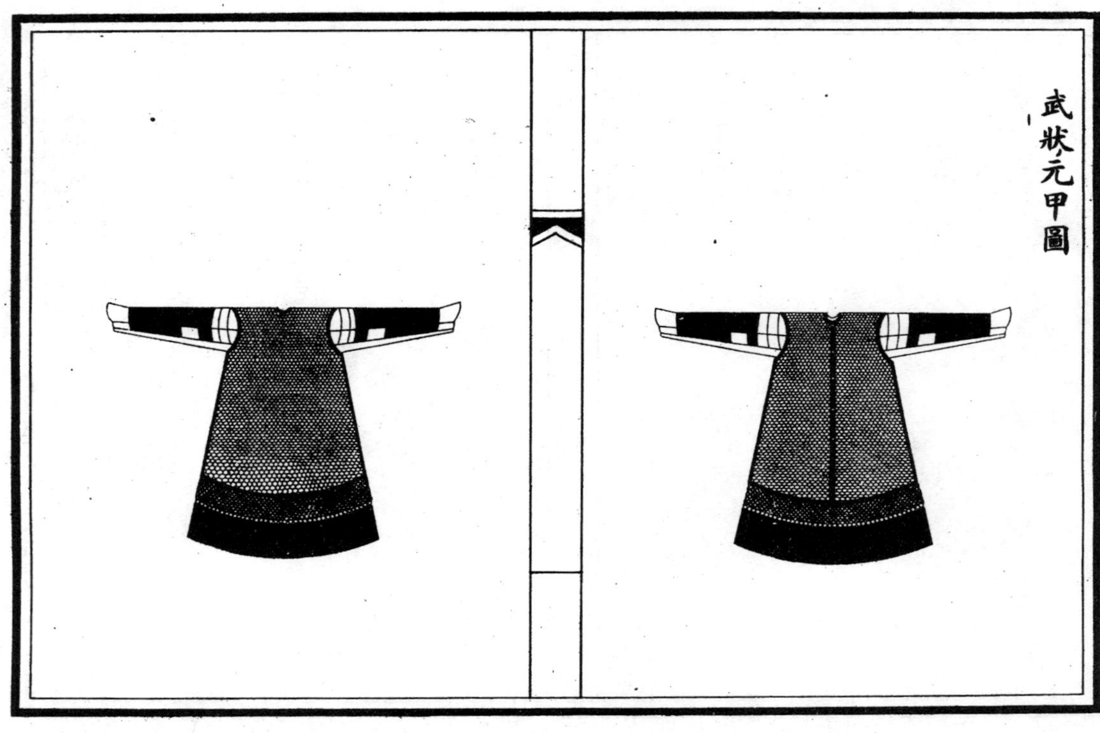


武狀元甲。鍊銅。紅綢裏。紅片金緣。通簇貝文銅鍱。兩袖銅鍱四重。裾下周結綠絲。下垂紅綫。前後各四十行。

# 欽定大清會典圖卷九十三

## 武備三 甲冑三



### 將校冑圖

前鋒校護軍校用驍騎校冑附見

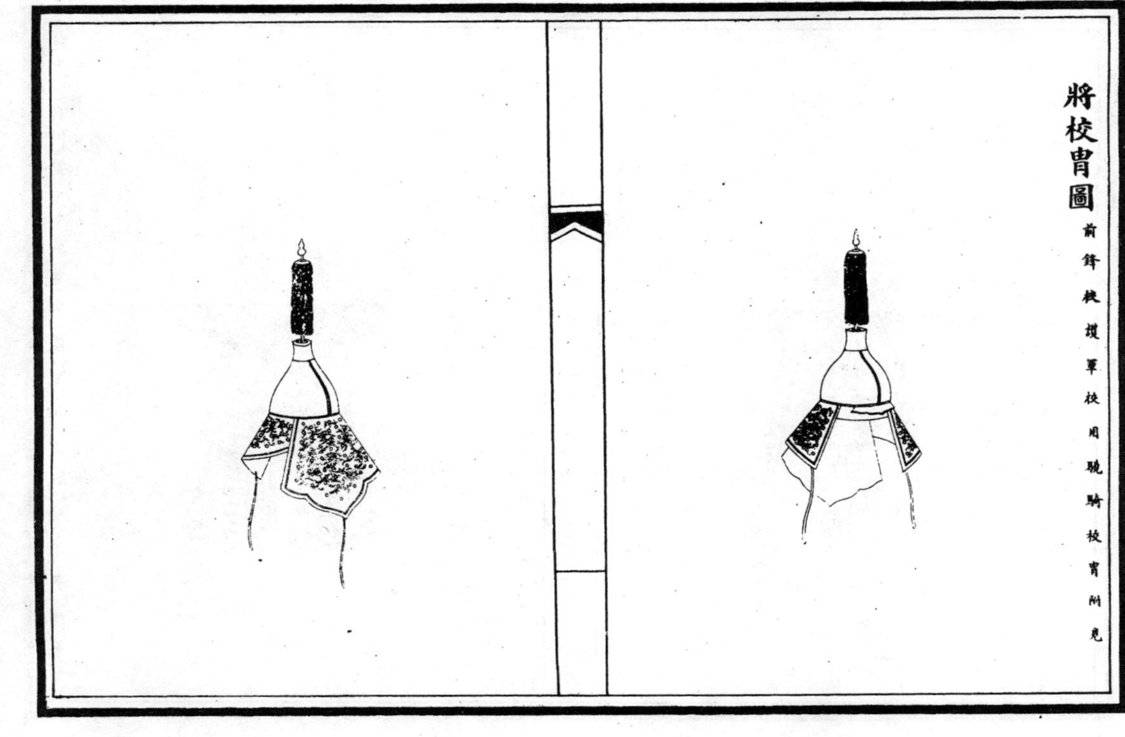

前鋒校冑。頂植鐵鏢。周垂朱氂。寶蓋以下俱素鐵。不加鋄飾。護項護耳俱白緞表。素裏。紅片金及石青布緣二重。繡蓮花中數鐵鏢外布黄銅釘。冑襯。石青緞表。藍布裏。項綴紅絨。護軍校冑同。驍騎校冑。頂周垂黑氂。護項護耳俱表以緞。各從旗色。鑲黄旗。鑲白旗。鑲藍旗。紅緣。鑲紅旗石青緣。正黄旗。正白旗。正紅旗。正藍旗。皆如表色。餘同。

## 將校甲圖

前鋒校護軍校用驍騎校甲附見

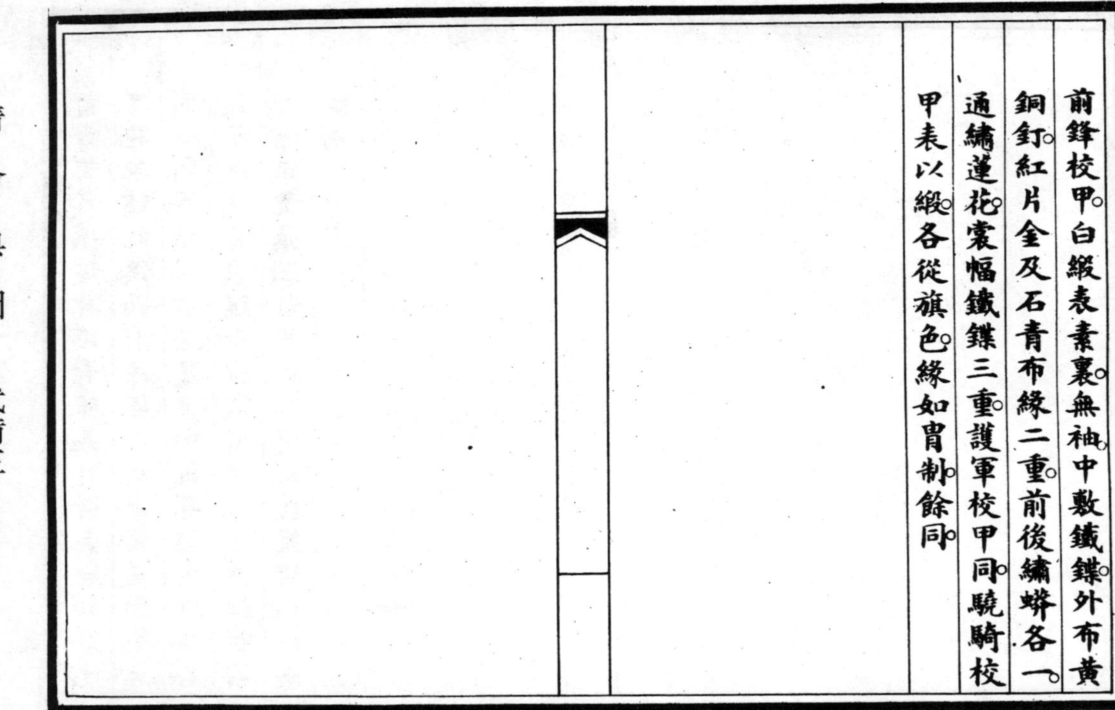

前鋒校甲。白緞表素裏。無袖。中數鐵鍱。外布黃銅釘。紅片金及石青布緣二重。前後繡蟒各一。通繡蓮花。囊幅鐵鍱三重。護軍校甲同。驍騎校甲表以緞。各從旗色。緣如胄制。餘同。

## 兵丁胄圖

前鋒護軍及綠營兵用驍騎胄附見

前鋒冑護項護耳俱青布表。月白裏。緣如表色。不施采繡。餘俱如前鋒校之制。護軍及綠營兵同。驍騎冑頂周垂黑氂。護項護耳俱表以布。各從旗色。鑲黃旗。鑲白旗。鑲藍旗。紅緣。鑲紅旗。石青緣。正黃旗。正白旗。正紅旗。正藍旗皆如表色。餘同。

## 兵丁甲圖

前鋒護軍及綠營兵用驍騎甲附見

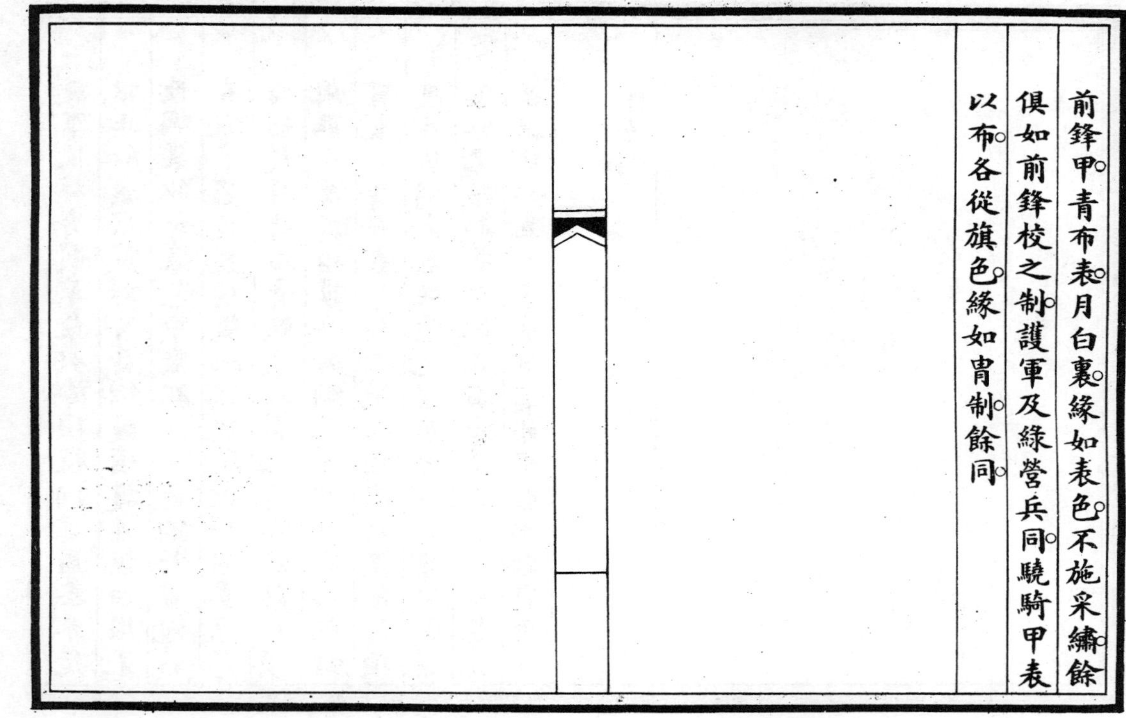

前鋒甲。青布表。月白裏。緣如表色。不施采繡。餘俱如前鋒校之制。護軍及綠營兵同。驍騎甲表以布。各從旗色。緣如冑制。餘同。

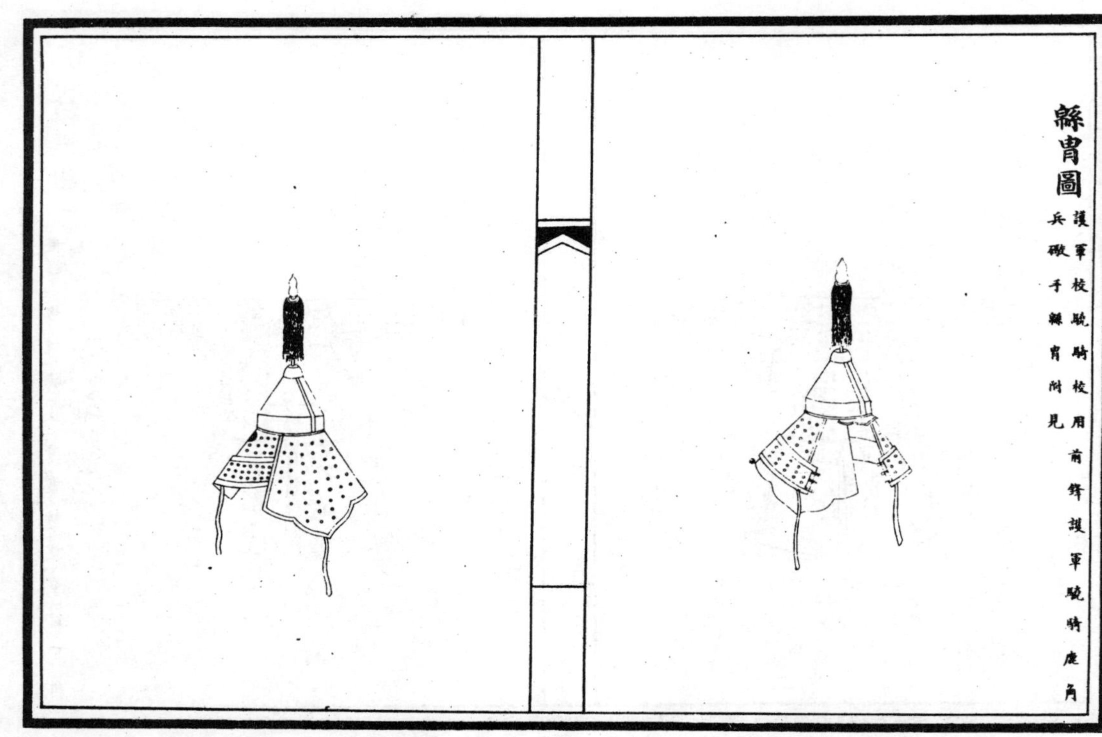

緜冑圖

護軍校驍騎校用前鋒護軍驍騎鹿角兵礮手緜冑附見

護軍校緜冑。制革髹以漆。頂植銅鍱。周垂朱氂惟正紅旗黑氂。飾皆黃銅。護項護耳俱白緞表藍綢裏。緣如表色。中敷緜。外布黃銅釘。冑襯石青緞表。藍布裏。頂綴紅絨。驍騎校頂周垂黑氂護項護耳皆石青緞表以別之。前鋒及護軍頂周垂朱氂。護項護耳皆綢表。布裏。外布白銅釘。冑襯石青布表以別之。驍騎頂周垂黑氂。護項護耳皆綢表。各從旗色。鑲黃旗。鑲白旗。鑲藍旗俱紅緣。鑲紅旗。白緣。正黃旗。正白旗。正紅旗。正藍旗。緣如表色。皆藍布裏。外布白銅釘。鹿角兵礮手同。

緜甲圖一

護軍校驍騎校用前鋒護軍緜甲附見

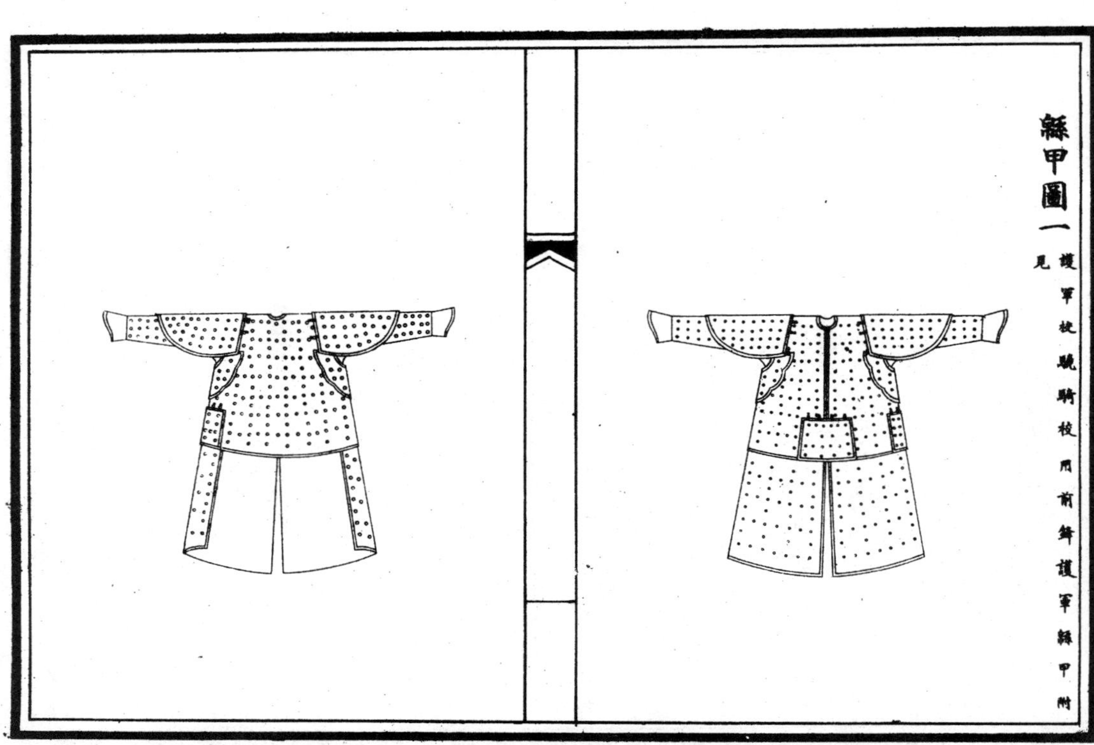

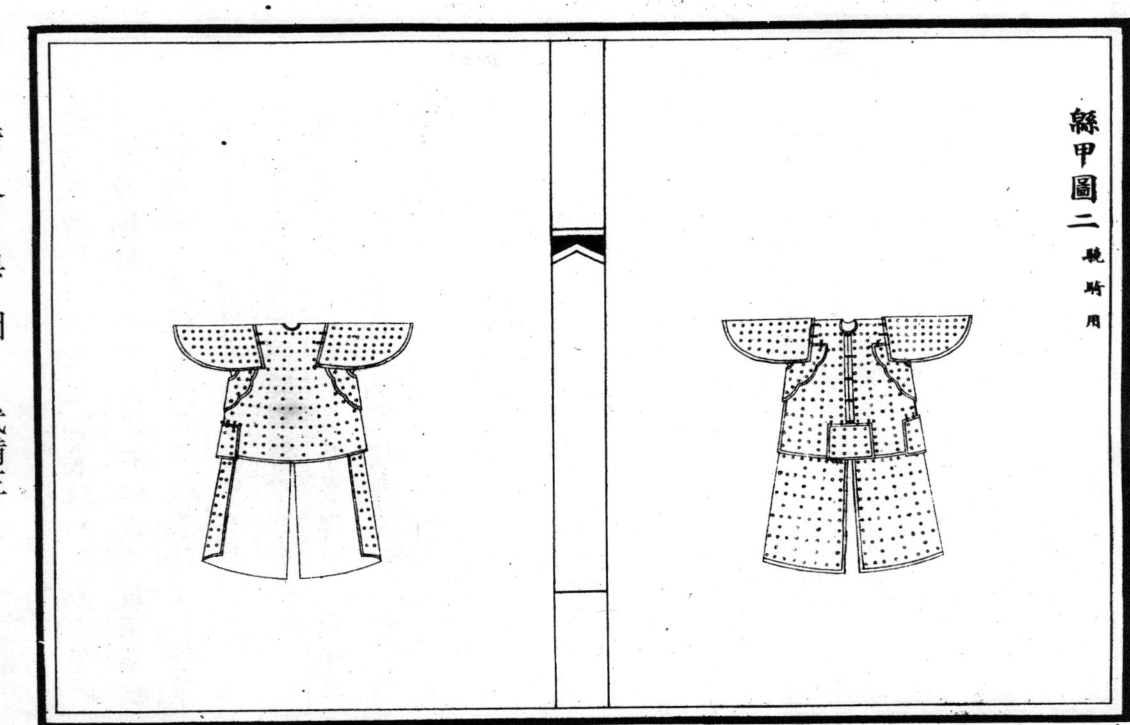
緜甲圖二
驍騎用

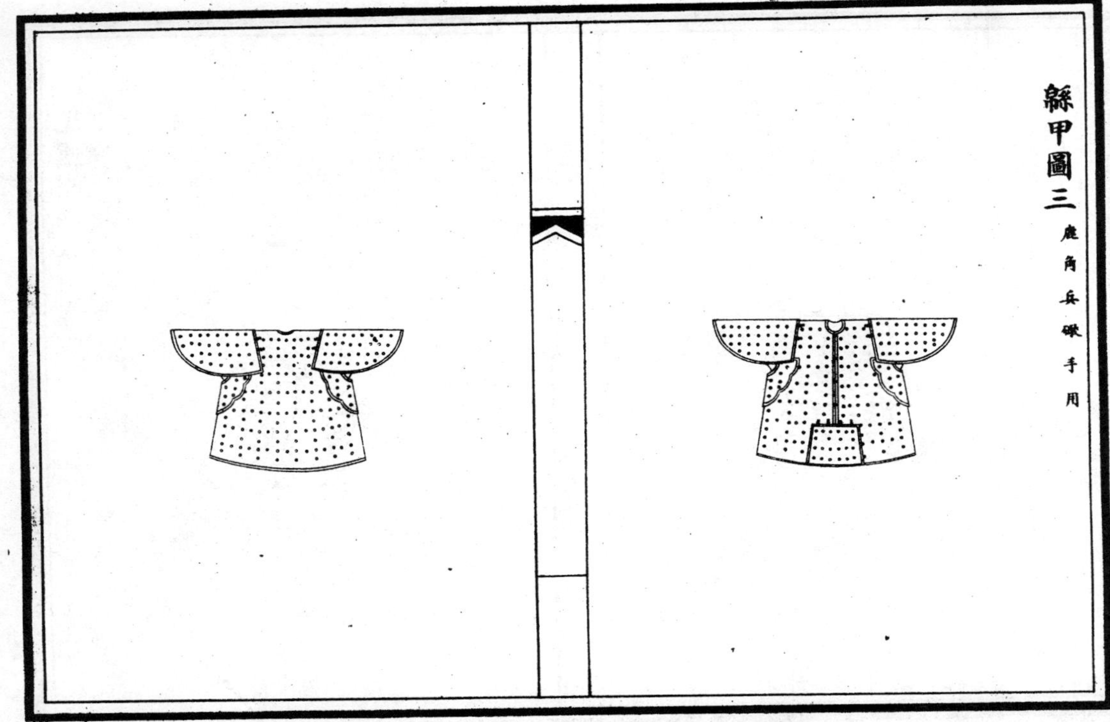
緜甲圖三
鹿角兵礮手用

護軍校緜甲。白緞表。藍綢裏。緣如表色。中敷緜。外布黃銅釘。上衣下裳。左右袖護肩護腋前襠左襠皆全。驍騎校緜甲。石青緞表。餘俱如護軍校緜甲之制。前鋒及護軍緜甲。石青綢表。藍布裏。外布白銅釘。餘同驍騎緜甲。綢表各從旗色。緣如冑制。外布白銅釘。藍布裏。但無左右袖。鹿角兵礮手緜甲。無袖。無左襠無裳。餘俱如驍騎緜甲之制。

虎帽圖　藤牌兵用

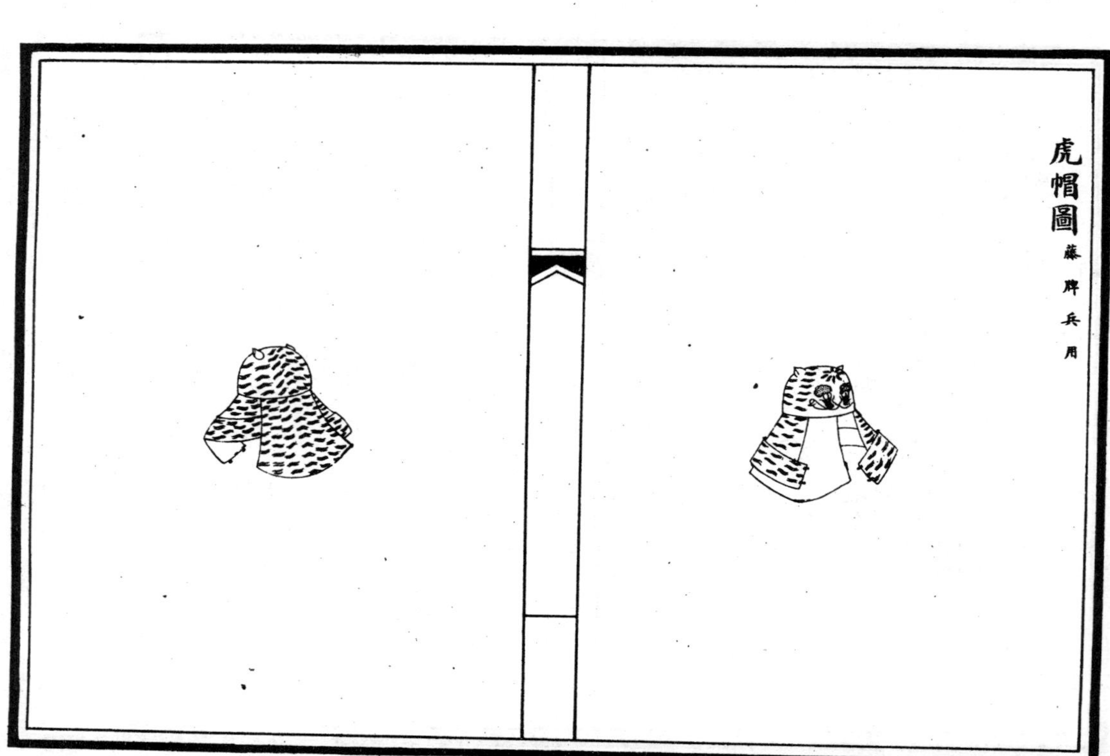

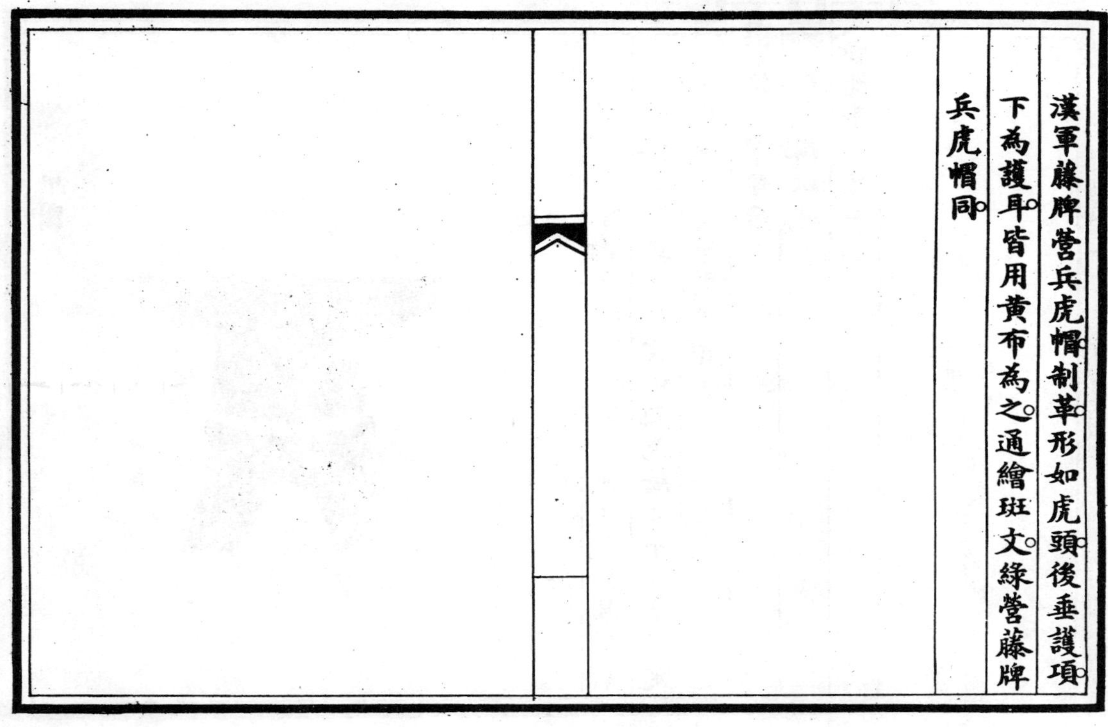

漢軍藤牌營兵虎帽。制革。形如虎頭。後垂護項。下爲護耳。皆用黃布爲之。通繪斑文。綠營藤牌兵虎帽同。

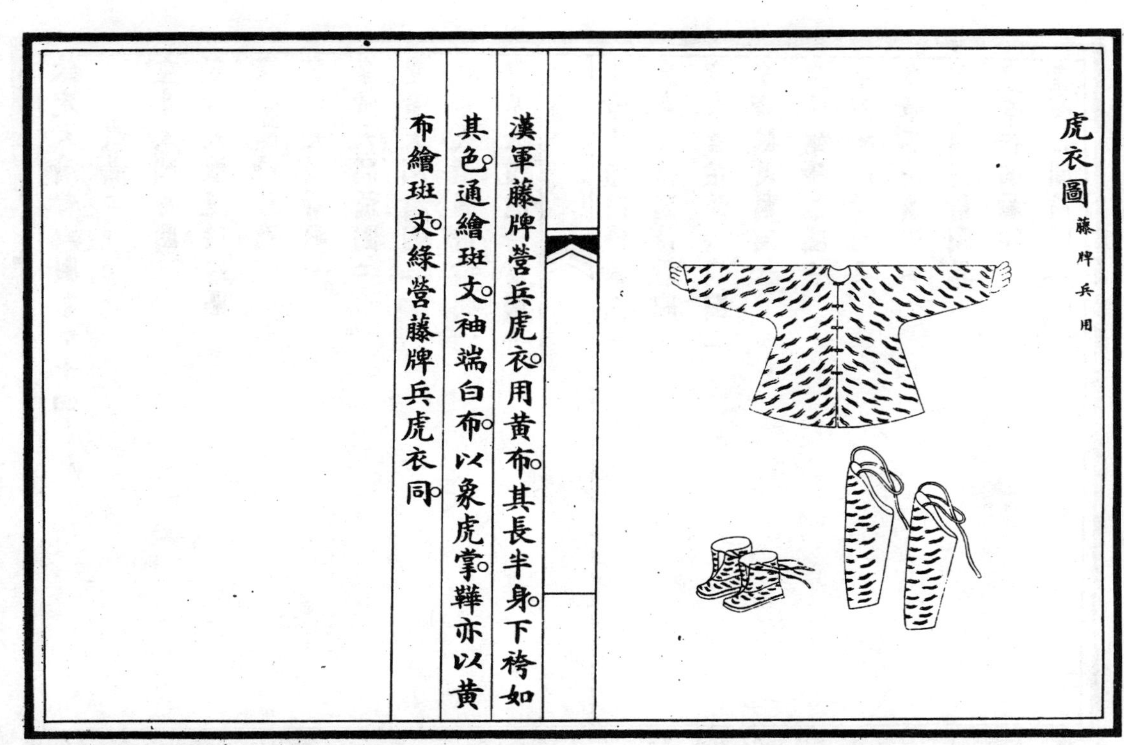

虎衣圖 藤牌兵用

漢軍藤牌營兵虎衣。用黃布。其長半身。下袴如其色。通繪斑文。袖端白布。以象虎掌。鞾亦以黃布繪斑文。綠營藤牌兵虎衣同。

鎖子甲圖

鎖子甲。鍊鐵上衫下袴。皆為鐵連環相屬。衫采開襟白布緣領貫首被之。乾隆二十四年。平定西域俘獲軍器無算。
高宗純皇帝命藏紫光閣以紀武成。鎖子甲其一也。

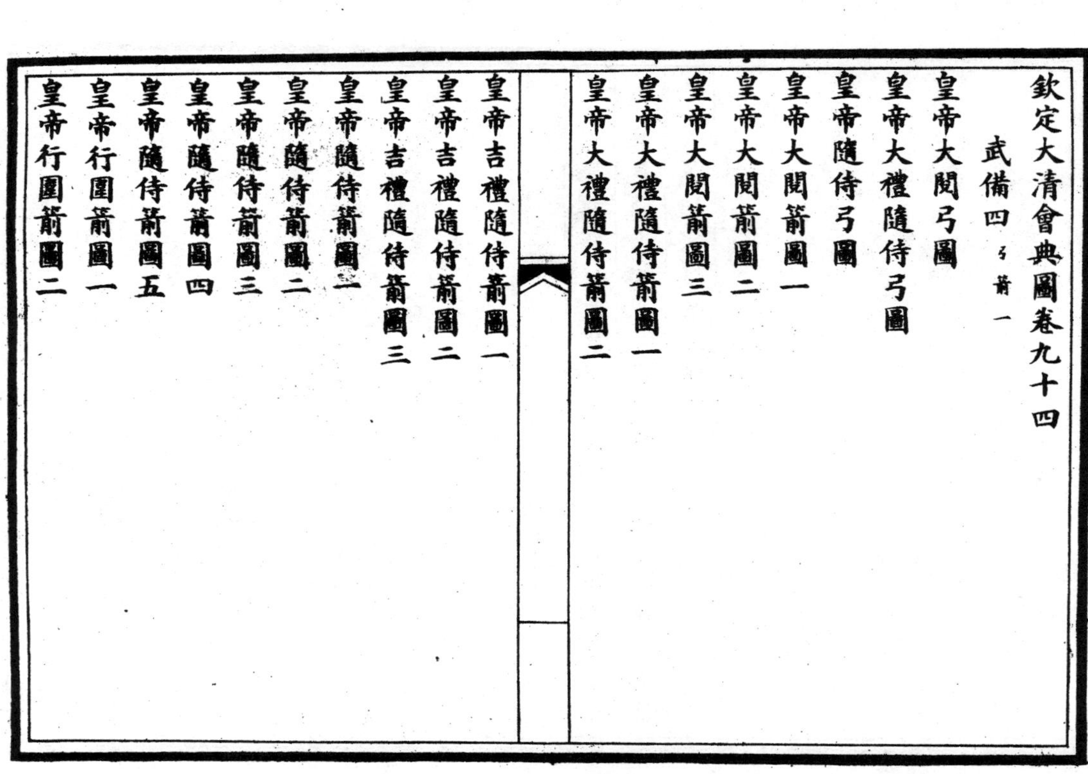

# 欽定大清會典圖卷九十四

武備四 弓箭一

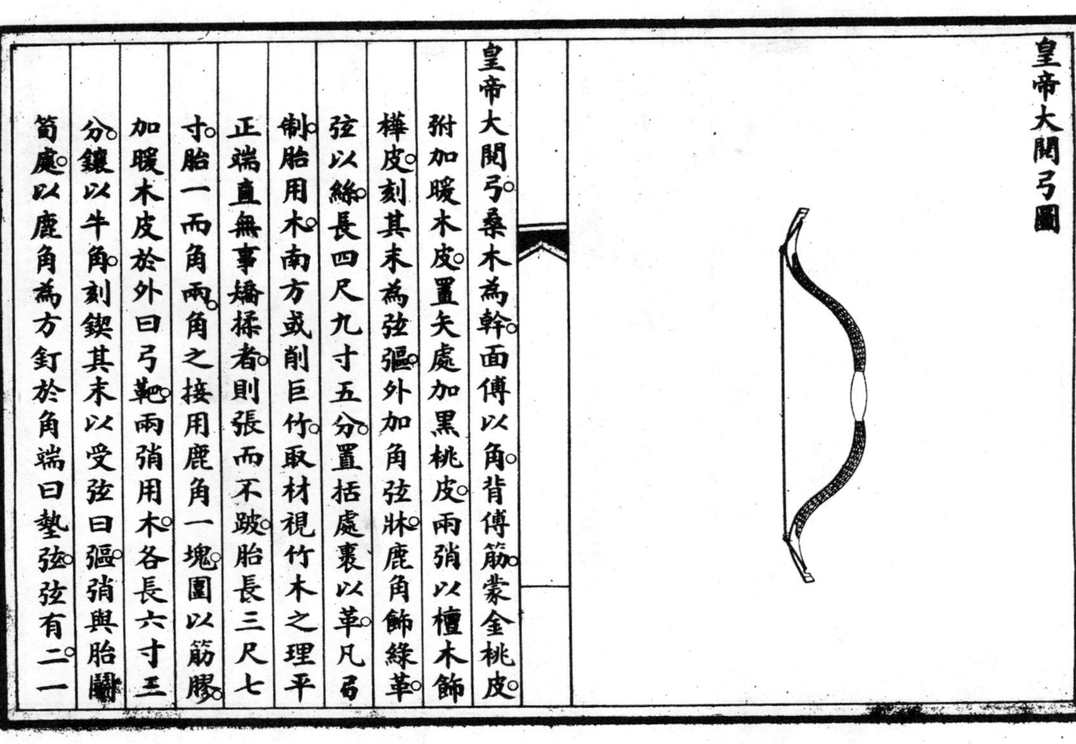

皇帝大閱弓圖

皇帝大閱弓。桑木為幹。面傅以角。背傅筋。蒙金桃皮。弣加暖木皮。置矢處加黑桃皮。兩弰以檀木飾樺皮。刻其末為弦彄。外加角弦胇。鹿角飾綠革。弦以絲。長四尺九寸五分。置括處裹以革。凡弓御。胎用木。南方或削巨竹。取材視竹木之理平正端直無事矯揉者。則張而不跛。胎長三尺七寸。胎一兩角。兩角之接用鹿角一塊。圜以筋膠。加暖木皮於外曰弓靶。兩弰用木。各長六寸三分。鑲以牛角。刻鍥其末以受弦曰彄。弰與胎鬬筍處。以鹿角為方釘於角端曰墊弦。弦有二。一纏蠶絲為骨。外用絲綫橫纏以束之。分三節。空一二分不纏。則不張時可摺疊而收之。用以教射。一翦鹿皮為之。用於戰陣。

## 皇帝大禮隨侍弓圖

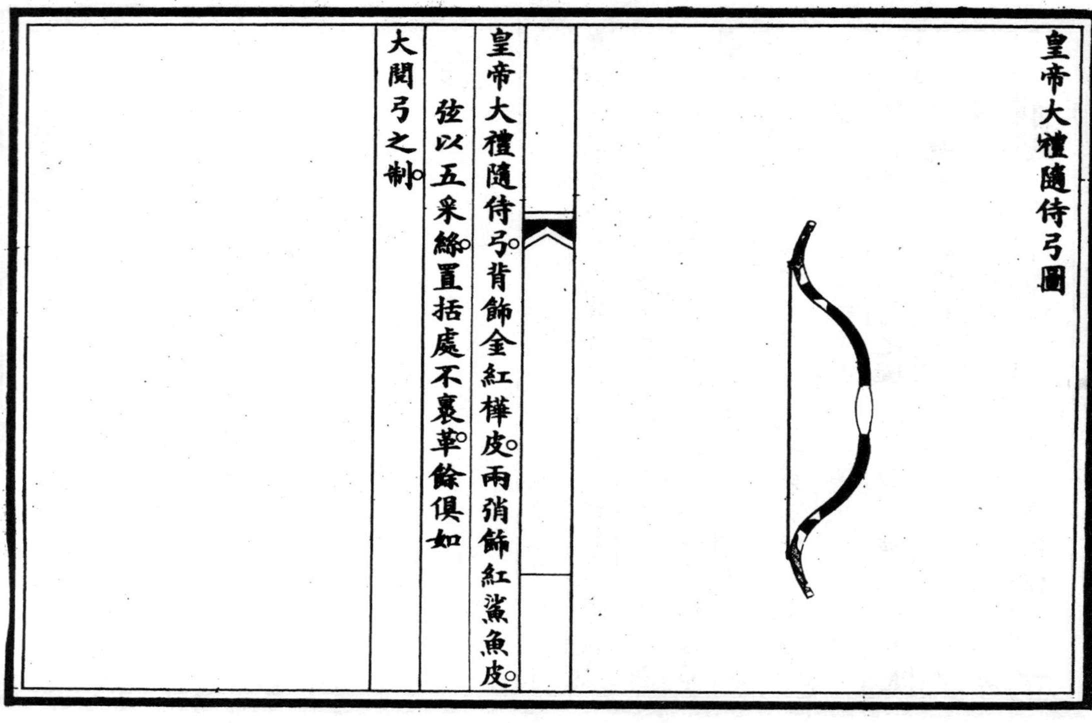

皇帝大禮隨侍弓。背飾金紅樺皮。兩弰飾紅鯊魚皮。弦以五采絲。置括處不裹革。餘俱如大閱弓之制。

## 皇帝隨侍弓圖

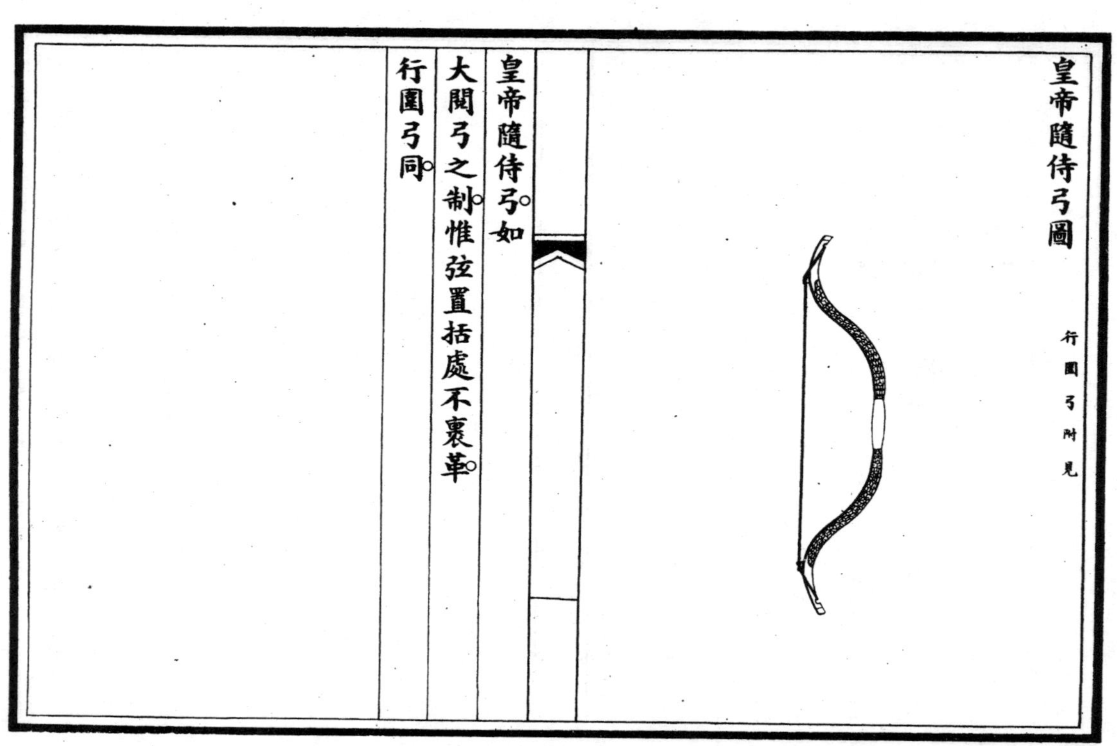


皇帝隨侍弓。如大閱弓之制。惟弦置括處不裹革。行圍弓同。

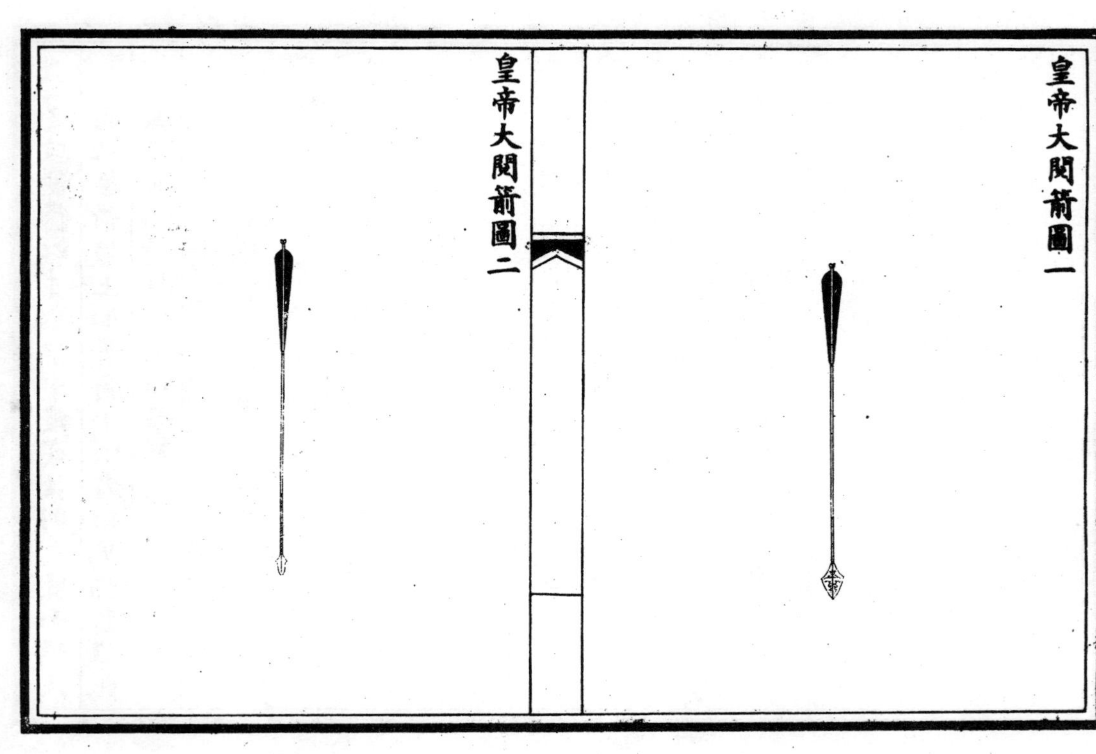
皇帝大閱箭圖一

皇帝大閱箭圖二

皇帝大閱箭圖三

皇帝大閱箭三。皆楊木為笴。其一曰鈚箭。長三尺一寸。鐵鏃長三寸。薄而闊。鋄金藻文。笴首飾黑桃皮。皂鵰羽。括髹朱。其一曰梅鋮箭。長三尺。鐵鏃長三寸八分。厚而前銳。後脩。笴首飾黑桃皮。皂鵰羽。羽閒朱。括旁裹綠繭。其一曰骲箭。長三尺一寸。骨骲長二寸九分。起棱環穿八孔。髹朱鏤綠。雲文皂鵰羽。括旁裹綠繭。凡箭制。笴用木為質。取圖直之桿削成之。別用數寸之木刻槽一道曰箭端。笴必取範於端。以均停其首尾。刻銜口以駕弦曰括。其端受鏃。冶鐵為之。施於教閱者曰骲箭。以寸木空中鏤竅。發則受風而鳴。又謂之響箭。鏃上加骨角小哨者曰鳴鏑。翦雕鶴翎三。膠粘箭括之上曰箭羽。

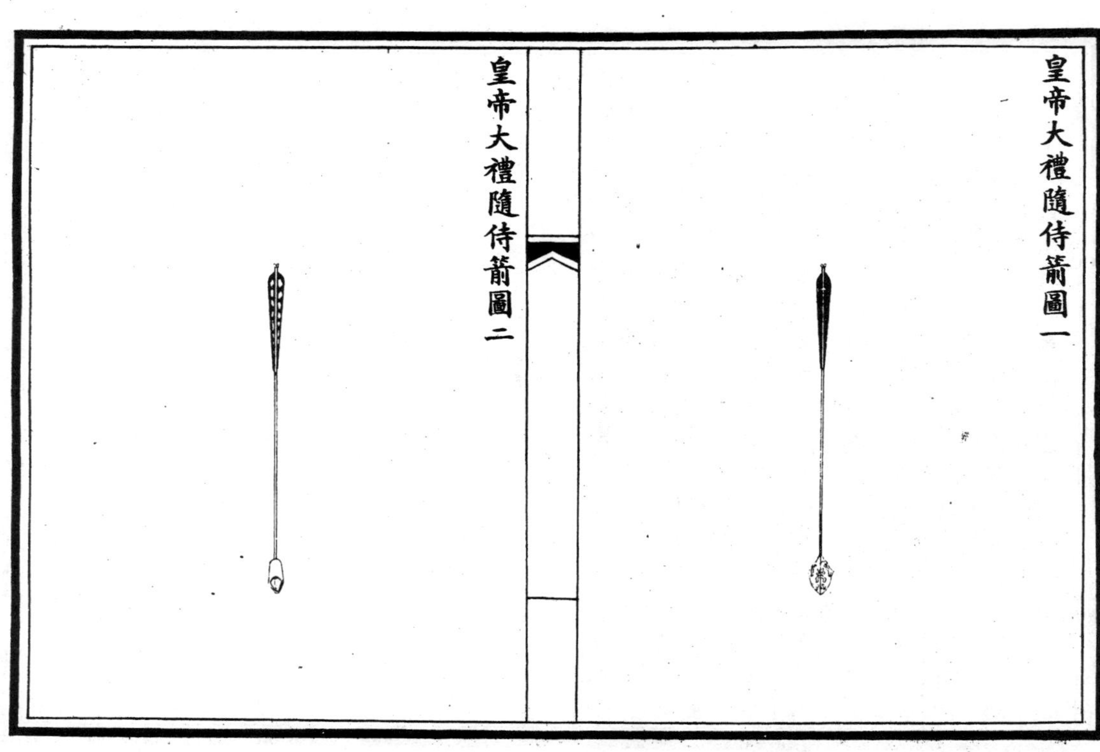

皇帝大禮隨侍箭圖一

皇帝大禮隨侍箭圖二

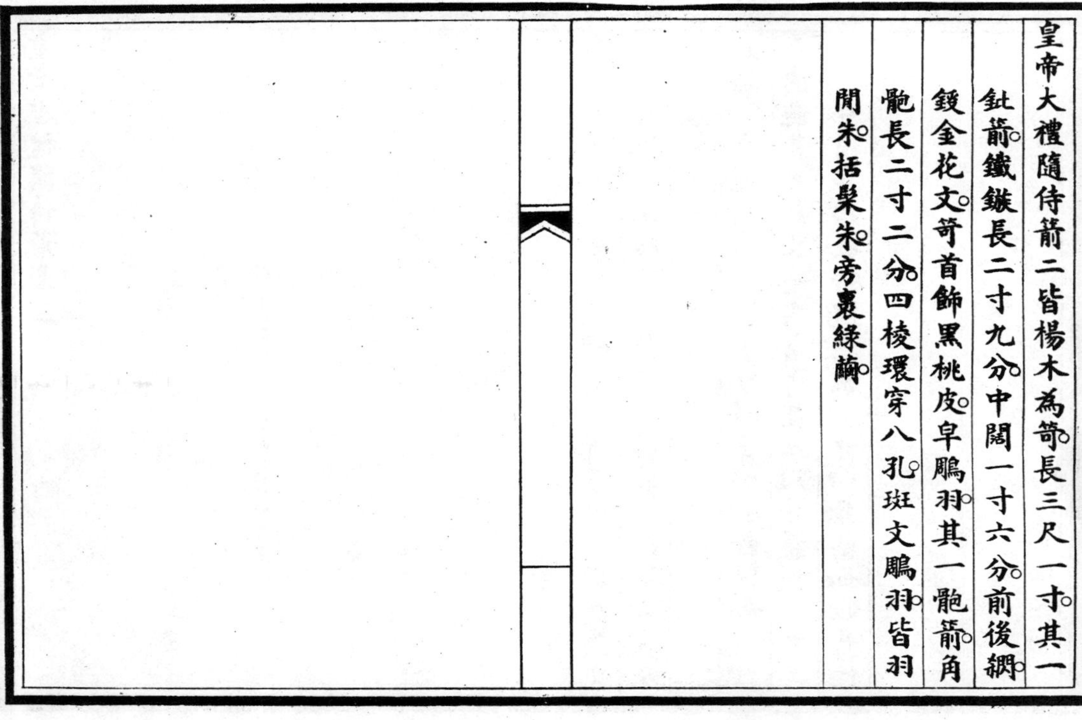

皇帝大禮隨侍箭二。皆楊木為笴。長三尺一寸。其一鈚箭。鐵鏃長二寸九分。中闊一寸六分。前後鋼鋄金花文。笴首飾黑桃皮。皁鵰羽。其一骲箭。角骲長二寸二分。四棱環穿八孔。斑文鵰羽。皆羽閒朱。括髹朱。旁裹綠繭。

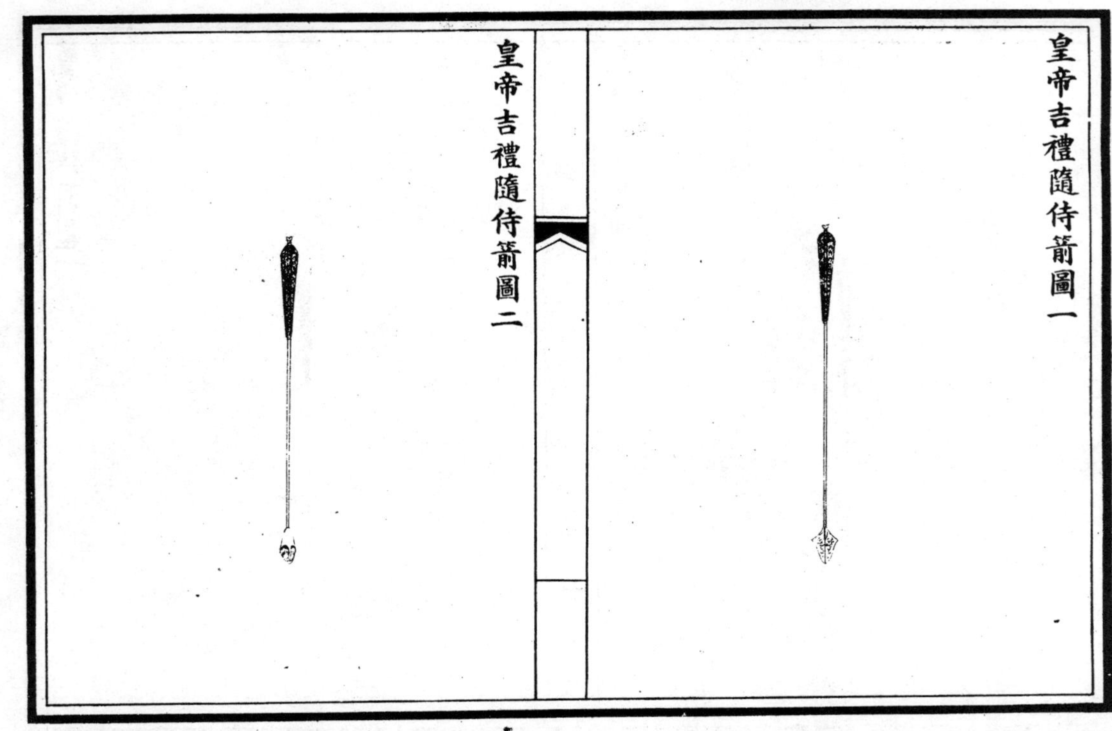

皇帝吉禮隨侍箭圖一

皇帝吉禮隨侍箭圖二

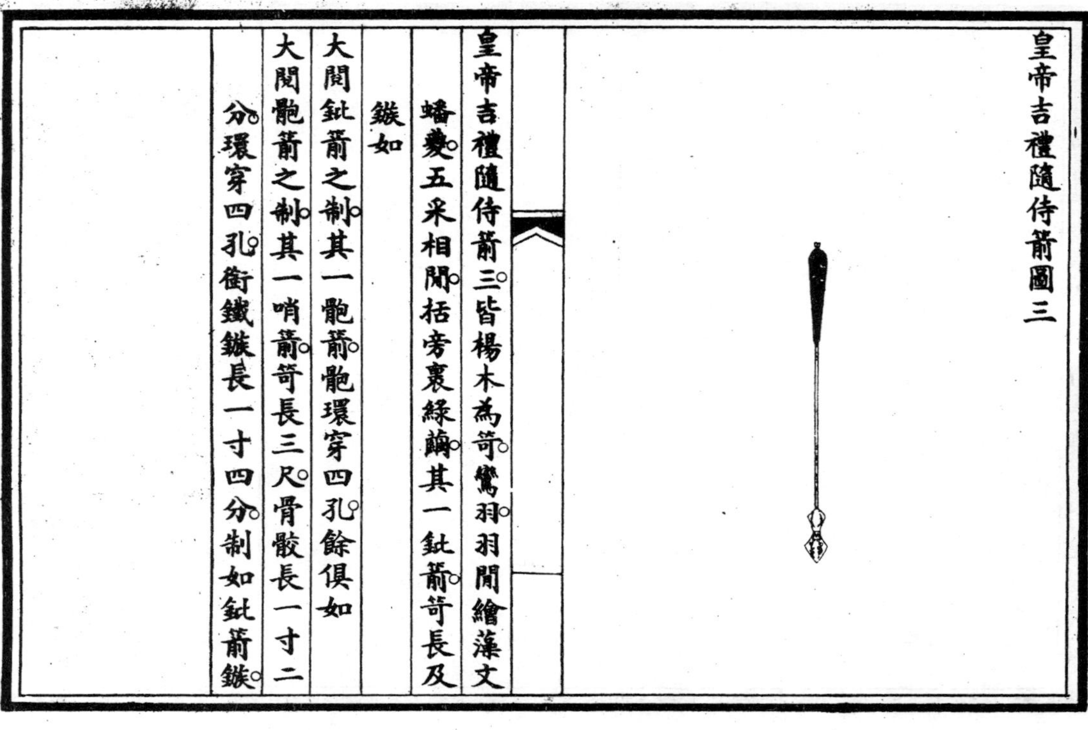
皇帝吉禮隨侍箭圖三

皇帝吉禮隨侍箭三。皆楊木為笴。鶩羽。羽間繪藻文
蟠夔。五采相間。括旁裹綠繭。其一釴箭。笴長及
鏃如
大閱釴箭之制。其一骲箭。骲環穿四孔。餘俱如
大閱骲箭之制。其一哨箭。笴長三尺。骨骲長一寸二
分。環穿四孔。銜鐵鏃長一寸四分。制如釴箭鏃。

皇帝隨侍箭圖一

皇帝隨侍箭圖二

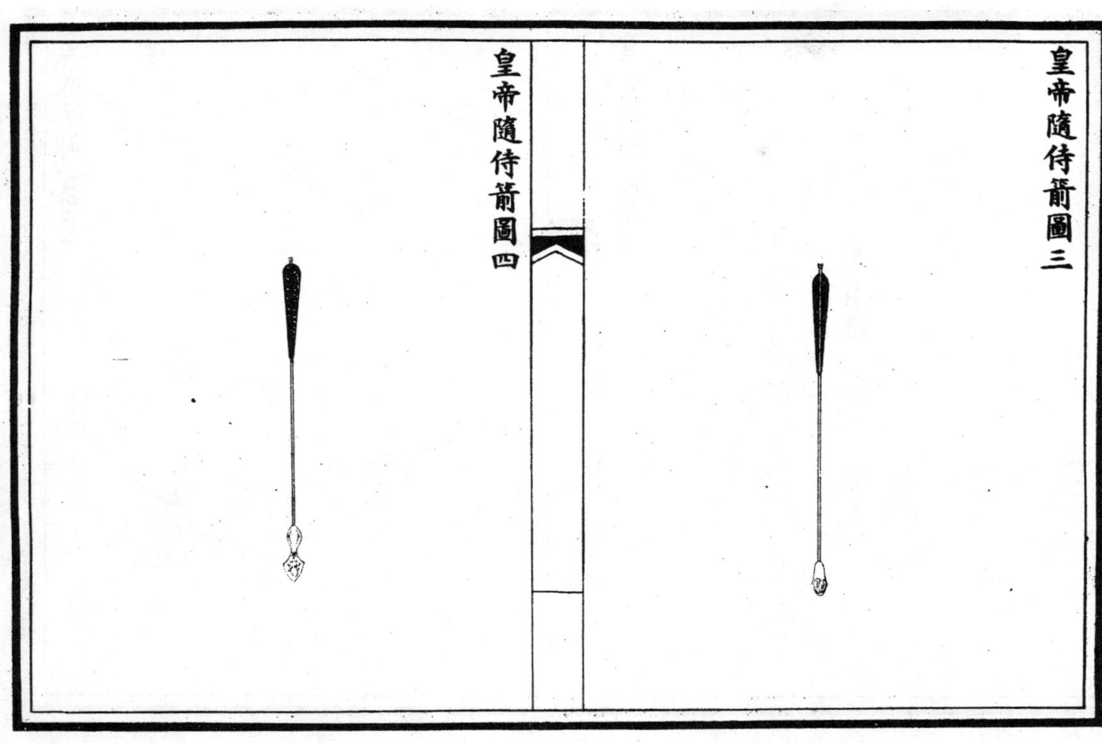


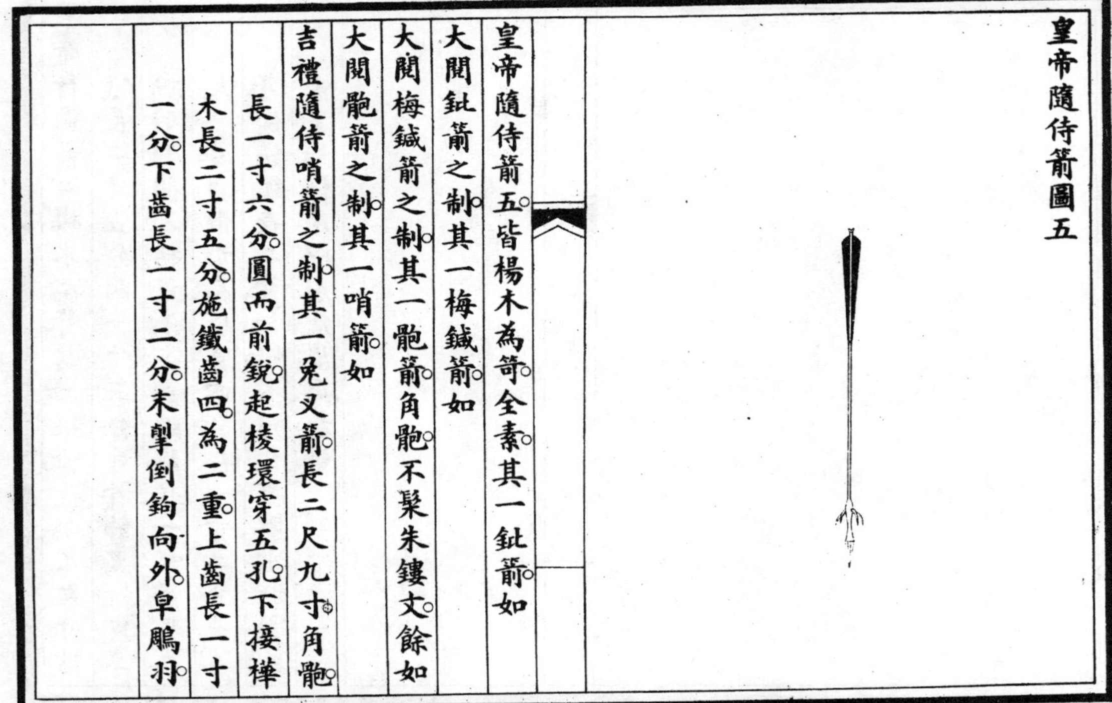


皇帝隨侍箭五。皆楊木為笴。全素其一釓箭。如大閲釓箭之制。其一梅鍼箭。如大閲梅鍼箭之制。其一骲箭。角骲。不髹朱鏤文。餘如大閲骲箭之制。其一哨箭。如吉禮隨侍哨箭之制。其一兎叉箭。長二尺九寸。角骲。長一寸六分。圓而前銳。起稜環穿五孔。下接樺木長二寸五分。施鐵齒四。為二重。上齒長一寸一分。下齒長一寸二分。末掣倒鉤向外。皁鵰羽。

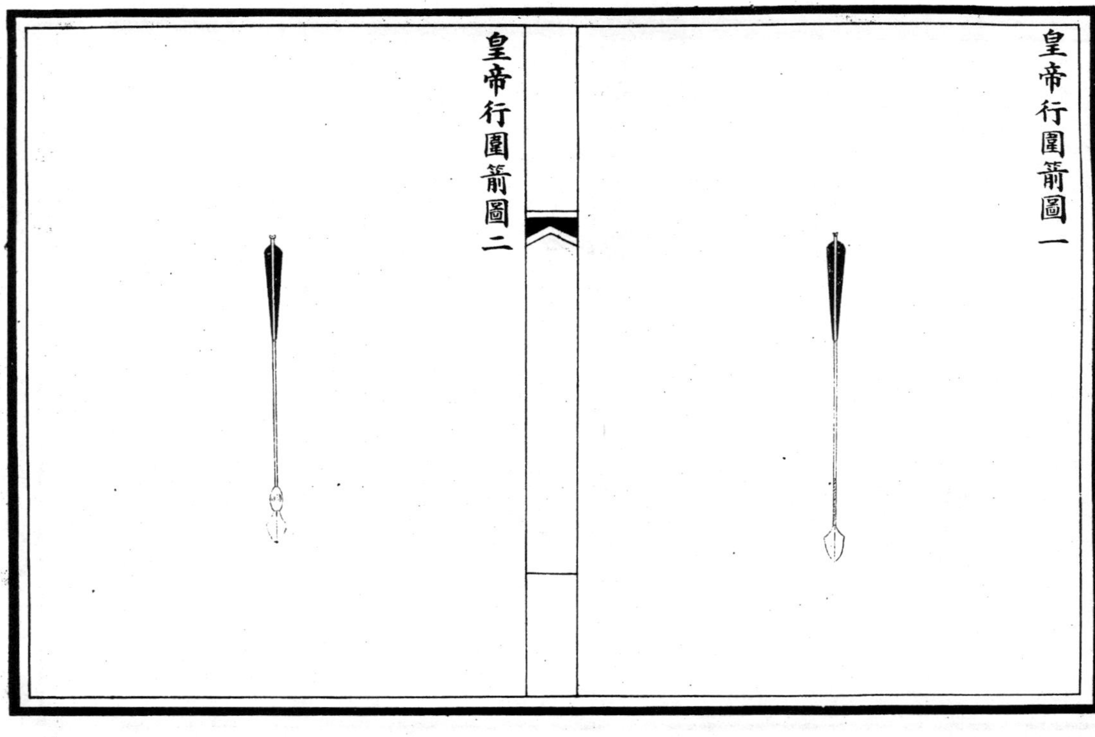
皇帝行圍箭圖一

皇帝行圍箭圖二

皇帝行圍箭二。楊木為笴。其一鈚箭長二尺九寸。鐵鏃長二寸五分。闊一寸三分。笴首飾黑桃皮。皁鵰羽。羽間朱。括髹朱。旁裹綠繭。其一哨箭長二尺八寸。角骹形扁。環穿四孔。長一寸二分。至二寸。銜鐵鏃長二寸。如鈚。不鏤文。皁鵰羽。括髹朱。旁裹紅樺皮。以射鹿麅麞諸獸。

# 欽定大清會典圖卷九十五

## 武備五 弓箭二 櫜鞬附 侯鵠地球附



### 皇帝大閱櫜鞬圖

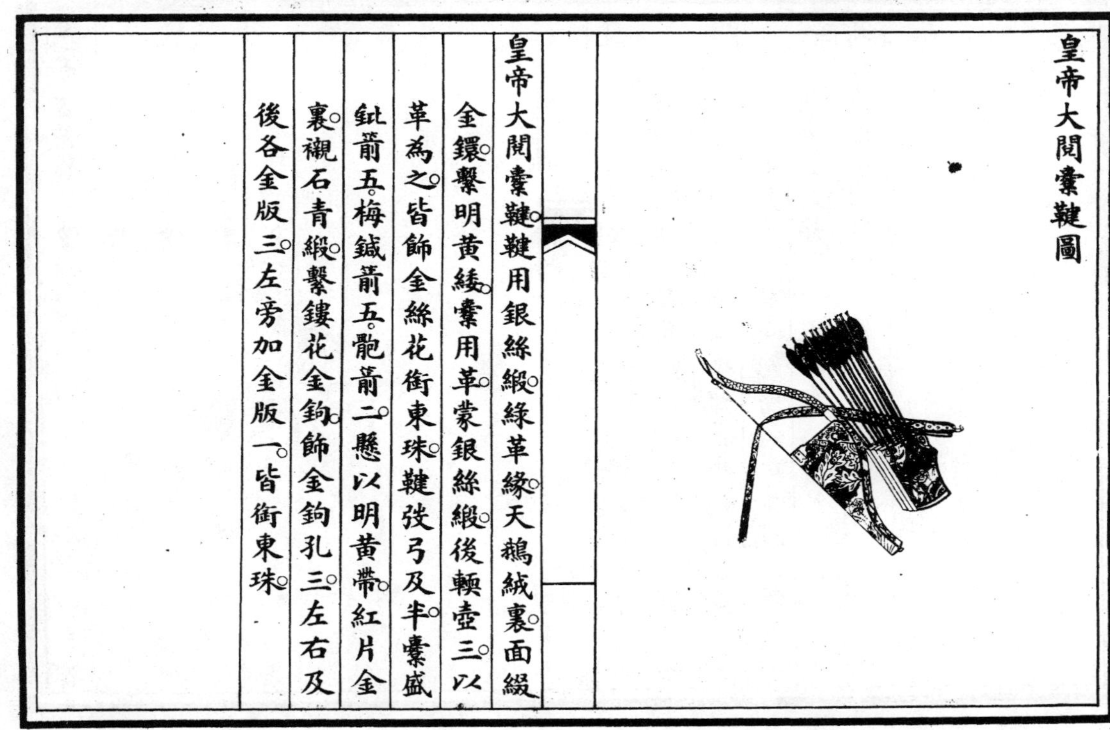

皇帝大閱櫜鞬。鞬用銀絲緞。緣革。緣天鵝絨。裏。面綴金鐶。繫明黃縧。櫜用革。蒙銀絲緞。後輭壺三。以革為之。皆飾金絲花。銜東珠。鞬弢弓及半。櫜盛鈚箭五。梅鍼箭五。骲箭二。懸以明黃帶。紅片金裏。襯石青緞。繫鏤花金鉤。飾金鉤孔三。左右及後各金版三。左旁加金版一。皆銜東珠。

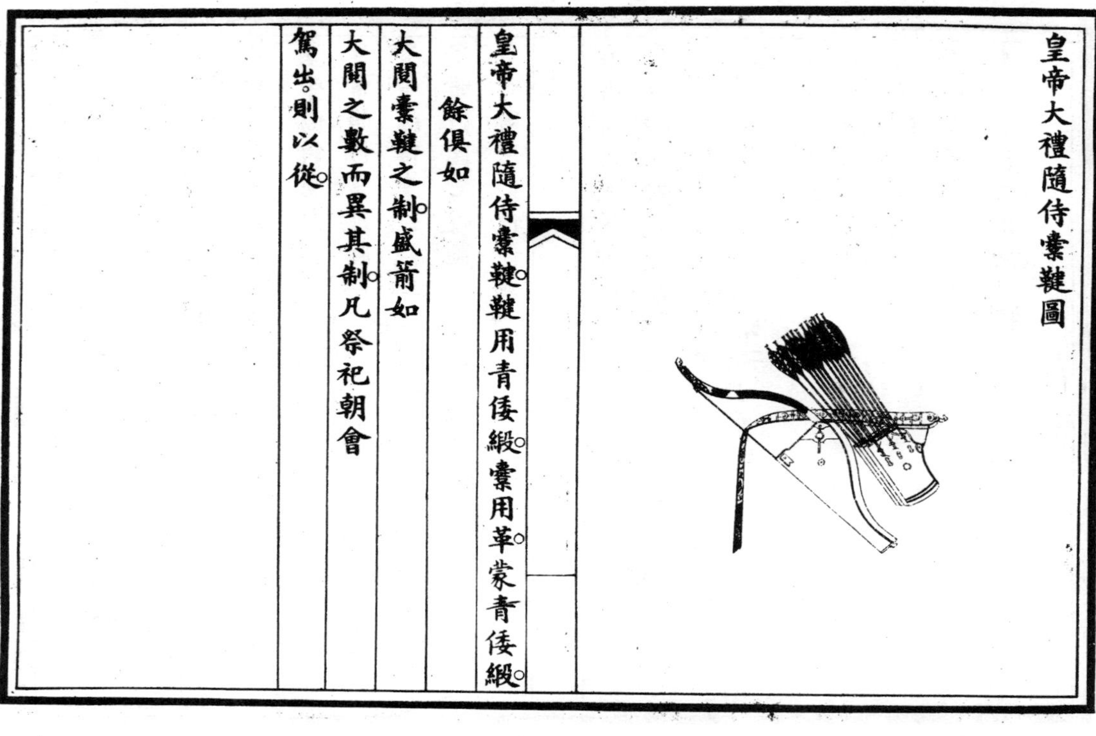

皇帝大禮隨侍櫜鞬圖

皇帝大禮隨侍櫜鞬。鞬用青倭緞。櫜用革蒙青倭緞。餘俱如
大閱櫜鞬之制。盛箭如
大閱之數而異其制。凡祭祀朝會
駕出。則以從。

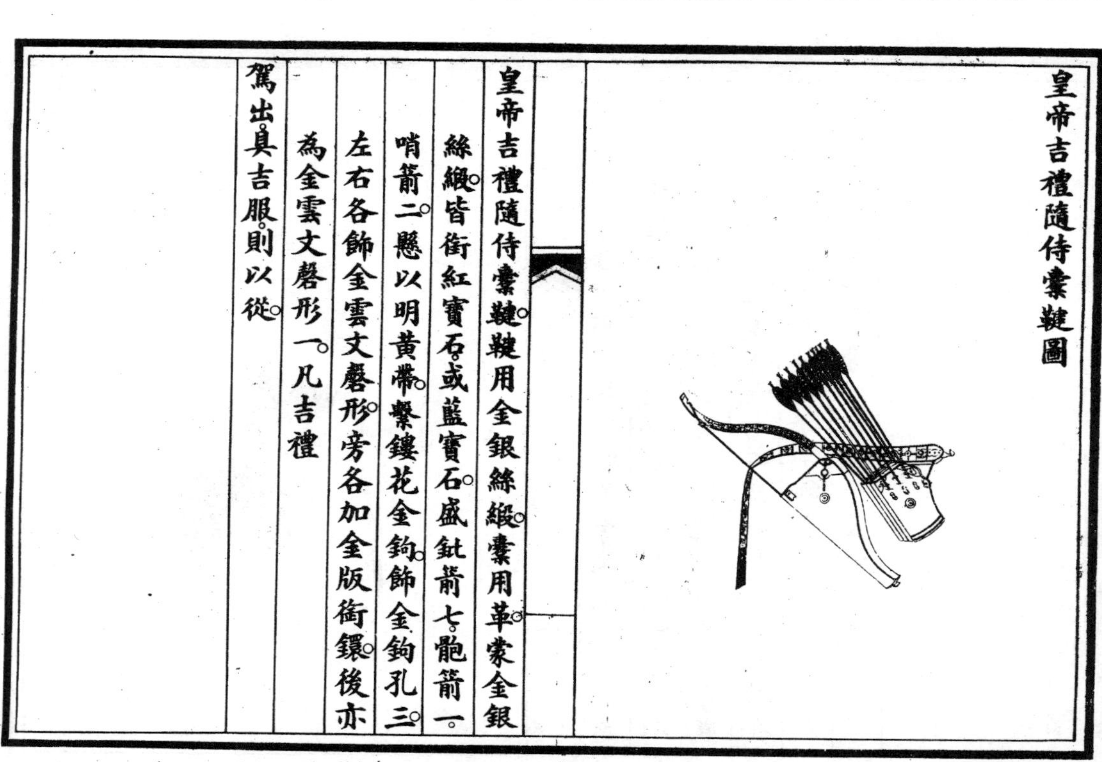

皇帝吉禮隨侍櫜鞬圖

皇帝吉禮隨侍櫜鞬。鞬用金銀絲緞。櫜用革蒙金銀絲緞。皆銜紅寶石或藍寶石。盛鈚箭七。骲箭一。哨箭二。懸以明黃帶。繫鏤花金鉤。飾金鉤孔三。左右各飾金雲文磬形。旁各加金版銜鐶。後亦為金雲文磬形一。凡吉禮
駕出。具吉服。則以從。

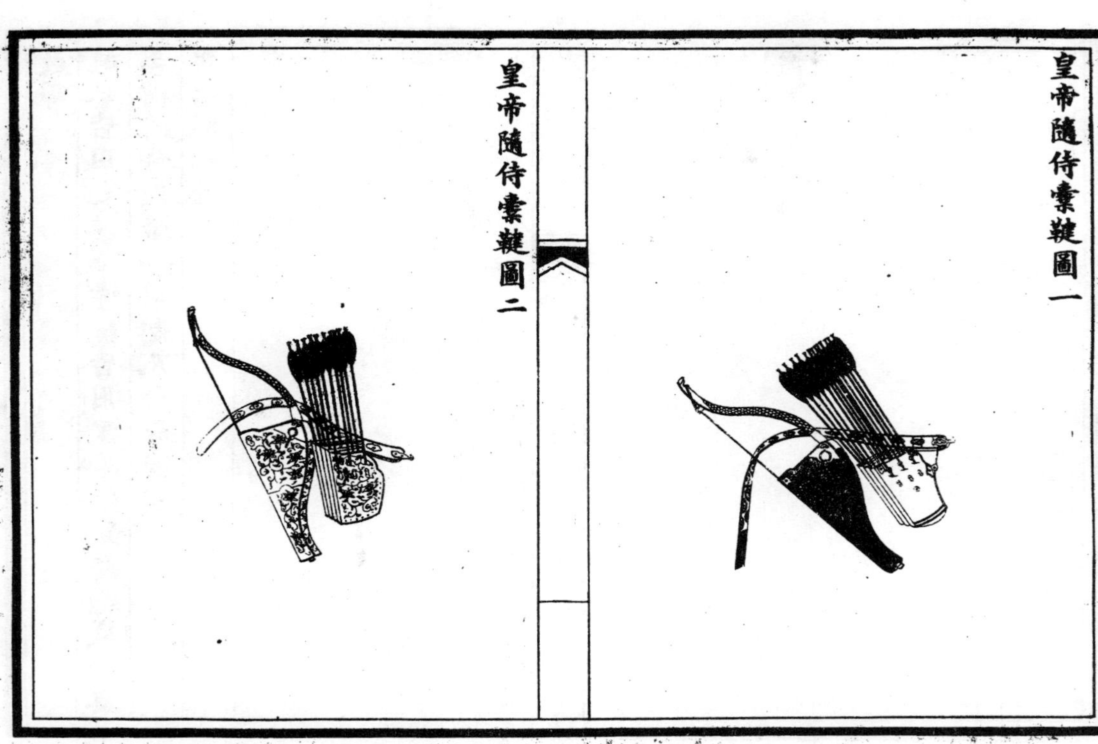

皇帝隨侍櫜鞬圖一

皇帝隨侍櫜鞬圖二

皇帝隨侍櫜鞬圖三

皇帝隨侍櫜鞬有三。其一。鞬用黑布。櫜用黑革。不加
銜飾。盛鈚箭五。梅鍼箭五。髇箭一。哨箭一。兔叉
箭一。懸以明黃帶。繫鏤花金鉤。飾金鉤孔三。左
右及後金版各一。左右旁金版銜鐶各一。
行幸常以從。其一。櫜鞬皆用朱革。結金絲花。盛箭與
吉禮隨侍同。帶如前制。
駕詣
圓明園及還
宮。則以從。
行圖

啟蹕

迴鑾皆用之。其一。櫜鞬皆用黑革。結銀絲花。盛箭與

吉禮隨侍同。帶如前制。凡令節朔望

駕出。則以從。

皇帝行圍櫜鞬圖

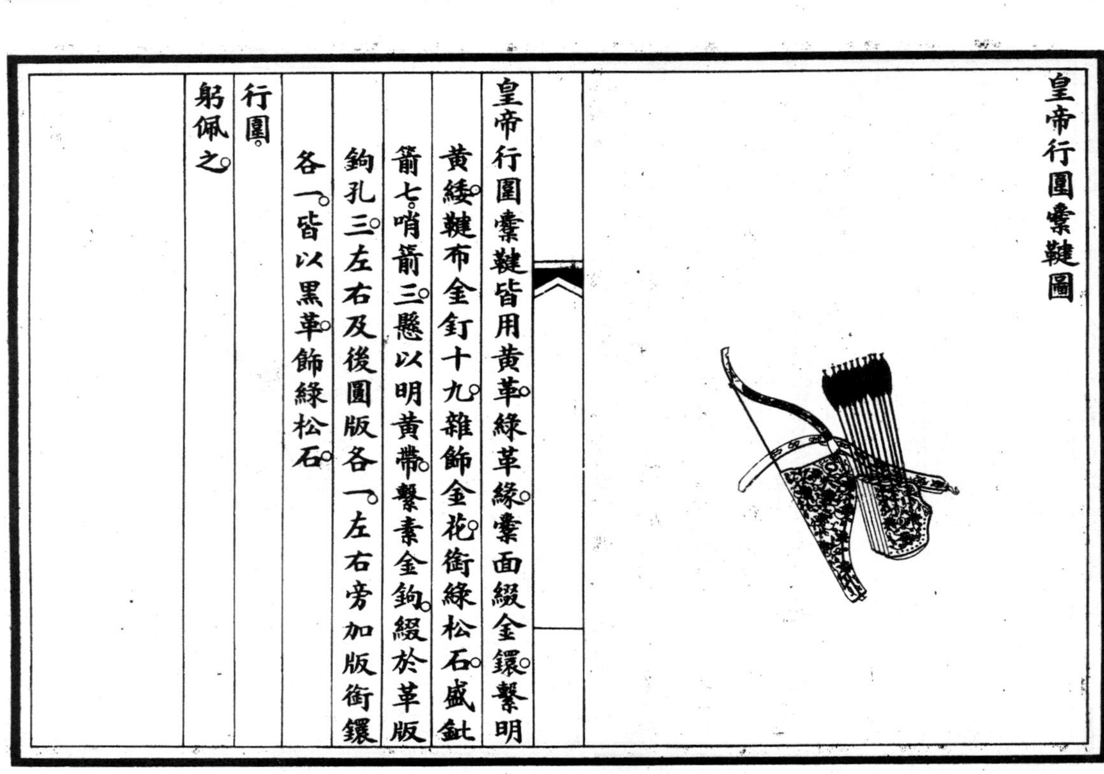

皇帝行圍櫜鞬皆用黃革。緣革緣。櫜面綴金鐶。繫明

黃綾。鞬布金釘十九。雜飾金花。銜綠松石。盛鈚

箭七。哨箭三。懸以明黃帶。繫櫜金鉤。綴於革版

鉤孔三。左右及後圓版各一。左右旁加版銜鐶

各一。皆以黑革飾綠松石。

行圍。

躬佩之。

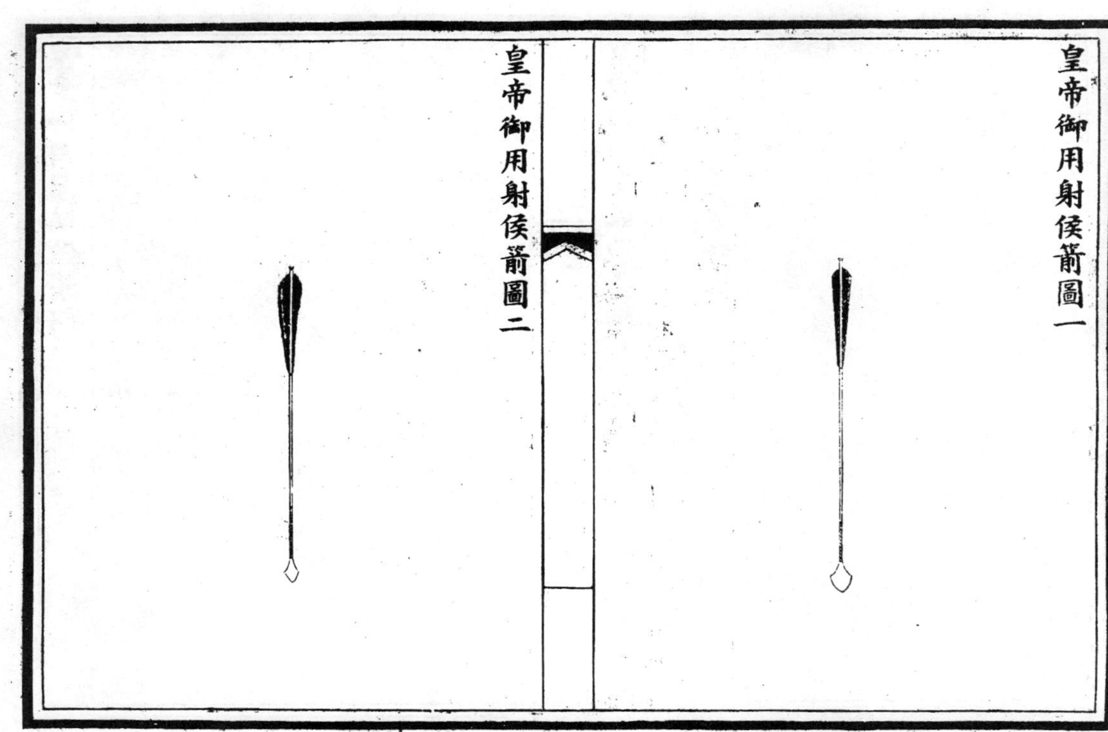


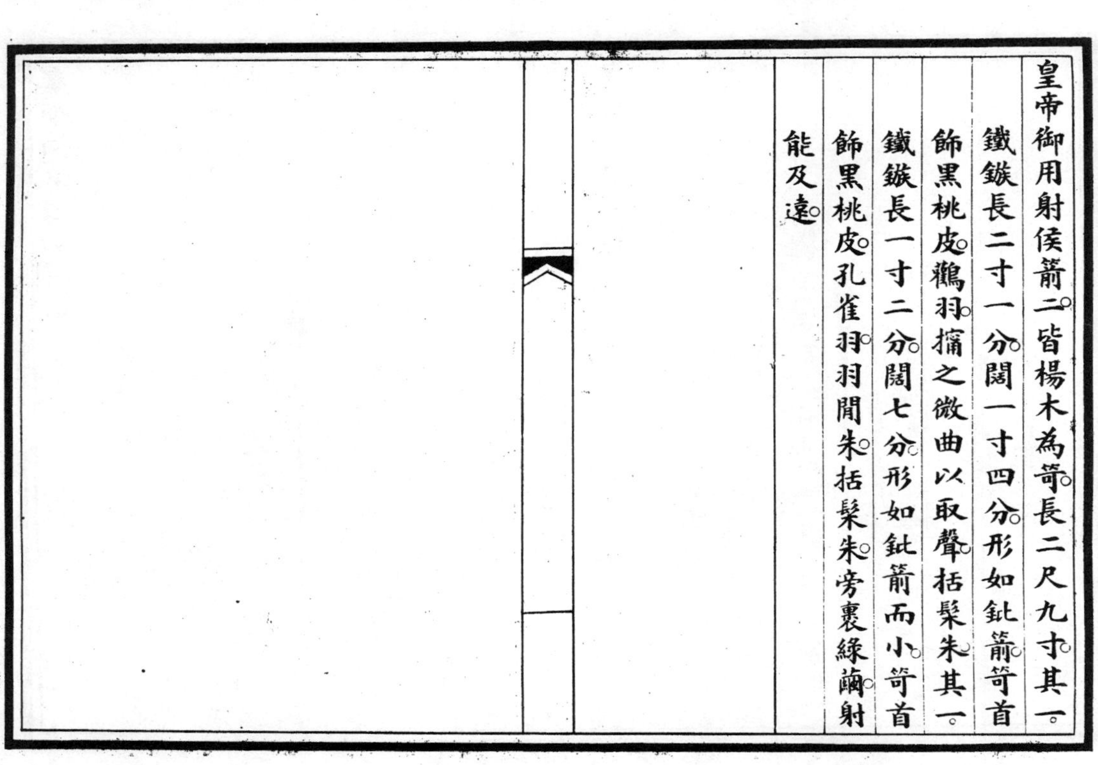

皇帝御用射侯箭二。皆楊木為笴。長二尺九寸。其一。鐵鏃長二寸一分。闊一寸四分。形如鈚箭。笴首飾黑桃皮。鸛羽。擫之微曲以取聲。括髤朱。其一。鐵鏃長一寸二分。闊七分。形如鈚箭而小。笴首飾黑桃皮。孔雀羽。羽間朱。括髤朱。旁裏綠繭。射能及遠。

皇帝御用射鵠骲箭圖

皇帝御用射鵠骲箭。楊木爲笴。長二尺八寸。羊角骲長一寸。環穿五孔。笴首飾黑桃皮。花鵰羽。括飾綠㯶。旁亦如之。

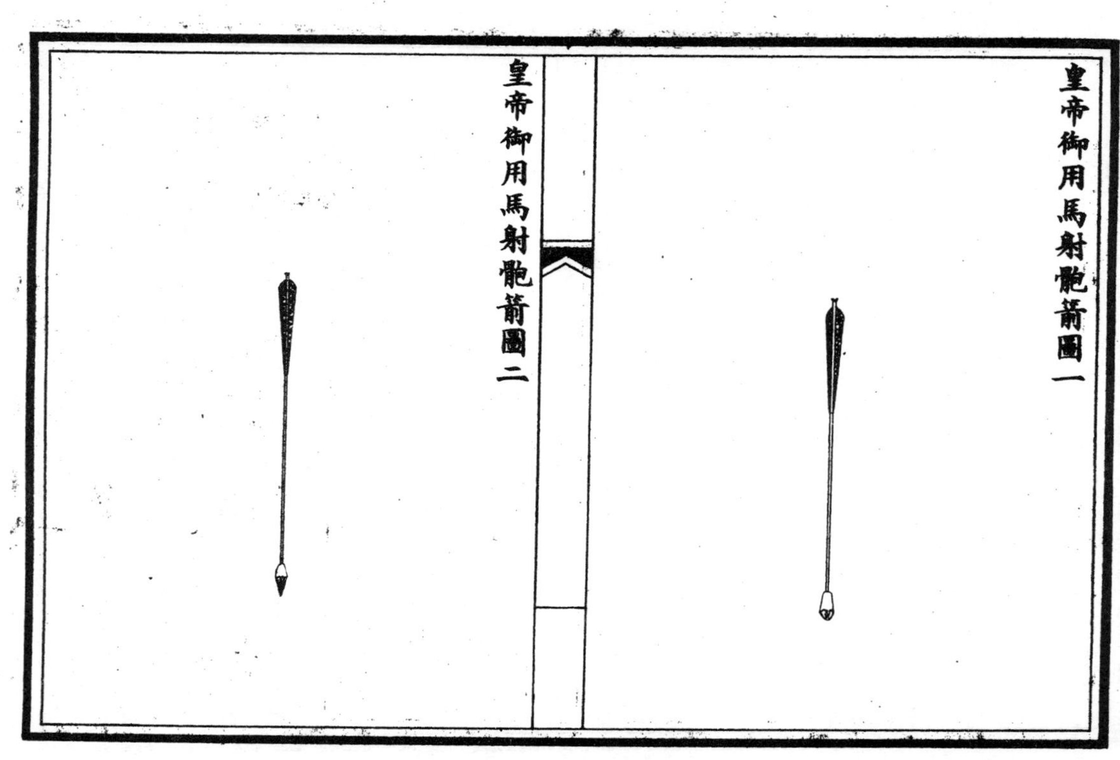

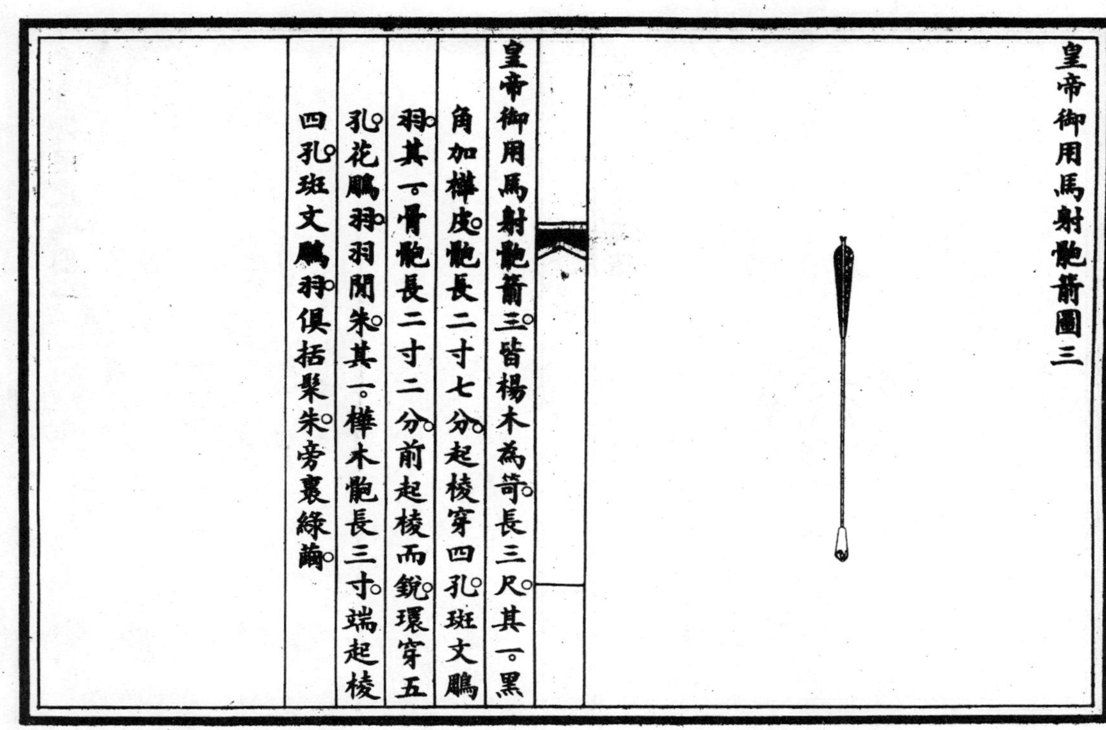

皇帝御用馬射骲箭圖三

皇帝御用馬射骲箭三。皆楊木為笴。長三尺。其一。黑角加樺皮。骲長二寸七分。起棱。穿四孔。斑文鵰羽。其一。骨骲長二寸二分。前起棱而銳。環穿五孔。花鵰羽。羽間朱。其一。樺木骲長三寸。端起棱四孔。斑文鵰羽。俱括髹朱。旁裹綠繭。

皇帝御用布侯圖

皇帝御用布侯。植木如屏。蒙以素布。高三尺六寸至四尺六寸。闊九寸至一尺。中繪鹿。

皇帝御用皮鵠圖一

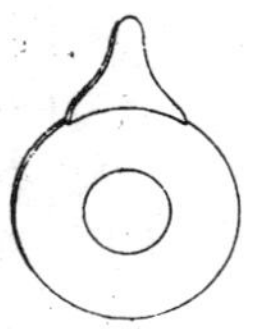

皇帝御用布鵠圖二

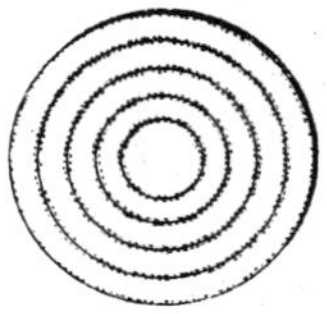

皇帝御用皮鵠。用革。凡十。大者徑九寸。以次遞減至二寸。塗白中銜圜的。髹朱。中則應矢而墜。

御用布鵠。用布。徑一尺二寸。凡五重。相比如暈。外紅。次白。次藍。次黄。其的紅牛革。貫的及暈。則應矢而墜。或用外紅中白二重。徑七寸至四寸。

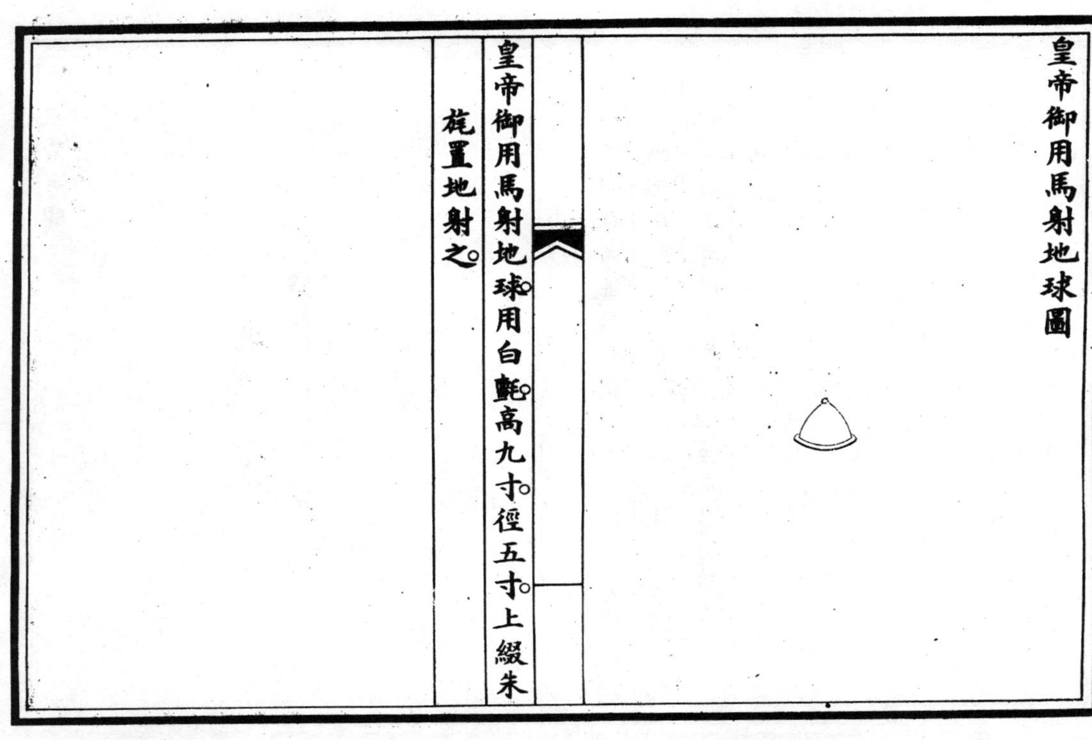

皇帝御用馬射地球圖

皇帝御用馬射地球。用白氈。高九寸。徑五寸。上綴朱旄。置地射之。

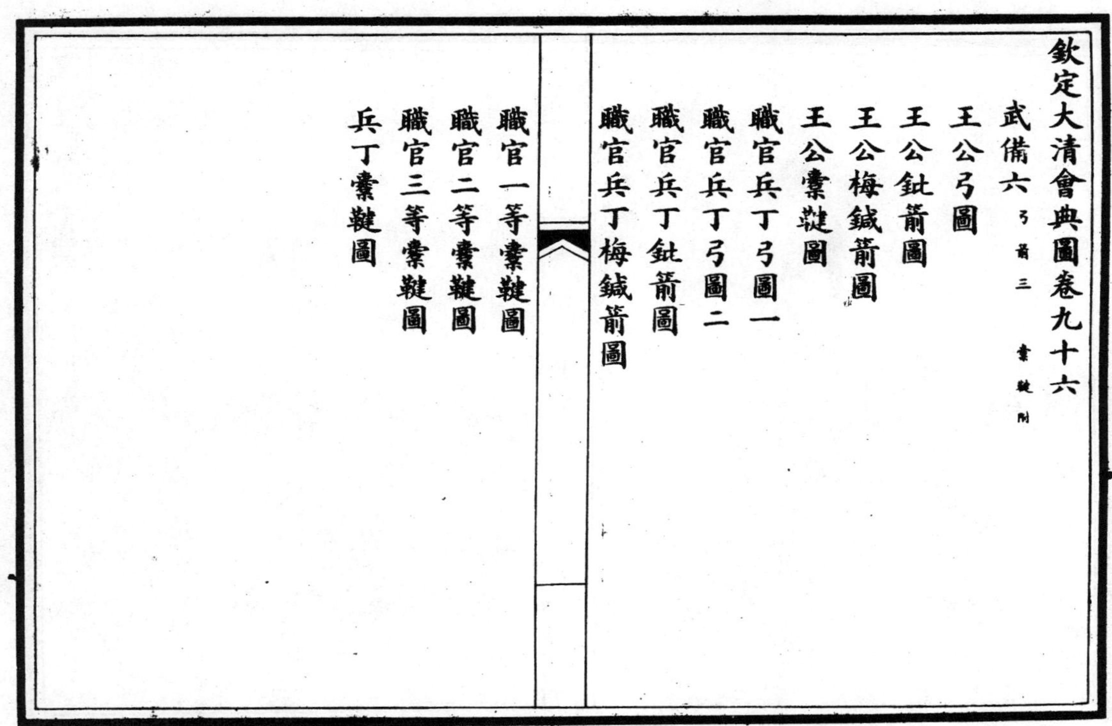

欽定大清會典圖卷九十六

武備六 弓箭三 櫜鞬附

王公弓圖

王公鈚箭圖

王公梅鈚箭圖

王公櫜鞬圖

職官兵丁弓圖一

職官兵丁弓圖二

職官兵丁鈚箭圖

職官兵丁梅鈚箭圖

職官一等櫜鞬圖

職官二等櫜鞬圖

職官三等櫜鞬圖

兵丁櫜鞬圖

王公弓圖

親王弓。樺木爲幹。面傅黑角。背傅筋。蒙樺皮。附加煖木。兩硝以桑木。飾白樺皮。彇飾角。紉皮爲弦。長四尺九寸。自郡王以至奉恩將軍弓同。

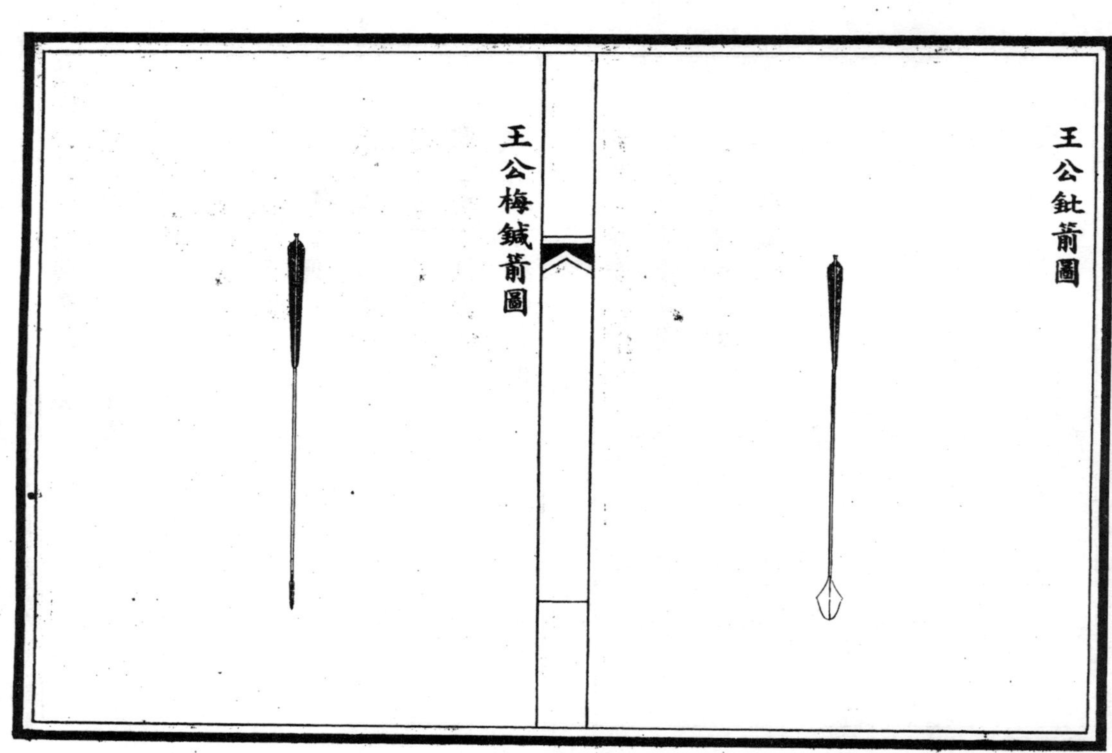

王公鈚箭圖

王公梅鍼箭圖

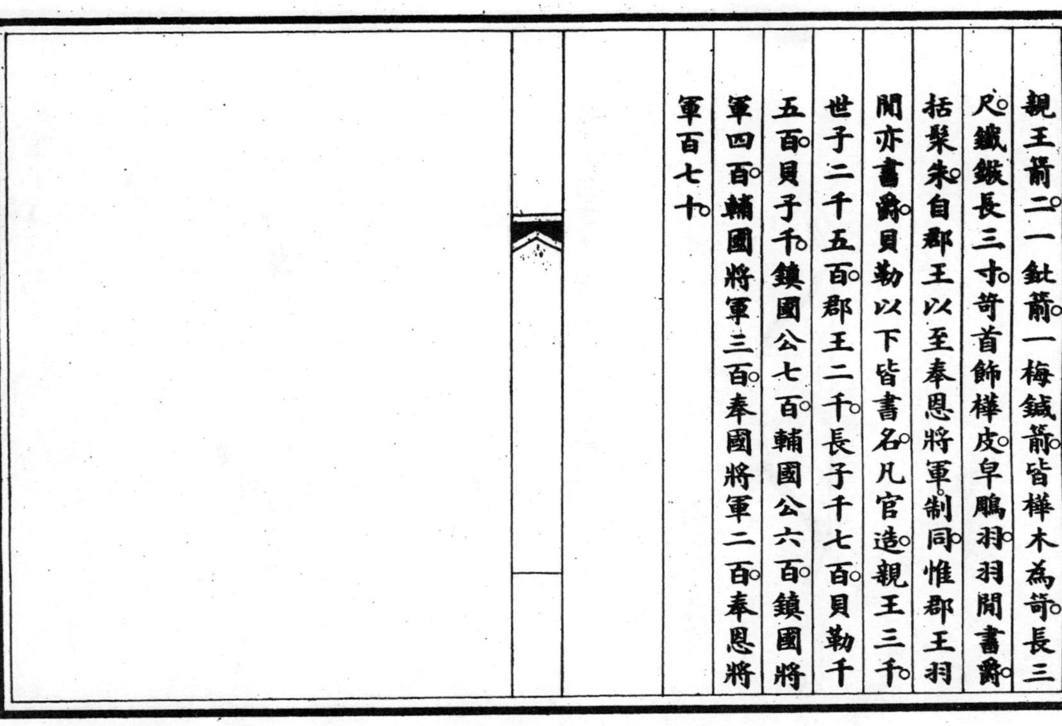

親王箭二。一鈚箭。一梅鍼箭。皆樺木為笴。長三尺。鐵鏃長三寸。笴首飾樺皮。皁鵰羽。羽閒書爵。括髹朱。自郡王以至奉恩將軍。制同。惟郡王羽閒亦書爵。貝勒以下皆書名。凡官造。親王三千。世子二千五百。郡王二千。長子千七百。貝勒千五百。貝子千。鎮國公七百。輔國公六百。鎮國將軍四百。輔國將軍三百。奉國將軍二百。奉恩將軍百七十。

王公櫜鞬圖

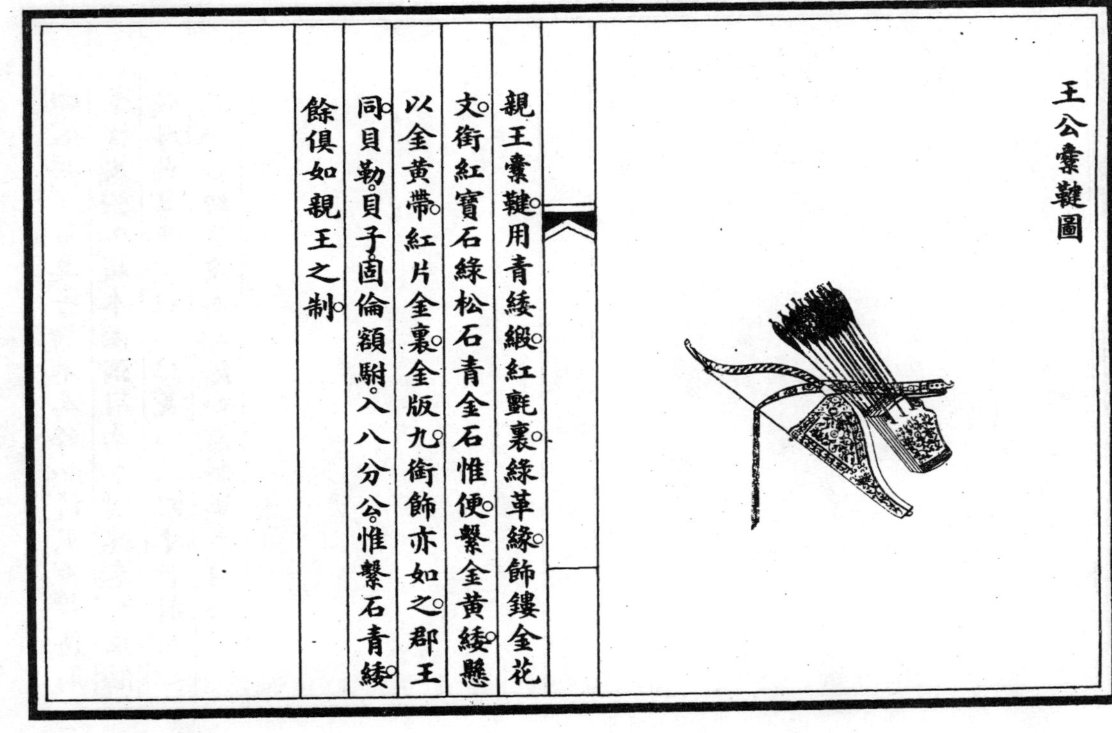

親王櫜鞬。用青綾緞。紅氈裏。綠革緣。飾鏤金花文。銜紅寶石綠松石青金石。惟便。繫金黃綾懸以金黃帶。紅片金裏。金版九。銜飾亦如之。郡王同。貝勒貝子固倫額駙。入八分公。惟繫石青綾。餘俱如親王之制。

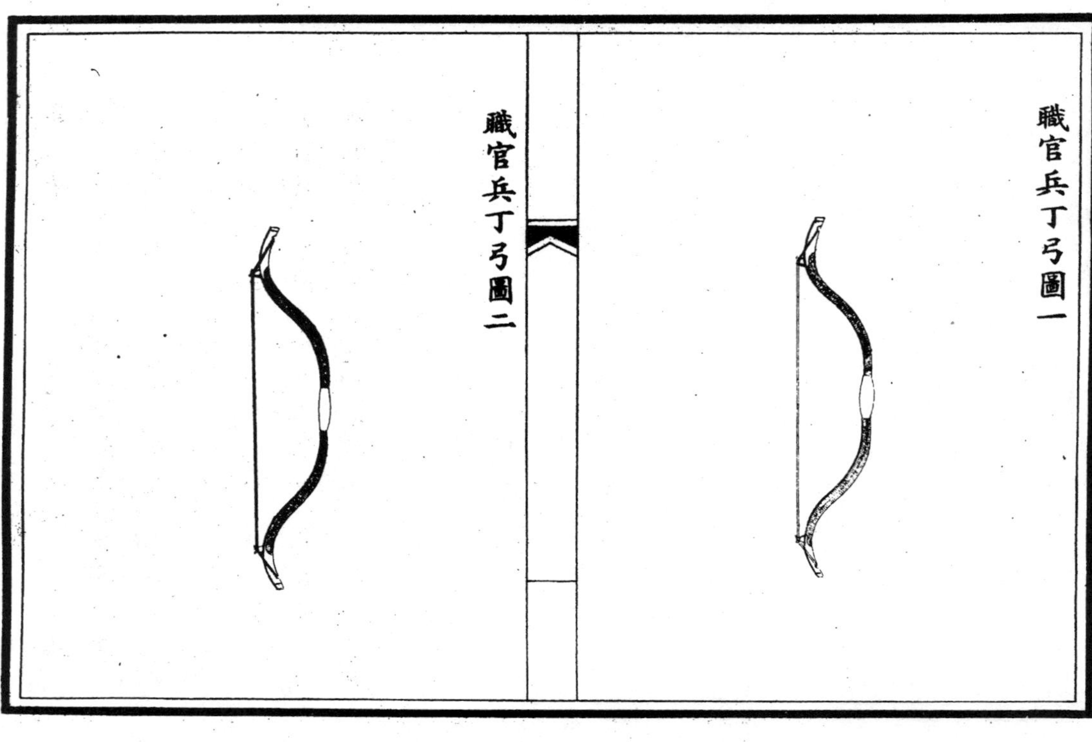


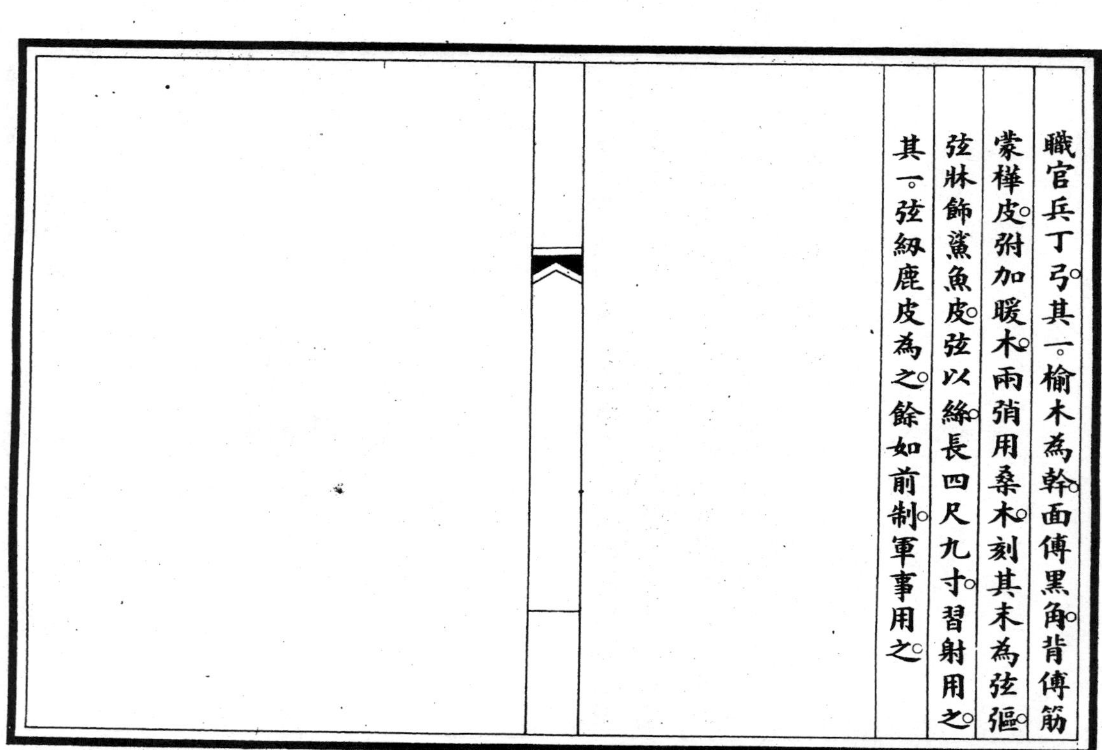
職官兵丁弓。其一。榆木為幹。面傅黑角。背傅筋。蒙樺皮。弣加暖木。兩弰用桑木。刻其末為弦彄。弦彄飾鯊魚皮。弦以絲。長四尺九寸。習射用之。其一。弦紉鹿皮為之。餘如前制。軍事用之。

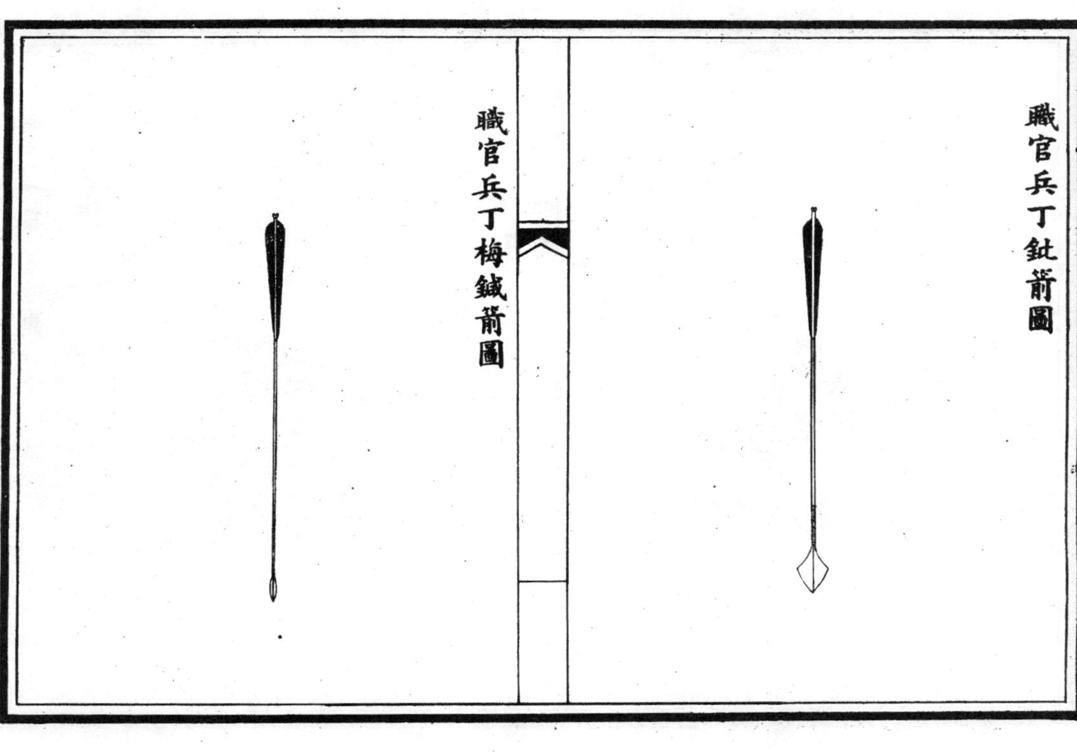
職官兵丁鈚箭圖

職官兵丁梅鋮箭圖

職官兵丁箭二。一鈚箭。一梅鋮箭。皆樺木或柳木為笴。長三尺。鐵鏃長三寸。笴首飾樺皮。鸛羽。羽閒。職官書銜名。兵丁書名。括髤朱。凡官造八旗世職。民公五百五十。侯伯子男各以五十為差。輕車都尉二百五十。騎都尉雲騎尉各以五十為差。武職一品至五品視子男。以下六品以下百。文職一二品視子男。三品京堂視武二品。四品京堂科道郎中視武三品。員外郎視武四品。主事鳴贊麽監生視武五品。筆帖式視武六品。護軍前鋒領催人七十。驍騎人五十。馬軍步軍以十為差。直省督撫提鎮武職兵丁。各視其品級所得。與八旗同。

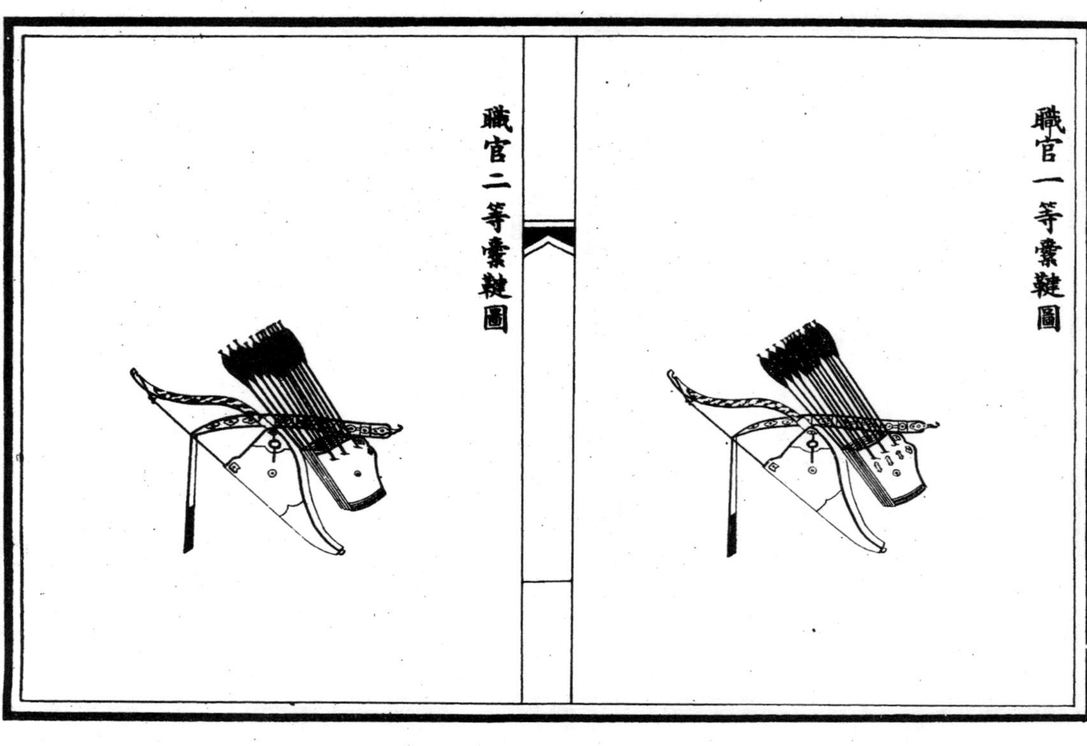

職官一等櫜鞬圖

職官二等櫜鞬圖

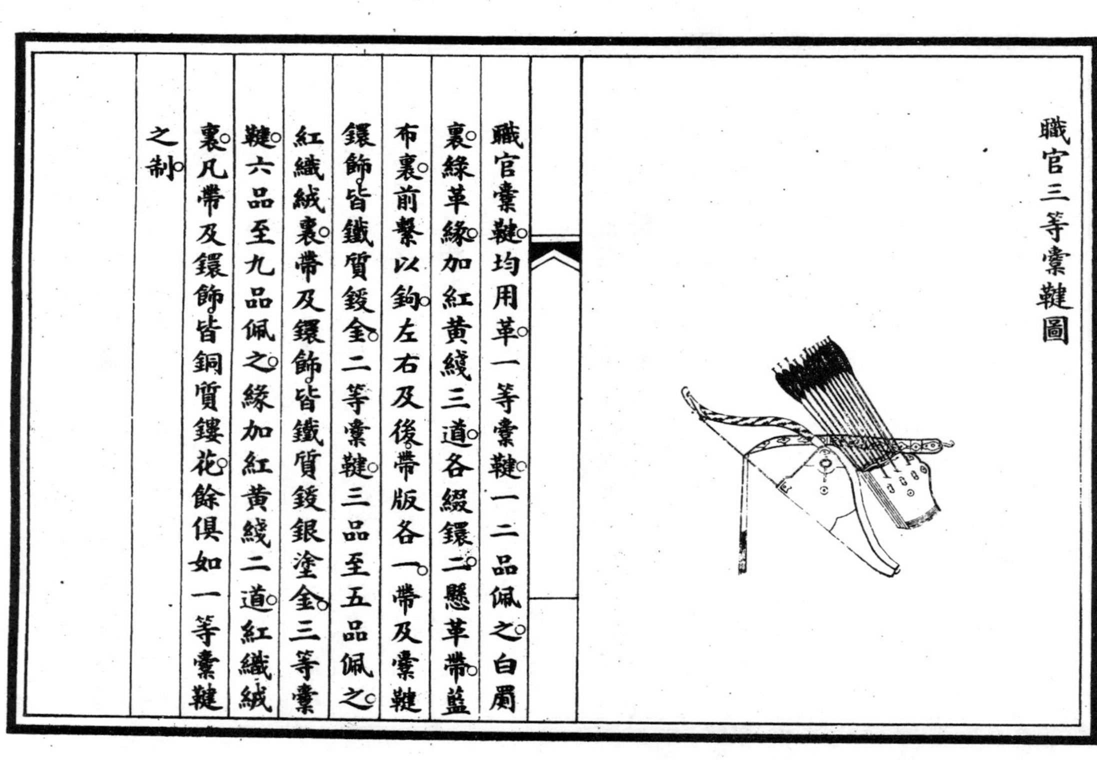

職官三等櫜鞬圖

職官櫜鞬。均用革。一等櫜鞬。一二品佩之。白罽裏。緣革緣。加紅黃綫三道。各綴鐶。二懸革帶。藍布裏。前繫以鉤。左右及後。帶版各一。帶及櫜鞬鐶飾。皆鐵質鋄金。二等櫜鞬。三品至五品佩之。紅織絨裏。帶及鐶飾。皆鐵質鋄銀塗金。三等櫜鞬。六品至九品佩之。緣加紅黃綫二道。紅織絨裏。凡帶及鐶飾。皆銅質鏤花。餘俱如一等櫜鞬之制。

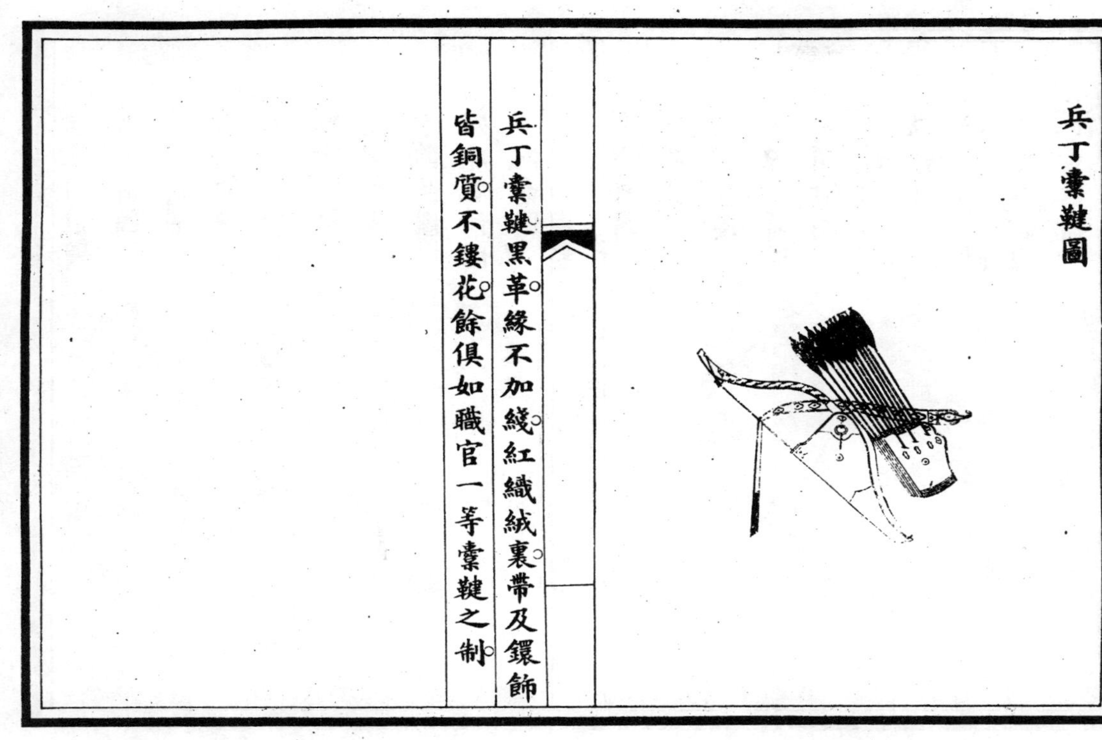

兵丁櫜鞬圖

兵丁櫜鞬黑革。緣不加綫。紅織絨裏。帶及鐶飾皆銅質。不鏤花。餘俱如職官一等櫜鞬之制。

欽定大清會典圖卷九十七

武備七 弓箭四 弩附

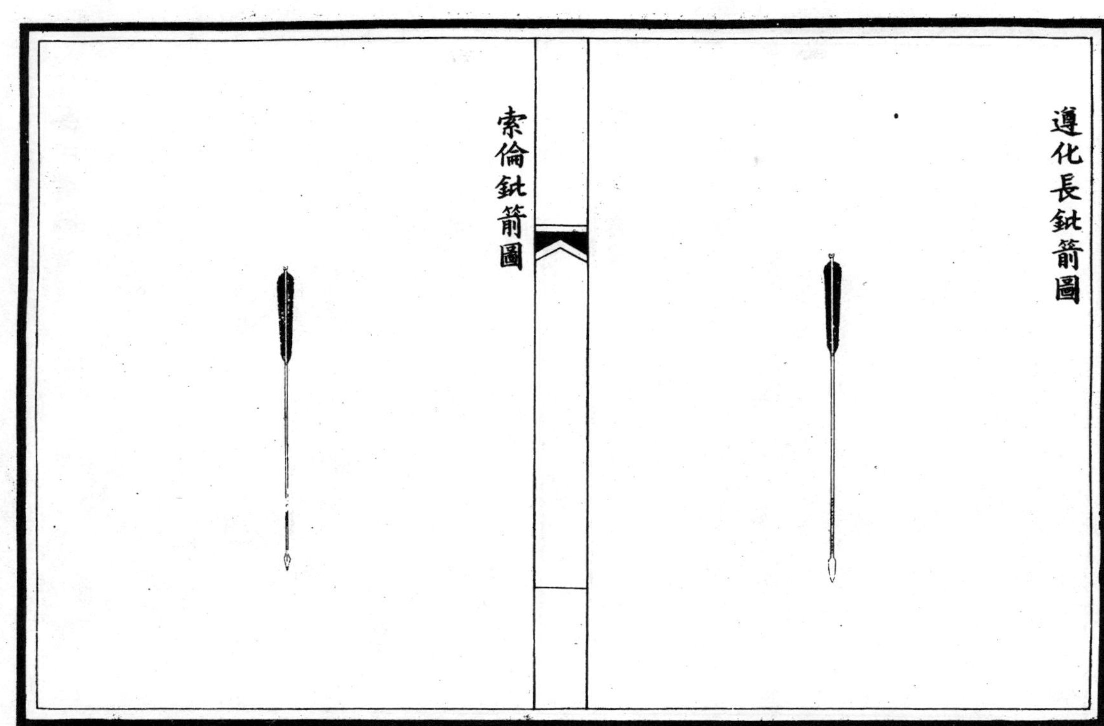
遵化長鈚箭圖
索倫鈚箭圖

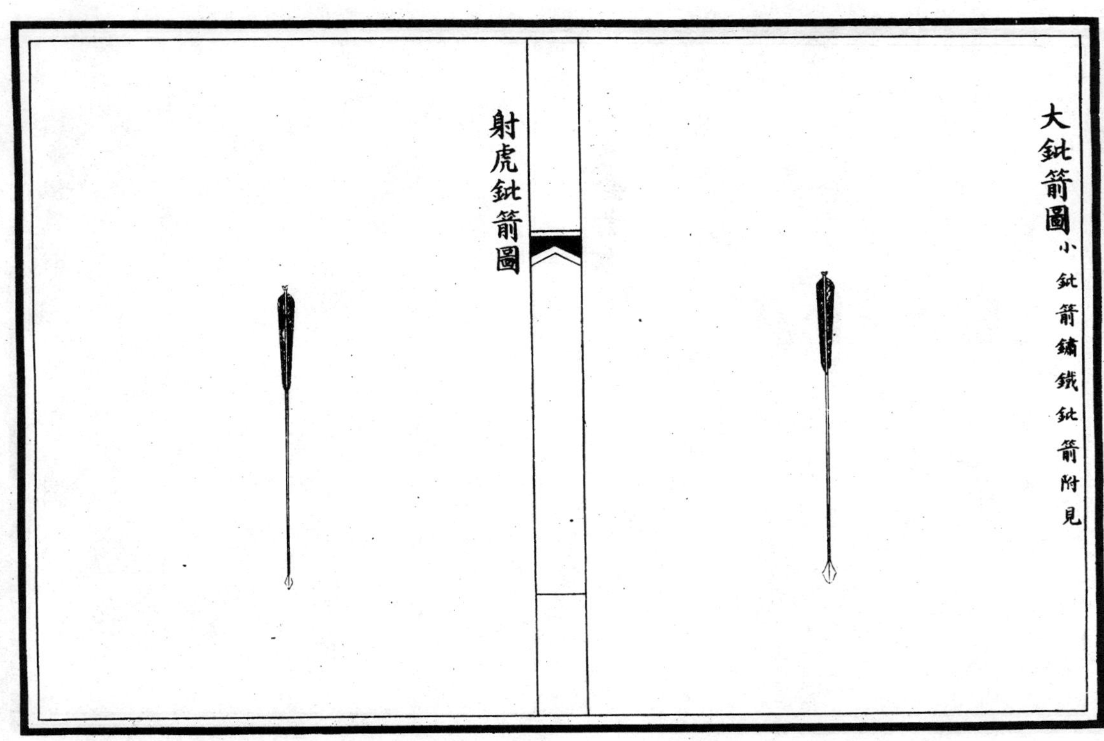
大鈚箭圖小鈚箭鏞鐵鈚箭附見
射虎鈚箭圖

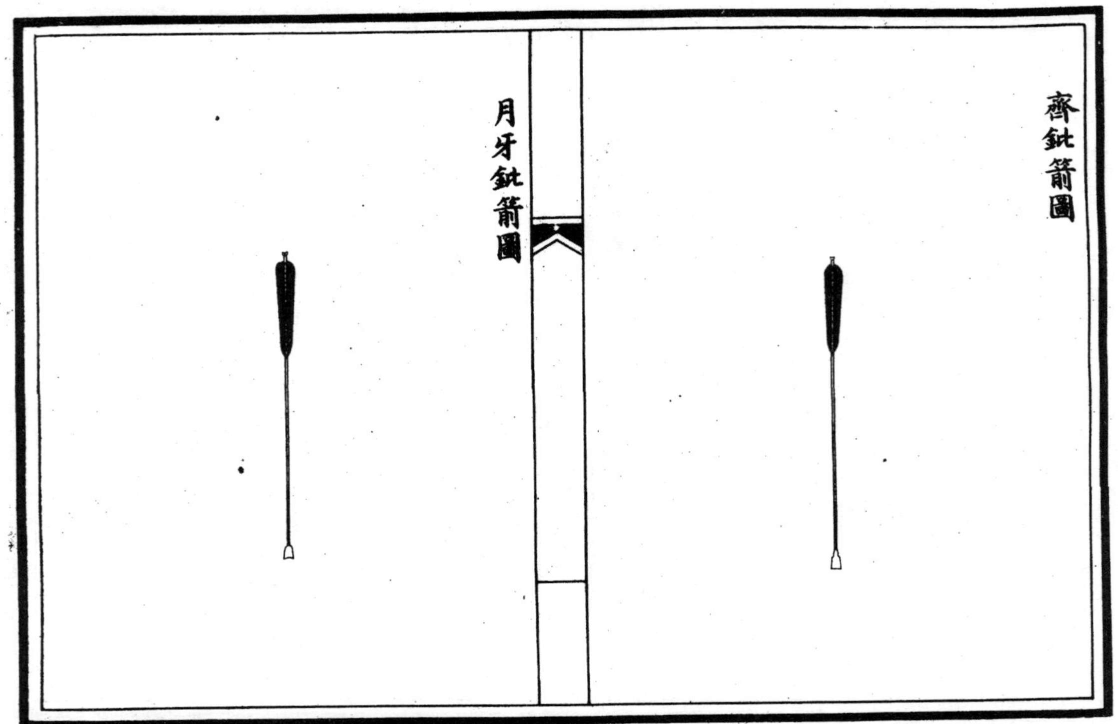
齊鈚箭圖
月牙鈚箭圖

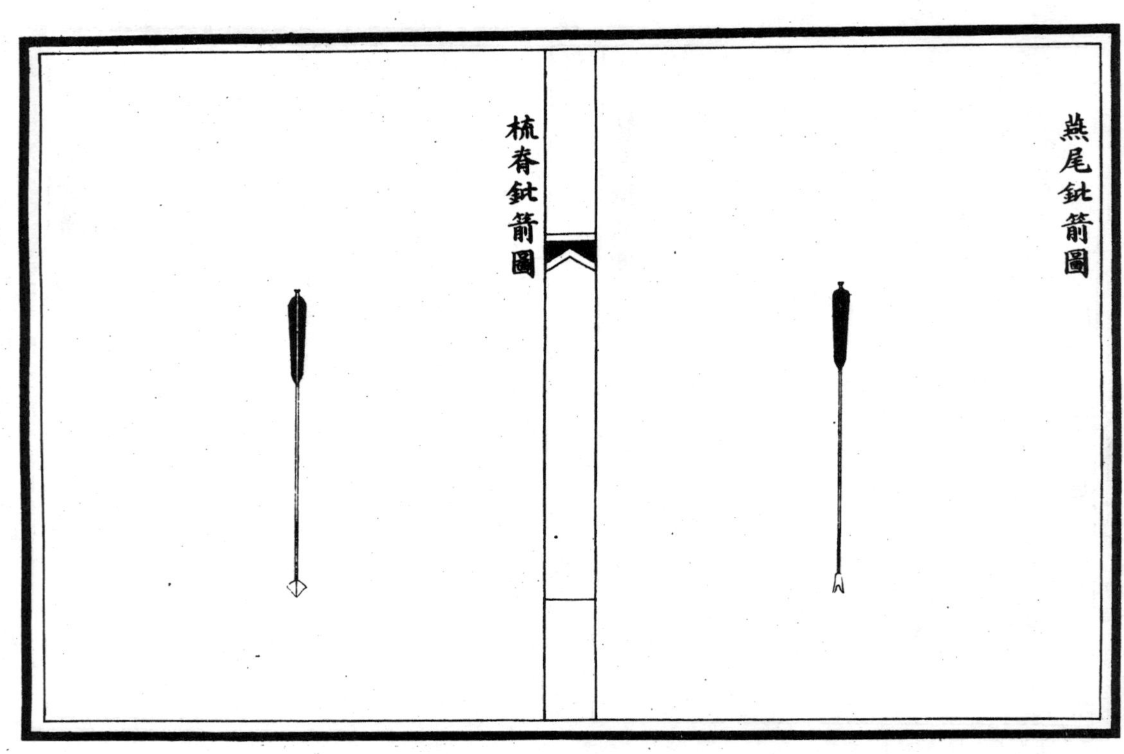
燕尾鈚箭圖
梳脊鈚箭圖

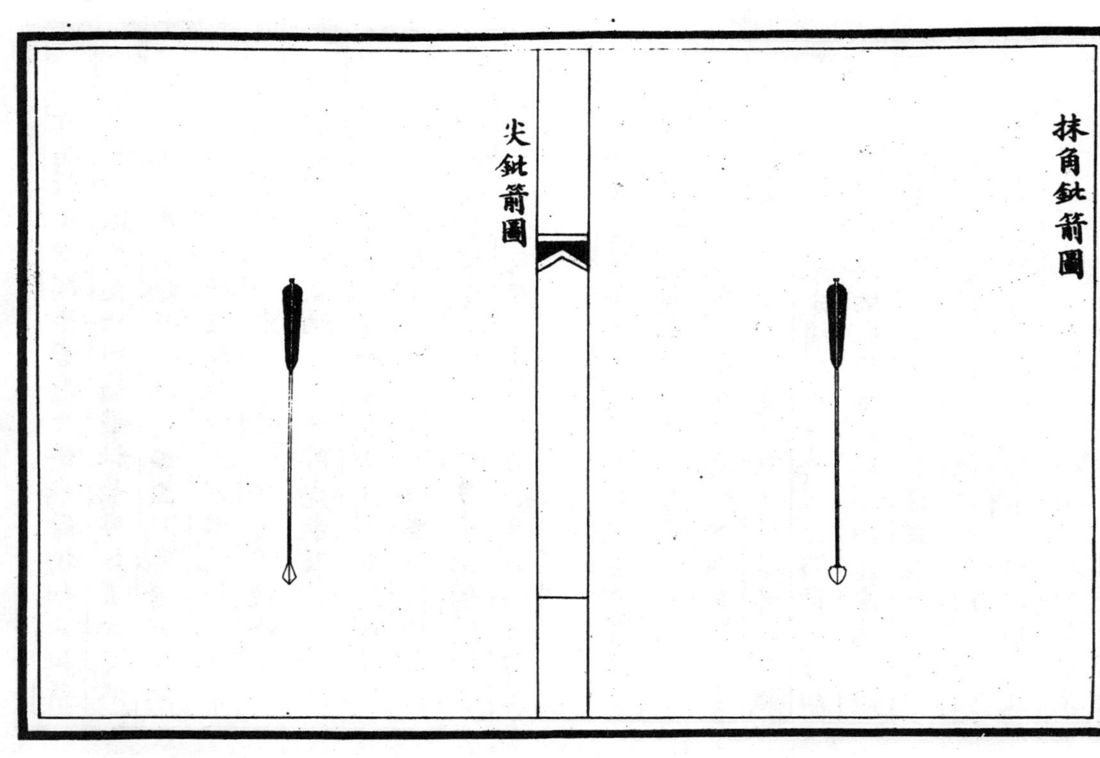


叉鈚箭圖

鈚箭之制有十三。皆楊木為笴。長二尺九寸。惟遵化長鈚箭長三尺。鐵鏃長三寸五分。闊五分。形如梅鍼箭。笴首飾黑桃皮。皁鵰羽。括髹朱。旁裹白樺皮。軍事用之。亦用以宿衞。鋭可貫札。一曰索倫鈚箭。鐵鏃長二寸八分。闊五分。形如鈚箭而微狹。笴首飾黑桃皮。花鵰羽。括髹朱。軍事用之。亦可射熊及野豕。一曰大鈚箭。鐵鏃長二寸五分。闊一寸五分。笴首飾黑桃皮。皁鵰羽。羽閒髹朱及黑。旁裹綠䕲。挽强中有力以射虎熊及牡鹿。一曰小鈚箭。鐵鏃長二寸四分。形如鈚箭而微小。羽閒朱。旁裏白樺皮。餘俱如大鈚箭之制。射獸為良。一曰鏞鐵鈚箭。鐵鏃長二寸六分。闊一寸四分。形如鈚箭。鏞澀不磨。笴首飾紅桃皮。旁裏黑樺皮。射獸創大不能逸。一曰射虎鈚箭。鐵鏃長一寸五分。闊九分。圭首後修。鏞澀不磨。笴首飾黑桃皮。以射臥虎能及遠。一曰齊鈚箭。鐵鏃長一寸七分。闊一寸二分。鏃端橫平。後以次刻。笴首飾黑桃皮。羽微曲。旁裏綠繭。射獸。其鋒莫禦。墮能卓地。一曰月牙鈚箭。鐵鏃長一寸五分。前徑一寸三分。形如月牙。鏟笴首飾黑桃皮。羽微曲。旁裏白樺皮。射獸。左右莫禦。一曰燕尾鈚箭。鐵鏃長二寸五分。前闊一寸五分。歧兩刃如燕翦形。鏞澀不磨。笴首飾黑桃皮。旁裏綠繭。夏獮以射灌叢中獸。一曰梳脊鈚箭。鐵鏃長一寸九分。闊二寸一分。三角而銳。後形如梳脊。笴首飾桃皮。旁裏白樺皮。射鹿麅為良。創大而箭不墮。一曰抹角鈚箭。鐵鏃長二寸。闊如之。三角兩旁刻。笴首飾黑桃皮。旁飾以角。射猛獸中而不墮。皆皁鵰羽。括髹朱。一曰尖鈚箭。鐵鏃長二寸三分。闊一寸四分。圭首後刻。括旁不加飾。餘俱如齊鈚箭之制。以射諸獸皆宜。一曰叉鈚箭。鐵鏃長一寸。闊七分。如魚尾形。下接樺木一寸三分。前狹後豐。花鵰羽。括髹朱。旁裏白樺皮。射麞兔黃羊。銳能透骨。

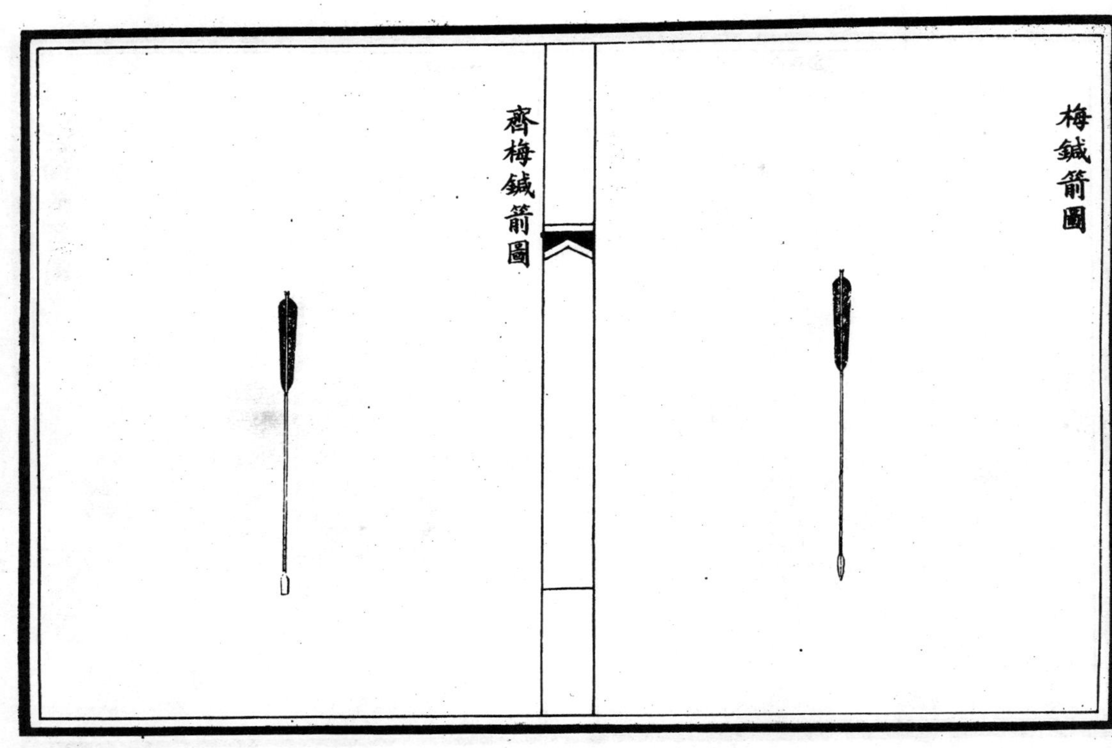


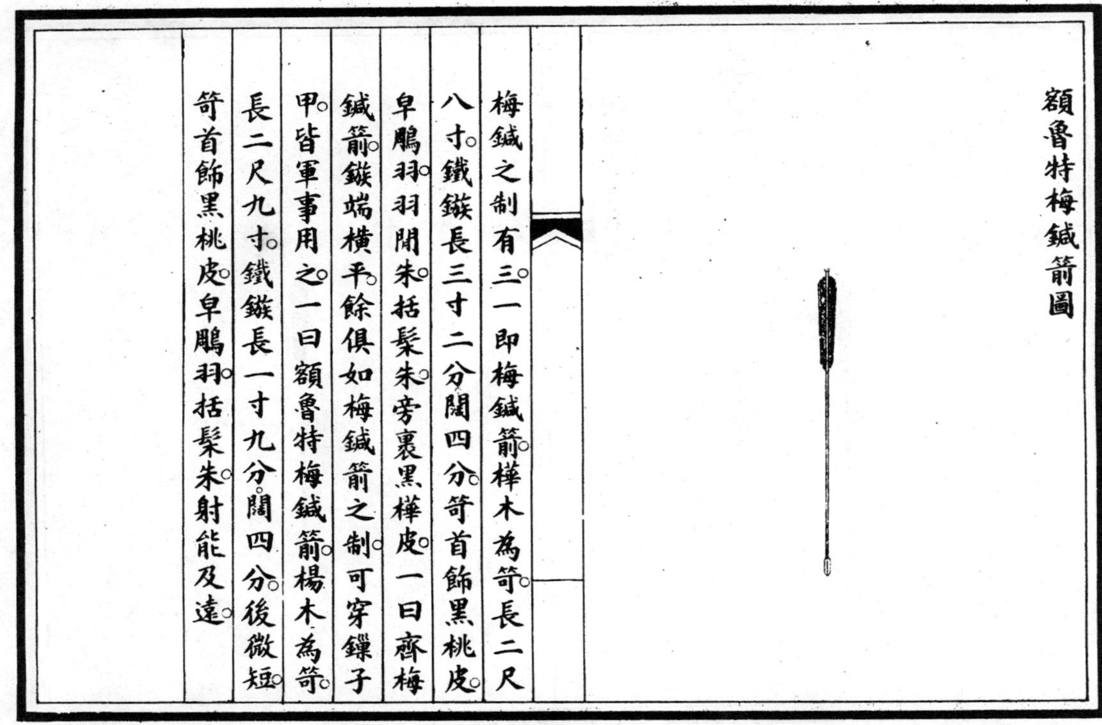


梅鋮之制有三。一即梅鋮箭。樺木為笴。長二尺八寸。鐵鏃長三寸二分。闊四分。笴首飾黑桃皮。皁鵰羽。羽閒朱。括髹朱。旁裏黑樺皮。一曰齊梅鋮箭。鏃端橫平。餘俱如梅鋮箭之制。可穿鏁子甲。皆軍事用之。一曰額魯特梅鋮箭。楊木為笴。長二尺九寸。鐵鏃長一寸九分。闊四分。後微短。笴首飾黑桃皮。皁鵰羽。括髹朱。射能及遠。

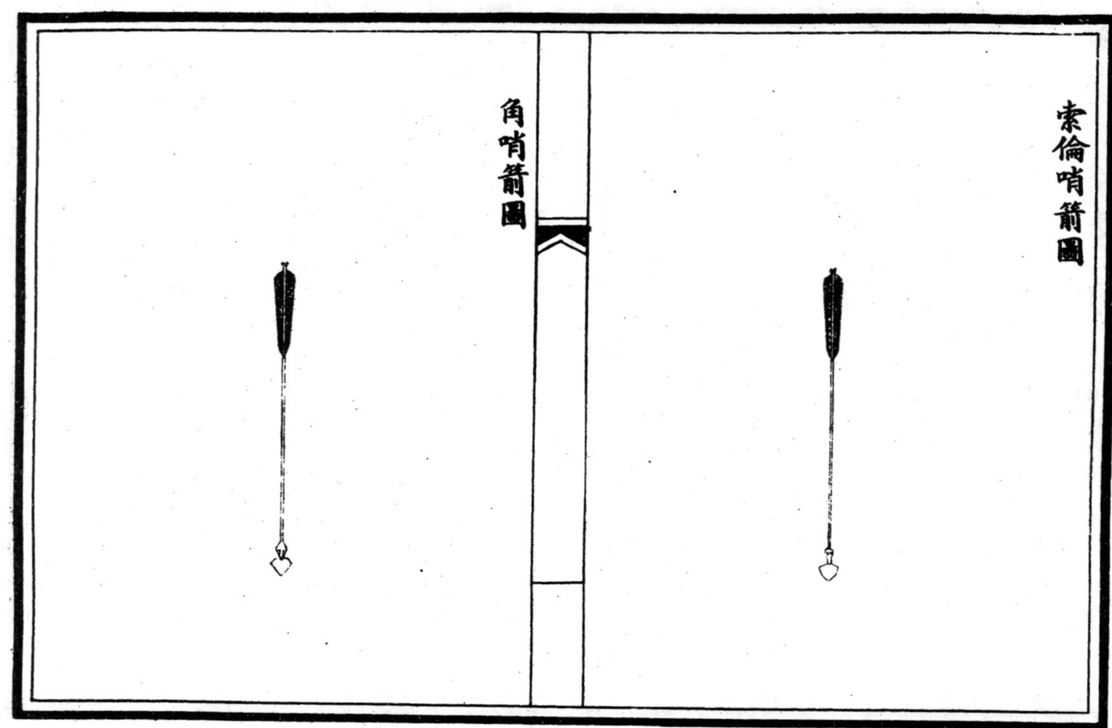
索倫哨箭圖
角哨箭圖

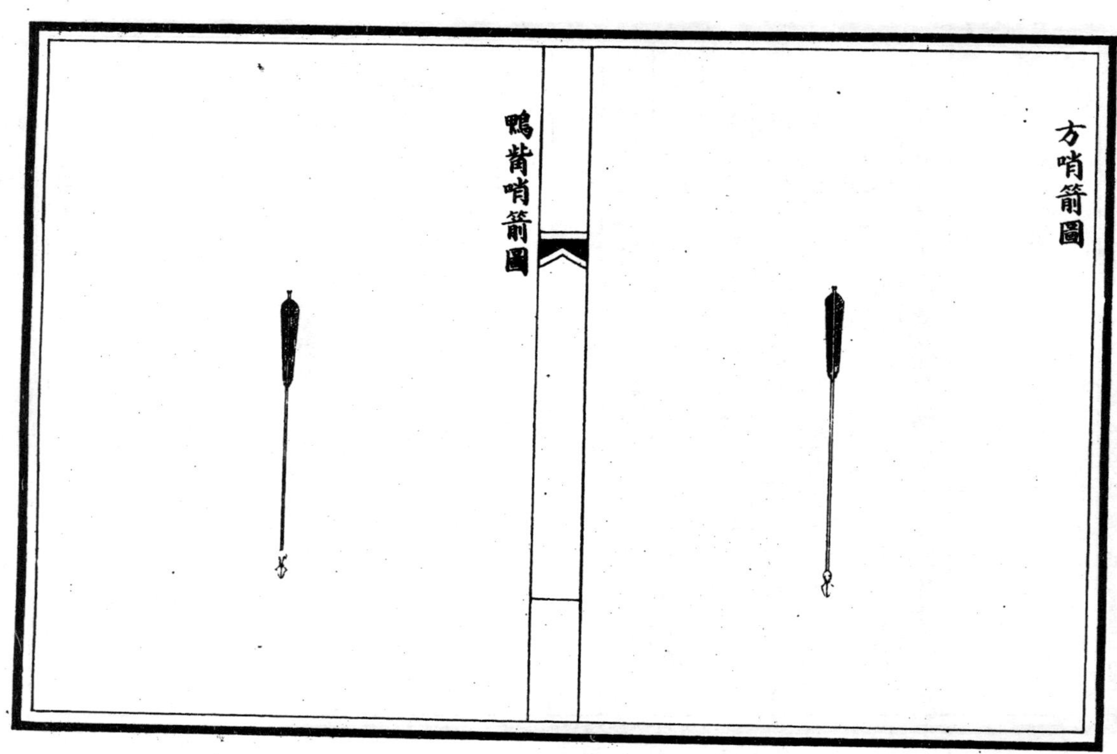
方哨箭圖
鴨背哨箭圖

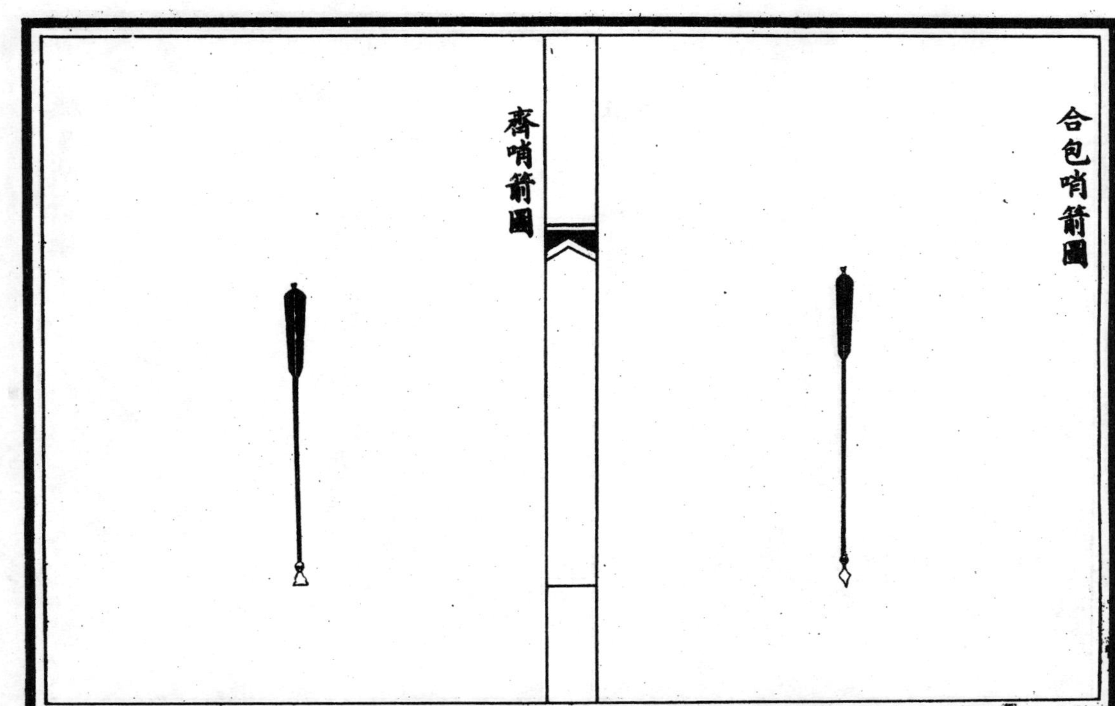
合包哨箭圖
齊哨箭圖

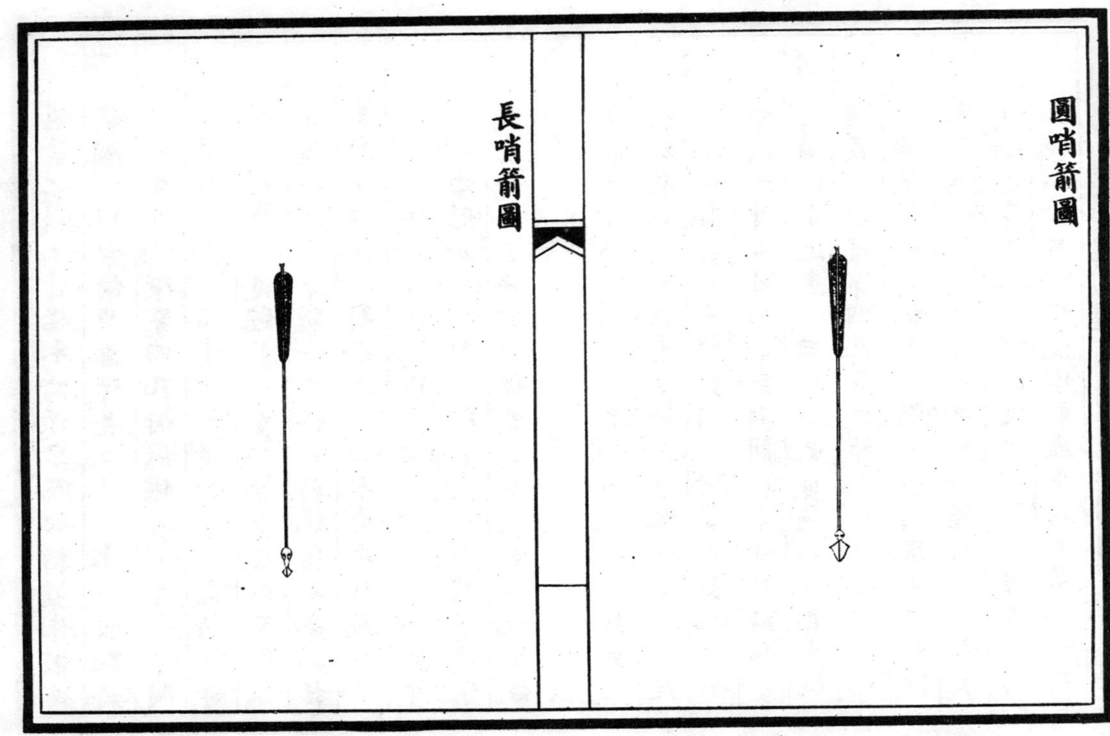
圓哨箭圖
長哨箭圖

榛子哨箭圖

榛子哨鈚箭圖

哨箭之制十。皆楊木爲笴。皁鵰羽。括髹朱。骲銜鐵鏃。一曰索倫哨箭。笴長二尺八寸。骨骲微扁。長一寸五分。環穿四孔。銜鐵鏃長一寸七分。闊二寸二分。音利而清。以射諸獸。一曰角哨箭。笴長二尺八寸。角骲長一寸八分。環穿四孔。銜鐵鏃長一寸二分。闊一寸八分。前銳後平。旁剡。括旁裹白樺皮。以射麋麀。一曰方哨箭。角骲長一寸五分。中微方而扁。環穿四孔。銜鐵鏃長二寸。闊如之。形如鈚。以射諸獸皆宜。一曰鴨背哨箭。骲長一寸三分。前絅後豐。微扁。環穿四孔。銜鐵鏃長一寸八分。闊如之。形如鈚。括旁裹綠繭。射鹿及諸獸。其勢勁直。一曰合包哨箭。笴長二尺九寸。角骲長一寸。環穿四孔。銜鐵鏃長二寸一分。闊一寸五分。形如鈚。羽間髹朱及黑。括旁裹綠繭。以射近鹿。一曰齊哨箭。笴長二尺九寸。鐵骲長八分。環穿四孔。銜鐵鏃長一寸七分。闊一寸四分。形如齊鈚箭。鏽澀不磨。射鹿麀麞狐狼諸獸。其鋒莫禦。隨能卓地。一曰圓哨箭。角骲長九分。環穿三孔。銜鐵鏃長二寸。闊一寸九分。形如鈚。括旁裹白樺皮。以射鹿麀。利而易入。一曰

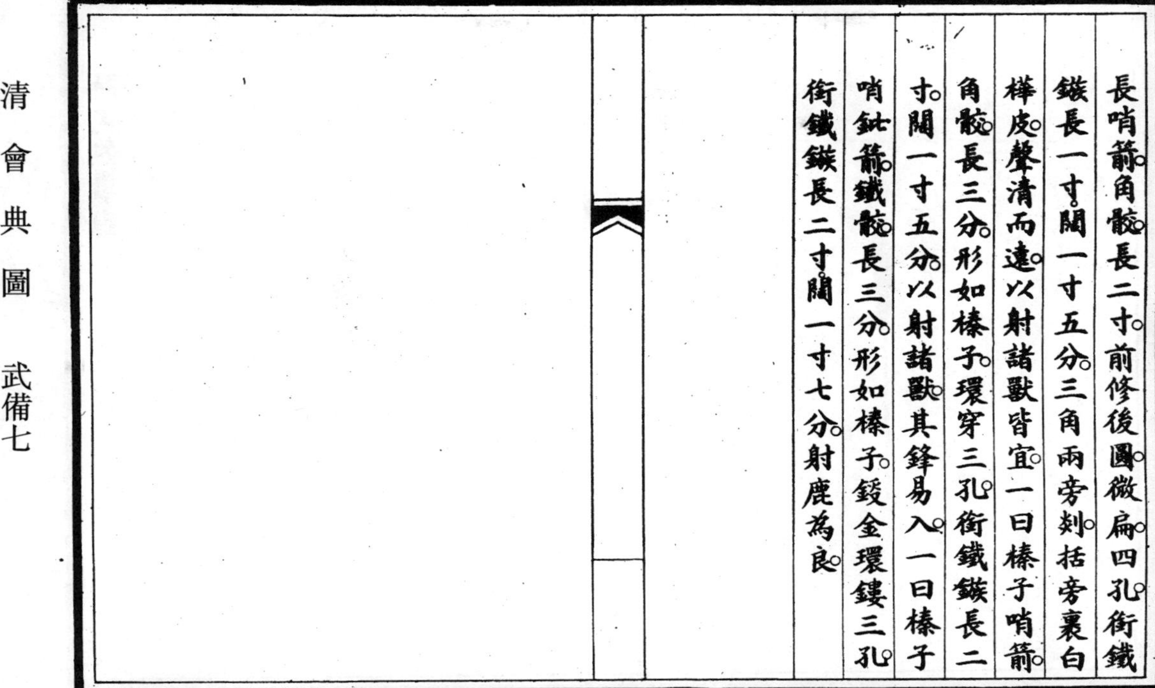
長哨箭。角骲長二寸。前修後圓。微扁。四孔。銜鐵鏃長一寸。闊一寸五分。三角兩旁刻括旁裹白樺皮。聲清而遠。以射諸獸皆宜。一曰榛子哨箭。角骲長三分。形如榛子。環穿三孔。銜鐵鏃長二寸。闊一寸五分。以射諸獸。其鋒易入。一曰榛子哨鈚箭。鐵骲長三分。形如榛子。鍐金環鏤三孔。銜鐵鏃長二寸闊一寸七分。射鹿為良。

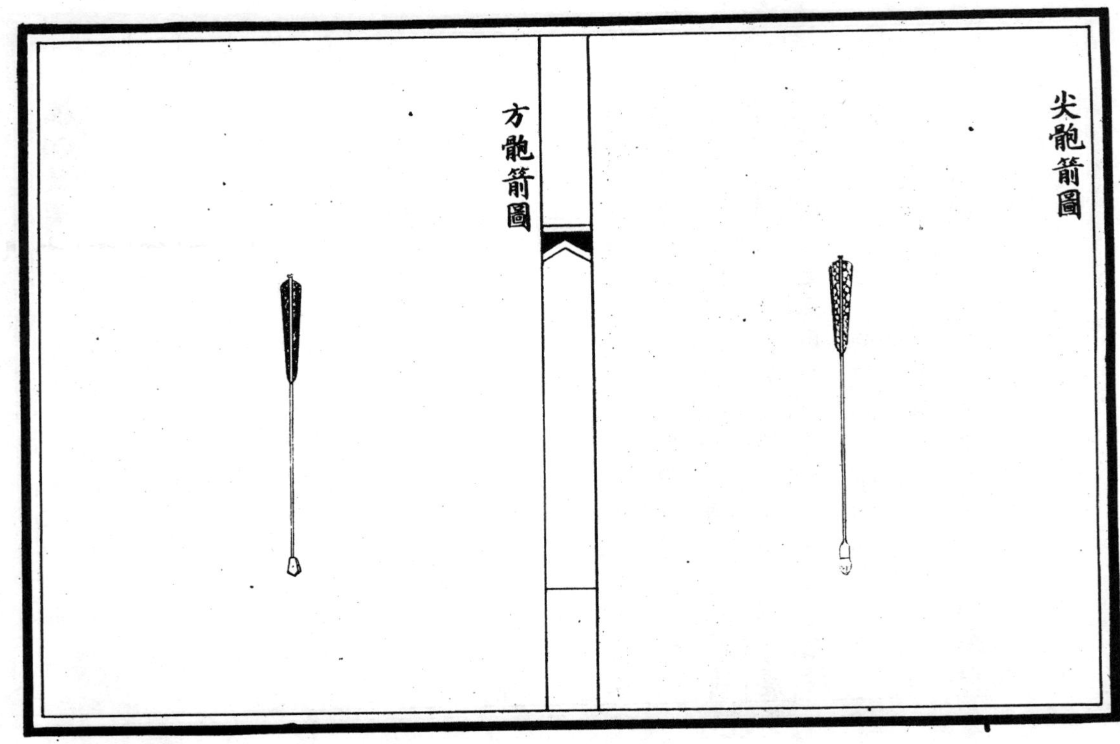
尖骲箭圖

方骲箭圖

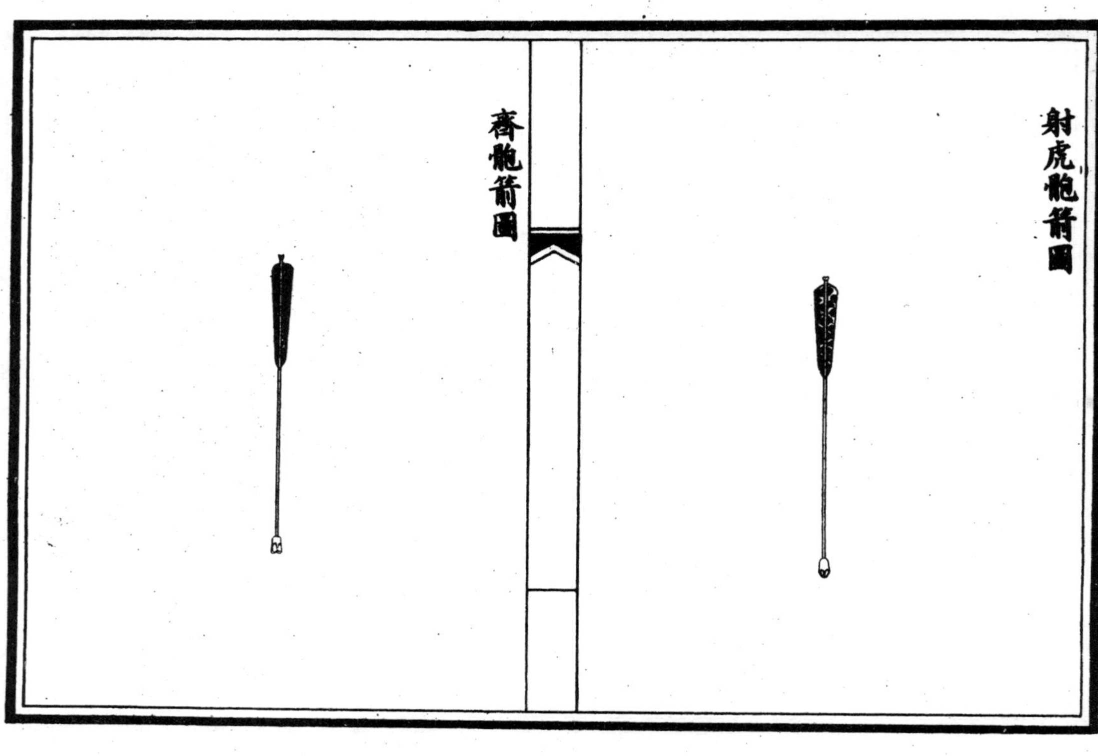


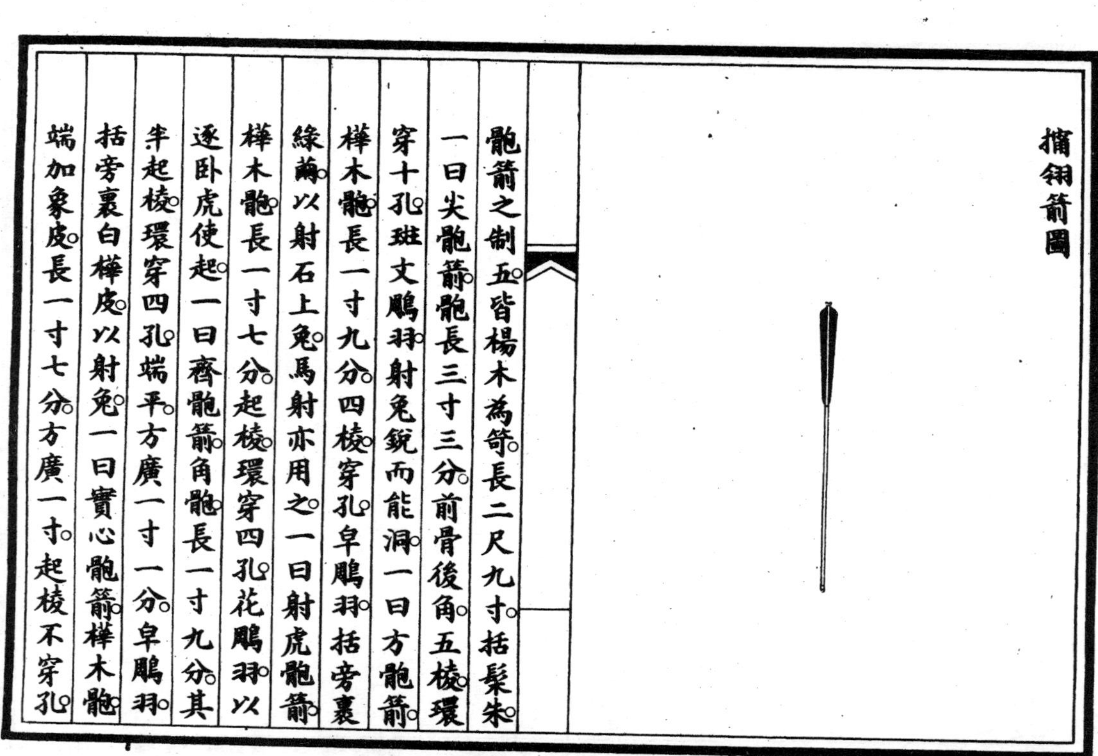


骲箭之制五。皆楊木為笴。長二尺九寸。括髹朱。一曰尖骲箭。骲長三寸三分。前骨後角。五棱環穿十孔。班文鵰羽。射兎鋭而能洞。一曰方骲箭。樺木骲。長一寸九分。四棱穿孔。皁鵰羽。括旁裹綠繭。以射石上兎。馬射亦用之。一曰射虎骲箭。樺木骲長一寸七分。起棱環穿四孔。花鵰羽。以逐卧虎使起。一曰齊骲箭。角骲。長一寸九分。其半起棱。環穿四孔。端平。方廣一寸一分。皁鵰羽。括旁裹白樺皮。以射兎。一曰實心骲箭。樺木骲端加象皮。長一寸七分。方廣一寸。起棱不穿孔

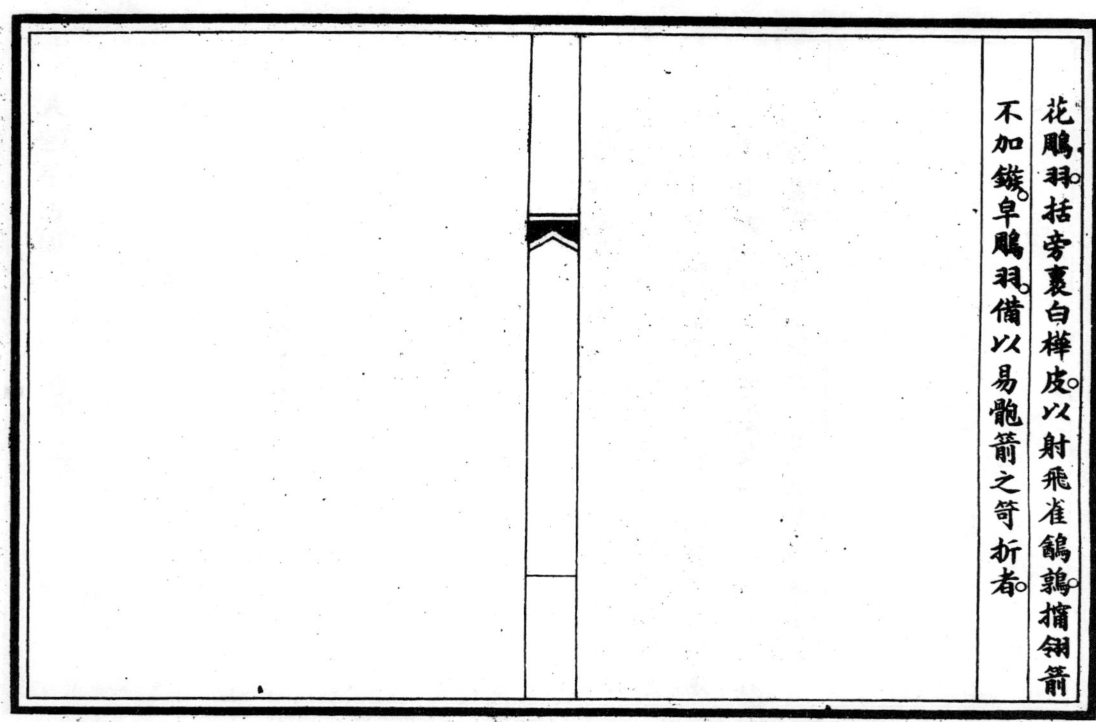
花鵰羽。括旁裹白樺皮。以射飛雀鴿鵓。揃翎箭不加鏃。皁鵰羽。備以易骲箭之笴折者。

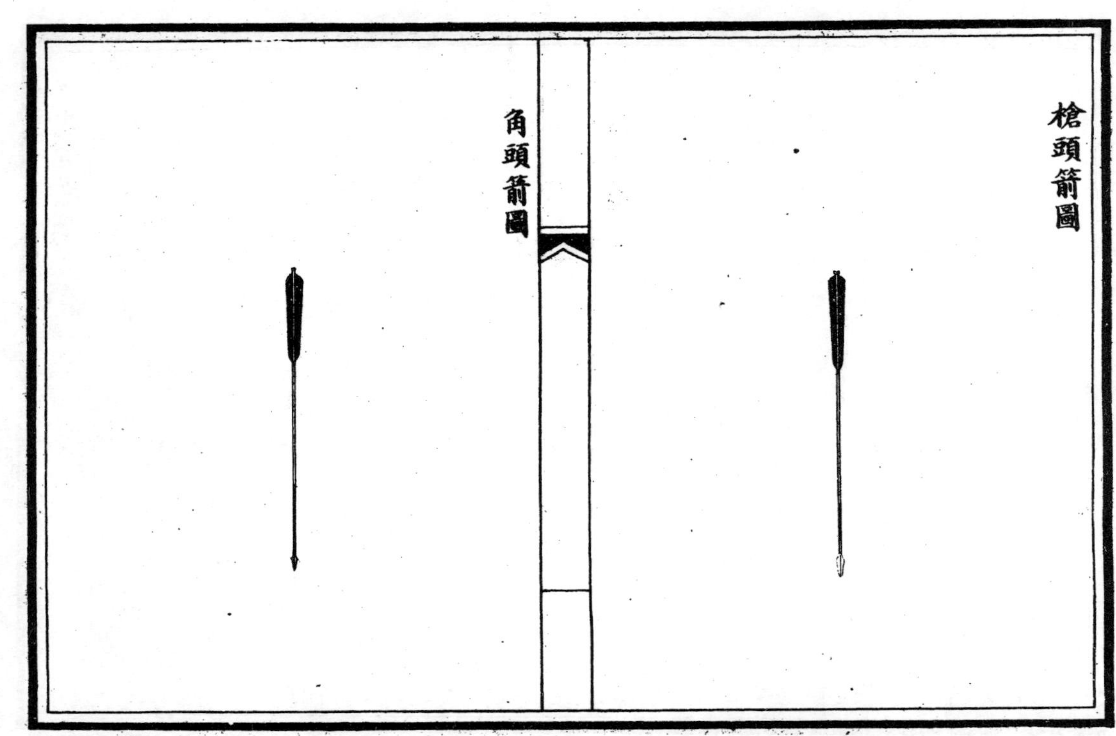

火燎竿箭圖

槍頭箭。楊木爲笴。長二尺九寸。鐵鏃長三寸。闊四分。形如槍刃。笴首飾黑桃皮。皁鵰翎。羽間朱括髹朱。旁裹白樺皮。角頭箭。角鏃長三寸五分。形如梅鍼。火燎竿箭。鐵鏃長二寸二分。笴炙以火。耐陰溼。餘均如槍頭箭之制。皆軍事用之。

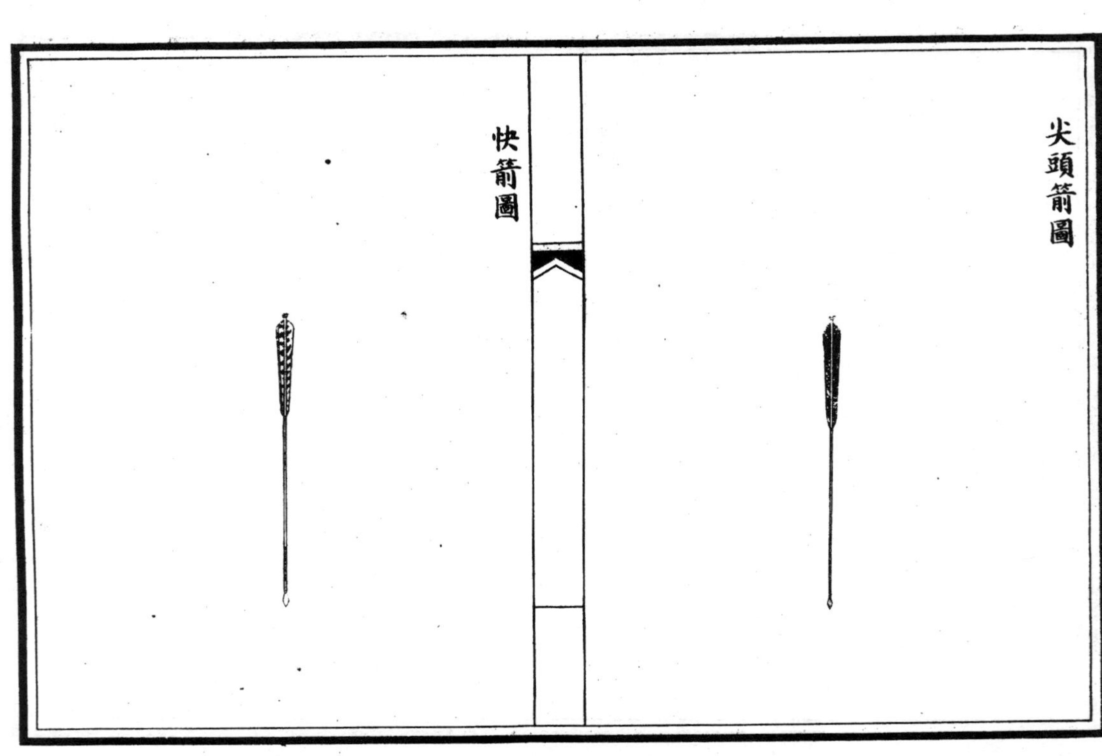

尖頭箭圖

快箭圖

墩箭圖

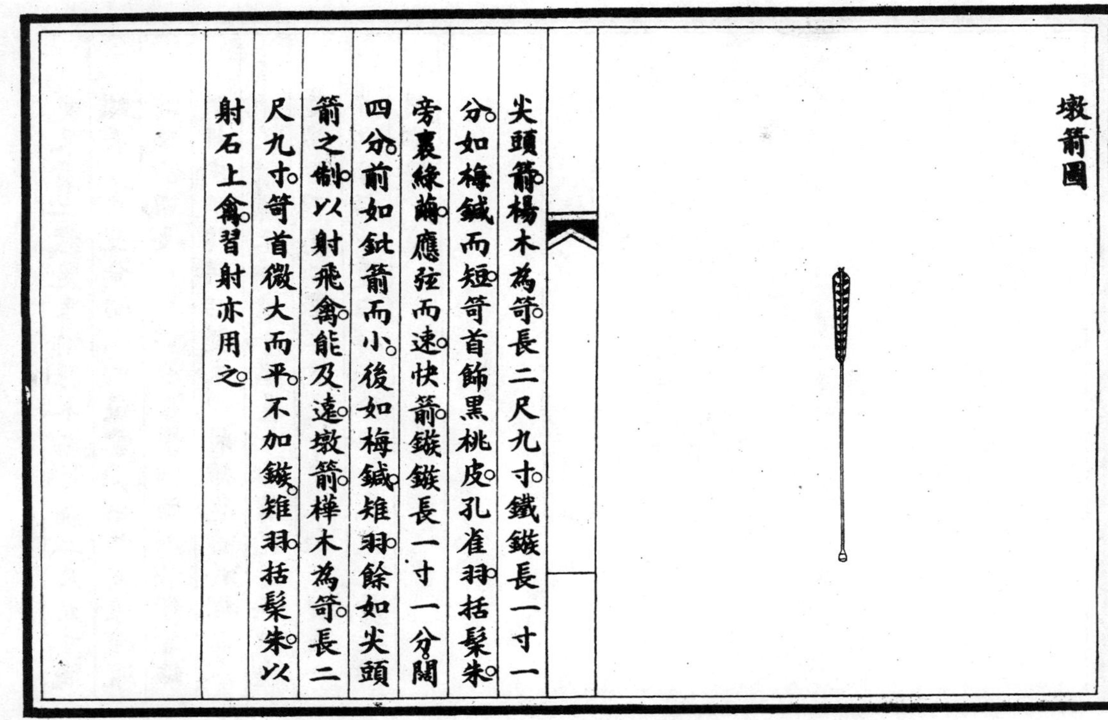

尖頭箭。楊木為笴。長二尺九寸。鐵鏃長一寸一分。如梅鍼而短。笴首飾黑桃皮。孔雀羽。括髤朱。旁裹綠繭。應弦而速。快箭。鏃長一寸一分。闊四分。前如鈚箭而小。後如梅鍼。雉羽。餘如尖頭箭之制。以射飛禽能及遠。墩箭。樺木為笴。長二尺九寸。笴首微大而平。不加鏃。雉羽。括髤朱。以射石上禽。習射亦用之。

鐵兔叉箭圖

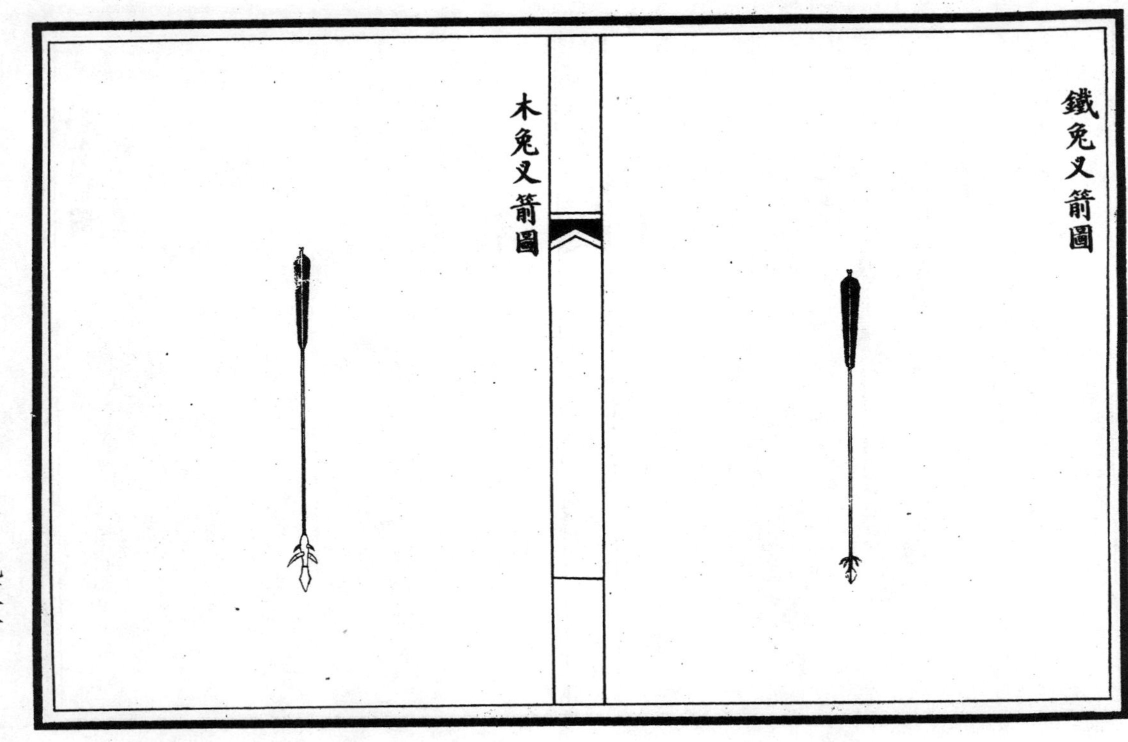

木兔叉箭圖

兔叉箭二。鐵兔叉箭。楊木為笴。長二尺九寸。鐵鏃長二寸五分。端為四棱雲葉中為圓椎後週施鐵齒四長一寸四分。末掣倒鈎向外。笴首飾黑桃皮。皂鵰羽。括髹朱。以射雉兔。易於探取。木兔叉箭樺木加象牙。鏃長七寸。前銳後脩。四棱施鐵齒四。為二重。上齒長一寸三分。下齒長一寸九分。括旁裹白樺皮。餘俱如鐵兔叉箭之制。用亦同。

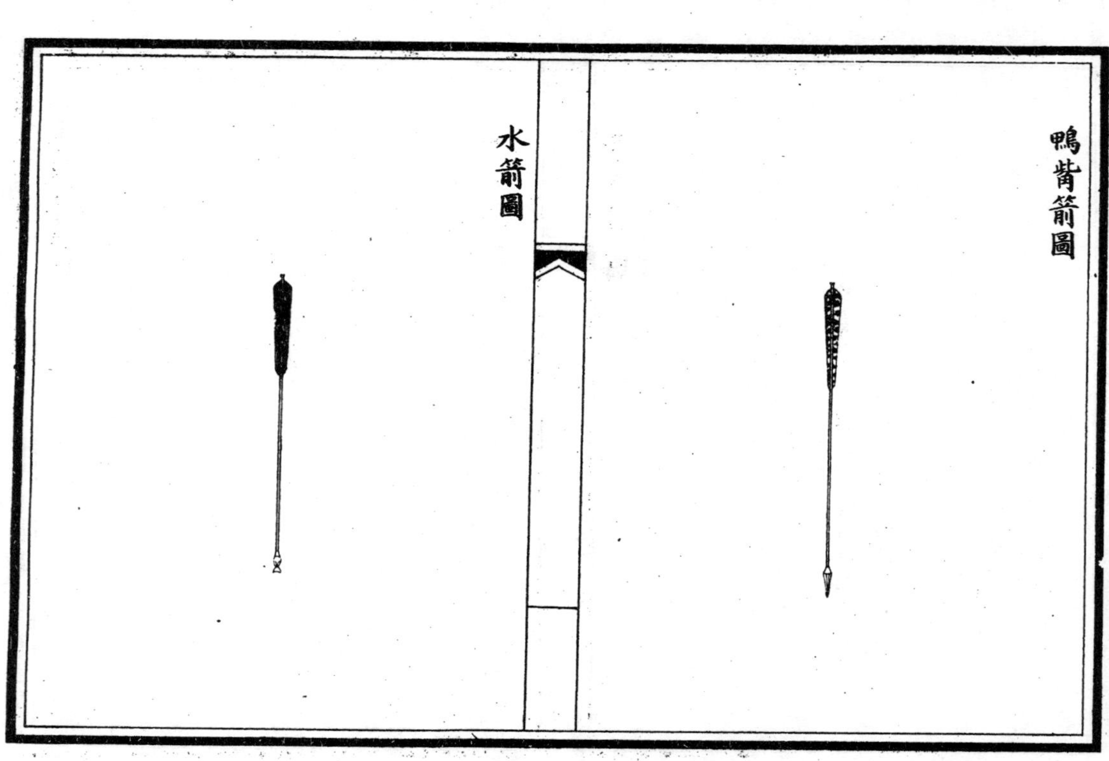
鴨背箭圖

水箭圖

## 魚叉箭圖

鴨背箭。樺木為笴及鏃。通長二尺九寸。首微豐八棱。端如鴨背形。笴通塗以油。花鵰羽。括髹朱。旁裹白樺皮。水箭。楊木為笴。長二尺九寸。梨木骲長一寸。如骲箭而不穿孔。加鐵鏃長五分。闊七分。形如鏟。笴通塗以油。皁鵰羽四出。括髹朱。皆以射鴨。魚叉箭。亦楊木為笴。長二尺九[illegible]鐵鏃如鈀五齒。橫一寸四分。縱一寸九分。末掔倒鉤。笴首飾黑桃皮。雁羽。羽閒塗黃油。括旁亦飾黑桃皮。以射魚。

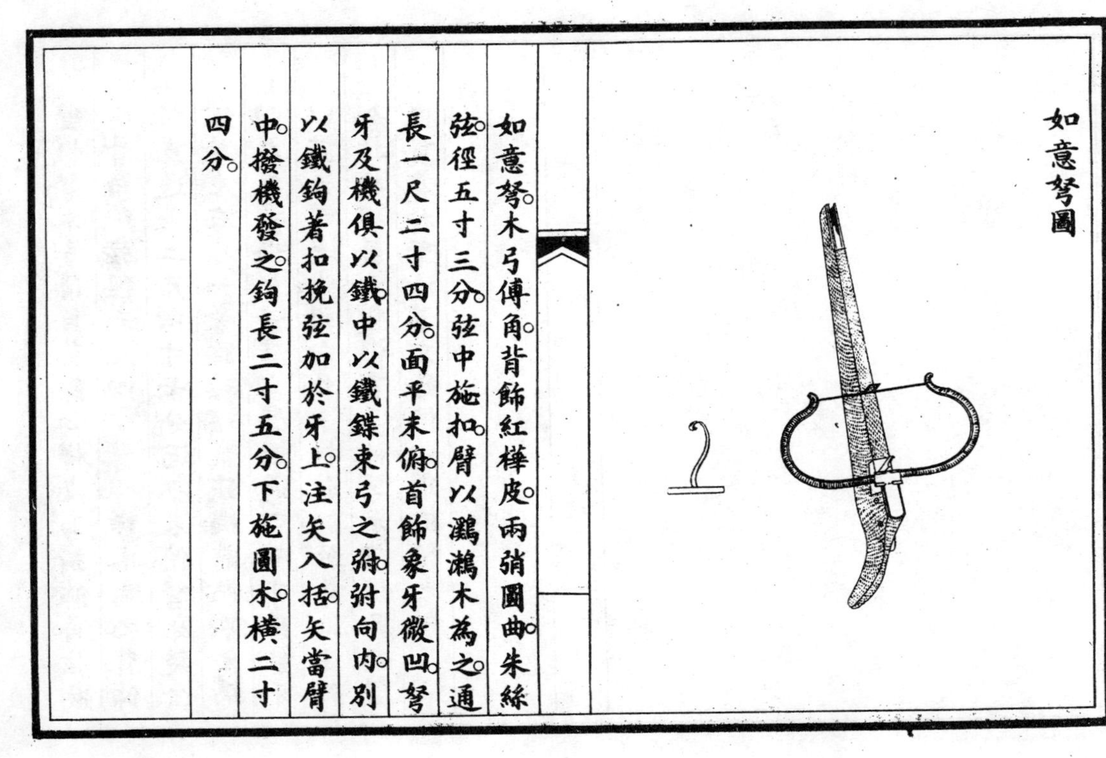

## 如意弩圖

如意弩。木弓傅角。背飾紅樺皮。兩弰圓曲。朱絲弦。徑五寸三分。弦中施扣。臂以鸂鶒木為之。通長一尺二寸四分。面平末俯。首飾象牙。微凹。弩牙及機俱以鐵。中以鐵鍱束弓之弣。弣向內。別以鐵鉤著扣挽弦。加於牙上。注矢入括。矢當臂中。撥機發之。鉤長二寸五分。下施圓木。橫二寸四分。

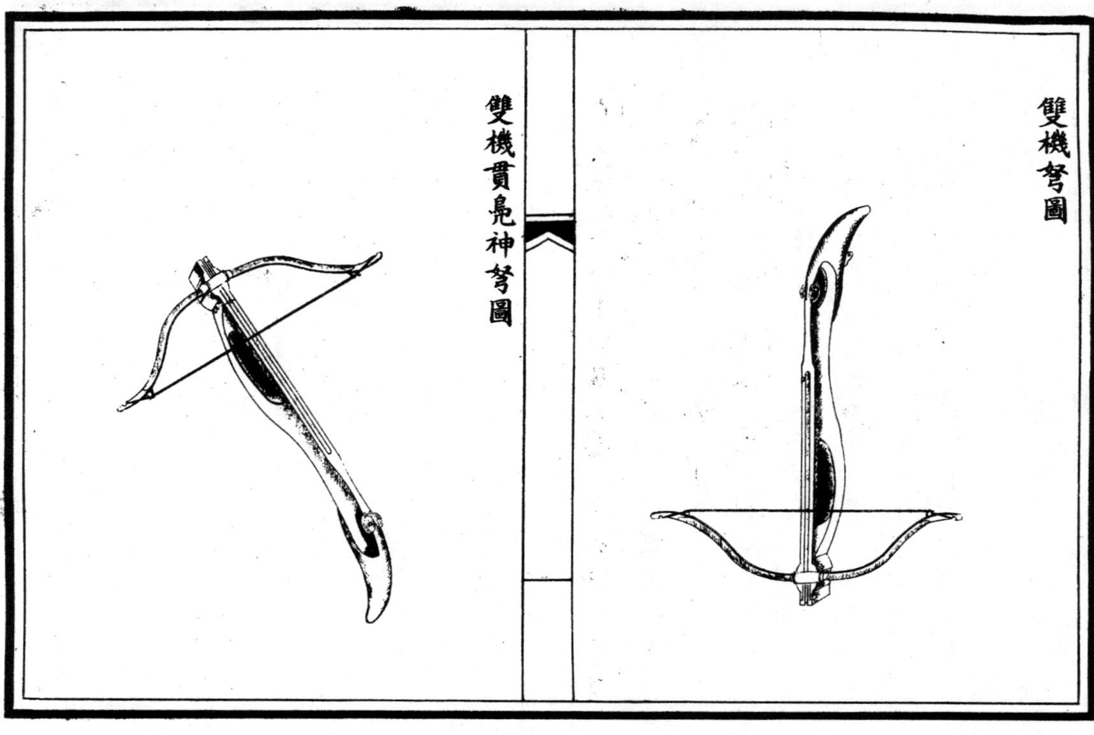

雙機弩圖

雙機貫扄神弩圖

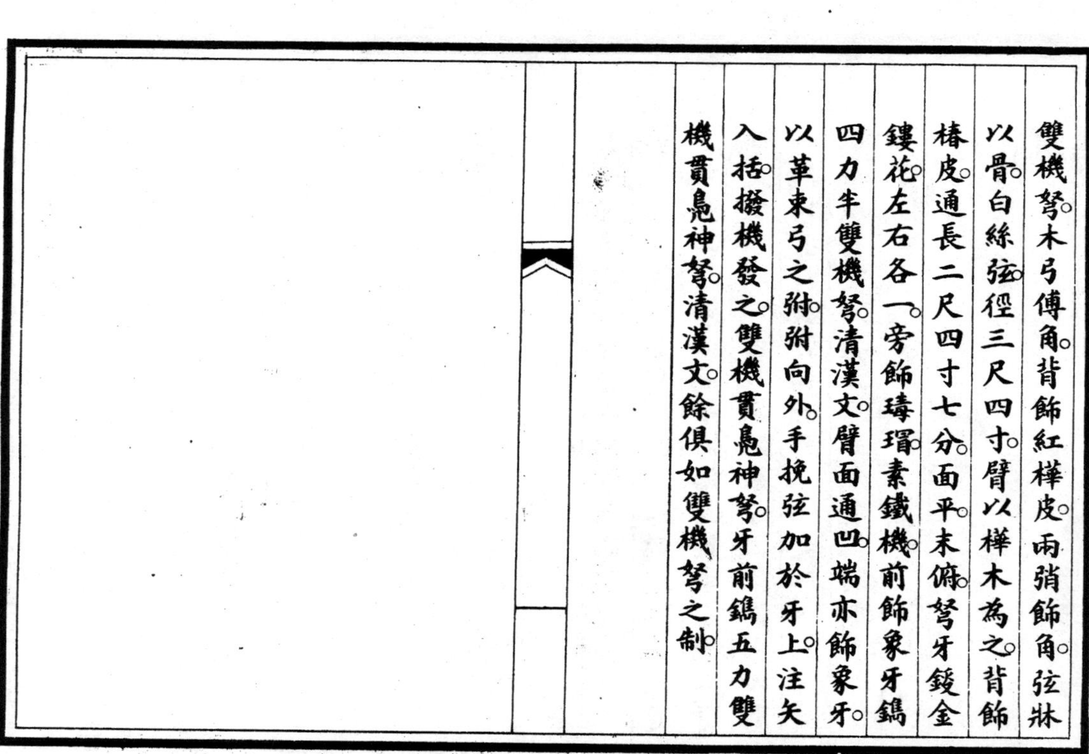

雙機弩。木弓傅角。背飾紅樺皮。兩弰飾角。弦牀以骨。白絲弦。徑三尺四寸。臂以樺木為之。背飾椿皮。通長二尺四寸七分。面平末俯。弩牙鋄金鏤花。左右各一。旁飾瑇瑁。素鐵機。前飾象牙。鴿四力半。雙機弩。清漢文。臂面通凹。端亦飾象牙。以革束弓之弣。弣向外。手挽弦加於牙上。注矢入括。撥機發之。雙機貫扄神弩。牙前鴿五力。雙機貫扄神弩。清漢文。餘俱如雙機弩之制。

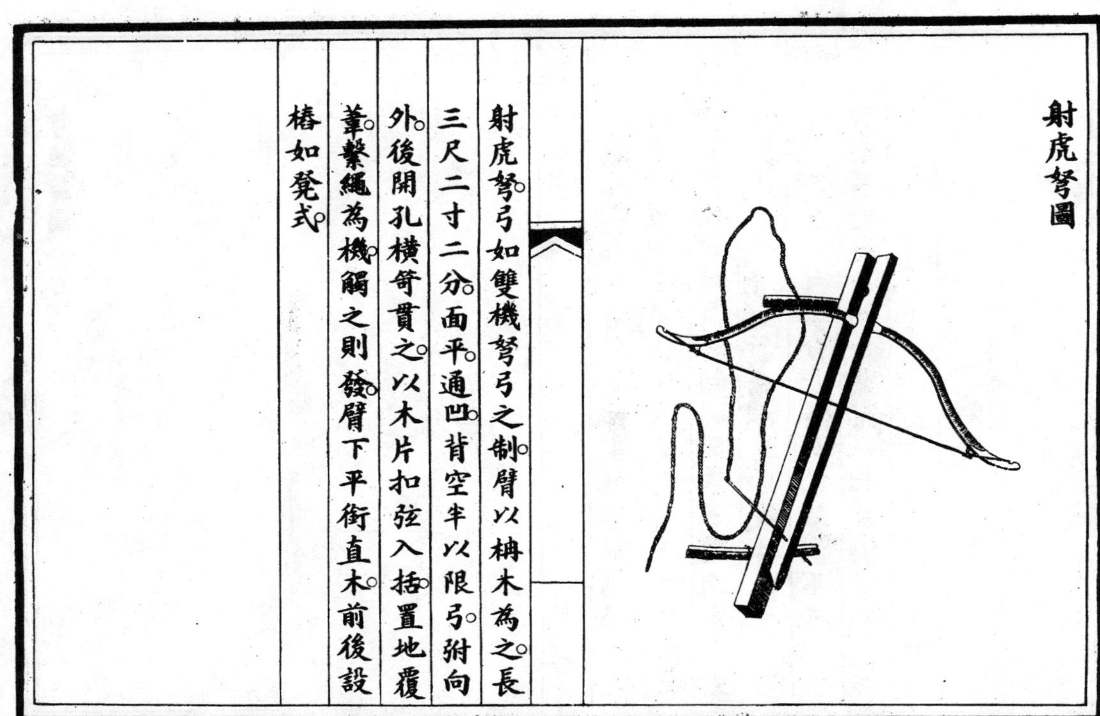
射虎弩圖

射虎弩弓如雙機弩弓之制。臂以柟木為之。長三尺二寸二分。面平。通凹。背空半以限弓。弣向外。後開孔横竒貫之。以木片扣弦入括。置地覆葦。繫繩為機觸之則發。臂下平衡直木。前後設樁如凳式。

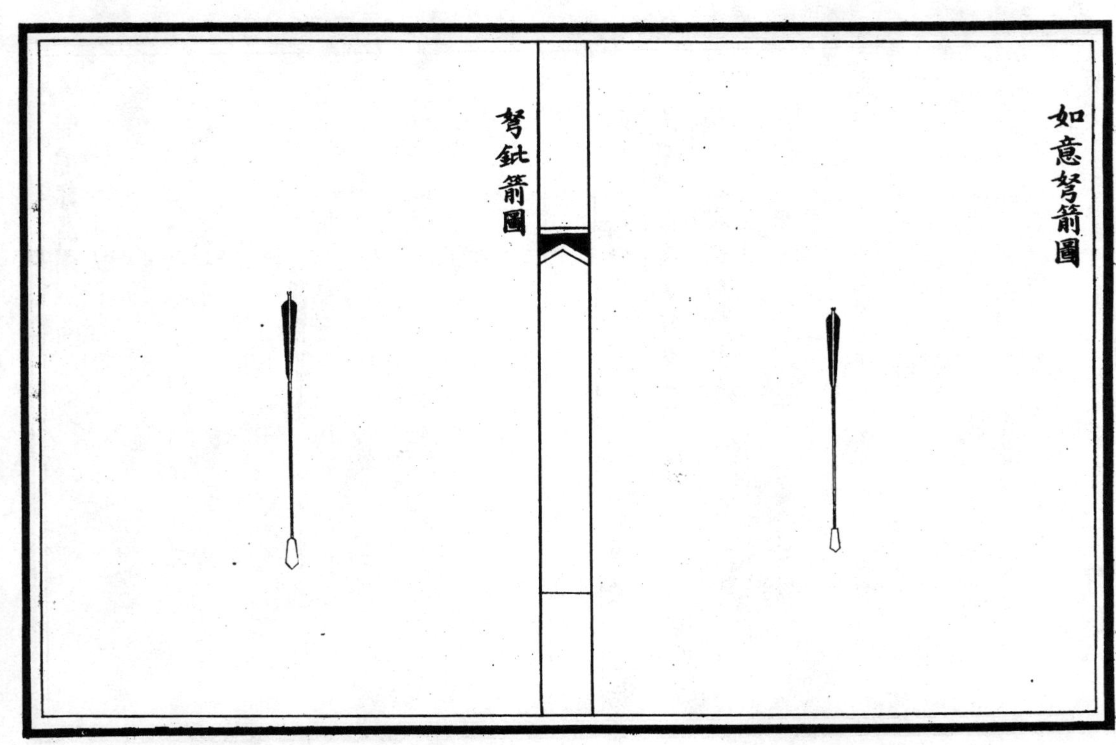
如意弩箭圖

弩鈚箭圖

弩骲箭圖

弩箭之制凡三。皆笴首飾黑桃皮。皁鵰羽。左右相對。一曰如意弩箭。樺木為笴。長七寸八分。鐵鏃長六分。如鈚箭之制。羽閒書一錢兩字。漢文。括髹黑。一曰弩鈚箭。楊木為笴。長二尺一寸四分。鐵鏃長一寸二分。圭首後脩。鏽澀不磨。一曰弩骲箭。骨骲長九分。環穿五孔。餘俱如弩鈚箭之制。

射虎弩箭圖

射虎弩箭。樺木為笴。長二尺九寸。鐵鏃長三寸。前微圓。後為兩卻刃如燕尾笴首飾黑桃皮。皁鵰羽。左右相對。括髹朱。

# 欽定大清會典圖卷九十八

## 武備八 槍礮一

御製自來火大槍圖
御製自來火二號槍圖
御製自來火小槍圖
御製禽槍圖
御製小禽槍圖
御用虎神槍圖
御用舊神槍圖
御用花準槍圖
御用大準槍圖
御製奇準神槍圖
御製準正神槍圖
御製純正神槍圖
御製連中槍圖
御製應手槍圖
御製威赫槍圖
御製威捷槍圖
御製金龍礮圖
御製制勝将軍礮圖

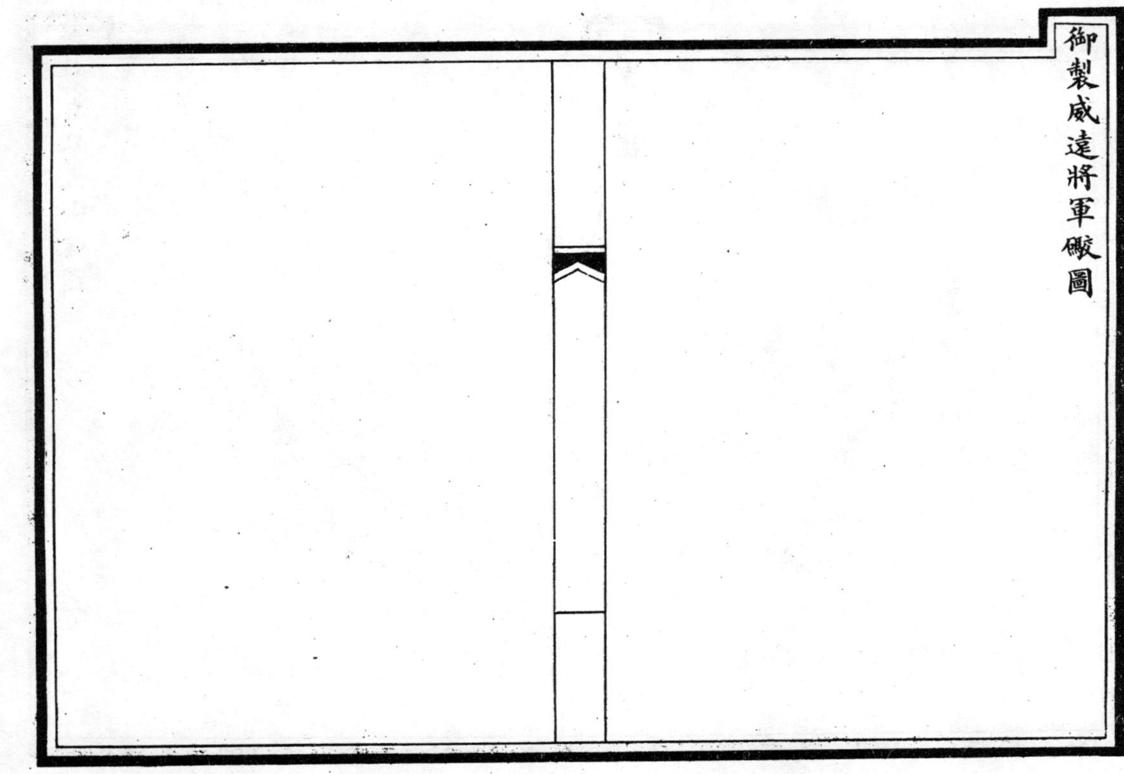

御製威遠将軍礮圖

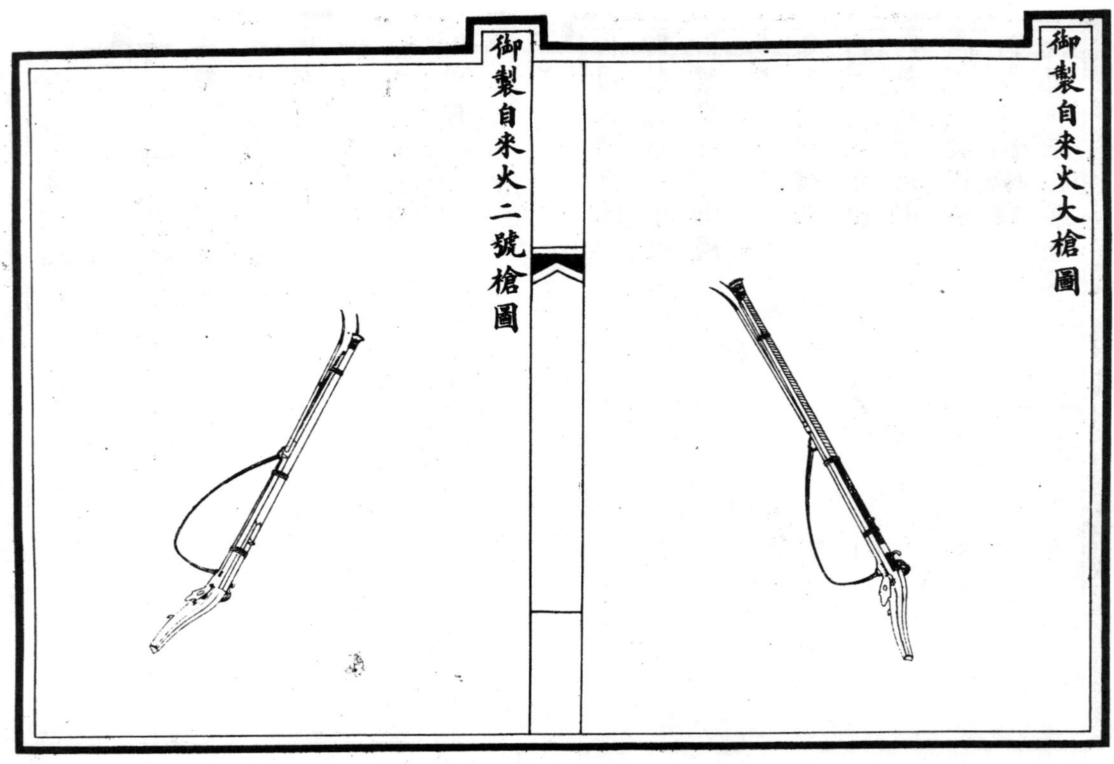

御製自來火大槍圖

御製自來火二號槍圖

御製自來火小槍圖

御製禽槍圖

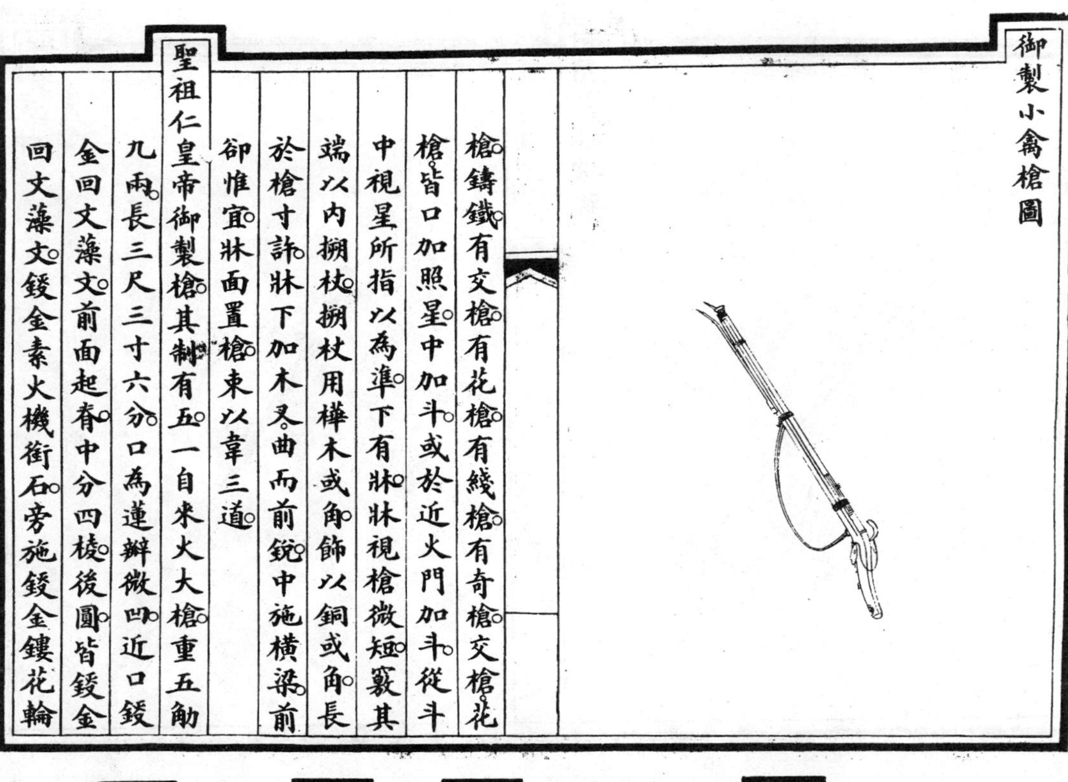

御製小禽槍圖

槍。鑄鐵有文槍。有花槍。有綫槍。有奇槍。交槍。花槍。皆口加照星。中加斗。或於近火門加斗。從斗中視星所指以為準。下有牀。牀視槍微短。覈其端以内捌杖。捌杖用樺木或角。飾以銅或角。長於槍寸許。牀下加木叉。曲而前銳。中施橫梁。前卻惟宜。牀面置槍。束以韋三道。

聖祖仁皇帝御製槍。其制有五。一自來火大槍。重五觔九兩。長三尺三寸六分。口為蓮瓣。微凹。近口錽金回文藻文。前面起脊。中分四稜。後圓。皆錽金回文藻文。錽金素火機。銜石旁施錽金鏤花輪擊石發槍。受藥八分。鐵子六分五釐。芸香木牀末亦錽金。叉末飾羚羊角。一自來火二號槍。重三觔。長二尺八寸。口錽金獸面。前起脊。後四稜受藥一錢二分。鐵子一錢八分五釐。鸂鶒木牀牀末不加飾。餘俱如

御製自來火小槍。重二觔十二兩。長二尺四寸九分。口錽金蕉葉文。鍥索文星文前起脊。中四稜。周錽金如鐶二道。後圓。近火門為蟠螭。受藥七分。鐵子一錢。烏拉松木牀。牀末不加飾。餘俱如

御製自來火大槍之制。一禽槍。重六觔。長三尺五寸。口錽金蓮瓣。前起脊。中四稜。後圓。近火門錽金雙螭環繞。

御製禽槍篆文。錽金素火機。加星斗。受藥二錢。鐵子三錢四分。高麗木牀。叉末飾以角。一小禽槍。重五觔七兩。長三尺二寸八分。受藥一錢五分。鐵子一錢七分。鸂鶒木牀。牀末飾象牙花文。餘俱如

御製禽槍之制。

御用虎神槍圖

御用舊神槍圖

御用花準槍圖

御用大準槍圖

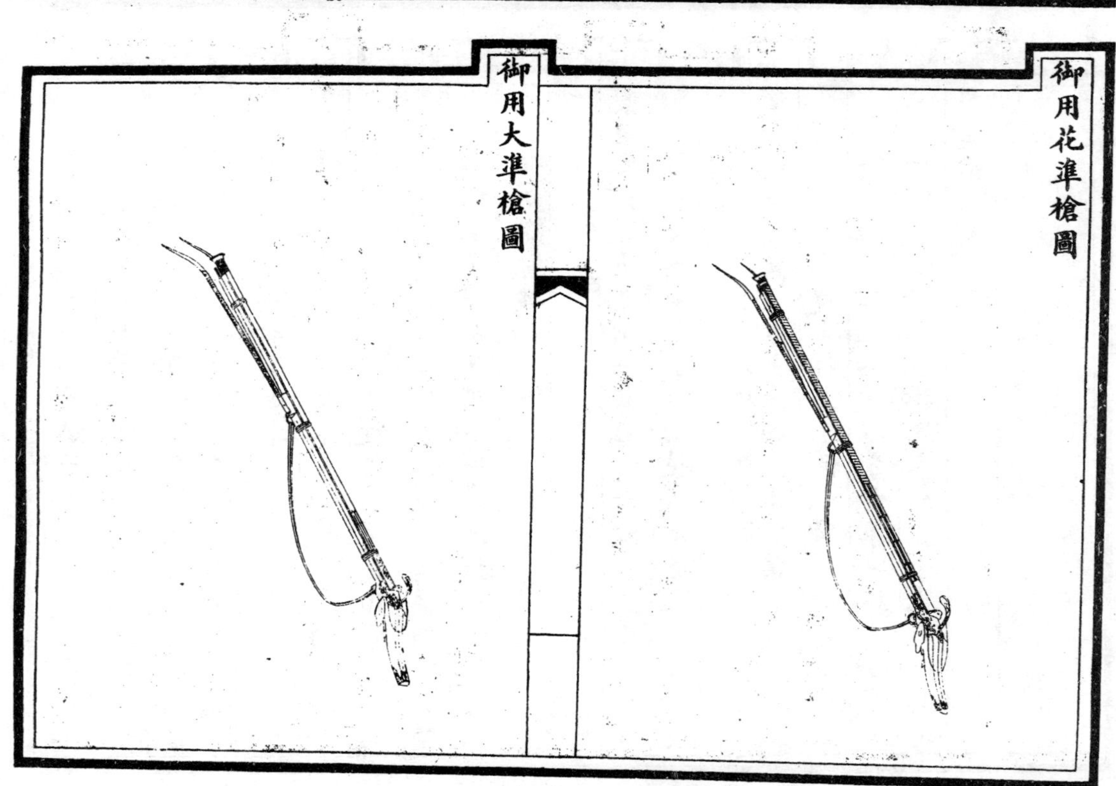

高宗純皇帝御用槍其制有四。一虎神槍長四尺八寸。口鍍金蓮瓣。前圜起脊。後四稜。一舊神槍長三尺九寸。通起脊。兩神槍皆鍍金花火機。加星斗。雲楸木牀。近斗處飾銀花文。中鍍金乾隆
御用漢文。牀末飾以角。惟虎神槍鏤花文左右鐫
御製虎神槍記。清漢文。底鐫虎神槍藥用二錢五分。子用七錢。鐵八觔十兩。鞘三觔十兩。共重十二觔四兩。舊神槍底鐫舊神槍藥用一錢六分。子用三錢三分。鐵六觔二兩。鞘二觔六兩。共重八觔八兩。皆漢文。叉皆以羚羊角為之。一花準槍長四尺三寸。口鍍金蕉葉文。近口為索文。前起脊。中四稜。周鍍金如鐶四道。後圜。牀底鐫花準槍藥用二錢。子用四錢四分。鐵六觔八兩。鞘二觔十二兩。共重九觔四兩。漢文。餘俱如
御用舊神槍之制。凡花槍之制。通冶鐵皺起為花文。一大準槍長四尺三寸六分。口鍍金星文。下亦為星文間索文。近火門為蟠夔。牀底鐫大準槍藥用二錢。子用三錢八分。鐵六觔六兩。鞘二觔十四兩。共重九觔四兩。漢文。餘俱如
御用舊神槍之制。

高宗純皇帝御製虎神槍記

虎神槍者我
皇祖所遺武功良具用以殪猛獸者也國家肇興東土累洽重熙惟是詰戎揚烈之則守而弗失
皇祖歲幸木蘭行圍諸蒙古部落雲集景從予小子雖不敏纘承之志其敢弗賡故數年以來巡狩塞上一如曩時蒙業藉
靈四十九旗及青海喀爾喀之仰流而來者亦較前無異焉若輩皆善射重武使無以示之非所以繼
先志也圍中有虎未嘗不親往射之弓矢所不及則未嘗不用此槍用之未嘗不中壬申秋於岳樂圍場中獵人以有虎告而未之見也一蒙古云虎匿隔谷山洞間彼親見之相去蓋三百餘步朕約略向山洞施槍意以驚使出耳乃正中虎虎咆哮而出負嵎跳躍者久之復入復施一槍則復中之遂以斃焉蓋向之發無不中乃於谿谷叢薄目所能見之地斯已奇矣而茲岳樂所中則隔谷幽洞並未見眈眈闞如之形於揣度無意間馥焉深入不移時而殪猛獸則奇之最奇其稱為神良有以也夫萬乘之尊詎宜如孟克特庫之流詫一夫之勇哉而習武示度必資神器以

效奇而愉快則是槍也與兌戈和弓同為宗社法守不亦宜乎

乾隆壬申秋九月

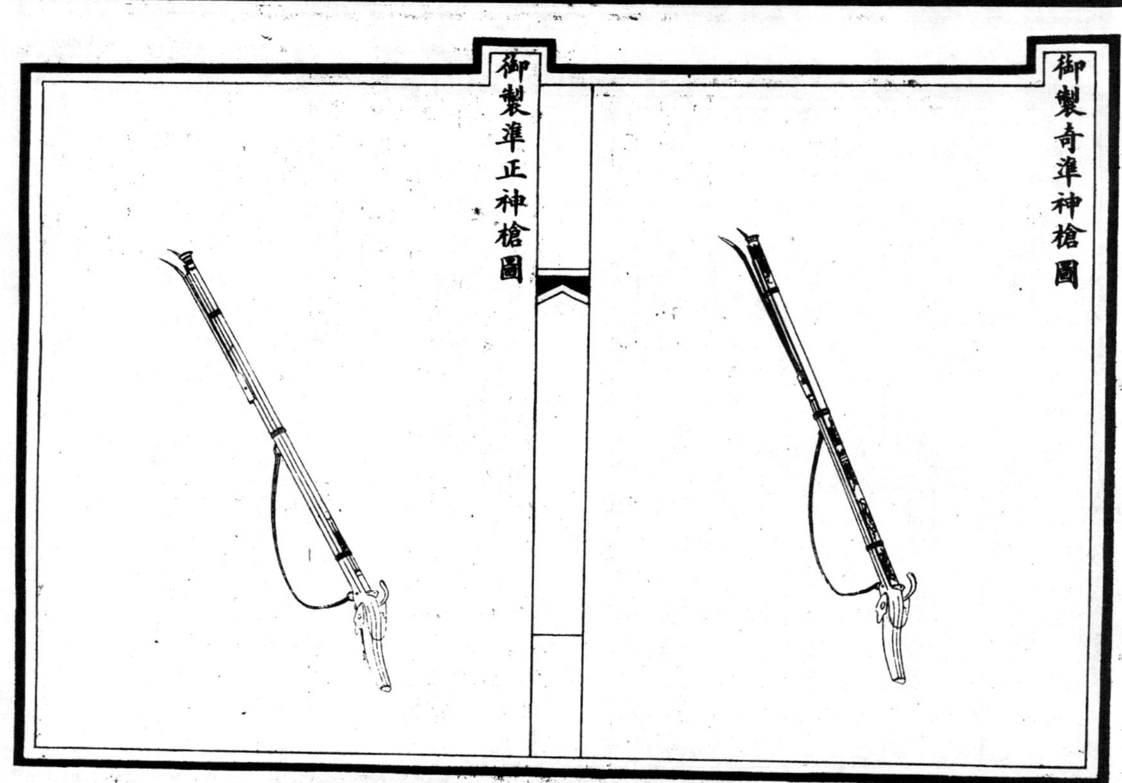

御製純正神槍圖

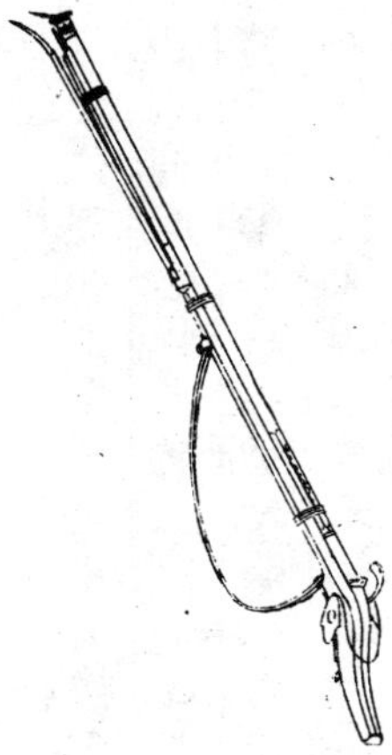

御製連中槍圖

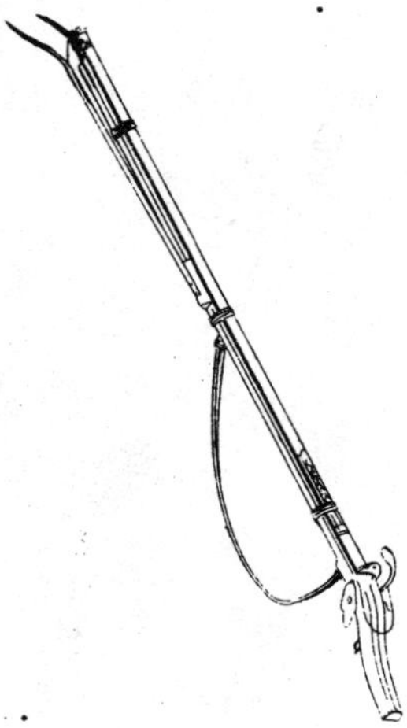

御製應手槍圖

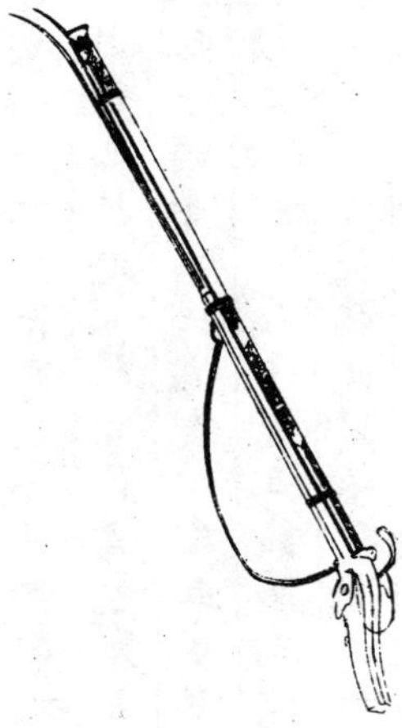

御製威赫槍圖

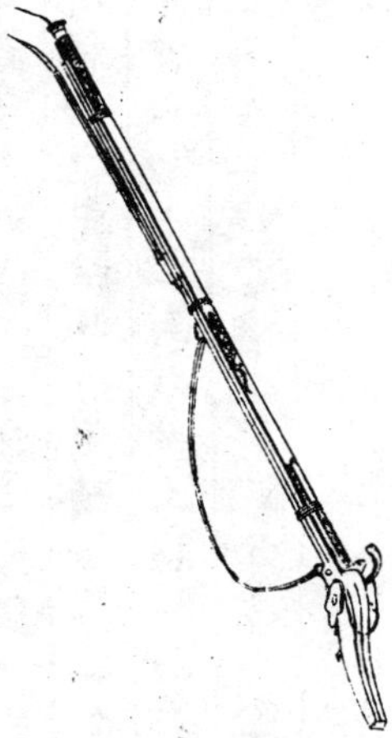

御製威捷槍圖

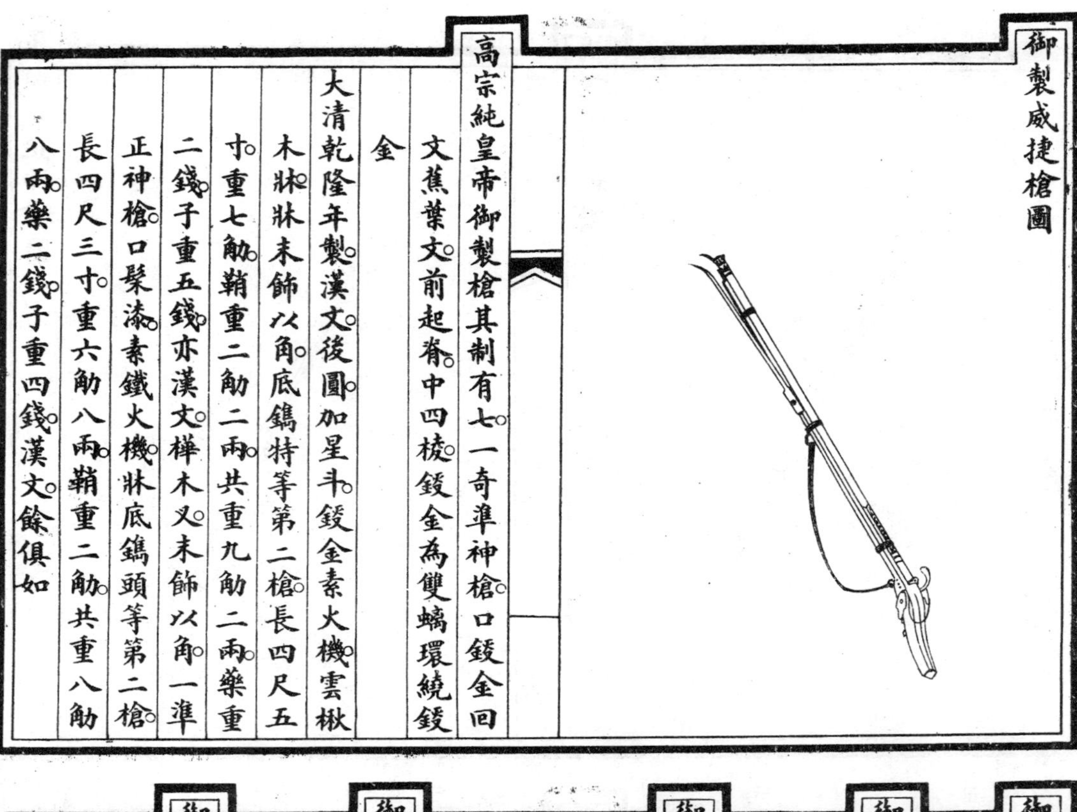

高宗純皇帝御製槍其制有七。一奇準神槍。口鋄金回文蕉葉文。前起脊中四棱鋄金為雙螭環繞鋄金大清乾隆年製。漢文。後圖。加星斗鋄金素火機。雲楸木牀牀末飾以角。底鑷特等第二槍。長四尺五寸。重七觔。鞘重二觔二兩。共重九觔二兩。藥重二錢。子重五錢。亦漢文。樺木叉末飾以角。一準正神槍。口髹漆。素鐵火機。牀底鑷頭等第二槍。長四尺三寸。重六觔八兩。鞘重二觔。共重八觔八兩。藥二錢。子重四錢。漢文。餘俱如御製奇準神槍之制。一純正神槍。牀底鑷頭等第三槍。長四尺五寸。重七觔。鞘重二觔二兩。共重九觔二兩。藥二錢。子重四錢五分。漢文。餘俱如御製準正神槍之制。一連中槍。牀底鑷頭等第四槍。長四尺四寸。重六觔十二兩。鞘重二觔一兩。共重八觔十三兩。藥二錢。子重四錢五分。漢文。餘亦如御製準正神槍之制。一應手槍。近口鍥索文花文。中亦如之。近火門鍥花文素鐵火機。高麗木牀底鑷頭等第五槍。長四尺五寸。重七觔。鞘重三觔二兩。共重十觔二兩。藥二錢。子重五錢。漢文。餘俱如御製奇準神槍之制。一威赫槍。前起脊鋄金索文花文。中亦如之。後四棱近火門鍥花文素鐵火機。高麗木牀底鑷頭等第六槍。長四尺五寸。重七觔鞘重三觔二兩。藥二錢。子重五錢。漢文。餘俱如御製奇準神槍之制。一威捷槍。高麗木牀底鑷頭等第七槍。長四尺四寸。重六觔十二兩。鞘重三觔一兩。共重九觔十三兩。藥二錢。子重四錢五分。漢文。餘俱如

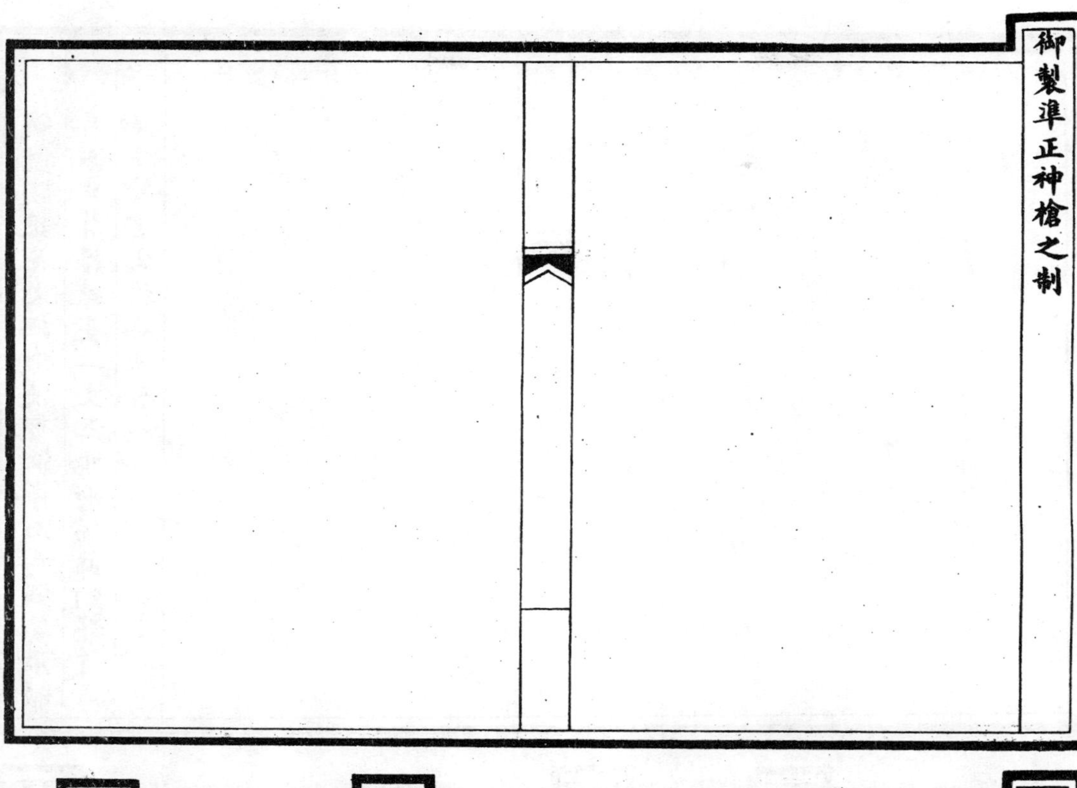

御製準正神槍之制

御製金龍礮圖

礮制用銅或鐵。如筒狀。中實以藥。而以石子塞其口。旁通一綫。用火發之。

聖祖仁皇帝御製金龍礮。鑄銅。前弇後豐。底如覆笠。重自二百八十觔。至三百七十觔。長自五尺八寸至六尺。通髹以漆。前鋟金龍火珠。後鋟金回文蕉葉文夔龍。底鋟金花文。隆起四道。旁為雙耳。左右鐫

大清康熙二十年

御製。清漢文。受藥自六兩五錢至八兩。鐵子自十三兩至十六兩。載以雙輪車。通髹朱。箱繪蟠夔。中加

鐵盤。鋄銀花文。施機使可低昂。上為鐵鍪承礮耳。礮口背轅。轅長一丈五寸。兩端飾銅龍首鳳尾。中繪雲文。輪各十有八輻。

御製制勝將軍礮圖

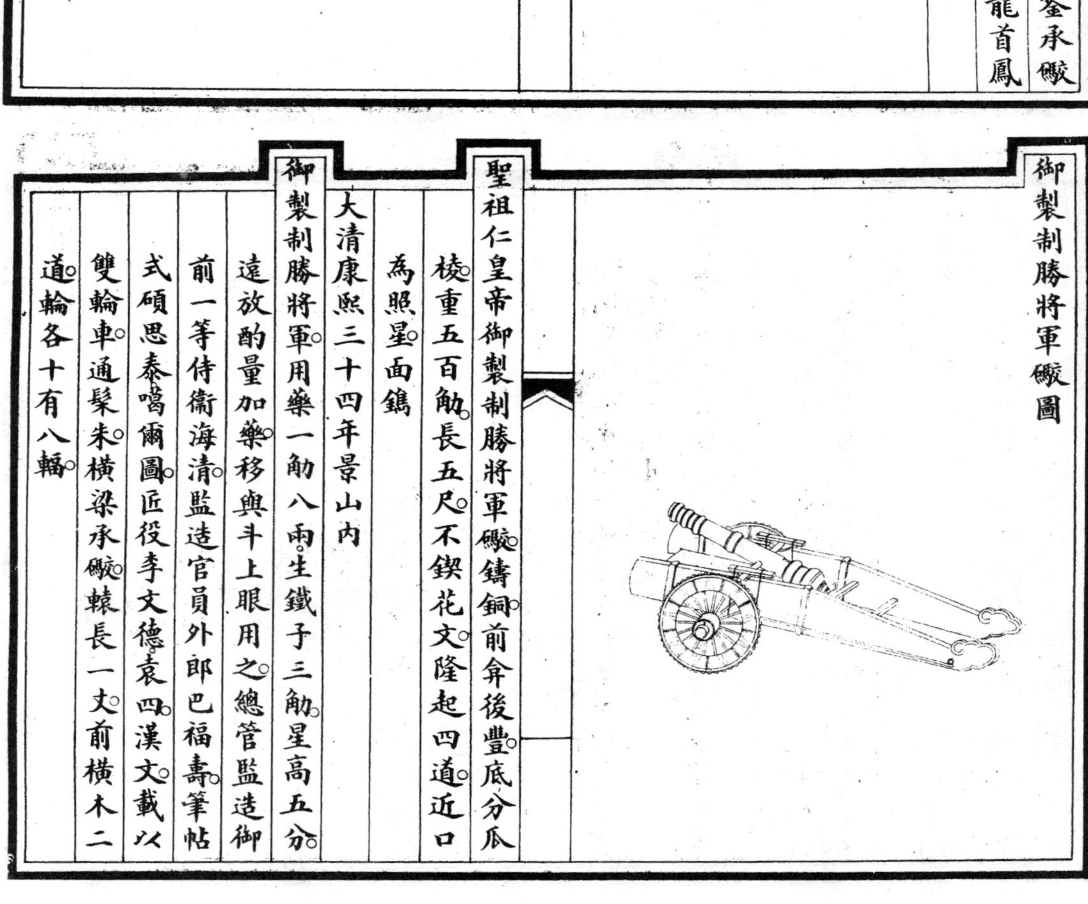

聖祖仁皇帝御製制勝將軍礮。鑄銅。前弇後豐。底分爪棱。重五百觔。長五尺。不鍥花文。隆起四道。近口為照星。面鐫

大清康熙三十四年景山內

御製制勝將軍。用藥一觔八兩。生鐵子三觔。星高五分遠。放酌量加藥。移與斗上眼用之。總管監造御前一等侍衛海清。監造官員外郎巴福壽。筆帖式碩思泰。噶爾圖。匠役李文德。袁四。漢文載以雙輪車。通髹朱。橫梁承礮。轅長一丈。前橫木二道。輪各十有八輻。

御製威遠將軍礮圖

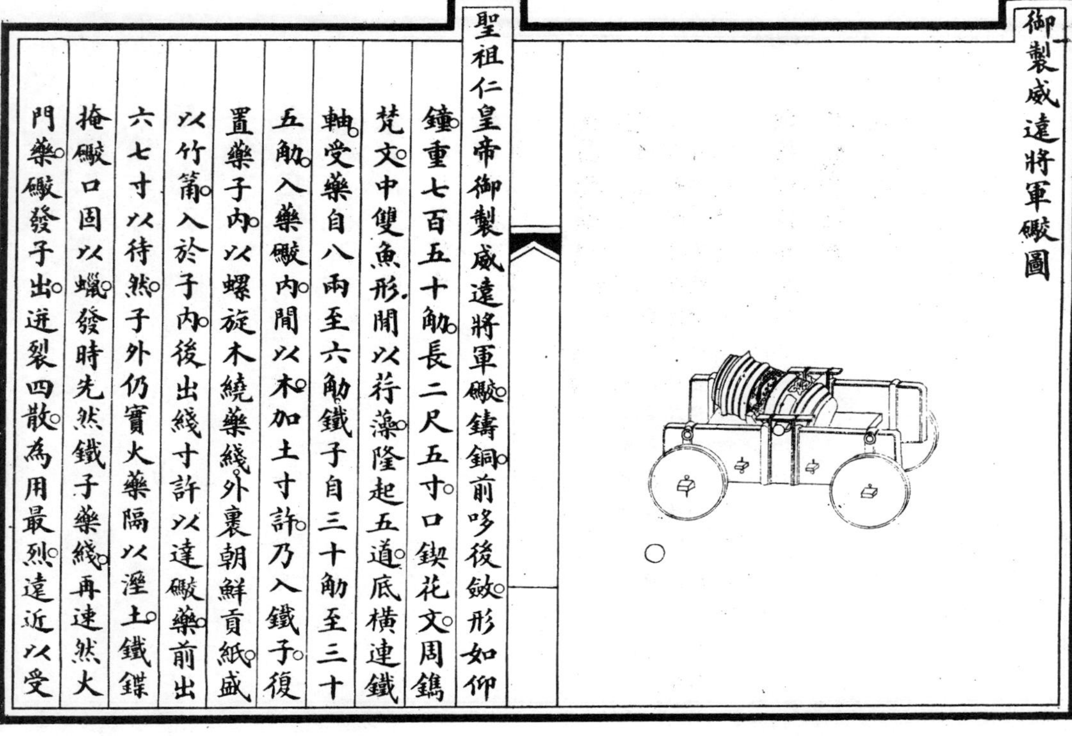

聖祖仁皇帝御製威遠將軍礮鑄銅前哆後斂形如仰鐘重七百五十觔長二尺五寸口鍥花文周鐫梵文中雙魚形閒以荇藻隆起五道底橫連鐵軸受藥自八兩至六觔鐵子自三十觔至三十五觔入藥礮內閒以木加土寸許乃入鐵子復置藥子內以螺旋木繞藥綫外裹朝鮮貢紙盛以竹筩入於子內後出綫寸許以達礮藥前出六七寸以待然子外仍實火藥隔以溼土鐵鍱掩礮口固以蠟發時先然鐵子藥綫再速然大門藥礮發子出迸裂四散為用最烈遠近以受

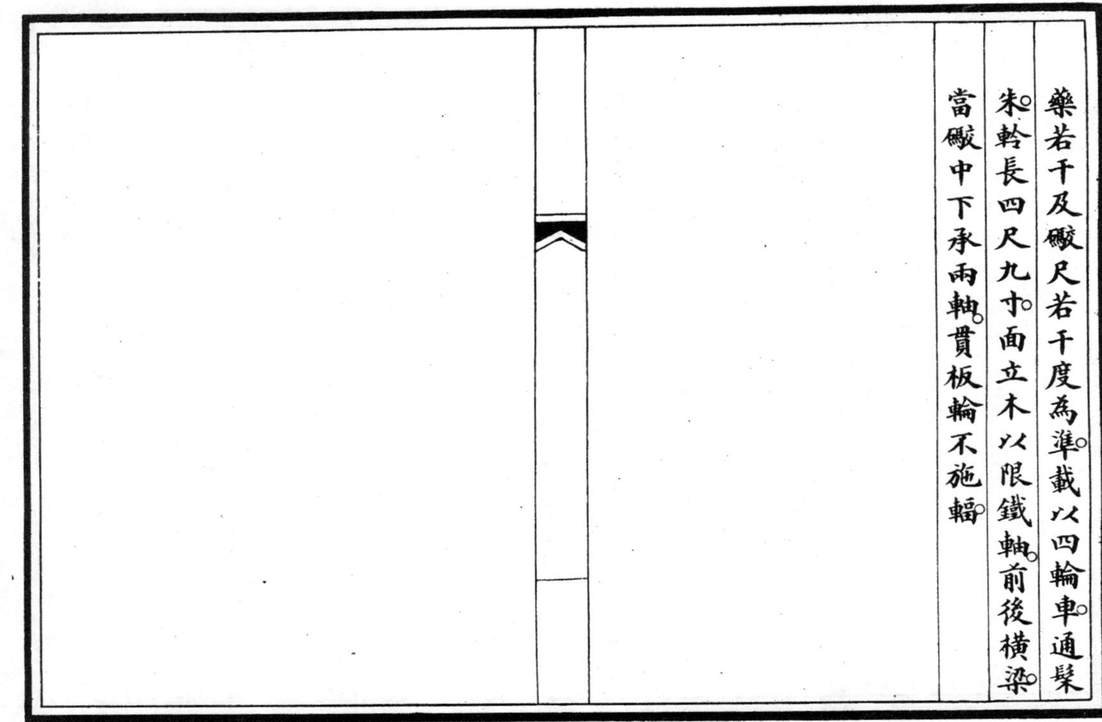

藥若干及礮尺若干度為準載以四輪車通髹朱軨長四尺九寸面立木以限鐵軸前後橫梁當礮中下承兩軸貫板輪不施輻

# 欽定大清會典圖卷九十九

## 武備九 槍礮二



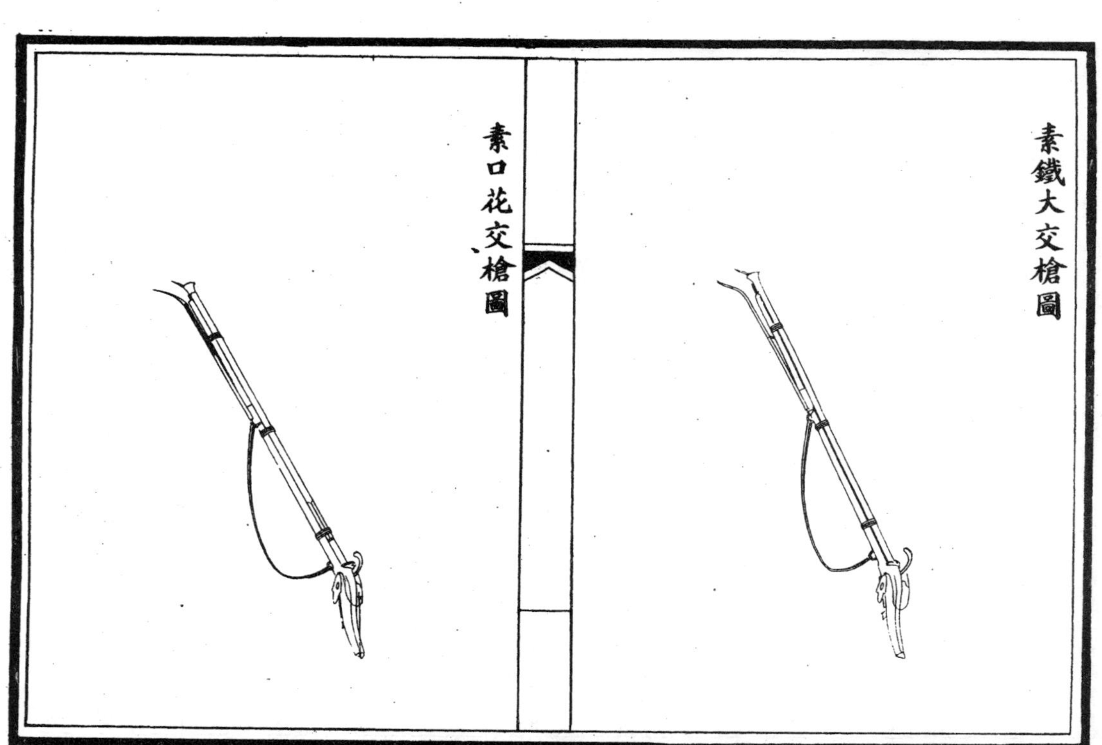

素鐵大交槍圖

素口花交槍圖

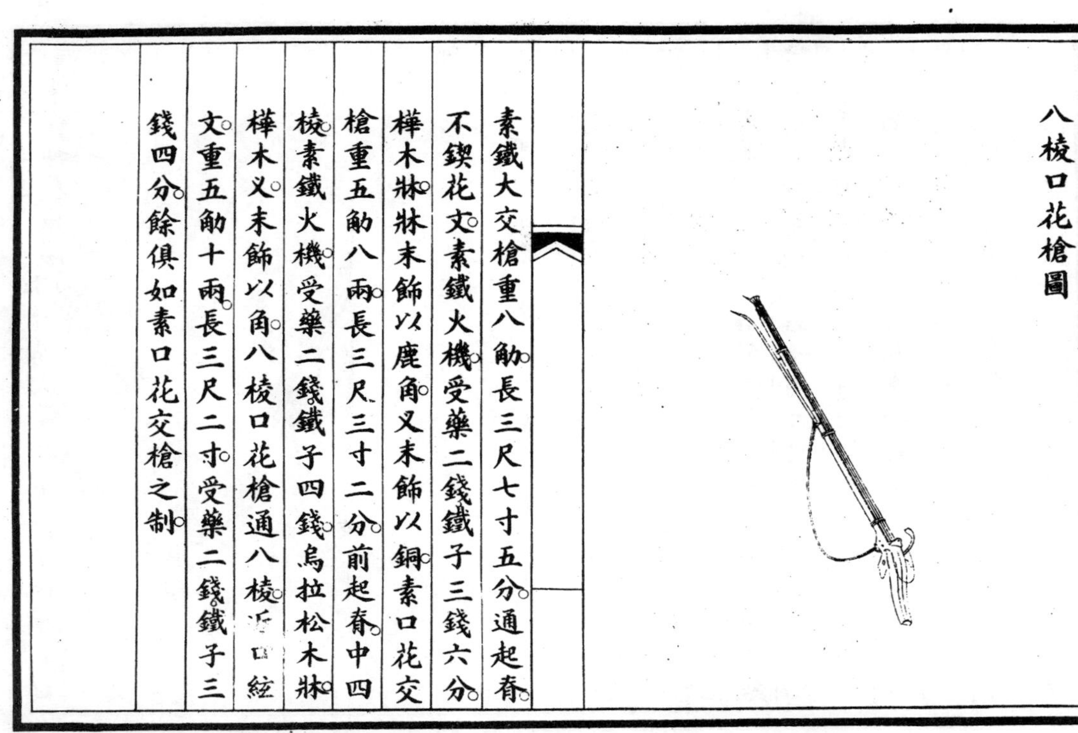

## 八棱口花槍圖

素鐵大交槍重八觔長三尺七寸五分通起脊不鍥花文素鐵火機受藥二錢鐵子三錢六分樺木牀牀末飾以鹿角叉末飾以銅素口花交槍重五觔八兩長三尺三寸二分前起脊中四棱素鐵火機受藥二錢鐵子四錢烏拉松木牀樺木叉末飾以角八棱口花槍通八棱近口絃文重五觔十兩長三尺二寸受藥二錢鐵子三錢四分餘俱如素口花交槍之制

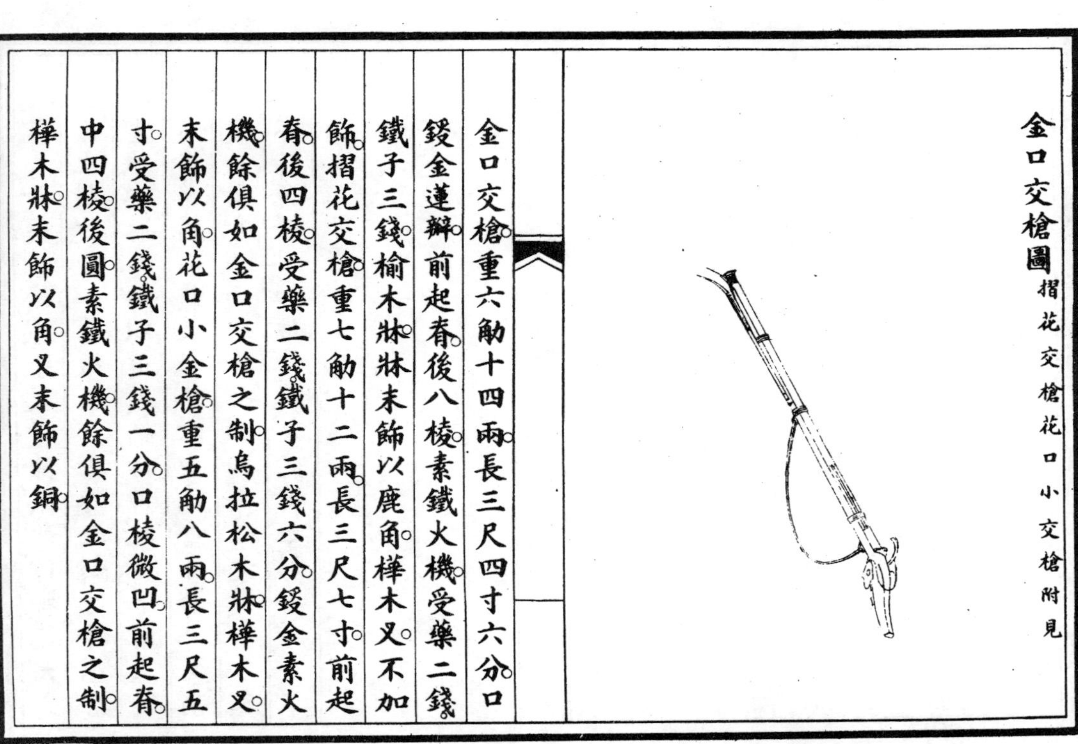

## 金口交槍圖摺花交槍花口小交槍附見

金口交槍重六觔十四兩長三尺四寸六分口鋄金蓮瓣前起脊後八棱素鐵火機受藥二錢鐵子三錢榆木牀牀末飾以鹿角樺木叉不加飾摺花交槍重七觔十二兩長三尺七寸前起脊後四棱受藥二錢鐵子三錢六分鋄金素火機餘俱如金口交槍之制烏拉松木牀樺木叉末飾以角花口小金槍重五觔八兩長三尺五寸受藥二錢鐵子三錢一分口棱微凹前起脊中四棱後圜素鐵火機餘俱如金口交槍之制樺木牀末飾以角叉末飾以銅

舊神花槍圖 仿神花大交槍小交槍仿神花槍附見

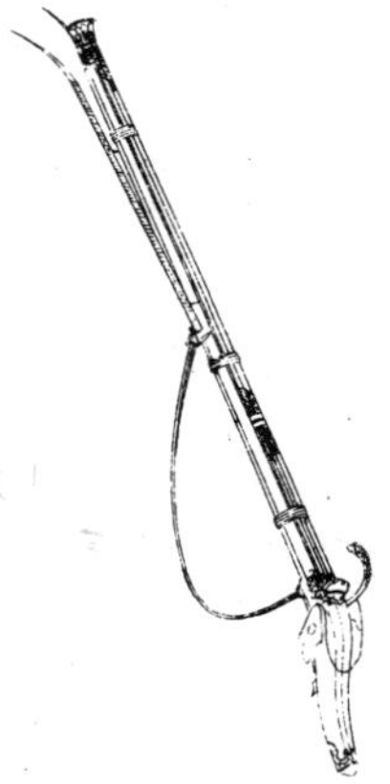

花槍之制。通冶鐵鈒起為花文。舊神花槍長三尺六寸二分。口瓜棱。近口鍥花文。前起脊。三中六棱。亦鍥花文。近火門微凹。三道。加星斗鋄金花。火機。雲楸木床。飾銀花文。床末飾以角。底鐏神花槍藥用二錢。子用二錢八分。鐵重五觔九兩。鞘重二觔二兩。共重七觔十一兩。漢文。羚羊角叉。仿神花大交槍重七觔十二兩。長三尺六寸二分。口鍥蓮瓣。近口為索文二重。花文。前起脊。中亦為索文。花文。後四棱。微凹。素鐵火機。受藥二錢。鐵子三錢四分。仿神花小交槍長三尺六寸。受藥二錢。鐵子三錢。餘俱如仿神花大交槍之制。床皆如素鐵大交槍床之制。仿神花槍雲楸木床。床末飾以角。底鐏。仿神花槍子用三錢六分。藥用二錢。長二尺六寸。鐵重五觔八兩。鞘重一觔十二兩。共重七觔四兩。漢文。樺木叉。末亦飾角。餘俱如仿神花大交槍之制。

蒙古花交槍圖

蒙古花大交槍。其制有二。一重七觔十二兩。長三尺七寸。通八棱。口周鍥星文。近口為星文索文花文。周為蒙古花文。素鐵火機。受藥二錢。鐵子三錢九分。一重八觔。長三尺六寸。近口星文索文花文。前起脊。中四棱為花文。橫鍥星文索文。後圓亦如之。受藥三錢。鐵子四錢七分。牀皆如素鐵大交槍牀之制。蒙古花小交槍。亦有二制。一重八觔。長三尺六寸。前後八棱。中起脊。花文與蒙古大交槍第一同。受藥二錢。鐵子四錢二分。牀亦如素鐵大交槍牀之制。一前起脊八棱。後圓。花文與蒙古花大交槍第二同。素鐵火機。高麗木牀。末飾以鹿角。底鐫蒙古花槍子重三錢三分。藥重二錢。長三尺五寸四分。鐵重五觔四兩。鞘重二觔四兩。共重七觔八兩。漢文叉末飾以角。

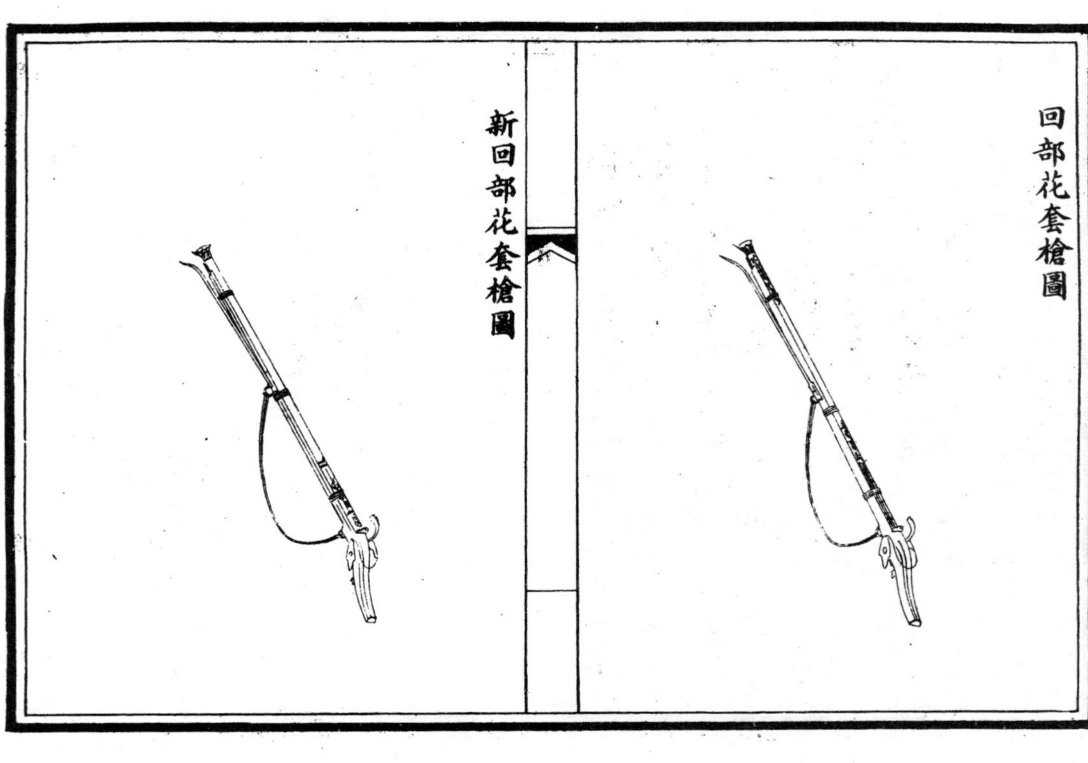


回部花套槍。重八觔二兩。長三尺四寸二分。口蓮瓣内各鍥夔龍。近口亦鍥夔龍二重。前起脊。中亦鍥夔龍。後六棱。新回部花套槍。重六觔十兩。長三尺五寸七分。口鋄金回文。中起脊。後四棱。横周星文二重。近火門皆鋄銀回部花文。加星斗。素鐵火機。一受藥一錢五分。鐵子二錢。雲楸木牀。叉末飾以角。一受藥一錢五分。鐵子一錢八分。烏拉松木牀。樺木叉末飾以角。

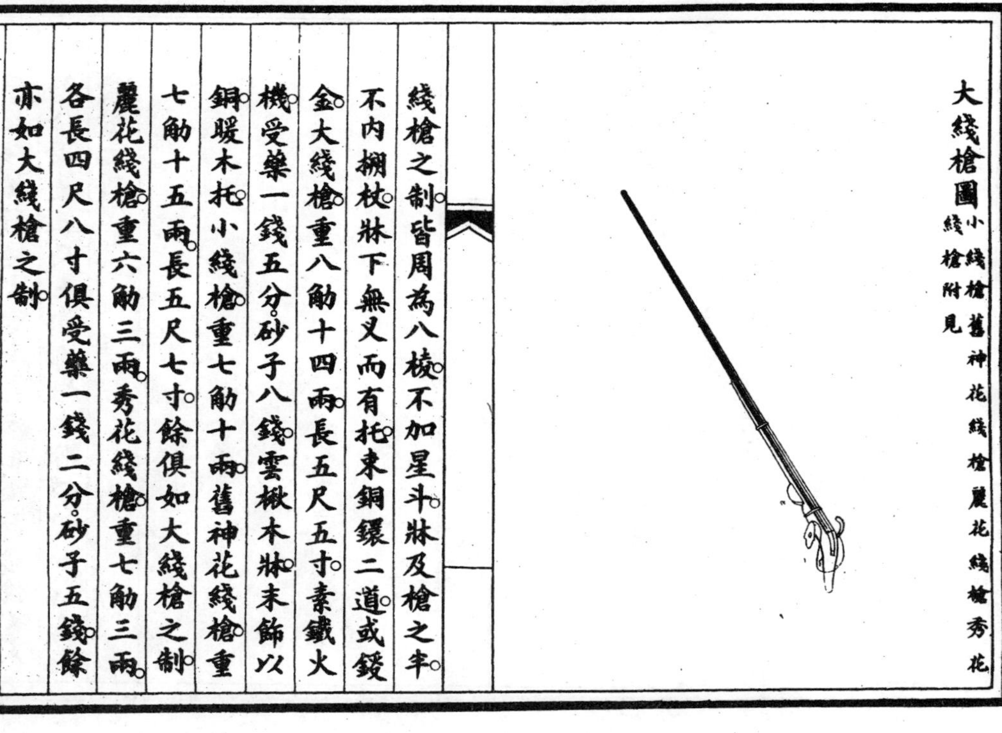

大綫槍圖 小綫槍舊神花綫槍麗花綫槍秀花綫槍附見

綫槍之制。皆周為八棱。不加星斗。牀及槍之半。不內掤杖。牀下無叉而有托。束銅鐶二道。或鋄金。大綫槍。重八觔十四兩。長五尺五寸。素鐵火機。受藥一錢五分。砂子八錢。雲楸木牀。末飾以銅。暖木托。小綫槍重七觔十兩。舊神花綫槍重七觔十五兩。長五尺七寸。餘俱如大綫槍之制。麗花綫槍重六觔三兩。秀花綫槍重七觔三兩。各長四尺八寸。俱受藥一錢二分。砂子五錢。餘亦如大綫槍之制。

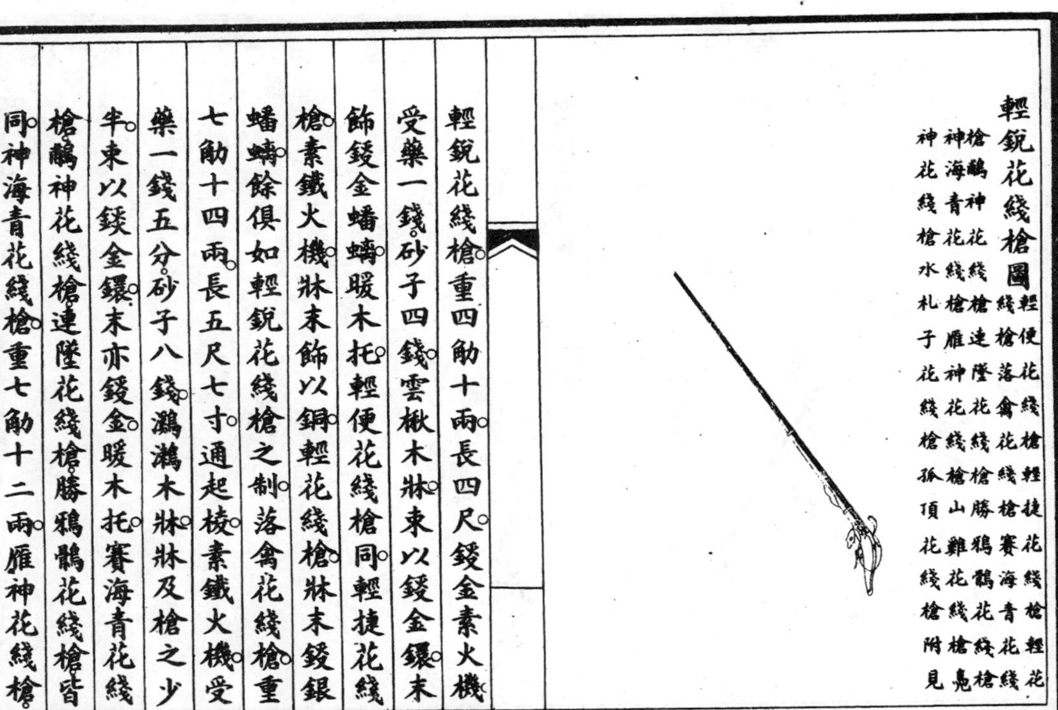

輕銳花綫槍圖 輕便花綫槍輕捷花綫槍輕花綫槍落禽花綫槍賽海青花綫槍鶺神花綫槍連墜花綫槍勝鴉鶻花綫槍神海青花綫槍雁神花綫槍山雞花綫槍鳧神花綫槍水札子花綫槍孤頂花綫槍附見

輕銳花綫槍。重四觔十兩。長四尺。鋄金素火機。受藥一錢。砂子四錢。雲楸木牀。束以鋄金鐶。末飾鋄金蟠螭。暖木托。輕便花綫槍同。輕捷花綫槍。素鐵火機。牀末飾以銅。輕花綫槍。牀末鋄銀蟠螭。餘俱如輕銳花綫槍之制。落禽花綫槍重七觔十四兩。長五尺七寸。通起棱。素鐵火機。受藥一錢五分。砂子八錢。鸂鶒木牀。牀及槍之少半。束以鋄金鐶。末亦鋄金。暖木托。賽海青花綫槍。鶺神花綫槍。連墜花綫槍。勝鴉鶻花綫槍。皆同。神海青花綫槍。重七觔十二兩。雁神花綫槍山雞花綫槍。皆重八觔一兩。梟神花綫槍。水札子花綫槍。皆重七觔十三兩。孤頂花綫槍。重八觔八兩。長五尺五寸。雲楸木牀。餘俱如落禽花綫槍之制。

樹雞神花奇槍圖 花奇槍附見

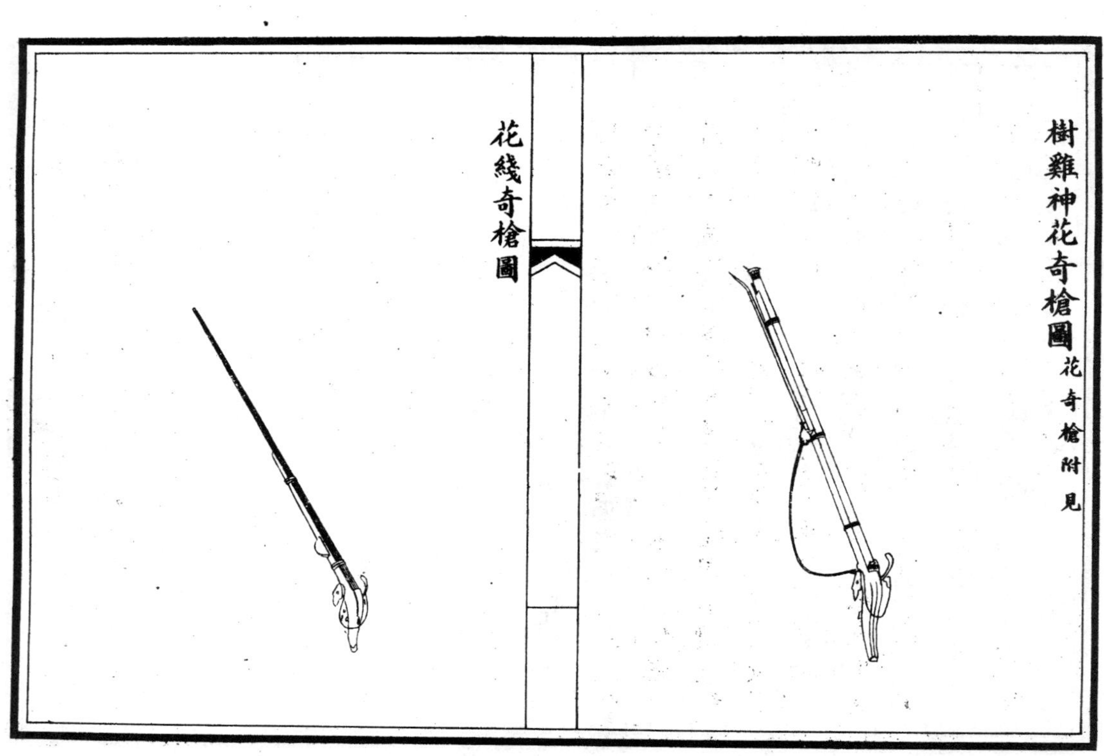

花綫奇槍圖

奇槍之制。皆通底旁加牡鑰連牀柄處。下為屈戌可開閭藥子皆實子槍内開底納之從牡鑰中國以鐵鈕子槍六長二寸四分。如管連火門遞發之相續而速其制或如交槍。或如綫槍皆不用搠杖。樹雞神花奇槍。重六觔長三尺五分。口鋄金蓮瓣前起脊後八棱加星斗鋄金素火機受藥二錢。鐵子三錢八分。核桃木牀末飾以鹿角榆木叉末飾以羚羊角。花奇槍重五觔十二兩長三尺五分。中四棱鋄金如鐶二道。後圓。餘俱如樹雞神花奇槍之制。烏拉松木牀末飾以角。樺木叉末亦如之。花綫奇槍。重四觔十二兩。長三尺三寸五分。通八棱鋄金素火機。受藥二錢。砂子三錢二分。烏拉松木牀末飾以金暖木托。

鳥槍圖

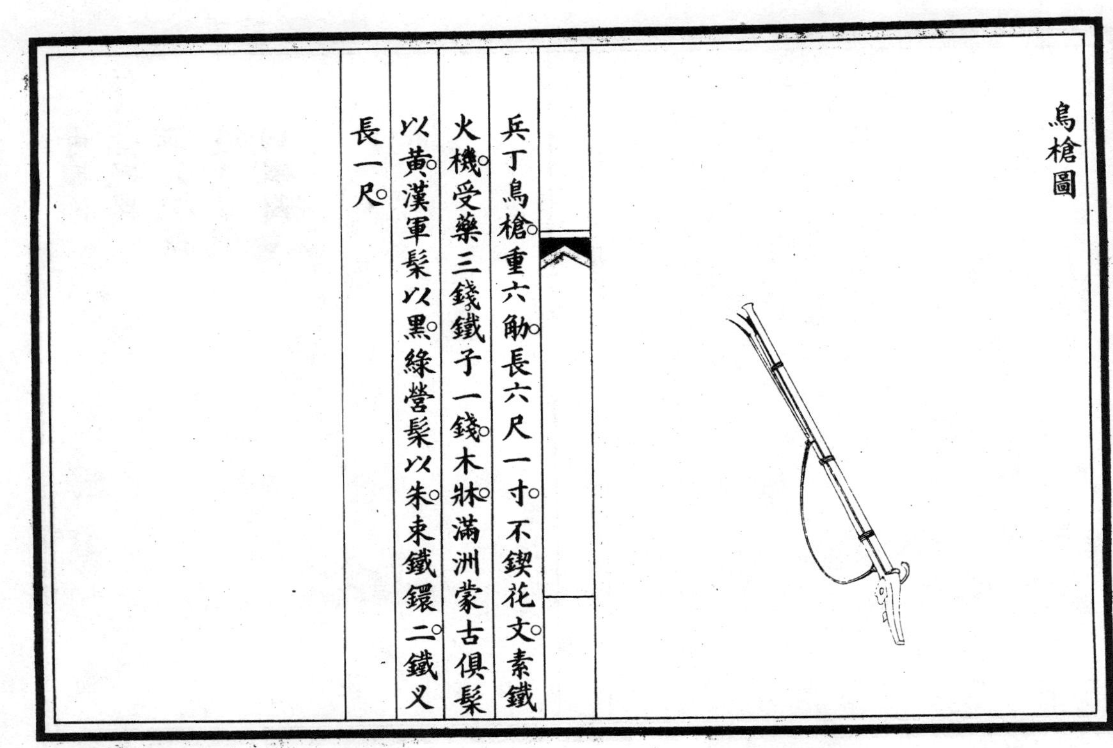

兵丁鳥槍。重六觔。長六尺一寸。不鍥花文。素鐵火機。受藥三錢。鐵子一錢。木牀。滿洲蒙古俱髹以黃。漢軍髹以黑。綠營髹以朱。束鐵鐶二。鐵叉長一尺。

欽定大清會典圖卷一百

武備十 槍礮三

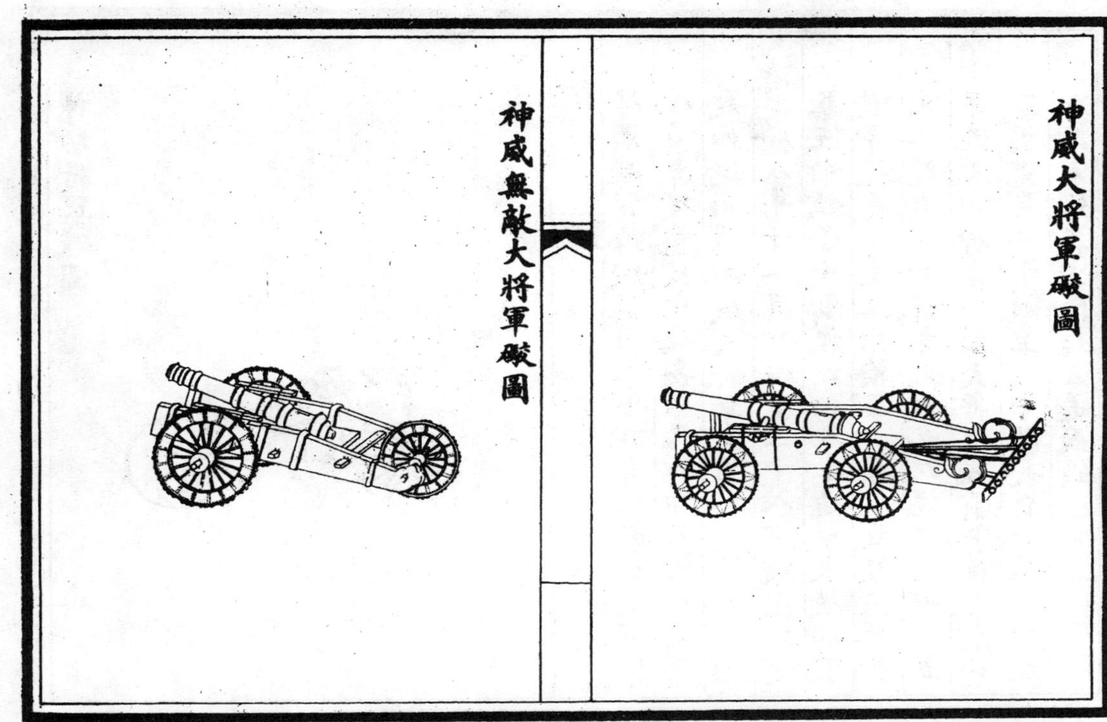
神威大将軍礮圖
神威無敵大将軍礮圖

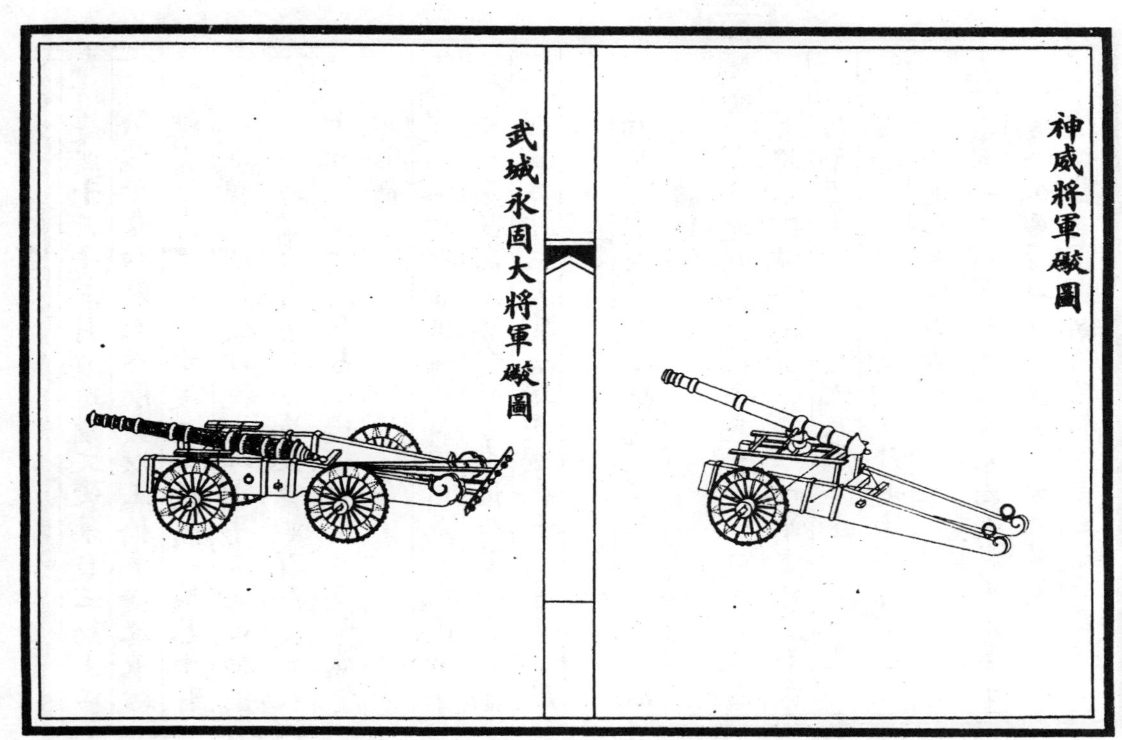
神威将軍礮圖
武城永固大将軍礮圖

## 神功將軍礮圖

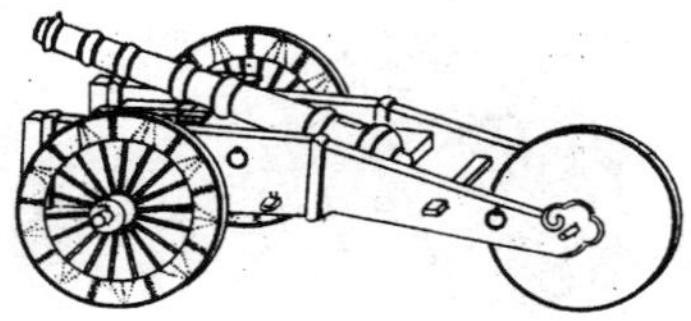

將軍礮皆鑄銅崇德八年造者曰神威大將軍礮前弇後豐底少斂長八尺五寸不鍥花文隆起四道面鐫神威大將軍右鐫

大清崇德八年十二月日造重三千八百觔漢文受藥五觔鐵子十觔載以四輪車通髹朱横梁承礮耳轅長一丈五寸輪各十有八輻轅閒加直木二外出端加横木鐵鐶九以挽之康熙十五年造者曰神威無敵大將軍礮前弇後豐底如覆盂重自二千觔至三千觔長自七尺三寸至八尺不鍥花文隆起五道面鐫

大清康熙十五年三月日造漢文受藥自三觔至四觔鐵子自六觔至八觔載以三輪車横梁承礮轅長一丈二尺二寸後二輪轅閒一輪各十有八輻轅旁施鐵鐶以挽之二十年造者曰神威將軍礮前弇後豐底如覆笠重四百觔長六尺七寸不鍥花文隆起五道近口為照星旁為雙耳中鐫

大清康熙二十年鑄造神威將軍用藥八九兩鉛子十八兩星高七分製法官南懷仁監造官法保錢齊布陶三泰甯古塔吳喇代匠役李文德顔四漢文載以雙輪車轅長九尺五寸不加繪飾端飾鐵鐶餘俱如

御製金龍礮車之制二十八年造者二一曰武成永固大將軍礮前弇後微豐底如竹節重自三千六百觔至七千觔長自九尺六寸至一丈一尺一寸雜鍥花文蕉葉文回文隆起十道皆鍥星文近口為照星底左右鐫

大清康熙二十八年鑄造武成永固大將軍用藥十觔生鐵礮子二十觔星高四分九釐製法官南懷仁監造官佛保碩思泰作官王之臣匠役李

文德礮四。清漢文。小者受藥五觔。鐵子十觔。載以四輪車。轅長一丈五尺。鐵鐶七。餘俱如神威大將軍礮車之制。一曰神功將軍礮。前弇後微豐。底如覆笠。重千觔。長七尺。不鍥花文。隆起五道。近口為照星。中鐫

大清康熙二十八年鑄造神功將軍。用藥一觔十二兩。生鐵礮子三觔八兩。星高四分。製法官南懷仁。監造官佛保。碩思泰。作官王之臣。匠役李文德。礮四。漢文。載以三輪車。鐵索承礮。轅長一丈二寸。轅間板輪一。不施輻。餘俱如神威無敵大將軍礮車之制。

## 得勝礮圖

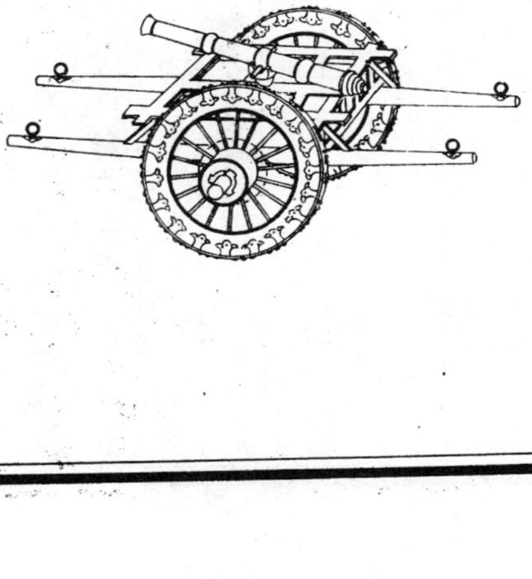

得勝礮。鑄銅。前弇後豐。口如銅角。重三百六十五觔。長六尺三寸。通髹以漆。不鍥花文。隆起三道。旁為雙耳。受藥六兩。鐵子十二兩。載以雙輪車。通髹朱。正箱為鐵釜以承礮耳。轅前後出。長一丈二尺六寸。端皆施鐵鐶。輪在中。各十有八輻。

## 九節十成礮圖

九節十成礮鑄銅前後若一前分九節後加底各有螺旋分負以涉險遠用時合成之重自七百九十觔至七百九十八觔長自五尺一寸至六尺九寸底環螭三每節飾獸面三分鏹重若干受藥自一觔四兩至一觔八兩鐵子二觔八兩載以四輪車通髹朱軫平施輪處少闊長六尺一寸中加立木半規以承礮立木左右為鐵柱夾礮右柱長倍左曲向前加立表以為準板輪不施輻

## 衝天礮圖

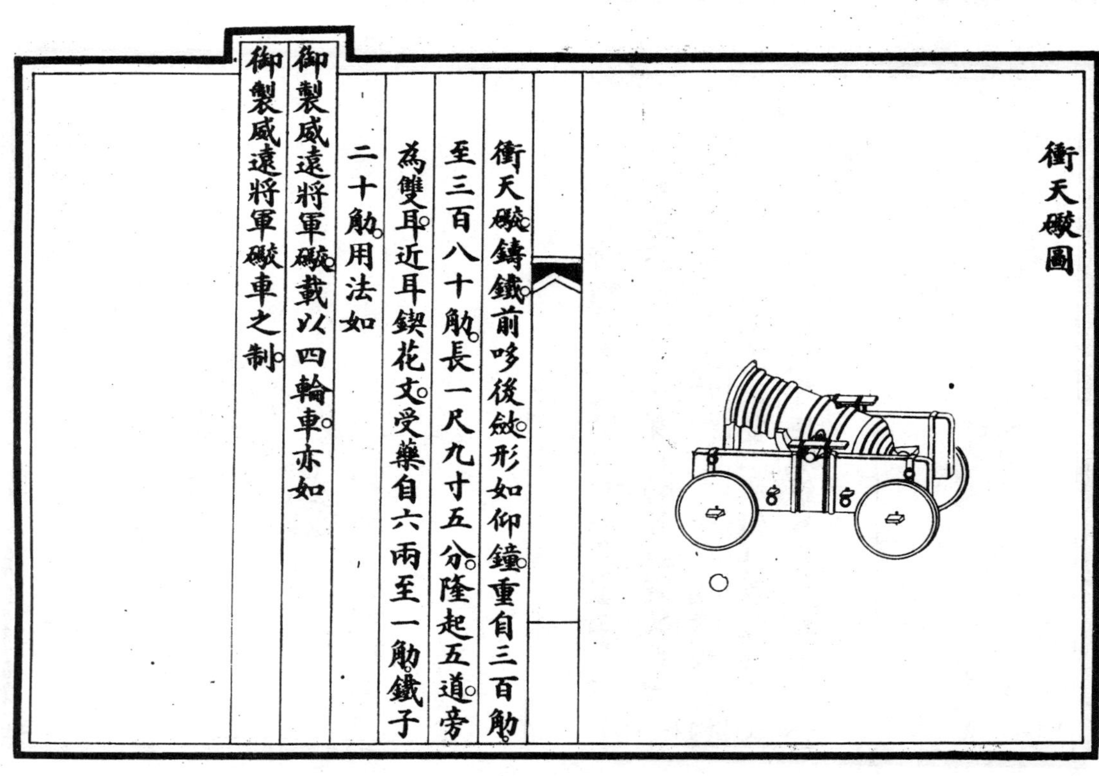

衝天礮鑄鐵前哆後斂形如仰鐘重自三百觔至三百八十觔長一尺九寸五分隆起五道旁為雙耳近耳鍥花文受藥自六兩至一觔鐵子二十觔用法如

御製威遠將軍礮載以四輪車亦如

御製威遠將軍礮車之制

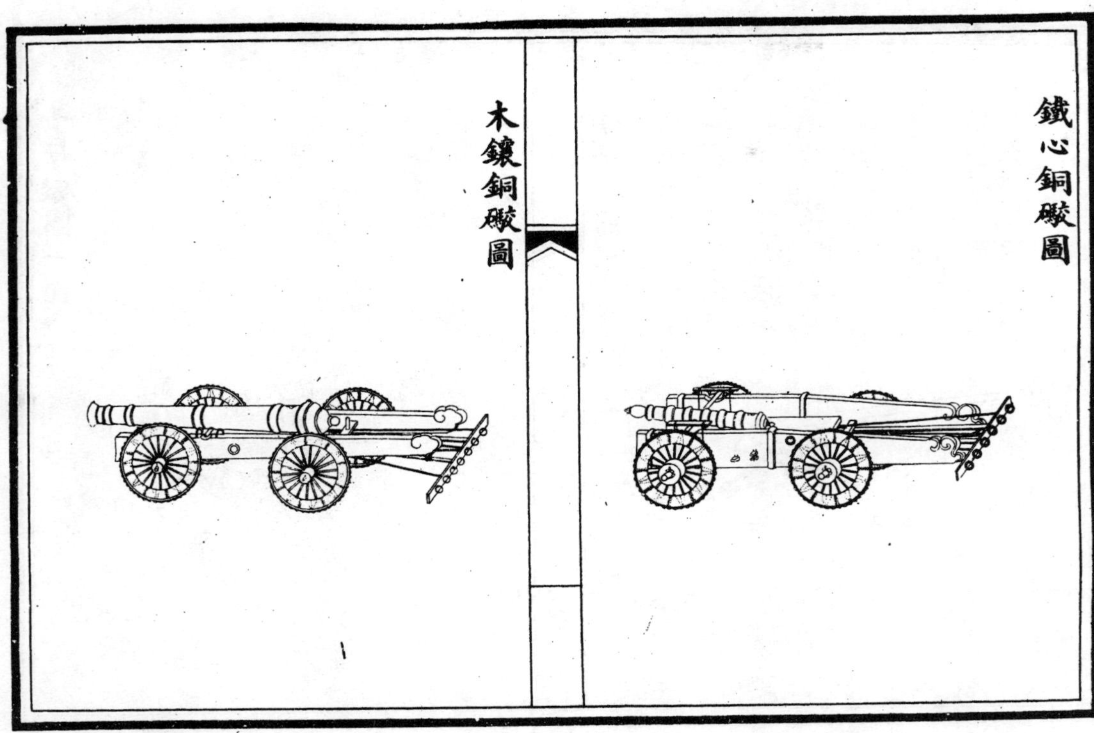


鐵心銅礮。鑄銅為體內以鐵。前弇後微豐。口如螺旋。重一百十觔。長五尺六寸。青綠色。不鍥花文。隆起六道受藥二兩四錢。鐵子四兩八錢。載以四輪車轅長一丈二尺一寸。轅端橫木加鐵鐶六。餘俱如神威大將軍礮車之制。木鑲銅礮。內銅而外鑲以木前弇後豐。底如覆笠。重一千二百觔長七尺四寸。不鍥花文。隆起四道加星斗。旁為雙耳。載以四輪車。如武成永固大將軍礮車之制。

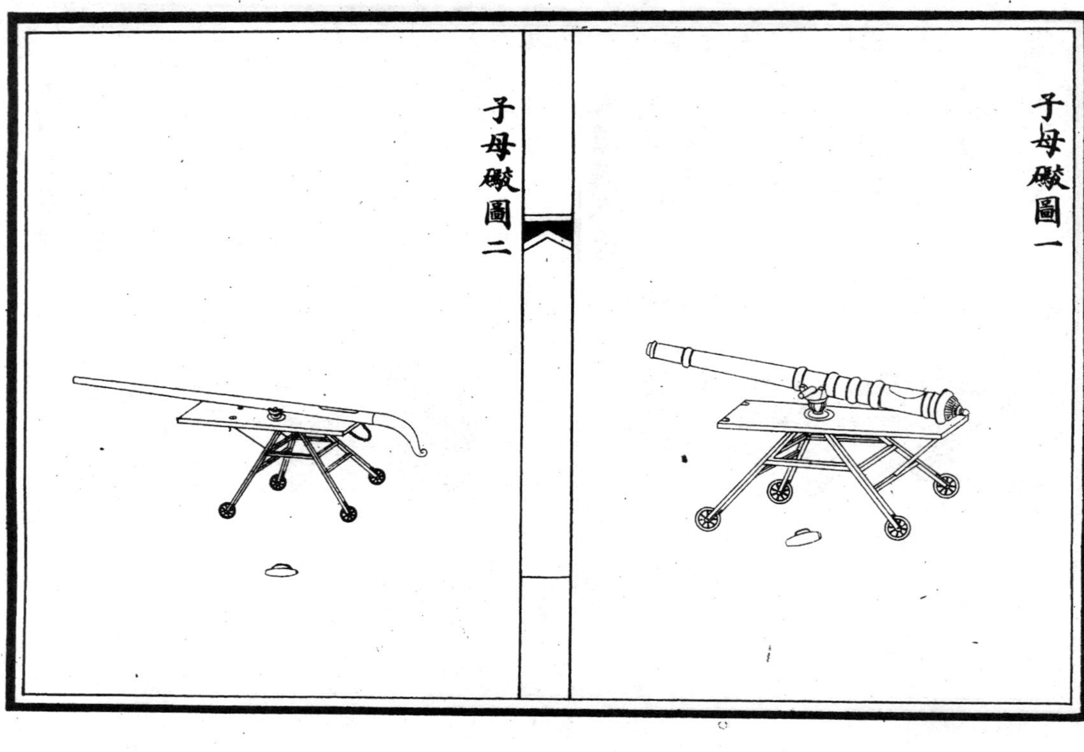

子母礮圖一

子母礮圖二

子母礮。皆鑄鐵。前弇後豐。底如覆笠。其一重九十五觔。長五尺三寸。通髹以漆。不鍥花文。隆起五道。加星斗。旁為雙耳。子礮五。如管。連火門。各重八觔。受藥二兩二錢。鐵子五兩。礮面開孔。與子礮相稱。用時內之。固以鐵鈕。遞發之。相續而速。載以四輪車。如凳形。中貫鐵機。以鐵鋬承礮耳。下施四足。橫直皆楔以木。後加斜木搘之。足施鐵輪。輪各八輻。左右推挽。惟所宜。其一重八十五觔。長五尺八寸。末加木柄。後曲而俯。以鐵索聯於車上。用法同前。載以四輪車。制亦同。

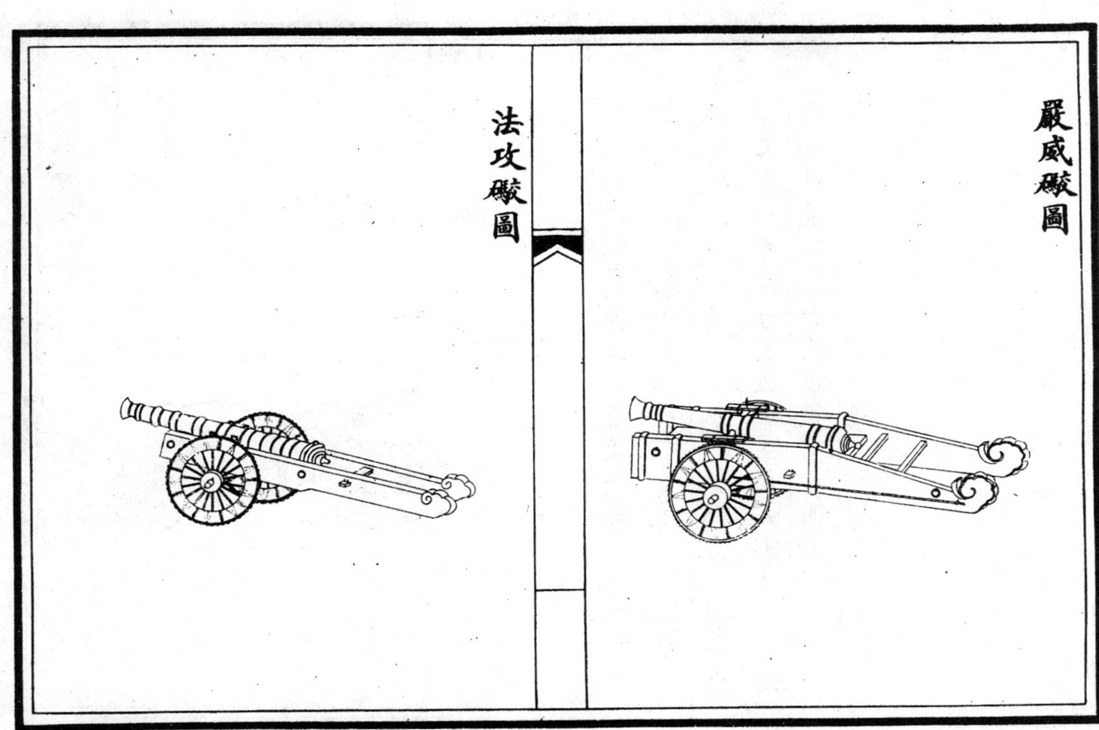


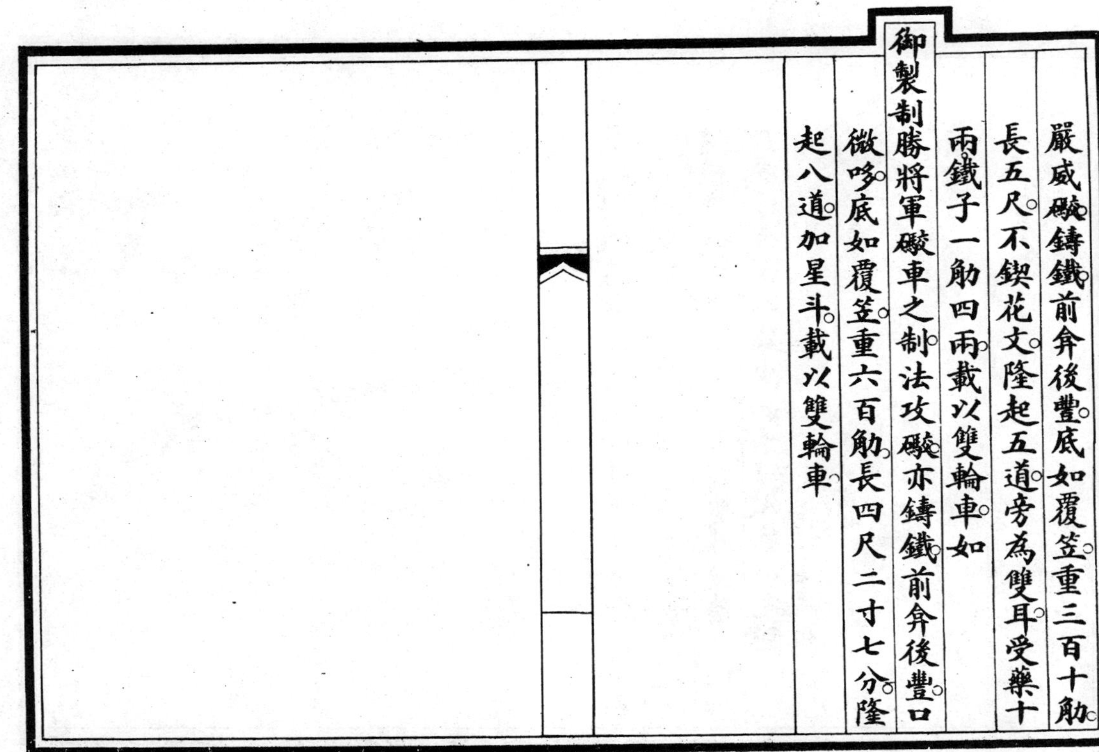
嚴威礮。鑄鐵。前弇後豐。底如覆笠。重三百十觔。長五尺。不鍥花文。隆起五道。旁為雙耳。受藥十兩。鐵子一觔四兩。載以雙輪車。如
御製制勝將軍礮車之制。法攻礮。亦鑄鐵。前弇後豐口徹哆底如覆笠重六百觔。長四尺二寸七分。隆起八道。加星斗。載以雙輪車。

## 紅衣礮圖

紅衣礮鑄鐵。前弇後豐。底圜而淺。重自一千五百觔至五千觔。長自六尺六寸至一丈五寸。中鍥雲螭。隆起八道。旁為雙耳。受藥自二觔六兩至七觔八兩。鐵子自五觔至十五觔。載以三輪車。如神威無敵大將軍礮車之制。

## 龍礮圖

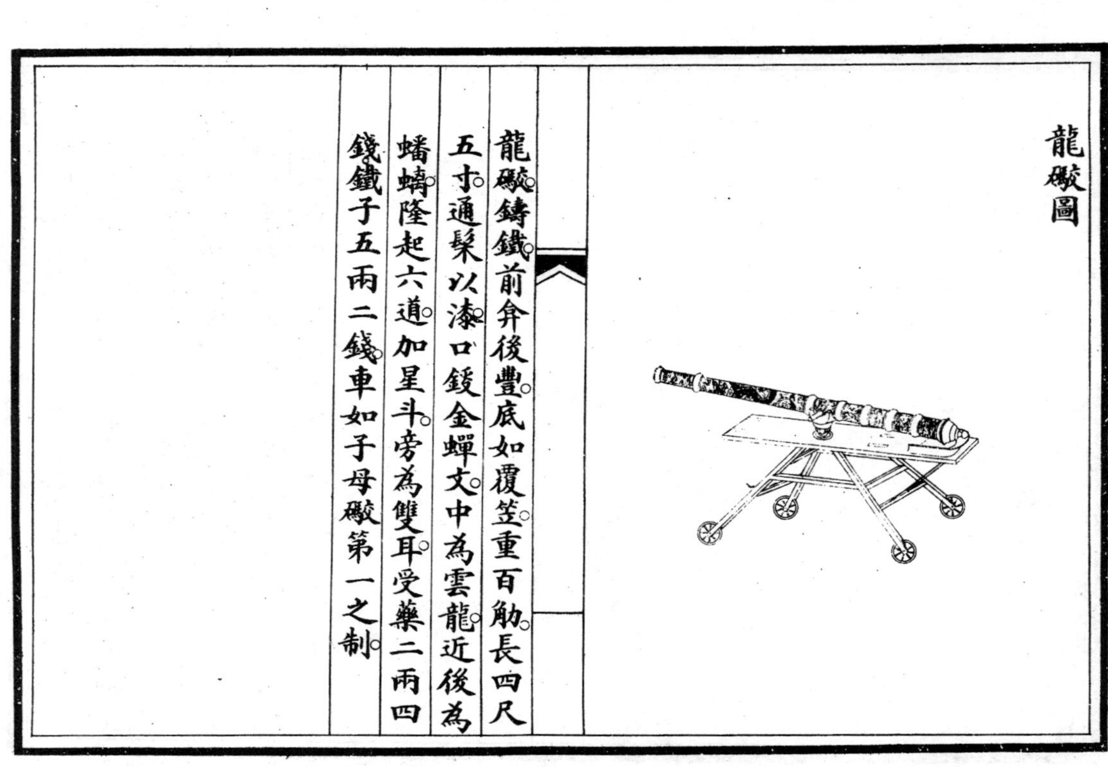

龍礮鑄鐵。前弇後豐。底如覆笠。重百觔。長四尺五寸。通髹以漆。口鋄金蟬文。中為雲龍。近後為蟠螭。隆起六道。加星斗。旁為雙耳。受藥二兩四錢。鐵子五兩二錢。車如子母礮第一之制。

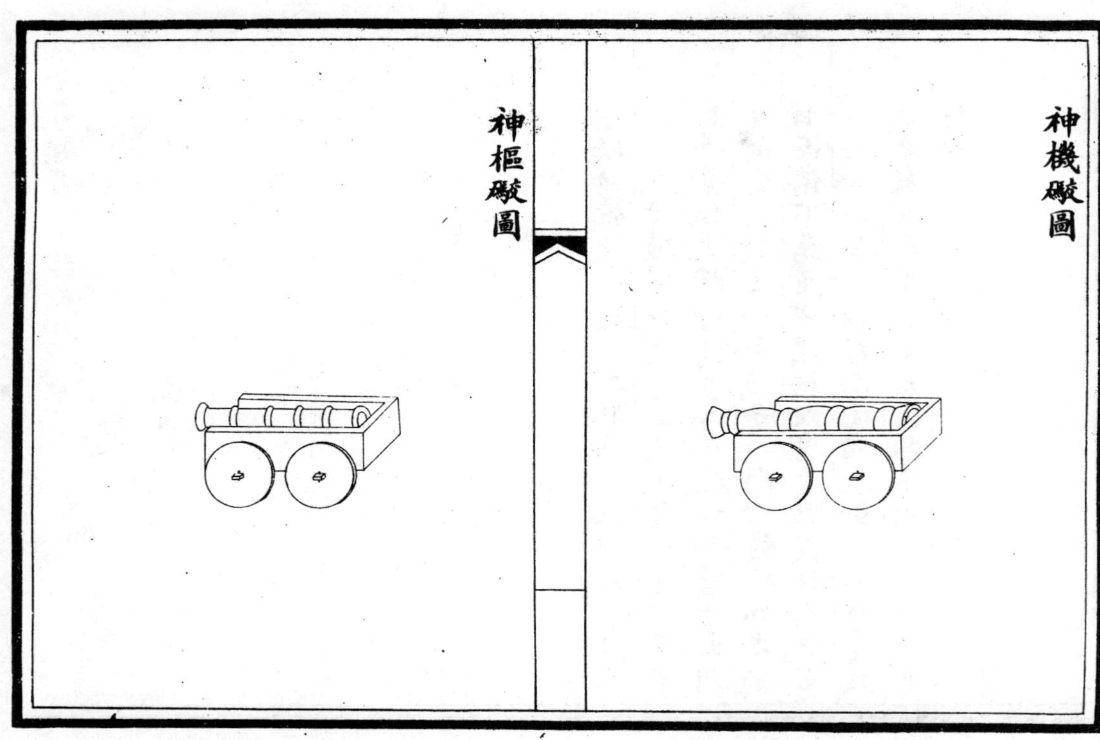


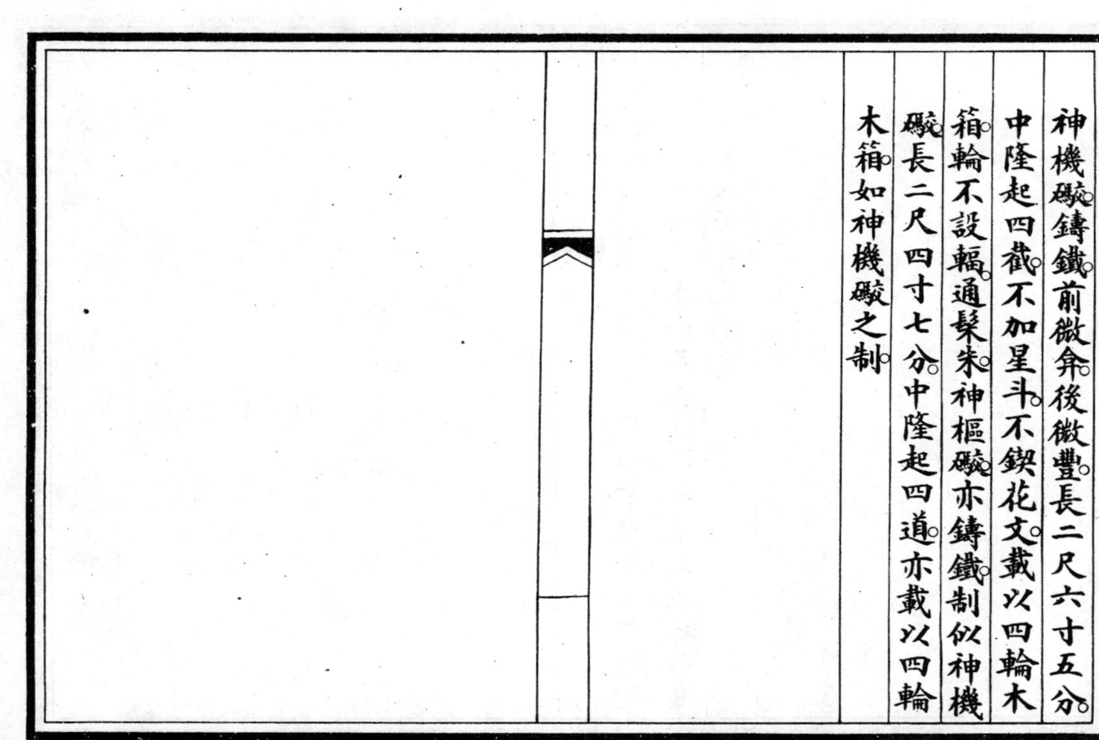

神機礮。鑄鐵。前微弇。後微豐。長二尺六寸五分。中隆起四箍。不加星斗。不鍥花文。載以四輪木箱。輪不設輻。通髹朱。神樞礮。亦鑄鐵。制似神機礮。長二尺四寸七分。中隆起四道。亦載以四輪木箱。如神機礮之制。

## 奇礮圖

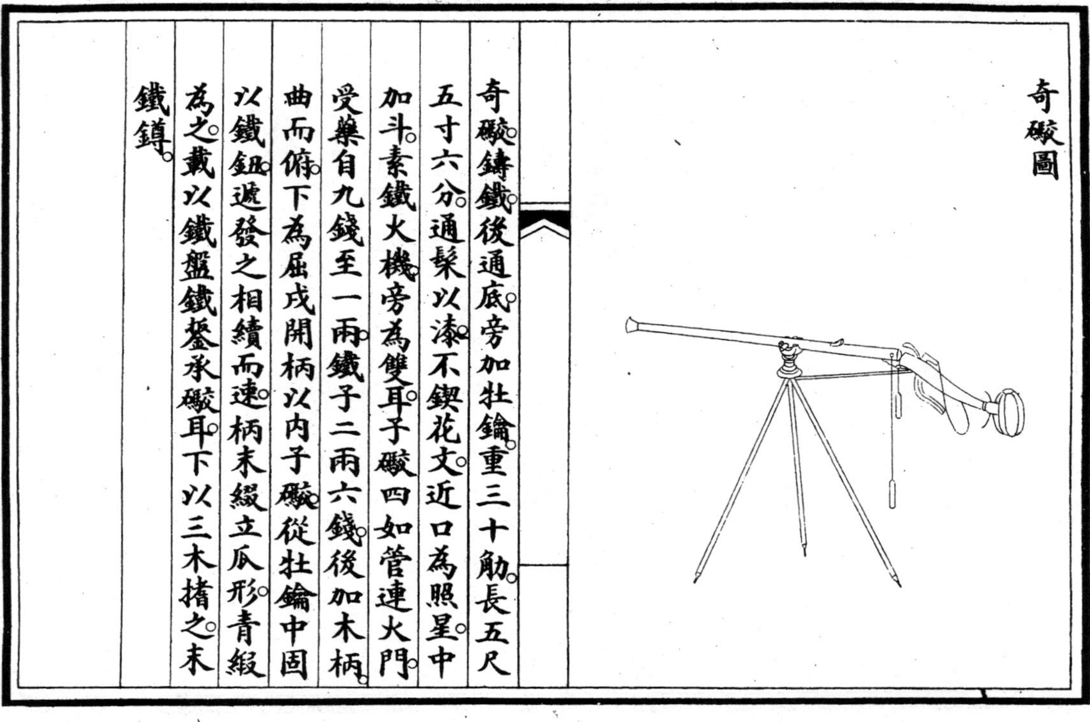

奇礮。鑄鐵。後通底。旁加牡鑰。重三十觔。長五尺五寸六分。通髹以漆。不鍥花文。近口為照星。中加斗。素鐵火機。旁為雙耳。子礮四。如管。連火門。受藥自九錢至一兩。鐵子二兩六錢。後加木柄。曲而俯。下為屈戌。開柄以內子礮。從牡鑰中固以鐵鈕。遞發之。相續而速。柄末綴立瓜形青緞為之。載以鐵盤。鐵鍪承礮耳。下以三木搘之。末鐵鐏。

## 行營信礮圖

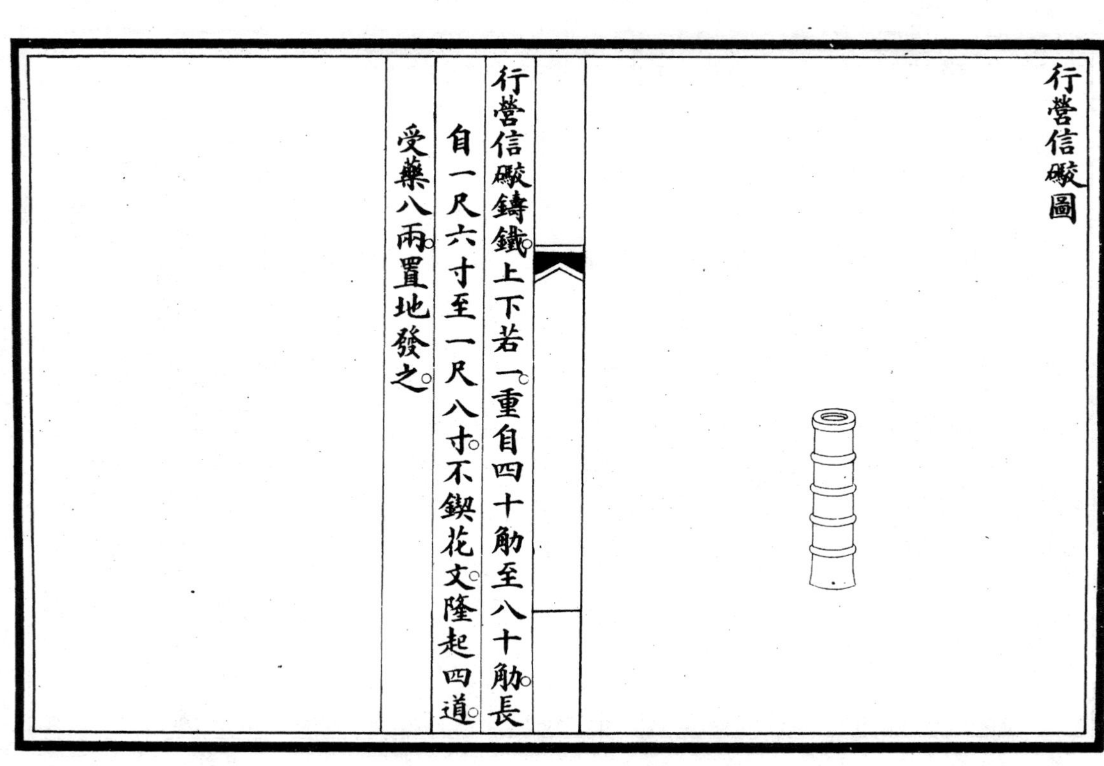

行營信礮。鑄鐵。上下若一。重自四十觔至八十觔。長自一尺六寸至一尺八寸。不鍥花文。隆起四道。受藥八兩。置地發之。

渾銅礮圖

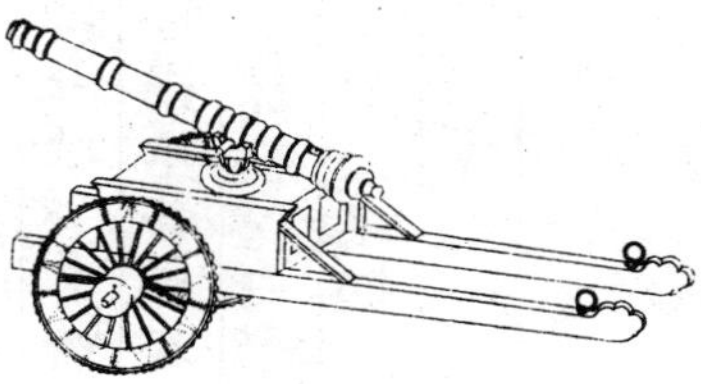

渾銅礮。鑄銅。前弇後微豐。底如覆笠。重自一千二百觔。至二千一百觔。長自六尺。至六尺一寸。不鍥花文。隆起九道。旁為雙耳。受藥自一觔十二兩至二觔八兩。鐵子自三觔八兩至五觔。載以雙輪車。轅長九尺四寸。端施橫木。餘俱如
御製金龍礮車之制。康熙二十年
聖祖仁皇帝平定吳逆。獲其所製渾銅礮。藏之武庫。以備軍行之用。

臺灣礮圖

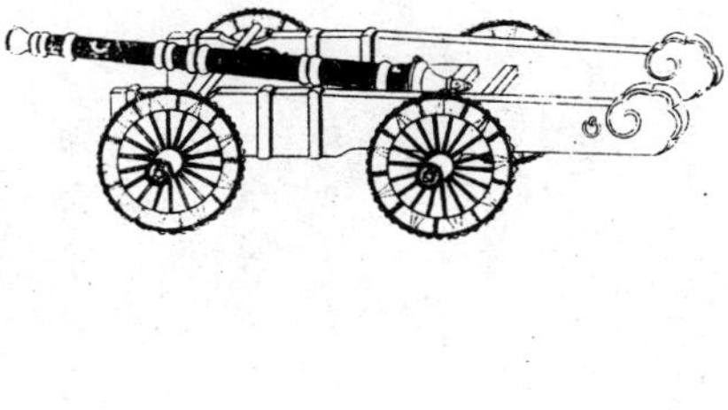

臺灣礮。鑄銅。前弇後微豐。口形如鉢。重自三百觔至七千觔。長自四尺三寸。至一丈二寸。雜鍥花文。蕉葉文。蟠螭人獸形。閒以番書。隆起十道。中為龍文。雙鈕可貫繩懸之。受藥自一觔一兩至十觔。鐵子自二觔二兩至二十觔。載以四輪車。通髹朱。橫梁承礮。轅長一丈二尺七寸。輪各十有八輻。康熙二十二年
聖祖仁皇帝平定臺灣。獲其所製礮。藏之武庫。以備軍行之用。

回礮圖

回礮鑄鐵前弇後豐長五尺口鍥蕉葉文通鍰金銀花文隆起七道素鐵火機下屬於鞍木質蒙以革橐駝負之乾隆二十四年

高宗純皇帝平定西域俘獲軍器無算

命藏

紫光閣以紀

武成回礮其一也

# 欽定大清會典圖卷一百一

## 武備十一 器械一

皇帝大閱佩刀圖

皇帝大閱佩刀。乾隆十三年製。通長二尺七寸七分。刃長二尺三寸。闊一寸五分。右鋄銀橫為天字一號。縱為鍊精。皆隸書。左橫為乾隆年製。亦隸書。下為鼓冶鑄刀形。鋈為金。盤厚二分。周飾紅寶石綠松石青金石相間各四。外銜珍珠。柄長四寸五分。木質。纏明黃絲。末鈷鐵塗金。周飾紅寶石綠松石青金石三道。銜珍珠。繫明黃綫。中飾綠松石。室長二尺五寸。木質。飾金桃皮。琫珌皆鋄金花文。飾紅寶石綠松石青金石各一。中橫束鋄金二道。飾亦如之。背為金提梁。左右各

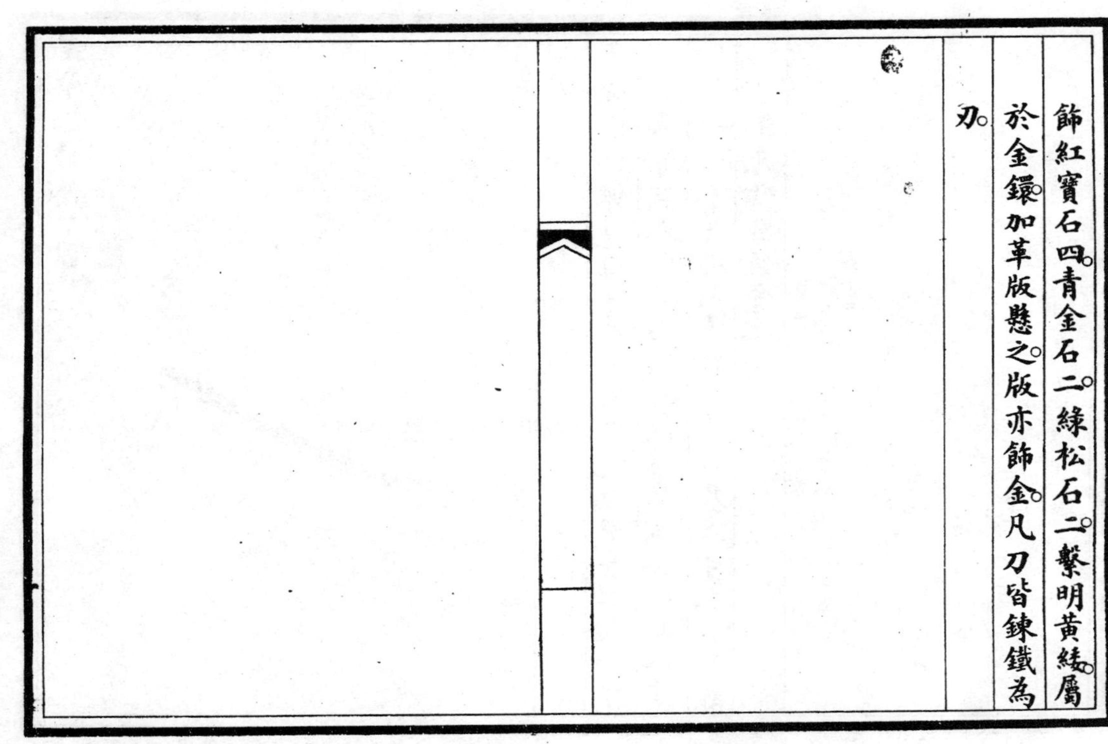

飾紅寶石四。青金石二。綠松石二。繫明黃綫。屬於金鐶加革版懸之。版亦飾金。凡刀皆鍊鐵為刃。

皇帝吉禮隨侍佩刀圖

皇帝吉禮隨侍佩刀。乾隆十五年製。劍首。單刃。通長三尺。刃長二尺五寸。闊一寸四分。中起脊三道。背銜金龍。龍口外刃二寸二分。近柄鋄銀花文。左為神鋒。右為乾隆年製。皆隸書。銎為銀盤。鋄金花。厚二分。柄長四寸八分。木質。蒙白鯊魚皮。横飾九行。中綠松石。兩旁青金石。紅寶石相間。上圍飾綠松石。紅寶石。貫明黃綫。室長二尺七寸。木質。中蒙綠鯊魚皮。旁以鐵。皆綴金花文。琫珌皆綴銀花文。亦飾綠松石青金石紅寶石。

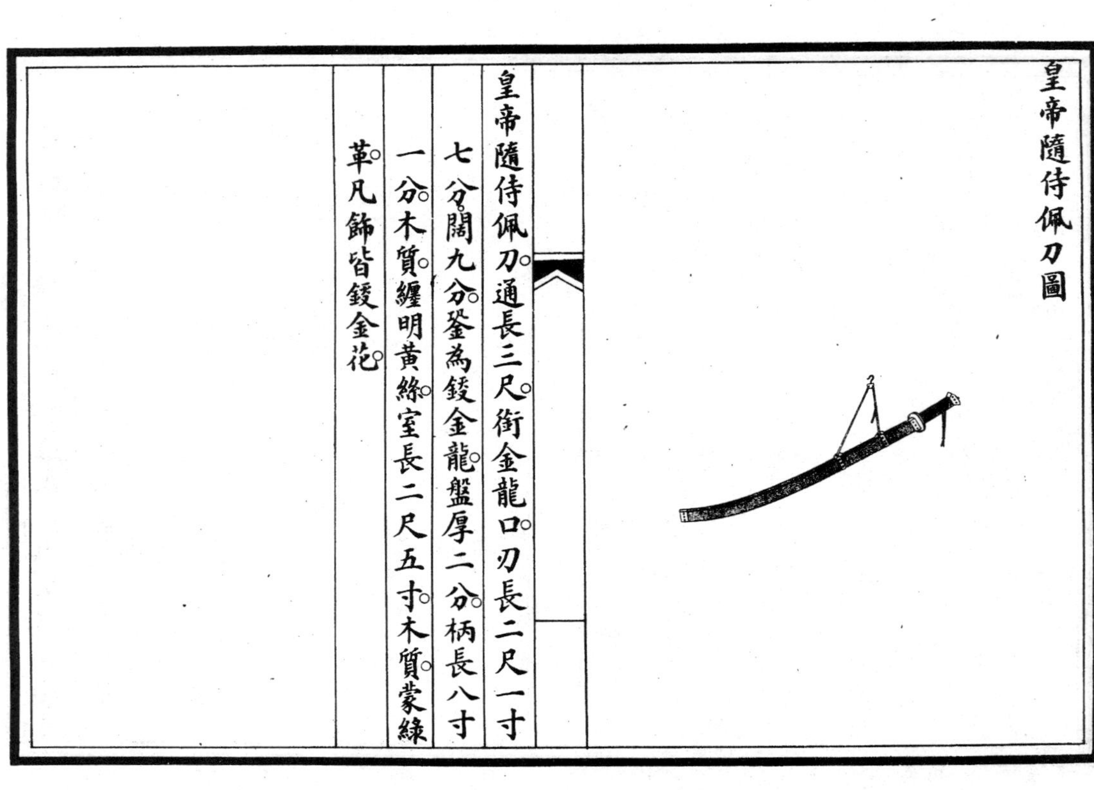

皇帝隨侍佩刀圖

皇帝隨侍佩刀。通長三尺。銜金龍口。刃長二尺一寸七分。闊九分。銎為鋄金龍盤。厚二分。柄長八寸一分。木質。纏明黃絲。室長二尺五寸。木質。蒙綠革。凡飾皆鋄金花。

## 王公佩刀圖 親王郡王用貝勒貝子入八分公佩刀附見

親王郡王佩刀。通長二尺七寸。刃長二尺二寸五分。闊一寸四分。鋻為鐵盤。鋄金厚二分。柄長四寸三分。木質纏金黃絲。末鈷以鐵。亦鋄金。繫金黃縧。室長二尺五寸。木質。髹漆繪五色蓮花。雜飾珊瑚珍珠青金石綠松石。惟不得用東珠。貝勒至入八分公佩刀。柄纏青絲。繫石青縧。餘同。

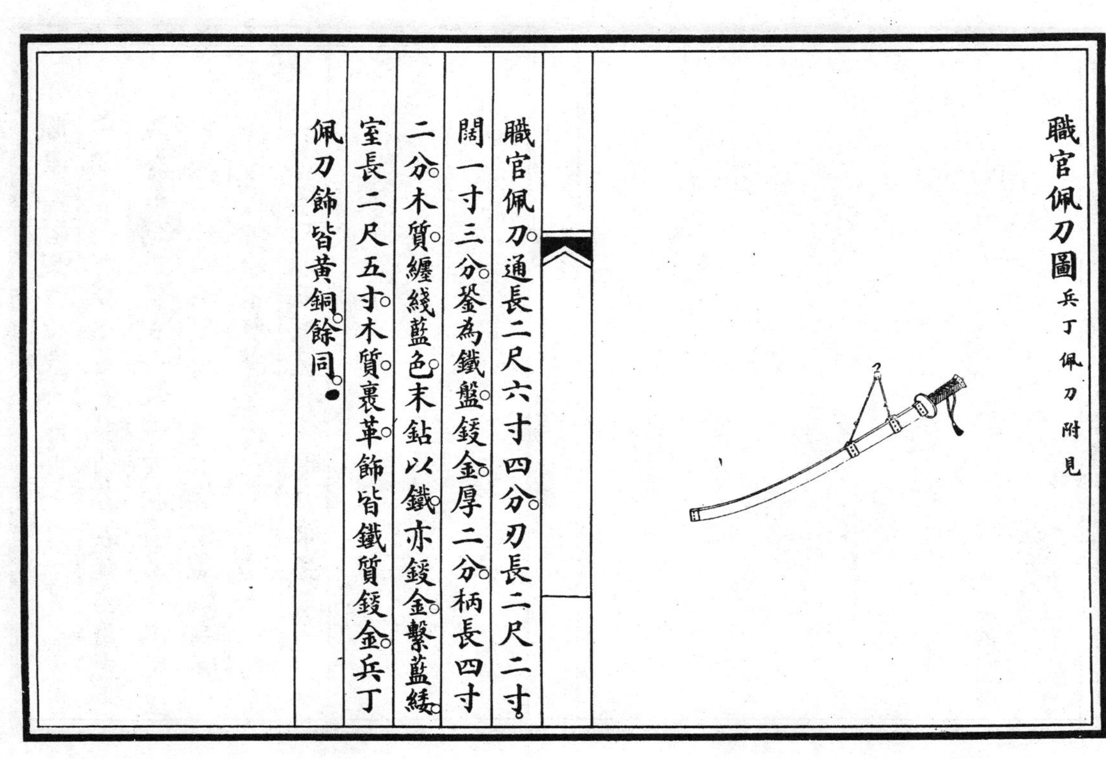

## 職官佩刀圖 兵丁佩刀附見

職官佩刀。通長二尺六寸四分。刃長二尺二寸。闊一寸三分。鋻為鐵盤。鋄金厚二分。柄長四寸二分。木質纏綫藍色。末鈷以鐵。亦鋄金。繫藍縧。室長二尺五寸。木質裹革。飾皆鐵質鋄金。兵丁佩刀飾皆黃銅。餘同。

順刀圖一前鋒左翼用

順刀圖二前鋒右翼用

順刀二。皆銳首。刃長八寸。闊一寸。銎為鐵盤。厚二分。室長九寸。木質。裹革。前鋒左翼所用者。中起脊如劍形。通長一尺二寸。柄長四寸。木質。塗黃油。末鉆以鐵。室兩端鉆以鐵。中束鐵二道。右翼所用者。中不起脊。通長一尺一寸。桬木柄長三寸。末鉆以鐵。繫藍綫。室近口束鐵

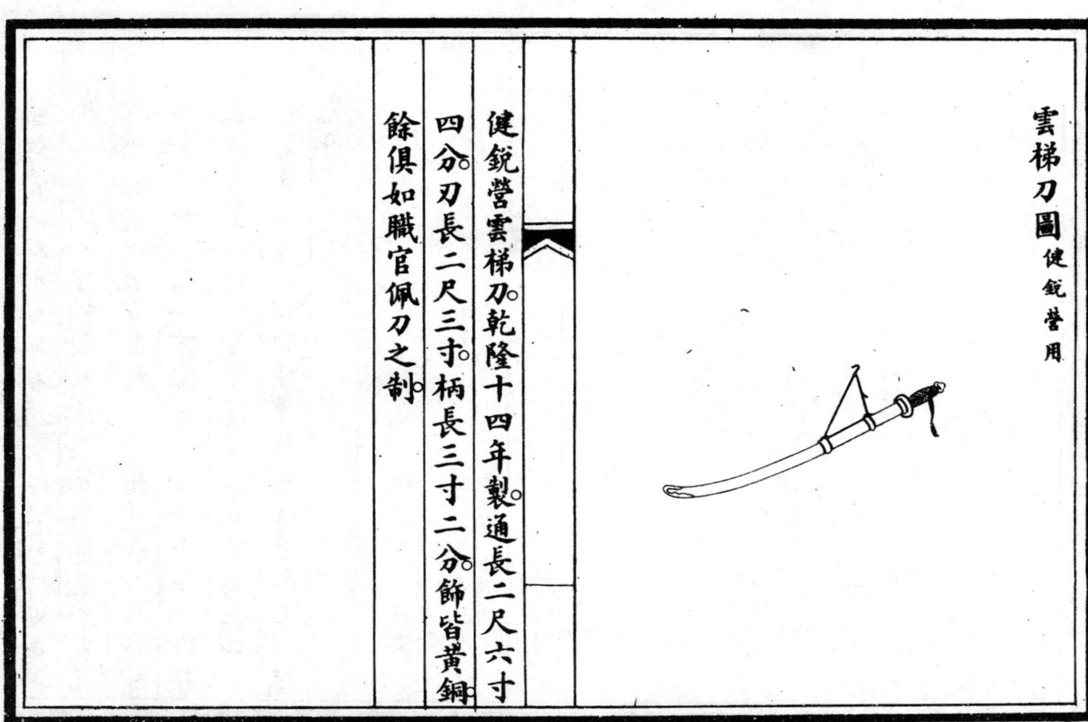

雲梯刀圖　健銳營用

健銳營雲梯刀。乾隆十四年製。通長二尺六寸四分。刀長二尺三寸。柄長三寸二分。飾皆黃銅。餘俱如職官佩刀之制。

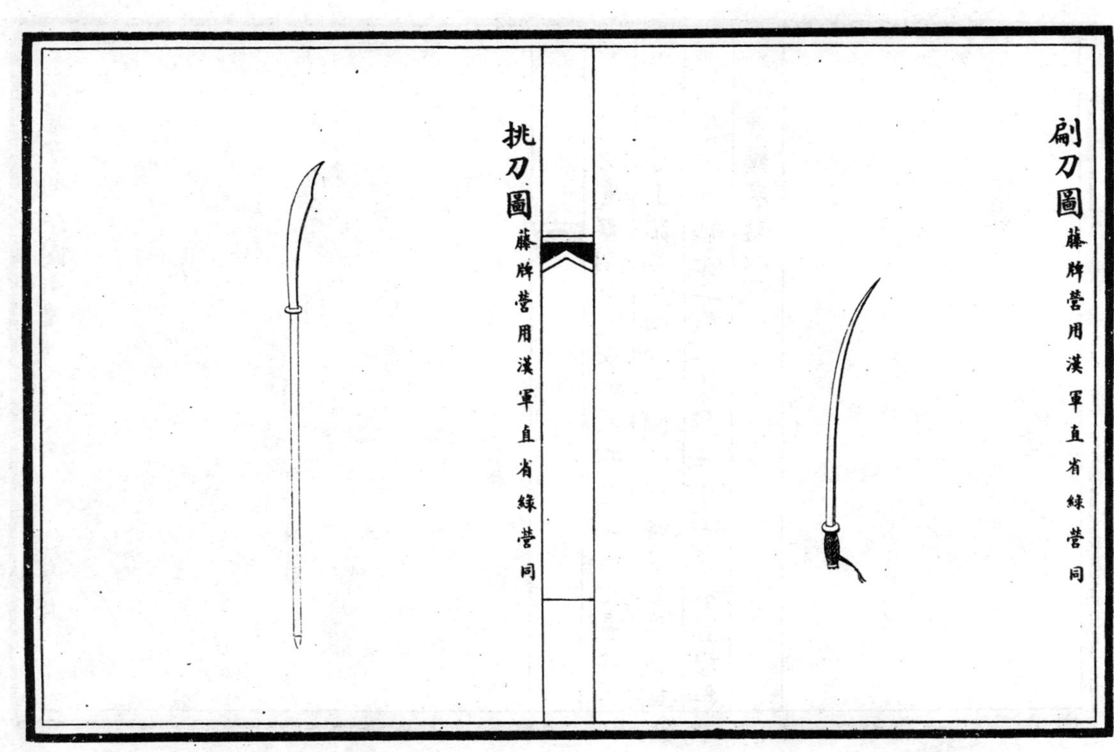

刷刀圖　藤牌營用漢軍直省綠營同

挑刀圖　藤牌營用漢軍直省綠營同

藤牌營刷刀。形如佩刀。通長二尺八寸。刃長二尺二寸。闊一寸。柄長五寸八分。木質髹朱末鉆以鐵。繫藍綫。挑刀亦藤牌營用。通長七尺六寸二分。刃長二尺二寸。闊一寸五分。上銳而仰。柄長五尺。圍四寸六分。木質。髹朱。末鐵鐏長四寸。銎皆為鐵盤。厚二分。漢軍藤牌營及各直省綠營用。

寬刃刷刀圖 綠營用

綠營寬刃刷刀。通長四尺六寸二分。刃長二尺四寸。上闊二寸四分。下闊一寸四分。銎為鐵盤厚二分。柄長二尺二寸。圍三寸一分。木質。纏紅藍綫。末鉆以鐵。

## 偃月刀圖綠營用寬刃大刀虎牙刀船尾刀附見

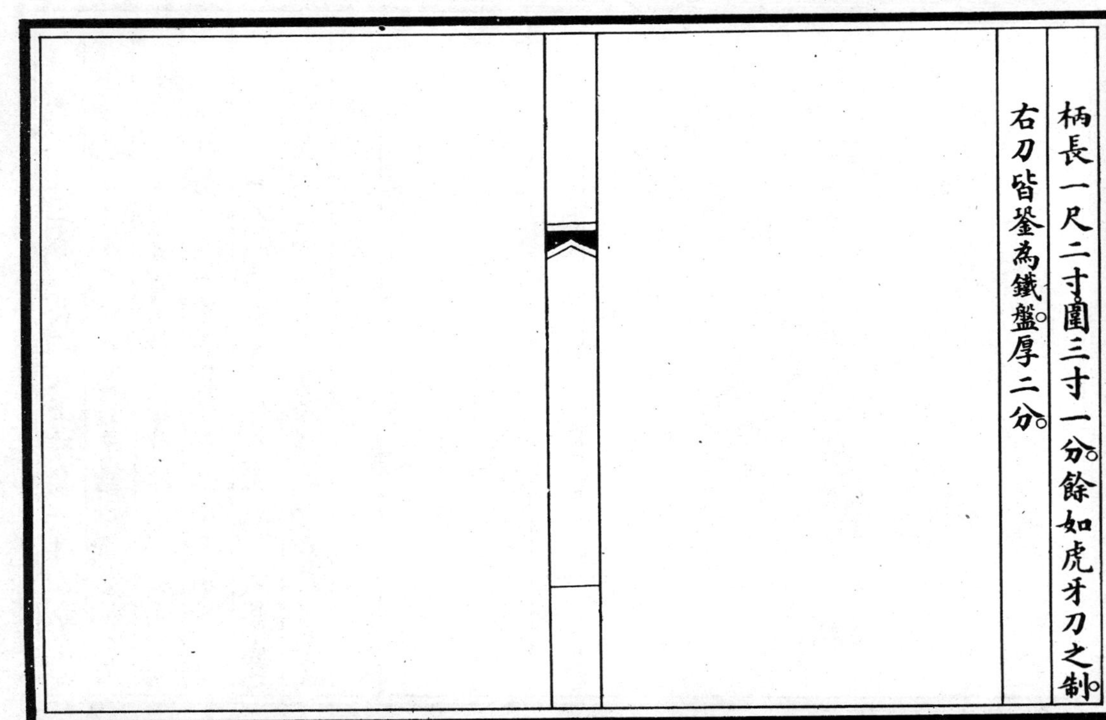

綠營偃月刀。通長七尺。刃長二尺四寸五分。上豐而仰。背為歧刃。銜以龍口。高一寸五分。柄長四尺二寸八分。圍五寸二分。木質。髹朱。末鐵鐏。長四寸。寬刃大刀。形如偃月刀而無歧刃。通長六尺九寸二分。刃長二尺五寸。上闊三寸。下半之。柄長四尺。圍四寸六分。餘如偃月刀之制。虎牙刀。形如寬刃大刀而上銳。通長五尺四寸二分。刃長二尺七寸。闊一寸一分。柄長與刃等。圍三寸七分。木質。髹朱。末鐵鐓。船尾刀。形如虎牙刀。通長三尺四寸二分。刃長二尺二寸。闊一寸。柄長一尺二寸。圍三寸一分。餘如虎牙刀之制。

右刀皆鋈為鐵盤厚二分。

## 窩刀圖

綠營用斬馬刀長刃大刀雙手帶刀背刀附見

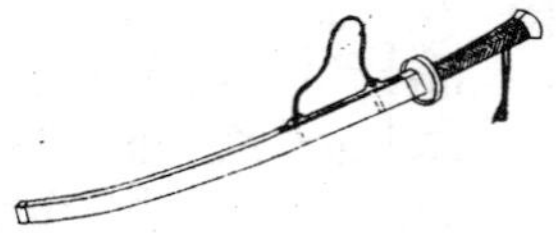

綠營窩刀形如佩刀。通長三尺四寸二分。刃長二尺六寸。闊一寸。柄長八寸。木質。縛籐或纏革髹綠。末銛以鐵。繫藍綫。室長二尺七寸。木質裹綠革。飾以鐵。斬馬刀形如佩刀而長。通長四尺八寸。刃長三尺四寸。闊一寸五分。柄長一尺三寸八分。木質纏紅黃革。末銛以鐵。繫藍綫。室長三尺五寸。木質裹革。髹朱。飾以鐵。長刃大刀通長五尺一寸。刃長三尺三寸。闊一寸五分。柄長一尺八寸。室長三尺二寸。髹以漆。餘俱如斬馬刀之制。雙手帶刀。形如斬馬刀而微短。通長四尺二寸二分。刃長二尺七寸。闊一寸五分。柄長一尺五寸。木質纏紅藍綫。末銛以鐵。室長二尺八寸。木質裹綠革。飾以鐵。背刀形如斬馬刀而短。通長三尺一寸二分。刃長二尺三寸。闊一寸三分。柄長八寸。木質纏綠綫。末銛以鐵。繫藍綫。室長二尺四寸。木質髹朱。飾以鐵。右刀皆鋈為鐵盤厚二分。

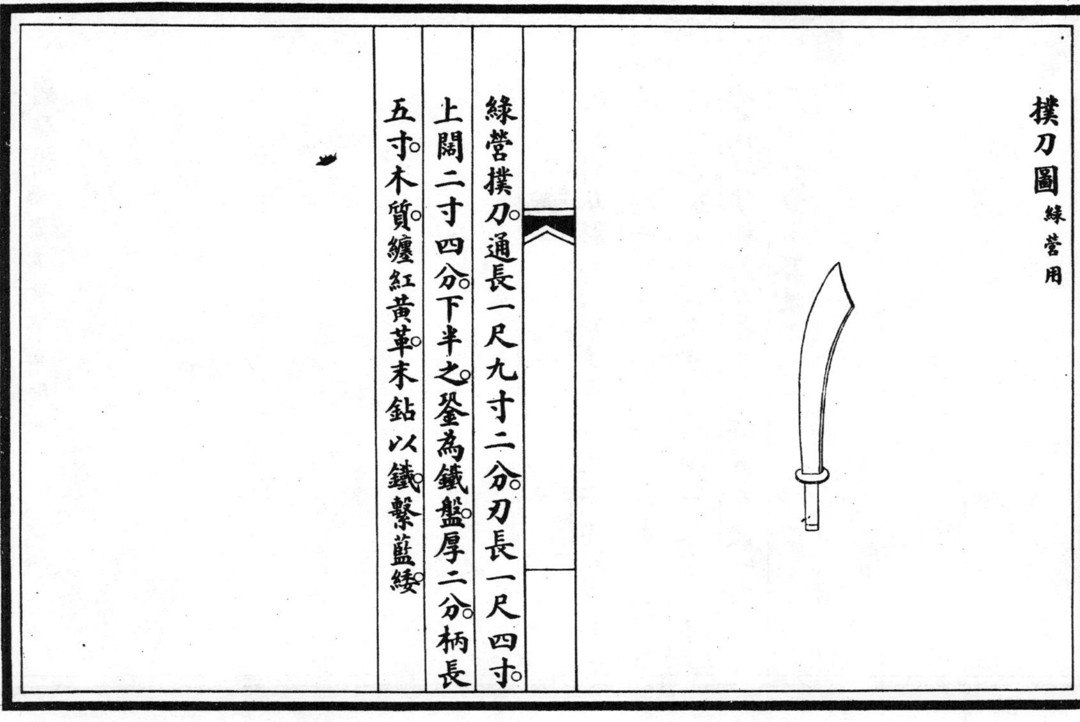

撲刀圖綠營用

綠營撲刀。通長一尺九寸二分。刃長一尺四寸。上闊二寸四分。下半之。銎為鐵盤。厚二分。柄長五寸。木質。纏紅黃革。末鈷以鐵。繫藍綏。

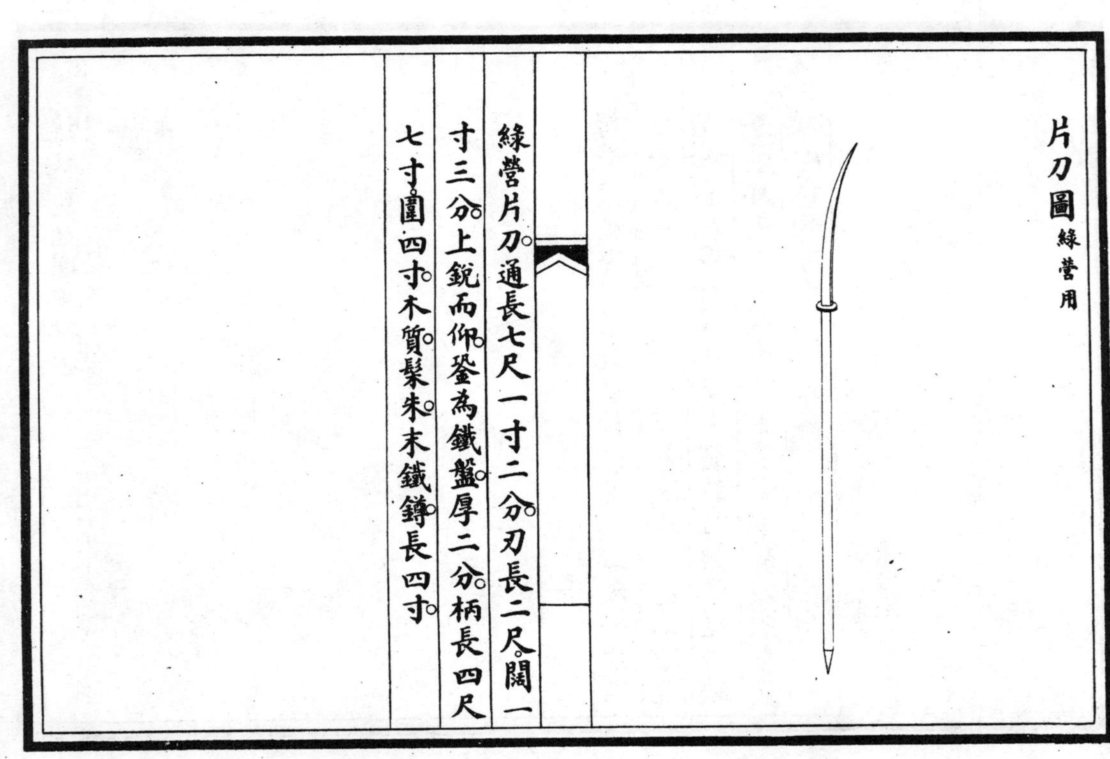

片刀圖綠營用

綠營片刀。通長七尺一寸二分。刃長二尺。闊一寸三分。上銳而仰。銎為鐵盤。厚二分。柄長四尺七寸。圍四寸。木質。髹朱。末鐵鐏長四寸。

## 割刀圖 綠營用鐮風刀附見

綠營割刀形如刈鉤。通長五尺二寸。刃橫長一尺四寸。闊一寸。前曲而俯。鐮風刀形如割刀。刃鋼。柄脩。通長一丈二寸。刃橫長一尺。闊一寸。鋈皆長二寸。柄割刀長五尺。鐮風刀長一丈。圍皆三寸一分。木質髹朱。

## 滾被雙刀圖 綠營用

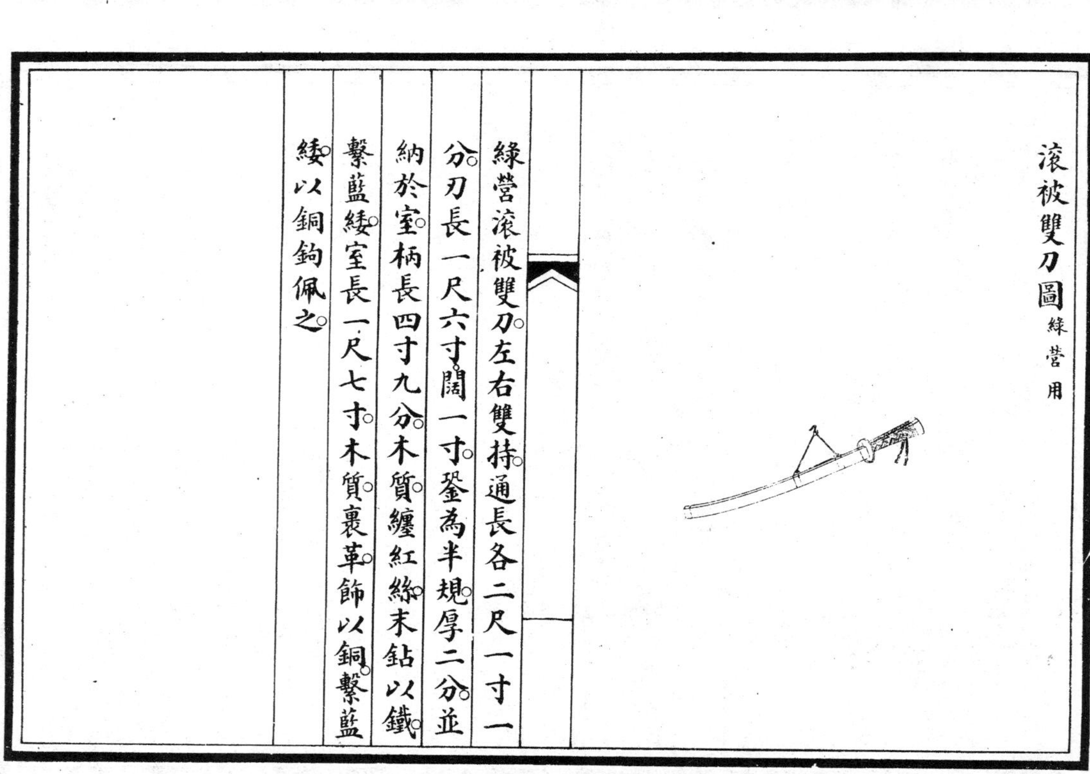

綠營滾被雙刀左右雙持。通長各二尺一寸一分。刃長一尺六寸。闊一寸。鋈為半規。厚二分。並納於室。柄長四寸九分。木質。纏紅絲。末鉆以鐵。繫藍綫。室長一尺七寸。木質。裏革。飾以銅。繫藍綫。以銅鈎佩之。

欽定大清會典圖卷一百二

武備十二 器械二

虎槍圖 虎槍營用

長槍圖一 健鋭營用

長槍圖二 護軍營用驍騎營用

長槍圖三 綠營用

鉤鐮槍圖 綠營用

雙鉤鐮槍圖 綠營用

蛇鐮槍圖 綠營用

十字鐮槍圖 綠營用

雁翎槍圖 綠營用

虎牙槍圖 綠營用

火燄槍圖 綠營用

火鐮槍圖 綠營用

梨花槍圖 綠營用

手槍圖 綠營用

釘槍圖 綠營用

矛圖 綠營用

戟圖 綠營用

馬叉圖 綠營用

鳳翅鎲圖 綠營用

五齒鎲圖 綠營用

月牙鈀圖 綠營用

通天鈀圖 綠營用

三鬚鉤圖 綠營用

鐵挽圖 綠營用

## 虎槍圖

虎槍營用

虎槍營虎槍。通長八尺三寸。刃長九寸。圭首中起棱。柄長七尺四寸。白蠟木為之。柄首橫繫鹿角二。長一寸。末角鐓。刃蒙革囊。樺皮裹。繫革帶貫之。凡槍皆鍊鐵為刃。

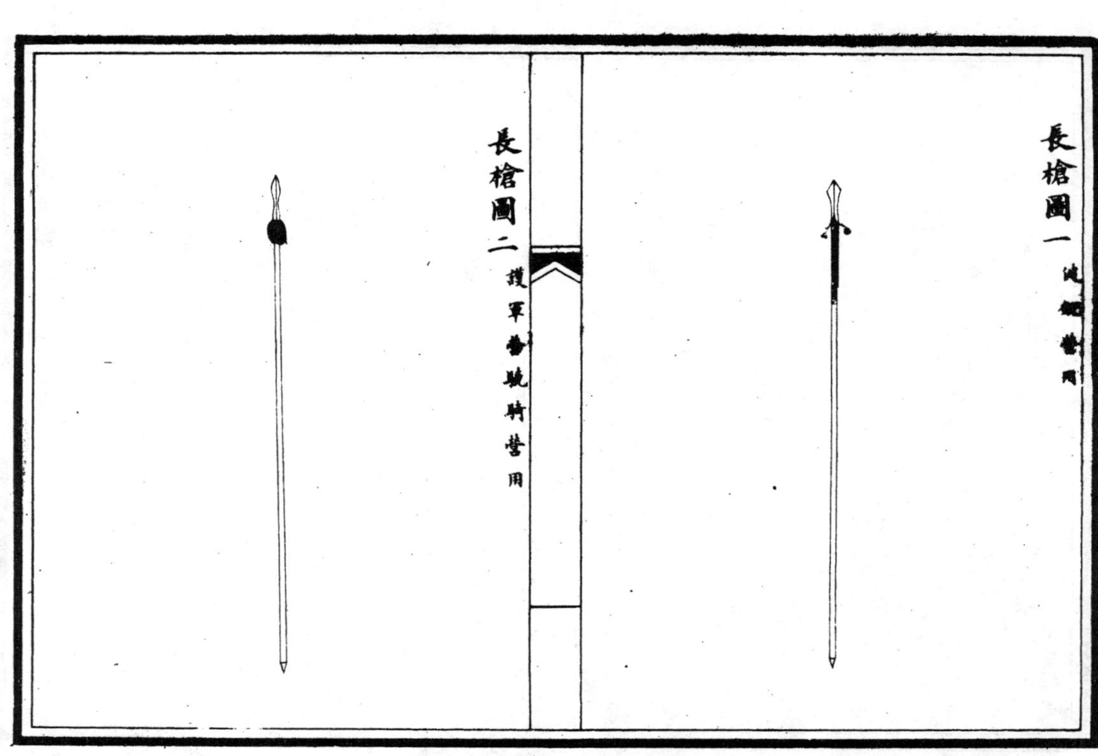

## 長槍圖三

綠營用

長槍之制三。一。健銳營用。乾隆十四年製。通長一丈三寸。刃長九寸。圭首中起棱。木柄長九尺。圍四寸六分。旁銜鐵刃如刀。貼於槍下。長一尺四寸。闊五分。下綴木圓珠。黑旄。末鐵鐏長四寸。一。護軍驍騎用。通長一丈三尺七寸。刃長一尺一寸。銎爲鐵盤。厚二分。下注朱旄。木柄長一丈二尺二寸。末鐵鐏長四寸。一。綠營用。通長一丈四尺。刃長七寸。柄長一丈三尺。圍三寸七分。木質。髹朱。注朱旄。末鐵鐏長三寸。

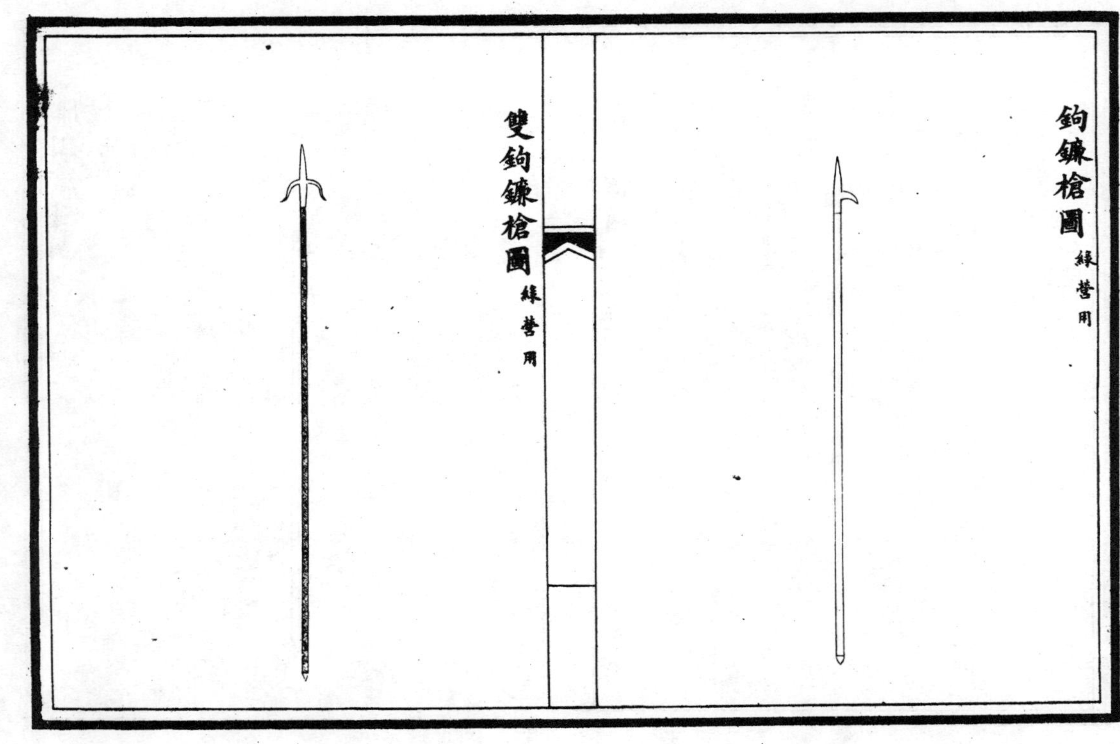

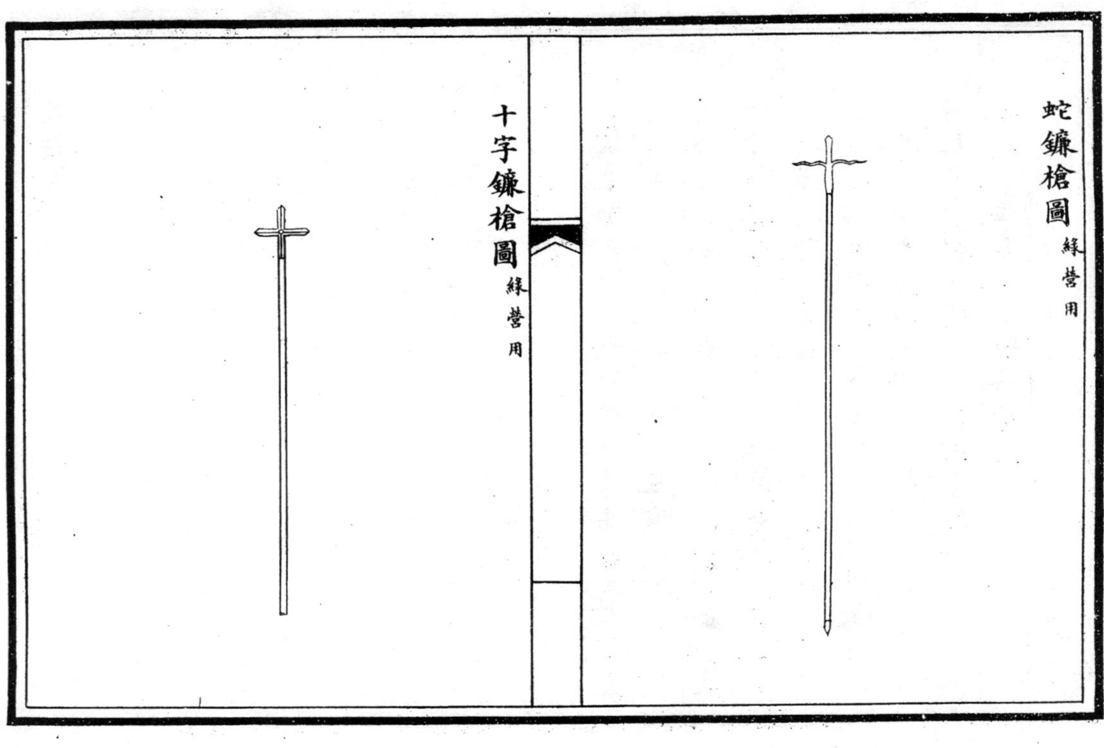
蛇鐮槍圖
綠營用
十字鐮槍圖
綠營用

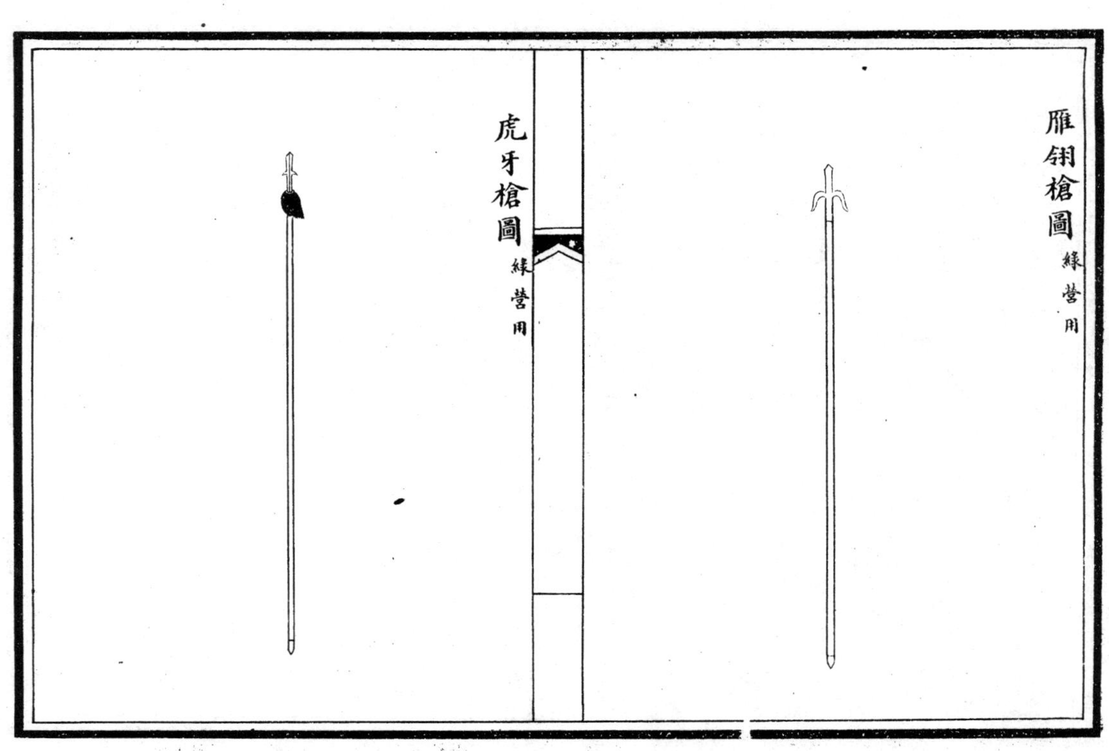
雁翎槍圖
綠營用
虎牙槍圖
綠營用

綠營鉤鐮槍。通長七尺二寸。刃長八寸。上銳旁刃曲向內。徑二寸。柄長六尺。圍四寸。木質髹朱末鐵鐏長四寸。雙鉤鐮槍。兩旁刃曲向內。餘俱如鉤鐮槍之制。柄長七尺。圍二寸七分。木質裹樺皮。蛇鐮槍。通長七尺二寸。刃長八寸。圭首下鍆。兩旁橫刃三折如蛇行。徑七寸。柄如鉤鐮槍之制。十字鐮槍。通長四尺六寸。直刃長六寸。橫刃徑一尺。圭首相交如十字形。柄長四尺。圍三寸一分。木質。髹朱。雁翎槍。通長七尺二寸。刃長八寸。圭首下平。兩旁刃如雙鉤鐮槍而闊。徑五寸。柄如鉤鐮槍之制。虎牙槍。通長九尺一寸。刃長七寸。圭首起棱。兩旁短刃向內如虎牙。各一寸七分。注朱旄。柄長八尺。圍二寸八分。餘如鉤鐮槍柄之制。

## 火燄槍圖 綠營用

綠營火燄槍。通長六尺六寸。直刃上出。旁刃十為火燄形。中空如鐶。銎長四寸。柄長五尺五寸。圍四寸。木質髹朱。末鐵鐏長四寸。

## 火鐮槍圖 綠營用

綠營火鐮槍通長九尺二寸。管長八寸。以受火藥。管端橫鐵兩末加刃。一前一卻。前刃為槍長四寸。卻刃為鐮。長三寸。銎長四寸。周傅小箍四各長二寸。以藏蒺藜。下鉆以鐵。柄長八尺。圜三寸一分。攢竹髹朱。末鐵鐏長四寸。

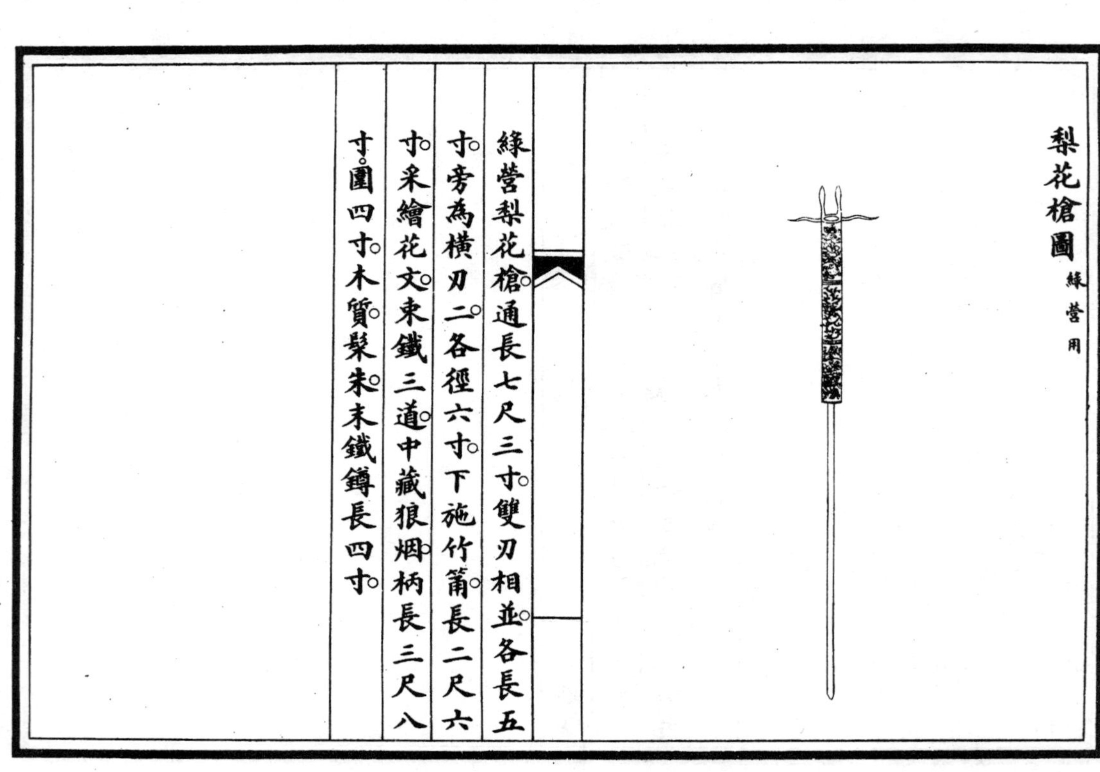

## 梨花槍圖 綠營用

綠營梨花槍通長七尺三寸。雙刃相並。各長五寸。旁為橫刃二。各徑六寸。下施竹箍長二尺六寸。采繪花文。束鐵三道。中藏狼烟。柄長三尺八寸。圜四寸。木質髹朱。末鐵鐏長四寸。

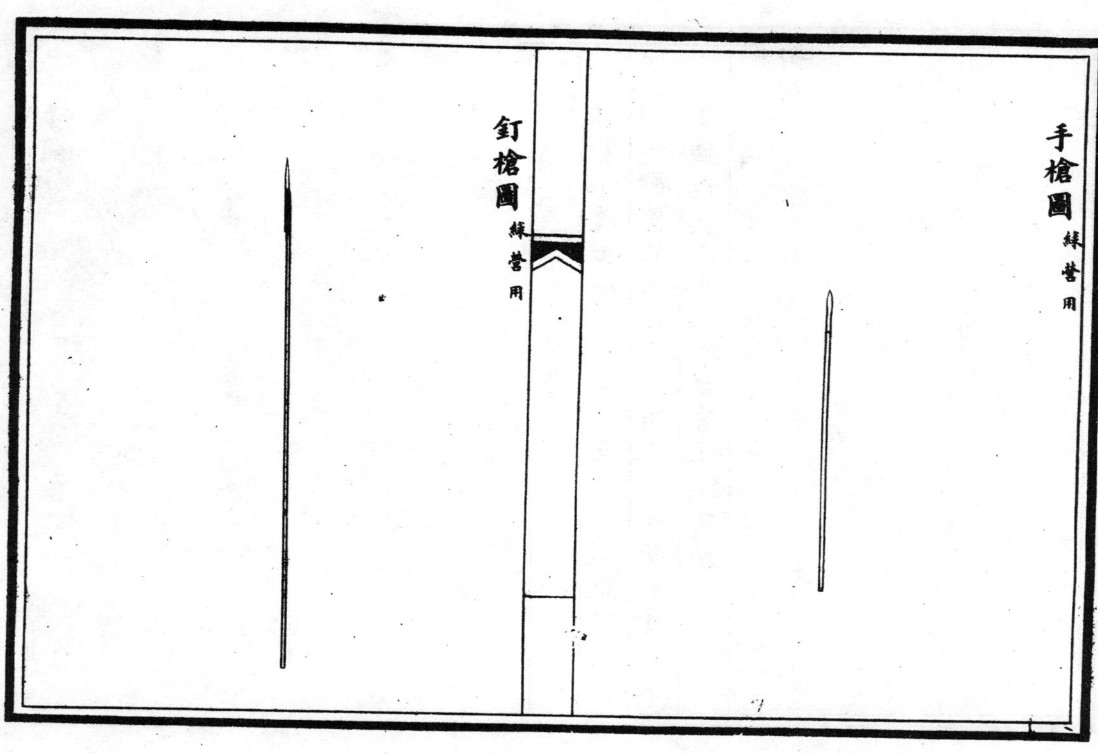


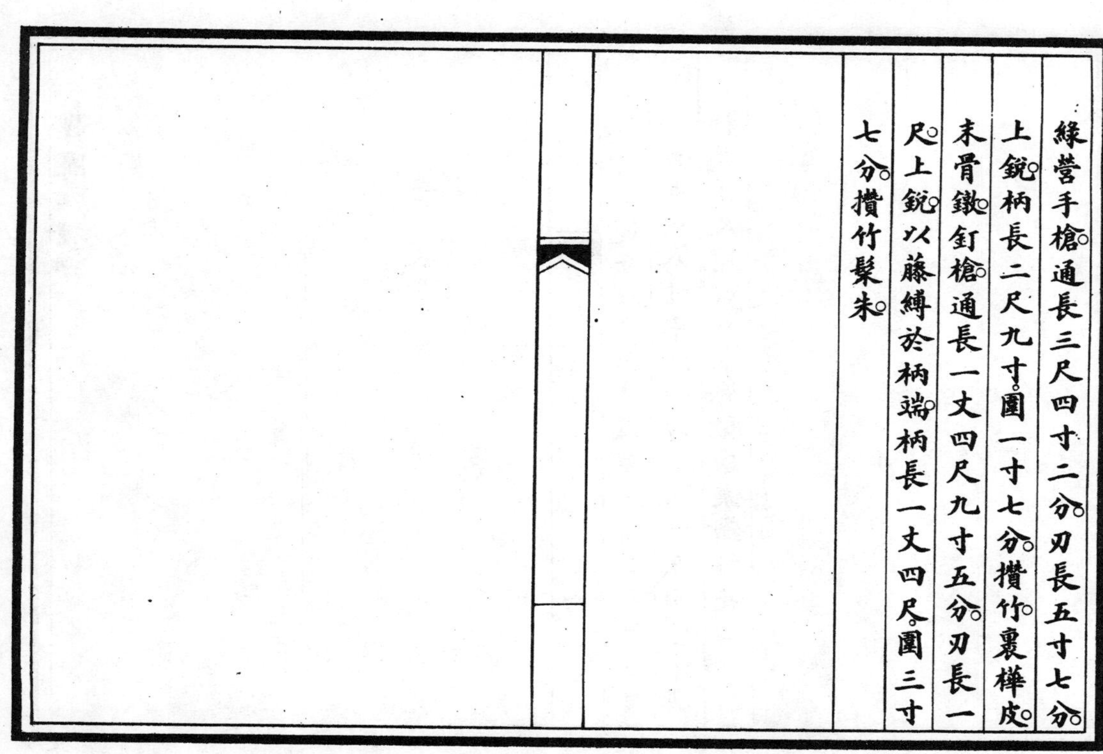

綠營手槍。通長三尺四寸二分。刃長五寸七分。上銳。柄長二尺九寸。圍一寸七分。攢竹。裹樺皮。末冒鐵。釘槍。通長一丈四尺九寸五分。刃長一尺。上銳。以藤縛於柄端。柄長一丈四尺。圍三寸七分。攢竹。髹朱。

矛圖 綠營用

綠營矛。通長一丈一尺。刃長七寸。上銳中豐下[illegible]。如柳葉形。柄長一丈。圍三寸七分。木質。髹朱。末鐵鐏長三寸。凡矛戟皆鍊鐵爲刃。

戟圖 綠營用

綠營戟。通長七尺五寸。援首三折。長一尺一寸。胡外曲。徑八寸。中二䏣各横二寸五分。皆鍊鐵。柄長六尺。圍四寸。木質。髹朱。末鐵鐏長四寸。

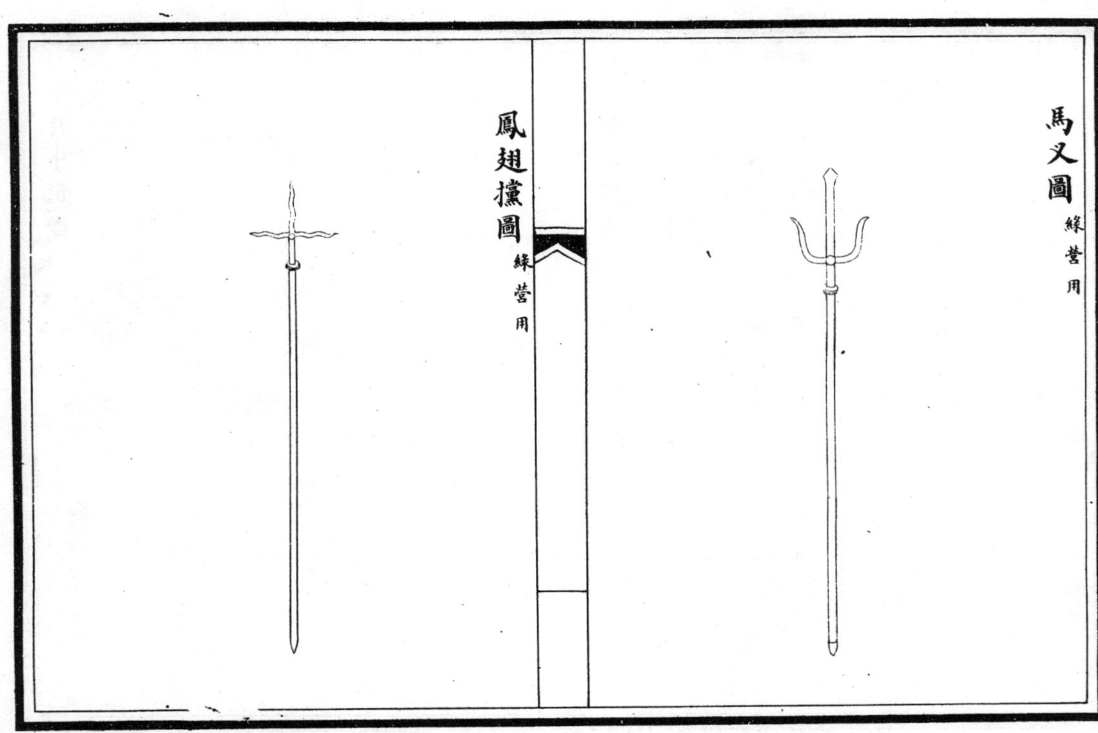


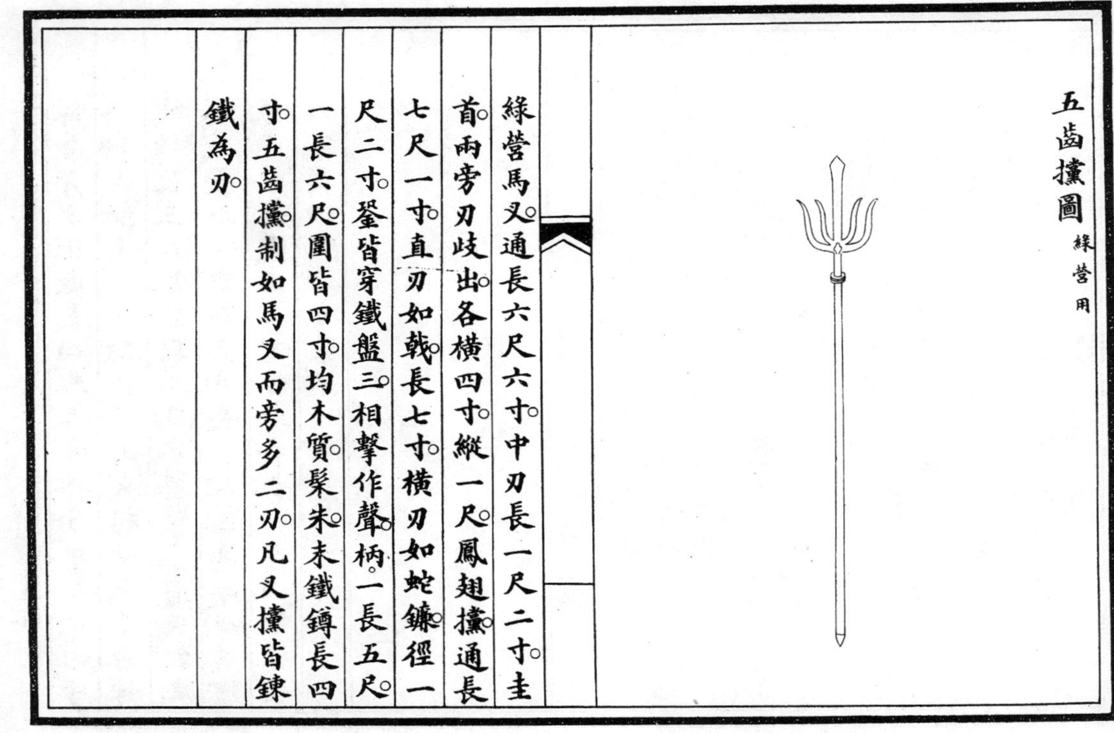


綠營馬叉。通長六尺六寸。中刃長一尺二寸。圭首。兩旁刃歧出。各横四寸。縱一尺。鳳翅钂通長七尺一寸。直刃如戟。長七寸。横刃如蛇鐮。徑一尺二寸。銎皆穿鐵盤三。相擊作聲。柄一長五尺。一長六尺。圍皆四寸。均木質。髹朱。末鐵鐏長四寸。五齒钂制如馬叉。兩旁多二刃。凡叉钂皆鍊鐵為刃。

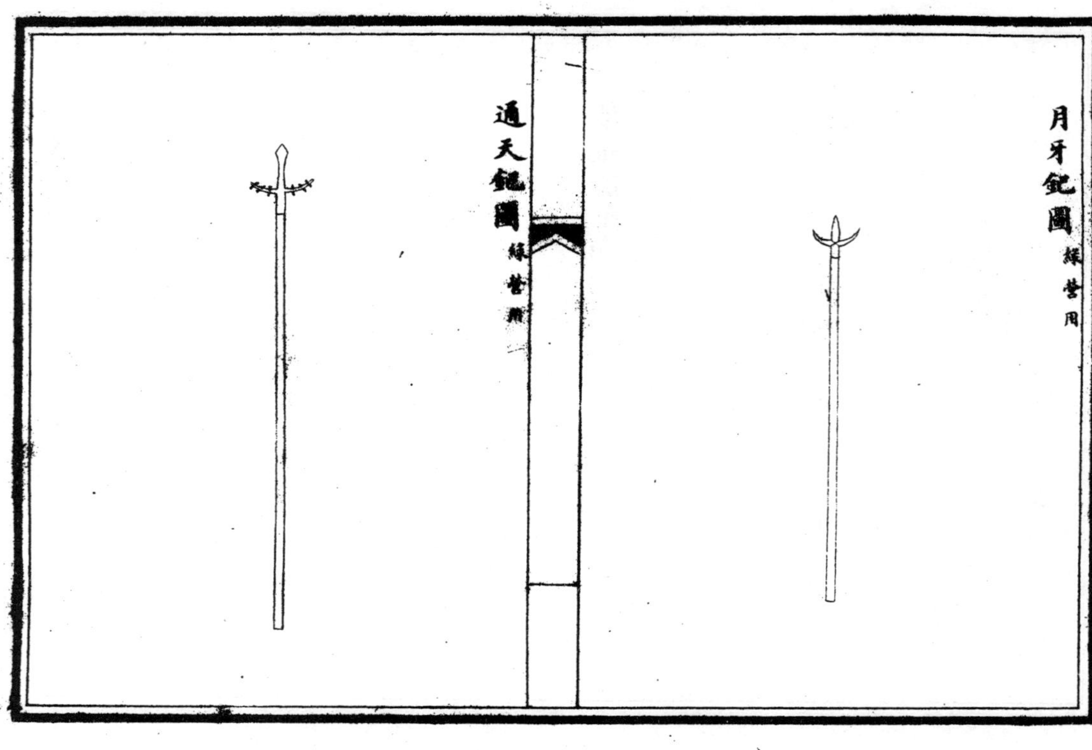


綠營月牙鈀。通長四尺三寸八分。中刃長四寸八分。上銳。兩旁刃如新月。兩尖相距五寸。皆鍊鐵。柄長三尺九寸。圍四寸。木質。髹朱。通天鈀。剡木通長七尺。中為圭首。長一尺。橫為半規。皆塗銀。兩旁施鐵齒。上下各三。各長一寸四分。柄長六尺。圍四寸六分。髹朱。

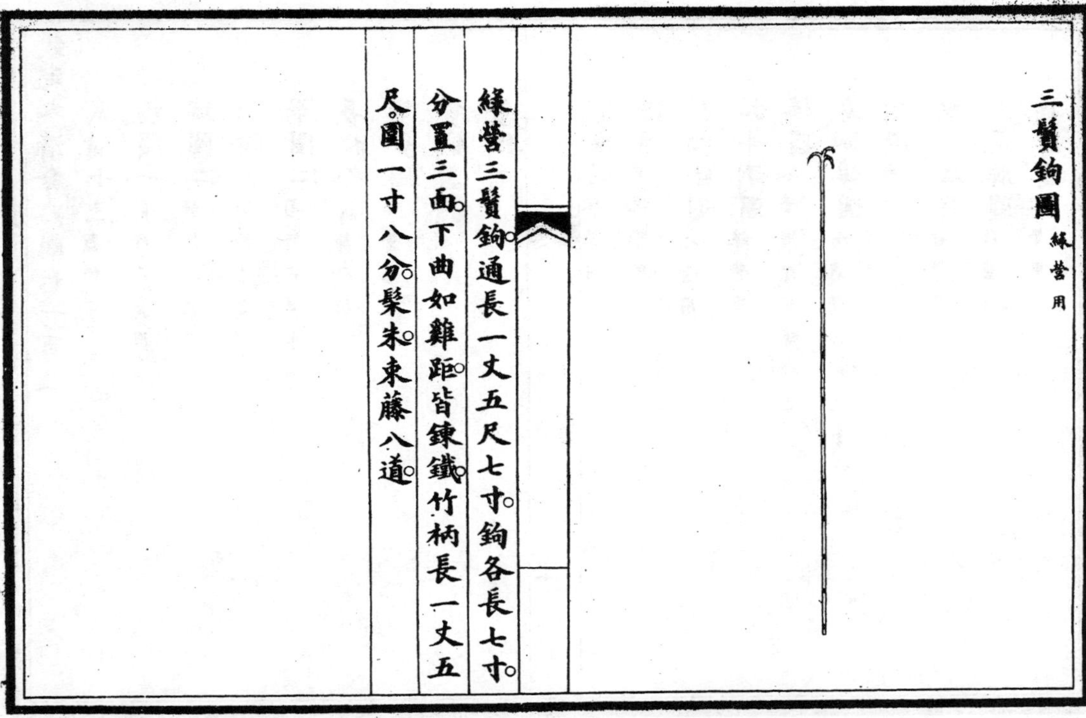

三鬢鉤圖綠營用

綠營三鬢鉤通長一丈五尺七寸。鉤各長七寸。分置三面。下曲如雞距。皆鍊鐵。竹柄長一丈五尺。圍一寸八分。髹朱。束藤八道。

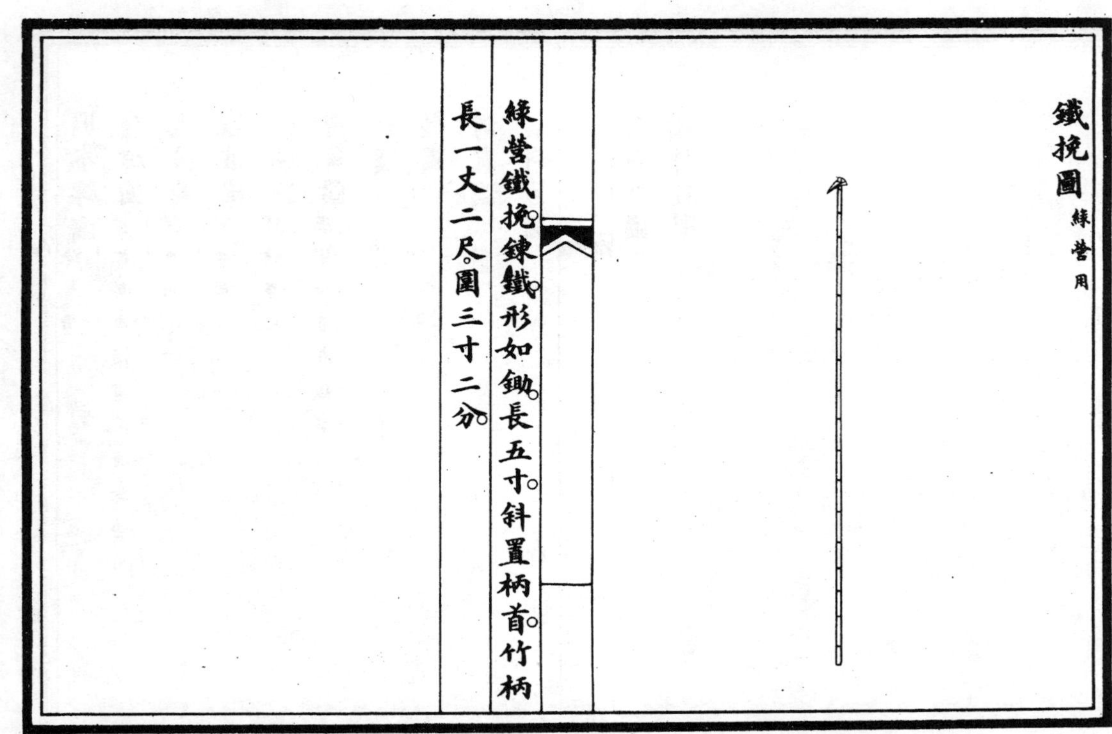

鐵挽圖綠營用

綠營鐵挽鍊鐵。形如鋤。長五寸。斜置柄首。竹柄長一丈二尺。圍三寸二分。

欽定大清會典圖卷一百三

武備十三 器械三

鐮圖一 前鋒左翼用

鐮圖二 前鋒右翼用

斧圖一 前鋒左翼用

斧圖二 前鋒右翼用

長柄斧圖 綠營用

雙斧圖 綠營用

雙鉞圖 綠營用

雙鐧圖 綠營用

雙椎圖 綠營用

鞭圖 健鋭營用

犁頭鐂圖 綠營用

鐵斗鐂圖 綠營用

棒圖 綠營用虎頭棒附見

連耞棒圖 漢軍用直省綠營同

盾圖 綠營用

虎頭牌圖 綠營用

燕尾牌圖 綠營用

挨牌圖 綠營用

圓木牌圖 綠營用

藤牌圖 藤牌營用漢軍直省綠營同

戰被圖 綠營用

滾被圖 綠營用

雲梯圖 健鋭營用

鹿角圖 漢軍用直省綠營同

金圖

鼓圖

海蠡圖

武科弓圖

武科刀圖

武科石圖

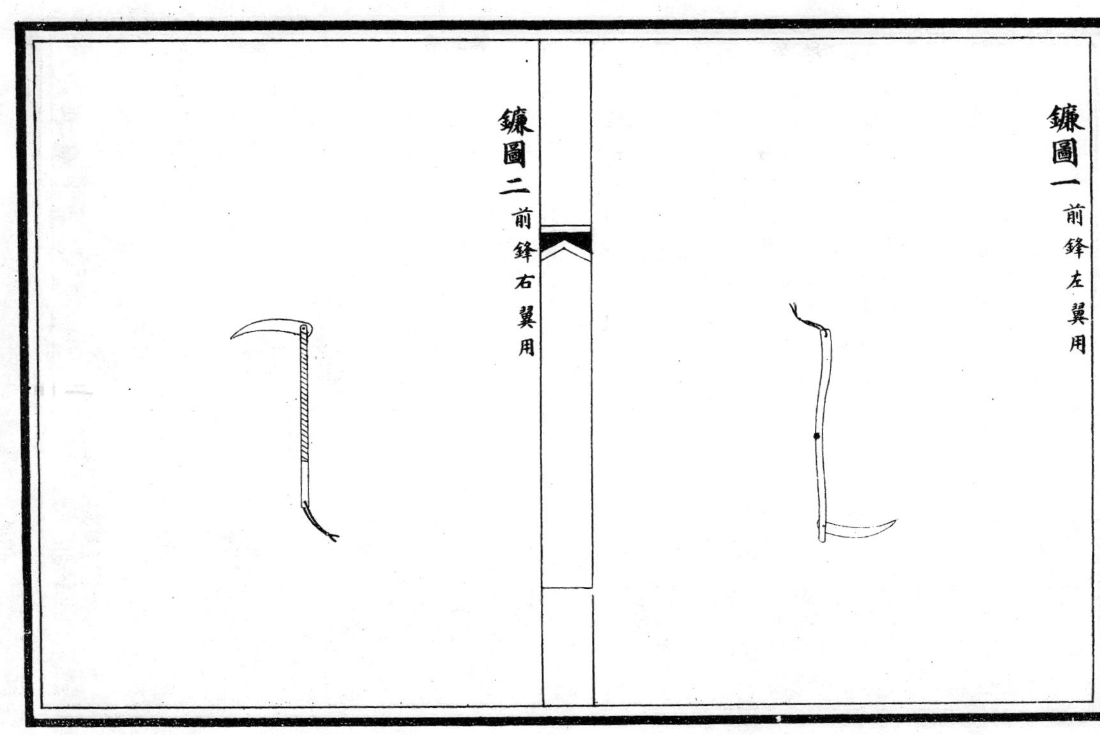


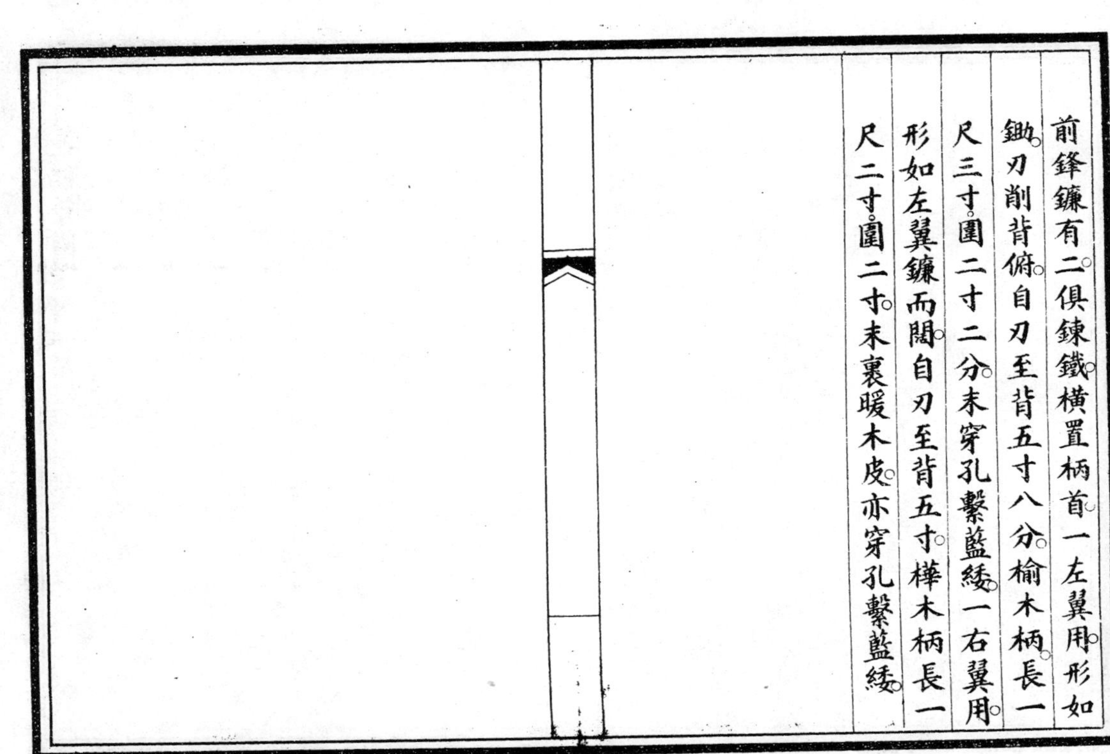

前鋒鐮有二。俱鍊鐵。横置柄首。一左翼用。形如鋤。刃削背俯。自刃至背五寸八分。榆木柄。長一尺三寸。圍二寸二分。末穿孔繫藍綫。一右翼用。形如左翼鐮而闊。自刃至背五寸。樺木柄長一尺二寸。圍二寸。末裹暖木皮。亦穿孔繫藍綫。

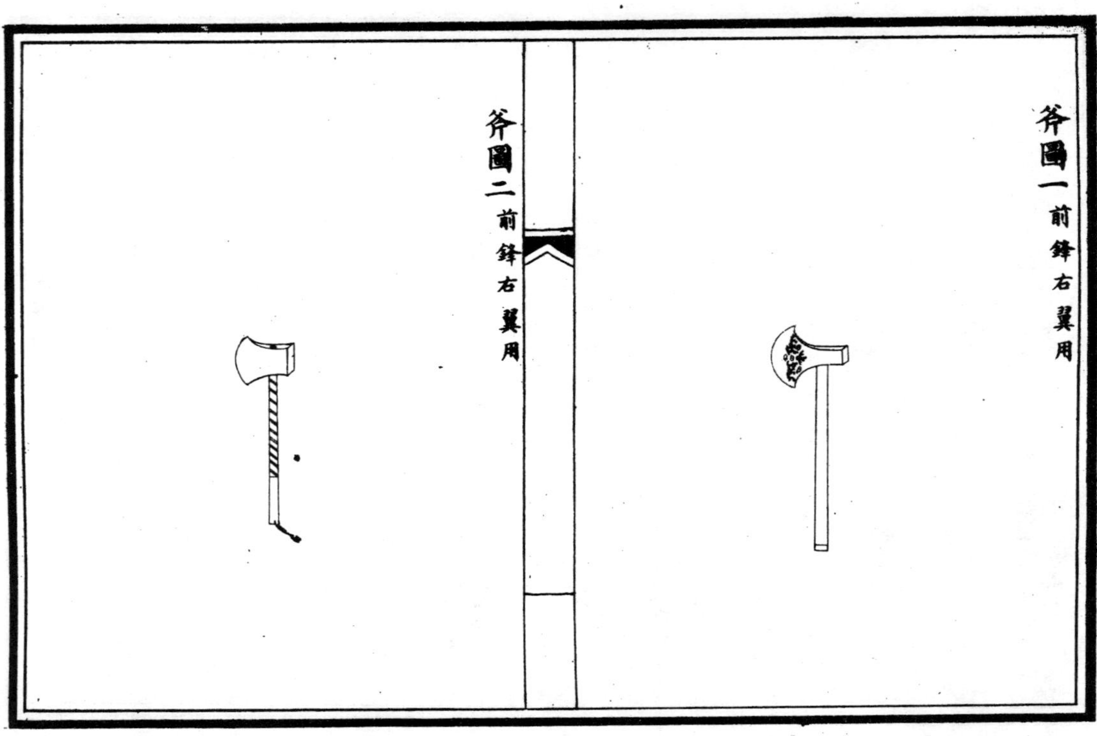
斧圖一前鋒右翼用
斧圖二前鋒右翼用

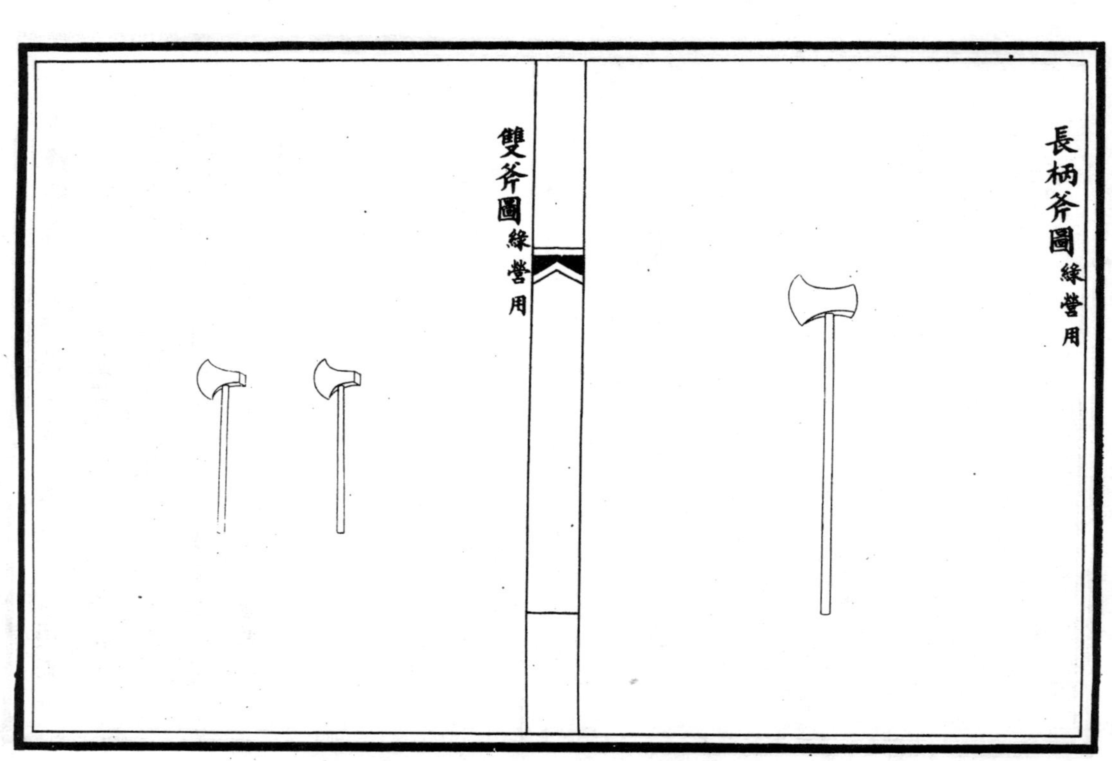
長柄斧圖綠營用
雙斧圖綠營用

斧。俱鍊鐵。横置柄首。一前鋒左翼用。刃如半月。背削而修。刃徑四寸。鋄銀龍火珠。背闊一寸一分。自刃至背四寸五分。榆木柄長一尺二寸。圍二寸四分。末鉆以鐵。一前鋒右翼用。刃平背微狹。刃闊三寸四分。背闊二寸。自刃至背三寸二分。樺木柄長一尺。圍三寸。末裹暖木皮。穿孔繫藍綫。綠營用者其制亦有二。一為長柄斧。自背至刃八寸五分。刃徑七寸。背徑四寸。厚一寸。柄長四尺。圍四寸。木質髹朱。一為雙斧。左右雙持。刃如半月。背方。刃徑各四寸六分。背徑一寸五分。厚四分。自刃至背各四寸五分。重各一觔。柄各長一尺六寸。圍三寸一分。亦木質髹朱。

雙鉞圖 綠營用

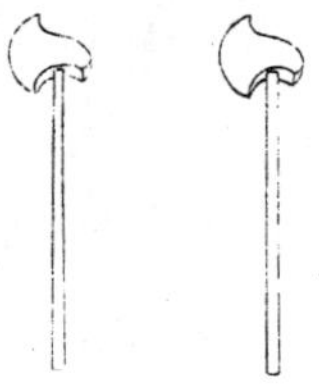

綠營雙鉞。鍊鐵。横置柄首。左右雙持。刃如半月。背圓而俯。刃徑各四寸六分。背徑二寸四分。厚四分。自刃至背四寸七分。柄如雙斧之制。

## 雙鐗圖 綠營用

綠營雙鐗。鍊鐵。植柄。左右雙持。通長各二尺七寸一分五釐。鐗長各二尺一寸。圭首方稜。鋈為鐵盤。厚一分五釐。重各一觔六兩有奇。柄各長六寸。圍三寸。木質。髹朱。末鈷以鐵。

## 雙椎圖 綠營用

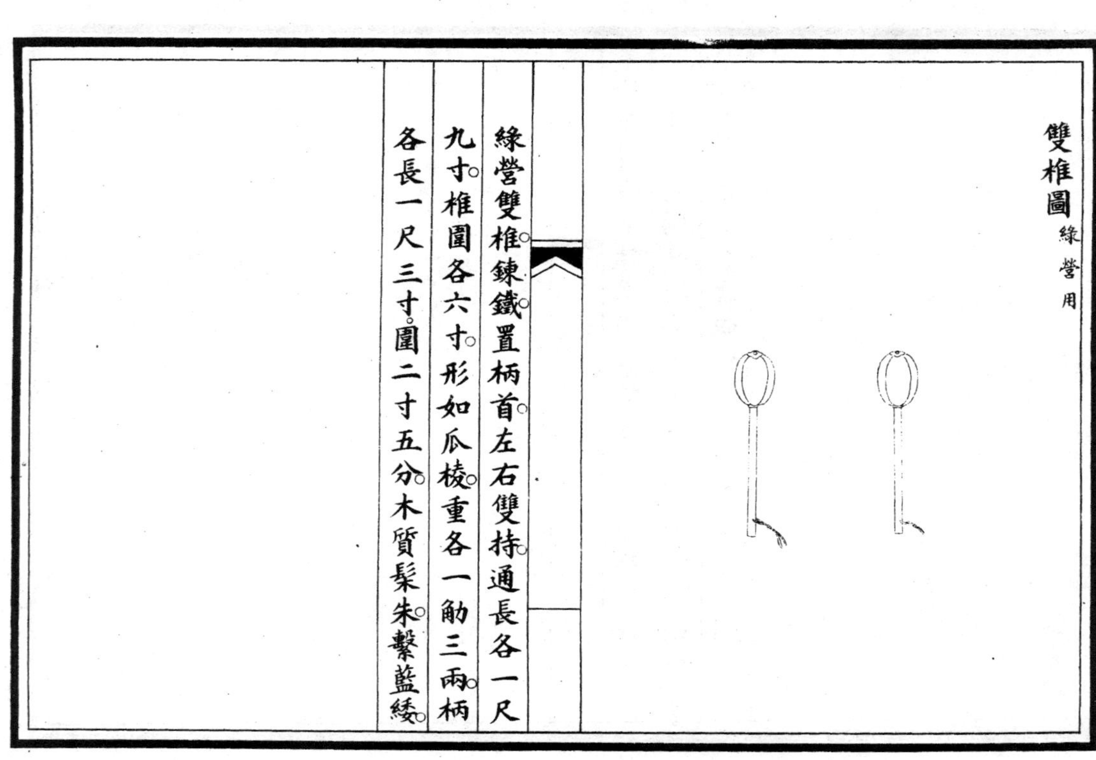

綠營雙椎。鍊鐵。置柄首。左右雙持。通長各一尺九寸。椎圍各六寸。形如瓜稜。重各一觔三兩。柄各長一尺三寸。圍二寸五分。木質。髹朱。繫藍綏。

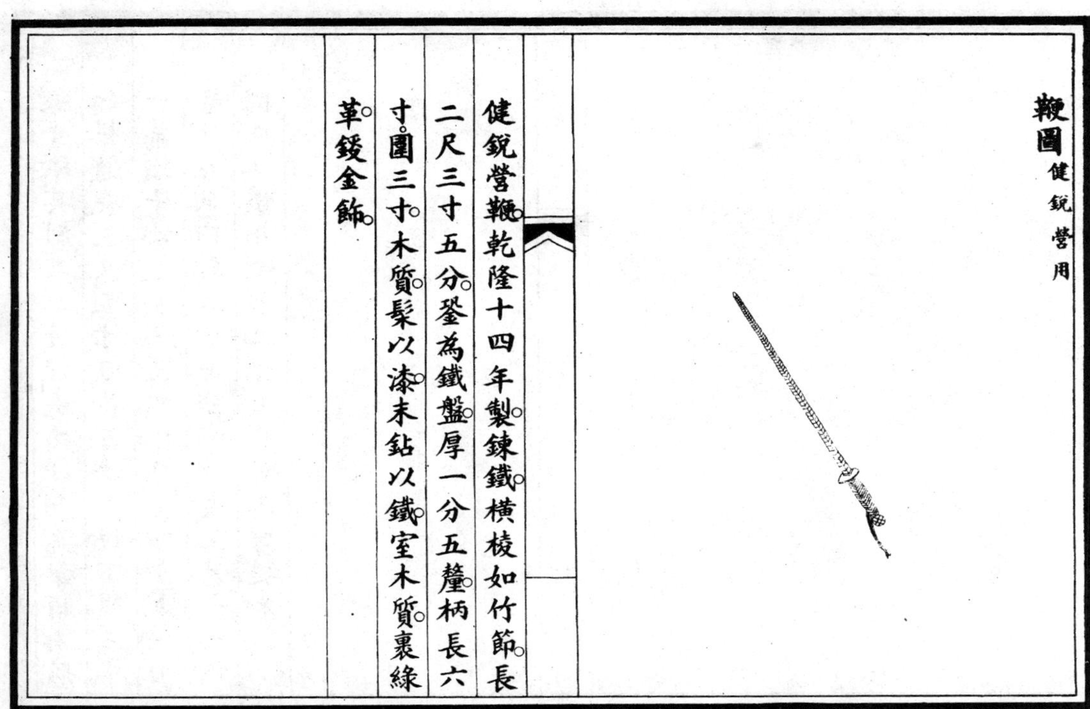

鞭圖健銳營用

健銳營鞭。乾隆十四年製。鍊鐵。橫棱如竹節。長二尺三寸五分。鋈爲鐵盤。厚一分五釐。柄長六寸。圍三寸。木質。髹以漆。末鈷以鐵。室木質。裹綠革。鋄金飾。

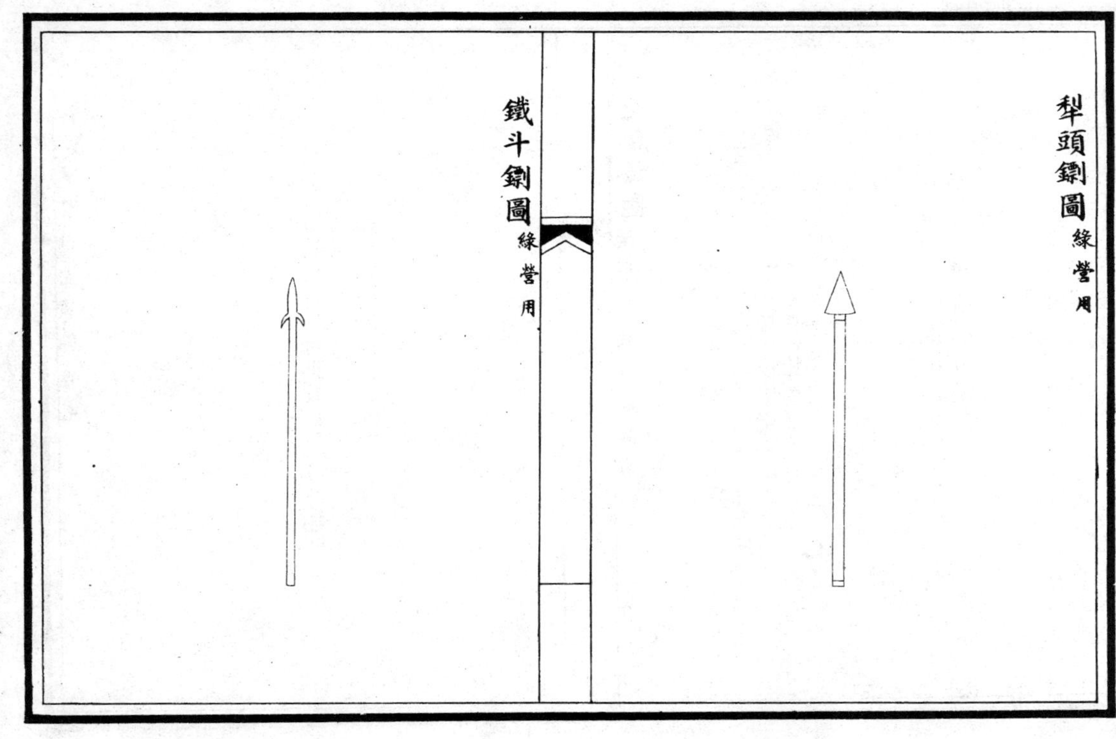

犁頭鏢圖綠營用

鐵斗鏢圖綠營用

綠營鏟。其制有二。皆鍊鐵為刃。一為犁頭鏟。形如犁。通長三尺五寸。刃長五寸。上銳。下闊三寸。一為鐵斗鏟。通長三尺四寸。刃長四寸。上銳。兩旁曲刃向內。徑二寸七分。柄皆長三尺。犁頭鏟圍四寸。鐵斗鏟圍二寸七分。皆木質髹朱。

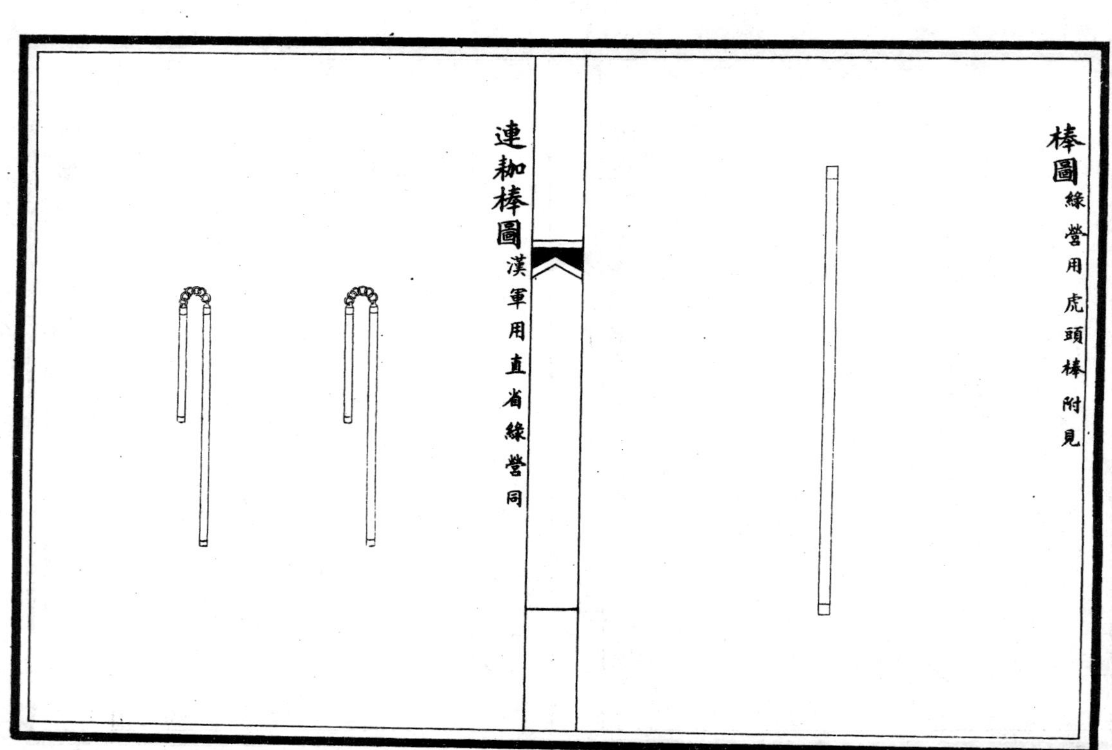

棒圖 綠營用虎頭棒附見

連耞棒圖 漢軍用直省綠營同

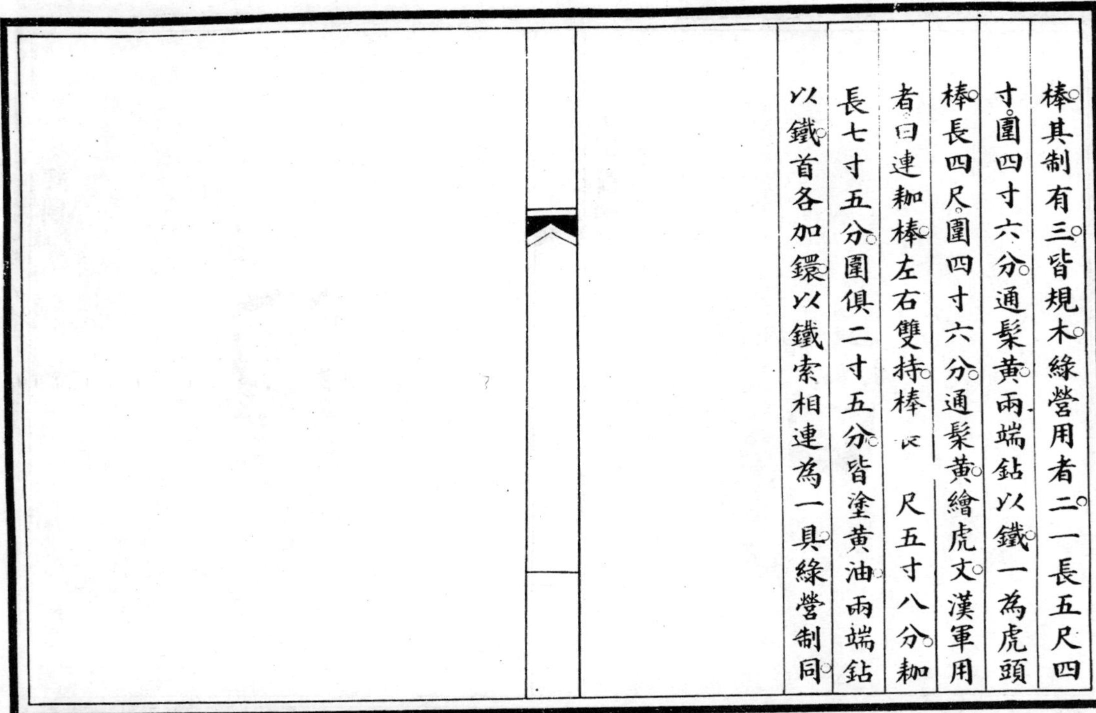

棒其制有三皆規木綠營用者二一長五尺四寸圍四寸六分通髹黄兩端鈷以鐵一為虎頭棒長四尺圍四寸六分通髹黄繪虎文漢軍用者曰連耞棒左右雙持棒[illegible]尺五寸八分耞長七寸五分圍俱二寸五分皆塗黄油兩端鈷以鐵首各加鐶以鐵索相連為一具綠營制同

盾圖綠營用

虎頭牌圖綠營用

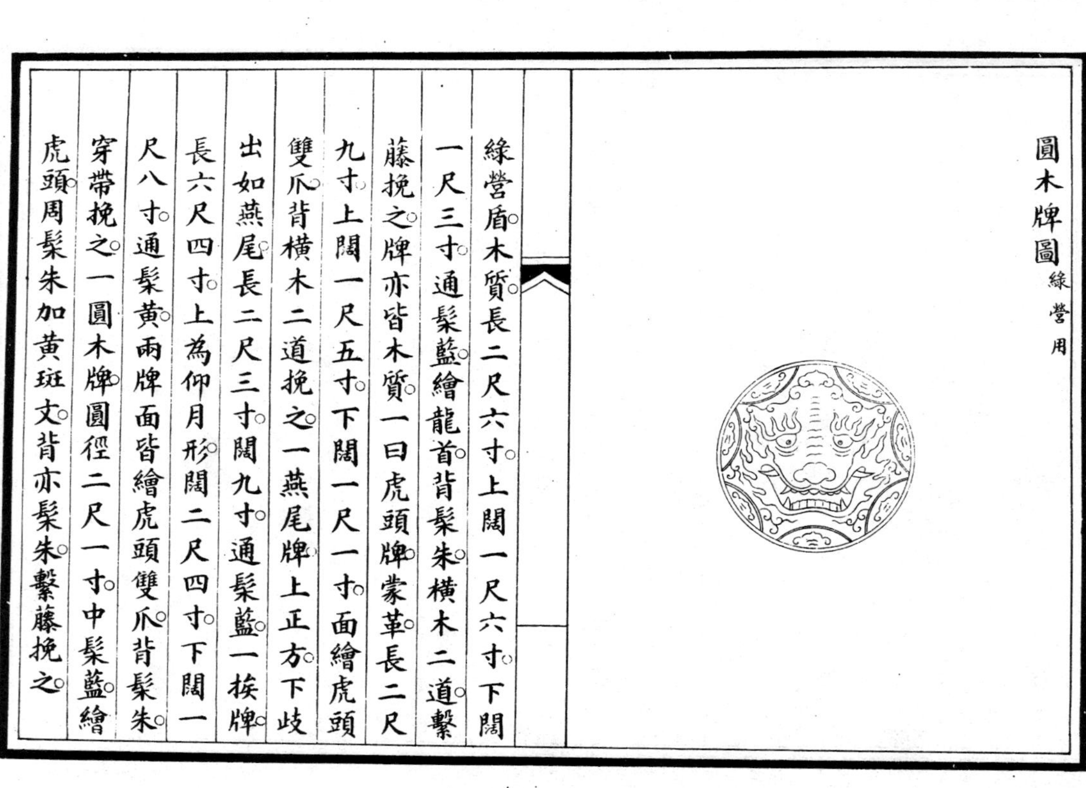


綠營盾。木質。長二尺六寸。上闊一尺六寸。下闊一尺三寸。通髹藍。繪龍首。背髹朱。橫木二道。繫藤挽之。牌亦皆木質。一曰虎頭牌。蒙革。長二尺九寸。上闊一尺五寸。下闊一尺一寸。面繪虎頭雙爪。背橫木二道挽之。一燕尾牌。上正方。下歧出如燕尾。長二尺三寸。闊九寸。通髹藍。一挨牌。長六尺四寸。上為仰月形。闊二尺四寸。下闊一尺八寸。通髹黃。兩牌面皆繪虎頭雙爪。背髹朱。穿帶挽之。一圓木牌。圓徑二尺一寸。中髹藍。繪虎頭。周髹朱。加黃斑文。背亦髹朱。繫藤挽之。

藤牌圖藤牌營用漢軍直省綠營同

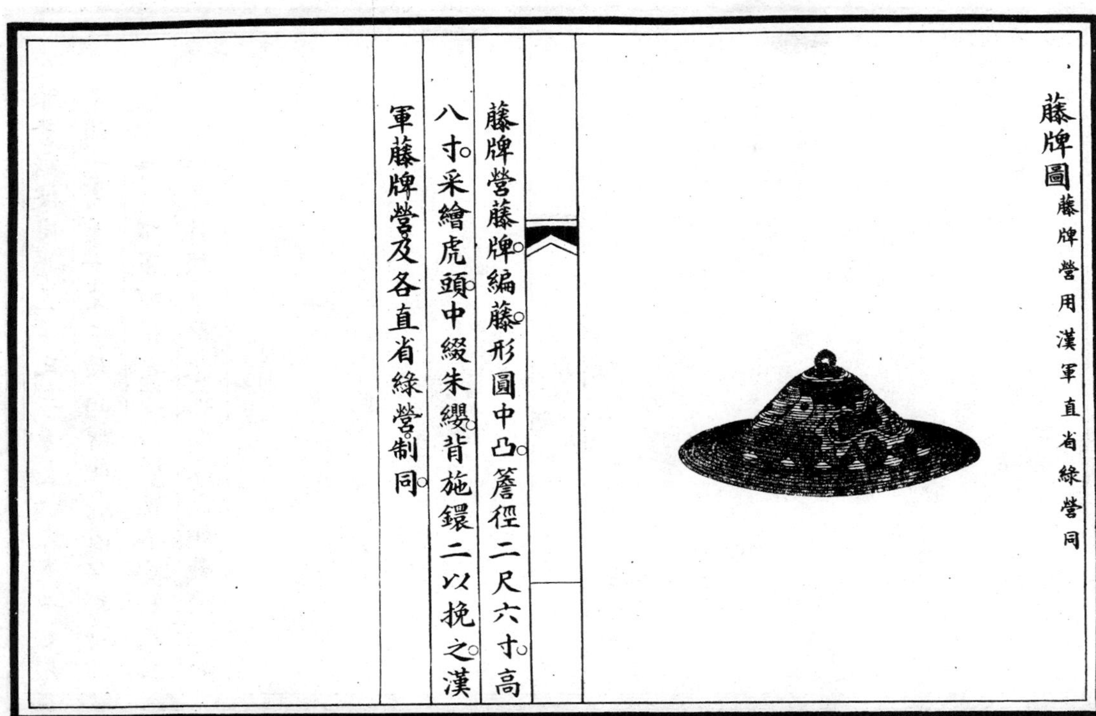

藤牌營藤牌。編藤形圓中凸。簷徑二尺六寸。高八寸。采繪虎頭中綴朱纓。背施鐶二以挽之。漢軍藤牌營及各直省綠營制同。

戰被圖綠營用

滾被圖綠營用

緣營戰被用墨色布。凡三等。長一丈。至一丈五尺。闊一丈。至一丈二尺。面繪飛虎。周以火燄。中敷以棉。背綴革以挽之。滚被用藍布。長五尺五寸。闊四尺。背綴革。繫藤挽之。餘俱如戰被之制。

雲梯圖健銳營用

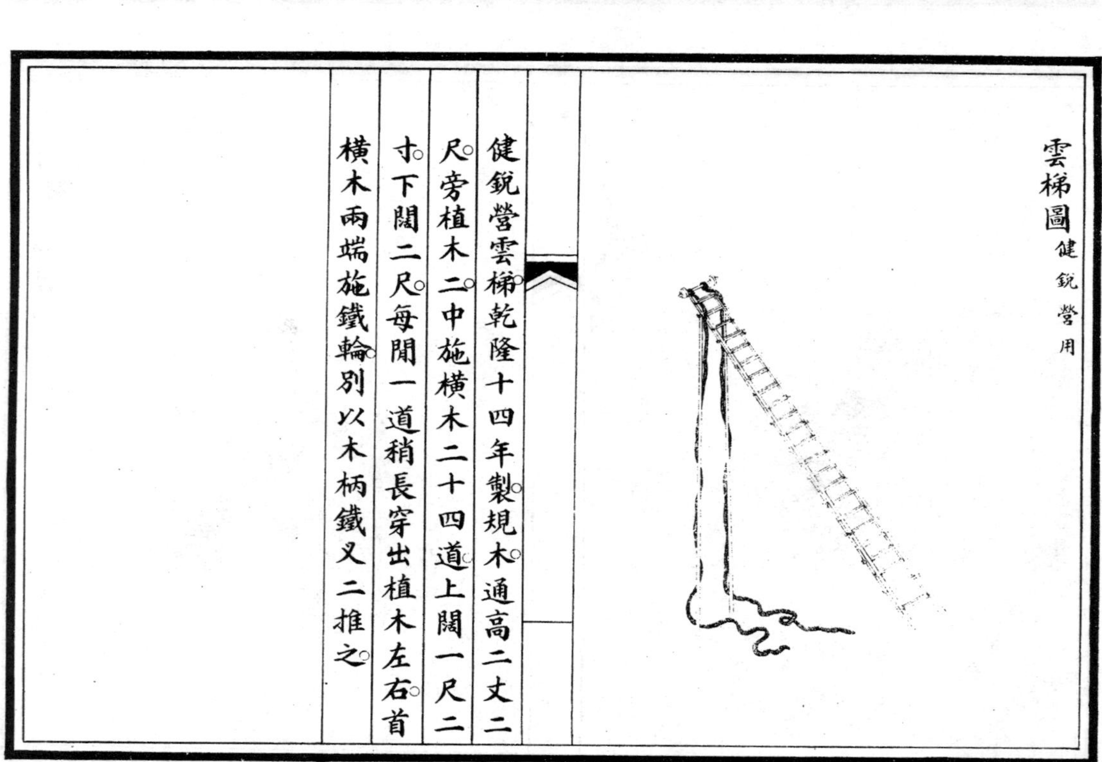

健銳營雲梯。乾隆十四年製。規木通高二丈二尺。旁植木二。中施横木二十四道。上闊一尺二寸。下闊二尺。每間一道稍長。穿出植木左右。首横木兩端施鐵輪。別以木柄鐵叉二推之。

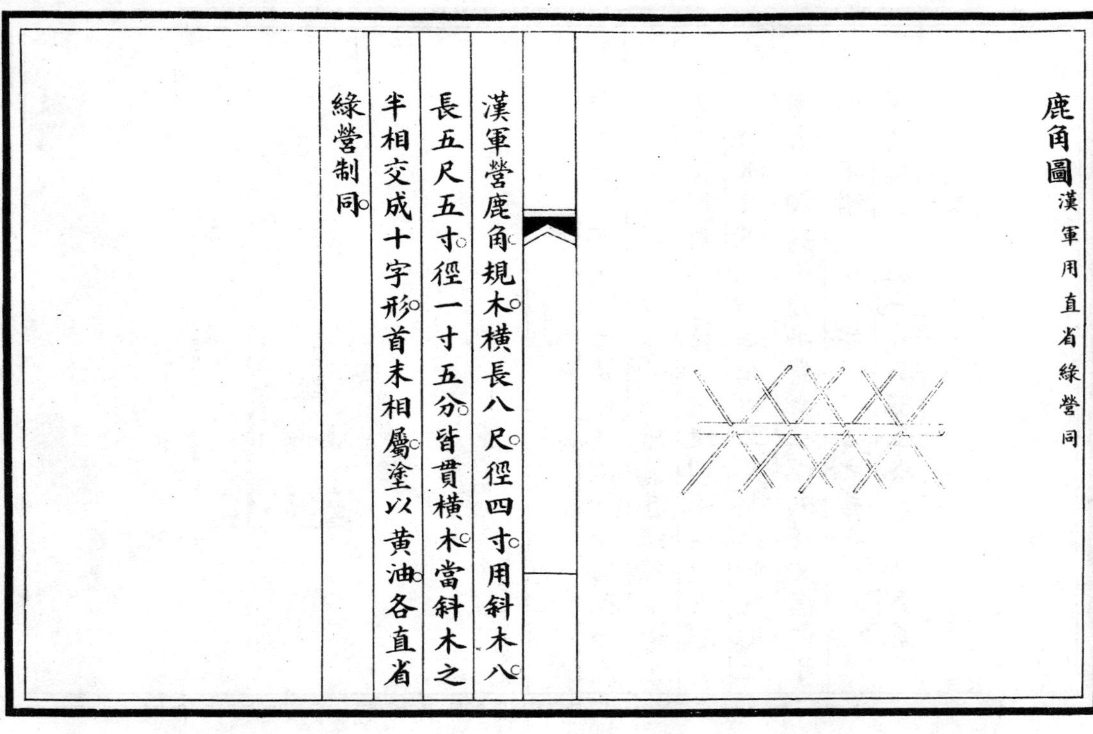


漢軍營鹿角。規木。橫長八尺。徑四寸。用斜木八。長五尺五寸。徑一寸五分。皆貫橫木。當斜木之半相交成十字形。首末相屬。塗以黃油。各直省綠營制同。

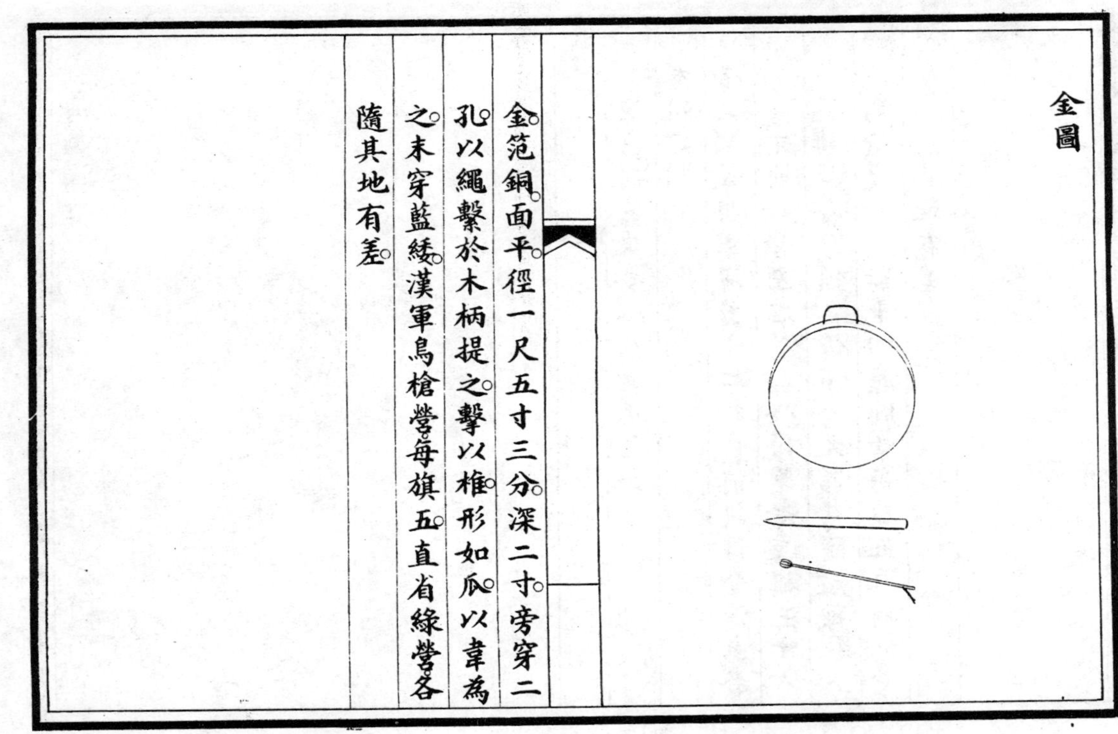


金。範銅。面平。徑一尺五寸三分。深二寸。旁穿二孔。以繩繫於木柄提之。擊以椎。形如瓜。以韋為之。末穿藍綫。漢軍鳥槍營每旗五。直省綠營各隨其地有差。

鼓圖

鼓。木匡冒革。面徑一尺六寸二分。中圍徑一尺八寸二分。厚七寸二分。面繪龍。匡緣緣朱繪花文。上下銅釘二層。匡半銅鐶四。承以髹朱架。高三尺五寸五分。四柱相距二尺七分。繪花文。柱半各以銅鉤附鐶平懸之。柱端刻花文。高四寸四分。下橫木交十字以樞合之。擊以雙木椎。漢軍鳥槍營每旗一。直省綠營各隨其地有差。

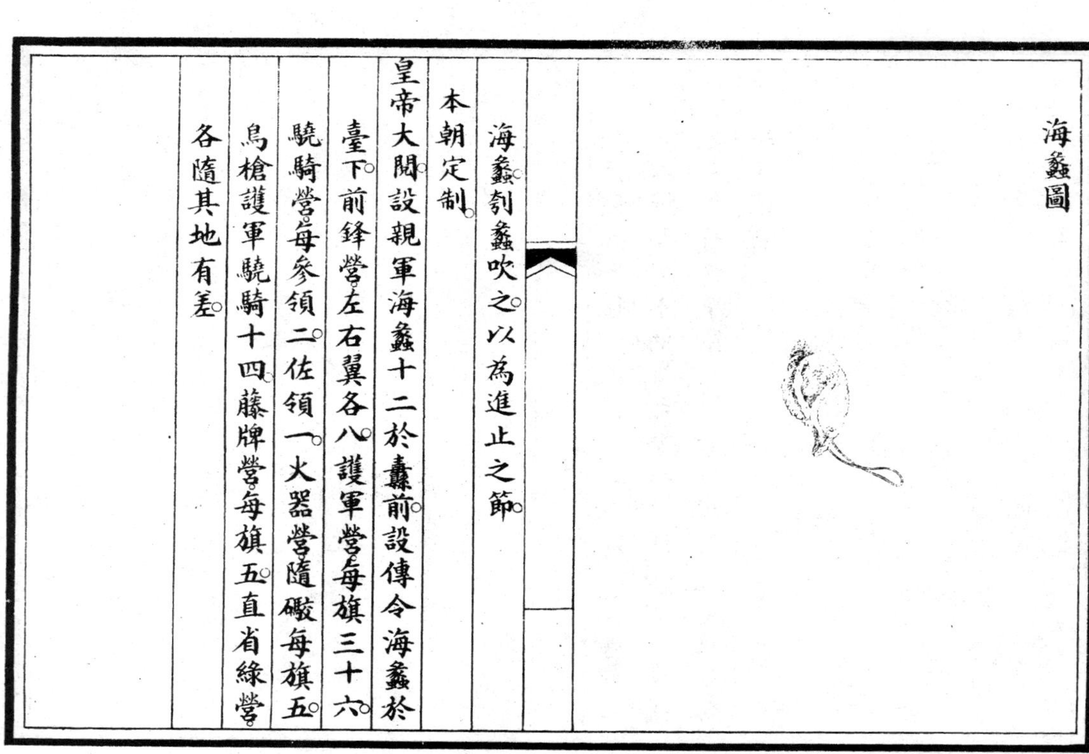

海螺圖

海螺。刳螺吹之以為進止之節。

本朝定制。

皇帝大閱設親軍海螺十二於纛前。設傳令海螺於臺下。前鋒營左右翼各八。護軍營每旗三十六。驍騎營每參領二。佐領一。火器營隨礮每旗五。鳥槍護軍驍騎十四。藤牌營每旗五。直省綠營各隨其地有差。

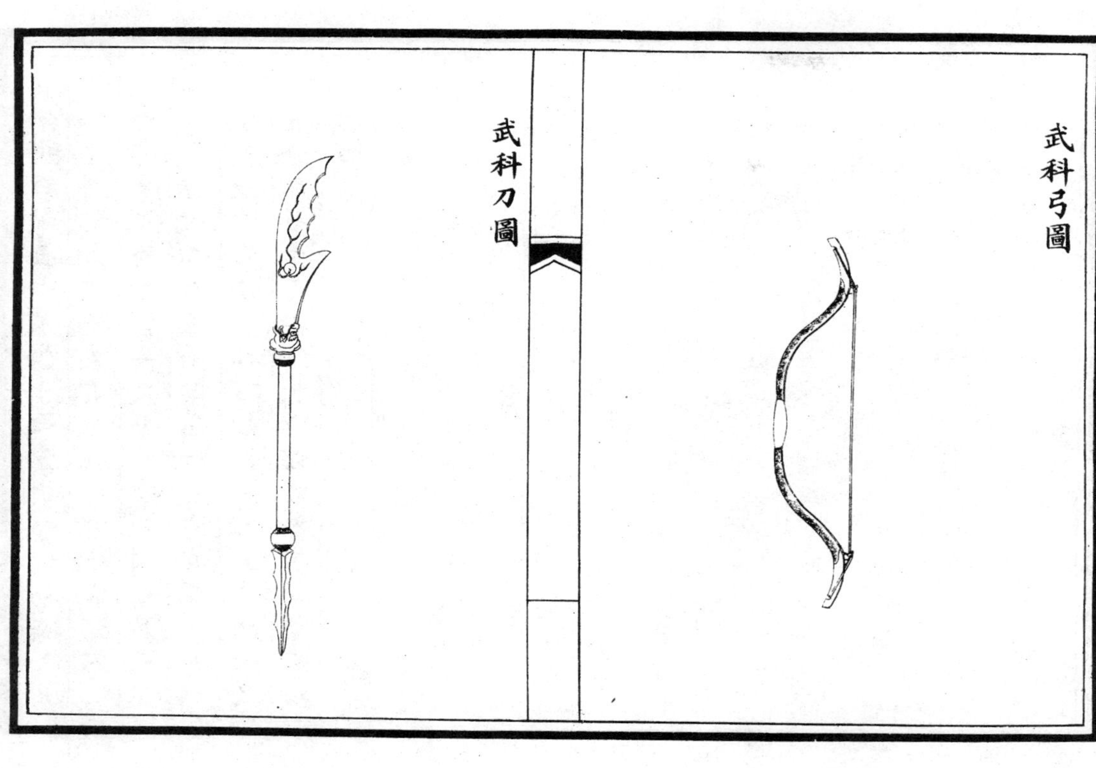


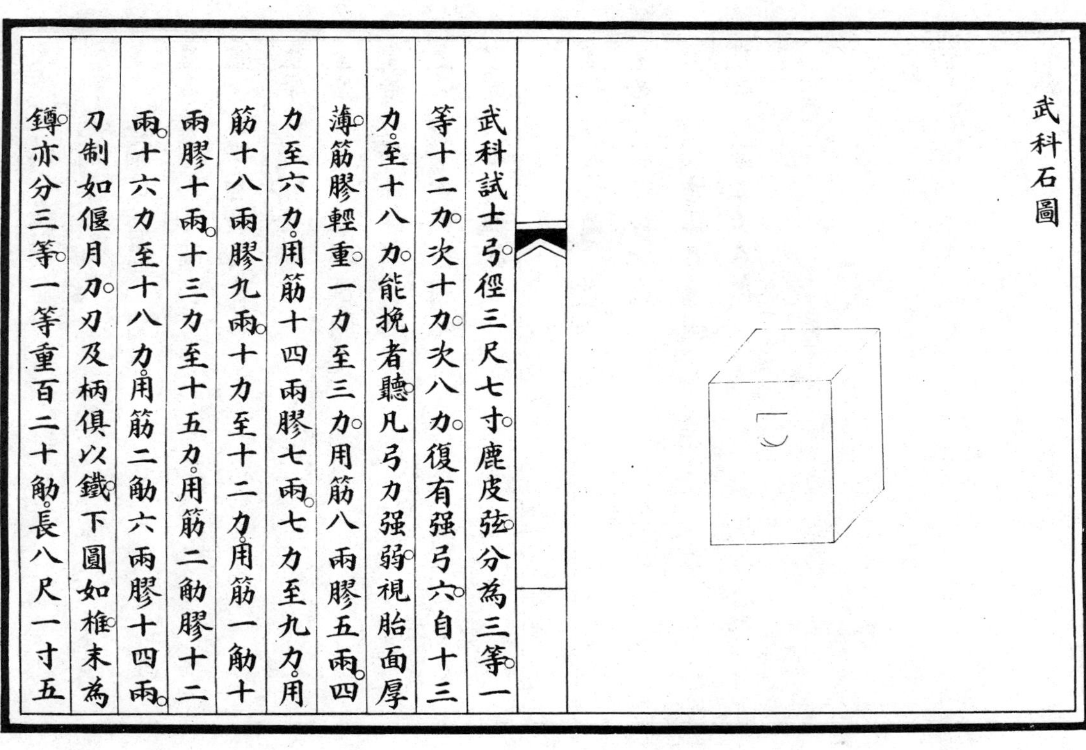


武科試士弓徑三尺七寸。鹿皮弦。分為三等。一等十二力。次十力。次八力。復有強弓六。自十三力。至十八力。能挽者聽。凡弓力強弱視胎面厚薄。筋膠輕重。一力至三力。用筋八兩膠五兩。四力至六力。用筋十四兩膠七兩。七力至九力。用筋十八兩膠九兩。十力至十二力。用筋一觔十兩。膠十兩。十三力至十五力。用筋二觔膠十二兩。十六力至十八力。用筋二觔六兩膠十四兩。刀制如偃月刀。刃及柄俱以鐵。下圓如椎末為鐏。亦分三等。一等重百二十觔。長八尺一寸五分。次百觔。長七尺八寸七分。次八十觔。長七尺四寸。石形如方礎。左右鑿孔以容手。亦分三等。一等重三百觔。高一尺七寸八分。闊一尺三寸。厚八寸。次二百五十觔。高一尺六寸。闊一尺八分。厚七寸六分。次二百觔。高一尺五寸。闊一尺五分。厚七寸。弓視所挽以較力。刀石視所舉以較力。

# 欽定大清會典圖卷一百四

## 武備十四 幄纛一

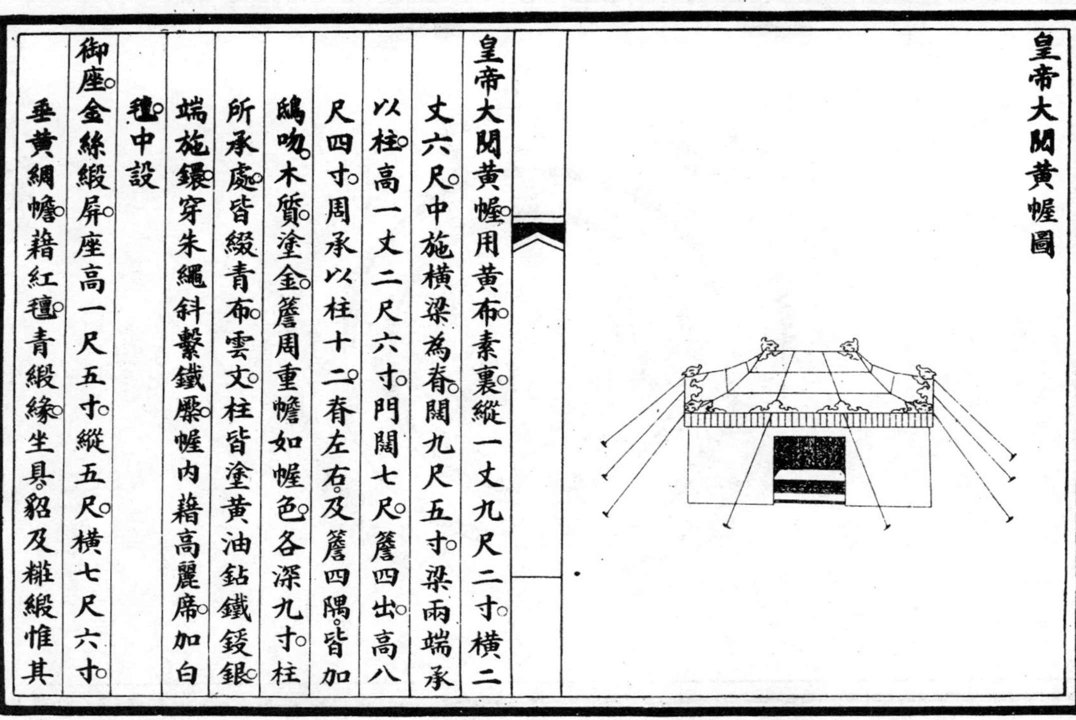
皇帝大閲黃幄圖

皇帝大閲黃幄用黃布素裏縱一丈九尺二寸橫二丈六尺中施橫梁爲脊闊九尺五寸梁兩端承以柱高一丈二尺六寸門闊七尺簷四出高八尺四寸周承以柱十二脊左右及簷四隅皆加鴟吻木質塗金簷周重幨如幄色各深九寸柱所承處皆綴青布雲文柱皆塗黃油鉆鐵鋄銀端施鐶穿朱繩斜繫鐵橛幄內藉高麗席加白氈中設

御座金絲緞屏座高一尺五寸縱五尺橫七尺六寸垂黃紬幨藉紅氈青緞緣坐具貂及糚緞惟其

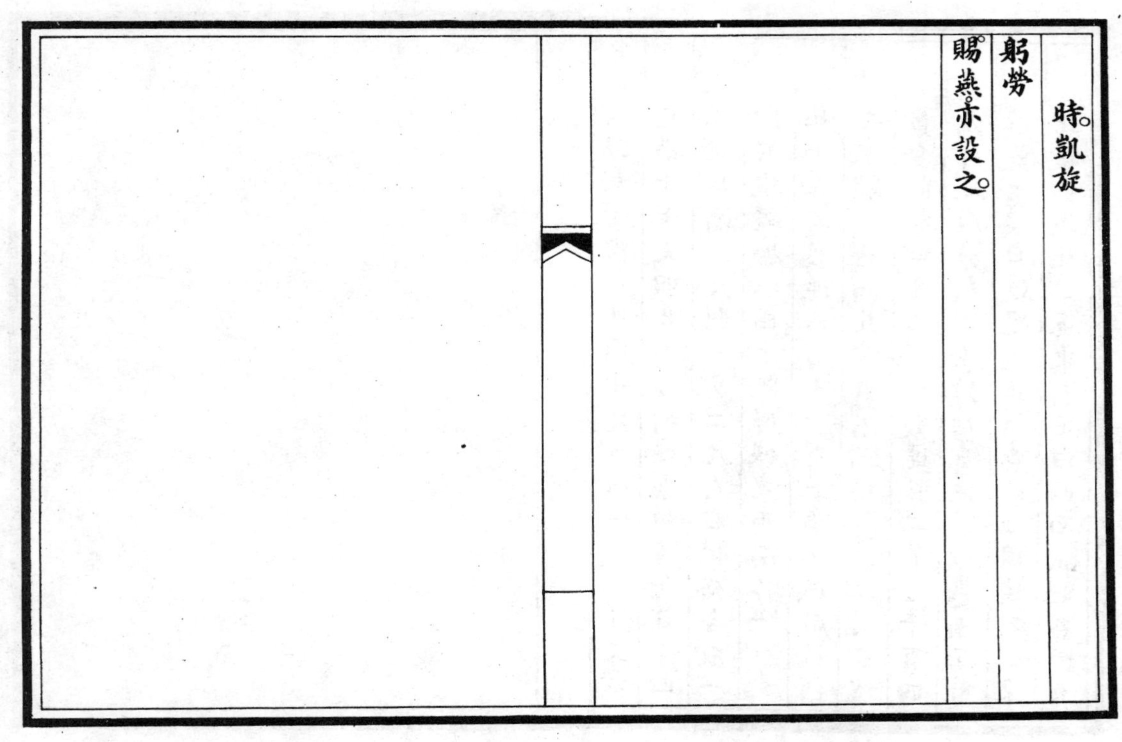
時凱旋

躬勞

賜燕亦設之

皇帝駐蹕大營圖

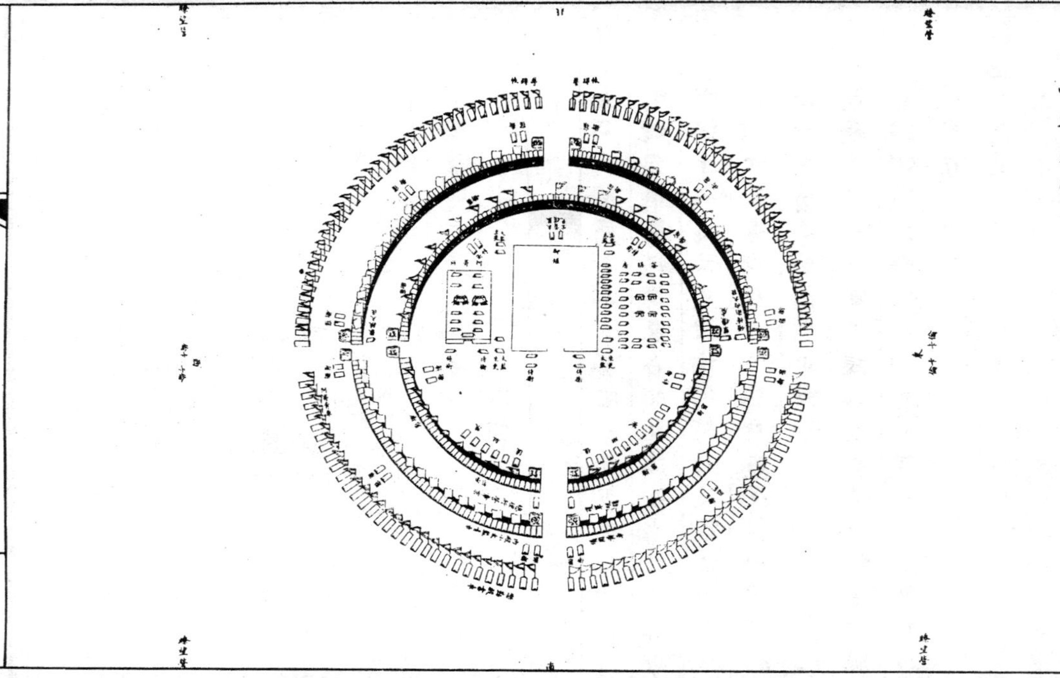

皇帝駐蹕大營內方外圓中建黃幔城縱二十丈六尺橫十七丈四尺外設網城索絢黃色目方四寸每片高六尺闊一丈二尺左右聯絡合成一片下施繩橛以固之距幔城東西南各十八丈北十五丈設連帳百七十有五為內城啟旌門三東鑲黃纛西北黃纛南正白纛各二周建鑲黃金龍旗四十有一外設連帳二百五十有四為外城啟旌門四東鑲白纛西鑲紅纛南正藍鑲藍纛浹日遞建北正紅纛各二周建方旗東北鑲黃西北正黃東南正白西南正紅各十有

五。距外城六十丈。周設警蹕帳八旗凡一百二十八。各建護軍旗東北鑲白西北鑲紅東南正藍。西南鑲藍黃幔城西為
阿哥所亦用黃布為城縱十一丈。橫六丈。城內設圓幄二。徑俱一丈五尺。帳十。黃幔城東為茶膳房設涼棚四。帳二十八。黃幔城四隅為太監坐更帳。後為太監首領坐更帳各二。前為侍衛值宿帳四。東為
尚乘轎及四執庫太監等帳。
阿哥城外侍衛帳二。內網城內四隅侍衛坐更帳各二。南門左右為王大臣值班帳。內城之外外網城內宿衛九處及各大臣值宿帳。外城之外。宿衛十二處。帳二十四。南門外安設備用
黃車小太監青車及各衙門門帳。西門外安設
阿哥青車警蹕帳南門外安設
懋勤殿書車。其外四周環繞為太監等及各衙門官兵翊衛之所。又其外為卡倫。四隅設瞭望營四。黃幔城中設
御座。

皇帝駐蹕御幄圖

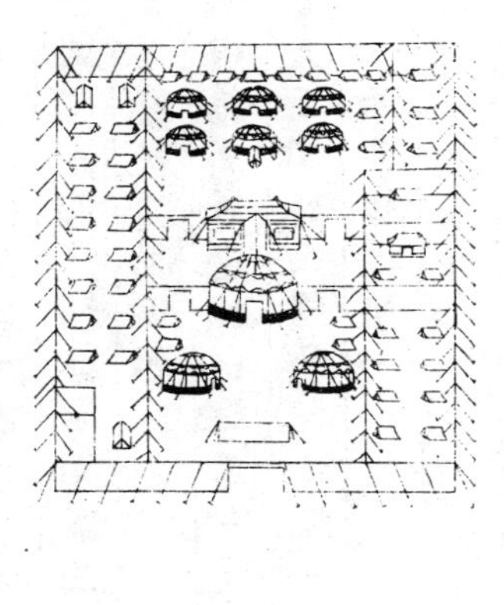

皇帝駐蹕御幄周建黃幔城門南向。內樹黃布屏中建圓幄高二丈。徑三丈四尺。上為穹蓋頂圓木加樞銜椽下覆皆髹朱。冪以白氊藍布緣。上加素布雨蓋緣藍布雲文。以髹朱木杆十四分揞之。承椽以斜木相交為牆。高五尺六寸。亦髹朱外圍白氊藍布緣。下圍朱簾。高一尺八寸。內圍黃洋氊紅花文。左右分懸橐鞬佩刀。幄內藉高麗席加白氊。門前後各高四尺六寸。闊二尺三寸。幄正中設
御座。五采刻絲屏青緞緣。座高一尺六寸五分。縱三

尺九寸五分。橫五尺七寸五分。垂重檐。上錦下黃䌷。藉黃氊。坐具。貂及糚緞惟其時。庭左右各設圓幄一。高九尺五寸。徑一丈五尺。牆高四尺五寸。內圍白氊。餘制皆同。座後達長幄。直而深狹。高七尺六寸。縱一丈二尺。橫八尺。直梁橫棟簷左右垂。高五尺。四方啟門。高闊如中圓幄。蓋及牆皆圍白氊。藍布緣。內藉高麗席。加黑氊。後達帳殿。橫列三楹。高一丈一尺。縱一丈三尺。橫三丈。東西室皆啟窗。更後為圓幄六。東設佛堂。餘為

尚乘轎

御藥房鳥槍處及執事太監等帳。幔城外左右連帳

茶膳儲偫各庀其事。

皇帝停蹕頓營圖

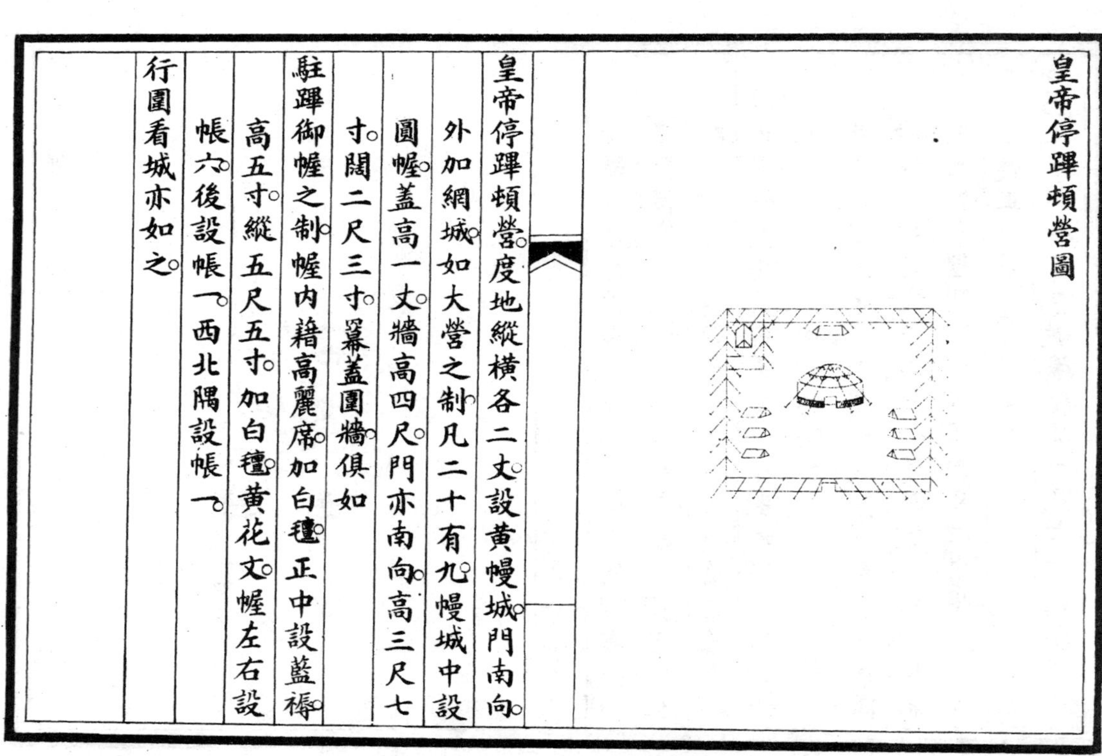

皇帝停蹕頓營。度地縱橫各二丈。設黃幔城。門南向。外加網城。如大營之制。凡二十有九。幔城中設圓幄。蓋高一丈。牆高四尺。門亦南向。高三尺七寸。闊二尺三寸。冪蓋圍牆俱如

駐蹕御幄之制。幄內藉高麗席。加白氊。正中設藍褥高五寸。縱五尺五寸。加白氊。黃花文幄。左右設帳六。後設帳一。西北隅設帳一。

行圍看城亦如之。

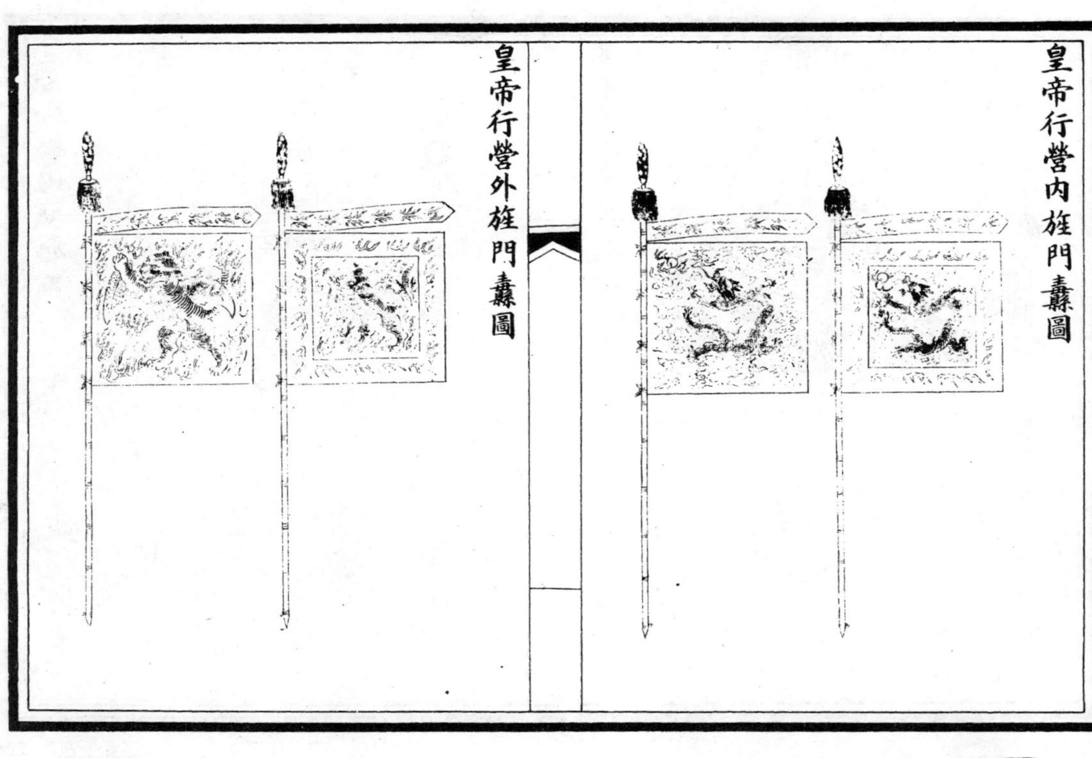

皇帝行營內旌門纛圖

皇帝行營外旌門纛圖

皇帝行營內外旌門纛皆乾隆二十年

欽定俱用緞內旌門纛三東鑲黃西正黃南正白緞各從旗色鑲黃以紅緣正黃正白不加緣皆正幅銷金雲龍縿徑四尺八寸斿徑五尺緣銷金火燄周闊八寸杆以竹髤朱束藤長一丈四尺五寸圍六寸三分首冠金盤上植豹尾下注朱旄加明黃髟帶剡角亦銷金火燄長五尺三寸闊九寸杆末鐵鐏長四寸旁施鐵鐶穿革植纛外旌門纛五東鑲白西鑲紅南正藍鑲藍遮用北正紅緞各從旗色正紅正藍不加緣鑲白鑲藍以紅緣鑲紅以白緣皆正幅銷金飛虎環以火燄餘俱如

行營內旌門纛之制

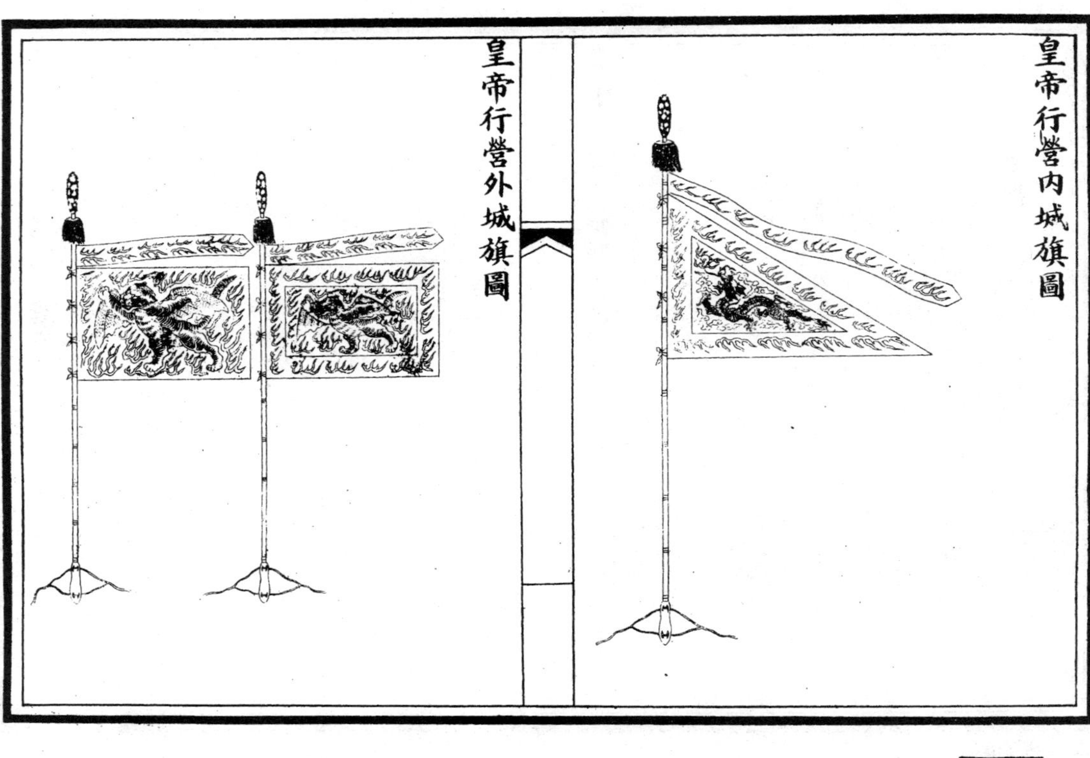
皇帝行營内城旗圖
皇帝行營外城旗圖

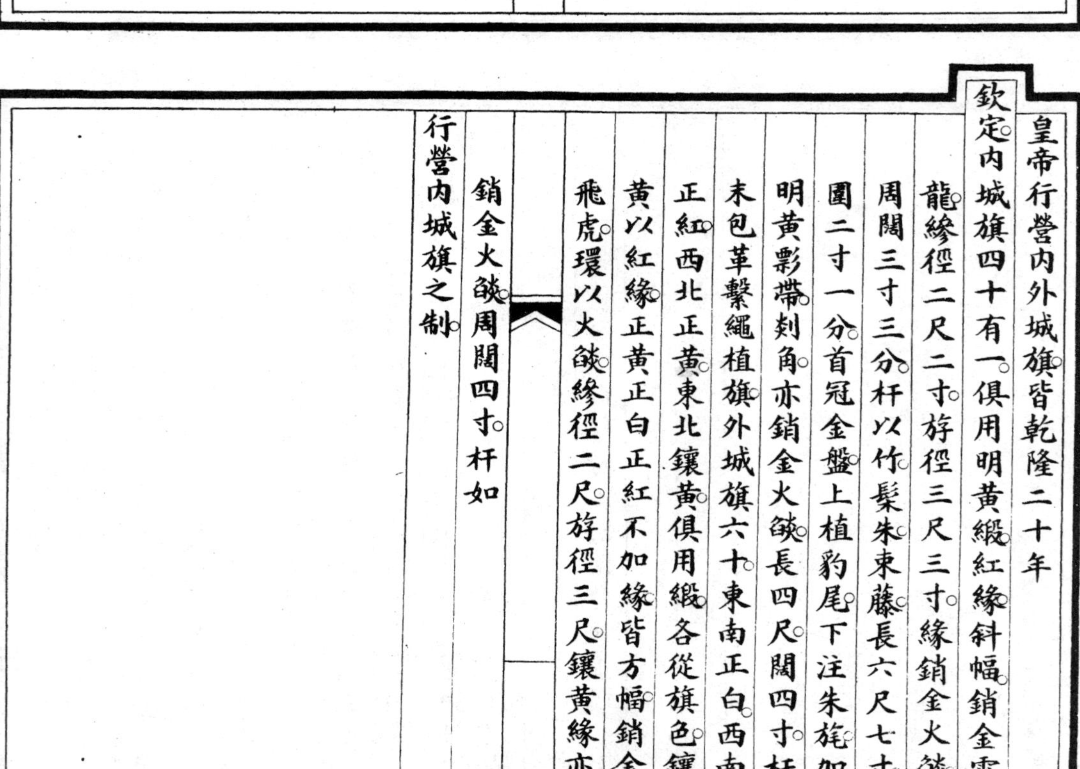
皇帝行營内外城旗。皆乾隆二十年
欽定。内城旗四十有一。俱用明黄緞紅緣斜幅。銷金雲
龍。縿徑二尺二寸。斿徑三尺三寸。緣銷金火燄
周闊三寸三分。杆以竹。髹朱束藤。長六尺七寸。
圍二寸一分。首冠金盤。上植豹尾。下注朱旄。加
明黄影帶。剡角。亦銷金火燄。長四尺。闊四寸。杆
末包革。繫繩植旗。外城旗六十。東南正白。西南
正紅。西北正黄。東北鑲黄。俱用緞。各從旗色。鑲
黄以紅緣。正黄正白正紅不加緣。皆方幅。銷金
飛虎。環以火燄。縿徑二尺。斿徑三尺。鑲黄緣亦
銷金火燄。周闊四寸。杆如
行營内城旗之制。

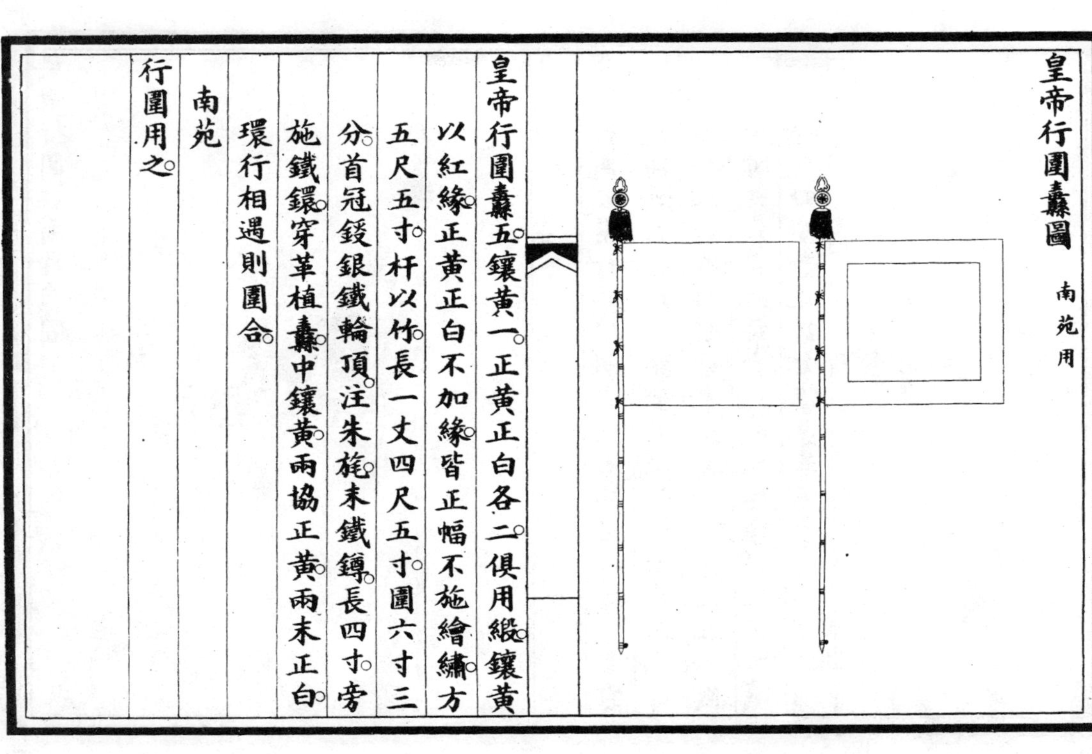


皇帝行圍纛五。鑲黃一。正黃正白各二。俱用緞。鑲黃以紅緣。正黃正白不加緣。皆正幅。不施繪繡。方五尺五寸。杆以竹。長一丈四尺五寸。圍六寸三分。首冠銹銀鐵輪。頂注朱旄。末鐵鐏長四寸。旁施鐵鐶。穿革植纛。中鑲黃。兩協正黃。兩末正白。環行相遇則圍合。

南苑

行圍用之。

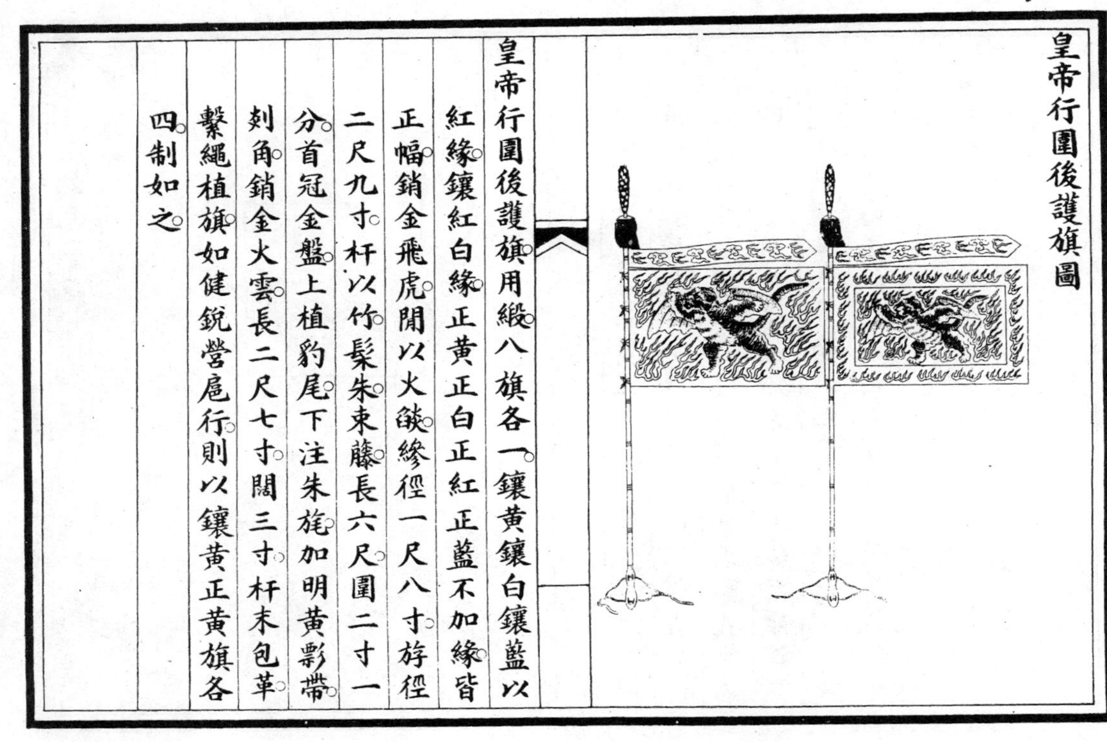


皇帝行圍後護旗。用緞。八旗各一。鑲黃鑲白鑲藍以紅緣。鑲紅以白緣。正黃正白正紅正藍不加緣。皆正幅。銷金飛虎。閒以火燄。縿徑一尺八寸。斿徑二尺九寸。杆以竹。髹朱。束藤。長六尺。圍二寸一分。首冠金盤。上植豹尾。下注朱旄。加明黃影帶。刻角銷金火雲。長二尺七寸。闊三寸。杆末包革。繫繩植旗。如健鋭營扈行。則以鑲黃正黃旗各四。制如之。

皇帝行圍吉爾丹纛圖

皇帝行圍吉爾丹纛。用明黃緞。不加緣。斜幅銷金雲龍。周為火燄形。亦銷金。火燄緣徑七尺三寸。斿徑八尺。杆以竹。髹朱。束藤。長一丈六尺五寸。圍四寸九分。首冠鍍金三稜火珠頂。注朱旄。末鐵鐏。長四寸。旁施鍍金鐶。穿革植纛。

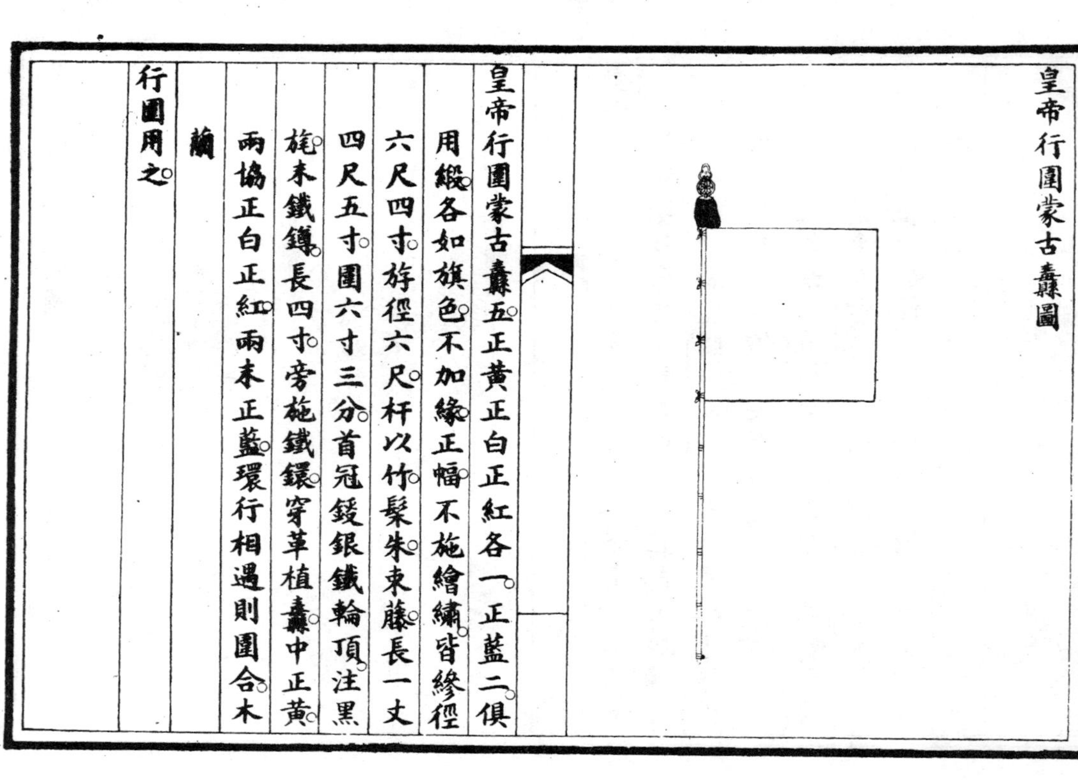

皇帝行圍蒙古纛圖

皇帝行圍蒙古纛五。正黃正白正紅各一。正藍二。俱用緞各如旗色。不加緣。正幅不施繪繡。皆緣徑六尺四寸。斿徑六尺。杆以竹。髹朱。束藤。長一丈四尺五寸。圍六寸三分。首冠鍍銀鐵輪頂。注黑旄。末鐵鐏。長四寸。旁施鐵鐶。穿革植纛。中正黃。兩協正白正紅。兩末正藍。環行相遇則圍合。木蘭

行圍用之。

欽定大清會典圖卷一百五

武備十五　旌纛二

王公氊帳圖　親王郡王以下用職官氊帳附見

職官帳房圖　兵丁帳房附見

職官涼棚圖　内外武職校閲用

得勝

靈纛圖一

得勝

靈纛圖二

得勝

靈纛圖三

得勝

靈纛圖四

得勝

靈纛圖五

得勝

靈纛圖六

得勝

靈纛圖七

八旗都統纛圖

八旗佐領纛圖一　滿洲蒙古用

八旗佐領纛圖二　漢軍用

八旗領催旗圖一　滿洲蒙古用

八旗領催旗圖二　漢軍用

八旗前鋒校旗圖

八旗護軍統領纛圖

八旗護軍校旗圖

健鋭營前鋒參領纛圖

健鋭營前鋒校旗圖

火器營護軍參領旗圖

火器營驍騎參領纛圖

火器營護軍校旗圖

火器營驍騎校旗圖

漢軍藤牌營參領纛圖

漢軍藤牌營領催旗圖

## 王公氈帳圖

親王郡王以下用職官氈帳附見

親王氈帳。穹頂銜椽。羃以白氈。承椽以斜竹相交為牆。皆髹朱。外圍白氈。下圍朱簾。頂高九尺。牆高四尺。徑一丈四尺。帳外周設藍布城。郡王以下皆得用之。職官扈行者亦得自備。惟不得設藍布城。

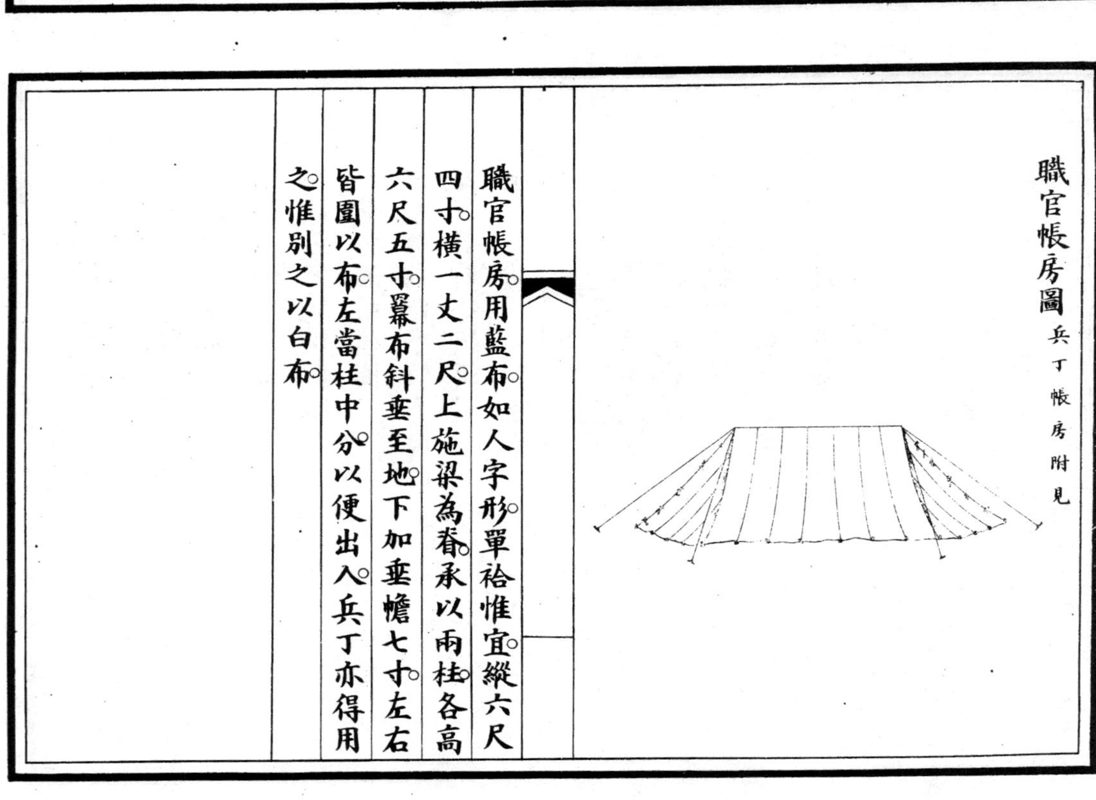

## 職官帳房圖

兵丁帳房附見

職官帳房。用藍布。如人字形。單袷惟宜。縱六尺四寸。橫一丈二尺。上施梁為脊。承以兩柱。各高六尺五寸。羃布斜垂至地。下加垂幨七寸。左右皆圍以布。左當柱中分。以便出入。兵丁亦得用之。惟別之以白布。

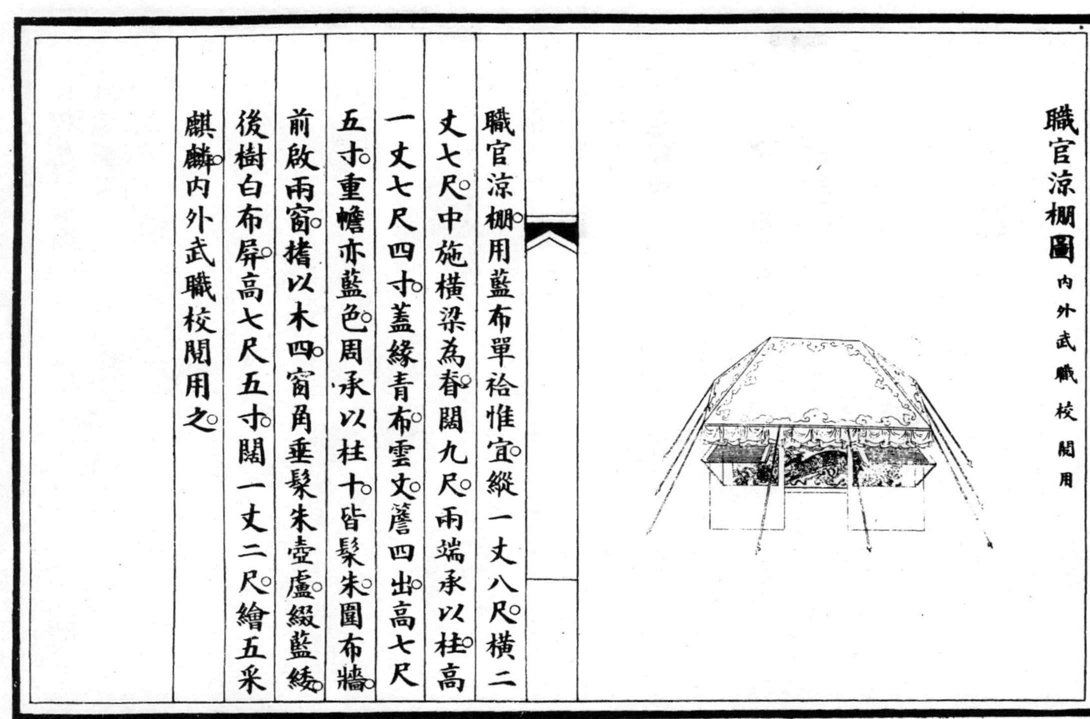

# 職官涼棚圖

内外武職校閲用

職官涼棚用藍布單袷惟宜。縱一丈八尺。橫二丈七尺。中施横梁為脊。闊九尺。兩端承以柱。高一丈七尺四寸。蓋緣青布雲文。簷四出。高七尺五寸。重幨亦藍色。周承以柱十。皆髹朱。圍布牆。前啟兩窗。楮以木。四窗角垂髹朱壺盧。綴藍綫。後樹白布屏。高七尺五寸。闊一丈二尺。繪五采麒麟。内外武職校閲用之。

# 得勝纛圖一

# 得勝纛圖二

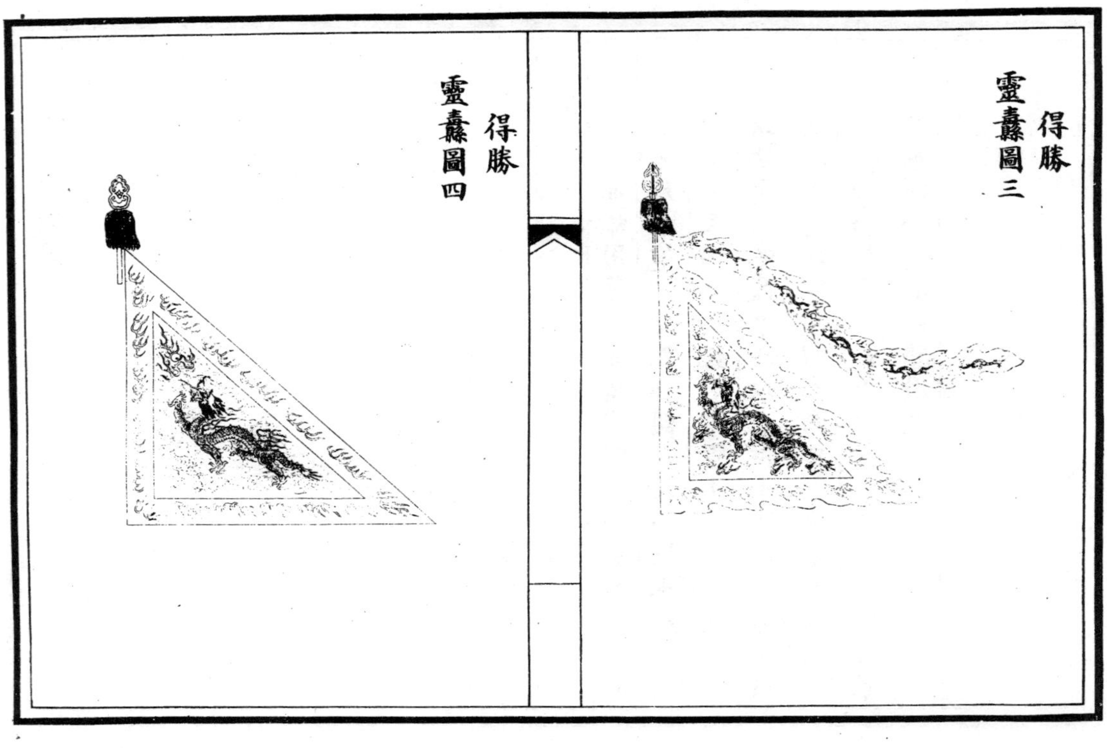
得勝
靈纛圖三
得勝
靈纛圖四

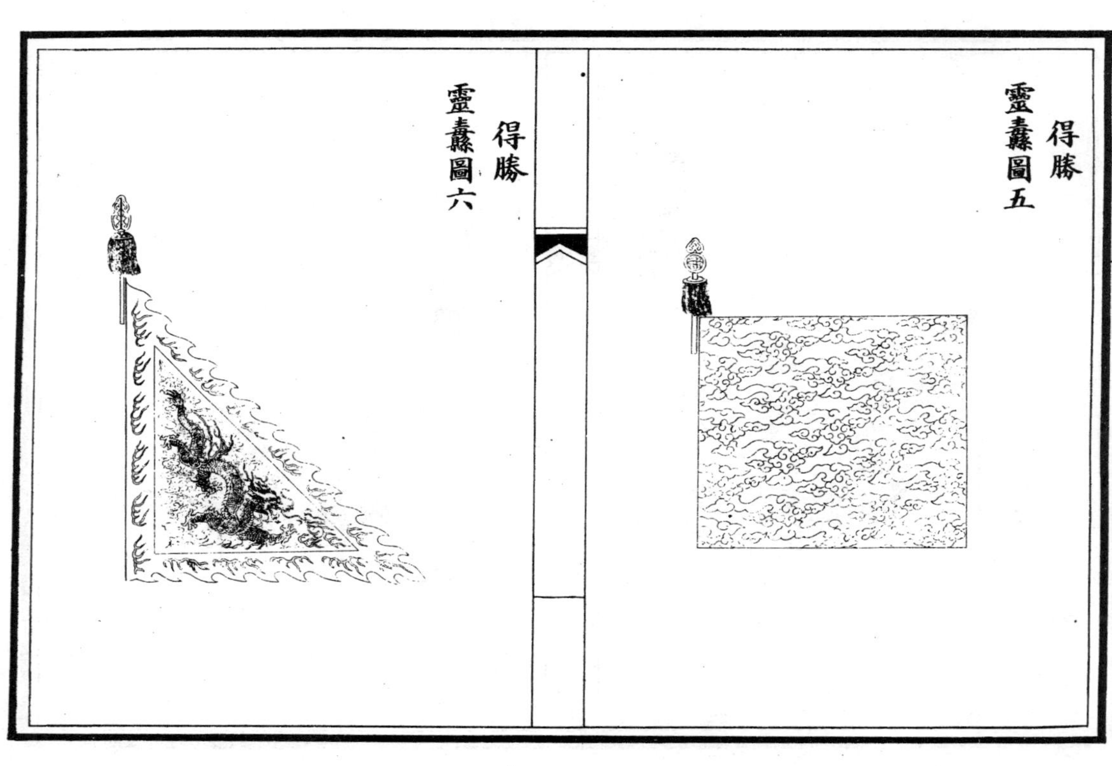
得勝
靈纛圖五
得勝
靈纛圖六

得勝

靈纛圖七

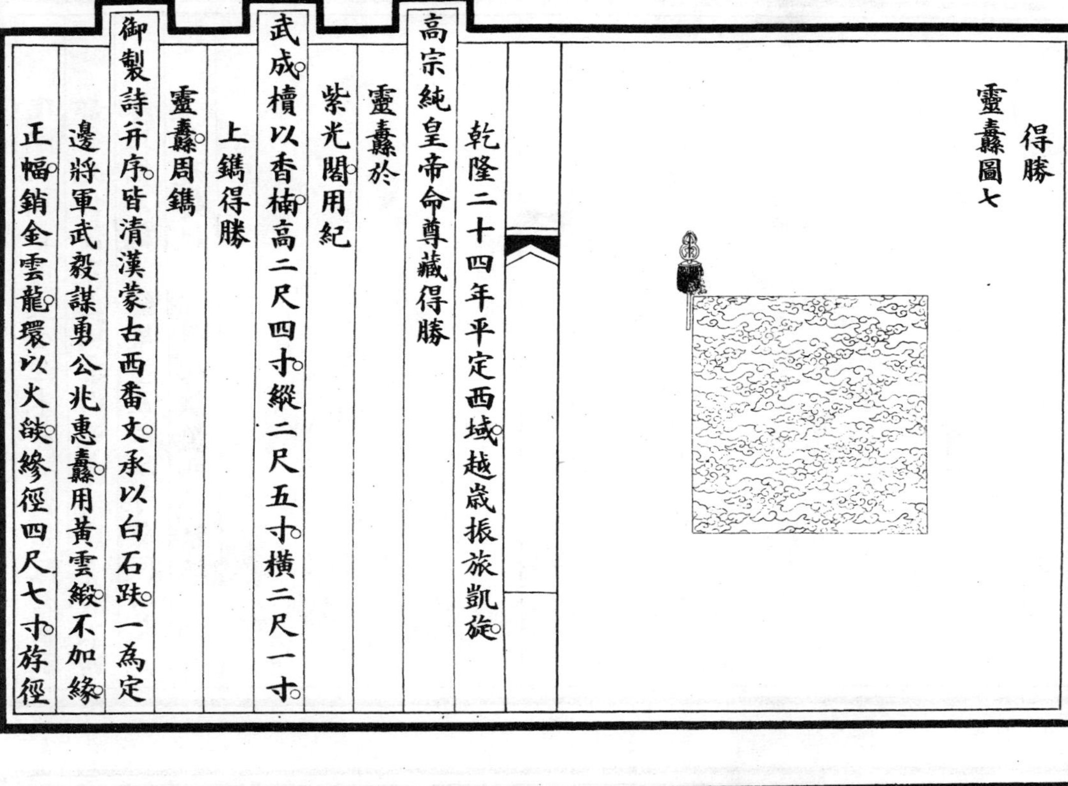

乾隆二十四年平定西域越嵗振旅凱旋

高宗純皇帝命尊藏得勝

靈纛於

紫光閣用紀

武成櫝以香楠高二尺四寸縱二尺五寸橫二尺一寸

上鐫得勝

靈纛周鐫

御製詩幷序皆清漢蒙古西番文承以白石趺一為定邊將軍武毅謀勇公兆惠纛用黃雲緞不加緣正幅銷金雲龍環以火燄縿徑四尺七寸斿徑五尺六寸首冠鍍銀鐵頂注朱旄加黃緞影帶長五尺九寸闊八寸銷金如纛幅一為定邊右副將軍靖遠誠勇侯富德纛用黃雲緞不加緣正幅銷金雲蟒環以火燄縿徑五尺斿徑四尺八寸首冠鍍金鐵頂承以鐵盤注朱旄一為參贊大臣毅勇承恩公明瑞纛用黃雲緞紅緣斜幅銷金雲蟒縿徑七尺九寸斿徑六尺八寸斜徑一丈緣為火燄形亦銷金火燄周闊八寸首冠鍍銀鐵頂承以鐵盤亦鍍銀注朱旄加紅緞影帶亦銷金如纛幅長一丈一尺五寸一為參

贊大臣誠勇公巴祿纛用黃雲緞紅緣斜幅銷金雲蟒縿徑六尺二寸斿徑六尺七寸斜徑九尺緣銷金火燄周闊六寸首冠鍍銀鐵頂承以鐵盤亦鍍銀注朱旄一為領隊大臣副都統鄂博什纛用黃雲緞不加緣正幅不施繪繡縿徑四尺一寸斿徑四尺五寸首冠鍍銀鐵頂承以鐵盤亦鍍銀注朱旄一為領隊大臣副都統圖布巴圖魯溫布纛用白雲緞斜幅繪五采雲蟒縿徑六尺七寸斿徑六尺四寸斜徑九尺二寸緣為火燄形亦繪火燄周闊六寸首冠塗金革

頂承以圓革亦塗金注朱旄一爲領隊大臣副都統克特爾克巴圖魯由屯纛用黃雲緞不加緣正幅不施繪繡縿徑五尺二寸斿徑四尺九寸首冠鋟銀鐵頂承以鐵盤亦鋟銀注朱旄

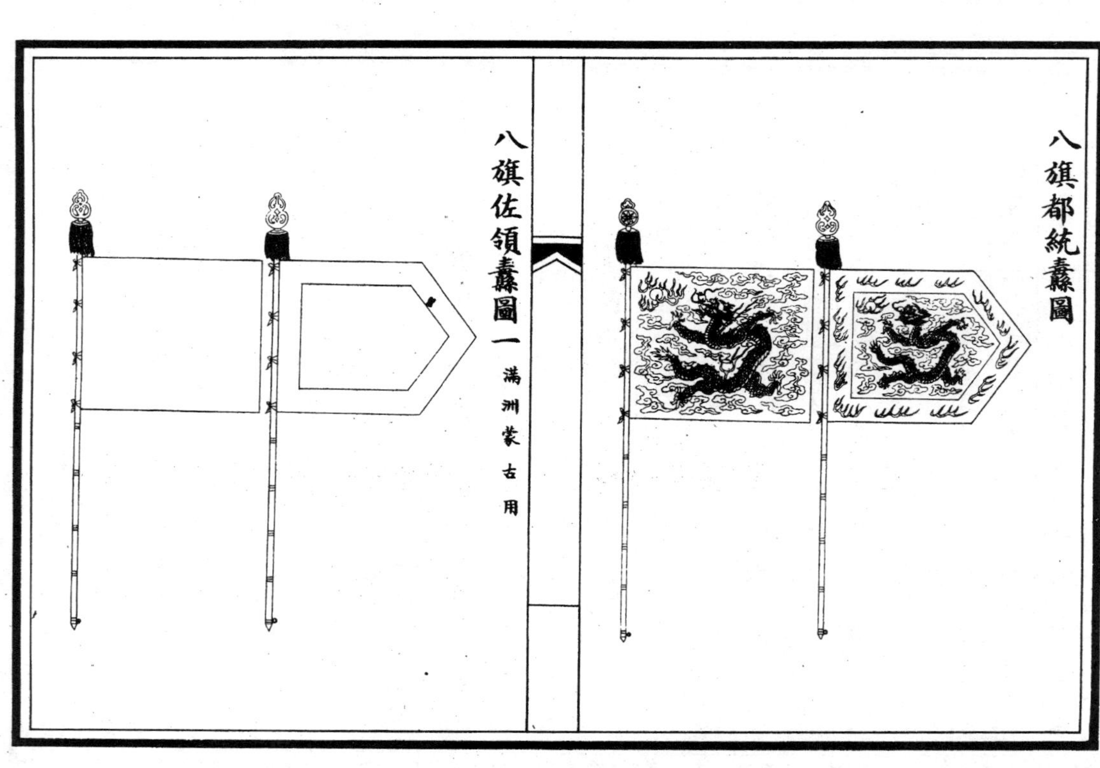

八旗都統纛圖

八旗佐領纛圖一 滿洲蒙古用

八旗佐領纛圖二 漢軍用

八旗都統纛皆用緞。各從旗色。鑲黃旗鑲白旗鑲藍旗皆紅緣。鑲紅旗白緣。皆左平右剡。銷金流雲行龍。縿徑五尺。中徑六尺四寸。上下各徑四尺六寸。斜徑各三尺。緣銷金火燄。周闊八寸。正黃旗正白旗正紅旗正藍旗不加緣。俱正幅亦銷金流雲行龍。縿徑五尺。斿徑五尺八寸。杆以竹。髹朱。束藤。長一丈三尺。圍五寸五分。首冠鋄銀鈒花頂。注朱旄。惟正紅旗黑旄。末鐵鐏。長四寸。旁施鐵環。穿革植纛。滿洲蒙古漢軍都統皆用之。八旗佐領纛。皆用緞。滿洲蒙古不施繪

繡。注黑旄。漢軍銷金飛虎。杆首冠鋄銀鐵輪頂。餘俱如都統纛之制。

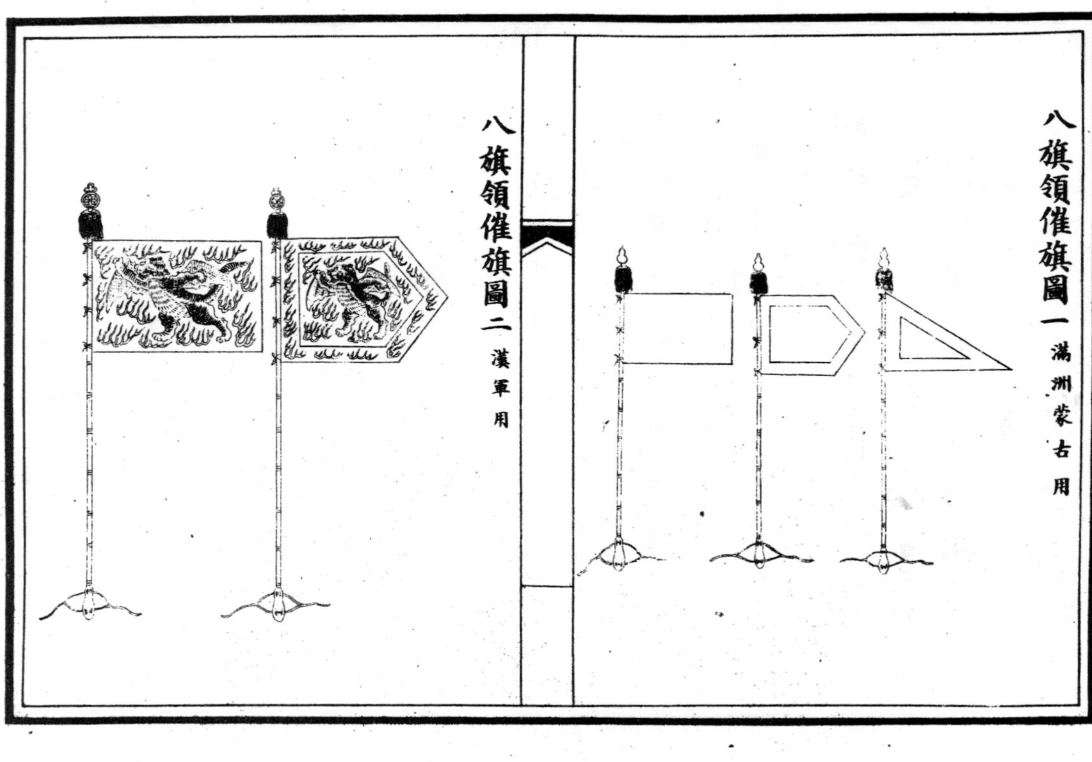
八旗領催旗圖一　滿洲蒙古用

八旗領催旗圖二　漢軍用

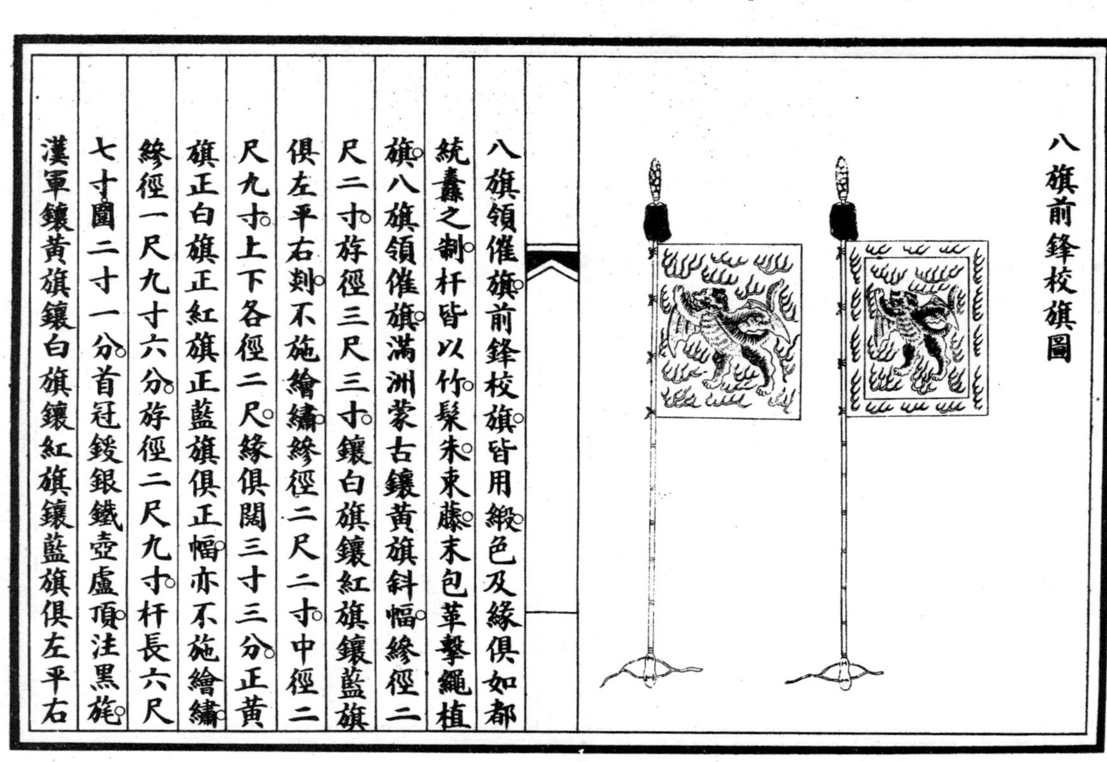
八旗前鋒校旗圖

八旗領催旗前鋒校旗。皆用緞。色及緣俱如都統纛之制。杆皆以竹。髹朱。束藤末包革擊繩植旗。八旗領催旗。滿洲蒙古鑲黃旗斜幅。縿徑二尺二寸。斿徑三尺三寸。鑲白旗鑲紅旗鑲藍旗俱左平右剡。不施繪繡。縿徑二尺二寸。中徑二尺九寸。上下各徑二尺。緣俱闊三寸三分。正黃旗正白旗正紅旗正藍旗俱正幅。亦不施繪繡。縿徑一尺九寸六分。斿徑二尺九寸。杆長六尺七寸。圍二寸一分。首冠鋄銀鐵壺盧頂。注黑旄。漢軍鑲黃旗鑲白旗鑲紅旗鑲藍旗俱左平右

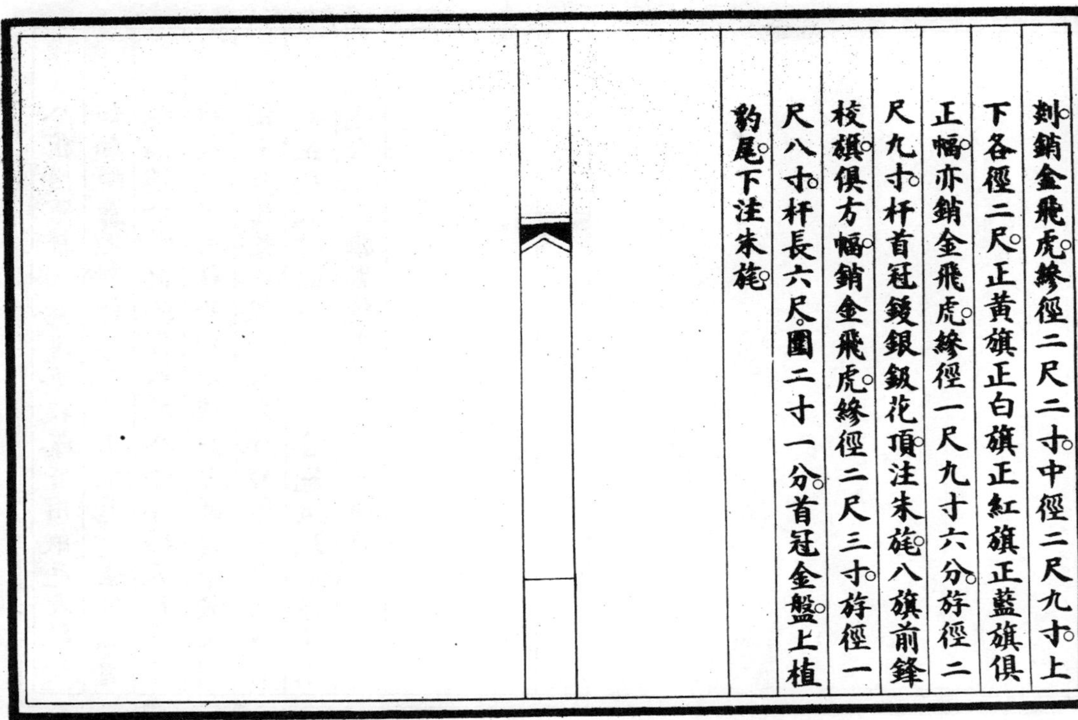
鈒。銷金飛虎。縿徑二尺二寸。中徑二尺九寸。上下各徑二尺。正黃旗正白旗正紅旗正藍旗俱正幅。亦銷金飛虎。縿徑一尺九寸六分。斿徑二尺九寸。杆首冠鍍銀鈒花頂。注朱旄。八旗前鋒校旗俱方幅銷金飛虎縿徑二尺三寸。斿徑一尺八寸。杆長六尺。圍二寸一分。首冠金盤上植豹尾。下注朱旄。

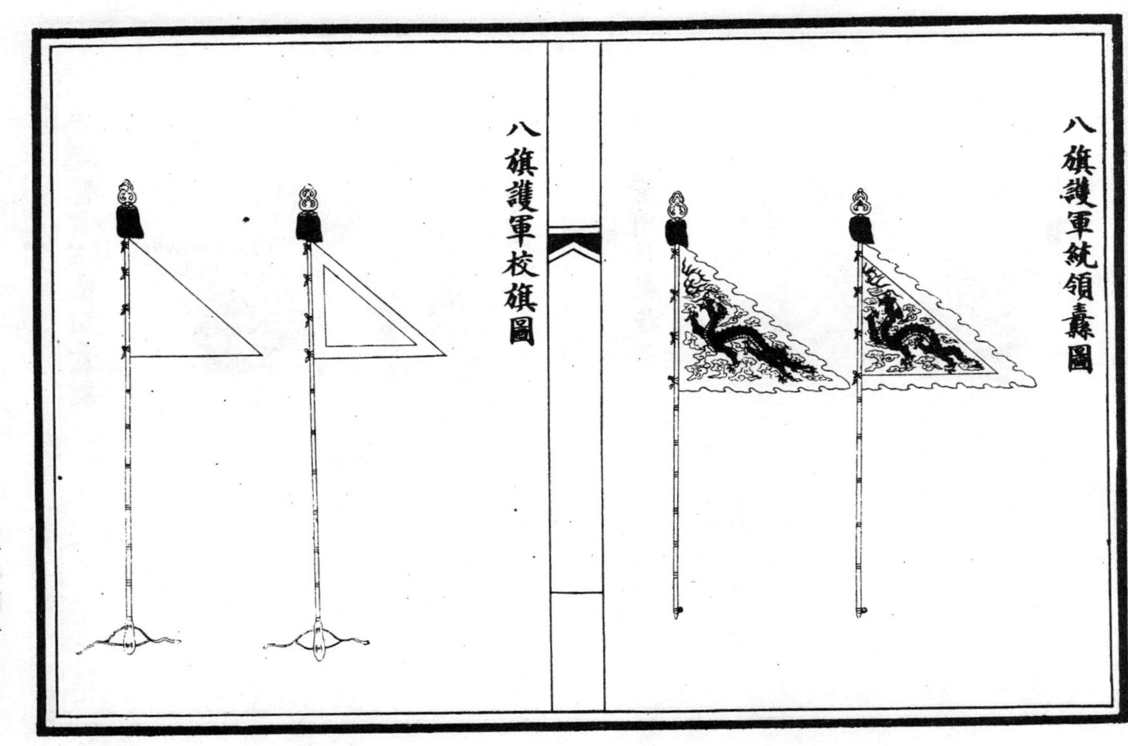
八旗護軍統領纛圖

八旗護軍校旗圖

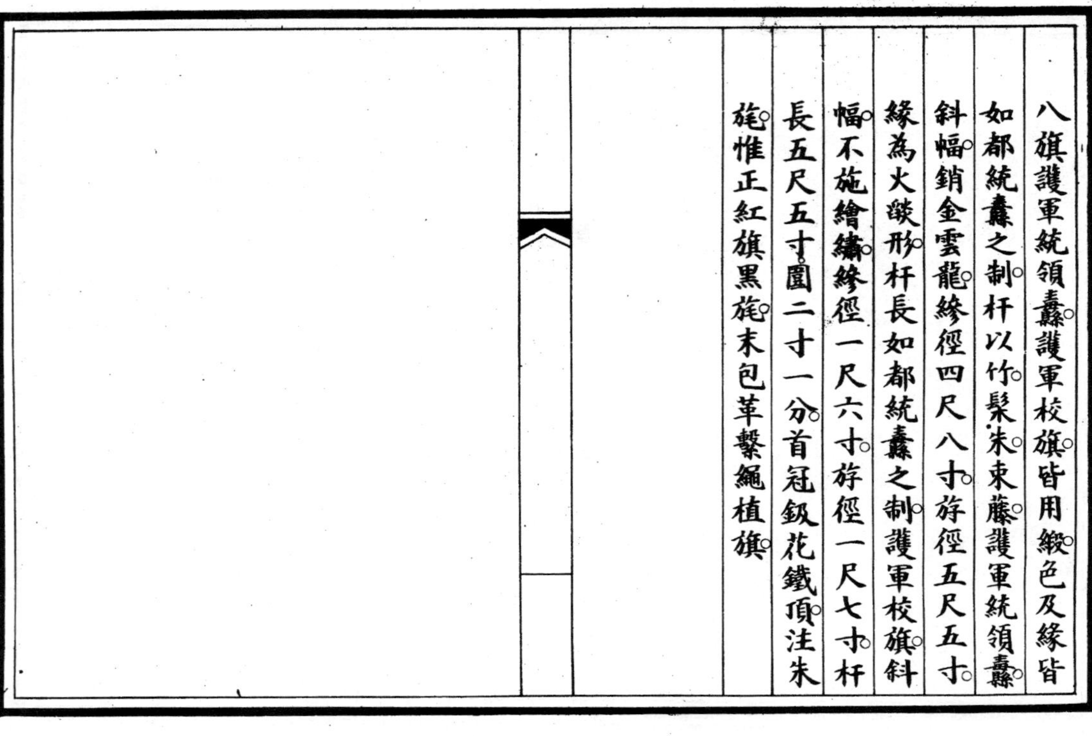
八旗護軍統領纛、護軍校旗、皆用緞、色及緣皆如都統纛之制、杆以竹、髹朱、束藤、護軍統領纛斜幅銷金雲龍、縿徑四尺八寸、斿徑五尺五寸、緣爲火燄形、杆長如都統纛之制、護軍校旗斜幅不施繪繡、縿徑一尺六寸、斿徑一尺七寸、杆長五尺五寸、圍二寸一分、首冠鈒花鐵頂、注朱旄、惟正紅旗黑旄、末包革、繫繩植旗、

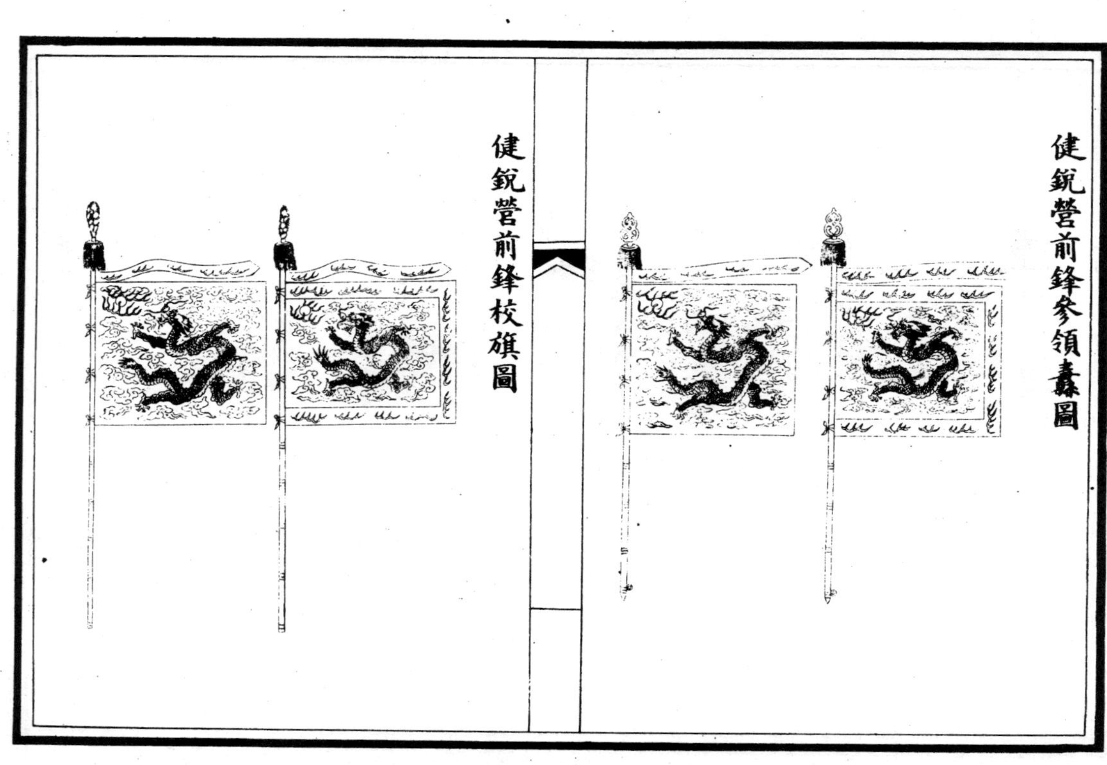
健鋭營前鋒參領纛圖

健鋭營前鋒校旗圖

健鋭營前鋒參領纛。前鋒校旗。皆乾隆十四年欽定。左翼鑲黄。右翼正黄。皆用緞。鑲黄旗紅緣。正黄旗不加緣。俱正幅。銷金雲龍。環以火燄。加黄影帶。刻角。亦銷金火燄。杆皆以竹。髤朱。束藤。前鋒參領纛。縿徑五尺。斿徑五尺一寸。影帶長五尺八寸。闊八寸五分。杆長一丈一尺。圍六寸三分。首冠鍐銀鈒花頂。注朱旄。杆末鐵鐏長四寸二分。旁施鐵鐶。穿革植之。前鋒校旗。縿徑一尺九寸。斿徑二尺二寸。影帶長二尺。闊三寸。杆長五尺二寸。圍二寸一分。首冠鍐金鐵盤。上植豹尾。

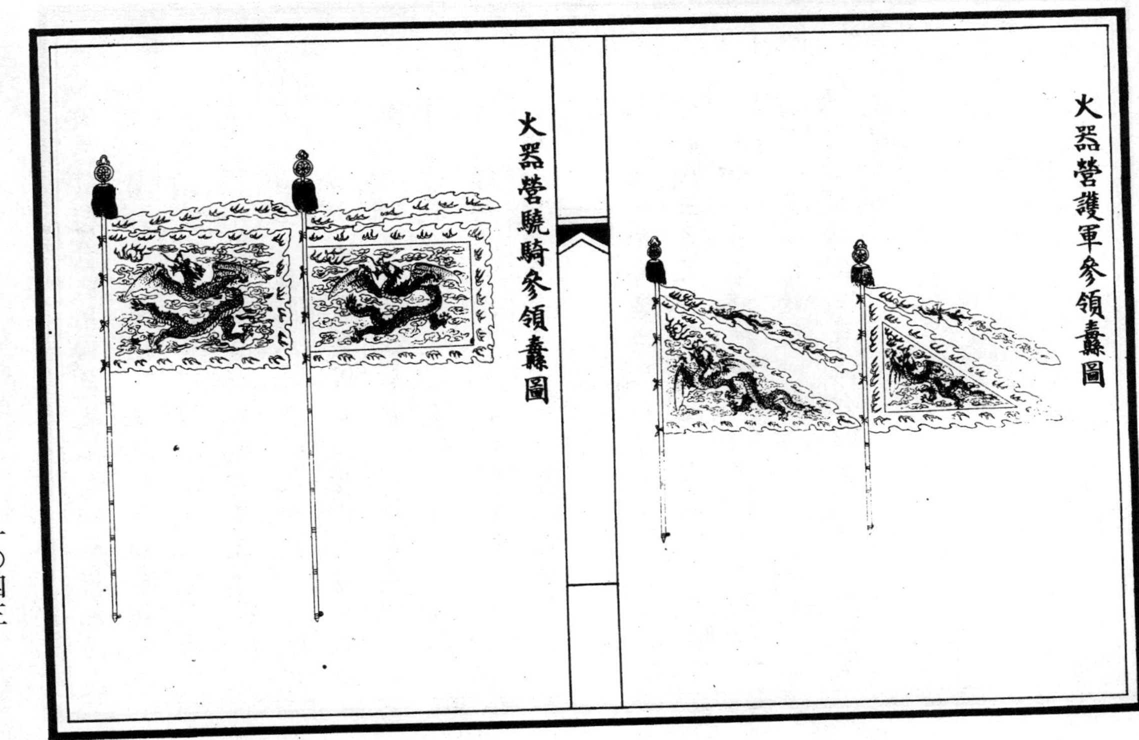

火器營護軍校旗圖

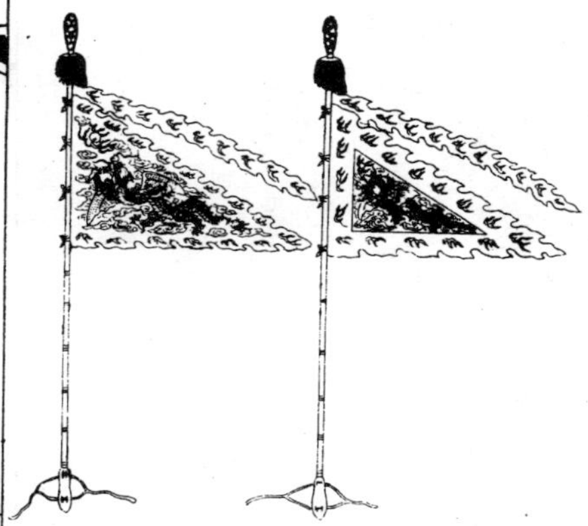

火器營驍騎校旗圖

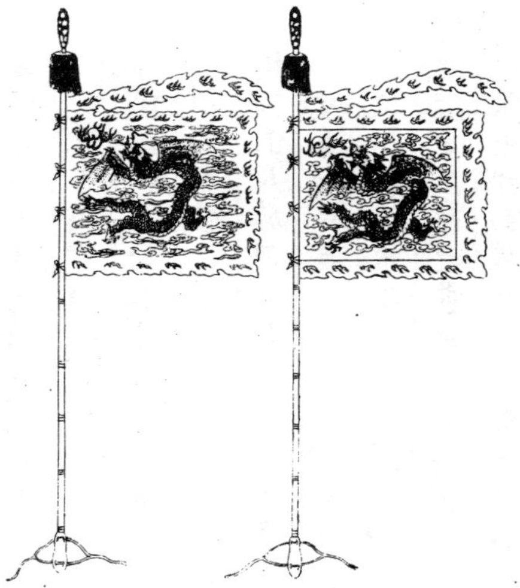

火器營旗纛。皆用緞。色及緣俱如八旗都統纛之制。皆銷金雲龍。環以火燄。加白彯帶。為火燄形。亦銷金雲龍。杆皆以竹。髹朱束藤。護軍參領纛。斜幅兩邊為火燄形。縿徑六尺五寸。斿徑九尺一寸五分。緣闊八寸。彯帶長九尺六寸。闊九寸六分。杆長一丈五尺。圜五寸六分。首冠鍍銀鐵輪。頂注朱旄。惟正紅旗黑旄。杆末鐵鐏長四寸。旁施鐵鐶。穿革植纛。驍騎參領纛。正幅三面為火燄形。縿徑四尺九寸。斿徑六尺一寸五分。餘俱如護軍參領纛之制。護軍校旗。亦斜幅兩邊為火燄形。縿徑二尺二寸四分。斿徑三尺五寸。緣闊三寸五分。彯帶長三尺五寸四分。闊四寸。杆如八旗前鋒校旗之制。驍騎校旗。亦正幅三面為火燄形。縿徑一尺八寸四分。斿徑二尺六寸五分。緣闊三寸五分。彯帶及杆。俱如護軍校旗之制。

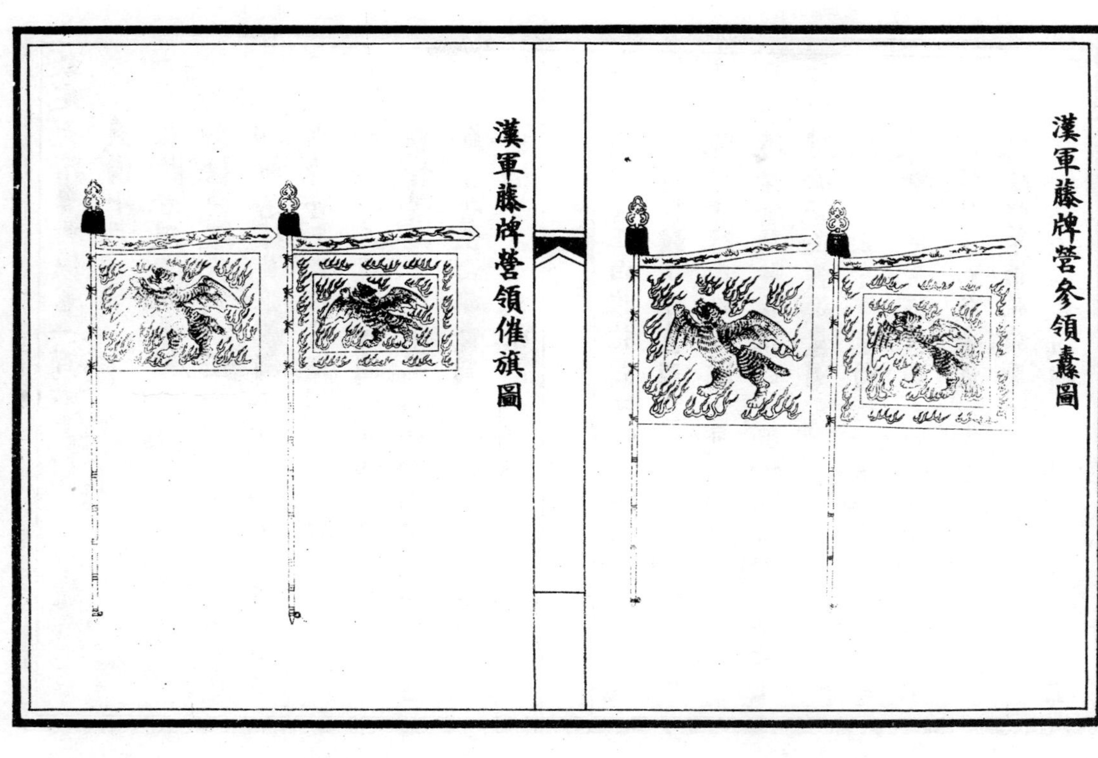
漢軍藤牌營參領纛圖

漢軍藤牌營領催旗圖

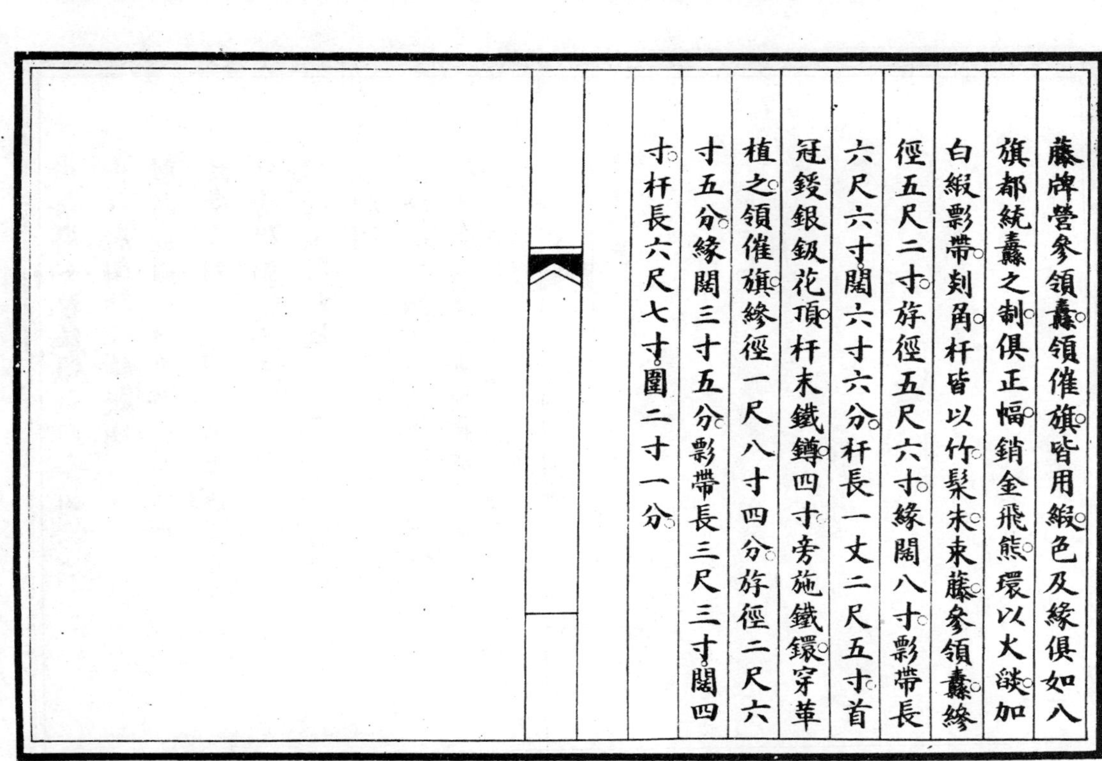
藤牌營參領纛領催旗皆用緞色及緣俱如八旗都統纛之制俱正幅銷金飛熊環以火燄加白緞影帶刻角杆皆以竹髹朱束藤參領纛縿徑五尺二寸斿徑五尺六寸緣闊八寸影帶長六尺六寸闊六寸六分杆長一丈二尺五寸首冠鍍銀鈒花頂杆末鐵鐏四寸旁施鐵鐶穿革植之領催旗縿徑一尺八寸四分斿徑二尺六寸五分緣闊三寸五分影帶長三尺三寸闊四寸杆長六尺七寸圍二寸一分

欽定大清會典圖卷一百六

武備十六 幄纛三

新槍營鑲黃旗纛圖

新槍營鑲黃旗旗圖一 小旗

新槍營鑲黃旗旗圖二 紅旗新槍營鑲黃旗藍旗附見

新槍營正黃旗纛圖

新槍營正黃旗旗圖一 小旗

新槍營正黃旗旗圖二 紅旗新槍營正黃旗藍旗附見

新槍營正白旗纛圖

新槍營正白旗旗圖一 小旗

新槍營正白旗旗圖二 紅旗新槍營正白旗藍旗附見

陳槍營鑲黃旗纛圖

陳槍營鑲黃旗旗圖一 小虎旗

陳槍營鑲黃旗旗圖二 紅旗陳槍營鑲黃旗藍旗附見

陳槍營正黃旗纛圖

陳槍營正黃旗旗圖一 小虎旗

陳槍營正黃旗旗圖二 紅旗陳槍營正黃旗藍旗附見

陳槍營正白旗纛圖

陳槍營正白旗旗圖一 小虎旗

陳槍營正白旗旗圖二 紅旗陳槍營正白旗藍旗附見

內務府朝鮮佐領大門纛圖

內務府朝鮮佐領旗圖 小虎旗

駐防纛圖 將軍都統副都統用

綠營纛圖 直省督撫提鎮用

綠營旗圖 什長用

綠營大帥旗圖

王命旗牌圖

駐防令旗圖 將軍都統副都統用

綠營令旗圖 直省督撫提鎮用

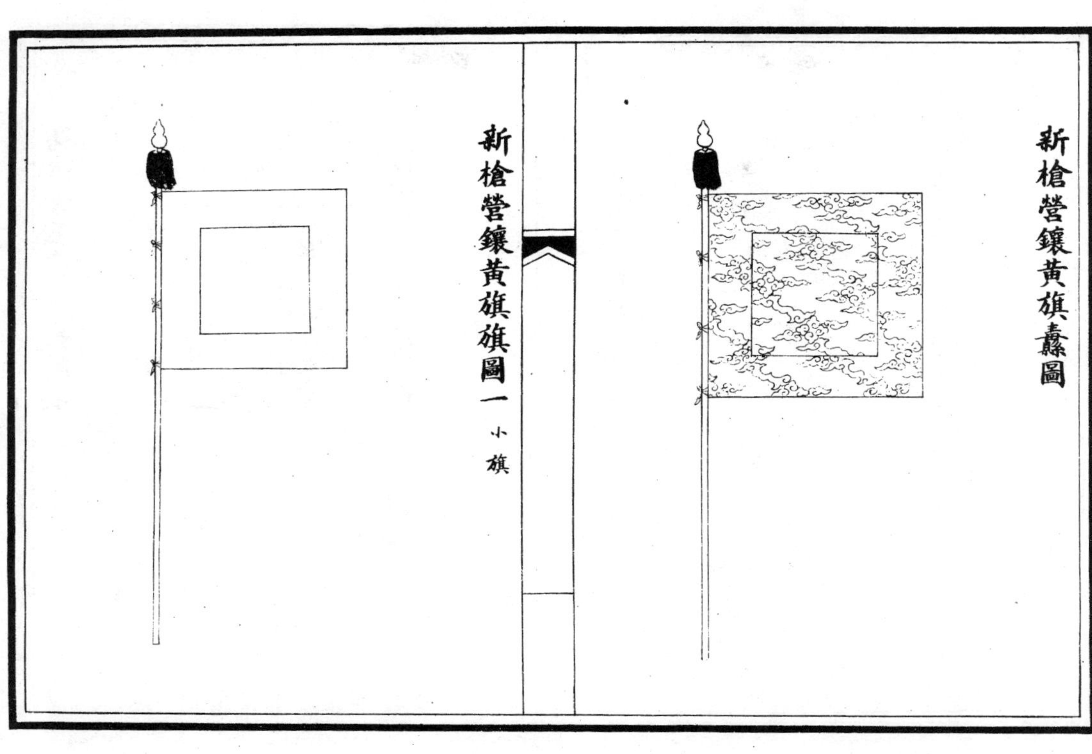

新槍營鑲黃旗纛圖

新槍營鑲黃旗旗圖一 小旗

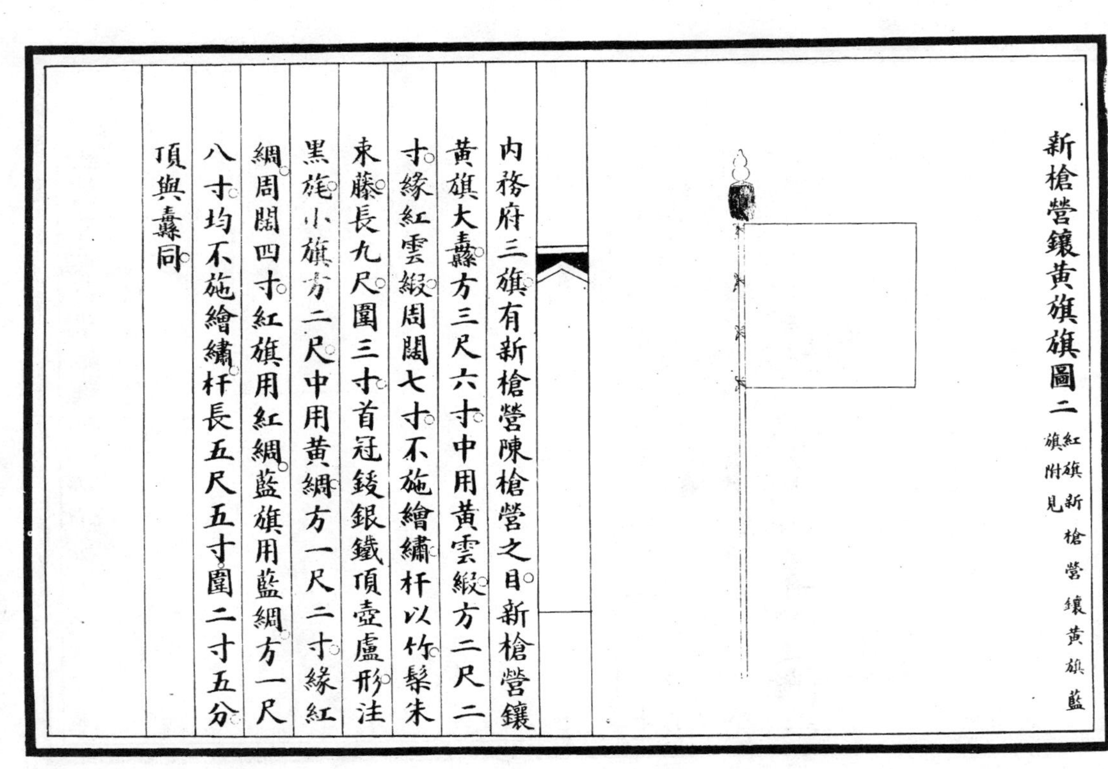

新槍營鑲黃旗旗圖二 紅旗新槍營鑲黃旗藍旗附見

內務府三旗有新槍營陳槍營之目新槍營鑲黃旗大纛方三尺六寸中用黃雲緞方二尺二寸緣紅雲緞周闊七寸不施繪繡杆以竹髹朱東藤長九尺圍三寸首冠鋟銀鐵頂壺盧形注黑旄小旗方二尺中用黃綢方一尺二寸緣紅綢周闊四寸紅旗用紅綢藍旗用藍綢方一尺八寸均不施繪繡杆長五尺五寸圍二寸五分頂與纛同

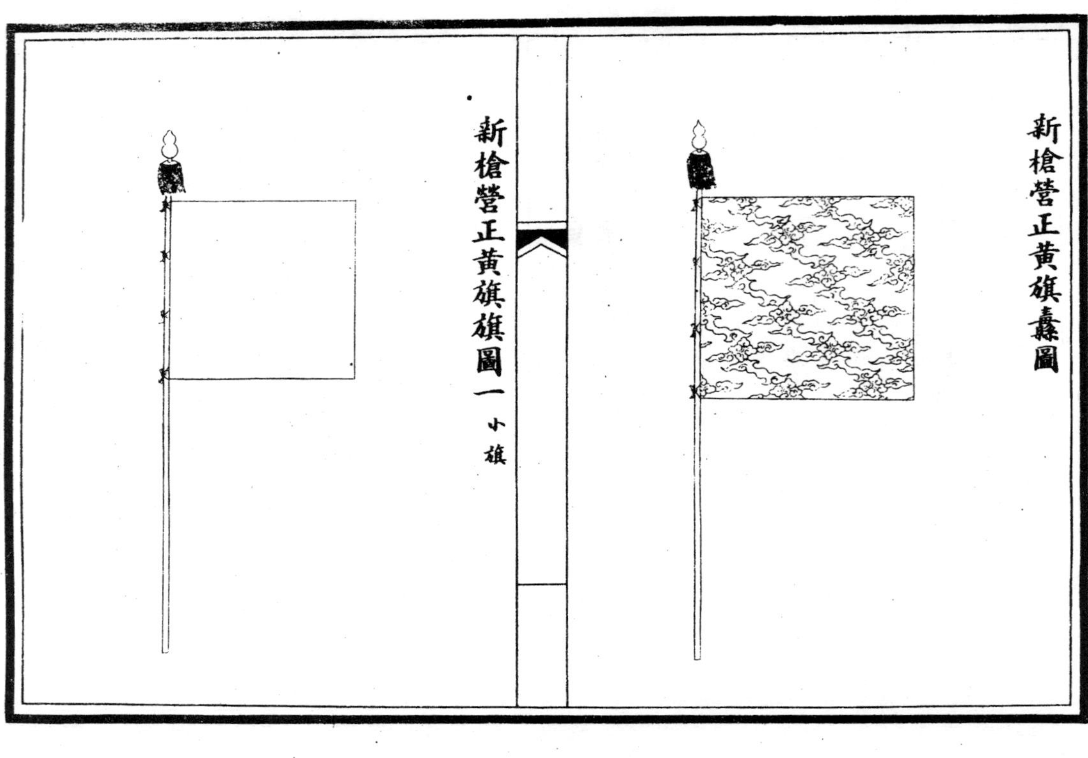

新槍營正黃旗纛圖

新槍營正黃旗旗圖一 小旗

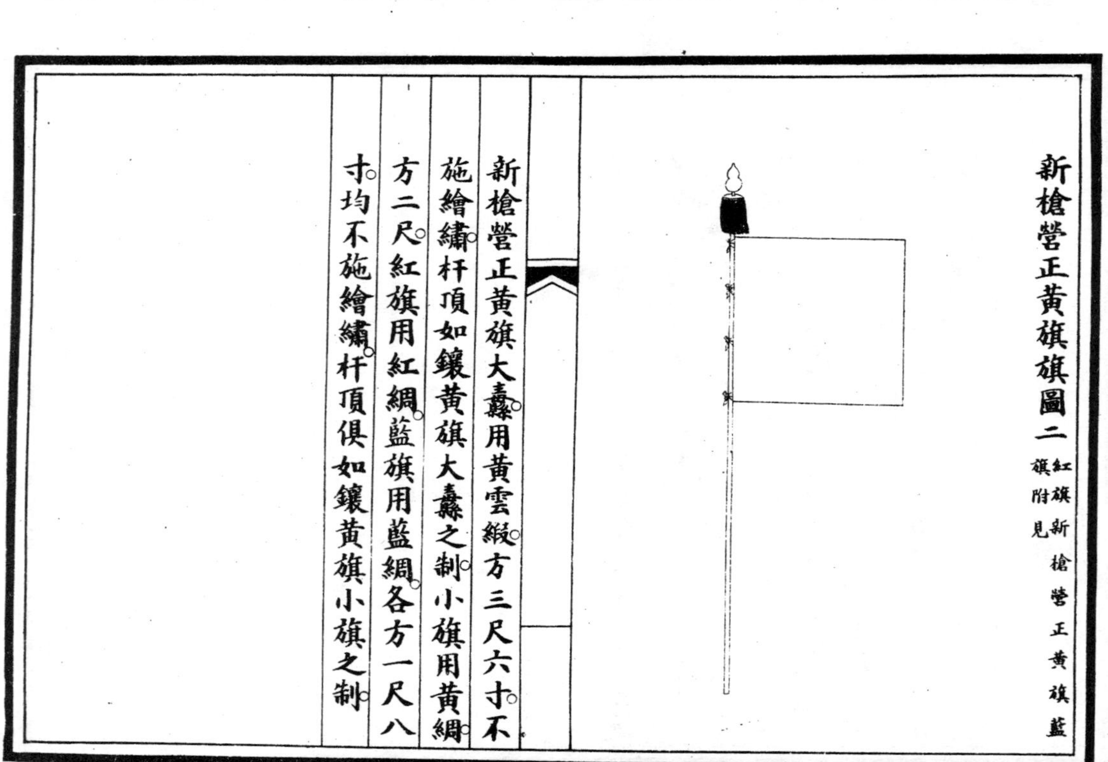

新槍營正黃旗旗圖二 紅旗新槍營正黃旗藍旗附見

新槍營正黃旗大纛。用黃雲緞。方三尺六寸。不施繪繡。杆頂如鑲黃旗大纛之制。小旗用黃綢。方二尺。紅旗用紅綢。藍旗用藍綢。各方一尺八寸。均不施繪繡。杆頂俱如鑲黃旗小旗之制。

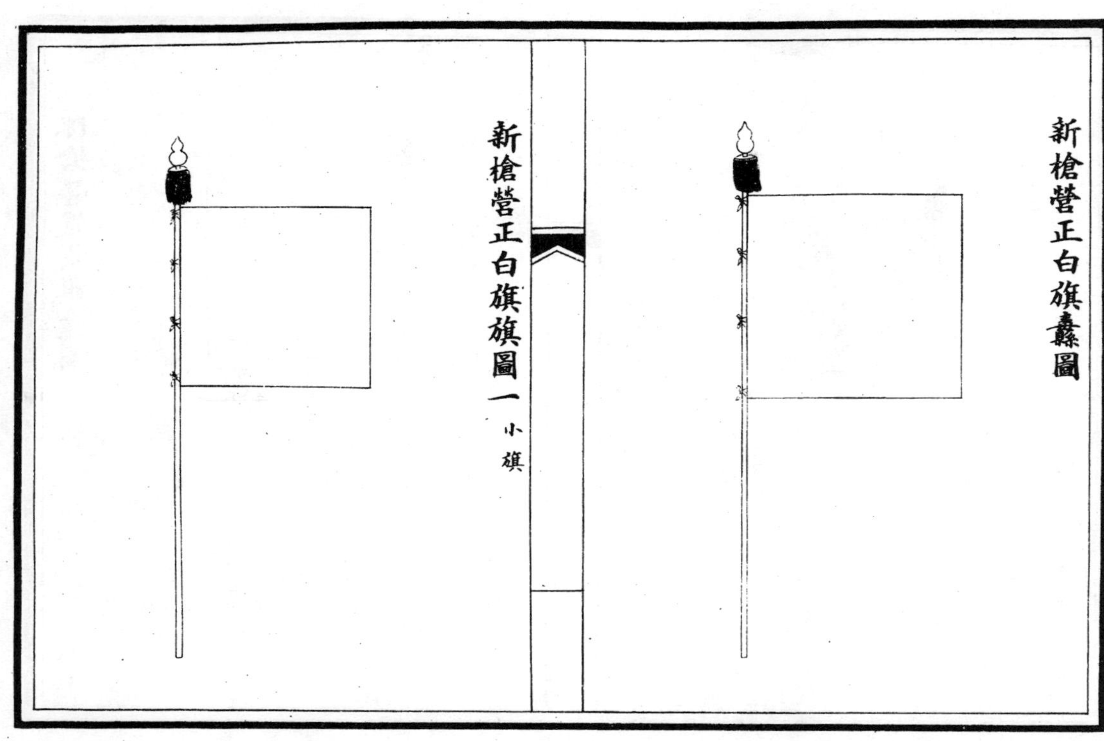


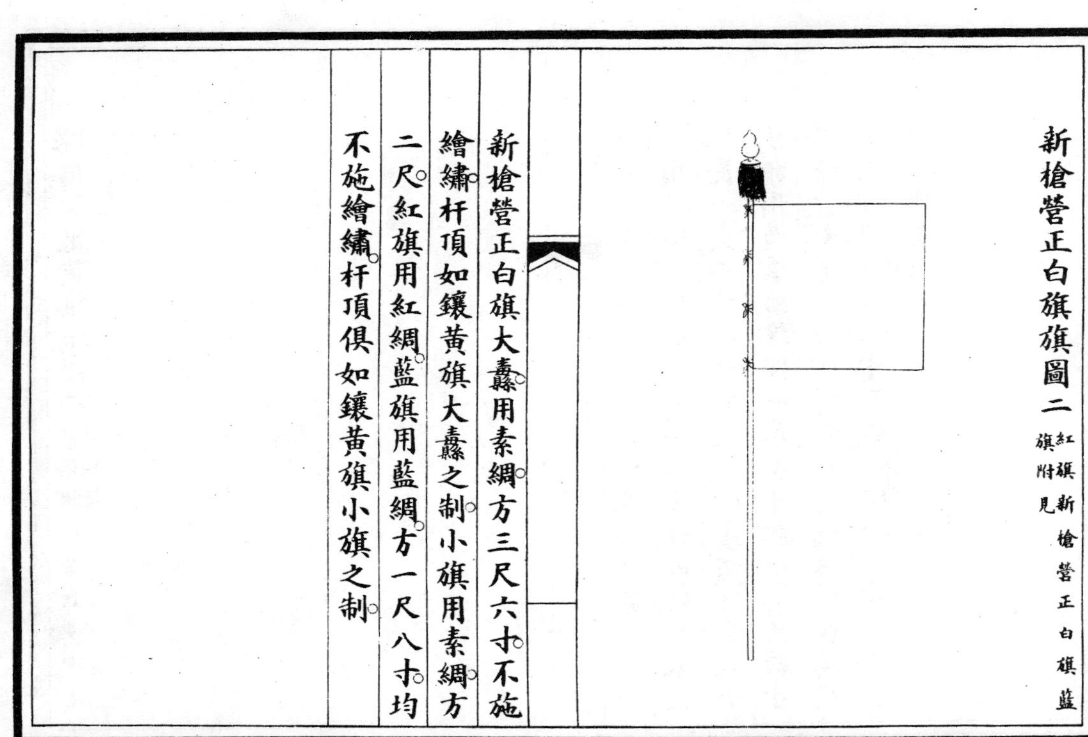


新槍營正白旗大纛。用素綢。方三尺六寸。不施繪繡。杆頂如鑲黃旗大纛之制。小旗用素綢。方二尺。紅旗用紅綢。藍旗用藍綢。方一尺八寸。均不施繪繡。杆頂俱如鑲黃旗小旗之制。

陳槍營鑲黃旗纛圖

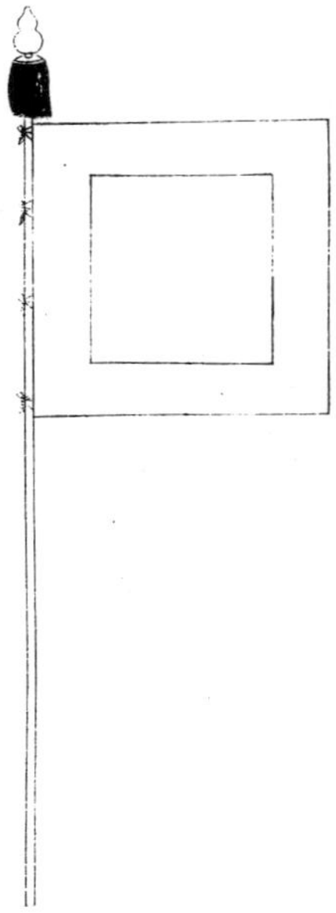

陳槍營鑲黃旗旗圖一 小虎旗

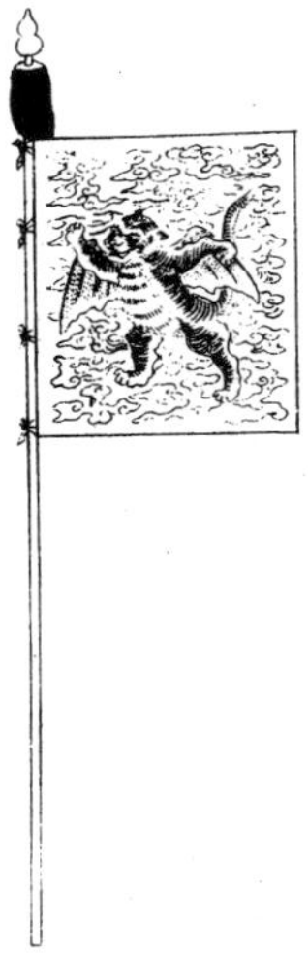

陳槍營鑲黃旗旗圖二 紅旗藍旗附見陳槍營鑲黃旗

陳槍營鑲黃旗大纛。縿徑四尺二寸。斿徑四尺。中用黃綢。緣以紅綢。不施繪繡。杆以竹。髹朱。束藤。長一丈二尺二寸。首冠鐵壺盧。頂注黑旄。小虎旗用黃雲緞。縿徑一尺七寸。斿徑一尺四寸。繪雲虎。紅旗用紅綢。藍旗用藍綢。縿徑皆二尺三寸。斿徑一尺六寸。不施繪繡。杆皆長五尺五寸。餘與纛同。

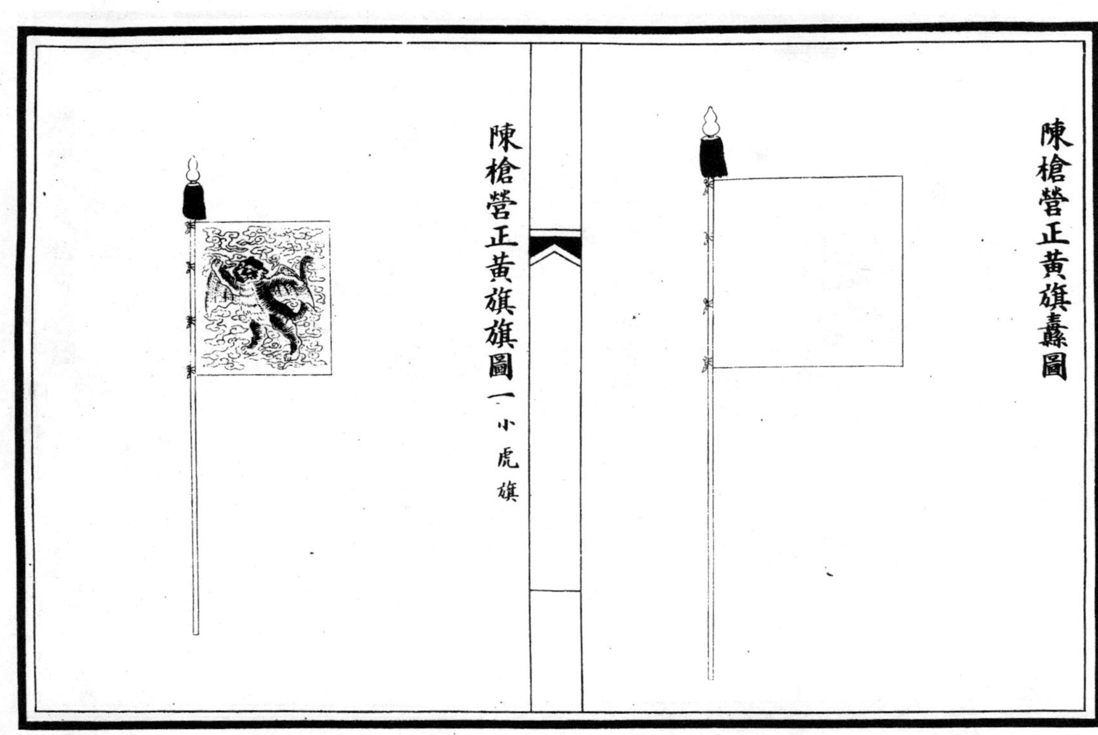

陳槍營正黃旗纛圖

陳槍營正黃旗旗圖一小虎旗

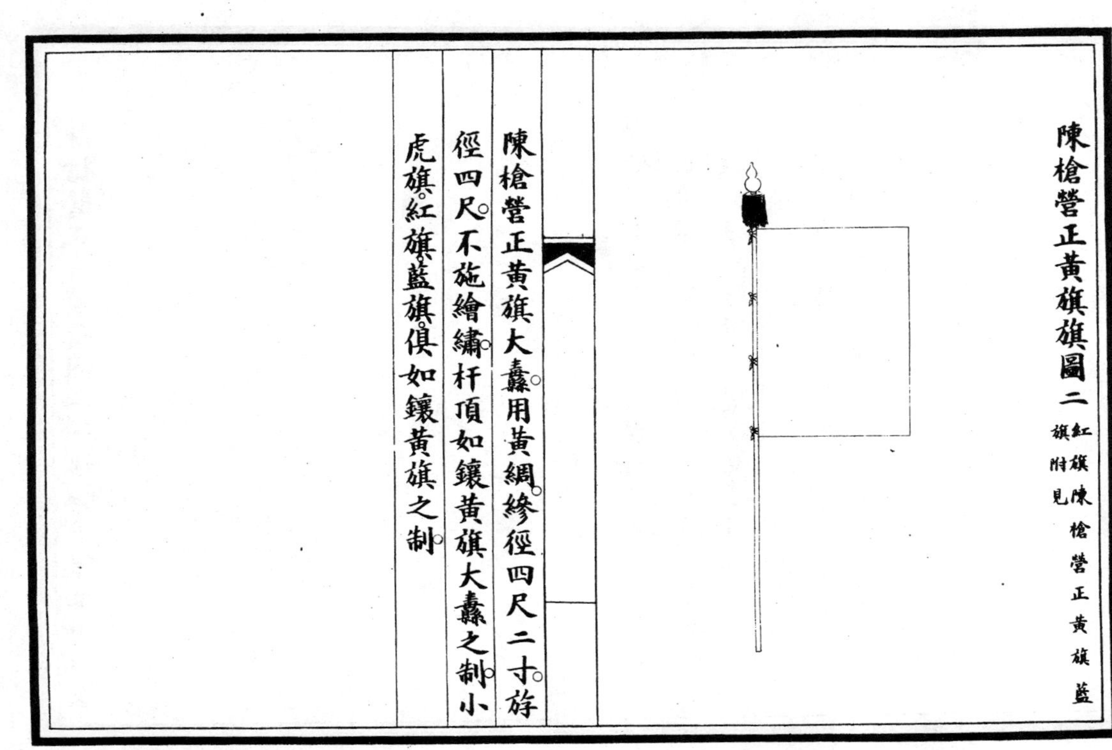

陳槍營正黃旗旗圖二紅旗陳槍營正黃旗藍旗附見

陳槍營正黃旗大纛。用黃綢。縿徑四尺二寸。斿徑四尺。不施繪繡。杆頂如鑲黃旗大纛之制。小虎旗。紅旗。藍旗。俱如鑲黃旗之制。

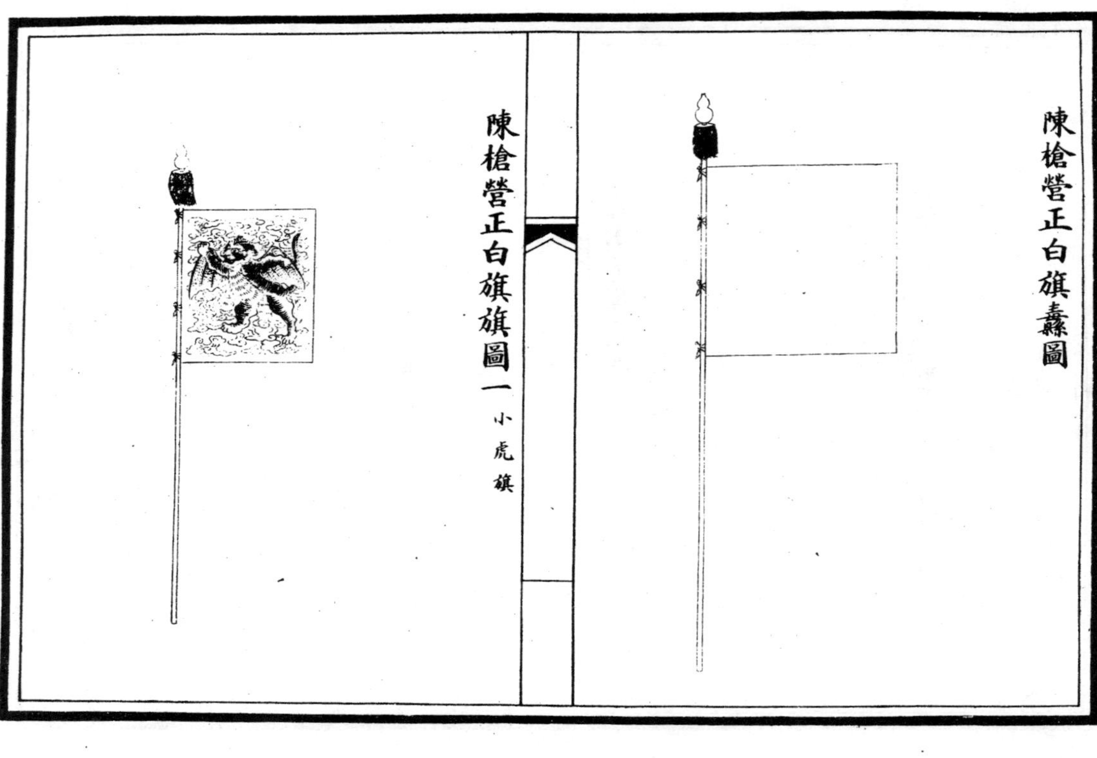

陳槍營正白旗纛圖

陳槍營正白旗旗圖一 小虎旗

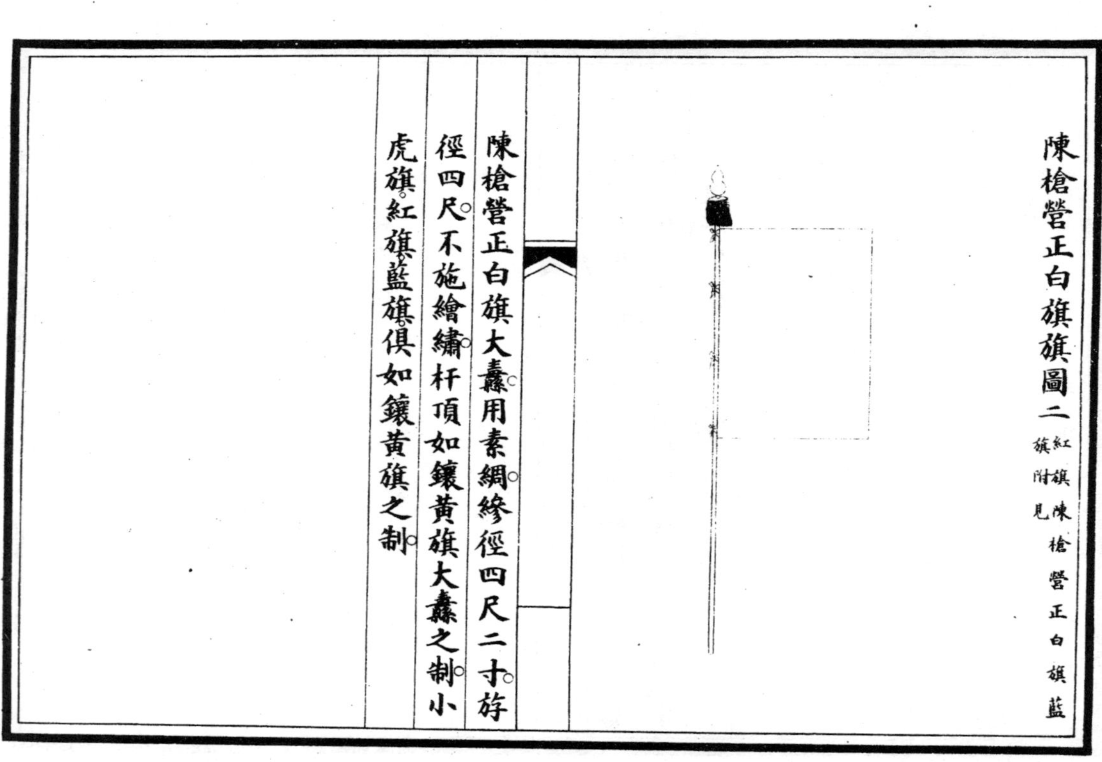

陳槍營正白旗旗圖二 紅旗陳槍營正白旗藍旗附見

陳槍營正白旗大纛。用素綢。縿徑四尺二寸。斿徑四尺。不施繪繡。杆頂如鑲黃旗大纛之制。小虎旗。紅旗。藍旗。俱如鑲黃旗之制。

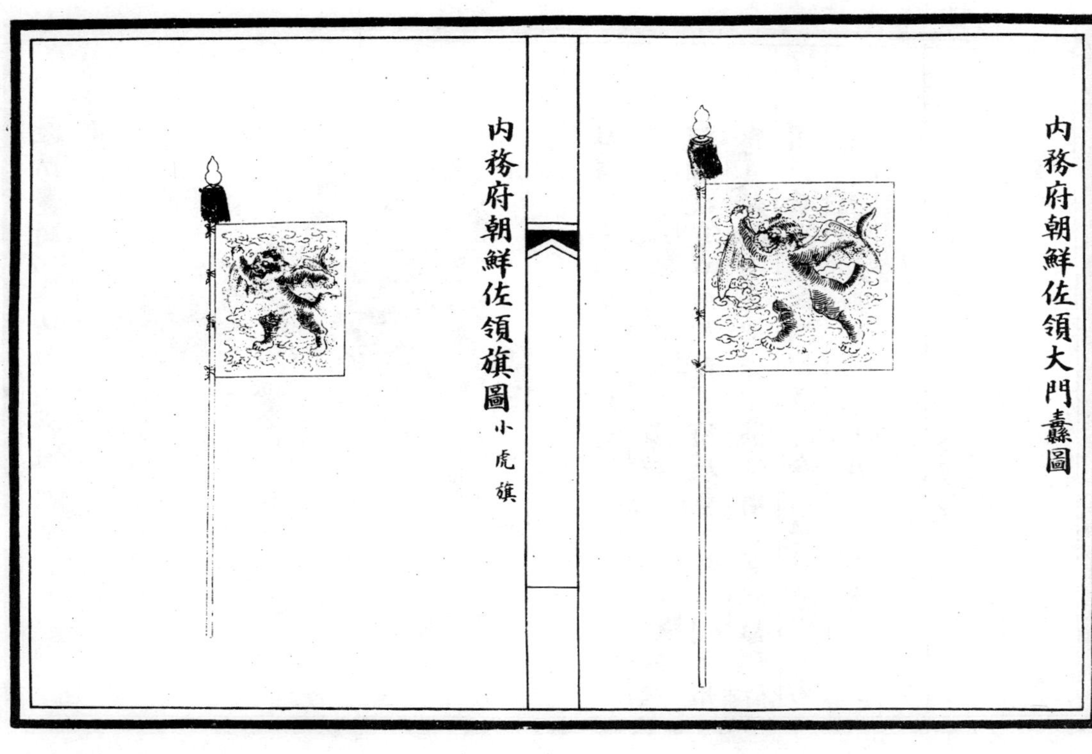


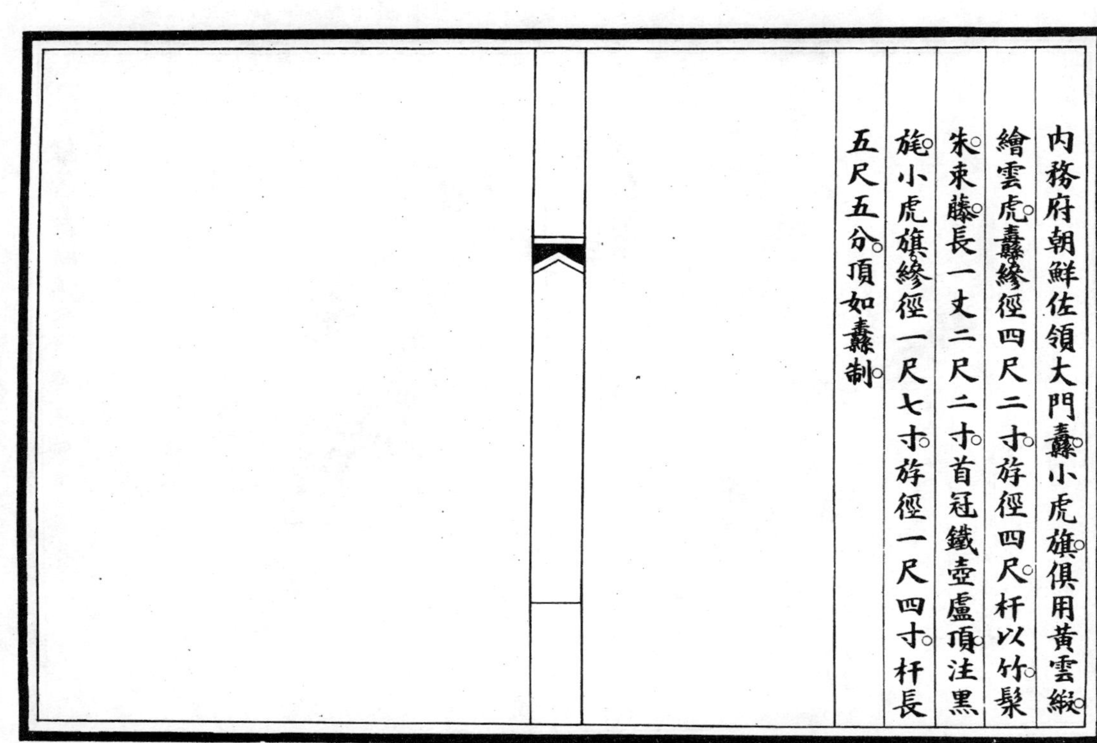
内務府朝鮮佐領大門纛。小虎旗。俱用黃雲緞
繪雲虎。纛縿徑四尺二寸。斿徑四尺。杆以竹。髹
朱。束藤。長一丈二尺二寸。首冠鐵壺盧頂注黑
旄。小虎旗。縿徑一尺七寸。斿徑一尺四寸。杆長
五尺五分。頂如纛制。

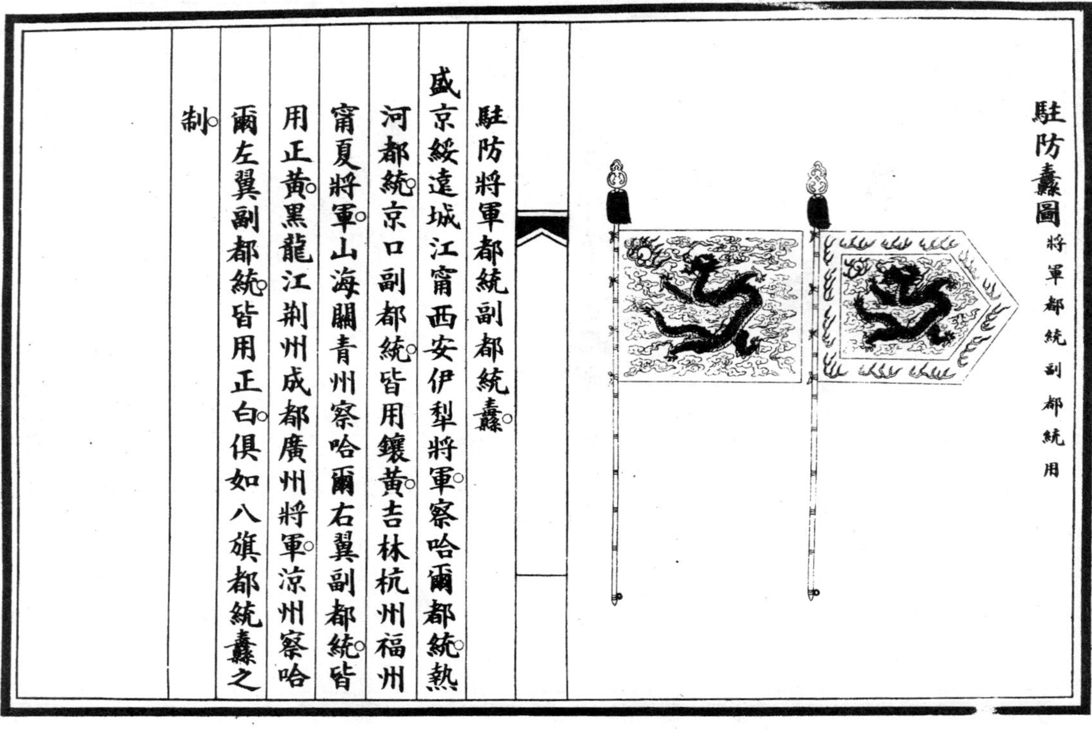

駐防纛圖 將軍都統副都統用

駐防將軍都統副都統纛。

盛京綏遠城江甯西安伊犂將軍。察哈爾都統。熱河都統。京口副都統。皆用鑲黄。吉林杭州福州甯夏將軍。山海關青州察哈爾右翼副都統皆用正黄。黑龍江荆州成都廣州將軍。涼州察哈爾左翼副都統。皆用正白。俱如八旗都統纛之制。

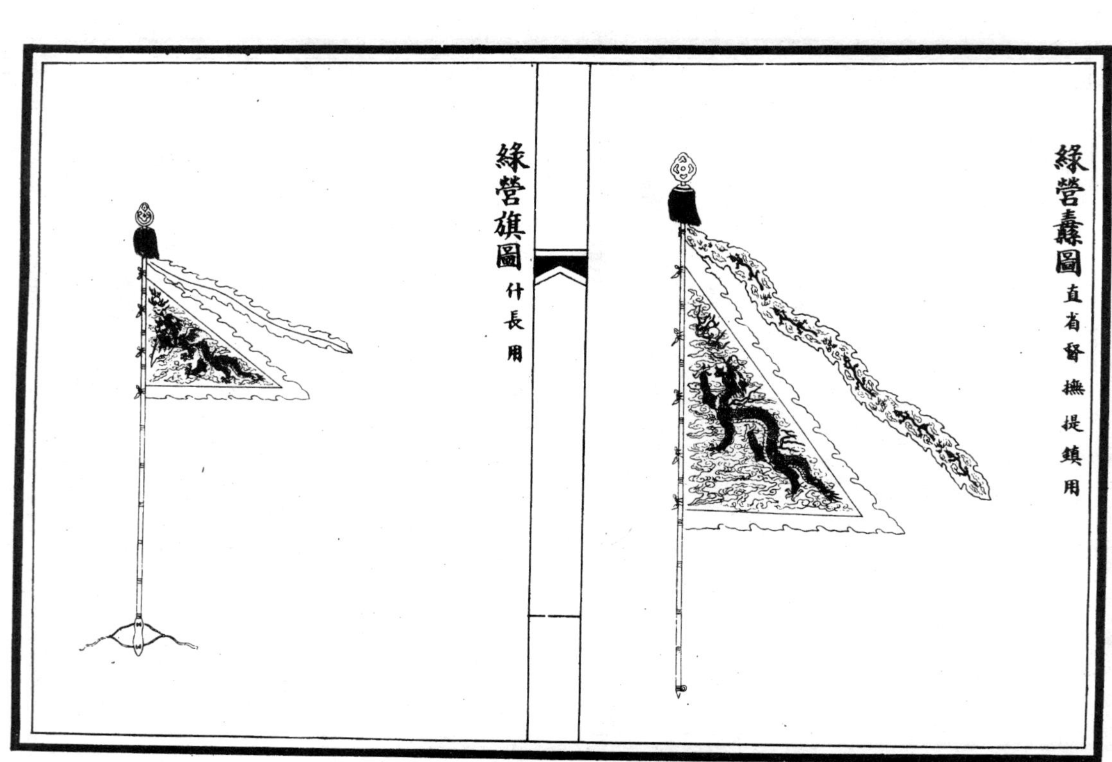

緑營纛圖 直省督撫提鎮用

緑營旗圖 什長用

綠營督撫提鎮纛什長旗皆用綠緞斜幅銷金雲蟒或飛熊斿及斜徑皆爲火燄形加綠緞影帶亦爲火燄形銷金雲蟒杆以竹髹朱束藤首冠鈒花鐵頂承以圓革注朱旄纛縿徑八尺斿徑五尺八寸斜徑一丈影帶長一丈五寸闊六寸五分杆長一丈四尺圍四寸六分末鐵鐏長四寸旁施鐵鐶穿革植之什長旗縿徑二尺三寸六分斿徑二尺九寸六分影帶長四尺闊四寸杆長六尺九寸圍二寸一分

綠營大帥旗圖

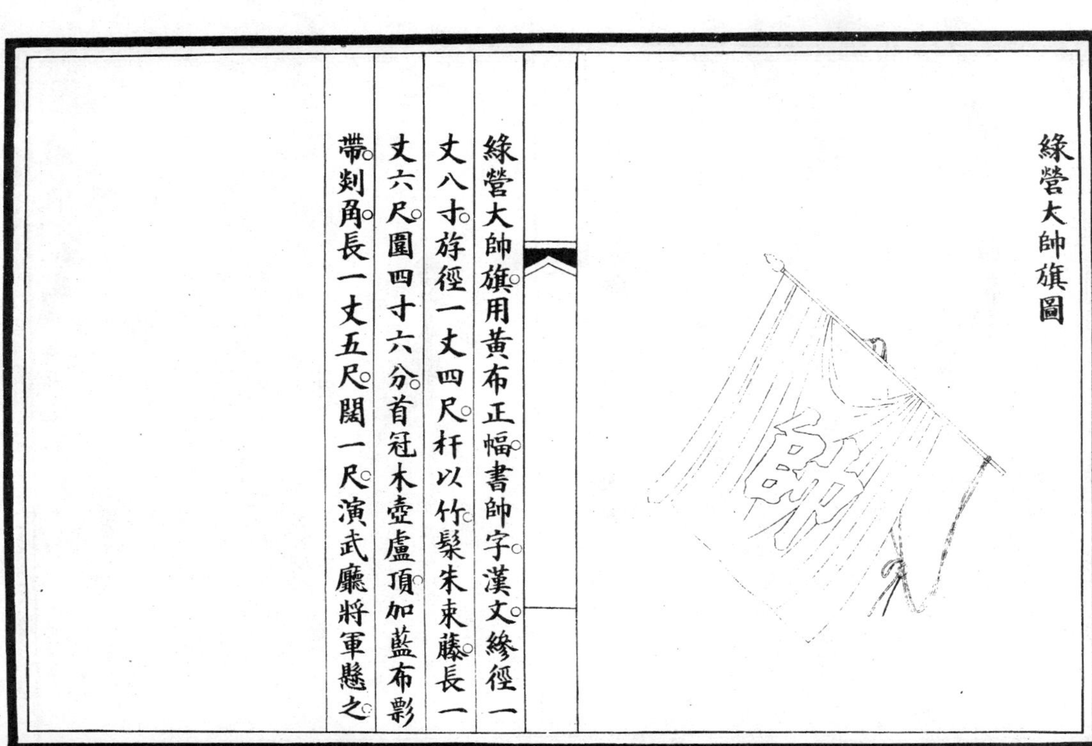


綠營大帥旗用黃布正幅書帥字漢文縿徑一丈八寸斿徑一丈四尺杆以竹髹朱束藤長一丈六尺圍四寸六分首冠木壺盧頂加藍布影帶剡角長一丈五尺闊一尺演武廳將軍懸之

## 王命旗牌圖

王命旗牌。旗用藍緞。方二尺六寸。中銷金令字清漢文。鈐以兵部印。杆木質。髹朱。注朱旄。長八尺。牌椴木為之。髹朱。圓徑七寸五分。上刻蓮葉形。髹綠。中鐫令字清漢文。懸於槍上。槍以榆木為之。長八尺。鐵頂。冒木。髹黃繪龍。亦注朱旄。牌及槍旁俱鐫令字第若干號清漢文。塗金。凡頒給經略十二。總督掛印總兵官十。巡撫提督八。總兵官五。

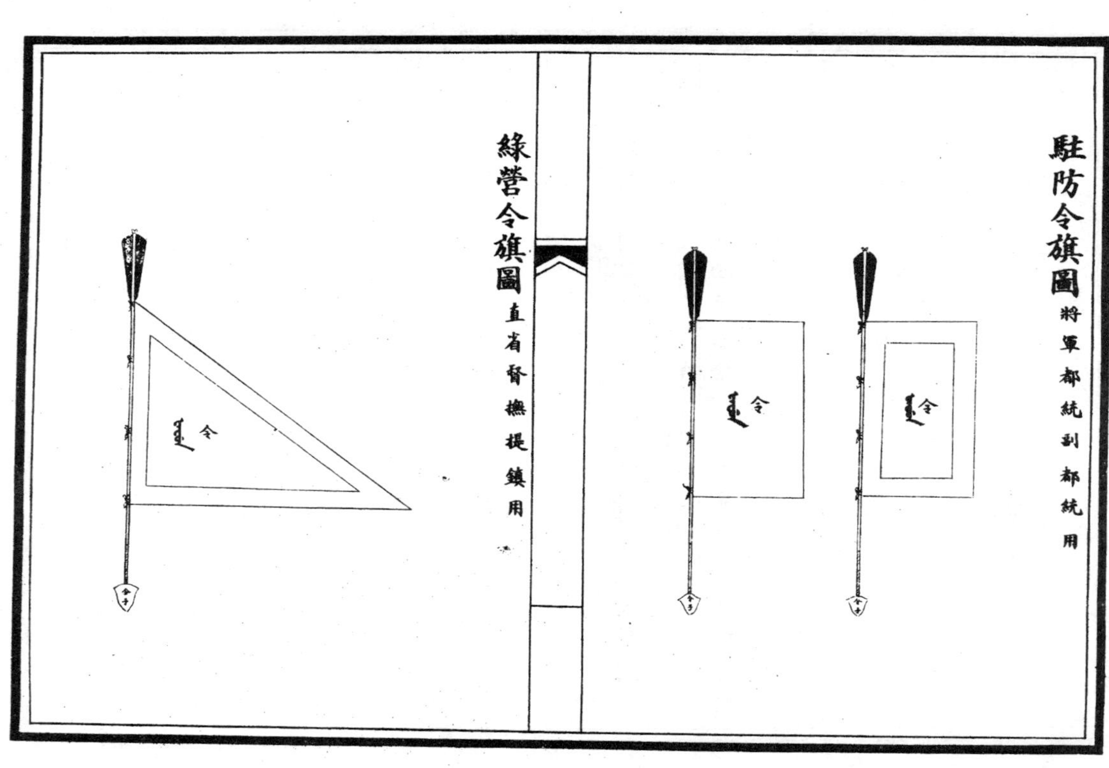

## 駐防令旗圖

將軍都統副都統用

## 綠營令旗圖

直省督撫提鎮用

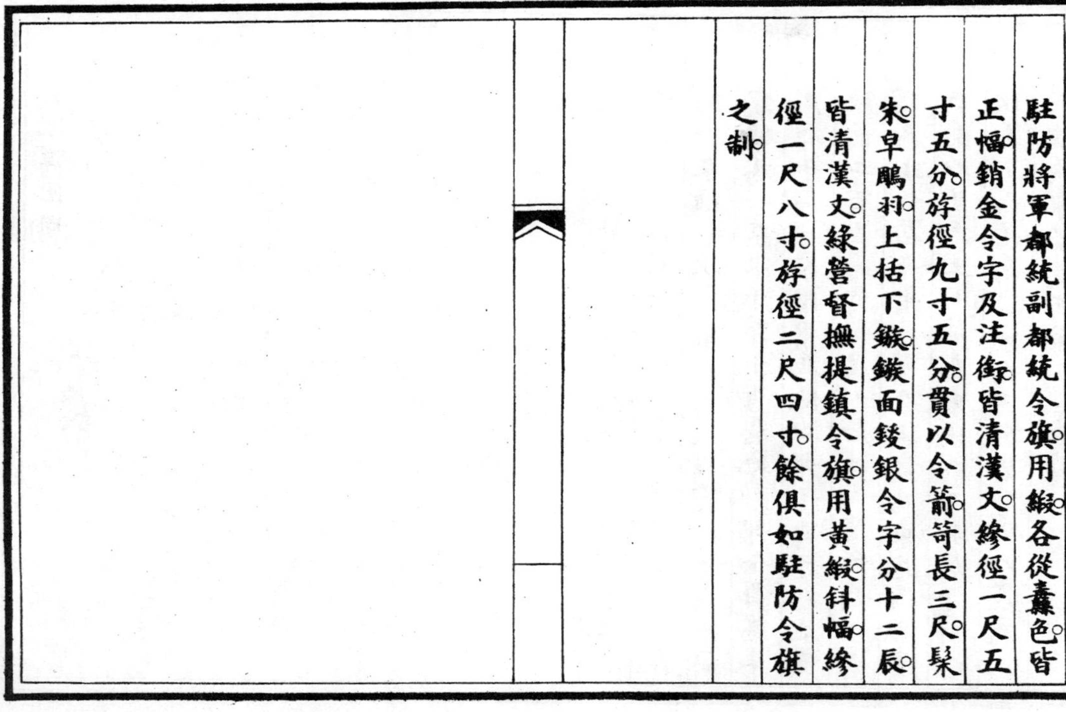
駐防將軍都統副都統令旗用緞各從纛色皆正幅銷金令字及注御皆清漢文縿徑一尺五寸五分斿徑九寸五分貫以令箭笴長三尺髹朱皁鵰羽上栝下鏃鏃面鋟銀令字分十二辰皆清漢文綠營督撫提鎮令旗用黃緞斜幅縿徑一尺八寸斿徑二尺四寸餘俱如駐防令旗之制

# 欽定大清會典圖卷一百七

天文一 天體

天地渾圓圖

天九重圖

黃赤道圖一

黃赤道圖二

黃赤距緯圖

南北真綫圖一

南北真綫圖二

南北真綫圖三

南北真綫圖四

北極高度圖

地半徑差圖一

地半徑差圖二

地半徑差圖三

清蒙氣差圖一

清蒙氣差圖二

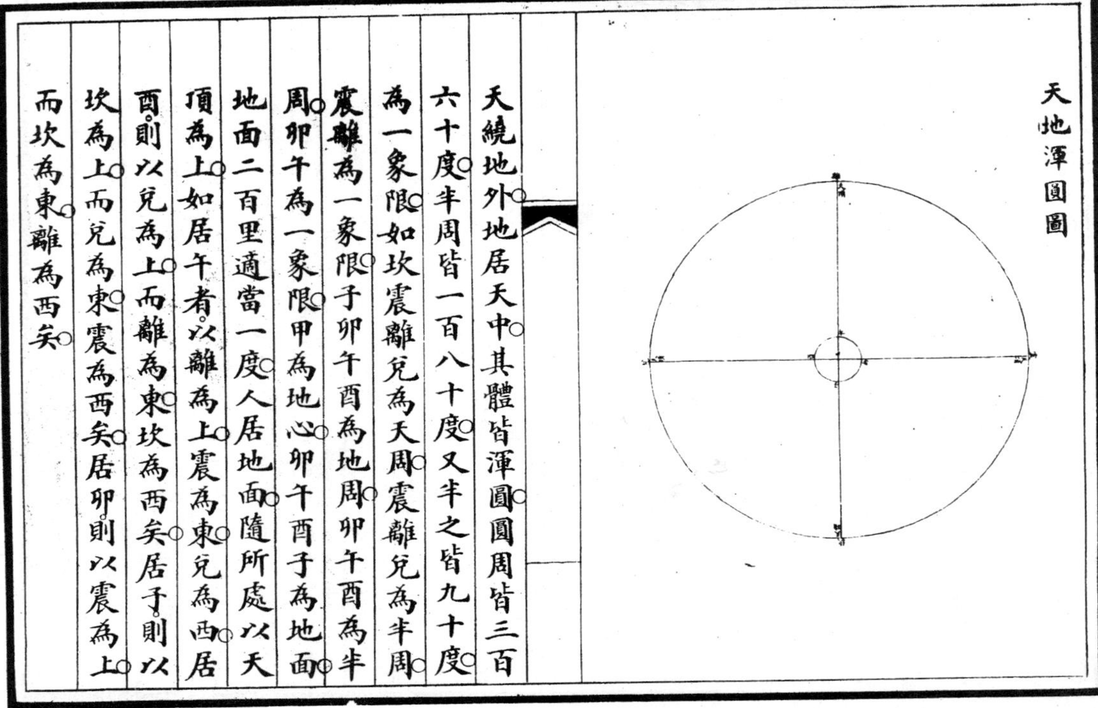

天地渾圓圖

天繞地外地居天中其體皆渾圓圓周皆三百六十度半周皆一百八十度又半之皆九十度為一象限如坎震離兌為天周震離兌為半周震離為一象限子卯午酉為地周卯午酉為半周卯午為一象限甲為地心卯午酉子為地面地面二百里適當一度人居地面隨所處以天頂為上如居午者以離為上震為東兌為西居酉則以兌為上而離為東坎為西矣居子則以坎為上而兌為東震為西矣居卯則以震為上而坎為東離為西矣

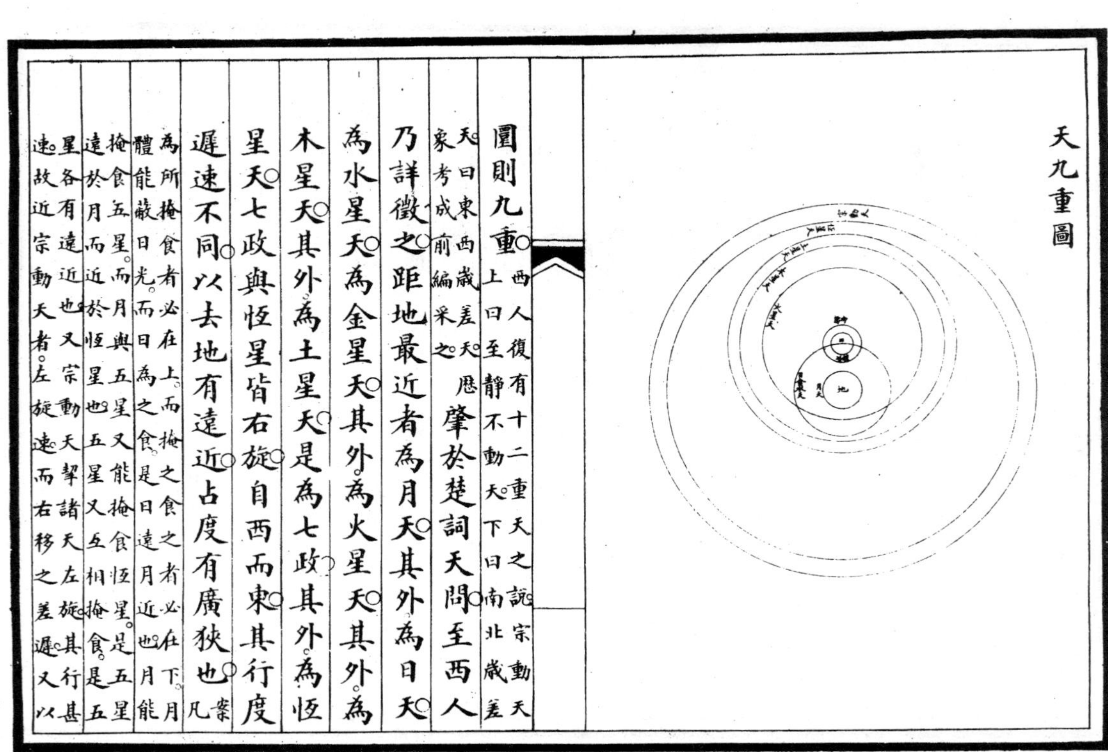

天九重圖

圜則九重西人復有十二重天之說宗動天上曰至靜不動天下曰南北歲差天曰東西歲差天歷象考成前編采之肇於楚詞天問至西人乃詳徵之距地最近者為月天其外為日天為水星天為金星天其外為火星天其外為木星天其外為土星天是為七政其外為恆星天七政與恆星皆右旋自西而東其行度遲速不同以去地有遠近占度有廣狹也案凡為所掩食者必在上而掩之食之者必在下月體能蔽日光而日為之食是日遠月近也月能掩食五星而月與五星又能掩食恆星是五星遠於月而近於恆星也五星又互相掩食是五星各有遠近也又宗動天掣諸天左旋其行甚速故近宗動天者左旋速而右移之差遲又以

其周細大而分度闊。則其差又遲。是故恆星六七十年而始差一度。近動天也。然以周徑計之。此所差之一度。以視月天。將以周計矣。漸遠宗動天。則左旋較遲。而右移之差轉速。又以其周徑小而分度狹。則其差又速。是故月天一日東移十三四度者。近地而遠動天也。然以周徑計之。此所差之十三四度。以視日天。尚不能成一度矣。最外。為宗動天。每日左旋一周。自東而西。挈七政恆星亦每日左旋一周。業恆星與宗動相較。而歲差生焉。太陽與恆星相會。而歲實生焉。黃道與赤道出入。而節氣生焉。太陽與太陰循環。而朔望盈虛生焉。黃道與白道交錯。而薄蝕生焉。五星與太陽離合。而遲疾順逆生焉。地心與諸圈之心不同。而朓朒生焉。宗動天。恆星天。七政本天。皆以地為心。金水卽以日天為天。其行以日為心。繞日而行。星經所云。金水二星。附日而行也。水在內。金在外。金水二星。有合日。無衝日。火木土三星。則有合日。有衝日。其本天。則繞乎日與地之外。就合伏與退望兩界視之。亦以日為心。

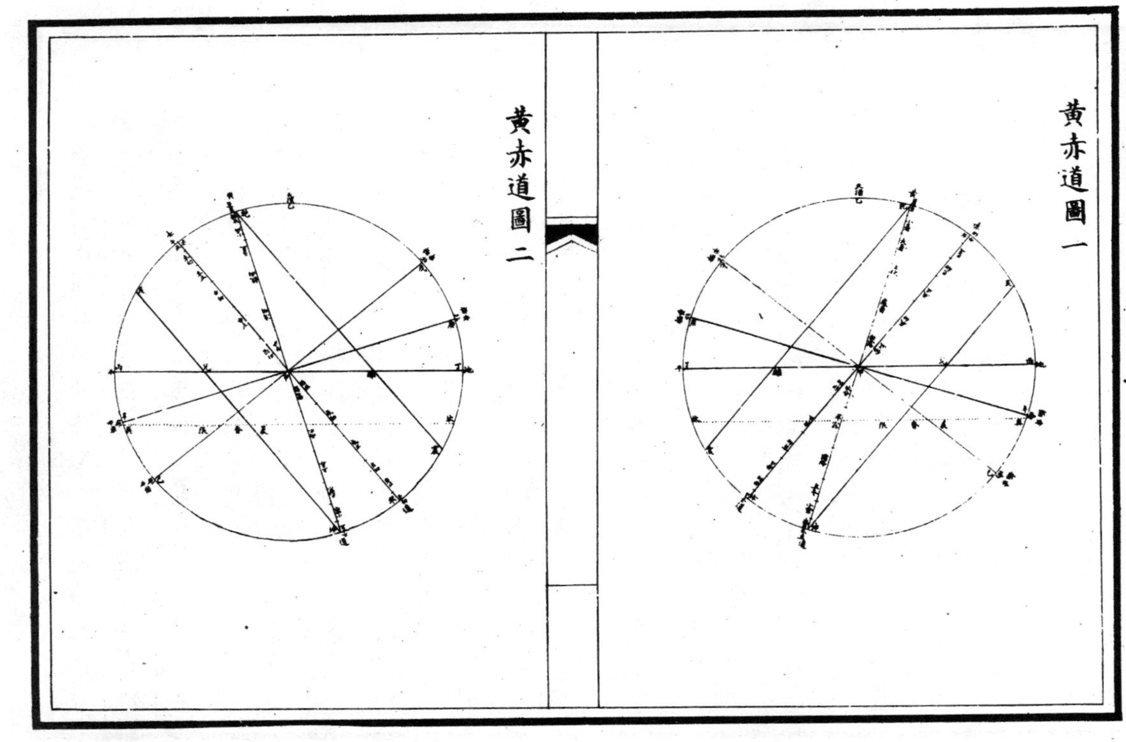

黃赤道圖一

黃赤道圖二

宗動天之樞為南北極。如戊如己。即赤極。兩極之中。為赤道。如壬癸。太陽行道之樞。為黃極。如庚。如辛。兩極之中。為黃道。如乾坤。即太陽所行道。黃赤兩極相距二十三度二十七分。如戊庚弧。己辛弧。黃道赤道相距最大者與之等。如乾壬弧。坤癸弧。是為黃赤大距。後圖詳。

京師北極出地三十九度五十五分。後圖詳。如戊丁弧。南極入地亦三十九度五十五分。如丙己弧。赤道距天頂與之等。如壬乙弧。赤道每日一周左旋。十二時所從生也。勻分赤道每一宮為一

時。以日出地平上最中處為午正。日入地平下最中處為子正。交於地平處為卯正酉正。黃道每歲一周右旋。二十四氣所從生也。勻分黃道。每一十五度為一氣。黃道與赤道斜交。適當交處為春秋分。如甲春分後出赤道北。至夏至而極北。如第二圖之甲乾弧。北距天頂一十六度二十六分。如乾乙弧。夏至後漸近南。至秋分而與赤道交。如第一圖之乾甲弧。秋分後出赤道南。至冬至而極南。如第一圖之甲坤弧。冬至後漸近北。至春分而與赤道交。如第二圖之坤甲

弧。黃道自南迆北。自北迆南。赤道每日左旋。挈黃道而亦左旋。則每日太陽所在者成一左旋圈。惟春秋分與赤道合。如至夏至。則成震乾乾震一圈。至冬至。則成坤艮艮坤一圈。此圈與赤道平行。而相距等。謂之距等圈。夏至太陽行於震乾乾震圈。出地平上者多。如離乾。故晝長。入地平下者少。如離震。故夜短。冬至太陽行於坤艮艮坤圈。出地平上者少。如兌艮。故晝短。入地平下者多。如兌坤。故夜長。又太陽在地平下一十八度。地平上即有光。為蒙影限。即晨昏限。如

巽坎。日出當此限為晨限。日入當此限為昏限。晝夜永短蒙影刻分。二圖詳中星。黃道赤道地平。各有經緯度。黃赤道以東西為經。南北狹而中腰當黃赤道處最闊。以南北為緯。南北圈小。中腰當黃赤道處圈最大。地平以天頂為樞。四圍為經度。當地平最闊。至天頂漸狹。上下為緯度。當地平圈最大。至天頂圈漸小。地球經緯度與赤道應。月五星各有經緯度。合兩曜相較。其經緯不相合者皆為升度差。

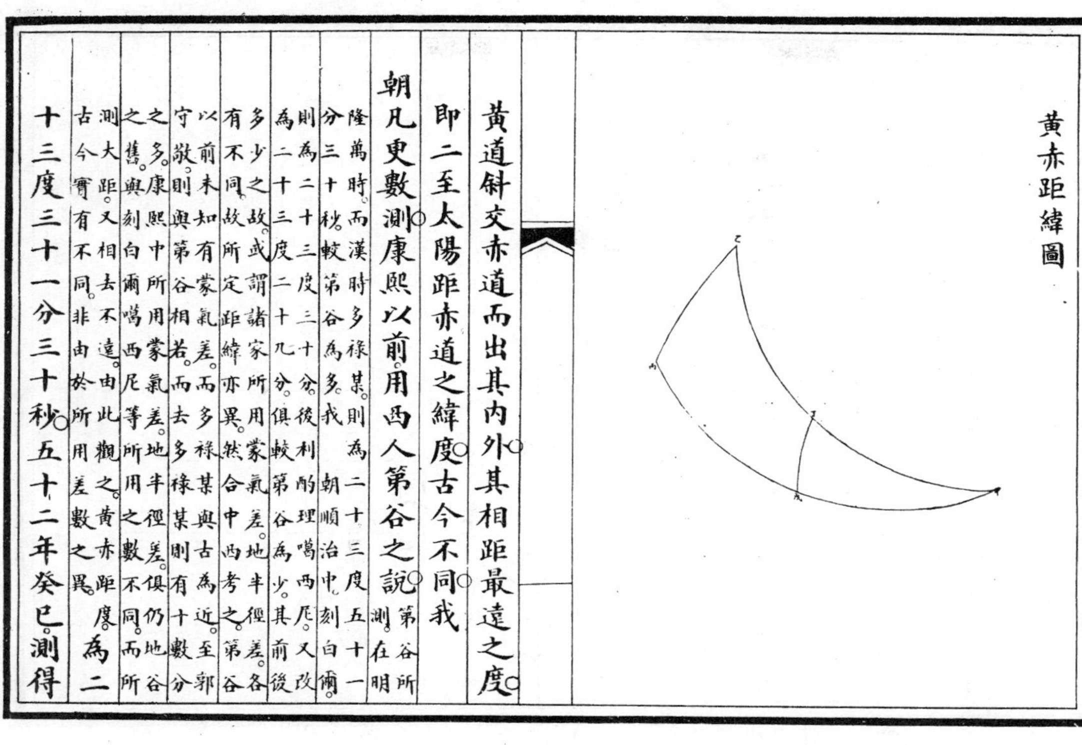

黃赤距緯圖

黃道斜交赤道而出其內外。其相距最遠之度。即二至太陽距赤道之緯度。古今不同。我朝凡史數測。康熙以前。用西人第谷之說。第谷所測在明隆萬時。而漢時多祿某。則為二十三度五十一分三十秒。較第谷為多。我朝順治中。刻白爾則為二十三度三十分。後利酌理噶西尼又改為二十三度二十九分。俱較第谷為少。其前後多少之故。或謂諸家所用蒙氣差地半徑差各有不同。故所定距緯亦異。然合中西考之。第谷以前未知有蒙氣差。而多祿某與古為近。至郭守敬。則與第谷相若。而去多祿某則有十數分之多。康熙中所用蒙氣差地半徑差。俱仍地谷之舊。與刻白爾噶西尼等所用之數不同。而所測大距。又相去不遠。由此觀之。黃赤距度古今實有不同。非由於所用差數之異。為二十三度三十一分三十秒。五十二年癸巳。測得二十三度二十九分三十秒。乾隆甲子。測得二十三度二十九分。道光甲辰。測得二十三度二十七分。康熙癸巳。距乾隆甲子三十一年。大距差三十秒。歲差一秒弱。乾隆甲子。距道光甲辰百年。大距差二分。歲差一秒強。以通數約之。歲差一秒九微弱。道光甲辰。距今光緒丁亥。四十三年。臺官無新測。以中比例求之。大距當為二十三度二十六分八秒弱。蓋東西歲差甲辰以前用五十一秒。以後用五十二秒。前歲差一秒九微弱。則後歲差當一秒一十三微強。故四十三年。共差五十二秒強。如圖。甲乙為黃道一象限。甲丙為赤道一象限。甲為春分。乙為夏至。乙丙為大距二十三度二十七分。即甲角之度。設丁點為立夏。距甲春分四十五度。求丁戊距緯若干。則用甲丁戊正弧三角形。此形。戊為直角。有甲角。乙丙大距度二十三度二十七分。有甲丁黃道四十五度。則以半徑為一率。乙丙大距分正弦為二率。甲丁黃道四十五度之正弦為三率。求得四率。丁戊正弦。檢表。得一十六度二十分三十六秒。為立夏之距緯度。其立春立秋立冬之距緯。以及逐度逐分之距緯。以此例求之。無不得矣。

南北真綫圖一

南北真綫圖二

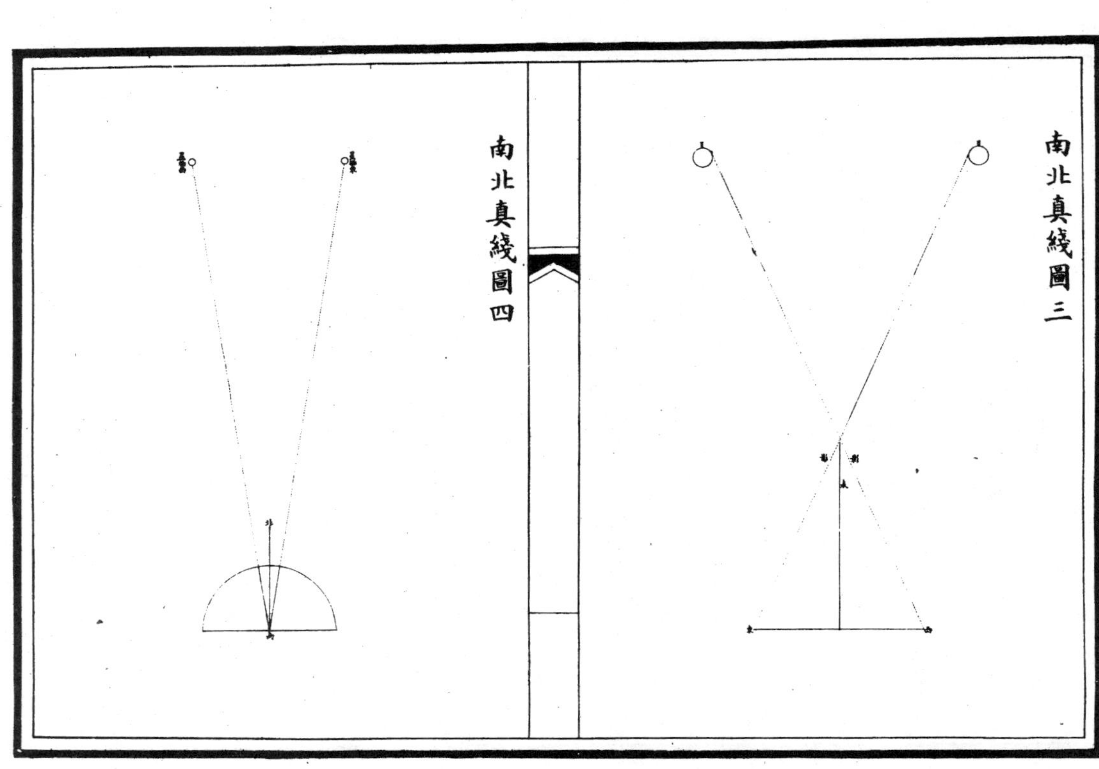

辨方正位。疇人首務。蓋必先定南北。然後可以候中星步日躔。然南北雖若易知。而立綫定向。必毫釐不失。乃得其真。指南鍼亦有所偏。不可為準。其所偏又隨地不同。故欲得南北之真綫者。以測量星日為主。法當先求午正。不拘何日。植表取影。自午前至午後。視表末影所至。隨作點為識。次取與表心最近之一點。為午正表影。乃太陽出地最高之度。依此點向表心作直綫。即南北綫。如第一圖。又法。用方案令極平。作圜數層。植表於圜心。以取日影。凡影切圜上者。作點識之。視午前午後兩點同在一圜上者。作直綫聯之。即東西綫。取其中。向圜心作垂綫。即南北綫。如第二圖。又法。植表取日影。別用儀器測得午前日軌高度。作點於影末。又測得午後日軌高度。與午前等。亦作點於影末。乃以兩點作直綫聯之。即東西綫。取東西綫之正中。向表作垂綫。即南北綫。如第三圖。又法。於冬至日前後。用儀器。測句陳第五星。初昏時。此星在北極之西。候其漸轉而西。至不復西而止。至五更後。此星在北極之東。候其漸轉而東。至不復東而止。兩表視綫之正中。即南北綫。如第四圖。蓋句陳第五星。冬至日。酉時在極西。卯時在極東。他星則離極太遠。故止取此星。可以得東西之準。他時非不可測。但或日永夜短。卯酉二時星不可見。故必於冬至日前後測之也。

北極高度圖

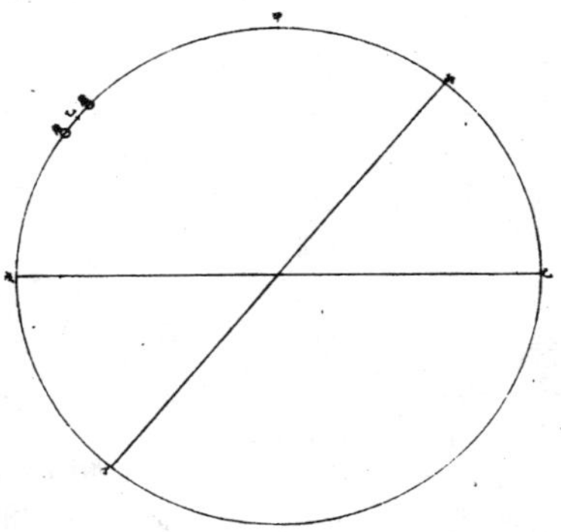

北極為天之樞紐。居其所而不移。其出地有高下者。以人所居之地南北不同也。故寒暑進退。晝夜永短。因之而異焉。蓋日躔出入赤道。定諸節氣。而北極出地之度。即赤道距天頂之度。儻高度差至一分。則春秋分必差一時。而冬夏至必差一二日。日躔既差。則月離五星之經緯。無不謬矣。故測北極出地之高下。最宜精密。授時術。測得

京師北極出地四十度七十五分。以周天三百六十度每度六十分約之。為四十度九分五十一秒。新法算書。

京師北極出地三十九度五十五分。此通率也。如圖甲為天頂。乙為北極。丙丁為赤道。戊己為地平。庚為句陳大星。法於冬至日前後。用儀器。測句陳大星出地之度。酉時。此星在北極之上。候其漸轉而高。至不復高而止。為最高之度。卯時。此星在北極之下。候其漸轉而卑。至不復卑而止。為最卑之度。乃以所測最高最卑之度。折中取之。即北極出地之度也。蓋北極無星。其高卑不可得而見。故取星之環繞北極上下者測之。惟句陳大星。冬至酉時在最高。卯時在最卑。可以得高卑之準也。

又案北極出地。里差之所生也。梅文鼎曰。里差亦曰視差。自漢及晉。未有知之者也。北齊張子信。始測交道有表裏。此方不見食者。人在月外。必反見食。宣明本之為氣刻時三差。而大衍有九服測食定晷漏法。元人四海測驗二十七所。而近世歐邏巴航海數萬里。以身所經山海之輻。測北極為南北差。測月食為東西差。里差之說。至是而確。蓋合數千年之積測。以定歲差。合數萬里之實驗。以定里差。然皆定於唐虞之時。古之聖人。以日之所在。不可以目視而器窺也。故為鳥火虛昴之中星。以紀之。此萬世求歲差之根數也。又以日之出入發斂。不可以一方之所見為定也。故為嵎夷昧谷南交朔方之宅。以分候之。此萬世求里差之定法也。其高偏度。易地殊觀。自

京而北二百里而極高一度。自

京而南二百里而極卑一度。是為南北里差。一曰地平緯差。又曰高弧。江永曰。極高度。皆以測影測星定。各以本方極高度之正切。京師八二六六二〇。盛京八九五六七〇。山西七七八二四〇。朝鮮七七一六一〇。山東七四六九二〇。河南六九六三〇。陝西六八一三〇。江南六二六四九〇。四川五九三三六〇。湖廣五九〇九三〇。浙江五八四四八〇。江西五四五六七〇。貴州四九八七〇。福建四八四八五九〇。廣西四七〇九六〇。雲南四六八四三〇。廣東四三七九一〇。與黃赤大距度正切四三四六四相乘。半徑十萬除之。為赤道度之正弦。得二至日出入卯酉前後赤道度。以一度變時之四分。加減卯酉正初刻。得日出入時刻分。自

京而東一度而時遲四分。自

京而西一度而時早四分。是為東西里差。一曰地平經差。江永曰。偏東西度。蓋慶測月食時刻定之。節氣近子半。東西可差一日。則朔望弦亦然。而月大小。惟據順天府時刻定者。尊京師也。各省交食時刻。則以東西偏度定之。東西經度。惟南海外當赤道之下者。里數如之。中國當赤道之北。則里差漸少。愈近北則愈少。如圓球上作距等圈。近腰者大。近頂者小。至頂則成一點矣。各省相距。東西相望。或正或斜。欲求其里數。皆可以弧三角法算之。法用各省北極高度。減象限。其餘。為距地北極度。如求 京師與 盛京相去之里數。 京師距地北極五十度五分。為一邊。 盛京距地北極四十八度九分為一邊。偏度七度一十五分為所夾之角。兩邊相併九十八度一十四分為總弧。餘弦一四二二〇。兩邊相減一度五十六分為存弧。餘弦九九九四二〇。併之一〇一三七四〇。折半五〇六八七〇。與角之矢八〇〇相乘為實。半徑十萬為法。除之四〇五〇。為對弧存弧兩矢較。以較加存弧矢五八〇。為四六三三〇。即所求對弧矢。以矢減半徑。為餘弦九九五三七〇。查表。五度三十一分。以五度三十一分化里。得一千三百八十里。而為 盛京距 京師斜望之實里數。考之驛程一千四百四十五里。蓋人跡紆曲。多六十五里也。他省算經度里數倣此。此由人居地面隨在所見不同者也。明史天文志。雖列北極高偏度。然略而不詳。我

朝於各省。及蒙古回部。金川。皆實測得之。若夫星土之文。見於周禮。雜出於左傳國語諸書。其說茫昧。不可究窮。今不取用。一以高偏度為率數。萬里版圖。瞭如指掌。豈區區分野所能盡耶。

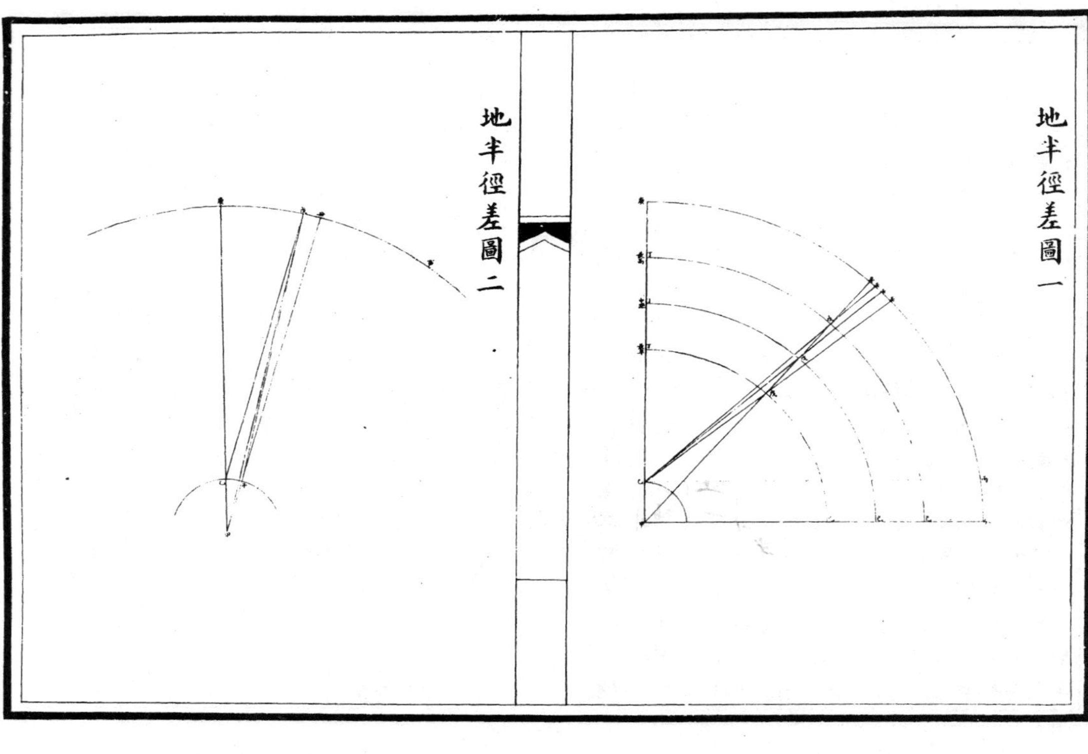

地半徑差圖一

地半徑差圖二

地半徑差圖三

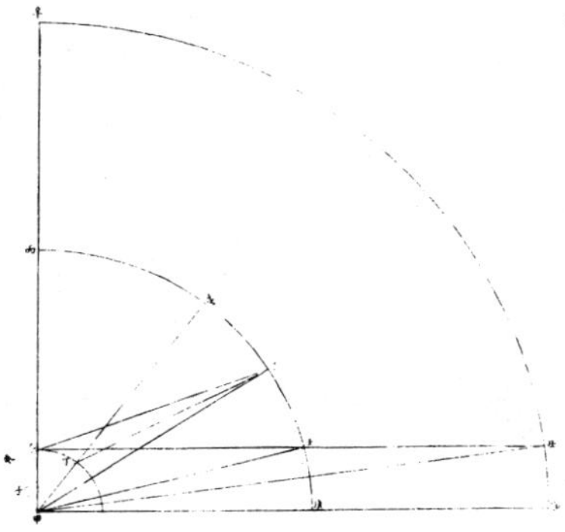

恆星。七曜。出地高度。有視高實高之分。從地面測量為視高。從地心立算為實高。人居地面視高恆小於實高。有時大於實高者。清蒙氣所為也。恆星天。最高。距地最遠。地半徑甚微。無視高實高之差。若七曜諸天。皆有地半徑差。欲求太陽之實高。必先求地半徑差。欲求地半徑差。必先求地半徑與日天半徑之比例。康熙乙未丙申間。臺官於兩處同時分測。求得地半徑與日天半徑之比例。最高為一與一千一百六十二。中距為一與一千一百四十二。最卑為一與一千一百二十一。

最大差。最高為二分五十四秒。中距為三分。最卑為三分七秒。此歷象考成前編所用之數也。乾隆初。纂修後編用西人噶西尼康熙十一年所測之數。案噶西尼謂恆星無地半徑差。若以日與恆星相較。則可得其準。而日星不能兩見。是測日不如測五星也。土木二星。在日上。去地尤遠。地半徑差甚微。金水二星。雖有時在日下。其行繞日。逼近日光。均屬難測。惟火星衝日時。其距地較太陽為近。則太陽地半徑差。必小於火星地半徑差。乃於秋分後。同時分測。求得火星在地平上最大地半徑差為二十五秒。比例得太陽在中距時地平上最大地半徑差為一十秒。因求得在最高為九秒五十微。在最卑為一十秒一十微。其地半徑與日天半徑之比例。中距為一與二萬零六百二十六。最高為一與二萬零九百七十五。最卑為一與二萬零二百七十七。與前編所測懸殊。然一則本實測。以徑求。一則借火星以比例。說各有當。法可並存。如第一圖。甲為地心。乙為地面。甲乙為地半徑。乙丙為地平。丁戊己為太陽天。庚辛壬癸為恆星天。戊為太陽。從地面乙測之。當恆星天於壬。其視高為壬乙丙角。若從地心甲計之。則見太陽於戊者。當恆星天於辛。其實高為辛甲癸角。此兩高之差。為乙戊甲角。即地半徑之差。其時時不同者。太陽距地平近。差角大。漸高則漸小。而太陽在本天。又有高卑。高則距地心遠。其差角小。卑則距地心近。其差角大。乃立最高中距最卑三限（太陽在夏至前後行最高。二分前後行中距。冬至前後行最卑。）為率。如第二圖。甲為地心。乙子俱為地面。戊為太陽在最高限之點。（乙處所測高弧七十三度十六分二十三微。子處所測高弧九十度六分二十一秒四十八微。）寅為赤道。庚為乙處天頂。寅庚弧。為乙處赤道距天頂三十九度五十九分三十秒。丑為子處天頂。寅丑弧。為子處赤道距天頂二十三度十分。法以兩處赤道距天頂相減。得庚丑弧十六度四十九分三十秒。即庚甲丑角。於一象限內減乙處太陽高弧。餘一十六度四十三分五十九秒三十七微。為庚乙戊角。於子處太陽高弧內減一象限。（過象限者用其餘。）餘六分二十一秒四十八微。即戊子丑角。（戊在天頂丑北。）先用乙甲子三角形。此形有甲角。（兩處赤道距天頂相減之餘。）有乙甲及子甲邊（俱地半徑）命為一千萬乃以甲角半之取其正弦之倍數為乙子邊甲角與半周相減餘半之得八十一度三十五分一十五秒為乙角亦即子角次用乙戊子三角形此形有乙子邊有戊乙子角八十一度四十分四十五秒二十三微（半周內減甲乙子角及庚乙戊角餘為戊乙子角）有戊子乙角九十八度一十八分二十三秒一十二微（半周內減甲子乙角及戊子丑角餘為戊子乙角）即有乙戊子角五十一秒二十五微（半周內減乙角子角餘戊角）求得戊子邊一一六一三二二三八三九次用戊子甲三角形此形有戊子邊有子甲邊（地半徑一千萬）有戊子甲之外角六分二十一秒四十八微（即戊子丑角）求得戊甲邊一一六二二六四二五一二為太陽在本天最高時距地心之遠以地半徑較之其比例如一與一千一百六十二（同以一千萬約之棄其餘）末用乙戊甲三角形乙甲邊為一戊甲邊為一一六二戊乙甲之外角一十六度四十三分五十九秒三十七微（即庚乙戊角）求得乙戊甲角五十一秒五微為最高限太陽高七十三度一十六分之地半徑差以加視高七十三度十六分二十三微得七十

三度一十六分五十一秒二十八微為實高又用此法求得太陽在中距時高五十三度三分三十八秒之地半徑差為一分四十八秒三十二微地半徑與太陽距地心若一與一千一百四十二又求得在最卑時地半徑與太陽距地心若一與一千一百二十一由是以求三限逐度之差如第三圖乙丁二點俱為地面丙戊己庚為火星本天子午綫辛丑寅為太陽本天子午綫甲為地心丙為乙處天頂戊為丁處天頂己為火星己乙丙角為乙處所測火星視距天頂（五十九度四十分一十五秒）較之實距天頂之己甲丙角低一乙己甲角（即乙處地半徑差角）己丁戊角為丁處所測火星視距天頂（一十五度四十七分五秒）較之實距天頂之己甲戊角低一丁己甲角（即丁處地半徑差角）而兩差角之較為丁己乙角（測得十五秒）既得差角之較於以求地平上最大差甲壬乙角試將己乙綫引長至癸自甲作甲癸垂綫成甲癸乙角直角形癸為直角乙角與己乙丙為對角甲癸為地半徑差乙己甲角正弦（甲己為半徑故）甲乙地半徑即最大差甲壬乙角正弦（甲壬為半徑故）以弧三角術言之

乙角正弦。與甲癸之比。同於癸直角正弦一千萬。與甲乙之比。又將己丁綫引長至子。自甲作甲子垂綫。成甲子丁角直角形。子為直角。丁角與己丁戊為對角。甲子為地半徑差丁己甲角正弦。甲丁與甲乙等。亦為最大差甲壬乙角正弦。以弧三角術言之。丁角正弦。與甲子之比。同於子直角正弦一千萬。與甲丁之比。夫兩視距天頂之正弦。與兩地半徑差正弦之比。既皆同與一千萬。與最大差正弦之比。則兩視距天頂正弦之較。與兩地半徑差正弦之較之比。亦必同於一千萬。與最大差正弦之比。則以兩視距天頂正弦之較。為一率。兩地半徑差之較（丁己乙角。）一十五秒為二率。（地半徑差角甚小。即以弧綫為比例。）一千萬為三率。求得四率二十五秒（小餘三七。）即甲壬乙角為火星在地平上最大之地半徑差。火星距地。（甲壬。）與太陽距地（甲丑。）之比。原同於一百。與二百六十六。試以甲壬乙形言之。乙角正弦為一率。甲壬為二率。壬角正弦為三率。甲乙為四率。又以甲丑乙形言之。甲丑為一率。乙角正弦為二率。甲乙為三率。丑角正弦為四率。彼之一率四率。既同於此之二率三率。則彼之二率三率。與此之一率四率。必有比例。則以甲丑二六六為一率。甲壬一　為二率。壬角正弦二十五秒（小餘三七）為三率。求得四率九秒（小餘五三。）進為一十秒。為丑角度。即太陽在地平上最大之地半徑差也。

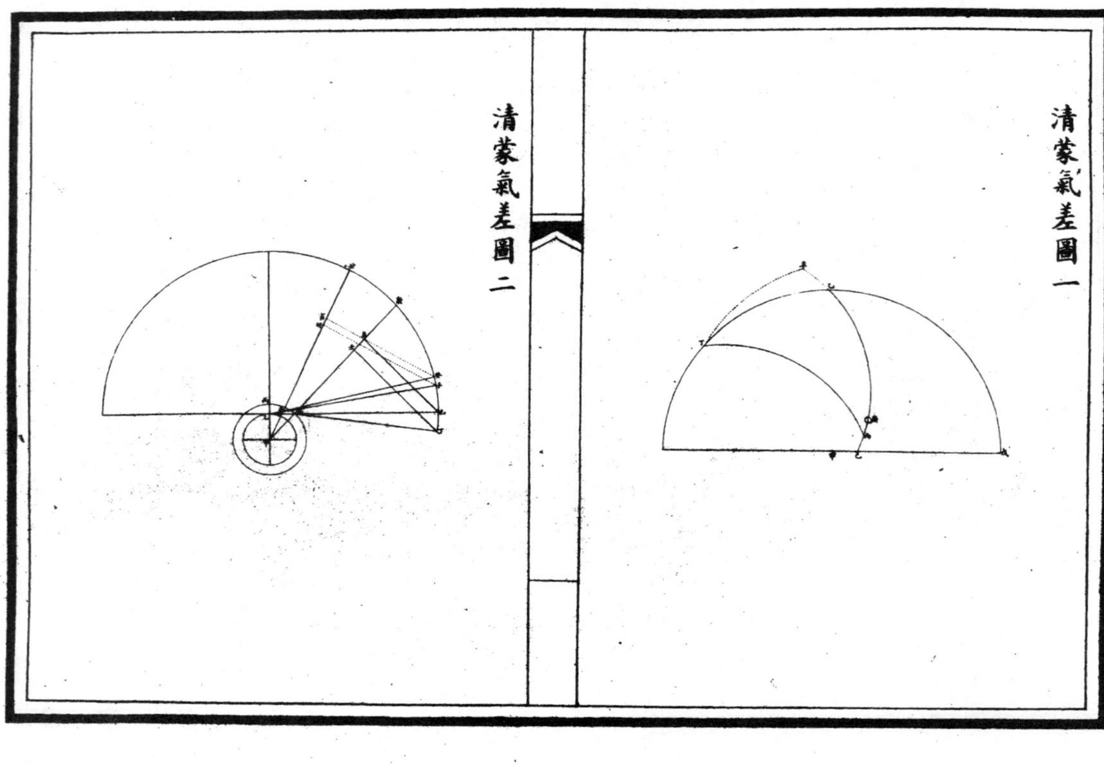


後秦姜岌曰。日初出地。有游氣厭日光。又曰。地氣上升。蒙蒙四合。宋沈括曰。煙氣塵坌。變坐不常。入濁出濁之節。日日不同。此即今所謂蒙氣差。然未以之入歷也。明萬歷閒。西人第谷始發之。謂清蒙氣者。地中游氣。時時上騰。其質輕微。不能隔礙人目。卻能映小為大。升卑為高。日月在地平上。比於中天則大。星座在地平上。比於中天則廣。此映小為大也。定望時。地在日月之閒。人在地面無兩見之理。而恆得兩見。或日未西沒。而已見月食於東。日已東出。而尚見月食於西。此升卑為高也。又曰。清蒙之氣。有厚薄。有高下。氣盛。則厚而高。氣微。則薄而下。而升像之高下。亦因之而殊。其所以有厚薄有高下者。地勢殊也。若海。若江湖。水氣多。則清蒙氣必厚且高也。乾隆中。監臣戴進賢歷考西史第谷所定地平上蒙氣差表。其門人刻白爾謂失之稍大。然未定確數。至噶西尼始改正焉。其說謂蒙氣繞乎地球之周。日月星照乎蒙氣之外。人在地面為蒙氣所映。必能視之使高而日月星之光線入乎蒙氣之中。必反折之使下。故光線與視線在蒙氣之內。則合而為一。蒙氣之外。則歧而為二。此二線所交之角。即為蒙氣差角。第谷已悟其理。然猶未有算術。噶西尼反覆精求。謂視綫與光綫。所歧雖有不同。而相合則有定處。自地心過所合處作綫抵圜周。則此綫即為蒙氣之割綫。視綫與割綫成一角。光綫與割綫亦成一角。二角相減。即得蒙氣差角。爰於北極出地高四十度處。屢加精測。得地平上最大差為三十二分一十九秒。蒙氣之厚。為地半徑千萬分之六千零九十五。視綫角與光綫角正弦之比例。常如一千萬與一千萬零二千八百四十一。用是以推逐度之蒙氣差。至八十九度。尚有一秒。驗諸實測。較第谷為密矣。歷象考成前編。用第谷說。後編用噶西尼說。今各為圖以顯之。如第一圖。用第谷說也。甲為地心。乙為天頂。丙為太陽。丁為北極。乙戊為子午規。乙丙巳為高弧。丙巳為太陽實高弧。庚巳為視高弧。設太陽高一十度三十四分四十二秒。距正午八十三度。地平經度。於時日纏降婁宮三度三十六分。距赤道北一度二十六分。今用丁乙丙斜弧三角形。此形有北極至天頂之丁乙弧五十度零三十秒。有太陽距北極之丁丙弧八十八度三十四分。以距緯一度二十六分減象限九十度得之。有丁乙丙角九十七度。乙戊角八十三度。為太陽距正午之度。與半周相減。即得丁乙丙角。求太陽實距天頂之乙丙弧。法以乙丙弧引長。從丁作丁辛垂弧。兩弧相交於辛。為直角。遂成丁辛乙丁辛丙。兩正弧三角形。先用丁辛乙正弧三角形。以半徑一千萬。與乙角八十三度之正弦九九二五四六二之比。同於乙丁弧五十度零三十秒之正弦七六六一三七九。與丁辛弧之正弦七六〇四二七三之比。得丁辛弧四十九度三十分零七秒。又以半徑一千萬。與乙角八十三度之餘弦一二一八六九三之比。同於乙丁弧五十度零三十秒之正切一一九二一〇五六。與乙辛弧之正切一四五二八一一之比。得乙辛弧八度一十五分五十八秒。次用丁辛丙正弧三角形。以丁丙弧八十八度三十四分之正弦九九九六八七一。與丁辛弧四十九度三十分零七秒之正弦七六〇四二七三之比。同於半徑一千萬。與丙角正弦七六〇六六五三之比。得丙角四十九度三十一分二十二秒。又以丙角四十九度三十一分二十二秒之正切一一七一七九二七。與半徑一千萬之比。同於丁辛弧四十九度三十分零七秒之正切一一七〇九三〇二。與辛丙弧之正弦九九九二六三九之比。得辛丙弧八十七度四十八分零五秒。於辛丙弧內。減去乙辛弧八度一十五分五十八秒。餘乙丙弧七十九度三十二分零七秒。為太陽實距天頂之度。以乙丙弧與乙己弧九十度相減。餘丙己弧一十度二十七分五十三秒。為太陽之實高。乃以實高與視高一十度三十四分四十二秒相減。餘六分四十九秒。加地半徑差二分五十七秒。得九分四十六秒。為地平上一十度三十五分之蒙氣差。如第二圖。用噶西尼說也。甲為地心。乙為地面。乙甲為地半徑一千萬。丙乙為蒙氣之厚六千零九十五。丁為太陽（月星倣此）照於蒙氣之戊。人自地面乙視之。則見日於戊者。當本天之己。己戊乙為視綫。丁戊乙為光綫。視綫常高。光綫常卑。視綫常直。光綫常折。在戊點蒙氣之內。則光綫與視綫合。同為戊乙。出乎戊點之外。則視綫己戊。光綫丁戊。歧而為二。故己戊丁角。為蒙氣差角。試自地心甲出綫過戊點至庚。則庚甲卽為地平上蒙氣之割綫。己戊庚角為視綫與割綫所成之角。丁戊庚角為光綫與割綫所成之角。而己戊丁蒙氣差角。卽為兩角之較。於是用甲乙戊直角三角形。以甲戊一　　　六　九五（係地半徑加蒙氣厚之數）為一率。甲乙一千萬（地半徑）為二率。乙角正弦一千萬為三率。求得四率九九九三九　八（小餘七一）為戊角（卽乙戊庚角）正弦。檢表得八十八度（小餘百分秒之四二）以己戊丁蒙氣差角加之。得八十八度三十二分一十九秒（小餘四二）卽丁戊庚角。其正弦為九九九六七四八（小餘二五）夫視綫角之正弦。己辛為九九九三九　八（小餘七一）光綫角之正弦。丁壬為九九九六七四八（小餘二五）若設己辛為一千萬。則丁壬必為一　　二八四一。此兩角正弦之比例也。既得兩弦之比例。而蒙氣差之戊角。與視綫交蒙氣割綫之戊角。同以在地平為最大。漸近天頂則差漸小。二者常相因而遞度之。蒙氣差皆可以兩弦比例而推。如求地平上高二十度癸己弧之蒙氣差。則癸辰乙為視綫。子辰乙為光綫。丑辰甲為地平上二十度蒙氣之割綫。辰乙丙角為七十度。癸辰丑角為視綫與割綫所成之角。其正弦為癸寅。子辰丑角為光綫與割綫所成之角。其正弦為子卯。先用甲辰乙三角形。求得辰角六十九度五十四分一十五秒。小餘五五。即癸辰丑角。又以一千萬為一率。一二八四一為二率。癸寅為三率。求得四率子卯。檢表。得子辰丑角六十九度五十六分五十五秒。小餘九二。兩角相減。餘癸辰子角二分四十秒。小餘三七。為地平上二十度之蒙氣差。而逐度之差視此矣。

# 欽定大清會典圖卷一百八

## 天文二 恆星一

赤道北恆星總圖 另函

赤道南恆星總圖 另函

黃道近北極四十度恆星圖

黃道星紀宮南北五十度恆星圖

黃道元枵宮南北五十度恆星圖

黃道娵訾宮南北五十度恆星圖

黃道降婁宮南北五十度恆星圖

黃道大梁宮南北五十度恆星圖

黃道實沈宮南北五十度恆星圖

黃道鶉首宮南北五十度恆星圖

黃道鶉火宮南北五十度恆星圖

黃道鶉尾宮南北五十度恆星圖

黃道壽星宮南北五十度恆星圖

黃道大火宮南北五十度恆星圖

黃道析木宮南北五十度恆星圖

黃道近南極四十度恆星圖

恒星以黃極爲樞。其東行又循黃道。黃道主推步。赤道主測量。一也。總圖用赤道。分圖用黃道。二者互觀。庶符懸象。今纂黃道南北極及十二宮恒星圖各一。其經緯度一以光緒十三年丁亥爲率。正座而外。並及增星。六等之識略同總圖。而去外芒。凡三千二百四十星。不及天漢者。以天漢自有圖。且總圖已及之也。又案新法算書引歐羅巴之言。恒星亦主黃道。爲像四十有八。在黃道北者二十一像。曰小熊。八星。（內七。外一。）曰句陳。曰大熊。三十五星。（內二十七。外八。）曰龍。三十一星。曰皇帝。十三星。（內十一。外二。）曰守熊人。二十三星。（內二十二。外一。）曰北冕旒。八星。（中曰貫索。回回曰缺盌。）曰熊人。三十星。（內二十九。外一。）曰琵琶。十星。曰雁鵝。二十三星。（內二十二。外一。）曰岳母。十三星。曰大將。二十九星。（內二十六。外三。）曰御車。十四星。曰醫生。二十九星。（又曰逐蛇。內二十四。外五。）曰毒蛇。十八星。曰箭。五星。曰日鳥。十五星。（內九。外六。）曰魚將軍。十星。曰駒。四星。曰飛馬。二十星。曰公主。二十四星。曰三角形。四星。共在北者三百六十星。（一等三。二等十八。三等八十四。四等一百七十四。五等五十八。六等十三。昏者十。）在黃道中者十二像。（即十二宮。）曰白羊。十八星。（主春分、清明。內十三。外五。）曰金牛。四十四星。（主穀雨、立夏。內三十三。外十一。）曰雙兄。二十五星。（回回曰陰陽。主小滿、芒種。內十八。外七。）曰巨蟹。十三星。（主夏至、小暑。內九。外四。）曰獅子。三十五星。（主大暑、立秋。內二十七。外八。）曰列女。三十二星。（回回曰雙女。主處暑、白露。內二十六。外六。）曰天秤。十七星。（內八。外九。）曰天蝎。十四星。（主霜降、立冬。內十一。外三。）曰人馬。三十一星。（主小雪、大雪。）曰磨羯。二十八星。（主冬至、小寒。）曰寶瓶。四十五星。（內四十二。外三。）曰雙魚。三十八星。（主雨水、驚蟄。內三十四。外四。）共在中者三百四十六星。（一等五。二等九。三等六十四。四等一百三十四。五等一百六。六等二十九。昏者三。）在黃道南者十五像。曰海獸。二十二星。曰臘戶。三十八星。曰天河。三十四星。曰天兔。十二星。曰大犬。二十九星。（內十八。外十一。）曰小犬。二星。曰船。四十五星。曰水蛇。二十七星。（內二十五。外二。）曰酒瓶。七星。曰烏雅。七星。曰半人牛。三十七星。曰豺狼。十九星。曰大臺。七星。曰南冕。十三星。曰南魚。十八星。（內十二。外六。）共在南者三百十六星。（一等七。二等十八。三等六十。四等一百六十八。五等五十三。六等九。昏者一。）三方共一千二十二星。（一等共十五。二等共四十五。三等共二百八。四等共四百七十四。五等共一百十七。六等共四十九。昏者共十四。）附志於末。以見中西之異云。

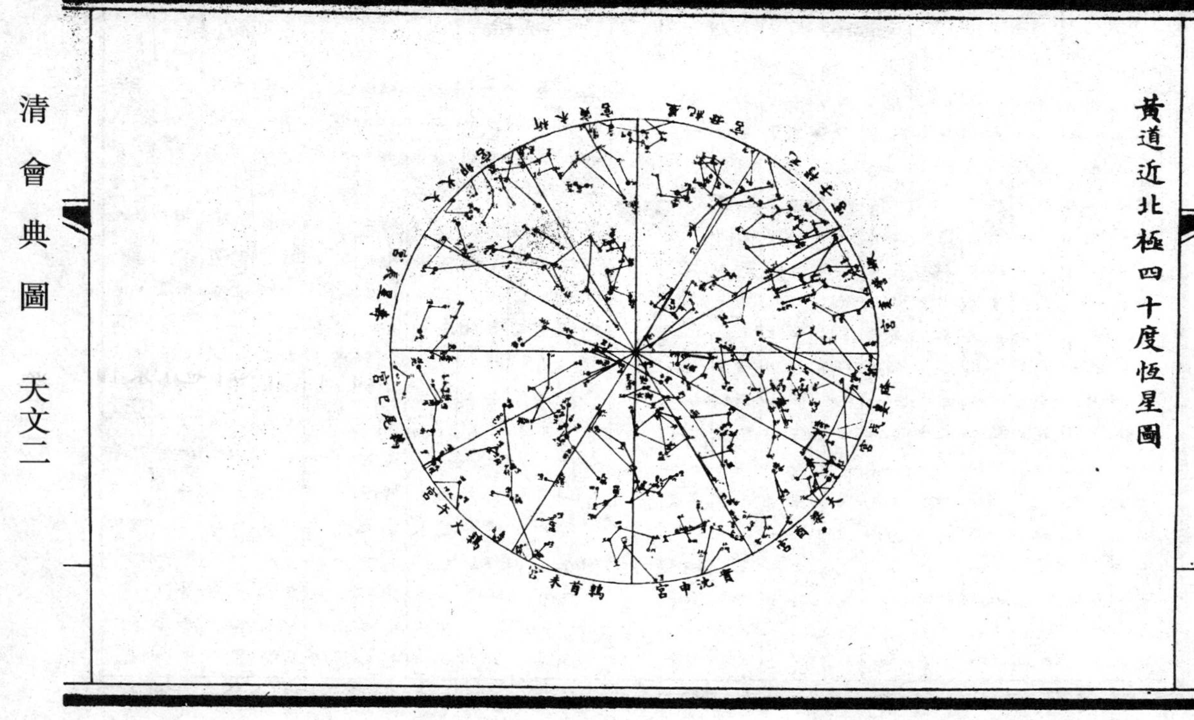

黃道近北極四十度恆星圖

黃道近北極四十度恆星一等之星。一。星紀宮。織女一。二等之星。八。娵訾宮。天津四。大梁宮。王良一。寶沈宮。句陳一。鶉火宮。帝。鶉尾宮。玉衡。開陽。搖光。析木宮。天棓四。三等之星。二十四。星紀宮。漸臺二。三。元枵宮。天津一。二。降婁宮。天鉤五。天廚一。大梁宮。上衛增一。寶沈宮。句陳二。鶉火宮。上輔。少尉。太子。天欃。鶉尾宮。右樞。壽星宮。上弼。左樞。少宰。上宰。七宮增五。大火宮。天紀二。又增一。析木宮。天紀三。女牀一。天棓一。三。四等之星。五十七。星紀宮。中山。又增四。漸臺一。又增一。元枵宮。奚仲一。三。扶筐四。天津三。又增三十。娵訾宮。天津五。六。又增二十八。車府四。六。螣蛇四。降婁宮。天廚二。六。天鉤四。螣蛇一。九。十三。造父一。二。大梁宮。天鉤八。少弼。御女一。少衛增八。寶沈宮。杠五。御女二。四。句陳六。鶉首宮。女史。句陳三。四。少輔。鶉火宮。庶子。尚書增一。鶉尾宮。尚書二。天槍一。二。壽星宮。天槍三。元戈。大火宮。七公二。六。又增七。十五。天棓增九。析木宮。天棓二。五。又增一。五。六。女牀二。三。九。河。天紀九。中山增一。

五等之星。一百一十四。星紀宮。中山增三。織女二。三。又增一。四。扶筐一。二。三。漸臺四。輦道增八。元枵宮。輦道五。又增六。天津增五。六。三十七。三十八。扶筐七。又增三。四。奚仲增二。娵訾宮。天津增三十四。三十五。三十六。車府五。又增三。奚仲增四。滕蛇三。五。六。又增一。降婁宮。車府三。又增十九。天鉤三。六。又增十二。十六。天廚四。五。滕蛇二。十。十二。十四。造父五。又增五。大梁宮。滕蛇增十四。天廚三。王良二。又增四。六。上衛。又增二。三。天鉤九。傳舍一。少衛。又增二。三。華蓋三。又五。天柱二。實沈宮。杠七。又增一。天柱一。五。又增二。五。五帝內座二。柱史。六甲六。鶉首宮。六甲二。天樞。陰德一。二。又增一。大理一。二。句陳增七。八。九。鶉火宮。后宮。天樞增三。天牀一。又增二。內廚二。尚書一。鶉尾宮。天乙。天牀五。開陽增一。輔三公一。二。壽星宮。尚書三。五。大火宮。七公增一。二。四。乙。十四。十六。貫索一。又增四。五。天紀一。又增二。三。四。析木宮。天紀四。六。七。八。又增九。十一。十二。中山增二。

六等之星。二百二十一。星紀宮。中山增五。六。織女增二。三。漸臺增二。三。四。五。六。七。輦道一。二。三。又增一。二。元枵宮。輦道四。又增三。四。五。九。扶筐五。六。又增一。天津增一。二。三。四。七。八。九。十。十一。十二。十三。十四。奚仲二。四。又增一。三。娵訾宮。天津增二十九。三十一。三十二。三十三。奚仲增五。六。七。車府七。又增一。二。四。五。六。七。扶筐增二。天鉤增一。二。三。四。降婁宮。天廚增一。二。滕蛇七。八。十五。又增十三。十五。十六。天鉤一。二。七。又增五。六。七。八。九。十。十一。十三。十四。十五。十七。十八。造父三。四。又增一。二。三。四。大梁宮。王良增一。二。三。七。八。九。十。十一。少衛增一。四。五。六。七。傳舍二。三。四。又增一。御女增一。華蓋四。六。七。柱史增一。二。杠八。九。少丞。又增一。天柱三。實沈宮。華蓋一。二。杠二。三。四。六。五帝內座一。三。四。五。又增一。二。三。天柱四。又增一。三。四。句陳五。又增一。二。三。五。六。天皇大帝。六甲五。又增一。鶉首宮。句陳增四。天柱增六。六甲一。三。四。四輔一。二。三。四。又增一。女史增一。御女三。少輔增一。三師二。鶉火宮。句陳增十。大理增一。天樞增二。庶子增一。二。三。上輔增一。二。少尉增一。二。天理四。又增一。天牀六。又增一。內廚一。又增一。二。尚書四。太乙。天權增二。鶉尾宮。天權增一。三。天牀二。三。四。輔增一。二。三。三公三。開陽增二。天槍增一。壽星宮。尚書增二。天槍增二。三。四。元戈增一。二。七公增六。大火宮。七公一。三。四。五。又增三。九。十。十一。十二。十三。貫索九。又增六。七。天紀增五。六。天棓增十。析木宮。天紀五。又增八。十。十三。十四。十五。天棓增二。三。四。七。八。趙增一。

凡四百二十五星。

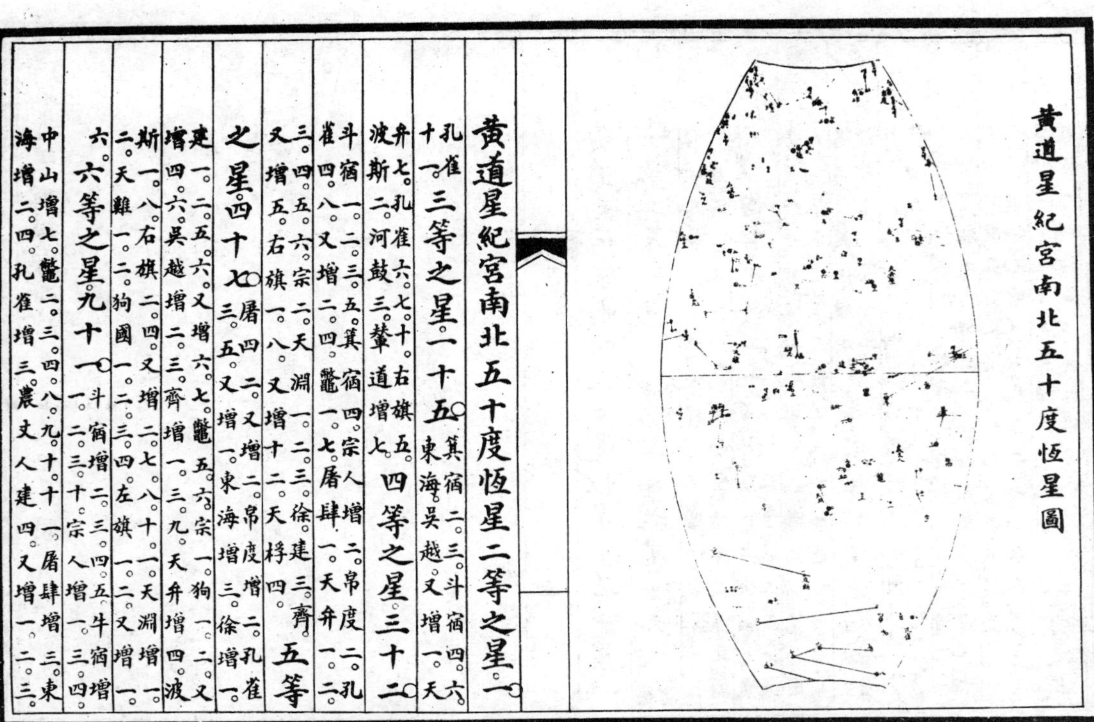

黃道星紀宮南北五十度恒星圖

黃道星紀宮南北五十度恒星二等之星一。孔雀十一。三等之星二十五。箕宿二。三。斗宿四。六。東海。吳越。又增一。天弁七。孔雀六。七。十。右旗五。波斯二。河鼓三。輦道增七。四等之星三十二。斗宿一。二。三。五。箕宿四。宗人增二。帛度二。孔雀四。八。又增二。四。鼈一。七。屠肆一。天弁一。二。三。四。五。六。宗二。天淵一。二。三。徐。建三。齊又增五。右旗一。八。又增十二。天桴四。五等之星四十七。屠四。二。又增二。帛度增二。孔雀三。五。又增一。東海增三。徐增一。建一。二。五。六。又增六。七。鼈五。六。宗一。狗一。二。又增四。六。吳越增二。三。齊增一。三。九。天弁增四。波斯一。八。右旗二。四。又增二。七。八。十。一。天淵增一。二。天雞一。二。狗國一。二。三。四。左旗一。二。又增一。六。六等之星九十一。斗宿增二。三。四。五。牛宿增一。二。三。十。宗人增一。三。四。中山增七。鼈二。三。四。八。九。十。十一。屠肆增三。東海增二。四。孔雀增三。農丈人建四。又增一。二。三。

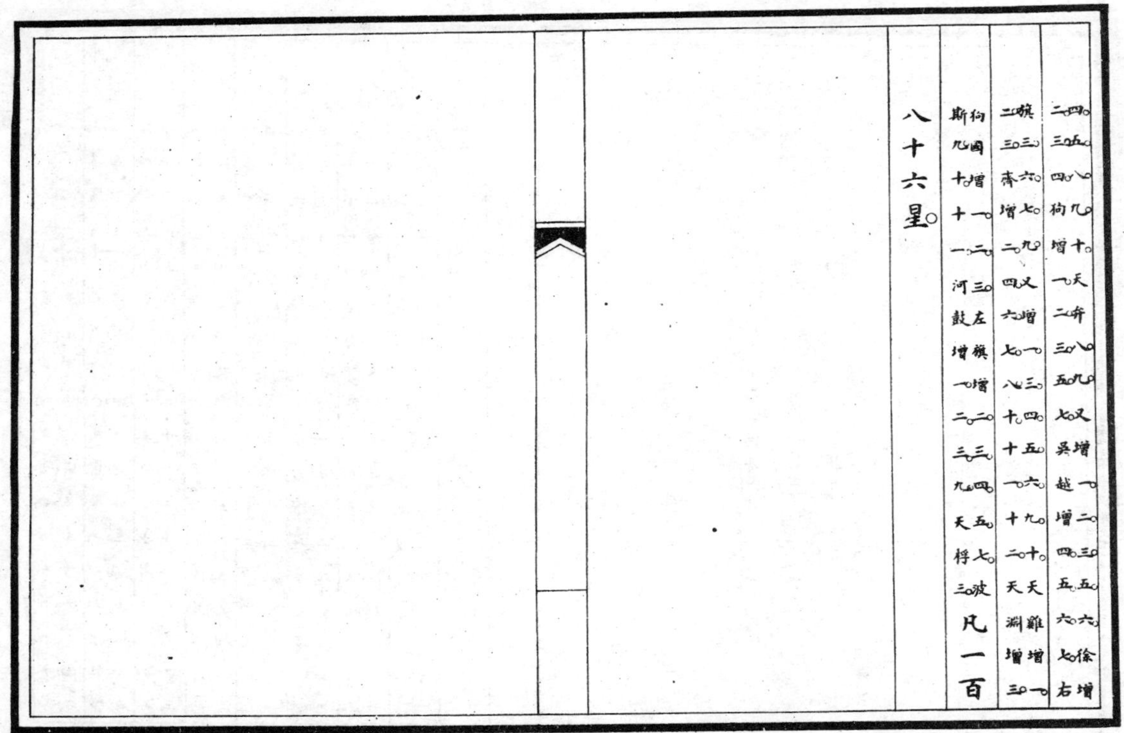

四。五。八。九。十。天弁八。九。又增一。二。三。五。六。徐增二。三。四。狗增一。二。三。五。七。吳越增四。五。六。七。右旗三。六。七。九。又增一。三。四。五。六。九。十。天雞增一。二。三。齊增二。四。六。七。八。十。十一。十二。天淵增三。狗國增一。二。三。左旗增二。三。四。五。七。波斯九。十。十一。河鼓增一。二。三。九。天桴三。凡一百八十六星。

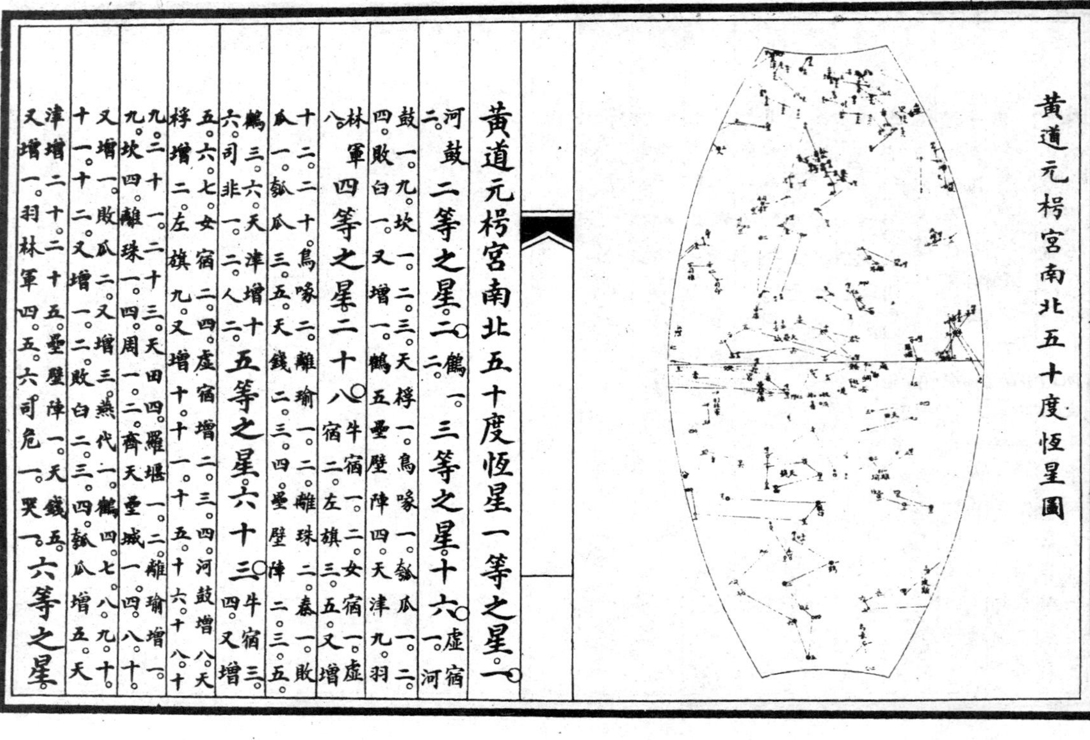

黃道元枵宮南北五十度恆星圖

黃道元枵宮南北五十度恆星一等之星。一。河鼓二。二等之星。二。鶴一。二。三等之星。十六。虛宿一。河鼓一。九。坎一。二。三。天桴一。鳥喙一。瓠瓜一。二。四。敗白一。又增一。鶴五。壘壁陣四。天津九。羽林軍八。四等之星。二十八。牛宿一。二。女宿一。虛宿二。左旗三。五。又增十二。二十。鳥喙二。離瑜一。二。離珠二。泰一。敗瓜一。瓠瓜三。五。天錢二。三。四。壘壁陣二。三。五。鶴三。六。天津增十六。司非一。二。人二。五等之星。六十三。牛宿三。四。又增五。六。七。女宿二。四。虛宿增二。三。四。河鼓增八。天桴增二。左旗九。又增十。十一。十五。十六。十八。十九。二十一。二十三。天田四。羅堰一。二。離瑜增一。九。坎四。離珠一。四。周一。二。齊天壘城一。四。八。十。又增一。敗瓜二。又增三。燕代一。鶴四。七。八。九。十。十一。十二。又增一。二。敗白二。三。四。瓠瓜增五。天津增二十。二十二十五。壘壁陣一。天錢五。又增一。羽林軍四。五。六。司危一。哭一。六等之星。

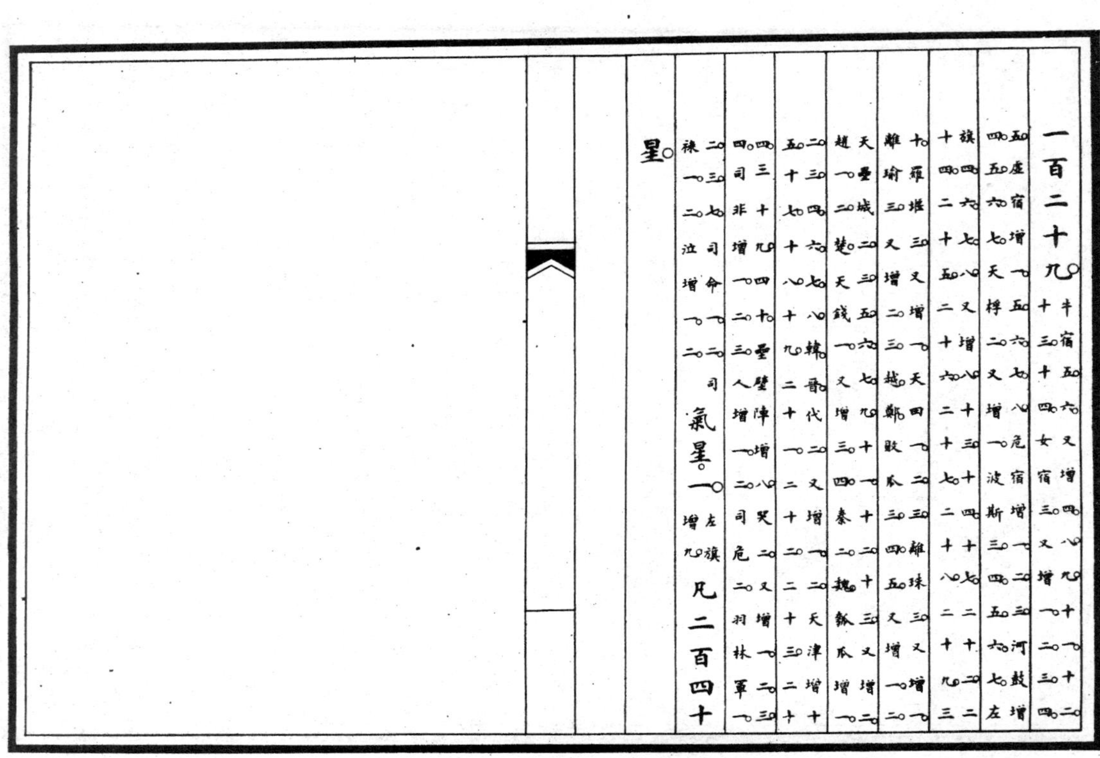

一百二十九。牛宿五。六。又增四。八。九。十一。十二。十三。十四。女宿三。又增一。二。三。四。五。虛宿增一。五。六。七。八。危宿增一。二。三。河鼓增四。五。六。七。天桴二。又增一。波斯三。四。五。六。七。左旗四。六。七。八。又增八。十三。十四。十七。二十二。二十四。二十五。二十六。二十七。二十八。二十九。三十。羅堰三。又增一。天田一。二。三。離珠三。又增一。離瑜三。又增二。三。越。鄭。敗瓜三。四。五。又增一。二。天壘城二。三。五。六。七。九。十一。十二。十三。又增二。趙一。二。楚。天錢一。又增三。四。秦二。魏。瓠瓜增一。二。三。四。六。七。八。韓。晉。代二。又增一。二。天津增十五。十七。十八。十九。二十一。二十二。二十三。二十四。三十九。四十。壘壁陣增八。哭二。又增一。二。三。四。司非增一。二。三。人增一。二。司危二。羽林軍一。二。三。七。司命一。二。司祿一。二。泣增一。二。氣星。一。左旗增九。凡二百四十星。

黄道娵訾宮南北五十度恆星圖

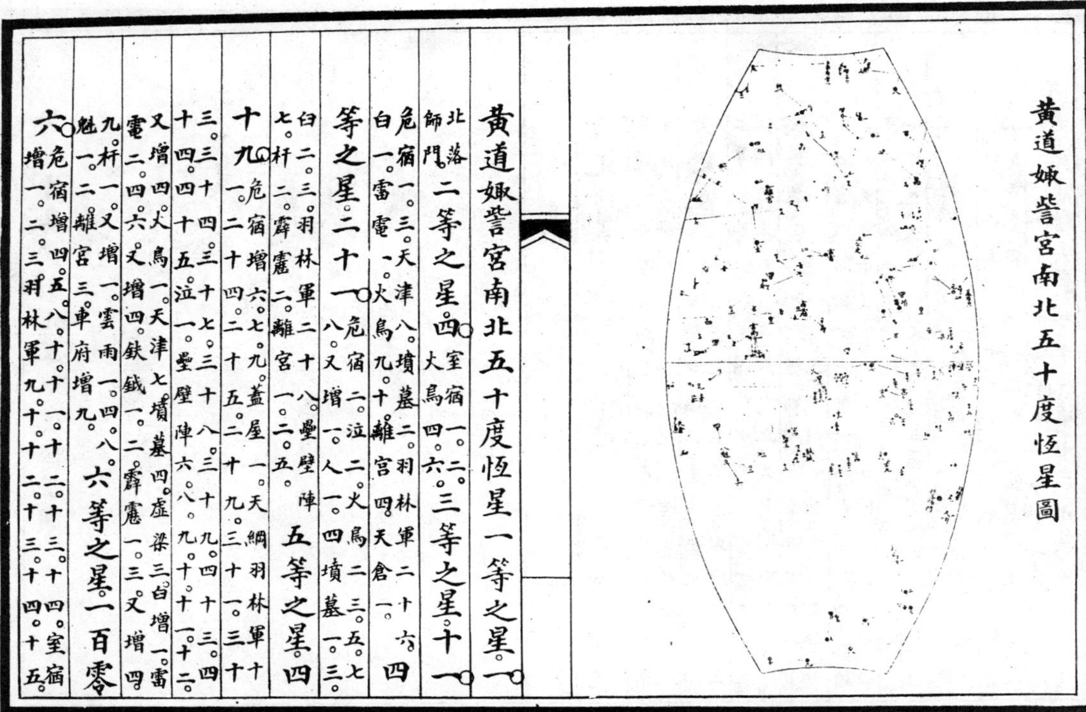

黄道娵訾宮南北五十度恆星一等之星一。
北落師門。二等之星四。室宿一。二。大鳥四。六。三等之星十一。
危宿一。三。天津八。墳墓二。羽林軍二十六。白一。雷電一。火鳥九。十。離宮四。天倉一。四
等之星二十一。危宿二。泣二。火鳥二。三。五。七。八。又增一。人一。四墳墓一。三。
臼二。三。羽林軍二十八。壘壁陣七。杵二。霹靂二。離宮一。二。五。五等之星四
十九。危宿增六。七。九。蓋屋一。天綱羽林軍十一。二十四。二十五。二十九。三十一。三十
三。三十四。三十七。三十八。三十九。四十三。四十四。四十五。泣一。壘壁陣六。八。九。十。十一。十二。
又增四。火鳥一。天津七。墳墓四。虛梁三。臼增一。雷電二。四。六。又增四。鈇鉞一。二。霹靂一。三。又增四
九。杵一。又增一。雲雨一。四。八。魁一。二。離宮三。車府增九。六等之星一百零
六。危宿增四。五。八。十。十一。十二。十三。十四。室宿增一。二。三。羽林軍九。十。十二。十三。十四。十五。

十六。十七。十八。十九。二十。二十一。二十二。二十三。二十七。三十。三十二。三十五。三十六。四十。四
十一。四十二。蓋屋二。虛梁一。二。四。人三。又增三。四。壘壁陣增一。二。三。五。六。七。墳墓增一。二。三。四。
天津增二十六。二十七。臼四。又增二。三。四。五。六。七。八。土公吏一。二。車府增八。十。十一。杵三。又增
二。離宮增一。二。三。四。五。六。霹靂四。又增一。二。三。五。雷電三。五。又增一。二。三。五。六。鈇鉞三。又增一。
二。三。雲雨二。三。又增一。二。三。四。五。六。七。八。九。十。八魁三。四。五。六。天倉增十九。凡一百
九十二星。

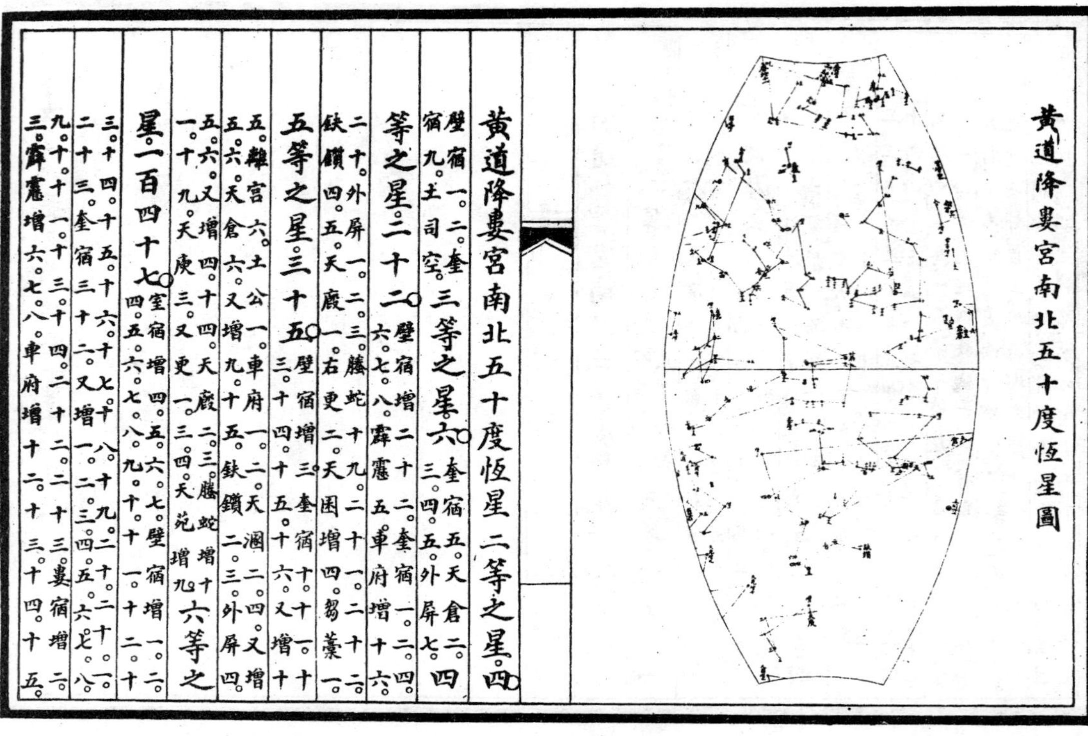

黃道降婁宮南北五十度恆星圖

黃道降婁宮南北五十度恆星二等之星四〇壁宿一〇二〇奎宿九〇土司空〇三等之星六〇奎宿五〇天倉二〇三〇四〇五〇外屏七〇四等之星二十二〇壁宿增二十二〇奎宿一〇二〇四〇六〇七〇八〇霹靂五〇車府增十六〇二十〇外屏一〇二〇三〇螣蛇十九〇二十一〇二十二〇鈇鑕四〇五〇天廄一〇右更二〇天囷增四〇芻藁一〇五等之星三十五〇壁宿增三〇奎宿十〇十一〇十三〇十四〇十五〇十六〇又增十五〇離宮六〇土公一〇車府一〇二〇天溷二〇四〇又增五〇六〇天倉六〇又增九〇十五〇鈇鑕二〇三〇外屏四〇五〇六〇又增四〇十四〇天廄二〇三〇螣蛇增十一〇十九〇天庚三〇又更一〇三〇四〇天苑增九〇六等之星一百四十七〇室宿增四〇五〇六〇七〇壁宿增一〇二〇四〇五〇六〇七〇八〇九〇十〇十一〇十二〇十三〇十四〇十五〇十六〇十七〇十八〇十九〇二十〇二十一〇二十三〇奎宿三十二〇又增一〇二〇三〇四〇五〇六〇七〇八〇九〇十〇十一〇十三〇十四〇二十二〇二十三〇婁宿增二〇三〇霹靂增六〇七〇八〇車府增十二〇十三〇十四〇十五〇

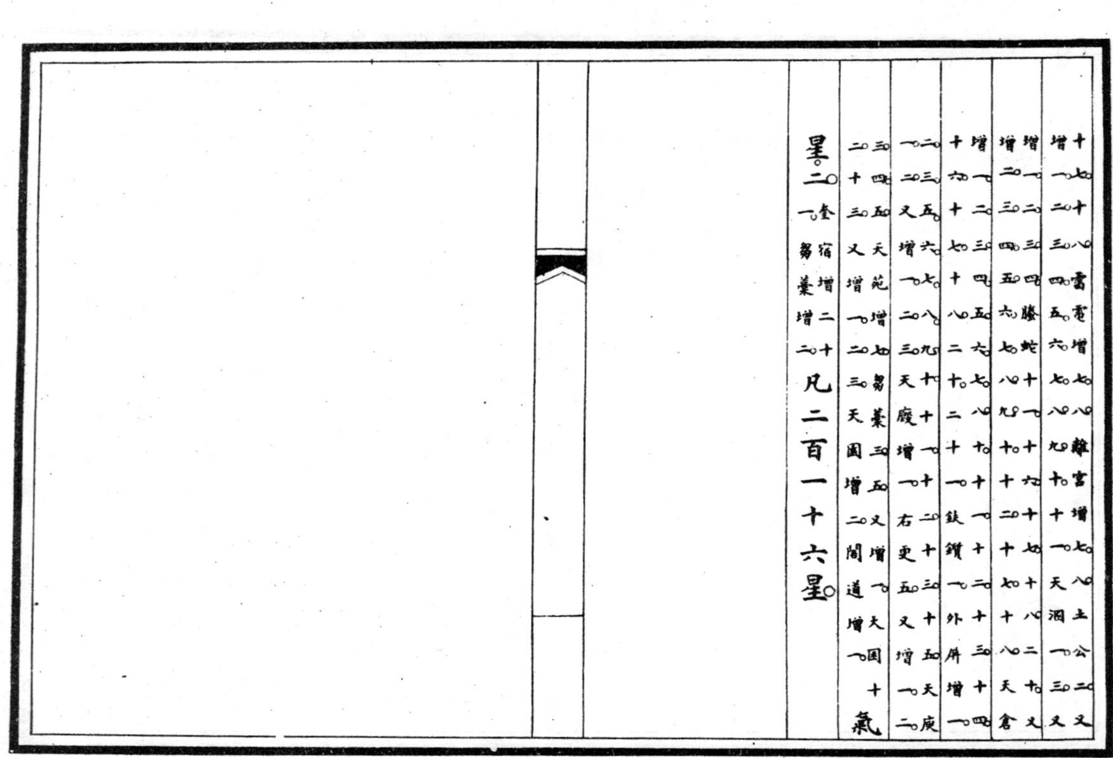

十七〇十八〇雷電增七〇八〇離宮增七〇八〇土公二〇又增一〇二〇三〇四〇五〇六〇七〇八〇九〇十〇十一〇天溷一〇三〇又增一〇二〇三〇四〇螣蛇十一〇十六〇十七〇十八〇二十〇又增二〇三〇四〇五〇六〇七〇八〇九〇十〇十二〇十七〇十八〇天倉增一〇二〇三〇四〇五〇六〇七〇八〇十〇十一〇十二〇十三〇十四〇十六〇十七〇十八〇二十〇二十一〇鈇鑕一〇外屏增一〇二〇三〇五〇六〇七〇八〇九〇十〇十一〇十二〇十三〇十五〇天庚一〇二〇又增一〇二〇三〇天廄增一〇右更五〇又增一〇二〇三〇四〇五〇天苑增七〇芻藁三〇五〇又增一〇大囷十二〇十三〇又增一〇二〇三〇天囷增二〇閣道增一〇氣星二〇奎宿增二十一〇芻藁增二〇凡二百一十六星〇

黃道大梁宮南北五十度恆星圖

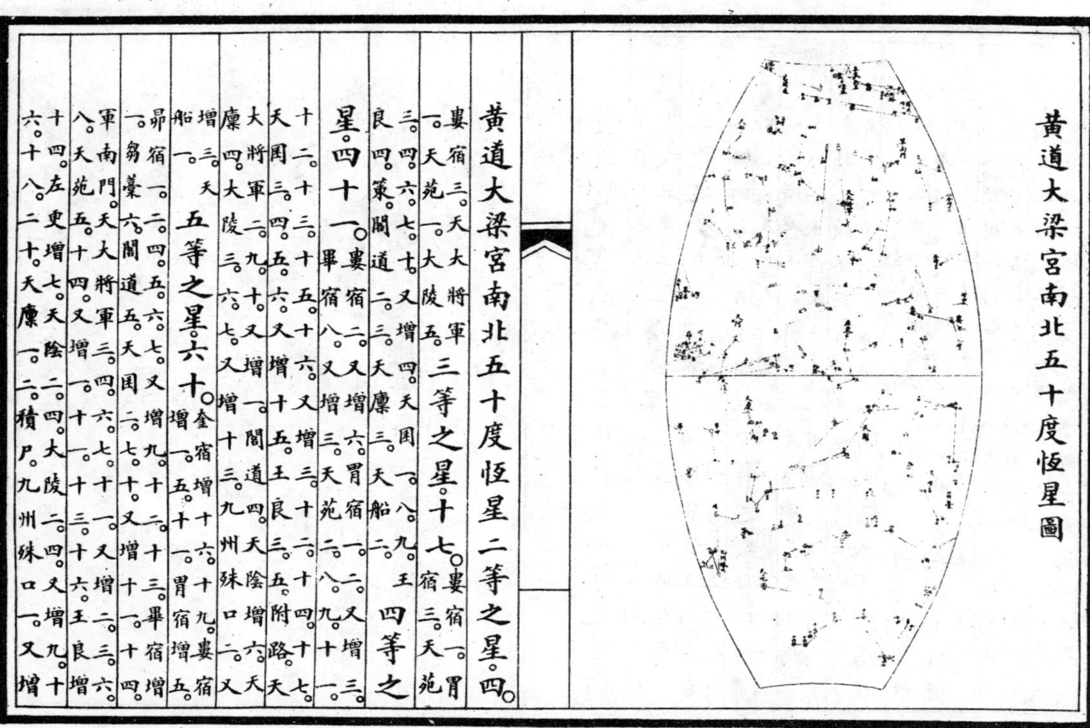

黃道大梁宮南北五十度恆星二等之星。四。婁宿三。天大將軍一。天苑一。大陵五。三等之星。十七。婁宿一。胃宿三。天苑三。四。六。七。十七。又增四。天囷一。八。九。王良四。策。閣道二。三。天廩三。天船二。四等之星。四十一。婁宿二。又增六。胃宿一。二。又增三。畢宿八。又增三。天苑二。八。九。十一。十二。十三。十五。十六。又增三。十二。十四。十七。天囷三。四。五。六。又增十五。王良三。五。附路。天大將軍二。九。十。又增一。閣道四。天陰增六。天廩四。大陵三。六。七。又增十三。九州殊口二。又增三。天船一。五等之星。六十。奎宿增十六。十九。婁宿增一。五。十一。胃宿增五。昴宿一。二。四。五。六。七。又增九。十二。十三。畢宿增一。芻藁六。閣道五。天囷二。七。十。又增十一。十四。軍南門。天大將軍三。四。六。七。十一。又增二。三。六。八。天苑五。十四。又增一。十一。十三。十六。王良增十四。左更增七。天陰二。四。大陵二。四。又增九。十六。十八。二十。天廩一。二。積尸。九州殊口一。又增

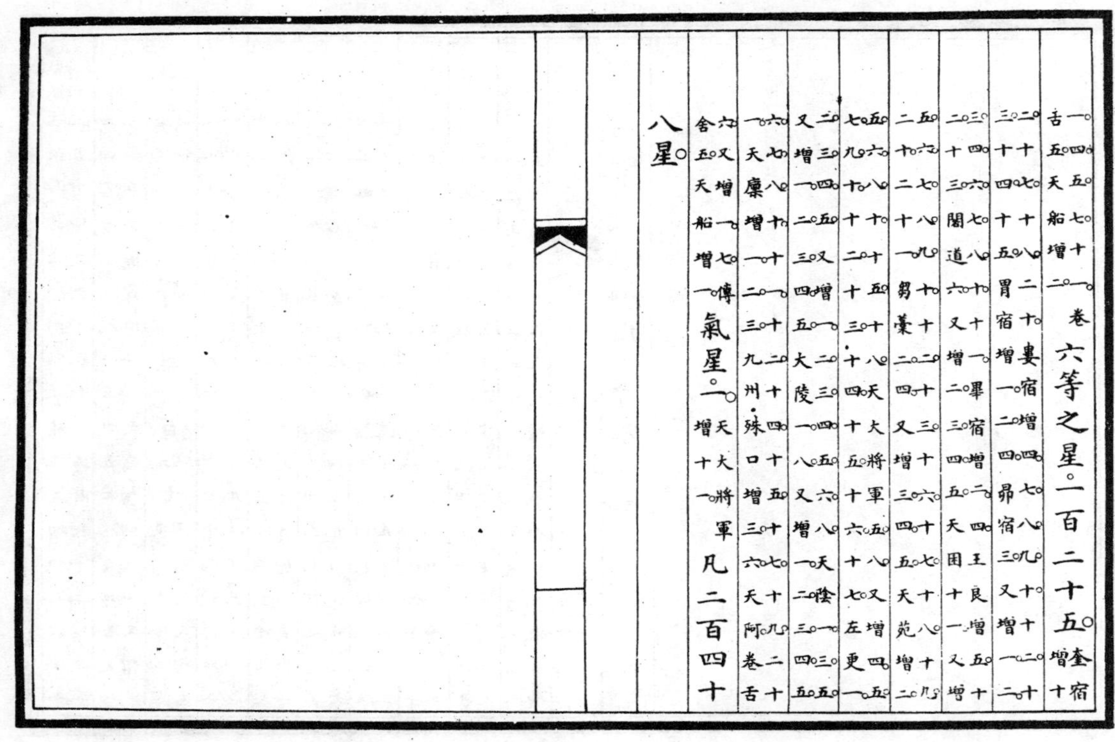

又增一。四。五。七。十一。卷舌五。天船增二。六等之星。一百二十五。奎宿增十二。十七。十八。二十。婁宿增四。七。八。九。十。十二。十三。十四。十五。胃宿增一。二。四。昴宿三。又增一。二。三。四。六。七。八。十。十一。畢宿增二。四。王良增五。十二。十三。閣道六。又增二。三。四。五。天囷十一。又增五。六。七。八。九。十。十二。十三。十六。十七。十八。十九。二十。二十一。芻藁二。四。又增三。四。五。天苑增二。五。六。八。十。十五。十八。天大將軍五。八。又增四。五。七。九。十。十二。十三。十四。十五。十六。十七。左更一。二。三。四。五。又增一。二。三。四。五。六。八。天陰一。三。五。又增一。二。三。四。五。大陵一。八。又增一。二。三。四。五。六。七。八。十。十一。十二。十四。十五。十七。十九。二十一。天廩增一。二。三。九州殊口增三。六。天阿。卷舌六。又增一。七。傳舍五。天船增一。氣星。一。天大將軍增十一。凡二百四十八星。

黃道實沈宮南北五十度恆星圖

黃道實沈宮南北五十度恆星一等之星四。畢宿五。參宿四。七。五車二。二等之星七。參宿一。二。三。五。天船三。五車三。五。三等之星十七。畢宿一。四。參宿六。又增三。卷舌二。四。九州殊口三。九斿八。又增四。天船五。玉井三。廁一。二。三。四。伐三。天關。四等之星四十一。畢宿三。又增七。十二。觜宿一。參宿增一。九十八。三十一。三十六。卷舌一。九州殊口四。又增八。十。九斿二。積水。天船七。參旗一。二。五。六。七。八。玉井一。四。屛一。二。五車一。四。天高一。軍井三。柱一。二。三。八穀一。六。又增十四。諸王二。又增四。廁增六。七。司怪二。五等之星九十四。畢宿二。六。又增六十。十三。觜宿二。三。參宿增五。七。十一。十三。十五。十六。三十五。三十七。三十八。閣道一。傳舍六。七。八。九。天船四。六。八。又增四。八。月。卷舌三。又增六。礪石一。三。四。九州殊口增九。九斿一。三。七。又增一。二。天節一。二。四。五。七。八。上丞。又增一。二。三。積水增一。天街一。又增二。三。附耳。諸王一。四。六。參旗九。又增四。五。六。十。十二。五車增三。六。七。八。杠一。玉井增一。二。軍井一。二。四。又增二。八穀二。三。四。五。七。八。又增七。天潢二。四。五。少衛。咸池二。三。天高增四。伐一。又增一。柱五。六。七。司怪一。四。六等之星一百四十四。昴宿增五。畢宿七。又增五。八。九。十一。十四。十五。十六。十七。十八。參宿增二。四。六。八。十。十二。十四。十七。十九。二十。二十一。二十二。二十三。三十二。三十三。三十四。三十九。天船九。又增三。五。六。七。九。十。天讒。月增一。天街二。又增一。四。九斿四。五。六。九。又增三。五。六。七。天節三。六。礪石二。卷舌增二。三。四。五。九州殊口五。六。附耳增一。二。三。四。傳舍增二。三。四。參旗三。四。又增一。二。三。七。八。九。十一。諸王三。五。又增一。二。三。五車增一。二。四。五。九。十。十一。十五。十六。十七。十八。十九。玉井二。又增三。天高二。三。四。又增一。二。三。少衛增一。八穀增一。二。三。四。五。六。八。九。十。十一。十二。十三。十五。十六。十七。十八。軍井增一。天潢一。三。又增一。二。廁增一。二。八。天關增一。二。三。四。五。六。咸池一。伐二。又增二。柱四。八。九。水府增一。二。三。四。五。司怪增一。二。三。四。凡三百零七星。

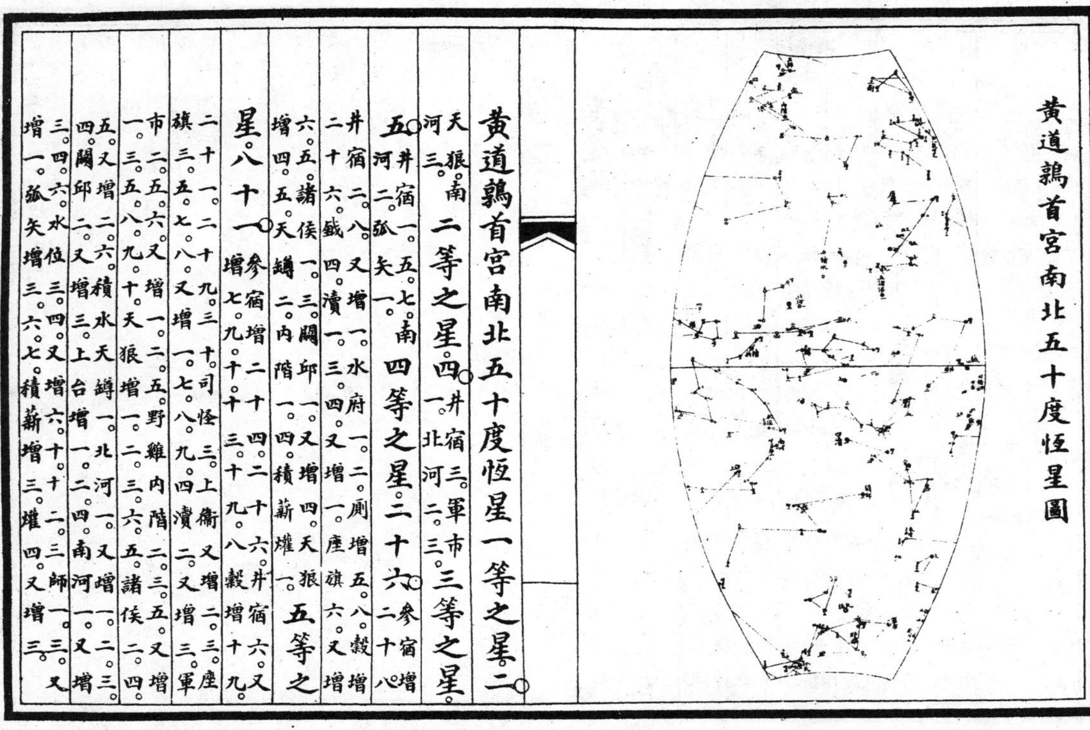

黃道鶉首宮南北五十度恆星圖

黃道鶉首宮南北五十度恆星一等之星。二。天狼。南河三。二等之星。四。井宿三。軍市一。北河二。三。三等之星。五。井宿一。五。七。南河二。弧矢一。四等之星二十六。參宿增二十八。井宿二。八。又增一。水府一。二。厠增五。八。觜增二十六。鉞四。瀆一。三。四。又增一。座旗六。又增六。五。諸侯一。三。闕邱一。又增四。天狼增四。五。天罇二。內階一。四。積薪爟一。五等之星。八十一。參宿增二十四。二十六。井宿六。又增七。九。十。十三。十九。八。觜增十九。二十一。二十九。三十。司怪三。上衛又增二。三。座旗三。五。七。八。又增一。七。八。九。四瀆二。又增三。軍市二。五。六。又增一。二。五。野雞內階二。三。五。又增一。三。五。八。九。十。天狼增一。二。三。六。五。諸侯二。四。五。又增二。六。積水天罇一。北河一。又增一。二。三。四。闕邱二。又增三。上台增一。二。四。南河一。又增三。四。六。水位三。四。又增六。十。十二。三師一。三。又增一。弧矢增三。六。七。積薪增三。爟四。又增三。

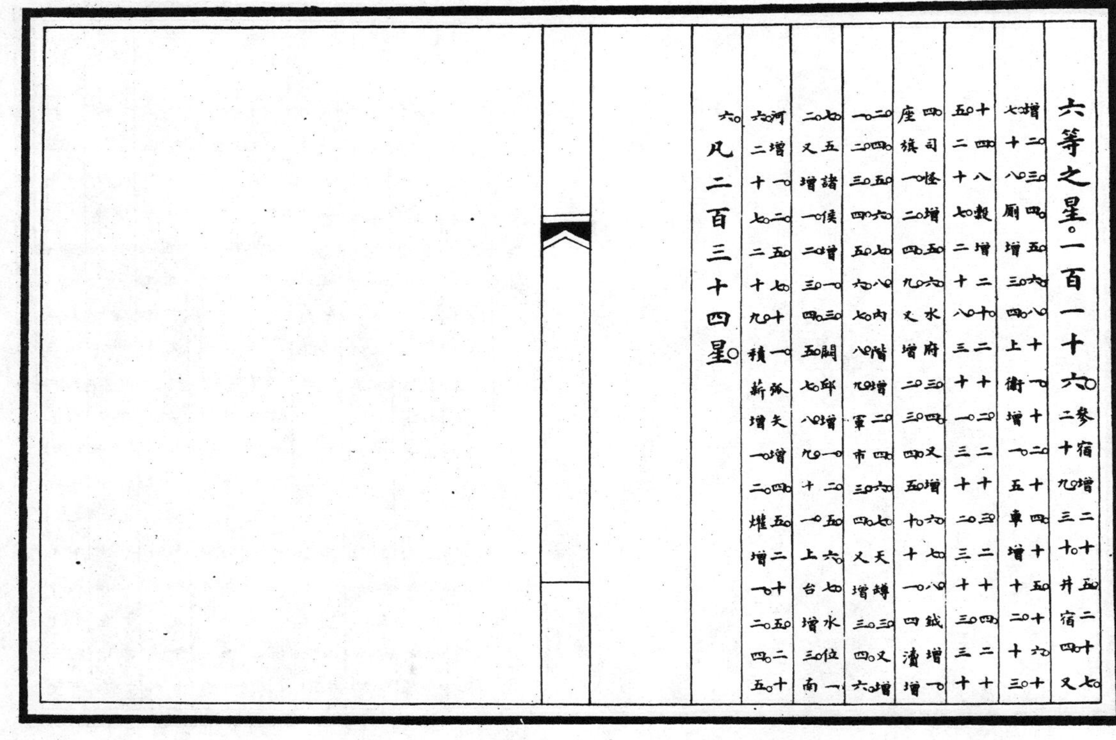

六等之星。一百一十六。參宿增二十五。二十七。二十九。三十。井宿四。又增二。三。四。五。六。八。十一。十二。十四。十五。十六。十七。十八。厠增三。四。上衛增一。五車增十二。十三。十四。八觜增二十。二十二。二十三。二十四。二十五。二十七。二十八。三十一。三十二。三十三。三十四。司怪增五。六。水府三。四。又增六。七。八。鉞增一。座旗一。二。四。九。又增二。三。四。五。十。十一。四瀆增二。四。五。六。七。八。內階增二。四。六。七。天罇三。又增一。二。三。四。五。六。七。八。九。軍市三。四。又增三。四。六。七。五諸侯增一。三。闕邱增一。二。五。六。七。水位一。二。又增一。二。三。四。五。七。八。九。十一。上台增三。南河增一。二。五。七。十一。弧矢增四。五。二十五。二十六。二十七。二十九。積薪增一。二。爟增一。二。四。五。六。凡二百三十四星。

# 黃道鶉火宮南北五十度恆星圖

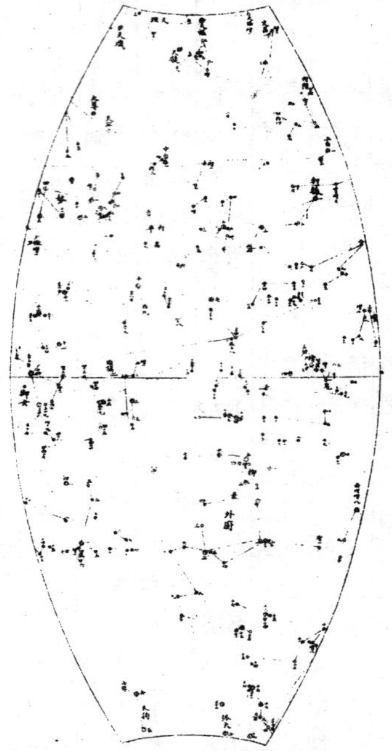

黃道鶉火宮南北五十度恆星一等之星。二。天樞軒轅十四。二等之星。三。天璇。軒轅十二。天璣。三等之星。十三。星宿一。弧矢增十七。文昌四。外廚二。又增十二。中台一。二。軒轅九。十。十一。十三。天狗五。太尊。四等之星。四十二。鬼宿三。四。柳宿一。三。五。六。八。又增三。四。七。星宿四。南河增八。上台一。二。軒轅一。二。三。四。七。八。十五。又增三。十八。四十二。弧矢四。又增十五。十九。三十二。文昌二。外廚增二。三。十六。內平增六。酒旗二。勢一。二。三。四。又增九。十一。天狗六。七。天牢一。五等之星。四十六。鬼宿一。二。柳宿二。四。又增一。二。星宿二。三。內階六。文昌一。三。五。六。又增一。二。四。弧矢五。六。又增十二。十三。天樞增一。軒轅增一。六十二。二十二。二十四。三十九。四十五。四十六。五十九。上台增六。外廚一。三。又增十三。天璇增一。二。三。內平二。又增八。十。中台增二。酒旗一。三。勢增一。四。六。六等之星。一百六十四。鬼宿增一。二。三。四。五。六。七。八。九。十。十一。十二。十三。十四。十五。十六。十七。十八。十九。柳宿七。又增五。六。七。八。九。十一。十二。十三。星宿五。六。七。又增一。二。三。四。五。六。七。八。九。十三。十四。十五。弧矢增八。九。十。十一。十四。十六。十八。二十八。三十一。軒轅五。六。又增二。三。四。五。七。八。九。十。十一。十三。十四。十五。十六。十七。十八。十九。二十。二十一。二十三。二十五。二十六。二十七。二十八。二十九。三十。三十一。三十二。三十三。三十四。三十六。三十七。四十。四十一。四十三。四十四。四十七。四十八。四十九。五十。五十八。爟二。三。又增七。八。九。十。十一。上台增五。七。文昌增三。五。六。七。八。外廚四。五。六。又增一。四。五。六。七。八。九。十。十一。十四。十五。十七。內平一。三。四。又增一。二。三。四。五。七。九。十一。中台增一。三。四。天璇增四。五。六。七。八。天理一。二。三。酒旗增一。二。三。四。五。勢增二。三。五。七。八。十。十二。十七。十八。十九。天牢三。五。御女。少微增一。氣星。四。積尸。又增一。二。三。凡二百七十四星。

# 黃道鶉尾宮南北五十度恆星圖

黃道鶉尾宮南北五十度恆星二等之星三。西上相。五帝座一。常陳一。三等之星四。翼宿十六。下台增一。西次相。右執法。四等之星二十六。張宿二。三。五。翼宿一。二。五。七。十三。太陽守少微二。軒轅十六。下台一。二。天相二。靈臺一。西次將。西上將。太子。明堂一。二。三。又增六。天記增二。郎位十一。郎將。周鼎二。五等之星四十六。張宿一。六。又增一。二。翼宿四。八。九。十。二十。少微一。三。又增六。九。天牢增二。軒轅增五十六。長垣增四。西上相增一。天相增六。十。虎賁。靈臺二。常陳四。五。六。又增五。明堂增三。五。內屏一。二。三。四。又增二。六。郎位一。三。四。五。六。七。八。九。十。十二。郎將增二。五。諸侯增五。六。六等之星一百二十一。星宿增十。十一。十二。張宿四。又增三。四。五。翼宿十一。十二。十五。又增一。二。三。四。五。六。七。勢增十三。十四。十五。十六。軒轅增三十五。五十一。五十二。五十三。五十四。五十五。五十七。天牢二。四。六。

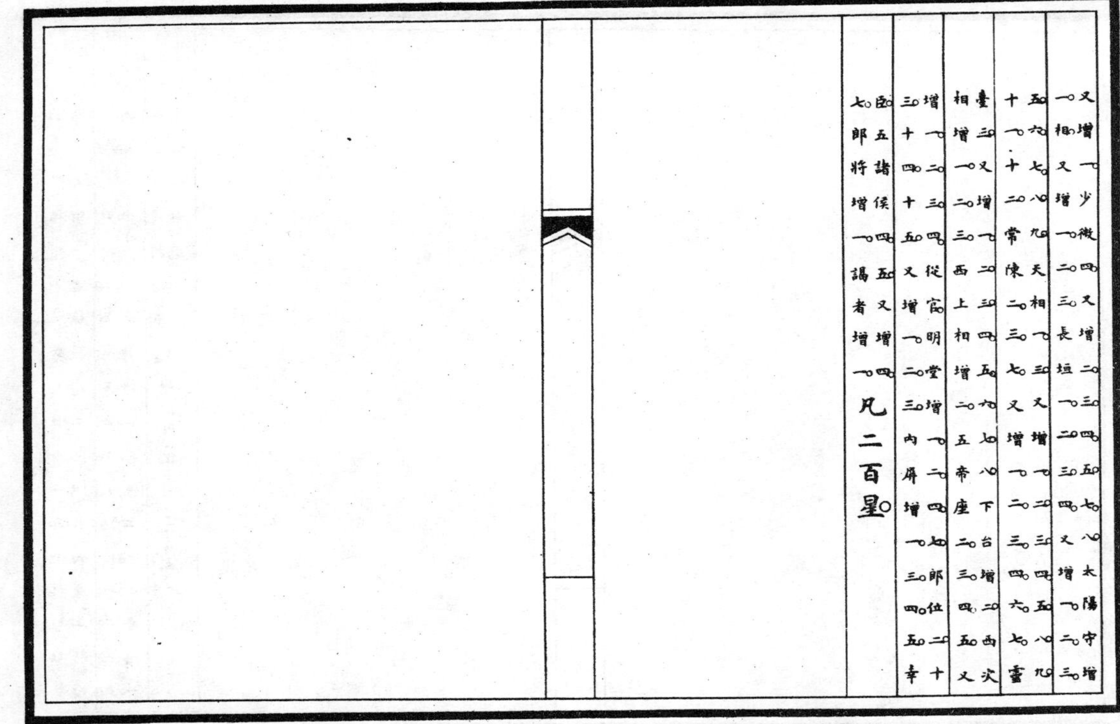

又增一。少微四。又增二。三。四。五。七。八。太陽守增一。相。又增一。二。三。長垣一。二。三。四。又增一。二。三。五。六。七。八。九。天相一。三。又增一。二。三。四。五。八。九。十一。十二。常陳二。三。七。又增一。二。三。四。六。七。靈臺三。又增一。二。三。四。五。六。七。八。下台增二。西次相增一。二。三。西上相增一。五帝座二。三。四。五。又增一。二。三。四。從官。明堂增一。二。四。七。郎位二。十三。十四。十五。又增一。二。三。內屏增一。三。四。五。幸臣。五諸侯四。五。又增四。七。郎將增一。謁者增一。凡二百星。

## 黃道壽星宮南北五十度恆星圖

黃道壽星宮南北五十度恆星一等之星二。角宿一。大角。三等之星十四。軫宿一。三。四。角宿二。左執法。東次將。東上相。東次相。招搖。右攝提一。二。平一。馬尾三。梗河一。四等之星十六。翼宿三。六。軫宿二。五諸侯增二。周鼎三。青邱一。五。東上將。又增四。右轄。平道一。右攝提三。梗河三。天門一。又增四。庫樓八。五等之星三十。軫宿增三。角宿增一。九。十五。謁者。五諸侯一。二。三。周鼎一。周卿一。又增一。四。青邱七。進賢增五。八。長沙。左轄。東上將增一。帝席一。三。天田一。二。又增一。右攝提增一。梗河二。亢池一。天門二。大角增一。馬尾二。庫樓十。六等之星九十一。翼宿十四。十七。十八。十九。二十一。二十二。軫宿增一。二。四。五。角宿增二。三。四。五。六。七。八。九。十一。十二。十三。十四。十六。九卿二。三。又增二。三。五。六。七。八。九。謁者增二。左執法增一。五諸侯增一。三。三公一。二。三。青邱二。三。四。六。又增一。二。三。東次將增一。二。三。東次相增一。進賢。又增一。二。三。四。六。七。九。帝席二。又增一。右攝提增二。三。四。五。六。東上將增二。三。天田增二。三。四。五。六。七。天門增一。二。三。五。六。七。八。九。十。十一。大角增二。亢池二。三。四。平增一。平道二。梗河增五。庫樓九。馬尾一。凡一百五十三星。

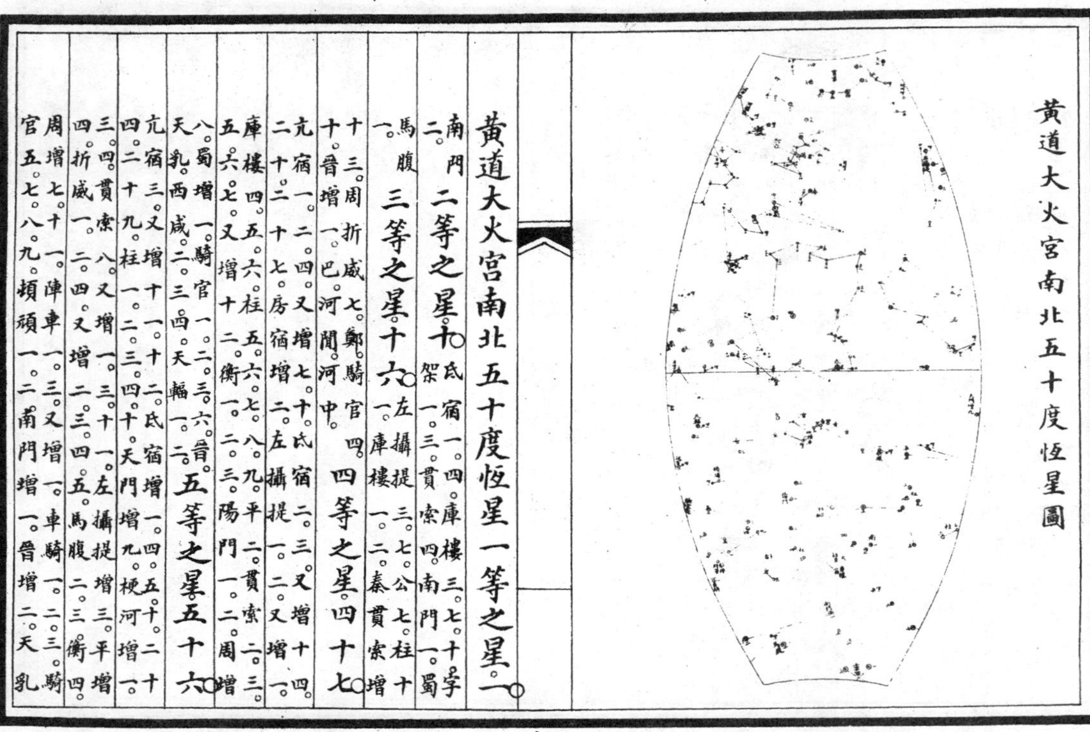

黃道大火宮南北五十度恆星圖

黃道大火宮南北五十度恆星一等之星。一。南門二。二等之星。十。氐宿一。四。庫樓三。七。十字架一。三。貫索四。南門一。蜀。馬腹一。三等之星。十六。左攝提三。七公七。柱十一。庫樓一。二。秦。貫索增十三。周。折威七。鄭。騎官四。十。晉增一。巴。河閒。河中。四等之星。四十七。亢宿一。二。四。又增七。十。氐宿二。三。又增十四。二十。二十七。房宿增二。左攝提一。二。又增一。庫樓四。五。六。柱五。六。七。八。九。平二。貫索二。三。五。六。七。又增十二。衡一。二。三。陽門一。二。周增八。蜀增一。騎官一。二。三。六。晉。天乳。西咸二。三。四。天輻一。二。五等之星。五十六。亢宿三。又增十一。十二。氐宿增一。四。五。十。二十四。二十九。柱一。二。三。四。十。天門增九。梗河增一。三。四。貫索八。又增一。三。十一。左攝提增三。平增四。折威一。二。四。又增二。三。四。五。馬腹二。三。衡四。周增七。十一。陣車一。三。又增一。車騎一。二。三。騎官五。七。八。九。頓頑一。二。南門增一。晉增二。天乳

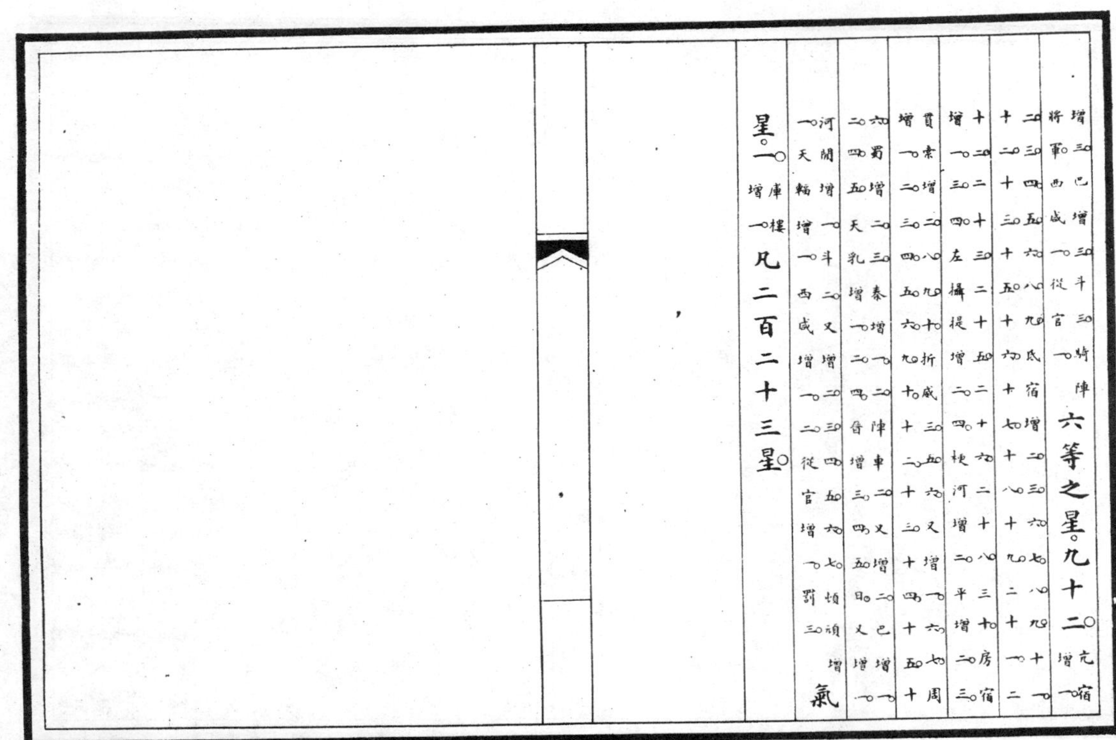

增三。巴增三。斗三。騎陣將軍。西咸一。從官一。六等之星。九十二。亢宿增一。二。三。四。五。六。八。九。氐宿增二。三。六。七。八。九。十一。十二。十三。十五。十六。十七。十八。十九。二十一。二十二。二十三。二十五。二十六。二十八。三十。房宿增一。三。四。左攝提增二。四。梗河增二。平增二。三。貫索增二。八。九。十。折威三。五。六。又增一。六。七。周增一。二。三。四。五。六。九。十。十二。十三。十四。十五。十六。蜀增二。三。秦增一。二。陣車二。又增二。巴增一。二。四。五。天乳增一。二。四。昏增三。四。五。日。又增一。河閒增一。斗二。又增二。三。四。五。六。七。頓頑增一。天輻增一。西咸增一。二。從官增一。罰三。氣星。一。庫樓增一。凡二百二十三星。

# 黃道析木宮南北五十度恆星圖

黃道析木宮南北五十度恆星一等之星。一。心宿二。二等之星。四。房宿四。尾宿五。三角形三。侯。三等之星。二十。房宿一。三。尾宿一。二。六。八。箕宿一。梁。南門增二。楚。韓。三角形一。二。帝座。宋。龜一。天江三。宗正一。二。東海增一。四等之星。四十。房宿二。心宿一。三。尾宿三。四。七。九。又增二。罰一。斗四。鍵閉。積卒二。列肆二。東咸一。魏。又增六。龜二。三。四。五。趙。市樓一。四。六。斛一。二。天江四。又增七。杵二。三。南海。傅說。孔雀一。魚。燕。宗人一。二。三。四。帛度一。五等之星。三十八。房宿增五。從官二。罰增二。天紀增七。列肆一。鉤鈐一。二。車肆一。積卒一。又增一。魏增一。七。東咸二。三。四。斛三。四。又增三。宦者增一。二。侯增六。天江二。三角形增一。二。宗正增二。糠。天籥一。三。六。異雀一。杵一。又增一。市樓二。三。帛度增一。三。屠肆增一。孔雀二。六等之星。八十八。房宿增六。心宿增一。二。三。四。五。六。七。八。九。尾宿增一。三。四。斗宿增一。斗一。五。又增一。八。九。十。十一。罰二。又增一。三。積卒增二。列肆增一。二。三。四。斛增一。二。四。五。六。七。魏增二。三。四。五。八。宦者一。二。三。四。又增三。四。五。東咸增一。二。宋增一。二。天江一。又增一。二。三。四。五。六。八。九。十。十一。侯增一。二。三。四。五。宗正增一。三。市樓五。又增一。車肆二。又增一。二。趙增二。三。糠增一。天籥二。四。五。七。八。又增一。二。三。四。異雀二。九河增一。氣星。一。神宮。

凡一百九十二星。

黃道近南極四十度恆星圖

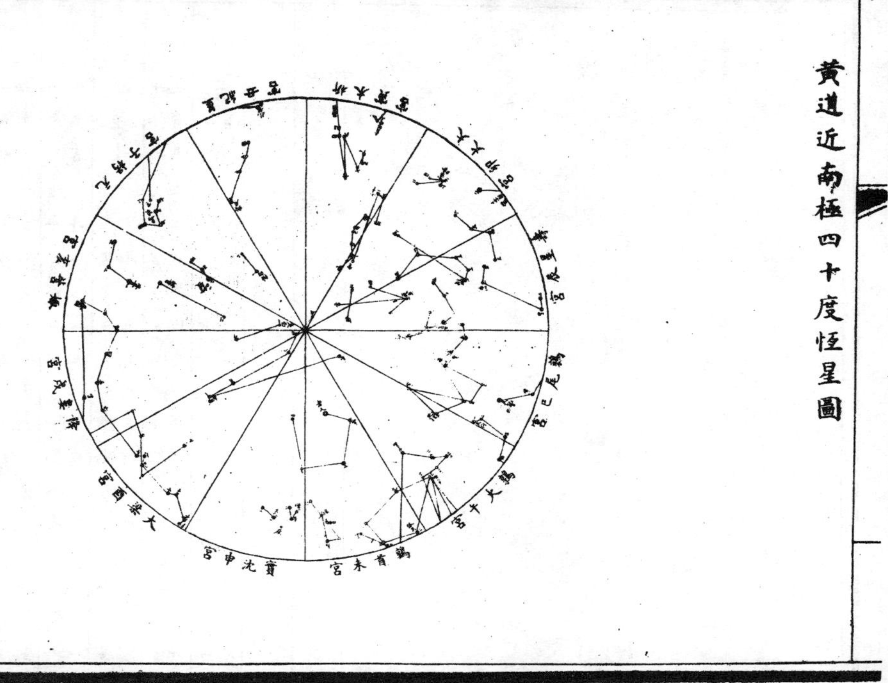

黃道近南極四十度恆星一等之星二。娵訾宮。水委一。鶴首宮。老人。

二等之星十。實沈宮。丈人一。鶉火宮。天社一。鶉尾宮。天記。天社三。四。五。海石一。壽星宮。海石二。大火宮。南船五。十字架二。

三等之星二十四。星紀宮。蛇尾一。元枵宮。鳥喙四。六。娵訾宮。水尾三。蛇首一。天園一。降婁宮。夾白二。天園六。大梁宮。金魚二。天園十。十二。實沈宮。子二。鶉首宮。孫增一。老人增一。二。弧矢二。七。九。鶉火宮。弧矢增二十四。天社增一。鶉尾宮。天社增五。壽星宮。海山增二。南船三。大火宮。十。字架四。

四等之星四十八。星紀宮。孔雀九。元枵宮。附白一。鳥喙七。蛇腹三。娵訾宮。蛇腹二。水委二。天園二。三。降婁宮。天園四。五。又增一。大梁宮。金魚一。三。天園七。八。九。十三。又增六。實沈宮。丈人二。老人增四。子一。鶉首宮。孫增四。弧矢增二。鶉火宮。弧矢增二十二。二十三。金魚增一。天狗四。鶉尾宮。天狗一。三。天記增一。天社增四。壽星宮。海石五。又增一。天社六。海山二。三。四。又增一。南船一。二。大火宮。海山五。南船四。蜜蜂一。三。析木宮。巽雀三。四。五。八。五等之星。五十三。星紀宮。蛇尾二。三。四。元枵宮。鳥喙三。五。又增一。蛇腹四。娵訾宮。蛇腹一。蛇首二。降婁宮。金魚四。天園增三。大梁宮。天園十一。又增四。五。實沈宮。子增一。老人增三。鶉首宮。孫一。二。又增二。三。弧矢八。鶉火宮。弧矢三。又增二十。二十一。鶉尾宮。天狗二。天社二。又增二。三。壽星宮。海石三。四。又增二。三。飛魚一。三。五。海山一。大火宮。飛魚二。六。海山六。南船增一。蜜蜂二。四。小斗三。八。又增一。析木宮。小斗一。二。四。五。六。九。巽雀六。七。六等之星。十一。元枵宮。附白二。娵訾宮。夾白一。實沈宮。屎。鶉首宮。弧矢增一。鶉火宮。弧矢增三十。大火宮。飛魚四。析木宮。小斗七。金魚五。三角形增三。四。巽雀九。凡一百四十八星。

# 欽定大清會典圖卷一百九

## 天文三 恒星二

## 恒星表序

## 恒星表一 紫微垣

# 恆星表序

古者恆星有圖無表。唐宋天文志。有去極入宿度。其云去極。即今之緯度。其云入宿。即今之經度。第古疏今密耳。明天文志。引徐光啟所譯新法算書。始列黃赤二道經緯度表。入表者百有九星。星次六等。分布十二宮。宮各三十度。度率三十。分秒微率六十。微以下棄之。周天三百六十度。古三百六十五度四分度之一。棄餘分。變古術。亦明志為權輿。唐有西域九執法。元有札魯馬丁萬年法。明初有西域默狄納國王馬哈麻回回法。並用三百六十。以整御零。與宋邵雍皇極經世合。則其說在歐邏巴之先。至崇禎始采之臺官耳。康熙十三年。監臣南懷仁修靈臺儀象志。乾隆九年。監臣戴進賢修儀象考成。光道二十四年。監臣周餘慶修儀象考成續編。並為之表。續編益密。與古步天歌合。入表者正星三百座。為星一千四百四十九。今增一千七百九十一。凡三千二百四十星。星行之率。歲有微差。古謂黃道西移。今謂恆星東行。二道經緯因之移徙。其以太陽恆星較者。曰東西歲差。即恆星每歲東行之率。西法恆星天上。有東西歲差天。其說創於晉虞喜。謂五十年差一度。劉宋何承天百年。祖冲之四十五年。隋劉焯七十五年。唐傅仁均五十五年。僧一行八十二年。宋楊忠輔元郭守敬並六十七年。靈臺儀象志及儀象考成正編以每歲差五十一秒。儀象考成續編定為五十二秒。六十九年有奇而差一度。此今東西歲差之率也。以黃赤大距較者。曰南北歲差。西法宗動天下。有南北歲差天。自漢而宋。黃赤二道相距。不越二十四度。西法於周顯王漢景帝時。並云二十三度五十一分二十秒。唐僖宗時。云二十三度三十五分。周漢同數。其誤顯然。鄒氏伯奇用周髀算經術。推得周初黃赤大距二十四度一分三十秒。元郭守敬二十三度九十分三十秒。以今度法通之。得二十三度三十三分三十二秒。新法算書二十三度三十一分三十秒。歷象考成前編二十三度二十九分三十秒。歷象考成後編二十三度二十九分。儀象考成續編定為二十三度二十七分。此今南北歲差之率也。東西歲差數。即黃道經度歲差數。黃道緯度。古今並曰無差。然續編所測。與新法算書靈臺儀象志儀象考成正編均有微異。蓋黃赤大距既古遠而今近。恆星之行必不能俱隨其式而遷。則黃道緯度古今亦難齊一。但其差至微久而後見耳。赤道歲差。並生於黃赤大距之較。蓋恆星循黃道而東。則其當赤道者。經度有盈朒。緯度有損益。如恆星黃道經度當春分後秋分前。星距黃道緯度南者。其赤道經度歲差。皆不及黃道。愈南愈弱。至近黃極之星而止。星距黃道緯度北者。其赤道經度歲差。皆過黃道。愈北愈强。至星距黃極之度適合大距而止。再北。則赤道歲差轉為退矣。如恆星黃道經度當秋分後春分前。星距黃道緯度北者。其赤道經度歲差。亦不及黃道。愈北愈弱。亦至近黃極之星而止。星距黃道緯度南者。其赤道經度歲差。亦過黃道。愈南愈强。亦至星距黃極之度適合大距而止。再南。則赤道歲差亦轉為退矣。此赤道經度之差。自二道距度而生者也。如恆星黃道經度當冬至後夏至前。其黃道斜過赤道自南而北。星在赤道北者。漸遠赤道。則緯度漸長。其差為加。星在赤道南者。漸近赤道。則緯度漸消。其差為減。至近黃道之星。減極則越赤道而北。復為加矣。如恆星黃道經度當夏至後冬至前。其黃道斜過赤道自北而南。星在赤道南者。漸遠赤道。則緯度亦漸長。其差為加。星在赤道北者。漸近赤道。則緯度亦漸消。其差為減。至近黃道之星。又減極則越赤道而南。復為加矣。此赤道緯度之差。自二道斜交而生者也。今從續編新測。立光緒十三年丁亥歲前冬至子正恆星表。以三垣。二十八宿。及近南極星。為次。黃赤二道經緯度。與赤道兩歲差。並列表中。而星之六等殿之。去極入宿古之遺法亦繫於各表之末。庶觀象者有稽焉。欲下求。都視所求年距立表年。減一算。以乘東西歲差數。得所求年黃道經度。又乘赤道兩歲差加減赤道經緯度。得所求年赤道經緯度。若上求。則加者減之。減者加之。

紫微垣恆星表

| 星名 | 黄道經度宮 | 度 | 分 | 秒 | 黄道緯向 | 度 | 分 | 秒 | 赤道經度宮 | 度 | 分 | 秒 | 微 | 經度歲差加減 | 分 | 秒 | 微 | 赤道緯向 | 度 | 分 | 秒 | 微 | 緯度歲差加減 | 秒 | 微 | 星等 |
|---|---|---|---|---|---|---|---|---|---|---|---|---|---|---|---|---|---|---|---|---|---|---|---|---|---|---|
| 太子北極一 | 午 | 一九 | 五七 | 四四 | 北 | 七三 | 一四 | 一五 | 卯 | 二〇 | 一四 | 〇三 | 五九 | 減 |  | 二 | 〇七 | 北 | 七二 | 一四 | 三二 | 五八 | 減 | 一三 | 一四 | 三 |
| 帝北極二 | 午 | 一一 | 四二 | 二四 | 北 | 七二 | 五九 | 五三 | 卯 | 一二 | 四九 | 二七 | 四六 | 減 |  | 三 | 三八 | 北 | 七四 | 三七 | 〇八 | 〇七 | 減 | 一五 | 一一 | 二 |
| 庶子北極三 | 午 | 六 | 四八 | 二五 | 北 | 七一 | 二六 | 五四 | 卯 | 六 | 五九 | 二一 | 四一 | 減 |  | 三 | 一三 | 北 | 七六 | 一一 | 四五 | 一四 | 減 | 一六 | 二二 | 四 |
| 北增一 | 午 | 六 | 一四 | 〇六 | 北 | 七三 | 〇八 | 〇九 | 卯 | 一四 | 〇六 | 〇〇 | 一六 | 減 |  | 一一 | 〇八 | 北 | 七六 | 一一 | 〇八 | 一〇 | 減 | 一四 | 五〇 | 六 |
| 南增二 | 午 | 九 | 五六 | 二〇 | 北 | 七〇 | 〇六 | 二四 | 卯 | 一 | 四一 | 二四 | 三一 | 加 |  | 六 | 三七 | 北 | 七五 | 〇七 | 二八 | 二九 | 減 | 一七 | 三七 | 六 |
| 北增三 | 午 | 一二 | 二六 | 五六 | 北 | 七四 | 〇一 | 一〇 | 卯 | 一六 | 三三 | 三四 | 五一 | 減 |  | 六 | 〇三 | 北 | 七四 | 一九 | 二四 | 五八 | 減 | 一四 | 一四 | 六 |
| 后宮北極四 | 午 | 一 | 一〇 | 四〇 | 北 | 七〇 | 三一 | 二〇 | 卯 | 三 | 一九 | 〇二 | 一三 | 減 |  | 六 | 二九 | 北 | 七八 | 〇四 | 四三 | 〇六 | 減 | 一七 | 一八 | 五 |
| 天樞北極五 | 未 | 一五 | 一一 | 四一 | 北 | 六七 | 〇四 | 四七 | 辰 | 一二 | 〇一 | 二八 | 〇二 | 加 |  | 六 | 一四 | 北 | 八四 | 〇〇 | 三三 | 五八 | 減 | 二〇 | 一四 | 五 |
| 四輔一 | 未 | 七 | 〇二 | 五四 | 北 | 六四 | 五三 | 一四 | 巳 | 三 | 一九 | 一五 | 一三 | 加 | 三 | 三四 | 三一 | 北 | 八六 | 三九 | 四三 | 三一 | 減 | 一八 | 二三 | 六 |
| 四輔二 | 未 | 一〇 | 〇三 | 四一 | 北 | 六三 | 五二 | 二三 | 巳 | 二 | 一二 | 四四 | 〇八 | 加 | 二 | 四一 | 五六 | 北 | 八五 | 〇〇 | 四二 | 二四 | 減 | 一八 | 一二 | 六 |
| 四輔三 | 未 | 一三 | 三九 | 一一 | 北 | 六二 | 五五 | 一二 | 巳 | 四 | 〇九 | 一〇 | 四八 | 加 | 二 | 〇四 | 三六 | 北 | 八三 | 〇八 | 〇六 | 二一 | 減 | 一八 | 三三 | 六 |
| 四輔四 | 未 | 一四 | 〇五 | 二五 | 北 | 六五 | 四二 | 〇四 | 巳 | 二八 | 〇〇 | 五五 | 四〇 | 加 |  | 五五 | 四〇 | 北 | 八四 | 一四 | 五〇 | 三七 | 減 | 二〇 | 四一 | 六 |
| 南增一 | 未 | 一二 | 四五 | 一四 | 北 | 六〇 | 四〇 | 四四 | 午 | 一九 | 五〇 | 〇三 | 五八 | 加 | 二 | 二二 | 四六 | 北 | 八一 | 五二 | 一一 | 〇四 | 減 | 一五 | 三二 | 六 |
| 句陳一 | 申 | 二七 | 〇二 | 五九 | 北 | 六六 | 〇六 | 一〇 | 戌 | 一九 | 三五 | 四一 | 一二 | 加 | 五 | 二七 | 二四 | 北 | 八八 | 四三 | 五七 | 五七 | 加 | 一九 | 三九 | 二 |
| 句陳二 | 申 | 二九 | 三六 | 四六 | 北 | 六九 | 五六 | 一〇 | 丑 | 二 | 一四 | 三一 | 〇四 | 減 | 五 | 〇〇 | 三二 | 北 | 八六 | 三六 | 二八 | 三六 | 加 | 一 | 一二 | 三 |
| 句陳三 | 未 | 七 | 四二 | 四一 | 北 | 七三 | 五五 | 〇六 | 寅 | 一四 | 〇六 | 四三 | 〇七 | 減 | 一 | 三八 | 一一 | 北 | 八二 | 一一 | 五二 | 二一 | 減 | 五 | 三三 | 四 |
| 句陳四 | 未 | 二五 | 四九 | 四一 | 北 | 七五 | 〇八 | 三六 | 卯 | 二七 | 〇八 | 二四 | 三一 | 減 |  | 三五 | 二三 | 北 | 七八 | 〇七 | 一一 | 〇七 | 減 | 一一 | 一一 | 四 |
| 句陳五 | 申 | 二〇 | 〇〇 | 〇一 | 北 | 六五 | 一二 | 〇八 | 戌 | 一三 | 三九 | 五六 | 二四 | 加 | 一 | 四九 | 四八 | 北 | 八五 | 四二 | 〇六 | 二七 | 加 | 二〇 | 〇九 | 六 |
| 句陳六 | 申 | 一四 | 一七 | 〇一 | 北 | 六七 | 三二 | 三五 | 亥 | 一三 | 五六 | 二一 | 五六 | 減 |  | 五 | 二八 | 北 | 八三 | 四八 | 二九 | 三三 | 加 | 一九 | 五一 | 四 |
| 南增一 | 申 | 一一 | 〇九 | 四六 | 北 | 六七 | 四六 | 五一 | 亥 | 一一 | 四九 | 五一 | 四五 | 減 |  | 一 | 四五 | 北 | 八二 | 三七 | 三二 | 三〇 | 加 | 二〇 | 三〇 | 六 |

紫微垣恆星表

| 星名 | 黄道經度宮 | 度 | 分 | 秒 | 黄道緯向 | 度 | 分 | 秒 | 赤道經度宮 | 度 | 分 | 秒 | 微 | 經度歲差加減 | 分 | 秒 | 微 | 赤道緯向 | 度 | 分 | 秒 | 微 | 緯度歲差加減 | 秒 | 微 | 星等 |
|---|---|---|---|---|---|---|---|---|---|---|---|---|---|---|---|---|---|---|---|---|---|---|---|---|---|---|
| 內增二 | 申 | 二一 | 四五 | 二一 | 北 | 六六 | 四九 | 五三 | 寅 | 二一 | 一六 | 五一 | 一〇 | 減 |  | 五 | 五〇 | 北 | 八六 | 四三 | 四一 | 二一 | 加 | 二〇 | 二七 | 六 |
| 內增三 | 申 | 二四 | 五一 | 五三 | 北 | 六五 | 四四 | 五三 | 戌 | 一七 | 二九 | 四六 | 三六 | 加 | 三 | 〇九 | 一二 | 北 | 八七 | 三八 | 五二 | 五〇 | 加 | 一九 | 五〇 | 六 |
| 南增四 | 未 | 一 | 〇四 | 四五 | 北 | 六五 | 五〇 | 〇〇 | 未 | 九 | 五六 | 四一 | 三一 | 加 | 七 | 五四 | 三七 | 北 | 八七 | 一四 | 二七 | 四三 | 減 | 二 | 五九 | 六 |
| 內增五 | 申 | 二八 | 一五 | 一五 | 北 | 六七 | 三〇 | 三五 | 子 | 四 | 〇八 | 二五 | 〇六 | 減 | 一二 | 〇七 | 一八 | 北 | 八八 | 四九 | 〇一 | 〇四 | 加 | 一二 | 二八 | 六 |
| 東增六 | 申 | 二九 | 五五 | 五九 | 北 | 六九 | 三六 | 二五 | 丑 | 〇 | 四一 | 一六 | 四三 | 減 | 五 | 三八 | 五九 | 北 | 八六 | 五六 | 二二 | 〇六 | 加 |  | 四二 | 六 |
| 東增七 | 未 | 二九 | 〇九 | 四二 | 北 | 七四 | 四七 | 三一 | 卯 | 二五 | 四〇 | 四一 | 四二 | 減 |  | 二八 | 〇六 | 北 | 七七 | 三二 | 二三 | 五一 | 減 | 一二 | 〇三 | 五 |
| 東增八 | 未 | 二九 | 一六 | 四四 | 北 | 七七 | 二五 | 五八 | 寅 | 三 | 三五 | 四一 | 四五 | 減 |  | 二七 | 四五 | 北 | 七六 | 〇九 | 二三 | 〇七 | 減 | 九 | 一一 | 五 |
| 東增九 | 未 | 二九 | 〇五 | 三八 | 北 | 七七 | 四五 | 五八 | 寅 | 四 | 四八 | 三三 | 二九 | 減 |  | 二七 | 三七 | 北 | 七五 | 五九 | 二九 | 〇二 | 減 | 八 | 四六 | 五 |
| 東增十 | 午 | 一 | 五九 | 〇一 | 北 | 七七 | 五二 | 三六 | 寅 | 三 | 五四 | 四五 | 四九 | 減 |  | 二四 | 一七 | 北 | 七五 | 二九 | 一四 | 〇八 | 減 | 九 | 〇四 | 六 |
| 天皇大帝 | 申 | 一九 | 一一 | 五一 | 北 | 六八 | 〇三 | 三八 | 亥 | 五 | 〇八 | 〇三 | 〇八 | 減 | 一 | 〇二 | 〇四 | 北 | 八五 | 三四 | 一八 | 〇七 | 加 | 一八 | 四九 | 六 |
| 天柱一 | 申 | 二二 | 五五 | 〇六 | 北 | 七一 | 五五 | 三九 | 子 | 一二 | 二八 | 二二 | 三四 | 減 | 一 | 〇一 | 〇二 | 北 | 八二 | 〇七 | 五〇 | 五二 | 加 | 一四 | 〇四 | 五 |
| 天柱二 | 酉 | 二八 | 三八 | 四〇 | 北 | 七二 | 三六 | 五九 | 子 | 一六 | 五一 | 〇八 | 五三 | 減 |  | 一六 | 四九 | 北 | 七七 | 四一 | 五〇 | 一八 | 加 | 一五 | 〇六 | 五 |
| 天柱三 | 酉 | 二八 | 一二 | 四五 | 北 | 七六 | 三七 | 四八 | 子 | 〇 | 二九 | 二九 | 五〇 | 減 |  | 二四 | 一〇 | 北 | 七六 | 〇六 | 三八 | 一三 | 加 | 一〇 | 三一 | 六 |
| 天柱四 | 申 | 九 | 五四 | 四一 | 北 | 七九 | 〇一 | 三七 | 丑 | 一六 | 〇四 | 二七 | 四三 | 減 |  | 三三 | 五九 | 北 | 七六 | 二〇 | 五九 | 四一 | 加 | 五 | 四七 | 六 |
| 天柱五 | 申 | 二八 | 三三 | 二一 | 北 | 七六 | 三三 | 三〇 | 丑 | 一 | 五六 | 五九 | 五八 | 減 | 一 | 〇九 | 一四 | 北 | 七九 | 五八 | 三二 | 〇七 | 加 |  | 四九 | 五 |
| 內增一 | 申 | 七 | 五四 | 五六 | 北 | 七八 | 四一 | 〇五 | 丑 | 一八 | 一六 | 一四 | 〇六 | 減 |  | 三三 | 一八 | 北 | 七六 | 二三 | 二九 | 一三 | 加 | 六 | 三一 | 六 |
| 內增二 | 申 | 一 | 四〇 | 五八 | 北 | 七五 | 三〇 | 一三 | 子 | 二 | 五七 | 四一 | 五五 | 減 |  | 二九 | 三五 | 北 | 七七 | 二三 | 三三 | 一一 | 加 | 一一 | 一七 | 五 |
| 內增三 | 申 | 九 | 五四 | 一六 | 北 | 七二 | 四九 | 一一 | 子 | 八 | 五四 | 三四 | 二七 | 減 |  | 四九 | 五一 | 北 | 八〇 | 四二 | 〇七 | 五二 | 加 | 一三 | 〇四 | 六 |
| 內增四 | 申 | 一〇 | 五六 | 〇四 | 北 | 七二 | 三八 | 四一 | 子 | 八 | 四七 | 四三 | 一八 | 減 |  | 五三 | 五四 | 北 | 八一 | 〇三 | 一四 | 二六 | 加 | 一三 | 〇二 | 六 |
| 東增五 | 申 | 二八 | 三五 | 五四 | 北 | 七六 | 三〇 | 〇〇 | 丑 | 一 | 五六 | 一二 | 一七 | 減 | 一 | 一〇 | 〇一 | 北 | 八〇 | 〇二 | 二二 | 四一 | 加 |  | 四七 | 五 |

紫微垣恆星表

| 星名 | 黄道經度宮 | 度 | 分 | 秒 | 黄道緯向 | 度 | 分 | 秒 | 赤道經度宮 | 度 | 分 | 秒 | 微 | 經度歲差加減 | 分 | 秒 | 微 | 赤道緯向 | 度 | 分 | 秒 | 微 | 緯度歲差加減 | 秒 | 微 | 星等 |
|---|---|---|---|---|---|---|---|---|---|---|---|---|---|---|---|---|---|---|---|---|---|---|---|---|---|---|
| 北增六 | 未 | 二 | 〇〇 | 一六 | 北 | 七九 | 二九 | 五〇 | 寅 | 二八 | 二二 | 一五 | 二四 | 減 |  | 四二 | 一二 | 北 | 七七 | 〇二 | 二七 | 〇四 | 減 |  | 三二 | 六 |
| 御女一 | 酉 | 二三 | 三一 | 二六 | 北 | 八〇 | 四一 | 三六 | 丑 | 一九 | 二二 | 二〇 | 四六 | 減 |  | 一六 | 三八 | 北 | 七三 | 〇九 | 〇八 | 五九 | 加 | 六 | 五三 | 四 |
| 御女二 | 申 | 一一 | 一六 | 一八 | 北 | 八〇 | 二六 | 一七 | 丑 | 一二 | 〇七 | 五六 | 〇六 | 減 |  | 二九 | 一八 | 北 | 七五 | 一七 | 五八 | 二九 | 加 | 四 | 二三 | 四 |
| 御女三 | 未 | 一一 | 五二 | 五六 | 北 | 八二 | 〇〇 | 三〇 | 寅 | 二三 | 五五 | 五五 | 三〇 | 減 |  | 二五 | 三〇 | 北 | 七四 | 一七 | 一八 | 五〇 | 減 | 二 | 一〇 | 六 |
| 御女四 | 申 | 一五 | 〇五 | 一三 | 北 | 八三 | 三三 | 一五 | 丑 | 五 | 三四 | 三四 | 三一 | 減 |  | 一八 | 二三 | 北 | 七二 | 四二 | 一一 | 二六 | 加 | 二 | 〇二 | 四 |
| 西增一 | 酉 | 一六 | 二五 | 四六 | 北 | 七九 | 〇六 | 一二 | 丑 | 二六 | 一〇 | 一四 | 五〇 | 減 |  | 一二 | 一〇 | 北 | 七二 | 四九 | 〇四 | 二六 | 加 | 九 | 〇九 | 六 |
| 女史 | 未 | 二 | 一〇 | 一四 | 北 | 八四 | 三二 | 一〇 | 寅 | 二九 | 一九 | 五一 | 一七 | 減 |  | 一六 | 〇一 | 北 | 七二 | 〇〇 | 三一 | 四一 | 減 |  | 一三 | 四 |
| 東增一 | 未 | 一一 | 四九 | 〇六 | 北 | 八四 | 〇九 | 三七 | 寅 | 二六 | 〇五 | 〇七 | 二八 | 減 |  | 一六 | 四四 | 北 | 七二 | 一三 | 三九 | 四八 | 減 | 一 | 二四 | 六 |
| 柱史 | 申 | 九 | 四四 | 四四 | 北 | 八四 | 五二 | 三一 | 丑 | 五 | 三一 | 四二 | 三四 | 減 |  | 一三 | 〇二 | 北 | 七一 | 一六 | 四一 | 四三 | 加 | 二 | 〇一 | 五 |
| 北增一 | 酉 | 二三 | 二二 | 〇四 | 北 | 八七 | 一九 | 二七 | 丑 | 四 | 二三 | 一〇 | 五一 | 減 |  | 五 | 〇三 | 北 | 六八 | 三八 | 二七 | 〇五 | 加 | 一 | 三五 | 六 |
| 北增二 | 酉 | 二七 | 〇六 | 三六 | 北 | 八七 | 二〇 | 二七 | 丑 | 三 | 五八 | 五九 | 五七 | 減 |  | 五 | 二一 | 北 | 六八 | 四四 | 四六 | 〇二 | 加 | 二 | 一四 | 六 |
| 尚書一 | 午 | 二四 | 四七 | 〇六 | 北 | 八六 | 五一 | 五二 | 寅 | 二三 | 〇五 | 〇二 | 二八 | 減 |  | 三 | 四四 | 北 | 六八 | 一二 | 五五 | 一三 | 減 | 二 | 二九 | 五 |
| 尚書二 | 巳 | 三 | 三六 | 〇八 | 北 | 八一 | 〇〇 | 五六 | 寅 | 六 | 五八 | 一六 | 一五 | 加 |  | 一 | 四五 | 北 | 六九 | 〇一 | 五八 | 四一 | 減 | 八 | 一三 | 四 |
| 尚書三 | 辰 | 二 | 三三 | 一四 | 北 | 八一 | 三七 | 〇六 | 寅 | 九 | 五八 | 五八 | 一三 | 加 |  | 六 | 三一 | 北 | 六四 | 四九 | 三七 | 〇八 | 減 | 七 | 〇四 | 五 |
| 尚書四 | 午 | 二五 | 〇八 | 一六 | 北 | 八〇 | 三一 | 〇六 | 寅 | 六 | 一〇 | 三七 | 〇二 | 減 |  | 五 | 四六 | 北 | 七〇 | 二六 | 五七 | 四〇 | 減 | 八 | 二〇 | 六 |
| 尚書五 | 辰 | 二 | 五五 | 〇三 | 北 | 八三 | 一八 | 三五 | 寅 | 一三 | 四八 | 三五 | 五一 | 加 |  | 三 | 五七 | 北 | 六五 | 二〇 | 二五 | 五三 | 減 | 五 | 四九 | 五 |
| 東增一 | 午 | 一一 | 〇〇 | 四九 | 北 | 八六 | 五三 | 三八 | 寅 | 二四 | 二一 | 二三 | 二二 | 減 |  | 五 | 二六 | 北 | 六八 | 四八 | 〇四 | 一七 | 減 | 二 | 〇一 | 四 |
| 東增二 | 辰 | 三 | 五〇 | 四四 | 北 | 八三 | 一八 | 三四 | 寅 | 一三 | 五三 | 一九 | 〇六 | 加 |  | 四 | 四二 | 北 | 六五 | 一四 | 一五 | 一一 | 減 | 五 | 四三 | 六 |
| 天牀一 | 午 | 二四 | 〇七 | 一二 | 北 | 六九 | 一三 | 一三 | 卯 | 二 | 一四 | 二六 | 五二 | 加 |  | 一七 | 〇四 | 北 | 七〇 | 〇七 | 四七 | 三九 | 減 | 一七 | 二七 | 五 |
| 天牀二 | 巳 | 六 | 一五 | 三二 | 北 | 七四 | 〇五 | 一三 | 卯 | 一八 | 一六 | 二七 | 四〇 | 加 |  | 九 | 四〇 | 北 | 六七 | 五〇 | 四九 | 一九 | 減 | 一三 | 四七 | 六 |

紫微垣恆星表

| 星名 | 黄道經度宮 | 度 | 分 | 秒 | 黄道緯向 | 度 | 分 | 秒 | 赤道經度宮 | 度 | 分 | 秒 | 微 | 經度歲差加減 | 分 | 秒 | 微 | 赤道緯向 | 度 | 分 | 秒 | 微 | 緯度歲差加減 | 秒 | 微 | 星等 |
|---|---|---|---|---|---|---|---|---|---|---|---|---|---|---|---|---|---|---|---|---|---|---|---|---|---|---|
| 天牀三 | 巳 | 二七 | 五六 | 四六 | 北 | 七五 | 二三 | 二八 | 卯 | 二六 | 一三 | 二九 | 三七 | 加 |  | 一四 | 一九 | 北 | 六三 | 〇二 | 三九 | 四八 | 減 | 一一 | 二四 | 六 |
| 天牀四 | 巳 | 一七 | 〇六 | 五六 | 北 | 七九 | 五六 | 〇六 | 寅 | 四 | 二五 | 五二 | 一八 | 加 |  | 四 | 〇六 | 北 | 六六 | 四五 | 〇三 | 〇九 | 減 | 八 | 五七 | 六 |
| 天牀五 | 巳 | 八 | 五七 | 四六 | 北 | 七二 | 〇三 | 五九 | 卯 | 一三 | 五八 | 〇一 | 三一 | 加 |  | 一四 | 三七 | 北 | 六六 | 二七 | 五六 | 三五 | 減 | 一四 | 五五 | 五 |
| 天牀六 | 午 | 一九 | 〇四 | 四九 | 北 | 七二 | 三三 | 〇〇 | 卯 | 一一 | 二一 | 一五 | 五五 | 加 |  | 四 | 二五 | 北 | 七二 | 二五 | 五〇 | 〇四 | 減 | 一五 | 三二 | 六 |
| 北增一 | 午 | 二〇 | 〇七 | 〇四 | 北 | 七三 | 四一 | 五五 | 卯 | 一五 | 一一 | 三一 | 二四 | 加 |  | 一 | 四八 | 北 | 七二 | 一二 | 一三 | 五五 | 減 | 一四 | 三五 | 六 |
| 北增二 | 午 | 二〇 | 〇一 | 三三 | 北 | 七四 | 五七 | 一五 | 卯 | 一九 | 一八 | 一五 | 五七 | 減 |  | 一 | 二一 | 北 | 七二 | 一四 | 一一 | 三〇 | 減 | 一三 | 三〇 | 五 |
| 大理一 | 未 | 二七 | 五四 | 五四 | 北 | 六四 | 一一 | 五〇 | 辰 | 一 | 三一 | 〇八 | 三七 | 加 |  | 四五 | 一九 | 北 | 七八 | 一四 | 二一 | 三七 | 減 | 二〇 | 四一 | 五 |
| 大理二 | 未 | 二九 | 五五 | 五四 | 北 | 六四 | 一三 | 四八 | 辰 | 三 | 二一 | 一二 | 二一 | 加 |  | 四二 | 二七 | 北 | 七七 | 二六 | 五八 | 三九 | 減 | 二〇 | 三七 | 五 |
| 東增一 | 午 | 三 | 〇八 | 〇九 | 北 | 六三 | 三四 | 〇九 | 辰 | 三 | 二三 | 一三 | 〇〇 | 加 |  | 四三 | 〇〇 | 北 | 七五 | 五三 | 三四 | 三七 | 減 | 二〇 | 四一 | 六 |
| 陰德一 | 未 | 二四 | 三七 | 〇三 | 北 | 五八 | 一三 | 〇一 | 巳 | 五 | 四八 | 〇二 | 二六 | 加 | 一 | 二二 | 〇二 | 北 | 七五 | 五四 | 〇五 | 五三 | 減 | 一八 | 四九 | 五 |
| 陰德二 | 未 | 二七 | 二〇 | 四四 | 北 | 五七 | 一六 | 一五 | 巳 | 六 | 五五 | 〇八 | 五二 | 加 | 一 | 一七 | 〇四 | 北 | 七四 | 二〇 | 一五 | 一七 | 減 | 一九 | 〇一 | 五 |
| 北增一 | 未 | 二四 | 三六 | 二三 | 北 | 五八 | 三四 | 四一 | 巳 | 六 | 一八 | 一〇 | 二九 | 加 | 一 | 二二 | 二三 | 北 | 七六 | 一七 | 一三 | 一八 | 減 | 一八 | 五四 | 五 |
| 六甲一 | 未 | 二 | 〇七 | 五六 | 北 | 五六 | 二〇 | 〇三 | 未 | 六 | 三八 | 四〇 | 一二 | 加 | 二 | 四一 | 二四 | 北 | 七九 | 四四 | 〇〇 | 〇七 | 減 | 二 | 一一 | 六 |
| 六甲二 | 未 | 四 | 〇五 | 〇一 | 北 | 五三 | 四九 | 四九 | 未 | 一〇 | 五二 | 一五 | 三三 | 加 | 二 | 一六 | 五一 | 北 | 七七 | 〇七 | 二九 | 二八 | 減 | 三 | 四四 | 五 |
| 六甲三 | 未 | 七 | 二六 | 四一 | 北 | 五七 | 〇八 | 三二 | 未 | 二三 | 四八 | 三八 | 〇五 | 加 | 二 | 三五 | 三五 | 北 | 七九 | 五八 | 二二 | 三三 | 減 | 八 | 〇九 | 六 |
| 六甲四 | 未 | 四 | 〇二 | 四一 | 北 | 五九 | 二五 | 〇六 | 未 | 一六 | 一五 | 三〇 | 三八 | 加 | 三 | 二二 | 二六 | 北 | 八二 | 三八 | 一四 | 〇四 | 減 | 五 | 三二 | 六 |
| 六甲五 | 申 | 二三 | 三〇 | 一一 | 北 | 五七 | 五五 | 四九 | 申 | 七 | 四四 | 三五 | 二六 | 加 | 二 | 四六 | 〇二 | 北 | 八〇 | 五二 | 二八 | 二六 | 加 | 八 | 〇二 | 六 |
| 六甲六 | 申 | 二五 | 一七 | 五六 | 北 | 五五 | 五二 | 四〇 | 申 | 一五 | 五六 | 〇四 | 四七 | 加 | 二 | 三一 | 二九 | 北 | 七九 | 〇五 | 四七 | 一九 | 加 | 五 | 一三 | 五 |
| 南增一 | 申 | 二三 | 一一 | 一一 | 北 | 五〇 | 三六 | 三七 | 申 | 一四 | 二六 | 五六 | 四八 | 加 | 一 | 五五 | 五六 | 北 | 七三 | 四一 | 二八 | 〇六 | 加 | 五 | 四二 | 六 |
| 五帝內座一 | 申 | 一四 | 〇六 | 四八 | 北 | 五七 | 四九 | 二一 | 酉 | 一二 | 二三 | 五七 | 一八 | 加 | 一 | 五六 | 〇六 | 北 | 七八 | 三六 | 五五 | 二九 | 加 | 一五 | 二三 | 六 |

紫微垣恒星表

| 紫微垣恒星表 | 黃道經度宮 |
|---|---|
| 五帝內座二 | 申 |
| 五帝內座三 | 申 |
| 五帝內座四 | 申 |
| 五帝內座五 | 申 |
| 內增一 | 申 |
| 西增二 | 申 |
| 西增三 | 申 |
| 華蓋一 | 申 |
| 華蓋二 | 申 |
| 華蓋三 | 酉 |
| 華蓋四 | 酉 |
| 華蓋五 | 酉 |
| 華蓋六 | 酉 |
| 華蓋七 | 酉 |
| 杠一 | 申 |
| 杠二 | 申 |
| 杠三 | 申 |
| 杠四 | 申 |
| 杠五 | 申 |
| 杠六 | 申 |
| 杠七 | 申 |
| 杠八 | 酉 |
| 杠九 | 酉 |
| 內增一 | 申 |
| 右樞右垣一 | 巳 |
| 少尉右垣二 | 午 |
| 北增一 | 午 |
| 北增二 | 午 |
| 上輔右垣三 | 午 |
| 東增一 | 午 |
| 東增二 | 午 |
| 少輔右垣四 | 未 |
| 北增一 | 未 |
| 上衛右垣五 | 未 |
| 西增一 | 未 |
| 西增二 | 未 |
| 西增三 | 未 |
| 少衛右垣六 | 申 |
| 西增一 | 申 |
| 上丞右垣七 | 申 |

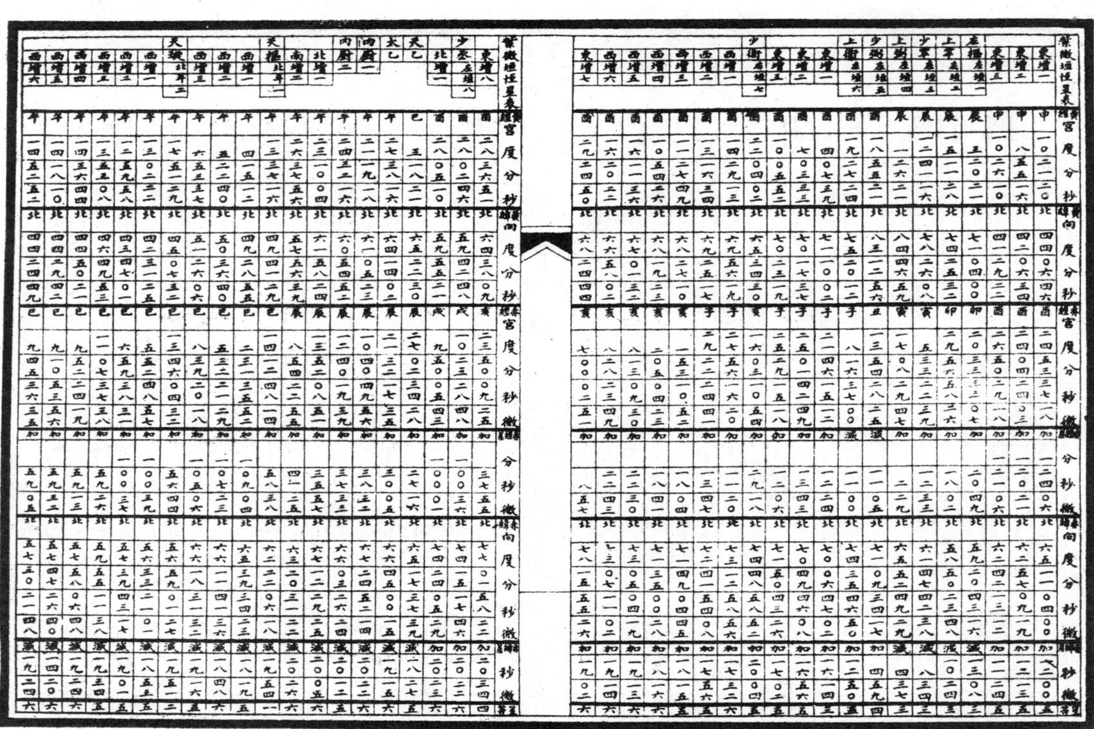

紫微垣恆星表

| 星名 | 黃道經度 宮 | 度 | 分 | 秒 | 黃道緯度 南北 | 度 | 分 | 秒 | 赤道經度 宮 | 度 | 分 | 秒 | 微 | 歲差 加減 | 分 | 秒 | 微 | 赤道緯度 南北 | 度 | 分 | 秒 | 微 | 歲差 加減 | 秒 | 微 | 星等 |
|---|---|---|---|---|---|---|---|---|---|---|---|---|---|---|---|---|---|---|---|---|---|---|---|---|---|---|
| 西增七 | 午 | 一五 | 五八 | 二六 | 北 | 四四 | 五〇 | 〇七 | 巳 | 一一 | 〇四 | 三四 | 二八 | 加 |  | 五八 | 一六 | 北 | 五七 | 一〇 | 一三 | 〇三 | 減 | 一九 | 三九 | 六 |
| 南增八 | 午 | 一七 | 四九 | 三八 | 北 | 四二 | 五九 | 二八 | 巳 | 一一 | 四二 | 二六 | 一〇 | 加 |  | 五七 | 一〇 | 北 | 五五 | 一一 | 〇六 | 二九 | 減 | 一九 | 三七 | 六 |
| 天廚東增五 | 午 | 二八 | 五五 | 五四 | 北 | 四七 | 〇八 | 一九 | 巳 | 二六 | 五九 | 〇九 | 三七 | 加 |  | 四九 | 一九 | 北 | 五四 | 一九 | 一四 | 〇三 | 減 | 二〇 | 三九 | 三 |
| 天棓東增四 | 午 | 二九 | 三八 | 一二 | 北 | 五一 | 四〇 | 三九 | 辰 | 二 | 二九 | 一八 | 〇三 | 加 |  | 四六 | 二二 | 北 | 五七 | 四〇 | 四八 | 五四 | 減 | 二〇 | 四二 | 五 |
| 北增一 | 巳 |  | 二五 | 三五 | 北 | 五三 | 五八 | 二六 | 辰 | 六 | 一一 | 四八 | 五二 | 加 |  | 四四 | 〇四 | 北 | 五九 | 〇一 | 四六 | 一三 | 減 | 二〇 | 三六 | 六 |
| 北增二 | 午 | 二九 | 三〇 | 〇八 | 北 | 五三 | 四六 | 二一 | 辰 | 三 | 五一 | 四一 | 一五 | 加 |  | 四五 | 三一 | 北 | 五八 | 三〇 | 〇九 | 〇三 | 減 | 二〇 | 五九 | 六 |
| 東增三 | 巳 | 二 | 三六 | 〇六 | 北 | 五一 | 四三 | 五八 | 辰 | 五 | 三四 | 五九 | 三二 | 加 |  | 四四 | 四四 | 北 | 五六 | 二〇 | 五八 | 一二 | 減 | 二〇 | 三六 | 六 |
| 玄戈東增五 | 巳 | 七 | 二〇 | 二一 | 北 | 五四 | 二〇 | 二〇 | 辰 | 一二 | 一七 | 四五 | 一八 | 加 |  | 四一 | 〇六 | 北 | 五六 | 三五 | 二五 | 五八 | 減 | 二〇 | 一四 | 三 |
| 太陽守東增六 | 巳 | 一四 | 〇五 | 三九 | 北 | 五六 | 二五 | 一九 | 辰 | 一九 | 五一 | 一七 | 三九 | 加 |  | 三七 | 三三 | 北 | 五五 | 三一 | 四〇 | 三九 | 減 | 一九 | 二七 | 五 |
| 北增一 | 巳 | 一四 | 一六 | 〇六 | 北 | 五六 | 三四 | 〇一 | 辰 | 二〇 | 一一 | 五六 | 三七 | 加 |  | 三七 | 一九 | 北 | 五五 | 二五 | 三八 | 二三 | 減 | 一九 | 二六 | 五 |
| 東增二 | 巳 | 一九 | 四〇 | 二一 | 北 | 五六 | 二六 | 一二 | 辰 | 二三 | 五二 | 〇七 | 三八 | 加 |  | 三六 | 二六 | 北 | 五三 | 三〇 | 一三 | 五二 | 減 | 一八 | 五六 | 六 |
| 搖光北增七 | 巳 | 二五 | 二〇 | 五六 | 北 | 五四 | 五四 | 四一 | 辰 | 二五 | 四七 | 五八 | 五五 | 加 |  | 三七 | 〇五 | 北 | 四九 | 五三 | 三五 | 二九 | 減 | 一八 | 三七 | 三 |
| 輔 | 巳 | 一五 | 三四 | 〇六 | 北 | 五七 | 四一 | 〇九 | 辰 | 二五 | 二八 | 〇四 | 三六 | 加 |  | 三六 | 〇二 | 北 | 五五 | 五五 | 四六 | 三三 | 減 | 一九 | 〇九 | 五 |
| 東增一 | 巳 | 一七 | 四二 | 四〇 | 北 | 五七 | 三〇 | 四九 | 辰 | 二四 | 〇八 | 一一 | 〇五 | 加 |  | 三五 | 三五 | 北 | 五五 | 一五 | 四九 | 〇一 | 減 | 一八 | 五五 | 六 |
| 東增二 | 巳 | 一九 | 一一 | 三九 | 北 | 五八 | 一三 | 五六 | 辰 | 二五 | 五六 | 〇一 | 〇〇 | 加 |  | 三五 | 〇〇 | 北 | 五五 | 〇〇 | 三五 | 〇三 | 減 | 一八 | 三九 | 六 |
| 東增五 | 巳 | 二一 | 五八 | 五〇 | 北 | 五八 | 二五 | 二八 | 辰 | 二七 | 二七 | 四一 | 一二 | 加 |  | 三四 | 二四 | 北 | 五四 | 一六 | 四〇 | 三九 | 減 | 一八 | 二七 | 六 |
| 天槍一 | 巳 | 五八 | 二五 | 三三 | 北 | 五八 | 五四 | 四八 | 卯 | 二 | 二四 | 一一 | 三一 | 加 |  | 三三 | 三七 | 北 | 五二 | 一八 | 五八 | 一三 | 減 | 一七 | 二九 | 四 |
| 天槍二 | 巳 | 二九 | 三三 | 一六 | 北 | 五八 | 五四 | 五三 | 卯 | 三 | 〇五 | 二四 | 五九 | 加 |  | 三二 | 五三 | 北 | 五一 | 五三 | 四七 | 四〇 | 減 | 一七 | 二〇 | 四 |
| 天槍三 | 辰 | 一 | 〇一 | 一六 | 北 | 六〇 | 一〇 | 〇四 | 卯 | 五 | 二三 | 〇七 | 二〇 | 加 |  | 三二 | 二〇 | 北 | 五二 | 二三 | 五五 | 〇二 | 減 | 一六 | 四六 | 四 |
| 南增一 | 巳 | 二九 | 五六 | 四〇 | 北 | 五六 | 三四 | 四九 | 卯 | 一 | 〇四 | 一六 | 〇七 | 加 |  | 三五 | 四九 | 北 | 四九 | 五九 | 四二 | 二四 | 減 | 一七 | 四五 | 六 |

紫微垣恆星表

| 星名 | 黃道經度 宮 | 度 | 分 | 秒 | 黃道緯度 南北 | 度 | 分 | 秒 | 赤道經度 宮 | 度 | 分 | 秒 | 微 | 歲差 加減 | 分 | 秒 | 微 | 赤道緯度 南北 | 度 | 分 | 秒 | 微 | 歲差 加減 | 秒 | 微 | 星等 |
|---|---|---|---|---|---|---|---|---|---|---|---|---|---|---|---|---|---|---|---|---|---|---|---|---|---|---|
| 東增二 | 辰 | 四 | 三五 | 〇二 | 北 | 五八 | 五四 | 五九 | 卯 | 六 | 一三 | 〇七 | 一七 | 加 |  | 三二 | 五九 | 北 | 五〇 | 二一 | 〇八 | 一一 | 減 | 一六 | 四三 | 六 |
| 東增三 | 辰 | 二一 | 〇四 | 二六 | 北 | 六〇 | 〇五 | 四〇 | 卯 | 一一 | 二七 | 五三 | 五〇 | 加 |  | 三一 | 五〇 | 北 | 四九 | 一一 | 一二 | 二二 | 減 | 一五 | 三三 | 六 |
| 東增四 | 辰 | 一六 | 一三 | 二七 | 北 | 六〇 | 三二 | 〇七 | 卯 | 一五 | 〇〇 | 五七 | 三八 | 加 |  | 三一 | 二六 | 北 | 四八 | 〇四 | 四二 | 四六 | 減 | 一四 | 三八 | 六 |
| 玄戈 | 辰 | 五 | 二五 | 一四 | 北 | 五四 | 三九 | 一一 | 卯 | 五 | 〇二 | 五六 | 五二 | 加 |  | 三五 | 四四 | 北 | 四六 | 三五 | 五一 | 〇五 | 減 | 一七 | 二五 | 四 |
| 東增一 | 辰 | 一二 | 四六 | 一八 | 北 | 五五 | 三七 | 一七 | 卯 | 八 | 四〇 | 五八 | 三三 | 加 |  | 三四 | 五一 | 北 | 四四 | 五三 | 二九 | 五〇 | 減 | 一六 | 一〇 | 六 |
| 東增二 | 辰 | 一三 | 五〇 | 〇四 | 北 | 五七 | 五五 | 三六 | 卯 | 一一 | 一九 | 〇六 | 五四 | 加 |  | 三三 | 一八 | 北 | 四六 | 三五 | 四六 | 二一 | 減 | 一五 | 三三 | 六 |
| 三公一 | 巳 | 二五 | 五〇 | 一八 | 北 | 五〇 | 五一 | 五〇 | 辰 | 二二 | 五七 | 二四 | 四四 | 加 |  | 三九 | 〇八 | 北 | 四六 | 五二 | 一六 | 〇八 | 減 | 一九 | 〇四 | 五 |
| 三公二 | 巳 | 二二 | 四八 | 一六 | 北 | 五二 | 五二 | 一五 | 辰 | 二二 | 二九 | 一八 | 四七 | 加 |  | 三八 | 二九 | 北 | 四九 | 三五 | 五四 | 四二 | 減 | 一九 | 〇六 | 五 |
| 三公三 | 巳 | 一八 | 四一 | 一八 | 北 | 五一 | 四七 | 二九 | 辰 | 一八 | 二五 | 〇五 | 五三 | 加 |  | 三九 | 五一 | 北 | 五〇 | 一六 | 三七 | 五四 | 減 | 一九 | 四二 | 六 |
| 相 | 巳 | 六 | 一五 | 四四 | 北 | 四八 | 〇七 | 一三 | 辰 | 四 | 五九 | 一五 | 三一 | 加 |  | 四五 | 三七 | 北 | 五二 | 一一 | 〇七 | 二一 | 減 | 二〇 | 三三 | 六 |
| 西增一 | 巳 | 二 | 五二 | 四二 | 北 | 四八 | 四七 | 二九 | 辰 | 二 | 一九 | 四五 | 五一 | 加 |  | 四六 | 三七 | 北 | 五四 | 〇三 | 五八 | 一一 | 減 | 二〇 | 四三 | 六 |
| 南增二 | 巳 | 七 | 五八 | 五六 | 北 | 四五 | 三八 | 一四 | 辰 | 三 | 五五 | 三二 | 四五 | 加 |  | 四六 | 一五 | 北 | 四九 | 三六 | 四七 | 〇三 | 減 | 二〇 | 三九 | 六 |
| 東增五 | 巳 | 一三 | 四七 | 一〇 | 北 | 四七 | 五七 | 一三 | 辰 | 一〇 | 五四 | 三五 | 四五 | 加 |  | 四三 | 一五 | 北 | 四九 | 〇五 | 〇九 | 〇六 | 減 | 二〇 | 一八 | 六 |
| 天理一 | 午 | 一六 | 四八 | 二四 | 北 | 四九 | 一八 | 二五 | 巳 | 一七 | 一四 | 〇一 | 二六 | 加 |  | 五六 | 〇二 | 北 | 六〇 | 四九 | 四八 | 〇七 | 減 | 二〇 | 一一 | 六 |
| 天理二 | 午 | 二二 | 四六 | 四三 | 北 | 四七 | 〇二 | 〇五 | 巳 | 二〇 | 五五 | 二三 | 〇七 | 加 |  | 五二 | 四九 | 北 | 五六 | 三九 | 二二 | 〇五 | 減 | 二〇 | 二五 | 六 |
| 天理三 | 午 | 二六 | 四〇 | 一五 | 北 | 四九 | 三九 | 四五 | 巳 | 二七 | 三四 | 〇七 | 五五 | 加 |  | 四九 | 一一 | 北 | 五七 | 一三 | 三八 | 一一 | 減 | 二〇 | 四三 | 六 |
| 天理四 | 午 | 二一 | 五一 | 四七 | 北 | 五三 | 一一 | 五八 | 巳 | 二七 | 〇九 | 〇三 | 四一 | 加 |  | 四九 | 四七 | 北 | 六一 | 五九 | 一一 | 二九 | 減 | 二〇 | 三七 | 六 |
| 西增一 | 午 | 一八 | 〇四 | 一一 | 北 | 五一 | 五五 | 一七 | 巳 | 二一 | 五七 | 二二 | 二九 | 加 |  | 五三 | 二三 | 北 | 六二 | 二三 | 三八 | 三九 | 減 | 二〇 | 二七 | 六 |
| 太陽守 | 巳 | 二 | 〇七 | 五二 | 北 | 四一 | 五二 | 五二 | 巳 | 二五 | 〇四 | 〇八 | 五八 | 加 |  | 四九 | 四六 | 北 | 四八 | 三三 | 三一 | 五五 | 減 | 二〇 | 三五 | 四 |
| 西增一 | 巳 | 一 | 二〇 | 三六 | 北 | 四〇 | 〇四 | 四六 | 巳 | 二三 | 一〇 | 一七 | 〇四 | 加 |  | 五〇 | 二八 | 北 | 四七 | 二七 | 〇三 | 三〇 | 減 | 二〇 | 三〇 | 六 |

紫微垣恆星表

| 星名 | 黃道經度 宮 | 度 | 分 | 秒 | 黃道緯度 南北 | 度 | 分 | 秒 | 赤道經度 宮 | 度 | 分 | 秒 | 微 | 歲差 加減 | 分 | 秒 | 微 | 赤道緯度 南北 | 度 | 分 | 秒 | 微 | 歲差 加減 | 秒 | 微 | 星等 |
|---|---|---|---|---|---|---|---|---|---|---|---|---|---|---|---|---|---|---|---|---|---|---|---|---|---|---|
| 太尊 | 午 | 二七 | 一六 | 一四 | 北 | 三三 | 三二 | 三二 | 巳 | 一五 | 五二 | 二一 | 三三 | 加 |  | 五二 | 五一 | 北 | 四五 | 〇六 | 〇六 | 五一 | 減 | 二〇 | 〇三 | 三 |
| 天牢一 | 午 | 二四 | 五七 | 五六 | 北 | 三五 | 〇三 | 四三 | 巳 | 一一 | 五四 | 〇一 | 五一 | 加 |  | 五三 | 五七 | 北 | 四三 | 四七 | 〇三 | 〇三 | 減 | 一九 | 三九 | 四 |
| 天牢二 | 巳 | 四 | 〇二 | 四四 | 北 | 三二 | 四二 | 二三 | 巳 | 二〇 | 四六 | 四二 | 三九 | 加 |  | 五〇 | 三三 | 北 | 三九 | 五七 | 三六 | 〇五 | 減 | 二〇 | 二五 | 六 |
| 天牢三 | 午 | 二七 | 三一 | 一一 | 北 | 三一 | 〇三 | 一四 | 巳 | 一三 | 一八 | 〇九 | 〇八 | 加 |  | 五二 | 五六 | 北 | 四一 | 〇一 | 〇八 | 三六 | 減 | 一九 | 四八 | 六 |
| 天牢四 | 巳 | 二 | 〇八 | 三六 | 北 | 三六 | 一二 | 四二 | 巳 | 二一 | 一〇 | 二二 | 〇七 | 加 |  | 五〇 | 四九 | 北 | 四三 | 四七 | 二一 | 二二 | 減 | 二〇 | 二六 | 六 |
| 天牢五 | 午 | 二八 | 二五 | 三二 | 北 | 三〇 | 〇五 | 二六 | 巳 | 一三 | 三九 | 三六 | 三一 | 加 |  | 五二 | 三七 | 北 | 三九 | 四八 | 三六 | 一〇 | 減 | 一九 | 五〇 | 六 |
| 天牢六 | 巳 |  | 二五 | 〇〇 | 北 | 三五 | 四七 | 一八 | 巳 | 一九 | 一一 | 二六 | 五六 | 加 |  | 五一 | 三二 | 北 | 四四 | 〇五 | 四四 | 四九 | 減 | 二〇 | 一七 | 六 |
| 北增一 | 巳 | 三 | 二三 | 〇一 | 北 | 三七 | 一七 | 三八 | 巳 | 二三 | 〇六 | 五九 | 三六 | 加 |  | 五〇 | 一二 | 北 | 四四 | 一四 | 三一 | 四七 | 減 | 二〇 | 三一 | 六 |
| 南增二 | 巳 | 三 | 三八 | 二一 | 北 | 三〇 | 四六 | 四三 | 巳 | 一八 | 一五 | 二五 | 二七 | 加 |  | 五一 | 〇九 | 北 | 三八 | 四七 | 五五 | 一五 | 減 | 二〇 | 一五 | 五 |
| 勢一 | 午 | 二四 | 五三 | 二六 | 北 | 二三 | 五六 | 三四 | 巳 | 六 | 四六 | 五〇 | 四八 | 加 |  | 五三 | 三六 | 北 | 三五 | 三三 | 一八 | 〇〇 | 減 | 一九 | 〇〇 | 四 |
| 勢二 | 午 | 二五 | 四〇 | 二六 | 北 | 二一 | 二四 | 五〇 | 巳 | 六 | 二二 | 二一 | 四四 | 加 |  | 五三 | 〇八 | 北 | 三二 | 五六 | 四七 | 三五 | 減 | 一八 | 五五 | 四 |
| 勢三 | 午 | 二九 | 二〇 | 五九 | 北 | 二一 | 〇三 | 四六 | 巳 | 九 | 五五 | 二〇 | 五二 | 加 |  | 五二 | 〇四 | 北 | 三一 | 一六 | 〇〇 | 四八 | 減 | 一九 | 二四 | 四 |
| 勢四 | 午 | 二九 | 一七 | 二〇 | 北 | 二四 | 五六 | 二九 | 巳 | 一一 | 四五 | 〇八 | 二八 | 加 |  | 五二 | 一六 | 北 | 三四 | 四九 | 四七 | 四六 | 減 | 一九 | 三八 | 四 |
| 北增一 | 午 | 二四 | 五一 | 三六 | 北 | 二五 | 二四 | 二二 | 巳 | 七 | 二九 | 一三 | 三二 | 加 |  | 五三 | 四四 | 北 | 三六 | 五四 | 一〇 | 四二 | 減 | 一九 | 〇六 | 五 |
| 北增二 | 午 | 二四 | 四六 | 〇六 | 北 | 二七 | 〇六 | 二四 | 巳 | 八 | 一六 | 一二 | 三三 | 加 |  | 五三 | 五一 | 北 | 三八 | 二九 | 二一 | 〇七 | 減 | 一九 | 一一 | 六 |
| 西增三 | 午 | 二二 | 二四 | 四六 | 北 | 二七 | 一五 | 三一 | 巳 | 五 | 五三 | 三九 | 一五 | 加 |  | 五四 | 四五 | 北 | 三九 | 二九 | 二七 | 二七 | 減 | 一八 | 五一 | 六 |
| 西增四 | 午 | 二二 | 五八 | 五二 | 北 | 二五 | 〇三 | 五二 | 巳 | 五 | 二一 | 三一 | 二〇 | 加 |  | 五四 | 二〇 | 北 | 三七 | 一六 | 四〇 | 一九 | 減 | 一八 | 四七 | 五 |
| 西增五 | 午 | 二三 | 〇八 | 三二 | 北 | 二三 | 四三 | 〇五 | 巳 | 四 | 五一 | 四一 | 二七 | 加 |  | 五四 | 〇九 | 北 | 三五 | 五九 | 〇〇 | 五四 | 減 | 一八 | 四二 | 六 |
| 西增六 | 午 | 二二 | 四〇 | 〇六 | 北 | 二三 | 一八 | 一四 | 巳 | 四 | 一〇 | 〇四 | 二八 | 加 |  | 五四 | 一六 | 北 | 三五 | 四六 | 二一 | 一二 | 減 | 一八 | 三六 | 五 |
| 西增七 | 午 | 二三 | 一四 | 四三 | 北 | 二二 | 〇六 | 三四 | 巳 | 四 | 一二 | 〇一 | 五一 | 加 |  | 五三 | 五七 | 北 | 三四 | 二七 | 五四 | 二九 | 減 | 一八 | 三七 | 六 |

紫微垣恆星表

| 星名 | 黃道經度 宮 | 度 | 分 | 秒 | 黃道緯度 南北 | 度 | 分 | 秒 | 赤道經度 宮 | 度 | 分 | 秒 | 微 | 歲差 加減 | 分 | 秒 | 微 | 赤道緯度 南北 | 度 | 分 | 秒 | 微 | 歲差 加減 | 秒 | 微 | 星等 |
|---|---|---|---|---|---|---|---|---|---|---|---|---|---|---|---|---|---|---|---|---|---|---|---|---|---|---|
| 西增八 | 午 | 二三 | 三一 | 〇六 | 北 | 二二 | 〇〇 | 三四 | 巳 | 四 | 二六 | 一〇 | 三三 | 加 |  | 五三 | 五一 | 北 | 三四 | 一六 | 三〇 | 四六 | 減 | 一八 | 三八 | 六 |
| 西增九 | 午 | 二三 | 五一 | 〇〇 | 北 | 二二 | 一三 | 四三 | 巳 | 四 | 五二 | 五五 | 五八 | 加 |  | 五三 | 四六 | 北 | 三四 | 二一 | 二七 | 五四 | 減 | 一八 | 四二 | 四 |
| 內增十 | 午 | 二六 | 一〇 | 四七 | 北 | 二三 | 二八 | 五六 | 巳 | 七 | 五二 | 二六 | 二七 | 加 |  | 五三 | 〇九 | 北 | 三四 | 三九 | 一六 | 三三 | 減 | 一九 | 〇九 | 六 |
| 內增十一 | 午 | 二七 | 一七 | 〇六 | 北 | 二一 | 三七 | 三〇 | 巳 | 八 | 〇六 | 三三 | 二三 | 加 |  | 五二 | 四一 | 北 | 三二 | 三二 | 五七 | 五〇 | 減 | 一九 | 一〇 | 四 |
| 東增十二 | 午 | 二九 | 四五 | 二六 | 北 | 二四 | 五四 | 四八 | 巳 | 一二 | 一二 | 二七 | 四四 | 加 |  | 五二 | 〇八 | 北 | 三四 | 三七 | 三七 | 五四 | 減 | 一九 | 四二 | 六 |
| 東增十三 | 巳 |  | 四 | 四三 | 北 | 二四 | 二八 | 二〇 | 巳 | 一二 | 一八 | 二二 | 四三 | 加 |  | 五二 | 〇一 | 北 | 三四 | 〇六 | 一五 | 三七 | 減 | 一九 | 四一 | 六 |
| 南增十四 | 巳 |  | 一一 | 二一 | 北 | 二〇 | 〇九 | 一一 | 巳 | 一〇 | 二〇 | 一三 | 二四 | 加 |  | 五一 | 四八 | 北 | 三〇 | 〇七 | 〇七 | 五六 | 減 | 一九 | 二八 | 六 |
| 南增十五 | 巳 | 一 | 一二 | 〇六 | 北 | 一九 | 〇五 | 三八 | 巳 | 一〇 | 五一 | 二四 | 四七 | 加 |  | 五一 | 二九 | 北 | 二八 | 四六 | 〇二 | 〇四 | 減 | 一九 | 三二 | 六 |
| 南增十六 | 巳 | 一 | 一九 | 四八 | 北 | 一八 | 五五 | 〇七 | 巳 | 一〇 | 五四 | 一五 | 三八 | 加 |  | 五一 | 二六 | 北 | 二八 | 三三 | 二九 | 四七 | 減 | 一九 | 三一 | 六 |
| 西增十七 | 午 | 二三 | 一五 | 四九 | 北 | 二三 | 〇三 | 〇七 | 巳 | 四 | 一一 | 三三 | 〇八 | 加 |  | 五三 | 五六 | 北 | 三四 | 二四 | 二〇 | 一二 | 減 | 一八 | 三六 | 六 |
| 西增十八 | 午 | 二三 | 三二 | 五九 | 北 | 二一 | 五七 | 〇七 | 巳 | 四 | 二六 | 三〇 | 五〇 | 加 |  | 五三 | 五〇 | 北 | 三四 | 一二 | 三八 | 四六 | 減 | 一八 | 三八 | 六 |
| 西增十九 | 午 | 二三 | 五一 | 二九 | 北 | 二二 | 〇九 | 四二 | 巳 | 四 | 五一 | 三一 | 五八 | 加 |  | 五三 | 四六 | 北 | 三四 | 一七 | 三五 | 一一 | 減 | 一八 | 四三 | 六 |
| 文昌一 | 午 | 二 | 〇六 | 二九 | 北 | 四六 | 一一 | 〇二 | 午 | 二五 | 四二 | 五五 | 二七 | 加 | 一 | 一一 | [illegible] | 北 | 六三 | 三三 | 〇九 | 五一 | 減 | 一七 | 〇三 | 五 |
| 文昌二 | 午 | 四 | 四四 | 〇五 | 北 | 四二 | 四〇 | 四三 | 午 | 二五 | 四八 | 五三 | 四〇 | 加 | 一 | 〇七 | 四〇 | 北 | 五九 | 三四 | 四〇 | 〇八 | 減 | 一七 | 〇四 | 四 |
| 文昌三 | 午 | 七 | 四七 | 三三 | 北 | 三八 | 一五 | 四三 | 午 | 二六 | 〇八 | 三二 | 〇九 | 加 | 一 | 〇四 | 〇三 | 北 | 五四 | 三五 | 二四 | 一六 | 減 | 一七 | 〇八 | 五 |
| 文昌四 | 午 | 五 | 四七 | 三八 | 北 | 三四 | 五七 | 五七 | 午 | 二一 | 二七 | 四四 | 二一 | 加 | 一 | 〇四 | 二七 | 北 | 五二 | 一二 | 三九 | 三三 | 減 | 一六 | 〇九 | 三 |
| 文昌五 | 午 | 一 | 三五 | 〇六 | 北 | 三三 | 二七 | 三七 | 午 | 一五 | 一七 | 一六 | 四七 | 加 | 一 | 〇六 | 二九 | 北 | 五二 | 〇三 | 二七 | 四六 | 減 | 一四 | 三八 | 五 |
| 文昌六 | 午 | 一 | 四五 | 一九 | 北 | 三六 | 〇六 | 〇五 | 午 | 一七 | 〇三 | 〇六 | 〇五 | 加 | 一 | 〇七 | 三五 | 北 | 五四 | 二九 | 〇〇 | 二五 | 減 | 一五 | 〇五 | 五 |
| 北增一 | 午 |  | 五五 | 一六 | 北 | 四六 | 二六 | 五九 | 午 | 二四 | 二一 | 三四 | 三三 | 加 | 一 | 〇二 | 五[illegible] | 北 | 六四 | 一〇 | 二六 | 〇二 | 減 | 一六 | 四六 | 五 |
| 內增二 | 午 | 五 | 〇九 | 二三 | 北 | 四〇 | 四一 | 〇六 | 午 | 二四 | 四〇 | 五五 | 一五 | 加 | 一 | 〇六 | 四五 | 北 | 五七 | 三[illegible] | 五一 | 一〇 | 減 | 一六 | 五〇 | 五 |

| 紫微垣恆星表 | 黃道經宮 | 度 | 分 | 秒 | 黃道緯向 | 度 | 分 | 秒 | 赤道經宮 | 度 | 分 | 秒 | 微 | 經度歲差 | 分 | 秒 | 微 | 赤道緯向 | 度 | 分 | 秒 | 微 | 緯度歲差 | 秒 | 微 | 星等 |
|---|---|---|---|---|---|---|---|---|---|---|---|---|---|---|---|---|---|---|---|---|---|---|---|---|---|---|
| 內增三 | 午 | 一三 | 二二 | 五四 | 北 | 五六 | 五九 | 〇三 | 午 | 一九 | 二九 | 四七 | 二三 | 加 | 一 | 〇六 | 四一 | 北 | 五四 | 三〇 | 三九 | 三七 | 減 | 一五 | 四一 | 六 |
| 內增四 | 午 | 五 | 五五 | 五二 | 北 | 五五 | 二五 | 五三 | 午 | 二一 | 五一 | 一六 | 一三 | 加 | 一 | 〇四 | 三一 | 北 | 五二 | 三四 | 四七 | 四一 | 減 | 一六 | 一三 | 五 |
| 南增五 | 午 | 五 | 四八 | 五一 | 北 | 五五 | 四六 | 四九 | 午 | 一八 | 一六 | 五〇 | 四五 | 加 | 一 | 〇五 | 一五 | 北 | 五一 | 四二 | 四六 | 四八 | 減 | 一五 | 二四 | 六 |
| 南增六 | 午 | 四 | 五二 | 〇一 | 北 | 五二 | 一七 | 五五 | 午 | 一八 | 四五 | 五三 | 五二 | 加 | 一 | 〇四 | 〇四 | 北 | 五〇 | 〇〇 | 四三 | 三〇 | 減 | 一五 | 三〇 | 六 |
| 東增七 | 午 | 一〇 | 三八 | 一四 | 北 | 五四 | 五八 | 〇九 | 午 | 二七 | 〇六 | 〇六 | 四六 | 加 | 一 | 〇一 | 二二 | 北 | 五〇 | 二〇 | 三四 | 四〇 | 減 | 一七 | 二〇 | 六 |
| 東增八 | 午 | 一一 | 〇七 | 四九 | 北 | 三五 | 五一 | 五四 | 午 | 二八 | 二八 | 五二 | 三〇 | 加 | 一 | 〇一 | 二〇 | 北 | 五一 | 一七 | 三〇 | 二九 | 減 | 一七 | 三七 | 六 |
| 內階一 | 未 | 二一 | 二七 | 四八 | 北 | 四〇 | 一四 | 二五 | 午 | 五 | 一七 | 一一 | 二一 | 加 | 一 | 一八 | 二七 | 北 | 六一 | 〇五 | 〇五 | 二六 | 減 | 一一 | 五一 | 四 |
| 內階二 | 未 | 二七 | 四三 | 五四 | 北 | 四二 | 四九 | 四五 | 午 | 一六 | 二五 | 二〇 | 四八 | 加 | 一 | 一四 | 三六 | 北 | 六一 | 五三 | 〇五 | 三五 | 減 | 一四 | 五五 | 五 |
| 內階三 | 未 | 二三 | 二六 | 〇五 | 北 | 四四 | 五六 | 五五 | 午 | 一一 | 四九 | 〇二 | 〇九 | 加 | 一 | 二一 | 〇三 | 北 | 六五 | 〇一 | 四六 | 一一 | 減 | 一三 | 四三 | 五 |
| 內階四 | 未 | 二九 | 一五 | 二六 | 北 | 四五 | 〇八 | 四七 | 午 | 二〇 | 四〇 | 二〇 | 二八 | 加 | 一 | 一四 | 一六 | 北 | 六三 | 三二 | 一四 | 〇九 | 減 | 一五 | 五七 | 四 |
| 內階五 | 未 | 二四 | 二一 | 〇八 | 北 | 四三 | 二一 | 三五 | 午 | 一一 | 〇四 | 五四 | 〇六 | 加 | 一 | 一七 | 四二 | 北 | 六二 | 二二 | 二八 | 〇四 | 減 | 一三 | 三二 | 五 |
| 內階六 | 午 |  | 二四 | 五六 | 北 | 五八 | 五六 | 四〇 | 午 | 一六 | 五二 | 四二 | 三三 | 加 | 一 | 〇五 | 五一 | 北 | 五七 | 一二 | 四三 | 〇〇 | 減 | 一五 | 〇〇 | 五 |
| 西增一 | 未 | 一二 | 二三 | 一一 | 北 | 五二 | 五〇 | 一七 | 未 | 一八 | 三二 | 五八 | 三七 | 加 | 一 | 一六 | 一九 | 北 | 五五 | 二九 | 三〇 | 三〇 | 減 | 六 | 三〇 | 五 |
| 西增二 | 未 | 一〇 | 二一 | 一八 | 北 | 五六 | 五九 | 一五 | 未 | 一六 | 三六 | 一八 | 二五 | 加 | 一 | 二一 | 五五 | 北 | 五九 | 五〇 | 二六 | 五三 | 減 | 五 | 四九 | 六 |
| 西增三 | 未 | 一四 | 四八 | 〇四 | 北 | 五六 | 四二 | 五六 | 未 | 二三 | 二四 | 一八 | 二九 | 加 | 一 | 一九 | 二三 | 北 | 五八 | 五八 | 〇三 | 一六 | 減 | 八 | 〇八 | 五 |
| 西增四 | 未 | 二一 | 〇三 | 〇八 | 北 | 五六 | 五八 | 四二 | 午 | 二 | 五〇 | 二二 | 〇六 | 加 | 一 | 一五 | 四二 | 北 | 五八 | 〇三 | 〇一 | 三三 | 減 | 一一 | 〇九 | 六 |
| 西增五 | 未 | 二〇 | 〇一 | 一六 | 北 | 五八 | 四〇 | 四二 | 午 | 二 | 一二 | 四二 | 五二 | 加 | 一 | 一八 | 〇四 | 北 | 五九 | 五四 | 二六 | 二六 | 減 | 一〇 | 五八 | 五 |
| 內增六 | 未 | 二五 | 二一 | 二四 | 北 | 四一 | 二七 | 四七 | 午 | 一一 | 五三 | 三一 | 〇〇 | 加 | 一 | 一六 | 〇〇 | 北 | 六一 | 一六 | 二七 | 二八 | 減 | 一三 | 四四 | 六 |
| 西增七 | 未 | 二一 | 一七 | 〇一 | 北 | 四四 | 〇一 | 三七 | 午 | 七 | 三九 | 五三 | 〇五 | 加 | 一 | 二二 | 五五 | 北 | 六四 | 四二 | 五二 | 三〇 | 減 | 一二 | 三〇 | 六 |
| 西增八 | 未 | 二〇 | 〇六 | 三一 | 北 | 四四 | 三二 | 五二 | 午 | 六 | 一一 | 四八 | 五六 | 加 | 一 | 二四 | 三二 | 北 | 六五 | 二九 | 一七 | 三三 | 減 | 一二 | 〇九 | 五 |

| 紫微垣恆星表 | 黃道經宮 | 度 | 分 | 秒 | 黃道緯向 | 度 | 分 | 秒 | 赤道經宮 | 度 | 分 | 秒 | 微 | 經度歲差 | 分 | 秒 | 微 | 赤道緯向 | 度 | 分 | 秒 | 微 | 緯度歲差 | 秒 | 微 | 星等 |
|---|---|---|---|---|---|---|---|---|---|---|---|---|---|---|---|---|---|---|---|---|---|---|---|---|---|---|
| 西增九 | 未 | 二〇 | 四八 | 五二 | 北 | 四四 | 三七 | 三六 | 午 | 七 | 三三 | 二八 | 五〇 | 加 | 一 | 二五 | 五〇 | 北 | 六五 | 二三 | 四五 | 一三 | 減 | 一二 | 二九 | 五 |
| 內增十 | 未 | 二六 | 〇一 | 四六 | 北 | 四四 | 三四 | 四三 | 午 | 一五 | 二六 | 〇〇 | 四〇 | 加 | 一 | 一七 | 四〇 | 北 | 六三 | 五八 | 三五 | 二〇 | 減 | 一四 | 四〇 | 五 |
| 三師一 | 未 | 二二 | 二六 | 二六 | 北 | 四七 | 五六 | 三五 | 午 | 一三 | 一〇 | 二一 | 二一 | 加 | 一 | 二五 | 三七 | 北 | 六八 | 〇三 | 一八 | 一七 | 減 | 一四 | 〇一 | 五 |
| 三師二 | 未 | 二八 | 五一 | 二五 | 北 | 五一 | 五四 | 〇〇 | 午 | 二八 | 二八 | 四〇 | 二六 | 加 | 一 | 一七 | 〇二 | 北 | 六九 | 三三 | 一一 | 五五 | 減 | 一七 | 三五 | 六 |
| 三師三 | 未 | 二五 | 四〇 | 五五 | 北 | 四七 | 五〇 | 五九 | 午 | 一四 | 四一 | 四六 | 二七 | 加 | 一 | 二三 | 〇九 | 北 | 六七 | 一九 | 一二 | 一三 | 減 | 一四 | 二九 | 五 |
| 內增一 | 未 | 二三 | 四五 | 四二 | 北 | 四七 | 四九 | 五九 | 午 | 一五 | 一一 | 二〇 | 二〇 | 加 | 一 | 二三 | 二〇 | 北 | 六七 | 三五 | 一七 | 一二 | 減 | 一四 | 三六 | 五 |
| 八穀一 | 申 | 二八 | 二二 | 五九 | 北 | 五〇 | 五一 | 〇五 | 申 | 二七 | 三六 | 四八 | 二一 | 加 | 一 | 一六 | 二六 | 北 | 五四 | 一七 | 一〇 | 五一 | 加 |  | 五七 | 四 |
| 八穀二 | 申 | 二七 | 五六 | 四五 | 北 | 五二 | 五二 | 三〇 | 申 | 二六 | 二四 | 〇七 | 二八 | 加 | 一 | 一八 | 一六 | 北 | 五五 | 五七 | 五九 | 一二 | 加 | 一 | 二四 | 五 |
| 八穀三 | 申 | 二六 | 一五 | 五九 | 北 | 五二 | 四一 | 五七 | 申 | 二四 | 一八 | 二四 | 二一 | 加 | 一 | 一八 | 一七 | 北 | 五六 | 〇四 | 二五 | 二七 | 加 | 二 | 〇九 | 五 |
| 八穀四 | 申 | 二一 | 五五 | 〇四 | 北 | 五九 | 五一 | 五七 | 申 | 一五 | 四九 | 一二 | 二八 | 加 | 一 | 二六 | 一六 | 北 | 六二 | 三三 | 三三 | 三三 | 加 | 五 | 一一 | 五 |
| 八穀五 | 申 | 一七 | 四五 | 〇九 | 北 | 五〇 | 三五 | 〇五 | 申 | 一二 | 〇八 | 四〇 | 二〇 | 加 | 一 | 一四 | 二〇 | 北 | 五三 | 三四 | 三五 | 三八 | 加 | 六 | 二六 | 五 |
| 八穀六 | 申 | 一九 | 一三 | 〇七 | 北 | 三九 | 二六 | 四七 | 申 | 一四 | 三二 | 四一 | 〇四 | 加 | 一 | 一三 | 二八 | 北 | 五二 | 一九 | 〇六 | 三一 | 加 | 五 | 三七 | 四 |
| 八穀七 | 申 | 一九 | 五七 | 五三 | 北 | 三五 | 五五 | 五二 | 申 | 一四 | 〇八 | 五三 | 五六 | 加 | 一 | 二〇 | 三二 | 北 | 五八 | 四九 | 一九 | 一五 | 加 | 五 | 四五 | 五 |
| 八穀八 | 申 | 二七 | 四〇 | 四七 | 北 | 三六 | 二六 | 四四 | 申 | 二六 | 一六 | 五〇 | 四五 | 加 | 一 | 二三 | 一五 | 北 | 五九 | 五一 | 四九 | 二一 | 加 | 一 | 二七 | 五 |
| 西增一 | 申 | 一六 | 四二 | 〇七 | 北 | 三四 | 〇五 | 三〇 | 申 | 九 | 四五 | 五六 | 〇九 | 加 | 一 | 一七 | 〇三 | 北 | 五六 | 三四 | 三五 | 四五 | 加 | 七 | 一五 | 六 |
| 西增二 | 申 | 一七 | 五九 | 三〇 | 北 | 三二 | 五七 | 一二 | 申 | 一一 | 五八 | 五〇 | 五八 | 加 | 一 | 一六 | 二六 | 北 | 五五 | 三九 | 一二 | 一三 | 加 | 六 | 三一 | 六 |
| 西增三 | 申 | 一七 | 五六 | 五六 | 北 | 三二 | 二五 | 〇八 | 申 | 一一 | 五五 | 四八 | 一五 | 加 | 一 | 一五 | 四五 | 北 | 五五 | 〇四 | 四〇 | 五七 | 加 | 六 | 三九 | 六 |
| 南增四 | 申 | 一九 | 〇六 | 三〇 | 北 | 二八 | 五五 | 二六 | 申 | 一四 | 三三 | 一四 | 〇六 | 加 | 一 | 一三 | 四二 | 北 | 五一 | 二七 | 二五 | 三一 | 加 | 五 | 三七 | 六 |
| 東增五 | 申 | 二八 | 二四 | 四四 | 北 | 三一 | 五五 | 四四 | 申 | 二七 | 三七 | 四八 | 五三 | 加 | 一 | 一七 | 三四 | 北 | 五五 | 一九 | 一三 | 五一 | 加 |  | 五七 | 六 |
| 內增六 | 申 | 二七 | 五六 | 五一 | 北 | 三二 | 一五 | 三五 | 申 | 二六 | 二四 | 五八 | 五一 | 加 | 一 | 一七 | 五六 | 北 | 五五 | 四〇 | 四一 | 二九 | 加 | 一 | 二三 | 六 |

| 紫微垣恆星表 | 黃道經宮 | 度 | 分 | 秒 | 黃道緯向 | 度 | 分 | 秒 | 赤道經宮 | 度 | 分 | 秒 | 微 | 經度歲差 | 分 | 秒 | 微 | 赤道緯向 | 度 | 分 | 秒 | 微 | 緯度歲差 | 秒 | 微 | 星等 |
|---|---|---|---|---|---|---|---|---|---|---|---|---|---|---|---|---|---|---|---|---|---|---|---|---|---|---|
| 內增七 | 申 | 二六 | 五四 | 五三 | 北 | 三三 | 二九 | 〇三 | 申 | 二五 | 一七 | 一三 | 五四 | 加 | 一 | 一九 | 一八 | 北 | 五六 | 五二 | 五八 | 二四 | 加 | 一 | 四八 | 五 |
| 內增八 | 申 | 二六 | 二〇 | 一〇 | 北 | 三三 | 三〇 | 一〇 | 申 | 二四 | 二四 | 一一 | 四五 | 加 | 一 | 一九 | 一五 | 北 | 五六 | 五二 | 五一 | 〇一 | 加 | 二 | 〇七 | 六 |
| 內增九 | 申 | 二五 | 四〇 | 一八 | 北 | 三三 | 一〇 | 三四 | 申 | 二三 | 二五 | 二四 | 五八 | 加 | 一 | 一八 | 四六 | 北 | 五六 | 三一 | 三五 | 〇四 | 加 | 二 | 二八 | 六 |
| 內增十 | 申 | 二三 | 五八 | 五四 | 北 | 三三 | 五四 | 〇六 | 申 | 二〇 | 四五 | 五八 | 五四 | 加 | 一 | 一九 | 一八 | 北 | 五七 | 〇九 | 二八 | 三八 | 加 | 三 | 二六 | 六 |
| 內增十一 | 申 | 二二 | 三二 | 四六 | 北 | 三四 | 一七 | 三三 | 申 | 一八 | 三〇 | 四一 | 五五 | 加 | 一 | 一九 | 二五 | 北 | 五七 | 二六 | 四一 | 〇二 | 加 | 四 | 一四 | 六 |
| 內增十二 | 申 | 二一 | 五六 | 五七 | 北 | 三四 | 五四 | 二六 | 申 | 一七 | 二八 | 四九 | 〇〇 | 加 | 一 | 二〇 | 〇〇 | 北 | 五八 | 〇〇 | 二四 | 〇五 | 加 | 四 | 三五 | 六 |
| 北增十三 | 申 | 一九 | 五七 | 五一 | 北 | 三五 | 五八 | 一九 | 申 | 一四 | 一〇 | 〇八 | 〇五 | 加 | 一 | 二〇 | 三五 | 北 | 五八 | 五二 | 一四 | 三二 | 加 | 五 | 四四 | 六 |
| 北增十四 | 申 | 一九 | 四二 | 二九 | 北 | 三七 | 二五 | 四九 | 申 | 一三 | 二二 | 〇三 | 四六 | 加 | 一 | 二二 | 二二 | 北 | 六〇 | 一七 | 一〇 | 四三 | 加 | 六 | 〇一 | 四 |
| 北增十五 | 申 | 二五 | 一二 | 一八 | 北 | 四〇 | 四七 | 一〇 | 申 | 二一 | 四〇 | 一一 | 二四 | 加 | 一 | 二九 | 四八 | 北 | 六四 | 〇五 | 四七 | 一八 | 加 | 三 | 〇六 | 六 |
| 北增十六 | 申 | 二五 | 三一 | 五四 | 北 | 三八 | 三二 | 一九 | 申 | 二二 | 三四 | 二三 | 〇九 | 加 | 一 | 二六 | 〇三 | 北 | 六一 | 五二 | 二〇 | 四一 | 加 | 二 | 四七 | 六 |
| 北增十七 | 申 | 二六 | 〇三 | 四四 | 北 | 三八 | 〇五 | 一八 | 申 | 二三 | 三〇 | 三八 | 五五 | 加 | 一 | 二五 | 二五 | 北 | 六一 | 二四 | 五五 | 二一 | 加 | 二 | 二七 | 六 |
| 內增十八 | 申 | 二七 | 一四 | 二四 | 北 | 三五 | 三一 | 四一 | 申 | 二五 | 三八 | 四〇 | 〇八 | 加 | 一 | 二一 | 五六 | 北 | 五八 | 五六 | 〇七 | 四〇 | 加 | 一 | 四〇 | 六 |
| 東增十九 | 未 |  | 二 | 四六 | 北 | 三五 | 三〇 | 〇〇 | 未 |  | 四 | 二一 | 五二 | 加 | 一 | 二二 | 〇四 | 北 | 五八 | 五六 | 五七 | 四二 | 減 |  | 六 | 五 |
| 東增二十 | 未 |  | 五三 | 二五 | 北 | 三六 | 三五 | 二〇 | 未 | 一 | 二五 | 五二 | 〇五 | 加 | 一 | 二三 | 三五 | 北 | 六〇 | 〇二 | 三五 | 一二 | 減 |  | 二四 | 六 |
| 東增二十一 | 未 | 一 | 一〇 | 五八 | 北 | 三八 | 〇六 | 三〇 | 未 | 一 | 五七 | 一三 | 四二 | 加 | 一 | 二五 | 五四 | 北 | 六一 | 三二 | 五八 | 一二 | 減 |  | 三六 | 五 |
| 東增二十二 | 未 | 一 | 四九 | 三四 | 北 | 三八 | 二二 | 五二 | 未 | 三 | 〇一 | 五二 | 一一 | 加 | 一 | 二六 | 一七 | 北 | 六一 | 四八 | 三九 | 四三 | 減 |  | 五九 | 六 |
| 東增二十三 | 未 | 四 | 一〇 | 四六 | 北 | 三八 | 一四 | 三〇 | 未 | 六 | 五四 | 三五 | 四九 | 加 | 一 | 二五 | 四三 | 北 | 六一 | 三五 | 二五 | 四八 | 減 | 二 | 二四 | 六 |
| 東增二十四 | 未 | 四 | 一七 | 三六 | 北 | 三八 | 一四 | 一二 | 未 | 七 | 〇五 | 四九 | 〇六 | 加 | 一 | 二五 | 四二 | 北 | 六一 | 三四 | 四七 | 三九 | 減 | 二 | 二七 | 六 |
| 東增二十五 | 未 | 一 | 五六 | 三八 | 北 | 三五 | 五九 | 三四 | 未 | 三 | 〇五 | 三三 | 〇六 | 加 | 一 | 二二 | 四二 | 北 | 五九 | 二五 | 一六 | 〇〇 | 減 | 一 | 〇〇 | 六 |
| 東增二十六 | 未 | 一 | 三四 | 一一 | 北 | 三五 | 三六 | 三〇 | 未 | 二 | 二八 | 五三 | 三六 | 加 | 一 | 二二 | 一二 | 北 | 五九 | 〇二 | 三五 | 二九 | 減 |  | 三七 | 四 |

| 紫微垣恆星表 | 黃道經宮 | 度 | 分 | 秒 | 黃道緯向 | 度 | 分 | 秒 | 赤道經宮 | 度 | 分 | 秒 | 微 | 經度歲差 | 分 | 秒 | 微 | 赤道緯向 | 度 | 分 | 秒 | 微 | 緯度歲差 | 秒 | 微 | 星等 |
|---|---|---|---|---|---|---|---|---|---|---|---|---|---|---|---|---|---|---|---|---|---|---|---|---|---|---|
| 東增二十七 | 未 | 二 | 四四 | 四〇 | 北 | 三五 | 〇四 | 二九 | 未 | 四 | 一七 | 五六 | 二九 | 加 | 一 | 二一 | 二三 | 北 | 五八 | 二八 | 五八 | 三九 | 減 | 一 | 二七 | 六 |
| 東增二十八 | 未 | 三 | 二四 | 〇一 | 北 | 三四 | 五二 | 三五 | 未 | 五 | 一八 | 二七 | 〇九 | 加 | 一 | 二一 | 〇三 | 北 | 五八 | 一五 | 四六 | 三六 | 減 | 一 | 四八 | 六 |
| 東增二十九 | 未 | 六 | 四八 | 二一 | 北 | 三六 | 二三 | 一九 | 未 | 一〇 | 五一 | 三六 | 四六 | 加 | 一 | 二二 | 二二 | 北 | 五九 | 三四 | 五三 | 〇二 | 減 | 三 | 四六 | 五 |
| 東增三十 | 未 | 七 | 三六 | 一二 | 北 | 三五 | 二六 | 二九 | 未 | 一一 | 五五 | 五六 | 四二 | 加 | 一 | 二〇 | 五四 | 北 | 五八 | 三四 | 三三 | 五〇 | 減 | 四 | 一〇 | 五 |
| 東增三十一 | 未 | 六 | 一三 | 一三 | 北 | 三四 | 〇二 | 一九 | 未 | 九 | 三三 | 四二 | 三〇 | 加 | 一 | 一九 | 三〇 | 北 | 五七 | 一六 | 五二 | 五七 | 減 | 三 | 二一 | 六 |
| 東增三十二 | 未 | 四 | 三六 | 五四 | 北 | 三三 | 三六 | 五五 | 未 | 七 | 〇三 | 二六 | 五四 | 加 | 一 | 一九 | 一八 | 北 | 五六 | 五七 | 〇五 | 二二 | 減 | 二 | 二六 | 六 |
| 東增三十三 | 未 | 四 | 一二 | 〇八 | 北 | 三三 | 〇五 | 〇〇 | 未 | 六 | 二二 | 三五 | 三二 | 加 | 一 | 一八 | 四四 | 北 | 五六 | 二六 | 二二 | 〇七 | 減 | 二 | 一一 | 六 |
| 東增三十四 | 未 | 二 | 一三 | 三九 | 北 | 三〇 | 〇四 | 五七 | 未 | 三 | 一四 | 三〇 | 一四 | 加 | 一 | 一五 | 三八 | 北 | 五三 | 三〇 | 二三 | 二五 | 減 | 一 | 〇五 | 六 |
| 傳舍一 | 酉 | 一一 | 一九 | 四六 | 北 | 五九 | 〇二 | 〇七 | 亥 | 二五 | 三七 | 五三 | 〇七 | 加 |  | 四三 | 四九 | 北 | 六七 | 一二 | 〇六 | 二二 | 加 | 二〇 | 三四 | 五 |
| 傳舍二 | 酉 | 一五 | 三六 | 〇三 | 北 | 五五 | 〇一 | 〇九 | 戌 | 七 | 〇四 | 〇六 | 三七 | 加 |  | 五三 | 一九 | 北 | 六六 | 〇九 | 三六 | 二二 | 加 | 二〇 | 三四 | 六 |
| 傳舍三 | 酉 | 一七 | 四三 | 二二 | 北 | 五一 | 四〇 | 四四 | 戌 | 一四 | 三六 | 二〇 | 〇四 | 加 |  | 五八 | 二八 | 北 | 六四 | 二七 | 五四 | 〇九 | 加 | 二〇 | 〇三 | 六 |
| 傳舍四 | 酉 | 一八 | 三四 | 二八 | 北 | 五一 | 一五 | 一五 | 戌 | 一六 | 一〇 | 五四 | 四八 | 加 |  | 五九 | 三六 | 北 | 六四 | 二七 | 二五 | 四二 | 加 | 一九 | 五四 | 六 |
| 傳舍五 | 酉 | 一八 | 〇八 | 四〇 | 北 | 四八 | 五四 | 四四 | 酉 | 一 | 二七 | 二五 | 四九 | 加 | 一 | 一一 | 四三 | 北 | 六六 | 〇〇 | 二五 | 二三 | 加 | 一七 | 四一 | 六 |
| 傳舍六 | 申 |  | 五八 | 三七 | 北 | 四二 | 三二 | 五九 | 酉 | 一二 | 〇〇 | 二二 | 一五 | 加 | 一 | 一二 | 四五 | 北 | 六一 | 一四 | 五九 | 二一 | 加 | 一五 | 二七 | 五 |
| 傳舍七 | 申 | 五 | 一五 | 一二 | 北 | 三九 | 三四 | 〇九 | 酉 | 二〇 | 一八 | 二二 | 一五 | 加 | 一 | 一四 | 四五 | 北 | 五九 | 三九 | 一〇 | 五四 | 加 | 一三 | 一八 | 五 |
| 傳舍八 | 申 | 四 | 四四 | 一四 | 北 | 三八 | 二八 | 三〇 | 酉 | 二〇 | 一五 | 五八 | 一三 | 加 | 一 | 一三 | 三一 | 北 | 五八 | 二九 | 一六 | 五四 | 加 | 一三 | 一八 | 五 |
| 傳舍九 | 申 | 三 | 二九 | 五二 | 北 | 三五 | 一二 | 三三 | 酉 | 二〇 | 二六 | 三一 | 三八 | 加 | 一 | 一〇 | 二六 | 北 | 五五 | 〇四 | 三三 | 四五 | 加 | 一三 | 一五 | 五 |
| 南增一 | 酉 | 一四 | 五七 | 四〇 | 北 | 五五 | 〇三 | 〇〇 | 戌 | 六 | 二一 | 四三 | 四〇 | 加 |  | 五二 | 四〇 | 北 | 六五 | 五五 | 四六 | 二二 | 加 | 二〇 | 三四 | 六 |
| 東增二 | 申 | 九 | 四八 | 三〇 | 北 | 三九 | 三〇 | 〇九 | 酉 | 二七 | 〇四 | 二一 | 〇四 | 加 | 一 | 一八 | 二八 | 北 | 六〇 | 三九 | 四七 | 二〇 | 加 | 一一 | 二〇 | 六 |
| 東增五 | 申 | 一二 | 五四 | 二四 | 北 | 三九 | 三六 | 〇〇 | 申 | 一 | 四六 | 四五 | 〇〇 | 加 | 一 | 二一 | 〇〇 | 北 | 六一 | 二三 | 〇三 | 一六 | 加 | 九 | 五二 | 六 |

紫微垣恆星表

| 星名 | 黃道經宮 | 度 | 分 | 秒 | 黃道緯向 | 度 | 分 | 秒 | 赤道經宮 | 度 | 分 | 秒 | 微 | 歲差 | 分 | 秒 | 微 | 赤道緯向 | 度 | 分 | 秒 | 微 | 歲差 | 秒 | 微 | 纖 |
|---|---|---|---|---|---|---|---|---|---|---|---|---|---|---|---|---|---|---|---|---|---|---|---|---|---|---|
| 東增四 | 申 | 一〇 | 五〇 | 四八 | 北 | 三七 | 四〇 | 〇一 | 酉 | 二九 | 三六 | 三四 | 一二 | 加 | 一 | 一七 | 二四 | 北 | 五九 | 〇六 | 三九 | 三九 | 加 | 一〇 | 三二 | 六 |
| 天廚一 | 戌 | 一五 | 五三 | 一九 | 北 | 八二 | 五三 | 一九 | 丑 | 一八 | 〇七 | 二二 | 一九 | 加 |  |  | 一三 | 北 | 六七 | 二九 | 三七 | 二一 | 加 | 六 | 二七 | 三 |
| 天廚二 | 戌 | 二九 | 五七 | 五一 | 北 | 八〇 | 五六 | 〇九 | 丑 | 二三 | 〇二 | 四八 | 五七 | 減 |  | 三 | 二一 | 北 | 六九 | 三五 | 四九 | 一八 | 加 | 八 | 〇六 | 四 |
| 天廚三 | 酉 | 一 | 一九 | 五六 | 北 | 七九 | 二八 | 三七 | 丑 | 二七 | 〇九 | 四一 | 一六 | 減 |  | 二 | 〇八 | 北 | 七〇 | 〇〇 | 四八 | 〇四 | 加 | 九 | 二八 | 五 |
| 天廚四 | 戌 | 一九 | 〇二 | 五九 | 北 | 七八 | 〇八 | 一五 | 子 |  | 五九 | 〇〇 | 二三 | 加 |  | 四 | 四一 | 北 | 六七 | 三五 | 四三 | 三九 | 加 | 一〇 | 三五 | 五 |
| 天廚五 | 戌 | 四 | 五六 | 三四 | 北 | 七七 | 二八 | 一八 | 子 |  | 一一 | 五六 | 一六 | 加 |  | 九 | 五二 | 北 | 六四 | 三三 | 二〇 | 〇四 | 加 | 一〇 | 二八 | 五 |
| 天廚六 | 戌 | 二 | 〇九 | 五一 | 北 | 八一 | 四八 | 三三 | 丑 | 二〇 | 〇五 | 五〇 | 四七 | 加 |  | 五 | 二九 | 北 | 六五 | 三一 | 五七 | 〇九 | 加 | 七 | 〇三 | 四 |
| 北增一 | 戌 | 二 | 一三 | 二二 | 北 | 八二 | 五七 | 二三 | 丑 | 一七 | 二五 | 〇九 | 四八 | 加 |  | 四 | 三六 | 北 | 六五 | 五〇 | 〇九 | 四四 | 加 | 六 | 〇八 | 六 |
| 南增二 | 戌 | 四 | 一四 | 二六 | 北 | 七七 | 一九 | 一六 | 子 |  | 二二 | 四六 | 三一 | 加 |  | 一〇 | 三七 | 北 | 六四 | 二一 | 三〇 | 三八 | 加 | 一〇 | 二六 | 六 |
| 天棓一 | 寅 | 二三 | 一六 | 三六 | 北 | 八〇 | 一七 | 四一 | 寅 | 二七 | 五五 | 四五 | 五一 | 加 |  | 一五 | 五七 | 北 | 五六 | 五六 | 三六 | 〇二 | 減 |  | 四六 | 五 |
| 天棓二 | 寅 | 八 | 五三 | 四九 | 北 | 七八 | 〇九 | 二八 | 寅 | 二二 | 三三 | 〇四 | 〇一 | 加 |  | 一八 | 〇七 | 北 | 五五 | 一五 | 一七 | 一一 | 減 | 二 | 四五 | 四 |
| 天棓三 | 寅 | 一〇 | 三三 | 〇二 | 北 | 七五 | 一八 | 〇三 | 寅 | 二二 | 〇二 | 三三 | 一八 | 加 |  | 二一 | 〇六 | 北 | 五二 | 二三 | 一九 | 一八 | 減 | 二 | 五四 | 三 |
| 天棓四 | 寅 | 二六 | 三〇 | 〇四 | 北 | 七四 | 五六 | 二〇 | 寅 | 二八 | 三二 | 二四 | 〇六 | 加 |  | 二一 | 四二 | 北 | 五一 | 三〇 | 二四 | 三八 | 減 |  | 三四 | 三 |
| 天棓五 | 寅 | 一八 | 一八 | 一七 | 北 | 六九 | 一六 | 五三 | 寅 | 二四 | 〇四 | 〇〇 | 二〇 | 加 |  | 二六 | 二〇 | 北 | 四六 | 〇四 | 二〇 | 五〇 | 減 | 二 | 一〇 | 四 |
| 西增一 | 寅 | 八 | 四八 | 五四 | 北 | 七八 | 一〇 | 〇〇 | 寅 | 二五 | 三一 | 二八 | 一八 | 加 |  | 一八 | 〇六 | 北 | 五五 | 一六 | 〇四 | 一一 | 減 | 二 | 四三 | 四 |
| 內增二 | 寅 | 二二 | 一一 | 五二 | 北 | 七四 | 〇九 | 三一 | 寅 | 二六 | 三八 | 一九 | 二九 | 加 |  | 二二 | 二三 | 北 | 五〇 | 四七 | 五九 | 五八 | 減 | 一 | 一四 | 六 |
| 東增三 | 寅 | 二三 | 一六 | 四六 | 北 | 七一 | 四七 | 五四 | 寅 | 二六 | 五〇 | 三二 | 五五 | 加 |  | 二四 | 二五 | 北 | 四八 | 二五 | 二〇 | 三三 | 減 | 一 | 〇九 | 六 |
| 內增四 | 寅 | 一六 | 〇六 | 五二 | 北 | 七一 | 四六 | 五〇 | 寅 | 二三 | 二八 | 三六 | 二〇 | 加 |  | 二四 | 二〇 | 北 | 四八 | 三八 | 四三 | 三二 | 減 | 二 | 二三 | 六 |
| 西增五 | 寅 | 一五 | 二九 | 〇二 | 北 | 七〇 | 三一 | 〇五 | 寅 | 二二 | 五四 | 〇八 | 〇三 | 加 |  | 二五 | 二一 | 北 | 四七 | 二五 | 三三 | 一二 | 減 | 二 | 三六 | 四 |
| 西增六 | 寅 | 一五 | 二六 | 二二 | 北 | 七〇 | 三一 | 一八 | 寅 | 二二 | 五二 | 五三 | 〇三 | 加 |  | 二五 | 二一 | 北 | 四七 | 二五 | 五四 | 一二 | 減 | 二 | 三六 | 四 |
| 西增七 | 寅 | 一一 | 〇九 | 〇九 | 北 | 七一 | 一二 | 三九 | 寅 | 二〇 | 五九 | 三二 | 四九 | 加 |  | 二四 | 四三 | 北 | 四八 | 二一 | 〇〇 | 三二 | 減 | 三 | 一六 | 六 |
| 西增八 | 寅 | 九 | 〇五 | 〇四 | 北 | 六九 | 〇一 | 〇〇 | 寅 | 一九 | 一九 | 四四 | 一二 | 加 |  | 二六 | 二四 | 北 | 四六 | 二〇 | 二七 | 四四 | 減 | 三 | 五二 | 六 |
| 西增九 | 卯 | 二三 | 一五 | 〇一 | 北 | 七六 | 一五 | 三八 | 寅 | 一五 | 四七 | 二一 | 二一 | 加 |  | 一九 | 二七 | 北 | 五四 | 三七 | 四六 | 四二 | 減 | 五 | 〇六 | 四 |
| 北增十 | 卯 | 二五 | 〇四 | 五六 | 北 | 八四 | 三二 | 五六 | 寅 | 二三 | 二二 | 〇一 | 五三 | 加 |  | 九 | 一一 | 北 | 六一 | 五四 | 五八 | 四八 | 減 | 二 | 二四 | 六 |

紫微垣恆星三十七座。一百六十三星。增一百八十一星。凡三百四十四星。在黃道宮九。始戌終寅。赤道十二宮並居之。經黃道經度二百六十四度二十分一十三秒。始天廚六。在戌二度九分五十一秒。終天棓四。在寅二十六度三十分四秒。赤道經度三百五十七度二十九分一十三秒四十九微。始少衛西增三。在亥一度五十三分一十秒五十二微。終少衛西增二。在子二十九度二十二分二十四秒四十一微。經黃道緯度六十七度一十分一十六秒。最高行柱史北增一。在北八十七度一十九分二十七秒。最卑行勢南增十四。在北二十度九分一十一秒。赤道緯度六十四度四十二分四十五秒二十七微。最高行句陳內增五。在北八十八度四十九分一秒四微。最卑行勢東增十三。在北二十四度六分一十五秒三十七微。北極五星。一太子。去極極用黃極。一十四度四十六分弱。入柳宿宿鈐亦用黃道。一十一度一十一分強。二帝。去極一十七度。入柳宿二度五十六分。三庶子。增星三。去極一十八度三十三分。入鬼宿二度三十六分強。四后宮。去極一十九度二十九分弱。入井宿二十七度二十六分少強。五天樞。去極二十二度五十五分少強。入井宿一十一度二十七分少強。四輔四星。增星一。距西星去極二十五度七分少弱。入井

宿三度一十八分少強。句陳六星。增星十。距大星。去極二十三度五十四分少弱。入參宿三度五十五分。天皇大帝一星。去極二十一度五十六分強。入畢宿一十二度一十六分。天柱五星。增星六。距南星。去極一十八度二十四分強。入畢宿六度弱。御女四星。增星一。距西星。去極九度一十八分強。入胃宿八度八分強。女史一星。增星一。去極五度二十八分少弱。入參宿九度二分少強。柱史一星。增星二。去極五度七分半。入畢宿二度四十九分強。尚書五星。增星二。距西北星。去極三

度八分少強。入柳宿一十六度一分少弱。天牀六星。增星二。距西南星。去極二十度四十七分少弱。入柳宿一十五度二十一分少弱。大理二星。增星一。距西星。去極二十五度四十八分少強。入井宿二十四度一十分半弱。陰德二星。增星二。距西星。去極三十二度四十七分。入井宿二十一度一十三分弱。六甲六星。增星一。距中星。去極三十三度四十分。入參宿九度。五帝內座五星。增星三。距中星。去極三十二度一十一分弱。入畢宿七度一十一分強。華蓋七星。距東北星。去極三

十四度三十四分弱。入昴宿二度二十一分少強。杠九星。附華蓋增星一。距東南星。去極四十度二十四分半弱。入畢宿六度九分弱。右垣牆七星。一右樞。去極二十三度三十八分強。入張宿一度三十九分少強。二少尉。增星二。去極二十八度一十五分強。入柳宿五度五十三分弱。三上輔。增星二。去極三十二度四十五分半弱。入鬼宿四度三十四分少弱。四少輔。增星一。去極三十八度四十四分半強。入井宿二十一度四分半強。五上衛。增星三。去極四十三度五十八分強。入井宿一

度五十一分強。六少衛。增星一。去極四十六度三十七分半強。入畢宿一十二度二十六分半。七上丞。增星三。去極四十四度四十七分。入昴宿八度二十七分。左垣牆八星。一左樞。去極一十八度五十六分。入翼宿一十一度六分強。二上宰。去極一十五度三十四分半弱。入軫宿五度五十八分少強。三少宰。去極一十一度三十四分少弱。入軫宿三度二十八分。四上弼。去極五度一十三分。入翼宿九度一十二分強。五少弼。去極六度四十七分。入胃宿三度三十二分強。六

上衛。增星三去極一十四度四十分少弱。入胃宿四度四分強。七少衛。增星八去極二十四度二十五分半。入胃宿六度四十一分。八少丞。增星一去極三十度一十七分少強。入昴宿一十分少強。天乙一星。去極二十四度三十七分半。入星宿七度三十三分。太乙一星。去極二十五度四十六分。入星宿一度五十三分。內廚二星。增星二距西星。去極二十八度五十五分弱。入柳宿一十二度三十三分。北斗七星。一天樞。增星三去極四十度一十八分半。入柳宿四度五十一分。二天璇。增星八去極四十四度五十二分半弱。入柳宿九度五分。三天璣。去極四十二度五十二分弱。入星宿三度九分弱。四天權。增星三去極三十八度一十九分強。入星宿三度四十三分。五玉衡。去極三十五度四十分弱。入張宿三度九分半。六開陽。增星二去極三十三度三十七分弱。入張宿九度五十五分少弱。七搖光。去極三十五度三十五分強。入翼宿三度七分。輔一星。附北斗增星三去極三十二度一十九分少弱。入張宿一十一度二十三分強。天槍三星。增星四距西星。去極三

十一度五分少強。入翼宿六度一十分。元戈一星。增星二去極三十五度二十一分少弱。入翼宿一十三度一十一分少強。三公三星。距東星。去極三十九度八分少強。入翼宿三度三十六分強。相一星。增星三去極四十一度五十三分少弱。入張宿二度五分。天理四星。增星一距西星。去極四十度四十二分弱。入柳宿八度二分。太陽守一星。增星一去極四十八度二十七分少強。入星宿六度二十二分強。太尊一星。去極五十四度二十七分半弱。入星宿一度三十一分。天牢六星。增星二距西星。去極五十六度五十六分強。入柳宿一十六度一十二分弱。勢四星。增星十九距西北星。去極六十六度三分半弱。入柳宿一十六度七分少強。文昌六星。增星八距北星。去極四十三度四十九分。入井宿二十八度二十二分。內階六星。增星十七距西南星。去極四十九度四十六分弱。入井宿一十七度四十三分強。三師三星。增星一距西星。去極四十二度三分半弱。入井宿一十八度四十二分。八穀八星。增星三十四距東南星。去極五十九度九分。入參宿五度一十五分

弱。傳舍九星。增星四。距西北星。去極三十度五十八分少弱。入婁宿八度五十四分半。天廚六星。增星二。距中北星。去極七度七分弱。入壁宿八度一十六分少強。天棓五星。增星十。距北星。去極九度四十二分強。入尾宿八度四十五分。

欽定大清會典圖卷一百十

天文四恒星三

恒星表二太微垣

太微垣恆星表

| 星名 | 黃道經度宮 | 度 | 分 | 秒 | 黃道緯度向 | 度 | 分 | 秒 | 赤道經度宮 | 度 | 分 | 秒 | 微 | 赤道經度歲差 | 分 | 秒 | 微 | 赤道緯度向 | 度 | 分 | 秒 | 微 | 赤道緯度歲差 | 秒 | 微 | 星等 |
|---|---|---|---|---|---|---|---|---|---|---|---|---|---|---|---|---|---|---|---|---|---|---|---|---|---|---|
| 五帝座一 | 巳 | 二〇 | 〇六 | 三〇 | 北 | 一二 | 一七 | 一一 | 巳 | 二五 | 五二 | 五三 | 四四 | 加 | | 四八 | 〇八 | 北 | 一五 | 一一 | 二四 | 〇三 | 減 | 二〇 | 三九 | 二 |
| 五帝座二 | 巳 | 一九 | 三〇 | 三二 | 北 | 一四 | 〇三 | 二九 | 巳 | 二六 | 〇四 | 四三 | 二七 | 加 | | 四八 | 〇九 | 北 | 一七 | 〇二 | 四五 | 一二 | 減 | 二〇 | 三六 | 六 |
| 五帝座三 | 巳 | 一八 | 三三 | 二四 | 北 | 一〇 | 二四 | 〇四 | 巳 | 二五 | 三九 | 二一 | 一一 | 加 | | 四八 | 一七 | 北 | 一四 | 〇四 | 四九 | 四七 | 減 | 二〇 | 三一 | 六 |
| 五帝座四 | 巳 | 二一 | 〇六 | 四三 | 北 | 一三 | 五三 | 〇二 | 巳 | 二七 | 二九 | 〇八 | 一七 | 加 | | 四七 | 五九 | 北 | 一六 | 一五 | 〇一 | 四六 | 減 | 二〇 | 三八 | 六 |
| 五帝座五 | 巳 | 二一 | 三四 | 二一 | 北 | 九 | 三一 | 二五 | 巳 | 二六 | 〇五 | 〇六 | 四三 | 加 | | 四八 | 〇一 | 北 | 一二 | 〇四 | 五四 | 四六 | 減 | 二〇 | 三八 | 六 |
| 西增一 | 巳 | 一五 | 五三 | 五七 | 北 | 一二 | 五三 | 三七 | 巳 | 二二 | 一三 | 三一 | 四八 | 加 | | 四八 | 三六 | 北 | 一七 | 二四 | 三九 | 一三 | 減 | 二〇 | 二九 | 六 |
| 西增二 | 巳 | 一四 | 二一 | 二六 | 北 | 一一 | 〇八 | 三八 | 巳 | 二〇 | 〇二 | 四九 | 四一 | 加 | | 四八 | 四七 | 北 | 一六 | 三四 | 五二 | 一四 | 減 | 二〇 | 二二 | 六 |
| 西增三 | 巳 | 一六 | 一六 | 四三 | 北 | 一〇 | 二四 | 二一 | 巳 | 二一 | 三二 | 一五 | 三九 | 加 | | 四八 | 三三 | 北 | 一四 | 五九 | 〇〇 | 五六 | 減 | 二〇 | 二八 | 六 |
| 東增四 | 巳 | 一九 | 一一 | 五九 | 北 | 一一 | 四七 | 一〇 | 巳 | 二四 | 四九 | 四八 | 〇二 | 加 | | 四八 | 一四 | 北 | 一五 | 〇五 | 三四 | 一二 | 減 | 二〇 | 三六 | 六 |
| 太子 | 巳 | 一七 | 二六 | 〇六 | 北 | 一七 | 一八 | 三五 | 巳 | 二五 | 三四 | 二三 | 二〇 | 加 | | 四八 | 二〇 | 北 | 二〇 | 四九 | 五三 | 五五 | 減 | 二〇 | 三五 | 四 |
| 從官 | 巳 | 一五 | 一九 | 三七 | 北 | 一七 | 三八 | 三〇 | 巳 | 二三 | 四五 | 二四 | 一四 | 加 | | 四八 | 三八 | 北 | 二一 | 五八 | 〇六 | 〇四 | 減 | 二〇 | 三二 | 六 |
| 幸臣 | 巳 | 二〇 | 二八 | 二九 | 北 | 一七 | 四八 | 二四 | 巳 | 二八 | 三六 | 二一 | 二五 | 加 | | 四七 | 五五 | 北 | 二〇 | 〇四 | 二九 | 〇一 | 減 | 二〇 | 四三 | 六 |
| 五諸侯一 | 辰 | 四 | 五二 | 二三 | 北 | 二五 | 五五 | 四八 | 辰 | 一五 | 一四 | 一六 | 三九 | 加 | | 四五 | 三三 | 北 | 二一 | 四五 | 四四 | 〇〇 | 減 | 二〇 | 〇〇 | 五 |
| 五諸侯二 | 辰 | 四 | 五一 | 一一 | 北 | 二一 | 四六 | 四八 | 辰 | 一三 | 二一 | 三一 | 一〇 | 加 | | 四六 | 一〇 | 北 | 一八 | 〇〇 | 二六 | 一六 | 減 | 二〇 | 〇八 | 五 |
| 五諸侯三 | 辰 | 二 | 二二 | 〇五 | 北 | 一九 | 四八 | 三八 | 辰 | 一〇 | 一六 | 五六 | 二二 | 加 | | 四六 | 三四 | 北 | 一七 | 一一 | 〇四 | 三一 | 減 | 二〇 | 二三 | 五 |
| 五諸侯四 | 巳 | 二九 | 二九 | 二六 | 北 | 一五 | 二六 | 〇九 | 辰 | 五 | 四八 | 三一 | 三六 | 加 | | 四七 | 一二 | 北 | 一四 | 二〇 | 〇六 | 三八 | 減 | 二〇 | 三四 | 六 |
| 五諸侯五 | 巳 | 二六 | 〇四 | 〇〇 | 北 | 一五 | 一四 | 〇四 | 辰 | 二 | 三六 | 二九 | 〇四 | 加 | | 四七 | 二八 | 北 | 一五 | 三〇 | 三四 | 四六 | 減 | 二〇 | 三八 | 六 |
| 北增一 | 辰 | 四 | 一〇 | 〇七 | 北 | 二七 | 一四 | 三二 | 辰 | 一五 | 一三 | 五五 | 五五 | 加 | | 四五 | 二五 | 北 | 二三 | 一三 | 〇一 | 一七 | 減 | 二〇 | 〇一 | 六 |
| 北增二 | 辰 | 一 | 四七 | 〇〇 | 北 | 二四 | 四二 | 四一 | 辰 | 一一 | 五七 | 二八 | 一七 | 加 | | 四五 | 五九 | 北 | 二一 | 五一 | 二三 | 〇六 | 減 | 二〇 | 一八 | 四 |
| 東增三 | 辰 | 五 | 二九 | 三九 | 北 | 二一 | 四五 | 〇五 | 辰 | 一三 | 五四 | 五三 | 四四 | 加 | | 四六 | 〇八 | 北 | 一七 | 四四 | 〇〇 | 二五 | 減 | 二〇 | 〇五 | 六 |

太微垣恆星表

| 星名 | 黃道經度宮 | 度 | 分 | 秒 | 黃道緯度向 | 度 | 分 | 秒 | 赤道經度宮 | 度 | 分 | 秒 | 微 | 赤道經度歲差 | 分 | 秒 | 微 | 赤道緯度向 | 度 | 分 | 秒 | 微 | 赤道緯度歲差 | 秒 | 微 | 星等 |
|---|---|---|---|---|---|---|---|---|---|---|---|---|---|---|---|---|---|---|---|---|---|---|---|---|---|---|
| 北增四 | 巳 | 二九 | 五四 | 〇五 | 北 | 一九 | 一九 | 一三 | 辰 | 七 | 五一 | 一〇 | 五八 | 加 | | 四六 | 四六 | 北 | 一七 | 四二 | 二五 | 二九 | 減 | 二〇 | 三七 | 六 |
| 北增五 | 巳 | 二八 | 五四 | 三九 | 北 | 二〇 | 一八 | 〇一 | 辰 | 七 | 二三 | 四二 | 五〇 | 加 | | 四六 | 五〇 | 北 | 一八 | 五九 | 一九 | 五六 | 減 | 二〇 | 二八 | 五 |
| 北增六 | 巳 | 二五 | 五三 | 〇七 | 北 | 一八 | 二〇 | 〇三 | 辰 | 三 | 四七 | 一七 | 二八 | 加 | | 四七 | 一六 | 北 | 一八 | 二四 | 〇七 | 三七 | 減 | 二〇 | 四一 | 五 |
| 西增七 | 巳 | 二四 | 〇一 | 四六 | 北 | 一六 | 二七 | 一六 | 辰 | 一 | 一六 | 二二 | 〇五 | 加 | | 四七 | 三五 | 北 | 一七 | 二五 | 五一 | 〇三 | 減 | 二〇 | 三九 | 六 |
| 九卿一 | 辰 | 五 | 五七 | 四九 | 北 | 一三 | 三二 | 四三 | 辰 | 九 | 〇四 | 一七 | 三五 | 加 | | 四七 | 〇五 | 北 | 一〇 | 五〇 | 三六 | 三九 | 減 | 二〇 | 二七 | 五 |
| 九卿二 | 辰 | 五 | 五三 | 三四 | 北 | 一一 | 三四 | 〇五 | 辰 | 一〇 | 〇〇 | 四九 | 五五 | 加 | | 四七 | 一一 | 北 | 八 | 一六 | 三四 | 三一 | 減 | 二〇 | 二三 | 六 |
| 九卿三 | 辰 | 五 | 三七 | 〇一 | 北 | 一一 | 〇九 | 四七 | 辰 | 七 | 四六 | 五七 | 二八 | 加 | | 四七 | 一六 | 北 | 八 | 四七 | 五九 | 〇四 | 減 | 二〇 | 三二 | 六 |
| 北增一 | 辰 | 三 | 五七 | 四六 | 北 | 一七 | 四七 | 五四 | 辰 | 一〇 | 五〇 | 四九 | 二三 | 加 | | 四六 | 四一 | 北 | 一四 | 四三 | 四一 | 五七 | 減 | 二〇 | 二一 | 五 |
| 北增二 | 辰 | 五 | 五七 | 四四 | 北 | 一七 | 四七 | 五一 | 辰 | 一〇 | 五〇 | 四六 | 〇六 | 加 | | 四六 | 四二 | 北 | 一四 | 四三 | 四〇 | 二三 | 減 | 二〇 | 一九 | 六 |
| 北增三 | 辰 | 四 | 〇三 | 二一 | 北 | 一七 | 一二 | 五〇 | 辰 | 一〇 | 四〇 | 五九 | 三二 | 加 | | 四六 | 四四 | 北 | 一四 | 〇九 | 三二 | 一四 | 減 | 二〇 | 二二 | 六 |
| 北增四 | 辰 | 四 | 二九 | 二七 | 北 | 一五 | 三八 | 五三 | 辰 | 一〇 | 二五 | 〇五 | 五九 | 加 | | 四六 | 五三 | 北 | 一二 | 三三 | 三二 | 五七 | 減 | 二〇 | 二一 | 五 |
| 北增五 | 辰 | 三 | 五〇 | 二一 | 北 | 一三 | 四一 | 三一 | 辰 | 九 | 〇一 | 〇九 | 三五 | 加 | | 四七 | 〇五 | 北 | 一一 | 〇一 | 三五 | 三九 | 減 | 二〇 | 二七 | 六 |
| 北增六 | 辰 | 五 | 一六 | 〇七 | 北 | 一五 | 二二 | 五六 | 辰 | 一〇 | 一一 | 〇〇 | 五二 | 加 | | 四七 | 〇四 | 北 | 一〇 | 一〇 | 三八 | 一四 | 減 | 二〇 | 二二 | 六 |
| 內增七 | 辰 | 五 | 五〇 | 四九 | 北 | 一一 | 〇一 | 〇四 | 辰 | 七 | 五五 | 五八 | 一一 | 加 | | 四七 | 一七 | 北 | 八 | 五四 | 三四 | 二〇 | 減 | 二〇 | 三〇 | 六 |
| 西增八 | 辰 | 一 | 五五 | 〇七 | 北 | 一二 | 四三 | 一九 | 辰 | 六 | 五二 | 四一 | 〇二 | 加 | | 四七 | 一四 | 北 | 一〇 | 五三 | 四八 | 二一 | 減 | 二〇 | 三三 | 六 |
| 西增九 | 辰 | | 五三 | 五〇 | 北 | 一二 | 四四 | 四七 | 辰 | 五 | 五七 | 三六 | 二八 | 加 | | 四七 | 一六 | 北 | 一一 | 一九 | 二三 | 四六 | 減 | 二〇 | 三八 | 六 |
| 三公一 | 辰 | 四 | 五一 | 一六 | 北 | 八 | 四九 | 二二 | 辰 | 七 | 五七 | 五一 | 一二 | 加 | | 四七 | 二四 | 北 | 六 | 一〇 | 〇二 | 三〇 | 減 | 二〇 | 三〇 | 六 |
| 三公二 | 辰 | 五 | 二三 | 三〇 | 北 | 一〇 | 二四 | 三六 | 辰 | 九 | 〇五 | 二九 | 一一 | 加 | | 四七 | 一七 | 北 | 七 | 二四 | 四〇 | 三九 | 減 | 二〇 | 二七 | 六 |
| 三公三 | 辰 | 八 | 〇三 | 一六 | 北 | 八 | 〇一 | 二六 | 辰 | 一〇 | 三三 | 四六 | 五五 | 加 | | 四七 | 二五 | 北 | 四 | 一〇 | 三八 | 五七 | 減 | 二〇 | 二一 | 六 |
| 內屏一 | 巳 | 二一 | 四七 | 四五 | 北 | 六 | 〇六 | 三八 | 巳 | 二四 | 五四 | 〇四 | 〇〇 | 加 | | 四八 | 〇〇 | 北 | 八 | 五一 | 五七 | 一二 | 減 | 二〇 | 三六 | 五 |

太微垣恆星表

| 星名 | 黃道經度宮 | 度 | 分 | 秒 | 黃道緯度向 | 度 | 分 | 秒 | 赤道經度宮 | 度 | 分 | 秒 | 微 | 赤道經度歲差 | 分 | 秒 | 微 | 赤道緯度向 | 度 | 分 | 秒 | 微 | 赤道緯度歲差 | 秒 | 微 | 星等 |
|---|---|---|---|---|---|---|---|---|---|---|---|---|---|---|---|---|---|---|---|---|---|---|---|---|---|---|
| 內屏二 | 巳 | 二二 | 三六 | 五一 | 北 | 四 | 三五 | 五五 | 巳 | 二五 | 〇二 | 五二 | 五一 | 加 | | 四七 | 五七 | 北 | 七 | 〇九 | 一五 | 四六 | 減 | 二〇 | 三八 | 五 |
| 內屏三 | 巳 | 二五 | 五〇 | 四五 | 北 | 六 | 〇九 | 〇二 | 巳 | 二八 | 四七 | 五六 | 四一 | 加 | | 四七 | 四七 | 北 | 七 | 一三 | 三九 | 一一 | 減 | 二〇 | 四三 | 五 |
| 內屏四 | 巳 | 二六 | 一〇 | 二二 | 北 | 八 | 三一 | 三八 | 巳 | 二九 | 五四 | 三七 | 一四 | 加 | | 四七 | 三八 | 北 | 九 | 一九 | 四九 | 五四 | 減 | 一九 | 四二 | 五 |
| 西增一 | 巳 | 二〇 | 一七 | 二一 | 北 | 五 | 一九 | 三三 | 巳 | 二三 | 一一 | 三六 | 一八 | 加 | | 四八 | 〇六 | 北 | 八 | 四四 | 三一 | 二一 | 減 | 二〇 | 三三 | 六 |
| 內增二 | 巳 | 二六 | 三四 | 三一 | 北 | 六 | 二一 | 五〇 | 巳 | 二五 | 三四 | 〇七 | 三四 | 加 | | 四七 | 五八 | 北 | 八 | 五一 | 一八 | 二九 | 減 | 二〇 | 三七 | 五 |
| 內增三 | 巳 | 二三 | 五七 | 〇二 | 北 | 七 | 一五 | 〇六 | 巳 | 二七 | 二〇 | 五六 | 一六 | 加 | | 四七 | 五二 | 北 | 九 | 〇三 | 二四 | 〇三 | 減 | 一〇 | 三九 | 六 |
| 北增四 | 巳 | 二七 | 二五 | 二九 | 北 | 一〇 | 四四 | 三一 | 辰 | 一 | 五七 | 五五 | 三一 | 加 | | 四七 | 三七 | 北 | 一〇 | 五二 | 〇九 | 五四 | 減 | 二〇 | 四二 | 六 |
| 東增五 | 巳 | 二八 | 二七 | 一二 | 北 | 六 | 一九 | 三五 | 辰 | 一 | 〇六 | 三三 | 四〇 | 加 | | 四七 | 四〇 | 北 | 六 | 二五 | 〇二 | 三七 | 減 | 二〇 | 四一 | 六 |
| 南增六 | 巳 | 二六 | 五九 | 四七 | 北 | 三 | 二〇 | 三九 | 巳 | 二八 | 三四 | 三五 | 一五 | 加 | | 四七 | 四五 | 北 | 四 | 一五 | 四四 | 五四 | 減 | 二〇 | 四二 | 五 |
| 右執法 右增一 | 巳 | 二五 | 三三 | 三〇 | 北 | | 四〇 | 五七 | 巳 | 二六 | 一一 | 四一 | 五八 | 加 | | 四七 | 四六 | 北 | 二 | 二三 | 三二 | 四六 | 減 | 二〇 | 三八 | 三 |
| 西上將 右增二 | 巳 | 一七 | 〇九 | 五一 | 北 | 一四 | 一二 | 七 | 巳 | 一八 | 五一 | 一九 | 五三 | 加 | | 四八 | 一一 | 北 | 六 | 三七 | 三九 | 〇六 | 減 | 二〇 | 一八 | 四 |
| 西次將 右增三 | 巳 | 一六 | 〇〇 | 一四 | 北 | 六 | 〇五 | 三九 | 巳 | 一九 | 三一 | 三三 | 〇四 | 加 | | 四八 | 二八 | 北 | 一一 | 〇八 | 〇四 | 五七 | 減 | 二〇 | 二一 | 四 |
| 西次相 右增四 | 巳 | 一一 | 五二 | 四七 | 北 | 九 | 四〇 | 二六 | 巳 | 一七 | 〇六 | 三六 | 五二 | 加 | | 四九 | 〇四 | 北 | 一六 | 〇一 | 五三 | 五〇 | 減 | 二〇 | 一〇 | 三 |
| 北增一 | 巳 | 一一 | 一三 | 五〇 | 北 | 一一 | 三五 | 四二 | 巳 | 一七 | 一七 | 二六 | 一九 | 加 | | 四九 | 一三 | 北 | 一八 | 〇二 | 五四 | 〇七 | 減 | 二〇 | 一一 | 六 |
| 東增二 | 巳 | 一四 | 〇一 | 一六 | 北 | 一一 | 四二 | 一二 | 巳 | 一九 | 五七 | 五四 | 五〇 | 加 | | 四八 | 五〇 | 北 | 一七 | 〇三 | 三三 | 五七 | 減 | 二〇 | 二一 | 六 |
| 南增三 | 巳 | 一三 | 〇五 | 二三 | 北 | 七 | 五二 | 一五 | 巳 | 一七 | 三〇 | 五五 | 三三 | 加 | | 四八 | 五一 | 北 | 一三 | 五四 | 一三 | 二四 | 減 | 二〇 | 一二 | 六 |
| 西上相 右增五 | 巳 | 九 | 四四 | 三七 | 北 | 一四 | 一九 | 四四 | 巳 | 一七 | 〇二 | 〇六 | 五六 | 加 | | 四九 | 三二 | 北 | 二一 | 〇七 | 五九 | 五〇 | 減 | 二〇 | 一〇 | 二 |
| 西增一 | 巳 | 七 | 一八 | 一六 | 北 | 一五 | 五四 | 五〇 | 巳 | 一四 | 〇六 | 一四 | 五九 | 加 | | 四九 | 五三 | 北 | 二〇 | 四六 | 二七 | 〇一 | 減 | 一九 | 五三 | 五 |
| 東增二 | 巳 | 一四 | 一八 | 〇五 | 北 | 一三 | 五七 | 四一 | 巳 | 二一 | 一一 | 〇四 | 五〇 | 加 | | 四八 | 五〇 | 北 | 一九 | 〇〇 | 五七 | 三九 | 減 | 二〇 | 二七 | 六 |
| 左執法 左增一 | 辰 | 三 | 一八 | 〇八 | 北 | 一 | 二一 | 五七 | 辰 | 三 | 三四 | 二二 | 〇六 | 加 | | 四七 | 四二 | 南 | | 三 | 三五 | 五七 | 加 | 二〇 | 三九 | 三 |

太微垣恆星表

| 星名 | 黃道經度宮 | 度 | 分 | 秒 | 黃道緯度向 | 度 | 分 | 秒 | 赤道經度宮 | 度 | 分 | 秒 | 微 | 赤道經度歲差 | 分 | 秒 | 微 | 赤道緯度向 | 度 | 分 | 秒 | 微 | 赤道緯度歲差 | 秒 | 微 | 星等 |
|---|---|---|---|---|---|---|---|---|---|---|---|---|---|---|---|---|---|---|---|---|---|---|---|---|---|---|
| 南增一 | 辰 | 三 | 〇四 | 〇〇 | 北 | 一 | 〇八 | 〇四 | 辰 | 三 | 一五 | 五三 | 〇六 | 加 | | 四七 | 四二 | 南 | 一 | 〇四 | 三四 | 〇 | 加 | 二〇 | 四〇 | 六 |
| 東上相 左增二 | 辰 | 八 | 三九 | 二七 | 北 | 二 | 四八 | 三八 | 辰 | 九 | 〇三 | 三四 | 一五 | 加 | | 四七 | 四五 | 南 | | 五一 | 〇二 | 二一 | 加 | 二〇 | 二七 | 三 |
| 東次相 左增三 | 辰 | 九 | 五七 | 一〇 | 北 | 八 | 三八 | 〇九 | 辰 | 一二 | 三二 | 〇八 | 一二 | 加 | | 四七 | 二四 | 北 | 三 | 五九 | 五九 | 二四 | 減 | 二〇 | 一二 | 三 |
| 西增一 | 辰 | 九 | 〇七 | 四六 | 北 | 七 | 五五 | 三四 | 辰 | 一一 | 三〇 | 一八 | 二一 | 加 | | 四七 | 二七 | 北 | 三 | 四〇 | 〇三 | 四九 | 減 | 二〇 | 一七 | 六 |
| 東次將 左增四 | 辰 | 八 | 二四 | 五六 | 北 | 一六 | 一二 | 四〇 | 辰 | 一四 | 一〇 | 五〇 | 四〇 | 加 | | 四六 | 四〇 | 北 | 一一 | 三二 | 五四 | 二五 | 減 | 二〇 | 〇五 | 三 |
| 西增一 | 辰 | 五 | 五〇 | 二一 | 北 | 一六 | 四三 | 二三 | 辰 | 一二 | 〇四 | 四六 | 〇六 | 加 | | 四六 | 四二 | 北 | 一三 | 〇〇 | 五四 | 三二 | 減 | 二〇 | 一六 | 六 |
| 南增二 | 辰 | 七 | 五九 | 二六 | 北 | 一二 | 三七 | 一四 | 辰 | 一二 | 二〇 | 二一 | 〇九 | 加 | | 四七 | 〇三 | 北 | 八 | 二五 | 一九 | 五八 | 減 | 二〇 | 一四 | 六 |
| 東增三 | 辰 | 一二 | 二八 | 一九 | 北 | 一六 | 一二 | 四五 | 辰 | 一七 | 四九 | 〇六 | 〇五 | 加 | | 四六 | 三五 | 北 | 九 | 五九 | 五四 | 一一 | 減 | 一九 | 四三 | 六 |
| 東上將 左增五 | 辰 | 七 | 二五 | 五一 | 北 | 二二 | 五八 | 五九 | 辰 | 一六 | 〇九 | 五三 | 三三 | 加 | | 四五 | 五一 | 北 | 一八 | 〇六 | 三三 | 四四 | 減 | 一九 | 五三 | 四 |
| 東增一 | 辰 | 一三 | 二五 | 二三 | 北 | 二一 | 二四 | 一一 | 辰 | 二〇 | 四六 | 一九 | 〇七 | 加 | | 四五 | 四九 | 北 | 一四 | 二四 | 一九 | 一四 | 減 | 一九 | 二二 | 五 |
| 東增二 | 辰 | 一四 | 五一 | 三三 | 北 | 一八 | 四二 | 二二 | 辰 | 二〇 | 五六 | 五〇 | 一九 | 加 | | 四六 | 一三 | 北 | 一一 | 二三 | 四〇 | 五七 | 減 | 一九 | 二一 | 六 |
| 東增三 | 辰 | 一七 | 二三 | 〇二 | 北 | 一九 | 一八 | 四五 | 辰 | 二三 | 二五 | 四五 | 一八 | 加 | | 四六 | 〇六 | 北 | 一一 | 〇一 | 二二 | 一七 | 減 | 一九 | 〇一 | 六 |
| 東增四 | 辰 | 一七 | 二四 | 一一 | 北 | 一九 | 三五 | 〇七 | 辰 | 二三 | 三三 | 一四 | 〇九 | 加 | | 四六 | 〇三 | 北 | 一一 | 一六 | 〇三 | 〇〇 | 減 | 一九 | 〇〇 | 四 |
| 郎將 | 巳 | 二八 | 一七 | 四〇 | 北 | 三〇 | 一二 | 二八 | 辰 | 一一 | 三三 | 二〇 | 五六 | 加 | | 四五 | 三二 | 北 | 二八 | 〇九 | 〇九 | 一五 | 減 | 二〇 | 一五 | 四 |
| 西增一 | 巳 | 二七 | 四五 | 〇八 | 北 | 二九 | 五八 | 三〇 | 辰 | 一〇 | 五七 | 四四 | 一四 | 加 | | 四五 | 三八 | 北 | 二八 | 〇九 | 二六 | 〇六 | 減 | 二〇 | 一八 | 六 |
| 東增二 | 巳 | 二八 | 四七 | 一四 | 北 | 三〇 | 〇五 | 三五 | 辰 | 一一 | 五五 | 四三 | 三九 | 加 | | 四五 | 三三 | 北 | 二七 | 五一 | 二六 | 三二 | 減 | 二〇 | 一六 | 五 |
| 郎位一 | 巳 | 二二 | 一九 | 四〇 | 北 | 二八 | 二四 | 一八 | 辰 | 五 | 二〇 | 四三 | 四〇 | 加 | | 四六 | 四〇 | 北 | 二八 | 五三 | 二一 | 二九 | 減 | 二〇 | 三七 | 五 |
| 郎位二 | 巳 | 二三 | 二八 | 四八 | 北 | 二七 | 三六 | 五〇 | 辰 | 五 | 五八 | 三〇 | 四八 | 加 | | 四六 | 三六 | 北 | 二七 | 四三 | 三九 | 五五 | 減 | 二〇 | 三五 | 六 |
| 郎位三 | 巳 | 二二 | 四二 | 五六 | 北 | 二七 | 二七 | 〇九 | 辰 | 五 | 一二 | 二九 | 一五 | 加 | | 四六 | 四五 | 北 | 二七 | 五三 | 一〇 | 二九 | 減 | 二〇 | 三七 | 五 |
| 郎位四 | 巳 | 二三 | 〇四 | 一一 | 北 | 二七 | 〇七 | 〇四 | 辰 | 五 | 二一 | 〇六 | 四五 | 加 | | 四六 | 一五 | 北 | 二七 | 二六 | 四三 | 四六 | 減 | 二〇 | 三八 | 五 |

太微垣恒星表

| 星名 | 宮 | 度分秒 |
|---|---|---|
| 郎位五 | 巳 | 二三 五七 四五 |
| 郎位六 | 巳 | 二二 四九 三九 |
| 郎位七 | 巳 | 二二 三二 四五 |
| 郎位八 | 巳 | 二五 〇五 三一 |
| 郎位九 | 巳 | 二四 五七 〇〇 |
| 郎位十 | 巳 | 二二 〇五 三五 |
| 郎位十一 | 巳 | 二六 五四 一七 |
| 郎位十二 | 巳 | 二八 三五 五四 |
| 郎位十三 | 巳 | 二六 三〇 四二 |
| 郎位十四 | 巳 | 二二 四三 二二 |
| 郎位十五 | 巳 | 二〇 三一 二五 |
| 西增一 | 巳 | 二〇 三八 一五 |
| 西增二 | 巳 | 二〇 四三 四四 |
| 西增三 | 巳 | 二〇 〇八 三一 |
| 常陳一 | 巳 | 二三 〇〇 三八 |
| 常陳二 | 巳 | 一九 五八 四九 |
| 常陳三 | 巳 | 一七 三二 〇四 |
| 常陳四 | 巳 | 一六 一三 一六 |
| 常陳五 | 巳 | 一七 〇〇 二〇 |
| 常陳六 | 巳 | 一二 五四 一四 |
| 常陳七 | 巳 | 八 三〇 五二 |
| 北增一 | 巳 | 一三 一五 三一 |
| 東增二 | 巳 | 二四 二九 三三 |
| 東增三 | 巳 | 二六 一四 五六 |
| 東增四 | 巳 | 二五 五一 五六 |
| 東增五 | 巳 | 二五 五四 五六 |
| 東增六 | 巳 | 二六 〇一 一四 |
| 東增七 | 巳 | 二六 三九 一一 |
| 上台一（三台一） | 午 | 一 一八 〇五 |
| 上台二（三台二） | 午 | 二 二四 一四 |
| 西增一 | 未 | 二一 〇五 二〇 |
| 西增二 | 未 | 一九 三六 五五 |
| 西增三 | 未 | 一九 三六 五九 |
| 西增四 | 未 | 二六 〇〇 五四 |
| 南增五 | 午 | 一 二四 三六 |
| 東增六 | 午 | 五 四六 〇一 |
| 東增七 | 午 | 七 三九 一五 |
| 中台一（三台三） | 午 | 一八 〇〇 五八 |
| 中台二（三台四） | 午 | 一九 四二 〇三 |
| 西增一 | 午 | 一四 〇四 三七 |

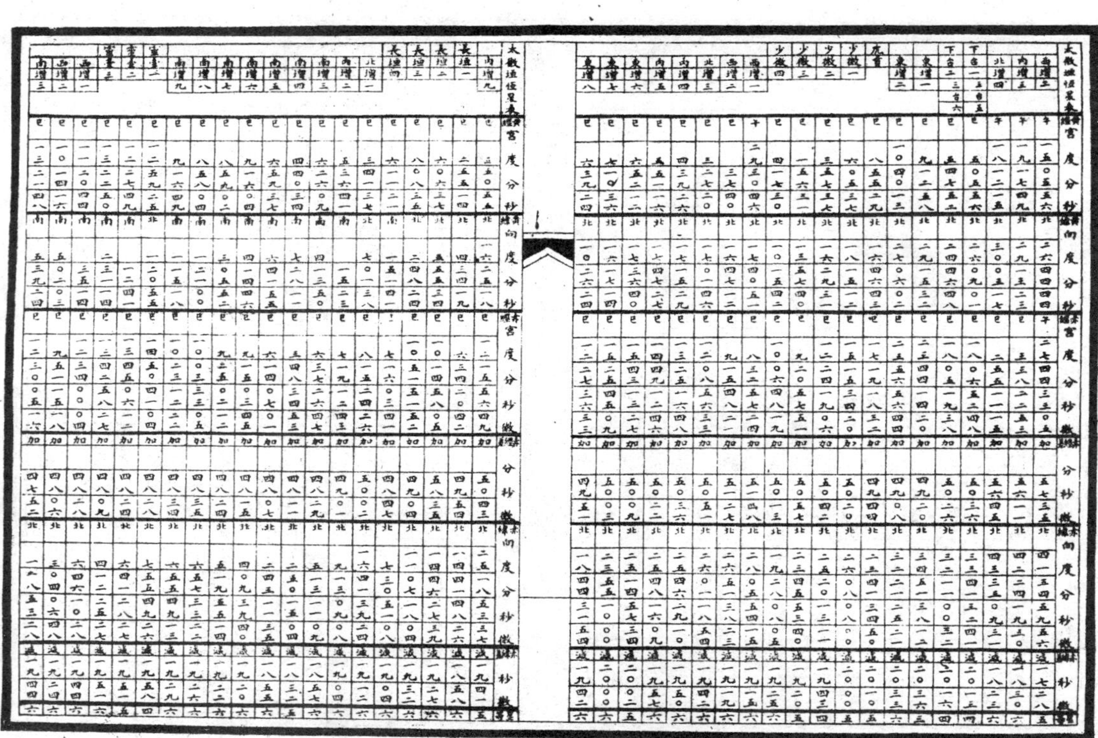

| 太微垣恆星表 | 黃道經宮 | 度 | 分 | 秒 | 黃道緯南北 | 度 | 分 | 秒 | 赤道經宮 | 度 | 分 | 秒 | 微 | 赤道經歲差加減 | 分 | 秒 | 微 | 赤道緯南北 | 度 | 分 | 秒 | 微 | 赤道緯歲差加減 | 秒 | 微 | 星等 |
|---|---|---|---|---|---|---|---|---|---|---|---|---|---|---|---|---|---|---|---|---|---|---|---|---|---|---|
| 南增四 | 巳 | 一三 | 三五 | 五三 | 南 | 五 | 五三 | 三○ | 巳 | 一二 | 三七 | 三九 | 五○ | 加 |  | 四七 | 五○ | 北 | 一 | ○○ | 三一 | 二八 | 減 | 一九 | 四四 | 六 |
| 南增五 | 巳 | 一六 | ○○ | 五六 | 南 | 八 | ○二 | 三三 | 巳 | 一四 | ○一 | ○二 | 一三 | 加 |  | 四七 | 三一 | 南 | 一 | 五三 | 五五 | 一六 | 加 | 一九 | 五二 | 六 |
| 南增六 | 巳 | 一六 | 五六 | 一二 | 南 | 六 | 二三 | 四○ | 巳 | 一五 | 二九 | 五三 | 一四 | 加 |  | 四七 | 三八 | 南 |  | 四三 | 五七 | 四三 | 加 | 二○ | ○一 | 六 |
| 南增七 | 巳 | 一五 | 二九 | 三七 | 南 | 五 | 三四 | ○六 | 巳 | 一四 | 二九 | 三六 | 五八 | 加 |  | 四七 | 四六 | 北 |  | 三五 | ○一 | 五二 | 減 | 一九 | 五六 | 六 |
| 南增八 | 巳 | 一五 | 三一 | ○○ | 南 | 三 | 二五 | 三二 | 巳 | 一五 | 二○ | 二七 | 五一 | 加 |  | 四七 | 五七 | 北 | 二 | 三三 | ○八 | ○○ | 減 | 二○ | ○○ | 六 |
| 明堂一 | 巳 | 一九 | 五八 | 一八 | 南 |  | 三三 | 四三 | 巳 | 二○ | 三三 | 五○ | 二五 | 加 |  | 四七 | 五五 | 北 | 三 | 二七 | 二三 | 四八 | 減 | 二○ | 二四 | 四 |
| 明堂二 | 巳 | 二三 | 三○ | ○八 | 南 | 三 | ○三 | 二一 | 巳 | 二二 | 四九 | 三五 | ○六 | 加 |  | 四七 | 四二 | 南 |  | 一三 | 三二 | 一三 | 加 | 二○ | 三一 | 四 |
| 明堂三 | 巳 | 二二 | 五○ | 二九 | 南 | 五 | 四二 | ○七 | 巳 | 二一 | 一○ | 二七 | 二二 | 加 |  | 四七 | 三四 | 南 | 二 | 二三 | 四五 | 二一 | 加 | 二○ | 二七 | 四 |
| 北增一 | 巳 | 二一 | 二二 | 二七 | 北 |  | 一六 | 二七 | 巳 | 二二 | 一一 | ○七 | 四二 | 加 |  | 四七 | 五四 | 北 | 三 | 四○ | 二四 | 三○ | 減 | 二○ | 三○ | 六 |
| 西增二 | 巳 | 一八 | 四五 | ○七 | 北 |  |  | 五八 | 巳 | 一九 | 三九 | 五八 | 四三 | 加 |  | 四八 | ○一 | 北 | 四 | 二七 | 五九 | 五七 | 減 | 二○ | 二一 | 六 |
| 西增三 | 巳 | 一九 | 三九 | ○九 | 南 | 二 | 一六 | 三三 | 巳 | 一九 | 三五 | 四九 | 五○ | 加 |  | 四七 | 五○ | 北 | 二 | ○○ | 一八 | 四○ | 減 | 二○ | 二○ | 五 |
| 西增四 | 巳 | 一七 | 五○ | 五五 | 南 | 二 | 三二 | 二九 | 巳 | 一七 | 四九 | 五八 | 四二 | 加 |  | 四七 | 五四 | 北 | 二 | 二七 | 五二 | 四一 | 減 | 二○ | 一三 | 六 |
| 西增五 | 巳 | 一七 | 五一 | 五五 | 南 | 四 | 三八 | 二九 | 巳 | 一七 | ○一 | 五○ | 一五 | 加 |  | 四七 | 四五 | 北 |  | 三一 | 二五 | 三三 | 減 | 二○ | ○九 | 五 |
| 西增六 | 巳 | 一九 | 五七 | 三五 | 南 | 七 | 三八 | 四四 | 巳 | 一七 | 四六 | 二七 | ○四 | 加 |  | 四七 | 二八 | 南 | 三 | ○三 | 一七 | 三六 | 加 | 二○ | 一二 | 四 |
| 東增七 | 巳 | 二二 | 四三 | 二五 | 南 | 五 | 一六 | ○○ | 巳 | 二一 | 一四 | 一八 | 四八 | 加 |  | 四七 | 三六 | 南 | 一 | 五六 | 五八 | 三八 | 加 | 二○ | 二六 | 六 |
| 謁者 | 未 | 一 | 四九 | 三三 | 北 | 五 | ○四 | 二一 | 未 | 三 | 四一 | 四三 | 三一 | 加 |  | 四七 | 三七 | 北 | 三 | 五五 | 三七 | ○三 | 減 | 二○ | 三九 | 五 |
| 西增一 | 巳 | 二九 | 五五 | 三八 | 北 | 二 | 四三 | 五三 | 未 | 一 | ○○ | 五一 | 二三 | 加 |  | 四七 | 四一 | 北 | 二 | 三一 | 一○ | 二八 | 減 | 二○ | 四四 | 六 |
| 北增二 | 未 | 一 | 三一 | 三四 | 北 | 七 | ○七 | ○八 | 未 | 四 | 一四 | 二八 | 三九 | 加 |  | 四七 | 三三 | 北 | 五 | 五五 | 二七 | 一三 | 減 | 二○ | 二九 | 六 |

太微垣恆星二十座○七十八星○增一百星○凡一百七十八星○在黃道宮四○始未終辰。赤道宮與黃道同○經黃道經度八十七度四十七分一十六秒○始上台西增二。在未一十九度三十六分五十五秒。終東上將東增四。在辰一十七度二十四分一十一秒。赤道經度八十一度一十二分一十秒三十微○始上台西增三。在未二十六度三十六分五十五秒三十五微。終東次將東增三。在辰一十七度四十九分六秒五微。經黃道緯度五十一度五十一分一十七秒○最高行常陳東增三。在北四十四度一十二分三十三秒。最卑行明堂西增六。在南七度三十八分四十四秒。赤道緯度五十一度三十二分三十九秒一十微○最高行上台一。在北四十八度二十九分二十一秒三十四微。最卑行明堂西增六。在南三度三分一十七秒三十六微。五帝座五星。增星四。距中大星。去極七十七度四十三分弱○入張宿一十五度五十六分弱○太子一星。去極七十二度四十一分強○入張宿一十三度一十五分強○從官一星。去極七十二度二十一分半○入張宿一十一度九分弱○幸臣一星。去極七十二度一十二分弱○入張宿一十六度一十八分弱○五諸侯五星。增星七。距北星。去極六十四度四分少弱○入翼宿一十二度三十八分強○九卿三星。增星九。距北星。去極七十六

度二十七分強。入翼宿一十一度四十四分少弱。三公三星。距西南星。去極八十一度一十一分弱。入翼宿一十二度三十七分強。內屏四星。增星六。距西星。去極八十三度五十三分強。入張宿一十七度三十七分。右垣牆五星。一右執法。去極八十九度一十九分。入翼宿三度一十九分半。二上將。去極八十八度一十九分弱。入張宿一十二度五十九分。三次將。去極八十三度五十四分強。入張宿一十一度四十九分強。四次相。增星三。去極八十度一十九分半強。入張宿七度四十二分。五上相。增星二。去極七十五度四十分強。入張宿五度三十四分少弱。左垣牆五星。一左執法。增星一。去極八十八度三十八分。入翼宿一十一度四分少強。二上相。去極八十七度一十一分強。入翼宿一十六度二十五分半弱。三次相。增星一。去極八十一度二十二分少弱。入軫宿四十四分少弱。四次將。增星三。去極七十三度四十七分強。入翼宿一十六度一十一分。五上將。增星四。去極六十七度一分。入翼宿一十五度一十二分少弱。郎將一星。增星二。去極五十

九度四十七分半少強。入翼宿六度四分弱。郎位一十五星。增星三。距北星。去極六十一度三十六分弱。入翼宿六分弱。常陳七星。增星七。距東星。去極四十九度五十二分半少弱。入翼宿四十七分弱。三台六星。一上台二星。增星七。距西星。去極六十度二十四分弱。入井宿二十七度三十四分弱。二中台二星。增星四。距西星。去極六十度六分強。入柳宿九度一十五分弱。三下台二星。增星二。距北星。去極六十三度五十一分。入張宿五十五分少強。虎賁一星。去極七十三度一十三分強。入張宿四度四十五分弱。少微四星。增星九。距北星。去極七十一度四十五分弱。入張宿一度五十五分弱。長垣四星。增星九。距西北星。去極八十五度二十六分弱。入星宿七度一十分。靈臺三星。增星八。距北星。去極八十八度三十九分少強。入張宿八度四十八分半強。明堂三星。增星七。距北星。去極九十度三十四分弱。入張宿一十五度四十七分半。謁者一星。增星二。去極八十四度五十六分弱。入翼宿九度三十五分半強。

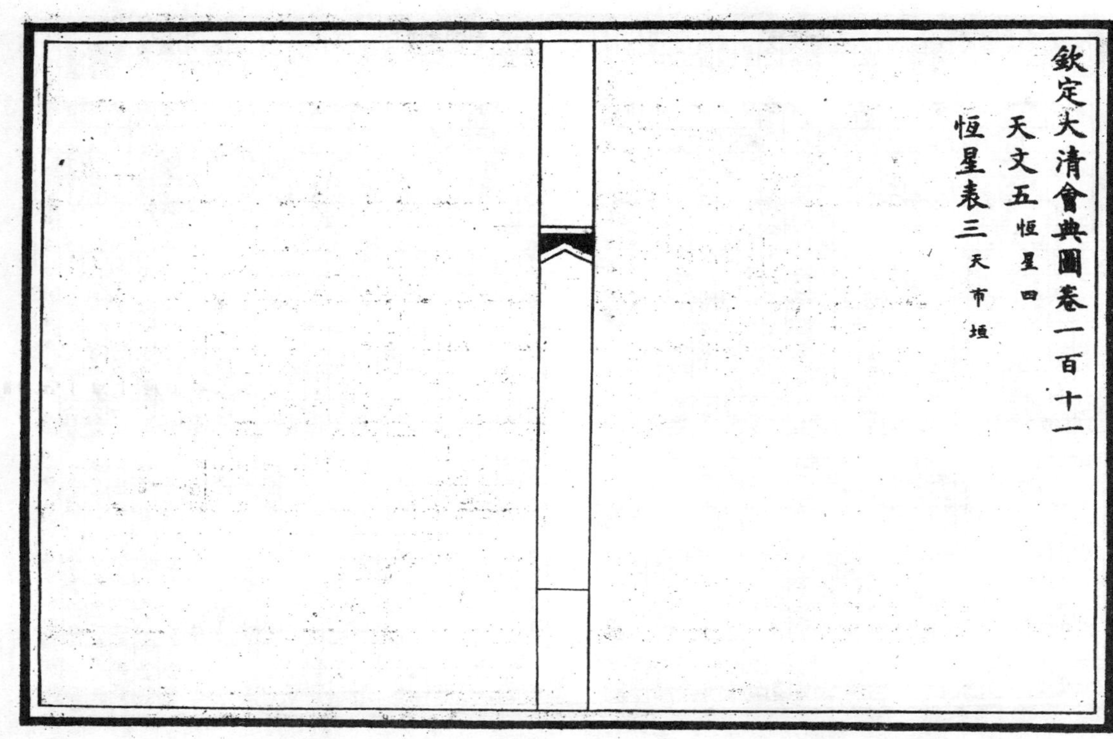

欽定大清會典圖卷一百十一

天文五 恒星四

恒星表三 天市垣

## 天市垣恒星表

| 星名 | 黃道經度宮 | 度 | 分 | 秒 | 黃道緯度向 | 度 | 分 | 秒 | 赤道經度宮 | 度 | 分 | 秒 | 微 | 赤道經度歲差 | 分 | 秒 | 微 | 赤道緯度向 | 度 | 分 | 秒 | 微 | 赤道緯度歲差 | 秒 | 微 | 星等 |
|---|---|---|---|---|---|---|---|---|---|---|---|---|---|---|---|---|---|---|---|---|---|---|---|---|---|---|
| 帝座 | 寅 | 一四 | 三七 | 一九 | 北 | 三七 | 一七 | 二一 | 寅 | 一七 | 二四 | 四五 | 〇四 | 加 |  | 四二 | 二八 | 北 | 一四 | 三〇 | 三三 | 三八 | 減 | 四 | 三四 | 三 |
| 候 | 寅 | 二〇 | 五二 | 四八 | 北 | 三五 | 五一 | 一八 | 寅 | 二二 | 二六 | 〇四 | 一八 | 加 |  | 四三 | 〇六 | 北 | 一二 | 三八 | 四一 | 〇二 | 減 | 二 | 四六 | 二 |
| 西增一 | 寅 | 一七 | 五九 | 一〇 | 北 | 三六 | 〇〇 | 四八 | 寅 | 二〇 | 〇三 | 〇二 | 〇〇 | 加 |  | 四三 | 〇〇 | 北 | 一二 | 五八 | 四〇 | 四六 | 減 | 三 | 三八 | 六 |
| 西增二 | 寅 | 一七 | 一〇 | 四三 | 北 | 三七 | 一九 | 一八 | 寅 | 一九 | 三〇 | 一八 | 三〇 | 加 |  | 四二 | 三〇 | 北 | 一四 | 二〇 | 一七 | 五三 | 減 | 三 | 四九 | 六 |
| 北增三 | 寅 | 二〇 | 四一 | 一五 | 北 | 三六 | 二六 | 二五 | 寅 | 二二 | 一八 | 五二 | 五九 | 加 |  | 四二 | 五三 | 北 | 一三 | 一四 | 二〇 | 三六 | 減 | 二 | 四八 | 六 |
| 北增四 | [illegible] | 二〇 | 五四 | 〇七 | 北 | 三六 | 二五 | 二九 | 寅 | 二二 | 二九 | 二五 | 四二 | 加 |  | 四二 | 五四 | 北 | 一三 | 一二 | 四四 | 〇二 | 減 | 二 | 四六 | 六 |
| 南增五 | 寅 | 二〇 | 五八 | 二八 | 北 | 三二 | 五二 | 二九 | 寅 | 二二 | 一九 | 一〇 | 一九 | 加 |  | 四四 | 一三 | 北 | 九 | 三九 | 五六 | 一〇 | 減 | 二 | 五〇 | 六 |
| 西增六 | 寅 | 一五 | 五七 | 〇九 | 北 | 三九 | 〇四 | 〇一 | 寅 | 一八 | 四一 | 〇三 | 〇七 | 加 |  | 四一 | 四九 | 北 | 一六 | 一〇 | 〇三 | 四二 | 減 | 四 | 〇六 | 五 |
| 宦者一 | 寅 | 一〇 | 五九 | 三七 | 北 | 三六 | 四〇 | 〇九 | 寅 | 一四 | 二一 | 五三 | 五七 | 加 |  | 四二 | 三九 | 北 | 一四 | 一四 | 四五 | 四六 | 減 | 五 | 三八 | 六 |
| 宦者二 | 寅 | 一一 | 二五 | 二四 | 北 | 三六 | 一三 | 二八 | 寅 | 一四 | 三九 | 二七 | 〇七 | 加 |  | 四二 | 四九 | 北 | 一三 | 四五 | 三四 | 〇四 | 減 | 五 | 三二 | 六 |
| 宦者三 | 寅 | 一二 | 〇三 | 〇六 | 北 | 三五 | 二四 | 五七 | 寅 | 一五 | 〇四 | 一三 | 〇一 | 加 |  | 四三 | 〇七 | 北 | 一二 | 五三 | 三二 | 三一 | 減 | 五 | 二三 | 六 |
| 宦者四 | 寅 | 一四 | 二三 | 三七 | 北 | 三三 | 二七 | 四二 | 寅 | 一六 | 四七 | 四三 | 五九 | 加 |  | 四三 | 五三 | 北 | 一〇 | 四二 | 二九 | 一九 | 減 | 四 | 四七 | 六 |
| 西增一 | 寅 | 八 | 〇七 | 二二 | 北 | 四〇 | 四三 | 一三 | 寅 | 一二 | 三九 | 五九 | 〇九 | 加 |  | 四一 | 〇三 | 北 | 一八 | 三四 | 四三 | 四一 | 減 | 六 | 一三 | 五 |
| 西增二 | 寅 | 八 | 〇二 | 三〇 | 北 | 四〇 | 四四 | 四六 | 寅 | 一二 | 三六 | 二四 | 〇九 | 加 |  | 四一 | 〇三 | 北 | 一八 | 三六 | 四九 | 五八 | 減 | 六 | 一四 | 五 |
| 西增三 | 寅 | 七 | 四三 | 五二 | 北 | 三七 | 一二 | 三六 | 寅 | 一一 | 四六 | 四三 | 二九 | 加 |  | 四二 | 二三 | 北 | 一五 | 〇九 | 三二 | 四七 | 減 | 六 | 三二 | 六 |
| 內增四 | 寅 | 一一 | 三〇 | 〇一 | 北 | 三六 | 一一 | 四三 | 寅 | 一四 | 四三 | 〇一 | 〇七 | 加 |  | 四二 | 四九 | 北 | 一三 | 四三 | 二〇 | 四七 | 減 | 五 | 三二 | 六 |
| 東增五 | 寅 | 一六 | 一二 | 一六 | 北 | 三三 | 五三 | 一〇 | 寅 | 一八 | 二一 | 五八 | 五八 | 加 |  | 四三 | 四六 | 北 | 一〇 | 五九 | 三一 | 五八 | 減 | 四 | 一四 | 六 |
| 斗一 | 寅 |  | 二 | 一八 | 北 | 三五 | 一一 | 〇二 | 寅 | 五 | 〇五 | 一九 | 二五 | 加 |  | 四二 | 五五 | 北 | 一四 | 一七 | 二六 | 〇二 | 減 | 八 | 四六 | 六 |
| 斗二 | 卯 | 二六 | 二一 | 二三 | 北 | 三四 | 〇三 | 〇五 | 寅 | 一 | 四七 | 一二 | 三六 | 加 |  | 四三 | 一二 | 北 | 一三 | 五〇 | 二三 | 一〇 | 減 | 九 | 五〇 | 六 |
| 斗三 | 卯 | 二七 | 三八 | 四六 | 北 | 三二 | 一〇 | 二六 | 寅 | 二 | 二六 | 二〇 | 一六 | 加 |  | 四三 | 五二 | 北 | 一一 | 四六 | 一〇 | 〇三 | 減 | 九 | 三[illegible] | 五 |

## 天市垣恒星表

| 星名 | 黃道經度宮 | 度 | 分 | 秒 | 黃道緯度向 | 度 | 分 | 秒 | 赤道經度宮 | 度 | 分 | 秒 | 微 | 赤道經度歲差 | 分 | 秒 | 微 | 赤道緯度向 | 度 | 分 | 秒 | 微 | 赤道緯度歲差 | 秒 | 微 | 星等 |
|---|---|---|---|---|---|---|---|---|---|---|---|---|---|---|---|---|---|---|---|---|---|---|---|---|---|---|
| 斗四 | 寅 | 二 | 三八 | 五三 | 北 | 二三 | 〇〇 | 〇三 | 寅 | 六 | 四九 | 三〇 | 一五 | 加 |  | 四三 | 四五 | 北 | 一一 | 四三 | 三五 | 四一 | 減 | 八 | 一三 | 四 |
| 斗五 | 寅 | 四 | 四一 | 一一 | 北 | 二八 | 五一 | 一九 | 寅 | 七 | 四八 | 五九 | 〇二 | 加 |  | 四五 | 一四 | 北 | 七 | 二〇 | 〇六 | 四四 | 減 | 七 | 五二 | 六 |
| 內增一 | 寅 |  | 二 | 〇五 | 北 | 三五 | 一〇 | 四四 | 寅 | 五 | 〇五 | 〇五 | 二五 | 加 |  | 四二 | 五五 | 北 | 一四 | 一七 | 一〇 | 一九 | 減 | 八 | 四七 | 六 |
| 內增二 | 卯 | 二七 | 五七 | 〇六 | 北 | 三二 | 〇八 | 五一 | 寅 | 二 | 四一 | 二七 | 四二 | 加 |  | 四三 | 五四 | 北 | 一一 | 四一 | 一五 | 〇四 | 減 | 九 | 三二 | 六 |
| 西增三 | 卯 | 二六 | 〇三 | 五三 | 北 | 三〇 | 二六 | 三九 | 寅 |  | 四二 | 〇三 | 二九 | 加 |  | 四四 | 二三 | 北 | 一〇 | 二二 | 五九 | 五〇 | 減 | 一〇 | 一〇 | 六 |
| 西增四 | 卯 | 二五 | 五九 | 〇三 | 北 | 三〇 | 一三 | 五〇 | 寅 |  | 三五 | 一六 | 〇四 | 加 |  | 四四 | 二八 | 北 | 一〇 | 一一 | 二三 | 二四 | 減 | 一〇 | 一五 | 六 |
| 西增五 | 卯 | 二六 | 三三 | 一二 | 北 | 二八 | 五七 | 〇六 | 寅 |  | 四七 | 一〇 | 五九 | 加 |  | 四四 | 五五 | 北 | 八 | 四九 | 五六 | 五〇 | 減 | 一〇 | 一〇 | 六 |
| 內增六 | 卯 | 二八 | 二五 | 二九 | 北 | 二八 | 三六 | 一一 | 寅 | 二 | 一九 | 四五 | 三五 | 加 |  | 四五 | 〇五 | 北 | 八 | 〇八 | 一四 | 二〇 | 減 | 九 | 四〇 | 六 |
| 內增七 | 卯 | 二八 | 四〇 | 一六 | 北 | 二五 | 五五 | 四五 | 寅 | 一 | 五八 | 五四 | 五一 | 加 |  | 四五 | 五七 | 北 | 五 | 二八 | 三七 | 〇二 | 減 | 九 | 四六 | 六 |
| 南增八 | 寅 | 一 | 四〇 | 二一 | 北 | 二六 | 二〇 | 三一 | 寅 | 四 | 四二 | 五九 | 五一 | 加 |  | 四五 | 五七 | 北 | 五 | 二〇 | 四五 | 〇一 | 減 | 八 | 五三 | 六 |
| 南增九 | 寅 | 一 | 一三 | 五八 | 北 | 二八 | 〇九 | 五五 | 寅 | 四 | 四〇 | 五四 | 二〇 | 加 |  | 四五 | 二〇 | 北 | 七 | 一二 | 三七 | 〇一 | 減 | 八 | 五三 | 六 |
| 南增十 | 寅 | 三 | 四九 | 四六 | 北 | 二七 | 〇七 | 三二 | 寅 | 六 | 四五 | 四八 | 四一 | 加 |  | 四五 | 四七 | 北 | 五 | 四五 | 五〇 | 二三 | 減 | 八 | 一九 | 六 |
| 南增十一 | 寅 | 三 | 五〇 | 三七 | 北 | 二七 | 〇六 | 四九 | 寅 | 六 | 四六 | 二五 | 四一 | 加 |  | 四五 | 四七 | 北 | 五 | 四四 | 五七 | 五八 | 減 | 八 | 一四 | 六 |
| 斛一 | 寅 | 九 | 〇五 | 〇七 | 北 | 三二 | 三〇 | 二六 | 寅 | 一二 | 一〇 | 五〇 | 〇一 | 加 |  | 四四 | 〇七 | 北 | 一〇 | 二〇 | 三四 | 三一 | 減 | 六 | 二三 | 四 |
| 斛二 | 寅 | 一〇 | 一七 | 二八 | 北 | 三一 | 五〇 | 二八 | 寅 | 一三 | 〇六 | 四一 | 四六 | 加 |  | 四四 | 二二 | 北 | 九 | 三二 | 二五 | 〇八 | 減 | 六 | 〇四 | 四 |
| 斛三 | 寅 | 八 | 二八 | 二四 | 北 | 二九 | 二九 | 五五 | 寅 | 一一 | 一二 | 四〇 | 二七 | 加 |  | 四五 | 〇九 | 北 | 七 | 二六 | 三四 | 二八 | 減 | 六 | 四四 | 五 |
| 斛四 | 寅 | 六 | 五九 | 二〇 | 北 | 三〇 | 三九 | 三二 | 寅 | 一〇 | 〇六 | 二六 | 二三 | 加 |  | 四四 | 四一 | 北 | 八 | 四七 | 〇六 | 五九 | 減 | 七 | 〇七 | 五 |
| 內增一 | 寅 | 六 | 五九 | 五七 | 北 | 三〇 | 三九 | 三〇 | 寅 | 一〇 | 〇六 | 五八 | 〇六 | 加 |  | 四四 | 四二 | 北 | 八 | 四六 | 五九 | 四二 | 減 | 七 | 〇六 | 六 |
| 南增二 | 寅 | 七 | 一一 | 三八 | 北 | 二八 | 一一 | 〇九 | 寅 | 九 | 五三 | 四三 | 三九 | 加 |  | 四五 | 三三 | 北 | 六 | 一八 | 五三 | 〇七 | 減 | 七 | 一一 | 六 |
| 南增三 | 寅 | 八 | 〇五 | 一四 | 北 | 二七 | 二五 | 四五 | 寅 | 一〇 | 三三 | 五二 | 五〇 | 加 |  | 四五 | 五〇 | 北 | 五 | 二六 | 四七 | 五二 | 減 | 六 | 五六 | 五 |

天市垣恒星表

| 星名 | 宮 | 度 | 分 |
|---|---|---|---|
| 南增四 | 寅 | 六 | 一五 |
| 南增五 | 寅 | 六 | 一六 |
| 南增六 | 寅 | 一六 | 一六 |
| 南增七 | 寅 | 九 | 〇〇 |
| 列肆一 | 寅 | 一 | 五三 |
| 列肆二 | 寅 | 四 | 〇二 |
| 東增一 | 寅 | 九 | 四一 |
| 東增二 | 寅 | 八 | 〇七 |
| 東增三 | 寅 | 七 | 〇五 |
| 東增四 | 寅 | 六 | 一〇 |
| 車肆一 | 寅 | 五 | 四五 |
| 車肆二 | 寅 | 一〇 | 五〇 |
| 北增一 | 寅 | 一一 | 二九 |
| 北增二 | 寅 | 一二 | 五六 |
| 市樓一 | 寅 | 二五 | 〇一 |
| 市樓二 | 寅 | 二五 | 五四 |
| 市樓三 | 寅 | 二九 | 一四 |
| 市樓四 | 寅 | 一八 | 四四 |
| 市樓五 | 寅 | 二〇 | 一五 |
| 市樓六 | 寅 | 二四 | 〇九 |

| 星名 | 宮 | 度 | 分 |
|---|---|---|---|
| 南增一 | 寅 | 一九 | 〇〇 |
| 宗正一 | 寅 | 二三 | 四八 |
| 宗正二 | 寅 | 二五 | 〇五 |
| 南增一 | 寅 | 二四 | 一〇 |
| 西增二 | 寅 | 一九 | 〇五 |
| 西增三 | 寅 | 一七 | 一二 |
| 宗人一 | 寅 | 二八 | 三一 |
| 宗人二 | 寅 | 二八 | 三八 |
| 宗人三 | 寅 | 二八 | 五六 |
| 宗人四 | 寅 | 二九 | 五六 |
| 北增一 | 丑 |  | 三六 |
| 北增二 | 丑 |  | 三四 |
| 東增三 | 丑 | 一 | 一〇 |
| 東增四 | 丑 | 四 | 一九 |
| 宗一 | 丑 | 一五 | 一五 |
| 宗二 | 丑 | 一五 | 一九 |
| 帛度一 | 寅 | 二八 | 五二 |
| 帛度二 | 丑 | 一 | 一七 |
| 南增一 | 寅 | 二九 | 〇九 |
| 南增二 | 丑 | 一 | 一六 |

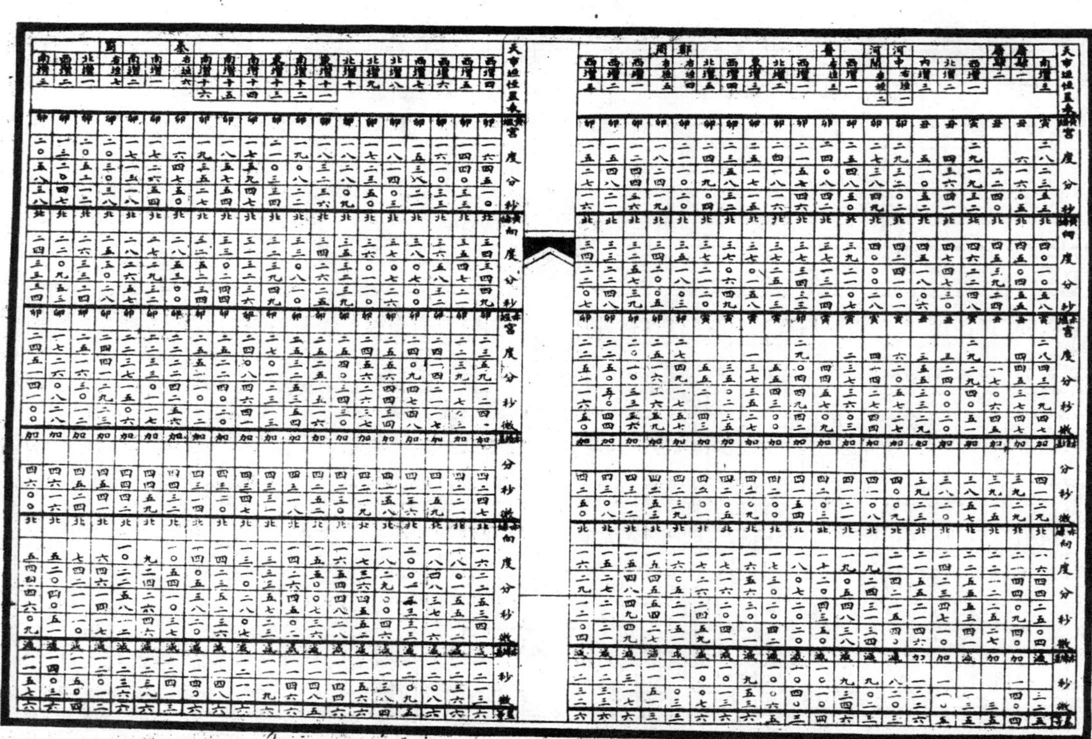

天市垣恆星表

| 天市垣恆星表 | 巴右垣八 | 南增一 | 南增二 | 東增三 | 東增四 | 南增五 | 梁右垣九 | 楚右垣十 | 韓右垣十一 | 魏左垣一 | 西增一 | 西增二 | 西增三 | 北增四 | 西增五 | 東增六 | 東增七 | 東增八 | 趙左垣二 | 北增一 |
|---|---|---|---|---|---|---|---|---|---|---|---|---|---|---|---|---|---|---|---|---|
| 黃道經度宮 | 卯 | 卯 | 卯 | 卯 | 卯 | 卯 | 寅 | 寅 | 寅 | 寅 | 寅 | 寅 | 寅 | 寅 | 寅 | 寅 | 寅 | 寅 | 寅 | 寅 |
| 度分秒 | [illegible] | [illegible] | [illegible] | [illegible] | [illegible] | [illegible] | [illegible] | [illegible] | [illegible] | [illegible] | [illegible] | [illegible] | [illegible] | [illegible] | [illegible] | [illegible] | [illegible] | [illegible] | [illegible] | [illegible] |

| 天市垣恆星表 | 東增二 | 東增三 | 九河左垣三 | 南增一 | 中山左垣四 | 西增一 | 西增二 | 北增三 | 北增四 | 東增五 | 東增六 | 南增七 | 齊左垣五 | 北增一 | 東增二 | 東增三 | 東增四 | 東增五 | 東增六 | 東增七 |
|---|---|---|---|---|---|---|---|---|---|---|---|---|---|---|---|---|---|---|---|---|
| 黃道經度宮 | 寅 | 寅 | 寅 | 寅 | 丑 | 寅 | 寅 | 丑 | 丑 | 丑 | 丑 | 丑 | 丑 | 丑 | 丑 | 丑 | 丑 | 丑 | 丑 | 丑 |
| 度分秒 | [illegible] | [illegible] | [illegible] | [illegible] | [illegible] | [illegible] | [illegible] | [illegible] | [illegible] | [illegible] | [illegible] | [illegible] | [illegible] | [illegible] | [illegible] | [illegible] | [illegible] | [illegible] | [illegible] | [illegible] |

| 天市垣恆星表 | 東增八 | 東增九 | 東增十 | 東增十一 | 東增十二 | 吳越左垣六 | 西增一 | 西增二 | 西增三 | 南增四 | 東增五 | 東增六 | 東增七 | 徐左垣七 | 西增一 | 北增二 | 東增三 | 南增四 | 東海左垣八 | 西增一 |
|---|---|---|---|---|---|---|---|---|---|---|---|---|---|---|---|---|---|---|---|---|
| 黃道經度宮 | 丑 | 丑 | 丑 | 丑 | 丑 | 丑 | 丑 | 丑 | 丑 | 丑 | 丑 | 丑 | 丑 | 丑 | 丑 | 丑 | 丑 | 丑 | 丑 | 寅 |
| 度分秒 | [illegible] | [illegible] | [illegible] | [illegible] | [illegible] | [illegible] | [illegible] | [illegible] | [illegible] | [illegible] | [illegible] | [illegible] | [illegible] | [illegible] | [illegible] | [illegible] | [illegible] | [illegible] | [illegible] | [illegible] |

| 天市垣恆星表 | 北增二 | 東增三 | 東增四 | 燕左垣九 | 南海左垣十 | 宋左垣十一 | 西增一 | 西增二 | 天紀一 | 天紀二 | 天紀三 | 天紀四 | 天紀五 | 天紀六 | 天紀七 | 天紀八 | 天紀九 | 北增一 | 北增二 | 北增三 |
|---|---|---|---|---|---|---|---|---|---|---|---|---|---|---|---|---|---|---|---|---|
| 黃道經度宮 | 丑 | 丑 | 丑 | 寅 | 寅 | 寅 | 寅 | 寅 | 卯 | 卯 | 寅 | 寅 | 寅 | 寅 | 寅 | 寅 | 寅 | 卯 | 卯 | 卯 |
| 度分秒 | [illegible] | [illegible] | [illegible] | [illegible] | [illegible] | [illegible] | [illegible] | [illegible] | [illegible] | [illegible] | [illegible] | [illegible] | [illegible] | [illegible] | [illegible] | [illegible] | [illegible] | [illegible] | [illegible] | [illegible] |

天市垣恆星表

| 星名 | 黃道經度 宮 | 度 | 分 | 秒 | 黃道緯度 向 | 度 | 分 | 秒 | 赤道經度 宮 | 度 | 分 | 秒 | 微 | 赤道經度歲差 | 分 | 秒 | 微 | 赤道緯度 向 | 度 | 分 | 秒 | 微 | 赤道緯度歲差 | 秒 | 微 | 星等 |
|---|---|---|---|---|---|---|---|---|---|---|---|---|---|---|---|---|---|---|---|---|---|---|---|---|---|---|
| 北增四 | 卯 | 二三 | 二一 | 三二 | 北 | 五二 | 五二 | 三六 | 寅 | 四 | 四一 | 一六 | 三二 | 加 | | 三五 | 四四 | 北 | 三二 | 三六 | 〇一 | 〇一 | 減 | 八 | 五三 | 五 |
| 北增五 | 卯 | 二四 | 五四 | 二四 | 北 | 五三 | 三〇 | 三二 | 寅 | 五 | 五七 | 二二 | 二一 | 加 | | 三五 | 二七 | 北 | 三二 | 五七 | 〇二 | 一三 | 減 | 八 | 二九 | 六 |
| 南增六 | 卯 | 二七 | 四〇 | 四三 | 北 | 五一 | 四九 | 五九 | 寅 | 七 | 二一 | 一五 | 一一 | 加 | | 三六 | 一七 | 北 | 三〇 | 五三 | 四二 | 一七 | 減 | 八 | 〇一 | 六 |
| 南增七 | 寅 | 一 | 三三 | 五八 | 北 | 四八 | 三三 | 二九 | 寅 | 九 | 一五 | 三七 | 四一 | 加 | | 三七 | 四七 | 北 | 二七 | 〇八 | 〇九 | 三一 | 減 | 七 | 二三 | 五 |
| 南增八 | 寅 | 二 | 一五 | 三一 | 北 | 五〇 | 〇七 | 〇〇 | 寅 | 一〇 | 〇七 | 五八 | 〇一 | 加 | | 三七 | 〇七 | 北 | 二八 | 三三 | 四九 | 〇八 | 減 | 七 | 〇四 | 六 |
| 南增九 | 寅 | 三 | 四三 | 一九 | 北 | 五一 | 四六 | 二一 | 寅 | 一一 | 三三 | 三六 | 四六 | 加 | | 三六 | 二二 | 北 | 二九 | 五九 | 三三 | 一二 | 減 | 六 | 三六 | 五 |
| 南增十 | 寅 | 三 | 一一 | 四一 | 北 | 五一 | 五二 | 一六 | 寅 | 一一 | 一二 | 五四 | 二〇 | 加 | | 三六 | 二〇 | 北 | 三〇 | 〇九 | 二一 | 五四 | 減 | 六 | 四二 | 六 |
| 北增十一 | 寅 | 三 | 五五 | 三八 | 北 | 五三 | 四四 | 一五 | 寅 | 一二 | 一〇 | 一五 | 二一 | 加 | | 三五 | 二七 | 北 | 三一 | 五三 | 二六 | 一四 | 減 | 六 | 二二 | 五 |
| 北增十二 | 寅 | 二 | 三〇 | 四九 | 北 | 五五 | 二八 | 四三 | 寅 | 一一 | 三九 | 四一 | 〇五 | 加 | | 三四 | 三五 | 北 | 三三 | 四五 | 五八 | 二一 | 減 | 六 | 三三 | 五 |
| 內增十三 | 寅 | 一三 | 三八 | 五七 | 北 | 五五 | 三〇 | 〇三 | 寅 | 一九 | 〇四 | 五二 | 四〇 | 加 | | 三四 | 四〇 | 北 | 三二 | 四〇 | 〇九 | 四三 | 減 | 三 | 五九 | 六 |
| 北增十四 | 寅 | 二五 | 三三 | 〇七 | 北 | 六三 | 二六 | 二一 | 寅 | 二七 | 二四 | 一五 | 二〇 | 加 | | 三〇 | 二〇 | 北 | 四〇 | 〇一 | 四六 | 四三 | 減 | | 五九 | 六 |
| 北增十五 | 寅 | 一四 | 〇六 | 二五 | 北 | 五九 | 五六 | 二二 | 寅 | 二〇 | 〇六 | 一九 | 三七 | 加 | | 三二 | 一九 | 北 | 二七 | 〇二 | 〇五 | 一二 | 減 | 三 | 三六 | 六 |
| 女牀一 | 寅 | 一〇 | 二八 | 二八 | 北 | 五九 | 三三 | 三八 | 寅 | 一七 | 四六 | 〇九 | 三〇 | 加 | | 三二 | 三〇 | 北 | 三六 | 五六 | 一五 | 〇五 | 減 | 四 | 二五 | 三 |
| 女牀二 | 寅 | 一一 | 二二 | 四六 | 北 | 六〇 | 〇六 | 四三 | 寅 | 一八 | 二六 | 四二 | 五三 | 加 | | 三二 | 一一 | 北 | 三七 | 二四 | 二六 | 〇七 | 減 | 四 | 一一 | 四 |
| 女牀三 | 寅 | 一三 | 四九 | 一八 | 北 | 六〇 | 〇八 | 四六 | 寅 | 一九 | 五七 | 五一 | 三六 | 加 | | 三二 | 一二 | 北 | 三七 | 一五 | 三三 | 〇三 | 減 | 三 | 三九 | 四 |
| 貫索一 | 卯 | 一〇 | 三七 | 五七 | 北 | 五〇 | 二八 | 五〇 | 卯 | 二四 | 五四 | 〇二 | 五八 | 加 | | 三六 | 四六 | 北 | 三二 | 五二 | 二七 | 三五 | 減 | 一一 | 五五 | 五 |
| 貫索二 | 卯 | 七 | 五二 | 三六 | 北 | 四八 | 三三 | 四一 | 卯 | 二二 | 〇六 | 〇八 | 三一 | 加 | | 三七 | 三七 | 北 | 三一 | 四四 | 二一 | 四五 | 減 | 一二 | 四五 | 四 |
| 貫索三 | 卯 | 七 | 三三 | 〇九 | 北 | 四六 | 〇三 | 三二 | 卯 | 二〇 | 四八 | 〇二 | 一四 | 加 | | 三八 | 三八 | 北 | 二九 | 二九 | 二五 | 五九 | 減 | 一三 | 〇七 | 四 |
| 貫索四 | 卯 | 一〇 | 四三 | 一二 | 北 | 四四 | 二〇 | 〇四 | 卯 | 二二 | 二九 | 一六 | 三七 | 加 | | 三九 | 一九 | 北 | 二七 | 〇五 | 三六 | 〇三 | 減 | 一二 | 三九 | 二 |
| 貫索五 | 卯 | 一三 | 一九 | 〇六 | 北 | 四四 | 三一 | 〇一 | 卯 | 二四 | 三一 | 〇六 | 〇二 | 加 | | 三九 | 一四 | 北 | 二六 | 三九 | 〇一 | 五一 | 減 | 一二 | 〇三 | 四 |
| 貫索六 | 卯 | 一五 | 二五 | 三〇 | 北 | 四四 | 五一 | 四四 | 卯 | 二六 | 一三 | 四三 | 四四 | 加 | | 三九 | 〇八 | 北 | 二六 | 三〇 | 〇六 | 〇四 | 減 | 一一 | 三二 | 四 |
| 貫索七 | 卯 | 一七 | 三三 | 三一 | 北 | 四六 | 〇五 | 〇四 | 卯 | 二八 | 一四 | 四二 | 五七 | 加 | | 三八 | 三九 | 北 | 二七 | 一二 | 一八 | 五二 | 減 | 一〇 | 五六 | 四 |
| 貫索八 | 卯 | 一七 | 二六 | 五四 | 北 | 四九 | 〇九 | 五八 | 卯 | 二九 | 一四 | 二九 | 四六 | 加 | | 三六 | 二二 | 北 | 三〇 | 〇九 | 四〇 | 四六 | 減 | 一〇 | 三八 | 五 |
| 貫索九 | 卯 | 一五 | 三五 | 四〇 | 北 | 五二 | 二九 | 二一 | 卯 | 二九 | 一二 | 〇〇 | 一六 | 加 | | 三五 | 五二 | 北 | 三三 | 四一 | 〇三 | 〇三 | 減 | 一〇 | 三九 | 六 |
| 西增一 | 卯 | 三 | 三八 | 二六 | 北 | 四五 | 〇三 | 〇六 | 卯 | 一七 | 二六 | 五二 | 五二 | 加 | | 三九 | 〇四 | 北 | 二九 | 三四 | 二六 | 三四 | 減 | 一四 | 〇二 | 五 |
| 西增二 | 卯 | 四 | 五二 | 三二 | 北 | 四五 | 五六 | 四九 | 卯 | 一八 | 四五 | 四五 | 〇六 | 加 | | 三八 | 四二 | 北 | 三〇 | 〇四 | 二七 | 三七 | 減 | 一三 | 四一 | 六 |
| 西增三 | 卯 | 五 | 五二 | 〇一 | 北 | 四六 | 四八 | 二五 | 卯 | 一九 | 五一 | 五三 | 〇三 | 加 | | 五八 | 二一 | 北 | 三〇 | 四一 | 五九 | 二二 | 減 | 一三 | 二六 | 五 |
| 北增四 | 卯 | 一一 | 〇四 | 五〇 | 北 | 五五 | 五八 | 二九 | 卯 | 二六 | 四五 | 二九 | 〇一 | 加 | | 三五 | 〇七 | 北 | 三六 | 〇一 | 三七 | 三一 | 減 | 一一 | 二三 | 五 |
| 北增五 | 卯 | 一一 | 〇五 | 三七 | 北 | 五六 | 二四 | 一八 | 卯 | 二七 | 五四 | 五二 | 一六 | 加 | | 三三 | 五二 | 北 | 三八 | 一六 | 三二 | 三四 | 減 | 一一 | 〇二 | 五 |
| 北增六 | 卯 | 一六 | 三〇 | 〇七 | 北 | 五五 | 五六 | 二三 | 寅 | 一 | 一四 | 二三 | 二七 | 加 | | 三四 | 〇九 | 北 | 三六 | 四五 | 〇〇 | 五〇 | 減 | 一〇 | 一〇 | 六 |
| 北增七 | 卯 | 一九 | 五一 | 五九 | 北 | 五三 | 五一 | 一四 | 寅 | 二 | 三九 | 〇二 | 〇二 | 加 | | 三五 | 一四 | 北 | 三四 | 〇九 | 〇〇 | 三八 | 減 | 九 | 三四 | 六 |
| 東增八 | 卯 | 二二 | 三八 | 三一 | 北 | 四九 | 二六 | 三三 | 寅 | 三 | 〇三 | 五〇 | 五四 | 加 | | 三七 | 一八 | 北 | 二九 | 二五 | 四三 | 〇五 | 減 | 九 | 二五 | 六 |
| 東增九 | 卯 | 二四 | 二五 | 二九 | 北 | 四六 | 二三 | 四八 | 寅 | 三 | 二六 | 三九 | 三一 | 加 | | 三八 | 三七 | 北 | 二六 | 一〇 | 二八 | 〇六 | 減 | 九 | 一八 | 六 |
| 東增十 | 卯 | 二四 | 四二 | 二八 | 北 | 四三 | 三七 | 一三 | 寅 | 二 | 五二 | 四七 | 三二 | 加 | | 三九 | 四四 | 北 | 二三 | 二六 | 一八 | 五六 | 減 | 九 | 二八 | 六 |
| 東增十一 | 卯 | 二三 | 一〇 | 三九 | 北 | 四二 | 四二 | 一六 | 寅 | 一 | 四四 | 〇六 | 〇六 | 加 | | 三九 | 四二 | 北 | 二三 | 四八 | 〇九 | 二七 | 減 | 九 | 五一 | 五 |
| 南增十二 | 卯 | 二〇 | 三五 | 三九 | 北 | 四二 | 二七 | 二四 | 卯 | 二九 | 二三 | 二二 | 一八 | 加 | | 四〇 | 〇六 | 北 | 二三 | 〇六 | 二〇 | 一二 | 減 | 一〇 | 三六 | 四 |
| 南增十三 | 卯 | 一七 | 五八 | 三七 | 北 | 四〇 | 〇〇 | 一五 | 卯 | 二六 | 三六 | 二二 | 三四 | 加 | | 四〇 | 五八 | 北 | 二一 | 一八 | 一二 | 二二 | 減 | 一一 | 二六 | 三 |
| 七公一 | 卯 | 一七 | 五〇 | 〇五 | 北 | 六九 | 三二 | 四一 | 寅 | 八 | 五八 | 四八 | 〇三 | 加 | | 二五 | 二一 | 北 | 四九 | 〇九 | 一七 | 五六 | 減 | 七 | 二八 | 六 |
| 七公二 | 卯 | 一二 | 五一 | 二七 | 北 | 六五 | 五一 | 四四 | 寅 | 四 | 〇八 | 〇八 | 四三 | 加 | | 二八 | 〇一 | 北 | 四六 | 三五 | 三九 | 五一 | 減 | 九 | 〇三 | 四 |
| 七公三 | 卯 | 一〇 | 〇五 | 四二 | 北 | 六三 | 四八 | 一四 | 寅 | 一 | 二〇 | 三八 | 三〇 | 加 | | 二九 | 三〇 | 北 | 四五 | 一四 | 二三 | 三六 | 減 | 九 | 四八 | 六 |
| 七公四 | 卯 | 六 | 三六 | 二三 | 北 | 六〇 | 一四 | 四三 | 卯 | 二七 | 〇八 | 五六 | 一四 | 加 | | 三一 | 三八 | 北 | 四六 | 四四 | 二七 | 三二 | 減 | 一一 | 一六 | 六 |
| 七公五 | 卯 | | 五六 | 四一 | 北 | 五七 | 〇四 | 五八 | 卯 | 二一 | 四二 | 四四 | 四七 | 加 | | 三三 | 二九 | 北 | 四一 | 一三 | 〇五 | 二七 | 減 | 一二 | 五一 | 六 |
| 七公六 | 卯 | 一 | 三八 | 二九 | 北 | 五三 | 二五 | 五八 | 卯 | 二〇 | 〇五 | 一五 | 一二 | 加 | | 三五 | 二四 | 北 | 三七 | 四六 | 〇一 | 二三 | 減 | 一三 | 一九 | 四 |
| 七公七 | 卯 | 一 | 二五 | 二四 | 北 | 四八 | 五九 | 一三 | 卯 | 一七 | 四五 | 四〇 | 四七 | 加 | | 三七 | 二九 | 北 | 三三 | 四四 | 二八 | 五二 | 減 | 一三 | 五六 | 三 |
| 北增一 | 卯 | 一一 | 二二 | 四八 | 北 | 七三 | 五九 | 四五 | 寅 | 九 | 二二 | 四〇 | 〇〇 | 加 | | 二二 | 〇〇 | 北 | 五四 | 〇一 | 四八 | 二三 | 減 | 七 | 一九 | 五 |
| 北增二 | 卯 | 一一 | 二四 | 〇三 | 北 | 七二 | 五八 | 〇一 | 寅 | 八 | 三〇 | 五二 | 〇〇 | 加 | | 二二 | 〇〇 | 北 | 五三 | 〇八 | 一五 | 一二 | 減 | 七 | 三六 | 五 |
| 西增三 | 卯 | 一四 | 一〇 | 〇二 | 北 | 六九 | 〇〇 | 一九 | 寅 | 六 | 四九 | 五四 | 五七 | 加 | | 二五 | 三九 | 北 | 四九 | 一二 | 五三 | 五〇 | 減 | 八 | 一〇 | 六 |
| 西增四 | 卯 | 六 | 四九 | 五六 | 北 | 六四 | 二一 | 二三 | 卯 | 二九 | 五二 | 〇一 | 五一 | 加 | | 二八 | 五七 | 北 | 四六 | 二二 | 一一 | 〇五 | 減 | 一〇 | 二五 | 五 |
| 西增五 | 辰 | 二二 | 四〇 | 五七 | 北 | 五四 | 〇九 | 五六 | 卯 | 一四 | 二六 | 二九 | 三六 | 加 | | 三五 | 一二 | 北 | 四〇 | 五〇 | 一四 | 三六 | 減 | 一四 | 四八 | 三 |
| 西增六 | 辰 | 二二 | 五三 | 一七 | 北 | 五二 | 五七 | 五八 | 卯 | 一三 | 四九 | 三二 | 二四 | 加 | | 三五 | 四八 | 北 | 三九 | 四三 | 三七 | 二六 | 減 | 一四 | 五八 | 六 |
| 東增七 | 卯 | 六 | 四五 | 三八 | 北 | 五三 | 五八 | 二四 | 卯 | 二三 | 五〇 | 二五 | 〇一 | 加 | | 三五 | 〇七 | 北 | 三七 | 〇〇 | 一五 | 五八 | 減 | 一二 | 一四 | 四 |
| 東增八 | 卯 | 三 | 四六 | 五九 | 北 | 五五 | 四七 | 四八 | 卯 | 二二 | 四八 | 五五 | 五三 | 加 | | 三四 | 一一 | 北 | 三九 | 二二 | 二〇 | 〇四 | 減 | 一二 | 三二 | 五 |
| 內增九 | 卯 | 一 | 〇九 | 四三 | 北 | 五七 | 一三 | 二一 | 卯 | 二一 | 五六 | 一〇 | 一二 | 加 | | 三三 | 二四 | 北 | 四一 | 一七 | 二〇 | 三六 | 減 | 一二 | 四八 | 六 |
| 東增十 | 卯 | 三 | 三二 | 三九 | 北 | 五七 | 一三 | 四五 | 卯 | 二三 | 二八 | 一二 | 一二 | 加 | | 三三 | 二四 | 北 | 四〇 | 四三 | 一三 | 五七 | 減 | 一二 | 二一 | 六 |
| 內增十一 | 卯 | 七 | 三二 | 三八 | 北 | 六〇 | 三八 | 四二 | 卯 | 二七 | 五七 | 一一 | 二九 | 加 | | 三一 | 二三 | 北 | 四二 | 五四 | 〇四 | 三四 | 減 | 一一 | 〇二 | 六 |
| 內增十二 | 卯 | 六 | 三九 | 五四 | 北 | 六一 | 〇四 | 一四 | 卯 | 二七 | 四〇 | 四四 | 〇一 | 加 | | 三一 | 〇七 | 北 | 四三 | 二八 | 一四 | 五九 | 減 | 一一 | 〇七 | 六 |
| 東增十三 | 卯 | 一一 | 三八 | 五一 | 北 | 六二 | 五五 | 一六 | 寅 | 一 | 四二 | 一四 | 四二 | 加 | | 三〇 | 〇一 | 北 | 四四 | 〇八 | 四四 | 三七 | 減 | 九 | 四一 | 六 |
| 東增十四 | 卯 | 一九 | 五九 | 二九 | 北 | 六二 | 一九 | 三一 | 寅 | 六 | 一五 | 一九 | 二二 | 加 | | 三〇 | 三四 | 北 | 四二 | 〇八 | 〇九 | 一四 | 減 | 八 | 二二 | 五 |
| 東增十五 | 卯 | 二一 | 四三 | 〇六 | 北 | 六三 | 一〇 | 一八 | 寅 | 七 | 三九 | 〇六 | 二七 | 加 | | 三〇 | 〇九 | 北 | 四二 | 三九 | 四二 | 四五 | 減 | 七 | 四五 | 四 |
| 東增十六 | 卯 | 二五 | 〇九 | 五九 | 北 | 六七 | 二四 | 四五 | 寅 | 一一 | 三一 | 三〇 | 四五 | 加 | | 二七 | 一五 | 北 | 四六 | 一一 | 〇六 | 一二 | 減 | 六 | 三六 | 五 |

天市垣恆星一十九座。八十七星。增一百七十三星。凡二百六十星。在黃道宮四。始辰終丑。赤道宮三。始卯終丑。經黃道經度九十六度三十分四十四秒。始七公西增五。在辰二十二度四十分五十七秒。終齊東增十二。在丑二十九度一十一分四十一秒。赤道經度六十七度五十六分三十秒七微。始七公西增六。在卯一十三度四十九分三十二秒二十四微。終齊東增十二。在丑二十一度四十六分二秒三十一微。經黃道緯度七十度五分五十秒。最高行七公北增一。在北七十三度五十九分四十五秒。最卑行宋西增二。在北三度五十三分五十五秒。赤道緯度七十二度四十三分五十二秒三十微。最高行七公北增一。在北五十四度一分四十八秒二十三微。最卑行宋西增二。在南一十八度四十二分四秒七微。帝座一星。去極五十二度四十三分弱。入尾宿六分弱。侯一星。增星六。去極五十四度九分弱。入尾宿六度二十一分少強。宦者四星。增星五。距西北星。去極五十三度二十分少弱。入心宿四度四十三分。斗五星。增星十一。距北星。去極五十四度四十九分。入氐宿一十六度二十八分強。斛四星。增星七。距北星。去極五十七度二十九分半強。入心宿二度四十八分半弱。列肆二星。增星四。距西星。去極六十七度四十六分弱。入房宿二十八分半。車肆二星。增星二。距西星。去極七十七度一分半弱。入房宿二度二十一分。市樓六星。增星一。距中北星。去極七十四度四十六分少強。入尾宿八度三十分少強。宗正二星。增星三。距北星。去極六十二度四分。入尾宿九度一十六分強。宗人四星。增星四。距北星。去極六十二度一十一分。入尾宿一十四度少強。宗二星。距北星。去極四十六度三十四分。入斗宿四度三十七分少弱。帛度二星。增星三。距西星。去極四十四度五十七分半。入尾宿一十四度二十一分少強。屠肆二星。增星三。距東星。去極四十四度五十五分。入箕宿六度三十三分。右垣牆一十一星。一河中。去極四十七度一十九分。入氐宿一十五度五十八分。二河間。增星一。去極四十九度五十九分半。入氐宿一十四度五分少弱。三晉。增星五。去極五十二度四十六分半強。入氐宿一十度三十五分弱。四鄭。去極五十四度四十二分。入氐宿七度三十六分強。五周。增星十六。去極五十五度四十分。入氐宿四度五十分強。六秦。增星二。去極六十一度七分。入氐宿三度一十四分少弱。七蜀。增星三。

去極六十四度二十九分半○入氐宿六度五十七分弱○八巴○增星五去極六十五度五十九分半弱○入氐宿九度一十三分弱○九梁去極七十二度四十四分半弱入氐宿一十七度一十一分半強十楚去極七十三度三十三分強入房宿三十三分強○十一韓去極七十八度三十六分強○入心宿一度二十四分強左垣牆一十一星一魏○增星八去極四十二度一十八分少強○入心宿六度五十四分○二趙○增星三去極四十度四十二分弱○入尾宿三度四十七分○三九河○增星一去極三十八度四十九分強○入尾宿九度一十分○四中山○增星七去極三十七度四十八分強○入箕宿一度二十七分半弱○五齊○增星十二去極四十五度五十四分少弱○入斗宿六度五十三分○六吳越○增星七去極五十三度四十八分○入斗宿九度三十九分少弱○七徐○增星四去極六十三度七分少強○入斗宿五度三十五分半強八東海○增星四去極六十九度三十分○入箕宿四度三十六分強○九燕去極七十六度一十九分少強○入尾宿一十三度四十一分少弱○十南海去極八十二度三分弱○入尾宿八度二十九分○十一宋○增星二去極八十二度四十八分○入尾宿一度五十四分強○天紀九星○增星十五距西星去極三十八度三十四分半強入氐宿一十度七分半女牀三星○距西星去極三十度二十六分強○入心宿四度一十二分少弱○貫索九星○增星十三距西北星去極三十九度三十一分少強○入亢宿七度四十分○七公七星○增星十六距北星去極二十度二十七分強○入氐宿四度一十六分少強○

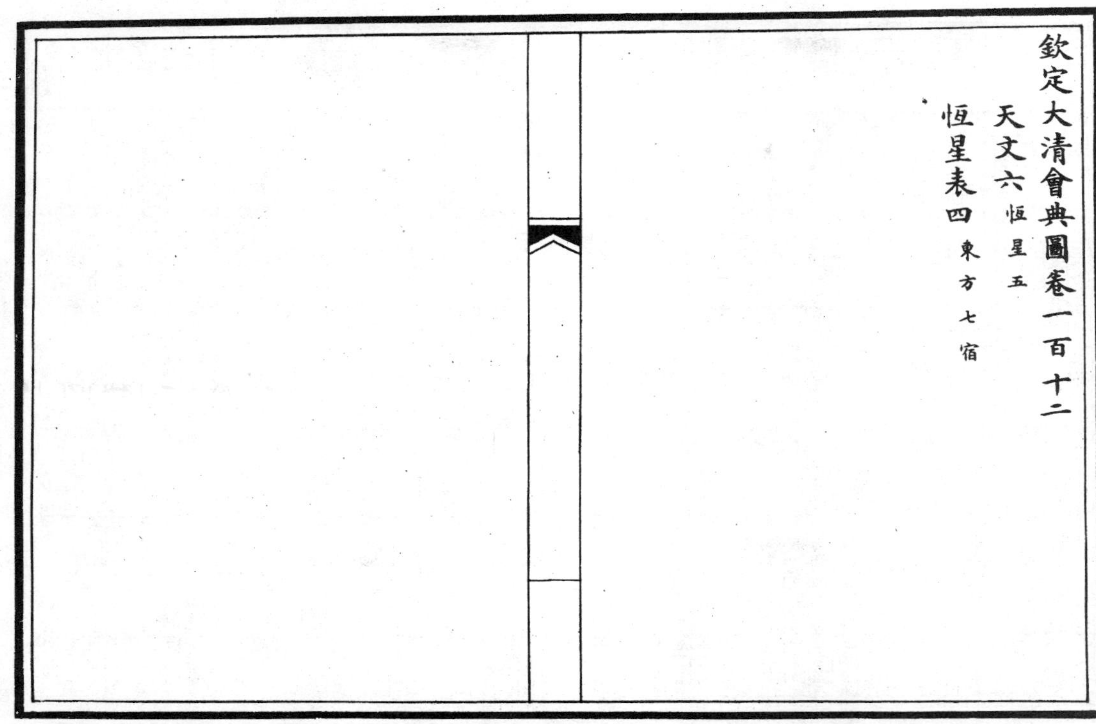
欽定大清會典圖卷一百十二

天文六　恒星五

恒星表四　東方七宿

## 角宿恒星表

| 星名 | 黃道經度宮 | 度 | 分 | 秒 | 黃道緯度向 | 度 | 分 | 秒 | 赤道經度宮 | 度 | 分 | 秒 | 微 | 經度歲差 | 分 | 秒 | 微 | 赤道緯度向 | 度 | 分 | 秒 | 微 | 緯度歲差 | 秒 | 微 | 星等 |
|---|---|---|---|---|---|---|---|---|---|---|---|---|---|---|---|---|---|---|---|---|---|---|---|---|---|---|
| 角宿一 | 辰 | 二二 | 一八 | 三七 | 南 | 二 | 〇二 | 四〇 | 辰 | 一九 | 五一 | 一六 | 〇〇 | 加 |  | 四九 | 〇〇 | 南 | 一〇 | 三五 | 〇六 | 四七 | 加 | 一九 | 二九 | 一 |
| 角宿二 | 辰 | 二〇 | 三七 | 〇六 | 北 | 八 | 三八 | 三二 | 辰 | 二二 | 一七 | 〇〇 | 〇六 | 加 |  | 四七 | 四二 | 南 |  | 二 | 二一 | 一〇 | 加 | 一九 | 一〇 | 三 |
| 西增一 | 辰 | 一九 | 三三 | 一六 | 北 | 三 | 三五 | 一五 | 辰 | 一九 | 二四 | 三二 | 一九 | 加 |  | 四八 | 一三 | 南 | 四 | 一九 | 五二 | 五六 | 加 | 一九 | 三二 | 五 |
| 內增二 | 辰 | 二一 | 四六 | 三四 | 北 | 二 | 四六 | 四五 | 辰 | 二一 | 一〇 | 一六 | 二一 | 加 |  | 四八 | 二七 | 南 | 五 | 五四 | 三七 | 三七 | 加 | 一九 | 一九 | 六 |
| 東增三 | 辰 | 二二 | 〇三 | 四三 | 北 | 三 | 〇八 | 一四 | 辰 | 二一 | 三四 | 一六 | 二一 | 加 |  | 四八 | 二七 | 南 | 五 | 四一 | 〇一 | 二八 | 加 | 一九 | 一六 | 六 |
| 東增四 | 辰 | 二二 | 三三 | 二八 | 北 | 四 | 一四 | 四〇 | 辰 | 二二 | 二六 | 三八 | 四六 | 加 |  | 四八 | 二二 | 南 | 四 | 五〇 | 一六 | 二七 | 加 | 一九 | 〇九 | 六 |
| 東增五 | 辰 | 二三 | 五七 | 四〇 | 北 | 二 | 〇八 | 三六 | 辰 | 二二 | 五八 | 三八 | 四九 | 加 |  | 四八 | 四三 | 南 | 七 | 一八 | 二七 | 〇一 | 加 | 一九 | 〇七 | 六 |
| 東增六 | 辰 | 二六 | 〇三 | 二三 | 北 | 四 | 〇三 | 一六 | 辰 | 二五 | 三八 | 二二 | 二三 | 加 |  | 四八 | 四一 | 南 | 六 | 一七 | 一〇 | 二三 | 加 | 一八 | 四一 | 六 |
| 東增七 | 辰 | 二七 | 三〇 | 二二 | 南 | 一 | 二二 | 三七 | 辰 | 二五 | 〇一 | 四二 | 五六 | 加 |  | 四九 | 三二 | 南 | 一一 | 五二 | 二九 | 五八 | 加 | 一八 | 四六 | 六 |
| 東增八 | 辰 | 二三 | 四三 | 〇七 | 南 |  | 二四 | 五一 | 辰 | 二一 | 四七 | 五二 | 一七 | 加 |  | 四八 | 五九 | 南 | 九 | 三五 | 四五 | 〇二 | 加 | 一九 | 一四 | 六 |
| 南增九 | 辰 | 二三 | 一四 | 〇四 | 南 | 三 | 一九 | 〇七 | 辰 | 二〇 | 一四 | 二八 | 一九 | 加 |  | 四九 | 一三 | 南 | 一二 | 〇六 | 四四 | 三八 | 加 | 一九 | 二六 | 五 |
| 西增十 | 辰 | 二一 | 一五 | 三五 | 南 | 二 | 三六 | 〇五 | 辰 | 一八 | 三九 | 〇六 | 〇八 | 加 |  | 四八 | 五六 | 南 | 一〇 | 四二 | 二四 | 一四 | 加 | 一九 | 三八 | 六 |
| 西增十一 | 辰 | 二〇 | 一五 | 〇八 | 南 | 一 | 五九 | 一五 | 辰 | 一七 | 五六 | 二五 | 四一 | 加 |  | 四八 | 四七 | 南 | 九 | 四五 | 二七 | 四九 | 加 | 一九 | 四三 | 六 |
| 西增十二 | 辰 | 一九 | 三八 | 二三 | 南 | 二 | 一六 | 〇一 | 辰 | 一七 | 一五 | 三〇 | 一五 | 加 |  | 四八 | 四五 | 南 | 九 | 四七 | 〇二 | 四一 | 加 | 一九 | 四七 | 六 |
| 西增十三 | 辰 | 一八 | 五一 | 四三 | 南 | 二 | 二二 | 〇〇 | 辰 | 一六 | 二九 | 二七 | 二三 | 加 |  | 四八 | 四一 | 南 | 九 | 三四 | 四八 | 一六 | 加 | 一九 | 五二 | 六 |
| 西增十四 | 辰 | 一八 | 二八 | 四四 | 南 | 二 | 四三 | 〇五 | 辰 | 一五 | 五九 | 四四 | 四〇 | 加 |  | 四八 | 四〇 | 南 | 九 | 四五 | 二九 | 二五 | 加 | 一九 | 五五 | 六 |
| 西增十五 | 辰 | 一八 | 一二 | 二五 | 南 | 三 | 一五 | 三六 | 辰 | 一五 | 三一 | 四八 | 四〇 | 加 |  | 四八 | 四〇 | 南 | 一〇 | 〇九 | 一六 | 五一 | 加 | 一九 | 五七 | 五 |
| 西增十六 | 辰 | 一九 | 四二 | 三五 | 北 | 三 | 三三 | 〇九 | 辰 | 一九 | 三二 | 二三 | 一九 | 加 |  | 四八 | 一三 | 南 | 四 | 二五 | 一九 | 五六 | 加 | 一九 | 三二 | 六 |
| 平道一 | 辰 | 一六 | 四一 | 三九 | 北 | 一 | 四四 | 五九 | 辰 | 一六 | 〇三 | 二五 | 五三 | 加 |  | 四八 | 一一 | 南 | 四 | 五六 | 五一 | 四二 | 加 | 一九 | 五四 | 四 |
| 平道二 | 辰 | 二五 | 一〇 | 四七 | 北 | 一 | 四二 | 五九 | 辰 | 二三 | 五七 | 五一 | 四二 | 加 |  | 四八 | 五四 | 南 | 八 | 〇八 | 五七 | 五一 | 加 | 一八 | 五七 | 六 |
| 天田一 | 辰 | 一八 | 五一 | 〇四 | 北 | 一二 | 三二 | 二六 | 辰 | 二二 | 〇八 | 〇四 | 四四 | 加 |  | 四七 | 〇八 | 北 | 四 | 一三 | 三三 | 〇七 | 減 | 一九 | 一一 | 五 |
| 天田二 | 辰 | 二六 | 一二 | 一二 | 北 | 一三 | 〇四 | 〇二 | 辰 | 二九 | 〇〇 | 一九 | 二〇 | 加 |  | 四七 | 二〇 | 北 | 二 | 〇四 | 四〇 | 一六 | 減 | 一八 | 〇八 | 五 |
| 西增一 | 辰 | 一四 | 一四 | 三三 | 北 | 一二 | 三九 | 〇五 | 辰 | 一八 | 〇〇 | 一九 | 二六 | 加 |  | 四七 | 〇二 | 北 | 六 | 〇三 | 〇〇 | 五四 | 減 | 一九 | 四二 | 五 |
| 西增二 | 辰 | 一五 | 二六 | 二二 | 北 | 一二 | 四七 | 四三 | 辰 | 一九 | 〇八 | 三七 | 四三 | 加 |  | 四七 | 〇一 | 北 | 五 | 四三 | 五三 | 三八 | 減 | 一九 | 三四 | 六 |
| 北增三 | 辰 | 二一 | 〇二 | 二〇 | 北 | 一三 | 一六 | 〇六 | 辰 | 二四 | 二三 | 二五 | 一八 | 加 |  | 四七 | 〇六 | 北 | 四 | 〇六 | 〇二 | 四四 | 減 | 一八 | 五二 | 六 |
| 南增四 | 辰 | 二四 | 四二 | 二五 | 北 | 一一 | 五八 | 四九 | 辰 | 二七 | 一五 | 〇二 | 三八 | 加 |  | 四七 | 二六 | 北 | 一 | 三五 | 一九 | 二二 | 減 | 一八 | 二六 | 六 |
| 南增五 | 辰 | 二五 | 〇八 | 四八 | 北 | 一二 | 〇八 | 五五 | 辰 | 二七 | 四二 | 四五 | 三八 | 加 |  | 四七 | 二六 | 北 | 一 | 三五 | 二五 | 五七 | 減 | 一八 | 二一 | 六 |
| 南增六 | 辰 | 二五 | 三九 | 三八 | 北 | 九 | 三七 | 三五 | 辰 | 二七 | 一六 | 三六 | 三三 | 加 |  | 四七 | 五一 | 南 |  | 五六 | 四〇 | 五五 | 加 | 一八 | 二五 | 六 |
| 南增七 | 辰 | 二六 | 一八 | 一二 | 北 | 一三 | 〇二 | 四三 | 辰 | 二九 | 〇五 | 一九 | 二〇 | 加 |  | 四七 | 二〇 | 北 | 二 | 〇一 | 二〇 | 五九 | 減 | 一八 | 〇七 | 六 |
| 周鼎一 | 辰 | 二 | 五三 | 四七 | 北 | 三二 | 二八 | 二八 | 辰 | 一六 | 四一 | 五七 | 四七 | 加 |  | 四四 | 二九 | 北 | 二八 | 二三 | 五六 | 〇一 | 減 | 一九 | 五三 | 五 |
| 周鼎二 | 巳 | 二八 | 三〇 | 二〇 | 北 | 三三 | 五六 | 四〇 | 辰 | 一三 | 四二 | 四四 | 〇六 | 加 |  | 四四 | 四二 | 北 | 三一 | 二三 | 二五 | 〇七 | 減 | 二〇 | 一一 | 四 |
| 周鼎三 | 辰 | 一 | 四九 | 五八 | 北 | 三一 | 四九 | 四〇 | 辰 | 一五 | 二七 | 一九 | 四九 | 加 |  | 四四 | 四三 | 北 | 二八 | 一三 | 四五 | 五一 | 減 | 二〇 | 〇三 | 四 |
| 進賢 | 辰 | 一三 | 四〇 | 一一 | 北 | 二 | 二一 | 二六 | 辰 | 一三 | 二九 | 四一 | 三四 | 加 |  | 四七 | 五八 | 南 | 三 | 一三 | 二四 | 四四 | 加 | 二〇 | 〇八 | 六 |
| 西增一 | 辰 | 一二 | 〇六 | 四〇 | 北 | 二 | 〇〇 | 一二 | 辰 | 一一 | 五五 | 一二 | 二五 | 加 |  | 四七 | 五五 | 南 | 二 | 五六 | 四〇 | 二八 | 加 | 二〇 | 一六 | 六 |
| 北增二 | 辰 | 一三 | 四一 | 一七 | 北 | 二 | 二二 | 三九 | 辰 | 一三 | 三一 | 一一 | 三四 | 加 |  | 四七 | 五八 | 南 | 三 | 一二 | 四二 | 四四 | 加 | 二〇 | 〇八 | 六 |
| 北增三 | 辰 | 一三 | 四三 | 四八 | 北 | 二 | 五二 | 三〇 | 辰 | 一三 | 四五 | 〇五 | 〇八 | 加 |  | 四七 | 五六 | 南 | 二 | 四六 | 一〇 | 〇一 | 加 | 二〇 | 〇七 | 六 |
| 北增四 | 辰 | 一四 | 三六 | 〇一 | 北 | 二 | 五五 | 四九 | 辰 | 一四 | 三四 | 三一 | 三四 | 加 |  | 四七 | 五八 | 南 | 三 | 〇三 | 一五 | 〇九 | 加 | 二〇 | 〇三 | 六 |
| 南增五 | 辰 | 一四 | 三九 | 四一 | 南 | 三 | 二五 | 四八 | 辰 | 一二 | 〇九 | 一三 | 四六 | 加 |  | 四八 | 二二 | 南 | 八 | 五六 | 三〇 | 〇二 | 加 | 二〇 | 一四 | 五 |
| 南增六 | 辰 | 一四 | 一八 | 四六 | 南 | 三 | 〇三 | 四一 | 辰 | 一一 | 五八 | 二九 | 三七 | 加 |  | 四八 | 一九 | 南 | 八 | 二七 | 五九 | 〇二 | 加 | 二〇 | 一四 | 六 |
| 南增七 | 辰 | 一一 | 〇三 | 〇五 | 南 | 二 | 四四 | 四五 | 辰 | 九 | 〇四 | 三一 | 三五 | 加 |  | 四八 | 〇五 | 南 | 六 | 五四 | 〇〇 | 三八 | 加 | 二〇 | 二六 | 六 |

角宿恆星表

| 角宿恆星表 | 南增八 | 西增九 | 天門一 | 天門二 | 南增一 | 南增二 | 南增三 | 南增四 | 南增五 | 東增六 | 東增七 | 東增八 | 東增九 | 東增十 | 東增十一 | 平一 | 平二 | 西增一 | 北增二 | 北增三 |
|---|---|---|---|---|---|---|---|---|---|---|---|---|---|---|---|---|---|---|---|---|
| 黃道經宮 | 辰 | 辰 | 辰 | 辰 | 辰 | 辰 | 辰 | 辰 | 辰 | 辰 | 辰 | 辰 | 卯 | 辰 | 辰 | 辰 | 卯 | 辰 | 卯 | 卯 |
| 度 | 一〇 | 九 | 二一 | 二四 | 二三 | 二三 | 二二 | 二三 | 二四 | 二五 | 二八 | 二八 |  | 二九 | 二六 | 二五 | 六 | 二三 | 四 | 五 |
| 分 | 三七 | 二九 | 一三 | 三六 | 三〇 | 一七 | 三三 | 三〇 | 一五 | 三五 | 一三 | 三七 | 二六 | 四六 | 三九 | 二九 | 五八 | 一九 | 四六 | 一九 |
| 秒 | 五四 | 三六 | 一二 | 三一 | 三六 | 四六 | 三六 | 二六 | 三八 | 四六 | 二一 | 一九 | 五二 | 五〇 | 三〇 | 四六 | 二四 | 二一 | 五〇 | 五九 |
| 黃道緯向 | 南 | 南 | 南 | 南 | 南 | 南 | 南 | 南 | 南 | 南 | 南 | 南 | 南 | 南 | 南 | 南 | 南 | 南 | 南 | 南 |
| 度 | 三 | 一 | 七 | 六 | 一一 | 一一 | 一〇 | 九 | 八 | 五 | 五 | 四 | 六 | 六 | 八 | 一三 | 一三 | 一四 | 一二 | 一一 |
| 分 | 二七 | 三五 | 五三 | 一八 | 〇一 | 〇七 | 一二 | 一〇 | 二〇 | 一五 | 〇七 | 三一 | 二〇 | 一九 | 二七 | 四四 | 〇五 | 三三 | 〇三 | 五三 |
| 秒 | 四二 | 四九 | 五九 | 四〇 | 三二 | 〇七 | 四七 | 三二 | 二六 | 二一 | 二四 | 三〇 | 三二 | 一三 | 二八 | 〇四 | 〇五 | 五八 | 〇九 | 三四 |
| 赤道經宮 | 辰 | 辰 | 辰 | 辰 | 辰 | 辰 | 辰 | 辰 | 辰 | 辰 | 辰 | 辰 | 辰 | 辰 | 辰 | 辰 | 辰 | 辰 | 辰 | 辰 |
| 度 | 八 | 八 | 一六 | 二〇 | 一七 | 一七 | 一六 | 一八 | 一九 | 二一 | 二四 | 二四 | 二六 | 二五 | 二一 | 一八 | 二九 | 一五 | 二八 | 二八 |
| 分 | 二四 | 〇五 | 三二 | 二三 | 二七 | 一三 | 五二 | 一二 | 一五 | 四四 | 一九 | 五五 | 〇〇 | 二二 | 三一 | 一五 | 五三 | 四七 | 〇五 | 四二 |
| 秒 | 一一 | 二八 | 二四 | 三九 | 三七 | 〇一 | 五七 | 三〇 | 四七 | 四七 | 〇二 | 三九 | 三八 | 一五 | 二一 | 〇〇 | 三七 | 五〇 | 二一 | 二三 |
| 微 | 一八 | 三四 | 三七 | 四〇 | 三三 | 〇七 | 五七 | 三二 | 四一 | 〇六 | 五二 | 〇九 | 五六 | 三八 | 一〇 | 四六 | 三二 | 四三 | 三五 | 三六 |
| 赤經歲差 | 加 | 加 | 加 | 加 | 加 | 加 | 加 | 加 | 加 | 加 | 加 | 加 | 加 | 加 | 加 | 加 | 加 | 加 | 加 | 加 |
| 分 |  |  |  |  |  |  |  |  |  |  |  |  |  |  |  |  |  |  |  |  |
| 秒 | 四八 | 四七 | 四九 | 四九 | 四九 | 四九 | 四九 | 四九 | 四九 | 四九 | 五〇 | 五〇 | 五〇 | 五〇 | 五〇 | 五〇 | 五二 | 五〇 | 五二 | 五二 |
| 微 | 〇六 | 五八 | 一九 | 四〇 | 五一 | 四九 | 三九 | 四四 | 四七 | 四二 | 〇四 | 〇三 | 三二 | 二六 | 一〇 | 二二 | 四四 | 〇一 | 〇五 | 一二 |
| 赤道緯向 | 南 | 南 | 南 | 南 | 南 | 南 | 南 | 南 | 南 | 南 | 南 | 南 | 南 | 南 | 南 | 南 | 南 | 南 | 南 | 南 |
| 度 | 七 | 五 | 一五 | 一五 | 一九 | 一九 | 一八 | 一七 | 一七 | 一四 | 一五 | 一五 | 一七 | 一七 | 一八 | 二二 | 二六 | 二二 | 二四 | 二四 |
| 分 | 二三 | 一三 | 三五 | 二三 | 二〇 | 二〇 | 一四 | 三八 | 〇八 | 四七 | 三七 | 一五 | 三三 | 一八 | 〇九 | 三五 | 〇九 | 三一 | 二五 | 二八 |
| 秒 | 三五 | 五二 | 二四 | 五九 | 四三 | 五九 | 〇六 | 一三 | 五五 | 一五 | 三三 | 四六 | 四九 | 一四 | 〇六 | 四〇 | 二二 | 五七 | 四二 | 二二 |
| 微 | 四七 | 三〇 | 三三 | 五五 | 五八 | 五八 | 〇七 | 二三 | 三九 | 〇二 | 五九 | 四一 | 三一 | 三二 | 一一 | 四〇 | 一七 | 〇八 | 二八 | 三六 |
| 赤緯歲差 | 加 | 加 | 加 | 加 | 加 | 加 | 加 | 加 | 加 | 加 | 加 | 加 | 加 | 加 | 加 | 加 | 加 | 加 | 加 | 加 |
| 秒 | 二〇 | 二〇 | 一九 | 一九 | 一九 | 一九 | 一九 | 一九 | 一九 | 一九 | 一八 | 一八 | 一八 | 一八 | 一九 | 一九 | 一七 | 一九 | 一八 | 一八 |
| 微 | 二九 | 三〇 | 五一 | 二五 | 四六 | 四六 | 四九 | 四一 | 三三 | 一四 | 五三 | 四七 | 三七 | 四四 | 一七 | 四〇 | 五九 | 五六 | 一六 | 一二 |
| 星等 | 五 | 六 | 四 | 五 | 六 | 六 | 六 | 四 | 六 | 六 | 六 | 六 | 五 | 六 | 六 | 三 | 四 | 六 | 六 | 六 |

| 角宿恆星表 | 北增四 | 庫樓一 | 庫樓二 | 庫樓三 | 庫樓四 | 庫樓五 | 庫樓六 | 庫樓七 | 庫樓八 | 庫樓九 | 庫樓十 | 內增一 | 柱一 | 柱二 | 柱三 | 柱四 | 柱五 | 柱六 | 柱七 | 柱八 |
|---|---|---|---|---|---|---|---|---|---|---|---|---|---|---|---|---|---|---|---|---|
| 黃道經宮 | 卯 | 卯 | 卯 | 卯 | 卯 | 卯 | 卯 | 卯 | 辰 | 辰 | 辰 | 卯 | 卯 | 卯 | 卯 | 卯 | 卯 | 卯 | 卯 | 卯 |
| 度 | 四 | 一三 | 一八 | 一〇 | 六 | 四 | 五 |  | 二九 | 二六 | 二九 | 八 | 一三 | 一二 | 一七 | 一八 | 一五 | 一四 | 六 | 六 |
| 分 | 五一 | 二五 | 四一 | 四七 | 二八 | 五八 | 〇八 | 四八 | 四八 | 三三 | 一三 | 〇九 | 四八 | 五一 | 一六 | 〇六 | 一八 | 一一 | 一五 | 二三 |
| 秒 | 三〇 | 五五 | 五九 | 三四 | 五二 | 三二 | 三三 | 五二 | 三一 | 一九 | 二三 | 〇六 | 五〇 | 二一 | 三三 | 四五 | 二〇 | 五三 | 一一 | 一六 |
| 黃道緯向 | 南 | 南 | 南 | 南 | 南 | 南 | 南 | 南 | 南 | 南 | 南 | 南 | 南 | 南 | 南 | 南 | 南 | 南 | 南 | 南 |
| 度 | 一二 | 三二 | 二五 | 二二 | 二一 | 二七 | 三七 | 四〇 | 四〇 | 四〇 | 四二 | 五三 | 三〇 | 三〇 | 三〇 | 二八 | 二三 | 二二 | 一八 | 二〇 |
| 分 | 〇三 | 五三 | 二九 | 〇〇 | 三五 | 三五 | 〇四 | 〇七 | 〇五 | 三五 | 二二 | 一一 | 五一 | 二四 | 一〇 | 五七 | 四八 | 二八 | 五八 | 〇三 |
| 秒 | 三六 | 三一 | 三二 | 一九 | 四六 | 五六 | 二五 | 二五 | 二八 | 四八 | 五一 | 五七 | 五八 | 三〇 | 一四 | 四二 | 二三 | 二七 | 〇六 | 五六 |
| 赤道經宮 | 辰 | 辰 | 卯 | 卯 | 辰 | 辰 | 辰 | 辰 | 辰 | 辰 | 辰 | 辰 | 辰 | 辰 | 卯 | 卯 | 卯 | 卯 | 辰 | 辰 |
| 度 | 二八 | 二七 | 七 |  | 二五 | 二一 | 一五 | 八 | 七 | 四 | 五 | 一九 | 二八 | 二八 | 三 | 四 | 四 | 三 | 二六 | 二六 |
| 分 | 〇九 | 一二 | 〇七 | 四 | 四五 | 一二 | 三二 | 五四 | 五六 | 二五 | 三二 | 五九 | 五〇 | 〇二 | 〇七 | 四三 | 〇七 | 三一 | 四二 | 二一 |
| 秒 | 五二 | 三二 | 〇三 | 五六 | 二一 | 〇七 | 二七 | 二〇 | 三三 | 〇三 | 五一 | 一四 | 一二 | 二四 | 一一 | 二九 | 二二 | 二三 | 三一 | 三二 |
| 微 | 〇一 | 五七 | 三二 | 〇一 | 二三 | 四〇 | 一四 | 一九 | 二四 | 二〇 | 三四 | 一〇 | 〇五 | 一八 | 四四 | 一一 | 二六 | 四六 | 三七 | 四七 |
| 赤經歲差 | 加 | 加 | 加 | 加 | 加 | 加 | 加 | 加 | 加 | 加 | 加 | 加 | 加 | 加 | 加 | 加 | 加 | 加 | 加 | 加 |
| 分 |  |  |  |  |  |  |  |  |  |  |  |  |  |  |  |  |  |  |  |  |
| 秒 | 五二 | 五七 | 五八 | 五五 | 五三 | 五三 | 五三 | 五一 | 五〇 | 四九 | 四九 | 五五 | 五七 | 五七 | 五九 | 五九 | 五七 | 五六 | 五三 | 五三 |
| 微 | 〇七 | 三九 | 四四 | 〇七 | 四一 | 四〇 | 三八 | 一三 | 四八 | 二〇 | 五八 | 一〇 | 三五 | 〇六 | 〇八 | 一七 | 〇二 | 二二 | 一九 | 二九 |
| 赤道緯向 | 南 | 南 | 南 | 南 | 南 | 南 | 南 | 南 | 南 | 南 | 南 | 南 | 南 | 南 | 南 | 南 | 南 | 南 | 南 | 南 |
| 度 | 二四 | 四六 | 四一 | 三五 | 三三 | 三八 | 四七 | 四八 | 四七 | 四七 | 四九 | 四六 | 四五 | 四四 | 四五 | 四四 | 三八 | 三七 | 三一 | 三二 |
| 分 | 二七 | 四二 | 三九 | 四七 | 五三 | 五〇 | 二二 | 二〇 | 五四 | 〇三 | 三七 | 五一 | 〇〇 | 一四 | 三二 | 四二 | 五九 | 二二 | 二二 | 二六 |
| 秒 | 四六 | 四七 | 三一 | 一七 | 三六 | 二九 | 三二 | 一九 | 五三 | 三八 | 五四 | 三七 | 一〇 | 五八 | 四二 | 一二 | 〇七 | 三四 | 五五 | 四六 |
| 微 | 一一 | 三八 | 五六 | 〇八 | 五七 | 三七 | 〇八 | 二一 | 五六 | 〇五 | 〇五 | 〇四 | 二七 | 三七 | 四六 | 〇九 | 五三 | 一一 | 三〇 | 二二 |
| 赤緯歲差 | 加 | 加 | 加 | 加 | 加 | 加 | 加 | 加 | 加 | 加 | 加 | 加 | 加 | 加 | 加 | 加 | 加 | 加 | 加 | 加 |
| 秒 | 一八 | 一八 | 一六 | 一七 | 一八 | 一九 | 一九 | 二〇 | 二〇 | 二〇 | 二〇 | 一九 | 一八 | 一八 | 一七 | 一七 | 一七 | 一七 | 一八 | 一八 |
| 微 | 一七 | 二六 | 三二 | 五六 | 三九 | 一九 | 五六 | 二七 | 三二 | 三五 | 三五 | 二八 | 〇九 | 一九 | 二二 | 〇三 | 一一 | 一七 | 三〇 | 三四 |
| 星等 | 五 | 三 | 三 | 二 | 四 | 四 | 四 | 二 | 四 | 六 | 五 | 五 | 五 | 五 | 五 | 五 | 四 | 四 | 四 | 四 |

| 角宿恆星表 | 柱九 | 柱十 | 柱十一 | 衡一 | 衡二 | 衡三 | 衡四 | 南門一 | 南門二 | 南增一 | 南增二 |
|---|---|---|---|---|---|---|---|---|---|---|---|
| 黃道經宮 | 卯 | 卯 | 卯 | 卯 | 卯 | 卯 | 卯 | 卯 | 卯 | 卯 | 寅 |
| 度 | 五 |  | 一 | 九 | 一〇 | 一一 | 一二 | 一三 | 二八 | 二三 |  |
| 分 | 〇九 | 二二 | 三八 | 三四 | 〇〇 | 二九 | 三四 | 五九 | 二二 | 五八 | 四九 |
| 秒 | 五九 | 〇七 | 三〇 | 三〇 | 五四 | 五四 | 五〇 | 三五 | 二三 | 三四 | 三八 |
| 黃道緯向 | 南 | 南 | 南 | 南 | 南 | 南 | 南 | 南 | 南 | 南 | 南 |
| 度 | 二〇 | 二四 | 二五 | 二八 | 二八 | 二七 | 二六 | 三九 | 四二 | 四二 | 四六 |
| 分 | 三四 | 三六 | 五七 | 一四 | 五五 | 五九 | 三六 | 三一 | 二八 | 五三 | 〇八 |
| 秒 | 三八 | 一五 | 五四 | 一一 | 五九 | 四八 | 二七 | 三四 | 三七 | 〇二 | 四六 |
| 赤道經宮 | 辰 | 辰 | 辰 | 辰 | 辰 | 辰 | 辰 | 辰 | 卯 | 卯 | 卯 |
| 度 | 二四 | 一八 | 一八 | 二五 | 二五 | 二七 | 二九 | 二三 | 八 | 二 | 八 |
| 分 | 五二 | 〇四 | 三九 | 四一 | 四六 | 五三 | 四六 | 一四 | 二八 | 三三 | 二六 |
| 秒 | 二二 | 二九 | 三三 | 二〇 | 四九 | 〇七 | 四八 | 〇七 | 四七 | 一九 | 一六 |
| 微 | 三六 | 五二 | 四七 | 二一 | 〇六 | 三六 | 〇四 | 〇三 | 五三 | 〇三 | 一二 |
| 赤經歲差 | 加 | 加 | 加 | 加 | 加 | 加 | 加 | 加 | 加 | 加 | 加 |
| 分 |  |  |  |  |  |  |  |  | 一 | 一 | 一 |
| 秒 | 五三 | 五二 | 五二 | 五五 | 五五 | 五六 | 五六 | 五八 | 一〇 | 〇六 | 一四 |
| 微 | 一二 | 〇四 | 二九 | 二七 | 四二 | 一二 | 二八 | 二一 | 一一 | 二一 | 二四 |
| 赤道緯向 | 南 | 南 | 南 | 南 | 南 | 南 | 南 | 南 | 南 | 南 | 南 |
| 度 | 三二 | 三四 | 三六 | 四一 | 四一 | 四一 | 四〇 | 五二 | 六〇 | 五九 | 六四 |
| 分 | 二八 | 二三 | 〇六 | 〇六 | 五三 | 三三 | 三九 | 五〇 | 二三 | 二三 | 二七 |
| 秒 | 五〇 | 二八 | 三九 | 〇五 | 四一 | 五三 | 四八 | 二〇 | 三三 | 一六 | 三五 |
| 微 | 二四 | 三二 | 三一 | 〇六 | 五七 | 三七 | 〇〇 | 〇一 | 二八 | 三〇 | 二八 |
| 赤緯歲差 | 加 | 加 | 加 | 加 | 加 | 加 | 加 | 加 | 加 | 加 | 加 |
| 秒 | 一八 | 一九 | 一九 | 一八 | 一八 | 一八 | 一八 | 一九 | 一六 | 一七 | 一六 |
| 微 | 四八 | 四四 | 三七 | 四二 | 三九 | 一九 | 〇〇 | 〇七 | 一六 | 三〇 | 一六 |
| 星等 | 四 | 五 | 三 | 四 | 四 | 四 | 五 | 二 | 一 | 五 | 三 |

| 亢宿恒星表 | 黃道經宮 | 度 | 分 | 秒 | 黃道緯向 | 度 | 分 | 秒 | 赤道經宮 | 度 | 分 | 秒 | 微 | 赤經歲差 | 分 | 秒 | 微 | 赤道緯向 | 度 | 分 | 秒 | 微 | 赤緯歲差 | 秒 | 微 | 星等 |
|---|---|---|---|---|---|---|---|---|---|---|---|---|---|---|---|---|---|---|---|---|---|---|---|---|---|---|
| 亢宿一 | 卯 | 二 | 五七 | 五六 | 北 | 二 | 五四 | 四〇 | 卯 | 一 | 四五 | 四三 | 三九 | 加 |  | 四九 | 三三 | 南 | 九 | 四六 | 〇五 | 一四 | 加 | 一七 | 三八 | 四 |
| 亢宿二 | 卯 | 二 | 一四 | 五二 | 北 | 七 | 一四 | 四一 | 卯 | 二 | 三三 | 四五 | 五八 | 加 |  | 四八 | 四六 | 南 | 五 | 二六 | 五三 | 〇四 | 加 | 一七 | 二八 | 四 |
| 亢宿三 | 卯 | 三 | 五六 | 一〇 | 北 | 一一 | 四六 | 二三 | 卯 | 五 | 三九 | 〇四 | 五二 | 加 |  | 四八 | 〇四 | 南 | 一 | 四四 | 一〇 | 三三 | 加 | 一六 | 五一 | 五 |
| 亢宿四 | 卯 | 五 | 二五 | 二九 | 北 |  | 三〇 | 〇〇 | 卯 | 三 | 一七 | 五三 | 一一 | 加 |  | 五〇 | 一七 | 南 | 一二 | 五一 | 五一 | 三七 | 加 | 一七 | 一九 | 四 |
| 西增一 | 卯 |  | 五七 | 四六 | 北 | 三 | 四〇 | 五二 | 卯 |  | 七 | 三三 | 一九 | 加 |  | 四九 | 一三 | 南 | 八 | 二一 | 四〇 | 〇八 | 加 | 一七 | 五六 | 六 |
| 西增二 | 卯 | 一 | 一二 | 四一 | 北 | 三 | 一九 | 〇二 | 卯 |  | 一四 | 〇四 | 五四 | 加 |  | 四九 | 一八 | 南 | 八 | 四七 | 一七 | 二五 | 加 | 一七 | 五五 | 六 |
| 西增三 | 卯 | 二 | 〇四 | 一〇 | 北 | 二 | 三一 | 二一 | 卯 |  | 四六 | 二五 | 一三 | 加 |  | 四九 | 三一 | 南 | 九 | 四九 | 四三 | 〇七 | 加 | 一七 | 四九 | 六 |
| 内增四 | 卯 | 二 | 四四 | 五八 | 北 | 三 | 一四 | 二三 | 卯 | 一 | 四〇 | 〇九 | 〇四 | 加 |  | 四九 | 二八 | 南 | 九 | 二三 | 〇八 | 五七 | 加 | 一七 | 三九 | 六 |
| 東增五 | 卯 | 五 | 三五 | 一七 | 北 | 七 | 二四 | 五一 | 卯 | 五 | 四五 | 四〇 | 〇九 | 加 |  | 四九 | 〇三 | 南 | 六 | 二三 | 一六 | 五〇 | 加 | 一六 | 五〇 | 六 |
| 東增六 | 卯 | 五 | 〇一 | 五八 | 北 | 八 | 〇三 | 一九 | 卯 | 五 | 二六 | 五五 | 一六 | 加 |  | 四八 | 五二 | 南 | 五 | 三六 | 〇八 | 五九 | 加 | 一六 | 五三 | 六 |
| 東增七 | 卯 | 八 | 三四 | 三九 | 北 | 九 | 四一 | 五九 | 卯 | 九 | 一八 | 三五 | 五九 | 加 |  | 四八 | 五三 | 南 | 五 | 〇九 | 五五 | 〇九 | 加 | 一六 | 〇三 | 四 |
| 東增八 | 卯 | 九 | 二八 | 二五 | 北 | 一三 | 二九 | 〇六 | 卯 | 一一 | 一九 | 一五 | 四四 | 加 |  | 四八 | 〇八 | 南 | 一 | 五〇 | 一七 | 〇五 | 加 | 一五 | 三五 | 六 |
| 東增九 | 卯 | 七 | 一〇 | 〇〇 | 北 | 一五 | 五五 | 四五 | 卯 | 九 | 五七 | 五一 | 三八 | 加 |  | 四七 | 二六 | 北 | 一 | 一〇 | 五〇 | 一八 | 減 | 一五 | 五四 | 六 |
| 東增十 | 卯 | 六 | 五八 | 〇六 | 北 | 一七 | 〇五 | 五四 | 卯 | 一〇 | 〇九 | 一九 | 四四 | 加 |  | 四七 | 〇八 | 北 | 二 | 二〇 | 五八 | 二七 | 減 | 一五 | 五一 | 四 |
| 北增十一 | 卯 | 二 | 二〇 | 二一 | 北 | 一一 | 二九 | 〇四 | 卯 | 四 | 〇四 | 四七 | 〇〇 | 加 |  | 四八 | 〇〇 | 南 | 一 | 二九 | 一三 | 一〇 | 加 | 一七 | 一〇 | 五 |
| 西增十二 | 卯 | 一 | 五一 | 五六 | 北 | 一一 | 〇一 | 五八 | 卯 | 三 | 二九 | 二三 | 二六 | 加 |  | 四八 | 〇二 | 南 | 一 | 四五 | 一九 | 五四 | 加 | 一七 | 一八 | 五 |
| 大角 | 辰 | 二二 | 四一 | 〇八 | 北 | 三〇 | 五六 | 一八 | 卯 | 二 | 四二 | 〇四 | 四〇 | 加 |  | 四三 | 四〇 | 北 | 一九 | 五二 | 四〇 | 三九 | 減 | 一七 | 二七 | 一 |
| 東增一 | 辰 | 二五 | 二五 | 一六 | 北 | 三一 | 四四 | 二八 | 卯 | 五 | 一九 | 一五 | 五五 | 加 |  | 四三 | 二五 | 北 | 一九 | 四二 | 五七 | 三五 | 減 | 一六 | 五五 | 五 |
| 西增二 | 辰 | 二二 | 四九 | 五一 | 北 | 三〇 | 二五 | 五九 | 卯 | 二 | 三六 | 五一 | 二四 | 加 |  | 四三 | 四八 | 北 | 一九 | 二一 | 四八 | 五六 | 減 | 一七 | 二八 | 六 |
| 右攝提一 | 辰 | 一七 | 四五 | 四八 | 北 | 二八 | 〇七 | 〇二 | 辰 | 二七 | 二〇 | 五〇 | 二一 | 加 |  | 四四 | 二七 | 北 | 一八 | 五八 | 五六 | 〇五 | 減 | 一八 | 二五 | 三 |
| 右攝提二 | 辰 | 一六 | 二四 | 四六 | 北 | 二六 | 三一 | 三九 | 辰 | 二五 | 三〇 | 五七 | 〇七 | 加 |  | 四四 | 四九 | 北 | 一八 | 〇〇 | 二五 | 五四 | 減 | 一八 | 四二 | 三 |
| 右攝提三 | 辰 | 一七 | 三九 | 一三 | 北 | 二五 | 一二 | 一四 | 辰 | 二六 | 〇二 | 一〇 | 〇九 | 加 |  | 四五 | 〇三 | 北 | 一六 | 二〇 | 五五 | 一二 | 減 | 一八 | 三六 | 四 |
| 西增一 | 辰 | 一五 | 一三 | 三三 | 北 | 三〇 | 一四 | 〇〇 | 辰 | 二六 | 〇六 | 二六 | 五二 | 加 |  | 四四 | 〇四 | 北 | 二一 | 四九 | 〇一 | 一二 | 減 | 一八 | 三六 | 五 |
| 西增二 | 辰 | 一二 | 三〇 | 五〇 | 北 | 三〇 | 三一 | 三七 | 辰 | 二三 | 五六 | 二五 | 四四 | 加 |  | 四四 | 〇八 | 北 | 二三 | 〇三 | 四〇 | 五二 | 減 | 一八 | 五六 | 六 |
| 西增三 | 辰 | 一三 | 三九 | 一二 | 北 | 二八 | 一一 | 〇二 | 辰 | 二三 | 五一 | 三二 | 〇五 | 加 |  | 四四 | 三五 | 北 | 二〇 | 三一 | 〇四 | 〇九 | 減 | 一八 | 五六 | 六 |
| 西增四 | 辰 | 一二 | 五八 | 二〇 | 北 | 三〇 | 五五 | 三八 | 辰 | 二四 | 三〇 | 四六 | 四三 | 加 |  | 四四 | 〇一 | 北 | 二三 | 一五 | 二九 | 二七 | 減 | 一八 | 五一 | 六 |
| 西增五 | 辰 | 一六 | 三八 | 一二 | 北 | 二六 | 〇六 | 五四 | 辰 | 二五 | 三二 | 〇七 | 四二 | 加 |  | 四四 | 五四 | 北 | 一七 | 三二 | 五五 | 五四 | 減 | 一八 | 四二 | 六 |
| 内增六 | 辰 | 一七 | 三五 | 三〇 | 北 | 二七 | 二六 | 二九 | 辰 | 二六 | 五四 | 五二 | 四八 | 加 |  | 四四 | 三六 | 北 | 一八 | 二五 | 二五 | 五六 | 減 | 一八 | 二八 | 六 |
| 左攝提一 | 卯 | 一 | 一五 | 〇一 | 北 | 三一 | 一六 | 一〇 | 卯 | 一〇 | 〇〇 | 三四 | 一三 | 加 |  | 四三 | 三一 | 北 | 一七 | 二六 | 三一 | 一八 | 減 | 一五 | 五四 | 四 |
| 左攝提二 | 卯 |  | 一七 | 二二 | 北 | 三〇 | 二二 | 二三 | 卯 | 八 | 五二 | 〇二 | 一五 | 加 |  | 四三 | 四五 | 北 | 一六 | 五四 | 〇一 | 一六 | 減 | 一六 | 〇八 | 四 |
| 左攝提三 | 卯 | 一 | 二七 | 三七 | 北 | 二七 | 五二 | 四五 | 卯 | 八 | 五六 | 三一 | 一二 | 加 |  | 四四 | 二四 | 北 | 一四 | 一二 | 二一 | 一六 | 減 | 一六 | 〇八 | 三 |
| 北增一 | 卯 | 一 | 五七 | 四九 | 北 | 三三 | 四六 | 二九 | 卯 | 一一 | 三二 | 四二 | 〇七 | 加 |  | 四二 | 四九 | 北 | 一九 | 三四 | 〇〇 | 〇四 | 減 | 一五 | 三二 | 四 |
| 南增二 | 卯 | 二 | 二四 | 四九 | 北 | 二五 | 五八 | 五六 | 卯 | 九 | 〇五 | 〇五 | 四二 | 加 |  | 四四 | 五四 | 北 | 一二 | 〇七 | 五四 | 四二 | 減 | 一六 | 〇六 | 六 |
| 南增三 | 卯 | 三 | 四〇 | 四四 | 北 | 二二 | 四〇 | 三一 | 卯 | 九 | 〇二 | 四九 | 四九 | 加 |  | 四五 | 四三 | 北 | 八 | 三七 | 四七 | 四二 | 減 | 一六 | 〇六 | 五 |
| 北增四 | 卯 | 二 | 二五 | 四七 | 北 | 三三 | 五二 | 〇六 | 卯 | 一一 | 五七 | 五五 | 二四 | 加 |  | 四二 | 四八 | 北 | 一九 | 三〇 | 五七 | 〇五 | 減 | 一五 | 二五 | 六 |
| 折威一 | 卯 | 九 | 三二 | 〇〇 | 南 | 一二 | 四六 | 四五 | 卯 | 二 | 三七 | 二八 | 一一 | 加 |  | 五三 | 一七 | 南 | 二六 | 四四 | 二六 | 〇四 | 加 | 一七 | 二八 | 五 |
| 折威二 | 卯 | 一二 | 四三 | 一一 | 南 | 一〇 | 〇三 | 四二 | 卯 | 六 | 五四 | 二九 | 一三 | 加 |  | 五三 | 三一 | 南 | 二五 | 一三 | 一一 | 四八 | 加 | 一六 | 三六 | 五 |
| 折威三 | 卯 | 一三 | 四〇 | 〇二 | 南 | 九 | 〇二 | 三九 | 卯 | 八 | 一四 | 三四 | 一三 | 加 |  | 五三 | 三一 | 南 | 二四 | 三三 | 一七 | 三七 | 加 | 一六 | 一九 | 六 |
| 折威四 | 卯 | 一四 | 三〇 | 三三 | 南 | 八 | 四四 | 二八 | 卯 | 九 | 一二 | 五六 | 一四 | 加 |  | 五三 | 三八 | 南 | 二四 | 三一 | 四二 | 三五 | 加 | 一六 | 〇五 | 五 |
| 折威五 | 卯 | 一四 | 三二 | 四五 | 南 | 八 | 四三 | 三〇 | 卯 | 九 | 一五 | 三二 | 一四 | 加 |  | 五三 | 三八 | 南 | 二四 | 三一 | 二七 | 五二 | 加 | 一六 | 〇四 | 六 |

| 亢宿恒星表 | 黃道經宮 | 度 | 分 | 秒 | 黃道緯向 | 度 | 分 | 秒 | 赤道經宮 | 度 | 分 | 秒 | 微 | 赤經歲差 | 分 | 秒 | 微 | 赤道緯向 | 度 | 分 | 秒 | 微 | 赤緯歲差 | 秒 | 微 | 星等 |
|---|---|---|---|---|---|---|---|---|---|---|---|---|---|---|---|---|---|---|---|---|---|---|---|---|---|---|
| 折威六 | 卯 | 一六 | 五〇 | 〇三 | 南 | 七 | 三八 | 五六 | 卯 | 一一 | 五九 | 一三 | 一六 | 加 |  | 五三 | 五二 | 南 | 二四 | 一一 | 二五 | 五五 | 加 | 一五 | 二五 | 六 |
| 折威七 | 卯 | 一九 | 〇九 | 四七 | 南 | 七 | 三七 | 二二 | 卯 | 一四 | 二五 | 一七 | 二九 | 加 |  | 五四 | 二三 | 南 | 二四 | 五〇 | 二八 | 五〇 | 加 | 一四 | 五〇 | 三 |
| 西增一 | 卯 | 八 | 三九 | 五四 | 南 | 一三 | 〇五 | 二〇 | 卯 | 一 | 三六 | 五五 | 〇一 | 加 |  | 五三 | 〇七 | 南 | 二六 | 四四 | 一八 | 四〇 | 加 | 一七 | 四〇 | 六 |
| 南增二 | 卯 | 一一 | 〇七 | 一六 | 南 | 一二 | 五五 | 二五 | 卯 | 四 | 一二 | 一三 | 二三 | 加 |  | 五三 | 四一 | 南 | 二七 | 二四 | 一三 | 二七 | 加 | 一七 | 〇九 | 五 |
| 南增三 | 卯 | 一五 | 一七 | 一六 | 南 | 九 | 〇二 | 一〇 | 卯 | 九 | 五五 | 一二 | 一六 | 加 |  | 五三 | 五二 | 南 | 二五 | 〇二 | 五一 | 二五 | 加 | 一五 | 五五 | 五 |
| 南增四 | 卯 | 一五 | 三六 | 二六 | 南 | 九 | 〇二 | 三五 | 卯 | 一〇 | 一四 | 五六 | 五一 | 加 |  | 五三 | 五七 | 南 | 二五 | 〇九 | 〇五 | 三三 | 加 | 一五 | 五一 | 五 |
| 南增五 | 卯 | 一五 | 四九 | 〇五 | 南 | 九 | 二八 | 一一 | 卯 | 一〇 | 一九 | 二三 | 一八 | 加 |  | 五四 | 〇六 | 南 | 二五 | 三七 | 一七 | 〇七 | 加 | 一五 | 四九 | 五 |
| 南增六 | 卯 | 一七 | 四六 | 〇四 | 南 | 八 | 一二 | 二九 | 卯 | 一二 | 四六 | 三二 | 一九 | 加 |  | 五四 | 一三 | 南 | 二四 | 五九 | 五七 | 五三 | 加 | 一五 | 一一 | 六 |
| 南增七 | 卯 | 一六 | 〇七 | 四三 | 南 | 三〇 | 〇一 | 〇九 | 卯 | 一〇 | 二七 | 三二 | 一一 | 加 |  | 五四 | 一七 | 南 | 二六 | 一四 | 一七 | 五八 | 加 | 一五 | 四六 | 六 |
| 頓頑一 | 卯 | 二五 | 五七 | 三四 | 南 | 一七 | 〇八 | 二二 | 卯 | 一八 | 四二 | 四八 | 五九 | 加 |  | 五八 | 五三 | 南 | 三五 | 五〇 | 〇八 | 四九 | 加 | 一三 | 四三 | 五 |
| 頓頑二 | 卯 | 二三 | 〇八 | 一六 | 南 | 一九 | 五九 | 五二 | 卯 | 一六 | 五六 | 五四 | 五八 | 加 |  | 五六 | 四六 | 南 | 三一 | 〇六 | 〇七 | 三六 | 加 | 一四 | 一二 | 五 |
| 南增一 | 卯 | 二六 | 二三 | 一五 | 南 | 一九 | 三九 | 二三 | 卯 | 一九 | 〇一 | 二七 | 五三 | 加 |  | 五九 | 一一 | 南 | 三六 | 二六 | 四二 | 一四 | 加 | 一三 | 三八 | 六 |
| 陽門一 | 卯 | 一八 | 二五 | 〇六 | 南 | 二〇 | 五六 | 三四 | 卯 | 八 | 四九 | 〇〇 | 一三 | 加 |  | 五七 | 三一 | 南 | 三七 | 一七 | 四〇 | 一〇 | 加 | 一六 | 一〇 | 四 |
| 陽門二 | 卯 | 一七 | 五〇 | 四三 | 南 | 一八 | 二一 | 三二 | 卯 | 九 | 一四 | 〇七 | 〇六 | 加 |  | 五六 | 四二 | 南 | 三四 | 四〇 | 三六 | 三五 | 加 | 一六 | 〇五 | 四 |

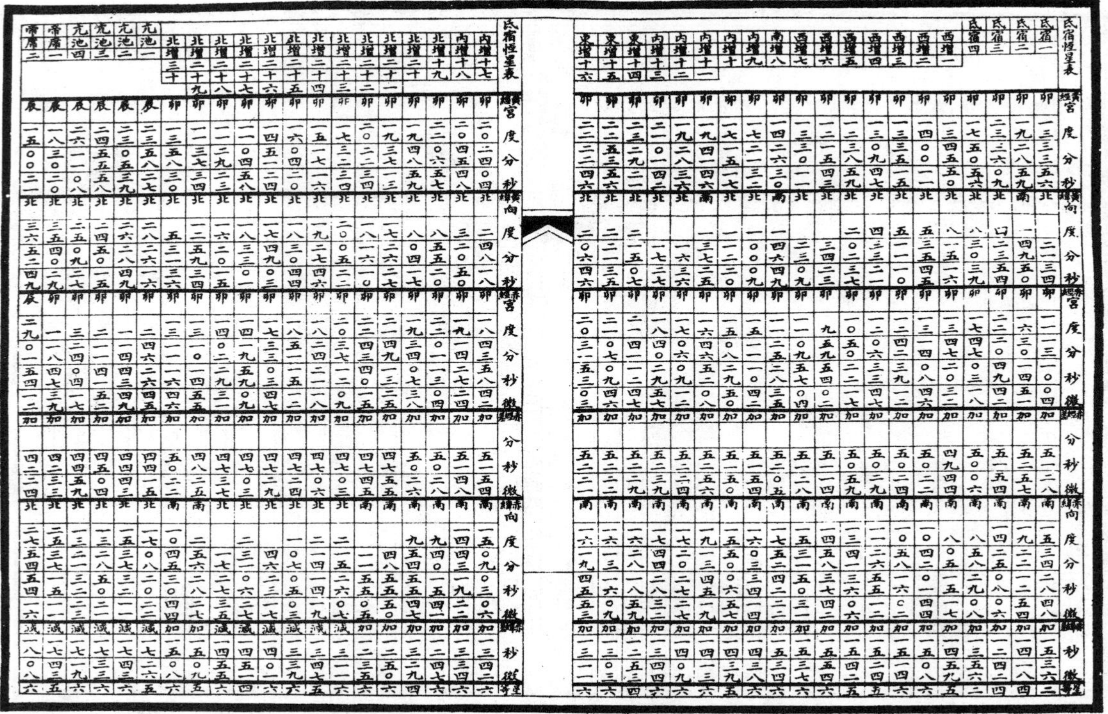

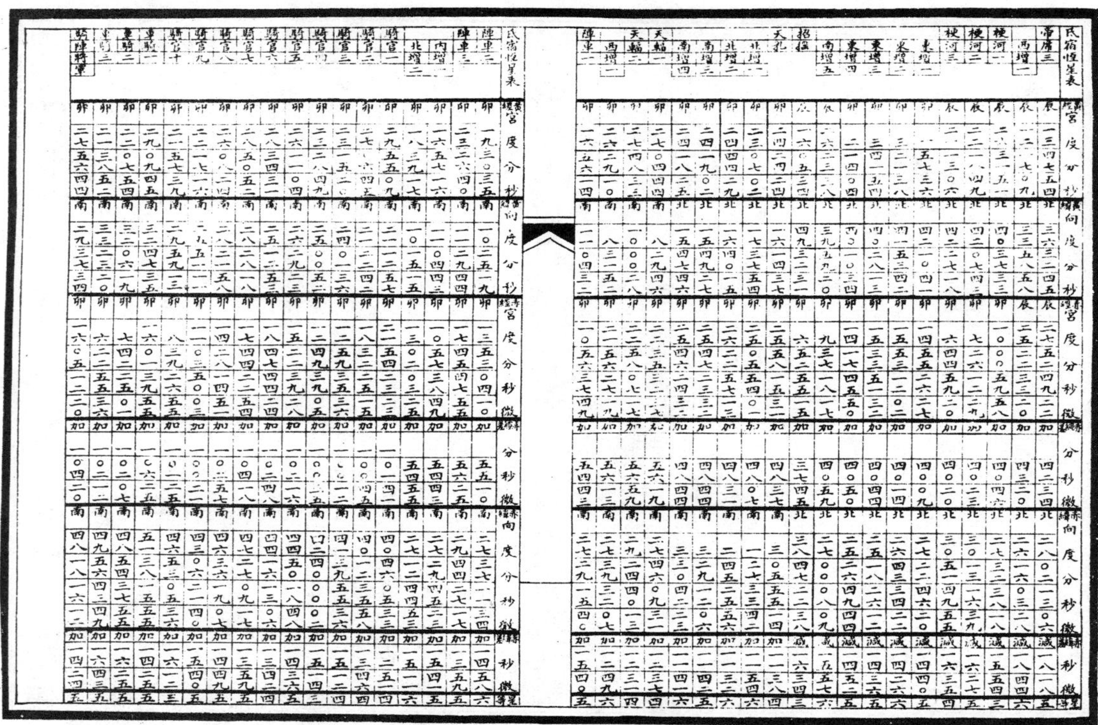

房宿恆星表

| 星名 | 黃道經宮 | 度 | 分 | 秒 | 黃道緯向 | 度 | 分 | 秒 | 赤道經宮 | 度 | 分 | 秒 | 微 | 赤經歲差加減 | 分 | 秒 | 微 | 赤道緯向 | 度 | 分 | 秒 | 微 | 赤緯歲差加減 | 秒 | 微 | 星等 |
|---|---|---|---|---|---|---|---|---|---|---|---|---|---|---|---|---|---|---|---|---|---|---|---|---|---|---|
| 房宿一 | 寅 | 一 | 二四 | 四一 | 南 | 五 | 二七 | 三八 | 卯 | 二八 | 〇三 | 二九 | 二七 | 加 |  | 五六 | 〇九 | 南 | 二五 | 四七 | 三九 | 〇〇 | 加 | 一一 | 〇〇 | 三 |
| 房宿二 | 寅 | 一 | 三六 | 〇八 | 南 | 八 | 三五 | 〇八 | 卯 | 二七 | 三〇 | 五一 | 五四 | 加 |  | 五七 | 一八 | 南 | 二八 | 五三 | 一四 | 五三 | 加 | 一一 | 一一 | 四 |
| 房宿三 | 寅 | 一 | 〇三 | 〇六 | 南 | 一 | 五八 | 一三 | 卯 | 二八 | 二八 | 三二 | 四二 | 加 |  | 五四 | 五四 | 南 | 二二 | 一八 | 二一 | 五九 | 加 | 一〇 | 五三 | 三 |
| 房宿四 | 寅 | 一 | 四〇 | 一二 | 北 | 一 | 〇一 | 二六 | 卯 | 二九 | 四六 | 四一 | 〇〇 | 加 |  | 五四 | 〇〇 | 南 | 一九 | 三〇 | 〇四 | 四七 | 加 | 一〇 | 二九 | 二 |
| 西增一 | 卯 | 二九 | 〇九 | 五三 | 北 |  | 七 | 三三 | 卯 | 二六 | 五八 | 三八 | 〇八 | 加 |  | 五三 | 五六 | 南 | 一九 | 五一 | 二五 | 二〇 | 加 | 一一 | 二〇 | 六 |
| 西增二 | 卯 | 二八 | 五六 | 五九 | 北 |  | 六 | 一〇 | 卯 | 二六 | 四四 | 五六 | 二五 | 加 |  | 五三 | 五五 | 南 | 一九 | 四九 | 五七 | 五五 | 加 | 一一 | 二五 | 四 |
| 西增三 | 卯 | 二六 | 四七 | 五〇 | 南 | 四 | 〇七 | 一五 | 卯 | 二三 | 二七 | 三五 | 五九 | 加 |  | 五四 | 五三 | 南 | 二三 | 二七 | 一九 | 四六 | 加 | 一二 | 二二 | 六 |
| 西增四 | 卯 | 二九 | 三六 | 〇六 | 南 | 五 | 二八 | 一三 | 卯 | 二六 | 〇六 | 二一 | 〇七 | 加 |  | 五五 | 四九 | 南 | 二五 | 二四 | 四三 | 四八 | 加 | 一一 | 三六 | 六 |
| 西增五 | 寅 |  | 五 | 二四 | 南 | 四 | 五五 | 五四 | 卯 | 二六 | 四五 | 四二 | 一五 | 加 |  | 五五 | 四五 | 南 | 二四 | 五九 | 三九 | 一二 | 加 | 一一 | 二四 | 五 |
| 西增六 | 寅 |  | 四三 | 〇二 | 南 | 五 | 四五 | 三〇 | 卯 | 二七 | 一四 | 一四 | 四四 | 加 |  | 五六 | 〇八 | 南 | 二五 | 五六 | 一三 | 二八 | 加 | 一一 | 一六 | 六 |
| 鉤鈐一 | 寅 | 二 | 〇八 | 五一 | 北 |  | 一四 | 二二 | 寅 |  | 六 | 三五 | 〇三 | 加 |  | 五四 | 二一 | 南 | 二〇 | 二一 | 四五 | 二〇 | 加 | 一〇 | 二〇 | 五 |
| 鉤鈐二 | 寅 | 二 | 一九 | 二五 | 北 |  | 四 | 一三 | 寅 |  | 一五 | 二九 | 五五 | 加 |  | 五四 | 二五 | 南 | 二〇 | 三三 | 五七 | 二〇 | 加 | 一〇 | 二〇 | 五 |
| 鍵閉 | 寅 | 三 | 〇七 | 二七 | 北 | 一 | 三九 | 〇六 | 寅 | 一 | 二五 | 〇九 | 一七 | 加 |  | 五三 | 五九 | 南 | 一九 | 一〇 | 一〇 | 五一 | 加 | 九 | 五七 | 四 |
| 罰一 | 寅 | 一 | 五六 | 三九 | 北 | 一二 | 四四 | 五六 | 寅 | 二 | 二三 | 五八 | 一一 | 加 |  | 五〇 | 一七 | 南 | 八 | 〇三 | 〇六 | 五七 | 加 | 九 | 三九 | 四 |
| 罰二 | 寅 |  | 四八 | 二七 | 北 | 八 | 〇二 | 五九 | 寅 |  | 二一 | 三三 | 四〇 | 加 |  | 五一 | 四〇 | 南 | 一二 | 二六 | 四二 | 五四 | 加 | 一〇 | 一八 | 六 |
| 罰三 | 卯 | 二九 | 五二 | 〇九 | 北 | 四 | 〇二 | 一九 | 卯 | 二八 | 三四 | 二八 | 二四 | 加 |  | 五二 | 四八 | 南 | 一六 | 一〇 | 五七 | 五〇 | 加 | 一〇 | 五〇 | 六 |
| 西增一 | 寅 | 一 | 〇七 | 一〇 | 北 | 一二 | 二七 | 四二 | 寅 | 一 | 三二 | 四五 | 五四 | 加 |  | 五〇 | 一八 | 南 | 八 | 一〇 | 四五 | 二五 | 加 | 九 | 五五 | 六 |
| 内增二 | 寅 | 一 | 二二 | 二三 | 北 | 一〇 | 五二 | 四八 | 寅 | 一 | 二八 | 五六 | 五〇 | 加 |  | 五〇 | 五〇 | 南 | 九 | 四六 | 四五 | 〇八 | 加 | 九 | 五六 | 五 |
| 東增三 | 寅 | 二 | 一〇 | 二七 | 北 | 九 | 一三 | 三三 | 寅 | 一 | 五六 | 五一 | 五五 | 加 |  | 五一 | 二五 | 南 | 一一 | 三三 | 一三 | 四一 | 加 | 九 | 四七 | 六 |
| 西咸一 | 卯 | 二九 | 四五 | 五九 | 北 | 九 | 一四 | 四九 | 卯 | 二九 | 三四 | 三三 | 一〇 | 加 |  | 五一 | 一〇 | 南 | 一一 | 〇三 | 五四 | 五六 | 加 | 一〇 | 三二 | 五 |

房宿恆星表

| 星名 | 黃道經宮 | 度 | 分 | 秒 | 黃道緯向 | 度 | 分 | 秒 | 赤道經宮 | 度 | 分 | 秒 | 微 | 赤經歲差加減 | 分 | 秒 | 微 | 赤道緯向 | 度 | 分 | 秒 | 微 | 赤緯歲差加減 | 秒 | 微 | 星等 |
|---|---|---|---|---|---|---|---|---|---|---|---|---|---|---|---|---|---|---|---|---|---|---|---|---|---|---|
| 西咸二 | 卯 | 二八 | 五一 | 二〇 | 北 | 六 | 〇六 | 〇八 | 卯 | 二八 | 〇〇 | 〇四 | 〇九 | 加 |  | 五二 | 〇三 | 南 | 一三 | 五七 | 一一 | 四三 | 加 | 一一 | 〇一 | 四 |
| 西咸三 | 卯 | 二八 | 二〇 | 二〇 | 北 | 三 | 二八 | 二五 | 卯 | 二六 | 五三 | 四一 | 四一 | 加 |  | 五二 | 四七 | 南 | 一六 | 二四 | 三五 | 四六 | 加 | 一一 | 二二 | 四 |
| 西咸四 | 卯 | 二五 | 四九 | 五四 | 北 | 四 | 〇一 | 一七 | 卯 | 二四 | 二九 | 一八 | 五四 | 加 |  | 五二 | 一八 | 南 | 一五 | 一八 | 四九 | 三五 | 加 | 一二 | 〇五 | 四 |
| 北增一 | 卯 | 二八 | 一九 | 三三 | 北 | 一一 | 五八 | 三〇 | 卯 | 二八 | 四四 | 四三 | 一九 | 加 |  | 五〇 | 一三 | 南 | 八 | 〇六 | 〇九 | 四一 | 加 | 一〇 | 四七 | 六 |
| 北增二 | 卯 | 二八 | 五七 | 二〇 | 北 | 一一 | 二七 | 五二 | 卯 | 二九 | 一四 | 四八 | 五五 | 加 |  | 五〇 | 二五 | 南 | 八 | 四三 | 五一 | 三一 | 加 | 一〇 | 三七 | 六 |
| 東咸一 | 寅 | 七 | 〇八 | 四二 | 北 | 五 | 一二 | 五三 | 寅 | 六 | 一三 | 三三 | 四五 | 加 |  | 五三 | 一五 | 南 | 一六 | 二二 | 〇二 | 五五 | 加 | 八 | 二五 | 四 |
| 東咸二 | 寅 | 六 | 二七 | 四一 | 北 | 三 | 一四 | 四四 | 寅 | 五 | 一〇 | 五九 | 三三 | 加 |  | 五三 | 五一 | 南 | 一八 | 一一 | 五三 | 一五 | 加 | 八 | 四五 | 五 |
| 東咸三 | 寅 | 六 | 〇一 | 三四 | 北 | 一 | 三四 | 二二 | 寅 | 四 | 二五 | 四八 | 一二 | 加 |  | 五四 | 二四 | 南 | 一九 | 四六 | 二二 | 〇〇 | 加 | 九 | 〇〇 | 五 |
| 東咸四 | 寅 | 八 | 〇七 | 〇九 | 北 |  | 二六 | 五一 | 寅 | 六 | 二六 | 〇五 | 〇九 | 加 |  | 五五 | 〇三 | 南 | 二一 | 一三 | 四四 | 三七 | 加 | 八 | 一九 | 五 |
| 東增一 | 寅 | 九 | 四五 | 二六 | 北 | 四 | 二六 | 三四 | 寅 | 八 | 四七 | 三一 | 四一 | 加 |  | 五三 | 四七 | 南 | 一七 | 三一 | 四〇 | 五[illegible] | 加 | 七 | 三二 | 六 |
| 東增二 | 寅 | 八 | 〇八 | 四一 | 北 |  | 四六 | 〇八 | 寅 | 六 | 三〇 | 五九 | 〇八 | 加 |  | 五四 | 五六 | 南 | 二〇 | 五四 | 五六 | 五四 | 加 | 八 | 一八 | 六 |
| 日 | 卯 | 二六 | 一四 | 一六 | 北 |  |  | 一八 | 卯 | 二三 | 五五 | 一八 | 三九 | 加 |  | 五三 | 三三 | 南 | 一九 | 一八 | 五〇 | 四五 | 加 | 一二 | 一五 | 六 |
| 西增一 | 卯 | 二五 | 二六 | 一八 | 北 |  | 一二 | 三二 | 卯 | 二三 | 〇九 | 〇二 | 〇三 | 加 |  | 五三 | 二一 | 南 | 一八 | 五五 | 三七 | 〇四 | 加 | 一二 | 二八 | 六 |
| 從官一 | 卯 | 二九 | 四九 | 四四 | 南 | 一四 | 三五 | 四六 | 卯 | 二三 | 五四 | 四一 | 三五 | 加 |  | 五九 | 〇五 | 南 | 三四 | 二〇 | 二七 | 四五 | 加 | 一二 | 一五 | 五 |
| 從官二 | 寅 | 一 | 一六 | 五六 | 南 | 一三 | 〇九 | 三〇 | 卯 | 二五 | 五八 | 〇九 | 二五 | 加 |  | 五八 | 五五 | 南 | 三三 | 一六 | 三二 | 五七 | 加 | 一一 | 三九 | 五 |
| 西增一 | 卯 | 二九 | 〇七 | 五九 | 南 | 一四 | 二七 | 二三 | 卯 | 二三 | 〇九 | 四七 | 三三 | 加 |  | 五八 | 五一 | 南 | 三四 | 〇二 | 二八 | 〇四 | 加 | 一二 | 二八 | 六 |

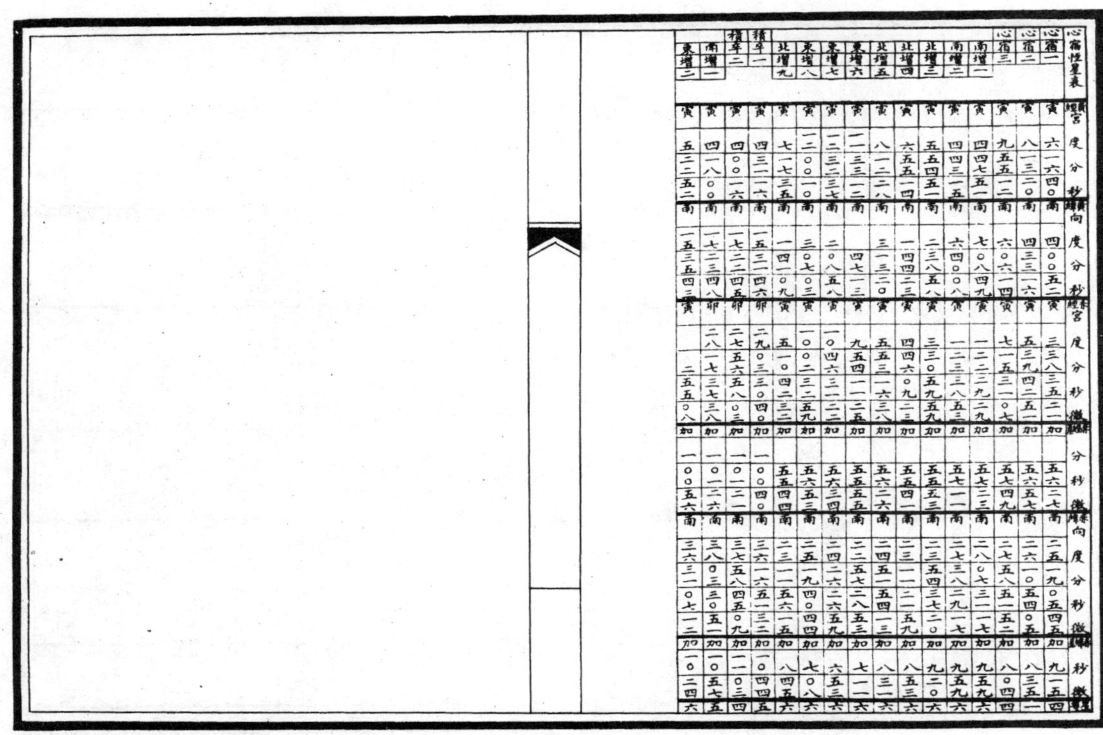

心宿恆星表

| 星名 | 黃道經宮 | 度 | 分 | 秒 | 黃道緯向 | 度 | 分 | 秒 | 赤道經宮 | 度 | 分 | 秒 | 微 | 赤經歲差加減 | 分 | 秒 | 微 | 赤道緯向 | 度 | 分 | 秒 | 微 | 赤緯歲差加減 | 秒 | 微 | 星等 |
|---|---|---|---|---|---|---|---|---|---|---|---|---|---|---|---|---|---|---|---|---|---|---|---|---|---|---|
| 心宿一 | 寅 | 六 | 一六 | 四〇 | 南 | 四 | 〇〇 | 五二 | 寅 | 三 | 三八 | 三五 | 二一 | 加 |  | 五六 | 二七 | 南 | 二五 | 一九 | 〇五 | 四五 | 加 | 九 | 一五 | 四 |
| 心宿二 | 寅 | 八 | 一三 | 二〇 | 南 | 四 | 三三 | 一六 | 寅 | 五 | 三九 | 四二 | 五一 | 加 |  | 五六 | 五七 | 南 | 二六 | 一〇 | 五四 | 〇五 | 加 | 八 | 三五 | 一 |
| 心宿三 | 寅 | 九 | 五五 | 一二 | 南 | 六 | 〇六 | 一四 | 寅 | 七 | 一五 | 三一 | 〇七 | 加 |  | 五七 | 四九 | 南 | 二七 | 五八 | 五一 | 五二 | 加 | 八 | 〇四 | 四 |
| 南增一 | 寅 | 四 | 四七 | 五一 | 南 | 七 | 〇八 | 四九 | 寅 | 一 | 二二 | 三九 | 二九 | 加 |  | 五七 | 二三 | 南 | 二八 | 〇七 | 三一 | 一七 | 加 | 九 | 五九 | 六 |
| 南增二 | 寅 | 四 | 四三 | 一五 | 南 | 六 | 四〇 | 〇八 | 寅 | 一 | 二三 | 三八 | 五三 | 加 |  | 五七 | 一一 | 南 | 二七 | 三八 | 二九 | 一七 | 加 | 九 | 五九 | 六 |
| 北增三 | 寅 | 五 | 五四 | 五一 | 南 | 二 | 三八 | 五八 | 寅 | 三 | 三〇 | 五九 | 五九 | 加 |  | 五五 | 五三 | 南 | 二三 | 五四 | 三七 | 二〇 | 加 | 九 | 二〇 | 六 |
| 北增四 | 寅 | 六 | 五五 | 一四 | 南 | 一 | 四四 | 二三 | 寅 | 四 | 四六 | 〇九 | 二三 | 加 |  | 五五 | 四一 | 南 | 二三 | 一一 | 二一 | 五九 | 加 | 八 | 五三 | 六 |
| 北增五 | 寅 | 八 | 一二 | 二八 | 南 | 三 | 一三 | 二〇 | 寅 | 五 | 五三 | 一六 | 三八 | 加 |  | 五六 | 二六 | 南 | 二四 | 五一 | 五四 | 一三 | 加 | 八 | 三一 | 六 |
| 東增六 | 寅 | 一一 | 三三 | 一二 | 南 |  | 四七 | 一三 | 寅 | 九 | 五四 | 一一 | 二五 | 加 |  | 五五 | 五五 | 南 | 二二 | 五七 | 二八 | 五三 | 加 | 七 | 一一 | 六 |
| 東增七 | 寅 | 一二 | 三二 | 三七 | 南 | 二 | 〇八 | 五八 | 寅 | 一〇 | 四六 | 三一 | 二二 | 加 |  | 五六 | 三四 | 南 | 二四 | 二六 | 二六 | 五九 | 加 | 六 | 五三 | 六 |
| 東增八 | 寅 | 一二 | 〇〇 | 一〇 | 南 | 三 | 〇七 | 〇三 | 寅 | 一〇 | 〇二 | 三二 | 五九 | 加 |  | 五六 | 五三 | 南 | 二五 | 一九 | 四〇 | 四四 | 加 | 七 | 〇八 | 六 |
| 北增九 | 寅 | 七 | 一七 | 三五 | 南 | 一 | 四一 | 〇九 | 寅 | 五 | 一〇 | 四二 | 三二 | 加 |  | 五五 | 四四 | 南 | 二三 | 一一 | 五六 | 一五 | 加 | 八 | 四五 | 六 |
| 積卒一 | 寅 | 四 | 三一 | 一六 | 南 | 一五 | 三一 | 四六 | 卯 | 二九 | 〇三 | 三〇 | 四〇 | 加 | 一 | 〇〇 | 四〇 | 南 | 三六 | 一六 | 五一 | 三二 | 加 | 一〇 | 四四 | 五 |
| 積卒二 | 寅 | 四 | 〇〇 | 一六 | 南 | 一七 | 二二 | 四五 | 卯 | 二七 | 五六 | 五八 | 〇三 | 加 | 一 | 〇一 | 二一 | 南 | 三七 | 五八 | 四五 | 〇九 | 加 | 一一 | 〇三 | 四 |
| 南增一 | 寅 | 四 | 一八 | 〇〇 | 南 | 一七 | 二三 | 四八 | 卯 | 二八 | 一七 | 三七 | 三八 | 加 | 一 | 〇一 | 二六 | 南 | 三八 | 〇三 | 三〇 | 五一 | 加 | 一〇 | 五七 | 五 |
| 東增二 | 寅 | 五 | 二二 | 五二 | 南 | 一五 | 三五 | 四三 | 寅 |  | 二 | 五五 | 〇八 | 加 | 一 | 〇〇 | 五六 | 南 | 三六 | 三一 | 〇七 | 一二 | 加 | 一〇 | 二四 | 六 |

尾宿恒星表

| 星名 | 黃道經度宮 | 度 | 分 | 秒 | 黃道緯度向 | 度 | 分 | 秒 | 赤道經度宮 | 度 | 分 | 秒 | 微 | 赤道經度歲差加減 | 分 | 秒 | 微 | 赤道緯度向 | 度 | 分 | 秒 | 微 | 赤道緯度歲差加減 | 秒 | 微 | 纖 |
|---|---|---|---|---|---|---|---|---|---|---|---|---|---|---|---|---|---|---|---|---|---|---|---|---|---|---|
| 尾宿一 | 寅 | 一四 | 三一 | 四〇 | 南 | 一五 | 二六 | 五三 | 寅 | 一〇 | 五九 | 一三 | 五九 | 加 | 一 | 〇二 | 五三 | 南 | 三七 | 五二 | 五三 | 〇七 | 加 | 六 | 四九 | 三 |
| 尾宿二 | 寅 | 一三 | 五〇 | 四八 | 南 | 一一 | 四一 | 四三 | 寅 | 一〇 | 四七 | 五二 | 五九 | 加 | 一 | 〇〇 | 五三 | 南 | 三四 | 〇四 | 二四 | 五九 | 加 | 六 | 五三 | 三 |
| 尾宿三 | 寅 | 一五 | 三六 | 三八 | 南 | 一九 | 二九 | 一二 | 寅 | 一一 | 三五 | 一六 | 〇四 | 加 | 一 | 〇五 | 二八 | 南 | 四二 | 一一 | 一二 | 四八 | 加 | 六 | 三六 | 四 |
| 尾宿四 | 寅 | 一九 | 〇九 | 三〇 | 南 | 二〇 | 〇 | 五〇 | 寅 | 一六 | 〇〇 | 二四 | 〇四 | 加 | 一 | 〇六 | 二八 | 南 | 四三 | 〇六 | 一五 | 三五 | 加 | 五 | 〇五 | 四 |
| 尾宿五 | 寅 | 二四 | 〇一 | 二三 | 南 | 一九 | 二九 | 三五 | 寅 | 二二 | 一八 | 〇三 | 五八 | 加 | 一 | 〇六 | 四六 | 南 | 四二 | 五六 | 五七 | 一六 | 加 | 二 | 五二 | 二 |
| 尾宿六 | 寅 | 二五 | 五六 | 四五 | 南 | 一六 | 四三 | 四〇 | 寅 | 二四 | 五五 | 二〇 | 〇一 | 加 | 一 | 〇五 | 〇七 | 南 | 四〇 | 〇六 | 二〇 | 二五 | 加 | 一 | 五五 | 三 |
| 尾宿七 | 寅 | 二四 | 五三 | 五五 | 南 | 一五 | 三八 | 三七 | 寅 | 二三 | 四〇 | 三四 | 二〇 | 加 | 一 | 〇四 | 二〇 | 南 | 三八 | 五八 | 五一 | 四六 | 加 | 二 | 二二 | 四 |
| 尾宿八 | 寅 | 二三 | 〇二 | 二六 | 南 | 一三 | 四六 | 一九 | 寅 | 二一 | 三一 | 二八 | 〇一 | 加 | 一 | 〇三 | 〇七 | 南 | 三七 | 〇〇 | 五九 | 四四 | 加 | 三 | 〇八 | 三 |
| 尾宿九 | 寅 | 二二 | 二八 | 三二 | 南 | 一三 | 五九 | 〇三 | 寅 | 二〇 | 四九 | 一六 | 五三 | 加 | 一 | 〇三 | 一一 | 南 | 三七 | 一一 | 三八 | 二九 | 加 | 三 | 二三 | 四 |
| 北增一 | 寅 | 一五 | 〇九 | 一七 | 南 | 一〇 | 三一 | 五一 | 寅 | 一二 | 三〇 | 一六 | 三九 | 加 | 一 | 〇〇 | 三三 | 南 | 三三 | 〇四 | 五七 | 一一 | 加 | 六 | 一七 | 六 |
| 內增二 | 寅 | 一四 | 四九 | 三九 | 南 | 一五 | 二〇 | 四六 | 寅 | 一一 | 二二 | 〇一 | 四二 | 加 | 一 | 〇二 | 五四 | 南 | 三七 | 四九 | 〇七 | 二三 | 加 | 六 | 四一 | 四 |
| 內增三 | 寅 | 二三 | 五八 | 三七 | 南 | 一五 | 一三 | 四一 | 寅 | 二二 | 三三 | 五二 | 四三 | 加 | 一 | 〇四 | 〇一 | 南 | 三八 | 三一 | 一八 | 五八 | 加 | 二 | 四六 | 六 |
| 東增四 | 寅 | 二六 | 五五 | 三七 | 南 | 一〇 | 五七 | 四三 | 寅 | 二六 | 二〇 | 三八 | 五〇 | 加 | 一 | 〇一 | 五〇 | 南 | 三四 | 二二 | 二〇 | 一二 | 加 | 一 | 二四 | 六 |
| 神宮 | 寅 | 一五 | 二五 | 〇六 | 南 | 一九 | 〇七 | 〇〇 | 寅 | 一一 | 二六 | 三四 | 〇一 | 加 | 一 | 〇五 | 〇七 | 南 | 四一 | 三七 | 五〇 | 五七 | 加 | 六 | 三九 | [illegible] |
| 天江一 | 寅 | 一八 | 一五 | 三一 | 南 | 三 | 五五 | 四三 | 寅 | 一六 | 五〇 | 五二 | 五九 | 加 |  | 五七 | 五三 | 南 | 二六 | 五〇 | 三六 | 四一 | 加 | 四 | 四七 | 六 |
| 天江二 | 寅 | 一八 | 二九 | 三〇 | 南 | 三 | 二六 | 〇五 | 寅 | 一七 | 〇九 | 二四 | 〇六 | 加 |  | 五七 | 四二 | 南 | 二六 | 二二 | 一九 | 五七 | 加 | 四 | 三九 | 五 |
| 天江三 | 寅 | 一九 | 五〇 | 二七 | 南 | 一 | 四九 | 四四 | 寅 | 一八 | 四七 | 三九 | 〇一 | 加 |  | 五七 | 〇七 | 南 | 二四 | 五三 | 〇二 | 〇一 | 加 | 四 | 〇七 | 三 |
| 天江四 | 寅 | 二〇 | 四七 | 一〇 | 南 |  | 五六 | 〇〇 | 寅 | 一九 | 五四 | 〇七 | 二四 | 加 |  | 五六 | 四八 | 南 | 二四 | 〇三 | 三七 | 〇六 | 加 | 三 | 四二 | 四 |
| 南增一 | 寅 | 二〇 | 二〇 | 二一 | 南 | 四 | 五六 | 四五 | 寅 | 一九 | 〇四 | 五四 | 三〇 | 加 |  | 五八 | 三〇 | 南 | 二八 | 〇一 | 四七 | 〇〇 | 加 | 四 | 〇〇 | 六 |
| 東增二 | 寅 | 一九 | 〇〇 | 〇二 | 南 | 三 | 三一 | 三六 | 寅 | 一七 | 四二 | 四六 | 四一 | 加 |  | 五七 | 四七 | 南 | 二六 | 三〇 | 二八 | 〇四 | 加 | 四 | 二八 | 六 |
| 內增三 | 寅 | 一八 | 四二 | 三一 | 南 | 三 | 二二 | 〇五 | 寅 | 一七 | 二四 | 一四 | 二三 | 加 |  | 五七 | 四一 | 南 | 二六 | 一九 | 二九 | 〇五 | 加 | 四 | 三五 | 六 |
| 內增四 | 寅 | 一九 | 四七 | 四三 | 南 | 一 | 四四 | 二五 | 寅 | 一八 | 四五 | 〇五 | 五二 | 加 |  | 五七 | 〇四 | 南 | 二四 | 四七 | 三一 | 〇一 | 加 | 四 | 〇七 | 六 |
| 內增五 | 寅 | 二〇 | 三一 | 一三 | 南 | 一 | 〇一 | 五二 | 寅 | 一九 | 三六 | 一四 | 〇七 | 加 |  | 五六 | 四九 | 南 | 二四 | 〇八 | 二〇 | 〇七 | 加 | 三 | 四九 | 六 |
| 北增六 | 寅 | 一八 | 五三 | 三三 | 南 | 一 | 一一 | 〇〇 | 寅 | 一七 | 四八 | 四五 | 五八 | 加 |  | 五六 | 四六 | 南 | 二四 | 〇九 | 五〇 | 二一 | 加 | 四 | 二七 | 六 |
| 北增七 | 寅 | 一九 | 二一 | 一一 | 北 | 二 | 〇二 | 四五 | 寅 | 一八 | 三五 | 四〇 | 〇四 | 加 |  | 五五 | 二八 | 南 | 二〇 | 五八 | 五八 | 一〇 | 加 | 四 | 一〇 | 四 |
| 西增八 | 寅 | 一六 | 〇〇 | 一一 | 北 | 一 | 一九 | 五四 | 寅 | 一四 | 五六 | 五四 | 一三 | 加 |  | 五五 | 三一 | 南 | 二一 | 二三 | 二一 | 二一 | 加 | 五 | 二七 | 六 |
| 西增九 | 寅 | 一四 | 五五 | 三七 | 南 | 二 | 一二 | 五五 | 寅 | 一三 | 二一 | 五九 | 三三 | 加 |  | 五六 | 五一 | 南 | 二四 | 四七 | 五三 | 一七 | 加 | 五 | 五九 | 六 |
| 西增十 | 寅 | 一五 | 三七 | 一一 | 南 | 二 | 五三 | 一二 | 寅 | 一四 | 〇二 | 三六 | 三六 | 加 |  | 五七 | 一二 | 南 | 二五 | 三二 | 三三 | 五八 | 加 | 五 | 四六 | 六 |
| 西增十一 | 寅 | 一五 | 四七 | 三一 | 南 | 二 | 四八 | 三五 | 寅 | 一四 | 一四 | 三一 | 五三 | 加 |  | 五七 | 一一 | 南 | 二五 | 二九 | 〇五 | 二三 | 加 | 五 | 四一 | 六 |
| 傅說 | 寅 | 二六 | 二三 | 五六 | 南 | 一三 | 三九 | 一五 | 寅 | 二五 | 三六 | 五一 | 一一 | 加 | 一 | 〇三 | 一七 | 南 | 三七 | 〇二 | 五四 | 五七 | 加 | 一 | 三九 | 四 |
| 魚 | 寅 | 二七 | 一一 | 五〇 | 南 | 一一 | 二二 | 三四 | 寅 | 二六 | 三九 | 一三 | 〇九 | 加 | 一 | 〇二 | 〇三 | 南 | 三四 | 四七 | 三四 | 五四 | 加 | 一 | 一八 | 四 |
| 龜一 | 寅 | 一八 | 〇三 | 四七 | 南 | 三〇 | 一五 | 三一 | 寅 | 一二 | 四三 | 五九 | 三三 | 加 | 一 | 一三 | 五一 | 南 | 五二 | 五九 | 四〇 | 〇二 | 加 | 六 | 一四 | 三 |
| 龜二 | 寅 | 二三 | 四三 | 五八 | 南 | 三三 | 〇四 | 四三 | 寅 | 一九 | 〇〇 | 〇四 | 五二 | 加 | 一 | 一八 | 〇四 | 南 | 五六 | 一五 | 〇二 | 〇九 | 加 | 四 | 〇三 | 四 |
| 龜三 | 寅 | 二四 | 〇〇 | 五六 | 南 | 三七 | 一九 | 二三 | 寅 | 二〇 | 一七 | 〇八 | 二四 | 加 | 一 | 二三 | 四八 | 南 | 六〇 | 三四 | 一三 | 四八 | 加 | 三 | 三六 | 四 |
| 龜四 | 寅 | 一七 | 二二 | 四三 | 南 | 三六 | 一五 | 〇八 | 寅 | 一〇 | 〇五 | 四一 | 四一 | 加 | 一 | 一九 | 四七 | 南 | 五八 | 四九 | 五五 | 二七 | 加 | 七 | 〇九 | 四 |
| 龜五 | 寅 | 一八 | 一八 | 四七 | 南 | 三三 | 〇三 | 四二 | 寅 | 一二 | 二五 | 一四 | 五七 | 加 | 一 | 一六 | 三九 | 南 | 五五 | 四七 | 五九 | 〇三 | 加 | 六 | 二一 | 四 |

箕宿恒星表

| 星名 | 黃道經度宮 | 度 | 分 | 秒 | 黃道緯度向 | 度 | 分 | 秒 | 赤道經度宮 | 度 | 分 | 秒 | 微 | 赤道經度歲差加減 | 分 | 秒 | 微 | 赤道緯度向 | 度 | 分 | 秒 | 微 | 赤道緯度歲差加減 | 秒 | 微 | 纖 |
|---|---|---|---|---|---|---|---|---|---|---|---|---|---|---|---|---|---|---|---|---|---|---|---|---|---|---|
| 箕宿一 | 寅 | 二九 | 四三 | 〇三 | 南 | 六 | 五七 | 五一 | 寅 | 二九 | 四〇 | 二九 | 三三 | 加 |  | 五九 | 五一 | 南 | 三〇 | 二四 | 四七 | 三六 | 加 |  | 一二 | 三 |
| 箕宿二 | 丑 | 三 | 〇三 | 二八 | 南 | 六 | 二七 | 二一 | 丑 | 三 | 二〇 | 一五 | 二二 | 加 |  | 五九 | 三四 | 南 | 二九 | 五二 | 〇五 | 〇七 | 減 | 一 | 一一 | 三 |
| 箕宿三 | 丑 | 三 | 三四 | 四九 | 南 | 一一 | 〇一 | 五三 | 丑 | 四 | 一五 | 四一 | 三三 | 加 | 一 | 〇一 | 五一 | 南 | 三四 | 二五 | 四〇 | 三九 | 減 | 一 | 二七 | 三 |
| 箕宿四 | 丑 | 二 | 一〇 | 〇四 | 南 | 一三 | 一九 | 四五 | 丑 | 二 | 三七 | 五九 | 二七 | 加 | 一 | 〇三 | 〇九 | 南 | 三六 | 四五 | 三一 | 〇一 | 減 |  | 五三 | 四 |
| 糠 | 寅 | 二一 | 一八 | 三二 | 南 | 六 | 三六 | 一〇 | 寅 | 二〇 | 〇二 | 三七 | 二〇 | 加 |  | 五九 | 二〇 | 南 | 二九 | 四五 | 〇七 | 五七 | 加 | 三 | 三九 | 五 |
| 東增一 | 寅 | 二一 | 三〇 | 二七 | 南 | 六 | 二八 | 〇六 | 寅 | 二〇 | 一六 | 五一 | 五四 | 加 |  | 五九 | 一八 | 南 | 二九 | 三七 | 五三 | 二二 | 加 | 三 | 三四 | 六 |
| 杵一 | 寅 | 二三 | 五二 | 一八 | 南 | 二三 | 〇七 | 二五 | 寅 | 二一 | 四八 | 五五 | 三六 | 加 | 一 | 〇九 | 一二 | 南 | 四六 | 二三 | 五五 | 二六 | 加 | 三 | 〇二 | 五 |
| 杵二 | 寅 | 二三 | 二二 | 二二 | 南 | 二六 | 三一 | 二九 | 寅 | 二〇 | 四八 | 〇五 | 〇七 | 加 | 一 | 一一 | 四九 | 南 | 四九 | 四五 | 四五 | 一二 | 加 | 三 | 二四 | 四 |
| 杵三 | 寅 | 二二 | 三九 | 〇九 | 南 | 三二 | 一三 | 四一 | 寅 | 一九 | 〇一 | 〇四 | 一八 | 加 | 一 | 一七 | 〇六 | 南 | 五五 | 二三 | 五〇 | 二六 | 加 | 四 | 〇二 | 四 |
| 東增二 | 寅 | 二九 | 三四 | 五六 | 南 | 二六 | 三八 | 〇五 | 寅 | 二九 | 二五 | 〇四 | 三八 | 加 | 一 | 一二 | 二六 | 南 | 五〇 | 〇四 | 五九 | 一一 | 加 |  | 一七 | 五 |

東方七宿恒星角宿星一十一座。四十一星。增五十星。亢宿星七座。二十二星。增三十二星。氐宿星一十一座。三十五星。增四十三星。房宿星七座。二十一星。增一十五星。心宿星二座。五星。增一十一星。尾宿星五座。二十一星。增一十五星。箕宿星三座。八星。增二星。凡三百二十一星。在黃道宮五。始巳終丑。赤道宮四。始辰終丑。經黃道經度九十五度四分二十九秒。始角周鼎二。在巳二十八度三十分二十秒。終箕宿三。在丑三度三十四分四十九秒。赤道經度九十度四十四分一十七秒四十七微。始角柱六。在辰三度三十一分二十三秒四十六微。終箕宿三。在丑四度一十五分四十一秒三十三微。經黃道緯度一百二度四十四分二十八秒。最高行氐招搖。在北四十九度三十二分三十一秒。最卑行角庫樓內增一。在南五十三度一十一分五十七秒。赤道緯度一百三度一十四分五十八秒六微。最高行氐招搖。在北三十八度四十七分二十二秒三十八微。最卑行角南門南增二。在南六十四度二十七分三十五秒二十八微。角二星。增星十六。距南星去極九十二度三分弱。去軫宿距星一十三度五分強。平道二星。距西星去極八十八度一十五分。入軫宿七度二十八分強。天田二星。增星七。距西星去極七十七度二十七分半強。入軫宿九

度三十八分少弱。周鼎三星。距東星去極五十七度三十一分半。入翼宿一十度四十分少弱。進賢一星。增星九。去極八十七度三十八分半強。入軫宿四度二十七分。天門二星。增星十一。距西星去極九十七度五十四分。入軫宿一十二度。平二星。增星四。距西星去極一百三度四十四分。入角宿三度一十一分少強。庫樓一十星。增星一。距東南星去極一百二十二度五十三分半。入亢宿一十度二十八分。柱一十一星。距東南星去極一百二十度五十二分。入氐宿一十五分少弱。衡四星。距西星去極一百一十八度一十四分少強。入亢宿六度三十六分半強。南門二星。增星二。距西星去極一百二十九度三十一分半強。入氐宿二十六分弱。亢四星。增星十二。距南第二星去極八十七度五分強。去角宿距星一十度三十九分強。大角一星。增星二。去極五十九度四十分弱。入角宿二十二分半。右攝提三星。增星六。距北星去極六十一度五十三分。入軫宿八度三十二分半強。左攝提三星。增星四。距北星去極五十八度四十四分少弱。入角宿八度五十六分

强。折威七星。增星七。距西星去極一百二度四十七分弱。入亢宿六度三十四分。頓頑二星。增星一。距南星去極一百七度八分强。入氐宿一十二度二十四分弱。陽門二星。距南星去極一百一十度五十六分半强。入氐宿四度五十一分少强。氐四星。增星三十。距西南星去極八十九度三十八分半弱。去亢宿距星一十度三十六分。亢池四星。距北星去極六十一度三十四分弱。入角宿一度四十分少弱。帝席三星。增星一。距東星去極五十四度一十九分半。入軫宿九度一十七分。梗河三星。增星五。距東星去極四十九度二十二分半少弱。入角宿四度一十三分少强。招搖一星。去極四十度二十七分半。入軫宿六度五十二分强。天乳一星。增星四。去極七十三度四十五分强。入氐宿一十度五十分半。天輻二星。增星一。距北星去極九十八度三十分少弱。入氐宿一十三度三十一分少弱。陣車三星。增星二。距西星去極一百一度四分半。入氐宿三度二十二分强。騎官一十星。距東北星去極一百一十一度一十三分少弱。入氐宿一十六度二十一分

少强。車騎三星。距東星去極一百二十二度四十七分半强。入氐宿一十五度三十六分少弱。騎陣將軍一星。去極一百一十九度三十七分半强。入氐宿一十四度二十三分少强。房宿四星。增星六。距南第二星去極九十五度二十八分弱。去氐宿距星一十七度五十一分弱。鉤鈐二星。附房宿。距北星去極八十九度四十六分弱。入房宿四十四分少强。鍵閉一星。去極八十八度二十一分少弱。入房宿一度四十三分少弱。罰三星。增星三。距北星去極七十七度一十五分。入房宿三十二分。西咸四星。增星二。距北星去極八十度四十五分少强。入氐宿一十六度一十二分。東咸四星。增星二。距北星去極八十四度四十七分少强。入心宿五十二分。日一星。增星一。去極九十度弱。入氐宿一十二度四十分强。從官二星。增星一。距西星去極一百四度三十六分弱。入氐宿一十六度一十六分少弱。心三星。增星九。距西星去極九十四度一分少弱。去房宿距星四度五十二分。積卒二星。增星二。距北星去極一百五度三十二分弱。入房宿三度六分半强。尾九

星。增星四距西中星去極一百五度二十七分少弱。去心宿距星八度一十五分。神宮一星。附尾宿。去極一百九度七分。入尾宿五十三分半弱。天江四星。增星十一。距西南星。去極九十三度五十六分弱。入尾宿三度四十四分少弱。傅說一星。去極一百三度三十九分強。入尾宿一十一度五十二分強。魚一星。去極一百一度二十二分半強。入尾宿一十二度四十分少強。龜五星。距西北星。去極一百二十度一十五分半。入尾宿三度三十二分少強。箕四星。距西北星。去極九十六度五十七分少強。去尾宿距星一十五度一十一分強。糠一星。增星一。去極九十六度三十六分少強。入尾宿六度四十七分少弱。杵三星。增星一。距北星。去極一百一十三度七分強。入尾宿九度二十一分少弱。

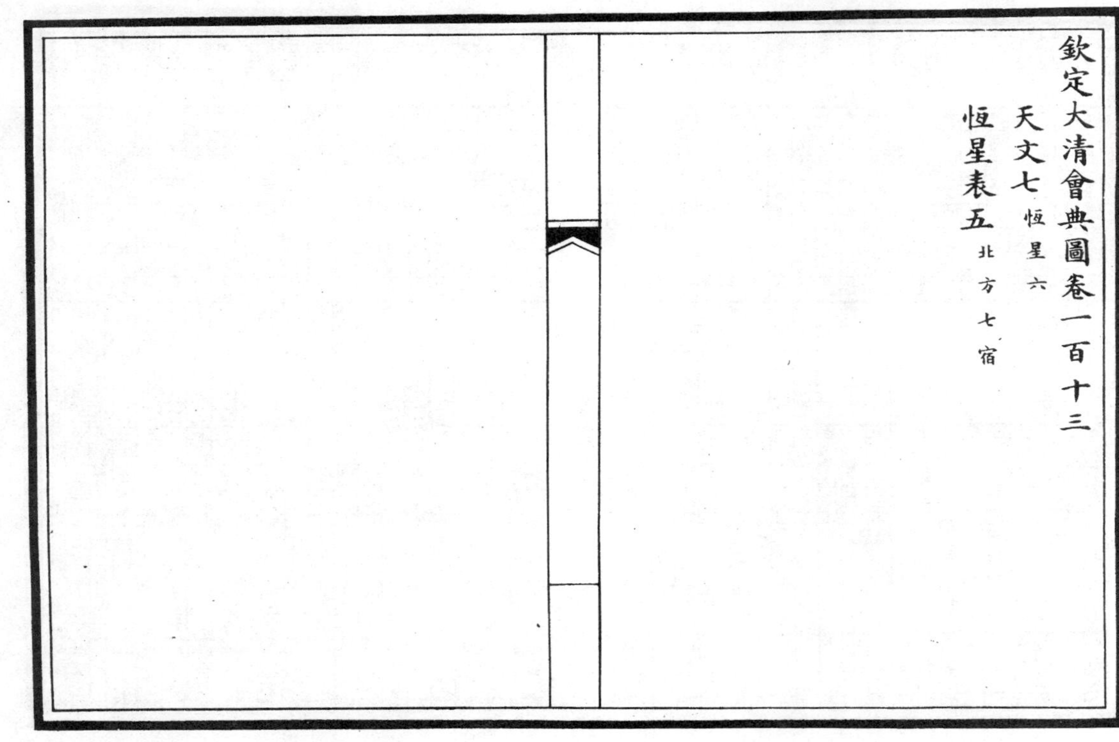

欽定大清會典圖卷一百十三

天文七　恒星六

恒星表五　北方七宿

斗宿恆星表

| 星名 | 黃道經度宮 | 度 | 分 | 秒 | 黃道緯度向 | 度 | 分 | 秒 | 赤道經度宮 | 度 | 分 | 秒 | 微 | 赤道經度歲差加減 | 分 | 秒 | 微 | 赤道緯度向 | 度 | 分 | 秒 | 微 | 赤道緯度歲差加減 | 秒 | 微 | 星等 |
|---|---|---|---|---|---|---|---|---|---|---|---|---|---|---|---|---|---|---|---|---|---|---|---|---|---|---|
| 斗宿一 | 丑 | 八 | 三八 | 五八 | 北 | 三 | 五六 | 三四 | 丑 | 九 | 四二 | 一○ | 一○ | 加 | | 五八 | 一○ | 南 | 二七 | ○六 | ○四 | ○五 | 減 | 三 | 二五 | 四 |
| 斗宿二 | 丑 | 四 | 四八 | 一一 | 南 | 二 | ○六 | ○一 | 丑 | 五 | 一九 | ○三 | 一三 | 加 | | 五七 | 三一 | 南 | 二五 | 二七 | 三九 | 二七 | 減 | 一 | 五一 | 四 |
| 斗宿三 | 丑 | 一 | 四三 | 二六 | 北 | 二 | 二○ | 五四 | 丑 | 一 | 五○ | 四六 | 二三 | 加 | | 五五 | 四一 | 南 | 二一 | ○五 | 二三 | 五五 | 減 | | 三五 | 四 |
| 斗宿四 | 丑 | 一○ | 五一 | 二八 | 南 | 三 | 二五 | 二九 | 丑 | 一二 | ○七 | ○一 | 五八 | 加 | | 五七 | 四六 | 南 | 二六 | 二五 | ○六 | 一五 | 減 | 四 | 一五 | 三 |
| 斗宿五 | 丑 | 一三 | 一九 | 二六 | 南 | 五 | ○三 | ○八 | 丑 | 一五 | ○二 | 三二 | 二八 | 加 | | 五八 | 一六 | 南 | 二七 | 四八 | 二九 | 二三 | 減 | 五 | 一九 | 四 |
| 斗宿六 | 丑 | 一二 | ○五 | 三八 | 南 | 七 | ○九 | 五三 | 丑 | 一三 | 五三 | 三六 | ○三 | 加 | | 五九 | 二一 | 南 | 三○ | ○一 | 五六 | 一八 | 減 | 四 | 五四 | 三 |
| 西增一 | 寅 | 二八 | 三三 | 一七 | 北 | 五 | 二六 | 五一 | 寅 | 二八 | 二九 | 一三 | 五五 | 加 | | 五四 | 二五 | 南 | 一七 | 五九 | 三九 | 三一 | 加 | | 三七 | 六 |
| 北增二 | 丑 | 二 | ○四 | 二一 | 北 | 二 | 四○ | 二八 | 丑 | 二 | 一二 | 五○ | 三九 | 加 | | 五五 | 三三 | 南 | 二○ | 四五 | 三二 | 二八 | 減 | | 四四 | 六 |
| 北增三 | 丑 | 四 | 二七 | 一一 | 北 | 二 | 四六 | 三九 | 丑 | 四 | 四五 | ○八 | ○四 | 加 | | 五五 | 二八 | 南 | 二○ | 三五 | 五四 | 二○ | 減 | 一 | 四○ | 六 |
| 北增四 | 丑 | 八 | ○四 | 一六 | 南 | | 四三 | 一九 | 丑 | 八 | 五○ | ○五 | 二四 | 加 | | 五六 | 四六 | 南 | 二三 | 五五 | 二六 | 四二 | 減 | 三 | ○六 | 六 |
| 北增五 | 丑 | 二 | ○一 | 三○ | 北 | 二 | ○七 | 五三 | 丑 | 二 | 一○ | ○○ | 一四 | 加 | | 五五 | 三八 | 南 | 二○ | 五八 | ○九 | 五四 | 減 | | 四二 | 六 |
| 天籥一 | 寅 | 二七 | 一八 | 四六 | 南 | 一 | 二二 | ○八 | 寅 | 二七 | ○二 | 二六 | ○二 | 加 | | 五七 | 一四 | 南 | 二四 | 四七 | 二五 | 四四 | 加 | 一 | ○八 | 五 |
| 天籥二 | 寅 | 二五 | 二二 | 二五 | 北 | 一 | 三四 | ○二 | 寅 | 二五 | ○一 | ○五 | 五一 | 加 | | 五五 | 五七 | 南 | 二一 | 四八 | ○七 | 一六 | 加 | 一 | 五二 | 六 |
| 天籥三 | 寅 | 二四 | 三六 | ○○ | 北 | 一 | 四二 | 四六 | 寅 | 二四 | 一一 | 三二 | 一六 | 加 | | 五五 | 五二 | 南 | 二一 | 三七 | 四○ | 一○ | 加 | 二 | 一○ | 五 |
| 天籥四 | 寅 | 二三 | 三三 | 三九 | 北 | 一 | 二八 | 二五 | 寅 | 二三 | ○三 | 五○ | ○八 | 加 | | 五五 | 五六 | 南 | 二一 | 四九 | 一五 | ○五 | 加 | 二 | 三五 | 六 |
| 天籥五 | 寅 | 二二 | 四四 | 五四 | 北 | 一 | 一八 | ○○ | 寅 | 二二 | 一○ | 四八 | 三四 | 加 | | 五五 | 五八 | 南 | 二一 | 五七 | ○九 | 四二 | 加 | 二 | 五四 | 六 |
| 天籥六 | 寅 | 二一 | 五六 | 三一 | 南 | | 三六 | 二一 | 寅 | 二一 | 一一 | 一三 | 四九 | 加 | | 五六 | 四三 | 南 | 二三 | 四八 | 三二 | ○二 | 加 | 三 | 一四 | 五 |
| 天籥七 | 寅 | 二二 | 一○ | 二六 | 南 | 二 | 四一 | 五○ | 寅 | 二一 | 一八 | ○九 | 一四 | 加 | | 五七 | 三八 | 南 | 二五 | 五四 | 三七 | 三六 | 加 | 三 | 一二 | 六 |
| 天籥八 | 寅 | 二五 | 四二 | 一七 | 南 | 四 | 二四 | 四一 | 寅 | 二五 | ○九 | 二八 | 二二 | 加 | | 五八 | 三四 | 南 | 二七 | 四七 | 一八 | 五○ | 加 | 一 | 五○ | 六 |
| 西增一 | 寅 | 二一 | 四八 | 一三 | 南 | | 三三 | 一八 | 寅 | 二一 | ○二 | 二三 | ○六 | 加 | | 五六 | 四二 | 南 | 二三 | 四四 | 五八 | 五四 | 加 | 三 | 一八 | 六 |

斗宿恆星表

| 星名 | 黃道經度宮 | 度 | 分 | 秒 | 黃道緯度向 | 度 | 分 | 秒 | 赤道經度宮 | 度 | 分 | 秒 | 微 | 赤道經度歲差加減 | 分 | 秒 | 微 | 赤道緯度向 | 度 | 分 | 秒 | 微 | 赤道緯度歲差加減 | 秒 | 微 | 星等 |
|---|---|---|---|---|---|---|---|---|---|---|---|---|---|---|---|---|---|---|---|---|---|---|---|---|---|---|
| 東增二 | 寅 | 二八 | 二五 | 三二 | 南 | | 二一 | 四五 | 寅 | 二八 | 一六 | 四五 | ○七 | 加 | | 五六 | 四九 | 南 | 二三 | 四八 | ○九 | ○六 | 加 | | 四二 | 六 |
| 東增三 | 寅 | 二八 | 三○ | 三三 | 南 | | 四九 | 五一 | 寅 | 二八 | 二一 | 五三 | 二六 | 加 | | 五七 | ○二 | 南 | 二四 | 一六 | 一八 | 四○ | 加 | | 四○ | 六 |
| 東增四 | 寅 | 二九 | ○七 | ○三 | 南 | | 四九 | 五○ | 寅 | 二八 | 五四 | 四五 | 二六 | 加 | | 四七 | ○二 | 南 | 二四 | 一六 | 三六 | 五五 | 加 | | 二五 | 六 |
| 天弁一 | 丑 | 七 | 二九 | 一三 | 北 | 一四 | 五七 | ○八 | 丑 | 七 | 一八 | 三三 | ○六 | 加 | | 五○ | 四二 | 南 | 八 | 一八 | 二六 | 三八 | 減 | 二 | 三四 | 四 |
| 天弁二 | 丑 | 九 | 一四 | 三○ | 北 | 一四 | ○○ | 三一 | 丑 | 九 | ○四 | 五一 | 四三 | 加 | | 五一 | ○一 | 南 | 九 | ○八 | 五九 | 二四 | 減 | 三 | 一二 | 四 |
| 天弁三 | 丑 | 九 | 三六 | 四八 | 北 | 一四 | 四四 | 五九 | 丑 | 九 | 二三 | 四一 | 四九 | 加 | | 五○ | 四三 | 南 | 八 | 二三 | 一二 | 二三 | 減 | 三 | 一九 | 四 |
| 天弁四 | 丑 | 一○ | 五二 | 五六 | 北 | 一八 | 一一 | 二九 | 丑 | 一○ | 二二 | 一一 | 三八 | 加 | | 四九 | 二六 | 南 | 四 | 五二 | ○一 | 二○ | 減 | 三 | 四○ | 四 |
| 天弁五 | 丑 | 一三 | 一八 | 五一 | 北 | 一六 | 五二 | 一五 | 丑 | 一二 | 四八 | ○八 | 五○ | 加 | | 四九 | 五○ | 南 | 五 | 五九 | 一九 | ○四 | 減 | 四 | 三二 | 四 |
| 天弁六 | 丑 | 一四 | 三二 | 五八 | 北 | 一六 | 五一 | 三七 | 丑 | 一三 | 五九 | 一○ | 四一 | 加 | | 四九 | 四七 | 南 | 五 | 五三 | ○六 | 五二 | 減 | 四 | 五六 | 四 |
| 天弁七 | 丑 | 一五 | 五一 | 三一 | 北 | 一七 | 三七 | 四一 | 丑 | 一五 | ○九 | 一六 | ○四 | 加 | | 四九 | 二八 | 南 | 四 | 五九 | 二六 | 四○ | 減 | 五 | 二○ | 三 |
| 天弁八 | 丑 | 一五 | 三六 | 一五 | 北 | 一八 | 二七 | 三○ | 丑 | 一四 | 四九 | 二二 | 五三 | 加 | | 四九 | 一一 | 南 | 四 | 一一 | 二九 | 五八 | 減 | 五 | 一四 | 六 |
| 天弁九 | 丑 | 一五 | ○六 | 四一 | 北 | 一八 | 五○ | 四四 | 丑 | 一四 | 一八 | 五九 | 五二 | 加 | | 四九 | ○四 | 南 | 三 | 五一 | 二○ | ○八 | 減 | 五 | ○四 | 六 |
| 北增一 | 丑 | 一一 | ○二 | 二一 | 北 | 二一 | 五八 | 三一 | 丑 | 一○ | 一三 | 四七 | 三五 | 加 | | 四八 | ○五 | 南 | 一 | ○四 | 五八 | 二九 | 減 | 三 | 三七 | 六 |
| 北增二 | 丑 | 一二 | ○二 | 二三 | 北 | 一九 | 三五 | 一八 | 丑 | 一一 | 二一 | 一二 | 二五 | 加 | | 四八 | 五五 | 南 | 三 | 二三 | 一五 | 一七 | 減 | 四 | ○一 | 六 |
| 北增三 | 丑 | 一二 | ○五 | 四○ | 北 | 一九 | 三一 | 二四 | 丑 | 一一 | 二四 | 三七 | ○八 | 加 | | 四八 | 五六 | 南 | 三 | 二六 | 五三 | 三四 | 減 | 四 | ○二 | 六 |
| 東增四 | 丑 | 一七 | ○三 | 五三 | 北 | 一四 | 二○ | 二二 | 丑 | 一六 | 四一 | 二三 | 三九 | 加 | | 五○ | 三三 | 南 | 八 | ○七 | 三五 | ○一 | 減 | 五 | 五三 | 五 |
| 東增五 | 丑 | 一九 | 二四 | ○七 | 北 | 一六 | 三四 | 一六 | 丑 | 一八 | 三九 | 三二 | 五七 | 加 | | 四九 | 三九 | 南 | 五 | 三七 | 四七 | 三八 | 減 | 六 | 三四 | 六 |
| 南增六 | 丑 | 一一 | 二一 | 二八 | 北 | 一三 | ○五 | 五八 | 丑 | 一一 | 一三 | 四○ | 四五 | 加 | | 五一 | 一五 | 南 | 九 | 五四 | 二九 | 二六 | 減 | 三 | 五八 | 六 |
| 建一 | 丑 | 一一 | 五七 | ○八 | 北 | 一 | 四○ | 一五 | 丑 | 一二 | 四九 | 五七 | 二二 | 加 | | 五五 | 三四 | 南 | 二一 | 一四 | 五○ | 四七 | 減 | 四 | 三一 | 五 |
| 建二 | 丑 | 一三 | 二九 | ○二 | 北 | | 五二 | 四一 | 丑 | 一四 | 三三 | ○七 | 五八 | 加 | | 五五 | 四六 | 南 | 二一 | 五三 | 三三 | 一六 | 減 | 五 | ○八 | 五 |

斗宿恆星表

| 星名 | 黃道經度宮 | 度 | 分 | 秒 | 黃道緯度向 | 度 | 分 | 秒 | 赤道經度宮 | 度 | 分 | 秒 | 微 | 赤道經度歲差加減 | 分 | 秒 | 微 | 赤道緯度向 | 度 | 分 | 秒 | 微 | 赤道緯度歲差加減 | 秒 | 微 | 星等 |
|---|---|---|---|---|---|---|---|---|---|---|---|---|---|---|---|---|---|---|---|---|---|---|---|---|---|---|
| 建三 | 丑 | 一四 | 四四 | ○○ | 北 | 一 | 二七 | ○四 | 丑 | 一五 | 四九 | 二五 | 三八 | 加 | | 五五 | 二六 | 南 | 二一 | 一一 | 三一 | 五五 | 減 | 五 | 三五 | 四 |
| 建四 | 丑 | 一六 | 四九 | 三八 | 北 | 三 | 一六 | ○四 | 丑 | 一七 | 四八 | 五二 | 三九 | 加 | | 五四 | 三三 | 南 | 一九 | ○八 | 四七 | 三二 | 減 | 六 | 一六 | 六 |
| 建五 | 丑 | 一七 | 五五 | 三六 | 北 | 四 | 一三 | 四九 | 丑 | 一八 | 五○ | ○八 | 一八 | 加 | | 五四 | ○六 | 南 | 一八 | ○三 | 一五 | 二九 | 減 | 六 | 三七 | 五 |
| 建六 | 丑 | 一八 | ○九 | ○五 | 北 | 六 | ○六 | 四九 | 丑 | 一八 | 四八 | 五○ | 一二 | 加 | | 五三 | 二四 | 南 | 一六 | ○九 | 二七 | 二九 | 減 | 六 | 三七 | 五 |
| 西增一 | 丑 | 一○ | ○八 | 一二 | 北 | 二 | 三七 | 一四 | 丑 | 一○ | 四八 | 五三 | 五四 | 加 | | 五五 | 一八 | 南 | 二○ | 二六 | 五六 | 一○ | 減 | 三 | 五○ | 六 |
| 北增二 | 丑 | 一一 | 五四 | 二五 | 北 | 二 | ○七 | 二八 | 丑 | 一二 | 四四 | 二九 | 二九 | 加 | | 五五 | 二三 | 南 | 二○ | 四七 | 五九 | 一三 | 減 | 四 | 二九 | 六 |
| 西增三 | 丑 | 一一 | ○三 | 二五 | 北 | 一 | 三○ | ○五 | 丑 | 一一 | 五三 | 二六 | 二三 | 加 | | 五五 | 四一 | 南 | 二一 | 二九 | 三三 | 二四 | 減 | 四 | 一二 | 六 |
| 西增四 | 丑 | 一○ | 三四 | 一一 | 北 | | 五九 | 三二 | 丑 | 一一 | 二四 | 四三 | ○八 | 加 | | 五五 | 五六 | 南 | 二二 | ○二 | 二一 | 一七 | 減 | 四 | ○一 | 六 |
| 西增五 | 丑 | 一○ | 一四 | 四○ | 北 | | 四六 | 三六 | 丑 | 一一 | ○四 | 四七 | 二六 | 加 | | 五六 | ○二 | 南 | 二二 | 一六 | 四五 | 三五 | 減 | 三 | 五五 | 六 |
| 西增六 | 丑 | 一○ | 五七 | 二○ | 北 | | 七 | 一四 | 丑 | 一一 | 五四 | 一四 | 二八 | 加 | | 五六 | 一六 | 南 | 二二 | 五二 | 三八 | ○七 | 減 | 四 | 一一 | 五 |
| 西增七 | 丑 | 一一 | 一○ | 三○ | 北 | | 一○ | 三五 | 丑 | 一二 | ○八 | 一○ | 一九 | 加 | | 五六 | 一三 | 南 | 二二 | 四八 | 一一 | 四九 | 減 | 四 | 一七 | 五 |
| 南增八 | 丑 | 一七 | 五三 | 三三 | 北 | 三 | 四六 | 四九 | 丑 | 一八 | 五一 | 四○ | 一一 | 加 | | 五四 | 一七 | 南 | 一八 | 三○ | 一六 | 四六 | 減 | 六 | 三八 | 六 |
| 北增九 | 丑 | 一七 | 一四 | 三五 | 北 | 六 | 三五 | 二九 | 丑 | 一七 | 四九 | 一一 | 一一 | 加 | | 五三 | 一七 | 南 | 一五 | 四七 | 五○ | 三二 | 減 | 六 | 一六 | 六 |
| 內增十 | 丑 | 一七 | ○○ | 五三 | 北 | 三 | 二六 | 四六 | 丑 | 一七 | 五九 | 一六 | 四七 | 加 | | 五四 | 二九 | 南 | 一八 | 五六 | 四七 | 四○ | 減 | 六 | 二○ | 六 |
| 天雞一 | 丑 | 二三 | ○八 | 四五 | 北 | 五 | ○九 | 三六 | 丑 | 二四 | ○四 | 五二 | 一一 | 加 | | 五三 | 一七 | 南 | 一六 | 二二 | 二八 | 三一 | 減 | 八 | 二三 | 五 |
| 天雞二 | 丑 | 二三 | 二四 | 五七 | 北 | 一 | 二五 | 一三 | 丑 | 二五 | ○○ | 四六 | 三九 | 加 | | 五四 | 三三 | 南 | 二○ | ○一 | ○四 | 三七 | 減 | 八 | 四一 | 五 |
| 西增一 | 丑 | 二二 | 四二 | 一二 | 北 | 五 | ○四 | ○四 | 丑 | 二三 | 三八 | 三五 | ○三 | 加 | | 五三 | 二一 | 南 | 一六 | 三二 | 一二 | 五八 | 減 | 八 | 一四 | 六 |
| 東增二 | 丑 | 二四 | 五四 | 一八 | 北 | 一 | 五二 | 一五 | 丑 | 二六 | 二九 | 一三 | 一九 | 加 | | 五四 | 一三 | 南 | 一九 | 一九 | ○○ | 五○ | 減 | 九 | 一○ | 六 |
| 東增三 | 丑 | 二六 | 五六 | ○五 | 北 | 五 | ○六 | 三七 | 丑 | 二七 | 五七 | 二三 | 四二 | 加 | | 五二 | 五四 | 南 | 一五 | 四五 | 四四 | ○三 | 減 | 九 | 三九 | 六 |
| 狗一 | 丑 | 二○ | 一八 | 三一 | 南 | 三 | 一四 | 五三 | 丑 | 二二 | 三○ | ○七 | 一四 | 加 | | 五六 | 三八 | 南 | 二五 | ○七 | 二七 | 二三 | 減 | 七 | 五一 | 五 |

斗宿恆星表

| 星名 | 黃道經度宮 | 度 | 分 | 秒 | 黃道緯度向 | 度 | 分 | 秒 | 赤道經度宮 | 度 | 分 | 秒 | 微 | 赤道經度歲差加減 | 分 | 秒 | 微 | 赤道緯度向 | 度 | 分 | 秒 | 微 | 赤道緯度歲差加減 | 秒 | 微 | 星等 |
|---|---|---|---|---|---|---|---|---|---|---|---|---|---|---|---|---|---|---|---|---|---|---|---|---|---|---|
| 狗二 | 丑 | 一七 | 四七 | 三五 | 南 | 二 | 二八 | 一一 | 丑 | 一九 | 三八 | 一七 | ○六 | 加 | | 五六 | 四二 | 南 | 二四 | 四二 | 四九 | ○一 | 減 | 六 | 五三 | 五 |
| 北增一 | 丑 | 二○ | 一一 | 二八 | 南 | 三 | ○三 | 四六 | 丑 | 二二 | 二○ | 三七 | 一四 | 加 | | 五六 | 三八 | 南 | 二四 | 五七 | 三二 | 三六 | 減 | 七 | 四八 | 六 |
| 東增二 | 丑 | 二一 | 一六 | 二○ | 南 | 一 | 五五 | 五六 | 丑 | 二三 | 一九 | 二二 | 五二 | 加 | | 五六 | ○四 | 南 | 二三 | 四○ | 二九 | 五九 | 減 | 八 | ○七 | 六 |
| 北增三 | 丑 | 一八 | 二六 | 二○ | 北 | | 一○ | 二七 | 丑 | 一九 | 五六 | 四八 | ○五 | 加 | | 五五 | 三五 | 南 | 二二 | ○○ | 二四 | 四三 | 減 | 六 | 五九 | 六 |
| 北增四 | 丑 | 一七 | 五五 | ○二 | 南 | 一 | 五二 | 三○ | 丑 | 一九 | 四一 | ○八 | 二○ | 加 | | 五六 | 二七 | 南 | 二四 | ○六 | 二八 | ○一 | 減 | 六 | 五三 | 五 |
| 北增五 | 丑 | 一七 | 四九 | 五九 | 南 | 二 | 二二 | 五九 | 丑 | 一九 | 四○ | ○七 | 五七 | 加 | | 五六 | 三九 | 南 | 二四 | 三七 | 二一 | 一八 | 減 | 六 | 五四 | 六 |
| 西增六 | 丑 | 一五 | 三○ | 二二 | 南 | 二 | 五四 | 五一 | 丑 | 一七 | 一一 | 五一 | 四四 | 加 | | 五七 | ○八 | 南 | 二五 | 二六 | 三一 | 五一 | 減 | 六 | ○三 | 五 |
| 北增七 | 丑 | 一七 | 五六 | 一九 | 南 | 一 | 五八 | 五八 | 丑 | 一九 | 四三 | 二八 | 四七 | 加 | | 五六 | 二九 | 南 | 二四 | 一二 | 四二 | 三五 | 減 | 六 | 五五 | 六 |
| 狗國一 | 丑 | 二四 | 一八 | ○二 | 南 | 五 | 二四 | 四四 | 丑 | 二七 | 一六 | ○一 | ○○ | 加 | | 五七 | ○○ | 南 | 二六 | 三五 | 二三 | ○五 | 減 | 九 | 二五 | 五 |
| 狗國二 | 丑 | 二五 | ○一 | 三二 | 南 | 五 | 二六 | 三三 | 丑 | 二八 | ○三 | 五八 | 五○ | 加 | | 五六 | 五○ | 南 | 二六 | 二九 | ○六 | 二○ | 減 | 九 | 四○ | 五 |
| 狗國三 | 丑 | 二五 | 三一 | 四六 | 南 | 七 | ○五 | 三六 | 丑 | 二八 | 五八 | 二七 | 二九 | 加 | | 五七 | 二三 | 南 | 二八 | ○○ | 三六 | ○九 | 減 | 九 | 五七 | 五 |
| 狗國四 | 丑 | 二四 | 二三 | 三一 | 南 | 六 | 一八 | 二二 | 丑 | 二七 | 三三 | ○八 | 二八 | 加 | | 五七 | 一六 | 南 | 二七 | 二七 | ○五 | 三○ | 減 | 九 | 三○ | 五 |
| 南增一 | 丑 | 二五 | ○八 | ○八 | 南 | 一一 | 三一 | 四二 | 丑 | 二九 | 三二 | 四三 | 五三 | 加 | | 五九 | 一一 | 南 | 三二 | 二六 | ○四 | 一六 | 減 | 一○ | ○八 | 六 |
| 南增二 | 丑 | 二三 | 三九 | 三二 | 南 | 一三 | 五三 | 四○ | 丑 | 二八 | 二四 | 三五 | 一三 | 加 | 一 | ○○ | 三一 | 南 | 三五 | ○二 | 一七 | 五三 | 減 | 九 | 四九 | 六 |
| 南增三 | 丑 | 二五 | 三九 | 一一 | 南 | 一五 | 四一 | 四○ | 子 | 一 | 一一 | 一七 | ○七 | 加 | 一 | ○○ | 四九 | 南 | 三六 | 二四 | 二二 | 四六 | 減 | 一○ | 三八 | 六 |
| 天淵一 | 丑 | 一四 | 一三 | 四二 | 南 | 二二 | 二八 | 四六 | 丑 | 一八 | 四四 | 一三 | ○三 | 加 | 一 | ○七 | 二一 | 南 | 四五 | ○○ | 二五 | 五五 | 減 | 六 | 三五 | 四 |
| 天淵二 | 丑 | 一四 | 一一 | ○○ | 南 | 二二 | ○七 | 四四 | 丑 | 一八 | 三六 | 三八 | ○一 | 加 | 一 | ○七 | ○七 | 南 | 四四 | 三九 | 五六 | 四七 | 減 | 六 | 三一 | 四 |
| 天淵三 | 丑 | 一五 | ○一 | ○二 | 南 | 一八 | 二一 | 四七 | 丑 | 一八 | 五七 | 五四 | 五七 | 加 | 一 | ○四 | 三九 | 南 | 四○ | 四九 | 四二 | 四六 | 減 | 六 | 三八 | 四 |
| 東增一 | 丑 | 二一 | 一一 | 五七 | 南 | 二○ | 四一 | 四三 | 丑 | 二七 | ○九 | 一五 | 二一 | 加 | 一 | ○四 | 二七 | 南 | 四二 | ○九 | 五七 | 一四 | 減 | 九 | 二二 | 五 |
| 東增二 | 丑 | 二三 | 二八 | ○五 | 南 | 一四 | 二七 | 三○ | 丑 | 二八 | 一九 | 一九 | 二四 | 加 | 一 | ○○ | 四八 | 南 | 三五 | 三七 | 四○ | 四五 | 減 | 九 | 四五 | 五 |

斗宿恒星表

| 星名 | 黃道經度 宮 | 度 | 分 | 秒 | 黃道緯度 向 | 度 | 分 | 秒 | 赤道經度 宮 | 度 | 分 | 秒 | 微 | 經度歲差 加減 | 分 | 秒 | 微 | 赤道緯度 向 | 度 | 分 | 秒 | 微 | 緯度歲差 加減 | 秒 | 微 | 星等 |
|---|---|---|---|---|---|---|---|---|---|---|---|---|---|---|---|---|---|---|---|---|---|---|---|---|---|---|
| 東增三 | 丑 | 二三 | 三九 | 〇八 | 南 | 一七 | 一二 | 二四 | 丑 | 二九 | 一五 | 二七 | 四二 | 加 | 一 | 〇二 | 〇一 | 南 | 三八 | 一七 | 〇九 | 一七 | 減 | 一〇 | 〇一 | 六 |
| 農丈人 | 丑 | 七 | 三四 | 五〇 | 南 | 一二 | 三〇 | 一七 | 丑 | 九 | 〇七 | 三六 | 五五 | 加 | 一 | 〇二 | 二五 | 南 | 三五 | 四二 | 五一 | 二四 | 減 | 三 | 一二 | 六 |
| 鼈一 | 丑 | 三 | 三六 | 三九 | 南 | 二二 | 三八 | 二二 | 丑 | 四 | 四八 | 〇八 | 三五 | 加 | 一 | 〇九 | 〇五 | 南 | 四六 | 〇一 | 四二 | 四六 | 減 | 一 | 三八 | 四 |
| 鼈二 | 丑 | 七 | 四九 | 〇三 | 南 | 二〇 | 三六 | 三八 | 丑 | 一〇 | 〇九 | 二四 | 四五 | 加 | 一 | 〇七 | 一五 | 南 | 四三 | 四七 | 〇四 | 二一 | 減 | 三 | 三三 | 六 |
| 鼈三 | 丑 | 一〇 | 四五 | 一五 | 南 | 一九 | 一八 | 〇九 | 丑 | 一三 | 四五 | 三九 | 一七 | 加 | 一 | 〇五 | 五九 | 南 | 四二 | 一四 | 二一 | 一〇 | 減 | 四 | 五〇 | 六 |
| 鼈四 | 丑 | 一一 | 五九 | 五七 | 南 | 一七 | 四八 | 〇八 | 丑 | 一五 | 〇七 | 〇一 | 一六 | 加 | 一 | 〇四 | 五二 | 南 | 四〇 | 三七 | 二五 | 〇六 | 減 | 五 | 一八 | 六 |
| 鼈五 | 丑 | 一二 | 二八 | 四二 | 南 | 一六 | 四四 | 〇九 | 丑 | 一五 | 三三 | 二七 | 五三 | 加 | 一 | 〇四 | 一一 | 南 | 三九 | 三〇 | 四七 | 五六 | 減 | 五 | 二八 | 五 |
| 鼈六 | 丑 | 一二 | 三二 | 四〇 | 南 | 一五 | 一七 | 五四 | 丑 | 一五 | 二六 | 〇五 | 〇三 | 加 | 一 | 〇三 | 二一 | 南 | 三八 | 〇四 | 三九 | 二二 | 減 | 五 | 二六 | 五 |
| 鼈七 | 丑 | 一二 | 〇〇 | 二五 | 南 | 一四 | 四〇 | 〇五 | 丑 | 一四 | 四一 | 四五 | 三五 | 加 | 一 | 〇三 | 〇五 | 南 | 三七 | 三〇 | 二三 | 五〇 | 減 | 五 | 一〇 | 四 |
| 鼈八 | 丑 | 一〇 | 二七 | 〇四 | 南 | 一四 | 一五 | 〇六 | 丑 | 一二 | 四五 | 二九 | 五二 | 加 | 一 | 〇三 | 〇四 | 南 | 三七 | 一四 | 二〇 | 三〇 | 減 | 四 | 三〇 | 六 |
| 鼈九 | 丑 | 九 | 五九 | 〇四 | 南 | 一四 | 二六 | 一四 | 丑 | 一二 | 一二 | 四五 | 〇二 | 加 | 一 | 〇三 | 一四 | 南 | 三七 | 二七 | 五一 | 〇六 | 減 | 四 | 一八 | 六 |
| 鼈十 | 丑 | 〇 | 〇八 | 二八 | 南 | 一五 | 二一 | 一五 | 丑 | 六 | 二一 | 二一 | 五三 | 加 | 一 | 〇四 | 一一 | 南 | 三八 | 四一 | 二四 | 二四 | 減 | 二 | 一二 | 六 |
| 鼈十一 | 丑 | 四 | 五七 | 一二 | 南 | 一九 | 〇一 | 四九 | 丑 | 六 | 二〇 | 三五 | 〇四 | 加 | 一 | 〇六 | 二八 | 南 | 四二 | 二二 | 一四 | 〇七 | 減 | 二 | 一一 | 六 |

斗宿恒星表

| 星名 | 黃道經度 宮 | 度 | 分 | 秒 | 黃道緯度 向 | 度 | 分 | 秒 | 赤道經度 宮 | 度 | 分 | 秒 | 微 | 經度歲差 加減 | 分 | 秒 | 微 | 赤道緯度 向 | 度 | 分 | 秒 | 微 | 緯度歲差 加減 | 秒 | 微 | 星等 |
|---|---|---|---|---|---|---|---|---|---|---|---|---|---|---|---|---|---|---|---|---|---|---|---|---|---|---|
| 斗宿一 | 子 | 二 | 三三 | 一三 | 北 | 四 | 三五 | 四七 | 子 | 三 | 四五 | 〇四 | 二九 | 加 |  | 五二 | 二三 | 南 | 一五 | 〇七 | 〇七 | 三九 | 減 | 一一 | 二七 | 四 |
| 斗宿二 | 子 | 二 | 二一 | 三七 | 北 | 六 | 五六 | 二六 | 子 | 三 | 〇一 | 三三 | 二三 | 加 |  | 五一 | 四一 | 南 | 一二 | 五二 | 二七 | 五八 | 減 | 一一 | 一四 | 四 |
| 斗宿三 | 子 |  | 五九 | 四四 | 北 | 七 | 一一 | 三六 | 子 | 一 | 三六 | 四七 | 五八 | 加 |  | 五一 | 四六 | 南 | 一二 | 五五 | 〇四 | 三六 | 減 | 一〇 | 四八 | 五 |
| 斗宿四 | 子 | 三 | 一三 | 一一 | 北 |  | 五四 | 二七 | 子 | 五 | 一七 | 五五 | 五五 | 加 |  | 五二 | 二五 | 南 | 一八 | 三三 | 四四 | 一八 | 減 | 一一 | 五四 | 五 |
| 斗宿五 | 子 | 三 | 四三 | 二六 | 北 |  | 二四 | 三一 | 子 | 五 | 五六 | 一九 | 四七 | 加 |  | 五三 | 二九 | 南 | 一八 | 五五 | 五〇 | 二五 | 減 | 一二 | 〇五 | 六 |
| 斗宿六 | 子 | 三 | 四〇 | 二五 | 北 | 一 | 一二 | 四一 | 子 | 五 | 四一 | 二四 | 〇二 | 加 |  | 五三 | 二一 | 南 | 一八 | 〇九 | 四二 | 一七 | 減 | 一二 | 〇一 | 六 |
| 西增一 | 丑 | 二八 | 一五 | 三五 | 北 | 六 | 四二 | 四七 | 丑 | 二八 | 五八 | 四三 | 一九 | 加 |  | 五二 | 一三 | 南 | 一三 | 五六 | 一五 | 二六 | 減 | 九 | 五八 | 六 |
| 西增二 | 丑 | 二九 | 一七 | 四三 | 北 | 七 | 三〇 | 〇二 | 丑 | 二九 | 五一 | 一八 | 三三 | 加 |  | 五一 | 五一 | 南 | 一二 | 五七 | 四七 | 一五 | 減 | 一〇 | 一五 | 六 |
| 西增三 | 丑 | 二九 | 二六 | 一七 | 北 | 八 | 三二 | 五七 | 丑 | 二九 | 四六 | 五六 | 三〇 | 加 |  | 五一 | 三〇 | 南 | 一一 | 五四 | 二六 | 二四 | 減 | 一〇 | 一二 | 六 |
| 西增四 | 子 |  | 二五 | 四四 | 北 | 七 | 二五 | 二二 | 子 | 一 | 〇〇 | 〇一 | 一五 | 加 |  | 五一 | 四五 | 南 | 一二 | 四八 | 三九 | 一二 | 減 | 一〇 | 三六 | 六 |
| 內增五 | 子 | 二 | 〇〇 | 五七 | 北 | 七 | 一三 | 五四 | 子 | 二 | 三七 | 〇八 | 一四 | 加 |  | 五一 | 三八 | 南 | 一二 | 三九 | 五二 | 四二 | 減 | 一一 | 〇六 | 五 |
| 內增六 | 子 | 二 | 一六 | 三五 | 北 | 六 | 五九 | 五一 | 子 | 二 | 五五 | 四七 | 二三 | 加 |  | 五一 | 四一 | 南 | 一二 | 五〇 | 一三 | 二四 | 減 | 一一 | 一二 | 五 |
| 東增七 | 子 | 二 | 五六 | 一五 | 北 | 六 | 三五 | 一二 | 子 | 三 | 四〇 | 五七 | 三二 | 加 |  | 五一 | 四四 | 南 | 一三 | 〇五 | 三四 | 〇五 | 減 | 一一 | 二五 | 五 |
| 西增八 | 子 | 一 | 一一 | 〇〇 | 北 |  | 二七 | 四七 | 子 | 三 | 一八 | 一九 | 三三 | 加 |  | 五三 | 五一 | 南 | 一九 | 二七 | 〇七 | 二三 | 減 | 一一 | 一九 | 六 |
| 南增九 | 子 |  | 一五 | 一七 | 南 | 二 | 〇五 | 〇五 | 子 | 二 | 五五 | 四五 | 二四 | 加 |  | 五四 | 四八 | 南 | 二二 | 〇八 | 二七 | 〇七 | 減 | 一一 | 一一 | 六 |
| 南增十 | 丑 | 二八 | 四五 | 四七 | 南 | 五 | 三一 | 二一 | 子 | 二 | 〇八 | 四一 | 一九 | 加 |  | 五六 | 一三 | 南 | 二五 | 四九 | 〇三 | 五二 | 減 | 一〇 | 五六 | 六 |
| 東增十一 | 子 | 二 | 四七 | 四七 | 北 | 六 | 三六 | 一七 | 子 | 三 | 三二 | 〇七 | 一五 | 加 |  | 五一 | 四五 | 南 | 一三 | 〇六 | 二五 | 一四 | 減 | 一一 | 二二 | 六 |
| 東增十二 | 子 | 二 | 三七 | 二七 | 北 | 四 | 三〇 | 三〇 | 子 | 三 | 五〇 | 三三 | 一二 | 加 |  | 五二 | 二四 | 南 | 一五 | 一一 | 二〇 | 五六 | 減 | 一一 | 二八 | 六 |
| 內增十三 | 子 | 三 | 一一 | 二八 | 北 |  | 五〇 | 〇六 | 子 | 五 | 一七 | 一三 | 三八 | 加 |  | 五三 | 二六 | 南 | 一八 | 三八 | 二二 | 〇一 | 減 | 一一 | 五三 | 六 |
| 內增十四 | 子 | 三 | 三七 | 五四 | 北 | 一 | 〇八 | 三五 | 子 | 五 | 三九 | 四九 | 二八 | 加 |  | 五三 | 一六 | 南 | 一八 | 一四 | 一七 | 〇〇 | 減 | 一二 | 〇〇 | 六 |

斗宿恒星表

| 星名 | 黃道經度 宮 | 度 | 分 | 秒 | 黃道緯度 向 | 度 | 分 | 秒 | 赤道經度 宮 | 度 | 分 | 秒 | 微 | 經度歲差 加減 | 分 | 秒 | 微 | 赤道緯度 向 | 度 | 分 | 秒 | 微 | 緯度歲差 加減 | 秒 | 微 | 星等 |
|---|---|---|---|---|---|---|---|---|---|---|---|---|---|---|---|---|---|---|---|---|---|---|---|---|---|---|
| 天桴一 | 子 | 三 | 二四 | 一六 | 北 | 一八 | 四三 | 四七 | 子 | 一 | 二五 | 五六 | 五二 | 加 |  | 四八 | 〇四 | 南 | 一 | 〇八 | 五一 | 二八 | 減 | 一〇 | 四四 | 三 |
| 天桴二 | 子 | 一 | 三八 | 三三 | 北 | 一九 | 一四 | 二〇 | 丑 | 二九 | 四一 | 四四 | 二六 | 加 |  | 四八 | 〇二 | 南 | 一 | 〇〇 | 二三 | 二四 | 減 | 一〇 | 一二 | 六 |
| 天桴三 | 丑 | 二九 | 二〇 | 四四 | 北 | 二〇 | 四二 | 〇〇 | 丑 | 二七 | 一七 | 一〇 | 四九 | 加 |  | 四七 | 四三 | 南 |  |  | 四一 | 三九 | 減 | 九 | 二七 | 六 |
| 天桴四 | 丑 | 二八 | 五五 | 一〇 | 北 | 二一 | 三一 | 四〇 | 丑 | 二六 | 四四 | 〇九 | 四七 | 加 |  | 四七 | 二九 | 北 |  | 四三 | 二四 | 四五 | 加 | 九 | 〇五 | 四 |
| 內增一 | 子 | 二 | 三五 | 四九 | 北 | 一九 | 〇五 | 四七 | 子 |  | 三六 | 二五 | 四五 | 加 |  | 四八 | 〇一 | 南 |  | 五七 | 一八 | 一三 | 減 | 一〇 | 二九 | 六 |
| 東增二 | 子 | 三 | 五一 | 四九 | 北 | 一八 | 二六 | 二九 | 子 | 一 | 五五 | 一四 | 四四 | 加 |  | 四八 | 〇八 | 南 | 一 | 一九 | 五八 | 〇一 | 減 | 一〇 | 五三 | 五 |
| 河鼓一 | 子 |  | 五五 | 〇〇 | 北 | 二六 | 四二 | 三八 | 丑 | 二七 | 二九 | 三二 | 四九 | 加 |  | 四五 | 四三 | 北 | 六 | 〇九 | 五四 | 一三 | 加 | 九 | 三一 | 三 |
| 河鼓二 | 子 |  | 一一 | 四〇 | 北 | 二九 | 一七 | 二九 | 丑 | 二六 | 一九 | 五五 | 二五 | 加 |  | 四四 | 五五 | 北 | 八 | 三三 | 四一 | 〇一 | 加 | 九 | 〇七 | 一 |
| 河鼓三 | 丑 | 二九 | 二五 | 二四 | 北 | 三一 | 一五 | 〇九 | 丑 | 二五 | 一六 | 一八 | 五四 | 加 |  | 四四 | 一八 | 北 | 一〇 | 二〇 | 五六 | 五八 | 加 | 八 | 四六 | 三 |
| 北增一 | 丑 | 二九 | 三六 | 四九 | 北 | 三三 | 五八 | 二三 | 丑 | 二四 | 五二 | 三三 | 四六 | 加 |  | 四三 | 二二 | 北 | 一三 | 〇二 | 四七 | 五七 | 加 | 八 | 三九 | 六 |
| 北增二 | 丑 | 二八 | 四〇 | 一九 | 北 | 三三 | 〇〇 | 二四 | 丑 | 二四 | 一七 | 〇二 | 四九 | 加 |  | 四三 | 四三 | 北 | 一一 | 五六 | 三七 | 二一 | 加 | 八 | 二七 | 六 |
| 北增三 | 丑 | 二八 | 四〇 | 三六 | 北 | 三二 | 三七 | 四〇 | 丑 | 二四 | 二一 | 四八 | 三三 | 加 |  | 四三 | 五一 | 北 | 一一 | 三四 | 二一 | 四七 | 加 | 八 | 二九 | 六 |
| 北增四 | 子 |  | 二四 | 四五 | 北 | 三二 | 一八 | 〇七 | 丑 | 二五 | 五三 | 四〇 | 四二 | 加 |  | 四三 | 五四 | 北 | 一一 | 三二 | 四九 | 一七 | 加 | 八 | 五九 | 六 |
| 東增五 | 子 |  | 四一 | 一七 | 北 | 三〇 | 四九 | 三八 | 丑 | 二六 | 二六 | 一六 | 二九 | 加 |  | 四四 | 二三 | 北 | 一〇 | 〇九 | 〇八 | 一〇 | 加 | 九 | 一〇 | 六 |
| 東增六 | 子 | 二 | 二五 | 一三 | 北 | 三一 | 三〇 | 三八 | 丑 | 二七 | 四五 | 五二 | 〇一 | 加 |  | 四四 | 〇七 | 北 | 一一 | 〇八 | 〇二 | 四八 | 加 | 九 | 三六 | 六 |
| 東增七 | 子 | 三 | 三〇 | 四三 | 北 | 二七 | 〇一 | 三八 | 丑 | 二九 | 四二 | 〇三 | 一三 | 加 |  | 四五 | 三一 | 北 | 六 | 五八 | 〇七 | 三六 | 加 | 一〇 | 一二 | 六 |
| 東增八 | 子 | 一 | 〇六 | 一二 | 北 | 二八 | 四四 | 三〇 | 丑 | 二七 | 一三 | 五六 | 〇九 | 加 |  | 四五 | 〇三 | 北 | 八 | 一一 | 一一 | 三八 | 加 | 九 | 二六 | 五 |
| 西增九 | 丑 | 二八 | 三二 | 三一 | 北 | 二八 | 二〇 | 二〇 | 丑 | 二五 | 〇五 | 一七 | 五四 | 加 |  | 四五 | 一八 | 北 | 七 | 二〇 | 三六 | 二四 | 加 | 八 | 四八 | 六 |
| 右旗一 | 丑 | 二五 | 一六 | 二四 | 北 | 二八 | 四〇 | 四二 | 丑 | 二二 | 一〇 | 三五 | 五四 | 加 |  | 四五 | 一八 | 北 | 七 | 〇九 | 一五 | 五八 | 加 | 七 | 四六 | 四 |
| 右旗二 | 丑 | 二六 | 一七 | 一二 | 北 | 二六 | 一〇 | 五八 | 丑 | 二三 | 三〇 | 二二 | 一八 | 加 |  | 四六 | 〇六 | 北 | 四 | 五一 | 一五 | 三六 | 加 | 八 | 一二 | 五 |

中宮經星表

| 星名 | 黃道經度宮 | 度 | 分 | 秒 | 黃道緯度南北 | 度 | 分 | 秒 | 赤道經度宮 | 度 | 分 | 秒 | 微 | 赤道經度歲差加減 | 分 | 秒 | 微 | 赤道緯度南北 | 度 | 分 | 秒 | 微 | 赤道緯度歲差加減 | 秒 | 微 | 星等 |
|---|---|---|---|---|---|---|---|---|---|---|---|---|---|---|---|---|---|---|---|---|---|---|---|---|---|---|
| 右樞三 | 丑 | 二一 | 〇四 | 三七 | 北 | 三四 | 四九 | 〇五 | 丑 | 一九 | 五八 | 二一 | 三二 | 加 |  | 四六 | 四四 | 北 | 二 | 五三 | 一一 | 〇〇 | 加 | 七 | 〇〇 | 六 |
| 右樞四 | 丑 | 二一 | 五三 | 五六 | 北 | 二三 | 〇二 | 二七 | 丑 | 二〇 | 一三 | 三〇 | 四〇 | 加 |  | 四七 | 四〇 | 北 |  | 六 | 五九 | 一八 | 加 | 七 | 〇六 | 五 |
| 右樞五 | 丑 | 二四 | 一九 | 〇五 | 北 | 二〇 | 〇一 | 一一 | 丑 | 二二 | 四六 | 一五 | 〇二 | 加 |  | 四八 | 一四 | 南 | 一 | 三一 | 三八 | 〇九 | 減 | 七 | 五七 | 三 |
| 右樞六 | 丑 | 二三 | 五九 | 〇四 | 北 | 一八 | 二三 | 三二 | 丑 | 二二 | 四三 | 二二 | 四一 | 加 |  | 四八 | 四七 | 南 | 三 | 一一 | 〇二 | 五二 | 減 | 七 | 五六 | 六 |
| 右樞七 | 丑 | 二三 | 五八 | 〇二 | 北 | 一六 | 四〇 | 一一 | 丑 | 二二 | 五九 | 二二 | 〇三 | 加 |  | 四九 | 二一 | 南 | 四 | 五三 | 一一 | 一七 | 減 | 八 | 〇一 | 六 |
| 右樞八 | 丑 | 二三 | 二〇 | 〇三 | 北 | 一四 | 一一 | 一三 | 丑 | 二二 | 四七 | 〇四 | 三六 | 加 |  | 五〇 | 一二 | 南 | 七 | 二六 | 〇六 | 二六 | 減 | 七 | 五八 | 四 |
| 右樞九 | 丑 | 二七 | 二一 | 一八 | 北 | 一二 | 〇五 | 二六 | 丑 | 二四 | 〇三 | 〇五 | 〇五 | 加 |  | 五〇 | 三五 | 南 | 八 | 五一 | 三三 | 四〇 | 減 | 九 | 二〇 | 六 |
| 西增一 | 丑 | 一九 | 五五 | 四六 | 北 | 二六 | 五二 | 一八 | 丑 | 一七 | 四五 | 四二 | 〇一 | 加 |  | 四六 | 〇七 | 北 | 四 | 三八 | 三五 | 四五 | 加 | 六 | 一五 | 六 |
| 西增二 | 丑 | 一八 | 四五 | 五〇 | 北 | 二四 | 二六 | 五二 | 丑 | 一七 | 〇二 | 二〇 | 一七 | 加 |  | 四六 | 五九 | 北 | 二 | 〇六 | 〇六 | 四三 | 加 | 六 | 〇一 | 五 |
| 西增三 | 丑 | 二〇 | 〇七 | 二一 | 北 | 二一 | 〇二 | 五二 | 丑 | 一八 | 四三 | 五三 | 三五 | 加 |  | 四八 | 〇五 | 南 | 一 | 〇六 | 〇七 | 五五 | 減 | 六 | 三五 | 六 |
| 內增四 | 丑 | 二二 | 五〇 | 五一 | 北 | 二三 | 三二 | 一〇 | 丑 | 二〇 | 五一 | 四七 | 四四 | 加 |  | 四七 | 〇八 | 北 | 一 | 四三 | 三六 | 三七 | 加 | 七 | 一九 | 六 |
| 東增五 | 丑 | 二五 | 二九 | 三六 | 北 | 二〇 | 二九 | 一七 | 丑 | 二五 | 四六 | 四八 | 〇〇 | 加 |  | 四八 | 〇〇 | 南 |  | 五二 | 五〇 | 〇六 | 減 | 八 | 一八 | 六 |
| 東增六 | 丑 | 二四 | 四〇 | 五七 | 北 | 一九 | 四四 | 四一 | 丑 | 二三 | 〇八 | 五九 | 一一 | 加 |  | 四八 | 一七 | 南 | 一 | 四四 | 三四 | 〇八 | 減 | 八 | 〇四 | 六 |
| 西增七 | 丑 | 二二 | 二七 | 一一 | 北 | 一八 | 四四 | 二〇 | 丑 | 二一 | 一四 | 〇七 | 一五 | 加 |  | 四八 | 四五 | 南 | 三 | 〇四 | 一一 | 三九 | 減 | 七 | 二七 | 五 |
| 西增八 | 丑 | 二二 | 一四 | 三七 | 北 | 一八 | 二〇 | 五六 | 丑 | 二一 | 〇五 | 五二 | 四二 | 加 |  | 四八 | 五四 | 南 | 三 | 二九 | 〇七 | 三一 | 減 | 七 | 二三 | 五 |
| 西增九 | 丑 | 二一 | 四〇 | 四五 | 北 | 一七 | 五五 | 四七 | 丑 | 二〇 | 三七 | 四二 | 五二 | 加 |  | 四九 | 〇四 | 南 | 三 | 五八 | 四八 | 一五 | 減 | 七 | 一五 | 六 |
| 南增十 | 丑 | 二二 | 一六 | 四〇 | 北 | 一〇 | 五六 | 三一 | 丑 | 二二 | 一五 | 五九 | 四六 | 加 |  | 五一 | 二二 | 南 | 一〇 | 四八 | 〇四 | 三六 | 減 | 七 | 四八 | 六 |
| 南增十一 | 丑 | 二六 | 〇六 | 四二 | 北 | 一〇 | 〇三 | 三四 | 丑 | 二六 | 一二 | 〇六 | 〇三 | 加 |  | 五一 | 二一 | 南 | 一一 | 〇二 | 四三 | 二五 | 減 | 九 | 〇五 | 五 |
| 東增十二 | 丑 | 二七 | 三三 | 一〇 | 北 | 一二 | 二二 | 二五 | 丑 | 二七 | 一一 | 〇三 | 〇四 | 加 |  | 五二 | 〇八 | 南 | 八 | 三〇 | 四五 | 三一 | 減 | 九 | 二三 | 四 |
| 左樞一 | 丑 | 二九 | 三三 | 三二 | 北 | 三八 | 四八 | 〇九 | 丑 | 二三 | 四八 | 三四 | 一四 | 加 |  | 四一 | 三八 | 北 | 一七 | 四五 | 五六 | 五四 | 加 | 八 | 一八 | 五 |

中宮經星表

| 星名 | 黃道經度宮 | 度 | 分 | 秒 | 黃道緯度南北 | 度 | 分 | 秒 | 赤道經度宮 | 度 | 分 | 秒 | 微 | 赤道經度歲差加減 | 分 | 秒 | 微 | 赤道緯度南北 | 度 | 分 | 秒 | 微 | 赤道緯度歲差加減 | 秒 | 微 | 星等 |
|---|---|---|---|---|---|---|---|---|---|---|---|---|---|---|---|---|---|---|---|---|---|---|---|---|---|---|
| 左樞二 | 丑 | 二九 | 四一 | 三九 | 北 | 三八 | 一三 | 三四 | 丑 | 二四 | 〇二 | 三四 | 五三 | 加 |  | 四一 | 五一 | 北 | 一七 | 一三 | 二五 | 一二 | 加 | 八 | 二四 | 五 |
| 左樞三 | 子 | 一 | 五二 | 五六 | 北 | 三八 | 五五 | 一二 | 丑 | 二五 | 三八 | 二九 | 三九 | 加 |  | 四一 | 三三 | 北 | 一八 | 一六 | 〇二 | 二五 | 加 | 八 | 五五 | 四 |
| 左樞四 | 子 | 二 | 三二 | 〇五 | 北 | 三九 | 二五 | 二五 | 丑 | 二六 | 〇二 | 三二 | 〇三 | 加 |  | 四一 | 二一 | 北 | 一八 | 五二 | 一六 | 二六 | 加 | 九 | 〇二 | 六 |
| 左樞五 | 子 | 五 | 三一 | 一四 | 北 | 三九 | 一二 | 〇四 | 丑 | 二八 | 二八 | 二三 | 二九 | 加 |  | 四一 | 二三 | 北 | 一九 | 一一 | 五七 | 〇七 | 加 | 九 | 四九 | 四 |
| 左樞六 | 子 | 五 | 一六 | 二二 | 北 | 三七 | 一二 | 二七 | 丑 | 二八 | 四七 | 〇一 | 一八 | 加 |  | 四二 | 〇六 | 北 | 一七 | 一三 | 〇四 | 四二 | 加 | 九 | 五四 | 六 |
| 左樞七 | 子 | 四 | 二三 | 〇九 | 北 | 三六 | 三八 | 〇六 | 丑 | 二八 | 一二 | 二一 | 三七 | 加 |  | 四二 | 一九 | 北 | 一六 | 二九 | 三六 | 三二 | 加 | 九 | 四四 | 六 |
| 左樞八 | 子 | 五 | 四八 | 四〇 | 北 | 三五 | 三三 | 三一 | 丑 | 二九 | 三八 | 一二 | 五七 | 加 |  | 四二 | 三九 | 北 | 一五 | 四三 | 一九 | 五三 | 加 | 一〇 | 一一 | 六 |
| 左樞九 | 子 | 八 | 三六 | 四九 | 北 | 三四 | 〇四 | 四一 | 子 | 二 | 一九 | 四五 | 五二 | 加 |  | 四三 | 〇四 | 北 | 一四 | 五一 | 四五 | 二六 | 加 | 一一 | 〇二 | 五 |
| 西增一 | 丑 | 二八 | 一七 | 五八 | 北 | 三七 | 二五 | 二四 | 丑 | 二三 | 〇五 | 〇五 | 五三 | 加 |  | 四二 | 一一 | 北 | 一六 | 一二 | 五五 | 五二 | 加 | 八 | 〇四 | 五 |
| 西增二 | 丑 | 二四 | 四〇 | 四三 | 北 | 三八 | 二九 | 三〇 | 丑 | 一九 | 五七 | 一一 | 三三 | 加 |  | 四一 | 五一 | 北 | 一六 | 四四 | 一三 | 〇〇 | 加 | 七 | 〇〇 | 六 |
| 西增三 | 丑 | 二四 | 三三 | 〇一 | 北 | 五八 | 二九 | 三七 | 丑 | 一九 | 五〇 | 五八 | 三三 | 加 |  | 四一 | 五一 | 北 | 一六 | 四三 | 一七 | 一七 | 加 | 六 | 五九 | 六 |
| 西增四 | 丑 | 二五 | 三四 | 五九 | 北 | 四一 | 一四 | 三九 | 丑 | 二〇 | 〇九 | 二四 | 二四 | 加 |  | 四〇 | 五八 | 北 | 一九 | 三四 | 〇八 | 三五 | 加 | 七 | 〇五 | 六 |
| 西增五 | 丑 | 二五 | 五四 | 二八 | 北 | 四一 | 三〇 | 五七 | 丑 | 二〇 | 二一 | 二九 | 二三 | 加 |  | 四〇 | 四一 | 北 | 一九 | 五二 | 五〇 | 二七 | 加 | 七 | 〇九 | 六 |
| 西增六 | 丑 | 二六 | 五五 | 一五 | 北 | 四一 | 三二 | 四二 | 丑 | 二一 | 〇八 | 四一 | 四〇 | 加 |  | 四〇 | 四〇 | 北 | 二〇 | 〇三 | 〇七 | 五五 | 加 | 七 | 二五 | 五 |
| 西增七 | 丑 | 二八 | 二四 | 〇六 | 北 | 四〇 | 四七 | 四二 | 丑 | 二二 | 二七 | 四六 | 二五 | 加 |  | 四〇 | 五五 | 北 | 一九 | 三二 | 〇八 | 一六 | 加 | 七 | 五二 | 六 |
| 北增八 | 子 | 三 | 〇六 | 五四 | 北 | 四六 | 〇八 | 五三 | 丑 | 二四 | 四七 | 四一 | 三二 | 加 |  | 三八 | 四四 | 北 | 二五 | 三〇 | 三四 | 一四 | 加 | 八 | 三八 | 六 |
| 北增九 | 子 | 五 | 二九 | 五六 | 北 | 四七 | 二六 | 二八 | 丑 | 二六 | 一一 | 四八 | 五三 | 加 |  | 三八 | 一一 | 北 | 二七 | 一〇 | 一一 | 一八 | 加 | 九 | 〇六 | 氣 |
| 北增十 | 子 | 九 | 一九 | 五五 | 北 | 四七 | 〇〇 | 一二 | 丑 | 二九 | 〇八 | 五八 | 三七 | 加 |  | 三八 | 一九 | 北 | 二七 | 二七 | 二四 | 二六 | 加 | 一〇 | 〇三 | 五 |
| 東增十一 | 子 | 一三 | 四八 | 四四 | 北 | 四七 | 〇〇 | 四四 | 子 | 二 | 二六 | 四六 | 二八 | 加 |  | 三八 | 一六 | 北 | 二八 | 二二 | 四〇 | 五二 | 加 | 一一 | 〇四 | 五 |
| 東增十二 | 子 | 一三 | 五二 | 二八 | 北 | 四六 | 〇三 | 五九 | 子 | 二 | 四九 | 三四 | 四〇 | 加 |  | 三八 | 四〇 | 北 | 二七 | 二九 | 三四 | 一〇 | 加 | 一一 | 一〇 | 四 |

中宮經星表

| 星名 | 黃道經度宮 | 度 | 分 | 秒 | 黃道緯度南北 | 度 | 分 | 秒 | 赤道經度宮 | 度 | 分 | 秒 | 微 | 赤道經度歲差加減 | 分 | 秒 | 微 | 赤道緯度南北 | 度 | 分 | 秒 | 微 | 赤道緯度歲差加減 | 秒 | 微 | 星等 |
|---|---|---|---|---|---|---|---|---|---|---|---|---|---|---|---|---|---|---|---|---|---|---|---|---|---|---|
| 東增十三 | 子 | 一一 | 五三 | 〇七 | 北 | 四五 | 三三 | 二七 | 子 | 一 | 三一 | 〇一 | 一六 | 加 |  | 三八 | 二五 | 北 | 二六 | 三五 | 一一 | 四一 | 加 | 一〇 | 四七 | 六 |
| 東增十四 | 子 | 一二 | 一三 | 三〇 | 北 | 四五 | 二三 | 〇二 | 子 | 一 | 四九 | 四四 | 五一 | 加 |  | 三八 | 五七 | 北 | 二六 | 二九 | 三〇 | 一六 | 加 | 一〇 | 五二 | 六 |
| 東增十五 | 子 | 一二 | 〇八 | 四〇 | 北 | 四五 | 〇三 | 二一 | 子 | 一 | 五二 | 三九 | 五二 | 加 |  | 三九 | 〇四 | 北 | 二六 | 〇九 | 四一 | 五九 | 加 | 一〇 | 五三 | 五 |
| 北增十六 | 子 | 八 | 二七 | 一七 | 北 | 四四 | 一四 | 一九 | 丑 | 二九 | 二一 | 〇〇 | 三八 | 加 |  | 三九 | 二六 | 北 | 二四 | 三七 | 四九 | 三五 | 加 | 一〇 | 〇五 | 五 |
| 北增十七 | 子 | 五 | 三一 | 四五 | 北 | 四三 | 五六 | 五一 | 丑 | 二七 | 一二 | 三九 | 四八 | 加 |  | 三九 | 三六 | 北 | 二三 | 四七 | 五三 | 一二 | 加 | 九 | 二四 | 六 |
| 北增十八 | 子 | 四 | 一七 | 〇五 | 北 | 四二 | 四〇 | 一三 | 丑 | 二六 | 五六 | 〇四 | 〇一 | 加 |  | 四〇 | 〇七 | 北 | 二二 | 二〇 | 一一 | 一九 | 加 | 九 | 一三 | 五 |
| 北增十九 | 子 | 六 | 五五 | 二五 | 北 | 四二 | 三九 | 二二 | 丑 | 二八 | 三八 | 二八 | 五二 | 加 |  | 四〇 | 〇四 | 北 | 二二 | 四八 | 三六 | 五九 | 加 | 九 | 五三 | 五 |
| 北增二十 | 子 | 九 | 二五 | 二六 | 北 | 四二 | 三九 | 四二 | 子 |  | 三三 | 四七 | 二六 | 加 |  | 四〇 | 〇二 | 北 | 二三 | 一八 | 二二 | 四七 | 加 | 一〇 | 二九 | 四 |
| 東增二十一 | 子 | 一二 | 四八 | 〇三 | 北 | 四三 | 〇〇 | 二七 | 子 | 三 | 〇二 | 五六 | 一六 | 加 |  | 三九 | 五二 | 北 | 二四 | 二〇 | 四五 | 四五 | 加 | 一一 | 一五 | 五 |
| 東增二十二 | 子 | 一四 | 一五 | 三九 | 北 | 四二 | 二五 | 一二 | 子 | 四 | 二一 | 五一 | 五二 | 加 |  | 四〇 | 〇四 | 北 | 二四 | 〇六 | 二九 | 一四 | 加 | 一一 | 三八 | 六 |
| 東增二十三 | 子 | 一一 | 五七 | 〇二 | 北 | 四一 | 五九 | 〇〇 | 子 | 二 | 四五 | 一八 | 四五 | 加 |  | 四〇 | 一五 | 北 | 二三 | 一〇 | 五九 | 二七 | 加 | 一一 | 〇九 | 五 |
| 東增二十四 | 子 | 一一 | 二七 | 〇四 | 北 | 四〇 | 〇五 | 四九 | 子 | 二 | 五四 | 五三 | 五一 | 加 |  | 四〇 | 五七 | 北 | 二一 | 一六 | 〇四 | 三六 | 加 | 一一 | 一二 | 六 |
| 東增二十五 | 子 | 九 | 一九 | 〇九 | 北 | 三九 | 五一 | 二七 | 子 | 一 | 一八 | 一五 | 五二 | 加 |  | 四一 | 〇四 | 北 | 二〇 | 三五 | 一二 | 〇六 | 加 | 一〇 | 四二 | 六 |
| 東增二十六 | 子 | 七 | 三四 | 四四 | 北 | 三九 | 一六 | 四九 | 子 |  | 五 | 一七 | 五四 | 加 |  | 四一 | 一八 | 北 | 一九 | 四〇 | 三五 | 二〇 | 加 | 一〇 | 二〇 | 六 |
| 東增二十七 | 子 | 六 | 二一 | 二六 | 北 | 三六 | 三三 | 二五 | 丑 | 二九 | 四九 | 四四 | 五四 | 加 |  | 四二 | 一八 | 北 | 一六 | 四七 | 五三 | 〇二 | 加 | 一〇 | 一四 | 六 |
| 內增二十八 | 子 | 二 | 五〇 | 二九 | 北 | 三六 | 三五 | 一六 | 丑 | 二七 | 四六 | 二七 | 二〇 | 加 |  | 四二 | 二〇 | 北 | 一六 | 二〇 | 四五 | 〇五 | 加 | 九 | 三五 | 六 |
| 內增二十九 | 子 | 三 | 二三 | 五七 | 北 | 三八 | 四六 | 四五 | 丑 | 二六 | 五三 | 一四 | 二二 | 加 |  | 四一 | 三四 | 北 | 一八 | 二三 | 四九 | 五四 | 加 | 九 | 一八 | 六 |
| 北增三十 | 子 | 八 | 一七 | 五五 | 北 | 四四 | 〇六 | 三四 | 丑 | 二九 | 一六 | 一二 | 四七 | 加 |  | 三九 | 二九 | 北 | 二四 | 二八 | 三三 | 三五 | 加 | 一〇 | 〇五 | 六 |
| 織女一 | 丑 | 一三 | 四五 | 三四 | 北 | 六一 | 四三 | 三四 | 丑 | 八 | 一七 | 四九 | 三七 | 加 |  | 三一 | 一九 | 北 | 三八 | 四〇 | 二〇 | 五一 | 加 | 二 | 五七 | 一 |
| 織女二 | 丑 | 一七 | 〇五 | 五八 | 北 | 六二 | 二四 | 一〇 | 丑 | 一〇 | 一〇 | 三一 | 五九 | 加 |  | 三〇 | 五三 | 北 | 三九 | 三三 | 二一 | 四八 | 加 | 三 | 三六 | 五 |

中宮經星表

| 星名 | 黃道經度宮 | 度 | 分 | 秒 | 黃道緯度南北 | 度 | 分 | 秒 | 赤道經度宮 | 度 | 分 | 秒 | 微 | 赤道經度歲差加減 | 分 | 秒 | 微 | 赤道緯度南北 | 度 | 分 | 秒 | 微 | 赤道緯度歲差加減 | 秒 | 微 | 星等 |
|---|---|---|---|---|---|---|---|---|---|---|---|---|---|---|---|---|---|---|---|---|---|---|---|---|---|---|
| 織女三 | 丑 | 一六 | 三五 | 一一 | 北 | 六〇 | 二一 | 一八 | 丑 | 一〇 | 一五 | 〇三 | 三五 | 加 |  | 三二 | 〇五 | 北 | 三七 | 二九 | 三九 | 五七 | 加 | 三 | 三九 | 五 |
| 南增一 | 丑 | 一六 | 三五 | 四五 | 北 | 六〇 | 二〇 | 二一 | 丑 | 一〇 | 一五 | 四三 | 一八 | 加 |  | 三二 | 〇六 | 北 | 三七 | 二八 | 四六 | 一四 | 加 | 三 | 五八 | 五 |
| 內增二 | 丑 | 一七 | 〇五 | 三三 | 北 | 六二 | 二〇 | 三六 | 丑 | 一〇 | 一〇 | 五九 | 二五 | 加 |  | 三〇 | 五五 | 北 | 三九 | 二九 | 四八 | 三一 | 加 | 三 | 三七 | 六 |
| 西增三 | 丑 | 八 | 一七 | 三五 | 北 | 六二 | 四四 | 四一 | 丑 | 四 | 五四 | 二二 | 一五 | 加 |  | 三〇 | 四五 | 北 | 三九 | 二六 | 一〇 | 三二 | 加 | 一 | 四四 | 六 |
| 西增四 | 丑 | 六 | 二三 | 五五 | 北 | 五九 | 二二 | 四三 | 丑 | 四 | 〇一 | 二八 | 〇六 | 加 |  | 三二 | 四二 | 北 | 三六 | 〇一 | 〇六 | 一二 | 加 | 一 | 二四 | 五 |
| 漸臺一 | 丑 | 二〇 | 〇九 | 五五 | 北 | 五九 | 二〇 | 〇二 | 丑 | 一二 | 四〇 | 四四 | 三一 | 加 |  | 三二 | 三七 | 北 | 三六 | 四六 | 〇八 | 三〇 | 加 | 四 | 三〇 | 四 |
| 漸臺二 | 丑 | 一七 | 二三 | 四六 | 北 | 五五 | 五九 | 五四 | 丑 | 一一 | 三一 | 五二 | 五五 | 加 |  | 三四 | 二五 | 北 | 三三 | 一四 | 三六 | 一八 | 加 | 四 | 〇六 | 三 |
| 漸臺三 | 丑 | 二〇 | 二五 | 一六 | 北 | 五五 | 〇一 | 三七 | 丑 | 一三 | 四三 | 二八 | 一六 | 加 |  | 三四 | 五二 | 北 | 三二 | 三二 | 四七 | 一六 | 加 | 四 | 五二 | 三 |
| 漸臺四 | 丑 | 二四 | 四一 | 二四 | 北 | 五八 | 〇二 | 〇六 | 丑 | 一五 | 五〇 | 五九 | 二八 | 加 |  | 三三 | 一六 | 北 | 二五 | 五六 | 一二 | 三一 | 加 | 五 | 三七 | 五 |
| 西增一 | 丑 | 一九 | 五二 | 〇七 | 北 | 五九 | 二四 | 四七 | 丑 | 一二 | 二八 | 三四 | 〇五 | 加 |  | 三二 | 三五 | 北 | 三六 | 四九 | 一六 | 五五 | 加 | 四 | 二五 | 四 |
| 北增二 | 丑 | 二四 | 〇〇 | 〇二 | 北 | 六〇 | 〇〇 | 三二 | 丑 | 一四 | 五四 | 三五 | 三六 | 加 |  | 三二 | 一二 | 北 | 三七 | 四七 | 四五 | 五四 | 加 | 五 | 一八 | 六 |
| 東增三 | 丑 | 二三 | 二二 | 三四 | 北 | 五四 | 三一 | 一三 | 丑 | 一五 | 四九 | 〇六 | 一八 | 加 |  | 三五 | 〇六 | 北 | 三二 | 二〇 | 五一 | 〇五 | 加 | 五 | 三五 | 六 |
| 南增四 | 丑 | 二〇 | 三九 | 五二 | 北 | 五四 | 二六 | 二四 | 丑 | 一四 | 〇〇 | 一一 | 一〇 | 加 |  | 三五 | 一〇 | 北 | 三一 | 五九 | 二六 | 三四 | 加 | 四 | 五八 | 六 |
| 南增五 | 丑 | 一七 | 〇六 | 四一 | 北 | 五五 | 一二 | 〇三 | 丑 | 一一 | 二八 | 一二 | 五〇 | 加 |  | 三四 | 五〇 | 北 | 三二 | 二五 | 四九 | 五二 | 加 | 四 | 〇四 | 六 |
| 南增六 | 丑 | 一七 | 〇七 | 五八 | 北 | 五五 | 二七 | 五三 | 丑 | 一一 | 二六 | 四五 | 二三 | 加 |  | 三四 | 四一 | 北 | 三二 | 四一 | 三八 | 五二 | 加 | 四 | 〇四 | 六 |
| 東增七 | 丑 | 二七 | 〇三 | 四七 | 北 | 五八 | 〇三 | 四八 | 丑 | 一七 | 二一 | 三一 | 四四 | 加 |  | 三三 | 〇八 | 北 | 三六 | 一四 | 〇四 | 二七 | 加 | 六 | 〇九 | 六 |
| 輦道一 | 丑 | 二三 | 四三 | 〇二 | 北 | 六六 | 一一 | 一七 | 丑 | 一三 | 〇〇 | 一三 | 四六 | 加 |  | 二八 | 二二 | 北 | 四三 | 四八 | 二二 | 三一 | 加 | 四 | 三七 | 六 |
| 輦道二 | 丑 | 二七 | 二〇 | 二七 | 北 | 六〇 | 二八 | 五八 | 丑 | 一六 | 四一 | 一四 | 四八 | 加 |  | 三一 | 三六 | 北 | 三九 | 〇五 | 五九 | 四二 | 加 | 五 | 五四 | 六 |
| 輦道三 | 丑 | 二九 | 〇一 | 二七 | 北 | 五九 | 三四 | 三七 | 丑 | 一八 | 〇九 | 〇六 | 四六 | 加 |  | 三二 | 二二 | 北 | 三七 | 五六 | 三七 | 一二 | 加 | 六 | 二四 | 六 |
| 輦道四 | 子 | 一 | 三八 | 三六 | 北 | 五七 | 一九 | 〇五 | 丑 | 二〇 | 三一 | 三一 | 〇五 | 加 |  | 三三 | 三五 | 北 | 三六 | 〇六 | 〇七 | 一九 | 加 | 七 | 一三 | 六 |

牛宿恒星表

| 星名 | 黃道經度 宮 | 度 | 分 | 秒 | 黃道緯度 向 | 度 | 分 | 秒 | 赤道經度 宮 | 度 | 分 | 秒 | 微 | 赤經歲差 加減 | 分 | 秒 | 微 | 赤道緯度 向 | 度 | 分 | 秒 | 微 | 赤緯歲差 加減 | 秒 | 微 | 星等 |
|---|---|---|---|---|---|---|---|---|---|---|---|---|---|---|---|---|---|---|---|---|---|---|---|---|---|---|
| 輦道五 | 子 | 七 | 二四 | 五三 | 北 | 五三 | 四一 | 〇〇 | 子 | 二五 | 三五 | 五六 | 〇三 | 加 | | 三五 | 二一 | 北 | 三三 | 三〇 | 一九 | 五九 | 加 | 八 | 五三 | 五 |
| 北增一 | 丑 | 二八 | 三五 | 四二 | 北 | 六八 | 五〇 | 三八 | 子 | 一四 | 三七 | 三九 | 〇三 | 加 | | 二六 | 二一 | 北 | 四六 | 五〇 | 三一 | 五三 | 加 | 五 | 一一 | 六 |
| 東增二 | 丑 | 二八 | 三五 | 五五 | 北 | 六〇 | 四一 | 一一 | 子 | 一七 | 三一 | 〇八 | 一五 | 加 | | 三一 | 四五 | 北 | 三八 | 五七 | 四六 | 三六 | 加 | 六 | 一二 | 六 |
| 東增三 | 子 | 五 | 二六 | 三二 | 北 | 五七 | 三二 | 〇一 | 子 | 二二 | 五七 | 四六 | 一六 | 加 | | 三三 | 五二 | 北 | 三六 | 四一 | 五二 | 五二 | 加 | 七 | 〇四 | 六 |
| 東增四 | 子 | 八 | 三八 | 五九 | 北 | 五七 | 一三 | 三八 | 子 | 二五 | 〇四 | 四〇 | 五六 | 加 | | 三三 | 三二 | 北 | 三七 | 〇五 | 四四 | 四九 | 加 | 八 | 四三 | 六 |
| 東增五 | 子 | 一一 | 三五 | 四四 | 北 | 五四 | 一八 | 二〇 | 子 | 二八 | 〇三 | 二九 | 〇〇 | 加 | | 三五 | 〇〇 | 北 | 三四 | 四六 | 〇九 | 四九 | 加 | 九 | 四三 | 六 |
| 南增六 | 子 | 三 | 二四 | 三五 | 北 | 五〇 | 三八 | 〇〇 | 子 | 二三 | 四五 | 三二 | 〇七 | 加 | | 三六 | 四九 | 北 | 二九 | 五四 | 一五 | 五四 | 加 | 八 | 一八 | 五 |
| 南增七 | 丑 | 二九 | 四二 | 五三 | 北 | 四八 | 五八 | 四八 | 子 | 二一 | 三三 | 五一 | 〇五 | 加 | | 三七 | 三五 | 北 | 二七 | 四三 | 五五 | 〇五 | 加 | 七 | 五五 | 三 |
| 南增八 | 丑 | 二八 | 〇六 | 〇三 | 北 | 五〇 | 五五 | 四五 | 子 | 一九 | 五五 | 二八 | 一五 | 加 | | 三六 | 四五 | 北 | 二九 | 二四 | 二二 | 四三 | 加 | 七 | 〇一 | 五 |
| 南增九 | 子 | 三 | 四四 | 三五 | 北 | 五五 | 一三 | 三九 | 子 | 二一 | 五四 | 三四 | 一四 | 加 | | 三四 | 三八 | 北 | 三四 | 一四 | 三一 | 〇六 | 加 | 七 | 四二 | 六 |
| 羅堰一 | 子 | 六 | 四七 | 三〇 | 北 | 三 | 二一 | 五二 | 子 | 八 | 一八 | 三五 | 五三 | 加 | | 五二 | 一一 | 南 | 一五 | 一九 | 二九 | 〇二 | 減 | 一二 | 四六 | 五 |
| 羅堰二 | 子 | 六 | 〇九 | 三九 | 北 | | 一四 | 一一 | 子 | 八 | 二八 | 四八 | 一〇 | 加 | | 五三 | 一〇 | 南 | 一八 | 三〇 | 四一 | 五三 | 減 | 一二 | 四九 | 五 |
| 羅堰三 | 子 | 六 | 四〇 | 一五 | 南 | 三 | 二四 | 〇八 | 子 | 九 | 五八 | 五六 | 〇一 | 加 | | 五四 | 〇七 | 南 | 二一 | 五四 | 一六 | 一五 | 減 | 一三 | 二五 | 六 |
| 南增一 | 子 | 六 | 一八 | 一三 | 北 | 五 | 一七 | 五五 | 子 | 七 | 五〇 | 一二 | 二八 | 加 | | 五二 | 一六 | 南 | 一五 | 三〇 | 三〇 | 〇三 | 減 | 一二 | 三九 | 六 |
| 天田一 | 子 | 一〇 | 四六 | 〇四 | 南 | 一〇 | 五七 | 〇九 | 子 | 一六 | 三五 | 〇九 | 三七 | 加 | | 五五 | 一九 | 南 | 二八 | 〇二 | 四九 | 四三 | 減 | 一四 | 五九 | 六 |
| 天田二 | 子 | 六 | 二六 | 二二 | 南 | 八 | 五六 | 三九 | 子 | 一一 | 一九 | 四二 | 五八 | 加 | | 五五 | 四六 | 南 | 二七 | 一八 | 五二 | 二九 | 減 | 一五 | 五七 | 六 |
| 天田三 | 子 | 一〇 | 二〇 | 二二 | 南 | 八 | 〇五 | 〇七 | 子 | 一五 | 一二 | 一〇 | 四〇 | 加 | | 五四 | 四〇 | 南 | 二五 | 二五 | 三一 | 〇三 | 減 | 一四 | 三九 | 六 |
| 天田四 | 子 | 五 | 三九 | 二七 | 南 | 六 | 五九 | 三八 | 子 | 九 | 五五 | 二六 | 〇三 | 加 | | 五五 | 二一 | 南 | 二五 | 三八 | 〇四 | 五八 | 減 | 一三 | 一四 | 五 |
| 九坎一 | 子 | 九 | 一四 | 四六 | 南 | 二一 | 三一 | 三一 | 子 | 一八 | 四八 | 五九 | 一四 | 加 | | 五八 | 三八 | 南 | 三八 | 三三 | 二五 | 三〇 | 減 | 一五 | 三〇 | 三 |
| 九坎二 | 子 | 六 | 二五 | 五六 | 南 | 二二 | 五一 | 三四 | 子 | 一六 | 〇〇 | 五二 | 三四 | 加 | | 五九 | 五八 | 南 | 四〇 | 一九 | 五七 | 一〇 | 減 | 一四 | 五〇 | 三 |

牛宿恒星表

| 星名 | 黃道經度 宮 | 度 | 分 | 秒 | 黃道緯度 向 | 度 | 分 | 秒 | 赤道經度 宮 | 度 | 分 | 秒 | 微 | 赤經歲差 加減 | 分 | 秒 | 微 | 赤道緯度 向 | 度 | 分 | 秒 | 微 | 赤緯歲差 加減 | 秒 | 微 | 星等 |
|---|---|---|---|---|---|---|---|---|---|---|---|---|---|---|---|---|---|---|---|---|---|---|---|---|---|---|
| 九坎五 | 子 | 三 | 一五 | 一六 | 南 | 二二 | 四一 | 三九 | 子 | 一二 | 二三 | 一八 | 四五 | 加 | 一 | 〇一 | 一五 | 南 | 四一 | 二二 | 二三 | 〇一 | 減 | 一三 | 五三 | 三 |
| 九坎四 | 子 | 七 | 一五 | 五六 | 南 | 二一 | 一一 | 三四 | 子 | 一六 | 二五 | 五九 | 四五 | 加 | | 五九 | 一五 | 南 | 三八 | 四九 | 三一 | 五二 | 減 | 一四 | 五六 | 五 |

女宿恒星表

| 星名 | 黃道經度 宮 | 度 | 分 | 秒 | 黃道緯度 向 | 度 | 分 | 秒 | 赤道經度 宮 | 度 | 分 | 秒 | 微 | 赤經歲差 加減 | 分 | 秒 | 微 | 赤道緯度 向 | 度 | 分 | 秒 | 微 | 赤緯歲差 加減 | 秒 | 微 | 星等 |
|---|---|---|---|---|---|---|---|---|---|---|---|---|---|---|---|---|---|---|---|---|---|---|---|---|---|---|
| 女宿一 | 子 | 一〇 | 一三 | 二二 | 北 | 八 | 〇五 | 一二 | 子 | 一〇 | 二七 | 五四 | 〇四 | 加 | | 五〇 | 二八 | 南 | 九 | 五三 | 二六 | 三一 | 減 | 一三 | 二三 | 四 |
| 女宿二 | 子 | 一一 | 三三 | 二九 | 北 | 八 | 一四 | 四三 | 子 | 一一 | 四二 | 五六 | 一一 | 加 | | 五〇 | 一七 | 南 | 九 | 二三 | 一八 | 二八 | 減 | 一三 | 四四 | 五 |
| 女宿三 | 子 | 一二 | 一一 | 四四 | 北 | 一一 | 三三 | 二四 | 子 | 一一 | 二五 | 四八 | 四六 | 加 | | 四九 | 二二 | 南 | 六 | 〇一 | 四七 | 四六 | 減 | 一三 | 三八 | 六 |
| 女宿四 | 子 | 一一 | 二八 | 〇二 | 北 | 一二 | 二二 | 一四 | 子 | 一〇 | 三一 | 一八 | 一九 | 加 | | 四九 | 一三 | 南 | 五 | 二六 | 〇七 | 四八 | 減 | 一三 | 二四 | 五 |
| 東增一 | 子 | 一二 | 二三 | 五〇 | 北 | 一一 | 三七 | 二八 | 子 | 一一 | 三六 | 一一 | 二〇 | 加 | | 四九 | 二〇 | 南 | 五 | 五四 | 四一 | 三七 | 減 | 一三 | 四一 | 六 |
| 東增二 | 子 | 一四 | 三九 | 五四 | 北 | 一一 | 四七 | 三七 | 子 | 一三 | 四二 | 〇三 | 五二 | 加 | | 四九 | 〇四 | 南 | 五 | 〇八 | 一四 | 一五 | 減 | 一四 | 一五 | 六 |
| 東增三 | 子 | 一四 | 二六 | 〇〇 | 北 | 一一 | 〇三 | 四二 | 子 | 一三 | 四一 | 一七 | 二八 | 加 | | 四九 | 一六 | 南 | 五 | 五四 | 一三 | 一五 | 減 | 一四 | 一五 | 六 |
| 東增四 | 子 | 一五 | 一三 | 三〇 | 北 | 一〇 | 二八 | 五二 | 子 | 一四 | 三六 | 一二 | 〇三 | 加 | | 四九 | 二一 | 南 | 六 | 一四 | 二八 | 一三 | 減 | 一四 | 二九 | 六 |
| 南增五 | 子 | 一二 | 二二 | 一五 | 北 | 七 | 一六 | 二七 | 子 | 一二 | 四六 | 〇六 | 三八 | 加 | | 五〇 | 二六 | 南 | 一〇 | 〇六 | 二二 | 〇〇 | 減 | 一四 | 〇〇 | 六 |
| 離珠一 | 子 | 九 | 二四 | 〇〇 | 北 | 一五 | 三〇 | 一九 | 子 | 七 | 四五 | 五四 | 三九 | 加 | | 四八 | 三三 | 南 | 二 | 五五 | 三七 | 二九 | 減 | 一二 | 三七 | 五 |
| 離珠二 | 子 | 一〇 | 一二 | 四九 | 北 | 一六 | 四七 | 二七 | 子 | 八 | 一一 | 三六 | 二七 | 加 | | 四八 | 〇九 | 南 | 一 | 二九 | 〇四 | 四五 | 減 | 一二 | 四五 | 四 |
| 離珠三 | 子 | 一〇 | 五五 | 四四 | 北 | 一八 | 一五 | 〇八 | 子 | 八 | 二八 | 二六 | 二三 | 加 | | 四七 | 四一 | 北 | | 六 | 一二 | 五〇 | 加 | 一二 | 五〇 | 六 |
| 離珠四 | 子 | 七 | 三三 | 〇〇 | 北 | 一五 | 三八 | 〇六 | 子 | 六 | 〇〇 | 一四 | 四〇 | 加 | | 四八 | 四〇 | 南 | 三 | 一四 | 三四 | 五九 | 減 | 一二 | 〇七 | 五 |
| 南增一 | 子 | 七 | 〇七 | 〇四 | 北 | 一五 | 一五 | 一六 | 子 | 五 | 四一 | 二八 | 二四 | 加 | | 四八 | 四八 | 南 | 三 | 四二 | 四六 | 三四 | 減 | 一二 | 〇二 | 六 |
| 敗瓜一 | 子 | 一二 | 三三 | 四三 | 北 | 二九 | 〇四 | 五五 | 子 | 七 | 〇一 | 〇〇 | 五六 | 加 | | 四四 | 三二 | 北 | 一〇 | 五六 | 二〇 | 五五 | 加 | 一二 | 二五 | 四 |
| 敗瓜二 | 子 | 一三 | 一九 | 二二 | 北 | 三〇 | 四〇 | 四二 | 子 | 七 | 一二 | 四五 | 四三 | 加 | | 四四 | 〇一 | 北 | 一二 | 三九 | 二一 | 〇四 | 加 | 一二 | 二八 | 五 |
| 敗瓜三 | 子 | 一四 | 四二 | 五一 | 北 | 三〇 | 三六 | 五一 | 子 | 八 | 二四 | 三一 | 〇〇 | 加 | | 四四 | 〇〇 | 北 | 一二 | 五六 | 〇一 | 二四 | 加 | 一二 | 四八 | 六 |
| 敗瓜四 | 子 | 一三 | 四九 | 〇四 | 北 | 二八 | 四九 | 三九 | 子 | 八 | 〇九 | 五〇 | 三九 | 加 | | 四四 | 三三 | 北 | 一〇 | 五九 | 五八 | 三二 | 加 | 一二 | 四四 | 六 |
| 敗瓜五 | 子 | 一三 | 四二 | 五二 | 北 | 二七 | 三〇 | 一六 | 子 | 八 | 二七 | 〇五 | 五一 | 加 | | 四四 | 五七 | 北 | 九 | 四二 | 一四 | 〇七 | 加 | 一二 | 四九 | 六 |
| 西增一 | 子 | 一一 | 三九 | 〇六 | 北 | 二八 | 五三 | 一一 | 子 | 六 | 一七 | 二七 | 三一 | 加 | | 四四 | 三七 | 北 | 一〇 | 三二 | 〇四 | 五三 | 加 | 一二 | 一一 | 六 |

女宿恒星表

| 星名 | 黃道經度 宮 | 度 | 分 | 秒 | 黃道緯度 向 | 度 | 分 | 秒 | 赤道經度 宮 | 度 | 分 | 秒 | 微 | 赤經歲差 加減 | 分 | 秒 | 微 | 赤道緯度 向 | 度 | 分 | 秒 | 微 | 赤緯歲差 加減 | 秒 | 微 | 星等 |
|---|---|---|---|---|---|---|---|---|---|---|---|---|---|---|---|---|---|---|---|---|---|---|---|---|---|---|
| 南增二 | 子 | 一五 | 四九 | 四九 | 北 | 二四 | 三六 | 〇九 | 子 | 一一 | 〇七 | 三六 | 四〇 | 加 | | 四五 | 四〇 | 北 | 七 | 二七 | 三四 | 三九 | 加 | 一三 | 三三 | 六 |
| 南增三 | 子 | 一四 | 四三 | 二八 | 北 | 二二 | 五八 | 四二 | 子 | 一〇 | 三六 | 五六 | 五三 | 加 | | 四六 | 一一 | 北 | 五 | 三六 | 五二 | 五五 | 加 | 一三 | 二五 | 五 |
| 瓠瓜一 | 子 | 一五 | 五二 | 四〇 | 北 | 三三 | 〇一 | 三七 | 子 | 八 | 三九 | 二七 | 一九 | 加 | | 四三 | 一三 | 北 | 一五 | 三一 | 四七 | 五九 | 加 | 一二 | 五三 | 五 |
| 瓠瓜二 | 子 | 一七 | 五二 | 五七 | 北 | 三二 | 四三 | 一五 | 子 | 一〇 | 二五 | 一三 | 二八 | 加 | | 四三 | 一六 | 北 | 一五 | 四四 | 四五 | 二九 | 加 | 一三 | 二三 | 三 |
| 瓠瓜三 | 子 | 一六 | 三七 | 二三 | 北 | 三一 | 五六 | 五二 | 子 | 九 | 三六 | 四三 | 一三 | 加 | | 四三 | 三一 | 北 | 一四 | 四一 | 一三 | 一〇 | 加 | 一三 | 一〇 | 四 |
| 瓠瓜四 | 子 | 一四 | 五〇 | 〇〇 | 北 | 三一 | 五五 | 二九 | 子 | 八 | 〇七 | 一二 | 〇五 | 加 | | 四三 | 三五 | 北 | 一四 | 一三 | 〇四 | 三二 | 加 | 一二 | 四四 | 三 |
| 瓠瓜五 | 子 | 一四 | 一五 | 五〇 | 北 | 三二 | 〇九 | 〇三 | 子 | 七 | 三四 | 三三 | 五六 | 加 | | 四三 | 三二 | 北 | 一四 | 一七 | 四三 | 二二 | 加 | 一二 | 三四 | 四 |
| 南增一 | 子 | 一五 | 五一 | 四一 | 北 | 三一 | 三八 | 二七 | 子 | 九 | 〇四 | 〇三 | 五七 | 加 | | 四三 | 三九 | 北 | 一四 | 一二 | 〇六 | 〇〇 | 加 | 一三 | 〇〇 | 六 |
| 南增二 | 子 | 一七 | 一七 | 四一 | 北 | 二九 | 〇五 | 四七 | 子 | 一一 | 〇三 | 二二 | 四六 | 加 | | 四四 | 二二 | 北 | 一二 | 〇八 | 一九 | 五六 | 加 | 一三 | 五二 | 六 |
| 南增三 | 子 | 一八 | 五六 | 五六 | 北 | 二八 | 三九 | 〇三 | 子 | 一二 | 三六 | 二三 | 三八 | 加 | | 四四 | 二六 | 北 | 一二 | 〇九 | 一一 | 三四 | 加 | 一三 | 五八 | 六 |
| 南增四 | 子 | 一九 | 二〇 | 二一 | 北 | 二九 | 四五 | 二〇 | 子 | 一二 | 三五 | 二一 | 〇一 | 加 | | 四四 | 〇七 | 北 | 一三 | 一八 | 三三 | 三四 | 加 | 一三 | 五八 | 六 |
| 北增五 | 子 | 一七 | 四五 | 四五 | 北 | 三八 | 〇五 | 四九 | 子 | 八 | 三三 | 四四 | 三九 | 加 | | 四一 | 三三 | 北 | 二〇 | 四九 | 三二 | 一六 | 加 | 一二 | 五二 | 五 |
| 南增六 | 子 | 一五 | 三一 | 五九 | 北 | 三二 | 五八 | 四一 | 子 | 八 | 二三 | 一〇 | 〇二 | 加 | | 四三 | 一四 | 北 | 一五 | 二三 | 五二 | 〇七 | 加 | 一二 | 四九 | 六 |
| 東增七 | 子 | 一七 | 四八 | 五五 | 北 | 三二 | 三九 | 二七 | 子 | 一〇 | 二三 | 〇五 | 一一 | 加 | | 四三 | 一七 | 北 | 一五 | 四〇 | 〇五 | 四六 | 加 | 一三 | 二二 | 六 |
| 南增八 | 子 | 一九 | 二一 | 一八 | 北 | 二九 | 四一 | 一一 | 子 | 一二 | 三七 | 二八 | 四四 | 加 | | 四四 | 〇八 | 北 | 一三 | 一四 | 五二 | 一七 | 加 | 一三 | 五九 | 六 |
| 天津一 | 子 | 二三 | 二二 | 〇七 | 北 | 五七 | 〇八 | 一一 | 子 | 四 | 三五 | 五一 | 二一 | 加 | | 三三 | 二七 | 北 | 三九 | 五五 | 二〇 | 四九 | 加 | 一一 | 四三 | 三 |
| 天津二 | 子 | 一四 | 四五 | 二三 | 北 | 六四 | 二五 | 五一 | 子 | 二五 | 二三 | 三九 | 三五 | 加 | | 二九 | 〇五 | 北 | 四四 | 五二 | 四一 | 三三 | 加 | 八 | 五一 | 三 |
| 天津三 | 子 | 二六 | 三五 | 三五 | 北 | 六三 | 四二 | 二六 | 子 | 二 | 二九 | 四四 | 五四 | 加 | | 二九 | 一八 | 北 | 四六 | 三〇 | 二一 | 一八 | 加 | 一一 | 〇六 | 四 |
| 天津四 | 亥 | 三 | 五〇 | 四八 | 北 | 五九 | 五五 | 四七 | 子 | 九 | 二五 | 四〇 | 五八 | 加 | | 三一 | 四六 | 北 | 四四 | 五四 | 五二 | 〇一 | 加 | 一三 | 〇七 | 二 |
| 天津五 | 亥 | 四 | 三九 | 三七 | 北 | 五四 | 五五 | 三六 | 子 | 一三 | 一七 | 二三 | 四九 | 加 | | 三四 | 四三 | 北 | 四〇 | 四五 | 五三 | 一〇 | 加 | 一四 | 一〇 | 四 |

女宿恆星表

| 女宿恆星表 | 黃道經度 宮 | 度 | 分 | 秒 | 黃道緯度 向 | 度 | 分 | 秒 | 赤道經度 宮 | 度 | 分 | 秒 | 微 | 赤道經度歲差 加減 | 分 | 秒 | 微 | 赤道緯度 向 | 度 | 分 | 秒 | 微 | 赤道緯度歲差 加減 | 秒 | 微 |
|---|---|---|---|---|---|---|---|---|---|---|---|---|---|---|---|---|---|---|---|---|---|---|---|---|---|
| 天津六 | 寅 | 七 | [illegible] | [illegible] | [illegible] | [illegible] | [illegible] | [illegible] | [illegible] | [illegible] | [illegible] | [illegible] | [illegible] | [illegible] | [illegible] | [illegible] | [illegible] | [illegible] | [illegible] | [illegible] | [illegible] | [illegible] | [illegible] | [illegible] | [illegible] |
| 天津七 | 寅 | 五 | [illegible] | [illegible] | [illegible] | [illegible] | [illegible] | [illegible] | [illegible] | [illegible] | [illegible] | [illegible] | [illegible] | [illegible] | [illegible] | [illegible] | [illegible] | [illegible] | [illegible] | [illegible] | [illegible] | [illegible] | [illegible] | [illegible] | [illegible] |
| 天津八 | 寅 | 一 | [illegible] | [illegible] | [illegible] | [illegible] | [illegible] | [illegible] | [illegible] | [illegible] | [illegible] | [illegible] | [illegible] | [illegible] | [illegible] | [illegible] | [illegible] | [illegible] | [illegible] | [illegible] | [illegible] | [illegible] | [illegible] | [illegible] | [illegible] |
| 天津九 | 子 | 二六 | [illegible] | [illegible] | [illegible] | [illegible] | [illegible] | [illegible] | [illegible] | [illegible] | [illegible] | [illegible] | [illegible] | [illegible] | [illegible] | [illegible] | [illegible] | [illegible] | [illegible] | [illegible] | [illegible] | [illegible] | [illegible] | [illegible] | [illegible] |
| 西增一 | 子 | 一〇 | [illegible] | [illegible] | [illegible] | [illegible] | [illegible] | [illegible] | [illegible] | [illegible] | [illegible] | [illegible] | [illegible] | [illegible] | [illegible] | [illegible] | [illegible] | [illegible] | [illegible] | [illegible] | [illegible] | [illegible] | [illegible] | [illegible] | [illegible] |
| 西增二 | 子 | 一一 | [illegible] | [illegible] | [illegible] | [illegible] | [illegible] | [illegible] | [illegible] | [illegible] | [illegible] | [illegible] | [illegible] | [illegible] | [illegible] | [illegible] | [illegible] | [illegible] | [illegible] | [illegible] | [illegible] | [illegible] | [illegible] | [illegible] | [illegible] |
| 西增三 | 子 | 一五 | [illegible] | [illegible] | [illegible] | [illegible] | [illegible] | [illegible] | [illegible] | [illegible] | [illegible] | [illegible] | [illegible] | [illegible] | [illegible] | [illegible] | [illegible] | [illegible] | [illegible] | [illegible] | [illegible] | [illegible] | [illegible] | [illegible] | [illegible] |
| 西增四 | 子 | 一五 | [illegible] | [illegible] | [illegible] | [illegible] | [illegible] | [illegible] | [illegible] | [illegible] | [illegible] | [illegible] | [illegible] | [illegible] | [illegible] | [illegible] | [illegible] | [illegible] | [illegible] | [illegible] | [illegible] | [illegible] | [illegible] | [illegible] | [illegible] |
| 西增五 | 子 | 一五 | [illegible] | [illegible] | [illegible] | [illegible] | [illegible] | [illegible] | [illegible] | [illegible] | [illegible] | [illegible] | [illegible] | [illegible] | [illegible] | [illegible] | [illegible] | [illegible] | [illegible] | [illegible] | [illegible] | [illegible] | [illegible] | [illegible] | [illegible] |
| 西增六 | 子 | 一六 | [illegible] | [illegible] | [illegible] | [illegible] | [illegible] | [illegible] | [illegible] | [illegible] | [illegible] | [illegible] | [illegible] | [illegible] | [illegible] | [illegible] | [illegible] | [illegible] | [illegible] | [illegible] | [illegible] | [illegible] | [illegible] | [illegible] | [illegible] |
| 西增七 | 子 | 一八 | [illegible] | [illegible] | [illegible] | [illegible] | [illegible] | [illegible] | [illegible] | [illegible] | [illegible] | [illegible] | [illegible] | [illegible] | [illegible] | [illegible] | [illegible] | [illegible] | [illegible] | [illegible] | [illegible] | [illegible] | [illegible] | [illegible] | [illegible] |
| 西增八 | 子 | 一九 | [illegible] | [illegible] | [illegible] | [illegible] | [illegible] | [illegible] | [illegible] | [illegible] | [illegible] | [illegible] | [illegible] | [illegible] | [illegible] | [illegible] | [illegible] | [illegible] | [illegible] | [illegible] | [illegible] | [illegible] | [illegible] | [illegible] | [illegible] |
| 西增九 | 子 | 二〇 | [illegible] | [illegible] | [illegible] | [illegible] | [illegible] | [illegible] | [illegible] | [illegible] | [illegible] | [illegible] | [illegible] | [illegible] | [illegible] | [illegible] | [illegible] | [illegible] | [illegible] | [illegible] | [illegible] | [illegible] | [illegible] | [illegible] | [illegible] |
| 西增十 | 子 | 二三 | [illegible] | [illegible] | [illegible] | [illegible] | [illegible] | [illegible] | [illegible] | [illegible] | [illegible] | [illegible] | [illegible] | [illegible] | [illegible] | [illegible] | [illegible] | [illegible] | [illegible] | [illegible] | [illegible] | [illegible] | [illegible] | [illegible] | [illegible] |
| 西增十一 | 子 | 二三 | [illegible] | [illegible] | [illegible] | [illegible] | [illegible] | [illegible] | [illegible] | [illegible] | [illegible] | [illegible] | [illegible] | [illegible] | [illegible] | [illegible] | [illegible] | [illegible] | [illegible] | [illegible] | [illegible] | [illegible] | [illegible] | [illegible] | [illegible] |
| 西增十二 | 子 | 二二 | [illegible] | [illegible] | [illegible] | [illegible] | [illegible] | [illegible] | [illegible] | [illegible] | [illegible] | [illegible] | [illegible] | [illegible] | [illegible] | [illegible] | [illegible] | [illegible] | [illegible] | [illegible] | [illegible] | [illegible] | [illegible] | [illegible] | [illegible] |
| 西增十三 | 子 | 二三 | [illegible] | [illegible] | [illegible] | [illegible] | [illegible] | [illegible] | [illegible] | [illegible] | [illegible] | [illegible] | [illegible] | [illegible] | [illegible] | [illegible] | [illegible] | [illegible] | [illegible] | [illegible] | [illegible] | [illegible] | [illegible] | [illegible] | [illegible] |
| 西增十四 | 子 | 二八 | [illegible] | [illegible] | [illegible] | [illegible] | [illegible] | [illegible] | [illegible] | [illegible] | [illegible] | [illegible] | [illegible] | [illegible] | [illegible] | [illegible] | [illegible] | [illegible] | [illegible] | [illegible] | [illegible] | [illegible] | [illegible] | [illegible] | [illegible] |
| 南增十五 | 子 | 一八 | [illegible] | [illegible] | [illegible] | [illegible] | [illegible] | [illegible] | [illegible] | [illegible] | [illegible] | [illegible] | [illegible] | [illegible] | [illegible] | [illegible] | [illegible] | [illegible] | [illegible] | [illegible] | [illegible] | [illegible] | [illegible] | [illegible] | [illegible] |
| 南增十六 | 子 | 一九 | [illegible] | [illegible] | [illegible] | [illegible] | [illegible] | [illegible] | [illegible] | [illegible] | [illegible] | [illegible] | [illegible] | [illegible] | [illegible] | [illegible] | [illegible] | [illegible] | [illegible] | [illegible] | [illegible] | [illegible] | [illegible] | [illegible] | [illegible] |
| 南增十七 | 子 | 二二 | [illegible] | [illegible] | [illegible] | [illegible] | [illegible] | [illegible] | [illegible] | [illegible] | [illegible] | [illegible] | [illegible] | [illegible] | [illegible] | [illegible] | [illegible] | [illegible] | [illegible] | [illegible] | [illegible] | [illegible] | [illegible] | [illegible] | [illegible] |
| 南增十八 | 子 | 二三 | [illegible] | [illegible] | [illegible] | [illegible] | [illegible] | [illegible] | [illegible] | [illegible] | [illegible] | [illegible] | [illegible] | [illegible] | [illegible] | [illegible] | [illegible] | [illegible] | [illegible] | [illegible] | [illegible] | [illegible] | [illegible] | [illegible] | [illegible] |
| 南增十九 | 子 | 二四 | [illegible] | [illegible] | [illegible] | [illegible] | [illegible] | [illegible] | [illegible] | [illegible] | [illegible] | [illegible] | [illegible] | [illegible] | [illegible] | [illegible] | [illegible] | [illegible] | [illegible] | [illegible] | [illegible] | [illegible] | [illegible] | [illegible] | [illegible] |
| 南增二十 | 子 | 一九 | [illegible] | [illegible] | [illegible] | [illegible] | [illegible] | [illegible] | [illegible] | [illegible] | [illegible] | [illegible] | [illegible] | [illegible] | [illegible] | [illegible] | [illegible] | [illegible] | [illegible] | [illegible] | [illegible] | [illegible] | [illegible] | [illegible] | [illegible] |
| 南增二十一 | 子 | 一八 | [illegible] | [illegible] | [illegible] | [illegible] | [illegible] | [illegible] | [illegible] | [illegible] | [illegible] | [illegible] | [illegible] | [illegible] | [illegible] | [illegible] | [illegible] | [illegible] | [illegible] | [illegible] | [illegible] | [illegible] | [illegible] | [illegible] | [illegible] |
| 南增二十二 | 子 | 一八 | [illegible] | [illegible] | [illegible] | [illegible] | [illegible] | [illegible] | [illegible] | [illegible] | [illegible] | [illegible] | [illegible] | [illegible] | [illegible] | [illegible] | [illegible] | [illegible] | [illegible] | [illegible] | [illegible] | [illegible] | [illegible] | [illegible] | [illegible] |
| 南增二十三 | 子 | 二一 | [illegible] | [illegible] | [illegible] | [illegible] | [illegible] | [illegible] | [illegible] | [illegible] | [illegible] | [illegible] | [illegible] | [illegible] | [illegible] | [illegible] | [illegible] | [illegible] | [illegible] | [illegible] | [illegible] | [illegible] | [illegible] | [illegible] | [illegible] |
| 南增二十四 | 子 | 二四 | [illegible] | [illegible] | [illegible] | [illegible] | [illegible] | [illegible] | [illegible] | [illegible] | [illegible] | [illegible] | [illegible] | [illegible] | [illegible] | [illegible] | [illegible] | [illegible] | [illegible] | [illegible] | [illegible] | [illegible] | [illegible] | [illegible] | [illegible] |
| 南增二十五 | 子 | 二五 | [illegible] | [illegible] | [illegible] | [illegible] | [illegible] | [illegible] | [illegible] | [illegible] | [illegible] | [illegible] | [illegible] | [illegible] | [illegible] | [illegible] | [illegible] | [illegible] | [illegible] | [illegible] | [illegible] | [illegible] | [illegible] | [illegible] | [illegible] |
| 東增二十六 | 亥 | 九 | [illegible] | [illegible] | [illegible] | [illegible] | [illegible] | [illegible] | [illegible] | [illegible] | [illegible] | [illegible] | [illegible] | [illegible] | [illegible] | [illegible] | [illegible] | [illegible] | [illegible] | [illegible] | [illegible] | [illegible] | [illegible] | [illegible] | [illegible] |
| 東增二十七 | 亥 | 九 | [illegible] | [illegible] | [illegible] | [illegible] | [illegible] | [illegible] | [illegible] | [illegible] | [illegible] | [illegible] | [illegible] | [illegible] | [illegible] | [illegible] | [illegible] | [illegible] | [illegible] | [illegible] | [illegible] | [illegible] | [illegible] | [illegible] | [illegible] |
| 東增二十八 | 亥 | 八 | [illegible] | [illegible] | [illegible] | [illegible] | [illegible] | [illegible] | [illegible] | [illegible] | [illegible] | [illegible] | [illegible] | [illegible] | [illegible] | [illegible] | [illegible] | [illegible] | [illegible] | [illegible] | [illegible] | [illegible] | [illegible] | [illegible] | [illegible] |
| 內增二十九 | 亥 | 四 | [illegible] | [illegible] | [illegible] | [illegible] | [illegible] | [illegible] | [illegible] | [illegible] | [illegible] | [illegible] | [illegible] | [illegible] | [illegible] | [illegible] | [illegible] | [illegible] | [illegible] | [illegible] | [illegible] | [illegible] | [illegible] | [illegible] | [illegible] |
| 內增三十 | 子 | 二八 | [illegible] | [illegible] | [illegible] | [illegible] | [illegible] | [illegible] | [illegible] | [illegible] | [illegible] | [illegible] | [illegible] | [illegible] | [illegible] | [illegible] | [illegible] | [illegible] | [illegible] | [illegible] | [illegible] | [illegible] | [illegible] | [illegible] | [illegible] |
| 東增三十一 | 亥 | 五 | [illegible] | [illegible] | [illegible] | [illegible] | [illegible] | [illegible] | [illegible] | [illegible] | [illegible] | [illegible] | [illegible] | [illegible] | [illegible] | [illegible] | [illegible] | [illegible] | [illegible] | [illegible] | [illegible] | [illegible] | [illegible] | [illegible] | [illegible] |
| 東增三十二 | 亥 | 六 | [illegible] | [illegible] | [illegible] | [illegible] | [illegible] | [illegible] | [illegible] | [illegible] | [illegible] | [illegible] | [illegible] | [illegible] | [illegible] | [illegible] | [illegible] | [illegible] | [illegible] | [illegible] | [illegible] | [illegible] | [illegible] | [illegible] | [illegible] |
| 東增三十三 | 亥 | 六 | [illegible] | [illegible] | [illegible] | [illegible] | [illegible] | [illegible] | [illegible] | [illegible] | [illegible] | [illegible] | [illegible] | [illegible] | [illegible] | [illegible] | [illegible] | [illegible] | [illegible] | [illegible] | [illegible] | [illegible] | [illegible] | [illegible] | [illegible] |
| 東增三十四 | 亥 | 五 | [illegible] | [illegible] | [illegible] | [illegible] | [illegible] | [illegible] | [illegible] | [illegible] | [illegible] | [illegible] | [illegible] | [illegible] | [illegible] | [illegible] | [illegible] | [illegible] | [illegible] | [illegible] | [illegible] | [illegible] | [illegible] | [illegible] | [illegible] |
| 東增三十五 | 亥 | 四 | [illegible] | [illegible] | [illegible] | [illegible] | [illegible] | [illegible] | [illegible] | [illegible] | [illegible] | [illegible] | [illegible] | [illegible] | [illegible] | [illegible] | [illegible] | [illegible] | [illegible] | [illegible] | [illegible] | [illegible] | [illegible] | [illegible] | [illegible] |
| 東增三十六 | 亥 | 四 | [illegible] | [illegible] | [illegible] | [illegible] | [illegible] | [illegible] | [illegible] | [illegible] | [illegible] | [illegible] | [illegible] | [illegible] | [illegible] | [illegible] | [illegible] | [illegible] | [illegible] | [illegible] | [illegible] | [illegible] | [illegible] | [illegible] | [illegible] |

| 女宿恆星表 | 黃道經度 宮 | 度 | 分 | 秒 | 黃道緯度 向 | 度 | 分 | 秒 | 赤道經度 宮 | 度 | 分 | 秒 | 微 | 赤道經度歲差 加減 | 分 | 秒 | 微 | 赤道緯度 向 | 度 | 分 | 秒 | 微 | 赤道緯度歲差 加減 | 秒 | 微 |
|---|---|---|---|---|---|---|---|---|---|---|---|---|---|---|---|---|---|---|---|---|---|---|---|---|---|
| 北增三十七 | 子 | 二八 | [illegible] | [illegible] | [illegible] | [illegible] | [illegible] | [illegible] | [illegible] | [illegible] | [illegible] | [illegible] | [illegible] | [illegible] | [illegible] | [illegible] | [illegible] | [illegible] | [illegible] | [illegible] | [illegible] | [illegible] | [illegible] | [illegible] | [illegible] |
| 內增三十八 | 子 | 二六 | [illegible] | [illegible] | [illegible] | [illegible] | [illegible] | [illegible] | [illegible] | [illegible] | [illegible] | [illegible] | [illegible] | [illegible] | [illegible] | [illegible] | [illegible] | [illegible] | [illegible] | [illegible] | [illegible] | [illegible] | [illegible] | [illegible] | [illegible] |
| 內增三十九 | 子 | 二六 | [illegible] | [illegible] | [illegible] | [illegible] | [illegible] | [illegible] | [illegible] | [illegible] | [illegible] | [illegible] | [illegible] | [illegible] | [illegible] | [illegible] | [illegible] | [illegible] | [illegible] | [illegible] | [illegible] | [illegible] | [illegible] | [illegible] | [illegible] |
| 內增四十 | 子 | 二六 | [illegible] | [illegible] | [illegible] | [illegible] | [illegible] | [illegible] | [illegible] | [illegible] | [illegible] | [illegible] | [illegible] | [illegible] | [illegible] | [illegible] | [illegible] | [illegible] | [illegible] | [illegible] | [illegible] | [illegible] | [illegible] | [illegible] | [illegible] |
| 壘陣一 | 子 | 一三 | [illegible] | [illegible] | [illegible] | [illegible] | [illegible] | [illegible] | [illegible] | [illegible] | [illegible] | [illegible] | [illegible] | [illegible] | [illegible] | [illegible] | [illegible] | [illegible] | [illegible] | [illegible] | [illegible] | [illegible] | [illegible] | [illegible] | [illegible] |
| 壘陣二 | 子 | 一六 | [illegible] | [illegible] | [illegible] | [illegible] | [illegible] | [illegible] | [illegible] | [illegible] | [illegible] | [illegible] | [illegible] | [illegible] | [illegible] | [illegible] | [illegible] | [illegible] | [illegible] | [illegible] | [illegible] | [illegible] | [illegible] | [illegible] | [illegible] |
| 壘陣三 | 子 | 一七 | [illegible] | [illegible] | [illegible] | [illegible] | [illegible] | [illegible] | [illegible] | [illegible] | [illegible] | [illegible] | [illegible] | [illegible] | [illegible] | [illegible] | [illegible] | [illegible] | [illegible] | [illegible] | [illegible] | [illegible] | [illegible] | [illegible] | [illegible] |
| 壘陣四 | 子 | 一九 | [illegible] | [illegible] | [illegible] | [illegible] | [illegible] | [illegible] | [illegible] | [illegible] | [illegible] | [illegible] | [illegible] | [illegible] | [illegible] | [illegible] | [illegible] | [illegible] | [illegible] | [illegible] | [illegible] | [illegible] | [illegible] | [illegible] | [illegible] |
| 東增一 | 子 | 一六 | [illegible] | [illegible] | [illegible] | [illegible] | [illegible] | [illegible] | [illegible] | [illegible] | [illegible] | [illegible] | [illegible] | [illegible] | [illegible] | [illegible] | [illegible] | [illegible] | [illegible] | [illegible] | [illegible] | [illegible] | [illegible] | [illegible] | [illegible] |
| 東增二 | 子 | 二七 | [illegible] | [illegible] | [illegible] | [illegible] | [illegible] | [illegible] | [illegible] | [illegible] | [illegible] | [illegible] | [illegible] | [illegible] | [illegible] | [illegible] | [illegible] | [illegible] | [illegible] | [illegible] | [illegible] | [illegible] | [illegible] | [illegible] | [illegible] |
| 東增三 | 子 | 二六 | [illegible] | [illegible] | [illegible] | [illegible] | [illegible] | [illegible] | [illegible] | [illegible] | [illegible] | [illegible] | [illegible] | [illegible] | [illegible] | [illegible] | [illegible] | [illegible] | [illegible] | [illegible] | [illegible] | [illegible] | [illegible] | [illegible] | [illegible] |
| 東增四 | 亥 | 一二 | [illegible] | [illegible] | [illegible] | [illegible] | [illegible] | [illegible] | [illegible] | [illegible] | [illegible] | [illegible] | [illegible] | [illegible] | [illegible] | [illegible] | [illegible] | [illegible] | [illegible] | [illegible] | [illegible] | [illegible] | [illegible] | [illegible] | [illegible] |
| 東增五 | 亥 | 一一 | [illegible] | [illegible] | [illegible] | [illegible] | [illegible] | [illegible] | [illegible] | [illegible] | [illegible] | [illegible] | [illegible] | [illegible] | [illegible] | [illegible] | [illegible] | [illegible] | [illegible] | [illegible] | [illegible] | [illegible] | [illegible] | [illegible] | [illegible] |
| 東增六 | 亥 | 八 | [illegible] | [illegible] | [illegible] | [illegible] | [illegible] | [illegible] | [illegible] | [illegible] | [illegible] | [illegible] | [illegible] | [illegible] | [illegible] | [illegible] | [illegible] | [illegible] | [illegible] | [illegible] | [illegible] | [illegible] | [illegible] | [illegible] | [illegible] |
| 東增七 | 亥 | 七 | [illegible] | [illegible] | [illegible] | [illegible] | [illegible] | [illegible] | [illegible] | [illegible] | [illegible] | [illegible] | [illegible] | [illegible] | [illegible] | [illegible] | [illegible] | [illegible] | [illegible] | [illegible] | [illegible] | [illegible] | [illegible] | [illegible] | [illegible] |
| 扶筐一 | 丑 | 二八 | [illegible] | [illegible] | [illegible] | [illegible] | [illegible] | [illegible] | [illegible] | [illegible] | [illegible] | [illegible] | [illegible] | [illegible] | [illegible] | [illegible] | [illegible] | [illegible] | [illegible] | [illegible] | [illegible] | [illegible] | [illegible] | [illegible] | [illegible] |
| 扶筐二 | 丑 | 二五 | [illegible] | [illegible] | [illegible] | [illegible] | [illegible] | [illegible] | [illegible] | [illegible] | [illegible] | [illegible] | [illegible] | [illegible] | [illegible] | [illegible] | [illegible] | [illegible] | [illegible] | [illegible] | [illegible] | [illegible] | [illegible] | [illegible] | [illegible] |
| 扶筐三 | 丑 | 二〇 | [illegible] | [illegible] | [illegible] | [illegible] | [illegible] | [illegible] | [illegible] | [illegible] | [illegible] | [illegible] | [illegible] | [illegible] | [illegible] | [illegible] | [illegible] | [illegible] | [illegible] | [illegible] | [illegible] | [illegible] | [illegible] | [illegible] | [illegible] |
| 扶筐四 | 子 | 一三 | [illegible] | [illegible] | [illegible] | [illegible] | [illegible] | [illegible] | [illegible] | [illegible] | [illegible] | [illegible] | [illegible] | [illegible] | [illegible] | [illegible] | [illegible] | [illegible] | [illegible] | [illegible] | [illegible] | [illegible] | [illegible] | [illegible] | [illegible] |
| 扶筐五 | 子 | 一二 | [illegible] | [illegible] | [illegible] | [illegible] | [illegible] | [illegible] | [illegible] | [illegible] | [illegible] | [illegible] | [illegible] | [illegible] | [illegible] | [illegible] | [illegible] | [illegible] | [illegible] | [illegible] | [illegible] | [illegible] | [illegible] | [illegible] | [illegible] |
| 扶筐六 | 子 | 九 | [illegible] | [illegible] | [illegible] | [illegible] | [illegible] | [illegible] | [illegible] | [illegible] | [illegible] | [illegible] | [illegible] | [illegible] | [illegible] | [illegible] | [illegible] | [illegible] | [illegible] | [illegible] | [illegible] | [illegible] | [illegible] | [illegible] | [illegible] |
| 扶筐七 | 子 | 七 | [illegible] | [illegible] | [illegible] | [illegible] | [illegible] | [illegible] | [illegible] | [illegible] | [illegible] | [illegible] | [illegible] | [illegible] | [illegible] | [illegible] | [illegible] | [illegible] | [illegible] | [illegible] | [illegible] | [illegible] | [illegible] | [illegible] | [illegible] |
| 北增一 | 子 | 五 | [illegible] | [illegible] | [illegible] | [illegible] | [illegible] | [illegible] | [illegible] | [illegible] | [illegible] | [illegible] | [illegible] | [illegible] | [illegible] | [illegible] | [illegible] | [illegible] | [illegible] | [illegible] | [illegible] | [illegible] | [illegible] | [illegible] | [illegible] |
| 北增二 | 亥 | 一一 | [illegible] | [illegible] | [illegible] | [illegible] | [illegible] | [illegible] | [illegible] | [illegible] | [illegible] | [illegible] | [illegible] | [illegible] | [illegible] | [illegible] | [illegible] | [illegible] | [illegible] | [illegible] | [illegible] | [illegible] | [illegible] | [illegible] | [illegible] |
| 東增三 | 子 | 二一 | [illegible] | [illegible] | [illegible] | [illegible] | [illegible] | [illegible] | [illegible] | [illegible] | [illegible] | [illegible] | [illegible] | [illegible] | [illegible] | [illegible] | [illegible] | [illegible] | [illegible] | [illegible] | [illegible] | [illegible] | [illegible] | [illegible] | [illegible] |
| 東增四 | 子 | 一七 | [illegible] | [illegible] | [illegible] | [illegible] | [illegible] | [illegible] | [illegible] | [illegible] | [illegible] | [illegible] | [illegible] | [illegible] | [illegible] | [illegible] | [illegible] | [illegible] | [illegible] | [illegible] | [illegible] | [illegible] | [illegible] | [illegible] | [illegible] |
| 周一 | 子 | 一一 | [illegible] | [illegible] | [illegible] | [illegible] | [illegible] | [illegible] | [illegible] | [illegible] | [illegible] | [illegible] | [illegible] | [illegible] | [illegible] | [illegible] | [illegible] | [illegible] | [illegible] | [illegible] | [illegible] | [illegible] | [illegible] | [illegible] | [illegible] |
| 周二 | 子 | 一一 | [illegible] | [illegible] | [illegible] | [illegible] | [illegible] | [illegible] | [illegible] | [illegible] | [illegible] | [illegible] | [illegible] | [illegible] | [illegible] | [illegible] | [illegible] | [illegible] | [illegible] | [illegible] | [illegible] | [illegible] | [illegible] | [illegible] | [illegible] |
| 秦一 | 子 | 一二 | [illegible] | [illegible] | [illegible] | [illegible] | [illegible] | [illegible] | [illegible] | [illegible] | [illegible] | [illegible] | [illegible] | [illegible] | [illegible] | [illegible] | [illegible] | [illegible] | [illegible] | [illegible] | [illegible] | [illegible] | [illegible] | [illegible] | [illegible] |
| 秦二 | 子 | 一四 | [illegible] | [illegible] | [illegible] | [illegible] | [illegible] | [illegible] | [illegible] | [illegible] | [illegible] | [illegible] | [illegible] | [illegible] | [illegible] | [illegible] | [illegible] | [illegible] | [illegible] | [illegible] | [illegible] | [illegible] | [illegible] | [illegible] | [illegible] |
| 代一 | 子 | 一六 | [illegible] | [illegible] | [illegible] | [illegible] | [illegible] | [illegible] | [illegible] | [illegible] | [illegible] | [illegible] | [illegible] | [illegible] | [illegible] | [illegible] | [illegible] | [illegible] | [illegible] | [illegible] | [illegible] | [illegible] | [illegible] | [illegible] | [illegible] |
| 代二 | 子 | 一七 | [illegible] | [illegible] | [illegible] | [illegible] | [illegible] | [illegible] | [illegible] | [illegible] | [illegible] | [illegible] | [illegible] | [illegible] | [illegible] | [illegible] | [illegible] | [illegible] | [illegible] | [illegible] | [illegible] | [illegible] | [illegible] | [illegible] | [illegible] |
| 內增一 | 子 | 一七 | [illegible] | [illegible] | [illegible] | [illegible] | [illegible] | [illegible] | [illegible] | [illegible] | [illegible] | [illegible] | [illegible] | [illegible] | [illegible] | [illegible] | [illegible] | [illegible] | [illegible] | [illegible] | [illegible] | [illegible] | [illegible] | [illegible] | [illegible] |
| 南增二 | 子 | 一八 | [illegible] | [illegible] | [illegible] | [illegible] | [illegible] | [illegible] | [illegible] | [illegible] | [illegible] | [illegible] | [illegible] | [illegible] | [illegible] | [illegible] | [illegible] | [illegible] | [illegible] | [illegible] | [illegible] | [illegible] | [illegible] | [illegible] | [illegible] |
| 趙一 | 子 | 一二 | [illegible] | [illegible] | [illegible] | [illegible] | [illegible] | [illegible] | [illegible] | [illegible] | [illegible] | [illegible] | [illegible] | [illegible] | [illegible] | [illegible] | [illegible] | [illegible] | [illegible] | [illegible] | [illegible] | [illegible] | [illegible] | [illegible] | [illegible] |
| 趙二 | 子 | 一二 | [illegible] | [illegible] | [illegible] | [illegible] | [illegible] | [illegible] | [illegible] | [illegible] | [illegible] | [illegible] | [illegible] | [illegible] | [illegible] | [illegible] | [illegible] | [illegible] | [illegible] | [illegible] | [illegible] | [illegible] | [illegible] | [illegible] | [illegible] |
| 越 | 子 | 九 | [illegible] | [illegible] | [illegible] | [illegible] | [illegible] | [illegible] | [illegible] | [illegible] | [illegible] | [illegible] | [illegible] | [illegible] | [illegible] | [illegible] | [illegible] | [illegible] | [illegible] | [illegible] | [illegible] | [illegible] | [illegible] | [illegible] | [illegible] |
| 齊 | 子 | 一一 | [illegible] | [illegible] | [illegible] | [illegible] | [illegible] | [illegible] | [illegible] | [illegible] | [illegible] | [illegible] | [illegible] | [illegible] | [illegible] | [illegible] | [illegible] | [illegible] | [illegible] | [illegible] | [illegible] | [illegible] | [illegible] | [illegible] | [illegible] |
| 楚 | 子 | 一三 | [illegible] | [illegible] | [illegible] | [illegible] | [illegible] | [illegible] | [illegible] | [illegible] | [illegible] | [illegible] | [illegible] | [illegible] | [illegible] | [illegible] | [illegible] | [illegible] | [illegible] | [illegible] | [illegible] | [illegible] | [illegible] | [illegible] | [illegible] |
| 鄭 | 子 | 一〇 | [illegible] | [illegible] | [illegible] | [illegible] | [illegible] | [illegible] | [illegible] | [illegible] | [illegible] | [illegible] | [illegible] | [illegible] | [illegible] | [illegible] | [illegible] | [illegible] | [illegible] | [illegible] | [illegible] | [illegible] | [illegible] | [illegible] | [illegible] |

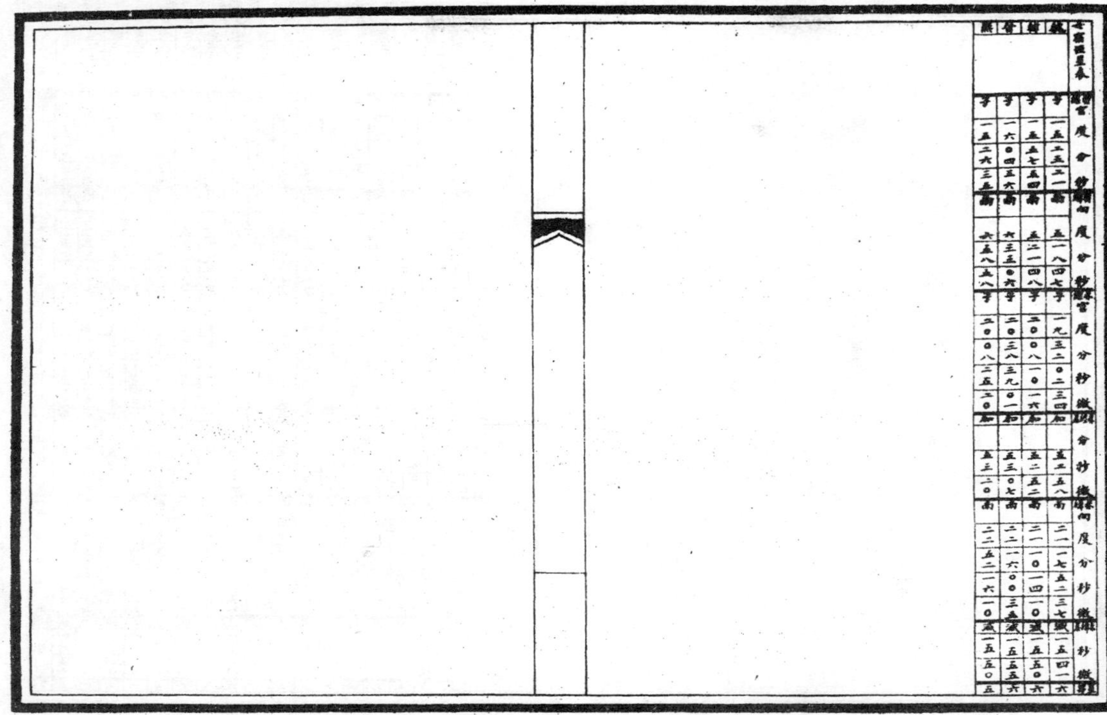

女宿恒星表

| 星名 | 宮 | 度 | 分 | 秒 | 向 | 度 | 分 | 秒 | 宮 | 度 | 分 | 秒 | 微 |  | 分 | 秒 | 微 | 向 | 度 | 分 | 秒 | 微 |  | 秒 | 微 | 等 |
|---|---|---|---|---|---|---|---|---|---|---|---|---|---|---|---|---|---|---|---|---|---|---|---|---|---|---|
| [illegible] | 子 | 一五 | 二五 | 二一 | 南 | 五 | 一八 | 四七 | 子 | 一九 | 三二 | 〇二 | 三四 | 加 |  | 五二 | 五八 | 南 | 二一 | 一七 | 五二 | 三七 | 減 | 一五 | 四一 | 六 |
| [illegible] | 子 | 一五 | 五七 | 五四 | 南 | 五 | 二一 | 四八 | 子 | 二〇 | 〇八 | 一〇 | 一六 | 加 |  | 五二 | 五二 | 南 | 二一 | 一〇 | 一四 | 一〇 | 減 | 一五 | 五〇 | 六 |
| [illegible] | 子 | 一六 | 〇四 | 五六 | 南 | 六 | 三五 | 〇六 | 子 | 二〇 | 三八 | 三九 | 〇一 | 加 |  | 五三 | 〇七 | 南 | 二二 | 一六 | 〇〇 | 三五 | 減 | 一五 | 五五 | 六 |
| [illegible] | 子 | 一五 | 二六 | 三五 | 南 | 六 | 五八 | 五八 | 子 | 二〇 | 〇八 | 二五 | 二〇 | 加 |  | 五三 | 二〇 | 南 | 二二 | 五二 | 一六 | 一〇 | 減 | 一五 | 五〇 | 五 |

虛宿恒星表

| 星名 | 宮 | 度 | 分 | 秒 | 向 | 度 | 分 | 秒 | 宮 | 度 | 分 | 秒 | 微 |  | 分 | 秒 | 微 | 向 | 度 | 分 | 秒 | 微 |  | 秒 | 微 | 等 |
|---|---|---|---|---|---|---|---|---|---|---|---|---|---|---|---|---|---|---|---|---|---|---|---|---|---|---|
| 虛宿一 | 子 | 二一 | 五四 | 〇八 | 北 | 八 | 三七 | 三一 | 子 | 二一 | 二八 | 四九 | 三五 | 加 |  | 四九 | 〇五 | 南 | 六 | 〇二 | 一二 | 三三 | 減 | 一六 | 〇九 | 三 |
| 虛宿二 | 子 | 二一 | 三六 | 三四 | 北 | 二〇 | 〇七 | 五六 | 子 | 一七 | 三六 | 一二 | 五六 | 加 |  | 四六 | 三二 | 北 | 四 | 四八 | 一一 | 〇二 | 加 | 一五 | 一四 | 四 |
| 西增一 | 子 | 一八 | 四七 | 五三 | 北 | 二三 | 〇一 | 二〇 | 子 | 一四 | 一二 | 三八 | 三四 | 加 |  | 四五 | 五八 | 北 | 六 | 四四 | 五九 | 二九 | 加 | 一四 | 二三 | 六 |
| 西增二 | 子 | 一九 | 一五 | 一三 | 北 | 二一 | 三七 | 一六 | 子 | 一五 | 〇二 | 二五 | 五四 | 加 |  | 四六 | 一八 | 北 | 五 | 三二 | 二九 | 四八 | 加 | 一四 | 三六 | 五 |
| 西增三 | 子 | 一八 | 五二 | 〇六 | 北 | 二一 | 一四 | 四五 | 子 | 一四 | 四八 | 三九 | 五五 | 加 |  | 四六 | 二五 | 北 | 五 | 〇四 | 三二 | 一三 | 加 | 一四 | 三一 | 五 |
| 西增四 | 子 | 一七 | 〇二 | 一三 | 北 | 二〇 | 三一 | 三七 | 子 | 一三 | 二三 | 〇八 | 〇六 | 加 |  | 四六 | 四二 | 北 | 三 | 五二 | 五四 | 五三 | 加 | 一四 | 一一 | 五 |
| 西增五 | 子 | 一九 | 〇〇 | 五六 | 北 | 一〇 | 四〇 | 二五 | 子 | 一八 | 〇七 | 三五 | 二五 | 加 |  | 四八 | 五五 | 南 | 四 | 五七 | 五六 | 一四 | 減 | 一五 | 二二 | 六 |
| 西增六 | 子 | 一九 | 四二 | 五九 | 北 | 一〇 | 二五 | 五七 | 子 | 一八 | 五二 | 〇八 | 二五 | 加 |  | 四八 | 五五 | 南 | 五 | 〇一 | 〇五 | 二一 | 減 | 一五 | 三三 | 六 |
| 西增七 | 子 | 二一 | 〇三 | 〇一 | 北 | 一一 | 〇二 | 〇六 | 子 | 一九 | 五五 | 二五 | 五七 | 加 |  | 四八 | 三九 | 南 | 四 | 〇〇 | 三六 | 三六 | 減 | 一五 | 四八 | 六 |
| 西增八 | 子 | 二一 | 〇〇 | 〇六 | 北 | 一一 | 一二 | 五七 | 子 | 一九 | 四九 | 二〇 | 三一 | 加 |  | 四八 | 三七 | 南 | 三 | 五一 | 一一 | 一九 | 減 | 一五 | 四七 | 六 |
| 司命一 | 子 | 二五 | 三九 | 四三 | 北 | 一三 | 一一 | 二三 | 子 | 二三 | 三〇 | 四〇 | 四〇 | 加 |  | 四七 | 五〇 | 南 |  | 三一 | 四三 | 五三 | 減 | 一六 | 四九 | 六 |
| 司命二 | 子 | 二六 | 四五 | 一六 | 北 | 一四 | 一二 | 五二 | 子 | 二四 | 一〇 | 二六 | 三九 | 加 |  | 四七 | 三三 | 南 |  | 四七 | 二四 | 一五 | 減 | 一六 | 四五 | 六 |
| 司祿一 | 子 | 二八 | 二九 | 二五 | 北 | 一五 | 〇六 | 一四 | 子 | 二五 | 二七 | 二五 | 二八 | 加 |  | 四七 | 一六 | 南 | 二 | 一一 | 三二 | 四三 | 減 | 一七 | 〇一 | 六 |
| 司祿二 | 子 | 二六 | 二六 | 四二 | 北 | 一五 | 二〇 | 三六 | 子 | 二三 | 三〇 | 五九 | 二〇 | 加 |  | 四七 | 二〇 | 南 | 一 | 四五 | 一九 | 四八 | 減 | 一六 | 三六 | 六 |
| 司危一 | 子 | 二三 | 五六 | 四八 | 北 | 二一 | 〇一 | 五八 | 子 | 一九 | 二三 | 五八 | 三六 | 加 |  | 四六 | 一二 | 北 | 六 | 二一 | 一二 | 二三 | 加 | 一五 | 四一 | 五 |
| 司危二 | 子 | 二三 | 四〇 | 五一 | 北 | 二一 | 四一 | 四五 | 子 | 一八 | 五六 | 五二 | 三五 | 加 |  | 四六 | 〇五 | 北 | 六 | 五四 | 〇三 | 三九 | 加 | 一五 | 三三 | 六 |
| 司非一 | 子 | 二一 | 五五 | 一〇 | 北 | 二五 | 一二 | 〇〇 | 子 | 一六 | 一五 | 五九 | 二八 | 加 |  | 四五 | 一六 | 北 | 九 | 四二 | 一〇 | 〇八 | 加 | 一四 | 五六 | 四 |
| 司非二 | 子 | 二二 | 五六 | 三六 | 北 | 二四 | 四六 | 四七 | 子 | 一七 | 一七 | 四一 | 二〇 | 加 |  | 四五 | 二〇 | 北 | 九 | 三六 | 〇五 | 一〇 | 加 | 一五 | 一〇 | 四 |
| 南增一 | 子 | 二一 | 五五 | 五三 | 北 | 二五 | 〇五 | 四〇 | 子 | 一六 | 一八 | 三九 | 五四 | 加 |  | 四五 | 一八 | 北 | 九 | 三六 | 二一 | 二五 | 加 | 一四 | 五五 | 六 |
| 西增二 | 子 | 一九 | 〇五 | 一三 | 北 | 二六 | 四七 | 四九 | 子 | 一三 | 一八 | 一五 | 〇八 | 加 |  | 四四 | 五六 | 北 | 一〇 | 二五 | 三四 | 二七 | 加 | 一四 | 〇九 | 六 |

虛宿恒星表

| 星名 | 宮 | 度 | 分 | 秒 | 向 | 度 | 分 | 秒 | 宮 | 度 | 分 | 秒 | 微 |  | 分 | 秒 | 微 | 向 | 度 | 分 | 秒 | 微 |  | 秒 | 微 | 等 |
|---|---|---|---|---|---|---|---|---|---|---|---|---|---|---|---|---|---|---|---|---|---|---|---|---|---|---|
| 南增五 | 子 | 二一 | 五〇 | 〇三 | 北 | 二五 | 〇七 | 二五 | 子 | 一六 | 一三 | 〇一 | 一一 | 加 |  | 四五 | 一七 | 北 | 九 | 三六 | 二〇 | 四二 | 加 | 一四 | 五四 | 六 |
| 哭一 | 子 | 二四 | 一八 | 五八 | 南 |  | 四〇 | 一七 | 子 | 二六 | 五一 | 〇五 | 二二 | 加 |  | 五〇 | 三四 | 南 | 一四 | 〇三 | 一九 | 〇六 | 減 | 一七 | 一八 | 五 |
| 哭二 | 子 | 二八 | 五九 | 四四 | 南 |  | 一六 | 三六 | 亥 | 一 | 一三 | 四四 | 三三 | 加 |  | 四九 | 五一 | 南 | 一二 | 〇五 | 一五 | 四二 | 減 | 一八 | 〇六 | 六 |
| 西增一 | 子 | 二一 | 二九 | 三五 | 南 |  | 一〇 | 二五 | 子 | 二三 | 五五 | 五〇 | 五九 | 加 |  | 五〇 | 五三 | 南 | 一四 | 三〇 | 三三 | 五四 | 減 | 一六 | 四二 | 六 |
| 西增二 | 子 | 二一 | 四二 | 三二 | 南 |  | 三八 | 五六 | 子 | 二四 | 一八 | 〇二 | 〇八 | 加 |  | 五〇 | 五六 | 南 | 一四 | 五三 | 二三 | 〇二 | 減 | 一六 | 四六 | 六 |
| 西增三 | 子 | 二一 | 四八 | 四六 | 南 | 一 | 〇三 | 〇六 | 子 | 二四 | 三二 | 一四 | 四三 | 加 |  | 五一 | 〇一 | 南 | 一五 | 一四 | 一三 | 五三 | 減 | 一六 | 四九 | 六 |
| 東增四 | 子 | 二九 | 一四 | 〇〇 | 北 |  | 二七 | 四二 | 亥 | 一 | 一一 | 三七 | 三二 | 加 |  | 四九 | 四四 | 南 | 一一 | 一八 | 四五 | 四二 | 減 | 一八 | 〇六 | 六 |
| 泣一 | 亥 | 二 | 三〇 | 二三 | 北 | 二 | 二二 | 四七 | 亥 | 三 | 三六 | 五二 | 三五 | 加 |  | 四九 | 〇五 | 南 | 八 | 二一 | 四九 | 四七 | 減 | 一八 | 三一 | 五 |
| 泣二 | 亥 | 一 | 四三 | 〇〇 | 北 | 二 | 四二 | 五二 | 亥 | 二 | 四四 | 五六 | 〇一 | 加 |  | 四九 | 〇七 | 南 | 八 | 一九 | 五三 | 一四 | 減 | 一八 | 二二 | 四 |
| 西增一 | 子 | 二九 | 〇六 | 〇八 | 北 | 五 | 〇五 | 四七 | 子 | 二九 | 二九 | 三六 | 四三 | 加 |  | 四九 | 〇一 | 南 | 七 | 〇〇 | 三五 | 三六 | 減 | 一七 | 四八 | 六 |
| 西增二 | 子 | 二九 | 五四 | 一九 | 北 | 二 | 五八 | 五〇 | 亥 |  | 五六 | 二九 | 二八 | 加 |  | 四九 | 一六 | 南 | 八 | 四三 | 〇三 | 五一 | 減 | 一八 | 〇三 | 六 |
| 離瑜一 | 子 | 九 | 〇四 | 四六 | 南 | 一七 | 二一 | 三一 | 子 | 一七 | 〇〇 | 一四 | 一三 | 加 |  | 五七 | 三一 | 南 | 三四 | 三八 | 五七 | 二五 | 減 | 一五 | 〇五 | 四 |
| 離瑜二 | 子 | 一〇 | 二四 | 〇六 | 南 | 一五 | 三七 | 三六 | 子 | 一七 | 四九 | 〇五 | 五七 | 加 |  | 五六 | 三九 | 南 | 三二 | 三六 | 四五 | 四九 | 減 | 一五 | 一七 | 四 |
| 離瑜三 | 子 | 一二 | 四五 | 四六 | 南 | 一五 | 二四 | 〇二 | 子 | 二〇 | 一七 | 一七 | 二五 | 加 |  | 五五 | 五五 | 南 | 三一 | 四一 | 一五 | 一一 | 減 | 一五 | 四三 | 六 |
| 西增一 | 子 | 六 | 五四 | 二六 | 南 | 一四 | 三八 | 四六 | 子 | 一三 | 三八 | 四八 | 四六 | 加 |  | 五七 | 二二 | 南 | 三二 | 四〇 | 一六 | 五八 | 減 | 一四 | 一四 | 五 |
| 西增二 | 子 | 七 | 四三 | 四二 | 南 | 一四 | 五九 | 五三 | 子 | 一四 | 四〇 | 一五 | 〇二 | 加 |  | 五七 | 一四 | 南 | 三二 | 四六 | 五一 | 三〇 | 減 | 一四 | 三〇 | 六 |
| 東增三 | 子 | 一二 | 四六 | 五六 | 南 | 一八 | 一六 | 四〇 | 子 | 二一 | 二四 | 五八 | 四八 | 加 |  | 五六 | 三六 | 南 | 三四 | 二四 | 二〇 | 一六 | 減 | 一六 | 〇八 | 六 |
| 天壘城一 | 子 | 二二 | 三七 | 〇二 | 北 | 五 | 五八 | 〇四 | 子 | 二三 | 〇〇 | 二九 | 三九 | 加 |  | 四九 | 三三 | 南 | 八 | 一九 | 五六 | 一三 | 減 | 一六 | 二九 | 五 |
| 天壘城二 | 子 | 二三 | 五四 | 一七 | 北 | 四 | 一二 | 四三 | 子 | 二四 | 四八 | 三八 | 三二 | 加 |  | 四九 | 四四 | 南 | 九 | 三四 | 四七 | 四四 | 減 | 一六 | 五二 | 六 |
| 天壘城三 | 子 | 二四 | 〇八 | 一七 | 北 | 三 | 五三 | 三〇 | 子 | 二五 | 〇七 | 四三 | 五八 | 加 |  | 四九 | 四六 | 南 | 九 | 四六 | 三〇 | 五二 | 減 | 一六 | 五六 | 六 |

虛宿恒星表

| 星名 | 黃道經宮 | 度 | 分 | 秒 | 黃道緯向 | 度 | 分 | 秒 | 赤道經宮 | 度 | 分 | 秒 | 微 | 赤道經度歲差 | 分 | 秒 | 微 | 赤道緯向 | 度 | 分 | 秒 | 微 | 赤道緯度歲差 | 秒 | 微 | 星等 |
|---|---|---|---|---|---|---|---|---|---|---|---|---|---|---|---|---|---|---|---|---|---|---|---|---|---|---|
| 天壘城四 | 子 | 二五 | 二九 | 五〇 | 北 | 一 | 五六 | 一六 | 子 | 二五 | 一〇 | 二九 | 一九 | 加 | | 五〇 | 一三 | 南 | 一一 | 五一 | 四五 | 〇九 | 減 | 一六 | 五七 | 五 |
| 天壘城五 | 子 | 二三 | 二五 | 四四 | 北 | 一 | 五七 | 一六 | 子 | 二五 | 〇六 | 一二 | 一九 | 加 | | 五〇 | 一三 | 南 | 一一 | 五二 | 〇八 | 三五 | 減 | 一六 | 五五 | 六 |
| 天壘城六 | 子 | 一七 | 五一 | 〇二 | 北 | 二 | 一五 | 四六 | 子 | 一九 | 三四 | 五七 | 二五 | 加 | | 五〇 | 五五 | 南 | 一三 | 二〇 | 〇〇 | 五四 | 減 | 一五 | 四二 | 六 |
| 天壘城七 | 子 | 一四 | 五九 | 二五 | 北 | | 四二 | 一八 | 子 | 一七 | 一四 | 三〇 | 四〇 | 加 | | 五一 | 四〇 | 南 | 一五 | 四〇 | 一八 | 三三 | 減 | 一五 | 〇九 | 六 |
| 天壘城八 | 子 | 一二 | 一六 | 二七 | 北 | 三 | 一八 | 〇四 | 子 | 一三 | 四七 | 一三 | 二一 | 加 | | 五一 | 二七 | 南 | 一三 | 五七 | 一二 | 三二 | 減 | 一四 | 一六 | 五 |
| 天壘城九 | 子 | 一二 | 〇八 | 三六 | 北 | 五 | 五〇 | 二六 | 子 | 一三 | 三〇 | 一八 | 二〇 | 加 | | 五一 | 二〇 | 南 | 一三 | 二八 | 一五 | 二四 | 減 | 一四 | 一二 | 六 |
| 天壘城十 | 子 | 一四 | 五三 | 四九 | 北 | 四 | 四六 | 三六 | 子 | 一五 | 五六 | 一四 | 三二 | 加 | | 五〇 | 四四 | 南 | 一一 | 四八 | 一三 | 五三 | 減 | 一四 | 四九 | 五 |
| 天壘城十一 | 子 | 一七 | 〇七 | 一六 | 北 | 六 | 二〇 | 二四 | 子 | 一七 | 三七 | 五八 | 一八 | 加 | | 四九 | 〇六 | 南 | 九 | 三九 | 三八 | 五八 | 減 | 一五 | 一四 | 六 |
| 天壘城十二 | 子 | 一八 | 四〇 | 一九 | 北 | 五 | 四四 | 二六 | 子 | 一九 | 一八 | 一二 | 〇九 | 加 | | 五〇 | 〇三 | 南 | 九 | 四六 | 一五 | 〇三 | 減 | 一五 | 三九 | 六 |
| 天壘城十三 | 子 | 一九 | 〇四 | 二三 | 北 | 五 | 一〇 | 一七 | 子 | 一九 | 五一 | 五五 | 四四 | 加 | | 五〇 | 〇八 | 南 | 一〇 | 一一 | 二九 | 一九 | 減 | 一五 | 四七 | 六 |
| 南增一 | 子 | 一二 | 二二 | 五九 | 北 | | 五八 | 〇八 | 子 | 一四 | 三九 | 四五 | 三五 | 加 | | 五二 | 〇五 | 南 | 一六 | 二九 | 〇一 | 四七 | 減 | 一四 | 三一 | 五 |
| 內增二 | 子 | 一五 | 〇八 | 一〇 | 北 | 四 | 三七 | 三一 | 子 | 一六 | 一二 | 五十 | 一五 | 加 | | 五〇 | 四五 | 南 | 一一 | 五二 | 四二 | 〇〇 | 減 | 一五 | 〇〇 | 六 |
| 敗臼一 | 子 | 一五 | 五四 | 五四 | 南 | 二三 | 〇〇 | 一三 | 子 | 二六 | 五〇 | 二五 | 三九 | 加 | | 五六 | 三三 | 南 | 三七 | 四九 | 五六 | 四九 | 減 | 一七 | 一七 | 三 |
| 敗臼二 | 子 | 一七 | 二四 | 三二 | 南 | 二五 | 五六 | 〇六 | 子 | 二九 | 五一 | 五七 | 三〇 | 加 | | 五六 | 三〇 | 南 | 四〇 | 〇二 | 四九 | 二七 | 減 | 一七 | 五一 | 五 |
| 敗臼三 | 子 | 二九 | 四五 | 四二 | 南 | 二五 | 五七 | 〇八 | 亥 | 一一 | 三三 | 五〇 | 三五 | 加 | | 五二 | 〇五 | 南 | 三三 | 二六 | 五二 | 一二 | 減 | 一九 | 三六 | 五 |
| 敗臼四 | 子 | 二九 | 一〇 | 〇六 | 南 | 一九 | 三一 | 四六 | 亥 | 九 | 〇二 | 〇一 | 二六 | 加 | | 五二 | 〇二 | 南 | 二九 | 五五 | 四〇 | 二三 | 減 | 一九 | 一九 | 五 |
| 內增一 | 子 | 二五 | 三七 | 一一 | 南 | 二一 | 一九 | 三六 | 亥 | 六 | 一六 | 三五 | 二七 | 加 | | 五三 | 〇九 | 南 | 三二 | 五三 | 〇九 | 三五 | 減 | 一八 | 五五 | 三 |

危宿恒星表

| 星名 | 黃道經宮 | 度 | 分 | 秒 | 黃道緯向 | 度 | 分 | 秒 | 赤道經宮 | 度 | 分 | 秒 | 微 | 赤道經度歲差 | 分 | 秒 | 微 | 赤道緯向 | 度 | 分 | 秒 | 微 | 赤道緯度歲差 | 秒 | 微 | 星等 |
|---|---|---|---|---|---|---|---|---|---|---|---|---|---|---|---|---|---|---|---|---|---|---|---|---|---|---|
| 危宿一 | 亥 | 一 | 五二 | 〇二 | 北 | 一〇 | 三九 | 三四 | 亥 | | 四 | 五二 | 一六 | 加 | | 四七 | 五二 | 南 | | 五〇 | 三二 | 三五 | 減 | 一七 | 五五 | 三 |
| 危宿二 | 亥 | 五 | 一六 | 〇二 | 北 | 一六 | 二一 | 〇〇 | 亥 | 一 | 〇八 | 二一 | 四九 | 加 | | 四六 | 四三 | 北 | 五 | 三九 | 〇八 | 三五 | 加 | 一八 | 〇五 | 四 |
| 危宿三 | 亥 | | 二二 | 一八 | 北 | 二二 | 〇六 | 二〇 | 子 | 二四 | 四二 | 四五 | 三二 | 加 | | 四五 | 四四 | 北 | 九 | 二二 | 四四 | 一六 | 加 | 一六 | 五二 | 三 |
| 西增一 | 子 | 二七 | 三三 | 二七 | 北 | 一九 | 三七 | 一二 | 丑 | 二三 | 〇五 | 〇二 | 二九 | 加 | | 四六 | 二三 | 北 | 六 | 〇八 | 二六 | 一三 | 加 | 一六 | 三一 | 六 |
| 西增二 | 子 | 二七 | 二六 | 四一 | 北 | 一八 | 四五 | 〇三 | 子 | 二三 | 一六 | 四〇 | 二二 | 加 | | 四六 | 三四 | 北 | 五 | 一七 | 一〇 | 三九 | 加 | 一六 | 三三 | 六 |
| 西增三 | 子 | 二八 | 〇九 | 五七 | 北 | 一八 | 二〇 | 三五 | 子 | 二四 | 〇三 | 四五 | 一四 | 加 | | 四六 | 三八 | 北 | 五 | 〇八 | 〇一 | 三二 | 加 | 一六 | 四四 | 六 |
| 西增四 | 子 | 一 | 〇五 | 〇七 | 北 | 一一 | 五七 | 二六 | 子 | 二八 | 五四 | 三二 | 〇六 | 加 | | 四七 | 四二 | 北 | | 六 | 一九 | 〇六 | 加 | 一七 | 四二 | 六 |
| 東增五 | 亥 | 七 | 三六 | 四六 | 北 | 一五 | 〇一 | 〇三 | 亥 | 三 | 四四 | 二五 | 一六 | 加 | | 四六 | 五二 | 北 | 五 | 一四 | 二四 | 一三 | 加 | 一八 | 三一 | 六 |
| 內增六 | 亥 | 三 | 四七 | 五二 | 北 | 一五 | 四一 | 一一 | 亥 | | 三 | 三五 | 四二 | 加 | | 四六 | 五四 | 北 | 四 | 三一 | 二六 | 四二 | 加 | 一七 | 五四 | 五 |
| 內增七 | 亥 | 三 | 〇六 | 〇七 | 北 | 一七 | 四五 | 二八 | 子 | 二八 | 四一 | 一六 | 五六 | 加 | | 四六 | 三二 | 北 | 六 | 一三 | 一三 | 一四 | 加 | 一七 | 三八 | 五 |
| 東增八 | 亥 | 三 | 五六 | 二五 | 北 | 一九 | 〇五 | 四五 | 子 | 二八 | 五七 | 〇七 | 四五 | 加 | | 四六 | 一五 | 北 | 七 | 四五 | 一七 | 〇六 | 加 | 一七 | 四二 | 六 |
| 北增九 | 亥 | 五 | 四一 | 二七 | 北 | 二一 | 四七 | 〇〇 | 子 | 二九 | 三〇 | 二一 | 〇六 | 加 | | 四五 | 四二 | 北 | 一〇 | 五一 | 一八 | 四一 | 加 | 一七 | 四七 | 五 |
| 北增十 | 亥 | 五 | 五一 | 二八 | 北 | 二三 | 三六 | 三二 | 子 | 二八 | 五七 | 三八 | 三七 | 加 | | 四五 | 一九 | 北 | 一二 | 三六 | 二八 | 二三 | 加 | 一七 | 四一 | 六 |
| 北增十一 | 亥 | 四 | 二五 | 〇六 | 北 | 二三 | 〇〇 | 五六 | 子 | 二七 | 五五 | 四二 | 二一 | 加 | | 四五 | 二七 | 北 | 一一 | 三四 | 〇六 | 三〇 | 加 | 一七 | 三〇 | 六 |
| 北增十二 | 亥 | 三 | 五九 | 一〇 | 北 | 二三 | 五二 | 四五 | 子 | 二七 | 一三 | 四一 | 二八 | 加 | | 四五 | 一六 | 北 | 一二 | 一三 | 三六 | 四六 | 加 | 一七 | 二二 | 六 |
| 北增十三 | 亥 | 四 | 二一 | 四一 | 北 | 二三 | 〇〇 | 一九 | 子 | 二七 | 五二 | 五七 | 〇四 | 加 | | 四五 | 二八 | 北 | 一一 | 三二 | 二二 | 三〇 | 加 | 一七 | 三〇 | 六 |
| 北增十四 | 亥 | 五 | 一一 | 二八 | 北 | 二一 | 二九 | 五八 | 子 | 二九 | 一〇 | 二二 | 一五 | 加 | | 四五 | 四五 | 北 | 一〇 | 二五 | 一三 | 一五 | 加 | 一七 | 四五 | 六 |
| 墳墓一 | 亥 | 七 | 二一 | 四七 | 北 | 八 | 五〇 | 五一 | 亥 | 五 | 四七 | 一三 | 二四 | 加 | | 四七 | 四八 | 南 | | 三五 | 一一 | 二七 | 減 | 一八 | 五一 | 四 |
| 墳墓二 | 亥 | 五 | 一一 | 二七 | 北 | 八 | 一四 | 〇〇 | 亥 | 四 | 〇〇 | 三五 | 四三 | 加 | | 四八 | 〇一 | 南 | 一 | 五六 | 二八 | 三八 | 減 | 一八 | 三四 | 三 |
| 墳墓三 | 亥 | 八 | 五二 | 〇九 | 北 | 八 | 〇九 | 〇一 | 亥 | 七 | 二五 | 四三 | 一六 | 加 | | 四七 | 五二 | 南 | | 四一 | 〇二 | 二六 | 減 | 一八 | 五八 | 四 |

危宿恒星表

| 星名 | 黃道經宮 | 度 | 分 | 秒 | 黃道緯向 | 度 | 分 | 秒 | 赤道經宮 | 度 | 分 | 秒 | 微 | 赤道經度歲差 | 分 | 秒 | 微 | 赤道緯向 | 度 | 分 | 秒 | 微 | 赤道緯度歲差 | 秒 | 微 | 星等 |
|---|---|---|---|---|---|---|---|---|---|---|---|---|---|---|---|---|---|---|---|---|---|---|---|---|---|---|
| 墳墓四 | 亥 | 七 | 〇五 | 〇七 | 北 | 一〇 | 二八 | 二三 | 亥 | 四 | 五六 | 〇九 | 〇五 | 加 | | 四七 | 三五 | 北 | | 四九 | 二九 | 四九 | 加 | 一八 | 四三 | 五 |
| 北增一 | 亥 | 八 | 三〇 | 〇一 | 北 | 一三 | 〇九 | 一四 | 亥 | 五 | 一四 | 〇五 | 四四 | 加 | | 四七 | 〇八 | 北 | 三 | 四九 | 三八 | 五八 | 加 | 一八 | 四六 | 六 |
| 北增二 | 亥 | 八 | 五六 | 一一 | 北 | 一三 | 二〇 | 二八 | 亥 | 五 | 三三 | 三六 | 三五 | 加 | | 四七 | 〇五 | 北 | 四 | 〇九 | 三三 | 五〇 | 加 | 一八 | 五〇 | 六 |
| 北增三 | 亥 | 九 | 二〇 | 三二 | 北 | 一二 | 五二 | 四七 | 亥 | 六 | 〇六 | 〇〇 | 四四 | 加 | | 四七 | 〇八 | 北 | 三 | 五二 | 四一 | 一六 | 加 | 一八 | 五二 | 六 |
| 南增四 | 亥 | 七 | 五九 | 四二 | 北 | 六 | 五五 | 〇三 | 亥 | 七 | 〇四 | 四八 | 四三 | 加 | | 四八 | 〇一 | 南 | 二 | 〇九 | 〇一 | 三四 | 減 | 一九 | 〇二 | 六 |
| 蓋屋一 | 亥 | | 三七 | 〇五 | 北 | 九 | 一〇 | 〇一 | 子 | 二九 | 二六 | 五五 | 一九 | 加 | | 四八 | 一三 | 南 | 二 | 四〇 | 一三 | 一九 | 減 | 一七 | 四七 | 五 |
| 蓋屋二 | 亥 | 一 | 二五 | 二六 | 北 | 一〇 | 一二 | 一九 | 子 | 二九 | 四九 | 五四 | 一七 | 加 | | 四七 | 五九 | 南 | 一 | 二五 | 一四 | 二七 | 減 | 一七 | 五一 | 六 |
| 虛梁一 | 亥 | 二 | 三九 | 一一 | 北 | 四 | 五五 | 一七 | 亥 | 二 | 五〇 | 二五 | 〇六 | 加 | | 四八 | 四二 | 南 | 五 | 五六 | 一〇 | 五七 | 減 | 一八 | 二一 | 六 |
| 虛梁二 | 亥 | 四 | 三〇 | 〇四 | 北 | 四 | 四八 | 二一 | 亥 | 四 | 三六 | 三四 | 二二 | 加 | | 四八 | 三四 | 南 | 五 | 二三 | 〇六 | 二〇 | 減 | 一八 | 四〇 | 六 |
| 虛梁三 | 亥 | 七 | 五三 | 二九 | 北 | 四 | 〇七 | 〇三 | 亥 | 八 | 〇一 | 一四 | 一二 | 加 | | 四八 | 二四 | 南 | 四 | 四七 | 二四 | 〇八 | 減 | 一九 | 〇四 | 五 |
| 虛梁四 | 亥 | 一二 | 三一 | 四六 | 北 | 一 | 四〇 | 五四 | 亥 | 一三 | 一四 | 五五 | 二八 | 加 | | 四八 | 一六 | 南 | 五 | 一八 | 二五 | 三六 | 減 | 一九 | 四八 | 六 |
| 天錢一 | 子 | 二〇 | 五七 | 五六 | 南 | 一六 | 五二 | 五八 | 子 | 二九 | 三一 | 四八 | 二五 | 加 | | 五三 | 五五 | 南 | 三〇 | 二四 | 五〇 | 三六 | 減 | 一七 | 四八 | 六 |
| 天錢二 | 子 | 一七 | 〇九 | 一六 | 南 | 一六 | 二二 | 三七 | 子 | 二五 | 二〇 | 二五 | 四二 | 加 | | 五四 | 五四 | 南 | 三一 | 一三 | 〇五 | 〇〇 | 減 | 一七 | 〇〇 | 四 |
| 天錢三 | 子 | 一五 | 四五 | 一四 | 南 | 一八 | 一八 | 三六 | 子 | 二四 | 三五 | 五五 | 〇六 | 加 | | 五五 | 四二 | 南 | 三三 | 三〇 | 〇八 | 五三 | 減 | 一六 | 四九 | 四 |
| 天錢四 | 子 | 二〇 | 三五 | 四二 | 南 | 二〇 | 〇三 | 一三 | 亥 | | 三〇 | 三九 | 三〇 | 加 | | 五四 | 三〇 | 南 | 三三 | 二九 | 四四 | 四三 | 減 | 一七 | 五九 | 四 |
| 天錢五 | 子 | 二一 | 〇六 | 二二 | 南 | 一九 | 四四 | 〇七 | 亥 | | 五三 | 四六 | 五四 | 加 | | 五四 | 一八 | 南 | 三三 | 〇一 | 二一 | 三四 | 減 | 一八 | 〇二 | 五 |
| 北增一 | 子 | 二〇 | 四五 | 〇六 | 南 | 一五 | 一四 | 五三 | 子 | 二八 | 三八 | 二四 | 四九 | 加 | | 五三 | 四三 | 南 | 二八 | 五七 | 三二 | 四六 | 減 | 一七 | 三八 | 五 |
| 北增三 | 子 | 一六 | 一五 | 三四 | 南 | 一一 | 一三 | 二六 | 子 | 二二 | 二七 | 〇八 | 五二 | 加 | | 五四 | 〇四 | 南 | 二六 | 三八 | 三六 | 五七 | 減 | 一六 | 二一 | 六 |
| 西增四 | 子 | 一四 | 〇一 | 二六 | 南 | 一七 | 四四 | 五〇 | 子 | 二二 | 三二 | 五八 | 一八 | 加 | | 五六 | 〇六 | 南 | 三三 | 三〇 | 五六 | 三一 | 減 | 一六 | 二三 | 六 |
| 人一 | 亥 | 二 | 三八 | 四三 | 北 | 三六 | 〇八 | 三七 | 子 | 二一 | 一六 | 三〇 | 一〇 | 加 | | 四二 | 一〇 | 北 | 二三 | 一〇 | 〇七 | 〇一 | 加 | 一六 | 〇七 | 四 |

危宿恆星表

| 星名 | 黃道經度宮 | 度 | 分 | 秒 | 黃道緯度南北 | 度 | 分 | 秒 | 赤道經度宮 | 度 | 分 | 秒 | 微 | 赤道經度歲差加減 | 分 | 秒 | 微 | 赤道緯度南北 | 度 | 分 | 秒 | 微 | 赤道緯度歲差加減 | 秒 | 微 | 星等 |
|---|---|---|---|---|---|---|---|---|---|---|---|---|---|---|---|---|---|---|---|---|---|---|---|---|---|---|
| 人二 | 子 | 二八 | 四七 | 二五 | 北 | 五五 | 一七 | 五九 | 子 | 一九 | 一五 | 三二 | 三四 | 加 |  | 四二 | 五八 | 北 | 一九 | 二〇 | 三九 | 一四 | 加 | 一五 | 三八 | 四 |
| 人三 | 亥 | 六 | 二四 | 〇三 | 北 | 五四 | 〇四 | 二四 | 子 | 二五 | 一三 | 一〇 | 〇七 | 加 |  | 四二 | 四九 | 北 | 二二 | 二七 | 三二 | 三四 | 加 | 一六 | 五八 | 六 |
| 人四 | 亥 | 三 | 二九 | 五〇 | 北 | 二九 | 〇一 | 四八 | 子 | 二四 | 五〇 | 四一 | 一八 | 加 |  | 四四 | 〇六 | 北 | 一六 | 五一 | 一一 | 五九 | 加 | 一六 | 五三 | 四 |
| 西增一 | 子 | 二三 | 三三 | 二〇 | 北 | 五七 | 三八 | 五四 | 子 | 一三 | 二一 | 二八 | 四〇 | 加 |  | 四一 | 四〇 | 北 | 二一 | 五四 | 二七 | 二七 | 加 | 一四 | 〇九 | 六 |
| 西增二 | 子 | 二七 | 四〇 | 二二 | 北 | 五七 | 五八 | 四八 | 子 | 一六 | 三一 | 一七 | 五九 | 加 |  | 四一 | 三三 | 北 | 二三 | 二二 | 四八 | 一七 | 加 | 一四 | 五九 | 六 |
| 內增三 | 亥 | 二 | 三九 | 一八 | 北 | 五一 | 二七 | 四二 | 子 | 二三 | 一〇 | 五九 | 四七 | 加 |  | 四三 | 二九 | 北 | 一八 | 五〇 | 一八 | 一三 | 加 | 一六 | 三一 | 六 |
| 南增四 | 亥 | 四 | 五三 | 五〇 | 北 | 五八 | 二八 | 一〇 | 子 | 二六 | 一五 | 一一 | 〇二 | 加 |  | 四四 | 一四 | 北 | 一六 | 四七 | 三四 | 一〇 | 加 | 一七 | 一〇 | 六 |
| 杵一 | 亥 | 二二 | 二九 | 二五 | 北 | 四四 | 二四 | 一四 | 亥 | 二 | 四七 | 三七 | 三〇 | 加 |  | 四〇 | 三〇 | 北 | 三七 | 一二 | 四二 | 二九 | 加 | 一八 | 二三 | 五 |
| 杵二 | 亥 | 一八 | 〇三 | 二九 | 北 | 四〇 | 五九 | 二八 | 亥 | 一 | 一七 | 一〇 | 二〇 | 加 |  | 四一 | 二〇 | 北 | 三二 | 三九 | 〇五 | 一八 | 加 | 一八 | 〇六 | 四 |
| 杵三 | 亥 | 一四 | 二九 | 四五 | 北 | 五七 | 四〇 | 〇五 | 亥 |  | 一〇 | 二六 | 〇一 | 加 |  | 四二 | 〇七 | 北 | 二八 | 二七 | 〇三 | 〇八 | 加 | 一七 | 五六 | 六 |
| 西增一 | 亥 | 一七 | 五一 | 三一 | 北 | 四一 | 〇五 | 二一 | 亥 | 一 | 〇六 | 一八 | 五四 | 加 |  | 四一 | 一八 | 北 | 三二 | 三八 | 四三 | 三五 | 加 | 一八 | 〇五 | 五 |
| 東增二 | 亥 | 二三 | 二九 | 〇七 | 北 | 五八 | 二八 | 五二 | 亥 | 六 | 一四 | 四七 | 四七 | 加 |  | 四二 | 二九 | 北 | 三二 | 〇〇 | 四九 | 二五 | 加 | 一八 | 五五 | 六 |
| 臼一 | 亥 | 八 | 五六 | 四六 | 北 | 五九 | 五一 | 五五 | 子 | 二四 | 四八 | 五九 | 五四 | 加 |  | 四一 | 一八 | 北 | 二八 | 一六 | 〇六 | 一六 | 加 | 一六 | 五二 | 三 |
| 臼二 | 亥 | 七 | 二六 | 五六 | 北 | 五六 | 五八 | 二〇 | 子 | 二四 | 五七 | 一一 | 四四 | 加 |  | 四二 | 〇八 | 北 | 二五 | 〇九 | 〇七 | 四二 | 加 | 一六 | 五四 | 四 |
| 臼三 | 亥 | 一二 | 五二 | 五五 | 北 | 五四 | 一六 | 一三 | 亥 |  | 二八 | 四二 | 〇〇 | 加 |  | 四三 | 〇〇 | 北 | 二四 | 四九 | 一六 | 五一 | 加 | 一七 | 五七 | 四 |
| 臼四 | 亥 | 一七 | 五九 | 一二 | 北 | 五五 | 五五 | 五九 | 亥 | 四 | 〇四 | 三五 | 〇八 | 加 |  | 四二 | 五六 | 北 | 二七 | 四七 | 〇五 | 二二 | 加 | 一八 | 三四 | 六 |
| 北增一 | 亥 | 一一 | 一四 | 五九 | 北 | 四〇 | 一五 | 〇五 | 子 | 二六 | 一七 | 一九 | 二七 | 加 |  | 四一 | 〇九 | 北 | 二九 | 四〇 | 四四 | 五三 | 加 | 一七 | 一一 | 五 |
| 內增二 | 亥 | 一一 | 〇八 | 五六 | 北 | 五八 | 四五 | 四〇 | 子 | 二六 | 五六 | 五一 | 三一 | 加 |  | 四一 | 三七 | 北 | 二八 | 一八 | 〇四 | 三七 | 加 | 一七 | 一九 | 六 |
| 內增三 | 亥 | 九 | 四四 | 一三 | 北 | 五六 | 〇六 | 二七 | 子 | 二七 | 〇三 | 〇九 | 〇三 | 加 |  | 四二 | 二一 | 北 | 二五 | 二五 | 二〇 | 二〇 | 加 | 一七 | 二〇 | 六 |
| 南增四 | 亥 | 一一 | 二一 | 一六 | 北 | 五〇 | 五一 | 〇五 | 亥 |  | 四三 | 五六 | 四一 | 加 |  | 四三 | 四七 | 北 | 二一 | 一〇 | 三三 | 四三 | 加 | 一八 | 〇一 | 六 |

危宿恆星表

| 星名 | 黃道經度宮 | 度 | 分 | 秒 | 黃道緯度南北 | 度 | 分 | 秒 | 赤道經度宮 | 度 | 分 | 秒 | 微 | 赤道經度歲差加減 | 分 | 秒 | 微 | 赤道緯度南北 | 度 | 分 | 秒 | 微 | 赤道緯度歲差加減 | 秒 | 微 | 星等 |
|---|---|---|---|---|---|---|---|---|---|---|---|---|---|---|---|---|---|---|---|---|---|---|---|---|---|---|
| 南增五 | 亥 | 一一 | 三六 | 〇七 | 北 | 二九 | 五七 | 〇七 | 亥 | 一 | 一九 | 四七 | 〇〇 | 加 |  | 四四 | 〇〇 | 北 | 二〇 | 二六 | 二一 | 四四 | 加 | 一八 | 〇八 | 六 |
| 東增六 | 亥 | 一三 | 一八 | 二六 | 北 | 五四 | 一五 | 五八 | 亥 |  | 四九 | 五四 | 〇〇 | 加 |  | 四三 | 〇〇 | 北 | 二四 | 五七 | 五六 | 〇九 | 加 | 一八 | 〇三 | 六 |
| 北增七 | 亥 | 一六 | 三五 | 三四 | 北 | 五七 | 一六 | 一〇 | 亥 | 三 | 〇三 | 〇〇 | 〇三 | 加 |  | 四二 | 二一 | 北 | 二八 | 四八 | 〇五 | 二〇 | 加 | 一七 | 二〇 | 六 |
| 南增八 | 亥 | 一三 | 〇二 | 二五 | 北 | 五〇 | 二一 | 三一 | 亥 | 二 | 二二 | 一三 | 三四 | 加 |  | 四三 | 五八 | 北 | 二一 | 一八 | 四六 | 五四 | 加 | 一八 | 一八 | 六 |
| 車府一 | 戌 | 四 | 五二 | 二五 | 北 | 四五 | 三四 | 四六 | 亥 | 一一 | 四七 | 〇四 | 三二 | 加 |  | 四一 | 四四 | 北 | 四二 | 四四 | 三五 | 〇五 | 加 | 一九 | 三五 | 五 |
| 車府二 | 戌 | 三 | 〇七 | 〇八 | 北 | 四七 | 三一 | 〇三 | 亥 | 八 | 五六 | 〇一 | 五六 | 加 |  | 四〇 | 三二 | 北 | 四三 | 四三 | 二七 | 二〇 | 加 | 一九 | 二〇 | 五 |
| 車府三 | 戌 |  | 四六 | 五二 | 北 | 五一 | 一八 | 三二 | 亥 | 四 | 〇九 | 〇三 | 二九 | 加 |  | 三九 | 二三 | 北 | 四六 | 〇一 | 二七 | 三九 | 加 | 一八 | 三三 | 五 |
| 車府四 | 亥 | 一八 | 四三 | 〇四 | 北 | 五五 | 一一 | 五八 | 子 | 二二 | 三一 | 〇〇 | 〇〇 | 加 |  | 三五 | 〇〇 | 北 | 四五 | 〇八 | 四一 | 三八 | 加 | 一六 | 二六 | 四 |
| 車府五 | 亥 | 一一 | 三八 | 四五 | 北 | 六〇 | 〇五 | 四二 | 子 | 一四 | 〇三 | 三六 | 二三 | 加 |  | 三一 | 四一 | 北 | 四七 | 〇七 | 一二 | 四六 | 加 | 一四 | 二二 | 五 |
| 車府六 | 亥 | 九 | 二一 | 三九 | 北 | 五六 | 三五 | 二四 | 子 | 一五 | 一六 | 五四 | 一六 | 加 |  | 三五 | 五二 | 北 | 四三 | 三一 | 〇三 | 〇六 | 加 | 一四 | 四二 | 四 |
| 車府七 | 亥 | 一四 | 五〇 | 〇九 | 北 | 五〇 | 三一 | 三二 | 子 | 二三 | 〇九 | 二六 | 三七 | 加 |  | 三七 | 一九 | 北 | 三九 | 五六 | 二二 | 一三 | 加 | 一六 | 三一 | 六 |
| 北增一 | 亥 | 一〇 | 〇六 | 四八 | 北 | 六四 | 〇三 | 三九 | 子 | 九 | 四五 | 四二 | 五八 | 加 |  | 二八 | 四六 | 北 | 四九 | 五八 | 三五 | 一九 | 加 | 一三 | 一三 | 六 |
| 內增二 | 亥 | 一〇 | 三一 | 四六 | 北 | 五八 | 四九 | 四〇 | 子 | 一四 | 二二 | 三〇 | 三〇 | 加 |  | 三二 | 三〇 | 北 | 四五 | 四四 | 五七 | 二一 | 加 | 一四 | 二七 | 六 |
| 北增三 | 亥 | 一三 | 四〇 | 一七 | 北 | 五九 | 三三 | 〇七 | 子 | 一五 | 四四 | 五四 | 四二 | 加 |  | 三二 | 〇四 | 北 | 四七 | 一四 | 二〇 | 二四 | 加 | 一四 | 四八 | 五 |
| 北增四 | 亥 | 一八 | 二八 | 三一 | 北 | 五六 | 二五 | 一二 | 子 | 二一 | 三二 | 五五 | 五四 | 加 |  | 三四 | 一八 | 北 | 四六 | 〇四 | 五三 | 四四 | 加 | 一六 | 〇八 | 六 |
| 內增五 | 亥 | 一八 | 〇四 | 三八 | 北 | 五二 | 三九 | 〇六 | 子 | 二三 | 五九 | 四二 | 三八 | 加 |  | 三六 | 二六 | 北 | 四二 | 四七 | 五六 | 四九 | 加 | 一六 | 四三 | 六 |
| 南增六 | 亥 | 一六 | 四五 | 三五 | 北 | 五〇 | 三三 | 五九 | 子 | 二四 | 三〇 | 四五 | 一二 | 加 |  | 三七 | 二四 | 北 | 四〇 | 三五 | 三四 | 五〇 | 加 | 一六 | 五〇 | 六 |
| 南增七 | 亥 | 一六 | 二〇 | 四一 | 北 | 五〇 | 二四 | 五三 | 子 | 二四 | 一八 | 五五 | 〇四 | 加 |  | 三七 | 二八 | 北 | 四〇 | 一九 | 四〇 | 五八 | 加 | 一六 | 四六 | 六 |
| 南增八 | 亥 | 一二 | 四九 | 一四 | 北 | 四九 | 〇六 | 二五 | 子 | 二二 | 三五 | 五五 | 一六 | 加 |  | 三七 | 五二 | 北 | 三八 | 〇三 | 五三 | 一二 | 加 | 一六 | 二四 | 六 |
| 南增九 | 亥 | 二九 | 五五 | 四〇 | 北 | 四七 | 三三 | 四〇 | 亥 | 六 | 二六 | 二〇 | 二二 | 加 |  | 四〇 | 三四 | 北 | 四二 | 三四 | 三六 | 五九 | 加 | 一八 | 五三 | 五 |

危宿恆星表

| 星名 | 黃道經度宮 | 度 | 分 | 秒 | 黃道緯度南北 | 度 | 分 | 秒 | 赤道經度宮 | 度 | 分 | 秒 | 微 | 赤道經度歲差加減 | 分 | 秒 | 微 | 赤道緯度南北 | 度 | 分 | 秒 | 微 | 赤道緯度歲差加減 | 秒 | 微 | 星等 |
|---|---|---|---|---|---|---|---|---|---|---|---|---|---|---|---|---|---|---|---|---|---|---|---|---|---|---|
| 南增十 | 亥 | 二八 | 三〇 | 四四 | 北 | 四四 | 〇二 | 二七 | 亥 | 七 | 四五 | 五四 | 一一 | 加 |  | 四一 | 一七 | 北 | 三九 | 〇四 | 二九 | 五三 | 加 | 一九 | 一一 | 六 |
| 南增十一 | 亥 | 二八 | 五一 | 五二 | 北 | 四三 | 一二 | 三〇 | 亥 | 八 | 三五 | 二四 | 一三 | 加 |  | 四一 | 三一 | 北 | 三八 | 二九 | 二九 | 五四 | 加 | 一九 | 一八 | 六 |
| 南增十二 | 戌 |  | 一二 | 四三 | 北 | 四三 | 五九 | 三四 | 亥 | 九 | 〇九 | 一八 | 一二 | 加 |  | 四一 | 二四 | 北 | 三九 | 三九 | 二八 | 一九 | 加 | 一九 | 二三 | 六 |
| 南增十三 | 戌 | 一 | 五八 | 五二 | 北 | 四五 | 〇五 | 〇九 | 亥 | 九 | 四八 | 五一 | 五五 | 加 |  | 四一 | 二五 | 北 | 四一 | 一五 | 一二 | 一二 | 加 | 一九 | 二四 | 六 |
| 南增十四 | 戌 | 三 | 二八 | 二一 | 北 | 四四 | 三四 | 五九 | 亥 | 一一 | 二二 | 〇二 | 四二 | 加 |  | 四一 | 五四 | 北 | 四一 | 二二 | 五四 | 五六 | 加 | 一九 | 三二 | 六 |
| 南增十五 | 戌 | 四 | 三四 | 四四 | 北 | 四三 | 四一 | 一七 | 亥 | 一二 | 五三 | 一六 | 二九 | 加 |  | 四二 | 二三 | 北 | 四一 | 〇二 | 四四 | 一五 | 加 | 一九 | 四五 | 六 |
| 南增十六 | 戌 | 六 | 一六 | 四三 | 北 | 四三 | 四五 | 四九 | 亥 | 一四 | 一三 | 三〇 | 四〇 | 加 |  | 四二 | 四〇 | 北 | 四一 | 四五 | 三〇 | 一六 | 加 | 一九 | 五二 | 四 |
| 南增十七 | 戌 | 六 | 四四 | 三八 | 北 | 四四 | 〇三 | 二〇 | 亥 | 一四 | 二三 | 五四 | 五七 | 加 |  | 四二 | 三九 | 北 | 四二 | 一五 | 〇〇 | 四二 | 加 | 一九 | 五四 | 六 |
| 南增十八 | 戌 | 九 | 〇四 | 二七 | 北 | 四三 | 五七 | 二二 | 亥 | 一六 | 二三 | 三七 | 四四 | 加 |  | 四三 | 〇八 | 北 | 四二 | 五九 | 四八 | 三五 | 加 | 二〇 | 〇五 | 六 |
| 東增十九 | 戌 | 三 | 四五 | 一〇 | 北 | 五一 | 二四 | 二六 | 亥 | 六 | 一六 | 二〇 | 四九 | 加 |  | 三八 | 四三 | 北 | 四七 | 〇九 | 五〇 | 四二 | 加 | 一八 | 五四 | 五 |
| 東增二十 | 戌 | 六 | 一四 | 〇〇 | 北 | 四三 | 四九 | 〇六 | 亥 | 一四 | 〇八 | 五七 | 五七 | 加 |  | 四二 | 三九 | 北 | 四一 | 四七 | 一三 | 三三 | 加 | 一九 | 五一 | 四 |
| 造父一 | 戌 | 一六 | 〇六 | 二一 | 北 | 五九 | 三三 | 五四 | 亥 | 六 | 一四 | 四四 | 〇四 | 加 |  | 三四 | 二八 | 北 | 五七 | 五二 | 三九 | 五九 | 加 | 一八 | 五三 | 四 |
| 造父二 | 戌 | 一二 | 二七 | 〇一 | 北 | 六一 | 一〇 | 〇三 | 亥 | 一 | 四三 | 五〇 | 四四 | 加 |  | 三二 | 〇八 | 北 | 五七 | 四〇 | 四〇 | 四五 | 加 | 一八 | 一五 | 四 |
| 造父三 | 戌 | 一四 | 二八 | 〇二 | 北 | 六一 | 五五 | 一六 | 亥 | 一 | 五四 | 四一 | 四七 | 加 |  | 三一 | 二九 | 北 | 五八 | 五三 | 四四 | 二八 | 加 | 一八 | 一六 | 六 |
| 造父四 | 戌 | 九 | 〇七 | 五七 | 北 | 六四 | 〇三 | 一〇 | 子 | 二五 | 四五 | 〇一 | 〇六 | 加 |  | 二八 | 四二 | 北 | 五八 | 二九 | 三二 | 三五 | 加 | 一七 | 〇五 | 六 |
| 造父五 | 戌 | 一二 | 五四 | 五四 | 北 | 六五 | 二九 | 二六 | 子 | 二五 | 三五 | 〇二 | 〇八 | 加 |  | 二六 | 五六 | 北 | 六〇 | 三九 | 〇〇 | 〇九 | 加 | 一七 | 〇三 | 五 |
| 南增一 | 戌 | 一〇 | 三一 | 三四 | 北 | 六一 | 五三 | 〇九 | 子 | 二九 | 三四 | 五三 | 二八 | 加 |  | 三一 | 一六 | 北 | 五七 | 三〇 | 一二 | 〇七 | 加 | 一七 | 四九 | 六 |
| 內增二 | 戌 | 一二 | 四三 | 一三 | 北 | 六一 | 四九 | 一二 | 亥 |  | 五九 | 四八 | 三〇 | 加 |  | 三一 | 三〇 | 北 | 五八 | 一二 | 五九 | 三五 | 加 | 一八 | 〇五 | 六 |
| 內增三 | 戌 | 一三 | 四八 | 〇二 | 北 | 六二 | 五四 | 四七 | 亥 |  | 三 | 四八 | 三七 | 加 |  | 三〇 | 一九 | 北 | 五九 | 一九 | 〇二 | 四二 | 加 | 一七 | 五四 | 六 |
| 內增四 | 戌 | 一二 | 二四 | 五一 | 北 | 六五 | 〇二 | 五七 | 子 | 二六 | 〇一 | 三四 | 三〇 | 加 |  | 二七 | 三〇 | 北 | 六〇 | 一二 | 四五 | 二七 | 加 | 一七 | 〇九 | 六 |

危宿恆星表

| 星名 | 黃道經度宮 | 度 | 分 | 秒 | 黃道緯度南北 | 度 | 分 | 秒 | 赤道經度宮 | 度 | 分 | 秒 | 微 | 赤道經度歲差加減 | 分 | 秒 | 微 | 赤道緯度南北 | 度 | 分 | 秒 | 微 | 赤道緯度歲差加減 | 秒 | 微 | 星等 |
|---|---|---|---|---|---|---|---|---|---|---|---|---|---|---|---|---|---|---|---|---|---|---|---|---|---|---|
| 東增五 | 戌 | 一三 | 〇七 | 五八 | 北 | 六五 | 二九 | 三九 | 子 | 二五 | 四一 | 二九 | 二五 | 加 |  | 二六 | 五五 | 北 | 六〇 | 四三 | 二四 | 五二 | 加 | 一七 | 〇四 | 五 |
| 天鉤一 | 戌 | 一七 | 四五 | 一一 | 北 | 七四 | 〇七 | 三六 | 子 | 一〇 | 二二 | 五四 | 四二 | 加 |  | 一一 | 五四 | 北 | 六六 | 一七 | 三五 | 一二 | 加 | 一三 | 二四 | 六 |
| 天鉤二 | 戌 | 七 | 三五 | 二四 | 北 | 七六 | 一七 | 〇八 | 子 | 三 | 一七 | 三一 | 二七 | 加 |  | 一一 | 〇九 | 北 | 六四 | 三九 | 〇一 | 四六 | 加 | 一一 | 二二 | 六 |
| 天鉤三 | 戌 | 三 | 二六 | 二六 | 北 | 七三 | 五七 | 三五 | 子 | 六 | 五四 | 二七 | 二二 | 加 |  | 一五 | 四三 | 北 | 六二 | 三九 | 三三 | 二一 | 加 | 一二 | 二七 | 五 |
| 天鉤四 | 戌 | 三 | 〇二 | 一四 | 北 | 七一 | 四六 | 二七 | 子 | 一〇 | 四三 | 三三 | 三五 | 加 |  | 一九 | 〇五 | 北 | 六一 | 二三 | 五七 | 二一 | 加 | 一三 | 二七 | 四 |
| 天鉤五 | 戌 | 一一 | 二〇 | 一九 | 北 | 六八 | 五六 | 四〇 | 子 | 一八 | 五七 | 五九 | 四三 | 加 |  | 二二 | 〇一 | 北 | 六二 | 〇九 | 四〇 | 〇五 | 加 | 一五 | 三五 | 三 |
| 天鉤六 | 戌 | 二二 | 四四 | 二五 | 北 | 六五 | 四六 | 四七 | 亥 |  | 六 | 五四 | 〇四 | 加 |  | 二六 | 二八 | 北 | 六四 | 〇七 | 三六 | 二五 | 加 | 一七 | 五五 | 五 |
| 天鉤七 | 戌 | 二六 | 五二 | 五一 | 北 | 六三 | 五七 | 五九 | 亥 | 五 | 五一 | 〇四 | 三三 | 加 |  | 二九 | 五一 | 北 | 六四 | 三五 | 四〇 | 一六 | 加 | 一八 | 五二 | 六 |
| 天鉤八 | 酉 | 一 | 四五 | 四六 | 北 | 六二 | 三七 | 四八 | 亥 | 一一 | 二五 | 二〇 | 〇一 | 加 |  | 三三 | 〇七 | 北 | 六五 | 三八 | 四六 | 〇五 | 加 | 一九 | 三五 | 四 |
| 天鉤九 | 酉 | 八 | 三一 | 一一 | 北 | 六一 | 二四 | 五五 | 亥 | 一八 | 三〇 | 四七 | 四〇 | 加 |  | 三七 | 四〇 | 北 | 六七 | 三二 | 三三 | 二八 | 加 | 二〇 | 一六 | 五 |
| 北增一 | 亥 | 二四 | 四九 | 二四 | 北 | 七五 | 四七 | 三四 | 子 | 一 | 〇二 | 三五 | 二四 | 加 |  | 一四 | 四八 | 北 | 六一 | 四二 | 二六 | 四〇 | 加 | 一〇 | 四〇 | 六 |
| 北增二 | 亥 | 二六 | 三三 | 〇八 | 北 | 七五 | 一五 | 一二 | 子 | 二 | 二九 | 二五 | 〇八 | 加 |  | 一四 | 五六 | 北 | 六一 | 四六 | 一八 | 五三 | 加 | 一一 | 一一 | 六 |
| 北增三 | 亥 | 二九 | 〇一 | 四九 | 北 | 七四 | 三三 | 〇六 | 子 | 四 | 二八 | 二三 | 〇二 | 加 |  | 一五 | 一四 | 北 | 六一 | 五六 | 四四 | 五〇 | 加 | 一一 | 五〇 | 六 |
| 北增四 | 亥 | 二九 | 五〇 | 〇九 | 北 | 七四 | 一三 | 三九 | 子 | 五 | 二〇 | 二七 | 五六 | 加 |  | 一九 | 三二 | 北 | 六一 | 五七 | 三一 | 三五 | 加 | 一二 | 〇五 | 六 |
| 北增五 | 戌 | 一七 | 〇八 | 二四 | 北 | 七〇 | 〇〇 | 〇一 | 子 | 一九 | 一五 | 四六 | 四七 | 加 |  | 一九 | 二九 | 北 | 六四 | 二六 | 五二 | 四〇 | 加 | 一五 | 四〇 | 六 |
| 北增六 | 戌 | 一七 | 三二 | 五二 | 北 | 六九 | 五五 | 五六 | 子 | 一九 | 三三 | 一七 | 五六 | 加 |  | [illegible] | 三二 | 北 | 六四 | 三二 | 二一 | 三二 | 加 | 一五 | 四四 | 六 |
| 北增七 | 戌 | 二三 | 一九 | 三四 | 北 | 七〇 | 〇三 | 三八 | 子 | 二一 | 二二 | 二九 | 一九 | 加 |  | 一八 | 一三 | 北 | 六六 | 二二 | 一〇 | 二七 | 加 | 一六 | 〇九 | 六 |
| 北增八 | 戌 | 二三 | 三九 | 五九 | 北 | 六九 | 五八 | 〇六 | 子 | 二一 | 四二 | 一四 | 一一 | 加 |  | 一八 | 一七 | 北 | 六六 | 二六 | 一六 | 〇二 | 加 | 一六 | 一四 | 六 |
| 南增九 | 戌 | 一三 | 三〇 | 五六 | 北 | 六六 | 四〇 | 五九 | 子 | 二三 | 五四 | 一九 | 四四 | 加 |  | 二五 | 〇八 | 北 | 六一 | 三三 | 二七 | 四九 | 加 | 一六 | 四三 | 六 |
| 南增十 | 戌 | 一三 | 一二 | 〇七 | 北 | 六六 | 四七 | 五二 | 子 | 二三 | 三三 | 三四 | 〇九 | 加 |  | 二五 | 〇三 | 北 | 六一 | 三一 | 二四 | 三一 | 加 | 一六 | 三七 | 六 |

危宿恆星表

| 星名 | 黃道經度 宮 | 度 | 分 | 秒 | 黃道緯度 向 | 度 | 分 | 秒 | 赤道經度 宮 | 度 | 分 | 秒 | 微 | 經度歲差 | 分 | 秒 | 微 | 赤道緯度 向 | 度 | 分 | 秒 | 微 | 緯度歲差 | 秒 | 微 | 星等 |
|---|---|---|---|---|---|---|---|---|---|---|---|---|---|---|---|---|---|---|---|---|---|---|---|---|---|---|
| 南增十一 | 戌 | 一八 | 二三 | 〇三 | 北 | 六四 | 一八 | 五九 | 亥 |  | 二六 | 三三 | 二三 | 加 |  | 二八 | 四一 | 北 | 六一 | 四七 | 〇〇 | 一七 | 加 | 一七 | 五九 | 六 |
| 南增十二 | 戌 | 一八 | 二九 | 五三 | 北 | 六四 | 一七 | 一四 | 亥 |  | 三三 | 〇九 | 一五 | 加 |  | 二八 | 四五 | 北 | 六一 | 四八 | 一一 | 〇〇 | 加 | 一八 | 〇〇 | 五 |
| 南增十三 | 戌 | 一九 | 一九 | 〇八 | 北 | 六四 | 五七 | 二三 | 亥 |  | 二五 | 四七 | 〇二 | 加 |  | 二八 | 一四 | 北 | 六二 | 一七 | 二二 | 一七 | 加 | 一七 | 五九 | 六 |
| 南增十四 | 戌 | 二一 | 二〇 | 〇〇 | 北 | 六三 | 二五 | 一九 | 亥 | 三 | 三八 | 〇三 | 一九 | 加 |  | 三〇 | 一三 | 北 | 六二 | 一六 | 四九 | 三〇 | 加 | 一八 | 三〇 | 六 |
| 南增十五 | 戌 | 二五 | 四〇 | 五六 | 北 | 六二 | 〇二 | 五八 | 亥 | 八 | 三八 | 三五 | 二五 | 加 |  | 三二 | 五五 | 北 | 六三 | 〇一 | 四一 | 〇二 | 加 | 一九 | 一四 | 六 |
| 南增十六 | 戌 | 二五 | 五四 | 〇三 | 北 | 六一 | 〇一 | 二四 | 亥 | 八 | 四九 | 三七 | 五一 | 加 |  | 三二 | 五七 | 北 | 六三 | 〇五 | 三五 | 二八 | 加 | 一九 | 一六 | 五 |
| 南增十七 | 戌 | 一九 | 三〇 | 〇一 | 北 | 六四 | 三四 | 四六 | 亥 |  | 五六 | 一六 | 二〇 | 加 |  | 二八 | 二〇 | 北 | 六二 | 一九 | 三四 | 四三 | 加 | 一八 | 〇一 | 六 |
| 南增十八 | 戌 | 一八 | 三五 | 五九 | 北 | 六四 | 一五 | 四八 | 亥 |  | 三九 | 〇七 | 〇七 | 加 |  | 二八 | 四九 | 北 | 六一 | 四九 | 三三 | 一七 | 加 | 一七 | 五九 | 六 |

室宿恆星表

| 星名 | 黃道經度 宮 | 度 | 分 | 秒 | 黃道緯度 向 | 度 | 分 | 秒 | 赤道經度 宮 | 度 | 分 | 秒 | 微 | 經度歲差 | 分 | 秒 | 微 | 赤道緯度 向 | 度 | 分 | 秒 | 微 | 緯度歲差 | 秒 | 微 | 星等 |
|---|---|---|---|---|---|---|---|---|---|---|---|---|---|---|---|---|---|---|---|---|---|---|---|---|---|---|
| 室宿一 | 亥 | 二一 | 五六 | 二九 | 北 | 一九 | 二四 | 二一 | 亥 | 一四 | 四八 | 四二 | 一一 | 加 |  | 四六 | 一七 | 北 | 一四 | 三六 | 二七 | 五一 | 加 | 一九 | 五七 | 二 |
| 室宿二 | 亥 | 二七 | 四九 | 二九 | 北 | 三一 | 〇八 | 〇〇 | 亥 | 一四 | 三六 | 一一 | 〇七 | 加 |  | 四四 | 四九 | 北 | 二七 | 二八 | 三七 | 五一 | 加 | 一九 | 五七 | 二 |
| 西增一 | 亥 | 二二 | 四五 | 五三 | 北 | 二五 | 一一 | 三二 | 亥 | 一三 | 〇一 | 四七 | 〇四 | 加 |  | 四五 | 二八 | 北 | 二〇 | 一一 | 二六 | 五八 | 加 | 一九 | 四六 | 六 |
| 東增二 | 亥 | 二七 | 一八 | 〇四 | 北 | 二八 | 二八 | 二四 | 亥 | 一五 | 二七 | 四六 | 一一 | 加 |  | 四五 | 一七 | 北 | 二四 | 五三 | 二九 | 四三 | 加 | 二〇 | 〇一 | 六 |
| 東增三 | 亥 | 二九 | 〇五 | 二〇 | 北 | 二九 | 一三 | 四五 | 亥 | 一六 | 三九 | 〇二 | 一一 | 加 |  | 四五 | 一七 | 北 | 二六 | 一五 | 四二 | 三六 | 加 | 二〇 | 一二 | 六 |
| 東增四 | 戌 |  | 四二 | 五六 | 北 | 三〇 | 〇五 | 一七 | 亥 | 一七 | 三八 | 二九 | 五三 | 加 |  | 四五 | 一一 | 北 | 二七 | 三九 | 二七 | 一三 | 加 | 二〇 | 三一 | 六 |
| 東增五 | 戌 | 二 | 五九 | 五四 | 北 | 三一 | 三一 | 四四 | 亥 | 一八 | 五三 | 一四 | 一二 | 加 |  | 四五 | 二四 | 北 | 二九 | 五〇 | 〇二 | 二八 | 加 | 二〇 | 一六 | 六 |
| 東增六 | 戌 | 四 | 〇〇 | 二八 | 北 | 三二 | 三九 | 〇七 | 亥 | 一九 | 一〇 | 〇一 | 二〇 | 加 |  | 四五 | 二〇 | 北 | 三一 | 一三 | 二九 | 五四 | 加 | 二〇 | 一八 | 六 |
| 東增七 | 戌 | 五 | 〇四 | 一九 | 北 | 三三 | 〇一 | 二七 | 亥 | 一九 | 五三 | 三三 | 二九 | 加 |  | 四五 | 二三 | 北 | 三一 | 五八 | 一三 | 一二 | 加 | 二〇 | 二四 | 六 |
| 離宮一 | 亥 | 二一 | 三一 | 〇四 | 北 | 二八 | 四七 | 五四 | 亥 | 一〇 | 一八 | 一〇 | 三二 | 加 |  | 四四 | 四四 | 北 | 二二 | 五九 | 一〇 | 〇四 | 加 | 一九 | 二八 | 四 |
| 離宮二 | 亥 | 二二 | 五〇 | 三六 | 北 | 二九 | 二三 | 一七 | 亥 | 一一 | 一〇 | 〇一 | 三二 | 加 |  | 四四 | 四四 | 北 | 二四 | 〇〇 | 五七 | 五六 | 加 | 一九 | 三二 | 四 |
| 離宮三 | 亥 | 二三 | 二二 | 五九 | 北 | 三四 | 二五 | 二九 | 亥 | 九 | 〇八 | 三七 | 五七 | 加 |  | 四三 | 三九 | 北 | 二八 | 四四 | 一八 | 三七 | 加 | 一九 | 一九 | 五 |
| 離宮四 | 亥 | 二四 | 一二 | 二八 | 北 | 三五 | 〇六 | 四八 | 亥 | 九 | 二七 | 五一 | 二二 | 加 |  | 四三 | 三四 | 北 | 二九 | 三九 | 一一 | 〇三 | 加 | 一九 | 二一 | 三 |
| 離宮五 | 亥 | 二九 | 三三 | 二四 | 北 | 二五 | 三三 | 五四 | 亥 | 一八 | 四九 | 四〇 | 〇七 | 加 |  | 四五 | 四九 | 北 | 二三 | 〇八 | 五二 | 四五 | 加 | 二〇 | 一五 | 四 |
| 離宮六 | 戌 |  | 二七 | 三一 | 北 | 二四 | 四七 | 五二 | 亥 | 一九 | 五九 | 一八 | 三六 | 加 |  | 四六 | 一二 | 北 | 二二 | 四八 | 三九 | 五四 | 加 | 二〇 | 一八 | 五 |
| 西增一 | 亥 | 一四 | 四四 | 〇二 | 北 | 二八 | 三五 | 〇一 | 亥 | 四 | 三五 | 〇八 | 一二 | 加 |  | 四四 | 二四 | 北 | 二〇 | 一七 | 五六 | 二三 | 加 | 一八 | 四一 | 六 |
| 西增二 | 亥 | 一六 | 三五 | 五九 | 北 | 二七 | 〇九 | 〇三 | 亥 | 六 | 四八 | 四〇 | 四一 | 加 |  | 四四 | 四七 | 北 | 一九 | 四〇 | 〇八 | 四三 | 加 | 一九 | 〇一 | 六 |
| 西增三 | 亥 | 一七 | 四七 | 四五 | 北 | 二五 | 五三 | 三七 | 亥 | 八 | 二三 | 三五 | 三五 | 加 |  | 四五 | 〇五 | 北 | 一八 | 五七 | 四六 | 一九 | 加 | 一九 | 一三 | 六 |
| 西增四 | 亥 | 一八 | 〇四 | 四九 | 北 | 二五 | 五六 | 三五 | 亥 | 八 | 三七 | 〇五 | 五二 | 加 |  | 四五 | 〇四 | 北 | 一九 | 〇六 | 四八 | 二八 | 加 | 一九 | 一六 | 六 |
| 西增五 | 亥 | 一九 | 一六 | 五二 | 北 | 二五 | 〇五 | 二六 | 亥 | 一〇 | 〇二 | 〇一 | 五四 | 加 |  | 四五 | 一八 | 北 | 一八 | 四七 | 〇一 | 五五 | 加 | 一九 | 二五 | 六 |

室宿恆星表

| 星名 | 黃道經度 宮 | 度 | 分 | 秒 | 黃道緯度 向 | 度 | 分 | 秒 | 赤道經度 宮 | 度 | 分 | 秒 | 微 | 經度歲差 | 分 | 秒 | 微 | 赤道緯度 向 | 度 | 分 | 秒 | 微 | 緯度歲差 | 秒 | 微 | 星等 |
|---|---|---|---|---|---|---|---|---|---|---|---|---|---|---|---|---|---|---|---|---|---|---|---|---|---|---|
| 南增六 | 亥 | 二八 | 三九 | 二四 | 北 | 二二 | 四四 | 一七 | 亥 | 一九 | 二〇 | 〇四 | 一一 | 加 |  | 四六 | 一七 | 北 | 二〇 | 一四 | 三〇 | 五四 | 加 | 二〇 | 一八 | 六 |
| 東增七 | 戌 | 一 | 五三 | 一八 | 北 | 二三 | 一〇 | 一二 | 亥 | 二二 | 〇一 | 一七 | 一三 | 加 |  | 四六 | 三一 | 北 | 二一 | 五四 | 〇八 | 一三 | 加 | 二〇 | 三一 | 六 |
| 東增八 | 戌 | 一 | 五一 | 〇七 | 北 | 二六 | 〇九 | 二一 | 亥 | 二〇 | 三四 | 五五 | 二七 | 加 |  | 四六 | 〇九 | 北 | 二四 | 三四 | 四五 | 二九 | 加 | 二〇 | 二三 | 六 |
| 騰蛇一 | 戌 | 六 | 三九 | 二八 | 北 | 五三 | 一七 | 三七 | 亥 | 六 | 四三 | 〇二 | 四三 | 加 |  | 三八 | 〇一 | 北 | 四九 | 四四 | 一〇 | 一七 | 加 | 一八 | 五九 | 四 |
| 騰蛇二 | 戌 | 四 | 二四 | 四八 | 北 | 五三 | 一九 | 一六 | 亥 | 五 | 〇三 | 二七 | 三二 | 加 |  | 三七 | 四四 | 北 | 四八 | 五六 | 三三 | 二三 | 加 | 一八 | 四一 | 五 |
| 騰蛇三 | 亥 | 二六 | 〇七 | 〇四 | 北 | 五七 | 一一 | 五六 | 子 | 二五 | 四四 | 二一 | 二七 | 加 |  | 三四 | 〇九 | 北 | 四九 | 〇九 | 三六 | 四四 | 加 | 一七 | 〇八 | 五 |
| 騰蛇四 | 亥 | 二六 | 五一 | 三一 | 北 | 五八 | 五二 | 三〇 | 子 | 二四 | 三六 | 三六 | 二五 | 加 |  | 三二 | 五五 | 北 | 五〇 | 四三 | 一六 | 五一 | 加 | 一六 | 五七 | 四 |
| 騰蛇五 | 亥 | 二二 | 三九 | 三六 | 北 | 六〇 | 四〇 | 五九 | 子 | 二〇 | 一三 | 〇〇 | 一三 | 加 |  | 三一 | 三一 | 北 | 五〇 | 四八 | 二四 | 五〇 | 加 | 一五 | 五〇 | 五 |
| 騰蛇六 | 亥 | 二三 | 一九 | 一一 | 北 | 六二 | 四九 | 〇八 | 子 | 一八 | 二四 | 一三 | 四〇 | 加 |  | 二九 | 四〇 | 北 | 五二 | 三九 | 〇四 | 〇四 | 加 | 一五 | 二八 | 五 |
| 騰蛇七 | 戌 | 五 | 二三 | 五六 | 北 | 六三 | 四五 | 〇九 | 子 | 二四 | 〇五 | 五六 | 三四 | 加 |  | 二八 | 五八 | 北 | 五七 | 〇四 | 二四 | 三二 | 加 | 一六 | 四四 | 六 |
| 騰蛇八 | 戌 | 六 | 一二 | 四一 | 北 | 六一 | 一四 | 一一 | 子 | 二七 | 四八 | 五二 | 二三 | 加 |  | 三一 | 四一 | 北 | 五五 | 三四 | 五二 | 三八 | 加 | 一七 | 二六 | 六 |
| 騰蛇九 | 戌 | 一一 | 二八 | 〇六 | 北 | 五九 | 五九 | 二五 | 亥 | 二 | 四〇 | 四二 | 二一 | 加 |  | 三四 | 二七 | 北 | 五六 | 二九 | 五八 | 〇三 | 加 | 一七 | 二一 | 四 |
| 騰蛇十 | 戌 | 七 | 一一 | 一二 | 北 | 五五 | 三四 | 二三 | 亥 | 四 | 五〇 | 五八 | 三九 | 加 |  | 三六 | 三三 | 北 | 五一 | 四二 | 二九 | 〇六 | 加 | 一八 | 四二 | 五 |
| 騰蛇十一 | 戌 | 二八 | 三八 | 五七 | 北 | 四九 | 二五 | 四三 | 亥 | 二八 | 二二 | 二七 | 二四 | 加 |  | 四六 | 四八 | 北 | 五五 | 一〇 | 四六 | 二二 | 加 | 二〇 | 三四 | 六 |
| 騰蛇十二 | 戌 | 二九 | 三四 | 四〇 | 北 | 五一 | 一〇 | 一一 | 亥 | 二七 | 一五 | 四八 | 三五 | 加 |  | 四六 | 〇五 | 北 | 五六 | 五四 | 四五 | 四〇 | 加 | 二〇 | 四〇 | 五 |
| 騰蛇十三 | 戌 | 二九 | 三四 | 四七 | 北 | 五二 | 四〇 | 四四 | 亥 | 二五 | 二七 | 二四 | 一七 | 加 |  | 四四 | 五九 | 北 | 五八 | 〇三 | 五九 | 五七 | 加 | 二〇 | 三九 | 四 |
| 騰蛇十四 | 戌 | 二五 | 五四 | 二一 | 北 | 五四 | 三九 | 一九 | 亥 | 一九 | 五三 | 四五 | 二四 | 加 |  | 四一 | 四八 | 北 | 五八 | 〇五 | 二九 | 四六 | 加 | 二〇 | 二二 | 五 |
| 騰蛇十五 | 戌 | 九 | 一四 | 四四 | 北 | 五三 | 四二 | 〇〇 | 亥 | 八 | 一三 | 一八 | 一〇 | 加 |  | 三八 | 一〇 | 北 | 五一 | 〇〇 | 二四 | 一九 | 加 | 一九 | 一三 | 六 |
| 騰蛇十六 | 戌 | 一三 | 〇八 | 三二 | 北 | 四九 | 五三 | 五〇 | 亥 | 一四 | 五〇 | 〇六 | 五四 | 加 |  | 四一 | 一八 | 北 | 四九 | 二七 | 五一 | 一七 | 加 | 一九 | 五九 | 六 |
| 騰蛇十七 | 戌 | 一四 | 一六 | 〇一 | 北 | 四八 | 三四 | 三六 | 亥 | 一六 | 五六 | 〇三 | 三七 | 加 |  | 四二 | 一九 | 北 | 四八 | 四九 | 五九 | 二七 | 加 | 二〇 | 〇九 | 六 |

室宿恆星表

| 室宿恆星 | 黃道經度宮 | 度 | 分 | 秒 | 黃道緯度向 | 度 | 分 | 秒 | 赤道經度宮 | 度 | 分 | 秒 | 微 | 赤經歲差 | 分 | 秒 | 微 | 赤道緯度向 | 度 | 分 | 秒 | 微 | 赤緯歲差 | 秒 | 微 | 星等 |
|---|---|---|---|---|---|---|---|---|---|---|---|---|---|---|---|---|---|---|---|---|---|---|---|---|---|---|
| 螣蛇十八 | 戌 | 一四 | 五七 | 四五 | 北 | 四七 | 四五 | 四四 | 亥 | 一八 | 一三 | 二一 | 四二 | 加 |  | 四二 | 五四 | 北 | 四八 | 二六 | 三一 | 〇二 | 加 | 二〇 | 一四 | 六 |
| 螣蛇十九 | 戌 | 一六 | 四八 | 五九 | 北 | 四三 | 四九 | 〇四 | 亥 | 二三 | 〇三 | 五三 | 二五 | 加 |  | 四五 | 〇五 | 北 | 四五 | 五四 | 三六 | 三〇 | 加 | 二〇 | 三〇 | 四 |
| 螣蛇二十 | 戌 | 一八 | 二八 | 二九 | 北 | 四二 | 五七 | 〇三 | 亥 | 二五 | 一一 | 四〇 | 三三 | 加 |  | 四五 | 五一 | 北 | 四五 | 五〇 | 二五 | 一四 | 加 | 二〇 | 三八 | 六 |
| 螣蛇二十一 | 戌 | 一五 | 四八 | 三二 | 北 | 四一 | 四三 | 三五 | 亥 | 二三 | 四六 | 二九 | 三〇 | 加 |  | 四五 | 三〇 | 北 | 四三 | 四五 | 〇〇 | 三九 | 加 | 二〇 | 三三 | 四 |
| 螣蛇二十二 | 戌 | 一四 | 三五 | 四一 | 北 | 四一 | 〇一 | 五二 | 亥 | 二三 | 一二 | 五四 | 一二 | 加 |  | 四五 | 二四 | 北 | 四二 | 四〇 | 四六 | 三九 | 加 | 二〇 | 三三 | 四 |
| 西增一 | 戌 | 二三 | 二六 | 二〇 | 北 | 六九 | 一一 | 五六 | 子 | 一〇 | 四五 | 五三 | 三八 | 加 |  | 二三 | 二六 | 北 | 五七 | 一七 | 四〇 | 五五 | 加 | 一三 | 二五 | 五 |
| 內增二 | 戌 | 一三 | 一〇 | 二五 | 北 | 四八 | 五六 | 四七 | 亥 | 一五 | 四三 | 〇九 | 五〇 | 加 |  | 四一 | 五〇 | 北 | 四八 | 四二 | 三五 | 五二 | 加 | 二〇 | 〇四 | 六 |
| 內增三 | 戌 | 一四 | 五八 | 四三 | 北 | 四六 | 一六 | 二二 | 亥 | 一八 | 三九 | 三七 | 三八 | 加 |  | 四三 | 〇六 | 北 | 四八 | 〇二 | 五四 | 三七 | 加 | 二〇 | 一九 | 六 |
| 西增四 | 戌 | 一〇 | 四二 | 三一 | 北 | 四六 | 三五 | 二四 | 亥 | 一五 | 四二 | 五〇 | 三八 | 加 |  | 四二 | 二六 | 北 | 四五 | 四九 | 四七 | 〇〇 | 加 | 二〇 | 〇〇 | 六 |
| 南增五 | 戌 | 一二 | 〇四 | 二八 | 北 | 四一 | 四七 | 二一 | 亥 | 二〇 | 二九 | 三五 | 三九 | 加 |  | 四四 | 三三 | 北 | 四二 | 一九 | 五三 | 五五 | 加 | 二〇 | 二五 | 六 |
| 南增六 | 戌 | 九 | 五七 | 二八 | 北 | 四一 | 四六 | 五〇 | 亥 | 一八 | 四一 | 三七 | 五二 | 加 |  | 四四 | 〇四 | 北 | 四一 | 二九 | 四五 | 五四 | 加 | 二〇 | 一八 | 六 |
| 南增七 | 戌 | 九 | 二五 | 四五 | 北 | 四一 | 四〇 | 一一 | 亥 | 一八 | 一九 | 二三 | 〇〇 | 加 |  | 四四 | 〇〇 | 北 | 四一 | 一一 | 四二 | 二八 | 加 | 二〇 | 一六 | 六 |
| 南增八 | 戌 | 七 | 三三 | 三三 | 北 | 三八 | 二〇 | 五九 | 亥 | 一八 | 五五 | 〇六 | 三一 | 加 |  | 四四 | 三七 | 北 | 三七 | 三六 | 三一 | 二八 | 加 | 二〇 | 一六 | 六 |
| 南增九 | 戌 | 一〇 | 二七 | 二六 | 北 | 三八 | 一五 | 〇一 | 亥 | 二一 | 二九 | 一二 | 〇二 | 加 |  | 四五 | 一四 | 北 | 三八 | 三九 | 三二 | 五五 | 加 | 二〇 | 二五 | 六 |
| 南增十 | 戌 | 一一 | 四九 | 三〇 | 北 | 三八 | 三六 | 二五 | 亥 | 二二 | 二六 | 五四 | 五五 | 加 |  | 四五 | 二五 | 北 | 三九 | 三〇 | 二二 | 三〇 | 加 | 二〇 | 三〇 | 六 |
| 南增十一 | 戌 | 二二 | 五九 | 〇八 | 北 | 四〇 | 二五 | 一五 | 戌 | 一 | 一〇 | 一八 | 三五 | 加 |  | 四八 | 〇五 | 北 | 四五 | 二八 | 二六 | 四一 | 加 | 二〇 | 四七 | 五 |
| 內增十二 | 戌 | 二〇 | 二〇 | 五一 | 北 | 四六 | 五六 | 〇九 | 亥 | 二三 | 三〇 | 〇八 | 一六 | 加 |  | 四四 | 五二 | 北 | 四九 | 五二 | 五九 | 三九 | 加 | 二〇 | 三三 | 六 |
| 北增十三 | 戌 | 二三 | 五六 | 〇一 | 北 | 五六 | 四六 | 四四 | 亥 | 一五 | 三三 | 一五 | 〇一 | 加 |  | 三九 | 〇七 | 北 | 五八 | 五一 | 三九 | 四三 | 加 | 二〇 | 〇一 | 六 |
| 北增十四 | 酉 |  | 三二 | 〇五 | 北 | 五七 | 一一 | 〇七 | 亥 | 二〇 | 〇三 | 一五 | 〇〇 | 加 |  | 四一 | 〇〇 | 北 | 六一 | 四二 | 四四 | 四六 | 加 | 二〇 | 二二 | 五 |
| 北增十五 | 戌 | 二四 | 二三 | 四九 | 北 | 五六 | 二七 | 三三 | 亥 | 一六 | 二〇 | 一九 | 〇五 | 加 |  | 三九 | 三五 | 北 | 五八 | 四八 | 四四 | 一八 | 加 | 二〇 | 〇六 | 六 |

室宿恆星表

| 室宿恆星 | 黃道經度宮 | 度 | 分 | 秒 | 黃道緯度向 | 度 | 分 | 秒 | 赤道經度宮 | 度 | 分 | 秒 | 微 | 赤經歲差 | 分 | 秒 | 微 | 赤道緯度向 | 度 | 分 | 秒 | 微 | 赤緯歲差 | 秒 | 微 | 星等 |
|---|---|---|---|---|---|---|---|---|---|---|---|---|---|---|---|---|---|---|---|---|---|---|---|---|---|---|
| 北增十六 | 戌 | 二四 | 二三 | 三八 | 北 | 五六 | 二七 | 一一 | 亥 | 一六 | 二〇 | 四一 | 〇五 | 加 |  | 三九 | 三五 | 北 | 五八 | 四八 | 二三 | 三五 | 加 | 二〇 | 〇五 | 六 |
| 內增十七 | 戌 | 一四 | 四三 | 三七 | 北 | 四七 | 〇九 | 三九 | 亥 | 一八 | 三二 | 五〇 | 一八 | 加 |  | 四三 | 〇六 | 北 | 四七 | 五一 | 三二 | 一一 | 加 | 二〇 | 一七 | 六 |
| 內增十八 | 戌 | 二八 | 二五 | 三〇 | 北 | 四九 | 三一 | 三三 | 亥 | 二八 | 〇四 | 〇五 | 四八 | 加 |  | 四六 | 三六 | 北 | 五五 | 一〇 | 〇五 | 四八 | 加 | 二〇 | 三六 | 六 |
| 東增十九 | 戌 | 二三 | 〇二 | 二一 | 北 | 四〇 | 二一 | 〇〇 | 戌 | 一 | 一八 | 一八 | 〇一 | 加 |  | 四八 | 〇七 | 北 | 四五 | 二六 | 五一 | 三二 | 加 | 二〇 | 四四 | 五 |
| 雷電一 | 亥 | 一四 | 三六 | 二二 | 北 | 一七 | 四一 | 三三 | 亥 | 八 | 五八 | 四八 | 四六 | 加 |  | 四六 | 二二 | 北 | 〇 | 一五 | 四七 | 五四 | 加 | 一九 | 一八 | 三 |
| 雷電二 | 亥 | 一六 | 二四 | 三五 | 北 | 一八 | 二六 | 五一 | 亥 | 一〇 | 一七 | 〇五 | 二八 | 加 |  | 四六 | 一六 | 北 | 一一 | 三七 | 五〇 | 〇四 | 加 | 一九 | 二八 | 五 |
| 雷電三 | 亥 | 一六 | 四四 | 一七 | 北 | 一五 | 四三 | 〇七 | 亥 | 一一 | 四〇 | 一三 | 五七 | 加 |  | 四六 | 三九 | 北 | 九 | 一四 | 四三 | 三一 | 加 | 一九 | 三七 | 六 |
| 雷電四 | 亥 | 二〇 | 〇三 | 三二 | 北 | 一三 | 五三 | 三二 | 亥 | 一五 | 二三 | 一三 | 五九 | 加 |  | 四六 | 五三 | 北 | 八 | 五〇 | 〇三 | 四三 | 加 | 二〇 | 〇一 | 五 |
| 雷電五 | 亥 | 二四 | 五九 | 三九 | 北 | 一四 | 五七 | 一四 | 亥 | 一九 | 二四 | 一八 | 四二 | 加 |  | 四六 | 五四 | 北 | 一一 | 四三 | 二四 | 〇三 | 加 | 二〇 | 二一 | 六 |
| 雷電六 | 亥 | 二六 | 三四 | 二二 | 北 | 一四 | 四五 | 一七 | 亥 | 二〇 | 五四 | 四八 | 〇〇 | 加 |  | 四七 | 〇〇 | 北 | 一二 | 〇九 | 三六 | 一二 | 加 | 二〇 | 二四 | 五 |
| 北增一 | 亥 | 一九 | 一一 | 一五 | 北 | 一六 | 四五 | 五六 | 亥 | 一三 | 二六 | 四〇 | 三九 | 加 |  | 四六 | 三三 | 北 | 一一 | 〇八 | 一三 | 〇七 | 加 | 一九 | 四九 | 六 |
| 南增二 | 亥 | 一七 | 〇二 | 二二 | 北 | 一四 | 二九 | 四〇 | 亥 | 一二 | 二五 | 三七 | 二四 | 加 |  | 四六 | 四八 | 北 | 八 | 一四 | 〇〇 | 〇六 | 加 | 一九 | 四二 | 六 |
| 南增三 | 亥 | 二〇 | 二〇 | 三五 | 北 | 一二 | 五七 | 五〇 | 亥 | 一六 | 〇〇 | 五七 | 一七 | 加 |  | 四六 | 五九 | 北 | 八 | 〇五 | 二九 | 五二 | 加 | 二〇 | 〇四 | 六 |
| 南增四 | 亥 | 二〇 | 五二 | 四八 | 北 | 一二 | 四七 | 〇五 | 亥 | 一六 | 三四 | 二三 | 四三 | 加 |  | 四七 | 〇一 | 北 | 八 | 〇八 | 〇五 | 〇一 | 加 | 二〇 | 〇七 | 五 |
| 南增五 | 亥 | 二〇 | 五五 | 五五 | 北 | 一三 | 五七 | 三九 | 亥 | 一六 | 〇八 | 四九 | 四二 | 加 |  | 四六 | 五四 | 北 | 九 | 一四 | 〇二 | 三五 | 加 | 二〇 | 〇五 | 六 |
| 北增六 | 亥 | 二五 | 五五 | 三五 | 北 | 一六 | 四八 | 五八 | 亥 | 一九 | 二八 | 〇五 | 五八 | 加 |  | 四六 | 四六 | 北 | 一三 | 四七 | 二一 | 二〇 | 加 | 二〇 | 二〇 | 六 |
| 東增七 | 戌 | 一 | 〇〇 | 五〇 | 北 | 一九 | 〇〇 | 四八 | 亥 | 二三 | 〇六 | 二〇 | 五九 | 加 |  | 四六 | 五三 | 北 | 一七 | 四七 | 二七 | 四八 | 加 | 二〇 | 二六 | 六 |
| 東增八 | 戌 | 一 | 一二 | 一一 | 北 | 一六 | 四〇 | 〇三 | 亥 | 二四 | 一七 | 四一 | 三五 | 加 |  | 四七 | 〇五 | 北 | 一五 | 四三 | 五四 | 五七 | 加 | 二〇 | 三九 | 六 |
| 土公吏一 | 亥 | 一〇 | 二六 | 〇八 | 北 | 二〇 | 五一 | 〇三 | 亥 | 四 | 〇二 | 二〇 | 二三 | 加 |  | 四五 | 五一 | 北 | 一一 | 三九 | 一六 | 〇五 | 加 | 一八 | 三五 | 六 |
| 土公吏二 | 亥 | 一〇 | 五九 | 一三 | 北 | 一七 | 一八 | 一四 | 亥 | 五 | 五四 | 一一 | 三八 | 加 |  | 四六 | 二六 | 北 | 八 | 三四 | 二九 | 一六 | 加 | 一八 | 五二 | 六 |

室宿恆星表

| 室宿恆星 | 黃道經度宮 | 度 | 分 | 秒 | 黃道緯度向 | 度 | 分 | 秒 | 赤道經度宮 | 度 | 分 | 秒 | 微 | 赤經歲差 | 分 | 秒 | 微 | 赤道緯度向 | 度 | 分 | 秒 | 微 | 赤緯歲差 | 秒 | 微 | 星等 |
|---|---|---|---|---|---|---|---|---|---|---|---|---|---|---|---|---|---|---|---|---|---|---|---|---|---|---|
| 壘壁陣一 | 子 | 二〇 | 〇七 | 五一 | 南 | 四 | 四九 | 五一 | 子 | 二四 | 〇九 | 一八 | 〇〇 | 加 |  | 五二 | 〇〇 | 南 | 一九 | 二一 | 二三 | 二八 | 減 | 一六 | 四四 | 五 |
| 壘壁陣二 | 子 | 一八 | 四一 | 三八 | 南 | 四 | 五八 | 一二 | 子 | 二二 | 四五 | 四四 | 五四 | 加 |  | 五二 | 一八 | 南 | 一九 | 五六 | 五一 | 三九 | 減 | 一六 | 二七 | 四 |
| 壘壁陣三 | 子 | 二〇 | 一六 | 二八 | 南 | 二 | 三二 | 三二 | 子 | 二三 | 三一 | 一八 | 一三 | 加 |  | 五一 | 三一 | 南 | 一七 | 〇八 | 三七 | 一二 | 減 | 一六 | 三六 | 四 |
| 壘壁陣四 | 子 | 二二 | 〇三 | 〇〇 | 南 | 二 | 三三 | 三一 | 子 | 二五 | 一六 | 五一 | 四五 | 加 |  | 五一 | 一五 | 南 | 一六 | 三五 | 〇四 | 四三 | 減 | 一六 | 五九 | 三 |
| 壘壁陣五 | 子 | 二七 | 一三 | 四七 | 南 | 二 | 〇四 | 一七 | 亥 |  | 一〇 | 〇五 | 二九 | 加 |  | 五〇 | 二三 | 南 | 一四 | 二三 | 〇〇 | 五二 | 減 | 一七 | 五六 | 四 |
| 壘壁陣六 | 亥 | 三 | 五一 | 一〇 | 南 | 一 | 一三 | 二四 | 亥 | 六 | 一二 | 二四 | 二九 | 加 |  | 四九 | 二三 | 南 | 一一 | 一四 | 三二 | 一八 | 減 | 一八 | 五四 | 五 |
| 壘壁陣七 | 亥 | 一〇 | 〇一 | 五七 | 南 |  | 二三 | 四〇 | 亥 | 一一 | 四二 | 五七 | 五七 | 加 |  | 四八 | 三九 | 南 | 八 | 一〇 | 三一 | 四六 | 減 | 一九 | 三八 | 四 |
| 壘壁陣八 | 亥 | 一五 | 三八 | 一三 | 南 | 一 | 〇一 | 五四 | 亥 | 一七 | 一〇 | 五五 | 四五 | 加 |  | 四八 | 一五 | 南 | 六 | 三六 | 五八 | 三三 | 減 | 二〇 | 〇九 | 五 |
| 壘壁陣九 | 亥 | 二六 | 四五 | 五〇 | 南 | 三 | 〇七 | 五六 | 亥 | 二八 | 一六 | 四一 | 一五 | 加 |  | 四七 | 四五 | 南 | 四 | 〇九 | 四一 | 四六 | 減 | 二〇 | 三八 | 五 |
| 壘壁陣十 | 亥 | 二七 | 四一 | 二〇 | 南 | 二 | 五七 | 五一 | 亥 | 二九 | 〇三 | 三六 | 四九 | 加 |  | 四七 | 四三 | 南 | 三 | 三八 | 二〇 | 四六 | 減 | 二〇 | 三八 | 五 |
| 壘壁陣十一 | 亥 | 二七 | 二四 | 五四 | 南 | 五 | 四七 | 〇二 | 亥 | 二九 | 五六 | 〇六 | 四七 | 加 |  | 四七 | 二九 | 南 | 六 | 一九 | 五九 | 三七 | 減 | 二〇 | 四一 | 五 |
| 壘壁陣十二 | 亥 | 二六 | 三〇 | 五二 | 南 | 五 | 四三 | 四一 | 亥 | 二九 | 〇五 | 二三 | 一五 | 加 |  | 四七 | 四五 | 南 | 六 | 三八 | 二三 | 一二 | 減 | 一〇 | 四三 | 五 |
| 內增一 | 亥 | 二 | 四五 | 三二 | 南 | 一 | 二二 | 一八 | 亥 | 五 | 一三 | 一八 | 五六 | 加 |  | 四九 | 三二 | 南 | 一一 | 四六 | 二八 | 〇二 | 減 | 一八 | 四六 | 六 |
| 北增二 | 亥 | 八 | 〇七 | 二五 | 北 | 一 | 〇四 | 二七 | 亥 | 九 | 二二 | 二五 | 二三 | 加 |  | 四八 | 四一 | 南 | 七 | 三一 | 四八 | 五七 | 減 | 一九 | 二一 | 六 |
| 北增三 | 亥 | 一〇 | 三七 | 五〇 | 南 |  | 一三 | 二二 | 亥 | 一二 | 一二 | 三四 | 〇五 | 加 |  | 四八 | 三五 | 南 | 七 | 四七 | 二四 | 三七 | 減 | 一九 | 四一 | 六 |
| 北增四 | 亥 | 二四 | 三六 | 三七 | 南 | 一 | 二〇 | 〇二 | 亥 | 二五 | 三四 | 五八 | 〇七 | 加 |  | 四七 | 四九 | 南 | 三 | 二一 | 五九 | 四六 | 減 | 二〇 | 三八 | 五 |
| 北增五 | 亥 | 二五 | 三六 | 〇〇 | 南 | 二 | 一一 | 四九 | 亥 | 二六 | 五〇 | 〇九 | 二四 | 加 |  | 四七 | 四八 | 南 | 三 | 四五 | 五六 | 二〇 | 減 | 二〇 | 四〇 | 六 |
| 東增六 | 亥 | 二九 | 二七 | 〇一 | 南 | 三 | 一二 | 四五 | 戌 |  | 四六 | 三一 | 二三 | 加 |  | 四七 | 四一 | 南 | 三 | 〇九 | 五六 | 三六 | 減 | 二〇 | 四八 | 六 |
| 東增七 | 亥 | 二九 | 三五 | 五一 | 南 | 三 | 〇九 | 五七 | 戌 |  | 五三 | 三〇 | 二三 | 加 |  | 四七 | 四一 | 南 | 三 | 〇三 | 五一 | 四五 | 減 | 二〇 | 四五 | 六 |
| 內增八 | 子 | 一八 | 五一 | 二三 | 南 | 四 | 五一 | 五八 | 子 | 二二 | 五三 | 二六 | 〇二 | 加 |  | 五二 | 一四 | 南 | 一九 | 四七 | 五二 | 三九 | 減 | 一六 | 二七 | 六 |

室宿恆星表

| 室宿恆星 | 黃道經度宮 | 度 | 分 | 秒 | 黃道緯度向 | 度 | 分 | 秒 | 赤道經度宮 | 度 | 分 | 秒 | 微 | 赤經歲差 | 分 | 秒 | 微 | 赤道緯度向 | 度 | 分 | 秒 | 微 | 赤緯歲差 | 秒 | 微 | 星等 |
|---|---|---|---|---|---|---|---|---|---|---|---|---|---|---|---|---|---|---|---|---|---|---|---|---|---|---|
| 羽林軍一 | 子 | 二五 | 一四 | 四三 | 南 | 四 | 二八 | 三五 | 子 | 二九 | 〇九 | 一三 | 五二 | 加 |  | 五一 | 〇四 | 南 | 一七 | 二八 | 四七 | 二八 | 減 | 一七 | 四四 | 六 |
| 羽林軍二 | 子 | 二六 | 〇九 | 三七 | 南 | 六 | 三八 | 五一 | 亥 |  | 四七 | 〇三 | 一九 | 加 |  | 五一 | 一三 | 南 | 一九 | 〇二 | 四二 | 三四 | 減 | 一八 | 〇二 | 六 |
| 羽林軍三 | 子 | 二六 | 二一 | 三八 | 南 | 九 | 二八 | 四九 | 亥 | 二 | 〇二 | 五五 | 〇五 | 加 |  | 五一 | 三五 | 南 | 二一 | 三七 | 三二 | 一五 | 減 | 一八 | 一五 | 六 |
| 羽林軍四 | 子 | 二七 | 四七 | 五四 | 南 | 一〇 | 三四 | 四七 | 亥 | 三 | 五三 | 五四 | 三八 | 加 |  | 五一 | 二六 | 南 | 二二 | 〇八 | 三〇 | 〇四 | 減 | 一八 | 三二 | 五 |
| 羽林軍五 | 子 | 二七 | 〇〇 | 一〇 | 南 | 一三 | 四〇 | 一四 | 亥 | 四 | 二〇 | 四一 | 一七 | 加 |  | 五一 | 五九 | 南 | 二五 | 一八 | 〇八 | 二九 | 減 | 一八 | 三七 | 五 |
| 羽林軍六 | 子 | 二三 | 五〇 | 三六 | 南 | 一五 | 四一 | 四八 | 亥 | 一 | 五九 | 三三 | 一七 | 加 |  | 五二 | 五九 | 南 | 二八 | 一八 | 三三 | 四一 | 減 | 一八 | 一三 | 五 |
| 羽林軍七 | 子 | 二六 | 二四 | 一六 | 南 | 一五 | 三一 | 〇四 | 亥 | 四 | 三〇 | 三三 | 二〇 | 加 |  | 五二 | 二〇 | 南 | 二七 | 一三 | 五八 | 〇三 | 減 | 一八 | 三九 | 六 |
| 羽林軍八 | 子 | 二九 | 四五 | 五六 | 南 | 一七 | 一五 | 一六 | 亥 | 八 | 三六 | 四八 | 〇六 | 加 |  | 五一 | 四二 | 南 | 二七 | 三六 | 四一 | 五八 | 減 | 一九 | 一四 | 三 |
| 羽林軍九 | 亥 | 一 | 〇〇 | 三二 | 南 | 二〇 | 二七 | 三二 | 亥 | 一一 | 一七 | 三四 | 四八 | 加 |  | 五一 | 三六 | 南 | 三〇 | 〇五 | 二五 | 五五 | 減 | 一九 | 三五 | 六 |
| 羽林軍十 | 亥 | 一 | 三三 | 〇六 | 南 | 一六 | 〇一 | 〇五 | 亥 | 九 | 五〇 | 二八 | 三六 | 加 |  | 五一 | 一二 | 南 | 二五 | 四八 | 二八 | 四八 | 減 | 一九 | 二四 | 六 |
| 羽林軍十一 | 亥 |  | 五八 | 五八 | 南 | 一〇 | 五二 | 三八 | 亥 | 七 | 〇八 | 四九 | 一六 | 加 |  | 五〇 | 五二 | 南 | 二一 | 一五 | 五三 | 五一 | 減 | 一九 | 〇三 | 五 |
| 羽林軍十二 | 亥 | 四 | 一七 | 一〇 | 南 | 一一 | 〇一 | 三一 | 亥 | 一〇 | 二五 | 〇三 | 一一 | 加 |  | 五〇 | 一七 | 南 | 二〇 | 一〇 | 三五 | 五六 | 減 | 一九 | 二八 | 六 |
| 羽林軍十三 | 亥 | 三 | 四二 | 一一 | 南 | 九 | 五七 | 一五 | 亥 | 九 | 二五 | 一六 | 五四 | 加 |  | 五〇 | 一八 | 南 | 一九 | 二四 | 一三 | 五七 | 減 | 一九 | 二一 | 六 |
| 羽林軍十四 | 亥 | 二 | 三〇 | 三一 | 南 | 七 | 五九 | 二四 | 亥 | 七 | 二九 | 二〇 | 五四 | 加 |  | 五〇 | 一八 | 南 | 一八 | 〇一 | 二九 | 五一 | 減 | 一九 | 〇三 | 六 |
| 羽林軍十五 | 亥 |  | 四〇 | 三九 | 南 | 六 | 二九 | 三二 | 亥 | 五 | 〇八 | 一九 | 一一 | 加 |  | 五〇 | 二七 | 南 | 一七 | 一七 | 五六 | 四五 | 減 | 一八 | 四五 | 六 |
| 羽林軍十六 | 亥 | 二 | 一九 | 五七 | 南 | 四 | 四九 | 二五 | 亥 | 六 | 〇六 | 一一 | 〇〇 | 加 |  | 五〇 | 〇〇 | 南 | 一五 | 〇八 | 四三 | 一八 | 減 | 一八 | 五四 | 六 |
| 羽林軍十七 | 亥 | 一 | 二五 | 二一 | 南 | 三 | 一八 | 三七 | 亥 | 四 | 三九 | 四二 | 五一 | 加 |  | 四九 | 五七 | 南 | 一四 | 〇三 | 五一 | 三七 | 減 | 一八 | 四一 | 六 |
| 羽林軍十八 | 亥 |  | 一五 | 〇二 | 南 | 二 | 三七 | 〇二 | 亥 | 三 | 一六 | 四八 | 二六 | 加 |  | 五〇 | 〇二 | 南 | 一三 | 五〇 | 〇九 | 五六 | 減 | 一八 | 二八 | 六 |
| 羽林軍十九 | 亥 | 四 | 〇〇 | 二六 | 南 | 一 | 三一 | 三一 | 亥 | 六 | 二七 | 五七 | 一二 | 加 |  | 四九 | 二四 | 南 | 一一 | 二七 | 五一 | 五二 | 減 | 一八 | 五六 | 六 |
| 羽林軍二十 | 亥 | 五 | 四九 | 四九 | 南 | 一 | 一八 | 五八 | 亥 | 八 | 〇六 | 五三 | 一〇 | 加 |  | 四九 | 一〇 | 南 | 一〇 | 三六 | 〇二 | 〇七 | 減 | 一九 | 一一 | 六 |

室宿恒星表

| 星名 | 黄道經宮 | 度 分 秒 | 黄道緯向 | 度 分 秒 | 赤道經宮 | 度 分 秒 微 | 赤道經歲差 | 分 秒 微 | 赤道緯向 | 度 分 秒 微 | 赤道緯歲差 | 秒 微 | 星等 |
|---|---|---|---|---|---|---|---|---|---|---|---|---|---|
| 羽林軍二十一 | 亥 | 六 五四 三六 | 南 | 一 四九 三六 | 亥 | 九 一九 三八 一八 | 加 | 四九 〇六 | 南 | 一〇 四〇 二七 四〇 | 減 | 一九 二〇 | 六 |
| 羽林軍二十二 | 亥 | 七 五八 〇二 | 南 | 二 四五 二〇 | 亥 | 一〇 四〇 四三 五二 | 加 | 四九 〇四 | 南 | 一一 〇八 二五 三〇 | 減 | 一九 三〇 | 六 |
| 羽林軍二十三 | 亥 | 八 四一 三九 | 南 | 四 一一 五〇 | 亥 | 一一 五五 一五 〇一 | 加 | 四九 〇七 | 南 | 一二 一二 〇五 〇三 | 減 | 一九 三九 | 六 |
| 羽林軍二十四 | 亥 | 七 〇四 〇八 | 南 | 五 三九 二七 | 亥 | 一〇 五六 五八 三八 | 加 | 四九 二六 | 南 | 一四 〇九 五七 〇四 | 減 | 一九 三二 | 五 |
| 羽林軍二十五 | 亥 | 六 二七 四〇 | 南 | 五 五五 五〇 | 亥 | 一〇 二八 三九 五六 | 加 | 四九 三二 | 南 | 一四 三八 五〇 一三 | 減 | 一九 二九 | 五 |
| 羽林軍二十六 | 亥 | 七 二一 〇五 | 南 | 八 一二 〇二 | 亥 | 一二 一三 一六 四八 | 加 | 四九 三六 | 南 | 一六 二四 三九 五四 | 減 | 一九 四二 | 三 |
| 羽林軍二十七 | 亥 | 七 一二 二七 | 南 | 八 三七 四六 | 亥 | 一二 一五 一九 五七 | 加 | 四九 三九 | 南 | 一六 五一 四二 五四 | 減 | 一九 四二 | 六 |
| 羽林軍二十八 | 亥 | 八 三〇 〇九 | 南 | 一四 二九 四九 | 亥 | 一五 五五 二四 一五 | 加 | 四九 四五 | 南 | 二一 四六 〇三 〇八 | 減 | 二〇 〇四 | 四 |
| 羽林軍二十九 | 亥 | 八 〇四 〇九 | 南 | 一五 四二 三七 | 亥 | 一六 〇二 〇〇 一六 | 加 | 四九 五二 | 南 | 二三 〇二 四九 〇八 | 減 | 二〇 〇四 | 五 |
| 羽林軍三十 | 亥 | 六 四七 〇〇 | 南 | 一六 三五 一九 | 亥 | 一五 一〇 五八 四四 | 加 | 五〇 〇八 | 南 | 二四 二〇 四九 〇〇 | 減 | 二〇 〇〇 | 六 |
| 羽林軍三十一 | 亥 | 一三 五三 三五 | 南 | 一六 三〇 五三 | 亥 | 二一 五四 四二 一六 | 加 | 四八 五二 | 南 | 二一 三〇 三〇 一三 | 減 | 二〇 二九 | 五 |
| 羽林軍三十二 | 亥 | 一三 二〇 一一 | 南 | 一六 四六 二一 | 亥 | 二一 三〇 〇八 三四 | 加 | 四八 五八 | 南 | 二一 五七 四四 三九 | 減 | 二〇 二七 | 六 |
| 羽林軍三十三 | 亥 | 一二 二四 二八 | 南 | 一五 三四 五一 | 亥 | 二〇 〇六 一〇 〇一 | 加 | 四九 〇七 | 南 | 二一 一四 二三 一四 | 減 | 二〇 二二 | 五 |
| 羽林軍三十四 | 亥 | 一一 五七 五八 | 南 | 一四 四七 〇二 | 亥 | 一九 二〇 二一 五三 | 加 | 四九 一一 | 南 | 二〇 四一 〇三 二三 | 減 | 二〇 一九 | 五 |
| 羽林軍三十五 | 亥 | 一三 五七 一八 | 南 | 一〇 〇八 二九 | 亥 | 一九 一五 一五 三四 | 加 | 四八 四八 | 南 | 一五 三九 一〇 〇六 | 減 | 二〇 一八 | 六 |
| 羽林軍三十六 | 亥 | 一三 四七 二〇 | 南 | 八 一八 三五 | 亥 | 一八 二〇 五六 四一 | 加 | 四八 四七 | 南 | 一四 〇二 〇六 三二 | 減 | 二〇 一六 | 六 |
| 羽林軍三十七 | 亥 | 一五 一七 三二 | 南 | 四 四六 〇九 | 亥 | 一八 一九 五九 〇四 | 加 | 四八 二八 | 南 | 一〇 一一 三三 一五 | 減 | 二〇 一五 | 五 |
| 羽林軍三十八 | 亥 | 一五 一三 三三 | 南 | 四 一六 一五 | 亥 | 一八 〇四 二五 〇四 | 加 | 四八 二八 | 南 | 九 四五 三四 五八 | 減 | 二〇 一四 | 五 |
| 羽林軍三十九 | 亥 | 一四 四六 四四 | 南 | 三 五八 三三 | 亥 | 一七 三二 二五 四七 | 加 | 四八 二九 | 南 | 九 三九 四三 〇七 | 減 | 二〇 一一 | 五 |
| 羽林軍四十 | 亥 | 一三 二六 四六 | 南 | 一 五三 〇七 | 亥 | 一五 二八 四一 〇四 | 加 | 四八 二八 | 南 | 八 一五 〇二 〇〇 | 減 | 二〇 〇〇 | 六 |
| 羽林軍四十一 | 亥 | 一二 五五 五七 | 南 | 一 五八 一九 | 亥 | 一五 〇一 五八 五六 | 加 | 四八 三二 | 南 | 八 三一 四〇 四三 | 減 | 一九 五九 | 六 |
| 羽林軍四十二 | 亥 | 一二 五一 二六 | 南 | 一 四〇 四八 | 亥 | 一四 五〇 五七 三〇 | 加 | 四八 三〇 | 南 | 八 一七 一五 〇九 | 減 | 一九 五七 | 六 |
| 羽林軍四十三 | 亥 | 一五 三三 一二 | 南 | 二 五〇 二〇 | 亥 | 一七 四八 四六 四六 | 加 | 四八 二二 | 南 | 八 一八 四九 四一 | 減 | 二〇 一三 | 五 |
| 羽林軍四十四 | 亥 | 一八 〇八 四六 | 南 | 一一 〇二 一〇 | 亥 | 二三 三二 一八 二〇 | 加 | 四八 二〇 | 南 | 一四 四九 二七 〇四 | 減 | 二〇 三二 | 五 |
| 羽林軍四十五 | 亥 | 一八 四〇 三三 | 南 | 一一 三六 四五 | 亥 | 二四 一六 一六 一一 | 加 | 四八 一七 | 南 | 一五 〇八 三〇 一二 | 減 | 二〇 三六 | 五 |
| 天綱 | 亥 | 三八 三一 | 南 | 二三 三七 〇三 | 亥 | 一二 二六 三〇 五〇 | 加 | 五一 五〇 | 南 | 三三 〇六 四八 五四 | 減 | 一九 四二 | 五 |
| 北落師門 | 亥 | 二 一八 一五 | 南 | 二一 〇五 四七 | 亥 | 一二 五二 一八 五四 | 加 | 五一 一八 | 南 | 三〇 一〇 五九 〇二 | 減 | 一九 四六 | 一 |
| 鈇鉞一 | 亥 | 一六 五七 五八 | 南 | 一四 四一 二二 | 亥 | 二三 五九 二一 〇四 | 加 | 四八 二八 | 南 | 一八 三七 四六 五五 | 減 | 二〇 三五 | 五 |
| 鈇鉞二 | 亥 | 一七 三六 四〇 | 南 | 一五 一〇 四二 | 亥 | 二四 四八 〇三 四六 | 加 | 四八 二二 | 南 | 一八 四九 一二 五五 | 減 | 二〇 三五 | 五 |
| 鈇鉞三 | 亥 | 一八 四六 三四 | 南 | 一六 二七 二一 | 亥 | 二六 二六 二三 三六 | 加 | 四八 一二 | 南 | 一九 三一 一七 五四 | 減 | 二〇 四二 | 六 |
| 北增一 | 亥 | 一七 〇三 一六 | 南 | 一四 〇〇 二六 | 亥 | 二三 四六 四一 〇四 | 加 | 四八 二八 | 南 | 一七 五八 一八 一二 | 減 | 二〇 三六 | 六 |
| 南增二 | 亥 | 一七 三九 五六 | 南 | 一五 四三 〇一 | 亥 | 二五 〇五 〇九 〇三 | 加 | 四八 二一 | 南 | 一九 一七 二三 二九 | 減 | 二〇 三七 | 六 |
| 北增三 | 亥 | 一七 〇九 一一 | 南 | 一四 三五 二五 | 亥 | 二四 〇七 一三 三八 | 加 | 四八 二六 | 南 | 一八 二七 五四 五五 | 減 | 二〇 三五 | 六 |
| 八魁一 | 亥 | 二四 四四 二八 | 南 | 一五 一六 一五 | 戌 | 一 二四 五〇 四〇 | 加 | 四七 四〇 | 南 | 一六 〇四 一五 五三 | 減 | 二〇 四九 | 五 |
| 八魁二 | 亥 | 二二 一三 五三 | 南 | 一六 一四 三八 | 亥 | 二九 三二 〇〇 四一 | 加 | 四七 四七 | 南 | 一七 五七 三三 三一 | 減 | 二〇 二三 | 五 |
| 八魁三 | 亥 | 二一 二五 一五 | 南 | 一四 一四 四三 | 亥 | 二七 五五 三八 五一 | 加 | 四七 五七 | 南 | 一六 二七 二〇 三七 | 減 | 二〇 四一 | 六 |
| 八魁四 | 亥 | 二五 一六 五六 | 南 | 一〇 〇五 一一 | 亥 | 二九 四三 二九 三五 | 加 | 四七 〇五 | 南 | 一一 〇七 一七 五四 | 減 | 二〇 四二 | 六 |
| 八魁五 | 亥 | 二八 四三 三八 | 南 | 一三 二七 一九 | 戌 | 四 一六 四九 四六 | 加 | 四七 二二 | 南 | 一二 四九 四八 四六 | 減 | 二〇 三八 | 六 |
| 八魁六 | 亥 | 二三 五九 一八 | 南 | 一八 四六 〇七 | 戌 | 二 一五 二三 三八 | 加 | 四七 二六 | 南 | 一九 三二 五四 三七 | 減 | 二〇 四一 | 六 |

壁宿恒星表

| 星名 | 黄道經宮 | 度 分 秒 | 黄道緯向 | 度 分 秒 | 赤道經宮 | 度 分 秒 微 | 赤道經歲差 | 分 秒 微 | 赤道緯向 | 度 分 秒 微 | 赤道緯歲差 | 秒 微 | 星等 |
|---|---|---|---|---|---|---|---|---|---|---|---|---|---|
| 壁宿一 | 戌 | 七 三七 〇六 | 北 | 一二 三五 二六 | 戌 | 一 五三 三一 一六 | 加 | 四七 五二 | 北 | 一四 三三 五〇 〇六 | 加 | 二〇 四二 | 二 |
| 壁宿二 | 戌 | 一二 四六 〇九 | 北 | 二五 四一 二三 | 戌 | 三九 五八 二四 | 加 | 四七 四八 | 北 | 二八 二八 一三 五七 | 加 | 二〇 三九 | 二 |
| 西增一 | 戌 | 七 四五 四七 | 北 | 三二 五三 一四 | 亥 | 二二 一九 五六 三三 | 加 | 四五 五一 | 北 | 三二 五四 二七 〇五 | 加 | 二〇 三五 | 六 |
| 西增二 | 戌 | 六 二四 五八 | 北 | 三一 〇二 〇八 | 亥 | 二二 〇九 一七 〇〇 | 加 | 四六 〇〇 | 北 | 三〇 四四 一二 〇四 | 加 | 二〇 二八 | 六 |
| 西增三 | 戌 | 七 三四 一六 | 北 | 二八 一八 一九 | 亥 | 二四 三六 五三 四八 | 加 | 四六 三六 | 北 | 二八 四五 四二 三一 | 加 | 二〇 三七 | 五 |
| 西增四 | 戌 | 八 三三 四〇 | 北 | 二七 一六 三五 | 亥 | 二六 〇一 五〇 二五 | 加 | 四六 五五 | 北 | 二八 一四 〇六 一四 | 加 | 二〇 三八 | 六 |
| 西增五 | 戌 | 一〇 二五 四九 | 北 | 二四 三五 〇一 | 亥 | 二九 〇四 一一 三〇 | 加 | 四七 三〇 | 北 | 二六 三三 三八 二三 | 加 | 二〇 四一 | 六 |
| 西增六 | 戌 | 八 三四 〇六 | 北 | 二三 〇九 三一 | 亥 | 二八 〇三 二七 四六 | 加 | 四七 二二 | 北 | 二四 三二 一九 〇五 | 加 | 二〇 三五 | 六 |
| 西增七 | 戌 | 五 五一 一七 | 北 | 二〇 三五 一〇 | 亥 | 二六 四七 〇四 〇二 | 加 | 四七 一四 | 北 | 二一 〇八 一一 二三 | 加 | 二〇 四一 | 六 |
| 西增八 | 戌 | 五 四五 四八 | 北 | 二〇 三三 〇八 | 亥 | 二六 四三 〇一 一九 | 加 | 四七 一三 | 北 | 二一 〇四 〇六 二三 | 加 | 二〇 四一 | 六 |
| 西增九 | 戌 | 四 三八 一五 | 北 | 一八 一三 四八 | 亥 | 二六 四三 五九 一一 | 加 | 四七 一七 | 北 | 一八 三〇 五四 四九 | 加 | 二〇 四三 | 六 |
| 南增十 | 戌 | 五 一〇 一六 | 北 | 一一 四二 四六 | 戌 | 二八 二二 | 加 | 四七 三四 | 北 | 一二 四七 二〇 〇六 | 加 | 二〇 四二 | 六 |
| 南增十一 | 戌 | 七 五一 二二 | 北 | 一一 〇五 四九 | 戌 | 二 四四 一一 〇八 | 加 | 四七 五六 | 北 | 一三 一七 三九 四九 | 加 | 二〇 四三 | 六 |
| 南增十二 | 戌 | 八 五七 〇四 | 北 | 一〇 〇九 二四 | 戌 | 四 〇八 一三 二六 | 加 | 四八 〇二 | 北 | 一二 五二 〇七 四〇 | 加 | 二〇 四〇 | 六 |
| 南增十三 | 戌 | 九 四九 二二 | 北 | 一〇 四一 五一 | 戌 | 四 四三 〇八 一八 | 加 | 四八 〇六 | 北 | 一三 四二 三五 一四 | 加 | 二〇 三八 | 六 |
| 東增十四 | 戌 | 一一 五七 〇三 | 北 | 一一 三九 三五 | 戌 | 六 一七 二七 三七 | 加 | 四八 一九 | 北 | 一五 二五 五八 〇五 | 加 | 二〇 三五 | 六 |
| 東增十五 | 戌 | 一一 三一 四七 | 北 | 一二 一七 一七 | 戌 | 五 三八 〇八 四五 | 加 | 四八 一五 | 北 | 一五 五〇 二六 二二 | 加 | 二〇 三四 | 六 |
| 東增十六 | 戌 | 九 三三 三四 | 北 | 一二 五五 二〇 | 戌 | 三 三二 三四 〇九 | 加 | 四八 〇三 | 北 | 一五 三八 一九 四〇 | 加 | 二〇 四〇 | 六 |
| 東增十七 | 戌 | 九 〇六 〇一 | 北 | 一三 一二 二一 | 戌 | 二 五九 五四 一七 | 加 | 四七 五九 | 北 | 一五 四二 五三 三一 | 加 | 二〇 三七 | 六 |
| 西增十八 | 戌 | 七 五六 三三 | 北 | 一五 四六 二八 | 戌 | 四九 四八 五八 | 加 | 四七 四六 | 北 | 一七 三六 二二 四一 | 加 | 二〇 四七 | 六 |
| 東增十九 | 戌 | 一〇 〇二 五八 | 北 | 一七 〇一 五八 | 戌 | 二 一三 一二 三四 | 加 | 四七 五八 | 北 | 一九 三四 四六 〇六 | 加 | 二〇 四二 | 六 |
| 東增二十 | 戌 | 一二 〇五 〇四 | 北 | 一三 三七 五二 | 戌 | 五 三四 五三 五四 | 加 | 四八 一八 | 北 | 一七 一七 一五 〇五 | 加 | 二〇 三五 | 六 |
| 東增二十一 | 戌 | 一二 三五 五六 | 北 | 一五 〇七 〇八 | 戌 | 五 二五 一二 〇三 | 加 | 四八 二一 | 北 | 一八 五〇 五五 四八 | 加 | 二〇 三六 | 六 |
| 東增二十二 | 戌 | 一三 五三 二七 | 北 | 一五 二九 二九 | 戌 | 六 二七 四三 一三 | 加 | 四八 三一 | 北 | 一九 四二 〇一 〇五 | 加 | 二〇 三五 | 四 |
| 東增二十三 | 戌 | 一四 〇七 五三 | 北 | 一五 二五 一三 | 戌 | 六 四三 〇三 三九 | 加 | 四八 三三 | 北 | 一九 四三 五〇 二二 | 加 | 二〇 三四 | 六 |
| 天廐一 | 戌 | 一九 三九 〇〇 | 北 | 三三 二三 二九 | 戌 | 二 四八 二九 二一 | 加 | 四八 二七 | 北 | 三八 〇四 一二 五七 | 加 | 二〇 三九 | 四 |
| 天廐二 | 戌 | 二〇 〇四 〇六 | 北 | 三二 二三 四八 | 戌 | 三 四七 三九 二三 | 加 | 四八 四一 | 北 | 三七 二一 三六 三九 | 加 | 二〇 三三 | 五 |
| 天廐三 | 戌 | 一八 五一 〇九 | 北 | 三一 三六 三一 | 戌 | 五 〇七 〇三 四七 | 加 | 四八 二九 | 北 | 三六 一〇 四七 二三 | 加 | 二〇 四一 | 五 |
| 北增一 | 戌 | 二〇 二一 五一 | 北 | 三五 四六 四九 | 戌 | 一 五八 五六 二八 | 加 | 四八 一六 | 北 | 四〇 二六 四〇 五七 | 加 | 二〇 三九 | 六 |
| 土公一 | 戌 | 二 二六 五七 | 北 | 七 三一 四七 | 亥 | 二九 一三 五四 四〇 | 加 | 四七 四〇 | 北 | 七 五二 四〇 〇五 | 加 | 二〇 三五 | 五 |
| 土公二 | 戌 | 七 二五 一一 | 北 | 四 三〇 五五 | 戌 | 五 〇一 〇〇 〇八 | 加 | 四七 五六 | 北 | 七 〇五 二九 一四 | 加 | 二〇 三八 | 六 |
| 北增一 | 戌 | 二 三七 二九 | 北 | 七 五七 五四 | 亥 | 二九 一二 五七 一四 | 加 | 四七 三八 | 北 | 八 二〇 五四 二四 | 加 | 二〇 四八 | 六 |
| 北增二 | 戌 | 五 一三 三九 | 北 | 九 一二 四六 | 戌 | 一 〇五 四三 五八 | 加 | 四七 四六 | 北 | 一〇 三一 三四 一四 | 加 | 二〇 三八 | 六 |
| 北增三 | 戌 | 五 二四 三二 | 北 | 六 三六 一二 | 戌 | 二 一九 二八 〇七 | 加 | 四七 四九 | 北 | 八 一二 二七 二三 | 加 | 二〇 四一 | 六 |
| 北增四 | 戌 | 五 三二 二四 | 北 | 五 五四 三六 | 戌 | 二 四三 二九 五〇 | 加 | 四七 五〇 | 北 | 七 三七 二六 二三 | 加 | 二〇 四一 | 六 |
| 北增五 | 戌 | 六 二六 二九 | 北 | 五 二七 二九 | 戌 | 三 四四 一五 五一 | 加 | 四七 五七 | 北 | 七 三三 五八 〇四 | 加 | 二〇 二八 | 六 |
| 東增六 | 戌 | 八 三七 三七 | 北 | 三 一一 二三 | 戌 | 六 三九 三四 三四 | 加 | 四七 五八 | 北 | 六 二一 〇九 二二 | 加 | 二〇 三四 | 六 |
| 南增七 | 戌 | 五 〇四 二六 | 南 | 四四 四一 | 戌 | 四 五七 〇八 一五 | 加 | 四七 四五 | 北 | 一 一九 五九 三一 | 加 | 二〇 三七 | 六 |
| 南增八 | 戌 | 四 三四 〇六 | 南 | 二 四一 五三 | 戌 | 五 一五 四六 二三 | 加 | 四七 四一 | 南 | 三九 三七 一二 | 減 | 二〇 三六 | 六 |
| 南增九 | 戌 | 四 五三 三二 | 南 | 三 五九 四八 | 戌 | 六 〇四 三〇 一四 | 加 | 四七 三八 | 南 | 一 四三 二六 五五 | 減 | 二〇 三五 | 六 |

## 壁宿坿星表

| 星名 | 黃道經度宮 | 度 | 分 | 秒 | 黃道緯度南北 | 度 | 分 | 秒 | 赤道經度宮 | 度 | 分 | 秒 | 微 | 歲差加減 | 分 | 秒 | 微 | 赤道緯度南北 | 度 | 分 | 秒 | 微 | 歲差加減 | 秒 | 微 | 等 |
|---|---|---|---|---|---|---|---|---|---|---|---|---|---|---|---|---|---|---|---|---|---|---|---|---|---|---|
| 南增十 | 戌 | 六 | 四五 | 〇七 | 南 | 三 | 五八 | 四四 | 戌 | 七 | 四六 | 一九 | 五七 | 加 |  | 四七 | 三九 | 南 |  | 五八 | 二三 | 四七 | 減 | 二〇 | 三一 | 六 |
| 南增十二 | 戌 | 六 | 〇一 | 四二 | 南 | 四 | 一五 | 〇四 | 戌 | 八 | 〇七 | 五八 | 五七 | 加 |  | 四七 | 三九 | 南 | 一 | 〇六 | 五一 | 三〇 | 減 | 二〇 | 三〇 | 六 |
| 霹靂一 | 亥 | 一七 | 〇三 | 一二 | 北 | 九 | 〇二 | 五三 | 亥 | 一四 | 三四 | 二八 | 一二 | 加 |  | 四七 | 二四 | 北 | 三 | 一三 | 二四 | 〇八 | 加 | 一九 | 五六 | 五 |
| 霹靂二 | 亥 | 一九 | 五三 | 〇〇 | 北 | 七 | 一六 | 二二 | 亥 | 一七 | 五一 | 〇三 | 一三 | 加 |  | 四七 | 三一 | 北 | 二 | 四〇 | 五七 | 九 | 加 | 二〇 | 一三 | 四 |
| 霹靂三 | 亥 | 二三 | 四一 | 四五 | 北 | 九 | 〇一 | 四五 | 亥 | 二〇 | 三七 | 五四 | 〇三 | 加 |  | 四七 | 二一 | 北 | 五 | 四七 | 一〇 | 五五 | 加 | 二〇 | 二五 | 五 |
| 霹靂四 | 亥 | 二六 | 〇六 | 五四 | 北 | 七 | 一二 | 〇三 | 亥 | 二三 | 三四 | 一二 | 三〇 | 加 |  | 四七 | 三〇 | 北 | 五 | 〇三 | 四五 | 三九 | 加 | 二〇 | 三三 | 六 |
| 霹靂五 | 戌 | 一 | 〇三 | 一一 | 北 | 六 | 二二 | 一五 | 亥 | 二八 | 二五 | 一三 | 一四 | 加 |  | 四七 | 三八 | 北 | 六 | 一五 | 四三 | 〇六 | 加 | 二〇 | 四二 | 四 |
| 西增一 | 亥 | 一四 | 五二 | 〇四 | 北 | 六 | 〇〇 | 三九 | 亥 | 一三 | 四四 | 五五 | 一五 | 加 |  | 四七 | 四五 | 南 |  | 二四 | 五三 | 二七 | 減 | 一九 | 五一 | 六 |
| 西增二 | 亥 | 一四 | 五五 | 三八 | 北 | 六 | 五一 | 〇九 | 亥 | 一三 | 二八 | 四七 | 四〇 | 加 |  | 四七 | 四〇 | 北 |  | 二三 | 〇五 | 〇七 | 加 | 一九 | 四九 | 六 |
| 南增三 | 亥 | 一七 | 三〇 | 三四 | 北 | 七 | 〇一 | 〇五 | 亥 | 一五 | 四六 | 四九 | 二二 | 加 |  | 四七 | 三四 | 北 | 一 | 三一 | 四二 | 〇九 | 加 | 二〇 | 〇三 | 六 |
| 北增四 | 亥 | 二一 | 三一 | 三四 | 北 | 八 | 五二 | 一七 | 亥 | 一八 | 四三 | 〇七 | 四六 | 加 |  | 四七 | 二二 | 北 | 四 | 四七 | 三二 | 一一 | 加 | 二〇 | 一七 | 五 |
| 北增五 | 亥 | 二八 | 四八 | 三五 | 北 | 一一 | 〇七 | 三六 | 亥 | 二四 | 二六 | 二四 | 〇三 | 加 |  | 四七 | 二一 | 北 | 九 | 四三 | 三二 | 四八 | 加 | 二〇 | 三六 | 六 |
| 北增六 | 戌 | 一 | 一〇 | 四九 | 北 | 一〇 | 四五 | 五九 | 亥 | 二六 | 四五 | 〇〇 | 〇四 | 加 |  | 四七 | 二八 | 北 | 一〇 | 二〇 | 一一 | 〇六 | 加 | 二〇 | 四二 | 六 |
| 北增七 | 戌 |  | 一三 | 〇一 | 北 | 九 | 二四 | 二五 | 亥 | 二六 | 二五 | 三四 | 三〇 | 加 |  | 四七 | 三〇 | 北 | 八 | 四二 | 三五 | 五七 | 加 | 二〇 | 三九 | 六 |
| 北增八 | 戌 |  | 一一 | 一一 | 北 | 六 | 五八 | 一二 | 亥 | 二七 | 二三 | 〇七 | 〇五 | 加 |  | 四七 | 三五 | 北 | 六 | 二七 | 五八 | 〇六 | 加 | 二〇 | 四二 | 六 |
| 北增九 | 亥 | 一八 | 五二 | 四一 | 北 | 八 | 〇九 | 〇七 | 亥 | 一六 | 三五 | 一八 | 二一 | 加 |  | 四七 | 二七 | 北 | 三 | 〇六 | 〇四 | 一八 | 加 | 二〇 | 〇六 | 五 |
| 雲雨一 | 亥 | 二一 | 二三 | 四九 | 北 | 四 | 二六 | 〇八 | 亥 | 二〇 | 二一 | 〇三 | 四〇 | 加 |  | 四七 | 四〇 | 北 |  | 三九 | 五三 | 一二 | 加 | 二〇 | 二四 | 五 |
| 雲雨二 | 亥 | 二一 | 〇五 | 三一 | 北 | 二 | 〇四 | 〇一 | 亥 | 二一 | 〇〇 | 一〇 | 二四 | 加 |  | 四七 | 四八 | 南 | 一 | 三七 | 五八 | 四八 | 減 | 二〇 | 二四 | 六 |
| 雲雨三 | 亥 | 二六 | 二九 | 二三 | 北 | 二 | 〇一 | 三七 | 亥 | 二五 | 五八 | 二五 | 二三 | 加 |  | 四七 | 四一 | 北 |  | 二七 | 五〇 | 一四 | 加 | 二〇 | 三八 | 六 |
| 雲雨四 | 亥 | 二五 | 〇四 | 五二 | 北 | 三 | 二四 | 五六 | 亥 | 二四 | 〇七 | 五一 | 四〇 | 加 |  | 四七 | 四〇 | 北 | 一 | 一〇 | 四八 | 二二 | 加 | 二〇 | 三四 | 五 |
| 南增一 | 亥 | 二〇 | 四六 | 〇三 | 北 | 一 | 二二 | 三五 | 亥 | 二〇 | 五八 | 三四 | 三三 | 加 |  | 四七 | 五一 | 南 | 二 | 二三 | 四二 | 二二 | 減 | 二〇 | 二六 | 六 |
| 南增二 | 亥 | 二二 | 〇三 | 一四 | 北 | 一 | 二四 | 三六 | 亥 | 二二 | 〇八 | 四五 | 二四 | 加 |  | 四七 | 四八 | 南 | 一 | 五一 | 二八 | 一三 | 減 | 二〇 | 二九 | 六 |
| 南增三 | 亥 | 二一 | 三七 | 四四 | 北 | 一 | 四六 | 一八 | 亥 | 二一 | 三六 | 四五 | 二四 | 加 |  | 四七 | 四八 | 南 | 一 | 四一 | 三四 | 五六 | 減 | 二〇 | 二八 | 六 |
| 內增四 | 亥 | 二一 | 二四 | 三六 | 北 | 四 | 一六 | 二二 | 亥 | 二〇 | 二五 | 三七 | 二三 | 加 |  | 四七 | 四一 | 北 |  | 三一 | 一二 | 二九 | 加 | 二〇 | 二三 | 六 |
| 內增五 | 亥 | 二三 | 二三 | 三九 | 北 | 三 | 四七 | 四〇 | 亥 | 二二 | 三〇 | 〇二 | 二三 | 加 |  | 四七 | 四一 | 北 |  | 四二 | 三〇 | 一三 | 加 | 二〇 | 三一 | 六 |
| 北增六 | 亥 | 二三 | 五四 | 〇二 | 北 | 四 | 一五 | 二〇 | 亥 | 二二 | 四二 | 五八 | 五七 | 加 |  | 四七 | 三九 | 北 | 一 | 一九 | 〇五 | 一三 | 加 | 二〇 | 三一 | 六 |
| 北增七 | 亥 | 二六 | 四五 | 一一 | 北 | 四 | 三二 | 三六 | 亥 | 二五 | 一二 | 五二 | 三一 | 加 |  | 四七 | 三七 | 北 | 三 | 五二 | 三九 | 三一 | 加 | 二〇 | 三七 | 六 |
| 東增八 | 亥 | 二七 | 四八 | 〇〇 | 北 | 三 | 二八 | 五一 | 亥 | 二六 | 三五 | 四八 | 四〇 | 加 |  | 四七 | 四〇 | 北 | 二 | 一九 | 〇五 | 五七 | 加 | 二〇 | 三九 | 六 |
| 東增九 | 亥 | 二七 | 四三 | 四〇 | 北 | 二 | 三六 | 二四 | 亥 | 二六 | 五二 | 四二 | 四〇 | 加 |  | 四七 | 四〇 | 北 | 一 | 二九 | 一五 | 四〇 | 加 | 二〇 | 四〇 | 六 |
| 內增十 | 亥 | 二六 | 二一 | 五一 | 北 | 二 | 〇一 | 五五 | 亥 | 二五 | 五一 | 二四 | 四九 | 加 |  | 四七 | 四三 | 北 |  | 二五 | 〇七 | 一四 | 加 | 二〇 | 三八 | 六 |
| 鈇鑕一 | 戌 | 一〇 | 〇九 | 〇〇 | 南 | 二八 | 三七 | 三八 | 戌 | 二一 | 〇三 | 〇七 | 二三 | 加 |  | 四四 | 四一 | 南 | 二二 | 一二 | 三一 | [illegible] | [illegible] | [illegible] | 二〇 | 六 |
| 鈇鑕二 | 戌 | 一三 | 〇〇 | 三三 | 南 | 二八 | 〇一 | 三七 | 戌 | 二三 | 一四 | 一三 | 二四 | 加 |  | 四四 | 三八 | 南 | 二〇 | 三六 | 三五 | [illegible] | 減 | 一九 | 〇三 | 五 |
| 鈇鑕三 | 戌 | 一四 | 〇九 | 四八 | 南 | 二八 | 五五 | 二五 | 戌 | 二四 | 三七 | 一九 | 一二 | 加 |  | 四四 | 二四 | 南 | 二一 | 〇〇 | 二三 | [illegible] | 減 | 一八 | 五〇 | 五 |
| 鈇鑕四 | 戌 | 一七 | 五一 | 三一 | 南 | 三一 | 〇一 | 五六 | 戌 | 二八 | 四一 | 〇一 | 四一 | 加 |  | 四三 | 四七 | 南 | 二一 | 三六 | 五五 | 〇七 | 減 | 一八 | 一一 | 四 |
| 鈇鑕五 | 戌 | 一六 | 二〇 | 四八 | 南 | 三二 | 〇二 | 五九 | 戌 | 二七 | 五一 | 五八 | 四八 | 加 |  | 四三 | 三六 | 南 | 二三 | 〇四 | 二一 | 四〇 | 減 | 一八 | 二〇 | 四 |

北方七宿恆星斗宿星一十座。五十二星。增四十一星。牛宿星一十一座。五十四星。增八十八星。女宿星八座。五十四星。增七十星。虛宿星一十座。三十四星。增二十三星。危宿星一十座。五十星。增七十八星。室宿星一十座。一百六星。增五十三星。壁宿星六座。二十一星。增五十四星。凡七百七十八星。在黃道宮六。始寅終酉。赤道宮五。始寅終戌。經黃道經度一百三十六度四十二分五十八秒。始斗天籥西增一。在寅二十一度四十八分一十三秒。終危天鉤九。在酉八度三十一分一十一秒。赤道經度一百二十七度三十八分三十八秒三十五微。始斗天籥西增一。在寅二十一度二分二十三秒六微。終壁鈇鑕四。在戌二十八度四十一分一秒四十一微。黃道緯度一百一十九度二十八分三十一秒。最高行女扶筐北增一。在北八十七度二十五分三十二秒。最卑行壁鈇鑕五。在南三十二度二分五十九秒。赤道緯度一百一十三度三十四分一十六秒一十四微。最高行危天鉤九。在北六十七度三十二分三十三秒二十八微。最卑行斗龍一。在南四十六度一分四十二秒四十六微。斗宿六星。增星五。距中星。去極九十三度五十六分半強。去箕宿距星八度五十六分。天籥八星。增星四。距東星去極九十一度二十二分少強。入尾宿一十二度四十

七分。天弁九星。增星六。距西星去極七十五度三分少弱。入箕宿七度四十六分少強。建六星。增星十。距西星去極八十八度二十分弱。入斗宿三度一十八分少強。天雞二星。增星三。距北星去極八十四度五十分強。入斗宿一十四度三十分少弱。狗二星。增星七。距東星去極九十三度一十五分少弱。入斗宿一十一度三十九分半強。狗國四星。增星三。距西南星去極九十五度二十五分弱。入斗宿一十五度三十九分。天淵三星。增星三。距南星去極一百一十二度二十九分少弱。入斗宿五度三十五分弱。農丈人一星。去極一百二度三十分強。入箕宿七度五十二分少弱。鼈一十一星。距西南星去極一百一十二度三十八分強。入箕宿三度五十四分弱。牛六星。增星十四。距中星去極八十五度二十四分少強。去斗宿距星二十三度五十四分強。天桴四星。增星二。距東星去極七十一度一十六分少強。入牛宿五十一分。河鼓三星。增星九。距南星去極六十三度一十七分強。入斗宿二十二度一十六分。右旗九星。增星十二。距北星去極六十一度一十九分

強。入斗宿一十六度三十七分強。左旗九星。增星三十。距西北星去極五十一度一十二分少弱。入斗宿二十度五十四分半強。織女三星。增星四。距大星去極二十八度一十六分半弱。入斗宿五度六分半強。漸臺四星。增星七。距南星去極三十度四十分。入斗宿一十一度三十一分。輦道五星。增星九。距北星去極二十三度四十九分弱。入斗宿一十五度四分。羅堰三星。增星一。距北星去極八十六度三十八分少強。入牛宿四度一十四分強。天田四星。距東南星去極一百度五十七分少強。入女宿三十三分弱。九坎四星。距東星去極一百一十一度三十一分半。入牛宿六度四十一分半強。女四星。增星五。距西南星去極八十一度五十五分弱。去牛宿距星七度四十分少強。離珠四星。增星一。距東南星去極七十四度三十分弱。入牛宿六度五十一分少弱。敗瓜五星。增星三。距西南星去極六十度五十五分。入女宿二度二十分強。瓠瓜五星。增星八。距西北星。去極五十六度五十八分強。入女宿五度三十九分強。天津九星。增星四十。距西北星去極三十二

度五十二分少弱。入虛宿一度二十八分。奚仲四星。增星七。距北星。去極一十六度一十一分少強。入女宿三度一十二分少強。扶筐七星。增星四。距西南星。去極一十二度一十七分弱。入斗宿一十九度五十三分少弱。十二國一十六星。周二星。距南星。去極九十二度五十九分少強。入女宿一度二分少強。秦二星。距西星。去極九十度三十一分半強。入女宿二度八分。代二星。增星二。距北星。去極九十一度二十一分半強。入女宿五度五十八分弱。趙二星。距北星去極九十三度三十八分少強。入女宿二度一分少強。越一星。去極九十度三十分弱。入牛宿七度三分半。齊一星。去極九十四度三十二分半強。入女宿一度三十四分。楚一星。去極九十四度三十一分少強。入女宿三度一十八分少強。鄭一星。去極九十一度五十三分弱。入女宿一十分強。魏一星。去極九十五度一十九分弱。入女宿五度一十分。韓一星。去極九十五度二十二分弱。入女宿五度四十四分半。晉一星。去極九十六度三十三分。入女宿五度五十一分少強。燕一星。去極九十六度五十九分。入女宿五度一十三分少強。虛二星。增星八。距南星。去極八十一度二十二分半。去女宿距星一十一度四十一分弱。司命二星。距南星。去極七十六度四十九分弱。入虛宿三度四十五分半強。司祿二星。距東星。去極七十四度五十四分弱。入虛宿六度三十五分強。司危二星。距南星。去極六十八度五十八分。入虛宿二度三分弱。司非二星。增星三。距西星。去極六十四度四十八分。入虛宿一分。哭二星。增星四。距西星。去極九十度四十分強。入虛宿二度二十五分弱。泣二星。增星二。距東星。去極八十七度三十七分少強。入危宿三十八分強。離瑜三星。增星三。距西南星。去極一百七度二十一分半。入牛宿六度三十一分半強。天壘城一十三星。增星二。距東北星。去極八十四度二分。入虛宿四十三分。敗臼四星。增星一。距西北星。去極一百一十三度少強。入女宿五度四十一分半。危三星。增星十四。距南星。去極七十九度二十分半弱。去虛宿距星九度五十八分少弱。墳墓四星。附危宿增星四。距中星。去極八十一度九分少強。入危宿五度三十分弱。蓋屋二星。距南星去極八十度五十分。入虛宿八度四十三分。虛梁四星。距西星去極八十五度五分弱。入危宿四十七分少強。天錢五星。增星三。距東北星去極一百六度五十三分。入女宿一十度四十四分半強。人四星。增星四。距北星去極五十三度五十一分強。入危宿四十七分弱。杵三星。增星二。距北星去極四十五度三十六分弱。入室宿三十三分。臼四星。增星八。距西北星去極五十度二十八分強。入危宿七度五分弱。車府七星。增星二十七。距東星去極四十四度二十六分少強。入室宿一十二度五十六分。造父五星。增星五。距西南星去極三十度二十六分。入壁宿八度二十九分少強。天鉤九星。增星十八。距北星去極一十五度五十二分強。入壁宿一十度八分。室二星。增星七。距南星去極七十度三十六分弱。去危宿距星二十度四分半。離宮六星。附室宿增星八。距西北星去極六十一度一十二分。入危宿一十九度三十九分。騰蛇二十二星。增星十九。距中南星去極三十六度四十二分強。入室宿一十四度四十三分。雷電六星。增星八。距

西星去極七十二度一十八分半弱。入危宿一十二度四十四分強。土公吏二星。距北星去極六十九度九分。入危宿八度三十四分。壘壁陣一十二星。增星八。距西南第二星去極九十四度五十分少弱。入女宿九度五十四分半。羽林軍四十五星。距西北星去極九十五度三十八分半強。入虛宿三度二十分半強。天綱一星。去極一百一十三度三十七分。入虛宿八度四十四分強。北落師門一星。去極一百一十一度六分少弱。入危宿二十六分少強。鈇鉞三星。增星三。距西星去極一百四度四十一分強。入危宿一十五度六分。八魁六星。距中星去極一百五度一十六分強。入室宿二度四十八分。壁二星。增星二十三。距南星去極七十七度二十四分半強。去室宿距星一十五度四十一分弱。天廐三星。增星一。距北星去極五十六度三十六分半。入壁宿一十二度二分。土公二星。增星十一。距西星去極八十二度二十八分少強。入室宿一十度三十分半。霹靂五星。增星九。距西星去極八十度五十七分少強。入危宿一十五度一十一分少強。雲雨四

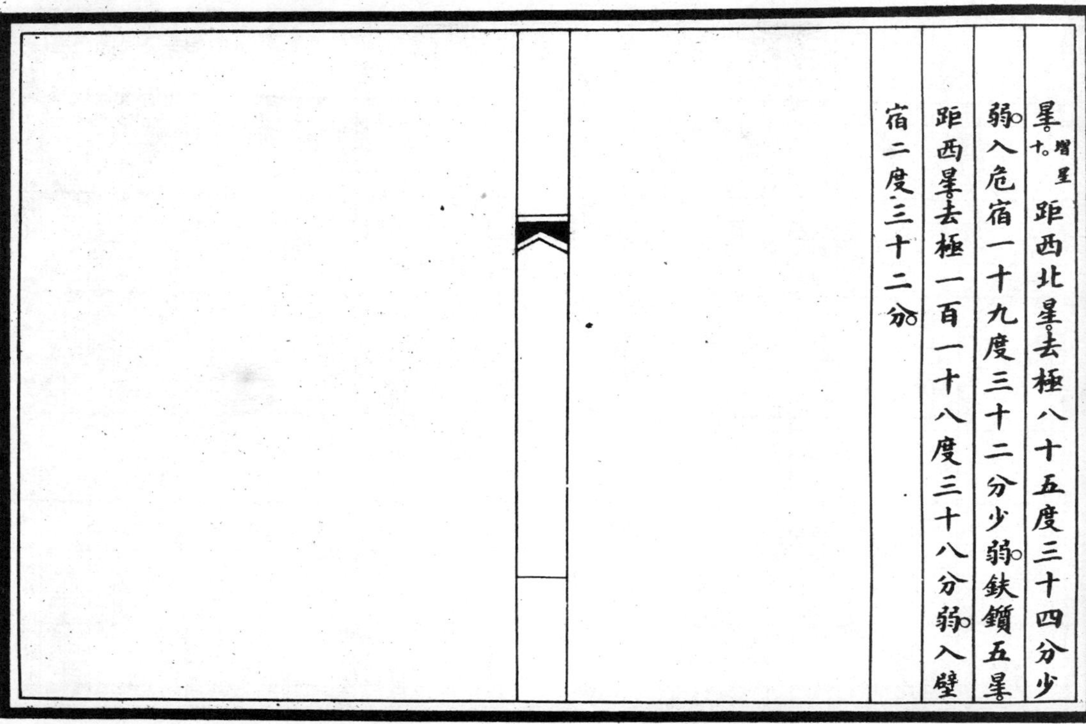

暑十。增星距西北星。去極八十五度三十四分少弱。入危宿一十九度三十二分少弱。鈇鑕五暑距西暑。去極一百一十八度三十八分弱。入壁宿二度三十二分。

欽定大清會典圖卷一百十四

天文八　恒星七

恒星表六　西方七宿

奎宿恒星表

| 星名 | 黃道經宮 | 度 | 分 | 秒 | 黃道緯南北 | 度 | 分 | 秒 | 赤道經宮 | 度 | 分 | 秒 | 微 | 赤道經歲差 | 分 | 秒 | 微 | 赤道緯南北 | 度 | 分 | 秒 | 微 | 赤道緯歲差 | 秒 | 微 | 星等 |
|---|---|---|---|---|---|---|---|---|---|---|---|---|---|---|---|---|---|---|---|---|---|---|---|---|---|---|
| 奎宿一 | 戌 | 二〇 | 五四 | 二四 | 北 | 一五 | 五五 | 五七 | 戌 | 一二 | 五三 | 二二 | 三一 | 加 |  | 四九 | 三七 | 北 | 二二 | 五一 | 一三 | 五三 | 加 | 二〇 | 一一 | 四 |
| 奎宿二 | 戌 | 一九 | 〇四 | 四五 | 北 | 一七 | 三六 | 二六 | 戌 | 一〇 | 二四 | 二八 | 五四 | 加 |  | 四九 | 一八 | 北 | 二三 | 四〇 | 一七 | 〇三 | 加 | 二〇 | 二一 | 四 |
| 奎宿三 | 戌 | 二一 | 〇六 | 〇二 | 北 | 二〇 | 三一 | 三三 | 戌 | 一〇 | 五九 | 五二 | 〇六 | 加 |  | 四九 | 四二 | 北 | 二七 | 〇六 | 五八 | 三七 | 加 | 二〇 | 一九 | 六 |
| 奎宿四 | 戌 | 一九 | 二五 | 一八 | 北 | 二三 | 〇一 | 三三 | 戌 | 八 | 一二 | 〇六 | 一一 | 加 |  | 四九 | 一七 | 北 | 二八 | 四三 | 三二 | 四七 | 加 | 二〇 | 二九 | 四 |
| 奎宿五 | 戌 | 二〇 | 一六 | 三〇 | 北 | 二四 | 二一 | 二二 | 戌 | 八 | 二一 | 二一 | 五五 | 加 |  | 四九 | 二五 | 北 | 三〇 | 一五 | 三七 | 〇四 | 加 | 二〇 | 二八 | 三 |
| 奎宿六 | 戌 | 二一 | 〇八 | 〇三 | 北 | 二七 | 〇九 | 〇七 | 戌 | 七 | 四四 | 〇四 | 四七 | 加 |  | 四九 | 二九 | 北 | 三三 | 〇六 | 五六 | 一三 | 加 | 二〇 | 三一 | 四 |
| 奎宿七 | 戌 | 二七 | 三七 | 〇八 | 北 | 三二 | 三四 | 〇三 | 戌 | 一〇 | 五五 | 五二 | 一七 | 加 |  | 五〇 | 五九 | 北 | 四〇 | 二九 | 二一 | 三七 | 加 | 二〇 | 一九 | 四 |
| 奎宿八 | 戌 | 二七 | 三七 | 〇一 | 北 | 二九 | 四〇 | 一一 | 戌 | 一二 | 三七 | 五四 | 一〇 | 加 |  | 五一 | 一〇 | 北 | 三七 | 五四 | 三一 | 一九 | 加 | 二〇 | 一三 | 四 |
| 奎宿九 | 戌 | 二八 | 五一 | 〇〇 | 北 | 二五 | 五七 | 一二 | 戌 | 一五 | 五六 | 〇六 | 三一 | 加 |  | 五一 | 三七 | 北 | 三五 | 〇二 | 二三 | 二五 | 加 | 一九 | 五五 | 二 |
| 奎宿十 | 戌 | 二六 | 三四 | 四六 | 北 | 二三 | 〇七 | 一一 | 戌 | 一五 | 〇三 | 二五 | 三四 | 加 |  | 五〇 | 五八 | 北 | 三一 | 三五 | 五七 | 四三 | 加 | 二〇 | 〇一 | 五 |
| 奎宿十一 | 戌 | 二六 | 四六 | 四二 | 北 | 二〇 | 四三 | 〇八 | 戌 | 一六 | 二四 | 一二 | 三四 | 加 |  | 五〇 | 五八 | 北 | 二九 | 二九 | 二〇 | 五九 | 加 | 一九 | 五三 | 五 |
| 奎宿十二 | 戌 | 二八 | 一二 | 三七 | 北 | 一八 | 四〇 | 四五 | 戌 | 一八 | 四五 | 〇〇 | 一九 | 加 |  | 五一 | 一三 | 北 | 二八 | 〇九 | 五五 | 四八 | 加 | 一九 | 三六 | 六 |
| 奎宿十三 | 戌 | 二七 | 一四 | 二六 | 北 | 一七 | 二七 | 四七 | 戌 | 一八 | 二〇 | 二六 | 〇八 | 加 |  | 五〇 | 五六 | 北 | 二六 | 四一 | 〇〇 | 四〇 | 加 | 一九 | 四〇 | 五 |
| 奎宿十四 | 戌 | 二四 | 五六 | 四七 | 北 | 一五 | 二九 | 四七 | 戌 | 一六 | 五七 | 五五 | 〇三 | 加 |  | 五〇 | 二一 | 北 | 二四 | 〇〇 | 二五 | 二四 | 加 | 一九 | 四八 | 氣 |
| 奎宿十五 | 戌 | 二二 | 五九 | 五九 | 北 | 一二 | 二六 | 一一 | 戌 | 一六 | 二三 | 一四 | 三三 | 加 |  | 四九 | 五一 | 北 | 二〇 | 二七 | 〇三 | 一六 | 加 | 一九 | 五二 | 五 |
| 奎宿十六 | 戌 | 二一 | 五七 | 一六 | 北 | 一三 | 二一 | 四八 | 戌 | 一四 | 五九 | 四七 | 四九 | 加 |  | 四九 | 四三 | 北 | 二〇 | 五四 | 一一 | 〇〇 | 加 | 二〇 | 〇〇 | 五 |
| 西增一 | 戌 | 一七 | 四七 | 一九 | 北 | 二四 | 一二 | 一五 | 戌 | 六 | 〇四 | 四二 | 五九 | 加 |  | 四九 | 五三 | 北 | 二九 | 〇八 | 四一 | 二二 | 加 | 二〇 | 三四 | 六 |
| 西增二 | 戌 | 一六 | 一三 | 四二 | 北 | 一五 | 四五 | 一七 | 戌 | 八 | 三二 | 一〇 | 三三 | 加 |  | 四八 | 五一 | 北 | 二〇 | 五一 | 四四 | 四七 | 加 | 二〇 | 二九 | 六 |
| 西增三 | 戌 | 一六 | 〇五 | 五五 | 北 | 一五 | 三七 | 四一 | 戌 | 八 | 二八 | 一一 | 五〇 | 加 |  | 四八 | 五〇 | 北 | 二〇 | 四一 | 四六 | 三〇 | 加 | 二〇 | 三〇 | 六 |
| 西增四 | 戌 | 一七 | 〇四 | 五二 | 北 | 一三 | 二〇 | 二九 | 戌 | 一〇 | 二二 | 四八 | 三四 | 加 |  | 四八 | 五八 | 北 | 一八 | 五九 | 二九 | 二九 | 加 | 二〇 | 二三 | 六 |

奎宿恒星表

| 星名 | 黃道經宮 | 度 | 分 | 秒 | 黃道緯南北 | 度 | 分 | 秒 | 赤道經宮 | 度 | 分 | 秒 | 微 | 赤道經歲差 | 分 | 秒 | 微 | 赤道緯南北 | 度 | 分 | 秒 | 微 | 赤道緯歲差 | 秒 | 微 | 星等 |
|---|---|---|---|---|---|---|---|---|---|---|---|---|---|---|---|---|---|---|---|---|---|---|---|---|---|---|
| 西增五 | 戌 | 一六 | 二二 | 一八 | 北 | 一〇 | 四五 | 一八 | 戌 | 一〇 | 四七 | 五五 | 〇七 | 加 |  | 四八 | 四九 | 北 | 一六 | 二〇 | 三六 | 二〇 | 加 | 二〇 | 二〇 | 六 |
| 西增六 | 戌 | 一八 | 三一 | 四五 | 北 | 一二 | 一七 | 四七 | 戌 | 一二 | 一一 | 一九 | 二七 | 加 |  | 四九 | 〇九 | 北 | 一八 | 二五 | 五五 | 四五 | 加 | 二〇 | 一五 | 六 |
| 南增七 | 戌 | 二二 | 〇六 | 〇六 | 北 | 一一 | 一八 | 五〇 | 戌 | 一五 | 五九 | 三六 | 五七 | 加 |  | 四九 | 三九 | 北 | 一九 | 〇四 | 二八 | 二五 | 加 | 一九 | 五五 | 六 |
| 南增八 | 戌 | 二二 | 〇六 | 四一 | 北 | 一二 | 二九 | 二七 | 戌 | 一五 | 三〇 | 四九 | 四九 | 加 |  | 四九 | 四二 | 北 | 二〇 | 〇九 | 四〇 | 三四 | 加 | 一九 | 五八 | 六 |
| 內增九 | 戌 | 二〇 | 二九 | 一四 | 北 | 一六 | 二〇 | 一二 | 戌 | 一二 | 一八 | 四三 | 三九 | 加 |  | 四九 | 三三 | 北 | 二三 | 〇三 | 二八 | 一九 | 加 | 二〇 | 一三 | 六 |
| 內增十 | 戌 | 二二 | 一一 | 四〇 | 北 | 一九 | 三〇 | 二〇 | 戌 | 一二 | 三一 | 〇八 | 二五 | 加 |  | 四九 | 五五 | 北 | 二六 | 三六 | 五八 | 三六 | 加 | 二〇 | 一二 | 六 |
| 內增十一 | 戌 | 二三 | 二二 | 一二 | 北 | 二〇 | 五七 | 五〇 | 戌 | 一二 | 五八 | 一六 | 一〇 | 加 |  | 五〇 | 一〇 | 北 | 二八 | 二四 | 〇一 | 二七 | 加 | 二〇 | 〇九 | 六 |
| 東增十二 | 酉 | 二 | 五二 | 三三 | 北 | 一七 | 四〇 | 〇八 | 戌 | 二三 | 五〇 | 四七 | 一一 | 加 |  | 五二 | 一七 | 北 | 二八 | 五七 | 五二 | 五一 | 加 | 一八 | 五七 | 六 |
| 東增十三 | 戌 | 二七 | 一五 | 四八 | 北 | 二一 | 五九 | 五六 | 戌 | 一六 | 一六 | 二二 | 四四 | 加 |  | 五一 | 〇八 | 北 | 三〇 | 五〇 | 二九 | 五九 | 加 | 一九 | 五三 | 六 |
| 內增十四 | 戌 | 二六 | 五二 | 三四 | 北 | 二二 | 四八 | 四〇 | 戌 | 一五 | 二九 | 五七 | 二六 | 加 |  | 五一 | 〇二 | 北 | 三一 | 二五 | 五七 | 五一 | 加 | 一九 | 五七 | 六 |
| 內增十五 | 戌 | 二五 | 四一 | 五七 | 北 | 二三 | 〇四 | 三五 | 戌 | 一四 | 一三 | 〇〇 | 三二 | 加 |  | 五〇 | 四四 | 北 | 三一 | 一三 | 一五 | 五二 | 加 | 二〇 | 〇四 | 五 |
| 東增十六 | 酉 |  | 一二 | 二四 | 北 | 二七 | 四三 | 一三 | 戌 | 一六 | 一七 | 〇五 | 二六 | 加 |  | 五二 | 〇二 | 北 | 三七 | 〇九 | 一七 | 三三 | 加 | 一九 | 五一 | 五 |
| 東增十七 | 酉 | 二 | 四一 | 四五 | 北 | 二六 | 四〇 | 〇三 | 戌 | 一九 | 二一 | 三八 | 三三 | 加 |  | 五二 | 五一 | 北 | 三七 | 〇八 | 四二 | 三九 | 加 | 一九 | 三三 | 六 |
| 東增十八 | 酉 | 二 | 一四 | 四三 | 北 | 三一 | 四二 | 三九 | 戌 | 一六 | 〇四 | 〇四 | 〇六 | 加 |  | 五二 | 四二 | 北 | 四一 | 三一 | 〇二 | 二五 | 加 | 一九 | 五五 | 六 |
| 東增十九 | 酉 | 二 | 四六 | 三二 | 北 | 三三 | 三四 | 一三 | 戌 | 一五 | 二七 | 三七 | 三三 | 加 |  | 五二 | 五一 | 北 | 四三 | 二二 | 三五 | 〇〇 | 加 | 二〇 | 〇〇 | 五 |
| 東增二十 | 酉 |  | 二三 | 三九 | 北 | 三一 | 四一 | 〇四 | 戌 | 一四 | 一三 | 〇一 | 四三 | 加 |  | 五二 | 〇一 | 北 | 四〇 | 四六 | 五六 | 三五 | 加 | 二〇 | 〇五 | 六 |
| 北增二十一 | 戌 | 二六 | 一九 | 五六 | 北 | 三三 | 二一 | 三二 | 戌 | 九 | 一一 | 一五 | 〇四 | 加 |  | 五〇 | 二八 | 北 | 四〇 | 四一 | 〇五 | 二九 | 加 | 二〇 | 二三 | 氣 |
| 北增二十二 | 戌 | 二五 | 〇一 | 二九 | 北 | 三一 | 五二 | 二一 | 戌 | 八 | 四九 | 二一 | 三六 | 加 |  | 五〇 | 一二 | 北 | 三八 | 五一 | 二三 | 三八 | 加 | 二〇 | 二六 | 六 |
| 內增二十三 | 戌 | 二六 | 五三 | 一五 | 北 | 一七 | 四〇 | 三八 | 戌 | 一七 | 五三 | 五八 | 一六 | 加 |  | 五〇 | 五二 | 北 | 二六 | 四四 | 四七 | 〇六 | 加 | 一九 | 四二 | 六 |
| 王良一 | 酉 | 三 | 三五 | 二二 | 北 | 五一 | 一四 | 五一 | 戌 |  | 四八 | 三二 | 五二 | 加 |  | 四八 | 〇四 | 北 | 五八 | 三四 | 〇〇 | 二八 | 加 | 二〇 | 一六 | 二 |

奎宿恒星表

| 星名 | 黃道經宮 | 度 | 分 | 秒 | 黃道緯南北 | 度 | 分 | 秒 | 赤道經宮 | 度 | 分 | 秒 | 微 | 赤道經歲差 | 分 | 秒 | 微 | 赤道緯南北 | 度 | 分 | 秒 | 微 | 赤道緯歲差 | 秒 | 微 | 星等 |
|---|---|---|---|---|---|---|---|---|---|---|---|---|---|---|---|---|---|---|---|---|---|---|---|---|---|---|
| 王良二 | 酉 | 一一 | 〇八 | 三五 | 北 | 五二 | 一五 | 五四 | 戌 | 六 | 四六 | 〇七 | 〇二 | 加 |  | 五二 | 一四 | 北 | 六二 | 二〇 | 四六 | 五六 | 加 | 二〇 | 三二 | 五 |
| 王良三 | 酉 | 八 | 四一 | 一二 | 北 | 四七 | 〇五 | 二八 | 戌 | 一〇 | 三二 | 五〇 | 〇四 | 加 |  | 五三 | 二八 | 北 | 五七 | 一六 | 三七 | 四六 | 加 | 二〇 | 二二 | 四 |
| 王良四 | 酉 | 六 | 一八 | 三九 | 北 | 四六 | 三六 | 五九 | 戌 | 八 | 三七 | 二五 | 三六 | 加 |  | 五二 | 一二 | 北 | 五五 | 五七 | 二二 | 四七 | 加 | 二〇 | 二九 | 三 |
| 王良五 | 酉 | 三 | 一〇 | 三九 | 北 | 四五 | 三九 | 五〇 | 戌 | 六 | 二七 | 三六 | 二四 | 加 |  | 五〇 | 四八 | 北 | 五三 | 五六 | 一二 | 三九 | 加 | 二〇 | 三三 | 四 |
| 北增一 | 酉 | 三 | 五七 | 五六 | 北 | 五五 | 〇八 | 四七 | 亥 | 二五 | 五六 | 二三 | 一六 | 加 |  | 四四 | 五二 | 北 | 六一 | 三七 | 四九 | 二三 | 加 | 二〇 | 四一 | 六 |
| 北增二 | 酉 | 八 | 五二 | 一九 | 北 | 五五 | 一一 | 一六 | 戌 |  | 七 | 〇七 | 三六 | 加 |  | 三八 | 一二 | 北 | 六三 | 三六 | 三八 | 〇六 | 加 | 二〇 | 四二 | 六 |
| 北增三 | 酉 | 六 | 一七 | 一五 | 北 | 五三 | 五八 | 一六 | 亥 | 二八 | 三七 | 四三 | 五一 | 加 |  | 四〇 | 五七 | 北 | 六一 | 四一 | 五一 | 二三 | 加 | 二〇 | 四七 | 六 |
| 內增四 | 酉 | 八 | 四一 | 二一 | 北 | 五二 | 〇二 | 三〇 | 戌 | 四 | 四四 | 二九 | 〇六 | 加 |  | 五〇 | 四二 | 北 | 六一 | 一四 | 四二 | 一四 | 加 | 二〇 | 三八 | 五 |
| 東增五 | 酉 | 一一 | 〇七 | 四二 | 北 | 四七 | 三三 | 三四 | 戌 | 一二 | 三五 | 二八 | 三四 | 加 |  | 五四 | 五八 | 北 | 五八 | 三六 | 四二 | 三六 | 加 | 二〇 | 一二 | 六 |
| 北增六 | 酉 | 二 | 三三 | 四八 | 北 | 五五 | 五四 | 二九 | 亥 | 二三 | 三七 | 三一 | 〇三 | 加 |  | 四三 | 二一 | 北 | 六一 | 三七 | 〇四 | 二二 | 加 | 二〇 | 三四 | 五 |
| 北增七 | 酉 | 二 | 三五 | 〇一 | 北 | 五五 | 一五 | 三四 | 亥 | 二四 | 三五 | 二七 | 五二 | 加 |  | 四四 | 〇四 | 北 | 六一 | 〇九 | 四五 | 四八 | 加 | 二〇 | 三六 | 六 |
| 北增八 | 酉 |  | 二四 | 五一 | 北 | 五二 | 四四 | 一三 | 亥 | 二六 | 〇六 | 三六 | 三七 | 加 |  | 四五 | 一九 | 北 | 五八 | 二六 | 三〇 | 〇六 | 加 | 二〇 | 四二 | 六 |
| 北增九 | 酉 | 二 | 四四 | 五七 | 北 | 五二 | 一七 | 〇七 | 亥 | 二八 | 四五 | 〇八 | 三三 | 加 |  | 四六 | 五一 | 北 | 五九 | 〇一 | 四二 | 一三 | 加 | 二〇 | 三一 | 六 |
| 北增十 | 酉 | 四 | 四七 | 二一 | 北 | 五三 | 二六 | 〇四 | 亥 | 二九 | 〇五 | 一八 | 四三 | 加 |  | 四七 | 〇一 | 北 | 六〇 | 四二 | 一二 | 五八 | 加 | 二〇 | 四六 | 六 |
| 北增十一 | 酉 | 七 | 二四 | 四〇 | 北 | 五二 | 二七 | 二五 | 戌 | 二 | 五一 | 〇三 | 二一 | 加 |  | 四九 | 二七 | 北 | 六一 | 〇〇 | 五〇 | 〇六 | 加 | 二〇 | 四二 | 六 |
| 南增十二 | 酉 |  | 五〇 | 三八 | 北 | 四五 | 〇五 | 三三 | 戌 | 四 | 四四 | 〇九 | 三三 | 加 |  | 四九 | 五一 | 北 | 五二 | 三二 | 二八 | 四〇 | 加 | 二〇 | 四〇 | 六 |
| 南增十三 | 酉 | 三 | 四一 | 四八 | 北 | 四五 | 〇四 | 五八 | 戌 | 七 | 三一 | 二五 | 五四 | 加 |  | 五一 | 一八 | 北 | 五三 | 三九 | 四二 | 一三 | 加 | 二〇 | 三一 | 六 |
| 東增十四 | 酉 | 一二 | 二〇 | 一七 | 北 | 四九 | 二六 | 四二 | 戌 | 一一 | 四一 | 〇一 | 四三 | 加 |  | 五五 | 〇一 | 北 | 六〇 | 三六 | 三二 | 一一 | 加 | 二〇 | 一七 | 五 |
| 策 | 酉 | 一二 | 二七 | 二一 | 北 | 四八 | 四九 | 一二 | 戌 | 一二 | 三三 | 四〇 | 五五 | 加 |  | 五五 | 二五 | 北 | 六〇 | 〇九 | 〇八 | 三六 | 加 | 二〇 | 一二 | 三 |
| 附路 | 酉 | 三 | 三五 | 五四 | 北 | 四四 | 四三 | 一四 | 戌 | 七 | 四五 | 五六 | 四六 | 加 |  | 五一 | 五二 | 北 | 五三 | 一九 | 二〇 | 一三 | 加 | 二〇 | 三一 | 四 |

奎宿恒星表

| 星名 | 黃道經宮 | 度 | 分 | 秒 | 黃道緯南北 | 度 | 分 | 秒 | 赤道經宮 | 度 | 分 | 秒 | 微 | 赤道經歲差 | 分 | 秒 | 微 | 赤道緯南北 | 度 | 分 | 秒 | 微 | 赤道緯歲差 | 秒 | 微 | 星等 |
|---|---|---|---|---|---|---|---|---|---|---|---|---|---|---|---|---|---|---|---|---|---|---|---|---|---|---|
| 軍南門 | 酉 | 四 | 五六 | 一七 | 北 | 三六 | 二一 | 二四 | 戌 | 一五 | 四九 | 五六 | 四八 | 加 |  | 五三 | 三六 | 北 | 四六 | 四〇 | 〇三 | 〇八 | 加 | 一九 | 五六 | 五 |
| 閣道一 | 申 |  | 五一 | 一六 | 北 | 四八 | 五六 | 五一 | 酉 | 五 | 一五 | 三八 | 四七 | 加 | 一 | 一五 | 二九 | 北 | 六六 | 五六 | 一七 | 三四 | 加 | 一六 | 五八 | 五 |
| 閣道二 | 酉 | 二三 | 一四 | 〇四 | 北 | 四七 | 三三 | 二二 | 戌 | 二六 | 三六 | 二二 | 二四 | 加 | 一 | 〇五 | 三八 | 北 | 六三 | 〇八 | 三二 | 三九 | 加 | 一八 | 三三 | 三 |
| 閣道三 | 酉 | 一六 | 二四 | 三一 | 北 | 四六 | 二四 | 四八 | 戌 | 一九 | 三九 | 五〇 | 〇四 | 加 |  | 五九 | 二八 | 北 | 五九 | 四〇 | 四九 | 三〇 | 加 | 一九 | 三〇 | 三 |
| 閣道四 | 酉 | 一〇 | 一六 | 四五 | 北 | 四三 | 〇六 | 二八 | 戌 | 一六 | 〇七 | 四七 | 四〇 | 加 |  | 五五 | 四〇 | 北 | 五四 | 三三 | 四八 | 五九 | 加 | 一九 | 五三 | 四 |
| 閣道五 | 酉 | 三 | 二〇 | 〇六 | 北 | 四一 | 一七 | 〇六 | 戌 | 一〇 | 三九 | 三六 | 四五 | 加 |  | 五二 | 一五 | 北 | 五〇 | 二三 | 一〇 | 二〇 | 加 | 二〇 | 二〇 | 五 |
| 閣道六 | 酉 |  | 五八 | 四一 | 北 | 三九 | 一八 | 四一 | 戌 | 九 | 四一 | 一四 | 三八 | 加 |  | 五一 | 一六 | 北 | 四七 | 四二 | 一七 | 一二 | 加 | 二〇 | 二四 | 六 |
| 西增一 | 戌 | 二九 | 五四 | 三四 | 北 | 三八 | 一九 | 五五 | 戌 | 九 | 二一 | 二一 | 一〇 | 加 |  | 五一 | 一〇 | 北 | 四六 | 二六 | 一九 | 五五 | 加 | 二〇 | 二五 | 六 |
| 北增二 | 酉 | 一 | 五八 | 二〇 | 北 | 四一 | 二六 | 四九 | 戌 | 九 | 〇〇 | 〇二 | 〇四 | 加 |  | 五一 | 二八 | 北 | 四九 | 五五 | 三一 | 〇四 | 加 | 二〇 | 二八 | 六 |
| 內增三 | 酉 | 一四 | 〇〇 | 三二 | 北 | 四五 | 〇五 | 二五 | 戌 | 一八 | 一九 | 二六 | 三三 | 加 |  | 五七 | 五一 | 北 | 五七 | 三九 | 四七 | 四〇 | 加 | 一九 | 四〇 | 六 |
| 南增四 | 酉 | 一六 | 五五 | 二一 | 北 | 四五 | 〇〇 | 一八 | 戌 | 二一 | 四三 | 二〇 | 〇一 | 加 | 一 | 〇〇 | 〇七 | 北 | 五八 | 四〇 | 四八 | 〇二 | 加 | 一九 | 一四 | 六 |
| 南增五 | 酉 | 一九 | 一九 | 一一 | 北 | 四五 | 三一 | 四二 | 戌 | 二四 | 〇〇 | 四四 | 〇一 | 加 | 一 | 〇二 | 〇七 | 北 | 六〇 | 〇〇 | 二一 | 〇八 | 加 | 一八 | 五六 | 六 |
| 外屏一 | 戌 | 一二 | 三七 | 三三 | 北 | 二 | 一〇 | 〇七 | 戌 | 一〇 | 四五 | 四〇 | 一〇 | 加 |  | 四八 | 一〇 | 北 | 六 | 五九 | 一一 | 二〇 | 加 | 二〇 | 二〇 | 四 |
| 外屏二 | 戌 | 一六 | 〇〇 | 二七 | 北 | 一 | 〇四 | 三六 | 戌 | 一四 | 一九 | 四〇 | 〇三 | 加 |  | 四八 | 二一 | 北 | 七 | 一七 | 三七 | 五二 | 加 | 二〇 | 〇四 | 四 |
| 外屏三 | 戌 | 一八 | 一九 | 二九 | 南 |  | 一二 | 五二 | 戌 | 一六 | 五九 | 〇〇 | 三八 | 加 |  | 四八 | 二六 | 北 | 六 | 五九 | 二〇 | 二四 | 加 | 一九 | 四八 | 四 |
| 外屏四 | 戌 | 二一 | 三三 | 五六 | 南 | 三 | 〇三 | 四五 | 戌 | 二一 | 〇四 | 五〇 | 五五 | 加 |  | 四八 | 二五 | 北 | 五 | 五四 | 〇八 | 三七 | 加 | 一九 | 一九 | 五 |
| 外屏五 | 戌 | 二三 | 五七 | 五三 | 南 | 四 | 四二 | 二八 | 戌 | 二三 | 五五 | 二六 | 五五 | 加 |  | 四八 | 二五 | 北 | 四 | 五五 | 一七 | 五一 | 加 | 一八 | 五七 | 五 |
| 外屏六 | 戌 | 二五 | 五八 | 三四 | 南 | 七 | 五四 | 五八 | 戌 | 二六 | 五七 | 一七 | 〇一 | 加 |  | 四八 | 〇七 | 北 | 二 | 三九 | 一一 | 〇四 | 加 | 一八 | 二八 | 五 |
| 外屏七 | 戌 | 二七 | 四九 | 三九 | 南 | 九 | 〇四 | 二〇 | 戌 | 二九 | 〇四 | 四四 | 三五 | 加 |  | 四八 | 〇五 | 北 | 二 | 一三 | 二一 | 〇一 | 加 | 一八 | 〇七 | 三 |
| 北增一 | 戌 | 一九 | 一一 | 五二 | 北 | 七 | 二三 | 五七 | 戌 | 一四 | 四九 | 二七 | 二六 | 加 |  | 四九 | 〇二 | 北 | 一四 | 二一 | 一四 | 〇〇 | 加 | 二〇 | 〇〇 | 六 |

奎宿恆星表

| 星名 | 黃道經度宮 | 度 | 分 | 秒 | 黃道緯度南北 | 度 | 分 | 秒 | 赤道經度宮 | 度 | 分 | 秒 | 微 | 赤道經度歲差加減 | 分 | 秒 | 微 | 赤道緯度南北 | 度 | 分 | 秒 | 微 | 赤道緯度歲差加減 | 秒 | 微 | 星等 |
|---|---|---|---|---|---|---|---|---|---|---|---|---|---|---|---|---|---|---|---|---|---|---|---|---|---|---|
| 北增二 | 戌 | 一八 | 五一 | 三七 | 北 | 五 | 五一 | 四七 | 戌 | 一四 | 五六 | 二○ | 三三 | 加 | | 四八 | 五一 | 北 | 一二 | 二二 | 一九 | 四三 | 加 | 二○ | ○一 | 六 |
| 南增三 | 戌 | 一八 | 二○ | ○九 | 南 | | 五一 | 一七 | 戌 | 一七 | 一四 | 二○ | 二九 | 加 | | 四八 | 二三 | 北 | 六 | 二四 | ○三 | 四一 | 加 | 一九 | 四七 | 六 |
| 南增四 | 戌 | 一六 | 二五 | ○一 | 南 | 一 | 二九 | 四五 | 戌 | 一五 | 四二 | ○九 | 五三 | 加 | | 四八 | 一一 | 北 | 五 | ○四 | 三四 | 五一 | 加 | 一九 | 五七 | 五 |
| 南增五 | 戌 | 一五 | 三○ | ○二 | 南 | 一 | 五五 | ○二 | 戌 | 一五 | ○○ | 五九 | 一八 | 加 | | 四八 | ○六 | 北 | 四 | 二○ | ○八 | ○○ | 加 | 二○ | ○○ | 六 |
| 南增六 | 戌 | 一五 | 三五 | ○五 | 南 | 一 | 一○ | 二六 | 戌 | 一四 | 四八 | 二三 | 二七 | 加 | | 四八 | ○九 | 北 | 五 | ○三 | 一二 | 四五 | 加 | 二○ | ○一 | 六 |
| 內增七 | 戌 | 一五 | 四九 | 五六 | 北 | 一 | ○九 | 五七 | 戌 | 一四 | ○七 | 四八 | 二○ | 加 | | 四八 | 二○ | 北 | 七 | 一八 | 三○ | 三五 | 加 | 二○ | ○五 | 六 |
| 西增八 | 戌 | 一二 | 二五 | 四七 | 北 | 一 | 五七 | 五○ | 戌 | 一○ | 三九 | 三六 | 四四 | 加 | | 四八 | ○八 | 北 | 六 | 四三 | 一七 | ○五 | 加 | 二○ | 二一 | 六 |
| 西增九 | 戌 | 一二 | ○○ | 三八 | 北 | 一 | 五二 | 一○ | 戌 | 一○ | 二六 | 二六 | 一八 | 加 | | 四八 | ○六 | 北 | 六 | ○九 | 四九 | 四六 | 加 | 二○ | 二二 | 六 |
| 南增十 | 戌 | 一二 | 四八 | 五四 | 南 | 五 | ○一 | 四八 | 戌 | 一三 | 四四 | 四一 | 三二 | 加 | | 四七 | 四四 | 北 | | 二五 | 四五 | 一○ | 加 | 二○ | ○七 | 六 |
| 南增十一 | 戌 | 一四 | 三三 | 二六 | 南 | 四 | 四八 | 四九 | 戌 | 一五 | 三五 | 五八 | 三五 | 加 | | 四七 | 五一 | 北 | 一 | 二六 | 二五 | 五一 | 加 | 一九 | 五七 | 六 |
| 南增十二 | 戌 | 一五 | 四一 | 二六 | 南 | 四 | 四○ | 二八 | 戌 | 一六 | 一五 | ○六 | 四二 | 加 | | 四七 | 五四 | 北 | 一 | 五一 | 四四 | 四二 | 加 | 一九 | 五四 | 六 |
| 南增十三 | 戌 | 一六 | 一○ | 一四 | 南 | 四 | 五○ | ○五 | 戌 | 一六 | 四五 | 一七 | 五九 | 加 | | 四七 | 五三 | 北 | 一 | 五三 | 五三 | 五○ | 加 | 一九 | 五○ | 六 |
| 南增十四 | 戌 | 一七 | 四七 | 二○ | 南 | 四 | 一六 | 四○ | 戌 | 一八 | ○二 | ○九 | 二六 | 加 | | 四八 | ○二 | 北 | 三 | ○一 | 三七 | ○六 | 加 | 一九 | 四二 | 五 |
| 內增十五 | 戌 | 二七 | 二九 | 二一 | 南 | 八 | 五四 | 一四 | 戌 | 二八 | 三五 | 一九 | 二七 | 加 | | 四八 | ○九 | 北 | 二 | 三四 | 二六 | 五六 | 加 | 一八 | 一二 | 六 |
| 天溷一 | 戌 | 七 | 二六 | ○三 | 南 | 一三 | 二三 | 五五 | 戌 | 一二 | ○九 | ○一 | ○○ | 加 | | 四七 | ○○ | 南 | 九 | 二一 | ○七 | 五八 | 減 | 二○ | 一四 | 六 |
| 天溷二 | 戌 | 六 | 五○ | 四八 | 南 | 一五 | 五五 | 五八 | 戌 | 一二 | 三八 | 二七 | 五八 | 加 | | 四六 | 四六 | 南 | 一一 | 五一 | 五五 | 二四 | 減 | 二○ | 一二 | 五 |
| 天溷三 | 戌 | 五 | 四二 | 四六 | 南 | 一六 | 一八 | 五五 | 戌 | 九 | 五九 | 三六 | 三三 | 加 | | 四六 | 五一 | 南 | 一三 | 二八 | ○二 | 四八 | 減 | 二○ | 二四 | 六 |
| 天溷四 | 戌 | 四 | 二○ | 四七 | 南 | 一四 | ○六 | 五八 | 戌 | 九 | 五九 | 二七 | 四三 | 加 | | 四七 | ○一 | 南 | 一一 | 一三 | 三二 | ○五 | 減 | 二○ | 二五 | 五 |
| 北增一 | 戌 | 五 | 四七 | 二三 | 南 | 六 | 五七 | 一一 | 戌 | 六 | ○六 | 五六 | 一三 | 加 | | 四七 | 三一 | 南 | 四 | 三四 | ○二 | 一二 | 減 | 二○ | 三六 | 六 |
| 北增二 | 戌 | 五 | ○六 | 四二 | 南 | 九 | 四七 | 二○ | 戌 | 七 | 二三 | ○九 | 一三 | 加 | | 四七 | 三一 | 南 | 四 | 一二 | ○○ | 四七 | 減 | 二○ | 三一 | 六 |
| 北增三 | 戌 | 一○ | 一三 | 三四 | 南 | 六 | 一七 | 五一 | 戌 | 一一 | 五一 | 五二 | ○五 | 加 | | 四七 | 三五 | 南 | 一 | 四四 | 一五 | 一五 | 減 | 二○ | 一五 | 六 |
| 北增四 | 戌 | 一一 | ○八 | 四○ | 南 | 一○ | 四○ | 四○ | 戌 | 一四 | 二五 | 二六 | 一九 | 加 | | 四七 | 一三 | 南 | 五 | 二五 | ○○ | ○八 | 減 | 二○ | ○四 | 六 |
| 東增五 | 戌 | 七 | 二五 | 五五 | 南 | 一六 | 一五 | 五八 | 戌 | 一三 | 一九 | ○五 | ○六 | 加 | | 四六 | 四二 | 南 | 一一 | 五八 | 二六 | 三五 | 減 | 二○ | ○九 | 五 |
| 內增六 | 戌 | 五 | 四五 | 一六 | 南 | 一四 | 四四 | ○四 | 戌 | 一一 | 一○ | 四六 | 二五 | 加 | | 四六 | 五五 | 南 | 一一 | 一三 | 四七 | 二五 | 減 | 二○ | 一九 | 五 |
| 土司空 | 戌 | 一 | ○○ | 一八 | 南 | 二○ | 四六 | 五二 | 戌 | 九 | 二六 | 二六 | 五七 | 加 | | 四二 | 五二 | 南 | 一八 | 三六 | ○五 | 三○ | 加 | 二○ | 三○ | 二 |

婁宿恆星表

| 星名 | 黃道經度宮 | 度 | 分 | 秒 | 黃道緯度南北 | 度 | 分 | 秒 | 赤道經度宮 | 度 | 分 | 秒 | 微 | 赤道經度歲差加減 | 分 | 秒 | 微 | 赤道緯度南北 | 度 | 分 | 秒 | 微 | 赤道緯度歲差加減 | 秒 | 微 | 星等 |
|---|---|---|---|---|---|---|---|---|---|---|---|---|---|---|---|---|---|---|---|---|---|---|---|---|---|---|
| 婁宿一 | 酉 | 二 | 二五 | 一五 | 北 | 八 | 二九 | 一五 | 戌 | 二七 | ○七 | 三八 | 二七 | 加 | | 五一 | ○九 | 北 | 二○ | 一六 | ○六 | 二一 | 加 | 一八 | 二七 | 三 |
| 婁宿二 | 酉 | 一 | 三八 | 一六 | 北 | 七 | ○九 | 五六 | 戌 | 二六 | 五一 | 三八 | 五○ | 加 | | 五○ | 五○ | 北 | 一八 | 四五 | 二二 | 四七 | 加 | 一八 | 二九 | 四 |
| 婁宿三 | 酉 | 六 | ○六 | 三四 | 北 | 九 | 五八 | 一七 | 酉 | | 一三 | 三三 | 五二 | 加 | | 五二 | ○四 | 北 | 二二 | 五六 | 三八 | 二五 | 加 | 一七 | 五五 | 二 |
| 南增一 | 酉 | 一 | 五八 | 一三 | 北 | 五 | 二七 | 一一 | 戌 | 二七 | 四九 | 三三 | 四○ | 加 | | 五○ | 四○ | 北 | 一七 | 一六 | 二三 | 二○ | 加 | 一八 | 二○ | 五 |
| 西增二 | 戌 | 二九 | 二三 | 三四 | 北 | 五 | 五七 | 五七 | 戌 | 二五 | ○七 | 四五 | ○三 | 加 | | 五○ | 二一 | 北 | 一六 | 五○ | ○二 | 一五 | 加 | 一八 | 四五 | 六 |
| 西增三 | 戌 | 二九 | 三五 | 三一 | 北 | 九 | ○二 | 二○ | 戌 | 二四 | ○八 | 二九 | 四九 | 加 | | 五○ | 四三 | 北 | 一九 | 四六 | ○二 | 二五 | 加 | 一八 | 五五 | 六 |
| 北增四 | 酉 | 一 | 一○ | ○八 | 北 | 一一 | 二五 | ○四 | 戌 | 二四 | 四四 | 五八 | 二八 | 加 | | 五一 | 一六 | 北 | 二二 | 三三 | ○○ | 五○ | 加 | 一八 | 五○ | 六 |
| 北增五 | 酉 | 四 | ○九 | 三一 | 北 | 一○ | 四八 | 四九 | 戌 | 二七 | 五七 | ○九 | 四一 | 加 | | 五一 | 四七 | 北 | 二三 | ○三 | 一二 | 三七 | 加 | 一八 | 一九 | 五 |
| 北增六 | 酉 | 五 | 一八 | ○七 | 北 | 一六 | 四九 | 二七 | 戌 | 二六 | 三九 | 五二 | 二四 | 加 | | 五二 | 四八 | 北 | 二九 | ○三 | 一八 | 三○ | 加 | 一八 | 三○ | 四 |
| 北增七 | 酉 | 六 | 一三 | 三○ | 北 | 一二 | 三二 | 五八 | 戌 | 二九 | 二○ | 四九 | 四七 | 加 | | 五二 | 二九 | 北 | 二五 | 二三 | 四八 | 三五 | 加 | 一八 | ○五 | 六 |
| 北增八 | 酉 | 六 | 四九 | 二八 | 北 | 一二 | ○五 | ○九 | 酉 | | 八 | ○二 | 五六 | 加 | | 五二 | 三二 | 北 | 二五 | 一○ | 一三 | ○八 | 加 | 一七 | 五六 | 六 |
| 北增九 | 酉 | 七 | 二八 | ○二 | 北 | 一二 | ○六 | 四○ | 酉 | | 四六 | 三一 | 二三 | 加 | | 五二 | 四一 | 北 | 二五 | 二四 | 五二 | ○七 | 加 | 一七 | 四九 | 六 |
| 北增十 | 酉 | 八 | 四七 | 五四 | 北 | 一一 | 二八 | 五四 | 酉 | 二 | 二二 | ○八 | 四二 | 加 | | 五二 | 五四 | 北 | 二五 | 一六 | 三一 | 一三 | 加 | 一七 | 三一 | 六 |
| 南增十一 | 酉 | 五 | 四二 | 二四 | 北 | 九 | 一四 | 三四 | 酉 | | 五 | 五三 | 五九 | 加 | | 五一 | 五三 | 北 | 二二 | ○七 | 二一 | ○八 | 加 | 一七 | 五六 | 五 |
| 南增十二 | 酉 | 六 | 三五 | ○六 | 北 | 七 | 二三 | 五二 | 酉 | 一 | 三九 | 三○ | 五八 | 加 | | 五一 | 四六 | 北 | 二○ | 四一 | 二七 | 一四 | 加 | 一七 | 三八 | 六 |
| 南增十三 | 酉 | 七 | 二○ | 四一 | 北 | 五 | 四四 | 四六 | 酉 | 三 | ○○ | 三四 | 五七 | 加 | | 五一 | 三九 | 北 | 一九 | 二三 | 三三 | 一二 | 加 | 一七 | 二四 | 六 |
| 南增十四 | 酉 | 五 | 三一 | ○五 | 北 | 五 | 五八 | ○三 | 酉 | 一 | ○七 | 一二 | ○三 | 加 | | 五一 | 二一 | 北 | 一八 | 五九 | ○四 | 一五 | 加 | 一七 | 四五 | 六 |
| 南增十五 | 酉 | 四 | 三八 | ○六 | 北 | 一 | 四七 | 二八 | 酉 | 一 | 四四 | 二四 | 五六 | 加 | | 五○ | 三二 | 北 | 一四 | 四五 | 二七 | 三一 | 加 | 一七 | 三七 | 六 |
| 天大將軍一 | 酉 | 一二 | 四三 | ○○ | 北 | 二七 | 四七 | 二三 | 戌 | 二九 | 一九 | 一○ | ○六 | 加 | | 五六 | 四二 | 北 | 四一 | 四八 | ○一 | 五二 | 加 | 一八 | ○四 | 二 |
| 天大將軍二 | 酉 | 一三 | ○五 | 二九 | 北 | 三六 | 五○ | 三○ | 戌 | 二四 | 一三 | 三四 | 五八 | 加 | | 五七 | 四六 | 北 | 五○ | ○八 | 三六 | 四二 | 加 | 一八 | 五四 | 四 |
| 天大將軍三 | 酉 | 一○ | 五五 | 五二 | 北 | 三五 | 二四 | 五八 | 戌 | 二二 | 四九 | 五四 | 三九 | 加 | | 五六 | 三三 | 北 | 四八 | ○五 | ○○ | 一八 | 加 | 一九 | ○六 | 五 |
| 天大將軍四 | 酉 | 八 | 三六 | 四三 | 北 | 三四 | 三二 | ○四 | 戌 | 二○ | 五五 | ○三 | 二九 | 加 | | 五五 | 二三 | 北 | 四六 | 二六 | 二四 | 四六 | 加 | 一九 | 二二 | 五 |
| 天大將軍五 | 酉 | 八 | 五八 | 四二 | 北 | 三一 | 二八 | 五三 | 戌 | 二三 | 一二 | 四七 | 二一 | 加 | | 五五 | 二七 | 北 | 四三 | 四九 | 五九 | 二六 | 加 | 一九 | ○二 | 六 |
| 天大將軍六 | 酉 | 七 | ○五 | 四三 | 北 | 二八 | 五九 | 二八 | 戌 | 二二 | 三六 | 五二 | 一三 | 加 | | 五四 | 一三 | 北 | 四○ | 五二 | 三三 | 四四 | 加 | 一九 | ○八 | 五 |
| 天大將軍七 | 酉 | 七 | 二三 | 一七 | 北 | 二七 | 五五 | 一四 | 戌 | 二三 | 三二 | 三四 | 二二 | 加 | | 五四 | 三四 | 北 | 四○ | ○一 | 一九 | ○○ | 加 | 一九 | ○○ | 五 |
| 天大將軍八 | 酉 | 九 | ○○ | 二一 | 北 | 二三 | 四○ | 二三 | 戌 | 二七 | 二四 | 三三 | 一五 | 加 | | 五四 | 四五 | 北 | 三六 | 四二 | 二九 | 五五 | 加 | 一八 | 二五 | 六 |
| 天大將軍九 | 酉 | 一○ | 四七 | ○○ | 北 | 二○ | 三五 | 三○ | 酉 | | 四二 | 三二 | 四二 | 加 | | 五四 | 五四 | 北 | 三四 | 二八 | 一四 | 五○ | 加 | 一七 | 五○ | 四 |
| 天大將軍十 | 酉 | 一一 | 五八 | 三七 | 北 | 一八 | 五七 | 二二 | 酉 | 二 | 四○ | 五二 | ○○ | 加 | | 五五 | ○○ | 北 | 三三 | 二○ | 五六 | 二一 | 加 | 一七 | 二七 | 四 |
| 天大將軍十一 | 酉 | 一一 | 五七 | 五九 | 北 | 一九 | 二二 | 四七 | 酉 | 二 | 二九 | 二一 | 五二 | 加 | | 五五 | ○四 | 北 | 三三 | 四四 | 二八 | 四七 | 加 | 一七 | 二九 | 五 |
| 西增一 | 酉 | 六 | 一三 | ○○ | 北 | 三三 | 四八 | 五六 | 戌 | 一八 | 五一 | 一二 | 一一 | 加 | | 五四 | 一七 | 北 | 四四 | 五四 | ○八 | 四八 | 加 | 一九 | 三六 | 四 |
| 西增二 | 酉 | 六 | 二一 | ○○ | 北 | 三三 | 四八 | 五六 | 戌 | 一八 | 五九 | 三四 | ○三 | 加 | | 五四 | 二一 | 北 | 四四 | 五七 | ○九 | 四八 | 加 | 一九 | 三六 | 五 |
| 西增三 | 酉 | 七 | 一六 | ○一 | 北 | 三三 | 一八 | 三八 | 戌 | 二○ | 一六 | 三六 | 五八 | 加 | | 五四 | 四六 | 北 | 四四 | 五○ | 四四 | 二一 | 加 | 一九 | 二七 | 五 |
| 西增四 | 酉 | 七 | 二三 | 二○ | 北 | 二六 | 二六 | 二三 | 戌 | 二四 | 一九 | 三六 | ○四 | 加 | | 五四 | 二八 | 北 | 三八 | 四○ | 一四 | 五九 | 加 | 一八 | 五三 | 六 |
| 南增五 | 酉 | 八 | 四七 | 四一 | 北 | 一九 | 二九 | 一○ | 戌 | 二九 | ○六 | 三五 | ○一 | 加 | | 五四 | ○七 | 北 | 三二 | 四五 | 二三 | 一八 | 加 | 一八 | ○六 | 六 |
| 南增六 | 酉 | 九 | 三九 | 五一 | 北 | 一六 | ○○ | 一四 | 酉 | 一 | 二九 | ○二 | 三五 | 加 | | 五三 | 五一 | 北 | 二九 | 四八 | 二七 | 二三 | 加 | 一七 | 四一 | 五 |
| 南增七 | 酉 | 一一 | 三○ | 五六 | 北 | 一八 | 三五 | 二七 | 酉 | 二 | 二○ | 五二 | 二四 | 加 | | 五四 | 四八 | 北 | 三二 | 五一 | ○八 | 三○ | 加 | 一七 | 三○ | 六 |
| 東增八 | 酉 | 一五 | 五五 | 四四 | 北 | 二○ | ○一 | 五八 | 酉 | 六 | 二七 | 五八 | ○四 | 加 | | 五六 | 二八 | 北 | 三五 | 三九 | 一二 | ○六 | 加 | 一六 | 四二 | 五 |
| 內增九 | 酉 | 一一 | 四三 | 五七 | 北 | 二三 | 一九 | 二六 | 酉 | | 二八 | 二二 | 一四 | 加 | | 五五 | 三八 | 北 | 三七 | 二○ | ○五 | 一六 | 加 | 一七 | 五二 | 六 |
| 東增十 | 酉 | 一二 | 四一 | 四八 | 北 | 二四 | 一四 | 四○ | 酉 | 一 | ○四 | 二七 | 二七 | 加 | | 五六 | ○九 | 北 | 三八 | 三一 | ○六 | 五八 | 加 | 一七 | 四六 | 六 |
| 內增十一 | 酉 | 九 | 五六 | 五六 | 北 | 二七 | ○五 | 二○ | 戌 | 二六 | 四一 | 五三 | 三○ | 加 | | 五五 | 三○ | 北 | 四○ | 一一 | ○四 | 一三 | 加 | 一八 | 三一 | 氣 |

| 婁宿恒星表 | 黃道經度宮 | 度 | 分 | 秒 | 黃道緯度南北 | 度 | 分 | 秒 | 赤道經度宮 | 度 | 分 | 秒 | 微 | 經度歲差加減 | 分 | 秒 | 微 | 赤道緯度南北 | 度 | 分 | 秒 | 微 | 緯度歲差加減 | 秒 | 微 | 星等 |
|---|---|---|---|---|---|---|---|---|---|---|---|---|---|---|---|---|---|---|---|---|---|---|---|---|---|---|
| 東增十二 | 酉 | 一五 | 二九 | 五六 | 北 | 二八 | 五五 | 五五 | 酉 | 一 | 五六 | 四四 | 一七 | 加 | | 五七 | 五九 | 北 | 四三 | 四三 | 〇〇 | 五七 | 加 | 一七 | 三九 | 六 |
| 東增十三 | 酉 | 一七 | 五二 | 五五 | 北 | 五一 | 五五 | 五二 | 酉 | 五 | 〇七 | 二〇 | 二三 | 加 | | 五九 | 四一 | 北 | 四六 | 五二 | 一七 | 二九 | 加 | 一七 | 二三 | 六 |
| 東增十四 | 酉 | 一八 | 一六 | 〇四 | 北 | 五二 | 五〇 | 〇〇 | 酉 | 二 | 四五 | 五二 | 五三 | 加 | 一 | 〇〇 | 一一 | 北 | 四八 | 一九 | 三五 | 二一 | 加 | 一七 | 二七 | 六 |
| 東增十五 | 酉 | 一四 | 五七 | 一二 | 北 | 五四 | 五七 | 二一 | 酉 | 二七 | 五五 | 三九 | 三一 | 加 | | 五八 | 三四 | 北 | 四八 | 三九 | 五八 | 三七 | 加 | 一八 | 一九 | 六 |
| 東增十六 | 酉 | 一四 | 三九 | 一七 | 北 | 五六 | 一九 | 五六 | 戌 | 二六 | 二〇 | 〇九 | 五七 | 加 | | 五八 | 三九 | 北 | 五〇 | 一五 | 〇二 | 〇五 | 加 | 一八 | 三五 | 六 |
| 東增十七 | 酉 | 一五 | 五八 | 五四 | 北 | 二〇 | 〇七 | 五二 | 酉 | 六 | 〇四 | 一二 | 一二 | 加 | | 五六 | 二四 | 北 | 三五 | 五九 | 二〇 | 一五 | 加 | 一六 | 四五 | 六 |
| 右更一 | 戌 | 二五 | 五二 | 二八 | 北 | 九 | 二二 | 五〇 | 戌 | 二〇 | 〇四 | 四四 | 〇九 | 加 | | 五〇 | 〇三 | 北 | 一八 | 三五 | 二七 | 二一 | 加 | 一九 | 二七 | 五 |
| 右更二 | 戌 | 二五 | 一六 | 五六 | 北 | 五 | 二一 | 五五 | 戌 | 二一 | 二五 | 五六 | 四〇 | 加 | | 四九 | 四〇 | 北 | 一四 | 四六 | 一三 | 一一 | 加 | 一九 | 一七 | 四 |
| 右更三 | 戌 | 二五 | 二二 | 五四 | 北 | 一 | 二二 | 五一 | 戌 | 二二 | 四八 | 五七 | 二〇 | 加 | | 四九 | 二〇 | 北 | 一一 | 三四 | 一一 | 〇一 | 加 | 一九 | 〇七 | 五 |
| 右更四 | 戌 | 二六 | 一一 | 五六 | 南 | 一 | 五八 | 一〇 | 戌 | 二四 | 五五 | 四〇 | 四三 | 加 | | 四九 | 〇一 | 北 | 八 | 三五 | 三六 | 二四 | 加 | 一八 | 四八 | 五 |
| 右更五 | 戌 | 二六 | 三七 | 二二 | 北 | 五 | 四一 | 二〇 | 戌 | 二五 | 一九 | 二六 | 二三 | 加 | | 四九 | 四一 | 北 | 一三 | 四二 | 二九 | 二六 | 加 | 一九 | 〇二 | 六 |
| 東增一 | 戌 | 二五 | 三九 | 四三 | 北 | 九 | 二四 | 四五 | 戌 | 二〇 | 一〇 | 五七 | 五五 | 加 | | 五〇 | 〇五 | 北 | 一八 | 三九 | 五六 | 三八 | 加 | 一九 | 二六 | 六 |
| 內增二 | 戌 | 二五 | 五八 | 五一 | 北 | 四 | 二一 | 五四 | 戌 | 二二 | 二七 | 二五 | 四〇 | 加 | | 四九 | 四〇 | 北 | 一四 | 〇五 | 四七 | 二七 | 加 | 一九 | 〇九 | 六 |
| 東增三 | 戌 | 二八 | 一一 | 五八 | 南 | | 二五 | 四七 | 戌 | 二六 | 二〇 | 五五 | 二九 | 加 | | 四九 | 二三 | 北 | 一〇 | 二六 | 一四 | 〇五 | 加 | 一八 | 三五 | 六 |
| 西增四 | 戌 | 二五 | 〇〇 | 五四 | 南 | 二 | 二八 | 五一 | 戌 | 二二 | 一四 | 五二 | 〇五 | 加 | | 四九 | 二一 | 北 | 一一 | 五九 | 四一 | 五三 | 加 | 一九 | 一一 | 六 |
| 西增五 | 戌 | 二一 | 四五 | 二一 | 北 | 一 | 五五 | 五二 | 戌 | 一九 | 二二 | 三〇 | 〇八 | 加 | | 四八 | 五六 | 北 | 一〇 | 一五 | 五八 | 三九 | 加 | 一九 | 三三 | 六 |
| 左更一 | 酉 | 一二 | 三五 | 五一 | 北 | 六 | 〇九 | 一三 | 酉 | 八 | 〇八 | 二七 | 〇六 | 加 | | 五二 | 四二 | 北 | 二一 | 二八 | 三八 | 三七 | 加 | 一六 | 一九 | 六 |
| 左更二 | 酉 | 一二 | 四七 | 一一 | 北 | 四 | 〇五 | 一二 | 酉 | 九 | 〇一 | 五四 | 五四 | 加 | | 五二 | 一八 | 北 | 一九 | 三二 | 二七 | 〇一 | 加 | 一六 | 〇七 | 六 |
| 左更三 | 酉 | 一一 | 五〇 | 五九 | 南 | | 五五 | 〇九 | 酉 | 九 | 三五 | 四六 | 一〇 | 加 | | 五一 | 一〇 | 北 | 一四 | 五〇 | 二〇 | 一七 | 加 | 一五 | 五九 | 六 |
| 左更四 | 酉 | 一五 | 二三 | 〇二 | 南 | 一 | 一八 | 三〇 | 酉 | 一一 | 一九 | 五九 | 〇二 | 加 | | 五一 | 一四 | 北 | 一四 | 三七 | 〇三 | 〇五 | 加 | 一五 | 三五 | 六 |
| 左更五 | 酉 | 一三 | 二六 | 〇八 | 北 | 一 | 〇七 | 五〇 | 酉 | 一〇 | 四七 | 二九 | 二四 | 加 | | 五一 | 四八 | 北 | 一七 | 〇〇 | 〇五 | 〇六 | 加 | 一五 | 四二 | 六 |
| 西增一 | 酉 | 一〇 | 一九 | 〇一 | 北 | 四 | 四五 | 四五 | 酉 | 六 | 二〇 | 〇〇 | 一七 | 加 | | 五一 | 五九 | 北 | 一九 | 二三 | 一七 | 〇六 | 加 | 一六 | 四二 | 六 |
| 東增二 | 酉 | 一三 | 四〇 | 三五 | 北 | 一 | 五七 | 五一 | 酉 | 一〇 | 五六 | 二七 | 〇〇 | 加 | | 五二 | 〇〇 | 北 | 一七 | 四九 | 一三 | 一五 | 加 | 一五 | 四五 | 六 |
| 東增三 | 酉 | 一四 | 五六 | 四八 | 北 | | 五九 | 五七 | 酉 | 一二 | 一〇 | 二五 | 〇〇 | 加 | | 五二 | 〇〇 | 北 | 一七 | 一六 | 五五 | 四六 | 加 | 一五 | 二三 | 六 |
| 東增四 | 酉 | 一五 | 二一 | 四〇 | 北 | 一 | 一一 | 二四 | 酉 | 一二 | 三一 | 四七 | 一八 | 加 | | 五二 | 〇六 | 北 | 一七 | 三五 | 一一 | 五四 | 加 | 一五 | 一八 | 六 |
| 東增五 | 酉 | 一五 | 一九 | 二七 | 北 | 一 | 二〇 | 一八 | 酉 | 一二 | 二三 | 四四 | 一〇 | 加 | | 五二 | 一〇 | 北 | 一七 | 五二 | 三六 | 二〇 | 加 | 一五 | 二〇 | 六 |
| 東增六 | 酉 | 一六 | 二九 | 二四 | 北 | 五 | 五五 | 五九 | 酉 | 一二 | 五五 | 二八 | 一六 | 加 | | 五二 | 五二 | 北 | 二〇 | 一三 | 一四 | 三六 | 加 | 一五 | 一二 | 六 |
| 東增七 | 酉 | 一六 | 五七 | 二五 | 北 | 四 | 〇九 | 二四 | 酉 | 一五 | 一三 | 五七 | 三五 | 加 | | 五三 | 〇五 | 北 | 二〇 | 五三 | 二一 | 〇一 | 加 | 一五 | 〇七 | 五 |
| 東增八 | 酉 | 一四 | 一〇 | 〇三 | 南 | | 五 | 四〇 | 酉 | 一一 | 四四 | 〇四 | 一四 | 加 | | 五一 | 三八 | 北 | 一六 | 〇〇 | 二五 | 四七 | 加 | 一五 | 二九 | 六 |
| 天倉一 | 亥 | 二九 | 二二 | 一六 | 南 | 一〇 | 〇一 | 五三 | 戌 | 三 | 二七 | 〇〇 | 一三 | 加 | | 四七 | 三一 | 南 | 九 | 二六 | 二四 | 四六 | 減 | 二〇 | 三八 | 三 |
| 天倉二 | 戌 | 一〇 | 一三 | 三四 | 南 | 一六 | 〇六 | 五七 | 戌 | 一五 | 四五 | 五八 | 五七 | 加 | | 四六 | 三九 | 南 | 一〇 | 四五 | 五四 | 三五 | 減 | 一九 | 五五 | 三 |
| 天倉三 | 戌 | 一四 | 四一 | 〇八 | 南 | 一五 | 四六 | 〇四 | 戌 | 一九 | 五七 | 三五 | 一四 | 加 | | 四六 | 五八 | 南 | 八 | 四五 | 一七 | 四七 | 減 | 一九 | 三一 | 三 |
| 天倉四 | 戌 | 二〇 | 二四 | 〇五 | 南 | 二〇 | 二〇 | 四二 | 戌 | 二六 | 五〇 | 〇八 | 〇八 | 加 | | 四五 | 五六 | 南 | 一〇 | 五三 | 一八 | 〇四 | 減 | 一八 | 三二 | 三 |
| 天倉五 | 戌 | 一六 | 二三 | 〇四 | 南 | 二四 | 五七 | 〇三 | 戌 | 二四 | 四九 | 五二 | 〇一 | 加 | | 四五 | 〇七 | 南 | 一六 | 三四 | 一九 | 五三 | 減 | 一八 | 四九 | 三 |
| 天倉六 | 戌 | 一七 | 五五 | 四八 | 南 | 二〇 | 四七 | 一九 | 戌 | 二八 | 三八 | 一四 | 五〇 | 加 | | 四三 | 五〇 | 南 | 二一 | 二二 | 〇四 | 〇七 | 減 | 一八 | 一一 | 五 |
| 北增一 | 戌 | 一七 | 二一 | 四四 | 南 | 八 | 二九 | 五四 | 戌 | 一九 | 一四 | 五七 | 二二 | 加 | | 四七 | 三四 | 南 | 一 | 〇二 | 〇一 | 二一 | 減 | 一九 | 三三 | 六 |
| 北增二 | 戌 | 一六 | 四一 | 四一 | 南 | 八 | 一七 | 一二 | 戌 | 一八 | 五五 | 一六 | 二二 | 加 | | 四七 | 三四 | 南 | 一 | 〇五 | 三九 | 四六 | 減 | 一九 | 三八 | 六 |
| 北增三 | 戌 | 一五 | 一一 | 一二 | 南 | 八 | 一四 | 一七 | 戌 | 一七 | 〇九 | 二四 | 一三 | 加 | | 四七 | 三一 | 南 | 一 | 三七 | 一四 | 一九 | 減 | 一九 | 四七 | 六 |
| 北增四 | 戌 | 一四 | 一〇 | 五四 | 南 | 九 | 〇八 | 一七 | 戌 | 一六 | 三五 | 一〇 | 五五 | 加 | | 四七 | 二五 | 南 | 二 | 五〇 | 〇二 | 二七 | 減 | 一九 | 五一 | 六 |
| 北增五 | 戌 | 一五 | 一九 | 二六 | 南 | 九 | 三七 | 四四 | 戌 | 一七 | 四九 | 〇〇 | 二九 | 加 | | 四七 | 二三 | 南 | 二 | 五一 | 〇九 | 一一 | 減 | 一九 | 四三 | 六 |

| 婁宿恒星表 | 黃道經度宮 | 度 | 分 | 秒 | 黃道緯度南北 | 度 | 分 | 秒 | 赤道經度宮 | 度 | 分 | 秒 | 微 | 經度歲差加減 | 分 | 秒 | 微 | 赤道緯度南北 | 度 | 分 | 秒 | 微 | 緯度歲差加減 | 秒 | 微 | 星等 |
|---|---|---|---|---|---|---|---|---|---|---|---|---|---|---|---|---|---|---|---|---|---|---|---|---|---|---|
| 北增六 | 戌 | 一五 | 一〇 | 四一 | 南 | 九 | 四九 | 〇六 | 戌 | 一七 | 四五 | 二四 | 四六 | 加 | | 四七 | 二二 | 南 | 三 | 〇四 | 五八 | 一一 | 減 | 一九 | 四三 | 六 |
| 北增七 | 戌 | 一四 | 四二 | 二二 | 南 | 一五 | 三五 | 一七 | 戌 | 一九 | 三四 | 二四 | 四〇 | 加 | | 四六 | 四〇 | 南 | 八 | 三四 | 五五 | 四七 | 減 | 一九 | 三一 | 六 |
| 北增八 | 戌 | 一三 | 二三 | 一一 | 南 | 一四 | 四一 | 一五 | 戌 | 一八 | 〇一 | 五六 | 五八 | 加 | | 四六 | 四六 | 南 | 八 | 一四 | 五八 | 五四 | 減 | 一九 | 四二 | 六 |
| 北增九 | 戌 | 一二 | 二九 | 二〇 | 南 | 一四 | 三七 | 三七 | 戌 | 一七 | 一二 | 〇三 | 四一 | 加 | | 四六 | 四七 | 南 | 八 | 五二 | 〇四 | 一九 | 減 | 一九 | 四七 | 五 |
| 北增十 | 戌 | 一二 | 三六 | 一九 | 南 | 一三 | 二四 | 五五 | 戌 | 一六 | 四九 | 二六 | 〇八 | 加 | | 四六 | 五六 | 南 | 七 | 二二 | 一三 | 一〇 | 減 | 一九 | 五〇 | 六 |
| 北增十一 | 戌 | 一一 | 〇八 | 二六 | 南 | 一五 | 〇六 | 二七 | 戌 | 一六 | 一〇 | 四九 | 一五 | 加 | | 四六 | 四五 | 南 | 九 | 二九 | 二四 | 〇一 | 減 | 一九 | 五三 | 六 |
| 北增十二 | 戌 | 一〇 | 一二 | 〇八 | 南 | 一五 | 三九 | 三七 | 戌 | 一五 | 三三 | 三七 | 〇六 | 加 | | 四六 | 四二 | 南 | 一〇 | 二一 | 二五 | 〇九 | 減 | 一九 | 五七 | 六 |
| 南增十三 | 戌 | 九 | 四七 | 〇五 | 南 | 一五 | 三五 | 一二 | 戌 | 一五 | 〇九 | 一九 | 四九 | 加 | | 四六 | 四三 | 南 | 一〇 | 二六 | 五六 | 四三 | 減 | 一九 | 五九 | 六 |
| 內增十四 | 戌 | 九 | 三七 | 二五 | 南 | 一五 | 三八 | 四二 | 戌 | 一五 | 〇二 | 〇三 | 四九 | 加 | | 四六 | 四三 | 南 | 一〇 | 三三 | 五二 | 〇〇 | 減 | 二〇 | 〇〇 | 六 |
| 內增十五 | 戌 | 一二 | 二三 | 五二 | 南 | 二一 | 四九 | 四五 | 戌 | 二〇 | 〇二 | 四四 | 四一 | 加 | | 四五 | 四七 | 南 | 一五 | 一〇 | 四〇 | 五六 | 減 | 一九 | 二八 | 五 |
| 內增十六 | 戌 | 一三 | 二一 | 五三 | 南 | 二〇 | 三二 | 一六 | 戌 | 二〇 | 二一 | 三五 | 三四 | 加 | | 四五 | 五八 | 南 | 一三 | 三八 | 〇九 | 〇五 | 減 | 一九 | 二五 | 六 |
| 內增十七 | 戌 | 一四 | 三二 | 四六 | 南 | 二三 | 三五 | 三〇 | 戌 | 二二 | 三九 | 〇三 | 三八 | 加 | | 四五 | 二六 | 南 | 一五 | 五七 | 五四 | 五九 | 減 | 一九 | 〇七 | 六 |
| 內增十八 | 戌 | 一四 | 〇五 | 〇六 | 南 | 二三 | 四〇 | 五八 | 戌 | 二二 | 一八 | 〇〇 | 五五 | 加 | | 四五 | 二六 | 南 | 一六 | 一四 | 五六 | 〇七 | 減 | 一九 | 一一 | 六 |
| 西增十九 | 亥 | 二九 | 二七 | 三三 | 南 | 九 | 一七 | 四七 | 戌 | 三 | 一三 | 五六 | 五六 | 加 | | 四七 | 三二 | 南 | 八 | 四四 | 一二 | 〇三 | 減 | 二〇 | 三九 | 六 |
| 北增二十 | 戌 | 二〇 | 四六 | 一九 | 南 | 一三 | 二〇 | 二一 | 戌 | 二四 | 一〇 | 三〇 | 三五 | 加 | | 四七 | 〇五 | 南 | 四 | 一五 | 四七 | 一八 | 減 | 一八 | 五四 | 六 |
| 內增二十一 | 戌 | 一九 | 四三 | 四六 | 南 | 二〇 | 二九 | 四一 | 戌 | 二五 | 五八 | 〇三 | 四二 | 加 | | 四五 | 五四 | 南 | 一一 | 一五 | 五九 | 二九 | 減 | 一八 | 三七 | 六 |
| 天庾一 | 戌 | 一六 | 一九 | 〇七 | 南 | 三八 | 五一 | 四九 | 酉 | 一 | 〇四 | 四四 | 三二 | 加 | | 四一 | 四四 | 南 | 二九 | 一四 | 五〇 | 四五 | 減 | 一七 | 四五 | 六 |
| 天庾二 | 戌 | 二三 | 一二 | 二四 | 南 | 三九 | 四〇 | 三二 | 酉 | 六 | 五七 | 三九 | 一〇 | 加 | | 四一 | 一〇 | 南 | 二七 | 四二 | 四〇 | 五五 | 減 | 一六 | 三五 | 六 |
| 天庾三 | 戌 | 二三 | 一四 | 五八 | 南 | 四四 | 五一 | 四〇 | 酉 | 九 | 三一 | 四一 | 〇三 | 加 | | 三九 | 二一 | 南 | 三二 | 二三 | 五一 | 〇〇 | 減 | 一六 | 〇〇 | 五 |
| 北增一 | 戌 | 一六 | 二〇 | 二四 | 南 | 三七 | 四九 | 五五 | 酉 | | 三四 | 五〇 | 〇九 | 加 | | 四二 | 〇三 | 南 | 二八 | 一八 | 二三 | 二七 | 減 | 一七 | 五一 | 六 |
| 東增二 | 戌 | 二四 | 〇三 | 三三 | 南 | 四二 | 一三 | 七四 | 酉 | 八 | 五〇 | 二四 | 一一 | 加 | | 四〇 | 一七 | 南 | 二九 | 四六 | 〇〇 | 三三 | 減 | 一六 | 〇九 | 六 |
| 南增三 | 戌 | 二二 | 四四 | 三四 | 南 | 四六 | 一八 | 四五 | 酉 | 九 | 五四 | 二〇 | 二四 | 加 | | 三八 | 四八 | 南 | 二三 | 五一 | 二七 | 三五 | 減 | 一五 | 五五 | 六 |

實宿恒星表

| 實宿恒星表 | 實宿一 | 實宿二 | 實宿三 | 南增一 | 南增二 | 東增三 | 東增四 | 南增五 | 天廄一 | 天廄二 | 天廄三 |
| --- | --- | --- | --- | --- | --- | --- | --- | --- | --- | --- | --- |
| 黃道經度 度 | 一五 | 一六 | 一六 | 一〇 | 一二 | 一九 | 一九 | 一四 | 二二 | 二六 | 二七 |
| 分 | 二三 | 四九 | 四〇 | 二六 | 四六 | 五八 | 二六 | 三五 | 三二 | 二五 | 三四 |
| 秒 | 〇五 | 一一 | 〇二 | 四七 | 三〇 | 三四 | 五六 | 一七 | 五九 | 四六 | 二六 |
| 黃道緯度 | 北 | 北 | 北 | 北 | 北 | 北 | 北 | 北 | 北 | 北 | 北 |

胃宿恒星表

| 星名 | 黃道經宮 | 度 | 分 | 秒 | 黃道緯向 | 度 | 分 | 秒 | 赤道經宮 | 度 | 分 | 秒 | 微 | 歲差 | 分 | 秒 | 微 | 赤道緯向 | 度 | 分 | 秒 | 微 | 歲差 | 秒 | 微 | 星等 |
|---|---|---|---|---|---|---|---|---|---|---|---|---|---|---|---|---|---|---|---|---|---|---|---|---|---|---|
| 西增二 | 戌 | 二五 | 五一 | 二一 | 南 | 一三 | 五一 | 四七 | 戌 | 二八 | 五一 | 〇九 | 〇二 | 加 |  | 四七 | 一四 | 南 | 二 | 五七 | 五四 | 五五 | 減 | 一八 | 〇九 | 六 |
| 西增三 | 戌 | 二七 | 〇八 | 四八 | 南 | 一二 | 〇八 | 二三 | 戌 | 二九 | 五二 | 〇九 | 五六 | 加 |  | 四七 | 三二 | 南 |  | 五三 | 〇〇 | 三四 | 減 | 一八 | 〇二 | 六 |
| 西增四 | 戌 | 二七 | 一〇 | 〇〇 | 南 | 一一 | 三九 | 〇三 | 戌 | 二九 | 二二 | 五二 | 三一 | 加 |  | 四七 | 三七 | 南 |  | 二五 | 一〇 | 〇八 | 減 | 一八 | 〇四 | 四 |
| 内增五 | 酉 | 一 | 四七 | 五八 | 南 | 一二 | 五九 | 五八 | 酉 | 四 | 〇五 | 三八 | 四〇 | 加 |  | 四七 | 四〇 | 南 |  | 七 | 〇一 | 五〇 | 減 | 一七 | 一〇 | 六 |
| 西增六 | 酉 | 二 | 〇三 | 二一 | 南 | 四 | 二三 | 五九 | 酉 | 一 | 二四 | 二八 | 一九 | 加 |  | 四九 | 一三 | 北 | 八 | 〇三 | 五四 | 〇六 | 加 | 一七 | 四二 | 六 |
| 北增七 | 酉 | 五 | 四八 | 〇五 | 南 | 三 | 三二 | 二六 | 酉 | 四 | 四一 | 〇六 | 四一 | 加 |  | 四九 | 四七 | 北 | 一〇 | 〇七 | 〇七 | 〇九 | 加 | 一七 | 〇三 | 六 |
| 北增八 | 酉 | 九 | 〇八 | 二三 | 南 | 二 | 四五 | 〇一 | 酉 | 七 | 三七 | 五一 | 四六 | 加 |  | 五〇 | 二二 | 北 | 一一 | 五八 | 一五 | 三八 | 加 | 一六 | 二六 | 六 |
| 北增九 | 酉 | 一〇 | 〇一 | 三八 | 南 | 四 | 四七 | 一七 | 酉 | 九 | 〇八 | 五三 | 〇九 | 加 |  | 五〇 | 〇三 | 北 | 一〇 | 一六 | 四九 | 三五 | 加 | 一六 | 〇五 | 六 |
| 内增十 | 酉 | 一二 | 五二 | 四四 | 南 | 一二 | 二一 | 三九 | 酉 | 一四 | 〇八 | 五五 | 二三 | 加 |  | 四八 | 四一 | 北 | 三 | 五四 | 一四 | 四二 | 加 | 一四 | 五四 | 六 |
| 南增十一 | 酉 | 一六 | 四五 | 一四 | 南 | 一四 | 二七 | 五九 | 酉 | 一八 | 二二 | 一九 | 三〇 | 加 |  | 四八 | 三〇 | 北 | 二 | 五七 | 〇五 | 五〇 | 加 | 一三 | 五〇 | 五 |
| 東增十二 | 酉 | 二一 | 五〇 | 二四 | 南 | 一六 | 〇五 | 二七 | 酉 | 二三 | 三一 | 四七 | 〇四 | 加 |  | 四八 | 二八 | 北 | 二 | 四一 | 二四 | 〇三 | 加 | 一二 | 二一 | 六 |
| 東增十三 | 酉 | 二二 | 一八 | 〇六 | 南 | 一九 | 三七 | 〇三 | 酉 | 二四 | 四九 | 三七 | 三〇 | 加 |  | 四七 | 三〇 | 南 |  | 三九 | 一五 | 二六 | 減 | 一一 | 五八 | 六 |
| 東增十四 | 酉 | 二一 | 五八 | 五二 | 南 | 二〇 | 四五 | 四六 | 酉 | 二四 | 四四 | 〇〇 | 〇二 | 加 |  | 四七 | 一四 | 南 | 一 | 三〇 | 五五 | 〇〇 | 減 | 一二 | 〇〇 | 五 |
| 東增十五 | 酉 | 二〇 | 二五 | 五四 | 南 | 一八 | 二六 | 一三 | 酉 | 二二 | 四九 | 一七 | 〇六 | 加 |  | 四七 | 四二 | 北 |  | 二 | 五九 | 三九 | 加 | 一二 | 三五 | 四 |
| 南增十六 | 酉 | 一五 | 一八 | 五一 | 南 | 一八 | 三二 | 二二 | 酉 | 一八 | 一〇 | 一六 | 二〇 | 加 |  | 四七 | 二〇 | 南 | 一 | 二〇 | 三八 | 二七 | 減 | 一三 | 三一 | 六 |
| 南增十七 | 酉 | 一三 | 四九 | 二九 | 南 | 一八 | 二四 | 二四 | 酉 | 一六 | 四六 | 四二 | 一一 | 加 |  | 四七 | 一七 | 南 | 一 | 三七 | 〇二 | 四一 | 減 | 一四 | 一三 | 六 |
| 南增十八 | 酉 | 一〇 | 一九 | 一四 | 南 | 一九 | 〇九 | 三七 | 酉 | 一三 | 四九 | 四四 | 五九 | 加 |  | 四六 | 五三 | 南 | 五 | 一九 | 〇四 | 二六 | 減 | 一四 | 五八 | 六 |
| 南增十九 | 酉 | 一〇 | 一〇 | 二〇 | 南 | 一八 | 四一 | 一一 | 酉 | 一三 | 三三 | 〇三 | 三四 | 加 |  | 四六 | 五八 | 南 | 二 | 五四 | 三二 | 五一 | 減 | 一五 | 〇五 | 六 |
| 南增二十 | 酉 | 六 | 〇五 | 五五 | 南 | 一五 | 五四 | 五四 | 酉 | 八 | 五二 | 三七 | 五五 | 加 |  | 四七 | 二五 | 南 | 一 | 一〇 | 二七 | 三三 | 減 | 一六 | 〇七 | 六 |
| 東增二十一 | 酉 | 二〇 | 二四 | 一四 | 南 | 一八 | 一六 | 〇九 | 酉 | 二二 | 四五 | 一二 | 一五 | 加 |  | 四七 | 四五 | 北 |  | 一二 | 二〇 | 二二 | 減 | 一二 | 三四 | 六 |

昴宿恒星表

| 星名 | 黃道經宮 | 度 | 分 | 秒 | 黃道緯向 | 度 | 分 | 秒 | 赤道經宮 | 度 | 分 | 秒 | 微 | 歲差 | 分 | 秒 | 微 | 赤道緯向 | 度 | 分 | 秒 | 微 | 歲差 | 秒 | 微 | 星等 |
|---|---|---|---|---|---|---|---|---|---|---|---|---|---|---|---|---|---|---|---|---|---|---|---|---|---|---|
| 昴宿一 | 酉 | 二七 | 五二 | 三七 | 北 | 四 | 一〇 | 四三 | 酉 | 二四 | 五五 | 一六 | 一八 | 加 |  | 五五 | 〇六 | 北 | 二三 | 四五 | 五〇 | 五二 | 加 | 一二 | 〇四 | 五 |
| 昴宿二 | 酉 | 二八 | 〇一 | 五八 | 北 | 四 | 三〇 | 四〇 | 酉 | 二四 | 四〇 | 〇九 | 〇二 | 加 |  | 五五 | 一四 | 北 | 二四 | 〇七 | 二四 | 二六 | 加 | 一二 | 〇二 | 五 |
| 昴宿三 | 酉 | 二八 | 一二 | 三二 | 北 | 四 | 三三 | 一二 | 酉 | 二四 | 五〇 | 四五 | 一一 | 加 |  | 五五 | 一七 | 北 | 二四 | 一二 | 一七 | 三四 | 加 | 一一 | 五八 | 六 |
| 昴宿四 | 酉 | 二八 | 〇八 | 四七 | 北 | 四 | 二三 | 〇三 | 酉 | 二四 | 四九 | 一八 | 三六 | 加 |  | 五五 | 一二 | 北 | 二四 | 〇一 | 三三 | 三四 | 加 | 一一 | 五八 | 五 |
| 昴宿五 | 酉 | 二八 | 〇九 | 四六 | 北 | 三 | 五六 | 二五 | 酉 | 二四 | 五七 | 〇二 | 三五 | 加 |  | 五五 | 〇五 | 北 | 二三 | 三五 | 五二 | 〇八 | 加 | 一一 | 五六 | 五 |
| 昴宿六 | 酉 | 二八 | 二七 | 二四 | 北 | 四 | 〇二 | 一六 | 酉 | 二五 | 一四 | 一七 | 一〇 | 加 |  | 五五 | 一〇 | 北 | 二三 | 四五 | 三四 | 一六 | 加 | 一一 | 五二 | 五 |
| 昴宿七 | 酉 | 二八 | 四九 | 〇八 | 北 | 三 | 五四 | 一六 | 酉 | 二五 | 三九 | 一九 | 五三 | 加 |  | 五五 | 一一 | 北 | 二三 | 四二 | 四一 | 一五 | 加 | 一一 | 四五 | 五 |
| 北增一 | 酉 | 二七 | 一三 | 四〇 | 北 | 五 | 三四 | 二八 | 酉 | 二三 | 三二 | 一七 | 五五 | 加 |  | 五五 | 二五 | 北 | 二四 | 五八 | 〇九 | 四六 | 加 | 一二 | 二二 | 六 |
| 西增二 | 酉 | 二五 | 三七 | 二八 | 北 | 五 | 〇四 | 一五 | 酉 | 二一 | 五八 | 一〇 | 三四 | 加 |  | 五四 | 五八 | 北 | 二四 | 〇五 | 四〇 | 二四 | 加 | 一二 | 四八 | 六 |
| 西增三 | 酉 | 二五 | 五三 | 二六 | 北 | 三 | 四三 | 一二 | 酉 | 二二 | 三六 | 三四 | 四八 | 加 |  | 五四 | 三六 | 北 | 二二 | 五〇 | 五八 | 一四 | 加 | 一二 | 三八 | 六 |
| 南增四 | 酉 | 二七 | 三四 | 二五 | 北 | 三 | 〇五 | 二一 | 酉 | 二四 | 三二 | 二九 | 〇六 | 加 |  | 五四 | 四二 | 北 | 二二 | 三八 | 〇二 | 五二 | 加 | 一二 | 〇四 | 六 |
| 東增五 | 申 |  | 一二 | 三七 | 北 | 二 | 〇〇 | 一三 | 酉 | 二七 | 三四 | 四八 | 四一 | 加 |  | 五四 | 四七 | 北 | 二二 | 〇九 | 四一 | 二七 | 加 | 一一 | 〇九 | 六 |
| 西增六 | 酉 | 二七 | 四三 | 〇四 | 北 | 四 | 〇九 | 三三 | 酉 | 二四 | 二五 | 二六 | 五二 | 加 |  | 五五 | 〇四 | 北 | 二三 | 四二 | 三〇 | 一八 | 加 | 一二 | 〇六 | 六 |
| 西增七 | 酉 | 二七 | 四九 | 四六 | 北 | 四 | 三〇 | 〇四 | 酉 | 二四 | 二七 | 二〇 | 三六 | 加 |  | 五五 | 一二 | 北 | 二四 | 〇四 | 〇〇 | 一八 | 加 | 一二 | 〇六 | 六 |
| 西增八 | 酉 | 二七 | 五五 | 四〇 | 北 | 四 | 五一 | 三七 | 酉 | 二四 | 二八 | 〇七 | 三七 | 加 |  | 五五 | 一九 | 北 | 二四 | 二六 | 一九 | 三五 | 加 | 一二 | 〇五 | 六 |
| 内增九 | 酉 | 二七 | 五七 | 一八 | 北 | 四 | 二一 | 四三 | 酉 | 二四 | 三七 | 二七 | 一〇 | 加 |  | 五五 | 一〇 | 北 | 二三 | 五七 | 三七 | 二六 | 加 | 一二 | 〇二 | 五 |
| 内增十 | 酉 | 二八 | 一三 | 三九 | 北 | 四 | 〇三 | 二四 | 酉 | 二四 | 五九 | 二四 | 四四 | 加 |  | 五五 | 〇八 | 北 | 二三 | 四三 | 三二 | 二五 | 加 | 一一 | 五五 | 六 |
| 内增十一 | 酉 | 二八 | 四二 | 四八 | 北 | 二 | 五六 | 〇九 | 酉 | 二五 | 三二 | 〇八 | 一〇 | 加 |  | 五五 | 一〇 | 北 | 二三 | 四三 | 〇五 | 五八 | 加 | 一一 | 四六 | 六 |
| 東增十二 | 酉 | 二八 | 四七 | 二六 | 北 | 三 | 五二 | 二〇 | 酉 | 二五 | 三八 | 〇〇 | 一〇 | 加 |  | 五五 | 一〇 | 北 | 二三 | 四〇 | 二五 | 一五 | 加 | 一一 | 四五 | 五 |
| 東增十三 | 酉 | 二八 | 五〇 | 四五 | 北 | 三 | 四六 | 〇四 | 酉 | 二五 | 四三 | 〇三 | 四四 | 加 |  | 五五 | 〇八 | 北 | 二三 | 三五 | 〇三 | 四九 | 加 | 一一 | 四三 | 五 |

昴宿恒星表

| 星名 | 黃道經宮 | 度 | 分 | 秒 | 黃道緯向 | 度 | 分 | 秒 | 赤道經宮 | 度 | 分 | 秒 | 微 | 歲差 | 分 | 秒 | 微 | 赤道緯向 | 度 | 分 | 秒 | 微 | 歲差 | 秒 | 微 | 星等 |
|---|---|---|---|---|---|---|---|---|---|---|---|---|---|---|---|---|---|---|---|---|---|---|---|---|---|---|
| 天阿 | 酉 | 二三 | 四四 | 一〇 | 北 | 八 | 四六 | 五八 | 酉 | 一八 | 五四 | 二六 | 二三 | 加 |  | 五五 | 四一 | 北 | 二七 | 一二 | 一七 | 五七 | 加 | 一三 | 三九 | 六 |
| 月 | 申 | 一 | 五四 | 三五 | 北 | 一 | 一五 | 〇三 | 酉 | 二九 | 三二 | 二六 | 〇七 | 加 |  | 五四 | 四九 | 北 | 二一 | 四六 | 三九 | 三九 | 加 | 一〇 | 三五 | 五 |
| 東增一 | 申 | 二 | 〇二 | 一六 | 北 | 一 | 〇九 | 四四 | 酉 | 二九 | 四一 | 四一 | 二四 | 加 |  | 五四 | 四八 | 北 | 二一 | 四三 | 〇〇 | 三〇 | 加 | 一〇 | 三〇 | 六 |
| 卷舌一 | 申 | 二 | 一七 | 三六 | 北 | 二二 | 〇八 | 四五 | 酉 | 二四 | 二六 | 〇六 | 二五 | 加 | 一 | 〇二 | 五五 | 北 | 四二 | 一四 | 〇〇 | 一八 | 加 | 一二 | 〇六 | 四 |
| 卷舌二 | 申 | 四 | 〇八 | 四一 | 北 | 一九 | 〇六 | 三八 | 酉 | 二七 | 三七 | 一〇 | 二七 | 加 | 一 | 〇二 | 〇九 | 北 | 三九 | 四一 | 四八 | 二七 | 加 | 一一 | 〇九 | 三 |
| 卷舌三 | 申 | 三 | 二六 | 三一 | 北 | 一四 | 五五 | 五〇 | 酉 | 二七 | 五七 | 四八 | 二七 | 加 | 一 | 〇〇 | 〇九 | 北 | 三五 | 二八 | 一七 | 四三 | 加 | 一一 | 〇一 | 五 |
| 卷舌四 | 申 | 一 | 三五 | 〇〇 | 北 | 一一 | 一九 | 三六 | 酉 | 二六 | 四七 | 五二 | 五四 | 加 |  | 五八 | 一八 | 北 | 三一 | 三三 | 二七 | 二九 | 加 | 一一 | 二三 | 三 |
| 卷舌五 | 酉 | 二九 | 一〇 | 一〇 | 北 | 一二 | 二三 | 一一 | 酉 | 二三 | 四九 | 一九 | 〇一 | 加 |  | 五八 | 〇七 | 北 | 三二 | 〇二 | 三一 | 一一 | 加 | 一二 | 一七 | 五 |
| 卷舌六 | 酉 | 二九 | 三六 | 〇六 | 北 | 一三 | 五三 | 四〇 | 酉 | 二五 | 五一 | 三〇 | 五八 | 加 |  | 五八 | 四六 | 北 | 三三 | 三六 | 二五 | 一一 | 加 | 一二 | 一七 | 六 |
| 西增一 | 酉 | 二七 | 五三 | 二八 | 北 | 一二 | 二三 | 一一 | 酉 | 二二 | 二二 | 四六 | 二四 | 加 |  | 五七 | 四八 | 北 | 三一 | 四四 | 一一 | 二三 | 加 | 一二 | 四一 | 六 |
| 東增二 | 申 | 八 | 二四 | 二二 | 北 | 一二 | 一九 | 三八 | 申 | 四 | 二〇 | 二三 | 五三 | 加 | 一 | 〇〇 | 一一 | 北 | 三三 | 五二 | 二〇 | 二六 | 加 | 九 | 〇二 | 六 |
| 東增三 | 申 | 七 | 三八 | 二七 | 北 | 一二 | 五三 | 三八 | 申 | 三 | 一九 | 四七 | 二八 | 加 | 一 | 〇〇 | 一六 | 北 | 三四 | 一七 | 四三 | 〇三 | 加 | 九 | 二一 | 六 |
| 東增四 | 申 | 五 | 四四 | 〇五 | 北 | 一六 | 二八 | 一二 | 申 |  | 一四 | 二〇 | 五五 | 加 | 一 | 〇一 | 二五 | 北 | 三七 | 二六 | 四〇 | 二〇 | 加 | 一〇 | 二〇 | 六 |
| 東增五 | 申 | 五 | 五一 | 〇〇 | 北 | 一六 | 四六 | 一二 | 申 |  | 一七 | 五一 | 〇五 | 加 | 一 | 〇一 | 三五 | 北 | 三七 | 四五 | 三九 | 三七 | 加 | 一〇 | 一九 | 六 |
| 東增六 | 申 | 七 | 三六 | 四六 | 北 | 一八 | 五五 | 〇九 | 申 | 一 | 五一 | 〇九 | 三五 | 加 | 一 | 〇三 | 〇五 | 北 | 四〇 | 一二 | 一七 | 五〇 | 加 | 九 | 五〇 | 五 |
| 西增七 | 酉 | 二九 | 三四 | 四九 | 北 | 一二 | 一〇 | 一三 | 酉 | 二四 | 一九 | 三二 | 四四 | 加 |  | 五八 | 〇八 | 北 | 三一 | 五五 | 四一 | 〇一 | 加 | 一二 | 〇七 | 六 |
| 天讒 | 申 |  | 五四 | 五七 | 北 | 一二 | 五五 | 〇〇 | 酉 | 二五 | 三七 | 一四 | 三二 | 加 |  | 五八 | 四四 | 北 | 三二 | 五七 | 三一 | 一五 | 加 | 一一 | 四五 | 六 |
| 礪石一 | 申 | 三 | 四四 | 四一 | 北 | 七 | 五六 | 二三 | 申 |  | 二 | 〇二 | 四七 | 加 |  | 五七 | 二九 | 北 | 二八 | 四一 | 五一 | 一二 | 加 | 一〇 | 二四 | 五 |
| 礪石二 | 申 | 四 | 〇七 | 四八 | 北 | 五 | 一八 | 二六 | 申 | 一 | 〇一 | 二四 | 二二 | 加 |  | 五六 | 三四 | 北 | 二六 | 一一 | 一九 | 三五 | 加 | 一〇 | 〇五 | 六 |
| 礪石三 | 申 | 六 | 三四 | 一二 | 北 | 四 | 〇〇 | 二九 | 申 | 三 | 五七 | 四三 | 三〇 | 加 |  | 五六 | 三〇 | 北 | 二五 | 二一 | 四八 | 二七 | 加 | 九 | 〇九 | 五 |

昴宿恆星表

| 昴宿恆星表 | 黃道經度 宮 | 度 | 分 | 秒 | 黃道緯度 向 | 度 | 分 | 秒 | 赤道經度 宮 | 度 | 分 | 秒 | 微 | 歲差 | 分 | 秒 | 微 | 赤道緯度 向 | 度 | 分 | 秒 | 微 | 歲差 | 秒 | 微 | 等 |
|---|---|---|---|---|---|---|---|---|---|---|---|---|---|---|---|---|---|---|---|---|---|---|---|---|---|---|
| 礪石四 | 申 | 六 | 二〇 | 一五 | 北 | 五 | 四八 | 〇〇 | 申 | 三 | 二一 | 一三 | 四四 | 加 |  | 五七 | 〇八 | 北 | 二七 | 〇五 | 一〇 | 〇三 | 加 | 九 | 二一 | 五 |
| 天陰一 | 酉 | 二四 | 三四 | 〇六 | 南 |  | 二 | 四六 | 酉 | 二二 | 一三 | 一五 | 二八 | 加 |  | 五三 | 一六 | 北 | 一八 | 五一 | 三一 | 四九 | 加 | 一二 | 四三 | 六 |
| 天陰二 | 酉 | 二〇 | 三三 | 五〇 | 北 | 二 | 三二 | 四七 | 酉 | 一七 | 〇八 | 〇六 | 二九 | 加 |  | 五三 | 二三 | 北 | 二〇 | 三七 | 四三 | 〇一 | 加 | 一四 | 〇七 | 五 |
| 天陰三 | 酉 | 二二 | 〇六 | 〇五 | 北 | 二 | 〇六 | 三七 | 酉 | 一九 | 〇六 | 二三 | 〇四 | 加 |  | 五五 | 二八 | 北 | 二〇 | 二〇 | 一二 | 四八 | 加 | 一三 | 三六 | 六 |
| 天陰四 | 酉 | 一九 | 一七 | 五四 | 北 | 一 | 四九 | 〇〇 | 酉 | 一六 | 一八 | 五二 | 二五 | 加 |  | 五二 | 五五 | 北 | 一九 | 一八 | 一七 | 〇三 | 加 | 一四 | 二一 | 五 |
| 天陰五 | 酉 | 二四 | 一九 | 四四 | 北 | 三 | 〇一 | 三二 | 酉 | 二一 | 〇九 | 三九 | 〇一 | 加 |  | 五四 | 〇七 | 北 | 二一 | 四七 | 三二 | 二六 | 加 | 一三 | 〇二 | 六 |
| 西增一 | 酉 | 一八 | 一八 | 〇四 | 北 | 一 | 〇七 | 〇五 | 酉 | 一五 | 三〇 | 四五 | 二二 | 加 |  | 五二 | 三四 | 北 | 一八 | 二一 | 二九 | 五六 | 加 | 一四 | 三二 | 六 |
| 北增二 | 酉 | 二五 | 二七 | 〇一 | 北 | 五 | 三五 | 一一 | 酉 | 一九 | 二六 | 五〇 | 四一 | 加 |  | 五四 | 四七 | 北 | 二四 | 二〇 | 〇八 | 一三 | 加 | 一三 | 三一 | 六 |
| 東增三 | 酉 | 二六 | 一八 | 〇五 | 北 |  |  | 四六 | 酉 | 二三 | 五八 | 五八 | 三九 | 加 |  | 五三 | 三三 | 北 | 一九 | 二〇 | 四七 | 一九 | 加 | 一二 | 一三 | 六 |
| 東增四 | 酉 | 二六 | 三七 | 四五 | 南 |  | 五 | 三八 | 酉 | 二四 | 二〇 | 四九 | 二二 | 加 |  | 五三 | 三四 | 北 | 一九 | 一九 | 〇八 | 〇一 | 加 | 一二 | 〇七 | 六 |
| 西增五 | 酉 | 一九 | 二三 | 〇〇 | 北 | 五 | 二二 | 一一 | 酉 | 一五 | 五七 | 〇二 | 二〇 | 加 |  | 五三 | 二〇 | 北 | 二〇 | 四九 | 二〇 | 三八 | 加 | 一四 | 二六 | 六 |
| 南增六 | 酉 | 一九 | 一五 | 一五 | 北 | 一 | 四七 | 五七 | 酉 | 一六 | 一六 | 四六 | 四二 | 加 |  | 五二 | 五四 | 北 | 一九 | 一六 | 三七 | 〇三 | 加 | 一四 | 二一 | 四 |
| 芻藁一 | 戌 | 二八 | 〇九 | 二六 | 南 | 二五 | 一四 | 五九 | 酉 | 五 | 〇八 | 三一 | 〇〇 | 加 |  | 四五 | 〇〇 | 南 | 一二 | 四七 | 四八 | 〇九 | 減 | 一六 | 五七 | 四 |
| 芻藁二 | 酉 | 二 | 〇二 | 一四 | 南 | 二一 | 四九 | 三七 | 酉 | 七 | 一八 | 四一 | 一六 | 加 |  | 四五 | 五二 | 南 | 八 | 二〇 | 四二 | 一三 | 減 | 一六 | 二九 | 六 |
| 芻藁三 | 戌 | 二八 | 〇八 | 二九 | 南 | 一八 | 五八 | 〇〇 | 酉 | 二 | 五一 | 一六 | 二〇 | 加 |  | 四六 | 二〇 | 南 | 六 | 五五 | 五二 | 〇五 | 減 | 一七 | 二五 | 六 |
| 芻藁四 | 酉 | 一 | 二四 | 五二 | 南 | 一六 | 一四 | 一五 | 酉 | 四 | 五〇 | 三一 | 四三 | 加 |  | 四七 | 〇一 | 南 | 三 | 一七 | 二二 | 三四 | 減 | 一七 | 〇二 | 六 |
| 芻藁五 | 戌 | 二七 | 五七 | 五〇 | 南 | 二二 | 一五 | 三七 | 酉 | 三 | 五二 | 四八 | 五七 | 加 |  | 四五 | 三九 | 南 | 一〇 | 〇四 | 〇八 | 四一 | 減 | 一七 | 一三 | 六 |
| 芻藁六 | 酉 | 一 | 四七 | 三一 | 南 | 二五 | 五九 | 二七 | 酉 | 八 | 三三 | 〇四 | 五九 | 加 |  | 四四 | 五三 | 南 | 一二 | 一九 | 五七 | 四一 | 減 | 一六 | 一三 | 五 |
| 西增一 | 戌 | 二五 | 一〇 | 四九 | 南 | 二一 | 二四 | 四九 | 酉 | 一 | 〇七 | 一九 | 四一 | 加 |  | 四五 | 四七 | 南 | 一〇 | 一二 | 四九 | 四五 | 減 | 一七 | 四五 | 六 |
| 北增二 | 戌 | 二九 | 五九 | 五一 | 南 | 一五 | 五五 | 四三 | 酉 | 三 | 二六 | 五九 | 四三 | 加 |  | 四七 | 〇一 | 南 | 三 | 二八 | 〇四 | 四九 | 減 | 一七 | 一七 | [illegible] |
| 東增三 | 酉 | 三 | 四五 | 五五 | 南 | 一七 | 四七 | 五九 | 酉 | 七 | 二七 | 三二 | 二四 | 加 |  | 四六 | 四八 | 南 | 四 | 〇〇 | 五九 | 五六 | 減 | 一六 | 二八 | 六 |
| 東增四 | 酉 | 四 | 二〇 | 一一 | 南 | 一七 | 五一 | 四一 | 酉 | 八 | 〇一 | 二七 | 五〇 | 加 |  | 四六 | 五〇 | 南 | 三 | 五三 | 〇三 | 四〇 | 減 | 一六 | 二〇 | 六 |
| 東增五 | 酉 | 二 | 二一 | 五〇 | 南 | 二一 | 五四 | 四五 | 酉 | 七 | 三七 | 四四 | 三三 | 加 |  | 四五 | 五一 | 南 | 八 | 一九 | 二一 | 〇五 | 減 | 一六 | 二五 | 六 |
| 天苑一 | 酉 | 二二 | 一八 | 五〇 | 南 | 三三 | 一二 | 〇四 | 酉 | 二八 | 一二 | 四一 | 四六 | 加 |  | 四三 | 二二 | 南 | 一三 | 四九 | 〇六 | 〇九 | 減 | 一〇 | 五七 | 二 |
| 天苑二 | 酉 | 一九 | 二四 | 四四 | 南 | 三一 | 〇七 | 四八 | 酉 | 二五 | 一三 | 三五 | 五一 | 加 |  | 四三 | 五七 | 南 | 一二 | 二七 | 〇三 | 一〇 | 減 | 一一 | 五〇 | 四 |
| 天苑三 | 酉 | 一九 | 一八 | 一二 | 南 | 二八 | 四四 | 五〇 | 酉 | 二四 | 二九 | 二八 | 四〇 | 加 |  | 四四 | 四〇 | 南 | 一〇 | 一〇 | 四〇 | 〇八 | 減 | 一二 | 〇四 | 三 |
| 天苑四 | 酉 | 一六 | 四二 | 四〇 | 南 | 二七 | 四五 | 〇七 | 酉 | 二一 | 五九 | 〇八 | 五九 | 加 |  | 四四 | 五三 | 南 | 九 | 五〇 | 一三 | 一九 | 減 | 一二 | 四七 | 三 |
| 天苑五 | 酉 | 一二 | 一六 | 四一 | 南 | 一五 | 五六 | 〇七 | 酉 | 一七 | 三六 | 五五 | 三六 | 加 |  | 四五 | 二二 | 南 | 九 | 一四 | 〇七 | 〇〇 | 減 | 一四 | 〇〇 | 五 |
| 天苑六 | 酉 | 七 | 一二 | 〇六 | 南 | 二四 | 五二 | 二一 | 酉 | 一二 | 四五 | 一四 | 二九 | 加 |  | 四五 | 二三 | 南 | 九 | 二〇 | 〇一 | 五八 | 減 | 一五 | 一四 | 三 |
| 天苑七 | 酉 | 二 | 一五 | 〇九 | 南 | 二八 | 一五 | 五三 | 酉 | 九 | 四三 | 三四 | 五八 | 加 |  | 四四 | 一九 | 南 | 一四 | 一九 | 四二 | 二六 | 減 | 一五 | 五八 | 三 |
| 天苑八 | 酉 |  | 三二 | 〇六 | 南 | 三二 | 四五 | 〇七 | 酉 | 九 | 五八 | 三〇 | 〇一 | 加 |  | 四三 | 〇七 | 南 | 一九 | 〇二 | 三六 | 一八 | 減 | 一五 | 五四 | 四 |
| 天苑九 | 酉 | 一 | 〇四 | 五七 | 南 | 三五 | 三一 | 四八 | 酉 | 一一 | 三〇 | 一三 | 三七 | 加 |  | 四二 | 一九 | 南 | 二一 | 二七 | 五五 | 二一 | 減 | 一五 | 三三 | 四 |
| 天苑十 | 酉 | 三 | 一二 | 一六 | 南 | 三八 | 五九 | 〇〇 | 酉 | 一四 | 三四 | 三七 | 一九 | 加 |  | 四一 | 一三 | 南 | 二四 | 〇三 | 四六 | 〇二 | 減 | 一四 | 四六 | 三 |
| 天苑十一 | 酉 | 八 | 三二 | 一九 | 南 | 三八 | 三一 | 〇八 | 酉 | 一八 | 三八 | 〇九 | 二九 | 加 |  | 四一 | 二三 | 南 | 二二 | 一〇 | 一一 | 一一 | 減 | 一三 | 四三 | 四 |
| 天苑十二 | 酉 | 一二 | 三八 | 四八 | 南 | 三九 | 二六 | 五七 | 酉 | 二二 | 一三 | 一四 | 三五 | 加 |  | 四一 | 〇五 | 南 | 二二 | 〇〇 | 二八 | 二八 | 減 | 一二 | 四四 | 四 |
| 天苑十三 | 酉 | 一五 | 五一 | 三一 | 南 | 四一 | 五一 | 四八 | 酉 | 二五 | 三二 | 三五 | 二八 | 加 |  | 四〇 | 一六 | 南 | 二三 | 三三 | 〇二 | 四五 | 減 | 一一 | 四五 | 四 |
| 天苑十四 | 酉 | 一五 | 四八 | 〇八 | 南 | 四二 | 三三 | 一一 | 酉 | 二五 | 四三 | 四二 | 四三 | 加 |  | 四〇 | 〇一 | 南 | 二四 | 一三 | 一四 | 三七 | 減 | 一一 | 四一 | 五 |
| 天苑十五 | 酉 | 一七 | 一八 | 三六 | 南 | 四五 | 五九 | 二六 | 酉 | 二七 | 一四 | 五三 | 三一 | 加 |  | 三九 | 三七 | 南 | 二四 | 五六 | 三二 | 五八 | 減 | 一一 | 一四 | 四 |
| 天苑十六 | 酉 | 一九 | 二五 | 五五 | 南 | 四三 | 二九 | 一七 | 酉 | 二八 | 四八 | 四二 | 二三 | 加 |  | 三九 | 四一 | 南 | 二四 | 二〇 | 〇一 | 一九 | 減 | 一〇 | 四七 | 四 |
| 內增一 | 酉 | 一四 | 五六 | 一五 | 南 | 三五 | 三八 | 五五 | 酉 | 二二 | 四九 | 二五 | 一二 | 加 |  | 四二 | 二四 | 南 | 一七 | 五〇 | 〇五 | 二一 | 減 | 一二 | 三三 | 五 |

| 昴宿恆星表 | 黃道經度 宮 | 度 | 分 | 秒 | 黃道緯度 向 | 度 | 分 | 秒 | 赤道經度 宮 | 度 | 分 | 秒 | 微 | 歲差 | 分 | 秒 | 微 | 赤道緯度 向 | 度 | 分 | 秒 | 微 | 歲差 | 秒 | 微 | 等 |
|---|---|---|---|---|---|---|---|---|---|---|---|---|---|---|---|---|---|---|---|---|---|---|---|---|---|---|
| 南增二 | 酉 | 七 | 五三 | 五二 | 南 | 三九 | 〇七 | 二〇 | 酉 | 一八 | 二〇 | 五四 | 一〇 | 加 |  | 四一 | 一〇 | 南 | 二二 | 五四 | 二三 | 三六 | 減 | 一三 | 四八 | 六 |
| 南增三 | 酉 | 二 | 五九 | 〇七 | 南 | 四四 | 四三 | 三二 | 酉 | 一六 | 四八 | 四二 | 三六 | 加 |  | 三九 | 一二 | 南 | 二九 | 二七 | 〇〇 | 二四 | 減 | 一四 | 一二 | 四 |
| 南增四 | 酉 | 二 | 五八 | 三〇 | 南 | 四四 | 四四 | 〇一 | 酉 | 一六 | 四八 | 二七 | 三六 | 加 |  | 三九 | 一二 | 南 | 二九 | 二七 | 三八 | 〇六 | 減 | 一四 | 一一 | 五 |
| 西增五 | 酉 | 一 | 四六 | 三九 | 南 | 三八 | 三二 | 一八 | 酉 | 一三 | 一五 | 五二 | 四六 | 加 |  | 四一 | 二二 | 南 | 二四 | 〇三 | 二八 | 五九 | 減 | 一五 | 〇七 | 六 |
| 西增六 | 酉 | 一 | 二八 | 〇九 | 南 | 三八 | 四二 | 五一 | 酉 | 一三 | 〇五 | 二七 | 三七 | 加 |  | 四一 | 一九 | 南 | 二四 | 一八 | 三八 | 三三 | 減 | 一五 | 〇九 | 六 |
| 西增七 | 戌 | 二四 | 二四 | 一六 | 南 | 三四 | 一三 | 二〇 | 酉 | 五 | 三〇 | 二三 | 五八 | 加 |  | 四二 | 四六 | 南 | 二二 | 二〇 | 〇二 | 〇一 | 減 | 一六 | 五三 | 六 |
| 內增八 | 酉 |  | 三二 | 四六 | 南 | 三二 | 四五 | 二四 | 酉 | 九 | 五九 | 〇九 | 〇一 | 加 |  | 四三 | 〇七 | 南 | 一九 | 〇二 | 三九 | 一八 | 減 | 一五 | 五四 | 六 |
| 南增九 | 戌 | 二八 | 三四 | 一八 | 南 | 二八 | 二九 | 五五 | 酉 | 六 | 四二 | 三一 | 一九 | 加 |  | 四四 | 一三 | 南 | 一五 | 四一 | 三二 | 四六 | 減 | 一六 | 五八 | 五 |
| 北增十 | 酉 | 八 | 五〇 | 〇〇 | 南 | 二五 | 四四 | 一〇 | 酉 | 一三 | 五五 | 二六 | 五七 | 加 |  | 四五 | 三九 | 南 | 八 | 〇五 | 五〇 | 五二 | 減 | 一四 | 五六 | 六 |
| 北增十一 | 酉 | 九 | 一三 | 五五 | 南 | 二三 | 五三 | 二六 | 酉 | 一四 | 一九 | 二二 | 一四 | 加 |  | 四五 | 三八 | 南 | 八 | 〇七 | 四九 | 一〇 | 減 | 一四 | 五〇 | 五 |
| 北增十二 | 酉 | 九 | 五九 | 二五 | 南 | 二三 | 五六 | 〇四 | 酉 | 一四 | 四二 | 三四 | 一四 | 加 |  | 四五 | 三八 | 南 | 八 | 〇三 | 〇四 | 四五 | 減 | 一四 | 四五 | 四 |
| 內增十三 | 酉 | 一二 | 二二 | 二九 | 南 | 二六 | 一八 | 三〇 | 酉 | 一七 | 四八 | 四二 | 〇一 | 加 |  | 四五 | 〇七 | 南 | 九 | 三三 | 五五 | 五二 | 減 | 一三 | 五六 | 五 |
| 北增十四 | 酉 | 一七 | 一七 | 三六 | 南 | 二三 | 二一 | 〇三 | 酉 | 二一 | 一六 | 四四 | 一〇 | 加 |  | 四六 | 一〇 | 南 | 五 | 二七 | 三七 | 〇〇 | 減 | 一三 | 〇〇 | 四 |
| 北增十五 | 酉 | 一九 | 二一 | 三〇 | 南 | 二四 | 二三 | 五三 | 酉 | 二三 | 二三 | 一六 | 五一 | 加 |  | 四五 | 五七 | 南 | 五 | 五八 | 〇三 | 三一 | 減 | 一二 | 二三 | 六 |
| 北增十六 | 酉 | 一九 | 五三 | 五三 | 南 | 二四 | 〇六 | 五一 | 酉 | 二三 | 四七 | 三〇 | 五二 | 加 |  | 四六 | 〇四 | 南 | 五 | 三三 | 五七 | 三二 | 減 | 一二 | 一六 | 五 |
| 南增十七 | 酉 | 二 | 三七 | 一三 | 南 | 四四 | 三七 | 五三 | 酉 | 一六 | 二九 | 四二 | 〇二 | 加 |  | 三九 | 一四 | 南 | 二九 | 二七 | 四五 | 四九 | 減 | 一四 | 一七 | 四 |
| 內增十八 | 酉 | 一七 | 〇三 | 四五 | 南 | 二八 | 一七 | 一四 | 酉 | 二二 | 二六 | 一九 | 三二 | 加 |  | 四四 | 四四 | 南 | 一〇 | 一五 | 五六 | 〇三 | 減 | 一二 | 三九 | 六 |

畢宿恒星表

| 星名 | 黃道經度宮 | 度 | 分 | 秒 | 黃道緯度向 | 度 | 分 | 秒 | 赤道經度宮 | 度 | 分 | 秒 | 微 | 經度歲差加減 | 分 | 秒 | 微 | 赤道緯度向 | 度 | 分 | 秒 | 微 | 緯度歲差加減 | 秒 | 微 | 星等 |
|---|---|---|---|---|---|---|---|---|---|---|---|---|---|---|---|---|---|---|---|---|---|---|---|---|---|---|
| 畢宿一 | 申 | 六 | 五五 | 二七 | 南 | 二 | 三四 | 一〇 | 申 | 五 | 二二 | 四三 | 二七 | 加 |  | 五四 | 〇九 | 北 | 一八 | 五六 | 二七 | 三一 | 加 | 八 | 三七 | 三 |
| 畢宿二 | 申 | 五 | 五八 | 五八 | 南 | 三 | 四一 | 三九 | 申 | 四 | 四六 | 〇三 | 五七 | 加 |  | 五三 | 三九 | 北 | 一七 | 四〇 | 三〇 | 五九 | 加 | 八 | 五三 | 五 |
| 畢宿三 | 申 | 五 | 一八 | 四三 | 南 | 三 | 五八 | 四八 | 申 | 四 | 〇七 | 四一 | 〇四 | 加 |  | 五三 | 三八 | 北 | 一七 | 一六 | 四三 | 一八 | 加 | 九 | 〇六 | 四 |
| 畢宿四 | 申 | 四 | 一四 | 五〇 | 南 | 五 | 四四 | 三七 | 申 | 三 | 二一 | 五二 | 五八 | 加 |  | 五二 | 四六 | 北 | 一五 | 二一 | 一九 | 二〇 | 加 | 九 | 二〇 | 三 |
| 畢宿五 | 申 | 八 | 一四 | 一六 | 南 | 五 | 二七 | 五九 | 申 | 七 | 二三 | 一三 | 二八 | 加 |  | 五三 | 一六 | 北 | 一六 | 一七 | 二五 | 二六 | 加 | 八 | 〇二 | 一 |
| 畢宿六 | 申 | 六 | 二三 | 四一 | 南 | 五 | 四五 | 二八 | 申 | 五 | 三三 | 〇六 | 一七 | 加 |  | 五二 | 五九 | 北 | 一五 | 四二 | 三五 | 三一 | 加 | 八 | 三七 | 五 |
| 畢宿七 | 申 | 五 | 四九 | 二六 | 南 | 六 | 〇〇 | 五八 | 申 | 五 | 〇〇 | 五五 | 五〇 | 加 |  | 五二 | 五〇 | 北 | 一五 | 二一 | 三六 | 二四 | 加 | 八 | 四八 | 六 |
| 畢宿八 | 酉 | 二九 | 〇四 | 四七 | 南 | 七 | 五八 | 一八 | 酉 | 二八 | 三七 | 四三 | 三〇 | 加 |  | 五一 | 三〇 | 北 | 一二 | 一〇 | 二〇 | 五〇 | 加 | 一〇 | 五〇 | 四 |
| 西增一 | 酉 | 二五 | 四七 | 三一 | 南 | 八 | 三九 | 〇七 | 酉 | 二五 | 三二 | 二五 | 五一 | 加 |  | 五〇 | 五七 | 北 | 一〇 | 四七 | 五七 | 五八 | 加 | 一一 | 四六 | 五 |
| 西增二 | 酉 | 二五 | 四一 | 三三 | 南 | 一三 | 二一 | 二二 | 酉 | 二六 | 三一 | 一一 | 二二 | 加 |  | 四九 | 三四 | 北 | 六 | 一一 | 三八 | 〇四 | 加 | 一一 | 二八 | 六 |
| 南增三 | 酉 | 二八 | 二二 | 二四 | 南 | 一四 | 二八 | 一一 | 酉 | 二九 | 一九 | 一一 | 〇四 | 加 |  | 四九 | 二八 | 北 | 五 | 四〇 | 二四 | 三一 | 加 | 一〇 | 三七 | 四 |
| 南增四 | 酉 | 二八 | 二五 | 〇七 | 南 | 一五 | 〇三 | 二三 | 酉 | 二九 | 二八 | 五七 | 五四 | 加 |  | 四九 | 一八 | 北 | 五 | 〇七 | 三一 | 二二 | 加 | 一〇 | 三四 | 六 |
| 南增五 | 申 |  | 二〇 | 一四 | 南 | 一五 | 一九 | 二九 | 申 | 一 | 二一 | 四〇 | 〇三 | 加 |  | 四九 | 二一 | 北 | 五 | 一三 | 二三 | 三四 | 加 | 九 | 五八 | 六 |
| 南增六 | 申 | 一 | 一九 | 二一 | 南 | 一三 | 一六 | 一三 | 申 | 一 | 五三 | 五九 | 五二 | 加 |  | 五〇 | 〇四 | 北 | 七 | 二五 | 二八 | 二四 | 加 | 九 | 四八 | 五 |
| 南增七 | 申 | 二 | 〇一 | 二八 | 南 | 一二 | 一一 | 三四 | 申 | 二 | 二二 | 一六 | 〇四 | 加 |  | 五〇 | 二八 | 北 | 八 | 三六 | 四五 | 四〇 | 加 | 九 | 四〇 | 四 |
| 南增八 | 申 | 一 | 四二 | 五二 | 南 | 一一 | 四五 | 五六 | 申 | 一 | 五九 | 一六 | 二二 | 加 |  | 五〇 | 三四 | 北 | 八 | 五八 | 二八 | 一五 | 加 | 九 | 四五 | 六 |
| 北增九 | 申 | 三 | 一四 | 五九 | 南 | 五 | 四八 | 二七 | 申 | 二 | 二一 | 五五 | 一四 | 加 |  | 五二 | 三八 | 北 | 一五 | 〇六 | 四〇 | 五七 | 加 | 九 | 三九 | 六 |
| 南增十 | 申 | 四 | 二〇 | 二八 | 南 | 六 | 一八 | 一二 | 申 | 三 | 三三 | 四八 | 〇五 | 加 |  | 五二 | 三五 | 北 | 一四 | 四九 | 一七 | 一一 | 加 | 九 | 一七 | 五 |
| 內增十一 | 申 | 五 | 一八 | 四〇 | 南 | 四 | 四三 | 一二 | 申 | 四 | 一五 | 四一 | 一九 | 加 |  | 五三 | 一三 | 北 | 一六 | 三二 | 五九 | 〇九 | 加 | 九 | 〇三 | 六 |
| 內增十二 | 申 | 五 | 三四 | 二九 | 南 | 四 | 〇七 | 一七 | 申 | 四 | 二五 | 二六 | 二一 | 加 |  | 五三 | 二七 | 北 | 一七 | 一一 | 〇五 | 〇〇 | 加 | 九 | 〇〇 | 四 |

畢宿恒星表

| 星名 | 黃道經度宮 | 度 | 分 | 秒 | 黃道緯度向 | 度 | 分 | 秒 | 赤道經度宮 | 度 | 分 | 秒 | 微 | 經度歲差加減 | 分 | 秒 | 微 | 赤道緯度向 | 度 | 分 | 秒 | 微 | 緯度歲差加減 | 秒 | 微 | 星等 |
|---|---|---|---|---|---|---|---|---|---|---|---|---|---|---|---|---|---|---|---|---|---|---|---|---|---|---|
| 南增十三 | 申 | 六 | 二四 | 〇七 | 南 | 五 | 五一 | 〇七 | 申 | 五 | 三四 | 三〇 | 五一 | 加 |  | 五二 | 五七 | 北 | 一五 | 三七 | 〇五 | 三一 | 加 | 八 | 三七 | 五 |
| 南增十四 | 申 | 一 | 〇九 | 一六 | 南 | 一三 | 一五 | 二二 | 申 | 一 | 四四 | 〇七 | 〇九 | 加 |  | 五〇 | 〇五 | 北 | 七 | 二四 | 二三 | 五三 | 加 | 九 | 五一 | 六 |
| 內增十五 | 申 | 六 | 五二 | 四八 | 南 | 五 | 三七 | 五八 | 申 | 六 | 〇一 | 三一 | 三五 | 加 |  | 五三 | 〇五 | 北 | 一五 | 五四 | 四四 | 四七 | 加 | 八 | 二九 | 六 |
| 內增十六 | 申 | 六 | 五六 | 一四 | 南 | 五 | 三〇 | 二五 | 申 | 六 | 〇三 | 四五 | 四四 | 加 |  | 五三 | 〇八 | 北 | 一六 | 〇二 | 四四 | 四七 | 加 | 八 | 二九 | 六 |
| 內增十七 | 申 | 七 | 〇〇 | 四〇 | 南 | 五 | 五八 | 一三 | 申 | 六 | 一二 | 五七 | 三四 | 加 |  | 五二 | 五八 | 北 | 一五 | 三六 | 〇一 | 五五 | 加 | 八 | 二九 | 六 |
| 內增十八 | 申 | 七 | 四一 | 五八 | 南 | 五 | 三六 | 五八 | 申 | 六 | 五一 | 三六 | 一〇 | 加 |  | 五二 | 一〇 | 北 | 一六 | 〇三 | 三二 | 三六 | 加 | 八 | 二五 | 六 |
| 附耳 | 申 | 八 | 五七 | 〇八 | 南 | 六 | 一〇 | 四五 | 申 | 八 | 一三 | 四七 | 三五 | 加 |  | 五三 | 〇五 | 北 | 一五 | 四一 | 三三 | 一五 | 加 | 八 | 一二 | 五 |
| 南增一 | 申 | 八 | 五四 | 三〇 | 南 | 六 | 一七 | 二九 | 申 | 八 | 一二 | 〇八 | 二六 | 加 |  | 五三 | 〇二 | 北 | 一五 | 三四 | 三二 | 一五 | 加 | 七 | 四五 | 六 |
| 北增二 | 申 | 八 | 四五 | 二六 | 南 | 六 | 〇三 | 三五 | 申 | 八 | 〇〇 | 四四 | 〇一 | 加 |  | 五三 | 〇七 | 北 | 一五 | 四六 | 五六 | 〇七 | 加 | 七 | 四五 | 六 |
| 北增三 | 申 | 八 | 四九 | 四六 | 南 | 六 | 〇四 | 三六 | 申 | 八 | 〇五 | 一九 | 〇一 | 加 |  | 五三 | 〇七 | 北 | 一五 | 四六 | 三四 | 四一 | 加 | 七 | 四九 | 六 |
| 南增四 | 申 | 九 | 〇一 | 一四 | 南 | 六 | 一三 | 〇六 | 申 | 八 | 一八 | 二〇 | 三五 | 加 |  | 五三 | 〇五 | 北 | 一五 | 三九 | 五一 | 四九 | 加 | 七 | 四七 | 六 |
| 天街一 | 申 | 六 | 三八 | 五三 | 北 |  | 三一 | 三四 | 申 | 四 | 四二 | 〇六 | 一九 | 加 |  | 五五 | 一三 | 北 | 二一 | 五六 | 四九 | 四二 | 加 | 七 | 四三 | 五 |
| 天街二 | 申 | 四 | 三〇 | 五六 | 南 |  | 四五 | 四〇 | 申 | 二 | 四一 | 四〇 | 四七 | 加 |  | 五四 | 二九 | 北 | 二〇 | 一八 | 一四 | 三九 | 加 | 八 | 五四 | 六 |
| 西增一 | 申 | 二 | 二八 | 〇八 | 南 | 一 | 二二 | 一五 | 申 |  | 四〇 | 五二 | 〇〇 | 加 |  | 五四 | 〇〇 | 北 | 一九 | 一九 | 〇八 | 三六 | 加 | 九 | 三三 | 六 |
| 北增二 | 申 | 六 | 三九 | 〇九 | 北 |  | 三七 | 〇九 | 申 | 四 | 四一 | 二二 | 二八 | 加 |  | 五五 | 一六 | 北 | 二二 | 〇二 | 二二 | 二五 | 加 | 一〇 | 一二 | 六 |
| 北增三 | 申 | 六 | 五六 | 五八 | 北 | 一 | 〇五 | 五四 | 申 | 四 | 五五 | 〇五 | 〇四 | 加 |  | 五五 | 二八 | 北 | 二二 | 三三 | 四三 | 五〇 | 加 | 八 | 五五 | 五 |
| 北增四 | 申 | 七 | 一三 | 四四 | 北 | 一 | 一四 | 二四 | 申 | 五 | 一〇 | 一一 | 三九 | 加 |  | 五五 | 三五 | 北 | 二二 | 四四 | 四三 | 一五 | 加 | 八 | 五〇 | 五 |
| 天高一 | 申 | 一五 | 一三 | 五二 | 南 | 一 | 一二 | 三九 | 申 | 一四 | 〇六 | 三七 | 三〇 | 加 |  | 五五 | 三〇 | 北 | 二一 | 二五 | 三八 | 三二 | 加 | 八 | 四五 | 六 |
| 天高二 | 申 | 一二 | 一二 | 一四 | 南 | 三 | 三八 | 四二 | 申 | 一一 | 一三 | 一五 | 五四 | 加 |  | 五四 | 一八 | 北 | 一八 | 三九 | 〇四 | 四九 | 加 | 五 | 四四 | 四 |
| 天高三 | 申 | 一六 | 三五 | 〇八 | 南 | 三 | 〇三 | 三八 | 申 | 一五 | 三四 | 三六 | 五九 | 加 |  | 五四 | 五三 | 北 | 一九 | 四二 | 四〇 | 〇二 | 加 | 五 | 一四 | 六 |

畢宿恒星表

| 星名 | 黃道經度宮 | 度 | 分 | 秒 | 黃道緯度向 | 度 | 分 | 秒 | 赤道經度宮 | 度 | 分 | 秒 | 微 | 經度歲差加減 | 分 | 秒 | 微 | 赤道緯度向 | 度 | 分 | 秒 | 微 | 緯度歲差加減 | 秒 | 微 | 星等 |
|---|---|---|---|---|---|---|---|---|---|---|---|---|---|---|---|---|---|---|---|---|---|---|---|---|---|---|
| 天高四 | 申 | 一九 | 〇一 | 一四 | 南 | 一 | 〇一 | 〇六 | 申 | 一八 | 〇八 | 五九 | 一六 | 加 |  | 五五 | 五二 | 北 | 二一 | 五八 | 四九 | 三七 | 加 | 四 | 一九 | 六 |
| 南增一 | 申 | 一五 | 五五 | 三四 | 南 | 四 | 一四 | 一三 | 申 | 一五 | 一一 | 〇三 | 二九 | 加 |  | 五四 | 二三 | 北 | 一八 | 二九 | 二八 | 〇三 | 加 | 五 | 二一 | 六 |
| 內增二 | 申 | 一六 | 一三 | 一一 | 南 | 二 | 二九 | 〇四 | 申 | 一五 | 一八 | 一七 | 三五 | 加 |  | 五五 | 〇五 | 北 | 二〇 | 一五 | 五二 | 二〇 | 加 | 五 | 二〇 | 六 |
| 內增三 | 申 | 一六 | 三二 | 三六 | 南 | 一 | 一二 | 一〇 | 申 | 一五 | 一八 | 五六 | 四八 | 加 |  | 五五 | 三六 | 北 | 二一 | 三三 | 一三 | 三七 | 加 | 五 | 一九 | 六 |
| 東增四 | 申 | 二〇 | 五六 | 二二 | 南 | 一 | 一八 | 一五 | 申 | 二〇 | 一四 | 〇五 | 五九 | 加 |  | 五五 | 五三 | 北 | 二一 | 五〇 | 一八 | 四八 | 加 | 三 | 三六 | 五 |
| 諸王一 | 申 | 二六 | 五六 | 五三 | 北 | 四 | 二〇 | 一五 | 申 | 二六 | 三三 | 三九 | 二二 | 加 |  | 五八 | 三四 | 北 | 二七 | 四五 | 〇一 | 三七 | 加 | 一 | 一九 | 五 |
| 諸王二 | 申 | 二三 | 五二 | 二三 | 北 | 二 | 三一 | 二二 | 申 | 二三 | 一一 | 四八 | 一四 | 加 |  | 五七 | 三八 | 北 | 二五 | 四九 | 三八 | 五六 | 加 | 二 | 三二 | 四 |
| 諸王三 | 申 | 二一 | 二九 | 一二 | 北 | 一 | 五三 | 一二 | 申 | 二〇 | 三五 | 五八 | 四五 | 加 |  | 五七 | 一五 | 北 | 二五 | 〇三 | 三〇 | 二一 | 加 | 三 | 二七 | 六 |
| 諸王四 | 申 | 一六 | 二七 | 五四 | 北 | 一 | 四四 | 三八 | 申 | 一五 | 〇六 | 〇四 | 二四 | 加 |  | 五六 | 四八 | 北 | 二四 | 二九 | 四四 | 二九 | 加 | 五 | 二三 | 五 |
| 諸王五 | 申 | 一四 | 二一 | 四〇 | 北 |  | 五二 | 二四 | 申 | 一二 | 五五 | 一四 | 〇二 | 加 |  | 五六 | 一四 | 北 | 二三 | 二三 | 五九 | 二七 | 加 | 六 | 〇九 | 六 |
| 諸王六 | 申 | 一〇 | 三六 | 三六 | 北 |  | 四二 | 一五 | 申 | 八 | 五四 | 〇七 | 五八 | 加 |  | 五五 | 四六 | 北 | 二二 | 四四 | 三八 | 三〇 | 加 | 七 | 三〇 | 五 |
| 北增一 | 申 | 一一 | 一〇 | 二四 | 北 | 一 | 四六 | 〇二 | 申 | 九 | 二〇 | 四二 | 二八 | 加 |  | 五六 | 一六 | 北 | 二三 | 五二 | 三四 | 四六 | 加 | 七 | 二二 | 六 |
| 北增二 | 申 | 一四 | 二七 | 一四 | 北 | 二 | 二〇 | 五八 | 申 | 一二 | 四九 | 五五 | 一六 | 加 |  | 五六 | 五二 | 北 | 二四 | 五二 | 三六 | 一〇 | 加 | 六 | 一〇 | 六 |
| 南增三 | 申 | 二二 | 五〇 | 一一 | 北 |  | 四二 | 三一 | 申 | 二二 | 〇九 | 二六 | 〇七 | 加 |  | 五六 | 四九 | 北 | 二三 | 五七 | 四七 | 四二 | 加 | 二 | 五四 | 六 |
| 南增四 | 申 | 二五 | 五六 | 一九 | 北 | 一 | 〇八 | 三〇 | 申 | 二五 | 三二 | 〇九 | 〇一 | 加 |  | 五七 | 〇七 | 北 | 二四 | 三一 | 四一 | 二三 | 加 | 一 | 四一 | 四 |
| 五車一 | 申 | 一五 | 〇五 | 四九 | 北 | 一〇 | 二六 | 四八 | 申 | 一二 | 二六 | 五八 | 一三 | 加 | 一 | 〇〇 | 三一 | 北 | 三二 | 五九 | 三一 | 三七 | 加 | 六 | 一九 | 四 |
| 五車二 | 申 | 二〇 | 一七 | 五七 | 北 | 二二 | 五三 | 四六 | 申 | 一七 | 〇六 | 三一 | 三〇 | 加 | 一 | 〇八 | 三〇 | 北 | 四五 | 五四 | 四二 | 四九 | 加 | 四 | 四三 | 一 |
| 五車三 | 申 | 二八 | 二一 | 四七 | 北 | 二一 | 三〇 | 二一 | 申 | 二七 | 五〇 | 五三 | 二〇 | 加 | 一 | 〇八 | 二〇 | 北 | 四四 | 五六 | 三四 | 三三 | 加 |  | 五一 | 三 |
| 五車四 | 申 | 二八 | 二三 | 〇一 | 北 | 一三 | 四六 | 一九 | 申 | 二八 | 〇一 | 四三 | 一二 | 加 | 一 | 〇三 | 二四 | 北 | 三七 | 一二 | 三七 | 〇七 | 加 |  | 四九 | 四 |
| 五車五 | 申 | 二一 | 〇〇 | 一二 | 北 | 五 | 二三 | 三二 | 申 | 一九 | 四七 | 三七 | 五八 | 加 |  | 五八 | 四六 | 北 | 二八 | 三一 | 二三 | 三二 | 加 | 三 | 四四 | 二 |

畢宿恒星表

| 星名 | 黃道經度宮 | 度 | 分 | 秒 | 黃道緯度向 | 度 | 分 | 秒 | 赤道經度宮 | 度 | 分 | 秒 | 微 | 經度歲差加減 | 分 | 秒 | 微 | 赤道緯度向 | 度 | 分 | 秒 | 微 | 緯度歲差加減 | 秒 | 微 | 星等 |
|---|---|---|---|---|---|---|---|---|---|---|---|---|---|---|---|---|---|---|---|---|---|---|---|---|---|---|
| 西增一 | 申 | 一三 | 五五 | 二一 | 北 | 二〇 | 五四 | 五五 | 申 | 八 | 四七 | 一九 | 一五 | 加 | 一 | 〇五 | 四五 | 北 | 四三 | 〇九 | 四七 | 二二 | 加 | 七 | 三四 | 六 |
| 西增二 | 申 | 一一 | 四三 | 〇二 | 北 | 二〇 | 五一 | 〇二 | 申 | 六 | 二六 | 三七 | 〇二 | 加 | 一 | 〇五 | 一四 | 北 | 四二 | 四八 | 五六 | 四六 | 加 | 八 | 二二 | 六 |
| 西增三 | 申 | 一二 | 〇三 | 三六 | 北 | 一八 | 五九 | 五三 | 申 | 七 | 一七 | 〇六 | 一一 | 加 | 一 | 〇四 | 一七 | 北 | 四一 | 〇二 | 三二 | 五二 | 加 | 八 | 〇四 | 五 |
| 西增四 | 申 | 一六 | 三〇 | 五一 | 北 | 一六 | 五〇 | 〇一 | 申 | 一三 | 一一 | 〇九 | 〇〇 | 加 | 一 | 〇四 | 〇〇 | 北 | 三九 | 二九 | 五五 | 三五 | 加 | 六 | 〇五 | 六 |
| 西增五 | 申 | 一六 | 二八 | 〇三 | 北 | 一六 | 三四 | 一九 | 申 | 一三 | 一〇 | 〇八 | 三三 | 加 | 一 | 〇三 | 五一 | 北 | 三九 | 一四 | 〇〇 | 五二 | 加 | 六 | 〇四 | 六 |
| 西增六 | 申 | 一六 | 〇四 | 五七 | 北 | 一五 | 〇五 | 五五 | 申 | 一二 | 五五 | 三五 | 二七 | 加 | 一 | 〇二 | 五九 | 北 | 三七 | 四三 | 三五 | 一〇 | 加 | 六 | 一〇 | 五 |
| 西增七 | 申 | 一四 | 〇九 | 三八 | 北 | 一四 | 五四 | 二九 | 申 | 一〇 | 三八 | 一〇 | 五六 | 加 | 一 | 〇二 | 三二 | 北 | 三七 | 一七 | 五三 | 五一 | 加 | 六 | 五七 | 五 |
| 西增八 | 申 | 一四 | 三七 | 〇一 | 北 | 一四 | 〇三 | 四一 | 申 | 一一 | 一九 | 三三 | 三六 | 加 | 一 | 〇二 | 一二 | 北 | 三六 | 三一 | 〇六 | 四九 | 加 | 六 | 四五 | 五 |
| 東增九 | 申 | 二九 | 四六 | 二一 | 北 | 一五 | 〇二 | 五九 | 申 | 二九 | 四三 | 〇九 | 一〇 | 加 | 一 | 〇四 | 一〇 | 北 | 三八 | 二九 | 五五 | 五三 | 加 |  | 一一 | 六 |
| 東增十 | 申 | 二九 | 〇五 | 二五 | 北 | 一九 | 三三 | 四八 | 申 | 二八 | 四九 | 四〇 | 〇〇 | 加 | 一 | 〇七 | 〇〇 | 北 | 四三 | 〇〇 | 三二 | 一三 | 加 |  | 三一 | 六 |
| 東增十一 | 申 | 二九 | 二六 | 二二 | 北 | 一九 | 三三 | 一四 | 申 | 二九 | 一六 | 四〇 | 〇〇 | 加 | 一 | 〇七 | 〇〇 | 北 | 四五 | 〇〇 | 〇六 | 二〇 | 加 |  | 二〇 | 六 |
| 東增十二 | 未 | 一 | 五二 | 〇八 | 北 | 二二 | 五八 | 三四 | 未 | 二 | 二九 | 四四 | 三八 | 加 | 一 | 〇九 | 二六 | 北 | 四六 | 二四 | 三二 | 五三 | 減 |  | 四九 | 六 |
| 東增十三 | 未 | 一 | 四四 | 一八 | 北 | 二三 | 〇一 | 三二 | 未 | 二 | 一九 | 二二 | 〇四 | 加 | 一 | 〇九 | 二八 | 北 | 四六 | 二七 | 三九 | 二八 | 減 |  | 四四 | 六 |
| 東增十四 | 未 |  | 三四 | 五八 | 北 | 二五 | 一七 | 三二 | 未 |  | 四七 | 五六 | 一一 | 加 | 一 | 一一 | 一七 | 北 | 四八 | 四四 | 二三 | 五九 | 減 |  | 一三 | 六 |
| 北增十五 | 申 | 二八 | 三八 | 四一 | 北 | 二四 | 二七 | 二一 | 申 | 二八 | 〇九 | 三五 | 〇五 | 加 | 一 | 一〇 | 三五 | 北 | 四七 | 五三 | 四七 | 四一 | 加 |  | 四七 | 六 |
| 北增十六 | 申 | 二八 | 二六 | 二八 | 北 | 二二 | 二九 | 五二 | 申 | 二七 | 五五 | 四三 | 五二 | 加 | 一 | 〇九 | 〇四 | 北 | 四五 | 五六 | 〇八 | 五〇 | 加 |  | 五〇 | 六 |
| 北增十七 | 申 | 二五 | 五六 | 一一 | 北 | 二六 | 二四 | 三八 | 申 | 二四 | 二一 | 三三 | 二六 | 加 | 一 | 一二 | 〇二 | 北 | 四九 | 四六 | 四八 | 四四 | 加 | 三 | 〇八 | 六 |
| 北增十八 | 申 | 二〇 | 一八 | 五一 | 北 | 二三 | 一七 | 〇六 | 申 | 一七 | 〇四 | 二七 | 四一 | 加 | 一 | 〇八 | 四七 | 北 | 四六 | 一八 | 〇一 | 四九 | 加 | 四 | 四三 | 六 |
| 西增十九 | 申 | 一一 | 三五 | 三七 | 北 | 二〇 | 四九 | 五七 | 申 | 六 | 一七 | 三三 | 五三 | 加 | 一 | 〇五 | 一一 | 北 | 四二 | 四六 | 四一 | 一二 | 加 | 八 | 二四 | 六 |
| 柱一 | 申 | 一七 | 一七 | 二六 | 北 | 二〇 | 五六 | 二〇 | 申 | 一三 | 二九 | 五五 | 四八 | 加 | 一 | 〇六 | 三六 | 北 | 四三 | 三九 | 四五 | 三四 | 加 | 五 | 五八 | 四 |

畢宿恆星表

| 星名 | 黃道經度宮 | 度分秒 | 黃道緯度 | 度分秒 | 赤道經度宮 | 度分秒微 | 赤經歲差 | 分秒微 | 赤道緯度 | 度分秒微 | 赤緯歲差 | 秒微 | 星等 |
|---|---|---|---|---|---|---|---|---|---|---|---|---|---|
| 柱二 | 申 | 一七 〇五 一四 | 北 | 一八 一二 〇五 | 申 | 一三 四〇 五九 五九 | 加 | 一 〇四 五三 | 北 | 四〇 五五 一八 四二 | 加 | 五 五四 | 四 |
| 柱三 | 申 | 一七 五三 〇八 | 北 | 一八 一七 一一 | 申 | 一四 四〇 〇六 三五 | 加 | 一 〇五 〇五 | 北 | 四一 〇五 三四 二二 | 加 | 五 三四 | 四 |
| 柱四 | 申 | 二六 三六 五四 | 北 | 一三 五二 三二 | 申 | 二五 五二 〇八 一二 | 加 | 一 〇三 三四 | 北 | 三七 一六 三四 三九 | 加 | 一 三三 | 六 |
| 柱五 | 申 | 二三 四五 五一 | 北 | 一五 四三 〇七 | 申 | 二五 五六 三二 四七 | 加 | 一 〇四 二九 | 北 | 三九 〇七 一八 三九 | 加 | 一 三三 | 五 |
| 柱六 | 申 | 二六 一六 四〇 | 北 | 一五 四五 四一 | 申 | 二五 二二 四三 四七 | 加 | 一 〇四 二九 | 北 | 三九 〇九 〇三 一五 | 加 | 一 四五 | 五 |
| 柱七 | 申 | 二二 三六 三六 | 北 | 八 五二 四一 | 申 | 二一 二二 一六 三〇 | 加 | 一 〇〇 三〇 | 北 | 三二 〇六 二二 一〇 | 加 | 三 一〇 | 五 |
| 柱八 | 申 | 二三 四九 〇三 | 北 | 七 〇七 二二 | 申 | 二一 五二 五二 一五 | 加 | 五九 四五 | 北 | 三〇 二五 〇九 五七 | 加 | 二 三九 | 六 |
| 柱九 | 申 | 二四 一八 一六 | 北 | 六 四四 二四 | 申 | 二三 二七 四一 〇五 | 加 | 五九 三五 | 北 | 三〇 〇三 三六 三八 | 加 | 二 二六 | 六 |
| 咸池一 | 申 | 二〇 五七 一四 | 北 | 一八 三六 二一 | 申 | 一八 二九 二〇 一五 | 加 | 一 〇五 四五 | 北 | 四一 四一 三九 一九 | 加 | 四 一三 | 六 |
| 咸池二 | 申 | 二三 〇〇 三九 | 北 | 一六 二二 〇二 | 申 | 二一 一七 〇二 四八 | 加 | 一 〇四 三六 | 北 | 三九 三六 一八 一九 | 加 | 三 一三 | 五 |
| 咸池三 | 申 | 二〇 一五 一〇 | 北 | 一七 〇〇 三七 | 申 | 一七 四七 二六 二三 | 加 | 一 〇四 四一 | 北 | 三九 四二 五〇 三八 | 加 | 四 二六 | 五 |
| 天潢一 | 申 | 二〇 〇一 三九 | 北 | 一〇 四八 〇〇 | 申 | 一八 一〇 五五 二八 | 加 | 一 〇一 一六 | 北 | 三三 五〇 二七 三七 | 加 | 四 一九 | 六 |
| 天潢二 | 申 | 二一 三九 五六 | 北 | 一一 二二 四八 | 申 | 二〇 〇四 四八 一四 | 加 | 一 〇一 三八 | 北 | 三四 二二 三三 一四 | 加 | 三 三八 | 五 |
| 天潢三 | 申 | 一八 五七 〇九 | 北 | 九 三六 〇三 | 申 | 一七 〇二 四七 三九 | 加 | 一 〇〇 三三 | 北 | 三二 三三 一六 三二 | 加 | 四 四四 | 六 |
| 天潢四 | 申 | 二一 一三 〇四 | 北 | 一四 〇九 二九 | 申 | 一九 一六 三八 一〇 | 加 | 一 〇三 一〇 | 北 | 三七 一六 五二 〇八 | 加 | 三 五六 | 五 |
| 天潢五 | 申 | 一九 〇一 三三 | 北 | 一五 二五 一五 | 申 | 一六 二七 五六 四八 | 加 | 一 〇三 三六 | 北 | 三八 二一 二一 〇八 | 加 | 四 五六 | 五 |
| 內增一 | 申 | 一九 三五 五三 | 北 | 一〇 一五 一七 | 申 | 一七 四三 三三 〇八 | 加 | 一 〇〇 五六 | 北 | 三三 一五 四一 〇四 | 加 | 四 二八 | 六 |
| 內增二 | 申 | 一九 五九 二〇 | 北 | 一〇 五七 四一 | 申 | 一七 四五 四一 二七 | 加 | 一 〇一 〇九 | 北 | 三三 三八 二〇 〇四 | 加 | 四 二八 | 六 |
| 天關 | 申 | 二三 一五 四四 | 南 | 二 一二 二二 | 申 | 二二 四四 四七 三一 | 加 | 五五 三七 | 北 | 二一 〇四 二二 四〇 | 加 | 二 四〇 | 三 |
| 南增一 | 申 | 二〇 一六 〇〇 | 南 | 六 三一 〇四 | 申 | 一九 五四 二〇 五八 | 加 | 五三 四六 | 北 | 一六 三五 二七 二三 | 加 | 三 四一 | 六 |

畢宿恆星表

| 星名 | 黃道經度宮 | 度分秒 | 黃道緯度 | 度分秒 | 赤道經度宮 | 度分秒微 | 赤經歲差 | 分秒微 | 赤道緯度 | 度分秒微 | 赤緯歲差 | 秒微 | 星等 |
|---|---|---|---|---|---|---|---|---|---|---|---|---|---|
| 南增二 | 申 | 二三 五五 四四 | 南 | 六 五〇 四四 | 申 | 二三 四二 四七 五八 | 加 | 五三 四六 | 北 | 一六 二八 一七 二〇 | 加 | 二 二〇 | 六 |
| 南增三 | 申 | 二四 四五 五九 | 南 | 七 一八 五八 | 申 | 二四 三五 五三 三一 | 加 | 五三 三七 | 北 | 一六 〇二 〇六 二六 | 加 | 二 〇二 | 六 |
| 南增四 | 申 | 二五 [illegible] 一七 | 南 | 七 三六 〇一 | 申 | 二五 〇四 四〇 一三 | 加 | 五三 三一 | 北 | 一五 四六 〇二 五〇 | 加 | 一 五〇 | 六 |
| 南增五 | 申 | 二五 二五 五八 | 南 | 五 四一 二四 | 申 | 二五 一五 二五 一一 | 加 | 五四 一七 | 北 | 一七 四一 〇一 二四 | 加 | 一 四八 | 六 |
| 南增六 | 申 | 二四 二五 一〇 | 南 | 四 二三 五五 | 申 | 二四 〇四 五二 五八 | 加 | 五四 四六 | 北 | 一八 五六 〇八 一九 | 加 | 二 一三 | 六 |
| 天節一 | 申 | 五 四四 一三 | 南 | 六 五五 〇七 | 申 | 五 〇五 〇六 五六 | 加 | 五二 三二 | 北 | 一四 二七 二一 五八 | 加 | 八 四六 | 五 |
| 天節二 | 申 | 七 二九 二三 | 南 | 七 〇三 一八 | 申 | 六 五二 五二 五七 | 加 | 五二 三九 | 北 | 一四 三六 一八 五三 | 加 | 八 一一 | 五 |
| 天節三 | 申 | 四 〇〇 四七 | 南 | 七 一八 四二 | 申 | 三 二五 〇八 〇二 | 加 | 五二 一四 | 北 | 一三 四六 一五 三七 | 加 | 九 一九 | 六 |
| 天節四 | 申 | 五 五九 四七 | 南 | 八 三八 四四 | 申 | 五 三八 三六 三四 | 加 | 五一 五八 | 北 | 一二 四七 四七 三一 | 加 | 八 三七 | 五 |
| 天節五 | 申 | 八 一一 四六 | 南 | 九 三〇 四二 | 申 | 七 五八 五二 一六 | 加 | 五一 五二 | 北 | 一二 一七 〇九 五〇 | 加 | 七 五〇 | 五 |
| 天節六 | 申 | 八 二七 一四 | 南 | 九 五三 二四 | 申 | 八 二七 四四 四一 | 加 | 五一 四七 | 北 | 一一 五八 二八 四〇 | 加 | 七 四〇 | 六 |
| 天節七 | 申 | 七 一四 二六 | 南 | 一一 四四 五七 | 申 | 七 二五 一〇 二六 | 加 | 五一 〇二 | 北 | 九 五五 五〇 二六 | 加 | 八 〇二 | 五 |
| 天節八 | 申 | 四 一二 二一 | 南 | 一一 五九 三六 | 申 | 四 二七 一八 四九 | 加 | 五〇 四三 | 北 | 九 一一 四八 三四 | 加 | 八 五八 | 五 |
| 九州殊口一 | 酉 | 二七 四八 〇六 | 南 | 三〇 五五 五八 | 申 | 二 一七 四八 五四 | 加 | 四四 一八 | 南 | 一〇 三一 四四 二〇 | 減 | 九 四〇 | 五 |
| 九州殊口二 | 酉 | 二七 五三 〇七 | 南 | 二七 二八 二二 | 申 | 一 三七 〇五 五五 | 加 | 四五 二五 | 南 | 七 〇八 〇二 〇一 | 減 | 九 五三 | 四 |
| 九州殊口三 | 申 | 一 四七 〇三 | 南 | 二四 五九 一八 | 申 | 四 三三 三二 二九 | 加 | 四六 二三 | 南 | 三 五九 五一 〇九 | 減 | 八 五七 | 三 |
| 九州殊口四 | 申 | 五 一六 三一 | 南 | 二五 〇六 五三 | 申 | 七 四二 〇二 一三 | 加 | 四六 三一 | 南 | 三 三三 三五 三五 | 減 | 七 五五 | 四 |
| 九州殊口五 | 申 | 六 三三 一四 | 南 | 三〇 二六 三三 | 申 | 九 四一 五四 一五 | 加 | 四四 四五 | 南 | 八 三七 五二 四一 | 減 | 七 一三 | 六 |
| 九州殊口六 | 申 | 六 二〇 二六 | 南 | 三〇 四七 三〇 | 申 | 九 三四 一九 一四 | 加 | 四四 三八 | 南 | 九 〇〇 一八 四九 | 減 | 七 一七 | 六 |
| 西增一 | 酉 | 二六 一九 四〇 | 南 | 二一 四五 五二 | 酉 | 二八 五九 二三 〇一 | 加 | 四七 〇七 | 南 | 一 五二 〇五 一一 | 減 | 一〇 四三 | 五 |

畢宿恆星表

| 星名 | 黃道經度宮 | 度分秒 | 黃道緯度 | 度分秒 | 赤道經度宮 | 度分秒微 | 赤經歲差 | 分秒微 | 赤道緯度 | 度分秒微 | 赤緯歲差 | 秒微 | 星等 |
|---|---|---|---|---|---|---|---|---|---|---|---|---|---|
| 西增二 | 酉 | 二四 〇四 五四 | 南 | 二五 四四 一〇 | 酉 | 二七 一一 〇四 〇六 | 加 | 四六 四二 | 南 | 五 一七 一三 一五 | 減 | 一一 一五 | 四 |
| 西增三 | 酉 | 二三 〇五 三二 | 南 | 二四 四〇 五四 | 酉 | 二六 四五 〇〇 〇九 | 加 | 四六 〇三 | 南 | 五 二三 三〇 三一 | 減 | 一一 二三 | 六 |
| 西增四 | 酉 | 二三 〇三 三六 | 南 | 二四 五九 〇七 | 酉 | 二六 四八 三一 三四 | 加 | 四五 五八 | 南 | 五 四一 三六 三一 | 減 | 一一 二三 | 五 |
| 西增五 | 酉 | 二三 二〇 五三 | 南 | 二四 五八 一五 | 酉 | 二七 〇三 三六 〇〇 | 加 | 四六 〇〇 | 南 | 五 三七 〇一 〇六 | 減 | 一一 一八 | 五 |
| 西增六 | 酉 | 二七 二七 四〇 | 南 | 二七 三八 一八 | 申 | 一 一四 五一 一二 | 加 | 四五 二四 | 南 | 七 一二 四八 一七 | 減 | 一〇 〇一 | 六 |
| 內增七 | 酉 | 二八 五五 〇一 | 南 | 二八 一一 二三 | 申 | 二 四〇 一一 〇二 | 加 | 四五 一四 | 南 | 七 二八 三四 二一 | 減 | 九 三三 | 五 |
| 內增八 | 申 | 三 四七 四七 | 南 | 二九 五二 〇七 | 申 | 七 一三 二六 三三 | 加 | 四四 五一 | 南 | 八 二八 〇六 〇八 | 減 | 八 〇四 | 四 |
| 內增九 | 申 | 三 五九 五四 | 南 | 二八 二三 〇五 | 申 | 七 〇八 〇四 四六 | 加 | 四五 二二 | 南 | 六 五八 三五 四二 | 減 | 八 〇六 | 五 |
| 北增十 | 申 | 五 四六 一九 | 南 | 二四 一八 五一 | 申 | 八 〇〇 四九 四一 | 加 | 四六 四七 | 南 | 二 四一 四四 五三 | 減 | 七 四九 | 四 |
| 內增十一 | 酉 | 二八 四九 五九 | 南 | 二八 二〇 三四 | 申 | 二 三七 四三 五三 | 加 | 四五 一一 | 南 | 七 四八 二八 三八 | 減 | 九 三四 | 五 |
| 參旗一 | 申 | 一一 五五 三一 | 南 | 八 一四 一五 | 申 | 一一 三二 四六 三一 | 加 | 五二 三七 | 北 | 一四 〇三 三九 四八 | 加 | 六 三六 | 四 |
| 參旗二 | 申 | 一二 四六 五〇 | 南 | 九 〇四 三八 | 申 | 一一 三一 〇一 四六 | 加 | 五二 二二 | 北 | 一三 一九 五八 一一 | 加 | 六 一七 | 四 |
| 參旗三 | 申 | 一二 〇八 二七 | 南 | 一一 〇七 二四 | 申 | 一二 〇八 〇三 四八 | 加 | 五一 三六 | 北 | 一一 一三 二九 五五 | 加 | 六 二五 | 六 |
| 參旗四 | 申 | 一二 〇一 一一 | 南 | 一二 二二 〇九 | 申 | 一二 一〇 二一 二七 | 加 | 五一 〇九 | 北 | 九 五八 二六 五五 | 加 | 六 二五 | 六 |
| 參旗五 | 申 | 一〇 四八 〇九 | 南 | 一三 二九 二九 | 申 | 一一 〇七 三五 二三 | 加 | 五〇 四一 | 北 | 八 四二 三〇 一五 | 加 | 六 四五 | 四 |
| 參旗六 | 申 | 一〇 一九 五五 | 南 | 一五 二三 三八 | 申 | 一〇 五五 三八 四三 | 加 | 五〇 〇一 | 北 | 六 四五 四四 〇七 | 加 | 六 四九 | 四 |
| 參旗七 | 申 | 一〇 三二 一六 | 南 | 一六 四七 〇三 | 申 | 一一 一八 四二 三九 | 加 | 四九 三三 | 北 | 五 二四 四〇 〇六 | 加 | 六 四二 | 四 |
| 參旗八 | 申 | 一〇 五五 五六 | 南 | 二〇 〇〇 五一 | 申 | 一二 〇六 三五 〇四 | 加 | 四六 二八 | 北 | 二 一五 三〇 三八 | 加 | 六 二六 | 四 |
| 參旗九 | 申 | 一一 五七 五八 | 南 | 二〇 五一 五八 | 申 | 一三 一〇 四五 〇二 | 加 | 四八 一四 | 北 | 一 三二 〇九 〇九 | 加 | 六 〇三 | 五 |
| 北增一 | 申 | 一一 二八 四三 | 南 | 六 二六 〇八 | 申 | 一〇 五一 〇一 一九 | 加 | 五三 一三 | 北 | 一五 四七 二五 三三 | 加 | 六 五一 | 六 |

畢宿恆星表

| 星名 | 黃道經度宮 | 度分秒 | 黃道緯度 | 度分秒 | 赤道經度宮 | 度分秒微 | 赤經歲差 | 分秒微 | 赤道緯度 | 度分秒微 | 赤緯歲差 | 秒微 | 星等 |
|---|---|---|---|---|---|---|---|---|---|---|---|---|---|
| 北增二 | 申 | 一三 二八 一四 | 南 | 六 一七 一三 | 申 | 一二 五二 二七 五五 | 加 | 五三 二五 | 北 | 一六 一一 〇五 二七 | 加 | 六 〇九 | 六 |
| 北增三 | 申 | 一三 五二 四四 | 南 | 六 三七 〇二 | 申 | 一三 二〇 〇一 二〇 | 加 | 五三 二〇 | 北 | 一五 五四 一四 一七 | 加 | 五 五九 | 六 |
| 北增四 | 申 | 一四 五八 一二 | 南 | 七 二四 〇〇 | 申 | 一四 三二 二八 四四 | 加 | 五三 〇八 | 北 | 一五 一四 四六 〇五 | 加 | 五 三五 | 五 |
| 北增五 | 申 | 一六 一三 五〇 | 南 | 七 一九 三八 | 申 | 一五 四九 二三 〇二 | 加 | 五三 一四 | 北 | 一五 二六 四八 四四 | 加 | 五 〇八 | 五 |
| 東增六 | 申 | 一七 二八 四二 | 南 | 一一 四一 四八 | 申 | 一七 三〇 〇一 〇六 | 加 | 五二 四二 | 北 | 一二 一二 三九 三九 | 加 | 四 三三 | 五 |
| 東增七 | 申 | 一五 三八 一四 | 南 | 一三 〇三 三九 | 申 | 一五 四八 三六 四四 | 加 | 五一 〇八 | 北 | 九 四一 〇一 〇一 | 加 | 五 〇七 | 六 |
| 東增八 | 申 | 一五 一一 〇三 | 南 | 一三 二〇 五六 | 申 | 一五 二三 四二 〇〇 | 加 | 五一 〇〇 | 北 | 九 二一 〇八 一一 | 加 | 五 一七 | 六 |
| 東增九 | 申 | 一五 〇七 四八 | 南 | 一三 三〇 二五 | 申 | 一五 二一 三〇 〇八 | 加 | 五〇 五六 | 北 | 九 一一 二二 一一 | 加 | 五 一七 | 六 |
| 東增十 | 申 | 一五 〇七 〇一 | 南 | 一四 二〇 四二 | 申 | 一五 二五 五九 五七 | 加 | 五〇 三九 | 北 | 八 二一 一七 二八 | 加 | 五 一六 | 五 |
| 西增十一 | 申 | 一〇 四二 二五 | 南 | 一九 五五 二四 | 申 | 一一 五三 一五 四七 | 加 | 四八 二九 | 北 | 二 一九 一四 四七 | 加 | 六 二九 | 六 |
| 西增十二 | 申 | 一〇 四九 一六 | 南 | 二〇 〇四 一七 | 申 | 一二 〇〇 四九 二一 | 加 | 四八 二七 | 北 | 二 一一 一七 二一 | 加 | 六 二七 | 五 |
| 九斿一 | 申 | 六 二二 五一 | 南 | 二〇 五二 一八 | 申 | 八 〇〇 四五 五一 | 加 | 四七 五七 | 北 | 四七 三二 二四 | 加 | 七 四八 | 五 |
| 九斿二 | 申 | 七 四八 〇九 | 南 | 二四 二二 二四 | 申 | 九 五一 〇七 一六 | 加 | 四六 五二 | 南 | 二 二七 四九 五〇 | 減 | 七 一〇 | 四 |
| 九斿三 | 申 | 九 二九 一九 | 南 | 二七 四八 五〇 | 申 | 一一 五一 一八 一五 | 加 | 四五 四五 | 南 | 五 三八 五一 四七 | 減 | 六 三一 | 五 |
| 九斿四 | 申 | 一〇 四六 〇七 | 南 | 三二 四七 二二 | 申 | 一三 三九 二四 〇九 | 加 | 四二 〇三 | 南 | 一〇 二五 三二 四四 | 減 | 五 五二 | 六 |
| 九斿五 | 申 | 一〇 二七 一六 | 南 | 三五 〇三 〇〇 | 申 | 一三 四一 四一 一九 | 加 | 四三 一三 | 南 | 一二 四二 〇二 四四 | 減 | 五 五二 | 六 |
| 九斿六 | 申 | 六 五四 〇二 | 南 | 三八 二二 三二 | 申 | 一一 一七 五五 〇八 | 加 | 四一 五六 | 南 | 一六 二四 五二 三七 | 減 | 六 四一 | 六 |
| 九斿七 | 申 | 五 五八 四一 | 南 | 三九 〇〇 〇一 | 申 | 一〇 三九 五五 二三 | 加 | 四一 四一 | 南 | 一七 〇九 〇〇 一八 | 減 | 六 五四 | 五 |
| 九斿八 | 申 | 三 一〇 五六 | 南 | 四一 二三 一九 | 申 | 八 五四 一四 四九 | 加 | 四〇 四三 | 南 | 一九 五三 〇一 三〇 | 減 | 七 三〇 | 三 |
| 九斿九 | 申 | 九 三〇 一八 | 南 | 四五 一八 二七 | 申 | 一四 二九 二〇 四五 | 加 | 三九 一五 | 南 | 二二 五七 二〇 五五 | 減 | 五 三五 | 六 |

畢宿恆星表

| 星名 | 黃道經度 宮 | 度 | 分 | 秒 | 黃道緯度 向 | 度 | 分 | 秒 | 赤道經度 宮 | 度 | 分 | 秒 | 微 | 赤道經度歲差 | 分 | 秒 | 微 | 赤道緯度 向 | 度 | 分 | 秒 | 微 | 赤道緯度歲差 | 秒 | 微 | 星等 |
|---|---|---|---|---|---|---|---|---|---|---|---|---|---|---|---|---|---|---|---|---|---|---|---|---|---|---|
| 西增一 | 申 | 一四 | 〇二 | 五一 | 南 | 二〇 | 〇九 | 四二 | 申 | 五 | 四四 | 〇二 | 五二 | 加 |  | 四八 | 〇四 | 北 | 一 | 〇七 | 三六 | 二二 | 加 | 八 | 三四 | 五 |
| 西增二 | 申 | 四 | 四〇 | 四〇 | 南 | 二一 | 四二 | 〇七 | 申 | 六 | 三五 | 〇三 | 四八 | 加 |  | 四七 | 三六 | 南 |  | 一七 | 一六 | 四九 | 減 | 八 | 一七 | 五 |
| 東增三 | 申 | 一〇 | 三〇 | 〇二 | 南 | 二七 | 二八 | 三七 | 申 | 一二 | 四二 | 〇五 | 二五 | 加 |  | 四五 | 五五 | 南 | 五 | 一一 | 四八 | 四一 | 減 | 六 | 一三 | 六 |
| 西增四 | 申 | 三 | 四三 | 二六 | 南 | 三六 | 〇〇 | 〇三 | 申 | 八 | 一七 | 一五 | 三二 | 加 |  | 四二 | 四四 | 南 | 一四 | 三〇 | 四二 | 一一 | 減 | 七 | 四三 | 三 |
| 西增五 | 申 | 六 | 二三 | 五四 | 南 | 三八 | 二五 | 二五 | 申 | 一〇 | 五四 | 〇七 | 四二 | 加 |  | 四一 | 五四 | 南 | 一六 | 三一 | 三五 | 三六 | 減 | 六 | 四八 | 六 |
| 西增六 | 申 | 五 | 五九 | 四五 | 南 | 三六 | 〇八 | 四四 | 申 | 八 | 三二 | 一五 | 五三 | 加 |  | 四二 | 四一 | 南 | 一四 | 三六 | 五一 | 四六 | 減 | 七 | 三八 | 六 |
| 南增七 | 申 | 九 | 五〇 | 〇六 | 南 | 四六 | 五七 | 一八 | 申 | 一四 | 四五 | 三八 | 二二 | 加 |  | 三八 | 三四 | 南 | 二四 | 三五 | 〇四 | 一三 | 減 | 五 | 二九 | 六 |
| 天園一 | 酉 | 二一 | 五四 | 五七 | 南 | 五二 | 五四 | 五八 | 戌 | 二一 | 三五 | 〇九 | 五八 | 加 |  | 三八 | 四六 | 南 | 四九 | 四一 | 三五 | 三二 | 減 | 一九 | 一六 | 三 |
| 天園二 | 酉 | 二四 | 二五 | 五九 | 南 | 五六 | 五八 | 二九 | 戌 | 二七 | 四五 | 三一 | 二八 | 加 |  | 三五 | 一六 | 南 | 五二 | 一二 | 二八 | 三一 | 減 | 一八 | 二三 | 四 |
| 天園三 | 酉 | 二九 | 一八 | 二九 | 南 | 五八 | 五六 | 五一 | 酉 | 三 | 〇〇 | 三七 | 四九 | 加 |  | 三二 | 四三 | 南 | 五二 | 〇二 | 一四 | 四九 | 減 | 一七 | 一七 | 四 |
| 天園四 | 戌 | 六 | 一四 | 一一 | 南 | 五六 | 五七 | 四二 | 酉 | 五 | 三五 | 三八 | 五三 | 加 |  | 三四 | 一一 | 南 | 四八 | 一二 | 〇七 | 一八 | 減 | 一六 | 五四 | 四 |
| 天園五 | 戌 | 一四 | 一五 | 四九 | 南 | 五四 | 一二 | 四八 | 酉 | 八 | 四五 | 二九 | 二一 | 加 |  | 三五 | 二七 | 南 | 四三 | 二二 | 五七 | 二四 | 減 | 一六 | 一二 | 四 |
| 天園六 | 戌 | 二一 | 五五 | 四五 | 南 | 五五 | 四四 | 一二 | 酉 | 一三 | 二五 | 三八 | 三八 | 加 |  | 三五 | 二六 | 南 | 四〇 | 四六 | 二七 | 二五 | 減 | 一五 | 〇五 | 三 |
| 天園七 | 酉 | 七 | 二一 | 五四 | 南 | 五四 | 四九 | 〇二 | 酉 | 二四 | 三九 | 五〇 | 二三 | 加 |  | 三四 | 四一 | 南 | 三七 | 三八 | 二一 | 〇〇 | 減 | 一二 | 〇〇 | 四 |
| 天園八 | 酉 | 八 | 五九 | 〇一 | 南 | 五五 | 三二 | 一二 | 酉 | 二六 | 〇六 | 一三 | 五四 | 加 |  | 三四 | 一八 | 南 | 三七 | 五五 | 五六 | 一二 | 減 | 一一 | 三六 | 四 |
| 天園九 | 酉 | 一〇 | 一二 | 五五 | 南 | 五四 | 一七 | 四八 | 酉 | 二六 | 一九 | 二八 | 五一 | 加 |  | 三四 | 五七 | 南 | 三六 | 三〇 | 五四 | 四七 | 減 | 一一 | 三一 | 四 |
| 天園十 | 酉 | 二〇 | 五四 | 一六 | 南 | 五二 | 五七 | 二五 | 申 | 三 | 二三 | 五〇 | 三六 | 加 |  | 三五 | 一二 | 南 | 三四 | 〇三 | 三九 | 〇六 | 減 | 九 | 一八 | 三 |
| 天園十一 | 酉 | 二二 | 五二 | 四六 | 南 | 五四 | 五一 | 四四 | 申 | 四 | 五六 | 二四 | 〇八 | 加 |  | 三四 | 五六 | 南 | 三四 | 一五 | 四二 | 五三 | 減 | 八 | 四九 | 五 |
| 天園十二 | 酉 | 二八 | 一九 | 五七 | 南 | 五一 | 四九 | 二二 | 申 | 七 | 四八 | 一三 | 一一 | 加 |  | 三六 | 一七 | 南 | 三〇 | 四七 | 一二 | 四四 | 減 | 七 | 五二 | 三 |
| 天園十三 | 申 | 二七 | 五五 | 五六 | 南 | 五〇 | 五五 | 〇五 | 申 | 七 | 一六 | 〇二 | 〇六 | 加 |  | 三六 | 四二 | 南 | 二九 | 五八 | 一二 | 三四 | 減 | 八 | 〇二 | 四 |

畢宿恆星表

| 星名 | 黃道經度 宮 | 度 | 分 | 秒 | 黃道緯度 向 | 度 | 分 | 秒 | 赤道經度 宮 | 度 | 分 | 秒 | 微 | 赤道經度歲差 | 分 | 秒 | 微 | 赤道緯度 向 | 度 | 分 | 秒 | 微 | 赤道緯度歲差 | 秒 | 微 | 星等 |
|---|---|---|---|---|---|---|---|---|---|---|---|---|---|---|---|---|---|---|---|---|---|---|---|---|---|---|
| 北增一 | 戌 | 一七 | 〇二 | 三二 | 南 | 五一 | 四二 | 三二 | 酉 | 八 | 五七 | 〇二 | 三七 | 加 |  | 三六 | 三九 | 南 | 四〇 | 二二 | 三一 | 四二 | 減 | 一六 | 〇六 | 四 |
| 北增二 | 戌 | 二六 | 二九 | 一〇 | 南 | 四九 | 〇五 | 四九 | 酉 | 一四 | 〇七 | 一一 | 五六 | 加 |  | 三七 | 三二 | 南 | 三五 | 一三 | 二三 | 一八 | 減 | 一四 | 五四 | 六 |
| 南增三 | 戌 | 二五 | 〇九 | 四一 | 南 | 五八 | 〇一 | 五〇 | 酉 | 一八 | 五七 | 四〇 | 三四 | 加 |  | 三二 | 五八 | 南 | 四三 | 二一 | 三三 | 五四 | 減 | 一三 | 四二 | 五 |
| 南增四 | 酉 | 五 | 二二 | 三九 | 南 | 五七 | 〇五 | 四七 | 酉 | 二五 | 一六 | 一四 | 三〇 | 加 |  | 三三 | 三〇 | 南 | 四〇 | 三六 | 三四 | 四八 | 減 | 一二 | 二四 | 五 |
| 北增五 | 酉 | 一二 | 五五 | 五一 | 南 | 五三 | 一四 | 一〇 | 酉 | 二七 | 二〇 | 三六 | 四七 | 加 |  | 三五 | 二九 | 南 | 三五 | 〇二 | 四九 | 二四 | 減 | 一一 | 一二 | 五 |
| 南增六 | 酉 | 一四 | 一四 | 五四 | 南 | 六一 | 四二 | 二五 | 申 | 二 | 三五 | 〇九 | 三三 | 加 |  | 三〇 | 五一 | 南 | 四二 | 三二 | 五六 | 二一 | 減 | 九 | 三三 | 四 |

觜宿恆星表

| 星名 | 黃道經度 宮 | 度 | 分 | 秒 | 黃道緯度 向 | 度 | 分 | 秒 | 赤道經度 宮 | 度 | 分 | 秒 | 微 | 赤道經度歲差 | 分 | 秒 | 微 | 赤道緯度 向 | 度 | 分 | 秒 | 微 | 赤道緯度歲差 | 秒 | 微 | 星等 |
|---|---|---|---|---|---|---|---|---|---|---|---|---|---|---|---|---|---|---|---|---|---|---|---|---|---|---|
| 觜宿一 | 申 | 二二 | 〇八 | 三四 | 南 | 一三 | 二五 | 〇四 | 申 | 二二 | 一四 | 三二 | 二八 | 加 |  | 五一 | 一六 | 北 | 九 | 五一 | 一二 | 三三 | 加 | 二 | 五一 | 四 |
| 觜宿二 | 申 | 二二 | 〇二 | 〇七 | 南 | 一三 | 四九 | 二〇 | 申 | 二二 | 〇九 | 四〇 | 一八 | 加 |  | 五一 | 〇六 | 北 | 九 | 二四 | 三八 | 四二 | 加 | 二 | 五四 | 五 |
| 觜宿三 | 申 | 二二 | 三二 | 四四 | 南 | 一四 | 〇一 | 〇〇 | 申 | 二二 | 四〇 | 二三 | 〇九 | 加 |  | 五一 | 〇三 | 北 | 九 | 一四 | 三六 | 〇六 | 加 | 二 | 四二 | 五 |
| 司怪一 | 申 | 二七 | 五八 | 四四 | 北 | 二 | 三〇 | 〇五 | 申 | 二七 | 四五 | 一六 | 一五 | 加 |  | 五七 | 四五 | 北 | 二五 | 五六 | 〇五 | 五九 | 加 |  | 五三 | 五 |
| 司怪二 | 申 | 二九 | 二三 | 四〇 | 南 |  | 一〇 | 一九 | 申 | 二九 | 二〇 | 二六 | 四八 | 加 |  | 五六 | 三六 | 北 | 二三 | 一六 | 三三 | 五四 | 加 | 一 | 一八 | 四 |
| 司怪三 | 未 |  | 四 | 四一 | 南 | 三 | 一九 | 三三 | 未 |  | 四 | 五八 | 五四 | 加 |  | 五五 | 一八 | 北 | 二〇 | 〇七 | 二六 | 一二 | 減 |  | 六 | 五 |
| 司怪四 | 申 | 二七 | 〇八 | 三九 | 南 | 三 | 〇九 | 四四 | 申 | 二六 | 五七 | 三七 | 二〇 | 加 |  | 五五 | 二〇 | 北 | 二〇 | 一五 | 二五 | 一〇 | 加 | 一 | 一〇 | 五 |
| 內增一 | 申 | 二八 | 三二 | 五一 | 南 |  | 三五 | 〇三 | 申 | 二八 | 二五 | 二四 | 二一 | 加 |  | 五六 | 二七 | 北 | 二二 | 五三 | 二六 | 五七 | 加 |  | 三九 | 六 |
| 內增二 | 申 | 二八 | 四九 | 五六 | 南 | 一 | 〇二 | 四三 | 申 | 二八 | 四四 | 一四 | 〇二 | 加 |  | 五六 | 一四 | 北 | 二二 | 二三 | 五六 | 五六 | 加 |  | 三二 | 六 |
| 西增三 | 申 | 二七 | 一五 | 二九 | 南 | 三 | 四二 | 〇一 | 申 | 二七 | 〇五 | 三五 | 一八 | 加 |  | 五五 | 〇六 | 北 | 一九 | 四三 | 一七 | 〇一 | 加 | 一 | 〇七 | 六 |
| 南增四 | 申 | 二九 | 五七 | 五六 | 南 | 三 | 四六 | 三一 | 申 | 二九 | 五四 | 五八 | 一八 | 加 | 一 | 〇五 | 〇六 | 北 | 一九 | 四〇 | 二七 | 一八 | 加 |  | 六 | 六 |
| 東增五 | 未 | 一 | 一六 | 四一 | 南 | 三 | 三七 | 五九 | 未 | 一 | 二一 | 二〇 | 二七 | 加 |  | 五五 | 〇九 | 北 | 一九 | 四八 | 三七 | 〇五 | 減 |  | 二五 | 六 |
| 東增六 | 未 | 一 | 五八 | 二六 | 南 | 四 | 一四 | 〇二 | 未 | 二 | 〇五 | 〇四 | 二五 | 加 |  | 五四 | 五五 | 北 | 一九 | 一二 | 〇四 | 三七 | 減 |  | 四一 | 六 |
| 座旗一 | 未 | 七 | 〇五 | 一三 | 北 | 二五 | 四一 | 五九 | 未 | 九 | 四四 | 一七 | 〇一 | 加 | 一 | 一一 | 〇七 | 北 | 四八 | 五四 | 三四 | 四八 | 減 | 三 | 二四 | 六 |
| 座旗二 | 未 | 九 | 二三 | 三八 | 北 | 二二 | 一一 | 一三 | 未 | 一二 | 二五 | 三三 | 一八 | 加 | 一 | 〇八 | 〇六 | 北 | 四五 | 一三 | 五七 | 五七 | 減 | 四 | 二一 | 六 |
| 座旗三 | 未 | 六 | 四一 | 一六 | 北 | 二一 | 二三 | 二一 | 未 | 八 | 四五 | 五四 | 二五 | 加 | 一 | 〇七 | 五五 | 北 | 四四 | 三八 | 〇六 | 〇八 | 減 | 三 | 〇四 | 五 |
| 座旗四 | 未 | 七 | 一五 | 三〇 | 北 | 二〇 | 二八 | 三一 | 未 | 九 | 二五 | 一四 | 〇二 | 加 | 一 | 〇七 | 一四 | 北 | 四三 | 四一 | 一四 | 二三 | 減 | 三 | 一九 | 六 |
| 座旗五 | 未 | 六 | 〇六 | 三九 | 北 | 一九 | 一八 | 三三 | 未 | 七 | 五〇 | 三五 | 二二 | 加 | 一 | 〇六 | 三四 | 北 | 四二 | 三五 | 三一 | 二八 | 減 | 二 | 四四 | 五 |
| 座旗六 | 未 | 八 | 二四 | 五〇 | 北 | 一八 | 四七 | 〇七 | 未 | 一〇 | 四三 | 四七 | 一七 | 加 | 一 | 〇五 | 五九 | 北 | 四一 | 五五 | 一七 | 一九 | 減 | 三 | 四七 | 四 |
| 座旗七 | 未 | 六 | 一二 | 四一 | 北 | 一六 | 四二 | 四三 | 未 | 七 | 四六 | 二五 | 二五 | 加 | 一 | 〇四 | 五五 | 北 | 三九 | 五九 | 三七 | 一一 | 減 | 二 | 四三 | 五 |

觜宿恆星表

| 星名 | 黃道經度 宮 | 度 | 分 | 秒 | 黃道緯度 向 | 度 | 分 | 秒 | 赤道經度 宮 | 度 | 分 | 秒 | 微 | 赤道經度歲差 | 分 | 秒 | 微 | 赤道緯度 向 | 度 | 分 | 秒 | 微 | 赤道緯度歲差 | 秒 | 微 | 星等 |
|---|---|---|---|---|---|---|---|---|---|---|---|---|---|---|---|---|---|---|---|---|---|---|---|---|---|---|
| 座旗八 | 未 | 六 | 一三 | 〇二 | 北 | 一六 | 一二 | 三四 | 未 | 七 | 四四 | 三九 | 三一 | 加 | 一 | 〇四 | 三七 | 北 | 三九 | 二九 | 三〇 | 一一 | 減 | 二 | 四三 | 五 |
| 座旗九 | 未 | 九 | 〇八 | 一二 | 北 | 一五 | 五四 | 四六 | 未 | 一一 | 一九 | 五七 | 一〇 | 加 | 一 | 〇四 | 一〇 | 北 | 三九 | 〇〇 | 一一 | 四三 | 減 | 三 | 五九 | 六 |
| 西增一 | 未 | 二 | 五八 | 五六 | 北 | 二五 | 五六 | 一九 | 未 | 四 | 〇七 | 〇五 | 一五 | 加 | 一 | 一一 | 四五 | 北 | 四九 | 二〇 | 四二 | 四八 | 減 | 一 | 二四 | 五 |
| 西增二 | 未 | 四 | 〇四 | 〇六 | 北 | 二三 | 二二 | 五五 | 未 | 五 | 二七 | 一四 | 三一 | 加 | 一 | 〇九 | 三七 | 北 | 四六 | 四五 | 一三 | 〇一 | 減 | 一 | 五三 | 六 |
| 南增三 | 未 | 九 | 一二 | 三一 | 北 | 一五 | 三〇 | 〇六 | 未 | 一一 | 二二 | 四一 | 二五 | 加 | 一 | 〇三 | 五五 | 北 | 三八 | 三五 | 一六 | 〇〇 | 減 | 四 | 〇〇 | 六 |
| 南增四 | 未 | 九 | 二一 | 四四 | 北 | 一五 | 三五 | 二一 | 未 | 一一 | 三四 | 二一 | 二五 | 加 | 一 | 〇三 | 五五 | 北 | 三八 | 三七 | 四六 | 二五 | 減 | 四 | 〇五 | 六 |
| 東增五 | 未 | 一〇 | 二六 | 三九 | 北 | 一五 | 一三 | 三一 | 未 | 一二 | 五一 | 四三 | 三一 | 加 | 一 | 〇三 | 三七 | 北 | 三八 | 一二 | 三三 | 〇四 | 減 | 四 | 三三 | 六 |
| 東增六 | 未 | 一二 | 四九 | 〇九 | 北 | 一六 | 四五 | 二二 | 未 | 一五 | 五八 | 五二 | 四四 | 加 | 一 | 〇四 | 〇八 | 北 | 三九 | 二九 | 五七 | 四六 | 減 | 五 | 三八 | 四 |
| 東增七 | 未 | 一三 | 五二 | 五〇 | 北 | 一八 | 二八 | 三一 | 未 | 一七 | 三四 | 〇九 | 〇八 | 加 | 一 | 〇四 | 五六 | 北 | 四一 | 〇四 | 五二 | 五〇 | 減 | 六 | 一〇 | 五 |
| 東增八 | 未 | 一五 | 〇七 | 〇九 | 北 | 一八 | 二六 | 一七 | 未 | 一九 | 〇六 | 一九 | 四〇 | 加 | 一 | 〇四 | 四〇 | 北 | 四〇 | 五三 | 二一 | 五四 | 減 | 六 | 四二 | 五 |
| 東增九 | 未 | 一四 | 〇九 | 二九 | 北 | 二六 | 五五 | 五四 | 未 | 一九 | 三五 | 一四 | 一三 | 加 | 一 | 一〇 | 三一 | 北 | 四九 | 二五 | 二〇 | 二七 | 減 | 六 | 五一 | 五 |
| 東增十 | 未 | 一四 | 三八 | 二五 | 北 | 二七 | 二八 | 三一 | 未 | 二〇 | 二二 | 一三 | 二四 | 加 | 一 | 一〇 | 四八 | 北 | 四九 | 五三 | 三七 | 五九 | 減 | 七 | 〇七 | 六 |
| 東增十一 | 未 | 一三 | 一一 | 一八 | 北 | 二七 | 四六 | 一〇 | 未 | 一八 | 二七 | 一六 | 〇四 | 加 | 一 | 一一 | 二八 | 北 | 五〇 | 二二 | 三五 | 五六 | 減 | 六 | 二八 | 六 |

參宿恒星表

| 星名 | 黃道經度宮 | 度 | 分 | 秒 | 黃道緯度向 | 度 | 分 | 秒 | 赤道經度宮 | 度 | 分 | 秒 | 微 | 赤經歲差加減 | 分 | 秒 | 微 | 赤道緯度向 | 度 | 分 | 秒 | 微 | 赤緯歲差加減 | 秒 | 微 | 星等 |
|---|---|---|---|---|---|---|---|---|---|---|---|---|---|---|---|---|---|---|---|---|---|---|---|---|---|---|
| 參宿一 | 申 | 二三 | 〇八 | 〇一 | 南 | 二五 | 一八 | 一八 | 申 | 二三 | 四七 | 二九 | 一七 | 加 | | 四六 | 五九 | 南 | 二 | 〇〇 | 一二 | 〇六 | 減 | 二 | 一八 | 二 |
| 參宿二 | 申 | 二一 | 五四 | 〇〇 | 南 | 二四 | 三一 | 二五 | 申 | 二二 | 三八 | 〇〇 | 二八 | 加 | | 四七 | 一六 | 南 | 一 | 一六 | 五一 | 一一 | 減 | 二 | 四三 | 二 |
| 參宿三 | 申 | 二〇 | 四七 | 五四 | 南 | 二三 | 三四 | 一〇 | 申 | 二一 | 三四 | 一八 | 二二 | 加 | | 四七 | 三四 | 南 | | 二三 | 一九 | 四二 | 減 | 三 | 〇六 | 二 |
| 參宿四 | 申 | 二七 | 一一 | 一六 | 南 | 一六 | 〇二 | 二六 | 申 | 二七 | 一六 | 二九 | 二九 | 加 | | 五〇 | 二三 | 北 | 七 | 二二 | 五六 | 二六 | 加 | 一 | 〇二 | 一 |
| 參宿五 | 申 | 一九 | 二三 | 四九 | 南 | 一六 | 四九 | 三三 | 申 | 一九 | 四七 | 四〇 | 〇八 | 加 | | 四九 | 五六 | 北 | 六 | 一四 | 五五 | 一五 | 加 | 三 | 四五 | 二 |
| 參宿六 | 申 | 二四 | 四九 | 五七 | 南 | 三三 | 〇五 | 〇七 | 申 | 二五 | 三六 | 三二 | 五三 | 加 | | 四四 | 一一 | 南 | 九 | 四二 | 五二 | 〇三 | 減 | 一 | 三九 | 三 |
| 參宿七 | 申 | 一五 | 一六 | 一六 | 南 | 三一 | 〇八 | 一六 | 申 | 一七 | 一七 | 四〇 | 三二 | 加 | | 四四 | 四四 | 南 | 八 | 二〇 | 〇九 | 一二 | 減 | 四 | 三六 | 一 |
| 內增一 | 申 | 二二 | 三一 | 五七 | 南 | 二五 | 五六 | 四八 | 申 | 二三 | 一六 | 五三 | 三二 | 加 | | 四六 | 四四 | 南 | 二 | 四〇 | 一六 | 一三 | 減 | 二 | 二九 | 四 |
| 內增二 | 申 | 二〇 | 〇九 | 三八 | 南 | 二四 | 一九 | 三一 | 申 | 二一 | 〇二 | 二三 | 一一 | 加 | | 四七 | 一七 | 南 | 一 | 一〇 | 五三 | 四九 | 減 | 三 | 一七 | 六 |
| 西增三 | 申 | 一八 | 三六 | 〇三 | 南 | 二五 | 三二 | 五一 | 申 | 一九 | 四三 | 〇五 | 二四 | 加 | | 四六 | 四八 | 南 | 二 | 三〇 | 一四 | 四五 | 減 | 三 | 四五 | 三 |
| 西增四 | 申 | 一八 | 四二 | 〇五 | 南 | 二四 | 〇三 | 二七 | 申 | 一九 | 四一 | 三三 | 〇三 | 加 | | 四七 | 二一 | 南 | 一 | 〇〇 | 四一 | 四五 | 減 | 三 | 四五 | 六 |
| 西增五 | 申 | 一七 | 五九 | 五二 | 南 | 二三 | 二九 | 二二 | 申 | 一九 | 〇〇 | 一七 | 五六 | 加 | | 四七 | 三二 | 南 | | 二九 | 四九 | 〇〇 | 減 | 四 | 〇〇 | 五 |
| 西增六 | 申 | 一八 | 五七 | 〇二 | 南 | 二一 | 三八 | 四七 | 申 | 一九 | 四四 | 〇七 | 三六 | 加 | | 四八 | 一二 | 北 | 一 | 二四 | 三六 | 一五 | 加 | 三 | 四五 | 六 |
| 西增七 | 申 | 一八 | 五八 | 四二 | 南 | 二一 | 一九 | 一〇 | 申 | 一九 | 四四 | 一〇 | 三七 | 加 | | 四八 | 一九 | 北 | 一 | 四四 | 一七 | 一五 | 加 | 三 | 四五 | 五 |
| 西增八 | 申 | 一七 | 三二 | 五八 | 南 | 二〇 | 二八 | 〇七 | 申 | 一八 | 二〇 | 〇九 | 〇五 | 加 | | 四八 | 三五 | 北 | 二 | 二八 | 四〇 | 四五 | 加 | 四 | 一五 | 六 |
| 西增九 | 申 | 一六 | 〇〇 | 〇四 | 南 | 二〇 | 〇五 | 二九 | 申 | 一六 | 五一 | 一三 | 四〇 | 加 | | 四八 | 四〇 | 北 | 二 | 四三 | 一六 | 四一 | 加 | 四 | 四七 | 四 |
| 西增十 | 申 | 一八 | 三四 | 五八 | 南 | 一九 | 三五 | 四三 | 申 | 一九 | 一三 | 五七 | 二五 | 加 | | 四八 | 五五 | 北 | 三 | 二五 | 四二 | 〇八 | 加 | 三 | 五六 | 六 |
| 西增十一 | 申 | 一九 | 三七 | 〇六 | 南 | 二〇 | 〇六 | 二一 | 申 | 二〇 | 一四 | 三七 | 五八 | 加 | | 四八 | 四六 | 北 | 二 | 五九 | 三三 | 二二 | 加 | 三 | 三四 | 五 |
| 內增十二 | 申 | 二〇 | 四七 | 二六 | 南 | 一九 | 五八 | 一一 | 申 | 二一 | 二〇 | 〇六 | 三三 | 加 | | 四八 | 五一 | 北 | 三 | 一二 | 一一 | 三六 | 加 | 三 | 一二 | 六 |
| 內增十三 | 申 | 二〇 | 四九 | 〇六 | 南 | 一七 | 一八 | 二八 | 申 | 二一 | 一一 | 二七 | 二四 | 加 | | 四九 | 四八 | 北 | 五 | 五一 | 四〇 | 四五 | 加 | 三 | 一五 | 五 |
| 內增十四 | 申 | 二一 | 三七 | 二二 | 南 | 一九 | 二二 | 一二 | 申 | 二二 | 〇四 | 五五 | 三五 | 加 | | 四九 | 〇五 | 北 | 三 | 五〇 | 五七 | 四二 | 加 | 二 | 五四 | 六 |
| 內增十五 | 申 | 二二 | 五五 | 五二 | 南 | 一九 | 一四 | 〇四 | 申 | 二三 | 一八 | 三九 | 一〇 | 加 | | 四九 | 一〇 | 北 | 四 | 〇三 | 〇三 | 四七 | 加 | 二 | 二九 | 五 |
| 內增十六 | 申 | 二三 | 四五 | 〇五 | 南 | 二一 | 五四 | 一四 | 申 | 二四 | 一二 | 〇八 | 一九 | 加 | | 四八 | 一三 | 北 | 一 | 二五 | 一二 | 一〇 | 加 | 二 | 一〇 | 五 |
| 內增十七 | 申 | 二五 | 一八 | 五三 | 南 | 一六 | 五七 | 五五 | 申 | 二五 | 二九 | 二六 | 四三 | 加 | | 五〇 | 〇一 | 北 | 六 | 二四 | 三九 | 〇六 | 加 | 一 | 四二 | 六 |
| 北增十八 | 申 | 二九 | 〇二 | 二一 | 南 | 一三 | 四八 | 〇一 | 申 | 二九 | 〇三 | 一二 | 一九 | 加 | | 五一 | 一三 | 北 | 九 | 三八 | 四五 | 一二 | 加 | | 二四 | 四 |
| 東增十九 | 申 | 二九 | 〇七 | 五四 | 南 | 一八 | 〇〇 | 五六 | 申 | 二九 | 一〇 | 一三 | 四〇 | 加 | | 四九 | 四〇 | 北 | 五 | 二五 | 五二 | 四六 | 加 | | 二二 | 六 |
| 東增二十 | 申 | 二九 | 四五 | 一六 | 南 | 一九 | 一七 | 一八 | 申 | 二九 | 四六 | 〇三 | 一九 | 加 | | 四九 | 一三 | 北 | 四 | 〇九 | 三九 | 二七 | 加 | | 九 | 六 |
| 東增二十一 | 申 | 二八 | 〇〇 | 二六 | 南 | 二一 | 三六 | 五〇 | 申 | 二八 | 〇八 | 四七 | 〇三 | 加 | | 四八 | 二一 | 北 | 一 | 四九 | 二一 | 三二 | 加 | | 四四 | 六 |
| 東增二十二 | 申 | 二六 | 二四 | 二六 | 南 | 二一 | 三五 | 五四 | 申 | 二六 | 三九 | 二九 | 〇五 | 加 | | 四八 | 二一 | 北 | 一 | 四八 | 三三 | 四五 | 加 | 一 | 一五 | 六 |
| 東增二十三 | 申 | 二八 | 〇六 | 五七 | 南 | 二六 | 五四 | 〇四 | 申 | 二八 | 一九 | 〇〇 | 二一 | 加 | | 四六 | 二七 | 南 | 三 | 二七 | 四五 | 二〇 | 減 | | 四〇 | 六 |
| 東增二十四 | 未 | 六 | 〇三 | 二一 | 南 | 二七 | 三七 | 五一 | 未 | 五 | 二二 | 四一 | 一〇 | 加 | | 四六 | 一〇 | 南 | 四 | 一七 | 三八 | 五九 | 加 | 一 | 五三 | 五 |
| 東增二十五 | 未 | 六 | 二〇 | 一九 | 南 | 二八 | 〇〇 | 五九 | 未 | 五 | 三六 | 四三 | 四三 | 加 | | 四六 | 〇一 | 南 | 四 | 四一 | 二四 | 三四 | 加 | 一 | 五八 | 六 |
| 東增二十六 | 未 | 六 | 四三 | 一四 | 南 | 三〇 | 一六 | 二一 | 未 | 五 | 五〇 | 三七 | 五三 | 加 | | 四五 | 一一 | 南 | 六 | 五七 | 三四 | 〇九 | 加 | 二 | 〇三 | 五 |
| 東增二十七 | 未 | 四 | 〇七 | 五六 | 南 | 三一 | 一〇 | 三一 | 未 | 三 | 三四 | 〇二 | 五九 | 加 | | 四四 | 五三 | 南 | 七 | 四六 | 三七 | 〇二 | 加 | 一 | 一四 | 六 |
| 東增二十八 | 未 | 二 | 三九 | 三〇 | 南 | 二九 | 四〇 | 〇〇 | 未 | 二 | 一九 | 二四 | 二一 | 加 | | 四五 | 二七 | 南 | 六 | 一四 | 一八 | 四一 | 加 | | 四七 | 四 |
| 東增二十九 | 未 | 三 | 三八 | 三〇 | 南 | 二四 | 〇五 | 四一 | 未 | 三 | 〇四 | 〇六 | 〇七 | 加 | | 四三 | 四九 | 南 | 一〇 | 四一 | 〇二 | 五二 | 加 | 一 | 〇四 | 六 |
| 東增三十 | 未 | | 五四 | 五五 | 南 | 三四 | 三四 | 二六 | 未 | | 四六 | 〇五 | 一四 | 加 | | 四三 | 三八 | 南 | 一一 | 〇七 | 三六 | 一九 | 加 | | 一三 | 六 |
| 東增三十一 | 申 | 二八 | 五七 | 五一 | 南 | 三四 | 〇二 | 三九 | 申 | 二九 | 〇七 | 三六 | 五〇 | 加 | | 四三 | 五〇 | 南 | 一〇 | 三五 | 五一 | 三一 | 減 | | 二三 | 四 |
| 東增三十二 | 申 | 二八 | 〇八 | 三六 | 南 | 三三 | 〇〇 | 一〇 | 申 | 二八 | 二五 | 一六 | 〇二 | 加 | | 四四 | 一四 | 南 | 九 | 三三 | 四七 | 四六 | 減 | | 二八 | 六 |
| 東增三十三 | 申 | 二八 | 〇七 | 四八 | 南 | 三二 | 四九 | 五〇 | 申 | 二八 | 二四 | 二七 | 一一 | 加 | | 四四 | 一七 | 南 | 九 | 二三 | 二八 | 四六 | 減 | | 三八 | 六 |
| 東增三十四 | 申 | 二五 | 五五 | 四八 | 南 | 三〇 | 五六 | 五九 | 申 | 二六 | 二八 | 四六 | 三四 | 加 | | 四四 | 五八 | 南 | 七 | 三二 | 五九 | 四〇 | 減 | 一 | 二〇 | 六 |
| 內增三十五 | 申 | 二二 | 二一 | 四一 | 南 | 三〇 | 三二 | 五一 | 申 | 二三 | 二二 | 二二 | 五二 | 加 | | 四五 | 〇四 | 南 | 七 | 一六 | 二四 | 三九 | 減 | 二 | 二七 | 五 |
| 內增三十六 | 申 | 二〇 | 二〇 | 二一 | 南 | 三〇 | 三三 | 一四 | 申 | 二一 | 三七 | 一五 | 〇九 | 加 | | 四五 | 〇三 | 南 | 七 | 二三 | 〇六 | 〇八 | 減 | 三 | 〇四 | 四 |
| 內增三十七 | 申 | 一八 | 〇〇 | 〇五 | 南 | 三〇 | 五五 | 四七 | 申 | 一九 | 三七 | 三八 | 五九 | 加 | | 四四 | 五三 | 南 | 七 | 五四 | 四一 | 一九 | 減 | 三 | 四七 | 五 |
| 內增三十八 | 申 | 一六 | 二〇 | 五七 | 南 | 二九 | 三二 | 〇二 | 申 | 一八 | 〇四 | 〇九 | 二〇 | 加 | | 四五 | 二〇 | 南 | 六 | 三八 | 五三 | 四〇 | 減 | 四 | 二〇 | 五 |
| 西增三十九 | 申 | 一七 | 五一 | 一一 | 南 | 二三 | 三一 | 三九 | 申 | 一八 | 五二 | 三五 | 一三 | 加 | | 四七 | 三一 | 南 | | 三二 | 四五 | 五一 | 減 | 四 | 〇三 | 六 |
| 伐一 | 申 | 二一 | 二八 | 二七 | 南 | 二八 | 〇八 | 一九 | 申 | 二二 | 二七 | 三六 | 五一 | 加 | | 四五 | 五七 | 南 | 四 | 五四 | 四三 | 一九 | 減 | 二 | 四七 | 五 |
| 伐二 | 申 | 二一 | 二六 | 〇六 | 南 | 二八 | 四二 | 二五 | 申 | 二二 | 二七 | 三四 | 三二 | 加 | | 四五 | 四四 | 南 | 五 | 二八 | 五三 | 一九 | 減 | 二 | 四七 | 六 |
| 伐三 | 申 | 二一 | 二五 | 三三 | 南 | 二九 | 一二 | 三九 | 申 | 二二 | 二八 | 五四 | 二二 | 加 | | 四五 | 三四 | 南 | 五 | 五九 | 〇五 | 〇二 | 減 | 二 | 四六 | 三 |
| 東增一 | 申 | 二一 | 三三 | 〇四 | 南 | 二八 | 〇八 | 四七 | 申 | 二二 | 三一 | 四三 | 〇八 | 加 | | 四五 | 五六 | 南 | 四 | 五四 | 五六 | 四五 | 減 | 二 | 四五 | 五 |
| 西增二 | 申 | 二一 | 二四 | 一四 | 南 | 二八 | 四〇 | 四七 | 申 | 二二 | 二五 | 五〇 | 一五 | 加 | | 四五 | 四五 | 南 | 五 | 二七 | 二一 | 一九 | 減 | 二 | 四七 | 六 |
| 玉井一 | 申 | 一三 | 三九 | 一一 | 南 | 三一 | 三二 | 一八 | 申 | 一五 | 五六 | 五五 | 二二 | 加 | | 四四 | 三四 | 南 | 八 | 五二 | 五九 | 〇八 | 減 | 五 | 〇四 | 四 |
| 玉井二 | 申 | 一一 | 三九 | 一八 | 南 | 二九 | 四六 | 三八 | 申 | 一四 | 〇〇 | 四二 | 四四 | 加 | | 四五 | 〇八 | 南 | 七 | 二〇 | 二六 | 〇二 | 減 | 五 | 四六 | 六 |
| 玉井三 | 申 | 一三 | 四五 | 三六 | 南 | 二七 | 五一 | 五五 | 申 | 一五 | 三五 | 四四 | 五九 | 加 | | 四五 | 五三 | 南 | 五 | 一三 | 三四 | 二四 | 減 | 五 | 一二 | 三 |
| 玉井四 | 申 | 一五 | 一六 | 四二 | 南 | 二九 | 五〇 | 五七 | 申 | 一七 | 一六 | 三二 | 一九 | 加 | | 五四 | 一三 | 南 | 七 | 〇三 | 一二 | 〇三 | 減 | 四 | 三九 | 四 |
| 北增一 | 申 | 一三 | 二七 | 三四 | 南 | 二七 | 一五 | 〇三 | 申 | 一五 | 一七 | 二三 | 三五 | 加 | | 四六 | 〇五 | 南 | 四 | 三八 | 三二 | 二三 | 減 | 五 | 一九 | 五 |
| 北增二 | 申 | 一四 | 〇一 | 五六 | 南 | 二七 | 一五 | 五六 | 申 | 一五 | 四七 | 五七 | 一八 | 加 | | 四六 | 〇六 | 南 | 四 | 三六 | 〇〇 | 三三 | 減 | 五 | 〇九 | 五 |
| 北增三 | 申 | 一三 | 二五 | 一五 | 南 | 二七 | 四〇 | 三八 | 申 | 一五 | 一八 | 一六 | 〇八 | 加 | | 四五 | 五六 | 南 | 五 | 〇四 | 一二 | 〇六 | 減 | 五 | 一八 | 六 |
| 軍井一 | 申 | 一四 | 一三 | 三六 | 南 | 三四 | 四三 | 四四 | 申 | 一六 | 四七 | 四九 | 五五 | 加 | | 四三 | 二五 | 南 | 一一 | 五九 | 五九 | 一九 | 減 | 四 | 四七 | 五 |
| 軍井二 | 申 | 一四 | 二一 | 五九 | 南 | 三五 | 四八 | 三〇 | 申 | 一七 | 〇二 | 〇七 | 二六 | 加 | | 四三 | 〇二 | 南 | 一三 | 〇三 | 三五 | 五四 | 減 | 四 | 四二 | 五 |
| 軍井三 | 申 | 一六 | 一四 | 〇三 | 南 | 三六 | 一二 | 〇三 | 申 | 一八 | 三七 | 一四 | 二五 | 加 | | 四二 | 五五 | 南 | 一三 | 一七 | 三七 | 一六 | 減 | 四 | 〇八 | 四 |
| 軍井四 | 申 | 一六 | 二六 | 四八 | 南 | 三五 | 二一 | 一四 | 申 | 一八 | 四二 | 四六 | 一九 | 加 | | 四三 | 一三 | 南 | 一二 | 二六 | 〇二 | 五九 | 減 | 四 | 〇七 | 五 |
| 東增一 | 申 | 一七 | 二一 | 〇八 | 南 | 三七 | 〇一 | 四六 | 申 | 一九 | 三七 | 一一 | 三二 | 加 | | 四二 | 三七 | 南 | 一四 | 〇二 | 〇五 | 一九 | 減 | 三 | 四七 | 六 |
| 西增二 | 申 | 一四 | 〇四 | 三九 | 南 | 三四 | 四三 | 四九 | 申 | 一六 | 四〇 | 二一 | 五五 | 加 | | 四三 | 二五 | 南 | 一二 | 〇〇 | 五二 | 五三 | 減 | 四 | 四九 | 五 |
| 屏一 | 申 | 一三 | 五〇 | 五一 | 南 | 三九 | 〇三 | 五五 | 申 | 一六 | 五九 | 二七 | 四一 | 加 | | 四一 | 四七 | 南 | 一六 | 二〇 | 一三 | 一一 | 減 | 四 | 四三 | 四 |
| 屏二 | 申 | 一〇 | 三一 | 二二 | 南 | 四四 | 五八 | 二六 | 申 | 一五 | 一二 | 二〇 | 一二 | 加 | | 三九 | 二四 | 南 | 二二 | 三一 | 一一 | 五七 | 減 | 五 | 二一 | 四 |
| 廁一 | 申 | 一九 | 五一 | 〇三 | 南 | 四一 | 〇四 | 三一 | 申 | 二一 | 五八 | 三一 | 三五 | 加 | | 四一 | 〇五 | 南 | 一七 | 五四 | 二九 | 〇九 | 減 | 二 | 五七 | 三 |
| 廁二 | 申 | 一八 | 〇八 | 四一 | 南 | 四三 | 五五 | 二七 | 申 | 二〇 | 五三 | 二二 | 二五 | 加 | | 三九 | 五五 | 南 | 二〇 | 五〇 | 五六 | 四〇 | 減 | 三 | 二〇 | 三 |
| 廁三 | 申 | 二三 | 二二 | 三六 | 南 | 四五 | 四七 | 五九 | 申 | 二五 | 〇〇 | 二八 | 五三 | 加 | | 三九 | 一一 | 南 | 二二 | 二七 | 五三 | 二七 | 減 | 一 | 五一 | 三 |
| 廁四 | 申 | 二五 | 三七 | 二五 | 南 | 四四 | 一五 | 二〇 | 申 | 二六 | 三八 | 四九 | 五〇 | 加 | | 三九 | 五〇 | 南 | 二〇 | 五一 | 二四 | 三二 | 減 | 一 | 一六 | 三 |
| 內增一 | 申 | 一九 | 〇四 | 三〇 | 南 | 四四 | 〇四 | 五三 | 申 | 二一 | 三七 | 〇三 | 一六 | 加 | | 三九 | 五二 | 南 | 二〇 | 五六 | 五七 | 二五 | 減 | 三 | 〇五 | 六 |
| 南增二 | 申 | 二二 | 三六 | 一六 | 南 | 四五 | 四四 | 四八 | 申 | 二四 | 二五 | 二二 | 三六 | 加 | | 三九 | 一二 | 南 | 二二 | 二六 | 二四 | 五一 | 減 | 二 | 〇三 | 六 |
| 東增三 | 未 | | 五六 | 〇六 | 南 | 四二 | 三六 | 二三 | 未 | | 四三 | 四二 | 一三 | 加 | | 四〇 | 三一 | 南 | 一九 | 〇九 | 三三 | 一九 | 加 | | 一三 | 六 |
| 北增四 | 未 | | 一 | 二九 | 南 | 三九 | 五五 | 三五 | 未 | | 一 | 一一 | 〇五 | 加 | | 四一 | 三五 | 南 | 一六 | 二八 | 三四 | 四五 | 加 | | 五 | 六 |
| 北增五 | 未 | | 二三 | 五〇 | 南 | 三八 | 二二 | 二六 | 未 | | 一九 | 一九 | 五三 | 加 | | 四二 | 一一 | 南 | 一四 | 五五 | 二八 | 一二 | 加 | | 六 | 四 |
| 北增六 | 申 | 二七 | 二二 | 〇四 | 南 | 三七 | 三七 | 二八 | 申 | 二七 | 五〇 | 五九 | 〇四 | 加 | | 四二 | 二八 | 南 | 一四 | 一一 | 四〇 | 五三 | 減 | | 四九 | 四 |
| 北增七 | 申 | 二四 | 二六 | 〇八 | 南 | 三八 | 一三 | 三一 | 申 | 二五 | 二八 | 四七 | 〇二 | 加 | | 四二 | 一四 | 南 | 一四 | 五一 | 四六 | 五四 | 減 | 一 | 四二 | 四 |
| 南增八 | 申 | 二二 | 一四 | 四一 | 南 | 四五 | 四二 | 五八 | 申 | 二四 | 〇八 | 五九 | 三六 | 加 | | 三九 | 一二 | 南 | 二二 | 二五 | 二六 | 〇七 | 減 | 二 | 一一 | 六 |
| 屎 | 申 | 二三 | 一一 | 四一 | 南 | 五五 | 四〇 | 二七 | 申 | 二五 | 二七 | 五二 | 一四 | 加 | | 三四 | 三八 | 南 | 三二 | 一九 | 五三 | 三七 | 減 | 一 | 四一 | 六 |

西方七宿恆星。奎宿星九座。四十二星。增六十三星。婁宿星六座。三十三星。增六十九星。胃宿星七座。三十九星。增六十一星。昴宿星九座。四十七星。增五十星。畢宿星一十四座。八十九星。增九十七星。觜宿星三座。一十六星。增一十七星。參宿星六座。二十五星。增五十四星。凡七百二星。在黃道宮五。始亥終未。赤道宮與黃道同。經黃道經度一百一十三度一十二分一十二秒。始畢天圍一。在亥二十一度五十四分五十七秒。終觜座旗東增八。在未一十五度七分九秒。赤道經度一百二十八度一十分五十三秒五十七微。始奎宿西增六。在亥一十二度一十一分一十九秒二十七微。終觜座旗東增十。在未二十度二十二分一十三秒二十四微。黃道緯度一百一十七度三十六分五十四秒。最高行奎王良北增六。在北五十五度五十四分二十九秒。最卑行畢天圍南增六。在南六十一度四十二分二十五秒。赤道緯度一百一十六度三十七分五十三秒六微。最高行奎閣道一。在北六十六度五十六分一十七秒三十四微。最卑行畢天圍一。在南四十九度四十一分三十五秒三十二微。奎一十六星。增星二十三。距西南星。去極七十四度四分。去壁宿距星一十三度一十七分強。王良五星。增星十四。距西北星。去極三十八度四十五分少強。入婁宿一度一十分少強。策一星。去極四十一度一十一分少弱。入婁宿一十度二分。附路一星。去極四十五度一十七分弱。入婁宿一度一十一分弱。軍南門一星。去極五十三度三十八分半強。入婁宿二度三十一分。閣道六星。增星五。距東北星。去極四十一度三分少強。入昴宿二度五十九分弱。外屏七星。增星十五。距西星。去極八十七度五十分少弱。入壁宿五度強。天溷四星。增星六。距北星。去極一百三度二十四分。入室宿一十五度二十九分半強。土司空一星。去極一百一十度四十七分少弱。入室宿九度四分少弱。婁三星。增星十五。距中星。去極八十一度三十一分弱。去奎宿距星一十一度三十一分少弱。天大將軍一十一星。增星十七。距東中星。去極六十二度一十三分弱。入婁宿一十度一十八分弱。右更五星。增星五。距北星。去極八十度三十七分少強。入奎宿四度三十八分。左更五星。增星八。距北星。去極八十三度五十一分少弱。入婁宿一十度一十一分弱。天倉六星。增星二十一。距西星。去極一百度一分半強。入室宿七度二十六分少弱。天庾三星。增星三。距西星。去極一百二十八度五十二分少弱。入壁宿八度四十二分。胃三星。增星五。距西南星。去極七十八度四十一分半弱。去婁宿距星一十二度五十八分少弱。大陵八星。增星二十一。距北星。去極五十一度一分弱。入胃宿七度一十分。積尸一星。去極六十八度一十六分少強。入胃宿六度五十九分少弱。天船九星。增星十。距西北星。去極五十二度三十一分半強。入胃宿一十一度五十一分弱。積水一星。增星一。去極六十一度七分少強。入畢宿一度一十八分少強。天廩四星。增星三。距北星。去極九十五度五十六分弱。入胃宿六度三十九分半。天囷一十三星。增星二十一。距東南星。去極一百二度三十六分弱。入婁宿一十度二十一分強。昴七星。增星十三。距西星。去極八十五度四十九分強。去胃宿距星一十二度二十九分半強。天阿一星。去極八十一度一十三分。入胃宿八度二十一分少強。月一星。增星一。去極八十八度四十五分。入昴宿四度二分。卷舌六星。增星七。距北星。去極六十七度五十一分強。入昴宿四度二十五分。天讒一星。去極七十七度

五分。入昴宿三度二分強。礪石四星。距西北星。去極八十二度四分弱。入昴宿五度五十二分。天陰五星。增星六。距東南星。去極九十度四分弱。入胃宿九度一十一分。芻藁六星。增星五。距西南星。去極一百一十五度一十五分。入奎宿七度一十五分。天苑一十六星。增星十八。距東北星。去極一百二十三度一十二分。入胃宿六度五十六分少弱。畢八星。增星十八。距東北星。去極九十二度三十四分少強。去昴宿九度三分少弱。附耳一星。附畢宿增星四。去極九十六度一十一分弱。入畢宿二度二分弱。天街二星。增星四。距北星。去極八十九度二十八分半弱。入昴宿八度四十六分強。天高四星。增星四。距中北星。去極九十一度一十三分弱。入畢宿八度一十八分強。諸王六星。增星四。距西星。去極八十五度四十分弱。入參宿三度四十九分少弱。五車五星。增星十九。距西南星。去極七十九度三十三分少強。入畢宿八度一十分強。柱九星。距西北星。去極六十九度四分弱。入畢宿一十度二十二分。咸池三星。距北星。去極七十一度二十四分弱。入畢宿一十四度二

分少弱。天潢五星。增星二 距中星。去極七十九度一十二分。入畢宿一十三度六分少強。天關一星。增星六 去極九十二度一十二分強。入參宿六分弱。天節八星。距中北星。去極九十六度五十五分少強。入昴宿七度五十二分弱。九州殊口六星。增星十一 距西南星。去極一百二十度五十六分。入胃宿一十二度二十五分。參旗九星。增星十二 距北星。去極九十八度一十四分強。入畢宿五度。九斿九星。增星七 距北星。去極一百一十度五十二分強。入昴宿八度三十分少強。天園一十

三星。增星六 距西星。去極一百四十二度三十五分弱。入危宿二十度三分。觜三星。距北星。去極一百三度二十三分。去畢宿距星一十五度一十三分少強。司怪四星。增星六 距北星。去極八十七度三十分。入參宿四度五十一分弱。座旗九星。增星十一 距北星。去極六十四度一十八分。入井宿三度二十一分少弱。參七星。增星三十九 距中東星。去極一百一十五度一十八分強。去觜宿距星五十九分半弱。伐三星。附參宿增星二 距北星。去極一百一十八度八分強。入畢宿一十四度三十

三分。玉井四星。增星三 距東星。去極一百二十一度三十二分強。入畢宿六度四十四分弱。軍井四星。增星二 距西北星。去極一百二十四度四十四分弱。入畢宿七度一十八分少強。屏二星。距北星。去極一百、二十九度三分半強。入畢宿六度五十五分強。廁四星。增星八 距西北星。去極一百三十一度四分半。入畢宿一十二度五十五分半強。屎一星。去極一百四十五度四十分半弱。入參宿四分弱。

又自古觜宿在前。參宿在後。此二宿以何星作

距。古無明文。唐書歷志云。古歷以參右肩為距。宋兩朝天文志云。觜三星距西南星。參十星距中星西第一星。明史天文志云。觜宿距星。唐測在參前三度。元測在參前五分。今測已侵入參宿。故舊法先觜後參。今不得不先參後觜。西法觜宿距中上星。參宿仍距中西一星。觜之黃道度在參後一度強。赤道度在參後一度弱。亦先參後觜。靈臺儀象志從之。儀象考成正編觜宿亦距中上星。以西南星小中上星大故也。參宿則改距中東第一星。黃赤道度恆在參前一

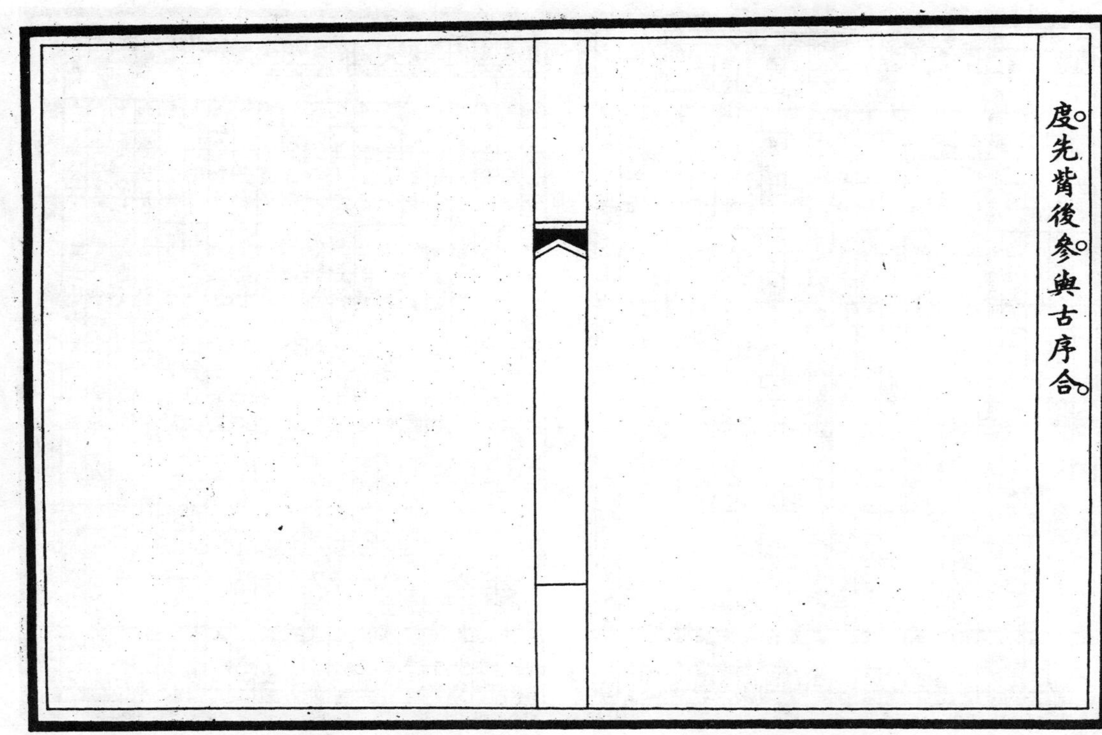
度。先背後參。與古序合。

欽定大清會典圖卷一百十五

天文九　恒星八

恒星表七　南方七宿

井宿恆星表

| 井宿恆星表 | 黃道經宮 | 度分秒 | 黃道緯向 | 度分秒 | 赤道經宮 | 度分秒微 | 赤經歲差 | 分秒微 | 赤道緯向 | 度分秒微 | 赤緯歲差 | 秒微 | 星等 |
|---|---|---|---|---|---|---|---|---|---|---|---|---|---|
| 井宿一 | 未 | [illegible] | 南 | [illegible] | 未 | [illegible] | 加 | [illegible] | 北 | [illegible] | 減 | [illegible] | 三 |
| 井宿二 | 未 | [illegible] | 南 | [illegible] | 未 | [illegible] | 加 | [illegible] | 北 | [illegible] | 減 | [illegible] | 四 |
| 井宿三 | 未 | [illegible] | 南 | [illegible] | 未 | [illegible] | 加 | [illegible] | 北 | [illegible] | 減 | [illegible] | 二 |
| 井宿四 | 未 | [illegible] | 南 | [illegible] | 未 | [illegible] | 加 | [illegible] | 北 | [illegible] | 減 | [illegible] | 六 |
| 井宿五 | 未 | [illegible] | 北 | [illegible] | 未 | [illegible] | 加 | [illegible] | 北 | [illegible] | 減 | [illegible] | 三 |
| 井宿六 | 未 | [illegible] | 南 | [illegible] | 未 | [illegible] | 加 | [illegible] | 北 | [illegible] | 減 | [illegible] | 五 |
| 井宿七 | 未 | [illegible] | 南 | [illegible] | 未 | [illegible] | 加 | [illegible] | 北 | [illegible] | 減 | [illegible] | 三 |
| 井宿八 | 未 | [illegible] | 南 | [illegible] | 未 | [illegible] | 加 | [illegible] | 北 | [illegible] | 減 | [illegible] | 四 |
| 北增一 | 未 | [illegible] | 北 | [illegible] | 未 | [illegible] | 加 | [illegible] | 北 | [illegible] | 減 | [illegible] | 四 |
| 北增二 | 未 | [illegible] | 北 | [illegible] | 未 | [illegible] | 加 | [illegible] | 北 | [illegible] | 減 | [illegible] | 六 |
| 北增三 | 未 | [illegible] | 北 | [illegible] | 未 | [illegible] | 加 | [illegible] | 北 | [illegible] | 減 | [illegible] | 六 |
| 北增四 | 未 | [illegible] | 北 | [illegible] | 未 | [illegible] | 加 | [illegible] | 北 | [illegible] | 減 | [illegible] | 六 |
| 北增五 | 未 | [illegible] | 北 | [illegible] | 未 | [illegible] | 加 | [illegible] | 北 | [illegible] | 減 | [illegible] | 六 |
| [illegible]增六 | 未 | [illegible] | 北 | [illegible] | 未 | [illegible] | 加 | [illegible] | 北 | [illegible] | 減 | [illegible] | 六 |
| 內增七 | 未 | [illegible] | 南 | [illegible] | 未 | [illegible] | 加 | [illegible] | 北 | [illegible] | 減 | [illegible] | 五 |
| 內增八 | 未 | [illegible] | 南 | [illegible] | 未 | [illegible] | 加 | [illegible] | 北 | [illegible] | 減 | [illegible] | 六 |
| 西增九 | 未 | [illegible] | 南 | [illegible] | 未 | [illegible] | 加 | [illegible] | 北 | [illegible] | 減 | [illegible] | 五 |
| 西增十 | 未 | [illegible] | 南 | [illegible] | 未 | [illegible] | 加 | [illegible] | 北 | [illegible] | 減 | [illegible] | 五 |
| 南增十一 | 未 | [illegible] | 南 | [illegible] | 未 | [illegible] | 加 | [illegible] | 北 | [illegible] | 減 | [illegible] | 六 |
| 內增十二 | 未 | [illegible] | 南 | [illegible] | 未 | [illegible] | 加 | [illegible] | 北 | [illegible] | 減 | [illegible] | 六 |
| 內增十三 | 未 | [illegible] | 南 | [illegible] | 未 | [illegible] | 加 | [illegible] | 北 | [illegible] | 減 | [illegible] | 五 |
| 內增十四 | 未 | [illegible] | 南 | [illegible] | 未 | [illegible] | 加 | [illegible] | 北 | [illegible] | 減 | [illegible] | 六 |
| 內增十五 | 未 | [illegible] | 南 | [illegible] | 未 | [illegible] | 加 | [illegible] | 北 | [illegible] | 減 | [illegible] | 六 |
| 內增十六 | 未 | [illegible] | 南 | [illegible] | 未 | [illegible] | 加 | [illegible] | 北 | [illegible] | 減 | [illegible] | 六 |
| 內增十七 | 未 | [illegible] | 南 | [illegible] | 未 | [illegible] | 加 | [illegible] | 北 | [illegible] | 減 | [illegible] | 六 |
| 西增十八 | 未 | [illegible] | 南 | [illegible] | 未 | [illegible] | 加 | [illegible] | 北 | [illegible] | 減 | [illegible] | 六 |
| 西增十九 | 未 | [illegible] | 南 | [illegible] | 未 | [illegible] | 加 | [illegible] | 北 | [illegible] | 減 | [illegible] | 五 |
| 鉞 | 未 | [illegible] | 北 | [illegible] | 未 | [illegible] | 加 | [illegible] | 北 | [illegible] | 減 | [illegible] | 四 |
| 北增一 | 未 | [illegible] | 北 | [illegible] | 未 | [illegible] | 加 | [illegible] | 北 | [illegible] | 減 | [illegible] | 六 |
| 水府一 | 未 | [illegible] | 南 | [illegible] | 未 | [illegible] | 加 | [illegible] | 北 | [illegible] | 減 | [illegible] | 四 |
| 水府二 | 未 | [illegible] | 南 | [illegible] | 未 | [illegible] | 加 | [illegible] | 北 | [illegible] | 減 | [illegible] | 四 |
| 水府三 | 未 | [illegible] | 南 | [illegible] | 未 | [illegible] | 加 | [illegible] | 北 | [illegible] | 減 | [illegible] | 六 |
| 水府四 | 未 | [illegible] | 南 | [illegible] | 未 | [illegible] | 加 | [illegible] | 北 | [illegible] | 減 | [illegible] | 六 |
| 西增一 | 申 | [illegible] | 南 | [illegible] | 申 | [illegible] | 加 | [illegible] | 北 | [illegible] | 加 | [illegible] | 六 |
| 西增二 | 申 | [illegible] | 南 | [illegible] | 申 | [illegible] | 加 | [illegible] | 北 | [illegible] | 加 | [illegible] | 六 |
| 西增三 | 申 | [illegible] | 南 | [illegible] | 申 | [illegible] | 加 | [illegible] | 北 | [illegible] | 加 | [illegible] | 六 |
| 西增四 | 申 | [illegible] | 南 | [illegible] | 申 | [illegible] | 加 | [illegible] | 北 | [illegible] | 加 | [illegible] | 六 |
| 西增五 | 申 | [illegible] | 南 | [illegible] | 申 | [illegible] | 加 | [illegible] | 北 | [illegible] | 加 | [illegible] | 六 |
| 南增六 | 未 | [illegible] | 南 | [illegible] | 未 | [illegible] | 加 | [illegible] | 北 | [illegible] | 減 | [illegible] | 六 |
| 南增七 | 未 | [illegible] | 南 | [illegible] | 未 | [illegible] | 加 | [illegible] | 北 | [illegible] | 減 | [illegible] | 六 |

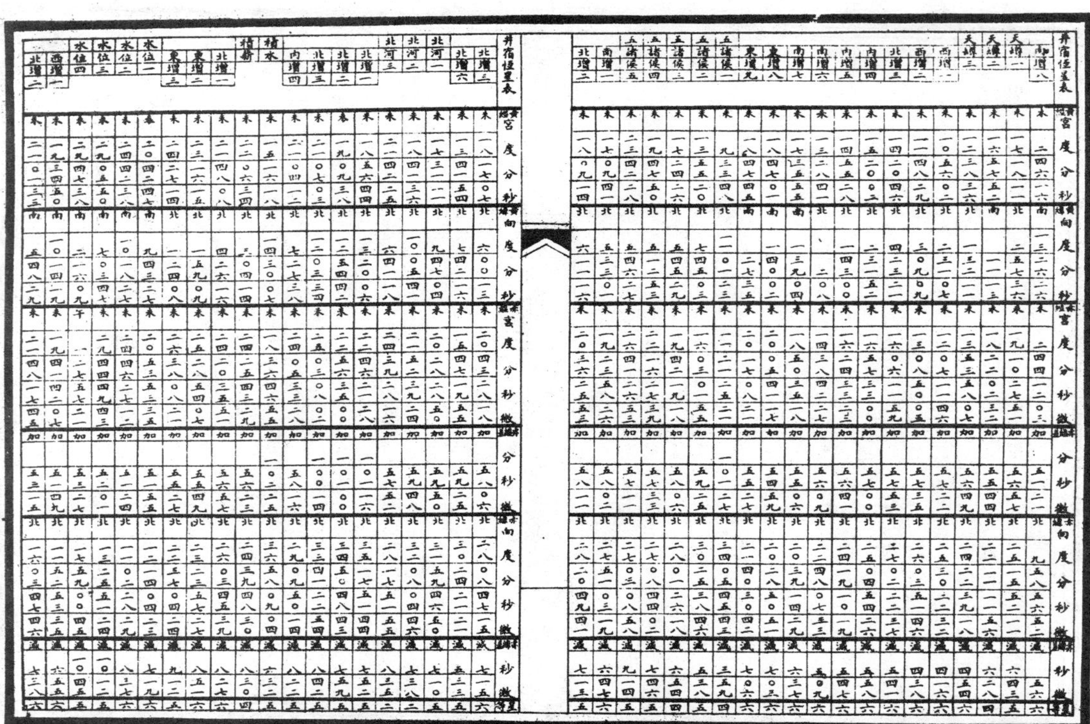

| 井宿恆星表 | 黃道經宮 | 度分秒 | 黃道緯向 | 度分秒 | 赤道經宮 | 度分秒微 | 赤經歲差 | 分秒微 | 赤道緯向 | 度分秒微 | 赤緯歲差 | 秒微 | 星等 |
|---|---|---|---|---|---|---|---|---|---|---|---|---|---|
| 南增八 | 未 | [illegible] | 南 | [illegible] | 未 | [illegible] | 加 | [illegible] | 北 | [illegible] | 減 | [illegible] | 六 |
| 天罇一 | 未 | [illegible] | 北 | [illegible] | 未 | [illegible] | 加 | [illegible] | 北 | [illegible] | 減 | [illegible] | 五 |
| 天罇二 | 未 | [illegible] | 南 | [illegible] | 未 | [illegible] | 加 | [illegible] | 北 | [illegible] | 減 | [illegible] | 四 |
| 天罇三 | 未 | [illegible] | 北 | [illegible] | 未 | [illegible] | 加 | [illegible] | 北 | [illegible] | 減 | [illegible] | 六 |
| 西增一 | 未 | [illegible] | 北 | [illegible] | 未 | [illegible] | 加 | [illegible] | 北 | [illegible] | 減 | [illegible] | 六 |
| 西增二 | 未 | [illegible] | 北 | [illegible] | 未 | [illegible] | 加 | [illegible] | 北 | [illegible] | 減 | [illegible] | 六 |
| 北增三 | 未 | [illegible] | 北 | [illegible] | 未 | [illegible] | 加 | [illegible] | 北 | [illegible] | 減 | [illegible] | 六 |
| 內增四 | 未 | [illegible] | 北 | [illegible] | 未 | [illegible] | 加 | [illegible] | 北 | [illegible] | 減 | [illegible] | 六 |
| 內增五 | 未 | [illegible] | 北 | [illegible] | 未 | [illegible] | 加 | [illegible] | 北 | [illegible] | 減 | [illegible] | 六 |
| 南增六 | 未 | [illegible] | 北 | [illegible] | 未 | [illegible] | 加 | [illegible] | 北 | [illegible] | 減 | [illegible] | 六 |
| 南增七 | 未 | [illegible] | 南 | [illegible] | 未 | [illegible] | 加 | [illegible] | 北 | [illegible] | 減 | [illegible] | 六 |
| 東增八 | 未 | [illegible] | 南 | [illegible] | 未 | [illegible] | 加 | [illegible] | 北 | [illegible] | 減 | [illegible] | 六 |
| 東增九 | 未 | [illegible] | 南 | [illegible] | 未 | [illegible] | 加 | [illegible] | 北 | [illegible] | 減 | [illegible] | 六 |
| 五諸侯一 | 未 | [illegible] | 北 | [illegible] | 未 | [illegible] | 加 | [illegible] | 北 | [illegible] | 減 | [illegible] | 四 |
| 五諸侯二 | 未 | [illegible] | 北 | [illegible] | 未 | [illegible] | 加 | [illegible] | 北 | [illegible] | 減 | [illegible] | 五 |
| 五諸侯三 | 未 | [illegible] | 北 | [illegible] | 未 | [illegible] | 加 | [illegible] | 北 | [illegible] | 減 | [illegible] | 四 |
| 五諸侯四 | 未 | [illegible] | 北 | [illegible] | 未 | [illegible] | 加 | [illegible] | 北 | [illegible] | 減 | [illegible] | 五 |
| 五諸侯五 | 未 | [illegible] | 北 | [illegible] | 未 | [illegible] | 加 | [illegible] | 北 | [illegible] | 減 | [illegible] | 五 |
| 南增一 | 未 | [illegible] | 北 | [illegible] | 未 | [illegible] | 加 | [illegible] | 北 | [illegible] | 減 | [illegible] | 六 |
| 北增二 | 未 | [illegible] | 北 | [illegible] | 未 | [illegible] | 加 | [illegible] | 北 | [illegible] | 減 | [illegible] | 五 |
| 北增三 | 未 | [illegible] | 北 | [illegible] | 未 | [illegible] | 加 | [illegible] | 北 | [illegible] | 減 | [illegible] | 六 |
| 北增六 | 未 | [illegible] | 北 | [illegible] | 未 | [illegible] | 加 | [illegible] | 北 | [illegible] | 減 | [illegible] | 五 |
| 北河一 | 未 | [illegible] | 北 | [illegible] | 未 | [illegible] | 加 | [illegible] | 北 | [illegible] | 減 | [illegible] | 五 |
| 北河二 | 未 | [illegible] | 北 | [illegible] | 未 | [illegible] | 加 | [illegible] | 北 | [illegible] | 減 | [illegible] | 二 |
| 北河三 | 未 | [illegible] | 北 | [illegible] | 未 | [illegible] | 加 | [illegible] | 北 | [illegible] | 減 | [illegible] | 二 |
| 北增一 | 未 | [illegible] | 北 | [illegible] | 未 | [illegible] | 加 | [illegible] | 北 | [illegible] | 減 | [illegible] | 五 |
| 北增二 | 未 | [illegible] | 北 | [illegible] | 未 | [illegible] | 加 | [illegible] | 北 | [illegible] | 減 | [illegible] | 五 |
| 北增三 | 未 | [illegible] | 北 | [illegible] | 未 | [illegible] | 加 | [illegible] | 北 | [illegible] | 減 | [illegible] | 五 |
| 內增四 | 未 | [illegible] | 北 | [illegible] | 未 | [illegible] | 加 | [illegible] | 北 | [illegible] | 減 | [illegible] | 五 |
| 積水 | 未 | [illegible] | 北 | [illegible] | 未 | [illegible] | 加 | [illegible] | 北 | [illegible] | 減 | [illegible] | 五 |
| 積薪 | 未 | [illegible] | 北 | [illegible] | 未 | [illegible] | 加 | [illegible] | 北 | [illegible] | 減 | [illegible] | 四 |
| 北增一 | 未 | [illegible] | 北 | [illegible] | 未 | [illegible] | 加 | [illegible] | 北 | [illegible] | 減 | [illegible] | 六 |
| 東增二 | 未 | [illegible] | 北 | [illegible] | 未 | [illegible] | 加 | [illegible] | 北 | [illegible] | 減 | [illegible] | 六 |
| 東增三 | 未 | [illegible] | 北 | [illegible] | 未 | [illegible] | 加 | [illegible] | 北 | [illegible] | 減 | [illegible] | 五 |
| 水位一 | 未 | [illegible] | 南 | [illegible] | 未 | [illegible] | 加 | [illegible] | 北 | [illegible] | 減 | [illegible] | 六 |
| 水位二 | 未 | [illegible] | 南 | [illegible] | 未 | [illegible] | 加 | [illegible] | 北 | [illegible] | 減 | [illegible] | 六 |
| 水位三 | 未 | [illegible] | 南 | [illegible] | 未 | [illegible] | 加 | [illegible] | 北 | [illegible] | 減 | [illegible] | 五 |
| 水位四 | 未 | [illegible] | 南 | [illegible] | 午 | [illegible] | 加 | [illegible] | 北 | [illegible] | 減 | [illegible] | 五 |
| 西增一 | 未 | [illegible] | 南 | [illegible] | 未 | [illegible] | 加 | [illegible] | 北 | [illegible] | 減 | [illegible] | 六 |
| 北增二 | 未 | [illegible] | 南 | [illegible] | 未 | [illegible] | 加 | [illegible] | 北 | [illegible] | 減 | [illegible] | 六 |

| 井宿恒星表 | 黄道經度宮 | 度 | 分 | 秒 | 黄道緯度向 | 度 | 分 | 秒 | 赤道經度宮 | 度 | 分 | 秒 | 微 | 赤道經度歲差加減 | 分 | 秒 | 微 | 赤道緯度向 | 度 | 分 | 秒 | 微 | 赤道緯度歲差加減 | 秒 | 微 | 星等 |
|---|---|---|---|---|---|---|---|---|---|---|---|---|---|---|---|---|---|---|---|---|---|---|---|---|---|---|
| 北增三 | 未 | 二二 | ○六 | 四八 | 南 | 三 | 四五 | 二八 | 未 | 二三 | 一五 | ○九 | 五九 | 加 |  | 五三 | 五三 | 北 | 一七 | 五五 | 二五 | 二五 | 減 | 八 | ○五 | 六 |
| 北增四 | 未 | 二三 | 三二 | ○九 | 南 | 二 | 三九 | 一○ | 未 | 二四 | 五五 | ○七 | ○一 | 加 |  | 五四 | ○七 | 北 | 一八 | 四六 | 五八 | 二○ | 減 | 八 | 四○ | 六 |
| 北增五 | 未 | 二五 | 三○ | 五○ | 南 |  | 五二 | 五三 | 未 | 二七 | 一八 | 四五 | 四七 | 加 |  | 五四 | 二九 | 北 | 二○ | 一○ | 四九 | 三二 | 減 | 九 | 二六 | 六 |
| 北增六 | 未 | 二七 | 五六 | 四二 | 北 | 一 | 二○ | 五八 | 午 |  | 一九 | 三九 | 二五 | 加 |  | 五四 | 五五 | 北 | 二一 | 五四 | 一三 | 三二 | 減 | 一○ | 二三 | 五 |
| 北增七 | 未 | 二七 | 一二 | ○二 | 南 | 三 | 一○ | 五○ | 未 | 二八 | 三六 | 三二 | 四七 | 加 |  | 五三 | 二九 | 北 | 一七 | 三六 | 二五 | 二七 | 減 | 九 | 五一 | 六 |
| 北增八 | 未 | 二七 | 三二 | 四六 | 南 | 三 | 五八 | 三六 | 未 | 二八 | 四八 | 一三 | 五三 | 加 |  | 五三 | 一一 | 北 | 一六 | 四五 | 三五 | 一八 | 減 | 九 | 五四 | 六 |
| 北增九 | 未 | 二六 | 三六 | 二九 | 南 | 四 | 五○ | 五九 | 未 | 二七 | 四○ | 二八 | 四三 | 加 |  | 五三 | ○七 | 北 | 一六 | ○四 | 四四 | ○四 | 減 | 九 | 三二 | 六 |
| 北增十 | 未 | 二六 | ○九 | 三九 | 南 | 八 | 一三 | 三一 | 未 | 二六 | 三五 | 一一 | 五一 | 加 |  | 五一 | 五七 | 北 | 一二 | 五○ | 二八 | 二四 | 減 | 九 | 一二 | 五 |
| 東增十一 | 未 | 二九 | 四八 | 五八 | 南 | 六 | 二二 | 五二 | 午 |  | 三六 | 二九 | 二七 | 加 |  | 五二 | ○九 | 北 | 一三 | 五七 | 一八 | 一三 | 減 | 一○ | 二九 | 六 |
| 北增十二 | 未 | 二一 | ○二 | 四六 | 南 | 九 | ○二 | 一五 | 未 | 二一 | 二○ | ○○ | ○一 | 加 |  | 五二 | ○七 | 北 | 一二 | 五一 | 五八 | 一三 | 減 | 七 | 二九 | 五 |
| 南河一 | 未 | 二○ | ○六 | 一四 | 南 | 一二 | 三四 | 五○ | 未 | 一九 | 五三 | ○四 | 三四 | 加 |  | 五○ | 五八 | 北 | 九 | 二九 | 二九 | 二六 | 減 | 六 | 五八 | 五 |
| 南河二 | 未 | 二○ | 三八 | ○八 | 南 | 一三 | 二九 | 三九 | 未 | 二○ | 一六 | 二六 | 三一 | 加 |  | 五○ | 三七 | 北 | 八 | 三○ | 五○ | 四二 | 減 | 七 | ○六 | 三 |
| 南河三 | 未 | 二四 | 一六 | 四七 | 南 | 一五 | 五六 | ○七 | 未 | 二三 | 二四 | 二五 | 二二 | 加 |  | 四九 | 三四 | 北 | 五 | 三三 | 四三 | 五○ | 減 | 八 | 一○ | 一 |
| 北增一 | 未 | 二○ | 四七 | 三九 | 南 | 一二 | 五○ | ○○ | 未 | 二○ | 三一 | 二六 | 三三 | 加 |  | 五○ | 五一 | 北 | 九 | ○八 | 四六 | 二四 | 減 | 七 | 一二 | 六 |
| 南增二 | 未 | 二一 | ○四 | 三○ | 南 | 一四 | 四七 | 二二 | 未 | 二○ | 三○ | 四六 | 一○ | 加 |  | 五○ | 一○ | 北 | 七 | 一○ | 一六 | 四一 | 減 | 七 | 一三 | 六 |
| 南增三 | 未 | 二三 | 一四 | 四九 | 南 | 一八 | ○四 | 三二 | 未 | 二二 | ○五 | ○一 | 二五 | 加 |  | 四八 | 五五 | 北 | 三 | 三六 | 三一 | 二八 | 減 | 七 | 四四 | 五 |
| 南增四 | 未 | 二三 | ○○ | 二三 | 南 | 一八 | 一二 | ○一 | 未 | 二一 | 五○ | 一六 | 四二 | 加 |  | 四八 | 五四 | 北 | 三 | 三一 | 一七 | ○三 | 減 | 七 | 三九 | 五 |
| 南增五 | 未 | 二六 | 五六 | 五六 | 南 | 一九 | 三六 | ○八 | 未 | 二一 | 三三 | 五六 | 三八 | 加 |  | 四八 | 二六 | 北 | 二 | ○八 | 四一 | 二一 | 減 | 七 | 三三 | 六 |
| 東增六 | 未 | 二八 | ○七 | ○三 | 南 | 一八 | 五一 | 一五 | 未 | 二六 | 三○ | 一八 | 二九 | 加 |  | 四八 | 二三 | 北 | 二 | ○二 | 三九 | 五○ | 減 | 九 | 一○ | 五 |
| 東增七 | 未 | 二九 | 四四 | 四六 | 南 | 一八 | ○四 | 二七 | 未 | 二八 | 一○ | 二一 | 一三 | 加 |  | 四八 | 三一 | 北 | 二 | 三○ | 四四 | 一一 | 減 | 九 | 四三 | 六 |

| 井宿恒星表 | 黄道經度宮 | 度 | 分 | 秒 | 黄道緯度向 | 度 | 分 | 秒 | 赤道經度宮 | 度 | 分 | 秒 | 微 | 赤道經度歲差加減 | 分 | 秒 | 微 | 赤道緯度向 | 度 | 分 | 秒 | 微 | 赤道緯度歲差加減 | 秒 | 微 | 星等 |
|---|---|---|---|---|---|---|---|---|---|---|---|---|---|---|---|---|---|---|---|---|---|---|---|---|---|---|
| 東增八 | 午 |  | 四二 | 二三 | 南 | 一七 | 四六 | 四五 | 未 | 二九 | ○七 | 三九 | 三九 | 加 |  | 四八 | 三三 | 北 | 二 | 三七 | ○五 | ○○ | 減 | 一○ | ○○ | 四 |
| 東增九 | 午 | 一 | 一七 | ○○ | 南 | 二一 | 二七 | ○一 | 未 | 二八 | 五四 | 二五 | 二九 | 加 |  | 四七 | 二三 | 南 | 一 | ○五 | 一一 | ○八 | 加 | 九 | 五六 | 五 |
| 東增十 | 午 | 一 | 二六 | 二四 | 南 | 二三 | 四六 | ○九 | 未 | 二八 | 三四 | ○二 | 五七 | 加 |  | 四六 | 三九 | 南 | 三 | 二三 | ○六 | 三三 | 加 | 九 | 五一 | 五 |
| 南增十二 | 未 | 二四 | 二八 | 二○ | 南 | 一六 | 三五 | 四六 | 未 | 二三 | 二八 | 五○ | 二○ | 加 |  | 四九 | 二○ | 北 | 四 | 五二 | 四七 | 二四 | 減 | 八 | 一二 | 六 |
| 四瀆一 | 未 | 一三 | 一○ | 二八 | 南 | 一一 | 四七 | ○七 | 未 | 一三 | ○八 | 二四 | 五七 | 加 |  | 五一 | 三九 | 北 | 一一 | ○三 | 五三 | 四六 | 減 | 四 | 三八 | 四 |
| 四瀆二 | 未 | 一○ | 三五 | 五六 | 南 | 一四 | 五四 | 四六 | 未 | 一○ | 二○ | 三七 | 一四 | 加 |  | 五○ | 三八 | 北 | 八 | ○九 | 二四 | ○三 | 減 | 三 | 三九 | 五 |
| 四瀆三 | 未 | 六 | 五六 | 四九 | 南 | 一五 | 五二 | 二○ | 未 | 六 | 四四 | 一四 | 二九 | 加 |  | 五○ | 二三 | 北 | 七 | 二四 | 五三 | 五七 | 減 | 二 | 二一 | 四 |
| 四瀆四 | 未 | 四 | 四三 | ○五 | 南 | 一八 | 四三 | 四四 | 未 | 四 | 二八 | 五六 | 二九 | 加 |  | 四九 | 二三 | 北 | 四 | 三八 | 五○ | ○四 | 減 | 一 | 三二 | 四 |
| 北增一 | 未 | 八 | 五○ | 四七 | 南 | 一三 | 一○ | 五四 | 未 | 八 | 四四 | 四三 | 三七 | 加 |  | 五一 | 一九 | 北 | 九 | 五九 | 五八 | 二五 | 減 | 三 | ○五 | 四 |
| 北增二 | 未 | 一○ | 二一 | ○二 | 南 | 一四 | 二三 | ○二 | 未 | 一○ | ○八 | 二五 | 五○ | 加 |  | 五○ | 五○ | 北 | 八 | 四二 | ○六 | 三八 | 減 | 三 | 三四 | 六 |
| 南增三 | 未 | 六 | 五七 | 一○ | 南 | 一八 | 二○ | 四七 | 未 | 六 | 三七 | 二○ | 四七 | 加 |  | 四九 | 二九 | 北 | 四 | 五六 | 三六 | 二三 | 減 | 二 | 一九 | 五 |
| 西增四 | 未 | 四 | 四四 | ○六 | 南 | 一八 | ○三 | 一八 | 未 | 四 | 三一 | 一五 | 一四 | 加 |  | 四九 | 三八 | 北 | 五 | 一九 | 一二 | 三八 | 減 | 一 | 三四 | 六 |
| 南增五 | 未 | 五 | 五三 | 一三 | 南 | 二三 | ○二 | ○九 | 未 | 五 | 二四 | 五八 | ○七 | 加 |  | 四七 | 四九 | 北 |  | 一八 | 一一 | ○一 | 減 | 一 | 五三 | 六 |
| 南增六 | 未 | 五 | 五五 | 五一 | 南 | 二三 | 三二 | 二七 | 未 | 五 | 二六 | ○八 | 一四 | 加 |  | 四七 | 三八 | 南 |  | 一二 | 一○ | 五九 | 加 | 一 | 五三 | 六 |
| 南增七 | 未 | 六 | 四五 | 一○ | 南 | 一八 | 二六 | 五三 | 未 | 六 | 二五 | 三八 | 二一 | 加 |  | 四九 | 二七 | 北 | 四 | 五一 | ○三 | 一五 | 減 | 二 | 一五 | 六 |
| 北增八 | 未 | 七 | 一五 | 一九 | 南 | 一五 | 四二 | ○六 | 未 | 七 | ○二 | 四一 | 三八 | 加 |  | 五○ | 二六 | 北 | 七 | 三四 | 一三 | 一三 | 減 | 二 | 二九 | 六 |
| 闕邱一 | 未 | 一一 | 一四 | 一二 | 南 | 二○ | 三○ | 二○ | 未 | 一○ | 三一 | 三五 | 四八 | 加 |  | 四八 | 三六 | 北 | 二 | 三二 | ○二 | 二八 | 減 | 三 | 四四 | 四 |
| 闕邱二 | 未 | 一七 | 五○ | 二五 | 南 | 二二 | 三三 | 二六 | 未 | 一六 | 二六 | ○五 | 四○ | 加 |  | 四七 | 四○ | 南 |  | 七 | 一三 | 二四 | 加 | 五 | 四八 | 五 |
| 東增一 | 未 | 一八 | 五一 | 五○ | 南 | 二二 | 一七 | 一七 | 未 | 一七 | 二四 | 二六 | 四九 | 加 |  | 四七 | 四三 | 北 |  | 一 | 四五 | 五一 | 減 | 六 | ○三 | 六 |
| 東增二 | 未 | 一八 | 二○ | 二二 | 南 | 二二 | 二七 | 二三 | 未 | 一六 | 五四 | 一八 | 二三 | 加 |  | 四七 | 四一 | 南 |  | 四 | 三七 | 一七 | 加 | 五 | 五九 | 六 |

| 井宿恒星表 | 黄道經度宮 | 度 | 分 | 秒 | 黄道緯度向 | 度 | 分 | 秒 | 赤道經度宮 | 度 | 分 | 秒 | 微 | 赤道經度歲差加減 | 分 | 秒 | 微 | 赤道緯度向 | 度 | 分 | 秒 | 微 | 赤道緯度歲差加減 | 秒 | 微 | 星等 |
|---|---|---|---|---|---|---|---|---|---|---|---|---|---|---|---|---|---|---|---|---|---|---|---|---|---|---|
| 東增三 | 未 | 一七 | 五九 | 三三 | 南 | 二二 | 四三 | 四六 | 未 | 一六 | 三三 | 一一 | 四八 | 加 |  | 四七 | 三六 | 南 |  | 一八 | 二九 | 五○ | 加 | 五 | 五○ | 五 |
| 南增四 | 未 | 一六 | ○三 | 五五 | 南 | 二六 | 四三 | 四八 | 未 | 一四 | 二○ | 四八 | 一二 | 加 |  | 四六 | 一七 | 南 | 四 | ○四 | 三三 | 三五 | 加 | 五 | ○五 | 四 |
| 南增五 | 未 | 一八 | ○五 | 一九 | 南 | 二六 | 三○ | 三○ | 未 | 一六 | 一○ | 二一 | 一一 | 加 |  | 四六 | 一七 | 南 | 四 | ○四 | 二七 | ○六 | 加 | 五 | 四二 | 六 |
| 東增六 | 未 | 二五 | 二八 | 四七 | 南 | 二五 | 一八 | 三○ | 未 | 二二 | 五六 | 二八 | 三八 | 加 |  | 四六 | 二六 | 南 | 三 | 五一 | 五八 | ○○ | 加 | 八 | ○○ | 六 |
| 東增七 | 未 | 二七 | 四三 | ○八 | 南 | 三○ | 二七 | 四二 | 未 | 二三 | 五八 | 一二 | 三一 | 加 |  | 四四 | 三七 | 南 | 九 | 一七 | 二六 | ○三 | 加 | 八 | 二一 | 六 |
| 軍市一 | 未 | 五 | 三九 | 一四 | 南 | 四一 | 一五 | 四八 | 未 | 四 | 二七 | 四八 | 二六 | 加 |  | 四一 | ○二 | 南 | 一七 | 五四 | ○四 | 三九 | 加 | 一 | 三三 | 二 |
| 軍市二 | 未 | 一○ | 二八 | 一三 | 南 | 四一 | 一七 | 二六 | 未 | 八 | 一五 | 四○ | ○○ | 加 |  | 四一 | ○○ | 南 | 一八 | ○八 | 二七 | 二五 | 加 | 二 | 五五 | 五 |
| 軍市三 | 未 | 一五 | 四一 | 二○ | 南 | 四二 | 五三 | 三八 | 未 | 一二 | 一○ | 四三 | 五四 | 加 |  | 四○ | 一八 | 南 | 二○ | ○六 | 二○ | 一○ | 加 | 四 | 二○ | 六 |
| 軍市四 | 未 | 一六 | 一二 | ○五 | 南 | 四三 | ○一 | 二九 | 未 | 一二 | 三三 | 三四 | 四五 | 加 |  | 四○ | 一五 | 南 | 二○ | 一六 | 四四 | 三八 | 加 | 四 | 二六 | 六 |
| 軍市五 | 未 | 一六 | 三六 | 五○ | 南 | 四六 | 四六 | 五七 | 未 | 一二 | 二二 | 四七 | 二三 | 加 |  | 三八 | 四一 | 南 | 二四 | ○二 | 四○ | 二九 | 加 | 四 | 二三 | 五 |
| 軍市六 | 未 | 九 | ○七 | 一○ | 南 | 四六 | 三四 | 一八 | 未 | 六 | 四八 | 五三 | 五○ | 加 |  | 三八 | 五○ | 南 | 二一 | 二○ | 一五 | 二九 | 加 | 二 | 二三 | 五 |
| 內增一 | 未 | 一○ | ○三 | ○四 | 南 | 四一 | 四四 | 二五 | 未 | 七 | 五三 | 四五 | 五○ | 加 |  | 四○ | 五○ | 南 | 一八 | 三二 | 五七 | 二四 | 加 | 二 | 四八 | 五 |
| 內增二 | 未 | 一○ | ○七 | 四一 | 南 | 四六 | ○三 | 三八 | 未 | 七 | 三六 | 三七 | 三五 | 加 |  | 三九 | ○五 | 南 | 二二 | 五二 | 四二 | ○六 | 加 | 二 | 四二 | 五 |
| 內增三 | 未 | 一三 | 四三 | 一八 | 南 | 四三 | 五一 | 二二 | 未 | 一○ | 三三 | ○一 | ○八 | 加 |  | 三九 | 五六 | 南 | 二○ | 五四 | 二八 | 二二 | 加 | 三 | 四四 | 六 |
| 東增四 | 未 | 一六 | 二○ | 四五 | 南 | 四二 | 四四 | 三七 | 未 | 一二 | 四二 | 二五 | ○三 | 加 |  | 四○ | 二一 | 南 | 二○ | ○○ | 四五 | 四七 | 加 | 四 | 二九 | 六 |
| 東增五 | 未 | 一九 | 二七 | 四一 | 南 | 四六 | ○八 | 二○ | 未 | 一四 | 五五 | 五九 | ○八 | 加 |  | 三八 | 五六 | 南 | 二三 | 四○ | 一六 | 二七 | 加 | 五 | ○九 | 五 |
| 北增六 | 未 | 一六 | ○五 | 五八 | 南 | 四二 | 五○ | ○一 | 未 | 一二 | 三○ | 一六 | 三七 | 加 |  | 四○ | 一九 | 南 | 二○ | ○四 | 五○ | 三八 | 加 | 四 | 二六 | 六 |
| 東增七 | 未 | 一六 | 一二 | 三四 | 南 | 四二 | 四六 | ○七 | 未 | 一二 | 三五 | 五三 | ○三 | 加 |  | 四○ | 二一 | 南 | 二○ | ○一 | 三二 | ○四 | 加 | 四 | 二八 | 六 |
| 野雞 | 未 | 一○ | 一一 | 五七 | 南 | 四二 | 一九 | 二七 | 未 | 七 | 五七 | 五九 | ○五 | 加 |  | 四○ | 三五 | 南 | 一九 | ○九 | 二一 | 二五 | 加 | 二 | 五五 | 五 |
| 天狼 | 未 | 一二 | 三五 | 一七 | 南 | 三九 | 三○ | 一一 | 未 | 一○ | ○六 | ○二 | 二三 | 加 |  | 四一 | 四一 | 南 | 一六 | 二九 | 三八 | 二二 | 加 | 三 | 三四 | 一 |

| 井宿恒星表 | 黄道經度宮 | 度 | 分 | 秒 | 黄道緯度向 | 度 | 分 | 秒 | 赤道經度宮 | 度 | 分 | 秒 | 微 | 赤道經度歲差加減 | 分 | 秒 | 微 | 赤道緯度向 | 度 | 分 | 秒 | 微 | 赤道緯度歲差加減 | 秒 | 微 | 星等 |
|---|---|---|---|---|---|---|---|---|---|---|---|---|---|---|---|---|---|---|---|---|---|---|---|---|---|---|
| 北增一 | 未 | 一二 | 四五 | 五四 | 南 | 三七 | 一七 | 四一 | 未 | 一○ | 二七 | ○四 | 五六 | 加 |  | 四二 | 三二 | 南 | 一四 | 一八 | 二六 | 二三 | 加 | 三 | 四一 | 五 |
| 北增二 | 未 | 一四 | 三九 | ○九 | 南 | 三四 | 四二 | 三八 | 未 | 一二 | 一六 | ○六 | 二一 | 加 |  | 四三 | 二七 | 南 | 一一 | 五三 | ○○ | ○三 | 加 | 四 | 二一 | 五 |
| 北增三 | 未 | 一五 | 三○ | 四五 | 南 | 三六 | 三九 | 五四 | 未 | 一二 | 四六 | ○四 | 四九 | 加 |  | 四二 | 四三 | 南 | 一三 | 五四 | ○二 | 五六 | 加 | 四 | 三二 | 五 |
| 東增四 | 未 | 一八 | ○三 | 五七 | 南 | 三七 | 五九 | 五七 | 未 | 一四 | 四一 | 一六 | 一○ | 加 |  | 四二 | 一○ | 南 | 一五 | 二八 | ○○ | 三六 | 加 | 五 | 一二 | 四 |
| 東增五 | 未 | 一五 | 五九 | 五三 | 南 | 三九 | 四○ | ○五 | 未 | 一二 | 四八 | 四三 | 二二 | 加 |  | 四一 | 三四 | 南 | 一六 | 五五 | 三八 | 五六 | 加 | 四 | 三二 | 四 |
| 北增六 | 未 | 一四 | 二三 | 四一 | 南 | 三四 | 四六 | 四○ | 未 | 一二 | ○二 | 四五 | 三八 | 加 |  | 四三 | 二六 | 南 | 一一 | 五五 | 四二 | 四五 | 加 | 四 | 一五 | 五 |
| 丈人一 | 申 | 二○ | 三七 | ○○ | 南 | 五七 | 二一 | 四三 | 申 | 二三 | 五四 | 一二 | 五八 | 加 |  | 三三 | 四六 | 南 | 三四 | ○六 | 三八 | 五八 | 減 | 二 | 一四 | 三 |
| 丈人二 | 申 | 一七 | ○九 | 五三 | 南 | 五八 | 三六 | 三八 | 申 | 二一 | 四九 | 三五 | 三五 | 加 |  | 三三 | ○五 | 南 | 三五 | 三一 | 二八 | 四三 | 減 | 二 | 五九 | 四 |
| 子一 | 申 | 二五 | 四八 | 四九 | 南 | 五七 | 一四 | ○七 | 申 | 二七 | 一六 | 二七 | 一六 | 加 |  | 三三 | 五二 | 南 | 三三 | 四九 | 三○ | 三四 | 減 | 一 | ○二 | 四 |
| 子二 | 申 | 二四 | 五一 | 一二 | 南 | 五九 | 一三 | 三二 | 申 | 二六 | 四五 | 一六 | 二四 | 加 |  | 三二 | 四八 | 南 | 三五 | 五○ | ○一 | 五八 | 減 | 一 | 一四 | 五 |
| 東增一 | 申 | 二七 | 二九 | 二五 | 南 | 五八 | 四二 | 三二 | 申 | 二八 | 二四 | 一二 | 五二 | 加 |  | 三三 | ○四 | 南 | 三五 | 一六 | 二二 | 四六 | 減 |  | 三八 | 五 |
| 孫一 | 未 | 四 | 五五 | 一二 | 南 | 五八 | ○一 | 三○ | 未 | 三 | ○九 | 五○ | 三八 | 加 |  | 三三 | 二六 | 南 | 三四 | 三七 | 四六 | 一八 | 加 | 一 | ○六 | 五 |
| 孫二 | 未 | 一 | 三○ | ○五 | 南 | 六○ | 三九 | 四二 | 未 |  | 五五 | 二五 | 一七 | 加 |  | 三一 | 五九 | 南 | 三七 | 一三 | ○○ | 五四 | 加 |  | 一八 | 五 |
| 北增一 | 未 | 五 | 五三 | 二○ | 南 | 五三 | 二二 | 二五 | 未 | 四 | ○三 | 一一 | 四一 | 加 |  | 三五 | 四七 | 南 | 三○ | ○○ | 二四 | 五五 | 加 | 一 | 二五 | 五 |
| 北增二 | 未 | 九 | ○○ | 三九 | 南 | 五三 | 四五 | 三八 | 未 | 六 | 一○ | ○八 | ○五 | 加 |  | 三五 | 三五 | 南 | 三○ | 三○ | 一三 | 一○ | 加 | 二 | 一○ | 五 |
| 北增三 | 未 | 六 | 四九 | 五四 | 南 | 五六 | 四二 | 三九 | 未 | 四 | 二九 | ○一 | ○一 | 加 |  | 三四 | ○七 | 南 | 三三 | 二二 | ○三 | ○五 | 加 | 一 | 三五 | 五 |
| 北增四 | 未 | 六 | 五八 | 五五 | 南 | 五六 | 四二 | ○九 | 未 | 四 | 三四 | 五八 | ○一 | 加 |  | 三四 | ○七 | 南 | 三三 | 二一 | 五○ | 三一 | 加 | 一 | 三七 | 四 |
| 老人 | 未 | 一三 | 三二 | 一五 | 南 | 七五 | 四八 | 二二 | 未 | 五 | 二五 | 二六 | 一五 | 加 |  | 二○ | 四五 | 南 | 五二 | 三六 | 四○ | 二五 | 加 | 一 | 五五 | 一 |
| 東增一 | 未 | 二六 | 一三 | 五四 | 南 | 七二 | 四九 | 二八 | 未 | 一一 | 四九 | 四三 | 五三 | 加 |  | 二三 | 一○ | 南 | 五○ | 二七 | ○五 | 一九 | 加 | 四 | 一三 | 三 |
| 北增二 | 未 | 一五 | 三九 | 五八 | 南 | 六六 | ○三 | 二四 | 未 | 八 | 三七 | 四二 | 二二 | 加 |  | 二八 | 三四 | 南 | 四三 | ○四 | 三二 | 五二 | 加 | 三 | ○四 | 三 |

井宿恒星表

| 星名 | 黄道宫 | 度 | 分 | 秒 | 黄道南北 | 度 | 分 | 秒 | 赤道宫 | 度 | 分 | 秒 | 微 | 歲差加減 | 分 | 秒 | 微 | 赤道南北 | 度 | 分 | 秒 | 微 | 歲差加減 | 秒 | 微 | 星等 |
|---|---|---|---|---|---|---|---|---|---|---|---|---|---|---|---|---|---|---|---|---|---|---|---|---|---|---|
| 北增三 | 申 | 二八 | 〇六 | 二〇 | 南 | 六六 | 一四 | 三〇 | 申 | 二八 | 五七 | 三五 | 三九 | 加 |  | 二八 | 三三 | 南 | 四二 | 四七 | 五五 | 四八 | 減 |  | 二四 | 五 |
| 西增四 | 申 | 二一 | 〇六 | 一六 | 南 | 七四 | 二五 | 三二 | 申 | 二六 | 一二 | 三五 | 〇一 | 加 |  | 二二 | 〇七 | 南 | 五一 | 〇五 | 三三 | 四八 | 減 | 一 | 二四 | 四 |
| 弧矢一 | 未 | 二一 | 四九 | 四六 | 南 | 四八 | 二七 | 四七 | 未 | 一五 | 五七 | 〇九 | 二五 | 加 |  | 三七 | 五五 | 南 | 二六 | 一二 | 五六 | 五七 | 加 | 五 | 三九 | 三 |
| 弧矢二 | 未 | 二七 | 五八 | 三二 | 南 | 五〇 | 三七 | 一二 | 未 | 一九 | 五四 | 四二 | 五九 | 加 |  | 三六 | 五三 | 南 | 二九 | 〇五 | 一三 | 〇〇 | 加 | 七 | 〇〇 | 三 |
| 弧矢三 | 午 | 九 | 二二 | 五〇 | 南 | 五七 | 四二 | 三五 | 未 | 二五 | 二一 | 二一 | 二八 | 加 |  | 三三 | 一六 | 南 | 三七 | 四〇 | 三九 | 〇七 | 加 | 八 | 四九 | 五 |
| 弧矢四 | 午 | 九 | 二五 | 〇六 | 南 | 四九 | 三九 | 一七 | 未 | 二八 | 二〇 | 三〇 | 五三 | 加 |  | 三七 | 一一 | 南 | 三〇 | 〇〇 | 四四 | 四一 | 加 | 九 | 四七 | 四 |
| 弧矢五 | 午 | 四 | 三三 | 二九 | 南 | 四六 | 〇一 | 三一 | 未 | 二五 | 五四 | 一三 | 五八 | 加 |  | 三八 | 四六 | 南 | 二五 | 三八 | 一〇 | 〇〇 | 加 | 九 | 〇〇 | 五 |
| 弧矢六 | 午 | 一 | 五六 | 一四 | 南 | 四七 | 二三 | 一三 | 未 | 二三 | 三五 | 四一 | 四五 | 加 |  | 三八 | 一五 | 南 | 二六 | 三一 | 一四 | 〇二 | 加 | 八 | 一四 | 五 |
| 弧矢七 | 未 | 一九 | 一一 | 〇二 | 南 | 五一 | 二二 | 〇四 | 未 | 一三 | 三二 | 二八 | 一四 | 加 |  | 三六 | 三八 | 南 | 二八 | 四八 | 五九 | 四一 | 加 | 四 | 四七 | 三 |
| 弧矢八 | 未 | 一六 | 五一 | 五二 | 南 | 五五 | 一〇 | 一一 | 未 | 一一 | 一八 | 五三 | 五〇 | 加 |  | 三四 | 五〇 | 南 | 三二 | 二二 | 五一 | 〇〇 | 加 | 四 | 〇〇 | 五 |
| 弧矢九 | 未 | 二八 | 四八 | 三五 | 南 | 五八 | 三〇 | 一二 | 未 | 一八 | 二〇 | 四〇 | 三四 | 加 |  | 三二 | 五八 | 南 | 三六 | 五二 | 三一 | 四七 | 加 | 六 | 二九 | 三 |
| 西增一 | 未 | 一四 | 五八 | 三〇 | 南 | 五三 | 五三 | 〇五 | 未 | 一〇 | 一三 | 五一 | 四七 | 加 |  | 三五 | 二九 | 南 | 三〇 | 五七 | 五七 | 一四 | 加 | 三 | 三八 | 六 |
| 內增二 | 未 | 一九 | 五八 | 四七 | 南 | 五〇 | 一四 | 〇七 | 未 | 一四 | 一八 | 〇二 | 二七 | 加 |  | 三七 | 〇九 | 南 | 二七 | 四六 | 二三 | 五二 | 加 | 五 | 〇四 | 四 |
| 北增三 | 未 | 二四 | 〇四 | 五〇 | 南 | 四八 | 三五 | 〇三 | 未 | 一七 | 三四 | 〇六 | 五〇 | 加 |  | 三七 | 五〇 | 南 | 二六 | 三五 | 三六 | 一九 | 加 | 六 | 一三 | 五 |
| 北增四 | 未 | 二三 | 四六 | 〇八 | 南 | 四八 | 一〇 | 四九 | 未 | 一七 | 二五 | 二〇 | 四三 | 加 |  | 三八 | 〇一 | 南 | 二六 | 〇九 | 三一 | 二七 | 加 | 六 | 〇九 | 六 |
| 北增五 | 未 | 二二 | 五八 | 四二 | 南 | 四七 | 五一 | 五九 | 未 | 一六 | 五四 | 一七 | 二七 | 加 |  | 三八 | 〇九 | 南 | 二五 | 四五 | 二五 | 一七 | 加 | 五 | 五九 | 六 |
| 北增六 | 未 | 二四 | 四九 | 四一 | 南 | 四六 | 三六 | 四二 | 未 | 一八 | 三一 | 〇五 | 五七 | 加 |  | 三八 | 三九 | 南 | 二四 | 四四 | 四六 | 三九 | 加 | 六 | 三三 | 五 |
| 北增七 | 未 | 二四 | 四二 | 二六 | 南 | 四六 | 一三 | 四九 | 未 | 一八 | 三〇 | 一八 | 五〇 | 加 |  | 三八 | 五〇 | 南 | 二四 | 二一 | 二二 | 一三 | 加 | 六 | 三一 | 五 |
| 北增八 | 午 |  | 一三 | 四二 | 南 | 三五 | 一六 | 二〇 | 未 | 二五 | 〇六 | 四四 | 四二 | 加 |  | 四二 | 五四 | 南 | 一四 | 二五 | 一八 | 三二 | 加 | 八 | 四四 | 六 |
| 北增九 | 午 |  | 一九 | 五六 | 南 | 三五 | 〇七 | 三一 | 未 | 二五 | 一三 | 四六 | 〇八 | 加 |  | 四二 | 五六 | 南 | 一四 | 一七 | 四四 | 五八 | 加 | 八 | 四六 | 六 |
| 北增十 | 午 |  | 一九 | 四二 | 南 | 三二 | 五二 | 二三 | 未 | 二五 | 四二 | 一三 | 四九 | 加 |  | 四三 | 四三 | 南 | 一二 | 〇五 | 二八 | 二五 | 加 | 八 | 五五 | 六 |
| 北增十一 | 午 | 二 | 一三 | 二一 | 南 | 三五 | 〇一 | 三〇 | 未 | 二六 | 四八 | 四三 | 二五 | 加 |  | 四二 | 五五 | 南 | 一四 | 三一 | 四〇 | 一一 | 加 | 九 | 一七 | 六 |
| 北增十二 | 午 | 二 | 一三 | 三四 | 南 | 三七 | 三〇 | 四五 | 未 | 二六 | 一四 | 四二 | 〇九 | 加 |  | 四二 | 〇三 | 南 | 一六 | 五七 | 一七 | 〇一 | 加 | 九 | 〇七 | 五 |
| 北增十三 | 午 | 八 | 二六 | 二二 | 南 | 三八 | 一九 | 〇九 | 午 | 一 | 〇二 | 二〇 | 一四 | 加 |  | 四一 | 三八 | 南 | 一八 | 五五 | 二〇 | 三一 | 加 | 一〇 | 三七 | 五 |
| 北增十四 | 午 | 七 | 二一 | 四〇 | 南 | 三九 | 〇三 | 一二 | 未 | 二九 | 五八 | 三七 | 一二 | 加 |  | 四一 | 二四 | 南 | 一九 | 二四 | 四九 | 五四 | 加 | 一〇 | 一八 | 六 |
| 北增十五 | 午 | 六 | 〇七 | 五九 | 南 | 四二 | 三二 | 〇五 | 未 | 二八 | 〇二 | 五八 | 一八 | 加 |  | 四〇 | 〇六 | 南 | 二二 | 三五 | 二八 | 二三 | 加 | 九 | 四一 | 四 |
| 北增十六 | 午 | 六 | 五七 | 四〇 | 南 | 四二 | 五一 | 三六 | 未 | 二八 | 三六 | 三八 | 〇〇 | 加 |  | 四〇 | 〇〇 | 南 | 二三 | 〇〇 | 四九 | 一六 | 加 | 九 | 五二 | 六 |
| 北增十七 | 午 | 四 | 五一 | 三〇 | 南 | 四四 | 五七 | 一二 | 未 | 二六 | 一〇 | 二六 | 三六 | 加 |  | 三九 | 一二 | 南 | 二四 | 三五 | 三二 | 三五 | 加 | 九 | 〇五 | 三 |
| 內增十八 | 午 | 五 | 二四 | 一七 | 南 | 四六 | 四四 | 一二 | 未 | 二四 | 五一 | 〇五 | 三〇 | 加 |  | 三八 | 三〇 | 南 | 二六 | 〇七 | 四三 | 五七 | 加 | 八 | 三九 | 六 |
| 內增十九 | 午 | 四 | 二一 | 三八 | 南 | 四九 | 一三 | 二一 | 未 | 二四 | 五〇 | 五七 | 三八 | 加 |  | 三七 | 二六 | 南 | 二八 | 四一 | 四四 | 一四 | 加 | 八 | 三八 | 四 |
| 南增二十 | 午 | 七 | 三五 | 二二 | 南 | 五八 | 二四 | 一七 | 未 | 二三 | 五五 | 〇九 | 二五 | 加 |  | 三二 | 五五 | 南 | 三八 | 〇二 | 〇六 | 〇三 | 加 | 八 | 二一 | 五 |
| 東增二十一 | 午 | 一二 | 三二 | 二八 | 南 | 五八 | 〇三 | 〇一 | 未 | 二七 | 一三 | 三九 | 〇九 | 加 |  | 三三 | 〇三 | 南 | 三八 | 三三 | 二一 | 三八 | 加 | 九 | 二六 | 五 |
| 東增二十二 | 午 | 一七 | 〇二 | 五七 | 南 | 五八 | 一九 | 一八 | 未 | 二九 | 五七 | 二三 | 五〇 | 加 |  | 三二 | 五〇 | 南 | 三九 | 四〇 | 〇三 | 三七 | 加 | 一〇 | 一九 | 四 |
| 東增二十三 | 午 | 一三 | 三五 | 四七 | 南 | 五九 | 四一 | 一四 | 未 | 二七 | 〇八 | 三四 | 一八 | 加 |  | 三二 | 〇六 | 南 | 四〇 | 一六 | 四九 | 一二 | 加 | 九 | 二四 | 四 |
| 南增二十四 | 午 | 七 | 一四 | 一三 | 南 | 六三 | 四五 | 四七 | 未 | 二一 | 二八 | 四四 | 四九 | 加 |  | 二九 | 四三 | 南 | 四三 | 〇三 | 五四 | 五六 | 加 | 七 | 三二 | 三 |
| 北增二十五 | 未 | 二〇 | 四九 | 二八 | 南 | 四六 | 〇四 | 三〇 | 未 | 一五 | 三七 | 五〇 | 五一 | 加 |  | 三八 | 五七 | 南 | 二三 | 四四 | 五七 | 五六 | 加 | 五 | 三二 | 六 |
| 北增二十六 | 未 | 二一 | 二六 | 三七 | 南 | 四七 | 三三 | 五九 | 未 | 一五 | 四九 | 五四 | 五四 | 加 |  | 三八 | 一八 | 南 | 二五 | 一七 | 二〇 | 〇五 | 加 | 五 | 三五 | 六 |
| 北增二十七 | 未 | 二九 | 五五 | 五七 | 南 | 四七 | 五七 | 五七 | 未 | 二一 | 五八 | 三五 | 二六 | 加 |  | 五八 | 〇二 | 南 | 二六 | 四六 | 三一 | 〇六 | 加 | 七 | 四二 | 六 |
| 北增二十八 | 午 |  | 七 | 五六 | 南 | 四七 | 三二 | 一五 | 未 | 二二 | 一三 | 四六 | 三六 | 加 |  | 三八 | 一二 | 南 | 二六 | 二三 | 一四 | 四一 | 加 | 七 | 四七 | 六 |
| 北增二十九 | 未 | 二九 | 五一 | 二一 | 南 | 三三 | 二二 | 一九 | 未 | 二五 | 一二 | 一一 | 二二 | 加 |  | 四三 | 三四 | 南 | 一[illegible] | 二九 | 五六 | 一五 | 加 | 八 | 四五 | 六 |

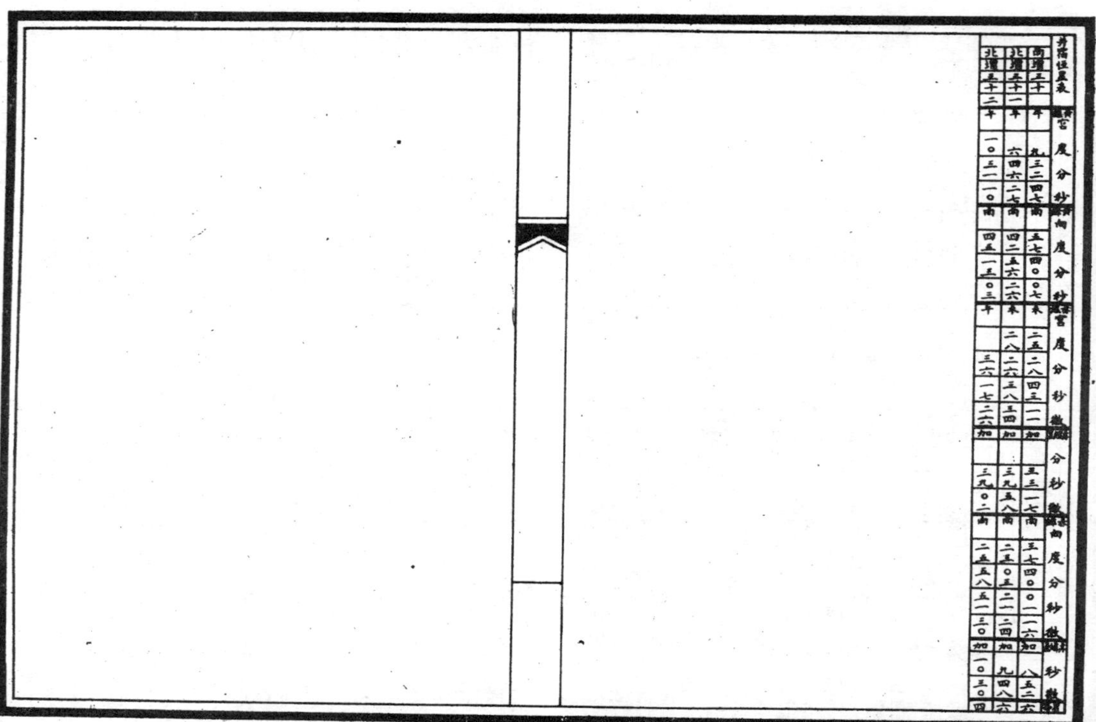

井宿恒星表

| 星名 | 黄道宫 | 度 | 分 | 秒 | 黄道南北 | 度 | 分 | 秒 | 赤道宫 | 度 | 分 | 秒 | 微 | 歲差加減 | 分 | 秒 | 微 | 赤道南北 | 度 | 分 | 秒 | 微 | 歲差加減 | 秒 | 微 | 星等 |
|---|---|---|---|---|---|---|---|---|---|---|---|---|---|---|---|---|---|---|---|---|---|---|---|---|---|---|
| 南增三十 | 午 | 九 | 三二 | 四七 | 南 | 五七 | 四〇 | 〇七 | 未 | 二五 | 二八 | 四三 | 一一 | 加 |  | 三三 | 一七 | 南 | 三七 | 四〇 | 〇一 | 一六 | 加 | 八 | 五二 | 六 |
| 北增三十一 | 午 | 六 | 四六 | 二七 | 南 | 四二 | 五六 | 二六 | 未 | 二八 | 二六 | 三八 | 三四 | 加 |  | 三九 | 五八 | 南 | 二三 | 〇三 | 二一 | 二四 | 加 | 九 | 四八 | 六 |
| 北增三十二 | 午 | 一〇 | 三一 | 一〇 | 南 | 四五 | 一三 | 〇三 | 午 |  | 三六 | 一七 | 二六 | 加 |  | 三九 | 〇二 | 南 | 二五 | 五八 | 五一 | 三〇 | 加 | 一〇 | 三〇 | 四 |

鬼宿恒星表

| 星名 | 宮 | 度 | 分 | 秒 | 向 | 度 | 分 | 秒 | 宮 | 度 | 分 | 秒 | 微 | 加減 | 分 | 秒 | 微 | 向 | 度 | 分 | 秒 | 微 | 加減 | 秒 | 微 | 等 |
|---|---|---|---|---|---|---|---|---|---|---|---|---|---|---|---|---|---|---|---|---|---|---|---|---|---|---|
| 鬼宿一 | 午 | 四 | 一二 | 〇〇 | 南 |  | 四六 | 〇九 | 午 | 六 | 二〇 | 一六 | 五四 | 加 |  | 五三 | 一八 | 北 | 一八 | 二八 | 〇六 | 二四 | 減 | 一二 | 一二 | 五 |
| 鬼宿二 | 午 | 五 | 五五 | 二四 | 北 | 一 | 五四 | 二二 | 午 | 六 | 三五 | 四〇 | 〇九 | 加 |  | 五四 | 〇三 | 北 | 二〇 | 四九 | 〇一 | 三二 | 減 | 一二 | 一六 | 五 |
| 鬼宿三 | 午 | 六 | 〇〇 | 一六 | 北 | 五 | 一一 | 一六 | 午 | 九 | 一五 | 四八 | 一〇 | 加 |  | 五四 | 一〇 | 北 | 二一 | 五一 | 五七 | 五一 | 減 | 一三 | 〇三 | 四 |
| 鬼宿四 | 午 | 七 | 一〇 | 五五 | 北 |  | 五 | 二〇 | 午 | 九 | 三六 | 三二 | 一八 | 加 |  | 五三 | 〇六 | 北 | 一八 | 三四 | 一三 | 一六 | 減 | 一三 | 〇八 | 四 |
| 內增一 | 午 | 四 | 四〇 | 五五 | 北 |  | 五五 | 五八 | 午 | 七 | 一四 | 五二 | 三二 | 加 |  | 五三 | 四四 | 北 | 一九 | 五八 | 一二 | 五六 | 減 | 一二 | 二八 | 六 |
| 西增二 | 午 | 二 | 一四 | 五一 | 南 | 一 | 〇〇 | 五九 | 午 | 四 | 一五 | 五五 | 三〇 | 加 |  | 五三 | 三〇 | 北 | 一八 | 四〇 | 四三 | 一二 | 減 | 一二 | 三六 | 六 |
| 南增三 | 午 | 五 | 〇六 | 四〇 | 南 | 二 | 〇六 | 一二 | 午 | 四 | 五五 | 〇一 | 〇九 | 加 |  | 五三 | 〇三 | 北 | 一七 | 二五 | 〇九 | 一九 | 減 | 一一 | 四七 | 六 |
| 南增四 | 午 | 四 | 二六 | 四〇 | 南 | 四 | 四五 | 四九 | 午 | 五 | 三七 | 〇六 | 一八 | 加 |  | 五二 | 〇六 | 北 | 一四 | 三五 | 三七 | 〇〇 | 減 | 一二 | 〇〇 | 六 |
| 南增五 | 午 | 四 | 二二 | 一四 | 南 | 六 | 二〇 | 三九 | 午 | 五 | 〇九 | 三五 | 一四 | 加 |  | 五一 | 三八 | 北 | 一三 | 〇〇 | 二六 | 四四 | 減 | 一一 | 五二 | 六 |
| 南增六 | 午 | 八 | 一七 | 〇四 | 南 | 五 | 一九 | 〇四 | 午 | 九 | 一七 | 五二 | 二二 | 加 |  | 五一 | 二七 | 北 | 一三 | 〇五 | 四〇 | 五一 | 減 | 一三 | 〇五 | 六 |
| 南增七 | 午 | 九 | 一八 | 五五 | 南 | 五 | 三七 | 二六 | 午 | 一〇 | 一五 | 四四 | 〇二 | 加 |  | 五一 | 一四 | 北 | 一二 | 三〇 | 一〇 | 〇六 | 減 | 一三 | 一八 | 六 |
| 東增八 | 午 | 九 | 三四 | 三六 | 南 | 五 | 一四 | 四六 | 午 | 一一 | 一五 | 三九 | 四四 | 加 |  | 五二 | 〇八 | 北 | 一五 | 四四 | 二五 | 一二 | 減 | 一三 | 三六 | 六 |
| 東增九 | 午 | 九 | 一四 | 一六 | 南 | 一 | 五五 | 四四 | 午 | 一一 | 一四 | 〇六 | 三七 | 加 |  | 五二 | 一九 | 北 | 一六 | 二四 | 四五 | 一二 | 減 | 一三 | 三六 | 六 |
| 東增十 | 午 | 一〇 | 五〇 | 一六 | 南 | 一 | 五一 | 四六 | 午 | 一二 | 四五 | 五一 | 〇〇 | 加 |  | 五二 | 〇〇 | 北 | 一五 | 四三 | 四四 | 〇〇 | 減 | 一四 | 〇〇 | 六 |
| 東增十一 | 午 | 一〇 | 五一 | 〇六 | 南 | 一 | 五五 | 一六 | 午 | 一二 | 五一 | 二四 | 三五 | 加 |  | 五二 | 〇五 | 北 | 一五 | 五九 | 二二 | 三四 | 減 | 一四 | 〇二 | 六 |
| 東增十二 | 午 | 一一 | 二七 | 三五 | 北 |  | 九 | 三四 | 午 | 一五 | 五四 | 一六 | 二二 | 加 |  | 五二 | 二七 | 北 | 一七 | 三一 | 〇六 | 〇六 | 減 | 一四 | 一八 | 六 |
| 東增十三 | 午 | 一二 | 〇四 | 五六 | 北 |  | 四〇 | 五一 | 午 | 一四 | 四四 | 四六 | 〇四 | 加 |  | 五二 | 二八 | 北 | 一七 | 四九 | 五四 | 四七 | 減 | 一四 | 三二 | 六 |
| 東增十四 | 午 | 一二 | 五八 | 五二 | 北 | 一 | 〇二 | 一九 | 午 | 一五 | 四五 | 〇八 | 一二 | 加 |  | 五二 | 二四 | 北 | 一七 | 五五 | 二一 | 一九 | 減 | 一四 | 四七 | 六 |
| 東增十五 | 午 | 一五 | 〇八 | 一〇 | 北 | 一 | 五六 | 二九 | 午 | 一八 | 一二 | 二六 | 二八 | 加 |  | 五二 | 一六 | 北 | 一八 | 一〇 | 二五 | 三一 | 減 | 一五 | 二三 | 六 |
| 東增十六 | 午 | 一五 | 〇六 | 〇四 | 北 | 一 | 〇〇 | 〇六 | 午 | 一六 | 五五 | 三〇 | 〇九 | 加 |  | 五二 | 〇三 | 北 | 一七 | 一五 | 五七 | 〇六 | 減 | 一五 | 一八 | 六 |
| 東增十七 | 午 | 一五 | 二四 | 二三 | 南 | 一 | 五四 | 二八 | 午 | 一五 | 一八 | 五八 | 三一 | 加 |  | 五一 | 三七 | 北 | 一四 | 五八 | 三〇 | 二〇 | 減 | 一四 | 四〇 | 六 |
| 東增十八 | 午 | 一五 | 〇六 | 三六 | 南 | 一 | 三五 | 二〇 | 午 | 一五 | 一四 | 一八 | 五〇 | 加 |  | 五一 | 五〇 | 北 | 一五 | 四三 | 四〇 | 〇五 | 減 | 一四 | 三九 | 六 |
| 南增十九 | 午 | 五 | 〇四 | 五四 | 南 | 二 | 一四 | 二五 | 午 | 一四 | 四九 | 五四 | 二六 | 加 |  | 五三 | 〇二 | 北 | 一七 | 一七 | 五四 | 〇二 | 減 | 一一 | 四六 | 六 |
| 積尸 | 午 | 五 | 四〇 | 二六 | 北 | 一 | 三二 | 五五 | 午 | 八 | 二六 | 五五 | 五八 | 加 |  | 五三 | 四六 | 北 | 二〇 | 二一 | 三九 | 三六 | 減 | 一三 | 四八 | 氣 |
| 北增一 | 午 | 五 | 四一 | 〇九 | 北 | 一 | 三五 | 四五 | 午 | 八 | 二八 | 二三 | 一五 | 加 |  | 五三 | 四五 | 北 | 二〇 | 二四 | 一四 | 五三 | 減 | 一三 | 四九 | 氣 |
| 東增二 | 午 | 五 | 五二 | 二六 | 北 | 一 | 二〇 | 一二 | 午 | 八 | 三五 | 五四 | 四〇 | 加 |  | 五三 | 四〇 | 北 | 二〇 | 〇六 | 二三 | 四四 | 減 | 一二 | 五二 | 氣 |
| 南增三 | 午 | 五 | 五二 | 四一 | 北 | 一 | 〇七 | 五六 | 午 | 八 | 三二 | 五六 | 四八 | 加 |  | 五三 | 三六 | 北 | 一九 | 五四 | 二八 | 一〇 | 減 | 一二 | 五〇 | 氣 |
| 爟一 | 未 | 二六 | 四二 | 〇五 | 北 | 五 | 二〇 | 二九 | 午 |  | 五七 | 一六 | 〇五 | 加 |  | 五六 | 二一 | 北 | 二五 | 五一 | 四一 | 五五 | 減 | 一〇 | 三五 | 四 |
| 爟二 | 午 |  | 一六 | 四九 | 北 | 四 | 三三 | 一五 | 午 | 三 | 二九 | 五六 | 三九 | 加 |  | 五五 | 五三 | 北 | 二四 | 二一 | 五八 | 一四 | 減 | 一一 | 二二 | 六 |
| 爟三 | 午 |  | 五九 | 四四 | 北 | 八 | 二七 | 三五 | 午 | 四 | 五六 | 一九 | 一六 | 加 |  | 五六 | 五二 | 北 | 二八 | 一五 | 四二 | 三六 | 減 | 一一 | 四八 | 六 |
| 爟四 | 未 | 二六 | 三二 | 四六 | 北 | 九 | 二九 | 〇六 | 午 | 一 | 三四 | 五八 | 二五 | 加 |  | 五七 | 五五 | 北 | 二九 | 五八 | 五三 | 〇二 | 減 | 一〇 | 四六 | 五 |
| 東增一 | 未 | 二五 | 五一 | 三六 | 北 | 四 | 二九 | 〇二 | 未 | 二八 | 四六 | 〇七 | 〇三 | 加 |  | 五六 | 二一 | 北 | 二五 | 二三 | 一二 | 〇一 | 減 | 九 | 五三 | 六 |
| 東增二 | 未 | 二五 | 三七 | 一四 | 北 | 四 | 四四 | 五九 | 未 | 二八 | 三四 | 〇四 | 四七 | 加 |  | 五六 | 二九 | 北 | 二五 | 四一 | 三四 | 一〇 | 減 | 九 | 五〇 | 六 |
| 東增三 | 未 | 二五 | 四一 | 四四 | 北 | 七 | 一五 | 一二 | 未 | 二九 | 一一 | 〇七 | 二九 | 加 |  | 五七 | 二三 | 北 | 二八 | 〇六 | 〇七 | 一七 | 減 | 一〇 | 〇二 | 五 |
| 東增四 | 未 | 二六 | 五五 | 〇五 | 北 | 七 | 〇九 | 四七 | 午 |  | 五一 | 〇一 | 二六 | 加 |  | 五七 | 〇九 | 北 | 二七 | 四八 | 一五 | 三九 | 減 | 一〇 | 二七 | 六 |
| 內增五 | 未 | 二七 | 三四 | 三九 | 北 | 五 | 三七 | 四九 | 午 |  | 五三 | 一〇 | 〇四 | 加 |  | 五六 | 二八 | 北 | 二六 | 一〇 | 一一 | 二一 | 減 | 一〇 | 三五 | 六 |
| 內增六 | 未 | 二九 | 二五 | 一九 | 北 | 七 | 二九 | 一五 | 午 | 三 | 二〇 | 一二 | 四一 | 加 |  | 五六 | 四七 | 北 | 二七 | 五五 | 三九 | 四九 | 減 | 一一 | 一七 | 六 |
| 東增七 | 午 |  | 五四 | 二九 | 北 | 八 | 二九 | 一五 | 午 | 五 | 一二 | 五四 | 〇七 | 加 |  | 五六 | 四九 | 北 | 二八 | 一四 | 〇五 | 〇一 | 減 | 一一 | 五三 | 六 |
| 東增八 | 午 |  | 五六 | 四八 | 北 | 六 | 三一 | 四二 | 午 | 五 | 〇一 | 二八 | 四六 | 加 |  | 五六 | 二九 | 北 | 二七 | 一七 | 二一 | 五三 | 減 | 一一 | 四九 | 六 |
| 東增九 | 午 | 一 | 五一 | 五四 | 北 | 五 | 一二 | 一六 | 午 | 五 | 〇二 | 〇九 | 四八 | 加 |  | 五五 | 三六 | 北 | 二四 | 五三 | 五八 | 一〇 | 減 | 一一 | 五〇 | 六 |

鬼宿恒星表

| 星名 | 宮 | 度 | 分 | 秒 | 向 | 度 | 分 | 秒 | 宮 | 度 | 分 | 秒 | 微 | 加減 | 分 | 秒 | 微 | 向 | 度 | 分 | 秒 | 微 | 加減 | 秒 | 微 | 等 |
|---|---|---|---|---|---|---|---|---|---|---|---|---|---|---|---|---|---|---|---|---|---|---|---|---|---|---|
| 東增十 | 午 | 二 | 〇二 | 五六 | 北 | 四 | 五五 | 二五 | 午 | 五 | 三一 | 二〇 | 五五 | 加 |  | 五五 | 二五 | 北 | 二四 | 三〇 | 二一 | 〇九 | 減 | 一二 | 五七 | 六 |
| 東增十一 | 午 | 二 | 四二 | 二二 | 北 | 五 | 〇一 | 四七 | 午 | 六 | 一四 | 五一 | 三七 | 加 |  | 五五 | 一九 | 北 | 二四 | 二七 | 〇一 | 〇七 | 減 | 一二 | 一一 | 六 |
| 外廚一 | 午 | 八 | 三三 | 二五 | 南 | 二二 | 二八 | 三九 | 午 | 五 | 一四 | 四六 | 五七 | 加 |  | 四六 | 三九 | 南 | 三 | 三七 | 二四 | 五九 | 加 | 一二 | 五三 | 五 |
| 外廚二 | 午 | 一四 | 〇〇 | 一九 | 南 | 二四 | 二六 | 四七 | 午 | 九 | 三三 | 五九 | 二四 | 加 |  | 四五 | 四八 | 南 | 六 | 五〇 | 二三 | 四四 | 加 | 一三 | 〇八 | 三 |
| 外廚三 | 午 | 二四 | 二八 | 二四 | 南 | 二〇 | 二四 | 五〇 | 午 | 一〇 | 五七 | 四一 | 五九 | 加 |  | 四六 | 五三 | 南 | 三 | 〇二 | 四〇 | 二二 | 加 | 一三 | 三四 | 五 |
| 外廚四 | 午 | 一四 | 一二 | 三五 | 南 | 一七 | 四三 | 三六 | 午 | 一一 | 三七 | 一四 | 四八 | 加 |  | 四七 | 三六 | 南 |  | 二六 | 一四 | 二三 | 加 | 一三 | 四一 | 六 |
| 外廚五 | 午 | 一二 | 五三 | 三三 | 南 | 一六 | 四六 | 四八 | 午 | 九 | 二六 | 二五 | 〇九 | 加 |  | 四八 | 〇三 | 北 | 一 | 〇九 | 三三 | 四二 | 減 | 一三 | 〇六 | 六 |
| 外廚六 | 午 | 九 | 三二 | 二〇 | 南 | 一七 | 四一 | 三七 | 午 | 七 | 二〇 | 二三 | 五一 | 加 |  | 四七 | 五七 | 北 |  | 四六 | 三四 | 三〇 | 減 | 一二 | 三〇 | 六 |
| 西增一 | 午 | 三 | 二六 | 四九 | 南 | 二二 | 三五 | 五七 | 午 |  | 四六 | 二二 | 四二 | 加 |  | 四六 | 五四 | 南 | 二 | 四〇 | 一二 | 五六 | 加 | 一〇 | 三二 | 六 |
| 西增二 | 午 | 八 | 〇〇 | 四五 | 南 | 二二 | 二二 | 五九 | 午 | 四 | 四六 | 五二 | 〇六 | 加 |  | 四六 | 四二 | 南 | 三 | 二四 | 二七 | 一五 | 加 | 一一 | 四五 | 四 |
| 西增三 | 午 | 八 | 一九 | 三八 | 南 | 二二 | 二七 | 二六 | 午 | 五 | 〇二 | 四二 | 四〇 | 加 |  | 四六 | 四〇 | 南 | 三 | 三三 | 〇四 | 五〇 | 加 | 一一 | 五〇 | 四 |
| 南增四 | 午 | 一二 | 〇五 | 〇八 | 南 | 二五 | 四四 | 三九 | 午 | 七 | 三一 | 二二 | 一三 | 加 |  | 四五 | 三一 | 南 | 七 | 三六 | 四三 | 三九 | 加 | 一二 | 三三 | 六 |
| 內增五 | 午 | 一三 | 四〇 | 四六 | 南 | 二四 | 二五 | 三六 | 午 | 九 | 一七 | 〇六 | 〇七 | 加 |  | 四五 | 四九 | 南 | 六 | 四四 | 一八 | 〇九 | 加 | 一三 | 〇三 | 六 |
| 東增六 | 午 | 一六 | 〇二 | 五七 | 南 | 二三 | 四九 | 二四 | 午 | 一一 | 五二 | 四四 | 五九 | 加 |  | 四五 | 五三 | 南 | 六 | 四六 | 一六 | 二三 | 加 | 一三 | 四一 | 六 |
| 東增七 | 午 | 一七 | 一九 | 一四 | 南 | 二四 | 一七 | 二六 | 午 | 一二 | 五一 | 三九 | 二三 | 加 |  | 四五 | 四一 | 南 | 七 | 三三 | 二四 | 五一 | 加 | 一三 | 五七 | 六 |
| 南增八 | 午 | 一四 | 四五 | 一八 | 南 | 二九 | 四三 | 一九 | 午 | 八 | 四二 | 一九 | 四五 | 加 |  | 四四 | 一五 | 南 | 一二 | 〇五 | 二〇 | 四二 | 加 | 一二 | 五四 | 六 |
| 南增九 | 午 | 一六 | 四九 | 五五 | 南 | 三〇 | 一七 | 二一 | 午 | 一〇 | 一七 | 五二 | 四三 | 加 |  | 四四 | 〇一 | 南 | 一三 | 〇九 | 二七 | 〇三 | 加 | 一三 | 二二 | 六 |
| 南增十 | 午 | 一六 | 二七 | 〇五 | 南 | 三二 | 五四 | 〇二 | 午 | 九 | 一〇 | 二五 | 〇二 | 加 |  | 四三 | 一四 | 南 | 一五 | 三五 | 〇九 | 二六 | 加 | 一三 | 〇二 | 六 |
| 南增十一 | 午 | 一〇 | 〇七 | 一六 | 南 | 三四 | 五五 | 三一 | 午 | 三 | 二〇 | 三五 | 一五 | 加 |  | 四二 | 四五 | 南 | 一六 | 〇〇 | 二〇 | 〇三 | 加 | 一一 | 二二 | 六 |
| 南增十二 | 午 | 九 | 五二 | 四七 | 南 | 三四 | 一六 | 五四 | 午 | 三 | 一九 | 一八 | 三四 | 加 |  | 四二 | 五八 | 南 | 一五 | 一九 | 三六 | 二〇 | 加 | 一一 | 二〇 | 三 |
| 南增十三 | 午 | 八 | 三一 | 五六 | 南 | 三四 | 四二 | 三九 | 午 | 二 | 〇五 | 三七 | 三三 | 加 |  | 四二 | 五一 | 南 | 一五 | 二七 | 二四 | 三四 | 加 | 一〇 | 五八 | 五 |
| 南增十四 | 午 | 七 | 一〇 | 〇八 | 南 | 三二 | 五七 | 三六 | 午 | 一 | 二五 | 〇四 | 四七 | 加 |  | 四二 | 二九 | 南 | 一三 | 二八 | 三六 | 四九 | 加 | 一〇 | 四三 | 六 |
| 南增十五 | 午 | 六 | 四五 | 三五 | 南 | 三二 | 二八 | 四三 | 午 | 一 | 一〇 | 〇七 | 五七 | 加 |  | 四三 | 三九 | 南 | 一二 | 五五 | 〇八 | 二二 | 加 | 一〇 | 四一 | 六 |
| 南增十六 | 午 | 七 | 〇三 | 〇三 | 南 | 三二 | 〇四 | 五五 | 午 | 一 | 三二 | 二八 | 五八 | 加 |  | 四三 | 四六 | 南 | 一二 | 三六 | 〇二 | 五八 | 加 | 一〇 | 四六 | 四 |
| 南增十七 | 午 | 一〇 | 一七 | 二二 | 南 | 三一 | 二七 | 四八 | 午 | 四 | 二五 | 五二 | 一六 | 加 |  | 四三 | 五二 | 南 | 一二 | 四二 | 一七 | 一四 | 加 | 一一 | 三八 | 六 |
| 天記 | 巳 | 九 | 三八 | 一七 | 南 | 五五 | 五一 | 二三 | 午 | 一五 | 五八 | 四五 | 五四 | 加 |  | 三四 | 一八 | 南 | 四二 | 五七 | 五七 | 三三 | 加 | 一四 | 五一 | 二 |
| 北增一 | 巳 | 一三 | 一二 | 四八 | 南 | 五一 | 〇九 | 一三 | 午 | 二一 | 三五 | 二四 | 四二 | 加 |  | 五六 | 五四 | 南 | 三九 | 五八 | 二〇 | 三六 | 加 | 一六 | 一二 | 四 |
| 東增二 | 巳 | 二五 | 二七 | 四六 | 南 | 四八 | 一四 | 三四 | 巳 | 二 | 三一 | 四〇 | 三六 | 加 |  | 三九 | 一二 | 南 | 四一 | 三三 | 三三 | 二〇 | 加 | 一八 | 二〇 | 四 |
| 天狗一 | 巳 |  | 三二 | 五〇 | 南 | 五八 | 一三 | 四九 | 午 | 八 | 三一 | 三三 | 五〇 | 加 |  | 三二 | 五〇 | 南 | 四二 | 三六 | 一五 | 五〇 | 加 | 一二 | 五〇 | 四 |
| 天狗二 | 巳 | 二 | 一〇 | 三二 | 南 | 五七 | 二〇 | 三六 | 午 | 一〇 | 〇七 | 〇五 | 二〇 | 加 |  | 三二 | 二〇 | 南 | 四二 | 一四 | 〇一 | 三七 | 加 | 一五 | 一九 | 五 |
| 天狗三 | 巳 |  | 三五 | 一六 | 南 | 五二 | 二八 | 五四 | 午 | 一一 | 五六 | 一五 | 四二 | 加 |  | 三五 | 五四 | 南 | 三七 | 二八 | 五四 | 四一 | 加 | 一三 | 四七 | 四 |
| 天狗四 | 午 | 二五 | 一四 | 五四 | 南 | 五一 | 〇八 | 四七 | 午 | 八 | 五六 | 一〇 | 四七 | 加 |  | 三六 | 二九 | 南 | 三四 | 五五 | 五六 | 三四 | 加 | 一二 | 五八 | 四 |
| 天狗五 | 午 | 二四 | 五八 | 三一 | 南 | 四八 | 五四 | 〇九 | 午 | 九 | 四八 | 一四 | 〇四 | 加 |  | 三七 | 二八 | 南 | 三二 | 四六 | 〇三 | 二八 | 加 | 一三 | 一六 | 三 |
| 天狗六 | 午 | 二三 | 五六 | 五三 | 南 | 四三 | 一七 | 一四 | 午 | 一一 | 二八 | 一六 | 〇六 | 加 |  | 三九 | 四二 | 南 | 二七 | 一七 | 三七 | 二三 | 加 | 一三 | 四一 | 四 |
| 天狗七 | 午 | 二五 | 一七 | 〇五 | 南 | 四二 | 五一 | 〇三 | 午 | 一二 | 四〇 | 二三 | 一六 | 加 |  | 三九 | 五二 | 南 | 二七 | 一四 | 三八 | 〇〇 | 加 | 一四 | 〇〇 | 四 |
| 天社一 | 午 | 二五 | 五〇 | 三三 | 南 | 六四 | 二五 | 四六 | 午 | 一 | 三四 | 〇四 | 〇七 | 加 |  | 二八 | 四九 | 南 | 四六 | 五八 | 四七 | 二四 | 加 | 一〇 | 四八 | 二 |
| 天社二 | 巳 | 五 | 〇三 | 〇四 | 南 | 六一 | 〇七 | 二八 | 午 | 九 | 一六 | 〇八 | 一七 | 加 |  | 三〇 | 五九 | 南 | 四六 | 一四 | 二二 | 五二 | 加 | 一三 | 〇四 | 五 |
| 天社三 | 巳 | 一七 | 二二 | 五二 | 南 | 六七 | 一〇 | 一〇 | 午 | 一〇 | 二五 | 二二 | 二四 | 加 |  | 二五 | 四八 | 南 | 五四 | 一六 | 二〇 | 五五 | 加 | 一三 | 二五 | 二 |
| 天社四 | 巳 | 二〇 | 五九 | 二一 | 南 | 六五 | 四七 | 五八 | 午 | 一三 | 四九 | 一六 | 四二 | 加 |  | 二六 | 五四 | 南 | 五四 | 一三 | 〇〇 | 四六 | 加 | 一四 | 二二 | 二 |
| 天社五 | 巳 | 二七 | 一九 | 四九 | 南 | 六五 | 四一 | 五六 | 午 | 一九 | 四〇 | 二五 | 四〇 | 加 |  | 二八 | 四〇 | 南 | 五四 | 三〇 | 三五 | 一五 | 加 | 一五 | 四五 | 二 |

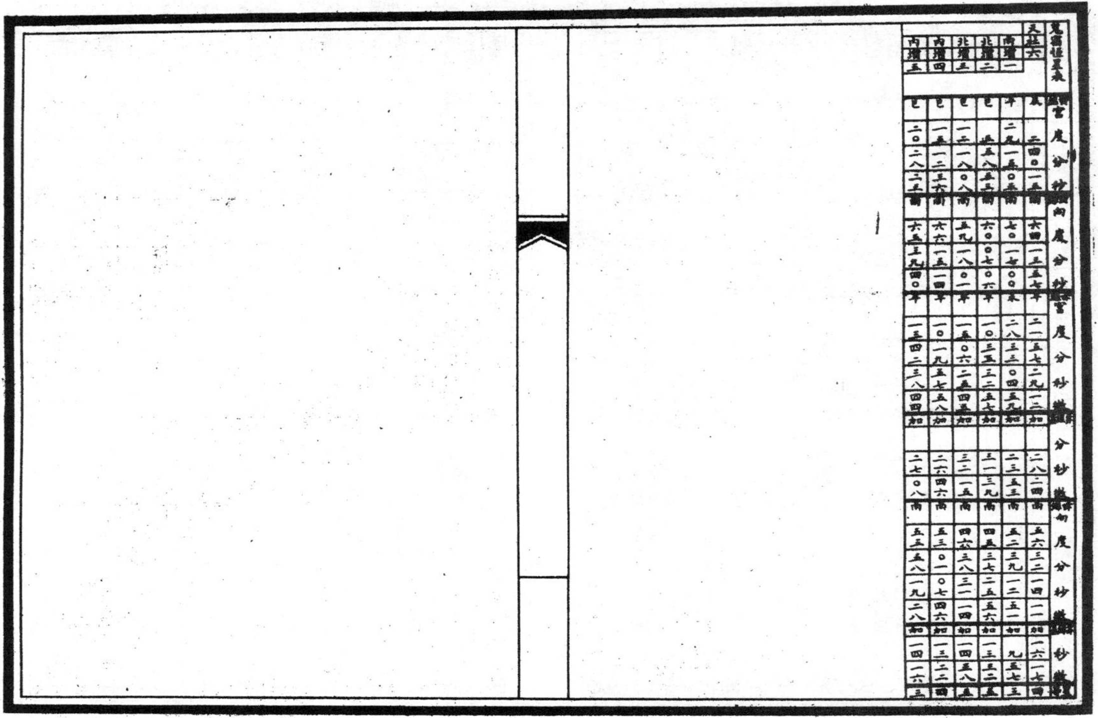

| 鬼宿恒星表 | 天社六 | 南增一 | 北增二 | 北增三 | 內增四 | 內增五 |
|---|---|---|---|---|---|---|
| 黃道經度 宮 | 未 | 午 | 巳 | 巳 | 巳 | 巳 |
| 度 | 二 | 二九 | 五 | 一二 | 一五 | 二〇 |
| 分 | 四〇 | 一五 | 五八 | 一八 | 一二 | 二八 |
| 秒 | 一五 | 〇五 | 五五 | 〇八 | 三六 | 二三 |
| 黃道緯度 向 | 南 | 南 | 南 | 南 | 南 | 南 |
| 度 | 六四 | 七〇 | 六〇 | 五九 | 六六 | 六五 |
| 分 | 一三 | 一七 | 〇七 | 一八 | 一五 | 三九 |
| 秒 | 五七 | 〇〇 | 〇六 | 〇一 | 一四 | 四〇 |
| 赤道經度 宮 | 午 | 未 | 午 | 午 | 午 | 午 |
| 度 | 二一 | 二八 | 一〇 | 一五 | 一〇 | 一三 |
| 分 | 五七 | 三三 | 三五 | 〇六 | 一九 | 四二 |
| 秒 | 二九 | 〇四 | 三二 | 二五 | 五七 | 三八 |
| 微 | 一二 | 五九 | 五七 | 四五 | 五八 | 四四 |
| 經度歲差 | 加 | 加 | 加 | 加 | 加 | 加 |
| 分 | | | | | | |
| 秒 | 二八 | 二三 | 三一 | 三二 | 二六 | 二七 |
| 微 | 二四 | 五三 | 三九 | 一五 | 四六 | 〇八 |
| 赤道緯度 向 | 南 | 南 | 南 | 南 | 南 | 南 |
| 度 | 五六 | 五二 | 四五 | 四六 | 五三 | 五三 |
| 分 | 三二 | 三九 | 三七 | 三八 | 〇一 | 五八 |
| 秒 | 一四 | 一二 | 二五 | 三一 | 〇七 | 一九 |
| 微 | 一二 | 五一 | 五六 | 一四 | 四六 | 二八 |
| 緯度歲差 | 加 | 加 | 加 | 加 | 加 | 加 |
| 秒 | 一六 | 九 | 一三 | 一四 | 一三 | 一四 |
| 微 | 一七 | 五七 | 三二 | 五八 | 二二 | 一六 |
| [illegible] | 四 | 三 | 五 | 五 | 四 | 三 |

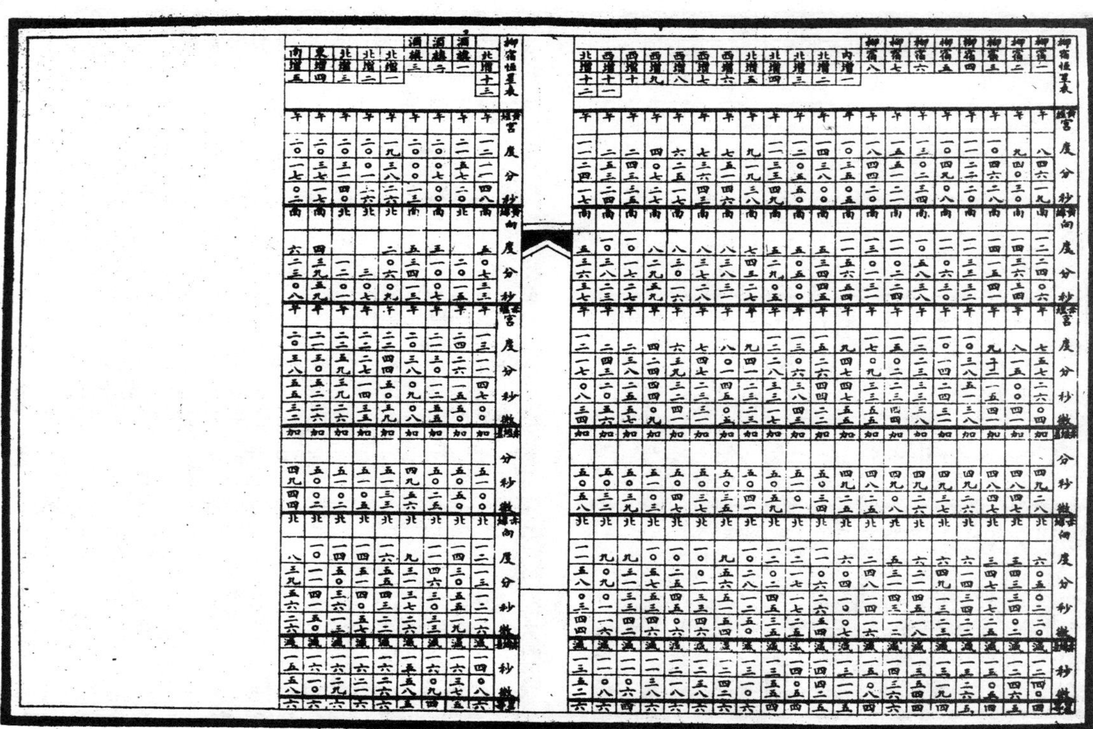

| 柳宿恒星表 | 柳宿一 | 柳宿二 | 柳宿三 | 柳宿四 | 柳宿五 | 柳宿六 | 柳宿七 | 柳宿八 | 內增一 | 北增二 |
|---|---|---|---|---|---|---|---|---|---|---|
| 黃道經度 宮 | 午 | 午 | 午 | 午 | 午 | 午 | 午 | 午 | 午 | 午 |
| 度 | 八 | 九 | 一〇 | 一一 | 一〇 | 一三 | 一五 | 一八 | 一〇 | 一四 |
| 分 | 四六 | 四〇 | 四六 | 二二 | 四九 | 〇二 | 五一 | 四四 | 三五 | 三八 |
| 秒 | 一九 | 三〇 | 二八 | 二〇 | 〇八 | 三四 | 二一 | 二〇 | 〇五 | 〇〇 |
| 黃道緯度 向 | 南 | 南 | 南 | 南 | 南 | 南 | 南 | 南 | 南 | 南 |
| 度 | 一二 | 一四 | 一四 | 一一 | 一一 | 一〇 | 一一 | 一三 | 一一 | 五 |
| 分 | 二四 | 三六 | 一五 | 三三 | 〇六 | 五八 | 〇二 | 〇一 | 五六 | 三四 |
| 秒 | 〇六 | 三四 | 四一 | 三二 | 三〇 | 三八 | 二四 | 三一 | 五四 | 四五 |
| 赤道經度 宮 | 午 | 午 | 午 | 午 | 午 | 午 | 午 | 午 | 午 | 午 |
| 度 | 七 | 八 | 九 | 一〇 | 一〇 | 一二 | 一五 | 一七 | 九 | 一五 |
| 分 | 五七 | 一五 | 一二 | 三八 | 一四 | 二三 | 〇二 | 〇九 | 四七 | 二六 |
| 秒 | 二六 | 〇〇 | 一五 | 五一 | 二四 | 三三 | 二三 | 三三 | 四七 | 四四 |
| 微 | 〇四 | 四一 | 四一 | 三八 | 三二 | 三八 | 四四 | 五五 | 五五 | 二二 |
| 經度歲差 | 加 | 加 | 加 | 加 | 加 | 加 | 加 | 加 | 加 | 加 |
| 分 | | | | | | | | | | |
| 秒 | 四九 | 四八 | 四八 | 四九 | 四九 | 四九 | 四九 | 四八 | 四九 | 五〇 |
| 微 | 二八 | 四七 | 四七 | 二六 | 三七 | 二六 | 〇八 | 二五 | 二五 | 三四 |
| 赤道緯度 向 | 北 | 北 | 北 | 北 | 北 | 北 | 北 | 北 | 北 | 北 |
| 度 | 六 | 三 | 三 | 六 | 六 | 六 | 五 | 二 | 六 | 一一 |
| 分 | 〇五 | 四三 | 四七 | 一四 | 四九 | 二一 | 三一 | 四八 | 〇四 | 〇六 |
| 秒 | 〇二 | 三四 | 一七 | 三四 | 一三 | 四五 | 四三 | 一四 | 一〇 | 二六 |
| 微 | 二〇 | 〇二 | 二五 | 二二 | 二三 | 一八 | 一二 | 一六 | 〇七 | 五四 |
| 緯度歲差 | 減 | 減 | 減 | 減 | 減 | 減 | 減 | 減 | 減 | 減 |
| 秒 | 一二 | 一二 | 一五 | 一三 | 一三 | 一三 | 一四 | 一五 | 一三 | 一四 |
| 微 | 四〇 | 四六 | 〇五 | 二六 | 一九 | 五四 | 三六 | 〇八 | 一一 | 四二 |
| [illegible] | 四 | 五 | 四 | 五 | 四 | 四 | 六 | 四 | 五 | 五 |

| 柳宿恒星表 | 北增三 | 北增四 | 北增五 | 西增六 | 西增七 | 西增八 | 西增九 | 西增十 | 西增十一 | 北增十二 |
|---|---|---|---|---|---|---|---|---|---|---|
| 黃道經度 宮 | 午 | 午 | 午 | 午 | 午 | 午 | 午 | 午 | 午 | 午 |
| 度 | 一二 | 一一 | 九 | 七 | 七 | 六 | 四 | 二 | 二 | 一一 |
| 分 | 〇五 | 三三 | 一九 | 五一 | 三六 | 二五 | 〇七 | 四三 | 五三 | 二四 |
| 秒 | 五〇 | 四九 | 三八 | 四六 | 四三 | 一七 | 二七 | 三五 | 二四 | 一七 |
| 黃道緯度 向 | 南 | 南 | 南 | 南 | 南 | 南 | 南 | 南 | 南 | 南 |
| 度 | 五 | 五 | 七 | 八 | 八 | 八 | 八 | 一〇 | 一〇 | 五 |
| 分 | 〇五 | 二九 | 四三 | 三八 | 三七 | 三〇 | 二九 | 一七 | 三八 | 三六 |
| 秒 | 〇〇 | 〇五 | 二七 | 三一 | 二八 | 一六 | 五九 | 二七 | 二三 | 三七 |
| 赤道經度 宮 | 午 | 午 | 午 | 午 | 午 | 午 | 午 | 午 | 午 | 午 |
| 度 | 一三 | 一二 | 九 | 八 | 七 | 六 | 四 | 二 | 二 | 一二 |
| 分 | 〇六 | 二八 | 四一 | 〇一 | 四七 | 三九 | 二四 | 三八 | 四三 | 一七 |
| 秒 | 三八 | 三三 | 二三 | 四五 | 二三 | 三二 | 四四 | 二五 | 二〇 | 〇八 |
| 微 | 四三 | 一七 | 二三 | 〇五 | 三一 | 四一 | 〇九 | 五七 | 五六 | 三四 |
| 經度歲差 | 加 | 加 | 加 | 加 | 加 | 加 | 加 | 加 | 加 | 加 |
| 分 | | | | | | | | | | |
| 秒 | 五一 | 五〇 | 五〇 | 五〇 | 五〇 | 五〇 | 五一 | 五〇 | 五〇 | 五〇 |
| 微 | 〇一 | 五九 | 四一 | 三五 | 三七 | 四七 | 〇三 | 三九 | 三二 | 五八 |
| 赤道緯度 向 | 北 | 北 | 北 | 北 | 北 | 北 | 北 | 北 | 北 | 北 |
| 度 | 一二 | 一二 | 一〇 | 九 | 一〇 | 一〇 | 一〇 | 九 | 九 | 一一 |
| 分 | 一七 | 〇二 | 二八 | 五六 | 〇一 | 二五 | 五七 | 三一 | 〇九 | 五八 |
| 秒 | 一七 | 四五 | 一二 | 五一 | 三三 | 四五 | 五三 | 三三 | 〇一 | 〇三 |
| 微 | 二五 | 三五 | 五〇 | 五四 | 四六 | 〇六 | 四六 | 四二 | 一六 | 四四 |
| 緯度歲差 | 減 | 減 | 減 | 減 | 減 | 減 | 減 | 減 | 減 | 減 |
| 秒 | 一四 | 一三 | 一三 | 一二 | 一二 | 一二 | 一一 | 一一 | 一一 | 一三 |
| 微 | 〇五 | 五五 | 一〇 | 四二 | 三八 | 一八 | 三八 | 〇六 | 〇八 | 五二 |
| [illegible] | 四 | 四 | 六 | 六 | 六 | 六 | 六 | 四 | 六 | 六 |

| 柳宿恒星表 | 北增十三 | 酒旗一 | 酒旗二 | 酒旗三 | 北增一 | 北增二 | 北增三 | 東增四 | 南增五 |
|---|---|---|---|---|---|---|---|---|---|
| 黃道經度 宮 | 午 | 午 | 午 | 午 | 午 | 午 | 午 | 午 | 午 |
| 度 | 一二 | 二一 | 二〇 | 二〇 | 一九 | 二〇 | 二〇 | 二〇 | 二〇 |
| 分 | 一一 | 五七 | 〇七 | 〇〇 | 三八 | 〇一 | 三一 | 三七 | 一七 |
| 秒 | 四八 | 二〇 | 〇〇 | 一三 | 二六 | 六 | 四〇 | 一七 | 〇二 |
| 黃道緯度 向 | 南 | 北 | 南 | 南 | 北 | 北 | 北 | 南 | 南 |
| 度 | 五 | | 三 | 五 | 二 | | | 四 | 六 |
| 分 | 〇七 | 二〇 | 一〇 | 三四 | 〇六 | 三 | 一二 | 三九 | 二三 |
| 秒 | 三三 | 一五 | 〇七 | 一三 | 〇九 | 〇七 | 〇一 | 五九 | 〇八 |
| 赤道經度 宮 | 午 | 午 | 午 | 午 | 午 | 午 | 午 | 午 | 午 |
| 度 | 一三 | 二四 | 二一 | 二〇 | 二二 | 二二 | 二二 | 二一 | 二〇 |
| 分 | 一一 | 二六 | 三〇 | 三八 | 四四 | 二七 | 五九 | 三〇 | 三八 |
| 秒 | 四七 | 一五 | 一二 | 〇九 | 五〇 | 一四 | 三九 | 五二 | 五五 |
| 微 | 〇〇 | 五〇 | 五五 | 〇八 | 三九 | 三五 | 二六 | 二六 | 三二 |
| 經度歲差 | 加 | 加 | 加 | 加 | 加 | 加 | 加 | 加 | 加 |
| 分 | | | | | | | | | |
| 秒 | 五一 | 五〇 | 五〇 | 四九 | 五一 | 五一 | 五一 | 五〇 | 四九 |
| 微 | 〇〇 | 五〇 | 二五 | 五六 | 三三 | 〇五 | 〇二 | 〇二 | 四四 |
| 赤道緯度 向 | 北 | 北 | 北 | 北 | 北 | 北 | 北 | 北 | 北 |
| 度 | 一二 | 一四 | 一一 | 九 | 一六 | 一四 | 一四 | 一〇 | 八 |
| 分 | 一三 | 三〇 | 四六 | 三一 | 五五 | 五一 | 五〇 | 一一 | 三九 |
| 秒 | 一二 | 五五 | 三〇 | 三七 | 四三 | 四〇 | 三六 | 四一 | 五六 |
| 微 | 一六 | 一九 | 三三 | 二六 | 二二 | 五七 | 一三 | 五〇 | 二六 |
| 緯度歲差 | 減 | 減 | 減 | 減 | 減 | 減 | 減 | 減 | 減 |
| 秒 | 一四 | 一六 | 一六 | 一五 | 一六 | 一六 | 一六 | 一六 | 一五 |
| 微 | 〇八 | 三七 | 〇九 | 五八 | 二六 | 二一 | 二九 | 一〇 | 五八 |
| [illegible] | 六 | 五 | 四 | 五 | 六 | 六 | 六 | 六 | 六 |

| 星宿恆星表 | 黃道經度 宮 | 度 | 分 | 秒 | 黃道緯度 向 | 度 | 分 | 秒 | 赤道經度 宮 | 度 | 分 | 秒 | 微 | 經度歲差 加減 | 分 | 秒 | 微 | 赤道緯度 向 | 度 | 分 | 秒 | 微 | 緯度歲差 加減 | 秒 | 微 | 星等 |
|---|---|---|---|---|---|---|---|---|---|---|---|---|---|---|---|---|---|---|---|---|---|---|---|---|---|---|
| 星宿一 | 午 | 二五 | 四五 | 一五 | 南 | 二二 | 二三 | 二七 | 午 | 二〇 | 三二 | 五九 | 〇六 | 加 | | 四五 | 四九 | 南 | 八 | 一一 | 一三 | 五一 | 加 | 一五 | 五七 | 三 |
| 星宿二 | 午 | 二四 | 〇二 | 五八 | 南 | 一六 | 四二 | 五三 | 午 | 二〇 | 五三 | 二六 | 三六 | 加 | | 四七 | 一二 | 南 | 二 | 一七 | 五二 | 四三 | 加 | 一六 | 〇一 | 五 |
| 星宿三 | 午 | 二四 | 一二 | 五七 | 南 | 一四 | 五八 | 五六 | 午 | 二一 | 三六 | 〇四 | 三九 | 加 | | 四七 | 三三 | 南 | | 四二 | 三五 | 一〇 | 加 | 一六 | 一〇 | 五 |
| 星宿四 | 午 | 二六 | 〇六 | 三五 | 南 | 一四 | 一七 | 一三 | 午 | 二三 | 三三 | 三七 | 二二 | 加 | | 四七 | 三四 | 南 | | 三九 | 〇四 | 三一 | 加 | 一六 | 三七 | 四 |
| 星宿五 | 午 | 二四 | 一七 | 一二 | 南 | 二五 | 四九 | 四二 | 午 | 一八 | 四六 | 五三 | 一三 | 加 | | 四五 | 三一 | 南 | 九 | 〇五 | 五六 | 一三 | 加 | 一五 | 三一 | 六 |
| 星宿六 | 午 | 二六 | 〇一 | 二三 | 南 | 二四 | 三七 | 二三 | 午 | 二〇 | 〇一 | 四八 | 一一 | 加 | | 四五 | 一七 | 南 | 一〇 | 二二 | 二五 | 〇七 | 加 | 一五 | 四九 | 六 |
| 星宿七 | 午 | 二七 | 〇三 | 一九 | 南 | 二三 | 一四 | 五六 | 午 | 二一 | 二四 | 〇六 | 二二 | 加 | | 四五 | 三四 | 南 | 九 | 二三 | 五一 | 四四 | 加 | 一六 | 〇八 | 六 |
| 內增一 | 午 | 二五 | 五二 | 一二 | 南 | 二二 | 五六 | 四四 | 午 | 二〇 | 二七 | 五四 | 二三 | 加 | | 四五 | 四一 | 南 | 八 | 四四 | 四五 | 〇八 | 加 | 一五 | 五六 | 六 |
| 西增二 | 午 | 二三 | 〇一 | 四四 | 南 | 二五 | 二二 | 二四 | 午 | 一七 | 四九 | 三九 | 二二 | 加 | | 四五 | 四一 | 南 | 八 | 一七 | 四一 | 五四 | 加 | 一五 | 一八 | 六 |
| 西增三 | 午 | 二一 | 一三 | 一七 | 南 | 二三 | 五九 | 一六 | 午 | 一六 | 〇二 | 三八 | 四八 | 加 | | 四五 | 三六 | 南 | 八 | 二一 | 〇七 | 三三 | 加 | 一四 | 五一 | 六 |
| 西增四 | 午 | 二〇 | 五五 | 三八 | 南 | 二三 | 五一 | 五六 | 午 | 一五 | 四九 | 二八 | 五七 | 加 | | 四五 | 三九 | 南 | 八 | 〇九 | 〇七 | 二四 | 加 | 一四 | 四八 | 六 |
| 西增五 | 午 | 二一 | 二一 | 四三 | 南 | 二二 | 一〇 | 二三 | 午 | 一六 | 四四 | 二九 | 〇九 | 加 | | 四五 | 〇三 | 南 | 六 | 四〇 | 〇九 | 二六 | 加 | 一五 | 〇二 | 六 |
| 西增六 | 午 | 二二 | 一〇 | 四二 | 南 | 二一 | 〇六 | 五九 | 午 | 一七 | 四八 | 〇一 | 二八 | 加 | | 四六 | 一六 | 南 | 五 | 五四 | 一七 | 一一 | 加 | 一五 | 一七 | 六 |
| 西增七 | 午 | 二三 | 五六 | 三一 | 南 | 一九 | 一四 | 〇〇 | 午 | 一九 | 五八 | 四七 | 一四 | 加 | | 四六 | 三八 | 南 | 四 | 三八 | 五七 | 〇七 | 加 | 一五 | 四九 | 六 |
| 東增八 | 午 | 二六 | 二九 | 四五 | 南 | 一九 | 一四 | 五七 | 午 | 二二 | 一六 | 〇〇 | 三〇 | 加 | | 四六 | 三〇 | 南 | 五 | 二六 | 二二 | 二〇 | 加 | 一六 | 二〇 | 六 |
| 東增九 | 午 | 二九 | 五七 | 三〇 | 南 | 一六 | 一三 | 二七 | 午 | 二六 | 二四 | 一〇 | 三四 | 加 | | 四六 | 五八 | 南 | 三 | 四三 | 四三 | 三六 | 加 | 一七 | 一二 | 六 |
| 東增十 | 巳 | | 一七 | 二八 | 南 | 一九 | 一九 | 〇〇 | 午 | 二五 | 三七 | 三〇 | 二〇 | 加 | | 四六 | 二〇 | 南 | 六 | 四四 | 二二 | 〇九 | 加 | 一七 | 〇三 | 六 |
| 東增十一 | 巳 | | 五六 | 二五 | 南 | 一九 | 一三 | 二四 | 午 | 二六 | 一四 | 〇八 | 三七 | 加 | | 四六 | 一九 | 南 | 六 | 五一 | 五七 | 一〇 | 加 | 一七 | 一〇 | 六 |
| 東增十二 | 巳 | 一 | 四四 | 三六 | 南 | 一九 | 四二 | 二二 | 午 | 二六 | 四六 | 四五 | 三六 | 加 | | 四六 | 一二 | 南 | 七 | 三五 | 〇三 | 二八 | 加 | 一七 | 一六 | 六 |
| 東增十三 | 午 | 二九 | 四〇 | 三四 | 南 | 二三 | 〇五 | 三五 | 午 | 二三 | 四五 | 〇九 | 五六 | 加 | | 四五 | 三二 | 南 | 一〇 | 〇四 | 三六 | 五七 | 加 | 一六 | 三九 | 六 |

| 星宿恆星表 | 黃道經度 宮 | 度 | 分 | 秒 | 黃道緯度 向 | 度 | 分 | 秒 | 赤道經度 宮 | 度 | 分 | 秒 | 微 | 經度歲差 加減 | 分 | 秒 | 微 | 赤道緯度 向 | 度 | 分 | 秒 | 微 | 緯度歲差 加減 | 秒 | 微 | 星等 |
|---|---|---|---|---|---|---|---|---|---|---|---|---|---|---|---|---|---|---|---|---|---|---|---|---|---|---|
| 東增十四 | 午 | 二九 | 〇七 | 一六 | 南 | 二二 | 〇四 | 二〇 | 午 | 二三 | 三七 | 二六 | 四一 | 加 | | 四五 | 四七 | 南 | 八 | 五六 | 三八 | 四八 | 加 | 一六 | 三六 | 六 |
| 東增十五 | 午 | 二八 | 三六 | 五五 | 南 | 二二 | 一四 | 〇〇 | 午 | 二三 | 〇七 | 二一 | 五八 | 加 | | 四五 | 四六 | 南 | 八 | 五六 | 〇二 | 一三 | 加 | 一六 | 三一 | 六 |
| 天相一 | 巳 | 六 | 〇六 | 四〇 | 南 | 一八 | 二四 | 五〇 | 巳 | 一 | 〇八 | 〇六 | 三七 | 加 | | 四六 | 一九 | 南 | 七 | 五二 | 〇四 | 一八 | 加 | 一八 | 〇六 | 六 |
| 天相二 | 巳 | 六 | 〇二 | 二三 | 南 | 一六 | 〇〇 | 三二 | 巳 | 一 | 五七 | 三〇 | 五八 | 加 | | 四六 | 四六 | 南 | 五 | 三六 | 一八 | 〇二 | 加 | 一八 | 一四 | 四 |
| 天相三 | 巳 | 七 | 五〇 | 一七 | 南 | 一七 | 二三 | 二六 | 巳 | 三 | 〇三 | 二七 | 四七 | 加 | | 四六 | 二九 | 南 | 七 | 三一 | 二七 | 五五 | 加 | 一八 | 二五 | 六 |
| 內增一 | 巳 | 六 | 二〇 | 五三 | 南 | 一八 | 一九 | 五一 | 巳 | 一 | 二二 | 三八 | 〇五 | 加 | | 四六 | 二一 | 南 | 七 | 五二 | 二三 | 四四 | 加 | 一八 | 〇八 | 六 |
| 內增二 | 巳 | 六 | 五六 | 四二 | 南 | 一七 | 三八 | 四三 | 巳 | 二 | 〇九 | 五三 | 二一 | 加 | | 四六 | 二七 | 南 | 七 | 二六 | 四三 | 一一 | 加 | 一八 | 一七 | 六 |
| 內增三 | 巳 | 六 | 三五 | 五四 | 南 | 一七 | 〇七 | 四三 | 巳 | 二 | 〇二 | 四七 | 三九 | 加 | | 四六 | 三三 | 南 | 六 | 五〇 | 三五 | 四五 | 加 | 一八 | 一五 | 六 |
| 北增四 | 巳 | 七 | 二七 | 五四 | 南 | 一三 | 〇九 | 二二 | 巳 | 四 | 二六 | 四七 | 一〇 | 加 | | 四七 | 一〇 | 南 | 三 | 三一 | 〇〇 | 五七 | 加 | 一八 | 三九 | 六 |
| 北增五 | 巳 | 八 | 三一 | 〇九 | 南 | 一三 | 〇八 | 五〇 | 巳 | 五 | 一五 | 一五 | 四四 | 加 | | 四七 | 〇八 | 南 | 三 | 四九 | 四一 | 五八 | 加 | 一八 | 四六 | 六 |
| 北增六 | 巳 | 八 | 〇二 | 五一 | 南 | 一一 | 三二 | 四六 | 巳 | 五 | 二五 | 〇九 | 二九 | 加 | | 四七 | 二三 | 南 | 二 | 一〇 | 一三 | 二四 | 加 | 一八 | 四八 | 五 |
| 北增八 | 巳 | 六 | 二五 | 一二 | 南 | 一〇 | 一二 | 五六 | 巳 | 四 | 二五 | 一四 | 四〇 | 加 | | 四七 | 四〇 | 南 | | 二〇 | 四六 | 一四 | 加 | 一八 | 三八 | 六 |
| 北增九 | 巳 | 七 | 〇一 | 五五 | 南 | 九 | 五五 | 四一 | 巳 | 五 | 一三 | 二六 | 五七 | 加 | | 四七 | 三九 | 南 | | 二一 | 一〇 | 一五 | 加 | 一八 | 四五 | 六 |
| 北增十 | 巳 | 七 | 五八 | 一八 | 南 | 九 | 一九 | 〇三 | 巳 | 六 | 一〇 | 二二 | 〇六 | 加 | | 四七 | 四二 | 南 | | 四 | 一七 | 四二 | 加 | 一八 | 五四 | 五 |
| 北增十一 | 巳 | 一〇 | 五八 | 三二 | 南 | 九 | 一七 | 四九 | 巳 | 八 | 五五 | 五三 | 二二 | 加 | | 四七 | 三四 | 南 | 一 | 〇九 | 二六 | 一一 | 加 | 一九 | 一七 | 六 |
| 北增十二 | 巳 | 一三 | 四二 | 〇八 | 南 | 一〇 | 四〇 | 〇二 | 巳 | 一〇 | 五三 | 五一 | 五四 | 加 | | 四七 | 一八 | 南 | 三 | 二六 | 四〇 | 四八 | 加 | 一九 | 三六 | 六 |
| 軒轅一 | 午 | 三 | 四五 | 三八 | 北 | 二三 | 四五 | 二五 | 午 | 一三 | 二三 | 二九 | 五五 | 加 | 一 | 〇一 | 二五 | 北 | 四二 | 一三 | 一〇 | 三三 | 減 | 一四 | 〇九 | 四 |
| 軒轅二 | 午 | 五 | 五八 | 三一 | 北 | 二〇 | 五二 | 二八 | 午 | 一四 | 五〇 | 三一 | 三一 | 加 | | 五九 | 三七 | 北 | 三八 | 五三 | 一五 | 二一 | 減 | 一四 | 三三 | 四 |
| 軒轅三 | 午 | 九 | 〇〇 | 二六 | 北 | 二〇 | 〇五 | 五一 | 午 | 一七 | 五八 | 一八 | 五四 | 加 | | 五八 | 一八 | 北 | 三七 | 一六 | 二八 | 二三 | 減 | 一五 | 一九 | 四 |
| 軒轅四 | 午 | 一〇 | 一八 | 二六 | 北 | 一七 | 五七 | 二九 | 午 | 一八 | 三五 | 〇一 | 五四 | 加 | | 五七 | 一八 | 北 | 三四 | 五一 | 二六 | 五六 | 減 | 一五 | 二八 | 四 |

| 星宿恆星表 | 黃道經度 宮 | 度 | 分 | 秒 | 黃道緯度 向 | 度 | 分 | 秒 | 赤道經度 宮 | 度 | 分 | 秒 | 微 | 經度歲差 加減 | 分 | 秒 | 微 | 赤道緯度 向 | 度 | 分 | 秒 | 微 | 緯度歲差 加減 | 秒 | 微 | 星等 |
|---|---|---|---|---|---|---|---|---|---|---|---|---|---|---|---|---|---|---|---|---|---|---|---|---|---|---|
| 軒轅五 | 午 | 一四 | 五六 | 一六 | 北 | 一七 | 五三 | 二九 | 午 | 二三 | 三五 | 二三 | 三三 | 加 | | 五五 | 五一 | 北 | 三三 | 二一 | 三九 | 二九 | 減 | 一六 | 三七 | 六 |
| 軒轅六 | 午 | 一六 | 二九 | 四八 | 北 | 一五 | 二二 | 二四 | 午 | 二四 | 一五 | 〇五 | 五九 | 加 | | 五四 | 五三 | 北 | 三〇 | 二九 | 一五 | 〇二 | 減 | 一六 | 四六 | 六 |
| 軒轅七 | 午 | 一三 | 四四 | 四四 | 北 | 一〇 | 二五 | 一四 | 午 | 一九 | 三二 | 五〇 | 三〇 | 加 | | 五四 | 三〇 | 北 | 二六 | 三九 | 三〇 | 一一 | 減 | 一五 | 四三 | 四 |
| 軒轅八 | 午 | 一六 | 一九 | 二九 | 北 | 七 | 五二 | 四七 | 午 | 二一 | 二〇 | 五〇 | 〇三 | 加 | | 五三 | 二一 | 北 | 二三 | 二七 | 〇七 | 五九 | 減 | 一六 | 〇七 | 四 |
| 軒轅九 | 午 | 一九 | 〇九 | 三二 | 北 | 九 | 四二 | 五六 | 午 | 二四 | 五三 | 三六 | 一八 | 加 | | 五三 | 〇六 | 北 | 二四 | 一七 | 一七 | 〇一 | 減 | 一六 | 五三 | 三 |
| 軒轅十 | 午 | 一九 | 五三 | 四二 | 北 | 一二 | 二〇 | 四三 | 午 | 二六 | 三七 | 二二 | 三八 | 加 | | 五三 | 二六 | 北 | 二六 | 三一 | 二五 | 一五 | 減 | 一七 | 一五 | 三 |
| 軒轅十一 | 午 | 二六 | 〇〇 | 五七 | 北 | 一一 | 五一 | 一七 | 巳 | 二 | 三七 | 四六 | 一七 | 加 | | 五一 | 五九 | 北 | 二三 | 五七 | 四八 | 一四 | 減 | 一八 | 二二 | 三 |
| 軒轅十二 | 午 | 二八 | 〇二 | 二一 | 北 | 八 | 四八 | 二八 | 巳 | 三 | 二六 | 五二 | 五三 | 加 | | 五一 | 一一 | 北 | 二〇 | 二四 | 一三 | 三〇 | 減 | 一八 | 三〇 | 二 |
| 軒轅十三 | 午 | 二六 | 二一 | 四〇 | 北 | 四 | 五一 | 二四 | 巳 | | 一九 | 三〇 | 〇八 | 加 | | 五〇 | 五六 | 北 | 一七 | 一七 | 四八 | 〇九 | 減 | 一七 | 五七 | 三 |
| 軒轅十四 | 午 | 二八 | 一八 | 三六 | 北 | | 二七 | 三九 | 巳 | | 三八 | 一二 | 三四 | 加 | | 四九 | 五八 | 北 | 一二 | 二九 | 五六 | 〇〇 | 減 | 一八 | 〇〇 | 一 |
| 軒轅十五 | 午 | 二二 | 四三 | 二四 | 南 | 三 | 四五 | 四〇 | 午 | 二三 | 四九 | 三六 | 三四 | 加 | | 四九 | 五八 | 北 | 一〇 | 二三 | 一八 | 二〇 | 減 | 一六 | 四〇 | 四 |
| 軒轅十六 | 巳 | 四 | 五一 | 〇六 | 北 | | 八 | 三六 | 巳 | 六 | 四五 | 〇七 | 二七 | 加 | | 四九 | 〇九 | 北 | 九 | 五二 | 一〇 | 〇〇 | 減 | 一九 | 〇〇 | 四 |
| 北增一 | 午 | 一二 | 一二 | 三三 | 北 | 一九 | 二〇 | 五六 | 午 | 二一 | 一三 | 一一 | 二六 | 加 | | 五七 | 〇二 | 北 | 三五 | 三五 | 四四 | 二五 | 減 | 一六 | 〇五 | 五 |
| 內增二 | 午 | 一二 | 三三 | 一三 | 北 | 一七 | 五五 | 三二 | 午 | 二一 | 〇一 | 四二 | 四八 | 加 | | 五六 | 三六 | 北 | 三四 | 〇八 | 三七 | 五一 | 減 | 一六 | 〇三 | 六 |
| 西增三 | 午 | 九 | 〇一 | 四四 | 北 | 一七 | 四九 | 一二 | 午 | 一七 | 〇七 | 一一 | 四〇 | 加 | | 五七 | 四〇 | 北 | 三五 | 〇六 | 一一 | 四二 | 減 | 一五 | 〇六 | 六 |
| 西增四 | 午 | 六 | 五四 | 三七 | 北 | 一四 | 三九 | 二〇 | 午 | 一三 | 三九 | 一二 | 四六 | 加 | | 五七 | 二二 | 北 | 三二 | 四〇 | 四六 | 五八 | 減 | 一四 | 一四 | 六 |
| 西增五 | 午 | 六 | 二八 | 〇六 | 北 | 一四 | 四二 | 二〇 | 午 | 一三 | 一〇 | 五七 | 三〇 | 加 | | 五七 | 三〇 | 北 | 三二 | 五〇 | 五四 | 四二 | 減 | 一四 | 〇六 | 六 |
| 西增六 | 午 | 五 | 四六 | 五一 | 北 | 一五 | 〇一 | 一六 | 午 | 一二 | 三一 | 三六 | 二四 | 加 | | 五七 | 四八 | 北 | 三三 | 二〇 | 一五 | 三五 | 減 | 一三 | 五五 | 五 |
| 西增七 | 午 | 五 | 〇〇 | 〇〇 | 北 | 一四 | 二〇 | 一〇 | 午 | 一一 | 二六 | 〇四 | 四一 | 加 | | 五七 | 四七 | 北 | 三二 | 五三 | 一六 | 四六 | 減 | 一三 | 三八 | 六 |
| 西增八 | 午 | | 一二 | 四二 | 北 | 一七 | 〇八 | 〇六 | 午 | 六 | 五四 | 一一 | 二七 | 加 | 一 | 〇〇 | 〇九 | 北 | 三六 | 四七 | 三二 | 一四 | 減 | 一二 | 二二 | 六 |

| 星宿恆星表 | 黃道經度 宮 | 度 | 分 | 秒 | 黃道緯度 向 | 度 | 分 | 秒 | 赤道經度 宮 | 度 | 分 | 秒 | 微 | 經度歲差 加減 | 分 | 秒 | 微 | 赤道緯度 向 | 度 | 分 | 秒 | 微 | 緯度歲差 加減 | 秒 | 微 | 星等 |
|---|---|---|---|---|---|---|---|---|---|---|---|---|---|---|---|---|---|---|---|---|---|---|---|---|---|---|
| 西增九 | 午 | 二 | 二一 | 三六 | 北 | 一三 | 五三 | 一〇 | 午 | 八 | 二〇 | 五二 | 〇三 | 加 | | 五八 | 二一 | 北 | 三三 | 〇七 | 三五 | 〇二 | 減 | 一二 | 四六 | 六 |
| 西增十 | 午 | 二 | 二〇 | 二〇 | 北 | 一三 | 三八 | 四五 | 午 | 八 | 一五 | 〇五 | 二八 | 加 | | 五八 | 一六 | 北 | 三二 | 五三 | 五七 | 四五 | 減 | 一二 | 四五 | 六 |
| 西增十一 | 午 | 三 | 五九 | 〇五 | 北 | 一二 | 一二 | 二四 | 午 | 九 | 三八 | 三八 | 四六 | 加 | | 五七 | 二二 | 北 | 三一 | 〇五 | 四七 | 三三 | 減 | 一三 | 〇九 | 六 |
| 西增十二 | 午 | 五 | 五三 | 二八 | 北 | 一二 | 三七 | 〇九 | 午 | 一一 | 五二 | 〇一 | 四三 | 加 | | 五七 | 〇一 | 北 | 三〇 | 五九 | 五五 | 四五 | 減 | 一三 | 四五 | 五 |
| 西增十三 | 午 | 六 | 四六 | 五八 | 北 | 一二 | 三〇 | 三五 | 午 | 一二 | 四八 | 二四 | 一五 | 加 | | 五六 | 四五 | 北 | 三〇 | 三九 | 一七 | 〇〇 | 減 | 一四 | 〇〇 | 六 |
| 西增十四 | 午 | 九 | 〇五 | 三〇 | 北 | 一二 | 三五 | 三七 | 午 | 一五 | 二〇 | 二一 | 五三 | 加 | | 五六 | 一一 | 北 | 三〇 | 〇五 | 四六 | 二〇 | 減 | 一四 | 四〇 | 六 |
| 西增十五 | 午 | 一〇 | 一一 | 一四 | 北 | 九 | 四七 | 三一 | 午 | 一五 | 三五 | 一七 | 二七 | 加 | | 五五 | 〇九 | 北 | 二七 | 〇六 | 一二 | 二八 | 減 | 一四 | 四四 | 六 |
| 西增十六 | 午 | 八 | 四七 | 五六 | 北 | 一〇 | 三九 | 一九 | 午 | 一四 | 二三 | 一六 | 四九 | 加 | | 五五 | 四三 | 北 | 二八 | 一九 | 一七 | 〇五 | 減 | 一四 | 二五 | 六 |
| 西增十七 | 午 | 八 | 一七 | 五三 | 北 | 一〇 | 三一 | 三七 | 午 | 一三 | 四八 | 三七 | 二四 | 加 | | 五五 | 四八 | 北 | 二八 | 二〇 | 一二 | 三二 | 減 | 一四 | 一六 | 六 |
| 西增十八 | 午 | 六 | 五八 | 〇七 | 北 | 一〇 | 〇九 | 五八 | 午 | 一二 | 一六 | 〇八 | 〇〇 | 加 | | 五六 | 〇〇 | 北 | 二八 | 二一 | 〇三 | 四四 | 減 | 一三 | 五二 | 六 |
| 西增十九 | 午 | 六 | 二八 | 一七 | 北 | 一〇 | 二六 | 〇八 | 午 | 一一 | 四八 | 五七 | 一九 | 加 | | 五六 | 一三 | 北 | 二八 | 四四 | 三四 | 四五 | 減 | 一三 | 四五 | 六 |
| 西增二十 | 午 | 六 | 一三 | 一七 | 北 | 一〇 | 二三 | 二二 | 午 | 一一 | 三一 | 五三 | 四五 | 加 | | 五六 | 一五 | 北 | 二八 | 四五 | 五三 | 二〇 | 減 | 一三 | 四〇 | 六 |
| 西增二十一 | 午 | 六 | 一〇 | 一八 | 北 | 一〇 | 一六 | 四七 | 午 | 一一 | 二六 | 四〇 | 〇二 | 加 | | 五六 | 一四 | 北 | 二八 | 四〇 | 一九 | 四六 | 減 | 一三 | 三八 | 六 |
| 西增二十二 | 午 | 四 | 四八 | 〇九 | 北 | 一〇 | 二五 | 一七 | 午 | 一〇 | 〇〇 | 一〇 | 〇五 | 加 | | 五六 | 三五 | 北 | 二九 | 〇九 | 五一 | 一五 | 減 | 一三 | 一五 | 五 |
| 西增二十三 | 午 | 九 | 二九 | 二八 | 北 | 七 | 一六 | 〇九 | 午 | 一四 | 〇三 | 二七 | 一四 | 加 | | 五四 | 三八 | 北 | 二四 | 五二 | 四五 | 四〇 | 減 | 一四 | 二〇 | 六 |
| 西增二十四 | 午 | 一一 | 四〇 | 〇一 | 北 | 五 | 二四 | 五一 | 午 | 一五 | 四四 | 五八 | 四〇 | 加 | | 五三 | 四〇 | 北 | 二二 | 二九 | 二〇 | 一九 | 減 | 一四 | 四七 | 五 |
| 西增二十五 | 午 | 一三 | 四七 | 五七 | 北 | 九 | 二三 | 二一 | 午 | 一九 | 一五 | 〇三 | 〇二 | 加 | | 五四 | 一四 | 北 | 二五 | 三九 | 三七 | 四六 | 減 | 一五 | 三八 | 六 |
| 內增二十六 | 午 | 一七 | 〇八 | 二一 | 北 | 九 | 五七 | 〇七 | 午 | 二二 | 五四 | 二六 | 三一 | 加 | | 五三 | 三七 | 北 | 二五 | 〇九 | 三八 | 五六 | 減 | 一六 | 二八 | 六 |
| 內增二十七 | 午 | 一七 | 三二 | 三二 | 北 | 一一 | 二四 | 四四 | 午 | 二三 | 五〇 | 五九 | 三八 | 加 | | 五三 | 四六 | 北 | 二六 | 二四 | 四七 | 二〇 | 減 | 一六 | 四〇 | 六 |
| 內增二十八 | 午 | 二〇 | 一五 | 〇一 | 北 | 一〇 | 四六 | 一五 | 午 | 二六 | 二三 | 三九 | 五二 | 加 | | 五三 | 〇四 | 北 | 二四 | 五五 | 二七 | 二四 | 減 | 一七 | 一二 | 六 |

| 星名 | 宮 | 度 | 分 | 秒 | 緯向 | 度 | 分 | 秒 | 宮 | 度 | 分 | 秒 | 微 | 加減 | 分 | 秒 | 微 | 緯向 | 度 | 分 | 秒 | 微 | 加減 | 秒 | 微 | 等 |
|---|---|---|---|---|---|---|---|---|---|---|---|---|---|---|---|---|---|---|---|---|---|---|---|---|---|---|
| 內增二十九 | 午 | 二[illegible] | [illegible]四 | 四八 | 北 | 七 | 三四 | 二一 | 午 | 二五 | 五三 | 五六 | 〇三 | 加 | | 五二 | 二一 | 北 | 二一 | 四一 | 一九 | 四二 | 減 | 一七 | 〇六 | 六 |
| 南增三十 | 午 | 二五 | 五八 | 四四 | 南 | 二一 | 五六 | 〇〇 | 巳 | 六 | 三七 | 二五 | 一七 | 加 | | 五一 | 五九 | 北 | 二四 | 〇二 | 五八 | 五七 | 減 | 一八 | 二一 | 六 |
| 南增三十一 | 午 | 二六 | 一八 | 〇八 | 北 | 二一 | 五八 | 一七 | 巳 | 六 | 四九 | 四六 | 五九 | 加 | | 五一 | 五三 | 北 | 二三 | 三九 | 三六 | 一四 | 減 | 一八 | 二二 | 六 |
| 內增三十二 | 午 | 二七 | 二八 | 三〇 | 北 | 八 | 二七 | 一〇 | 巳 | 六 | 四五 | 一五 | 〇二 | 加 | | 五一 | 一四 | 北 | 二〇 | 一六 | 一五 | 一四 | 減 | 一八 | 二五 | 六 |
| 內增三十三 | 午 | 二八 | 〇九 | 四一 | 北 | 八 | 二七 | 五二 | 巳 | 五 | 二六 | 一一 | 〇一 | 加 | | 五一 | 〇七 | 北 | 二〇 | 〇二 | 二四 | 一三 | 減 | 一八 | 二九 | 六 |
| 內增三十四 | 午 | 二七 | 三一 | 一六 | 南 | 四 | 〇九 | 四七 | 巳 | 一 | 一二 | 一七 | 一四 | 加 | | 五〇 | 五八 | 北 | 一六 | 一四 | 五七 | 四二 | 減 | 一八 | 〇六 | 六 |
| 內增三十五 | 巳 | | 一六 | 五九 | 北 | 四 | 二五 | 五一 | 巳 | 五 | 五八 | 三二 | 四五 | 加 | | 五〇 | 一五 | 北 | 一五 | 三一 | 一四 | 二二 | 減 | 一八 | 三三 | 六 |
| 內增三十六 | 午 | 二九 | 五四 | 一六 | 北 | 二 | 四九 | 〇六 | 巳 | 二 | 四一 | 〇一 | 二七 | 加 | | 五〇 | 〇九 | 北 | 一四 | 一六 | 一五 | 五七 | 減 | 一八 | 二一 | 六 |
| 內增三十七 | 午 | 二八 | 五二 | 二六 | 北 | 二 | 〇二 | 一〇 | 巳 | 一 | 二五 | 一九 | 五三 | 加 | | 五〇 | 一一 | 北 | 一三 | 五三 | 四二 | 三三 | 減 | 一八 | 〇九 | 六 |
| 南增三十八 | 午 | 二七 | 四六 | 二〇 | 南 | 五 | 五五 | 一六 | 午 | 二八 | 三五 | 三一 | 四六 | 加 | | 四九 | 二二 | 北 | 八 | 三四 | 〇四 | 四六 | 減 | 一七 | 三八 | 四 |
| 南增三十九 | 午 | 二七 | 一一 | 〇六 | 南 | 五 | 五〇 | 二九 | 午 | 二八 | 〇五 | 三九 | 五五 | 加 | | 四九 | 二五 | 北 | 八 | 五〇 | 三二 | 〇四 | 減 | 一七 | 三二 | 五 |
| 南增四十 | 午 | 二六 | 五五 | 〇七 | 南 | 五 | 二四 | 一六 | 午 | 二七 | 三八 | 二六 | 二二 | 加 | | 四九 | 三四 | 北 | 九 | 二七 | 一八 | 三九 | 減 | 一七 | 二七 | 六 |
| 內增四十一 | 午 | 二六 | 〇五 | 五七 | 南 | 一 | 〇五 | 三〇 | 午 | 二七 | 五五 | 五三 | 二六 | 加 | | 五〇 | 〇二 | 北 | 一一 | 五〇 | 五一 | 四七 | 減 | 一七 | 三一 | 六 |
| 內增四十二 | 午 | 二五 | 四八 | 〇八 | 北 | | 三二 | 三〇 | 午 | 二八 | 〇四 | 二六 | 四五 | 加 | | 五〇 | 一五 | 北 | 一二 | 五七 | 四七 | 二一 | 減 | 一七 | 三三 | 四 |
| 內增四十三 | 午 | 二五 | 五六 | 四三 | 北 | | 三一 | 一五 | 午 | 二六 | 一六 | 二七 | 三〇 | 加 | | 五〇 | 三〇 | 北 | 一三 | 三四 | 四九 | 五〇 | 減 | 一七 | 一〇 | 六 |
| 內增四十四 | 午 | 二五 | 一七 | 四四 | 南 | 一 | 五三 | 一四 | 午 | 二五 | 〇六 | 四九 | 三七 | 加 | | 五〇 | 一九 | 北 | 一二 | 一八 | 二四 | 〇九 | 減 | 一六 | 五七 | 六 |
| 南增四十五 | 午 | 二二 | 四七 | 一四 | 南 | 六 | 五八 | 四四 | 午 | 二二 | 五〇 | 三六 | 三七 | 加 | | 四九 | 一九 | 北 | 七 | 一九 | 一二 | 三九 | 減 | 一六 | 二七 | 五 |
| 南增四十六 | 午 | 二五 | 四八 | 〇〇 | 南 | 八 | 五五 | 四七 | 午 | 二五 | 一〇 | 〇九 | 三三 | 加 | | 四八 | 五一 | 北 | 五 | 〇九 | 〇二 | 四七 | 減 | 一六 | 三一 | 五 |
| 南增四十七 | 午 | 二六 | 四八 | 二〇 | 南 | 八 | 五二 | 五一 | 午 | 二六 | 三六 | 〇〇 | 五四 | 加 | | 四八 | 一八 | 北 | 二 | 五七 | 五二 | 五八 | 減 | 一七 | 一四 | 六 |
| 南增四十八 | 午 | 二六 | 四五 | 一六 | 南 | 八 | 一五 | 〇二 | 午 | 二六 | 一〇 | 四三 | 〇六 | 加 | | 四八 | 四二 | 北 | 四 | 五一 | 四六 | 五〇 | 減 | 一七 | 一〇 | 六 |
| 南增四十九 | 午 | 二七 | 三三 | 四四 | 南 | 七 | 二一 | 一二 | 午 | 二七 | 〇三 | 三八 | 二四 | 加 | | 四八 | 四八 | 北 | 五 | 二八 | 〇一 | 四〇 | 減 | 一七 | 二〇 | 六 |
| 南增五十 | 午 | 二八 | 五五 | 五六 | 南 | 七 | 二五 | 四二 | 午 | 二八 | 二九 | 二八 | 五六 | 加 | | 四八 | 三九 | 北 | 四 | 五四 | 三一 | 二九 | 減 | 一七 | 三七 | 六 |
| 南增五十一 | 巳 | | 二五 | 〇二 | 南 | 八 | 〇六 | 四一 | 午 | 二九 | 三五 | 五一 | 五五 | 加 | | 四八 | 二五 | 北 | 三 | 四四 | 二七 | 五三 | 減 | 一七 | 四九 | 六 |
| 南增五十二 | 巳 | | 八 | 五一 | 南 | 五 | 五七 | 五八 | 巳 | | 一四 | 三二 | 五〇 | 加 | | 四八 | 五〇 | 北 | 六 | 〇九 | 〇七 | 三五 | 減 | 一七 | 五五 | 六 |
| 南增五十三 | 巳 | 一 | 三四 | 〇六 | 南 | 五 | 〇五 | 〇八 | 巳 | 一 | 四五 | 五五 | 四一 | 加 | | 四八 | 四七 | 北 | 六 | 〇九 | 五四 | 二四 | 減 | 一八 | 一二 | 六 |
| 南增五十四 | 巳 | 一 | 三二 | 二二 | 南 | 四 | 五二 | 五五 | 巳 | 一 | 四八 | 三八 | 二四 | 加 | | 四八 | 四八 | 北 | 六 | 二一 | 五六 | 四一 | 減 | 一八 | 一三 | 六 |
| 南增五十五 | 巳 | 五 | 三四 | 二六 | 南 | 五 | 一九 | 五三 | 巳 | 四 | 一六 | 四二 | 三三 | 加 | | 四八 | 五一 | 北 | 七 | 〇六 | 〇四 | 二九 | 減 | 一八 | 三七 | 六 |
| 南增五十六 | 巳 | 五 | 一七 | 五五 | 南 | 一 | 〇一 | 五五 | 巳 | 四 | 五一 | 一三 | 一〇 | 加 | | 四九 | 一〇 | 北 | 九 | 二〇 | 三五 | 五四 | 減 | 一八 | 四二 | 五 |
| 內增五十七 | 巳 | 五 | 三〇 | 〇一 | 北 | | 五 | 五九 | 巳 | 五 | 二七 | 二六 | 一一 | 加 | | 四九 | 一七 | 北 | 一〇 | 一九 | 一四 | 一九 | 減 | 一八 | 四七 | 六 |
| 南增五十八 | 午 | 一一 | 四九 | 四九 | 北 | 五 | 二〇 | 一〇 | 午 | 一五 | 五三 | 四〇 | 四〇 | 加 | | 五二 | 四〇 | 北 | 二二 | 二二 | 〇五 | 三六 | 減 | 一四 | 四八 | 六 |
| 內增五十九 | 午 | 二五 | 四六 | 四五 | 南 | 六 | 四七 | 五九 | 午 | 二五 | 五二 | 〇一 | 五一 | 加 | | 四九 | 五七 | 北 | 一〇 | 二〇 | 〇二 | 三七 | 減 | 一六 | 四一 | 五 |
| 御女 | 午 | 二八 | 五二 | 五五 | 南 | 一 | 二五 | 一六 | 巳 | | 三一 | 〇五 | 三二 | 加 | | 四九 | 三七 | 北 | 一〇 | 三二 | 〇八 | 二六 | 減 | 一七 | 五八 | 六 |
| 內十一 | 午 | 二二 | 五四 | 一二 | 北 | 一九 | 一二 | 五五 | 巳 | 二 | 一一 | 〇四 | 四一 | 加 | | 五五 | 四七 | 北 | 三二 | 〇一 | 一七 | 三二 | 減 | 一八 | 一六 | 六 |
| 內十二 | 午 | 一九 | 二六 | 四六 | 北 | 二二 | 〇五 | 一五 | 巳 | | 一二 | 三一 | 五三 | 加 | | 五五 | 一一 | 北 | 三五 | 四六 | 五七 | 一八 | 減 | 一七 | 五四 | 五 |
| 內十三 | 午 | 一四 | 五一 | 四八 | 北 | 二〇 | 〇七 | 四八 | 午 | 二四 | 〇四 | 一七 | 〇四 | 加 | | 五六 | 二八 | 北 | 三五 | 三五 | 五二 | 一一 | 減 | 一六 | 四三 | 六 |
| 內十四 | 午 | 一八 | 二〇 | 五八 | 北 | 一八 | 五六 | 〇五 | 午 | 二七 | 三〇 | 五〇 | 三四 | 加 | | 五四 | 五八 | 北 | 三二 | 五四 | 二八 | 〇五 | 減 | 一七 | 二五 | 六 |
| 北增一 | 午 | 一五 | 三四 | 四八 | 北 | 二五 | 二七 | 〇五 | 午 | 二六 | 二九 | 五八 | 五〇 | 加 | | 五六 | 五〇 | 北 | 三八 | 二四 | 五九 | 二四 | 減 | 一七 | 一二 | 六 |
| 北增二 | 午 | 一四 | 一三 | 四九 | 北 | 二四 | 五五 | 四五 | 午 | 二五 | 五二 | 三五 | 二二 | 加 | | 五七 | 三四 | 北 | 四〇 | 〇九 | 一三 | 二五 | 減 | 一七 | 〇五 | 六 |
| [illegible]增三 | 午 | 一三 | 三三 | 一二 | 北 | 二四 | 二五 | 五六 | 午 | 二五 | 四七 | 四五 | 四四 | 加 | | 五八 | 〇八 | 北 | 四〇 | 一六 | 〇一 | 〇五 | 減 | 一六 | 三九 | 六 |
| [illegible]增四 | 午 | 二一 | 三九 | 一六 | 北 | 二四 | 三七 | 一〇 | 午 | 二二 | 五二 | 三一 | 五六 | 加 | | 五八 | 三二 | 北 | 四〇 | 四三 | 四四 | 三九 | 減 | 一六 | 二七 | 六 |

| 星名 | 宮 | 度 | 分 | 秒 | 緯向 | 度 | 分 | 秒 | 宮 | 度 | 分 | 秒 | 微 | 加減 | 分 | 秒 | 微 | 緯向 | 度 | 分 | 秒 | 微 | 加減 | 秒 | 微 | 等 |
|---|---|---|---|---|---|---|---|---|---|---|---|---|---|---|---|---|---|---|---|---|---|---|---|---|---|---|
| 西增五 | 午 | 一二 | 〇六 | 一三 | 北 | 二〇 | 三七 | 〇三 | 午 | 二一 | 三七 | 二七 | 二九 | 加 | | 五七 | 二三 | 北 | 三六 | 四九 | 三一 | 五〇 | 減 | 一六 | 一〇 | 六 |
| 西增六 | 午 | 一二 | 一五 | 四八 | 北 | 二〇 | 四四 | 〇六 | 午 | 二一 | 五〇 | 五七 | 四六 | 加 | | 五七 | 二二 | 北 | 三六 | 五三 | 一〇 | 五八 | 減 | 一六 | 一四 | 四 |
| 西增七 | 午 | 一二 | 四九 | 二八 | 北 | 二〇 | 一九 | 〇六 | 午 | 二二 | 一七 | 三一 | 五二 | 加 | | 五七 | 〇四 | 北 | 三六 | 一九 | 〇三 | 二三 | 減 | 一六 | 一九 | 六 |
| 西增八 | 午 | 一五 | 一五 | 三一 | 北 | 一九 | 五九 | 一七 | 午 | 二二 | 三七 | 四七 | 三三 | 加 | | 五六 | 五一 | 北 | 三五 | 五二 | 一〇 | 四八 | 減 | 一六 | 二四 | 五 |
| 南增九 | 午 | 一九 | 二八 | 五五 | 北 | 一八 | 三三 | 二七 | 午 | 二八 | 四一 | 一四 | 三一 | 加 | | 五四 | 三七 | 北 | 三二 | 二九 | 〇二 | 〇五 | 減 | 一七 | 三九 | 六 |
| 東增十 | 午 | 二三 | 四〇 | 〇八 | 北 | 一七 | 一七 | 五〇 | 巳 | 二 | 二九 | 一四 | 〇二 | 加 | | 五三 | 一四 | 北 | 二九 | 五一 | 三五 | 二三 | 減 | 一八 | 一九 | 五 |
| 東增十一 | 午 | 二三 | 五八 | 四一 | 北 | 一六 | 四四 | 五六 | 巳 | 二 | 三四 | 一三 | 一八 | 加 | | 五三 | 〇六 | 北 | 二九 | 一四 | 二五 | 一四 | 減 | 一八 | 二二 | 六 |

張宿恒星表

| 星名 | 黃道經度 宮 | 度 | 分 | 秒 | 黃道緯度 南北 | 度 | 分 | 秒 | 赤道經度 宮 | 度 | 分 | 秒 | 微 | 赤經歲差 加減 | 分 | 秒 | 微 | 赤道緯度 南北 | 度 | 分 | 秒 | 微 | 赤緯歲差 加減 | 秒 | 微 | 星等 |
|---|---|---|---|---|---|---|---|---|---|---|---|---|---|---|---|---|---|---|---|---|---|---|---|---|---|---|
| 張宿一 | 巳 | 四 | 一〇 | 四九 | 南 | 二六 | 〇四 | 二四 | 午 | 二六 | 三四 | 〇一 | 四一 | 加 | | 四四 | 四七 | 南 | 一四 | 一九 | 五五 | 〇二 | 加 | 一七 | 一四 | 五 |
| 張宿二 | 巳 | 七 | 五一 | 二六 | 南 | 二二 | 〇〇 | 一八 | 巳 | 一 | 一九 | 二五 | 一四 | 加 | | 四五 | 三八 | 南 | 一一 | 四八 | 三八 | 四四 | 加 | 一八 | 〇八 | 四 |
| 張宿三 | 巳 | 一五 | 三二 | 〇六 | 南 | 二四 | 三九 | 五七 | 巳 | 五 | 一三 | 一〇 | 一〇 | 加 | | 四五 | 一〇 | 南 | 一六 | 一六 | 三五 | 五八 | 加 | 一八 | 四六 | 四 |
| 張宿四 | 巳 | 九 | 〇〇 | 二五 | 南 | 二七 | 二八 | 二五 | 巳 | | 九 | 二九 | 三〇 | 加 | | 四四 | 三〇 | 南 | 一七 | 一五 | 四二 | 二五 | 加 | 一七 | 五五 | 六 |
| 張宿五 | 巳 | 一 | 〇六 | 五九 | 南 | 二六 | 三六 | 二六 | 午 | 二三 | 四三 | 四九 | 二三 | 加 | | 四四 | 四一 | 南 | 一三 | 四九 | 四二 | 五七 | 加 | 一六 | 三九 | 四 |
| 張宿六 | 巳 | 一六 | 三三 | 一二 | 南 | 二三 | 二九 | 二三 | 巳 | 八 | 二〇 | 一九 | 〇四 | 加 | | 四五 | 二八 | 南 | 一六 | 一八 | 二八 | 一九 | 加 | 一九 | 一三 | 五 |
| 內增一 | 巳 | 六 | 四九 | 〇一 | 南 | 二三 | 一〇 | 四六 | 午 | 二九 | 五七 | 四二 | 一二 | 加 | | 四五 | 二四 | 南 | 一二 | 三二 | 一七 | 五九 | 加 | 一七 | 五三 | 五 |
| 內增二 | 巳 | 一五 | 一〇 | 〇五 | 南 | 二四 | 〇七 | 五五 | 巳 | 六 | 五一 | 五四 | 五四 | 加 | | 四五 | 一八 | 南 | 一六 | 二三 | 〇九 | 〇〇 | 加 | 一九 | 〇〇 | 五 |
| 北增三 | 巳 | 一五 | 四五 | 四三 | 南 | 二五 | 一五 | 三三 | 巳 | 七 | 四五 | 二四 | 三〇 | 加 | | 四五 | 三〇 | 南 | 一五 | 四六 | 二六 | 四四 | 加 | 一九 | 〇八 | 六 |
| 南增四 | 巳 | 一八 | 三九 | 四四 | 南 | 三〇 | 一〇 | 五二 | 巳 | 七 | 一三 | 〇六 | 一一 | 加 | | 四四 | 一七 | 南 | 二三 | 一〇 | 四〇 | 〇九 | 加 | 一九 | 〇三 | 六 |
| 北增五 | 巳 | 七 | 四九 | 〇四 | 南 | 二二 | 三五 | 二二 | 巳 | 一 | 〇三 | 五〇 | 一三 | 加 | | 四五 | 三一 | 南 | 一二 | 二〇 | 一七 | 五五 | 加 | 一八 | 〇五 | 六 |

翼宿恒星表

| 星名 | 黃道經度 宮 | 度 | 分 | 秒 | 黃道緯度 南北 | 度 | 分 | 秒 | 赤道經度 宮 | 度 | 分 | 秒 | 微 | 赤經歲差 加減 | 分 | 秒 | 微 | 赤道緯度 南北 | 度 | 分 | 秒 | 微 | 赤緯歲差 加減 | 秒 | 微 | 星等 |
|---|---|---|---|---|---|---|---|---|---|---|---|---|---|---|---|---|---|---|---|---|---|---|---|---|---|---|
| 翼宿一 | 巳 | 二二 | 一三 | 五九 | 南 | 二二 | 四一 | 四四 | 巳 | 一三 | 三九 | 五〇 | 五〇 | 加 | | 四五 | 五〇 | 南 | 一七 | 四三 | 〇九 | 三三 | 加 | 一九 | 五一 | 四 |
| 翼宿二 | 巳 | 二七 | 四三 | 三二 | 南 | 一九 | 三九 | 一六 | 巳 | 一九 | 五二 | 一〇 | 二二 | 加 | | 四六 | 三四 | 南 | 一七 | 〇四 | 四四 | 四六 | 加 | 二〇 | 二二 | 四 |
| 翼宿三 | 辰 | 二 | 三三 | 〇六 | 南 | 一八 | 一七 | 三三 | 巳 | 二四 | 四八 | 四三 | 三五 | 加 | | 四七 | 〇五 | 南 | 一七 | 四四 | 三八 | 三一 | 加 | 二〇 | 三七 | 四 |
| 翼宿四 | 巳 | 二七 | 五三 | 五九 | 南 | 二〇 | 四九 | 二六 | 巳 | 一九 | 三〇 | 四七 | 二一 | 加 | | 四六 | 二七 | 南 | 一八 | 一二 | 三七 | 二〇 | 加 | 二〇 | 二〇 | 五 |
| 翼宿五 | 巳 | 一八 | 五〇 | 五九 | 南 | 二一 | 四九 | 〇五 | 巳 | 一一 | 〇三 | 二四 | 〇七 | 加 | | 四五 | 四九 | 南 | 一五 | 三八 | 〇七 | 三九 | 加 | 一九 | 三三 | 四 |
| 翼宿六 | 辰 | 四 | 三五 | 〇〇 | 南 | 一六 | 〇四 | 五四 | 巳 | 二七 | 三七 | 一五 | 三八 | 加 | | 四七 | 二六 | 南 | 一六 | 三二 | 二三 | 二三 | 加 | 二〇 | 四一 | 四 |
| 翼宿七 | 巳 | 二五 | 一一 | 〇六 | 南 | 一七 | 三五 | 〇九 | 巳 | 一八 | 二八 | 四〇 | 五七 | 加 | | 四六 | 三九 | 南 | 一四 | 一二 | 〇六 | 二八 | 加 | 二〇 | 一六 | 四 |
| 翼宿八 | 巳 | 二八 | 五六 | 〇八 | 南 | 一四 | 一三 | 一八 | 巳 | 二三 | 一六 | 二九 | 二七 | 加 | | 四七 | 〇九 | 南 | 一二 | 三六 | 一五 | 三九 | 加 | 二〇 | 三三 | 五 |
| 翼宿九 | 巳 | 二五 | 五六 | 三六 | 南 | 一四 | 三五 | 〇六 | 巳 | 二〇 | 二四 | 五三 | 三四 | 加 | | 四六 | 五八 | 南 | 一一 | 四五 | 二八 | 一二 | 加 | 二〇 | 二四 | 五 |
| 翼宿十 | 巳 | 二四 | 四三 | 一五 | 南 | 一三 | 二八 | 一六 | 巳 | 一九 | 四六 | 〇五 | 二六 | 加 | | 四七 | 〇二 | 南 | 一〇 | 一五 | 三五 | 〇三 | 加 | 二〇 | 二一 | 五 |
| 翼宿十一 | 巳 | 二一 | 三一 | 四七 | 南 | 一五 | 五八 | 四三 | 巳 | 一五 | 五一 | 五五 | 〇六 | 加 | | 四六 | 四二 | 南 | 一一 | 一八 | 五二 | 〇九 | 加 | 二〇 | 〇三 | 六 |
| 翼宿十二 | 巳 | 一九 | 一一 | 二四 | 南 | 一四 | 五〇 | 三八 | 巳 | 一四 | 一三 | 二一 | 四一 | 加 | | 四六 | 四七 | 南 | 九 | 二二 | 二七 | 四二 | 加 | 一九 | 五四 | 六 |
| 翼宿十三 | 巳 | 二七 | 〇三 | 四一 | 南 | 一一 | 一八 | 二六 | 巳 | 二二 | 四六 | 三一 | 一一 | 加 | | 四七 | 一七 | 南 | 九 | 一一 | 五八 | 一三 | 加 | 二〇 | 三一 | 四 |
| 翼宿十四 | 辰 | | 六 | 二三 | 南 | 一〇 | 一四 | 四五 | 巳 | 二五 | 五八 | 五九 | 〇四 | 加 | | 四七 | 二八 | 南 | 九 | 二六 | 〇〇 | 三一 | 加 | 二〇 | 三七 | 六 |
| 翼宿十五 | 巳 | 二九 | 三二 | 三〇 | 南 | 二一 | 二五 | 〇五 | 巳 | 二〇 | 四三 | 〇七 | 二二 | 加 | | 四六 | 三四 | 南 | 一九 | 二三 | 二六 | 五四 | 加 | 二〇 | 一八 | 六 |
| 翼宿十六 | 巳 | 二七 | 〇二 | 五一 | 南 | 二五 | 三七 | 二六 | 巳 | 一六 | 三五 | 二〇 | 三二 | 加 | | 四五 | 四四 | 南 | 二二 | 一三 | 三四 | 〇一 | 加 | 二〇 | 〇七 | 三 |
| 翼宿十七 | 辰 | | 三一 | 三一 | 南 | 二三 | 〇一 | 一七 | 巳 | 二〇 | 五二 | 一七 | 一二 | 加 | | 四六 | 一七 | 南 | 二一 | 一三 | 四一 | 三八 | 加 | 二〇 | 二六 | 六 |
| 翼宿十八 | 辰 | 一 | 四二 | 二四 | 南 | 二七 | 〇一 | 一四 | 巳 | 二〇 | 〇二 | 〇六 | 〇〇 | 加 | | 四六 | 〇〇 | 南 | 二五 | 一七 | 五七 | 四六 | 加 | 二〇 | 二二 | 六 |
| 翼宿十九 | 辰 | | 二三 | 二三 | 南 | 二八 | 〇〇 | 〇四 | 巳 | 一八 | 二三 | 四二 | 五五 | 加 | | 四五 | 二五 | 南 | 二五 | 三九 | 二八 | 四五 | 加 | 二〇 | 一五 | 六 |
| 翼宿二十 | 巳 | 二七 | 四八 | 五六 | 南 | 三〇 | 一六 | 二五 | 巳 | 一五 | 〇一 | 三八 | 〇〇 | 加 | | 四五 | 〇〇 | 南 | 二六 | 四二 | 一七 | 三四 | 加 | 一九 | 五八 | 五 |
| 翼宿二十一 | 辰 | 五 | 〇四 | 一〇 | 南 | 二四 | 二四 | 二三 | 巳 | 二四 | 一七 | 四三 | 一五 | 加 | | 四六 | 四五 | 南 | 二四 | 一六 | 二七 | 四八 | 加 | 二〇 | 三六 | 六 |
| 翼宿二十二 | 辰 | 六 | 四三 | 三四 | 南 | 二二 | 一七 | 三八 | 巳 | 二六 | 四七 | 二一 | 五三 | 加 | | 四七 | 一一 | 南 | 二三 | 〇一 | 三三 | 二三 | 加 | 二〇 | 四一 | 六 |
| 西增一 | 巳 | 一五 | 五二 | 五一 | 南 | 一五 | 〇三 | 二六 | 巳 | 一一 | 〇九 | 四五 | 四九 | 加 | | 四六 | 四三 | 南 | 八 | 一八 | 四八 | 二二 | 加 | 一九 | 三四 | 六 |
| 西增二 | 巳 | 一五 | 三五 | 五八 | 南 | 一五 | 一八 | 〇九 | 巳 | 一〇 | 四八 | 四八 | 〇六 | 加 | | 四六 | 四二 | 南 | 八 | 二六 | 〇〇 | 一三 | 加 | 一九 | 三一 | 六 |
| 西增三 | 巳 | 一八 | 四一 | 四〇 | 南 | 二三 | 〇四 | 〇一 | 巳 | 一〇 | 二三 | 三三 | 三一 | 加 | | 四五 | 三七 | 南 | 一六 | 四三 | 〇七 | 〇四 | 加 | 一九 | 二八 | 六 |
| 西增四 | 巳 | 二〇 | 一三 | 三二 | 南 | 二三 | 四四 | 四三 | 巳 | 一一 | 二六 | 三八 | 二二 | 加 | | 四五 | 三四 | 南 | 一七 | 五四 | 四七 | 四八 | 加 | 一九 | 三六 | 六 |
| 西增五 | 巳 | 二一 | 三一 | 四九 | 南 | 二四 | 五九 | 二四 | 巳 | 一二 | 〇二 | 二五 | 五五 | 加 | | 四五 | 二五 | 南 | 一九 | 三二 | 二〇 | 〇六 | 加 | 一九 | 四二 | 六 |
| 南增六 | 巳 | 二六 | 五〇 | 四四 | 南 | 三〇 | 〇八 | 四〇 | 巳 | 一四 | 一五 | 〇四 | 二五 | 加 | | 四四 | 五五 | 南 | 二六 | 一三 | 〇二 | 二五 | 加 | 一九 | 五五 | 六 |
| 南增七 | 巳 | 二九 | 〇一 | 二七 | 南 | 三〇 | 四一 | 〇八 | 巳 | 一五 | 五一 | 五六 | 〇八 | 加 | | 四四 | 五六 | 南 | 二七 | 三二 | 一七 | 三五 | 加 | 二〇 | 〇五 | 六 |

軫宿恆星表

| 軫宿恆星表 | 黃道經度宮 | 度 | 分 | 秒 | 黃道緯度南北向 | 度 | 分 | 秒 | 赤道經度宮 | 度 | 分 | 秒 | 微 | 赤道經度歲差加減 | 分 | 秒 | 微 | 赤道緯度南北向 | 度 | 分 | 秒 | 微 | 赤道緯度歲差加減 | 秒 | 微 | 星等 |
|---|---|---|---|---|---|---|---|---|---|---|---|---|---|---|---|---|---|---|---|---|---|---|---|---|---|---|
| 軫宿一 | 辰 | 九 | 一三 | 一四 | 南 | 一四 | 二九 | 一六 | 辰 | 二 | 三三 | 四五 | 三四 | 加 |  | 四七 | 五八 | 南 | 一六 | 五五 | 五七 | 四〇 | 加 | 二〇 | 四〇 | 三 |
| 軫宿二 | 辰 | 一〇 | 〇九 | 一四 | 南 | 一九 | 三九 | 五九 | 辰 | 一 | 〇八 | 〇八 | 三三 | 加 |  | 四七 | 五一 | 南 | 二二 | 〇〇 | 五二 | 五七 | 加 | 二〇 | 三九 | 四 |
| 軫宿三 | 辰 | 一一 | 五六 | 二九 | 南 | 一二 | 一〇 | 〇九 | 辰 | 六 | 〇四 | 〇五 | 五四 | 加 |  | 四八 | 一八 | 南 | 一五 | 五三 | 四二 | 二二 | 加 | 二〇 | 三四 | 三 |
| 軫宿四 | 辰 | 一五 | 五〇 | 四一 | 南 | 一八 | 〇二 | 〇九 | 辰 | 七 | 〇九 | 四八 | 五八 | 加 |  | 四八 | 四六 | 南 | 二二 | 四七 | 二三 | 三九 | 加 | 二〇 | 三三 | 三 |
| 北增一 | 辰 | 九 | 五七 | 〇八 | 南 | 五 | 二〇 | 〇五 | 辰 | 七 | 〇一 | 三四 | 三五 | 加 |  | 四八 | 〇五 | 南 | 八 | 五〇 | 四四 | 三九 | 加 | 二〇 | 三三 | 六 |
| 北增二 | 辰 | 六 | 二六 | 〇八 | 南 | 六 | 一五 | 〇三 | 辰 | 三 | 二四 | 四二 | 一六 | 加 |  | 四七 | 五二 | 南 | 八 | 一七 | 三二 | 五七 | 加 | 二〇 | 三九 | 六 |
| 西增三 | 辰 | 六 | 四五 | 五七 | 南 | 一七 | 五三 | 一二 | 巳 | 二八 | 四九 | 三四 | 三九 | 加 |  | 四七 | 三三 | 南 | 一九 | 〇三 | 〇二 | 〇六 | 加 | 二〇 | 四二 | 五 |
| 南增四 | 辰 | 一〇 | 四七 | 四一 | 南 | 二〇 | 二八 | 〇四 | 辰 | 一 | 二一 | 二九 | 五九 | 加 |  | 四七 | 五三 | 南 | 二二 | 五九 | 三一 | 五七 | 加 | 二〇 | 三九 | 六 |
| 南增五 | 辰 | 一四 | 〇三 | 三一 | 南 | 二〇 | 二四 | 〇八 | 辰 | 四 | 二四 | 四二 | 二九 | 加 |  | 四八 | 二三 | 南 | 二四 | 一三 | 五二 | 〇五 | 加 | 二〇 | 三五 | 六 |
| 右轄 | 辰 | 一〇 | 四二 | 五一 | 南 | 二一 | 四四 | 四五 | 辰 |  | 四一 | 二二 | 四一 | 加 |  | 四七 | 四七 | 南 | 二四 | 〇七 | 一四 | 二三 | 加 | 二〇 | 四一 | 四 |
| 左轄 | 辰 | 一二 | 一八 | 二三 | 南 | 一一 | 四〇 | 一七 | 辰 | 六 | 三七 | 〇〇 | 〇三 | 加 |  | 四八 | 二一 | 南 | 一五 | 三五 | 〇二 | 三九 | 加 | 二〇 | 三三 | 五 |
| 長沙 | 辰 | 一二 | 一七 | 一四 | 南 | 一八 | 一七 | 〇二 | 辰 | 三 | 四三 | 五九 | 三六 | 加 |  | 四八 | 一二 | 南 | 二一 | 三六 | 二二 | 四八 | 加 | 二〇 | 三六 | 五 |
| 青邱一 | 辰 | 一一 | 五二 | 〇二 | 南 | 三一 | 二八 | 五八 | 巳 | 二六 | 四七 | 〇四 | 四二 | 加 |  | 四六 | 五四 | 南 | 三三 | 一七 | 一一 | 四〇 | 加 | 二〇 | 四〇 | 四 |
| 青邱二 | 辰 | 九 | 四〇 | 一九 | 南 | 二六 | 二一 | 四六 | 巳 | 二七 | 二九 | 四九 | 五三 | 加 |  | 四七 | 一一 | 南 | 二七 | 五一 | 二六 | 四〇 | 加 | 二〇 | 四〇 | 六 |
| 青邱三 | 辰 | 四 | 五四 | 一二 | 南 | 二九 | 二二 | 二二 | 巳 | 二一 | 四一 | 一七 | 〇九 | 加 |  | 四六 | 〇三 | 南 | 二八 | 三九 | 三七 | 二一 | 加 | 二〇 | 二七 | 六 |
| 青邱四 | 辰 | 五 | 五八 | 四一 | 南 | 三〇 | 五六 | 〇九 | 巳 | 二一 | 四九 | 一三 | 〇八 | 加 |  | 四五 | 五六 | 南 | 三〇 | 二八 | 三二 | 四七 | 加 | 二〇 | 二九 | 六 |
| 青邱五 | 辰 | 六 | 二五 | 〇三 | 南 | 三一 | 五六 | 〇六 | 巳 | 二一 | 五一 | 〇四 | 五九 | 加 |  | 四五 | 五三 | 南 | 三一 | 一四 | 二一 | 一三 | 加 | 二〇 | 三一 | 四 |
| 青邱六 | 辰 | 七 | 二二 | 〇七 | 南 | 三二 | 二一 | 三三 | 巳 | 二二 | 一六 | 三九 | 二五 | 加 |  | 四五 | 五五 | 南 | 三二 | 一七 | 〇五 | 四七 | 加 | 二〇 | 二九 | 六 |
| 青邱七 | 辰 | 九 | 五四 | 四二 | 南 | 三三 | 二六 | 五五 | 巳 | 二三 | 三七 | 一八 | 一八 | 加 |  | 四六 | 〇六 | 南 | 三四 | 〇七 | 〇八 | 二二 | 加 | 二〇 | 三四 | 五 |
| 內增一 | 辰 | 八 | 四〇 | 一八 | 南 | 三一 | 一八 | 五五 | 巳 | 二四 | 〇〇 | 二五 | 三七 | 加 |  | 四六 | 一九 | 南 | 三一 | 五二 | 三三 | 三一 | 加 | 二〇 | 三七 | 六 |
| 內增二 | 辰 | 七 | 五五 | 〇二 | 南 | 三二 | 一二 | 四〇 | 巳 | 二二 | 五〇 | 四一 | 〇九 | 加 |  | 四六 | 〇三 | 南 | 三二 | 二二 | 一五 | 一三 | 加 | 二〇 | 三一 | 六 |
| 內增三 | 辰 | 八 | 四一 | 二六 | 南 | 三三 | 三九 | 三八 | 巳 | 二二 | 四二 | 五一 | 四二 | 加 |  | 四五 | 五四 | 南 | 三三 | 五七 | 一七 | 五六 | 加 | 二〇 | 三二 | 六 |

南方七宿恆星。井宿。星一十九座。六十三星。增一百四十星。鬼宿。星七座。二十九星。增五十七星。柳宿。星二座。一十一星。增一十八星。星宿。星四座。三十一星。增九十六星。張宿。星一座。六星。增五星。翼宿星一座。二十二星。增七星。軫宿。星二座。一十四星。增八星。凡五百七星。在黃道宮五。始申終辰。赤道宮與黃道同。黃道經度一百一十八度四十分四十八秒。始井丈人二。在申一十七度九分五十三秒。終軫宿四。在辰一十五度五十分四十一秒。赤道經度一百五度二十分一十三秒二十三微。始井丈人二。在申二十一度四十九分三十五秒三十五微。終軫宿四。在辰七度九分四十八秒五十八微。黃道緯度一百度四十二分五秒。最高行星內平北增二。在北二十四度五十三分四十三秒。最卑行井老人。在南七十五度四十八分二十二秒。赤道緯度九十八度四十五分二十四秒四十四微。最高行星軒轅一。在北四十二度一十三分一十秒三十三微。最卑行鬼天社六。在南五十六度三十二分一十四秒一十一微。井八星。增星十九。距西北星。去極九十度四十九分強。去參宿距星一十度三十六分強。鉞一星。附井宿。增星一。去極八十九度六分。入參宿八度四十五分少弱。水府四星。增星八。距西南星。去極九十八度四十分強。入參宿七度九

分半。天罇三星。增星九距東北星去極八十七度二分強。入井宿一十三度三十四分弱。五諸侯五星。增星四距西星去極七十八度五十九分弱。入井宿五度四十九分強。北河三星。增星四距西星去極八十度一十三分入井宿一十三度四十七分弱。積水一星去極七十五度三十分少弱。入井宿一十一度三十二分少弱。積薪一星。增星三去極八十六度五十六分弱。入井宿一十八度二十二分少強。水位四星。增星十二距西星去極九十九度四十三分半弱。入井宿一十六度

五十八分強。南河三星。增星十一距西北星去極一百二度三十五分少弱。入井宿一十六度二十二分少弱。四瀆四星。增星八距東北星去極一百一度四十七分少強。入井宿九度二十六分。闕邱二星。增星七距西星去極一百一十度三十分強。入井宿七度三十分弱。軍市六星。增星七距西北星去極一百三十一度一十六分少弱。入井宿一度五十五分少弱。野雞一星去極一百三十二度一十九分半弱。入井宿六度二十七分半。天狼一星。增星六去極一百二十九度三十分

少強。入井宿八度五十一分少弱。丈人二星。距東星去極一百四十七度二十二分弱。入畢宿一十三度四十一分半強。子二星。增星一距北星去極一百四十七度一十四分少強。入參宿二度四十一分少弱。孫二星。增星四距西星去極一百四十八度一分半入井宿一度一十一分少弱。老人一星。增星四去極一百六十五度四十八分強。入井宿九度四十八分少弱。弧矢九星。增星三十二距西北星去極一百三十八度二十八分少弱。入井宿一十八度五分強。鬼四星。增星十九距

西南星去極九十度四十六分少強。去井宿距星三十度二十七分半強。積尸一星。增星三去極八十八度二十七分少強。入鬼宿一度二十八分半弱。爟四星。增星十一距西南星去極八十四度三十九分半。入井宿二十三度五十八分弱。外廚六星。增星十七距西南星去極一百一十二度二十九分弱。入鬼宿四度二十一分強。天記一星。增星二去極一百四十五度五十一分強。入張宿五度二十七分半弱。天狗七星。距南星去極一百四十八度一十四分少弱。入星宿四度四十

七分半強。天社六星。增星五。距西星。去極一百五十四度二十六分少弱。入星宿五分強。柳八星。增星十三。距西星。去極一百二度二十四分。去鬼宿距星四度三十四分強。酒旗三星。增星五。距北星。去極八十九度四十分弱。入柳宿一十三度一十一分。星七星。增星十五。距中星。去極一百一十二度二十三分半弱。去柳宿距星一十六度五十九分。天相三星。增星十一。距西南星。去極一百八度二十五分少弱。入張宿一度五十六分少弱。軒轅一十六星。增星五十九。距西北星。去極六十六度一十六分半強。入井宿三十度一分少強。御女一星。附軒轅。去極九十一度二十五分強。入星宿三度八分弱。內平四星。增星十一。距東星。去極七十度四十七分半。入柳宿一十三度四十八分少弱。張六星。增星五。距西第二星。去極一百一十六度四分強。去星宿距星八度二十五分半強。翼二十二星。增星七。距中西第二星。去極一百一十二度四十二分弱。去張宿距星一十八度三分少強。軫四星。增星五。距西北星。去極一百四度二十九分少強。去翼宿距星一十六度五十九分強。右轄一星。附軫宿。去極一百一十一度四十五分弱。入軫宿一度三十分弱。左轄一星。附軫宿。去極一百一度四十分強。入軫宿三度五分少強。長沙一星。附軫宿。去極一百八度一十七分。入軫宿三度四分。青邱七星。增星三。距東南星。去極一百二十一度二十九分弱。入軫宿二度三十九分少弱。

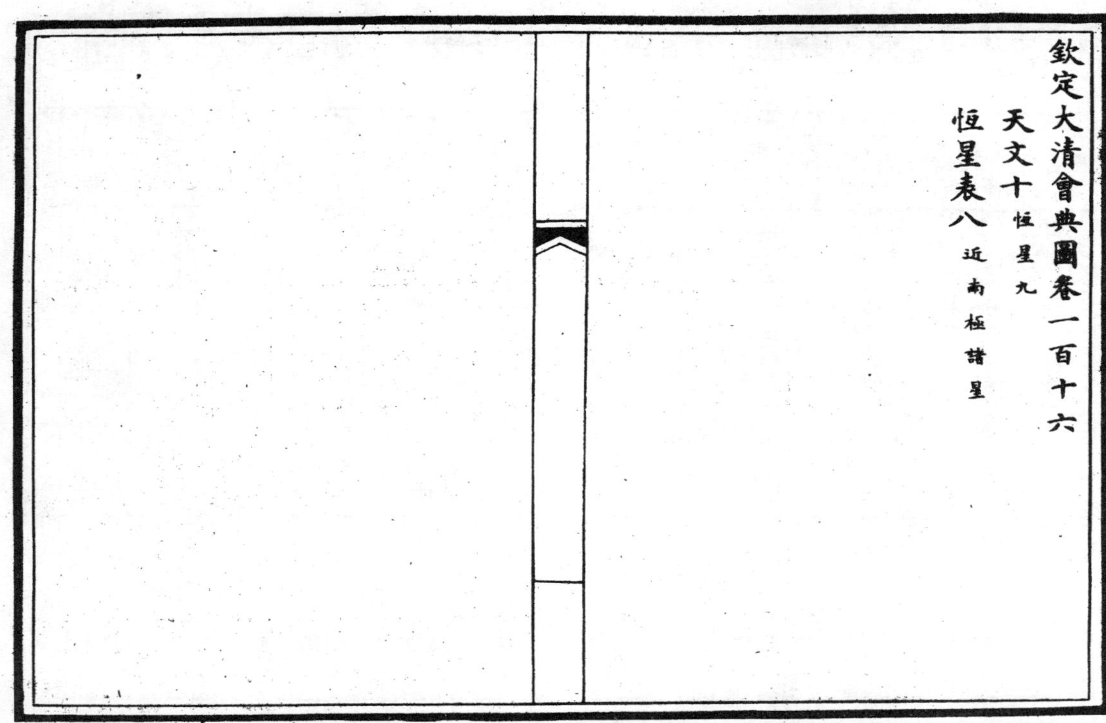

欽定大清會典圖卷一百十六

天文十　恒星九

恒星表八　近南極諸星

近南極恒星表

| 星名 | 黃道經度 宮 | 度 | 分 | 秒 | 黃道緯度 向 | 度 | 分 | 秒 | 赤道經度 宮 | 度 | 分 | 秒 | 微 | 經度歲差 | 分 | 秒 | 微 | 赤道緯度 向 | 度 | 分 | 秒 | 微 | 緯度歲差 | 秒 | 微 | 星等 |
|---|---|---|---|---|---|---|---|---|---|---|---|---|---|---|---|---|---|---|---|---|---|---|---|---|---|---|
| 海山一 | 辰 | 一六 | 一六 | 四二 | 南 | 五九 | 五三 | 三四 | 巳 | 五 | 五四 | 四四 | 〇九 | 加 |  | 三四 | 〇三 | 南 | 五八 | 一〇 | 〇二 | 五九 | 加 | 一八 | 五三 | 五 |
| 海山二 | 辰 | 二〇 | 三三 | 五二 | 南 | 五八 | 五五 | 二〇 | 巳 | 一〇 | 〇八 | 五七 | 四二 | 加 |  | 三五 | 五四 | 南 | 五九 | 〇四 | 四九 | 〇四 | 加 | 一九 | 二八 | 四 |
| 海山三 | 辰 | 二一 | 四八 | 四一 | 南 | 五六 | 五一 | 四七 | 巳 | 一三 | 五一 | 二七 | 五五 | 加 |  | 三八 | 二五 | 南 | 五八 | 〇六 | 二二 | 三三 | 加 | 一九 | 五一 | 四 |
| 海山四 | 辰 | 二九 | 五五 | 二五 | 南 | 五五 | 一七 | 三三 | 巳 | 二二 | 一九 | 〇六 | 五〇 | 加 |  | 四二 | 五〇 | 南 | 六〇 | 〇八 | 〇七 | 四七 | 加 | 二〇 | 二九 | 四 |
| 海山五 | 卯 | 二 | 五六 | 一〇 | 南 | 五六 | 四七 | 四七 | 巳 | 二二 | 三五 | 三九 | 〇三 | 加 |  | 四三 | 二一 | 南 | 六二 | 二三 | 一七 | 三〇 | 加 | 二〇 | 三〇 | 四 |
| 海山六 | 卯 | 九 | 二三 | 二四 | 南 | 五八 | 三〇 | 四八 | 巳 | 二五 | 〇〇 | 二一 | 三九 | 加 |  | 四三 | 三三 | 南 | 六六 | 〇五 | 四六 | 三九 | 加 | 二〇 | 三五 | 五 |
| 西增一 | 辰 | 五 | 五一 | 〇七 | 南 | 五一 | 〇二 | 五六 | 巳 | 八 | 〇九 | 二八 | 〇二 | 加 |  | 三九 | 一四 | 南 | 四七 | 三八 | 三三 | 五三 | 加 | 一九 | 一一 | 四 |
| 西增二 | 辰 | 八 | 五六 | 二四 | 南 | 五一 | 〇四 | 三七 | 巳 | 一〇 | 二八 | 四六 | 一五 | 加 |  | 三九 | 四五 | 南 | 四八 | 四八 | 五六 | 一三 | 加 | 一九 | 三一 | 三 |
| 十字架一 | 卯 | 五 | 一三 | 〇四 | 南 | 四七 | 四五 | 五三 | 辰 | 六 | 二〇 | 一四 | 二六 | 加 |  | 五一 | 〇二 | 南 | 五六 | 二七 | 三五 | 三九 | 加 | 二〇 | 三三 | 二 |
| 十字架二 | 卯 | 一〇 | 二一 | 四九 | 南 | 五二 | 五〇 | 三六 | 辰 | 五 | 一〇 | 四三 | 五三 | 加 |  | 五一 | 一一 | 南 | 六二 | 二八 | 三七 | 一四 | 加 | 二〇 | 三八 | 二 |
| 十字架三 | 卯 | 一〇 | 〇七 | 五七 | 南 | 四八 | 三五 | 一三 | 辰 | 一〇 | 二三 | 一七 | 四一 | 加 |  | 五三 | 四七 | 南 | 五九 | 〇三 | 二九 | 四六 | 加 | 二〇 | 二二 | 二 |
| 十字架四 | 卯 | 四 | 一〇 | 四二 | 南 | 五〇 | 二二 | 一五 | 辰 | 二 | 二四 | 四三 | 〇〇 | 加 |  | 四九 | 〇〇 | 南 | 五八 | 〇七 | 一七 | 四九 | 加 | 二〇 | 四三 | 三 |
| 馬尾一 | 辰 | 二九 | 四九 | 〇二 | 南 | 四三 | 三〇 | 五八 | 辰 | 五 | 〇九 | 三〇 | 四二 | 加 |  | 四九 | 五四 | 南 | 五〇 | 四九 | 一七 | 四八 | 加 | 二〇 | 三六 | 六 |
| 馬尾二 | 辰 | 二七 | 五二 | 一九 | 南 | 四五 | 三一 | 五七 | 辰 | 一 | 三一 | 一七 | 二〇 | 加 |  | 四八 | 二〇 | 南 | 五一 | 四三 | 一一 | 五七 | 加 | 二〇 | 三九 | 五 |
| 馬尾三 | 辰 | 二五 | 五七 | 四九 | 南 | 四四 | 二八 | 〇八 | 辰 |  | 四二 | 〇六 | 二五 | 加 |  | 四七 | 五五 | 南 | 五〇 | 〇六 | 一七 | 二三 | 加 | 二〇 | 四一 | 三 |
| 馬腹一 | 卯 | 二二 | 一五 | 四三 | 南 | 四四 | 〇五 | 一八 | 辰 | 二九 | 〇三 | 一八 | 二四 | 加 | 一 | 〇四 | 四八 | 南 | 五九 | 四八 | 二六 | 四四 | 加 | 一八 | 〇八 | 二 |
| 馬腹二 | 卯 | 一二 | 二七 | 五一 | 南 | 四二 | 二〇 | 四〇 | 辰 | 一九 | 一一 | 一四 | 三六 | 加 |  | 五七 | 一二 | 南 | 五四 | 四四 | 一八 | 四八 | 加 | 一九 | 三六 | 五 |
| 馬腹三 | 卯 | 一〇 | 一四 | 四三 | 南 | 四三 | 五一 | 一〇 | 辰 | 一五 | 二四 | 三六 | 四七 | 加 |  | 五五 | 二九 | 南 | 五五 | 一一 | 〇〇 | 五一 | 加 | 一九 | 五七 | 五 |
| 蜜蜂一 | 卯 | 一八 | 三七 | 〇七 | 南 | 五五 | 一二 | 三五 | 辰 | 九 | 五五 | 〇五 | 三五 | 加 |  | 五六 | 〇五 | 南 | 六七 | 二九 | 〇九 | 一二 | 加 | 二〇 | 二四 | 四 |
| 蜜蜂二 | 卯 | 二四 | 三八 | 四一 | 南 | 五八 | 四九 | 一六 | 辰 | 八 | 五三 | 五四 | 五六 | 加 |  | 五七 | 三二 | 南 | 七二 | 二〇 | 五六 | 四七 | 加 | 二〇 | 二九 | 五 |
| 蜜蜂三 | 卯 | 一八 | 五二 | 五五 | 南 | 五六 | 三一 | 一六 | 辰 | 七 | 四四 | 四二 | 〇五 | 加 |  | 五四 | 三五 | 南 | 六八 | 三一 | 二九 | 五六 | 加 | 二〇 | 三二 | 四 |
| 蜜蜂四 | 卯 | 二二 | 三〇 | 四四 | 南 | 五六 | 四一 | 五八 | 辰 | 一一 | 二一 | 〇一 | 二三 | 加 |  | 五八 | 四一 | 南 | 七〇 | 〇四 | 二七 | 五四 | 加 | 二〇 | 一八 | 五 |
| 三角形一 | 寅 | 七 | 五一 | 二九 | 南 | 四八 | 〇三 | 二一 | 卯 | 一七 | 一一 | 四二 | 二一 | 加 | 一 | 二五 | 二七 | 南 | 六八 | 一四 | 一九 | 二七 | 加 | 一四 | 〇九 | 五 |
| 三角形二 | 寅 | 一〇 | 二〇 | 五二 | 南 | 四一 | 五三 | 〇二 | 卯 | 二六 | 二六 | 五八 | 〇四 | 加 | 一 | 二一 | 二八 | 南 | 六三 | 〇三 | 四〇 | 五六 | 加 | 一一 | 三二 | 三 |
| 三角形三 | 寅 | 一九 | 一八 | 一五 | 南 | 四六 | 〇六 | 四八 | 寅 | 九 | 一〇 | 〇七 | 四六 | 加 | 一 | 三七 | 二二 | 南 | 六八 | 四七 | 二三 | 四七 | 加 | 七 | 二九 | 二 |
| 北增一 | 寅 | 一三 | 一七 | 五九 | 南 | 四一 | 三四 | 〇七 | 寅 | 一 | 二〇 | 三三 | 五八 | 加 | 一 | 二三 | 四六 | 南 | 六三 | 二一 | 五六 | 〇九 | 加 | 一〇 | 〇三 | 五 |
| 內增二 | 寅 | 八 | 五六 | 四三 | 南 | 四五 | 一四 | 三八 | 卯 | 二一 | 四一 | 四六 | 〇七 | 加 | 一 | 二三 | 四九 | 南 | 六五 | 五四 | 五三 | 四二 | 加 | 一二 | 五四 | 五 |
| 南增三 | 寅 | 一二 | 〇一 | 二六 | 南 | 五二 | 〇四 | 四九 | 卯 | 一九 | 三二 | 一九 | 四一 | 加 | 一 | 三八 | 四七 | 南 | 七三 | 〇〇 | 二二 | 五六 | 加 | 一三 | 三二 | 六 |
| 南增四 | 寅 | 一三 | 〇〇 | 三六 | 南 | 五一 | 五三 | 二六 | 卯 | 二一 | 四二 | 一八 | 二三 | 加 | 一 | 四〇 | 四一 | 南 | 七三 | 〇四 | 五六 | 二五 | 加 | 一二 | 五五 | 六 |
| 異雀一 | 寅 | 二三 | 二三 | 〇四 | 南 | 四四 | 三四 | 五四 | 寅 | 一七 | 二九 | 一七 | 三四 | 加 | 一 | 三六 | 五八 | 南 | 六七 | 四四 | 三六 | 四八 | 加 | 四 | 三六 | 五 |
| 異雀二 | 寅 | 二三 | 四一 | 一五 | 南 | 四六 | 五四 | 二〇 | 寅 | 一七 | 一五 | 五七 | 四五 | 加 | 一 | 四三 | 一五 | 南 | 七〇 | 〇四 | 三二 | 〇六 | 加 | 四 | 四三 | 六 |
| 異雀三 | 寅 | 二一 | 一八 | 二九 | 南 | 五四 | 三三 | 〇五 | 寅 | 六 | 三一 | 三〇 | 二〇 | 加 | 二 | 一一 | 二〇 | 南 | 七七 | 一七 | 二五 | 一二 | 加 | 八 | 二四 | 四 |
| 異雀四 | 寅 | 二〇 | 五九 | 五八 | 南 | 五六 | 〇二 | 二〇 | 寅 | 三 | 三六 | 四七 | 三八 | 加 | 二 | 一九 | 二六 | 南 | 七八 | 三九 | 三六 | 〇三 | 加 | 九 | 二一 | 四 |
| 異雀五 | 寅 | 一六 | 四四 | 五〇 | 南 | 六二 | 〇六 | 四〇 | 卯 | 一 | 三六 | 五〇 | 三七 | 加 | 二 | 一一 | 一九 | 南 | 八三 | 四六 | 〇〇 | 〇六 | 加 | 一七 | 四二 | 四 |
| 異雀六 | 寅 | 一九 | 四七 | 二八 | 南 | 五五 | 五八 | 〇三 | 寅 |  | 三一 | 五九 | 四七 | 加 | 二 | 一四 | 二九 | 南 | 七八 | 二二 | 一〇 | 三〇 | 加 | 一〇 | 三〇 | 五 |
| 異雀七 | 寅 | 一三 | 〇四 | 五五 | 南 | 六〇 | 三四 | 〇三 | 卯 |  | 三九 | 〇六 | 四四 | 加 | 一 | 四九 | 〇八 | 南 | 八〇 | 二五 | 五九 | 三四 | 加 | 一七 | 五八 | 五 |
| 異雀八 | 寅 | 一二 | 四三 | 〇一 | 南 | 五八 | 一五 | 〇一 | 卯 | 八 | 〇六 | 〇三 | 〇七 | 加 | 一 | 四九 | 四九 | 南 | 七八 | 三三 | 二九 | 四六 | 加 | 一六 | 二二 | 四 |
| 異雀九 | 寅 | 一二 | 〇九 | 五二 | 南 | 五九 | 四六 | 五五 | 卯 | 一 | 四九 | 四七 | 三三 | 加 | 一 | 四五 | 五八 | 南 | 七九 | 三二 | 四八 | 五七 | 加 | 一七 | 三九 | 六 |
| 孔雀一 | 寅 | 二六 | 二四 | 一〇 | 南 | 四一 | 三〇 | 〇二 | 寅 | 二三 | 三八 | 五〇 | 一三 | 加 | 一 | 三一 | 三二 | 南 | 六四 | 五二 | 一三 | 一二 | 加 | 二 | 二四 | 四 |
| 孔雀二 | 寅 | 二九 | 三九 | 二〇 | 南 | 四〇 | 一一 | 二八 | 寅 | 二九 | 二四 | 二七 | 〇四 | 加 | 一 | 二九 | 二八 | 南 | 六三 | 三八 | 二二 | 二〇 | 加 |  | 二〇 | 五 |

近南極恆星表

| 近南極恆星表 | 孔雀三 | 孔雀四 | 孔雀五 | 孔雀六 | 孔雀七 | 孔雀八 | 孔雀九 | 孔雀十 | 孔雀十一 | 內增一 | 北增二 | 北增三 | 東增四 | 波斯一 | 波斯二 | 波斯三 | 波斯四 | 波斯五 | 波斯六 | 波斯七 |
|---|---|---|---|---|---|---|---|---|---|---|---|---|---|---|---|---|---|---|---|---|
| 黃道經度 宮 | 丑 | 丑 | 丑 | 丑 | 丑 | 丑 | 丑 | 丑 | 丑 | 丑 | 丑 | 丑 | 丑 | 丑 | 丑 | 子 | 子 | 子 | 子 | 子 |

| 近南極恆星表 | 波斯八 | 波斯九 | 波斯十 | 波斯十一 | 蛇尾一 | 蛇尾二 | 蛇尾三 | 蛇尾四 | 蛇腹一 | 蛇腹二 | 蛇腹三 | 蛇腹四 | 蛇首一 | 蛇首二 | 鳥喙一 | 鳥喙二 | 鳥喙三 | 鳥喙四 | 鳥喙五 | 鳥喙六 |
|---|---|---|---|---|---|---|---|---|---|---|---|---|---|---|---|---|---|---|---|---|
| 黃道經度 宮 | 丑 | 丑 | 丑 | 丑 | 丑 | 丑 | 丑 | 丑 | 亥 | 亥 | 子 | 子 | 亥 | 亥 | 子 | 子 | 子 | 子 | 子 | 子 |

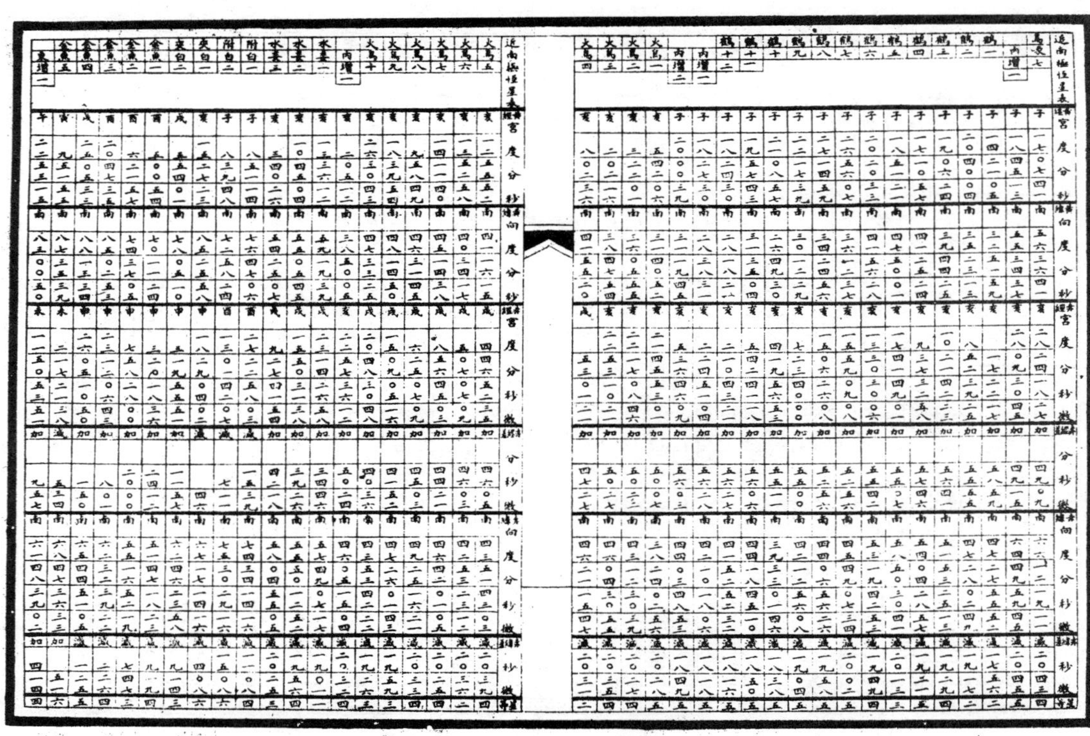

近南極恆星表

| 星名 | 黃道宮 | 度 | 分 | 秒 | 黃道緯向 | 度 | 分 | 秒 | 赤道宮 | 度 | 分 | 秒 | 微 | 赤道經歲差 | 分 | 秒 | 微 | 赤道緯向 | 度 | 分 | 秒 | 微 | 赤道緯歲差 | 秒 | 微 | 星等 |
|---|---|---|---|---|---|---|---|---|---|---|---|---|---|---|---|---|---|---|---|---|---|---|---|---|---|---|
| 海石一 | 巳 | 二一 | 三七 | 一二 | 南 | 七二 | 三八 | 四一 | 午 | 五 | 〇六 | 三九 | 三八 | 加 |  | 一九 | 二六 | 南 | 五九 | 〇七 | 五二 | 五九 | 加 | 一一 | 五三 | 二 |
| 海石二 | 辰 | 五 | 四八 | 二八 | 南 | 六七 | 〇五 | 〇〇 | 午 | 一八 | 三四 | 四〇 | 五一 | 加 |  | 二四 | 五七 | 南 | 五八 | 四七 | 二九 | 〇五 | 加 | 一五 | 三五 | 二 |
| 海石三 | 辰 | 七 | 一一 | 〇二 | 南 | 六五 | 二一 | 四三 | 午 | 二二 | 四八 | 一六 | 二七 | 加 |  | 二七 | 〇九 | 南 | 五八 | 四三 | 一〇 | 二一 | 加 | 一六 | 二七 | 五 |
| 海石四 | 辰 | 一五 | 三〇 | 一六 | 南 | 六六 | 一七 | 四四 | 午 | 二五 | 三二 | 四五 | 一五 | 加 |  | 二五 | 四五 | 南 | 六一 | 五八 | 四六 | 五五 | 加 | 一七 | 〇五 | 五 |
| 海石五 | 辰 | 二一 | 一九 | 四七 | 南 | 六七 | 二九 | 一二 | 午 | 二六 | 〇四 | 四八 | 四七 | 加 |  | 二三 | 二九 | 南 | 六四 | 三二 | 四一 | 三六 | 加 | 一七 | 一二 | 四 |
| 北增一 | 辰 | 一 | 五一 | 四五 | 南 | 六七 | 三〇 | 一三 | 午 | 一七 | 〇一 | 五〇 | 〇三 | 加 |  | 二四 | 二一 | 南 | 五八 | 二九 | 一三 | 〇一 | 加 | 一五 | 〇七 | 四 |
| 內增二 | 辰 | 二 | 〇九 | 四五 | 南 | 七〇 | 〇六 | 五三 | 午 | 一三 | 〇九 | 三一 | 〇八 | 加 |  | 二〇 | 五六 | 南 | 六〇 | 一二 | 二三 | 五四 | 加 | 一四 | 一八 | 五 |
| 內增三 | 辰 | 九 | 一八 | 四〇 | 南 | 六九 | 二七 | 四七 | 午 | 一七 | 一一 | 五三 | 〇四 | 加 |  | 二一 | 二八 | 南 | 六二 | 五〇 | 五〇 | 二七 | 加 | 一五 | 〇九 | 五 |
| 飛魚一 | 辰 | 一九 | 〇二 | 四〇 | 南 | 七二 | 一一 | 四〇 | 午 | 一五 | 一〇 | 〇八 | 〇九 | 加 |  | 一五 | 〇三 | 南 | 六五 | 五六 | 五四 | 五八 | 加 | 一四 | 四六 | 五 |
| 飛魚二 | 卯 | 八 | 一七 | 〇五 | 南 | 八二 | 三六 | 三六 | 未 | 一七 | 二五 | 五三 | 四〇 | 減 |  | 七 | 二〇 | 南 | 七〇 | 一八 | 一八 | 一九 | 加 | 六 | 一三 | 五 |
| 飛魚三 | 辰 | 一三 | 三六 | 一一 | 南 | 七五 | 三三 | 四六 | 午 | 六 | 〇九 | 三〇 | 〇五 | 加 |  | 一〇 | 三五 | 南 | 六五 | 四五 | 〇五 | 三六 | 加 | 一二 | 一二 | 五 |
| 飛魚四 | 卯 | 五 | 四七 | 三七 | 南 | 七六 | 四六 | 〇五 | 午 | 五 | 〇三 | 三二 | 一一 | 減 |  | 一 | 四三 | 南 | 七一 | 〇八 | 四〇 | 五二 | 加 | 一二 | 〇四 | 六 |
| 飛魚五 | 辰 | 一七 | 五三 | 五四 | 南 | 八二 | 二七 | 五九 | 未 | 一九 | 一四 | 〇七 | 三五 | 加 |  |  | 五 | 南 | 六七 | 四四 | 五一 | 〇七 | 加 | 六 | 四九 | 五 |
| 飛魚六 | 卯 | 一四 | 〇八 | 〇四 | 南 | 七九 | 二三 | 〇五 | 未 | 一五 | 四八 | 〇七 | 一二 | 減 |  | 一〇 | 三六 | 南 | 七二 | 一九 | 〇二 | 四三 | 加 | 九 | 〇一 | 五 |
| 南船一 | 辰 | 一八 | 三〇 | 一四 | 南 | 六二 | 三五 | 四七 | 巳 | 三 | 一九 | 二八 | 〇一 | 加 |  | 三一 | 〇七 | 南 | 六〇 | 四五 | 四〇 | 二一 | 加 | 一八 | 二七 | 四 |
| 南船二 | 辰 | 二一 | 二八 | 一〇 | 南 | 六一 | 二六 | 一七 | 巳 | 六 | 五九 | 一五 | 四三 | 加 |  | 三三 | 〇一 | 南 | 六一 | 〇五 | 三一 | 二六 | 加 | 一九 | 〇二 | 四 |
| 南船三 | 辰 | 二七 | 三四 | 五六 | 南 | 六二 | 〇八 | 二五 | 巳 | 九 | 四一 | 一四 | 〇九 | 加 |  | 三三 | 〇三 | 南 | 六三 | 四七 | 二四 | 一二 | 加 | 一九 | 二四 | 三 |
| 南船四 | 卯 | 五 | 四八 | 四一 | 南 | 六七 | 二二 | 二三 | 巳 | 二 | 四四 | 〇一 | 五五 | 加 |  | 二二 | 二五 | 南 | 六九 | 二七 | 〇七 | 二九 | 加 | 一八 | 二三 | 四 |
| 南船五 | 卯 |  | 二三 | 五二 | 南 | 七二 | 一二 | 一三 | 午 | 一八 | 〇二 | 二二 | 四五 | 加 |  | 一一 | 一五 | 南 | 六九 | 一四 | 一一 | 二九 | 加 | 一五 | 二三 | 二 |
| 東增一 | 卯 | 一六 | 二八 | 一一 | 南 | 六七 | 五三 | 五六 | 巳 | 五 | 二五 | 五七 | 二四 | 加 |  | 一八 | 四八 | 南 | 七五 | 二六 | 四五 | 〇七 | 加 | 一八 | 四九 | 五 |

| 星名 | 黃道宮 | 度 | 分 | 秒 | 黃道緯向 | 度 | 分 | 秒 | 赤道宮 | 度 | 分 | 秒 | 微 | 赤道經歲差 | 分 | 秒 | 微 | 赤道緯向 | 度 | 分 | 秒 | 微 | 赤道緯歲差 | 秒 | 微 | 星等 |
|---|---|---|---|---|---|---|---|---|---|---|---|---|---|---|---|---|---|---|---|---|---|---|---|---|---|---|
| 小斗一 | 寅 | 三 | 四七 | 五九 | 南 | 六三 | 三七 | 二六 | 辰 | 二 | 四〇 | 四七 | 四四 | 加 |  | 五二 | 〇八 | 南 | 七八 | 四〇 | 三一 | 一四 | 加 | 二〇 | 三八 | 五 |
| 小斗二 | 寅 |  | 四三 | 〇三 | 南 | 六三 | 五八 | 二〇 | 巳 | 二八 | 一六 | 三六 | 五七 | 加 |  | 四四 | 三九 | 南 | 七七 | 三六 | 〇五 | 〇六 | 加 | 二〇 | 四二 | 五 |
| 小斗三 | 卯 | 二八 | 四六 | 四二 | 南 | 六八 | 〇六 | 〇八 | 巳 | 八 | 二二 | 二一 | 〇〇 | 加 |  | 一二 | 〇〇 | 南 | 七七 | 五九 | 五〇 | 一九 | 加 | 一九 | 一三 | 五 |
| 小斗四 | 寅 | 四 | 〇〇 | 一〇 | 南 | 六七 | 四九 | 〇二 | 巳 | 一〇 | 五六 | 三三 | 四二 | 加 |  | 九 | 五四 | 南 | 七九 | 五四 | 五八 | 二二 | 加 | 一九 | 三四 | 五 |
| 小斗五 | 寅 | 五 | 五六 | 一五 | 南 | 七〇 | 三八 | 五五 | 午 | 二四 | 〇四 | 一五 | 一三 | 減 |  | 二三 | 二九 | 南 | 八〇 | 二三 | 五〇 | 二五 | 加 | 一六 | 五五 | 五 |
| 小斗六 | 寅 | 五 | 五〇 | 一五 | 南 | 七二 | 〇二 | 五一 | 午 | 二一 | 四九 | 一三 | 三二 | 減 |  | 二六 | 一六 | 南 | 八〇 | 一五 | 五六 | 二一 | 加 | 一六 | 二七 | 五 |
| 小斗七 | 寅 | 三 | 五五 | 一六 | 南 | 七三 | 〇二 | 一〇 | 午 | 一二 | 二六 | 五二 | 二〇 | 減 |  | 三〇 | 四〇 | 南 | 七九 | 〇二 | 五〇 | 一〇 | 加 | 一四 | 一〇 | 六 |
| 小斗八 | 卯 | 二九 | 二一 | 一九 | 南 | 七五 | 〇三 | 三二 | 午 | 五 | 五八 | 四九 | 〇一 | 減 |  | 二四 | 五三 | 南 | 七七 | 〇四 | 三六 | 四六 | 加 | 一二 | 二二 | 五 |
| 小斗九 | 寅 | 二 | 三三 | 〇八 | 南 | 七七 | 二七 | 三九 | 未 | 二五 | 一七 | 五四 | 五四 | 減 |  | 二九 | 四二 | 南 | 七六 | 二七 | 二六 | 五九 | 加 | 八 | 五三 | 五 |
| 西增一 | 卯 | 二七 | 三八 | 五五 | 南 | 七五 | 二六 | 〇〇 | 午 | 五 | 一六 | 三〇 | 三〇 | 減 |  | 二二 | 三〇 | 南 | 七六 | 三一 | 三六 | 一〇 | 加 | 一二 | 一〇 | 五 |

近南極恆星二十三座。一百三十星。增二十星。凡一百五十星。在黃道宮十。始午終酉。赤道十二宮並居之。經黃道經度二百六十七度五十四分二十秒。始金魚東增一。在午二十二度五十三分一十五秒。終金魚三。在酉二十度四十七分三十五秒。赤道經度三百五十四度九分一十六秒三十八微。始孔雀三。在丑五度一十五分一十秒二十六微。終孔雀二。在寅二十九度二十四分二十七秒四微。黃道緯度六十一度二十四分四秒。最高行鶴十。在南二十六度四十九分三十秒。最卑行金魚四。在南八十八度一十三分三十四秒。赤道緯度四十四度二十一分五十七秒一十微。最高行火鳥一。在南三十八度二十四分二秒五十六微。最卑行異雀五。在南八十二度四十六分六微。

海山六星。增星二。去南極三十度六分半弱。入角宿六度二分少弱。十字架四星。去南極四十二度一十四分少強。入亢宿二度一十五分少強。馬尾三星。去南極四十六度二十九分。入角宿七度三十分強。馬腹三星。去南極四十五度五十五分弱。入氐宿八度四十二分少弱。蜜蜂四星。去南極三十四度四十七分強。入氐宿五度三分少強。三角形三星。增星四。去南極四十一度五十七分弱。入心宿一度三十五分少弱。異雀九星。去南極四十五度二十五分。入箕宿六度二十分。孔雀一十一星。增星四。去南極四十八度三十分。入箕宿三度一十九分少弱。波斯一十一星。去南極五十七度三十三分。入斗宿九度一分强。蛇尾四星。去南極二十五度二十七分少弱。入牛宿三度二十五分。蛇腹四星。去南極一十八度二十六分少弱。入危宿一度一十五分强。蛇首二星。去南極二十五度四十九分。入危宿八度二十九分。鳥喙七星。增星一。去南極四十四度三十分半强。入女宿二度一十八分。鶴一十二星。增星二。去南極五十七度八分。入女宿四度八分弱。火鳥一十星。增星一。去南極五十八度一十九分少强。入危宿三度五十分。水委三星。去南極三十度四十分强。入室宿八度二十分强。附白二星。去南極一十三度一十三分少弱。入女宿一度二十二分少强。夾白二星。去南極四度三十四分。入室宿六度二十九分少强。金魚五星。增星一。去南極一十九度四十九分弱。入婁宿二度三十六分弱。海石五星。增星三。去南極一十七度二十一分强。入翼宿三十七分弱。飛魚六星。去南極一十七度四十八分强。入角宿三度一十六分。南船五星。增星一。去南極二十七度二十四分少强。入角宿三度四十八分强。小斗九星。增星一。去南極二十六度二十二分半强。入房宿二度二十三分强。凡近南極諸恆星。並以第一星為距星。

又南極諸星。本於西測。初明宏治中。吴默哥安德肋行至極南。見有無名多星。並白氣二道如天漢者。萬歷十八年。胡本篤始測定各星經緯度。凡十二像。火鳥。鳥喙。鶴。異雀。孔雀。一。馬腹。馬尾二。海石。海山。南船三。飛魚。金魚四。附白。夾白五。蛇首。蛇腹。蛇尾六。若波斯。三角形。蜜蜂。十字架。小斗。水委。星各一像。梅文鼎采之。而唯合蛇首腹尾為一。其他星各一名。共二十一。疑與十二像之數不合。今則星各一名。凡二十三座。文鼎歷數諸星僅一百三十二。不云增星。今則正星百二十。增星三十。凡一百五十星。有舊多今少者。馬尾四。今三。異雀十。今九。蛇首蛇腹蛇尾共十五。今共十。飛魚七。今六。有舊少今多者。孔雀十。今十一。鳥喙六。今七。附白一。今二。金魚四。今五。小斗七。今九。有舊無今增者。海山二。三角形四。孔雀四。鳥喙一。鶴二。火鳥一。金魚一。海石三。

南船一。小斗一。又夾白附白。以夾附極旁白氣而名。文鼎以白為臼亦誤。

又案西人侯失勒氏之測恆星也。其說與中法頗歧。今采其持之有故者。附志於末。以備臺官考證云。

一曰星等。凡十六。七等以上。目能見之。八等以下。非鏡之及遠者不能見也。所測定者。一等約二十。二等約五六十。三等約二百。愈小愈多。凡一等至七等見於諸家表者。自一萬二千至一萬五千。蓋彼所云七等者。猶中之六等與氣也。彼所云一萬二千至一萬五千者。猶張衡靈憲所云。中外之官。常明者百有二十四。可名者三百二十。為星二千五百。微星之數萬有一千五百二十也。其數與西法略近。西人談天。始於依巴谷。多祿某。當漢元光中。與衡時相後先。疑亦中法之流及西土者。又等之大小。其故有三。一星距地遠近。一星光分大小。星體大小無從測。僅能以其遠近推得實光。太陽光太大。不能與星比較。故用月之光為本率。以南門第二星與月光比。若二萬七千四百八與一比。而日月二光分比。比若八十萬一千七十二與一比。合二比例。得日與本星二光分比。若二百十九億五千五百七十八萬強與一比。乃以本星之視差。推得其實光與太陽實光比。若二三二四七與一比。一星光力强弱。

定等之法亦有二。一用連比例。如下一等之星。或半於上一等。或為三分之一。一用逐數平方反比例。如一等為一。二等為四分之一。三等為九分之一。四等為十六分之一。以此例步之。前法與光理合。後法與體積等齊之理合。又相連二等之星。其間尚可更為之等。如一二兩等間增兩等。曰一等。曰一二等。曰二一等。曰二等。或以整數表其等。以小數表其分。於法較密。

一曰變星。恆星雖甚遠。然亦有攝力之理。與行星同。攝力之理。即重學也。西人奈端始發之。凡二球環行空中。必共繞其重心。而日之質積甚大。五星與地俱甚微。其重心與日心甚近。故繞重心即繞日也。又凡物直行空中。有他力加之。則物即繞力之心而行。而物直行之遲速與向力之大小。適合平圓率。則繞行之道為平圓。稍不合。則恆為橢圓。惟歷時等。所過面積亦等。與平圓同也。其光變明變暗。有一定周時。惟南半球海山第二星。任意大小。忽明忽暗。歷數百年。無一定之次第。甚者消盡而復生。侯失勒維廉為之表。凡七十六星。如天囷第十三星。十一年中。明暗十二次。其周時三百三十一日十五小時七分。其最明之時。約半月。與二等星比。乃漸暗。約三月而隱。約五月而復見。約三月而復最明。又造父第一星自暗而明。一日十四小時。自明變暗。三日十九小時。其周時。為五日八小時三刻二分有奇。最明為三四等。最暗為五等。又古今史志所載客星。亦變星也。　一曰雙星。光為攝力之證。雙星者。目視之為一星。以遠鏡測之。則為甚相近之二星。侯失勒維廉為之表。凡五百星。相距最遠不過三十二秒。斯得路佛所得之數五倍之。分遠近為八類。一類相距不過一秒。二類一秒至二秒。三類二秒至四秒。四類四秒至八秒。五類八秒至十二秒。六類十二秒至十六秒。七類十六秒至二十四秒。八類二十四秒至三十二秒。分大小為二類。曰顯曰微。又有合三星者。如天大將軍第一星。七公第六星之類。有合四星者。如織女第二星。伐第二星之類。有所合之正星大而副星微者。如牛宿第二星。織女第一星之類。　一曰聯星。雙星中之變星也。有相距變。有方向變。取雙星之一星為本點。觀餘一星。必行於直綫。測之。即知所行之方向。此不相聯屬者也。有相聯屬者。則二星以攝力相加。必相環繞。或共繞其公重心。其環繞之周時。亦可測定。如北河第二星。為三百三十四年。軒轅第十

二星。為一千二百年之類。又左垣上相。雙星略等而有微變。有時相等。有時互為小大。始測時。相距六七秒。漸合為一。後復分為二。此聯星之距數變。其行度亦變。乾隆四十八年。歲行半度弱。道光十年。增至五度。十四年。二十度。十五年。四十度。十六年最大。其率至七十餘度。準動重理。凡二體以攝力相環繞。無論行何曲綫。與真道視道。其速率與距。在二道各恆有反比例。又天籥聯星之道。不合橢圓。此其正星亦為聯星。故副星之行。則有攝動而生長差短差。又南門第二星。鶴翼星。雙星之光略等。距地最近。相繞之視弧亦最大。又聯星之副星。其色恆為正星之餘色。蓋光學理。凡目為有色之光所眩。則視無色之光。必成本色之餘色。如鬼宿雙星。正色黃。副色青。天大將軍第一星。正色紅。副色綠。是也。若有色之星光微。無色之星光大。則不變。如王良第三星。大者白。小者紫。不可云二星之色恆為正餘也。　一曰星有自行。初康熙五十六年。好里測恆星方位。上攷漢元光五年。依巴谷所測天狼。大角。畢宿第五星。俱差而北。一為二

十分。一為二十二分。一為三十三分。古今相距一千八百四十七年。以黃赤道交角之變論之。設諸星不動。今當差而南。一為十分。一為十四分。一無差。故知此三星自行向南。一為三十七分。一為四十二分。一為三十三分。近以聯星證之。如鶴翼星。歲自行五秒三。以獨星證之。波斯第四星。歲自行七秒七四。閣道第四旁星。歲自行三秒七四也。恆星既自行。太陽亦當自行。可推日與諸星平行綫之合點。（日自行能生二差。一方向。一速率。推日自行之二差者。當準諸恆星速率之比例。蓋日行必考諸恆星距日遠近。察每年行差之不同。其法有二。一依諸星之大小明暗。分若干類。每類星之距日俱設為略等。一依諸星之自行分分類。以最速者為最近。）推北半球者。西士三。曰阿及蘭特。曰倫大特。曰斯得路佛。推南半球者西士一。曰迦羅畏。

一曰視差。以地道徑為三角形之底。測之。無有過一秒者。凡半徑與一秒之比。若二十萬六千二百六十五。與一之比。又日地距。與地半徑之比。若二萬三千九百八十四。與一之比。設一秒視差之星。其距日。為四十九億四千七百五萬九千七百六十倍地半徑。地半徑約一萬一千五百里。故星距日。約五十六兆八千九百十一億八千七百二十四萬里。為最近恆星之遠也。光行最速。歷時一秒。行五十五萬五千里。過地道半徑。當歷八分十三秒三。以二十萬六千二百六十五乘之。得一千一百七十七日十六小時二分四秒五。凡三年八十三日。為最近恆星光行至日之時分也。又有歲差。有恆星自行差。有地球十九年一周之尖錐動差。（一曰章動差）復有光行差。此差一年一終。與視差之時合一年中逐時變之理亦相似。視差之頂點。為日心點。光行差之頂點。為地行方向諸平行綫之合點。故推二差同用一術。置日之經度。彼此九十度步之。蓋視差之理。一若從星出綫聯地球。地球繞日一周。則此綫必行成極銳之斜圜錐。其軸。即星日之聯綫。其底周。即地道。此綫過星引長之。必行成相似倒錐。準視差理。每年見星行於小橢圜一周。此小橢圜。乃天球所割倒錐之面也。視綫與其周恆正交。又若其星實行一道。其道與地道等。亦平行。人居太陽心望之。光行差亦然。惟橢圜周之大小不同。視綫交周點之方向亦不同耳。有測器差。器之質。暑則漲大寒則縮小。器所憑依之石及地。亦以寒暑而變。生極微之測動。一曰星林。皆星所簇聚也。北半球近天河處最多。如軒轅內平北斗三公郎位大角角宿之間。約為天球八分之一。星林在此者乃有三分之一。婁昴畢觜四宿。及五車天船八穀天棓侯宗正天市垣徐吳越織女之間。則甚少。蓋赤經三十至七十五度。二百二十五至二百七十度。皆少。而一百三十五至一百六十五度。則多。一百六十五至一百八十度。為尤多也。南半球則墨瓦臘尼雲外。無聚於一處者。墨瓦臘尼雲。狀若二白雲。又若割取天河二段。大雲。赤經自七十度至九十度。距極自一百五十六度至一百六十二度。其面積方度者約四十二。小雲。赤經自七度至十八度四十五分。距極自一百六十二度至一百六十五度。其面積方度者約十。侯失勒維廉分為六類。一星團。有二形。一球一無法。或等或不等。有二理。一星氣。一星聚。星氣乃無始來未成形之質。星聚乃動重學之理。諸星各有攝力。向其公重心。而成環繞動也。二星氣之可分者。三星氣之不可分者。二類皆星團之遠者。遠則光微。非二三星相并不能見。此可分也。愈遠則光愈微。仍如白氣。不見有星。此不可分也。或平圓。或橢圓。或環形。橢圓之氣。其兩心差大小不等。所函諸星。較平圓行者更難分。其狀或微橢。或幾成直綫。然中心星更密同也。又橢圓界內。或有一黑帶。略與長徑合。分橢圓為兩半。或有二黑帶。與長徑平行。環形最少。有一在漸臺第二第三星之間。長短二徑比若五與四也。四行星氣。平橢明暗疏密不同。所測得不過二十四五。南半球居四分之三。五恆星氣。與聯星之理同。六星雲。方位與天河為近。距大圈二十度。距視界十五度。可區為四。一參宿。二老人。三斗宿。四天津。蓋星雲或天河所分也。一曰流星。有二類。其一無數小體與日相屬。俱若小行星。各有本道。其各道相交。有時相遇而相擊。或落日中。或落行星中。前史所載隕石隕鐵皆是也。其一與鐵石小體異。別是一質。或曳長光。或大火球。經地氣之上。有時過後所曳光帶留於空中。歷時數分始滅。有時發喧鬧聲。其體豁裂而隱。有時無聲而自隱。此地氣外之物偶入地氣中而發光也。流星道。非必與黃道同面。但設為橢圓。且兩心差無定。而諸流星之速率方向。無論與地同異。其所發公點之緯度皆同也。若諸流星勻列於橢圓道。則地球繞日。每年必一遇之。若諸流星分作數隊。依次行於橢圓道。而周時與地球不同。則或間數年一遇之。其說創於便孫伯勒蘭特。其發每在立冬立秋後。而以同治五年為立算之元。一所顯之光道。距地面。最高三百七十六里。最卑五十八里。中數。初顯時為二百里。將滅時為一百五十里。一速率。每秒。五十里至二百三十里。中數。為九十八里。一立冬立秋後所顯之合點。小寒前四日。在赤經二百三十四度。赤緯北

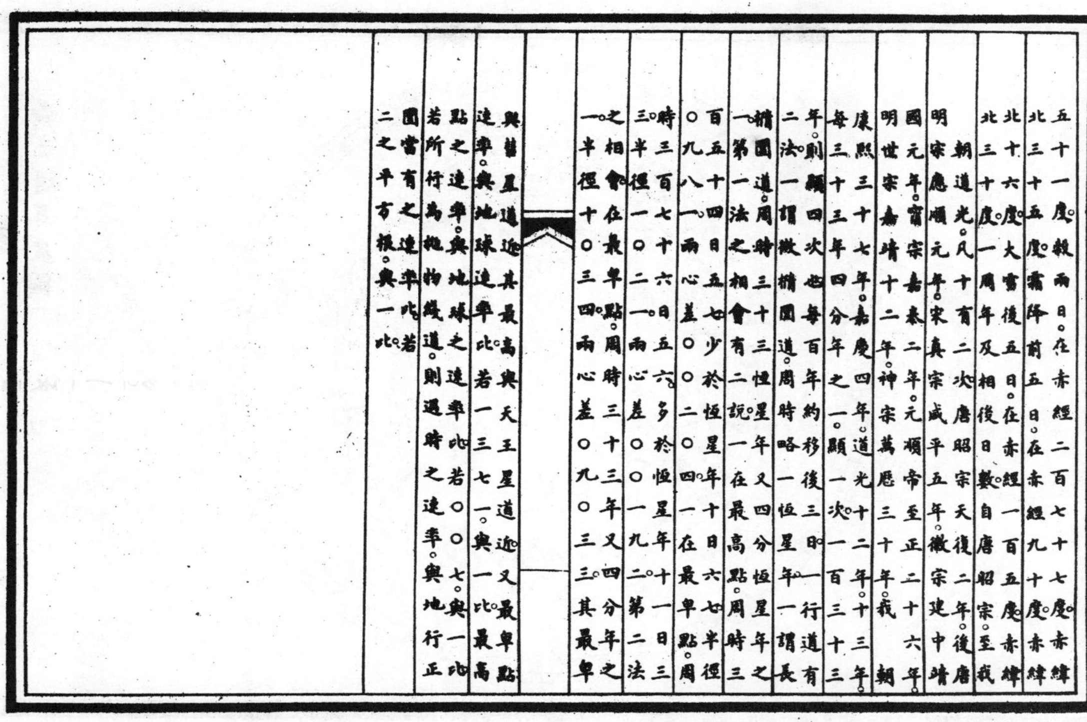
五十一度。較兩日。在赤經二百七十七度。赤緯北三十五度。需降前五日。在赤經九十度。赤緯北十六度。大雪後五日。在赤經一百五度。赤緯北三十度。一周年及相後日數。自唐昭宗。至我朝道光。凡十有二次。唐昭宗天復二年。後唐明宗應順元年。宋真宗咸平五年。徽宗建中靖國元年。甯宗嘉泰二年。元順帝至正二十六年。明世宗嘉靖十二年。神宗萬歷三十年。我　朝康熙三十七年。嘉慶四年。道光十二年。十三年。每三十三年四分年之一。顯一次。一百三十三年。則顯四次也。每百年約移後三日。一行道有二法。一謂微橢圓道。周時略一恆星年。一謂長橢圓道。周時三十三恆星年又四分恆星年之一。第一法之相會有二說。一在最高點。周時三百五十四日五七少於恆星年十日六七半徑○九八一。兩心差○○二○四一在最卑點。周時三百七十六日五六。多於恆星年十一日三三。半徑一○二一。兩心差○○一九二。第二法之相會在最卑點。周時三十三年又四分年之一。半徑十○三四。兩心差○九○三三。其最卑

與彗星道近其最高與天王星道近。又最卑點遠率。與地球遠率比。若一三七一。與一比。最高點之遠率。與地球之遠率比。若○○七。與一比若所行為拋物綫道。則過時之遠率。與地行正圓當有之遠率比。若二之平方根。與一比。

# 欽定大清會典圖卷一百十七

## 天文十一 恒星十

黃赤道界星圖

天漢圖

赤道北天漢界星圖

赤道南天漢界星圖

黃道宿鈐圖

赤道宿鈐圖

黃道宿鈐表

赤道宿鈐表

黃道十二宮宿鈐表

赤道十二宮宿鈐表

七政宿鈐表 附四餘宿鈐表

恒星出入地平圖

黃赤道界星圖

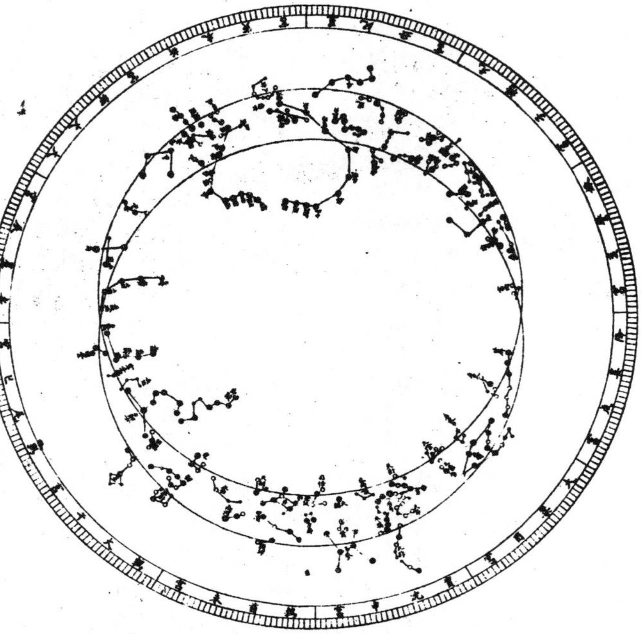

赤道帶天之紘周髀謂之中衡去兩極各九十度黃道一曰光道日之所行也半在赤道外半在赤道內周髀謂之內外衡黃道與赤道東交於翼七度四十六分一秒西交於室八度三分三十一秒北出赤道外極遠者箕初度一十六分五十七秒去極一百十三度二十七分南入赤道內極遠者參七度五十一分五十九秒去極六十六度三十三分兩去極度相減得內外衡相距四十六度五十四分半之即黃赤大距二十三度二十七分也恆

星既循黄道而東。則赤道經度。逐歲不同。而緯度尤甚。凡赤道内外衡之星。緯北者可移而南。緯南者可移而北。稽之於古。唐虞之際。黄道與赤道東交於房。西交於昴。北至於虛。南至於七星。晉志。則東角五。西奎十四。北斗二十一。南井二十五。視堯時移一次有奇。以晉視今。又移一次不足。此經度之差也。自星紀至鶉首六宮。緯之南度古多而今少。緯之北度古少而今多。自鶉首至星紀六宮反是。此緯度之差也。今為黄赤道界星圖。庶步日躔測中星者有考焉。

天漢圖

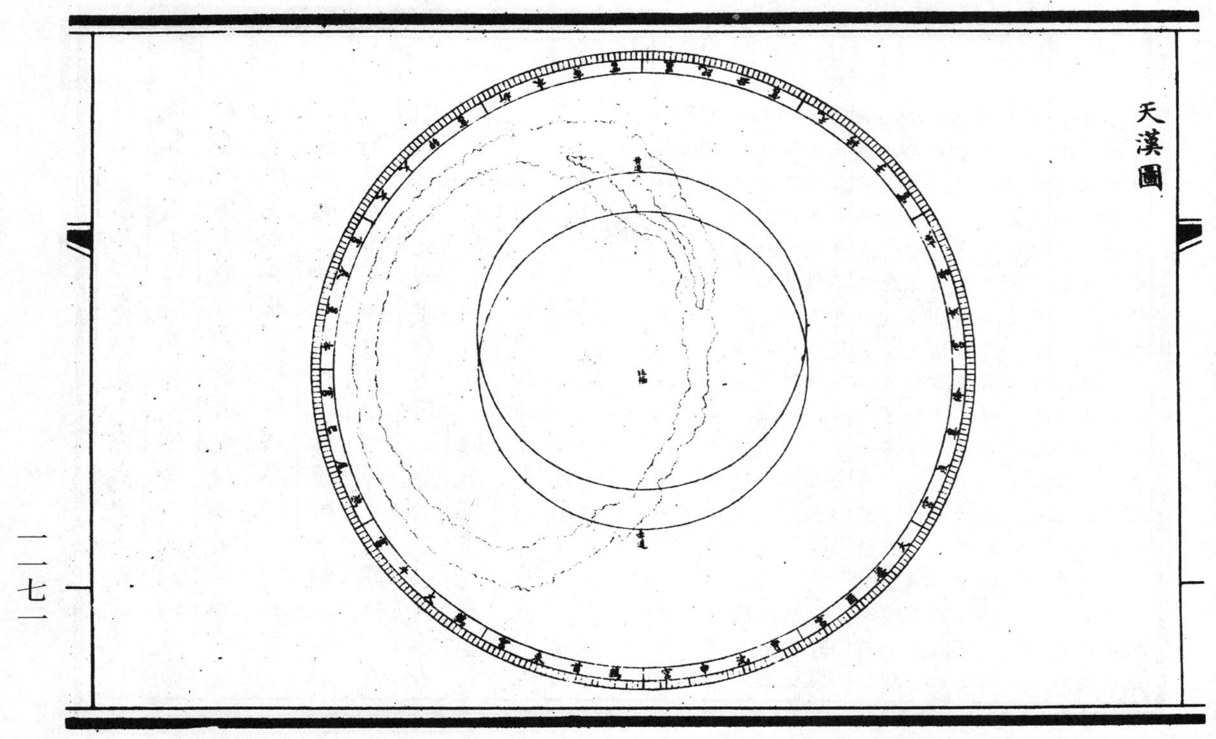

李光地云二十八宿分四方者以雲漢之升降定之雲漢陰氣也列宿天中也雲漢之氣與列宿始交於申勢極於亥降交於寅沈化於巳潛明於午陰氣循環於是為著故四維之限因以定焉陰氣之升為西為北陰氣之降為東為南天之道也其說與天漢在第八重列宿之天相發明其運動則第八重之運動也以廣面為界旁過二極斜絡於天體猶之黃赤等大圜平分之為二其體則天體內無數之微星也微故其光不能如諸大星無數故其光或如白道或如白河之象耳靈臺儀象志始為之表尚或未詳儀象考成正續編並有天漢黃赤道經緯度表表凡四曰黃道北曰黃道南曰赤道北曰赤道南皆經度也其緯度則釐四界曰北曰北之南曰南曰南之北今為之圖其經緯度則從續編所測復加丁亥歲差亦分四界次於圖後經度以端委為紀緯度以升降為紀皆準以度自分以下略焉蓋星氣所形或顯或晦視差氣差逵邇又異其度之廣狹高卑本難齊一謹志其略以備參稽

一北界　黃道北經度始寅宮一十四度終未宮一度緯度始寅宮四度漸升亥宮六十九度復降未宮五度黃道南經度始申宮二十一度終寅宮一十六度緯度始未宮一度漸升巳宮五十七度復降寅宮二度赤道北經度始寅宮二十度終未宮一十九度緯度始寅宮二度漸升戌宮六十四度復降未宮一度赤道南經度始未宮一十九度終寅宮二十度緯度始未宮一度漸升辰宮六十三度復降寅宮一度

一北之南界　黃道北經度始寅宮二十一度終亥宮六度緯度始寅宮一度漸升亥宮五十八度黃道南經度始寅宮一十五度終寅宮二十一度緯度始寅宮一十四度漸降寅宮一度赤道北經度始寅宮二十七度終子宮一十四度緯度始寅宮一度漸升子宮四十三度赤道南經度始寅宮一十二度終寅宮二十八度緯度始寅宮三十七度漸降寅宮五度

一南之北界　黃道北經度始寅宮二十八度終亥宮六度緯度始寅宮一度漸升亥宮五十七度黃道南經度始寅宮一十六度終寅宮二十九度緯度始寅宮一十七度漸降寅宮一度赤道北經度始

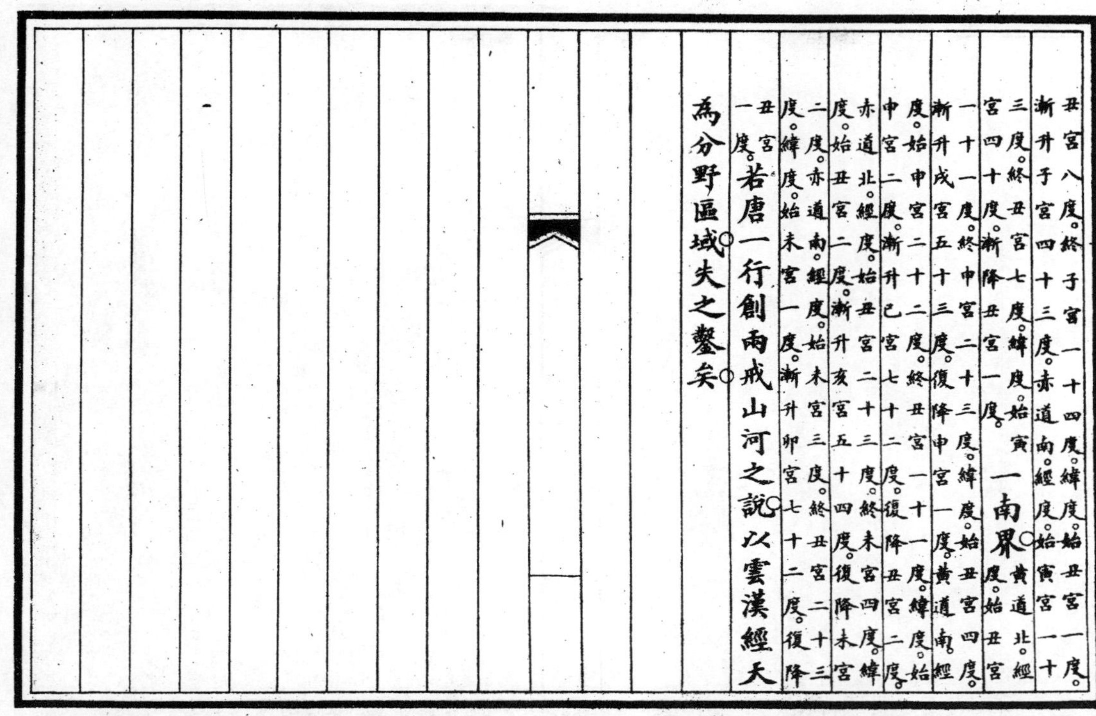

丑宮八度。終子宮一十四度。緯度。始丑宮一度。漸升子宮四十三度。赤道南。經度。始寅宮一十三度。終丑宮七度。緯度。始寅宮四十度。漸降丑宮一度。一南界。黃道北。經度。始丑宮一十一度。終申宮二十三度。緯度。始丑宮四度。漸升戌宮五十三度。復降申宮一度。黃道南。經度。始申宮二十二度。終丑宮一十一度。緯度。始申宮二度。漸升巳宮七十二度。復降丑宮二度。赤道北。經度。始丑宮二十三度。終未宮四度。緯度。始丑宮二度。漸升亥宮五十四度。復降未宮二度。赤道南。經度。始未宮三度。終丑宮二十三度。緯度。始未宮一度。漸升卯宮七十二度。復降丑宮一度。若唐一行創兩戒山河之說。以雲漢經天為分野區域。失之鑿矣。

赤道北天漢界星圖

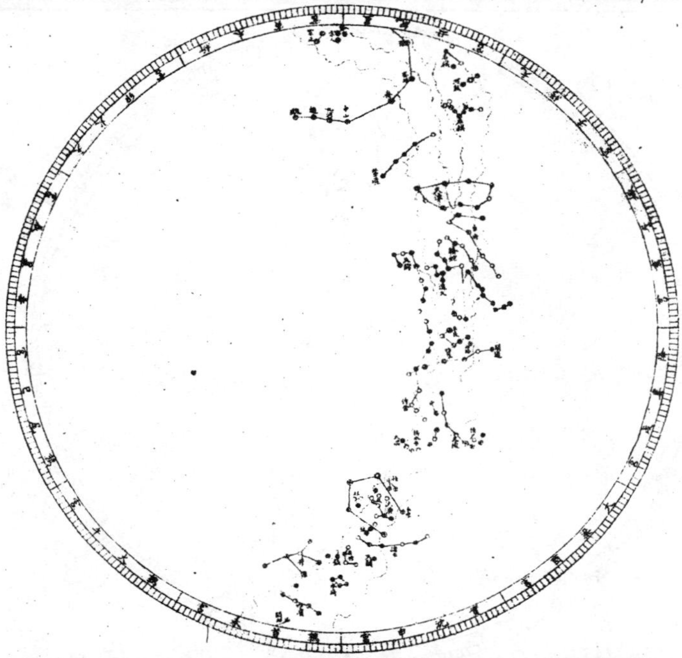

赤道南天漢界星圖

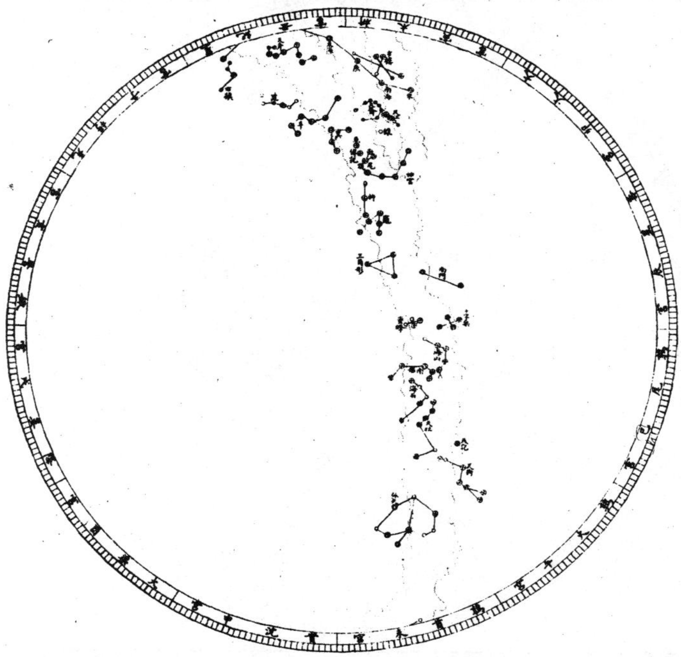

晉書明史天文志。論天漢皆以星為紀。今從近測。圖以顯之。導源東方析木之津。北枕尾神宮。離為二道。北道自尾西會天江。宋。南海。夾其兩涯。又北。經市樓西五星。以上赤道南。宗正西星當其北。宗人東星當其南。復出吳越。過輦道西而達天津。南道自尾東經傳說。魚。貫箕。直南斗魁。建。天弁。翼之。以上赤道南。又北。經右旗九星。其五在緯南。其四在緯北。淩河鼓。左旗。而亦達天津。天津九星。平出兩端者也。當兩道之交者。為穰。為天籥。為燕。東海。徐。兩道合而西南。經車府三星。螣蛇十五星。其在南者。皆不與北。則天鉤九星。切馬。捩造父。導王良。控策。附路。而西歷閣道中三星。傳舍南二星。大陵北三星。天船北八星。又南。引積水次五車。五星並當界外。天潢。咸池。聚其中。柱。峙其外。復歷諸王東二星。過天關。司怪。鉞。水府。四瀆。井第四星。注之。以上赤道北。度闕邱。其一在緯北。其一在緯南。又經弧矢東五星。天狗南二星。環天社。天記一星。共之。抵海石之南。逾南船。帶海山。絕十字架。傍蜜蜂。排南門。絡三角。龜。杵。而復屬於尾。以上赤道南。是為帶天一周。又西人侯失勒約翰曰。天河為天球之大圈。與赤道交角。約六十三度。其二交點之赤經。北為一百九十一度四十五分。距極六十三度。南為十一度四十五分。距極一百十七度。大圈當分支處。初過閣道為最明。在閣道第三星北二度。距極二十八度。再過策星與閣道第二星之閒。復分一支。西南行。近天船第三星最明。近卷舌第二星漸暗。過此幾不可見。約至近畢昴二宿而盡。其中幹最暗。過柱第一第二第三星。出五車第二星之西。又過諸王。司怪。而交黃道。略近二至經圈。過水府。四瀆。而交赤道。其經一百三度三十分。光暗而難辨。過此漸明。自四瀆。過天狼之北。至弧矢。漸闊而益明。色白。至近日短圈。又分一支。細而曲。至天社第一星而盡。其中幹南行。至距極一百二十三度。散為數支。狀若摺扇。闊約二十度。錯雜相交。至天記。及天社第一星之聯綫。而數支忽俱隱。歷若干度而再見。仍為數支。至南船第三星而合。狀亦如摺扇。約至海山。成小洞狀。半圈。次作小顯狀。最明。闊約三四度。至十字架爲最狹。過此忽變闊而明。中函十字架第三第四星。及馬腹第三星。將及南門第二星。白光之中。忽函黑洞。作梨狀。海舶中指之曰煤袋。長八度。闊五度。用目察之。中惟一微星。測以遠鏡則有多星。其黑暗者。四周皆白光故也。此最近南極處。其光較北半球甚明。蓋天河作扁環。其闊與厚不等。我地與日所處。四面皆遠天河。而非恰居中心。略近南也。當南門第二星。又分一支。其初甚闊。約如本幹之半。漸削而狹。其削邊與本方向交角。約二十度。西至積卒第一星。漸暗不可見。其本幹變闊。過尾宿。成曲肘形。又分爲二支。其東支。闊狹明暗參差不等。其西支。復爲諸小支相交。過神宮。漸闊漸暗。近天籥而隱。距北極一百三度。與北一支相隔處。凡十四度。無光。本幹成曲肘形。復東過杵。又過尾宿第五第六星。至箕宿第一星。聚爲橢圓狀。長六度。闊四度。光極明。其星至少當有十萬。過此而北。與黃道交。其經度二百七十度過斗宿。至於天弁。其狀有極凹處三。與極凸處相間。其最凸而明者。一近河鼓。乃中國所見天河最明處也。當赤經一百八十五度。過赤道。此處屈曲無定。過右旗。河鼓。左旗。至天津第九。聚作斷續之狀。不甚相連。在天津第九第三第一星之間。有廣黑洞。略如南方之煤袋。是爲三大支之源。三大支者。一即本支。其餘二支。一自黑洞處起。從天津第三星。向北。過螣蛇。造父。而復至閣道。一自天津第一星起。光甚明。南行過輦道第四星。入天市垣。約至赤道。當星點稀疏處而隱。此支若過赤道。可與天籥所隱之支相連。而本幹又分一支。從造父直向北極。約函天鉤第四第九星。及造父第一星。中闕一段焉。

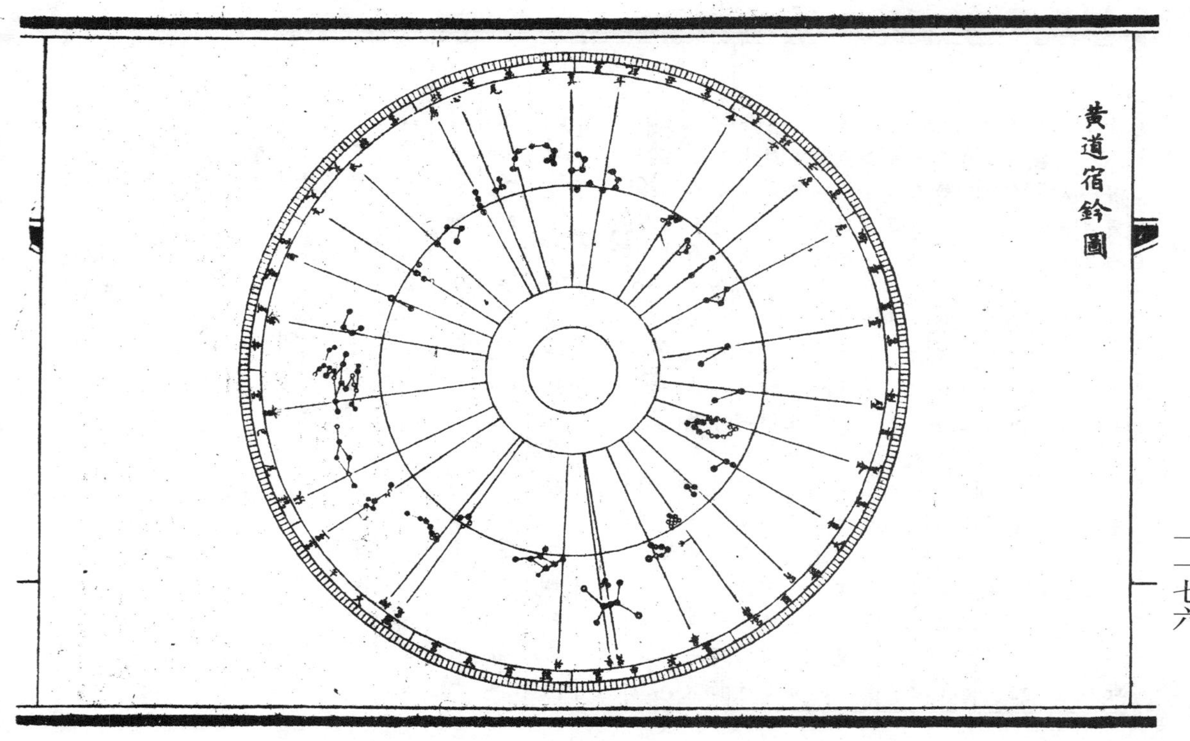

黃道宿鈐圖

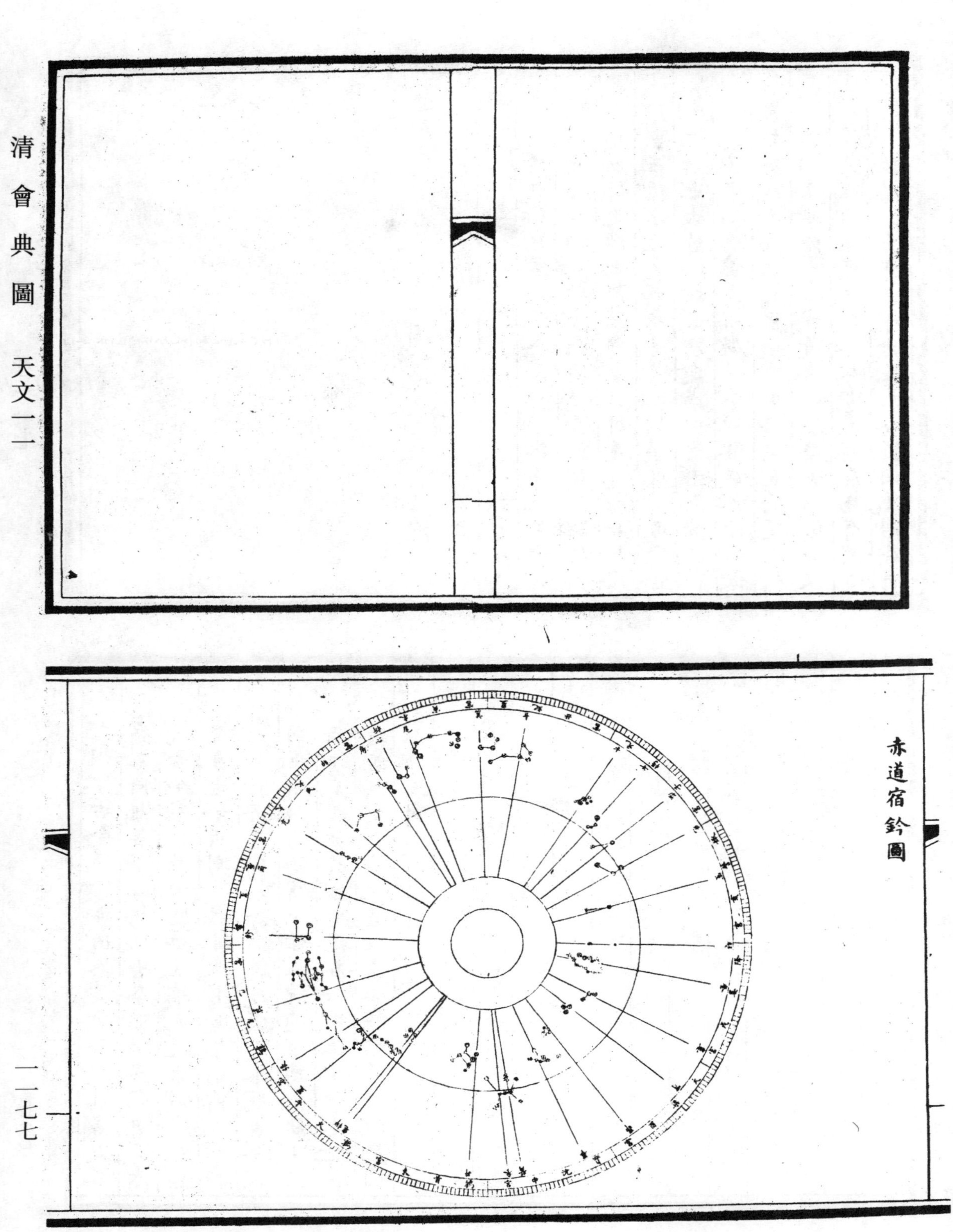
赤道宿鈴圖

周禮馮相氏掌二十八星之位。漢志追二十八宿相距於四方。以定朔晦分至躔離弦望。此赤道宿鈐之始也。後漢賈逵曰。用黃道度。日月弦望多近。永元十五年造黃道銅儀。此黃道宿鈐之始也。古皆以赤道為定。漢以前未有黃道宿度。後漢知有黃道宿度。而未知有歲差。隋以後知有歲差。而宿距猶以赤道為定。黃道度則以比例求之。隋志云。赤道常定。紘帶天中。儀極攸準是也。自漢迄元。初無以赤道宿度為有差者。然恆星循黃道東行。其歲差各宿相等。則各宿之相距。古今亦等。赤道與黃道斜交。其歲差各宿不同。則各宿之相距。古今亦不同。宋史云。赤道古今不移。星舍宜無盈縮。元史云。列宿相距度數。古今所測不同。非微有動移。則前人所測或有未密。是皆不知赤道度數之本應古今不同也。明用西法。宿距始主黃道。今為光緒十三年丁亥黃赤道宿鈐圖各一。欲上下相求者。黃道經度則加減歲差五十二秒。赤道經緯度則以弧三角術入之。

黃道宿鈐表

| | 康熙壬子 | 乾隆甲子 | 道光甲辰 | 光緒丁亥 |
|---|---|---|---|---|
| 角 | 一十度三十五分 始辰一十九度一十六分 | 一十度三十九分一十九秒 始辰二十度一十六分二十一秒 | 一十度三十九分一十九秒 始辰二十一度四十一分二十一秒 | 一十度三十九分一十九秒 始辰二十二度一十八分三十七秒 |
| 亢 | 一十度四十分 始辰二十九度五十一分 | 一十度三十六分 始卯初度五十五分四十秒 | 一十度三十六分 始卯二度二十分四十秒 | 一十度三十六分 始卯二度五十七分五十六秒 |
| 氐 | 一十七度五十四分 始卯一十度三十一分 | 一十七度五十分四十五秒 始卯一十一度三十一分四十秒 | 一十七度五十分四十五秒 始卯一十二度五十六分四十秒 | 一十七度五十分四十五秒 始卯一十三度三十三分五十六秒 |
| 房 | 四度四十六分 始卯二十八度二十五分 | 四度五十一分五十九秒 始卯二十九度二十二分二十五秒 | 四度五十一分五十九秒 始寅初度四十七分二十五秒 | 四度五十一分五十九秒 始寅一度二十四分四十一秒 |
| 心 | 七度三十三分 始寅三度一十一分 | 八度一十五分 始寅四度一十四分二十四秒 | 八度一十五分 始寅五度三十九分二十四秒 | 八度一十五分 始寅六度一十六分四十秒 |
| 尾 | 一十五度三十六分 始寅一十度四十四分 | 一十五度一十一分二十三秒 始寅一十二度二十九分二十四秒 | 一十五度一十一分二十三秒 始寅一十三度五十四分二十四秒 | 一十五度一十一分二十三秒 始寅一十四度三十一分四十秒 |
| 箕 | 九度二十分 始寅二十六度二十分 | 八度五十四分五十五秒 始寅二十七度四十分四十七秒 | 八度五十五分五十五秒 始寅二十九度五分四十七秒 | 八度五十五分五十五秒 始寅二十九度四十三分三秒 |
| 斗 | 二十三度五十一分 始丑五度四十分 | 二十三度五十三分一十五秒 始丑六度三十五分四十二秒 | 二十三度五十四分一十五秒 始丑八度一分四十二秒 | 二十三度五十四分一十五秒 始丑八度三十八分五十八秒 |
| 牛 | 七度四十二分 始丑二十九度三十一分 | 七度四十分九秒 始子初度二十八分五十七秒 | 七度四十分九秒 始子一度五十五分五十七秒 | 七度四十分九秒 始子二度三十三分一十三秒 |
| 女 | 一十一度三十八分 始子七度一十三分 | 一十一度四十分一十六秒 始子八度九分六秒 | 一十一度四十分四十六秒 始子九度三十六分六秒 | 一十一度四十分四十六秒 始子一十度一十三分二十二秒 |
| 虛 | 九度五十九分 始子一十八度五十一分 | 九度五十七分五十四秒 始子一十九度四十九分二十二秒 | 九度五十七分五十四秒 始子二十一度一十六分五十二秒 | 九度五十七分五十四秒 始子二十一度五十四分八秒 |
| 危 | 二十度七分 始子二十八度五十分 | 二十度六分五十七秒 始子二十九度四十七分一十六秒 | 二十度四分二十七秒 始亥一度一十四分四十六秒 | 二十度四分二十七秒 始亥一度五十二分二秒 |
| 室 | 一十五度四十一分 始亥一十八度五十七分 | 一十五度四十分三十七秒 始亥一十九度五十四分一十三秒 | 一十五度四十分三十七秒 始亥二十一度一十九分一十三秒 | 一十五度四十分三十七秒 始亥二十一度五十六分二十九秒 |
| 壁 | 一十三度六分 始戌四度三十八分 | 一十三度一十六分一十八秒 始戌五度三十四分五十秒 | 一十三度一十七分一十八秒 始戌六度五十九分五十秒 | 一十三度一十七分一十八秒 始戌七度三十七分六秒 |
| 奎 | 一十一度三十九分 始戌一十七度四十四分 | 一十一度三十一分五十一秒 始戌一十八度五十一分八秒 | 一十一度三十分五十一秒 始戌二十度一十七分八秒 | 一十一度三十分五十一秒 始戌二十度五十四分二十四秒 |
| 婁 | 一十三度 始戌二十九度二十三分 | 一十二度五十七分四十八秒 始酉初度二十二分五十九秒 | 一十二度五十七分四十八秒 始酉一度四十七分五十九秒 | 一十二度五十七分四十八秒 始酉二度二十五分一十五秒 |
| 胃 | 一十二度一十五分 始酉一十二度二十三分 | 一十二度二十九分三十四秒 始酉一十三度二十分四十七秒 | 一十二度二十九分三十四秒 始酉一十四度四十五分四十七秒 | 一十二度二十九分三十四秒 始酉一十五度二十三分三秒 |
| 昴 | 九度一十五分 始酉二十四度三十八分 | 九度二分五十秒 始酉二十五度五十分二十一秒 | 九度二分五十秒 始酉二十七度一十五分二十一秒 | 九度二分五十秒 始酉二十七度五十二分三十七秒 |
| 畢 | 一十五度一十九分 始申三度五十三分 | 一十五度一十四分七秒 始申四度五十三分一十一秒 | 一十五度一十三分七秒 始申六度一十八分一十一秒 | 一十五度一十三分七秒 始申六度五十五分二十七秒 |
| 觜 | 五十五分 始申一十九度一十二分 | 五十九分二十七秒 始申二十度七分一十八秒 | 五十九分二十七秒 始申二十一度三十一分一十八秒 | 五十九分二十七秒 始申二十二度八分三十四秒 |
| 參 | 一十度三十八分 始申二十度七分 | 一十度三十六分二十五秒 始申二十一度六分四十五秒 | 一十度三十六分二十五秒 始申二十二度三十分四十五秒 | 一十度三十六分二十五秒 始申二十三度八分一秒 |
| 井 | 三十度二十五分 始未初度四十五分 | 三十度二十六分三十四秒 始未一度四十三分一十秒 | 三十度二十七分三十四秒 始未三度七分一十秒 | 三十度二十七分三十四秒 始未三度四十四分二十六秒 |
| 鬼 | 四度三十六分 始午一度一十分 | 四度三十四分一十九秒 始午二度九分四十四秒 | 四度三十四分一十九秒 始午三度三十四分四十四秒 | 四度三十四分一十九秒 始午四度一十二分 |
| 柳 | 一十七度 始午五度四十六分 | 一十六度五十八分五十六秒 始午六度四十四分三秒 | 一十六度五十八分五十六秒 始午八度九分三秒 | 一十六度五十八分五十六秒 始午八度四十六分一十九秒 |
| 星 | 八度二十三分 始午二十二度四十六分 | 八度二十五分三十四秒 始午二十三度四十二分五十九秒 | 八度二十五分三十四秒 始午二十五度七分五十九秒 | 八度二十五分三十四秒 始午二十五度四十五分一十五秒 |
| 張 | 一十八度四分 始巳一度九分 | 一十八度三分一十秒 始巳二度八分三十三秒 | 一十八度三分一十秒 始巳三度三十三分三十三秒 | 一十八度三分一十秒 始巳四度一十分四十九秒 |
| 翼 | 一十七度 始巳一十九度一十三分 | 一十六度五十九分一十五秒 始巳二十度一十一分四十三秒 | 一十六度五十九分一十五秒 始巳二十一度三十六分四十三秒 | 一十六度五十九分一十五秒 始巳二十二度一十三分五十九秒 |
| 軫 | 一十三度三分 始辰六度一十三分 | 一十三度五分二十三秒 始辰七度一十分五十八秒 | 一十三度五分二十三秒 始辰八度三十五分五十八秒 | 一十三度五分二十三秒 始辰九度一十三分一十四秒 |

赤道宿鈐表

| | 康熙壬子 | 乾隆甲子 | 道光甲辰 | 光緒丁亥 |
|---|---|---|---|---|
| 角 | 一十一度四十五分 始辰一十七度四分 | 一十一度五十三分一十九秒 始辰一十七度五十六分二十一秒 | 一十一度五十四分四秒 始辰一十九度一十六分九秒 | 一十一度五十四分二十七秒三十九微 始辰一十九度五十二分一十六秒 |
| 亢 | 九度二十七分 始辰二十八度四十九分 | 九度二十二分五十四秒 始辰二十九度四十九分三十秒 | 九度二十六分四秒 始卯一度一十分一十三秒 | 九度二十六分二十六秒二十五微 始卯一度四十六分四十三秒三十九微 |
| 氐 | 一十六度三十五分 始卯八度一十六分 | 一十六度三十九分一十九秒 始卯九度一十二分二十四秒 | 一十六度四十六分五十八秒 始卯一十度三十六分一十七秒 | 一十六度五十分一十九秒二十三微 始卯一十一度一十三分一十秒四微 |
| 房 | 五度二十六分 始卯二十四度五十一分 | 五度三十四分二十三秒 始卯二十五度五十一分四十三秒 | 五度三十四分五十三秒 始卯二十七度二十三分一十五秒 | 五度三十五分五秒五十四微 始卯二十八度三分二十九秒二十七微 |
| 心 | 六度一十八分 始寅初度一十七分 | 七度五分二十五秒 始寅一度二十六分六秒 | 七度一十六分二秒 始寅二度五十八分八秒 | 七度二十分三十八秒二十八微 始寅三度三十八分三十五秒二十一微 |
| 尾 | 一十九度九分 始寅六度三十五分 | 一十八度四十八分一十五秒 始寅八度三十一分三十一秒 | 一十八度四十三分二十六秒 始寅一十度一十四分一十秒 | 一十八度四十六分一十五秒三十四微 始寅一十度五十九分一十三秒四十九微 |
| 箕 | 一十度三十六分 始寅二十五度四十四分 | 一十度四分二十七秒 始寅二十七度一十九分四十六秒 | 一十度二分五十三秒 始寅二十八度五十七分三十六秒 | 一十度一分四十七秒三十七微 始寅二十九度四十五分二十九秒二十三微 |
| 斗 | 二十四度一十四分 始丑六度二十分 | 二十四度一十五分二十三秒 始丑七度二十四分一十三秒 | 二十四度七分三秒 始丑九度二十九秒 | 二十四度六分五十四秒一十九微 始丑九度四十二分一十秒一十微 |
| 牛 | 六度五十五分 始子初度三十四分 | 六度四十七分一十九秒 始子一度三十九分三十六秒 | 六度四十四分一十二秒 始子三度七分三十二秒 | 六度四十二分四十九秒三十五微 始子三度四十九分四秒二十九微 |

| 宿 | | | | |
|---|---|---|---|---|
| 女 | 十一度 始子七度二十九分 | 十一度三分四十四秒 始子八度二十六分五十五秒 | 十一度一分五十五秒 始子九度五十一分四十四秒 | 十一度五十五秒三十二微 始子十一度二十七分五十四秒 |
| 虛 | 八度四十一分 始子十八度二十九分 | 八度三十八分五十四秒 始子一十九度三十分三十九秒 | 八度三十六分五十五秒 始子二十度五十九分三十九秒 | 八度三十六分二秒四十一微 始子二十一度二十八分四十九秒五十五微 |
| 危 | 十四度五十三分 始子二十七度一十四分 | 十四度四十九分四十九秒 始子二十八度九分三十三秒 | 十四度四十四分五十八秒 始子二十九度十分三十四秒 | 十四度四十三分四十九秒五十五微 始亥初度四分一十二秒一十六微 |
| 室 | 十六度五十三分 始亥一十二度七分 | 十七度一分二十三秒 始亥一十二度十九分二十二秒 | 十七度三分四十一秒 始亥一十四度十五分三十二秒 | 十七度四分四十九秒五微 始亥一十四度四十分一十一微 |
| 壁 | 十度五十分 始亥二十九度 | 十度五十四分五十一秒 始戌初度四十五秒 | 十度五十八分三十六秒 始戌一度一十九分一十三秒 | 十度五十九分五十一秒十五微 始戌一度五十一分一十六微 |
| 奎 | 十四度一十分 始戌九度五十分 | 十四度一十一分五十二秒 始戌一十度五十五分三十五秒 | 十四度一十三分一十秒 始戌一十二度十七分四十五秒 | 十四度一十四分十五秒五十六微 始戌一十五度五十三分二十六秒 |
| 婁 | 十二度七分 始戌二十四度 | 十二度五十八分四十秒 始戌二十五度七分二十七秒 | 十二度三分五十四秒 始戌二十六度三十分五十九秒 | 十二度六分十三秒四十五微 始戌二十七度三十八分二十六秒 |
| 胃 | 十五度四十六分 始酉六度七分 | 十五度十九分五十一秒 始酉七度六分七秒 | 十五度二十分五十四秒 始酉八度三十四分五十三秒 | 十五度二十一分二十四秒六微 始酉九度五十三分 |
| 昴 | 十度二十六分 始酉二十一度五十三分 | 十度五十八分四十一秒 始酉二十二度十五分五十七秒 | 十度五十八分八秒 始酉二十三度五十分四十七秒 | 十度五十七分二十七秒九微 始酉二十四度五十一分十六微 |
| 畢 | 十七度六分 始申二度一十九分 | 十六度五十分三十秒 始申三度二十四分三十八秒 | 十六度四十三分五十三秒 始申四度五十三分五十一秒 | 十六度四十一分四十九秒一微 始申五度五十二分四十五秒二十六微 |
| 觜 | 一度四十一分 始申一十九度二十五分 | 一度四十二分五十七秒 始申二十度一十五分八秒 | 一度三十六分一秒 始申二十一度三十七分四十八秒 | 一度三十二分五十六秒四十九微 始申二十三度二十五秒十六微 |
| 参 | 九度四十一分 始申二十一度六分 | 九度五十三分四十秒 始申二十二度十八分二十秒 | 十度八分五十四秒 始申二十三度十三分四十九秒 | 十度十五分三十三秒五十四微 始申二十四度十五分二十一微 |
| 井 | 三十二度二十八分 始未初度四十七分 | 三十二度二十二分五十六秒 始未一度五十一分四十五秒 | 三十二度一十九分二十二秒 始未三度二十二分四十二秒 | 三十二度一十七分一十三秒四十三微 始未四度五十三分二十一微 |
| 鬼 | 一度五十五分 始午三度一十五分 | 一度四十六分三秒 始午四度四十一分 | 一度三十九分五十四秒 始午五度十二分五秒 | 一度三十七分九秒一十微 始午六度十六分五十四微 |
| 柳 | 一十二度四十八分 始午五度一十分 | 一十二度四十三分五十三秒 始午六度四十四秒 | 一十二度三十八分一十秒 始午七度二十一分五十九秒 | 一十二度三十五分三十三秒三微 始午七度五十六秒 |
| 星 | 六度二分 始午一十七度五十八分 | 六度三分二十二秒 始午十八度十四分二十六秒 | 六度一分四十七秒 始午二十度九秒 | 六度一分二秒二十四微 始午二十度十二分二十秒 |
| 張 | 一十七度四分 始午二十四度 | 十七度三分五十秒 始午二十四度十七分五十二秒 | 十七度五分四秒 始午二十六度一分五十六秒 | 十七度五分四十九秒九微 始午二十六度一分四十一微 |
| 翼 | 十八度五十一分 始巳一十一度四分 | 十八度四十九分一十三秒 始巳一十二度十六分 | 十八度五十二分二十五秒 始巳十二度 | 十八度五十三分五十四秒四十四微 始巳十五度九分 |
| 軫 | 十七度九分 始巳二十九度五十五分 | 十七度十五分二十九秒 始辰初度四十一秒 | 十七度十六分四十六秒 始辰一度九分五十六秒 | 十七度一十七分三十秒二十六微 始辰二度四十五秒三十四微 |

黃道十二宮宿鈐表

|  |  |  |  |
|---|---|---|---|
| 星紀 | 初箕初度一十六分五十七秒冬至 | 中斗六度二十一分二秒小寒 | 終斗二十一度二十一分二秒 |
| 元枵 | 初斗二十一度二十一分二秒大寒 | 中女四度四十六分三十八秒立春 | 終虛八度五分五十二秒 |
| 娵訾 | 初虛八度五分五十二秒雨水 | 中危一十三度七分五十八秒驚蟄 | 終室八度三分三十一秒 |
| 降婁 | 初室八度三分三十一秒春分 | 中壁七度二十二分五十四秒清明 | 終奎九度五分三十六秒 |
| 大梁 | 初奎九度五分三十六秒穀雨 | 中婁一十二度三十四分四十五秒立夏 | 終昴二度七分二十三秒 |
| 實沈 | 初昴二度七分二十三秒小滿 | 中畢八度四分三十三秒芒種 | 終參六度五十一分五十九秒 |
| 鶉首 | 初參六度五十一分五十九秒夏至 | 中井一十一度一十五分三十四秒小暑 | 終井二十六度一十五分三十四秒 |
| 鶉火 | 初井二十六度一十五分三十四秒大暑 | 中柳六度一十三分四十一秒立秋 | 終星四度一十四分四十五秒 |
| 鶉尾 | 初星四度一十四分四十五秒處暑 | 中張一十度四十九分一十一秒白露 | 終翼七度四十六分一秒 |
| 壽星 | 初翼七度四十六分一秒秋分 | 中軫五度四十六分四十六秒寒露 | 終角七度四十一分二十三秒 |
| 大火 | 初角七度四十一分二十三秒霜降 | 中氐一度二十六分四秒立冬 | 終氐一十六度二十六分四秒 |
| 析木 | 初氐一十六度二十六分四秒小雪 | 中尾初度二十八分二十秒大雪 | 終箕初度一十六分五十七秒 |

赤道十二宮宿鈐表

|  |  |  |  |
|---|---|---|---|
| 星紀 | 初箕初度一十九分三十秒二十七微 | 中斗五度一十七分四十九秒五十微 | 終斗二十度一十七分四十九秒五十微 |
| 元枵 | 初斗二十度一十七分四十九秒五十微 | 中女四度三十二分五秒五十六微 | 終虛八度三十一分一十秒二十五微 |
| 娵訾 | 初虛八度三十一分一十秒二十五微 | 中室初度一十一分一十七秒四十九微 | 終室十五度一十一分一十七秒四十九微 |
| 降婁 | 初室十五度一十一分一十七秒四十九微 | 中奎二度六分三十七秒二十九微 | 終婁二度五十二分二十一秒三十三微 |
| 大梁 | 初婁二度五十二分二十一秒三十三微 | 中胃五度四十六分七秒四十八微 | 終昴五度二十四分三秒四十二微 |
| 實沈 | 初昴五度二十四分三秒四十二微 | 中畢九度二十七分一十六秒三十五微 | 終參六度一十二分三十秒四十三微 |
| 鶉首 | 初參六度一十二分三十秒四十三微 | 中井十度五十六分五十六秒四十九微 | 終井二十五度五十六分五十六秒四十九微 |
| 鶉火 | 初井二十五度五十六分五十六秒四十九微 | 中柳七度二分三十三秒五十六微 | 終張三度二十五分五十八秒一十九微 |
| 鶉尾 | 初張三度二十五分五十八秒一十九微 | 中翼一度二十分九秒一十微 | 終翼十六度二十分九秒一十微 |
| 壽星 | 初翼十六度二十分九秒一十微 | 中軫十二度二十六分一十四秒二十六微 | 終角十度八分四十四秒 |
| 大火 | 初角十度八分四十四秒 | 中氐三度四十六分四十九秒五十六微 | 終房一度五十六分三十秒三十三微 |
| 析木 | 初房一度五十六分三十秒三十三微 | 中尾四度六秒一微 | 終箕初度一十九分三十秒二十七微 |

| 七政宿鈐表 | 日 | 月 | 土 | 木 | 火 | 金 | 水 |
|---|---|---|---|---|---|---|---|
| | 星宮 度分 | 緯星宮 度分 | 緯星宮 度分 | 緯星宮 度分 | 緯星宮 度分 | 緯星宮 度分 | 緯星宮 度分 |
| 立春 | 女 元枵 一 四四 二三 〇四 | 南 畢 實沈 一 五四一 〇五四 七〇五 | 南 井 鶉首 一一 〇三七 一二〇 一二七 | 北 尾 大火 一三六 二〇〇 〇九七 | 南 危 娵訾 一〇二 〇五五 一九一 | 南 虛 元枵 二 一七九 三二二 三六〇 | 南 女 元枵 一 一七七 三一二 三六九 |
| 雨水 | 虛 元枵 二 七九 五四 〇四 | 北 斗 星紀 一 三四二 四〇四 五七六 | 南 井 鶉首 一一 〇二六 〇三一 九〇四 | 北 尾 大火 一三六 二三三 三二〇 | 南 危 娵訾 一一 〇二四 〇五三 四六八 | 南 危 娵訾 一一 一六八 二一〇 七四六 | 南 危 娵訾 一 一一三 〇一一 〇九二 |
| 驚蟄 | 危 娵訾 一一 二四 五四 六八 | 南 井 鶉首 一一 五三七 二二一 六八三 | 南 井 鶉首 一一 〇一五 〇五四 七九三 | 北 尾 大火 一三六 二一一 六二〇 | 南 室 娵訾 二 〇四六 四二二 七五一 | 南 室 降婁 一 一四六 〇四四 六八五 | 北 室 降婁 一 一〇二 一四三 一二九 |
| 春分 | 室 娵訾 二 七九 四四 九五 | 北 女 元枵 一 一二六 〇〇二 〇九二 | 南 井 鶉首 一一 〇一五 〇五三 五三七 | 北 尾 大火 一二五 二一〇 九一九 | 南 壁 降婁 〇〇七 三二五 九〇七 | 南 奎 降婁 二 〇一五 三一一 二九三 | 北 壁 降婁 一 三二四 三〇〇 四七四 |
| 清明 | 壁 降婁 一 六四 五三 七四 | 南 柳 鶉火 一二 〇五四 一四三 二六二 | 南 井 鶉首 一一 〇二五 〇一五 四二七 | 北 尾 大火 一〇三 三三三 一八六 | 南 壁 降婁 一一 〇一九 三四二 一六三 | 南 婁 大梁 一一 〇一三 一〇五 〇五〇 | 北 危 娵訾 二二 一〇一 三〇五 四三五 |
| 穀雨 | 奎 降婁 二 八九 二一 二六 | 南 危 娵訾 一一 一六八 五五四 九五七 | 南 井 鶉首 一一 〇二六 〇五三 二五九 | 北 房 大火 一九一 三二四 一五四 | 南 奎 大梁 〇九〇 二四三 一五九 | 北 畢 實沈 〇三一 五四五 六一四 | 南 室 降婁 一九一 一一一 八八四 |
| 立夏 | 婁 大梁 一一 二四 二四 四九 | 南 軫 壽星 一 四八八 〇五〇 三六九 | 南 井 鶉首 一一 〇四七 〇〇四 一三八 | 北 角 壽星 二 一七九 二二四 九六四 | 南 婁 大梁 一一 〇〇二 一〇二 一三八 | 北 畢 實沈 一二 一三〇 四五三 一七二 | 南 奎 降婁 二 一五六 五二二 四七一 |
| 小滿 | 昴 大梁 二 一九 二一 四七 | 南 胃 大梁 四〇三 四三〇 三七二 | 北 井 鶉首 一一 〇五九 〇二〇 一五九 | 北 角 壽星 二 一五八 二五〇 七〇九 | 南 胃 大梁 二 〇七三 〇五二 二七〇 | 北 井 鶉首 二四八 一一〇 一五〇 | 南 胃 大梁 二 〇九四 三一三 九〇五 |
| 芒種 | 畢 實沈 一 七四 四三 二七 | 北 心 析木 一 四四一 四四〇 四六二 | 北 井 鶉首 一二 〇七〇 〇〇五 二七一 | 北 角 壽星 二 一四七 二四〇 三一〇 | 北 昴 實沈 〇六四 〇五四 八〇三 | 北 井 鶉首 二二 二二六 二二一 四六〇 | 北 參 實沈 二 一二五 〇〇一 六七五 |
| 夏至 | 參 實沈 二 六九 四五 六四 | 南 參 鶉首 二 三九二 四二三 五七五 | 北 井 鶉首 一二 〇八二 〇五四 四九四 | 北 角 壽星 二 一四六 一一三 八四三 | 北 畢 實沈 一 〇八五 一五五 八七三 | 北 柳 鶉火 一 二四五 〇五四 九六三 | 北 井 鶉首 一二 一九二 五〇五 二五〇 |
| 小暑 | 井 鶉首 一一 〇四 二一 七二 | 北 斗 元枵 二 一一〇 四二〇 二七六 | 北 井 鶉首 二二 〇〇四 〇五五 五二六 | 北 角 壽星 二 一四六 一三四 四〇八 | 北 參 實沈 二 〇三六 二〇〇 七一九 | 北 星 鶉火 二 一三九 二三一 四三八 | 北 柳 鶉火 〇〇八 二〇四 五三九 |
| 大暑 | 井 鶉首 二二 五九 四二 三七 | 北 柳 鶉火 一二 〇四三 二三五 五四一 | 北 井 鶉首 二二 〇二六 〇五五 六四九 | 北 角 壽星 二 一五七 一二四 〇七六 | 北 井 鶉首 〇五六 三一五 七〇五 | 南 張 鶉尾 一一 〇〇四 〇二三 一〇一 | 南 井 鶉火 二 三七一 一四三 五八二 |
| 立秋 | 柳 鶉火 一 五四 五四 九六 | 南 室 娵訾 二 三五七 一三三 九四〇 | 北 井 鶉首 二二 〇四八 〇五四 八六一 | 北 角 壽星 二 一七九 〇〇二 六三二 | 北 井 鶉首 一一 〇三七 四四三 六四九 | 南 翼 鶉尾 二 二五七 〇〇一 九〇四 | 南 井 鶉首 二二 二三六 二一五 二〇四 |
| 處暑 | 星 鶉火 二 三九 二一 五一 | 北 軫 壽星 一 四七六 二五四 九六九 | 北 井 鶉火 二 〇六〇 〇四三 九六一 | 北 角 大火 一九一 〇〇二 二三二 | 北 井 鶉首 二二 〇五七 五二一 四九三 | 南 翼 壽星 一 四二五 四四〇 八九三 | 北 柳 鶉火 一 〇五四 〇一〇 八四一 |
| 白露 | 張 鶉尾 一一 〇四 二三 九九 | 南 婁 大梁 一 五九一 一〇三 二九四 | 北 井 鶉火 二 〇八二 一三二 一六〇 | 北 亢 大火 〇〇三 五五五 九九七 | 北 鬼 鶉火 一三七 〇一二 三四六 | 南 翼 壽星 一 七二五 五五四 〇二六 | 北 張 鶉尾 一 一六〇 三四五 一六七 |
| 秋分 | 翼 鶉尾 二 七九 〇一 三七 | 北 心 析木 四三九 四三四 八二九 | 北 井 鶉火 三 〇〇三 一〇五 二六〇 | 北 亢 大火 〇三六 五四四 七四二 | 北 柳 鶉火 一 一八六 一〇四 一五九 | 南 翼 鶉尾 二 八六八 五〇一 五五七 | 北 翼 壽星 一 一五八 一五〇 二四八 |
| 寒露 | 軫 壽星 一 四四 四〇 九二 | 南 畢 實沈 一 四七四 五四四 一六一 | 北 鬼 鶉火 〇〇五 一五〇 四五五 | 北 亢 大火 〇六九 五四四 五五五 | 北 星 鶉火 二 一〇六 一一〇 九七二 | 南 張 鶉尾 一二 六六一 四五〇 七七八 | 南 亢 大火 〇〇三 三五五 一三一 |
| 霜降 | 角 壽星 二 七九 三五 六五 | 北 斗 星紀 二二 一九 二二〇 七七六 | 北 鬼 鶉火 〇一六 一五〇 [illegible] | 北 亢 大火 [illegible] 〇〇三 五一〇 三〇八 | 北 張 鶉尾 [illegible] | 南 翼 鶉尾 二 三〇二 一二三 八四四 | 南 氐 大火 一二 二一四 〇〇三 五一五 |
| 立冬 | 氐 大火 一 一四 二五 二六 | 南 井 鶉火 二 一八二 〇五一 二〇五 | 北 鬼 鶉火 〇二六 一二三 八四六 | 北 氐 大火 一 〇二六 五五二 二二六 | 北 張 鶉尾 [illegible] | 南 翼 壽星 〇八一 三五〇 七一五 | 南 氐 大火 一二 一四七 五〇三 〇〇四 |
| 小雪 | 氐 大火 一二 五九 二〇 九三 | 南 女 元枵 一二 〇〇〇 四〇一 一〇四 | 北 鬼 鶉火 〇二六 二五四 [illegible]〇二 | 北 氐 大火 一 〇五九 五五三 二九五 | 北 翼 鶉尾 [illegible] | 北 軫 壽星 一 一三二 〇二四 九九二 | 南 氐 大火 一 〇四七 五二五 四一五 |
| 大雪 | 心 析木 一 七四 五一 八五 | 北 星 鶉火 二 一〇五 一〇四 七〇六 | 北 鬼 鶉火 [illegible] | 北 氐 大火 二 〇九二 五一五 一七一 | 北 翼 壽星 [illegible] | 北 角 壽星 二 二五七 一〇二 八七六 | 北 氐 大火 一二 二〇三 一一四 九五八 |
| 冬至 | 尾 析木 一二 四九 五三 九一 | 南 室 娵訾 二 五〇二 五四四 〇四一 | 北 鬼 鶉火 〇一五 [illegible] 四〇二 | 北 氐 大火 一二 〇二六 五二〇 一六〇 | 北 翼 壽星 [illegible] | 北 亢 大火 一一 二〇三 四三五 八六四 | 北 心 析木 一 一七四 一四〇 一九六 |
| 小寒 | 斗 星紀 一 六四 〇四 八八 | 北 翼 壽星 一 四一四 一五〇 六一六 | 北 鬼 鶉火 〇〇四 二二四 六八一 | 北 氐 大火 一二 〇五八 五二五 二二七 | 北 軫 壽星 一 二五五 〇五〇 九五七 | 北 氐 析木 一 二七〇 四〇三 五〇五 | 南 斗 星紀 〇一九 三〇四 〇四四 |
| 大寒 | 斗 星紀 二二 〇九 一〇 四四 | 南 壁 降婁 一 四四二 四四二 二八六 | 北 井 鶉火 二 〇九五 二四五 [illegible] | 北 氐 析木 一 〇七一 五五二 二〇五 | 北 軫 壽星 一二 二一〇 一四五 八〇四 | 北 尾 析木 一 二二六 二二五 〇七九 | 南 斗 元枵 一二四 三一四 〇二六 |

| 四餘宿鈐表 | | 月孛 | 羅睺 | 計都 | 紫氣 |
|---|---|---|---|---|---|
| 正月大 | 初一日 | 危十六度二十七分 | 虛六度八分 | 星二度十七分 | 翼五度十四分 |
| | 十一日 | 危十七度三十七分 | 虛六度 | 星二度九分 | 翼五度三十五分 |
| | 二十一日 | 危十八度四十七分 | 虛五度五十八分 | 星二度七分 | 翼五度五十七分 |
| 二月大 | 初一日 | 危十九度五十六分 | 虛五度五十七分 | 星二度六分 | 翼六度十八分 |
| | 十一日 | 室一度 | 虛五度五十四分 | 星二度三分 | 翼六度三十九分 |
| | 二十一日 | 室二度九分 | 虛五度四十五分 | 星一度五十四分 | 翼七度 |
| 三月小 | 初一日 | 室三度十六分 | 虛五度二十七分 | 星一度三十六分 | 翼七度二十一分 |
| | 十一日 | 室四度二十三分 | 虛四度五十九分 | 星一度八分 | 翼七度四十二分 |
| | 二十一日 | 室五度三十分 | 虛四度十八分 | 星初度二十七分 | 翼八度三分 |
| 四月大 | 初一日 | 室六度二十九分 | 虛三度三十三分 | 柳十六度四十一分 | 翼八度二十二分 |
| | 十一日 | 室七度三十四分 | 虛二度三十六分 | 柳十五度四十四分 | 翼八度四十三分 |
| | 二十一日 | 室八度三十九分 | 虛一度三十三分 | 柳十四度四十一分 | 翼九度四分 |
| 閏四月小 | 初一日 | 室九度四十四分 | 虛初度三十分 | 柳十三度三十八分 | 翼九度二十六分 |
| | 十一日 | 室十度四十八分 | 女十一度十二分 | 柳十二度三十九分 | 翼九度四十七分 |
| | 二十一日 | 室十一度五十二分 | 女十度二十一分 | 柳十一度四十八分 | 翼十度八分 |
| 五月大 | 初一日 | 室十二度四十九分 | 女九度四十三分 | 柳十一度十分 | 翼十度二十七分 |
| | 十一日 | 室十三度五十二分 | 女九度十一分 | 柳十度三十八分 | 翼十度四十八分 |
| | 二十一日 | 室十四度五十六分 | 女八度四十九分 | 柳十度十六分 | 翼十一度九分 |
| 六月小 | 初一日 | 壁初度十九分 | 女八度三十七分 | 柳十度四分 | 翼十一度三十分 |
| | 十一日 | 壁一度二十二分 | 女八度三十三分 | 柳十度 | 翼十一度五十一分 |
| | 二十一日 | 壁二度二十六分 | 女八度三十二分 | 柳九度五十九分 | 翼十二度十二分 |
| 七月小 | 初一日 | 壁三度二十四分 | 女八度三十二分 | 柳九度五十九分 | 翼十二度三十一分 |
| | 十一日 | 壁四度二十九分 | 女八度三十分 | 柳九度五十七分 | 翼十二度五十三分 |
| | 二十一日 | 壁五度三十四分 | 女八度二十一分 | 柳九度四十八分 | 翼十三度十四分 |
| 八月大 | 初一日 | 壁六度三十三分 | 女八度六分 | 柳九度三十三分 | 翼十三度三十三分 |
| | 十一日 | 壁七度三十九分 | 女七度四十分 | 柳九度七分 | 翼十三度五十四分 |
| | 二十一日 | 壁八度四十六分 | 女七度一分 | 柳八度二十八分 | 翼十四度十五分 |
| 九月小 | 初一日 | 壁九度五十三分 | 女六度十分 | 柳七度三十七分 | 翼十四度三十六分 |
| | 十一日 | 壁十一度一分 | 女五度十一分 | 柳六度三十八分 | 翼十四度五十七分 |
| | 二十一日 | 壁十二度九分 | 女四度六分 | 柳五度三十三分 | 翼十五度十八分 |
| 十月大 | 初一日 | 壁十三度十一分 | 女三度六分 | 柳四度三十三分 | 翼十五度三十七分 |
| | 十一日 | 奎一度四分 | 女二度三分 | 柳三度三十分 | 翼十五度五十八分 |
| | 二十一日 | 奎二度十四分 | 女一度八分 | 柳二度三十五分 | 翼十六度二十分 |
| 十一月小 | 初一日 | 奎三度二十四分 | 女初度二十四分 | 柳一度五十一分 | 翼十六度四十一分 |
| | 十一日 | 奎四度三十三分 | 牛七度三十一分 | 柳一度十八分 | 軫初度二分 |
| | 二十一日 | 奎五度四十三分 | 牛七度十一分 | 柳初度五十八分 | 軫初度二十三分 |
| 十二月大 | 初一日 | 奎六度四十六分 | 牛七度二分 | 柳初度四十九分 | 軫初度四十二分 |
| | 十一日 | 奎七度五十七分 | 牛六度五十八分 | 柳初度四十五分 | 軫一度三分 |
| | 二十一日 | 奎九度七分 | 牛六度五十七分 | 柳初度四十四分 | 軫一度二十四分 |

古今宿距。每測不同。元史天文志為之表。共次六測。為古率本。朝更三測。與今推丁亥而四。為今率。立黃赤道宿鈐表各一。從元志也。漢志凡十二次。日至其初。為節。至於中為中。而以列宿紀之。然十二次之名。見於春秋傳。國語。爾雅。蓋周時所定。其名恆依星象。以爾雅徵之。曰壽星。角亢也。今則亢入大火。而角在壽星之末。曰大火。謂之大辰。注。大火。心也。在中最明。今則心入析木。而氐當大火之中。曰析木之津。箕斗之間漢津也。今則斗入星紀。而箕在析木之末。曰星紀。斗牽牛也。今則牽牛入元枵。曰元枵。虛也。春秋傳亦曰元枵虛中也。今則虛非元枵正中。而婺女乃當正中。娵訾之口。營室東壁也。今則東壁入降婁。曰降婁。奎婁也。大梁。昴也。柳。鶉火也。三次與今略同。然惟柳當鶉火中。奎則黃道當降婁之中。婁當其末。赤道且奎當其末。婁入大梁。昴亦當大梁之末。秦漢閒舊法。一歲二十四氣。因繫之十二次。列宿分十二宮。說凡三變。隋以前。不用歲差。隨氣而定。一也。唐一行用歲差。分天自為天。歲自為歲。二也。西術既用歲差。又隨節氣。三也。三說之中。一行為長。梅文鼎曰。天有九重。宗動天。以赤極為樞。挈恆星以內八重天左旋。恆星以內八重天。又同以黃極為樞。而各有右旋之度。節氣過宮。太陽天也。列宿歲差。恆星天也。日與恆星。既各居一重天。則日天與恆星天。宜各有十二次。合之則名義不符。分之則日星各正。然則太陽冬至。宜直曰入丑宮。或曰初宮。不必曰星紀之次。大寒宜直曰入子宮。或曰一宮。不必曰元枵之次。十二氣莫不皆然。則節氣在太陽天有常度。而不紊於恆星。是乃歲自為歲也。其歲差之度。不曰恆星東行。而曰恆星天右旋。蓋以恆星為東行。故宮有定而星無定。且星惟當黃道者。其東行為大圈。若在黃道南北者。其東行則皆距等圈。凡日月星在天之行。皆係大圈。無有行距等圈之理。隋天文志。葛洪云。苟辰宿不麗於天。天為無用。便可言無。何必復曰有之而不動。今曰恆星天右旋。則天行為大圈。星與宮在恆星天。皆有常位。而不紊於節氣。是乃天自為天也。今表立列宿。故仍用十二宮之名。以其為恆星天也。不知列宿有歲差。十二次漸移而東。則節氣漸退而西。次名從列宿。不從節氣。古今遂難齊一。而歲差之說。中西又異。中法謂節氣差而西。西法謂恆星差而東。然其歸一也。梅文鼎曰。恆星東移。求之於古。有三事可以相證。其一。唐一行以銅渾儀候二十八舍。其去極之度。皆與舊經異。今以歲差考之。一行銅儀。成於開元七年。其時冬至在斗十度。而自牽牛至東井十四宿。去極之度。皆小於舊經。是在冬至以後至夏至之半周。其星自南而北。南緯增則北緯減。故去北極之度。漸差而少也。自輿鬼至南斗十四宿。去極之度。皆大於舊經。是在夏至以後至冬至之半周。其星自北而南。南緯減則北緯增。故去北極之度。漸差而多也。竊非恆星移動。何以在冬至後者漸北。在夏至後者漸南乎。其一。古測極星即不動處。齊梁間祖暅之測離不動處一度強。宋熙甯中沈存中測得離三度強。元世祖至元中郭守敬測得離三度有半。竊使恆星不動。則極星何以離次乎。其一。二十八宿之距度。元史古今六測不同。故郭守敬疑其動移。此蓋星既循黃道東行。而古測皆依赤道。黃赤斜交。句弦異視。所以度有伸縮。正由距有橫斜耳。故僅以冬至言差。則中西之理本同。而合著天之星以求經緯。則恆星之東移有據。何以言之。近兩至處。恆星之差在經度。故可言星東移者。甯可言歲西遷。近二分處。恆星之差竟在緯度。故惟星實東移。始得有差。若只兩至西移。諸星經緯不應有變也。如此。則恆星之東移信矣。蓋古以十二宮定於二十八宿。故宿度逐歲不同者宮度亦因而不同。今以二十八宿歷於十二宮。故宿度逐歲有差。而宮度終古不變立十二宮黃赤道宿鈐表各一。從漢志也七政之行皆以宿紀。監臣每歲孟冬上七政時憲書。今從之立七政宿鈐表一。皆主黃道。欲知赤道者。以升度差求之。黃赤道十二宮宿鈐及七政宿鈐。並從丁亥年入算。其四餘之宿鈐。亦附表焉。四餘者。一月孛。月之最高行本輪上半最遠地心之處。平行與自行相較之分也。均輪心從最高左旋。微不及於平行。每日六分有奇。命為最高左旋之度。即月孛行度也。二羅睺。月之正交也。三計都。月之中交也。月行白道。出入於黃道之內外。大距五度有奇。其自黃道南過黃道北之點。名曰正交。猶春分自赤道南而北也。其自黃道北過黃道南之點。名曰中交。猶秋分自赤道北而南也。每交之終。不能復依原次。不及一度有奇。每日退行三分有奇。命為兩交左旋之度。即羅計行度也。四紫氣。閏月之應也。劉宋祖沖之。三百九十一年。一百四十四閏。紫氣之起於閏月。十閏之期。宜有一周天。命名紫氣。取氣盈朔虛之數而加二求之。為閏有十日。為其行者十二度也。為閏有十月。為其行者十二宮也。今監臣所用紫氣應。以乾隆九年甲子為元。其應數為七宮一十七度五十分一十四秒五十三微。每日行一百二十六秒。小餘七二〇七七七。

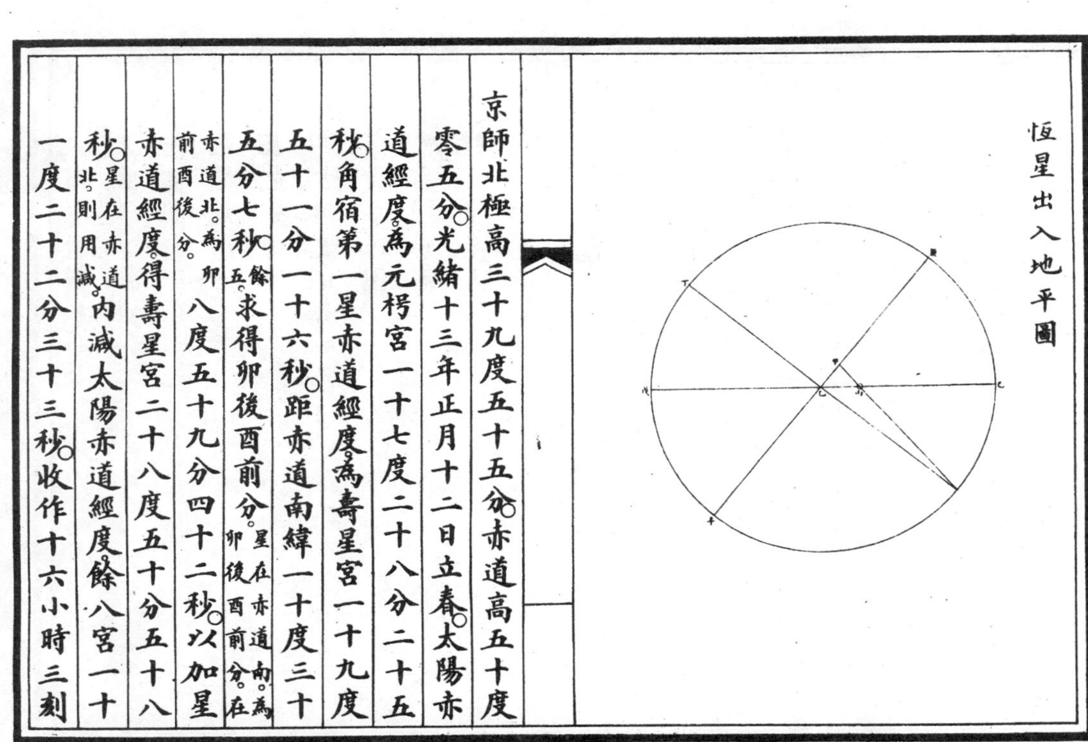

恒星出入地平圖

京師北極高三十九度五十五分。赤道高五十度零五分。光緒十三年正月十二日立春。太陽赤道經度為元枵宮一十七度二十八分二十五秒。角宿第一星赤道經度為壽星宮一十九度五十一分一十六秒。距赤道南緯一十度三十五分七秒。餘五。求得卯後酉前分。星在赤道南。為卯後酉前分。在赤道北。為卯前酉後分。八度五十九分四十二秒。以加星赤道經度。得壽星宮二十八度五十分五十八秒。星在赤道北。則用減。內減太陽赤道經度。餘八宮一十一度二十二分三十三秒。收作十六小時三刻三十秒。自卯正後計之。為亥正三刻三十秒。乃角宿第一星出地平時刻。又列卯後酉前分。以減星赤道經度。得壽星宮一十度五十一分三十四秒。星在赤道北。則用加。內減太陽赤道經度。得七宮二十三度二十三分九秒。收作十五小時二刻三分三十三秒。自酉正後計之。為巳初二刻三分三十三秒。乃角宿第一星入地平時刻。如圖。丁己辛為子午圈。戊己為地平。丁為北極。丁戊為北極高度。庚辛為赤道。庚己為京師赤道高度。乙為赤道出入地平之度。即卯正酉正之位。丙為角宿第一星。當赤道之甲。為壽星宮一十九度五十一分一十六秒。甲丙為赤道南緯度。甲乙為星出入地平在卯後酉前分。乃用乙甲丙正弧三角形。此形有甲直角。有乙角。赤道高度。有甲丙弧。南緯度。則以乙角正切為一率。半徑為二率。甲丙正切為三率。求得四率。甲乙正弦。檢表得度。為卯後酉前分也。

# 欽定大清會典圖卷一百十八

## 天文十二 恒星十一

中星圖

中星表

求中星圖

二十四氣日出入昏旦更點刻分圖 附表

晝夜永短圖

蒙影刻分圖

紀元中星表

更漏中星表

求中星表

## 中星圖

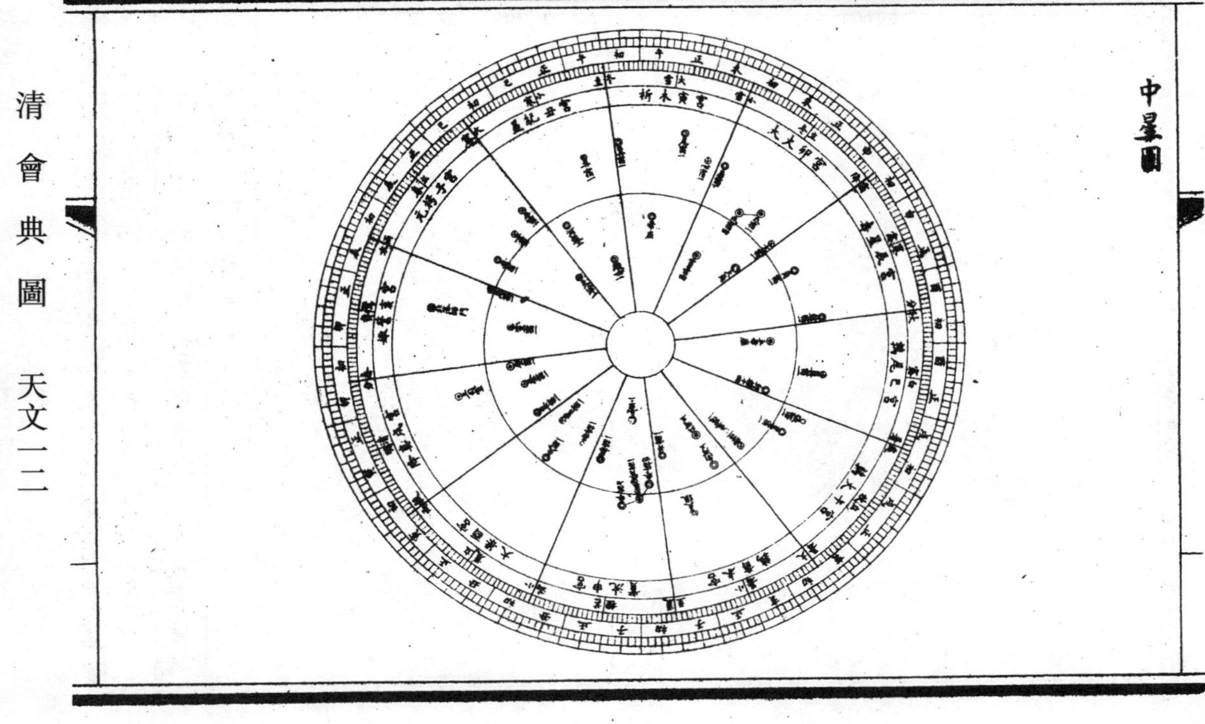

中星圖凡三重。外為二十四時刻分。中為節氣宮度。內為四十五大星。並以赤道為率。令三重皆可旋轉。用時任取一星。依歲差布之。求得赤道經度。移節氣宮度就之。求時刻。則視是時何星方中。即以此星當正午綫。定其偏東偏西。其節氣所當之時刻。即所求時刻。求中星。則以時刻當節氣綫。視何星距正午近。即所求中星。設光緒丁亥十一月初八日午初二刻一分。冬至。求中星。則以冬至丑宮初度當午初二刻一分。視午正綫。帝座最近。計其偏西度分。即得如測得帝座。偏西五度二十分五十七秒。即以帝座當午正西。按度分置之。視冬至綫所當時刻。即得午初二刻一分。

| 中星表 | 赤道經度 | 歲差 | 變時 | 星等 |
| --- | --- | --- | --- | --- |
| 織女一 | 丑宮八度一十七分四十九秒三十七微 | 加三十一秒一十九微 | 二秒五微一十六纖 | 一 |
| 斗宿一 | 丑宮九度四十二分一十秒一十微 | 加五十八秒一十微 | 三秒五十二微四纖 | 四 |
| 河鼓二 | 丑宮二十六度一十九分五十五秒二十五微 | 加四十四秒五十五微 | 二秒五十九微四十纖 | 一 |
| 牛宿一 | 子宮三度四十五分四秒二十九微 | 加五十二秒二十三微 | 三秒二十九微三十二纖 | 四 |
| 天津一 | 子宮四度三十五分五十一秒二十一微 | 加三十三秒二十七微 | 二秒一十三微四十八纖 | 三 |
| 女宿一 | 子宮一度二十七分五十四秒四微 | 加五十秒二十八微 | 三秒二十一微五十二纖 | 四 |
| 虛宿一 | 子宮二十一度二十八分四十九秒二十五微 | 加四十九秒五微 | 三秒一十六微二十纖 | 三 |
| 危宿一 | 亥宮四分五十二秒一十六微 | 加四十七秒五十二微 | 三秒一十一微二十八纖 | 三 |
| 北落師門 | 亥宮一十二度五十二分一十八秒五十四微 | 加五十一秒一十八微 | 三秒二十五微一十二纖 | 一 |
| 室宿一 | 亥宮一十四度四十八分四十二秒一十一微 | 加四十六秒一十七微 | 三秒五微八纖 | 二 |
| 壁宿一 | 戌宮一度五十三分三十一秒一十六微 | 加四十七秒五十二微 | 三秒一十一微二十八纖 | 二 |
| 土司空 | 戌宮九度二十六分二十六秒五十六微 | 加四十二秒三十二微 | 二秒五十微八纖 | 二 |
| 奎宿一 | 戌宮一十二度五十三分二十二秒三十一微 | 加四十九秒三十七微 | 三秒一十八微二十八纖 | 四 |
| 婁宿一 | 戌宮二十七度七分三十八秒二十七微 | 加五十一秒九微 | 三秒二十四微三十六纖 | 三 |
| 胃宿一 | 酉宮九度一十三分五十二秒一十二微 | 加五十四秒二十四微 | 三秒三十七微三十六纖 | 四 |
| 天囷一 | 酉宮一十四度七分三十二秒三十一微 | 加四十八秒三十七微 | 三秒一十四微二十八纖 | 三 |
| 昴宿一 | 酉宮二十四度三十五分一十六秒一十八微 | 加五十五秒六微 | 三秒四十微二十四纖 | 五 |
| 畢宿一 | 申宮五度三十二分四十三秒二十七微 | 加五十四秒九微 | 三秒三十六微三十六纖 | 三 |
| 五車二 | 申宮一十七度六分三十一秒三十微 | 加一分八秒三十微 | 四秒三十四微 | 一 |
| 参宿七 | 申宮一十七度一十七分四十秒三十二微 | 加四十四秒四十四微 | 二秒五十八微五十六纖 | 一 |
| 觜宿一 | 申宮二十二度一十四分三十二秒二十八微 | 加五十一秒一十六微 | 三秒二十五微四纖 | 四 |
| 参宿一 | 申宮二十三度四十七分二十九秒一十七微 | 加四十六秒五十九微 | 三秒七微五十六纖 | 二 |
| 参宿四 | 申宮二十七度一十六分二十九秒二十九微 | 加五十秒二十三微 | 三秒二十一微三十二纖 | 一 |

| | | | | | |
|---|---|---|---|---|---|
| 井宿 | 一 | 未宮四度三分三秒一十一微 | 加五十六秒一十七微 | 三秒四十五微八纖 | 三 |
| 天狼 | | 未宮一十度六分二秒二十三微 | 加四十一秒四十一微 | 二秒四十六微四十四纖 | 一 |
| 南河 | 三 | 未宮二十三度二十四分二十五秒二十二微 | 加四十九秒三十四微 | 三秒一十八微一十六纖 | 一 |
| 北河 | 三 | 未宮二十四度三十九分二十八秒一十六微 | 加五十七秒五十二微 | 三秒五十一微二十八纖 | 二 |
| 鬼宿 | 一 | 午宮六度二十分一十六秒五十四微 | 加五十三秒一十八微 | 三秒三十三微一十二纖 | 五 |
| 柳宿 | 一 | 午宮七度五十七分二十六秒四微 | 加四十九秒二十八微 | 三秒一十七微五十二纖 | 四 |
| 星宿 | 一 | 午宮二十度三十二分五十九秒七微 | 加四十五秒四十九微 | 三秒三微一十六纖 | 三 |
| 張宿 | 一 | 午宮二十六度三十四分一秒四十一微 | 加四十四秒四十七微 | 二秒五十九微八纖 | 五 |
| 軒轅 | 十四 | 巳宮三十八分一十二秒三十四微 | 加四十九秒五十八微 | 三秒一十九微五十二纖 | 一 |
| 翼宿 | 一 | 巳宮一十三度三十九分五十秒五十微 | 加四十五秒五十微 | 三秒三微二十纖 | 四 |
| 五帝座 | 一 | 巳宮二十五度五十二分五十三秒四十四微 | 加四十八秒八微 | 三秒一十二微三十二纖 | 二 |
| 軫宿 | 一 | 辰宮二度三十三分四十五秒三十四微 | 加四十七秒五十八微 | 三秒一十一微五十二纖 | 三 |
| 角宿 | 一 | 辰宮一十九度五十一分一十六秒 | 加四十九秒 | 三秒一十六微 | 一 |
| 亢宿 | 一 | 卯宮一度四十五分四十三秒三十九微 | 加四十九秒三十三微 | 三秒一十八微一十二纖 | 四 |
| 大角 | | 卯宮二度四十二分四秒四十微 | 加四十三秒四十微 | 二秒五十四微四十纖 | 一 |
| 氐宿 | 一 | 卯宮一十一度一十三分一十秒四微 | 加五十一秒二十八微 | 三秒二十五微五十二纖 | 二 |
| 氐宿 | 四 | 卯宮一十七度四十七分三秒一十八微 | 加五十秒六微 | 三秒二十微二十四纖 | 二 |
| 貫索 | 四 | 卯宮二十二度二十九分一十六秒三十七微 | 加三十九秒一十九微 | 二秒三十七微一十六纖 | 二 |
| 房宿 | 一 | 卯宮二十八度三分二十九秒二十七微 | 加五十六秒九微 | 二秒四十四微三十六纖 | 三 |
| 心宿 | 一 | 寅宮三度三十八分三十五秒二十一微 | 加五十六秒二十七微 | 三秒四十五微四十八纖 | 四 |
| 尾宿 | 一 | 寅宮一十度五十九分一十三秒五十九微 | 加一分二秒五十三微 | 四秒一十一微三十二纖 | 三 |
| 帝座 | | 寅宮一十七度二十四分四十五秒四微 | 加四十二秒二十八微 | 二秒四十九微五十二纖 | 三 |
| 箕宿 | 一 | 寅宮二十九度四十分二十九秒五十三微 | 加五十九秒五十一微 | 三秒五十九微二十四纖 | 三 |

古之列宿。正當赤道。故即以為中星。堯典所舉鳥火虛昴是也。以歲差求之。唐虞冬至日在虛。赤道在北。虛宿亦在北。夏至日在七星。赤道在南。七星亦在南。春秋分在昴房。為黃赤之交。即為日所經。是赤道適與諸宿近。故古者用為中星。以考節候昏旦。自後恆星東移。兩交西轉。至於今而自虛至柳俱在赤道北。自星至女俱在赤道南。若再越八千餘歲。則二十八宿赤道南北緯。各有距至五十餘度者矣。夏小正。始用南門織女。小戴記月令篇。復用弧建星。然史記律書。二十八舍。有建無南斗。有罰無觜觿。有狼弧無東井輿鬼。則月令所用。或古之列宿也。今臺官相傳為四十五大星。二十八宿第一星外。曰織女第一星。曰河鼓第二星。曰天津第一星。曰北落師門。曰土司空。曰天囷第一星。曰五車第二星。曰天狼。曰南河。曰北河。並第三星。曰軒轅第十四星。曰五帝座第一星。曰大角。曰貫索第四星。曰帝座。凡星名四十有三。氐宿又用第四星。參宿又用第四第七星。為數則四十有六也。今從光緒十三年恆星赤道經度為之表。中星有東西差。無南北差。故不及緯度。歲差之分。復為變時。亦附其下。使上下相求者取則焉。

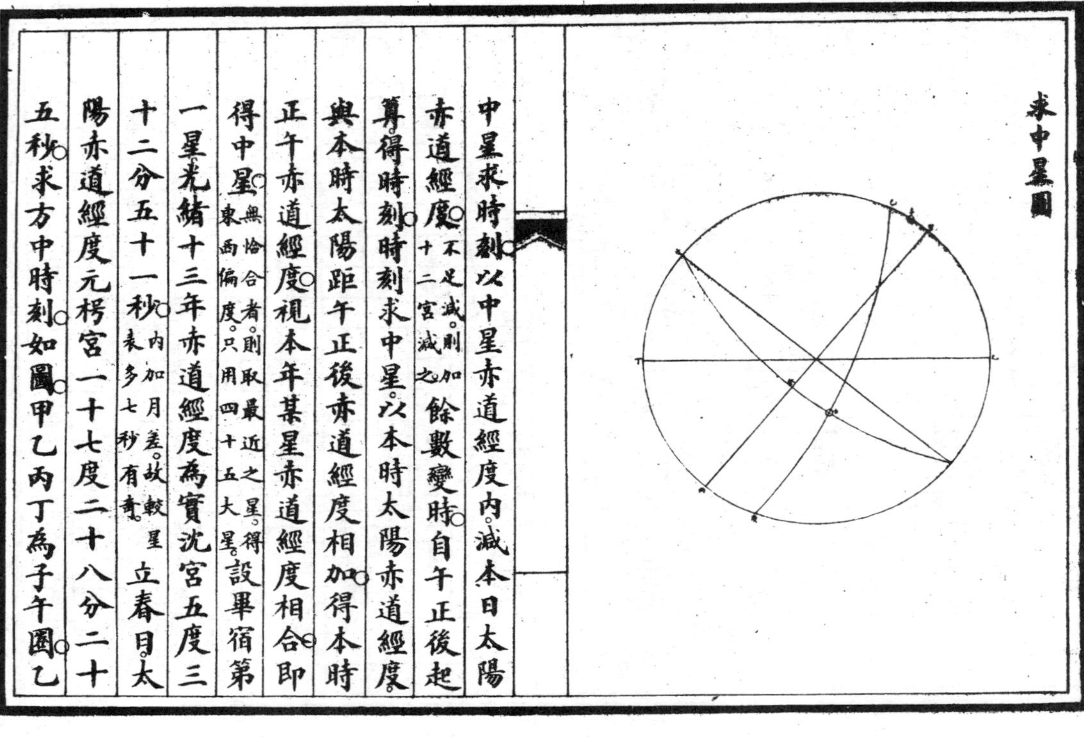

求中星圖

中星求時刻以中星赤道經度內減本日太陽赤道經度（不足減則加十二宮減之）餘數變時自午正後起算得時刻時刻求中星以本時太陽赤道經度與本時太陽距午正後赤道經度相加得本時正午赤道經度視本年某星赤道經度相合即得中星（無恰合者則取最近之星得東西偏度只用四十五大星）設畢宿第一星光緒十三年赤道經度為實沈宮五度三十二分五十一秒（內加月差故較星表多七秒有奇）立春日太陽赤道經度元枵宮一十七度二十八分二十五秒求方中時刻如圖甲乙丙丁為子午圈乙丁為地平戊為北極甲丙為赤道己庚為黃道辛為畢宿第一星當赤道之甲為實沈宮五度三十二分五十一秒即正午赤道度壬為太陽當赤道之癸為元枵宮一十七度二十八分二十五秒則於正午甲點實沈宮五度三十二分五十一秒內減癸點太陽赤道經度元枵宮一十七度二十八分二十五秒餘甲癸弧三宮一十八度四分二十六秒變時為七小時十二分十八秒自甲點午正後起算得戌初初刻十二分十八秒即畢宿第一星方中時刻（太陽每日行一度變時約得四分或有微差若於中星時刻內每一小時減十秒更密）設本年立春日初更戌初初刻三分求中星則以本時距午正後七小時三分變赤道度三宮一十五度四十五分與本時太陽赤道經度一宮一十七度五十分四十六秒相加得五宮三度三十五分四十六秒為本時正午赤道度以減畢宿第一星赤道度餘一度五十七分五秒為偏東度

# 二十四氣日出入昏旦更點刻分圖

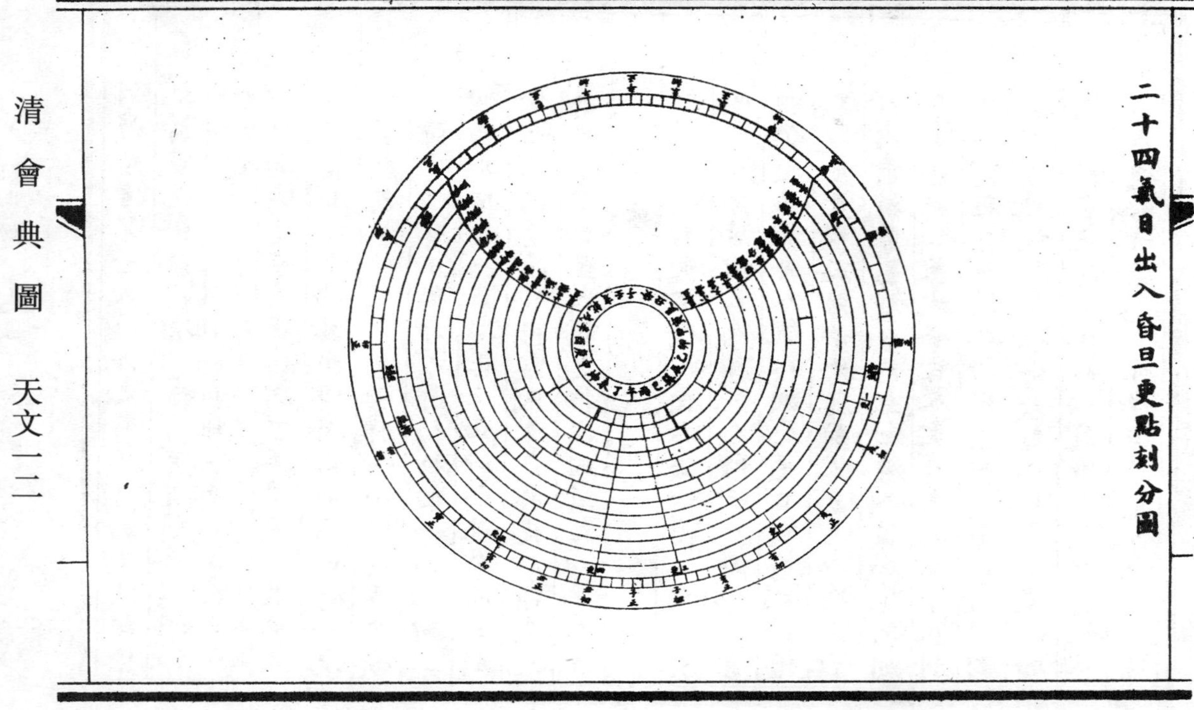

| 節氣 | | 昏刻 | 一更 | 二更 | 三更 | 四更 | 五更 | 攢點 | 旦刻 | 日出 | 日入 |
|---|---|---|---|---|---|---|---|---|---|---|---|
| 冬至 | 冬至 | 酉正一刻二分 | 酉正二刻五分 | 戌正二刻十二分 | 亥正三刻四分 | 子正三刻十一分 | 寅初初刻三分 | 卯初初刻十分 | 卯初二刻十三分 | 辰初一刻十分 | 申正二刻五分 |
| 小寒 | 大雪 | 酉正一刻五分 | 酉正二刻八分 | 戌正二刻十四分 | 亥正三刻五分 | 子正三刻十分 | 寅初初刻一分 | 卯初初刻七分 | 卯初二刻十分 | 辰初一刻七分 | 申正二刻八分 |
| 大寒 | 小雪 | 酉正一刻十三分 | 酉正三刻三分 | 戌正三刻五分 | 亥正三刻七分 | 子正三刻八分 | 丑正三刻十分 | 寅正三刻十二分 | 卯初二刻二分 | 辰初初刻十二分 | 申正三刻三分 |
| 立春 | 立冬 | 酉正二刻十分 | 戌初初刻三分 | 戌正三刻十四分 | 亥正三刻十分 | 子正三刻五分 | 丑正三刻一分 | 寅正二刻十二分 | 卯初一刻五分 | 卯正三刻十二分 | 酉初初刻三分 |
| 雨水 | 霜降 | 酉正三刻十一分 | 戌初一刻六分 | 亥初初刻十分 | 亥正三刻十三分 | 子正三刻二分 | 丑正二刻五分 | 寅正一刻九分 | 卯初初刻四分 | 卯正二刻九分 | 酉初一刻六分 |
| 驚蟄 | 寒露 | 戌初初刻十四分 | 戌初二刻十分 | 亥初一刻六分 | 子初初刻二分 | 子正二刻十三分 | 丑正一刻九分 | 寅正初刻五分 | 寅正三刻一分 | 卯正一刻五分 | 酉初二刻十分 |
| 春分 | 秋分 | 戌初二刻五分 | 戌正初刻 | 亥初二刻三分 | 子初初刻六分 | 子正二刻九分 | 丑正初刻十二分 | 寅初三刻 | 寅正一刻十分 | 卯正初刻 | 酉正初刻 |
| 清明 | 白露 | 戌初三刻十三分 | 戌正一刻五分 | 亥初三刻 | 子初初刻十分 | 子正二刻五分 | 丑正初刻 | 寅初一刻十分 | 寅正初刻二分 | 卯初二刻十分 | 酉正一刻五分 |
| 穀雨 | 處暑 | 戌正一刻七分 | 戌正二刻九分 | 亥初三刻十一分 | 子初初刻十四分 | 子正二刻一分 | 丑初三刻四分 | 寅初初刻六分 | 寅初二刻八分 | 卯初一刻六分 | 酉正二刻九分 |
| 立夏 | 立秋 | 戌正三刻二分 | 戌正三刻十二分 | 亥正初刻七分 | 子初一刻二分 | 子正一刻十三分 | 丑正二刻八分 | 丑正三刻三分 | 寅初初刻十三分 | 卯初初刻三分 | 酉正三刻十二分 |
| 小滿 | 大暑 | 亥初初刻十分 | 亥初初刻十二分 | 亥正一刻一分 | 子初一刻五分 | 子正一刻十分 | 丑初一刻十四分 | 丑正二刻三分 | 丑正三刻五分 | 寅正三刻三分 | 戌初初刻十二分 |
| 芒種 | 小暑 | 亥初一刻十二分 | 亥初一刻七分 | 亥正一刻七分 | 子初一刻七分 | 子正一刻八分 | 丑初一刻八分 | 丑正一刻八分 | 丑正二刻三分 | 寅正二刻八分 | 戌初一刻七分 |
| 夏至 | 夏至 | 亥初二刻四分 | 亥初一刻十分 | 亥正一刻九分 | 子初一刻八分 | 子正一刻七分 | 丑初一刻六分 | 丑正一刻五分 | 丑正一刻十一分 | 寅正二刻五分 | 戌初一刻十分 |

周禮夏官挈壺氏注。漏之箭共百刻。小戴記樂記篇百度得數而有常注。百度百刻也。古晝夜共百刻。刻有大小。大刻六十分。小刻二十分。晝夜共六十分。其散於十二辰。每一辰八大刻。二小刻。共得五百分。漢建平中。改百刻為百二十。梁天監中。又改為整刻九十六。與回回術同。回回術每一辰八整刻。而以四刻為一小時。一小時為六十分。小時有初有正。猶古之有初初初一初二初三初四正初正一正二正三正四也。此今所云刻分也。又周禮秋官司寤氏掌夜時。夜時謂夜晚早。若今甲乙至戊。顏之推亦曰。漢魏以來謂為甲夜乙夜丙夜丁夜戊夜。亦云一更二更三更四更五更。皆以五為節。此今所云更點也。臺官相傳之法。於日入後八刻起更。日出前九刻攢點。起更至攢點。共若干時刻。五分之。以為五更。日出前減蒙影刻分為旦刻。日入後加蒙影刻分為昏刻。如春秋分。日入至日出共四十八刻。減一更距日入後八刻。攢點距日出前九刻。餘三十一刻。以五分之。得六刻三分。自一更遞加之。即得各更時刻也。如以度數而論。日入後八刻起更。在赤道為三十度。日出前九刻攢點。在赤道為三十三度四十五分。於地平下赤道半周一百八十度內減之。餘一百一十六度一十五分。以五分之。得二十三度一十五分。為每更相距赤道度。每一度當時之四分。亦得六刻三分。為每更相距時刻也。時刻之在赤道。其度常均。而在地平則闊狹不等。其法為半徑與時刻距午赤道度切綫之比。同於北極出地之正弦與日影距午地平經度切綫之比。故子午卯酉四正之位不移。而子午前後則狹。卯酉前後則闊也。日出入昏旦更點時刻各節不同。協紀辨方書有二圖。今合為一。其永短之差。復為表以詳之。

## 晝夜永短圖

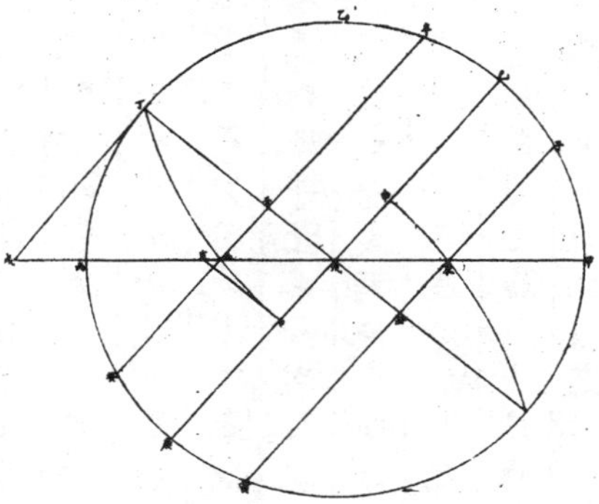

日出入之早晚晝夜永短所由分也。而早晚之故有二。一由日行之內外。蓋日行黃道與赤道斜交。春秋分出入於卯酉正當交點。故晝夜平分。秋分以後。則出入於卯酉之南。隨天左旋之度。地平上者少下者多。故晝短夜永。春分以後。則出入於卯酉之北。隨天左旋之度。地平上者多下者少。故晝永夜短。二分前後。距交不遠。黃道勢斜。則緯行疾。故數日而差一刻。二至前後。黃道勢平。則緯行遲。故半月而差一刻。此由日行之內外而生者也。一由人居之南北。蓋居有南北。則北極出地有高下。於是見日之出入早晚隨地不同。中國在赤道北。北極出地上。南極入地下。故夏晝長冬晝短。自

京而北。北極愈高。則永短之差愈多。至於北極之下。則赤道當地平。夏則有晝而無夜。冬則有夜而無晝。蓋以半年為晝半年為夜矣。至於赤道之下。則兩極當地平。而晝夜常均。蓋一歲中為四時者各二矣。以日當天頂為夏。日去天頂遠為冬。赤道既當天頂。而太陽一歲必兩躔赤道。是兩夏也。一躔天頂南二十三度餘。一躔天頂北二十三度餘。是兩冬也。春秋亦如之。此由人居之南北而生者也。若東西雖相去千萬里。茍南北極之高度同。則晝夜之永短亦同。故謂之南北里差。亦名地平緯差。其推步之法。以其地北極出地高度為主。求得各節氣日出入時刻。即得晝夜時刻也。如圖甲乙丙為子午規。甲丙為地平。丁為北極。丁丙三十九度五十五分。為

京師北極之高。戊為卯正酉正之位。己戊庚為赤道。春秋分。太陽正當赤道。日始出於戊。為卯正。

中於己為午正。復入於戊為酉正。地平上戊己之度。與地平下戊庚之度等。故晝夜平分各四十八刻。辛為夏至。辛壬癸為赤道距等圈（古名晝長規）。即夏至太陽隨天西轉一周之軌。壬當卯正酉正之位。子為冬至。子丑寅為赤道距等圈（古名晝短規）。即冬至太陽隨天西轉一周之軌。丑當卯正酉正之位。夏至日出於辰在卯正前。壬辰為日出距卯正之弧。與赤道之戊巳度等。中於辛為午正。復入於辰在酉正後。地平上辰辛之度。多於地平下辰癸之度。故晝永夜短。冬至日出於未在卯正後。未丑為日出距卯正之弧。與赤道之中戊度等。亦即與夏至日出距卯正之戊巳度等。中於子為午正。復入於未在酉正前。地平上未子之度。少於地平下未寅之度。故晝短夜永。冬至時地平上未子之度。與夏至時地平下辰癸之度等。冬至時地平下未寅之度。與夏至時地平上辰辛之度等。故冬之夜同於夏之晝。冬之晝同於夏之夜也。設求戊巳之度。以丁戊半徑為一率。丁丙北極高（三十九度五十五分）之正切為二率。辰巳距緯（二十三度二十七分）之正切（即巳丁卯角）為三率。求得四率。戊巳正弦（二十一度一十六分四十四秒）。變時得五刻十分（餘六秒又十五分秒之十四。棄之）。在夏至時為卯前酉後分。以減卯正。得日出寅正二刻五分。以加酉正。得日入戌初一刻十分。復倍卯前分。得十一刻五分。與四十八刻相加。得五十九刻五分為晝刻。與四十八刻相減。得三十六刻十分為夜刻。在冬至時則為卯後酉前分。反其加減。得日出辰初一刻十分。日入申正二刻五分。晝三十六刻十分。夜五十九刻五分。其餘節氣各用其距緯為比例。其春分後至秋分前半歲中日出皆在卯前。日入皆在酉後。其變時加減與夏至同。秋分後至春分前與冬至同。各省各國則以其北極高度為比例（赤道南者。以南極高度立算）。

## 蒙影刻分圖

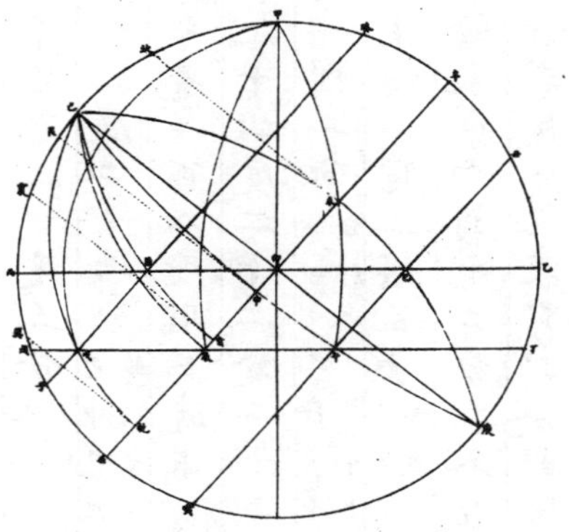

蒙影者。古所謂晨昏分也。太陽未出之先。已入之後。距地平下一十八度。皆有光。故以一十八度為蒙影限。然一十八度同也。而時刻則隨時隨地不同。隨時不同者。天度使然也。蓋一十八度者。大圜之度也。赤道亦為大圜。其度闊。自赤道而南北皆距等圈。其度狹。近二分者以闊度當闊度。故刻分少。近二至者以狹度當闊度。故刻分多也。隨地不同者。地南則赤道距天頂近。太陽正升正降。其度徑。地北則赤道距天頂遠。太陽斜升斜降。其度紆。故愈北則蒙影之刻分愈多。愈南則蒙影之刻分愈少也。赤道以南反是。若夫北極出地四十八度半以上。則夏至之夜半猶有光。愈北則愈不夜矣。南至赤道下。則二分之刻分極少。而二至之刻分相等。赤道以南則以南極出地立算。如圖甲為天頂。乙丙為地平。丁戊為地平下一十八度蒙影限。乙丁及丙戊皆一十八度。己為北極。庚為南極。辛壬為赤道。癸子為夏至距等圈。丑寅為冬至距等圈。二分時日行辛壬赤道。出入於卯。交蒙影限於辰。則日在卯辰弧地平上。皆有光。故以卯辰為蒙影之刻分也。若冬至時。日行丑寅距等圈。出入於巳。交蒙影限於午。則日在巳午弧地平上。皆有光。故以巳午為蒙影之刻分。而巳午與赤道相當之弧為未申。其度多於卯辰。故冬至之刻分多於二分也。夏至時日行癸子距等圈。出入於酉。交蒙影限於戌。則在酉戌弧地平上。皆有光。故以酉戌為蒙影之刻分。而酉戌與赤道相當之弧為亥乾。其度多於未申。故夏至之刻分更多於冬至。卯辰未申亥乾諸分。皆係與赤道相當之正弦。非弧度也。未申多於卯辰。不待言矣。凡正弦之數。近圜心則疏。所當之度少。近圜周則密。所當之度多。試於未申亥乾四點。各作垂綫引至圜周。其割圜周之點。為坎艮震巽。而坎艮為未申弧相當之度。震巽為亥乾弧相當之度。震巽既多於坎艮。故知亥乾必多於未申。如求二分之蒙影刻分。則用甲己辰斜弧三角形求己角。乃赤道之辛卯辰弧。此形有甲己邊五十度五分。為北極距天頂度。以京師北極出地三十九度五十五分減象限得之。有己辰邊九十度。有甲辰邊一百八度。用三邊求角法求得己角辛卯辰弧。一百一十三度四十五分三十六秒。變時得七小時二刻五分。餘二秒又十五分秒之六。棄之。內減半晝分辛卯六小時。即日出卯至午正。及午正辛至日入卯之時刻也。餘卯辰六刻五分為二分時之蒙影刻分也。如求冬至之蒙影刻分。則用甲己午斜弧三角形求己角。乃赤道之辛未申弧。此形有甲己邊五十度五分。北極距天頂。有己午邊一百一十三度二十七分。己申象限。加申午距緯二十三度二十七分。有甲午邊一百八度。用三邊求角法求得己角辛未申弧。九十四度二十二分二十七秒。變時得六小時一刻二分。餘二十九秒又十五分秒之十二。棄之。內減半晝分辛未四小時二刻五分。即日出己至午正丑。及午正丑至日入己之時刻也。餘未申六刻十二分為冬至時之蒙影刻分。如求夏至之蒙影刻分。則用甲己戌斜弧三角形求己角。乃赤道之辛亥乾弧。此形有甲己邊五十度五分。北極距天頂。有己戌邊六十六度三十三分。己乾象限內。減戌乾距緯二十三度二十七分。有甲戌邊一百八度。用三邊求角法求得己角辛亥乾弧。一百四十三度一十九分四十六秒。變時得九小時二刻三分。餘十九秒又十五分秒之一。棄之。內減半晝分辛亥七小時一刻十分。即日出酉至午正癸。及午正癸至日入酉之時刻也。餘亥乾八刻八分為夏至時之蒙影刻分也。求各節氣者。以此例步之。

## 紀元中星表

| 紀元 | 節氣 | 日躔 | 昏 | 旦 |
|---|---|---|---|---|
| 天命元年 | 正月雨水中 | [illegible] | [illegible] | [illegible] |
| | 二月春分中 | [illegible] | [illegible] | [illegible] |
| | 三月穀雨中 | [illegible] | [illegible] | [illegible] |
| | 四月小滿中 | [illegible] | [illegible] | [illegible] |
| | 五月夏至中 | [illegible] | [illegible] | [illegible] |
| | 六月大暑中 | [illegible] | [illegible] | [illegible] |
| | 七月處暑中 | [illegible] | [illegible] | [illegible] |
| | 八月秋分中 | [illegible] | [illegible] | [illegible] |
| | 九月霜降中 | [illegible] | [illegible] | [illegible] |
| | 十月小雪中 | [illegible] | [illegible] | [illegible] |
| | 十一月冬至中 | [illegible] | [illegible] | [illegible] |
| | 十二月大寒中 | [illegible] | [illegible] | [illegible] |
| 天聰元年 | 正月雨水中 | [illegible] | [illegible] | [illegible] |
| | 二月春分中 | [illegible] | [illegible] | [illegible] |
| | 三月穀雨中 | [illegible] | [illegible] | [illegible] |
| | 四月小滿中 | [illegible] | [illegible] | [illegible] |
| | 五月夏至中 | [illegible] | [illegible] | [illegible] |
| | 六月大暑中 | [illegible] | [illegible] | [illegible] |
| | 七月處暑中 | [illegible] | [illegible] | [illegible] |
| | 八月秋分中 | [illegible] | [illegible] | [illegible] |
| | 九月霜降中 | [illegible] | [illegible] | [illegible] |
| | 十月小雪中 | [illegible] | [illegible] | [illegible] |
| | 十一月冬至中 | [illegible] | [illegible] | [illegible] |
| | 十二月大寒中 | [illegible] | [illegible] | [illegible] |
| 崇德元年 | 正月雨水中 | [illegible] | [illegible] | [illegible] |
| | 二月春分中 | [illegible] | [illegible] | [illegible] |
| | 三月穀雨中 | [illegible] | [illegible] | [illegible] |
| | 四月小滿中 | [illegible] | [illegible] | [illegible] |
| | 五月夏至中 | [illegible] | [illegible] | [illegible] |
| | 六月大暑中 | [illegible] | [illegible] | [illegible] |
| | 七月處暑中 | [illegible] | [illegible] | [illegible] |
| | 八月秋分中 | [illegible] | [illegible] | [illegible] |
| | 九月霜降中 | [illegible] | [illegible] | [illegible] |
| | 十月小雪中 | [illegible] | [illegible] | [illegible] |
| | 十一月冬至中 | [illegible] | [illegible] | [illegible] |
| | 十二月大寒中 | [illegible] | [illegible] | [illegible] |
| 順治元年 | 正月雨水中 | [illegible] | [illegible] | [illegible] |
| | 二月春分中 | [illegible] | [illegible] | [illegible] |
| | 三月穀雨中 | [illegible] | [illegible] | [illegible] |
| | 四月小滿中 | [illegible] | [illegible] | [illegible] |
| | 五月夏至中 | [illegible] | [illegible] | [illegible] |
| | 六月大暑中 | [illegible] | [illegible] | [illegible] |
| | 七月處暑中 | [illegible] | [illegible] | [illegible] |
| | 八月秋分中 | [illegible] | [illegible] | [illegible] |
| | 九月霜降中 | [illegible] | [illegible] | [illegible] |
| | 十月小雪中 | [illegible] | [illegible] | [illegible] |
| | 十一月冬至中 | [illegible] | [illegible] | [illegible] |
| | 十二月大寒中 | [illegible] | [illegible] | [illegible] |

| 康熙元年 | | | |
|---|---|---|---|
| 正月雨水中 | [illegible] | [illegible] | [illegible] |
| 二月春分中 | [illegible] | [illegible] | [illegible] |
| 三月穀雨中 | [illegible] | [illegible] | [illegible] |
| 四月小滿中 | [illegible] | [illegible] | [illegible] |
| 五月夏至中 | [illegible] | [illegible] | [illegible] |
| 六月大暑中 | [illegible] | [illegible] | [illegible] |
| 七月處暑中 | [illegible] | [illegible] | [illegible] |
| 八月秋分中 | [illegible] | [illegible] | [illegible] |
| 九月霜降中 | [illegible] | [illegible] | [illegible] |
| 十月小雪中 | [illegible] | [illegible] | [illegible] |
| 十一月冬至中 | [illegible] | [illegible] | [illegible] |
| 十二月大寒中 | [illegible] | [illegible] | [illegible] |

| 雍正元年 | | | |
|---|---|---|---|
| 正月雨水中 | [illegible] | [illegible] | [illegible] |
| 二月春分中 | [illegible] | [illegible] | [illegible] |
| 三月穀雨中 | [illegible] | [illegible] | [illegible] |
| 四月小滿中 | [illegible] | [illegible] | [illegible] |
| 五月夏至中 | [illegible] | [illegible] | [illegible] |
| 六月大暑中 | [illegible] | [illegible] | [illegible] |
| 七月處暑中 | [illegible] | [illegible] | [illegible] |
| 八月秋分中 | [illegible] | [illegible] | [illegible] |
| 九月霜降中 | [illegible] | [illegible] | [illegible] |
| 十月小雪中 | [illegible] | [illegible] | [illegible] |
| 十一月冬至中 | [illegible] | [illegible] | [illegible] |
| 十二月大寒中 | [illegible] | [illegible] | [illegible] |

| 乾隆元年 | | | |
|---|---|---|---|
| 正月雨水中 | [illegible] | [illegible] | [illegible] |
| 二月春分中 | [illegible] | [illegible] | [illegible] |
| 三月穀雨中 | [illegible] | [illegible] | [illegible] |
| 四月小滿中 | [illegible] | [illegible] | [illegible] |
| 五月夏至中 | [illegible] | [illegible] | [illegible] |
| 六月大暑中 | [illegible] | [illegible] | [illegible] |
| 七月處暑中 | [illegible] | [illegible] | [illegible] |
| 八月秋分中 | [illegible] | [illegible] | [illegible] |
| 九月霜降中 | [illegible] | [illegible] | [illegible] |
| 十月小雪中 | [illegible] | [illegible] | [illegible] |
| 十一月冬至中 | [illegible] | [illegible] | [illegible] |
| 十二月大寒中 | [illegible] | [illegible] | [illegible] |

| 嘉慶元年 | | | |
|---|---|---|---|
| 正月雨水中 | [illegible] | [illegible] | [illegible] |
| 二月春分中 | [illegible] | [illegible] | [illegible] |
| 三月穀雨中 | [illegible] | [illegible] | [illegible] |
| 四月小滿中 | [illegible] | [illegible] | [illegible] |
| 五月夏至中 | [illegible] | [illegible] | [illegible] |
| 六月大暑中 | [illegible] | [illegible] | [illegible] |
| 七月處暑中 | [illegible] | [illegible] | [illegible] |
| 八月秋分中 | [illegible] | [illegible] | [illegible] |
| 九月霜降中 | [illegible] | [illegible] | [illegible] |
| 十月小雪中 | [illegible] | [illegible] | [illegible] |
| 十一月冬至中 | [illegible] | [illegible] | [illegible] |
| 十二月大寒中 | [illegible] | [illegible] | [illegible] |

| 道光元年 | | | |
|---|---|---|---|
| 正月雨水中 | [illegible] | [illegible] | [illegible] |
| 二月春分中 | [illegible] | [illegible] | [illegible] |
| 三月穀雨中 | [illegible] | [illegible] | [illegible] |
| 四月小滿中 | [illegible] | [illegible] | [illegible] |
| 五月夏至中 | [illegible] | [illegible] | [illegible] |
| 六月大暑中 | [illegible] | [illegible] | [illegible] |
| 七月處暑中 | [illegible] | [illegible] | [illegible] |
| 八月秋分中 | [illegible] | [illegible] | [illegible] |
| 九月霜降中 | [illegible] | [illegible] | [illegible] |
| 十月小雪中 | [illegible] | [illegible] | [illegible] |
| 十一月冬至中 | [illegible] | [illegible] | [illegible] |
| 十二月大寒中 | [illegible] | [illegible] | [illegible] |

| 咸豐元年 | | | |
|---|---|---|---|
| 正月雨水中 | [illegible] | [illegible] | [illegible] |
| 二月春分中 | [illegible] | [illegible] | [illegible] |
| 三月穀雨中 | [illegible] | [illegible] | [illegible] |
| 四月小滿中 | [illegible] | [illegible] | [illegible] |
| 五月夏至中 | [illegible] | [illegible] | [illegible] |
| 六月大暑中 | [illegible] | [illegible] | [illegible] |
| 七月處暑中 | [illegible] | [illegible] | [illegible] |
| 八月秋分中 | [illegible] | [illegible] | [illegible] |
| 九月霜降中 | [illegible] | [illegible] | [illegible] |
| 十月小雪中 | [illegible] | [illegible] | [illegible] |
| 十一月冬至中 | [illegible] | [illegible] | [illegible] |
| 十二月大寒中 | [illegible] | [illegible] | [illegible] |

| 同治元年 | | | |
|---|---|---|---|
| 正月雨水中 | [illegible] | [illegible] | [illegible] |
| 二月春分中 | [illegible] | [illegible] | [illegible] |
| 三月穀雨中 | [illegible] | [illegible] | [illegible] |
| 四月小滿中 | [illegible] | [illegible] | [illegible] |
| 五月夏至中 | [illegible] | [illegible] | [illegible] |
| 六月大暑中 | [illegible] | [illegible] | [illegible] |
| 七月處暑中 | [illegible] | [illegible] | [illegible] |
| 八月秋分中 | [illegible] | [illegible] | [illegible] |
| 九月霜降中 | [illegible] | [illegible] | [illegible] |
| 十月小雪中 | [illegible] | [illegible] | [illegible] |
| 十一月冬至中 | [illegible] | [illegible] | [illegible] |
| 十二月大寒中 | [illegible] | [illegible] | [illegible] |

| 光緒元年 | | | |
|---|---|---|---|
| 正月雨水中 | [illegible] | [illegible] | [illegible] |
| 二月春分中 | [illegible] | [illegible] | [illegible] |
| 三月穀雨中 | [illegible] | [illegible] | [illegible] |
| 四月小滿中 | [illegible] | [illegible] | [illegible] |
| 五月夏至中 | [illegible] | [illegible] | [illegible] |
| 六月大暑中 | [illegible] | [illegible] | [illegible] |
| 七月處暑中 | [illegible] | [illegible] | [illegible] |
| 八月秋分中 | [illegible] | [illegible] | [illegible] |
| 九月霜降中 | [illegible] | [illegible] | [illegible] |
| 十月小雪中 | [illegible] | [illegible] | [illegible] |
| 十一月冬至中 | [illegible] | [illegible] | [illegible] |
| 十二月大寒中 | [illegible] | [illegible] | [illegible] |

堯典之命四仲也。首及昏中。蓋揆天協紀。有天下之首務也。小戴記。十二月令並及旦中。本朝歷法。奄有中西。爲前代所未有。康熙初。用西術測中星。凡昏旦。或無正中之星。則以中前中後者定之。爰有偏東偏西之別。推步益精。中星既歲有微差。每改一元。必更一算。今爲之表。凡十二月昏旦之星。並著於錄。所以覽七政之躔度。而知歲差之實也。天命天聰崇德三元。並當明季。表以今時憲術上推。不用明歷。著一尊之誼焉。

更漏中星表

| | 起更 | 二更 | 三更 | 四更 | 五更 | 攢點 |
|---|---|---|---|---|---|---|
| 立春 | [illegible] | [illegible] | [illegible] | [illegible] | [illegible] | [illegible] |
| 雨水 | [illegible] | [illegible] | [illegible] | [illegible] | [illegible] | [illegible] |
| 驚蟄 | [illegible] | [illegible] | [illegible] | [illegible] | [illegible] | [illegible] |
| 春分 | [illegible] | [illegible] | [illegible] | [illegible] | [illegible] | [illegible] |
| 清明 | [illegible] | [illegible] | [illegible] | [illegible] | [illegible] | [illegible] |
| 穀雨 | [illegible] | [illegible] | [illegible] | [illegible] | [illegible] | [illegible] |
| 立夏 | [illegible] | [illegible] | [illegible] | [illegible] | [illegible] | [illegible] |
| 小滿 | [illegible] | [illegible] | [illegible] | [illegible] | [illegible] | [illegible] |
| 芒種 | [illegible] | [illegible] | [illegible] | [illegible] | [illegible] | [illegible] |
| 夏至 | [illegible] | [illegible] | [illegible] | [illegible] | [illegible] | [illegible] |
| 小暑 | [illegible] | [illegible] | [illegible] | [illegible] | [illegible] | [illegible] |
| 大暑 | [illegible] | [illegible] | [illegible] | [illegible] | [illegible] | [illegible] |
| 立秋 | [illegible] | [illegible] | [illegible] | [illegible] | [illegible] | [illegible] |
| 處暑 | [illegible] | [illegible] | [illegible] | [illegible] | [illegible] | [illegible] |
| 白露 | [illegible] | [illegible] | [illegible] | [illegible] | [illegible] | [illegible] |
| 秋分 | [illegible] | [illegible] | [illegible] | [illegible] | [illegible] | [illegible] |
| 寒露 | [illegible] | [illegible] | [illegible] | [illegible] | [illegible] | [illegible] |
| 霜降 | [illegible] | [illegible] | [illegible] | [illegible] | [illegible] | [illegible] |
| 立冬 | [illegible] | [illegible] | [illegible] | [illegible] | [illegible] | [illegible] |
| 小雪 | [illegible] | [illegible] | [illegible] | [illegible] | [illegible] | [illegible] |
| 大雪 | [illegible] | [illegible] | [illegible] | [illegible] | [illegible] | [illegible] |
| 冬至 | [illegible] | [illegible] | [illegible] | [illegible] | [illegible] | [illegible] |
| 小寒 | [illegible] | [illegible] | [illegible] | [illegible] | [illegible] | [illegible] |
| 大寒 | [illegible] | [illegible] | [illegible] | [illegible] | [illegible] | [illegible] |

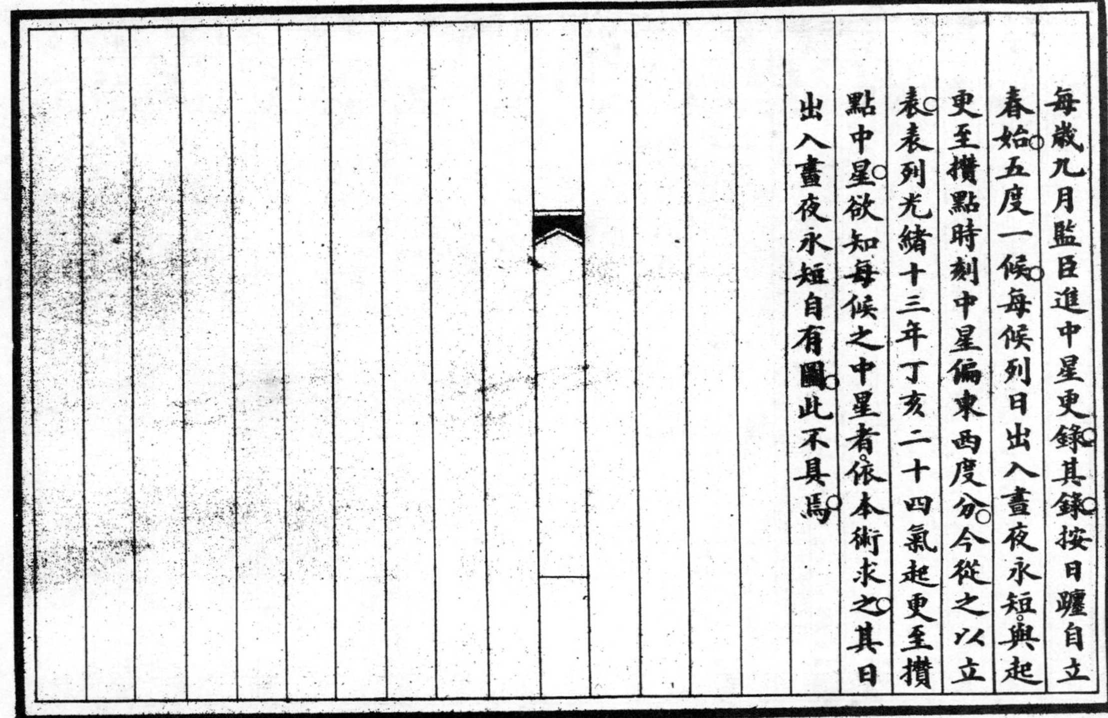

每歲九月監臣進中星更錄。其錄按日躔自立春始。五度一候。每候列日出入晝夜永短。與起更至攢點時刻中星偏東西度分。今從之。以立表。表列光緒十三年丁亥二十四氣起更至攢點中星。欲知每候之中星者。依本術求之。其日出入晝夜永短自有圖。此不具焉。

| 黃道度 | 丑宮 起更 分 | 丑宮 距午 度 | 丑宮 赤道 宮 | 丑宮 距午 秒 | 丑宮 日行 分 | 子宮 起更 分 | 子宮 距午 度 | 子宮 赤道 宮 | 子宮 距午 秒 | 子宮 日行 分 | 亥宮 起更 分 | 亥宮 距午 度 | 亥宮 赤道 宮 | 亥宮 距午 秒 | 亥宮 日行 分 | 黃道度 |
|---|---|---|---|---|---|---|---|---|---|---|---|---|---|---|---|---|
| 〇 | 四五 | 〇八 | 三 | 二八 | 一六 | 〇〇 | 一二 | 三 | 〇〇 | 一七 | 一五 | 二〇 | 三 | 二三 | 一八 | 三〇 |
| 一 | 四五 | 〇八 | 三 | 二八 | 一六 | 一五 | 一二 | 三 | 〇三 | 一七 | 三〇 | 二〇 | 三 | 二五 | 一八 | 二九 |
| 二 | 四五 | 〇八 | 三 | 二八 | 一六 | 三〇 | 一二 | 三 | 〇五 | 一七 | 四五 | 二〇 | 三 | 二八 | 一八 | 二八 |
| 三 | 四五 | 〇八 | 三 | 二八 | 一六 | 四五 | 一二 | 三 | 〇八 | 一七 | 一五 | 二一 | 三 | 三三 | 一八 | 二七 |
| 四 | 四五 | 〇八 | 三 | 二八 | 一六 | 〇〇 | 一三 | 三 | 一〇 | 一七 | 三〇 | 二一 | 三 | 三五 | 一八 | 二六 |
| 五 | 四五 | 〇八 | 三 | 二八 | 一六 | 一五 | 一三 | 三 | 一三 | 一七 | 四五 | 二一 | 三 | 三八 | 一八 | 二五 |
| 六 | 四五 | 〇八 | 三 | 二八 | 一六 | 三〇 | 一三 | 三 | 一五 | 一七 | 〇〇 | 二二 | 三 | 四〇 | 一八 | 二四 |
| 七 | 〇〇 | 〇九 | 三 | 三〇 | 一六 | 四五 | 一三 | 三 | 一八 | 一七 | 三〇 | 二二 | 三 | 四五 | 一八 | 二三 |
| 八 | 〇〇 | 〇九 | 三 | 三〇 | 一六 | 〇〇 | 一四 | 三 | 二〇 | 一七 | 四五 | 二二 | 三 | 四八 | 一八 | 二二 |
| 九 | 〇〇 | 〇九 | 三 | 三〇 | 一六 | 一五 | 一四 | 三 | 二三 | 一七 | 〇〇 | 二三 | 三 | 五〇 | 一八 | 二一 |
| 一〇 | 〇〇 | 〇九 | 三 | 三〇 | 一六 | 三〇 | 一四 | 三 | 二五 | 一七 | 三〇 | 二三 | 三 | 五五 | 一八 | 二〇 |
| 一一 | 一五 | 〇九 | 三 | 三三 | 一六 | 四五 | 一四 | 三 | 二八 | 一七 | 四五 | 二三 | 三 | 五七 | 一八 | 一九 |
| 一二 | 一五 | 〇九 | 三 | 三三 | 一六 | 〇〇 | 一五 | 三 | 三〇 | 一七 | 〇〇 | 二四 | 三 | 〇〇 | 一九 | 一八 |
| 一三 | 一五 | 〇九 | 三 | 三三 | 一六 | 一五 | 一五 | 三 | 三三 | 一七 | 一五 | 二四 | 三 | 〇三 | 一九 | 一七 |
| 一四 | 三〇 | 〇九 | 三 | 三五 | 一六 | 三〇 | 一五 | 三 | 三五 | 一七 | 四五 | 二四 | 三 | 〇八 | 一九 | 一六 |
| 一五 | 三〇 | 〇九 | 三 | 三五 | 一六 | 四五 | 一五 | 三 | 三八 | 一七 | 〇〇 | 二五 | 三 | 一〇 | 一九 | 一五 |
| 一六 | 四五 | 〇九 | 三 | 三八 | 一六 | 〇〇 | 一六 | 三 | 四〇 | 一七 | 一五 | 二五 | 三 | 一三 | 一九 | 一四 |
| 一七 | 四五 | 〇九 | 三 | 三八 | 一六 | 一五 | 一六 | 三 | 四三 | 一七 | 四五 | 二五 | 三 | 一八 | 一九 | 一三 |
| 一八 | 〇〇 | 一〇 | 三 | 四〇 | 一六 | 三〇 | 一六 | 三 | 四五 | 一七 | 〇〇 | 二六 | 三 | 二〇 | 一九 | 一二 |
| 一九 | 〇〇 | 一〇 | 三 | 四〇 | 一六 | 〇〇 | 一七 | 三 | 五〇 | 一七 | 一五 | 二六 | 三 | 二三 | 一九 | 一一 |
| 二〇 | 一五 | 一〇 | 三 | 四三 | 一六 | 一五 | 一七 | 三 | 五三 | 一七 | 四五 | 二六 | 三 | 二八 | 一九 | 一〇 |
| 二一 | 三〇 | 一〇 | 三 | 四五 | 一六 | 三〇 | 一七 | 三 | 五五 | 一七 | 〇〇 | 二七 | 三 | 三〇 | 一九 | 九 |
| 二二 | 三〇 | 一〇 | 三 | 四五 | 一六 | 四五 | 一七 | 三 | 五八 | 一七 | 一五 | 二七 | 三 | 三三 | 一九 | 八 |
| 二三 | 四五 | 一〇 | 三 | 四八 | 一六 | 〇〇 | 一八 | 三 | 〇〇 | 一八 | 四五 | 二七 | 三 | 三八 | 一九 | 七 |
| 二四 | 〇〇 | 一一 | 三 | 五〇 | 一六 | 一五 | 一八 | 三 | 〇三 | 一八 | 〇〇 | 二八 | 三 | 四〇 | 一九 | 六 |
| 二五 | 〇〇 | 一一 | 三 | 五〇 | 一六 | 四五 | 一八 | 三 | 〇八 | 一八 | 一五 | 二八 | 三 | 四三 | 一九 | 五 |
| 二六 | 一五 | 一一 | 三 | 五三 | 一六 | 〇〇 | 一九 | 三 | 一〇 | 一八 | 四五 | 二八 | 三 | 四八 | 一九 | 四 |
| 二七 | 三〇 | 一一 | 三 | 五五 | 一六 | 一五 | 一九 | 三 | 一三 | 一八 | 〇〇 | 二九 | 三 | 五〇 | 一九 | 三 |
| 二八 | 四五 | 一一 | 三 | 五八 | 一六 | 三〇 | 一九 | 三 | 一五 | 一八 | 一五 | 二九 | 三 | 五三 | 一九 | 二 |
| 二九 | 四五 | 一一 | 三 | 五八 | 一六 | 〇〇 | 二〇 | 三 | 二〇 | 一八 | 四五 | 二九 | 三 | 五八 | 一九 | 一 |
| 三〇 | 〇〇 | 一二 | 三 | 〇〇 | 一七 | 一五 | 二〇 | 三 | 二三 | 一八 | 〇〇 | 〇〇 | 四 | 〇〇 | 二〇 | 〇 |
| 順 | 寅宮 | | | | | 卯宮 | | | | | 辰宮 | | | | | 逆 |

| 黃道度 | 戌宮 起更 分 | 戌宮 距午 度 | 戌宮 赤道 宮 | 戌宮 距午 秒 | 戌宮 日行 分 | 酉宮 起更 分 | 酉宮 距午 度 | 酉宮 赤道 宮 | 酉宮 距午 秒 | 酉宮 日行 分 | 申宮 起更 分 | 申宮 距午 度 | 申宮 赤道 宮 | 申宮 距午 秒 | 申宮 日行 分 | 黃道度 |
|---|---|---|---|---|---|---|---|---|---|---|---|---|---|---|---|---|
| 〇 | 〇〇 | 〇〇 | 四 | 〇〇 | 二〇 | 四五 | 〇九 | 四 | 三八 | 二一 | 〇〇 | 一八 | 四 | 〇〇 | 二三 | 三〇 |
| 一 | 一五 | 〇〇 | 四 | 〇三 | 二〇 | 〇〇 | 一〇 | 四 | 四〇 | 二一 | 一五 | 一八 | 四 | 〇三 | 二三 | 二九 |
| 二 | 四五 | 〇〇 | 四 | 〇八 | 二〇 | 三〇 | 一〇 | 四 | 四五 | 二一 | 一五 | 一八 | 四 | 〇三 | 二三 | 二八 |
| 三 | 〇〇 | 〇一 | 四 | 一〇 | 二〇 | 四五 | 一〇 | 四 | 四八 | 二一 | 三〇 | 一八 | 四 | 〇五 | 二三 | 二七 |
| 四 | 一五 | 〇一 | 四 | 一三 | 二〇 | 〇〇 | 一一 | 四 | 五〇 | 二一 | 四五 | 一八 | 四 | 〇八 | 二三 | 二六 |
| 五 | 四五 | 〇一 | 四 | 一八 | 二〇 | 一五 | 一一 | 四 | 五三 | 二一 | 〇〇 | 一九 | 四 | 一〇 | 二三 | 二五 |
| 六 | 〇〇 | 〇二 | 四 | 二〇 | 二〇 | 四五 | 一一 | 四 | 五八 | 二一 | 〇〇 | 一九 | 四 | 一〇 | 二三 | 二四 |
| 七 | 一五 | 〇二 | 四 | 二三 | 二〇 | 〇〇 | 一二 | 四 | 〇〇 | 二二 | 一五 | 一九 | 四 | 一三 | 二三 | 二三 |
| 八 | 四五 | 〇二 | 四 | 二八 | 二〇 | 一五 | 一二 | 四 | 〇三 | 二二 | 三〇 | 一九 | 四 | 一五 | 二三 | 二二 |
| 九 | 〇〇 | 〇三 | 四 | 三〇 | 二〇 | 三〇 | 一二 | 四 | 〇五 | 二二 | 三〇 | 一九 | 四 | 一五 | 二三 | 二一 |
| 一〇 | 一五 | 〇三 | 四 | 三三 | 二〇 | 四五 | 一二 | 四 | 〇八 | 二二 | 四五 | 一九 | 四 | 一八 | 二三 | 二〇 |
| 一一 | 四五 | 〇三 | 四 | 三八 | 二〇 | 〇〇 | 一三 | 四 | 一〇 | 二二 | 〇〇 | 二〇 | 四 | 二〇 | 二三 | 一九 |
| 一二 | 〇〇 | 〇四 | 四 | 四〇 | 二〇 | 三〇 | 一三 | 四 | 一五 | 二二 | 〇〇 | 二〇 | 四 | 二〇 | 二三 | 一八 |
| 一三 | 一五 | 〇四 | 四 | 四三 | 二〇 | 四五 | 一三 | 四 | 一八 | 二二 | 一五 | 二〇 | 四 | 二三 | 二三 | 一七 |
| 一四 | 四五 | 〇四 | 四 | 四八 | 二〇 | 〇〇 | 一四 | 四 | 二〇 | 二二 | 一五 | 二〇 | 四 | 二三 | 二三 | 一六 |
| 一五 | 〇〇 | 〇五 | 四 | 五〇 | 二〇 | 一五 | 一四 | 四 | 二三 | 二二 | 三〇 | 二〇 | 四 | 二五 | 二三 | 一五 |
| 一六 | 一五 | 〇五 | 四 | 五三 | 二〇 | 三〇 | 一四 | 四 | 二五 | 二二 | 三〇 | 二〇 | 四 | 二五 | 二三 | 一四 |
| 一七 | 四五 | 〇五 | 四 | 五八 | 二〇 | 四五 | 一四 | 四 | 二八 | 二二 | 四五 | 二〇 | 四 | 二八 | 二三 | 一三 |
| 一八 | 〇〇 | 〇六 | 四 | 〇〇 | 二一 | 〇〇 | 一五 | 四 | 三〇 | 二二 | 四五 | 二〇 | 四 | 二八 | 二三 | 一二 |
| 一九 | 一五 | 〇六 | 四 | 〇三 | 二一 | 一五 | 一五 | 四 | 三三 | 二二 | 四五 | 二〇 | 四 | 二八 | 二三 | 一一 |
| 二〇 | 三〇 | 〇六 | 四 | 〇五 | 二一 | 三〇 | 一五 | 四 | 三五 | 二二 | 〇〇 | 二一 | 四 | 三〇 | 二三 | 一〇 |
| 二一 | 〇〇 | 〇七 | 四 | 一〇 | 二一 | 四五 | 一五 | 四 | 三八 | 二二 | 〇〇 | 二一 | 四 | 三〇 | 二三 | 九 |
| 二二 | 一五 | 〇七 | 四 | 一三 | 二一 | 〇〇 | 一六 | 四 | 四〇 | 二二 | 〇〇 | 二一 | 四 | 三〇 | 二三 | 八 |
| 二三 | 三〇 | 〇七 | 四 | 一五 | 二一 | 一五 | 一六 | 四 | 四三 | 二二 | 〇〇 | 二一 | 四 | 三〇 | 二三 | 七 |
| 二四 | 〇〇 | 〇八 | 四 | 二〇 | 二一 | 三〇 | 一六 | 四 | 四五 | 二二 | 一五 | 二一 | 四 | 三三 | 二三 | 六 |
| 二五 | 一五 | 〇八 | 四 | 二三 | 二一 | 四五 | 一六 | 四 | 四八 | 二二 | 一五 | 二一 | 四 | 三三 | 二三 | 五 |
| 二六 | 三〇 | 〇八 | 四 | 二五 | 二一 | 〇〇 | 一七 | 四 | 五〇 | 二二 | 一五 | 二一 | 四 | 三三 | 二三 | 四 |
| 二七 | 四五 | 〇八 | 四 | 二八 | 二一 | 一五 | 一七 | 四 | 五三 | 二二 | 一五 | 二一 | 四 | 三三 | 二三 | 三 |
| 二八 | 一五 | 〇九 | 四 | 三三 | 二一 | 三〇 | 一七 | 四 | 五五 | 二二 | 一五 | 二一 | 四 | 三三 | 二三 | 二 |
| 二九 | 三〇 | 〇九 | 四 | 三五 | 二一 | 四五 | 一七 | 四 | 五八 | 二二 | 一五 | 二一 | 四 | 三三 | 二三 | 一 |
| 三〇 | 四五 | 〇九 | 四 | 三八 | 二一 | 〇〇 | 一八 | 四 | 〇〇 | 二三 | 一五 | 二一 | 四 | 三三 | 二三 | 〇 |
| 順 | 巳宮 | | | | | 午宮 | | | | | 未宮 | | | | | 逆 |

| 黃道度 | 亥宮 | | | | 子宮 | | | | 丑宮 | | | | 黃道度 |
|---|---|---|---|---|---|---|---|---|---|---|---|---|---|
| | 日行 | 相距 | 相距 | 逐度 | 日行 | 相距 | 相距 | 逐度 | 日行 | 相距 | 相距 | 逐度 | |
| | 分 | 秒 | 度 | 分 | 分 | 秒 | 度 | 分 | 分 | 秒 | 度 | 分 | |
| 三〇 | 四 | 三二 | 二七 | 〇九 | 五 | 〇五 | 三〇 | 二七 | 五 | 一八 | 三一 | 四五 | 〇 |
| 二九 | 四 | 三一 | 二七 | 〇三 | 五 | 〇四 | 三〇 | 二一 | 五 | 一八 | 三一 | 四五 | 一 |
| 二八 | 四 | 三〇 | 二六 | 五七 | 五 | 〇三 | 三〇 | 一五 | 五 | 一八 | 三一 | 四五 | 二 |
| 二七 | 四 | 二八 | 二六 | 四五 | 五 | 〇二 | 三〇 | 〇九 | 五 | 一八 | 三一 | 四五 | 三 |
| 二六 | 四 | 二七 | 二六 | 三九 | 五 | 〇一 | 三〇 | 〇三 | 五 | 一八 | 三一 | 四五 | 四 |
| 二五 | 四 | 二六 | 二六 | 三三 | 五 | 〇〇 | 二九 | 五七 | 五 | 一八 | 三一 | 四五 | 五 |
| 二四 | 四 | 二五 | 二六 | 二七 | 四 | 五九 | 二九 | 五一 | 五 | 一八 | 三一 | 四五 | 六 |
| 二三 | 四 | 二三 | 二六 | 一五 | 四 | 五八 | 二九 | 四五 | 五 | 一七 | 三一 | 三九 | 七 |
| 二二 | 四 | 二二 | 二六 | 〇九 | 四 | 五七 | 二九 | 三九 | 五 | 一七 | 三一 | 三九 | 八 |
| 二一 | 四 | 二一 | 二六 | 〇三 | 四 | 五六 | 二九 | 三三 | 五 | 一七 | 三一 | 三八 | 九 |
| 二〇 | 四 | 一九 | 二五 | 五一 | 四 | 五五 | 二九 | 二七 | 五 | 一七 | 三一 | 三八 | 一〇 |
| 一九 | 四 | 一八 | 二五 | 四五 | 四 | 五四 | 二九 | 二一 | 五 | 一六 | 三一 | 三三 | 一一 |
| 一八 | 四 | 一七 | 二五 | 三九 | 四 | 五三 | 二九 | 一五 | 五 | 一六 | 三一 | 三三 | 一二 |
| 一七 | 四 | 一六 | 二五 | 三三 | 四 | 五二 | 二九 | 〇九 | 五 | 一六 | 三一 | 三三 | 一三 |
| 一六 | 四 | 一四 | 二五 | 二一 | 四 | 五一 | 二九 | 〇三 | 五 | 一五 | 三一 | 二七 | 一四 |
| 一五 | 四 | 一三 | 二五 | 一五 | 四 | 五〇 | 二八 | 五七 | 五 | 一五 | 三一 | 二七 | 一五 |
| 一四 | 四 | 一二 | 二五 | 〇九 | 四 | 四九 | 二八 | 五一 | 五 | 一四 | 三一 | 二一 | 一六 |
| 一三 | 四 | 一〇 | 二四 | 五七 | 四 | 四八 | 二八 | 四五 | 五 | 一四 | 三一 | 二一 | 一七 |
| 一二 | 四 | 〇九 | 二四 | 五一 | 四 | 四七 | 二八 | 三九 | 五 | 一三 | 三一 | 三五 | 一八 |
| 一一 | 四 | 〇八 | 二四 | 四五 | 四 | 四五 | 二八 | 二七 | 五 | 一三 | 三一 | 三五 | 一九 |
| 一〇 | 四 | 〇六 | 二四 | 三三 | 四 | 四四 | 二八 | 二一 | 五 | 一二 | 三一 | 〇九 | 二〇 |
| 九 | 四 | 〇五 | 二四 | 二七 | 四 | 四三 | 二八 | 一五 | 五 | 一一 | 三一 | 〇三 | 二一 |
| 八 | 四 | 〇四 | 二四 | 二一 | 四 | 四二 | 二八 | 〇九 | 五 | 一一 | 三一 | 〇三 | 二二 |
| 七 | 四 | 〇二 | 二四 | 〇九 | 四 | 四一 | 二八 | 〇三 | 五 | 一〇 | 三〇 | 五七 | 二三 |
| 六 | 四 | 〇一 | 二四 | 〇三 | 四 | 四〇 | 二七 | 五七 | 五 | 〇九 | 三〇 | 五一 | 二四 |
| 五 | 四 | 〇〇 | 二三 | 五七 | 四 | 三八 | 二七 | 四五 | 五 | 〇九 | 三〇 | 五一 | 二五 |
| 四 | 三 | 五八 | 二三 | 四五 | 四 | 三七 | 二七 | 三九 | 五 | 〇八 | 三〇 | 四五 | 二六 |
| 三 | 三 | 五七 | 二三 | 三九 | 四 | 三六 | 二七 | 三三 | 五 | 〇七 | 三〇 | 三九 | 二七 |
| 二 | 三 | 五六 | 二三 | 三三 | 四 | 三五 | 二七 | 二七 | 五 | 〇六 | 三〇 | 三三 | 二八 |
| 一 | 三 | 五四 | 二三 | 二一 | 四 | 三三 | 二七 | 一五 | 五 | 〇六 | 三〇 | 三三 | 二九 |
| 〇 | 三 | 五三 | 二三 | 一五 | 四 | 三二 | 二七 | 〇九 | 五 | 〇五 | 三〇 | 二七 | 三〇 |
| 逆 | 辰宮 | | | | 卯宮 | | | | 寅宮 | | | | 順 |

| 黃道度 | 申宮 | | | | 酉宮 | | | | 戌宮 | | | | 黃道度 |
|---|---|---|---|---|---|---|---|---|---|---|---|---|---|
| | 日行 | 相距 | 相距 | 逐度 | 日行 | 相距 | 相距 | 逐度 | 日行 | 相距 | 相距 | 逐度 | |
| | 分 | 秒 | 度 | 分 | 分 | 秒 | 度 | 分 | 分 | 秒 | 度 | 分 | |
| 三〇 | 二 | 四一 | 一六 | 〇三 | 三 | 一四 | 一九 | 二一 | 三 | 五三 | 二三 | 一五 | 〇 |
| 二九 | 二 | 四〇 | 一五 | 五七 | 三 | 一三 | 一九 | 一五 | 三 | 五二 | 二三 | 〇九 | 一 |
| 二八 | 二 | 四〇 | 一五 | 五七 | 三 | 一一 | 一九 | 〇三 | 三 | 五〇 | 二二 | 五七 | 二 |
| 二七 | 二 | 三九 | 一五 | 五一 | 三 | 一〇 | 一八 | 五七 | 三 | 四九 | 二二 | 五一 | 三 |
| 二六 | 二 | 三八 | 一五 | 四五 | 三 | 〇九 | 一八 | 五一 | 三 | 四八 | 二二 | 四五 | 四 |
| 二五 | 二 | 三七 | 一五 | 三九 | 三 | 〇八 | 一八 | 四五 | 三 | 四六 | 二二 | 三三 | 五 |
| 二四 | 二 | 三七 | 一五 | 三九 | 三 | 〇六 | 一八 | 三三 | 三 | 四五 | 二二 | 二七 | 六 |
| 二三 | 二 | 三六 | 一五 | 三三 | 三 | 〇五 | 一八 | 二七 | 三 | 四四 | 二二 | 二一 | 七 |
| 二二 | 二 | 三五 | 一五 | 二七 | 三 | 〇四 | 一八 | 二一 | 三 | 四二 | 二二 | 〇九 | 八 |
| 二一 | 二 | 三五 | 一五 | 二七 | 三 | 〇三 | 一八 | 一五 | 三 | 四一 | 二二 | 〇三 | 九 |
| 二〇 | 二 | 三四 | 一五 | 二一 | 三 | 〇二 | 一八 | 〇九 | 三 | 四〇 | 二一 | 五七 | 一〇 |
| 一九 | 二 | 三三 | 一五 | 一五 | 三 | 〇一 | 一八 | 〇三 | 三 | 三八 | 二一 | 四五 | 一一 |
| 一八 | 二 | 三三 | 一五 | 一五 | 二 | 五九 | 一七 | 五一 | 三 | 三七 | 二一 | 三九 | 一二 |
| 一七 | 二 | 三二 | 一五 | 〇九 | 二 | 五八 | 一七 | 四五 | 三 | 三六 | 二一 | 三三 | 一三 |
| 一六 | 二 | 三二 | 一五 | 〇九 | 二 | 五七 | 一七 | 三九 | 三 | 三四 | 二一 | 二一 | 一四 |
| 一五 | 二 | 三一 | 一五 | 〇三 | 二 | 五六 | 一七 | 三三 | 三 | 三三 | 二一 | 一五 | 一五 |
| 一四 | 二 | 三一 | 一五 | 〇三 | 二 | 五五 | 一七 | 二七 | 三 | 三二 | 二一 | 〇九 | 一六 |
| 一三 | 二 | 三〇 | 一四 | 五七 | 二 | 五四 | 一七 | 二一 | 三 | 三〇 | 二〇 | 五七 | 一七 |
| 一二 | 二 | 三〇 | 一四 | 五七 | 二 | 五三 | 一七 | 一五 | 三 | 二九 | 二〇 | 五一 | 一八 |
| 一一 | 二 | 三〇 | 一四 | 五七 | 二 | 五二 | 一七 | 〇九 | 三 | 二八 | 二〇 | 四五 | 一九 |
| 一〇 | 二 | 二九 | 一四 | 五一 | 二 | 五一 | 一七 | 〇三 | 三 | 二七 | 二〇 | 三九 | 二〇 |
| 九 | 二 | 二九 | 一四 | 五一 | 二 | 五〇 | 一六 | 五七 | 三 | 二五 | 二〇 | 二七 | 二一 |
| 八 | 二 | 二九 | 一四 | 五一 | 二 | 四九 | 一六 | 五一 | 三 | 二四 | 二〇 | 二一 | 二二 |
| 七 | 二 | 二九 | 一四 | 五一 | 二 | 四八 | 一六 | 四五 | 三 | 二三 | 二〇 | 一五 | 二三 |
| 六 | 二 | 二八 | 一四 | 四五 | 二 | 四七 | 一六 | 三九 | 三 | 二一 | 二〇 | 〇三 | 二四 |
| 五 | 二 | 二八 | 一四 | 四五 | 二 | 四六 | 一六 | 三三 | 三 | 二〇 | 一九 | 五七 | 二五 |
| 四 | 二 | 二八 | 一四 | 四五 | 二 | 四五 | 一六 | 二七 | 三 | 一九 | 一九 | 五一 | 二六 |
| 三 | 二 | 二八 | 一四 | 四五 | 二 | 四四 | 一六 | 二一 | 三 | 一八 | 一九 | 四五 | 二七 |
| 二 | 二 | 二八 | 一四 | 四五 | 二 | 四三 | 一六 | 一五 | 三 | 一六 | 一九 | 三三 | 二八 |
| 一 | 二 | 二八 | 一四 | 四五 | 二 | 四二 | 一六 | 〇九 | 三 | 一五 | 一九 | 二七 | 二九 |
| 〇 | 二 | 二八 | 一四 | 四五 | 二 | 四一 | 一六 | 〇三 | 三 | 一四 | 一九 | 二一 | 三〇 |
| 逆 | 未宮 | | | | 午宮 | | | | 巳宮 | | | | 順 |

| 黃道度 | 丑宮 | | | | | | | | | | | | | 黃道度 |
|---|---|---|---|---|---|---|---|---|---|---|---|---|---|---|
| | 起更 | | | 夜 | | 晝 | | 日入 | | | 日出 | | | |
| | 時 | 刻 | 分 | 刻 | 分 | 刻 | 分 | 時 | 刻 | 分 | 時 | 刻 | 分 | |
| 三〇 | 一八 | 二 | 〇五 | 五九 | 〇五 | 三六 | 一〇 | 一六 | 二 | 〇五 | 七 | 一 | 一〇 | 〇 |
| 二九 | 一八 | 二 | 〇五 | 五九 | 〇五 | 三六 | 一〇 | 一六 | 二 | 〇五 | 七 | 一 | 一〇 | 一 |
| 二八 | 一八 | 二 | 〇五 | 五九 | 〇五 | 三六 | 一〇 | 一六 | 二 | 〇五 | 七 | 一 | 一〇 | 二 |
| 二七 | 一八 | 二 | 〇五 | 五九 | 〇五 | 三六 | 一〇 | 一六 | 二 | 〇五 | 七 | 一 | 一〇 | 三 |
| 二六 | 一八 | 二 | 〇五 | 五九 | 〇五 | 三六 | 一〇 | 一六 | 二 | 〇五 | 七 | 一 | 一〇 | 四 |
| 二五 | 一八 | 二 | 〇五 | 五九 | 〇五 | 三六 | 一〇 | 一六 | 二 | 〇五 | 七 | 一 | 一〇 | 五 |
| 二四 | 一八 | 二 | 〇五 | 五九 | 〇五 | 三六 | 一〇 | 一六 | 二 | 〇五 | 七 | 一 | 一〇 | 六 |
| 二三 | 一八 | 二 | 〇六 | 五九 | 〇三 | 三六 | 一二 | 一六 | 二 | 〇六 | 七 | 一 | 〇九 | 七 |
| 二二 | 一八 | 二 | 〇六 | 五九 | 〇三 | 三六 | 一二 | 一六 | 二 | 〇六 | 七 | 一 | 〇九 | 八 |
| 二一 | 一八 | 二 | 〇六 | 五九 | 〇三 | 三六 | 一二 | 一六 | 二 | 〇六 | 七 | 一 | 〇九 | 九 |
| 二〇 | 一八 | 二 | 〇六 | 五九 | 〇三 | 三六 | 一二 | 一六 | 二 | 〇六 | 七 | 一 | 〇九 | 一〇 |
| 一九 | 一八 | 二 | 〇七 | 五九 | 〇一 | 三六 | 一四 | 一六 | 二 | 〇七 | 七 | 一 | 〇八 | 一一 |
| 一八 | 一八 | 二 | 〇七 | 五九 | 〇一 | 三六 | 一四 | 一六 | 二 | 〇七 | 七 | 一 | 〇八 | 一二 |
| 一七 | 一八 | 二 | 〇七 | 五九 | 〇一 | 三六 | 一四 | 一六 | 二 | 〇七 | 七 | 一 | 〇八 | 一三 |
| 一六 | 一八 | 二 | 〇八 | 五八 | 一四 | 三七 | 〇一 | 一六 | 二 | 〇八 | 七 | 一 | 〇七 | 一四 |
| 一五 | 一八 | 二 | 〇八 | 五八 | 一四 | 三七 | 〇一 | 一六 | 二 | 〇八 | 七 | 一 | 〇七 | 一五 |
| 一四 | 一八 | 二 | 〇九 | 五八 | 一二 | 三七 | 〇三 | 一六 | 二 | 〇九 | 七 | 一 | 〇六 | 一六 |
| 一三 | 一八 | 二 | 〇九 | 五八 | 一二 | 三七 | 〇三 | 一六 | 二 | 〇九 | 七 | 一 | 〇六 | 一七 |
| 一二 | 一八 | 二 | 一〇 | 五八 | 一〇 | 三七 | 〇五 | 一六 | 二 | 一〇 | 七 | 一 | 〇五 | 一八 |
| 一一 | 一八 | 二 | 一〇 | 五八 | 一〇 | 三七 | 〇五 | 一六 | 二 | 一〇 | 七 | 一 | 〇五 | 一九 |
| 一〇 | 一八 | 二 | 一一 | 五八 | 〇八 | 三七 | 〇七 | 一六 | 二 | 一一 | 七 | 一 | 〇四 | 二〇 |
| 九 | 一八 | 二 | 一二 | 五八 | 〇六 | 三七 | 〇九 | 一六 | 二 | 一二 | 七 | 一 | 〇三 | 二一 |
| 八 | 一八 | 二 | 一二 | 五八 | 〇六 | 三七 | 〇九 | 一六 | 二 | 一二 | 七 | 一 | 〇三 | 二二 |
| 七 | 一八 | 二 | 一三 | 五八 | 〇四 | 三七 | 一一 | 一六 | 二 | 一三 | 七 | 一 | 〇二 | 二三 |
| 六 | 一八 | 二 | 一四 | 五八 | 〇二 | 三七 | 一三 | 一六 | 二 | 一四 | 七 | 一 | 〇一 | 二四 |
| 五 | 一八 | 二 | 一四 | 五八 | 〇二 | 三七 | 一三 | 一六 | 二 | 一四 | 七 | 一 | 〇一 | 二五 |
| 四 | 一八 | 三 | 〇〇 | 五八 | 〇〇 | 三八 | 〇〇 | 一六 | 三 | 〇〇 | 七 | 一 | 〇〇 | 二六 |
| 三 | 一八 | 三 | 〇一 | 五七 | 一三 | 三八 | 〇二 | 一六 | 三 | 〇一 | 七 | 〇 | 一四 | 二七 |
| 二 | 一八 | 三 | 〇二 | 五七 | 一一 | 三八 | 〇四 | 一六 | 三 | 〇二 | 七 | 〇 | 一三 | 二八 |
| 一 | 一八 | 三 | 〇二 | 五七 | 一一 | 三八 | 〇四 | 一六 | 三 | 〇二 | 七 | 〇 | 一三 | 二九 |
| 〇 | 一八 | 三 | 〇三 | 五七 | 〇九 | 三八 | 〇六 | 一六 | 三 | 〇三 | 七 | 〇 | 一二 | 三〇 |
| 逆 | 寅宮 | | | | | | | | | | | | | 順 |

| 黃道度 | 丑宮 | | | | | | | | | | | | | | | 黃道度 |
|---|---|---|---|---|---|---|---|---|---|---|---|---|---|---|---|---|
| | 攢點 | | | 五更 | | | 四更 | | | 三更 | | | 二更 | | | |
| | 時 | 刻 | 分 | 時 | 刻 | 分 | 時 | 刻 | 分 | 時 | 刻 | 分 | 時 | 刻 | 分 | |
| 三〇 | 五 | 〇 | 一〇 | 三 | 〇 | 〇三 | 〇 | 三 | 一一 | 二二 | 三 | 〇四 | 二〇 | 二 | 一二 | 〇 |
| 二九 | 五 | 〇 | 一〇 | 三 | 〇 | 〇三 | 〇 | 三 | 一一 | 二二 | 三 | 〇四 | 二〇 | 二 | 一二 | 一 |
| 二八 | 五 | 〇 | 一〇 | 三 | 〇 | 〇三 | 〇 | 三 | 一一 | 二二 | 三 | 〇四 | 二〇 | 二 | 一二 | 二 |
| 二七 | 五 | 〇 | 一〇 | 三 | 〇 | 〇三 | 〇 | 三 | 一一 | 二二 | 三 | 〇四 | 二〇 | 二 | 一二 | 三 |
| 二六 | 五 | 〇 | 一〇 | 三 | 〇 | 〇三 | 〇 | 三 | 一一 | 二二 | 三 | 〇四 | 二〇 | 二 | 一二 | 四 |
| 二五 | 五 | 〇 | 一〇 | 三 | 〇 | 〇三 | 〇 | 三 | 一一 | 二二 | 三 | 〇四 | 二〇 | 二 | 一二 | 五 |
| 二四 | 五 | 〇 | 一〇 | 三 | 〇 | 〇三 | 〇 | 三 | 一一 | 二二 | 三 | 〇四 | 二〇 | 二 | 一二 | 六 |
| 二三 | 五 | 〇 | 〇九 | 三 | 〇 | 〇二 | 〇 | 三 | 一一 | 二二 | 三 | 〇四 | 二〇 | 二 | 一三 | 七 |
| 二二 | 五 | 〇 | 〇九 | 三 | 〇 | 〇二 | 〇 | 三 | 一一 | 二二 | 三 | 〇四 | 二〇 | 二 | 一三 | 八 |
| 二一 | 五 | 〇 | 〇九 | 三 | 〇 | 〇二 | 〇 | 三 | 一一 | 二二 | 三 | 〇四 | 二〇 | 二 | 一三 | 九 |
| 二〇 | 五 | 〇 | 〇九 | 三 | 〇 | 〇二 | 〇 | 三 | 一一 | 二二 | 三 | 〇四 | 二〇 | 二 | 一三 | 一〇 |
| 一九 | 五 | 〇 | 〇八 | 三 | 〇 | 〇二 | 〇 | 三 | 一一 | 二二 | 三 | 〇四 | 二〇 | 二 | 一三 | 一一 |
| 一八 | 五 | 〇 | 〇八 | 三 | 〇 | 〇二 | 〇 | 三 | 一一 | 二二 | 三 | 〇四 | 二〇 | 二 | 一三 | 一二 |
| 一七 | 五 | 〇 | 〇八 | 三 | 〇 | 〇二 | 〇 | 三 | 一一 | 二二 | 三 | 〇四 | 二〇 | 二 | 一三 | 一三 |
| 一六 | 五 | 〇 | 〇七 | 三 | 〇 | 〇一 | 〇 | 三 | 一〇 | 二二 | 三 | 〇五 | 二〇 | 二 | 一四 | 一四 |
| 一五 | 五 | 〇 | 〇七 | 三 | 〇 | 〇一 | 〇 | 三 | 一〇 | 二二 | 三 | 〇五 | 二〇 | 二 | 一四 | 一五 |
| 一四 | 五 | 〇 | 〇六 | 三 | 〇 | 〇一 | 〇 | 三 | 一〇 | 二二 | 三 | 〇五 | 二〇 | 二 | 一四 | 一六 |
| 一三 | 五 | 〇 | 〇六 | 三 | 〇 | 〇一 | 〇 | 三 | 一〇 | 二二 | 三 | 〇五 | 二〇 | 二 | 一四 | 一七 |
| 一二 | 五 | 〇 | 〇五 | 三 | 〇 | 〇〇 | 〇 | 三 | 一〇 | 二二 | 三 | 〇五 | 二〇 | 三 | 〇〇 | 一八 |
| 一一 | 五 | 〇 | 〇五 | 三 | 〇 | 〇〇 | 〇 | 三 | 一〇 | 二二 | 三 | 〇五 | 二〇 | 三 | 〇〇 | 一九 |
| 一〇 | 五 | 〇 | 〇四 | 二 | 三 | 一四 | 〇 | 三 | 一〇 | 二二 | 三 | 〇五 | 二〇 | 三 | 〇一 | 二〇 |
| 九 | 五 | 〇 | 〇三 | 二 | 三 | 一四 | 〇 | 三 | 一〇 | 二二 | 三 | 〇五 | 二〇 | 三 | 〇一 | 二一 |
| 八 | 五 | 〇 | 〇三 | 二 | 三 | 一四 | 〇 | 三 | 一〇 | 二二 | 三 | 〇五 | 二〇 | 三 | 〇一 | 二二 |
| 七 | 五 | 〇 | 〇二 | 二 | 三 | 一三 | 〇 | 三 | 〇九 | 二二 | 三 | 〇六 | 二〇 | 三 | 〇二 | 二三 |
| 六 | 五 | 〇 | 〇一 | 二 | 三 | 一三 | 〇 | 三 | 〇九 | 二二 | 三 | 〇六 | 二〇 | 三 | 〇二 | 二四 |
| 五 | 五 | 〇 | 〇一 | 二 | 三 | 一三 | 〇 | 三 | 〇九 | 二二 | 三 | 〇六 | 二〇 | 三 | 〇二 | 二五 |
| 四 | 五 | 〇 | 〇〇 | 二 | 三 | 一二 | 〇 | 三 | 〇九 | 二二 | 三 | 〇六 | 二〇 | 三 | 〇三 | 二六 |
| 三 | 四 | 三 | 一四 | 二 | 三 | 一一 | 〇 | 三 | 〇九 | 二二 | 三 | 〇六 | 二〇 | 三 | 〇四 | 二七 |
| 二 | 四 | 三 | 一三 | 二 | 三 | 一一 | 〇 | 三 | 〇九 | 二二 | 三 | 〇六 | 二〇 | 三 | 〇四 | 二八 |
| 一 | 四 | 三 | 一三 | 二 | 三 | 一一 | 〇 | 三 | 〇九 | 二二 | 三 | 〇六 | 二〇 | 三 | 〇四 | 二九 |
| 〇 | 四 | 三 | 一二 | 二 | 三 | 一〇 | 〇 | 三 | 〇八 | 二二 | 三 | 〇七 | 二〇 | 三 | 〇五 | 三〇 |
| 逆 | 寅宮 | | | | | | | | | | | | | | | 順 |

子宮

| 黃道度 | 日出 | | | 日入 | | | 晝 | | 夜 | | 更起 | | | 黃道度 |
|---|---|---|---|---|---|---|---|---|---|---|---|---|---|---|
| | 時 | 刻 | 分 | 時 | 刻 | 分 | 刻 | 分 | 刻 | 分 | 時 | 刻 | 分 | |
| 〇 | 七 | 〇 | 一二 | 一六 | 三 | 〇三 | 三八 | 〇六 | 五七 | 〇九 | 一八 | 三 | 〇三 | 三〇 |
| 一 | 七 | 〇 | 一一 | 一六 | 三 | 〇四 | 三八 | 〇八 | 五七 | 〇七 | 一八 | 三 | 〇四 | 二九 |
| 二 | 七 | 〇 | 一〇 | 一六 | 三 | 〇五 | 三八 | 一〇 | 五七 | 〇五 | 一八 | 三 | 〇五 | 二八 |
| 三 | 七 | 〇 | 〇九 | 一六 | 三 | 〇六 | 三八 | 一二 | 五七 | 〇三 | 一八 | 三 | 〇六 | 二七 |
| 四 | 七 | 〇 | 〇八 | 一六 | 三 | 〇七 | 三八 | 一四 | 五七 | 〇一 | 一八 | 三 | 〇七 | 二六 |
| 五 | 七 | 〇 | 〇七 | 一六 | 三 | 〇八 | 三九 | 〇一 | 五六 | 一四 | 一八 | 三 | 〇八 | 二五 |
| 六 | 七 | 〇 | 〇六 | 一六 | 三 | 〇九 | 三九 | 〇三 | 五六 | 一二 | 一八 | 三 | 〇九 | 二四 |
| 七 | 七 | 〇 | 〇五 | 一六 | 三 | 一〇 | 三九 | 〇五 | 五六 | 一〇 | 一八 | 三 | 一〇 | 二三 |
| 八 | 七 | 〇 | 〇四 | 一六 | 三 | 一一 | 三九 | 〇七 | 五六 | 〇八 | 一八 | 三 | 一一 | 二二 |
| 九 | 七 | 〇 | 〇三 | 一六 | 三 | 一二 | 三九 | 〇九 | 五六 | 〇六 | 一八 | 三 | 一二 | 二一 |
| 一〇 | 七 | 〇 | 〇二 | 一六 | 三 | 一三 | 三九 | 一一 | 五六 | 〇四 | 一八 | 三 | 一三 | 二〇 |
| 一一 | 七 | 〇 | 〇一 | 一六 | 三 | 一四 | 三九 | 一三 | 五六 | 〇二 | 一八 | 三 | 一四 | 一九 |
| 一二 | 七 | 〇 | 〇〇 | 一七 | 〇 | 〇〇 | 四〇 | 〇〇 | 五六 | 〇〇 | 一九 | 〇 | 〇〇 | 一八 |
| 一三 | 六 | 三 | 一四 | 一七 | 〇 | 〇一 | 四〇 | 〇二 | 五五 | 一三 | 一九 | 〇 | 〇一 | 一七 |
| 一四 | 六 | 三 | 一三 | 一七 | 〇 | 〇二 | 四〇 | 〇四 | 五五 | 一一 | 一九 | 〇 | 〇二 | 一六 |
| 一五 | 六 | 三 | 一二 | 一七 | 〇 | 〇三 | 四〇 | 〇六 | 五五 | 〇九 | 一九 | 〇 | 〇三 | 一五 |
| 一六 | 六 | 三 | 一一 | 一七 | 〇 | 〇四 | 四〇 | 〇八 | 五五 | 〇七 | 一九 | 〇 | 〇四 | 一四 |
| 一七 | 六 | 三 | 一〇 | 一七 | 〇 | 〇五 | 四〇 | 一〇 | 五五 | 〇五 | 一九 | 〇 | 〇五 | 一三 |
| 一八 | 六 | 三 | 〇九 | 一七 | 〇 | 〇六 | 四〇 | 一二 | 五五 | 〇三 | 一九 | 〇 | 〇六 | 一二 |
| 一九 | 六 | 三 | 〇七 | 一七 | 〇 | 〇八 | 四一 | 〇一 | 五四 | 一四 | 一九 | 〇 | 〇八 | 一一 |
| 二〇 | 六 | 三 | 〇六 | 一七 | 〇 | 〇九 | 四一 | 〇三 | 五四 | 一二 | 一九 | 〇 | 〇九 | 一〇 |
| 二一 | 六 | 三 | 〇五 | 一七 | 〇 | 一〇 | 四一 | 〇五 | 五四 | 一〇 | 一九 | 〇 | 一〇 | 九 |
| 二二 | 六 | 三 | 〇四 | 一七 | 〇 | 一一 | 四一 | 〇七 | 五四 | 〇八 | 一九 | 〇 | 一一 | 八 |
| 二三 | 六 | 三 | 〇三 | 一七 | 〇 | 一二 | 四一 | 〇九 | 五四 | 〇六 | 一九 | 〇 | 一二 | 七 |
| 二四 | 六 | 三 | 〇二 | 一七 | 〇 | 一三 | 四一 | 一一 | 五四 | 〇四 | 一九 | 〇 | 一三 | 六 |
| 二五 | 六 | 三 | 〇〇 | 一七 | 一 | 〇〇 | 四二 | 〇〇 | 五四 | 〇〇 | 一九 | 一 | 〇〇 | 五 |
| 二六 | 六 | 二 | 一四 | 一七 | 一 | 〇一 | 四二 | 〇二 | 五三 | 一三 | 一九 | 一 | 〇一 | 四 |
| 二七 | 六 | 二 | 一三 | 一七 | 一 | 〇二 | 四二 | 〇四 | 五三 | 一一 | 一九 | 一 | 〇二 | 三 |
| 二八 | 六 | 二 | 一二 | 一七 | 一 | 〇三 | 四二 | 〇六 | 五三 | 〇九 | 一九 | 一 | 〇三 | 二 |
| 二九 | 六 | 二 | 一〇 | 一七 | 一 | 〇五 | 四二 | 一〇 | 五三 | 〇五 | 一九 | 一 | 〇五 | 一 |
| 三〇 | 六 | 二 | 〇九 | 一七 | 一 | 〇六 | 四二 | 一二 | 五三 | 〇三 | 一九 | 一 | 〇六 | 〇 |
| 順 | | | | | | | | | | | | | | 逆 |

卯宮

子宮

| 黃道度 | 二更 | | | 三更 | | | 四更 | | | 五更 | | | 攢點 | | | 黃道度 |
|---|---|---|---|---|---|---|---|---|---|---|---|---|---|---|---|---|
| | 時 | 刻 | 分 | 時 | 刻 | 分 | 時 | 刻 | 分 | 時 | 刻 | 分 | 時 | 刻 | 分 | |
| 〇 | 二〇 | 三 | 〇五 | 二二 | 三 | 〇七 | 〇 | 三 | 〇八 | 二 | 三 | 一〇 | 四 | 三 | 一二 | 三〇 |
| 一 | 二〇 | 三 | 〇五 | 二二 | 三 | 〇七 | 〇 | 三 | 〇八 | 二 | 三 | 一〇 | 四 | 三 | 一一 | 二九 |
| 二 | 二〇 | 三 | 〇六 | 二二 | 三 | 〇七 | 〇 | 三 | 〇八 | 二 | 三 | 〇九 | 四 | 三 | 一〇 | 二八 |
| 三 | 二〇 | 三 | 〇七 | 二二 | 三 | 〇七 | 〇 | 三 | 〇八 | 二 | 三 | 〇八 | 四 | 三 | 〇九 | 二七 |
| 四 | 二〇 | 三 | 〇七 | 二二 | 三 | 〇七 | 〇 | 三 | 〇八 | 二 | 三 | 〇八 | 四 | 三 | 〇八 | 二六 |
| 五 | 二〇 | 三 | 〇八 | 二二 | 三 | 〇八 | 〇 | 三 | 〇七 | 二 | 三 | 〇七 | 四 | 三 | 〇七 | 二五 |
| 六 | 二〇 | 三 | 〇八 | 二二 | 三 | 〇八 | 〇 | 三 | 〇七 | 二 | 三 | 〇七 | 四 | 三 | 〇六 | 二四 |
| 七 | 二〇 | 三 | 〇九 | 二二 | 三 | 〇八 | 〇 | 三 | 〇七 | 二 | 三 | 〇六 | 四 | 三 | 〇五 | 二三 |
| 八 | 二〇 | 三 | 一〇 | 二二 | 三 | 〇八 | 〇 | 三 | 〇七 | 二 | 三 | 〇五 | 四 | 三 | 〇四 | 二二 |
| 九 | 二〇 | 三 | 一〇 | 二二 | 三 | 〇八 | 〇 | 三 | 〇七 | 二 | 三 | 〇五 | 四 | 三 | 〇三 | 二一 |
| 一〇 | 二〇 | 三 | 一一 | 二二 | 三 | 〇九 | 〇 | 三 | 〇六 | 二 | 三 | 〇四 | 四 | 三 | 〇二 | 二〇 |
| 一一 | 二〇 | 三 | 一一 | 二二 | 三 | 〇九 | 〇 | 三 | 〇六 | 二 | 三 | 〇四 | 四 | 三 | 〇一 | 一九 |
| 一二 | 二〇 | 三 | 一二 | 二二 | 三 | 〇九 | 〇 | 三 | 〇六 | 二 | 三 | 〇三 | 四 | 三 | 〇〇 | 一八 |
| 一三 | 二〇 | 三 | 一三 | 二二 | 三 | 〇九 | 〇 | 三 | 〇六 | 二 | 三 | 〇二 | 四 | 二 | 一四 | 一七 |
| 一四 | 二〇 | 三 | 一三 | 二二 | 三 | 〇九 | 〇 | 三 | 〇六 | 二 | 三 | 〇二 | 四 | 二 | 一三 | 一六 |
| 一五 | 二〇 | 三 | 一四 | 二二 | 三 | 一〇 | 〇 | 三 | 〇五 | 二 | 三 | 〇一 | 四 | 二 | 一二 | 一五 |
| 一六 | 二〇 | 三 | 一四 | 二二 | 三 | 一〇 | 〇 | 三 | 〇五 | 二 | 三 | 〇一 | 四 | 二 | 一一 | 一四 |
| 一七 | 二一 | 〇 | 〇〇 | 二二 | 三 | 一〇 | 〇 | 三 | 〇五 | 二 | 三 | 〇〇 | 四 | 二 | 一〇 | 一三 |
| 一八 | 二一 | 〇 | 〇一 | 二二 | 三 | 一〇 | 〇 | 三 | 〇五 | 二 | 二 | 一四 | 四 | 二 | 〇九 | 一二 |
| 一九 | 二一 | 〇 | 〇二 | 二二 | 三 | 一一 | 〇 | 三 | 〇四 | 二 | 二 | 一三 | 四 | 二 | 〇七 | 一一 |
| 二〇 | 二一 | 〇 | 〇二 | 二二 | 三 | 一一 | 〇 | 三 | 〇四 | 二 | 二 | 一三 | 四 | 二 | 〇六 | 一〇 |
| 二一 | 二一 | 〇 | 〇三 | 二二 | 三 | 一一 | 〇 | 三 | 〇四 | 二 | 二 | 一二 | 四 | 二 | 〇五 | 九 |
| 二二 | 二一 | 〇 | 〇四 | 二二 | 三 | 一一 | 〇 | 三 | 〇四 | 二 | 二 | 一一 | 四 | 二 | 〇四 | 八 |
| 二三 | 二一 | 〇 | 〇四 | 二二 | 三 | 一一 | 〇 | 三 | 〇四 | 二 | 二 | 一一 | 四 | 二 | 〇三 | 七 |
| 二四 | 二一 | 〇 | 〇五 | 二二 | 三 | 一二 | 〇 | 三 | 〇三 | 二 | 二 | 一〇 | 四 | 二 | 〇二 | 六 |
| 二五 | 二一 | 〇 | 〇六 | 二二 | 三 | 一二 | 〇 | 三 | 〇三 | 二 | 二 | 〇九 | 四 | 二 | 〇〇 | 五 |
| 二六 | 二一 | 〇 | 〇七 | 二二 | 三 | 一二 | 〇 | 三 | 〇三 | 二 | 二 | 〇八 | 四 | 一 | 一四 | 四 |
| 二七 | 二一 | 〇 | 〇七 | 二二 | 三 | 一二 | 〇 | 三 | 〇三 | 二 | 二 | 〇八 | 四 | 一 | 一三 | 三 |
| 二八 | 二一 | 〇 | 〇八 | 二二 | 三 | 一三 | 〇 | 三 | 〇二 | 二 | 二 | 〇七 | 四 | 一 | 一二 | 二 |
| 二九 | 二一 | 〇 | 〇九 | 二二 | 三 | 一三 | 〇 | 三 | 〇二 | 二 | 二 | 〇六 | 四 | 一 | 一〇 | 一 |
| 三〇 | 二一 | 〇 | 一〇 | 二二 | 三 | 一三 | 〇 | 三 | 〇二 | 二 | 二 | 〇五 | 四 | 一 | 〇九 | 〇 |
| 順 | | | | | | | | | | | | | | | | 逆 |

卯宮

亥宮

| 黃道度 | 日出 | | | 日入 | | | 晝 | | 夜 | | 更起 | | | 黃道度 |
|---|---|---|---|---|---|---|---|---|---|---|---|---|---|---|
| | 時 | 刻 | 分 | 時 | 刻 | 分 | 刻 | 分 | 刻 | 分 | 時 | 刻 | 分 | |
| 〇 | 六 | 二 | 〇九 | 一七 | 一 | 〇六 | 四二 | 一二 | 五三 | 〇三 | 一九 | 一 | 〇六 | 三〇 |
| 一 | 六 | 二 | 〇八 | 一七 | 一 | 〇七 | 四二 | 一四 | 五三 | 〇一 | 一九 | 一 | 〇七 | 二九 |
| 二 | 六 | 二 | 〇七 | 一七 | 一 | 〇八 | 四三 | 〇一 | 五二 | 一四 | 一九 | 一 | 〇八 | 二八 |
| 三 | 六 | 二 | 〇五 | 一七 | 一 | 一〇 | 四三 | 〇五 | 五二 | 一〇 | 一九 | 一 | 一〇 | 二七 |
| 四 | 六 | 二 | 〇四 | 一七 | 一 | 一一 | 四三 | 〇七 | 五二 | 〇八 | 一九 | 一 | 一一 | 二六 |
| 五 | 六 | 二 | 〇三 | 一七 | 一 | 一二 | 四三 | 〇九 | 五二 | 〇六 | 一九 | 一 | 一二 | 二五 |
| 六 | 六 | 二 | 〇二 | 一七 | 一 | 一三 | 四三 | 一一 | 五二 | 〇四 | 一九 | 一 | 一三 | 二四 |
| 七 | 六 | 二 | 〇〇 | 一七 | 二 | 〇〇 | 四四 | 〇〇 | 五二 | 〇〇 | 一九 | 二 | 〇〇 | 二三 |
| 八 | 六 | 一 | 一四 | 一七 | 二 | 〇一 | 四四 | 〇二 | 五一 | 一三 | 一九 | 二 | 〇一 | 二二 |
| 九 | 六 | 一 | 一三 | 一七 | 二 | 〇二 | 四四 | 〇四 | 五一 | 一一 | 一九 | 二 | 〇二 | 二一 |
| 一〇 | 六 | 一 | 一一 | 一七 | 二 | 〇四 | 四四 | 〇八 | 五一 | 〇七 | 一九 | 二 | 〇四 | 二〇 |
| 一一 | 六 | 一 | 一〇 | 一七 | 二 | 〇五 | 四四 | 一〇 | 五一 | 〇五 | 一九 | 二 | 〇五 | 一九 |
| 一二 | 六 | 一 | 〇九 | 一七 | 二 | 〇六 | 四四 | 一二 | 五一 | 〇三 | 一九 | 二 | 〇六 | 一八 |
| 一三 | 六 | 一 | 〇八 | 一七 | 二 | 〇七 | 四四 | 一四 | 五一 | 〇一 | 一九 | 二 | 〇七 | 一七 |
| 一四 | 六 | 一 | 〇六 | 一七 | 二 | 〇九 | 四五 | 〇三 | 五〇 | 一二 | 一九 | 二 | 〇九 | 一六 |
| 一五 | 六 | 一 | 〇五 | 一七 | 二 | 一〇 | 四五 | 〇五 | 五〇 | 一〇 | 一九 | 二 | 一〇 | 一五 |
| 一六 | 六 | 一 | 〇四 | 一七 | 二 | 一一 | 四五 | 〇七 | 五〇 | 〇八 | 一九 | 二 | 一一 | 一四 |
| 一七 | 六 | 一 | 〇二 | 一七 | 二 | 一三 | 四五 | 一一 | 五〇 | 〇四 | 一九 | 二 | 一三 | 一三 |
| 一八 | 六 | 一 | 〇一 | 一七 | 二 | 一四 | 四五 | 一三 | 五〇 | 〇二 | 一九 | 二 | 一四 | 一二 |
| 一九 | 六 | 一 | 〇〇 | 一七 | 三 | 〇〇 | 四六 | 〇〇 | 五〇 | 〇〇 | 一九 | 三 | 〇〇 | 一一 |
| 二〇 | 六 | 〇 | 一三 | 一七 | 三 | 〇二 | 四六 | 〇四 | 四九 | 一一 | 一九 | 三 | 〇二 | 一〇 |
| 二一 | 六 | 〇 | 一二 | 一七 | 三 | 〇三 | 四六 | 〇六 | 四九 | 〇九 | 一九 | 三 | 〇三 | 九 |
| 二二 | 六 | 〇 | 一一 | 一七 | 三 | 〇四 | 四六 | 〇八 | 四九 | 〇七 | 一九 | 三 | 〇四 | 八 |
| 二三 | 六 | 〇 | 〇九 | 一七 | 三 | 〇六 | 四六 | 一二 | 四九 | 〇三 | 一九 | 三 | 〇六 | 七 |
| 二四 | 六 | 〇 | 〇八 | 一七 | 三 | 〇七 | 四六 | 一四 | 四九 | 〇一 | 一九 | 三 | 〇七 | 六 |
| 二五 | 六 | 〇 | 〇七 | 一七 | 三 | 〇八 | 四七 | 〇一 | 四八 | 一四 | 一九 | 三 | 〇八 | 五 |
| 二六 | 六 | 〇 | 〇五 | 一七 | 三 | 一〇 | 四七 | 〇五 | 四八 | 一〇 | 一九 | 三 | 一〇 | 四 |
| 二七 | 六 | 〇 | 〇四 | 一七 | 三 | 一一 | 四七 | 〇七 | 四八 | 〇八 | 一九 | 三 | 一一 | 三 |
| 二八 | 六 | 〇 | 〇三 | 一七 | 三 | 一二 | 四七 | 〇九 | 四八 | 〇六 | 一九 | 三 | 一二 | 二 |
| 二九 | 六 | 〇 | 〇一 | 一七 | 三 | 一四 | 四七 | 一三 | 四八 | 〇二 | 一九 | 三 | 一四 | 一 |
| 三〇 | 六 | 〇 | 〇〇 | 一八 | 〇 | 〇〇 | 四八 | 〇〇 | 四八 | 〇〇 | 二〇 | 〇 | 〇〇 | 〇 |
| 順 | | | | | | | | | | | | | | 逆 |

辰宮

亥宮

| 黃道度 | 二更 | | | 三更 | | | 四更 | | | 五更 | | | 攢點 | | | 黃道度 |
|---|---|---|---|---|---|---|---|---|---|---|---|---|---|---|---|---|
| | 時 | 刻 | 分 | 時 | 刻 | 分 | 時 | 刻 | 分 | 時 | 刻 | 分 | 時 | 刻 | 分 | |
| 〇 | 二一 | 〇 | 一〇 | 二二 | 三 | 一三 | 〇 | 三 | 〇二 | 二 | 二 | 〇六 | 四 | 一 | 〇九 | 三〇 |
| 一 | 二一 | 〇 | 一〇 | 二二 | 三 | 一三 | 〇 | 三 | 〇二 | 二 | 二 | 〇五 | 四 | 一 | 〇八 | 二九 |
| 二 | 二一 | 〇 | 一一 | 二二 | 三 | 一四 | 〇 | 三 | 〇一 | 二 | 二 | 〇四 | 四 | 一 | 〇七 | 二八 |
| 三 | 二一 | 〇 | 一二 | 二二 | 三 | 一四 | 〇 | 三 | 〇一 | 二 | 二 | 〇三 | 四 | 一 | 〇五 | 二七 |
| 四 | 二一 | 〇 | 一三 | 二二 | 三 | 一四 | 〇 | 三 | 〇一 | 二 | 二 | 〇三 | 四 | 一 | 〇四 | 二六 |
| 五 | 二一 | 〇 | 一三 | 二二 | 三 | 一四 | 〇 | 三 | 〇一 | 二 | 二 | 〇二 | 四 | 一 | 〇三 | 二五 |
| 六 | 二一 | 〇 | 一四 | 二三 | 〇 | 〇〇 | 〇 | 三 | 〇〇 | 二 | 二 | 〇一 | 四 | 一 | 〇二 | 二四 |
| 七 | 二一 | 一 | 〇〇 | 二三 | 〇 | 〇〇 | 〇 | 三 | 〇〇 | 二 | 二 | 〇〇 | 四 | 一 | 〇〇 | 二三 |
| 八 | 二一 | 一 | 〇一 | 二三 | 〇 | 〇〇 | 〇 | 三 | 〇〇 | 二 | 一 | 一四 | 四 | 〇 | 一四 | 二二 |
| 九 | 二一 | 一 | 〇一 | 二三 | 〇 | 〇〇 | 〇 | 三 | 〇〇 | 二 | 一 | 一四 | 四 | 〇 | 一三 | 二一 |
| 一〇 | 二一 | 一 | 〇二 | 二三 | 〇 | 〇一 | 〇 | 二 | 一四 | 二 | 一 | 一三 | 四 | 〇 | 一一 | 二〇 |
| 一一 | 二一 | 一 | 〇三 | 二三 | 〇 | 〇一 | 〇 | 二 | 一四 | 二 | 一 | 一二 | 四 | 〇 | 一〇 | 一九 |
| 一二 | 二一 | 一 | 〇四 | 二三 | 〇 | 〇一 | 〇 | 二 | 一四 | 二 | 一 | 一一 | 四 | 〇 | 〇九 | 一八 |
| 一三 | 二一 | 一 | 〇四 | 二三 | 〇 | 〇一 | 〇 | 二 | 一四 | 二 | 一 | 一一 | 四 | 〇 | 〇八 | 一七 |
| 一四 | 二一 | 一 | 〇五 | 二三 | 〇 | 〇二 | 〇 | 二 | 一三 | 二 | 一 | 一〇 | 四 | 〇 | 〇六 | 一六 |
| 一五 | 二一 | 一 | 〇六 | 二三 | 〇 | 〇二 | 〇 | 二 | 一三 | 二 | 一 | 〇九 | 四 | 〇 | 〇五 | 一五 |
| 一六 | 二一 | 一 | 〇七 | 二三 | 〇 | 〇二 | 〇 | 二 | 一三 | 二 | 一 | 〇八 | 四 | 〇 | 〇四 | 一四 |
| 一七 | 二一 | 一 | 〇八 | 二三 | 〇 | 〇三 | 〇 | 二 | 一二 | 二 | 一 | 〇七 | 四 | 〇 | 〇二 | 一三 |
| 一八 | 二一 | 一 | 〇八 | 二三 | 〇 | 〇三 | 〇 | 二 | 一二 | 二 | 一 | 〇七 | 四 | 〇 | 〇一 | 一二 |
| 一九 | 二一 | 一 | 〇九 | 二三 | 〇 | 〇三 | 〇 | 二 | 一二 | 二 | 一 | 〇六 | 四 | 〇 | 〇〇 | 一一 |
| 二〇 | 二一 | 一 | 一〇 | 二三 | 〇 | 〇三 | 〇 | 二 | 一二 | 二 | 一 | 〇五 | 三 | 三 | 一三 | 一〇 |
| 二一 | 二一 | 一 | 一一 | 二三 | 〇 | 〇四 | 〇 | 二 | 一一 | 二 | 一 | 〇四 | 三 | 三 | 一二 | 九 |
| 二二 | 二一 | 一 | 一一 | 二三 | 〇 | 〇四 | 〇 | 二 | 一一 | 二 | 一 | 〇四 | 三 | 三 | 一一 | 八 |
| 二三 | 二一 | 一 | 一二 | 二三 | 〇 | 〇四 | 〇 | 二 | 一一 | 二 | 一 | 〇三 | 三 | 三 | 〇九 | 七 |
| 二四 | 二一 | 一 | 一三 | 二三 | 〇 | 〇四 | 〇 | 二 | 一一 | 二 | 一 | 〇二 | 三 | 三 | 〇八 | 六 |
| 二五 | 二一 | 一 | 一四 | 二三 | 〇 | 〇五 | 〇 | 二 | 一〇 | 二 | 一 | 〇一 | 三 | 三 | 〇七 | 五 |
| 二六 | 二一 | 二 | 〇〇 | 二三 | 〇 | 〇五 | 〇 | 二 | 一〇 | 二 | 一 | 〇〇 | 三 | 三 | 〇五 | 四 |
| 二七 | 二一 | 二 | 〇一 | 二三 | 〇 | 〇五 | 〇 | 二 | 一〇 | 二 | 〇 | 一四 | 三 | 三 | 〇四 | 三 |
| 二八 | 二一 | 二 | 〇一 | 二三 | 〇 | 〇五 | 〇 | 二 | 一〇 | 二 | 〇 | 一四 | 三 | 三 | 〇三 | 二 |
| 二九 | 二一 | 二 | 〇二 | 二三 | 〇 | 〇六 | 〇 | 二 | 〇九 | 二 | 〇 | 一三 | 三 | 三 | 〇一 | 一 |
| 三〇 | 二一 | 二 | 〇三 | 二三 | 〇 | 〇六 | 〇 | 二 | 〇九 | 二 | 〇 | 一二 | 三 | 三 | 〇〇 | 〇 |
| 順 | | | | | | | | | | | | | | | | 逆 |

辰宮

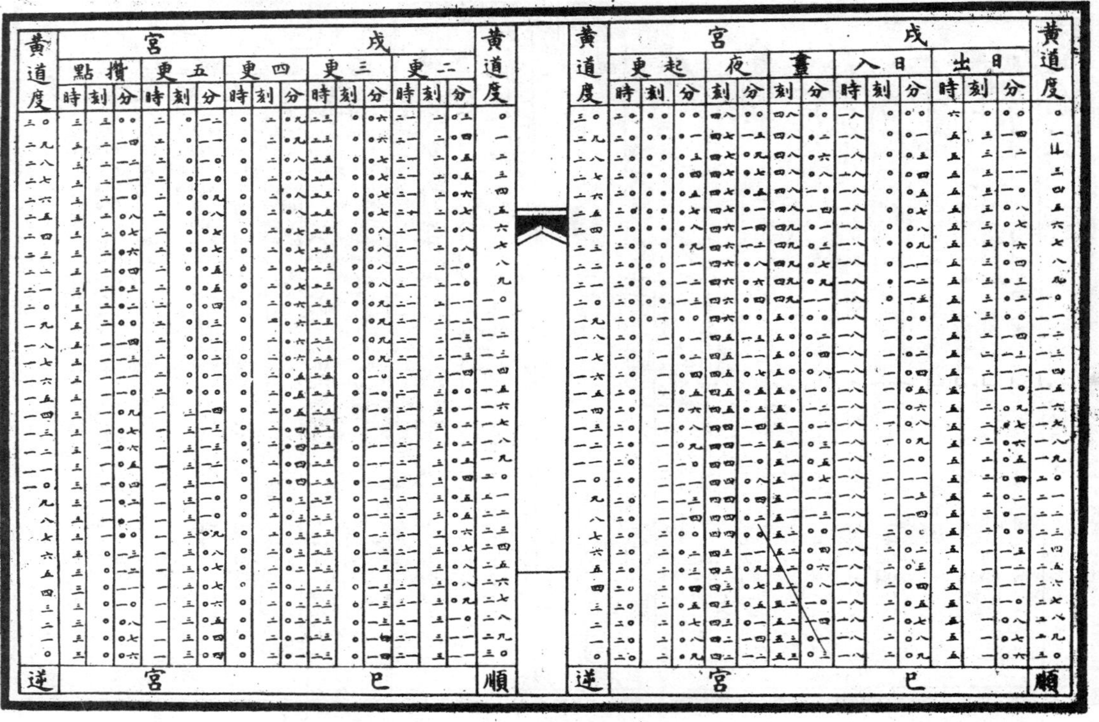

戌宮　巳宮

黃道度 | 二更（時、刻、分）| 三更（時、刻、分）| 四更（時、刻、分）| 五更（時、刻、分）| 攢點（時、刻、分）| 黃道度

黃道度 | 日出（時、刻、分）| 日入（時、刻、分）| 晝（刻、分）| 夜（刻、分）| 起更（時、刻、分）| 黃道度

順　逆

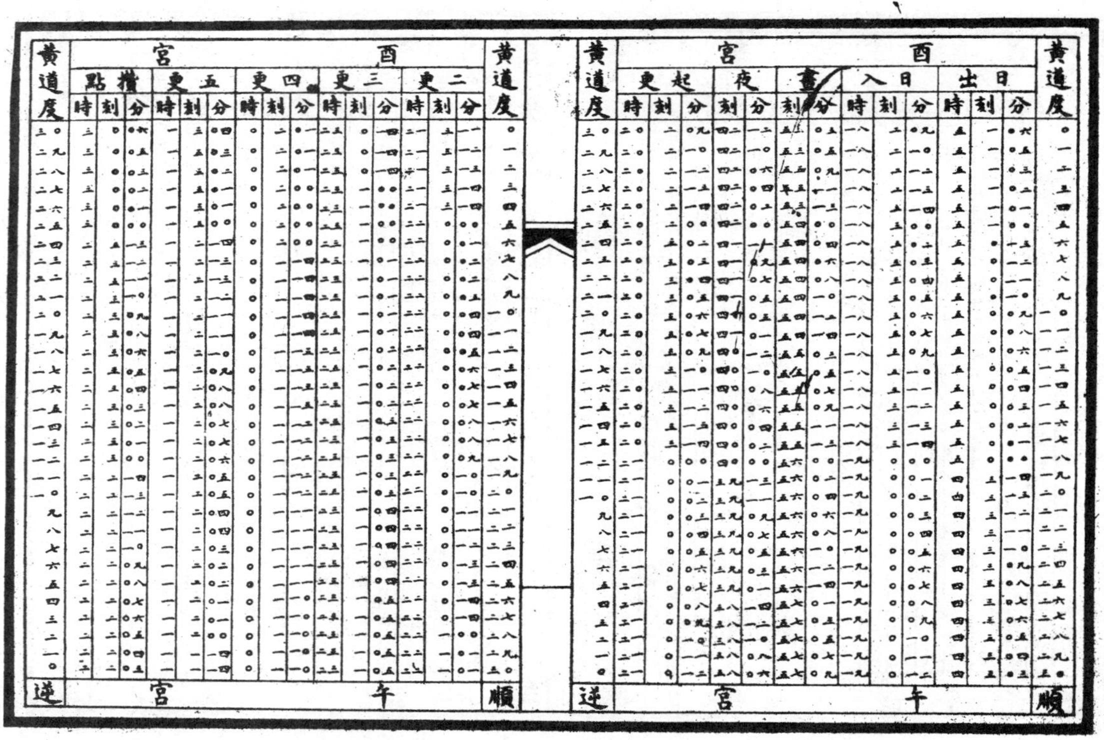

酉宮　午宮

黃道度 | 二更（時、刻、分）| 三更（時、刻、分）| 四更（時、刻、分）| 五更（時、刻、分）| 攢點（時、刻、分）| 黃道度

黃道度 | 日出（時、刻、分）| 日入（時、刻、分）| 晝（刻、分）| 夜（刻、分）| 起更（時、刻、分）| 黃道度

順　逆

| 黃道度 | 申宮 攢點 時 | 攢點 刻 | 攢點 分 | 五更 時 | 五更 刻 | 五更 分 | 四更 時 | 四更 刻 | 四更 分 | 三更 時 | 三更 刻 | 三更 分 | 二更 時 | 二更 刻 | 二更 分 | 黃道度 |
|---|---|---|---|---|---|---|---|---|---|---|---|---|---|---|---|---|
| 三〇 | 二 | 二 | 〇三 | 一 | 一 | 一四 | 〇 | 一 | 一〇 | 二三 | 一 | 〇五 | 二二 | 一 | 〇一 | 〇 |
| 二九 | 二 | 二 | 〇二 | 一 | 一 | 一三 | 〇 | 一 | 〇九 | 二三 | 一 | 〇六 | 二二 | 一 | 〇二 | 一 |
| 二八 | 二 | 二 | 〇二 | 一 | 一 | 一三 | 〇 | 一 | 〇九 | 二三 | 一 | 〇六 | 二二 | 一 | 〇二 | 二 |
| 二七 | 二 | 二 | 〇一 | 一 | 一 | 一三 | 〇 | 一 | 〇九 | 二三 | 一 | 〇六 | 二二 | 一 | 〇二 | 三 |
| 二六 | 二 | 二 | 〇〇 | 一 | 一 | 一二 | 〇 | 一 | 〇九 | 二三 | 一 | 〇六 | 二二 | 一 | 〇三 | 四 |
| 二五 | 二 | 一 | 一四 | 一 | 一 | 一一 | 〇 | 一 | 〇九 | 二三 | 一 | 〇六 | 二二 | 一 | 〇四 | 五 |
| 二四 | 二 | 一 | 一四 | 一 | 一 | 一一 | 〇 | 一 | 〇九 | 二三 | 一 | 〇六 | 二二 | 一 | 〇四 | 六 |
| 二三 | 二 | 一 | 一三 | 一 | 一 | 一一 | 〇 | 一 | 〇九 | 二三 | 一 | 〇六 | 二二 | 一 | 〇四 | 七 |
| 二二 | 二 | 一 | 一二 | 一 | 一 | 一〇 | 〇 | 一 | 〇八 | 二三 | 一 | 〇七 | 二二 | 一 | 〇五 | 八 |
| 二一 | 二 | 一 | 一二 | 一 | 一 | 一〇 | 〇 | 一 | 〇八 | 二三 | 一 | 〇七 | 二二 | 一 | 〇五 | 九 |
| 二〇 | 二 | 一 | 一一 | 一 | 一 | 一〇 | 〇 | 一 | 〇八 | 二三 | 一 | 〇七 | 二二 | 一 | 〇五 | 一〇 |
| 一九 | 二 | 一 | 一〇 | 一 | 一 | 〇九 | 〇 | 一 | 〇八 | 二三 | 一 | 〇七 | 二二 | 一 | 〇六 | 一一 |
| 一八 | 二 | 一 | 一〇 | 一 | 一 | 〇九 | 〇 | 一 | 〇八 | 二三 | 一 | 〇七 | 二二 | 一 | 〇六 | 一二 |
| 一七 | 二 | 一 | 〇九 | 一 | 一 | 〇八 | 〇 | 一 | 〇八 | 二三 | 一 | 〇七 | 二二 | 一 | 〇七 | 一三 |
| 一六 | 二 | 一 | 〇九 | 一 | 一 | 〇八 | 〇 | 一 | 〇八 | 二三 | 一 | 〇七 | 二二 | 一 | 〇七 | 一四 |
| 一五 | 二 | 一 | 〇八 | 一 | 一 | 〇八 | 〇 | 一 | 〇八 | 二三 | 一 | 〇七 | 二二 | 一 | 〇七 | 一五 |
| 一四 | 二 | 一 | 〇八 | 一 | 一 | 〇八 | 〇 | 一 | 〇八 | 二三 | 一 | 〇八 | 二二 | 一 | 〇七 | 一六 |
| 一三 | 二 | 一 | 〇七 | 一 | 一 | 〇七 | 〇 | 一 | 〇七 | 二三 | 一 | 〇八 | 二二 | 一 | 〇八 | 一七 |
| 一二 | 二 | 一 | 〇七 | 一 | 一 | 〇七 | 〇 | 一 | 〇七 | 二三 | 一 | 〇八 | 二二 | 一 | 〇八 | 一八 |
| 一一 | 二 | 一 | 〇七 | 一 | 一 | 〇七 | 〇 | 一 | 〇七 | 二三 | 一 | 〇八 | 二二 | 一 | 〇八 | 一九 |
| 一〇 | 二 | 一 | 〇六 | 一 | 一 | 〇七 | 〇 | 一 | 〇七 | 二三 | 一 | 〇八 | 二二 | 一 | 〇八 | 二〇 |
| 九 | 二 | 一 | 〇六 | 一 | 一 | 〇七 | 〇 | 一 | 〇七 | 二三 | 一 | 〇八 | 二二 | 一 | 〇八 | 二一 |
| 八 | 二 | 一 | 〇六 | 一 | 一 | 〇七 | 〇 | 一 | 〇七 | 二三 | 一 | 〇八 | 二二 | 一 | 〇八 | 二二 |
| 七 | 二 | 一 | 〇六 | 一 | 一 | 〇七 | 〇 | 一 | 〇七 | 二三 | 一 | 〇八 | 二二 | 一 | 〇八 | 二三 |
| 六 | 二 | 一 | 〇五 | 一 | 一 | 〇六 | 〇 | 一 | 〇七 | 二三 | 一 | 〇八 | 二二 | 一 | 〇九 | 二四 |
| 五 | 二 | 一 | 〇五 | 一 | 一 | 〇六 | 〇 | 一 | 〇七 | 二三 | 一 | 〇八 | 二二 | 一 | 〇九 | 二五 |
| 四 | 二 | 一 | 〇五 | 一 | 一 | 〇六 | 〇 | 一 | 〇七 | 二三 | 一 | 〇八 | 二二 | 一 | 〇九 | 二六 |
| 三 | 二 | 一 | 〇五 | 一 | 一 | 〇六 | 〇 | 一 | 〇七 | 二三 | 一 | 〇八 | 二二 | 一 | 〇九 | 二七 |
| 二 | 二 | 一 | 〇五 | 一 | 一 | 〇六 | 〇 | 一 | 〇七 | 二三 | 一 | 〇八 | 二二 | 一 | 〇九 | 二八 |
| 一 | 二 | 一 | 〇五 | 一 | 一 | 〇六 | 〇 | 一 | 〇七 | 二三 | 一 | 〇八 | 二二 | 一 | 〇九 | 二九 |
| 〇 | 二 | 一 | 〇五 | 一 | 一 | 〇六 | 〇 | 一 | 〇七 | 二三 | 一 | 〇八 | 二二 | 一 | 〇九 | 三〇 |
| 逆 | 未宮 | | | | | | | | | | | | | | | 順 |

| 黃道度 | 申宮 起更 時 | 起更 刻 | 起更 分 | 夜 刻 | 夜 分 | 晝 刻 | 晝 分 | 日入 時 | 日入 刻 | 日入 分 | 日出 時 | 日出 刻 | 日出 分 | 黃道度 |
|---|---|---|---|---|---|---|---|---|---|---|---|---|---|---|
| 三〇 | 二一 | 〇 | 一二 | 三八 | 〇六 | 五七 | 〇九 | 一九 | 〇 | 一二 | 四 | 三 | 〇三 | 〇 |
| 二九 | 二一 | 〇 | 一三 | 三八 | 〇四 | 五七 | 一一 | 一九 | 〇 | 一三 | 四 | 三 | 〇二 | 一 |
| 二八 | 二一 | 〇 | 一三 | 三八 | 〇四 | 五七 | 一一 | 一九 | 〇 | 一三 | 四 | 三 | 〇二 | 二 |
| 二七 | 二一 | 〇 | 一四 | 三八 | 〇三 | 五七 | 一二 | 一九 | 〇 | 一四 | 四 | 三 | 〇一 | 三 |
| 二六 | 二一 | 一 | 〇〇 | 三八 | 〇〇 | 五八 | 〇〇 | 一九 | 一 | 〇〇 | 四 | 三 | 〇〇 | 四 |
| 二五 | 二一 | 一 | 〇一 | 三七 | 一三 | 五八 | 〇二 | 一九 | 一 | 〇一 | 四 | 二 | 一四 | 五 |
| 二四 | 二一 | 一 | 〇一 | 三七 | 一三 | 五八 | 〇二 | 一九 | 一 | 〇一 | 四 | 二 | 一四 | 六 |
| 二三 | 二一 | 一 | 〇二 | 三七 | 一一 | 五八 | 〇四 | 一九 | 一 | 〇二 | 四 | 二 | 一三 | 七 |
| 二二 | 二一 | 一 | 〇三 | 三七 | 〇九 | 五八 | 〇六 | 一九 | 一 | 〇三 | 四 | 二 | 一二 | 八 |
| 二一 | 二一 | 一 | 〇三 | 三七 | 〇九 | 五八 | 〇六 | 一九 | 一 | 〇三 | 四 | 二 | 一二 | 九 |
| 二〇 | 二一 | 一 | 〇四 | 三七 | 〇七 | 五八 | 〇八 | 一九 | 一 | 〇四 | 四 | 二 | 一一 | 一〇 |
| 一九 | 二一 | 一 | 〇五 | 三七 | 〇五 | 五八 | 一〇 | 一九 | 一 | 〇五 | 四 | 二 | 一〇 | 一一 |
| 一八 | 二一 | 一 | 〇五 | 三七 | 〇五 | 五八 | 一〇 | 一九 | 一 | 〇五 | 四 | 二 | 一〇 | 一二 |
| 一七 | 二一 | 一 | 〇六 | 三七 | 〇三 | 五八 | 一二 | 一九 | 一 | 〇六 | 四 | 二 | 〇九 | 一三 |
| 一六 | 二一 | 一 | 〇六 | 三七 | 〇三 | 五八 | 一二 | 一九 | 一 | 〇六 | 四 | 二 | 〇九 | 一四 |
| 一五 | 二一 | 一 | 〇七 | 三七 | 〇一 | 五八 | 一四 | 一九 | 一 | 〇七 | 四 | 二 | 〇八 | 一五 |
| 一四 | 二一 | 一 | 〇七 | 三七 | 〇一 | 五八 | 一四 | 一九 | 一 | 〇七 | 四 | 二 | 〇八 | 一六 |
| 一三 | 二一 | 一 | 〇八 | 三六 | 一四 | 五九 | 〇一 | 一九 | 一 | 〇八 | 四 | 二 | 〇七 | 一七 |
| 一二 | 二一 | 一 | 〇八 | 三六 | 一四 | 五九 | 〇一 | 一九 | 一 | 〇八 | 四 | 二 | 〇七 | 一八 |
| 一一 | 二一 | 一 | 〇八 | 三六 | 一四 | 五九 | 〇一 | 一九 | 一 | 〇八 | 四 | 二 | 〇七 | 一九 |
| 一〇 | 二一 | 一 | 〇九 | 三六 | 一二 | 五九 | 〇三 | 一九 | 一 | 〇九 | 四 | 二 | 〇六 | 二〇 |
| 九 | 二一 | 一 | 〇九 | 三六 | 一二 | 五九 | 〇三 | 一九 | 一 | 〇九 | 四 | 二 | 〇六 | 二一 |
| 八 | 二一 | 一 | 〇九 | 三六 | 一二 | 五九 | 〇三 | 一九 | 一 | 〇九 | 四 | 二 | 〇六 | 二二 |
| 七 | 二一 | 一 | 〇九 | 三六 | 一二 | 五九 | 〇三 | 一九 | 一 | 〇九 | 四 | 二 | 〇六 | 二三 |
| 六 | 二一 | 一 | 一〇 | 三六 | 一〇 | 五九 | 〇五 | 一九 | 一 | 一〇 | 四 | 二 | 〇五 | 二四 |
| 五 | 二一 | 一 | 一〇 | 三六 | 一〇 | 五九 | 〇五 | 一九 | 一 | 一〇 | 四 | 二 | 〇五 | 二五 |
| 四 | 二一 | 一 | 一〇 | 三六 | 一〇 | 五九 | 〇五 | 一九 | 一 | 一〇 | 四 | 二 | 〇五 | 二六 |
| 三 | 二一 | 一 | 一〇 | 三六 | 一〇 | 五九 | 〇五 | 一九 | 一 | 一〇 | 四 | 二 | 〇五 | 二七 |
| 二 | 二一 | 一 | 一〇 | 三六 | 一〇 | 五九 | 〇五 | 一九 | 一 | 一〇 | 四 | 二 | 〇五 | 二八 |
| 一 | 二一 | 一 | 一〇 | 三六 | 一〇 | 五九 | 〇五 | 一九 | 一 | 一〇 | 四 | 二 | 〇五 | 二九 |
| 〇 | 二一 | 一 | 一〇 | 三六 | 一〇 | 五九 | 〇五 | 一九 | 一 | 一〇 | 四 | 二 | 〇五 | 三〇 |
| 逆 | 未宮 | | | | | | | | | | | | | 順 |

| 黃道度 | 申宮 日行 分 | 距午 秒 | 赤道 宮 | 距午 度 | 容刻 分 | 酉宮 日行 分 | 距午 秒 | 赤道 宮 | 距午 度 | 容刻 分 | 戌宮 日行 分 | 距午 秒 | 赤道 宮 | 距午 度 | 容刻 分 | 黃道度 |
|---|---|---|---|---|---|---|---|---|---|---|---|---|---|---|---|---|
| 三〇 | 二二 | 五五 | 四 | 一七 | 三〇 | 二〇 | 五五 | 四 | 〇五 | 三〇 | 一八 | 五八 | 三 | 二三 | 四五 | 〇 |
| 二九 | 二二 | 五五 | 四 | 一七 | 三〇 | 二〇 | 五八 | 四 | 〇五 | 四五 | 一九 | 〇〇 | 三 | 二四 | 〇〇 | 一 |
| 二八 | 二二 | 五八 | 四 | 一七 | 四五 | 二一 | 〇〇 | 四 | 〇六 | 〇〇 | 一九 | 〇三 | 三 | 二四 | 一五 | 二 |
| 二七 | 二三 | 〇〇 | 四 | 一八 | 〇〇 | 二一 | 〇三 | 四 | 〇六 | 一五 | 一九 | 〇五 | 三 | 二四 | 三〇 | 三 |
| 二六 | 二三 | 〇五 | 四 | 一八 | 三〇 | 二一 | 〇八 | 四 | 〇六 | 四五 | 一九 | 一〇 | 三 | 二五 | 〇〇 | 四 |
| 二五 | 二三 | 一〇 | 四 | 一九 | 〇〇 | 二一 | 一五 | 四 | 〇七 | 三〇 | 一九 | 一八 | 三 | 二五 | 四五 | 五 |
| 二四 | 二三 | 一〇 | 四 | 一九 | 〇〇 | 二一 | 一八 | 四 | 〇七 | 四五 | 一九 | 一八 | 三 | 二五 | 四五 | 六 |
| 二三 | 二三 | 一五 | 四 | 一九 | 一五 | 二一 | 二〇 | 四 | 〇八 | 〇〇 | 一九 | 二〇 | 三 | 二六 | 〇〇 | 七 |
| 二二 | 二三 | 一五 | 四 | 一九 | 三〇 | 二一 | 二三 | 四 | 〇八 | 一五 | 一九 | 二五 | 三 | 二六 | 三〇 | 八 |
| 二一 | 二三 | 二〇 | 四 | 二〇 | 〇〇 | 二一 | 二八 | 四 | 〇八 | 四五 | 一九 | 三〇 | 三 | 二七 | 〇〇 | 九 |
| 二〇 | 二三 | 二五 | 四 | 二〇 | 三〇 | 二一 | 三五 | 四 | 〇九 | 三〇 | 一九 | 三五 | 三 | 二七 | 三〇 | 一〇 |
| 一九 | 二三 | 二五 | 四 | 二〇 | 三〇 | 二一 | 三八 | 四 | 〇九 | 四五 | 一九 | 三八 | 三 | 二七 | 四五 | 一一 |
| 一八 | 二三 | 二八 | 四 | 二〇 | 四五 | 二一 | 四〇 | 四 | 一〇 | 〇〇 | 一九 | 四〇 | 三 | 二八 | 〇〇 | 一二 |
| 一七 | 二三 | 三〇 | 四 | 二一 | 〇〇 | 二一 | 四五 | 四 | 一〇 | 三〇 | 一九 | 四三 | 三 | 二八 | 一五 | 一三 |
| 一六 | 二三 | 三三 | 四 | 二一 | 一五 | 二一 | 五〇 | 四 | 一一 | 〇〇 | 一九 | 四八 | 三 | 二八 | 四五 | 一四 |
| 一五 | 二三 | 三八 | 四 | 二一 | 四五 | 二一 | 五八 | 四 | 一一 | 四五 | 一九 | 五五 | 三 | 二九 | 三〇 | 一五 |
| 一四 | 二三 | 三八 | 四 | 二一 | 四五 | 二一 | 五八 | 四 | 一一 | 四五 | 一九 | 五八 | 三 | 二九 | 四五 | 一六 |
| 一三 | 二三 | 四〇 | 四 | 二二 | 〇〇 | 二二 | 〇〇 | 四 | 一二 | 〇〇 | 二〇 | 〇〇 | 四 | 〇〇 | 〇〇 | 一七 |
| 一二 | 二三 | 四〇 | 四 | 二二 | 〇〇 | 二二 | 〇五 | 四 | 一二 | 三〇 | 二〇 | 〇三 | 四 | 〇〇 | 一五 | 一八 |
| 一一 | 二三 | 四三 | 四 | 二二 | 一五 | 二二 | 一〇 | 四 | 一三 | 〇〇 | 二〇 | 〇八 | 四 | 〇〇 | 四五 | 一九 |
| 一〇 | 二三 | 四五 | 四 | 二二 | 三〇 | 二二 | 一五 | 四 | 一三 | 三〇 | 二〇 | 一五 | 四 | 〇一 | 三〇 | 二〇 |
| 九 | 二三 | 四五 | 四 | 二二 | 三〇 | 二二 | 一八 | 四 | 一三 | 四五 | 二〇 | 一八 | 四 | 〇一 | 四五 | 二一 |
| 八 | 二三 | 四五 | 四 | 二二 | 三〇 | 二二 | 二〇 | 四 | 一四 | 〇〇 | 二〇 | 二〇 | 四 | 〇二 | 〇〇 | 二二 |
| 七 | 二三 | 四八 | 四 | 二二 | 四五 | 二二 | 二三 | 四 | 一四 | 一五 | 二〇 | 二五 | 四 | 〇二 | 三〇 | 二三 |
| 六 | 二三 | 四八 | 四 | 二二 | 四五 | 二二 | 二八 | 四 | 一四 | 四五 | 二〇 | 三〇 | 四 | 〇三 | 〇〇 | 二四 |
| 五 | 二三 | 五〇 | 四 | 二三 | 〇〇 | 二二 | 三五 | 四 | 一五 | 三〇 | 二〇 | 三八 | 四 | 〇三 | 四五 | 二五 |
| 四 | 二三 | 五〇 | 四 | 二三 | 〇〇 | 二二 | 三八 | 四 | 一五 | 四五 | 二〇 | 三八 | 四 | 〇三 | 四五 | 二六 |
| 三 | 二三 | 五〇 | 四 | 二三 | 〇〇 | 二二 | 四〇 | 四 | 一六 | 〇〇 | 二〇 | 四〇 | 四 | 〇四 | 〇〇 | 二七 |
| 二 | 二三 | 五三 | 四 | 二三 | 一五 | 二二 | 四三 | 四 | 一六 | 一五 | 二〇 | 四五 | 四 | 〇四 | 三〇 | 二八 |
| 一 | 二三 | 五三 | 四 | 二三 | 一五 | 二二 | 四八 | 四 | 一六 | 四五 | 二〇 | 五〇 | 四 | 〇五 | 〇〇 | 二九 |
| 〇 | 二三 | 五五 | 四 | 二三 | 三〇 | 二二 | 五五 | 四 | 一七 | 三〇 | 二〇 | 五五 | 四 | 〇五 | 三〇 | 三〇 |
| 逆 | 未宮 | | | | | 午宮 | | | | | 巳宮 | | | | | 順 |

| 黃道度 | 亥宮 日行 分 | 距午 秒 | 赤道 宮 | 距午 度 | 容刻 分 | 子宮 日行 分 | 距午 秒 | 赤道 宮 | 距午 度 | 容刻 分 | 丑宮 日行 分 | 距午 秒 | 赤道 宮 | 距午 度 | 容刻 分 | 黃道度 |
|---|---|---|---|---|---|---|---|---|---|---|---|---|---|---|---|---|
| 三〇 | 一七 | 二〇 | 三 | 一四 | 〇〇 | 一六 | 一〇 | 三 | 〇七 | 〇〇 | 一五 | 四三 | 三 | 〇四 | 一五 | 〇 |
| 二九 | 一七 | 二〇 | 三 | 一四 | 〇〇 | 一六 | 一〇 | 三 | 〇七 | 〇〇 | 一五 | 四三 | 三 | 〇四 | 一五 | 一 |
| 二八 | 一七 | 二三 | 三 | 一四 | 一五 | 一六 | 一三 | 三 | 〇七 | 一五 | 一五 | 四三 | 三 | 〇四 | 一五 | 二 |
| 二七 | 一七 | 二五 | 三 | 一四 | 三〇 | 一六 | 一五 | 三 | 〇七 | 三〇 | 一五 | 四三 | 三 | 〇四 | 一五 | 三 |
| 二六 | 一七 | 三〇 | 三 | 一五 | 〇〇 | 一六 | 一八 | 三 | 〇七 | 四五 | 一五 | 四五 | 三 | 〇四 | 三〇 | 四 |
| 二五 | 一七 | 三五 | 三 | 一五 | 三〇 | 一六 | 二〇 | 三 | 〇八 | 〇〇 | 一五 | 四五 | 三 | 〇四 | 三〇 | 五 |
| 二四 | 一七 | 三五 | 三 | 一五 | 三〇 | 一六 | 二〇 | 三 | 〇八 | 〇〇 | 一五 | 四五 | 三 | 〇四 | 三〇 | 六 |
| 二三 | 一七 | 三八 | 三 | 一五 | 四五 | 一六 | 二三 | 三 | 〇八 | 一五 | 一五 | 四五 | 三 | 〇四 | 三〇 | 七 |
| 二二 | 一七 | 四〇 | 三 | 一六 | 〇〇 | 一六 | 二五 | 三 | 〇八 | 三〇 | 一五 | 四五 | 三 | 〇四 | 三〇 | 八 |
| 二一 | 一七 | 四五 | 三 | 一六 | 三〇 | 一六 | 二八 | 三 | 〇八 | 四五 | 一五 | 四八 | 三 | 〇四 | 四五 | 九 |
| 二〇 | 一七 | 五〇 | 三 | 一七 | 〇〇 | 一六 | 三〇 | 三 | 〇九 | 〇〇 | 一五 | 四八 | 三 | 〇四 | 四五 | 一〇 |
| 一九 | 一七 | 五〇 | 三 | 一七 | 〇〇 | 一六 | 三〇 | 三 | 〇九 | 〇〇 | 一五 | 四八 | 三 | 〇四 | 四五 | 一一 |
| 一八 | 一七 | 五三 | 三 | 一七 | 一五 | 一六 | 三三 | 三 | 〇九 | 一五 | 一五 | 四八 | 三 | 〇四 | 四五 | 一二 |
| 一七 | 一七 | 五五 | 三 | 一七 | 三〇 | 一六 | 三五 | 三 | 〇九 | 三〇 | 一五 | 四八 | 三 | 〇四 | 四五 | 一三 |
| 一六 | 一八 | 〇〇 | 三 | 一八 | 〇〇 | 一六 | 三八 | 三 | 〇九 | 四五 | 一五 | 五〇 | 三 | 〇五 | 〇〇 | 一四 |
| 一五 | 一八 | 〇五 | 三 | 一八 | 三〇 | 一六 | 四〇 | 三 | 一〇 | 〇〇 | 一五 | 五〇 | 三 | 〇五 | 〇〇 | 一五 |
| 一四 | 一八 | 〇五 | 三 | 一八 | 三〇 | 一六 | 四〇 | 三 | 一〇 | 〇〇 | 一五 | 五〇 | 三 | 〇五 | 〇〇 | 一六 |
| 一三 | 一八 | 〇八 | 三 | 一八 | 四五 | 一六 | 四三 | 三 | 一〇 | 一五 | 一五 | 五〇 | 三 | 〇五 | 〇〇 | 一七 |
| 一二 | 一八 | 一三 | 三 | 一九 | 一五 | 一六 | 四五 | 三 | 一〇 | 三〇 | 一五 | 五三 | 三 | 〇五 | 一五 | 一八 |
| 一一 | 一八 | 一八 | 三 | 一九 | 四五 | 一六 | 四八 | 三 | 一〇 | 四五 | 一五 | 五三 | 三 | 〇五 | 一五 | 一九 |
| 一〇 | 一八 | 二三 | 三 | 二〇 | 一五 | 一六 | 五三 | 三 | 一一 | 一五 | 一五 | 五五 | 三 | 〇五 | 三〇 | 二〇 |
| 九 | 一八 | 二三 | 三 | 二〇 | 一五 | 一六 | 五三 | 三 | 一一 | 一五 | 一五 | 五五 | 三 | 〇五 | 三〇 | 二一 |
| 八 | 一八 | 二五 | 三 | 二〇 | 三〇 | 一六 | 五五 | 三 | 一一 | 三〇 | 一五 | 五八 | 三 | 〇五 | 四五 | 二二 |
| 七 | 一八 | 三〇 | 三 | 二一 | 〇〇 | 一六 | 五八 | 三 | 一一 | 四五 | 一五 | 五八 | 三 | 〇五 | 四五 | 二三 |
| 六 | 一八 | 三五 | 三 | 二一 | 三〇 | 一七 | 〇三 | 三 | 一二 | 一五 | 一六 | 〇〇 | 三 | 〇六 | 〇〇 | 二四 |
| 五 | 一八 | 四〇 | 三 | 二二 | 〇〇 | 一七 | 〇八 | 三 | 一二 | 四五 | 一六 | 〇三 | 三 | 〇六 | 一五 | 二五 |
| 四 | 一八 | 四〇 | 三 | 二二 | 〇〇 | 一七 | 〇八 | 三 | 一二 | 四五 | 一六 | 〇三 | 三 | 〇六 | 一五 | 二六 |
| 三 | 一八 | 四五 | 三 | 二二 | 一五 | 一七 | 一〇 | 三 | 一三 | 〇〇 | 一六 | 〇五 | 三 | 〇六 | 三〇 | 二七 |
| 二 | 一八 | 四八 | 三 | 二二 | 四五 | 一七 | 一三 | 三 | 一三 | 一五 | 一六 | 〇五 | 三 | 〇六 | 三〇 | 二八 |
| 一 | 一八 | 五三 | 三 | 二三 | 一五 | 一七 | 一五 | 三 | 一三 | 三〇 | 一六 | 〇八 | 三 | 〇六 | 四五 | 二九 |
| 〇 | 一八 | 五八 | 三 | 二三 | 四五 | 一七 | 二〇 | 三 | 一四 | 〇〇 | 一六 | 一〇 | 三 | 〇七 | 〇〇 | 三〇 |
| 逆 | 辰宮 | | | | | 卯宮 | | | | | 寅宮 | | | | | 順 |

| 黃道度 | 丑宮 日行相距 分 | 丑宮 相距 秒 | 丑宮 昏旦相距 宮 | 丑宮 昏旦相距 度 | 丑宮 昏旦相距 分 | 子宮 日行相距 分 | 子宮 相距 秒 | 子宮 昏旦相距 宮 | 子宮 昏旦相距 度 | 子宮 昏旦相距 分 | 亥宮 日行相距 分 | 亥宮 相距 秒 | 亥宮 昏旦相距 宮 | 亥宮 昏旦相距 度 | 亥宮 昏旦相距 分 | 黃道度 |
|---|---|---|---|---|---|---|---|---|---|---|---|---|---|---|---|---|
| ○ | [illegible] | [illegible] | [illegible] | [illegible] | [illegible] | [illegible] | [illegible] | [illegible] | [illegible] | [illegible] | [illegible] | [illegible] | [illegible] | [illegible] | [illegible] | 三○ |
| 一 | [illegible] | [illegible] | [illegible] | [illegible] | [illegible] | [illegible] | [illegible] | [illegible] | [illegible] | [illegible] | [illegible] | [illegible] | [illegible] | [illegible] | [illegible] | 二九 |
| 二 | [illegible] | [illegible] | [illegible] | [illegible] | [illegible] | [illegible] | [illegible] | [illegible] | [illegible] | [illegible] | [illegible] | [illegible] | [illegible] | [illegible] | [illegible] | 二八 |
| 三 | [illegible] | [illegible] | [illegible] | [illegible] | [illegible] | [illegible] | [illegible] | [illegible] | [illegible] | [illegible] | [illegible] | [illegible] | [illegible] | [illegible] | [illegible] | 二七 |
| 四 | [illegible] | [illegible] | [illegible] | [illegible] | [illegible] | [illegible] | [illegible] | [illegible] | [illegible] | [illegible] | [illegible] | [illegible] | [illegible] | [illegible] | [illegible] | 二六 |
| 五 | [illegible] | [illegible] | [illegible] | [illegible] | [illegible] | [illegible] | [illegible] | [illegible] | [illegible] | [illegible] | [illegible] | [illegible] | [illegible] | [illegible] | [illegible] | 二五 |
| 六 | [illegible] | [illegible] | [illegible] | [illegible] | [illegible] | [illegible] | [illegible] | [illegible] | [illegible] | [illegible] | [illegible] | [illegible] | [illegible] | [illegible] | [illegible] | 二四 |
| 七 | [illegible] | [illegible] | [illegible] | [illegible] | [illegible] | [illegible] | [illegible] | [illegible] | [illegible] | [illegible] | [illegible] | [illegible] | [illegible] | [illegible] | [illegible] | 二三 |
| 八 | [illegible] | [illegible] | [illegible] | [illegible] | [illegible] | [illegible] | [illegible] | [illegible] | [illegible] | [illegible] | [illegible] | [illegible] | [illegible] | [illegible] | [illegible] | 二二 |
| 九 | [illegible] | [illegible] | [illegible] | [illegible] | [illegible] | [illegible] | [illegible] | [illegible] | [illegible] | [illegible] | [illegible] | [illegible] | [illegible] | [illegible] | [illegible] | 二一 |
| 一○ | [illegible] | [illegible] | [illegible] | [illegible] | [illegible] | [illegible] | [illegible] | [illegible] | [illegible] | [illegible] | [illegible] | [illegible] | [illegible] | [illegible] | [illegible] | 二○ |
| 一一 | [illegible] | [illegible] | [illegible] | [illegible] | [illegible] | [illegible] | [illegible] | [illegible] | [illegible] | [illegible] | [illegible] | [illegible] | [illegible] | [illegible] | [illegible] | 一九 |
| 一二 | [illegible] | [illegible] | [illegible] | [illegible] | [illegible] | [illegible] | [illegible] | [illegible] | [illegible] | [illegible] | [illegible] | [illegible] | [illegible] | [illegible] | [illegible] | 一八 |
| 一三 | [illegible] | [illegible] | [illegible] | [illegible] | [illegible] | [illegible] | [illegible] | [illegible] | [illegible] | [illegible] | [illegible] | [illegible] | [illegible] | [illegible] | [illegible] | 一七 |
| 一四 | [illegible] | [illegible] | [illegible] | [illegible] | [illegible] | [illegible] | [illegible] | [illegible] | [illegible] | [illegible] | [illegible] | [illegible] | [illegible] | [illegible] | [illegible] | 一六 |
| 一五 | [illegible] | [illegible] | [illegible] | [illegible] | [illegible] | [illegible] | [illegible] | [illegible] | [illegible] | [illegible] | [illegible] | [illegible] | [illegible] | [illegible] | [illegible] | 一五 |
| 一六 | [illegible] | [illegible] | [illegible] | [illegible] | [illegible] | [illegible] | [illegible] | [illegible] | [illegible] | [illegible] | [illegible] | [illegible] | [illegible] | [illegible] | [illegible] | 一四 |
| 一七 | [illegible] | [illegible] | [illegible] | [illegible] | [illegible] | [illegible] | [illegible] | [illegible] | [illegible] | [illegible] | [illegible] | [illegible] | [illegible] | [illegible] | [illegible] | 一三 |
| 一八 | [illegible] | [illegible] | [illegible] | [illegible] | [illegible] | [illegible] | [illegible] | [illegible] | [illegible] | [illegible] | [illegible] | [illegible] | [illegible] | [illegible] | [illegible] | 一二 |
| 一九 | [illegible] | [illegible] | [illegible] | [illegible] | [illegible] | [illegible] | [illegible] | [illegible] | [illegible] | [illegible] | [illegible] | [illegible] | [illegible] | [illegible] | [illegible] | 一一 |
| 二○ | [illegible] | [illegible] | [illegible] | [illegible] | [illegible] | [illegible] | [illegible] | [illegible] | [illegible] | [illegible] | [illegible] | [illegible] | [illegible] | [illegible] | [illegible] | 一○ |
| 二一 | [illegible] | [illegible] | [illegible] | [illegible] | [illegible] | [illegible] | [illegible] | [illegible] | [illegible] | [illegible] | [illegible] | [illegible] | [illegible] | [illegible] | [illegible] | 九 |
| 二二 | [illegible] | [illegible] | [illegible] | [illegible] | [illegible] | [illegible] | [illegible] | [illegible] | [illegible] | [illegible] | [illegible] | [illegible] | [illegible] | [illegible] | [illegible] | 八 |
| 二三 | [illegible] | [illegible] | [illegible] | [illegible] | [illegible] | [illegible] | [illegible] | [illegible] | [illegible] | [illegible] | [illegible] | [illegible] | [illegible] | [illegible] | [illegible] | 七 |
| 二四 | [illegible] | [illegible] | [illegible] | [illegible] | [illegible] | [illegible] | [illegible] | [illegible] | [illegible] | [illegible] | [illegible] | [illegible] | [illegible] | [illegible] | [illegible] | 六 |
| 二五 | [illegible] | [illegible] | [illegible] | [illegible] | [illegible] | [illegible] | [illegible] | [illegible] | [illegible] | [illegible] | [illegible] | [illegible] | [illegible] | [illegible] | [illegible] | 五 |
| 二六 | [illegible] | [illegible] | [illegible] | [illegible] | [illegible] | [illegible] | [illegible] | [illegible] | [illegible] | [illegible] | [illegible] | [illegible] | [illegible] | [illegible] | [illegible] | 四 |
| 二七 | [illegible] | [illegible] | [illegible] | [illegible] | [illegible] | [illegible] | [illegible] | [illegible] | [illegible] | [illegible] | [illegible] | [illegible] | [illegible] | [illegible] | [illegible] | 三 |
| 二八 | [illegible] | [illegible] | [illegible] | [illegible] | [illegible] | [illegible] | [illegible] | [illegible] | [illegible] | [illegible] | [illegible] | [illegible] | [illegible] | [illegible] | [illegible] | 二 |
| 二九 | [illegible] | [illegible] | [illegible] | [illegible] | [illegible] | [illegible] | [illegible] | [illegible] | [illegible] | [illegible] | [illegible] | [illegible] | [illegible] | [illegible] | [illegible] | 一 |
| 順 | 寅宮 | | | | | 卯宮 | | | | | 辰宮 | | | | | 逆 |

| 黃道度 | 戌宮 日行相距 分 | 戌宮 相距 秒 | 戌宮 昏旦相距 宮 | 戌宮 昏旦相距 度 | 戌宮 昏旦相距 分 | 酉宮 日行相距 分 | 酉宮 相距 秒 | 酉宮 昏旦相距 宮 | 酉宮 昏旦相距 度 | 酉宮 昏旦相距 分 | 申宮 日行相距 分 | 申宮 相距 秒 | 申宮 昏旦相距 宮 | 申宮 昏旦相距 度 | 申宮 昏旦相距 分 | 黃道度 |
|---|---|---|---|---|---|---|---|---|---|---|---|---|---|---|---|---|
| ○ | [illegible] | [illegible] | [illegible] | [illegible] | [illegible] | [illegible] | [illegible] | [illegible] | [illegible] | [illegible] | [illegible] | [illegible] | [illegible] | [illegible] | [illegible] | 三○ |
| 一 | [illegible] | [illegible] | [illegible] | [illegible] | [illegible] | [illegible] | [illegible] | [illegible] | [illegible] | [illegible] | [illegible] | [illegible] | [illegible] | [illegible] | [illegible] | 二九 |
| 二 | [illegible] | [illegible] | [illegible] | [illegible] | [illegible] | [illegible] | [illegible] | [illegible] | [illegible] | [illegible] | [illegible] | [illegible] | [illegible] | [illegible] | [illegible] | 二八 |
| 三 | [illegible] | [illegible] | [illegible] | [illegible] | [illegible] | [illegible] | [illegible] | [illegible] | [illegible] | [illegible] | [illegible] | [illegible] | [illegible] | [illegible] | [illegible] | 二七 |
| 四 | [illegible] | [illegible] | [illegible] | [illegible] | [illegible] | [illegible] | [illegible] | [illegible] | [illegible] | [illegible] | [illegible] | [illegible] | [illegible] | [illegible] | [illegible] | 二六 |
| 五 | [illegible] | [illegible] | [illegible] | [illegible] | [illegible] | [illegible] | [illegible] | [illegible] | [illegible] | [illegible] | [illegible] | [illegible] | [illegible] | [illegible] | [illegible] | 二五 |
| 六 | [illegible] | [illegible] | [illegible] | [illegible] | [illegible] | [illegible] | [illegible] | [illegible] | [illegible] | [illegible] | [illegible] | [illegible] | [illegible] | [illegible] | [illegible] | 二四 |
| 七 | [illegible] | [illegible] | [illegible] | [illegible] | [illegible] | [illegible] | [illegible] | [illegible] | [illegible] | [illegible] | [illegible] | [illegible] | [illegible] | [illegible] | [illegible] | 二三 |
| 八 | [illegible] | [illegible] | [illegible] | [illegible] | [illegible] | [illegible] | [illegible] | [illegible] | [illegible] | [illegible] | [illegible] | [illegible] | [illegible] | [illegible] | [illegible] | 二二 |
| 九 | [illegible] | [illegible] | [illegible] | [illegible] | [illegible] | [illegible] | [illegible] | [illegible] | [illegible] | [illegible] | [illegible] | [illegible] | [illegible] | [illegible] | [illegible] | 二一 |
| 一○ | [illegible] | [illegible] | [illegible] | [illegible] | [illegible] | [illegible] | [illegible] | [illegible] | [illegible] | [illegible] | [illegible] | [illegible] | [illegible] | [illegible] | [illegible] | 二○ |
| 一一 | [illegible] | [illegible] | [illegible] | [illegible] | [illegible] | [illegible] | [illegible] | [illegible] | [illegible] | [illegible] | [illegible] | [illegible] | [illegible] | [illegible] | [illegible] | 一九 |
| 一二 | [illegible] | [illegible] | [illegible] | [illegible] | [illegible] | [illegible] | [illegible] | [illegible] | [illegible] | [illegible] | [illegible] | [illegible] | [illegible] | [illegible] | [illegible] | 一八 |
| 一三 | [illegible] | [illegible] | [illegible] | [illegible] | [illegible] | [illegible] | [illegible] | [illegible] | [illegible] | [illegible] | [illegible] | [illegible] | [illegible] | [illegible] | [illegible] | 一七 |
| 一四 | [illegible] | [illegible] | [illegible] | [illegible] | [illegible] | [illegible] | [illegible] | [illegible] | [illegible] | [illegible] | [illegible] | [illegible] | [illegible] | [illegible] | [illegible] | 一六 |
| 一五 | [illegible] | [illegible] | [illegible] | [illegible] | [illegible] | [illegible] | [illegible] | [illegible] | [illegible] | [illegible] | [illegible] | [illegible] | [illegible] | [illegible] | [illegible] | 一五 |
| 一六 | [illegible] | [illegible] | [illegible] | [illegible] | [illegible] | [illegible] | [illegible] | [illegible] | [illegible] | [illegible] | [illegible] | [illegible] | [illegible] | [illegible] | [illegible] | 一四 |
| 一七 | [illegible] | [illegible] | [illegible] | [illegible] | [illegible] | [illegible] | [illegible] | [illegible] | [illegible] | [illegible] | [illegible] | [illegible] | [illegible] | [illegible] | [illegible] | 一三 |
| 一八 | [illegible] | [illegible] | [illegible] | [illegible] | [illegible] | [illegible] | [illegible] | [illegible] | [illegible] | [illegible] | [illegible] | [illegible] | [illegible] | [illegible] | [illegible] | 一二 |
| 一九 | [illegible] | [illegible] | [illegible] | [illegible] | [illegible] | [illegible] | [illegible] | [illegible] | [illegible] | [illegible] | [illegible] | [illegible] | [illegible] | [illegible] | [illegible] | 一一 |
| 二○ | [illegible] | [illegible] | [illegible] | [illegible] | [illegible] | [illegible] | [illegible] | [illegible] | [illegible] | [illegible] | [illegible] | [illegible] | [illegible] | [illegible] | [illegible] | 一○ |
| 二一 | [illegible] | [illegible] | [illegible] | [illegible] | [illegible] | [illegible] | [illegible] | [illegible] | [illegible] | [illegible] | [illegible] | [illegible] | [illegible] | [illegible] | [illegible] | 九 |
| 二二 | [illegible] | [illegible] | [illegible] | [illegible] | [illegible] | [illegible] | [illegible] | [illegible] | [illegible] | [illegible] | [illegible] | [illegible] | [illegible] | [illegible] | [illegible] | 八 |
| 二三 | [illegible] | [illegible] | [illegible] | [illegible] | [illegible] | [illegible] | [illegible] | [illegible] | [illegible] | [illegible] | [illegible] | [illegible] | [illegible] | [illegible] | [illegible] | 七 |
| 二四 | [illegible] | [illegible] | [illegible] | [illegible] | [illegible] | [illegible] | [illegible] | [illegible] | [illegible] | [illegible] | [illegible] | [illegible] | [illegible] | [illegible] | [illegible] | 六 |
| 二五 | [illegible] | [illegible] | [illegible] | [illegible] | [illegible] | [illegible] | [illegible] | [illegible] | [illegible] | [illegible] | [illegible] | [illegible] | [illegible] | [illegible] | [illegible] | 五 |
| 二六 | [illegible] | [illegible] | [illegible] | [illegible] | [illegible] | [illegible] | [illegible] | [illegible] | [illegible] | [illegible] | [illegible] | [illegible] | [illegible] | [illegible] | [illegible] | 四 |
| 二七 | [illegible] | [illegible] | [illegible] | [illegible] | [illegible] | [illegible] | [illegible] | [illegible] | [illegible] | [illegible] | [illegible] | [illegible] | [illegible] | [illegible] | [illegible] | 三 |
| 二八 | [illegible] | [illegible] | [illegible] | [illegible] | [illegible] | [illegible] | [illegible] | [illegible] | [illegible] | [illegible] | [illegible] | [illegible] | [illegible] | [illegible] | [illegible] | 二 |
| 二九 | [illegible] | [illegible] | [illegible] | [illegible] | [illegible] | [illegible] | [illegible] | [illegible] | [illegible] | [illegible] | [illegible] | [illegible] | [illegible] | [illegible] | [illegible] | 一 |
| 順 | 巳宮 | | | | | 午宮 | | | | | 未宮 | | | | | 逆 |

求中星凡二表。一列度分。一列刻分。列度分者為四段。曰起更距午赤道。曰距午日行。曰逐更相距。曰相距日行。列刻分者為十段。一日出。二日入。三晝刻。四夜刻。五之十。則起更至攢點也。並以黃道度為之根。十二宮以次列之。用表之法。以本次日兩子正太陽黃道實行相加半之。得所求午正太陽黃道實行。檢黃赤升度表。得所求午正太陽赤道實行。求起更正午度者。於午正太陽赤道度檢度分表起更距午赤道及相距日行度加之。得起更正午赤道度。求逐更者。於起更正午赤道度復檢度分表逐更相距及相距日行度以次加之。得逐更正午赤道度。均以三十分進為一度。乃檢中星表。加入歲差。取星之赤道經度與逐更正午赤道度最近者相減。即所求中星也。星經度大於正午度為偏東。小為偏西。欲知昏旦者則以日出入度分加減之。

# 欽定大清會典圖卷一百十九

天文十三　恆星十二



## 月距恆星圖一

光緒十三年丁亥閏四月十一日子正二刻六分。月與進賢星同黃道經度。是為淩犯時刻。進賢星黃道經度九宮一十三度四十分一十一秒。緯度北二度二十一分二十六秒。依橢圓法。推得本次日兩日躔月離。比例得本日本時太陽黃道實行五宮一十一度（不用分秒。如過三十分進一度。）本時黃白大距五度三分一十秒。本時月距正交一宮二十二度二十分三十九秒。本時月實引六宮二度。本時本天心距地四十七萬二千八百九十七。準以上各數。先求淩犯用時。如圖。申為北極。庚辛丙戊為赤道。庚申丙為子午圈。丙為子正。庚為午正。巳丑辰己為黃道。巳為冬至。丑為春分。辰為夏至。己為秋分。辛巳申辰戊為過二極二至經圈。辛巳與戊辰等。為黃赤大距。當丑己二角。丁為太陽實行之點。當赤道之甲。乙為太陽平行之點。當赤道之子。丁乙為太陽均數。試與辛申戊綫平行作丁壬乙午二綫。則壬午丁乙為相等。以太陽均數變時。得壬午三分五十六秒。為均數時差。丑丁為太陽春分後黃道度。丑甲為太陽春分後赤道度。法用丑甲丁正弧三角形。此形甲為直角。有丑角黃赤交角。有丑丁黃道弧。求得丑甲赤道弧。與丑丁弧相等之丑壬弧相減。餘甲壬弧。為黃赤同升之度。變時。得甲壬之時六分二十二秒。為升度時差。減壬午均數時差。得午甲二分二十六秒。為時差。較加於午點子正二刻六分淩犯時刻。得甲點子正二刻八分二十六秒。為淩犯用時。以甲丑太陽距春分後赤道度變時。與丙甲太陽距子正後時分相加。得丑丙。為春分距子正後時分。與丙己庚十二小時相加。得庚己丙丑十七小時十六分七秒。為春分距午時分。乃用己庚未正弧三角形。此形庚為直角。有己角。有庚己弧。求得庚未弧正午距緯。並求得未己弧秋分距午西黃道度。又求得庚未己角。為黃道交子午圈角。

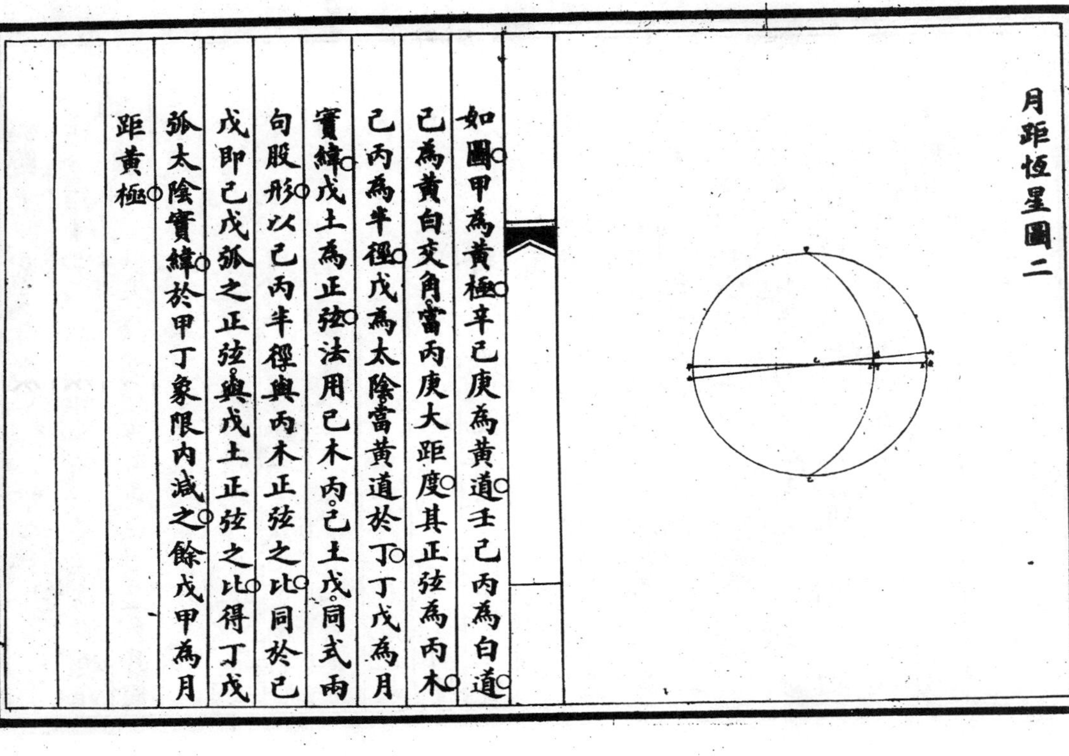

月距恒星圖二

如圖○甲為黃極○辛己庚為黃道○壬己丙為白道○己為黃白交角當丙庚大距度其正弦為丙木○己丙為半徑○戊為太陰當黃道於丁○丁戊為月實緯○戊土為正弦○法用己木丙○己土戊○同式兩句股形○以己丙半徑與丙木正弦之比○同於己戊即己戊弧之正弦○與戊土正弦之比○得丁戊弧太陰實緯○於甲丁象限內減之○餘戊甲為月距黃極○

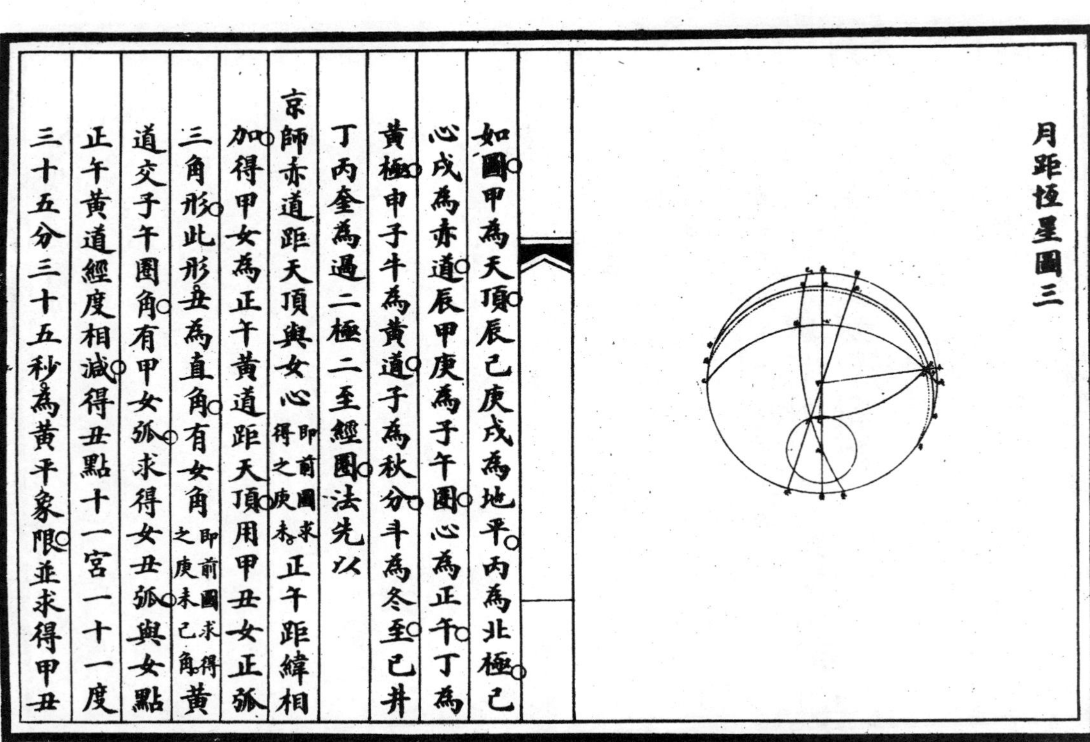

月距恒星圖三

如圖○甲為天頂○辰己庚戊為地平○丙為北極○己心戊為赤道○辰甲庚為子午圈○心為正午○丁為黃極○申子牛為黃道○子為秋分○斗為冬至○己井丁丙奎為過二極二至經圈○法先以京師赤道距天頂與女心即前圖求得之庚未○正午距緯相加○得甲女為正午黃道距天頂○用甲丑女正弧三角形○此形丑為直角○有女角即前圖求得之庚未己角○黃道交子午圈角○有甲女弧○求得女丑弧○與女點正午黃道經度相減○得丑點十一宮一十一度三十五分三十五秒○為黃平象限○並求得甲丑

弧。於甲卯象限內減之。得丑卯二十七度一十七分四十二秒。為限距地高。戊午辛為黃道距等圈。午為太陰當黃道亥點。即進賢星與月同黃道經度。與丑點黃平象限相減。餘亥丑弧五十七度五十五分二十四秒。為月距限西。當亥丁丑角。乃用甲丁午斜弧三角形。此形有丁角。有丁甲、丁午二弧。自天頂甲點作甲乙垂弧於形內。分成甲乙丁、甲乙午兩正弧三角形。先用甲乙丁正弧三角形。此形有乙直角。有丁角。有甲丁弧。求得甲乙垂弧。並求得乙丁距極分邊。與午丁即前圖求得之戊甲。月距黃極相減。得午乙距月分邊。次用甲乙午正弧三角形。此形有乙直角。有甲乙、乙午二弧。求得甲午乙角二十四度二十一分二十秒。足五秒進十秒用。為黃經高弧交角。又用對邊對角法。求得甲午邊七十度二十五分二十秒。足五秒進十秒用。為月距天頂。用其正弦。與太陰地半徑差為比例。得五十六分五十二秒。為本時高下差。

月距恆星圖四

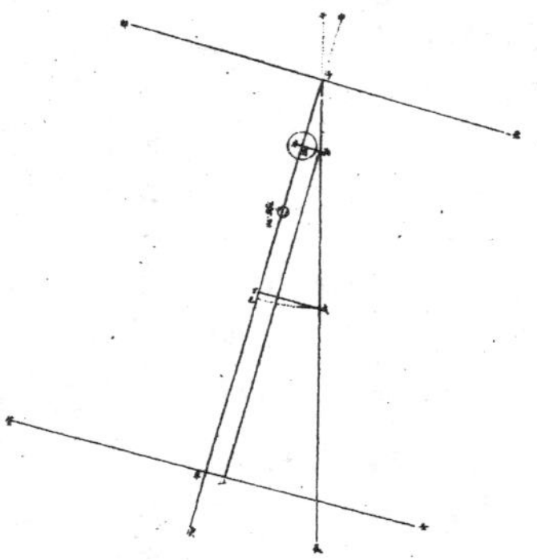

如子丙即前圖求得之本時高下差。壬辛癸為黃道。丑子卯為白道。申子庚為黃經。午子辰為高弧。法先用丙木子直角三角形。此形木為直角。有本子丙角即前圖求得之甲午乙角。黃經高弧交角。有子丙本時高下差。求子木、木丙二邊。試作戊己弧。當子角之度。戊子為半徑。戊丁為其正弦。丁子為其餘弦。遂成子丁戊。子木丙。同式兩句股形。以子戊半徑。與戊丁正弦之比。同於子丙本時高下差。與丙木東西差之比。得丙木東西差。比例於一小時並及於一小時之月實行。而得丙未三十八分八秒。為月行之時分。加於未點。前圖作午點。子正二刻八分二十六秒凌犯用時。得丙點丑初一刻二分。足三十秒進一分用。為凌犯視時。復以子戌半徑。與戊己弧餘弦子丁之比。同於子丙本時高下差。與子未南北差之比。得子未南北差。於子辛即前圖求得之戊丁。太陰實緯內減之。得未辛三度八分二秒。為太陰視緯北。與丙斗等甲點為進賢星。甲辛二度二十一分二十六秒。為進賢星緯北。於未辛太陰視緯內減之。得甲未四十七分。足三十秒進一分用。為

月在進賢星上之視距。是圖月高而星低。固月當大距。其行近上。故仰視月轉高於星。

五星距恆星圖

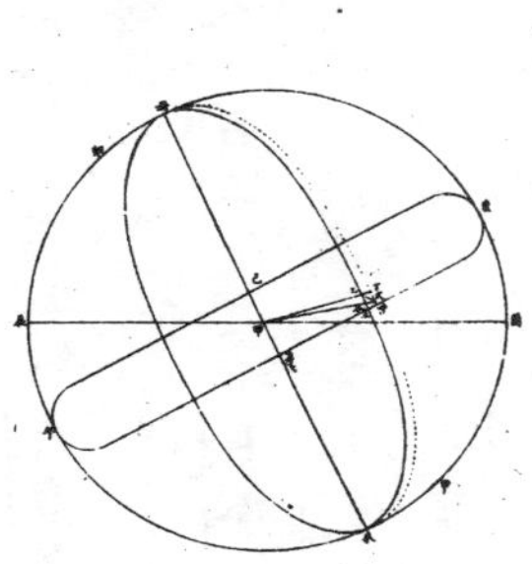

光緒十三年七月二十九日寅正一刻六分木星與亢宿第四星同黃道經度。是為凌犯時刻。依法推得本日木星黃道實行十宮五度二十二分五十七秒。如土。黃道緯度北初度五十八分。不用秒數。如足三十秒。進一分。次日木星黃道實行十宮五度三十四分五秒。黃道緯度北初度五十八分。亢宿第四星緯北三十分。如牛。求二星相距。如圖辰甲酉為地平。甲為黃道心。丑為黃極。亥己午辛為黃道。丑乙未為黃經。卯為北極。申為南極。丑卯未申為過二極

二至經圈。乙為木星點。火為亢宿第四星點。法先將乙點引長至丁。其乙丁木火為相應。復將乙火二點。聯成乙丁火。乙木火。同式兩句股形。以土牛兩星黃道實行相減。為一日之星實行如乙丁。與丁火距緯較之比。同於乙丁距時。與丁火相距之分之比。得丁火二十八分。為木星距亢宿第四星木星在上之相距。

月距五星圖一

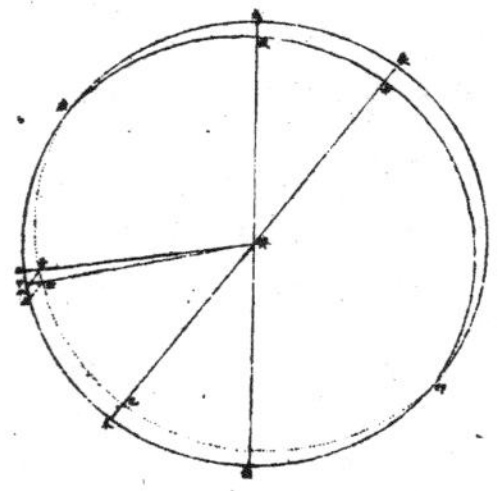

光緒十三年九月二十六日卯初初刻十三分。月與火星同黃道經度。是為淩犯時刻。依法。推得本日本時太陽黃道實行十宮一十八度。本時黃白大距五度一分五十秒。本時月距正交一宮二度三十七分一十秒。本時月實引四宮一十八度。本時本天心距地六十二萬四千三百五十二。本時火星黃道經度八宮一十六度一十五分二十六秒。黃道緯度北一度三十七分。先求淩犯用時。如圖。酉未戌辰為赤道。戌癸酉為子午圈。癸為北極。酉為子正。戌為午正。巳卯申庚為黃道。巳為冬至。卯為春分。申為夏至。庚為秋分。辰申癸巳未為過二極二至經圈。辰申。巳未皆為黃赤大距。當卯庚二角。子為太陽實行之點。當赤道之乙。而應於木丑為太陽平行之點。當赤道之午。而應於土子丑為太陽均數。變時得木土之時分六分九秒為均數時差。法用庚乙子正弧三角形。此形有乙直角。有庚角。黃赤交角。有庚子黃道弧。求得庚乙赤道弧。與庚子相等之庚木弧相減。得乙木弧為黃赤升度差。變時得乙木之時分九分五

十三秒。為升度時差。與木土六分九秒相加。得土乙十六分二秒。為時差總。加於土點卯初初刻十三分湊犯時刻。得乙點卯初一刻十四分二秒。為湊犯用時。變度得乙酉弧。與庚乙太陽距秋分後赤道度相加。得庚酉秋分距子正後赤道度。與卯戌春分距午正後赤道度等。變時得八小時三十一分九秒。為春分距午時分。乃用庚戌戌正弧三角形。此形戌為直角。有庚角。有庚戌秋分距午正赤道度。求得戌戌弧為正午距緯。並求得庚戌黃道弧。與庚點秋分相減

得戌點正午黃道經度。又求得戌戌庚角為黃道交子午圈角。

月距五星圖二

如圖甲爲正交午木辰爲黃經午爲黃極未甲丙爲黃道申甲丑爲白道木爲太陰當黃道於土木土爲太陰實緯丑丙與未申等爲黃白大距丑子爲其正弦甲丑爲半徑木乙爲木土弧之正弦甲木即甲木弧之正弦求土木實緯則用甲乙木甲子丑同式兩句股形以甲丑半徑與丑丙弧正弦丑子之比同於甲木即甲木弧正弦與木土弧正弦木乙之比而得木土太陰實緯北之度於午土象限內減之得午木爲月距黃極

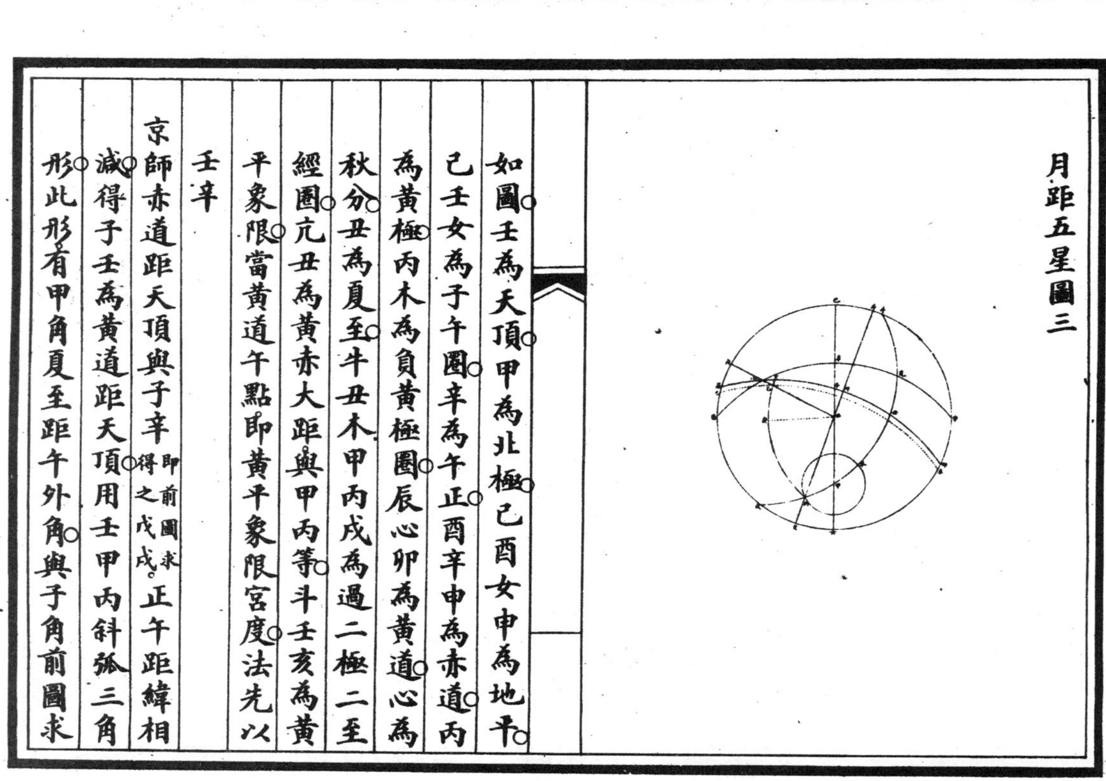

月距五星圖三

如圖壬爲天頂甲爲北極己酉女申爲地平己壬女爲子午圈辛爲午正酉辛申爲赤道丙爲黃極丙木爲負黃極圈辰心卯爲黃道心爲秋分丑爲夏至斗丑木甲丙戌爲過二極二至經圈亢丑爲黃赤大距與甲丙等斗壬亥爲黃平象限當黃道午點即黃平象限宮度法先以

壬辛

京師赤道距天頂與子辛即前圖求得之戊戌正午距緯相減得子壬爲黃道距天頂用壬甲丙斜弧三角形此形有甲角夏至距午外角與子角前圖求

得之黃道交子午圈角。等有甲壬弧北極距天頂。與己辛赤道高度等。有丙申兩極相距。求得丙角當丑午弧。計其午點。六宮二十九度四十四分二秒。為黃平象限經度。較於丁點。火星與月相同之經度。得丁丙壬角。當午丁弧四十六度三十一分二十四秒。為月距限東。並求得丙壬弧之餘弧壬午弧。於壬斗象限内減之。餘午斗為限距地高。乙為太陰。丁乙（即前圖求得之土木。）為太陰實緯。乃用壬丙乙斜弧三角形。自天頂壬點作壬庚垂弧於形内。分成壬庚丙。壬庚乙兩正弧三角形。先用壬庚丙正弧三角形。此形有庚直角。有丙角。有壬丙弧。求得壬庚垂弧。並求得庚丙距極分邊。與乙丙（即前圖求得之午木。）月距黃極相減。得庚乙距月分邊。次用壬庚乙正弧三角形。此形有庚直角。有壬庚。庚乙。二弧。求得壬乙庚角六十五度一十一分四十秒。（足五秒進十秒用。）為黃經高弧交角。又用對邊對角法。求得壬乙邊四十八度三十六分一十秒。（足五秒進十秒用。）為月距天頂。以太陰地半徑差。減火星地半徑差。得星月地平高下差。與月距天頂正弦比例。得四十四分二十九秒。為本時高下差。

月距五星圖四

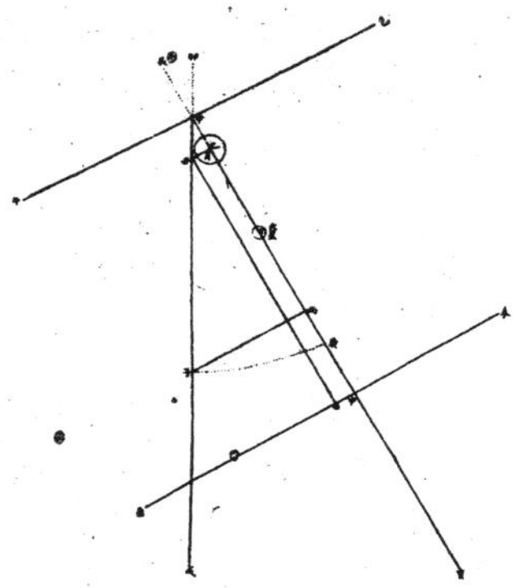

如圖。卯甲戌為高弧。辰甲亥為黃經。未申酉為黃道。己甲午為白道。甲丑即前圖求得之本時高下差。法用丑乙甲直角三角形。此形有乙直角。有乙甲丑角（即前圖求得之壬乙庚角）。黃經高弧交角。有甲丑本時高下差。求甲乙。乙丑。二邊。試作庚子弧。當甲角之度。甲子為半徑。子丙為其正弦。丙甲為其餘弦。遂成甲丙子。甲乙丑。同式兩句股形。以甲子半徑。與子丙正弦之比。同於甲丑本時高下差。與乙丑東西差之比。得乙丑東西差。與一小時及一小時月實行為比例。而得乙丑一小時六分十秒。為月行之時分。以減乙點卯初一刻十四分二秒。凌犯用時。得丑點寅正一刻八分。（足三十秒進一分用）為凌犯視時。又以甲子半徑。與甲丙餘弦之比。同於甲丑本時高下差。與甲乙南北差之比。得甲乙南北差。於甲申（即前圖求得之土木即丁乙）太陰實緯內減之。得乙申二度二十三分五十秒。為太陰視緯北。與丑壬等。丁為火星點。丁申一度三十七分。為火星緯北。於乙申太陰視緯內減之。得乙丁四十七分。（足三十秒進一分用）為月在火星上之視距。（是圖亦月高星低。）

五星自相距圖

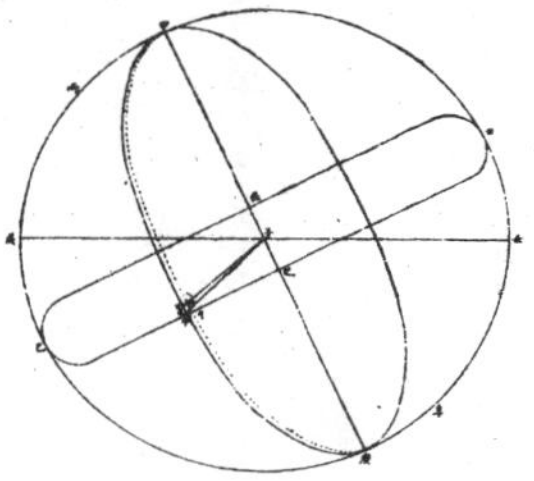

光緒十三年七月十一日卯正三刻十三分。土星與火星同黃道經度。是為淩犯時刻。依法推得本日土星黃道實行七宮一度一十三分。如斗。黃道緯度北初度一十分。次日土星黃道實行七宮一度一十九分五十六秒。黃道緯度北初度一十分。本日火星黃道實行七宮一度四分七秒。如井。黃道緯度北初度五十八分。次日火星黃道實行七宮一度四十二分二十二秒。黃道緯度北初度五十八分。求土火二星相距。如圖。甲庚二點皆為黃極。戊子壬為地平。丙為北極。辛為南極。甲丙庚辛為過二極二至經圈。丑辰巳巳為黃道。子為黃道心。甲丁庚為黃經。丁為火星點。乙為土星點。試將乙點引長至木。使乙木火丁為相應。遂以乙丁二點聯成丁木乙丁火乙同式兩句股形。法以斗井兩星黃道實行相減為一日之星實行。如木乙與丁木距緯較之比。同於木乙距時與丁木兩星相距之比。得丁木四十八分。為火星在土星上之相距。

# 欽定大清會典圖卷一百二十

## 天文十四　恒星十三

### 距星表

| 黃道星紀宮 | 經度 | 緯度 | 向 | 太陰 | 填星 | 歲星 | 熒惑 | 太白 | 辰星 | 等 |
|---|---|---|---|---|---|---|---|---|---|---|
| 斗宿三 | 一度四十三分二十六秒 | 二度二十分五十四秒 | 南 | 距 | 距 | 距 | 距 | 距 | 距 | 四 |
| 斗宿北增五 | 二度一分三十秒 | 二度二十七分五十三秒 | 北 | 距 | 距 | 距 | 距 | 距 | 距 | 六 |
| 斗宿北增二 | 二度四分二十一秒 | 二度四十分二十八秒 | 北 | 距 | 距 | 距 | 距 | 距 | 距 | 六 |
| 箕宿二 | 三度三分二十八秒 | 六度二十七分二十一秒 | 南 | 距 |  |  |  | 距 |  | 三 |
| 斗宿北增三 | 四度二十七分一十一秒 | 二度四十六分三十九秒 | 北 | 距 | 距 | 距 | 距 | 距 | 距 | 六 |
| 斗宿二 | 四度四十八分一十一秒 | 二度六分一秒 | 南 | 距 | 距 | 距 | 距 | 距 | 距 | 四 |
| 斗宿北增四 | 八度四分一十六秒 | 四十三分一十九秒 | 南 | 距 | 距 | 距 | 距 | 距 | 距 | 六 |
| 斗宿一 | 八度三十八分五十八秒 | 三度五十六分三十四秒 | 北 | 距 | 距 |  | 距 | 距 | 距 | 四 |
| 建西增一 | 一十度八分一十二秒 | 二度三十七分一十四秒 | 北 | 距 | 距 | 距 | 距 | 距 | 距 | 六 |
| 建西增五 | 一十度一十四分四十秒 | 四十六分三十六秒 | 北 | 距 | 距 | 距 | 距 | 距 | 距 | 六 |
| 建西增四 | 一十度三十四分一十一秒 | 五十九分三十二秒 | 北 | 距 | 距 | 距 | 距 | 距 | 距 | 六 |
| 斗宿四 | 一十度五十一分二十八秒 | 三度二十五分二十九秒 | 南 | 距 | 距 |  | 距 | 距 | 距 | 三 |
| 建西增六 | 一十度五十七分二十秒 | 七分一十四秒 | 北 | 距 | 距 | 距 | 距 | 距 | 距 | 五 |
| 建西增三 | 一十一度三分二十五秒 | 一度三十分五秒 | 北 | 距 | 距 | 距 | 距 | 距 | 距 | 六 |
| 建西增七 | 一十一度一十分三十秒 | 一十分三十五秒 | 北 | 距 | 距 | 距 | 距 | 距 | 距 | 五 |
| 建北增二 | 一十一度五十四分二十五秒 | 二度七分二十八秒 | 北 | 距 | 距 | 距 | 距 | 距 | 距 | 六 |
| 建一 | 一十一度五十七分八秒 | 一度四十分一十五秒 | 北 | 距 | 距 | 距 | 距 | 距 | 距 | 五 |
| 斗宿六 | 一十二度五分三十八秒 | 七度九分五十三秒 | 南 |  |  |  |  | 距 |  | 三 |
| 斗宿五 | 一十三度一十九分二十六秒 | 五度三分八秒 | 南 | 距 |  |  | 距 | 距 |  | 四 |
| 建二 | 一十三度二十九分二秒 | 五十二分四十一秒 | 北 | 距 | 距 | 距 | 距 | 距 | 距 | 五 |
| 建三 | 一十四度四十四分 | 一度二十七分四秒 | 北 | 距 | 距 | 距 | 距 | 距 | 距 | 四 |
| 狗西增六 | 一十五度三十分二十二秒 | 二度五十四分五十一秒 | 南 | 距 | 距 | 距 | 距 | 距 | 距 | 五 |
| 建四 | 一十六度四十九分三十八秒 | 三度一十六分四秒 | 北 | 距 | 距 |  | 距 | 距 | 距 | 六 |
| 建西增十 | 一十七度五十三秒 | 三度二十六分四十六秒 | 北 | 距 | 距 |  | 距 | 距 | 距 | 六 |
| 建北增九 | 一十七度一十四分三十五秒 | 六度三十五分二十九秒 | 北 | 距 |  |  |  | 距 |  | 六 |
| 狗二 | 一十七度四十七分三十五秒 | 二度二十八分一十一秒 | 南 | 距 | 距 | 距 | 距 | 距 | 距 | 五 |
| 狗北增五 | 一十七度四十九分五十九秒 | 二度二十二分五十九秒 | 南 | 距 | 距 | 距 | 距 | 距 | 距 | 六 |
| 建南增八 | 一十七度五十三分三十三秒 | 三度四十六分四十九秒 | 北 | 距 | 距 |  | 距 | 距 | 距 | 六 |
| 狗北增四 | 一十七度五十五分二秒 | 一度五十二分三十秒 | 南 | 距 | 距 | 距 | 距 | 距 | 距 | 五 |
| 建五 | 一十七度五十五分三十六秒 | 四度一十三分四十九秒 | 北 | 距 |  |  | 距 | 距 | 距 | 五 |
| 狗北增七 | 一十七度五十六分一十九秒 | 一度五十八分五十八秒 | 南 | 距 | 距 | 距 | 距 | 距 | 距 | 六 |
| 建六 | 一十八度九分五秒 | 六度六分四十九秒 | 北 | 距 |  |  |  | 距 |  | 五 |
| 狗北增三 | 一十八度二十六分二十秒 | 一十分二十七秒 | 北 | 距 | 距 | 距 | 距 | 距 | 距 | 六 |
| 狗北增一 | 二十度一十一分二十八秒 | 三度三分四十六秒 | 南 | 距 | 距 |  | 距 | 距 | 距 | 六 |
| 狗一 | 二十度一十八分三十一秒 | 三度一十四分五十三秒 | 南 | 距 | 距 |  | 距 | 距 | 距 | 五 |
| 狗東增二 | 二十一度一十六分二十秒 | 一度五十五分五十六秒 | 南 | 距 | 距 | 距 | 距 | 距 | 距 | 六 |
| 天雞西增一 | 二十二度四十二分一十二秒 | 五度四分四秒 | 北 | 距 |  |  | 距 | 距 |  | 六 |
| 天雞一 | 二十三度八分四十五秒 | 五度九分三十六秒 | 北 | 距 |  |  | 距 | 距 |  | 五 |
| 天雞二 | 二十三度二十四分五十七秒 | 一度二十五分一十三秒 | 北 | 距 | 距 | 距 | 距 | 距 | 距 | 五 |
| 狗國一 | 二十四度一十八分二秒 | 五度二十四分四十四秒 | 南 | 距 |  |  | 距 | 距 |  | 五 |

| 黃道星紀宮 | 經度 | 緯度 | 向 | 太陰 | 填星 | 歲星 | 熒惑 | 太白 | 辰星 | 等 |
|---|---|---|---|---|---|---|---|---|---|---|
| 狗國四 | 二十四度二十三分五十一秒 | 六度一十八分二十二秒 | 南 | 距 | | | | 距 | | 五 |
| 天壘城東增二 | 二十四度五十四分二十八秒 | 一度五十二分一十五秒 | 北 | 距 | 距 | 距 | 距 | 距 | 距 | 六 |
| 狗國二 | 二十五度一分五十三秒 | 五度二十六分三十二秒 | 南 | 距 | | | 距 | 距 | | 五 |
| 狗國三 | 二十五度三十一分四十六秒 | 七度五分三十六秒 | 南 | | | | | 距 | | 五 |
| 天壘城東增三 | 二十六度五十六分五秒 | 五度六分三十七秒 | 北 | 距 | | | 距 | 距 | | 六 |
| 牛宿西增一 | 二十八度一十五分三十五秒 | 六度四十二分四十七秒 | 北 | 距 | | | | 距 | | 六 |
| 牛宿南增十 | 二十八度四十五分四十七秒 | 五度三十一分二十一秒 | 南 | 距 | | | 距 | 距 | | 六 |
| 牛宿西增二 | 二十九度一十七分四十三秒 | 七度三十分二秒 | 北 | | | | | 距 | | 六 |
| 牛宿西增三 | 二十九度三十六分一十七秒 | 八度三十二分五十七秒 | 北 | | | | | 距 | | 六 |

| 黃道元枵宮 | 經度 | 緯度 | 向 | 太陰 | 填星 | 歲星 | 熒惑 | 太白 | 辰星 | 等 |
|---|---|---|---|---|---|---|---|---|---|---|
| 牛宿西增九 | 一十五分一十七秒 | 二度五分五秒 | 南 | 距 | 距 | 距 | 距 | 距 | 距 | 六 |
| 牛宿西增四 | 二十五分四十四秒 | 七度二十五分二十二秒 | 北 | | | | | 距 | | 六 |
| 牛宿三 | 五十九分四十四秒 | 七度一十一分三十六秒 | 北 | | | | | 距 | | 五 |
| 牛宿西增八 | 一度一十一分 | 二十七分四十七秒 | 北 | 距 | 距 | 距 | 距 | 距 | 距 | 六 |
| 牛宿內增五 | 二度五十七秒 | 七度一十三分五十四秒 | 北 | | | | | 距 | | 五 |
| 牛宿內增六 | 二度一十六分五十五秒 | 六度五十九分五十一秒 | 北 | 距 | | | | 距 | | 五 |
| 牛宿二 | 二度二十一分三十七秒 | 六度五十六分二十六秒 | 北 | 距 | | | | 距 | | 四 |
| 牛宿一 | 二度三十三分一十五秒 | 四度五十五分四十七秒 | 北 | 距 | | | 距 | 距 | 距 | 四 |
| 牛宿東增十二 | 二度三十七分二十七秒 | 四度三十分五十秒 | 北 | 距 | | | 距 | 距 | 距 | 六 |
| 牛宿東增十一 | 二度四十七分四十七秒 | 六度三十六分一十七秒 | 北 | 距 | | | | 距 | | 六 |
| 牛宿東增七 | 二度五十六分三十五秒 | 六度三十五分一十二秒 | 北 | 距 | | | | 距 | | 五 |
| 牛宿內增十三 | 三度一十一分三十八秒 | 五十分六秒 | 北 | 距 | 距 | 距 | 距 | 距 | 距 | 六 |
| 牛宿四 | 三度一十三分一十一秒 | 五十四分二十七秒 | 北 | 距 | 距 | 距 | 距 | 距 | 距 | 五 |
| 牛宿內增十四 | 三度三十七分五十四秒 | 一度八分三十五秒 | 北 | 距 | 距 | 距 | 距 | 距 | 距 | 六 |
| 牛宿六 | 三度四十分二十五秒 | 一度一十二分四十一秒 | 北 | 距 | 距 | 距 | 距 | 距 | 距 | 六 |
| 牛宿五 | 三度四十三分二十六秒 | 二十四分三十一秒 | 北 | 距 | 距 | 距 | 距 | 距 | 距 | 六 |
| 天田四 | 五度三十九分三十七秒 | 六度五十九分三十八秒 | 南 | 距 | | | | 距 | | 五 |
| 羅堰二 | 六度九分三十九秒 | 一十四分一十一秒 | 北 | 距 | 距 | 距 | 距 | 距 | 距 | 五 |
| 羅堰西增一 | 六度一十八分一十三秒 | 三度一十七分五十五秒 | 北 | 距 | 距 | | 距 | 距 | | 六 |
| 天田二 | 六度二十六分三十一秒 | 八度五十六分三十九秒 | 南 | | | | | 距 | | 六 |

| 黃道元枵宮 | 經度 | 緯度 | 向 | 太陰 | 填星 | 歲星 | 熒惑 | 太白 | 辰星 | 等 |
|---|---|---|---|---|---|---|---|---|---|---|
| 羅堰三 | 六度四十分一十五秒 | 三度二十四分八秒 | 南 | 距 | 距 | | 距 | 距 | 距 | 六 |
| 羅堰一 | 六度四十七分三十秒 | 三度二十一分五十二秒 | 北 | 距 | 距 | | 距 | 距 | 距 | 五 |
| 越 | 九度三十六分四十秒 | 二十九分四十秒 | 南 | 距 | 距 | 距 | 距 | 距 | 距 | 六 |
| 女宿一 | 一十度一十三分二十二秒 | 八度五分一十二秒 | 北 | | | | | 距 | | 四 |
| 天田三 | 一十度二十分二十二秒 | 八度五分七秒 | 南 | | | | | 距 | | 六 |
| 鄭 | 一十度二十三分四十秒 | 一度五十二分三十九秒 | 南 | 距 | 距 | 距 | 距 | 距 | 距 | 六 |
| 周二 | 一十一度五分一十八秒 | 三十一分五秒 | 南 | 距 | 距 | 距 | 距 | 距 | 距 | 五 |
| 周一 | 一十一度一十五分三十一秒 | 二度五十九分一十一秒 | 南 | 距 | 距 | 距 | 距 | 距 | 距 | 五 |
| 女宿三 | 一十一度三十三分二十九秒 | 八度一十四分四十三秒 | 北 | | | | | 距 | | 五 |
| 齊 | 一十一度四十七分二十八秒 | 四度三十二分三十五秒 | 南 | 距 | | | 距 | 距 | 距 | 五 |
| 天壘城九 | 一十二度八分三十六秒 | 三度五十分二十五秒 | 北 | 距 | 距 | | 距 | 距 | 距 | 六 |
| 趙二 | 一十二度一十一分四十三秒 | 三度五十九分三十六秒 | 南 | 距 | 距 | | 距 | 距 | 距 | 六 |
| 趙一 | 一十二度一十四分三十三秒 | 三度三十八分一十二秒 | 南 | 距 | 距 | | 距 | 距 | 距 | 六 |
| 天壘城八 | 一十二度一十六分二十七秒 | 三度一十八分四秒 | 北 | 距 | 距 | | 距 | 距 | 距 | 五 |
| 秦一 | 一十二度二十一分一十六秒 | 三十一分三十四秒 | 南 | 距 | 距 | 距 | 距 | 距 | 距 | 四 |
| 女宿南增五 | 一十二度二十二分一十五秒 | 七度一十六分二十七秒 | 北 | | | | | 距 | | 六 |
| 天壘城南增一 | 一十二度二十二分五十九秒 | 三十八分八秒 | 北 | 距 | 距 | 距 | 距 | 距 | 距 | 五 |
| 晉 | 一十三度三十一分三十秒 | 四度三十一分一十四秒 | 南 | 距 | | | 距 | 距 | 距 | 六 |
| 秦二 | 一十四度五十一分一十七秒 | 二度八分四十六秒 | 南 | 距 | 距 | 距 | 距 | 距 | 距 | 六 |
| 天壘城十 | 一十四度五十三分四十九秒 | 四度四十六分二十六秒 | 北 | 距 | | | 距 | 距 | 距 | 五 |

| 黃道元枵宮 | 經度 | 緯度 | 向 | 太陰 | 填星 | 歲星 | 熒惑 | 太白 | 辰星 | 等 |
|---|---|---|---|---|---|---|---|---|---|---|
| 天壘城七 | 一十四度五十九分二十五秒 | 四十二分一十八秒 | 北 | 距 | 距 | 距 | 距 | 距 | 距 | 六 |
| 天壘城內增二 | 一十五度八分一十秒 | 四度三十七分三十一秒 | 北 | 距 | | | 距 | 距 | 距 | 六 |
| 魏 | 一十五度二十三分二十一秒 | 五度一十八分四十七秒 | 南 | 距 | | | 距 | 距 | | 六 |
| 燕 | 一十五度二十六分三十五秒 | 六度五十八分五十八秒 | 南 | 距 | | | | 距 | | 五 |
| 韓 | 一十五度五十七分五十四秒 | 五度二十一分四十八秒 | 南 | 距 | | | 距 | 距 | | 六 |
| 楚 | 一十六度四分三十六秒 | 六度三十三分六秒 | 南 | 距 | | | | 距 | | 六 |
| 代一 | 一十六度一十一分六秒 | 一度二十一分三十四秒 | 南 | 距 | 距 | 距 | 距 | 距 | 距 | 五 |
| 天壘城十一 | 一十七度七分一十六秒 | 六度二十分二十四秒 | 北 | 距 | | | | 距 | | 六 |
| 天壘城六 | 一十七度五十一分二秒 | 二度一十五分四十五秒 | 北 | 距 | 距 | 距 | 距 | 距 | 距 | 六 |
| 代二 | 一十七度五十七分五十三秒 | 五度三十二分三十六秒 | 南 | 距 | | | 距 | 距 | | 六 |
| 代內增一 | 一十七度五十九分四十三秒 | 五度二十三分三十二秒 | 南 | 距 | | | 距 | 距 | | 六 |
| 代南增二 | 一十八度三十一分二秒 | 八度五十四分五十五秒 | 南 | 距 | | | | 距 | | 六 |
| 天壘城十二 | 一十八度四十分一十九秒 | 五度四十四分二十五秒 | 北 | 距 | | | 距 | 距 | | 六 |
| 壘壁陣二 | 一十八度四十一分三十八秒 | 四度五十八分一十二秒 | 南 | 距 | | | 距 | 距 | 距 | 四 |
| 壘壁陣內增八 | 一十八度五十一分二十三秒 | 四度五十一分五十八秒 | 南 | 距 | | | 距 | 距 | 距 | 六 |
| 天壘城十三 | 一十九度四分二十三秒 | 五度一十分一十七秒 | 北 | 距 | | | 距 | 距 | | 六 |
| 壘壁陣一 | 二十度七分五十一秒 | 四度四十九分五十一秒 | 南 | 距 | | | 距 | 距 | 距 | 五 |
| 壘壁陣三 | 二十度一十六分二十八秒 | 二度三十二分三十二秒 | 南 | 距 | 距 | 距 | 距 | 距 | 距 | 四 |
| 哭西增一 | 二十一度二十九分三十五秒 | 一十分二十五秒 | 南 | 距 | 距 | 距 | 距 | 距 | 距 | 六 |
| 哭西增二 | 二十一度四十二分三十二秒 | 三十八分五十六秒 | 南 | 距 | 距 | 距 | 距 | 距 | 距 | 六 |

| 黃道元枵宮 | 經度 | 緯度 | 向 | 太陰 | 填星 | 歲星 | 熒惑 | 太白 | 辰星 | 等 |
|---|---|---|---|---|---|---|---|---|---|---|
| 哭西增三 | 二十一度四十八分四十六秒 | 一度三分六秒 | 南 | 距 | 距 | 距 | 距 | 距 | 距 | 六 |
| 虛宿一 | 二十一度五十四分八秒 | 八度三十七分三十一秒 | 北 |  |  |  |  | 距 |  | 三 |
| 壘壁陣四 | 二十二度五分 | 二度三十三分五十一秒 | 南 | 距 | 距 | 距 | 距 | 距 | 距 | 三 |
| 天壘城一 | 二十二度五十七分二秒 | 五度五十八分四十秒 | 北 | 距 |  |  | 距 | 距 |  | 五 |
| 天壘城五 | 二十三度二十五分四十四秒 | 一度五十七分一十六秒 | 北 | 距 | 距 | 距 | 距 | 距 | 距 | 六 |
| 天壘城四 | 二十三度二十九分五十秒 | 一度五十六分一十六秒 | 北 | 距 | 距 | 距 | 距 | 距 | 距 | 五 |
| 天壘城二 | 二十三度五十四分一十七秒 | 四度一十二分四十二秒 | 北 | 距 |  |  | 距 | 距 | 距 | 六 |
| 天壘城三 | 二十四度八分一十七秒 | 五度五十五分五十秒 | 北 | 距 | 距 |  | 距 | 距 | 距 | 六 |
| 哭一 | 二十四度一十八分五十八秒 | 四十一分一十七秒 | 南 | 距 | 距 | 距 | 距 | 距 | 距 | 五 |
| 羽林軍一 | 二十五度一十四分四十五秒 | 四度五十八分五十五秒 | 南 | 距 |  |  | 距 | 距 | 距 | 六 |
| 羽林軍二 | 二十六度九分五十七秒 | 六度五十八分三十一秒 | 南 | 距 |  |  |  | 距 |  | 六 |
| 羽林軍三 | 二十六度二十一分五十八秒 | 九度二十八分四十九秒 | 南 |  |  |  |  | 距 |  | 六 |
| 壘壁陣五 | 二十七度一十五分四十七秒 | 二度四分一十七秒 | 南 | 距 | 距 | 距 | 距 | 距 | 距 | 四 |
| 哭二 | 二十八度五十九分四十四秒 | 一十六分五十六秒 | 南 | 距 | 距 | 距 | 距 | 距 | 距 | 六 |
| 泣西增一 | 二十九度一十六分八秒 | 五度三分四十七秒 | 北 | 距 |  |  | 距 | 距 |  | 六 |
| 哭東增四 | 二十九度一十四分 | 一十七分四十二秒 | 北 | 距 | 距 | 距 | 距 | 距 | 距 | 六 |
| 泣西增二 | 二十九度五十四分一十九秒 | 一度五十八分五十秒 | 北 | 距 | 距 | 距 | 距 | 距 | 距 | 六 |

| 黃道娵訾宮 | 經度 | 緯度 | 向 | 太陰 | 填星 | 歲星 | 熒惑 | 太白 | 辰星 | 等 |
|---|---|---|---|---|---|---|---|---|---|---|
| 羽林軍十八 | 一十五分五十二秒 | 二度三十七分三十一秒 | 南 | 距 | 距 | 距 | 距 | 距 | 距 | 六 |
| 危宿一 | 三十七分五十一秒 | 九度一十分二秒 | 北 |  |  |  |  | 距 |  | 五 |
| 羽林軍十五 | 四十分三十九秒 | 六度二十九分三十二秒 | 南 |  |  |  |  | 距 |  | 六 |
| 羽林軍十七 | 一度二十五分二十一秒 | 三度一十八分五十七秒 | 南 | 距 | 距 |  | 距 | 距 | 距 | 六 |
| 泣二 | 一度四十三分 | 二度四十二分五十二秒 | 北 | 距 | 距 | 距 | 距 | 距 | 距 | 四 |
| 羽林軍十六 | 二度一十九分五十六秒 | 四度四十九分二十五秒 | 南 | 距 |  |  | 距 | 距 | 距 | 六 |
| 泣一 | 二度三十分二十一秒 | 二度二十二分四十七秒 | 北 | 距 | 距 | 距 | 距 | 距 | 距 | 五 |
| 羽林軍十四 | 二度五十分三十一秒 | 七度五十九分二十四秒 | 南 |  |  |  |  | 距 |  | 六 |
| 虛梁一 | 二度四十九分一十一秒 | 四度五十五分一十七秒 | 北 | 距 |  |  | 距 | 距 | 距 | 六 |
| 壘壁陣內增一 | 二度四十五分五十二秒 | 一度二十二分一十八秒 | 南 | 距 | 距 | 距 | 距 | 距 | 距 | 六 |
| 羽林軍十三 | 三度四十二分一十一秒 | 九度五十七分一十五秒 | 南 |  |  |  |  | 距 |  | 六 |
| 壘壁陣六 | 三度五十一分一十秒 | 一度二十五分二十四秒 | 南 | 距 | 距 | 距 | 距 | 距 | 距 | 五 |
| 羽林軍十九 | 四度二十六秒 | 一度五十一分三十一秒 | 南 | 距 | 距 | 距 | 距 | 距 | 距 | 六 |
| 虛梁二 | 四度三十分四秒 | 四度四十八分二十一秒 | 北 | 距 |  |  | 距 | 距 | 距 | 六 |
| 墳墓二 | 五度一十一分二十七秒 | 八度一十四分 | 北 |  |  |  |  | 距 |  | 三 |
| 羽林軍二十 | 五度四十九分四十九秒 | 一度一十八分五十八秒 | 南 | 距 | 距 | 距 | 距 | 距 | 距 | 六 |
| 羽林軍二十五 | 六度二十六分四十秒 | 五度五十五分五十秒 | 南 | 距 |  |  | 距 | 距 |  | 五 |
| 羽林軍二十一 | 六度五十四分三十六秒 | 一度四十九分三十六秒 | 南 | 距 | 距 | 距 | 距 | 距 | 距 | 六 |
| 羽林軍二十四 | 七度四分八秒 | 五度五十九分二十七秒 | 南 | 距 |  |  | 距 | 距 |  | 五 |
| 羽林軍二十七 | 七度一十二分一十七秒 | 八度三十七分四十六秒 | 南 |  |  |  |  | 距 |  | 六 |

| 黃道娵訾宮 | 經度 | 緯度 | 向 | 太陰 | 填星 | 歲星 | 熒惑 | 太白 | 辰星 | 等 |
|---|---|---|---|---|---|---|---|---|---|---|
| 羽林軍二十六 | 七度二十一分五秒 | 八度一十二分二秒 | 南 |  |  |  |  | 距 |  | 三 |
| 墳墓一 | 七度二十一分四十七秒 | 八度五十分五十一秒 | 北 |  |  |  |  | 距 |  | 四 |
| 虛梁三 | 七度二十三分二十九秒 | 四度七分三秒 | 北 | 距 |  |  | 距 | 距 | 距 | 五 |
| 羽林軍二十二 | 七度五十八分二秒 | 二度四十五分二十秒 | 南 | 距 | 距 | 距 | 距 | 距 | 距 | 六 |
| 墳墓南增四 | 七度五十九分四十二秒 | 六度五十五分三秒 | 北 | 距 |  |  |  | 距 |  | 六 |
| 壘壁陣北增二 | 八度七分二十五秒 | 一度四分二十七秒 | 北 | 距 | 距 | 距 | 距 | 距 | 距 | 六 |
| 羽林軍二十三 | 八度四十一分三十九秒 | 四度一十一分五十秒 | 南 | 距 |  |  | 距 | 距 | 距 | 六 |
| 墳墓三 | 八度五十二分九秒 | 八度九分一秒 | 北 |  |  |  |  | 距 |  | 四 |
| 壘壁陣七 | 一十度一分五十七秒 | 二十三分四十秒 | 南 | 距 | 距 | 距 | 距 | 距 | 距 | 四 |
| 壘壁陣北增三 | 一十度三十七分五十秒 | 一十五分二十二秒 | 南 | 距 | 距 | 距 | 距 | 距 | 距 | 六 |
| 虛梁四 | 一十二度三十一分四十六秒 | 一度四十分五十四秒 | 北 | 距 | 距 | 距 | 距 | 距 | 距 | 六 |
| 羽林軍四十二 | 一十二度五十一分二十六秒 | 一度四十分四十八秒 | 南 | 距 | 距 | 距 | 距 | 距 | 距 | 六 |
| 羽林軍四十一 | 一十二度五十五分五十七秒 | 一度五十八分一十九秒 | 南 | 距 | 距 | 距 | 距 | 距 | 距 | 六 |
| 羽林軍四十 | 一十三度二十六分四十六秒 | 一度五十三分七秒 | 南 | 距 | 距 | 距 | 距 | 距 | 距 | 六 |
| 羽林軍三十六 | 一十三度四十七分二十秒 | 八度一十八分三十五秒 | 南 |  |  |  |  | 距 |  | 六 |
| 羽林軍三十九 | 一十四度四十六分四十四秒 | 三度五十八分三十三秒 | 南 | 距 | 距 |  | 距 | 距 | 距 | 五 |
| 雲雨西增一 | 一十四度五十二分四秒 | 六度三十九秒 | 北 | 距 |  |  |  | 距 |  | 六 |
| 雲雨西增三 | 一十四度五十五分三十八秒 | 六度五十一分九秒 | 北 | 距 |  |  |  | 距 |  | 六 |
| 羽林軍三十八 | 一十五度一十三分三十五秒 | 四度一十六分一十五秒 | 南 | 距 |  |  | 距 | 距 | 距 | 五 |
| 羽林軍三十七 | 一十五度一十七分三十二秒 | 四度四十六分九秒 | 南 | 距 |  |  | 距 | 距 | 距 | 五 |

| 黃道娵訾宮 | 經度 | 緯度 | 向 | 太陰 | 填星 | 歲星 | 熒惑 | 太白 | 辰星 | 等 |
|---|---|---|---|---|---|---|---|---|---|---|
| 羽林軍四十三 | 一十五度三十三分一十二秒 | 二度五十分二十秒 | 南 | 距 | 距 | 距 | 距 | 距 | 距 | 五 |
| 壘壁陣八 | 一十五度三十八分一十三秒 | 一度一分五十四秒 | 南 | 距 | 距 | 距 | 距 | 距 | 距 | 五 |
| 霹靂一 | 一十七度三分一十二秒 | 九度二分五十三秒 | 北 |  |  |  |  | 距 |  | 五 |
| 霹靂南增三 | 一十七度三十分三十四秒 | 七度一分五秒 | 北 |  |  |  |  | 距 |  | 六 |
| 霹靂北增九 | 一十八度五十二分四十一秒 | 八度九分七秒 | 北 |  |  |  |  | 距 |  | 五 |
| 霹靂二 | 一十九度五十三分 | 七度一十六分二十二秒 | 北 |  |  |  |  | 距 |  | 四 |
| 雲雨南增一 | 二十度四十六分三秒 | 一度二十二分三十五秒 | 北 | 距 | 距 | 距 | 距 | 距 | 距 | 六 |
| 雲雨二 | 二十一度五十三分一十一秒 | 二度四分一秒 | 北 | 距 | 距 | 距 | 距 | 距 | 距 | 六 |
| 雲雨一 | 二十一度二十三分四十九秒 | 四度二十六分八秒 | 北 | 距 |  |  | 距 | 距 | 距 | 五 |
| 雲雨內增四 | 二十一度二十四分三十六秒 | 四度一十六分二十二秒 | 北 | 距 |  |  | 距 | 距 | 距 | 六 |
| 霹靂東增四 | 二十一度三十一分三十四秒 | 八度五十三分一十七秒 | 北 |  |  |  |  | 距 |  | 五 |
| 雲雨南增三 | 二十一度三十七分四十四秒 | 一度四十六分一十八秒 | 北 | 距 | 距 | 距 | 距 | 距 | 距 | 六 |
| 雲雨南增二 | 二十二度三分一十四秒 | 一度二十四分三十六秒 | 北 | 距 | 距 | 距 | 距 | 距 | 距 | 六 |
| 雲雨內增五 | 二十二度二十三分三十九秒 | 三度三十七分四十秒 | 北 | 距 | 距 |  | 距 | 距 | 距 | 六 |
| 霹靂五 | 二十三度四十一分四十五秒 | 九度一分四十五秒 | 北 |  |  |  |  | 距 |  | 五 |
| 雲雨北增六 | 二十三度五十四分二秒 | 四度一十五分一十秒 | 北 | 距 |  |  | 距 | 距 | 距 | 六 |
| 壘壁陣北增四 | 二十四度三十六分三十七秒 | 一度五十分二秒 | 南 | 距 | 距 | 距 | 距 | 距 | 距 | 五 |
| 雲雨四 | 二十四度四分五十二秒 | 三度二十四分五十六秒 | 北 | 距 | 距 |  | 距 | 距 | 距 | 五 |
| 壘壁陣北增五 | 二十五度三十六分 | 二度一十一分四十九秒 | 南 | 距 | 距 | 距 | 距 | 距 | 距 | 六 |
| 霹靂四 | 二十六度六分五十四秒 | 七度一十二分三秒 | 北 |  |  |  |  | 距 |  | 六 |

| 黃道娵訾宮 | 經度 | 緯度 | 向 | 太陰 | 填星 | 歲星 | 熒惑 | 太白 | 辰星 | 等 |
|---|---|---|---|---|---|---|---|---|---|---|
| 雲雨內增十 | 二十六度二十一分五十一秒 | 二度一分五十五秒 | 北 | 距 | 距 | 距 | 距 | 距 | 距 | 六 |
| 雲雨三 | 二十六度二十九分二十五秒 | 二度一分五十六秒 | 北 | 距 | 距 | 距 | 距 | 距 | 距 | 六 |
| 壘壁陣十二 | 二十六度三十分十二秒 | 五度四十五分四十一秒 | 南 | 距 |  |  | 距 | 距 |  | 五 |
| 雲雨北增七 | 二十六度四十五分一十一秒 | 四度五十二分五十六秒 | 北 | 距 |  |  | 距 | 距 | 距 | 六 |
| 壘壁陣九 | 二十六度四十五分五十秒 | 三度六分五十六秒 | 南 | 距 | 距 |  | 距 | 距 | 距 | 五 |
| 壘壁陣十一 | 二十六度二十四分五十四秒 | 五度四十七分二秒 | 南 | 距 |  |  | 距 | 距 |  | 五 |
| 壘壁陣十 | 二十七度四十一分二十秒 | 二度五十七分五十一秒 | 南 | 距 | 距 | 距 | 距 | 距 | 距 | 五 |
| 雲雨東增九 | 二十七度四十五分四十秒 | 二度五十六分二十四秒 | 北 | 距 | 距 | 距 | 距 | 距 | 距 | 六 |
| 雲雨東增八 | 二十七度四十八分 | 二度二十八分五十一秒 | 北 | 距 | 距 |  | 距 | 距 | 距 | 六 |
| 壘壁陣東增六 | 二十九度二十七分一秒 | 五度一十二分四十五秒 | 南 | 距 | 距 |  | 距 | 距 | 距 | 六 |
| 天倉西增十九 | 二十九度二十七分五十五秒 | 九度一十七分四十六秒 | 南 |  |  |  |  | 距 |  | 六 |
| 壘壁陣東增七 | 二十九度五十五分五十一秒 | 五度九分五十七秒 | 南 | 距 | 距 |  | 距 | 距 | 距 | 六 |

| 黃道降婁宮 | 經度 | 緯度 | 向 | 太陰 | 填星 | 歲星 | 熒惑 | 太白 | 辰星 | 等 |
|---|---|---|---|---|---|---|---|---|---|---|
| 霹靂北增八 | 一十一分一十一秒 | 六度五十八分一十二秒 | 北 | 距 |  |  |  | 距 |  | 六 |
| 霹靂北增七 | 一十二分一秒 | 九度二十四分二十五秒 | 北 |  |  |  |  | 距 |  | 六 |
| 霹靂五 | 一度三分一十一秒 | 六度二十二分一十五秒 | 北 | 距 |  |  |  | 距 |  | 四 |
| 土公一 | 二度二十六分五十七秒 | 七度三十一分四十七秒 | 北 |  |  |  |  | 距 |  | 五 |
| 土公東增一 | 二度五十七分二十九秒 | 七度五十七分五十四秒 | 北 |  |  |  |  | 距 |  | 六 |
| 天溷東增一 | 五度四十七分二十三秒 | 六度五十七分一十一秒 | 南 | 距 |  |  |  | 距 |  | 六 |
| 土公南增八 | 四度三十四分六秒 | 二度四十一分五十三秒 | 南 | 距 | 距 | 距 | 距 | 距 | 距 | 六 |
| 土公南增九 | 四度五十三分五十二秒 | 三度五十九分四十八秒 | 南 | 距 | 距 |  | 距 | 距 | 距 | 六 |
| 土公南增七 | 五度四分二十六秒 | 四十四分四十一秒 | 南 | 距 | 距 | 距 | 距 | 距 | 距 | 六 |
| 天溷北增二 | 五度六分四十二秒 | 六度四十七分二十秒 | 南 | 距 |  |  |  | 距 |  | 六 |
| 土公北增二 | 五度一十三分五十九秒 | 九度一十二分四十六秒 | 北 |  |  |  |  | 距 |  | 六 |
| 土公北增三 | 五度二十四分三十二秒 | 六度五十六分一十二秒 | 北 | 距 |  |  |  | 距 |  | 六 |
| 土公北增四 | 五度三十二分二十四秒 | 五度五十四分三十六秒 | 北 | 距 |  |  | 距 | 距 |  | 六 |
| 土公北增五 | 六度二十六分二十九秒 | 五度二十七分二十九秒 | 北 | 距 |  |  | 距 | 距 |  | 六 |
| 土公南增十 | 六度四十五分七秒 | 五度五十八分四十四秒 | 南 | 距 | 距 |  | 距 | 距 | 距 | 六 |
| 土公南增十二 | 七度一分四十二秒 | 四度一十五分四秒 | 南 | 距 |  |  | 距 | 距 | 距 | 六 |
| 土公二 | 七度二十五分一十一秒 | 四度三十分五十八秒 | 北 | 距 |  |  | 距 | 距 | 距 | 六 |
| 土公東增六 | 八度三十七分三十七秒 | 三度一十一分二十五秒 | 北 | 距 | 距 |  | 距 | 距 | 距 | 六 |
| 天溷北增三 | 一十度一十五分三十四秒 | 六度一十七分三十一秒 | 南 | 距 |  |  |  | 距 |  | 六 |
| 外屏南增九 | 一十二度五十八秒 | 一度五十二分一十秒 | 北 | 距 | 距 | 距 | 距 | 距 | 距 | 六 |

| 黃道降婁宮 | 經度 | 緯度 | 向 | 太陰 | 填星 | 歲星 | 熒惑 | 太白 | 辰星 | 等 |
|---|---|---|---|---|---|---|---|---|---|---|
| 外屏西增八 | 一十二度二十五分四十七秒 | 一度五十七分五十秒 | 北 | 距 | 距 | 距 | 距 | 距 | 距 | 六 |
| 外屏一 | 一十二度二十七分三十三秒 | 二度一十一分六秒 | 北 | 距 | 距 | 距 | 距 | 距 | 距 | 四 |
| 外屏西增十 | 一十二度四十八分五十四秒 | 五度一分四十八秒 | 南 | 距 |  |  | 距 | 距 |  | 六 |
| 天倉北增四 | 一十四度一十分五十四秒 | 九度八分二十七秒 | 南 |  |  |  |  | 距 |  | 六 |
| 外屏南增十一 | 一十四度五十五分二十六秒 | 四度四十八分四十九秒 | 南 | 距 |  |  | 距 | 距 | 距 | 六 |
| 天倉東增六 | 一十五度一十分四十一秒 | 九度四十九分六秒 | 南 |  |  |  |  | 距 |  | 六 |
| 天倉北增三 | 一十五度一十一分一十二秒 | 八度一十四分一十七秒 | 南 |  |  |  |  | 距 |  | 六 |
| 天倉東增五 | 一十五度一十九分二十六秒 | 九度三十七分四十四秒 | 南 |  |  |  |  | 距 |  | 六 |
| 外屏南增五 | 一十五度三十分二秒 | 一度五十五分二秒 | 南 | 距 | 距 | 距 | 距 | 距 | 距 | 六 |
| 外屏南增六 | 一十五度三十五分二秒 | 一度一十分二十六秒 | 南 | 距 | 距 | 距 | 距 | 距 | 距 | 六 |
| 外屏南增十二 | 一十五度四十一分二十六秒 | 四度四十分二十八秒 | 南 | 距 |  |  | 距 | 距 | 距 | 六 |
| 外屏內增七 | 一十五度四十九分五十六秒 | 一度九分五十七秒 | 北 | 距 | 距 | 距 | 距 | 距 | 距 | 六 |
| 外屏二 | 一十六度二十七秒 | 一度四分三十六秒 | 北 | 距 | 距 | 距 | 距 | 距 | 距 | 四 |
| 外屏南增十三 | 一十六度一十分一十四秒 | 四度五十分二秒 | 南 | 距 |  |  | 距 | 距 | 距 | 六 |
| 外屏南增四 | 一十六度二十五分一秒 | 一度二十九分四十五秒 | 南 | 距 | 距 | 距 | 距 | 距 | 距 | 五 |
| 天倉東增二 | 一十六度四十一分四十一秒 | 八度一十七分一十二秒 | 南 |  |  |  |  | 距 |  | 六 |
| 天倉北增一 | 一十七度二十一分四十四秒 | 八度二十九分三十四秒 | 南 |  |  |  |  | 距 |  | 六 |
| 外屏南增十四 | 一十七度四十七分二十秒 | 四度一十六分四十秒 | 南 | 距 |  |  | 距 | 距 | 距 | 五 |
| 外屏三 | 一十八度一十九分二十九秒 | 一十二分五十二秒 | 南 | 距 | 距 | 距 | 距 | 距 | 距 | 四 |
| 外屏南增三 | 一十八度二十分九秒 | 五十一分一十七秒 | 南 | 距 | 距 | 距 | 距 | 距 | 距 | 六 |

| 黃道降婁宮 | 經度 | 緯度 | 向 | 太陰 | 填星 | 歲星 | 熒惑 | 太白 | 辰星 | 等 |
|---|---|---|---|---|---|---|---|---|---|---|
| 外屏北增二 | 一十八度三十一分三十七秒 | 五度三十一分四十七秒 | 北 | 距 |  |  | 距 | 距 |  | 六 |
| 外屏北增一 | 一十九度一十一分五十二秒 | 七度二十三分五十七秒 | 北 |  |  |  |  | 距 |  | 六 |
| 外屏四 | 二十一度三十三分五十六秒 | 三度三分四十五秒 | 南 | 距 | 距 |  | 距 | 距 | 距 | 五 |
| 右更西增五 | 二十一度四十五分一十一秒 | 一度五十五分三十二秒 | 北 | 距 | 距 | 距 | 距 | 距 | 距 | 六 |
| 外屏五 | 二十三度五十七分五十三秒 | 四度四十二分二十八秒 | 南 | 距 |  |  | 距 | 距 | 距 | 五 |
| 右更西增四 | 二十五度五十四秒 | 二度二十八分五十一秒 | 北 | 距 | 距 | 距 | 距 | 距 | 距 | 六 |
| 右更二 | 二十五度一十六分三十六秒 | 五度二十一分五十三秒 | 北 | 距 |  |  | 距 | 距 |  | 四 |
| 右更三 | 二十五度二十二分三十四秒 | 一度五十二分五十一秒 | 北 | 距 | 距 | 距 | 距 | 距 | 距 | 五 |
| 右更一 | 二十五度三十二分二十八秒 | 九度二十二分五十秒 | 北 |  |  |  |  | 距 |  | 五 |
| 右更西增一 | 二十五度三十九分四十五秒 | 九度二十四分四十五秒 | 北 |  |  |  |  | 距 |  | 六 |
| 外屏六 | 二十五度五十八分三十四秒 | 七度五十四分五十八秒 | 南 |  |  |  |  | 距 |  | 五 |
| 右更內增二 | 二十五度五十八分五十一秒 | 四度二十一分三十四秒 | 北 | 距 |  |  | 距 | 距 | 距 | 六 |
| 右更四 | 二十六度一十一分五十六秒 | 一度三十八分一十秒 | 南 | 距 | 距 | 距 | 距 | 距 | 距 | 五 |
| 右更五 | 二十六度三十七分二十二秒 | 三度四十一分二十秒 | 北 | 距 | 距 |  | 距 | 距 | 距 | 六 |
| 外屏內增十五 | 二十七度二十九分二十一秒 | 八度三十四分一十四秒 | 南 |  |  |  |  | 距 |  | 六 |
| 外屏七 | 二十七度四十九分三十九秒 | 九度四分二十秒 | 南 |  |  |  |  | 距 |  | 三 |
| 右更東增三 | 二十八度一十一分五十八秒 | 二十五分四十七秒 | 南 | 距 | 距 | 距 | 距 | 距 | 距 | 六 |
| 天囷西增二 | 二十九度二十三分三十四秒 | 五度五十七分五十七秒 | 北 | 距 |  |  | 距 | 距 |  | 六 |
| 天囷西增三 | 二十九度三十五分三十一秒 | 九度二分二十秒 | 北 |  |  |  |  | 距 |  | 六 |

| 黃道大梁宮 | 經度 | 緯度 | 向 | 太陰 | 填星 | 歲星 | 熒惑 | 太白 | 辰星 | 等 |
|---|---|---|---|---|---|---|---|---|---|---|
| 婁宿二 | 一度三十八分一十六秒 | 七度九分五十六秒 | 北 | | | | | 距 | | 五 |
| 婁宿南增一 | 一度五十八分一十三秒 | 五度二十七分一十一秒 | 北 | 距 | | | 距 | 距 | | 五 |
| 天囷西增六 | 二度五分二十一秒 | 四度二十五分五十九秒 | 南 | 距 | | | 距 | 距 | 距 | 六 |
| 婁宿一 | 二度二十五分一十五秒 | 八度二十九分一十五秒 | 北 | | | | | 距 | | 三 |
| 天囷五 | 二度三十分五十二秒 | 四度一十六分六秒 | 南 | 距 | | | 距 | 距 | 距 | 四 |
| 婁宿南增十五 | 四度三十八分六秒 | 一度四十七分二十八秒 | 北 | 距 | 距 | 距 | 距 | 距 | 距 | 六 |
| 婁宿南增十四 | 五度三十一分五秒 | 五度五十八分三秒 | 北 | 距 | | | 距 | 距 | | 六 |
| 婁宿南增十一 | 五度四十二分二十四秒 | 九度一十四分三十四秒 | 北 | | | | | 距 | | 五 |
| 天囷北增七 | 五度四十八分五秒 | 三度五十二分二十六秒 | 南 | 距 | 距 | | 距 | 距 | 距 | 六 |
| 天囷六 | 五度五十四分五十一秒 | 五度五十二分二秒 | 南 | 距 | | | 距 | 距 | | 四 |
| 婁宿三 | 六度六分三十四秒 | 九度五十八分一十七秒 | 北 | | | | | 距 | | 二 |
| 婁宿南增十二 | 六度三十五分六秒 | 七度二十五分五十六秒 | 北 | | | | | 距 | | 六 |
| 天囷七 | 六度五十一分二十五秒 | 九度一十一分一十九秒 | 南 | | | | | 距 | | 五 |
| 婁宿南增十三 | 七度二十分四十一秒 | 五度四十四分四十六秒 | 北 | 距 | | | 距 | 距 | | 六 |
| 天囷北增八 | 九度八分二十五秒 | 二度四十五分一秒 | 南 | 距 | 距 | 距 | 距 | 距 | 距 | 六 |
| 天囷北增九 | 一十度一分五十八秒 | 四度四十七分一十七秒 | 南 | 距 | | | 距 | 距 | 距 | 六 |
| 左更西增一 | 一十度一十九分一秒 | 四度四十二分四十三秒 | 北 | 距 | | | 距 | 距 | 距 | 六 |
| 天囷四 | 一十度二十三分六秒 | 五度五十四分二十一秒 | 南 | 距 | | | 距 | 距 | | 四 |
| 左更三 | 一十一度五十分五十九秒 | 五十五分九秒 | 南 | 距 | 距 | 距 | 距 | 距 | 距 | 六 |
| 左更一 | 一十二度三十五分五十一秒 | 六度九分一十五秒 | 北 | 距 | | | | 距 | | 六 |
| 左更二 | 一十二度四十七分一十一秒 | 四度三分一十二秒 | 北 | 距 | | | 距 | 距 | 距 | 六 |
| 左更四 | 一十三度二十五分三秒 | 一度一十八分二十秒 | 南 | 距 | 距 | 距 | 距 | 距 | 距 | 六 |
| 天囷三 | 一十三度三十二分二十二秒 | 七度四十七分五十五秒 | 南 | | | | | 距 | | 四 |
| 左更五 | 一十三度五十六分八秒 | 一度七分三十秒 | 北 | 距 | 距 | 距 | 距 | 距 | 距 | 六 |
| 左更東增二 | 一十三度四十分五十六秒 | 一度五十七分三十一秒 | 北 | 距 | 距 | 距 | 距 | 距 | 距 | 六 |
| 左更東增三 | 一十四度一十分五秒 | 五分四十秒 | 南 | 距 | 距 | 距 | 距 | 距 | 距 | 六 |
| 左更東增八 | 一十四度五十六分四十八秒 | 五十九分五十七秒 | 北 | 距 | 距 | 距 | 距 | 距 | 距 | 六 |
| 左更東增五 | 一十五度一十九分二十七秒 | 一度三十分一十八秒 | 北 | 距 | 距 | 距 | 距 | 距 | 距 | 六 |
| 左更東增四 | 一十五度二十一分四十秒 | 一度一十一分二十四秒 | 北 | 距 | 距 | 距 | 距 | 距 | 距 | 六 |
| 左更東增六 | 一十六度二十九分二十四秒 | 三度五十五分五十九秒 | 北 | 距 | 距 | | 距 | 距 | 距 | 六 |
| 左更東增七 | 一十六度五十七分二十五秒 | 四度九分二十四秒 | 北 | 距 | | | 距 | 距 | 距 | 五 |
| 天陰西增一 | 一十八度一十八分四秒 | 一度七分三秒 | 北 | 距 | 距 | 距 | 距 | 距 | 距 | 六 |
| 天陰西增六 | 一十九度一十五分一十三秒 | 一度四十七分五十七秒 | 北 | 距 | 距 | 距 | 距 | 距 | 距 | 四 |
| 天陰四 | 一十九度一十七分五十四秒 | 一度四十九分 | 北 | 距 | 距 | 距 | 距 | 距 | 距 | 五 |
| 天陰西增五 | 一十九度二十五分 | 五度二十三分一十一秒 | 北 | 距 | 距 | | 距 | 距 | 距 | 六 |
| 胃宿東增四 | 一十九度二十六分五十六秒 | 七度五十分五十二秒 | 北 | | | | | 距 | | 六 |
| 天廩四 | 一十九度五十六分五十二秒 | 九度二十分二十秒 | 南 | | | | | 距 | | 四 |
| 天廩三 | 二十度二十分五十九秒 | 八度四十八分二十秒 | 南 | | | | | 距 | | 三 |
| 天陰二 | 二十度二十五分五十秒 | 三度五十三分四十七秒 | 北 | 距 | 距 | 距 | 距 | 距 | 距 | 五 |
| 天廩南增三 | 二十一度二十七分一十九秒 | 七度二十八分一十八秒 | 南 | | | | | 距 | | 六 |

| 黃道大梁宮 | 經度 | 緯度 | 向 | 太陰 | 填星 | 歲星 | 熒惑 | 太白 | 辰星 | 等 |
|---|---|---|---|---|---|---|---|---|---|---|
| 天廩二 | 二十一度三十二分一十四秒 | 七度二十六分五十九秒 | 南 | | | | | 距 | | 五 |
| 天廩南增一 | 二十一度三十四分五十七秒 | 九度二十八分五十七秒 | 南 | | | | | 距 | | 六 |
| 天廩一 | 二十二度二分三十四秒 | 五度五十五分四十三秒 | 南 | 距 | | | 距 | 距 | | 五 |
| 天陰三 | 二十二度六分五秒 | 二度六分二十七秒 | 北 | 距 | 距 | 距 | 北 | 距 | 距 | 六 |
| 天陰北增二 | 二十三度二十七分一秒 | 五度五十三分一十一秒 | 北 | 距 | | | 距 | 距 | | 六 |
| 天阿 | 二十三度四十四分一十秒 | 八度四十六分五十八秒 | 北 | | | | | 距 | | 六 |
| 天陰五 | 二十四度一十九分四十四秒 | 三度一分三十一秒 | 北 | 距 | 距 | | 距 | 距 | 距 | 六 |
| 天陰一 | 二十四度三十四分六秒 | 三分四十六秒 | 南 | 距 | 距 | 距 | 距 | 距 | 距 | 六 |
| 昴宿西增二 | 二十五度三十七分二十八秒 | 五度四分一十五秒 | 北 | 距 | | | 距 | 距 | | 六 |
| 昴宿西增一 | 二十五度四十七分三十一秒 | 八度三十九分一秒 | 南 | | | | | 距 | | 五 |
| 昴宿西增三 | 二十五度五十三分二十六秒 | 三度四十三分一十二秒 | 北 | 距 | 距 | | 距 | 距 | 距 | 六 |
| 天陰東增三 | 二十六度一十八分五秒 | 四十六秒 | 北 | 距 | 距 | 距 | 距 | 距 | 距 | 六 |
| 天陰東增四 | 二十六度三十七分四十五秒 | 五分三十八秒 | 南 | 距 | 距 | 距 | 距 | 距 | 距 | 六 |
| 昴宿北增一 | 二十七度一十三分四十秒 | 五度三十四分二十八秒 | 北 | 距 | | | 距 | 距 | | 六 |
| 昴宿南增四 | 二十七度三十四分二十五秒 | 三度五分二十一秒 | 北 | 距 | 距 | | 距 | 距 | 距 | 六 |
| 昴宿西增六 | 二十七度四十三分四秒 | 四度九分三十三秒 | 北 | 距 | | | 距 | 距 | 距 | 六 |
| 昴宿西增七 | 二十七度四十九分四十六秒 | 四度三十分四秒 | 北 | 距 | | | 距 | 距 | 距 | 六 |
| 昴宿一 | 二十七度五十二分三十七秒 | 四度一十分四十三秒 | 北 | 距 | | | 距 | 距 | 距 | 五 |
| 昴宿西增八 | 二十七度五十五分四十秒 | 四度五十一分三十七秒 | 北 | 距 | | | 距 | 距 | 距 | 六 |
| 昴宿內增九 | 二十七度五十七分一十八秒 | 四度二十一分四十三秒 | 北 | 距 | | | 距 | 距 | 距 | 五 |
| 昴宿二 | 二十八度一分五十八秒 | 四度三十分四十秒 | 北 | 距 | | | 距 | 距 | 距 | 五 |
| 昴宿四 | 二十八度八分四十七秒 | 四度二十三分三秒 | 北 | 距 | | | 距 | 距 | 距 | 五 |
| 昴宿五 | 二十八度九分四十六秒 | 三度五十六分二十五秒 | 北 | 距 | 距 | | 距 | 距 | 距 | 五 |
| 昴宿三 | 二十八度一十二分三十二秒 | 四度三十三分一十二秒 | 北 | 距 | | | 距 | 距 | 距 | 六 |
| 昴宿內增十 | 二十八度一十三分三十九秒 | 四度三分二十四秒 | 北 | 距 | | | 距 | 距 | 距 | 六 |
| 昴宿六 | 二十八度二十七分二十四秒 | 四度二分一十六秒 | 北 | 距 | | | 距 | 距 | 距 | 五 |
| 昴宿內增十一 | 二十八度四十二分四十八秒 | 三度五十六分九秒 | 北 | 距 | 距 | | 距 | 距 | 距 | 六 |
| 昴宿內增十二 | 二十八度四十七分二十六秒 | 三度五十二分二十秒 | 北 | 距 | 距 | | 距 | 距 | 距 | 五 |
| 昴宿七 | 二十八度四十九分八秒 | 三度五十四分一十六秒 | 北 | 距 | 距 | | 距 | 距 | 距 | 五 |
| 昴宿東增十三 | 二十八度五十分四十五秒 | 三度四十六分四秒 | 北 | 距 | 距 | | 距 | 距 | 距 | 五 |
| 畢宿八 | 二十九度四分四十七秒 | 七度五十八分一十八秒 | 南 | | | | | 距 | | 四 |

| 黃道實沈宮 | 經度 | 緯度 | 向 | 太陰 | 填星 | 歲星 | 熒惑 | 太白 | 辰星 | 等 |
|---|---|---|---|---|---|---|---|---|---|---|
| 畢宿東增五 | 一十二分三十七秒 | 二度一十三秒 | 北 | 距 | 距 | 距 | 距 | 距 | 距 | 六 |
| 月 | 一度五十四分三十五秒 | 一度一十五分三十秒 | 北 | 距 | 距 | 距 | 距 | 距 | 距 | 五 |
| 月東增一 | 二度二分一十六秒 | 一度九分四十四秒 | 北 | 距 | 距 | 距 | 距 | 距 | 距 | 六 |
| 天街西增一 | 二度二十八分八秒 | 一度二十二分一十五秒 | 南 | 距 | 距 | 距 | 距 | 距 | 距 | 六 |
| 畢宿北增九 | 三度一十四分五十九秒 | 五度四十八分二十七秒 | 南 | 距 |  |  | 距 | 距 |  | 六 |
| 礪石一 | 三度四十四分四十一秒 | 七度三十六分二十三秒 | 北 |  |  |  |  | 距 |  | 五 |
| 天節三 | 四度四十七秒 | 七度一十八分四十二秒 | 南 |  |  |  |  | 距 |  | 六 |
| 礪石二 | 四度六分四十八秒 | 五度一十八分二十六秒 | 北 | 距 |  |  | 距 | 距 |  | 六 |
| 畢宿四 | 四度一十四分五十秒 | 五度四十四分三十七秒 | 南 | 距 |  |  | 距 | 距 |  | 三 |
| 畢宿南增十 | 四度二十分二十八秒 | 六度一十八分一十二秒 | 南 | 距 |  |  |  | 距 |  | 五 |
| 天街二 | 四度三十分五十六秒 | 四十五分四十秒 | 南 | 距 | 距 | 距 | 距 | 距 | 距 | 六 |
| 畢宿內增十一 | 五度一十八分四十秒 | 四度四十三分一十二秒 | 南 | 距 |  |  | 距 | 距 | 距 | 六 |
| 畢宿三 | 五度一十八分四十三秒 | 五度五十八分四十八秒 | 南 | 距 | 距 |  | 距 | 距 | 距 | 四 |
| 畢宿內增十二 | 五度三十四分二十九秒 | 四度七分一十七秒 | 南 | 距 |  |  | 距 | 距 | 距 | 四 |
| 天節一 | 五度四十四分一十三秒 | 六度五十五分七秒 | 南 | 距 |  |  |  | 距 |  | 五 |
| 畢宿七 | 五度四十九分二十六秒 | 六度五十八秒 | 南 | 距 |  |  |  | 距 |  | 六 |
| 畢宿二 | 五度五十八分五十八秒 | 三度四十一分三十九秒 | 南 | 距 | 距 |  | 距 | 距 | 距 | 五 |
| 天節四 | 五度五十九分四十七秒 | 八度三十八分四十四秒 | 南 |  |  |  |  | 距 |  | 五 |
| 礪石四 | 六度二十分一十七秒 | 五度四十八分 | 北 | 距 |  |  | 距 | 距 |  | 五 |
| 畢宿六 | 六度二十五分四十一秒 | 五度四十五分二十八秒 | 南 | 距 |  |  | 距 | 距 |  | 五 |

| 黃道實沈宮 | 經度 | 緯度 | 向 | 太陰 | 填星 | 歲星 | 熒惑 | 太白 | 辰星 | 等 |
|---|---|---|---|---|---|---|---|---|---|---|
| 畢宿南增十三 | 六度二十四分七秒 | 五度五十一分七秒 | 南 | 距 |  |  | 距 | 距 |  | 五 |
| 礪石三 | 六度三十四分一十二秒 | 四度二十九秒 | 北 | 距 |  |  | 距 | 距 | 距 | 五 |
| 天街一 | 六度三十八分五十三秒 | 三十一分五十四秒 | 北 | 距 | 距 | 距 | 距 | 距 | 距 | 五 |
| 天街北增二 | 六度三十九分九秒 | 二十七分九秒 | 北 | 距 | 距 | 距 | 距 | 距 | 距 | 五 |
| 畢宿內增十五 | 六度五十二分四十八秒 | 三度三十七分五十八秒 | 南 | 距 |  |  | 距 | 距 |  | 六 |
| 畢宿一 | 六度五十五分二十七秒 | 二度三十四分一十秒 | 南 | 距 | 距 | 距 | 距 | 距 | 距 | 三 |
| 畢宿內增十六 | 六度五十六分一十四秒 | 五度三十一分二十五秒 | 南 | 距 |  |  | 距 | 距 |  | 六 |
| 天街北增三 | 六度五十六分五十八秒 | 一度八分五十四秒 | 北 | 距 | 距 | 距 | 距 | 距 | 距 | 五 |
| 畢宿內增十七 | 七度四十秒 | 五度五十八分一十三秒 | 南 | 距 |  |  | 距 | 距 |  | 六 |
| 天街北增四 | 七度一十二分三十四秒 | 一度一十四分二十四秒 | 北 | 距 | 距 | 距 | 距 | 距 | 距 | 六 |
| 天節二 | 七度二十九分二十三秒 | 七度三分一十八秒 | 南 |  |  |  |  | 距 |  | 五 |
| 畢宿內增十八 | 七度四十一分五十八秒 | 五度三十六分五十八秒 | 南 | 距 |  |  | 距 | 距 |  | 六 |
| 天節五 | 八度一十一分四十六秒 | 九度二十分四十二秒 | 南 |  |  |  |  | 距 |  | 五 |
| 畢宿五 | 八度一十四分一十六秒 | 五度二十七分五十九秒 | 南 | 距 |  |  | 距 | 距 |  | 一 |
| 天節六 | 八度三十七分一十四秒 | 九度五十三分二十四秒 | 南 |  |  |  |  | 距 |  | 六 |
| 附耳北增二 | 八度四十五分二十六秒 | 六度三分三十五秒 | 南 | 距 |  |  |  | 距 |  | 六 |
| 附耳北增三 | 八度四十九分四十六秒 | 六度四分五十六秒 | 南 | 距 |  |  |  | 距 |  | 六 |
| 附耳南增一 | 八度五十四分三十秒 | 六度一十七分二十九秒 | 南 | 距 |  |  |  | 距 |  | 六 |
| 附耳 | 八度五十七分八秒 | 六度一十分四十五秒 | 南 | 距 |  |  |  | 距 |  | 五 |
| 附耳南增四 | 九度一分一十四秒 | 六度一十五分六秒 | 南 | 距 |  |  |  | 距 |  | 六 |

| 黃道實沈宮 | 經度 | 緯度 | 向 | 太陰 | 填星 | 歲星 | 熒惑 | 太白 | 辰星 | 等 |
|---|---|---|---|---|---|---|---|---|---|---|
| 諸王六 | 一十度三十六分三十六秒 | 四十二分一十五秒 | 北 | 距 | 距 | 距 | 距 | 距 | 距 | 五 |
| 諸王北增一 | 一十一度一十分二十四秒 | 一度四十六分二秒 | 北 | 距 | 距 | 距 | 距 | 距 | 距 | 六 |
| 參旗北增一 | 一十一度二十八分四十三秒 | 六度二十六分八秒 | 南 | 距 |  |  |  | 距 |  | 六 |
| 參旗一 | 一十一度五十五分三十一秒 | 八度一十四分一十五秒 | 南 |  |  |  |  | 距 |  | 四 |
| 天高二 | 一十二度一十二分一十四秒 | 三度三十八分四十二秒 | 南 | 距 | 距 |  | 距 | 距 | 距 | 六 |
| 參旗二 | 一十二度四十六分五十秒 | 九度四分三十八秒 | 南 |  |  |  |  | 距 |  | 四 |
| 參旗北增二 | 一十三度二十八分一十四秒 | 六度一十七分一十三秒 | 南 | 距 |  |  |  | 距 |  | 六 |
| 參旗北增三 | 一十三度五十二分四十四秒 | 六度三十七分二秒 | 南 | 距 |  |  |  | 距 |  | 六 |
| 諸王五 | 一十四度二十一分四十秒 | 五十二分二十四秒 | 北 | 距 | 距 | 距 | 距 | 距 | 距 | 六 |
| 諸王北增二 | 一十四度二十七分一十四秒 | 二度二十分五十八秒 | 北 | 距 | 距 | 距 | 距 | 距 | 距 | 六 |
| 參旗北增四 | 一十四度五十八分一十二秒 | 七度二十四分 | 南 |  |  |  |  | 距 |  | 五 |
| 天高一 | 一十五度一十三分五十二秒 | 一度一十二分三十九秒 | 南 | 距 | 距 | 距 | 距 | 距 | 距 | 四 |
| 天高南增一 | 一十五度五十五分三十四秒 | 四度一十四分一十三秒 | 南 | 距 |  |  | 距 | 距 | 距 | 六 |
| 天高內增二 | 一十六度一十三分一十一秒 | 二度二十九分四秒 | 南 | 距 | 距 | 距 | 距 | 距 | 距 | 六 |
| 參旗北增五 | 一十六度一十三分五十秒 | 七度一十九分三十八秒 | 南 |  |  |  |  | 距 |  | 五 |
| 天高內增三 | 一十六度二十一分三十六秒 | 一度一十二分一十秒 | 南 | 距 | 距 | 距 | 距 | 距 | 距 | 六 |
| 天高三 | 一十六度二十五分八秒 | 三度三分三十八秒 | 南 | 距 | 距 |  | 距 | 距 | 距 | 六 |
| 諸王四 | 一十六度二十七分四十五秒 | 一度四十四分三十八秒 | 北 | 距 | 距 | 距 | 距 | 距 | 距 | 五 |
| 天潢三 | 一十八度五十七分九秒 | 九度三十六分三秒 | 北 |  |  |  |  | 距 |  | 六 |
| 天高四 | 一十九度一分一十四秒 | 一度一分六秒 | 南 | 距 | 距 | 距 | 距 | 距 | 距 | 六 |

| 黃道實沈宮 | 經度 | 緯度 | 向 | 太陰 | 填星 | 歲星 | 熒惑 | 太白 | 辰星 | 等 |
|---|---|---|---|---|---|---|---|---|---|---|
| 天關南增一 | 二十度二十六分 | 六度三十一分四秒 | 南 | 距 |  |  | 距 | 距 |  | 六 |
| 天高東增四 | 二十度五十六分二十二秒 | 一度一十八分一十五秒 | 南 | 距 | 距 | 距 | 距 | 距 | 距 | 五 |
| 五車五 | 二十一度一十二秒 | 五度二十三分三十二秒 | 北 | 距 |  |  | 距 | 距 |  | 二 |
| 諸王三 | 二十一度二十九分一十二秒 | 一度五十三分一十二秒 | 北 | 距 | 距 | 距 | 距 | 距 | 距 | 六 |
| 柱七 | 二十二度三十六分三十六秒 | 八度五十二分四十一秒 | 北 |  |  |  |  | 距 |  | 五 |
| 諸王南增三 | 二十二度五十分一十一秒 | 四十二分三十一秒 | 北 | 距 | 距 | 距 | 距 | 距 | 距 | 六 |
| 天關 | 二十三度一十三分四十四秒 | 二度一十二分二十二秒 | 南 | 距 | 距 | 距 | 距 | 距 | 距 | 三 |
| 柱八 | 二十三度四十九分二秒 | 七度七分二十二秒 | 北 |  |  |  |  | 距 |  | 六 |
| 諸王二 | 二十三度五十二分二十三秒 | 二度三十二分二十二秒 | 北 | 距 | 距 | 距 | 距 | 距 | 距 | 四 |
| 天關南增二 | 二十三度五十五分四十四秒 | 六度五十分四十四秒 | 南 | 距 |  |  |  | 距 |  | 六 |
| 柱九 | 二十四度一十八分一十六秒 | 六度四十四分二十四秒 | 北 | 距 |  |  |  | 距 |  | 六 |
| 天關南增六 | 二十四度二十三分一十秒 | 四度二十三分五十五秒 | 南 | 距 |  |  | 距 | 距 | 距 | 六 |
| 天關南增三 | 二十四度四十五分三十九秒 | 七度一十八分五十八秒 | 南 |  |  |  |  | 距 |  | 六 |
| 天關南增四 | 二十五度一十三分一十七秒 | 七度三十六分一秒 | 南 |  |  |  |  | 距 |  | 六 |
| 水府西增二 | 二十五度一十八分三十二秒 | 八度五十五分三十九秒 | 南 |  |  |  |  | 距 |  | 六 |
| 水府西增一 | 二十五度二十五分 | 九度三十一分二十九秒 | 南 |  |  |  |  | 距 |  | 六 |
| 天關南增五 | 二十五度二十五分三十八秒 | 五度四十一分二十四秒 | 南 | 距 |  |  | 距 | 距 |  | 六 |
| 諸王南增四 | 二十五度五十六分一十九秒 | 一度八分三十秒 | 北 | 距 | 距 | 距 | 距 | 距 | 距 | 四 |
| 水府西增三 | 二十六度六分四秒 | 九度七分三十七秒 | 南 |  |  |  |  | 距 |  | 六 |
| 水府西增四 | 二十六度三十二分四十五秒 | 九度一十六分三秒 | 南 |  |  |  |  | 距 |  | 六 |

| 黃道實沈宮 | 經度 | 緯度 | 向 | 太陰 | 填星 | 歲星 | 熒惑 | 太白 | 辰星 | 等 |
|---|---|---|---|---|---|---|---|---|---|---|
| 水府西增五 | 二十六度三十三分一十秒 | 九度二十九分一十四秒 | 南 | | | | | 距 | | 六 |
| 諸王一 | 二十六度五十六分五十三秒 | 四度二十分一十五秒 | 北 | 距 | | | 距 | 距 | 距 | 五 |
| 司怪四 | 二十七度八分三十九秒 | 三度九分四十四秒 | 南 | 距 | 距 | | 距 | 距 | 距 | 五 |
| 司怪南增三 | 二十七度一十五分二十九秒 | 三度四十二分一秒 | 南 | 距 | 距 | | 距 | 距 | 距 | 六 |
| 司怪一 | 二十七度五十八分四十四秒 | 二度三十分五秒 | 北 | 距 | 距 | 距 | 距 | 距 | 距 | 五 |
| 司怪內增一 | 二十八度三十二分五十一秒 | 三十三分三秒 | 南 | 距 | 距 | 距 | 距 | 距 | 距 | 六 |
| 司怪內增二 | 二十八度四十九分五十六秒 | 一度二分四十三秒 | 南 | 距 | 距 | 距 | 距 | 距 | 距 | 六 |
| 司怪二 | 二十九度二十三分四十秒 | 一十分一十九秒 | 南 | 距 | 距 | 距 | 距 | 距 | 距 | 四 |
| 司怪南增四 | 二十九度五十七分五十六秒 | 三度四十六分三十一秒 | 南 | 距 | 距 | | 距 | 距 | 距 | 六 |

| 黃道鶉首宮 | 經度 | 緯度 | 向 | 太陰 | 填星 | 歲星 | 熒惑 | 太白 | 辰星 | 等 |
|---|---|---|---|---|---|---|---|---|---|---|
| 司怪三 | 四分四十一秒 | 三度一十九分三十三秒 | 南 | 距 | 距 | | 距 | 距 | 距 | 五 |
| 水府一 | 一十七分三十三秒 | 八度四十分一十六秒 | 南 | | | | | 距 | | 四 |
| 司怪東增五 | 一度一十六分四十一秒 | 三度三十七分五十九秒 | 南 | 距 | 距 | | 距 | 距 | 距 | 六 |
| 水府二 | 一度二十分二十七秒 | 九度一十二分四十九秒 | 南 | | | | | 距 | | 四 |
| 水府四 | 一度二十分三十秒 | 七度一十七分三十秒 | 南 | | | | | 距 | | 六 |
| 井宿北增一 | 一度四十八分五十九秒 | 六度六分四十七秒 | 北 | 距 | | | | 距 | | 四 |
| 鉞 | 一度五十二分四十九秒 | 五十四分 | 北 | 距 | 距 | 距 | 距 | 距 | 距 | 四 |
| 司怪東增六 | 一度五十八分二十六秒 | 四度一十四分二秒 | 南 | 距 | | | 距 | 距 | 距 | 六 |
| 水府三 | 二度一十分二十五秒 | 七度一十五分三十一秒 | 南 | | | | | 距 | | 六 |
| 鉞北增一 | 二度一十九分二十一秒 | 二十分四十八秒 | 北 | 距 | 距 | 距 | 距 | 距 | 距 | 六 |
| 井宿一 | 三度四十四分二十六秒 | 四十九分二十二秒 | 南 | 距 | 距 | 距 | 距 | 距 | 距 | 三 |
| 井宿北增二 | 四度三十八分三十三秒 | 七度一十一分三十秒 | 北 | | | | | 距 | | 六 |
| 井宿二 | 五度一十四分三十六秒 | 三度四分五秒 | 南 | 距 | 距 | | 距 | 距 | 距 | 四 |
| 井宿北增六 | 六度一十四分二秒 | 四度四十八分二十九秒 | 北 | 距 | | | 距 | 距 | 距 | 六 |
| 井宿北增三 | 六度五十二分三十二秒 | 五度四十九分四秒 | 北 | 距 | | | 距 | 距 | | 六 |
| 井宿內增八 | 七度六分二十三秒 | 六度一十二分五十八秒 | 南 | 距 | | | | 距 | | 六 |
| 井宿北增五 | 七度一十分五十五秒 | 五度六分四十九秒 | 北 | 距 | | | 距 | 距 | | 六 |
| 井宿西增九 | 七度一十五分五十八秒 | 七度四十二分三十九秒 | 南 | | | | | 距 | | 五 |
| 井宿三 | 七度三十二分三十四秒 | 六度四十五分二十秒 | 南 | 距 | | | | 距 | | 二 |
| 井宿北增四 | 八度一十六分三十八秒 | 五度五十三分五十九秒 | 北 | 距 | | | 距 | 距 | | 六 |

| 黃道鶉首宮 | 經度 | 緯度 | 向 | 太陰 | 填星 | 歲星 | 熒惑 | 太白 | 辰星 | 等 |
|---|---|---|---|---|---|---|---|---|---|---|
| 井宿五 | 八度二十二分五十三秒 | 二度三分二十九秒 | 北 | 距 | 距 | 距 | 距 | 距 | 距 | 三 |
| 井宿內增七 | 八度三十四分一十八秒 | 五度二十五分三十五秒 | 南 | 距 | | | 距 | 距 | | 五 |
| 井宿西增十八 | 九度五分一十秒 | 九度五十分三十五秒 | 南 | | | | | 距 | | 六 |
| 井宿西增十 | 九度一十八分三秒 | 九度四十八分二十八秒 | 南 | | | | | 距 | | 五 |
| 井宿六 | 一十度三十三分五十五秒 | 一度九分一十七秒 | 南 | 距 | 距 | 距 | 距 | 距 | 距 | 五 |
| 井宿內增十二 | 一十度五十分五十一秒 | 九度二十九分四十九秒 | 南 | | | | | 距 | | 六 |
| 天罇西增一 | 一十度五十六分二秒 | 二度三十一分七秒 | 北 | 距 | 距 | 距 | 距 | 距 | 距 | 六 |
| 天罇西增二 | 一十一度四十八分二十九秒 | 三度九分九秒 | 北 | 距 | 距 | | 距 | 距 | 距 | 六 |
| 井宿內增十三 | 一十一度五十四分三十五秒 | 九度三十八分一十八秒 | 南 | | | | | 距 | | 五 |
| 天罇三 | 一十二度三十八分三十六秒 | 一度三十二分一十一秒 | 北 | 距 | 距 | 距 | 距 | 距 | 距 | 六 |
| 井宿內增十四 | 一十三度二十六秒 | 六度四十一分二十四秒 | 南 | 距 | | | | 距 | | 六 |
| 井宿七 | 一十三度二十五分四十七秒 | 二度三分三十秒 | 南 | 距 | 距 | 距 | 距 | 距 | 距 | 三 |
| 天罇西增六 | 一十三度二十八分四十一秒 | 二分八秒 | 北 | 距 | 距 | 距 | 距 | 距 | 距 | 六 |
| 五諸侯北增六 | 一十三度四十一分五十四秒 | 七度四十二分一十六秒 | 北 | | | | | 距 | | 五 |
| 五諸侯二 | 一十三度五十五分二十秒 | 七度四十五分三秒 | 北 | | | | | 距 | | 五 |
| 天罇北增三 | 一十四度二十分四十六秒 | 四度二十三分二十一秒 | 北 | 距 | | | 距 | 距 | 距 | 六 |
| 天罇內增五 | 一十四度五十五分二十八秒 | 一度四十三分 | 北 | 距 | 距 | 距 | 距 | 距 | 距 | 六 |
| 井宿內增十五 | 一十四度五十七分二十九秒 | 六度三十二分三十秒 | 南 | 距 | | | | 距 | | 六 |
| 天罇內增四 | 一十五度二十分二秒 | 二度三十一分五十二秒 | 北 | 距 | 距 | 距 | 距 | 距 | 距 | 六 |
| 井宿內增十六 | 一十五度五十九分五十一秒 | 七度一十一分三十秒 | 南 | | | | | 距 | | 六 |

| 黃道鶉首宮 | 經度 | 緯度 | 向 | 太陰 | 填星 | 歲星 | 熒惑 | 太白 | 辰星 | 等 |
|---|---|---|---|---|---|---|---|---|---|---|
| 井宿內增十七 | 一十六度八分七秒 | 六度一十一分一十八秒 | 南 | 距 | | | | 距 | | 六 |
| 天罇二 | 一十六度五十七分五十二秒 | 一十一分一十三秒 | 南 | 距 | 距 | 距 | 距 | 距 | 距 | 四 |
| 五諸侯內增一 | 一十七度九分四十二秒 | 五度三十三分一秒 | 北 | 距 | | | 距 | 距 | | 六 |
| 井宿八 | 一十七度一十三分二十秒 | 五度三十八分四十二秒 | 南 | 距 | | | 距 | 距 | | 四 |
| 天罇一 | 一十七度一十八分一十一秒 | 二度五十七分三十六秒 | 北 | 距 | 距 | 距 | 距 | 距 | 距 | 五 |
| 五諸侯三 | 一十七度二十四分二十六秒 | 五度四十五分二十九秒 | 北 | 距 | | | 距 | 距 | | 四 |
| 北河一 | 一十七度三十一分一十一秒 | 九度四十七分四秒 | 北 | | | | | 距 | | 五 |
| 天罇南增七 | 一十七度三十五分五十五秒 | 一度三十九分四秒 | 南 | 距 | 距 | 距 | 距 | 距 | 距 | 六 |
| 五諸侯北增二 | 一十八度九分一十四秒 | 六度一十一分一十六秒 | 北 | 距 | | | | 距 | | 五 |
| 五諸侯北增三 | 一十八度一十七分七秒 | 六度一十三秒 | 北 | 距 | | | | 距 | | 六 |
| 天罇東增八 | 一十八度四十七分一秒 | 一度四十分二秒 | 南 | 距 | 距 | 距 | 距 | 距 | 距 | 六 |
| 天罇東增九 | 一十八度四十七分四十五秒 | 二十七分三十五秒 | 南 | 距 | 距 | 距 | 距 | 距 | 距 | 六 |
| 五諸侯四 | 一十九度四十六分五十秒 | 五度一十二分五十三秒 | 北 | 距 | | | 距 | 距 | | 五 |
| 水位一 | 二十度四十二分四十七秒 | 九度四十三分二十七秒 | 南 | | | | | 距 | | 六 |
| 水位北增二 | 二十一度一分三十三秒 | 五度四十八分二十九秒 | 南 | 距 | | | 距 | 距 | | 六 |
| 水位北增十二 | 二十一度二分四十六秒 | 九度二分一十五秒 | 南 | | | | | 距 | | 五 |
| 北河內增四 | 二十一度四分一十二秒 | 七度二十七分三十八秒 | 北 | | | | | 距 | | 五 |
| 北河三 | 二十一度四十二分二十五秒 | 六度四十一分一十八秒 | 北 | 距 | | | | 距 | | 二 |
| 積薪北增一 | 二十一度四十八分八秒 | 四度二十六分一十六秒 | 北 | 距 | | | 距 | 距 | 距 | 六 |
| 積薪 | 二十二度六分三十四秒 | 三度四分一十四秒 | 北 | 距 | 距 | | 距 | 距 | 距 | 四 |

黃道鶉首宮

| 黃道鶉首宮 | 經度 | 緯度 | 向 | 太陰 | 填星 | 歲星 | 熒惑 | 太白 | 辰星 | 等 |
|---|---|---|---|---|---|---|---|---|---|---|
| 水位北增三 | 二十二度六分四十八秒 | 三度四十五分二十八秒 | 南 | 距 | 距 |  | 距 | 距 | 距 | 六 |
| 積薪東增二 | 二十三度一十六分一十五秒 | 一度五十九分九秒 | 北 | 距 | 距 | 距 | 距 | 距 | 距 | 六 |
| 水位北增四 | 二十三度三十二分九秒 | 二度三十九分一十秒 | 南 | 距 | 距 | 距 | 距 | 距 | 距 | 六 |
| 五諸侯五 | 二十三度四十二分二十八秒 | 五度四十六分二十七秒 | 北 | 距 |  |  | 距 | 距 |  | 五 |
| 積薪東增三 | 二十四度二十七分一十四秒 | 一度二十四分八秒 | 北 | 距 | 距 | 距 | 距 | 距 | 距 | 五 |
| 水位北增五 | 二十五度三十分五十秒 | 五十二分五十三秒 | 南 | 距 | 距 | 距 | 距 | 距 | 距 | 六 |
| 爟西增二 | 二十五度三十七分一十四秒 | 四度四十四分五十九秒 | 北 | 距 |  |  | 距 | 距 | 距 | 六 |
| 爟西增三 | 二十五度四十一分四十四秒 | 七度一十三分一十二秒 | 北 |  |  |  |  | 距 |  | 五 |
| 爟西增一 | 二十五度五十一分二十七秒 | 四度二十九分二秒 | 北 | 距 |  |  | 距 | 距 | 距 | 六 |
| 水位內增十 | 二十六度九分三十九秒 | 八度一十三分三十一秒 | 南 |  |  |  |  | 距 |  | 五 |
| 水位北增九 | 二十六度三十六分二十九秒 | 四度五十分五十九秒 | 南 | 距 |  |  | 距 | 距 | 距 | 六 |
| 爟西增四 | 二十六度五十五分二秒 | 七度九分四十七秒 | 北 |  |  |  |  | 距 |  | 六 |
| 水位北增七 | 二十七度一十二分二秒 | 三度一十分五十秒 | 南 | 距 | 距 |  | 距 | 距 | 距 | 六 |
| 爟四 | 二十七度二十二分四十三秒 | 九度二十九分七秒 | 北 |  |  |  |  | 距 |  | 五 |
| 水位北增八 | 二十七度三十二分四十六秒 | 三度五十八分三十六秒 | 南 | 距 | 距 |  | 距 | 距 | 距 | 六 |
| 爟內增五 | 二十七度三十四分三十九秒 | 五度三十七分四十九秒 | 北 | 距 |  |  | 距 | 距 |  | 六 |
| 爟一 | 二十七度四十二分五秒 | 五度二十分二十九秒 | 北 | 距 |  |  | 距 | 距 |  | 四 |
| 水位北增六 | 二十七度五十六分四十二秒 | 一度二十分五十八秒 | 北 | 距 | 距 | 距 | 距 | 距 | 距 | 五 |
| 水位三 | 二十九度五分五十秒 | 七度三分四十七秒 | 南 |  |  |  |  | 距 |  | 五 |
| 爟內增六 | 二十九度二十五分一十九秒 | 七度二十九分一十五秒 | 北 |  |  |  |  | 距 |  | 六 |

| 黃道鶉首宮 | 經度 | 緯度 | 向 | 太陰 | 填星 | 歲星 | 熒惑 | 太白 | 辰星 | 等 |
|---|---|---|---|---|---|---|---|---|---|---|
| 水位四 | 二十九度四十七分三十八秒 | 二度一十六分九秒 | 南 | 距 | 距 | 距 | 距 | 距 | 距 | 五 |
| 水位東增十二 | 二十九度四十八分五十八秒 | 六度二十二分五十二秒 | 南 | 距 |  |  |  | 距 |  | 六 |

黃道鶉火宮

| 黃道鶉火宮 | 經度 | 緯度 | 向 | 太陰 | 填星 | 歲星 | 熒惑 | 太白 | 辰星 | 等 |
|---|---|---|---|---|---|---|---|---|---|---|
| 爟二 | 一十六分四十九秒 | 四度二十二分一十五秒 | 北 | 距 |  |  | 距 | 距 | 距 | 六 |
| 爟三 | 三十九分四十四秒 | 八度二十七分二十五秒 | 北 |  |  |  |  | 距 |  | 六 |
| 爟東增七 | 五十四分二十九秒 | 八度二十九分一十三秒 | 北 |  |  |  |  | 距 |  | 六 |
| 爟東增八 | 五十七分四十八秒 | 七度三十一分四十二秒 | 北 |  |  |  |  | 距 |  | 六 |
| 爟東增九 | 一度三十一分三十四秒 | 五度一十二分一十七秒 | 北 | 距 |  |  | 距 | 距 |  | 六 |
| 爟東增十 | 二度二分五十六秒 | 四度五十五分二十五秒 | 北 | 距 |  |  | 距 | 距 | 距 | 六 |
| 鬼宿西增二 | 二度一十四分二十二秒 | 一度五十九秒 | 南 | 距 | 距 | 距 | 距 | 距 | 距 | 六 |
| 爟東增十一 | 二度四十二分二十二秒 | 五度一分二十七秒 | 北 | 距 |  |  | 距 | 距 |  | 六 |
| 鬼宿西增十九 | 三度四分三十四秒 | 二度一十四分二十三秒 | 南 | 距 | 距 | 距 | 距 | 距 | 距 | 六 |
| 鬼宿南增三 | 三度七分四十秒 | 二度六分一十二秒 | 南 | 距 | 距 | 距 | 距 | 距 | 距 | 六 |
| 鬼宿二 | 三度五十二分四十五秒 | 一度三十四分一十一秒 | 北 | 距 | 距 | 距 | 距 | 距 | 距 | 五 |
| 柳宿西增九 | 四度七分二十七秒 | 八度二十九分五十九秒 | 南 |  |  |  |  | 距 |  | 六 |
| 鬼宿一 | 四度一十二分 | 四十六分九秒 | 南 | 距 | 距 | 距 | 距 | 距 | 距 | 五 |
| 鬼宿南增五 | 四度二十二分一十四秒 | 六度二十分三十九秒 | 南 | 距 |  |  |  | 距 |  | 六 |
| 鬼宿南增四 | 四度二十六分四十秒 | 四度四十三分四十九秒 | 南 | 距 |  |  | 距 | 距 | 距 | 六 |
| 鬼宿內增一 | 四度四十分三十五秒 | 五十三分三十八秒 | 北 | 距 | 距 | 距 | 距 | 距 | 距 | 六 |
| 積尸 | 五度四十分二十六秒 | 一度三十二分五十三秒 | 北 | 距 | 距 | 距 | 距 | 距 | 距 | 氣 |
| 積尸北增一 | 五度四十一分九秒 | 一度三十五分四十五秒 | 北 | 距 | 距 | 距 | 距 | 距 | 距 | 氣 |
| 積尸東增二 | 五度五十二分二十五秒 | 一度二十分一十二秒 | 北 | 距 | 距 | 距 | 距 | 距 | 距 | 氣 |
| 積尸南增三 | 五度五十二分四十一秒 | 一度七分五十七秒 | 北 | 距 | 距 | 距 | 距 | 距 | 距 | 氣 |

| 黃道鶉火宮 | 經度 | 緯度 | 向 | 太陰 | 填星 | 歲星 | 熒惑 | 太白 | 辰星 | 等 |
|---|---|---|---|---|---|---|---|---|---|---|
| 鬼宿三 | 六度一十六秒 | 三度一十一分一十六秒 | 北 | 距 | 距 |  | 距 | 距 | 距 | 四 |
| 柳宿西增八 | 六度二十五分一十七秒 | 八度三十分一十六秒 | 南 |  |  |  |  | 距 |  | 六 |
| 鬼宿四 | 七度一十分五十六秒 | 五分二十秒 | 北 | 距 | 距 | 距 | 距 | 距 | 距 | 四 |
| 柳宿西增七 | 七度三十六分四十三秒 | 八度三十七分二十八秒 | 南 |  |  |  |  | 距 |  | 六 |
| 柳宿西增六 | 八度五十一分四十六秒 | 八度三十八分三十一秒 | 南 |  |  |  |  | 距 |  | 六 |
| 鬼宿南增六 | 九度一十七分二秒 | 五度一十九分四秒 | 南 | 距 |  |  | 距 | 距 |  | 六 |
| 鬼宿東增九 | 九度一十四分一十六秒 | 一度三十五分四十四秒 | 南 | 距 | 距 | 距 | 距 | 距 | 距 | 六 |
| 鬼宿南增七 | 九度一十八分五十三秒 | 五度三十七分二十七秒 | 南 | 距 |  |  | 距 | 距 |  | 六 |
| 柳宿北增五 | 九度一十九分三十八秒 | 七度四十三分二十七秒 | 南 |  |  |  |  | 距 |  | 六 |
| 鬼宿東增八 | 九度二十四分二十六秒 | 二度一十四分四十六秒 | 南 | 距 | 距 | 距 | 距 | 距 | 距 | 六 |
| 軒轅西增二十三 | 九度二十九分二十八秒 | 七度一十六分九秒 | 北 |  |  |  |  | 距 |  | 六 |
| 軒轅西增十五 | 一十度一十一分一十四秒 | 九度四十七分三十一秒 | 北 |  |  |  |  | 距 |  | 六 |
| 鬼宿東增十 | 一十度五十分一十二秒 | 一度五十一分四十七秒 | 南 | 距 | 距 | 距 | 距 | 距 | 距 | 六 |
| 鬼宿東增十一 | 一十度五十一分七秒 | 一度三十五分一十七秒 | 南 | 距 | 距 | 距 | 距 | 距 | 距 | 六 |
| 鬼宿東增十二 | 一十一度二十三分五十七秒 | 九分二十四秒 | 北 | 距 | 距 | 距 | 距 | 距 | 距 | 六 |
| 柳宿北增十二 | 一十一度二十四分一十七秒 | 五度三十六分三十七秒 | 南 | 距 |  |  | 距 | 距 |  | 六 |
| 柳宿北增四 | 一十一度三十三分四十九秒 | 五度二十九分五秒 | 南 | 距 |  |  | 距 | 距 |  | 四 |
| 軒轅西增二十四 | 一十一度四十分一秒 | 五度二十四分五十一秒 | 北 | 距 |  |  | 距 | 距 |  | 五 |
| 軒轅西增五十八 | 一十一度四十九分四十九秒 | 五度二十分一十秒 | 北 | 距 |  |  | 距 | 距 |  | 六 |
| 鬼宿東增十三 | 一十二度四分五十六秒 | 四十分五十一秒 | 北 | 距 | 距 | 距 | 距 | 距 | 距 | 六 |

| 黃道鶉火宮 | 經度 | 緯度 | 向 | 太陰 | 填星 | 歲星 | 熒惑 | 太白 | 辰星 | 等 |
|---|---|---|---|---|---|---|---|---|---|---|
| 柳宿北增三 | 一十二度五分五十秒 | 五度五分 | 南 | 距 |  |  | 距 | 距 |  | 四 |
| 柳宿北增十三 | 一十二度一十一分四十八秒 | 五度七分三十三秒 | 南 | 距 |  |  | 距 | 距 |  | 六 |
| 鬼宿東增十四 | 一十二度五十八分三十一秒 | 一度二分一十九秒 | 北 | 距 | 距 | 距 | 距 | 距 | 距 | 六 |
| 鬼宿東增十八 | 一十三度七分三十六秒 | 一度一十二分二十秒 | 南 | 距 | 距 | 距 | 距 | 距 | 距 | 六 |
| 鬼宿東增十七 | 一十三度二十四分二十三秒 | 一度五十四分二十八秒 | 南 | 距 | 距 | 距 | 距 | 距 | 距 | 六 |
| 軒轅西增二十五 | 一十三度四十七分五十七秒 | 九度二十三分二十一秒 | 北 |  |  |  |  | 距 |  | 六 |
| 柳宿北增二 | 一十四度三十八分 | 五度三十四分四十五秒 | 南 | 距 |  |  | 距 | 距 |  | 五 |
| 鬼宿東增十六 | 一十五度七分四秒 | 一度七秒 | 北 | 距 | 距 | 距 | 距 | 距 | 距 | 六 |
| 鬼宿東增十五 | 一十五度八分一十秒 | 一度五十七分二十九秒 | 北 | 距 | 距 | 距 | 距 | 距 | 距 | 六 |
| 軒轅八 | 一十六度一十九分二十九秒 | 七度五十二分四十七秒 | 北 |  |  |  |  | 距 |  | 四 |
| 軒轅內增二十六 | 一十七度八分二十一秒 | 九度五十七分七秒 | 北 |  |  |  |  | 距 |  | 六 |
| 軒轅九 | 一十九度九分三十二秒 | 九度四十二分五十六秒 | 北 |  |  |  |  | 距 |  | 三 |
| 酒旗北增一 | 一十九度三十八分二十六秒 | 二度六分九秒 | 北 | 距 | 距 | 距 | 距 | 距 | 距 | 六 |
| 酒旗三 | 二十度一十五秒 | 五度三十四分一十三秒 | 南 | 距 |  |  | 距 | 距 |  | 五 |
| 酒旗北增二 | 二十度一分三十六秒 | 三分七秒 | 北 | 距 | 距 | 距 | 距 | 距 | 距 | 六 |
| 酒旗二 | 二十度六分 | 三度一十分七秒 | 南 | 距 | 距 |  | 距 | 距 |  | 四 |
| 酒旗南增五 | 二十度一十七分二秒 | 六度二十三分八秒 | 南 | 距 |  |  |  | 距 |  | 六 |
| 酒旗北增三 | 二十度三十一分四十秒 | 一十二分一秒 | 北 | 距 | 距 | 距 | 距 | 距 | 距 | 六 |
| 酒旗東增四 | 二十度三十七分一十七秒 | 四度三十九分五十九秒 | 南 | 距 |  |  | 距 | 距 |  | 六 |
| 軒轅內增二十九 | 二十度五十四分四十八秒 | 七度五十四分一十一秒 | 北 |  |  |  |  | 距 |  | 六 |

| 黃道鶉火宮 | 經度 | 緯度 | 向 | 太陰 | 填星 | 歲星 | 熒惑 | 太白 | 辰星 | 等 |
|---|---|---|---|---|---|---|---|---|---|---|
| 酒旗一 | 二十一度五十七分二十秒 | 二十一分一十五秒 | 北 | 距 | 距 | 距 | 距 | 距 | 距 | 五 |
| 軒轅十五 | 二十二度四十三分二十四秒 | 二度四十五分四十秒 | 南 | 距 | 距 |  | 距 | 距 | 距 | 四 |
| 軒轅內增五十九 | 二十二度四十六分四十二秒 | 三度四十七分五十九秒 | 南 | 距 | 距 |  | 距 | 距 | 距 | 五 |
| 軒轅南增四十五 | 二十二度四十七分一十四秒 | 六度五十八分四十四秒 | 南 | 距 |  |  | 距 | 距 | 距 | 五 |
| 軒轅內增四十四 | 二十三度一十七分四十四秒 | 一度三十二分一十四秒 | 南 | 距 | 距 | 距 | 距 | 距 | 距 | 六 |
| 軒轅南增四十六 | 二十三度四十八分 | 八度五十五分四十七秒 | 南 |  |  |  |  | 距 |  | 五 |
| 軒轅內增四十五 | 二十三度五十六分四十二秒 | 二分一十五秒 | 北 | 距 | 距 | 距 | 距 | 距 | 距 | 六 |
| 軒轅內增四十二 | 二十五度四十八分八秒 | 二分五十秒 | 北 | 距 | 距 | 距 | 距 | 距 | 距 | 四 |
| 軒轅內增四十一 | 二十六度二分五十二秒 | 一度三分二十秒 | 南 | 距 | 距 | 距 | 距 | 距 | 距 | 六 |
| 軒轅十三 | 二十六度二十一分四十秒 | 四度五十一分二十四秒 | 北 | 距 |  |  | 距 | 距 | 距 | 三 |
| 軒轅南增四十 | 二十六度三十五分七秒 | 三度二十四分一十六秒 | 南 | 距 | 距 |  | 距 | 距 | 距 | 六 |
| 軒轅南增四十八 | 二十六度四十五分三十三秒 | 八度一十三分二秒 | 南 |  |  |  |  | 距 |  | 六 |
| 軒轅南增三十九 | 二十七度一十一分三秒 | 三度五十分二十九秒 | 南 | 距 | 距 |  |  | 距 | 距 | 五 |
| 軒轅南增四十九 | 二十七度二十三分二十四秒 | 七度二十一分一十二秒 | 南 |  |  |  |  | 距 |  | 六 |
| 軒轅內增三十二 | 二十七度二十八分二十秒 | 八度二十七分一十秒 | 北 |  |  |  |  | 距 |  | 六 |
| 軒轅內增三十四 | 二十七度三十一分一十六秒 | 四度九分四十七秒 | 北 | 距 | 距 |  | 距 | 距 | 距 | 六 |
| 軒轅南增三十八 | 二十七度四十六分二十秒 | 三度五十五分一十六秒 | 南 | 距 | 距 |  | 距 | 距 | 距 | 四 |
| 軒轅南增四十七 | 二十七度四十八分二十秒 | 九度五十一分五十一秒 | 南 |  |  |  |  | 距 |  | 六 |
| 軒轅十二 | 二十八度二分二十一秒 | 八度四十八分二十八秒 | 北 |  |  |  |  | 距 |  | 二 |
| 軒轅內增三十三 | 二十八度九分四十一秒 | 八度二十七分五十二秒 | 北 |  |  |  |  | 距 |  | 六 |

| 黃道鶉火宮 | 經度 | 緯度 | 向 | 太陰 | 填星 | 歲星 | 熒惑 | 太白 | 辰星 | 等 |
|---|---|---|---|---|---|---|---|---|---|---|
| 軒轅十四 | 二十八度一十八分三十六秒 | 二十七分三十九秒 | 北 | 距 | 距 | 距 | 距 | 距 | 距 | 一 |
| 軒轅內增三十七 | 二十八度三十二分二十六秒 | 二度二分一十秒 | 北 | 距 | 距 | 距 | 距 | 距 | 距 | 六 |
| 軒轅十七 | 二十八度五十二分五十二秒 | 一度二十五分一十六秒 | 南 | 距 | 距 | 距 | 距 | 距 | 距 | 六 |
| 軒轅南增五十 | 二十八度五十五分五十七秒 | 七度二十三分四十二秒 | 南 |  |  |  |  | 距 |  | 六 |
| 軒轅內增三十六 | 二十九度三十三分一十七秒 | 二度四十九分六秒 | 北 | 距 | 距 | 距 | 距 | 距 | 距 | 六 |

| 黃道鶉尾宮 | 經度 | 緯度 | 向 | 太陰 | 填星 | 歲星 | 熒惑 | 太白 | 辰星 | 等 |
|---|---|---|---|---|---|---|---|---|---|---|
| 軒轅南增五十二 | 八分五十三秒 | 五度三十七分三十八秒 | 南 | 距 |  |  | 距 | 距 |  | 六 |
| 軒轅內增三十五 | 一十六分三十九秒 | 四度二十五分五十一秒 | 北 | 距 |  |  | 距 | 距 | 距 | 六 |
| 軒轅南增五十一 | 二十三分一秒 | 八度六分四十一秒 | 南 |  |  |  |  | 距 |  | 六 |
| 軒轅南增五十四 | 一度三十二分二十三秒 | 四度五十二分五十五秒 | 南 | 距 |  |  | 距 | 距 | 距 | 六 |
| 軒轅南增五十三 | 一度三十四分六秒 | 五度五分八秒 | 南 | 距 |  |  | 距 | 距 |  | 六 |
| 長垣一 | 二度五十五分一十四秒 | 四度三十四分一十九秒 | 北 | 距 |  |  | 距 | 距 | 距 | 六 |
| 軒轅南增五十六 | 三度一十七分五十五秒 | 一度一分三十五秒 | 南 | 距 |  | 距 | 距 | 距 | 距 | 五 |
| 軒轅內增五十七 | 三度三十分一秒 | 五分五十九秒 | 北 | 距 | 距 | 距 | 距 | 距 | 距 | 六 |
| 軒轅南增五十五 | 三度三十四分二十六秒 | 三度一十九分二十三秒 | 南 | 距 | 距 |  | 距 | 距 | 距 | 六 |
| 長垣北增一 | 三度四十一分三十七秒 | 七度一分三十八秒 | 北 |  | 距 |  |  | 距 |  | 六 |
| 長垣南增四 | 四度四十分三十四秒 | 七度二十八分一十一秒 | 南 |  |  |  |  | 距 |  | 五 |
| 御女 | 四度五十一分六秒 | 八分三十六秒 | 北 | 距 |  | 距 | 距 | 距 | 距 | 四 |
| 長垣內增二 | 五度三十六分四十一秒 | 一十五分二十三秒 | 南 | 距 | 距 | 距 | 距 | 距 | 距 | 六 |
| 長垣二 | 六度六分三十七秒 | 五度五十五分三十四秒 | 北 | 距 |  |  | 距 | 距 |  | 六 |
| 長垣四 | 六度一十一分二十一秒 | 一度五十一分四十一秒 | 南 | 距 | 距 | 距 | 距 | 距 | 距 | 六 |
| 長垣南增三 | 六度二十六分九秒 | 四度一十三分五秒 | 南 | 距 |  |  | 距 | 距 | 距 | 六 |
| 長垣南增五 | 六度五十九分三十七秒 | 六度四十一分五十五秒 | 南 | 距 |  |  |  | 距 |  | 六 |
| 天相北增九 | 七度一十分五十五秒 | 九度五十五分四十一秒 | 南 |  |  |  |  | 距 |  | 六 |
| 天相北增十 | 七度五十八分一十八秒 | 九度一十九分三秒 | 南 |  |  |  |  | 距 |  | 五 |
| 長垣三 | 八度八分三十五秒 | 二度四十八分二十四秒 | 北 | 距 | 距 | 距 | 距 | 距 | 距 | 六 |

| 黃道鶉尾宮 | 經度 | 緯度 | 向 | 太陰 | 填星 | 歲星 | 熒惑 | 太白 | 辰星 | 等 |
|---|---|---|---|---|---|---|---|---|---|---|
| 長垣南增八 | 八度五十八分四秒 | 一度二十一分 | 南 | 距 | 距 | 距 | 距 | 距 | 距 | 六 |
| 長垣南增七 | 八度五十九分二秒 | 三度五分五十二秒 | 南 | 距 | 距 |  | 距 | 距 | 距 | 六 |
| 長垣南增六 | 九度一十六分四秒 | 四度一十四分四十六秒 | 南 | 距 |  |  | 距 | 距 | 距 | 六 |
| 長垣南增九 | 九度一十六分四十九秒 | 一度一十五分一十八秒 | 南 | 距 | 距 | 距 | 距 | 距 | 距 | 六 |
| 靈臺西增二 | 一十度二十四分一十六秒 | 五度二分三秒 | 南 | 距 |  |  | 距 | 距 |  | 六 |
| 天相北增十二 | 一十度五十八分三十二秒 | 九度一十七分四十九秒 | 南 |  |  |  |  | 距 |  | 六 |
| 靈臺西增一 | 一十一度二十分四十四秒 | 三十五分一十四秒 | 南 | 距 | 距 | 距 | 距 | 距 | 距 | 六 |
| 西次相 | 一十一度五十二分四十七秒 | 九度四十分二十六秒 | 北 |  |  |  |  | 距 |  | 三 |
| 靈臺二 | 一十二度二十七分四十九秒 | 一十二分四十一秒 | 南 | 距 | 距 | 距 | 距 | 距 | 距 | 五 |
| 靈臺一 | 一十二度五十九分二十五秒 | 一度二十分五十五秒 | 北 | 距 | 距 | 距 | 距 | 距 | 距 | 四 |
| 西次相南增三 | 一十三度五分二十三秒 | 七度五十二分一十五秒 | 北 |  |  |  |  | 距 |  | 六 |
| 靈臺南增三 | 一十三度二十一分四十八秒 | 五度三十九分二十四秒 | 南 | 距 |  |  | 距 | 距 |  | 六 |
| 靈臺三 | 一十三度二十二分五十秒 | 二度三十一分一十四秒 | 南 | 距 | 距 | 距 | 距 | 距 | 距 | 六 |
| 靈臺南增四 | 一十三度三十五分五十三秒 | 五度五十三分三十秒 | 南 | 距 |  |  | 距 | 距 |  | 六 |
| 靈臺南增七 | 一十五度二十九分三十七秒 | 五度三十四分六秒 | 南 | 距 |  |  | 距 | 距 |  | 六 |
| 靈臺南增八 | 一十五度三十一分 | 三度二十五分三十二秒 | 南 | 距 | 距 |  | 距 | 距 | 距 | 六 |
| 西次將 | 一十六度一十四秒 | 六度五分三十九秒 | 北 | 距 |  |  |  | 距 |  | 四 |
| 靈臺南增五 | 一十六度五十六秒 | 八度二分三十三秒 | 南 |  |  |  |  | 距 |  | 六 |
| 靈臺南增六 | 一十六度五十六分一十六秒 | 六度二十三分四十秒 | 南 | 距 |  |  |  | 距 |  | 六 |
| 西上將 | 一十七度九分五十一秒 | 一度四十一分二十二秒 | 北 | 距 | 距 | 距 | 距 | 距 | 距 | 四 |
| 明堂西增四 | 一十七度五十分五十五秒 | 二度三十二分二十九秒 | 南 | 距 | 距 | 距 | 距 | 距 | 距 | 六 |
| 明堂西增五 | 一十七度五十一分五十五秒 | 四度三十八分二十九秒 | 南 | 距 |  |  | 距 | 距 | 距 | 五 |
| 明堂西增二 | 一十八度四十五分七秒 | 五十八秒 | 北 | 距 | 距 | 距 | 距 | 距 | 距 | 六 |
| 明堂西增三 | 一十九度三十九分九秒 | 二度一十六分三十三秒 | 南 | 距 | 距 | 距 | 距 | 距 | 距 | 五 |
| 明堂西增六 | 一十九度五十七分三十五秒 | 七度三十八分四十四秒 | 南 |  |  |  |  | 距 |  | 四 |
| 明堂一 | 一十九度五十八分一十八秒 | 三十三分四十三秒 | 南 | 距 | 距 | 距 | 距 | 距 | 距 | 四 |
| 內屏西增一 | 二十度一十七分二十一秒 | 五度一十九分三十三秒 | 北 | 距 |  |  | 距 | 距 |  | 六 |
| 明堂北增一 | 二十一度二十二分二十七秒 | 一十六分二十七秒 | 北 | 距 | 距 | 距 | 距 | 距 | 距 | 六 |
| 五帝座五 | 二十一度三十四分二十一秒 | 九度三十一分二十五秒 | 北 |  |  |  |  | 距 |  | 六 |
| 內屏一 | 二十一度四十七分四十五秒 | 六度六分三十八秒 | 北 | 距 |  |  |  | 距 |  | 五 |
| 內屏內增二 | 二十二度二十四分三十一秒 | 六度二十一分五十秒 | 北 | 距 |  |  |  | 距 |  | 五 |
| 內屏二 | 二十二度三十六分五十一秒 | 四度三十五分五十五秒 | 北 | 距 |  |  | 距 | 距 | 距 | 五 |
| 明堂東增七 | 二十二度四十三分二十五秒 | 五度一十六分 | 南 | 距 |  |  | 距 | 距 |  | 六 |
| 明堂三 | 二十二度五十分二十九秒 | 五度四十二分七秒 | 南 | 距 |  |  | 距 | 距 |  | 四 |
| 明堂二 | 二十三度三十分八秒 | 三度三分二十一秒 | 南 | 距 | 距 |  | 距 | 距 | 距 | 四 |
| 內屏內增三 | 二十三度五十七分三秒 | 七度一十五分六秒 | 北 |  |  |  |  | 距 |  | 六 |
| 右執法 | 二十五度三十三分三十秒 | 四十分五十七秒 | 北 | 距 | 距 | 距 | 距 | 距 | 距 | 三 |
| 內屏三 | 二十五度五十分四十五秒 | 六度九分二秒 | 北 | 距 |  |  |  | 距 |  | 五 |
| 內屏四 | 二十六度一十分二十二秒 | 八度三十一分三十八秒 | 北 |  |  |  |  | 距 |  | 五 |
| 內屏南增六 | 二十六度五十九分四十七秒 | 三度二十分三十九秒 | 北 | 距 | 距 |  | 距 | 距 | 距 | 五 |

| 黃道鶉尾宮 | 經度 | 緯度 | 向 | 太陰 | 填星 | 歲星 | 熒惑 | 太白 | 辰星 | 等 |
|---|---|---|---|---|---|---|---|---|---|---|
| 內屏東增五 | 二十八度二十七分一十二秒 | 六度一十九分三十五秒 | 北 | 距 |  |  |  | 距 |  | 六 |
| 謁者西增一 | 二十九度五十五分三十八秒 | 二度四十二分五十三秒 | 北 | 距 | 距 | 距 | 距 | 距 | 距 | 六 |

| 黃道壽星宮 | 經度 | 緯度 | 向 | 太陰 | 填星 | 歲星 | 熒惑 | 太白 | 辰星 | 等 |
|---|---|---|---|---|---|---|---|---|---|---|
| 謁者北增二 | 一度三十一分三十四秒 | 七度七分八秒 | 北 |  |  |  |  | 距 |  | 六 |
| 謁者 | 一度四十九分三十三秒 | 五度四分二十一秒 | 北 | 距 |  |  | 距 | 距 |  | 五 |
| 左執法南增十 | 三度四分 | 一度八分四十秒 | 北 | 距 | 距 | 距 | 距 | 距 | 距 | 六 |
| 左執法 | 三度一十八分八秒 | 一度二十一分五十七秒 | 北 | 距 | 距 | 距 | 距 | 距 | 距 | 三 |
| 三公一 | 四度五十一分一十六秒 | 八度四十九分二十二秒 | 北 |  |  |  |  | 距 |  | 六 |
| 軫宿北增二 | 六度二十六分八秒 | 六度一十五分三秒 | 南 | 距 |  |  |  | 距 |  | 六 |
| 三公三 | 八度三分一十六秒 | 八度一分二十六秒 | 北 |  |  |  |  | 距 |  | 六 |
| 東上相 | 八度三十九分二十七秒 | 二度四十八分三十八秒 | 北 | 距 | 距 | 距 | 距 | 距 | 距 | 三 |
| 東次相西增一 | 九度七分四十六秒 | 七度五十五分三十四秒 | 北 |  |  |  |  | 距 |  | 六 |
| 進賢西增九 | 九度二十九分三十六秒 | 一度三十五分四十九秒 | 南 | 距 | 距 | 距 | 距 | 距 | 距 | 六 |
| 軫宿北增一 | 九度五十七分八秒 | 五度二十分五秒 | 南 | 距 |  |  | 距 | 距 |  | 六 |
| 東次相 | 九度五十七分一十秒 | 八度三十八分九秒 | 北 |  |  |  |  | 距 |  | 三 |
| 進賢南增八 | 一十度三十七分五十四秒 | 三度二十七分四十二秒 | 南 | 距 | 距 |  | 距 | 距 | 距 | 五 |
| 進賢南增七 | 一十一度三分五秒 | 二度四十四分四十五秒 | 南 | 距 | 距 | 距 | 距 | 距 | 距 | 六 |
| 進賢西增一 | 一十二度六分四十秒 | 二度一十二秒 | 北 | 距 | 距 | 距 | 距 | 距 | 距 | 六 |
| 進賢 | 一十三度四十分一十一秒 | 二度二十一分二十六秒 | 北 | 距 | 距 | 距 | 距 | 距 | 距 | 六 |
| 進賢北增二 | 一十三度四十一分一十七秒 | 二度二十二分三十九秒 | 北 | 距 | 距 | 距 | 距 | 距 | 距 | 六 |
| 進賢北增三 | 一十三度四十三分四十八秒 | 二度五十二分三十秒 | 北 | 距 | 距 | 距 | 距 | 距 | 距 | 六 |
| 進賢南增六 | 一十四度一十八分四十六秒 | 三度三分四十一秒 | 南 | 距 | 距 |  | 距 | 距 | 距 | 六 |
| 進賢北增四 | 一十四度三十六分一秒 | 二度五十五分四十九秒 | 北 | 距 | 距 | 距 | 距 | 距 | 距 | 六 |

| 黃道壽星宮 | 經度 | 緯度 | 向 | 太陰 | 填星 | 歲星 | 熒惑 | 太白 | 辰星 | 等 |
|---|---|---|---|---|---|---|---|---|---|---|
| 進賢南增五 | 一十四度三十九分四十一秒 | 三度二十五分四十八秒 | 南 | 距 | 距 |  | 距 | 距 | 距 | 五 |
| 平道一 | 一十六度四十一分三十九秒 | 一度四十四分五十九秒 | 北 | 距 | 距 | 距 | 距 | 距 | 距 | 四 |
| 角宿西增十五 | 一十八度一十二分二十五秒 | 三度一十五分三十六秒 | 南 | 距 | 距 |  | 距 | 距 | 距 | 五 |
| 角宿西增十四 | 一十八度二十八分四十四秒 | 二度四十三分五秒 | 南 | 距 | 距 | 距 | 距 | 距 | 距 | 六 |
| 角宿西增十三 | 一十八度五十一分四十三秒 | 二度二十二分 | 南 | 距 | 距 | 距 | 距 | 距 | 距 | 六 |
| 角宿西增一 | 一十九度三十三分一十六秒 | 三度三十五分一十五秒 | 北 | 距 | 距 |  | 距 | 距 | 距 | 五 |
| 角宿西增十二 | 一十九度三十八分二十三秒 | 二度一十六分一秒 | 南 | 距 | 距 | 距 | 距 | 距 | 距 | 六 |
| 角宿西增十六 | 一十九度四十二分三十五秒 | 三度三十三分九秒 | 北 | 距 | 距 |  | 距 | 距 | 距 | 六 |
| 角宿西增十一 | 二十度一十五分八秒 | 一度五十九分一十五秒 | 南 | 距 | 距 | 距 | 距 | 距 | 距 | 六 |
| 角宿二 | 二十度三十七分六秒 | 八度三十八分三十二秒 | 北 |  |  |  |  | 距 |  | 三 |
| 天門一 | 二十一度一十三分一十二秒 | 七度五十三分五十九秒 | 南 |  |  |  |  | 距 |  | 四 |
| 角宿西增十 | 二十一度一十五分三十五秒 | 二度三十六分五秒 | 南 | 距 | 距 | 距 | 距 | 距 | 距 | 六 |
| 角宿內增二 | 二十一度四十六分三十四秒 | 二度四十六分四十五秒 | 北 | 距 | 距 | 距 | 距 | 距 | 距 | 六 |
| 角宿東增三 | 二十二度三分四十三秒 | 三度八分一十四秒 | 北 | 距 | 距 |  | 距 | 距 | 距 | 六 |
| 角宿一 | 二十二度一十八分五十七秒 | 二度二分四十秒 | 南 | 距 | 距 | 距 | 距 | 距 | 距 | 一 |
| 角宿東增四 | 二十二度三十三分二十八秒 | 四度一十四分四十秒 | 北 | 距 |  |  | 距 | 距 | 距 | 六 |
| 角宿南增九 | 二十三度一十四分四秒 | 三度一十九分七秒 | 南 | 距 | 距 |  | 距 | 距 | 距 | 五 |
| 天門南增四 | 二十三度三十分二十六秒 | 九度一十分三十二秒 | 南 |  |  |  |  | 距 |  | 四 |
| 角宿東增八 | 二十三度四十三分七秒 | 二度二十四分五十一秒 | 南 | 距 | 距 | 距 | 距 | 距 | 距 | 六 |
| 角宿東增五 | 二十三度五十七分四十秒 | 二度八分三十六秒 | 北 | 距 | 距 | 距 | 距 | 距 | 距 | 六 |

| 黃道壽星宮 | 經度 | 緯度 | 向 | 太陰 | 填星 | 歲星 | 熒惑 | 太白 | 辰星 | 等 |
|---|---|---|---|---|---|---|---|---|---|---|
| 天門南增五 | 二十四度一十五分三十八秒 | 八度二十分二十六秒 | 南 |  |  |  |  | 距 |  | 六 |
| 天門二 | 二十四度三十六分三十一秒 | 六度一十八分四十秒 | 南 | 距 |  |  |  | 距 |  | 五 |
| 平道二 | 二十五度一十分四十七秒 | 一度四十二分五十九秒 | 北 | 距 | 距 | 距 | 距 | 距 | 距 | 六 |
| 天門東增六 | 二十五度三十五分四十六秒 | 五度一十五分二十一秒 | 南 | 距 |  |  | 距 | 距 |  | 六 |
| 天田南增六 | 二十五度三十九分三十八秒 | 九度三十七分三十五秒 | 北 |  |  |  |  | 距 |  | 六 |
| 角宿東增六 | 二十六度三分二十三秒 | 四度三分一十六秒 | 北 | 距 |  |  | 距 | 距 | 距 | 六 |
| 天門東增十一 | 二十六度三十九分三十秒 | 八度二十七分二十八秒 | 南 |  |  |  |  | 距 |  | 六 |
| 角宿東增七 | 二十七度三十分二十二秒 | 一度二十二分三十七秒 | 南 | 距 | 距 |  | 距 | 距 | 距 | 六 |
| 天門東增七 | 二十八度一十三分二十一秒 | 五度七分二十四秒 | 南 | 距 |  | 距 | 距 | 距 |  | 六 |
| 天門東增八 | 二十八度三十七分一十九秒 | 四度三十一分三十秒 | 南 | 距 |  |  | 距 | 距 | 距 | 六 |
| 天門東增十 | 二十九度四十六分五十秒 | 六度一十九分一十三秒 | 南 | 距 |  |  |  |  |  | 六 |

| 黃道大火宮 | 經度 | 緯度 | 向 | 太陰 | 填星 | 歲星 | 熒惑 | 太白 | 辰星 | 等 |
|---|---|---|---|---|---|---|---|---|---|---|
| 天門東增九 | 二十六分五十二秒 | 六度二十分二十二秒 | 南 | 距 |  |  |  |  |  | 五 |
| 亢宿西增一 | 五十七分四十六秒 | 三度四十分五十二秒 | 北 | 距 | 距 |  | 距 |  | 距 | 六 |
| 亢宿西增二 | 一度一十二分四十一秒 | 三度一十九分二秒 | 北 | 距 | 距 |  | 距 |  | 距 | 六 |
| 亢宿西增三 | 二度四分一十秒 | 二度三十一分二十一秒 | 北 | 距 | 距 | 距 | 距 |  | 距 | 六 |
| 亢宿二 | 二度一十四分五十二秒 | 七度一十四分四十一秒 | 北 |  |  |  |  |  |  | 四 |
| 亢宿內增四 | 二度四十四分五十八秒 | 三度一十四分二十三秒 | 北 | 距 | 距 |  | 距 |  | 距 | 六 |
| 亢宿一 | 二度五十七分五十六秒 | 二度五十四分四十秒 | 北 | 距 | 距 | 距 | 距 |  | 距 | 四 |
| 亢宿東增六 | 五度一分五十八秒 | 八度三分一十九秒 | 北 |  |  |  |  |  |  | 六 |
| 亢宿四 | 五度二十五分二十九秒 | 三十分 | 北 | 距 | 距 | 距 | 距 |  | 距 | 四 |
| 亢宿東增五 | 五度三十五分一十七秒 | 七度二十四分五十一秒 | 北 |  |  |  |  |  |  | 六 |
| 亢宿東增七 | 八度三十四分三十九秒 | 九度四十一分五十九秒 | 北 |  |  |  |  |  |  | 四 |
| 氐宿西增六 | 一十二度一十五分四十三秒 | 三十四分二十三秒 | 北 | 距 | 距 | 距 | 距 |  | 距 | 六 |
| 氐宿西增五 | 一十二度三十八分五十九秒 | 二度二分三十七秒 | 北 | 距 | 距 | 距 | 距 |  | 距 | 五 |
| 氐宿西增四 | 一十三度九分四十七秒 | 四度三十三分二十一秒 | 北 | 距 |  |  | 距 |  | 距 | 五 |
| 氐宿西增七 | 一十三度三十分一十一秒 | 二十三分九秒 | 北 | 距 | 距 | 距 | 距 |  | 距 | 六 |
| 氐宿一 | 一十三度三十三分五十六秒 | 二十一分三十四秒 | 北 | 距 | 距 | 距 | 距 |  | 距 | 二 |
| 氐宿西增三 | 一十三度三十五分一十五秒 | 五度一十一分一十秒 | 北 | 距 |  |  | 距 |  |  | 六 |
| 折威三 | 一十三度四十分二秒 | 九度二分三十九秒 | 南 |  |  |  |  |  |  | 六 |
| 氐宿西增一 | 一十三度四十五分五十秒 | 八度一十五分一十六秒 | 北 |  |  |  |  |  |  | 五 |
| 氐宿北增三十 | 一十三度五十八分三十秒 | 五度三十一分三十六秒 | 北 | 距 |  |  | 距 |  |  | 六 |

| 黃道大火宮 | 經度 | 緯度 | 向 | 太陰 | 填星 | 歲星 | 熒惑 | 太白 | 辰星 | 等 |
|---|---|---|---|---|---|---|---|---|---|---|
| 氐宿西增二 | 一十四度一十一秒 | 五度三十五分四十五秒 | 北 | 距 |  |  | 距 | 距 |  | 六 |
| 氐宿南增八 | 一十四度二十六分三十秒 | 一度四十六分四十九秒 | 南 | 距 | 距 | 距 | 距 | 距 | 距 | 六 |
| 折威四 | 一十四度三十分三十三秒 | 八度四十四分二十八秒 | 南 |  |  |  |  | 距 |  | 五 |
| 折威五 | 一十四度三十二分四十五秒 | 八度四十三分三十秒 | 南 |  |  |  |  | 距 |  | 六 |
| 折威南增三 | 一十五度一十七分一十六秒 | 九度二分一十秒 | 南 |  |  |  |  | 距 |  | 五 |
| 折威南增四 | 一十五度三十六分二十六秒 | 九度二分三十五秒 | 南 |  |  |  |  | 距 |  | 五 |
| 折威南增五 | 一十五度四十九分五秒 | 九度二十八分一十一秒 | 南 |  |  |  |  | 距 |  | 五 |
| 折威六 | 一十六度五十分三秒 | 七度三十八分五十六秒 | 南 |  |  |  |  | 距 |  | 六 |
| 氐宿內增十 | 一十七度一十五分一十七秒 | 一度一十二分三十秒 | 北 | 距 | 距 | 距 | 距 | 距 | 距 | 五 |
| 氐宿內增九 | 一十七度二十一分三十二秒 | 一度九秒 | 北 | 距 | 距 | 距 | 距 | 距 | 距 | 六 |
| 折威南增六 | 一十七度四十六分四秒 | 八度一十二分二十九秒 | 北 |  |  |  |  | 距 |  | 六 |
| 氐宿四 | 一十七度五十分五十六秒 | 八度三十分三十九秒 | 北 |  |  |  |  | 距 |  | 二 |
| 折威七 | 一十九度九分四十七秒 | 七度三十七分二十二秒 | 南 |  |  |  |  | 距 |  | 三 |
| 氐宿內增十二 | 一十九度二十八分三十六秒 | 一十六分三十六秒 | 北 | 距 | 距 | 距 | 距 | 距 | 距 | 六 |
| 氐宿二 | 一十九度二十八分五十六秒 | 一度四十九分五十秒 | 南 | 距 | 距 | 距 | 距 | 距 | 距 | 四 |
| 氐宿內增十一 | 一十九度四十一分四十六秒 | 一度三十七分二十五秒 | 南 | 距 | 距 | 距 | 距 | 距 | 距 | 六 |
| 氐宿北增二十 | 一十九度四十八分五十九秒 | 八度四分一十七秒 | 北 |  |  |  |  | 距 |  | 四 |
| 氐宿內增十七 | 二十度二十四分四秒 | 二度四十八分一十八秒 | 北 | 距 | 距 | 距 | 距 | 距 | 距 | 六 |
| 氐宿內增十八 | 二十度四十五分四十八秒 | 三度二十分五十秒 | 北 | 距 | 距 |  | 距 | 距 | 距 | 六 |
| 氐宿內增十三 | 二十一度一分四十二秒 | 一十七分二十七秒 | 北 | 距 | 距 | 距 | 距 | 距 | 距 | 六 |

| 黃道大火宮 | 經度 | 緯度 | 向 | 太陰 | 填星 | 歲星 | 熒惑 | 太白 | 辰星 | 等 |
|---|---|---|---|---|---|---|---|---|---|---|
| 氐宿北增十九 | 二十二度六分五十七秒 | 八度五十五分二十秒 | 北 | | | | | 距 | | 六 |
| 氐宿東增十六 | 二十二度二十二分四十六秒 | 二度六分四十六秒 | 北 | 距 | 距 | 距 | 距 | 距 | 距 | 六 |
| 氐宿東增十五 | 二十二度五十三分五十六秒 | 二度二十一分三十五秒 | 北 | 距 | 距 | 距 | 距 | 距 | 距 | 六 |
| 氐宿東增十四 | 二十三度二十九分二十一秒 | 二度一十五分七秒 | 北 | 距 | 距 | 距 | 距 | 距 | 距 | 四 |
| 氐宿三 | 二十三度三十六分九秒 | 四度二十三分五十四秒 | 北 | 距 | | | 距 | 距 | 距 | 四 |
| 日西增一 | 二十五度二十六分一十八秒 | 一十二分三十二秒 | 北 | 距 | 距 | 距 | 距 | 距 | 距 | 六 |
| 西咸四 | 二十五度四十九分五十四秒 | 四度一分一十七秒 | 南 | 距 | | | 距 | 距 | 距 | 四 |
| 日 | 二十六度一十四分一十六秒 | 一十八秒 | 北 | 距 | 距 | 距 | 距 | 距 | 距 | 六 |
| 天輻西增一 | 二十六度二十九分一十秒 | 八度三十一分五十二秒 | 南 | | | | | 距 | | 六 |
| 房宿西增三 | 二十六度四十七分五十秒 | 四度七分一十五秒 | 南 | 距 | | | 距 | 距 | 距 | 六 |
| 天輻一 | 二十七度四分四十四秒 | 八度二十九分四十六秒 | 南 | | | | | 距 | | 四 |
| 西咸三 | 二十八度二十分二十秒 | 三度二十八分二十五秒 | 北 | 距 | 距 | | 距 | 距 | 距 | 四 |
| 西咸二 | 二十八度五十一分二十二秒 | 六度六分八秒 | 北 | 距 | | | | 距 | | 四 |
| 房宿西增二 | 二十八度五十六分五十九秒 | 六分一十秒 | 北 | 距 | 距 | 距 | 距 | 距 | 距 | 四 |
| 房宿西增一 | 二十九度九分五十三秒 | 七分三十三秒 | 北 | 距 | 距 | 距 | 距 | 距 | 距 | 六 |
| 房宿西增四 | 二十九度三十六分六秒 | 五度二十八分一十三秒 | 南 | 距 | | | 距 | 距 | | 六 |
| 西咸一 | 二十九度四十五分五十九秒 | 九度一十四分四十九秒 | 北 | | | | | 距 | | 五 |
| 罰三 | 二十九度五十二分九秒 | 四度二分一十九秒 | 北 | 距 | | | 距 | 距 | 距 | 六 |

| 黃道析木宮 | 經度 | 緯度 | 向 | 太陰 | 填星 | 歲星 | 熒惑 | 太白 | 辰星 | 等 |
|---|---|---|---|---|---|---|---|---|---|---|
| 房宿西增五 | 五分二十四秒 | 四度五十五分五十四秒 | 南 | 距 | | | 距 | 距 | 距 | 五 |
| 房宿西增六 | 四十三分二秒 | 五度四十五分二十秒 | 南 | 距 | | | 距 | 距 | | 六 |
| 罰二 | 四十八分二十七秒 | 八度二分五十九秒 | 北 | | | | | 距 | | 六 |
| 房宿三 | 一度三分六秒 | 一度五十八分一十三秒 | 南 | 距 | 距 | 距 | 距 | 距 | 距 | 三 |
| 房宿一 | 一度二十四分四十一秒 | 五度二十七分三十八秒 | 南 | 距 | | | 距 | 距 | | 三 |
| 房宿二 | 一度三十六分八秒 | 八度三十五分八秒 | 南 | | | | | 距 | | 四 |
| 房宿四 | 一度四十分一十二秒 | 一度一分二十六秒 | 北 | 距 | 距 | 距 | 距 | 距 | 距 | 二 |
| 鉤鈐一 | 二度八分五十一秒 | 一十四分二十二秒 | 北 | 距 | 距 | 距 | 距 | 距 | 距 | 五 |
| 罰一東增三 | 二度一十分二十七秒 | 九度一十三分三十三秒 | 北 | | | | | 距 | | 六 |
| 鉤鈐二 | 二度一十九分二十五秒 | 四分一十三秒 | 北 | 距 | 距 | 距 | 距 | 距 | 距 | 五 |
| 鍵閉 | 三度七分二十七秒 | 一度三十九分六秒 | 北 | 距 | 距 | 距 | 距 | 距 | 距 | 四 |
| 心宿南增二 | 四度四十三分一十五秒 | 六度四十分八秒 | 南 | 距 | | | | 距 | | 六 |
| 心宿南增一 | 四度四十七分五十一秒 | 七度八分四十九秒 | 南 | | | | | 距 | | 六 |
| 心宿北增三 | 五度五十四分五十一秒 | 五度三十八分五十八秒 | 南 | 距 | 距 | 距 | 距 | 距 | 距 | 六 |
| 東咸三 | 六度一分三十四秒 | 一度三十四分二十二秒 | 北 | 距 | 距 | 距 | 距 | 距 | 距 | 五 |
| 心宿一 | 六度一十六分四十秒 | 四度五十二秒 | 南 | 距 | | | 距 | 距 | | 四 |
| 東咸二 | 六度二十七分四十一秒 | 三度一十四分四十四秒 | 北 | 距 | 距 | | 距 | 距 | 距 | 五 |
| 心宿北增四 | 六度五十五分一十四秒 | 一度四十四分二十三秒 | 南 | 距 | 距 | 距 | 距 | 距 | 距 | 六 |
| 東咸一 | 七度八分四十二秒 | 五度一十二分五十三秒 | 北 | 距 | | | 距 | 距 | | 四 |
| 心宿北增九 | 七度一十七分三十五秒 | 一度四十一分九秒 | 南 | 距 | 距 | 距 | 距 | 距 | 距 | 六 |

| 黃道析木宮 | 經度 | 緯度 | 向 | 太陰 | 填星 | 歲星 | 熒惑 | 太白 | 辰星 | 等 |
|---|---|---|---|---|---|---|---|---|---|---|
| 東咸四 | 八度七分九秒 | 二十六分五十一秒 | 北 | 距 | 距 | 距 | 距 | 距 | 距 | 五 |
| 東咸東增二 | 八度八分四十一秒 | 四十六分八秒 | 北 | 距 | 距 | 距 | 距 | 距 | 距 | 六 |
| 心宿北增五 | 八度一十二分二十八秒 | 三度一十三分二十秒 | 南 | 距 | 距 | | 距 | 距 | 距 | 六 |
| 心宿二 | 八度一十三分二十秒 | 四度三十三分一十六秒 | 南 | 距 | | | 距 | 距 | 距 | 一 |
| 東咸東增一 | 九度四十五分二十六秒 | 四度二十六分三十四秒 | 北 | 距 | | | 距 | 距 | 距 | 六 |
| 心宿三 | 九度五十五分一十二秒 | 六度六分二十四秒 | 南 | 距 | | | | 距 | | 四 |
| 心宿東增六 | 一十一度三十三分一十二秒 | 四十七分一十三秒 | 南 | 距 | 距 | 距 | 距 | 距 | 距 | 六 |
| 心宿東增八 | 一十二度一十秒 | 三度七分三秒 | 南 | 距 | 距 | | 距 | 距 | 距 | 六 |
| 心宿東增七 | 一十二度三十二分三十七秒 | 二度八分五十八秒 | 南 | 距 | 距 | 距 | 距 | 距 | 距 | 六 |
| 宋西增一 | 一十三度五十四分三十九秒 | 九度四十二分五十一秒 | 北 | | | | | 距 | | 六 |
| 宋西增二 | 一十四度四十三分五十八秒 | 三度五十三分五十五秒 | 北 | 距 | 距 | | 距 | 距 | 距 | 六 |
| 天江西增九 | 一十四度五十五分三十七秒 | 二度一十二分五十五秒 | 南 | 距 | 距 | 距 | 距 | 距 | 距 | 六 |
| 天江西增十 | 一十五度三十七分一十一秒 | 二度五十三分一十二秒 | 南 | 距 | 距 | 距 | 距 | 距 | 距 | 六 |
| 天江西增十二 | 一十五度四十七分三十一秒 | 二度四十八分三十五秒 | 南 | 距 | 距 | 距 | 距 | 距 | 距 | 六 |
| 天江西增八 | 一十六度一十一秒 | 一度一十九分五十四秒 | 北 | 距 | 距 | 距 | 距 | 距 | 距 | 六 |
| 宋 | 一十六度二十六分二秒 | 七度一十一分五十七秒 | 北 | | | | | 距 | | 三 |
| 天江一 | 一十八度一十五分三十一秒 | 三度五十五分四十三秒 | 南 | 距 | 距 | | 距 | 距 | 距 | 六 |
| 天江二 | 一十八度二十九分三十秒 | 三度二十六分五秒 | 南 | 距 | 距 | | 距 | 距 | 距 | 五 |
| 天江內增三 | 一十八度四十二分三十一秒 | 三度二十二分五秒 | 南 | 距 | 距 | | 距 | 距 | 距 | 六 |
| 天江北增六 | 一十八度五十三分三十三秒 | 一度一十一分 | 南 | 距 | 距 | 距 | 距 | 距 | 距 | 六 |

| 黃道析木宮 | 經度 | 緯度 | 向 | 太陰 | 填星 | 歲星 | 熒惑 | 太白 | 辰星 | 等 |
|---|---|---|---|---|---|---|---|---|---|---|
| 天江東增二 | 一十九度二秒 | 三度三十一分三十六秒 | 南 | 距 | 距 | | 距 | 距 | 距 | 六 |
| 天江北增七 | 一十九度二十一分一十一秒 | 二度二分四十五秒 | 北 | 距 | 距 | 距 | 距 | 距 | 距 | 四 |
| 天江內增四 | 一十九度四十七分四十三秒 | 一度四十四分二十五秒 | 南 | 距 | 距 | 距 | 距 | 距 | 距 | 六 |
| 天江三 | 一十九度五十分二十七秒 | 一度四十九分四十四秒 | 南 | 距 | 距 | 距 | 距 | 距 | 距 | 三 |
| 天江南增一 | 二十度二十分二十一秒 | 四度五十六分四十五秒 | 南 | 距 | | | 距 | 距 | 距 | 六 |
| 天江內增五 | 二十度三十一分一十三秒 | 一度一分五十二秒 | 南 | 距 | 距 | 距 | 距 | 距 | 距 | 六 |
| 天江四 | 二十度四十七分一十秒 | 五十六分 | 南 | 距 | 距 | 距 | 距 | 距 | 距 | 四 |
| 糠 | 二十一度一十八分三十二秒 | 六度三十六分一十秒 | 南 | 距 | | | | 距 | | 五 |
| 糠東增一 | 二十一度三十分二十七秒 | 六度二十八分六秒 | 南 | 距 | | | | 距 | | 六 |
| 天籥西增一 | 二十一度四十八分一十三秒 | 三十三分一十八秒 | 南 | 距 | 距 | 距 | 距 | 距 | 距 | 六 |
| 天籥六 | 二十一度五十六分三十一秒 | 三十六分二十一秒 | 南 | 距 | 距 | 距 | 距 | 距 | 距 | 五 |
| 天籥七 | 二十二度一十分二十六秒 | 二度四十一分五十秒 | 南 | 距 | 距 | 距 | 距 | 距 | 距 | 六 |
| 天籥五 | 二十二度四十四分五十四秒 | 一度一十八分 | 北 | 距 | 距 | 距 | 距 | 距 | 距 | 二 |
| 南海 | 二十三度三十九秒 | 七度五十七分六秒 | 北 | | | | | 距 | | 四 |
| 天籥四 | 二十三度三十三分三十九秒 | 一度二十八分二十五秒 | 北 | 距 | 距 | 距 | 距 | 距 | 距 | 六 |
| 天籥三 | 二十四度三十六分 | 一度四十二分四十六秒 | 北 | 距 | 距 | 距 | 距 | 距 | 距 | 五 |
| 天籥二 | 二十五度二十二分二十五秒 | 一度三十四分二秒 | 北 | 距 | 距 | 距 | 距 | 距 | 距 | 六 |
| 天籥八 | 二十五度四十二分一十七秒 | 四度二十四分四十一秒 | 南 | 距 | | | 距 | 距 | 距 | 六 |
| 天籥一 | 二十七度一十八分四十六秒 | 一度二十二分八秒 | 南 | 距 | 距 | 距 | 距 | 距 | 距 | 五 |
| 天籥東增二 | 二十八度二十五分三十二秒 | 二十一分四十五秒 | 南 | 距 | 距 | 距 | 距 | 距 | 距 | 六 |

| 黄道析木宮 | 經度 | 緯度 | 向 | 太陰 | 填星 | 歲星 | 熒惑 | 太白 | 辰星 | 等 |
|---|---|---|---|---|---|---|---|---|---|---|
| 天弁東增三 | 二十八度三十分三十三秒 | 四十九分五十一秒 | 南 | 距 | 距 | 距 | 距 | 距 | 距 | 六 |
| 斗宿西增一 | 二十八度三十三分一十七秒 | 五度二十六分五十一秒 | 北 | 距 |  |  | 距 | 距 |  | 六 |
| 天弁東增四 | 二十九度七分三秒 | 四十九分五十秒 | 南 | 距 | 距 | 距 | 距 | 距 | 距 | 六 |
| 箕宿一 | 二十九度四十三分二秒 | 六度五十七分五十一秒 | 南 | 距 |  |  |  | 距 |  | 三 |

恆星各有定次。其行以黄道為樞紐。太陰與五星亦循黄道而東。太陰所行在黄道南北六度内。填星三度。歲星二度。熒惑五度。辰星四度。太白最遠亦不越十度。故近黄道南北十度之恆星。與太陰五星皆得相距。［太陰五星與恆星所行各有本輪。恆星最上。太陰最下。上為距者。下為距之者。太陰五星並距恆星。故知恆星上也。太陰距恆星兼距五星。故知太陰下也。五星又互相距。故知各有本輪也。］十度内者距太白。七度内者距太陰太白。六度内者距太陰熒惑太白。五度内者距太陰熒惑太白辰。四度内者距太陰填熒惑太白辰。其不及三度。則太陰五星並得距之。凡距太陰十七分以内為淩。十八分以外為犯。五星三分以内為淩。四分以外為犯。兩緯同度並為掩。凡距限。太陰以本日經度在星前。次日經度在星後為入限。緯北為上。緯南為下。同在緯北。則遠為上。近為下。緯南異是。［江氏永曰。皆以在星北為上。在星南為下。］在上以二度為距限。在下以一度為距限。五星入限。與太陰同。其距限。則無論緯北緯南皆一度也。［太陰距五星。與距恆星同。若五星自相距。則以行速者為淩犯之星。行遲者為受淩犯之星。遲速同而一順一逆。則以順行者為淩犯之星。逆行者為受淩犯之星。其入限並與距恆星同。］淩犯恆

星有表。始於歷象考成前編。監臣戴進賢修儀象考成亦用之。至續編又加密焉。今從續編新測黃道經緯度歲差。推得光緒十三年丁亥距星表。以黃道經度爲次。而近黃道南北十度之緯度附之。太陰五星之相距不相距。亦列於下。其赤道經緯度載恆星表中。本年之入距限者載月五星相距時憲書中。此不具焉。

欽定大清會典圖卷一百二十一

天文十五恆星十四

黃平象限表

距限差表

| 黃道經度 宮 | 黃道經度 度 | 春分距午 時 | 春分距午 分 | 春分距午 秒 | 黃平象限 宮 | 黃平象限 度 | 黃平象限 分 | 黃平象限 秒 | 限距地高 度 | 限距地高 分 | 限距地高 秒 |
|---|---|---|---|---|---|---|---|---|---|---|---|
| 三 | ○○ | ○ | ○○ | ○○ | 三 | 一八 | 二六 | 一四 | 五三 | 五六 | 五一 |
| 三 | ○一 | ○ | ○三 | 四○ | 三 | 一九 | 一一 | 三七 | 五四 | 一七 | 三六 |
| 三 | ○二 | ○ | ○七 | 二○ | 三 | 一九 | 五六 | 五○ | 五四 | 三八 | 一六 |
| 三 | ○三 | ○ | 一一 | ○○ | 三 | 二○ | 四一 | 五七 | 五四 | 五八 | 五○ |
| 三 | ○四 | ○ | 一四 | 四一 | 三 | 二一 | 二六 | 五七 | 五五 | 一九 | 一八 |
| 三 | ○五 | ○ | 一八 | 二一 | 三 | 二二 | 一一 | 五二 | 五五 | 三九 | 四一 |
| 三 | ○六 | ○ | 二二 | ○一 | 三 | 二二 | 五六 | 四二 | 五五 | 五九 | 四八 |
| 三 | ○七 | ○ | 二五 | 四二 | 三 | 二三 | 四一 | 二六 | 五六 | 二○ | ○九 |
| 三 | ○八 | ○ | 二九 | 二三 | 三 | 二四 | 二六 | ○七 | 五六 | 四○ | 一三 |
| 三 | ○九 | ○ | 三三 | ○四 | 三 | 二五 | 一○ | 四四 | 五七 | ○○ | 一二 |
| 三 | 一○ | ○ | 三六 | 四五 | 三 | 二五 | 五五 | 一五 | 五七 | 二○ | ○四 |
| 三 | 一一 | ○ | 四○ | 二六 | 三 | 二六 | 三九 | 四九 | 五七 | 三九 | 五○ |
| 三 | 一二 | ○ | 四四 | ○八 | 三 | 二七 | 二四 | 一八 | 五七 | 五九 | 二九 |
| 三 | 一三 | ○ | 四七 | 四九 | 三 | 二八 | ○八 | 四五 | 五八 | 一九 | ○二 |
| 三 | 一四 | ○ | 五一 | 三一 | 三 | 二八 | 五三 | 一二 | 五八 | 三八 | 二八 |
| 三 | 一五 | ○ | 五五 | 一四 | 三 | 二九 | 三七 | 三七 | 五八 | 五七 | 四八 |
| 三 | 一六 | ○ | 五八 | 五六 | 四 | ○○ | 二二 | ○三 | 五九 | 一七 | ○○ |
| 三 | 一七 | 一 | ○二 | 三九 | 四 | ○一 | ○六 | 二七 | 五九 | 三六 | ○六 |
| 三 | 一八 | 一 | ○六 | 二三 | 四 | ○一 | 五○ | 五四 | 五九 | 五五 | ○五 |
| 三 | 一九 | 一 | 一○ | ○六 | 四 | ○二 | 三五 | 二二 | 六○ | 一三 | 五六 |
| 三 | 二○ | 一 | 一三 | 五○ | 四 | ○三 | 一九 | 五○ | 六○ | 三二 | 三九 |
| 三 | 二一 | 一 | 一七 | 三五 | 四 | ○四 | ○四 | 二一 | 六○ | 五一 | 一六 |
| 三 | 二二 | 一 | 二一 | 二○ | 四 | ○四 | 四八 | 五四 | 六一 | ○九 | 四五 |
| 三 | 二三 | 一 | 二五 | ○五 | 四 | ○五 | 三三 | 二九 | 六一 | 二八 | ○六 |
| 三 | 二四 | 一 | 二八 | 五一 | 四 | ○六 | 一八 | ○八 | 六一 | 四六 | 一八 |
| 三 | 二五 | 一 | 三二 | 三七 | 四 | ○七 | ○二 | 五一 | 六二 | ○四 | 二四 |
| 三 | 二六 | 一 | 三六 | 二四 | 四 | ○七 | 四七 | 三七 | 六二 | 二二 | 二○ |
| 三 | 二七 | 一 | 四○ | 一一 | 四 | ○八 | 三二 | 二八 | 六二 | 四○ | ○八 |
| 三 | 二八 | 一 | 四三 | 五九 | 四 | ○九 | 一七 | 二三 | 六二 | 五七 | 四八 |
| 三 | 二九 | 一 | 四七 | 四八 | 四 | 一○ | ○二 | 二三 | 六三 | 一五 | 一八 |
| 三 | 三○ | 一 | 五一 | 三七 | 四 | 一○ | 四七 | 二八 | 六三 | 三二 | 四○ |

| 黃道經度 宮 | 黃道經度 度 | 春分距午 時 | 春分距午 分 | 春分距午 秒 | 黃平象限 宮 | 黃平象限 度 | 黃平象限 分 | 黃平象限 秒 | 限距地高 度 | 限距地高 分 | 限距地高 秒 |
|---|---|---|---|---|---|---|---|---|---|---|---|
| 四 | ○○ | 一 | 五一 | 三七 | 四 | 一○ | 四七 | 二八 | 六三 | 三二 | 四○ |
| 四 | ○一 | 一 | 五五 | 二六 | 四 | 一一 | 三二 | 四○ | 六三 | 四九 | 五三 |
| 四 | ○二 | 一 | 五九 | 一六 | 四 | 一二 | 一七 | 五六 | 六四 | ○六 | 五六 |
| 四 | ○三 | 二 | ○三 | ○七 | 四 | 一三 | ○三 | 一九 | 六四 | 二三 | 五一 |
| 四 | ○四 | 二 | ○六 | 五八 | 四 | 一三 | 四八 | 四九 | 六四 | 四○ | 三四 |
| 四 | ○五 | 二 | 一○ | 五○ | 四 | 一四 | 三四 | 二六 | 六四 | 五七 | ○八 |
| 四 | ○六 | 二 | 一四 | 四三 | 四 | 一五 | 二○ | ○九 | 六五 | 一三 | 三二 |
| 四 | ○七 | 二 | 一八 | 三六 | 四 | 一六 | ○六 | ○○ | 六五 | 二九 | 四五 |
| 四 | ○八 | 二 | 二二 | 三○ | 四 | 一六 | 五一 | 五九 | 六五 | 四五 | 四八 |
| 四 | ○九 | 二 | 二六 | 二四 | 四 | 一七 | 三八 | ○五 | 六六 | ○一 | 四○ |
| 四 | 一○ | 二 | 三○ | 二○ | 四 | 一八 | 二四 | 一九 | 六六 | 一七 | 二○ |
| 四 | 一一 | 二 | 三四 | 一六 | 四 | 一九 | 一○ | 四二 | 六六 | 三二 | 四九 |
| 四 | 一二 | 二 | 三八 | 一二 | 四 | 一九 | 五七 | 一三 | 六六 | 四八 | ○六 |
| 四 | 一三 | 二 | 四二 | 一○ | 四 | 二○ | 四三 | 五三 | 六七 | ○三 | 一一 |
| 四 | 一四 | 二 | 四六 | ○八 | 四 | 二一 | 三○ | 四二 | 六七 | 一八 | ○四 |
| 四 | 一五 | 二 | 五○ | ○六 | 四 | 二二 | 一七 | 三九 | 六七 | 三二 | 四五 |
| 四 | 一六 | 二 | 五四 | ○六 | 四 | 二三 | ○四 | 四六 | 六七 | 四七 | 一三 |
| 四 | 一七 | 二 | 五八 | ○六 | 四 | 二三 | 五二 | ○二 | 六八 | ○一 | 二七 |
| 四 | 一八 | 三 | ○二 | ○七 | 四 | 二四 | 三九 | 二八 | 六八 | 一五 | 二八 |
| 四 | 一九 | 三 | ○六 | ○九 | 四 | 二五 | 二七 | ○三 | 六八 | 二九 | 一五 |
| 四 | 二○ | 三 | 一○ | 一一 | 四 | 二六 | 一四 | 四七 | 六八 | 四二 | 四九 |
| 四 | 二一 | 三 | 一四 | 一四 | 四 | 二七 | ○二 | 四二 | 六八 | 五六 | ○八 |
| 四 | 二二 | 三 | 一八 | 一八 | 四 | 二七 | 五○ | 四六 | 六九 | ○九 | 一二 |
| 四 | 二三 | 三 | 二二 | 二二 | 四 | 二八 | 三九 | ○○ | 六九 | 二二 | ○一 |
| 四 | 二四 | 三 | 二六 | 二八 | 四 | 二九 | 二七 | 二四 | 六九 | 三四 | 三五 |
| 四 | 二五 | 三 | 三○ | 三四 | 五 | ○○ | 一五 | 五八 | 六九 | 四六 | 五三 |
| 四 | 二六 | 三 | 三四 | 四○ | 五 | ○一 | ○四 | 四一 | 六九 | 五八 | 五六 |
| 四 | 二七 | 三 | 三八 | 四八 | 五 | ○一 | 五三 | 三四 | 七○ | 一○ | 四二 |
| 四 | 二八 | 三 | 四二 | 五六 | 五 | ○二 | 四二 | 三七 | 七○ | 二二 | 一一 |
| 四 | 二九 | 三 | 四七 | ○五 | 五 | ○三 | 三一 | 五○ | 七○ | 三三 | 二三 |
| 四 | 三○ | 三 | 五一 | 一四 | 五 | ○四 | 二一 | 一二 | 七○ | 四四 | 一九 |

| 黃道經度 宮 | 黃道經度 度 | 春分距午 時 | 春分距午 分 | 春分距午 秒 | 黃平象限 宮 | 黃平象限 度 | 黃平象限 分 | 黃平象限 秒 | 限距地高 度 | 限距地高 分 | 限距地高 秒 |
|---|---|---|---|---|---|---|---|---|---|---|---|
| 五 | ○○ | 三 | 五一 | 一四 | 五 | ○四 | 二一 | 一二 | 七○ | 四四 | 一九 |
| 五 | ○一 | 三 | 五五 | 二五 | 五 | ○五 | 一○ | 四四 | 七○ | 五四 | 五七 |
| 五 | ○二 | 三 | 五九 | 三六 | 五 | ○六 | ○○ | 二六 | 七一 | ○五 | 一六 |
| 五 | ○三 | 四 | ○三 | 四七 | 五 | ○六 | 五○ | 一七 | 七一 | 一五 | 一八 |
| 五 | ○四 | 四 | ○七 | 五九 | 五 | ○七 | 四○ | 一七 | 七一 | 二五 | ○一 |
| 五 | ○五 | 四 | 一二 | 一二 | 五 | ○八 | 三○ | 二六 | 七一 | 三四 | 二四 |
| 五 | ○六 | 四 | 一六 | 二六 | 五 | ○九 | 二○ | 四四 | 七一 | 四三 | 二九 |
| 五 | ○七 | 四 | 二○ | 四○ | 五 | 一○ | 一一 | 一七 | 七一 | 五二 | 一四 |
| 五 | ○八 | 四 | 二四 | 五四 | 五 | 一一 | ○一 | 四六 | 七二 | ○○ | 四○ |
| 五 | ○九 | 四 | 二九 | ○九 | 五 | 一一 | 五二 | 二九 | 七二 | ○八 | 四五 |
| 五 | 一○ | 四 | 三三 | 二五 | 五 | 一二 | 四三 | 二四 | 七二 | 一六 | 二九 |
| 五 | 一一 | 四 | 三七 | 四一 | 五 | 一三 | 三四 | 一九 | 七二 | 二三 | 五四 |
| 五 | 一二 | 四 | 四一 | 五八 | 五 | 一四 | 二五 | 二六 | 七二 | 三○ | 五七 |
| 五 | 一三 | 四 | 四六 | 一六 | 五 | 一五 | 一六 | 三九 | 七二 | 三七 | 三九 |
| 五 | 一四 | 四 | 五○ | 三三 | 五 | 一六 | ○八 | ○○ | 七二 | 四三 | 五九 |
| 五 | 一五 | 四 | 五四 | 五一 | 五 | 一六 | 五九 | 二七 | 七二 | 四九 | 五八 |
| 五 | 一六 | 四 | 五九 | 一○ | 五 | 一七 | 五一 | ○○ | 七二 | 五五 | 三四 |
| 五 | 一七 | 五 | ○三 | 二九 | 五 | 一八 | 四二 | 三九 | 七三 | ○○ | 四九 |
| 五 | 一八 | 五 | ○七 | 四八 | 五 | 一九 | 三四 | 二四 | 七三 | ○五 | 四一 |
| 五 | 一九 | 五 | 一二 | ○八 | 五 | 二○ | 二六 | 一三 | 七三 | 一○ | 一○ |
| 五 | 二○ | 五 | 一六 | 二八 | 五 | 二一 | 一八 | ○七 | 七三 | 一四 | 一七 |
| 五 | 二一 | 五 | 二○ | 四九 | 五 | 二二 | 一○ | ○六 | 七三 | 一八 | ○一 |
| 五 | 二二 | 五 | 二五 | ○九 | 五 | 二三 | ○二 | ○九 | 七三 | 二一 | 二二 |
| 五 | 二三 | 五 | 二九 | 三○ | 五 | 二三 | 五四 | 一五 | 七三 | 二四 | 一八 |
| 五 | 二四 | 五 | 三三 | 五一 | 五 | 二四 | 四六 | 二四 | 七三 | 二六 | 五二 |
| 五 | 二五 | 五 | 三八 | 一二 | 五 | 二五 | 三八 | 三六 | 七三 | 二九 | ○三 |
| 五 | 二六 | 五 | 四二 | 三四 | 五 | 二六 | 三○ | 五○ | 七三 | 三○ | 五○ |
| 五 | 二七 | 五 | 四六 | 五五 | 五 | 二七 | 二三 | ○六 | 七三 | 三二 | 一三 |
| 五 | 二八 | 五 | 五一 | 一七 | 五 | 二八 | 一五 | 二三 | 七三 | 三三 | 一二 |
| 五 | 二九 | 五 | 五五 | 三八 | 五 | 二九 | ○七 | 四一 | 七三 | 三三 | 四八 |
| 五 | 三○ | 六 | ○○ | ○○ | 六 | ○○ | ○○ | ○○ | 七三 | 三四 | ○○ |

| 黃道經度 宮 | 黃道經度 度 | 春分距午 時 | 春分距午 分 | 春分距午 秒 | 黃平象限 宮 | 黃平象限 度 | 黃平象限 分 | 黃平象限 秒 | 限距地高 度 | 限距地高 分 | 限距地高 秒 |
|---|---|---|---|---|---|---|---|---|---|---|---|
| 六 | ○○ | 六 | ○○ | ○○ | 六 | ○○ | ○○ | ○○ | 七三 | 三四 | ○○ |
| 六 | ○一 | 六 | ○四 | 二二 | 六 | ○○ | 五二 | 一九 | 七三 | 三三 | 四八 |
| 六 | ○二 | 六 | ○八 | 四三 | 六 | ○一 | 四四 | 三七 | 七三 | 三三 | 一二 |
| 六 | ○三 | 六 | 一三 | ○五 | 六 | ○二 | 三六 | 五四 | 七三 | 三二 | 一三 |
| 六 | ○四 | 六 | 一七 | 二六 | 六 | ○三 | 二九 | 一○ | 七三 | 三○ | 五○ |
| 六 | ○五 | 六 | 二一 | 四八 | 六 | ○四 | 二一 | 二四 | 七三 | 二九 | ○三 |
| 六 | ○六 | 六 | 二六 | ○九 | 六 | ○五 | 一三 | 三六 | 七三 | 二六 | 五二 |
| 六 | ○七 | 六 | 三○ | 三○ | 六 | ○六 | ○五 | 四五 | 七三 | 二四 | 一八 |
| 六 | ○八 | 六 | 三四 | 五一 | 六 | ○六 | 五七 | 五一 | 七三 | 二一 | 二二 |
| 六 | ○九 | 六 | 三九 | 一一 | 六 | ○七 | 四九 | 五四 | 七三 | 一八 | ○一 |
| 六 | 一○ | 六 | 四三 | 三二 | 六 | ○八 | 四一 | 五三 | 七三 | 一四 | 一七 |
| 六 | 一一 | 六 | 四七 | 五二 | 六 | ○九 | 三三 | 四七 | 七三 | 一○ | 一○ |
| 六 | 一二 | 六 | 五二 | 一二 | 六 | 一○ | 二五 | 三六 | 七三 | ○五 | 四一 |
| 六 | 一三 | 六 | 五六 | 三一 | 六 | 一一 | 一七 | 二一 | 七三 | ○○ | 四九 |
| 六 | 一四 | 七 | ○○ | 五○ | 六 | 一二 | ○九 | ○○ | 七二 | 五五 | 三四 |
| 六 | 一五 | 七 | ○五 | ○九 | 六 | 一三 | ○○ | 三三 | 七二 | 四九 | 五八 |
| 六 | 一六 | 七 | ○九 | 二七 | 六 | 一三 | 五二 | ○○ | 七二 | 四三 | 五九 |
| 六 | 一七 | 七 | 一三 | 四四 | 六 | 一四 | 四三 | 二一 | 七二 | 三七 | 三九 |
| 六 | 一八 | 七 | 一八 | ○二 | 六 | 一五 | 三四 | 三四 | 七二 | 三○ | 五七 |
| 六 | 一九 | 七 | 二二 | 一九 | 六 | 一六 | 二五 | 四一 | 七二 | 二三 | 五四 |
| 六 | 二○ | 七 | 二六 | 三五 | 六 | 一七 | 一六 | 三六 | 七二 | 一六 | 二九 |
| 六 | 二一 | 七 | 三○ | 五一 | 六 | 一八 | ○七 | 三一 | 七二 | ○八 | 四五 |
| 六 | 二二 | 七 | 三五 | ○六 | 六 | 一八 | 五八 | 一四 | 七二 | ○○ | 四○ |
| 六 | 二三 | 七 | 三九 | 二○ | 六 | 一九 | 四八 | 四三 | 七一 | 五二 | 一四 |
| 六 | 二四 | 七 | 四三 | 三四 | 六 | 二○ | 三九 | 一六 | 七一 | 四三 | 二九 |
| 六 | 二五 | 七 | 四七 | 四八 | 六 | 二一 | 二九 | 三四 | 七一 | 三四 | 二四 |
| 六 | 二六 | 七 | 五二 | ○一 | 六 | 二二 | 一九 | 四三 | 七一 | 二五 | ○一 |
| 六 | 二七 | 七 | 五六 | 一三 | 六 | 二三 | ○九 | 四三 | 七一 | 一五 | 一八 |
| 六 | 二八 | 八 | ○○ | 二四 | 六 | 二三 | 五九 | 三四 | 七一 | ○五 | 一六 |
| 六 | 二九 | 八 | ○四 | 三五 | 六 | 二四 | 四九 | 一六 | 七○ | 五四 | 五七 |
| 六 | 三○ | 八 | ○八 | 四六 | 六 | 二五 | 三八 | 四八 | 七○ | 四四 | 一九 |

| 黃道經度 宮 | 度 | 春分距午 時 | 分 | 秒 | 黃平象限 宮 | 度 | 分 | 秒 | 地高限距 度 | 分 | 秒 |
|---|---|---|---|---|---|---|---|---|---|---|---|
| 七 | ○○ | 八 | ○八 | 四六 | 六 | 二五 | 三八 | 四八 | 七○ | 四四 | 一九 |
| 七 | ○一 | 八 | 一二 | 五五 | 六 | 二六 | 二八 | 一○ | 七○ | 三三 | 二三 |
| 七 | ○二 | 八 | 一七 | ○四 | 六 | 二七 | 一七 | 二三 | 七○ | 二二 | 一一 |
| 七 | ○三 | 八 | 二一 | 一二 | 六 | 二八 | ○六 | 二六 | 七○ | 一○ | 四二 |
| 七 | ○四 | 八 | 二五 | 二○ | 六 | 二八 | 五五 | 一九 | 六九 | 五八 | 五六 |
| 七 | ○五 | 八 | 二九 | 二六 | 六 | 二九 | 四四 | ○二 | 六九 | 四六 | 五三 |
| 七 | ○六 | 八 | 三三 | 三二 | 七 | ○○ | 三二 | 三六 | 六九 | 三四 | 三五 |
| 七 | ○七 | 八 | 三七 | 三八 | 七 | ○一 | 二一 | ○○ | 六九 | 二二 | ○一 |
| 七 | ○八 | 八 | 四一 | 四二 | 七 | ○二 | ○九 | 一四 | 六九 | ○九 | 一二 |
| 七 | ○九 | 八 | 四五 | 四六 | 七 | ○二 | 五七 | 一八 | 六八 | 五六 | ○八 |
| 七 | 一○ | 八 | 四九 | 四九 | 七 | ○三 | 四五 | 一三 | 六八 | 四二 | 四九 |
| 七 | 一一 | 八 | 五三 | 五一 | 七 | ○四 | 三二 | 五七 | 六八 | 二九 | 一五 |
| 七 | 一二 | 八 | 五七 | 五三 | 七 | ○五 | 二○ | 三二 | 六八 | 一五 | 二八 |
| 七 | 一三 | 九 | ○一 | 五四 | 七 | ○六 | ○七 | 五八 | 六八 | ○一 | 二七 |
| 七 | 一四 | 九 | ○五 | 五四 | 七 | ○六 | 五五 | 一四 | 六七 | 四七 | 一三 |
| 七 | 一五 | 九 | ○九 | 五四 | 七 | ○七 | 四二 | 二一 | 六七 | 三二 | 四五 |
| 七 | 一六 | 九 | 一三 | 五二 | 七 | ○八 | 二九 | 一八 | 六七 | 一八 | ○四 |
| 七 | 一七 | 九 | 一七 | 五○ | 七 | ○九 | 一六 | ○七 | 六七 | ○三 | 一一 |
| 七 | 一八 | 九 | 二一 | 四八 | 七 | 一○ | ○二 | 四七 | 六六 | 四八 | ○六 |
| 七 | 一九 | 九 | 二五 | 四四 | 七 | 一○ | 四九 | 一八 | 六六 | 三二 | 四九 |
| 七 | 二○ | 九 | 二九 | 四○ | 七 | 一一 | 三五 | 四一 | 六六 | 一七 | 二○ |
| 七 | 二一 | 九 | 三三 | 三六 | 七 | 一二 | 二一 | 五五 | 六六 | ○一 | 四○ |
| 七 | 二二 | 九 | 三七 | 三○ | 七 | 一三 | ○八 | ○一 | 六五 | 四五 | 四八 |
| 七 | 二三 | 九 | 四一 | 二四 | 七 | 一三 | 五四 | ○○ | 六五 | 二九 | 四五 |
| 七 | 二四 | 九 | 四五 | 一七 | 七 | 一四 | 三九 | 五一 | 六五 | 一三 | 三二 |
| 七 | 二五 | 九 | 四九 | 一○ | 七 | 一五 | 二五 | 三四 | 六四 | 五七 | ○八 |
| 七 | 二六 | 九 | 五三 | ○二 | 七 | 一六 | 一一 | 一一 | 六四 | 四○ | 三四 |
| 七 | 二七 | 九 | 五六 | 五三 | 七 | 一六 | 五六 | 四一 | 六四 | 二三 | 五一 |
| 七 | 二八 | 一○ | ○○ | 四四 | 七 | 一七 | 四二 | ○四 | 六四 | ○六 | 五六 |
| 七 | 二九 | 一○ | ○四 | 三四 | 七 | 一八 | 二七 | 二○ | 六三 | 四九 | 五三 |
| 七 | 三○ | 一○ | ○八 | 二三 | 七 | 一九 | 一二 | 三二 | 六三 | 三二 | 四○ |

| 黃道經度 宮 | 度 | 春分距午 時 | 分 | 秒 | 黃平象限 宮 | 度 | 分 | 秒 | 地高限距 度 | 分 | 秒 |
|---|---|---|---|---|---|---|---|---|---|---|---|
| 八 | ○○ | 一○ | ○八 | 二三 | 七 | 一九 | 一二 | 三二 | 六三 | 三二 | 四○ |
| 八 | ○一 | 一○ | 一二 | 一二 | 七 | 一九 | 五七 | 三七 | 六三 | 一五 | 一八 |
| 八 | ○二 | 一○ | 一六 | ○一 | 七 | 二○ | 四二 | 三七 | 六二 | 五七 | 四八 |
| 八 | ○三 | 一○ | 一九 | 四九 | 七 | 二一 | 二七 | 三二 | 六二 | 四○ | ○八 |
| 八 | ○四 | 一○ | 二三 | 三六 | 七 | 二二 | 一二 | 二三 | 六二 | 二二 | 二○ |
| 八 | ○五 | 一○ | 二七 | 二三 | 七 | 二二 | 五七 | ○九 | 六二 | ○四 | 二四 |
| 八 | ○六 | 一○ | 三一 | ○九 | 七 | 二三 | 四一 | 五二 | 六一 | 四六 | 一八 |
| 八 | ○七 | 一○ | 三四 | 五五 | 七 | 二四 | 二六 | 三一 | 六一 | 二八 | ○六 |
| 八 | ○八 | 一○ | 三八 | 四○ | 七 | 二五 | 一一 | ○六 | 六一 | ○九 | 四五 |
| 八 | ○九 | 一○ | 四二 | 二五 | 七 | 二五 | 五五 | 三九 | 六○ | 五一 | 一六 |
| 八 | 一○ | 一○ | 四六 | 一○ | 七 | 二六 | 四○ | 一○ | 六○ | 三二 | 三九 |
| 八 | 一一 | 一○ | 四九 | 五四 | 七 | 二七 | 二四 | 三八 | 六○ | 一三 | 五六 |
| 八 | 一二 | 一○ | 五三 | 三七 | 七 | 二八 | ○九 | ○六 | 五九 | 五五 | ○五 |
| 八 | 一三 | 一○ | 五七 | 二一 | 七 | 二八 | 五三 | 三三 | 五九 | 三六 | ○六 |
| 八 | 一四 | 一一 | ○一 | ○四 | 七 | 二九 | 三七 | 五七 | 五九 | 一七 | ○○ |
| 八 | 一五 | 一一 | ○四 | 四六 | 八 | ○○ | 二二 | 二三 | 五八 | 五七 | 四八 |
| 八 | 一六 | 一一 | ○八 | 二九 | 八 | ○一 | ○六 | 四八 | 五八 | 三八 | 二八 |
| 八 | 一七 | 一一 | 一二 | 一一 | 八 | ○一 | 五一 | 一五 | 五八 | 一九 | ○二 |
| 八 | 一八 | 一一 | 一五 | 五二 | 八 | ○二 | 三五 | 四二 | 五七 | 五九 | 二九 |
| 八 | 一九 | 一一 | 一九 | 三四 | 八 | ○三 | 二○ | 一一 | 五七 | 三九 | 五○ |
| 八 | 二○ | 一一 | 二三 | 一五 | 八 | ○四 | ○四 | 四五 | 五七 | 二○ | ○四 |
| 八 | 二一 | 一一 | 二六 | 五六 | 八 | ○四 | 四九 | 一六 | 五七 | ○○ | 一二 |
| 八 | 二二 | 一一 | 三○ | 三七 | 八 | ○五 | 三三 | 五三 | 五六 | 四○ | 一三 |
| 八 | 二三 | 一一 | 三四 | 一八 | 八 | ○六 | 一八 | 三四 | 五六 | 二○ | ○九 |
| 八 | 二四 | 一一 | 三七 | 五九 | 八 | ○七 | ○三 | 一八 | 五五 | 五九 | 四八 |
| 八 | 二五 | 一一 | 四一 | 三九 | 八 | ○七 | 四八 | ○八 | 五五 | 三九 | 四一 |
| 八 | 二六 | 一一 | 四五 | 一九 | 八 | ○八 | 三三 | ○三 | 五五 | 一九 | 一八 |
| 八 | 二七 | 一一 | 四九 | ○○ | 八 | ○九 | 一八 | ○三 | 五四 | 五八 | 五○ |
| 八 | 二八 | 一一 | 五二 | 四○ | 八 | 一○ | ○三 | 一○ | 五四 | 三八 | 一六 |
| 八 | 二九 | 一一 | 五六 | 二○ | 八 | 一○ | 四八 | 二三 | 五四 | 一七 | 三六 |
| 八 | 三○ | 一二 | ○○ | ○○ | 八 | 一一 | 三三 | 四六 | 五三 | 五六 | 五一 |

| 黃道經度 宮 | 度 | 春分距午 時 | 分 | 秒 | 黃平象限 宮 | 度 | 分 | 秒 | 地高限距 度 | 分 | 秒 |
|---|---|---|---|---|---|---|---|---|---|---|---|
| 九 | ○○ | 一二 | ○○ | ○○ | 八 | 一一 | 三三 | 四六 | 五三 | 五六 | 五一 |
| 九 | ○一 | 一二 | ○三 | 四○ | 八 | 一二 | 一九 | 一五 | 五三 | 三六 | ○一 |
| 九 | ○二 | 一二 | ○七 | 二○ | 八 | 一三 | ○四 | 五三 | 五三 | 一五 | ○三 |
| 九 | ○三 | 一二 | 一一 | ○○ | 八 | 一三 | 五○ | 四一 | 五二 | 五四 | ○二 |
| 九 | ○四 | 一二 | 一四 | 四一 | 八 | 一四 | 三六 | 四○ | 五二 | 三二 | 五五 |
| 九 | ○五 | 一二 | 一八 | 二一 | 八 | 一五 | 二二 | 四八 | 五二 | 一一 | 四三 |
| 九 | ○六 | 一二 | 二二 | ○一 | 八 | 一六 | ○九 | ○七 | 五一 | 五○ | 二六 |
| 九 | ○七 | 一二 | 二五 | 四二 | 八 | 一六 | 五五 | 四○ | 五一 | 二九 | ○三 |
| 九 | ○八 | 一二 | 二九 | 二三 | 八 | 一七 | 四二 | 二四 | 五一 | ○七 | 三六 |
| 九 | ○九 | 一二 | 三三 | ○四 | 八 | 一八 | 二九 | 二二 | 五○ | 四六 | ○五 |
| 九 | 一○ | 一二 | 三六 | 四五 | 八 | 一九 | 一六 | 三四 | 五○ | 二四 | 二八 |
| 九 | 一一 | 一二 | 四○ | 二六 | 八 | 二○ | ○四 | ○一 | 五○ | ○二 | 四七 |
| 九 | 一二 | 一二 | 四四 | ○八 | 八 | 二○ | 五一 | 四四 | 四九 | 四一 | ○一 |
| 九 | 一三 | 一二 | 四七 | 四九 | 八 | 二一 | 三九 | 四三 | 四九 | 一九 | 一一 |
| 九 | 一四 | 一二 | 五一 | 三一 | 八 | 二二 | 二八 | ○○ | 四八 | 五七 | 一六 |
| 九 | 一五 | 一二 | 五五 | 一四 | 八 | 二三 | 一六 | 三四 | 四八 | 三五 | 一七 |
| 九 | 一六 | 一二 | 五八 | 五六 | 八 | 二四 | ○五 | 二七 | 四八 | 一三 | 一五 |
| 九 | 一七 | 一三 | ○二 | 三九 | 八 | 二四 | 五四 | 三九 | 四七 | 五一 | ○八 |
| 九 | 一八 | 一三 | ○六 | 二三 | 八 | 二五 | 四四 | 一三 | 四七 | 二八 | 五七 |
| 九 | 一九 | 一三 | 一○ | ○六 | 八 | 二六 | 三四 | ○七 | 四七 | ○六 | 四四 |
| 九 | 二○ | 一三 | 一三 | 五○ | 八 | 二七 | 二四 | 二六 | 四六 | 四四 | 二六 |
| 九 | 二一 | 一三 | 一七 | 三五 | 八 | 二八 | 一五 | ○五 | 四六 | 二二 | ○六 |
| 九 | 二二 | 一三 | 二一 | 二○ | 八 | 二九 | ○六 | ○九 | 四五 | 五九 | 四一 |
| 九 | 二三 | 一三 | 二五 | ○五 | 八 | 二九 | 五七 | 四○ | 四五 | 三七 | 一四 |
| 九 | 二四 | 一三 | 二八 | 五一 | 九 | ○○ | 四九 | 三六 | 四五 | 一四 | 四五 |
| 九 | 二五 | 一三 | 三二 | 三七 | 九 | ○一 | 四一 | 五一 | 四四 | 五二 | 一二 |
| 九 | 二六 | 一三 | 三六 | 二四 | 九 | ○二 | 三四 | 五○ | 四四 | 二九 | 三七 |
| 九 | 二七 | 一三 | 四○ | 一一 | 九 | ○三 | 二八 | 一一 | 四四 | ○七 | ○一 |
| 九 | 二八 | 一三 | 四三 | 五九 | 九 | ○四 | 二二 | ○一 | 四三 | 四四 | 二二 |
| 九 | 二九 | 一三 | 四七 | 四八 | 九 | ○五 | 一六 | 二五 | 四三 | 二一 | 四二 |
| 九 | 三○ | 一三 | 五一 | 三七 | 九 | ○六 | 一一 | 二○ | 四二 | 五九 | ○一 |

| 黃道經度 宮 | 度 | 春分距午 時 | 分 | 秒 | 黃平象限 宮 | 度 | 分 | 秒 | 地高限距 度 | 分 | 秒 |
|---|---|---|---|---|---|---|---|---|---|---|---|
| 一○ | ○○ | 一三 | 五一 | 三七 | 九 | ○六 | 一一 | 二○ | 四二 | 五九 | ○一 |
| 一○ | ○一 | 一三 | 五五 | 二六 | 九 | ○七 | ○六 | 四九 | 四二 | 三六 | 一八 |
| 一○ | ○二 | 一三 | 五九 | 一六 | 九 | ○八 | ○二 | 五四 | 四二 | 一三 | 三四 |
| 一○ | ○三 | 一四 | ○三 | ○七 | 九 | ○八 | 五九 | 三三 | 四一 | 五○ | 五○ |
| 一○ | ○四 | 一四 | ○六 | 五八 | 九 | ○九 | 五六 | 五二 | 四一 | 二八 | ○六 |
| 一○ | ○五 | 一四 | 一○ | 五○ | 九 | 一○ | 五四 | 五九 | 四一 | ○五 | 二三 |
| 一○ | ○六 | 一四 | 一四 | 四三 | 九 | 一一 | 五三 | 二五 | 四○ | 四二 | 四○ |
| 一○ | ○七 | 一四 | 一八 | 三六 | 九 | 一二 | 五二 | 四四 | 四○ | 一九 | 五九 |
| 一○ | ○八 | 一四 | 二二 | 三○ | 九 | 一三 | 五二 | 四五 | 三九 | 五七 | 一九 |
| 一○ | ○九 | 一四 | 二六 | 二四 | 九 | 一四 | 五三 | 三一 | 三九 | 三四 | 四一 |
| 一○ | 一○ | 一四 | 三○ | 二○ | 九 | 一五 | 五五 | ○二 | 三九 | 一二 | ○六 |
| 一○ | 一一 | 一四 | 三四 | 一六 | 九 | 一六 | 五七 | 二○ | 三八 | 四九 | 三三 |
| 一○ | 一二 | 一四 | 三八 | 一二 | 九 | 一八 | ○○ | 二七 | 三八 | 二七 | ○四 |
| 一○ | 一三 | 一四 | 四二 | 一○ | 九 | 一九 | ○四 | 二五 | 三八 | ○四 | 三九 |
| 一○ | 一四 | 一四 | 四六 | ○八 | 九 | 二○ | ○九 | 一三 | 三七 | 四二 | 一九 |
| 一○ | 一五 | 一四 | 五○ | ○六 | 九 | 二一 | 一四 | 五四 | 三七 | 二○ | ○四 |
| 一○ | 一六 | 一四 | 五四 | ○六 | 九 | 二二 | 二一 | 三○ | 三六 | 五七 | 五五 |
| 一○ | 一七 | 一四 | 五八 | ○六 | 九 | 二三 | 二九 | ○三 | 三六 | 三五 | 五三 |
| 一○ | 一八 | 一五 | ○二 | ○七 | 九 | 二四 | 三七 | 三二 | 三六 | 一三 | 五八 |
| 一○ | 一九 | 一五 | ○六 | ○九 | 九 | 二五 | 四七 | ○二 | 三五 | 五二 | 一一 |
| 一○ | 二○ | 一五 | 一○ | 一一 | 九 | 二六 | 五七 | 三三 | 三五 | 三○ | 三三 |
| 一○ | 二一 | 一五 | 一四 | 一四 | 九 | 二八 | ○九 | ○五 | 三五 | ○九 | ○四 |
| 一○ | 二二 | 一五 | 一八 | 一八 | 九 | 二九 | 二一 | 四二 | 三四 | 四七 | 四八 |
| 一○ | 二三 | 一五 | 二二 | 二二 | 一○ | ○○ | 三五 | 二五 | 三四 | 二六 | 四一 |
| 一○ | 二四 | 一五 | 二六 | 二八 | 一○ | ○一 | 五○ | 一五 | 三四 | ○五 | 四六 |
| 一○ | 二五 | 一五 | 三○ | 三四 | 一○ | ○三 | ○六 | 一三 | 三三 | 四五 | ○七 |
| 一○ | 二六 | 一五 | 三四 | 四○ | 一○ | ○四 | 二三 | 二一 | 三三 | 二四 | 四○ |
| 一○ | 二七 | 一五 | 三八 | 四八 | 一○ | ○五 | 四一 | 四二 | 三三 | ○四 | 二九 |
| 一○ | 二八 | 一五 | 四二 | 五六 | 一○ | ○七 | ○一 | 一五 | 三二 | 四四 | 三五 |
| 一○ | 二九 | 一五 | 四七 | ○五 | 一○ | ○八 | 二二 | ○一 | 三二 | 二四 | 五八 |
| 一○ | 三○ | 一五 | 五一 | 一四 | 一○ | ○九 | 四四 | ○三 | 三二 | ○五 | 三九 |

| 黃道經度 宮 | 度 | 春分距午 時 | 分 | 秒 | 黃平象限 宮 | 度 | 分 | 秒 | 限距地高 度 | 分 | 秒 |
|---|---|---|---|---|---|---|---|---|---|---|---|
| 一一 | 〇〇 | 一五 | 五一 | 一四 | 一〇 | 〇九 | 四四 | 〇三 | 三二 | 〇五 | 三九 |
| 一一 | 〇一 | 一五 | 五五 | 二五 | 一〇 | 一二 | 〇七 | 二二 | 三一 | 四六 | 四〇 |
| 一一 | 〇二 | 一五 | 五九 | 三六 | 一〇 | 一二 | 三一 | 五八 | 三一 | 二八 | 〇四 |
| 一一 | 〇三 | 一六 | 〇三 | 四七 | 一〇 | 一三 | 五七 | 五一 | 三一 | 〇九 | 四八 |
| 一一 | 〇四 | 一六 | 〇七 | 五九 | 一〇 | 一五 | 二五 | 〇四 | 三〇 | 五一 | 五六 |
| 一一 | 〇五 | 一六 | 一二 | 一二 | 一〇 | 一六 | 五三 | 三七 | 三〇 | 三四 | 三〇 |
| 一一 | 〇六 | 一六 | 一六 | 二六 | 一〇 | 一八 | 二三 | 二九 | 三〇 | 一七 | 二九 |
| 一一 | 〇七 | 一六 | 二〇 | 四〇 | 一〇 | 一九 | 五四 | 四一 | 三〇 | 〇〇 | 五六 |
| 一一 | 〇八 | 一六 | 二四 | 五四 | 一〇 | 二一 | 二七 | 一三 | 二九 | 四四 | 五一 |
| 一一 | 〇九 | 一六 | 二九 | 〇九 | 一〇 | 二三 | 〇一 | 〇七 | 二九 | 二九 | 一七 |
| 一一 | 一〇 | 一六 | 三三 | 二五 | 一〇 | 二四 | 三六 | 一七 | 二九 | 一四 | 一五 |
| 一一 | 一一 | 一六 | 三七 | 四一 | 一〇 | 二六 | 一二 | 四七 | 二八 | 五九 | 四五 |
| 一一 | 一二 | 一六 | 四一 | 五八 | 一〇 | 二七 | 五〇 | 三五 | 二八 | 四五 | 四九 |
| 一一 | 一三 | 一六 | 四六 | 一六 | 一〇 | 二九 | 二九 | 三九 | 二八 | 三二 | 三〇 |
| 一一 | 一四 | 一六 | 五〇 | 三三 | 一一 | 〇一 | 〇九 | 五七 | 二八 | 一九 | 四七 |
| 一一 | 一五 | 一六 | 五四 | 五一 | 一一 | 〇二 | 五一 | 二七 | 二八 | 〇七 | 四三 |
| 一一 | 一六 | 一六 | 五九 | 一〇 | 一一 | 〇四 | 三四 | 〇七 | 二七 | 五六 | 一九 |
| 一一 | 一七 | 一七 | 〇三 | 二九 | 一一 | 〇六 | 一七 | 五六 | 二七 | 四五 | 三五 |
| 一一 | 一八 | 一七 | 〇七 | 四八 | 一一 | 〇八 | 〇二 | 四八 | 二七 | 三五 | 三三 |
| 一一 | 一九 | 一七 | 一二 | 〇八 | 一一 | 〇九 | 四八 | 四四 | 二七 | 二六 | 一六 |
| 一一 | 二〇 | 一七 | 一六 | 二八 | 一一 | 一一 | 三五 | 三五 | 二七 | 一七 | 四二 |
| 一一 | 二一 | 一七 | 二〇 | 四九 | 一一 | 一三 | 二三 | 二一 | 二七 | 〇九 | 五三 |
| 一一 | 二二 | 一七 | 二五 | 〇九 | 一一 | 一五 | 一一 | 五五 | 二七 | 〇二 | 五一 |
| 一一 | 二三 | 一七 | 二九 | 三〇 | 一一 | 一七 | 〇一 | 一五 | 二六 | 五六 | 三八 |
| 一一 | 二四 | 一七 | 三三 | 五一 | 一一 | 一八 | 五一 | 一三 | 二六 | 五一 | 一二 |
| 一一 | 二五 | 一七 | 三八 | 一二 | 一一 | 二〇 | 四一 | 四七 | 二六 | 四六 | 三四 |
| 一一 | 二六 | 一七 | 四二 | 三四 | 一一 | 二二 | 三二 | 五一 | 二六 | 四二 | 四六 |
| 一一 | 二七 | 一七 | 四六 | 五五 | 一一 | 二四 | 二四 | 一七 | 二六 | 三九 | 四九 |
| 一一 | 二八 | 一七 | 五一 | 一七 | 一一 | 二六 | 一六 | 〇二 | 二六 | 三七 | 四二 |
| 一一 | 二九 | 一七 | 五五 | 三八 | 一一 | 二八 | 〇七 | 五八 | 二六 | 三六 | 二六 |
| 一一 | 三〇 | 一八 | 〇〇 | 〇〇 | 〇 | 〇〇 | 〇〇 | 〇〇 | 二六 | 三六 | 〇〇 |

| 黃道經度 宮 | 度 | 春分距午 時 | 分 | 秒 | 黃平象限 宮 | 度 | 分 | 秒 | 限距地高 度 | 分 | 秒 |
|---|---|---|---|---|---|---|---|---|---|---|---|
| 〇 | 〇〇 | 一八 | 〇〇 | 〇〇 | 〇 | 〇〇 | 〇〇 | 〇〇 | 二六 | 三六 | 〇〇 |
| 〇 | 〇一 | 一八 | 〇四 | 二二 | 〇 | 〇一 | 五二 | 〇二 | 二六 | 三六 | 二六 |
| 〇 | 〇二 | 一八 | 〇八 | 四三 | 〇 | 〇三 | 四三 | 五八 | 二六 | 三七 | 四二 |
| 〇 | 〇三 | 一八 | 一三 | 〇五 | 〇 | 〇五 | 三五 | 四三 | 二六 | 三九 | 四九 |
| 〇 | 〇四 | 一八 | 一七 | 二六 | 〇 | 〇七 | 二七 | 〇九 | 二六 | 四二 | 四六 |
| 〇 | 〇五 | 一八 | 二一 | 四八 | 〇 | 〇九 | 一八 | 一三 | 二六 | 四六 | 三四 |
| 〇 | 〇六 | 一八 | 二六 | 〇九 | 〇 | 一一 | 〇八 | 四七 | 二六 | 五一 | 一二 |
| 〇 | 〇七 | 一八 | 三〇 | 三〇 | 〇 | 一二 | 五八 | 四五 | 二六 | 五六 | 三八 |
| 〇 | 〇八 | 一八 | 三四 | 五一 | 〇 | 一四 | 四八 | 〇五 | 二七 | 〇二 | 五一 |
| 〇 | 〇九 | 一八 | 三九 | 一一 | 〇 | 一六 | 三六 | 三九 | 二七 | 〇九 | 五三 |
| 〇 | 一〇 | 一八 | 四三 | 三二 | 〇 | 一八 | 二四 | 二五 | 二七 | 一七 | 四二 |
| 〇 | 一一 | 一八 | 四七 | 五二 | 〇 | 二〇 | 一一 | 一六 | 二七 | 二六 | 一六 |
| 〇 | 一二 | 一八 | 五二 | 一二 | 〇 | 二一 | 五七 | 一二 | 二七 | 三五 | 三三 |
| 〇 | 一三 | 一八 | 五六 | 三一 | 〇 | 二三 | 四二 | 〇四 | 二七 | 四五 | 三五 |
| 〇 | 一四 | 一九 | 〇〇 | 五〇 | 〇 | 二五 | 二五 | 五三 | 二七 | 五六 | 一九 |
| 〇 | 一五 | 一九 | 〇五 | 〇九 | 〇 | 二七 | 〇八 | 三三 | 二八 | 〇七 | 四三 |
| 〇 | 一六 | 一九 | 〇九 | 二七 | 〇 | 二八 | 五〇 | 〇三 | 二八 | 一九 | 四七 |
| 〇 | 一七 | 一九 | 一三 | 四四 | 一 | 〇〇 | 三〇 | 二一 | 二八 | 三二 | 三〇 |
| 〇 | 一八 | 一九 | 一八 | 〇二 | 一 | 〇二 | 〇九 | 二五 | 二八 | 四五 | 四九 |
| 〇 | 一九 | 一九 | 二二 | 一九 | 一 | 〇三 | 四七 | 一三 | 二八 | 五九 | 四五 |
| 〇 | 二〇 | 一九 | 二六 | 三五 | 一 | 〇五 | 二三 | 四三 | 二九 | 一四 | 一五 |
| 〇 | 二一 | 一九 | 三〇 | 五一 | 一 | 〇六 | 五八 | 五三 | 二九 | 二九 | 一七 |
| 〇 | 二二 | 一九 | 三五 | 〇六 | 一 | 〇八 | 三二 | 四七 | 二九 | 四四 | 五一 |
| 〇 | 二三 | 一九 | 三九 | 二〇 | 一 | 一〇 | 〇五 | 一九 | 三〇 | 〇〇 | 五六 |
| 〇 | 二四 | 一九 | 四三 | 三四 | 一 | 一一 | 三六 | 三一 | 三〇 | 一七 | 二九 |
| 〇 | 二五 | 一九 | 四七 | 四八 | 一 | 一三 | 〇六 | 二三 | 三〇 | 三四 | 三〇 |
| 〇 | 二六 | 一九 | 五二 | 〇一 | 一 | 一四 | 三四 | 五六 | 三〇 | 五一 | 五六 |
| 〇 | 二七 | 一九 | 五六 | 一三 | 一 | 一六 | 〇二 | 〇九 | 三一 | 〇九 | 四八 |
| 〇 | 二八 | 二〇 | 〇〇 | 二四 | 一 | 一七 | 二八 | 〇二 | 三一 | 二八 | 〇四 |
| 〇 | 二九 | 二〇 | 〇四 | 三五 | 一 | 一八 | 五二 | 三八 | 三一 | 四六 | 四〇 |
| 〇 | 三〇 | 二〇 | 〇八 | 四六 | 一 | 二〇 | 一五 | 五七 | 三二 | 〇五 | 三九 |

| 黃道經度 宮 | 度 | 春分距午 時 | 分 | 秒 | 黃平象限 宮 | 度 | 分 | 秒 | 限距地高 度 | 分 | 秒 |
|---|---|---|---|---|---|---|---|---|---|---|---|
| 一 | 〇〇 | 二〇 | 〇八 | 四六 | 一 | 二〇 | 一五 | 五七 | 三二 | 〇五 | 三九 |
| 一 | 〇一 | 二〇 | 一二 | 五五 | 一 | 二一 | 三七 | 五九 | 三二 | 二四 | 五八 |
| 一 | 〇二 | 二〇 | 一七 | 〇四 | 一 | 二二 | 五八 | 四五 | 三二 | 四四 | 三五 |
| 一 | 〇三 | 二〇 | 二一 | 一二 | 一 | 二四 | 一八 | 一八 | 三三 | 〇四 | 二九 |
| 一 | 〇四 | 二〇 | 二五 | 二〇 | 一 | 二五 | 三六 | 三九 | 三三 | 二四 | 四〇 |
| 一 | 〇五 | 二〇 | 二九 | 二六 | 一 | 二六 | 五三 | 四七 | 三三 | 四五 | 〇七 |
| 一 | 〇六 | 二〇 | 三三 | 三二 | 一 | 二八 | 〇九 | 四五 | 三四 | 〇五 | 四六 |
| 一 | 〇七 | 二〇 | 三七 | 三八 | 一 | 二九 | 二四 | 三五 | 三四 | 二六 | 四一 |
| 一 | 〇八 | 二〇 | 四一 | 四二 | 二 | 〇〇 | 三八 | 一八 | 三四 | 四七 | 四八 |
| 一 | 〇九 | 二〇 | 四五 | 四六 | 二 | 〇一 | 五〇 | 五五 | 三五 | 〇九 | 〇四 |
| 一 | 一〇 | 二〇 | 四九 | 四九 | 二 | 〇三 | 〇二 | 二七 | 三五 | 三〇 | 三三 |
| 一 | 一一 | 二〇 | 五三 | 五一 | 二 | 〇四 | 一二 | 五八 | 三五 | 五二 | 一一 |
| 一 | 一二 | 二〇 | 五七 | 五三 | 二 | 〇五 | 二二 | 二八 | 三六 | 一三 | 五八 |
| 一 | 一三 | 二一 | 〇一 | 五四 | 二 | 〇六 | 三〇 | 五七 | 三六 | 三五 | 五三 |
| 一 | 一四 | 二一 | 〇五 | 五四 | 二 | 〇七 | 三八 | 三〇 | 三六 | 五七 | 五五 |
| 一 | 一五 | 二一 | 〇九 | 五四 | 二 | 〇八 | 四五 | 〇六 | 三七 | 二〇 | 〇四 |
| 一 | 一六 | 二一 | 一三 | 五二 | 二 | 〇九 | 五〇 | 四七 | 三七 | 四二 | 一九 |
| 一 | 一七 | 二一 | 一七 | 五〇 | 二 | 一〇 | 五五 | 三五 | 三八 | 〇四 | 三九 |
| 一 | 一八 | 二一 | 二一 | 四八 | 二 | 一一 | 五九 | 三三 | 三八 | 二七 | 〇四 |
| 一 | 一九 | 二一 | 二五 | 四四 | 二 | 一三 | 〇二 | 四〇 | 三八 | 四九 | 三三 |
| 一 | 二〇 | 二一 | 二九 | 四〇 | 二 | 一四 | 〇四 | 五八 | 三九 | 一二 | 〇六 |
| 一 | 二一 | 二一 | 三三 | 三六 | 二 | 一五 | 〇六 | 二九 | 三九 | 三四 | 四一 |
| 一 | 二二 | 二一 | 三七 | 三〇 | 二 | 一六 | 〇七 | 一五 | 三九 | 五七 | 一九 |
| 一 | 二三 | 二一 | 四一 | 二四 | 二 | 一七 | 〇七 | 一六 | 四〇 | 一九 | 五九 |
| 一 | 二四 | 二一 | 四五 | 一七 | 二 | 一八 | 〇六 | 三五 | 四〇 | 四二 | 四〇 |
| 一 | 二五 | 二一 | 四九 | 一〇 | 二 | 一九 | 〇五 | 〇一 | 四一 | 〇五 | 二三 |
| 一 | 二六 | 二一 | 五三 | 〇二 | 二 | 二〇 | 〇三 | 〇八 | 四一 | 二八 | 〇六 |
| 一 | 二七 | 二一 | 五六 | 五三 | 二 | 二一 | 〇〇 | 二七 | 四一 | 五〇 | 五〇 |
| 一 | 二八 | 二二 | 〇〇 | 四四 | 二 | 二一 | 五七 | 〇六 | 四二 | 一三 | 三四 |
| 一 | 二九 | 二二 | 〇四 | 三四 | 二 | 二二 | 五三 | 一一 | 四二 | 三六 | 一八 |
| 一 | 三〇 | 二二 | 〇八 | 二三 | 二 | 二三 | 四八 | 四〇 | 四二 | 五九 | 〇一 |

| 黃道經度 宮 | 度 | 春分距午 時 | 分 | 秒 | 黃平象限 宮 | 度 | 分 | 秒 | 限距地高 度 | 分 | 秒 |
|---|---|---|---|---|---|---|---|---|---|---|---|
| 二 | 〇〇 | 二二 | 〇八 | 二三 | 二 | 二三 | 四八 | 四〇 | 四二 | 五九 | 〇一 |
| 二 | 〇一 | 二二 | 一二 | 一二 | 二 | 二四 | 四三 | 三五 | 四三 | 二一 | 四二 |
| 二 | 〇二 | 二二 | 一六 | 〇一 | 二 | 二五 | 三七 | 五九 | 四三 | 四四 | 二二 |
| 二 | 〇三 | 二二 | 一九 | 四九 | 二 | 二六 | 三一 | 四九 | 四四 | 〇七 | 〇一 |
| 二 | 〇四 | 二二 | 二三 | 三六 | 二 | 二七 | 二五 | 一〇 | 四四 | 二九 | 三七 |
| 二 | 〇五 | 二二 | 二七 | 二三 | 二 | 二八 | 一八 | 〇九 | 四四 | 五二 | 一二 |
| 二 | 〇六 | 二二 | 三一 | 〇九 | 二 | 二九 | 一〇 | 二四 | 四五 | 一四 | 四五 |
| 二 | 〇七 | 二二 | 三四 | 五五 | 三 | 〇〇 | 〇二 | 二〇 | 四五 | 三七 | 一四 |
| 二 | 〇八 | 二二 | 三八 | 四〇 | 三 | 〇〇 | 五三 | 五一 | 四五 | 五九 | 四一 |
| 二 | 〇九 | 二二 | 四二 | 二五 | 三 | 〇一 | 四四 | 五五 | 四六 | 二二 | 〇六 |
| 二 | 一〇 | 二二 | 四六 | 一〇 | 三 | 〇二 | 三五 | 三四 | 四六 | 四四 | 二六 |
| 二 | 一一 | 二二 | 四九 | 五四 | 三 | 〇三 | 二五 | 五三 | 四七 | 〇六 | 四四 |
| 二 | 一二 | 二二 | 五三 | 三七 | 三 | 〇四 | 一五 | 四七 | 四七 | 二八 | 五七 |
| 二 | 一三 | 二二 | 五七 | 二一 | 三 | 〇五 | 〇五 | 二一 | 四七 | 五一 | 〇八 |
| 二 | 一四 | 二三 | 〇一 | 〇四 | 三 | 〇五 | 五四 | 三三 | 四八 | 一三 | 一五 |
| 二 | 一五 | 二三 | 〇四 | 四六 | 三 | 〇六 | 四三 | 二六 | 四八 | 三五 | 一七 |
| 二 | 一六 | 二三 | 〇八 | 二九 | 三 | 〇七 | 三二 | 〇〇 | 四八 | 五七 | 一六 |
| 二 | 一七 | 二三 | 一二 | 一一 | 三 | 〇八 | 二〇 | 一七 | 四九 | 一九 | 一一 |
| 二 | 一八 | 二三 | 一五 | 五二 | 三 | 〇九 | 〇八 | 一六 | 四九 | 四一 | 〇一 |
| 二 | 一九 | 二三 | 一九 | 三四 | 三 | 〇九 | 五五 | 五九 | 五〇 | 〇二 | 四七 |
| 二 | 二〇 | 二三 | 二三 | 一五 | 三 | 一〇 | 四三 | 二六 | 五〇 | 二四 | 二八 |
| 二 | 二一 | 二三 | 二六 | 五六 | 三 | 一一 | 三〇 | 三八 | 五〇 | 四六 | 〇五 |
| 二 | 二二 | 二三 | 三〇 | 三七 | 三 | 一二 | 一七 | 三六 | 五一 | 〇七 | 三六 |
| 二 | 二三 | 二三 | 三四 | 一八 | 三 | 一三 | 〇四 | 二〇 | 五一 | 二九 | 〇三 |
| 二 | 二四 | 二三 | 三七 | 五九 | 三 | 一三 | 五〇 | 五三 | 五一 | 五〇 | 二六 |
| 二 | 二五 | 二三 | 四一 | 三九 | 三 | 一四 | 三七 | 一二 | 五二 | 一一 | 四三 |
| 二 | 二六 | 二三 | 四五 | 一九 | 三 | 一五 | 二三 | 二〇 | 五二 | 三二 | 五五 |
| 二 | 二七 | 二三 | 四九 | 〇〇 | 三 | 一六 | 〇九 | 一九 | 五二 | 五四 | 〇二 |
| 二 | 二八 | 二三 | 五二 | 四〇 | 三 | 一六 | 五五 | 〇七 | 五三 | 一五 | 〇三 |
| 二 | 二九 | 二三 | 五六 | 二〇 | 三 | 一七 | 四〇 | 四五 | 五三 | 三六 | 〇一 |
| 二 | 三〇 | 〇 | 〇〇 | 〇〇 | 三 | 一八 | 二六 | 一四 | 五三 | 五六 | 五一 |

太陰之距諸星其推視差舊從曆象考成後編日食三差之術用白平象限不知日食之東西差為求視距弧南北差為求視緯其視距弧視緯則為求視相距及視行之用以太陰行白道故也若太陰之距諸星則以黃道同經度之時為相距時刻（五星之距恆星五星之互相距同）不更問白道經度其以東西差定視時以南北差定視緯亦皆黃道經緯之差其於白平象限又何與焉故必以黃平象限為準道光癸巳監臣司廷棟等準京師高度三十九度五十五分黃赤大距二十三度二十九分（儀象考成續編成於道光甲辰大距已改二十三度二十七分前圖所求黃平象限即從續編立算然相較二分在一象限中所差甚微表仍可用而附著其差於此蓋圖所求為定準表所求為平準也）以立表表凡三段曰春分距午乃春分距午正赤道度所變之時分也曰黃平象限乃本時黃平象限之宮度也曰限距地高乃本時黃平象限距地平之高度也自三宮初度為始以太陽黃道經度三宮初度為春分即春分距午之初也用表之法以本時太陽黃道經度之宮度察其所對之春分距午時分加淩犯用時得數內減十二時（不足減者加二十四時減之）

得本時春分距午時分依此時分取其相近之春分距午時分所對之黃平象限宮度及限距地高度分即得所求之黃平象限及限距地高也設本時太陽經度一宮一十五度淩犯用時十九時四十五分求春分距午及黃平象限幷限距地高則察本表黃道經度一宮一十五度所對之春分距午為二十一時九分五十四秒加淩犯用時十九時四十五分內減十二時（餘過二十四時去之）得四時五十四分五十四秒為所求之春分距午時分乃以此時分察相近者得四時五十四分五十一秒其所對之黃平象限為五宮一十六度五十九分二十七秒即所求之黃平象限宮度其所對之限距地高為七十二度四十九分五十八秒即所求之限距地高也若黃道經度有零分者滿三十分以上則進為一度不用中比例因逐度所差甚微故也

| 太陰實緯 度 | 太陰實緯 分 | 地距限高二十七度 度 | 分 | 二十八度 度 | 分 | 二十九度 度 | 分 | 三十度 度 | 分 | 三十一度 度 | 分 |
|---|---|---|---|---|---|---|---|---|---|---|---|
| 〇 | 一〇 | | 二〇 | | 一九 | | 一八 | | 一七 | | 一七 |
| 〇 | 二〇 | | 三九 | | 三八 | | 三六 | | 三五 | | 三三 |
| 〇 | 三〇 | | 五九 | | 五六 | | 五四 | | 五二 | | 五〇 |
| 〇 | 四〇 | 一 | 一九 | 一 | 一五 | 一 | 一二 | 一 | 〇九 | 一 | 〇七 |
| 〇 | 五〇 | 一 | 三八 | 一 | 三四 | 一 | 三〇 | 一 | 二七 | 一 | 二三 |
| 一 | 〇〇 | 一 | 五八 | 一 | 五三 | 一 | 四八 | 一 | 四四 | 一 | 四〇 |
| 一 | 一〇 | 二 | 一七 | 二 | 一二 | 二 | 〇六 | 二 | 〇一 | 一 | 五七 |
| 一 | 二〇 | 二 | 三七 | 二 | 三一 | 二 | 二四 | 二 | 一九 | 二 | 一三 |
| 一 | 三〇 | 二 | 五七 | 二 | 四九 | 二 | 四二 | 二 | 三六 | 二 | 三〇 |
| 一 | 四〇 | 三 | 一六 | 三 | 〇八 | 三 | 〇一 | 二 | 五三 | 二 | 四七 |
| 一 | 五〇 | 三 | 三六 | 三 | 二七 | 三 | 一九 | 三 | 一一 | 三 | 〇三 |
| 二 | 〇〇 | 三 | 五六 | 三 | 四六 | 三 | 三七 | 三 | 二八 | 三 | 二〇 |
| 二 | 一〇 | 四 | 一五 | 四 | 〇五 | 三 | 五五 | 三 | 四五 | 三 | 三七 |
| 二 | 二〇 | 四 | 三五 | 四 | 二四 | 四 | 一三 | 四 | 〇三 | 三 | 五三 |
| 二 | 三〇 | 四 | 五五 | 四 | 四三 | 四 | 三一 | 四 | 二〇 | 四 | 一〇 |
| 二 | 四〇 | 五 | 一五 | 五 | 〇二 | 四 | 四九 | 四 | 三八 | 四 | 二七 |
| 二 | 五〇 | 五 | 三四 | 五 | 二〇 | 五 | 〇七 | 四 | 五五 | 四 | 四三 |
| 三 | 〇〇 | 五 | 五四 | 五 | 三九 | 五 | 二六 | 五 | 一二 | 五 | 〇〇 |
| 三 | 一〇 | 六 | 一四 | 五 | 五八 | 五 | 四四 | 五 | 三〇 | 五 | 一七 |
| 三 | 二〇 | 六 | 三四 | 六 | 一七 | 六 | 〇二 | 五 | 四七 | 五 | 三四 |
| 三 | 三〇 | 六 | 五四 | 六 | 三六 | 六 | 二〇 | 六 | 〇五 | 五 | 五一 |
| 三 | 四〇 | 七 | 一四 | 六 | 五五 | 六 | 三八 | 六 | 二二 | 六 | 〇七 |
| 三 | 五〇 | 七 | 三三 | 七 | 一四 | 六 | 五七 | 六 | 四〇 | 六 | 二四 |
| 四 | 〇〇 | 七 | 五三 | 七 | 三三 | 七 | 一五 | 六 | 五七 | 六 | 四一 |
| 四 | 一〇 | 八 | 一三 | 七 | 五二 | 七 | 三三 | 七 | 一五 | 六 | 五八 |
| 四 | 二〇 | 八 | 三三 | 八 | 一二 | 七 | 五一 | 七 | 三二 | 七 | 一五 |
| 四 | 三〇 | 八 | 五三 | 八 | 三一 | 八 | 一〇 | 七 | 五〇 | 七 | 三二 |
| 四 | 四〇 | 九 | 一三 | 八 | 五〇 | 八 | 二八 | 八 | 〇八 | 七 | 四八 |
| 四 | 五〇 | 九 | 三三 | 九 | 〇九 | 八 | 四六 | 八 | 二五 | 八 | 〇五 |
| 五 | 〇〇 | 九 | 五三 | 九 | 二八 | 九 | 〇五 | 八 | 四三 | 八 | 二二 |
| 五 | 一〇 | 一〇 | 一三 | 九 | 四七 | 九 | 二三 | 九 | 〇一 | 八 | 三九 |
| 五 | 一七 | 一〇 | 二七 | 一〇 | 〇一 | 九 | 三六 | 九 | 一三 | 八 | 五一 |

| 太陰實緯 度 | 太陰實緯 分 | 地距限高三十二度 度 | 分 | 三十三度 度 | 分 | 三十四度 度 | 分 | 三十五度 度 | 分 | 三十六度 度 | 分 |
|---|---|---|---|---|---|---|---|---|---|---|---|
| 〇 | 一〇 | | 一六 | | 一五 | | 一五 | | 一四 | | 一四 |
| 〇 | 二〇 | | 三二 | | 三一 | | 三〇 | | 二九 | | 二八 |
| 〇 | 三〇 | | 四八 | | 四六 | | 四四 | | 四八 | | 四一 |
| 〇 | 四〇 | 一 | 〇四 | 一 | 〇二 | | 五九 | | 五七 | | 五五 |
| 〇 | 五〇 | 一 | 二〇 | 一 | 一七 | 一 | 一四 | 一 | 一一 | 一 | 〇九 |
| 一 | 〇〇 | 一 | 三六 | 一 | 三二 | 一 | 二九 | 一 | 二六 | 一 | 二三 |
| 一 | 一〇 | 一 | 五二 | 一 | 四八 | 一 | 四四 | 一 | 四〇 | 一 | 三六 |
| 一 | 二〇 | 二 | 〇八 | 二 | 〇三 | 一 | 五九 | 一 | 五四 | 一 | 五〇 |
| 一 | 三〇 | 二 | 二四 | 二 | 一九 | 二 | 一三 | 二 | 〇九 | 二 | 〇四 |
| 一 | 四〇 | 二 | 四〇 | 二 | 三四 | 二 | 二八 | 二 | 二三 | 二 | 一八 |
| 一 | 五〇 | 二 | 五六 | 二 | 五〇 | 二 | 四三 | 二 | 三七 | 二 | 三二 |
| 二 | 〇〇 | 三 | 一二 | 三 | 〇五 | 二 | 五八 | 二 | 五二 | 二 | 四五 |
| 二 | 一〇 | 三 | 二八 | 三 | 二〇 | 三 | 一三 | 三 | 〇六 | 二 | 五九 |
| 二 | 二〇 | 三 | 四四 | 三 | 三六 | 三 | 二八 | 三 | 二〇 | 三 | 一三 |
| 二 | 三〇 | 四 | 〇〇 | 三 | 五一 | 三 | 四三 | 三 | 三四 | 三 | 二七 |
| 二 | 四〇 | 四 | 一六 | 四 | 〇七 | 三 | 五八 | 三 | 四九 | 三 | 四一 |
| 二 | 五〇 | 四 | 三三 | 四 | 二二 | 四 | 一二 | 四 | 〇三 | 三 | 五四 |
| 三 | 〇〇 | 四 | 四九 | 四 | 三八 | 四 | 二八 | 四 | 一八 | 四 | 〇八 |
| 三 | 一〇 | 五 | 〇五 | 四 | 五三 | 四 | 四二 | 四 | 三二 | 四 | 二二 |
| 三 | 二〇 | 五 | 二一 | 五 | 〇九 | 四 | 五七 | 四 | 四六 | 四 | 三六 |
| 三 | 三〇 | 五 | 三七 | 五 | 二四 | 五 | 一二 | 五 | 〇一 | 四 | 五〇 |
| 三 | 四〇 | 五 | 五三 | 五 | 四〇 | 五 | 二七 | 五 | 一五 | 五 | 〇四 |
| 三 | 五〇 | 六 | 〇九 | 五 | 五五 | 五 | 四二 | 五 | 二九 | 五 | 一七 |
| 四 | 〇〇 | 六 | 二六 | 六 | 一一 | 五 | 五七 | 五 | 四四 | 五 | 三一 |
| 四 | 一〇 | 六 | 四二 | 六 | 二六 | 六 | 一二 | 五 | 五八 | 五 | 四五 |
| 四 | 二〇 | 六 | 五八 | 六 | 四二 | 六 | 二七 | 六 | 一三 | 五 | 五九 |
| 四 | 三〇 | 七 | 一四 | 六 | 五八 | 六 | 四二 | 六 | 二七 | 六 | 一三 |
| 四 | 四〇 | 七 | 三〇 | 七 | 一三 | 六 | 五七 | 六 | 四二 | 六 | 二七 |
| 四 | 五〇 | 七 | 四七 | 七 | 二九 | 七 | 一二 | 六 | 五六 | 六 | 四一 |
| 五 | 〇〇 | 八 | 〇三 | 七 | 四五 | 七 | 二七 | 七 | 一一 | 六 | 五五 |
| 五 | 一〇 | 八 | 一九 | 八 | 〇〇 | 七 | 四二 | 七 | 二五 | 七 | 〇九 |
| 五 | 一七 | 八 | 三一 | 八 | 一一 | 七 | 五三 | 七 | 三五 | 七 | 一九 |

| 太陰實緯 度 | 太陰實緯 分 | 地距限高三十七度 度 | 分 | 三十八度 度 | 分 | 三十九度 度 | 分 | 四十度 度 | 分 | 四十一度 度 | 分 |
|---|---|---|---|---|---|---|---|---|---|---|---|
| 〇 | 一〇 | | 一三 | | 一三 | | 一二 | | 一二 | | 一二 |
| 〇 | 二〇 | | 二七 | | 二六 | | 二五 | | 二四 | | 二三 |
| 〇 | 三〇 | | 四〇 | | 三八 | | 三七 | | 三六 | | 三五 |
| 〇 | 四〇 | | 五三 | | 五一 | | 四九 | | 四八 | | 四六 |
| 〇 | 五〇 | 一 | 〇六 | 一 | 〇四 | 一 | 〇二 | 一 | 〇〇 | | 五八 |
| 一 | 〇〇 | 一 | 二〇 | 一 | 一七 | 一 | 一四 | 一 | 一二 | 一 | 〇九 |
| 一 | 一〇 | 一 | 三三 | 一 | 三〇 | 一 | 二六 | 一 | 二三 | 一 | 二一 |
| 一 | 二〇 | 一 | 四六 | 一 | 四二 | 一 | 三九 | 一 | 三五 | 一 | 三二 |
| 一 | 三〇 | 一 | 五九 | 一 | 五五 | 一 | 五一 | 一 | 四七 | 一 | 四四 |
| 一 | 四〇 | 二 | 一三 | 二 | 〇八 | 二 | 〇四 | 一 | 五九 | 一 | 五五 |
| 一 | 五〇 | 二 | 二六 | 二 | 二一 | 二 | 一六 | 二 | 一一 | 二 | 〇七 |
| 二 | 〇〇 | 二 | 三九 | 二 | 三四 | 二 | 二八 | 二 | 二三 | 二 | 一八 |
| 二 | 一〇 | 二 | 五三 | 二 | 四七 | 二 | 四一 | 二 | 三五 | 二 | 三〇 |
| 二 | 二〇 | 三 | 〇六 | 二 | 五九 | 二 | 五三 | 二 | 四七 | 二 | 四一 |
| 二 | 三〇 | 三 | 一九 | 三 | 一二 | 三 | 〇五 | 二 | 五九 | 二 | 五三 |
| 二 | 四〇 | 三 | 三三 | 三 | 二五 | 三 | 一八 | 三 | 一一 | 三 | 〇四 |
| 二 | 五〇 | 三 | 四六 | 三 | 三八 | 三 | 三〇 | 三 | 二三 | 三 | 一六 |
| 三 | 〇〇 | 三 | 五九 | 三 | 五一 | 三 | 四三 | 三 | 三五 | 三 | 二七 |
| 三 | 一〇 | 四 | 一三 | 四 | 〇四 | 三 | 五五 | 三 | 四七 | 三 | 三九 |
| 三 | 二〇 | 四 | 二六 | 四 | 一七 | 四 | 〇七 | 三 | 五九 | 三 | 五一 |
| 三 | 三〇 | 四 | 三九 | 四 | 二九 | 四 | 二〇 | 四 | 一一 | 四 | 〇二 |
| 三 | 四〇 | 四 | 五三 | 四 | 四二 | 四 | 三二 | 四 | 二三 | 四 | 一四 |
| 三 | 五〇 | 五 | 〇六 | 四 | 五五 | 四 | 四五 | 四 | 三五 | 四 | 二五 |
| 四 | 〇〇 | 五 | 一九 | 五 | 〇八 | 四 | 五七 | 四 | 四七 | 四 | 三七 |
| 四 | 一〇 | 五 | 三三 | 五 | 二一 | 五 | 一〇 | 四 | 五九 | 四 | 四八 |
| 四 | 二〇 | 五 | 四六 | 五 | 三四 | 五 | 二二 | 五 | 一一 | 五 | 〇〇 |
| 四 | 三〇 | 六 | 〇〇 | 五 | 四七 | 五 | 三五 | 五 | 二三 | 五 | 一二 |
| 四 | 四〇 | 六 | 一三 | 六 | 〇〇 | 五 | 四七 | 五 | 三五 | 五 | 二三 |
| 四 | 五〇 | 六 | 二七 | 六 | 一三 | 六 | 〇〇 | 五 | 四七 | 五 | 三五 |
| 五 | 〇〇 | 六 | 四〇 | 六 | 二六 | 六 | 一二 | 五 | 五九 | 五 | 四七 |
| 五 | 一〇 | 六 | 五三 | 六 | 三九 | 六 | 二五 | 六 | 一一 | 五 | 五八 |
| 五 | 一七 | 七 | 〇三 | 六 | 四八 | 六 | 三三 | 六 | 二〇 | 六 | 〇六 |

| 太陰實緯 度 | 太陰實緯 分 | 地距限高四十二度 度 | 分 | 四十三度 度 | 分 | 四十四度 度 | 分 | 四十五度 度 | 分 | 四十六度 度 | 分 |
|---|---|---|---|---|---|---|---|---|---|---|---|
| 〇 | 一〇 | | 一一 | | 一一 | | 一〇 | | 一〇 | | 一〇 |
| 〇 | 二〇 | | 二二 | | 二一 | | 二一 | | 二〇 | | 一九 |
| 〇 | 三〇 | | 三三 | | 三二 | | 三一 | | 三〇 | | 二九 |
| 〇 | 四〇 | | 四四 | | 四三 | | 四一 | | 四〇 | | 三九 |
| 〇 | 五〇 | | 五六 | | 五四 | | 五二 | | 五〇 | | 四八 |
| 一 | 〇〇 | 一 | 〇七 | 一 | 〇四 | 一 | 〇二 | 一 | 〇〇 | | 五八 |
| 一 | 一〇 | 一 | 一八 | 一 | 一五 | 一 | 一三 | 一 | 一〇 | 一 | 〇八 |
| 一 | 二〇 | 一 | 二九 | 一 | 二六 | 一 | 二三 | 一 | 二〇 | 一 | 一七 |
| 一 | 三〇 | 一 | 四〇 | 一 | 三七 | 一 | 三三 | 一 | 三〇 | 一 | 二七 |
| 一 | 四〇 | 一 | 五一 | 一 | 四七 | 一 | 四四 | 一 | 四〇 | 一 | 三七 |
| 一 | 五〇 | 二 | 〇二 | 一 | 五八 | 一 | 五四 | 一 | 五〇 | 一 | 四六 |
| 二 | 〇〇 | 二 | 一三 | 二 | 〇九 | 二 | 〇四 | 二 | 〇〇 | 一 | 五六 |
| 二 | 一〇 | 二 | 二四 | 二 | 二〇 | 二 | 一五 | 二 | 一〇 | 二 | 〇六 |
| 二 | 二〇 | 二 | 三六 | 二 | 三〇 | 二 | 二五 | 二 | 二〇 | 二 | 一五 |
| 二 | 三〇 | 二 | 四七 | 二 | 四一 | 二 | 三五 | 二 | 三〇 | 二 | 二五 |
| 二 | 四〇 | 二 | 五八 | 二 | 五二 | 二 | 四六 | 二 | 四〇 | 二 | 三五 |
| 二 | 五〇 | 三 | 〇九 | 三 | 〇三 | 二 | 五六 | 二 | 五〇 | 二 | 四四 |
| 三 | 〇〇 | 三 | 二〇 | 三 | 一三 | 三 | 〇七 | 三 | 〇〇 | 二 | 五四 |
| 三 | 一〇 | 三 | 三一 | 三 | 二四 | 三 | 一七 | 三 | 一〇 | 三 | 〇四 |
| 三 | 二〇 | 三 | 四三 | 三 | 三五 | 三 | 二七 | 三 | 二〇 | 三 | 一三 |
| 三 | 三〇 | 三 | 五四 | 三 | 四六 | 三 | 三八 | 三 | 三〇 | 三 | 二三 |
| 三 | 四〇 | 四 | 〇五 | 三 | 五六 | 三 | 四八 | 三 | 四〇 | 三 | 三三 |
| 三 | 五〇 | 四 | 一六 | 四 | 〇七 | 三 | 五九 | 三 | 五一 | 三 | 四二 |
| 四 | 〇〇 | 四 | 二七 | 四 | 一八 | 四 | 〇九 | 四 | 〇一 | 三 | 五二 |
| 四 | 一〇 | 四 | 三八 | 四 | 二九 | 四 | 二〇 | 四 | 一一 | 四 | 〇二 |
| 四 | 二〇 | 四 | 五〇 | 四 | 四〇 | 四 | 三〇 | 四 | 二一 | 四 | 一二 |
| 四 | 三〇 | 五 | 〇一 | 四 | 五〇 | 四 | 四〇 | 四 | 三一 | 四 | 二一 |
| 四 | 四〇 | 五 | 一二 | 五 | 〇一 | 四 | 五一 | 四 | 四一 | 四 | 三一 |
| 四 | 五〇 | 五 | 二三 | 五 | 一二 | 五 | 〇一 | 四 | 五一 | 四 | 四一 |
| 五 | 〇〇 | 五 | 三五 | 五 | 二三 | 五 | 一二 | 五 | 〇一 | 四 | 五一 |
| 五 | 一〇 | 五 | 四六 | 五 | 三四 | 五 | 二二 | 五 | 一一 | 五 | 〇一 |
| 五 | 一七 | 五 | 五四 | 五 | 四一 | 五 | 三〇 | 五 | 一八 | 五 | 〇七 |

| 太陰實緯 度 | 太陰實緯 分 | 限距地高 四十七度 度 | 分 | 四十八度 度 | 分 | 四十九度 度 | 分 | 五十度 度 | 分 | 五十一度 度 | 分 |
|---|---|---|---|---|---|---|---|---|---|---|---|
| 〇 | 一〇 |  | 九 |  | 九 |  | 九 |  | 八 |  | 八 |
| 〇 | 二〇 |  | 一九 |  | 一八 |  | 一七 |  | 一七 |  | 一六 |
| 〇 | 三〇 |  | 二八 |  | 二七 |  | 二六 |  | 二五 |  | 二四 |
| 〇 | 四〇 |  | 三七 |  | 三六 |  | 三五 |  | 三四 |  | 三二 |
| 〇 | 五〇 |  | 四七 |  | 四五 |  | 四三 |  | 四二 |  | 四〇 |
| 一 | 〇〇 |  | 五六 |  | 五四 |  | 五二 |  | 五〇 |  | 四九 |
| 一 | 一〇 | 一 | 〇五 | 一 | 〇三 | 一 | 〇一 |  | 五九 |  | 五七 |
| 一 | 二〇 | 一 | 一五 | 一 | 一二 | 一 | 一〇 | 一 | 〇七 | 一 | 〇五 |
| 一 | 三〇 | 一 | 二四 | 一 | 二一 | 一 | 一八 | 一 | 一六 | 一 | 一三 |
| 一 | 四〇 | 一 | 三三 | 一 | 三〇 | 一 | 二七 | 一 | 二四 | 一 | 二一 |
| 一 | 五〇 | 一 | 四三 | 一 | 三九 | 一 | 三六 | 一 | 三二 | 一 | 二九 |
| 二 | 〇〇 | 一 | 五二 | 一 | 四八 | 一 | 四四 | 一 | 四一 | 一 | 三七 |
| 二 | 一〇 | 二 | 〇一 | 一 | 五七 | 一 | 五三 | 一 | 四九 | 一 | 四五 |
| 二 | 二〇 | 二 | 一一 | 二 | 〇六 | 二 | 〇二 | 一 | 五八 | 一 | 五三 |
| 二 | 三〇 | 二 | 二〇 | 二 | 一五 | 二 | 一一 | 二 | 〇六 | 二 | 〇二 |
| 二 | 四〇 | 二 | 二九 | 二 | 二四 | 二 | 一九 | 二 | 一四 | 二 | 一〇 |
| 二 | 五〇 | 二 | 三九 | 二 | 三三 | 二 | 二八 | 二 | 二三 | 二 | 一八 |
| 三 | 〇〇 | 二 | 四八 | 二 | 四二 | 二 | 三七 | 二 | 三一 | 二 | 二六 |
| 三 | 一〇 | 二 | 五七 | 二 | 五一 | 二 | 四五 | 二 | 四〇 | 二 | 三四 |
| 三 | 二〇 | 三 | 〇七 | 三 | 〇〇 | 二 | 五四 | 二 | 四八 | 二 | 四二 |
| 三 | 三〇 | 三 | 一六 | 三 | 〇九 | 三 | 〇三 | 二 | 五七 | 二 | 五〇 |
| 三 | 四〇 | 三 | 二六 | 三 | 一八 | 三 | 一二 | 三 | 〇五 | 二 | 五八 |
| 三 | 五〇 | 三 | 三五 | 三 | 二八 | 三 | 二〇 | 三 | 一三 | 三 | 〇七 |
| 四 | 〇〇 | 三 | 四四 | 三 | 三七 | 三 | 二九 | 三 | 二二 | 三 | 一五 |
| 四 | 一〇 | 三 | 五四 | 三 | 四六 | 三 | 三八 | 三 | 三〇 | 三 | 二三 |
| 四 | 二〇 | 四 | 〇三 | 三 | 五五 | 三 | 四七 | 三 | 三九 | 三 | 三一 |
| 四 | 三〇 | 四 | 一三 | 四 | 〇四 | 三 | 五五 | 三 | 四七 | 三 | 三九 |
| 四 | 四〇 | 四 | 二二 | 四 | 一三 | 四 | 〇四 | 三 | 五六 | 三 | 四七 |
| 四 | 五〇 | 四 | 三一 | 四 | 二二 | 四 | 一三 | 四 | 〇四 | 三 | 五六 |
| 五 | 〇〇 | 四 | 四一 | 四 | 三一 | 四 | 二二 | 四 | 一三 | 四 | 〇四 |
| 五 | 一〇 | 四 | 五〇 | 四 | 四〇 | 四 | 三〇 | 四 | 二一 | 四 | 一二 |
| 五 | 一七 | 四 | 五七 | 四 | 四七 | 四 | 三七 | 四 | 二七 | 四 | 一八 |

| 太陰實緯 度 | 太陰實緯 分 | 限距地高 五十二度 度 | 分 | 五十三度 度 | 分 | 五十四度 度 | 分 | 五十五度 度 | 分 | 五十六度 度 | 分 |
|---|---|---|---|---|---|---|---|---|---|---|---|
| 〇 | 一〇 |  | 八 |  | 八 |  | 七 |  | 七 |  | 七 |
| 〇 | 二〇 |  | 一六 |  | 一五 |  | 一五 |  | 一四 |  | 一三 |
| 〇 | 三〇 |  | 二三 |  | 二三 |  | 二二 |  | 二一 |  | 二〇 |
| 〇 | 四〇 |  | 三一 |  | 三〇 |  | 二九 |  | 二八 |  | 二七 |
| 〇 | 五〇 |  | 三九 |  | 三八 |  | 三六 |  | 三五 |  | 三四 |
| 一 | 〇〇 |  | 四七 |  | 四五 |  | 四四 |  | 四二 |  | 四〇 |
| 一 | 一〇 |  | 五五 |  | 五三 |  | 五一 |  | 四九 |  | 四七 |
| 一 | 二〇 | 一 | 〇三 | 一 | 〇〇 |  | 五八 |  | 五六 |  | 五四 |
| 一 | 三〇 | 一 | 一〇 | 一 | 〇八 | 一 | 〇五 | 一 | 〇三 | 一 | 〇一 |
| 一 | 四〇 | 一 | 一八 | 一 | 一五 | 一 | 一三 | 一 | 一〇 | 一 | 〇七 |
| 一 | 五〇 | 一 | 二六 | 一 | 二三 | 一 | 二〇 | 一 | 一七 | 一 | 一四 |
| 二 | 〇〇 | 一 | 三四 | 一 | 三〇 | 一 | 二七 | 一 | 二四 | 一 | 二一 |
| 二 | 一〇 | 一 | 四二 | 一 | 三八 | 一 | 三五 | 一 | 三一 | 一 | 二八 |
| 二 | 二〇 | 一 | 四九 | 一 | 四六 | 一 | 四二 | 一 | 三八 | 一 | 三四 |
| 二 | 三〇 | 一 | 五七 | 一 | 五三 | 一 | 四九 | 一 | 四五 | 一 | 四一 |
| 二 | 四〇 | 二 | 〇五 | 二 | 〇一 | 一 | 五六 | 一 | 五二 | 一 | 四八 |
| 二 | 五〇 | 二 | 一三 | 二 | 〇八 | 二 | 〇四 | 一 | 五九 | 一 | 五五 |
| 三 | 〇〇 | 二 | 二一 | 二 | 一六 | 二 | 一一 | 二 | 〇六 | 二 | 〇二 |
| 三 | 一〇 | 二 | 二九 | 二 | 二三 | 二 | 一八 | 二 | 一三 | 二 | 〇八 |
| 三 | 二〇 | 二 | 三六 | 二 | 三一 | 二 | 二六 | 二 | 二〇 | 二 | 一五 |
| 三 | 三〇 | 二 | 四四 | 二 | 三八 | 二 | 三三 | 二 | 二七 | 二 | 二二 |
| 三 | 四〇 | 二 | 五二 | 二 | 四六 | 二 | 四〇 | 二 | 三四 | 二 | 二九 |
| 三 | 五〇 | 三 | 〇〇 | 二 | 五四 | 二 | 四七 | 二 | 四一 | 二 | 三五 |
| 四 | 〇〇 | 三 | 〇八 | 三 | 〇一 | 二 | 五五 | 二 | 四八 | 二 | 四二 |
| 四 | 一〇 | 三 | 一六 | 三 | 〇九 | 三 | 〇二 | 二 | 五五 | 二 | 四九 |
| 四 | 二〇 | 三 | 二四 | 三 | 一六 | 三 | 〇九 | 三 | 〇二 | 二 | 五六 |
| 四 | 三〇 | 三 | 三二 | 三 | 二四 | 三 | 一七 | 三 | 一〇 | 三 | 〇三 |
| 四 | 四〇 | 三 | 三九 | 三 | 三二 | 三 | 二四 | 三 | 一七 | 三 | 〇九 |
| 四 | 五〇 | 三 | 四七 | 三 | 三九 | 三 | 三一 | 三 | 二四 | 三 | 一六 |
| 五 | 〇〇 | 三 | 五五 | 三 | 四七 | 三 | 三九 | 三 | 三一 | 三 | 二三 |
| 五 | 一〇 | 四 | 〇三 | 三 | 五四 | 三 | 四六 | 三 | 三八 | 三 | 三〇 |
| 五 | 一七 | 四 | 〇九 | 四 | 〇〇 | 三 | 五一 | 三 | 四三 | 三 | 三五 |

| 太陰實緯 度 | 太陰實緯 分 | 限距地高 五十七度 度 | 分 | 五十八度 度 | 分 | 五十九度 度 | 分 | 六十度 度 | 分 | 六十一度 度 | 分 |
|---|---|---|---|---|---|---|---|---|---|---|---|
| 〇 | 一〇 |  | 六 |  | 六 |  | 六 |  | 六 |  | 六 |
| 〇 | 二〇 |  | 一三 |  | 一二 |  | 一二 |  | 一二 |  | 一一 |
| 〇 | 三〇 |  | 一九 |  | 一九 |  | 一八 |  | 一七 |  | 一七 |
| 〇 | 四〇 |  | 二六 |  | 二五 |  | 二四 |  | 二三 |  | 二二 |
| 〇 | 五〇 |  | 三二 |  | 三一 |  | 三〇 |  | 二九 |  | 二八 |
| 一 | 〇〇 |  | 三九 |  | 三七 |  | 三六 |  | 三五 |  | 三三 |
| 一 | 一〇 |  | 四五 |  | 四四 |  | 四二 |  | 四〇 |  | 三九 |
| 一 | 二〇 |  | 五二 |  | 五〇 |  | 四八 |  | 四六 |  | 四四 |
| 一 | 三〇 |  | 五八 |  | 五六 |  | 五四 |  | 五二 |  | 五〇 |
| 一 | 四〇 | 一 | 〇五 | 一 | 〇三 | 一 | 〇〇 |  | 五八 |  | 五五 |
| 一 | 五〇 | 一 | 一一 | 一 | 〇九 | 一 | 〇六 | 一 | 〇四 | 一 | 〇一 |
| 二 | 〇〇 | 一 | 一八 | 一 | 一五 | 一 | 一二 | 一 | 〇九 | 一 | 〇七 |
| 二 | 一〇 | 一 | 二四 | 一 | 二一 | 一 | 一八 | 一 | 一五 | 一 | 一二 |
| 二 | 二〇 | 一 | 三一 | 一 | 二八 | 一 | 二四 | 一 | 二一 | 一 | 一八 |
| 二 | 三〇 | 一 | 三七 | 一 | 三四 | 一 | 三〇 | 一 | 二七 | 一 | 二三 |
| 二 | 四〇 | 一 | 四四 | 一 | 四〇 | 一 | 三六 | 一 | 三二 | 一 | 二九 |
| 二 | 五〇 | 一 | 五一 | 一 | 四六 | 一 | 四二 | 一 | 三八 | 一 | 三四 |
| 三 | 〇〇 | 一 | 五七 | 一 | 五三 | 一 | 四八 | 一 | 四四 | 一 | 四〇 |
| 三 | 一〇 | 二 | 〇四 | 一 | 五九 | 一 | 五四 | 一 | 五〇 | 一 | 四五 |
| 三 | 二〇 | 二 | 一〇 | 二 | 〇五 | 二 | 〇〇 | 一 | 五六 | 一 | 五一 |
| 三 | 三〇 | 二 | 一七 | 二 | 一一 | 二 | 〇六 | 二 | 〇一 | 一 | 五七 |
| 三 | 四〇 | 二 | 二三 | 二 | 一八 | 二 | 一二 | 二 | 〇七 | 二 | 〇二 |
| 三 | 五〇 | 二 | 三〇 | 二 | 二四 | 二 | 一八 | 二 | 一三 | 二 | 〇八 |
| 四 | 〇〇 | 二 | 三六 | 二 | 三〇 | 二 | 二四 | 二 | 一九 | 二 | 一三 |
| 四 | 一〇 | 二 | 四三 | 二 | 三七 | 二 | 三一 | 二 | 二五 | 二 | 一九 |
| 四 | 二〇 | 二 | 四九 | 二 | 四三 | 二 | 三七 | 二 | 三〇 | 二 | 二四 |
| 四 | 三〇 | 二 | 五六 | 二 | 四九 | 二 | 四三 | 二 | 三六 | 二 | 三〇 |
| 四 | 四〇 | 三 | 〇二 | 二 | 五五 | 二 | 四九 | 二 | 四二 | 二 | 三六 |
| 四 | 五〇 | 三 | 〇九 | 三 | 〇二 | 二 | 五五 | 二 | 四八 | 二 | 四一 |
| 五 | 〇〇 | 三 | 一五 | 三 | 〇八 | 三 | 〇一 | 二 | 五四 | 二 | 四七 |
| 五 | 一〇 | 三 | 二二 | 三 | 一四 | 三 | 〇七 | 三 | 〇〇 | 二 | 五二 |
| 五 | 一七 | 三 | 二七 | 三 | 一九 | 三 | 一一 | 三 | 〇四 | 二 | 五六 |

| 太陰實緯 度 | 太陰實緯 分 | 限距地高 六十二度 度 | 分 | 六十三度 度 | 分 | 六十四度 度 | 分 | 六十五度 度 | 分 | 六十六度 度 | 分 |
|---|---|---|---|---|---|---|---|---|---|---|---|
| 〇 | 一〇 |  | 五 |  | 五 |  | 五 |  | 五 |  | 四 |
| 〇 | 二〇 |  | 一一 |  | 一〇 |  | 一〇 |  | 九 |  | 九 |
| 〇 | 三〇 |  | 一六 |  | 一五 |  | 一五 |  | 一四 |  | 一三 |
| 〇 | 四〇 |  | 二一 |  | 二〇 |  | 二〇 |  | 一九 |  | 一八 |
| 〇 | 五〇 |  | 二七 |  | 二五 |  | 二四 |  | 二三 |  | 二二 |
| 一 | 〇〇 |  | 三二 |  | 三一 |  | 二九 |  | 二八 |  | 二七 |
| 一 | 一〇 |  | 三七 |  | 三六 |  | 三四 |  | 三三 |  | 三一 |
| 一 | 二〇 |  | 四三 |  | 四一 |  | 三九 |  | 三七 |  | 三六 |
| 一 | 三〇 |  | 四八 |  | 四六 |  | 四四 |  | 四二 |  | 四〇 |
| 一 | 四〇 |  | 五三 |  | 五一 |  | 四九 |  | 四七 |  | 四五 |
| 一 | 五〇 |  | 五九 |  | 五六 |  | 五四 |  | 五一 |  | 四九 |
| 二 | 〇〇 | 一 | 〇四 | 一 | 〇一 |  | 五九 |  | 五六 |  | 五三 |
| 二 | 一〇 | 一 | 〇九 | 一 | 〇六 | 一 | 〇三 | 一 | 〇一 |  | 五八 |
| 二 | 二〇 | 一 | 一四 | 一 | 一一 | 一 | 〇八 | 一 | 〇五 | 一 | 〇二 |
| 二 | 三〇 | 一 | 二〇 | 一 | 一六 | 一 | 一三 | 一 | 一〇 | 一 | 〇七 |
| 二 | 四〇 | 一 | 二五 | 一 | 二二 | 一 | 一八 | 一 | 一五 | 一 | 一一 |
| 二 | 五〇 | 一 | 三〇 | 一 | 二七 | 一 | 二三 | 一 | 一九 | 一 | 一六 |
| 三 | 〇〇 | 一 | 三六 | 一 | 三二 | 一 | 二八 | 一 | 二四 | 一 | 二〇 |
| 三 | 一〇 | 一 | 四一 | 一 | 三七 | 一 | 三三 | 一 | 二九 | 一 | 二五 |
| 三 | 二〇 | 一 | 四六 | 一 | 四二 | 一 | 三八 | 一 | 三三 | 一 | 二九 |
| 三 | 三〇 | 一 | 五二 | 一 | 四七 | 一 | 四三 | 一 | 三八 | 一 | 三四 |
| 三 | 四〇 | 一 | 五七 | 一 | 五二 | 一 | 四七 | 一 | 四三 | 一 | 三八 |
| 三 | 五〇 | 二 | 〇三 | 一 | 五七 | 一 | 五二 | 一 | 四七 | 一 | 四三 |
| 四 | 〇〇 | 二 | 〇八 | 二 | 〇三 | 一 | 五七 | 一 | 五二 | 一 | 四七 |
| 四 | 一〇 | 二 | 一三 | 二 | 〇八 | 二 | 〇二 | 一 | 五七 | 一 | 五二 |
| 四 | 二〇 | 二 | 一九 | 二 | 一三 | 二 | 〇七 | 二 | 〇一 | 一 | 五六 |
| 四 | 三〇 | 二 | 二四 | 二 | 一八 | 二 | 一二 | 二 | 〇六 | 二 | 〇〇 |
| 四 | 四〇 | 二 | 二九 | 二 | 二三 | 二 | 一七 | 二 | 一一 | 二 | 〇五 |
| 四 | 五〇 | 二 | 三五 | 二 | 二八 | 二 | 二二 | 二 | 一六 | 二 | 〇九 |
| 五 | 〇〇 | 二 | 四〇 | 二 | 三三 | 二 | 二七 | 二 | 二〇 | 二 | 一四 |
| 五 | 一〇 | 二 | 四五 | 二 | 三八 | 二 | 三二 | 二 | 二五 | 二 | 一八 |
| 五 | 一七 | 二 | 四九 | 二 | 四二 | 二 | 三五 | 二 | 二八 | 二 | 二二 |

| 太陰實緯 度 | 太陰實緯 分 | 限距地高 六十七度 度 | 六十七度 分 | 六十八度 度 | 六十八度 分 | 六十九度 度 | 六十九度 分 | 七十度 度 | 七十度 分 | 七十一度 度 | 七十一度 分 |
|---|---|---|---|---|---|---|---|---|---|---|---|
| 〇 | 一〇 | | 四 | | 四 | | 四 | | 四 | | 三 |
| 〇 | 二〇 | | 八 | | 八 | | 八 | | 七 | | 七 |
| 〇 | 三〇 | | 一三 | | 一二 | | 一二 | | 一一 | | 一〇 |
| 〇 | 四〇 | | 一七 | | 一六 | | 一五 | | 一五 | | 一四 |
| 〇 | 五〇 | | 二一 | | 二〇 | | 一九 | | 一八 | | 一七 |
| 一 | 〇〇 | | 二五 | | 二四 | | 二三 | | 二二 | | 二一 |
| 一 | 一〇 | | 三〇 | | 二八 | | 二七 | | 二五 | | 二四 |
| 一 | 二〇 | | 三四 | | 三二 | | 三一 | | 二九 | | 二八 |
| 一 | 三〇 | | 三八 | | 三六 | | 三五 | | 三三 | | 三一 |
| 一 | 四〇 | | 四二 | | 四〇 | | 三八 | | 三六 | | 三四 |
| 一 | 五〇 | | 四七 | | 四四 | | 四二 | | 四〇 | | 三八 |
| 二 | 〇〇 | | 五一 | | 四九 | | 四六 | | 四四 | | 四一 |
| 二 | 一〇 | | 五五 | | 五三 | | 五〇 | | 四七 | | 四五 |
| 二 | 二〇 | | 五九 | | 五七 | | 五四 | | 五一 | | 四八 |
| 二 | 三〇 | 一 | 〇四 | 一 | 〇一 | | 五八 | | 五五 | | 五二 |
| 二 | 四〇 | 一 | 〇八 | 一 | 〇五 | 一 | 〇一 | | 五八 | | 五五 |
| 二 | 五〇 | 一 | 一二 | 一 | 〇九 | 一 | 〇五 | 一 | 〇二 | | 五九 |
| 三 | 〇〇 | 一 | 一六 | 一 | 一三 | 一 | 〇九 | 一 | 〇六 | 一 | 〇二 |
| 三 | 一〇 | 一 | 二一 | 一 | 一七 | 一 | 一三 | 一 | 〇九 | 一 | 〇五 |
| 三 | 二〇 | 一 | 二五 | 一 | 二一 | 一 | 一七 | 一 | 一三 | 一 | 〇九 |
| 三 | 三〇 | 一 | 二九 | 一 | 二五 | 一 | 二一 | 一 | 一七 | 一 | 一二 |
| 三 | 四〇 | 一 | 三四 | 一 | 二九 | 一 | 二五 | 一 | 二〇 | 一 | 一六 |
| 三 | 五〇 | 一 | 三八 | 一 | 三三 | 一 | 二八 | 一 | 二四 | 一 | 一九 |
| 四 | 〇〇 | 一 | 四二 | 一 | 三七 | 一 | 三二 | 一 | 二八 | 一 | 二三 |
| 四 | 一〇 | 一 | 四六 | 一 | 四一 | 一 | 三六 | 一 | 三一 | 一 | 二六 |
| 四 | 二〇 | 一 | 五一 | 一 | 四五 | 一 | 四〇 | 一 | 三五 | 一 | 三〇 |
| 四 | 三〇 | 一 | 五五 | 一 | 四九 | 一 | 四四 | 一 | 三八 | 一 | 三三 |
| 四 | 四〇 | 一 | 五九 | 一 | 五三 | 一 | 四八 | 一 | 四二 | 一 | 三七 |
| 四 | 五〇 | 二 | 〇三 | 一 | 五七 | 一 | 五二 | 一 | 四六 | 一 | 四〇 |
| 五 | 〇〇 | 二 | 〇八 | 二 | 〇二 | 一 | 五五 | 一 | 四九 | 一 | 四四 |
| 五 | 一〇 | 二 | 一二 | 二 | 〇六 | 一 | 五九 | 一 | 五三 | 一 | 四七 |
| 五 | 一七 | 二 | 一五 | 二 | 〇八 | 二 | 〇二 | 一 | 五六 | 一 | 四九 |

| 太陰實緯 度 | 太陰實緯 分 | 限距地高 七十二度 度 | 七十二度 分 | 七十三度 度 | 七十三度 分 | 七十四度 度 | 七十四度 分 |
|---|---|---|---|---|---|---|---|
| 〇 | 一〇 | | 三 | | 三 | | 三 |
| 〇 | 二〇 | | 六 | | 六 | | 六 |
| 〇 | 三〇 | | 一〇 | | 九 | | 九 |
| 〇 | 四〇 | | 一三 | | 一二 | | 一一 |
| 〇 | 五〇 | | 一六 | | 一五 | | 一四 |
| 一 | 〇〇 | | 一九 | | 一八 | | 一七 |
| 一 | 一〇 | | 二三 | | 二一 | | 二〇 |
| 一 | 二〇 | | 二六 | | 二四 | | 二三 |
| 一 | 三〇 | | 二九 | | 二八 | | 二六 |
| 一 | 四〇 | | 三三 | | 三一 | | 二九 |
| 一 | 五〇 | | 三六 | | 三四 | | 三二 |
| 二 | 〇〇 | | 三九 | | 三七 | | 三四 |
| 二 | 一〇 | | 四二 | | 四〇 | | 三七 |
| 二 | 二〇 | | 四六 | | 四三 | | 四〇 |
| 二 | 三〇 | | 四九 | | 四六 | | 四三 |
| 二 | 四〇 | | 五二 | | 四九 | | 四六 |
| 二 | 五〇 | | 五五 | | 五二 | | 四九 |
| 三 | 〇〇 | | 五九 | | 五五 | | 五二 |
| 三 | 一〇 | 一 | 〇二 | | 五八 | | 五五 |
| 三 | 二〇 | 一 | 〇五 | 一 | 〇一 | | 五七 |
| 三 | 三〇 | 一 | 〇八 | 一 | 〇四 | 一 | 〇〇 |
| 三 | 四〇 | 一 | 一二 | 一 | 〇七 | 一 | 〇三 |
| 三 | 五〇 | 一 | 一五 | 一 | 一〇 | 一 | 〇六 |
| 四 | 〇〇 | 一 | 一八 | 一 | 一四 | 一 | 〇九 |
| 四 | 一〇 | 一 | 二一 | 一 | 一七 | 一 | 一二 |
| 四 | 二〇 | 一 | 二五 | 一 | 二〇 | 一 | 一五 |
| 四 | 三〇 | 一 | 二八 | 一 | 二三 | 一 | 一八 |
| 四 | 四〇 | 一 | 三一 | 一 | 二六 | 一 | 二〇 |
| 四 | 五〇 | 一 | 三四 | 一 | 二九 | 一 | 二三 |
| 五 | 〇〇 | 一 | 三八 | 一 | 三二 | 一 | 二六 |
| 五 | 一〇 | 一 | 四一 | 一 | 三五 | 一 | 二九 |
| 五 | 一七 | 一 | 四三 | 一 | 三七 | 一 | 三一 |

太陰淩犯諸星同於日食。然日食由時刻與日出入相較。即知日在地平上下以定所在見食與否。此則雖得時刻。其月在地平上下未可知也。舊術但以太陰距黃平象限九十度爲斷。使太陰正當黃道無緯度。則此爲密矣。然太陰出入黃道最大者五度有奇。太陰距黃道既有南北。則太陰距限當地平度亦有不及象限與已過象限之差。監臣司廷棟等復以限距地平之高及月距黃道之緯。依正弧三角形求之。蓋黃道之勢。隨天左旋。其升降正斜。時時不同。正升正降者。

京師限距地高至七十三度餘。高度大。則月緯所當之距限差轉小。斜升斜降者。

京師限距地高只二十六度餘。高度小。則月緯所當之距限差轉大。若值月緯最大。其差可至十度有奇。此距限差表之所以立也。表按限距地高度逐段列之。前列太陰實緯度分。中列黃道南北自初度十分至五度十七分之距限差。緯南爲減。緯北爲加。用表之法。以限距地高之度與太陰實緯度。察其縱橫相遇之數。即所求之距限差也。設限距地高二十八度。太陰距黃道南四度二十分。求距限差。則察限距地高二十八度格內。橫對太陰實緯四度二十分之距限差為八度一十二分。即所求之距限差。其緯在黃道南。是為減差也。限距地高以逐度為率。若限距地高有三十分以上者進作一度。不及三十分者去之。太陰實緯。以十分為率。若太陰實緯有零分者。五分以上進作十分。不足五分者去之。俱不用中比例。因逐度分之數所差甚微故也。

欽定大清會典圖卷一百二十二

天文十六 日躔

新法求均數圖四

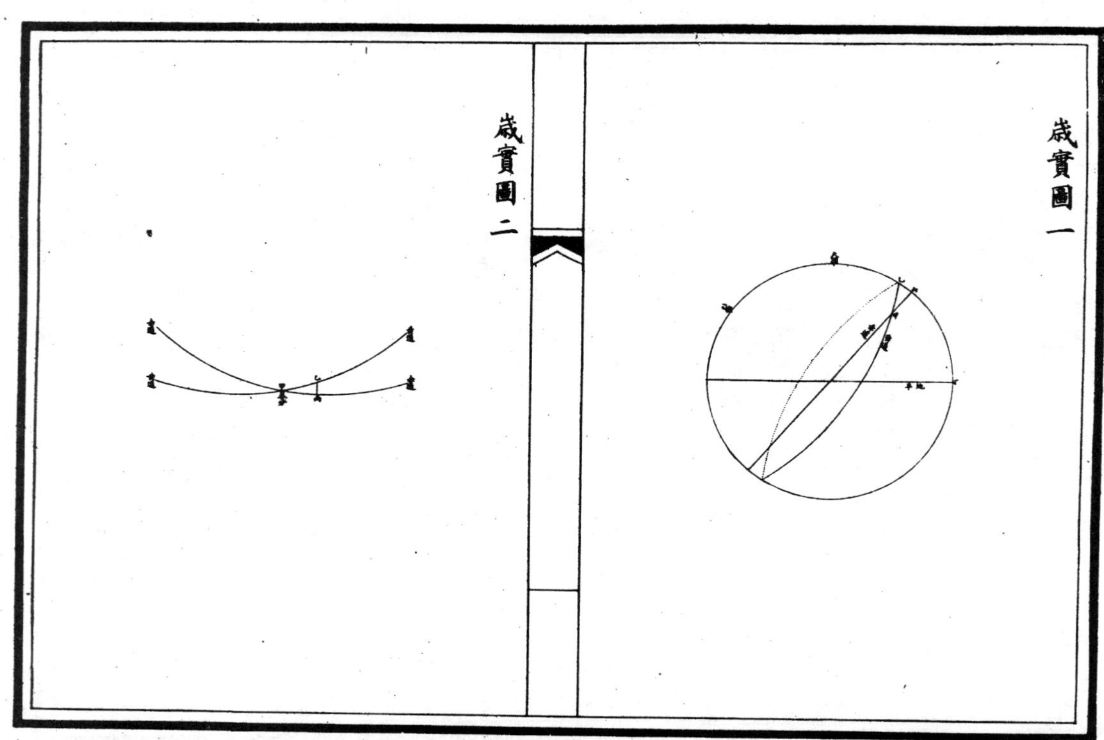

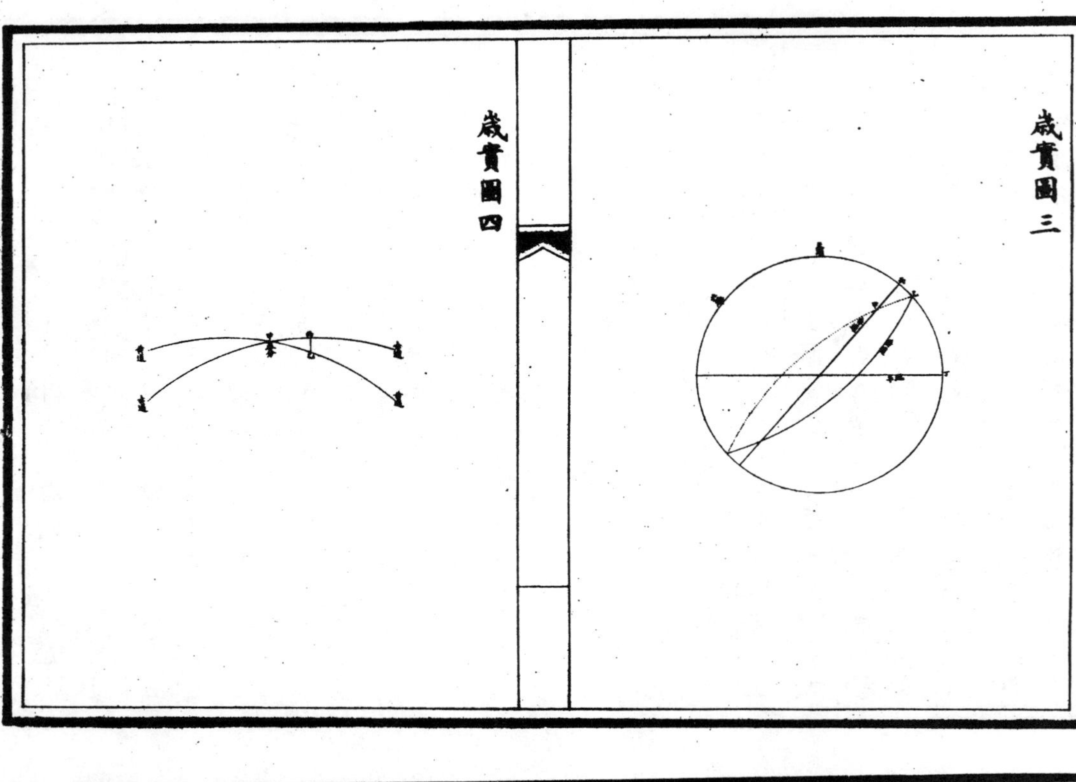


太陽實行每日不同。步日躔者必以平行為根。求平行之法。在定歲實。歲實者太陽循黃道右旋一周而復於原界之日時也。（或自今年冬至至明年冬至。或自今年春分至明年春分。）西人第谷定為三百六十五日五時三刻三分四十五秒。（即三百六十五日十分日之二分四二一八七五。）乃置天周三百六十度為實。以歲實三百六十五日五時三刻三分四十五秒為法。實如法而一。得太陽每日平行五十九分八秒一十九微四十九纖五十一忽三十九芒。（即十分度之九分八五六四七三六五八。）測歲實之法。古皆測冬至。然冬至時刻難定。不如春秋分得數為真。康熙五十四年乙未二月十六日癸未午正。於暢春園測得太陽高五十度三十二秒三十五微。加地半徑差一分五十六秒五微。得實高五十度二分二十八秒四十微。與赤道高五十度三十秒相減。餘一分五十八秒四十微。為太陽在赤道北之緯度。即知春分時刻在午正前也。如第一第二圖。甲為春分。乙為太陽。丙為赤道。乙丁為午正太陽實高。丙丁為赤道高。乙丙為太陽距赤道北緯度。用甲乙丙正弧三角形。此形有甲角大距度二十三度二十九分三十秒。有丙直角。有乙丙緯度一分五十八秒四十微。求甲乙弧為太陽過春分之經度。法用甲角正弦三九八六一五七。與丙直角正弦一千萬之比。同於乙丙弧正弦五七五三。與甲乙弧正弦一四四三三之比。得甲乙弧四分五十七秒四十三微。用變時法以一日平行五十九分八秒二十微為一率。二分時。太陽實行與平行相近。故即用平行為一率。若他節氣。須用本日之實行為一率。二十四時化一千四百四十分為二率。甲乙弧四分五十七秒四十三微為三率。得四率一百二十

分四十九秒一十二微。以每時六十分收之。得二時四十九秒一十二微為春分距午正前之時。即巳初三刻十四分十秒四十八微春分也。康熙五十五年丙申二月二十七日戊子午正。於暢春園測得太陽高四十九度五十四分四十九秒五十一微。加地半徑差一分五十六秒十七微。得實高四十九度五十六分四十六秒八微。與赤道高五十度三十秒相減。餘三分四十三秒五十二微。為太陽在赤道南之緯度。即知春分時刻在午正後也。如第三第四圖。依法

用甲乙丙正弧三角形。求得乙甲弧九分二十一秒三十九微。為太陽未到春分之經度。變時。得三時四十七分五十五秒四十八微。為春分距午正後之時。即申初三刻二分五十五秒四十八微春分也。乃總計兩春分相距得三百六十五日五時三刻三分四十五秒。即為歲實。厥後西人奈端等。屢測歲實。謂第谷所減太過。酌定歲實為三百六十五日五時三刻三分五十七秒四十一微三十八纖二忽二十六芒五十六塵。以周日一萬分通之。得三百六十五日二四二三三四四二〇一四一五。比第谷所定多萬分之一有奇。以除周天三百六十度。得每日平行五十九分八秒一十九微四十四纖四十三忽二十二芒三塵。比第谷所定少五纖有奇。每

年少三十微有奇。

太陽本天高卑及本輪圖

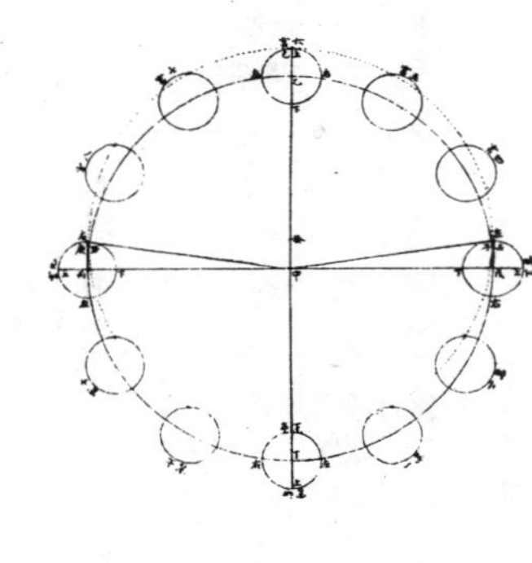

恒星七政經緯度。以東西南北言也。言乎高下。則日月五星各有本天。本天隨時各有高卑。高卑為盈縮遲疾之原。有不同心天說。有本輪說。其理一也。如圖甲為地心。其圜周為乙丙丁戊黃道平行圈。此以地心為心之定體也。而太陽本天為己庚辛壬圈。則其心在癸。與地心甲不同。其差癸甲。若己乙。若庚丙。若辛丁。若壬戊。俱與之等。己為最高。辛為最卑。庚壬為中距。皆以距地心甲之遠近計也。太陽在本天。原自平行無盈縮。而自地心甲立算。遂有高卑盈縮之異。是為實行。太陽自最卑辛右旋行本天一象限至中距壬。自中距壬行本天一象限至最高己。自最高己行本天一象限至中距庚。自中距庚行本天一象限至最卑辛。其度適均也。而由地心甲立算。則太陽在本天辛壬己庚者。於黃道圈為丁子乙丑。丁至子過於一象限。子至乙不及一象限。乙至丑不及一象限。丑至丁過於一象限。行過一象限。則其行盈。不及一象限。則其行縮。丑丁子大半周為盈。子乙丑小半周為縮。此不同心天之說也。若以本天與地同心。即以丁戊乙丙圜為本天。而於本天設本輪。如初宮一宮二宮至十一宮各輪。每輪之心。皆以本天周為心。本輪心循本天周。嚮東而行。太陽在本輪之周。嚮西而行。自下而左而上而右而復於下。為自行度。名引數。其行一周。與本輪心行本天一周之度相等。本天周為平行。合本輪周於本天為實行。本輪心在丁。則太陽在本輪下之辛為最卑。平行實行。丁辛合為一綫無盈縮。本輪心由丁嚮戊。則太陽由本輪下嚮左順輪心行。能益東行之度。故較平行為盈。至半象限後。所益漸少。迫輪心行一象限至戊。太陽亦行輪周一象限至壬。即無所益而復於平行。是為中距。然而積盈之多。正在中距。蓋平行至戊。而太陽在壬。從地心甲立算。則太陽當本天之子。子戊弧以本輪之半徑為正切。是盈差之極大也。中距後本輪心由戊嚮乙。則太陽行本輪之上半周由左嚮上背輪心行。故實行漸縮。然因有積盈之度。方以次漸消。其實行仍在平行前。迨輪心行滿一象限至乙。太陽亦行滿一象限至最高己。為極縮。而積盈之度始消盡無餘。實行平行。己乙合為一綫。故自最卑至最高半周俱為盈限也。本輪心由乙嚮丙。太陽由本輪上嚮右背輪心行。能損東行之度。故較平行為縮。至半象限後。所損漸少。迨輪心行一象限至丙。太陽亦行輪周一象限至庚。即無所損而復於平行。是為中距。然而積縮之多。亦在中距。蓋平行至丙。而太陽在庚。從地心甲立算。則太陽當本天之丑。丑丙弧亦以本輪之半徑為正切。是縮差之極大也。中距後。本輪心由丙嚮丁。太陽行本輪之下半周由右嚮下順輪心行。故實行漸盈。然因有積縮之度。方以次相補。其實行仍在平行後。迨輪心行滿一象限至丁。太陽亦行滿一象限至最卑辛。為極盈。而積縮之度始補足無缺。實行平行辛丁合為一綫。故自最高至最卑半周俱為縮限也。此本輪之說。若於本輪上辛壬己庚諸點聯為一圈。此圈心不以甲為心。而以癸為心。即成不同心天之形。其癸甲兩心差。即本輪之半徑。二說名異而理同也。本輪心東行。太陽西行。雖謂相等。而二者亦有微差。每歲差一分一秒一十微。故最卑不常當冬至。最高不常當夏至。中距不常當春秋分。求兩心差法。於冬至夏至後各二日。用實測求得時刻加減差。比例得最卑過冬至最高過夏至之度分。又求得冬至後過最卑夏至後過最高之時刻。加歲實四分之一。得春分或秋分後過中距時。當在黃道何宮何度。又用實測求得經度在何宮何度。其不相合者。即兩心差之角度。檢其正切。即兩心差。康熙五十六年求得兩心差數為一○○○○○○○之三五八四一六。

太陽均輪圖一

盈縮差為均數。均數生於本輪均輪。用兩心差全數三五八四一六以推盈縮。惟中距與實測合。最高前後兩象限則失之小。最卑前後兩象限則失之大。因於本輪上又設均輪以消息其數。以兩心差全數。如午丁與癸甲等。四分之。取其三分得二六八八一二為本輪半徑。如丁上。取其一分得八九六〇四為均輪半徑。如下辰。本天之周丁戊乙丙。載本輪心。本輪之周下左上右。載均輪心。本輪心循本天東行由丁而戊而乙而丙而復於丁為經度。每日平行五十九分零八秒二十微。均輪心循本輪西行由下而左而上而右而復於下。其行度微不及本輪名曰引數。每日行五十九分零八秒零九微有餘。太陽則循均輪周東行。由最近而最遠而復於最近。遠近皆以距本輪心言。其行倍於均輪心。均輪心行一度。太陽在輪周行二度。最卑時。本輪心在本天之丁。均輪心在本輪之下。太陽則在均輪之近點辰。居兩輪心之間。從地心甲計之。成一直綫。故無平行實行之差。辰丁為兩心差之半。辰甲為太陽距地心之遠。其卑於甲丁本天半徑者。即兩心差之半辰丁也。本輪心由丁行九十度至戊。為中距。均輪心由本輪之下行九十度至左。太陽由均輪之近點辰。行一百八十度至遠點巳。從地心甲立算。則當本天之子。子戊弧為積盈之度。即子甲戊角。其正切巳戊。為本輪與均輪兩半徑相併之數。與癸甲兩心差等。本輪心由本天之戊行九十度至乙。為最高。均輪心由本輪左行九十度至上。太陽由均輪之遠點巳。行一百八十度至近點寅。居兩輪心之間。從地心甲計之成一直綫中距時所積之盈度至此消盡而無平行實行之差寅乙為兩心差之半寅甲為太陽距地心之遠其高於乙甲本天半徑者即兩心差之半寅乙也本輪心由乙行九十度至丙為中距均輪心由本輪之上行九十度至右太陽由均輪之近點寅行一百八十度至遠點卯從地心甲立算則當本天之丑丑丙弧為積縮之度即丑甲丙角其正切卯丙為本輪與均輪兩半徑相併之數與癸甲兩心差等本輪心復由丙行九十度至丁則均輪復至下太陽復至辰其積縮之度俱已補足而平行實行復合為一綫矣以兩心差三五八四一六為中距均數甲角左戊弧若右丙弧之正切檢八綫表得二度零三分零九秒四十微即太陽中距時之均數最卑後一象限為加差以加平行得實行最高後一象限為減差以減平行得實行

太陽均輪圖二

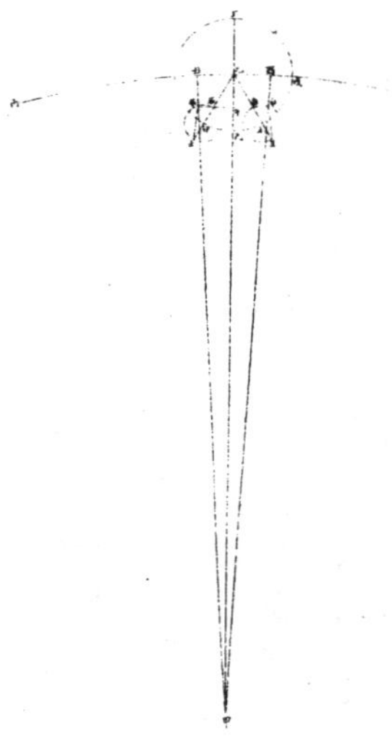

如圖甲為地心即本天心乙丙為本天之一弧命乙甲半徑為一千萬丁戊己為本輪丁乙半徑為二十六萬八千八百一十二丁為上點己為下點庚辰壬及庚申壬皆為均輪庚卯及庚未皆半徑為八萬九千六百零四庚為最近壬為最遠如本輪心乙距本天最卑後三十度為一宮初度則均輪心從本輪下點己行三十度至卯而太陽則從均輪近點庚行六十度至辰從地心甲計之當本天之丑乙丑弧為實行盈於平行之度求之之法先用

乙午庚直角三角形。午為直角九十度。乙角即己卯弧三十度。則庚角必六十度。乙庚邊一七九二〇八。即乙卯半徑三分之二。求得午庚邊八九六〇四。乙午邊一五五一九九。於本天半徑乙甲一千萬內減乙午。餘為午甲九八四四八〇一。倍午庚。得午辰一七九二〇八。（庚辰壬與乙午庚兩形之邊角相等。則午庚與庚辰亦必等也。）乃用午甲辰直角三角形。求得甲角一度零二分三十四秒一十八微。即乙丑弧。是為加差。以加平行得實行。若本輪心乙在最卑前三十度。為十一宮初度。則均輪心從本輪下點己行三百三十度至未。而太陽則從均輪近點庚行一周又三百度至申。從地心甲計之。當本天之酉。酉乙弧與乙丑弧等。但為實行縮於平行之度。是為減差。以減於平行而得實行也。用此法。求得最卑後一象限之加差。即得最卑前一象限之減差。

太陽均輪圖三

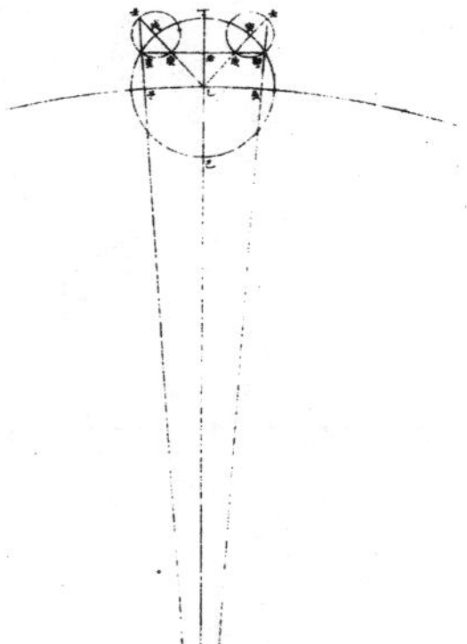

如圖。本輪心乙距最高前四十度。為四宮二十度。則均輪心從本輪下點己行一百四十度至戊。而太陽則從均輪近點庚行二百八十度至亥。從地心甲計之。當本天之子。乙子弧為實行盈於平行之度。求之之法。先用乙丑庚直角三角形。丑直角九十度。乙角即丁戊弧四十度。庚角五十度。乙庚邊一七九二〇八。求得丑庚邊一一五一九三。丑乙邊一三七二八一。於本天半徑乙甲一千萬加丑乙。得丑甲一　一三七二八一。倍丑庚。得丑亥二三〇三八六。乃用丑甲亥直角三角形。求得甲角一度一十八分零六秒五十三微。即乙子弧。是為加差。以加平行得實行。若本輪心乙距最高後四十度。為七宮一十度。則均輪心從本輪下點己行二百二十度至寅。而太陽則從均輪近點庚行一周又八十度至卯。從地心甲計之。當本天之辰。辰乙弧與乙子弧等。但為實行縮於平行之度。是為減差。以減於平行而得實行也。用此法。求得最高前一象限之加差。即得最高後一象限之減差。

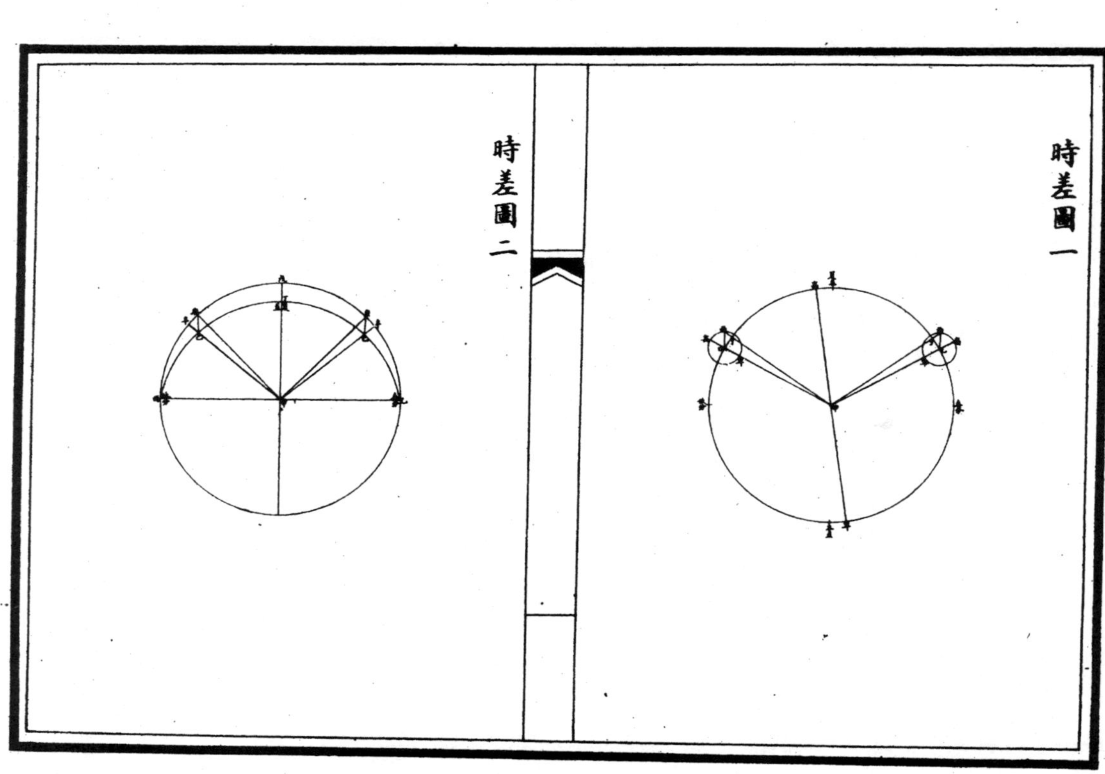

時差圖一

時差圖二

時差者。平時與用時相較之時分也。推步所得為平時。測量所得為用時。（用時即視時也。）二者常不相合。其故有二。一因太陽之實行。而時刻為之進退。蓋以高卑為加減之限也。一因赤道之升度。而時刻為之消長。蓋以分至為加減之限也。如第一圖。甲為地心。乙為本輪心。冬至後本輪心平行一百一十八度餘至乙。太陽從本輪最卑自行一百一十一度餘至丙。從地心甲作實行綫至丙。割黃道於丁。丁乙弧即平行實行之差。設推得某日申正。太陽平行乙未到酉宮尚一度餘。因行盈率實行大於平行。故平行乙雖未至酉宮。而實行丁已交酉宮。若以平行乙所臨之時刻。為交宮之時刻。則為申正太陽入酉宮。是為平時。然平行乙雖臨於申正。而太陽丙實在其東一度餘。（即丁乙弧。）故必以此一度餘變時。約得五分為時差。以減申正。得申初三刻十分太陽入酉宮。是為用時也。又如夏至後本輪心平行六十一度餘至乙。太陽從本輪最高自行五十四度餘至丙。從地心甲作實行綫至丙。割黃道於丁。丁乙弧為平行實行之差。設推得某日辰正。太陽平行乙。已入巳宮一度餘。因行縮率實行小於平行。故平行乙雖入巳宮一度餘。而實行丁方交巳宮初度。若以平行乙所臨之時刻。為交宮之時刻。則為辰正太陽入巳宮。是為平時。然平行乙雖臨於辰正。而太陽丙實在其西一度餘。故必以此一度餘變時。約得五分為時差。以加辰正。得辰正初刻五分太陽入巳宮。是為用時也。準此論之。凡最卑後半周實行皆大於平行。則用時在平時東。其時差宜減。最高後半周實行皆小於平行。則用時在平時西。其時差宜加。此以最高卑為時差加減之限。黃道上事也。然時刻以赤道為主。黃道上之用時。猶非赤道上之用時。何也。黃道與赤道斜交。二分之後。黃道如弦。赤道如股。（從北極出綫至赤道。成直角句股形。）故黃道一度。赤道一度不足。赤道度少。則時刻增矣。（右旋度少。則左旋時刻增。）二至之後。黃道以腰圍大圈之度。當赤道距等小圈之度。故黃道一度。赤道一度有餘。赤道度多。則時刻減矣。（右旋度多。則左旋時刻減。）如第二圖。甲為北極。乙戊丙為赤道。乙丁丙為黃道。乙為春分丙為秋分。丁為夏至。春分後。太陽實行四十五度至己。赤道上與己相等之度為庚。庚距乙亦四十五度。與己相當之度為辛。辛庚弧為赤道少於黃道之度。得二度二十九分。是為升度差。如推得太陽本日實行距春分四十五度。而即以四十五度之點當某位為某時者。是以赤道之庚點命時也。（如庚點當午位。即為午時。）而實度之辛點實在其西。故必以辛庚升度差變時。為時差。以加於平時。得用時。（如庚點當午正末。即午正末為平時。以時差加之。得辛點在未初為用時。秋分後與春分後同。）又如夏至後。太陽實行四十五度至己。赤道上與己相等之度為庚。庚距戊亦四十五度。與己相當之度為辛。辛庚弧為赤道多於黃道之度。得二度二十九分。是為升度差。如推得太陽本日實行距夏至四十五度。而即以四十五度之點當某位為某時者。是以赤道之庚點命時也。（如庚點當午位。即為午時。）而實度之辛點實在其東。故必以庚辛升度差變時。為時差。以減於平時。得用時。（如庚點當午初。即午初為平時。以時差減之。得辛點在巳正為用時。冬至後與夏至後同。）準此論之。凡分後兩象限。用時皆在平時西。其時差宜加。至後兩象限。用時皆在平時東。其時差宜減。此以分至為時差加減之限。赤道上事也。是二者。一以高卑為加減之限。一以分至為加減之限。若以太陽實行宮度求得赤道同升度。與平行宮度相減。餘度變時。為時差。逐度立表以加減平時。而得用時。是合兩次加減為一次加減。然而宮度引數。又因逐年最高卑有行分。不能相同。合立一表。歲久必不可用。分作二表。一以太陽均數變時。用引數查之。一以升度差變時。用實行查之。依法加減兩次。由是平時與用時相較之分真數得矣。（新法算書。）

（有表名曰日差。）

## 新法太陽本天橢圓形圖一

雍正八年。因六月初一日日食實測與推算分數不合。知本輪均輪之法。最高前後。本輪固失之小。均輪又失之大。最卑前後。本輪固失之大。均輪又失之小。乃用西人刻白爾噶西尼等所定日月本天為橢圓形之法。測得中距時盈縮差一度五十六分一十二秒。如己甲。折半五十八分零六秒。檢其正弦一六九〇〇〇〇為兩心差。如寅甲。甲為地心。乙丙丁戊正圓形為黃道。寅為本天心。丑子辰卯橢圓形。為太陽本天。辰丑為橢圓大徑。寅丑及寅辰。皆為大半徑。子卯為橢圓小徑。寅子及寅卯。皆為小半徑。己甲為倍兩心差。若以本輪均輪法論之。則庚乙及壬丁。及辛丙。及癸戊。各均輪半徑本輪半徑相併之數。皆與己甲等。寅甲兩心差。與庚丑均輪全徑等。最卑時太陽在丑。最高時。太陽在辰。俱無均數。中距時。太陽在辛。其均數為甲角度。仍與本輪均輪之理合也。至其逐度逐分之盈縮差則以橢圓面積與角度為比。

新法太陽本天橢圓形圖二

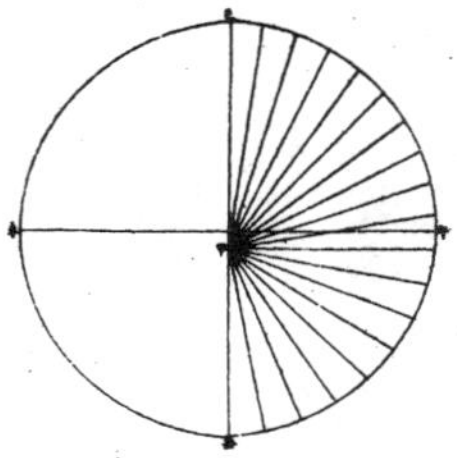

以地心甲為心。均分橢圓面積為三百六十分。每分之積皆為一度。每一度積為六十分。以當太陽平行。太陽實行循橢圓之周。自丑而午而巳而未而復於丑。丑為最卑。巳為最高。午未皆為中距。最卑半周。甲心至橢圓界之綫短。則角度必寬。是為行盈。最高半周。甲心至橢圓界之綫長。則角度必狹。是為行縮。惟所當之面積相等。而角不等。角度與積度之較。即平行實行之差。求橢圓小半徑法。以兩心差一六九〇〇〇為句。大半徑一〇〇〇〇〇〇〇為弦。求得股九九九八五七一小餘八四八〇一九一即小半徑。蓋兩心差與小半徑成直角。而其所對之邊為弦。其數必等於大半徑也。

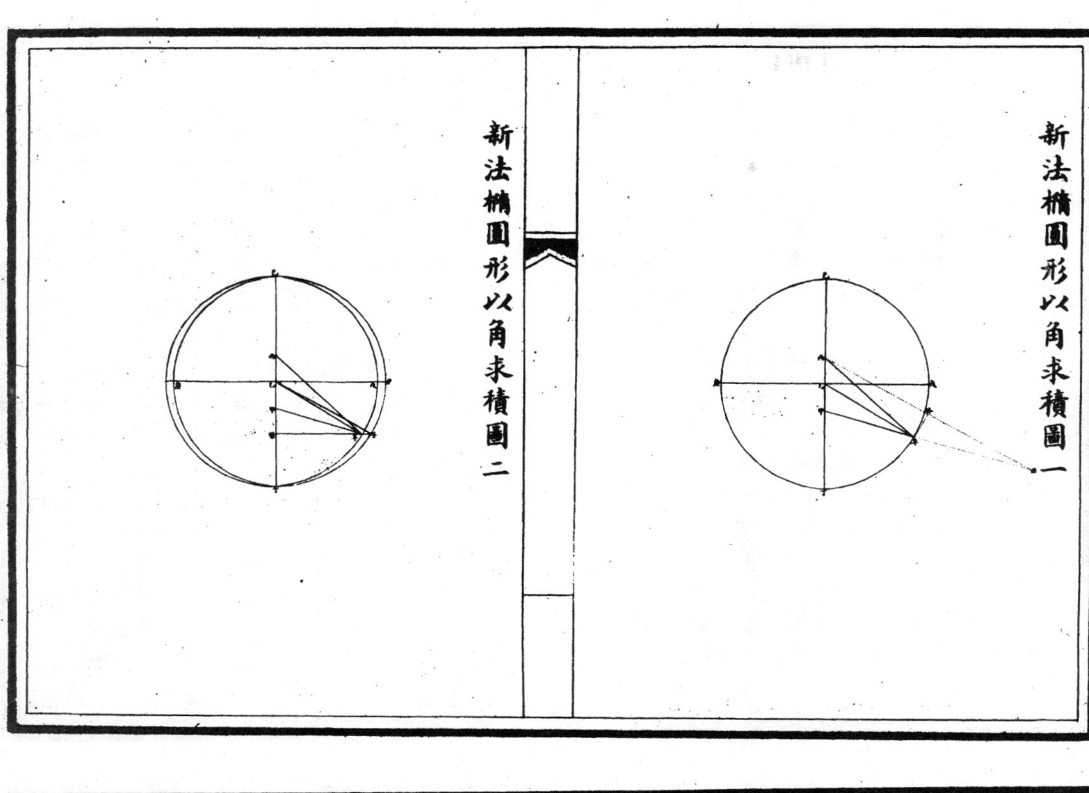


凡實測先得實行。後求平行。是以角求積也。甲為地心。乙為本天心。乙甲為兩心差。丙甲為倍兩心差。設太陽在辛。辛甲丁角。為實行距最卑後六十度。求甲辛丁分橢圓面積平行若干度分。先求甲辛太陽距地心綫。有以甲辛綫引長作股。用兩句股形求之者。簡法則用切綫分外角法。如第一圖。以甲辛綫引長至壬。使辛壬與丙辛等。自丙至壬。作丙壬綫。成甲丙壬三角形。甲丙邊三三八〇〇〇。甲壬邊二千萬。丙辛辛甲共為大徑二千萬辛壬與丙辛等。故甲壬亦二千萬甲外角六十度。求得壬角四十九分五十三秒小餘三六。丙壬邊二〇一七一〇八〇小餘二九。次將丙壬邊折半於癸。作辛癸垂綫。成壬癸辛直角形。以半徑一千萬為一率。壬角正割一〇〇〇〇一〇五三小餘三五為二率。癸壬邊一〇〇八五五四〇小餘一四五為三率。求得四率一〇〇八六六〇二小餘六一。為辛壬邊。於甲壬二千萬內減之。餘九九一三三九七小餘三九。即甲辛太陽距地心綫。次用正圓比例。如第二圖。丁子丑己圜為正圓形。

以半徑一千萬為一率。甲角六十度之正弦八六六〇二五四為二率。甲辛邊為三率。求得四率八五八五二三五小餘三〇。即辛癸邊。次以橢圓小半徑乙戊九九九八五七一小餘八五為一率。大半徑乙丑與乙丁等一千萬為二率。辛癸邊為三率。求得四率八五八六四六一小餘五八。即子癸邊。檢正弦。得五十九度九分五十三秒小餘六九。為乙角度。亦即子丁弧度。次用邊積比例。以半周天一百八十度。化作六十四萬八千秒為一率。半圓周定率三一四一五九二六小餘五為二率。乙角度分。化作二十一萬二千九百九十三秒小餘六九為三率。求得四率一〇三二六二二五小餘四七八四〇〇九。為子丁弧綫。與乙丁半徑一千萬相乘。折半。得五一六三一一二七三九二〇〇五。為乙子丁分半圓面積。次以橢圓大半徑為一率。小半徑為二率。乙子丁積為三率。求得四率五一六二三七五三六九二五四六。為乙辛丁分橢圓面積。次以乙甲一六九〇〇〇與辛癸八五八五二三五小餘三〇相乘。折半。得七二五四五二八八二八五〇。為辛乙甲三角積。於乙辛丁積內減之。餘五〇八九八三〇〇八〇九六九六。即甲辛丁分橢圓面積。以橢圓面一度之面積定率八七二五三九九五二二九除之。得五十八度三三三四小餘八七。收作五十八度二十分零三十三微。即實行距最卑後六十度時之平行度也。

新法橢圓形以積求角圖

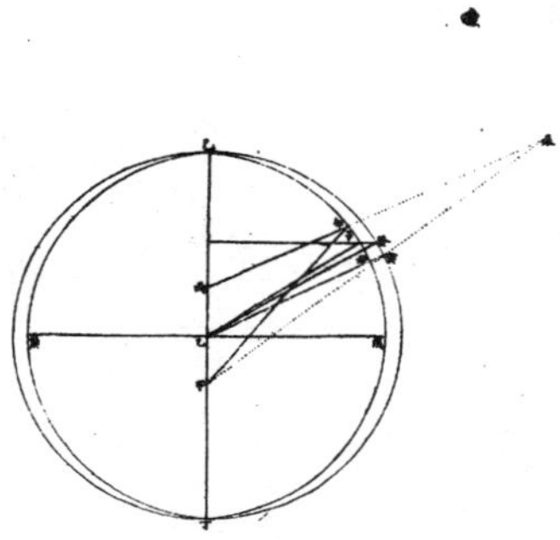

推步。先設平行。後求實行。是以積求角也。有用邊積與中率半徑積比例法。有借積求積法。惟借角求角之法爲最簡。如太陽平行距最卑後一百二十度。求實行若干度分。先從本天心乙。設丁乙癸角一百二十度。則乙子丁分橢圓面積亦爲一百二十度。次將丁乙癸角。減丑乙寅橢圓差角。九十度以外小一橢圓差角。故減。則癸乙巳外角大一橢圓差角。以橢圓小半徑九九九八五七一小餘八五爲一率。大半徑一千萬爲二率。癸乙巳外角六十度之正切一七三二 五 八爲三率。求得四率一七三二二九八一小餘九八。爲巳乙寅外角之正切。檢表得六十度〇一十二秒小餘七六。即巳乙寅外角度。於一百八十度內減之。餘一百一十九度五十九分四十七秒小餘二四。即寅乙丁內角度。次與乙寅平行作丙卯綫。自甲作甲卯綫。則丙角與寅乙丁角等。甲卯丁積爲分橢圓一百二十度之面積與乙子丁積等。是爲平行。卯甲丁角。即爲實行。乃以丙卯綫引長至辰。使卯辰與甲卯等。則丙辰爲二千萬。自甲至辰作甲辰綫。成甲丙辰三角形。用切綫分外角法。求得辰角四十九分五十三秒小餘四六。倍之得一度三十九分四十六秒小餘九二。即甲丙卯形之卯角度。以加丙內角一百一十九度五十九分四十七秒小餘二四。得一百二十一度三十九分三十四秒小餘一六。爲卯甲丁角度。即平行距最卑後一百二十度時之實行度也。

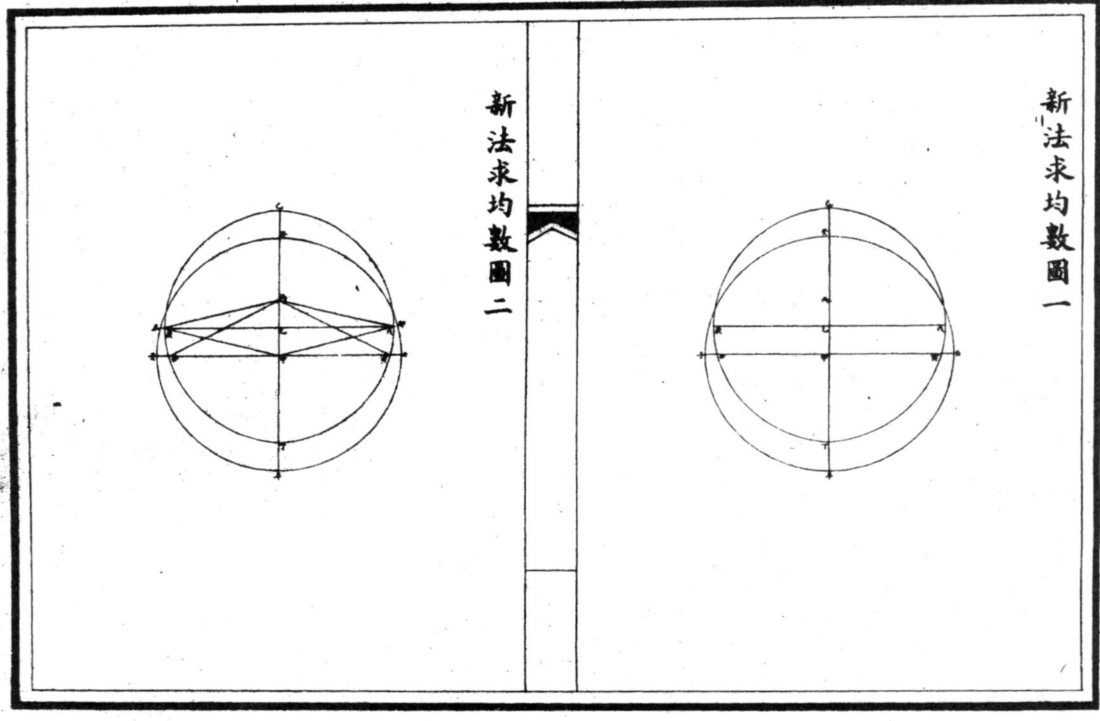
新法求均數圖一
新法求均數圖二

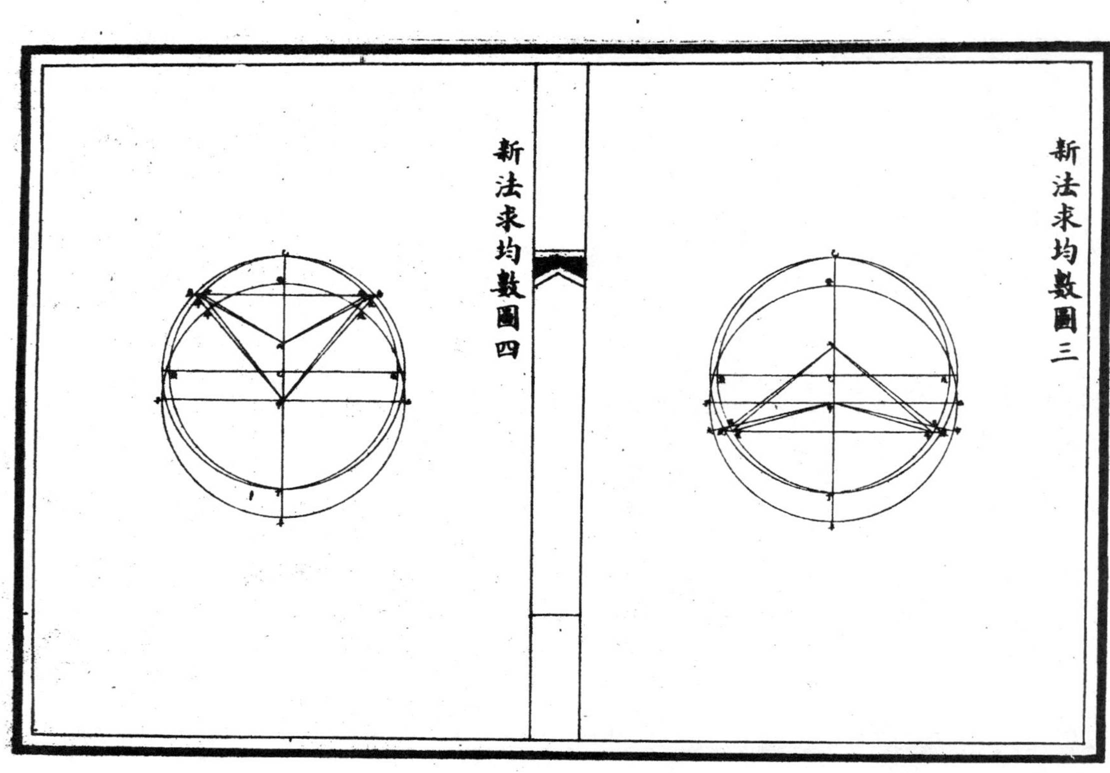
新法求均數圖三
新法求均數圖四

均數者盈縮差也最卑前後兩象限為行盈最高前後兩象限為行縮然盈縮差自最卑最高起算最高前一象限雖行縮實行仍大於平行故最卑後半周皆為加差最卑前一象限雖行盈實行仍小於平行故最高後半周皆為減差今求盈縮差用借角求角之法與不同心天之法略同但多一橢圓差耳故先以平行求得對倍兩心差之角又以平行求得橢圓差角與對倍兩心差之角相加減而得均數其加減之法如第一圖甲為地心乙為本天心甲乙為兩心差甲丙為倍差丁戊己庚為本天辛壬癸子為黃道以行度言之太陽在最卑前後當子辛辛壬兩象限其本天平行丑甲寅丁面積未及半周而以黃道度計之已見自子行至壬故為行盈太陽在最高前後當壬癸癸子兩象限其本天平行寅甲丑己面積已過半周而以黃道度計之止見自壬行至子故為行縮以盈縮差言之太陽在最卑丁是為初宮初度當黃道之辛甲丁辛成一直綫無盈縮差太陽在最高己是為六宮初度當

黃道之癸甲癸己成一直綫亦無盈縮差兩自最卑後行丁寅戊己半周實行皆大於平行如第二圖平行至寅所截甲寅丁平行積度略與寅丙丁角度等（爭一橢圓差角故謂略等）自地心甲視之已當黃道之壬壬甲辛角必大於寅丙丁角又如平行至戊所截之甲戊丁平行積度略與戊丙丁角度等自地心甲視之已當黃道之卯卯甲辛角必大於戊丙丁角故皆為加差自最高後行己庚丑丁半周實行皆小於平行如平行至庚所截甲庚己平行積度略與庚丙己角度等自地心甲視之方當黃道之辰辰甲癸角必小於庚丙己角又如平行至丑所截甲丑己平行積度略與丑丙己角度等自地心甲視之方當黃道之子子甲癸角必小於丑丙己角故皆為減差此盈縮之理與不同心天之理同至求盈縮差之法當先以平行積度加減橢圓差角（九十度以內大一橢圓差角則加九十度以外小一橢圓差角則減正九十度無差角）為所設之丙角而求對倍差之角與所設之丙角相加得實行以平行與實行相減乃為均數然其數奇零不便立算故先以平行求得對倍差之

角。而後加減橢圓差角。為尤便也。如第三圖。太陽在巳。甲巳丁分橢圓面積。為平行距最卑後六十度。知巳丙甲角度。比所設之甲巳丁平行積度大一橢圓差角。則於巳丙甲角內減未丙午橢圓差角。餘午丙甲角。必為六十度。而與甲巳丁平行積度相等。故先設午丙甲角為六十度。用甲丙午三角形。求得對甲丙倍差之午角一度四十一分二十九秒。與平行午丙甲角相加。則得午甲丁角。然太陽原在巳。當黃道之申。實行申甲辛角。（即辛申弧）比午甲丁角。尚大一巳甲午角。故又求得未丙午橢圓差角一十三秒。與巳甲午角等。（巳甲午角與未丙午角。同當巳午弧。而甲午綫短於丙午。則角略大。然所差甚微。故為相等。）與午角相加。（九十度以內。大一橢圓差角。故加。）得一度四十一分四十二秒。是為均數。為加差。以加於平行而得實行也。若太陽在酉。當黃道之戌。甲酉己分橢圓面積。為平行距最高後一百二十度。而距最卑前六十度。則對甲丙倍差之亥角。與午角等。乾丙亥橢圓差角。亦與未丙午角等。但其均數為減差。以減於平行而得實行也。如第四圖。太陽在亢。甲亢丁分橢圓面積。為平行距最卑後一百二十度。知亢丙甲角度。比所設之甲亢丁平行積度。小一橢圓差角。則於亢丙甲角。加房丙氐橢圓差角。得氐丙甲角。必為一百二十度。而與甲亢丁平行積度相等。故先設氐丙甲角為一百二十度。用甲丙氐三角形。求得對甲丙倍差之氐角一度三十九分四十七秒。與平行氐丙甲角相加。則得氐甲丁角。然太陽原在亢。當黃道之尾。實行尾甲辛角。（即辛尾弧）比氐甲丁角。尚小一氐甲亢角。故又求得房丙氐橢圓差角一十三秒。與氐甲亢角等。（氐甲亢角與房丙氐角。同當亢氐弧。而甲氐綫長於丙氐。則角略小。然所差甚微。故為相等。）與氐角相減。（九十度以外。小一橢圓差角。故減。）餘一度三十九分三十四秒。是為均數。為加差。以加於平行而得實行也。若太陽在斗。當黃道之牛。甲斗己分橢圓面積。為平行距最高後六十度。則對甲丙倍差之女角。與氐角等。女丙虛橢圓差角。亦與房丙氐角等。但其均數為減差。以減於平行而得實行也。用此法求得最卑後半周之加差。即得最高後半周之減差。列為表。此法。與以丙為心作不同心天之法略同。但多一橢圓差。又平圓之

半徑爲一千萬。橢圜。則自甲丙兩心中綫合於
圜界。共爲二千萬耳。而太陽距地高卑之差。止
及兩心差之半。與均輪之法不謀而合。故橢圜
之法。正所以合不同心天與本輪均輪而一之
也。

欽定大清會典圖卷一百二十三

天文十七 月離一

隱見遲疾圖三

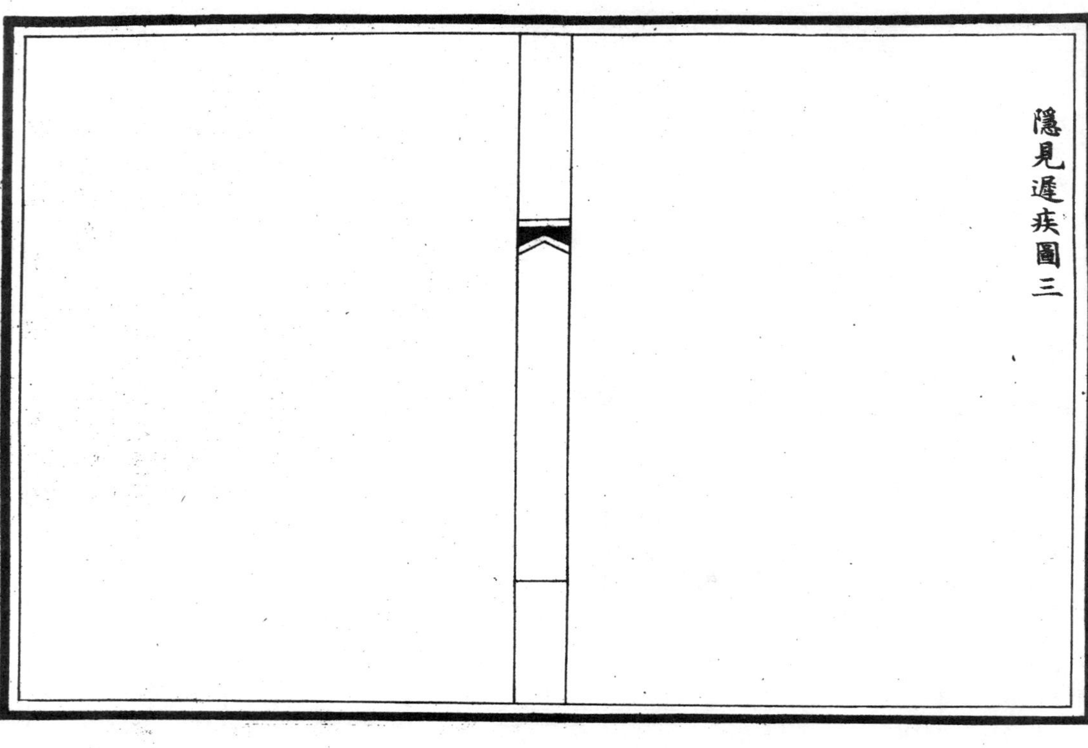

太陰本輪遲疾四限圖

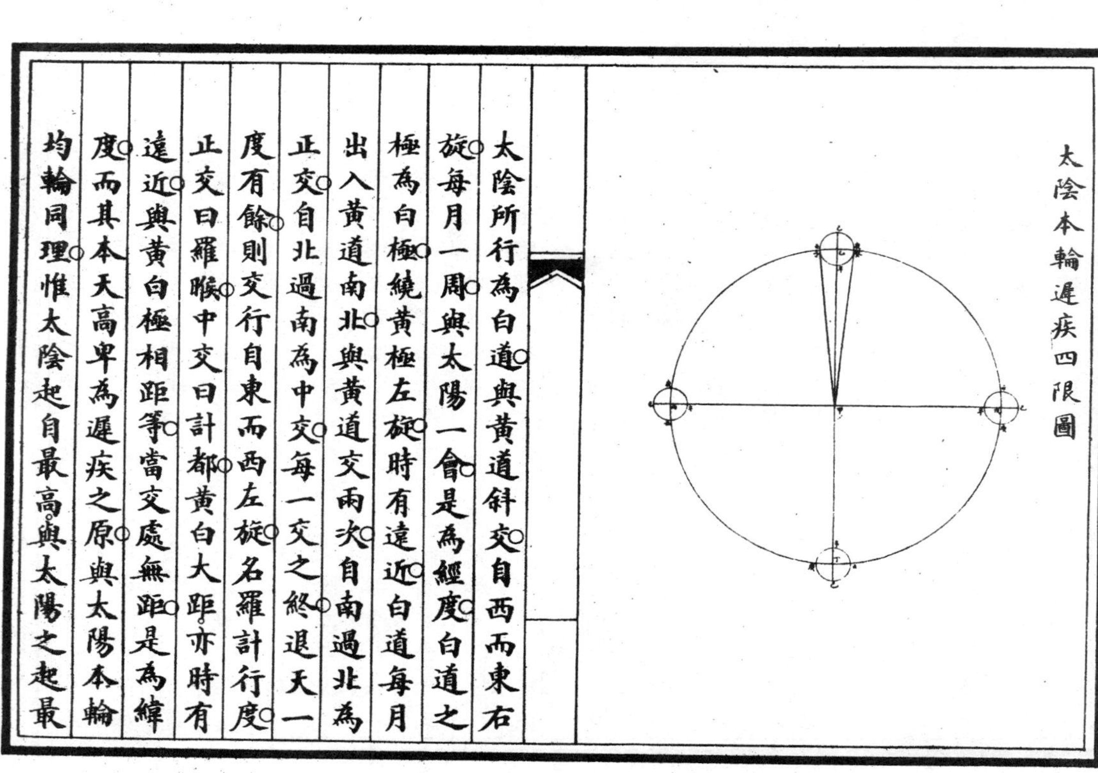

太陰所行為白道○與黃道斜交○自西而東右旋○每月一周○與太陽一會○是為經度○白道之極為白極○繞黃極左旋○時有遠近○白道每月出入黃道南北○與黃道交兩次○自南過北為正交○自北過南為中交○每一交之終○退天一度有餘○則交行自東而西左旋○名羅計行度○正交曰羅睺○中交曰計都○黃白大距○亦時有遠近○與黃白極相距等○當交處無距○是為緯度○而其本天高卑為遲疾之原○與太陽本輪均輪同理○惟太陰起自最高○與太陽之起最

卑者異太陰本輪爲遲疾四限所由生其餘諸輪皆所以消息遲疾之數故本輪爲步月離之主如圖甲爲地心即本天心乙丙丁戊爲白道即太陰本天己庚辛壬爲本輪其心循白道右旋每日行一十三度一十分有奇自乙而丙而丁而戊而復至乙是爲平行經度太陰循本輪左旋每日行一十三度零三分有奇自己而庚而辛而壬而復至己是爲自行度一名轉周一名引數太陰在本輪之己爲最高即月孛在本輪之辛爲最卑最高最卑之點皆對本輪

心與地心成一直綫故平行實行同度爲遲疾起算之端如太陰由己嚮庚爲遲初限以其背輪心行能損右旋之度故較平行度爲遲至半象限後所損漸少迨行滿一象限至庚則無所損然而積遲之多正在於庚蓋平行在乙而太陰在庚從地心甲計之太陰當本天之癸癸乙弧以本輪半徑庚乙爲正切爲遲差之極大也從庚嚮辛爲遲末限太陰行本輪之下半周順輪心行實行漸疾然因有疾遲之度方以次相補其實行仍在平行後迨行滿一象限至辛爲



極疾而積遲之度始補足無缺實行與平行乃合爲一綫故自最高至最卑半周爲遲限也如太陰由辛嚮壬爲疾初限以其順輪心行能益右旋之度故較平行度爲疾至半象限後所益漸少迨行滿一象限至壬則無所益然而積疾之多正在於壬蓋平行在乙而太陰在壬從地心甲計之太陰當本天之子子乙弧以本輪半徑壬乙爲正切爲疾差之極大也從壬嚮己爲疾末限太陰行本輪之上半周背輪心行實行漸遲然因有積疾之度方以次相消其實行仍

在平行前迨行滿一象限至己爲極遲而積疾之度始消盡無餘實行與平行復合爲一綫故自最卑至最高半周爲疾限也推本輪半徑用三次月食合算西人第谷定本輪半徑爲本天半徑一〇〇〇〇〇〇〇之八七〇〇〇〇

## 晦朔弦望圖

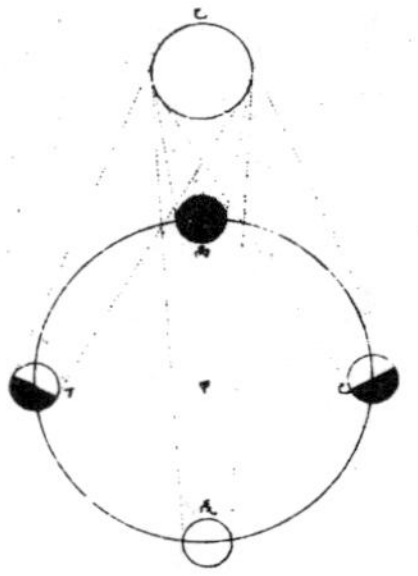

太陰之晦朔弦望。雖無關於自行之遲疾。而自行之遲疾。實由於朔望兩弦而得知。其二十七日有奇而一周者。太陰之自行也。其二十九日半強而與太陽相會者。朔策也。其間猶有望與上下兩弦之分焉。蓋太陰之體。賴太陽而生光。其向太陽之面恆明。背太陽之面恆晦。而其行則甚速於太陽。當其與太陽相會之時。人在地上正見其背。故謂之朔。朔後漸遠太陽。人可漸見其面。其光漸長。至距朔七日有奇。其距太陽九十度。人可見其半面。太陽在後。太陰在前。其光向西。其魄向東。故名上弦。上弦以後。距太陽愈遠。其光漸滿。至一百八十度。正與太陽相望。人居其間。正見其面。故謂之望。自望以後。又漸近太陽。人不能正見其面。其光漸虧。其魄漸生。至距望七日有奇。其距太陽亦九十度。則又止見其半面。太陽在前。太陰在後。其光向東。其魄向西。故名下弦。下弦以後。距太陽愈近。其光漸消。至復與太陽相會。其光全晦。復為朔矣。如圖甲為地面。乙為太陽。丙丁戊己皆為太陰。如太陰在丙。與太陽正會為朔。其光向乙。從甲視之。止見其背。故全晦也。離太陽而前。距九十度至丁為上弦。從甲視之。見其半面。故半明半晦也。至距太陽一百八十度至戊。正與太陽相望。從甲視之。正見其面。故全明也。及離太陽而後。距九十度至己為下弦。從甲視之。又止見其半面。故亦半明半晦也。及至於丙。而與太陽復會。則又全晦而為朔矣。

太陰四輪圖一

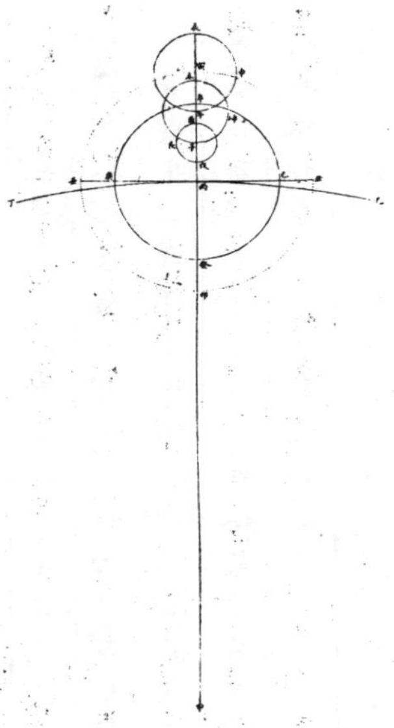

太陰行度用本輪。均輪。次輪。次均輪。推之。四輪之法。皆係實測而得。西人第谷以前。惟用本輪次輪。次輪與本輪兩周相切。太陰行於次輪之周。第谷遵其法用之。不能密合太陰之行。因於本輪上加一均輪。且兩弦前後之行。又不同於兩弦。因又加一次均輪。將本輪半徑三分之。存其二分。為本輪半徑。取其一分為均輪半徑。移次輪設於地心。又設不同心之天。其心循次輪周行。而本輪心則循不同心天行。均輪心循本輪周行。分為兩處。不便於觀。至二三均數之加減。亦不言其由次均輪生。今增一次均輪。並增一負均輪圈。省曰負圈移均輪心使行於負圈。則次輪心即行於均輪。而次均輪心亦得行於次輪。合四輪於一圖。甲為地心。即本天心。乙丙丁為本天之一弧。丙甲為本天半徑一〇〇〇〇〇〇〇。辛丙癸為本輪全徑一一六〇〇〇〇〇。辛為最高。癸為最卑。其半徑辛丙五八〇〇〇〇〇。寅丙卯為負圈全徑一五九四〇〇〇〇。寅為最高。卯為最卑。其半徑寅丙七九七〇〇〇〇。辰寅午為均輪全徑五八〇〇〇〇〇。辰為最遠。午為最近。其半徑辰寅二九〇〇〇〇〇。未午子為次輪全徑四三四〇〇〇〇。未為最遠。子為最近。其半徑未午二一七〇〇〇〇。酉子戌為次均輪全徑二三五〇〇〇〇。酉為最上。戌為最下。其半徑酉子一一七五〇〇〇。均輪次輪之遠近。皆以距本輪心言也。次均輪之上下。以距地心言也。本輪心。從本天冬至度本天上與黃道冬至相對之度也。右旋。自乙而丙而丁。每日行一十三度一十分三十五秒。為白道平行經度。均輪心。從負圈最高即同本輪最高。左旋。自辛而己而癸每日行一十三度零三分五十四秒。即自行引數自行不及平行每日六分四十一秒。即命最高左旋之度為最高行。亦名月孛行度。次輪心從均輪最近右旋自午而申而辰。每日行二十六度零七分四十八秒。為倍引數。次均輪心。從次輪最近右旋。自子而坤而未。行太陰距太陽之倍度為倍離度。太陰從次均輪最下左旋自戌而艮而酉。亦行倍離之度。合本輪均輪次輪心之行而為初均數。此因乎自行者也。朔望時用之。合次均輪心太陰之行而為二均三均數。此因乎太陰之距太陽度者也。朔望外用之。如太陰自行在負圈最高。即本輪最高寅。為初宮初度。或在負圈最卑。即本輪最卑卯。為六宮初度。則均輪心在寅或卯。而次輪心必在均輪周之最近午。又當朔望時。則次均輪心必在次輪周之最近子。太陰必在次均輪周之最下戌。俱與地心合成一直綫。無初均二三均之加減差也。

太陰四輪圖二

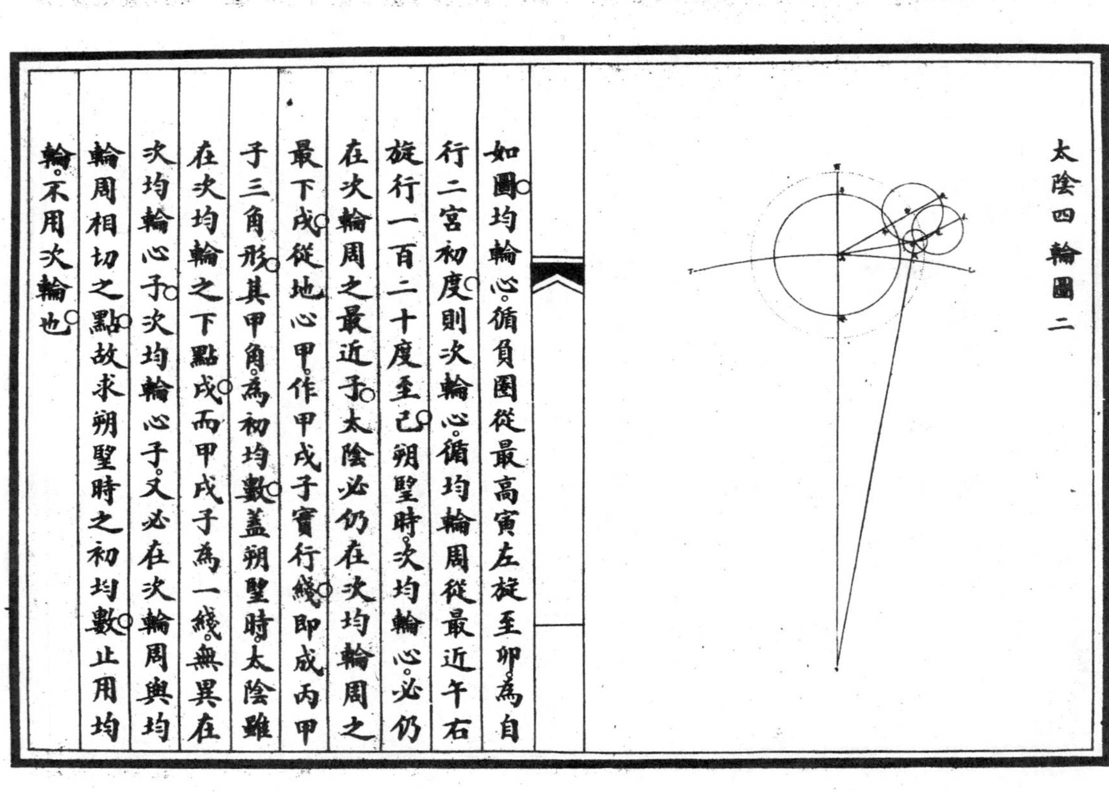

如圖。均輪心循負圈從最高寅左旋至卯。為自行二宮初度。則次輪心循均輪周從最近午右旋行一百二十度至巳。朔望時次均輪心。必仍在次輪周之最近子。太陰必仍在次均輪周之最下戌。從地心甲作甲戌子實行綫。即成丙甲子三角形。其甲角為初均數。蓋朔望時太陰雖在次均輪之下點戌。而甲戌子為一綫。無異在次均輪心子。次均輪心子。又必在次輪周與均輪周相切之點。故求朔望時之初均數止用均輪。不用次輪也。

## 太陰四輪圖三

兩弦時次均輪心從次輪周之最近子行一百八十度至最遠未太陰從次均輪周之最下戌亦行一百八十度至最上酉從地心甲作甲未酉實行綫酉點雖在未點之上而甲未酉為一綫無異在次輪周之遠點未則成子甲未三角形甲角即二均數故兩弦時止用次輪求二均數不用次均輪也

## 太陰四輪圖四

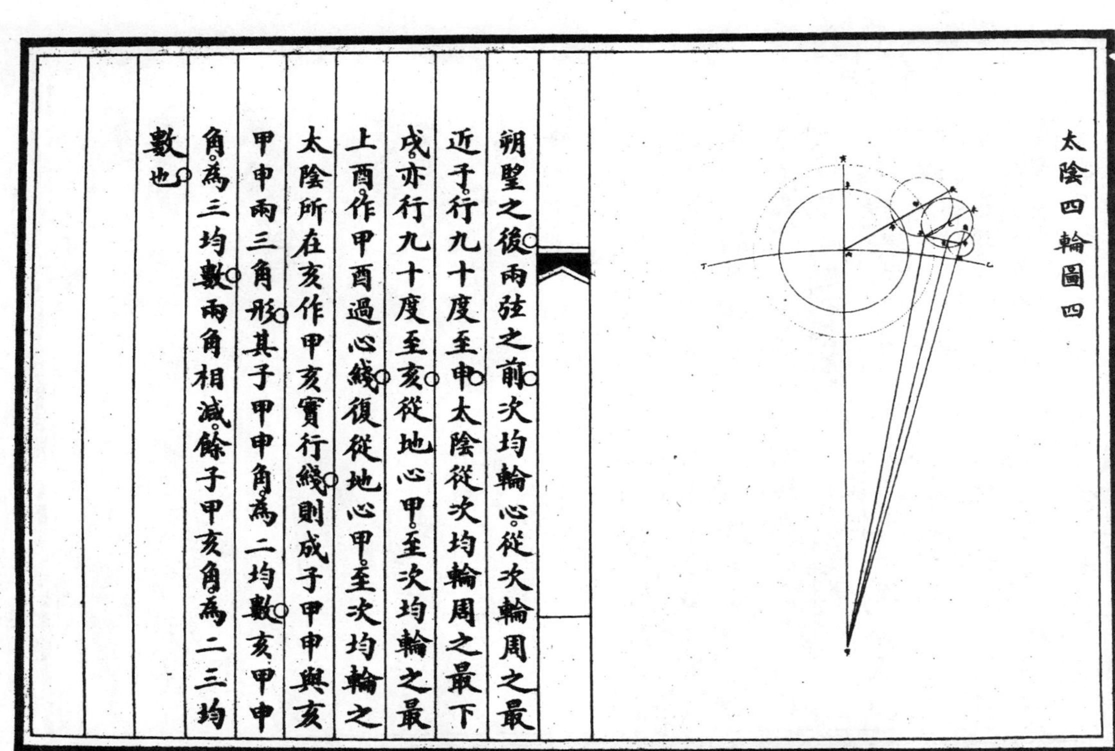

朔望之後兩弦之前次均輪心從次輪周之最近子行九十度至申太陰從次均輪周之最下戌亦行九十度至亥從地心甲至次均輪之最上酉作甲酉過心綫復從地心甲至次均輪之太陰所在亥作甲亥實行綫則成子甲申與亥甲申兩三角形其子甲申角為二均數亥甲申角為三均數兩角相減餘子甲亥角為二三均數也

太陰四輪圖五

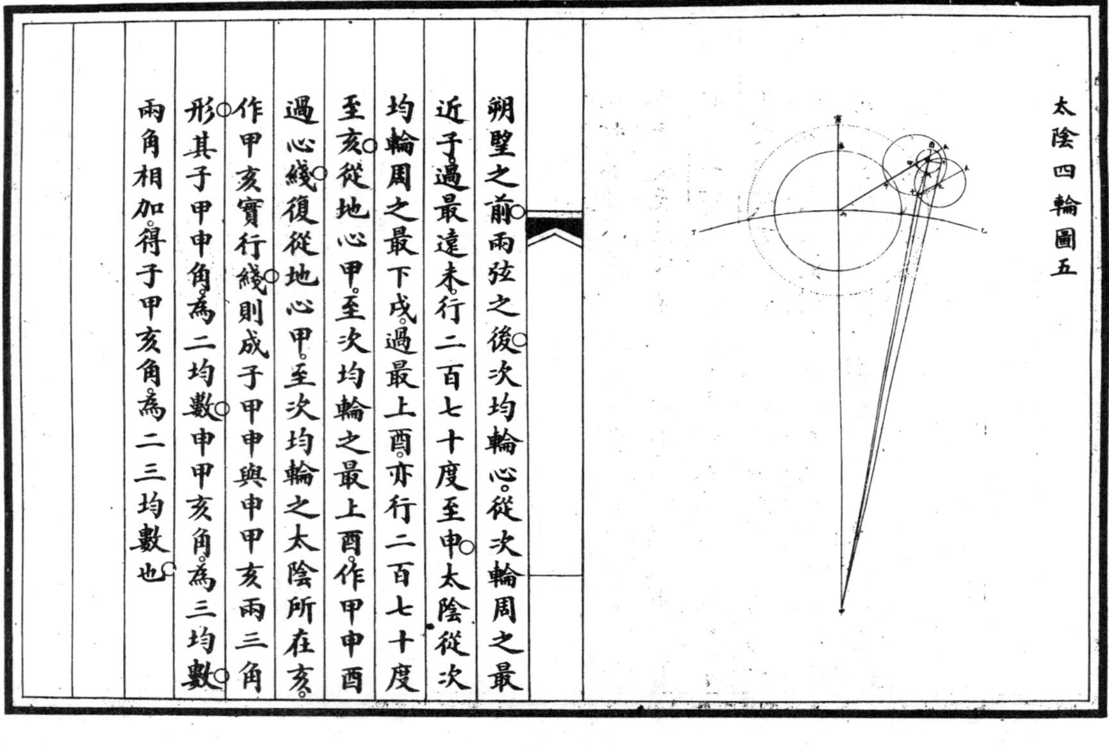

朔望之前。兩弦之後。次均輪心。從次輪周之最近子。過最遠未。行二百七十度至申。太陰從次均輪周之最下戌。過最上酉。亦行二百七十度至亥。從地心甲至次均輪之最上酉。作甲申酉過心綫。復從地心甲至次均輪之太陰所在亥。作甲亥實行綫。則成子甲申與申甲亥兩三角形。其子甲申角為二均數。申甲亥角為三均數。兩角相加。得子甲亥角為二三均數也。

太陰初均圖

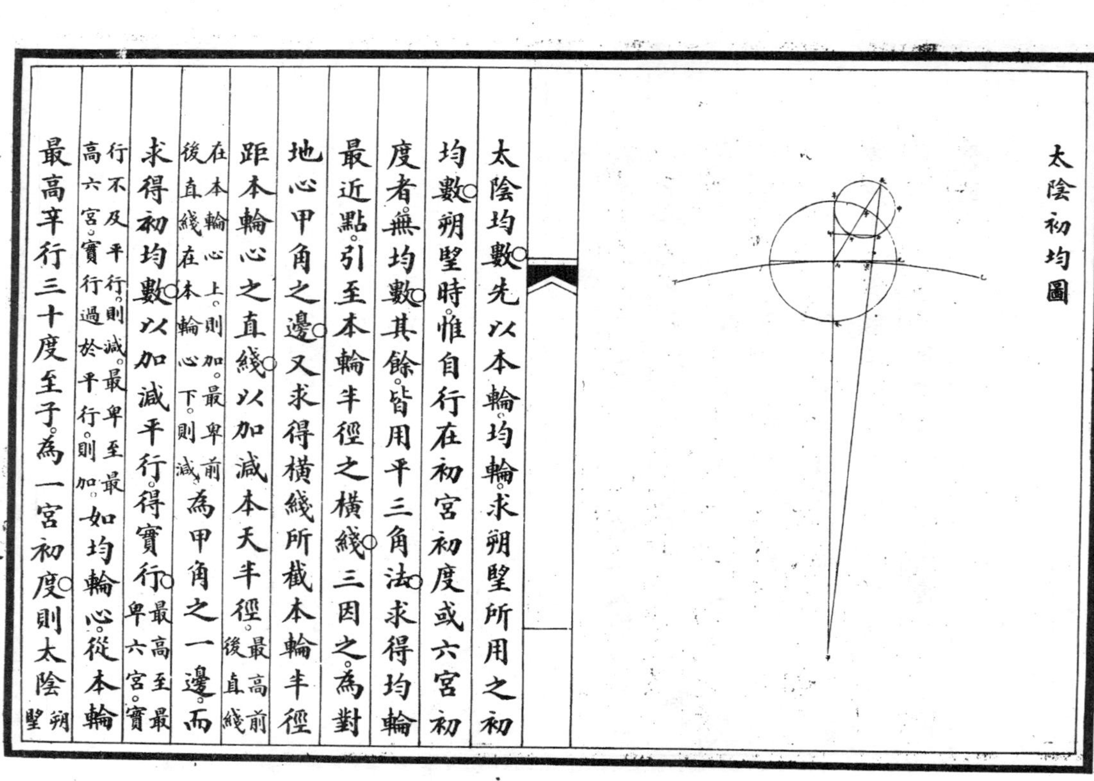

太陰均數。先以本輪均輪求朔望所用之初均數。朔望時惟自行在初宮初度或六宮初度者無均數。其餘皆用平三角法。求得均輪最近點。引至本輪半徑之橫綫。三因之。為對地心甲角之邊。又求得橫綫所截本輪半徑距本輪心之直綫。以加減本天半徑。最高前後直綫在本輪心上則加。最卑前後直綫在本輪心下則減。為甲角之一邊。而求得初均數。以加減平行。得實行。最高至最卑六宮實行不及平行則減。最卑至最高六宮實行過於平行則加。如均輪心從本輪最高辛行三十度至子。為一宮初度。則太陰朔望時無次輪次均輪之行度。故即以次輪心為太陰。從均輪最近午行六十度至丑。從地心甲計之。當本天之寅。寅丙弧。為實行不及平行之度。其角。為甲角。求之者。先用丙午卯直角三角形。求橫綫午卯直綫卯丙二邊。卯直角九十度。午角六十度。午丙為本輪半徑之半二十九萬。求得午卯邊一十四萬五千。卯丙邊二十五萬一千一百四十七。次以午卯邊三因之。得四十三萬五千為丑卯邊。辰丑午形。與丙卯午形同式。辰午均輪全徑。為丙午之二倍。則丑午亦必為午卯之二倍。故三因午卯。即得丑卯。以卯丙邊加丙甲半徑。得一千零二十五萬一千一百四十七為卯甲邊。乃用卯甲丑直角三角形。求得甲角二度二十五分四十七秒。即寅丙弧。為太陰自行一宮初度之初均數。是為減差。以減平行。得實行。如法求得最大之差四度五十八分二十七秒。凡乘得初均角。即求得丑甲邊為太陰距地心數。存之為後求二均之用。

太陰二三均圖一

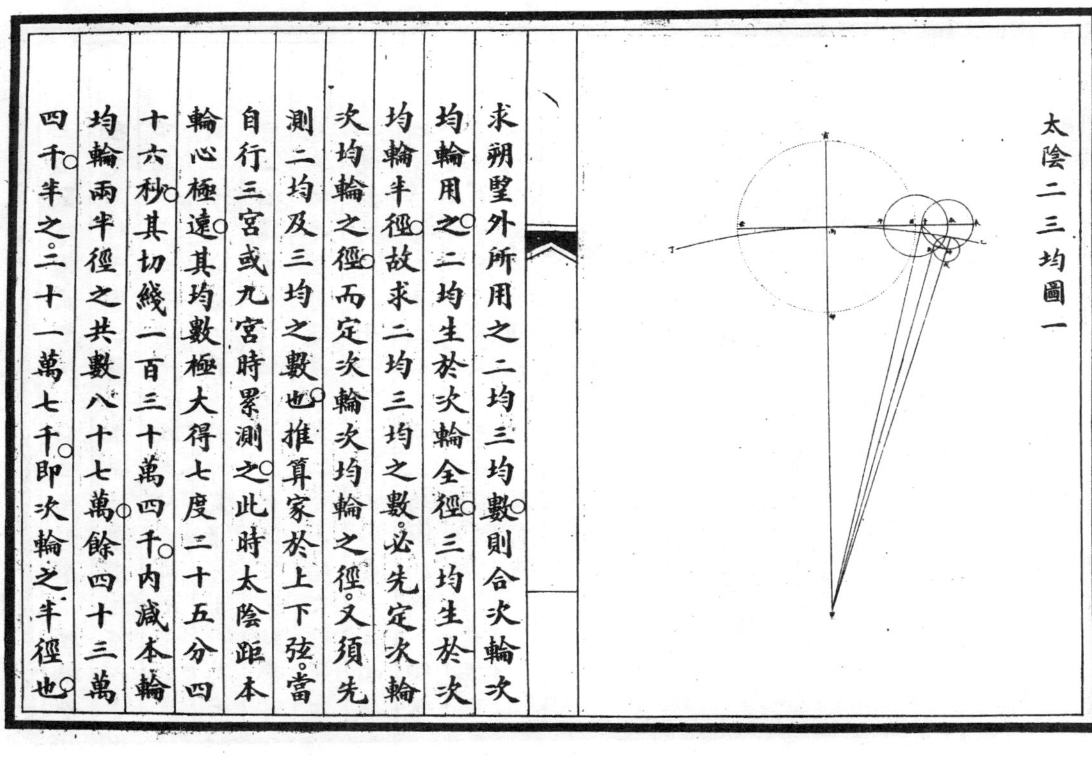

求朔望外所用之二均三均數。則合次輪次均輪用之。二均生於次輪全徑。三均生於次均輪半徑。故求二均三均之數。必先定次輪次均輪之徑。而定次輪次均輪之徑。又須先測二均及三均之數也。推算家於上下弦。當自行三宮或九宮時累測之。此時太陰距本輪心極遠。其均數極大。得七度二十五分四十六秒。其切綫一百三十萬四千。內減本輪均輪兩半徑之共數八十七萬。餘四十三萬四千。半之。二十一萬七千。即次輪之半徑也。

於雨弦及朔望之閒。約太陰距太陽四十五度當自行三宮減九宮時累測之。其均數常與推算不合。差至四十一分零二秒。是即次均輪所生之三均數也。如均輪心從最高寅行九十度至丑。為自行三宮初度。次輪心從均輪周之最近午行一百八十度至最遠辰。時當朔與上弦之閒或望與下弦之閒。次均輪心從次輪周最近子行九十度至坤。太陰則從次均輪周最下戌行九十度至艮。其丙甲子角四度五十八分二十秒為初均數。子甲邊一千零三萬七千七百七十四為次輪最近點距地心之數。即求初均時所存之丑甲邊。乃用子甲坤三角形。求二均數。子坤邊即次輪九十度之通弦三十萬六千八百八十四。子角四十九度五十八分二十秒。求得子甲坤角一度二十二分零五秒。與初均數丙甲子角相加。得丙甲坤角六度二十分二十五秒。為實行不及平行之度。然太陰不在坤而在艮。於時測得實行不及平行之度為五度三十九分二十三秒。相差四十一分零二秒。即丙甲坤角大於丙甲艮角之艮甲坤角。命為三均數。乃用艮甲坤直角三角形。求次均輪半徑。先用坤子甲三角形。求得坤甲邊九百八十四萬二千六百二十二。以與坤直角九十度。甲角四十一分零二秒。求得坤艮邊一十一萬七千五百。是為次均輪之半徑也。既定次輪與次均輪之半徑。乃逐度求其二均三均之數。最大二均數。二度二十七分二十五秒。最大三均數四十二分二十三秒。復用三均以加減二均數（本輪心循本天右旋。以左為前右為後。實行在平行後為減。在平行前為加。）是為二三均數。再以加減初均數。得實行度。

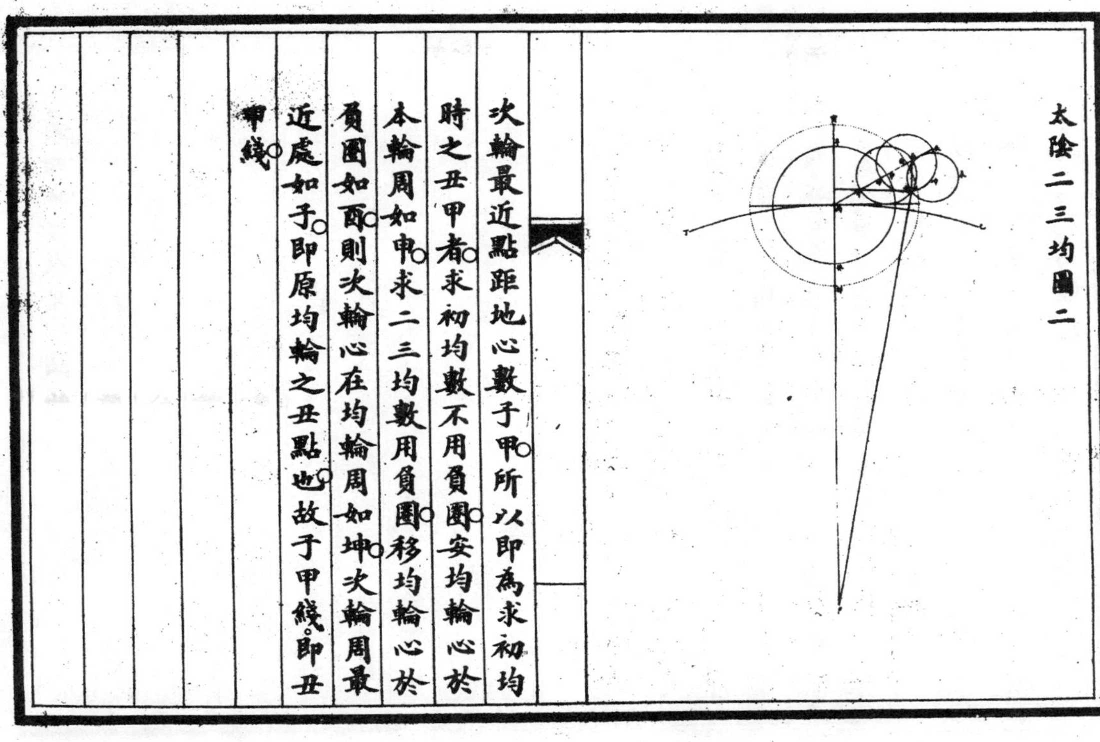

太陰二三均圖二

次輪最近點距地心數于甲。所以即為求初均時之丑甲者。求初均數不用負圈。安均輪心於本輪周如申。求二三均數用負圈。移均輪心於負圈如酉。則次輪心在均輪周如坤。次輪周最近處如子。即原均輪之丑點也。故子甲綫。即丑甲綫。

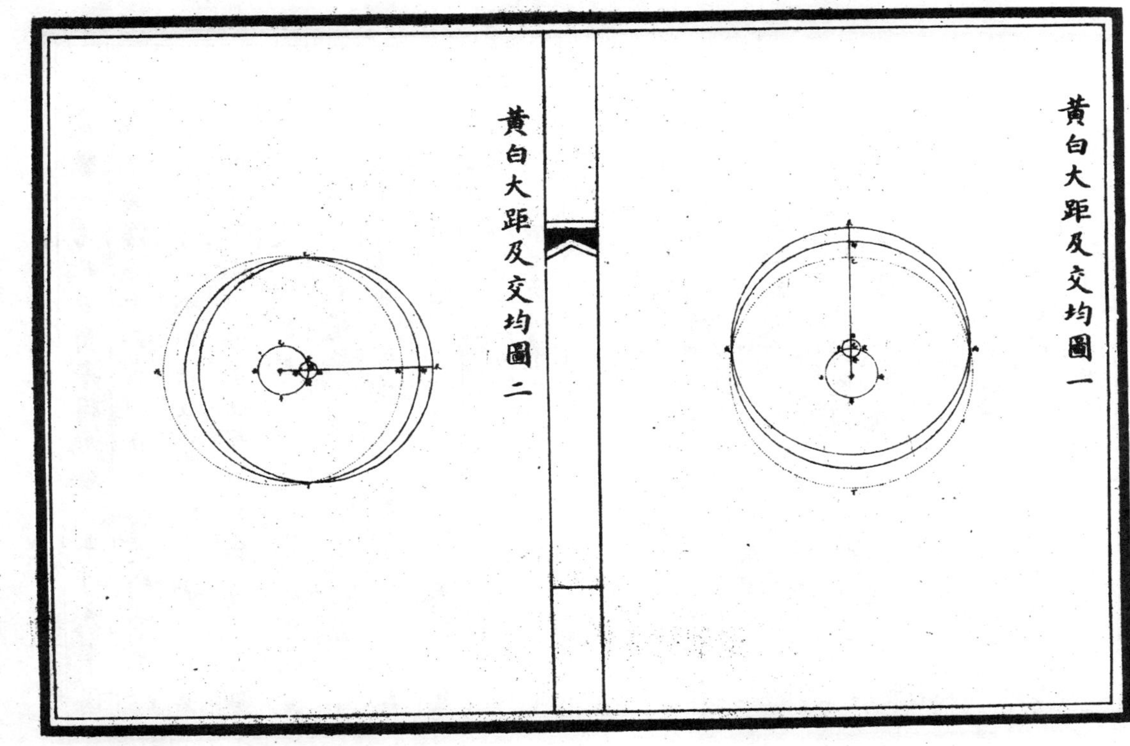

黃白大距及交均圖一

黃白大距及交均圖二

## 黃白大距及交均圖三

白道與黃道相距之緯曰大距度。交均者。兩交平行與自行之差。二者相因相距之度。時少時多。而自行之度。有遲有疾。推算家測得朔望時大距爲四度五十八分三十秒。上下弦時大距爲五度一十七分三十秒。乃用弧三角法。推得逐日之大距及交均。如第一圖。甲爲黃極。乙丙丁戊爲黃道。用朔望與上下弦兩距度相加。折半得五度零八分。爲黃白大距之中數。取中數爲半徑。如己甲。作己庚辛壬圜。爲白極繞黃極本輪。又取兩距度之較數一十九分。折半得九分三十秒。爲半徑如己癸。作癸子丑寅圜。爲負白極均輪。其心循己庚辛壬本輪左旋。每日行三分一十秒有餘。白極。則循癸子丑寅均輪左旋。行倍離之度。半月一周。如癸子丑寅均輪心在己。朔望時。白極在癸。白道交黃道於丙於戊。其卯乙弧。爲大距四度五十八分三十秒。與癸甲弧等。上下弦時。白極在丑。白道亦交黃道於丙於戊。其辰乙弧。爲大距五度一十七分三十秒。與丑甲弧等。如第二圖。癸子丑寅均輪心從本輪己行至庚。朔望時白極在癸。白道交黃道於乙於丁。其卯丙弧。爲大距四度五十八分三十秒。與癸甲弧等。上下弦時。白極在丑。白道亦交黃道於乙於丁。其辰丙弧。爲大距五度一十七分三十秒。與丑甲弧等。惟朔望與上下弦時。白極俱在丑甲綫上。平行自行相合。故無交均數。如第三圖。白極從癸嚮子。交行漸遲。至子距癸九十度。爲朔與上弦之間。或望與下弦之間。其行極遲。白道交黃道於巳於午。其未申弧爲大距。與子甲兩極距弧等。於是用子甲己正弧三角形求子甲弧。己甲弧五度零八分。己子弧九分三十秒。己直角九十度。求得子甲弧五度零八分零九秒。與未申弧等。爲黃白大距。又求得甲角一度四十六分零八秒爲交均。即自行遲於平行極大之差。從子𨈏丑。則遲行之度漸減。至丑而合於平行矣。從丑𨈏寅。交行漸疾。至寅距丑九十度。爲上弦與望之間。或下弦與朔之間。其行極疾。己甲寅角。亦一度四十六分零八秒。寅甲兩極距弧。亦與子甲等。從寅𨈏癸。則疾行之度漸減。至癸而又合於平行矣。從癸𨈏子至丑爲前半周。所求之諸甲角。俱爲減差。以減交之平行而得交之實行。從丑𨈏寅至癸爲後半周。諸甲角之度。皆與前半周等。但俱爲加差。以加交之平行而得交之實行。

視差圖一

視差圖二

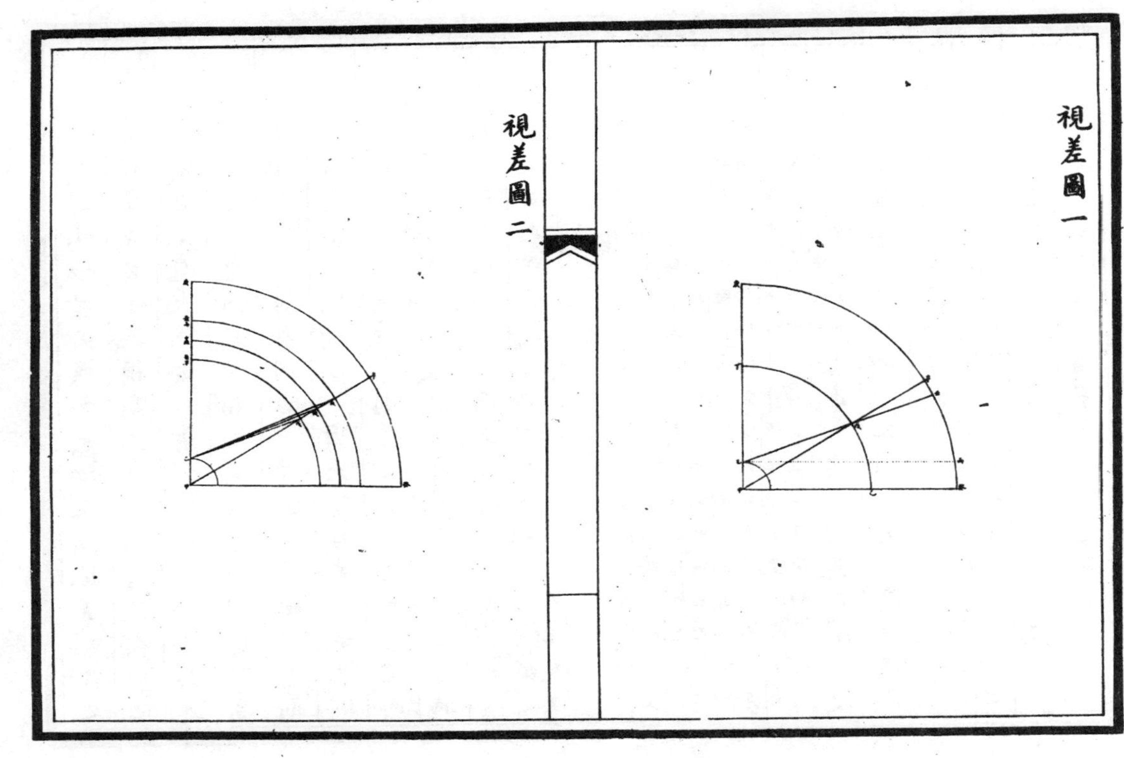

視差圖三

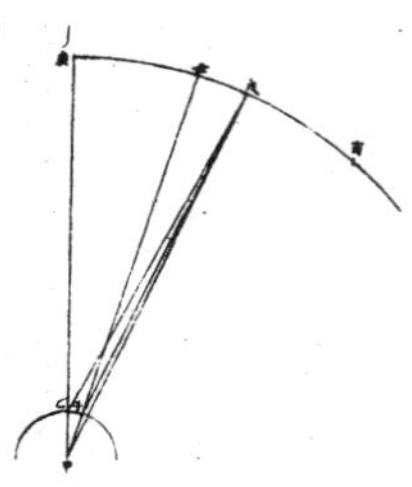

太陰之視差有四。一為蒙氣差。能升卑為高。其理與數皆與太陽同。一為高下差。即地半徑差。生於地之半徑。能變高為下。其理亦與太陽同。而數則過之。蓋太陽本天半徑與地半徑之比例。為千餘分之一。而太陰本天半徑與地半徑之比例。為五六十分之一。故其差角有迥不同者。又有東西差。即經度差。南北差。即緯度差。皆由高下差而生。算交食用之。茲不具論。其高下差。如第一圖。甲為地心。乙為地面。甲乙為地半徑。乙丙為地平。丁戊己為太陰本天。庚辛壬癸為恆星天。戊為太陰。人從地面乙測之。對恆星天於壬。其視高為壬乙丙角。若從地心甲計之。則見太陰於戊者。對恆星天於辛。其真高為辛甲癸角。此兩高之差。為乙戊甲角。即高下差。然亦時時不同者。一因太陰距地平近。則差角大。漸高則漸小。一因太陰在本天最高。則差角小。在本天最卑則差角大。與日躔之理同。如第二圖。亦約為最高最卑中距三限。於望時及兩弦。各以所測地面上太陰之高度。求太陰距地心之甲戊綫。望時測中距。兩弦時測最高最卑。蓋月自行在中距。望時次均輪心在次輪之最近。月在次均輪之最下。微小於本天。若兩弦時。則次均輪心在次輪之最遠。已在本天之外。月又在次均輪之最上。未免太過於本天。故於望時測中距也。又月自行在最高。兩弦時。月距地心比望時高一次輪全徑。又高一次均輪全徑。故於此時測最高。月自行在最卑。兩弦時。月距地心比望時卑一次輪全徑。又高一次均輪全徑。猶在望時月體之下。故於此時測最卑也。如暢春園測得太陰高六十二度四十分五十一秒四十三微。同時於廣東廣州府測得太陰高七十九度四十七分二十六秒一十二微。廣東子午綫在京師西三度三十三分。然高下差甚微。可勿論。於時月自行三宮初度。月距日一百八十度。即望時。以之立法。如第三圖。甲為地心。乙為京師地面。庚為天頂。子為廣州地面。丑為天頂。戊為太陰。寅為赤道。寅庚弧三十九度五十九分三十秒。為暢春園赤道距天頂之度。寅丑弧二十三度一十分。為廣州府赤道距天頂之度。以兩處赤道距天頂度相減。餘一十六度四十九分三十秒。為庚丑弧。即庚甲丑角。以暢春園高度與一象限相減。餘二十七度一十九分零八秒一十七微。為庚乙戊角。以廣州府高度與一象限相減。餘一十度一十二分三十三秒四十八微。為丑子戊角。先用乙甲子三角形。此形有甲角一十六度四十九分三十秒。又有乙甲及子甲俱地半徑。命為一千萬。乃以甲角折半之正弦倍之。得二九二五九七七為乙子邊。又以甲角與半周相減。餘數半之。得八十一度三十五分一十五秒為乙角。亦即子角。次用乙戊子三角形。此形有乙子邊二九二五九七七。有乙子角七十一度零五分三十六秒四十三微。以庚乙戊角。與子乙甲角相加。得一百零八度五十四分二十三秒一十七微。以減半周。即得。有戊子乙角一百零八度三十七分一十八秒四十八微。於半周內。減去乙子甲角八十一度三十五分一十五秒。加入戊子丑角一十度一十二分三十三秒四十八微。即得。即有乙戊子角一十七分零四秒二十九微。求得戊乙邊五五八二六五二五四。末用戊乙甲三角形。此形有乙甲地半徑一千萬。有戊乙邊五五八二六五二五四。有戊乙甲角一百五十二度四十分五十一秒四十三微。於半周內。減去庚乙戊角二十七度一十九分零八秒一十七微。即得。求得乙戊甲角二十七分四十九秒零四微。為中距限太陰高六十二度四十分五十一秒四十三微之高下差。求得戊甲邊五六七一七一三三四。為太陰在本天中距時距地心之遠。以地半徑較之。其比例。為一千萬與五億六千七百一十七萬一千三百三十四。若命地半徑為一。則月距地心為五十六又百分之七十二也。乃依此法。於月自行初宮初度。月距日九十度時。即上下弦。測之。求得甲乙綫與戊甲綫之比例。為一與六十一又百分之九十八。即月在本天最高距地心最遠之數。甲乙綫。戊甲綫。觀第二圖便明。又於月自行六宮初度。月距日九十度時。測之。求得甲乙綫與戊甲綫之比例。為一與五十三又百分之七十一。即月在本天最卑距地心最近之數。

隱見遲疾圖一

隱見遲疾圖二

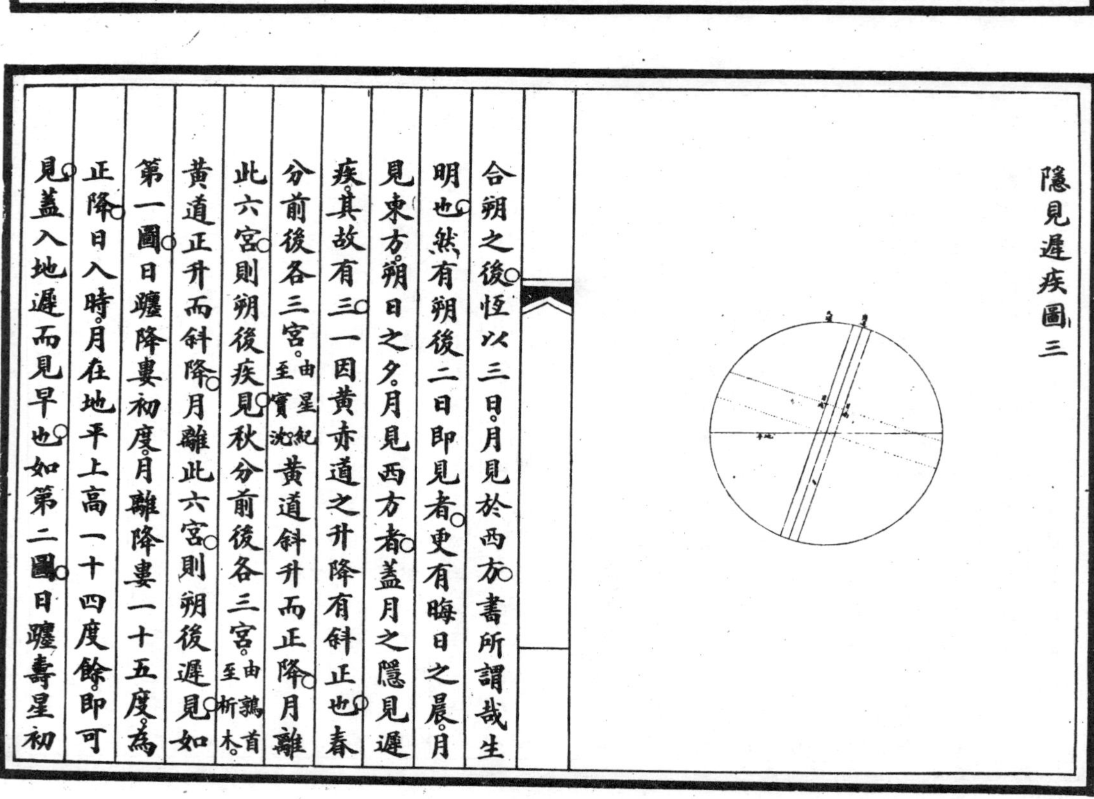

隱見遲疾圖三

合朔之後。恆以三日。月見於西方。書所謂哉生明也。然有朔後二日即見者。更有晦日之晨。月見東方。朔日之夕。月見西方者。蓋月之隱見遲疾。其故有三。一因黃赤道之升降有斜正也。春分前後各三宮。由星紀至實沈。黃道斜升而正降。月離此六宮。則朔後疾見。秋分前後各三宮。由鶉首至析木。黃道正升而斜降。月離此六宮。則朔後遲見。如第一圖。日躔降婁初度。月離降婁一十五度。為正降。日入時。月在地平上高一十四度餘。即可見。蓋入地遲而見早也。如第二圖。日躔壽星初度月離壽星一十五度為斜降日入時月在地平上高六度餘即不可見蓋入地疾而見遲也若晦前月離正升六宮則隱遲斜升六宮則隱早其理亦同一因月距黃緯有南北也蓋月距黃道北則朔後見早距黃道南則朔後見遲如第三圖日躔降婁初度月離降婁一十五度而月距黃道北則月距地平之度多入地遲而見早月距黃道南則月距地平之度少入地疾而見遲也若晦前距黃道北則隱遲距黃道南則隱早其理亦同一因月視行之度有遲疾也蓋月視行為遲率則朔後見遲晦前隱遲視行為疾率則朔後見早晦前隱早也夫月離正降宮度距日一十五度即可見以每日平行一十二度有奇計之則朔後一日有餘即見生明於西是故合朔如在甲日亥子之間月離正升宮度距黃道北而又行遲率則甲日太陽未出亦見東方月離正降宮度距黃道北而又行疾率則乙日太陽已入亦見西方矣

# 欽定大清會典圖卷一百二十四

天文十八　月離二

新法黃白大距及交均圖八

新法太陰一平均圖

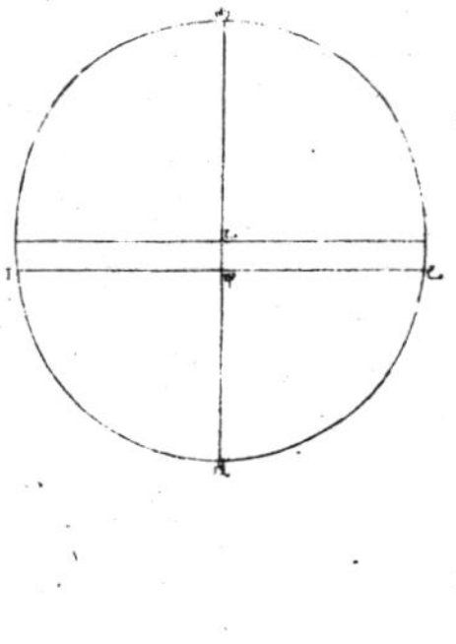

西人刻白爾。以太陰本天為橢圓形。專主不同心天。而不同心天之兩心差及太陰諸行。又皆以日行與日天為消息。因日行有盈縮。則太陰平行最高行正交行皆因之而差。名一平均。因日距月天最高有遠近。則太陰本天心有進退。兩心差有大小。而平行面積。亦因之而差。名二平均。其最高之差名最高均。又白極繞黃極轉移。則白道度有進退。而太陰在白道。亦之而差。名三平均。此四者皆昔之所無。自刻白爾以來。奈端等屢測而始獲者也。兩心差既有大小。則月距最高雖等。而遲疾之差不等。故分大中小三數。而仍名初均。朔望而外。其差之最大者不在兩弦而在朔弦弦望之間。仍名二均。又月高距日高與月距日之共度。半周內恆差而疾。半周外恆差而遲。仍名三均。又朔後恆差而遲。望後恆差而疾。因月高距日高之遠近。其差不等。別名末均。又日在交後一象限則交行疾。交前一象限則交行遲。仍名正交均。此五者末均為昔之所無。其餘諸均自刻白爾以來。噶西尼等屢測而改定者也。一平均用日引度。太陽在最卑後。太陽平行遲。最高平行正交平行速。太陽在最高後。太陰平行速。最高平行正交平行遲。如圖甲為地心。乙為日本天心。丙丁戊己為日本天。丙為最高。戊為最卑。丁己為中距。設太陽在中距丁或己。丁為最高後。己為最卑後。測算得太陰平行差一十一分五十秒。最高平行差一十九分五十六秒。正交平行差九分三十秒。皆為一平均。太陽在丁。則太陰加。最高減。正交加。太陽在己。則太陰減。最高加。正交減。其間逐度之差。皆以太陽中距之均數與太陽逐度之均數比例。以太陽中距均數一度五十六分一十三秒恆為一率。中距一平均一十一分五十秒恆為二率。如以太陽距最高前後四十五度之均數為三率。則得四率八分一十五秒。為太陽距最高前後四十五度時之太陰一平均。

新法太陰本天橢圓形兩心差圖一

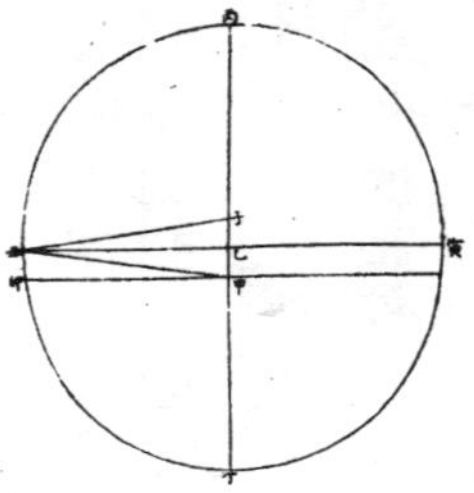

二平均最高均。用日距月最高之倍度。日距月最高有遠近。太陰本天心之進退。兩心差之大小。平行面積之多寡。皆因之。則太陰本天心距地心數。即兩心差。時有不同。先測兩心差。如圖。甲為地心。乙為月本天心。甲乙為兩心差。甲子為倍差。丙丑丁寅橢圓為月本天。丙為最高。丁為最卑。丑寅為中距。乙丁為大半徑一千萬。甲丑。子丑。皆與之等。乙丑為小半徑。乙甲兩心差時有大小。則乙丑小半徑時有長短。而面積亦時有多寡。太陽在月天中距時。兩心差最小。太陽在月天最高最卑時。兩心差最大。測之之法。必太陰在本天高卑之適中。其平引（即距最高之平行度。）之多於九十度與實引（即距最高之實行度。）之少於九十度。或平引之少於九十度與實引之多於九十度者。皆適相等。設日天最高當月天最高前中距寅。太陽在最高寅。太陰在最高後中距丑。望。寅丙丑甲分橢圓面積九十二度二十八分五十七秒五十八微半。為平引。其大於九十度之二度二十八分五十七秒五十八微半。即丑甲乙句股積。與乙丑甲角度等。此時測得太陰實行在最高後八十七度三十三分二十七秒一微半。減此時應加之三均二分二十五秒。（此時三均應加二分二十五秒。若不因三均。則實行應少二分二十五秒。故減。）餘八十七度三十一分二秒一微半。為實引。其小於九十度者亦二度二十八分五十七秒五十八微半。即丑甲卯角。與乙丑甲角等。亦與子丑乙角等。平行實行之差。四度五十七分五十五秒五十七微。即甲丑子角。折半得二度二十八分五十七秒五十八微半。即乙丑甲角。甲丑既為半徑一千萬。則甲乙。即乙丑甲角之正弦。檢表得四三三一九○。即日在月天中距時之兩心差也。是為最小。又設日天最高當月天最高。太陽在最高。丙太陰在最高後中距丑上弦。其丙丑甲分橢圓面積九十三度四十九分四十五秒二微半。為平引。其大於九十度之三度四十九分四十五秒二微半。即丑甲乙句股積。與乙丑甲角度等。此時測得實行在最高後八十六度一十二分三十九秒五十七微半。減此時應加之三均二分二十五秒。餘八十六度一十分一十四秒五十七微半。為實引。其小於九十度者亦三度四十九分四十五秒二微半。即丑甲卯角。與乙丑甲角等。亦與子丑乙角等。平行實行之差。七度三十九分三十秒五微。即甲丑子角。折半。得三度四十九分四十五秒二微半。即乙丑甲角。檢正弦。得六六七八二○。即日在月天最高最卑時之兩心差也。是為最大。日過月天高卑而後。兩心差漸小。中距而後。兩心差漸大。距月天高卑前後四十五度時。兩心差適中。以最大最小兩數相加。折半。得五五○五○五為中數兩心差。兩心差大。橢圓面小。兩心差小。橢圓面大。各以兩心差。用句股法。求其小徑。用平圓比例。求其面積。最大兩心差六六七八二○。小徑九九七七六七五。小餘九○。全積三一三四五七九三二八四四五六七。最小兩心差四三三一九○。小徑九九九○六一二。小餘九二。全積三一三八六四三六一○三七八六七。中數兩心差五五○五○五。小徑九九八四八三五小餘七一。全積三一三六八二八六四九二○三九六。各四分之。為九十度面積。九十分之。為一度面積。用六十遞析之。為一分一秒面積。

## 新法太陰本天橢圓形兩心差圖二

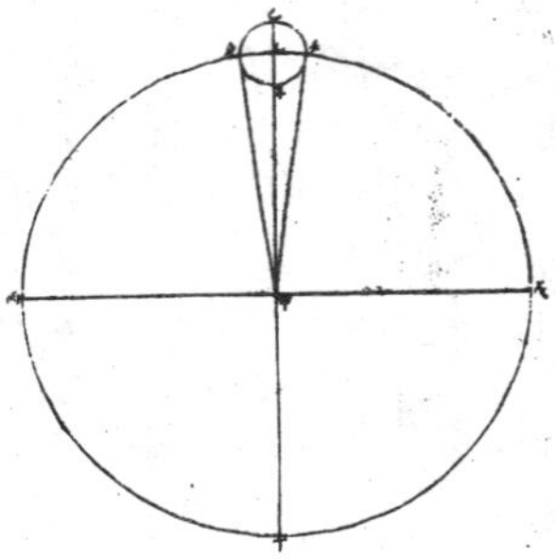

日在月天最高卑兩心差大。而最高行速。至高卑後四十五度止。日在月天中距。兩心差小。而最高行遲。至中距後四十五度止。與日月之盈縮遲疾相似。而周轉之數倍之。是則月本天之心。必更有一均輪以消息乎兩心差及最高行之數。試於地心設最高本輪。以中數兩心差五五〇五〇五為其半徑。於本輪周設最高均輪。以大小兩心差數相減折半。得一一七三一五為其半徑。如圖。甲為地心。乙丙丁戊為最高本輪。甲乙半徑為五五〇五〇五。己庚辛壬為最高均輪。乙己半徑為一一七三一五。均輪心循本輪周右旋。自乙而丙而丁而戊。行最高平行度。本天心循均輪周右旋。自己而庚而辛而壬。行日距月最高之倍度。本天心在均輪上半周。順輪心行。故最高行速。距地心遠。故兩心差大。本天心在均輪下半周。逆輪心行。故最高行遲。距地心近。故兩心差小。日在月天最高或在月天最卑。本天心皆在己。甲己六六七八二〇為最大兩心差。日在月天兩中距。本天心皆在辛。甲辛四三三一九〇為最小兩心差。本天最高與甲乙合為一綫。無最高均數。如日距月最高四十五度。則本天心自己行九十度至庚。本天最高必對甲庚綫之上。用甲乙庚三角形。求得甲角一十二度一分四十八秒。為最高均數。是為最大之加差。以加於最高平行。而得最高實行。求得甲庚邊五六二八六六為本天心距地數。即本時之兩心差也。此乙角為直角。可用句股法。亦可用切綫分外角法。若乙角非直角。則用切綫分外角法。如日距月最高一百三十五度。則本天心自己行二百七十度至壬。本天最高必對甲壬綫之上。用甲乙壬三角形。求得甲角為最高均數。與乙甲庚角等。甲壬兩心差。亦與甲庚等。但甲角為最大之減差。以減最高平行。而得最高實行也。

新法太陰二平均圖一

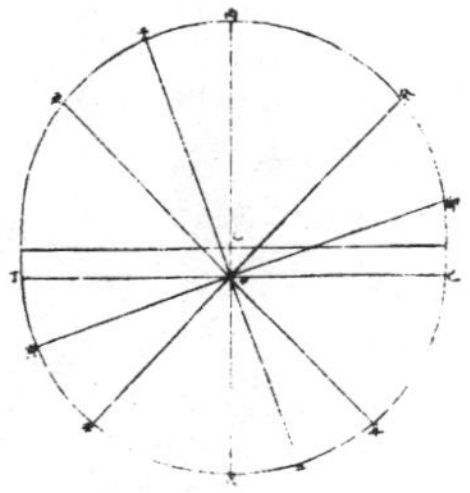

日天最高與月天最高同度。或相距一百八十度。日月又同在最高卑。則實行平行合為一綫。無諸均數。太陽雖在最高卑。而在月天高卑前後。則平行常遲。至高卑後四十五度止。在月天中距前後。則平行常速。至中距後四十五度止。然積遲積速之多。正在四十五度。而太陽在最高與在最卑。其差又有不同。如圖。甲為地心。乙為月本天心。丙丁戊己為月本天。丙為最高。戊為最卑。丁己為中距。設日天最高在庚。太陽在庚。太陽在辛堅。是為日在月天最高後四十五度。設日天最高在辛。太陽在辛。太陰在庚。望是爲日在月天最卑後四十五度。又設日天最高在壬。太陽在壬。太陰在癸。望設日天最高在癸。太陽在癸。太陰在壬。望是皆爲日在月天中距後四十五度。其時測算得加減差皆三分三十四秒。是爲太陽在最高時。距月天高卑中距後四十五度之最大二平均。又設日天最高在庚。太陽在最卑辛。太陰在庚。望是爲日在月天最卑後四十五度。設日天最高在辛。太陽在最卑庚。太陰在辛。望

是爲日在月天最高後四十五度。又設日天最高在壬。太陽在最卑癸。太陰在壬。望或日天最高在癸。太陽在最卑壬。太陰在癸。望是皆爲日在月天中距後四十五度。其時測算得加減差皆三分五十六秒。是爲太陽在最卑時。距月天高卑中距後四十五度之最大二平均。皆高卑後爲減中距後爲加也。又設日天最高同在月天最高丙。太陽在庚。在日天最高月天最高後皆四十五度。太陰在辛。望此時減差三分三十七秒。爲太陽在最高後四十五度時。距月天最

高後四十五度之二平均。設太陽在壬。距日天最高一百三十五度。而在月天中距後四十五度。太陰在癸。望此時加差三分五十三秒。爲太陽在最高後一百三十五度時。距月天中距後四十五度之二平均。設太陽在子。在日天最高月天最高後皆二十度。太陰在丑。望此時減差二分一十八秒。爲太陽在最高後二十度時。距月天最高二十度之二平均。設太陽在寅。在日天最高後一百一十度。而在月天中距後二十度。太陰在卯。望此時加差二分二十八秒。爲太陽在最高後一百一十度時。距月天中距後二十度之二平均。

新法太陰二平均圖二

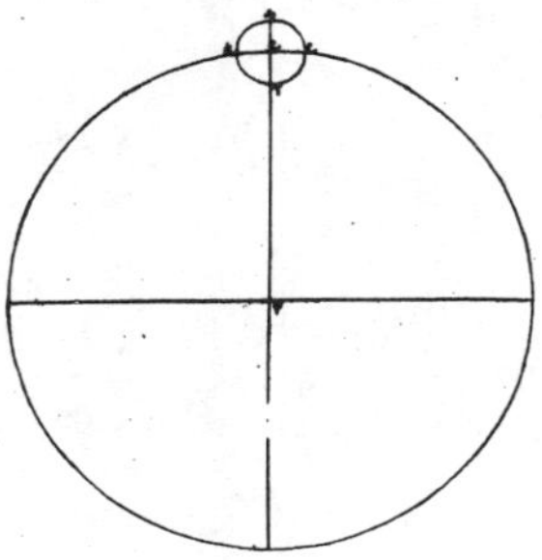

以上測得諸數。與本天面積比例相似。兩心差大。則橢圓之面積小。兩心差小。則橢圓之面積大。中數兩心差之面積亦適中。小面積比中積少。故平行遲。大面積比中積多。故平行速。其遲速之限。祇在日距月最高倍度九十度之間。故其遲速之差亦至九十度而止。日距月最高逐度之二平均。以半徑與日距月最高倍度之正弦為比例。如圖甲為地心。甲乙為中數兩心差。甲丙為最大兩心差。甲丁為最小兩心差。日在月天最高。月本天心在丙。面積最小。平行最遲。自丙嚮戊。所遲漸少。迨日距月天最高四十五度。則月本天心自丙行九十度至戊。面積適中。即無所遲而復於平行。然積遲之多正在戊。故為最大之減差。由戊嚮丁。面積漸大。平行漸速。然因有積遲之度。方以次相補。迨日距月天最高九十度。則月本天心自丙行一百八十度至丁。平行最速。而積遲之度方補足無缺。故自丙至丁半周皆為減差也。日在月天中距。月本天心在丁。面積最大。平行最速。自丁嚮己。所速漸少。迨日距月天最高一百三十五度。則月本天心自丙行二百七十度至己。面積適中。即無所速而復於平行。然積速之多正在己。故為最大之加差。由己嚮丙。面積漸小。平行漸遲。然因有積速之度。方以次相消。迨日距月天最高後半周與月最卑同度。則月本天心自丙行一周復至丙。平行最遲。而積速之度始消盡無餘。故自丁至丙半周皆為加差也。日距月天最卑後倣此。今以日距月最高倍度之正弦為比例。自丙嚮戊。自丁嚮己。正弦漸大。而其較漸小。自戊嚮丁。自己嚮丙。正弦漸小。而其較漸大。故自戊而後。所減漸少。而所少之較又漸大。實即加也。加至丁而極。自丁而後為加。雖所加漸多。而所多之較實漸小。至己。則逐日所加相等。是即無所加矣。自己而後。所加漸少。而所少之較又漸大。實即減也。減至丙而極。自丙而後為減。雖所減漸多。而所減之較實漸小。至戊。則逐日所減相等。是即無所減矣。故太陰平行。以丙點前後為遲。丁點前後為速。而遲速之差至戊己二點而止。其間逐度之二平均。皆以日距月最高倍度之正弦為比例也。

## 新法太陰二平均圖三

一率 日在最卑距地數 日在最卑距地數 相乘平方一率 日在最卑距地數 日在最卑距地數 日在最卑距地數 連乘立方
二率 日在最高距地數 日在最高距地數 相乘平方二率 日在最高距地數 日在最高距地數 日在最高距地數 連乘立方
三率 日在最高距地數 日在最高二平均 相乘長方三率 日在最高二平均
四率 日在最卑距地數 日在最卑二平均 相乘長方四率 日在最卑二平均
一率 高卑立方大較
二率 二平均較
三率 本日立方較
四率 本日二平均較

日在最高距地遠而差數小。日在最卑距地近而差數大。與轉比例相似。以日在最卑距地九八三一之數自乘作平方積九六六四面積從尾截去十位。以便入算。為一率。日在最高距地一 一六九之數自乘作平方積一 三四 為二率。日在最高距地數與最高二平均三分三十四秒相乘作長方積為三率。求得四率。為日在最卑距地數與最卑二平均相乘之長方積。以最卑距地數除之。得三分五十六秒強。為日在最卑之二平均。其省算法。以日在最卑距地數自乘再乘作立方積九五〇一五二爲一率。日在最高距地數自乘再乘作立方積一〇五一五六二爲二率。即以日在最高二平均三分三十四秒爲三率。則得四率。即爲日在最卑二平均三分五十六秒。太陽距地逐度二平均較。以太陽高卑距地之立方較。與本日太陽距地之立方較爲比例。蓋以本日太陽距地之立方。與最高距地之立方爲比。同於最高之二平均。與本日太陽距地之二平均爲比也。然用方不若用較之簡易。先以日在最高之最大二平均三分三十四秒。比例得日在最高時本日之二平均。又以日在最卑之最大二平均三分五十六秒。比例得日在最卑時本日之二平均。兩平均相減。餘爲高卑二平均之較。乃以日在最高距地立方積與日在最卑距地立方積相減。餘高卑立方大較一〇一四一〇爲一率。高卑二平均較爲二率。本日太陽距地之立方與最高距地之立方相減。餘本日之立方較爲三率。求得四率爲本日二平均較。與日在最高之二平均相加。即本日之二平均也。

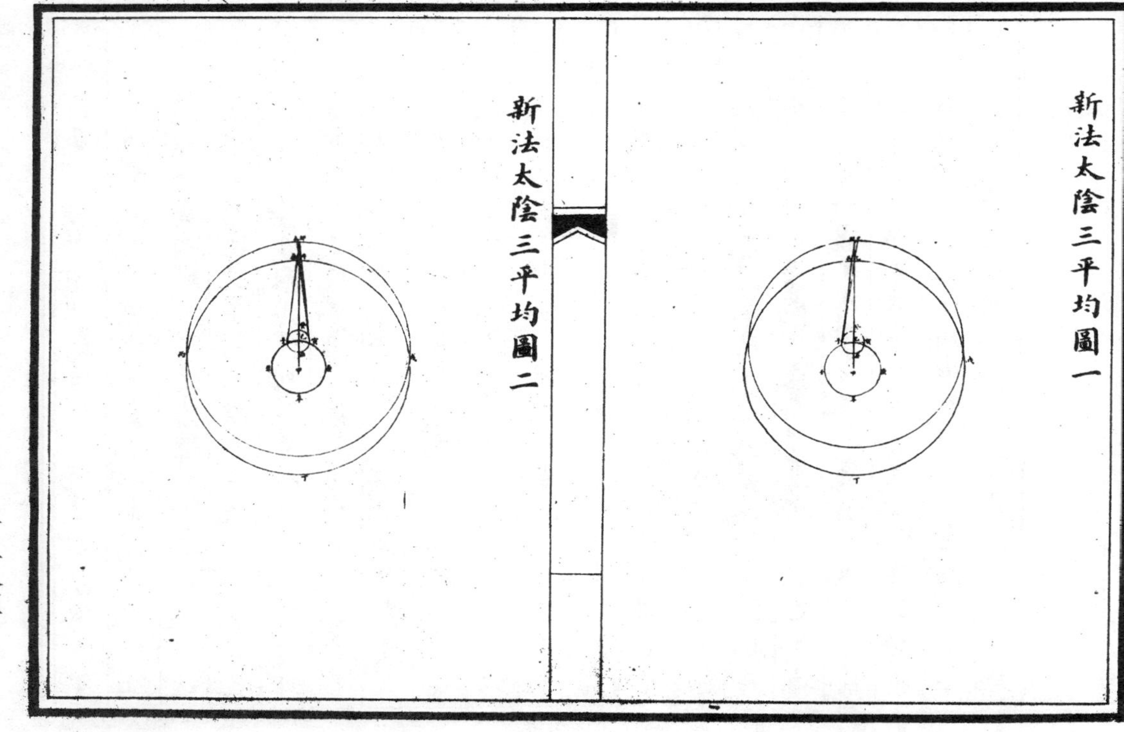

新法太陰三平均圖一

新法太陰三平均圖二

三平均用日距正交之倍度。其最大差為四十七秒。如甲為黃極。乙丙丁戊為黃道。已庚辛壬圈為白極繞黃極之本輪。以最大黃白大距五度一十七分二十秒與最小黃白大距四度五十九分三十五秒相加。折半得黃白大距之中數五度八分二十七秒半為本輪半徑。如已甲。又以兩大距相減。折半得八分五十二秒半為半徑。如已癸。作癸子丑寅圈為負白極均輪。均輪心循本輪周左旋。自已嚮庚每日三分有餘為正交行度。白極循均輪周右旋。自癸嚮子每日二度四分有餘為日距正交之倍度。日在兩交白極在癸。日在大距白極在丑。與均輪心成一直綫。故無三平均。如日距兩交後四十五度。則白道之北極。自癸行九十度至子。在均輪心之東。而白道之南極。即轉在均輪心之西。白道經圈交白道於卯當黃道之辰。在乙點黃道度之東。而白道經圈之過乙點者。即當白道之巳。是白道度退矣。白道度退。則太陰亦隨之而退。故白極在癸子丑半周三平均皆為減差也。如日在大距後四十五度。則白道之北極自丑行九十度至寅在均輪心之西。而白道之南極。即轉在均輪心之東。白道經圈交白道於卯。當黃道之午。在乙點黃道度之西。而白道經圈之過乙點者。即當白道之未。是白道度進矣。白道度進。則太陰亦隨之而進。故白極在丑寅癸半周三平均皆為加差也。已卯子卯寅卯。皆九十度。已角子角寅角。皆直角。已子已寅。皆均輪半徑八分五十二秒半。即卯角度。乙卯五度八分二十七秒半。與甲已本輪半徑等。故以半徑一千萬與卯角正切綫二五八一六為比。同於乙卯弧之正弦八九六〇六六。與乙午或乙辰之正切綫二三一三為比。而得乙午弧乙辰弧各四十七秒為最大三平均。若日距正交之倍度不及九十度或過九十度。則已角或銳或鈍。不得成直角。而卯角與乙辰乙午三平均皆以漸而小。當用弧三角形法推算。然均輪半徑不過八分餘。其逐度之正弦即與卯角等。故逐度之三平均即以半徑與日距正交倍度之正弦為比例也。

# 新法太陰初均圖

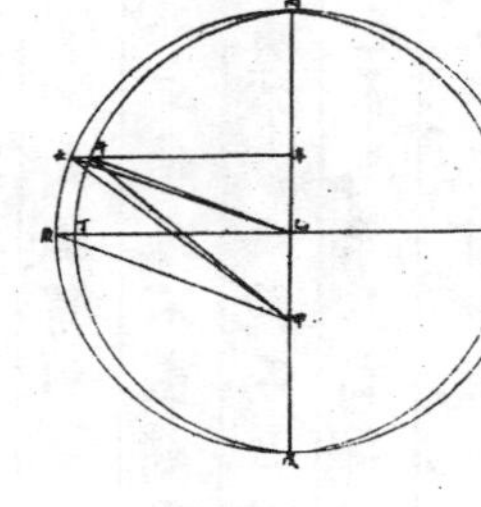

初均仍用自行度立兩三角形法。如圖。甲為地心。乙為本天心。甲乙為最大兩心差六六七八二〇〇。丙丁戊己為月本天。乙丙為大半徑一千萬與乙庚等。乙丁為小半徑九九七七六七五小餘九〇。設太陰平引距最高後九十度在午。丙甲午面積為平行九十度。求丙甲午角度為實行。先設丙乙庚角為平行九十度。用甲乙庚三角形。乙庚大半徑為一邊。甲乙兩心差為一邊。乙角九十度為所夾之角。求得對兩心差之甲庚乙角三度四十九分一十四秒小餘三五。又與甲庚平行作乙壬綫。自甲至壬作甲壬綫。成甲乙壬三角形。壬乙庚角。與甲庚乙角等。以壬乙庚角。與甲乙庚角九十度相加。得九十三度四十九分一十四秒小餘三五。復為所夾之甲乙壬角。仍用半徑與兩心差為兩邊。求得乙甲壬角八十二度二十三分二秒小餘四一。為平圓引數。次以乙庚大半徑為一率。乙丁小半徑為二率。乙甲壬角之正切綫為三率。求得四率。為乙甲午角之正切綫。檢表。得八十二度二十二分一秒小餘七九為實引。以減平引。餘七度三十七分五十八秒小餘二一。即最大兩心差平引九十度之初均數也。依法。求得最小兩心差四三三一九〇平引九十度之初均數四度五十七分三十一秒。中數兩心差五五〇五〇五平引九十度之初均數六度一十七分五十秒。其餘各度。則以最大兩心差及初均數與中數兩心差及初均數之較。比本時兩心差及中數兩心差之較。得本時初均數及中數初均數之較。以加減中數初均數。得本時初均數。

## 新法太陰二均圖

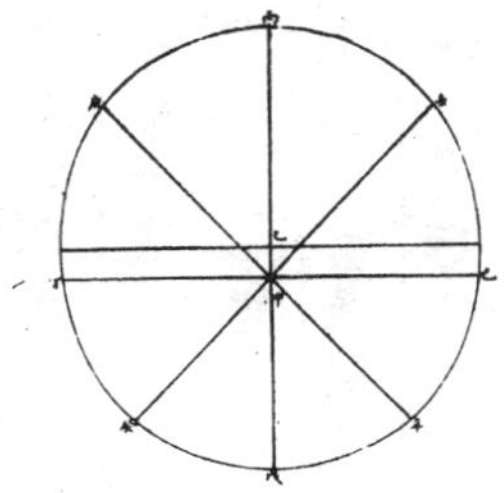

二均仍用月距日倍度。均輪法推太陰兩弦行度。止有初均二均。兩弦前後始有三均。噶西尼以來屢加測驗。謂兩弦太陰行度。止有初均三均。而三均又不盡關乎兩弦之故。二均之最大者。不在兩弦。而在朔弦弦望之閒。法於太陽在最高卑時。測得朔望前後四十五度之最大差。如圖。甲為地心。乙為日本天心。丙丁戊己為日本天。丙為最高。戊為最卑。丁己為中距。設太陽在最高丙。太陰在庚。距日四十五度。為朔與上弦之閒。或太陰在辛距日二百二十五度而在望後四十五度。為望與下弦之閒。又或太陰在壬。距日三百一十五度而在朔前四十五度。為下弦與朔之閒。或太陰在癸。距日一百三十五度而在望前四十五度。為上弦與望之閒。測得加減差皆三十三分一十四秒。為太陽在最高時月在朔望前後四十五度之最大二均數。設太陽在最卑戊。太陰在朔後辛。望後庚。朔前癸。望前壬。測得加減差皆三十七分一十一秒。為太陽在最卑時。月在朔望前後四十五度之最大二均數。朔望後為加。兩弦後為減。其閒月距日逐度之二均。則以半徑與月距日倍度之正弦為比例。其太陽距最高逐度二均之差。又以日天高卑距地之立方較與本日太陽距地之立方較為比例。法與二平均同。

新法太陰三均末均圖

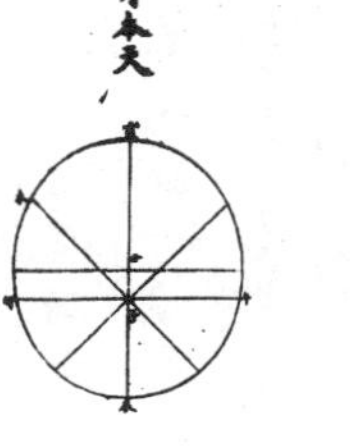


三均末均。用月距日兼月高距日高度。嚮西尼以來。以朔弦望閒之最大差屬之二均。屢測得月距日九十度與月高距日高九十度。其差正等。月距日四十五度與月高距日高四十五度。其差又等。則三均之差不專係乎月距日之故也。於是取月距日與兩最高相距之共為九十度時測之。其差與月距日或兩最高相距之獨為九十度者等。又取月距日與兩最高相距之共為四十五度時測之。其差與月距日或兩最高相距之獨為四十五度者等。乃知三均之差生於月距日與月高距日高之總度。半周內為加。半周外為減。其九十度與二百七十度之最大差為二分二十五秒。其閒逐度之差。以半徑與總度之正弦為比例。則三均之法定矣。然必兩最高同度。或日月同度。兩者止有一相距之差。則止有三均。若兩最高有距差。日月又有距度。則三均之外。朔後又差而遲。望後又差而速。及至月最高距日最高九十度。月距日亦九十度時。無三均而其差反最大。故知三均之外。又有末均。乃將

月最高距日最高九十度。分為九限。各於月距日九十度時測之。兩最高相距九十度。其差三分。漸近則漸小。其閒月距日逐度末均之差。皆以半徑與月距日之正弦為比例。朔後為減。望後為加。如右圖為日本天。丙為最高。丁為最卑。左圖為月本天。寅為最高。辰為最卑。設日最高當月最高寅。為同度。太陽在寅。太陰在卯。相距九十度。或日最高在卯。距月最高寅九十度。太陽太陰俱在卯。為同度。測得三均皆二分二十五秒。又設月最高在日本天庚。距日最高丙四

十五度。太陽在丙。太陰在庚。相距四十五度。共九十度。測得三均亦二分二十五秒。設月最高當日最高丙。爲同度。太陽在丙。太陰在庚。相距四十五度。或日最高在月本天未。距月最高寅四十五度。太陽太陰俱在未。爲同度。測得三均一分四十三秒。又設月最高在日本天辛。距日最高丙二十二度半。太陽在丙。太陰在辛。相距二十二度半。共四十五度。測得三均亦一分四十三秒。是知三均生於兩距之總度。而九十度之正弦。與二分二十五秒之比。同於四十五度之正弦。與一分四十三秒之比。故逐度之三均。可以半徑與總度之正弦爲比例也。又測月最高在日天高卑前後四十五度。月在朔望前後四十五度。末均皆一分七秒半。月最高在日天高卑前後二十二度半。月在朔望前後二十二度半。末均皆二十五秒五十二微半。可見月最高距日天高卑前後之度等。則其差亦等。月距朔望前後之度等。則其差亦等。而獨四十五度與二十二度半。一分七秒半與二十五秒五十二微半。無以爲比例。於是取月最高距日天高卑前後九十度時。按月距日逐度測之。月距日朔望前後九十度時。末均三分。三十度時末均一分三十秒。九十度之正弦。與三分之比。同於三十度之正弦。與一分三十秒之比。故月距日逐度之末均。可以半徑與月距日之正弦爲比例也。用此法各於月距日九十度時。測得月最高距日天高卑前後之最大末均。九十度。三分。八十度。二分三十九秒。七十度。二分一十九秒。六十度。二分。五十度。一分四十三秒。四十度。一分二十八秒。三十度。一分一十六秒。二十度。一分七秒。一十度。一分一秒。月最高與日天高卑同度。無末均。其間月最高距日最高逐度之差。則用中比例法。

## 新法黃白大距及交均圖一

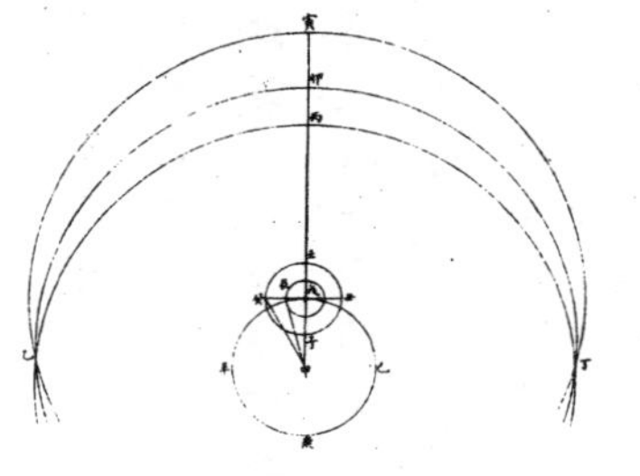

黃白交角。即大距度。均輪法。朔望最小。兩弦最大。自奈端噶西尼以來。正交均。用日距正交之倍度。交角用日距正交兼月距日度。謂日在兩交時交角最大為五度一十七分二十秒。日距交九十度時交角最小為四度五十九分三十五秒。兩距度之較。為一十七分四十五秒。朔望而後。交角又有加分。因日距交與月距日之漸遠以漸而大。至日距交九十度月距日亦九十度時。加二分四十三秒。交均之最大者為一度二十九分四十二秒。

推算之法。以五十九為邊總。五十六為邊較。求得黃極之角為交均。以日距交月距日之餘弦比例。得加分。與最小之交角相加。為大距。如圖。甲為黃極。乙丙丁為黃道。以最大距限五度一十七分二十秒。與最小距限四度五十九分三十五秒相加。折半得五度八分二十七秒半。為距限中數。以中數為半徑。作戊己庚辛圈。為白極繞黃極本輪。又以兩距限相減。折半得八分五十二秒半為半徑。作壬癸子丑圈。為負白極均輪。均輪心循本輪周左旋。自戊嚮己。每日三分有餘。為正交行度。白極循均輪周右旋。自壬嚮癸。每日二度四分有餘。為日距正交之倍度。如均輪心在戊。日在兩交時。白極在壬。正交在乙。中交在丁。寅丙弧為最大距限五度一十七分二十秒。與壬甲弧等。日距交九十度時。白極在子。正交亦在乙。中交亦在丁。卯丙弧為最小距限四度五十九分三十五秒。與子甲弧等。惟此二時白極與輪心同在一綫。無交均。日過兩交而後。白極從壬嚮癸。距限漸小。交行漸遲。交均俱為加差。日距交九十度而後。白極從十斷丑。距限漸大。交行漸疾。交均俱為減差。正交逆行故加為遲減為疾也此即均輪法求交均大距之理。惟白極行日距正交之倍度與月距日倍度不同耳。然用是以推交均則與新法不合。設日距交四十五度。白極自壬行九十度至癸。交均戌甲癸角當為一度三十九分一秒。新法則為一度二十九分四十秒。其法以五十九為一率。五十六為二率。日距正交之正切綫為三率。求得四率為正切綫。檢表與日距正交相減得交均。蓋弧綫三角形之小者可作直綫算。而甲戌癸三角形知甲戌戌癸二邊及壬戌癸外角。當用切綫分外角法。日距正交之度即半外角也。則五十九乃邊總也。五十六乃邊較也。以數推之。戌辰當為四百八十二秒半。辰癸當為五十秒。用約分比例。甲戌一萬八千五百零七秒半為五十七分半。則戌辰四百八十二秒半為一分四九九。若以甲戌正弦八九六〇六六為五十七分半。則戌辰正弦二三三九二為一分五〇一。折中而取之。為一分半。故相加得五十九分為邊總。相減得五十六分為邊較。

新法黃白大距及交均圖二

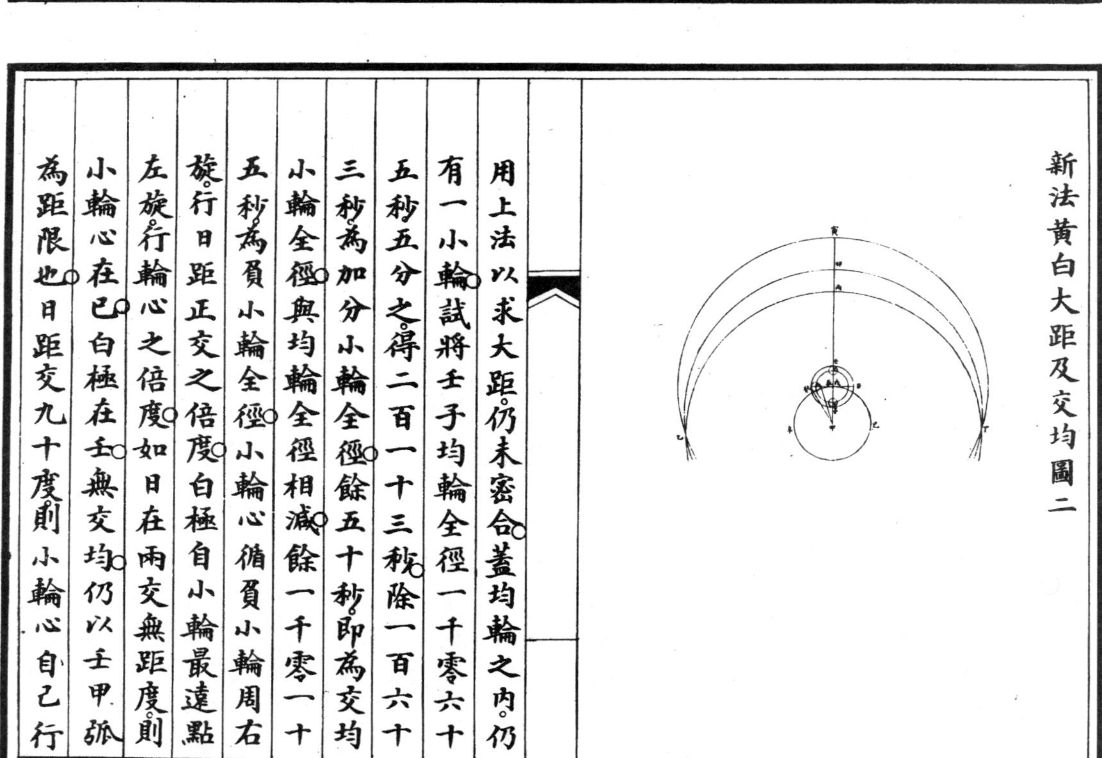

用上法以求大距。仍未密合。蓋均輪之內。仍有一小輪。試將壬子均輪全徑一千零六十五秒五分之。得二百一十三秒。除一百六十三秒為加分小輪全徑。餘五十秒。即為交均小輪全徑。與均輪全徑相減。餘一千零一十五秒。為負小輪全徑。小輪心循負小輪周右旋。行日距正交之倍度。白極自小輪最遠點左旋行輪心之倍度。如日在兩交無距度。則小輪心在巳。白極在壬。無交均。仍以壬甲弧為距限也。日距交九十度。則小輪心自己行一百八十度至午。白極自最遠子行三百六十度仍至子。無交均。仍以子甲為距限也。如日距交四十五度。則小輪心自巳行九十度至未。白極自最遠癸行一百八十度至辰。戌甲辰角一度二十九分四十秒為交均。辰甲五度八分三十四秒為距限也。

新法黃白大距及交均圖三

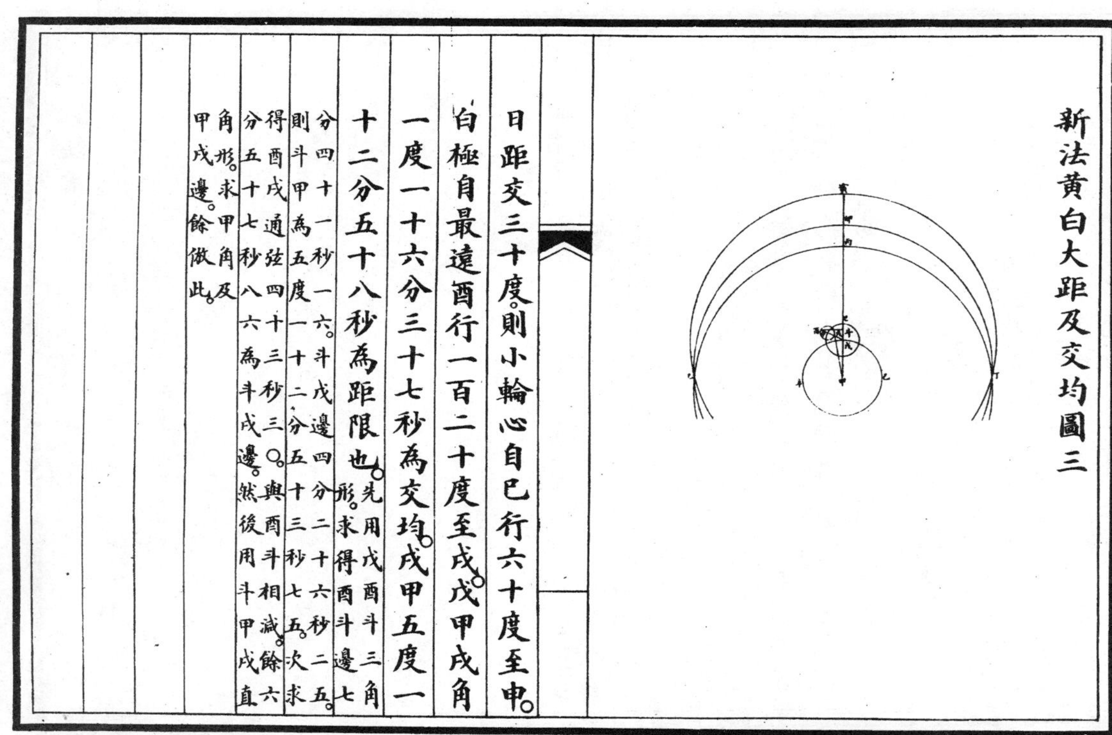

日距交三十度。則小輪心自巳行六十度至申。白極自最遠酉行一百二十度至戌。戌甲戌角一度一十六分三十七秒為交均。戌甲五度一十二分五十八秒為距限也。先用戌酉斗三角形。求得酉斗邊七分四十一秒一六。斗戌邊四分二十六秒二五。則斗甲為五度一十二分五十三秒七五。次求得酉戌通弦四十三秒三。與酉斗相減。餘六分五十七秒八六為斗戌邊。然後用斗甲戌直角形。求甲角及甲戌邊。餘倣此。

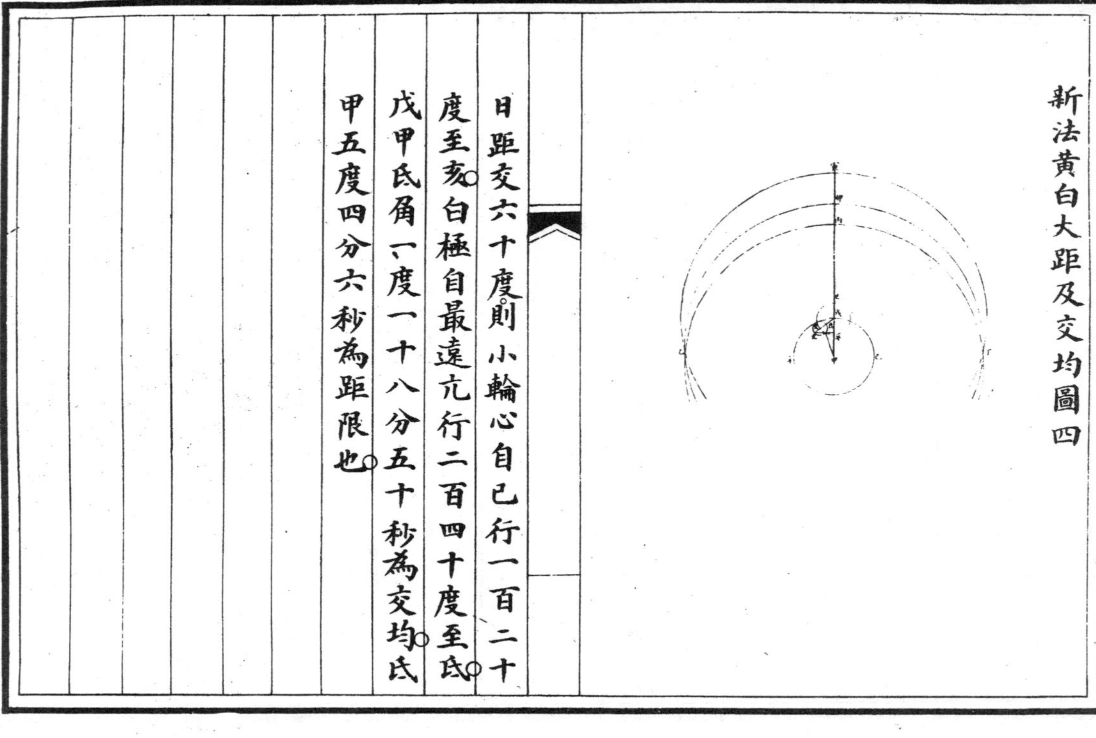

新法黃白大距及交均圖四

日距交六十度則小輪心自己行一百二十度至亥○白極自最遠亢行二百四十度至氐○戊甲氐角一度一十八分五十秒為交均○氐甲五度四分六秒為距限也○

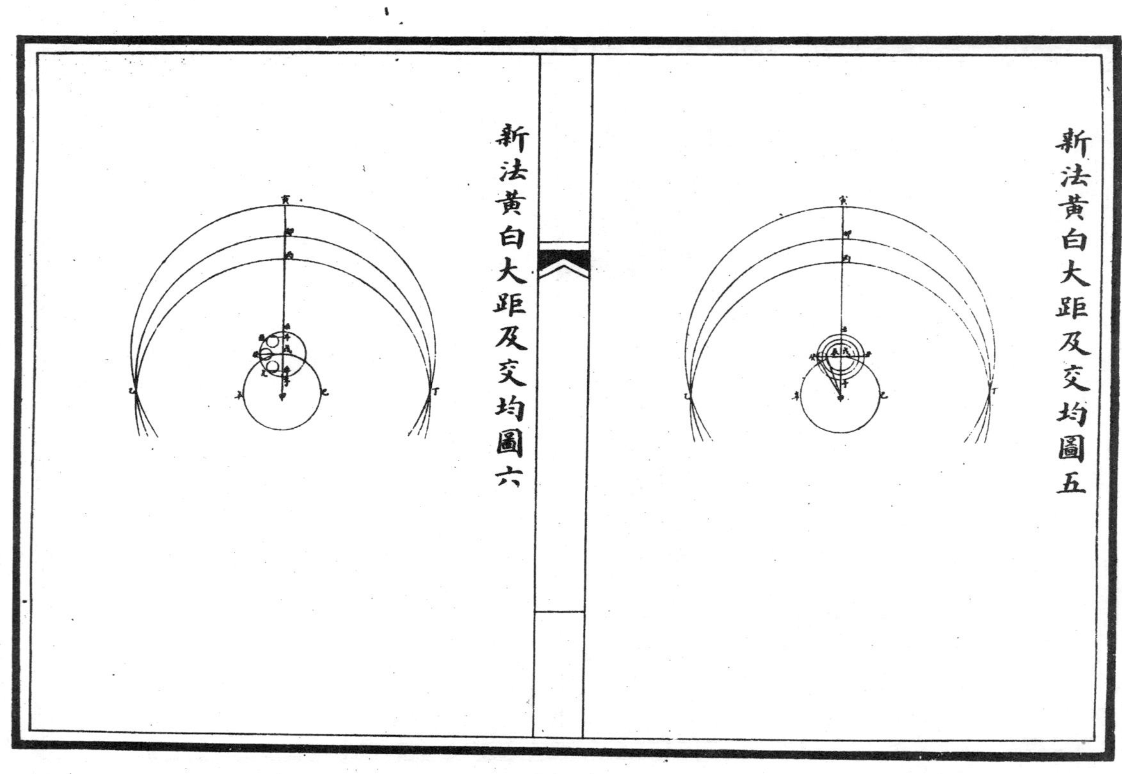

新法黃白大距及交均圖五

新法黃白大距及交均圖六

如上法。則交均距限。理數皆密。而推算則繁。且交均用小輪。與去一小輪全徑作小均輪。其角度相去不遠。距限用弦。與用股。其邊度亦相去不遠。故將戊癸均輪半徑五百三十二秒半。減癸辰小輪全徑五十秒。餘戊辰四百八十二秒半作小均輪半徑。則甲戊與戊辰之比。常如五十七分半與一分半之比。如第五圖。乃用切綫分外角法。即得逐度之交均。如第六圖。以半徑一千萬為一率。日距正交倍度之正矢為二率。過九十度則用大矢。仍以均輪壬戊半徑五百三十二秒半為三率。酉斗癸戊亢斗等綫皆為均輪正弦。壬斗壬戊壬牛等綫皆為均輪正矢。故仍以均輪半徑為比例。求得四率為距交減分。如壬斗壬戊壬牛之類。與壬甲最大距限五度一十七分二十秒相減。即得逐度之距限也。

新法黃白大距及交均圖七

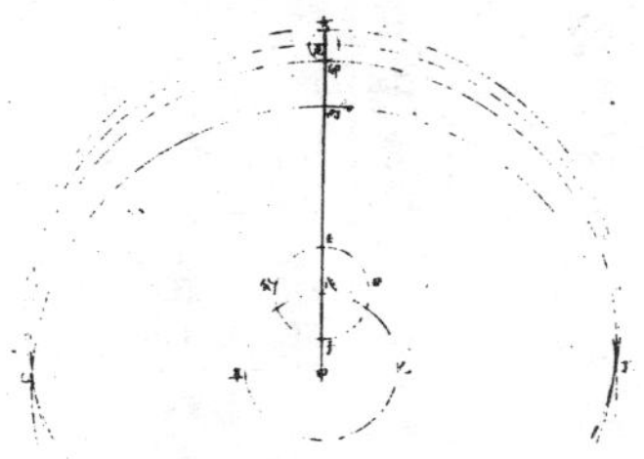

如上法。又惟朔望為然。朔望而後。交角又有加分。因日距交與月距日之漸遠以漸而大。至日距交九十度月距日亦九十度時。交角比朔望大二分四十三秒。蓋白道之上。又有小輪。其周之下點。與白道相切。日距交漸遠。其徑漸大。至日距交九十度時。最大全徑為二分四十三秒。其逐度之小輪全徑。與最大小輪日距正交倍度之正矢等。是為距交加差。朔望而後。白道以漸而張。與白道小輪月距日倍度之正矢等。是為距日加分。如白極在壬。無日距交度。則無白道小輪。即無距交加差。如白極在子。日距交倍度爲一百八十度。則白道小輪女卯全徑爲二分四十三秒。即距交加差。一百八十度之大矢。即全徑。故小輪全徑最大。設丙弦時。月距日倍度爲一百八十度。則白道自卯張至女。女卯小輪全徑。即爲距日加分。一百八十度之大矢。即全徑。故交角加分。即與小輪全徑等。與卯丙距限相加。卯丙與子甲等。得女丙爲黃白大距。設月距日倍度爲六十度。則白道張至危。以半徑一千萬爲一率。六十度之正矢五百萬爲二率。小輪半徑一分二十一秒半爲三率。求得四率危卯四十一秒。爲距日加分。與卯丙距限相加。得危丙爲黃白大距。

新法黃白大距及交均圖八

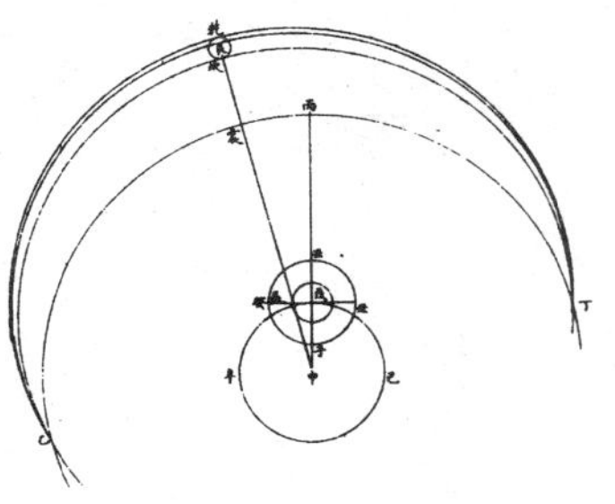

又如白極在辰。日距交倍度爲九十度。則白道小輪乾坎全徑一分二十一秒半。爲前圖女卯最大小輪全徑之一半。是爲距交加差。九十度之正矢與半徑等。故白道小輪全徑與最大小輪半徑等。設月距日倍度爲一百二十度。則白道張至艮。以半徑一千萬爲一率。一百二十度之大矢一千五百萬爲二率。小輪半徑四十秒七五爲三率。求得四率。坎艮一分一秒。爲距日加分。與坎震距限相加。坎震與辰甲等。得艮震爲黃白大距。至立算不用距交減分。而總用加分。則列表從乎其便。理實一也。

欽定大清會典圖卷一百二十五

天文十九 交食一



日食圖

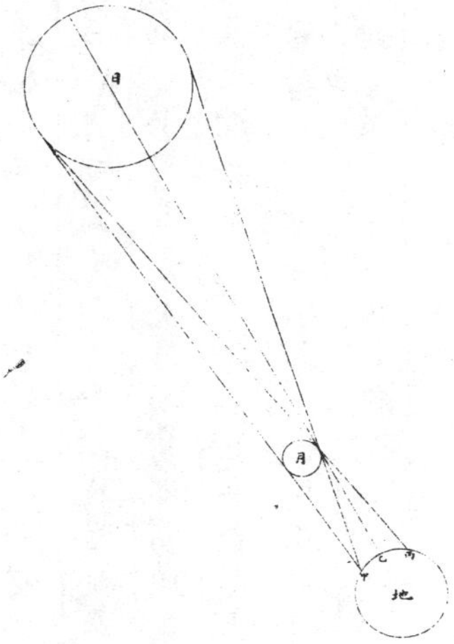

日月相會為朔。相對為望。此以東西之經度計也。合朔時。經度相同。望時。經度相對。而南北緯度。則不必黃白兩道之相合也。若經度合。而黃白兩道又合。則日月見食。蓋星月皆借日之光。合朔時。月在日與地之間。黃白道合。則月掩日光。即為日食。望時。地在日與月之間。黃白道合。則地蔽日光。而月入地影中。即為月食。月入地影。月體受蔽。無視差。故九有同觀。惟時刻有先後。若月之掩日。則月去日遠。去人近。但能下蔽人目。而上於日體無關。故食分深淺。時刻先後。南北迴殊。東西異視也。如合朔時月在地與日之間。人在地面。居甲者。見月全掩日。居乙者。見月掩日之半。居丙者。但見日月兩周相切而不相掩。故日食隨地不同。

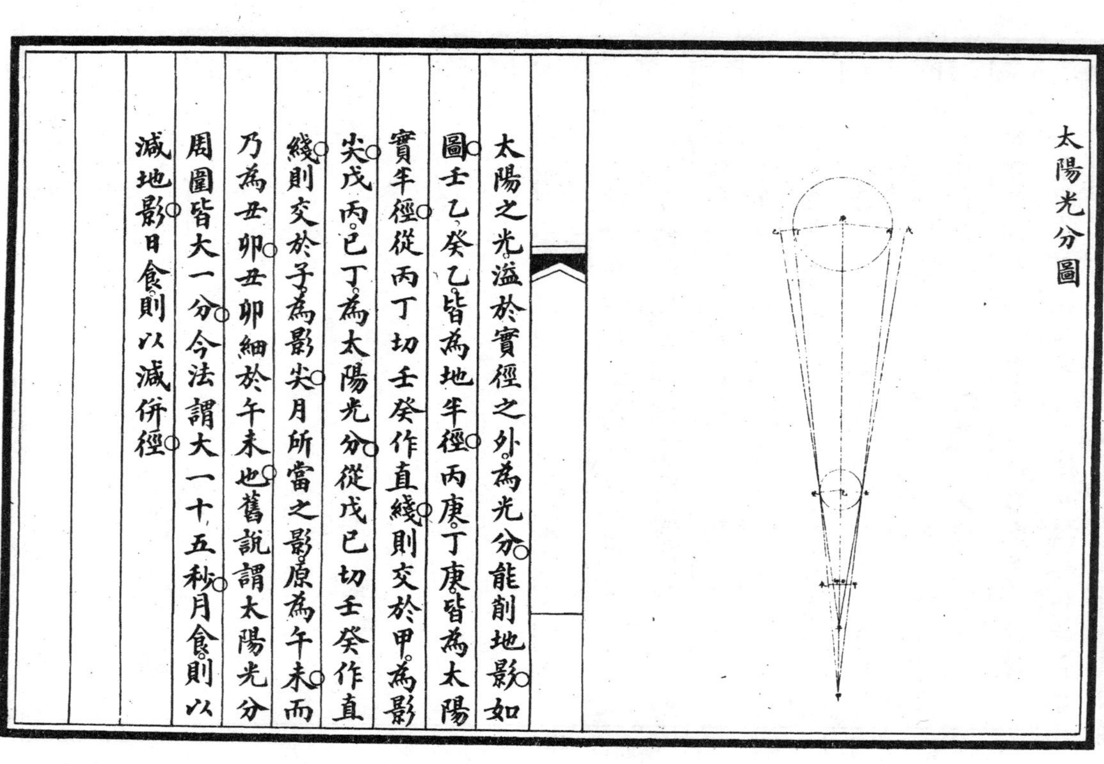

太陽光分圖

太陽之光溢於實徑之外。為光分。能削地影。如圖壬乙。癸乙。皆為地半徑。丙庚。丁庚。皆為太陽實半徑。從丙丁切壬癸作直綫。則交於甲。為影尖。戊丙。巳丁。為太陽光分。從戊巳切壬癸作直綫。則交於子。為影尖。月所當之影。原為午未。而乃為丑卯。丑卯細於午未也。舊說謂太陽光分周圍皆大一分。今法謂大一十五秒。月食則以減地影。日食則以減併徑。

## 日食三差圖

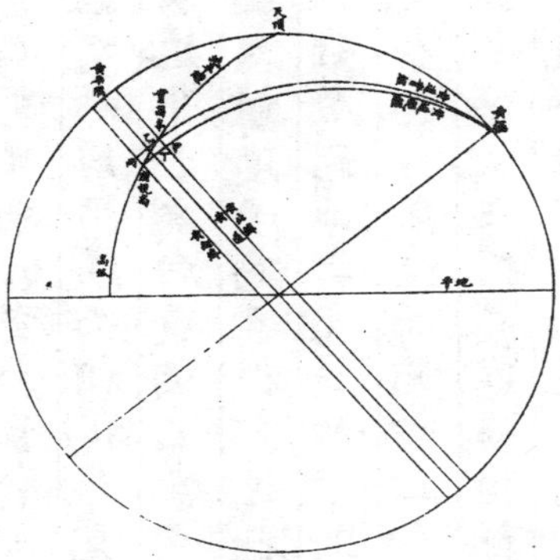

三差者。高下差。東西差。南北差也。高下差。因地心真高與地面視高不同而生。而東西南北兩差。又因高下差而生。凡地面所見之視高。必在地心所見真高之下。如圖太陰實高度在辛。則視高在庚。從天頂出經綫至地平之弧為高弧。高弧上辛庚之距為高下差。從黃極出經綫二。一過太陰實高辛至黃道乙。則乙即實度。一過北緯甲及黃道丁至視高庚。則丁為視度。黃道上乙丁之距為東西差。與甲辛丙庚等。月實緯辛在黃道北。其距辛乙。與甲丁等。視緯庚在黃道南。其距丁庚。與乙丙等。甲庚為南北差。與辛丙等。東西差能變經度。而交食之時刻遂有早晚。南北差能變緯度。而交食之分秒遂有淺深。此兩差皆因真高視高高下不同而生也。日食食甚用時。從地心立算。人在地面視之。則有地半徑差。而太陽地半徑差恆小。太陰地半徑差恆大。故於太陰地半徑差內減太陽地半徑差。始為高下差焉。

日食白道經度食限圖

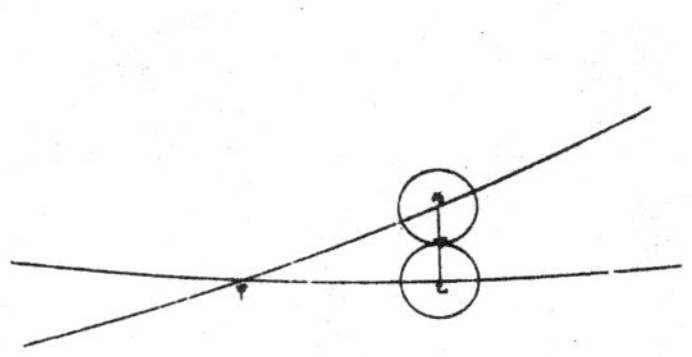

朔望遇交則日月食而日月食又不必正當黃白道之交處也當交而食食必既未及交或已過交兩周相遇而相掩即見食如圖甲丙為黃道甲乙為白道丙乙為黃白距緯甲當交處無緯度丙為日循黃道行乙為月循白道行若合朔正當交處如甲則日月俱在甲日光全為月所掩而見食且食既或日在最卑視徑極大月在最高視徑極小不能盡掩則食既時日之周圍露光為全鐶食不正當交而近於交日月在丙在乙日半徑丙丁月半徑丁乙相併之數適當黃道白道相距之緯如丙乙則日月兩周相切而食未及此者兩周未遇不食也過乎此則兩圜相疊食分漸深矣故白道甲乙距交經度以乙點為食限均輪法以太陽最大視半徑一十五分三十二秒三十微太陰最大視半徑一十六分五十一秒兩相併為併徑三十二分二十三秒三十微加南北差一度零一分共一度三十二分二十三秒三十微當丙乙視緯度或以太陽最小視半徑一十四分五十九秒三十微太陰最小視半徑一十五分五十三秒三十微併徑三十分五十三秒加南北差一度零一分共一度三十一分五十三秒當丙乙視緯度用黃白大距四度五十八分三十秒求得白道之乙甲為距交經度平朔入交太陰距正交後中交前在黃道北者二十度五十二分太陰距中交後正交前在黃道南者八度五十一分為可食之限實朔在黃道北者一十八度一十五分在黃道南者六度一十四分為有食之限楕圓法太陽最大視半徑一十六分二十二秒三十微太陰最大

視半徑一十六分四十八秒。併徑三十三分一十秒三十微。為丙乙距緯。用最小黃白交角四度五十九分三十五秒。求得白道距交經度六度二十二分。為黃道南實朔可食之限。又以最大太陽太陰兩半徑相併之數。加最大高下差一度一分二十七秒。共一度三十四分三十七秒三十微。為丙乙距緯。用最小黃白交角。求得白道距交經度一十八度二十六分。為黃道北實朔可食之限。各加實朔距平朔之行度二度五十二分。黃道南得九度一十四分。黃道北得二十一度一十八分。為平朔入交可食之限。

日食三限圖

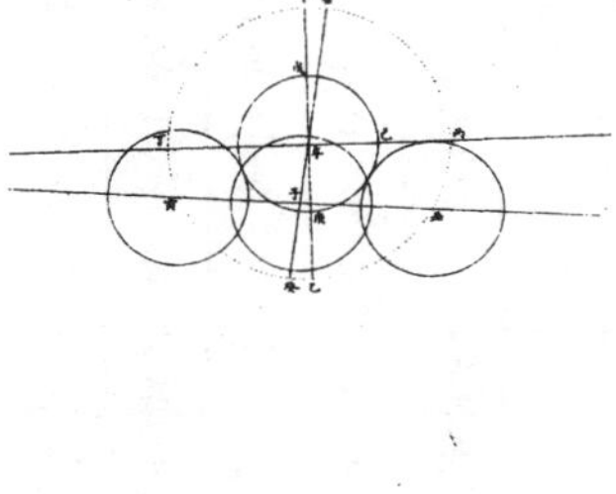

三限者。曰食甚。乃月掩日最深之限也。曰初虧。在食甚前。月將掩日兩周初切也。曰復圓。在食甚後。月已過日兩周初離也。太陽太陰之視徑略等。食甚之最大者。不過食既。方食甚即生光。故日食止有三限。如圖。甲乙豎綫如黃道經圈。丙丁橫綫如黃道。二綫取直角作十字交。戊己庚圈如日體。甲丙乙丁虛圈為初虧復圓之限。其半徑丙辛。為日月兩半徑相併之數。設實交周初宮或十一宮。則於虛圈上周甲乙徑綫之右。取黃白大距五度如壬。

從壬作綫過圜心辛至下周癸，為白道經圈。於壬癸白道經圈上，自圜心辛嚮下取食甚視緯度如辛子。此子點即食甚時月心所在也。從子取直角作丑寅綫，與壬癸白道經圈作十字交，即為白道。白道割虛圜右周丑點為初虧限，割左周寅點為復圓限。以丑子寅三點各為心，月半徑為度作圜，以象月體。則見月心至丑，其周切日，日體將掩，是為初虧。從丑至子，掩日最大，是為食甚。從子至寅，月已離日，日光全滿，是為復圓。日食分秒，以太陽太陰兩視半徑相併，內減食甚視緯，餘為兩體相掩之分。命太陽視徑為十分，以視徑度與十分之比，即同於減餘度分與十分中幾分之比，而得食分，為太陽視徑十分中之幾分也。其時刻多寡，則由掩日之淺深、過日之遲速也。初虧、食甚、復圓各有用時、近時、真時三限，由用時得近時，由近時得真時。橢圜又法由真時而求定真時。

又前日食圖止闡日食之理，而未明求日食之術。今用橢圜又法求光緒十三年日食，各為圖以顯之。先求得光緒十三年丁亥逐月朔太陰交周，至七月為初宮八度四十九分二十二秒五十二微，是知七月為入交之月。依法得平朔距冬至日數二百四十日，求得實朔本日太陽黃道實行七宮二十五度一十九分二十二秒，太陰黃道實行七宮一十七度三十八分一十四秒。實朔次日太陽黃道實行七宮二十六度一十七分七秒，太陰黃道實行八宮二度一十七分一十四秒。乃以本次日太陰太陽實行比例，得實朔泛時未初一刻十四分。又以實朔泛時加減二刻，求得前時太陽黃道實行七宮二十五度五十分三十六秒，太陰白道實行七宮二十五度三十三分四十二秒，太陰黃道實行七宮二十五度三十一分五十八秒；後時太陽黃道實行七宮二十五度五十三分一秒，太陰白道實行七宮二十六度一十分三十秒，太陰黃道實行七宮二十六度八分三十八秒。因得一小時日實行二分二十五秒（即一小時太陽黃道實行），一小時月實行三十六分四十八秒（即一小時太陰白道實行），實朔實時未初二刻一分三十九秒。即以實朔實時求得實朔太陽黃道實行七宮二十五度五十一分五十五秒。實朔太陰黃道實行七宮二十五度五十一分五十五秒。實朔太陽均數一度二十二分四十二秒。實朔太陽引數七宮一十六度一十四分一十二秒。實朔太陰本天心距地五十六萬二千零一十一。實朔太陰引數五宮初度一十八分一秒。實朔太陰初均數三度二十三分四十八秒。實朔月距正交初宮七度八分四十七秒。實朔黃白大距五度一十七分二秒。實朔太陰黃道緯度北三十九分二十三秒。準以上諸用數。求得光緒十三年丁亥七月初一日丙辰朔

京師日食八分八秒。初虧午正一刻十一分二秒。右偏上食甚未初三刻初分五十四秒。日躔黃道鶉火宮二十五度五十一分三十九秒。入星宿初度六分二十四秒。赤道鶉火宮二十八度七分二十三秒。入張宿一度三十三分二十一秒。復圓未正三刻十四分三十七秒。左偏上計食限內。凡十刻三分三十五秒。

求實朔用時圖

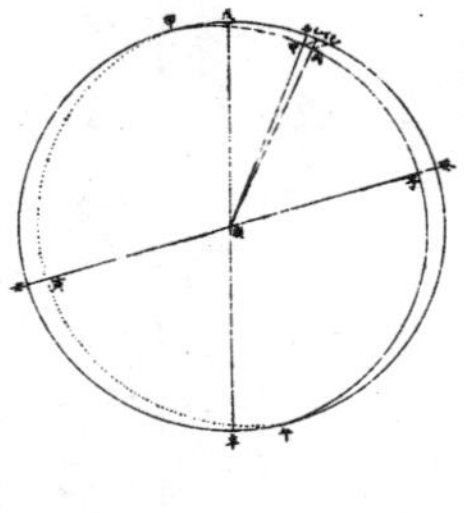

如圖。庚為北極。丑午癸卯為赤道。寅午子卯為黃道。寅為冬至。午為春分。子為夏至。卯為秋分。丑庚癸為過二極二至經圈。戊庚辛為子午圈。辛為子正。戊為午正。甲為太陽平行之點。當赤道於壬。而應於丁。即實朔實時丙為太陽實行之點。應赤道之巳。而當於乙。即實朔用時法先以甲丙太陽均數一度二十二分四十二秒。變時。得丁巳五分三十秒。為均數時差。乃用卯乙丙正弧三角形。此形有乙直角。有卯角。當子癸弧黃赤大距二十三度

二十九分。有卯丙弧太陽黃道距秋分前三十四度八分五秒。以實朔太陽黃道實行。與九宮相減。即得。求卯乙弧以乙直角正弦即半徑。與卯角餘弦比。同於卯丙弧正切。與卯乙弧正切比。檢表得三十一度五十二分二十二秒。為太陽距秋分前赤道度。與卯丙弧相等之卯己弧相減。得乙己弧。二度一十五分四十三秒。為黃赤同升度。變時得乙己九分三秒。為升度時差。與丁己均數時差相減。得乙丁三分三十三秒。為時差。較以減於丁點實朔實時。得乙點未初一刻十三分六秒。即實朔用時。

求食甚實緯及用時圖

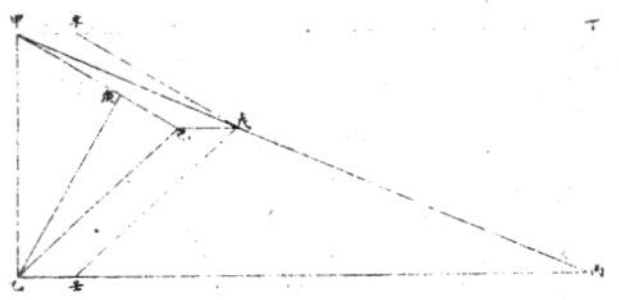

如圖。乙丙為黃道。甲丙為白道。乙丙甲角為黃白交角。即正交之點。甲丁為黃道距等圈。甲乙為實朔實緯。乙為實朔用時日心。甲為實朔用時月心。乙壬為一小時日實行。與巳戊。甲辛。皆等。甲戊為一小時月實行。依橢圓之法。設日心為不動。將壬點合於乙。則戊點必移於巳。作為一小時之際。日心未動。月心由甲至巳。所行兩經度斜距之綫。於是用甲戊巳鈍角三角形。此形有戊角。與丙角所當黃白大距度等。有巳戊。甲戊。二邊。求甲巳對邊。用切綫分外角法。先以戊角與半周相減。折半得八十七度二十一分二十九秒。為半外角。又以二邊相加。得三十九分一十三秒。為實行總相減得三十四分二十三秒。為實行較。乃以實行總與實行較比。同於半外角正切。與半較角正切比。檢表得八十六度五十九分一十四秒。為半較角。與半外角相減。得己甲戊角。二十二分一十五秒。為斜距交角。差與戊甲丁角等乙丙甲角。黃白交角相加。得己甲丁角。五度三十九分一十七秒。為斜距黃道交角。又以己甲戊角正弦與戊角正弦比。同於己戊邊與甲己邊比。而得甲己邊三十四分二十三秒。為一小時兩經斜距。用乙庚甲直角三角形。此形庚為直角。有甲乙邊實朔實緯。有甲乙庚角與己甲丁角斜距黃道交角等。求乙庚甲庚二邊。以半徑與乙角餘弦比。同於甲乙邊與乙庚邊比。而得乙庚邊三十九分一十二秒。即食甚實緯。又以半徑與乙角正弦比。同於甲乙邊與甲庚邊比。而得甲庚邊三分五十三秒。為食甚距弧。與一小時兩經斜距為比例。得甲庚之時六分四十六秒。為食甚距時。以一小時兩經斜距。與一小時比。同於食甚距弧。與食甚距時比。下文凡與一小時兩經斜距為比例者。皆準此理。以減於甲點實朔用時。得庚點之時。未初一刻六分二十秒。即食甚用時。

求日距地圖

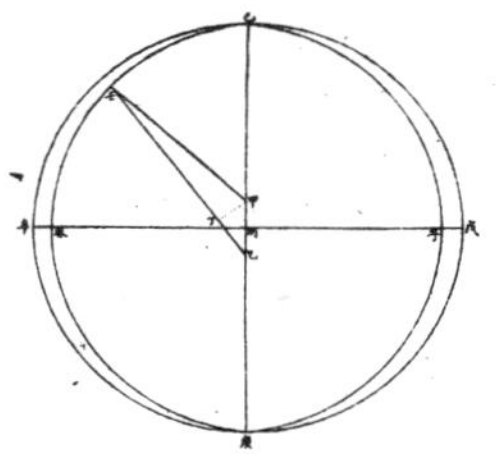

如圖。乙為地心。丙為太陽本天心。乙丙為兩心差一十六萬九千。甲乙為倍兩心差。庚戊巳辛平圖內。庚子巳癸橢圓。為太陽本天。庚為最卑。巳為最高。子癸二點皆為中距。太陽自最卑右旋。行實引度至壬。其壬乙巳角。四十四度五十一分三十秒。即太陽距最高後實引度。以太陽引數。與太陽均數相減。得七宮一十四度五十一分三十秒。為太陽實引。減去六宮。即得壬乙巳角度。法用甲乙壬三角形。此形有乙角實引度。有甲乙邊三十三萬八千。有甲壬乙壬兩邊和二千萬。求壬乙邊。試作甲丁垂綫於形內。成甲丁壬。甲丁乙。兩直角三角形。先用甲丁乙形。以半徑與乙角正弦比。同於甲乙邊與甲丁邊比。而得甲丁邊。二十三萬八千四百一十。為垂綫。次以半徑與乙角餘弦比。同於甲乙邊與乙丁邊比。而得乙丁邊。二十三萬九千五百九十二。與甲壬乙壬兩邊和相減。得甲壬丁壬和一千九百七十六萬四百零八。即甲丁壬形之股弦和。甲丁垂綫即其形之句。以甲丁垂綫自乘。用甲壬丁壬和除之。得二千八百七十六。為甲壬丁壬較。即甲丁壬形之股弦較。乃以和較相加。折半。得九百八十八萬一千六百四十二。為弦。即甲壬邊。與甲壬乙壬兩邊和相減。得壬乙邊。二千零一十一萬八千三百五十八。即日距地。

求月距地圖

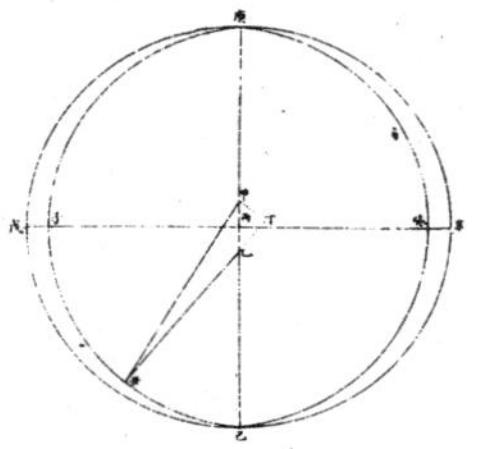

如圖乙為地心。丙為太陰本天心。太陰自最高庚點右旋行實引度至丑。丑點。即太陰實引度。丙乙兩心差。隨時不同。乃取本時本天心距地五十六萬二千零一十一。倍之。得甲乙一百一十二萬四千零二十二。為倍兩心差。於是用甲乙丑三角形。此形有乙角實引度。以太陽引數。與太陰均數相減。得四宮二十六度五十四分一十三秒。為太陰實引。與六宮相減。得丑乙巳角三十三度五分四十七秒。有甲乙邊及甲丑。乙丑。兩邊和二千萬。求乙丑邊。試作甲丁垂綫於形外。成甲丁乙。甲丁丑。二直角三角形。依法得甲丁垂綫。六十一萬三千七百七十一。乙丁邊。九十四萬一千六百五十三。與甲丑乙丑兩邊和相加。得二千零九十四萬一千六百五十三。為甲丑丁丑和。即甲丁丑形之股弦和。甲丁垂綫。即其形之句。求得甲丑弦。一千零四十七萬九千八百二十一。與甲丑乙丑兩邊和相減。得乙丑邊。九百五十二萬零一百七十九。即月距地。

求地平高下差圖

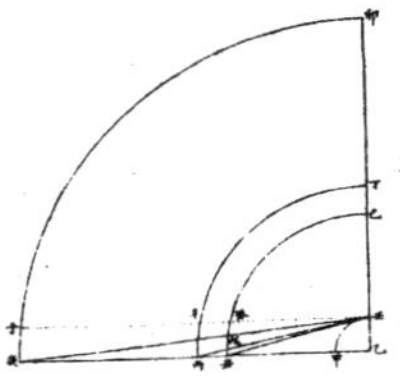

如圖。乙為地心。壬為地面。甲壬為地體一象限。丁辛丙為中距月。天。乙丙為中距月距地一千萬。巳癸丑為本時月。天。乙丑為本時月距地九百五十二萬零一百七十九。其乙丙壬角為中距太陰地半徑差五十七分三十秒。與丙壬辛角等。乙丑壬角為本時太陰地半徑差。與丑壬癸角等。蓋地體半徑。本無消長。而太陰距地遠時。視之恆小。近時。視之恆大。故立為轉比例法求之。以乙丑與乙丙比。同於丙壬辛角與丑壬癸角比。而得丑壬癸角。六十分二十五秒。為本時太陰地半徑差。惟太陽距地極遠。其差亦極小。如卯子庚為日天。故乙庚壬角。為太陽地半徑差一十秒。與庚壬子角等。減於丑壬癸角。得丑壬庚角。六十分一十五秒。當本時月天之戊丑弧。即地平高下差。

求日視徑圖

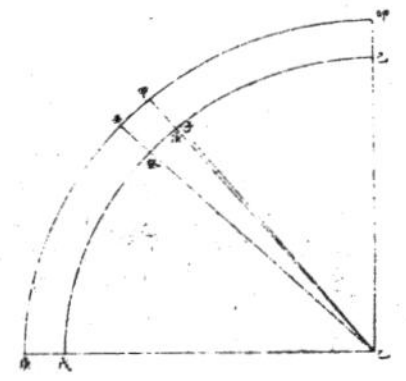

如圖乙為地心。巳癸戊為中距日天。癸乙為中距日距地。卯壬庚為本時日天。壬乙為本時日距地一千零一十一萬八十三百五十八。壬申與癸子等。為日體半徑。癸乙子角為中距日視半徑一十六分六秒。壬乙甲角為本時日視半徑。當中距日天之癸庚弧。依前轉比例法求之。即得本時日視半徑一十五分五十五秒。減去太陽光分一十五秒。得一十五分四十秒。為太陽實半徑。

求月視徑圖

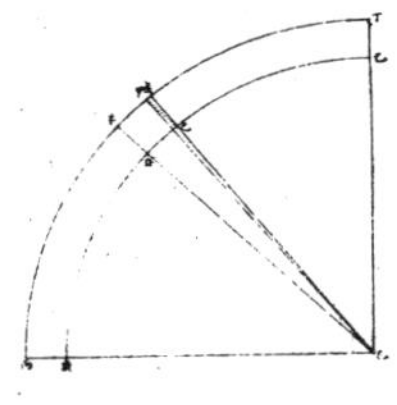

如圖乙為地心。丁辛丙為中距月天。乙辛為中距月距地。巳丑庚為本時月天。乙丑為本時月距地。丑巳與辛甲等。為月體半徑。辛乙甲角為中距月視半徑一十五分四十秒三十微。丑乙巳角為本時月視半徑。當中距月天之辛戊弧。依前轉比例法求之。即得月視半徑一十六分二十九秒。與太陽實半徑相加。得三十二分九秒。為併徑。

## 求食甚太陽黃道經度及宿鈐圖

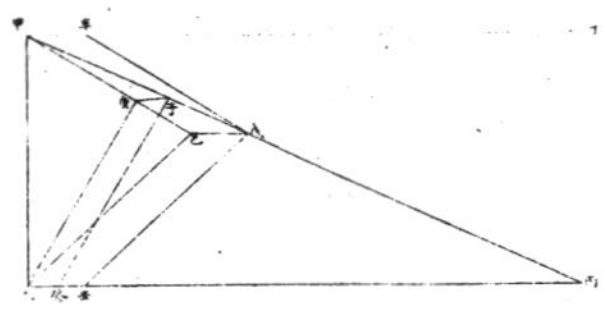

如圖。乙丙為黃道。甲丙為白道。丙為黃白交角即正交之點。乙為實朔用時日心。甲為實朔用時月心。準上文食甚實緯既與斜距成直角之庚點為食甚用時。惟月行實由白道。日心亦不無行分。試與乙庚平行作子癸綫。即知實朔至食甚之際。用行實由甲至子。而日心亦由乙至癸有行分。於是用甲己戊甲庚子二同式三角形。以甲己一小時兩經斜距與己戊一小時日實行比。同於甲庚食甚距弧與庚子比。而得庚子一十六秒。與乙癸等。為距時日實行。以減於乙點實朔太陽黃道實行。得癸點七宮二十五度五十一分三十九秒。即食甚太陽黃道經度。而本年黃道宿鈐星宿第一星黃道經度。為七宮二十五度四十五分一十五秒。故知食甚太陽黃道入星宿初度六分二十四秒。

求食甚太陽赤道經緯度宿鈐及赤白二經交角圖

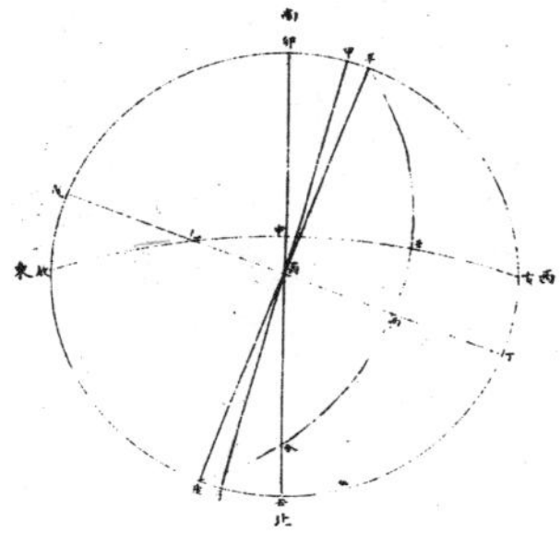

如圖酉為圓心即太陽之位寅申辰為赤道丁酉戊為黃道卯酉丑為赤經辛酉庚為黃經甲酉子為白經丙為夏至乙為秋分辛丙庚為過二極二至經圈癸為北極法用乙申酉正弧三角形此形申為直角有乙角當壬丙弧黃赤大距二十三度二十九分有酉乙弧食甚太陽距秋分前黃道度三十四度八分二十一秒求申乙申酉二弧及酉角以半徑與乙角餘弦比同於酉乙弧正切與申乙弧正切比而得申乙弧三十一度五十二分三十七秒為食甚太陽距秋分前赤道度與乙點秋分九宮相減得酉點七宮二十八度七分二十三秒為食甚太陽赤道經度而本年赤道宿鈐張宿第一星赤道經度為七宮二十六度三十四分二秒故知食甚太陽赤道入張宿一度三十三分二十一秒次以半徑與乙角正弦比同於酉乙弧正弦與申酉弧正弦比而得申酉弧一十二度五十五分二十秒為食甚太陽距赤道北緯度又以酉乙弧餘弦與乙角餘切比同於半徑與乙酉申角正切比檢餘切表得庚酉丑角一十九度四十六分四十三秒為黃赤二經交角今太陽在秋分前故酉庚黃經在酉丑赤經東又庚酉子角為黃白二經交角（即斜距黃道交角）因月在正交後故酉子白經在酉庚黃經西是以庚酉丑角與庚酉子角相減得丑酉子角一十四度七分二十六秒即白經在赤經東之赤白二經交角

求食甚近時圖

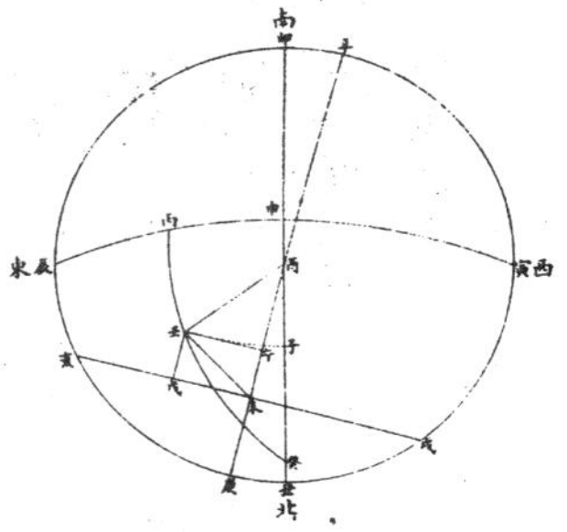

如圖酉為日心。又為日照地體全明半面之正中。與地心相合為一點。丑寅卯辰平圓為地體受日照之半面。中隔月天上應渾天之半周。其自中心至圓界之酉丑平圓半徑。即渾天九十度弧。當月天之分。則為本日日月同當地平時最大之差。即本日地平高下差。卯酉丑為赤經宣申辰為赤道。辛酉庚為白經。戌未亥為白道。未為食甚用時月心。酉未為食甚實緯。壬為用時日影心。即

京師地面上應天頂。酉壬為用時日距天頂。即高弧。當月天之分。即用時高下差。癸為北極。癸丑為日距赤道北緯度。與申酉等。丙壬癸為子午圈。丙為午正。法用酉壬癸斜弧三角形。此形有申癸丙角。當申丙弧。用時日距午西赤道度二十度二十分。（以食甚用時。與十二小時相減餘數變度。即得）有酉癸弧日距北極七十七度四分四十秒。（以癸丑日距赤道北緯度與酉丑九十度弧相減。即得）有癸壬弧

京師北極距天頂五十度五十五分。求壬酉癸角及酉壬弧。試作壬子垂弧於形內。分成壬子癸壬子酉二正弧三角形。同以子為直角。先用壬子癸形。以半徑與癸角餘弦比。同於癸壬弧正切。與子癸弧正切比。而得子癸弧四十八度一十五分三十六秒。為距極分邊。與酉癸弧相減。得酉子弧二十八度四十九分四秒。為距日分邊。即以其正弦。與子癸弧正弦比。同於癸角正切。與子酉壬角正切比。而得子酉壬角二十九度五十分二十六秒。為用時赤經高弧交角。（此合兩比例為一比例。省求垂弧。以從簡也。蓋半徑。與癸角正切比。同於子癸弧正弦。與壬子垂弧正切比。又以酉子弧正弦。與壬子垂弧正切比。同於半徑。與子酉壬角正切比。試觀第一比例一四兩率。與第二比例二三兩率同。故以酉子弧正弦。與子癸弧正弦比。同於癸角正切。與子酉壬角正

切比次用對邊對角法。以子酉壬角正弦。與癸壬弧正弦比。同於癸角正弦。與酉壬弧正弦比。而得酉壬弧。三十二度二十三分六秒。為用時日距天頂。即以其正弦。與地平高下差為比例。得酉壬三十二分一十六秒。當月天之分。為用時高下差。以半徑。與用時日距天頂正弦比。同於地平高下差。與酉壬用時高下差比。下倣此。用酉午壬直角三角形。此形。午為直角。有酉壬邊。及午酉壬角用時白經高弧交角一十五度四十三分。以丑酉庚角赤白二經交角。與子酉壬角用時赤經高弧交角相減。即得午酉壬角。是為限西。求午壬酉午二邊。以半徑。與酉角正弦比。同於酉壬邊。與午壬邊比。而得午壬邊。八分四十四秒四八。為用時東西差。次以半徑。與酉角餘弦比。同於酉壬邊。與酉午邊比。而得酉午邊。三十一分三秒八二。為用時南北差。與酉未食甚實緯相減。得午未八分八秒一八。為用時視緯。乃用壬戌未句股形。以午未相等之壬戌。及午壬相等之未戌。為句股。求得壬未弦。一十一分五十六秒五二。為用時兩心視相距。於是以午壬相等之未戌用時東西差。與一小時兩經斜距為比例。得未戌十五分十五秒。為

近時距分。加於未點食甚用時。得月臨戌點。未初二刻六分三十五秒。即食甚近時。

# 欽定大清會典圖卷一百二十六

天文二十 交食二



求食甚真時圖一

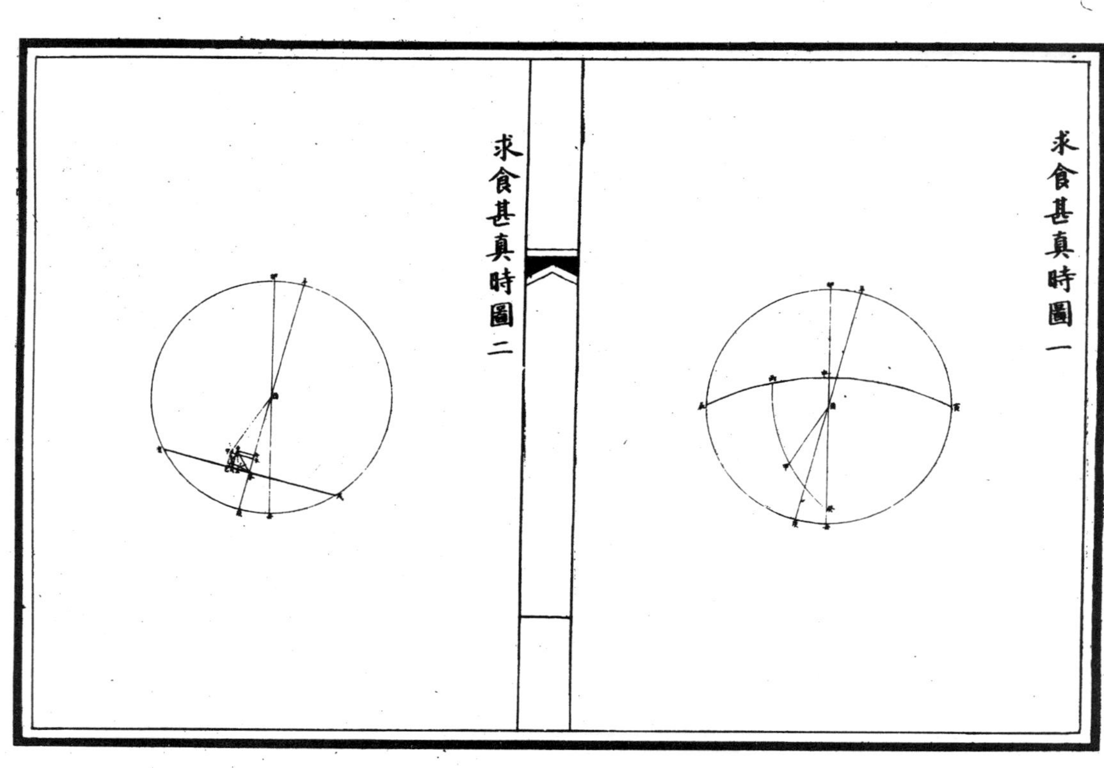

求食甚真時圖二

如第一圖。甲爲近時日影心。上應天頂申。癸丙角當申丙弧二十四度八分四十五秒。爲近時日距午西赤道度。以食甚近時與十二小時相減。餘數變度即得。用酉甲癸斜弧三角形。此形有癸角及酉癸弧日距北極。甲癸弧

京師北極距天頂。依法求得丑酉甲角三十三度四十七分九秒。爲近時赤經高弧交角。並求得酉甲弧三十四度二十分四十六秒。爲近時日距天頂。求法與用時赤經高弧交角用時日距天頂同。即以其正弦與地平高下差爲比例。得酉甲三十四分初秒。當月天之分。爲近時高下差。如第二圖。乃用酉木甲直角三角形。此形木爲直角。有酉甲邊及木酉甲角近時白經高弧交角一十九度三十九分四十三秒。以丑酉庚角赤白二經交角。與丑酉甲角相減。即得木酉甲角。是爲限西。依法得木甲邊一十一分二十六秒二五。爲近時東西差。酉木邊三十二分初秒六三。爲近時南北差。法與用時東西南北二差同。乃以木甲近時東西差相等之未己。與未戊用時東西差相減。得戊己二分四十一秒七七。爲近時視距弧。在緯西。以酉木近時南北差。與酉未食甚實緯相減。得木未七分一十一秒三七。爲近時視緯。與甲己等。用甲己戊句股形。以戊己甲己爲句股。求得甲戊弦七分四十秒七一。爲近時兩心視相距。依日影心爲不動。又法。以甲點合於壬。則戊點必隨之於乙。作爲自用時至近時日影心之壬點無所移易。月心由未至乙。而行視行之綫。乃以戊己相等之戊土。與未戊相減。得土未六分二秒七一。爲距弧較。以午未木未相減。得午木五十六秒八一。與乙土等。爲視緯較。用乙土未句股形。以乙土土未爲句股。求得乙未弦六分七秒一三。爲近時視行。又用壬乙未三角形。此形有壬未用時兩心視相距。壬乙等甲戊。近時兩心視相距。乙未近時視行。依三邊求形外垂綫法。求得大分底未丁九分五十三秒七一。爲真時視行。壬丁形外垂綫六分四十一秒一三。爲真時兩心視相距。於是以乙未近時視行。與未丁真時視行比。同於近時距分與真時距分比。而得真時距分二十四分四十秒。加於未點食甚用時。得月臨丁點未初三刻一分。爲食甚真時。

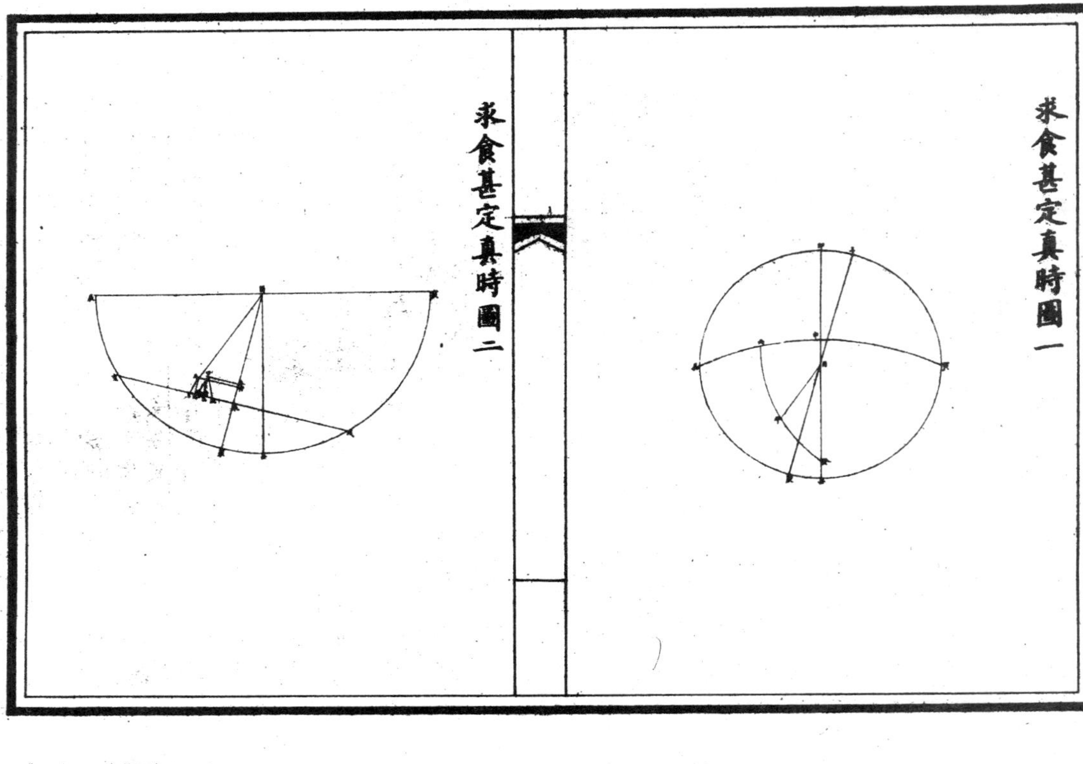


如第一圖斗為真時日影心上應天頂申癸丙角當申內弧二十六度三十分。為真時日距午酉赤道度。（以食甚真時與十二小時相減餘數變度即得。）用酉斗癸斜弧三角形。此形有癸角及酉癸弧日距北極斗癸弧。

京師北極距天頂。依法求得丑酉斗角三十五度五十六分五十四秒為真時赤經高弧交角。並求得酉斗弧三十五度三十九分三十秒為真時日距天頂。（求法與用時赤經高弧交角用時日距天頂同。）即以其正弦與地平高下差為比例得酉斗三十五分七秒當月天之分。為真時高下差。如第二圖乃用酉井斗直角三角形。此形井為直角有酉斗邊及井酉斗角真時白經高弧交角二十一度四十九分二十八秒。（以丑酉庚角赤白二經交角與丑酉斗角相減即得井酉斗角是為限西。）依法得井斗邊一十三分三秒四四。為真時東西差。酉井邊三十二分三十六秒三二。為真時南北差。（法與用時東西南北二差同。）乃以真時距分與一小時兩經斜距為比例得未已一十四分八秒一七。為真時實距弧。與井斗相等之未火相減得火已一分四秒七三。為真時視距弧。（在緯以東。）

酉井與酉未食甚實緯相減，得井未六分三十五秒六八，與斗火等，爲真時視緯。用斗火巳句股形，以火巳、斗火爲句股，求得斗巳弦六分四十秒九四，爲考真時兩心視相距。甲爲近時日影心，甲戊爲近時兩心視相距。依又法以斗點合於甲，則巳點必移於丁，作爲近時至真時日影心之甲點無所移易，月心自戊至丁而行視行之綫。乃以火巳真時視距弧相等之心己，與戊己近時視距弧相加，得戊心三分四十六秒五〇，爲距弧總。以甲己近時視緯與斗火真時視緯相等之甲牛相減，得牛己三十五秒六九，與丁心等，爲視緯較。用丁心戊句股形，以丁心、戊心爲句股，求得戊丁弦三分四十九秒二九，爲考真時視行。又用甲丁戊三角形，此形有甲戊近時兩心視相距，及甲丁考真時兩心視相距，巳等斗。戊丁考真時視行，依三邊求中垂綫法，求得甲乙中垂綫六分四十秒九三，爲定真時兩心視相距。又求得戊乙大分底三分四十六秒九四，爲定真時視行。於是以戊丁考真時視行與近真二距分較比，同於戊乙定真時視行與定真時距分比，而得定真時距分九分十九秒，加於戊點食甚近時，得月臨乙點未初三刻零五十四秒，爲食甚定真時。

求食分圖

如圖。酉為日心。丙酉斗為高弧。辛酉庚為白經。丙酉辛角。為真時白經高弧交角。在限西。戌乙亥為白道。乙為食甚月心。酉乙為真時視緯北之分。乙壬為真時視距弧。在緯東。以酉丑太陽實半徑。與丑子太陰視半徑。等壬卯。相加之子酉併徑三十二分九秒內。減壬酉定真時兩心視相距得壬子二十五分二十八秒〇七。為視距併徑較。與丑卯等。命丑寅太陽全徑為十分。故以太陽全徑三十一分二十秒與視距併徑較比。同於丑寅十分。與食分比。而得

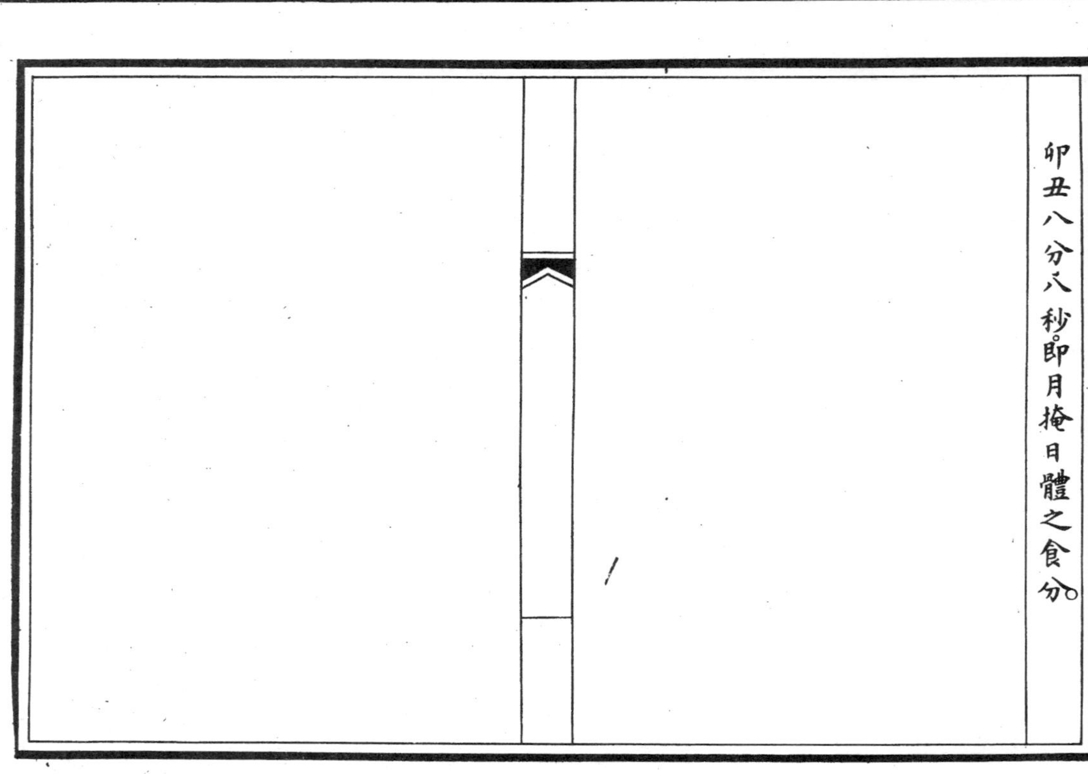

卯丑八分八秒。即月掩日體之食分。

求初虧復圓用時圖

如圖。甲丙為食甚定真時兩心視相距。甲乙等甲丁。為併徑。求其平距。用甲丙乙句股形。以甲丙甲乙為句弦。求得乙丙股三十一分二十六秒八七。等丙丁。為初虧復圓平距。乃以食甚定真時視行。與食甚定真時距分比。同於初虧復圓平距與初虧復圓用時距分比。而得乙丙一小時一刻二分二十九秒。等丙丁。為初虧復圓用時距分。加減於丙點食甚定真時。得月臨乙點。午正一刻十三分二十五秒。為初虧用時。得月臨丁點。申初初刻三分二十三秒。為復圓用時。

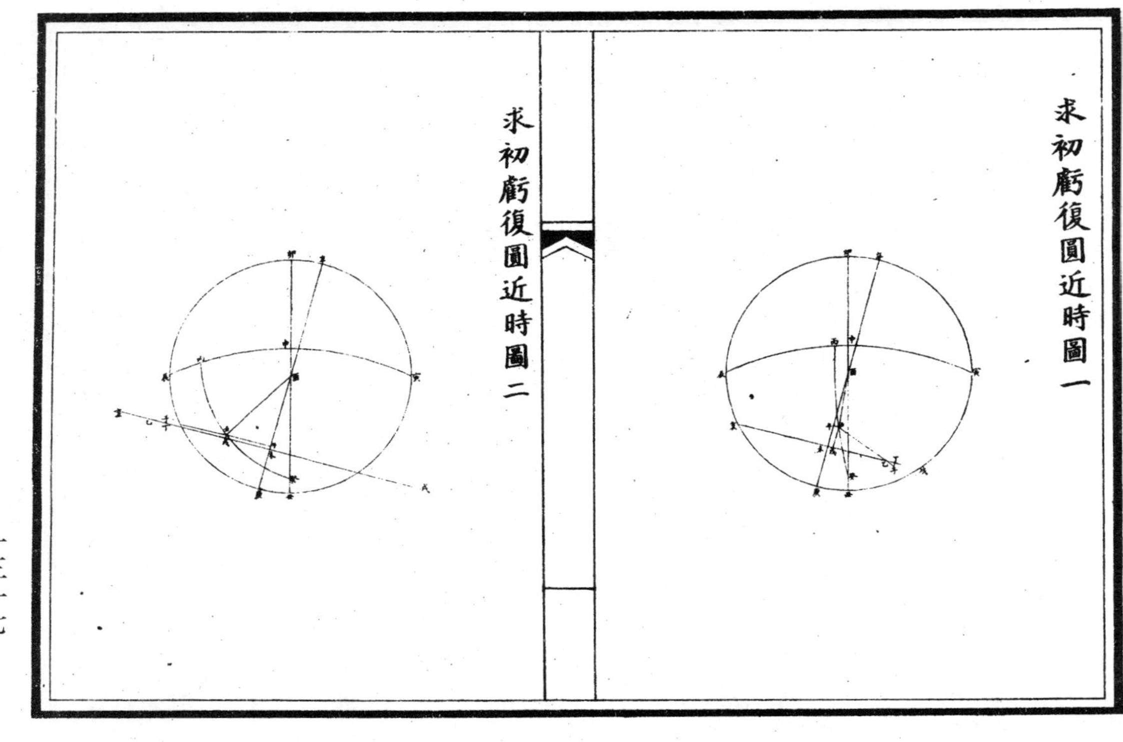

求初虧復圓近時圖一

求初虧復圓近時圖二

如第一圖。壬為初虧復圓用時日影心。上應天頂。申癸丙角。當申丙弧初虧復圓用時日距午酉赤道度。以初虧復圓用時。與十二小時相減。餘數變度。得初虧用時日距午酉赤道度七度六分十五秒。復圓用時日距午酉赤道度四十五度五十分四十五秒。用酉壬癸斜弧三角形。此形有癸角。及酉癸弧日距北極。癸壬弧

京師北極距天頂。依法得癸酉壬角。初虧用時赤經高弧交角一十一度四十六分一十三秒。復圓用時赤經高弧交角四十七度二十四分一十三秒。又求得酉壬弧。初虧用時日距天頂二十七度四十二分三十七秒。復圓用時日距天頂四十八度二十二分三十五秒。各以其正弦。與地平高下差為比例。得酉壬當月天之分。初虧用時高下差二十八分一秒。復圓用時高下差四十五分二秒。如第二圖。乃用酉午壬直角三角形。此形午為直角。有酉壬邊。及午酉壬角。初虧復圓用時白經高弧交角。以丑酉庚角。赤白二經交角。與癸酉壬角。初虧復圓用時赤經高弧交角相減。得午酉壬角。初虧用時白經高弧交角二度二十一分一十三秒。是為限西。復圓用時白經高弧交角一十三度一十六分四十七秒。是為限西。依法得午壬邊。初虧用時東西差一分九秒〇三。復圓用時東西差二十四分四十二秒八三。又求得酉午邊。初虧用時南北差二十七分五十九秒五七。復圓用時南北差三十七分三十九秒一三。以上求法與食甚同。又以未點食甚用時。與乙點初虧復圓用時相減。得未乙初虧距時五十二分五十五秒。復圓距時一小時四十二分三秒。與一小時兩經斜距為比例。得未乙初虧用時實距弧三十分一十九秒五九。在緯西。復圓用時實距弧五十八分二十九秒〇九。在緯東。與午壬相等之未戊相減。得戊乙初虧用時視距弧二十九分一十秒五六。復圓用時視距弧三十三分四十六秒二六。以酉午與酉未食甚實緯相減。得午未與壬戊等。初虧用時視緯一十一分一十二秒四三。復圓用時視緯一分三十二秒八七。用壬戊乙句股形。以壬戊戊乙為句股。求得壬乙弦。初虧用時兩心視相距三十一分一十五秒二七。復圓用時兩心視相距三十三分四十八秒三九。而併徑為三十二分九秒。是初虧用時兩心視相距小於併徑。即將壬乙引長至子。使壬子與併

徑等。則乙子為初虧視距併徑較。又復圓用時兩心視相距。大於併徑。即將壬乙截之於子。使壬子。與併徑等。則乙子為復圓視距併徑較。試與酉未平行作丁子綫。成乙丁子。乙戊壬。二同式句股形。以壬乙初虧復圓用時兩心視相距與乙戊初虧復圓用時距分比。同於乙子初虧復圓用時視距併徑較。與乙丁比。而得乙丁初虧近時距分二分十三秒。復圓近時距分三分四十八秒。加減於乙點初虧復圓用時。得月臨丁點。初虧近時午正一刻十一分十二秒。復圓近時未正三刻十四分三十五秒

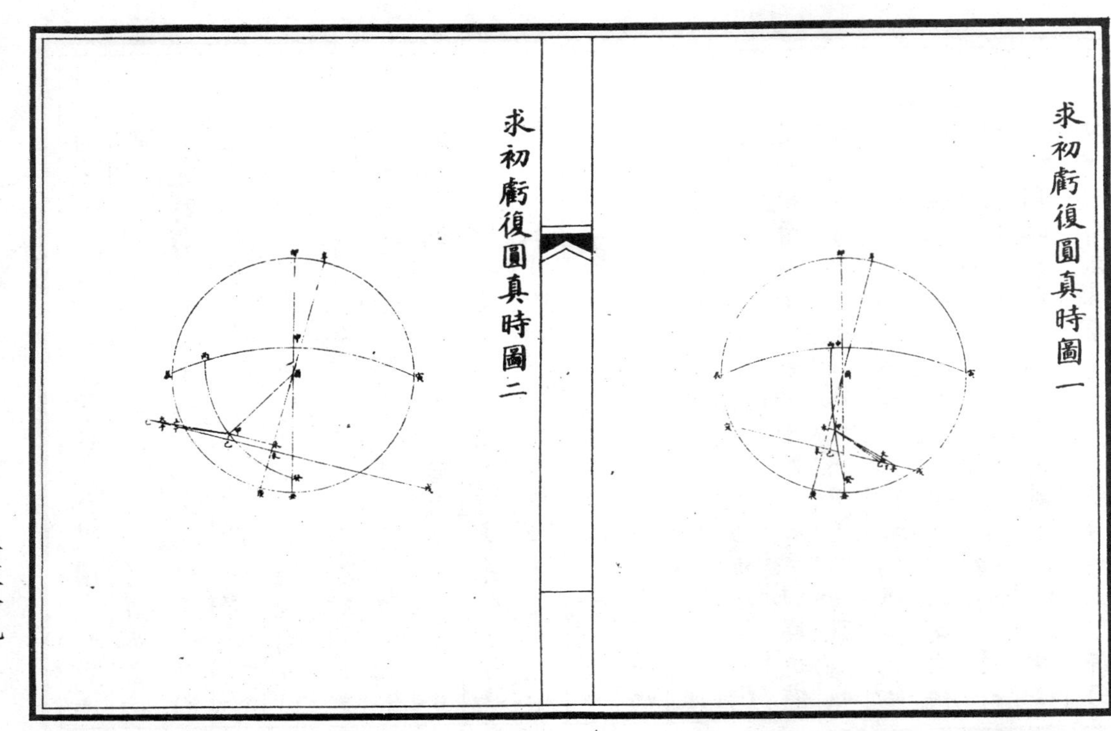

求初虧復圓真時圖一

求初虧復圓真時圖二

如第一圖甲為初虧復圓近時日影心。上應天頂。申癸丙角當申丙弧。初虧復圓近時日距午西赤道度。以初虧復圓近時與十二小時相減。餘數變度。得初虧近時日距午西赤道度六度三十三分。復圓近時日距午西赤道度四十四度五十三分四十五秒。用酉甲癸斜弧三角形。此形有癸角及酉癸弧日距北極癸甲弧。京師北極距天頂。依法得癸酉甲角。初虧近時赤經高弧交角一十度五十三分一秒。復圓近時赤經高弧交角四十七度三分三秒。又求得酉甲弧。初虧近時日距天頂二十七度三十六分一十五秒。復圓近時日距天頂四十七度四十一分四十七秒。各以其正弦。與地平高下差為比例。得酉甲當月天之分。初虧近時高下差二十七分五十五秒。復圓近時高下差四十四分三十四秒。如第二圖。乃用酉木甲直角三角形。此形木為直角。有酉甲邊及木酉甲角。初虧復圓近時白經高弧交角。以丑酉庚角赤白二經交角。與癸酉甲角初虧復圓近時赤經高弧交角相減。得木酉甲角。初虧近時白經高弧交角三度一十四分二十五秒。是為限東。復圓近時白經高弧交角三十二度五十五分三十七秒。是為限西。依法得甲木邊。初虧近時東西差一分三十四秒六八。復圓近時東西差二十四分一十三秒三〇。又求得酉木邊。初虧近時南北差二十七分五十二秒三七。復圓近時南北差三十七分二十四秒一四。以上求法與食甚同。又以未點食甚用時。與丁點初虧復圓近時相減。得未丁初虧距時五十五分八秒。復圓距時一小時三十八分十五秒。與一小時兩經斜距為比例。得未丁初虧近時實距弧三十一分三十五秒八二。在緯西。復圓近時實距弧五十六分一十八秒四三。在緯東。與木甲相等之未己相減。得丁己初虧近時視距弧三十分一秒一四。復圓近時視距弧三十二分五秒一三。以酉木與酉未食甚實緯相減。得木未與甲己等。初虧近時視緯一十一分一十九秒六三。復圓近時視緯一分四十七秒八六。用甲己丁句股形。以甲己丁己為句股。求得甲丁弦。初虧近時兩心視相距三十二分五秒一〇。復圓近時兩心視相距三十二分八秒一五。惟甲丁初虧近時兩心視相距大於甲乙初虧用時兩心視相距。小於甲子併徑。故依甲乙之分截甲丁於土。甲子於火。則土丁即初虧視距較。火子即初虧用時視距併徑較。又甲丁復圓近時兩心視相距小於甲子併徑。而併徑小於甲乙復圓用時兩心視相距。故依甲丁之分。截甲乙於土。則土乙即復圓視距較。依甲子之分。截甲乙於火。則火乙即復圓用時視距併徑較。於是以土丁初虧視距較。與初虧近時距分比。同於火子初虧用時視距併徑較。與初虧真時距分比。而得初虧真時距分二分二十四秒。減於乙點初虧用時。得月臨子點午正一刻十一分一秒。為初虧真時。

又以土乙復圓視距較。與復圓近時距分比。同於火乙復圓用時視距併徑較。與復圓真時距分比。而得復圓真時分三分四十六秒。減於乙點復圓用時。得月臨子點。未正三刻十四分三十七秒為復圓真時。

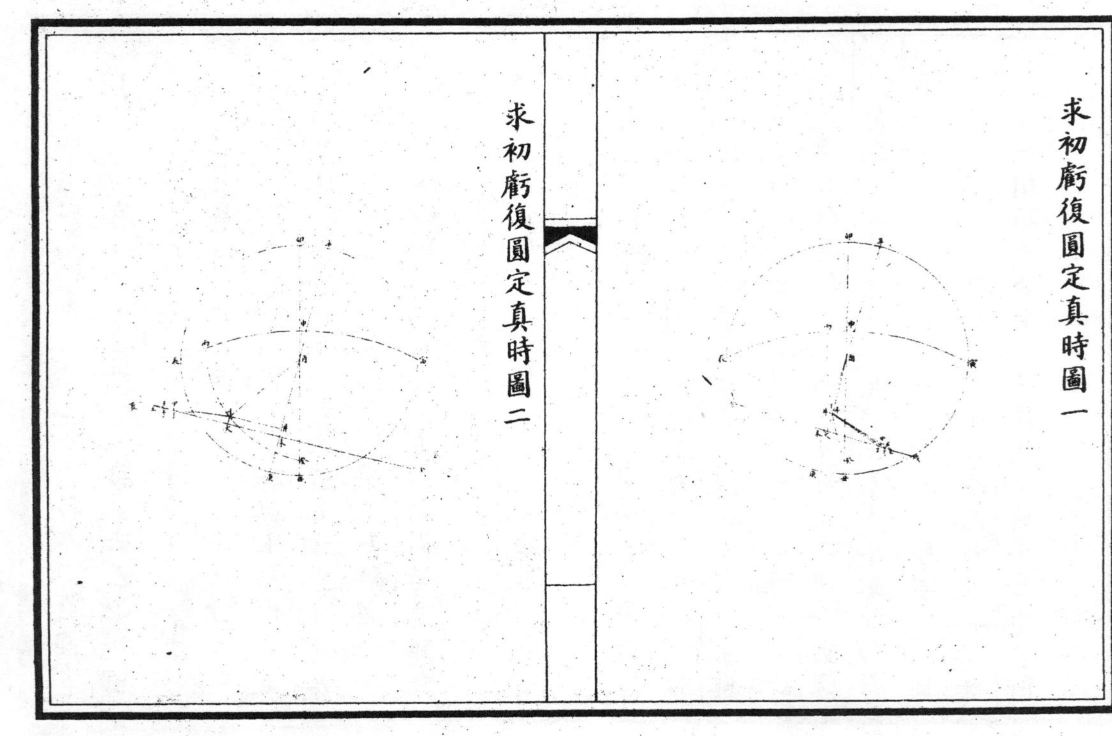

求初虧復圓定真時圖一

求初虧復圓定真時圖二

如第一圖。斗為初虧復圓真時日影心。上應天頂。申癸丙角。當申丙弧。初虧復圓真時日距午西赤道度。（以初虧復圓真時。與十二小時相減。餘數變度。得初虧真時日距午西赤道度六度三十分十五秒。復圓真時日距午西赤道度四十四度五十四分一十五秒。）用酉斗癸斜弧三角形。此形有癸角。及酉癸弧日距北極。癸斗弧京師北極距天頂。依法。得癸酉斗角。初虧真時赤經高弧交角一十度四十八分三十六秒。復圓真時赤經高弧交角四十七度三分一十四秒。又求得酉斗弧。初虧真時日距天頂二十七度三十五分四十四秒。復圓真時日距天頂四十七度四十二分九秒。各以其正弦。與地平高下差為比例。得酉斗當月天之分。初虧真時高下差二十七分五十五秒。復圓真時高下差四十四分三十四秒。如第二圖。乃用酉井斗直角三角形。此形井為直角。有酉斗邊。及井酉斗角。初虧復圓真時白經高弧交角。（以丑酉庚角赤白二經交角。與癸酉斗角初虧復圓真時赤經高弧交角相減。得井酉斗角。初虧真時白經高弧交角三度一十八分五十秒。是為限東。復圓真時白經高弧交角三十二度五十五分四十八秒。是為限西。）依法。得斗井邊。初虧真時東西差一分三十六秒八○。復圓真時東西差二十四分一十三秒五六。又求得酉井邊。初虧真時南北差二十七分五十一秒七七。復圓真時南北差三十七分二十四秒二八。（以上求法與食甚同。）又以未點食甚用時。與土點初虧復圓真時相減。得土未初虧距時五十五分十九秒。復圓距時一小時三十八分十七秒。與一小時兩經斜距為比例。得土未初虧真時實距弧三十一分四十二秒一二。（在緯西。）復圓真時實距弧五十六分一十九秒五七。（在緯東。）與斗井相等之火未相減。得火土初虧真時視距弧一分三十六秒八○。復圓真時視距弧三十二分六秒○一。以酉井與酉未食甚實緯相減。得井未與斗火等。初虧真時視緯一十一分二十秒二三。復圓真時視緯一分四十七秒七二。用斗火土句股形。以斗火火土為句股。求為斗土弦。初虧考真時兩心視相距三十二分九秒二二。復圓考真時兩心視相距三十二分九秒○二。惟斗丁初虧復圓近時兩心視相距。皆小於斗子併徑。兩併經皆小於斗土初虧復圓考真時兩心視相距。故依斗丁之分。截斗土於甲。則甲土即初虧復圓視距較。又依斗子之分。截斗土於壬。則壬土即初虧復圓視距併徑較。於是以甲土初虧復圓視距較。與初虧復圓距分較以初虧復圓近時距分。與初虧復圓真時距分相減。即得比。同於壬土初虧復圓視距併徑較。與初虧復圓定真時距分比。而得初虧定真時距分初秒五九。復圓定真時距分初秒〇五。各與土點初虧復圓真時相加減。得月臨子點。初虧定真時午正一刻十一分二秒。復圓定真時未正三刻十四分三十七秒。

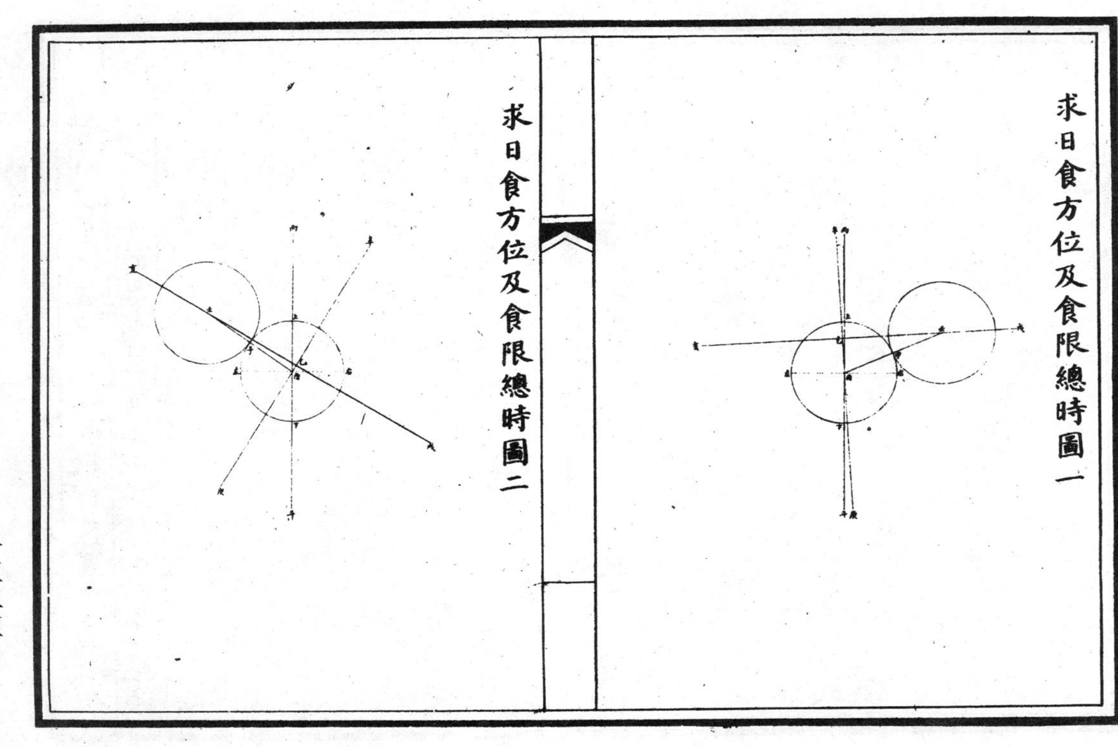

求日食方位及食限總時圖一

求日食方位及食限總時圖二

如第一圖。酉為日心。丙酉斗為高弧。辛酉庚為白經。丙酉辛角。為初虧復圓真時白經高弧交角。初虧在限東。復圓在限西。戌乙亥為白道。酉乙為初虧復圓真時視緯北之分。乙壬為初虧復圓真時視距弧。壬為初虧復圓月心。酉壬為併徑。法用酉乙壬直角三角形。此形乙為直角。有酉乙。乙壬。二邊。求酉角。以酉乙邊與乙壬邊比。同於半徑。與酉角正切比。兩得辛酉壬角。初虧併徑白經交角六十九度二十一分一十四秒。復圓併徑白經交角八十六度四十七分五十六秒。乃以辛酉壬角初虧併徑白經交角。與丙酉辛角初虧真時白經高弧交角相減。得丙酉壬角。初虧併徑高弧交角六十六度二分二十四秒。即初虧方位角。兩角度在四十五度以外。故知初虧甲點方位在日體之右偏上。又以辛酉壬角復圓併徑白經交角。與丙酉辛角復圓真時白經高弧交角相減。得丙酉壬角復圓併徑高弧交角五十三度五十二分八秒。即復圓方位角。如第二圖。因角度在四十五度以外。故知復圓子點方位。在日體之左偏上。又以初虧復圓定真時相減。得二小時二刻三分三十五秒。為食限總時。

欽定大清會典圖卷一百二十七

天文二十一 交食三



月食圖

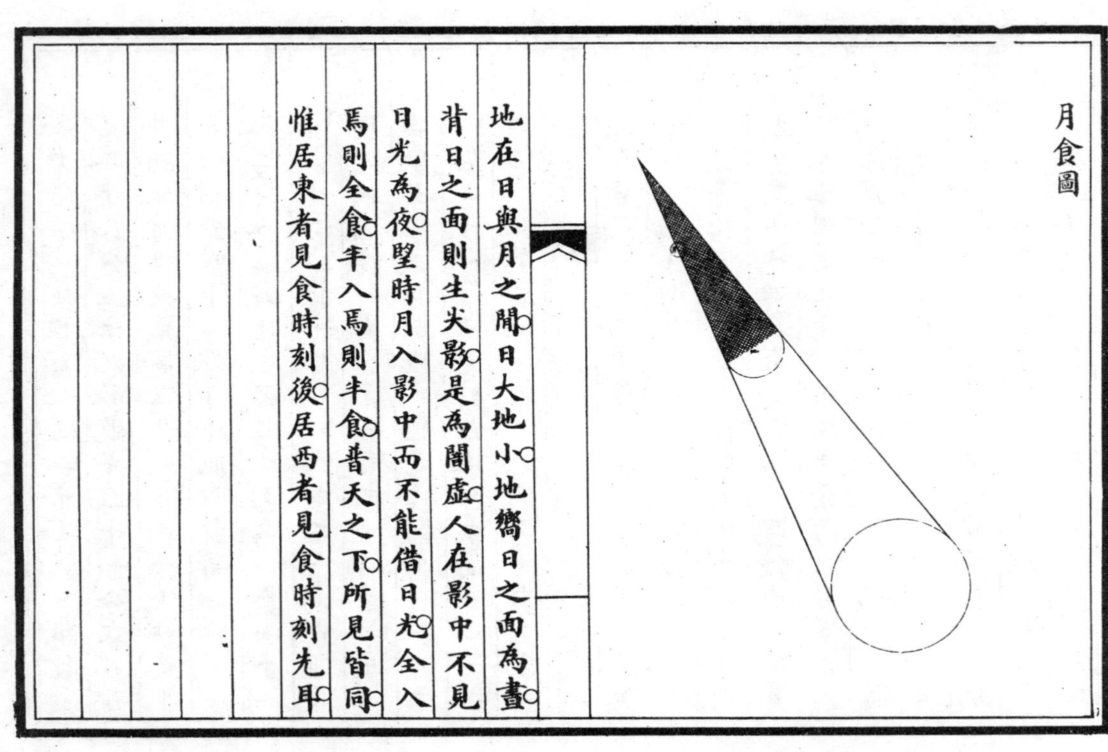

地在日與月之間。日大地小。地嚮日之面爲晝。背日之面則生尖影。是爲闇虛。人在影中。不見日光爲夜。望時月入影中。而不能借日光。全入焉則全食。半入焉則半食。普天之下。所見皆同。惟居東者見食時刻後。居西者見食時刻先耳。

地影圖

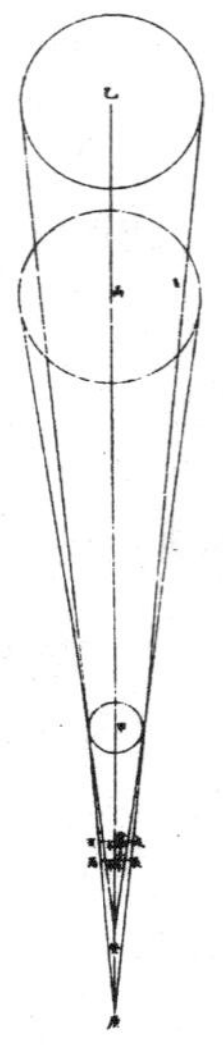

日大於地。則地影尖。而日在本天有高卑。則影有長短。如圖甲為地。丙乙皆為日。日在最高如乙。則影尖至庚。日在最卑如丙。則影尖至癸。而月又小於地。月在本天又有高卑。則所當之影又有巨細。月在最高如子。則當庚影之辰酉。當癸影之未申。月在最卑如丑。則當庚影之戌亥。當癸影之卯午。未申細於辰酉。卯午細於戌亥。則食分淺深食時久暫異焉。影之長短巨細。以地徑。日月徑。與日月距地心數算之。均輪法。日實徑與地徑之五倍又百分之七。月實徑為地徑百分之二十七弱。日視徑最高二十九分五十九秒。最卑三十一分零五秒。月朔望時。視徑最高三十一分四十七秒。最卑三十三分四十二秒。日距地心最高一〇一七九二〇八。其與地半徑之比例為一與一千一百六十二。中距一〇〇〇六四二一。其與地半徑之比例為一與一千一百四十二。最卑九八二〇七九二。其與地半徑之比例為一與一千一百二十一。月朔望時。距地心最高一〇一七二五〇〇。其與地半徑之比例為一與五十八又百分之一十六。中距九九二〇二七三。其與地半徑之比例為一與五十六又百分之七十二。最卑九五九二五〇〇。其與地半徑之比例為一與五十四又百分之八十四。橢圓法。日實徑為地徑之九十六倍又十分之六。月實徑為地徑百分之二十七。小餘二六強。日視徑最高三十一分四十秒。中距三十二分一十二秒。最卑三十二分四十五秒。月視徑最高二十九分二十三秒。中距三十一分二十一秒。最卑三十三分三十六秒。日天半徑與地半徑之比例。最高為一與二萬零九百七十五。中距為一與二萬零六百二十六。最卑為一與二萬零二百七十七。月天半徑與地半徑之比例。最高為一與六十三又百分之七十七。中距為一與五十九又百分之七十八。最卑為一與五十五又百分之七十九。

月食白道經度食限圖

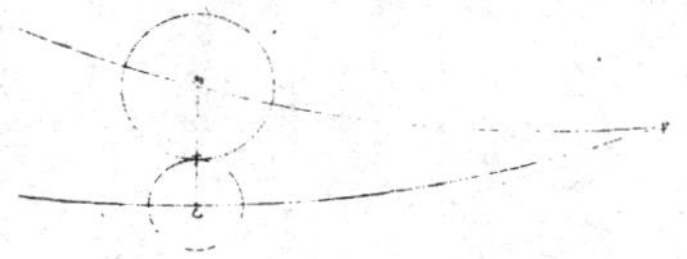

如圖。丙為地影。若望時。正當交處如甲。則月在甲。日在甲之對度。而地影在甲全掩月體。為食既。且食時最久。不正當交。而地影在丙。月在乙。地影半徑丙丁。月半徑丁乙相併之數。適當黃道白道相距之緯。如丙乙。則亦兩周相切而食。亦以白道距交經度乙點為食限。與日食同理。但月入影中。月體為影所掩。所見皆同。故無諸視差均輪法。以地影最大半徑四十六分四十八秒。太陰最大視半徑一十六分五十一秒。併徑一度零三分三十九秒。當丙乙距緯。或以地影最小半徑四十二分三十八秒。太陰最小視半徑一十五分五十三秒三十微。併徑五十八分三十一秒三十微。當丙乙距緯。用黃白大距。求得白道距交經度乙甲。平望入交。南北皆一十四度五十四分。為可食之限。實望。南北皆一十二度一十六分五十五秒。為必食之限。橢圓法。以地影最大半徑四十六分五十一秒。太陰最大視半徑一十六分四十八秒。併徑一度零三分三十九秒。當丙乙距緯。用最小黃白交角四度五十九分三十五秒。求得白道距交經度。南北皆一十二度一十七分。為最望可食之限。加實朔距平朔之行度二度五十二分。得一十五度九分。為平望入交可食之限。

月食五限圖

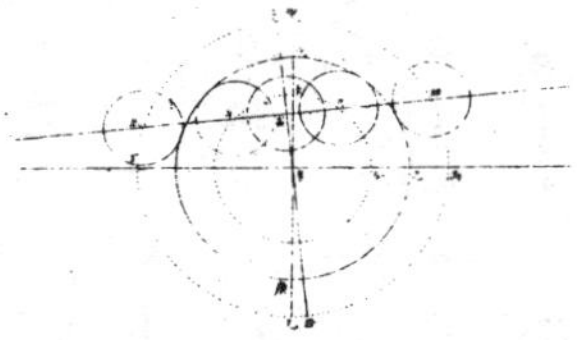

五限者。一曰食甚。乃月入影最深之限也。一曰初虧。月將入影。兩周初切也。一曰食既。月全入影。其光盡掩也。是二者在食甚前。一曰生光。月將出影。其光初吐也。一曰復圓。月全出影。兩周方離也。是二者在食甚後。月食十分以上者有五限。十分以下者止有三限。無食既與生光也。如圖甲乙豎綫如黃道經圈。丙丁橫綫如黃道。戊己庚圈為地影。甲丙乙丁外虛圈。為初虧復圓之限。其半徑丙辛。為月與地影兩半徑相併之數。壬癸內虛圈。為食既生光之限。其半徑癸辛。為月與地影兩半徑相較之數。設實交周五宮或六宮。則於外虛圈上周甲乙徑綫之左。取黃白大距五度如子。從子作綫過圜心辛至下周丑。為白道經圈。於子丑白道經圈上。自圜心辛嚮上取食甚距緯度如寅。此寅點即食甚時月心所在也。從寅取直角作卯辰綫。與子丑白道經圈作十字交。即為白道。白道割外虛圈右周卯點為初虧限。割內虛圈右周巳點為食既限。割內虛圈左周午點為生光限。割外虛圈左周辰點為復圓限。以卯巳寅午辰五點各為心。月半徑為度。作圜以象月體。則見月心在卯。其周正切地影而光將缺。是為初虧。月心至巳。其體全入地影而光盡掩。是為食既。月心至寅。其體深入地影。兩心相距甚近。是為食甚。月心至午。其體將出地影而光初吐。是為生光。月心至辰。其體全出地影而光纔滿。是為復圓。其分秒。以地影半徑太陰視半徑相併內減距緯。即為月食之分。命太陰視徑為十分。以視徑度。與減餘度分之比。同於太陰全徑與食分之比也。其時刻多寡。則由入影之淺深。過影之遲速。而無用時近時之名。見食先後。則以人居地面東西之殊方也。

又案前月食圖。止闡月食之理。而未明求月食之術。今用橢圓又法求光緒十三年丁亥逐月望太陰交周。至正月。其太陰交周為十一宮一十九度二十七分五十三秒。是知正月為入交之月。依法得平望距冬至日數四十九日。求得實望本日太陽黃道實行一宮一十八度三十六分五十一秒。太陰黃道實行七宮八度四分三十三秒。實望次日太陽黃道實行一宮一十九度三十七分三十六秒。太陰黃道實行七宮二十三度一分四十二秒。乃以本次日太陽太陰實行比例得實望泛時酉正初刻九分。又以實望泛時加減二刻。求得前時太陽黃道實行一宮一十九度二十一分三十秒。太陰白道實行七宮一十九度一分二秒。太陰黃道實行七宮一十九度三分一十六秒。後時太陽黃道實行一宮一十九度二十四分三秒。太陰白道實行七宮一十九度三十八分三十九秒。太陰黃道實行七宮一十九度四十分四十三秒。因得一小時日實行二分三十三秒。即一小時太陽黃道實行。小時月實行三十七分三十七秒。即一小時太陰白道實行。實朢實時酉正初刻十分二十一秒。即以實朢實時。求得實朢太陽黃道實行一宮一十九度二十二分五十秒。實朢太陰黃道實行七宮一十九度二十二分五十秒。實朢太陽均數一度一十一分二十六秒。實朢太陽引數一宮七度一十一分三十二秒。實朢太陰本天心距地六十一萬五千一百十八。實朢太陰引數五宮一十一度一十五分二十五秒。實朢太陰初均數二度二十六分三十六秒。實朢月距正交十一宮二十一度二十八分二十四秒。實朢黃白大距五度一十六分五十四秒。實朢太陰黃道緯度南四十六分五十五秒。準以上諸用數。求得

光緒十三年丁亥正月十六日甲辰朢

京師月食四分四十四秒。初虧申正三刻七分五十五秒。食甚酉正初刻三分四十九秒。月離黃道鶉火宮十九度二十七分四十六秒入柳宿十度四十一分二十七秒。赤道鶉火宮二十一度三十八分二十三秒入星宿一度五分二十四秒。復圓戌初初刻十四分四十三秒。計食限內。凡九刻六分四十八秒。

求實望用時圖

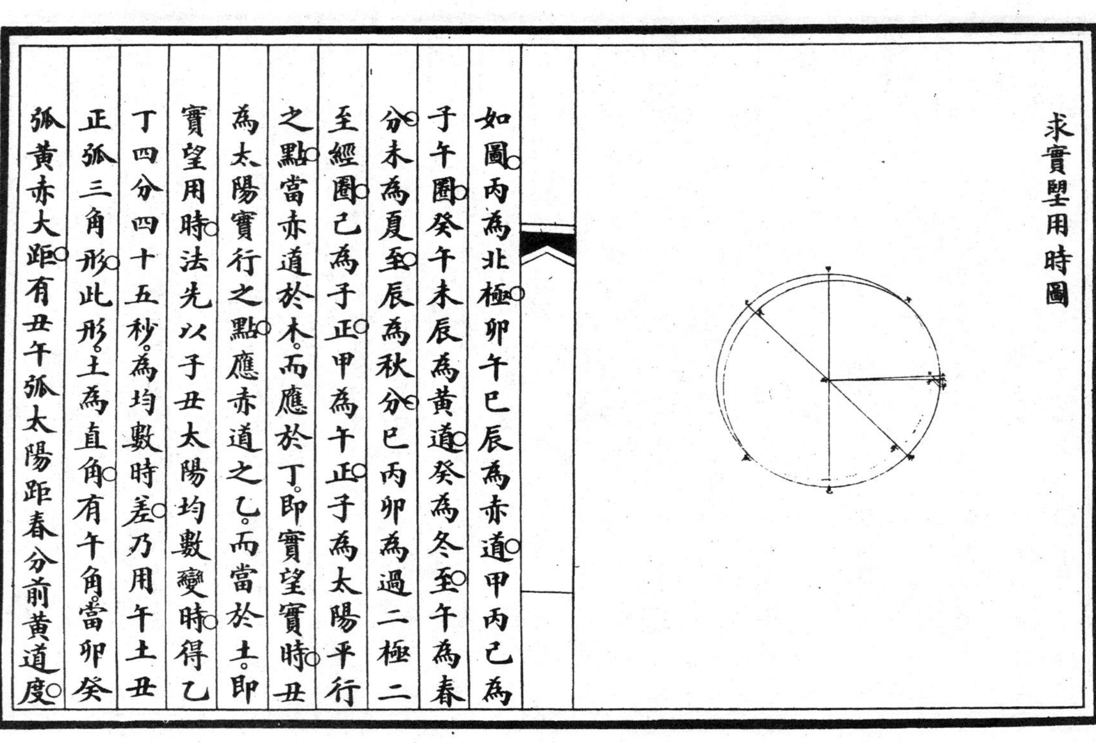

如圖。丙為北極。卯午巳辰為赤道。甲丙己為子午圈。癸午未辰為黃道。癸為冬至。午為春分。未為夏至。辰為秋分。巳丙卯為過二極二至經圈。己為子正。甲為午正。子為太陽平行之點。當赤道於木。而應於丁。即實望實時。丑為太陽實行之點。應赤道之乙。而當於土。即實望用時。法先以子丑太陽均數變時。得乙丁四分四十五秒。為均數時差。乃用午土丑正弧三角形。此形。土為直角。有午角。當卯癸弧黃赤大距。有丑午弧太陽距春分前黃道度。

求得土午弧太陽距春分前赤道度。與丑午相等之乙午相減得土乙弧。為黃赤同升度。變時。得土乙之時。九分四十二秒。為升度時差。與乙丁均數時差相加。得土丁十四分二十七秒。為時差總。以減於丁點實望實時。得土點酉初三刻十分五十四秒。即實望用時。

求斜距黃道交角圖

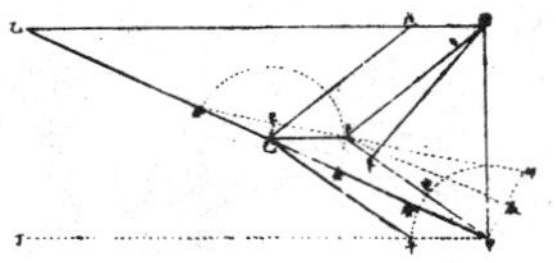

如圖。甲為月心。丙為實望地影心。乙丙為黃道。乙甲為白道。乙為正交。丁甲為黃道距等圈。丙乙甲角。與乙甲丁角等。為黃白交角。丙甲為實望實緯。依日實行之分。自丙截黃道於戊。則戊丙與己子。午甲。皆等。為一小時日實行。甲己為一小時月實行。則子甲為一小時兩經斜距。今以丙點影心為不動立算。謂月行為斜距。將午點合於甲。己點必合於子。戊點亦必合於丙。是以月心不由甲己白道而行。如由甲子斜距綫上行矣。故子己甲角與丙乙甲角等。而子甲己角。為斜距交角差。
食甚時。月心在辛。甲辛即月行斜距。自實望至
食甚之時分。法用己子甲三角形。此形有子己
一小時日實行為一邊。有己甲一小時月實行
為一邊。子己甲角黃白交角。為所夾之角。用切
綫分外角法。求子甲己角。試以己子為半徑。作
丑子壬半圜。使丑己。壬己。皆與子己等。先以丑
己與甲己相加。得丑甲為實行總。次以甲己減
壬己。餘甲壬為實行較。以丑子壬半周。減子己
壬角黃白交角。餘丑己子角為外角。折半。得半
外角。試將丑子綫引長至卯。又與巳己綫平行
作卯甲綫。其卯甲癸角與巳己丑角等。為半外
角。其正切為卯丑。甲角當卯申弧。其正切為子
卯。自子至辰。與甲己平行作子辰綫。與甲壬等。
遂成卯辰子。卯甲丑。同式兩三角形。則以甲丑
實行總。與半外角正切之比。同於辰子實
行較。與子卯正切之比。而得甲角當卯申弧。半
較角八十六度五十八分三十三秒。於甲角當
卯癸弧半外角內減之。得癸申弧。當子甲壬角
二十三分。為斜距交角差。加於乙甲丁角實望
黃白交角。得子甲丁角。五度三十九分五十四
秒。即斜距黃道交角。

求兩經斜距圖

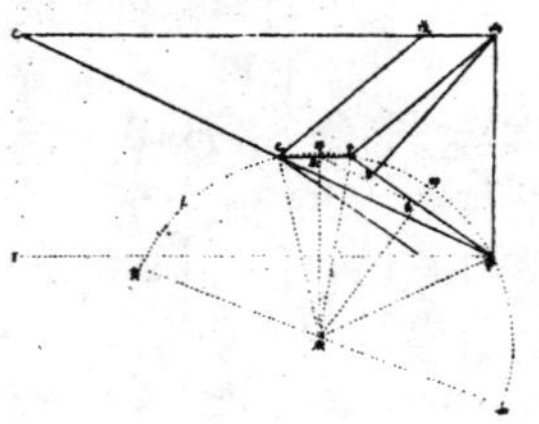

用對邊對角法。求甲子兩經斜距。如圖。以甲子己三角形。作寅子丑半圜。蓋界角爲心角之半。故子甲己角。與子庚己角折半之午庚子角。及午庚己角。皆相等。子未。未己。皆爲其角之正弦。子庚甲角折半之子庚卯角。甲庚卯角。與子己甲角皆相等。子辰。甲辰。皆爲其角之正弦。自未辰二點作虛綫聯之。則成子未辰。子己甲。同式兩三角形。以甲角斜距交角差正弦子未。與己角黃白交角正弦子辰之比。同於子己日實行。與甲子比。而得甲子三十五分五秒。即一小時兩經斜距。此即全與全之比。半與半之比也。

求食甚實緯及食甚時刻圖

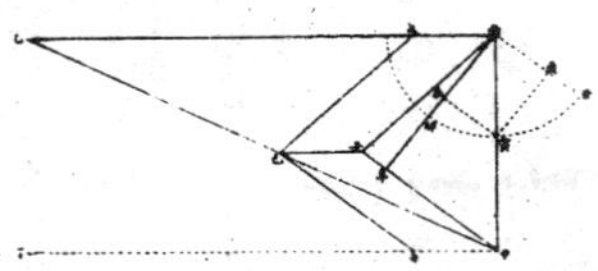

試以丙為心。作卯寅丑象限弧。則丑丙。寅丙。卯丙。皆為半徑。其寅卯弧。即丙角所當之度。寅丑為丙角餘弧。庚寅為其餘弦。與丙辰等。寅辰為丙角正弦。遂成丙辛甲。丙辰寅。同式兩句股形。亦即兩直角三角形。此形。有丙甲實望實緯。有辛直角。有子甲丁角相等辛丙甲角斜距黃道交角。先以丙寅半徑。與丙角餘弦丙辰之比。同於丙甲。與丙辛之比。而得丙辛邊四十六分四十一秒。即食甚實緯。次以丙寅半徑。與丙角正弦寅辰之比。同於丙甲。與甲辛之比。而得甲辛四分三十八秒。為食甚距弧。與一小時度。一小時兩經斜距比例。得月行甲辛之時分七分五十五秒。為食甚距時。加於甲點實望用時。而得月臨於辛點之時。酉正初刻三分四十九秒。即為食甚時刻也。

求月距地圖

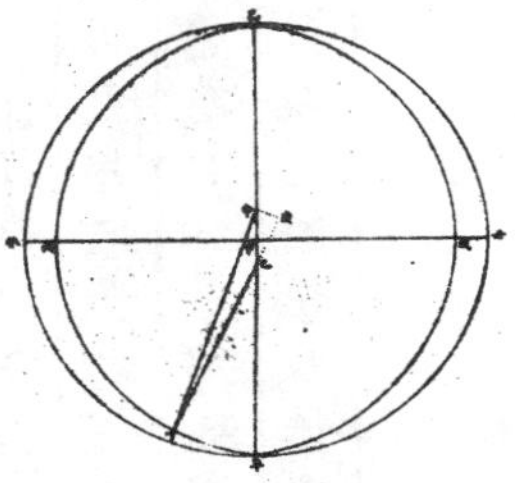

如圖。甲為月本天心。乙丙辛戊為月本天。乙為最高。辛為最卑。丙戊二點皆為中距。己為地心。甲己為本天心距地。與甲申等。申己為倍本天心距地。太陰循本天。自最高右旋行實引度至丁。丁為太陰。丁己乙角為月距最高後實引度。丁己為月距地。法用申丁己三角形。此形有己角月距最高度。有己申邊倍本天心距地。有申丁。丁己。兩邊和。試作申庚垂綫於形外。則成申庚己。申庚丁。兩正角三角形。先用申庚己正角形。求得申庚垂綫為句。求得己庚分邊。與兩邊和相加。得申丁。丁庚。為股弦和。求得申丁弦。與兩邊和相減。得丁己為月距地。

## 求日距地圖

如圖○子為日本天心○亥未申戌為日本天○申為最高○亥為最卑○未戌二點。皆為中距○丑為地心○子丑為兩心差○與子辰等○辰丑為倍兩心差○太陽循本天。自最卑右旋○行實引度至乙○乙為太陽○乙丑亥角。為日距最卑後實引度○求乙丑日距地○法與月距地同○惟以倍兩心差為小邊○茲不復贅○

## 求太陰地半徑差圖

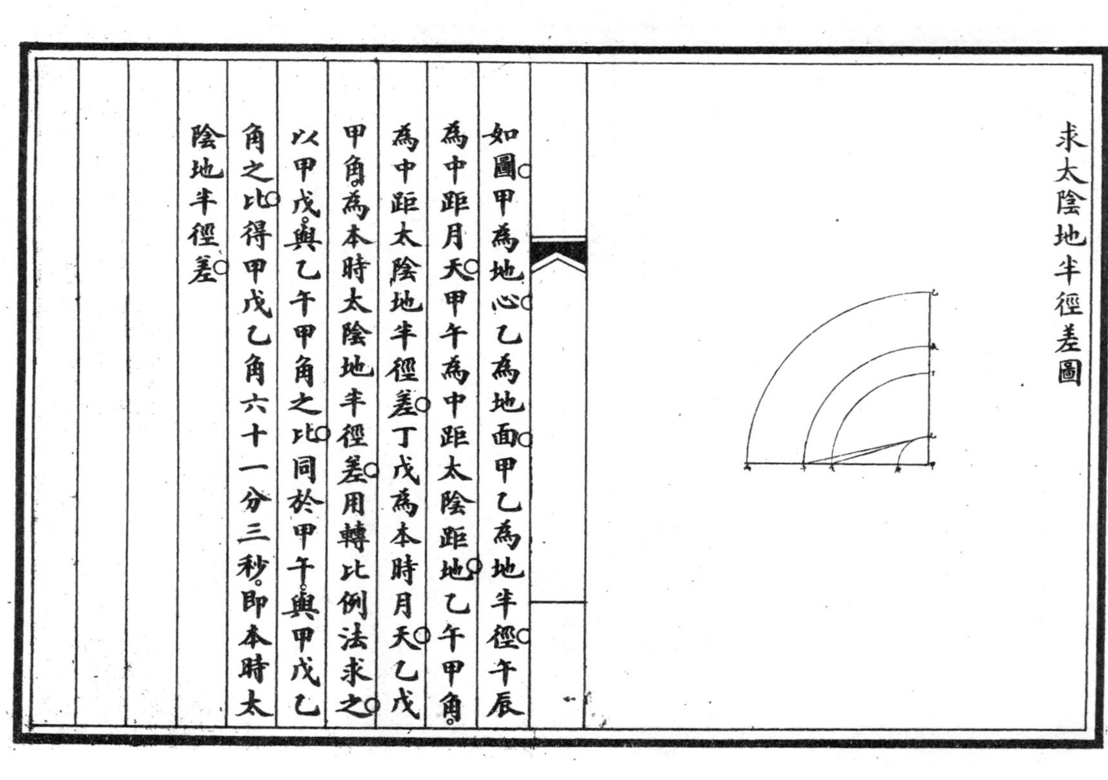

如圖○甲為地心○乙為地面○甲乙為地半徑○午辰為中距月天○甲午為中距太陰距地○乙午甲角○為中距太陰地半徑差○丁戊為本時月天○乙戊甲角。為本時太陰地半徑差○用轉比例法求之○以甲戊○與乙午甲角之比○同於甲午。與甲戊乙角之比○得甲戊乙角六十一分三秒。即本時太陰地半徑差○

求實影半徑圖

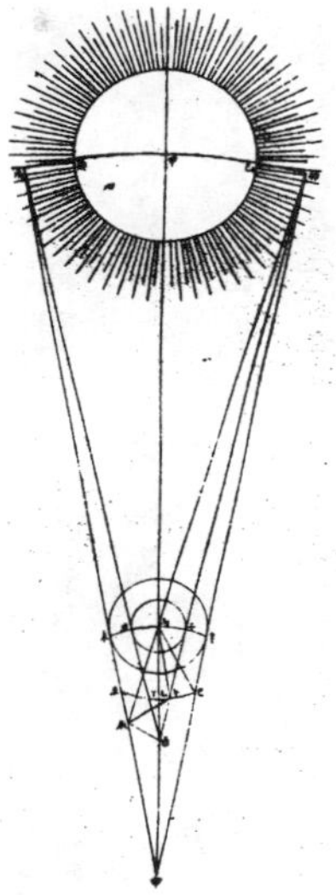

如圖丙為地心。子為地面。丙子為地半徑。甲為日心。丙甲為日距地。甲己為太陽實半徑。甲卯為太陽視半徑。卯丙甲角。與酉丙辰角。為對角。即太陽視半徑。是太陽常生光分。翳於人目。故有實徑視徑之差。丙乙為月距地。自卯戊二點。切地體子丑作光綫。與甲丙綫交於酉。其酉丙為地影之長。丁午為月行所當地影之闊。乙午為地影半徑。蓋丙卯午之三角形。卯午二內角相加。必與丙角一外角等。則以卯角太陽地半徑差。與午角太陰地半徑差相加。得丙角外角。即午丙辰角。為兩差總。內減酉丙辰角太陽視半徑。得午丙酉角。當午乙弧。即地影半徑。然地球外常有蒙氣溢於地體。如子辛之厚。若從卯戊二點。切蒙氣辛未二處作光綫。與甲丙綫交於申。其丙申為地影之長。壬巳為月行正當地影之闊。乙巳為實影半徑。於是取丙午子角。太陰地半徑差六十九分之一。得五十三秒。為午巳影差。加於乙午影半徑。得乙巳四十五分四十七秒。為實影半徑。

# 欽定大清會典圖卷一百二十八

天文二十二 交食四



## 求月視徑圖

如圖甲為地心丑壬為中距月天戌亥為本時月天今太陰在巳當中距月天於午午甲為中距太陰距地半徑一千萬巳甲為本時太陰距地午甲未角當中距之午未弧與中甲巳角等為中距太陰視半徑其午未弧與巳申弧度雖等而角度則不等是午甲未角較巳甲申角小一乙甲申角則知本時太陰視半徑大於中距太陰視半徑故用轉比例法以求之乃以甲巳本時太陰距地為一率中距太陰距地甲午半徑一千萬為二率中距太

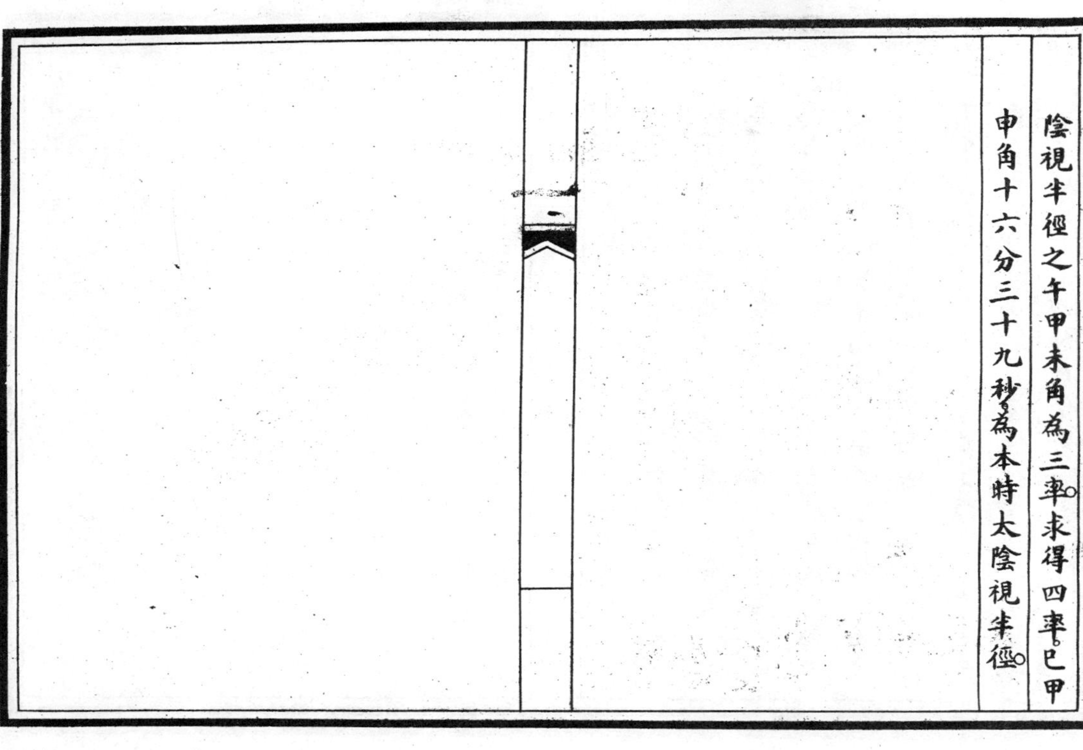

陰視半徑之午甲未角爲三率。求得四率。巳甲申角十六分三十九秒。爲本時太陰視半徑。

求日視徑圖

如圖。辰酉爲中距日天。卯寅爲本時日天。今太陽在丙。當中距日天於甲。地心在子。甲子爲中距太陽距地半徑一千萬。丙子爲本時太陽距地。其丙子戊角。比中距之甲子巳角。差一丁子戊角。此理法。俱與月視徑同一致也。如法得丙子戊角。十六分十九秒。即太陽視半徑。

求食分圖

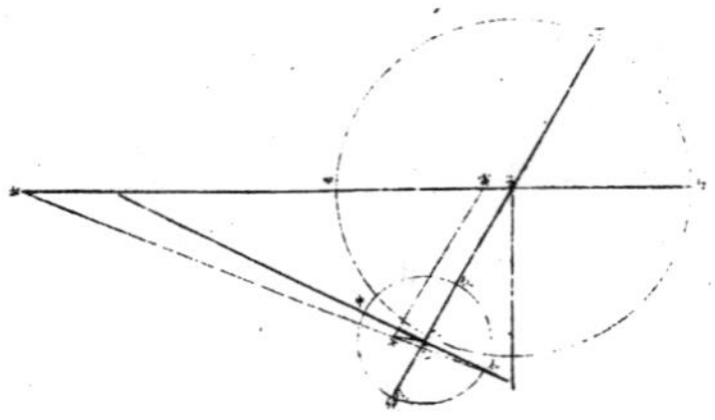

如圖子丑為黃道丑壬為白道丑為正交壬為實望月心子壬為實望實緯子為實望地影心以不動為立算謂月行為斜距巳為食甚月心臨白道於午其午寅與子巳食甚實緯等巳辰為月半徑卯辰為月全徑卯未辰申為月體甲乙丙丁為地影子乙為實影半徑內加巳辰月半徑相等之乙戊得子戊為併徑減於子巳食甚實緯餘巳戊與乙辰等為太陰所受食之分即併徑減距比例於月全徑及所命之十分得乙辰四分四十四秒月食食分也

求初虧復圓時刻圖

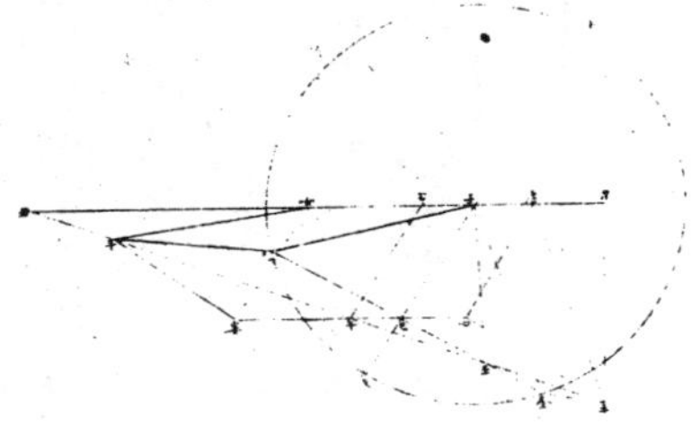

如圖依子戊併徑之分作戊己庚全圓則奎點為初虧月心乃臨白道於牛己為復圓月心乃臨白道於斗其斗女牛虛亦皆等於子戊併徑則成子巳奎子巳己兩同式相等之句股形此形同以子巳食甚實緯為句以子巳與子庚相加得巳庚以子巳與子戊相減得巳戊以子己子奎皆為弦若按句弦和較求股法求其奎巳己巳股試作己戊己庚二虛綫聯之則成戊巳己己巳庚同式相連之兩句股形可用為相當比例然句股形甚廣所作斜距之式通為連

術者。如牛心虛斗婁女奎己子。己巳子。庚巳己。戊巳己。六句股形。皆可用為同式。則和較之巨細由斯生焉。於是以戊巳句弦較。即首率。比巳巳中率。即股。若巳己比巳庚句弦和。即末率。蓋今有之戊巳首率。巳庚末率。求中率。乃以首末相乘。得數為巳己中率冪。用平方法開之。得巳巳股。與巳奎等。為初虧復圓距弧。與一小時及一小時兩經斜距比例。得月行奎巳。或巳己之時分一小時十分五十四秒。為初虧復圓距時。以減於巳點食甚時刻。得月臨奎點之時。申正三刻七分五十五秒。為初虧時刻。以加於巳點食甚時刻。得月臨巳點之時。戌初初刻十四分四十三秒。為復圓時刻也。

求距時月實行圖

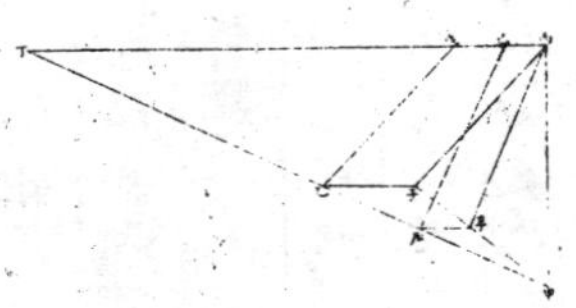

如圖。丙丁為黃道。甲丁為白道。丁為正交。丙為實望地影心。甲為實望月心。丙戊為一小時日實行。甲乙為一小時月實行。立法以地影心為不動。將戊點歸於丙。則乙點必合於子。是甲辛為自實望至食甚之距弧。庚辛與巳丙等。為距時日實行。甲庚為距時月實行。法用甲子乙甲辛庚同式兩三角形。以一小時與甲乙一小時月實行之比。同於甲辛食甚距時與甲庚距時月實行之比。得甲庚距時月實行四分五十八秒。以減於甲點實望太陰白道實行。得庚點七宮一十九度二十五分三十九秒。為食甚太陰白道經度。以丁點相等乙點。與甲庚距時月實行相加。得庚乙十一宮二十一度三十三分二十二秒。為食甚月距正交。

求食甚太陰黃道經緯度圖

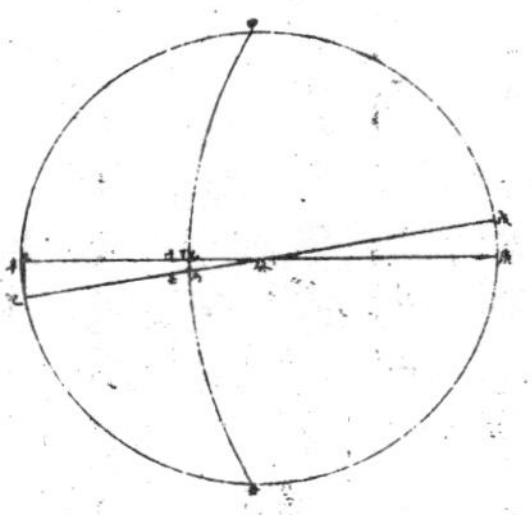

如圖。甲為黃極。辛癸庚為黃道。巳癸戊為白道。丁丙為太陰黃道緯度。丙癸為太陰距正交前白道度。丁癸為太陰距正交前黃道度。甲丙丑為黃經。丙為太陰。法用丙丁癸正弧三角形。此形丁直角。有癸角。有癸丙弧。求癸丁、丁丙二弧。試以巳癸為半徑。巳巳為癸角之正弦。乙丙為丁丙弧之正弦。癸丙即癸丙弧之正弦。壬癸為其正切。子癸為丁癸弧之正切。作子壬聯綫。遂成癸巳巳、癸子壬、癸乙丙皆為同式。可用為相當比例。求癸丁弧。以癸巳半徑與癸巳餘弦之比。同於癸壬正切與癸子正切之比。而得癸子正切。檢表得癸丁黃道度。與癸丙白道度相減。得黃白同升度二分七秒。加於癸點。得丁點食甚太陰黃道經度七宮一十九度二十七分四十六秒。檢本年黃道宿鈐。即得太陰入柳宿一十度四十一分二十七秒。求丁丙弧。以癸己半徑與己巳正弦之比。同於癸丙如癸丙弧之正弦與丙乙正弦之比。而得丙乙正弦。檢表得丁丙弧。初度四十六分二十八秒。為食甚太陰黃道南緯度也。

求食甚太陰赤道經緯度圖

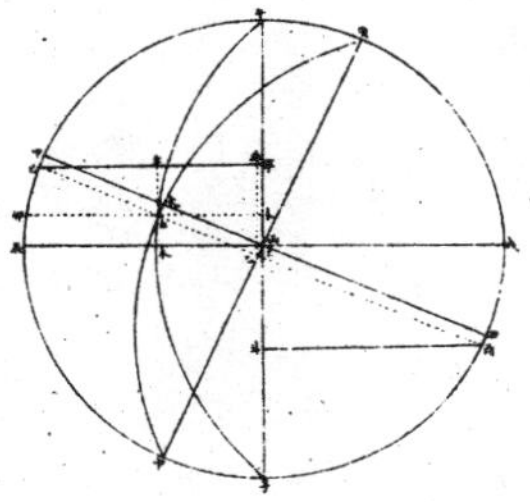

如圖。午為北極。子為南極。庚為黃極。午庚為黃赤二極相距。辰丙戌為赤道。甲丙丑為黃道。甲為夏至。丙為秋分。丑為冬至。午甲子丑為過二極二至經圈。土為太陰。火甲為食甚太陰距夏至後黃道度。木辰為食甚太陰距赤道。亦在夏至後之度。當午角。試自土點與甲丙丑黃道平行。作巳乙酉黃道距等圈。與辰丙戌赤道平行。作卯土未赤道距等圈。其庚巳庚酉皆與庚土等。故庚午與庚巳相減。得巳午為較弧。其正弦為巳辛。餘弦為辛丙。

以庚午加庚酉。得午酉爲總弧。其正弦爲酉丰。餘弦爲斗丙。以兩餘弦相加得辛丰。折半爲辛丁。與乙牛等。爲中數。甲丙爲半徑。巳乙爲距等圈之半徑。其巳土當庚角。爲距等圈之正矢。故甲丙與巳乙之比。同於甲火。與巳土之比。今巳乙與乙牛。聯成巳牛乙句股形。以巳土與土壬。聯成巳壬土句股形。爲同式。用相當比例。以距等圈之巳乙。命爲半徑一率。庚角距等圈之正矢巳土爲二率。乙牛中數爲三率。求得四率。土壬。與未辛等。爲矢較。以較弧餘弦辛丙。與午丙半徑相減。餘午辛。即較弧之正矢。加辛未矢較。得午未。爲午土弧之正矢。於午丙內減之。得未丙。爲午土弧餘弦。檢表。得度。與午子半周減。得午土太陰距北極。以午木象限減之。得土木一十四度一十六分二十九秒。即食甚太陰距赤道北緯度。次以午土庚斜弧三角形。用對邊對角法。求午角。以午土對所知之邊。其正弦爲一率。庚土對所求之邊。其正弦爲二率。庚角所知之角。其正弦爲三率。得四率。檢正弦表。爲所求之午角。當木辰度。加半周。得七宮二十一度三十八分二十三秒。即太陰赤道經度。檢本年赤道宿鈐。即得太陰入星宿一度五分二十四秒。

求影距赤道度及黃道赤經交角圖

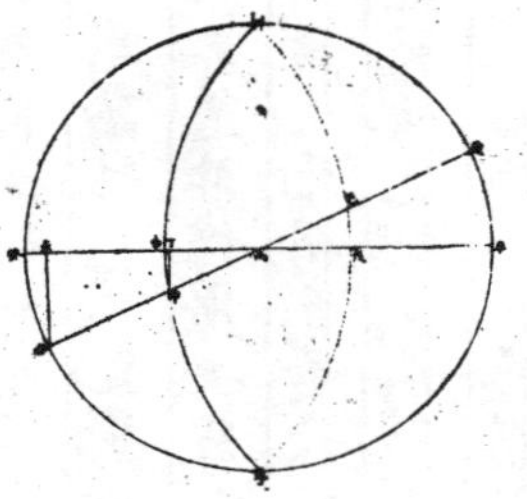

如圖。乙為北極。子為南極。乙丑子庚為過二極二至經圈。癸丙辛為赤道。丑丙庚為黃道。丑為冬至。丙為春分。庚為夏至。丙角黃赤交角。其正弦為丑壬。甲為太陽。當赤道之申。巳為地影。心與太陽對衝。當赤道之戌。甲申為日距赤道南緯度。與戌巳影距赤道度等。丙甲為日距春分前黃道度。丙甲如其正弦。甲丁為甲申弧正弦。丙丑為半徑。法用丙申甲正弧三角形。此形申為正角。有甲丙黃道度。求甲申弧太陽距赤道緯度。及丙甲申角黃道赤經交角。遂成丙丁甲。丙壬丑同式兩三角。亦通為同式兩句股形。可用為相當比例。於是以丙丑半徑與丙角正弦丑壬之比。同於丙甲黃道度正弦。如丙甲。與甲申弧正弦甲丁之比。而得甲申弧。太陽距赤道南緯度一十五度二分九秒。與對衝之戌巳影距赤道北度等。又以丙甲黃道度餘弦與丙角餘切之比。同於丙丑半徑與丙甲申角正切之比。而得丙甲申角七十一度四十四分五十四秒。與丙巳戌角等。為黃道赤經交角。

求復圓黃道高弧交角圖

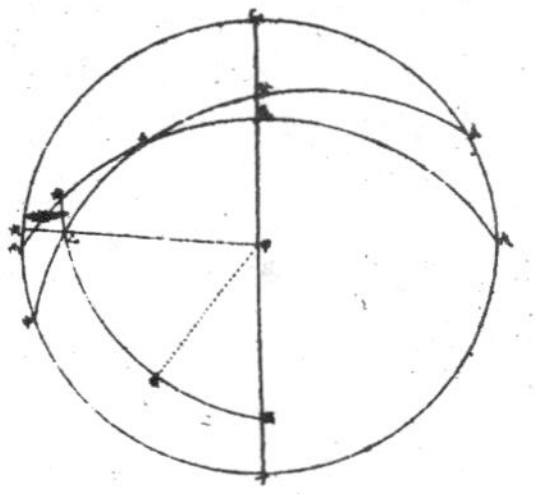

如圖。甲為天頂。乙丙丁戊為地平。乙甲丁為子午圈。酉為北極。甲酉為北極距天頂。戊辰丙為赤道。丑巳酉為赤經。申壬癸未為黃道。壬為秋分。甲巳寅為高弧。巳為地影心。當赤道於丑。巳丑為影距赤道北緯度。丑辰為影距午東赤道度。當酉角。丑壬巳角為黃赤交角。壬巳丑角為黃道赤經交角。巳壬邊為影距秋分前黃道度。用丑酉象限內減巳丑邊影距赤道北緯度。得巳酉邊為影距北極。法用甲酉巳斜弧三角形。此形有甲酉酉巳二邊。有酉角。乃自天頂甲點作甲亥垂弧於形內。分為甲亥酉甲亥巳兩正弧三角形。先用甲亥酉正弧三角形。此形有亥直角。有酉角當丑辰弧。復圓影距午東赤道度及甲酉邊北極距天頂。求得亥酉邊二十度五十六分五十一秒。為距極分邊。與巳酉影距北極相減。得巳亥為距影分邊。並求得甲亥垂弧。次用甲亥巳正弧三角形。此形有亥直角。有巳亥距影分邊。有甲亥垂弧。求得亥巳甲角。五十二度三十四分三十七秒。為赤經高弧交角。與亥巳癸角相減。得甲巳癸角。一十九度一十分一十七秒。為復圓黃道高弧交角也。以上各比例。與前交食一求食甚近時說內求用時赤經高弧交角法同。

求復圓方位圖

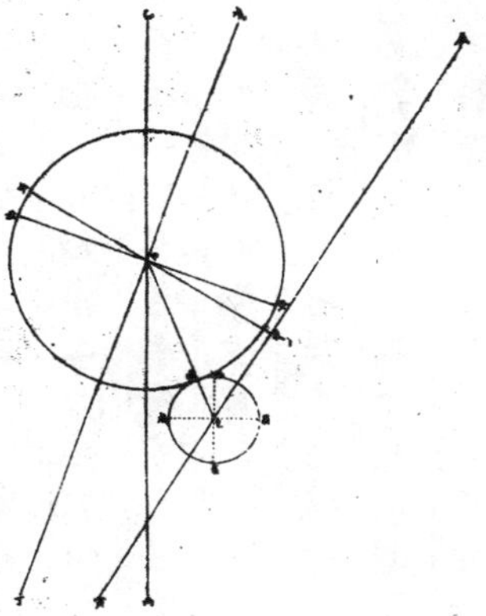

如圖。甲為地影心。乙甲丙為高弧。丁甲戊為黃道。丑甲癸為黃經。丁甲丙角為黃道高弧交角。寅為辰為白道。未為食甚月心。甲未為食甚實緯。已為復圓月心。甲已為併徑。法用甲未已直角三角形。此形未直角。有甲未食甚實緯。有已甲併徑。求已甲未角。以已甲。與甲未之比。同於半徑與已甲未角餘弦之比。而得已甲未角四十一度三十六分。為併徑交實緯角。丁。甲癸角象限減癸甲未角。得丁甲未角黃道交實緯角。與已甲未角相減。得已甲丁角併徑黃道交角。與丙甲丁角相減。得已甲丙角。二十三度三十三分四十九秒。為復圓併徑高弧交角。申點在月心已之上偏左。

## 求帶食影距赤道度圖

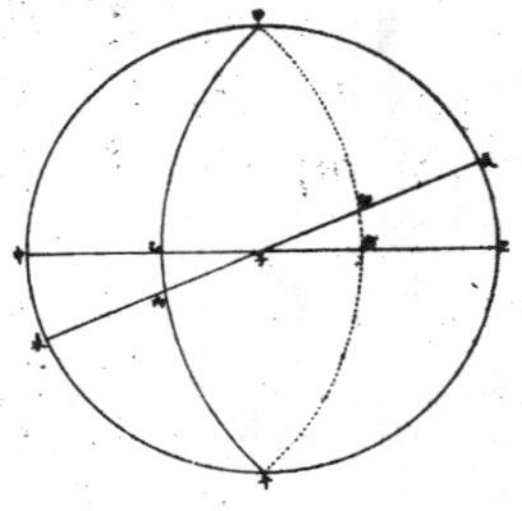

如圖甲為北極午為南極申子巳為赤道未子辰為黃道未為冬至子為春分辰為夏至甲未午辰為過極至經圈甲乙午為赤經丙為太陽當赤道於乙乙丙即太陽距赤道南緯度與對衝之卯寅等卯為地影心法用子乙丙正弧三角形此形有乙直角有子角有丙子弧求得乙丙弧一十五度二分九秒與卯寅等為影距赤道度並求得子丙乙角七十一度四十四分五十四秒與子卯寅角等為黃道赤經交角

## 求帶出時刻圖

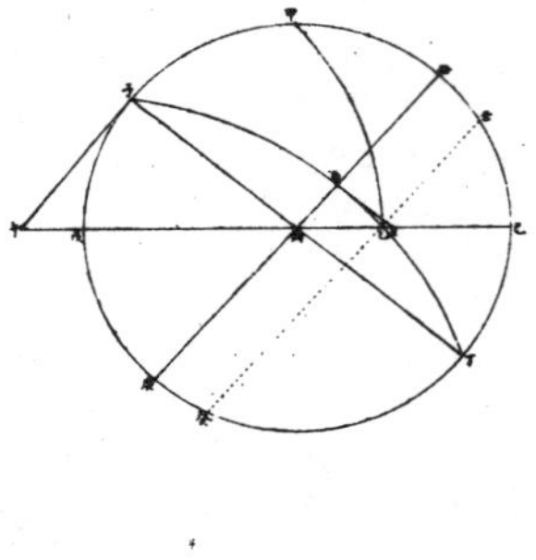

如圖甲為天頂子為北極丑戊庚巳為京師子午圈丑丙庚為赤道壬乙癸為赤道距等圈乙為太陽正當地平當赤道於酉乙酉即太陽距赤道南緯度子戊為京師北極出地高度與巳丁等法用丙酉乙正弧三角形此形有酉直角有丙角當子戊弧其正切為子午有乙酉弧即對衝之影距赤道北緯度其正切為酉巳求丙酉弧赤道度丙酉如丙酉弧正弦遂成午子丙丙酉巳同式兩句股形可用為相當比例以子丙為半徑與子戊弧正

切子午之比。同於酉乙弧正切酉巳。與丙酉弧正弦。如丙酉。得丙酉弧。赤道度一十二度五十九分一十四秒。變時。即酉正前減分。以減於丙點酉正。得酉點酉初初刻八分三秒。為日入地平時刻。即帶出地平時刻。並求得甲乙子角四十八度二十一分四十四秒為帶食赤經高弧交角。

求帶食黃道高弧交角圖

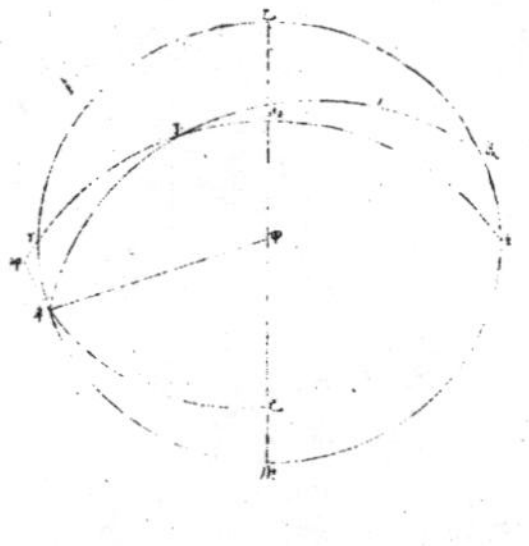

如圖。甲為天頂。乙壬庚丁為地平。巳為北極。壬丙丁為赤道。乙甲庚為子午圈。戊子辛為黃道。子為秋分。辛為地影心。當赤道之卯。子辛為影距秋分前黃道度。法用丁辛卯正弧三角形。此形卯為直角。有丁角當乙丙弧。有辛卯弧。求丁辛卯角之餘角。以辛卯弧餘弦。與丁角餘弦。即北極高度正弦之比。同於半徑與丁辛卯角正弦之比。檢餘弦表。得甲辛巳角四十八度二十一分四十四秒。為帶食赤經高弧交角。與巳辛子角黃道赤經交角相減。得甲辛子角。二十三

度二十三分一十秒為帶食黄道高弧交角

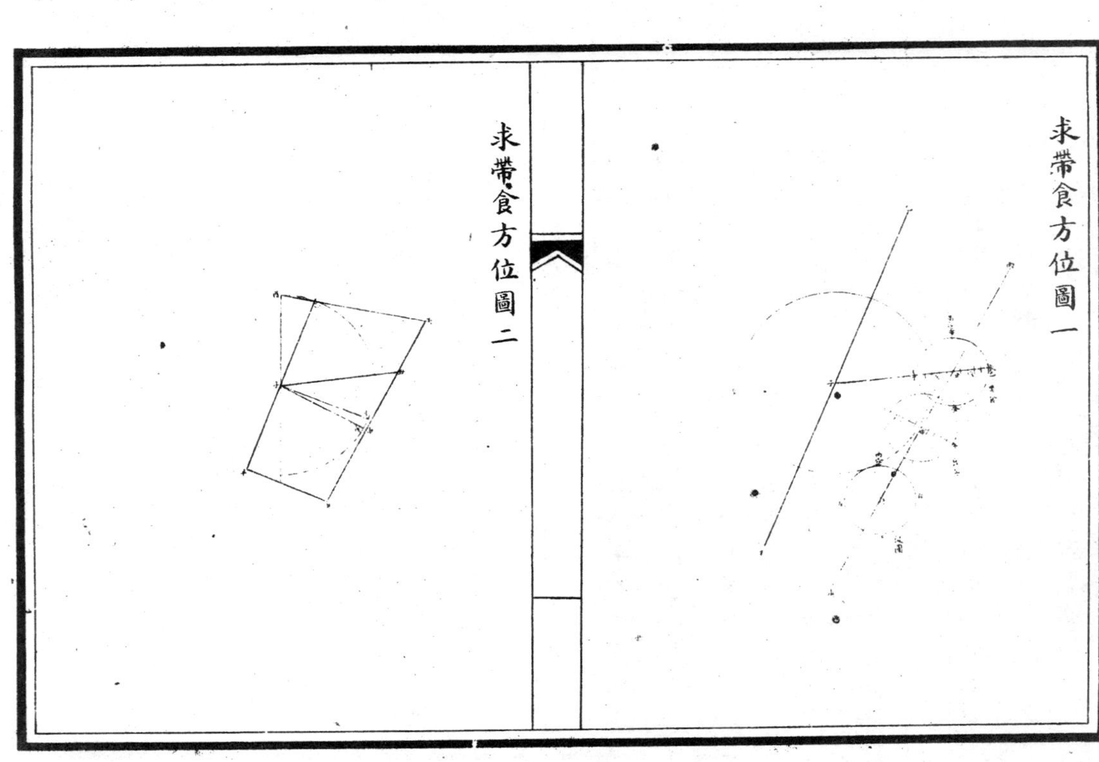

求帶食方位圖一

求帶食方位圖二

如圖。子為地影心。乙子辛為黃道。丙申庚為白道。申為食甚月心。巳午為食甚月體。丑為帶食月心。子丑為帶食兩心相距。丑癸壬巳為帶食月體。甲丑癸為帶食高弧。子丑為月半徑。申丑為帶食距弧。以帶食時刻與食甚時刻相減。得帶食距時。與一小時兩經斜距比例。得帶食距弧三十二分三十七秒。法用丑申子直角三角形。如第一圖。此形有申直角。有申丑申子二弧。求子丑弧。以半徑與申丑弧餘弦之比。同於申子弧餘弦與子丑弧餘弦之比。而得子丑帶食兩心相距五十六分五十七秒。以子戊實影半徑與丁丑月半徑相加。得子亥之分。為併徑。內減子丑帶食兩心相距。得丑亥與戊丁等。為併徑減距。與辰丁月全徑及所命之十分為比例。得戊丁一分三十九秒。為帶食食分。次用子申丑直角三角形。如第二圖。此形申為直角。有子申食甚實緯。有子丑帶食兩心相距。求丑子申角。以子丑與子申之比。同於半徑與丑子申角餘弦之比。而得丑子申角三十四度五十六分七秒。為帶食兩心相距交實緯角。以斗子戌角。與斗子乙角相加。得申子乙角。初虧黃道交實緯角。內減丑子申角。得丑子乙角。帶食兩心相距與黃道交角。與酉子乙角。帶食黃道高弧交角相加。得酉子丑角。八十四度六分五十七秒。為帶食兩心相距與高弧交角。即定方位角。其丁點。在壬點之左偏下方位也。

# 欽定大清會典圖卷一百二十九

天文二十三 交食五



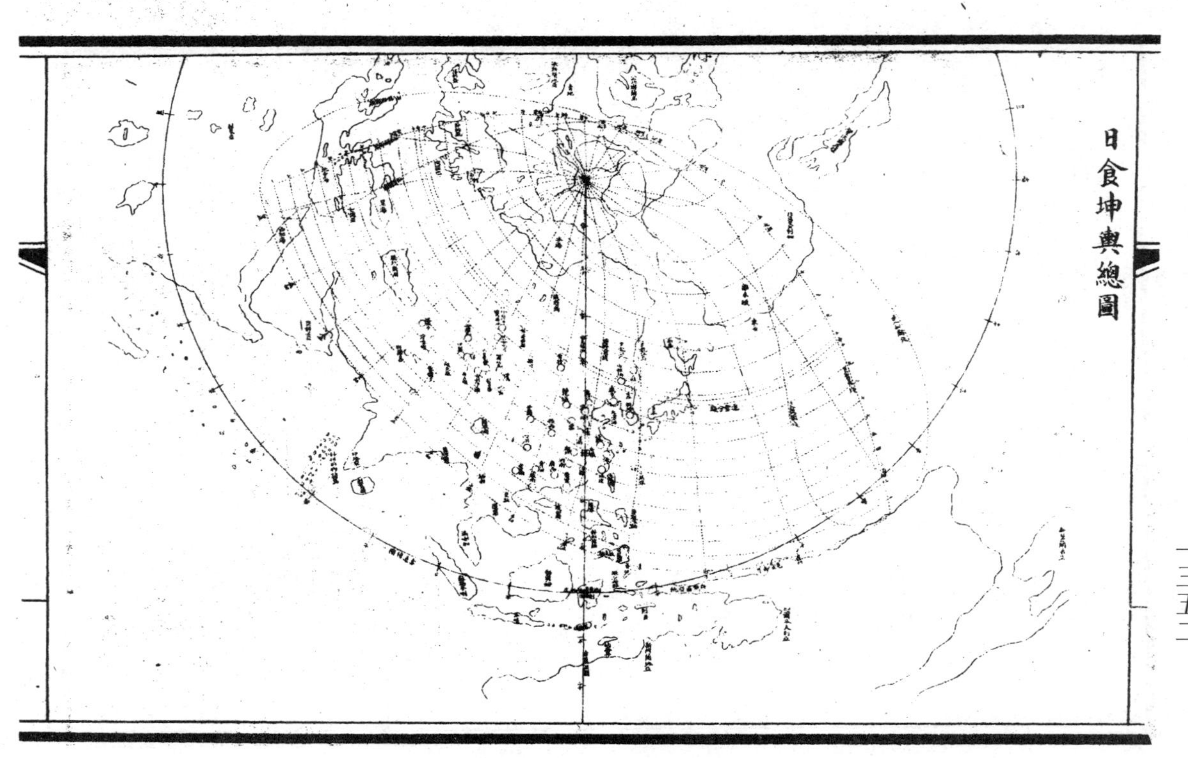

日食坤輿總圖

日食之有坤輿圖。所以表見食之深淺。時刻之早遲。因日體大而高。月體小而卑。日食時月在日與地之間。距日遠。距人近。月體僅能下蔽人目。實未嘗上侵日體。故大地上各處所見之食分時刻。既因高下之視差而殊。各處之視差。又因東西之里差而異。是以立法必按人居各處地面之北極高度及偏

京師東西度。而定各處見食之深淺。時刻之早遲。如圖。上為北。下為南。左為西。右為東。自北極作南北直綫。為

京師過極赤道經圈。上列之度數為高度。又作東西圖弧綫。為赤道緯圈。上列之度數為東西之偏度。其自北極所作南北各虛曲綫。為各處見食早遲之時刻綫。東西所作各虛曲綫。為各處見食深淺之食分綫。凡虛曲綫以內。皆為見食地面。又左右兩長圓形虛曲綫。左為日出帶食。右為日入帶食。兩長圓形內。皆為見帶食。或見初虧。或見復圓之地面。如光緒十三年丁亥七月丙辰朔日食。

京師地面居八分食分綫以內。故見食為八分八秒。又在未初時刻綫之右。故食甚為未初三刻五十四秒。此外各處見食不見食。及食分之深淺。時刻之早遲。皆可按此圖而稽焉。其圖內

京師及各省並蒙古回部。朝鮮越南。均依欽天監原圖作○以誌之。至推步坤輿圖。則用簡平儀以圖代算之法。將日天月天地體三者合為平圓。其各用數。則食甚實緯北三十九分一十二秒。日全徑三十一分二十秒。併徑三十二分九秒。日距赤道北緯度一十二度五十五分二十秒。赤白二經交角東一十四度七分二十六秒。

今作一十四度七分三十秒。此以零秒過五數故進作十秒。如零秒不足五數則去之。凡弧度角度均不用中比例以歸簡捷。地平高下差六十分一十五秒。一小時兩經斜距三十四分二十三秒。

京師食甚用時未初一刻六分二十秒。準以上各數。求得光緒十三年丁亥七月初一日丙辰朔日食坤輿分圖。凡為四類。一求南北界相切及中界並南北界内逐分日距食分綫時刻加減角對距弧加減角借弧。一求日出入帶食食甚地方南北極高偏度及同高度初虧復圓地方偏度。一求設時地方南北極高偏度。一求設時日出入帶食食甚地方南北極高偏度及同高度初虧復圓地方偏度。共十一圖。其參差之數更立表以明之。列於圖後。

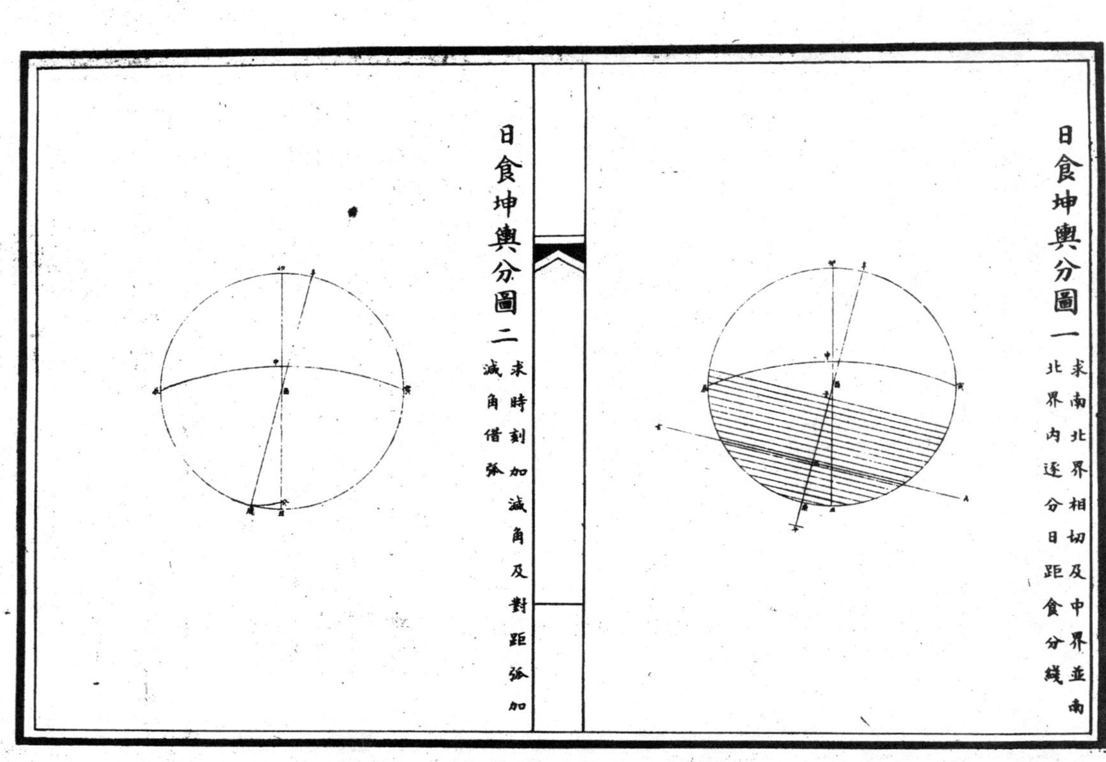

日食坤輿分圖一

求南北界相切及中界並南北界内逐分日距食分綫

日食坤輿分圖二

求時刻加減角及對距弧加減角借弧

如第一圖。酉為日心。又為日照地體全明半面之正中。與地心相合為一點。丑辰卯寅即地體受日照全明之半面。中隔月天。上應渾天之半周。其自中心至圖界之酉丑平圓半徑。在地體為一象限。上應天頂。亦即象限九十度弧。自地心計之。又為一象限九十度之正弦。即半徑全數。而中當於月天者則僅為本日日月同當地平時人居地面所見日高月下最大之差。即地平高下差。卯酉丑為赤經。寅申辰為赤道。辛酉庚為白經。戌未亥為白道。即中界最深食分綫。

未為京師食甚用時月心。酉未為食甚實緯。即中界見食最深日距食分綫。因月在日北。是以食甚實緯與併徑相減。得酉子七分三秒。為南界見食相切日距食分綫。以次遞加日全徑十分之一。得南界見食一分日距食分綫一十分一十一秒。二分日距食分綫一十三分一十九秒。三分日距食分綫一十六分二十七秒。四分日距食分綫一十九分三十五秒。五分日距食分綫二十二分四十三秒。六分日距食分綫二十五分五十一秒。七分日距食分綫二十八分五十九秒。八分日距食分綫三十二分七秒。九分日距食分綫三十五分一十五秒。十分日距食分綫三十八分二十三秒。又以食甚實緯與併徑相加。得酉午七十一分二十一秒。為北界見食相切日距食分綫。以次遞減日全徑十分之一。得北界見食一分日距食分綫六十八分一十三秒。二分日距食分綫六十五分五秒。三分日距食分綫六十一分五十七秒。四分日距食分綫五十八分四十九秒。五分日距食分綫五十五分四十一秒。六分日距食分綫五十二分三十三秒。七分日距食分綫四十分二十丿五秒。八分日距食分綫四十六分一十七秒。九分日距食分綫四十三分九秒。十分日距食分綫四十分一秒。凡南北界見食相切及逐分日距食分綫。並中界見食最深日距食分綫。日心俱在食分綫南。其癸為北極。試自癸至庚作癸庚弧。則成癸丑庚正弧三角形。如第二圖。此形丑為直角。有丑庚弧赤白大距。即丑酉庚角赤白二經交角。有癸丑與中酉日距赤道北緯度等。求丑癸庚角。丑庚癸角之餘角。及癸庚弧。乃以半徑與癸丑弧餘割比。同於丑庚弧正切。與丑癸庚角正切比。檢正切表。得丑癸庚角四十八度二十二分三十秒。以所得正切。檢表上正切相近者。查其所對度分秒錄之即得。按此凡所得度分秒均無零秒。因推算全分坤輿圖。較之日月食繁難倍蓰。故有用中比例。取其簡捷。而得數所差亦無多。以下皆同此例。為時刻加減角。次以半徑與丑庚弧餘割比。同於癸丑弧正切。與丑庚癸角正切比。檢餘切表。得酉庚癸角四十六度四十六分。為對距弧加減角。又以半徑與癸丑弧餘弦比。同於丑庚弧餘弦。與癸庚弧餘弦比。檢餘弦表得癸庚弧一十九度三分二十秒。為借弧也。

日食坤輿分圖三

求南界見食相切

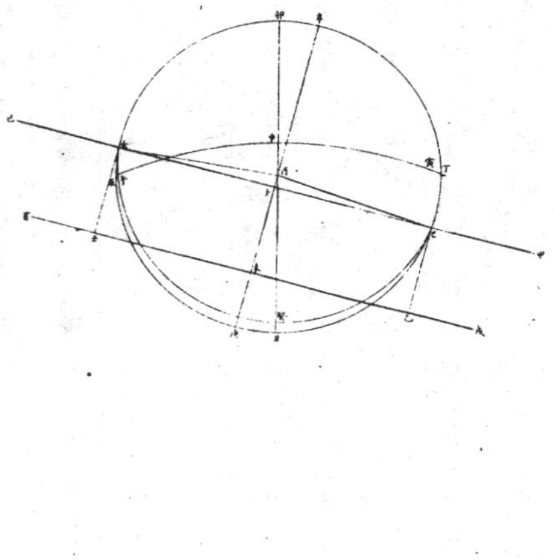

以南界見食相切日距食分綫。中界見食最深日距食分綫。北界見食四分日距食分綫。因北界見食相切。及一分二分三分各日距食分綫。俱大於地平高下差。在地平下。故不入算。各求其日出入帶食食甚地方南北極高偏度。及同高度初虧復圓地方偏度。分為三段。各作一圖。以明比例之理。如圖甲子巳為南界見食相切食分綫。酉子為南界見食相切日距食分綫。巳為日出食甚地方日影心。上應本處天頂。女為日入食甚地方日影心。上應本處天頂。酉巳為日出高弧。癸巳丁為日出地方子午圜酉女為日入地方子午圜法先用酉子巳直角三角形此形子為直角有酉子及酉巳地平高下差求子酉巳角以酉巳與酉子比同於半徑與子酉巳角餘弦比而得子酉巳角八十三度一十六分五十秒當庚巳弧與庚酉女角所當庚女弧等為白經截弧隨與丑庚弧赤白大距相減得丑巳弧六十九度九分二十秒當丑酉巳角為日出赤經高弧交角相加得丑女弧九十七度二十四分二十秒當丑酉女角為日入赤經高弧交角遂用癸丑巳癸丑女兩正弧三角形以半徑與丑巳弧餘弦或丑女弧餘弦比同於癸丑弧餘弦與癸巳弧餘弦或癸女弧餘弦比各檢正弦表得巳丁弧二十度一十七分三十秒為日出食甚地方北極高度女午弧七度一十三分為日入食甚地方南極高度又以半徑與癸丑弧餘割比同於丑巳弧正切或丑女弧正切與丑癸巳角正切或丑癸女角正切比而得丑癸巳角八十五度八分為日出距子正後赤道度丑癸女角八十八度二十分十秒為日入距午正後赤道度乃以日出距子正後赤道度變時得日出食甚時刻卯初二刻十分三十二秒又以日入距午正後赤道度變時再加十二小時得日入食甚時刻酉初三刻八分二十一秒次仍用酉子巳直角三角形以半徑與酉巳比同於子酉巳角當庚巳弧白經截弧正弦與子巳比而得子巳五十九分五十秒與子女等為日出入距弧與一小時兩經斜距比例理見交食一求食甚用時圖說內得日出入距分一小時四十四分二十四秒與未點食甚用時相減得月臨乙點午初二刻六分五十六秒為

京師相應日出時刻相加得月臨壬點申初初刻五分四十四秒為

京師相應日入時刻乃以日出入食甚時刻與

京師相應日出入時刻各相減得日出時刻較五小時五十六分二十四秒日入時刻較二小時四十七分三十七秒各以時變度得日出食甚地方偏西八十九度六分日入食甚地方偏東四十一度五十四分十五秒因南北界見食相切日距食分綫併徑等於月距食分綫無距弧較亦無同高度初虧復圓地方偏度觀下文北界見食四分日距

食分綫。求同高度初虧復圓地方偏度圖解自明。

## 日食坤輿分圖四

求中界見食最深

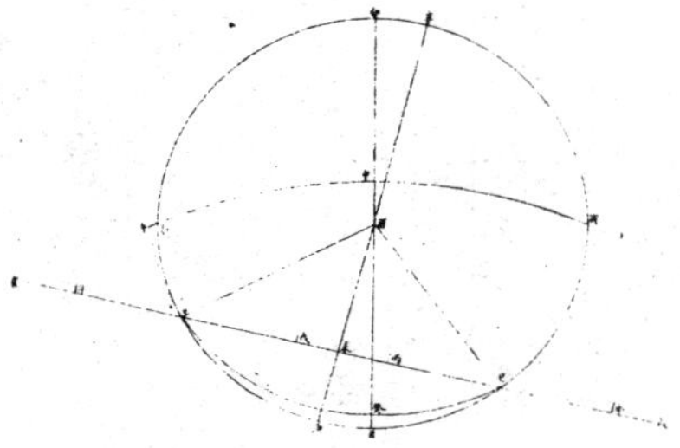

如圖。戊未亥為白道即中界最深食分綫。酉未為食甚實緯即中界見食最深日距食分綫。巳女二點為日出入食甚地方日影心。酉巳。酉女。為日出入高弧。癸巳丁。癸女午。為日出入食甚地方子午圈。法先用酉未巳直角三角形。此形未為直角。有酉未。酉巳。二邊。依前法。求得未酉巳角四十九度二十四分四十秒。當庚巳弧。與未酉女角所當庚女弧等。為白經截弧。隨與丑庚弧相減。得丑巳弧三十五度一十七分一十秒。當丑酉巳角。為日出赤經高弧交角。相加得丑女弧六十三度三十二分一十秒。當丑酉女角。為日入赤經高弧交角。遂用癸丑巳。癸丑女。兩正弧三角形。求得丁巳弧五十二度四十二分四十秒。即癸巳弧餘弧為日出食甚地方北極高度。女午弧二十五度四十四分四十秒。即癸女弧餘弧為日入食甚地方北極高度。又求得丑癸巳角七十二度二十七分五十秒。為日出距子正後赤道度。丑癸女角八十三度三十八分五十秒。為日入距子正前赤道度。乃以日出距子正後赤道度變時。得日出食甚時刻寅正三刻四分五十一秒。又以日入距子正前赤道度變時。與二十四小時相減。得日入食甚時刻酉正一刻十分二十五秒。次仍用酉未巳直角三角形。求得未巳四十五分四十五秒。與未女等。為日出入距弧。與一小時兩經斜距比例。得日出入距分一小時十九分五十秒。與未點食甚用時相減。得月臨巳點午正初刻一分三十秒。為

京師相應日出時刻。相加得月臨女點未正二刻十一分十秒。為

京師相應日入時刻。乃以日出入食甚時刻與

京師相應日出入時刻。各相減。得月出時刻較七小時十一分三十九秒。日入時刻較三小時四十四分十五秒。各變度。得日出食甚地方偏西一百零七度五十四分四十五秒。日入食甚地方偏東五十六度三分四十五秒。至求同高度初虧復圓各地方偏

京師度。乃依併徑之分。取巳午。己丙。女戌。女斗。各距弧。較與一小時兩經斜距比例。得時差五十六分六秒。變度得偏度差四十度一分三十秒。與日出入食甚地方偏

京師東西度相加減。得日出初虧地方偏西九十三度五十三分一十五秒。復圓地方偏西一百二十一度五十六分一十五秒。日入初虧地方偏東七十度五分一十五秒。復圓地方偏東四十二度二分十五秒。

日食坤輿分圖五

求北界見食四分

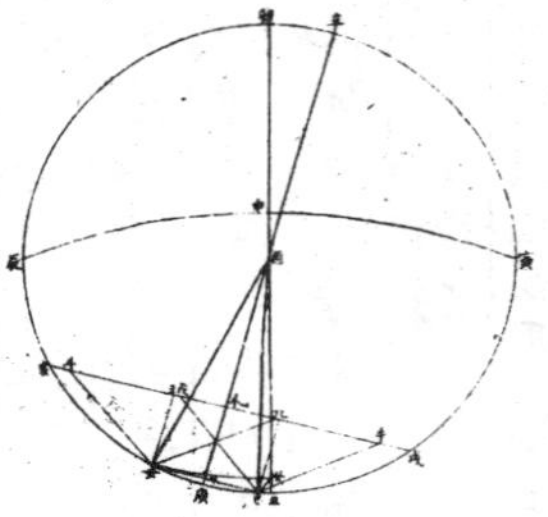

如圖。巳子女為北界見食四分食分綫。酉子為北界見食四分日距食分綫。巳為白經酉日入食甚地方日影心。上應本處天頂。女為日入食甚地方日影心。上應本處天頂。因巳女二點。俱在赤經東。故無日出見兩日入酉巳為白經酉日入高弧。癸巳為白經酉日入食甚地方子午圈。酉女為日入高弧癸女為日入食甚地方子午圈。法先用酉子巳直角三角形。此形。子為直角。有酉子。酉巳。二邊。求得子酉巳角一十二度三十一分二十秒。當庚巳弧。與子酉女角所當庚女弧等。為白經截弧

隨與丑庚弧相減。得丑巳弧一度三十六分一十秒。當丑酉巳角。為白經西日入赤經高弧交角。相加得丑女弧二十六度三十八分五十秒。當丑酉女角。為日入赤經高弧交角。遂用癸丑巳。癸丑女。兩正弧三角形。求得丑巳弧之餘弧七十六度五十八分五十秒。為白經西日入食甚地方北極高度。癸女弧之餘弧六十度三十五分三十秒。為日入食甚地方北極高度。又求得丑癸巳角七度八分。為白經西日入距子正前赤道度。丑癸女角六十五度五十八分五十秒。為日入距子正前赤道度。各變度。與二十四小時相減。得白經西日入食甚時刻夜子初二刻一分二十八秒。日入食甚時刻戌初二刻六分五秒。次仍用酉子巳直角三角形。求得子巳一十三分四秒。與子女等。為距弧。與一小時兩經斜距比例。得距分二十二分四十八秒。與未點食甚用時相減。得月臨乙點午正三刻十三分三十二秒。為白經西

京師相應日入時刻。相加得月臨壬點未初二刻十四分八秒。為

京師相應日入時刻。乃以白經西日入食甚時刻

與白經西

京師相應日入時刻相減。得白經西日入時刻較十小時三十二分五十六秒。以日入食甚時刻

與

京師相應日入時刻相減。得日入時刻較五小時五十一分五十七秒。各以時變度。得白經西日入食甚地方偏東一百五十八度一十四分。日入食甚地方偏東八十七度五十九分一十五秒。至求同高度初虧復圓各地方偏

京師度。則以酉未酉子相減。得未子一十九分三十七秒。與乙己壬女皆等。為月距食分綫。用己乙牛句股形。以乙己為句。己牛為弦。（等己戊女丁女斗。）求得乙牛股二十五分二十八秒。為距弧。較與乙戊壬丁壬斗皆等。與一小時兩經斜距比例。得時差四十四分二十七秒。變度。得偏度差一十一度六分四十五秒。與白經西日入食甚地方偏東度相加。得白經西日入初虧地方偏東一百六十九度二十分四十五秒。相減。得白經西日入復圓地方偏東一百四十七度七分一十五秒。

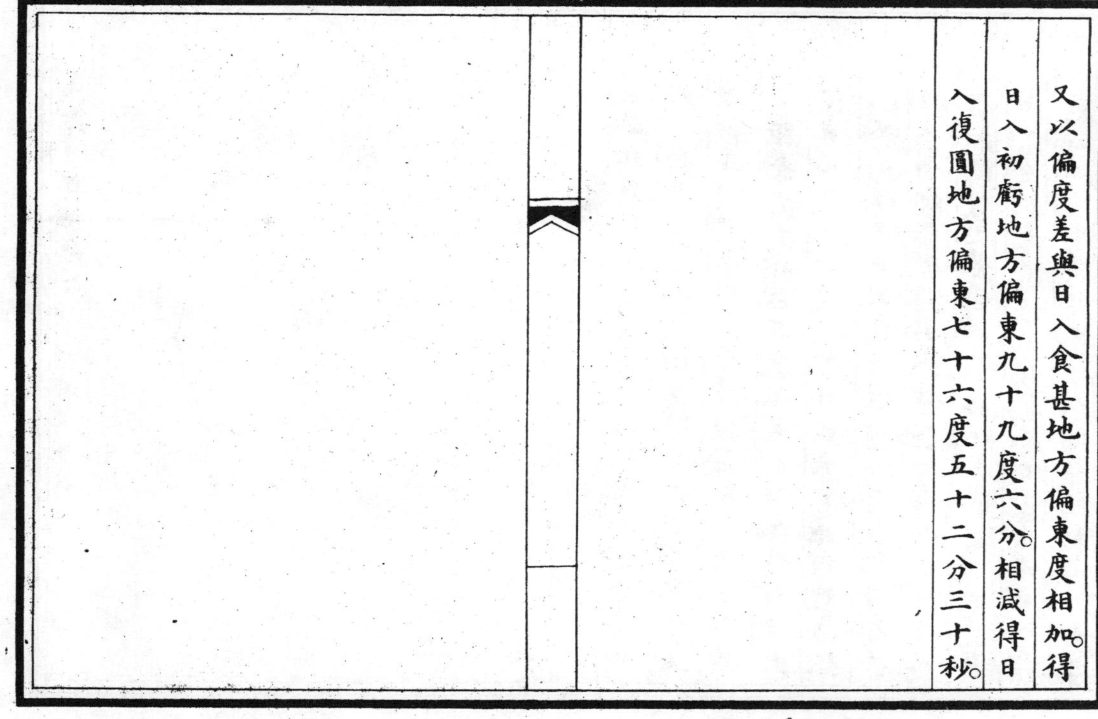
又以偏度差與日入食甚地方偏東度相加。得日入初虧地方偏東九十九度六分。相減。得日入復圓地方偏東七十六度五十二分三十秒。

| | 南界見一分食綫 度 | 分 | 秒 | 南界見三分食綫 度 | 分 | 秒 | 南界見五分食綫 度 | 分 | 秒 | 南界見七分食綫 度 | 分 | 秒 | 南界見九分食綫 度 | 分 | 秒 |
|---|---|---|---|---|---|---|---|---|---|---|---|---|---|---|---|
| 日出食甚地方北極高度 | 二三 | 一三 | 〇〇 | 二九 | 〇八 | 一〇 | 三五 | 一三 | 〇〇 | 四一 | 三二 | 四〇 | 四八 | 一四 | 二〇 |
| 日出食甚地方偏西度 | 九〇 | 〇四 | 三〇 | 九二 | 二三 | 四五 | 九五 | 一八 | 四五 | 九九 | 〇一 | 一五 | 一〇三 | 五四 | 三〇 |
| 日出初虧地方偏西度 | 八四 | 〇二 | 一五 | 八二 | 二九 | 一五 | 八三 | 一六 | 一五 | 八五 | 四三 | 三〇 | 八九 | 五九 | 三〇 |
| 日出復圓地方偏西度 | 九六 | 〇六 | 四五 | 一〇二 | 一八 | 一五 | 一〇七 | 二一 | 一五 | 一一二 | 一九 | 〇〇 | 一一七 | 四九 | 三〇 |
| 日入食甚地方南北極高度 | 南極高度 四 | 一七 | 〇〇 | 一 | 四〇 | 三〇 | 七 | 四九 | 一〇 | 一四 | 一五 | 〇〇 | 二一 | 〇六 | 三〇 |
| 日入食甚地方偏東度 | 四二 | 四六 | 四五 | 四四 | 四六 | 〇〇 | 四七 | 〇七 | 四五 | 四九 | 五八 | 〇〇 | 五三 | 二六 | 〇〇 |
| 日入初虧地方偏東度 | 四八 | 四九 | 〇〇 | 五四 | 四〇 | 三〇 | 五九 | 一〇 | 一五 | 六三 | 一五 | 四五 | 六七 | 二一 | 〇〇 |
| 日入復圓地方偏東度 | 三六 | 四四 | 三〇 | 三四 | 五一 | 三〇 | 三五 | 〇五 | 一五 | 三六 | 四〇 | 一五 | 三九 | 三一 | 〇〇 |
| | 時 | 分 | 秒 | 時 | 分 | 秒 | 時 | 分 | 秒 | 時 | 分 | 秒 | 時 | 分 | 秒 |
| 日出食甚時刻 | 五 | 三七 | 二五 | 五 | 三〇 | 三七 | 五 | 二二 | 四三 | 五 | 一三 | 〇五 | 五 | 〇〇 | 二七 |
| 日入食甚時刻 | 一七 | 五六 | 〇四 | 一八 | 〇一 | 三二 | 一八 | 〇七 | 一三 | 一八 | 一三 | 二二 | 一八 | 二〇 | 五九 |

| | 南界見二分食綫 度 | 分 | 秒 | 南界見四分食綫 度 | 分 | 秒 | 南界見六分食綫 度 | 分 | 秒 | 南界見八分食綫 度 | 分 | 秒 | 南界見十分食綫 度 | 分 | 秒 |
|---|---|---|---|---|---|---|---|---|---|---|---|---|---|---|---|
| 日出食甚地方北極高度 | 二六 | 〇九 | 四〇 | 三二 | 〇九 | 〇〇 | 三八 | 二〇 | 五〇 | 四四 | 五〇 | 一〇 | 五一 | 四六 | 〇〇 |
| 日出食甚地方偏西度 | 九一 | 一〇 | 一五 | 九三 | 四六 | 一五 | 九七 | 〇三 | 〇〇 | 一〇一 | 一七 | 〇〇 | 一〇七 | 〇〇 | 一五 |
| 日出初虧地方偏西度 | 八二 | 五一 | 〇〇 | 八二 | 三九 | 三〇 | 八四 | 一七 | 三〇 | 八七 | 三六 | 一五 | 九二 | 五九 | 〇〇 |
| 日出復圓地方偏西度 | 九九 | 二九 | 三〇 | 一〇四 | 五二 | 〇〇 | 一〇九 | 四八 | 三〇 | 一一四 | 五七 | 四五 | 一二一 | 〇一 | 三〇 |
| 日入食甚地方南北極高度 | 南極高度 一 | 一九 | 二〇 | 四 | 四三 | 一〇 | 一〇 | 五九 | 四〇 | 一七 | 三六 | 五〇 | 二四 | 四五 | 三〇 |
| 日入食甚地方偏東度 | 四三 | 四三 | 四五 | 四五 | 四五 | 〇〇 | 四八 | 二八 | 四五 | 五一 | 三六 | 三〇 | 五五 | 二九 | 〇〇 |
| 日入初虧地方偏東度 | 五二 | 〇三 | 〇〇 | 五七 | 〇〇 | 四五 | 六一 | 一四 | 一五 | 六五 | 一七 | 一五 | 六九 | 三〇 | 一五 |
| 日入復圓地方偏東度 | 三五 | 二四 | 三〇 | 三四 | 四七 | 一五 | 三五 | 四三 | 一五 | 三七 | 五五 | 四五 | 四一 | 二七 | 四五 |
| | 時 | 分 | 秒 | 時 | 分 | 秒 | 時 | 分 | 秒 | 時 | 分 | 秒 | 時 | 分 | 秒 |
| 日出食甚時刻 | 五 | 三四 | 〇七 | 五 | 二六 | 五〇 | 五 | 一八 | 一〇 | 五 | 〇七 | 一五 | 四 | 五二 | 一七 |
| 日入食甚時刻 | 一七 | 五八 | 四七 | 一八 | 〇四 | 二一 | 一八 | 一〇 | 一三 | 一八 | 一六 | 四三 | 一八 | 二四 | 一八 |

| | 北界見十分食綫 度 | 分 | 秒 | 北界見八分食綫 度 | 分 | 秒 | 北界見六分食綫 度 | 分 | 秒 |
|---|---|---|---|---|---|---|---|---|---|
| 日出食甚地方北極高度 | 五三 | 四〇 | 一〇 | 六一 | 二六 | 五〇 | 七〇 | 一〇 | 四〇 |
| 日出食甚地方偏西度 | 一〇八 | 五一 | 四五 | 一一八 | 二六 | 四五 | 一三七 | 〇〇 | 三〇 |
| 日出初虧地方偏西度 | 九四 | 五〇 | 三〇 | 一〇四 | 四六 | 〇〇 | 一二四 | 一五 | 〇〇 |
| 日出復圓地方偏西度 | 一二二 | 五三 | 〇〇 | 一三二 | 〇七 | 三〇 | 一四九 | 四六 | 〇〇 |
| 日入食甚地方北極高度 | 二六 | 四四 | 三〇 | 三五 | 〇一 | 〇〇 | 四五 | 〇四 | 三〇 |
| 日入食甚地方偏東度 | 五六 | 三九 | 一五 | 六二 | 〇五 | 三〇 | 七〇 | 〇六 | 三〇 |
| 日入初虧地方偏東度 | 七〇 | 四〇 | 五〇 | 七五 | 四六 | 一五 | 八二 | 五一 | 〇〇 |
| 日入復圓地方偏東度 | 四二 | 三八 | 〇〇 | 四八 | 二四 | 四五 | 五七 | 二一 | 〇〇 |
| | 時 | 分 | 秒 | 時 | 分 | 秒 | 時 | 分 | 秒 |
| 日出食甚時刻 | 四 | 四七 | 一七 | 四 | 二〇 | 一五 | 三 | 二一 | 五二 |
| 日入食甚時刻 | 一八 | 二六 | 三三 | 一八 | 三七 | 〇〇 | 一八 | 五三 | 一二 |

| | 北界見九分食綫 度 | 分 | 秒 | 北界見七分食綫 度 | 分 | 秒 | 北界見五分食綫 度 | 分 | 秒 |
|---|---|---|---|---|---|---|---|---|---|
| 日出食甚地方北極高度 | 五七 | 二七 | 〇〇 | 六五 | 四一 | 三〇 | 七四 | 四〇 | 〇〇 |
| 日出食甚地方偏西度 | 一一三 | 〇三 | 三〇 | 一二五 | 四九 | 三〇 | 一五七 | 〇六 | 〇〇 |
| 日出初虧地方偏西度 | 九九 | 〇八 | 三〇 | 一一二 | 三一 | 四五 | 一四五 | 〇三 | 三〇 |
| 日出復圓地方偏西度 | 一二六 | 五八 | 三〇 | 一三九 | 〇七 | 一五 | 一六九 | 〇八 | 三〇 |
| 日入食甚地方北極高度 | 三〇 | 四三 | 三〇 | 三九 | 四三 | 五〇 | 五一 | 三〇 | 四〇 |
| 日入食甚地方偏東度 | 五九 | 〇九 | 四五 | 六五 | 三七 | 四五 | 七六 | 二四 | 〇〇 |
| 日入初虧地方偏東度 | 七三 | 〇四 | 四五 | 七八 | 五五 | 三〇 | 八八 | 二六 | 三〇 |
| 日入復圓地方偏東度 | 四五 | 一四 | 四五 | 五二 | 二〇 | 〇〇 | 四六 | 二一 | 三〇 |
| | 時 | 分 | 秒 | 時 | 分 | 秒 | 時 | 分 | 秒 |
| 日出食甚時刻 | 四 | 三五 | 四四 | 三 | 五七 | 五四 | 二 | 一二 | 四七 |
| 日入食甚時刻 | 一八 | 三一 | 二一 | 一八 | 四三 | 五九 | 一九 | 〇七 | 〇五 |

求日出入帶食食甚地方南北極高偏度。及同高度初虧復圓地方偏度。按上法由南北界內逐分日距食分綫推得。列為表。附日出入食甚時刻。

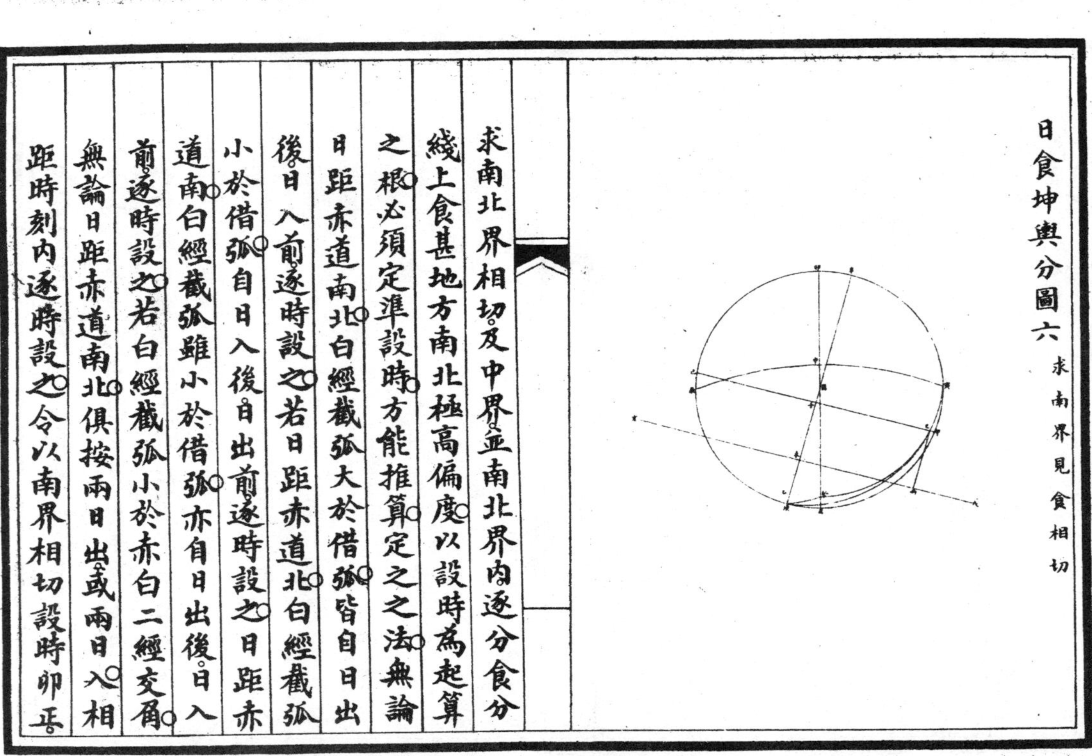

日食坤輿分圖六　求南界見食相切

求南北界相切及中界並南北界內逐分食分綫上食甚地方南北極高偏度。以設時為起算之根。必須定準設時。方能推算。定之之法。無論日距赤道南北。白經截弧大於借弧。皆自日出後日入前逐時設之。若日距赤道北。白經截弧小於借弧。自日入後日出前逐時設之。日距赤道南。白經截弧雖小於借弧。亦自日出後。日入前逐時設之。若白經截弧小於赤白二經交角。無論日距赤道南北。俱按兩日出或兩日入。相距時刻內逐時設之。令以南界相切設時卯正中界最深設時卯初北界四分設時戌正求其食甚地方北極高偏度亦分為三段各作一圖以明比例之理如圖甲子己為南界見食相切食分纔酉子為南界相切日距食分纔癸己寅為設時卯正于午圈己點為所求地方日影心即本處地面上應天頂庚己為白經截弧八十三度一十六分五十秒癸庚為借弧先以申癸寅角設時距午正前赤道度九十度與丑癸庚角時刻加減角相減又與半周相減得庚癸己角一百三十八度二十二分三十秒為借角用庚癸己斜弧三角形此形有庚癸己角及癸庚庚己二弧求癸巳弧試作庚乙垂弧成庚乙癸庚乙己兩正弧三角形同以乙為直角先用庚乙癸正弧三角形以半徑與庚癸乙角正弦即庚癸乙角正弦比同於癸庚弧正弦與庚乙垂弧正弦比而得庚乙垂弧一十二度三十一分三十秒又以半徑與庚癸乙角餘弦比同於癸庚弧正切與癸乙弧正切比而得癸乙弧一十四度二十八分四十秒為北極距垂弧次用庚乙己正弧三角形以半徑與庚乙垂弧正割比同於庚己弧餘弦與己乙弧餘弦比而得己乙弧八十三度七分為天頂距垂弧乃以己乙弧內減癸乙弧得癸己弧六十八度三十八分二十秒為北極距天頂與寅癸弧九十度相減得寅巳弧二十一度二十一分四十秒即巳點地方北極高度次仍用庚乙癸庚乙己兩正弧三角形以半徑與庚癸乙角餘切即庚癸己角借角餘切比同於癸庚弧正割與癸庚乙角正切比而得癸庚乙角四十九度五十八分二十秒為借弧垂弧交角又以半徑與庚己弧餘切比同於庚乙垂弧正切與巳庚乙角餘弦比而得巳庚乙角八十八度三十分為白經截弧交垂弧角乃以癸庚乙角與巳庚己角相減得巳庚癸角三十八度三十一分四十秒為對北極距天頂角隨與癸庚子角對距弧加減角四十六度四十六分相加得巳庚子角八十五度一十七分四十秒為對距弧角於是以半徑與巳庚子角所對子己弧之正弦比同於子甲日出入距分一小時四十四分二十四秒與子巳比而得子巳一小時四十四分三秒為距分與未丙等減於未點食甚

用時。得月臨丙點之
京師相應時刻午初二刻七分十七秒。與巳點設時卯正相減。得時刻較五小時三十七分十七秒。變度。得八十四度一十九分一十五秒。為所求南界見食相切卯正初刻地方偏
京師西之度也。

日食坤輿分圖七　求中界見食最深

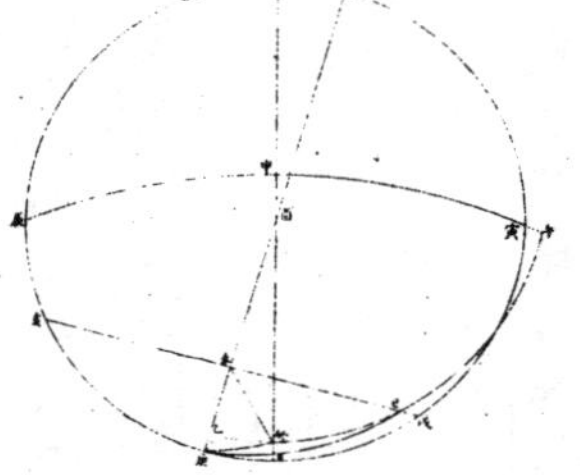

如圖。戌未亥為中界見食最深食分綫。酉未為中界見食最深日距食分綫。癸巳午為設時卯初子午圈。巳點為所求地方日影心。即本處地面上應天頂。庚巳為白經截弧四十九度二十四分四十秒。先以丑癸巳角設時距子正後赤道度七十五度。與丑癸庚角時刻加減角相加。得庚癸巳角一百二十三度二十二分三十秒。為借角。用庚癸巳斜弧三角形。此形有庚癸巳角。及癸庚、庚巳二弧。依法求得癸乙弧北極距垂弧一十度四十五分三十秒。巳乙弧天頂距

垂弧四十七度二十七分。乃以己乙弧內減癸乙弧。得癸巳弧三十六度四十一分三十秒。為北極距天頂。與癸午弧九十度相減。得巳午弧五十三度一十八分三十秒。為所求巳點地方北極高度。又求得癸庚乙角借弧垂弧交角三十四度五十二分三十秒。巳庚乙角白經截弧交垂弧角七十五度五十六分五十秒。隨以癸庚乙角與巳庚乙角相減。得巳庚癸角四十一度四分二十秒。為對北極距天頂角。再與癸庚未角對距弧加減角相加。得巳庚未角八十七度五十分二十秒。為對距弧角。其所對未巳弧。用其正弦。與未戌日出入距分一小時十九分五十秒為比例。得未巳距分一小時十九分四十七秒。減於未點食甚用時。得月臨巳點之

京師相應時刻午正初刻一分三十三秒。與巳點設時卯初相減。得時刻較七小時一分三十三秒。變度。得一百零五度二十三分十五秒。為所求中界見食最深卯初初刻地方偏

京師西之度也。

日食坤輿分圖八

求北界見食四分

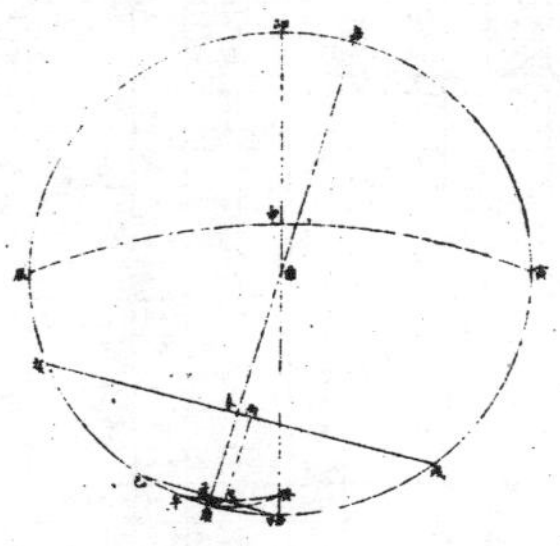

如圖。甲子巳為北界見食四分食分綫。酉子為北界見食四分日距食分綫。癸巳午為設時戌正子午圈。巳點為所求地方日影心。即本處地面上應天頂。庚巳為白經截弧一十二度三十一分二十秒。先以丑癸午角設時距子正前赤道度六十度。與丑癸庚角時刻加減角相減。得庚癸巳角一十一度三十七分三十秒。為借角。用庚癸巳斜弧三角形。此形有庚癸巳角。及癸庚庚巳二弧。依法求得癸乙弧北極距垂弧一十八度四十一分三十秒。巳乙弧天頂距垂弧。

一十一度五十七分。乃以癸乙弧內減巳乙弧。得癸巳弧六度四十四分三十秒。為北極離天頂。與九十度相減。得巳點地方北極高度八十三度一十五分三十秒。又求得癸庚乙角借弧垂弧交角七十八度五十九分五十秒。巳庚乙角白經截弧交垂弧角七十二度四十三分五十秒。隨以癸庚乙角與巳庚乙角相減。得巳庚癸角六度一十六分。為對北極距天頂角。與癸庚子角對距弧加減角相減。得巳庚子角四十六度六分三十秒。為對距弧角。其所對子巳弧。用其正弦。與子甲日出入距分二十二分四十八秒為比例。得子巳距分一十五分一十七秒。與未丙等。減於未點食甚用時。得月臨丙點之
京師相應時刻未初初刻六分三秒。與巳點設時戌正相減。得時刻較六小時五十三分五十七秒。變度。得一百零三度二十九分十五秒。為所求北界四分戌正初刻地方偏
京師東之度也。

南界見食相切線

| 設時 | 北極高度 度 | 分 | 秒 | 偏西度 度 | 分 | 秒 |
|---|---|---|---|---|---|---|
| 卯正 | 二一 | 二一 | 四○ | 八四 | 一九 | 一五 |
| 辰初 | 二三 | 五七 | 二○ | 七○ | 三八 | ○○ |
| 辰正 | 二五 | 二五 | 三○ | 五八 | 二一 | 四五 |
| 巳初 | 二五 | 四四 | 五○ | 四七 | 一八 | ○○ |
| 巳正 | 二四 | 五四 | 二○ | 三七 | 一六 | 一五 |
| 午初 | 二二 | 五五 | 一○ | 二八 | ○六 | ○○ |
| 午正 | 一九 | 五一 | 一○ | 一九 | 三三 | 三○ |
| 未初 | 一五 | 四九 | 四○ | 一一 | 一八 | 三○ |
| 未正 | 一一 | ○四 | 三○ | 二 | 五一 | 三○ |
| 申初 | 五 | 五六 | 五○ | 偏東度 六 | 二二 | 四五 |
| 申正 | ○ | 五一 | 二○ | 一六 | 五八 | 一五 |
| 酉初 | 南極高度 三 | 四六 | 二○ | 二九 | 一九 | 一五 |
| 酉正 | | | | | | |

南界見食二分線

| 設時 | 北極高度 度 | 分 | 秒 | 偏西度 度 | 分 | 秒 |
|---|---|---|---|---|---|---|
| 卯正 | 二七 | 三三 | 五○ | 八四 | 五○ | 四五 |
| 辰初 | 三○ | ○四 | 二○ | 七一 | 一三 | ○○ |
| 辰正 | 三一 | 二九 | 二○ | 五八 | 五一 | 三○ |
| 巳初 | 三一 | 四七 | 五○ | 四七 | 三五 | ○○ |
| 巳正 | 三○ | 五九 | 二○ | 三七 | 一五 | 一五 |
| 午初 | 二九 | ○四 | 二○ | 二七 | 四四 | 三○ |
| 午正 | 二六 | ○五 | 五○ | 一八 | 五二 | 一五 |
| 未初 | 二二 | 一○ | 四○ | 一○ | 二二 | ○○ |
| 未正 | 一七 | 二八 | 一○ | 一 | 四八 | ○○ |
| 申初 | 一二 | 二一 | 二○ | 偏東度 七 | 二四 | 三○ |
| 申正 | 七 | 一三 | 四○ | 一七 | 五○ | 四五 |
| 酉初 | 二 | 三一 | 二○ | 二九 | 五八 | 三○ |
| 酉正 | | | | | | |

南界見食四分線

| 設時 | 北極高度 度 | 分 | 秒 | 偏西度 度 | 分 | 秒 |
|---|---|---|---|---|---|---|
| 卯正 | 三一 | 五五 | 三○ | 八五 | 四一 | 四五 |
| 辰初 | 三六 | 二○ | 三○ | 七二 | ○五 | 四五 |
| 辰正 | 三七 | 四二 | 一○ | 五九 | 三六 | 四五 |
| 巳初 | 三七 | 五九 | 五○ | 四八 | ○五 | ○○ |
| 巳正 | 三七 | 一三 | 二○ | 三七 | 二三 | 三○ |
| 午初 | 三五 | 二三 | ○○ | 二七 | 二八 | ○○ |
| 午正 | 三二 | 三○ | 二○ | 一八 | 一一 | ○○ |
| 未初 | 二八 | 四○ | ○○ | 九 | 二○ | 一五 |
| 未正 | 二四 | ○二 | 四○ | ○ | 三三 | 三○ |
| 申初 | 一八 | 五六 | 四○ | 偏東度 八 | 四一 | 三○ |
| 申正 | 一三 | 四六 | 三○ | 一九 | ○一 | 一五 |
| 酉初 | 八 | 五九 | 一○ | 三○ | 五七 | 三○ |
| 酉正 | 四 | 五八 | 一○ | 四四 | 四九 | ○○ |

南界見食一分線

| 設時 | 北極高度 度 | 分 | 秒 | 偏西度 度 | 分 | 秒 |
|---|---|---|---|---|---|---|
| 卯正 | 二四 | 二六 | 五○ | 八四 | 三二 | 三○ |
| 辰初 | 二七 | ○○ | ○○ | 七○ | 五三 | 三○ |
| 辰正 | 二八 | 二六 | 四○ | 五八 | 三四 | 四五 |
| 巳初 | 二八 | 四五 | 三○ | 四七 | 二五 | ○○ |
| 巳正 | 二七 | 五六 | ○○ | 三七 | 一四 | 三○ |
| 午初 | 二五 | 五七 | 三○ | 二八 | 二○ | 四五 |
| 午正 | 二二 | 五七 | 三○ | 一九 | 一三 | ○○ |
| 未初 | 一八 | 五八 | 四○ | 一○ | 五一 | ○○ |
| 未正 | 一四 | 一五 | 二○ | 二 | 二一 | ○○ |
| 申初 | 九 | ○八 | 一○ | 偏東度 六 | 五一 | 四五 |
| 申正 | 四 | ○一 | 四○ | 一七 | 二二 | 一五 |
| 酉初 | 南極高度 ○ | 三八 | 三○ | 二九 | 三六 | 三○ |
| 酉正 | | | | | | |

南界見食三分線

| 設時 | 北極高度 度 | 分 | 秒 | 偏西度 度 | 分 | 秒 |
|---|---|---|---|---|---|---|
| 卯正 | 三○ | 四三 | 一○ | 八五 | 一三 | 四五 |
| 辰初 | 三三 | 一一 | ○○ | 七一 | 三七 | ○○ |
| 辰正 | 三四 | 五四 | 二○ | 五九 | 一二 | ○○ |
| 巳初 | 三四 | 五二 | 二○ | 四七 | 四八 | 一五 |
| 巳正 | 三四 | ○四 | 五○ | 三七 | 一八 | 一五 |
| 午初 | 三二 | 一二 | 一○ | 二七 | 三五 | 三○ |
| 午正 | 二九 | 一六 | 三○ | 一八 | 三一 | 四五 |
| 未初 | 二五 | 二三 | 一○ | 九 | 五二 | ○○ |
| 未正 | 二○ | 四三 | 四○ | 一 | 一二 | ○○ |
| 申初 | 一五 | 三七 | 二○ | 偏東度 八 | ○一 | ○○ |
| 申正 | 一○ | 二八 | 三○ | 一八 | 二三 | 三○ |
| 酉初 | 五 | 四三 | 四○ | 三○ | 二五 | 三○ |
| 酉正 | 一 | 四五 | 五○ | 四四 | 二三 | ○○ |

南界見食五分線

| 設時 | 北極高度 度 | 分 | 秒 | 偏西度 度 | 分 | 秒 |
|---|---|---|---|---|---|---|
| 卯正 | 三七 | 一一 | 五○ | 八六 | 一五 | ○○ |
| 辰初 | 三九 | 三四 | ○○ | 七二 | 三九 | 三○ |
| 辰正 | 四○ | 五三 | 三○ | 六○ | ○五 | 四五 |
| 巳初 | 四一 | 一○ | 五○ | 四八 | 二五 | ○○ |
| 巳正 | 四○ | 二五 | 三○ | 三七 | 三一 | 三○ |
| 午初 | 三八 | 三七 | 二○ | 二七 | 二一 | 三○ |
| 午正 | 三五 | 四八 | 一○ | 一七 | 五○ | 三○ |
| 未初 | 三二 | ○一 | ○○ | 八 | 四七 | 一五 |
| 未正 | 二七 | 二五 | 五○ | 偏東度 ○ | ○八 | ○○ |
| 申初 | 二二 | 二○ | 三○ | 九 | 二六 | ○○ |
| 申正 | 一七 | ○九 | ○○ | 一九 | 四四 | ○○ |
| 酉初 | 一二 | 一八 | 五○ | 三一 | 三五 | ○○ |
| 酉正 | 八 | 四一 | 三○ | 四五 | 二○ | 一五 |

南界見食六分線

| 設時 | 北極高度 度 | 分 | 秒 | 偏西度 度 | 分 | 秒 |
|---|---|---|---|---|---|---|
| 卯初 | | | | | | |
| 卯正 | 四○ | 三三 | ○○ | 八六 | 五四 | 一五 |
| 辰初 | 四二 | 五一 | 五○ | 七三 | 一八 | 三○ |
| 辰正 | 四四 | ○九 | 三○ | 六○ | 三九 | 三○ |
| 巳初 | 四四 | 二六 | 一○ | 四八 | 四八 | 四五 |
| 巳正 | 四三 | 四二 | 一○ | 三七 | 四二 | ○○ |
| 午初 | 四一 | 五六 | 五○ | 二七 | 一六 | 四五 |
| 午正 | 三九 | 一○ | 五○ | 一七 | 二九 | 四五 |
| 未初 | 三五 | 二七 | 一○ | 八 | 一二 | 四五 |
| 未正 | 三○ | 五四 | 二○ | 偏東度 ○ | 五二 | 三○ |
| 申初 | 二五 | 四九 | 三○ | 一○ | 一五 | 一五 |
| 申正 | 二○ | 三六 | 四○ | 二○ | 三二 | 一五 |
| 酉初 | 一五 | 四三 | 三○ | 三二 | 一八 | 一五 |
| 酉正 | 一一 | 三五 | 四○ | 四五 | 五七 | 一五 |

南界見食八分線

| 設時 | 北極高度 度 | 分 | 秒 | 偏西度 度 | 分 | 秒 |
|---|---|---|---|---|---|---|
| 卯初 | | | | | | |
| 卯正 | 四七 | 三四 | 三○ | 八八 | 三一 | 三○ |
| 辰初 | 四九 | 四六 | ○○ | 七四 | 五四 | ○○ |
| 辰正 | 五○ | 五九 | ○○ | 六二 | ○二 | ○○ |
| 巳初 | 五一 | 一四 | 四○ | 四九 | 四九 | ○○ |
| 巳正 | 五○ | 五三 | 二○ | 三八 | 一一 | 四五 |
| 午初 | 四八 | 五四 | ○○ | 二七 | 一一 | 四五 |
| 午正 | 四六 | 一六 | ○○ | 一六 | 四八 | 三○ |
| 未初 | 四二 | 四○ | 一○ | 六 | 五八 | ○○ |
| 未正 | 三八 | 一三 | ○○ | 偏東度 二 | 二二 | 四五 |
| 申初 | 三三 | ○九 | 三○ | 一二 | ○九 | ○○ |
| 申正 | 二七 | 五三 | 一○ | 二二 | 二六 | 四五 |
| 酉初 | 二二 | 五三 | 一○ | 三四 | ○四 | 三○ |
| 酉正 | 一八 | 三七 | 一○ | 四七 | 三○ | 三○ |

南界見食十分線

| 設時 | 北極高度 度 | 分 | 秒 | 偏西度 度 | 分 | 秒 |
|---|---|---|---|---|---|---|
| 卯初 | 五二 | 一三 | 二○ | 一○五 | ○八 | ○○ |
| 卯正 | 五五 | 一三 | ○○ | 九○ | 三九 | 三○ |
| 辰初 | 五七 | 一五 | 一○ | 七六 | 五七 | 三○ |
| 辰正 | 五八 | 二二 | 一○ | 六三 | 四八 | 四五 |
| 巳初 | 五八 | 三六 | 三○ | 五一 | ○八 | 一五 |
| 巳正 | 五七 | 五八 | 四○ | 三八 | 五六 | ○○ |
| 午初 | 五六 | 二七 | ○○ | 二七 | 一四 | 三○ |
| 午正 | 五三 | 五九 | 二○ | 一六 | ○七 | 一五 |
| 未初 | 五○ | 三三 | 五○ | 五 | 三四 | 三○ |
| 未正 | 四六 | 一三 | 五○ | 偏東度 四 | 三○ | 一五 |
| 申初 | 四一 | 一二 | 一○ | 一四 | 二七 | 四五 |
| 申正 | 三五 | 五一 | 二○ | 二四 | 五一 | 三○ |
| 酉初 | 三○ | 四二 | 二○ | 三六 | 二二 | 一五 |
| 酉正 | 二六 | 一五 | 四○ | 四九 | 三四 | 三○ |

南界見食七分線

| 設時 | 北極高度 度 | 分 | 秒 | 偏西度 度 | 分 | 秒 |
|---|---|---|---|---|---|---|
| 卯正 | 四四 | ○○ | ○○ | 八七 | 三九 | 一五 |
| 辰初 | 四六 | 一五 | 三○ | 七四 | ○三 | ○○ |
| 辰正 | 四七 | 三○ | 五○ | 六一 | 一八 | ○○ |
| 巳初 | 四七 | 四七 | 一○ | 四九 | 一七 | ○○ |
| 巳正 | 四七 | ○四 | 二○ | 三七 | 五五 | 一五 |
| 午初 | 四五 | 二一 | 五○ | 二七 | 一三 | 三○ |
| 午正 | 四二 | 三九 | 四○ | 一七 | ○九 | ○○ |
| 未初 | 三八 | 五九 | 四○ | 七 | 三六 | 一五 |
| 未正 | 三四 | 二九 | 三○ | 偏東度 一 | 四○ | 四五 |
| 申初 | 二九 | 二五 | 二○ | 一一 | ○九 | 一五 |
| 申正 | 二四 | 一○ | 五○ | 二一 | 二六 | 一五 |
| 酉初 | 一九 | 一四 | 三○ | 三三 | ○八 | ○○ |
| 酉正 | 一五 | ○二 | 四○ | 四六 | 四○ | 三○ |

南界見食九分線

| 設時 | 北極高度 度 | 分 | 秒 | 偏西度 度 | 分 | 秒 |
|---|---|---|---|---|---|---|
| 卯正 | 五一 | 一八 | ○○ | 八九 | 三一 | ○○ |
| 辰初 | 五三 | 二五 | 一○ | 七五 | 五一 | 四五 |
| 辰正 | 五四 | 三五 | 二○ | 六二 | 五二 | ○○ |
| 巳初 | 五四 | 五○ | 二○ | 五○ | 二五 | 四五 |
| 巳正 | 五四 | 一○ | 四○ | 三八 | 三二 | ○○ |
| 午初 | 五二 | 三五 | ○○ | 二七 | 一二 | ○○ |
| 午正 | 五○ | ○二 | ○○ | 一六 | 二七 | 四五 |
| 未初 | 四六 | 三○ | 四○ | 六 | 一七 | 三○ |
| 未正 | 四二 | ○六 | 五○ | 偏東度 三 | 二九 | ○○ |
| 申初 | 三七 | ○四 | 一○ | 一三 | 一四 | 四五 |
| 申正 | 三一 | 四五 | 五○ | 二三 | 三四 | 四五 |
| 酉初 | 二六 | 四一 | 四○ | 三五 | ○九 | ○○ |
| 酉正 | 二二 | 二○ | 四○ | 四八 | 二八 | 一五 |

| 設時 | 中界見食最深綫 | | | | | | 北界見食九分綫 | | | | | | 北界見食七分綫 | | | | | |
|---|---|---|---|---|---|---|---|---|---|---|---|---|---|---|---|---|---|---|
| | 北極高度 | | | 偏西度 | | | 北極高度 | | | 偏西度 | | | 北極高度 | | | 偏西度 | | |
| | 度 | 分 | 秒 | 度 | 分 | 秒 | 度 | 分 | 秒 | 度 | 分 | 秒 | 度 | 分 | 秒 | 度 | 分 | 秒 |
| 寅正 | | | | | | | | | | | | | 六五 | 四九 | 四〇 | 一二五 | 一八 | 〇〇 |
| 卯初 | 五三 | 一八 | 五〇 | 一〇五 | 二三 | 一五 | 五八 | 五一 | 五〇 | 一〇七 | 〇三 | 三〇 | 六九 | 一四 | 三〇 | 一一〇 | 三七 | 四五 |
| 卯正 | 五六 | 一六 | 三〇 | 九〇 | 五九 | 〇〇 | 六一 | 四〇 | 一〇 | 九二 | 四四 | 〇〇 | 七一 | 三八 | 二〇 | 九六 | 二二 | 一五 |
| 辰初 | 五八 | 一七 | 一〇 | 七七 | 一六 | 〇〇 | 六四 | 三二 | 四〇 | 七八 | 五六 | 〇〇 | 七三 | 一〇 | 一〇 | 八二 | 一九 | 四五 |
| 辰正 | 五九 | 二三 | 一〇 | 六四 | 〇四 | 四五 | 六四 | 三三 | 三〇 | 六五 | 三〇 | 四五 | 七三 | 五八 | 三〇 | 六八 | 二五 | 四五 |
| 巳初 | 五九 | 三七 | 二〇 | 五一 | 二〇 | 三〇 | 六四 | 四六 | 三〇 | 五二 | 二五 | 四五 | 七四 | 〇八 | 四〇 | 五四 | 三九 | 三〇 |
| 巳正 | 五九 | 〇〇 | 〇〇 | 三九 | 〇三 | 〇〇 | 六四 | 一二 | 一〇 | 三九 | 四二 | 〇〇 | 七三 | 四一 | 四〇 | 四一 | 〇六 | 一五 |
| 午初 | 五七 | 二九 | 四〇 | 二七 | 一五 | 四五 | 六二 | 四八 | 四〇 | 二七 | 二三 | 三〇 | 七二 | 三四 | 三〇 | 二七 | 四九 | 〇〇 |
| 午正 | 五五 | 〇三 | 三〇 | 一六 | 〇一 | 四五 | 六〇 | 三一 | 四〇 | 一五 | 三五 | 四五 | 七〇 | 四〇 | 三〇 | 一四 | 五四 | 三〇 |
| 未初 | 五一 | 三九 | 四〇 | 五 | 二三 | 〇〇 | 五七 | 一七 | 〇〇 | 四 | 二三 | 一五 | 六七 | 五〇 | 三〇 | 二 | 三三 | 一五 |
| | | | | 偏東度 | | | | | | 偏東度 | | | | | | 偏東度 | | |
| 未正 | 四七 | 二〇 | 五〇 | 四 | 四七 | 一五 | 五三 | 〇五 | 〇〇 | 六 | 一五 | 四五 | 六三 | 五六 | 一〇 | 九 | 〇九 | 一五 |
| 申初 | 四二 | 一九 | 三〇 | 一四 | 四八 | 〇〇 | 四八 | 〇五 | 一〇 | 一六 | 三六 | 〇〇 | 五九 | 〇〇 | 五〇 | 二〇 | 一三 | 三〇 |
| 申正 | 三六 | 五八 | 〇〇 | 二五 | 一二 | 四五 | 四二 | 三九 | 三〇 | 二七 | 〇八 | 三〇 | 五三 | 二四 | 〇〇 | 三一 | 〇六 | 〇〇 |
| 酉初 | 三一 | 四七 | 三〇 | 三六 | 四三 | 一五 | 三七 | 二〇 | 五〇 | 三八 | 三五 | 三〇 | 四七 | 四三 | 三〇 | 四二 | 二九 | 〇〇 |
| 酉正 | 二七 | 一九 | 一〇 | 四九 | 五三 | 三〇 | 三二 | 四二 | 五〇 | 五一 | 三六 | 〇〇 | 四二 | 四一 | 〇〇 | 五五 | 一四 | 一五 |

| 設時 | 北界見食十分綫 | | | | | | 北界見食八分綫 | | | | | | 北界見食六分綫 | | | | | |
|---|---|---|---|---|---|---|---|---|---|---|---|---|---|---|---|---|---|---|
| | 北極高度 | | | 偏西度 | | | 北極高度 | | | 偏西度 | | | 北極高度 | | | 偏西度 | | |
| | 度 | 分 | 秒 | 度 | 分 | 秒 | 度 | 分 | 秒 | 度 | 分 | 秒 | 度 | 分 | 秒 | 度 | 分 | 秒 |
| 寅正 | | | | | | | | | | | | | 七二 | 四五 | 二〇 | 一二七 | 三六 | 一五 |
| 卯初 | 五四 | 二四 | 五〇 | 一〇五 | 四二 | 三〇 | 六三 | 四四 | 二〇 | 一〇八 | 四〇 | 一五 | 七五 | 四七 | 三〇 | 一一三 | 〇八 | 一五 |
| 卯正 | 五七 | 二一 | 〇〇 | 九一 | 一九 | 一五 | 六六 | 二二 | 三〇 | 九四 | 二三 | 三〇 | 七七 | 四六 | 二〇 | 九八 | 五〇 | 〇〇 |
| 辰初 | 五九 | 二〇 | 一〇 | 七七 | 三五 | 一五 | 六八 | 〇六 | 二〇 | 八〇 | 二九 | 三〇 | 七九 | 〇〇 | 三〇 | 八四 | 三三 | 四五 |
| 辰正 | 六〇 | 二五 | 二〇 | 六四 | 二一 | 三〇 | 六九 | 〇二 | 〇〇 | 六六 | 五一 | 一五 | 七九 | 三七 | 五〇 | 七〇 | 二〇 | 一五 |
| 巳初 | 六〇 | 三九 | 一〇 | 五一 | 三四 | 〇〇 | 六九 | 一三 | 四〇 | 五三 | 二七 | 三〇 | 七九 | 四五 | 三〇 | 五六 | 〇九 | 三〇 |
| 巳正 | 六〇 | 〇二 | 三〇 | 三九 | 一〇 | 三〇 | 六八 | 四二 | 四〇 | 四〇 | 二〇 | 〇〇 | 七九 | 二五 | 〇〇 | 四二 | 〇四 | 三〇 |
| 午初 | 五八 | 三三 | 二〇 | 二七 | 一六 | 四五 | 六七 | 二五 | 五〇 | 二七 | 三三 | 三〇 | 七八 | 三二 | 二〇 | 二八 | 一〇 | 一五 |
| 午正 | 五六 | 〇九 | 〇〇 | 一五 | 五六 | 三〇 | 六五 | 一八 | 三〇 | 一五 | 一五 | 一五 | 七七 | 〇〇 | 〇〇 | 一四 | 三四 | 〇〇 |
| 未初 | 五二 | 四六 | 五〇 | 五 | 一一 | 〇〇 | 六二 | 一四 | 〇〇 | 三 | 三一 | 一五 | 七四 | 三四 | 一〇 | 一 | 二六 | 〇〇 |
| | | | | 偏東度 | | | | | | 偏東度 | | | | | | 偏東度 | | |
| 未正 | 四八 | 二九 | 一〇 | 五 | 〇四 | 四五 | 五八 | 〇九 | 〇〇 | 七 | 五六 | 〇〇 | 七〇 | 五九 | 一〇 | 一一 | 〇一 | 一五 |
| 申初 | 四三 | 二八 | 〇〇 | 一五 | 〇九 | 〇〇 | 五三 | 一一 | 〇〇 | 一八 | 一五 | 四五 | 六六 | 〇八 | 三〇 | 二二 | 四一 | 〇〇 |
| 申正 | 三八 | 〇五 | 五〇 | 二五 | 三五 | 一五 | 四七 | 四一 | 〇〇 | 二八 | 五六 | 四五 | 六一 | 一九 | 四〇 | 三三 | 四九 | 〇〇 |
| 酉初 | 三二 | 五三 | 五〇 | 三七 | 〇四 | 四五 | 四二 | 一三 | 二〇 | 四〇 | 二一 | 四五 | 五四 | 一六 | 三〇 | 四五 | 〇九 | 〇〇 |
| 酉正 | 二八 | 二三 | 四〇 | 五〇 | 一三 | 〇〇 | 三七 | 二五 | 一〇 | 五三 | 一三 | 三〇 | 四八 | 五〇 | 〇〇 | 五七 | 三五 | 四五 |

| 設時 | 北界見食五分綫 | | | | | |
|---|---|---|---|---|---|---|
| | 北極高度 | | | 偏西度 | | |
| | 度 | 分 | 秒 | 度 | 分 | 秒 |
| 寅初 | 七九 | 〇〇 | 四〇 | 一四五 | 三四 | 〇〇 |
| 寅正 | 八一 | 三八 | 〇〇 | 一三一 | 一二 | 四五 |
| 卯初 | 八四 | 三七 | 二〇 | 一一六 | 四六 | 〇〇 |
| 卯正 | 八五 | 四一 | 四〇 | 一〇二 | 一一 | 一五 |
| 辰初 | 八六 | 一六 | 一〇 | 八七 | 三一 | 〇〇 |
| 辰正 | 八六 | 三二 | 四〇 | 七二 | 四八 | 一五 |
| 巳初 | 八六 | 三六 | 〇〇 | 五八 | 〇五 | 〇〇 |
| 巳正 | 八六 | 二七 | 〇〇 | 四三 | 二二 | 四五 |
| 午初 | 八六 | 〇三 | 一〇 | 二八 | 四四 | 一五 |
| 午正 | 八五 | 一七 | 二〇 | 一四 | 一三 | 一五 |
| | | | | 偏東度 | | |
| 未初 | 八三 | 五二 | 四〇 | 〇 | 〇五 | 〇〇 |
| 未正 | 八一 | 一五 | 一〇 | 一三 | 四三 | 一五 |
| 申初 | 七六 | 四一 | 〇〇 | 二六 | 二二 | 〇〇 |
| 申正 | 七〇 | 一二 | 一〇 | 三七 | 五〇 | 〇〇 |
| 酉初 | 六三 | 〇六 | 二〇 | 四八 | 五六 | 一五 |
| 酉正 | 五六 | 四四 | 二〇 | 六〇 | 五五 | 〇〇 |
| 戌初 | 五一 | 五六 | 五〇 | 七四 | 三八 | 四五 |

| 設時 | 北界見食四分綫 | | | | | |
|---|---|---|---|---|---|---|
| | 北極高度 | | | 偏東度 | | |
| | 度 | 分 | 秒 | 度 | 分 | 秒 |
| 戌正 | 八三 | 一五 | 三〇 | 一〇三 | 二九 | 一五 |
| 亥初 | 八三 | 二七 | 〇〇 | 一一九 | 〇二 | 三〇 |
| 亥正 | 八二 | 五四 | 四〇 | 一三四 | 三二 | 一五 |
| 子初 | 八一 | 〇〇 | 一〇 | 一五〇 | 〇四 | 一五 |

求南北界相切及中界並南北界內逐分食分綫所設各時食甚地方南北極高偏度。按上法由南北界相切及中界並南北界內逐分食分綫所設各時推得。列為表。

日食坤輿分圖九

設時子正

凡求設時日出入帶食食甚南北極高偏度。及同高度地方日出入帶食初虧復圓偏度。以設時為起算之根。必須定準設時。方能入算。定之之法。如日距赤道南。按南界相切綫自日出至日入逐時設之。若北界相切日距食分綫。小於地平高下差者。自南界相切日出。距北界相切日出。於兩日出之間設之。又自北界相切日入。距南界相切日入。於兩日入之間設之。如北界相切綫之白經截弧。小於赤白二經交角者。交角西。其北界為兩日出。乃自南界相切日出距白經西日入之間設之。又自白經東日出距南界相切日入之間設之。交角東。其北界為兩日入。乃自南界相切日出距白經西日入之間設之又日自白經東日入距南界相切日入之間設之距赤道北。按南界相切綫。自日入至日出逐時設之。若北界相切日距食分綫。小於地平高下差者。自北界相切日出。距南界相切日出。於兩日出之間設之。又自南界相切日入。距北界相切日入。於兩日入之間設之。如北界相切綫之白經截弧。小於赤白二經交角者。交角西。其北界為兩日出。乃自白經西日出距南界相切日出之間設之。又自南界相切日入距白經東日出之間設之。交角東。其北界為兩日入。乃自白經西日入距南界相切日出之間設之。又自南界相切日入距白經東日入之間設之。今以設時子正。酉正。夜子初。求日出入帶食食甚北極高偏度。及同高度地方日出入帶食初虧復圓偏度。亦分為三段。各作一圖。以明比例之理。如圖。設時為子正。則丑點為白經西日入帶食食甚地方。上應本處天頂。丑子己為食分綫。因設時為子正。故子午圈高弧與赤經均合為一綫。則無赤經高弧交角。而庚丑弧所當丑酉庚角。赤白二經交角一十四度七分三十秒。即白經截弧。是知癸丑弧一十二度五十五分二十秒。與申酉日距赤道北緯度等即本處北極距天頂。與九十度相減。得酉癸弧七十七度四分四十秒。為所求丑點

地方北極高度。乃用酉子丑直角三角形。此形子為直角。有丑酉庚角。及酉丑地平高下差。求酉子邊。以半徑與丑酉庚角餘弦比。同於酉丑與酉子比。而得酉子五十八分二十六秒。為日距食分綫。因庚丑白經截弧不及九十度。是日心在食分綫南。以酉子內減酉未食甚實緯。得未子一十九分十四秒。為月距食分綫。與乙丑等。是為北界內之綫。乃以未子相等之乙丑與併徑相減。得併徑減距一十二分五十五秒。乃命日全徑為十分。以日全徑與十分比。同於併徑減距與食分比。而得丑點地面所見食甚分秒四分七秒。又仍用酉子丑直角三角形。以半徑與丑酉庚角正弦比。同於酉丑與子丑比。而得子丑一十四分四十二秒。為距弧。與一小時兩徑斜距為比例。得月行子丑之距分二十五分三十九秒。與乙未等。減於未點食甚用時。得月臨乙點午正三刻十分四十一秒。為

京師相應時刻。與設時子正相減。得時刻較十一小時四分十九秒。變度。得一百六十六度四分四十五秒。為丑點白經西日入帶食食甚地方

偏
京師東之度。次求同高度初虧復圓地方偏度。乃
自丑點依併徑之分。截白道於牛丙二點。丑牛
丑丙皆為併徑。用丑乙牛句股形。以乙丑為句。
丑牛為弦。求得乙牛股二十五分四十六秒。與
乙丙等。為距弧較。與一小時兩經斜距比例。得
時差四十四分五十七秒。與白經酉日入帶食
食甚地方偏東度相加。得白經酉日入帶食同
高度初虧地方偏東一百七十七度一十九分。
相減。得白經酉日入帶食同高度復圓地方偏
東一百五十四度五十分三十秒。

日食坤輿分圖十　設時酉正

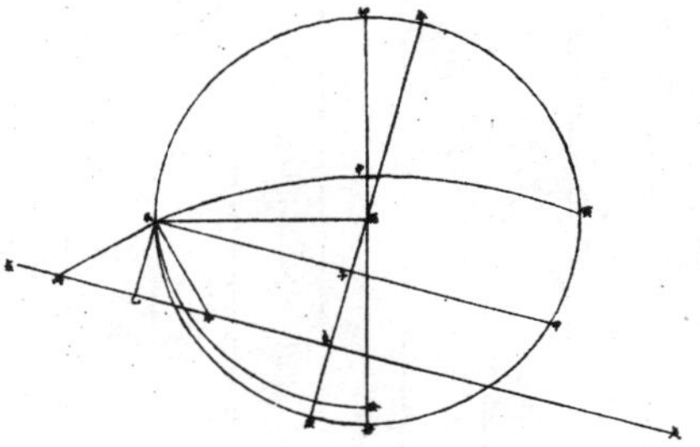

如圖。設時為酉正。則辰點為所求日入帶食食
甚地方。上應本處天頂癸辰為其地子午圈。甲
子辰為食分綫。因設時為酉正。故癸辰弧九十
度。即本處北極距天頂。是知北極正當地平。北
極高度為初度。則丑酉辰角日入赤經高弧交
角恰整九十度。以減丑酉庚角赤白二經交角。
得庚酉辰角七十五度五十二分三十秒。當庚
辰弧。為白經截弧。用酉子辰直角三角形。求得
酉子日距食分綫一十四分四十二秒。因庚辰
白經截弧不及九十度。是日心在食分綫之南。

以酉子與酉未相減。得子未二十四分三十秒。與辰乙等。為月距食分綫。是為南界內之綫。乃以子未相等之辰乙。與併徑相減。得併徑減距七分三十九秒。即與日全徑所命十分為比例。得二分二十七秒。即辰點地面所見日入帶食食甚分秒。次仍用酉子辰直角三角形。求得子辰距弧五十八分二十六秒。與一小時兩經斜距比例。得月行子辰之距分一小時四十一分五十七秒。與未乙等。加於未點食甚用時。得月臨乙點申初初刻三分十七秒。為

京師相應時刻。與設時酉正相減。得時刻較二小時五十六分四十三秒。變度。得四十四度一十分四十五秒。為辰點日入帶食食甚地方偏東度。次求同高度初虧復圓地方偏度。乃自辰點依併徑之分。截白道於斗丙二點。辰斗辰丙皆為併徑。用辰乙斗句股形。求得乙斗二十分四十九秒。與乙丙等。為距弧較。與一小時兩經斜距比例。得時差三十六分一十九秒。與日入帶食食甚地方偏東度相加。得日入帶食同高度初虧地方偏東五十三度一十五分三十秒。相減。得日入帶食同高度復圓地方偏東三十五度六分。

## 日食坤輿分圖十一

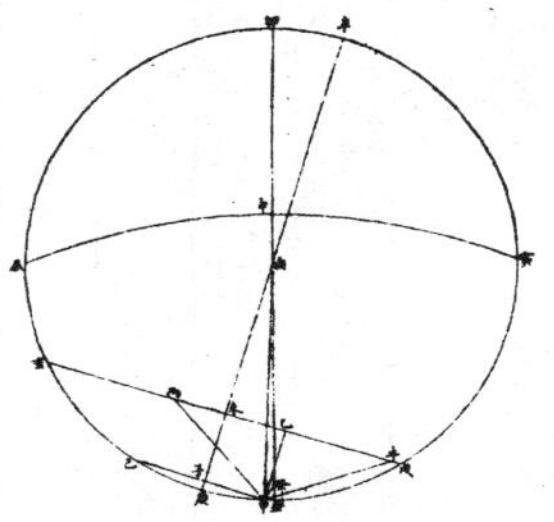

設時夜子初

如圖。依所設設時夜子初初刻。取丑癸甲角一十五度得甲點。為所求日入帶食食甚之地方上應本處天頂。癸甲為其地子午圈。甲子已為食分綫。用癸丑甲正弧三角形。此形丑為直角。有癸丑弧。及丑癸甲角。距子正前赤道度。求癸甲弧。以半徑。與丑癸甲角正割比。同於癸丑弧正切。與癸甲弧正切比。而得癸甲弧一十三度二十一分四十秒。為北極距天頂。與九十度相減。得七十六度三十八分二十秒。為甲點地方北極高度。又以半徑。與丑癸甲角正切比。同於癸丑弧正弦。與丑甲弧正切比。而得丑甲弧三度二十五分四十秒。當丑酉甲角。為日入赤經高弧交角。以丑甲弧。與丑庚弧相減。得庚甲弧一十度四十一分五十秒。當甲酉庚角。為白經截弧。用酉子甲直角三角形。此形有甲酉庚角。及酉甲邊。求得酉子邊日距食分綫五十九分一十二秒。因白經截弧不及九十度。是日心在食分綫南。以酉子與酉未相減。得未子二十分。與乙甲等。為月距食分綫。是為北界內之綫。於是以未子相等之乙甲。與併徑相減。得併徑減距一十二分九秒。即與日全徑所命十分為比例。得三分五十一秒。為甲點地面所見日入帶食食甚分秒。次仍用酉子甲直角三角形。求得子甲距弧一十一分一十一秒。與一小時兩經斜距比例。得月行子甲之距分十九分三十一秒。與未乙等。減於未點食甚用時。得月臨乙點未初初刻一分四十九秒。為

京師相應時刻。與設時夜子初初刻相減。得時刻較九小時五十八分十一秒。變度得一百四十九度三十二分四十五秒。為日入帶食食甚地

方偏東度。次求同高度初虧復圓地方偏度。乃自甲點依併徑之分。截白道於牛丙二點。甲牛甲丙皆為併徑。用甲乙牛句股形。求得乙牛二十五分一十秒。與乙丙等。為距弧。較與一小時兩經斜距比例。得時差四十三分五十五秒。與日入帶食食甚地方偏東度相加。得日入帶食同高度初虧地方偏東一百六十度三十一分三十秒。相減。得日入帶食同高度復圓地方偏東一百三十八度三十四分。

求設時日出入帶食食甚北極高偏度。及同高度地方初虧復圓偏度。按上法推得。列為表。附食甚分秒

| 設時 | | 北極高度 | | | 食甚分秒 | | 日出食甚偏西度 | | | 日出初虧偏西度 | | | 日出復圓偏東西度 | | |
|---|---|---|---|---|---|---|---|---|---|---|---|---|---|---|---|
| | | 度 | 分 | 秒 | 分 | 秒 | 度 | 分 | 秒 | 度 | 分 | 秒 | 度 | 分 | 秒 |
| 北界内 | 初丑 | 七六 | 三八 | 二〇 | 四 | 二六 | 一七七 | 二四 | 三〇 | 一六五 | 五一 | 四五 | 偏東度 一七一 | 〇二 | 四五 |
| | 正丑 | 七五 | 〇九 | 四〇 | 四 | 五三 | 一六〇 | 四二 | 三〇 | 一四八 | 四六 | 〇〇 | 偏西度 一七二 | 三九 | 〇〇 |
| | 初寅 | 七二 | 〇一 | 二〇 | 五 | 三六 | 一四三 | 三〇 | 四五 | 一二一 | 〇一 | 一五 | 一五六 | 〇〇 | 一五 |
| | 正寅 | 六五 | 二一 | 〇〇 | 七 | 〇五 | 一二五 | 〇八 | 四五 | 一一一 | 四八 | 四五 | 一三八 | 二八 | 四五 |
| 高界内 | 初卯 | 四八 | 二六 | 四〇 | 九 | 〇四 | 一〇四 | 〇四 | 四五 | 九〇 | 〇九 | 〇〇 | 一一八 | 〇〇 | 〇〇 |

| 設時 | | 北極高度 | | | 食甚分秒 | | 日入食甚偏東度 | | | 日入初虧偏東度 | | | 日入復圓偏東度 | | |
|---|---|---|---|---|---|---|---|---|---|---|---|---|---|---|---|
| | | 度 | 分 | 秒 | 分 | 秒 | 度 | 分 | 秒 | 度 | 分 | 秒 | 度 | 分 | 秒 |
| 北界内 | 初戌 | 四八 | 二六 | 四〇 | 五 | 二七 | 七三 | 一五 | 三〇 | 八五 | 三八 | 三〇 | 六〇 | 五二 | 三〇 |
| | 正戌 | 六五 | 二一 | 〇〇 | 三 | 四一 | 九六 | 二六 | 三〇 | 一〇七 | 一二 | 三〇 | 八五 | 四〇 | 三〇 |
| | 初亥 | 七二 | 〇一 | 二〇 | 三 | 三二 | 一二一 | 三八 | 一五 | 一三二 | 一四 | 四五 | 一一一 | 〇一 | 四五 |
| | 正亥 | 七五 | 〇九 | 四〇 | 三 | 四〇 | 一三二 | 四一 | 一五 | 一四三 | 二六 | 一五 | 一二一 | 五六 | 一五 |